I0083987

ENCYCLOPEDIE METHODIQUE,

OU

PAR ORDRE DE MATIÈRES;

PAR UNE SOCIÉTÉ DE GENS DE LETTRES, DE SAVANS ET D'ARTISTES;

Précédée d'un Vocabulaire universel, *servant de Table pour tout l'Ouvrage, ornée des Portraits de MM.* DIDEROT & D'ALEMBERT, *premiers Éditeurs de l'*Encyclopédie.

ENCYCLOPEDIE MÉTHODIQUE.

JURISPRUDENCE.

TOME DIXIÈME,

CONTENANT

LA POLICE ET LES MUNICIPALITÉS.

(Par Peuchet)

A PARIS,

Chez PANCKOUCKE, Libraire, hôtel de Thou, rue des Poitevins.

M. DCC. XCI.

D

DANSE, f. f. Mouvement mesuré du corps accompagné de différentes postures, qui se font ordinairement au son de quelqu'instrument musical.

La danse a de tout temps été regardée comme un amusement utile à la santé & à la beauté corporelle. On sait le cas singulier qu'en faisoient, sous ce point de vue, les anciens.

Elle a encore d'autres avantages, dont nous avons parlé quelque part; c'est qu'instituée comme amusement public, elle entretient dans la société la joie, la gaieté, donne lieu à la fréquentation des sexes, ce qui ne peut manquer d'adoucir les mœurs & de multiplier les jouissances parmi les hommes.

C'est en conséquence de cette remarque que nous avons fait le vœu de voir établir dans chaque village des *danses* réglées & publiques, les fêtes & dimanches; c'est par la même raison que nous avons cru que les officiers de police devoient prêter secours & protection à toutes celles du même genre qui ont lieu dans les villes.

Il seroit juste même qu'on prît sur les deniers communs une légère somme pour avoir, à certains jours fixés, des petits bals publics où la jeunesse & tout le monde pût aller se divertir, sans avoir à pressurer sa bourse pour en tirer quelques sommes modiques à la vérité, mais enfin qui privent les petits particuliers d'autres plaisirs qu'ils auroient su se procurer avec.

Cette morale n'est sans doute pas du goût de bien des gens; l'habitude de ne prêcher au peuple que servitude & privation est tellement ancienne, qu'on ne conçoit pas comment un homme en son bon sens peut conseiller de consacrer des fonds aux plaisirs du public. Mais cet étonnement vient de l'ignorance du besoin, des passions & des droits de l'homme, qui ne doit pas travailler seulement pour vivre, mais pour vivre avec plaisir.

L'argument que l'on oppose à l'établissement de *danses* publiques & communes est précisément celui qui devroit les faire admettre, je veux dire la fréquentation des deux sexes, usage infiniment utile au bonheur social, comme nous l'avons prouvé dans notre discours préliminaire.

L'on peut voir le mot BAL, où nous avons consigné quelques idées analogues à cet article; on y trouve aussi quelques réglemens de police relatifs aux maîtres de *danse*, & à ce qu'ils sont obligés d'observer dans les bals qu'ils donnent: pour le reste, *voyez* le Dictionnaire de danse, qui contient tout ce qui a rapport à l'art même & aux détails qui le composent.

DAUPHINÉ, f. m. Province de France, gouvernée par des états particuliers.

C'est le *Dauphiné* qui dans ces derniers temps a commencé la révolution, par son courage & par l'exemple d'une constitution libre. Nous devons donc singulièrement nous attacher à faire connoître les principes de cette constitution; c'est ce que nous allons tenter, après avoir résumé quelques-unes des causes qui ont porté la province aux démarches vigoureuses & sages que nous lui avons vu faire, & qui l'ont conduite à la liberté (1).

Depuis plus de cent cinquante ans les états de *Dauphiné* avoient cessé d'être convoqués. Le vice de leur constitution, la disproportion entre le tiers & les deux autres ordres, la taille qui pesoit exclusivement sur la personne du roturier; la prétention de la noblesse & du clergé d'être affranchis de toute espèce d'impôts, avoient fait naître fréquemment de violens débats, qui avoient successivement conduit le tiers à desirer un meilleur ordre de choses, & la province avoit été changée en pays d'élection. Il est d'autant moins pénible de parler de ces anciens abus, que les deux ordres qui réclamoient alors ces privilèges exorbitans, en ont fait aujourd'hui le sacrifice avec empressement qui n'a coûté aucun effort à leur patriotisme, à leurs lumières.

D'un autre côté la nation elle-même avoit perdu, depuis 1614, l'usage de s'assembler aux états-généraux; les ministres la redoutoient, & la nation dégoûtée de l'inutilité de ses réclamations & du peu de fruit qu'elle en avoit retiré, fatiguée des discussions qu'avoient produites le choc des intérêts particuliers, avoit laissé échapper de ses mains un droit devenu si souvent infructueux. Le despotisme des religieux, en humiliant la noblesse, avoit acheté par cette politique le silence du tiers-état, qui voyoit en lui le vengeur d'une longue oppression. Les troubles de la Fronde, qui n'avoient été que la querelle des grands; le règne long & absolu de Louis XIV, qui mêlé de succès & de revers, continuellement agité par des guerres, n'avoit jamais laissé à la nation ni assez de calme, ni assez de temps pour réfléchir sur ses droits; l'enthousiasme aveugle qu'il avoit su inspirer, & qui n'a pu s'affoiblir qu'après un demi-

(1) Nous nous servirons en partie, pour composer cet article, d'un bon écrit publié en 1788, & intitulé: *Observations sur les états de* Dauphiné.

fiècle ; le pouvoir que les états-généraux avoient femblé confier aux parlemens (1), l'habitude qu'avoient prife les peuples de les regarder comme les défenfeurs de leurs droits, l'ufage utile qu'ils en avoient fait quelquefois ; la nature même de ces corps, qui fubftitués aux vrais repréfentans de la nation, avoient néceffairement moins de force qu'eux, & oppofoit moins de réfiftance au pouvoir des miniftres, qui s'élevoit infenfiblement fur les débris de l'ancienne conftitution ; le foin de ceux-ci de couvrir leur adminiftration d'épais nuages, & de gêner par de continuelles entraves la liberté des difcuffions publiques ; toutes ces circonftances avoient contribué à retenir la nation dans un engourdiffement que la province de *Dauphiné* avoit partagé avec les autres. Elle avoit fouvent murmuré fans ofer rentrer dans l'exercice de fes anciens droits, parce qu'il faut plus de temps à un peuple pour faire ufage de fes forces que pour apprendre à les connoître.

Mais les lumières qui mènent toujours après elles la liberté, avoient jetté fur cette province un germe qui s'étoit lentement fécondé. A l'inftant où elle avoit entendu prononcer le mot d'*adminiftration provinciale*, elle avoit fait, mais fans fuccès, des efforts pour le rétabliffement de fes états. Une feconde fois elle avoit renouvellé la même tentative & n'avoit obtenu qu'une adminiftration particulière, qui n'avoit fervi qu'à la mettre aux prifes avec fon parlement.

Tout à coup une fecouffe violente, inattendue, a ébranlé le royaume d'un bout à l'autre. Au même inftant, en un feul jour, les peuples ont été fans juftice, fans tribunaux, fans défenfeurs, fans liberté (2). Tous les intérêts à la fois ont été bleffés & ont forcé tous les intérêts à fe réunir dans ce péril de la chofe commune ; la province rentrant dans fes droits originels par la violation du pacte entre elle & le monarque, s'eft affemblée pour lui demander la protection qu'il doit à tous les fujets de l'état, & plus particulièrement à ceux qui ne fe font donnés qu'à des conditions. Elle en avoit le pouvoir par fa propre conftitution, par le droit des nations contre lequel on ne prefcrit jamais, par la néceffité des chofes qui commandoient qu'on éclairât promptement la juftice du monarque, avant que les miniftres euffent confommé leur œuvre d'iniquité.

En jettant les yeux fur fes capitulations, elle a vu, 1°. que par le tranfport qui fut fait du *Dauphiné* à la couronne, par Humbert II, une des conditions effentielles fut qu'il ne pourroit être réuni & incorporé au royaume de France, que dans le feul cas où l'empire y feroit uni ; que depuis lors il a toujours formé une province féparée (3) ; que cette province a fon fceau particulier, & que nos rois, dans plufieurs actes de légiflation générale, ont ajouté au titre de roi de France celui de *dauphin de Viennois*.

2°. Que le tranfport du *Dauphiné* à la couronne ne s'eft effectué que du confentement des différens ordres de la province.

3°. Que par les conditions de ce tranfport, les rois de France devoient garder inviolablement fes *coutumes*, *libertés* & *franchifes* ; que le dauphin Humbert qui les avoit confirmées avant le tranfport, avoit lui-même ftipulé que fi lui ou fes fucceffeurs refufoient de les obferver, fes fujets à leur tour pourroient lui refufer le ferment d'obéiffance.

4°. Qu'un de fes droits les plus précieux a toujours été de pouvoir fe réunir en corps de province dans des affemblées formées par le clergé, la nobleffe & les communes, qu'elle avoit joui de ce droit fous la domination de fes anciens dauphins & l'avoit confervé depuis le tranfport à la couronne.

5°. Que par un ftatut folemnel, le dauphin Humbert avoit aboli toutes les redevances créées depuis la mort de fon aïeul, & décidé qu'à l'avenir les habitans du *Dauphiné* ne feroient foumis à aucun impôt envers lui ni fes fucceffeurs, que pour l'utilité des lieux de leur habitation : qu'après la ceffion du *Dauphiné*, quand les rois de France avoient voulu obtenir des fubfides, ils avoient convoqué, à l'exemple des dauphins les trois ordres de la province.

Elle a vu que fes états avoient ceffé d'être convoqués fans être jamais détruits ; que Louis XIII lui avoit promis de l'affembler en corps des trois ordres toutes les fois que des affaires preffantes & & le bien public l'exigeroient, & que dans la fub-

(1) On dit *fembl*e *confier*, parce qu'il eft évident que les états n'étant que des délégués de la nation, n'ont pu nommer d'autres délégués : ce droit n'appartient qu'à leurs *commettans*.

(2) Il eft queftion de la révolution occafionnée par le lit-de-juftice du 8 mai 1788, & à la fuite de la fuppreffion des tribunaux & création de la cour plénière, qu'on nomma dans le public, fort judicieufement, *cour martiale*. C'étoit le chef-d'œuvre du defpotifme & de la fotife.

(3) Quoique par fes capitulations, le *Dauphiné* foit véritablement un pays féparé, cette province a folemnellement déclaré qu'en voulant conferver fes chartes pour le foutien de fes droits & de fa liberté, elle étoit bien éloignée de refufer de concourir avec le refte de la nation à tous les facrifices & à tous les efforts qui auront pour objet le bien public & l'avantage commun ; on le verra par l'article de la conftitution de cette province, relatif aux fubfides.

Toute province repréfentée dans l'affemblée des repréfentans d'une nation, doit reconnoître l'impôt & la loi confentis dans cette même affemblée ; autrement l'anarchie naîtroit & l'état fe diviferoit.

verfion générale des droits & des chofes, elle devoit faire retour à fes principes conftitutionnels.

Mais en même temps elle a été affez éclairée pour ne pas fe diffimuler les abus de fon ancienne conftitution, & affez courageufe pour les réformer. Elle a fenti que les élections devoient être libres, que la balance des intérêts ne pouvoit naître que de l'égalité, & fur-tout que le défaut de convocation fixe & périodique avoit donné à fes anciens états une marche incertaine & une langueur qui avoit très-fouvent nui à la chofe publique. C'eft dans l'affemblée la plus nombreufe & la plus impofante, où chaque ordre, chaque ville, chaque communauté, a eu fes repréfentans immédiats, qu'après un travail de dix-fept jours, elle a dreffé le plan de fa conftitution, qui rédigé avec célérité, a des défauts fans doute que le temps & l'expérience apprendront à corriger, mais qui eft du moins le plus fage & le plus parfait qu'aucun de ceux des autres pays d'états (1).

C'eft cette conftitution que nous allons faire connoître, & pour donner plus d'ordre à nos idées, nous confidérerons ce nouveau régime fous le rapport de fon organifation & fous celui de fes fonctions, fans nous aftreindre à rapporter littéralement le réglement qui l'établit.

I. *Organifation des états.* La proportion dans les ordres, la formation des élections & les qualités néceffaires pour être électeur & éligible, font les premières bafes d'une organifation nationale.

Quant à la proportion dans les ordres, le tiers-état en *Dauphiné*, de même qu'en beaucoup d'autres pays d'états, avoit toujours été mal & incomplètement repréfenté. L'autorité du clergé & le pouvoir féodal, quoique plus reftreint dans cette province que par-tout ailleurs, avoient laiffé prendre aux deux premiers ordres une prépondérance, non moins funefte qu'injurieufe aux droits des communes.

L'intérêt des privilèges contribuoit à entretenir cette inégalité; de là une oppofition continuelle qui avoit produit deux effets également nuifibles, l'un de priver la province par ce défaut des avantages qu'elle auroit pu retirer de fes états; l'autre d'ouvrir à l'autorité des moyens dont elle auroit fu profiter pour affoiblir le parti national en le divifant (2).

La province a fenti vivement ces inconvéniens, & les deux premiers ordres n'ont pas balancé à voter pour une parfaite égalité de voix entr'eux & le tiers-état; ç'a été le premier pacte de la coalition: il leur a paru fi fondamental, fi conftitutionnel, qu'ils en ont demandé la confirmation dans chaque affemblée générale; & c'eft d'après ces vues de juftice & de concorde qu'a été rédigé le premier article de la conftitution, qui porte que les états feront compofés de cent quarante-quatre députés, dont ving-quatre du clergé, quarante-huit de la nobleffe & foixante-douze du tiers-état, ce qui affure à ce dernier ordre une balance égale dans les opinions; & pour que cette balance ne puiffe être rompue, il a été arrêté, par un article précis, que les eccléfiaftiques & les nobles ne pourront être admis pour repréfentans du tiers-état, ni affifter aux affemblées qui feront tenues pour nommer les députés de cet ordre (3).

La conftitution fixe ainfi, pour le clergé, la répartition des députés: trois parmi les archevêques, ou évêques, trois commandeurs de Malthe, un député de chaque cathédrale, un de chaque collégiale, deux curés propriétaires, deux députés des abbés, prieurs & autres bénéficiers, deux députés pour les maifons religieufes, les mendians exceptés: chaque claffe de cet ordre nomme fes repréfentans.

Les quarante-huit députés pour la nobleffe font répartis dans chaque diftrict ou arrondiffement choifis & établis par la nobleffe de chaque diftrict, affemblée devant un fyndic qu'elle nommera.

Pour être électeur dans cet ordre, il fuffira d'avoir la nobleffe tranfmiffible, & de poffédet une propriété dans le diftrict.

Les foixante-douze du tiers, feront fournis, favoir: cinquante-cinq par les communautés divifées par diftrict, & dix-fept par les villes, dans la proportion de trois pour la ville de Grenoble, deux pour chaque ville du fecond ordre, & un pour les autres.

Les députés des villes feront nommés par chaque municipalité, à laquelle feront appellés un fyndic de chaque corporation du tiers-état & les propriétaires

(1) Voyez-en un exemple au mot ARTOIS. Comme la conftitution des états provinciaux fera la même, quant à l'effentiel, pour toutes les provinces, & qu'elle ne différera guère de celle du *Dauphiné*, nous rapporterons feulement les difpofitions de celle-ci, nous omettrons les autres, en renvoyant à cet article, ou à celui d'*états-provinciaux*, pour puifer des connoiffances fur cette matière.

(2) J'écris ceci dans un moment où tout tend à une réforme générale dans la conftitution. Les difpofitions de l'affemblée nationale, celles de la France entière annoncent que les diftinctions d'ordres s'anéantiront avec tant d'autres anciens ufages, & que tous les raifonnemens à cet égard ne feront peut-être plus que de fimples abftractions dans un an d'ici.

(3) On fent, encore une fois, que fitôt que les affemblées quelconques cefferont d'être des affemblées d'ordres, mais des affemblées de citoyens, ces précautions deviendront nulles, & la confiance des votans fera la règle de l'éligibilité.

domiciliés. Ces députés seront envoyés directement aux états.

Les communautés d'un district s'assembleront séparément, & nommeront un député par cinq feux; ces députés formeront l'assemblée de l'arrondissement qui élira ensuite le nombre de représentans fixé pour chaque district.

Pour être électeur, il faudra avoir une propriété qui supporte impositions royales ou foncières; savoir: pour la ville de Grenoble, 40 livres, pour celles du second ordre, 20 livres, & dans les autres 10 livres; il suffira que les impositions soient de 10 livres dans les communautés qui ont des corps municipaux, & pour les autres *6* livres.

Toutes les élections, quelles qu'elles soient, seront faites par la voie du scrutin.

Quant aux qualités nécessaires pour être représentant dans les états, la constitution exige, 1°. Qu'on ait administration de ses biens, & qu'on soit âgé de vingt-cinq ans; 2°. qu'on ait une propriété soumise à 50 livres d'impositions royales foncières, à l'exception du Briançonnois, & de la vallée de Queyras, où il suffira de payer 25 livres, différence introduite à cause de celle des propriétés qui sont plus modiques (1).

Pour être éligible dans l'ordre de la noblesse, la constitution exige qu'on fasse preuve de quatre générations & de cent ans de noblesse; condition qui, comme tant d'autres, s'anéantira par le progrès des lumières.

Les officiers fiscaux, les subdélégués d'intendans, leurs commis & les personnes aux gages des seigneurs & propriétaires, ne peuvent également être élus dans l'ordre du tiers.

Un des points importans de cette constitution, est la maniere dont elle règle la forme des délibérations: elles seront toujours prises par les trois ordres réunis, soit dans les états, soit dans la commission intermédiaire; elle réserve néanmoins à l'un des ordres, le droit de faire renvoyer jusqu'au jour suivant, une délibération proposée. Cette espèce de *veto* momentanée a pour objet, dans le cas où une délibération deviendroit trop orageuse, de laisser aux esprits le temps de se calmer par le renvoi au lendemain.

Nul ne pourra être élu de nouveau membre des états, qu'après un intervalle de quatre ans, depuis qu'il en sera sorti.

Les états se rassembleront chaque année le quinze novembre: la convocation sera faite par le président, & à son défaut par l'un des procureurs-généraux syndics.

Les députés des différens ordres sans aucune distinction, recevront six livres par jour, sans que ce paiement puisse continuer pendant plus de trente jours, y compris le temps nécessaire pour leur voyage, quand même la tenue des états seroit prorogée au-delà de ce terme.

Les états choisiront leur président parmi les membres du premier & du second ordre de la province (2); ils nommeront aussi deux procureurs-généraux syndics; l'un du second ordre, & l'autre du tiers; ils choisiront dans cet ordre, un secrétaire révocable à volonté, & n'ayant que voix instructive, ils choisiront encore un trésorier domicilié dans la province, ainsi que ses cautions; il sera révocable, & non membre des états.

Ils éliront encore parmi leurs membres, deux personnes du clergé, quatre de la noblesse, & six du tiers-état, y compris les deux procureurs-généraux-syndics: ces douze personnes, avec le secrétaire, formeront la commission intermédiaire. Toutes ces nominations se feront par scrutin, & à la moitié des suffrages.

La commission intermédiaire nommera son président dans l'un des deux premiers ordres. La commission intermédiaire s'assemblera au moins une fois par semaine. Il ne pourra y être pris aucune délibération, qu'au nombre de sept.

Les membres des états resteront en place pour la premiere fois pendant quatre ans, sans aucun changement. Après ce terme il sera élu un nouveau président, & la moitié des députés dans chaque ordre & dans chaque district, sortira par la voie du sort. Deux ans après, l'autre moitié se retirera, & ensuite tous les deux ans, la moitié sortira par ancienneté, de manière qu'à l'avenir aucun des représentans ne reste dans les états, plus de quatre ans, à l'exception des procureurs-généraux-syndics, qui pourront être continués par une nouvelle élection, pour quatre années seulement, & ne pourront néanmoins être changés tous les deux en même temps; à cet effet, pour la première fois, l'un des deux procureurs-généraux-syndic se retirera par le sort, à l'expiration des quatre premières années, & l'autre six ans après.

Tels sont les articles principaux de la constitution des états du *Dauphiné*; passons à leurs fonctions.

---

(1) C'est une erreur introduite par M. Turgot & les économistes, de croire qu'il n'y a que les propriétaires qui aient droit d'être représentans nationaux ou provinciaux. Tout citoyen domicilié doit être éligible, & la mesure du droit à cet égard est la confiance des votans.

(2) C'est une chose assez inconstitutionnelle que ce droit exclusif de présider accordé aux deux premiers ordres. Cet article sera infailliblement réformé; il éterniseroit la distinction législative des ordres.

II. *Fonctions & pouvoirs des états.* La constitution porte : art. 45. Les états veilleront au maintien des droits & des privilèges du *Dauphiné*, & notamment de celui qui ne permet pas que les dauphinois soient distraits du ressort des tribunaux de la province; ils feront la répartition de toutes les impositions foncières ou personnelles, tant de celles qui seront destinées pour le trésor royal, que de celles qui seront relatives aux besoins de la province; ils ordonneront la confection de tous les chemins, ponts, chaussées, canaux, digues, & autres ouvrages publics, dont ils passeront les adjudications, par eux ou par d'autres délégués. Art. 46. Les états ordonneront encore la distribution des revenus, les récompenses, indemnités, encouragemens pour l'agriculture, le commerce & les arts; ils surveilleront & approuveront par eux ou par la commission intermédiaire, toutes les dépenses relatives, aux réparations des églises, presbytères, & autres dépenses quelconques, particulières aux communautés. Ils surveilleront également l'administration de tous les établissemens publics, les frais & le tirage des milices; ils vérifieront les comptes des officiers des villes & communautés, même ceux relatifs à leurs biens patrimoniaux; ils feront à sa majesté, toutes les représentations qu'ils croiront nécessaires, & généralement seront chargés de tous les objets qui peuvent intéresser le bien de la province. Art. 47. Les états ne pourront accorder aucun subside, ni établir aucune taxe directe ou indirecte, ni consentir à aucune prorogation d'un impôt établi à temps, ni faire aucun emprunt pour le compte du gouvernement, que lorsque les représentans de la province en auront délibéré dans les états-généraux du royaume. Art. 48. Les états pourront néanmoins imposer & emprunter, après en avoir obtenu la permission de S. M., mais seulement pour les besoins particuliers & essentiels de la province, & sous la condition qu'ils ne feront aucun emprunt, qu'en destinant préalablement les fonds nécessaires pour le paiement des intérêts & le remboursement des capitaux, à des époques fixes & déterminées. Art. 49. Toute loi nouvelle, avant son enregistrement, sera communiquée aux procureurs-généraux-syndics, afin qu'il en soit délibéré, conformément au privilège de la province. Art. 50. Les procureurs généraux-syndics pourront presenter des requêtes, former des demandes devant tous juges compétens, & intervenir dans toutes les affaires qui pourroient intéresser la province, après y avoir été autorisés par les états ou la commission intermédiaire. Art. 51. Les états nommeront chaque année, une commission particulière pour recevoir les comptes que le trésorier aura rendus à la commission intermédiaire, & pour examiner ceux qui ne l'auroient pas été, & d'après le rapport du commissaire, ils arrêteront tous les comptes de l'année.

Par le dernier article de la constitution, les états ont le droit de faire tous les réglemens qu'ils jugeront nécessaires, pourvu qu'il n'aient rien de contraire aux articles ci-dessus; mais ils ne pourront faire aucun changement à leur constitution, sauf quelques distributions locales pour la tenue des assemblées de districts, qui leur sont abandonnées.

Voilà la première constitution politique & conforme à bien des égards, aux droits des citoyens, qui ait eu lieu en France. C'est elle qui est devenue le signal de la régénération du royaume. La fermeté, la sagesse, les démarches du *Dauphiné* ont enhardi les autres provinces & la nation entière, en sorte que si depuis, nous avons eu de grandes obligations à la capitale, nous devons la première aux dauphinois, & sur-tout à l'activité avec laquelle ils ont donné naissance à leur constitution, au courage avec lequel ils se sont défendus, au succès de leurs mesures combinées. Le temps perfectionnera leur ouvrage, en réformant quelques défauts qui s'y trouvent encore.

DÉBAUCHE, s. f. Excès dans la bonne chère & l'usage des femmes.

On a donné assez mal-à-propos le nom de femmes de *débauche* aux prostituées; il n'est cependant pas vrai qu'elles soient les seules avec qui l'on fasse des excès, soit de lit, soit de table. Cette erreur vient de ce qu'on a appellé très-improprement, *débauche*, la fréquentation de ces misérables; il y a loin de l'une à l'autre cependant.

La *débauche* de table est quelquefois plus nuisible à la santé, que celle des femmes, sur-tout si l'on y fait excès de vins, de liqueurs & de viandes assaisonnées d'épiceries. C'étoit sur-tout le genre de débauche de nos pères. Les cabarets & les maisons retentissoient des chants des buveurs ivres, & l'on passoit des nuits entières dans les excès d'une chère aussi mal-saine que peu favorable aux développemens des facultés raisonnables de l'homme.

Nos repas sont devenus infiniment plus tranquilles, plus décens; l'on n'y fait plus gloire de s'y gorger de vins & de viande, sans sujet ni raison; les convives n'ont plus cette voracité, cette ardeur bachique, ces folies qui présidoient à nos anciennes tables; tout cela est disparu avec la gêne, la contrainte & la *débauche*; il n'y a guère que dans les provinces, qu'on trouve encore des vestiges de ces usages bêtes & fatiguans.

La *débauche* des femmes a changé aussi. On est devenu plus délicat dans tous les plaisirs, & un homme ne se tue plus aujourd'hui, pour avoir la gloire d'être vanté comme un héros de virilité.

La *débauche* même avec les courtisannes n'a plus ce caractère de luxure grossière & brutale, dont nous avons déjà cité plusieurs exemples. Sur-tout l'abus des sexes est infiniment rare, & n'accompagne plus ce que nous appellons des parties de plaisirs. C'étoit un des grands assaisonnemens de la *débauche* de nos pères, comme on peut le voir dans Brautome & dans d'autres écrivains du seizième & dix-septième siècle.

La *débauche*, sous quelque point de vue qu'on l'envisage, est une cause destructive des mœurs raisonnables, elle leur donne une teinte bête & crapuleuse, elle diminue les forces morales, & surtout rend les individus qui s'y livrent, incapables d'aucun sentiment de vertu publique & de patriotisme. C'est le propre des grands buveurs, d'être égoïstes & froids dans les affaires publiques.

Il est plusieurs moyens de détruire l'habitude de la débauche dans un peuple : 1°. Les spectacles ; 2°. la fréquentation des sexes ; 3°. les fêtes publiques ; 4°. l'instruction, & tout ce qui peut faire naître & entretenir le goût des arts d'agrément.

DÉCLARATION, s. f. Énonciation d'un fait ou d'un droit.

Nous n'entendons point parler ici des loix connues sous le nom de déclaration du roi, c'est des *déclarations* en matière d'administration de police & de justice, que nous avons à traiter ; & sur cet objet nous n'examinerons que la question des *déclarations* secretes ; nous prouverons qu'elles sont un moyen de corruption, d'injustice & d'oppression.

C'étoit principalement à Paris, & pour soutenir l'échafaudage de la police inquisitoriale, que les *déclarations* secrettes étoient autorisées (1). Cette administration ténébreuse, non-seulement autorisoit les délations secrettes, qu'elle qualifioit du titre de *déclarations*, mais encore elle soudoyoit une foule d'agens obscurs, qu'on désignoit sous le nom de moucharts, pour espionner la conduite, les mœurs & les occupations des citoyens, les trahir & les vexer.

Pour justifier ces désordres, pour autoriser les *déclarations* secrettes qui les produisoient, on alléguoit, & des écrivains imbécilles répétoient que dans les monarchies, la publicité de la procédure ne sauroit avoir lieu, qu'on ne doit pas s'y conduire comme dans les républiques, que la police surtout qui fait souvent les fonctions du ministère public, doit admettre les *déclarations* secrettes ; les accueillir précieusement, & cent autres impertinences semblables, comme si la justice & la vérité n'avoient pas par-tout le même caractère, comme si l'honneur, la vie, la liberté des citoyens n'étoient pas par-tout également les mêmes, & qu'un scélérat ne pût pas aussi bien, & peut-être plus aisément encore, accuser injustement un honnête homme, l'enlasser dans des procédures ténébreuses, sous un gouvernement monarchique, que sous un autre.

Il n'en étoit pas moins vrai que ces sotises débitées d'un air magistral, appuyées de quelques maximes arbitraires & vuides d'objet, produisoient un effet merveilleux sur les esprits. Des hypocondres vous répétoient gravement qu'il y a des cas où l'homme, même innocent ne doit pas être libre, que souvent un petit mal produit un grand bien, qu'il est des moyens violens en administration comme en médecine, & qu'on doit sacrifier quelque chose au maintien de l'ordre. Avec une pareille logique, on concluéroit qu'on doit tenir tout le monde à la chaîne, parce qu'il est sûr, qu'ainsi, tout seroit tranquille, & chacun en sûreté. Ces impertinences font encore le fonds de la plupart de nos réglemens de police.

Sur-tout elles servent de base à la doctrine des *déclarations* secretes ; prouvons que celles-ci sont 1°. dangereuses ; 2°. injustes ; 3°. oppressives, comme nous venons de l'annoncer.

Dans un état de société très-compliqué, où les délits sont mal caractérisés, les loix imparfaites, leur application souvent arbitraire, où la jurisprudence est absurde dans bien des points, où l'homme n'est point jugé par ses pairs, où même on lui refuse un conseil, & où l'on le prive toujours provisoirement de sa liberté ; dans un tel état de société, rien n'est plus dangereux que d'avoir un accusateur secret qui noircira, altérera les faits, qui, si son intérêt est de vous perdre, détruira les preuves que vous pouriez donner de votre innocence, & ne vous déclarera que lorsqu'il sera sûr que vous n'aurez aucun moyen de repousser sa calomnie. Tout au plus dans un état libre où l'homme ne peut être détenu prisonnier, qu'il ne soit interrogé dans les vingt-quatre heures, où aucun pouvoir ne peut faire arrêter un homme que la loi à la main, où grand nombre de délits sont cautionnables ; tout au plus dans un pareil état la *déclaration* secrette seroit moins dangereuse, moins funeste à la liberté individuelle ; mais dans tout autre, & sur-tout là où un seul a une puissance qui contraste avec une bonne constitution, la *déclaration* secrette est dangereuse, & le juge

(1) Je mets ce fait au passé, parce que dans le moment où j'écris, toute l'administration de Paris est changée : une révolution subite en a détruit la burocratie politique ; la police est rendue au magistrat municipal, on travaille à établir l'édifice de la liberté sur des bases solides & respectables.

Ce changement a fait heureusement vieillir plusieurs articles de mon travail ; mais quand je n'en regarderois pas la partie déjà lue du public comme ayant influé sur cette grande opération, il n'en seroit pas moins vrai que les raisons, les réclamations qui s'y trouvent, tiendront la postérité en garde contre le retour des désordres que j'ai dévoilés, & lui feront d'autant mieux défendre son bonheur & sa liberté.

doit la rejetter comme un moyen odieux de vengeance & de tyrannie.

Elle n'est pas moins injuste, en ce qu'elle choque & détruit les droits de l'homme & du citoyen.

Je sais bien que ces mots de droits de l'homme & du citoyen, sont vuides de sens pour un grand nombre d'êtres machinals, qui ne voient ce qui doit être, que dans ce qui est, & traitent tout le reste de déclamation; mais il ne faut pas écrire pour eux; leur destin est comme celui de la peste, de ne pouvoir que faire du mal, sans jamais faire de bien.

Pour tous autres, nous dirons: que l'homme jouissant du droit de défense personnelle, doit être présent à toutes espèces d'attaque que l'on pourroit porter à sa personne, à son honneur, à sa réputation; que par conséquent on ne peut sans blesser ce droit, écouter des délations, des *déclarations* secrettes, dont l'objet est d'informer, de faire des recherches sur l'état, la conduite, la personne même du dénoncé.

Cette violation peu importante en apparence, des droits de l'homme & du citoyen, mène à une oppression réelle, à une tyrannie qui expose journellement les innocens, aux menées, aux persécutions d'une foule d'agens obscurs, qui prévenant & fascinant les yeux des juges par leurs rapports faux ou exagérés, ne laissent ni tranquillité, ni sûreté absolue dans la ville.

Il est clair que toute *déclaration*, si elle est vraie, n'a pas besoin du secret; & que si elle est fausse, rien ne peut mieux la montrer telle que la publicité.

Je sais bien qu'on répond à cela qu'il est des circonstances particulières où la *déclaration* d'un fait peut empêcher des malheurs, des accidens, des complots dangereux.

Mais alors la *déclaration* rentre dans une espèce particulière, c'est l'acte volontaire d'un individu, & non une forme admise pour tous les cas; c'est la confidence d'un homme qui veut empêcher le crime de s'effectuer, & non un encouragement donné par la loi à la délation; c'est la démarche d'un homme libre, & non celle d'un agent obscur, payé pour trahir les secrets des familles.

Il est bien sûr qu'un magistrat ne peut se refuser à écouter une *déclaration* secrette, mais elle ne doit être en aucun cas la règle de sa conduite. Car ou la personne qui en est l'objet est coupable, ou elle ne l'est pas. Si elle est coupable, c'est à l'accusateur à la dénoncer publiquement, & suivant les loix; si elle ne l'est pas, l'accusation secrette est un délit que n'excuse pas le seul soupçon.

On dira qu'il est des choses que l'on peut déclarer utilement au magistrat de police, & qui cependant ne sont point de nature à être traitées par les formes d'une procédure publique.

Je réponds qu'il est des cas aussi où il seroit très-utile qu'on mît un homme en prison, pour l'empêcher de commettre un vol, par exemple, sur le soupçon que quelqu'un auroit de son intention; mais de cette manière la liberté de chaque individu dépendroit du caprice, de l'adresse ou du crédit des autres.

Les *déclarations* secrettes ne peuvent donc être, tout au plus, qu'un motif de précautions à prendre par le magistrat de police, en certaines circonstances; encore ne faut-il point que ces précautions soient coercives, qu'elles supposent plus de confiance dans le dénonciateur, que dans l'accusé, il faut que ces *déclarations* soient faites librement par des particuliers, & non par des agens payés exprès pour exercer le métier d'espion & de délateur.

En vain les admirateurs outrés de la police de Paris, ou plutôt des abus qu'on y avoit introduits, veulent-il préparer des moyens pour sa défense, en posant en principe, que les *déclarations* secrettes sont utiles, indispensables, & qu'il suffit de punir le dénonciateur calomnieux, lorsqu'il se trouve tel, pour leur conserver un caractère de justice, & mettre le magistrat à l'abri de la haine publique. Ces allégations ne sont pas plus vraies dans l'administration de la police, que dans celle de la justice criminelle, où tout doit être public, pour être juste, comme nous croyons l'avoir démontré dans cet article.

DÉCOMBRES, f. m. plurier. On appelle ainsi des matériaux inutiles qu'on tire de la destruction des maisons.

Il est essentiel de veiller à ce qu'on n'embarrasse pas la voie publique de *décombres*. C'est une obligation importante, sur-tout dans une ville aussi étendue & aussi peuplée que Paris. Sans une attention constante, il résulteroit une foule d'abus de la facilité dangereuse de laisser les *décombres* dans les rues & dans les places. Cette partie de la police intéresse également la sûreté & la salubrité publiques.

Des *décombres* peuvent en effet servir à cacher des gens mal-intentionnés, & à corrompre l'air, en empêchant l'écoulement des eaux. Ainsi, sous ces deux points de vue, il est d'une bonne police de faire enlever les *décombres*.

Des réglemens très-anciens ont ordonné à tous ceux qui font bâtir, d'avoir des hotteurs, des porteurs, & des tombereaux prêts pour faire porter leurs *décombrés* aux lieux accoutumés, en sorte que les rues n'en soient point embarrassées. C'est la disposition précise de l'ordonnance du prévôt de

Paris, de l'an 1348, confirmée par celle du roi Jean, du 30 janvier 1356, & celles des 30 février 1388 & 22 septembre 1600. Le réglement du parlement, du 30 avril 1663, article 16, ordonne à toutes personnes qui travaillent à la construction des bâtimens, de faire porter aux lieux qui leur seront indiqués par les commissaires, dans des tomberaux bien clos, tous les *décombres*, vingt-quatre heures après qu'il les auront fait mettre sur le pavé des rues.

L'édit de décembre 1607, contient la même disposition. Une ordonnance de Louis XV, du 22 mars 1720, porte, article 7 » enjoint sa majesté aux propriétaires des maisons, architectes jurés, ès-œuvres de maçonnerie, maîtres maçons, & tous autres entrepreneurs, ou conducteurs de bâtimens, appareilleurs, tailleurs de pierres, couvreurs, charpentiers, & toutes autres personnes qui travaillent ou s'emploient à la construction de toutes sortes de bâtimens, de faire emporter les vidanges, terres, gravois, vieux platres, recoupures & taillures de pierre-de-taille, ardoises & tuillots, provenans de couverture, & tous *décombremens* généralement quelconques, en l'une des décharges qui leur seront ordonnées au commencement de chaque mois, par les commissaires de chaque quartier, hors ou dans ladite ville & fauxbourgs, vingt-quatre heures après qu'ils les auront fait mettre sur le pavé, & ce, dans des tomberaux bien clos d'ais; & à faute par eux d'y satisfaire dans ledit temps, veut S. M. que les entrepreneurs des tombereaux extraordinaires, fassent l'enlevement desdites immondices, aux frais & dépens des propriétaires, entrepreneurs, conducteurs, ou principaux ouvriers, seront en outre conduits en prison, s'il en est ainsi ordonné ».

La même ordonnance enjoint au lieutenant de police, de tenir la main à son exécution. Le bureau des finances a voulu s'attribuer la connoissance de cette partie de la police, mais par un arrêt du 8 avril 1780, il a été jugé qu'elle appartenoit aux officiers du châtelet. (*cet article est de M. des Essarts*).

DÉGRAISSEUR, s. m. Celui qui exerce l'art d'enlever les taches de dessus les étoffes, sans les endommager, & sans en altérer bien sensiblement la couleur.

L'état de *dégraisseur* est libre dans les villes de province. A Paris il est attaché à la profession de frippier.

On nomme aussi les teinturiers de petit, *dégraisseurs* & détacheurs, parce qu'il entreprennent d'ôter la graisse & les taches des étoffes de soie ou de laine qu'on leur donne à reteindre.

Par un édit du roi de 1700, il est ordonné à tous *dégraisseurs* & autres ouvriers qui sont obligés de se servir de l'eau de rivière pour leurs travaux, d'obtenir à Paris du corps de ville, la permission d'avoir des bateaux, s'ils en ont besoin, & marquer les lieux où ils pourront les placer sans incommoder, & sans empêcher la navigation; lorsqu'ils n'auront pas besoin de bateaux, de se pourvoir seulement devant le lieutenant de police.

DEGRÉS, s. m. plur. On nomme ainsi une ou plusieurs pierres, placées au-devant d'une porte, au-dessus du niveau du pavé de la rue, & sur lesquels il faut monter pour entrer dans une maison. Elles diffèrent du seuil, en ce que celui-ci est posé entre les tableaux de la porte; cette distinction est nécessaire, parce que les *degrés*, marches ou pas sont assujettis ensemble à un droit de voierie distincte & séparé de celui-ci pour les seuils de portes. *Voyez* SEUIL.

On ne doit donner que huit pouces de saillie aux pas & marches: arrêt du conseil du 19 novembre 1666, qui prononce la peine de démolition, & de 25 livres d'amende contre les contrevenans.

Après la position de ces saillies, il est nécessaire que le propriétaire fasse réparer le pavé à ses frais par l'entrepreneur-général de l'entretien du pavé de la ville, & non par aucun autre.

L'édit de décembre 1607, défend de donner aucune permission de faire des marches dans les rues, mais seulement continuer les anciennes dans les endroits où elles n'empêchent pas le passage.

Les droits de voierie pour les *degrés* d'une maison sur une même rue, quelqu'en soit le nombre, ont été fixé par le tarif de 1735, à 4 livres pour un an; si après ladite année révolue il falloit poser de nouveaux *degrés*, même droit de quatre livres.

DÉGUISEMENT, s. m. Changement d'habits & de costume, dont l'objet est de rendre quelqu'un méconnoissable.

On se déguise par différens motifs; par amusement, pour échapper aux recherches de la justice, pour commettre quelque délit à la faveur du travestissement, comme lorsqu'un homme prend des habits de femme pour s'introduire quelque part où ses vêtemens ordinaires le feroient connoître.

Selon ces différens motifs, le magistrat de police doit régler sa conduite. Il seroit injuste de punir aussi sévérement celui qui se déguise pour s'amuser ou pour s'introduire chez sa maîtresse, que celui qui le fait pour se trahir ou échapper à la peine qu'il auroit méritée.

Les *déguisemens* sont principalement suspects & doivent par conséquent être sévèrement défendus dans des temps de troubles, d'insurrection, de trahison publique, pour deux raisons, afin que les traîtres

traîtres & les coupables ne puissent pas se soustraire à la loi, & afin que l'honnête homme qui se seroit travesti par imprudence ou par quelque motif innocent, ne devienne pas la victime de la rage populaire ou des soupçons du magistrat dans ces malheureux momens.

On a généralement défendu les *déguisemens* dans tout autre temps que celui du carnaval ; mais la police de Paris a plus d'une fois regardé comme une chose indifférente qu'une femme prenne un habit d'homme par divertissement, ou pour suivre les caprices de la mode, & il n'en est résulté aucun inconvénient. Il y a plus de risque d'abus à ce qu'un homme se travestisse en femme qu'à ce qu'une femme se travestisse en homme. Les courtisannes, les filles publiques emploient souvent ce moyen, & comme elles ne se proposent à cet égard rien de bien dangereux, ce seroit un rigorisme bête de les punir pour cette bagatelle.

Par une loi de François premier, il est défendu d'aller masqué ou déguisé avec des armes dans les campagnes. Une déclaration du roi, du 22 juillet 1682, défend, sous les plus rigoureuses peines, aux gardes-françoises d'aller par les rues, déguisés ou travestis d'une manière quelconque. Cela est sage & prévient des malheurs.

Un homme public ne doit jamais se déguiser : c'est avilir son caractère, non par le *déguisement* lui-même, mais parce qu'il s'expose à être insulté sous un costume qui ne lui convient pas.

Le *déguisement* sous les habits d'un sexe différent a moins d'inconvéniens que sous ceux d'un état, d'un grade, d'une magistrature, d'un poste ou d'une dignité dont n'est point revêtu celui qui se déguise. *Voyez* MASQUE.

DÉLIBÉRATION, s. f. Opération par laquelle une assemblée cherche à connoître le vœu de chacun de ses membres sur un objet déterminé.

Dans beaucoup d'assemblées l'objet de la délibération n'est indiqué qu'en général ; il peut se former autant d'avis que de têtes ou du moins que de gens qui veulent ou peuvent se faire chefs d'opinion. Peu-à-peu, à force de disputer, les avis se réduisent à un plus petit nombre, & à la longue, chacun se réunissant volontairement, ou étant obligé de se réunir, d'après la règle établie, à un des deux avis dominans, l'un de ces avis finit par avoir la pluralité. On permet même presque toujours dans ces *délibérations*, de voter en disant : *je suis de l'avis de M. un tel* ; *je suis de l'avis de la proposition qui a été faite* ; ce qui dispense de comprendre ou même de savoir l'avis dont on est. On sent que de telles formes de *délibérations*, ne méritent même pas que l'on s'arrête à en faire sentir les inconvéniens.

Mais, après avoir examiné les différentes formes de *délibérations* qu'on peut employer, on trouvera qu'il n'existe qu'un seul moyen d'obtenir, sur un objet soumis à la décision d'une assemblée, le véritable vœu de la pluralité, ou, ce qui revient au même, la décision dont la vérité est la plus probable. Cette méthode consiste à réduire à des propositions simples, sur lesquelles on ne puisse voter que par *oui* ou par *non*, tous les avis qui peuvent être formés sur l'objet soumis à une *délibération*. Si ces propositions sont isolées entr'elles ; c'est-à-dire, si on peut sans se contredire prononcer à volonté *oui* ou *non* sur chacune, on prendra successivement le vœu de la pluralité sur chaque proposition, & la suite de celles qui l'ont obtenue formera la décision. Si ces propositions sont liées entr'elles, c'est-à-dire, si en supposant qu'on ait répondu arbitrairement *oui* ou *non* à chaque proposition, & qu'on en forme une suite, il se trouve des combinaisons qui renferment des contradictions, alors on prendra la méthode proposée pour les élections. *Voyez* ÉLECTION.

L'objet d'une *délibération* peut être composé, & de propositions isolées, & de plusieurs systêmes de propositions liées, mais isolés entr'eux ; & l'on obtiendra de même en délibérant successivement sur chaque proposition & sur chaque systême, la suite des propositions qui doit renfermer le vœu de la pluralité.

L'on pourroit charger un comité de former le tableau de toutes ces propositions, de tous ces systêmes sur lesquels les membres de l'assemblée n'auroient plus qu'à prononcer leur opinion par *oui* ou par *non*.

Cette méthode de présenter à une assemblée un tableau de propositions sur lesquelles chaque votant n'ait plus à prononcer que par *oui* ou par *non*, n'exclut en aucune manière la discussion raisonnée des objets sur lesquels il faut prononcer ; & c'est seulement après cette discussion de toutes les opinions & de tous les motifs sur lesquels ces opinions peuvent être appuyées, que la question doit être soumise au comité chargé de l'analyser, & de réduire toutes les solutions qu'on peut y donner à une suite de propositions simples. Par ce moyen l'on concilie la liberté de la discussion, sans les *délibérations*, à la méthode, à la précision dans la forme des décisions.

Si l'on vouloit employer pour toutes les décisions le moyen que nous proposons, la lenteur qu'entraîneroit cette forme, pourroit ôter aux assemblées l'activité qu'on doit au contraire chercher à leur donner. Mais il est facile de remédier à cet inconvénient, en établissant que toutes les fois qu'un, deux, trois votans, suivant que l'assemblée est plus ou moins nombreuse, desireront la formation d'un comité de cette espèce, on sera tenu de leur accorder leur demande.

On peut de plus établir qu'elle sera toujours employée, non pour les affaires importantes, expression vague, mais pour les affaires d'une certaine nature, comme par exemple dans celle d'une constitution, de la contribution des impôts, &c.

Dans la nomination des commissaires choisis pour cette rédaction, l'assemblée suivroit la forme indiquée au mot ÉLECTION; car pour l'utilité de ceux qui sont intéressés au succès du travail dont ces commissaires sont chargés, l'on doit chercher plutôt à y faire entrer des hommes sûrement capables de remplir ces fonctions, que les hommes les plus capables de les remplir.

Cette méthode, au reste, paroîtra peut-être au premier coup d'œil, devoir entraîner des longueurs insupportables, même en la restreignant aux seules affaires sur lesquelles toute autre méthode exposeroit à des erreurs dangereuses, mais l'usage rendroit bientôt ces analyses d'opinions très-faciles. Combien n'existe-il pas d'autres opérations qui nous effraieroient par leur complication & leur longueur, si l'habitude ne nous avoit familiarisés avec elles? D'ailleurs si l'on songe à tout le temps que l'on perd dans les *délibérations* à ne pas s'entendre, on trouvera que peut-être cette méthode même seroit, pour les questions difficiles & compliquées, un moyen d'abréger les décisions, autant qu'un moyen de les rendre plus sûres, c'est-à-dire, plus conformes à la véritable opinion de la pluralité.

Il peut y avoir des assemblées où l'intérêt général soit de délibérer, non par tête d'individus, mais en recueillant les suffrages par province ou district.

Par exemple, dans les assemblées provinciales, on peut rencontrer des cas où les députés soient chargés de porter, non leur vœu, mais celui de leur district.

Toutes les fois que les *délibérations* ont pour objet de déterminer les moyens les plus simples, les mieux combinés, d'exécuter une opération, de vérifier des faits ou des calculs, d'en déduire des conséquences, de décider entre des projets, de répartir un impôt; c'est à la raison, c'est à la justice personnelle des membres qu'il faut s'en rapporter. S'agit-il de traiter des objets qui intéressent directement les droits de leurs commettans, c'est le vœu des assemblées de districts qu'il faut prendre, & que leurs députés doivent porter à l'assemblée générale, pour en déduire un résultat qui exprime le vœu commun.

La pluralité, pour arrêter une décision, ne doit pas toujours être la même. S'agit-il d'établir une règle de laquelle il résulte quelqu'inégalité entre les citoyens? quelque restriction mise à l'exercice de leur liberté ou de leur propriété? Alors il faut avoir une probabilité très-grande que cette règle ne soit point une violation réelle de ces mêmes droits. Elle ne doit donc être établie que d'après une pluralité très-forte. Je proposerois, par exemple, d'exiger alors une pluralité des trois quarts dans les membres des districts & des trois quarts des districts: on auroit par là, non seulement une très-grande probabilité de se conformer au vœu commun, mais en même temps on adopteroit une décision qui auroit la pluralité d'un huitième au moins, puisque la proposition seroit adoptée au moins par les neuf seiziemes de toutes les voix, & rejettée seulement par les sept seizièmes.

Si au contraire, il s'agissoit de rendre plus de liberté aux actions des citoyens, à l'exercice du droit de propriété, d'établir entr'eux plus d'égalité; alors la simple pluralité devroit suffire.

Elle seroit encore suffisante dans toutes les circonstances où, par le genre de la question, la décision ne pourroit pas être remise à un autre temps.

On pourroit faire, d'après le vœu de l'assemblée, un réglement qui détermineroit les différentes pluralités qu'il convient d'exiger, d'après la nature même des objets à discuter. Ce règlement seroit un de ceux qui demanderoient le plus de soin; il pourroit fournir des armes contre la trop grande précipitation & l'incohérence des décisions, contre les passions passagères qui pourroient égarer les assemblées; contre l'esprit de cabale ou d'intrigue qui s'y voudroit introduire; contre les vues aristocratiques qui pourroient s'y glisser. On en tireroit encore cet avantage de n'avoir point à craindre des délibérations propres à répandre le trouble, à exciter des divisions sur les objets qui pourroient en faire naître, parce qu'on exigeroit alors une pluralité, telle que la décision qui l'obtiendroit ne pût être que la véritable expression d'un vœu général, formé de sang-froid & avec maturité.

Un autre objet important à remarquer, c'est le droit qu'a tout membre d'une assemblée de proposer les sujets de *délibérations*.

On ne peut exiger qu'une assemblée chargée d'affaires importantes, soit obligée d'examiner toutes celles qui lui sont proposées. Elle seroit placée entre deux écueils, la perte d'un temps précieux vainement employé à discuter des questions inutiles, & le danger des discussions prises sans examen; d'un autre côté, il peut y avoir de l'inconvénient à rejetter tout ce qui n'a pas été jugé par la pluralité digne d'être mis en *délibération*; & ce doit être encore ici l'objet d'un réglement fait précisément en sens contraire. Ainsi, par exemple, si l'on exige une très-grande pluralité pour établir une loi qui paroisse restreindre l'exercice d'un des droits de l'humanité, on établira au contraire que s'il s'agit de faire cesser une violation de ces mêmes droits, le vœu d'un petit nombre de membres suffira pour engager l'assemblée à s'en occuper & à délibérer dessus.

Il est sans doute inutile d'observer combien il y auroit de danger à donner, soit au président, soit aux officiers de l'assemblée, le droit exclusif de proposer les objets de *délibération*. Ce droit feroit de ces officiers un corps séparé contre lequel l'assemblée elle-même n'auroit plus que le droit négatif.

Il reste encore un point important à régler, c'est de fixer le nombre des membres nécessaire, pour former une *délibération* : ce nombre doit être déterminé de manière qu'une cabale ne puisse faire manquer les *délibérations* par une absence affectée, que les absences causées par les maladies, les affaires de quelques membres, ne puissent suspendre le service, excepté dans des circonstances extraordinaires, & par conséquent il ne faut pas que ce nombre nécessaire diffère trop peu du nombre de l'assemblée complette; mais on doit éviter aussi qu'un trop petit nombre puisse former des *délibérations* légitimes, parce qu'une cabale pourroit profiter des circonstances qui ont écarté une partie des autres membres, pour faire passer des décisions conformes à ses vues. C'est entre ces deux extrêmes, qu'il faut tâcher de trouver le point qu'il convient de fixer. Mais cette fixation est nécessaire à établir par une loi : autrement si l'assemblée est de vingt-quatre membres, par exemple, il n'y a aucun motif légal de regarder bonne, une *délibération* prise dans une assemblée à laquelle vingt-trois membres ont assisté, ou de regarder comme nulle, une *délibération* à laquelle trois ou quatre seulement auroient pris part.

On pourroit peut-être employer un moyen très-simple de remplir cet objet; ce seroit d'exiger qu'à l'exception du petit nombre de *délibérations* qui ne peuvent souffrir aucun délai, on exigeât pour les autres la même pluralité que si l'assemblée étoit complette; qu'ainsi, par exemple, si l'assemblée étoit de vingt-quatre personnes, les *délibérations* où l'on exige les deux tiers, fussent formées par l'avis de seize votans; celles où l'on exige les trois-quarts par l'avis de dix-huit : ou bien l'on pourroit regarder comme constantes ces pluralités proportionnelles, exiger, par exemple, lorsque l'assemblée complette seroit de vingt-quatre membres, une pluralité de huit ou de douze, quelque fût le nombre des membres présens. On fixeroit ensuite pour les décisions qui ne doivent point souffrir de retard, le nombre de membres qui pourroient former une *délibération*; par exemple la moitié du complet.

Mais cette régle comporte encore différentes modifications : quand c'est une assemblée convoquée & dont le nombre des membres n'est point connu, on n'en peut point déterminer la quantité nécessaire pour former l'assemblée; & dans une assemblée dont les membres connus & déterminés seroient peu nombreux, il seroit dangereux d'arrêter une *délibération* importante lorsqu'il n'y en auroit que la moitié. Dans le premier cas, on pourroit déterminer par l'affiche de convention, le nombre de membres suffisant pour délibérer, & dans le second, exiger que tous les membres soient présens, lorsque la *délibération* seroit d'une conséquence majeure.

L'assemblée nationale de France a arrêté que la moitié des représentans suffiroit pour délibérer, & que la moitié des suffrages plus un, des membres présens, suffiroit également dans toutes les *délibérations*.

Dans le parlement d'Angleterre, les membres présens forment l'assemblée & les arrêtés s'y prennent à la pluralité.

L'on doit au reste remarquer que dans ce même parlement, une proposition ou motion tombe d'elle-même, si elle n'est soutenue au moins par un second membre; si elle est secondée on peut mettre en *délibération* si elle sera acceptée ou rejettée.

DEMARQUE, s. m. On donnoit ce nom à de petits magistrats, chefs annuels des villages & petites bourgades de l'Attique. Leur objet étoit, principalement, de faire connoître leur part d'impôt à chaque habitant, & de la percevoir. Aidés d'un conseil & d'un écrivain, ils donnoient aux propriétaires de leurs districts respectifs, la portion du fardeau qu'ils devoient porter, & qui n'étoit plus relative, comme du tems de Solon, à la quantité des fruits, mais à la quantité des terres que chaque citoyen possédoit, suivant l'évaluation insérée dans le registre du cens; lequel cens étoit l'estimation du produit des terres, que l'on renouvelloit tous les cinq ans.

Les opérations des romains, relatives aux cens & aux censeurs, avoient été copiées exactement sur celles des athéniens, dont la méthode étoit bien supérieure à celle des cadastres : car en un laps de cinq ans, la valeur d'une ferme peut beaucoup varier par les améliorations, ou bien diminuer par des causes fortuites, telles que les mauvaises récoltes & la mortalité des bestiaux. D'où il s'ensuit que les évaluations quinquennales préviennent les injustices des cadastres.

Comme les *Demarques* ou les magistrats de campagnes, avoient la réputation d'être très sévères à faire payer les contribuables, *Aristophanes* les a joués dans la comedie des *Nuées*, où il les compare à des insectes mordans qui ne vivent que de sang humain : mais ce n'étoit pas leur faute si la république exigeoit de si fortes sommes de la main des cultivateurs, qu'ils ne vexoient à leur tour que par le devoir de leur emploi, qu'on envisageoit comme le dernier degré de la magistrature; & *Démosthène* a plaidé pour l'un de ces *Demarques* de la peuplade de Haleine, qui étoit un personnage si peu important, que sa mere avoit été nourrice, & vendoit des rubans dans le marché d'Athènes. (*M. Paw. Recherches sur les grecs*).

Par tout les mêmes besoins amènent à-peu-près le même ordre de choses, les mêmes institutions & l'établissement d'agens semblables pour les mettre en activité.

A Athènes comme chez nous, il falloit des fonds publics pour pourvoir au soutien de l'armée, des magistrats, & des dépenses d'administration. Ces fonds ne pouvoient être que le produit des contributions, & ces contributions exigeoient des hommes destinés à les lever; les *demarques* étoient donc des espèces de collecteurs.

Mais ils avoient cet avantage sur nos collecteurs, que leurs fonctions leur étoient personnelles, qu'elles constituoient leur état, & qu'ils étoient des hommes publics; au lieu que chez nous, la collecte des impôts; a toujours été abandonnée à des particuliers, variables d'année en année, c'est un fardeau dont chacun est bien aise de se délivrer.

L'institution des petites administrations de paroisses, opérera un changement à cet égard, & peut-être verrons-nous les *demarques* rétablis sous un autre nom, & sous l'autorité des membres de l'administration de la communauté.

DEMAGOGUE, s. m. Chef d'un parti populaire.

Le *démagogue* étoit à Athènes, le magistrat qui, par ses talens, son éloquence, sa politique, avoit gagné la faveur du public. C'étoit l'homme public en crédit; celui qui avoit le plus d'ascendant sur le peuple.

Un *démagogue* n'étoit point un factieux, ce n'étoit point non plus un chef de parti proprement dit, parce que si la majorité du peuple pensoit comme lui, ou plutôt agissoit d'après les mouvemens qu'il lui inspiroit, c'étoit l'effet de la confiance qu'on avoit dans ses services & dans son courage, & non le résultat d'un complot, d'une machination, d'une trame particuliere.

C'est en quoi le *démagogue* diffère de l'agitateur. Celui-ci remue, agite, comme l'indique son nom, par des vues & des moyens particuliers, secrets, personnels; l'autre laisse agir le peuple qu'il anime, soutient à la vérité, mais publiquement & sans cabale particulière.

Nous avons eu, & nous avons encore, dans la révolution inattendue qui vient de se faire à Paris, des *démagogues*, des hommes écoutés, non pas de tout un peuple, mais d'un assez grand nombre d'individus pour agir avec puissance dans leur quartier respectif. La grande quantité qui s'en trouve les fait presque totalement oublier, les hommes passent, on ne s'occupe que des choses.

Nous n'avons pas vu s'élever de chef de parti, parce que le seul parti dominant étoit celui de la liberté, & que le peuple, lorsqu'il s'en mêle vraiment dans une ville comme Paris, n'a pas besoin d'autre chef que lui-même. Les agitateurs n'auroient pas eu plus beau jeu; comme l'intérêt personnel est leur mobile, leur influence eût été insuffisante dans des circonstances aussi violentes.

Ce n'est pas qu'il n'y ait eu des esprits inquiets, agités, turbulens, de vrais agitateurs: ce sont les fléaux de l'ordre & de la liberté de tous; mais s'ils ont un moment agité quelques individus, ils n'ont point égaré la multitude. Les *démagogues* éclairés, prudens & intrépides, ont eu plus de succès, & leur travaux journaliers ont tourné à l'avantage de tous les frères.

DEPARTEMENT. s. m. Ce qui est départi à quelqu'un; ce mot est partitif, il annonce la distribution d'un tout fait en différentes parties, dont chacune est nommé *département*.

Nous ne parlerons pas ici du *département* de la taille. *Voyez* LES FINANCES.

Nous parlerons des *départemens* dans l'administration en général, & dans celle de la police en particulier.

L'on considere l'administration comme un grand tout, dont la régularité résulte de l'ensemble, de l'exécution de chacune de ses parties. Mais cette exécution ne peut avoir lieu qu'autant que les détails sont surveillés, que tous les rouages de l'administration sont unis en un; ce qui ne peut se faire que par une distribution du travail en différentes branches, qui toutes tiennent au tronc de la chose publique, ou plutôt composent l'organisation de la puissance qui veille à sa conservation.

Ces différentes branches sont ce qu'on nomme les différens *départemens*, de la guerre, de la justice, des finances, des affaires étrangeres, de la police intérieure.

Quelques auteurs, l'abbé de Saint-Pierre en particulier, ont regardé comme une erreur d'administration qu'on ait donné un ministre particulier à chaque *département*. Ils auroient voulu qu'on en eût réuni deux, & même plus, sur la même tête; fondés sur cette raison, que souvent le ministre de la guerre, par exemple, la fait durer afin de ne point tomber dans l'oubli où le jetteroit la paix, pendant laquelle les yeux se tournent naturellement sur le ministre des finances. L'abbé de Saint-Pierre donne en preuve les rivalités de Colbert & de Louvois; il assure que si Louvois eût eu les affaires étrangeres pour s'occuper pendant la paix, il n'eût pas fomenté la guerre.

Ces raisons pouvoient être justes alors; aujourd'hui nous pensons que le salut public ne doit point dépendre des passions d'un ministre; que leur responsabilité, leur soumission aux ordres de la nation, doivent nous être des garans de leur conduite & une bride à leur frénésie.

On appelloit *département* dans l'administration de la police, certaines fonctions attribuées aux commissaires & inspecteurs de police. Les uns avoient les *ordres du Roi*, les autres l'*enlevement des filles publiques*, l'*espionnage*, la *recherche des pédérastes*, la *bourse*, les *farines*, les *spectacles* &c. Aujourd'hui la moitié de ces *départemens* sont supprimés par le retour de la liberté, & les autres sont administrés par les membres de la commune ou plutôt de la municipalité de Paris. *Voyez* PARIS.

DEPUTATION, s. f. Envoi d'un ou plusieurs membres d'une assemblée, vers une personne ou une autre assemblée.

L'objet de toute *députation* est de faire quelque demande, ou de communiquer quelqu'observation, quelque remarque; en un mot faire part de quelque chose à ceux vers qui l'on députe.

Le droit de députer est un droit inaliénable de toute assemblée, il est fondé sur les mêmes bases que celui de délibérer, de voter. Mettre des entraves à l'un c'est en mettre à l'autre.

Aussi doit-on regarder comme une violation des droits des communes, cette disposition d'une déclaration du 2 octobre 1703, qui dit: « que les maires, échevins, syndics &c., ne pourront faire aucune *députation*, si la délibération de la commune qui les y autorise, n'est confirmée par écrit de l'intendant ou commissaire départi ».

Non seulement toute assemblée régulièrement organisée a le droit de *députation*, mais encore toute corporation, toute association licite de citoyens, peut députer pour porter ses plaintes ou demandes à qui bon lui semble; sauf à celui vers qui l'on députe à recevoir ou ne pas recevoir les députés.

Les *députations* sont en général un grand moyen d'union, de fraternité, de correspondance amicale, entre les différens corps ou assemblées publiques.

Dans les momens de troubles & d'agitations sur-tout, elles sont infiniment utiles; & quoi qu'on en dise, elles sont préférables à la voix des adresses & des simples missions.

Nous en avons éprouvé le plus grand bien dans ces jours d'agitation, elles ont soutenu l'esprit public entre les frères, dissipé l'esprit de division, échauffé les cœurs & rappellé la lumiere toujours prête à nous échapper.

Il est vrai qu'elles font perdre du tems, & privent souvent les assemblées qui députent de leurs meilleurs membres, le choix se portant naturellement sur ceux qui ont le plus de caractère & de talens; mais cette raison n'est point suffisante pour se refuser à des *députations* même multipliées, parce qu'une *députation* fait toujours mieux connoître le vœu d'une assemblée, qu'un aride papier, qui d'ailleurs peut se perdre & compromettre souvent des arrêtés qu'il est important de tenir secrets.

Jamais une assemblée ne peut refuser une *députation* de ses commettans; elle doit toujours la recevoir, l'entendre, y répondre; c'est un droit de tout constituant auprès de son constitué; droit que l'assemblée nationale a reconnu, & dont elle n'a privé, peut-être, quelque province, que par le vœu même de ses commettans qui lui ordonnoit de travailler à la constitution, sans se laisser détourner par aucun objet étranger à celui-là.

DESPOTISME, s. m. L'état de *despotisme*, dit *Aristote*, est celui où un seul homme gouverne le peuple selon des maximes qui ne sont pas dirigées vers l'intérêt des sujets, mais vers l'intérêt du Prince. *Tyrannis est illa monarchia, quœ nullis legibus subjecta sit, dominetur per vim œqualibus & melioribus, ac respiciat ad propriam utilitatem, non verò ad utilitatem subditorum.* Arist. polit. lib. IV c. X.

On ne pourroit que difficilement donner une notion plus juste de ce que nous désignons en général par le mot de *despotisme*, cette définition le distingue de la tyrannie proprement dite, qui est plutôt une administration active, cruelle, mais aveugle, sans but & sans motif, qu'un systême combiné en faveur du maître. Le tyran ne cherche qu'à exercer sa férocité, le despote qu'à affermir sa puissance; celui-ci exige des contributions de ses peuples, mais ne leur ôte pas toujours la vie; celui-là semble au contraire menacer leurs jours & n'en vouloir qu'à leur personne; le despote ne connoît de loi que sa volonté, de règle que ses caprices; mais ses desirs satisfaits, sa cupidité assouvie, il laisse reposer ses esclaves; le tyran veut du sang; la propriété, la liberté ne lui suffisent pas, il aime à se repaître de tourmens & de larmes, c'est là où il tend; & tandis que le despote fait de l'esclavage & de la cruauté l'instrument de son pouvoir, le tyran en fait l'objet & la fin.

Le *despotisme* desseche les états, y tarit la source de tout bien & y cause par son adresse perfide, un mal plus grand que la tyrannie, parce qu'il est plus durable, quoique moins actif.

L'anarchie populaire a souvent amené la tyrannie; c'est toujours un pouvoir exécutif trop grand ou mal constitué qui amène le *despotisme*.

» C'est un grand malheur, dit M. d'Entraigues, que le même homme que la nation a revêtu du pouvoir exécutif, pour le diriger contre l'ennemi de l'état, devienne, par trait de tems, l'ennemi de la liberté nationale, & emploie pour la détruire les forces qu'il a reçues d'elle pour la maintenir libre au dedans & la défendre au dehors.

» Ce danger éminent est malheureusement inévitable (1) : il est inhérent à l'état monarchique ; & si les rois eux-mêmes n'étoient fortement tentés de devenir des despotes, c'est dans le sein de la nation qu'ils trouveroient les plus ardens fauteurs de la tyrannie ; c'est parmi ceux qu'ils élevent au ministère que se trouveront toujours ces hommes inconcevables, qui pour goûter un moment le bonheur de porter le sceptre de la tyrannie, aident de tout leur pouvoir à étendre l'autorité absolue, sûrs qu'ils sont, d'en devenir un jour les victimes & de forger les chaînes de la servitude pour leurs enfans.

» Les rois sont des hommes, & quand la loi les destine au trône dès leur naissance, ce sont de tous les hommes, les plus sujets à l'erreur.

» Le foible du cœur est de vouloir dominer, de maîtriser à la fois les personnes & les opinions.

» On espere trouver le suprême bonheur dans la suprême puissance ; son exercice semble le plus favorable à la paresse, qui agit quelquefois, mais ne raisonne pas. La folie des hommes attache d'ailleurs une sorte de gloire aux attentats des rois sur la liberté publique, quand le succès a couronné leurs efforts. N'est-il donc pas tout naturel qu'un roi haïsse les loix, redoute le pouvoir de la nation & cherche à y substituer uniquement le sien.

» Les moyens d'affermir le *despotisme* ne sont autres que d'avilir les ames ; quand une fois on y est parvenu tout est fait, l'homme moral est mort & l'état est dissous.

» Mais avant d'arriver à ce dernier terme il faut parcourir bien des époques.

» La puissance exécutive, toujours subsistante, doit par trait de tems, éloigner le pouvoir législatif & à la fin s'en emparer.

» La nation ne peut être continuellement assemblée que par ses représentans ; d'ailleurs elle n'agit que par des loix, & c'est au pouvoir du roi à les faire exécuter.

» Plus l'intérêt national diminue, plus l'amour de la patrie s'éteint ; dès lors les assemblées nationales deviennent plus rares, & finissent par disparoître.

» Les rois les éloignent de tout leur pouvoir, jusqu'à ce qu'enfin les citoyens, devenus des sujets, cessent eux-mêmes de les desirer.

» C'est quand il ne reste plus que des souvenirs confus, que l'autorité devient chaque jour plus absolue. Elle usurpe tous les pouvoirs : les rois naissent enfin entourés d'une autorité illimitée : ils la conservent avec une sombre jalousie, la regardent comme leurs patrimoines & leurs sujets comme un héritage (2).

» Alors toutes les idées d'une nation s'altèrent, on n'a plus de patrie : où règne le *despotisme*, s'établit l'égoïsme ; ne pouvant être attaché à aucun bien national, on s'attache uniquement à soi, & le cœur étranger pour jamais à la chose publique, se concentre uniquement dans ce qui a rapport à l'individu. »

Telle est la marche plus ou moins rapide qui entraîne les monarchies les plus libres dès leurs naissance, vers le plus absolu *despotisme*.

S'il a frappé trop long-tems sur une nation, elle contracte enfin tous les vices des esclaves ; la terreur seule y tient les hommes enchaînés sur la glebe qu'ils arrosent de leurs sueurs ; mais s'ils la baignent aussi de leurs larmes, l'état n'est pas perdu, leur cœur vit encore & la liberté peut renaître.

L'empire de la liberté ne se soutient que par des vertus, celui du *despotisme* né de nos vices, ne se perpétue qu'en les accroissant encore & les fomentant sans cesse.

Quand l'autorité nationale n'est plus rien, l'autorité exécutive s'empare de ses droits, d'abord avec crainte & mesure ; mais quand est née une race d'esclaves, que la tombe a couvert tous ceux qui virent les beaux jours de la république, alors paroît le *despotisme*. Pour le soutenir avec quelqu'éclat, il exigeroit d'être toujours dirigé par des mains habiles ; que s'il tombe en des mains inexpérimentées, il devient alors le *despotisme* ministériel, & c'est dans le pouvoir absolu le terme extrême, c'est la corruption du *despotisme* même.

Alors les haines particulières auxquelles les rois

(1) Il n'est cependant pas contraire aux principes de la constitution d'un état monarchique que la puissance militaire soit, comme en Pologne dans ce moment, soumise à l'assemblée nationale ; c'est-à dire, à la nation : que les troupes prêtent serment au peuple & au roi, que celui-ci ne puisse introduire des soldats étrangers sans la permission du pouvoir législatif, &c. toutes choses auxquelles on n'a pas pensé encore en France, & dont l'oubli ramenera toujours le *despotisme* de fait, si on ne répare cette erreur ; cela n'empêche pas que les inconvéniens de la monarchie dont parle M. d'Entraigues ne soient terribles.

(2) Ces paroles de M. d'Entraigues font naître une idée : c'est que les écrits d'aujourd'hui feront le désespoir de nos enfans si la France retombe dans son ancien *despotisme*, si elle ne jouit point d'une liberté proportionnée à l'horreur que nous leur aurons inspirée pour la tyrannie. La connoissance de leurs maux ne pourroit que les rendre plus malheureux ; vérité qui nous impose l'obligation de les en garantir.

sont inaccessibles s'allient avec le pouvoir: alors l'ambition, la bassesse, la cupidité dictent des décrets & ces décrets deviennent des loix.

Alors les plus effroyables abus deviennent des prérogatives du trône.

Alors s'élèvent de vastes cachots, ils reposent sur la liberté publique & menacent celle des citoyens.

Alors on ruine les propriétés par des impôts; on consume la postérité pas des emprunts.

Les loix de la veille sont annullées par des loix du lendemain: il s'élève bientôt une classe d'hommes affreux, ardens fauteurs de la tyrannie, attirés autour d'elle par l'espoir décevant de partager son autorité. Alors se forme contre la nation, la plus terrible des confédérations, celle où non-seulement il se trouve des satellites prêts à l'enchaîner, mais des imposteurs ardens à abuser du seul bien que le ciel laisse à l'infortune, la piété & la religion. Aussi-tôt se promulguent ces maximes empoisonnées qui conservent le *despotisme*. Né de la corruption de la nation, mais honteux de son origine, n'ayant nul appui solide sur la terre, de sacrilèges mains lui en apprêtent un dans le ciel, voilà le plus épouvantable crime de la tyrannie.

Cette aggrégation progessive de désordres & de maux a, depuis dix siècles, désolé la France; tous les *despotismes* y ont régné, & l'on peut les classer ainsi.

1°. *Despotisme* royal;

2°. *Despotisme* ministériel;

3°. *Despotisme* aristocratique;

4°. *Despotisme* judiciaire.

Les despotes sont des hommes qui peuvent violer impunément les droits des citoyens; ils ne sont pas nécessairement des tyrans, mais ils abusent presque toujours de leur pouvoir; il est peut-être impossible que cela soit autrement dans un grand état.

Il faut donc des loix qui empêchent les rois, les ministres, les nobles, les prêtres, les juges de se repaître des sueurs & du sang des peuples; ils perdront tous leur funeste autorité, ne craignons pas de le prédire; les vertus de Louis XVI & la sagesse de l'esprit public nous l'assurent.

Une loi qui feroit abbatre les prisons royales, une loi qui puniroit comme perturbateurs du repos public, les satellites convaincus d'avoir arrêté un homme en vertu d'un ordre royal ou ministériel, une loi qui forceroit les ministres à ne pas mettre d'impôt; à ne pas ouvrir d'emprunts sans le consentement de la nation, renverseroit le *despotisme* royal & ministériel.

La vengeance, la vanité, la folie des conquêtes, toutes les passions qui tiennent à la foiblesse de l'esprit, peuvent être les causes du *despotisme* ou les moyens d'y parvenir.

1°. Les rois, toujours entraînés par le torrent des affaires ou des plaisirs, voient les courtisans sans les connoître, lisent dans leurs volontés tout ce qu'ils veulent y lire, n'éprouvent que le dégoût de leur complaisance, & ne peuvent les haïr ou les mépriser les uns plus que les autres: les rois ne vivent pas avec leurs sujets; ils ne se plaignent jamais que d'un petit nombre d'hommes; la foudre de la vengeance royale ne peut donc frapper que très-peu de têtes; elle ne doit pas les respecter, mais elle ne doit pas les blesser mortellement.

Ainsi *les rois pourront ôter les places de leurs maisons, défendre leurs maisons à ceux qui leur déplaisent*; mais ce sera le terme de leur pouvoir arbitraire.

2°. La vanité enfante la prodigalité, ce fléau terrible des états, qui jadis, après avoir pompé péniblement la substance du peuple, l'offroit en riant à la légèreté, à la perversité; l'employoit à charger la terre de temples inutiles, de palais inhabitables, de monumens insensés qui insultent continuellement à la misère publique; mais n'oublioit pas d'en consacrer une partie à arracher de la charrue, des hommes nés pour féconder les champs, & non pour aider à les opprimer.

Une loi qui restreindroit les dépenses & les revenus, pourroit à la longue être annullée par les rois. Leurs grands moyens sont les troupes; qu'il y ait dans les villes frontières quelques régimens prêts à les défendre, qu'il y ait dans chaque province des milices nationales, divisées par districts ou par paroisses, en compagnies plus ou moins nombreuses; que ces compagnies soient composées de tous les jeunes gens de bonne volonté & en état de prendre les armes; qu'elles s'exercent tous les dimanches; qu'elles soient punies si elles s'assemblent un autre jour, sans en avoir reçu l'ordre de l'assemblée provinciale; & alors nous n'aurons plus ces troupes qui portent de villes en villes les vices dont elles sont infectées; alors le trésor national sera déchargé d'une dépense énorme; alors le glaive du *despotisme* sera presque brisé; alors l'agriculture ne manquera plus de bras; alors la guerre ne nous menacera jamais: car le succès des campagnes étant assuré à l'état qui a le plus d'or & le plus de soldats, aucun royaume ne seroit assez imprudent pour attaquer la France.

Un roi sans armée seroit vainement vindicatif & prodigue; il ne pourroit, en temps de paix, ni persécuter ses courtisans, ni ruiner ses peuples; il seroit forcé de suivre les loix. Mais la guerre pourroit le conduire au *despotisme*. Il existe deux espèces de guerres, la défensive & l'offensive. La

France bien administrée, la France heureuse par ses loix & par son gouvernement, la France riche par la masse de ses enfans & la fertilité de son sol, en imposeroit à l'Europe entière; elle seroit respectée, elle seroit juste; & n'auroit pas besoin des étrangers. Les guerres alors ne seroient donc jamais nécessaires.

3°. Cependant un roi pourroit les aimer; il pourroit, tourmenté par les louanges que les orateurs, les poëtes, les historiens, souvent même les philosophes ont prodiguées aux conquérans; aspirer à la gloire des Alexandre, des César, des Frédéric; il pourroit par des prétextes spécieux, des motifs en apparence raisonnables, engager le conseil national à permettre la guerre; il pourroit, commandant-né des troupes, s'habituer aux folles douceurs du pouvoir absolu; il pourroit, après s'être fait chérir & admirer dans son armée, après s'être fait célébrer par les distributeurs de la renommée, tourner ses forces militaires contre son peuple, ou ne pas licencier les soldats, ce qui bientôt seroit la même chose.

On imitera l'Angleterre; le roi aura le droit de déclarer la guerre, & la nation aura celui de refuser ou d'accorder les subsides nécessaires pour la payer. Je suppose qu'un roi, comme Frédéric II, gouverne un jour les anglois; il déclarera une guerre que le parlement croira indispensable; il conduira ses troupes sur les terres de son ennemi; il les nourrira, les entretiendra, les enrichira, & s'enrichira lui-même sans accabler la nation; il se fera aimer & craindre par sa bravoure & son caractère; il aura augmenté son armée de troupes étrangères; il reviendra dans son royaume; il cassera le parlement; il conservera ses troupes, il les mettra en garnison dans les provinces: alors qui osera lui résister? Les grands. Avec plusieurs d'entre eux il y a des accommodemens; en les exemptant de quelques impositions, en leur donnant des places ou des cordons, il gagnera une partie de ceux que ses succès, ses caresses, ses intrigues n'auront pu lui acquérir depuis long-tems; il épouvantera les autres les autres par son génie: Qui osera lui résister? Le peuple. Le roi est austère, frugal, économe; il ne charge pas la terre de bâtimens insolens; il n'insulte personne par son luxe; il favorise les arts & l'industrie; il est juste; le peuple le respecte & l'adore, il n'est pas malheureux, il se taira; il parlera, je le veux, il s'assemblera, il se soulèvera, il prendra les armes; mais il n'est pas accoutumé à les porter: bientôt il les trouvera trop pesantes, & ne pourra les présenter contre de vieux soldats qui ne respirent que le carnage, parce qu'ils sont sans enfans, sans femmes, sans patrie, & parce qu'ils ne peuvent vivre que par leur épée.

Les rois ne pourront donc déclarer la guerre sans le consentement de la nation; ils ne pourront prendre à leur service, des troupes étrangères. Ils ne pourront casser l'assemblée nationale. Les milices promettront solemnellement d'obéir aux loix, & elles ne pourront sous aucun prétexte rester sous les armes, la guerre étant finie.

II.

La France ne peut être gouvernée par un seul homme; la complication de son administration, l'étendue de son territoire, le nombre de ses enfans, ont forcé les rois de confier l'autorité à des ministres qui eux-mêmes confient une partie de leur puissance à des intendans.

Un roi n'est jamais intéressé à opprimer le peuple; la tyrannie ne lui procureroit aucune jouissance, & empoisonneroit sa vie tout entière. Mais il peut être égaré par ses ministres, qui presque tous dévorés d'ambition, ménagent, aux dépens du peuple, tous les hommes en crédit, ou flattent les passions du roi pour régner avec lui plus long-tems, ou lui suggerent des guerres criminelles, des projets insensés pour se rendre nécessaires.

Les moyens que nous avons offerts contre le *despotisme* royal, s'étendent donc jusqu'au *despotisme* ministériel. Comme il est évident que les rois ne peuvent par eux-mêmes vouloir le mal, comme il est évident que les ministres sont souvent intéressés à le vouloir; *les ministres*, chacun dans leur département, *apposeront leur signature au dessous de celle du roi, & répondront de la justice de l'ordre. Le tribunal de la nation, ou une commission nommée par elle, instruira & jugera les procès intentés aux ministres pour cause de forfaiture.*

III.

Le *despotisme* aristocratique renferme le *despotisme* des nobles & celui des prêtres.

1° Vainement Richelieu avoit essayé d'étouffer la féodalité; ce monstre conserva le germe de la vie; la fermeté de Louis XIV l'empêcha de se développer; la foiblesse de Louis XV le laissa croître, & sous le meilleur des Rois, il fut bientôt une puissance terrible qui couvroit de son soufle la nation entière.

Les loix féodales qui excluoient la roture des dignités militaires, exercèrent leur ancienne cruauté. Catinat, qui, suivant le témoignage irrécusable de M. Cherin, n'avoit pas cent ans de noblesse; Catinat, qui n'étoit pas fils d'un chevalier de S. Louis, Catinat, maréchal de France sous Louis XIV, ne pourroit parvenir qu'au grade de lieutenant sous Louis XVI. Cette loi, qui éloigne une foule de citoyens des places que leurs connoissances & leur travaux méritent, est sans doute dangereuse pour la patrie; elle est encore injurieuse à la noblesse elle-même.

Il est flatteur de compter parmi ses aïeux une longue suite d'hommes illustres; il est doux de devoir à son pere, la considération dont on jouit. Mais n'est-il pas aussi flatteur, aussi doux de dire : « Mes cordons, mes grades ont ajouté un nouveau lustre à ma famille; mes pères ont été de grands hommes; je suis moi-même un grand homme; mes contemporains s'occupent de l'histoire de mes aïeux; la postérité lira la mienne ».

Cependant si les récompenses, les dignités militaires sont toujours accordées à la noblesse, celui qui les a, qui a la conscience de son génie & de son savoir, & qui a conduit une armée avec habileté, n'entendra-t-il pas la justice proférer ces mots terribles ? « Il est le plus grand général de son siècle; mais c'est que le génie & les connoissances sont interdits aux citoyens; c'est qu'une loi absurde, en assurant les places militaires à la noblesse, étouffe l'émulation dans tous les cœur, oblige les plébéiens à porter leurs méditations loin de l'art de la guerre, précipite les nobles dans l'oisiveté. S'il eût été permis à tous les hommes de parvenir à tout, il eût été confondu dans la foule, il n'eût rien été ».

Les gentilshommes dignes d'illustrer leurs familles demanderont donc que *les roturiers puissent parvenir à toutes les dignités militaires.*

Ceux que leur ignorance, leur foiblesse condamne à traîner un nom célèbre, le demanderont aussi. Ils peuvent aspirer aux dignités; ils les obtiendront peut-être : car l'intrigue & l'usage auront toujours du pouvoir. S'ils ne sont pas absolument privés de la raison, ils doivent comprendre qu'ils sont intéressés à ce que tous les hommes puissent parvenir au même but qu'eux par des routes différentes. Combien de cordons bleus ont dû rougir de voir Catinat sans le cordon bleu! combien de maréchaux de France ont dû rougir de voir Chévert lieutenant-général! s'ils les avoient eus pour confrères, ils n'auroient pas été & ne seroient pas encore regardés comme des usurpateurs. La postérité, qui ne seroit pas forcée de se plaindre, les auroit jugés avec indulgence, & auroit pensé qu'ils avoient du moins quelque talent.

La patrie, les nobles doivent donc demander que *les roturiers parviennent à toutes les dignités militaires.*

2°. Lorsque le christianisme eut, comme toutes les sectes, acquis des forces par la persécution, ses chefs sentirent que les prêtres ne pouvoient s'assurer un long empire, sans former un corps. Dès-lors ils essayerent de renverser toutes les loix naturelles que leur religion avoit respectées; & bientôt la société ne fut plus composée de familles dont tous les membres étoient égaux; les états virent dans leur sein, des hommes soumis à un maître étranger, à une discipline particuliere.

Le clergé toujours subsistant, toujours parlant au nom de Dieu, toujours empiétant sur les droits des citoyens, devint le souverain des rois & des peuples; il persuada aux rois qu'il étoit leur soutien, aux peuples, qu'il étoit leur appui; il abusa de la foiblesse même, il souleva les peuples contre les rois; il appela les rois à son tribunal; il ne reconnut pour législateur & pour juge, que son chef; enfin, ce qui est le dernier des crimes, il abusa de la confiance des peuples en les armant les uns contre les autres, non pour soutenir les lois fondamentales de toute société raisonnable, mais pour affermir la tyrannie des papes & les prétentions du sacerdoce.

Le voile de la crédulité ne pouvoit couvrir longtemps encore les yeux des souverains qui, dans les siecles de barbarie, étoient moins ignorans que le peuple. Le clergé s'en apperçut; il capitula comme un homme puissant qui abandonne une partie de ses usurpations, à condition que l'on reconnoîtra qu'il est légitime possesseur du reste.

Les rois purent, avec la permission des papes, exiger quelques redevances des prêtres; mais le pape conserva le droit de nommer à tous les bénéfices; le clergé fut toujours un ordre dans l'état.

Ainsi le christianisme avoit une armée nombreuse, toujours disposée à obéir à un chef qui, en augmentant son pouvoir, augmentoit celui de ses soldats; qui parloit au nom de Dieu, & donnoit ou promettoit une abbaye ou un evêché; qui s'attachoit les ambitieux par l'espérance, & lançoit des excommunications sur les hommes éclairés ou peu respectueux pour des prêtres ou des moines rongés par tous les vices.

Alors Luther parut; Rome avoit disposé l'Europe à l'entendre; il fraya la route à Henri VIII, à Calvin; & s'ils ne s'étoient pas deshonorés par leurs conduite privée, & rendus odieux par leurs emportemens & leur intolérance, ils auroient, avec le temps, détruit le catholicisme; car leurs opinions furent proscrites & leurs partisans persécutés. Les assassinats, les empoisonnemens, la guerre, les supplices, le martyre, tout fut employé contre eux, au nom d'un Dieu de paix, au nom de Jésus, qui, sans se plaindre, avoit souffert les plus grands outrages; les réformateurs, au lieu d'imiter la conduite des premiers chrétiens, repousserent les crimes par les crimes. Rome cependant perdit une grande partie de l'Europe, tant elle & ses prêtres avoient inspiré de haine! Ils eussent dû descendre en eux-mêmes, & couper jusques dans ses racines le principe du mal; l'intérêt du catholicisme l'exigeoit, l'intérêt personnel le défendoit, & lui seul fut écouté; l'égoïsme étoit l'esprit ecclésiastique; il l'est encore, car les mêmes causes subsistent : & les opinions actuelles l'empêchent seules de renouveller les dragonades qui ont multiplié les protestans, de prodiguer les exils, les bannissemens, qui ont fait naître les Jansénistes, qui ont forcé plusieurs philosophes respectables pour leur génie & leurs vertus, à saper l'édifice du christianisme.

Cet exposé succinct, appuyé sur l'histoire, m'a paru nécessaire pour découvrir le germe du despotisme sacerdotal.

Contraignons les prêtres à être citoyens, & alors la raison ne leur reprochera rien, alors le catholicisme ne perdra plus tous les jours une foule innombrables d'enfans.

Le célibat des prêtres n'est pas d'institution évangélique; en s'élevant contre lui, c'est donc s'élever contre un établissement des papes, ou des conciles que les lois ont eu, dans le principe, le droit de détruire, & qu'elles ont par conséquent encore.

Le célibataire n'a sur l'état qu'une rente viagère; il est le centre de toutes ses affections. Si ces principes avoient besoin d'être prouvés, ils le seroient par l'intolérance du clergé qui a arraché au catholicisme, des villes, des provinces, des royaumes; ils le seroient par des emprunts multipliés, inutiles, & à longs termes, dont le clergé de France ne s'est jamais lassé de charger les générations futures.

Le père de famille au contraire a donné des ôtages à la patrie, l'avenir l'intéresse encore plus que le présent; car il s'occupe, non seulement de son bonheur & de celui de ses enfans, mais du bonheur de sa postérité. Le célibat est donc la cause de l'égoïsme sacerdotal. Je sais qu'un célibataire peut être bon citoyen, que presque toutes les belles actions ont été faites par des célibataires. Les grands hommes sont entraînés par la gloire; passion très-forte, très-rare, & sur laquelle les loix sages ne doivent pas compter; car on a ordinairement des vices & des vertus peu énergiques.

On a observé que presque toutes les filles publiques sont, en Angleterre, filles ou veuves de prêtres; parce qu'elles sont accoutumées a vivre dans l'aisance & l'oisiveté, & qu'elles sont sans ressource à la mort de leurs peres ou de leurs époux. On pourroit, par la même raison, condamner au célibat ceux qui n'ont pour tout bien qu'une profession lucrative & honorable. Cependant cette idée est si absurde, qu'elle n'a jamais été avancée par les nombreux partisans du célibat sacerdotal. Les vices des filles & des veuves de quelques prêtres anglois n'ont pas d'autres causes que la foiblesse ou l'ignorance de leurs pères ou de leurs époux. Or les amis du clergé ne soutiendront pas, sans doute, que ces défauts appartiennent aux prêtres exclusivement, ou plus qu'aux autres hommes.

Les prêtres se marieront; non, s'écriera quelqu'ami des vieux usages. Les bénéfices deviendroient héréditaires comme ils le sont chez les moines. Une loi peut annuller celle qui permet les résignations & qui est presque aussi nuisible au peuple que la loi pour laquelle on l'a privé du droit de collation.

La loi qui permettra le mariage des prêtres, les forcera d'être citoyens. Mais quel rang leurs enfans obtiendront-ils dans la société? Les pères sont membres du premier ordre de l'état, les enfans seront-ils du même ordre? S'ils en sont, tous les maux que le clergé a faits à la patrie & à la religion, en répandant la discorde dans les familles, parce qu'il détruisoit l'inégalité qui est la base de l'union, en établissant entre les hommes des distinctions réelles & indépendantes du mérite personnel, des distinctions civiles, indépendantes du mérite des aïeux; ces maux qui depuis long-temps troublent la société, qui ont enlevé & qui enlèvent tant d'hommes au catholicisme, ces maux subsisteront encore. De plus, ils nourriront l'orgueil dans le sein des prêtres; ils les multiplieront, ils rendront leurs enfans hautains & dédaigneux de toute profession qui ne sera pas sacerdotale; ils plongeront leurs veuves, leurs filles dans les vices qui déshonorent les veuves & les filles des prêtres anglois.

Les prêtres composent le premier ordre de l'état; leurs enfans seront-ils du même ordre? S'ils n'en sont pas, s'ils retournent dans l'ordre d'où leurs pères sont sortis, il est évident que les prêtres ne forment plus un ordre à part; qu'ils sont forcés de s'occuper des intérêts de leurs enfans; que pour le temporel ils appartiennent plus à la noblesse ou au peuple qu'au sacerdoce, & qu'ils doivent être regardés comme gentilshommes ou plébéiens, & non comme membres d'un ordre de l'état.

Le clergé ayant la permission de se marier, sera lié à la patrie par des chaînes douces & éternelles; il n'aura, par sa profession, aucune prééminence; il travaillera pour acquérir l'estime & la confiance des citoyens, dont il aura besoin pour lui-même & pour sa famille.

IV

Le *despotisme* judiciaire est le plus terrible des *despotismes*; il atteint, comme les impôts, jusqu'aux extrémités du royaume; les impôts dévorent la nourriture du peuple, le *despotisme* judiciaire ronge le peuple, le déshonore, l'emprisonne: le peuple ruiné par les impôts, maudit les ministres déprédateurs; le peuple ruiné par les juges, l'innocent flétri par les loix, sont, malgré les cris de la conscience, condamnés au silence: les juges ont suivi les loix.

Le *despotisme* judiciaire a plusieurs sources.

L'obscurité & la complication des loix, qui permettent de prononcer tantôt pour, tantôt contre, & toujours suivant une loi quelconque.

Le droit de juger les causes civiles & criminelles. Les hommes, en général, sont invinciblement portés à abuser de leurs forces, de là l'ascendant que les juges prennent sur le peuple; de là ces procès multipliés qu'un juge peu délicat intente à un voisin peu redoutable; de là ces décrets, ces emprisonnemens par lesquels un juge punit ceux qui ont osé s'élever contre un jugement inique, qui ont osé défendre leurs propriétés contre ses usurpations; de là les proscriptions des philosophes qui n'ont respecté ni les loix absurdes, ni les loix barbares.

La forme des jugemens. En matière civile, les magistrats n'énoncent jamais ou presque jamais, les motifs de leurs arrêts; de sorte que l'on ne connoît pas exactement la base du jugement, & que l'on ne peut en calculer la force ou la foiblesse. En matière criminelle, ils condamnent souvent pour les cas résultans du procès; cet usage de terminer une procédure secrette par un jugement secret, ressemble à la loi établie en Corse, où le gouverneur génois faisoit tuer un homme *ex informatâ conscientiâ*, & est contraire à la justice, qui exige que tout homme rende compte de la puissance qui lui a été confiée pour le bien de la société: il est facile de voir combien ces formes de jugemens favorisent la haine, la vengeance, la paresse, l'ignorance, la corruption ou la séduction des magistrats.

La magistrature forme un corps. Les enregistremens ont lié les parlemens, la permanence des états-généraux détruit absolument cette cause. Les provinces d'ailleurs demandent avec raison de rapprocher la justice des justiciables, les tribunaux seront tellement multipliés qu'ils formeront difficilement un corps.

L'ignorance de la nation. L'homme ignorant en général admire ce qu'il ne comprend pas, respecte ceux dont il ne peut juger la conduite & les principes; les parlemens ont paru le sentir, de là leur zèle contre les progrès des lumières, de là les arrêts, aussi injustes que mal motivés, qui ont essayé de flétrir l'encyclopédie, les œuvres de Voltaire, l'Emile, l'histoire philosophique, les mémoires de M. Dupaty, &c. &c.

La liberté de la presse dissipera cette ignorance dont il semble que le parlement ait voulu envelopper le peuple; elle est demandée par la raison, par le droit naturel & par les provinces (1).

Pour détruire le *despotisme* judiciaire, il faut donc:

1°. Faire un nouveau code civil & un nouveau code criminel.

2°. Séparer les tribunaux en tribunaux civils & tribunaux criminels.

3°. Ordonner que les magistrats énoncent en matières civiles les loix qui ont motivé leurs arrêts. Ordonner que les procédures criminelles soient publiques, & que les arrêts en contiennent l'extrait.

4°. Empêcher les magistrats de former un corps.

5°. Accorder la liberté de la presse.

(*Eloge du président Dupaty.*)

A ces quatre espèce de *despotisme* nous pourrions joindre le *despotisme* populaire. Il a lieu lorsque le peuple rompant tout frein & méconnoissant la voix de la loi, proscrit dans son aveugle fureur l'innocent avec le coupable, enveloppe dans la ruine du pervers, l'homme honnête qui n'est que soupçonné, l'homme imprudent qui n'est que blâmable, l'homme ignorant qui ne peut se justifier.

Ce *despotisme* est d'autant plus affreux qu'il est ardent, expéditif, fanatique, que ses satellites sont juges & parties, ou plutôt qu'ils sont accusateurs & exécuteurs à la fois: c'est plutôt une tyrannie qu'un *despotisme*; mais tyrannie qui mène à l'anarchie & bientôt aux autres genres de *despotisme* dont nous venons de parler.

Ce qui rend cette tyrannie populaire effrayante, c'est qu'elle agit sur toute la surface d'un royaume en même temps; c'est qu'elle se reproduit dans tous les points d'une étendue immense sans diminuer de son activité. Elle trouve par-tout des moyens d'agir sans avoir à les préparer.

Mais cette malheureuse facilité qu'a la tyrannie populaire d'exercer sa fureur, est ce qui la détruit; comme elle ne subsiste que par une sorte d'anarchie, le besoin de l'ordre réunit la plus grande partie des hommes du côté de la subordination, qui, dans ces momens de troubles va jusqu'à l'obéissance aveugle, & enfin la servitude; ce qui établit un despotisme moins effréné, mais plus durable, mais aussi odieux.

Il y a une autre espèce de *despotisme* populaire, c'est celui que le peuple exerce par-tout où il est magistrat & souverain à la fois. Là il n'existe aucune liberté personnelle que ce qui plaît au peuple de vous en accorder; le rigorisme, la dureté, des préjugés de pays, de morale, le guident dans ses jugemens, & sont autant d'ennemis apostés contre le citoyen qui veut jouir de ses droits d'homme sous la protection de la loi.

Le *despotisme* populaire de cette espèce est rigide observateur d'une police brutale & farouche, sa morale déplaît, fatigue; & comme les hommes aiment les jouissances, qu'ils espèrent pouvoir se les procurer plus facilement sous l'autorité d'un seul que sous celle de tout le peuple, il n'est pas rare de voir ce régime se changer en *despotisme* monarchique.

DESSIN, s. m. Art de tracer, à la plume ou au crayon, tous les objets sensibles.

(1) Ceci est écrit en août 1789.

Nous ne parlons de cet art ici que pour dire un mot de l'école de *dessin*, établie à Paris, & afin de diminuer d'autant l'article Paris, où celui-ci doit naturellement être rapporté.

Nous ne discuterons pas non plus l'utilité de cet établissement. Plusieurs personnes ne la croient pas aussi complettement démontrée qu'elle le paroît à la majeure partie du public. Elles y voient une occasion d'éloigner des travaux productifs une foule de jeunes gens qui passent des années pour apprendre un peu de *dessin*, chose qu'ils auroient pu apprendre, ajoutent-t-elles, en peu de temps, s'ils avoient eu le goût, & qui leur devient inutile s'ils ne l'ont pas. Il est sûr que ce ne sont ni les écoles gratuites, ni les collèges qui font les grands peintres & les grands écrivains.

Cependant l'on ne doit pas moins regarder comme des établissemens précieux tous ceux qui peuvent contribuer à répandre les lumières & l'instruction; mais c'est seulement dans ce sens, que l'instruction doit avoir pour objet non un état, un moyen de fortune, mais bien la destruction des erreurs, des préjugés nationaux. Toute autre espèce d'instruction doit être payée, puisqu'elle a pour objet la fortune de celui qui étudie. Ainsi c'est un piège tendu à l'ignorance du peuple que cette prétendue facilité d'acquérir des connoissances gratuites qui mènent à la fortune. De tous ceux qui se laissent aller à cette illusion, bien peu réussissent, & le très-grand nombre en est dupe & s'y ruine.

Quoi qu'il en soit, voici quelques détails sur l'école de *dessin* de Paris.

Son but est d'enseigner gratuitement à des ouvriers ou à des enfans sans fortune, les principes élémentaires de la géométrie pratique, de l'architecture & des différentes parties du *dessin* relatives aux arts méchaniques, pour leur procurer la facilité d'exercer eux-mêmes & sans secours étrangers, les différens ouvrages que leur génie peut leur faire imaginer.

L'origine de l'école remonte à 1766. Elle fut ouverte, en vertu d'une simple permission du gouvernement, mais ce ne fut qu'au mois d'octobre 1767, qu'elle fut autorisée par des lettres-patentes.

Les leçons se sont données à l'ancien collège d'Autun, jusqu'en 1776, que l'école a été transférée à l'ancien amphitéâtre de St. Côme, dont le roi lui a fait donation, pour y fixer irrévocablement le chef-lieu qui y est à présent établi.

Toute la manutention de l'école peut se diviser en deux parties, l'administration de l'établissement & l'instruction des élèves. Nous dirons un mot de l'un & de l'autre.

Suivant les lettres-patentes du 20 octobre 1767, l'école est instituée sous le titre d'*école royale gratuite*, & est régie & administrée sous l'inspection du magistrat de police.

Le bureau d'administration, auquel préside ce magistrat, doit être composé d'un directeur & de six administrateurs choisis parmi les notables, ayant tous voix délibérative, & pour le service du bureau, d'un secrétaire & d'un caissier

Par l'article III, le roi s'est réservé de nommer pour la première fois, le directeur & les administrateurs, auxquels il a laissé la nomination du secrétaire & du caissier.

Les administrateurs doivent être changés à l'expiration de trois années d'exercice, de façon qu'il en entre chaque année deux nouveaux pour remplacer les anciens. Ils peuvent être continués une fois seulement, & sont à la nomination du bureau.

Par arrêt du 13 avril 1776, confirmatif desdites lettres-patentes, sa majesté a ordonné qu'au bureau qui seroit indiqué pour l'élection des nouveaux administrateurs, il seroit accordé entrée & voix délibérative à douze fondateurs qui y seront invités par le bureau d'administration.

La place de secrétaire est remplie par un des administrateurs, ayant été supprimée comme trop onéreuse à l'établissement. Le bureau doit s'assembler tous les mois, & si dans le cours de l'année les affaires exigent la tenue d'un bureau extraordinaire, il est convoqué par le magistrat de police.

Le travail de l'administration est partagé en deux comités, l'un pour l'instruction, l'autre pour la comptabilité. Ces comités se tiennent toutes les fois que les affaires le requièrent, & il s'en tient un général tous les samedis; où se traitent & se décident les affaires, sauf le renvoi au bureau, de celles que le comité croit devoir soumettre à sa décision.

Les objets mis en délibération, tant au comité qu'au bureau, sont délibérés à la pluralité des suffrages, & proposés par le directeur ou l'un des administrateurs.

L'instruction comprend tout ce qui a rapport aux élèves & aux différens professeurs chargés de les instruire.

L'école est ouverte pour quinze cents jeunes gens qui sont admissibles dès l'âge de huit ans, sur la présentation d'un billet d'entrée délivré par le directeur.

Les études sont divisées en trois genres : la géométrie pratique & l'architecture, la figure & les animaux, les fleurs & l'ornement.

Chaque jour est destiné à l'instruction d'un seul genre, qui se succède alternativement tous les trois jours, de manière qu'il y a deux jours de leçons dans la semaine pour chaque genre.

Le lundi & le jeudi pour l'architecture, le mardi & le vendredi pour la figure & les animaux, le mercredi & le samedi les fleurs & l'ornement.

Les classes sont tellement distribuées dans la journée que cent vingt-cinq élèves entrent à sept heures & sortent à neuf heures & demie, autant à neuf trois quarts pour sortir à onze heures, le même nombre depuis midi jusqu'à deux heures, & les derniers cent vingt-cinq depuis trois heures jusqu'à cinq heures & demie.

Indépendamment des élèves ordinaires, il y a des élèves fondés, à qui l'école fournit pendant toute l'année des crayons, du papier & quelques petits instrumens à leur usage.

Par le tarif arrêté par le bureau d'administration, tout particulier peut, moyennant 30 liv. de rentes perpétuelles ou viagères, fonder une place d'élève pour être instruit dans un genre.

Comme le temps des études est fixé à six années, les fondateurs ou leurs successeurs jouissent, à l'expiration desdites années, si la fondation est perpétuelle, de la faculté de nommer un autre élève, comme aussi de le remplacer dans le cas où il auroit mérité, par le concours, une maîtrise dans un corps d'arts & métiers.

Car on doit savoir qu'il y a un certain nombre de maîtrises que les élèves gagnent au concours, & qu'en outre ceux qui ont étudié six ans à l'école gratuite sont reçus maîtres dans les communautés aux mêmes avantages que les fils de maîtres.

Le soin de l'instruction est confié à trois professeurs & trois adjoints; l'un des professeurs a le titre d'inspecteur des études. Un professeur & un adjoint sont attachés spécialement à chaque genre.

Les professeurs sont choisis au concours parmi les élèves de l'académie d'architecture & de peinture qui ont remporté un prix chacun dans leur genre. Les adjoints parviennent à la place de professeur par le concours entr'eux.

L'inspecteur a la police de l'école, & le soin de tout ce qui regarde l'instruction.

L'on a établi à l'école de *dessin* plusieurs concours dont l'objet est d'exciter l'émulation & l'ambition des élèves par des prix en livres d'estampes & autres objets relatifs à l'art : il y en a de deux espèces; les uns de quartier qui ont lieu tous les mois, & se jugent tous les trois mois, & les autres appellés *grands concours*, qui se jugent tous les ans. *Voyez* le *Dictionnaire de peinture, sculpture.*

DEUIL, f. m. C'est en général une marque de tristesse, un témoignage de regret de la mort ou de la perte de quelqu'un. Plus communément on l'entend de l'habit que l'on porte à la mort d'un parent, de quelqu'un de la famille royale, ou d'un prince souverain.

L'usage de porter le *deuil* est très-ancien; les peuples de la plus haute antiquité le pratiquoient, & nous voyons que les sauvages en ont également l'habitude, à la mort de leurs parens ou de quelqu'un qui leur étoit cher.

Cette coutume tient à un sentiment naturel, celui du regret d'avoir perdu ce qu'on aime, ce qu'on estime. Il n'est cependant pas facile d'expliquer comment on a adopté, pour adoucir l'amertume des regrets, des pratiques lugubres, des cérémonies & un costume de douleur. Il m'eût semblé plus raisonnable de chercher à dissiper le chagrin, à rappeller l'homme au bonheur, à la joie par des signes d'espérance, par des consolations douces, que d'ajouter au trouble de ses idées le spectacle lugubre des cérémonies funèbres & du *deuil*. Mais la tristesse a ses douceurs, la douleur a ses plaisirs : le calme, le recueillement, tout ce qui mène à la mélancolie, tout ce qui peut rappeller l'image d'une personne aimée, est cher, est précieux. On porte avec une sorte d'orgueil tendre, d'émotion profonde le *deuil* de sa femme, de son ami, des personnes que l'on a chéri. Ainsi ce qui nous sembloit opposé au vœu de l'homme, au besoin de son cœur, a sa source dans ce besoin même, & tient au méchanisme de ses passions.

Les *deuils* ont cependant pu avoir une origine différente; ils ont pu, comme tant d'institutions, être enfans de la vanité comme de la reconnoissance. Si un bienfaiteur, un homme public a pu exciter des regrets universels, l'opulence, le pouvoir ont pu en commander la démonstration ou plutôt l'apparence.

Ces derniers ont sur-tout donné naissance à ces espèces d'automates nommées *pleureurs*, & que les latins appelloient *preficæ*. Ils suivoient le convoi, & par des pleurs & des sanglots payés, simuloient une tristesse que d'autres auroient dû éprouver; mais le *deuil*, proprement dit, n'a jamais été un objet de spéculation ou de trafic particulier.

A Rome, autrefois, la couleur noire ou très-brune y étoit particulièrement destinée. Dans les commencemens les empereurs le portèrent de cette couleur aussi, mais du temps d'Auguste ils portèrent dans le *deuil* le voile blanc & le reste noir : enfin sous le règne de Domitien ils le portèrent tout en blanc, sans aucun ornement d'or, de perle ni de pierreries.

Les marques du *deuil* étoient encore, pour les hommes de laisser croître leurs cheveux & leur barbe, & d'observer de ne point mettre de couronnes de fleurs sur leur tête, tant que duroit le *deuil*. Le plus long étoit de dix mois, pendant lequel une veuve ne pouvoit pas se remarier sans encourir une note d'infamie. A l'égard des enfans, on ne le portoit point quand ils mouroient au-dessous de trois ans, & pour ceux au-dessus de cet âge jusqu'à dix, on le portoit pendant autant de mois qu'ils avoient d'années. Le temps du *deuil* a été abrégé chez les romains en plusieurs rencontres : après la bataille de Cannes, la république ordonna qu'on ne le porteroit que trente jours, afin d'oublier plutôt la perte qu'elle avoit faite. Il y avoit aussi des occasions pour lesquelles on l'interrompoit dans les familles des particuliers; comme pour la naissance d'un enfant, ou lorsqu'il survenoit quelque distinction à la famille, ou pour certaines fêtes en l'honneur des dieux, ou pour la dédicace d'un temple.

L'usage de porter le *deuil* en noir s'est perpétué chez nous, soit que nous l'ayons imité des romains soit que les gaulois le portassent ainsi.

Cependant on remarque que jusqu'au temps de Charles VII, le *deuil* de nos rois étoit d'être habillé tout en rouge, manteau, robe & chaperons. « Le » service fait, dit *Monstrelet*, tout incontinent le roi » se vêtit de pourpre, qui est la coutume de » France, pour ce que sitôt que le roi est mort, son » fils plus prochain (l'héritier de sa couronne) se » vest de pourpre, & se nomme roi. »

Il faut remonter jusqu'à la fin du douzième siècle pour trouver en France des vestiges de l'usage du *deuil*; & plus de deux cents ans après on ne trouve encore que les grands seigneurs qui parussent avoir le droit de porter le *deuil*. On peut dire que les idées ne sont point entièrement changées à cet égard, & que souvent bien des personnes ne prennent le *deuil* que parce qu'elles y trouvent une sorte de distinction honorable.

Il n'y a pas un siècle qu'on ne prenoit le *deuil* que pour père & mère, mari & femme, & dans la plupart de nos provinces on le portoit, parmi le peuple, avec un simple crêpe noir au chapeau, ou avec des paremens & boutons noirs qu'on faisoit mettre aux habits, de quelque couleur qu'ils fussent. Dans un état plus relevé, on ne prenoit que la veste, la culotte & les bas noirs; ensuite on a pris l'habit noir. Tous ces *deuils* étoient d'un an. Aujourd'hui telle est la durée des *deuils*.

Pere & mère, six mois, grand-père, grand'mère, quatre mois & demi, frère & sœur, deux mois; oncle & tante, trois semaines, cousin germain, quinze jours, oncle à la mode de Bretagne, onze jours, cousin issu de germain, huit jours; femme pour son mari, un an & six semaines; mari pour sa femme, six mois.

Il n'y a d'exception que pour les parens dont on hérite. Par exemple, le *deuil* d'un frère n'est que de deux mois, il est de six quand on en hérite, & il se porte comme celui de père & mère.

Les ecclésiastiques ne portoient jamais le *deuil*; ils ont d'abord commencé par le porter pour père & mère, &c.

Autrefois, porter le *deuil* c'étoit être habillé de noir, & on s'en tenoit là. Aujourd'hui l'étiquette des *deuils* est une science, & c'est presque un mérite d'en pouvoir indiquer à propos toutes les variations.

Deuil de père & de mère : il est de six mois; les trois premiers, pour les femmes, la laine en fleuret, papeline ou raz-de-saint-maur, la garniture d'étamine avec effilé uni, les bas & gants de soie noire, souliers & boucles bronzées.

En grand habit, on prend les bonnets d'étamine noire, les barbes plates, garni d'effilé uni, la coëffe pendante; les mantilles & l'ajustement de même étoffe, & les manches de crêpe blancs, garnies d'effilé uni, pendant les six premières semaines.

Si c'est en robe, on porte les bonnets, les barbes, les manches & le fichu de crêpe blancs, garnis d'effilé uni.

Au bout de six semaines on quitte la coëffe, on prend les barbes frisées, & on peut mettre les pierres noires (1).

Les trois mois finis, on prend la soie noire pour six semaines, le pou de soie en hiver, le taffetas de Tours en été, avec les coëffures, manches, fichu de gaze brochée, garnis d'effilé découpé, soit en grand habit, soit en robe, & on peut porter les diamans.

Les six dernières semaines sont de petit *deuil*. On porte le blanc uni, ou noir & blanc avec la gaze brochée & les agrémens pareils.

Les hommes portent l'habit de drap sans boutons, les grandes pleureuses pendant les trois premières semaines, & les petites seulement pendant les trois suivantes, manchettes & cravattes de batiste à ourlet plat, souliers bronzés, bas de laine, épée & boucles noires, l'épée garnie de crêpe.

Ensuite pendant six semaines, on prend l'habit de drap avec les boutons, manchettes de baptiste garnies d'effilé uni, bas de soie noirs, souliers de peau de chèvre, crêpe à l'épée, boucles noires.

Pendant six autres semaines, l'habit de drap avec les boutons, manchettes de mousseline garnies d'effilé uni, bas de soie noirs, boucles & épée d'argent, un ruban noir à l'épée.

Enfin, pendant les six dernières semaines, l'habit de soie, veste noire & blanche, manchettes d'entoilage, garnie d'effilé, plumet au chapeau, bas blancs, épée, boucles d'argent, nœud d'épée noir & blanc, talons rouges (2).

(1) Les pierres noires sont passées de mode, ainsi que bien d'autres colifichets que portoient nos pères.

(2) L'on voit bien qu'il n'est question ici que du costume de cour des gens de condition : les autres ont de moins le plumet & les talons rouges, que même les nobles ne portent plus guères.

Carosses & harnois noirs, pendant quatre mois & demi, guides & cocardes blanches, pendant les six dernières semaines.

Grands-pères & grand'mères : l'étiquette est la même, mais le *deuil* n'est que de quatre mois & demi; six semaines en laine, six en soie & six en petit *deuil*.

Frères & sœurs. La laine pendant un mois; quinze jours la soie, quinze autres jours le petit *deuil*.

Oncles & tantes. Le *deuil* est de trois semaines & peut se porter en soie, quinze jours avec effilé, sept jours avec gaze brochée, ou blonde.

Cousins germains : quinze jours; huit avec effilé, sept avec gaze brochée ou blonde.

Oncle à la mode de Bretagne : onze jours; six en noir, cinq en blanc.

Cousins issus de germains : huit jours; cinq en noir, trois en blanc.

Maris. Le *deuil* est d'un an & six semaines. Pendant les six premiers mois, les veuves portent le raz-de-saint-maur de laine, la robe à grande queue, retroussée par une ganse attachée au jupon sur le côté & qu'on fait ressortir par la poche, les plis de la robe arrêtés autour de la taille, les deux devants joints par des agraffes ou des rubans, point de compère, les manches en pagodes.

La coëffure de batiste à grand ourlet, les manches plates, à un rang & grand ourlet; une ceinture de crêpe noir, agraffée par devant, les deux bouts pendans jusqu'au bas de la robe.

Une écharpe à l'antique de crêpe, plissée par derrière, la grande crêpe aussi de crêpe noir, les gants, les souliers & les boucles bronzés, le manchon revêtu de raz-de-saint-maur sans garniture, ou l'éventail de crêpe.

Les six autres mois, la soie noire, les manches & garnitures de crêpe blanc, & les pierres noires, si l'on veut.

Pendant les six dernières semaines, le noir & le blanc seulement, & non pas le blanc uni. La coëffure & les manches de gaze brochée, les agrémens ou tout noirs, ou tout blancs.

Les antichambres doivent être tendues de noir, la chambre à coucher & le cabinet, de gris, pendant un an, les glaces cachées pendant six mois.

Les veuves ne peuvent point paroître à la cour qu'au bout des six premiers mois; les hommes peuvent y paroître dès les premiers jours de leur *deuil*.

Femmes. Le *deuil* est de six mois, & se porte suivant l'étiquette ci-dessus intitulée *père & mère*.

Deuils de cour. Tous les *deuils* où l'on drape, se partagent en trois temps, la laine, la soie, & les pierres noires, que l'on porte peu; le petit *deuil*, & les diamans que l'on ne porte presque plus.

Dans ceux où l'on ne drape point, les femmes portent les diamans, & les hommes l'épée & les boucles d'argent.

Quand les *deuils* sont en jours pairs, on prend le noir pendant la première moitié, le blanc ou le petit *deuil* pendant la seconde. Quand ils sont en jours impairs, la plus forte moitié se porte en noir: par exemple, si le *deuil* est de quinze jours, on prend le noir huit, & le blanc sept jours.

Je remarquerai, en finissant cet article, que l'étiquette des *deuils* n'est plus à beaucoup près aussi suivie qu'autrefois, ou du moins qu'on n'y met plus tant d'importance. Notre siècle frivole est à cet égard encore moins frivole que nos ancêtres, qui attachoient une importance puérile à des bagatelles, & qui ajoutoient à ce ridicule celui plus grand de donner des raisons pour justifier ces usages arbitraires. *Voyez* SÉPULTURE.

DEVIN, s. m. Imposteur ou imbécille qui se donne pour avoir des moyens de découvrir ce qui est caché, ou ce qui doit arriver.

La curiosité, l'inquiétude, l'avidité, la superstition, & par-dessus tout l'ignorance ont donné naissance aux *devins*, c'est-à-dire, que des gens adroits profitant des foiblesses humaines, ont établi le succès de leur imposture sur l'impuissant desir qu'ont tous les hommes de découvrir l'avenir, ou ce qui est au-dessus de leur intelligence.

Les *devins* se divisent en plusieurs sortes; les uns prétendent découvrir les choses cachées par des cérémonies magiques, par le mouvement de la baguette de coudrier, par des rêves; d'autres prophétisent par l'inspection des astres, par celle des entrailles des animaux, du vol des oiseaux & cent autres folies semblables.

Nous verrons, au mot DIVINATION, que ces absurdités ont fait partie de la religion des polithéistes, qu'elles ont pris naissance en orient, ainsi que toutes les idées théocratiques sur la continence, la virginité, les mortifications, les privations, que ces dernières ont été sur-tout notre partage, & les autres celui des anciens, principalement des peuples de la Grèce & de l'Italie.

Les cartes ont fourni un moyen de divination à nos étrusques modernes; elles ont été l'occasion d'une foule d'abus par la confiance aveugle que le peuple, & sur tout les femmes, ont la foiblesse d'y avoir.

Des malheureuses logées à des sixièmes étages, s'érigent en prophétesses, s'annoncent comme capables de pénétrer les plus profonds secrets des affaires & de l'amour. Le bourgeois imbécille, le grand seigneur ruiné, la jeune fille qui craint une importune fécondité, l'amant trahi ou qui croit l'être, toute cette cohue portée par l'espoir, monte chez la vieille, la consulte, en reçoit quelques réponses ambiguës, la paie chèrement & la vieille n'en est pas plus riche.

Tant que ces inepties se bornent à des folies individuelles, des boutades, des contes d'amourettes, des bonnes aventures, on doit les regarder avec indifférence; mais lorsque le prétendu *devin* ou la prétendue tireuse de cartes ose annoncer des événemens funestes, conseiller des partis violens, troubler la tranquillité des familles par des impostures & des sotises, il faut, non les faire enlever, mais leur défendre d'exercer un art, qui est, au moral, ce que seroit celui d'empoisonneur, au physique.

M. des Essarts rapporte un trait qui prouve jusqu'à quel point l'imposture des *devins* peut être funeste à la société, par les malheurs dont elle devient la cause.

« Une jeune fille, dit-il, va chez une femme qui étoit connue pour prédire ce qui devoit arriver à ceux qui la consultoient. La bohémienne voulant sans doute effrayer celle qui avoit la simplicité d'avoir recours à ses lumières, lui dit, après avoir tiré quelque temps les cartes, qu'elle étoit bien fâchée de ne pas pouvoir lui apprendre ce que son art lui avoit découvert. On imagine aisément que la curiosité de la jeune fille augmenta, & qu'elle voulut absolument savoir ce qui devoit lui arriver. Vous l'exigez, Mademoiselle, lui dit la prétendue sorcière: prenez bien garde vous vous en repentirez. La jeune fille ayant insisté, la bohémienne lui déclara qu'elle avoit vu dans les cartes qu'elle seroit pendue. On peut juger de l'effroi qui saisit la jeune personne; elle s'en retourna chez elle en tremblant. Ses parens qui ignoroient ce qui l'affectoit si violemment, lui en demandèrent la cause, mais elle se garda bien de leur en faire l'aveu; on crut qu'elle étoit malade, on l'envoya dans sa chambre pour se coucher. Le lendemain on la trouva morte, étendue par terre, ayant le cou très-gonflé. Il est vraisemblable que l'idée affreuse du supplice dont elle étoit menacée, s'étoit présentée à son imagination, & qu'il s'étoit fait une révolution si terrible, que l'infortunée avoit été suffoquée. »

Cet exemple est vraiment effrayant & doit faire sentir aux magistrats de police que s'il n'est jamais permis de gêner la liberté individuelle des citoyens, il est quelquefois permis de punir ceux qui troublent ainsi la société. Par exemple, dans l'espèce que nous venons de citer, il est clair que la bohémienne étoit punissable, parce qu'elle avoit trompé une jeune fille incapable de sentir l'absurdité de la prophétie, mais trop foible pour ne pas en être la victime.

Le nouveau code criminel de la Virginie ordonne l'immersion de celui qui se donne pour *devin* ou sorcier, mais c'est avant qu'il ait été la cause d'aucun malheur; car alors la peine du bannissement est le châtiment qu'on doit lui infliger. *Voyez* DIVINATION & MAGIE.

DIMANCHE, s. m. Le premier jour de la semaine, dont l'église chrétienne ordonne la sanctification, par l'interdiction du travail & des œuvres serviles.

Le *dimanche* a succédé au sabath des juifs; c'est un jour de repos pour le corps & de recueillement pour l'esprit. L'homme fatigué de travaux ou de réflexions pénibles, voit avec plaisir l'instant de relâche que lui offre le *dimanche*. Ainsi la religion a veillé au bonheur éternel, & au bien temporel des hommes, en prescrivant l'exacte observation de ce jour. Mais cette importante vérité trouvera son développement plus bas, quand nous aurons proposé les dispositions positives de police sur ce qui regarde l'observation du *dimanche*. On peut voir, au mot FÊTE, ce qui concerne celui-ci.

Constantin est le premier empereur chrétien, qui, par une loi expresse, ait ordonné l'observation du *dimanche*. Voici ce qu'elle porte: « que tous les » juges, tous les habitans & tous les artisans se » reposent le jour du soleil; à l'exception seulement » des gens de la campagne, qui pourront travailler » en cas de nécessité, pendant le temps de la moisson & des vendanges, n'étant pas juste de laisser » périr les biens que la providence nous donne. »

Il y a, comme l'on voit, deux choses à remarquer dans cette loi, le précepte général, & les exceptions particulières.

Le premier ordonne de s'abstenir de toutes œuvres serviles, non seulement laborieuses & méchaniques, mais encore de toutes celles qui ont pour fin le gain temporel, de celles qui appliquent trop l'esprit ou le corps, en un mot de tout genre d'occupations.

Aussi a-t-on compris dans cette défense les arts & métiers, le commerce, les voitures & transports de marchandises d'un lieu à l'autre, les audiences pour l'administration de la justice, les foires & les marchés, les cabarets, les jeux de paumes, & tout ce qui peut détourner les hommes des offices & des assemblées religieuses.

C'est ce qu'on peut voir par les dispositions des ordonnances publiées sur cette matière, qui ajoutent beaucoup à la sévérité de celle de Constantin. Une de Clotaire II, de 595, à Paris, porte que les personnes libres qui n'observeront pas les *dimanches* & fêtes, en s'abstenant de toute œuvre servile, excepté la préparation des vivres, seront condamnés à l'amende; un françois à 15 sols, un romain à 7 sols 6 deniers, un esclave à 3 sols; &

& s'ils ne peuvent payer, seront battus sur le dos. Plusieurs autres ordonnances des rois de France & grand nombre d'arrêts des cours ont perpétué cette police, avec la différence cependant que les coups sur le dos n'existent plus.

Les ordonnances d'Orléans, art. 23, 24 & 25, & celle de Blois, art. 38, défendent aux juges de permettre de tenir des marchés & des foires les jours de *dimanches*, ni de permettre, les mêmes jours, les jeux de farceurs, bateleurs, & les danses publiques.

Arrêt des grands jours de Clermont, du 4 décembre 1665 : « la cour faisant droit sur les conclusions du procureur-général du Roi, ordonne, conformément aux ordonnances, que les danses publiques & fêtes baladoires, seront & demeureront supprimées : fait défenses d'en tenir aucune, ni de tenir foires & marchés dans l'étendue du ressort, les jours de *dimanche* & fêtes, & à tous seigneurs haut-justiciers, tant ecclésiastiques que séculiers, & à leurs officiers de permettre lesdites fêtes baladoires, à peine de 100 liv. d'amende contre chacun des contrevenans. »

Un autre arrêt du parlement, du 15 octobre 1588, fait défenses à toutes personnes de voiturer, ni mesurer des bleds, & à tous mesureurs, crocheteurs & porte-faix, de faire aucun ouvrage, ni de porter aucun fardeau aux jours & heures défendus par l'église, à peine de punition corporelle : enjoint à toutes personnes d'observer ces saints jours, défenses d'y travailler, vendre ni étaler à boutique ouverte.

Ces réglemens ont été renouvellés, présentés sous différentes formes, & les ordonnances de police les ont rappellés selon que les circonstances l'ont exigé.

Mais ils n'ont pas toujours été observés avec la même rigueur dans toutes leurs parties. En effet, il est sûr qu'indépendamment des exceptions que permet la loi, on y a dérogé plus d'une fois, sur-tout en ce qui regarde les danses publiques ; & je crois qu'à cet égard une tolérance motivée vaut mieux qu'une sévérité scrupuleuse.

Le jour du *dimanche* n'est pas seulement regardé par le peuple comme destiné à l'exercice des devoirs religieux, il l'envisage encore comme un jour de repos pour lui, comme le seul où il puisse se livrer à quelques amusements, sans prendre sur les heures de son travail. Ce délassement est nécessaire ainsi que tout ce qui peut le rendre agréable. Si donc une danse publique peut remplir cet objet, je ne vois point pourquoi on l'interdiroit, lorsqu'elle n'auroit point lieu précisément au moment des offices, qu'elle ne troubleroit point l'ordre public, & qu'elle ne donneroit lieu à aucun excès.

Et cela est tellement vrai, que, malgré les défenses, nous avons vu, sur-tout dans les grandes villes, des bals champêtres & autres amusemens de ce genre s'établir : la force des choses nécessite à cela. Ces danses sont d'autant plus appropriées à l'état du peuple, qu'ils adoucissent ses mœurs, l'éloigne de la débauche solitaire, & donne lieu à la fréquentation des sexes, ce qui est un grand bien.

Cela ne veut pas dire qu'il faille autoriser ces bals bruyans & scandaleux dans le milieu des places publiques & pendant les heures du service divin, ces bals dont l'ivrognerie, les disputes, les indécences, les rixes sont les attributs essentiels, & qui nuisent autant au repos public, qu'ils sont opposés au respect qu'on doit au *dimanche*. une légère réflexion suffit pour savoir distinguer ces abus des amusemens paisibles & gais, auxquels il convient que se livre la jeunesse dans ses momens de repos.

Au reste, c'est moins encore dans les états catholiques que dans les pays protestans, que l'observation du *dimanche* est rigoureusement commandée, & qu'on la croit incompatible avec toute espèce de fêtes, de plaisirs, d'amusemens sensuels.

En Angleterre, cette rigidité a son fondement dans les loix multipliées qu'arrachèrent les puritains à la reine Elisabeth (1) : loix que Jacques I & Charles I entreprirent en vain d'adoucir par des ordonnances qui permettoient tous les divertissemens honnêtes, après le service paroissial. Ces ordonnances firent partie des griefs des enthousiastes contre ce prince & contre les ministres de l'Eglise anglicane qui les avoient adoptées & publiées dans les temples : le long parlement fit même brûler ces ordonnances par la main du bourreau, & l'observation du *dimanche* à toute rigueur, fut un des articles du traité qu'il proposa au même prince pendant sa prison dans l'isle de Wight. De pieuses impostures que les protestans avoient abhorrées dans le clergé romain, sont ensuite venues à leur secours en faveur de l'observation du *dimanche*.

Vers Néos, dans la partie du comté de Cornouailles, on voit au milieu de la campagne, un cercle de grès bruts, piqués en terre & très-anciennement arrangés de main d'hommes. Les ministres ont dit, & tout le peuple de ce canton croit pieusement, que ces grès sont autant d'hommes ainsi métamorphosés au milieu d'une

(1) Les puritains étoient une secte détestable de farouches intolérans, qui ne voyoient par-tout qu'impureté, corruption ; qui privoient l'homme de tout ce qui peut rendre la vie douce & agréable. C'étoient des fanatiques de religion & de morale, espèce d'êtres nés, comme l'on sait, pour le malheur public. Des imbécilles ont voulu renouveller ces sotises dans les momens d'agitation que nous avons éprouvés & que nous éprouvons encore.

partie de paume qu'ils s'étoient irréligieusement permise un jour de *dimanche*.

Ce jour là les spectacles & toutes les maisons publiques sont fermées dans toute l'Angleterre, tout jeu défendu, toute danse interdite : on ne peut, sans s'exposer à des désagrémens, ni chanter chez soi, ni jouer d'aucun instrument; les papiers publics sont suspendus, les bateaux dans lesquels on passe la Tamise pour aller de Londres ou de Westminster à Soutwarck & autres guinguettes répandues dans cette partie, sont sans bateliers. Les péages établis aux avenues de Londres sont doublés, quelques-uns mêmes sont tiercés ce jour-là; & dans l'intervalle des offices, on voit chaque habitant attendre sur sa porte, les bras croisés, ou un nouvel office, ou la fin du jour, sans autre amusement que celui de regarder tristement les passans.

En 1757, lorsqu'après la prise de Minorque, le parlement eut résolu de chercher dans l'établissement de la milice nationale un remède efficace aux terreurs & aux maux auxquels la nation avoit été exposée par les menaces d'une descente de la part des françois, & par le séjour des troupes étrangères en Angleterre, les ministres non-conformistes se réunirent pour demander qu'il fût défendu de faire faire l'exercice à la milice qu'on alloit lever, *dans le saint jour du seigneur*.

On lit, dans le *sorberiana*, « qu'un marchand » anabaptiste, établi à Roterdam, ayant, un *dimanche* matin, payé à ses ouvriers leurs journées de la semaine précédente, fut mandé au consistoire, vertement censuré & suspendu de la cêne, comme violateur du jour du repos. Un » autre, à Amsterdam, se promenant un *dimanche* » au soir, ne voulut pas dire le prix du loyer de » sa maison à M. de Courcelles qui le lui demandoit (1). »

Cette rigueur sabbatique est autant éloignée du véritable esprit religieux que du bonheur social & de l'activité nécessaire à certains travaux. Aussi, en conservant le fond du précepte, notre législation a-t-elle apporté des modifications, des exceptions à la règle qui ont rendu l'observation du *dimanche* aussi utile que facile à respecter.

Déjà nous avons vu que la loi de Constantin excepte de la rigueur du précepte, les travaux qui ont rapport aux moissons, aux vendanges, n'étant pas juste de laisser périr les biens que la providence nous donne.

L'on a étendu la même faveur à toutes les occupations utiles, à toutes celles qui ont pour objet le transport, la préparation & la conservation des choses nécessaires à la vie & à la défense sociale. C'est ce que répondit, en 1426, la faculté de théologie de Paris, consultée sur l'obligation & la manière de célébrer les *dimanches*, voici ce qu'elle dit. 1°. Que l'on peut exercer le *dimanche* les œuvres libérales, spirituelles ou corporelles qui regardent le service de Dieu, ou la charité envers le prochain. 2°. Que l'on n'est point obligé de s'abstenir des œuvres serviles nécessaires pour la conservation du corps, comme de préparer les alimens, de se défendre quand on est attaqué & en danger de sa vie. 3°. Que l'on peut en ces jours vendre & acheter les choses nécessaires à la vie. 4°. Que quand il y a quelque nécessité on peut même accorder dispense pour travailler aux autres œuvres serviles. 5°. Que cette nécessité ne peut pas être marquée par une règle générale; mais qu'il faut dans ces cas avoir recours au jugement d'un homme sage & de probité.

(1) Je rapporterai en note ici, ce que dit M. *de Châtelux* dans sa lettre à M. *Madisson*, sur l'excès de sévérité dans l'observation du *dimanche* : ce philosophe qui a si bien établi dans son ouvrage *de la félicité publique*, les principes de douceur & de raison qui peuvent assurer le bonheur des sociétés, n'a pas montré moins de sagesse & de sens dans ce morceau digne de l'attention de nos lecteurs.

« Quel morne silence règne dans vos villes un jour de *dimanche*, dit-il à M. *Madisson*, professeur à l'université de Williambourg; on croiroit qu'une violente épidémie, une peste a obligé chacun à se renfermer chez soi.... Transportez-vous en Europe, & sur-tout dans un pays catholique; voyez dans ce même jour, lorsque le service divin est fini, le peuple inonder les places, les promenades publiques, se porter en foule vers les fauxbourgs, vers les villages des environs, où mille tavernes sont préparées pour les recevoir; par-tout vous entendez des chansons, des instrumens, par-tout vos regards rencontrent des danses gaies & animées. C'est un spectacle vraiment touchant de voir un artisan s'acheminer vers les guinguettes : d'un de ses bras il soutient sa femme qui est revêtue de sa meilleure robe, l'autre lui sert à porter le plus jeune de ses enfans, tandis que celui qui est déjà en état de marcher s'attache à la main de sa mère & s'efforce de la suivre; toute cette famille va se réjouir ensemble. Si le vin excite quelques querelles, les femmes les appaisent; elles empêchent même les excès de boisson auxquels les hommes ne sont que trop sujets : on boit, on danse en famille, & cette heureuse journée se prolonge souvent dans la nuit & finit trop tôt. En Amérique, c'est tout différent; comme il n'y a que l'oisiveté, sans jeu ni danse, les sexes se séparent; les femmes ne sachant plus que faire d'une parure qui n'a brillé qu'au *Meeting* (l'église) tombent dans un triste désœuvrement, auquel les discours frivoles & la médisance peuvent seuls faire quelque diversion; tandis que les hommes, ennuyés d'avoir fait la lecture à leurs enfans, se rassemblent autour d'un *bowl* que la joie n'a pu préparer, & au fond duquel ils ne peuvent trouver qu'une stupide ivresse.

Je ne sais, continue M. de *Châtelux*, si le principe suivant est d'un philosophe ou seulement d'un françois; mais je crois que tout amusement qui sépare les hommes d'avec les femmes est contraire au bien de la société, & propres à rendre les uns grossiers & les autres maussades, enfin à détruire la sensibilité dont la nature a placé la source dans le commerce des deux sexes..... Le bonheur n'est composé que de jouissances : or les *dimanches* sont la septième partie de notre vie; & si vous en défalquez pour le peuple les jours de travail forcé, vous verrez qu'ils sont plus de la moitié de notre temps : faites-en donc des jours heureux. *Voyage en Amérique*, tom. I, p. 300.

Ainsi l'on comprend dans les exceptions de l'infraction des *dimanches* tout ce qui se fait dedans ou dehors nos temples pour y préparer les choses nécessaires au service divin ; la vente, l'achat, la préparation des alimens nécessaires pour le soutien de la vie ; le travail continuel & très-pénible des religieux, des religieuses & des autres personnes employées dans les hôpitaux des pauvres malades, qui n'est pas même interrompu les jours des plus grandes cérémonies de l'église ; celui des médecins & des autres personnes qui ont soin des malades dans les maisons particulières, les secours que l'on se donne mutuellement dans tous les cas imprévus ; le travail nécessaire pour abattre une maison ou faire cesser le péril de celle qui est prête à tomber, éteindre un incendie, ou pourvoir à quelqu'autre devoir pressant, dont le retardement des secours nuiroit considérablement au public ; les voitures des armes, des munitions ou des vivres aux armées & celles des vivres pour les besoins des villes. On peut certainement mettre encore au nombre de ces exceptions les soins que les magistrats & les officiers de police se donnent continuellement pour maintenir le repos public ; les visites fréquentes qu'ils font de tous les quartiers de la ville, pendant les heures même du service divin ; leurs soins pour arrêter les coupables, & par une prompte instruction en assurer les preuves.

C'est aussi en conséquence de ces principes que les réglemens de police ont accordé aux boulangers, aux bouchers, aux traiteurs, aux barbiers, des facilités pour exercer, sous certaines conditions, leur profession le *dimanche*.

On remarque qu'autrefois, à Paris, les boulangers devoient tenir leur boutique fermée le *dimanche*, & qu'on leur permettoit seulement de vendre au parvis de Notre-Dame, pour les pauvres qui n'avoient pas le moyen de faire des provisions la veille. L'accroissement de la ville obligea de transférer ce marché du *dimanche* en la place *Maubert*, par ordonnance du Prévôt de Paris, du 5 août 1488. Mais ce marché ne suffisant pas, par l'augmentation de la ville & des fauxbourgs, on en établit deux, l'un le mercredi & l'autre le samedi, & l'on supprima celui des *dimanches* ; enfin l'on fut obligé de permettre le commerce du pain dans les boutiques le même jour, & l'on se contenta de les obliger à ne pas cuire le *dimanche*, ce qui ne peut pas toujours être rigoureusement observé.

Après le pain il n'y a point d'aliment plus commun & d'un usage plus universel que la viande ; ainsi les bouchers qui en font le débit sont encore, à juste titre, compris entre les personnes auxquelles il est permis de travailler & de faire le commerce les *dimanches*. Toute la difficulté consiste, à leur égard, de donner de justes bornes à cette exception de la règle générale.

Il y a néanmoins cette différence entre ces deux professions que le pain est bon & peut être vendu le même jour qu'il a été cuit, & qu'il peut aussi être gardé deux ou trois jours sans diminuer valablement de bonté : il n'en est pas de même de la viande ; elle est dangereuse à la santé, difficile à manger & sans goût, les jours même que les bestiaux ont été tués, d'où vient que les réglemens de police défendent de la vendre ces jours-là, & que si au contraire on la garde trop long-temps, principalement dans les temps de chaleur, elle se corrompt & n'est plus d'aucun usage.

C'est sur ces remarques qu'on a réglé la police à observer par les bouchers relativement au *dimanche*. l'ordonnance du roi Jean, du mois d'août 1363, porte : « que depuis Pâques jusqu'à la Saint-Remi » les bouchers attendront au samedi à tuer leurs » bestiaux & leur permet de tenir leurs boutiques » ouvertes le *dimanche*. » Aujourd'hui l'usage autorisé par la police est que les bouchers commencent d'ouvrir leurs boutiques le premier *dimanche*, d'après la fête de la Trinité, qu'ils continuent leur commerce les *dimanches* & les fêtes jusqu'au premier *dimanche* du mois de septembre inclusivement.

Les pâtissiers sont dans l'usage de tenir leurs boutiques ouvertes le *dimanche*, de cuire même ce jour-là. Les réglemens de police ne les y autorisent cependant pas. Il est bien vrai qu'il leur a été permis de tout temps de travailler de leur état les fêtes, mais on ne voit pas que cette permission s'étendît au dimanche. *Voyez* PATISSIER.

L'usage a cependant prévalu, & les pâtissiers tiennent boutique ouverte, vendent & cuisent les *dimanches* & les fêtes ; seulement ils observent de ne point rendre leur étalage si marqué, & la boutique a quelques ais qui en simulent la fermeture : ce qu'observent également les autres marchands ou artisans dont le commerce est indispensable le *dimanche*.

On sait qu'autrefois les barbiers & chirurgiens formoient une seule & même communauté, sous le nom de *barbiers-chirurgiens*. L'utilité de leur profession servit de motif à la permission qu'ils eurent de tenir boutique ouverte le *dimanche*, car alors les chirurgiens-barbiers étoient en boutique. La nécessité des pansemens dans certaines maladies chirurgicales, ne permettent point de différer, ils étoient tout naturellement exempts de l'observation du précepte. Aussi Henri III, leur accordant de nouveaux statuts, 1575, les confirme-t-il dans ce privilège.

Mais lorsqu'ensuite on créa les barbiers-perruquiers en 1637, on ne parla pas de la permission que prirent ceux-ci de tenir pleine & entière boutique ouverte le *dimanche*. Lorsqu'on leur fit cette objection, ils répondirent que leur état étant destiné à la propreté, & le soin en étant recommandé par le concile d'Orléans, en 538, le synode de Paris, en 755, & la décrétale d'Alexandre III, de 1160, le *dimanche*, ils pouvoient travailler ce jour.

Aujourd'hui les perruquiers exercent très-librement leur état les *dimanches* & les fêtes, & ils ne s'astreignent pas seulement à simuler la fermeture de leur boutique. Je desirerois cependant qu'on les astreignît à cette formalité, qui annonceroit au moins le respect du précepte & l'exception spéciale en faveur de la mode ou de la propreté.

Au reste, la plupart des loix de police que nous venons de rapporter sont rappellées dans une ordonnance du 8 novembre 1780. Elle defend, 1°. à tous ouvriers & marchands de Paris de faire aucuns ouvrages, ni commerce les *dimanches*, de tenir leurs boutiques fermées à peine de 200 liv. d'amende, dont les maîtres seront responsables pour leurs garçons & domestiques; 2°. défend à tous portefaix & gens de journée de travailler de leur profession ce jour-là, ainsi qu'aux voituriers & charretiers de faire aucunes voitures, charrois, à peine de 100 livres d'amende, & de confiscation des charrettes, &c.; 3°. défend à tous merciers, quincailliers, revendeurs, revendeuses & autres d'exposer ni vendre aucunes marchandises, à peine de confiscation & de 100 livres d'amende; 4°. défend également aux limonadiers, vendeurs de bierre de recevoir du monde chez eux pendant les heures du service divin, aux maîtres de paume & de billard de donner à jouer, à peine de 300 livres d'amende pour la première fois, & de fermeture de boutique en cas de récidive; 5°. défend aux cabaretiers, traiteurs & autres de tenir chez eux des danses les jours de *dimanche*, & à tous joueurs d'instrumens de s'y trouver, à peine de 500 livres d'amende contre les contrevenans, & en outre de confiscation des instrumens.

Quelques-uns de ces articles ne peuvent pas être exécutés rigoureusement. Paris offre, les *dimanches* ainsi que les fêtes, des personnes déjeûnant au café, & l'on sait qu'il y a des danses dans les salles des traiteurs & ailleurs. *Voyez* CAFÉ, DANSE.

Après avoir présenté ce que notre police offre de positif sur l'observation du *dimanche*, & les exceptions à la règle, je dois appuyer de raisons claires & solides la nécessité de ce jour, les avantages qui en résultent pour le peuple & la société en général. Cette discussion paroîtra d'autant moins déplacée, que dans un moment où tous les hommes tournent les yeux vers la législation, les réformes ou les améliorations qu'elle demande, il ne suffit pas de rapporter les loix positives pour éclairer & fixer l'opinion, il faut en établir le principe, en poser les fondemens. C'est à quoi tend cette seconde partie de l'article *dimanche*; & comme nous ne pourrions rien offrir de plus judicieux & de mieux écrit à la fois que ce qui se trouve sur cette matière dans le livre de *l'importance des opinions religieuses*, nous en extrairons l'article relatif à notre objet.

« Je dois, dit M. *Necker*, montrer que le jour de repos consacré parmi nous à l'observation du culte public, ne porte point de dommage à la force politique, & qu'une semblable institution, loin d'être contraire aux intérêts du peuple, les protège & les favorise; & comme c'est toujours à de tels intérêts que je donne la primauté dans mon cœur, je commencerai par démontrer, en peu de mots, l'exactitude de ma derniere proposition.

» On auroit tort de croire que, dans un espace de tems donné, les hommes obligés, par l'inégalité des propriétés, à vivre du travail de leurs mains, eussent plus de moyens d'améliorer leur situation, si, par les loix de la religion, ils n'étoient pas dans l'obligation de cesser chaque semaine ce travail pendant un jour.

» Il faut, pour appercevoir cette vérité, examiner d'abord quelle est aujourd'hui la base de la mesure des salaires : elle ne consiste point dans une proportion réelle entre le travail & sa récompense. En effet, si l'on consultoit uniquement les lumières de la raison & de l'équité, personne, je crois, n'oseroit prononcer que le plus étroit nécessaire physique est le véritable prix d'un travail fatigant & pénible, qui commence à l'aube du jour & ne finit qu'au coucher du soleil. On ne pourroit soutenir qu'entouré de son luxe & au sein d'une molle oisiveté, le riche ne dût accorder aucune autre rétribution à ceux qui vouent leur tems & leurs forces à grossir ses revenus & à multiplier ses jouissances. Ce n'est donc point sur des principes & des rapports établis par une raison naturelle & réfléchie que le salaire de la multitude des hommes a été fixé; c'est un traité de force & de contrainte qui dérive uniquement de l'empire de la puissance & du joug que la foiblesse est obligée de subir. Le possesseur d'un vaste domaine verroit toutes ses richesses s'évanouir, si des serviteurs nombreux ne venoient point labourer ses terres, les remuer d'un bras vigoureux, & rapporter dans ses greniers les productions diverses qu'ils recueillent pour lui chaque année : mais comme le nombre des hommes sans propriété est immense, leur concurrence & le besoin pressant qu'ils ont de travailler pour vivre les oblige à recevoir la loi de celui qui peut, au sein de l'aisance, attendre paisiblement leurs services; & il résulte de ces relations habituelles entre le riche & le pauvre, que le salaire de tous les travaux grossiers est constamment réduit au terme le plus extrême, c'est-à-dire, à la récompense suffisante pour satisfaire journellement aux besoins les plus indispensables.

» Ce systême posé, s'il étoit possible que, par une révolution de la nature, l'homme vécût & conservât ses forces, sans destiner chaque jour quelques heures au repos & au sommeil, il est hors de doute qu'on lui demanderoit en peu de tems un travail de vingt heures pour le même prix accordé maintenant à un travail de douze.

» Or, par une assimilation parfaite à l'hypothèse que je viens de présenter, supposé qu'une révolution morale permît à tous les ouvriers de travailler sept jours de la semaine, on exigeroit d'eux le travail de ces sept jours pour le même prix accordé aujourd'hui au travail de six; & ce nivellement s'exécuteroit par la baisse successive du prix de la journée. La classe de la société qui, en usant de sa puissance, a réglé les salaires actuels, non sur des rapports indiqués par la raison & par l'équité, mais sur la valeur des besoins indispensables d'un homme de peine, cette même classe, si éclairée sur ses intérêts, sauroit bien appercevoir que le peuple, avec un jour de gain de plus par semaine, pourroit souscrire à la diminution d'un septième sur le prix de sa main-d'œuvre, & conserver en même tems son ancien état. Ainsi, quoique dans les premiers tems & avant que la révolution fût complète, tous ceux qui vivent du travail de leurs mains, croiroient avoir acquis une ressource nouvelle, & verroient momentanément leurs bénéfices augmentés, ils ne tarderoient pas à être ramenés à leur précédente fortune; car il en est des rapports de l'ordre social comme des loix de l'équilibre du monde physique, où tout se combine, se range & prend une assiette d'après les loix immuables de la proportion des forces.

» Les hommes dénués de propriété, après avoir été trompés quelque tems, ne gagneroient donc qu'un accroissement de travail à l'abolition du jour du repos; & comme cette vérité ne se présente pas naturellement à l'esprit, on doit considérer comme un service essentiel de la religion, d'avoir garanti le plus grand nombre des hommes d'un degré d'oppression au-devant duquel ils seroient allés eux-mêmes aveuglément s'ils avoient été libres de faire un choix.

» Les travaux journaliers d'une des classes de la société surpassent la mesure raisonnable de ses forces, & avancent les jours de sa décrépitude; il étoit donc d'une nécessité absolue que le cours habituel de ces travaux fût de tems en tems suspendu. Mais comme le peuple, environné de besoins de tout genre, doit être séduit par la plus légère apparence d'un nouveau profit, il falloit encore, pour son bonheur, que l'interruption de ses fatigues, fixée par un devoir religieux, ne lui parût pas le prix volontaire d'un sacrifice de fortune, & ne lui laissât pas de regrets. Enfin, il se complait dans ces époques, qui, de sept jours en sept jours, apportent un petit changement à son genre de vie; & il a besoin de ce changement pour n'être point attristé par une suite continuelle & monotone des mêmes occupations & des mêmes efforts. Aussi, quand on prétendroit subtilement que le peuple est moins heureux dans son jour de repos que dans ses jours de travail, il seroit au moins vrai que ces derniers sont adoucis par la perspective de l'autre. Il est des hommes si malheureux, si étroitement circonscrits dans leurs sentimens d'ambition, que la plus petite variété leur tient lieu d'espérance. Il me semble encore qu'il se glisse dans le cœur des gens du peuple quelques pensées propres à relever leurs sentimens abattus, lorsqu'un jour par semaine ils se revêtent d'un habit qui les rapproche extérieurement des autres citoyens, lorsque ce jour ils sont maîtres absolus de leur tems, & peuvent se dire ainsi quelquefois: *& moi aussi je suis libre.*

» Je dois maintenant examiner la seconde question que j'ai indiquée.

» Vous avez fait voir, me dira-t-on, que la multiplication des jours de travail occasionneroit une réduction dans le prix de la main-d'œuvre; ainsi l'on a droit de vous demander si un pareil résultat ne favoriseroit pas le commerce & ne contribueroit pas, de cette manière, à l'accroissement de la force politique. Sans doute, on peut considérer, sous ce point de vue, la diminution du prix de l'industrie; mais la force politique étant toujours une idée relative, & qui dérive d'une comparaison ou d'un rapport avec les autres états souverains, cette force ne peut jamais être augmentée ni diminuée par une circonstance commune à tous les pays de l'Europe. Le royaume qui dans sa barbare ambition, aboliroit le jour du repos établi par les loix de la religion, se procureroit probablement un degré de supériorité, si seul il adoptoit un pareil changement, mais au moment où tous les souverains suivront cet exemple, les proportions anciennes qui fixent aujourd'hui les avantages respectifs des diverses nations commerçantes, ne seroient point altérées. Cependant le même raisonnement doit servir à faire connoître qu'un pays où les temps d'inaction sont trop multipliés, a necessairement un désavantage politique, relativement aux états où le *dimanche* & les époques solemnelles sont les seuls jours de repos prescrits par la religion du pays, & autorisés par les loix du gouvernement. »

Il est donc évident que le jour du *dimanche* est une sage institution politique, quand elle n'en seroit pas une religieuse; qu'elle contribue à rendre le peuple plus heureux, qu'elle ralentit la décrépitude de l'homme de peine, qu'elle favorise le goût de la propreté, de l'égalité, de la liberté; qu'elle entretient dans la société l'esprit de famille & d'union, par les rapprochemens qui ont lieu le jour du repos, & qu'enfin sous tous les aspects le *dimanche* est respectable aux yeux du législateur, qu'il doit le conserver immune de tout travail servile, & l'employer à rendre l'existence du peuple agréable par tous les moyens qui sont en son pouvoir, tels que des fêtes, des danses, des amusemens innocens, après les heures du service divin. *Voyez* FÊTES.

DISCIPLINE, s. f. Conduite prescrite aux membres d'un corps ou d'une société, pour en suivre les loix. *Voyez* la *jurisprudence*.

La *discipline* est un des fondemens de l'ordre & le lien de la société. En effet, sans l'assujettissement qu'elle commande, sans l'obéissance qu'elle maintient, sans l'économie du temps qu'elle procure, rien ne seroit à sa place, tout se feroit hors de temps & hors de lieu, suivant le caprice ou les intérêts particuliers des individus.

Elle enchaîne les passions, prévient les écarts, modère la chaleur & le feu du tempérament, donne l'habitude de la règle & dirige la volonté au milieu des doutes multipliés que l'ignorance fait naître.

C'est elle encore qui dans les assemblées nombreuses retient la fougue & l'impétuosité de certains esprits qui ne peuvent ni se modérer ni souffrir la contradiction. Elle les assujettit à l'ordre & conserve à chacun son droit, à entendre les avis des autres ou à donner les siens.

Sans *discipline*, une assemblée dégénère en cohue. L'aigreur se mêle aux discussions, les injures prennent la place des raisons, & après bien du temps perdu, bien des paroles inutilement prodiguées, rien n'est éclairci, rien n'est décidé.

C'est le devoir d'un président d'établir une bonne *discipline* dans une assemblée, mais c'est un travail dont tous les hommes ne sont point également capables.

Dans quelque corps ou assemblée que ce soit qu'on établisse une *discipline*, il faut prendre garde à ne la point rendre minutieuse, despotique, irraisonnable & fondée sur les intérêts de quelques individus : ces abus ont eu lieu plus d'une fois, & ont frappé de stérilité des corps d'ailleurs faits pour mettre une grande activité dans leurs opérations.

On doit, au reste, distinguer à cet égard les corps passifs des assemblées actives. Dans les premiers la *discipline* doit être plus détaillée, plus positive, plus sévère ; telle est celle des corps religieux ou militaires.

La *discipline* parmi les ouvriers, sur-tout ceux dont le travail est d'une utilité indispensable au public est de la plus grande importance ; le magistrat de police doit y veiller, & réprimer à temps des écarts, des fantaisies, des cabales qui pourroient porter préjudice à la société. C'est à quoi sont destinés les statuts & réglemens des communautés, qui, sous l'empire de la liberté même, doivent pour cette partie être respectés. *Voyez* Art.

DISETTE, s. f. Privation ou manque de quelque chose. C'est de la *disette* de vivres que nous avons à traiter ici, comme étant la seule qui intéresse spécialement le magistrat de police.

C'est un des grands maux attachés à la réunion des hommes dans un petit espace, que la difficulté, l'embarras de se procurer des vivres, les extrémités auxquelles ils exposent, & les soins continuels qu'il faut prendre pour prévenir la *disette*.

Tant que les hommes restent divisés sur un grand terrein, leur subsistance est moins précaire, & les malheurs de la *disette* n'ont point l'intensité qu'on leur trouve dans les villes ; parce qu'alors l'inquiétude, l'effervescence, le désordre, l'insurrection, le brigandage ne se joignent point à l'anxiété publique ; que l'on peut toujours tirer une nourriture quelconque de la terre, & que chaque individu se nourrissant au jour la journée, l'on n'a point de grandes masses de vivres à faire naître pour ainsi dire tout-à-coup, comme on s'y trouve obligé dans les cités très-peuplées.

Ces inconvéniens sont principalement sensibles lorsque la *disette* de pain se fait sentir. Le peuple accoutumé à faire la base de sa nourriture de cette substance, ne croit point pouvoir le remplacer par aucun autre aliment : d'ailleurs, lorsqu'il vient à manquer effectivement par quelque cause que ce soit, bientôt les autres espèces de vivres haussent de prix, parce que la portion de citoyens moins aveuglée que le petit peuple sur les moyens de se nourrir, se porte sur les légumes, les fruits, la viande & tout ce qui peut offrir à l'homme un aliment sain.

Cependant le gros du peuple croit mourir de faim s'il n'a point de pain, & les écarts auxquels cette idée le porte, peuvent quelquefois amener une famine réelle, par l'interruption des travaux, le gaspillage des subsistances, la crainte qu'ils inspirent aux propriétaires de la dentée, & par des raisons qui échappent & qui ont toutes pour base, le désordre qui est la suite de ces dispositions populaires.

C'est donc un des premiers soins, un des premiers devoirs de toute magistrature municipale, politique & autre, d'avoir des moyens d'éviter la *disette* de vivres, sur-tout de pain dans les villes, & principalement dans la capitale.

Pour cela, elle doit s'étudier, 1°. à connoître les causes des *disettes* de bled ; 2°. à les prévenir ; 3°. elle doit encore, lorsque ce malheur arrive malgré tous ses soins, avoir, pour ces temps malheureux, un plan d'ordre & de police qui réprime le brigandage, qui assure des secours aux pauvres & maintienne la sûreté, la tranquillité publiques nécessaires au retour de l'abondance, compagne inséparable de la paix.

Ces trois objets feront la matière de cet article : nous les discuterons avec quelque étendue & avec l'intérêt qu'inspire toujours le besoin du moment (1).

I°. La *disette* est une famine commencée, dit le commissaire *la Marre*, qui a donné à cet article une étendue démesurée, & qu'auroit dû élaguer, analyser, l'auteur du nouveau dictionnaire de police; & la famine une *disette* consommée & portée à son dernier période. Mais cette distinction n'est pas juste, car la *disette* peut avoir des causes absolument différentes de celles d'une véritable famine, quoiqu'elles en aient souvent de communes.

D'un autre côté la *disette* s'entend plus ordinairement d'un manque de nourriture déterminé, de pain par exemple, & la famine de toutes espèces de subsistances; mais, comme nous l'avons dit, l'une mène à l'autre par le reflux que produit la *disette* d'un aliment sur ceux qui peuvent le remplacer, ce qui a lieu sur-tout à l'égard du pain, car faisant la moitié des subsistances ordinaires, sa privation doit occasionner une consommation double des autres, & en amener promptement la pénurie, si l'on ne fait point usage de quelque nouvelle substance alimentaire, chose difficile à faire entendre au peuple (2).

La *disette* peut être réelle ou factice. La première produit la famine quand on ne se hâte pas d'y remédier; la seconde a pour but de faire augmenter le prix des grains, & conduit quelquefois ses auteurs à la potence: l'une & l'autre, au reste, engendrent la cherté.

La cherté n'est pas toujours un mal quand elle n'est pas disproportionnée aux facultés du peuple, & qu'une récolte moins forte y donne lieu. On peut même dire qu'il seroit imprudent ou absurde de vouloir commander à la force des choses en pareil cas: ce qu'on peut faire de mieux est d'aider le peuple, encore ne faut-il pas abuser de ce moyen, étant nécessaire qu'il s'évertue quelquefois & demande des salaires proportionnés au prix des vivres.

La *disette* peut donc naître par le défaut de la récolte comme par les manœuvres de la cupidité. Une grêle, une gelée inattendue dans des temps de pluie, une trop grande sécheresse & cent autres accidens naturels peuvent y donner lieu.

Des causes morales peuvent aussi produire le même effet; tels sont la guerre, les divisions civiles, les troubles dans l'état. Ces malheurs peuvent empêcher les laboureurs d'ensemencer leurs terres, comme on le vit à Rome autrefois après la retraite au mont sacré, ou causer la perte des moissons au moment de la récolte, ou détruire les convois de bled, ou enfin décourager le commerce étranger qui pourroit suppléer au défaut des marchés.

Les manœuvres de la cupidité sont très-dangereuses & produisent des effets quelquefois plus funestes qu'une *disette* réelle, parce qu'elles sement & multiplient les inquiétudes & les craintes, parce qu'elles établissent dans la société une guerre intestine entre les riches & les pauvres, parce qu'elles corrompent le commerce & ruinent les petits marchands, parce qu'enfin elles exposent la subsistance de tout un peuple & la sacrifient aux interêts de quelques particuliers.

La vigilance du gouvernement doit donc se porter sur ces objets pour les empêcher de tourner au malheur de l'état, & c'est à quoi sur-tout les travaux d'une administration municipale bien entendue, peuvent singulièrement contribuer.

II°. Les *disettes* produites inopinément par l'intempérie des saisons exposent à des dépenses & des embarras qui font naturellement desirer d'avoir toujours en réserve quelques quantités de grains pour parer aux premiers besoins. Cette idée est si naturelle, elle rentre tellement dans les principes d'une prévoyance ordinaire, qu'on ne sauroit lui refuser une attention réfléchie.

Je sais l'inconvénient des grands amas de bled, les pertes qu'ils occasionnent, les soins qu'ils exigent; je sais encore que les moyens qu'on peut employer pour les former font naître quelquefois des inquiétudes, & que quand on n'en surveille pas la direction, ils peuvent donner lieu à des abus, à des accaparemens; mais enfin il est évident que dans les instans de détresse ils sont d'un grand secours, & qu'ils donnent au moins le temps à l'approvisionnement par le commerce, toujours beaucoup plus actif, on ne sait pourquoi, à exporter au dehors qu'à importer au dedans les grains.

Les principaux abus qui ont fait proscrire les magasins d'abondance, naissent sur-tout des mesures prises par le gouvernement pour les établir; il a presque toujours employé pour cet objet des agens intéressés, corrompus, guidés par l'intérêt personnel & ne tenant qu'à leur propre fortune.

Mais si l'entreprise & la conduite en étoient abandonnées aux états-provinciaux, aux municipalités, je ne vois pas qu'ils pussent donner lieu aux mêmes désordres, du moins on a lieu de le croire.

(1) J'ai déjà remarqué qu'on ne pouvoit écrire un ouvrage de la nature de celui-ci dans des instans plus intéressans; les grands événemens qui nous occupent, l'embarras des affaires publiques sont pour l'écrivain une école continuelle. Il est presque acteur & observateur à la fois. On doit souvent s'en appercevoir.

(2) J'ai vu, dans la *disette* momentanée que nous éprouvons à Paris, une femme & deux enfans se plaindre qu'ils mouroient de faim faute de pain; ils avoient trois livres de riz, dont une de cuite, & un demi-boisseau d'excellentes pommes de terre que je leur avois moi-même fait donner.

Quelqu'un a dit, je crois que c'est l'abbé *Morellet*, que les greniers d'abondance pouvoient avoir quelqu'utilité dans les petits états, mais que dans un grand royaume comme la France ils sont ruineux, c'est-à-dire, impossibles. Or, dans une municipalité, sous le régime des états provinciaux, la difficulté cesse & l'approvisionnement de précaution peut être dirigé, surveillé par des citoyens, des magistrats populaires électifs, n'ayant aucune espèce d'intérêts à tous les abus qu'on reproche aux magasins royaux.

Il n'est pas vrai non plus que ces arrangemens découragent le commerce; ils peuvent se faire par la voie du commerce ordinaire, & je ne vois pas que dans une année abondante, il y ait le moindre inconvénient public à aller au marché acheter quelques septiers de bled pour former successivement le fonds du magasin de précaution.

Ainsi rien ne paroît donc devoir s'opposer à l'établissement des greniers où le commerce & le public trouvent dans les momens de *disette* de quoi approvisionner le marché & attendre ou la récolte ou les secours du commerce.

Ce sont des précautions qui ne doivent avoir aucun rapport avec l'approvisionnement ordinaire & naturel qui se fait par les voies habituelles, & qui doivent être contenues dans les limites d'une simple prévoyance, sans s'étendre à fournir le royaume en tout temps, sans quoi les abus se multiplieroient & la confusion naîtroit inévitablement.

Il est cent moyens différens d'établir des magasins dans le genre de ceux que nous proposons, pour donner des secours momentanés en temps de *disette* & que l'on peut par conséquent mettre au rang des moyens qu'on doit employer pour prévenir les tristes suites de l'intempérie des saisons & des mauvaises récoltes. Nous en proposerons un qui nous a paru mériter quelqu'attention & dont le public a déjà eu connoissance. Ce n'est, si l'on veut, qu'un *projet de plan*; nous en ignorons l'auteur.

Il propose trois objets pour son exécution: 1°. de connoître le produit commun des récoltes, la consommation annuelle du royaume, les moyens d'économiser sur cette consommation, & de faire tourner cette économie au profit de la nation en général & du laboureur en particulier; 2°. la manière de répandre généralement la mouture économique dans le royaume, sans aucun sacrifice ni avances à faire par le gouvernement; 3°. les magasins d'abondance.

1°. On estime que la France rend, année commune, l'équivalent seulement de sa consommation en grains (les semailles prélevées) c'est-à-dire, près de soixante millions de setiers de grains de toutes espèces, sauf l'avoine & les légumes farineux. Dans cette hypothèse, il paroît qu'on n'auroit jamais dû permettre l'exportation des bleds & farines que dans des années très-abondantes, puisqu'il est prouvé que chaque année les provinces du midi tirent des grains de l'étranger pour le tiers environ de leur consommation, tandis que celles septentrionales exportent annuellement cet équivalent. Il devoit donc naturellement résulter de ces exportations, que dans des années de récoltes fâcheuses, le royaume devoit se trouver aussi-tôt en proie à de vives inquiétudes sur cette denrée.

Plusieurs économistes ont prétendu que la France a souvent récolté pour deux années & plus de sa consommation en grains. Quoique cette récolte ne se soit jamais faite, ce n'a cependant été que sur cette fausse assertion qu'on a permis l'exportation des grains, & qu'elle s'est trouvée abandonnée en quelque sorte à la volonté du commerce. Il est essentiel de désabuser les esprits sur cette opinion.

La France, dans ses récoltes ordinaires, n'a jamais recueilli au-delà de dix-huit mois de sa consommation, qu'on doit réduire à seize par les causes suivantes.

Dans les années considérées comme abondantes, les moutures, quoique très-imparfaites, dans les sept huitièmes du royaume, sont négligées, les sons restent chargés de farine, parce que le consommateur veut se procurer un pain plus beau; les amidonniers trouvant alors le grain à bon compte, ne font plus d'usage d'issues, & emploient tous grains purs.

Ces consommations superflues, jointes à ce que, dans ces temps d'abondance, l'exportation reste sans surveillance, réduisent bientôt le royaume au point de n'avoir plus que strictement de quoi subvenir à sa consommation annuelle.

En portant la population de la France à vingt-six millions de têtes, dont trois millions sont nourris par l'usage de la mouture économique, & vingt-trois millions par la mouture en grosse; comme il est reconnu qu'il faut deux setiers de grains par chaque tête par l'usage de la première mouture, & deux setiers & demi par l'usage de la seconde: la consommation entière & annuelle en grains de toute espèce exige donc un total de 63,500,000 setiers, mesure de Paris, savoir:

Pour trois millions de têtes à deux setiers...............	6,000,000
Pour vingt-trois millions de têtes à deux setiers & demi...	57,500,000
	63,500,000 setiers.

La mouture économique épargnant au moins un cinquième sur la conversion des grains en farines seulement; en adoptant généralement cette mouture dans toute l'étendue du royaume, on économiseroit annuellement le cinquième des 57 millions 500 mille setiers ci-dessus; alors la consommation annuelle

annuelle de la France n'exigeroit plus que 52 millions de setiers.

Si quelque cause peut, à l'avenir, autoriser l'exportation des grains, sans qu'elle soit faite aux dépens de l'approvisionnement nécessaire pour la consommation annuelle du royaume, il ne peut y en avoir de plus favorable qu'en exportant partie de l'économie dont on vient de parler; parce que cette épargne, produite par le seul effet de la mouture économique, en procure une seconde sur la fabrication des farines économiques en pain, & leur réunion donnera annuellement une moindre consommation en grains de plus de seize millions de setiers.

C'est sur cette moindre consommation que la nation trouvera son avantage de deux manières:

1°. En supposant qu'on exporte communément moitié des épargnes susdites, sa vente à l'étranger accroîtra, par chaque année d'exportation, la richesse de la France d'environ 200 millions.

2°. L'autre moitié desdites épargnes, restante en approvisionnement dans le royaume, maintiendra naturellement le prix du pain d'au moins un septième au-dessous de son prix commun.

Quant à l'agriculteur, son avantage particulier se trouvera, en ce que sa culture sera toujours plus forte en froment qu'en tout autre grain, parce que les farines de froment étant, pour ainsi dire, les seules convenables à l'exportation, ce grain formera toujours la plus grande partie de la consommation, & par conséquent sa valeur se soutiendra à un taux favorable au laboureur, quoique modéré cependant pour l'intérieur du royaume.

II°. La mouture économique pourroit aisément s'établir dans tout le royaume, s'il plaisoit aux états-généraux & au roi de se déterminer à ce qui suit:

1°. A engager les abbayes, prieurés, chapitres, maisons hospitalières & communautés religieuses à faire monter tous leurs moulins à grains à l'économie, en les autorisant à cet effet à la cassation de leurs baux, pour en passer de nouveaux sur des prix proportionnés aux dépenses que leur changement de moulin occasionnera.

2°. A ordonner à tous les seigneurs & particuliers engagistes des domaines, à tous les régisseurs & receveurs de cette partie, de faire faire le changement le plus prompt aux moulins à grains qui dépendent desdits domaines sous la même autorisation que dessus.

3° D'inviter tous les grands à donner cet exemple, en les autorisant aussi à la cassation de leurs baux.

4°. A engager les propriétaires, non exploitans par eux-mêmes, de moulins à grains non montés à l'économie, à suivre l'exemple des grands, puisqu'ils y trouveront leur avantage par l'augmentation du prix de leurs baux.

5°. A engager aussi les meûniers propriétaires à se déterminer a adopter l'usage de la mouture économique, en invitant à cet égard les états, provinces, municipalités & communes, dont leurs moulins peuvent dépendre, à leur faire l'avance des fonds qui leur seroient nécessaires, sur le pied seulement de cinq pour cent, avec fixation d'époques de remboursement au gré desdits meûniers, mais sous la réserve d'hypothèques; & en observant à ces meûniers propriétaires, qu'ils auront l'avantage de tirer un plus grand produit du prix de leur mouture que par le passé, & que ce produit sera bien au-dessus de l'intérêt qu'ils auront à payer pour les avances qui leur auront été faites.

6°. Si, contre toute attente, une partie des propriétaires de moulins ne vouloient point entrer dans la dépense de ce changement, & qu'aucuns états, provinces, villes & communautés ne voulussent point leur faire des avances; dans ce cas, les administrations provinciales pourroient faire faire les changemens nécessaires à leurs moulins, sans cependant avancer aucuns fonds: voici comment.

Ce seroit en proposant à des entrepreneurs, par des adjudications au rabais, de faire les changemens nécessaires auxdits moulins pour les monter à l'économie suivant un plan simple & nouveau qu'on produira à cet effet, dès qu'on en sera requis, & en assignant le paiement de ces entrepreneurs sur l'excédant du prix des loyers que les propriétaires pourroient tirer de leurs moulins; & en supputant les paiemens de manière, à ce que les entrepreneurs puissent être complettement payés en six années, tant du montant de leurs ouvrages, que de l'intérêt de leurs avances.

7°. Et enfin, pour déterminer les propriétaires aisés des moulins à adopter ce nouvel usage, on publieroit une brochure *gratis*, qui exposeroit tous les avantages réels résultans de l'établissement général de la mouture économique.

Pour faire jouir tous les meûniers du royaume, & les habitans des campagnes, des avantages de ces établissemens, il conviendroit aussi que les droits de bannalité sur les moulins fussent annullés, afin de donner un libre cours à l'émulation des meûniers pour la perfection de la mouture, attendu que les meûniers bannaux par l'assurance que leur bannalité (qui, ainsi que celle des fours pour la cuisson du pain, est toujours vexatoire aux consommateurs des campagnes) leur donneroit assez de travail, ne chercheroient pas à s'en procurer par la supériorité de leur mouture & la fidélité dans le produit des grains convertis en farines.

Par ces divers moyens, toutes les classes de la société trouveront un bien-être dans l'adoption générale de la mouture économique.

Pour se procurer de bons meûniers, de l'intelligence desquels dépend en partie l'avantage de la mouture économique, il faudroit, dès l'instant que ce plan de mouture sera généralement adopté, commencer par former des écoles chez les meûniers économiques les plus expérimentés du royaume, tels qu'à Pontoise, à Rouen, à Corbeil, dans les moulins des hôpitaux, à Etampes, Amiens, Chartres, Melun, Nantes, &c. villes où la mouture économique est pratiquée avec plus de perfection qu'ailleurs.

Ces écoles peuvent se monter sans frais, en accordant quelques faveurs de non-dépenses, comme exemption de logement de troupes, médailles, &c. aux meûniers entrepreneurs qui auront formé les meilleurs sujets; quelques petites récompenses, soit pécuniaires, soit d'émulation, comme dans les académies de dessins, &c. aux sujets qui se seront distingués; des exemptions de milice à ces mêmes sujets pour le temps de leur apprentissage, afin de décider leur famille au sacrifice de ce temps, qui seroit fixé à deux années.

Ces mesures, jointes à l'espoir que les gages de ces nouveaux meûniers leur seront plus lucratifs, procureront, en peu de temps, un nombre de meûniers suffisant pour l'exploitation de tous les moulins économiques du royaume, qui iront à environ quatorze mille moulins, dont sept à huit cents sont déjà montés à l'économie.

III. Si l'administration a quelquefois reconnu que la régie des bleds du roi, dont les magasins sont à Corbeil, ait été secourable à l'approvisionnement de Paris, & par fois à des provinces en détresse, ce qui est réellement arrivé lorsqu'elle a été confiée à des régisseurs versés dans l'intelligence des achats, la connoissance de la mouture économique, l'industrie dans la manutention & la conservation des grains & farines, leurs mélanges, & sur-tout dans la spéculation qui, sans rendre le roi victime d'aucun sacrifice, opéroit souvent une sensation assez forte pour empêcher que les prix des grains & farines ne parvinssent à des taux excessifs.

Si, dit-on, on a reconnu l'utilité de ces établissemens, que ne doit-on pas attendre d'une sage distribution de magasins d'abondance en France? sur-tout en les formant d'après les avis suivans.

On n'aura plus à redouter que l'ineptie, ou la cupidité des stipendiés ordinaires de l'administration, pour la partie des subsistances, & particulièrement de ceux chargés avec tant d'avantage de l'approvisionnement de Paris, ne puissent subvenir aux immenses besoins de cette capitale, qu'en dévastant des marchés, comme on l'a souvent fait, & y portant subitement la cherté & l'effroi, sans pour cela contribuer à maintenir le prix du pain, qu'on a laissé augmenter si rapidement à Paris & en diverses provinces, que de son haut prix, seul, est provenu l'excessive cherté du bled, sans cause très-prouvée d'une disette réelle.

L'extrême cherté du pain, dans les diverses parties de la France, autorise ici quelques réflexions, que l'on croit convenables pour tous les temps.

On n'a pu qu'abuser l'administration, en la déterminant à laisser aux fermiers & propriétaires de grains, la liberté d'en augmenter le prix à leur gré, parce que s'il y a rareté, le commerce ne prenant pas à son compte d'importer des bleds étrangers, & leur importation ne se faisant qu'au compte du roi, (qu'on fait toujours perdre beaucoup en cette circonstance, quelle que soit la surveillance du ministre, tandis qu'on pourroit souvent lui éviter des sacrifices, si les agens de l'administration étoient susceptibles de prévoir à l'avance les besoins réels), le haut prix des grains ne contribuant pas à accroître l'approvisionnement du royaume, devient donc en pure perte pour l'état; & si, au contraire, il existe des grains dans le royaume, il est alors plus que douloureux de permettre que sa population gémisse de leur haut prix qui ne tourne qu'à l'avantage de quelques individus aisés, puisqu'ils sont possesseurs de notre denrée de première nécessité, en plongeant la nation dans l'affliction & la détresse.

Il résulte de cette réflexion, que dans des cas vraiment nécessiteux, le gouvernement, qui doit alors se considérer comme l'économe de la nation, peut se permettre, après s'être fait instruire de la situation en grains du royaume, d'en taxer le prix proportionnellement aux ressources qui peuvent s'y trouver; & la taxe du pain ne doit être établie ensuite que comme cause seconde, pour maintenir la tranquillité sur le premier besoin de la société.

On ne peut concevoir, & l'étranger en est sans cesse étonné, qu'un gouvernement aussi éclairé que celui de la France soit si souvent surpris & abusé par ses agens. Ce malheur ne provient sans doute que de ce que la faveur accordée aux subalternes de l'administration, leur tient souvent lieu de mérite; ce qui devient cependant pernicieux, lorsque cette faveur s'étend jusques sur la partie des subsistances.

On voit, en effet, dans cette partie, que ses agens actuels, à traitement fixe & annuel, n'y ont jamais rien connu, & qu'ainsi l'administration ne pouvoit être que mal secondée par eux.

Ce ne sont pas non plus des commissionnaires qui conviennent pour seconder les vues du gouvernement.

Des hommes qui annoncent un trop grand désintéressement, en offrant de servir l'état gratuitement, donnent souvent lieu à des soupçons contraires.

Ce ne sont donc que des collaborateurs même de l'administration, ou des gens très-instruits dans la partie des subsistances, qu'il faut se procurer, en assignant leur paiement ou récompense, par une prime de deux ou trois pour cent sur le montant des économies qui seront provenues de leur industrie, en rendant d'ailleurs des services efficaces à la nation; ce moyen est peut-être le seul qui puisse rendre la cupidité utile au bien général.

Les classes d'hommes employés depuis long-temps par l'administration ont presque toujours préjudicié au bien par les causes suivantes.

Ces commissionnaires, en ce qu'ils s'occupent moins d'idées tendantes au bien général, que de celles susceptibles d'accroître le produit de leur commission, qui leur est communément payée à tant pour cent, sur le montant des *achats & des ventes*; d'où il suit que leur intérêt se trouvant dans les hauts prix des uns & des autres, leurs services ne peuvent qu'être onéreux sans utilité.

Les hommes qui offrent leurs services gratuits pour les subsistances, peuvent être suspects, en ce que, malgré la fidélité de leurs comptes & de leurs pièces justificatives; la revision, l'appurement & l'approbation même de ces comptes par l'administration, le ministère, peut encore être surpris sur le désintéressement qu'on met à le servir: voici comment.

Tant qu'on ne sera pas parfaitement instruit, ou tout au moins initié dans la connoissance du juste produit des grains en farines, & celle de leurs déchets de transports & manutention, détails le plus souvent arbitraires par une foule de circonstances, & que les grandes occupations des ministres ne peuvent leur permettre de saisir; les hommes employés pour la subsistance pourront toujours augmenter ou diminuer à leur gré le coût d'un sac de bled, au prix actuel, de 30 à 40 sols par setiers, ce qui, sur une consommation de deux millions de setiers, leur forme un accroissement secret de fortune de trois à quatre millions, au préjudice de l'état & de la nation.

Mais sans pousser plus loin les réflexions à cet égard, on croit devoir se borner à démontrer l'utilité des magasins d'abondance, dont la création préviendra pour tous les temps les abus & surprises faites jusqu'à ce jour à l'administration, en dirigeant toutes les spéculations en subsistances à l'avantage desdits magasins, pour être ensuite consacré par eux à celui même de la nation.

D'après ce qui a été dit des services rendus quelquefois par l'établissement des magasins de Corbeil, on estime que:

Chaque état particulier, gouvernement, province ou généralité, devroit avoir son magasin d'abondance, situé, sinon dans sa capitale, du moins à portée de la secourir promptement, ainsi que le circuit de la généralité.

A cet effet, il seroit essentiel que ce magasin fût placé auprès d'une rivière navigable, pour la facilité & l'économie des transports.

Il devroit être d'une grandeur à contenir 60 mille sacs de grains & farines; ce qui feroit une réserve pour tout le royaume de 1920 mille setiers; qui représente environ le vingt-septième de la consommation annuelle & actuelle de la France.

Le magasin de Corbeil étant construit pour contenir, & ayant quelquefois contenu soixante-cinq à soixante-dix mille sacs de grains & farines, peut servir de modèle pour la construction des autres, sauf à en retrancher plusieurs méchaniques & ustensiles inutiles.

En attendant que l'on puisse pourvoir à la construction de ces magasins, on pourroit prendre quelques maisons religieuses, peu ou point occupées; & par suite, ces mêmes maisons pourroient servir d'emplacemens pour y construire, avec leurs matériaux, les magasins d'abondance.

Ces dépôts publics devroient avoir entr'eux une correspondance intime, & ne former ensemble qu'un seul corps d'établissement d'utilité & de tranquillité générale.

Leur réunion & leur intelligence à se secourir & s'approvisionner réciproquement, influeroit nécessairement d'un douzième sur le prix du grain & du pain, dans des temps ordinaires, & d'un huitième dans des temps de cherté, parce que leur grain ne se vendant, on suppose, que 29 à 30 l. dans un temps où le prix du fermier sera de 33 à 34 liv. le setier, empêchera l'augmentation subite de ces derniers prix de 2 liv. 10 sols à 3 liv. par setier, & évitera que cette augmentation ne passe à une autre progressive & toujours rapide quand on ne peut, par un contre-poids puissant en prix inférieur, contenir l'accroissement d'un prix supérieur.

Tel sera donc le premier point d'utilité des magasins d'abondance.

Le second se trouvera dans l'intelligence qui devra régner entre ces magasins & les maisons & communautés religieuses, rentières en grains, ainsi que les chapitres & hôpitaux qui sont en France au nombre de quatre mille au moins.

Ces maisons étant assujetties à conserver des approvisionnemens en grains pour trois années de leur consommation, pourroit céder dans des temps de cherté, aux magasins d'abondance, dix-huit mois de leur approvisionnement, à charge par lesdits magasins, de leur en faire le remplacement en nature.

Ce secours que l'on suppose être de deux millions de setiers, à raison d'un approvisionnement de mille septiers par chaque maison, pour trois années dont on leur emprunteroit moitié; ce secours, dit-on, contribuera aussi à diminuer le prix du pain d'un huitième du prix de sa valeur dans des temps de cherté.

Qu'on joigne à ces moyens celui de la moindre consommation en grains que procurera l'établissement général de la mouture économique, (que l'on estime devoir maintenir, par son cinquième au moins de moindre consommation, le prix du grain d'un huitième au-dessous de sa valeur) il suivra de cette réunion de moyens, que le bled, qui sans eux pourroit aller à 35 & 36 liv. excédera difficilement 25 à 26 liv. le setier, & que le pain qui pourroit aller à 3 sols 7 den. & demi la livre, n'excédera pas 2 sols 4 den. à 2 s. 6 den. au plus.

Une autre utilité de ces établissemens se trouveroit dans les étuves à grains & farines qu'on adapteroit à ces magasins. Les premières seroient pour sauver les grains du germe & des divers dangers qui suivent les récoltes pluvieuses; & les secondes pour assurer la parfaite conservation des farines destinées à passer les mers, & à servir à l'approvisionnement des vaisseaux.

Si par la nouvelle & heureuse constitution de nos états-généraux, il s'ensuivoit une création permanente & à jamais durable d'états particuliers ou provinciaux, ils pourroient être autorisés par les états-généraux à emprunter ou prélever, par répartition sur leurs provinces, les fonds nécessaires pour la construction des magasins, à la charge de remboursemens en six années, & du paiement des intérêts dans le même terme, ou bien ils pourroient proposer par entreprises & adjudications au rabais la construction desdits magasins dont la dépense suit.

On estime que chacun d'eux coûtera, tant pour l'achat de son local & sa construction, que pour tous les ustensiles qui lui seront nécessaires, environ 400 mille livres.

Il y en aura au moins trente-deux de répartis dans le royaume, ainsi leur dépense entière n'ira qu'à 12 millions 800 mille livres; somme que l'on ne peut considérer comme immense, quand il s'agit du bien-être constant de toute une nation.

Cette dépense qui ne représente que 400 mille livres par état particulier, gouvernement ou généralité, sera plus facile à proposer, comme on l'a déjà dit, à l'entreprise par adjudication au rabais, en prenant six ans pour rembourser les entrepreneurs, à raison d'un sixième chaque année, ou par cinquième, en n'ouvrant toutefois les remboursemens qu'au commencement de la seconde année, après leur établissement complettement mis en vigueur, parce qu'alors les paiemens pourront être pris sur leurs bénéfices; ainsi cette dépense ne sera sensible dans aucun cas, & l'on croit même qu'elle ne doit exiger aucuns emprunts.

Quant aux approvisionnemens de ces magasins, ils peuvent aussi être faits sans avances de fonds de la part des états, si l'on contribuoit à leur formation par la répartition suivante.

Etat de répartition pour former les approvisionnemens des trente-deux magasins d'abondance.

Ces trente-deux magasins devant être pourvus de chacun 60 mille setiers, nécessiteront un approvisionnement total de 1920 mille setiers, dont la mise, qui ne doit être faite qu'une seule fois, peut s'effectuer comme suit.

On estime que quarante-cinq villes des premier, second & troisième rangs du royaume pourront fournir entr'elles, soit en grains en nature, soit en fonds pour les acheter, un nombre de	175,000 setiers.
Cinq cent cinquante villes moyennes & petites, pourront fournir chacune trois cents setiers, l'une dans l'autre, ce qui formera	165,000
Deux mille bourgs & très-petites villes comprises sous cette dénomination, fourniront, à cent setiers par chacun..........	200,000
Quinze mille villages, à trente setiers chacun, donneront......	450,000
Quatre mille maisons religieuses & chapitres, à cent setiers chaque, formeront............	400,000
Mille hôpitaux, à trente setiers, donneront	30,000
Enfin quarante-deux mille paroisses, à douze setiers, procureront entr'elles un nombre de....	504,000
Total..........	1,924,000 setiers.

Ce nombre est plus que suffisant pour former celui des approvisionnemens ci-dessus.

Il est bon d'observer qu'à l'égard des villes des premier, second & troisième rangs du royaume, leur répartition n'est supputée que sur le plus ou le moins de secours qu'elles auront besoin pour leur approvisionnement.

On a estimé en conséquence, Paris, à 20 mille setiers.

Lyon, Bordeaux & Marseille, à chacune 10 mille setiers.

Rouen & Nantes, à chacune 8 mille setiers.

Les autres villes sont évaluées devoir fournir de 1000 à 1500, 2000, 3000, 4000 & 5000 setiers, de sorte que chacune ne sera foulée par sa mise, & quelles obtiendront au moins un secours proportionné à leur mise.

L'objet de ces approvisionnemens ne doit pas d'ailleurs être considéré par les corps contribuables, comme une levée faite sur leurs propriétés ou leurs revenus, parce que ceux qui auront fourni des grains seront remplacés en grains dans l'espace de peu d'années ; & ceux qui auront fourni des fonds pour l'achat des grains qu'ils devoient fournir en nature, seront remboursés de leurs avances & intérêts par lesdits magasins d'abondance, ainsi qu'on le prouve ci-après.

Ces approvisionnemens pourront être facilités dans le principe par les communautés & maisons religieuses rentières, &c. qui prêteroient chacune, à charge de remplacement en deux récoltes au plus tard, le quart de leur approvisionnement, ce qui équivaudroit sur le champ au moins à la moitié des quantités de grains que devront contenir lesdits magasins d'abondance, & faciliteront l'achat de l'autre moitié, qu'on obtiendra dans ce cas à un prix d'autant plus modéré, que sans ce secours il y auroit à craindre que l'achat des approvisionnemens entiers desdits magasins n'occasionnât une augmentation sensible sur le prix des grains dans toutes les provinces où l'on répartiroit ces achats.

Il sera de plus très-prudent, lorsque l'on commencera à acheter pour former le premier approvisionnement des magasins d'abondance, de ne permettre aucune exportation chez l'étranger, par le commerce, ni par lesdits magasins ; de ne laisser sortir du royaume que ce qui sera jugé être indispensablement nécessaire à l'approvisionnement de nos colonies ; on feroit même très-bien de surveiller que ce qui s'embarqueroit pour les besoins des équipages de nos vaisseaux marchands ne soit que strictement proportionné auxdits besoins.

Quant aux ménagemens à prendre pour les achats nécessaires à l'approvisionnement des magasins d'abondance, ainsi que pour la conservation de leurs grains & farines ; l'économie dans leur exploitation, celle des frais de régie & de manutention : ces ménagemens ne sont point de notre objet, non plus que la grande police qu'il conviendra d'établir pour ces magasins, comment ils devront correspondre entr'eux pour les secours mutuels de leurs provinces, la forme de leur comptabilité économique, la prudence qu'on devra observer en faisant des demandes chez l'étranger, lorsque par des cas nécessiteux, ces magasins seront dans l'obligation d'en tirer des grains.

Leur bénéfice principal se trouvera dans la liberté du commerce d'exportation en farines, qu'il conviendra de leur accorder exclusivement à tous spéculateurs & commerçans, sauf l'approvisionnement des colonies qui pourroit continuer d'être fait par le commerce.

Par cette liberté, ils jouiront d'une exportation annuelle d'environ 1300 mille setiers.

On dit que l'approvisionnement de tous les magasins d'abondance iroit à environ deux millions de setiers, qu'ils seroient aidés d'un pareil nombre par les communautés religieuses, &c. ainsi ils auront donc à leur disposition une masse d'environ quatre millions de setiers. Que le tiers de ce nombre, qui excède 1300 mille setiers, soit exporté en farines chaque année, du fort au foible, il procurera seul un bénéfice de neuf millions : en voici la preuve.

Le setier de bled froment du poids de 240 liv. rend, par la mouture économique :

En toutes farines	180 l.
En issues	50
Déchets de criblage, mouture, mélange & embarillage de farines, &c..	10
	240 l.

Que ce setier coûte d'achat, au plus bas prix	20 l.	
La mouture	1	10
Les frais de régie, main-d'œuvre, &c.		15
Le baril pour exporter la farine par la mer, coûtant communément 45 s. lorsqu'il est de grandeur à contenir cent quatre-vingt livres de farine, ne représente que 40 s. de coût pour ne contenir que 160 liv. ci...........	2	
Toute la dépense ira au plus à	24 l.	5 s.

Produit en deniers par chaque setier de bled, dont les farines blanches seront destinées à l'exportation.

Des cent quatre-vingt livres de toutes farines que rend le setier, il n'y en a que cent soixante livres qui conviennent pour la mer.

Son prix étant ordinairement de 10 liv. le baril, du poids net de cent quatre-vingt livres, quand le bled ne vaut que 20 liv. le setier, ce prix porte celui de la livre de farine à 3 sols 4 deniers ; ainsi cent soixante livres de farine blanche à 3 sols 4 den. donneront.................. 26 l. 13 s. 4 d.

De l'autre part,	26 l.	13 f.	4 d.
Vingt livres de bise & bise blanche à 1 sol 6 den.	1	10	
Cinquante livres d'issues, à 9 d.	1	17	6
Le produit sera de	30 l.	10 f.	

La dépense n'étant que de	24 l.	5 f.	
Il y aura donc de bénéfice par setier de bled, converti en farines destinées pour la mer	5	15	10

L'exportation en farines pouvant être annuellement du produit de 1300 mille setiers de grains, donc le plus bas bénéfice ne peut être moindre de 5 liv. 15 f. 10 den. par setier, les magasins d'abondance pourront avoir entr'eux un bénéfice net & annuel de plus de 7 millions 500 mille liv.

Ces évaluations n'étant faites que sur le plus bas prix du bled & de la farine, & cette dernière production laissant un bénéfice plus fort quand le bled est à 24 liv. le setier, taux que l'on peut prendre pour commun, on peut estimer sans aucun doute que le bénéfice annuel des magasins d'abondance ira au moins à 9 millions, ce qui en sept années leur procurera........................ 63,000,000 l.

Leurs frais de construction pouvant aller à........................ 12,800,000

Leur mise en grains devant être de 1920 mille setiers dont l'achat pourroit revenir à 22 liv. le setier l'un dans l'autre, leur occasionnera des rembousemens ensemble de..... 42,240,000

Les intérêts de cette dernière somme, qui aura été remboursée par partie au fur & mesure des bénéfices, ne pouvant monter au plus qu'à....... 7,960,000

On voit que tous les paiemens ensemble de........................ 63,000,000 l.
pourront être effectués en sept années par les bénéfices ci-dessus, d'où il suit qu'après la septième année de la création des trente-deux magasins d'abondance, la France jouira gratuitement de trente-deux établissemens, qui représenteront entr'eux une valeur de plus de 55 millions, susceptible de consacrer chaque année au moins 9 millions à son bien-être, & à lui assurer pour toujours la plus grande sécurité sur la partie des grains.

Les revenus de ces magasins pourroient aussi s'accroître en leur attribuant la liberté non exclusive du commerce des farines dans l'intérieur du royaume.

Par cette liberté ils pourroient fournir des farines au public en tout temps, soit en vendant sur les marchés, soit en vendant auxdits magasins même.

Cette vente leur procurera dans des temps de non cherté un bénéfice constant de 30 sols par chaque setier, tel qu'on le voit ci-après.

On suppose le setier de bled coûtant, prix commun	22 l.	f.	
La mouture	1	10	
Les frais de régie, &c.		10	
Ce qui fait en dépense	24 l.		

On auroit en produit:

Cent soixante livres de farine blanche, à 2 f. 9 den.	22 l.	f.	
Vingt livres de bise & bise blanche, à 1 f. 6 den.	1	10	
Cinquante-quatre livres d'issues, attendu que le déchet seroit moins fort que lorsqu'il s'agit de mouture & de manutention pour exporter par mer; lesdites cinquante-quatre livres d'issues, à 9 den.	2		6
	25 l.	10 f.	6 d.

La dépense étant de	24 l.	f.	d.
Le bénéfice sera de	1	10	6
	25 l.	10 f.	6 d.

En supposant que ces magasins vendent en farines l'équivalent de 20 mille setiers de grains, ils auront, en vendant à des prix susceptibles de maintenir toujours ceux des marchés à un taux modéré, un autre bénéfice annuel de 30 mille liv. chacun, ce qui fera pour l'ensemble desdits magasins une somme de 960 mille liv. qu'ils auront à consacrer de plus au bien & à la sécurité publique.

Par ce second avantage, ils éviteront des déchets de manutention & autres pour conserver leurs grains en nature, puisque leur vente journalière les mettra à même de les renouveller aussi souvent que leur administration le jugera à propos.

Les maisons & communautés religieuses s'épargneront aussi ces mêmes déchets, si elles se déterminent à confier aux magasins d'abondance les quantités de grains qu'elles voudront renouveller, pour que le remplacement leur en soit fait par eux, dans un temps convenu de gré à gré, par des grains en qualités semblables à celles qu'elles auront données.

Avec le produit de ces grains, que les magasins d'abondance convertiront en farines à leur convenance, ils en achetteront d'autres pour les remplacemens à faire aux communautés; & cette opération économique pour les maisons religieuses, pourra accroître aussi les revenus des magasins d'au moins un million par année.

Enfin, pour ajouter encore à l'intérêt de ces magasins ceux de divers corps & établissemens d'humanité, il conviendroit de leur attribuer la fourniture du pain des troupes de terre & de mer, & des hôpitaux & prisons.

Ces corps seroient, pour la plupart nourris d'un meilleur pain; le prix reviendroit moins cher à leurs administrations particulières; les magasins y trouveroient, sinon un avantage pécuniaire, du moins un debouché constant qui leur facilitera le renouvellement de leurs anciens grains contre de nouveaux; & l'on estime que la masse de la nation trouvera par ces fournitures, très-compatibles avec l'établissement des magasins d'abondance, une économie annuelle de plusieurs millions.

Par ces divers moyens, les magasins d'abondance pourront se former un revenu annuel de 12 millions au moins, qui, dans des années de rareté, qu'on suppose être au plus d'une année sur huit, les mettra dans la possibilité de sacrifier au bien de la nation un capital de 80 millions au moins, auquel ils pourroient en joindre un autre de 30 à quarante millions par emprunt ou anticipation sur leurs revenus futurs, & devenir, dans des temps de détresse en grains, beaucoup plus secourables que n'auroit jamais pu l'être le roi en obérant ses revenus, dont les anticipations refluent tôt ou tard sur la nation même.

Un autre avantage national pourroit aussi se trouver par l'effet des bénéfices de ces magasins: le voici.

Dans les années où ils n'auroient pas de sacrifices à faire en faveur du public, ils pourroient verser, sans rétributions d'intérêts, leurs bénéfices dans la caisse nationale d'amortissement, afin de contribuer d'autant à éteindre la dette de l'état, mais sous la condition que cette caisse rendra sans délai les capitaux qui lui auront été confiés par lesdits magasins, lorsqu'ils seront dans la nécessité d'en disposer pour l'objet de leur constitution, qui ne peut jamais être autre que de consacrer ses revenus au bien géneral de la nation.

L'on conçoit que si, par ces moyens ou d'autres semblables, on parvenoit à avoir en réserve une certaine quantité de grains pour parer aux momens de *disette*; non-seulement le peuple n'auroit point tant à souffrir, les accapareurs seroient déroutés, & sur-tout le gouvernement n'auroit point à craindre dans des momens de révolution, les agitations, les murmures, les menaces d'un monde d'ouvriers, d'hommes désœuvrés, perpétuellement mûs par les ennemis du repos public, qui s'en servent comme de machine à qui la peur de manquer de pain fait tout faire, comme nous aurons occasion de le détailler plus bas.

Mais lorsque, faute de greniers de précaution, on a à craindre les suites d'une mauvaise récolte, alors il faut avoir nécessairement recours à l'étranger, & pour cela on s'y prend de deux manières; ou en encourageant l'importation étrangère, ou en envoyant des commissaires nationaux dans les ports de nos voisins chercher ce qui nous manque en bled ou farine.

C'est ainsi qu'ayant eu l'imprudence de ne point suspendre l'exportation des grains, tout de suite après l'orage du 20 juillet 1788, nous avons été obligés d'avoir recours aux étrangers, & de proposer des primes pour les déterminer à apporter du bled dans nos ports. L'arrêt du conseil, du 23 novembre 1788, accorde pour six mois une gratification de 30 sols par quintal de bled & 40 sols par quintal de farine qui viendront des états-unis de l'Amérique en France, pour y être vendus.

La voie des commissionnaires est plus dispendieuse; elle expose le gouvernement aux manœuvres de la cupidité & met la tranquillité du royaume entre les mains de quelques agens souvent avides. Cependant, malgré ces défauts, on les a quelquefois utilement employés; mais il faut que le prince ait de l'activité & soit craint pour ne pas être le jouet de ceux qu'il emploie. C'est ainsi que Louis XIV, qui, despote par principe & par caractère, savoit néanmoins agir avec sagesse & intelligence, envoya plusieurs fois, & notamment dans la disette de 1692, des personnes dans le nord & à Dantzick, chargées de faire des achats considérables de bled. C'est la flotte qui les portoit que le célèbre *Jean-Bart* fit passer hardiment au milieu des escadres ennemies à l'aide de quelques bâtimens armés en guerre, dont il avoit le commandement.

Tous ces soins, au reste, seroient peu fructueux, & la *disette* deviendroit l'état habituel d'un royaume, si l'attention publique ne se portoit point sur les travaux de la culture, source de toutes richesses & de tout bien.

Pour les entretenir ces travaux dans un degré d'activité, tels que la fécondité de la terre réponde à nos besoins, il faut trois choses principales, 1°. des hommes en nombre suffisant; 2°. que ces hommes aient le courage & la capacité nécessaires; 3°. enfin qu'ils aient les instrumens & les moyens propres à leurs travaux. De là la nécessité de ne point arracher les hommes à la terre, soit par le grand nombre de domestiques, soit par un état militaire trop nombreux, ou tout autre moyen; de là encore le besoin d'hommes forts & instruits dans les travaux champêtres, encouragés par des prix ou des récompenses, tels qu'en procure l'établissement des comices agricoles. *Voy.* AGRICULTURE.

Mais un moyen qui peut quelquefois prévenir les malheurs d'une *disette* réelle, parce qu'il en peut détruire la cause, c'est la précaution d'obliger les laboureurs à ensemencer les terres; car la moindre négligence ou mauvaise volonté à cet égard peut être suivie des plus terribles conséquences. Nous trouvons une ordonnance de Louis XIV, remarquable à cet égard : nous en rapporterons l'extrait.

« Le roi, y est-il dit, ayant été informé que plusieurs particuliers & laboureurs peu instruits que la cherté des bleds ne provient que de l'artifice des marchands & autres qui font commerce & qui les ont recelés pour en faire augmenter le prix, appréhendant d'en manquer, & qu'il ne leur en restât pas suffisamment après qu'ils auroient ensemencé leurs terres, pour la subsistance de leurs familles pendant toute l'année, se proposoient de ne point semer leurs terres, ce qui causeroit par la suite la ruine desdits particuliers & laboureurs & porteroit un préjudice considérable au public. D'ailleurs sa majesté ayant reconnu, par l'examen des procès-verbaux de visite qui sont faits journellement en exécution de la déclaration du 5 septembre dernier (1693) qu'il y a suffisamment de bled dans le royaume, non-seulement pour les semences, mais encore pour la nourriture entière des peuples..... En conséquence, enjoint à tous laboureurs, fermiers & autres personnes tenant & faisant valoir leurs terres par leurs mains, de semer toutes celles qui par l'usage des pays & des cantons doivent être semées, & ce dans le temps convenable, suivant la nature des grains & l'usage des lieux...... autrement & faute de ce faire, sa majesté permet à toutes sortes de personnes de les ensemencer, moyennant quoi ils en recueilleront tous les fruits, sans qu'ils soient tenus d'en donner aucune part ou portion aux propriétaires & fermiers desdites terres, &c. ».

Cette ordonnance, dont les dispositions paroissent à quelques égards, contraires aux droits de propriété, produisit néanmoins un bon effet, parce qu'on savoit que le roi avoit le pouvoir de la faire exécuter. Dans des temps orageux ou ceux d'une autorité contestée, peut-être seroit-elle déplacée.

Quoi qu'il en soit, l'on voit par les plaintes du roi, qu'alors comme aujourd'hui, comme de tous temps, les accapareurs, non-seulement cherchoient à s'enrichir aux dépens du public, mais encore semoient des bruits propres à plonger le royaume dans les plus grands malheurs.

C'est quelque chose d'étonnant que la cupidité des marchands de grains dans les temps de *disette* ! Ces lâches semblent ne tenir ni à l'honneur ni à l'état; leur avidité est quelquefois la cause de leur perte, sans cependant les corriger.

Il nous reste un nombre considérable de monumens des maux qu'ils ont causés à Rome, dans la Grèce, & sous les règnes de notre monarchie. Mais le plus beau sans doute de tous est le plaidoyer de Lysias, célèbre orateur athénien : si la matière n'étoit point déjà trop abondante, mes lecteurs me sauroient gré sans doute de le rapporter ici. Ils y verroient les précautions que les athéniens prenoient de leur approvisionnement, les loix prononcées contre les accapareurs, & enfin la haine qu'inspiroit ce nom au peuple. Ce qu'il y a de très-remarquable dans ce plaidoyer, c'est qu'il est clair & qu'il prouve bien ce que l'orateur veut prouver, mérite rare dans les ouvrages de ce genre qui nous restent des anciens.

L'on a pu voir, au mot ACCAPAREUR, les loix prononcées contre eux par notre législation, ainsi nous ne les rapporterons pas ici. J'ajouterai seulement qu'un des plus sûrs moyens d'anéantir cette vermine, c'est l'établissement des municipalités électives; elles seules peuvent mettre la subsistance nationale à l'abri des atteintes de l'avarice, en maintenir le commerce libre & immune, & prévenir les écarts que l'inquiétude populaire fait naître dans les temps de cherté.

La prudence demande encore des officiers municipaux, qu'ils connoissent les marchés sur la fourniture desquels on peut habituellement compter, afin que lorsqu'elle paroîtra manquer ils portent leur attention sur le besoin & ne laissent point souffrir la subsistance.

C'est sur-tout la capitale qui exige particulièrement ce soin, parce que c'est là que les progrès du désordre sont les plus sensibles au moindre signe de *disette*, à la moindre détresse dans les subsistances. Je dois donc, pour donner à mon ouvrage un des genres d'utilité qui lui conviennent davantage, rassembler ici quelques notions sur les marchés qui approvisionnent Paris, ne me flatant pas d'une exactitude géométrique à leur égard; dans pareille matière des à-peu-près suffisent ou du moins guident le raisonnement & la pratique, d'une manière à ne pas commettre des écarts inattendus.

Du nombre des lieux d'où Paris tire sa subsistance, les uns sont près, les autres éloignés, & tous ensemble ils forment un cercle d'environ cinquante lieues de circonférence dont cette grande ville est à-peu-près le centre : les voici dans l'ordre de leurs distances.

Gonesse, le plus proche de ses marchés, est à quatre lieues de Paris. C'est un gros bourg environné de plusieurs grosses fermes qui s'étendent sur d'autres terroirs des meilleures terres de l'isle de France. Une partie de ses habitans est boulangers, mais son commerce en pain n'est point aussi considérable aujourd'hui qu'autrefois; il l'est plus de moitié moins. Ce marché ne passe guère cinquante à soixante muids, y compris le bled que les forains picards y apportent quelquefois.

Lagny

Lagni est un lieu des plus commodes pour le commerce des grains; c'est une ville de Brie, à six ou sept lieues de Paris. Elle est environnée de grosses fermes dans un pays fertile en bled, sur les bords de la Marne, & d'où l'on peut en un jour descendre aux ports de Paris. Les plus forts marchés ne passent pas vingt-cinq muids; ils se tiennent trois fois la semaine, le mercredi, le vendredi & le samedi.

Brie-Comte-Robert est aussi située en Brie, à sept lieues de Paris, & dans un très-bon terroir: le marché s'y tient le vendredi, & il s'y trouve souvent jusqu'à cent muids de bled.

Montlhery, gros bourg en Hurepoix, à sept lieues de Paris, est un des forts marchés des environs de Paris; il s'y trouve quelquefois jusqu'à trois à quatre cents muids de bled (1). Tout ce bled n'est pas le produit de son terroir, il en vient d'Etampes & de quelques endroits de la Beauce.

Dammartin est un gros bourg de l'Isle-de-France, à huit lieues de Paris aussi-bien situé que Gonesse pour l'abondance; l'on y trouve au jour de marché soixante à quatre-vingt muids de bled.

Tournau est un bourg dans la province de Brie, à neuf lieues de Paris; le marché y tient le lundi; il est ordinairement de vingt à trente muids au moins.

Melun est une ville de la Brie, sur la Seine, à dix lieues de Paris: c'est le lieu le plus commode que l'on puisse desirer pour le commerce des grains, tant par la fertilité de la terre des environs qui en produit abondamment, que par la commodité de la rivière pour les conduire à Paris. Le marché s'y tient toutes les semaines le mercredi & le samedi, mais le samedi est le plus fort. Il s'y trouve ordinairement de cent-vingt à cent cinquante muids de bled.

Meaux, ville de la Brie, sur la Marne, à dix lieues de Paris, peut fournir chaque jour de marché cent muids de bled.

Lisy, petit bourg de la Brie, à deux lieues de Meaux & douze de Paris, est dans une situation des plus avantageuses qui se puisse desirer pour le commerce des grains: il est limitrophe de l'Isle de France, du Mulcien & de la Brie, trois des plus fertiles provinces du royaume. La rivière d'Ourcq passe au milieu, & peut y amener les grains des lieux les plus éloignés du Mulcien & d'une partie du Valois. Le port de Marri sur la Marne n'en est qu'à un demi-quart de lieue, où ces mêmes bleds peuvent être chargés pour Paris: aussi étoit-ce autrefois un des plus forts marchés de la province; l'on y trouvoit souvent jusqu'à trois cents muids de bled; mais ce commerce est déchu, & l'on n'y trouve guère qu'une vingtaine de muids à présent.

Dourdan est une petite ville de la Beauce, à douze lieues de Paris; elle peut fournir, chaque jour de marché, cent à cent cinquante muids de bleds. Mantes, à douze lieues, offre une fourniture à peu-près aussi forte, aussi que Houdan, ville à égale distance de Paris.

Coulommiers, petite ville de la Brie, à treize lieues de Paris; le marché se tient le mercredi; le plus fort n'est que de vingt-cinq à trente muids.

Farmoutiers, en Brie, à douze lieues; le marché tient le lundi; le plus fort ne passe pas ordinairement cinq à six muids.

La Ferté-sous-Jouare, à quatorze lieues de Paris, sur la rivière de Marne. Le plus fort marché n'est que de cinq à six muids. Rebuis, autre petite ville du même pays, à la même distance, peut offrir un marché de cent muids; mais Nangis n'offre que dix ou douze setiers.

Etampes, en Beauce, à vingt lieues de Paris: sa situation dans un pays très-fertile en bled, rend le marché qui s'y tient chaque semaine fort abondant. Il s'y trouve jusqu'à cent cinquante muids de bled.

Château-Thierry, petite ville de Champagne, à dix-huit lieues de Paris, peut fournir chaque jour de marché cinquante muids.

Montereau-Fault-Yonne, petite ville limitrophe de la Brie, du Gatinois & de la Bourgogne, à dix-huit lieues de Paris, sur les rivières de Seine & d'Yonne qui entre dans la Seine en cet endroit. Le marché s'y tient le samedi; il est ordinairement de quatre-vingt à cent muids de bled.

Provins, quoique dans une partie de la Brie très-fertile, n'a cependant qu'une foible fourniture de grains; elle ne passe pas quinze à vingt muids.

Nogent-sur-Seine, petite ville limitrophe de la Brie & de la Bourgogne, à vingt-deux lieues de Paris. Sa situation avantageuse & son port la devroient rendre fort marchande; cependant les plus forts marchés ne montent pas à cinquante ou soixante muids de bled.

Sens, ville de Bourgogne & capitale du Senonois, à vingt-deux lieues de Paris, sur la rivière d'Yonne; le marché s'y tient le samedi, il peut aller jusqu'à cent muids tout au plus.

Merri, petite ville de Champagne, sur la rivière de Seine, à vingt-quatre lieues de Paris: le marché va depuis quatre-vingt jusqu'à cent muids.

Arcis-sur-Aube, petite ville de la province de Champagne, à vingt-sept lieues de Paris; le marché s'y tient le vendredi; il est habituellement de trente à quarante muids, mais c'est ordinairement

(1) L'on sait que le muid de Paris contient douze setiers, pesant chacun 240 livres.

de seigle ou méteil, il n'y en a que très-peu de froment pur.

Noyon, ville de la Picardie, sur l'Oise, est un des plus forts marchés; il y a quelquefois jusqu'à cent cinquante & deux cents muids sur la place. Soissons, à vingt-deux lieues de Paris, est dans le même cas; c'est un des plus grands marchés. Chauny, ville de Picardie, a toujours beaucoup de bled à son marché, ainsi que la Fère, qui est à trente lieues de Paris, sur l'Oise.

L'on peut encore mettre au rang des marchés qui peuvent fournir à l'approvisionnement de Paris, Châlons-sur-Marne, à trente-six lieues de Paris; Vitry-le-François, autre ville de Champagne, sur la Marne, à quarante lieues de Paris. Joignez-y Bossi-sur-Yon, à dix-neuf lieues, marché où l'on trouve vingt à vingt-cinq muids de bled; Nogent-le-Roi, à douze lieues, trente à quarante muids; Montfort-l'Amaury, à douze lieues, soixante à quatre-vingt muids; Rambouillet, à dix lieues, cinquante muids; Magny, à quatorze lieues, vingt-cinq muids; Marine, à douze lieues, une vingtaine de muids; Chaumont en Vexin, à quinze lieues, trente à quarante muids; Beaumont, à huit lieues une trentaine de muids; Clermont en Beauvoisis, à quatorze lieues, quarante muids, & quelques autres moins considérables que nous omettons.

Au reste, on doit remarquer que ce n'est que dans les temps d'une abondance ordinaire qu'on peut se procurer, sur les marchés, les quantités de bled que nous venons d'indiquer à-peu-près; car dans le temps de gêne, d'inquiétudes, de cherté, il s'en faut de beaucoup que l'on ne les y trouve; mais dans tous les autres cas, il convient de les regarder comme les ressources de la capitale; ils sont d'ailleurs les lieux les plus proches pour l'approvisionnement.

Il est encore un moyen d'empêcher les *disettes* momentanées telles que celles que produisent quelqu'intempérie, l'intrigue, la cupidité; c'est de laisser aux boulangers des villes la liberté de s'approvisionner où & comme ils l'entendent, sans les astreindre à acheter à un marché exclusivement.

Cette vérité vient d'être reconnue par l'assemblée des représentans de la commune de Paris. Sur la représentation de M. Mauriceau, député du district de St. Etienne-du-Mont (1), nous avons fait afficher dans tout Paris que les boulangers étoient les approvisionneurs naturels de la ville pour la partie du pain; qu'ils étoient libres de faire tel marché, achat, arrangemens qu'ils jugeroient à propos pour leur commerce, à condition que leurs farines seroient destinées au service de la capitale. Et comme l'ancienne habitude de les forcer d'acheter à la halle, jettoit quelqu'ombrage sur leur liberté, & les empêchoit de faire leurs emplettes avec une pleine sécurité, nous les avons engagé à venir prendre des brevets, par un nouveau placard, en leur offrant toute protection, force & appui pour empêcher leurs voitures d'être pillées.

Cette liberté accordée à un commerce qui a besoin d'une activité continuelle, n'a pas empêché que la commune ou plutôt le comité de subsistances de l'hôtel-de-ville ne donnât ses soins à la fourniture de la halle aux farines, & ces deux efforts réunis ont empêché que la *disette* n'ait été aussi funeste qu'on l'auroit pu craindre dans un moment de révolution universelle & au milieu des manœuvres de nos ennemis. Mais ces réflexions nous conduisent à examiner ce qu'on doit faire dans le temps même de la *disette*, c'est-à-dire, lorsqu'on n'a pas pu la prévenir. Résumons avant, ce que nous venons de dire.

Nous avons vu que pour prévenir la *disette* dans les grandes villes, on devoit, 1°. avoir des greniers de précaution administrés par les municipalités; 2°. encourager les travaux champêtres, en faisant refluer les ouvriers dans les campagnes, en veillant à l'ensemencement des terres & protégeant les récoltes; 3°. en défendant toute espèce de monopole; 4°. en s'instruisant des secours qu'on peut tirer des marchés voisins; 5°. en accordant aux boulangers liberté, secours & appui pour s'approvisionner eux-mêmes, sans cesser de veiller à la fourniture du marché de la ville.

II°. Les momens de *disette* sont des temps orageux pour les administrateurs publics. Au besoin réel ou factice se joignent les craintes, l'inquiétude, les insurrections, le brigandage, l'accroissement de la mendicité & tous les désordres de la société. Cependant les impôts sont difficilement perçus, le peuple se livre à des excès, les gens cupides profitent des circonstances, pour vendre chèrement le peu de bled qu'ils ont, & le mal public s'alimente ainsi de la dépravation des particuliers. L'état ressemble à un malade qu'une fièvre chaude agite, & qui s'épuise & se consume par de vains efforts pour éloigner ses douleurs. Le médecin a besoin de toute sa prudence, & pour calmer l'esprit du malade, & pour remédier à ses forces expirantes.

Qu'on se figure une ville comme Paris, où la faim s'accroît chez le peuple avec la crainte de manquer de farine, où quatre cents mille individus persuadés qu'on ne peut vivre sans pain, menacent de tous les désordres lorsqu'ils éprouvent la moindre suspension dans le débit qui s'en fait; où la pauvreté hideuse, l'abrutissement populaire viennent encore jetter la confusion & la peur dans le public, par les excès dont on les fait capables dans ces momens: qu'on ajoute à cela l'adresse des hommes cupides & corrompus, qui espèrent dans les malheurs

(1) En Août 1789.

communs trouver leur intérêt particulier, l'indifférence des riches, la morgue & le mépris des puissans, la suspension des travaux, & l'on aura une idée des soins, des embarras de tout homme qui se trouve à la tête d'une municipalité ou qui en partage seulement les soins.

C'est aussi l'état de Paris depuis le recouvrement de sa liberté. La pauvreté de la récolte, l'exportation des grains & l'orage du 13 Juillet 1788 avoient presque dégarni les marchés qui l'approvisionnent. Les bleds étoient chers; il en falloit faire venir des pays étrangers, les sommes qu'on y employa, jointes à la difficulté de la perception des impôts, & à leur médiocrité par la diminution des travaux, épuisèrent le trésor public. Alors il fallut rallentir ces achats. Le commerce, sur qui on auroit pu compter, manqua, & le royaume se trouva gêné pour sa subsistance.

A ces maux réels se joignirent les arts du monopole ou du moins de l'insatiable cupidité. Ce ne furent pas seulement des capitalistes qui se couvrirent de cet opprobre, de gros fermiers, de riches laboureurs spéculèrent sur leurs grains, & aussi indifférens au bien public que s'il eussent vécu dans un pays de conquête, ils prirent des mesures pour vendre cher aux françois le bled que l'arrêt du conseil du mois de novembre 1788, leur défendit de porter à l'étranger.

Cependant une grande révolution s'effectue dans la capitale; elle gagne les provinces, le despotisme est attaqué jusques dans les arsenaux; la Bastille est prise, la liberté assurée, la France libre & le peuple souverain. Cette crise terrible, mais salutaire, ne put s'effectuer sans ébranler tout l'édifice de la société. Le peuple, devenu maître, se fit justice des tyrans qui l'avoient opprimé & dépouillé; mais impétueux dans ses passions, il poussa trop loin les châtimens, il s'exposa à devenir la victime de son ardeur & de sa rage. Les villes furent agitées d'une violente secousse, les campagnes troublées par les suites de la révolution, & des troupes de bandits qui suscitèrent de nouveaux embarras à la nation.

Ces grandes scènes détournèrent un moment l'attention du gouvernement des achats qu'il étoit instant de ne pas rallentir; mais le trésor étoit épuisé, les convois difficiles & dispendieux, d'ailleurs la récolte approchoit, & l'on espéroit, non sans raison, de voir l'abondance renaître avec elle. L'on se trompa; la difficulté des approvisionnemens continua, la *disette* dans la capitale en fut l'effet, & les émeutes populaires la suite inévitable.

Alors les travaux de l'administration municipale furent rallentis, interrompus, la terreur s'empara des esprits à la vue d'un peuple agité bien plus de la crainte de mourir de faim que du besoin actuel; car au milieu de la *disette* de farine, il y avoit une abondance d'autres denrées, de riz, de fruits, de pommes de terre. Mais l'habitude de faire du pain, l'aliment principal, ferme les yeux à la multitude, & elle ne croit pas pouvoir vivre sans lui.

Des mécontens de toutes espèces profitèrent des dispositions du peuple pour ajouter de nouveaux troubles à ceux qui désoloient l'état, & la faim ne fut plus qu'un prétexte du mouvement dont la haine & la vengeance étoient le mobile.

La sûreté publique fut compromise, le repos s'enfuit de la capitale; & comme c'est un des principaux avantages qu'on vient chercher dans les villes, les gens riches désertèrent Paris & la misère se doubla avec le nombre des pauvres.

On reconnut alors qu'il ne suffit pas dans les momens de *disette* de chercher à l'éteindre, à ramener l'abondance, mais qu'il faut encore pourvoir au soin des pauvres & à la sûreté publique.

Ce sont, en effet, deux des premiers objets dont doit s'occuper une administration municipale paternelle, dans un temps de misère; mais avant tout il faut qu'elle prenne des mesures contre la *disette* & contre tout ce qui pourroit la faire durer.

Le siècle de Louis XIV a vu, sans doute par l'effet des guerres; par la dépopulation des campagnes, l'avidité des traitans, des capitalistes & l'esclavage des peuples qui portent par-tout la stérilité, le découragement; ce siècle a vu, dis-je, plusieurs *disettes* désoler le royaume & sur-tout la capitale. Le pouvoir exécutif, l'autorité incontestée du Prince & de ses mandataires ont été, il faut en convenir, la sauve-garde du peuple alors; & les réglemens qui nous restent des cours & des compagnies souveraines de ce temps présentent une précision d'idées, un choix de moyens, une vigueur de conduite, qui peuvent vraiment servir de guide aux magistrats municipaux de tous les temps. Nous ne ferons donc pas difficulté de les presenter à nos lecteurs comme autant d'instructions solides sur les précautions à prendre dans les temps de *disette* pour en diminuer l'intensité, ou même la tarir entièrement.

L'année 1661, fut une année de cherté plutôt que de *disette*, mais enfin il fallut faire cesser la détresse, & cela donna lieu à une suite de réglemens, d'arrêts & de lettres-patentes, dont tous ceux qui suivirent ne furent que la répétition.

L'hôtel-de-ville défendit aux marchands de grains de s'associer ensemble pour achat & vente de bleds, à peine de nullité des marchés, comme aussi de faire aucuns achats desdits grains dans Paris, sur les ports ou marchés, ni autres lieux dedans ou dehors, sinon au-delà de dix lieues, sans qu'en quelque lieu que ce soit, ils puissent acheter ceux qui seront chargés pour l'approvisionnement de la capitale. On ordonna que les marchands seroient tenus incontinent après leurs achats de grains, de les faire voiturer & transporter à Paris, avec obligation de prendre des lettres de voiture pour les représenter à la ville & justifier de la destination des grains. Sitôt qu'ils seroient arrivés au port par bateau, les marchands seroient obligés de les vendre, sans pouvoir les mettre en magasin, & sans pouvoir hausser le prix qui auroit été fixé à l'ouverture du bateau. Semblablement il fut défendu à ceux qui ameneroient des grains ou farines à Paris, par terre, de les vendre ailleurs qu'au marché de la halle; laquelle vente ils ne pourroient retarder plus loin que le troisième marché. . . . . Il fut également défendu aux meûniers, boulangers, pâtissiers, brasseurs & autres d'aller au-devant des voitures de grains ou farines, &c.

Les officiers municipaux des petites villes de province s'opposent quelquefois ou plutôt font naître des difficultés au transport des grains pour l'approvisionnement de la capitale. Alors il est important que l'administration municipale s'adresse au roi ou à ses ministres pour obtenir des arrêts ou lettres-patentes qui les autorisent à procéder convenablement dans ces circonstances.

C'est encore la conduite que tint la ville de Paris dans la circonstance que nous venons de citer. Plusieurs municipalités de Picardie, de Normandie, avoient mis opposition à l'enlèvement des subsistances achetées pour Paris, soit par des commissaires, soit par des membres de l'hôtel-de-ville. Arrêt & lettres-patentes portant exécution des arrêts, qui forcèrent les officiers municipaux à céder au droit & à la convenance.

L'on renouvella & fit exécuter la défense à toutes personnes de quelque qualité & condition qu'elles fussent, à la réserve de ceux qui sont chargés des ordres du roi pour la subsistance de ses troupes & munition de ses places, de faire des magasins de bleds, outre & par-dessus ce qui sera nécessaire pour la subsistance de leurs familles, même d'en acheter des fermiers, laboureurs & de tous autres avant qu'ils soient recueillis ou battus, sous les peines portées par les ordonnances, & déclare nul tout marché ainsi contracté.

Ces précautions & d'autres semblables prises par les ministres de Louis XIV ou les magistrats de police de Paris, sont d'autant plus essentiels en temps de *disette*, que l'avarice du laboureur s'accorde presque toujours avec celle du marchand, & qu'ils s'entendent l'un & l'autre pour soutenir le haut prix des grains.

On en vit des exemples fameux sous ce règne, ainsi que de nos jours. Le commissaire *la Marre* en rapporte plusieurs, jusques là qu'en 1693, de très-riches propriétaires ruraux aimèrent mieux laisser gâter d'immenses quantités de grains que de les vendre au prix de 50 liv. le setier, ce qui feroit aujourd'hui 75 livres, espérant que cette cherté augmenteroit encore, & qu'ils gagneroient davantage.

Nous voyons, dans ces jours de troubles & de *disette*, quelque chose d'à-peu-près semblable. Des laboureurs refusent de faire battre leurs grains, pour avoir un prétexte de ne pas vendre. Comme l'état de besoin & de fermentation où se trouve Paris, ne permet pas de livrer la subsistance populaire aux spéculations outrées de la cupidité, l'assemblée générale des représentans de la commune vient de prendre un parti que nous allons faire connoître. Voici le fait: cette digression n'est point déplacée.

MM. *Bourdon de la Crosnière* & *Charpentier*, représentans de la commune de Paris, députés par l'hôtel-de-ville auprès de l'assemblée nationale & du premier ministre des finances, pour aviser aux moyens d'assurer la subsistance de Paris, ont rapporté à la commune que l'assemblée nationale a, par son arrêté du jour d'hier (7 septembre 1789), renvoyé lesdits députés à se pourvoir vers le pouvoir exécutif, l'assemblée a en conséquence arrêté que le roi seroit supplié de prendre en considération la position dans laquelle se trouve la ville de Paris, relativement à ses subsistances, & de venir à son secours par les moyens les plus prompts & les plus surs que sa sagesse lui suggérera: qu'en conséquence il plût à sa majesté ordonner entr'autres choses:

1°. que chaque laboureur & fermier, dans l'étendue de la généralité de Paris, sera tenu, à compter du jour de la publication de l'arrêt à intervenir, de porter, chaque semaine, au marché qu'il est dans l'usage de fréquenter, la quantité de trois setiers au moins par charrue, & ce par provision, & jusqu'à ce qu'il en ait été autrement ordonné, sauf à établir de nouvelles proportions dans ladite fixation, s'il y a lieu, d'après l'observation des municipalités des lieux dans lesquels lesdits laboureurs sont résidans, sur la quantité plus ou moins forte que chacun d'eux pourra fournir.

2°. Que la ville de Paris qui, par sa population, ne peut être assimilée à aucune des autres villes du royaume, & qui ne peut être approvisionnée que par des mesures extraordinaires, que les circonstances présentes rendent encore plus nécessaires, sera maintenue dans le droit d'appliquer à sa consommation, les grains récoltés dans l'enceinte de son arrondissement.

3°. Que cet arrondissement, que les anciennes loix avoient fixé à dix lieues, sera, eu égard à l'aggrandissement successif qu'elle a reçu depuis ces loix, à la *disette* des récoltes précédentes & aux approches de l'hiver, étendu à vingt-cinq lieues.

4°. Qu'il sera donné aux troupes & aux maréchaussées tous les ordres nécessaires pour la sûreté des fermiers, & des laboureurs, des boulangers & des marchands pour l'approvisionnement de Paris, & pour la tranquillité & le bon ordre sur les routes, dans les marchés, les moulins & en général pour tout ce qui concerne la circulation intérieure des grains & farines.

5°. Qu'à l'effet d'assurer l'exécution des mesures

ci-dessus, & de toutes autres, que la sagesse de sa majesté lui suggérera pour prévenir les suites funestes d'une disette dans la capitale ; il sera attribué à la municipalité de cette ville, tous les pouvoirs qu'avoient précédemment sur le fait des subsistances destinées à son approvisionnement, le lieutenant-général de police & le commissaire départi.

L'arrêt du conseil intervenu porte : « Sa majesté a bien voulu avoir égard aux demandes des représentans de la commune de Paris, persuadée qu'ils ne feront usage qu'avec ménagement des moyens dont ils ont dessein de se servir, & qu'ils se concerteront avec les autres municipalités de la généralité de Paris, afin que l'approvisionnement de toutes les parties de cette généralité ne soit jamais compromis. Sa majesté est instruite, par l'expérience, que si la subsistance d'une ville aussi considérable que Paris, peut être confiée dans les temps ordinaires à la parfaite liberté du commerce, il étoit indispensable de prendre des précautions plus assurées dans une circonstance difficile & à la suite d'une année de *disette*. Le roi guidé par ce principe a garanti, par ses soins prévoyans, la ville de Paris des malheurs auxquels elle auroit été soumise, si, dès la fin de l'hiver dernier, le roi n'avoit pas pourvu à la plus grande partie de sa subsistance, par des bleds achetés dans l'étranger ; & si l'immensité des secours que le roi s'étoit procuré successivement n'avoit pas suffi depuis quelques mois à l'approvisionnement entier de Paris, de Versailles & d'une grande partie de la généralité, & ces secours y auroient répandu la plus grande abondance, si les besoins qui se sont en même temps manifestés en Normandie, n'avoient pas obligé de destiner à la subsistance de cette province, une portion des convois qui empruntoient son territoire pour venir jusqu'à Paris. Les pays étrangers, dont on peut tirer des secours prochains, se trouvant dans ce moment absolument épuisés, il faut attendre que les récoltes tardives du nord procurent de nouvelles ressources ; mais comme ces ressources, par les soins vigilans & paternels de sa majesté, mettront en état de procurer à la ville de Paris un secours extraordinaire de cent ou cent vingt mille setiers dans les mois de novembre & de décembre, & qu'un pareil secours permettra aux représentans de la commune de se dispenser des moyens extraordinaires qu'ils sont obligés d'employer en ce moment pour l'approvisionnement de la capitale, le roi a jugé à propos de n'autoriser que jusqu'à la fin de cette année les dispositions particulières qu'ils sollicitent. A quoi voulant pourvoir : ouï le rapport, le roi étant en son conseil, a ordonné & ordonne ce qui suit :

» I°. A compter de la publication du présent arrêt, tout propriétaire, cultivateur ou fermier résidant dans la généralité de Paris, sera tenu de de porter chaque semaine au marché, qu'il est dans l'usage de fréquenter, une quantité de grains proportionnée à l'étendue de son exploitation.

» II°. Ordonne, sa majesté, que tous les marchés existans dans la généralité de Paris, dans une étendue de quinze lieues de rayon, seront & demeureront spécialement affectés à l'approvisionnement de sa bonne ville de Paris, & qu'en conséquence, après les deux premières heures des marchés, pendant lesquelles il sera loisible aux habitans des lieux où se trouvent lesdits marchés, & aux habitans des lieux circonvoisins de se pourvoir des grains dont ils auront besoin pour leur consommation, les boulangers, marchands & commissionnaires, munis d'un billet de la municipalité de Paris, soient admis, à l'exclusion de tous autres, à acheter les grains qui resteront invendus dans lesdits marchés.

» III°. Excepte néanmoins des dispositions de l'article ci-dessus, la ville de Versailles, dont les boulangers & autres personnes spécialement chargées de son approvisionnement, pourront concurremment ou de concert avec les boulangers & les marchands chargés de celui de Paris, acheter des grains & farines dans toute l'étendue de l'arrondissement ci-dessus fixé, en justifiant seulement par eux des pouvoirs qui leur seront donnés à ce sujet par la municipalité de Versailles.

» IV°. L'intention de sa majesté, est qu'il soit donné toute sûreté & protection aux fermiers & cultivateurs, pour l'apport & la vente de leurs grains aux marchés, & aux boulangers, marchands & commissionnaires ci-dessus désignés pour l'achat, l'enlèvement & transport desdits grains ; veut en conséquence sa majesté, que, quiconque entreprendroit de mettre obstacle à la vente & circulation desdits grains, soit réputé perturbateur du repos public, & puni comme tel, suivant la rigueur des ordonnances.

» V°. Pour assurer l'exécution, tant des dispositions ci-dessus, que des autres mesures relatives à l'approvisionnement de la ville de Paris, attribue sa majesté à la municipalité de ladite ville, tous les pouvoirs & toutes les fonctions qu'exerçoient ci-devant, relativement à son approvisionnement, tant le lieutenant de police d'icelle, que l'intendant & commissaire départi en la généralité de Paris ; enjoint en outre sa majesté aux différentes municipalités de ladite généralité, de correspondre & se concerter avec celle de Paris, & de veiller & tenir la main à l'exécution du présent arrêt. Enjoint pareillement aux maréchaussées répandues dans toute l'étendue de ladite généralité, & en cas de besoin, aux commandans des milices bourgeoises & des troupes réglées, de prêter main-forte toutes les fois qu'ils en seront requis.

» VI°. Les dispositions ordonnées par le présent arrêt ne subsisteront que jusqu'à la fin de cette année, à moins qu'il n'en soit autrement ordonné. »

C'est en conséquence de cet arrêt du conseil que l'assemblée des représentans de la commune a pris l'arrêté suivant, le jeudi 10 septembre 1789.

» Sur ce qui a été représenté à l'assemblée, qu'indépendamment des anciennes causes de la *disette* préparée par les mauvaises récoltes & les gens mal intentionnés, la cupidité de quelques propriétaires & fermiers soustrait aux approvisionnemens du peuple les récoltes dont la société ne leur garantit la sûreté que pour le bonheur public, auquel le leur est nécessairement attaché & subordonné; &, ce qui est bien plus fâcheux encore, que les violences d'un grand nombre de mauvais citoyens repoussent loin d'eux l'abondance qui leur est offerte par les honnêtes propriétaires & fermiers, d'où il résulteroit nécessairement une disette factice, & une famine réelle au milieu de la plus belle récolte; l'assemblée voulant pourvoir tout ensemble à l'approvisionnement de Paris & de toutes les villes & villages de son arrondissement dont les intérêts ne lui sont pas moins chers que ceux de la capitale, a arrêté qu'il seroit à l'instant nommé par elle douze de ses membres à l'effet qui suit.

» Art. I. Les commissaires se transporteront sans délai dans les arrondissemens qui seront ci-après indiqués, à l'effet de constater la quantité des grains nécessaire à chacun des moulins employés pour l'approvisionnement de Paris, pour continuer sa mouture.

» Art. II. Les commissaires se transporteront de suite dans les villes de l'arrondissement où il y a marché, à l'effet de se concerter avec la municipalité sur les moyens d'établir le bon ordre, veiller à l'approvisionnement des marchés, & à la sûreté des laboureurs, fermiers, boulangers & marchands pour l'approvisionnement de Paris, le tout conformément à l'arrêt du conseil du 7 septembre présent mois.

» Art. III. Les commissaires se transporteront aussi, de suite, dans les fermes de l'arrondissement pour y faire battre sans interruption, faire conduire d'abord dans les marchés, par chaque semaine, la quantité des grains que comportera chaque ferme, au terme de l'arrêt, & acheter le surplus, à mesure des battages, & le faire conduire dans les moulins de l'arrondissement.

» Art. IV. Le prix des grains conduits directement dans les moulins, pour le compte de la ville de Paris, sera payé par les facteurs de la halle, ou par le trésorier de la ville, sur les reconnoissances qui seront données, soit par les commissaires, soit par les meûniers, ou autres préposés aux moulins qui auront été indiqués par les commissaires, & ce, au prix courant des marchés.

» Art. V. Les commissaires procéderont aussi au recensement, dans chaque arrondissement, de la quantité de grains que chaque fermier peut fournir.

» Art. VI. Les mêmes commissaires pourront se transporter aux mêmes fins, par-tout ailleurs, sur les instructions qui leur seront données par le comité de subsistance.

» Art. VIII. L'assemblée ordonne que M. le commandant-général donnera tous les ordres, & fournira tous les secours nécessaires pour assurer l'exécution du présent arrêté, qui sera imprimé & & affiché. »

Il est quelquefois nécessaire, dans les instans de *disette*, de veiller à ce qu'il ne se fasse pas un trop grand gaspillage de grains dans certaine partie des arts, comme sont les brasseries, les amidoneries, les distilleries de grains, &c. car, quoique quelques-uns de ces emplois ne soient qu'en grains dont on ne fait pas toujours usage pour le pain, il est cependant utile d'en empêcher l'abus; puisqu'on pourroit, si la *disette* augmentoit, en tirer une utilité réelle. Un arrêt du conseil du premier mai 1693, par les motifs que nous venons d'énoncer, fait très-expresses inhibitions & défenses à toutes personnes, sans distinction, de brasser & fabriquer aucunes bières, de quelque nature & qualité qu'elles soient, dans toute l'étendue du royaume, ni aucune eau-de-vie de bled jusqu'au premier janvier prochain, à peine de confiscation & de 3000 liv. d'amende; en exceptant seulement les provinces de Flandres, Artois, Hainault & Luxembourg.

Nous ne nous étendrons pas davantage sur les moyens à prendre en temps de *disette* pour en arrêter la continuité, & nous passerons à la troisième division que nous avons proposée, c'est-à-dire, aux soins à donner aux pauvres & à la sûreté publique, après que nous aurons résumé ce que nous venons de dire des mesures à prendre en temps de *disette*. Elles se réduisent en général à ceci, 1°. Empêcher les sociétés qui veulent faire de grands achats de bled; 2°. obliger les marchands à apporter leurs grains au marché; 3°. favoriser le commerce des blatiers, & la circulation de province à province; 4°. faire vendre sur le port ou au marché sans permettre l'emmagasinage; 5°. empêcher les boulangers de faire des amas, & les forcer à cuire au jour la journée, en les menaçant de rendre, à tous ceux qui voudront l'exercer, le droit de faire & vendre du pain; 6°. faire intervenir le pouvoir exécutif quand les municipalités s'opposent au transport des grains; 7°. obliger les laboureurs à battre s'ils le refusent; 8°. empêcher les brasseries, distilleries, &c. d'employer des grains jusqu'à nouvel ordre; 9°. donner appui & protection aux convois de bled, soit qu'ils viennent au compte de la ville, des marchands ou des boulangers, ainsi que vient de le faire sagement l'assemblée des représentans de la commune de Paris.

III. Nous avons dit qu'il falloit calmer le peuple, le secourir & empêcher les désordres publics, ſi communs dans les inſtans de *diſette*, ſur-tout dans les grandes villes.

A ce ſujet nous remarquerons que le commiſſaire *la Marre* fait un tableau touchant & inſtructif de l'état de Paris dans l'année 1693, qui fut une année de *diſette* preſque générale dans le royaume. Il y eut, juſqu'à la moiſſon de 1694, des mouvemens, des commencemens d'émotions populaires, des cris & des gémiſſemens des pauvres, qui ſe trouvèrent, par le dénombrement qui en fut fait au mois de mars 1694, au nombre de trois mille quatre cents mendians, & que pendant l'année il en étoit entré de malades à l'Hôtel-Dieu trente-six mille ſix cent ſept. Cette miſère publique fut un peu adoucie par les charités que le roi fit paſſer par les mains du magiſtrat de police, & répandre par les commiſſaires, dans les maiſons des pauvres, & même dans les places de marché, pour faire avoir du pain à ceux qui paroiſſoient dans une plus grande néceſſité, & cela ménagé avec ſecret & diſcrétion, pour éviter l'accablement de la multitude qu'il n'auroit pas été capable de ſatisfaire ſi tous en avoient eu connoiſſance.

Ce moyen de donner des ſecours en argent aux pauvres n'eſt pas, dans les momens de *diſette*, le ſeul moyen qu'on puiſſe employer; & ſans avoir recours à des ſyſtêmes de bienfaiſance plus ou moins difficiles à pratiquer, nous trouvons dans l'hiſtoire, pluſieurs exemples d'autres manières de les aider qui peuvent nous inſtruire dans cette matière.

On ſait qu'à Rome la république faiſoit des diſtributions de bled au pauvre peuple; mais ce qui n'avoit d'abord été deſtiné qu'à le ſecourir en temps de *diſette* ou d'autres calamités publiques, devint un moyen de corruption parmi les riches qui s'en ſervoient pour ſe faire des partiſans, & une cauſe de dégradation dans le peuple, qui, ſûr de ſa nourriture, négligeoit les arts, la culture & les travaux productifs. Ce dernier mal ſur-tout devint ſi grand, il en coûtoit tant d'ailleurs au tréſor public, qu'Auguſte reſtreignit ces diſtributions de bled pour les temps de *diſette*, ſoit qu'elles fuſſent gratuites, ou qu'elles offriſſent une diminution ſenſible ſur le prix marchand.

Cette dernière méthode, je veux dire celle de prendre des meſures pour que le bled ou le pain ſoit donné à plus bas prix au peuple que ne le comporte la cherté, eſt peut-être, de toutes les manières de le ſecourir la plus commode & la plus encourageante; celle qui en lui donnant des facilités ne le jette point dans la pareſſe que produiſent la ſécurité & la profuſion des ſecours (1).

C'eſt ce que fit encore Louis XIV, en 1662, & ce que nous avons fait depuis avec une utilité ſenſible; on trouve un placard, du 9 mai 1662, qui porte: « que ſa majeſté fera faire au château des » Thuileries pour le ſoulagement de ſa ville de » Paris, une diſtribution de pain à 2 ſols 6 deniers, » avec défenſes à toutes perſonnes de prendre plus » de pain que pour ſa proviſion, ſous peine de » punition, &c. »

Dans les dernières inquiétudes que nous avons eues, lorſque le peuple agité par les troubles & grevé par la cherté du pain, donnoit les plus grandes allarmes ſur la tranquillité publique, dans ces momens où des exemples terribles de la vengeance populaire faiſoient de Paris un théatre de crainte, d'anarchie & de déſordres, les repréſentans de la commune de Paris trouvèrent dans les diminutions ſucceſſives du prix du pain, un remède à une partie des maux que nous nommons; & quelque lourd que fût le fardeau qui en réſulta pour le tréſor public, quelque diſpendieuſe que devînt pour la ville cette diminution, le calme & le contentement du peuple qu'elle produiſit furent des biens infiniment au-deſſus.

Nous trouvons dans l'hiſtoire qu'en 779, il y eut une *diſette* de grains conſidérable en France. Charlemagne, qui régnoit alors, aſſembla les prélats & les grands de ſon conſeil, & après avoir délibéré avec eux, il fut arrêté que pour ſecourir le peuple qui ſouffroit de la cherté, chaque évêque & chaque abbé ou abbeſſe nourriroit quatre pauvres pendant la *diſette* & juſqu'à la moiſſon, que ceux qui ne le pourroient pas, n'en nourriroient que trois, deux ou un, ſuivant leurs facultés; que tous les comtes du premier ordre donneroient au moins une livre d'argent; les comtes du ſecond ordre une demi-livre, les officiers du roi qui ont commandement ſur deux cents autres, une demi-livre, & ceux qui ont commandement ſur cent, ſeulement cinq ſols.

De nos jours, les charités habituelles, les contributions volontaires, même des perſonnes beaucoup moins riches qu'un prélat ou un baron, s'élèvent au-deſſus de ces ſommes, & il eſt peu d'abbaye qui ne nourriſſe plus d'une douzaine de pauvres dans les temps de calamités.

Un des grands ſecours pour le peuple dans les temps de *diſette*, c'eſt la diſtribution du riz & des pommes de terre, lorſque c'en eſt la ſaiſon.

Le riz eſt une nourriture excellente, ſaine & agréable. Nous en avons fait diſtribuer prodigieuſement dans la *diſette* préſente, ou plutôt dans la

(1) Je ne prétens pas cependant regarder les diſtributions gratuites de bled comme toujours dangereuſes; il eſt des temps où elles conviennent; cela dépend de l'état du tréſor public, de celui du peuple, & des circonſtances. *Voyez* ABONDANCE.

gêne pour les subsistances que nous venons d'éprouver. Mais en général, & nous l'avons déjà dit, le peuple habitué au pain, ne se croit pas bien nourri avec toute autre substance. Néanmoins plusieurs paroisses, & sur-tout dans la banlieue, en ont fait grand usage, ce qui a d'autant diminué la consommation des farines.

La pomme de terre peut encore par sa qualité farineuse tenir lieu de pain, on peut même en fabriquer avec, mais il faut peu compter sur cette fabrication, qui seroit peut-être dispendieuse & produiroit un pain lourd. Au reste, nous l'avons déjà dit, le peuple ne se croit point nourri s'il n'a pas du pain de bled ; il lui en faut, & c'est à en fournir les marchés que doivent s'occuper les officiers municipaux.

Sans cette précaution, & tant que dure la *disette* de farine, le peuple est agité, les rumeurs, les plaintes se font entendre; la cherté des vivres augmente la misère qui mène au vol, au désordre, à tous les brigandages.

Il faut donc au soin des pauvres joindre, en temps de *disette*, la plus grande surveillance, & assurer par tous les moyens l'ordre & la sûreté publique.

L'on a en effet alors à prévenir les pilleries des voitures, les violences que le peuple ne se permet que trop communément contre les boulangers, & les fariniers; il faut encore empêcher les attroupemens défendus, les troubles dans les marchés, les meurtres que les rixes entraînent au moment de la vente du pain, &c.

Pour cela l'on doit prodigieusement augmenter les gardes, soit de jour, soit de nuit; leur recommander beaucoup de fermeté & d'égards vis-à-vis du peuple ; faire afficher des placards qui annoncent & les moyens pris pour la sûreté du public & des marchands, & les peines infligées à ceux qui la troubleront.

Il n'y a que ce moyen de ramener l'abondance par la liberté du commerce & le cours ordinaire des marchés. Si l'inquiétude, le trouble, la violence s'y manifestent, si les marchands de grains ne sont point en sûreté; si une pitié frivole laisse impunis des délits sous le prétexte qu'ils sont dus à la faim, si la propriété n'est point respectée, toujours les marchés seront déserts, le cultivateur, le laboureur s'en éloigneront, & la disette continuera.

De tous temps les magistrats politiques ont senti ces vérités. Lorsqu'en 1662 on fit une assemblée de police au Châtelet, pour remédier à la *disette*, le lieutenant criminel demanda que le chevalier du guet fit faire bonne garde la nuit dans les marchés, & qu'elle fût augmentée afin de pouvoir suffire à cet accroissement de service.

En 1776, ce ne fut que par une augmentation de garde que la sûreté fut rétablie, & que les projets des ennemis de l'ordre public furent déroutés. Ainsi la force nécessaire dans ces momens ne sert pas seulement à rappeller l'abondance par la paix, mais encore à rendre stériles les desseins sinistres des mal-intentionnés.

C'est sur-tout ce que nous avons eu occasion de remarquer dans ces derniers momens. Une cabale odieuse, après avoir mis la France au bord du précipice, après nous avoir exposé au plus grand des maux, à un dur & éternel despotisme, déroutée dans ses projets & ne pouvant plus employer la force ouverte, nous attaqua secrètement. L'article des subsistances sur-tout lui parut réunir tout ce qu'il falloit pour troubler la paix publique ; & la *disette* plus ou moins réelle que nous éprouvions, vint encore à l'appui de ses criminels projets.

On sema donc des inquiétudes, des allarmes parmi le peuple, on l'aigrit, on l'indisposa contre les administrateurs qu'il s'étoit lui-même donnés ; on le porta à la révolte en lui disant que ceux qui devoient veiller à sa subsistance étoient eux-mêmes accapareurs; les convois furent interceptés, les laboureurs, par suite de ces désordres, de ces suggestions, ne vendirent pas, ou n'approvisionnèrent que difficilement les marchés, & le peuple qui avoit ou croyoit avoir faim, causa de nouveaux embarras, & s'exposa à devenir lui-même la victime de ses propres erreurs.

Cependant il fallut employer des soins multipliés, retenir par la force ceux pour qui la loi n'étoit qu'un vain nom, prévenir des écarts malheureux, punir ceux qui ameutés pour répandre le trouble & la terreur recevoient des ennemis de l'état le prix de leur funeste conduite ; enfin veiller à la sûreté publique avec autant & plus d'attention encore que n'en exigeoit le soin des subsistances.

C'est ainsi que, dans l'administration d'un grand peuple, jamais une calamité ne va seule ; & que celui qui calculant abstractivement les hommes, n'envisage pas le jeu secret des passions & les rapports qui les lient à la marche des affaires, s'égare, & à l'instant qu'il se croit dans les limites du vrai, est loin déjà des bornes qui le déterminent : la sûreté publique, le maintien de l'ordre, de la liberté, de la paix, de la richesse & du bonheur d'un état, tiennent non-seulement à toutes les causes qui entrent dans les élémens de la société, mais encore aux sentimens, aux passions des individus qui la composent.

Après cet exposé des causes, des effets de la *disette* & des moyens de la détruire, il ne nous reste qu'à résumer ce que nous venons de dire sur la dernière des divisions que nous avons faites de cet important article. Il se réduit, 1°. à des secours en argent que l'on peut distribuer aux pauvres ; 2°. à la diminution du pain par des rétributions faites aux boulangers ;

boulangers, ou par la vente du bled au dessous de ce qu'il a coûté à l'administration ; 3°. à la distribution au peuple de substances alimentaires, comme le riz, les pommes de terre, les haricots, &c. ; 4°. à faire tenir les marchés des petites denrées fournis, & en supprimant les droits qui pourroient y mettre obstacle. Voilà pour ce qui regarde d'une manière très-générale, le soin des pauvres.

Quant à la sûreté publique, souvent compromise dans les temps de *disette*, on y pourvoit principalement ; 1°. par l'augmentation des agens militaires ; 2°. par une attention scrupuleuse à faire punir les perturbateurs de l'ordre public ; 3°. par les égards qu'on doit à la misère & à l'inquiétude du peuple.

Quand on a mis tous ces moyens en usage, on trouve encore que l'administration est extrêmement orageuse, extrêmement difficile dans ces momens, & qu'en général, un grand état comme la France, doit bien prendre garde à se laisser aller à aucun systême abstrait sur les subsistances, & ne permettre l'exportation des grains que lorsqu'il est démontré clair comme le jour qu'il y a une quantité considérable de blé surabondant dans le royaume. *Voyez* GRAINS.

DISTILLATEUR, s. m. Celui qui a le droit de distiller toute sortes d'esprits, d'eaux d'huiles, &c.

Les *distillateurs* forment une communauté à Paris établie en 1634 ; ils ont été supprimés & recréés en 1776.

L'art du *distillateur* passa en France sur la fin du quinzième siècle, puisque dès l'an 1514 Louis XII, en établissant la communauté des vinaigriers, y comprit dans leurs qualités celle de *distillateur* en eau-de-vie & esprit-de-vin.

Vingt ans après ce premier établissement, il y eut à Paris une autre communauté avec l'attribution expresse de *distillateur* d'eau-de-vie & d'eau forte, sans préjudicier néanmoins à la première attribution qui avoit été faite aux vinaigriers. Les premiers statuts du *distillateur*, sont de 1634. *Voyez* LIMONADIERS.

Il y a aujourd'hui des *distillateurs* d'acides minéraux dont l'état est libre.

DISTRICT, s. m. Portion, étendue de terrein ou de pays, dont la circonscription est déterminée par l'exercice d'une fonction quelconque ou par une certaine quantité de population.

Je m'explique. Lorsque dans une province on a des élections à faire, soit pour l'organisation d'états provinciaux ou d'états-généraux, la province est divisée en arrondissemens & en *districts*. L'arrondissement est composé d'un certain nombre de *districts*, & chaque *district* jouit du droit de former une assemblée qui élit un ou deux ou plusieurs députés à l'assemblée d'arrondissement. Ainsi dans ce cas l'étendue du *district* est déterminée par l'espace qui jouit du droit de s'assembler pour envoyer des députés.

Ces *districts* jouissent à-peu-près du droit d'envoyer un égal nombre de membres ou de députés aux assemblées dont ils ressortissent.

Quelquefois la division des *districts* est ordonnée ou déterminée par la quantité d'individus qui s'y trouvent : ensorte qu'il y a autant de *districts* dans un arrondissement qu'il y a de fois un certain nombre de citoyens ou d'individus dans un espace donné.

L'on fixe aussi les *districts* en administration par la quantité d'arpens de terre qui se trouve dans un arrondissement, en donnant à un *district* la valeur d'un certain nombre d'arpens.

Enfin les *districts* se sont pris & se prennent encore aujourd'hui à Paris, pour la réunion d'un certain nombre de rues dans chaque quartier ; ils sont au nombre de soixante, & voici quelle en fut l'origine & l'objet de leur institution. Nous croyons ce détail d'autant plus intéressant que les *districts* de la capitale ont joué & jouent encore un grand rôle dans l'administration & la police de cette ville.

Lorsqu'il fut question d'élire les députés aux états-généraux pour la ville de Paris, on proposa d'abord d'assembler les citoyens par corporations, afin qu'ils nommassent dans chacune un certain nombre de personnes qui choisiroient les représentans nationaux.

Mais on trouva que cette méthode étoit inconstitutionnelle & contraire aux principes de liberté civile qui cadrent mal avec l'établissement des corporations : d'ailleurs c'étoit comme citoyen que chaque individu devoit voter, & non pas comme membre de telle ou telle communauté. Ainsi, quoique quelques villes de province eussent adopté cette méthode, il fut décidé qu'à Paris le choix des électeurs se feroit par assemblées de citoyens, & que l'étendue déterminée pour former une assemblé partielle se nommeroit *district*.

Ce fut en conséquence de cette décision que sur la lettre du roi écrite au prévôt des marchands, les *districts* s'assemblèrent le 21 avril 1789, & procédèrent à la rédaction de leurs cahiers & à la nomination des électeurs.

Il y eut dès ce moment soixante *districts* établis dans Paris, ou si l'on veut soixante-un ; car l'Université fit un soixante-unième *district* jusqu'au 22 septembre 1789 qu'il fut décidé, à l'assemblée des représentans de la commune, qu'elle ne pouvoit pas faire un *district*.

Après le choix des électeurs, les assemblées de

districts cessèrent, elle ne comptoient même se réunir qu'à une nouvelle convocation d'états : mais les orages qui troublèrent l'assemblée nationale, les attentats que l'on porta à sa liberté, la crainte que répandit dans le public l'approche des troupes, la fermentation que cette approche occasionnoit, le desir d'assurer tout de suite la liberté par une révolution subite, amenèrent un nouvel ordre de choses, & firent des *districts* autant de petites administrations dans Paris, j'avois presque dit de petites républiques.

Dans la nuit du dimanche 12 au lundi 13 Juillet, la nouvelle se répandit que M. Necker étoit chassé, la liberté publique menacée : tout-à-coup quelques électeurs se rendent à l'hôtel-de-ville, convoquent les *districts*, font sonner le tocsin ; on forme une milice nationale, & chaque *district* devient le rendez-vous de tous les citoyens & le centre de ralliement des forces du quartier.

Cependant le nombre des *districts*, leur zèle inquiet, la pétulance des membres, les cabales, les contrariétés, leur mauvaise organisation, font de ces assemblées autant de corps étrangers à l'administration ou traversant ses opérations ; & aujourd'hui l'attention publique se tourne vers les moyens de les soumettre à une forme qui, sans en détruire l'existence, en règle les mouvemens & les pouvoirs : c'est à quoi est destiné le mémoire que l'on va lire, & qui a été composé au milieu même des embarras qu'ils font naître.

Mémoire sur les Districts.

On ne doit point porter atteinte à l'existence des *districts*, ce sont eux qui nous ont sauvés ; nous leur devons notre liberté ; mais leur intérêt exige, le bien général demande, que dirigés par une même loi, obéissant au même pouvoir, ils règlent leur conduite sur les mêmes principes, & forment autant de partie d'un tout puissant & organisé.

Jusqu'ici la nouveauté du spectacle, la confusion des affaires, l'adresse de nos ennemis, l'inquiet amour du pouvoir, cent causes cachées, ont dû jetter un voile sur les pouvoirs des *districts*, leurs devoirs & les bases sur lesquelles doit reposer leur existence future.

Il est un principe général reconnu de tout temps, c'est que par-tout où l'uniformité d'action ne règne pas, par-tout où des puissances agissent en sens contraire, ou dans le même sens, mais sans simultanéité, les mouvemens se croisent, les forces s'épuisent, & le corps qui devoit produire un effet durable, détruit par des frottemens multipliés, périt au milieu de ses propres efforts.

La capitale, après avoir vu luire un rayon de liberté, après avoir présenté le spectacle imposant d'un peuple courageux, après quelques momens de sagesse & de grandeur, verroit bientôt ses fers reparoître, si perdant de vue les loix de toute société elle continuoit de conserver dans son sein soixante pouvoirs incohérens, divisés d'idées, de projets, de moyens, & s'agitant sans cesse vers des buts différens sans point central, sans lien d'union & d'activité.

C'est donc une chose démontrée qu'il faut que les districts s'organisent, qu'ils reconnoissent un pouvoir commun, une puissance, qui agissant au nom de tous, soit l'action du pouvoir de chacun & l'exécution de la volonté générale

En conservant la forme actuelle des *districts*, la volonté générale ne seroit point exécutée ; il y auroit soixante volontés particulières irrégulièrement agissantes, & l'unité d'action qui est la base de tout pouvoir exécutif, seroit évidemment anéantie.

Il n'en est point d'une ville divisée en *districts* comme d'une république fédérative, partagée en autant de souverainetés qu'il y a de législatures. Toute ville se régit sous une loi municipale ; c'est dans son indivisibilité que réside le pouvoir de la commune, si vous y portez atteinte, vous détruisez la commune, & la cité n'existe plus ; ce n'est plus qu'un amas de maisons, une réunion d'hommes sans pouvoirs & sans droits.

L'existence des *districts*, telle que le hasard des circonstances, l'embarras des affaires, la crainte & la fermentation viennent de l'établir à Paris, est donc directement opposée à leur droit, c'est-à-dire, à ceux de la commune, dont ils sont chacun une partie, comme la réunion en est la totalité.

Non-seulement cette existence détruit la loi municipale, mais aussi la liberté des citoyens, ou plutôt elle la rend illusoire par le défaut d'unité dans les obligations qu'ils ont à remplir, dans les devoirs auxquels ils doivent s'assujettir, puisque ces devoirs & ces obligations varient, changent avec les opinions ou les loix adoptées dans ces *districts* ; ensorte que ce qui seroit une faute au fauxbourg St. Laurent n'en est point au Roule, & qu'on peut impunément faire dans la rue St. Honoré ce qui seroit vertement repris ailleurs.

Ce seroit bien pis si chaque partie de la ville vouloit administrer la chose commune, d'après des vues ou des intérêts qui ne sont point communs ; si ce qui appartient à tous, ou aux représentans de tous, devenoit la proie de quelques individus, & que sorti de son centre, le rouage de la municipalité se portât tantôt aux Cordeliers, à Bonne-Nouvelle ou aux Théatins ; ensorte que Paris eût une administration journalière & roulante de *districts* en *districts*. Cette organisation seroit la seule dans l'univers, mais elle n'y seroit pas long-temps.

Un *district* n'est autre chose qu'une division

locale, une étendue de terrein, faisant partie du lieu municipal & n'en étant point séparé; c'est la difficulté de réunir tous les habitans de Paris dans un même endroit, & non la nécessité de partager le pouvoir de la commune, qui a motivé leur existence; il sont au tout municipal ce qu'est un membre au corps humain, c'est-à-dire, une portion qui n'est quelque chose qu'avec l'ensemble & qui séparée du tronc est morte & sans pouvoir.

Ainsi oublier ce que sont vraiment les *districts*; pour leur attribuer des fonctions qui en fassent autant de pouvoirs constitués, cela est chimérique & meurtrier; je dis meurtrier parce qu'il en résulteroit inévitablement la subversion de tout ordre, une anarchie dangereuse & la ruine de la capitale.

Déja le défaut d'unité dans le pouvoir, le manque de soumission à la loi, que les rivalités ambitieuses de quelques *districts* ont fait naître, l'exagération des droits & l'oubli des devoirs qui caractérisent les puissances isolées, les entraves, les difficultés qui sont à la suite d'une importance puérile & d'un zèle importun, la perte du temps, les longueurs d'une discussion sans objet & sans terme, ont fait courir à la capitale des dangers, produit des désordres dans les affaires, & exposé à la désunion toutes les parties qui composent l'ensemble de l'administration.

Delà la stagnation dans le commerce, dans les arts, la suspension de certains travaux, quelques embarras dans les subsistances, dans l'équipement & la formation de la garde nationale, dans l'ordre de la police, dans la sureté, la propreté & le repos de la capitale. Tout se tient dans une grande administration, & lorsque, sur-tout au moment d'une révolution, chacun ne se rend pas à l'ordre & que les autorités rivalisent, l'on doit nécessairement courir de grands dangers & préparer un avenir fâcheux.

Il est donc de l'intérêt des *districts*, de celui de la capitale & de tous les individus qui l'habitent que l'uniformité règne dans l'énoncé & l'exécution de la loi, que chaque portion de la commune ne forme point un pouvoir isolé; que ce qui règle les droits & les devoirs dans un quartier ne contrarie pas les principes adoptés dans un autre, & qu'enfin les parties du tout municipal se réunissent au chef qui doit les diriger, les modérer, les administrer.

Il faut, sans doute, dans une administration des pouvoirs de différens ordres, il faut des agens pour les mettre en activité; mais ces pouvoirs doivent s'emboîter les uns dans les autres, si je peux me servir de cette expression, c'est-à-dire, que le premier doit couvrir tous les autres, & que ceux-ci liés à lui, ne doivent ni le croiser ni déborder au-delà de leur circonférence propre. Autrement chacun voulant commander, personne ne voulant obéir, il est de force que le tout périsse, à-peu-près comme feroit un vaisseau, si tout le monde vouloit y tenir le gouvernail.

Des esprits incendiaires, des démagogues puérils blâmeront, sans doute ces vues; mais nous devons nous en défier, ce sont des fous qui, quelque bien intentionnés qu'ils puissent paroître, (je ne dis pas qu'ils soient) nous mèneroient infailliblement à notre perte.

Il faut leur dire que le bien naît de l'ordre, & l'ordre de l'obéissance aux loix qui le prescrivent, & que par-tout où il y aura cent législatures opposées les unes aux autres & prononçant cependant sur des individus soumis aux mêmes intérêts, il n'y aura ni loi, ni obéissance, & qu'après nous être débattus pendant quelques momens entre la liberté & l'anarchie, nous tomberons de plein saut dans le despotisme, sous la plus dure tyrannie.

Le despotisme n'est fort que parce qu'il est uni dans toutes ses parties, que parce qu'il n'agit que d'après un plan, que parce que tous ses mouvemens sont réglés & ses différens moyens de pouvoir tellement posés, tellement organisés qu'aucuns ne se croisent, que tous se secondent. Aussi faut-il des siècles, du sang, tout un peuple, pour détruire l'œuvre d'un despote.

Imitons le despotisme, soyons unis, circonscrivons les droits de chaque partie de l'ordre public, assignons à chacun son devoir & sacrifions au maintien de la liberté quelques prérogatives du droit naturel, qui ne peuvent exister que dans un monde idéal, un monde abstrait, qui n'exista jamais.

La France a les yeux fixés sur Paris, son rôle est grand, il est beau. C'est de lui que dépend le salut de tous, le bien géneral; il est donc extrêmement instant qu'il s'organise, & que chaque partie de cette immense commune se mette à sa place, c'est-à-dire, qu'il faut que les *districts* reconnoissent, 1°. leurs droits, 2°. leurs devoirs; 3°. leur rapport avec le reste de la communauté parisienne.

Droits des districts.

Par-tout où le peuple est libre, il choisit ses magistrats; c'est une suite du droit qu'il a de concourir à la formation de la loi; c'est une des clauses du contrat public. En effet, le peuple a reconnu que l'énoncé de la loi, sa promulgation, seroient de vains moyens d'assurer & sa liberté & sa sûreté, si l'exécution ne suivoit de près & constamment, il a donc reconnu la nécessité de créer des magistrats, & comme ces magistrats ne sont que les exécuteurs de sa volonté, ils ont dû avoir sa confiance, il a pû en faire le choix.

Il a en même temps reconnu qu'il étoit important que les magistrats dépositaires de son pouvoir eussent les mêmes droits que lui dans l'exécution des loix, s'il pouvoit lui-même veiller à cette exécution. Les magistrats dès cet instant, furent saints, ils furent sacrés, & toute partie de la société quelque fût son étendue, son importance, y fut nécessairement soumise : c'est la base de l'ordre.

Ainsi nulle association, nulle partie de la société ne put se montrer réfractaire à l'ordre du magistrat, sans crime, sans trahison, sans se rendre ennemie de cette même société dont le magistrat est vraiment la partie active & nécessairement agissante.

Mais comme le magistrat ne peut être qu'un homme, qu'il a des passions, des intérêts d'individus toujours plus près de lui que ceux de la société, qu'il peut errer, prévariquer, trahir, le peuple a dû conserver & a conservé le droit d'agir & de juger celui qui auroit abusé du pouvoir qu'il lui avoit confié.

Ainsi, avec le droit de nommer ses magistrats, le peuple a celui de les révoquer, lorsqu'ils ont manqué aux clauses de leur engagement, lorsqu'ils ont forfait ou trahi leur serment.

Mais comme le magistrat doit tenir à son serment d'administrer suivant les loix connues, le peuple est obligé de lui obéir pendant toute la durée de sa magistrature, & il ne peut en diminuer la durée, lorsqu'elle est une fois déterminée, que pour une des causes que nous venons de nommer.

Par la même raison donc que le peuple doit exiger assiduité, justice, impartialité dans ce magistrat, celui-ci peut demander à l'autre obéissance & continuité dans ses fonctions tant qu'il n'a manqué à aucune des clauses du contrat sanctionné entre le peuple & lui.

Il est encore un autre droit du peuple dans l'élection de ses magistrats, c'est celui de prononcer leur inviolabilité tant qu'ils sont en fonction. L'on sent, en effet, que sans ce droit la loi seroit sans force, puisque sans crime on pourroit en suspendre l'exécution, en anéantir l'effet par des atteintes portées à la personne du magistrat.

Le peuple a donc droit, 1°. de nommer ses magistrats; 2°. de les révoquer, s'ils ont forfait, ce qui suppose en eux comptabilité, responsabilité; 3°. il leur imprime encore un caractère inviolable qu'ils tiennent de la majesté du peuple même, par leur caractère d'organes des loix, c'est-à-dire, de la volonté du peuple.

Rapprochons ces principes incontestables de la position actuelle des *districts*, & nous pourrons poser la limite de leur pouvoir & en assurer la durée.

Comme formant une partie de la commune, comme contenant une portion, très-peu nombreuse du souverain, chaque *district* a le droit de nommer, de choisir un ou plusieurs représentans du peuple; mais ces représentans ne sont que par convenance les représentans du *district*, leur caractère est d'être représentant du peuple, représentant de la commune : sans quoi ils ne pourroient gérer que des fonctions particulières au *district* où ils auroient été nommés, ils ne pourroient que voter pour ses intérêts, ce qui est évidemment contraire à l'idée d'un représentant d'une commune qui la représente individuellement toute lorsqu'il est dans l'assemblée de ses co-représentans.

Si tout Paris avoit pu être réuni en un seul lieu, & que là on eût pu choisir les représentans de cette grande ville, les *districts* de la capitale n'eussent point été formés. C'est seulement pour faciliter l'opération méchanique de l'élection, & non par une véritable nécessité, un besoin de diviser la puissance municipale, que cette formation a eu lieu.

Ainsi les *districts* ont le droit d'élire les représentans de la commune, non comme *districts*, mais comme portion, comme partie aliquote de la commune.

Ce pouvoir ne peut leur être ôté, ce droit ne peut être infirmé sans injustice & sans détruire les droits de la commune; la loi peut en modifier l'usage, en diriger l'emploi sans en attaquer le principe, parce que la loi ne peut agir contre elle-même, contre le droit qui lui donne l'existence.

Quant au droit qu'ont les *districts* de retirer leur confiance, & par conséquent les pouvoirs aux députés qu'ils ont choisis, on pourroit en contester la justice. Il paroît, en effet, qu'un député ne représentant point le district mais la commune, il cesse d'appartenir au premier pour devenir membre de l'autre dès qu'il est nommé, que c'est à elle seule qu'il est comptable, & comme cette commune reside par l'élection dans les représentans, il paroît juste qu'elle seule puisse anéantir les pouvoirs d'un représentant infidèle & détruire son caractère public.

Cependant comme c'est en vertu du choix libre du *district* que le député représente, que c'est d'après une volonté partielle qu'il a été élu, qu'il n'a de pouvoir que dans la constance de cette volonté partielle, il paroît naturel de croire qu'au moment où elle lui devient contraire, il doit se retirer, & que la forfaiture ou tout autre motif légitime autorise un *district* à détruire les pouvoirs de celui qui a été choisi par lui pour représenter la commune.

Cela paroît clair; mais est-il aussi évident que l'assemblée de la commune puisse expulser de son sein un homme qu'un *district* y voudroit conserver? On répond que oui; parce que, ajoute-t-on, la volonté générale se trouve dans la majorité de l'assemblée, & que le vœu d'un *district* n'est qu'une volonté partielle.

Ainsi voilà le représentant entre deux pouvoirs

qui peuvent le démettre & dont un seul cependant a droit de le nommer. N'y a-t-il pas dans cela quelque chose d'inconstitutionnel & d'injuste?

Si l'on regarde, & cela doit être, les *districts* comme commettans, il n'y a que leur confiance & les pouvoirs qu'ils ont donnés aux représentans choisis par eux, qui puissent être la mesure convenable & légitime de la probité, des lumières & de l'aptitude légale de ceux-ci aux fonctions dont ils sont chargés. Si l'on se départ de ce principe, on flottera inévitablement au gré des difficultés & l'on tombera dans des contradictions réelles, quoique méconnues.

Ce que nous avons dit de l'inviolabilité attachée au caractère de représentant est une conséquence naturelle des fonctions qu'il a à remplir. Si sa personne pouvoit être exposée aux violences particulières, si l'on pouvoit, par quelque raison que ce soit, porter atteinte à sa sûreté, à sa liberté, il est évident que sa mission seroit sans effet, puisqu'au milieu des soins qu'il donneroit aux affaires on pourroit le traverser, lorsque l'intérêt de quelques individus puissans s'y trouveroit compromis.

C'est la raison qui engage, chez les peuples policés, à respecter tout homme qui fait un service public. On ne peut point, sans violence & sans une espèce de sacrilège, arrêter un prêtre faisant le saint ministère, un magistrat rendant la justice, un soldat montant la garde, &c. &c.; & c'est pour le même motif qu'un représentant ne peut être arrêté que du consentement des commettans; autrement le principe seroit violé & la commune ne seroit point représentée d'après son vœu; autorisant un pareil délit elle agiroit contre elle même, ce qui est impossible.

Tels sont en bref les droits des *districts* : passons à leurs devoirs.

Des devoirs des districts.

Lorsque les *districts* ont nommé les représentans de la commune, tous leurs pouvoirs cessent, parce que dès-lors ils ont transporté leurs droits partiels à ceux qui les représentent.

Sans cette uniformité, sans cette concordance, sans cette subordination à la loi, le commettant voulant exercer & confier tout-à-la-fois ses pouvoirs, il n'y auroit ni règle, ni harmonie, ni société, ni puissance publique.

Car la puissance publique résulte de l'unité de pouvoir constitué par tous ceux qui ont droit de concourir à sa formation.

Ce seroit une chose également absurde & monstrueuse que chaque partie d'une commune exerçât le pouvoir de tous; or chaque district exerceroit le pouvoir de tous, s'il pouvoit s'opposer aux mesures de la commune, contredire ses opérations, croiser ses vues, punir, récompenser au nom de la chose publique, enfin disposer d'une autorité quelconque sans le vœu de la commune.

Comment soixante volontés, je suppose, étrangères les unes aux autres pourroient-elles faire un accord assez miraculeux pour que le bien public ne souffrît point des nombreuses contrariétés qui se trouvoient entr'elles?

Rousseau a dit qu'un peuple cessoit d'être libre lorsqu'il étoit obligé de s'en rapporter à des représentans.

La méprise de ce grand homme vient, je crois, de l'oubli d'un principe qu'un auteur moderne a développé mieux qu'on n'avoit fait avant lui (1). Ce principe est que la volonté générale ne fait pas loi comme volonté, mais comme exprimant la raison; car, comme dit *Boulanger*, la loi n'est autre chose que la raison publique des peuples. Or cette raison peut être énoncée, développée, soutenue, érigée en loi par ceux qu'on a choisis pour en être les organes, ce qui prouve qu'un peuple est encore libre lorsqu'il agit par ses représentans, puisque ceux-ci ne sont que les interprêtes de la *raison publique* à laquelle tout est soumis, ou est présumé soumis.

Appliquant ce principe à l'état des *districts* de la capitale, nous verrons que leurs droits ne sont point lézés, lorsqu'ils s'en rapportent aux décisions de la majorité de l'assemblée de la commune, qui est présumée être la raison publique, & par conséquent la loi générale en ce cas.

D'un autre côté, cette raison cesse de faire loi générale, lorsqu'elle n'est énoncée que par la voix d'une partie de la commune, parce qu'alors elle n'est point revêtue de son caractère de volonté générale, puisqu'elle n'est qu'une volonté partielle.

Il y auroit donc anarchie si chaque *district* vouloit mettre en balance son autorité avec celle de la commune, si elle s'élevoit au niveau des droits communs qui sont fondés sur le consentement de tous.

On doit distinguer les parties d'une commune des provinces composant un état; celles-ci peuvent avoir des droits de police locale, de puissance individuelle qui tiennent aux productions, au sol, à la nature des propriétés, aux anciens traités, au lieu que dans une ville, tous les intérêts sont les mêmes, il

(1) M. *Seconds* dans un écrit intitulé : *Essai sur les droits des hommes & des nations*, 1789.

n'y a aucune distinction de production, de caractère; il ne peut donc y avoir qu'une loi commune, une puissance commune, & cette loi, cette puissance résident dans la municipalité.

C'est la municipalité qui est le centre d'activité; si vous la divisez, vous la détruisez, & jamais vous ne ferez un tout administratif de plusieurs pouvoirs isolés dans leurs droits ou dans leurs prétentions.

Ainsi point de difficulté que les *districts* ne doivent être soumis à la puissance municipale dans tout ce qui tient à la législation, à l'administration municipale. C'est leur premier devoir, c'est leur plus grand intérêt.

Il résulte de là que les *districts* ne peuvent sans les plus grands dangers se mêler, 1°. de la subsistance de la ville, qui exige unité de vue, d'actions, & de moyens; 2°. de la sûreté générale, qu'en ce qui leur est confié pour l'exécution des soins limités par les bornes de leur localité; 3°. de la police municipale qui ne peut partir que de la source même du pouvoir de la cité, à peine d'être méconnue ou méprisée; 4°. de la publication des réglemens, qui n'ont caractère de loi qu'autant qu'ils sont revêtus de l'attache du pouvoir constitué; 5°. du jugement des citoyens qui n'ont d'autre autorité à reconnoître à cet égard que celle de toute la cité, c'est-à-dire, du magistrat soumis à la loi commune, & non au pouvoir partiel du *district*; 6°. de la garde de la ville, qui appartient encore à la municipalité, qui comme chef de ce vaste corps doit diriger le mouvement de ses parties, à peine de les voir se heurter, se détruire par leur propre frottement.

Résumons donc ces idées : il paroît qu'on peut ainsi organiser les *districts*, & limiter l'étendue de leurs droits & de leurs devoirs, lesquels sont simultanés & corrélatifs.

1°. Les *districts* de la capitale auront seuls le droit de nommer les représentans de la commune, sous quelque dénomination que l'on les désigne.

2°. Ils auront seuls droit de changer la forme de l'administration municipale, & cela lorsque les trois quarts des *districts* le demanderont.

3°. Ils pourront révoquer les pouvoirs donnés à leurs représentans, avant l'expiration du terme de leur gestion, lorsqu'une raison claire & suffisante les y portera.

4°. Ils s'assembleront pour les elections des représentans de la commune, des officiers de police de *district*, & pour rectifier tout plan de municipalité qui leur seroit soumis.

5°. Leur existence d'une assemblée à l'autre sera manifestée par un comité d'administration locale.

6°. Ce comité réunira les pouvoirs du *district*, & sera assujetti aux mêmes devoirs que l'assemblée générale.

7°. Ce comité gérera toutes les petites administrations de détail en matière d'impôts, de secours aux pauvres, d'embellissemens, de travaux de la voierie, &c. soit qu'il en dirige lui-même l'exécution, soit qu'il la surveille lorsque la municipalité le lui ordonnera.

8°. Le comité de *district* correspondra encore avec un juge de paix élu librement dans chaque *district*, pour veiller à l'ordre public, assister à la levée des cadavres, recevoir les plaintes & informer en matière criminelle, interroger & ordonner l'emprisonnement lorsque les circonstances le requéreront, &c.

Au moyen de cette organisation, les *districts* deviendroient pour la capitale autant d'écoles d'administration pour les citoyens, où chacun se formeroit aux affaires, ils seroient de plus très-propres à seconder les vues du magistrat municipal, à maintenir l'ordre commun, à assurer dans tous les quartiers l'exécution de la volonté générale de la commune, ce qui est le véritable but de toute administration.

Jusqu'aujourd'hui rien n'est encore décidé sur leur existence, sur leurs pouvoirs, sur leurs droits; & la confusion qu'ils causent sont mis par les amis de la liberté, au rang des malheurs qui peuvent amener le retour du despotisme. *Voyez* MUNICIPALITÉ & PARIS.

DIVINATION, s. f. Prétendu art de connoître l'avenir.

L'ignorance, l'inquiétude, la fourberie & la sotise ont donné naissance à la *divination*, & il n'est pas de moyens que l'homme n'ait employés pour faire accroire aux autres, ou se persuader à lui-même, qu'il voyoit d'avance ce qui n'existe pas, & ce que par conséquent personne ne peut voir.

Cette foiblesse de l'esprit humain étoit trop favorable aux imposteurs & aux foux, pour qu'ils n'en profitassent pas & ne l'employassent pas à établir leur prétendu savoir ou leur systême de folie.

Il est peu d'hommes qui n'aient été plus ou moins attaqués de cette maladie; & tous les peuples ont eu leurs devins, leurs prophetes, leurs oracles qui ont constamment entretenu cette erreur, quoique leur enthousiasme bête, le peu de succès de leurs prédictions & les sotises de leur mission eussent bien dû en dégoûter à jamais.

Mais le peuple aime tout ce qui a l'air merveilleux, étonnant, il croit au-dessus de lui quiconque ose se dire plus que lui; & l'art de régner & de prophétiser ont de grands rapports ensemble.

Le charlatanisme est un des grands moyens de

succès dans l'art de deviner ; c'est lui qui apprend aux devins à fasciner l'esprit populaire, à en imposer à la multitude, & à cet égard tout le monde est peuple, tout le monde est multitude.

Indépendamment de la fourberie adroite, de la bêtise ou de l'enthousiasme des devins, de la sotise & de l'imbécillité du vulgaire, qui assurent le règne de la *divination* contre les assauts de la raison & des lumières, il y a dans l'homme un amour-propre, un goût indéfini du pouvoir & de la liberté qui le portent à se persuader que l'avenir lui est ouvert, & qu'il n'est question que de savoir y lire. Il n'aime pas à penser que les événemens le maîtrisent, & que s'il doit éprouver tel ou tel accident, il soit hors de son pouvoir & de le connoître à l'avance, & de s'y soustraire par sa sagesse ou son courage.

Cette passion, une des plus fortes, reçoit un grand degré d'énergie de son affiliation avec toutes les autres qui nous transportent & nous troublent. Il est difficile qu'un amant ne voie pas avec plaisir le prophete qui a vu dans l'avenir le succès de ses amours ; que l'ambitieux ne savoure pas d'avance l'autorité que lui promet un devin, que le vindicatif ne fasse taire sa raison, déjà ébranlée par la colère, pour écouter les rêveries enivrantes de celui qui semble déjà assurer sa vengeance. C'est ainsi que l'esprit s'habitue à croire ce qu'il desire, & que l'homme sans cesse en contradiction avec lui-même, l'est aussi avec le bon sens.

De toutes les prétendues manières de lire dans l'avenir, de tous les genres de *divination*, l'astrologie a toujours tenu le premier rang. L'orgueil humain, ou plutôt l'espèce d'enthousiasme, d'admiration que fait naître en nous l'aspect du ciel a naturellement porté les hommes à les regarder comme le livre de leurs destinées. Ils ont cherché à y lire l'avenir, soit en calculant les mouvemens & les aspects des astres, soit en observant les phénomènes qui s'y passent.

Cette erreur a été générale chez tous les hommes, & depuis les Chaldéens jusqu'à nous, l'astrologie judiciaire a trouvé des partisans & fait des dupes. L'histoire nous en offre des exemples nombreux, & ce qu'on nous dit des anciens à cet égard peut se confirmer par ce qui se passe encore dans les cours asiatiques.

Rien ne se fait ici, dit *Tavernier*, dans sa *relation d'Ispahan*, que de l'avis des astrologues ; ils sont & plus puissans & plus redoutés que le roi, qui en a toujours quatre attachés à ses pas, qu'il consulte sans cesse, & qui sans cesse l'avertissent de la bonne & de la mauvaise heure, des momens où il peut sortir, se promener, &c. L'empereur de la Chine, souverain très-despotique, n'ose rien entreprendre sans avoir consulté son astrologue ordinaire & son *thême natal*. La vénération des Japonnois pour l'astrologie est plus profonde encore ; chez eux personne n'oseroit construire un édifice avant d'avoir interrogé quelqu'habile astrologue sur la durée du nouveau bâtiment : il y en a même qui, sur la réponse des astres, se dévouent & se tuent à l'honneur de l'astrologie judiciaire.

Il n'y a pas plus de deux siècles qu'on n'entendoit parler que d'horoscopes, de présages en France, en Angleterre, en Allemagne, en Italie & dans l'Europe entière. Les astres faisoient tout, ils décidoient de tout : ils annonçoient la guerre, ils présidoient sur les jours des rois comme sur l'existence des laboureurs. Albert, évêque de Ratisbonne, que l'on a surnommé *le Grand*, publia l'horoscope de Jesus-Christ, & le cardinal d'Ailly chercha dans les étoiles le sort de la religion chrétienne. Mathias Corvin, roi de Hongrie, n'osoit former ou exécuter aucun projet avant d'avoir consulté les astres. Sforce, duc de Milan, ne voulut jamais entreprendre aucune espèce de négociation, aucune affaire, sans prendre l'avis des astrologues. Tout le monde sait qu'un astrologue ayant prédit la mort d'une femme que Louis XI aimoit, & le hasard ayant justifié la prédiction, ce prince fit venir l'astrologue & lui dit : *toi qui prévois tout, quand mourras-tu?* L'astrologue averti, ou soupçonnant que ce prince lui tendoit un piège, répondit : *je mourrai trois jours avant votre majesté.* La crainte & la superstition de ce prince vindicatif l'emportèrent sur son ressentiment : il prit un soin particulier de cet adroit imposteur.

Sous le règne de Catherine de Médicis les astrologues régnoient en France, leur influence s'accrut de jour en jour, & malgré les efforts des états d'Orléans & de Blois, pour réprimer leur audace & leur folie, ils continuèrent d'être les premiers conseillers du gouvernement. Ils furent tout aussi puissans à la cour de Henri IV qu'ils l'avoient été dans celle de Catherine. Henri, le plus digne des rois & l'un des plus éclairés de son siècle, ne put se garantir du prestige imposant de l'astrologie. On voit dans les Mémoires de Sully, que ce prince ordonna à son médecin *la Rivière*, savant distingué, & surtout grand astrologue, de travailler à l'horoscope du dauphin nouveau-né, & qui régna ensuite sous le nom de *Louis-le-Juste*.

Au reste, de tous les événemens annoncés par les astrologues, je n'en trouve qu'un seul qui soit réellement arrivé tel qu'il avoit été prévu ; c'est la mort de Cardan (1), qu'il avoit lui-même prédite & fixée

(1) Cardan étoit un médecin & savant distingué, né à Pavie en 1501 ; il étoit très-habile en mathématiques & en médecine, en politique : nous avons de lui d'excellens ouvrages sur tous ces objets, & comme Jean-Jacques Rousseau ;

à un jour marqué. Le grand jour arriva : Cardan se portoit bien ; mais il falloit mourir ou avouer la vanité de son art : Cardan ne balança pas, & se sacrifiant à la gloire des astres, il se tua lui-même, car il n'avoit pas expliqué s'il périroit par une maladie ou par un suicide.

L'astrologie judiciaire fut encore quelque temps à la mode en France, sous la minorité de Louis XIV ; on croyoit même alors ou l'on faisoit semblant de croire à la magie ; mais le goût des lettres s'étant répandu dans la nation, le prince se montrant d'un caractère grand & magnanime, l'esprit de superstition disparut pour faire place à celui de l'urbanité, des graces, des arts & de la magnificence. Ce n'est point chez un peuple grand & occupé des chefs-d'œuvres du génie, de politesse, des moyens d'embellir la vie & plaire, que la superstition, la foiblesse de savoir l'avenir peuvent faire de grands progrès. Ces sotises s'ensevelissant parmi le peuple, y entretiennent son ignorance & sa grossièreté ; mais les honnêtes gens s'en guérissent & n'en parlent que comme d'une démence. Chez les nations austères, pauvres, gouvernées par des maximes spartiates, ou du moins que l'on regarde comme telles, les arts de la *divination*, notamment l'astrologie vivent, s'alimentent, se perpétuent comme dans leur élément. Dans la Suisse & dans les petits états, où la morale paroît pure parce qu'elle est sévère, où les hommes paroissent sages parce qu'ils sont taciturnes ou farouches ; dans tous ces pays, que d'imbécilles rêveurs louent comme des asyles du bonheur & de la raison, l'astrologie judiciaire, toutes les sottises, les erreurs qui la précèdent ou l'accompagnent, règnent encore sur les esprits ; il n'y a que l'*Almanach de Liège* qui fasse fortune dans ces lieux comme dans nos campagnes, parce qu'il n'y a plus que lui qui prophétise la mort des princes, leur naissance & les grands événemens de chaque mois de l'année.

Nous avons vu cependant de nos jours les folies astrologiques prêtes à renaître, par l'épidémie du magnétisme animal. En fait de doctrine, comme en fait de révolutions politiques, un mouvement, en apparence isolé, devient par suite & par contre-coup la cause d'une multitude de faits, de prétentions, d'erreurs ou de folies dont la liaison avec l'objet principal se cache quoiqu'elle existe réellement. Les esprits exaltés, & diposés à admettre les rêveries du magnétisme, du somnambulisme, & les principes absurdes sur lesquels on étayoit ces platitudes, alloient bientôt voir l'avenir dans les astres, & l'astrologie judiciaire revenoit à la mode. Heureusement les balons nous en sauvèrent à cette époque ; puisse aujourd'hui quelque nouvel objet nous sauver des erreurs bien autrement déplorables auxquels notre malheureuse impétuosité nous entraînera, peut-être infailliblement !

Considérée dans son rapport avec les principes d'ordre & de police d'un état, l'astrologie judiciaire ne pourroit être dangereuse qu'autant qu'il y auroit des imposteurs publics assez adroits pour s'en servir à égarer le peuple, à le porter à des excès ou une conduite condamnables. Alors le magistrat politique doit employer la force & la contrainte pour faire cesser les abus & les désordres ; il doit employer la persuasion auprès du peuple, lorsqu'il en est temps encore, & réserver les rigueurs pour ceux qui le séduisent & l'égarent.

Il est sur cela des loix positives qu'il est utile de connoître, quoique la sagesse du chef de la police d'une cité soit, en pareille circonstance, le sûr guide & le meilleur réglement, comme dans tout ce qui tient au gouvernement journalier des hommes, & au détail de la petite administration.

Voici ce que porte l'ordonnance rendue sur la demande des états d'Orléans, en 1556, art. 26 : « parce que ceux qui se mêlent de pronostiquer les » choses à venir publient leurs almanachs & pronos- » tications, passant les termes d'astrologie (1), » contre l'exprès commandement de Dieu, chose » qui ne doit être tolérée par les princes chrétiens : » nous défendons à tous libraires & imprimeurs, » à peine de prison & d'amende arbitraire, d'imprimer ou exposer en vente aucuns almanachs & » pronostications, que premièrement ils n'aient été » visités par l'archevêque ou évêque, ou ceux qu'il » commettra ; & contre celui qui aura fait ou composé lesdits almanachs, sera procédé par nos » juges extraordinaires, & par punition corpo- » relle ». *Voyez* Almanach.

La même défense est réitérée par l'ordonnance de Blois, de 1580, sans qu'on ait jamais pu cependant la faire exactement observer. Il en est des astrologues ainsi que des charlatans, comme leur métier est fondé sur la foiblesse de l'homme & de l'ignorance publique, il sera toujours impossible d'empêcher le cours de leurs impostures.

Il est cependant des circonstances, où les sottes prophéties d'un imbécille ou d'un fourbe peuvent compromettre la sûreté, l'ordre & la paix de la société : alors je propose qu'il soit arrêté, non comme devin, non comme prétendu prophete ; mais comme perturbateur

il fit lui-même sa vie. Au reste, Cardan étoit ce que nous appellons un *bâtard*, c'est-à-dire, l'enfant de sa mère, comme un autre.

(1) Pour entendre ces mots, *passant les termes d'astrologie*, il faut savoir que nos ancêtres pensoient bien qu'on pût licitement pronostiquer *la pluie*, *le beau temps*, &c. mais ils regardoient ou comme fausses, ou comme impies les prédictions qui portant sur les actions morales des hommes, passoient les termes de l'astrologie.

perturbateur du repos public ; parce qu'enfin il ne doit pas être plus permis de troubler la société par des prophéties que par du bruit, des vols, du scandale ou des actions repréhensibles quelconques.

Ce que je dis des astrologues, doit également s'appliquer aux interprètes des songes ; c'est un autre genre de folie, moins nuisible à la société que le premier, à la vérité, parce qu'il se trouve moins de gens qui croient voir les destins des hommes & des empires dans leurs rêves, qu'il n'y en a qui prétendent les appercevoir dans le ciel, mais qui ne mérite pas moins l'attention du magistrat politique, lorsque ceux qui la professent troublent le repos des citoyens & des familles par leurs impertinences.

Ce n'est pas, au reste, une chose étonnante que le vulgaire ajoute foi aux songes, & plus encore aux puériles explications que l'on en donne, lorsque tout ce que l'antiquité a de respectable se réunit en faveur de leur réalité, de leur importance. On eut autrefois tant de confiance en eux, qu'on en fit des dieux auxquels on érigea des temples ou mosquées. Jule & Phantase, ministres des dieux songes venoient toutes les nuits dévoiler l'avenir aux crédules dormeurs. *Pausanias* a fait, d'après sa propre expérience, une description fort exacte de la maniere dont on préparoit ceux qui désiroient d'avoir des songes dans l'antre de Trophonius. Quoique très-singulière, cette description nous fait connoître jusqu'à quel degré de complaisance & de simplicité les anciens cultivoient cette branche de *divination*. « Le dévot commençoit, dit *Pausanias*, » par passer plusieurs jours dans le temple de la » bonne fortune & du bon génie. C'étoit là qu'il » faisoit ses expiations, observant d'aller deux fois » par jour se laver dans le fleuve Hircinas. Quand » les prêtres le déclaroient suffisamment purifié, il » immoloit au dieu une très-grande quantité de » victimes, & cette cérémonie finissoit ordinairement par le sacrifice d'un bélier noir. Alors le » curieux étoit frotté d'huile par deux jeunes enfans, & conduit à la source du fleuve, où on » lui présentoit une coupe d'eau du Léthé, qui bannissoit de l'esprit toute idée profane, & une » coupe d'eau de Mnémosine, qui disposoit la mémoire à conserver le souvenir de ce qui alloit se » passer. Les prêtres découvroient ensuite la statue » de Trophonius, devant laquelle il falloit s'incliner & prier : enfin couvert d'une tunique de lin, » & le front ceint de bandelettes, on alloit à l'oracle. Voilà bien des cérémonies : ce n'étoit rien » encore auprès de celles qui restoient à faire. L'oracle étoit placé sur une montagne, au milieu » d'une enceinte de pierres, & cette enceinte cachoit une profonde caverne, où l'on ne pouvoit » descendre que par une étroite ouverture. Quand, » après beaucoup d'efforts, & à l'aide de quelques » échelles, on avoit eu le bonheur de descendre » sans se rompre le cou, il falloit passer encore de » la même manière, dans une seconde caverne » petite & très-obscure. Là il n'étoit plus question » d'échelles ni de guides ; on s'étendoit sur le dos, » & sur-tout on n'oublioit pas de prendre dans » ses mains une espèce de pâte faite avec de la » farine, du lait & du miel ; on présentoit ses » pieds à un trou qui étoit au milieu de la caverne, » & dans le même instant on se sentoit rapidement » emporté dans l'autre, où couché sur des peaux » de victimes récemment sacrifiées, & enduites » de certaines drogues dont les prêtres seuls connoissoient la vertu, on ne tardoit pas à s'endormir profondément : c'étoit alors qu'on avoit » d'admirables visions, & que les temps & les » événemens futurs découvroient tous leurs secrets ».

Les songes étoient censés venir des dieux, & cette doctrine absurde a servi plus d'une fois à justifier le crime ou à flatter la folie des princes ; témoin l'histoire d'Alexandre. On sait que lorsque cet heureux conquérant eut assassiné Clytus, il voulut renoncer à la clarté du jour, & que renfermé dans son palais, livré à l'amertume de ses remords, rien ne pouvoit adoucir ses chagrins & sa honte. Enfin il se proposoit de terminer ses jours, lorsque le devin Aristandre s'approchant de lui, le fit ressouvenir d'un songe qui lui avoit prédit, il y avoit plusieurs années, le meurtre de Clytus. Au souvenir de ce songe, Alexandre cessa de gémir, le calme rentra dans son ame, & ce que n'avoient pu obtenir de son esprit abattu les pleurs de ses courtisans, ni les soins de l'empire, fut l'ouvrage d'un songe rappellé à propos.

L'autorité des songes étoit telle chez les grecs, que les philosophes pouvoient parler fort librement des dieux, pourvu qu'ils fussent très-réservés sur l'article des songes, qu'il falloit respecter comme les grands messagers du destin. Artémidore se rendit très-célèbre sous Antonin-le-Pieux, par son habileté à expliquer les songes, & il laissa plusieurs écrits sur cette matière, dans lesquels on trouve tous les principes, toutes les règles & toutes les décisions de l'art onirocritique. Il fit de grands progrès dans cette science prétendue, qui grace à ses soins, ne parut plus avoir rien de douteux. Ce fut lui qui, après bien des recherches, décida le premier que quand un voyageur songe qu'il a perdu la clef de sa maison, c'est un signe assuré que quelque suborneur est dans les bras de sa fille.

De plus grandes extravagances encore que celles-là ont été avancées de nos jours. On a poussé l'imbécillité, par exemple, jusqu'à trouver du rapport entre les songes & les numéros des loteries, ou plutôt les chances qui doivent amener tel ou tel numéro. Cette folie, le croira-t-on, a fait la plus grande fortune, & l'on a vu des gens qui doutent des vérités les plus prouvées de la morale ou de la religion, croire à ces sottises incroyables.

C'est alors, c'est lorsque de prétendus interprêtes font de leur science une cause de désordres, ou de friponneries publiques, que le magistrat doit employer les moyens qui sont en son pouvoir, pour éclairer d'abord le peuple sur son erreur, & interdire ensuite au charlatan sa profession dangereuse.

Nous ne conseillerions cependant jamais, en pareil cas, d'employer les voies de rigueurs si communes parmi nos ancêtres, contre tout ce qu'ils nommoient sortilège, *divination*, magie. La police moderne, plus éclairée que l'ancienne jurisprudence criminelle, se gardera toujours de confondre les erreurs avec les crimes, & les fautes avec les délits. Si celui qui fait profession de prédire l'avenir par des songes qu'il dit avoir eus ou par l'interprétation de ceux des autres, si cet homme est un fanatique, un perturbateur du repos public, il faut l'en convaincre & le punir comme tel, avant que le peuple se soit laissé engouer de son charlatanisme. *Voyez* MAGIE.

Il est encore cent autres manières de *divinations*, qui sont bien plus du ressort du casuiste que du philosophe politique : telles sont la chiromancie, la géomancie, la négromancie, enfin la *divination* par le vol des oiseaux ou l'inspection des entrailles des animaux.

Ces deux espèces étoient sur-tout célèbres chez les romains, & le college des augures y étoit ce qu'il y avoit de plus respectable après celui des pontifes. Cette dignité étoit d'autant plus considérée, qu'à Rome on n'entreprenoit presque rien, sans avoir auparavant consulté les augures, pour savoir la volonté des dieux, non pas tant par l'envie de s'y conformer, que pour savoir si l'on réussiroit dans les affaires, soit civiles, soit militaires, auxquelles on se livroit; car ces prêtres étoient regardés comme les interpretes des dieux. Ils en jugeoient par le vol & le chant des oiseaux, par la manière dont mangeoient les poulets sacrés : s'ils mangeoient avec avidité, c'étoit une marque de réussite & de bonheur; s'ils ne vouloient point manger, c'étoit un avertissement du contraire. Toute cette charlatanerie en imposoit au vulgaire, qu'il est quelquefois utile de contenir par d'autres moyens que par la force & la terreur physiques.

Il y avoit encore des aruspices qui étoient les ministres d'une autre espèce de *divination*, & qui jugeoient de l'heureux ou du malheureux succès des entreprises par l'inspection des entrailles des victimes qu'on sacrifioit. C'étoit pour cela que les pontifes ne faisoient point de sacrifice sans avoir auprès d'eux un aruspice pour examiner les entrailles de la victime & en porter un jugement. L'imposture des uns & des autres étoit si peu ignorée, que Caton disoit qu'il ne pouvoit comprendre comment des augures & des aruspices, lorsqu'ils se rencontroient, pouvoient se regarder sans rire.

Ces folles *divinations*, avoient été sur-tout enseignées aux romains par les prêtres étrusques, qui en comptoient encore de sept autres espèces. Les paroles fortuites, c'est-à-dire, les premiers mots qu'on entendoit prononcer en sortant de chez soi, ou bien quand on étoit fortement occupé de quelqu'entreprise, ou inquiet sur les succès de quelqu'opération. Ces paroles étoient censées venir immédiatement des dieux, quand on n'avoit point vu la personne qui les avoit prononcées, & indirectement quand on en appercevoit l'auteur; alors c'étoit à celui qui avoit entendu ces mots à examiner, s'ils lui étoient favorables ou sinistres; & s'il n'étoit point initié dans la science des présages, il devoit s'adresser aux augures qui les lui interprétoient. Le tressaillement de quelque partie du corps étoit la seconde espèce de présage, & le plus facile à expliquer; car il étoit de principe que la palpitation du cœur annonçoit une sinistre aventure, comme le tressaillement de l'œil droit ou du sourcil étoit un signe heureux. Il y avoit beaucoup à craindre quand on se sentoit le petit doigt engourdi, ou qu'il survenoit quelque mouvement convulsif au pouce de la main gauche. Craignez les traits que les calomniateurs lancent contre vous, lorsque vous éprouvez des tintemens d'oreille, s'écrioient les étrusques; car ce signe vous annonce que quelque détracteur vous dénigre & vous déchire. Les circonstances rendoient encore les éternuemens d'un sinistre ou d'un heureux présage, suivant le temps où l'on éternuoit. Depuis minuit jusqu'à midi, c'étoit un signe très-défavorable qu'un éternuement, & l'après-midi même; ce n'étoit un présage heureux que lorsqu'on éternuoit du côté droit. Les romains comme les étrusques & les grecs mêmes, craignoient si fort cette espèce de présage, qu'ils ne manquoient jamais de saluer quiconque éternuoit, & de prononcer une formule pour détourner ce que ce présage avoit de sinistre. Les chûtes que l'on faisoit sans les avoir prévues, ou celles des statues, les coups que l'on se donnoit pas inattention contre le seuil de la porte, ou, ce qu'il y avoit de bien plus effrayant, le déchirement du cordon de ses souliers : tous ces événemens étoient du plus funeste augure; de même que la rencontre fortuite de certaines personnes ou de certains animaux étoit déclarée sinistre par les règles de l'art des présages. Enfin les noms & la manière dont on les prononçoit, étoient aussi déclarés fortunés ou sinistres; ensorte qu'un nom réputé de mauvais présage suffisoit pour troubler les sacrifices les plus solemnels, pour faire pâlir de terreur les héros les plus intrépides & pour jetter l'alarme dans toute une nation.

Ces sotises ont eu jadis en France autant de vogue que nous voyons qu'elles en avoient à Rome, & le peuple conserve encore une partie des superstitions que nous venons de nommer.

L'église même autorisoit des sorts, des *divinations* par les élémens, par des clefs, par l'évangile, &c. ce qui étoit autant de reste de l'ancienne superstition payenne; car on ne voit point que de semblables folies soient consignées dans l'évangile.

Aujourd'hui le peuple, & sur-tout les femmes, sont adonnés à la *cartomancie*, c'est-à-dire, l'art de deviner par les cartes à jouer. Cette sorte de *divination* a fait une fortune singulière par sa grande facilité, & il est peu de vieilles ou de servantes qui ne sachent l'avenir par les combinaisons d'un jeu de piquet.

La police doit réprimer, nous l'avons déjà dit, quiconque abuseroit, pour troubler la société ou la paix des familles, de ces arts imbécilles. Tant que les choses n'en viennent pas là, le magistrat doit avoir pitié de l'homme assez crédule pour croire sa destinée écrite dans des cartes, le cri des oiseaux ou les traits gravés dans sa main. *Voyez* DEVIN & MAGIE.

DOMESTIQUE, s. m. Homme ou femme gagé pour le service d'une maison.

L'on a débité cent sotises sur les *domestiques*, comme sur tous les états subalternes du peuple; ces sottises ont donné lieu à des abus & à des rigueurs déplacées envers cette portion malheureuse de la société.

Nous avons dit quelque part (1), que la domesticité, libre en apparence, est pour un grand nombre d'hommes, une véritable servitude, parce que celui qui s'y soumet n'est sûrement pas libre de vivre autrement. Cette considération devroit donc engager les maîtres à avoir pour les *domestiques*, & sur-tout pour les pauvres servantes, plus de ménagement qu'on n'en a en général. On devroit rendre leur état moins avilissant par plus d'égards, leur fortune plus facile par des bénéfices plus proportionnés à leurs peines, enfin leur existence plus douce par quelques récompenses analogues à leurs besoins & à leurs intérêts.

Toutes ces considérations paroîtront sans doute minutieuses à ceux qui n'envisagent les choses qu'en général, qui ne calculent le bonheur de l'homme qu'abstractivement, & qui ignorant qu'il consiste pour eux dans les détails, le perdent de vue toutes les fois qu'ils le séparent des divers états, des diverses conditions des divers individus qui en sont plus ou moins privés.

Envisageant ainsi la position des *domestiques* aujourd'hui parmi nous, l'on apperçoit d'abord une grande différence entre le sort des hommes & celui des femmes.

Ces dernières, dont en général le service est plus utile, plus actif, mieux entendu, plus assidu que celui des hommes, ne sont que mesquinement, je dirois même insuffisamment payées. L'usage est chez nous de donner 40 ou 50 écus à une *domestique* ordinaire qui fait la cuisine & prend tout le soin d'une maison. Il faut qu'avec cette modique somme elle pourvoie à son entretien & à tous les accidens de maladie qui peuvent lui arriver. Or l'on conçoit qu'un honoraire aussi modique expose nos jeunes servantes à bien des désordres, à la pauvreté, à la mendicité sur le vieil âge.

Elle l'expose encore à voler, parce qu'il faut une grande habitude de la fidélité, de l'honneur, de la probité pour ne point attenter à la propriété d'un riche qui paie avec si peu de largesse le service pénible de toute une année; & ces qualités ne se trouvent pas toujours chez tous les individus.

Pour parer à cet inconvénient qu'a-t-on fait? On a puni du dernier supplice, de la potence, la servante qui s'est permise le moindre vol. Une foule de sentences ont condamné des *domestiques* à être étranglées pour avoir volé un écu, une serviette, un torchon, ou d'autres objets de moindre valeur encore.

C'est cette jurisprudence, ce sont ces habitudes qui font de nos servantes autant de malheureuses, la plupart débauchées, ennemies de leurs maîtres, qu'elles regardent comme des lâches qui s'enrichissent du travail du pauvre.

Une servante est, dans une maison réglée, un être vraiment productif; sans compter les enfans qu'elle donne à son maître, & qu'on devroit forcer celui-ci d'élever sans les envoyer à l'hôpital, il est sûr qu'une femme de cette espèce n'est jamais à rien faire qu'au moment du repos nécessaire. Elle file, elle savonne, elle raccommode, elle économise; car la femme a naturellement l'esprit d'économie. Un *domestique* mâle, au contraire, consomme avec son maître, sans rien reproduire à la maison. Il n'est pas dans nos mœurs qu'un *domestique* de cette espèce s'occupe d'une foule de petits ouvrages que fait une servante, & qui sont d'un grand intérêt pour la maison.

Cependant un *domestique* mâle a plus de gages qu'une femme, & le moins qu'on donne au plus stupide laquais égale ce que reçoit la plus industrieuse servante.

Cette manière d'agir produit, indépendamment d'une injustice absurde, un désordre dans la société & sur-tout chez nous, c'est que tous les hommes qui ont de la force & de la taille quittent la campagne & les travaux champêtres, pour venir accroître le nombre des *domestiques* dans les villes. Non-seulement l'agriculture éprouve cette perte, mais les arts, mais les manufactures aussi.

(1) *Voyez* ABUS.

Cet inconvénient est plus grand qu'on ne croit d'abord. Il n'est pas vrai qu'il ne vienne de laquais à Paris & dans les grandes villes que lorsque les fermes & les atteliers des arts sont fournis de bras : il est sûr, & cela a été prouvé cent fois, que cette portion d'hommes est prise sur ceux qui sont occupés ou seroient occupés de travaux utiles, & que les forts gages qu'ils reçoivent attirent parmi nous.

L'homme est stérile dans sa maison ; c'est aux champs, à l'attelier qu'il produit ; la femme, au contraire, est à sa place parmi ses enfans, auprès des foyers & des instrumens du ménage ; le dépôt de la famille lui est confié ; elle en a l'esprit conservateur. Il paroît donc plus proportionné à la nature des choses, plus raisonnable d'employer la femme, autant qu'on le peut, à l'état de domesticité, & de n'admettre qu'un petit nombre d'hommes, & cela pour les objets seulement qui demandent de la force & de la hardiesse.

La population y perdroit moins, car il y auroit dans ce cas plus d'ouvriers actifs qui iroient prendre parmi les jeunes servantes, des femmes, qu'il n'y a de laquais qui se marient aujourd'hui : car en général, la femme est plus portée à se marier que l'homme & sur-tout que le laquais, qui cesse en quelque sorte d'être homme dès là qu'il revêt l'habit d'esclave : inconvénient qui n'a pas lieu dans la femme, dont l'état naturel est la soumission, & la servitude de l'obéissance.

De plus les travaux utiles, sur-tout la culture des terres y gagneroient ; l'armée seroit moins difficile à recruter, & ce qu'on ne doit point regarder indifféremment, la prostitution diminueroit par l'augmentation de places & de salaire qui s'offriroit aux jeunes filles que la pauvreté force à servir.

J'aimerois donc que l'on prît des femmes de préférence à des hommes pour le service, que par-tout où elles pourroient faire les fonctions de *domestiques* aussi bien qu'un laquais, les gens riches les préférassent.

Je sais qu'il y a plus d'un obstacle à ce changement. D'abord il est de certaines fonctions qu'une femme ne peut point exercer ; ensuite sa foiblesse l'exclut de plusieurs qui ne choqueroient point les mœurs, mais ce ne sont là ni les plus fortes ni les plus difficiles. Une des plus insurmontables est le dégoût, l'aversion que les femmes aisées ont pour le service d'une servante ; & si par hasard celle-ci se trouve avoir un peu de figure, alors il est impossible à la très-grande partie des dames du monde de la garder deux minutes dans leur maison ; & je dirai par parenthèse, que c'est cette fausse & basse jalousie qui est, avec le libertinage des hommes, la perte de toutes les jeunes servantes un peu jolies, qui vivent dans les grandes villes. Ces malheureuses, rejettées des maisons où il y a ménage, ne peuvent guères entrer que chez des célibataires où elles se perdent par l'incontinence & la lâcheté de ceux-ci. Je dis la lâcheté, parce qu'il n'est pas rare de voir ces corrupteurs honteux rejetter, sous de vains prétextes, de chez eux la fille qui est devenue par le fait leur femme, lorsqu'ils la savent mère ou qu'ils en sont las. Au reste, cette conduite tient à la pureté de nos mœurs, parce que, suivant cette prétendue pureté, il est moins scandaleux d'agir comme nous venons de le dire, que d'avoir un enfant d'une servante, ou de la regarder comme une femme naturelle, &c. Ces idées sont des crimes, il n'y a que le crime réel qui soit tolérable dans ce cas.

En Angleterre, à Londres, où le luxe, les recherches de la commodité sont portés réellement plus loin qu'à Paris, quoique moins en apparence, à Londres les servantes sont moins débauchées, moins malheureuses que chez nous, quoique plus jolies en général. C'est qu'elles y sont moins méprisées, détestées des femmes de ménage, des mères de famille. « Les servantes de la petite bourgeoisie, dit M. *de Grosley*, les femmes de chambre de la haute & petite noblesse, font cortège à leurs dames dans les rues & dans les promenades publiques, mises de manière que si on ne connoissoit point la maîtresse, il seroit bien difficile de la distinguer ».

Le même auteur ajoute : « que l'assiduité, les attentions, la propreté, le travail, la ponctualité que les anglois exigent de leurs *domestiques*, règlent le prix de leurs gages ; c'est-à-dire, que ces gages sont très-forts. On peut en juger, continue-t-il, par ceux que donnoit l'hôte chez lequel j'avois un appartement, à une servante galloise qui arrivoit de sa province, qui entendoit à peine l'anglois, qui ne savoit que balayer, laver, écurer, & qui ne vouloit pas en apprendre davantage : les gages de cette fille étoient de six guinées, outre une guinée par an pour son thé, que tous les *domestiques* prennent en argent ou en nature, & le matin & dans l'après-dîné. Les gages d'une cuisinière qui sait faire griller ou bouillir la viande, sont de vingt guinées ».

On voit combien diffèrent les gages de nos *domestiques* de ceux des anglois, & peut-être est-ce là une des raisons qui rend la fidélité difficile chez les nôtres, quoiqu'en général il en aient beaucoup plus qu'on ne seroit porté à le croire.

Au reste, on a pris chez nous des moyens de plusieurs sortes pour s'assurer de la fidélité des *domestiques* ; les uns consistent dans la rigueur des peines infligées contre le vol domestique, les autres dans des réglemens de police plus ou moins bien observés à leur égard.

Nous parlerons de ces derniers ici, renvoyant le lecteur au mot ABUS ; & à la *jurisprudence*, pour ce qui regarde la peine du vol domestique. Ainsi nous exposerons, 1°. les réglemens sur les devoirs des *domestiques* ; 2°. les précautions prescrites pour s'assurer de leur honêteté ; 3°, les ordonnances de police qui les regardent ; 4°. enfin nous dirons un mot des loix somptuaires ou autres moyens pour diminuer le nombre ou luxe de *domestiques*.

1°. L'abbé de *Fleury*, qui n'a eu d'autre ambition en écrivant que d'être utile à la société en rendant les hommes meilleurs, a fait un livre *des devoirs des domestiques*, qui s'il étoit lu & suivi, rendroit inutiles tous les réglemens ; parce que parlant à la conscience & conduisant l'homme par des motifs religieux, on seroit sûr de la fidélité, de l'honnêteté de ceux qui les prendroient pour guides. Mais malheureusement ce livre n'est pas lu, il n'est pas même connu du peuple, à peine l'est-il des gens de lettres ; & d'ailleurs les *domestiques* sont la plupart aujourd'hui entichés de principes d'incrédulité bête, ce qui rend les réglemens indispensables à leur égard.

C'est un malheur que les *domestiques* n'aient point de religion ; parce qu'étant la plupart sortis de la classe la moins éclairée du peuple, le défaut de lumières & de principes moraux, les conduit à tous les genres de dépravations, à leur perte morale & quelquefois civile. La religion est la magistrature du peuple & de tous les hommes ; les *domestiques* sont ceux qui en ont le plus besoin pour les consoler de leur état, & les affermir contre les tentations de la cupidité, que les objets qu'ils voient peuvent exciter en eux.

La religion qui tient lieu de tous les autres principes de conduite, est d'autant plus utile encore aux *domestiques*, surtout aux *domestiques* mâles, qu'en général, ces hommes-là sont lâches, & que la lâcheté, lorsqu'elle n'est point contenue par l'habitude des sentimens de crainte religieuse, mene à tous les genres de bassesse, à tous les crimes, du genre de ceux que peut commettre un *domestique*.

J'ai dit que les *domestiques*, mâles sur-tout, étoient en général des lâches. Cette assertion est fondée sur l'expérience & sur la nature des choses, il n'y a vraiment qu'un homme sans sentiment de son existence, sans la moindre élevation d'idée, sans le plus léger vestige de courage viril, qui étant jeune, grand, bien fait, ayant des bras & de la santé, puisse se déterminer à vivre obscurément aux ordres d'un autre homme, occupé des plus viles occupations, des caprices & des goûts d'un maître.

Une femme est beaucoup plus excusable ; son sexe, nous l'avons déjà dit, semble lui imposer l'obligation & la nécessité d'une perpétuelle obéissance ; elle naît, pour l'état sédentaire, l'état de domesticité. Toute femme est la première domestique de sa famille, & il seroit moins humiliant pour elle de recevoir chez un autre des ordres, lorsque le besoin la force d'y servir, que pour un homme qui au total peut toujours vivre d'un travail libre, excepté peut-être dans un petit nombre de cas.

Et le service y gagneroit à préférer la femme ; elle a plus de longanimité, de patience, d'attention, de propreté, de douceur que l'homme ; mais nous avons déja fait sentir cette vérité il y a un moment, ainsi nous ne devons pas y revenir. Nous ajouterons seulement qu'on a moins à craindre, ou plutôt qu'on n'a point à craindre du tout d'une servante, l'assassinat, l'empoisonnement, le meurtre & tous ces crimes secrets dont tant de *domestiques* se sont rendus coupables ; ce qui sûrement est d'une grande considération pour les hommes qui vivent seuls & isolés avec leurs *domestiques*.

Un devoir essentiel du *domestique* est non-seulement la fidélité a respecter la propriété de son maître, mais encore à ne point divulguer ses foiblesses, ses torts, ses vices ; un *domestique* seroit le plus criminel des hommes, s'il devenoit le délateur & l'espion de la maison qu'il habite. Nous avons cependant vu ce genre de crime encouragé par la vieille police, & des laquais jouer le rôle de mouchard chez leur maître. C'étoit même un des arts de cette administration ténébreuse, de placer à-propos des *domestiques* chez les gens dont elle vouloit connoître la conduite privée. Il seroit trop long d'expliquer par quelle ruse, par quelle adresse, elle parvenoit à cela ; ce qu'il y a de vrai, c'est qu'il en étoit ainsi.

S'il est absolument essentiel que le *domestique* soit fidèle & secret, il ne l'est guères moins qu'il soit honnête envers ses maitres. Quand son intérêt ne lui feroit point un devoir de ce conseil, la loi l'y forceroit par les peines dont elle châtieroit son insolence. Plusieurs sentences portent punition contre des *domestiques* en cas semblable. Un arrêt de la cour du 14 août 1751, condamne au carcan & au bannissement un *laquais insolent envers son maître*. Un autre du 9 septembre 1722, condamne aux mêmes peines un *valet-de-chambre insolent* envers sa maîtresse.

L'ordonnance de police pour Paris, du 6 Novembre 1778, porte « enjoignons à tous *domestiques* de porter obéissance & respect à leurs maîtres & maîtresses, à peine d'être poursuivis extraordinairement en cas d'insolence ou violence, & punis suivant la rigueur des ordonnances (1).

Les autres qualités morales qui sont autant de devoirs dans un *domestique*, mais dont l'infraction n'est punie que par la disgrace du maître &

(1) Si les *domestiques* ont des devoirs à remplir, les maîtres en ont aussi. *Voyez* ABUS & MAITRE.

la sortie de sa maison, sont la propreté, l'exactitude, la vigilance, l'assiduité, les égards & l'attachement. Ces qualités précieuses se rencontrent très-rarement dans un *domestique* qui n'a point de religion; j'insiste beaucoup pour qu'un *domestique* ait de la religion.

II. Le second objet qui doit nous occuper, c'est l'exposé des précautions que l'on prend pour s'assurer de la probité, de l'honnêteté, de la fidélité des *domestiques* avant de les admettre au service des maisons.

Les anciennes ordonnances, celles de Charles IX & de Henri III, des années 1567 & 1577, « font défenses à toutes personnes de recevoir un serviteur sortant d'une autre maison, que préalablement » ils ne se soient enquis du maître ou maîtresse, s'ils » lui ont donné congé, & pour quelle cause & occa- » sion il sort hors de ladite maison, ou que le ser- » viteur n'en ait certificat par écrit, le tout sous peine » de vingt-livres précises d'amende ».

L'ordonnance de police du 6 novembre 1778, en confirmant cette disposition dit « qu'aucune » personne de l'un & l'autre sexe ne pourra se » mettre & entrer en service, en qualité de *domes- » tique* en aucune maison de cette ville, fauxbourgs » banlieue, sans déclarer auparavant aux maîtres & » maîtresses qui les voudront prendre, leurs noms, sur- » noms, âges, pays & lieux de leur naissance, & s'ils » ont déja servi dans lesdites ville & fauxbourgs, & » au cas qu'ils y aient servi, ils seront tenus, avant que » d'être reçus *domestiques*, de représenter les congés, » certificats, ou autres attestations par écrit des der- » niers maîtres & maîtresses, qu'ils auront servis, » contenant les causes pour lesquelles ils auront été » renvoyés; & en conséquence faisons défenses tant » à ceux qui se mettront en service, qu'à leurs » cautions & répondans, de prendre ou supposer » de faux noms, qualités, pays ou lieu de nais- » sance, de dissimuler le service & séjours qu'ils » auront fait dans cette ville ou ailleurs, & les » noms des maîtres qu'ils auront servis, à peine » de punition exemplaire contre les *domestiques*, & » de deux cents livres d'amende contre leurs cautions » & répondans. »

Ce réglement est fort sage, & n'empêche cependant pas qu'il ne se commette de grands abus dans la police des *domestiques*. Il est difficile qu'un maître aille aux instructions sur une foule de choses dont il seroit cependant utile qu'il fût instruit. Il s'en rapporte pour cela aux simples certificats & attestations que lui présente le sujet qui se présente, à l'exception de quelques maîtres plus difficiles, qui exigent des assurances plus détaillées; & qui n'en sont pas moins, & même plus communément dupes que ceux qui ne prennent pas tant de précaution.

Au défaut de moyens généraux pour s'assurer de la probité des *domestiques* qui se présentent pour entrer en maison, il s'est établi à Paris, & je crois dans quelques autres grandes villes, des *bureaux de confiance* où l'on se fournit des sujets de la probité desquels on répond.

On ne sauroit méconnoître l'utilité de ces établissemens, & s'il est vrai de dire qu'on y est aussi bien trompé qu'ailleurs, il est cependant vrai aussi qu'on l'y est moins souvent, & qu'avec un peu d'attention de la part de ceux qui sont à la tête de ces bureaux, on pourroit ne l'être que très-rarement.

Quelques auteurs auroient voulu que le soin de placer les *domestiques* & tout ce qui a rapport à leur entrée & sortie des maisons, eût formé un département *ad hoc* de la police. Voici comment M. *des Essarts* s'exprime sur cela dans son Dictionnaire, en quoi il est l'écho de la *Morandière* & d'autres qui ont parlé des *domestiques* dans leur rapport avec la police.

« Un des moyens qui, suivant moi, diminueroit le nombre des mauvais sujets, seroit celui de soumettre tout laquais qui entre dans la capitale, à une *inquisition rigoureuse de ses mœurs* & des *motifs qui l'ont déterminé à venir à Paris* (1).

« Comme les maîtres sont les premiers intéressés à ce que la police ait des renseignemens exacts, on devroit les assujettir à faire une déclaration qui seroit reçue sans frais, qu'ils ont pris à leur service, tel *domestique*.

» Ce *domestique* seroit alors obligé de rendre compte de sa conduite à l'officier de police délégué par le magistrat; & si par les éclaircissemens qu'on se procureroit sur son compte, on acquerroit la preuve qu'il fût un mauvais sujet, il seroit chassé de la capitale, avec défense d'y reparoître, sous peine d'être arrêté comme vagabond & comme un homme dangereux ».

Ces précautions, en apparence très-aisées à prendre & très-sûres dans leur objet, ne le sont cependant pas. Il est bien difficile, pour ne pas dire impossible, d'assujettir les citoyens d'une ville immense comme Paris, à déclarer à un officier de police qu'ils ont pris à leur service tel ou tel domestique. Ces déclarations paroîtroient bientôt gênan-

(1) L'auteur oublie que toute *inquisition* est odieuse; qu'elle ne peut être exercée sur une personne quelconque que lorsqu'elle est accusée, que les laquais sont, avant d'être en condition sur-tout, des citoyens, que par conséquent ils jouissent de toute l'étendue de la liberté qu'on a, tant qu'on n'a pas manqué à la loi; il oublie encore que cette *inquisition* acheveroit de tout pervertir.

tes & vexatoires ; elles se feroient mal, & ce seroit pis que si elles ne se faisoient point du tout, parce qu'au moins, dans ce dernier cas on ne compte point dessus. Règle générale ; on ne doit jamais asseoir un mode de sûreté de tranquillité publique, sur des actes incertains & précaires, sur une conduite que la loi ne peut pas prescrire, sur un ordre de choses qui s'accorde mal avec l'esprit de paresse, d'indifference & d'indépendance volontaire.

D'ailleurs les *domestiques* pris en province ne seroient-ils pas assujettis à la même déclaration ? Quels moyens pourroit-on mettre en usage afin d'obliger les maîtres à envoyer à l'officier de police chargé de cette partie, l'avis qu'il a pris un nouveau *domestique* en province, que ce *domestique* est tel ou tel ? Je regarde une pareille police comme impossible.

Il ne l'est pas moins, ou du moins il l'est presqu'autant de prétendre exercer une inquisition complette sur les mœurs des *domestiques*, & les motifs qui les conduisent à Paris. Nul individu ne doit compte de sa conduite que lorsqu'il est soupçonné d'un crime ou de l'intention de le commettre ; encore dans ce cas faut-il beaucoup de reserve & d'égards, car un simple soupçon n'est point toujours une raison suffisante pour exercer une acte d'autorité sur un citoyen.

Le même auteur que nous venons de citer, dit ensuite « parmi les *domestiques*, il en est une espèce très-nombreuse qui exige sur-tout l'inspection la plus sévère avant de lui permettre d'entrer dans la capitale, c'est celle des cuisinières. Cette classe pour laquelle on a de l'indulgence par égard pour le sexe des êtres qui la composent, est peut-être la plus *dangereuse par les effets que produisent ses vices & ses crimes.* Il n'en est point qui soit plus familiarisée avec le vol, le mensonge, & la débauche : ces trois défauts ne se trouvent que trop souvent réunis dans la même personne ; aussi presque toujours la fille qui vient grossir le nombre des *domestiques* de la capitale, n'a-t-elle quitté son pays que parce qu'elle y avoit donné des preuves d'inconduite qui l'avoient exposée à la honte & au mépris ».

L'inconduite dont veut parler M. *des Essarts* ici ne devient la source des désordres qu'il dépeint, que lorsque des parens féroces & bêtes, des hommes rgoristes & corrompus expulsent de chez eux une jeune fille, & la forcent à venir chercher dans la capitale un pain d'opprobre que tous les malheurs accompagnent, & dont mille maux sont l'effet.

Ce seroit donc bien plutôt des asyles de bienfaisance, des asyles libres, des asyles décens où ces misérables pussent trouver secours & consolation qu'on devroit leur offrir, que d'établir une inquisition stérile, qui, si elle pouvoit tourner à l'avantage des maîtres, ce qui n'est pas sûr, ne produiroit aucun bien pour les pauvres *domestiques*.

Je ne connois qu'un endroit où les filles qui viennent de province, puissent trouver quelques secours à Paris ; c'est l'hôpital de sainte Catherine ; mais il est trop petit, insuffisant, & d'ailleurs celles qui y vont chercher un asyle, ne peuvent qu'y rester trois jours, encore n'est que pour coucher ; le jour elles sont obligées d'errer dans les rues & courir tous les hazards auxquels les expose la débauche publique, celle sur-tout de ces prétendus hommes sévères, rigides dans leurs principes, qui couvrent d'un voile épais leur conduite libidineuse & sont les premiers à appeller les châtimens sur les autres, pour faire penser qu'ils sont à l'abri de tout reproche.

Ce sont ces hommes qui plus que toute autre cause perdent la grande partie des jeunes cuisinières, & nous l'avons dit cent fois, nous ne le répéterons pas; il sera toujours impossible que l'immoralité publique ne résulte pas des vices des particuliers, & sur-tout quand il est question des *domestiques*, espèces d'esclaves assujettis par le besoin aux caprices de leurs maîtres ; mais que faire à cela ? C'est le vice de la société, c'est un vice tellement adhérent à ses viscères, qu'on la détruiroit peut-être, si l'on vouloit porter jusques-là l'action des contraintes & des peines.

Il n'est pas non plus vrai que les cuisinières soient plus criminelles que les *domestiques* mâles : ni les uns ni les autres ne sont criminels *in globo*, & s'il est une classe dont les vices soient plus à craindre, c'est sans contredit celle des hommes qui joignent la force à plus d'adresse & de connoissance.

Il paroît donc qu'il n'y a pas de précautions assez aisées, assez faciles, assez justes, pour tranquilliser entièrement les maîtres sur la probité, la fidélité de leurs *domestiques*, lorsqu'ils entrent chez eux. Tout ce qui peut être pratiqué à cet égard, c'est en très-grande partie par les bureaux de confiance établis à Paris, dans lesquels moyennant une légère rétribution, l'on vous propose plusieurs *domestiques* parmi lesquels vous pouvez choisir, & de la fidélité desquels on vous répond.

Il paroît que les directeurs de ces bureaux ne se contentent pas, pour admettre un *domestiques* qu'il soit présenté par quelqu'un de connu, mais qu'ils exigent encore des certificats du curé du lieu, qu'ils écrivent même aux parens ou connoissances du sujet, pour prendre des renseignemens sur son compte, & qu'au total on peut s'y procurer des serviteurs à-peu-près surs.

III. Les *domestiques* une fois placés deviennent sujets à certains réglemens, tant qu'ils sont chez leurs maîtres, & même lorsqu'ils en sortent. Nous en rapporterons les principaux, c'est une des principales parties de la police des *domestiques*.

Plusieurs ordonnances de police, & notamment celles du 6 novembre 1778, & 2 juillet 1779, homologuées au Parlement, « font défenses à tous *domestiques* de tenir à loyer aucune chambre ni cabinet à l'insu de leurs maîtres, & sans en avoir prévenu le commissaire du quartier dans lequel ils tiendront lesdites chambre ou cabinet. Egalement défendu à tous propriétaires & principaux locataires, de louer aucune chambre ou cabinet dépendans de leur maison, sans en faire déclaration audit commissaire du quartier; le tout à peine de prison contre lesdits *domestiques*; & de cent livres d'amende contre les propriétaires ou principaux locataires, & de plus grande peine en cas de récidive ».

Plusieurs ordonnances du roi & de police défendent le port d'armes aux *domestiques*, comme une chose dangereuse & nuisible à la sûreté publique. Celle du 7 juillet 1782, fait expressément défenses aux *domestiques* connus sous la dénomination de chasseurs, heducs, aux négres & à tous autres serviteurs, gens de livrée, de porter sous quelque prétexte que ce soit, aucunes armes, épées, couteaux de chasse, sabres, cannes, bâtons ou baguettes, à peine d'être emprisonnés sur le champ, poursuivis extraordinairement & punis corporellement, suivant la rigueur des ordonnances; leur défend pareillement S. M. sous peine de prison, de porter des épaulettes, & à toutes personnes de quelque qualité & condition qu'elles soient de faire porter lesdites armes & épaulettes par leurs *domestiques*, à peine de désobéissance, & d'être civilement responsables de délits commis par eux ».

Cette ordonnance est fort sage dans une ville comme Paris, ou une foule de laquais fiers d'être au service des grands & quelquefois sûr des leur protection, se permettroient des délits & occasionneroient des meurtres parmi le peuple.

Par un autre abus, l'on voyoit indifféremment les laquais d'une foule de gens porter la livrée du roi sous le plus léger prétexte, quelquefois même, sans prétexte. L'on a cru qu'on devoit remédier à cela, & en conséquence, il fut fait défenses, par une ordonnance du roi, du 4 novembre 1776, à toutes personnes de faire porter la livrée du roi à leurs *domestiques*, à moins qu'elles n'en aient le droit par leurs charges ou par concession particulière.

Si la tranquillité, la commodité, la décence publique, exigent que la police des *domestiques* soit exactement observée dans les villes, l'avantage de la culture, la continuités de travaux champêtres, demandent aussi qu'ils soient assujettis à de certaines règles dans les campagnes, & c'est de ces règles que nous allons parler.

Les ordonnances de 1555, 1567 défendent de de suborner les *domestiques* des autres, & ils sont obligés de servir l'année de leur engagement.

L'usage est qu'ils avertissent leurs maîtres un mois à l'avance lorsqu'ils veulent sortir, comme dans les villes, l'usage est que ce soit huit jours avant la sortie, a peine de les forcer à rester ce temps, s'ils refusent.

L'arrêt du parlement de Rouen, du 26 juin 1722, sur le louage des *domestiques* de campagne leur fait défenses, « de laisser leurs maîtres ou maîtresses pour aller servir chez d autres, sans le gré & consentement desdits maîtres & maîtresses, ou pour cause légitime; fait pareillement défenses à toutes personnes de recevoir un serviteur sortant d'une autre maison, qu'ils ne se soient enquis de la cause de sa sortie, ou qu'il n'ait un certificat par écrit, le tout à peine de trois cents livres d'amende, dont le dénonciateur aura le tiers; fait défenses sous les mêmes peines à toutes personnes de suborner aucun serviteur ou servante étant en service, pour venir au leur ou à celui d'autres personnes; ordonne en outre que les serviteurs ou valets qui ont accoutumé de se louer à tems & à certains prix, seront tenus de servir l'année entière, s'il plaît à leurs maîtres, à moins qu'ils n'eussent raison & occasione légitim de se retirer plutôt; & pareillement que ceux qui se seront loués pour un ouvrage à faire, ne se pourront retirer avant l'ouvrage fait, sinon du gré de ceux qui les auront employés, ou pour occasion légitime, sous les mêmes peines que dessus ».

Les ordonnances de police du 16 octobre 1720, & 6 novembre 1778, font défenses aux *domestiques* « de quitter leurs maîtres ou maîtresses sans les avoir avertis huit jours à l'avance, ni de se présenter à un nouveau maître, sans rapporter du précédent un congé ou attestation, lequel contiendra le tems de leur service & la cause leur sortie. En cas de refus par les maîtres & maîtresses, de ce certificat, les *domestiques* pourront se retirer à Paris pardevant le commissaire du quartier, & dans les autres lieux devant le Juge de police, qui leur donneront une attestation ou certificat de ce qu'ils auront pu connoître de leur conduite; & ce certificat vaudra celui du Maître & en tiendra lieu ».

On doit remarquer que l'usage est de s'en rapporter au serment du maître, lorsqu'il y a difficulté pour les gages entre le maître & le *domestique*. Je ne sais si cette règle est toujours bien sûre, car il est aussi commun de trouver des maîtres avares, vindicatifs & menteurs, qu'il l'est de trouver des *domestiques* tels; il est même plus probable que le serviteur ne demande que son dû, qu'il ne l'est qu'il en demande davantage; parce qu'il y a plus d'audace, plus de risque à courir de la part du *domestique* à accuser son maître, qui est toujours un homme plus puissant que lui, qu'il n'y en a pour celui-ci de refuser. Ajoutez que les occupations d'un maître peuvent le distraire, lui faire oublier un compte, au lieu qu'un *domestique* est beaucoup moins exposé au même inconvenient: au reste la conduite antérieure du *domestique* peut servir

servir de règle au juge à cet égard, n'étant pas présumable qu'un bon sujet devienne tout-à-coup un fourbe, un menteur.

IV. Nous avons dit que nous parlerions des loix somptuaires relativement aux *domestiques*.

Je suis loin d'approuver les loix somptuaires dans une nation riche & commerçante; elles y détruiroient bientôt l'industrie & toutes les sources du travail public; ce n'est que le goût des jouissances & du luxe qui fait mouvoir tant de bras, qui sans lui resteroient immobiles; ce n'est qu'en le satisfaisant que la nombreuse classe des non-propriétaires trouvent des salaires & du pain. Ainsi je crois donc que la magnificence en bâtimens, chevaux, voitures, meubles, habillemens, fêtes, amusemens, est dans les particuliers riches un grand moyen d'activité dans les travaux publics, dans les arts & dans l'agriculture, qui ne fait des progrès qu'autant que le luxe & la dépense donnent du prix à ses productions.

Mais il n'est pas également certain que la parure des *domestiques*, sur-tout des *domestiques* mâles, que la magnificence, le luxe, la richesse de leurs habits ne nuisent point réellement à la chose publique & doivent être tolérés.

Une des raisons qui se présentent d'abord tout naturellement, c'est que cette recherche affectée séduit un tas de gens qui quittent les campagnes, pour venir s'enrôler sous les étendarts de la domesticité, calculant leur bénéfice servile d'après le brillant & l'éclat des habits que leur font porter les maîtres; & quand même l'espoir du gain ne seroit pas allumé par cette considération, il est sûr qu'une vanité mal-entendue, la sotte gloriole des beaux-habits, sont un motif puissant pour des gens de cette espèce, & peuvent les porter à tout quitter pour être laquais.

Une autre considération encore, & qui ne peut être sentie que par ceux qui ont long-temps vécu à Paris, c'est que ce luxe de parure, ces habits galonnés, ces franges, ces boutons d'or, rendent les laquais extrêmement impertinens, sur-tout lorsqu'il n'est sur leurs habits aucun signe de livrée qui les fasse reconnoître pour ce qu'ils sont.

Ce sont ces considérations, & d'autres qu'il n'est pas de notre objet de rapporter, qui ont sans doute motivé les réglemens sur le luxe des *domestiques*.

Une ordonnance de police du 7 juin 1727 porte: « que la plupart des maîtres ou maîtresses se donnent la licence (1) de faire habiller leurs gens de livrée superbement, & sans aucune marque qui puisse les faire distinguer & connoître. Qu'en cet état les *domestiques* commettent beaucoup d'indécences dans les églises & d'insolences aux promenades publiques, où ils insultent les femmes, ainsi qu'à la sortie des spectacles; ce qui peut causer de grands inconvéniens, par la licence que ces sortes de gens s'y donnent. . . . . . . En conséquence, défendons à toutes personnes, de quelque qualité & condition qu'elles soient, de faire mettre à l'avenir sur les juste-au-corps, surtouts, casaques, manteaux, culottes, baudriers & autres habillemens des cochers, laquais, portiers François ou Suisses, postillons, palfreniers, porteurs-de-chaises, frotteurs & autres *domestiques*, à l'exception des pages seulement, tambours & tymbaliers, aucun bouton d'argent massif ou filé, galons bordés, bandoulières ni autres ornemens d'or ou d'argent en quelque manière que ce puisse être (hors pour border les chapeaux), ni de faire doubler de velours les manchons, à peine de confiscation desdits habillemens, de cent livres d'amende contre les maîtres pour chacun desdits *domestiques* trouvés en contrevention, de privation de la maîtrise contre les maîtres tailleurs, d'incapacité d'aspirer à la maîtrise contre les compagnons ou apprentis qui y travailleroient, d'un mois de prison contre les *domestiques* ». Les *domestiques* des ambassadeurs résidens, princes & seigneurs étrangers sont exceptés de la règle.

Cette ordonnance ne paroît pas également juste dans toutes ses parties, car je ne vois pas pourquoi on rendroit incapable un compagnon d'aspirer à la maîtrise, pour avoir fait un habit, dont d'ailleurs il peut ignorer la destination. L'emprisonnement du *domestique* me paroît un peu violent, puisqu'il ne fait rien que de l'aveu de son maître.

Elle exige aussi que tous *domestiques*, compris sous le nom de gens de livrée, « portent sur leurs juste-au-corps & surtouts, ou du moins sur les paremens & les poches desdits habillemens, un galon de livrée qui ait une couleur apparente & qui borde entièrement le tour des manches & des poches, si mieux n'aiment les maîtres leur faire porter sur le devant de leurs habits six boutonnières de galon de couleur saillante, de manière à les faire connoître pour gens de livrée ».

Mais de nos jours on s'est affranchi de cette loi, qui cependant est raisonnable, ne gêne point la liberté, & peut dégoûter par son assujettissement grand nombre de jeunes gens, qui ne se mettroient point laquais, s'ils savoient qu'ils dussent porter forcément une marque distinctive de leur état.

(1) Observez que ce luxe des *domestiques* fit de grands progrès en France sous la régence, & précisément, lorsqu'après le fameux système de Law, une foule de familles riches sortirent du sein des actions & des billets d'état, & cherchèrent à se distinguer par des jouissances, une magnificence, que les fortunes qu'elles firent les mirent en état de partager avec les plus grandes maisons.

Mais revenons au luxe des *domestiques*, c'est-à-dire à la richesse déplacée de leurs habillemens. Elle avoit déja été proscrite antérieurement à l'ordonnance que nous venons de citer, par une déclaration du 8 janvier 1719. On y dit formellement, qu'au mépris de l'édit de mars 1700, les maîtres font porter à leurs *domestiques* des vestes & culottes galonnées d'or & d'argent, ou d'étoffe de soie, or & argent, & même des bas de soie avec des coins qui en sont enrichis; que les mêmes *domestiques*, portent des habits sans aucune marque distinctive de livrée, ce qui peut être d'un grand préjudice pour l'ordre public, &c. En conséquence la défense que nous venons d'indiquer, y est prononcée sous les mêmes peines.

En résumant maintenant ce que nous venons de dire sur la police des *domestiques*, & ce qui les regarde en général, on verra que tout se réduit 1°. aux précautions pour s'assurer de leur honnêteté en entrant en maison, ce qui exige certificat, & auquel peuvent servir les bureaux de confiance; 2°. aux devoirs & règles de discipline auxquels ils sont soumis chez les maîtres; 3°. aux ordonnances de police qui leur interdisent le port d'armes & la jouissance de chambre en ville, sans le consentement de leurs maîtres, & qui les obligent à prendre un certificat de bonne conduite & à avertir huit jours avant de sortir de maison à Paris, & de finir le temps pour lequel ils se sont engagés, dans les campagnes; 4°. aux loix somptuaires qui leur interdisent, à peine de prison pour eux & d'amende pour leur maître, une richesse & un luxe déplacés sur leurs habits.

DOMICILIÉ, f. m. On donne ce nom à la personne qui a un domicile de fait ou de droit dans un lieu. Le domicile de droit est celui qu'on élit par un acte public quelconque; celui de fait, & qui le devient de droit aussi par ses effets, est celui qu'on acquiert en demeurant dans un endroit pendant un certain temps. A Paris le droit de domicilié bourgeois s'acquiert au bout d'un an & un jour d'habitation dans le même endroit.

On doit bien remarquer au reste qu'on n'est *domicilié* qu'autant qu'on est dans ses meubles, qu'on est sujet aux impositions directes; celui qui demeure en hôtel garni, ou qui est pensionnaire chez quelqu'un pour le logement & la nourriture, n'est véritablement pas *domicilié*.

On doit remarquer que quoique tout bourgeois soit *domicilié*, tout *domicilié* n'est pas, dans l'usage, & rigoureusement parlant, bourgeois. Par exemple, un homme à la charité de sa paroisse, un compagnon ouvrier, quoique l'un & l'autre dans leurs meubles, payant un loyer à l'année, &c. ne sont point bourgeois; du moins ce ne seroit qu'abusivement qu'on leur donneroit ce nom. Un domestique hors de condition, & qui a quelque bien, ne peut non plus avoir le titre de bourgeois, qu'un an & un jour, après avoir quitté l'état de domestique, quoiqu'il soit *domicilié* dès l'instant que sortant de maison, il prend une chambre à loyer & paie la capitation. Il ne seroit pas bourgeois dans ce cas, même au bout d'un an & un jour, s'il continuoit de prendre le nom de domestique sans condition, comme il arrive à d'anciens laquais de le faire, quoiqu'ils soient aisés, & cela afin d'être taxés à une modique capitation de trois livres dix sols.

Les *domiciliés* jouissent de certains droits civils que n'ont pas les simples habitans, les étrangers, ou ceux qui demeurent en hôtel garni.

Le premier de ces droits est celui d'assister & voter aux assemblées qui ont lieu pour l'élection des représentans des communes, pour quelque chose ou mission que ce soit. Toutes autres personnes que des *domiciliés* ne peuvent point s'y trouver.

Le réglement fait par le roi pour la convocation des trois ordres de la ville de Paris, & la formation des assemblées des districts, du 13 avril 1785, veut, art. 12, qu'il n'y ait que des *domiciliés* qui puissent assister auxdites assemblées, & l'article 13e. veut que toute personne qui ne pourra pas justifier de son domicile actuel sur le district, en soit exclue.

Ce réglement, ainsi que l'ordonnance de convocation du 15 avril 1785, & la proclamation des prévôt des marchands & échevins, du même jour, exigent pour preuve de domicile la quittance ou l'avertissement de la capitation pour les personnes qui ne sont point attachées à une corporation, & pour celles qui y sont attachées, la lettre de maîtrise est reconnue en pouvoir tenir lieu, dans le cas où le domicilié ne pourroit point fournir son titre de capitation.

Le même principe est rappellé dans le plan de municipalité provisoire pour la ville de Paris, & qui le gouverne dans ce moment (octobre 1789). Il y est dit art. IV, tit. II. Tous citoyens François ou naturalisés *domiciliés* dans Paris, depuis an & jour, &c. auront droit de séance & voix délibérative dans les assemblées de districts.

L'édit de mai 1765, sur la formation des anciennes municipalités, renferme le droit d'élection & d'assister aux assemblées électives parmi les notables du lieu; ce qui suppose la condition de domicile.

Il paroît juste, je crois, de n'accorder l'exercice des droits municipaux, c'est-à-dire, du citoyen vivant sous un régime municipal quelconque, qu'à ceux qui sont *domiciliés* dans la ville; 1°. parce que tout homme ainsi établi est bien plus intéressé au maintien de l'ordre, de la paix, de la justice, que celui dont la fortune est ailleurs, & qui n'a rien à risquer à une ruine publique ; 2°. parce qu'un domicile, quelque médiocre qu'il soit, est toujours une condition auprès de la commune de la gestion des deniers ou place de confiance qu'on pourroit confier à celui qui assiste aux assemblées ; 3°. parce qu'un *domicilié* est vraiment assujetti à des charges publiques dont tout autre est exempt: tel que pain béni; taxe des pauvres, capitation, garde bourgeoise, &c. &c. 4°. parce qu'enfin un homme qui supporte ces charges, qui participe aux contributions, aux inquiétudes publiques, qui en a la connoissance pratique, est plus qu'un autre en état de juger des abus, des moyens & des objets d'amélioration dont la chose commune a besoin, & par conséquent est plus qu'un autre intéressé, porté à choisir des hommes honnêtes & capables du service de la cité, ou à s'en charger en plus grande connoissance de cause.

Au reste, on conçoit que s'il est nécessaire d'être *domicilié* pour assister aux assemblées partielles d'élection, tant des magistratures municipales que des députés nationaux, il l'est à plus forte raison pour jouir du droit d'être élu, car toutes les raisons que nous venons d'apporter, pour faire sentir la nécessité de cette condition par rapport aux votans, acquiert encore plus de force quand il est question des candidats.

Il y a cependant une différence ; du moins quelques districts de Paris ont pensé, lors du choix des électeurs, le 21 avril 1789, & depuis à l'élection des représentans de cette grande ville, que le droit d'élire n'étoit point circonscrit par l'étendue du district, & que le choix de l'assemblée pouvoit tomber sur la personne qu'elle trouveroit digne de sa confiance, pourvu qu'il soit *domicilié* dans Paris.

Ce n'est pas seulement à cet égard que les *domiciliés* jouissent de droits dont les autres habitans d'une ville sont privés, ils ont encore des immunités particulières, relativement à l'exercice de la police & aux formes de la procédure judiciaire.

D'abord les *domiciliés* ne peuvent être emprisonnés pour fait de police, si ce n'est dans le cas de flagrant délit ; c'est une maxime générale du gouvernement de toute cité, maxime trop malheureusement méprisée dans ces momens de troubles, où nous avons plus à redouter encore l'anarchie de nos idées, de nos principes & de notre discipline, que les trames & les complots de nos ennemis.

Nous avons vu cette maxime violée au point que des citoyens *domiciliés* ont été, je ne dirai pas emprisonnés pour fait de police, & arrêtés dans la rue, mais arrachés de chez eux pour quelques-unes de ces fautes morales contre la décence ou la paix domestique ; fautes qui sans doute méritent reprimandes, mais ne peuvent donner accès à la force publique dans l'asyle du citoyen, sur-tout quand cette force est toute militaire, & n'est guidée par aucun représentant du pouvoir civil. Ces scènes atroces se sont passées sous nos yeux, se sont renouvellées tous les jours, je dirai presque avec l'applaudissement de ceux qui auroient dû le plus respecter la liberté des hommes, la sainteté de leur demeure ; & j'en ferai la remarque pour conserver l'exemple d'un des cent mille désordres auxquels l'anarchie populaire & la destruction inopinée de l'autorité publique donnent lieu (1). Mais revenons à l'immunité du *domicilié* en matière de police.

Ce n'est point seulement en vertu du droit naturel politique qu'il en jouit, la raison seule n'établit point son droit, les loix positives qui en sont quelquefois les interprêtes, quoique pas toujours, le lui assurent ; & en voici la preuve.

Par arrêt de la cour du parlement, du 28 avril 1664, le commissaire de l'*Espinai* a été condamné en quatre-vingt livres de dommages-intérêts pour avoir fait emprisonner une cabaretière de Paris, sans plainte & sans information préalable ; M. l'avocat-général *Bignon*, qui portoit la parole lors de cet arrêt, a dit « que cet emprisonnement ne pouvoit se tolérer, ayant été fait sans plainte & sans » information, que cela étoit de conséquence s'agissant d'une *bourgeoise*, qu'il étoit à la vérité » permis aux commissaires de constituer prisonniers les personnes qu'ils trouvoient en flagrant » délit ; mais non point lorsque ce cas ne se rencontroit pas ; que pour remédier à l'avenir à de » pareils abus, il estimoit qu'il y avoit lieu de déclarer l'emprisonnement injurieux, tortionnaire » & déraisonnable, le commissaire l'*Espinai* bien intimé & pris à partie, de le condamner en quatre-vingt livres de dommages-intérêts, & lui faire » défenses de ne plus user de cette voie ».

Ces conclusions furent pleinement adoptées, elles motivèrent & décidèrent l'arrêt.

Par un autre rendu en forme de réglement, le 7 janvier 1701, « il a été fait défenses au commissaire » *Regnault*, & à tous autres de faire arrêter & » constituer prisonniers les *domiciliés*, sans information & décret préalable, si ce n'est dans les » cas portés par les ordonnances & réglemens ».

Le commissaire *Regnault* pouvoit cependant être traité avec condescendance, puisqu'il s'agissoit d'une fille qui menoit une vie dissolue, & qu'il avoit fait arrêter sur la réquisition de sa mère. Mais quand il est question d'infraction faite à la loi, il n'y a point de considération qui puisse atténuer la peine du délinquant.

(1) J'espere que ceux qui m'ont lu ne me soupçonneront pas d'être partisan de la servitude : *voyez* APPEL AU PEUPLE, ABUS, DESPOTISME, &c. pour vous en convaincre. Mais je crois qu'il est de la sagesse, de la prudence, de la sûreté de tout législateur de ne jamais ébranler, & encore moins renverser aucune base de l'édifice public, qu'il n'en ait une meilleure à mettre sur le champ à la place. C'est ce que nous n'avons pas fait.

Un autre arrêt rendu le 16 mai 1711, sur les conclusions de M. l'avocat général *Chauvelin*, contre le commissaire *le François*, « a déclaré pareil » emprisonnement nul, injurieux, torrionnaire; » le commissaire *le François*, bien intimé & pris » à partie; a condamné ce commissaire en 100 liv. » de dommages-intérêts ».

Et ce même arrêt faisant droit sur les conclusions du procureur-général « fait défenses à tous » commissaires de police de faire aucun emprisonnement qu'en vertu de décret donné sur le vu » des charges, informations & conclusions des » gens du Roi, si ce n'est dans les cas portés par » l'ordonnance ».

Enfin un autre arrêt rendu le 9 juillet 1712, sur les conclusions de M. l'avocat général *Chauvelin*, contre le commissaire *Moncrif*, condamne ce commissaire en deux cents livres de dommages-intérêts; & faisant droit sur les conclusions du procureur-général, « enjoint au commissaire *Moncrif* & à tous » autres de garder & observer les ordonnances, » arrêts & réglemens, & en conséquence leur fait « défense de se transporter dans les maisons des » particuliers sans réquisition par écrit, ou ordonnance de justice, si ce n'est dans le cas de flagrant délit ».

Ainsi hors les cas prévus par les ordonnances, les *domiciliés* ne peuvent être constitués prisonniers qu'après informations & jugement préalables. L'ordonnance de 1670, titre 10, art. VIII & IX, permet d'arrêter & constituer prisonniers sans information préalable en deux cas seulement, savoir, 1°. dans le cas du flagrant délit & à la clameur publique; 2°. les domestiques sur la dénonciation & réquisition de leur maître.

Nous avons déja dit ce que nous pensions de cette facilité qu'ont les maîtres de faire préalablement constituer prisonniers leurs domestiques, nous n'en parlerons pas ici, nous observerons seulement que la loi des *domiciliés* est toujours respectée, même dans cet abus, puisqu'un domestique n'est point un *domicilié*.

Au reste cette expression de flagrant délit, embrasse non-seulement les meurtres, les vols, le tumulte; les rixes dans les rues & places publiques, le tapage dans les cabarets, les caffés, les auberges, mais aussi le tapage violent dans les maisons particulières, & même la rébellion aux ordres de l'officier de police, lorsqu'il est dans des courses, soit pour faire la visite des poids & mesures, soit pour la capitation & le logement des gens de guerre.

Il est clair que dans ce cas, la nécessité de faire un exemple & de contenir le peuple, autorise un officier de police à sévir sur le champ, à ordonner que le mutin soit enlevé de son domicile & conduit en prison.

La seule précaution à prendre, & qu'on ne doit jamais omettre, c'est que l'officier dresse un procès-verbal afin de constater le fait & ses motifs, & de faire son rapport à la première assemblée, à l'effet de faire confirmer définitivement le jugement qu'il n'a pu lui-même ordonner que provisoirement.

Enfin le décret de l'assemblée nationale sanctionné par lettres-patentes, enregistrées le quatorze octobre 1789, sur la procédure criminelle porte article IX. qu'aucun décret de prise-de-corps ne pourra désormais être prononcé contre les *domiciliés* que dans le cas, où par la nature de l'accusation & des charges, il pourroit échoir peine corporelle. Pourront néanmoins les juges faire arrêter sur le champ dans le cas de flagrant délit ou de rébellion à justice. C'est la confirmation de l'article 19 du titre 10 de l'ordonnance de 1670.

On peut ajouter à toutes ces autorités en faveur des *domiciliés*, la déclaration du vingt-six février 1724, contenant réglement pour la maréchaussée, il y est dit, « faisons défenses aux officiers de la » maréchaussée, d'arrêter aucune personne *domici-* » *liée*, hors le cas du flagrant délit ou à la clameur » publique, à peine de demeurer responsables des » dommages & intérêts des parties ».

Ainsi il est bien démontré, & par le droit naturel & par les loix positives, que la personne des *domiciliés* doit être infiniment respectée, qu'en matière de police, ils ne peuvent être constitués prisonniers qu'en flagrant délit ou à la clameur publique, & que dans tout autre cas le décret de prise-de-corps ne peut être lancé contre eux, que l'information n'ait été préalablement faite.

Joignons à ces vérités un fait récent, & passons à un autre point de droit sur le même objet.

Charles Poirson, ancien gendarme, étoit venu de Neufchâteau en Lorraine à Paris pour y suivre différentes affaires, il étoit descendu à l'hôtel du St. Esprit, rue de Beauvais.

Le 19 avril 1781, un exempt de police avec lequel le sieur *Poirson* avoit eu quelques démêlés, se permit de l'arrêter, sous prétexte d'escroquerie, & le conduisit au fort-l'Evêque, & l'écroua à la requête de la partie publique pour ester à droit, & répondre devant le lieutenant-criminel de robe-courte.

Trois semaines après sa détention, le sieur *Poirson* obtint sur requête son élargissement provisoire, à la charge de se représenter en état d'assigné pour être oui.

Le premier usage que le sieur *Poirson* fit de sa liberté, fut d'interjetter appel en la cour de toute la procédure, & d'y intimer M. le procureur-général, comme prenant le fait & cause de son substitut.

Ce magistrat a conclu lui-même en faveur du sieur *Poirson*, par l'organe de M. *Joly de Fleury*, avocat-général; & par arrêt rendu à la tournelle, le 6 août 1783; le sieur *Poirson* a recouvré l'honneur & la liberté.

Le procès-verbal d'emprisonnement a été déclaré nul, ainsi que la procédure criminelle instruite par le lieutenant-criminel de robe-courte, il a été ordonné que l'écrou du sieur *Poirson* seroit rayé & biffé du registre du fort l'Evêque, & faisant droit sur les conclusions de M. le procureur-général, défenses ont été faites à l'exempt d'user à l'avenir de pareilles voies, à peine d'interdiction.

Non-seulement la personne des *domiciliés* est sous la protection particulière des loix, mais aussi leur maison, leur domicile, *domus sua*, disent les loix Romaines, *unicuique tutissimum refugium atque receptaculum; nemo de domo suâ invitus extrahi debet, nisi autoritate judicis.*

Ce privilège établi par la disposition des coutumes, se trouve spécialement consacré par l'arrêt en forme de réglement, rendu par le parlement de Paris, le 19 décembre 1702, lequel arrêt dispose: « la cour enjoint à tous huissiers, sergens, archers » & autres officiers de justice, d'observer les arrêts » & réglemens, & en conséquence leur fait défen- » ses d'arrêter aucunes personnes dans leur maison, » à heure indue, pour dettes civiles; leur fait géné- » ralement défenses de les arrêter de jour dans les » maisons, aussi pour dettes civiles, sans permis- » sion du juge, sur telle peine qu'il appartien- » dra. »

Cet arrêt a été confirmé par celui du 17 septembre 1707, lequel a ordonné que le réglement auroit aussi lieu pour les provinces, & depuis, les arrêts des 8 octobre 1711, 17 août 1731, 26 avril 1736, 18 mars 1739 & 28 juillet 1760, ont prouvé que la disposition étoit aussi sage qu'irrévocable.

Nous avons vu au mot *commissaire* que l'arrêt du 9 juillet 1712 fait défenses aux commissaires de police de se transporter dans la maison des particuliers sans réquisition par écrit ou ordonnance de justice, si ce n'est dans le cas du flagrant délit.

Malgré des réglemens aussi précis, aussi formels, & quoique leur texte & leur esprit soient de mettre les *domiciliés* à l'abri de toute invasion, de toute vexation; néanmoins jusqu'en l'année 1770 les *domiciliés* étoient livrés à une sorte d'inquisition, d'autant plus révoltante qu'elle émanoit de gens absolument sans droit & sans qualité; mais l'habitude avoit subjugué les esprits, & l'abus n'étoit pas apperçu, tant il étoit invétéré.

Les communautés d'arts & métiers, par leur régime & leur constitution, sont obligées de veiller perpétuellement à la conservation de leurs concessions, elles subsistent entourées de nombreux ennemis toujours prêts à enfreindre la ligne qui les sépare; on n'a depuis long-temps trouvé d'autre expédient pour contenir ces nombreux agresseurs, que celui d'accorder aux syndics & jurés des permissions générales & illimitées de saisir tous contrevenans & tous objets de contravention.

Il est aisé de concevoir que ces permissions ainsi conçues se rapportent aux droits & à la qualité de ceux auxquels elles sont accordées, qu'elles ne peuvent avoir d'effet que sur les individus composant la communauté, sur leurs garçons & ouvriers & vis-à-vis des colporteurs ou gens sans aveu & sans domicile; mais les syndics & jurés interprérant ces permissions selon leurs vues intéressées, s'étoient créé une espèce d'empire & un droit d'inquisition générale; aucune maison, aucun *domicilié* n'étoit à l'abri de leurs recherches; ils prétendoient avoir droit de suivre la fraude & la contravention par-tout où ils présumoient pouvoir en saisir les traces.

Ces entreprises souvent obscures n'avoient point encore fixé l'attention des magistrats, & à l'ombre d'une possession constante & non troublée, les syndics & jurés étendoient chaque jour leur empire, mais enfin la communauté des libraires & imprimeurs de Paris a donné lieu de réformer l'abus, dans l'affaire du sieur *Luneau de Boisgermain*; le jugement qui y fut prononcé porte: « faisons défenses auxdits syndics & adjoints de faire à l'a- » venir de pareilles saisies, comme aussi de se » transporter chez les particuliers *domiciliés*, sans » une autorisation expresse & spéciale de notre part..

Cette défense a encore été récemment réitérée dans un arrêt dont voici le sujet.

Le 22 novembre 1782, les syndics & adjoints de la communauté des peintres-sculpteurs-marbriers de Paris, accompagnés d'un commissaire, en vertu d'une ordonnance de M. le lieutenant-général de police, du 24 novembre précédent, portant seulement permission de saisir les contrevenans (1), se sont transportés chez le sieur *Bouin*, peintre, qui étoit absent, &, parlant à sa domestique, ils ont saisi des chevalets, des tableaux de divers sujets sur leur chassis sans bordures, peints sur toile & sur bois, &c.

Le sieur *Bouin* a interjetté appel de la saisie, il a demandé la nullité du procès-verbal & a conclu à des dommages & intérêts; il a soutenu que la procédure étoit nulle & par suite que la saisie étoit injuste, &c.

(1) La nouvelle forme que prendront sûrement les communautés d'arts & metiers, par la suppression du privilège de jurande, apportera du changement dans cette police; mais comme elles conserveront toujours une certaine discipline pour leurs membres, il n'est pas inutile de faire connoître jusqu'où elle peut s'étendre, sans blesser les droits des *domiciliés*.

Arrêt conforme à ces demandes, qui a déclaré la saisie nulle, & ordonné la restitution des choses saisies ; faisant droit sur les conclusions de M. le procureur-général, a fait défenses aux syndics & adjoints de se transporter chez des personnes *domiciliées* sans une ordonnance spéciale & *ad hoc* pour le particulier dénommé, a condamné la communauté en cent livres de dommages-intérêts envers le sieur Bouin.

Ce respect pour le domicile du citoyen est également reconnu par les ordonnances militaires. Dans les villes de garnison les patrouilles militaires n'ont pas le droit d'entrer dans les maisons, à moins d'être requises par le maître de la maison ; elles ne peuvent même entrer dans les cabarets, à moins qu'elles ne soient requises par le cabaretier, ou qu'il ne soit une heure où les boutiques de ceux-ci devroient être fermées.

Une question, qu'il convient d'examiner, est de savoir si les sergens de ville (voyez ce mot) peuvent entrer dans les maisons sans être assistés d'un officier municipal ?

Il paroît d'abord que la question ne peut faire de difficulté, lorsque le maître de la maison consent la visite, parce qu'en effet comme dit la loi elle-même, *volenti non fit injuria.*

En second lieu, il semble qu'il faut distinguer trois classes de *domiciliés* ; savoir, 1°. les cabaretiers, aubergistes, caffetiers, & autres tenant maisons publiques ; 2°. les marchands tenant boutique ouverte ; 3°. les *domiciliés* qui ont leurs maisons fermées.

A l'égard de la première classe, il faut nécessairement que les sergens de ville, aient le droit de faire des visites sans aucune assistance, puisqu'autrement la police ne pourroit s'administrer, & les fonctions des officiers municipaux deviendroient tellement pénibles, qu'elles refroidiroient l'homme le plus zélé, le plus jaloux de remplir ses devoirs.

D'ailleurs, ces sortes de gens ne peuvent se plaindre, ils se sont voués au service du public, leur maison entière, leur personne même sont livrées à ce service ; leur demeure est accessible au premier venu ; il est naturel que les sergens de ville aient le même accès, & puisqu'ils l'auroient simples particuliers, ils ne peuvent le perdre, parce qu'ils sont membres subalternes de la police : il est au contraire de justice & de nécessité qu'ils aient le droit de surveiller tout ce qui se passe dans ces maisons publiques.

A l'égard de la seconde classe, il paroît qu'il faut adopter les dispositions de la coutume de Douay & décider que les maisons des marchands ne doivent être réputées publiques que jusqu'aux montres de leurs boutiques, mais qu'en deçà elles sont privilégiées, comme les *domiciliés* de la troisième classe ; qu'ainsi dans l'intérieur de ces maisons les sergens de ville ne peuvent, sous quelque prétexte que ce soit, se permettre, ni visite, ni perquisition, qu'en vertu de jugement ou à l'assistance d'un officier municipal.

Enfin, à l'égard des *domiciliés* de la troisième classe, il est hors de doute que leurs maisons sont entièrement privilégiées ; & puisque l'arrêt du 9 juillet 1712, fait défenses aux commissaires de police de se transporter dans les maisons des particuliers sans réquisition par écrit, ou ordonnance de justice, à plus forte raison, faut-il décider que c'est chose interdite aux sergens de ville ; & même qu'un simple ordre verbal ne peut les autoriser à violer l'asyle des *domiciliés* (1).

Il reste encore une question à examiner relativement aux *domiciliés*, c'est de savoir s'ils sont obligés de se rendre aux mandemens du maire ou officiers municipaux, lorsqu'ils leur enjoignent de se rendre en leurs hôtels.

Les chefs de municipalité sont en possession de se faire obéir à cet égard ; & cette espèce d'ajournement personnel se convertit pour le pauvre, en un décret de prise-de-corps, faute de comparoir.

Il seroit difficile de définir le fondement de cette possession, on n'en trouve aucune trace, ni dans nos coutumes, ni dans nos ordonnances, mais elle n'en est pas moins constante, immémoriale, & ce qui doit la faire maintenir, c'est qu'elle est d'une utilité frappante.

En effet, la police a & doit avoir dans son régime & dans ses commandemens une rapidité que ne comporte point la justice ordinaire ; comment seroit-il possible de réprimer mille désordres qui doivent l'être sur le champ, si le maire n'avoit pas le droit de faire venir en son hôtel, & les auteurs du désordre & ceux qui peuvent en déposer.

La possession du maire est donc utile & ne doit pas être détruite, mais en même-temps il paroît qu'il conviendroit de la modifier & de l'assujétir à certaines formes.

Dans l'usage actuel le maire envoie simplement un sergent de ville inviter ou ordonner qu'on se rende en son hôtel ; le pauvre obéit, parce qu'il sait qu'autrement il sera conduit en prison ; le riche est souvent moins docile, il feint que le sergent de ville s'est mal expliqué, & sous ce prétexte il

(1) Ce que l'on dit ici des sergens de ville doit s'entendre également de tous autres aides de police, soit civile, soit municipale.

n'obéit pas ; le maire dissimule ou par politique, ou par timidité, ou parce qu'il ne sait pas la marche qu'il devroit tenir.

Au lieu de ces mandemens verbaux, qui sont toujours sujets à être mal rendus, le maire pourroit avoir deux sortes de ces imprimés qu'il signeroit & dateroit au besoin, & rempliroit le nom de la personne mandée.

Le pouvoir porteroit : « nous réquérons . . . . . » de se rendre sur le champ en notre hôtel pour » nous donner les éclaircissemens dont nous avons » besoin. ».

La seconde porteroit « pour la seconde & der» nière fois nous réquérons. . . . . . de se rendre » sur le champ en notre hôtel, sinon lui décla» rons que sa non-comparution sera punie comme » désobéissance à justice ».

Une heure après l'envoi de la seconde carte, le maire dresseroit son procès-verbal & selon les circonstances, selon la qualité des personnes, prononceroit contre les non-comparutions, ou la prison, ou une amende au profit du roi.

Cette forme seroit également coercive & pour le pauvre & pour le riche ; elle ne laisseroit matière à aucune excuse : le maire auroit une voie simple & facile pour maintenir & faire respecter son autorité ; son propre intérêt & l'intérêt public exigent qu'elle ne soit ni compromise ni méprisée.

Le commissaire *la Marre* dit fort bien que « le mépris du magistrat ouvre la porte à tous les désordres, & au renversement des cités les plus florissantes ; c'est pourquoi toutes les loix divines & humaines, celles de toutes les nations policées, se sont accordées en ce point d'ordonner aux sujets de rendre obéissance aux magistrats, & d'avoir pour leurs ordres soumission entiere.

Quiconque les méprise ou leur résiste, s'attaque à Dieu même qui les a établis, & au prince dont ils exercent la puissance (1) ; aussi les loix autorisent les magistrats à venger eux-mêmes par amende ou par prison le mépris de leur autorité ».

Ces maximes ne souffrent aucune exception, & soit militaires, soit ecclésiastiques, soit personnes qualifiées, quiconque est mandé à l'hôtel du maire est tenu de s'y rendre, parce que tout le monde est sujet à la police.

« Comme il n'y a rien, dit encore le commissaire *la Marre*, de plus favorable que le bien public, qui est l'objet de la police ; tous les autres privilèges cèdent, & tout ce qui concerne la police n'est sujet à aucun renvoi ni à aucune évocation ».

On trouve plusieurs arrêts confirmatifs de cette maxime. Le premier rendu en forme de réglement par le parlement de Paris, le 13 juillet 1537, porte littéralement qu'en fait de police, il n'y a lieu à aucun renvoi. Le second rendu aux grands jours de Moulin, le 6 octobre 1550, a jugé : qu'en matière de police un écolier de l'université ne pouvoit demander son renvoi devant le juge de son privilège. Le troisième rendu au conseil du Roi, le 3 octobre 1583, a ordonné que le nommé *Sardini*, quoique par lettres-patentes il eût ses causes commises au grand conseil, seroit neanmoins tenu de répondre & de plaider devant la police de Paris. Le quatrième rendu au conseil du Roi, le 6 novembre 1644, a jugé : que M. Vertamont, quoique conseiller d'état, ne pouvoit décliner la jurisdiction de la police.

Si l'on ne trouve point d'arrêts plus modernes, c'est que la jurisprudence est tellement affermie sur ce point, qu'elle ne laisse matière à aucune contestation.

Ainsi donc en derniere analyse, c'est chose incontestable que le Maire, lorsqu'il exerce la police, & lors même que le corps de ville n'est point assemblé, peut mander en son hôtel toutes personnes qu'il croit du bien public d'y appeller ; mais il ne doit user de ce droit qu'avec la circonspection & la réserve convenables.

Il faut que ce soit besoin réel & non pas fantaisie ou simple idée ; autrement ce seroit abus d'autorité, nous pensons même que la personne appellée pourroit réquérir le maire de dresser procès-verbal, de constater le motif de sa réquisition & de prendre le maire à partie, si la réquisition n'avoit pas une cause légitime.

DOREUR. s. m. celui qui dore le bois ou les métaux. *Voyez* PEINTRE pour le premier ; quant au second, il prend la qualité de *doreur*-argenteur.

On compte environ trois cents *doreurs* sur métaux à Paris ; ils sont soumis à la juridiction de la cour des monnoies, quant au titre des matières d'or & d'argent qu'ils emploient.

Suivant les réglemens de cette cour, les maîtres *doreurs* & argenteurs sont obligés d'employer dans leurs ouvrages l'or à vingt-trois karats, vingt-six trente-deuxièmes au moins, l'argent à onze deniers dix-huit grains ; de prendre des batteurs-d'or les feuilles d'or & d'argent qui leur sont nécessaires, & des affineurs les autres matières d'or & d'argent ; le tout à peine de confiscation & d'amende.

Les *doreurs*, fondeurs & graveurs sur métaux ont été réunis par l'édit du onze août 1776, &

(1) Nous ne croyons pas, avec le commissaire *la Marre*, que Dieu ait immédiatement établi les magistrats, mais nous pensons que comme Dieu est le principe & la cause de tout ordre, les magistrats destinés au maintien de l'ordre & de la justice sont, en derniere analyse, établis par Dieu, ainsi que tout ce qui est bon.

leurs droits de réception sont fixés à cinq cents livres.

Les *doreurs* sur cuirs font une communauté particulière. Chaque maître est obligé d'avoir un poinçon pour marquer ses ouvrages ; l'apprentissage est de cinq ans.

Les maîtres relieurs de livres prennent aussi la qualité de *doreurs*, parce qu'ils dorent leurs relieures sur la tranche & sur le cuir.

DRAGONADE, s. f. Mot célèbre dans l'histoire de France, par lequel on désigne les excès commis par les troupes, & notamment par les dragons, contre les sujets François de la religion réformée.

Si quelque chose peut inspirer une juste horreur du despotisme, c'est l'abus qu'il fait de son pouvoir pour régner sur les consciences, pour les soumettre aux dogmes qui lui plaisent & persécuter quiconque a le courage de s'y refuser.

Les *Dragonades*, ces moyens atroces de conversions, indignes de la grandeur & de la majesté de Louis XIV, sont un exemple à jamais célèbre de cette vérité. Ces exécutions ont retenti par toute l'Europe. L'on a vu avec indignation des femmes, des enfans, des familles paisibles livrés aux insultes, aux mauvais traitemens, à la licence d'une soldatesque grossière & libertine. Des dragons se permettoient chez d'honnêtes citoyens ce qu'on n'auroit point voulu qu'ils fissent dans des lieux publics : tout leur étoit permis hors la mort. On a peine à concevoir ces désordres affreux ; ils ont pourtant sali le règne de Louis XIV, ce règne des sciences, des lettres & de l'urbanité ; mais ce n'étoient plus ni *la Valiere* ni *Montespan*, ni Colbert qui régnoient, c'étoit le *Tellier*, c'étoit madame de *Maintenon*, femme sans caractère & sans élévation, indigne de sa grande fortune, parce qu'elle ne s'en servit pas pour le bonheur des peuples.

Je ne ferai qu'une remarque sur ces *Dragonades*, & cette remarque pourra faire sentir combien il est important de ne point donner de licence aux troupes contre les citoyens ; car elles vont toujours au-delà des bornes des ordres qu'on leur donne.

Les dragons employés dans les conversions protestantes commirent cent excès honteux ; ils séduisoient les filles & les femmes, forçoient les maris à l'expatriation, ne voloient pas précisément les effets des proscrits, mais faisoient chez eux des consommations outrées, usoient de tout à discrétion & ne mettoient point de terme à leurs saletés.

Il est très-sûr que le gouvernement ne vouloit point employer la débauche & l'ordure pour attirer des proselites à la catholicité, qu'il ne prétendoit qu'intimider, effrayer les familles par l'appareil de la force militaire, par l'importunité des troupes ; mais il connut mal les soldats, qui en général ne respectent plus rien quand on leur permet la moindre licence. C'étoit pour le reste des sujets un exemple dangereux. L'asyle du citoyen, des familles, le lit conjugal, les penates sacrés, une fois violés par la soldatesque, cette violation tolérée, la propriété, l'honneur, la vie se trouvoient exposés, & le plus grand désordre s'établissoit, par le moyen qui ne doit servir qu'à le réprimer.

Mais ces raisons justes, vraies, n'auroient point été senties. Le despotisme s'aveugle lui-même, & ses excès le perdent enfin, comme tout abus de pouvoir cause la ruine de celui qui s'en sert. *Voyez* CALVINISME.

DUEL. s. m. Ce mot signifie l'action simultanée de deux personnes qui agissent l'une envers l'autre. C'est sur-tout pour désigner un combat entre deux hommes qu'on l'emploie ordinairement.

Le *duel* est aussi ancien que le monde, parce qu'il est à présumer que de tous temps il se sera trouvé des hommes qui n'auront ou point voulu, ou point pu recourir à des formes légales, à une marche juridique pour vuider les différends qui auroient pu s'élever entr'eux.

Il y a plus, c'est que cette manière absurde de tirer vengeance d'un affront ou d'une offense, a été long-temps regardée comme un moyen sûr de jugement, par nos gothiques pères.

Voici comment ils raisonnoient : « si Dieu est juste il ne peut pas souffrir que dans un combat dont l'objet est de punir le coupable, l'innocent succombe ; on peut donc hardiment, lorsqu'on n'est point coupable, demander le *duel* judiciaire, autrement ce seroit douter de la justice, de la bonté divine ». Ce raisonnement tout ridicule qu'il est par le résultat de l'expérience, me paroît dans la plus rigoureuse logique : il est conséquent, dès qu'on admet que la providence de Dieu est infinie, & que cet être tout-puissant fait quelque cas des choses humaines. On pourroit dire à celui qui penseroit autrement, ce vers de Virgile :

Nec curare deos credis mortalia quemquam.

Quoi qu'il en soit, le *duel* judiciaire, ainsi que toutes les autres épreuves, ont été fort de mode autrefois ; si aujourd'hui l'on est étonné de ce délire, c'est que la philosophie, & l'expérience nous ont fait sentir le désordre d'une jurisprudence aussi meurtrière : mais les Welches, les Francs dont nous descendons n'avoient ni philosophie, ni expérience en matière de société policée.

On sait que le dernier de ces *duels* judiciaires eut lieu en 1547. *Guy Chabot-Jarnac* avoit donné un démenti à *François Vivonne-la-Châtaigneraie*. Celui-ci propose le combat : Henri II l'accorde, fait dresser les lices, & veut en être spectateur avec toute sa cour. Il espéroit que la *Châtagneraie*, son favori, remporteroit l'avantage ; mais il est renversé d'un d'un coup de revers que *Jarnac* lui porta au jarret. Honteux d'être vaincu sous les yeux de son roi, la *Châtaigneraie* refuse tous les secours qu'on lui présente & meurt peu de jours après.

Ces combats ridicules avoient des règles, des loix qu'il n'étoit pas permis de transgresser ; il eût été aussi facile de faire des règles pour décider de l'offense que pour ordonner ou exécuter le combat ; mais les hommes ne raisonnent point ainsi.

Notre lecteur nous saura, peut-être, gré de lui donner une idée de ces loix gothiques ; on y verra un mélange de religion & de barbarie, de délicatesse & de férocité, de bonne foi & de mépris des loix, qui surprendra. Ce que nous allons rapporter est extrait de *Beaumanoir* & d'un livre intitulé, *statuts & ordonnances des hérauts d'armes*, traduit en 1515, par *Robert Gaguin*, de l'ordre des mathurins.

« Armes faites à outrance par devant le duc de Bourgogne.

« Par devant très-haut, excellent & très-puissant prince, mon très-redouté seigneur, monseigneur le duc de Bourgogne, palatin de Hainault, seigneur de Salins & Malignes, & par devant le maréchal de Bourgogne.

« Comme se présente en ce cas la personne de monseigneur le duc de Bourgogne, monseigneur *Oste de Granson*, chevalier seigneur Dembonne, défendant, que vous voyez ci-présent, avec son cheval, en habit de gentilhomme & d'homme qui doit entrer en champ pour combattre contre *Raoul de Grine*, au nom de Dieu, sainte Marie & monseigneur saint George chevalier, le mardi 20 septembre de cet an 1406, & au lieu avisé par noble & puissant seigneur monseigneur le comte de Nevers, à ce mis & député par monseigneur le duc, & se offre à l'aide de Dieu & de ses saints, appareiller pour faire son devoir, en soi défendant pour lui-même & pour son avoué, ès choses que a proposées ledit Raoul, & pour lequel gage de bataille a été jugé contre eux, par monseigneur le comte de Nevers, & vous supplie & requiers que lui baillés & faites convenable part du champ & du soleil ; & se offre à faire son devoir pour lui ou pour son advoué ».

1°. Ensuite il proteste qu'il ne s'en départira pas ni son avoué.

2°. Qu'il entend que son ennemi fasse la pareille protestation, & aussi pour son avoué.

3°. Qu'il se réserve de pouvoir changer d'advoué, de cheval & d'armures.

4°. Qu'il lui sera libre de combattre à pied ou à cheval, d'y remonter ou d'en descendre à sa volonté.

5°. Qu'il lui sera permis de changer d'armes & même de se servir de celles de son adversaire, s'il en peut gagner sur lui.

6°. Qu'il pourra porter au champ de bataille du pain, du vin & de l'eau pour boire & pour manger & prendre ses réfections, & aisément de son corps en toute manière.

7°. Qu'il levera ou baissera sa visière & son bacinet pour prendre son haleine.

8°. Qu'il fera toutes les choses ci-dessus dites, autant de fois que Dieu lui en donnera le vouloir.

9°. Que s'il plaisoit à Dieu qu'il ne put déconfire son adversaire en ce jour, il continuera la bataille le lendemain & jours suivans que monseigneur le duc ordonnera, jusqu'à ce qu'il l'ait déconfit, ou fait tant qu'il suffise.

10°. Il proteste qu'il aura éperons, pointus, & toutes choses nécessaires ou profitables à un gentilhomme en tel cas.

11°. Qu'il entend que les protestations ci-dessus avoir compris tout ce qu'il avoit droit d'y comprendre, quand il ne l'auroit pas expressément dit par son nom.

12°. Il finit par supplier & requérir que tout ce dont il a protesté, lui soit accordé selon l'usage & coutume de la duché de Bourgogne, & qu'il est notoire.

Telles sont les règles que tout chevalier qui devoit se battre en *duel* pouvoit réclamer, il en étoit d'autres plus importantes ; les voici.

« *Règles ou loix de bataillon au royaume de France.*

« Le Roi trouvera champ pour combattre & les lices seront faites & divisées par le connétable, & est à considérer que les lices soient faites, de long 40 pieds & autant de large, & en bonne manière, & que la terre soit dure, estable & ferme, & que elles soit oulniment faites, sans grandes pierres, & que la terre soit platte, & soient les lices bien & fermement tout au tour, une porte vers orient & une porte vers occident, avec bonnes & fortes barrières de sept pieds de hautesse ou plus ; ainsi que un cheval ne pourra aller ne saillir par dessus.

« Le jour de la bataille, le Roi sera en un échaffaut, assis dessus un siège, & en dessous de lui au pied du degré y aura une place où seront assis le connétable & le maréchal, & dont seront demandés pleiges de l'appellant & du défendant, pour venir dedans ces lices devant le roi, eux présenter comme prisonniers tant que l'appellant & le défendant soient venus dedans les lices & aient fait le serment.

« Quand l'appellant vient à sa journée, il viendra à la pointe des lices, & là il sera armé en la manière comme il voudra combattre, avec ses pointes

& armes assignées par la cour, & là attendre tant qu'il soit amené dedans par le connestable & le maréchal.

« Mais avant qu'il entre dedans, le connestable lui demandera quel homme il est qui est ainsi venu armé à la porte; & pour quelle cause il est ainsi, & lors l'appellant fera la réponse disant, je suis tel, homme appellant qui suis venu à cette journée, pour faire ce que j'ai entreprins & pour acquitter mes pleiges. Alors le connestable lui ouvrira sa visière, afin qu'il voie appertement son visage, & que ce soit lui-même l'homme qui est appellant. Puis fera ouvrir les portes de la lice & le fera entrer dedans avec ses dites armes, pointes & vitailles & autres nécessités licites sur lui; puis le connétable se présentera devant le Roi, & puis après s'en ira rendre en son siège; là où il attendra tant que le défendant soit venu.

« Ainsi pour le défendant qui doit entrer par la porte d'occident, & le clerc du connétable écrit l'heure de la venue de chacun, & décrit cheval, armures & armes.

« Si l'un des deux tarde, il sera appellé aux quatre coins des lices, jusqu'à deux fois, & enfin une troisième vers midi, & pour ce jour il ne sera point déclaré coupable, mais le lendemain.

« Ensuite les armes seront examinées & comparées pour être remises à même longueur, & le connestable aura soin qu'il n'y ait nulle tricherie en si haut fait.

« Alors le connestable demandera toutes les protestations des combattans par écrit, car ensuite il ne sera plus temps; puis le clerc du connestable apportera la bible, & le connestable faisant mettre la main de l'appellant sur les saintes écritures, lui fera faire le serment qui suit.

« . . . . *je tel . . . . appellant jure la sainte évangile & sur la foi du baptême que je tiens de Dieu, que je crois & pour vérité avoir bonne, juste cause, & droit de avoir appellé . . . . tel . . . . & qu'il a mauvaise cause de soi en défendre.*

Deuxième serment de l'appellant.

« *Gentil . . . . Jure je n'ai dessous moi, ne dessous mon cheval, pierres, ne paroles, charmes, ne conjurations, ne nulles autres choses, où j'ai espérance que me puisse aider à grever, tel, fors en Dieu & en mon bon droit, en mon corps, en mon cheval, & en mes bonnes armes.*

Troisième serment de l'appellant tenant la main de son adversaire.

» *O l'homme que je tiens par la main, je jure que la cause pour laquelle je t'ai appellé, est vraie & que j'ai bonne cause & légale, de toi appeller, & que tu as mauvaise cause de toi en défendre.*

« Le défendant fera pareillement trois sermens. Ces sermens finis, on mettra les pleiges en liberté, puis le maréchal fera crier aux quatre coins des lices, que nul, tel qu'il soit, n'en approche de quatre pieds, & ne tente d'aider un des combattans au préjudice de l'autre, par paroles, cris ou autrement sur peine de perdre la vie, ou membres ou leurs châteaux, à la volonté du Roi.

« Alors le connestable & le maréchal feront vuider la lice, & n'y laisseront que deux chevaliers, avec des lances sans fer pour séparer les combattans, si le Roi le vouloit ainsi.

« Si la bataille est pour trahison le défendant vaincu sera traîné hors les lices jusqu'au lieu de justice, où il sera décollé, ou pendu, & en sera fait de même pour tout autre crime à l'égard de l'appellant. Mais il ne sera pas traîné hors la lice.

« Les chevaux, armures, pointes & armes des deux combattans appartiendront au connestable ».

L'on conçoit qu'avec une pareille jurisprudence, le bon droit & la justice devoient nécessairement être victimes de l'adresse & de la force. Aussi une des premières démarches de nos rois a-t-elle été de détruire de pareils usages, de proscrire une procédure qui tient plus de l'état sauvage que de celui de société.

Mais malgré tous les efforts de la raison & de l'autorité, le *duel* a continué d'être regardé, jusqu'à un certain point, comme le moyen de se venger noblement de ses ennemis ou du moins des insultes qu'on en a reçues.

Louis XIV a vainement attaqué cette sotise. Tout le monde connoît son édit, tout le monde en loue les vues & la sagesse, & chaque jour il est violé, sans que personne ose blâmer ouvertement le violateur, le duelliste refractaire.

Il est vrai cependant de dire que le bon ton de la capitale, ce ton que l'on voudroit aujourd'hui bannir, parce qu'il est l'ennemi de tous les fanatismes, a porté un furieux coup au goût batailleur. On se croit moins qu'autrefois obligé de se couper la gorge avec le gredin adroit, qui pour vous perdre cherche à vous insulter. On a su distinguer les cas, où ce qu'on appelle l'honneur exige qu'un homme fasse voir qu'il n'est pas un lâche, de ceux où la férocité d'un gueux expose votre vie, d'autant plus surement que le poliçon qui vous attaque a long-temps avant pris les leçons qui peuvent lui offrir la victoire. On n'est point lâche pour refuser sa gorge au couteau du brigand.

Les provinces sont moins que la capitale raisonnables là-dessus. Leur rigorisme puerile, leur bravoure campagnarde, les portent à regarder le *duel* comme le partage de l'homme courageux, de l'homme d'honneur; comme si le premier devoir de l'homme d'honneur n'étoit point de se soumettre à la loi, qui prononce des peines contre les duelistes, & défend les *duels*.

L'esprit militaire sur-tout, cet esprit de garnison qui consiste à mettre la force au-dessus des loix, la témérité au-dessus de la raison, & à ne regarder comme courageux que celui, qui en matière d'offense ne reconnoît de juge que son épée, cet esprit qu'on aime à adopter, parce qu'il a quelque chose de hautain qui flatte, a fomenté & fomente encore le goût des *duels*, c'est lui qui soutient ce préjugé bête, que dix siècles n'ont pu détruire, malgré l'intérêt de la société à le proscrire.

Ce n'est pas qu'il n'y eût des moyens d'y parvenir, mais ces moyens sont lents, exigent un long état de paix, & la guerre est un fléau qui revient au plus tard tous les dix ans.

Un des premiers seroit, sans contredit, la promptitude à punir les coupables & la plus grande impartialité dans les loix, & dans ceux qui en sont les organes. Lorsque l'homme obscur seroit certain d'obtenir justice, & une justice éclatante de l'offense qu'on lui auroit faite, il seroit moins porté à chercher un vengeur dans son épée, & le préjugé ainsi destitué de motif, tomberoit de lui-même.

Il est vrai que l'application de ce moyen seroit difficile dans un camp, parmi des soldats, qui ont appris de leur maître que la force est ordinairement le principe de solution qu'ils admettent dans leurs différends. Mais alors il faudroit, comme le propose M. *de la Croix*, établir dans chaque régiment une espèce de tribunal du point-d'honneur, qui pour les soldats seroit composé d'un certain nombre de sergens choisis parmi les plus éclairés, & présidés par un lieutenant de grenadiers. Chaque soldat seroit tenu d'arrêter parmi ses camarades toutes voies de fait, jusqu'à ce que l'offensé eût porté sa plainte devant ce tribunal; & si l'un d'eux vouloit se soustraire à cette autorité respectable, il seroit condamné à un certain temps de prison, privé ensuite de l'usage de ses armes. La peine de ceux qui se seroient battus sans en avoir reçu la permission du tribunal, seroit d'être condamné à servir un an de plus pour une légère blessure, & huit ans si l'un des deux restoit hors de combat.

Un auteur Italien, continue M. *de la Croix*, qui a écrit sur le *duel*, présente pour l'abolir une idée qui pourroit être mise absolument en pratique. Il invite le prince à faire jurer à tous les gentilshommes, à un certain âge, de ne jamais envoyer aucun défi, & de n'en recevoir aucun. Il voudroit aussi qu'on fît prêter le même serment aux officiers à l'époque de leur réception.

Tous ces moyens, un seul même, suffiroient pour proscrire à jamais le *duel*; mais que peut la raison contre la sotise, la colère, l'orgueil, la mauvaise éducation, les clameurs du préjugé, le mépris des loix? Ces ennemis de la société sont les arcs-boutans du *duel*; & sont ceux qui le soutiennent, & parmi le militaire, & dans la classe riche ou distinguée de la société.

Ces hommes prétendus braves se sont mis dans l'esprit qu'on pouvoit bien respecter la loi contre l'assassin qui vous attaque sans vous avertir, mais qu'on devoit se prêter de bon cœur à l'assassinat, lorsque celui qui veut le commettre en votre personne vous fait l'honneur de vous le dire. Ils font mieux, ils ne connoissent que cette voie de laver son honneur des inculpations d'un sot ou d'un gueux. Que peuvent les loix dans un pareil délire?

Les loix de police seroient peut-être ici le plus sûr moyen d'arrêter cette maladie; on pourroit peut-être défendre l'entrée dans aucun corps d'arts & métiers à celui qui auroit accepté ou proposé un *duel*, éloigner des bureaux, des places, des emplois ceux à qui l'on connoîtroit un caractère batailleur, & flétrir par une prison infamante l'ex-militaire, qui conservant au milieu de la société son esprit de garnison, porteroit dans la société des mœurs féroces & le goût du *duel*.

C'est encore ici que l'influence des habitudes douces, généreuses & paisibles, est du plus heureux effet, & que ce qu'on appelle des usages de luxe, des mœurs amolies, sont la sauvegarde de la sûreté & de l'ordre public. Il n'y a que des hommes féroces, des prétendus braves, des furieux imbécilles qui trouvent beau l'aspect d'un peuple toujours prêt à s'égorger; ces excès, enfans du fanatisme moral, ou de la sotise chevaleresque, doivent être relégués avec la superstition de nos ancêtres dans la classe des maux que l'erreur & la barbarie ont fait naître.

En résumant ce que nous venons de dire sur le *duel*, on verra 1°. qu'il tire son origine du génie féroce & militaire, qui ne connoît d'autre loi que la force; 2°. que la sotise & l'ignorance en ont fait un préjugé indestructible & supérieur à la force des loix; 3°. qu'il n'y a que l'habitude des mœurs douces & paisibles qui puissent en diminuer l'intensité & peut-être le détruire à la longue; 4° que les loix de police pourroient y contribuer aussi par voie lente de correction & par une sorte d'attention à éloigner des places & emplois ceux qui accepteroient ou proposeroient un *duel*; 5°. de tenir la main à l'exécution de l'édit du 12 avril 1723 confirmatif de l'ordonnance de 1679, lequel déclare, 1°. « que ceux qui ayant eu querelle ou démêlé,
» dont ils n'auroient point donné avis aux maré-
» chaux de France ou aux juges du point d'honneur,
» en viendroient à un combat, seront sur la preuve
» de ladite querelle condamnés à mort; 2°. que

» dans le cas où ils auroient donné cet avis, s'il y a » preuve d'aggressiou de part ou d'autre, & si la » rencontre n'a point été préméditée, l'aggresseur » sera seul puni de mort »; 6°. enfin, le magistrat de police peut, par son autorité, ses lumières, son patriotisme connus, devenir un arbitre entre les différends des gens considérables, & établir des officiers subalternes qui l'instruisent des habitudes vicieuses d'un tas de garnemens qui, dans les promenades, les spectacles, les lieux publics, provoquent insolemment les hommes tranquilles à se battre, & entretiennent ainsi l'esprit de trouble & l'habitude du *duel*.

E.

ECHEVIN, s. m. C'est un officier municipal, chargé d'administrer les deniers & de veiller aux intérêts communs de la ville & des bourgeois qui l'ont élu. Je dis qui l'ont *élu*, parce que cette magistrature est vraiment populaire dans son origine, & que tout officier municipal est censé en place par le choix des membres de la communauté. Le premier *échevin* se nomme maire, consul, prévôt des marchands. *Voyez* ces mots. *Voyez* aussi ECHEVINAGE.

Les *échevins* ont succédé aux décemvirs, qui étoient chargés du gouvernement municipal dans les villes soumises à la république romaine. On sait qu'elle laissa presque toujours aux provinces conquises leurs privilèges & leur forme d'administration. Les peuples qui avoient des magistrats élus dans des assemblées populaires, conservèrent ce droit; chaque municipalité même se forma sur le modèle du gouvernement de Rome. Il y avoit un sénat, un trésor particulier, des espèces de licteurs qui, au témoignage de Cicéron, avoient à Capoue, non des verges, mais de véritables faisceaux. *De leg. agraria* 2, n°. 34.

Les chefs de ces municipalités ou les principaux magistrats de la cité, portèrent souvent le nom de dictateur, questeur, censeur, &c.; même du temps de la république, Milon étoit dictateur de Lanuvium, sa patrie, lorsqu'il demandoit le consulat à Rome. (*Cicer. pro Milone*). Mais jamais ils ne prirent celui de consul. Ce ne fut que sous les empereurs où cette dignité étant devenue sans pouvoir & presque sans considération, les petits magistrats des villes s'en décorèrent & furent appellés consuls. *Voyez* ce mot. C'est ce que prouvent différentes inscriptions & les monumens qui nous restent de ces anciens temps.

C'est à ces consuls qu'ont succédé nos *échevins*, nos maires, c'est-à-dire, premiers *échevins*. En effet, lorsque nos rois se furent emparés des Gaules, ils n'y détruisirent point entièrement les loix & les coutumes que les romains y avoient introduites. Une grande partie s'en conserva, & il n'y eut que l'anarchie féodale qui vint dans les siècles suivans bouleverser l'ordre public & y substituer la violence & le brigandage. Les contrats de vente, les acquisitions, les manumissions, s'y réglèrent de même que sous les empereurs romains. On le voit par les anciennes formules & les monumens de la première race des rois de France, où il est fait mention des corps de villes & des tribunaux municipaux sous les noms de *senatus*, de *curia publica civitatis*; leurs magistrats y sont appellés encore *senatores*, *venerabiles atque magnifici viri*, *patricii*, *consules*. *Capitul. Baluz. tom.* 2. *p*. 465.

Il ne faut pas croire cependant que tous les magistrats connus sous les titres de prévôt des marchands, maire, jurats, capitouls, *échevins*, aient été depuis les romains dans toutes les villes où on les trouve, & descendent des consuls municipaux. On sait que l'établissement des communes eut lieu en France vers la fin du onzième siècle. Mais il y en avoit avant ce temps dans les principales villes de commerce comme Paris, Lyon & Marseille, &c. & ce sont ceux-ci qui ont conservé & transmis le titre de consul & la dignité d'*échevin* à nos magistrats municipaux modernes. L'appellation d'*échevin* fut presque généralement substituée à celle de consul; car on doit convenir que s'il falloit rapporter des exemples du nom d'*échevin* donné à de semblables magistrats avant l'établissement des communes, il ne seroit pas facile d'en trouver.

Ceux qui sont appellés *échevins* sous la seconde race de nos rois étoient des conseillers ou assesseurs du comte qui jugeoient conjointement avec lui. Tels étoient ceux qui approuvèrent à Paris, en 803, avec le comte Etienne & les grands assemblés, les réglemens faits la même année à Vorme par Charlemagne. (*capit. tom.* 1, *p*. 391.) Les véritables *échevins* portoient les noms de consuls, de sénateurs, &c. comme nous venons de voir plus haut.

Si dans plusieurs villes on a ensuite donné le nom d'*échevins* aux assesseurs du premier magistrat municipal, c'est que leurs fonctions étoient semblables à celles des conseillers des comtes. Mais, comme l'a remarqué *Vinel*, l'ancien nom de consul s'est particulièrement conservé dans plusieurs villes du Languedoc & de la Guyenne, où l'on le donne encore, ainsi que son dérivé *cossol*, aux magistrats & officiers municipaux, mais il n'y en a pas qui aient pris le même nom dans les autres provinces du royaume, si ce n'est Lyon & Orléans.

C'est peut-être encore, de l'usage où l'on étoit de donner le nom de consuls aux premiers magistrats municipaux qu'est venu la coutume d'appeller aussi consuls, les comtes des cités, à la fin de la seconde race de nos rois. La plupart de ces comtes s'étant attribué toute l'autorité dans les villes, prirent aussi les titres de la magistrature qui y étoit établie pour l'administration du gouvernement populaire.

Abbon donne le nom de consul à Eude, comte de Paris, avant son élévation au trône: les comtes d'Anjou, de Toulouse, du Lyonnois, de Meulan, de Clermont en Beauvoisis, & les seigneurs de Gournai, sont appellés de même par les auteurs du commencement de la troisième race.

C'étoit la même chose en Angleterre, où les cités qui avoient le titre de comté, s'appelloient auparavant consulats, & où les comtes & les vicomtes avoient succédé aux consuls & aux vice-consuls, comme nous l'apprenons des loix du roi Edouard, prédécesseurs de Guillaume le conquérant. *Quod modo vocatur comitatus, olim apud britones temporibus romanorum in regno isto, Britannia vocabatur* consulatus; *& qui modo vocantur vice-comitatus, tunc temporis* vice-consules *vocabantur. Ille verò* vocabatur vice-consul, *qui consule abente ipsius vices supplebat in jure & in foro.*

On trouve dans Marculphe, qui écrivoit vers l'an 660, sous le regne de Clovis II, que les *échevins* assistoient le comte ou son lieutenant pour juger les causes.

Rigulphe, comte du palais sous le même prince, avoit pour conseillers des gens d'épée qu'on nommoit *échevins* du palais; il est aussi fait mention de ces *échevins* du palais dans une chronique du regne de Louis le Débonnaire, & dans une charte de Charles-le-Chauve.

Les capitulaires de Charlemagne, & ceux des rois ses successeurs, parlent des *échevins* en général, & nous apprennent qu'ils étoient élus par le magistrat même & les principaux citoyens; on devoit toujours choisir ceux qui avoient le plus de probité & de réputation, & comme ils étoient choisis dans la ville même pour juger leurs concitoyens, on les appelloit *judices proprii.*

C'étoit une suite du privilège que chacun avoit alors de n'être jugé que par ses pairs, suivant l'ancien usage de la nation; ainsi les habitans de Paris ne pouvoient être jugés que par leurs juges qui étoient les *échevins*, & la même chose avoit lieu dans les autres villes; ces *échevins*, lors de leur réception, faisoient serment entre les mains du magistrat, de ne jamais faire sciemment aucune injustice.

Lorsqu'il s'en trouvoit quelques-uns qui n'avoient pas les qualités requises, soit qu'on se fût trompé dans l'élection, ou que depuis ils se soient mal conduits, les commissaires que le roi envoyoit dans les provinces, *missi dominici*, avoient le pouvoir de les destituer & d'en mettre d'autres en leur place.

Les noms des *échevins* nouvellement élus étoient aussi-tôt envoyés au roi, qui, tantôt par son silence, tantôt par approbation expresse, confirmoit l'élection.

Les fonctions des *échevins* consistoient alors à donner conseil au magistrat dans ses jugemens, soit au civil, soit au criminel, & à le représenter lorsqu'il étoit occupé ailleurs; ils avoient pour lors toute l'autorité du magistrat qu'ils remplaçoient, tellement qu'il n'étoit pas libre au comte, ni à son lieutenant, de faire grace de la vie à celui qu'ils avoient condamné.

Les choses changerent de face vers la fin de la seconde race; les ducs & les comtes se rendirent propriétaires de leurs gouvernemens, ils cesserent de rendre la justice eux-mêmes, ils instituerent des officiers qui furent nommés *baillis*, *vicomtes*, *châtelains*, & qui exclurent les *échevins*.

A cette même époque les cités dégénérèrent & disparurent presqu'entiérement; ce ne fut que sous Louis VI que les villes se relevèrent de l'oppression sous laquelle elles gémissoient, & que leur érection en commune leur donna de nouveau le droit d'avoir leurs officiers particuliers; on appella ces officiers *maire & échevins* (1).

Pasquier, liv. VII de ses recherches, chap II, dit que le mot *échevin* vient du mot latin *scabini.*

Cujas, au contraire, liv. I *de Feudis*, dit que ce mot est tiré de la langue hébraïque, qu'il ne dérive point, ni du mot latin *scabinus*, ni du mot allemand *scabin*, mais du verbe hébreu *eschever*, c'est-à-dire, *curare*, éviter par leurs soins & précautions le dommage des villes confiées à leur garde & gouvernement.

Loiseau, en son traité des offices, liv. V, chap. VII, n°. 10, adopte cette étimologie: « parce que, » dit-il, c'est à eux à eschever & éviter le dommage de leur ville, *videre ne quid detrimenti res publica capiat.*

» Ils sont appellés, poursuit Loiseau, à Toulouse » *capitouls*, à Bordeaux *jurats*, en la plupart des » villes de Guyenne *consuls*, en celles de Picardie » *gouverneurs*, & en quelques villes *pairs*, notamment à la Rochelle, *quia pari potestate sunt prædicti.*

» Ès villes de l'empire romain, poursuit Loiseau, » les officiers communs d'icelles, aussi bien que les » magistrats publics, portoient la robe appellée *prætexta*.... pareillement les officiers des villes romaines faisoient porter devant eux des masses ou » verges qu'on appelloit *fasces.*

» Aussi voit-on qu'ès principales villes politiques de » France, les officiers politiques d'icelles ont des

(1) *Voyez* le Discours préliminaire.

» robes de livrées qu'ils portent ès actes de cérémo» nies : voire en Guyenne, il n'y a si petit consul de » village qui ne porte par-tout son chaperon rouge » sur l'épaule, & communément ces robes de livrée » sont mi-parties, c'est-à-dire, de deux couleurs, » dont l'une est toujours l'écarlate ou la pourpre, » & l'autre est la couleur particulière de la ville.

» Ces magistrats populaires, poursuit Loiseau, » sont plutôt officiers du gouvernement que non » pas de justice ou de finance : aussi en plusieurs villes » ils sont appellés gouverneurs, & de fait, ce qui » est du gouvernement de la ville leur appartient.... » d'où résulte que les actes que font les *échevins*, » étant actes de gouvernement & non de justice, » doivent être expédiés sommairement & en forme » militaire, sans qu'il soit besoin de les verbaliser au » long, & y garder les procédures & formalités de » la justice contentieuse ».

Nos rois ont rendu en différens temps, pour les différentes villes du royaume, différens édits & déclarations concernant les fonctions & les privilèges des maire & *échevins*, savoir, en septembre 1451, pour la ville de Montreuil-sur-mer; en mars 1466, pour la ville d'Angers; en juillet 1479, pour la ville de Dijon; en mai 1514, pour la ville d'Etampes; en décembre 1517, pour la ville d'Angoulême; en juin 1551, pour la ville d'Orléans; en mars 1553, pour la ville du Mans; en octobre 1559, pour la ville de Dreux; en avril 1560, pour la ville de Nantes; en mai 1567, pour la ville d'Abbeville; en janvier 1570, pour la ville de Beauvais; en décembre 1571, pour la ville de Chartres; en novembre 1597, pour la ville d'Amiens; en mars 1645, pour la ville de Langres; en septembre 1658, pour la ville de Montdidier. Il seroit aujourd'hui plus curieux qu'intéressant d'analiser ces anciens réglemens.

Une question fort controversée autrefois étoit celle de savoir si les *échevins* sont de vrais magistrats? S'ils en ont les caractères & les privilèges?

M. Jousse, en son traité de l'administration de la justice, tom. I, partie I, titre I, section III, trace & définit le caractère du magistrat.

« Comme il y a, dit M. Jousse, deux sortes de commandemens, l'un de la justice, l'autre de la force, ou, comme dit Cicéron en ses offices, qu'il y a deux sortes de manières de commander, l'une par la raison, l'autre par la force; aussi il y a parmi nous, ainsi que chez les romains, deux sortes de magistrats, savoir, ceux qui ont le commandement de la force sans aucune jurisdiction, & ceux qui ont le commandement de la justice, qu'on appelle *imperium mixtum*, ou puissance mixte.

» On peut mettre, poursuit M. Jousse, au nombre des magistrats qui n'ont que le seul commandement *mierum imperium*, les gouverneurs & les lieutenans-généraux des villes & des provinces dont il est vrai de dire que *nudam habent coercitionem, absque ulla jurisdictione*.

» Il faut observer pour cela, qu'en France, les trois fonctions des armes, de la justice & des finances, sont entiérement séparées, & que chacune d'elles a ses officiers à part, qui ne doivent point entreprendre sur les fonctions les uns des autres.

» Les gouverneurs étant les vrais officiers des armes, ne doivent se mêler en aucune manière de la justice & des finances, sinon afin de leur prêter main-forte pour le service du prince, & le repos de l'état; ce qui est conforme à l'ordonnance de Louis XII de l'an 1498, art. VII; à l'ordonnance de Moulins, art. XXII; à l'ordonnance de Blois, art. CCLXXIV.

» Le vrai magistrat, poursuit M. Jousse, le magistrat proprement dit en France, est celui qui a la puissance de délibérer, de juger, de commander; ce qui est la marque essentielle du vrai magistrat, car les autres juges qui n'ont point le droit d'*imperium*, sont plutôt de simples officiers ou juges que des vrais magistrats.

» C'est cet *imperium* ou commandement qui rend les magistrats participans de la puissance du prince : car de même que le prince a ce commandement universel en propriété, ainsi les magistrats en ont l'exercice chacun au fait de sa charge.

Par l'ancien droit romain, celui qui étoit magistrat, c'est-à-dire, qui présidoit à la jurisdiction, n'avoit pas coutume de juger, & ne jugeoit que quand il lui plaisoit, excepté dans les causes majeures & importantes, dans lesquelles il étoit obligé de juger lui-même; mais soit qu'il jugeât lui-même ou qu'il fît juger par d'autres juges, tout se faisoit de son autorité & non de celle des juges par lui donnés, de manière que c'étoit toujours lui qui étoit considéré comme seul & vrai juge.

» Telle étoit donc la différence entre le magistrat & le juge pedanée, c'est-à-dire, le juge donné, que le magistrat rendoit la justice & faisoit mettre à exécution, au lieu que le juge pedanée ne faisoit simplement que juger & rendre sa sentence, sans pouvoir la mettre à exécution.

» Cette pratique des romains a été imitée de fort près par l'ancien usage de France, lorsque les ducs & les comtes étoient gouverneurs des provinces, ayant, de même que les préfets & les proconsuls romains, l'administration de la justice, quoiqu'ils fussent plutôt gens d'épée que de lettres; ainsi, il falloit que ces gouverneurs commissent, comme chez les romains, l'administration de la justice à des gens de lettres qui en avoient l'exercice sous leur nom & sous leur autorité.

» On peut regarder aujourd'hui, conclut M. Jousse, comme une règle générale en France, que tous ceux à qui le souverain a confié son autorité pour juger, (si l'on en excepte seulement les moyens & bas justiciers & quelques autres,) ont le droit de puissance appellé *imperium*, joint avec la jurisdiction, & qu'ils peuvent, en conséquence, délibérer, juger & commander dans les choses qui leur sont attribuées ».

Ces principes, tracés par M. Jousse, d'après Loiseau, en son traité des offices, liv. I, chap. VI; ces principes, Loiseau même, traité des offices, liv. V, chap. VII, numéros 51 & suivans, les applique aux *échevins*.

« Comme les officiers, dit Loiseau, qui ont quelque commandement en ce qui est de la force ou du gouvernement, sont magistrats, aussi bien que ceux qui ont le commandement de la justice; les *échevins* doivent être mis au rang des magistrats : aussi sont-ils appellés communément en droit, *magistratus municipales*.

» Mais en France, poursuit Loiseau, on peut dire que les *échevins* ne sont pas vrais officiers comme en l'empire romain, où tous les officiers étoient à brief temps ainsi qu'eux, au lieu qu'en France, tous les vrais officiers sont perpétuels, & ceux qui sont à temps, comme les ambassadeurs, & à plus forte raison les *échevins* qui ne sont commis que par le peuple, sont plutôt commissaires ou commissionnaires que vrais officiers.

» Et de fait, poursuit Loiseau, cela est notoire, qu'après leur charge finie, il ne leur reste plus aucun titre, rang, ni prérogative d'honneur, si ce n'est en quelques villes qui ont ce privilège que leurs *échevins* sont annoblis; & même pendant leur charge, j'estime que, tout ainsi que les commissaires, ils ne doivent avoir rang ni séance en qualité d'*échevins*, fors ès cas qui concernent leur charge, ou bien quand ils marchent en corps de ville, comme ès processions publiques ».

D'après les expressions de Loiseau, on voit qu'autrefois il étoit plus que douteux que les *échevins* dussent être considérés comme vrais magistrats; & en effet il paroît qu'ils étoient même sujets à être intimés personnellement; c'est ce qui résulte du moins de la déclaration rendue par François I, en 1515, pour l'hôtel-de-ville de Paris, laquelle déclaration dispose : « ordonnons que les prévôt des marchands & échevins de notre ville de Paris, & leurs lieutenans, ne pourront être intimés, ni prins à partie, ni aussi être mulctés ni condamnés pour leur jugemens, sinon ès cas esquels, par nos ordonnances, nos juges le peuvent être ».

Le Guenois, sur cette déclaration, dit : « L'excellence de la ville de Paris, qui est la Rome de la France, a mérité ce privilège, que ses magistrats soient égalés à ceux du roi, pour n'être sujets d'être intimés, pris à partie, & condamnés en l'amende pour leurs jugemens, sinon ès cas que les juges royaux par les ordonnances le peuvent être, savoir; s'il y a dol, fraude, concussion, erreur de fait ou de droit ».

Il faut conclure de ce privilège, attribué particuliérement aux *échevins* de Paris, que les *échevins* des villes de province n'avoient pas le même privilège, ce qui devoit rendre ces places très-onéreuses.

Aussi Loiseau nous apprend qu'on fuyoit ces places & qu'on ne cherchoit qu'à s'en exempter; il dit, en son traité des offices, liv. V, chap. VII, n°. 68 : « Il faut considérer en ces offices, qu'étant en plusieurs lieux réputés plus à charge qu'à honneur, tant s'en faut qu'ils soient recherchés & brigués, qu'au contraire ils sont fuis & rejettés tant qu'on peut, ainsi que les tutelles & autres charges purement onéreuses, de sorte qu'y étant élu, on a recours, pour s'en dépétrer, aux excuses.

» Les excuses, poursuit Loiseau, sont en moindre nombre aux offices & honneurs qu'aux pures charges, car, ni l'âge de soixante-dix ans, ni le nombre d'enfans n'y sert d'excuse, mais bien d'avoir déjà fait la même charge qu'on n'est pas tenu de recommencer, tant qu'il en reste d'autres capables en la ville.

» *Item*, ceux qui ont fait une plus haute charge, ne peuvent être élus à une moindre, & finalement ceux qui ont exercé une charge de ville, doivent avoir trois ans de vacation avant d'être contraints à en accepter une autre, afin qu'ils aient du temps pour vaquer à leurs affaires particulières, sans être toujours employés aux publiques ».

Ces différens principes, posés par Loiseau, se trouvent confirmés par la jurisprudence des arrêts : « il a été jugé, notamment pour les villes de Chauni, Saint-Quentin & la Fere : que les charges de maire & d'*échevins* ne pouvoient durer & se perpétuer au-delà de cinq années ».

Une autre question fort controversée est celle de la préséance; on ne trouve à cet égard que des décisions qui se croisent & qui se combattent.

« C'est une grande question, dit Loiseau, même liv., même chap., n°. 58 & suivans, quel rang les *échevins* doivent avoir entr'eux?

» A Rome, on observa premiérement, que le plus âgé des deux consuls marcheroit le premier; ce qui fut établi par *Valerius Publicola*, lequel étant le premier consul, & ayant fait élire avec lui *Titus Lucretius*, le fit marcher devant lui parce qu'il étoit plus âgé; ce qui fut long-temps observé &

ment

seulement corrigé par la loi *Julia de maritandis ordinibus*, laquelle ordonne que celui qui auroit plus d'enfans précéderoit, & que si tous deux étoient mariés sans enfans, ou non mariés, ce seroit le plus âgé.

» Néanmoins cette loi Julia fut bientôt hors d'usage ; & fut observé que les plus nobles, c'est-à-dire, ceux des plus anciennes maisons marcheroient les premiers ; & parce que souvent il advenoit des contentions à ce sujet, on pratiqua enfin ès élections, de déclarer par exprès lequel marcheroit le premier ; & de fait toutes fois & quand Cicéron parle des offices qui lui ont été déférés, il n'oublie jamais de remarquer qu'en son élection il a été nommé le premier, comme en l'oraison *pro lege Manilia*, où il se vante d'avoir été trois fois premier préteur ; en celle *pro Murena*, où il se vante d'avoir été premier quêteur, ajoutant que, *cùm multi pares dignitates fiant, unus autem primum locum solus obtinere possit, non idem est ordo dignitatis & remunerationis, propterea quod renunciatio gradus suos habet, dignitas autem eadem est omnium.*

» Mais en France, poursuit Loiseau, où l'ordre & le rang des officiers des villes ne sont énoncés par leur élection, & où d'ailleurs on ne pratiqua jamais la loi *de maritandis ordinibus*, on tient communément que celui qui a eu plus de voix doit précéder.

» Toutefois quelle apparence, poursuit Loiseau, si en même temps un juge & un procureur de son siège sont faits *échevins*, que le procureur précède son juge ?

» Il est plus convenable que celui qui a deux dignités, l'une du roi, l'autre de la ville, devance celui qui n'a que celle de la ville qui est la moindre : même il y a décision expresse en la loi I *de consul.* qui veut, que celui qui a été consul le dernier, étant praticien, précède les autres qui ont été consuls devant lui, & qui ne sont pas praticiens, à cause de la rencontre des deux dignités de consul & de praticien.

» Concluons donc, poursuit Loiseau, & selon la disposition du droit romain, & selon l'équité & raison toute apparente, qu'entre les *échevins*, ceux qui sont officiers du roi, ou ont autre notable dignité & rang établi par-dessus les autres, doivent avoir la préséance, ores que les autres aient eu plus de voix en l'élection ; mais cessant d'ailleurs toutes prorogatives, c'est sans doute que ceux qui ont eu le plus de voix doivent marcher les premiers ».

Les arrêts n'ont pas canonisé la décision de Loiseau : les parlemens ont presque toujours accordé la préséance à celui qui avoit le plus de voix ou qui se trouvoit plus anciennement élu. Deux arrêts du parlement de Paris sont singuliérement à remarquer.

L'un, intervenu le 7 janvier 1602, donne la préséance à un garde-scel, autrefois cabaretier, sur un avocat, attendu qu'il avoit plus de voix, & pour les assemblées en l'hôtel-de-ville seulement, porte l'arrêt, sans que cela puisse faire préjudice à l'avocat ès autres lieux.

L'autre, intervenu le 5 juin 1631, a donné la préséance à un avocat, & à un simple marchand sur un conseiller au présidial ; la cause du conseiller qui avoit gagné en premiere instance étoit néanmoins très-bien défendue ; on disoit de sa part : « que la ville d'Auxerre étoit composée d'un grand nombre d'habitans, dont la plupart étoient de simples & pauvres artisans, qui néanmoins, faute d'autres, étoient appellés & élus aux places d'*échevins* ; que cela avoit donné lieu à un usage inviolablement observé en la ville d'Auxerre, savoir, que les plus qualifiés des *échevins* ont accoutumé de précéder les autres moins qualifiés ; qu'on avoit la preuve de cet usage, de tout temps observé, par les extraits & certificats de la maison-de-ville : qu'au préjudice de cet usage, les appellans, qui étoient d'une condition fort basse, dont l'un se disoit avocat & n'étoit qu'un simple fermier des gabelles ; & l'autre n'étoit qu'un simple hôtellier, ne pouvoient légitimement prétendre la préséance contre un conseiller au présidial, contre un magistrat, homme d'ailleurs de la qualité la plus relevée de tous ceux de la ville ».

Ces raisons étoient fortes, mais elles furent détruites par M. Talon, avocat général, qui porta la parole dans cette affaire, & dit : « il y a certaine maxime qu'il n'est pas possible de révoquer en doute, *quasdam esse controversias quas in dubium iterum revocare impune fas non est.*

» La première maxime, en matière de charges d'*échevins*, est que celui qui en son élection a le plus des voix & de suffrages du peuple précède tous les autres, de quelqu'état, qualité & conditions qu'ils soient, parce que ces sortes de charges ne se donnent aux personnes que comme simples citoyens & habitans, & non pas comme officiers ou possédant quelqu'autre qualité.

» Il ne faut, par conséquent, considérer que la seule qualité de citoyen & d'habitant, & celui qui a eu le plus de témoignages d'affection du peuple, qui leur a donné plus de voix & de suffrage, le doit emporter sur les autres.

» Si l'ordonnance étoit observée, les officiers ne pourroient point aspirer à ces charges qui sont toutes populaires & politiques, & dont les marchands, & autres gens du tiers-état, ont plus de connoissance que les officiers.

» La dernière maxime est que le dernier élu ne précède jamais les précédens, & ceux qui ont déja été en charge, parce que ce seroit tout renverser & tout confondre ».

Par ces raisons, & d'après l'arrêt de l'an 1618, rendu contre un conseiller du présidial d'Amiens, & un trésorier de France de la même ville, qui prétendoient, en leur qualité, précéder d'autres *échevins* qui n'étoient que marchands; M. l'avocat général Talon conclut à ce qu'on mît l'appellation, & ce dont étoit appel, au néant; émendant & corrigeant, on ordonna que les *échevins* premiers élus, & qui auroient fait leur charge, précéderoient les derniers reçus, de quelque qualité & condition qu'ils soient, & ces conclusions motivèrent l'arrêt.

Me. Claude Henrys, en son recueil d'arrêts, tom. I, liv. II, quest. LXIV, pose des maximes différentes, il dit : « qu'il ne peut pas goûter l'arrêt de 1631, que le contraire s'est toujours observé en la ville de Montbrison : de sorte que si l'usage & la possession doivent servir de règle en semblables choses, il devroit se juger autrement si quelqu'un s'y vouloit opiniâtrer.

» En effet, poursuit Henrys, un avocat qui avoit déjà demeuré une année dans l'échevinage, ayant voulu contester la préséance & première place au sieur Durosier, conseiller en ce siège, feu M. d'Alincourt, gouverneur, jugea par provision que le conseiller, quoique nouveau *échevin*, précéderoit l'avocat qui étoit l'ancien.

» Depuis, continue Henrys, la même contestation ayant été formée entre un docteur médecin & un greffier, M. l'archevêque de Lyon, lieutenant au gouvernement, obligea, par un jugement verbal, le greffier, quoiqu'ancien *échevin*, à céder le rang & le pas au médecin, *échevin* nouveau, ce qui a passé en force de chose jugée; & si ce greffier étoit châtelain royal, mais hors la ville, outre qu'exerçant la ferme d'un greffe, cette fonction dérogeoit, en quelque façon, &. dans la ville, il le falloit considerer, plutôt comme un greffier que comme châtelain.

» La condition étant égale, poursuit Henrys, ceux qui ont le plus de voix doivent marcher les premiers, suivant la loi *spurii. ff; ultimo. ff, de decurionib.* Elle est en effet formelle en ce que donnant l'avantage à qui a plus de voix, elle y ajoute l'exception de la préférence pour les dignités. *Privilegiis eessantibus cæteris, eorum causa potior habetur in sententiis ferendis qui pluribus eodem tempore suffragiis jure decurionis decorati sunt*; or ces privilèges se doivent entendre de la préférence qui est désignée en la loi I & II, *de alba scribendo*, savoir, de précéder lorsqu'on a une dignité, une charge plus grande, ou une fonction plus noble & plus honorable; *ut scribantur eo ordine quo quisque eorum maximo honore in municipio functus est.*

» A quoi nous ajouterons, poursuit Henrys, qu'un premier *échevin* étant obligé de parler aux princes, aux grands, aux gouverneurs, & de porter la parole aux assemblées, il y a bien plus d'apparence que ce soit un officier ou un avocat qu'un procureur ou un marchand.

» Et d'ailleurs, conclut Henrys, au lieu que c'est de la bienséance que le moindre cède à celui qui est plus que lui, & qu'il n'y a rien en cela de fâcheux; il seroit rude, & contre la bienséance qu'un marchand précédât un officier, sous prétexte qu'il est plus ancien dans l'échevinage ».

Bretonnier, en ses observations sur Henrys, combat le sentiment de cet auteur; il dit : « L'usage de l'hôtel-de-ville de Montbrison est singulier, je ne crois pas qu'il s'observe nulle part; il y a plusieurs villes où dans le cours d'une même élection les gradués l'emportent; mais jamais un marchand qui se trouve en place, ne le cède à un *échevin* nouveau, quoique gradué; ainsi la contestation ne peut arriver qu'entre les deux *échevins* élus ensemble.

» A Lyon, poursuit Bretonnier, c'est le quartier qui donne le rang : ceux qui demeurent au-delà de la rivière de la Saône, où est bâti l'hôtel-de-ville, ont la préséance; si les deux élus sont du même quartier, le gradué l'emporte sur le marchand (1) ».

On pouvoit tenir autrefois que les places municipales convenoient plus essentiellement aux marchands & autres gens du tiers-état, mais l'expérience & la constitution actuelle de nos villes déposent au contraire.

Depuis le ministere du cardinal de Richelieu, les nobles ont quitté les campagnes & habitent les villes, & cette qualité d'habitant & de citoyen les appelle nécessairement à remplir les places municipales; les nobles se doivent à la patrie comme tous autres citoyens, & il leur importe également que les affaires de leur ville domiciliaire soient bien administrées.

Dans leur institution primitive, les hôtels-de-ville doivent être un assemblage de toutes les classes des citoyens, parce que toutes ont intérêt d'avoir un interprête de leurs droits, de leurs privilèges, un surveillant à la manutention de la chose commune; il ne seroit d'ailleurs pas juste que des places purement onéreuses, & qui ont pour objet le bien commun, tombassent seulement sur une classe de citoyens; il résulte donc sensiblement que les nobles, dès qu'ils sont citoyens, dès qu'ils habitent les villes,

(1) Depuis la révolution il s'est fait des changemens, sur l'échevinage, dans tout le royaume, mais nous avons cru devoir rapporter ces anciennes dispositions de droit public, *Voyez* MUNICIPALITÉ.

doivent supporter la charge commune, & passer à leur tour aux places municipales.

Les officiers royaux, & même les avocats & procureurs, ne pouvoient entrer autrefois dans les hôtels-de-ville; l'édit de Henri II, du mois d'octobre 1547, registré au parlement le 28 novembre suivant, dispose littéralement: « Qu'aucun officier de cour souveraine ou de jurisdiction subalterne, même les avocats & procureurs, ne pourront être élus prévôts, mayeurs, *échevins* & autres officiers des villes, à peine, contre les élisans, de cent écus d'amende, & contre ceux qui seroient élus & auroient accepté, de privation de leur charge; & s'ils sont avocats ou procureurs, de cent écus d'amende ».

Cet défense avoit sans doute pour motif la rivalité qui subsistoit alors entre les hôtels-de-ville & les jurisdictions royales; il paroissoit en effet incompatible qu'un même individu puisse être des deux corps; mais le temps & les différens réglemens ayant calmé les prétentions opposées, on n'a pas tardé à reconnoître que ce monument de la volonté du roi devoit demeurer sans effet; que les officiers royaux, les avocats, les procureurs étant d'abord citoyens, devoient à ce titre remplir aussi les places municipales.

Jamais pareil édit n'a été rendu en faveur de la noblesse; elle ne peut citer aucun titre légal d'exemption; au contraire, chaque fois que la question s'est présentée, l'immunité réclamée a toujours été proscrite.

On peut citer, entr'autres, l'arrêt intervenu au parlement de Paris le 26 août 1641; lequel « a maintenu la commune d'Abbeville dans le droit de » choisir pour *échevins* des nobles, des magistrats, » des bourgeois, sauf, porte l'arrêt, la préséance » entr'eux, suivant leur état & condition ».

On peut citer encore l'arrêt intervenu au conseil du roi le 28 décembre 1742, pour la ville de Saint-Quentin; lequel arrêt dispose: « Que tous habitans, même les nobles, ne pourront refuser d'être » *échevins*, & ne seront nommés maires qu'autant » qu'ils auront été *échevins* ».

Il faut donc décider que toutes les classes des citoyens sont appellées aux places municipales, que tous sont également éligibles, du moment qu'ils ont la capacité nécessaire, & qu'aucun d'eux ne peut se refuser d'accepter & de gérer. Cette maxime tient évidemment à la splendeur des villes, à la meilleure manutention des affaires communes.

Dans les villes de Flandre, les *échevins* ont des gages; mais dans presque toutes les autres villes, ces places sont purement onéreuses; elles ne rapportent aucuns émolumens; c'est un attribut essentiel qui rend ces places plus honorables, & qu'il seroit dangereux de changer.

« Quant aux profits & émolumens des officiers des villes, dit Loyseau, même livre, même chapitre, n°. 63, il est bien certain, & par les ordonnances, & par la pratique, qu'ils ne peuvent prendre aucuns salaires des particuliers, même ceux qui exercent la justice, auxquels il est enjoint de vuider sommairement les procès, & en tous cas leur est défendu d'en prendre aucunes épices.

» Et quant aux salaires publics, poursuit Loyseau, comme gages & autres semblables droits, ils n'en ont ordinairement aucuns, c'est pourquoi la novelle XV dit: que *extrà omne commodum sunt.... convenit quippè verum quemque nobilium vicissim curam agere civitatum quas inhabitant & hanc eis rependere habitationis compensationem* ».

Les places d'*échevins* ont été érigées, pour la première fois, en titre d'offices, par l'édit du mois de janvier 1704; lequel édit présente ces dispositions:

« L'établissement que nous avons fait des maires perpétuels & de leurs lieutenans, s'est trouvé si utile pour rétablir le bon ordre dans l'administration des villes, que nous avons cru pouvoir écouter la proposition qui nous a été faite d'ériger en titre d'offices une partie des places, d'*échevins*, consuls, capitouls, jurats & autres officiers municipaux.

» Ceux qui remplissent actuellement ces places, poursuit le législateur, étant le plus souvent élus par brigues & par cabales, & n'ayant qu'un temps très-modique à demeurer en charge, ne peuvent prendre qu'une si légère connoissance des affaires des villes, que leur service ne peut être d'aucune utilité.

» A ces causes, &c. Nous avons, par le présent édit perpétuel & irrévocable, créé & érigé, créons & érigeons en titres d'offices formés héréditaires dans toutes les villes de notre royaume, des *échevins*, consuls, capitouls, jurats & autres officiers municipaux, pour y remplir moitié desdites places qui ont été jusqu'à présent remplies par élection.

» Voulons qu'il ne soit à l'avenir procédé dans toutes les villes à l'élection, que de l'autre moitié desdites places, & que ceux qui seront établis en titre, précédent en tous lieux les électifs, en telle sorte néanmoins que dans les villes où l'usage est d'avoir quatre *échevins*, les deux titulaires remplissent la première & la troisième places, & les électifs la seconde & la quatrième, & ainsi des autres villes dans lesquelles l'usage est d'avoir un plus grand nombre d'*échevins*.

» Voulons néanmoins que les assesseurs créés par nos édits des mois d'août 1692, & mai 1702, & leurs successeurs auxdits offices, soient choisis à l'exclusion de tous autres, pour remplir les places électives.

» Ordonnons qu'à l'avenir les assemblées des corps des villes ne seront composées que du maire, son lieutenant, les *échevins* titulaires & électifs, les assesseurs, notre procureur, le greffier, & les autres officiers par nous créés, qui ont, par le titre de leur création, droit d'assister auxdites assemblées.

» Abrogeons l'usage introduit dans aucunes villes, à la faveur duquel différens particuliers, soit en vertu de nos lettres, soit de l'autorité des gouverneurs, se sont procurés l'entrée dans les hôtels-de-ville, & voix délibérative auxdites assemblées, soit sous le titre de conseillers de ville, prudhommes, anciens *échevins*, ou autres semblables. . . . . leur faisons très-expresses inhibitions & défenses d'assister à l'avenir auxdites assemblées, & aux maires, leurs lieutenans & autres officiers, de les y recevoir, si ce n'est comme simples habitans dans les assemblées générales.

» Voulons que dans les villes où les offices de maires & leurs lieutenans sont réunis aux corps des villes, les pourvus des offices d'*échevins* créés par le présent édit, soient élus au moins une fois chacun, suivant l'ordre de leur réception, & à l'exclusion de tous autres, pour remplir & exercer la place de maire & de lieutenant de maire; ce que nous entendons être observé pareillement en faveur de ceux qui succéderont auxdits offices.

» Voulons que dans les provinces & pays d'états où les *échevins*, consuls ou jurats sont en possession d'être députés à la tenue desdits états, la députation ne puisse à l'avenir être déférée qu'à ceux qui seront pourvus des offices créés par le présent édit, lesquels en jouiront alternativement entr'eux, ensemble de tous les honneurs, profits & émolumens attachés à ladite députation.

» Jouiront les pourvus desdits offices des mêmes & semblables privilèges, de l'exemption de taille & d'ustensiles, du logement des gens de guerre, & autres charges publiques dont jouissent les pourvus des offices de maire & de lieutenant de maire, & ne pourra l'hérédité desdits offices être révoquée sous quelque prétexte que ce puisse être; ni les titulaires sujets à aucune taxe, sous prétexte de confirmation ou autrement, en quelque sorte & manière que ce soit.

» Pourront les pourvus desdits offices posséder tous fiefs & terres nobles, sans être sujets au droit de franc-fief, ni au service & contribution du ban & arrière-ban, ni leurs enfans à celui de la milice.

» Seront lesdits offices compatibles avec toutes sortes d'autres charges ou emplois, voulons même que les pourvus d'iceux puissent faire toute sorte de commerce sans déroger à leurs privilèges.

» Il sera expédié aux acquéreurs desdites offices, des provisions en notre grande chancellerie, sur les quittances des receveurs de nos revenus casuels. . . & sur lesdites provisions, seront lesdits pourvus reçus par les sieurs intendans & commissaires départis.

» Voulons que dans les états de recette générale de nos finances, il soit fait un fonds de vingt mille livres de gages effectifs, pour être répartis entre tous les officiers créés par le présent édit, à raison du denier dix-huit de leur finance principale, & ne pourront les gages & droits appartenans auxdits offices être saisis par aucuns créanciers, si ce n'est par ceux qui auront prêté leurs deniers pour en faire l'acquisition ».

Postérieurement à cet édit du mois de janvier 1704, a été rendu l'édit du mois de décembre 1706, dont quelques dispositions sont relatives aux *échevins*.

L'art. XIV dispose: « Les maires, ou en leur absence, leurs lieutenans, recevront le serment des *échevins*, de nos procureurs, leurs substituts, greffiers, assesseurs, receveurs & contrôleurs ».

Le même article porte: « Les contestations & difficultés qui pourront naître, tant pour le rang & séance qu'autrement, entre les *échevins* & autres officiers municipaux, seront décidées par les maires, leurs lieutenans, les *échevins* & assesseurs, lorsqu'ils n'auront pas d'intérêt au cas dont il pourra s'agir ».

L'art. XVII. « Tous les mandemens & ordonnances concernant les dettes & charges des villes, seront signés par les maires, &, en leur absence, leurs lieutenans & un *échevin* ».

L'art. XXIII. « Dans les villes où la police appartient aux hôtels-de-ville, soit par titre ou concession, soit par réunion des offices créés par l'édit d'octobre *1699*, les maires, conjointement avec leurs lieutenans, les *échevins* & autres officiers du corps de ville, connoîtront de tout ce qui regarde la police, suivant & aux termes de notre édit du mois d'octobre *1699*, déclaration, arrêts & réglemens rendus en conséquence ».

L'art. XXVIII. « Pourront les maires, ou en leur absence, leurs lieutenans, ouvrir les lettres de cachet, nos ordres ou paquets, soit qu'ils soient adressés aux maires seuls, ou au maire, lieutenant & *échevins*, sans néanmoins qu'ils puissent répondre à ceux qui seront adressés aux maire, lieutenant & *échevins*, que suivant ce qui sera arrêté en l'hôtel-de-ville avec les *échevins* ».

L'art. XXX. « S'il arrive des contestations entre les officiers de milice bourgeoise, ou entre aucuns desdits officiers & les bourgeois de leur compagnie, elles seront décidées par les maires, leurs lieutenans, les *échevins* & autres officiers du corps de ville ».

L'art. XXXIII. « Les jugemens, ordonnances & autres expéditions du greffe des villes, seront intitulés au nom des maire, lieutenans & *échevins*, consuls ou jurats ».

L'art. XXXV. « Le logement des gens de guerre sera fait en l'hôtel-de-ville par le maire ou son lieutenant ; pourront néanmoins les *échevins* assister audit logement pour prendre garde si le contrôle des habitans s'y observe exactement, & s'il n'y a point d'exemptions induement accordées ».

La déclaration du mois de novembre 1733, portant établissement des offices municipaux, porte :

« Nous avons créé, érigé & rétabli, créons, érigeons & rétablissons en titre d'offices formés, les offices de nos conseillers, maire, lieutenant de maire, *échevins*, consuls, jurats & capitouls.... sans que, sous quelque prétexte que ce soit, ils puissent être à l'avenir supprimés.

» Voulons que les acquéreurs desdits offices en jouissent aux mêmes fonctions, honneurs, rang, séance, prérogatives, droits & exemptions, dont avoient droit de jouir les précédens titulaires avant la suppression ordonnée par l'édit du mois de juin 1717, de la même maniere & ainsi qu'il est plus amplement expliqué par les édits des mois de juillet 1690, août 1692, mai 1702, janvier 1705, & décembre 1706, lesquels édits nous voulons être exécutés selon leur forme & teneur.

» A l'égard de l'exemption de la taille personnelle & des francs-fiefs, entendons que les acquéreurs desdits offices n'en jouissent que dans le cas où leur finance sera de dix mille livres & au-dessus.

» Attribuons à tous les officiers, présentement créés & rétablis, outre les droits dont jouissent actuellement ceux qui en font les fonction, des gages sur le pied de trois pour cent de leur finance principale, à prendre, tant sur les deniers communs, patrimoniaux & d'octrois des villes, par préférence à toutes leurs dettes & charges, que sur les fonds qui seront par nous ordonnés, & dont sera fait emploi dans nos états. ... desquels gages lesdits officiers seront payés sur leur simple quittance qui seront passées & allouées sans difficulté.

« Permettons à toutes personnes, graduées & non graduées, d'acquérir & posséder lesdits offices, avec faculté de les exercer conjointement, ou de les désunir, vendre & faire exercer séparément.

» Pourront pareillement lesdits offices être acquis & exercés par toutes personnes pourvues d'autres offices sans aucune incompatibilité, & sans qu'il soit nécessaire d'obtenir des lettres à cet effet.

» Voulons que les lieutenans de maire, les *échevins*, jurats, capitouls, prêtent serment devant le maire du lieu de leur établissement.

» Dispensons les officiers de judicature, actuellement en charge, d'une nouvelle réception & d'un nouveau serment ; voulons que leurs provisions soient seulement registrées ».

La déclaration du mois de novembre 1771, a de nouveau rétabli les places d'*échevins* en titre d'office formé, & ses dispositions sont conformes, pour la plus grande partie, à la déclaration du mois de novembre 1733.

Tout ce que la déclaration du mois de novembre 1771, présente de nouveau, c'est qu'elle fixe les gages desdits offices sur le pied du denier vingt de leur finance ; mais d'ailleurs, ni cette déclaration, ni les édits & réglemens qui la précédent, ne détaillent les devoirs & les fonctions des *échevins*.

L'édit du mois d'octobre 1771, portant création d'offices municipaux dans les duchés de Lorraine & Bar, ne s'explique pas d'une maniere plus détaillée.

L'art. IV dispose que : « le maire de la ville de Nanci connoîtra, avec les *échevins*, de la régie & administration des biens, rentes, revenus & deniers patrimoniaux, & d'octrois ».

VI. « Que les maires des autres villes auront l'administration de la police avec les *échevins*, & connoîtront de même de la regie des biens, rentes, revenus, deniers patrimoniaux & d'octrois, circonstances & dépendances ».

VII. « Toutes les délibérations seront formées à la pluralité des voix des officiers présens à l'assemblée ; & dans le cas où les suffrages se trouveroient partagés, les délibérations passeront à l'avis dont auront été les maires ».

XV. « Ne pourra néanmoins notre lieutenant-général de police de la ville de Nancy, rendre aucun jugement, en fait de police, soit à l'audiance ou autrement, si ce n'est dans les cas provisoires, sans être assistés de deux conseillers du bailliage de Nancy, lesquels seront nommés alternativement par le lieutenant-général dudit bailliage ».

XXI. « Jouiront lesdits officiers des hôtels-de-villes & de police, créés par le présent édit, des mêmes privileges & honneurs, prérogatives & immunités dont jouissoient & avoient droit de jouir les officiers des hôtels communs de nos états de Lorraine & de Bar, de l'exemption de la taille personnelle, des corvées, ponts & chaussées, tutelle, curatelle, nomination à icelles, logement des gens de guerre, contribution à iceux, guet & gardes de milice pour eux & leurs enfans, & de toutes autres charges de ville & de police ».

La déclaration du 10 février 1776, interprétative de cet édit, dispose relativement aux *échevins*.

Art. VI. « Les maires connoîtront, avec les *échevins*, de toutes les contestations personnelles qui intéresseront & concerneront les biens patrimoniaux de leurs villes, ses rentes, revenus, deniers d'octrois & emploi d'iceux ».

VII. « Connoîtront pareillement lesdits maires &

échevins des difficultés qui pourront naître au fait de la police, tant intérieure que champêtre, en ce qui concerne la création des messiers & gardes des finages, la mise des bans, & la connoissance de l'infraction d'iceux ».

VIII. « Connoîtront les maires & *échevins* de toutes les contraventions aux ordonnances de police, & de toutes les matières de la compétence des juges de police, comme aussi des contestations concernant les gages des domestiques & les salaires d'ouvriers, dont l'objet n'excédera pas la somme de dix livres ».

X. « Les ordonnances & jugemens des maires & *échevins* seront exécutés par provision, jusqu'à la somme de dix livres, sans préjudice de l'appel, qui, dans tous les cas, ne pourra être relevé qu'en nos cours de parlement de Paris ou de Nanci, chacun pour les villes de leur ressort ».

Le réglement municipal de la ville d'Amiens, du 22 janvier 1774, dispose relativement aux *échevins* :

XVIII. « Ne seront nommées *échevins* que des personnes notables choisies parmi les nobles, les magistrats & autres officiers royaux rendant la justice, les gradués, les officiers militaires, les commensaux de la maison du roi, les gens vivant noblement, & les négocians non vendant en détail ».

XIX. « Il n'y aura jamais plus de deux gradués, & plus de deux négocians parmi les *échevins* ».

XX. « Ne pourront être reçus en même-temps dans le corps municipal le père & le fils, le beau-père & le gendre, les frères & les beau-frères, l'oncle & le neveu, ni les cousins germains. Ne pourront même y être reçus les officiers comptables de la ville qui n'auroient pas rendu compte ni payé le reliquat d'icelui ».

XXI. « Les *échevins* nobles d'extraction auront le premier rang, ensuite les gradués, en telle sorte cependant que si l'un des deux nobles est gradué, le gradué aura la préséance, à moins que le noble non gradué ne soit chevalier de Saint-Louis, ou des autres ordres du roi.

» Après les gradués viendront les officiers non gradués des justices royales; ensuite les commensaux de la maison du roi; après eux les gens vivant noblement, & finalement les négocians ».

XXIV. » Les *échevins* exerceront pendant deux ans, & il en sera élu trois nouveaux chaque année ».

XXXVI. » Toutes les affaires ordinaires d'administration seront réglées dans les assemblées des officiers municipaux, dont sera toujours fait acte par le secrétaire-greffier, & qui seront convoquées la veille par billets signés de lui ».

XXXVII. « La jurisdiction de police & de manufacture continuera d'être exercée par les maires, lieutenant de maire, *échevins*, procureurs du roi & secrétaire-greffier ».

XXXIX. » La délivrance des mandemens ne pourra être faite que dans les assemblées des jeudis, & seront lesdits mandemens signés au moins par le maire ou le lieutenant de maire, un *échevin*, & le secrétaire greffier qui en fera registre, & les reportera sur le sommier de dépense ».

XL. » Les adjudications des baux, des biens, revenus & aides patrimoniaux seront faites en la manière accoutumée pardevant les officiers municipaux, en leurs audiences, sur trois publications, de huitaine en huitaine; elles seront reçues par le secrétaire greffier, dont les expéditions emporteront hypotheque, conformément à la déclaration du 23 juin 1772 ».

XLI. » Le compte du trésorier-receveur sera présenté à l'assemblée des officiers municipaux, qui sera convoquée exprès ».

XLII. » Toutes les affaires extraordinaires, comme emprunts, aliénations, acquisitions, établissemens, constructions ou reconstructions, grosses réparations, toutes dépenses extraordinaires excédant cinq cent livres, demandes des nouveaux octrois, & enfin toutes affaires qui peuvent intéresser les droits, possessions, privilèges & exemptions de la ville & de ses habitans, ne seront délibérées que dans une assemblée convoquée exprès par billets signés du secrétaire greffier ».

Ce n'est guère que dans la Flandre que les *échevins* trouvent, en entrant en charge, une instruction imprimée qui leur taxe leurs droits & leurs devoirs; cette instruction, pour la plus grande partie, porte ce qui suit:

« Le maire sera tenu de se trouver à toutes les audiences & à toutes les assemblées, si ce n'est dans les cas d'empêchemens légitimes.

» Ne seront réputés empêchemens légitimes que les cas de maladie ou d'absence.

» Le maire ne pourra s'absenter qu'après avoir prévenu le corps, & obtenu son agrément, ou celui du commissaire départi en la province.

» Les *échevins* s'arrangeront entre eux pour se trouver au moins moitié à toutes les audiences & aux assemblées ordinaires.

» Aucun *échevin* ne pourra s'absenter qu'après avoir prévenu le corps & obtenu son agrément.

» Il ne sera, dans les assemblées ordinaires, délibéré que des affaires courantes, & n'intéressant particuliérement ni le corps ni les droits & privilèges de la ville; autrement il sera tenu assemblée générale convoquée par billets & sous la religion du serment.

» Les *échevins* convoqués sous la religion de leur serment, ne pourront se dispenser de se trouver à l'assemblée, si ce n'est pour cas de maladie, dont il seront tenus de justifier par certificat de médecin.

» Toutes les délibérations seront prises & arrêtées à la pluralité des voix, & en cas de partage d'opinions, l'avis du maire sera prépondérant.

» Le maire seul a le droit de convoquer les assemblées, mais, à son refus, le premier *échevin* pourra les convoquer.

» Tout *échevin* pourra requérir une assemblée générale proposée, & faire mettre en délibération ce qu'il jugera convenable.

» La ville sera divisée en cantons ou quartiers, à chacuns desquels sera attaché un *échevin.*

» Chaque *échevin*, dans son quartier, en aura la police, veillera à la sûreté, propreté & entretien des places & des rues, fera l'inspection des pavillons & casernes.

» Chaque *échevin*, dans son quartier, se fera rendre compte exactement de ceux ou celles qui logent des étrangers, forcera ces personnes de mettre un écriteau à leur porte, & de lui apporter tous les jours, à neuf heures du soir, l'état des étrangers arrivés & logés chez elles.

» Chaque *échevin* se fera rendre compte, tous les matins, par le garde-nuit & le sergent de ville de son quartier, des rixes, tumultes, batailles qui ont eu lieu pendant la nuit, & en fera son rapport à la prochaine assemblée.

» Chaque *échevin* prescrira au garde-nuit & au sergent de ville de son quartier, ce qu'ils doivent faire, & leur enjoindra sur-tout de veiller à ce que les rues soient exactement balayées.

» Chaque *échevin* aura un tombereau attaché à son quartier: le conducteur de ce tombereau sera tenu de venir prendre ses ordres tous les jours huit heures du matin, & de s'y conformer exactement.

» Chaque *échevin* fera au moins une fois la semaine la visite générale de son quartier, examinera par lui-même les rues qui sont à réparer, en tout ou en partie, les maisons ou cheminées qui peuvent menacer ruine, les égouts qui exigent des réparations, pour, du tout, en faire son rapport à la prochaine assemblée, & être statué ce qu'il appartiendra.

» Chaque *échevin* ne souffrira point que les rues & places de son quartier soient embarrassées par des voitures, des bois, des matériaux & autres objets, & ne donnera des permissions à cet égard qu'avec la plus grande réserve & la plus grande circonspection.

» Chaque *échevin* aura soin de faire veiller, dans son quartier, à ce que les cheminées soient exactement ramonées, savoir, celles des particuliers *une fois* par an, & celles des gens de métiers, *tous les trois mois.*

» Chaque *échevin* fera dans son quartier, au moins une fois par mois, la visite des poids, mesures & aunages.

» Chaque *échevin* fera les rôles de capitation, ceux du logement des gens de guerre, & autres rôles relatifs à son quartier.

» Chaque *échevin* ne pourra régler les querelles & autres cas, qu'entre *les personnes de son quartier*; il n'en pourra décider *que provisoirement*; sera tenu d'*en prévenir le maire*, & d'en faire rapport à la prochaine assemblée.

» Le maire aura, par prévention sur les *échevins*, la police générale de toute la ville, & pourra décider provisoirement tous les cas qui se présenteront, sauf son rapport qu'il sera tenu de faire dans la prochaine assemblée ».

Il conviendroit peut-être que ce réglement soit rendu commun à tous les hôtels-de-ville de France, ce seroit le moyen de ranimer le zèle, qui, le plus souvent, est très-amorti; & l'on ne verroit pas, comme il arrive souvent, les assemblées municipales réduites à deux ou trois personnes.

Il semble cependant que chaque *échevin*, à son installation, devroit se dire: « Je suis appelé par mes concitoyens pour gérer les affaires communes; c'est un tems que je dois donner à la patrie; une noble émulation doit m'animer: jettons nos regards sur la ville entière; voyons le bien qu'il est possible d'opérer: c'est ici la dette de l'honneur & du patriotisme; je ne puis l'acquitter trop exactement ».

Si ces sentimens animoient tous les *échevins*, les villes seroient sans doute mieux administrées, & le zèle suppléeroit à l'exiguité de leurs revenus; il est vrai qu'il faut du courage pour remplir avec un zèle persévérant des places qui ne rapportent ni honneur ni profit, & qui ne procurent souvent d'autre récompense que celle de vous livrer à la critique & à la médisance.

Autrefois, dans plusieurs villes de France, les places d'*échevins* donnoient la noblesse. Louis XIII porta le premier atteinte à ce privilège par son édit du mois de janvier 1634, dont l'article VI dispose: « Les maires, consuls, *échevins* & conseillers des villes, ayant privilège de noblesse par anciennes concessions, qui seront élus à l'avenir, ne pourront jouir de l'exemption que pendant le temps de l'exercice de leur charge seulement, sans que leurs enfans puissent jouir d'aucuns privilèges de noblesse.

» Et quant à ceux qui ont ci devant exercé lesdites charges, & les exercent à présent, jouiront desdits privilèges de noblesse, ne faisant acte dérogeant ».

Louis XIV anéantit entiérement ce privilège par

son édit du mois de mars 1667, lequel dispose : « Et d'autant qu'en faisant procéder à la recherche des usurpateurs du titre de noblesse, il a été reconnu qu'au moyen des privilèges de noblesse, ci devant accordés aux maire, *échevins* & conseillers des villes de Poitiers, Niort, Bourges, Angoulême, Tours, Abbeville & Coignac, il se commet des grands abus, en ce que la plupart de ceux qui parviennent auxdites charges ne pouvant satisfaire à la dépense qu'il convient de faire pour soutenir cette dignité, étant de médiocre condition, & n'ayant que peu de bien, sont obligés d'abandonner leur commerce & profession ordinaire, & de quitter les villes pour résider à la campagne, qu'ils peuplent de quantité de pauvres nobles, à la surcharge de nos sujets taillables : pour à quoi remédier nous avons révoqué & révoquons lesdits privilèges pour l'avenir.

» Voulons que ceux qui en ont joui bien & duement jusqu'à présent continuent d'en jouir, à la charge toutes fois que tels descendans desdits maires, *échevins* & conseillers qui ont exercé lesdites charges depuis l'année 1600, seront tenus de nous payer les sommes auxquelles ils seront modérément taxés en notre conseil, eu égard à leurs facultés, pour être confirmés en la jouissance desdits privilèges, sans être tenus de prendre lettres de nous, dont nous les dispensons ».

L'ordonnance militaire du premier mars 1768, met les maires, *échevins* & autres officiers municipaux, sous la sauve-garde du roi ; cette ordonnance, tit. V, art. LXII, dispose : « Défend très-expressément sa majesté, aux soldats, cavaliers ou dragons de ses troupes, de frapper ou insulter les maires & *échevins*, consuls, juges & autres magistrats des lieux. . . . . . voulant, sa majesté, que, sur la réquisition des magistrats, les accusés soient mis en prison ; pour être jugés par les juges du lieu, suivant la nature & les circonstances du délit ».

Et l'art. LXIII ajoute : « Dans le cas où lesdits magistrats & officiers municipaux auroient été insultés ou frappés par des officiers des troupes de sa majesté, le commandant de la place ou celui de la troupe, les fera mettre en prison, & en informera sur le champ le commandant de la province, & le secrétaire d'état, ayant le département de la guerre, pour faire interdire & même casser lesdits officiers, suivant l'exigence des cas ».

Nous avons cru devoir rapporter ces dispositions de droit positif sur le titre & les fonctions des *échevins* en général, parce qu'on en peut tirer quelques renseignemens, & que d'ailleurs elles font voir les abus qui s'étoient glissés successivement dans cette partie de l'administration municipale.

Le premier de ces abus étoit la vénalité. Deux causes y donnèrent lieu, ou plutôt l'une en fut le prétexte ; & l'autre la véritable raison.

On avoit remarqué que dans les élections des places municipales, sur-tout de celles qui avoient quelque chose de lucratif ou d'honorifique, les brigues, les cabales, les divisions, se manifestoient de toutes parts ; que par suite de ce désordre le choix se fixoit souvent sur des hommes incapables de gérer les affaires publiques ; que de là il résultoit une grande confusion dans l'administration des deniers de la ville, des réclamations, des plaintes, même des voies de fait.

Il étoit possible, par des réglemens simples, & religieusement observés, de faire disparoître ces inconvéniens, ou du moins d'en diminuer l'intensité au point de les réduire à n'être que les effets inévitables de l'exercice du droit de cité dans les assemblées populaires.

Mais le besoin d'argent, aidé des ressources de la fiscalité, imagina de vendre ce que le peuple seul pouvoit donner, c'est-à-dire, le droit de le représenter, d'agir, parler & juger en son nom. En conséquence toutes les charges municipales devinrent vénales, & il n'y eut plus pour le peuple des villes, aucune jouissance de ses anciens droits municipaux. La municipalité fut un objet de finance fondé sur la vanité des titulaires & la nature d'exemption, de privilèges que l'on accordoit aux acquéreurs.

Le second abus introduit dans l'administration des villes, fut l'influence du pouvoir militaire. Les commandans de place, les lieutenans de roi, détruisirent le peu de pouvoir que conservoient les bourgeois & les magistrats au milieu de la vénalité. Il ne fut plus permis aux citoyens paisibles de repousser la brutalité, l'insolence de la troupe, & depuis le maire jusqu'au simple habitant, tout fut vexé, rançonné, protégé ou considéré, au gré des chefs militaires.

La révolution qui s'effectue a déjà supprimé une grande partie de ces abus, rendu aux villes leurs droits, détruit le pouvoir militaire sur elles, & formé des corps d'armées citoyennes. Toutes les places sont électives aujourd'hui, le droit des bourgeois reconnu, & tout anonce le retour de la liberté municipale, c'est-à-dire, de cette liberté qui assura jadis la force publique contre les efforts de la barbarie, de la féodalité & de l'esclavage.

Mais un grand désordre règne, il faut en convenir, au milieu de cette révolution ; il nous menace d'une révolution en sens contraire ; il nous fait craindre que l'excès de l'anarchie dans lequel nous vivons ne nous conduise à l'esclavage, & que les peuples, fatigués d'une longue suite de maux dont ils ignorent la cause, ne l'attribuent à la liberté & ne cherchent à s'en décharger comme d'un fardeau qu'ils se croiroient, par erreur, incapables de porter.

L'on détruit trop à la fois, & l'on ne cherche pas assez à soutenir l'édifice dans les violentes secousses qu'on lui fait éprouver ; les fortunes particulières sont attaquées de toutes parts, la subsistance des familles compromise, & l'état plein de mécontens que

que la misère publique aigrit encore davantage ; le peuple se permet des violences honteuses, & si nous arrivons à la liberté, ce sera par un bonheur sur lequel il n'est pas toujours prudent de compter.

ECHOPPE, s. f. C'est le nom qu'on donne à de petites boutiques adossées contre les maisons.

Le nombre des *échoppes*, dans une ville, annonce deux choses, 1°. une grande population, 2°., & c'est une conséquence de la première, la cherté des loyers. Ces deux causes réunies en avoient porté la quantité à Paris à un point que les rues en étoient embarrassées, & que la vente se faisant aussi bien dans les échoppes que dans les boutiques, celles-ci se trouvoient vuides, ce qui faisoit un tort considérable aux propriétaires des maisons.

Les *échoppes* furent d'abord permises en faveur des pauvres maîtres ou petits marchands, qui n'ayant point le moyen d'avoir de forts loyers, se restreignoient à étaler le long des murs, sous un petit couvert & entre quelques planches ; c'est ce qui donna naissance aux *échoppes* mobiles, les seules qu'on auroit dû permettre.

Mais, par un abus de la chose, des marchands aisés imaginèrent, non pas précisément d'étaler dans les rues dans des *échoppes* mobiles, ils obtinrent, de la police, d'en faire construire de sédentaires, solides & fermées. Il est sûr même que l'on retira des sommes assez considérables, ou plutôt que les membres de la police surent tirer des sommes considérables de ces *échoppes* fermées, lesquelles faisoient du quai de la Ferraille & des autres une sorte de camp, car on les avoit construites & peintes de manière à simuler des espèces de tentes.

Ces abus, portés à un point extrême, & les réclamations des propriétaires, causèrent enfin la destruction des *échoppes* sédentaires, & les échoppiers en furent pour l'argent qu'ils avoient donné.

Les lettres-patentes du roi du mois de mai 1787, suppriment les *échoppes* sédentaires & établissent la forme d'après laquelle l'autre espèce peut être permise.

« Nous sommes informés, y est-il dit, que, nonobstant les édits, ordonnances & réglemens concernant l'établissement des *échoppes* dans la ville & fauxbourgs de Paris, le nombre de celles appelées sédentaires & demi-sédentaires s'est prodigieusement augmenté, qu'un grand nombre de ces *échoppes* excède les dimensions prescrites, que d'autres se trouvent établies sans permission valable, & qu'enfin, au lieu d'*échoppes* mobiles, qui, par leur position, leur peu de volume & de saillie, ne doivent causer aucun inconvénient, on s'est permis d'en établir un grand nombre qui ressemblent plutôt à des maisons qu'à des *échoppes*, & dont les emplacemens, pris en totalité sur la voie publique, nuisent au passage des voitures, gênent celui des gens de pied & occasionnent journellement des accidens ; en conséquence :

» 1°. Tous propriétaires en possession d'*échoppes* sédentaires & demi-sédentaires, (autres que celles aliénées au profit de notre domaine) construites, à quelque titre que ce soit, dans les rues, quais, places & marchés, & sur les ports de la ville & fauxbourgs de Paris, même celles adossées à nos palais du Louvre & Tuilleries, hôtels & maisons des princes, & à tous édifices publics, seront tenus de les faire démolir & supprimer, sinon il sera mis des ouvriers à leurs frais & dépens pour les abattre. . . . . .

» 3°. Il ne pourra à l'avenir, sous quelque prétexte que ce soit, être établi dans les rues, quais, places, & sur les ponts de la ville & fauxbourgs de Paris, que des *échoppes* purement mobiles, placées le matin & enlevées le soir, à peine de cent livres d'amende contre les contrevenans, & de confiscation des matériaux & marchandises.

» 4°. Lesdites *échoppes* mobiles ne pourront être établies qu'en faveur des pauvres maîtres & veuves des pauvres maîtres, conformément à l'article XXXIV de l'édit du mois d'août 1776, & en vertu de permissions qui seront accordées, sans frais, par le lieutenant de police.

» 5°. Pour que lesdites permissions ne puissent être accordées qu'en grande connoissance de cause sur le fait de la commodité publique, ordonnons qu'à la requête de notre procureur-général, il sera nommé par notre cour de parlement un expert, sur le rapport duquel lesdites permissions seront données par le lieutenant-général de police, si d'ailleurs les personnes sont de qualité requise, ainsi qu'il est porté en l'article précédent ; duquel rapport il sera dressé procès-verbal, dont il sera délivré expédition pour être & demeurer déposée au greffe de notredite cour ; & sera fourni tous les six mois, au greffe du bureau des finances, extrait desdites permissions.

» 6°. Les détenteurs desdites *échoppes* mobiles seront obligés de tenir, dans l'endroit le plus apparent d'icelles, un tableau numéroté, & sur lequel seront imprimés, en gros caractère, leurs noms, professions & demeures, & de faire personnellement & par eux-mêmes, leurs femmes ou enfans, leur commerce, sans pouvoir s'y faire représenter par aucun préposé, céder ou sous-louer leurs droits auxdites *échoppes*, à peine, comme dessus, d'amende & de confiscation en cas de contravention.

» 7°. Nous attribuons la connoissance desdites contraventions aux officiers de notre bureau des finances & au lieutenant-général de police de notre châtelet de Paris, chacun en ce qui les concerne, sauf l'appel au parlement ».

Du nombre des *échoppes*, quelques-unes sont tenues à cens ou à rentes du domaine du roi ; &

celles-là, comme on vient de lire, sont exceptées du réglement porté par les lettres-patentes.

Les autres *échoppes* étoient sédentaires, demi-sédentaires & mobiles. Elles sont sédentaires, lorsqu'elles sont construites pour demeurer jour & nuit à la même place; demi-sédentaires, quand elles tiennent à fer & à clouds, & qu'on les peut replier sur elles-mêmes à la fin du jour; & mobiles, lorsque, n'étant point attachées, on les peut enlever & transporter journellement.

Le droit, pour établir une *échoppe* mobile, est fixé à quatre livres par le tarif de 1735: le droit est de moitié pour rétablissement ou changement.

Dans la municipalité actuelle, la surveillance & police des *échoppes* est moitié dans le département des travaux publics, comme ayant la voierie, & moitié dans celui de la police, comme devant veiller à la sûreté publique. *V.* VOIERIE.

ÉCOLE, s. f. Lieu public où l'on enseigne les sciences, les arts, les langues, ou tels autres objets analogues.

L'établissement d'*écoles* publiques a été, chez tous les peuples, un des soins du gouvernement, parce que tous les peuples ont senti qu'un des moyens de civiliser les hommes, de leur inspirer de l'obéissance aux loix, qui font la force publique, c'est de les instruire, de les éclairer, de les habituer à substituer la discussion aux voies de fait, le raisonnement à la violence.

Par-tout la culture de l'esprit adoucit les mœurs, multiplie les moyens de prospérité publique, assure la liberté, ennoblit l'espèce & rend les hommes plus susceptibles de sentimens généreux.

Un peuple instruit est à un peuple ignorant, ce qu'un homme grossier est à un courtisan, ou plutôt ce qu'un homme affoibli par la paresse est à l'homme agile, dont les membres ont acquis de la vigueur par l'exercice. A force égale, & même inférieure, un peuple éclairé soumettra celui qui le sera moins, parce que les ressources du génie sont inépuisables en tout genre, & que la force ou les trésors ont un terme.

Ces vérités firent la base du gouvernement des Grecs. Les Athéniens, ce peuple aimable & courageux, qu'on dénigre, parce qu'ils aimoient le luxe & les plaisirs, & qu'ils ne faisoient pas consister le bonheur à se priver des choses qui pouvoient les flatter, donnèrent un grand soin à leurs *écoles* publiques; elles étoient le rendez-vous de l'élite de la Grèce. Et quels hommes elles ont produits! Tant qu'il y aura sur la terre quelque vertu, quelqu'amour du beau, du vrai, on parlera des *écoles* d'Athenes & des grands hommes qui les illustrèrent.

Les *écoles* publiques furent moins célèbres à Rome, parce qu'une nation qui ne s'est d'abord occupée que de guerre, conservant toujours une teinte de sa férocité primitive, regarde avec indifférence tout ce qui tient aux arts de la paix, à la culture de l'esprit: il se passa près de trois siècles avant qu'il y eût d'*écoles* publiques à Rome.

Dans notre Europe moderne, ces établissemens datent des règnes de Charlemagne & d'Alfred. On sait que ces princes protégèrent les lettres & ouvrirent des *écoles*, qui, tout imparfaites qu'elles étoient, offroient cependant des moyens d'instruction, & pouvoient devenir plus considérables par la suite.

Mais les désordres de la féodalité, des guerres, de la superstition anéantirent bientôt ces foibles commencemens, & ce ne fut que vers la fin du douzième siècle que l'université de Paris commença de répandre le goût des lettres & la culture des sciences en Europe par l'établissement des collèges.

Les collèges sont donc proprement les premières *écoles* publiques que la France ait eues? Il paroît, en conséquence, dans l'ordre des idées, que nous en parlions ici; nous aurons encore assez de choses à dire sur l'université, comme corps, au mot UNIVERSITÉ.

Tous les objets d'instruction qu'offrit l'établissement des collèges, furent rangés sous quatre clauses: la première étoit la théologie, la seconde le droit, la troisième la médecine, & la quatrième comprenoit toutes les études préliminaires, que l'on estimoit nécessaires pour arriver aux premières, & que l'on appeloit les arts ou les humanités. Le bon sens vouloit que l'on commençât l'instruction par ce qui est le plus utile à connoître, & qu'il est indispensable de savoir pour parvenir aux autres sciences. Ce fut sur ce plan que se formèrent les universités, principalement celle de Paris, qui ne peut guère avoir commencé plus tard que vers l'an 1200. Depuis long-temps il y avoit auprès des évêques deux sortes d'*écoles*, l'une pour les jeunes clercs, à qui l'on enseignoit la grammaire, le chant & l'arithmétique, & leur maître étoit, ou le chantre de la cathédrale, ou l'écolâtre, nommé ailleurs capiscol, comme qui diroit chef de l'*école*. L'autre *école* étoit pour les prêtres & les clercs plus avancés, à qui l'évêque lui-même, ou quelque prêtre commis de sa part, expliquoit l'écriture sainte & les canons. On érigea depuis le théologal exprès pour cette fonction. *Pierre Lombard*, évêque de Paris, plus connu sous le nom de maître des sentences, avoit rendu son *école* très-célèbre pour la théologie, & il y avoit à Saint-Victor des religieux en grande réputation pour les arts libéraux; ainsi les études de Paris devinrent illustres. On y enseigna aussi le décret, c'est-à-dire, la compilation de Gratien, que l'on regardoit alors comme le corps entier du droit canon; on y enseigna la médecine; & joignant ces quatre études principales, que l'on appela *facultés*, on nomma le composé, *université des études*, & par abréviation, *université*. Cet établissement parut si beau, que les papes & les rois le favorisèrent de grands priviléges. On vint étudier à Paris de toute la France, d'Italie, d'Allemagne, d'Angleterre, en un mot de toutes les parties de l'Europe, & les *écoles* particulières des cathédrales ou des monastères cessèrent d'être fréquentées.

Voyons un peu en détail ce qu'on enseignoit dans les *écoles* de chaque faculté; ces connoissances nous serviront d'objets de comparaison pour ce que nous aurons à dire des études par la suite.

Sous le nom des arts, on enseignoit dans les *écoles* de Paris la grammaire & les humanités, les mathématiques & la philosophie. Mais, à proprement parler, ce nom devoit comprendre seulement les sept arts libéraux, dont nous voyons des traités dans Cassiodore & dans Bede; savoir, la grammaire, la rhétorique, la dialectique, l'arithmétique, la musique, la géométrie, l'astronomie. Un maître-ès-arts devoit être un homme capable de les enseigner tous. Pour la grammaire on lisoit Priscien, Donat, ou quelques autres de ces anciens qui ont écrit sur la langue latine, plutôt pour en faire connoître les dernières finesses aux Romains de leur temps, à qui elle étoit naturelle, que pour en apprendre les élémens à des étrangers.

Dans le treizième siècle, le latin n'étoit plus dans l'usage commun du peuple en aucun lieu du monde, si ce n'est peut-être en Pologne, où le peuple parle un latin corrompu; en France, la langue vulgaire étoit celle que nous voyons dans Ville-Hardoin, dans Joinville, & dans les romanciers du même temps. C'étoit, ce semble, à cette langue qu'il falloit appliquer l'art de la grammaire, choisir les mots les plus propres & les phrases les plus naturelles, fixer les inflexions & donner des règles de construction & d'ortographe. Les Italiens le firent, &, dès la fin du même siecle, il y eut des Florentins qui s'appliquèrent à bien écrire en leur langue vulgaire, comme *Brunette Latini*, *Jean Villani*, & le poëte Dante (1). Pour notre langue, elle ne s'est épurée que par le temps, & ce n'a été que plus de quatre cents ans après les universités. L'on a commencé à y travailler, par ordre public, dans l'académie françoise. Il est vrai que le latin étoit encore très-nécessaire pour la lecture des bons livres & pour l'exercice de la religion; & ceux qui étudioient alors étoient tous ecclésiastiques. Le latin étoit nécessaire pour les affaires & pour les actes publics; il l'étoit pour les voyages, & l'on appeloit les interprètes, *latiniers*. Il étoit donc impossible de se passer du latin? mais il étoit impossible aussi d'en rétablir l'ancienne pureté, par la rareté des livres & par l'emploi que l'on s'habituoit d'en faire dans les sciences & les affaires: il fallut se contenter de le parler & de l'écrire grossièrement. On ne fit point de difficulté d'y mêler des mots barbares & de suivre la phrase des langues vulgaires; on se contenta d'observer les cas, les nombres, les genres, les conjugaisons & les principales règles de la syntaxe. C'est à quoi l'on réduisit l'étude de la grammaire, considérant le reste comme une curiosité inutile, puisqu'on ne parle que pour se faire entendre, & qu'un latin plus élégant eût été plus difficilement entendu. Ainsi se forma ce latin barbare qui a été si long-temps en usage dans le palais, dont on a peine à se défaire dans les *écoles*. De là vint la nécessité des gloses & des commentaires pour expliquer les livres anciens écrits purement.

Ce qu'on enseignoit de poétique dans les *écoles*, se réduisoit à savoir la mesure des vers latins & à la quantité des syllabes; car on n'alloit pas jusqu'à distinguer le caractère des ouvrages & la différence des styles. On le voit par les poëmes de *Guntherus* & de *Guillaume le Breton*, qui ne sont que de simples histoires, d'un style aussi plat & d'un latin aussi grossier que celui dont on écrivoit en prose. A la contrainte de la quantité & des césures, ils ajoutoient celle des rimes, qui firent les vers léonins; & souvent même, négligeant la quantité, ils se contentoient de faire en latin de simples rimes comme en françois, & c'est ce qu'on appela des proses. Voilà toute la poésie grave. Pour la poésie vulgaire, qui commençoit à régner dès le douzième siècle, comme on le voit par tant de romans & tant de chansons, elle devint bientôt le partage de ceux qui fréquentoient les cours, tels qu'étoient les troubadours & autres poètes provençaux. Depuis ce moment, la poésie françoise, ou vulgaire, comme on l'appeloit alors, fit quelques progrès; on négligea un peu la rhétorique de l'*école* pour s'occuper davantage de la langue; on fit moins de prose & de vers léonins.

Sur-tout on s'attacha à ce qu'on appeloit la philosophie; elle fut enseignée dans les *écoles* avec beaucoup d'éclat; on crut aussi qu'elle n'avoit besoin d'aucun ornement du langage ni d'aucune figure du discours. Ainsi, à force de la vouloir rendre solide & méthodique, on la rendit extrêmement sèche & ennuyeuse, ne considérant pas que le discours naturel & figuré épargne beaucoup de paroles, & soulage fort la mémoire par les images vives qu'il im-

(1) Les personnes difficiles, ou celles qui n'aiment que les *nouveautés*, qui s'abusent au point de croire qu'il n'y a rien à gagner à savoir ce qu'on a fait jadis, ou ce qu'ont été ceux qui nous ont transmis le goût & le dépôt des sciences, trouveront peut-être ces détails déplacés; cependant nous avons pensé que d'autres nous sauroient gré de cette légère érudition, qui tient de très-près à ce qu'on appelle de bonnes études: nous en tirons le principal de l'excellent petit ouvrage de l'abbé de Fleury, intitulé: *du choix des études*.

prime dans l'esprit. Cependant, comme il n'y a point d'études sans émulation & sans curiosité, nos savans firent la même chose que les Arabes, soit à leur imitation, soit par le même principe, & chargèrent leur philosophie d'une infinité de questions plus subtiles que solides, s'éloignant extrêmement de l'idée des anciens grecs.

La logique de Socrate, que nous voyons dans Platon & dans Xénophon, étoit l'art de chercher soigneusement la vérité, & il le nommoit dialectique, parce que cette recherche ne se peut bien faire qu'en conversation particulière entre des hommes attentifs à raisonner. Cet art consistoit donc à répondre juste sur chaque question, à faire des divisions exactes, à bien définir les mots & les choses, & à peser attentivement chaque conséquence avant de l'accorder, sans se presser, sans craindre de revenir sur ses pas & d'avouer ses erreurs, sans vouloir qu'une proposition fût vraie plutôt qu'une autre. Ainsi, dans cette logique, il entroit de la morale; il y entroit aussi de l'éloquence. Car, comme les hommes sont ordinairement passionnés ou prévenus de quelqu'erreur, il faut commencer par calmer leurs passions & lever leurs préjugés, avant de leur proposer la vérité, qui, sans cette préparation, ne feroit que les choquer. Or cette méthode demande une discrétion & une adresse merveilleuse, pour s'accommoder à la variété infinie des esprits & de leurs maladies; & c'est ce que l'on admire dans Platon, quoiqu'en général ses raisonnemens ne prouvent pas toujours bien clairement ce qu'il veut dire. C'est sur ces qualités de la dialectique, qu'Aristote la met en paralelle avec la rhétorique, & dit, que l'une & l'autre ont le même but, qui est de persuader par le discours. La dialectique emploie des raisons plus solides & plus convaincantes, parce qu'en conversation particulière, on connoît mieux la disposition de celui à qui l'on parle, & l'on a le loisir de lui faire faire tout le chemin qui est nécessaire pour le conduire à la vérité. Au lieu que la rhétorique, qui est l'art des discours publics, est obligée de se servir des préjugés de ses auditeurs, & d'appuyer ses raisonnemens sur les principes dont ils conviennent, parce qu'il est impossible de leur en faire changer en parlant peu & à une grande assemblée. Telle étoit la dialectique chez les Grecs, l'art de trouver la vérité autant qu'il est naturellement possible.

Les philosophes de l'*école* semblent n'avoir considéré que les vérités en elles-mêmes & l'ordre qu'elles ont entr'elles, indépendamment de nous. Il est vrai qu'on en a toujours usé ainsi dans les mathématiques, parce que leur objet n'émeut point en nous de passions; personne ne s'intéresse à faire passer pour droite une ligne courbe, ni à élargir un angle aigu. Mais comme la logique est l'instrument de toutes les sciences, & principalement de la morale, elle doit comprendre ce qui est nécessaire pour faire entrer dans l'esprit toutes sortes de vérités, & plus celles où nos passions résistent que les autres. Cependant il ne paroît pas que nos philosophes aient eu assez d'égard aux dispositions de leurs disciples; ils ont appliqué à toutes sortes de sujets la méthode sèche des géomètres; &, comme les premiers avoient affaire à des disciples fort grossiers, car on sait quelle étoit la politesse des François il y a 600 ans, ils prirent grand soin de séparer toutes leurs propositions, de mettre tous leurs argumens en forme, & de distinguer toujours la conclusion, les preuves & les objections, en sorte qu'il fût impossible, même aux plus stupides, de s'y méprendre. Ils croyoient abréger beaucoup, en retranchant tous les ornemens de discours & toutes les figures de rhétorique; mais peut-être ne considéroient-ils pas que ces figures, qui rendent le discours vif & animé, ne sont que des suites naturelles de l'effort que nous faisons pour persuader les autres. D'ailleurs ces figures abrègent fort le discours; souvent on écarte une objection d'un seul mot, souvent on prouve mieux par un ton délicat que par un argument en forme, & toujours on évite les répétitions ennuyeuses des termes de l'art. Que l'on en fasse l'expérience, une page de discours scholastique se réduira au quart si on le change en un discours ordinaire & naturel; & toutefois, ceux qui y sont accoutumés croyent que les discours figurés ne contiennent que des paroles, & ne reconnoissent plus les raisonnemens, s'ils ne sont distingués par articles & par intitulés. Je sais bien qu'il est quelquefois nécessaire d'argumenter en forme ou d'user des termes de l'art, & nommer la majeure ou la mineure pour mettre en évidence une raison importante ou pour démêler un sophisme; mais il ne s'ensuit pas qu'il faille en user toujours ainsi. On ne s'exprime pas ordinairement par des formules, sous prétexte qu'elles sont nécessaires dans les contrats & dans les sermens; il faut laisser quelque chose à faire au disciple, & ne lui pas faire l'injure de croire qu'il ne puisse reconnoître une raison si on ne la leur montre au doigt.

L'étude de la philosophie consistoit principalement à étudier Aristote, que les professeurs lisoient & interprétoient publiquement dans les *écoles*: mais, comme la plupart des commentateurs se donnent carrière sur le commencement des ouvrages, avec le temps on traita fort au long tous les préliminaires de la logique. Des catégories d'Aristote, qui ne sont qu'une explication succincte de tous les termes simples qui peuvent entrer dans les propositions, ils en ont fait un traité fort étendu, & y ont mêlé beaucoup de métaphysique & même de théologie. Ils ont encore commenté fort au long l'introduction de Porphire, d'où est venu le fameux traité des universaux ou universaux. On y a ajouté les questions sur le nom & l'essence de la logique même, si c'est un art ou une science; & l'on s'est si fort étendu sur ces préfaces, que l'on a été contraint de traiter succinctement les règles des sillogismes, & tout le reste de ce qui fait le principal corps de la logique d'Aristote.

On a fait à-peu-près de même dans la morale; on s'est étendu sur les questions générales de la fin, du souverain bien, de la liberté; les *écoles* retentissoient des disputes sur ces questions frivoles, & l'on manquoit de temps pour traiter les vertus en détail & donner des règles particulières pour la conduite de la vie, qui semble toutefois être le but de la morale. C'est en quoi Aristote devoit être d'un grand usage, car il a parfaitement bien connu les mœurs des hommes; & s'il n'a pas toujours eu des vues aussi hautes que Platon, il a raisonné d'une manière plus conforme au commerce de la vie & à ce qui peut s'y pratiquer.

Ces sciences n'étoient point les seules qu'on enseignoit dans les *écoles* de Paris, on y étudioit aussi la physique. C'étoit alors la plus imparfaite de toutes; on la confondoit avec la médecine, ou plutôt sous le nom de physique on entendoit la médecine, & ce que nous nommons aujourd'hui physiologie. On l'emprunta toute entière des Arabes, & au lieu de la fonder sur l'expérience & de commencer par se bien assurer de ce que les choses sont en effet, on la fonda sur l'autorité d'Aristote & de ses commentateurs & des argumens généraux: & véritablement il n'étoit point facile aux savans de ce temps-là de faire des expériences; ils étoient tous moines ou clercs, enfermés dans des monastères & dans des collèges, pauvres la plupart, ou par leur profession ou par leur fortune. Les arts étoient fort déchus; on avoit perdu quantité d'inventions & on en avoit peu trouvé. Les artisans étoient encore serfs pour la plupart, & dans un grand mépris; il étoit difficile de croire qu'il y eût rien à apprendre d'eux. Quoi qu'il en soit, les esprits n'étoient point tournés à s'assurer des faits & à consulter l'expérience; on s'en rapportoit à l'autorité des livres, & on tenoit pour constant tout ce qu'ils disoient des effets de la nature & de leurs causes. Bien loin de se défier de ce qui étoit extraordinaire, le plus merveilleux sembloit toujours le plus beau. De là vient la créance d'une infinité de fables dont le monde est encore infecté, quoique l'on travaille tous les jours à l'en détromper. C'est aussi ce qui augmenta le crédit de la magie & de l'astrologie, qui n'étoit déjà que trop grand. On supposa la doctrine de l'influence des astres comme une vérité constante, & les gens sensés s'estimèrent assez heureux de prouver qu'elles pouvoient agir sur les volontés libres, leur abandonnant le reste de la nature, même les organes du corps humain. On crut qu'il pouvoit y avoir une magie naturelle, & on attribua à la surnaturelle, c'est-à-dire, au pouvoir des esprits malins, tout ce dont on ne connoissoit point la cause. Car, étant certain par la religion qu'il y a de certains esprits, & que Dieu leur permet de tromper quelquefois les hommes, rien n'étoit plus commode pour couvrir l'ignorance, que de leur attribuer ce dont on ne peut rendre raison. Ainsi les fictions des poëtes de ce temps-là étoient beaucoup moins absurdes qu'elles nous paroissent. Il étoit vraisemblable même aux savans qu'il y eût eu souvent, qu'il y eût même encore, en divers endroits du monde, des devins ou des enchanteurs, & que la nature produisît des dragons volans ou des monstres de diverses sortes. Cette créance des fables dans l'histoire naturelle apporta quantité de pratiques superstitieuses, particulièrement dans la médecine, où l'on aime toujours mieux faire quelque chose d'inutile que d'omettre ce qui peut être utile. Ce qu'on appeloit donc étudier la physique, & l'on y comprenoit la médecine, c'étoit lire des livres & raisonner, comme s'il n'y eût point eu d'animaux pour faire des anatomies, ni de plantes ou de minéraux pour en éprouver les effets; comme si les hommes n'eussent point eu l'usage des sens pour reconnoître la vérité de ce que les autres avoient dit; en un mot, comme si la nature n'eût plus été au monde pour la consulter elle même. Ce fut à peu-près ainsi que les arts & la médecine furent traités dans les *écoles* publiques qui composoient alors l'université de Paris.

On suivit la même méthode pour le droit. Comme l'ignorance du latin & de l'histoire empêchoit d'entendre le texte, on s'en rapporta aux sommaires & aux gloses de ceux qui passoient pour les mieux entendre, & qui n'ayant pas eux-mêmes les secours des autres livres, ne faisoient qu'expliquer un endroit du digeste & du décret, par un autre, les conférant le plus exactement qu'ils pouvoient. Les fautes de ces maîtres trompèrent aisément les disciples, & quelques-uns abusèrent de leur crédulité, en mêlant à leurs gloses des étymologies ridicules & des fables absurdes. Soit qu'ils ne comprissent pas que l'on ne peut pratiquer les loix si l'on ne les entend, soit qu'ils désespérassent de les entendre mieux, leur plus grande application fut à les réduire en pratique, à traiter des questions sur les conséquences qu'ils tiroient des textes, à donner des conseils & des décisions. Mais quand on voulut appliquer à nos affaires ce droit romain, si mal entendu & si éloigné de nos mœurs, & conserver en même temps nos coutumes, qu'il étoit impossible de changer, les règles de la justice devinrent beaucoup plus incertaines que devant. Toute la jurisprudence se réduisit en disputes d'*école* & en opinions de docteurs, qui, n'ayant pas assez étudié les principes de la morale & de l'équité naturelle, cherchoient quelquefois leurs intérêts particuliers. Ceux mêmes qui cherchoient la justice ne savoient pas d'autres moyens de la procurer, que des remèdes particuliers contre l'injustice, ce qui leur fit inventer tant de nouvelles clauses pour les contrats & tant de formalités pour les jugemens. Ils ne travailloient, non plus que les médecins, qu'à guérir les maux présens sans songer à les prévenir & en arrêter les sources, ou plutôt ils ne le pouvoient pas; car, pour ôter les causes générales des procès & de l'injustice, il faut que la puissance souveraine s'en mêle, qu'il y ait des loix certaines & connues de tout le monde, & des officiers publics bien autorisés; il faut ôter aux particuliers plusieurs moyens de s'enrichir & de se ruiner; il faut empêcher la corruption des juges, les entreprises des hommes puissans, les effets de l'avarice & de l'ambition démesurée. Mais alors l'Europe étoit si ignorante & les princes si peu éclairés, qu'il étoit impossible qu'ils fissent de bonnes loix; & le droit, enseigné dans les *écoles*, n'étoit qu'une compilation grossière de principes contradictoires, de maximes absurdes ou de jugemens contraires aux droits des hommes. Il n'existoit point de liberté publique, & celle de l'individu étoit méconnue toutes les fois qu'il étoit utile à quelqu'homme puissant de l'opprimer.

De toutes les études, celle de la théologie étoit la plus suivie & la plus recherchée; elle tenoit à la religion, & l'on ne pouvoit parvenir aux dignités ecclésiastiques sans s'y être livré, plus ou moins long-temps. Cette science, si pourtant on peut donner ce nom à une suite de propositions obscures & de maximes abstraites, n'étoit point enseignée dans les *écoles*, comme les pères de l'église la professèrent dans les temps de la primitive église. Les pères de l'église, étant la plupart des évêques fort occupés, n'écrivoient guère que par nécessité, pour défendre la religion contre les hérétiques & les païens, & ne traitoient que les questions qui étoient effectivement proposées. Une bonne partie de leurs ouvrages sont les sermons qu'ils faisoient au peuple en expliquant l'écriture. Mais les docteurs des universités, occupés à étudier & à enseigner dans les *écoles*, séparèrent toutes les parties des études ecclésiastiques. Les uns s'attachèrent à l'explication de l'écriture, qu'ils appelèrent théologie positive; d'autres aux mystères & aux vérités spéculatives, ce qui a conservé le nom général de scholastique; d'autres à la morale & à la décision du cas de conscience. Ayant donc pour but d'enseigner dans les *écoles*, ils s'appliquèrent à traiter le plus de questions qu'ils purent & à les ranger avec méthode. Ils crurent que pour exercer leurs disciples & les préparer aux disputes, il falloit examiner toutes les subtilités que la raison humaine pouvoit fournir sur ces matières, & prévenir les objections des esprits curieux & inquiets. Ils en avoient le loisir & en trouvoient le moyen dans la dialectique & la métaphysique d'Aristote, avec les commentaires des Arabes. Ainsi ils firent à-peu-près ce que l'on fait dans les salles d'escrime & dans les académies de manège, où pour donner aux jeunes gens de la force & de l'adresse, on leur apprend bien des choses qui sont rarement d'usage dans les vrais combats. En expliquant le maître des sentences dont le livre étoit regardé comme le corps de la théologie scholastique, on formoit tous les jours de nouvelles questions sur celles qu'ils avoient proposées, & depuis on a fait de même sur la somme de saint Thomas. Mais il faut avouer que cette application à former & à résoudre des questions, & en général à exercer le pur raisonnement, a diminué pendant long-temps l'application aux études positives, qui consistent plus en lecture & en critique, comme le sens littéral de l'écriture, les sentimens des pères & les faits de l'histoire ecclésiastiques. Il est vrai que ces études étoient très-difficiles, par la rareté des livres & le peu de connoissance des langues antiques; il n'y avoit que les grandes bibliothèques où l'on pût trouver une bible avec la glosse ordinaire complette. Un particulier étoit riche quand il avoit le décret de Gratien, & la plupart ne connoissoient les pères que par ce recueil.

Telles étoient à-peu-près les choses dont s'occupoient les *écoles* en Europe, quand on commença de s'appliquer à l'étude des humanités, c'est-à-dire, principalement à l'étude de la grammaire & de l'histoire. On peut compter ce renouvellement depuis l'an 1450, & la prise de Constantinople, qui fit que tant de savans grecs se retirèrent en Italie, avec leurs livres. Car, bien que Pétrarque & Bocace eussent relevé ces sortes d'études dès le siècle precédent, ils n'avoient encore guère avancé. Mais en Grèce les études étoient assez bien conservées. Le seul commentaire d'Eustathe sur Homère, montre que jusqu'aux derniers siècles, il y étoit resté une infinité de livres & des hommes d'une grande érudition. Ainsi depuis le milieu du quinzième siècle, on vit tout d'un coup paroître une foule de savans, premièrement en Italie, puis en France & dans le reste de l'Europe, à proportion, qui s'appliquoient avec une ardeur incroyable, à lire tous les livres des anciens qu'ils purent trouver, à écrire en latin le plus purement qu'il étoit possible & à traduire les auteurs grecs. L'art de l'imprimerie qui fut trouvé en même tems, leur fut d'un très-grand secours pour avoir aisément des livres & les avoir corrects. Aussi plusieurs s'appliquèrent ensuite à faire d'excellentes éditions de tous les bons auteurs, sur les meilleurs manuscrits, recherchant les plus anciens, & en comparant plusieurs ensemble. D'autres ont fait des dictionnaires & des grammaires très exactes; d'autres des commentaires sur les auteurs difficiles; d'autres des traités de tout ce qui peut servir à les entendre, comme leurs fables, leur religion, leur gouvernement, leur milice, & jusques aux moindres particularités de leurs mœurs, leurs habits, leurs repas, leurs divertissemens. Ensorte qu'ils ont fait tous les travaux nécessaires pour nous faire entendre, autant qu'il est possible après un si long intervalle, tout ce qui reste de livres antiques, grecs & latins. Mais quelques uns se sont trop arrêtés à ces études qui ne sont que des instrumens pour d'autres études plus sérieuses. Car il y a eu des curieux qui ont passé leur vie à étudier le latin & le grec, & a lire tous les auteurs seulement par la langue, ou même à entendre les auteurs, & à en expliquer les passages difficiles, sans aller plus loin, ni en faire aucun usage. Il y en a qui se sont arrêtés à la mythologie & aux autres antiquités que j'ai marquées, qui ont recherché des inscriptions des médailles, & tout ce qui pouvoit éclaircir les auteurs, se bornant aux plaisirs que donnent ces curiosités. Quelques-uns, passant plus avant, ont étudié sur les anciens les règles des beaux arts, comme l'éloquence & la poésie, sans toutefois les pratiquer. D'où vient tant de traités de poétiques de gens qui n'étoient rien moins que poëtes, & des traités de politique faits par de simples particuliers. Enfin l'application à lire les livres anciens produisit en plusieurs un respect si aveugle, qu'ils suivirent leurs erreurs, plutôt que de se donner la liberté d'en juger. Ainsi l'on crut que la nature étoit telle que Pline l'a décrite, & qu'elle ne pouvoit agir que suivant les principes d'Aristote. D'autres au contraire, mais en petit nombre, ont affecté de contredire les anciens, & de s'éloigner de leurs principes. Mais, entre ceux qui les ont admirés, le défaut le plus ordinaire est la mauvaise imitation. On a cru que pour écrire comme eux, il falloit écrire en leur langue, sans considérer que les Romains écrivoient en latin, & non pas en grec, & non pas en égyptien ou en syriaque. On s'est piqué de faire de bons vers en latin, & même on en a fait en grec, au hasard de n'être entendu de personne; & de ceux qui, comme Ronsard & ses sectateurs, ont commencé d'en faire de françois; après la lecture des anciens, les ont remplis de leurs mots, de leurs phrases poétiques, de leurs fables, de leur religion, sans se mettre en peine si de telles poésies pourroient plaire à ceux qui n'ont point étudié; il suffisoit qu'elle fît admirer la profonde érudition des auteurs. On a imité de même les orateurs: on a harangué en latin, & on a farci des discours françois de passages latins; en un mot, on a cru que se servir des anciens, c'étoit les savoir par cœur, parler des choses dont ils ont parlé, & redire leurs propres paroles; au lieu que pour les bien imiter, il falloit choisir les sujets qui vous conviennent, comme ils se sont appliqués à ceux qui leur convenoient. Les traiter comme eux d'une manière solide & agréable, & les expliquer aussi bien en notre langue, qu'ils les expliquoient en la leur.

Cette nouvelle espèce d'études excita une manière de guerre entre les savans. Les humanistes, charmés de la beauté de auteurs antiques, & entêtés de leurs nouvelles découvertes, méprisoient le commun des docteurs qui suivoient la tradition des *écoles*, négligeant le style pour s'attacher aux choses, & préférant l'utile à l'agréable. Les docteurs de leur côté, je dis les théologiens & les canonistes regardoient ces nouveaux savans comme des grammairiens & des poëtes, qui s'amusoient à des jeux d'enfans, à de vaines curiosités. Mais les humanistes se faisoient écouter, parce qu'ils écrivoient poliment, & qu'ils avoient appris par la lecture des anciens à railler de bonne grâce. L'hérésie de Luther, qui s'éleva peu de tems après, échauffa ces querelles, & les rendit plus sérieuses. Luther vouloit réformer les études, aussi bien que la religion. Il ne falloit, suivant lui, ni philosophie, ni sciences profanes; il falloit brûler Platon, Aristote, Ciceron, & tous les livres des anciens, pour n'étudier que l'écriture, & donner tout le reste du tems au travail des mains. C'est ainsi que poussant tout à l'excès, il rendoit odieux son systême & sa personne. La résistance qu'il trouva dans les docteurs de théologie, & les censures de la Faculté de Paris, & des autres Universités, le rendirent leur ennemi irréconciliable. Il les traita avec le dernier mépris; & Melancton, son fidèle disciple, employa tout son esprit & toutes ses belles-lettres pour les tourner en ridicule. Mais les réformateurs ne persistèrent pas long-tems dans leur sévérité contre les études littéraires. Ils furent bientôt les plus ardens à étudier les humanités, voyant que l'éloquence & l'opinion d'une érudition distinguée leur attiroient grand nombre de sectateurs. Ils regardèrent ces études comme des moyens nécessaires à la réformation de l'église, & voulurent faire passer le renouvellement des lettres pour le premier signe que Dieu eût donné de sa volonté sur ce point. Il sembloit, à les entendre, que cette connoissance des langues & de l'histoire, qu'ils acquéroient par un travail assidu, fût une marque assurée d'une mission extraordinaire; & se faisant admirer des ignorans, ils leur persuadoient aisément que les docteurs catholiques ne savoient non plus la religion que les belles-lettres. Mais ils n'eurent pas long-tems ce foible avantage. Les Catholiques les combattirent bientôt par leurs propres armes, & se servirent très-utilement contr'eux de la connoissance des langues originales & des auteurs anciens, dont ils eurent soin de faire faire de belles éditions. On a donc recommencé à étudier les auteurs grecs & latins, trop peu connus dans les siècles précédens: on a étudié l'histoire ecclésiastique, les conciles, les anciens canons, les poëtes, les auteurs, & le goût des lettres a épuré les études les plus sauvages; les *écoles* ont parlé un langage plus pur, & la politesse s'y est introduite, avec la connoissance des bons auteurs.

Si, d'un côté, le renouvellement des humanités a rendu nos études plus solides & plus agréables qu'avant, il les a rendues d'ailleurs plus difficiles; car on a plutôt augmenté que changé, & l'on a voulu tout conserver. Ainsi s'est formé peu-à-peu, & par une longue tradition, ce cours d'études, qui est en *usage* dans les *écoles* publiques. D'abord, la grammaire avec la langue latine, la poétique, c'est-à-dire, la structure des vers latins, la rhétotique, & par occasion l'histoire & la géographie, puis la philosophie, les mathématiques, & ensuite la théologie, le droit ou la médecine, suivant les différentes professions.

C'est pour enseigner ces différentes parties des études qu'ont été fondés, à différentes époques, les collèges ou *écoles* publiques, tant dans la capitale que dans les provinces; l'historique n'en sera sûrement pas inutile ici, & pourra jetter du jour sur ce que nous aurons à dire de la réforme des études aux articles qui les concernent. *Voy.* EDUCATION ET INSTRUCTION PUBLIQUE.

Des *écoles* publiques établies à Paris, les unes sont destinées à enseigner les sciences; d'autres, les humanités; & l'on trouve réunies les unes & les autres dans presque toutes, &, sur-tout dans celui qui doit sa naissance à François Ier., le père des lettres.

Le collège de Sorbonne, où l'on apprend à disputer sur des matières abstraites, sans s'entendre & sans s'instruire, fut fondé l'an 1256 par *Robert Sorbon* ou de *Sorbonne*, confesseur de S. Louis, & depuis rebâti par les libéralités du cardinal de Richelieu. Cette maison, qui est belle & spacieuse, contient plusieurs logemens pour trente-six docteurs en théologie, qui sont ceux qu'on appelle *socii sorbonici*, société de Sorbonne. Ce collège a six professeurs qui enseignent la théologie, & partagent entr'eux les heures du jour pour faire leurs leçons publiques; leurs chaires ont été fondées en divers tems, & par diverses personnes. Les rois de France en ont fondé trois. La maison de Sorbonne en entretient une. *Jean de Rouen*, natif du pays de Caux en Normandie, étant procureur du collège des trésoriers, fonda une chaire pour les cas de conscience, à l'exclusion de toute autre matière, le 20 octobre 1612. Ce savant homme mourut l'an 1615; & fut enterré dans l'église des Cordeliers de Paris, vis-à-vis la chapelle du S. Sépulcre. *Claude de Pejai*, maître des comptes, fonda une autre chaire de théologie, l'an 1606.

On voit toujours en Sorbonne un grand concours d'étudians, parce que tous ceux qui veulent avoir quelque réputation de théologien, tâchent d'y obtenir les degrés de bachelier & de licencié, pour être ensuite reçus docteurs de Sorbonne. Le proviseur de cette maison est toujours un prélat choisi par les docteurs assemblés.

Une autre *école* publique de théologie est le collège de Navarre. Il fut fondé, vers l'an 1285, par la reine Jeanne, épouse de Philippe-le-Bel, roi de France & de Navarre; il fut aussi nommé collège de Champagne, parce que cette reine étoit fille & seule héritière de Henri-le-Gros, roi de Navarre, & comte de Champagne. On y enseigne les humanités, la philosophie & la théologie, & il y a une société de docteurs comme au collège de Sorbonne. Des quatre professeurs en théologie, quatre sont de fondations royales. La reine Jeanne fonda un maître dans ce collège pour enseigner la théologie, un autre la philosophie, & le troisième pour les humanités. On appelle encore ces deux derniers maîtres le principal des philosophes & le principal des grammairiens. Celui qui porte le nom de grand-maître tient apparemment la place de celui qui enseignoit la théologie au commencement de l'institution de ce collège.

Une des plus fameuses *écoles* de Paris, est celle que l'on nomme collège d'Harcourt, fondé par *Raoul d'Harcourt*, docteur en droit, & chanoine de l'église de Paris; il étoit issu des comtes d'Harcourt, famille des plus illustres & des plus anciennes de Normandie. Il voulut que les écoliers, admis dans son collège, fussent tirés des diocèses; 1°. de Coutances, où il avoit été archidiacre; 2°. de Bayeux, où il avoit été chancelier; 3°. d'Evreux, où il avoit été chantre; 4°. de Rouen, où il avoit été grand archidiacre. Son frère Robert, évêque de Coutances, acheva ce qu'il avoit si heureusement commencé. Par les statuts qu'il dressa le 9 septembre 1311, il veut qu'il y ait dans ce collège vingt-huit étudians aux arts & philosophie, & douze théologiens. *Marin de Marigny*, obtint du pape Clement V, en faveur du collège d'Harcourt, la permission de faire célébrer l'office divin dans la chapelle de ce collège, de nuit & de jour; en notes & sans notes, sauf le droit de l'évêque de Paris & du curé de S. Côme, de la paroisse duquel ce collège étoit alors; il est présentement de la paroisse de S. Hilaire, quoiqu'enclavé dans la paroisse de S. Côme. La nation de Normandie, l'une des quatre qui composent, avec celle de France, de Picardie & d'Allemagne, le corps entier de la faculté des arts dans l'université de Paris, regarde le collège d'Harcourt, comme sa maison propre, fondée en sa faveur (1). Elle y tient ses assemblées, y fait célébrer ses fêtes particulières & les services solemnels pour les morts.

Un autre collège, réuni depuis au collège de Louis-le-Grand, c'est le collège des Cholets, fondé en 1292, ainsi nommé de Jean Cholet, cardinal-prêtre, du titre de Ste. Cécile, & légat en France, qui

(1) L'étude des sciences & des arts fut jadis, comme l'administration de la justice, assujettie à des divisions, des bornes vuides d'objets; il faut espérer que l'assemblée nationale délivrera l'une & l'autre de ces sottises trop long-tems respectées.

qui laissa, après sa mort, de grands biens, pour être employés en diverses fondations. Les exécuteurs de son testament, Jean de Bulles, archidiacre du Grand-Caux, dans l'église de Rouen; Evrard de Nointel & Gerard de S. Just, chanoines de celle de Beauvais, fondèrent, avec ces legs, un collège dans l'université de Paris, en faveur des écoliers des diocèses de Paris & d'Amiens, après en avoir obtenu la permission du pape Boniface III. Ils dressèrent des statuts, achetèrent l'hôtel de Senlis, ainsi appellé de Gautier de Chambly, évêque de Senlis, à qui il avoit appartenu. Le pape Boniface VIII confirma cette fondation par sa bulle du 26 janvier 1296; ce sont les chapitres des églises d'Amiens & de Beauvais, qui nomment aux quatorze bourses de ce collège. Le collège des Cholets a donné à l'église de célèbres théologiens, comme Jean d'Aussy, boursier de ce collège; il fut confesseur de Charles VII, son grand aumônier &, trésorier de la Ste. Chapelle de Paris, en 1449, & ensuite évêque de Langres. Thomas Courcel, chanoine d'Amiens, & depuis doyen de l'église de Paris, député au concile de Basle; Robert Fournier, chanoine d'Amiens, l'un des théologiens du concile de Trente; Louis Bail, auteur d'une collection des conciles & d'autres savans, qui ont honoré & servi les lettres.

Le collège du cardinal Lemoine fut fondé par le cardinal de ce nom, pendant le séjour qu'il fit à Paris, en qualité de légat du pape Boniface VIII, l'an 1310. Il acheta, pour cet effet, l'emplacement qui avoit appartenu aux Augustins. Etant à Rome, il dressa des statuts que ce pape approuva. La nomination aux bourses de ce collège appartient au doyen & au chapitre de S. Vulfron d'Abbeville, qui doivent tirer ceux qu'ils y nomment du diocèse d'Amiens, ou des plus proches; mais l'élection des maîtres de ce collège appartient au chapitre de l'église de Paris. Le corps du fondateur est inhumé dans la chapelle du collège.

Le collège de Montaigu fut établi à la fin de l'année 1314, par les dispositions marquées dans le testament de Gilles Arcelin de Montaigu, archevêque de Rouen, & auparavant de Narbonne, en date du 13 décembre 1314. Pierre de Montaigu, cardinal de Laon, & avant évêque de Nevers, contribua de sa part à l'avancement de la fondation de ce collège, par son testament fait à l'abbaye de S. Thierri de Reims, le 7 novembre 1388; c'est de lui que ce collège a tiré son nom. Le chapitre de l'église de Paris est seul supérieur de ce collège. Le pénitencier de N. D. le prieur des Célestins & celui des Chartreux nomment aux bourses de ce collège. Les statuts qui le gouvernent, sont de Jean Standonc, maître ès-arts, & régent dans la même faculté.

Le collège du Plessis-Sorbonne fut fondé, l'an 1322, par Jacques-Geoffroy du Plessis, secrétaire du roi Philippe-le-Long. Il le fit d'abord nommer le collège de Saint-Martin: il avoit donné sa maison & tous ses biens pour l'entretien de quarante boursiers; mais voulant se rendre religieux en l'abbaye de Marmoutier, il fit un second testament, par lequel il divisa sa maison en deux parties, & en donna la moitié aux religieux de Marmoutier, étudians à Paris; ce qui fut nommé le collège de Marmoutier, que les Jésuites ont acheté du cardinal de Richelieu, abbé de Marmoutier, & des religieux, pour être uni à leur collège. On ne compte guère que douze boursiers dans le collège du Plessis, qui sont pris des diocèses d'Evreux, de Saint-Malo, de Laon & de Tours. Ce collège a été rebâti à neuf par les libéralités du cardinal de Richelieu, & mis sous la direction des docteurs de Sorbonne; c'est pourquoi on le nomme le collège du Plessis-Sorbonne.

Le collège de Lizieux fut fondé, en 1336, par les libéralités de Guy d'Harcourt, évêque de Lizieux, pour vingt-quatre écoliers; & par Guillaume d'Estouteville, aussi évêque de Lizieux; par l'abbé de Fécamp & par Colard d'Estouteville, seigneur de Torchi. La nomination des bourses de ce collège appartient à l'évêque de Lizieux & à l'abbé de Fécamp.

Le collège de Beauvais fut fondé, en 1370, par Jean de Dormans, cardinal & chancelier de France, dans le quartier de l'Université. Suivant les statuts de la première fondation, les boursiers devoient vivre en commun, porter la tonsure & l'habit bleu ou violet. Après la mort de Jean de Dormans, arrivée le 8 novembre de l'an 1373, Milès de Dormans, son neveu, évêque de Beauvais, chancelier de France, fit construire la chapelle du collège, & employa à cet édifice trois mille florins d'or, légués à cet effet par son oncle. Le roi Charles V posa la première pierre; & comme cette chapelle fut dédiée sous l'invocation de S. Jean l'Evangéliste, la rue qui y répond, en a pris le nom de S. Jean de Beauvais. La présentation de toutes les places de ce collège appartient à l'abbé de S. Jean des Vignes de Soissons, & la collation à la cour du parlement de Paris, sous la protection duquel ce collège fut mis.

Le collège de la Marche fut fondé l'an 1423, tant par Guillaume de la Marche, que par Beuve de Vintimille, qui en sont regardés, à juste titre, comme les fondateurs. Jean de la Rochetaillée, administrateur de l'évêché de Paris, en ratifia la fondation, & en confirma les statuts.

Le collège de Ste. Barbe fut fondé au mois de novembre 1546. Dès qu'il fut bâti, on y vit jusqu'à quatorze classes à la fois; neuf d'humanités, une de grec, & quatre de philosophie. Les lettres-patentes de la fondation de ce collège sont de février 1546, enrégistrées au parlement le 9 décembre suivant. Le premier principal fut Robert Certain, curé de S. Hilaire, qui a donné son nom au puits certain qui est auprès. Il y a eu dans ce collège jusqu'à deux cents écoliers, ou environ, appellés *Gilotins*, du nom de *Germani Gillot*, docteur de Sorbonne, qui, le premier rassembla dans ce lieu quantité d'écoliers, qu'il faisoit subsister & instruire; charité qui a été continuée depuis, avec succès, par Thomas Durieux, docteur de Sorbonne, & principal du collège du Plessis.

Le collège des pères Jésuites, aujourd'hui le *collège de Louis-le-Grand*, rue S. Jacques, a succédé au collège de Clermont, nommé aussi de *Louis-le-Grand*, rue de la Harpe; il fut commencé par les Jésuites, en 1563; il ne fut réuni à l'Université qu'en 1763.

Outre les pensionnaires qui étoient dans ce collège du tems des Jésuites, il y avoit aussi dix enfans françois qui y étoient instruits & élevés dans les langues orientales: on les appelloit les *enfans de langues*. Par arrêt du conseil du 18 novembre 1669, il avoit été ordonné que pendant trois ans, on enverroit, chaque année, six jeunes gens nés françois aux Capucins de Constantinople & de Smyrne, pour y être instruits dans la connoissance des langues orientales, & se rendre capables de servir de drogmans aux consuls de France dans les Echelles du Levant. Un autre arrêt du 31 octobre 1670 avoit réglé qu'il ne seroit plus envoyé que six jeunes gens, de trois ans en trois ans; & par autre arrêt du 17 juin 1718, le nombre de ces enfans de langues, envoyés aux Capucins de Constantinople, avoit été fixé à douze, & la pension de chacun réglée à 350 livres, outre 120 livres pour son habillement, une fois seulement. Le roi fut enfin informé que quelques-uns de ces enfans, envoyés à Constantinople, manquoient des dispositions naturelles, pour apprendre les langues orientales, & qu'après une longue & inutile instruction, l'on étoit obligé de les renvoyer en France. L'on n'étoit pas plus content de douze jeunes orientaux, qu'on avoit fait élever aux Jésuites de la rue S. Jacques, depuis l'an 1700. On crut que les libéralités du roi seroient mieux employées à faire instruire au même collège des Jésuites, dans la langue turque & arabe, dix enfans françois; c'est pourquoi, par arrêt du conseil du 20 Juillet 1721, il fut ordonné qu'on éleveroit à Paris au collège des pères Jésuites dix enfans françois, de l'âge de huit ans, ou environ, choisis alternativement dans les familles du royaume, & dans celle des drogmans & négocians françois, établis dans les Echelles du Levant, auxquels deux maîtres des langues arabe & turque iroient tous les jours donner les leçons, & qu'ils seroient ensuite envoyés à Constantinople, pour se perfectionner (1).

Le collège de Louis-le-Grand est devenu le chef-lieu de l'Université, celui où elle tient ses séances depuis le 10 octobre 1764, en vertu des lettres-patentes de cette époque. Par les mêmes lettres, on a réuni dans le même collège les boursiers de tous les collèges, où il n'y avoit point de plein exercice, à l'exception du collège de Boncourt, dont les boursiers sont réunis à celui de Navarre, & de ceux des Ecossois & des Lombards, qui subsistent séparément par des considérations particulières.

Les collèges de non-plein exercice, réunis à celui de Louis-le-Grand, sont ceux 1°. de N. D. 2°. des Bons-Enfans, 3°. des Trésoriers, 4°. des Cholets, 5°. de Bayeux, 6°. de Laon, 7°. de Presle, 8°. de Narbonne, 9°. de Cornouailles, 10°. d'Arras, 11°. de Treguyer, 12°. de Bourgogne, 13°. de Tours, 14°. du Ban ou de l'Ave-Maria, 15°. d'Autun, 16°. de Cambrai, 17°. de Justice, 18°. de Boissy, 19°. de Maître-Gervais, 20°. d'Ainville, 21°. de Fortet, 22°. de Chanaçon de S. Michel, 23°. de Reims, 24°. de Sées, 25°. du Mans & de Ste. Barbe.

Il y a un bureau pour l'administration du collège de Louis-le-Grand, & des collèges qui y sont réunis.

Les lettres-patentes du 20 août 1767 veulent que les boursiers du collège de Louis-le-Grand & collèges y réunis, ne puissent être admis ni renvoyés que par délibération du principal, & de quatre examinateurs qui s'assembleront toutes les fois que le principal le requerra.

Le collège des Grassins fut fondé en 1569 par Pierre Grassin, conseiller au parlement. Ce collège est de l'Université; il est composé d'un principal, d'un chapelain & de six grands boursiers, étudiant en théologie; de douze petits, étudiant en humanité & philosophie, & d'un portier. Les bourses sont pour les écoliers de la ville & du diocèse de Sens, à la collation de l'archevêque de la même ville. La chapelle a été dédiée sous l'invocation de la Ste. Vierge, par un évêque de Dignes, dont nous ignorons le nom, aussi-bien que l'année de la Dédicace de cette chapelle.

(1) *Voyez*, dans cet ouvrage, CONSUL.

La fondation de ce collège est du 16 octobre 1569.

Le collège des quatre Nations, ou le collège Mazarin, fut établi & fondé par le cardinal Jules Mazarin ou Mazarini, premier ministre en France, le 6 mai 1661. Ce collège est de l'Université. Le dessein de ce cardinal a été qu'on y entretînt & instruisît gratuitement soixante jeunes gentilshommes des familles les plus nobles, de quatre nations différentes: savoir, quinze de Vignerolle en Italie, territoire & vallées y jointes; de Cazal, & de l'état ecclésiastique; quinze du pays d'Alsace, Strasbourg & autres pays d'Allemagne contigus, & Franche-Comté; vingt du pays de Flandres, Artois, Cambrai, Hainault & Luxembourg, & dix du pays de Roussillon, Conflans & Cerdaigne: ils font preuve de noblesse, pour être reçus audit collège. On dit que ce n'est pas le roi qui nomme, mais la branche aînée des ducs de Mazarin. Les fonds affectés pour l'entretien de ce collège sont, outre l'abbaye de S. Michel-en-l'Herm, diocèse de Luçon, qui y est unie, des rentes sur l'hôtel-de-ville de Paris, & sur les cinq grosses fermes, & plusieurs maisons bâties aux environs de ce collège: on y a ouvert les classes au mois d'octobre de l'année 1688; depuis ce tems, les études y ont toujours fleuri; des professeurs capables y enseignent, avec beaucoup de succès & de réputation, les humanités, la rhétorique, la philosophie & les mathématiques à toutes sortes d'écoliers, qui y sont en très-grand nombre, & dont les classes se sont toujours trouvées remplies. Ce collège est composé de vingt officiers, qui reçoivent tous leurs appointemens sur les biens du collège, outre leur nourriture & leur logement. Les trois premiers officiers sont, savoir: le grand maître, qui a la supériorité & la préséance sur tous les officiers du collège, le procureur & le bibliothécaire. La maison & société de Sorbonne a la direction générale de tout le collège; à l'effet de quoi, elle nomme quatre docteurs, qui ont la qualité d'inspecteurs, & en font, pendant quatre ans seulement, les fonctions, s'il n'est jugé à propos de les continuer. MM. les procureurs & avocats-généraux ont le droit de visite dans ledit collège.

Le cardinal Mazarin laissa, par son testament, la somme de deux millions de livres pour bâtir ce collège: Louis XIV donna ses lettres-patentes à ce sujet, au mois de juin 1665; elles furent enrégistrées au parlement le 14 août suivant. Tous les bâtimens de ce fameux collège ne furent entiérement achevés qu'en 1674.

Indépendamment des collèges que nous venons de désigner, & où les jeunes gens peuvent acquérir le droit de maître-ès-arts, & s'ouvrir par ce titre l'entrée à certaines fonctions qu'ils ne pourroient point exercer sans lui; indépendamment de ces collèges, dis-je, il en est un considérable encore par l'étendue des connoissances qu'on y enseigne, & par la célébrité des professeurs qui y ont occupé des chaires: c'est le collège royal. Il fut fondé par François Ier., en 1530, pour l'étude des sciences & des langues savantes. Le nombre des professeurs fut d'abord porté à douze; savoir, quatre pour les langues, deux pour les mathématiques, deux pour la philosophie, deux autres pour l'éloquence, & autant pour la médecine, avec les mêmes appointemens chacun de 200 écus d'or. On leur donna la qualité de conseillers du roi, le droit de committimus, & on les fit mettre sur l'état comme commensaux; c'est ce qu'on voit par les lettres-patentes de François Ier., en date du mois de mars 1545. Les deux premiers professeurs en grec furent *Pierre Danez*, natif de Paris, & *Jacques Toussaint*, Champenois; en hébreu, *Paul le Canosse*, Juif; *Agathias Guidacerius*, Espagnol; *Oronce Finé*, Dauphinois; en langue latine, le premier fut *Barthelemi Masson*, Allemand. La médecine fut d'abord enseignée par *Vidius*, Florentin, auquel succéda *Jacques Silvius*, d'Amiens. Charles IX fonda aussi une chaire de chirurgie, & Henri IV une d'anatomie & de botanique. Henri III avoit fondé auparavant, en 1587, une chaire de professeur en langue arabe, qui fut remplie par *Arnould de Lisle*, Allemand. Louis XIII en fonda une seconde, & une autre en droit canon. *Pierre Ramus* ou *la Ramée* fonda dans ce même collège une chaire pour un professeur en mathématiques. On ne peut l'obtenir que par la dispute qui se fait en présence de monsieur le premier président, de monsieur l'avocat-général du parlement, & de monsieur le maire de la ville de Paris, qui la confèrent au plus capable. Le bâtiment du collège royal fut projetté, comme nous l'avons dit, par le roi François Ier.; mais les guerres qui survinrent, l'empêchèrent d'accomplir son dessein. Henri II ordonna que les collèges de Cambrai, ou des Trois Evêques, & de Tréguier, seroient destinés aux professeurs pour y faire leurs leçons; & Henri IV, l'an 1609, voulut exécuter ce projet; mais sa mort interrompit cette entreprise. Enfin, Louis XIII posa la première pierre du collège royal, le 18 août de l'an 1610, au lieu même où étoit anciennement le collège de Treguier. Les premiers professeurs connus en philosophie sont *François Vicomerçat*, Milanois, prédécesseur du célèbre *Pierre de la Verdure* ou *de la Ramée*, natif de Cueh en Vermandois. Il y a présentement au collège royal dix-neuf professeurs royaux, qui sont placés par le roi: il n'est point de l'Université.

Le collège royal est une des *écoles* la plus utile & la plus fréquentée aujourd'hui dans la capitale. On y trouve des instructions sur presque toutes les connoissances humaines & les lettres. En effet on y donne des leçons d'hébreu, de syriaque, d'arabe, de turc, de persan, de grec, de langue latine, de poésie, de littérature françoise, de géométrie, d'anatomie, de méchanique, de physique expérimentale, d'histoire naturelle, de chymie, de médecine-pratique, de droit canon, de droit de la nature & des gens.

On compte encore d'autres *écoles* à Paris, destinées à l'étude des sciences & des arts, telles que l'*école* de médecine, de chirurgie; celle de dessein, d'architecture; l'*école* vétérinaire à Charenton, &c.

Après avoir fait connoître les *écoles* publiques de la capitale, & présenté un apperçu raccourci de leur histoire, nous devrions peut-être en discuter ici les abus & les moyens de perfection dont elles sont susceptibles. Ce travail paroîtroit d'autant plus utile, que nous sommes au moment d'une réforme générale dans tous les genres d'établissemens & d'institutions publiques; mais plusieurs considérations nous retiennent, 1°. parce que nous avons déjà dit quelque chose des abus qui existent dans les collèges, au mot ABUS; 2°. parce que nos observations pouvant ne pas être conformes aux changemens qu'ordonnera l'assemblée nationale dans cette partie, elles deviendroient absolument inutiles; 3°. & sur-tout parce qu'il existe une partie de l'Encyclopédie uniquement destinée à développer tous les objets relatifs à l'éducation particulière & publique.

Remarquons seulement ici qu'il existe un usage infiniment propre à perfectionner l'étude dans les collèges; c'est que chaque partie de l'instruction est confiée à une personne individuellement, & que même plusieurs professeurs sont occupés de l'enseignement d'une seule chose, en se partageant entr'eux les diverses branches dont elle est composée.

Cette division du travail, portée dans l'étude des connoissances, ressemble beaucoup à celle qui a lieu dans les arts, sur-tout dans les arts de luxe, qui exigent plus de perfection. L'on sait que l'horlogerie, les étoffes, n'ont acquis le fini que nous leur voyons aujourd'hui, que parce qu'il y a un ouvrier uniquement occupé de la fabrique de chacune des parties qui entrent dans leur composition, & que l'horloger, comme l'ouvrier en drap, ne font que réunir & organiser des pièces déjà travaillées par des mains uniquement dressées à un même exercice.

De même un professeur occupé seulement d'une partie de la grammaire, de l'étude de la rhétorique ou de la philosophie, est bien plus en état de l'enseigner, parce qu'il en possède mieux les détails & les accessoires. Aussi peut-on dire, d'une manière générale, que les jeunes gens qui ont suivi avec quelque attention leurs classes à Paris, ont un fond de savoir qu'ils n'auroient jamais acquis dans les pensions ou maisons académiques.

L'étude du collège a encore cet avantage, qu'elle donne un caractère public au savoir, c'est-à-dire, que l'élève qui y a fourni sa carrière, acquiert des droits publics à enseigner ou à professer une des facultés qui composent l'Université, ce que ne donnent ni les éducations particulières, ni celle que l'on reçoit dans les pensions ordinaires.

Quelques personnes, il est vrai, regardent comme un abus, une sorte de privilège exclusif, cette faculté accordée aux élèves de l'Université, de pouvoir seuls enseigner certains arts, ou exercer une profession; mais ce n'est point un abus, ni un privilège exclusif, c'est l'effet de la notoriété publique, de l'instruction & de la nécessité de ne confier la santé, la fortune ou l'éducation des citoyens, qu'à des hommes instruits & honnêtes. Voilà l'objet du grade de maître-ès-arts & des droits que donne l'étude dans ces collèges.

Cette conditon n'est cependant pas exigée de ceux qui tiennent les petites *écoles*, & se livrent à l'instruction des enfans du peuple. Ils ne dépendent point de l'Université; leur état relève de l'espèce de jurisdiction qu'a conservée le *chantre* de la cathédrale sur les maîtres qui enseignoient jadis dans les églises le plein-chant, l'arithmétique & les principes de la religion (1).

Plusieurs arrêts du parlement de Paris ont confirmé cette autorité du grand chantre. Un du 19 mai 1628 « défend à toutes sortes de personnes » de tenir *écoles* dans la Ville, Cité, Université, » fauxbourgs & banlieue, sans la permission de » M. le chantre de l'église de Paris, à peine de » 50 liv. d'amende; défend aussi à tous maîtres » enseignant par la permission de mondit sieur » le chantre, d'avoir des filles pour les enseigner » en leurs *écoles*; semblablement à toutes maîtresses d'avoir des garçons pour les enseigner; » & leur défend encore de se pourvoir devant » autre juge que devant M. le chantre pour le » fait desdites *écoles*, à peine de destitution ».

Un autre arrêt de la cour du 2 juillet 1632 « défend au prévôt de Paris, ou son lieutenant civil, de prendre connoissance du fait des petites

(1) Nous ne rapportons point cette espèce de droit positif comme une chose excellente; il paroît que toute éducation publique doit relever du magistrat politique, comme l'éducation privée est du ressort du père de famille: nous devons faire connoître ce qui est & ce qui devroit être.

» écoles ; & à tous maîtres de se pourvoir, pour » raison de leurs fonctions de maîtres d'écoles, » pardevant autre juge que M. le chantre de » l'église de Paris ; & leur enjoint d'obéir aux » jugemens par lui rendus, à peine d'amende ar- » bitraire ».

Cette jurisdiction du chantre de Paris ne s'étend pas seulement aux personnes non-lettrées, qui voudroient tenir de petites écoles ; mais les maîtres-ès-arts même ne peuvent le faire sans sa permission ; c'est ce qui résulte d'un arrêt de la cour du parlement, du 5 janvier 1665, « qui défend à » tous maîtres-ès-arts & autres de faire la fonction » de maître des petites écoles, sans l'autorité & » la permission de M. le grand chantre de Paris ».

Il paroît que l'usage avoit prévalu d'éduquer ensemble les jeunes filles avec les jeunes garçons dans les petites écoles. Rien n'étoit si naturel & si convenable, parce que cette séparation des sexes donne lieu aux enfans d'en rechercher les motifs, allume leur imagination, & y produit des impressions plus hâtives que ne feroit la vue d'objets, auxquels leur âge ne leur permet de prendre aucun intérêt. *Voyez* Education.

Quoi qu'il en soit, plusieurs arrêts du parlement de Paris, & notamment ceux du 7 février 1554, & 19 mai 1628, défendent aux maîtres des petites écoles d'enseigner aux filles, & aux maîtresses d'enseigner aux garçons dans leurs écoles.

Pour rendre l'exercice de la jurisdiction du grand chantre plus aisée à exercer, Paris étoit divisé en plusieurs sections, & chaque section en quartiers : cette division subsiste encore. Par son moyen, chaque maître & maîtresse a son quartier exclusivement ; en sorte que si un autre maître ou maîtresse venoit s'y établir, ils auroient le droit, ou plutôt le pouvoir de les en faire sortir.

Nous ne rapporterons pas cette division, parce qu'elle est trop longue, & qu'on peut la trouver dans les réglemens des petites écoles, imprimés en 1672 par l'ordre de *Claude Joly*, chantre de l'église de Paris.

Nous ne parlerons pas des abus, des habitudes nuisibles, attachés au régime actuel des petites écoles ; nous aurons lieu de les faire appercevoir au mot *éducation* : nous observerons seulement ici que l'on ne s'est point assez attaché dans cette forme d'instruction du peuple à lui faire connoître ses droits & ses devoirs, & sur-tout à lui faire aimer la religion, quoiqu'on ait fastidieusement multiplié les moyens de lui en donner une connoissance presque théologique.

C'est ce qu'on voit dans la déclaration du roi, du 14 mai 1724 : l'art. 5 porte « qu'il sera établi, » autant qu'il sera possible, des maîtres & maî- » tresses d'écoles dans toutes les paroisses où il n'y » en a point, pour instruire tous les enfans de » l'un & de l'autre sexe des principaux mys- » tères & devoirs de la religion catholique, apos- » tolique & romaine ; les conduire à la messe » tous les jours ouvriers, autant qu'il sera possi- » ble ; avoir soin qu'ils assistent au service divin » les dimanches & les fêtes ; y apprendre à lire » & à écrire : le tout ainsi qu'il sera ordonné » par les archevêques & évêques, en conformité » de l'édit de 1695, art. 25 : veut sa majesté, » à cet effet, que dans les lieux où il n'y aura » pas d'autres fonds, il puisse être imposé sur » tous les habitans la somme qui manquera pour » l'établissement desdits maîtres & maîtresses, jus- » qu'à celle de 150 liv. par an pour les maîtres, » & celle de 100 liv. pour les maîtresses ; & que » les lettres sur ce nécessaires, soient expédiées, » sans frais, sur les avis des archevêques & évê- » ques diocésains, & les commissaires départis » dans les provinces pour l'exécution de ses or- » dres ».

L'on voit dans cette ordonnance qu'on n'avoit d'autre objet dans l'institution des petites écoles, que d'instruire les enfans de la religion seulement, ou pour mieux dire, des matières religieuses, sans leur donner les premiers élémens de la morale & de leurs devoirs d'hommes.

Aujourd'hui l'institution des écoles, tant grandes que petites, est sous la direction des assemblées administratives. Le décret de l'assemblée nationale du 12 décembre 1787, art. 11 de la troisième section, « porte que les administrations de dé- » partement seront chargées, sous l'inspection & » l'autorité du roi, comme chef suprême de la » nation & de l'administration générale du royau- » me, de la surveillance de l'éducation publique » & de l'enseignement politique & moral ».

Il résultera de l'exécution de ce décret que les municipalités auront dans chaque ville la juridiction qu'à Paris M. le grand chantre ; juridiction qui elle-même doit appartenir à l'administration de Paris. *Voyez* Education.

Nous ne parlerons pas ici des réglemens particuliers aux différentes écoles établies à Paris ou dans les provinces. Nous en avons déjà dit quelque chose aux mots *chirurgie*, *dessein* ; nous observerons seulement qu'une des écoles, dont la discipline avoit le plus de réputation, & la méthode de clarté, étoit l'école militaire de Paris.

Cet établissement est dû à Louis XV qui, par son édit de 1751, en ordonna la fondation, en régla les différentes parties, & prescrivit les conditions nécessaires pour y entrer.

Huit sortes d'enfans avoient droit d'y être admis, pourvu qu'ils fussent nobles : savoir, 1°. des orphelins, dont les pères auront été tués au service, ou des suites des blessures qu'ils y auront reçues; 2°. des orphelins, dont les pères seront morts d'une mort naturelle au service, ou après trente ans de commission; 3°. des enfans qui seroient à la charge de leurs mères, leurs pères ayant été tués au service, ou par suite de service; 4°. des enfans à charge à leurs mères, les pères étant morts d'une mort naturelle au service, ou après trente ans de commission; 5°. des enfans, dont les pères sont actuellement au service; 6°. des enfans, dont les pères auroient quitté le service par âge ou infirmités; 7°. des enfans, dont les pères n'auroient pas servi, mais dont les ancêtres auroient servi; 8°. des enfans de tout le reste de la noblesse, qui se trouveroient dans l'indigence & avoir besoin de secours.

L'édit de création veut qu'on ne reçoive les enfans que depuis neuf ans jusqu'à treize, & sachent lire & écrire, afin de les appliquer de suite à l'étude des langues; il faut qu'ils fassent preuve de quatre générations de noblesse, du côté du père au moins. Il est encore requis que les enfans soient bien faits, les difformités corporelles étant opposées à leur destination, qui est la guerre.

Cet édit a été confirmé par la déclaration du 24 août 1760.

Mais en 1776, on fit des changemens considérables dans l'*école* militaire. Il fut arrêté que le nombre des élèves seroit fixé à six cents; qu'ils seroient placés dans différens collèges de plein exercice, jusqu'à l'âge de quinze ans; qu'alors ceux qui se destineroient à la profession des armes, seroient placés dans des régimens; & que ceux qui se destineroient à la magistrature ou à l'état ecclésiastique, seroient entretenus dans d'autres collèges, pour y finir leurs études.

Les collèges choisis pour y répartir les élèves, d'après la déclaration que nous venons de rapporter, sont 1°. celui des bénédictins de Soreze, diocèse de Lavaur; 2°. celui des minimes de Brienne, diocèse de Troyes; 3°. celui des bénédictins de Teron, diocèse de Chartres; 4°. celui des bénédictins de Rebais, diocèse de Meaux; 5°. celui des bénédictins de Beaumont, diocèse de Lisieux; 6°. celui des bénédictins de Pont-le-Roi, diocèse de Blois; 7°. celui des oratoriens de Vendôme, diocèse de Blois; 8°. celui des oratoriens d'Effiat, diocèse de Clermont; 9°. celui des chanoines réguliers de Pont-à-Mousson, diocèse de Toul; 10°. celui des oratoriens de Tournon, diocèse de Valence.

L'*école* militaire a éprouvé, depuis cette époque, de nouveaux changemens; celle qui étoit établie à Paris, fut supprimée en 1787, & l'on établit un conseil de direction des études des *écoles* militaires, qui sans doute éprouvera lui-même des changemens, ne doutant pas que les assemblées administratives des provinces ne s'attachent à tirer parti des fonds & des établissemens abandonnés pour l'éducation de la jeune noblesse. *Voyez* INSTRUCTION.

ECOLIER, s. m. Celui qui fréquente ou suit habituellement les leçons d'un maître dans une école.

Les *écoliers* peuvent être considérés sous deux points de vue, relativement à leur conduite dans les écoles ou dans le public.

Sous le premier aspect, les mœurs des *écoliers* sont ce qui doit le plus intéresser le magistrat chargé d'empêcher les désordres de s'introduire dans la société; & les loix l'autorisent à punir le maître négligent ou vicieux, qui laisseroit contracter des habitudes criminelles à ses élèves.

Il y en a généralement deux de communes dans les classes, c'est l'onanisme & le callipigisme: le premier a ceci de dangereux, qu'il épuise les jeunes gens, leur rend la mémoire & le jugement débiles, l'ame foible, le corps inactif, & les vieillit avant tems. Ces maux sont sur-tout sensibles dans les sujets mûrs pour la génération de bonne heure, & qui ayant les humeurs d'une qualité âcre, ont besoin de femmes, dès que l'âge de la puberté se fait sentir.

Le second a deux causes, le vice des maîtres & l'ardeur de la jeunesse. Il n'est pas rare de voir de jeunes précepteurs faire leurs mignons de leurs élèves; l'habitude d'être ensemble, la différence des âges, les charmes de l'adolescence, la privation des femmes, la lecture des ouvrages lascifs, tels que d'*Ovide*, de *Virgile*, d'*Horace*, enflamme leur sang, excite leurs desirs, & la nature égarée commet un crime pour satisfaire un besoin.

Ces désordres tiennent à un vice universel d'éducation; celui de vouloir entasser dans des maisons grillées, un monde de célibataires, de jeunes gens, d'hommes pleins de vigueur, qui tous portent sur leur figure, ou le goût, ou le besoin de la jouissance.

Il ne sera donc jamais possible de remédier aux vices érotiques des écoles, de mettre les *écoliers* à l'abri des fâcheuses habitudes qu'ils contractent; habitudes qui se reproduisent dans l'âge mûr, si l'on ne prend le parti de mettre des femmes, où il y a des hommes; d'exiger que tout précepteur, professeur, principal, soient mariés; & de permettre aux jeunes gens de voir des courtisanes uniquement destinées à les recevoir.

Je sais bien, qu'en général, les parens ne regardent pas, comme une chose aussi criminelle, les désordres que nous venons de nommer; qu'ils aiment mieux que leurs enfans souffrent, s'épuisent, se corrompent, s'abrutissent, que d'adopter une méthode avouée de la raison, mais qui contrarieroit leurs préjugés ou leur intérêt. *Voy*. EDUCATION.

Les autres défauts des *écoliers* sont le mensonge & la gourmandise; le premier est enfant de la servitude, de la contrainte & de l'arbitraire où l'on les tient; & l'autre n'est que l'effet naturel de leur âge. Un maître sage & raisonnable peut les préserver de l'un; mais il n'est au pouvoir de personne de les guérir de l'autre.

Par rapport à l'ordre public, les *écoliers* méritent l'attention d'une police ferme & modérée. On a vu plus d'une fois de jeunes polissons commettre des désordres dans les rues, maltraiter les passans, insulter le monde, & troubler le repos de toute une ville par leur mauvaise conduite. Paris sur-tout a présenté plus d'une fois un semblable spectacle; mais aujourd'hui les *écoliers* y sont aussi soumis & dociles, qu'ils étoient bruyans & indisciplinés avant; & c'est un grand bien.

C'est sur-tout à empêcher qu'ils ne fassent des attroupemens qu'on doit s'occuper, parce qu'une fois réunis, l'amour-propre & la confiance de leur nombre les portent à des démarches qu'il n'est guères possible de punir ensuite, quelque blâmables qu'elles soient, parce qu'étant tous également coupables, & dans l'âge de la folie, on ne peut, sans une sorte d'injustice, sévir contre un ou deux, en pardonnant aux autres. Il y a encore une considération, c'est que la plupart de ces enfans appartiennent aux citoyens les plus considérés de la ville; ce qui doit nécessairement rendre circonspect, & je dirois même réservé dans les peines qu'on pourroit prononcer contr'eux.

Ce qu'on peut faire, c'est de déclarer les maîtres & maîtresses, civilement responsables des dégâts ou autres désordres qu'ils pourroient commettre. Mais il faudroit alors que les maîtres eussent sur leurs élèves une sorte d'autorité publique; que ceux-ci ne pussent leur manquer, sans encourir une peine déterminée, &c. C'est en partie l'objet que voulut remplir une ordonnance de police du 5 février 1734, concernant le respect dû aux maîtres & maîtresses d'écoles de charité, établies dans les paroisses de la ville & fauxbourgs de Paris, qui, en renouvellant l'ordonnance du 11 juillet 1731, fait défenses aux pères & mères, & à tous autres qui envoient des enfans de l'un & de l'autre sexe aux écoles de charité, établies dans les paroisses de cette ville & fauxbourgs de Paris, de tenir aucun discours offensant & scandaleux contre les maîtres & maîtresses commis à leur instruction, à peine de 50 livres d'amende; leur défend en outre de les frapper & maltraiter, ni leur faire aucune insulte en quelque sorte & manière que ce soit, à peine d'être poursuivis contr'eux extraordinairement; enjoint aux commissaires au châtelet de tenir la main à l'exécution de l'ordonnance qui sera lue au premier jour de la rentrée desdites écoles.

L'ordonnance n'est point lue à la rentrée des écoles, & les maîtres & les *écoliers* ignorent qu'elle existe.

Au reste, la police n'a eu d'autorité, jusqu'à présent, que sur les *écoliers* des petites écoles; c'est le recteur qui a droit de régir & réglementer ceux de l'Université. Quant à ceux des pensions particulières, les maîtres répondent civilement de leurs actions, & les *écoliers* sont, comme les autres particuliers, sujets aux réglemens de police.

Il est défendu aux recruteurs d'engager aucun *écolier*, & notamment de l'Université de Paris, à peine de nullité de l'engagement; il est également défendu aux revendeurs, frippiers & autres d'acheter des *écoliers* aucuns effets, livres, hardes ou autres choses.

EDUCATION, s. f. On donne ce nom à l'ensemble des soins qu'on prend des enfans, pour développer & perfectionner en eux les qualités physiques & morales.

L'éducation comprend donc l'instruction, les exercices du corps & les règles de conduite que tout homme doit suivre dans le commerce de la vie: c'est de la réunion de ces trois choses, que résulte la perfection de l'*éducation*.

Il est cependant très-vrai de dire qu'elles ne sont pas également nécessaires à toutes les classes de la société. Il en est chez qui les qualités physiques, l'adresse, la force sont plus utiles au bonheur ou à la fortune, que les talens de la mémoire & du raisonnement; tandis que d'autres n'ont besoin que des dons de l'intelligence & de la culture des lettres & des arts, pour atteindre l'objet qu'elles se proposent & qu'elles ambitionnent.

Il n'est point dans notre intention de discuter longuement ici les qualités qui caractérisent une bonne *éducation*, ni les différentes méthodes qui ont été proposées. Ces matières ont été traitées avec une étendue suffisante dans le *dictionnaire d'éducation*, & nous y renvoyons pour tout ce qu'on n'a point droit de chercher ici.

Ce qui nous intéresse sur-tout dans le plan de notre travail, est de considérer le rapport qui existe entre la magistrature politique & l'*éducation* des membres de la cité; & à cet égard, on ne sauroit disconvenir que l'autorité civile n'ait des devoirs à remplir, & que l'*éducation* publique ne soit un des objets qui doivent attirer ses regards, & fixer son attention.

Mais quel est le mode, quelles sont les règles à suivre par l'administration de la cité, quelles sont ses obligations envers les citoyens, par rapport à l'*éducation* publique? Quelle doctrine doit-elle suivie? Quel esprit doit-elle apporrter dans les fonctions qu'il lui faut remplir à cet égard? Ce sont autant de questions, qu'il est de notre devoir de traiter, ou du moins sur lesquelles il importe que nous mettions le lecteur à portée de prononcer; & c'est ce qui doit résulter des détails concis dans lesquels nous allons entrer, en nous tenant continuellement dans les termes de notre matière.

L'*éducation* naturelle de l'enfant, est celle qu'il reçoit de sa mère; la nature ne lui en a pas donné d'autre, puisque le père ne lui est pas aussi étroitement uni, & qu'en dernière analyse c'est à sa mère seule que se rapporte le soin de sa conservation, de sa nourriture, de ses habitudes, & jusqu'à un certain point, de son instruction morale; par l'état de société, le père s'est trouvé associé aux-mêmes fonctions. D'où il résulte que l'*éducation* domestique est celle que la nature & la naissance destinent aux enfans, & que ce n'est que par l'ignorance ou l'incapacité des parens que l'*éducation* publique est substituée communément à celle des familles, & par suite d'un ordre étranger au principe de l'union conjugale & des devoirs de la paternité.

L'*éducation* publique est aussi la seule, dont l'autorité publique ait droit de connoître & la seule qu'elle doive chercher à perfectionner, afin de la rapprocher, autant qu'il est possible, de celle que l'enfant recevroit de sa mère & de son père, s'ils avoient les connoissances & les talens dont il est utile que le jeune homme acquière de bonne-heure l'habitude, & sache diriger l'emploi.

Sous cet aspect, on pourroit, peut-être, dire qu'il n'a existé chez aucun peuple, une *éducation* publique digne de ce nom, c'est-à-dire une *éducation* où les individus puissent se former dans leur premières années, des idées justes de leurs droits & de leurs devoirs, apprendre les principales dispositions des loix de leur pays, acquérir enfin les connoissances élémentaires, nécessaires pour la conduite de la vie commune. Une telle éducation auroit encore l'avantage d'offrir les moyens de reconnoître, parmi tous ces mêmes individus, ceux qui annoncent une grande facilité ou des talens marqués, afin de pouvoir ensuite cultiver ces talens & les diriger vers l'utilité publique; donner à tous les hommes l'instruction qui leur est nécessaire, faire en sorte qu'aucun talent préparé par la nature ne reste inutile & méconnu, faute d'instruction; tel seroit le but d'une *éducation* vraiment publique, vraiment nationale.

Le nombre des enfans qui reçoivent une instruction capable de développer les forces naturelles de leur esprit, n'est pas à beaucoup près en France, dans ce moment, la cinquantième partie de la masse totale. On augmenteroit donc dans le rapport de cinquante à un, le nombre des hommes que leur génie, leurs lumières supérieures, pourront rendre utiles aux progrès des connoissances humaines & à la félicité publique. Ce systême d'*éducation* exige trois ordres, peut-être quatre ordres d'instruction. Il faudroit d'abord dans chaque paroisse, une instituteur qui apprît aux individus des deux sexes, à lire, à écrire, les principes généraux de morale religieuse, l'arithmétique nécessaire dans la vie commune; la géometrie suffisante pour toiser, pour arpenter, les principes élémentaires de méchanique, qui rendent capable d'entendre la manière d'agir & les usages des machines simples; quelques idées générales du systême du monde & de physique, propre à préserver des préjugés & des erreurs de l'ignorance; ce qu'il faut savoir de botanique, d'histoire naturelle pour connoître celles des productions du pays qui présente quelque utilité ou menacent de quelque danger; des élémens de morale, qui doivent renfermer le précis des devoirs & des droits, tels qu'il est utile à tout le monde de les connoître; un abrégé de la jurisprudence locale, suffisant pour empêcher les gens du peuple, d'être pour les affaires personnelles, les victimes d'une ignorance absolue.

Tout ce que comprend ce tableau, formerait la valeur d'un volume, dans lequel on apprendroit à lire. Le temps qui sépare la petite enfance de l'âge où les enfans commencent à devenir pour leurs parens une véritable ressource, & qu'on suppose de quatre ans, suffiroit pour acquérir ces connoissances; & comme on pourroit les jours de repos continuer d'expliquer les mêmes leçons à la jeunesse, comme les livres simples où elles seroient exposées, resteroient dans les familles, & qu'au bout de quelques générations, les pères & les mères seroient en état d'aider par leurs leçons particulières à l'instruction publique, il est à présumer, qu'elles deviendroient générales au bout d'un certain temps, au moins pour les classes de la société, qui, par l'excès de leur pauvreté & de leur grossièreté, ne sont point à une distance trop éloignée des habitudes nécessaires, je ne dirai point à l'acquisition, mais à la conservation des principes & des connoissances que nous venons de détailler.

Mais doit-on, comme quelques personnes le demandent, rendre commun aux hommes & aux femmes, le même genre d'*éducation*? Convient-il au bonheur de tous deux, d'avoir les mêmes principes, les mêmes talens? Non, parce qu'ils ne doivent pas tenir la même conduite dans la vie, que ce qui feroit un excellent esprit d'homme feroit souvent une femme détestable & malheureuse; que

que de quelque manière qu'on s'y prenne, la femme est par la nature condamnée à une soumission, une espèce de servitude imposée par les devoirs, je ne dis pas seulement de la fécondité, mais encore de la maternité. La femme ne doit pas, ne peut pas commander dans la société, c'est un état violent pour elle; elle le feroit mal; c'est à dire, avec trop peu de fermeté ou avec un excès de rigueur & d'emportement qui tient à sa foiblesse & à son irritabilité. L'*éducation* physique des enfans est la seule science qu'il lui importe de connoître, & elle la sait toujours bien quand la misère ou des préjugés ne la tiennent point dans l'erreur ou l'abrutissement.

Au reste, il n'y auroit peut-être pas un grand inconvénient, il y auroit du bien sans doute, à donner aux jeunes filles les connoissances générales & élémentaires que nous venons d'indiquer, pourvu cependant que le mode d'*éducation* n'altérât ni le développement des organes, ni celui de la beauté, laquelle est, même chez le peuple, un des premiers avantages d'une femme, celui qui lui donne le plus d'empire sur son mari & de moyens de bonheur.

Mais, quelles que soient la nature & l'espèce d'instruction qu'on donneroit aux jeunes filles, je voudrois que ce fût en commun avec les garçons. C'est une erreur bisarre & un moyen très-puissant d'allumer les passions de bonne heure chez les enfans, que la séparation où l'on assujettit les sexes. Il naît de là dans l'âge de l'adolescence & de la puberté des desirs violens, des amours homicides, qui troublent la raison, & détruisent la santé. La réunion au contraire, soit en public, soit sous les yeux d'un maître, est le seul remède à ces maux, & le moyen de détruire ces sentimens combustibles, qui tourmentent & appauvrissent le cœur des jeunes gens. Il y a, dès la plus tendre enfance, une douceur, peut-être est-ce un effet de cause physique, qui nous échappe; il y a une certaine douceur à se trouver près d'une personne d'un sexe différent. De là, ces petits libertinages entre les jeunes filles & les jeunes garçons, dont l'émotion est moins vive, mais plus voluptueuse peut-être, que celle que de plus grandes jouissances font éprouver dans l'âge de la virilité.

Qu'arrive-t-il aussi de cette disposition qui attire machinalement un sexe à un autre? Qu'arrive-t-il, lorsque les jeunes gens ont été continuellement privés de la présence des jeunes filles? Une erreur d'instinct bien aisée à concevoir, tous les abus de l'amour des garçons, qui, développé par le besoin dans l'adolescence, devient une habitude, & se change en crime dans l'âge mûr. L'instruction en commun des deux sexes détruiroit ce penchant, sans que pour cela l'on ait à en craindre un autre genre d'abus, celui d'une maternité avancée & immorale dans les jeunes filles; puisque cette fréquentation n'auroit lieu qu'en public, aux promenades, sous les yeux des maîtres, & aux repas; pour tout le reste, les enfans seroient isolés, leurs dortoirs seroient même séparés, s'ils étoient dans une maison ou pension commune.

Ces idées paroîtront sans doute singulières, prodigieuses, dangereuses à quelques personnes; mais indépendamment de ce qu'elles ont pour elles le suffrage d'un des plus beaux génies & des plus grands philosophes de notre siècle, elles sont conformes aux principes de la raison & aux résultats de l'expérience, qui tous n'indiquent que cette manière de détruire l'amour des garçons, & les desirs hâtifs d'une jouissance dont on affecte gauchement d'éloigner les objets, comme si on vouloit accroître l'inquiétude naturelle par l'affectation du refus. Tel enfant ne pense, ne préjuge la différence des sexes par un sentiment réfléchi, que parce qu'on lui dérobe la vue de ce que naturellement il cherche, & auquel il cesseroit de prendre un intérêt très-vif, si l'habitude le lui avoit rendu indifférent. D'ailleurs on peut parer au danger, par les soins que nous avons indiqués, & qu'il est très-aisé de prendre.

L'instruction, telle que nous venons de la présenter en raccourci, est nécessaire pour rendre réelle la jouissance des droits que la législation assure aux citoyens; elle l'est à la conservation de cette égalité naturelle, que les institutions sociales doivent confirmer, & non détruire. Un être jouit-il de ses droits, quand il les ignore; quand il ne peut savoir si on les attaque; quand la ruse & la fraude peuvent impunément lui enlever ce que la loi devoit conserver? L'égalité naturelle, qui est la jouissance égale des mêmes droits, subsiste-t-elle, je ne dis pas sans des lumières égales, mais avec cette inégalité qui emporte une dépendance réelle, & qui oblige à une confiance aveugle? Il devient donc de plus en plus indispensable de procurer au peuple l'instruction, parce que plus les sciences font de progrès, plus les hommes instruits ont de connoissances réelles, plus aussi l'on augmente la distance entr'eux, & les hommes qui n'ont reçu aucune instruction.

Dans les siècles d'ignorance, les prêtres & ensuite les jurisconsultes avec eux exerçoient cette puissance que donne sur les autres citoyens la connoissance exclusive de ce qui, dans chaque siècle, a la conduite des hommes; & l'on sait quelle influence ce pouvoir, concentré dans leurs mains, a eu sur le sort des nations de l'Europe, & jusqu'à quel point les préjugés, qui en ont été la suite, exercent encore sur nous un empire qui a survécu à toutes les révolutions.

Si, à mesure que les classes supérieures s'éclaireront, les autres restent dans l'ignorance & la ſtupidité, il en réſultera un partage dans chaque nation; il y exiſtera un peuple maître & un peuple eſclave, & par conſéquent une véritable ariſtocratie, dont la ſageſſe des loix ne peut prévenir le danger, ni arrêter les funeſtes effets.

On ſent qu'il n'eſt queſtion ici que de cette infériorité qui rend un homme dépendant d'un autre, & non de la ſupériorité de talent, de génie, ou même de ſcience. Un maître d'école n'eſt point dans la dépendance de Newton, ni un procureur dans celle de Monteſquieu: mais un payſan qui ne ſait pas compter, eſt dans la dépendance d'un maître d'école & dans celle d'un procureur, s'il ignore les diſpoſitions principales de la coutume ſous laquelle il vit.

Il en eſt de cette infériorité d'eſprit, comme de celle des corps. Dans un pays réglé par de bonnes loix, un homme d'une grande force ne tient point dans ſa dépendance ſon voiſin, qui ſera un être foible; mais un aveugle, un eſtropié ſera, malgré les loix, dans une dépendance néceſſaire de ceux qui l'entourent. Or il faut que les inſtitutions ſociales combattent, autant qu'il eſt poſſible, cette inégalité qui produit la dépendance; & il ne faut pas qu'elles laiſſent aveugles ou eſtropiés, les neuf-dixièmes des habitans qui ſont ſoumis à leur empire.

Il eſt généralement reconnu que ſi la diviſion des travaux eſt la cauſe de l'avancement & de la perfection des arts utiles, elle eſt auſſi une des cauſes permanentes de la ſtupidité du peuple; or cette cauſe agiſſant d'autant plus que la ſociété ſe perfectionne, & que les autres claſſes s'éclairent, il faut recourir au ſeul remède efficace, celui d'établir une bonne inſtruction publique; alors ce progrès dans les arts, qui, ſans l'inſtruction, eût été un obſtacle au perfectionnement de l'eſpèce, ne ſera plus qu'un beſoin.

Indépendamment de ces conſidérations, pour donner au peuple des lumières & une éducation utile, il en eſt une de la plus grande importance pour l'ordre politique, & dont nous avons ſenti & ſentons encore l'influence ſur l'état actuel des affaires nationales; c'eſt que l'ignorance du peuple accroît ſa férocité naturelle, & deviendroit, dans les momens de troubles & de révolutions, une effrayante cauſe d'anarchie, de violences & de déſordres publics.

Le peuple aveugle, ignorant, prend alors la licence pour la liberté, l'indépendance abſolue pour ſon état légal; il ne voit point dans la déſobéiſſance aux loix ſa misère actuelle & ſon eſclavage futur, parce que peu familiariſé avec les principes qui en démontrent la néceſſité, pour le bonheur général, il ne les regarde que comme des entraves que la force armée a données à la foibleſſe déſarmée; il ne diſtingue point dans l'agitation des affaires ce qui tient à la nature des choſes, de ce qui dépend de l'inconduite des hommes publics, & dans ſon aveuglement, fruit de ſon ignorance, il déchire la patrie qui le nourrit, l'autorité qui le protège, & la puiſſance qui le défend.

C'eſt ainſi que dans ces momens d'orages, où la France agitée marche à grands pas vers un nouvel ordre de choſes, le peuple a cent fois expoſé le ſalut de l'état, cent fois des inſurrections locales & ſans objet, ont compromis les travaux de la ſouveraineté; la propriété a été violée dans les provinces, la liberté perſonnelle détruite, les plus injuſtes attentats commis ſans motif, des commotions, des allarmes répandues par l'ignorance du peuple & le manque de lumières ſur ſes véritables intérêts, ſur-tout parce que de bonne heure il n'a point été aſſez pénétré de cette vérité, que ce ſont les loix qui font la force & la ſûreté commune, & que toutes les fois qu'on peut les mépriſer ou les violer impunément, l'état eſt en péril, & le peuple à la merci des tyrans.

Cette même ignorance, ce défaut de raiſonnement ſur l'ordre public dans le peuple a encore cauſé un autre malheur qui dure encore, c'eſt, la pénurie du tréſor public par le refus de payer les impôts & par les excès de la contrebande. Le peuple n'a point vu que, pour vouloir s'affranchir hors de propos, & ſans avoir pourvu aux beſoins publics d'un poids dont on s'occupe à le ſoulager, il s'expoſe à le ſupporter éternellement, par les dangers, auxquels il expoſe la choſe politique, par le défaut de revenu, par le mépris des conventions faites entre les contribuables & le tréſor de l'état.

Tous ces déſordres ſont autant d'enfans de la ſtupidité du peuple, à qui le défaut de lumières & d'habitude de raiſonner n'ont laiſſé que la triſte & dangereuſe reſſource d'agir ſans meſure & ſans but. Auſſi les intrigans, les ambitieux, les ennemis de la liberté des peuples, ſavent-ils bien connoître & profiter de ces diſpoſitions, de cette ignorance; ils n'ignorent pas qu'après avoir fait agir des machines, on peut les enchaîner & s'en ſervir enſuite pour contenir ceux qui voudroient tenter de rétablir l'ordre & la liberté publique.

Il eſt donc de l'intérêt du peuple d'être inſtruit; il eſt auſſi de l'intérêt des claſſes éclairées qu'il le ſoit, parce que celles-ci ne peuvent ſe mettre à l'abri des dangers dont nous venons de parler, qu'autant qu'elles ſeront aſſurées que le peuple eſt pénétré de cette vérité; que le reſpect des loix, la ſoumiſſion à ce qu'elles preſcrivent, fait la ſûreté & le bonheur de tous; & le peuple n'en viendra jamais là, ſans des ſoins qui l'inſtruiſent de ſes droits & de ſes devoirs ſimultanément.

Ces principes sont bien opposés sans doute à ceux qu'un auteur moderne a consignés dans un ouvrage intitulé *Vues patriotiques sur l'éducation du peuple*. Son système est d'en élever les enfans, d'après ce qu'on nous dit des anciens spartiates; c'est-à-dire de leur donner une *éducation* purement corporelle, de les dresser & habituer à tous les exercices du corps, de les accoutumer à supporter le chaud, le froid, la faim, la soif, la fatigue; à dormir sur des bancs, & à ne connoître d'autres sentimens, que ceux qui naissent du besoin physique & de l'organisation machinale.

Avec une pareille nourriture, il seroit possible de faire des hommes très-robustes; mais comme ils seroient très-ignorans & très-grossiers, ils seroient en même tems très-dangereux & très-haïssables dans la société. Un peuple n'est point heureux, par cela seul qu'il est composé d'hommes forts, mais parce qu'il l'est d'hommes éclairés, doux, humains, généreux; qualités qui ne s'acquièrent pas par la seule habitude des exercices du corps, mais par la culture de l'esprit & le développement du principe de sensibilité qui réside en nous, & qu'on doit regarder comme la véritable base de toutes les vertus privées.

Si l'auteur qui a présenté ce système d'*éducation* populaire, avoit vu de près, ce que c'est qu'un peuple uniquement doué des qualités physiques & de ce tempérament grossier qu'il regarde comme l'élément du bonheur du peuple; s'il avoit senti le malheur public qui résulte chez les nations libres de l'impossibilité de faire entendre raison, de faire goûter ses intérêts à une multitude qui ne connoît que la logique des bras, il auroit avoué qu'au total un peuple moins musclé & plus éclairé est infiniment préférable, & que les qualités d'athlète ne sont pas celles qu'on doit désirer chez des hommes qu'on veut rendre libres.

Tout au plus le système de l'auteur s'accorderoit avec les vues d'un gouvernement despotique, parce qu'on n'y cherche que des travailleurs & des esclaves, & qu'on y enchaîne avec des bras les hommes qui n'ont d'autres ressources, d'autre ressemblance avec l'humanité, que la force des bras.

Il est donc entendu que s'il n'est pas nécessaire que le fils d'un journalier ait l'*éducation* d'un magistrat ou d'un ambassadeur, du moins convient-il qu'il ait les élémens des connoissances utiles, & qu'il soit à même d'éprouver ses forces, & de s'avancer, si son caractère & son esprit le poussent vers l'étude & la réflexion.

Pour y parvenir, après avoir établi des écoles communes aux deux sexes, où l'on enseigneroit dans chaque paroisse les élémens que nous avons indiqués plus haut; on donneroit dans des colléges établis pour chaque district une *éducation* plus suivie; on y enseigneroit les élémens plus étendus de toutes les sciences, les principes de morale religieuse, auxquels on ajouteroit la grammaire, l'étude des langues les plus utiles à connoître. On enseigneroit dans un ou plusieurs colléges généraux de la province, non ces élémens, non ces connoissances qui doivent être communes à toutes les classes de la société, parce qu'elles sont utiles à toutes; mais des cours approfondis de chaque science, que chacun pourroit suivre séparément, soit dans l'intention de se livrer à l'étude de telle science, soit dans l'état qu'il voudroit embrasser. Enfin un petit nombre d'établissemens formés dans la Capitale donneroient des établissemens encore plus approfondis; toutes celles, en un mot, qui remplissent l'espace entre les premiers élémens de chaque science, & le point où elle a été portée, & qui conduisent à ce degré, où l'on ne peut plus rien apprendre que par ses propres découvertes.

On devroit peut-être préférer pour les établissemens destinés à chaque district, à chaque province, une petite ville, un bourg aux villes plus considérables, aux capitales. L'*éducation* en seroit plus salubre, les élèves y auroient plus de liberté; on ne seroit plus forcé de choisir entre une règle austère, qui dégoûte de l'étude, qui avilit l'ame, ou qui la révolte, & une indépendance qui nuit à l'application. La révolution qui change l'enfant en homme, s'y feroit avec moins de danger pour le corps, pour l'esprit, pour le développement de la sensibilité naturelle. D'un autre côté, si l'on forme ces établissemens dans les villes, un plus grand nombre d'individus peut en profiter; & il faudroit peut-être, & qu'il en existât dans les villes pour les habitans, & qu'il y en eût dans les campagnes pour ceux qui voudroient les préférer.

Ainsi l'on formeroit trois ordres d'instruction, au-dessus des simples écoles pour les connoissances élémentaires; 1°. pour tous ceux à qui leur état permet de consacrer un tems plus long à l'*éducation*; 2°. pour ceux qui sont destinés à des professions, auxquelles certaines sciences en particulier doivent servir de base; 3°. pour ceux qui veulent approfondir les sciences.

Dans ces trois classes d'établissemens, on pourroit entretenir, aux dépens du public, un certain nombre d'enfans choisis parmi ceux qui, dans la première instruction générale, auroient montré quelque talent. Alors, après avoir passé de l'instruction de leur paroisse à celle du district, ceux qui auroient confirmé les premières espérances, seroient envoyés aux colléges de la province; quelques-uns enfin de ceux-ci iroient recevoir dans la Capitale les leçons des grands maîtres, comme la récompense de leurs premiers succès. Par-là, on diminueroit la distance qui sépare les différens états de la société; puisque chaque année, quelques hommes sortis de la classe la plus nombreuse & la plus pauvre, devenus par cette institution égaux en lumières aux hommes instruits de toutes les autres, rendus capables par ce moyen des mêmes occupations & des mêmes places, formeroient une sorte de liaison entre le peuple & les classes supérieures, & combleroient l'abyme qui les sépare. Le peuple auroit des défenseurs, des appuis tirés de son sein, & les préjugés un plus grand nombre d'ennemis intéressés à les combattre. Dans l'état actuel, les hommes de mérite, sortis du sein du peuple, abandonnent presque toujours sa cause: comme ils sont en petit nombre, la route de la fortune leur est ouverte, & ils cherchent des protecteurs qui, à ce prix, veuillent bien y soutenir leurs pas.

Les détails de la manière dont ces établissemens doivent être formés; de ce qu'il faut enseigner dans chacun; de la méthode qu'il faut y suivre pour l'enseignement; des soins qu'il faut y prendre pour y maintenir l'esprit, les principes, l'objet de l'instruction toujours au niveau, & jamais au-dessous des lumières actuelles, pour en écarter les préjugés de l'esprit de routine, pour mener de front l'*éducation* de l'ame, celle de l'esprit & celle du corps, pour trouver enfin dans ces institutions le moyen de hâter, en tous les sens, le perfectionnement de l'espèce humaine: tous ces divers détails devroient être le sujet d'un ouvrage important qui nous manque, & qu'il est tems de tenter; non-seulement parce qu'on sent le besoin, mais parce que dans l'état actuel des lumières, il est possible de n'employer que des principes précis & certains pour servir de base, tant à la manière d'instruire, qu'aux élémens, aux cours des différentes sciences.

On nous fera peut-être deux objections: on nous dira qu'en instruisant le peuple, il est à craindre qu'on ne le dégoûte des métiers pénibles & peu lucratifs. Mais l'effet contraire seroit précisément la suite infaillible d'une instruction générale, répandue dans le peuple. Si des connoissances élémentaires peuvent être un moyen de subsister, c'est lorsqu'elles ne sont pas générales; ainsi on feroit précisément rentrer dans les classes laborieuses tous ceux que ces demi-connoissances, encore très-rares, en ont fait sortir.

Si tout le monde savoit écrire; si on enseignoit cet art par une méthode qui donnât en même tems une ortographe supportable, le nombre de ceux qui auroient besoin d'employer une main étrangère, seroit presque nul; il y auroit beaucoup plus d'écrivains, & moins d'emplois pour eux; leur métier deviendroit beaucoup moins lucratif que celui de laboureur; il seroit réservé pour ceux qui auroient une main excellente, ou qui pourroient vivre du fruit d'un demi-travail.

D'ailleurs, cette observation fût-elle fondée, l'employer pour refuser l'instruction du peuple, ce seroit une injure faite au genre humain. Quel droit auroient donc les hommes puissans ou éclairés de condamner une autre classe d'hommes à l'ignorance, afin qu'elle travaillât pour eux seuls? Ne seroit-ce pas imiter ces scythes qui crevoient les yeux à leurs esclaves?

On peut encore objecter peut-être les dépenses de ces établissemens; mais d'abord il en est peu d'aussi utiles, on peut dire même qu'elles sont nécessaires, comme celles qui sont destinées au maintien des loix; puisque, sans une instruction publique, on ne peut remplir le véritable objet des loix, le maintien des droits de tous. D'ailleurs, il existe déjà un grand nombre de fondations relatives à l'*éducation*, depuis les grandes universités jusqu'aux petites écoles de campagne; ces fondations, le produit des souscriprions qu'on peut ouvrir, d'autres ressources que le tems peut amener, diminueroient cette dépense, & permettroient de donner à ces institutions utiles plus de perfection & d'étendue.

La nomination à ces places d'instructeurs devroit appartenir aux assemblées des communes, des districts, des provinces. C'est aux représentans des pères de famille à remplir en leur nom un devoir si important pour leur bonheur; c'est aux représentans des citoyens à veiller sur un objet d'où dépend le sort des générationss futures. Laissons les déclamateurs répéter que la sagesse & la raison ne peuvent jamais être que le partage du petit nombre, & proposer de tromper le reste des hommes, de s'emparer de leur imagination; tandis que d'autres hommes, leurs égaux par la nature, seront chargés de penser pour eux, & de diriger leur éternelle enfance: mais observons les progrès qu'a faits la raison, quoique par-tout on ait, je ne dis pas abandonné au hasard le soin de la former, mais entouré son berceau d'illusions & de dangers; & osons espérer que les erreurs générales ne sont point un vice naturel de l'espèce humaine, mais l'effet des institutions formées dans son enfance; & que le tems approche, où les hommes éclairés pourront partager avec leurs frères le trésor inestimable dont ils ne pourroient jouir seuls sans danger pour eux-mêmes, & sans craindre de le perdre.

Telles sont les reflexions générales que la nature de notre ouvrage nous permet de traiter ici, sans nous éloigner de notre objet. On peut avoir recours au dictionnaire encyclopédique d'*éducation* pour de plus amples détails; peut-être y reviendrons-nous dans notre travail sur l'assemblée nationale, lorsque les principes & le mode de l'*éducarion* publique auront été déterminés par elle. Voyez encore les mots Ecole, Instruction publique, & le discours préliminaire, où nous examinons d'une manière générale, l'influence de l'*éducation* sur la morale, & les habitudes de la société.

Remarquons encore, que l'on doit distinguer l'*éducation* publique de l'instruction publique.

La première a pour objet de former le cœur & l'esprit des jeunes gens, dans des maisons que le gouvernement protége, & auxquelles il attache de certains droits publics, comme sont les collèges des Universités. *Voyez* COLLÈGE.

L'instruction publique renferme tous les autres moyens de répandre des lumières dans une nation, d'y entretenir le goût des sciences, des lettres, des arts, tels que les académies, les journaux, les cours publics, &c. *Voyez* ACADÉMIE, INSTRUCTION PUBLIQUE & le discours préliminaire.

Enfin nous finirons cet article par quelques réflexions sur l'*éducation* en elle-même, & les causes qui la modifient chez les hommes suivant leur caractère & leur état.

L'amour-propre, ce sentiment nécessaire à notre existence, produit en nous, dès que nous pouvons nous connoître, deux penchant assez opposés, savoir le penchant à l'indépendance & le penchant à l'imitation. Tout ce qu'on veut nous faire faire par force, nous semble un attentat contre notre liberté. En même-temps notre premier mouvement est de juger bon ce que nous voyons faire aux autres. Nous nous disons intérieurement qu'ils ne le feroient pas, s'il n'en devoit résulter pour eux aucun bien.

De-là deux sortes d'éducations; l'une, que j'appelle directe & dans laquelle les sentimens qu'on veut nous forcer de prendre rejaillissent, pour ainsi dire, hors de notre ame, en raison de la force avec laquelle ils y sont lancés; l'autre, qui est l'*éducation* indirecte, agit sur nous par notre penchant à l'imitation. Elle n'a pour moyens que des exemples, des insinuations détournées. Elle agit d'autant plus efficacement, que nous appercevons moins son influence, & que notre indépendance en est moins allarmée. Mais on voit qu'elle demande un grand art dans l'instituteur. Les plantes spontanées sont ordinairement plus vivaces que celles qu'on cultive avec le plus de soin. Les combinaisons des laboratoires chymiques, sont moins intimes que celles de la nature; la mémoire oublie facilement ce qu'elle n'a appris qu'avec effort; aussi l'*éducation* directe produit difficilement les effets qu'on en espère.

L'éducation directe ne dure que quelques années; l'indirecte toute la vie. C'est elle qui donne l'expérience. A tout âge nous profitons des exemples. Le vieillard s'instruit comme le jeune-homme, & l'ouvrage de cette *éducation* ne finit qu'à la mort.

De bons esprits ont regardé comme très-problématique l'influence de l'*éducation*. On peut leur répondre, en observant la supériorité des nations policées sur les hordes sauvages. Mais l'*éducation* indirecte a la plus grande part à cette supériorité. C'est elle, c'est ce penchant à l'imitation qui plie dès l'enfance un peuple entier à des mœurs, à des usages différens de ceux d'un autre peuple.

L'éducation directe peut être nécessaire pour acquérir de la science, des talens; l'*éducation* indirecte seule modifie nos goûts, nos mœurs, nos penchans. *L'éducation* directe emploie les châtimens, qui, en aigrissant les caractères vigoureux, abâtardissent les ames timides, & leur enseignent tout au plus la ruse & l'hypocrisie.

Le petit nombre d'hommes que la nature a doués d'un grand génie, ou d'un caractère très-prononcé en bien comme en mal, reçoivent moins d'impression de ces deux sortes d'*éducation* que la foule des hommes vulgaires. Il semble, de quelque manière qu'on les eût élevés, qu'il eussent été ce qu'ils sont. *L'éducation* de Louis XIV fut très-négligée, il a été un grand Roi. Néron & Charles IX eurent de bons instituteurs; ils furent des monstres.

C'est une jolie fable que celle de l'écrevisse qui veut apprendre à sa fille à marcher droit. J'ai vu des parens altiers gourmander l'orgueil naissant de leurs enfans: ils leur nuisoient plus par leur exemple, qu'ils ne leur étoient utiles par leurs leçons.

Montesquieu observe que nous recevons trois sortes d'*éducation* qui se contredisent: celle de nos parens, celle de nos maîtres & celle du monde; & que cette dernière renverse les deux autres. Aux raisons qu'il en donne on peut ajouter celle-ci: c'est que l'*éducation* du monde est indirecte & qu'elle a par conséquent plus de puissance.

J'observerai ici par occasion qu'on trouve des choses bien singulières dans le quatrième livre *de l'esprit des loix*, qui traite de l'*éducation*. On y dit que dans les monarchies où elle doit avoir pour base l'honneur, principe de ce gouvernement, cet honneur permet la galanterie, quand elle est jointe à l'idée de conquête; la ruse, quand elle se joint à l'idée de grandeur dans l'esprit ou dans les affaires, & l'adulation quand elle est unie à l'idée d'une grande fortune. Voilà certes un bel honneur que celui qui est fondé sur la dépravation des mœurs, la ruse & l'adulation.

ELECTION, s. f. L'action de choisir quelqu'un pour remplir une fonction publique.

Nous pourrions, sous le titre de cet article, présenter un grand développement de principes & de conséquences sur la nature de l'*élection*, sur les différens modes dont elle est susceptible, sur les droits & les devoirs des électeurs, sur les qualités & les conditions d'éligibilité; nous pourrions encore remonter aux bases du droit qu'ont toujours ou les peuples d'élire leurs magistrats & leurs représentans, quoiqu'ils en aient été souvent, je dirai même presque toujours, dépouillés. Mais ces objets grands & utiles seroient hors de place ici, ou du moins donneroient à notre travail une étendue disproportionnée avec son but principal. Ajoutez que ces matières trouveront leur place dans notre ouvrage sur l'assemblée nationale, & qu'elles y seront discutées avec toutes celles qui ont rapport à la législation & aux droits des peuples. Si quelquefois nous nous sommes permis de nous éloigner de cette manière de traiter notre sujet, c'est que alors l'état des affaires publiques l'exigeoit ainsi.

Mais aujourd'hui qu'un nouvel ordre des choses vient de s'établir en France, que la législation a éprouvé des réformes générales, que l'assemblée nationale a prononcé sur toutes les bases de l'ordre public, que les pouvoirs ont reçu une constitution, & que le peuple est rentré dans ses droits; ce seroit trop peu faire, que de traiter par forme de digression, & comme simple apperçu, des objets de la plus haute importance, & qui ont reçu un caractère positif par les décrets des législateurs.

Nous nous permettrons même de faire ici une remarque, dont le sujet a dû frapper nos lecteurs. C'est l'espèce de discordance qui règne entre l'état actuel des choses, entre celui qui existera quand notre ouvrage sera achevé & le texte de nos premiers articles. La révolution inattendue, qui s'est tout-à-coup opérée, a causé un changement total dans l'ordre politique; ensorte que les abus, que nous attaquions il y a six mois, n'existent déjà plus; & que ce que nous ne proposions que comme projet à cette époque, est aujourd'hui réellement constitué dans le gouvernement.

C'est ainsi que ce que nous disions des droits qu'ont les bourgeois d'élire les officiers municipaux dans les articles *commune*, *échevins*, &c. est aujourd'hui reconnu pour un droit constitutif de la puissance populaire, & que l'ancienne vénalité des charges municipales est universellement proscrite dans tout le royaume.

C'est ce qui résulte des décrets de l'assemblée nationale sur les municipalités, décret sanctionné par le roi, au mois de décembre 1789, & enrégistré dans les cours, à la même époque; on y lit ce qui suit sur l'*élection* des officiers municipaux & les membres des corps de ville.

Tous les citoyens actifs de chaque lieu ont le droit d'élire.

Les décrets de l'assemblée nationale ont fixé les conditions nécessaires pour être citoyen actif; celles de ces conditions qui peuvent être exigées, sont les suivantes :

1°. D'être François ou devenu François.

2°. D'être majeur de vingt-cinq ans.

3°. De payer une contribution directe de la valeur de trois journées de travail, dans le lieu où se fait l'*élection*.

4°. De n'être point dans l'état de domesticité, c'est-à-dire, de serviteur à gages.

Les mêmes décrets excluent, outre ceux qui n'ont point les conditions ci-dessus, les banqueroutiers, les faillis, les débiteurs insolvables.

Ils excluent encore les enfans qui ont reçu, ou qui retiennent, à quelque titre que ce soit, une portion des biens de leur père mort insolvable, sans avoir payé leur part virile de ses dettes, excepté seulement les enfans mariés, qui ont reçu des dots avant la faillite ou l'insolvabilité de leur père, notoirement connue.

La part virile des dettes est la portion contributive que chaque enfant auroit été tenu de payer, s'il se fût rendu héritier de son père.

Dans tous les lieux où il y a moins de 4,000 habitans, en comptant la population totale en hommes, femmes & enfans, tous les citoyens actifs se réuniront en une seule assemblée, parce que les citoyens actifs ne forment qu'environ le sixième de la population totale; & qu'ainsi, sur moins de quatre mille habitans, l'assemblée des citoyens actifs ne s'éleveroit qu'à environ 650 votans, supposé que tous fussent présens.

Dans les lieux où il y a plus de quatre mille habitans, il faudra former plusieurs assemblées; savoir: deux assemblées, depuis quatre mille habitans jusqu'à huit mille; trois depuis huit mille jusqu'à douze mille habitans, & ainsi de suite.

Les inconvéniens des assemblées par métiers, professions ou corporations, ont déterminé l'assemblée nationale à proscrire ces sortes d'assemblées; celles qui vont avoir lieu, doivent se faire par quartiers ou arrondissemens. Le premier soin des officiers municipaux actuels doit être de former, sans délai, ces quartiers ou arrondissemens, en nombre égal à celui des assemblées que la population de leur ville obligera d'y former.

Les citoyens actifs de chaque quartier ou arrondissement se réuniront au jour & au lieu indiqués par la convocation. La convocation sera faite huit jours d'avance, tant par publication au prône, que par affiches aux portes des églises & autres lieux accoutumés.

Les assemblées se formeront sous l'inspection d'un citoyen que le corps municipal aura chargé de ce soin pour cette assemblée.

Aussi-tôt que l'assemblée sera formée, elle nommera son président & son secrétaire au scrutin. Il ne sera pas nécessaire, pour consommer cette *élection*, que la majorité absolue des suffrages soit acquise, c'est-à-dire, qu'un sujet réunisse la moitié des voix, plus une : il suffira de la simple pluralité relative, c'est-à-dire, que celui-là sera élu, qui aura réuni le plus de suffrages, comparativement aux autres.

Les trois plus anciens d'âge recevront, ouvriront & dépouilleront ces premiers scrutins.

Après la nomination du président & du secrétaire, l'assemblée nommera à la fois, & par un seul scrutin, trois scrutateurs chargés d'ouvrir tous les scrutins subséquens, de les dépouiller, de compter les voix, & de proclamer les résultats.

Les trois plus anciens d'âge recevront encore, ouvriront & dépouilleront le scrutin pour la nomination des trois scrutateurs.

Ce scrutin, par lequel chaque votant écrira à la fois, & dans le même billet, les noms des trois personnes qu'il nommera pour être scrutateurs, est celui qu'on appelle scrutin de liste, par opposition au scrutin appellé individuel, par lequel on vote sur chaque sujet séparément, en recommençant autant de scrutins, qu'il y a de sujets à élire.

Quand les trois scrutateurs auront été nommés, l'assemblée procédera à la nomination des membres qui devront composer le corps municipal.

Cette nomination sera faite par la voie du scrutin de liste double; c'est-à-dire, que les votans écriront à la fois, & dans un même billet, non-seulement autant de noms qu'il y a de membres à nommer suivant la population du lieu, mais qu'ils voteront pour un nombre de sujets, double de celui des membres à élire, & écriront tous ces noms ensemble dans leur billet.

Les scrutateurs de l'assemblée feront le dépouillement du scrutin, en inscrivant de suite, par forme de liste, tous les noms sur lesquels les suffrages auront porté, à mesure qu'ils se présenteront par l'ouverture des billets, & en notant, à la suite de chaque nom, le nombre des voix que ce nom recevra par chaque nouveau billet, dans lequel il se trouvera inscrit.

Quand il n'y aura qu'une seule assemblée dans le lieu, le résultat du scrutin de cette assemblée consommera l'*élection*; mais dans les communautés plus nombreuses où il y aura plusieurs assemblées, l'*élection* ne sera faite que par le résultat général, & additionné de tous les suffrages portés sur chaque nom par tous les scrutins des différentes assemblées. La raison en est que toutes les assemblées particulières de chaque ville ou communauté ne sont que des sections de l'assemblée générale des citoyens de cette ville ou communauté.

Pour connoître ce résultat général de tous les scrutins, chaque assemblée particulière formera dans son sein le dépouillement & le récensement de son scrutin contenant la mention du nombre de suffrages que chaque citoyen aura obtenue en cette assemblée, & elle fera parvenir ce récensement à la maison commune ou maison-de-ville. Là, le récensement général de tous les scrutins des assemblées particulières sera fait par les officiers municipaux en exercice, en présence d'un commissaire de chaque assemblée particulière, si elle juge à propos d'y en envoyer un, comme elle en a le droit; & c'est le résultat général de ce récensement de tous les scrutins particuliers, qui déterminera l'*élection*.

Il y a une différence à remarquer entre la forme d'élire le maire, & celle de nommer les autres officiers municipaux.

Le maire, chef de toute municipalité, soit de ville, soit de campagne, est nommé au scrutin individuel, & ne peut jamais être élu que par la pluralité absolue des voix, c'est-à-dire, par la moitié, plus une : si, lorsqu'on aura été obligé de passer au second tour de scrutin, ce second tour n'a pas encore produit la pluralité absolue en faveur d'un sujet; en ce cas, il faut faire un troisième tour de scrutin, pour voter seulement entre les deux citoyens qui seront nommés & déclarés à l'assemblée avoir réuni plus de suffrages, par le dernier scrutin; & si, à ce troisième scrutin, les suffrages se trouvoient partagés entre les deux citoyens, sur lesquels on a voté, alors le plus ancien d'âge seroit préféré.

Il n'en est pas de même pour la nomination des autres officiers municipaux, qui sont élus par scrutin de liste double.

Ceux qui ont obtenu la pluralité absolue au premier tour de scrutin, sont définitivement élus.

S'il reste des places à remplir, pour lesquelles aucun sujet n'a eu la pluralité absolue, on fait un second tour de scrutin, par liste double, du nombre seulement des places qui restent à remplir; & l'*élection* n'a encore lieu cette seconde fois qu'en faveur de ceux qui obtiennent la pluralité absolue.

Enfin s'il est nécessaire de passer à un troisième scrutin pour completter le nombre des membres à élire, ce dernier scrutin se fait de même par une liste double du nombre des places qui restent à remplir; mais la simple pluralité relative des suffrages suffit, cette troisième, pour déterminer l'*élection*.

Aussi-tôt que le résultat du scrutin aura été constaté, les citoyens élus seront proclamés par les officiers municipaux en exercice; le rang de proclamation sera réglé entre tous les membres élus, à raison du plus ou du moins grand nombre de suffrages que chacun d'eux aura obtenus;

& en cas d'égalité de suffrages, par l'ancienneté d'âge.

Les citoyens votans en chaque assemblée auront soin de ne porter leurs suffrages que sur des sujets éligibles.

Pour être éligible à l'administration municipale, il faut, 1°. être membre de la commune, à qui la municipalité appartient; 2°. réunir aux qualités de citoyen actif, détaillées ci-dessus, la condition de payer une contribution directe plus forte, & qui monte au moins à la valeur locale de dix journées de travail. Les parens & alliés aux degrés de père & de fils, de beau-père & de gendre, de frère & de beau-frère, d'oncle & de neveu, ne peuvent être en même tems membres du même corps municipal.

Les citoyens qui occupent des places de judicature, & ceux qui sont chargés de la perception des impôts indirects, ne sont point éligibles, tant qu'ils exercent ces fonctions réputées incompatibles avec celles de la municipalité.

Ceux des officiers municipaux actuels que leurs concitoyens jugeront dignes de la continuation de leur confiance, pourront être nommés à la prochaine *élection*.

Il sera bien essentiel d'observer exactement les deux dispositions suivantes, indispensables pour garantir la sûreté & la fidélité des *élections*.

La première est que, dans toutes les communautés où il y aura plusieurs assemblées particulières, elles soient toutes convoquées pour le même jour & à la même heure: la seconde est que les scrutins de ces assemblées particulières soient recensés à la maison commune, sans aucun délai; de manière que s'il devient nécessaire de passer à un nouveau tour de scrutin, il puisse y être procédé par les assemblées particulières, dès le jour même, & au plus tard le lendemain.

L'unique objet des assemblées convoquées pour élire, étant de faire des *élections*, les citoyens actifs ne peuvent point rester assemblés après les *élections* finies. Le président de chaque assemblée particulière doit la dissoudre, & déclarer la séance levée, aussi-tôt que toutes les nominations auront été faites & proclamées.

Les citoyens actifs ne pourront point s'assembler de nouveau en corps de commune, dans l'intervalle d'une *élection* à l'autre, sans une convocation expresse, ordonnée par le conseil général de la commune; mais cette convocation extraordinaire ne pourra pas être refusée, lorsqu'elle sera requise par le sixième des citoyens actifs dans les communautés au-dessous de quatre mille ames, & par cent cinquante citoyens actifs dans toutes les autres communautés.

Ces dispositions concilient, par un juste tempérament, ce que la constitution doit, d'une part, à la liberté des individus, & au légitime exercice de leurs droits, avec ce qu'elle doit, d'autre part, au maintien de l'ordre & à la tranquillité publique. *Voyez* MUNICIPALITÉ ET POLICE.

EMPIRIQUE, s. m. C'est un homme qui exerce la médecine ou une partie de la médecine, sans avoir les connoissances & les qualités nécessaires à un médecin. *L'empirique* diffère du charlatan, en ce que ce dernier est un affronteur qui souvent ne croit ni à ce qu'il dit, ni à la vertu de la drogue qu'il débite; l'*empirique* au contraire croit quelquefois être en possession d'un grand secret, & trompe de bonne foi: de plus, le mot charlatan est plus général que celui d'*empirique*. Il y a des charlatans dans tous les états, il n'y a des *empiriques* qu'en médecine.

Le magistrat de police a le plus grand intérêt; c'est un de ses devoirs d'empêcher les maux, les accidens que ne manqueroient point de produire l'empirisme & le charlatanisme dans une ville, si l'on les livroit à eux-mêmes. C'est dans cette vue, que l'ordonnance de Blois, art. 87, a défendu l'exercice de la médecine à quiconque ne seroit point reçu dans quelque université. Suivant plusieurs déclarations du roi & arrêts du parlement, il est fait défenses à toutes personnes de professer la médecine dans la ville & fauxbourgs de Paris, s'ils ne sont docteurs ou licenciés en la faculté de médecine de l'université de cette ville, ou médecins d'autres facultés, approuvés par celle de Paris, à l'exception des médecins exerçant leur profession auprès de la personne du roi & de la famille royale.

Plusieurs sentences de police, confirmées par arrêt, ont condamné des *empiriques* & médecins non approuvés, à l'amende de 500 liv. & même à vuider la ville dans les vingt-quatre heures.

Comme les opérations de la main demandent aussi une connoissance suffisante des organes du corps humain, & une habitude, qui est l'effet des dispositions naturelles & de l'expérience, il est également défendu à toutes personnes d'exercer la chirurgie, s'ils n'ont été reçus & approuvés en la manière prescrite par les statuts de l'art, lesquels exigent, à juste titre, plusieurs années d'étude, & les titres acquis de maître en chirurgie.

Les *empiriques* prennent toutes sortes de masques pour tromper les hommes crédules. C'est dans les siècles même les plus éclairés, & dans les pays les plus policés, que se multiplient ces hommes dangereux, qui annoncent des cures merveilleuses par des moyens qui, parce qu'ils sont inconnus à la multitude, excitent la confiance & l'admiration du vulgaire, & n'en sont pas moins meurtriers ou condamnables.

C'est

C'est à la police à surveiller ce désordre, à le contenir, & à maintenir la sévérité des ordonnances qui proscrivent l'*empirisme*. Le peuple, aveugle & confiant, a besoin qu'on l'arrache à l'erreur; & ce n'est point attenter à la liberté, aux droits individuels d'exiger qu'aucun homme ne professe la médecine, ne s'annonce comme instruit dans l'art de guérir, qu'il n'ait des titres suffisans de son savoir & de ses études. *Voyez* CHARLATANS, CHIRURGIEN, MÉDECIN.

ENCOIGNURE, s. f. C'est le nom qu'on donne à l'angle saillant, que fait l'alignement de deux bouts de maisons sur une rue.

L'alignement des *encoignures* appartenoit jadis au lieutenant de police; aujourdhui, cette partie de la voierie, ainsi que tout ce qui en dépend, appartient à un des départemens de la municipalité. *Voy.* l'article ALIGNEMENT.

Nous avertirons seulement le lecteur que lorsque nous l'avons rédigé, la nouvelle municipalité n'existoit point encore, & qu'en conséquence nous avons suivi les erremens de l'ancien droit positif. *Voyez* VOIERIE.

ENFANT, s. m. Celui dont les forces physiques & morales sont insuffisantes pour sa conservation, & qui par-là semble avoir encore besoin du secours des autres, & communément de celui de ses parens pour se conduire. On regarde comme dans cet état tous les *enfans* qui ne sont point majeurs, c'est-à-dire, les filles au-dessous de vingt ans, & les garçons au-dessous de vingt-cinq.

Les erreurs, auxquelles n'ont cessé de donner lieu, en matière d'administration de police, les préjugés sur l'autorité, les droits & les pouvoirs des parens, à l'égard de leurs *enfans*, nous forceront d'entrer ici dans quelques détails, & de développer des principes qui, quoique nouveaux pour bien du monde, n'en sont ni moins utiles, ni moins fondés en raison.

Une des causes les plus générales de ces abus d'autorité paternelle, dont nous parlons; & de l'esclavage dans lequel ils ont tenu les *enfans*, est l'idée folle & bisarre qu'un fils est la propriété de son père; qu'il lui appartient comme un domaine; & que tant qu'il est mineur aux yeux de la loi, il n'a ni liberté, ni droit social; ensorte que c'est une véritable machine uniquement dirigée par une volonté étrangère.

De-là cette jurisprudence, ces loix absurdes & vuides de principes, sur la puissance paternelle, la soumission aveugle qu'on exige des *enfans*, & tout le systême de la féodalité domestique.

De là encore l'oubli des droits de la mère, de ceux de la famille, & les maximes en usage dans les pays de droit écrit; reste de la législation guerrière des Romains.

Il est tems de revenir sur ces idées asservissantes, sur ces bases de servitude, qui ont fait, des pères de famille, autant de monarques d'autant plus absolus, qu'on a généralement & trop adroitement peut-être, affecté de jetter le blâme sur l'*enfant* courageux qui ose dénoncer au pouvoir public les excès du despotisme paternel.

Examinons donc ces questions, 1°. quels sont dans l'état de nature les fondemens & les limites de l'autorité paternelle?

2°. Y a-t-il de la différence entre les droits de la mère & ceux du père?

3°. Jusqu'à quel point les loix peuvent étendre ou limiter cette autorité (1)?

Depuis que le génie philosophique a porté dans le systême des connoissances & des institutions humaines, l'esprit d'examen & de doute, une foule de questions qui paroissoient décidées depuis long-tems, ont été de nouveau soumises à la discussion publique, & approfondies avec une attention, une impartialité inconnue aux siècles qui nous ont précédés.

De cette heureuse & subite révolution, dans l'empire des lettres & de la raison, sont sortis des sillons de lumière, qui ont éclairé les hommes sur leurs erreurs & leurs préjugés.

Une grande conjuration semble tout-à-coup s'être formée contre l'intolérance & la barbarie. Et quels hommes en furent les chefs! Un Bayle, un Montesquieu, un Beccaria, un Voltaire, un Rousseau; tant d'autres encore qui, dans leurs écrits, se sont fait un devoir de défendre la nature & l'humanité par-tout où d'absurdes usages, d'injustes maximes, s'efforçoient de les anéantir ou de les faire oublier.

Si les salutaires effets de ce grand changement ne se sont point également fait sentir à toutes les branches des connoissances humaines & des institutions sociales, c'est que, parmi les réformes tentées par la philosophie, il en est qui ont besoin d'un secours étranger pour devenir vraiment utiles en concourant au bonheur de la société; c'est que des intérêts de préjugé ont mis obstacle à ce que

(1) En 1785, l'académie des sciences de Berlin proposa, pour sujet du prix qu'elle distibue tous les ans, les trois questions que nous rapportons ici: le discours que nous rapportons ici, est celui que nous destinions au concours; des circonstances particulières nous empêchèrent de l'envoyer; nous le donnons tel que nous l'avions rédigé: il faut se rappeller cette circonstance, pour ne pas trouver étrange la forme oratoire qu'il a, & qui ne peut être celle d'un ouvrage purement élémentaire.

l'homme ne devînt aussi heureux qu'il a droit de l'être; c'est qu'au milieu des clameurs du fanatisme, la vérité a peine à se faire entendre; c'est qu'une génération vieille & déjà mourante se croit intéressée à repousser des vérités qu'elle rougiroit de devoir à une nouvelle génération.

Voyez en effet combien les hommes secouent difficilement le joug de leurs anciennes habitudes, même lorsqu'elles sont injustes, même lorsqu'elles sont absurdes, même lorsqu'elles sont inhumaines. Malheureuse vérité que confirme l'exemple de tous les peuples & de tous les tems!

C'est à ce respect superstitieux & aveugle pour les usages antiques, que nous devons attribuer le peu de progrès qu'a faits dans un grand nombre d'états de l'Europe l'art du gouvernement & de la législation. Voilà l'origine de l'incohérence & de la barbarie qui règnent dans la jurisprudence de presque tous nos tribunaux (1). Des maximes dictées par un gouvernement tout militaire, des décisions émanées de peuples ignorans & féroces, forment encore la base du droit public & privé de nos provinces. Rome, qui ne tyrannise plus la terre par ses légions, tient encore une partie du monde sous l'empire de ses loix despotiques. Les douze tables font encore des injustices & des malheureux tous les jours parmi nous.

En vain quelques grands hommes se sont élevés contre cette erreur universelle; en vain des écrivains célèbres ont fait voir dans le code civil & criminel des peuples policés les plus injustes loix, les plus révoltantes décisions; une puissance sans doute attachée au malheur des hommes a rendu leurs efforts impuissans: le préjugé règne, la raison se tait, ou si quelquefois elle ose prendre la défense de la justice & de la vérité, n'est-ce pas toujours en s'exposant à des duretés, à des persécutions injustes?

Ces considérations ne sont point étrangères au sujet que j'ai à traiter ici, puisqu'il est étroitement uni à la législation universelle & au bonheur des hommes. Des erreurs déplorables naissent tous les jours des fausses idées que l'on s'est faites du pouvoir paternel; & l'on doit regarder comme une des faveurs dues à la philosophie de notre siècle, le desir que l'on a eu d'en soumettre l'examen à la discussion publique.

Cette importante matière mérite l'attention des jurisconsultes philosophes, des magistrats, de tous les hommes; & je m'estimerai très-récompensé des soins que j'aurai pris à la discuter, si je peux parvenir à en faciliter la connoissance par le développement des réflexions qu'elle m'a donné lieu de faire, & des principes que j'ai cru pouvoir établir en conséquence.

De toutes les questions agitées par les philosophes & les savans, il en est peu où les sentimens soient plus partagés que dans celle qui regarde les fondemens de l'autorité paternelle.

Trompés en grande partie sur la nature même de cette autorité, ils n'ont pu que s'égarer en recherchant son origine & son principe. Subjugués par l'habitude, entraînés par l'opinion, pleins des notions vagues & arbitraires qu'établissent les préjugés, ils ont souvent pris le fait pour le droit, & supposé démontré ce qui étoit en question: de-là est née chez quelques peuples cette fausse doctrine sur les droits des parens, qu'on a voulu assimiler à ceux de propriété; de-là sont sorties toutes ces décisions dures & partiales sur les devoirs des *enfans*; de-là enfin toutes les erreurs répandues sur cette partie de la législation.

Mais cette filiation de faux principes & de dangereuses conséquences n'a point d'autre origine que la manière de raisonner de la plupart des hommes. Livrés à leurs systêmes, à leurs idées, ils abandonnent trop facilement la nature, négligent trop souvent de la consulter & de recueillir ses décisions, lors même qu'il est question de prononcer sur des objets qui lui sont immédiatement soumis, & qui ne reconnoissent que ses loix.

Pour éviter cet écueil, je me rapprocherai, autant qu'il me sera possible, de la marche qu'indique la nature dans la recherche du vrai; je suivrai par-tout la route qu'elle a tracée, & dont nous ne saurions nous éloigner, sans courir les risques de prendre les écarts de notre imagination pour les conseils de la sagesse & de la raison.

Ce sera donc avec toute l'impartialité dont je suis capable, que je discuterai les fondemens de l'autorité paternelle. Indifférent pour tous les systêmes, je n'en suivrai exclusivement aucun, sans égard même pour l'autorité & la réputation de ceux qui les auront établis; je les combattrai tous indistinctement, lorsqu'ils me sembleront opposés aux lumières de la raison ou aux principes de l'équité.

Cette manière de raisonner ne sauroit déplaire aux esprits raisonnables; car, pour le dire en passant; c'est une chose absolument essentielle dans les questions tant soit peu importantes, que cette indifférence pour toute autorité étrangère, ou quelquefois même nuisible à la recherche de la vérité. C'est à elle que nous devons en partie les progrès des arts & de la philosophie: & qu'on ne pense pas cependant que ce soit une chose si facile, que cette manière libre de penser. Les traces que l'éducation laisse

(1) On ne doit point oublier que ceci fut fait en 1787; ce qui, au reste, ne change rien au fond des principes qu'on y établit.

dans notre ame, l'ascendant de l'exemple, la prodigieuse force de l'habitude, & par-dessus tout l'esprit de système, sont de puissans ennemis qui s'y opposent, & qui finissent enfin par nous courber sous le joug des préjugés, si nous ne nous roidissons pas courageusement contre leurs efforts.

Je suivrai l'ordre des questions, indiqué ci-devant, dans la suite de ce discours. C'est le plus simple, & celui qui mène le plus naturellement à une discussion complette, à une analyse exacte du sujet proposé. Mais avant d'entrer en matière, tâchons de nous former une idée de ce qu'on entend ou doit entendre par *état de nature*, c'est une connoissance essentielle à la discussion du sujet.

De l'état de nature.

L'état de nature est celui dans lequel un homme ne reconnoît d'autre loi que celle de sa conservation. Cette loi lui assure la liberté de faire ce qu'il juge avantageux à sa personne, & lui donne le droit de punir personnellement quiconque oseroit porter atteinte à son existence. Il est le juge sans appel de ce qu'il doit faire, ou ne pas faire pour son bien.

Cette puissance indéfinie, dont jouit tout homme dans l'état de nature, est fondée sur son attachement à la vie, sur le besoin de sa conservation & sur le droit qu'il a d'y veiller. Elle constitue ce qu'on appelle *le droit naturel*.

Ce droit n'a d'autre règle que la raison, d'autre mesure que celle des besoins de celui qui en jouit.

L'état de nature suppose donc, comme on le voit, une liberté indéfinie, une égalité parfaite entre tous les individus qui s'y trouvent. Sans ces deux conditions inséparables l'une de l'autre, l'homme ne pourroit point exercer son droit naturel; il ne sauroit veiller efficacement à sa conservation.

Si l'homme, dans l'état de nature, a le droit de punir lui-même quiconque chercheroit à le troubler dans ses franchises & dans l'exercice de son droit naturel, cette vengeance est circonscrite par les loix du besoin & de la nécessité; en sorte qu'il suffit à l'offensé de mettre le coupable dans l'impossibilité de nuire, sans qu'il lui soit permis de se livrer à une cruauté inutile, qui ne tendroit qu'à satisfaire sa passion, en même-tems qu'elle violeroit le droit naturel des autres.

Cette loi, qui défend de pousser la punition au-delà des limites nécessaires pour punir le crime, limite aussi le droit naturel de l'homme, aux choses suffisantes à ses besoins & à sa conservation; en sorte que si pouvant subsister avec une quantité déterminée de fruits, il en prend le double, & en prive ainsi les autres hommes, alors il commet une usurpation & un délit contre le droit naturel. Quiconque manquera de nourriture, aura le droit de ravir & de s'approprier celle que l'usurpateur aura de trop.

Tels sont les fondemens de la morale naturelle antérieure à toutes espèces de conventions sociales, & sans laquelle toute législation ne seroit qu'un système d'injustice & d'oppression. Plus les loix s'en rapprochent, & plus on doit les respecter, parce qu'elles sont alors plus adaptées à notre nature & à notre origine.

Si donc, comme l'on n'en sauroit douter, la nature a voulu que tous les hommes naquissent égaux & libres, puisqu'elle a voulu qu'ils veillassent tous également à leur propre conservation; que devient alors le système de ceux qui regardent l'esclavage comme une chose établie par la nature même? Qui ose citer en preuve l'autorité paternelle comme un témoignage de la supériorité absolue d'un homme sur un autre? Ce système, tout absurde qu'il est, a eu des partisans célèbres, qui ont cru voir dans le droit des parens un pouvoir arbitraire, une puissance indéfinie sur les *enfans*, la source & la base du despotisme. C'est ce que nous allons examiner.

§. Ier.

Quels sont, dans l'état de nature, les fondemens de l'autorité paternelle?

Ce n'étoit point assez; pour remplir les vues bienfaisantes de la nature, que tout être animé fût assujetti à la reproduction de son semblable, par l'invincible attrait du plaisir. Cette ardeur voluptueuse n'eût été qu'une flamme impuissante, un acte stérile & perdu pour la conservation des individus, si le moment qui leur donna l'être, n'eût été suivi du soin de leur conservation.

Mais si-tôt qu'une heureuse fécondité a donné naissance à quelque être animé, sa conservation devient l'unique occupation, la seule sollicitude, l'objet de toute l'attention de ses parens.

Sans doute elle étoit indispensable cette tendre protection des pères & des mères. Car, si vous jettez les yeux sur l'état de foiblesse, d'ignorance & de douleur, où se trouve un *enfant* en naissant; à combien d'accidens ne le trouverez-vous pas exposé? Que d'ennemis l'entourent! que de besoins l'assiègent! Foible & languissant, la vie ne semble que commencer chez lui; elle va bientôt s'évaporer même, si les soins de sa mère, si son lait & ses attentions ne se hâtent point de la fixer dans ce corps fragile & à demi-vivant.

Mais ce qu'il y a d'étonnant aux yeux du philosophe, dans cette conduite empressée des parens pour leurs *enfans*, c'est qu'elle n'est point réfléchie, c'est qu'elle est l'effet d'une cause impérieuse & toujours active, qui nous porte à remplir agréablement ce devoir de la nature.

Quoiqu'il ne soit point facile de prononcer juste sur la cause d'un pareil phénomène, il n'en est pas moins vrai que nous devons regarder la douceur que nous trouvons à élever nos enfans comme une des faveurs de la nature, qui mérite notre admiration & notre reconnoissance, & qui nous prouve sa profonde sagesse, & l'intérêt qu'elle prend à notre conservation.

Me permettra-t-on de prévenir ici l'objection que l'on pourroit faire contre cette tendresse naturelle, en lui opposant l'abandon criminel, où des parens insensibles laissent leurs *enfans*, & les traitemens durs & condamnables qu'ils leur font éprouver?

Ces calamités sont grandes sans doute; mais elles sont le fruit de nos vices, de nos usages &, le dirai-je, de nos loix: elles ne prouvent donc rien contre ce plaisir inné, cet empressement naturel, que nous avons à élever nos *enfans*.

Ainsi donc c'est sur l'amour des parens, c'est sur leur protection & leurs soins, que la nature a fondé la conservation des *enfans*; & pour donner à cette loi générale le caractère de tous ses ouvrages, elle a voulu que l'homme trouvât dans cette occupation une satisfaction & des charmes plus grands encore que les peines auxquelles elle peut l'exposer.

Eh! sans ces soins, sans cette surveillance si sagement ordonnée par la nature, si universellement observée par tous les êtres sensibles, bientôt une dépopulation générale désoleroit l'univers, la froide mort, un silence affreux régneroit sur l'espace aujourd'hui peuplé d'une multitude innombrable d'animaux de toute espece. Créer n'étoit point assez, il falloit conserver, & l'un n'étoit rien sans l'autre.

Voilà la première base de l'autorité paternelle. C'est sur cette obligation, ce devoir imprescriptible de conserver leurs propres *enfans*, que repose le droit qu'ont les parens de se faire obéir.

Inutilement en effet la nature eût-elle assujetti les pères & mères à la nécessité, à la loi de veiller sur la vie & la conservation de leurs *enfans*, si ceux-ci n'eussent point été en même-temps soumis aux décisions de leurs parens; si, livrés à leur foiblesse & à leur misère, l'expérience paternelle n'eût été, par leur insubordination, qu'une ressource impuissante pour eux, un secours fragile & incertain.

Mais voyez comme la nature a pourvu à ce que cette soumission des *enfans* fût aussi complette & aussi longue que l'exigent la foiblesse de leur âge & le tems de leur éducation.

Tant que l'*enfant* ne peut s'être d'aucune utilité à lui-même, tant que sa foiblesse ne lui permet pas de faire usage de ses organes, & de fournir à ses besoins, sa volonté n'a aucune énergie; elle est encore à naître: il ne désire que vaguement, ses facultés sont enchaînées, ses sens endormis, l'empire de ses parens sur lui semble absolu; il ne peut y opposer aucune résistance, il n'a pas même le sentiment de la liberté.

Aussi est-ce dans ce tems que les secours de son père & de sa mère lui sont principalement nécessaires; & comme il ne peut absolument s'en passer, rien aussi en lui ne s'oppose à ce qu'ils lui soient accordés de la manière que les parens jugent la plus convenable à sa conservation & à son bonheur.

Mais à mesure que ses organes se développent, que sa volonté se fortifie, les secours de ses parens lui deviennent moins nécessaires; il peut déjà s'en passer à bien des égards, il commence à sentir l'énergie de sa liberté naissante, il l'essaie; & bientôt aidée de ses forces, elle circonscrira l'étendue du pouvoir paternel.

La soumission de l'*enfant*, au pouvoir de ses parens, n'est donc qu'une condition nécessaire à l'exercice du pouvoir tutélaire, que les parens exercent sur lui. Si le père & la mère eussent pu surveiller efficacement les premières années de la vie de leurs *enfans*, sans exiger d'eux une soumission entière à leur volonté, cette obéissance eût été inutile, & n'eût pas eu lieu; car la nature ne fait rien en vain.

L'on peut donc dire que l'essence du pouvoir des parens consiste, dans la nécessité où ils sont, de se faire obéir de leurs *enfans* dans tout ce qui peut influer sur leur conservation, & cela aussi long-tems seulement que la foiblesse & l'ignorance de ceux-ci nécessiteront cette obéissance.

En effet, c'est uniquement pour conserver leurs *enfans*, que les parens peuvent les commander; c'est pour les secourir, qu'ils ont pouvoir sur eux; c'est pour les protéger, qu'ils peuvent s'en faire obéir; c'est pour les rendre heureux, qu'ils ont droit de les gouverner: & ce droit n'est pas un droit de pur commandement, comme celui d'un despote; ce n'est point un droit de jouissance, comme celui de propriété; c'est un droit tutélaire, & dont l'utilité doit être entiérement en faveur de celui sur qui on l'exerce.

Tout homme qui s'expose à porter la qualité de père, contracte l'obligation de veiller sans cesse à la conservation, à l'éducation de ses *enfans*; il en devient le tuteur, le protecteur & l'ami. Ces titres ne lui donnent sur eux aucun droit de propriété. Il leur devoit secours & protection ; & lorsqu'il les leur a accordés, ce n'est qu'une dette qu'il a payée, & non une créance qu'il a acquise sur eux.

Je suis donc bien éloigné d'adopter les principes de quelques philosophes à cet égard. Si Hobbes a cru qu'une mère étoit tellement propriétaire de ses *enfans*, qu'elle avoit droit non-seulement de les exposer, mais encore de les faire mourir : Hobbes, tout grand logicien qu'il étoit, s'est évidemment trompé. Les *enfans* ne sont point une propriété des parens, pour qu'ils puissent en disposer ainsi.

Comment en effet pouvoir regarder un être capable de volonté, comme pouvant devenir la propriété d'un autre ? Car qu'est-ce que la propriété ? C'est l'état d'une chose tellement à notre disposition, qu'il n'est aucune autre règle que notre volonté à suivre à son égard. Or, peut-on appliquer cela à l'homme ? D'ailleurs, la nature de la propriété, est d'être toujours propriété, quelque changement qu'on lui fasse subir ; & l'homme, de l'aveu même des partisans de l'esclavage, peut être affranchi & devenir propriétaire absolu de sa personne.

De plus, la propriété ne peut s'acquérir que par une cession ou acquisition du droit de propriété. Or, qui peut vous avoir cédé des droits sur des êtres qui n'existent pas encore, & qui ne peuvent avoir donné action sur eux à personne ? Ces droits ne vous ont point été cédés, dites-vous, vous les avez acquis, & l'éducation donnée à vos *enfans*, est votre titre ?

Mais ne voyez-vous pas que cette éducation étoit due ; que c'est un devoir dont vous vous êtes acquitté, qui peut bien vous donner quelque droit à la bienveillance, à l'attachement de vos *enfans*, mais jamais aucun droit positif, & surtout aucun droit de propriété sur eux.

Dire avec quelques philosophes que le pouvoir paternel est fondé sur la naissance des *enfans*, c'est, je crois, ne rien dire ; car l'acte de la naissance, comme nous venons de voir, assujettit les parens aux soins de leurs *enfans* ; & bien-loin de leur assurer un droit, leur fait contracter une dette, dont rien ne peut les dispenser de s'acquitter. De plus, l'acte de la naissance est une suite naturelle de celui de la conception. Il est indépendant de la volonté des parens. Il est même un soulagement pour la mère qui, par son moyen, se délivre du fardeau qu'elle tient des plaisirs auxquels elle s'est livrée.

L'on peut même assurer qu'en général les parens ne consultent guère l'intérêt de leurs *enfans* à venir dans le moment de la conception. Ce n'est point le desir de faire des heureux, qui les engage à se reproduire ; c'est le besoin aveugle, mais impétueux de remplir le vœu de la nature ; c'est même dans un très-grand nombre d'hommes, l'attrait du plaisir & de la volupté qui les guide ; & à bon droit, peut-on regarder alors l'embarras de l'éducation physique des *enfans*, comme une compensation nécessaire, exigée par la nature, pour prix de ces mêmes plaisirs.

Mais si l'acte de la naissance donnoit une autorité aux parens sur leurs *enfans*, de quelle nature seroit cette autorité ? En quoi consisteroit-elle ? Quel en seroit l'objet ? Ce ne peut être le droit de disposer arbitrairement de leurs *enfans* ; car ce seroit une tyrannie, un véritable droit de propriété qu'aucun homme ne peut légitimement exercer sur un autre, sur-tout aucun père sur ses *enfans*. Est-ce le pouvoir de se faire obéir ? Mais cette obéissance illimitée n'est qu'un abus de la chose. Il faut un motif juste & légitime à cette obéissance, & ce motif ne peut être, comme nous l'avons vu, que l'utilité des *enfans*, leur conservation, leur bonheur. Ce n'est donc point la naissance purement & simplement, qui soumet les *enfans* à la volonté de leurs parens, c'est la nécessité de veiller sur eux, d'en éloigner le danger, de protéger leur existence. Sans cette intention, l'autorité paternelle ne seroit qu'une concession gratuite, & par cela même injuste, puisqu'elle seroit toute en faveur des parens, & à la charge des *enfans*.

L'autorité paternelle n'est pas non plus de la nature du pouvoir monarchique. Mal-à-propos a-t-on voulu assimiler l'un à l'autre ?

Car, quoiqu'il soit vrai de dire que l'autorité paternelle ait pour objet le bien des *enfans*, comme celle du monarque a pour objet celui de ses sujets, il y a cependant une prodigieuse & réelle différence dans l'origine de l'une & de l'autre. La première est le résultat d'une obligation naturelle ; la dernière d'un contrat social, d'une convention civile. Dans le régime monarchique, les citoyens se sont engagés librement à obéir à leur prince, sous certaines conditions. Mais l'*enfant* qui vient de naître, quel engagement a-t-il pu prendre ? Quel pacte a-t-il pu former ?

Il seroit inutile de multiplier les objections contre le sentiment que nous avons adopté. Il est fondé sur l'intention que montre par-tout la nature de conserver des ouvrages. Il est étayé des forces de la raison qui ne veut point que celui, envers qui l'on est tenu d'acquitter une dette sacrée, devienne débiteur, avant d'avoir contracté aucun engagement volontaire. Il assure aux parens une autorité raisonnable & légitime, met obstacle à l'abus qu'ils pourroient en faire, & conserve aux *enfans* cette liberté précieuse, que tout homme tient de la nature, & qu'aucune puissance n'a droit de lui ôter.

Mais si cette autorité n'est fondée que sur la foiblesse de l'homme, sur le besoin qu'il a d'un secours étranger pour assurer son repos & sa vie contre les dangers qui le menacent, elle doit avoir un terme. L'*enfant* n'est pas toujours *enfant*. La nature a déterminé l'instant où il seroit injuste qu'elle chargeât encore ses parens du soin de sa conservation; ce devoir doit enfin finir, & avec lui le droit de commandement qui l'accompagne. Voyons comment l'on peut reconnoître cette époque, elle nous indiquera les limites du pouvoir. Cherchons en même tems à déterminer jusqu'où peut s'étendre le droit qu'ont les parens de se faire obéir de leurs *enfans*, quelles sont les choses qu'ils peuvent légitimement leur ordonner ou leur défendre, & la portion de liberté qui reste à ceux-ci, lors même qu'ils reconnoissent encore les droits de l'autorité paternelle sur eux.

§. II.

Quelles sont les bornes de l'autorité paternelle, dans l'état de nature?

Les bornes de l'autorité paternelle, quant à son étendue, sont déterminées par le nombre & la nature des besoins de l'*enfant* qui y est soumis, & quant à sa durée par l'âge où elle lui devient inutile.

Les liens de la sujetion des enfans, *suivant Locke, gouv. civ., ch. 5, sont semblables à leurs langes & à leurs premiers habillemens, qui leur sont absolument nécessaires, à cause de la foiblesse de leur enfance, mais que l'âge & la force leur rendent ensuite superflus & embarrassans.* Ainsi sous quelque point de vue qu'on l'envisage, le pouvoir paternel cesse avec l'utilité qui le motivoit, & finit quand la conservation des *enfans* n'en exige plus le secours.

Mais par une raison contraire, par-tout où l'intervention de ce pouvoir sera nécessaire au bien des *enfans*, les parens auront droit de se faire obéir. Pourquoi? Parce qu'éclairés par l'âge qui donne ordinairement l'expérience, parce qu'instruits de ce qui peut nuire ou être utile, parce qu'éveillés par l'amour paternel; ils sont au sein de leurs familles, plus que personne, en état de juger des choses qui peuvent exposer la vie ou troubler le bonheur de leurs *enfans*.

Nous l'avons déjà observé, si l'homme venoit au monde avec la somme de connoissances & de forces nécessaires à la conservation de son existence, l'autorité paternelle seroit nulle, parce qu'elle n'auroit aucun objet d'utilité pour celui sur qui on l'exerceroit. Elle n'offriroit qu'une restriction gratuite & illégitime à la liberté naturelle de l'homme; mais absolument incapable de faire usage de cette liberté par la foiblesse de ses organes & de sa raison: c'est dans les facultés de ses parens mêmes, que la naure en a placé le dépôt; c'est en éloignant de lui le danger, en soutenant son existence par des secours journaliers, qu'ils suppléent à l'impuissance où se trouve cette foible créature de protéger son existence, veiller à sa conservation, & maintenir son indépendance.

Car, on ne doit pas perdre de vue, que c'est encore à maintenir l'indépendance primitive de l'homme, qu'est destiné le pouvoir des parens, bien-loin qu'il puisse servir à la détruire ou à la dénaturer. Sans le secours paternel, en effet, l'*enfant*, incapable de défense, deviendroit également & la proie de celui qui voudroit s'en emparer, & l'esclave de quiconque oseroit l'assujettir. Des chaînes, qu'il ne peut soulever, semblent tenir ses foibles mains liées pendant les premières années de sa vie. Tout ce qui l'entoure, pourroit devenir son maître ou son tyran, s'il n'avoit pas dans la puissance tutélaire de ses parens un secours prompt, une protection assurée contre les dangers de l'esclavage.

Ces raisons, en même tems qu'elles viennent à l'appui du droit qu'ont les pères & mères sur leurs *enfans*, prouvent aussi qu'il ne peut s'étendre jusqu'à détruire la liberté primitive, l'indépendance naturelle de ceux-ci. Car, destinés par la nature à veiller sur le bonheur de leurs *enfans*, obligés de leur conserver leurs droits naturels, dépositaires de leurs immunités, des parens pourroient-ils, sans crime, prétendre au chimérique & injuste pouvoir de leur ravir leur liberté le premier, le plus grand de tous leurs biens?

Mais, dira-t-on, si un *enfant* veut son mal, doit-on respecter sa volonté? Je réponds qu'il est certain qu'on ne peut désirer son mal que par erreur. Alors le devoir des parens est d'éclairer leurs *enfans*, de leur montrer en quoi ils s'égarent, & non point de donner des ordres impérieux, dont le motif reste ignoré. Le commandement laisse l'homme dans l'ignorance, & ne peut tout au plus le tirer que d'un danger présent; mais l'instruction le met dans le cas de se conduire avec sécurité, avec connoissance de cause, & de ne plus s'exposer au même péril une autre fois.

L'*enfant* est tellement organisé, son développement est tellement ordonné, qu'à mesure que son inquiétude & son activité peuvent l'exposer à des périls & à des méprises, sa raison & sa mémoire se montrent de plus en plus dociles aux instructions, & susceptibles d'acquérir & de conserver les connoissances qu'on leur offre, & qui peuvent lui être nécessaires.

Si les parens n'ont point le droit de se faire obéir en despotes par leurs *enfans*, s'ils doivent toujours motiver les ordres qu'ils donnent, & n'en laisser jamais échapper d'arbitraires, bien moins encore leur convient-il d'employer, pour les soumettre, les menaces & les châtimens? Quelque chose que l'on puisse dire, les peines & les punitions ne peuvent jamais être légitimes, quand elles ne sont infligées aux *enfans* que pour acte simple de désobéissance. Elles seroient alors employées au maintien de l'autotité paternelle comme telles, tandis que tout ce qui se passe dans l'éducation, ne doit avoir pour but que l'utilité des *enfans*, & s'y rapporter entièrement.

Les parens, qui ne jouissent ni du droit d'anéantir la liberté de leurs *enfans*, ni de celui de les punir pour désobéissance, sont encore bien moins autorisés à attenter à leur vie, à faire violence à leur façon de penser, à les assujettir à des devoirs qui n'auroient pour but que le caprice ou la vanité de ceux qui les prescriroient.

Cependant on a vu des hommes soutenir que les parens pouvoient non-seulement vendre, exposer, mais même tuer leurs *enfans*, sans crime & sans injustice. Ces principes affreux sont des conséquences nécessaires du droit de propriété, auquel on a voulu soumettre les *enfans*. Il est en effet juste & conséquent que l'homme dispose de son bien à sa fantaisie; & si ces *enfans* sont sa propriété, il est bien le maître d'en disposer à son gré, sans manquer à la justice & à la raison. Cette doctrine fut long-tems celle des Romains, & aujourd'hui même la Chine nous offre à-peu-près le même désordre.

Mais, avec un tel systême, on fait ou des héros prodigues de leur sang, & de celui des autres, comme à Rome, ou des sujets esclaves & superstitieux, comme à Pekin. Sous une pareille législation, l'on doit toujours redouter les efforts de la liberté captive, contre les procédés froids & tyranniques du despotisme paternel, le plus absurde & le plus révoltant de tous, parce qu'il est le plus opposé au vœu de la nature. N'anticipons point sur ces réflexions, elles trouveront leur place ailleurs.

Mais si toutes les forces de la raison & de la sensibilité se soulèvent contre ce droit injuste de vie & de mort, sur un être envers qui l'on n'est tenu qu'à des devoirs, sur un être qui n'a pu consentir à ce droit, qu'on a forcé de naître dans un état de foiblesse & d'ignorance; si, dis-je, la raison & la sensibilité proscrivent ce droit prétendu, en sera-t-il de même du droit qu'on peut supposer aux parens de contraindre leurs *enfans* à adopter leur manière de penser sur les objets qui les intéressent le plus, tel que le culte, les principes de la morale, & les notions du juste & de l'injuste? Peuvent-ils légitimement les forcer à n'avoir d'autre opinion que la leur à cet égard?

Pour répondre à cette question, j'observerai qu'on doit distinguer différens périodes dans le cours d'éducation que les parens doivent à leurs *enfans*.

Dans les premières années de la vie, où l'ame s'agrandit par l'acquisition des idées, où les organes des sens se développent par l'action continuelle qu'exercent sur eux les objets extérieurs, où l'homme n'est encore qu'en espérance; dans de pareils momens, il seroit également inutile & absurde de vouloir contraindre un *enfant* à se pénétrer de tel ou tel principe, de telle ou telle opinion.

A un âge plus avancé, quand sa raison sait déjà donner de la valeur aux choses, il est possible & quelquefois utile de déterminer son esprit à adopter un sentiment de préférence à un autre, comme il n'a encore reçu aucune impression, il s'y prêtera facilement; son ame, sortie fraîchement des mains de la nature, prendra la forme qu'on voudra lui donner. Alors on peut, sans violence & sans absurdité, lui faire prendre telles idées qu'on jugera convénables; on peut l'assujettir à une croyance particulière, lui tracer un plan de morale, lui dicter ce qu'il faut qu'il croie, & ce qu'il doit rejetter; en un mot, faire de l'*enfant* un prosélyte de quelque doctrine, de quelque systême que l'on voudra. Indifférent sur tout ce qui ne s'offre point à ses sens, il prendra l'idée qu'on voudra lui inspirer de tout être immatériel, de toute substance dont il n'a aucune notion fixe & déterminée.

Mais si, à une époque assez avancée dans sa vie, pour que l'*enfant* se soit déjà décidé sur ce qu'il doit penser, de ce qu'il voit, de ce qu'il entend, de ce que les hommes croient, ou de ce qu'ils ne croient pas, ses parens vouloient, par une prétention exagérée, lui faire adopter une opinion opposée à la sienne; alors il peut refuser d'obéir, il a droit de méconnoître, en cela, le pouvoir de ses parens, qui ne sauroit s'étendre jusqu'à faire violence aux sentimens & à la façon de penser de leurs *enfans*.

En effet, l'autorité paternelle, contenue par son objet dans le soin de la conservation des *enfans*, ne doit point s'échapper au-delà. Elle ne sauroit donc, sans injustice, chercher à détruire, par la voie de l'autorité, des opinions qu'ils croient raisonnables, qu'ils ont librement adoptées. Sans cette restriction du pouvoir des parens, il anéantiroit bientôt la liberté des *enfans*; ce qui lui est interdit par le motif même qui l'a établi.

Ignorons-nous qu'on ne force point les esprits? Ils échappent à tous les efforts du despotisme, de l'intolérance; & pour nos *enfans* comme pour les autres hommes, nous n'avons point d'autres moyens de les amener à notre opinion, que la voie de la persuasion, des lumières

& de l'instruction. S'ils y résistent, ils usent de leur droit, comme nous avons usé du nôtre, & nous n'avons rien à leur reprocher.

Au reste, on peut regarder cette discussion comme à-peu-près étrangère, au sujet dont il est ici question. Doit-on craindre de voir la doctrine de l'intolérance s'établir dans l'état de nature? Est-il rien qui puisse fixer l'attention de l'homme naturel, que les soins de sa conservation & de sa liberté? Peut-il mettre assez d'importance à des opinions fugitives, & que nous ne devons peut-être qu'à l'état de société, pour forcer ses *enfans* à les reconnoître pour vraies? Cependant il n'étoit peut-être pas indifférent de faire observer que ce droit de commandement sur les esprits n'est point accordé aux parens par la loi de nature.

L'homme parvient rapidement à l'âge où il peut se reproduire. La nature, en fixant cette époque à-peu-près au quart de la durée de la vie, a voulu donner à connoître l'intérêt qu'elle prend à notre reproduction. Cette intention doit être respectée; & comme la puberté se manifeste sans l'ordre ni l'intervention des parens, il paroît démontré que la nature n'a point voulu que leur consentement fût une condition essentielle à l'exercice que les *enfans* ont droit d'en faire.

L'hoomme est donc maître de se choisir une compagne librement; il n'a d'ordre à recevoir à cet égard que de ses desirs, de ses forces & de ses organes.

Ce développement d'un principe certain nous donne tout naturellement le moyen de déterminer le point où cesse le pouvoir tutélaire des parens dans l'ordre de la durée. C'est au moment où l'homme peut devenir père, que les devoirs des parens cessent, & la soumission des *enfans* en même tems. S'ils sont quelquefois prolongés au-delà; c'est l'effet de l'habitude & des convenances, & non plus celui de l'obligation & de la nécessité.

Il paroîtroit en effet étonnant que la nature eût donné à l'homme le pouvoir & le desir d'être père, à la femme le pouvoir & le desir d'être mère, sans lui avoir en même tems accordé la force, la raison, le sentiment nécessaires à la conservation de leurs *enfans*. Comment pourroit-elle confier la garde d'un être foible à celui qui auroit encore besoin de secours & de protection?

Si l'expérience semble attester le contraire parmi nous; si l'homme y acquiert la puberté, bien avant le tems où sa raison & son jugement paroissent avoir assez de force pour servir de guide à ses *enfans*; attribuons un pareil retard à l'influence de la civilisation, à la manière dont l'on nous élève, à l'éloignement de la nature & des vraies occupations de l'homme, où l'on nous tient pendant un quart de notre vie. Mais dans l'état de nature, l'homme échappe à ces inconvéniens, de bonne heure il se forme à la fatigue, il brave le danger; ses sens acquièrent une subtilité que n'ont point les nôtres, sa raison une justesse qui nous étonne, son expérience semble hâter l'âge & dévancer les années.

L'on peut, je crois, regarder cette révolution générale qui se fait dans la constitution de l'homme à l'époque de la puberté, comme le signe de l'affranchissement naturel des *enfans*, & celui de la cessation du pouvoir & des obligations des parens. Cette aptitude à se reproduire, que l'homme acquiert alors, opère un changement si considérable chez lui, qu'il ne paroît plus le même. La nature a plus de charmes à ses yeux, il sent mieux le prix de son existence, & un nouveau monde semble naître pour lui. Aussi sa démarche devient-elle plus virile, sa voix plus sonore, ses yeux plus animés, ses mouvemens plus intelligens; le goût du plaisir, les douces émotions qu'il porte à l'ame, la présence d'un être dont il ne peut plus se passer, lui font éprouver un nouvel ordre de sensations qui lui étoient inconnues. L'ensemble de tous ces changemens manifeste le vœu de la nature pour la liberté entière des *enfans*, & les rétablit en même tems dans leur indépendance absolue, dont ils n'avoient été dépossédés que momentanément, & pour leur propre avantage. C'est cette disposition à l'affranchissement naturel de l'homme, que les philosophes ont voulu désigner, quand ils ont dit qu'elle étoit une chose plus aisée à discerner par les sens, qu'à déterminer par la plus grande habileté & par le plus profond savoir. *Hooker, polit. ecclés. L.* 1, §. 6.

C'est ici principalement où il est très-important de ne point confondre l'état de nature avec l'état de civilisation. Car celui-ci a opéré une si prodigieuse altération dans l'homme, il a tellement détérioré sa force physique, affoibli ses organes, que ce seroit un monstrueux systême, que celui qui transporteroit les conséquences de l'état de nature, au milieu des hommes qui se trouvent sous l'empire des conventions sociales.

Ainsi, quand nous disons que la puberté affranchit l'homme de toute sujetion à l'autorité paternelle, parce qu'elle lui donne le pouvoir d'être père, nous ne prétendons pas qu'il n'y eût point d'inconvénient à étendre ce principe jusques sur les individus qui vivent au sein des villes. Ils sont trop loin de la nature, trop amollis par la civilisation, trop dégénérés de leur vertu première, pour révendiquer ce droit dans toute son étendue. D'ailleurs, la société exige la connoissance de ses principales conventions dans celui qui s'expose au fardeau de la paternité; elle soumet la société de l'homme & de la femme à des loix; elle règle

règle le sort des *enfans*. Toutes ces choses, qui n'ont point lieu dans l'état de nature, n'y apportent aucun obstacle à l'exercice de la liberté de l'homme, à l'usage de ses immunités & de son pouvoir, si-tôt qu'il peut jouir de l'un, & connoître le prix des autres.

L'on peut cependant tirer quelque avantage même pour l'état social des vérités précédentes. Elles peuvent servir de guide & de point de ralliement pour la réforme de notre législation; elles peuvent dissiper une foule d'erreurs établies sur les fausses idées que l'on s'étoit faites du pouvoir paternel; elles peuvent sur-tout servir utilement aux *enfans* à qui elles font connoître leurs droits & leurs devoirs envers ceux qui leur ont donné la vie, présent toujours funeste, quand il n'est pas accompagné de tout ce qui peut en assurer l'heureuse & paisible possession.

§. III.

Y a-t-il de la différence entre les droits du père & ceux de la mère?

Tout dans la femme annonce l'objet auquel la nature l'a destinée. La douceur de son ame, la délicatesse de son corps, semblent être autant d'instrumens formés pour la conservation de l'homme. On l'a dit, il falloit un être doux & patient pour supporter, avec un courage paisible, les longues & fatigantes douleurs qui accompagnent la naissance & le soin des *enfans*; il falloit une longanimité incompatible avec une disposition d'ame fière & vigoureuse, pour supporter cette espèce d'esclavage naturel, auquel la femme est nécessairement assujettie par son état de mère; il falloit de la beauté pour séduire l'homme, & l'appeller au vœu de la nature, par l'attrait du plaisir & le charme de la volupté. Avec un corps fragile & délicat, la femme ayant à supporter des maux nombreux, des gênes presque continuelles, il lui falloit cette uniformité de passions, cette heureuse résignation qui lui fait regarder son joug sans impatience, & ses peines sans emportement. Ces heureuses dispositions du cœur de la femme sont encore embellies par une sensibilité délicate, qui répand sur toutes ses actions le charme de la prévenance & de l'intérêt. Son imagination mobile, & sans cesse agitée, lui procure des jouissances de sentiment, un bonheur en idée, qui quelquefois est préférable à celui que nous goûtons en réalité. Il n'est pas étonnant, après cela, que la vue d'une fleur, celle d'une belle compagne, le spectacle riant & paisible de la nature, aient pour elle des attraits auxquels l'homme reste insensible.

Aussi la femme est-elle restée plus près de la nature que nous? Au milieu des troubles & des écarts de la société, elle n'a point oublié sa destination. Elle a opposé par-tout son génie paisible & conservateur aux entreprises destructives, si fort vantées par les hommes; aux horreurs de la guerre & de la tyrannie, ouvrages du caractère dénaturé de l'homme, le tableau touchant de la paix & de la fécondité; aux désordres des passions irritées par les jouissances mêmes qui devroient les appaiser, le modèle d'une conduite soumise & modérée; enfin, à toutes les chimères de l'homme, la femme semble toujours opposer la science des faits & des choses utiles à notre existence, à notre bonheur, à notre conservation.

C'est ce caractère essentiel qui la rend indifférente à toute autre distinction que celle qu'elle tient de son état de mère. C'est là où se rapportent & ses desirs & ses pensées; c'est vers cet objet que se portent ses soins & son attention.

Par une suite naturelle de ses dispositions, l'amour doit être un sentiment inné chez la femme, un besoin précoce, auquel la nature assujettit toutes ses affections. Il doit être le mobile de toutes les agitations de son cœur, de tous les mouvemens de son ame. Comme il n'a rien de criminel par lui-même, & que ce sont nos égaremens qui l'ont rendu dangereux, la femme doit s'y livrer avec d'autant plus de douceur, qu'il est une condition essentielle au bonheur d'être mère.

En peignant quelques-unes des qualités morales de la femme naturelle, je n'ai point oublié qu'à la honte de la société, nous y voyons souvent des furies sous le nom d'épouse, des tyrans-femelles sous le nom de mère, des êtres, en un mot, qui n'ont que la forme extérieure du sexe qu'ils déshonorent par leur monstrueux caractère. Mais un semblable malheur est le fruit de nos erreurs & de nos crimes, non celui de la nature & de la raison.

Si les qualités morales de la femme en font un être doux & intéressant, les qualités physiques la rendent infiniment séduisante, & tout-à-fait propre au bonheur de l'homme qu'elle doit aimer, & de l'*enfant* qu'elle doit élever. Tout offre en elle un être caressant, & ennemi de la rigueur; un être foible, & dont on n'a que des plaisirs à attendre. La délicatesse & la fragilité de ses membres ne présentent que des idées calmes & voluptueuses. Les douces ondulations de ses chairs, les molles agitations de ses organes peignent l'émotion de son ame & la sensibilité délicieuse de tout son être. Sa voix semble appeller à la paix & au bonheur. L'ensemble de sa marche, de ses regards & de ses actions annonce un être bon & conservateur. C'est, je crois, une belle idée que d'avoir peint la nature sous l'emblême d'une jeune femme qui présente un sein abondant à l'avidité d'un jeune *enfant* qui le caresse.

Depuis l'instant où la femme distingue ses sensations jusqu'au moment où elle cesse d'exister, elle semble s'exercer au rôle que la nature lui a donné à remplir sur le théâtre de la vie. Elle connoît sa destination de bonne heure; elle s'y prépare, & l'attend avec une sorte d'impatience. Elle semble même chercher à hâter le moment qui doit la rendre mère. La mort ou les infirmités qui accompagnent souvent la naissance des *enfans*, ne la retiennent pas dans le choix d'un époux. Elle met trop de gloire à être mère, elle trouve trop beau de donner le jour à des êtres qui lui ressemblent, pour s'alarmer sur les dangers auxquels l'expose la fécondité. Elle sait que la qualité de mère étend son existence, ajoute à sa dignité, & rend son nom & sa personne également chers & respectables. Ce bonheur fait l'objet de toute son ambition, celui de ses pensées habituelles.

Le moment qui lui fait sentir l'émotion de la maternité, est regardé par elle comme le plus glorieux & le plus flatteur de sa vie. Ce n'est point la stérile & fatigante idée de regner, de commander un jour, qui lui fait chérir l'*enfant* qui croît & s'agite dans son sein; une plus noble passion l'anime, un sentiment plus délicieux l'entraîne. La femme, cet être fait pour aimer, pouvoit-elle espérer une plus douce jouissance, que celle de chérir l'*enfant* qu'elle doit à la plus chère de ses affections?

Jouissez, mères tendres & sensibles, épouses charmantes & respectables de ce bonheur, dont la nature a fait le prix des peines que vous avez éprouvées pour y parvenir. Qu'une sainte félicité, une volupté pure & délicieuse, soit la récompense de vos utiles soins, de vos pacifiques occupations, du plaisir & des charmes que vous répandez sur les courts momens de notre existence fragile & agitée. Régnez sur vos *enfans*, par la douceur & la bonté, comme vous régnez sur nous par la beauté, par la tendresse, par la douce sensibilité. Que vos mains pures & délicates tressent la chaîne de notre vie. Si long-tems des préjugés barbares ont outragé dans vous le plus beau modèle de la nature, l'image la plus parfaite de son auteur, reprenez aujourd'hui l'empire que vous devez à tant de qualités aimables, à tant d'utiles perfections. Malheur à l'homme qui vous éloigne de ses foyers, qui vous abaisse injustement à l'état d'esclave & de subalterne! Sa vie n'est qu'un dur exil, une longue privation du bonheur. Sans vous, il n'est point de famille; sans vous, l'homme ignoreroit ses dieux qui le protègent, & ses *enfans* qui le chérissent.

Il ne falloit pas moins que tant de perfections, pour former l'être généreux & patient, à qui la nature a confié le soin de notre fragile existence. Tout a été prodigué à la femme pour cet important emploi. Avec ses nombreux & pénibles devoirs, se sont multipliées les qualités propres à les remplir; & l'on peut dire que si l'autorité des parens n'est fondée que sur la nécessité de surveiller efficacement les premières années de notre vie, le pouvoir de la mère a plus de motifs légitimes, que celui qui a été accordé au père. Assurons-nous de cette vérité, par l'examen de ce qui se passe dans l'éducation des *enfans*.

Dès l'instant que la femme a reçu dans son sein le germe de la fécondité, l'homme devient inutile & même dangereux au développement & à l'accroissement de l'*enfant*. La mère en est de fait la dépositaire & la gardienne. C'est à ses soins, à sa vigilance, à sa tendresse, que la nature en a confié la conservation. Elle est établie juge des choses qui peuvent être nuisibles ou favorables à son *enfant*, & la vie de l'un se trouve nécessairement liée à celle de l'autre. Cette dépendance mutuelle, pendant la grossesse, ne se rompt pas à la naissance de l'*enfant*. Un fluide destiné à la nourriture de celui-ci se développe bientôt dans le sein de sa mère. S'il ne peut guères s'en passer sans péril pour sa santé, la mère ne peut guères le lui refuser, sans s'exposer à des maux longs & rebelles, souvent même à la mort.

Cette intimité, entre la mère & l'*enfant*, établit entr'eux une correspondance très-étroite, qui n'existe pas à l'égard du père. Elle impose en même-tems des devoirs à l'une que l'autre n'est pas tenu de remplir, parce qu'il ne le peut pas, & que la nature l'en a dispensé.

C'est cette plus grande étendue d'obligations, que les mères ont à remplir envers leurs *enfans*, qui donne à leur droit une plus grande extension qu'à celui des pères. Comme leur état les assujettit à protéger l'existence de leurs *enfans* dans une foule de circonstances où les pères n'interviennent pas, elles ont besoin d'une obéissance, d'une soumission plus souvent répétée de leur part. Il est tel refus qui ne seroit pas désobéissance envers le père, & qui le devient envers la mère.

Ainsi, ce n'est donc pas comme l'a prétendu Hobbes & quelques autres philosophes, parce que la femme connoît seule le véritable père de ses *enfans*; ce n'est pas parce qu'elle a plus risqué que lui, en leur donnant le jour; ce n'est pas parce que, dans l'état de nature, l'*enfant* ne peut connoître à quel homme il doit son existence; ce n'est point, dis-je, par de semblables raisons, que la mère a un droit plus vrai, plus positif à la soumission de ses *enfans*; c'est parce qu'elle en a plus besoin que le père, pour remplir le vœu de la nature; c'est parce que répondant plus immédiatement, & plus souvent de la vie de ses *enfans*, leur soumission à ses ordres doit être plus positive, plus entière qu'à ceux de tout autre parent.

Qu'on ne prétende point révoquer en doute cette vérité, par la supposition que le père étant maître de sa femme, doit l'être également de ce qui tient l'existence d'elle. Car ce seroit combattre une opinion fondée sur l'évidence par une autre qui tire sa source d'un principe d'ignorance & de barbarie.

En effet, quelle raison y auroit-il, pour qu'un homme pût se croire maître de sa femme? Est-ce sa force? Mais la force ne fait pas le droit. Est-ce sa raison? Ah! que le bon sens & la douce sensibilité d'une femme sont bien préférables & bien plus utiles que cette prétendue prérogative. D'ailleurs, si la raison consiste dans une manière juste & naturelle de voir & de sentir, croit-on que l'homme ait beaucoup d'avantage sur la femme à cet égard? Dira-t-on que le caractère de dignité, que porte l'homme sur son front, est le titre de sa supériorité sur la foiblesse de la femme? J'avoue que je ne conçois pas ce qu'on entend par cette dignité. La douceur, l'esprit de paix, le génie-conservateur, qui respire sur toute la personne d'une femme, me paroissent aussi augustes, que ce coup-d'œil fier que nous admirons dans l'homme, & qui n'est souvent que l'*enfant* de l'orgueil & de la déraison. Enfin, si l'homme est plus fort que la femme, c'est pour être son protecteur & non son maître; s'il a plus de hardiesse, (je ne dis pas plus de courage) c'est pour lui épargner des craintes, & non pour s'en faire redouter; en un mot, si sa raison a plus de force, c'est pour l'en éclairer, & non pas l'y asservir.

Et n'est-il pas inconcevable qu'on ait pu imaginer une aussi grande absurdité, que celle qui érige en maître le compagnon de plaisirs & de peines d'un être libre & indépendant? Une pareille erreur n'a pu prendre racine que dans un état de société à demi-formée, ou déjà corrompue. Elle ne sauroit avoir lieu dans l'état de nature, où tout être sensible est également indépendant, & ne connoît de loi que celle de sa conservation.

Mais, quand par une convention volontaire & réciproque, la femme auroit aliéné ses droits en faveur de son mari, & l'auroit reconnu pour son seigneur & maître, une pareille convention peut-elle s'étendre sur les *enfans* qui doivent naître d'eux? La mère en sera-t-elle moins obligée à un plus grand nombre de devoirs, que le père envers ses *enfans*? Ces devoirs cesseront-ils d'être la base de son autorité, comme ceux du père le sont de la sienne?

On ne peut donc se refuser à regarder le pouvoir maternel comme le plus étendu, le plus important au bonheur & à la conservation des *enfans*. Si l'on a conservé le mot de pouvoir paternel pour désigner la somme des droits des parens envers leurs *enfans*, c'est donc un abus de grammaire, & non une expression précise & déterminée. Peut-être a-t-on pu aussi, avec quelque raison, conserver ce mot de pouvoir paternel dans l'état de société, parce que les droits civils des *enfans* tiennent plus au père qu'à la mère; mais dans l'état de nature, cette expression est vuide de sens, & celle de pouvoir maternel répond mieux à l'idée qu'on doit se faire de l'autorité tutélaire que les père & mère ont sur leurs *enfans*.

Peut-être même seroit il utile de se servir du mot de pouvoir paternel dans un sens différent de celui du pouvoir maternel. Car, quoique l'un & l'autre aient également pour objet la soumission des *enfans*, aux ordres de leurs parens, en ce qui touche leur conservation, cependant ils ne le remplissent pas de la même manière.

La mère nourrit son *enfant* de son lait, le porte, le réchauffe dans son sein, veille à côté de lui, préside à tous ses besoins, calme ses douleurs, essuie ses larmes, répond à ses petites caresses, guide les premiers mouvemens de ses membres. Sa tendresse, le goût de ses devoirs ne se lassent pas. Une inquiétude active va au-devant de tout ce qui peut adoucir les douleurs que l'âge & le développement des organes fait éprouver à l'*enfant*; enfin elle tient auprès de lui la place de la nature, toujours bonne, toujours patiente, toujours attentive.

Quelles sont les occupations du père, pendant cet intervalle? Il veille à la sécurité de la famille, il va au loin chercher la nourriture de la mère & de l'*enfant*, il éloigne le danger de leur cabane, & y maintient la paix & l'abondance. Mais si un accident, la maladie, l'inconstance ôte à l'*enfant* le père qui le protégeoit, c'est sa mère, sa douce & fidelle amie qui lui reste, qui le nourrit, le console & le défend; elle ne s'en sépare plus, elle ne le quittera que lorsque, parvenu à l'âge de la force & de la raison, il pourra se veiller lui-même, & pourvoir à sa nourriture.

Ainsi donc, sous tous les aspects, les soins, les devoirs des mères, & avec eux leurs droits & leur autorité ont évidemment une extension que n'ont point ceux de l'homme, dans l'état de nature.

Si le motif du pouvoir, que les parens conservent sur leurs *enfans* pendant leur âge de foiblesse & d'ignorance, réside essentiellement dans l'obligation qui leur est imposée de veiller au bonheur & à la conservation de ces êtres fragiles, l'on ne sauroit douter que l'étendue de ce pouvoir ne croisse avec celle des devoirs que l'on a à remplir envers eux. La femme, à qui son état de mère, de nourrice, de protectrice, prescrit des devoirs que ne connoissent point les hommes; la femme a donc un droit plus positif à l'obéissance, à la soumission des *enfans*, que ne peuvent légitimement en attendre les autres parens.

Aussi la nature, qui prévoyoit la nécessité de rendre cette sujetion douce aux *enfans*, afin qu'elle fût durable, n'a-t-elle négligé aucun des moyens qui pouvoient la faire paroître légitime, paisible & légère? D'abord il n'est presque aucune action sur laquelle un *enfant* ne sente la nécessité, l'utilité de suivre les avis de sa mère, comment pourroit-il donc douter du droit qu'elle a de se faire écouter? Mais ce qui ajoûte à cette conviction de l'*enfant*, ce qui achève de le captiver sous le joug de l'autorité maternelle, c'est le ton de douceur & de sensibilité, que la mère met jusques dans les menaces mêmes qu'elle fait, jusques dans les écarts de sa vivacité. La nature a été si jalouse de donner aux mères tout ce qu'il falloit pour rendre leur empire doux & supportable, que jusqu'au son de leur voix a été modulé de manière à flatter l'oreille tendre & délicate des *enfans*. Son accent n'inspire ni l'effroi, ni la haine, elle semble prier en commandant, gémir en menaçant. Elle appelle l'*enfant* à son devoir par des sons qui touchent bien plus son cœur, qu'ils ne contraignent sa volonté. Ainsi la nature nous conduit plus sûrement à son but par l'attrait des plaisirs, que par la crainte de la douleur ou le sentiment des besoins.

Que pourroit-on ajouter à ces considérations, pour faire sentir combien les droits de la mère sont plus étendus que ceux du père sur les *enfans*? Ne suffit-il pas qu'elle ait plus de devoirs à remplir, que ces devoirs soient plus essentiels à la vie de l'*enfant* que ceux du père, qu'ils exigent par conséquent une plus prompte exécution, qu'ils rencontrent moins d'obstacles? Or, c'est tout ce que nous avons fait voir jusqu'à présent; c'est tout ce qu'on aura pu comprendre par la seule idée du pouvoir des parens, destiné uniquement à la conservation des *enfans*.

Nous n'avons point fait valoir, en faveur des mères, la plus grande mise qu'elle apporte dans la création des individus; nous n'avons point fait valoir les risques qu'elles courent, les douleurs qu'elles éprouvent; nous n'avons point fait valoir les chagrins attachés à leur état, à leur condition; nous n'avons rien dit de tout celà, parce que nous ne voulions pas faire leur apologie; nous voulions développer les principes, les bases, sur lesquels repose leur autorité. Et pouvions-nous mieux le faire, qu'en démontrant la nécessité de leurs secours pour la vie des *enfans*, l'influence de leur douceur & de leurs qualités morales & physiques, sur le bonheur & la tranquillité de ceux qu'elles ont portés dans leur sein, nourris de leur lait, élevés, protégés, consolés?

Si les droits de l'autorité paternelle étoient fondés sur les soins & la peine qu'exige la nourriture des *enfans*, sans doute on pourroit légitimement alléguer, en faveur des mères, leur plus forte mise à cet egard. Mais ces soins & ces peines ne sont que l'acquit d'une dette contractée au moment de la conception. On ne peut donc pas les faire valoir comme un titre, un principe de droit. Nous l'avons dit, c'est dans l'obeissance des *enfans*, que consiste l'essence du pouvoir des parens. Or, cette obéissance n'est que la condition nécessaire à l'exercice des devoirs des parens. Celui, du père ou de la mère, qui aura le plus de devoirs à remplir, aura donc une plus grande étendue de puissance; & à cet égard, une mère tendre & raisonnable n'a pas besoin de recourir aux maux qu'elle a soufferts pour assurer ses droits & son autorité.

C'est donc parce qu'elle est plus nécessaire à son enfant, que sa mère a plus que son père le droit de s'en faire obéir, c'est donc parce qu'elle est plus indispensablement obligée de veiller à sa conservation, qu'elle a plus qu'un autre le droit de commander; on peut même dire que dans l'état de nature, étant la seule qui soit essentiellement liée à son enfant, attachée à sa vie, à sa personne, elle est la seule qui ait vraiment le droit de diriger ses pas, de le conduire, de le conseiller, en un mot, d'exercer sur lui un pouvoir tutélaire.

Ne peut-on pas concevoir, en effet, un état dans lequel les pères restent inconnus, où les mères, objets d'un amour fugitif, & dépositaires du germe de la fécondité, restent seules gardiennes, nourrices & protectrices de leurs enfans? N'est-il pas vrai, qu'alors on ne sauroit leur disputer le droit de gouverner leurs enfans, d'après les conseils de leur raison & de leur sensibilité? Or, que peut faire de plus un homme dans tous les autres cas? Il peut bien soulager la mère, mais il ne peut guères gouverner les enfans immédiatement; c'est toujours elle qui instruit son mari des choses qui peuvent leur convenir, ou non. Et même dans l'état de société où l'homme a fait porter son nom aux enfans, dans presque tous les lieux où il s'en dit le maître, comme s'ils pouvoient en avoir d'autre que la nature, où toutes les prérogatives appartiennent aux mâles, ne sont-ce pas les femmes qui nous veillent, nous secourent, nous nourrissent dan le temps de notre vie, précisément où nous avons le plus besoin de secours & de protection?

Concluons donc que, dans l'état de nature, la femme a véritablement une autorité plus utilement, plus légitimement motivée que celle de l'homme sur ses enfans. Ajoutons même que celle de l'homme n'est que secondaire; qu'elle n'est que pour suppléer à celle de la femme; qu'où celle-ci suffit, l'autre est inutile, qu'on peut même dire qu'il n'y a que celle de la mère qui paroisse porter bien distinctement tous les caractères d'un pouvoir tutélaire, tel qu'est celui qui peut être exercé sur des hommes nés libres & indépendans.

§. IV.

Jusqu'à quel point les loix peuvent-elles étendre ou limiter l'autorité des parens sur leurs enfans ?

Toute loi positive qui n'a point pour base le droit naturel, & pour objet l'utilité publique, est un acte tyrannique, un abus dangereux du pouvoir, qu'on doit se hâter de détruire, & dont on ne doit laisser aucune trace dans la société.

Sur ce principe, qu'il n'est pas possible de révoquer en doute, sans un aveuglement extrême, on doit regarder comme autant de dispositions illégales, toutes celles qui, dans la question que je traite ici, s'éloignent évidemment des principes de l'équité naturelle, & manquent des qualités qui peuvent en rendre l'utilité certaine & positive.

Ainsi, rapprochant des principes que nous avons exposés ci-devant, les usages & les loix qui règlent & déterminent les droits du pouvoir paternel, nous pourrons décider en quoi consistent les défauts qui doivent nous les faire rejetter, ou les qualités qui doivent nous les rendre respectables.

Ces rapprochemens nous conduiront nécessairement à connoître jusqu'à quel point les loix peuvent étendre ou restreindre les bornes de l'autorité des parens; discussion importante, & qu'on doit traiter avec une grande impartialité, si l'on veut qu'elle soit de quelqu'utilité pour la société.

Chez les Romains, les enfans étoient toujours mineurs; le mariage même ne les soustrayoit pas à l'autorité paternelle. Ils ne pouvoient jouir des droits de l'homme libre que par un acte émané de la volonté de leur père. Cette législation que l'on retrouve encore dans un grand nombre de lieux, étoit fondée sur l'idée du droit de propriété que les premiers législateurs ont attribué aux parens sur leurs enfans. En effet, à quelle autre raison peut-on avoir recours pour motiver cet empire de toute la vie, cette captivité perpétuelle ? Dira-t-on que c'étoit pour forcer les enfans à conserver pour leurs parens un respect & une déférence qu'ils leur auroient peut être refusés sans cette sujétion ? Mais un pareil motif seroit absurde, sur-tout si l'on fait attention que cette sujétion entraînoit l'enchaînement de la volonté, la privation de la liberté individuelle, & toutes les gênes d'une existence captive. On doit donc regarder cette disposition de la loi romaine comme injuste, puisqu'elle ne peut avoir pour base qu'un principe faux & injurieux à la dignité de l'homme qui ne doit connoître, en entrant dans la vie, d'autre maître que la nature, d'autre règle que celle de sa conservation.

L'éducation physique donnée aux enfans n'est point non plus une raison suffisante de cette durée de pouvoir. Cette éducation est due. Lorsque les parens s'en sont dignement occupés, ils peuvent bien avoir des droits à la reconnoissance de leurs enfans, mais cette reconnoissance est libre. La prétention seule de l'exiger la détruiroit, & en anéantiroit les effets.

Peut-être voudra-t-on encore prouver la justice de ce long règne des pères, en supposant qu'il est la récompense légitime, non de l'éducation physique qui est ordonnée par la nature, mais de l'éducation morale qu'ils ont librement accordée à leurs enfans.

Mais ne voit-on pas d'abord qu'il n'y a pas de proportion entre les peines d'une éducation de douze ou quinze ans, & l'étendue des droits que l'on prétend accorder aux pères ? Que cette éducation devient illusoire, si le fils ne peut jamais user librement de sa personne & de sa volonté ? Qu'elle ne donne, cette éducation, que des connoissances dont l'homme peut se passer, pour lui ravir son plus beau titre, celui de son indépendance naturelle ? Enfin, qu'une loi qui établit un pareil pouvoir, est évidemment partiale, puisqu'elle favorise entièrement les volontés du père aux dépens de la liberté du fils ?

Outre ces considérations, l'on peut encore douter si le père qui force un enfant à naître au sein d'une société civile, par l'acte de la génération, n'est pas équitablement obligé de lui donner tous les moyens nécessaires pour vivre au sein de cette société, & si, par conséquent, l'éducation civile n'est point aussi bien pour l'homme social une dette contractée envers les *enfans*, que l'éducation physique en est une pour l'homme naturel ?

On insiste, & l'on dit que cette autorité illimitée au moins dans sa durée, est un moyen sûr de veiller à leur conservation. Peut-être le moyen est-il sûr, je ne le crois pas, mais est-il légitime ? Ici ce n'est que la justice qui doit nous décider à adopter une opinion. Ce n'est pas sans raison que nous avons établi que toute convention sociale devoit être fondée sur une loi, qui non-seulement fût utile, mais encore qui fût d'accord avec le droit naturel. C'est un abus & une illusion de ne montrer que le côté d'une loi qui la fait paroître utile lorsqu'elle recèle un vice qui la rend injuste, puisqu'alors son utilité prétendue n'est qu'un piége dangereux tendu à la société, & qu'on doit soigneusement découvrir afin de l'éviter.

Au reste, est-il prouvé que l'éternelle minorité des *enfans* soit un bien pour eux ? Croira-t-on qu'un homme que les malheurs ont aigri, dont les organes sont affoiblis, que l'âge a épuisé, & chez qui la faculté de sentir, de penser s'énerve & s'éteint chaque jour, soit un juge bien compétent de ce qu'il convient que fasse un autre homme dans l'âge de la force, de la santé, des desirs & des passions ? Comment un père, souvent prêt à descendre au tombeau, pourra-t-il régler convenablement les besoins d'un fils, jouissant de tous les avantages d'une jeunesse active & vigoureuse ? Ignore-t-on que le goût du pouvoir nous fait oublier ce qui convient aux autres, pour ne penser qu'à ce qui nous plaît ? Nous voulons assimiler les opinions des autres à nos erreurs, leurs besoins à nos foiblesses, & leur position à la nôtre. Les parens ne peuvent donc qu'abusivement & injustement prétendre donner à leur autorité, une plus grande étendue que celle que la nature y a attachée.

Mais, dira-t-on encore, cette captivité à laquelle sont assujettis les *enfans* pendant toute leur vie, est une suite du droit de paternité, dont rien ne peut déposséder un père ou une mère sans son consentement. Nous avons amplement réfuté cette objection, qui n'est qu'un sophisme. La paternité n'est point un droit, c'est un devoir, & c'est un de ceux qui ne donnent point de droit positif, mais seulement une autorité conditionnelle & tutélaire.

Cette éminente & suprême autorité que vous combattez, ajoutera-t-on, prévient des écarts auxquels la jeunesse se livreroit sans elle. Cela peut être ; mais avec une pareille raison, l'on prouveroit qu'il faut tenir tous les hommes dans l'esclavage, parce qu'au moyen de cette contrainte ils ne pourroient s'abandonner au moindre égarement sans en être sévérement punis sur-le-champ.

Je ne vois donc, en dernière analyse, rien qui puisse légitimer le pouvoir indéfini des parens sur leurs *enfans*. Il est également injuste & inutile ; injuste, parce qu'il choque la liberté naturelle ; inutile, parce qu'il n'est pas possible qu'un homme différent en âge, en goût, en caractère, en opinion, puisse toujours sentir & juger dans l'ordre du bonheur d'un autre, & qu'une captivité éternelle ne sauroit être déguisée sous le nom de protection, & échangée contre le droit de disposer de soi, que tout homme a reçu de la nature en naissant.

Ainsi, les loix civiles ne peuvent, sans abuser de leur force, sans attaquer les principes du droit naturel & de la liberté de l'homme, étendre la durée du pouvoir paternel indéfiniment & arbitrairement sur les *enfans*.

Cette conclusion doit paroître d'autant plus juste, que les loix sont des conventions sociales qui ne peuvent obliger légalement que ceux qui les ont approuvées personnellement, ou par leurs représentans, ouvertement ou tacitement. Mais, & nous l'avons déjà dit, comment un *enfant*, qui n'a aucune connoissance, peut-il avoir volontairement adhéré à des loix qu'il ignore ? L'y soumettre de manière à ce qu'il ne puisse prendre une opinion à cet égard, lorsque l'expérience aura fortifié sa raison, n'est-ce pas un abus du pouvoir ?

Des loix plus équitables ont fixé un terme à l'autorité paternelle, & la législation romaine est la seule, comme elle le dit elle-même, qui lui ait attribué une si grande étendue, une si longue durée. La plupart des nations européennes ont fixé la majorité des *enfans* à 25 ans. Ce terme a paru moyen entre tous ceux qui pouvoient concilier les prétentions des parens, avec les droits de leurs *enfans*. D'autres dispositions ont encore accru la liberté de ceux-ci, aux dépens du pouvoir que les loix romaines attribuoient aux pères. Cette nouvelle forme de législation, sans être peut-être encore parfaitement conforme au droit naturel, a cependant diminué prodigieusement le despotisme domestique ; elle a favorisé la population, & concouru au bonheur des hommes. Nous examinerons dans la suite de ce discours, s'il n'y auroit pas un moyen naturel de fixer le moment de la majorité dans chaque individu, sans qu'il soit besoin d'assujettir également tous les *enfans* à la même loi. Cet examen nous donnera lieu de faire encore quelques réflexions sur les inconvéniens qui résultent de la longueur de la minorité des *enfans*, même dans les lieux où on l'a fixée, d'après une législation plus douce que celle indiquée par le droit romain.

Cependant en développant les conséquences fâcheuses du pouvoir indéfini des parens, quant à sa durée, nous avons préparé les moyens d'en déterminer la juste mesure, par rapport aux actions qu'il peut interdire, ou dans lesquelles il peut intervenir comme puissance domestique & autorité positive sur l'état civil des *enfans*.

En effet, l'autorité tutélaire des parens ne leur ayant été accordée que pour suppléer à la foiblesse & à l'ignorance de leurs *enfans*, on conçoit qu'à proportion que ceux-ci avancent en âge, cette autorité diminue & devient nulle enfin, lorsqu'ils ont acquis assez de force & de raison pour se conduire eux-mêmes. Ainsi, la loi qui donneroit trop de durée à cette autorité, & conserveroit aux parens la même plénitude de pouvoir & de force légale, répugneroit évidemment aux principes de la justice, de la raison & du droit naturel. Il est telle action que les parens peuvent interdire à leurs *enfans* à dix ans, & sur laquelle ils ne peuvent que donner des conseils, quand ils en ont quinze. L'autorité subsiste ; mais elle est plus réservée.

Un législateur éclairé ne doit donc jamais perdre de vue cette diminution progressive de l'autorité des parens. Elle est d'institution naturelle, & doit servir de règle dans l'établissement des loix qui ont pour objet la soumission des *enfans*, & les droits attachés à l'éducation qu'ils reçoivent de leurs pères & mères.

Il est des facultés tellement liées à l'exercice de la liberté naturelle de l'homme, qu'on ne sauroit les contraindre sans sapper en même-tems les fondemens de ses franchises & de son indépendance. Tel est le choix d'une épouse, d'une patrie & d'une religion. L'autorité paternelle n'a aucun droit dans l'ordre de la nature sur ces objets. Voyons quel inconvénient il pourroit y avoir à ce que les loix civiles suivissent en cela les dispositions de la loi naturelle.

Dès qu'un *enfant* a le pouvoir de se perpétuer, il en a le droit, parce qu'en s'y livrant, il répond à un vœu bienfaisant de la nature qui a tout disposé chez lui pour s'en acquitter convenablement. Or, si la loi civile, secondant son inclination, autorise le choix qu'il a fait d'une épouse, sans le consentement de parens, que peut-il en résulter ?

Lésion de droit de son père & de sa mère ? Mais ils n'avoient ni l'un ni l'autre le droit de s'opposer à ce choix ; & il n'y a qu'une convention sociale, qui ait pu leur garantir cette prétention.

Inconvéniens pour la société ? Point du tout. Et il seroit infiniment facile de prouver que, loin de multiplier les désordres, cette liberté les diminueroit. Elle tariroit une des causes de la prostitution, ce fléau malheureux qui dégrade la plus belle moitié du genre humain, qui en livre une partie à la honte, à la douleur, aux chagrins, à la captivité. Elle diminueroit le nombre prodigieux des *enfans* exposés ; elle ralentiroit les progrès du célibat encouragé, secondé, légitimé en quelque sorte par l'avarice & la gloriole des parens, qui ne comptant pour rien les vertus & la beauté, ne permettent à leurs *enfans* de se marier que lorsque la fortune & les honneurs se trouvent réunis dans une alliance. Et l'amour, l'amour, cette passion délicieuse, qui est presque une vertu dans l'âge de l'innocence, entre-t-il pour quelque chose dans les froides précautions que les parens prennent pour assurer le prétendu bonheur de leurs *enfans* ? Le bonheur est dans la nature, & l'amour est le premier *enfant* de la nature. Ne le bannissons donc pas si absolument du milieu de nous. Les anciens lui élevèrent des temples ; faisons mieux, respectons son empire, & regardons les faveurs qu'il distribue comme des bienfaits de la nature, que nous devons recevoir avec reconnoissance.

Des mésalliances seront la suite de cette liberté que je réclame pour les *enfans*.... Des mésalliances ! Peut-il en exister entre des cœurs encore jeunes & simples, par conséquent bons & vertueux ? Et puis la crainte d'un mal incertain doit-elle engager à violer un droit incontestable, celui qu'a tout homme de choisir librement la compagne de ses peines & de ses plaisirs ? D'ailleurs, l'instruction, les conseils sages, la bonne conduite des parens suffisent pour éclairer suffisamment les jeunes gens sur le choix qu'il leur convient de faire. La force & la violence sont de trop, parce qu'elles ne doivent jamais être employées que pour repousser la violation d'un droit légitime, & que les *enfans* ne violent aucun droit en usant de leur liberté dans le choix d'une épouse.

On aura des séductions à redouter.... Mais ne voit-on pas que c'est l'abus même du pouvoir des parens, qui a multiplié les séductions ? La liberté met tout à sa place ; & un cœur, maître de choisir, résiste bien plus puissamment à la séduction, que celui dont les inclinations sont tenues en captivité. C'est la nécessité de forcer le consentement paternel qui a cent fois porté la timide innocence à recourir à des moyens blâmables peut-être, pour obtenir ce qu'on vouloit injustement lui refuser.

Que craindrez-vous encore dans cette liberté ? Le peu d'expérience qu'auront de jeunes époux, pour élever leurs *enfans* ? Ah ! reposez-vous pour ce soin sur la nature toujours bonne, toujours sage ; sur la tendresse inépuisable d'une jeune mère ; sur la fière activité d'un jeune époux qui possède ce qu'il aime, & dont l'ame n'a point été flétrie par le joug du despotisme & de la contrainte.

Mais, direz-vous encore, le consentement des parens est de droit, parce qu'il n'est pas juste qu'on leur donne des héritiers malgré eux.

Eh bien ! déshéritez vos *enfans*, à la bonne heure ; vous en avez peut-être le droit. Vos biens sont à vous, mais vos *enfans* sont à la nature, dont vous n'avez été que l'instrument aveugle & passif dans l'acte de la génération, ils sont à eux par le droit qu'a tout homme d'être propriétaire de sa propre personne.

Mais est-il bien vrai encore que les parens puissent équitablement déshériter leurs *enfans*, sous prétexte de désobéissance dans une chose où l'autorité paternelle est sans pouvoir ? Ne sont-ils pas au contraire obligés de fournir à leurs *enfans* les moyens de vivre heureux & considérés au milieu de la société, puisqu'ils les y ont fait naître ? Je le crois, & tout porte à le penser. Un père passeroit pour le plus injuste des hommes, qui, avec des richesses & de la puissance, laisseroit dans la misère & l'indigence un *enfant* marié sans ses ordres. Il y a plus, c'est qu'aucune considération ne doit autoriser un père à cesser un moment de travailler pour le bonheur & la tranquillité de ses enfans. Ces obligations paroîtront bien dures, j'en conviens, aussi n'est-ce pas une petite charge que celle à laquelle un homme s'expose en devenant père. Mais elle ne paroîtra pesante qu'à ces hommes qui, plus attachés à leurs préjugés qu'à la raison, ne prétendent au titre de père, que pour exercer sur leurs enfans un despotisme & une autorité arbitraire. Hommes qui se sont persuadés de bonne heure que la nature ne donnoit le jour à des êtres raisonnables, que pour devenir des captifs rampans sous la volonté d'un maître; qui oublient que ce sont eux-mêmes à qui des devoirs longs & multipliés sont imposés par ce même titre qui excite en eux tant de prétentions orgueilleuses & déraisonnables.

Nous croyons la liberté du choix d'une épouse tellement fondée sur l'équité naturelle, la justice & la raison, que nous ne craignons pas de dire que les loix, bien loin de relâcher les liens de l'ordre & de la police civile, en permettant aux *enfans* de se marier sans le consentement de leurs parens, favoriseroient au contraire les mœurs, l'union conjugale, la population & la haine du célibat.

Il est un autre objet sur lequel nous croyons encore que les parens n'ont aucune autorité. C'est le choix d'une religion, d'une patrie ou d'un systême quelconque de gouvernement. Injustement & très-injustement, des pères absolus emploîroient-ils la puissance des loix pour se faire obéir à cet égard. L'homme doit-être parfaitement libre, & personne n'a droit de le contraindre dans tout ce qui tient à la foi & à l'opinion. L'instruction, les lumières, peuvent seules être légitimement employées pour faire changer leurs *enfans* de manière de penser, lorsque des circonstances particulières leur en auront inspiré une différente de la leur. Mais la force, la contrainte doivent dans ce cas, comme dans bien d'autres, paroître également odieuses & méprisables.

Il est d'autres objets qui tiennent moins essentiellement à l'exercice de la liberté naturelle de l'homme, & sur qui les loix peuvent agir plus directement & plus impérieusement. Les abus qui peuvent en résulter sont moins redoutables que ceux qui découlent de l'ascendant positif du pouvoir paternel sur la personne des enfans.

Je range parmi les choses de ce genre, tout ce qui a rapport à la propriété, aux biens acquis par les *enfans*, sous quelque nom que ce soit.

Les droits de la propriété étant un des grands objets, & la principale clause du contrat social, les loix faites pour en assurer la jouissance, doivent lier tous les membres de la société. Ainsi l'homme, à mesure qu'il devient propriétaire, doit suivre à cet égard ce que l'usage prescrit, ce que la coutume & les loix établissent. Car quoiqu'il n'ait pu consentir aux conventions sociales avant de naître, cependant, comme l'usage des biens ne lui devient nécessaire qu'avec l'âge, ce n'est qu'en proportion qu'il jouit du bénéfice des loix protectrices de la propriété qu'il s'y trouve soumis, & s'oblige à leur obéir. Il n'en doit pas être de celles-ci comme de celles qui tendent à le rendre esclave en naissant; car, dans ce dernier cas, les loix ne sont le dédommagement de rien, & dans l'autre, elles tiennent lieu de quelque chose à celui qui en reconnoît la puissance.

En effet, en se soumettant aux loix civiles relatives à la disposition de la propriété, l'homme n'est conduit que par son intérêt qui lui fait trouver un grand avantage à les observer, afin que les autres les observent également; ainsi, son consentement devient naturellement une conséquence, & de l'utilité qu'il retire de ces loix, & de l'usage qu'il en fait; toutes choses qui n'ont pas lieu à l'égard de celles qui pourroient gêner sa liberté, & disposer de lui en naissant.

De plus, comme l'homme a besoin des secours de la société pour jouir en paix de sa propriété, il paroît équitable qu'il reconnoisse pour légitimes les dispositions qu'elle a jugé à propos de faire dans cette partie de la législation. C'est en quoi la constitution civile ôte à l'homme une portion de sa liberté; mais cette portion ne regardant que l'usage des choses, elle doit être moins précieuse à ses yeux, sur-tout ayant pour lui un objet d'utilité bien caractérisée.

Ainsi, les *enfans* peuvent donc être légitimement soumis aux loix civiles qui prescrivent ce qu'il faut faire & observer pour rendre une propriété légale & digne de la protection publique.

Cependant, en statuant sur l'emploi & les moyens d'acquérir une possession légitime, la société ne doit point perdre de vue le droit naturel qu'a tout homme de disposer librement de ce que son travail & son industrie lui ont acquis. Les extrêmes sont également à éviter, quand il est question de fixer des limites aux droits primitifs de l'homme. D'après cette observation, ne pourroit-on pas regarder comme trop sévère une loi qui attribueroit au père la propriété que ses enfans peuvent avoir acquise, quel que soit leur âge, quel que soit leur sexe?

Des législateurs ont cru que les acquisitions d'un *enfant* en bas-âge ne pouvant être que de très-peu de valeur, on ne pouvoit, sans partialité, en disputer la propriété aux parens, comme un foible dédommagement des soins qu'ils ont pris de son enfance.

Mais voyez combien cette raison est peu satisfaisante. Si cette propriété étoit plus considérable, on auroit donc le droit de la leur ravir? Elle est d'ailleurs proportionnée à leur foiblesse & à leur peu de besoins; à mesure qu'ils avanceront en âge, leurs acquisitions auront plus d'importance & d'étendue. Et puis encore une fois, tous les soins

soins d'éducation sont dus aux *enfans*, & l'on ne peut rien réclamer en dédommagement.

Ainsi, quoique les *enfans* doivent reconnoître les loix faites sur les moyens d'acquérir & de transmettre la propriété dans l'état de civilisation, il ne paroît cependant pas équitable d'attribuer aux parens les biens qu'ils ont acquis, soit par leur industrie, soit par leurs travaux, soit par don ou de toute autre manière. Les loix romaines, si favorables à l'autorité paternelle, n'ont-elles pas établi une sorte de propriété, dont les fils de famille pouvoient jouir, sans consulter la volonté de leurs parens?

Pour donner quelque fondement aux prérogatives civiles des parens, on a établi une distinction dans la manière de considérer un père: on a distingué le père du chef de famille; & sous ce dernier aspect, on lui a concédé des droits qu'on ne lui auroit point donnés sous l'autre.

Comme père, sa puissance a été assez généralement limitée par le besoin & l'utilité de ses *enfans;* mais comme chef de famille, elle a acquis une extension dangereuse, & d'où sont résultés des abus & des injustices.

Le pouvoir sans appel est un pouvoir toujours à craindre, quelle que soit l'opinion avantageuse qu'on a de la personne qui en est revêtue. Tel est le pouvoir paternel. Un fils pourroit-il réclamer contre son père, implorer l'autorité des loix contre sa volonté, sans s'exposer au blâme de ses concitoyens trop prompts à se révolter contre une démarche qui choque leurs idées & leurs opinions?

Aussi, combien de maux la police domestique que les pères exercent si souverainement sur leurs *enfans* a-t-elle produits ou entretenus? Elle en a aussi prévenus: cela peut être; mais que de captivités injustes, que de corrections outrées, que de punitions humiliantes, ne se sont pas permis des parens aigris, pour venger leur autorité méprisée? C'est l'abus du pouvoir, direz-vous, qui a produit ces maux: j'en conviens; mais un pouvoir qui peut en produire de tels, n'est-il pas à redouter?

Une preuve, que le pouvoir établi sous le titre de père de famille, n'est véritablement qu'une institution civile, & n'a point sa source dans la nature, c'est qu'il reçoit une foule de modifications; qu'il n'est nulle part le même, & semble se modeler sur la législation de chaque peuple & de chaque pays. Sous le même nom, c'est une chose différente. Ici, il s'étend à une multitude d'objets; là, il n'a qu'une existence incertaine, & par-tout il se trouve en contradiction avec lui-même. Dans les lieux où il règne avec le plus d'empire, on a cru nécessaire, utile de lui donner un correctif qui l'anéantit entièrement. Comment un pouvoir, évidemmenmt bon, auroit il pu subsister avec le droit de l'anéantir utilement & légalement? C'est cependant l'effet que la nécessité, le besoin & la raison ont appellé au secours des *enfans* trop mal partagés dans les loix civiles.

Les loix ne sauroient donc être trop avares dans l'attribution de ce pouvoir. Son extension & sa durée doivent être invariablement réglées sur le besoin & l'utilité des *enfans*, puisqu'il est vrai de dire que ces deux conditions sont les seules qui peuvent légitimer l'autorité paternelle. L'on ne doit restreindre la liberté de l'homme, qu'autant que cette restriction peut être utile à son bonheur; si pourtant il est vrai que l'indépendance, le droit d'agir suivant les ordres de sa volonté, puissent jamais être funestes à un homme que les vices de la société n'ont pas corrompu. Mais ces vices ne s'emparent du cœur des *enfans* que dans un âge où toute autorité cesse sur eux. Dans l'âge de la sensibilité & de l'innocence, leur volonté reste enchaînée, leur ame ne peut déployer ses heureuses dispositions: autre contradiction de notre législation.

Parmi le nombre d'actes, où un *enfant* peut intervenir dans la société, il en est quelques-uns que la loi a pu, sans danger, abandonner à la décision domestique du père de famille. Tel est un emprunt fait par un fils, tant qu'il est légitimement sous la garde de son père & de sa mère; parce qu'il n'est pas naturel de penser que celui qui a encore besoin de conseil & d'appui, soit assez instruit des conventions sociales, pour se livrer avec sécurité à des engagemens dont il égare l'importance & les suites. A cet égard, les loix peuvent, sans inconvéniens, autoriser les parens à faire usage de leur pouvoir tutélaire pour contenir leurs *enfans* dans les termes d'une obéissance absolue, d'une soumission exacte.

L'on peut encore soumettre au même pouvoir toute action d'un *enfant* qui tendroit à dissiper le bien de la famille, & qui par-là porteroit préjudice à ses autres frères. On conçoit qu'il n'y auroit aucune infraction du droit naturel, à permettre qu'un père ou une mère, en pareil cas, pût opposer une digue insurmontable, une autorité ferme aux travers ou à l'inconduite d'un *enfant*. Comme il seroit injuste en effet que des parens refusassent à leur *enfant* le nécessaire, il seroit également déraisonnable qu'ils lui permissent de s'approprier le bien, & d'épuiser les secours qui doivent être partagés entre toute la famille.

La nature n'a pas fait tous les hommes également sensibles. Il en est à qui un caractère dur, joint aux exemples de cruauté, que présente si communément le spectacle de la société, se livrent à des procédés odieux, à une conduite honteuse, & qui peut affliger plus ou moins des parens généreux & respectables. J'avoue qu'en pareil cas, le secours du pouvoir domestique d'un père & d'une mère est, de tous les moyens, celui qui paroît le plus prompt, le plus convenable, pour arrêter le cours de pareils désordres. Mais cette police est bien délicate; & puis les opinions sont si différentes. Ce nom de mauvaise conduite est si équivoque; il peut être si diversement envisagé. Tel paroît à mes yeux un homme blâmable, qui, aux yeux d'un autre, est peut-être estimable & digne d'éloges. Il est une foule de qualités, de défauts, d'opinions & de préjugés. Qui prendra-t-on pour juge de ces préjugés, de ces opinions? Sera-ce le fils qui n'en veut pas reconnoître l'empire? Sera-ce le père qui veut les employer au soutien de son autorité qu'il croit méprisée, uniquement parce qu'on révoque en doute la légitimité de l'application? Peut-être en pareilles circonstances l'intervention du ministère public, l'autorité du magistrat également impartial pour le père & le fils, devroit-il venir au secours des discussions qui s'élèvent entr'eux, pour les terminer légalement & équitablement?

Mais une des causes qui produisent le plus de trouble dans l'état des familles, celle qui donne le plus souvent lieu à des peines amères, à des regrets douloureux, c'est la longue durée du pouvoir civil que les parens ont sur leurs *enfans*.

Souvent un fils de famille a toutes les qualités nécessaires pour être un bon père, un excellent citoyen, qu'il est encore lié par les chaînes du pouvoir paternel. Son génie, sa force, son courage, la puissance de se reproduire, le droit de choisir une épouse, sont pour lui des prérogatives infructueuses, s'il plaît à son père de lui en interdire l'usage, & cela pendant un tiers de la vie & les plus belles années de l'âge. Ne croyons pas que si les jeunes gens font souvent des fautes, la sagesse, la prudence & la justice président toujours à la conduite des parens. Vouloir prolonger le terme de la minorité des *enfans*, jusqu'à 25 ou 30 ans, est donc inutilement étendre leur captivité, & mal-à-propos les faire jouir d'une protection qui ne leur est plus due. L'abus est encore plus grand de les regarder comme éternellement mineurs, tant qu'ils n'ont point été émancipés.

Mais quelle sera donc l'époque où l'on pourra légitimement fixer le terme de l'autorité paternelle dans l'état de civilisation? Jusqu'à quel âge les loix peuvent-elles exiger des *enfans* l'obéissance & la soumission aux ordres de leurs parens?

J'avoue qu'il est difficile d'établir là-dessus des principes certains, & tels qu'ils ne puissent donner lieu à aucuns abus, à nulles réclamations légitimes. S'il n'étoit question que de fixer l'époque où l'*enfant* a, comme homme, le droit de secouer tout joug, je répondrois, comme je l'ai déjà fait, que c'est au moment où la nature lui donne le desir & le pouvoir de se reproduire; & ce ne seroit pas sans raison. Mais l'homme civil, que je considère ici, ayant à vivre sous des loix, avec des citoyens dont les droits & les privilèges sont variés à l'infini, il lui faut, outre le tems nécessaire à ce développement de sa force & de sa raison, un intervalle assez long, avant qu'il ait acquis la connoissance, ou au moins pressenti l'existence des conventions sociales & des rapports qu'elles ont avec lui. Un ancien a dit que les filles entroient dans le monde, & s'occupoient des affaires de la vie civile à douze ans, & les garçons à quatorze. *Tertulian. lib. de velandis virgin.* Mais cet âge, qui peut suffire pour quelques actions de la vie, ne peut pas convenir à toutes, sur-tout parmi nous. Il en est qui exigent une souplesse, une habileté, des connoissances au-dessus de l'expérience d'un *enfant* si jeune; principalement parmi les classes de la société où les devoirs sont nombreux, l'instruction lente, l'ame sans énergie, & le corps sans force & sans vigueur. Il existe même des hommes si bornés & si peu propres à prendre connoissance des obligations & des droits des citoyens, qu'ils restent toute leur vie comme étrangers au milieu de la société dont ils sont membres, & dont pourtant ils ignorent les conventions & les loix. A quel âge peut on fixer utilement la majorité de ceux-là?

D'autres, par les infirmités du corps, la foiblesse des organes, semblent exiger un soin long, une protection prolongée. Toujours *enfans* au physique par l'impuissance de se secourir eux-mêmes, ils paroissent ne devoir jamais jouir d'une liberté qu'on ne peut accorder qu'à ceux qui peuvent s'en servir pour leur bonheur & leur conservation. Au milieu de ces difficultés, quel parti doit prendre un législateur prudent & impartial?

Parce qu'il y a des hommes, dont les forces & la raison se développent fort tard, doit on, sur leur exemple, fixer l'âge de majorité à la moitié de la vie des autres hommes? Ce seroit une injustice, & l'uniformité qu'on doit sans doute rechercher dans la composition des loix, n'est pas ici une raison suffisante pour assujettir tous les hommes à la même règle. Doit-on faire varier l'âge requis pour la majorité, suivant le degré de force & de raison de chaque individu? Je le crois, & c'est ce qu'il nous reste à développer.

Il existe dans les pays régis par le droit romain une forme légale de rendre un *enfant* maître de sa personne, de lui redonner la liberté que les loix lui avoient ravie; c'est l'*émancipation*. Tous les peuples catholiques assujettissent leurs membres à un acte qui les lie à la communauté chrétienne; c'est la *première communion*. A Rome, on donnoit la robe virile à un fils, pour marquer qu'il n'étoit plus *enfant*, & qu'il étoit parvenu à l'âge de la raison.

Ces usages semblent nous indiquer la voie qu'il faut suivre pour déterminer d'une manière simple & positive l'instant où un *enfant* peut être abandonné à lui-même, de quelque condition, de quelque âge, de quelque sexe qu'il soit.

L'on a établi des tribunaux pour l'administration de la justice dans tous les états policés. Là, le magistrat civil fait jouir chaque citoyen du bénéfice des loix & de la protection publique. Et bien qu'il soit permis à tout homme, encore réputé *enfant*, & comme tel, hors d'état de jouir de sa liberté, de s'y présenter pour s'y faire émanciper; que sa raison, sa force, ses connoissances, sa conduite sage, soient des titres pour l'obtenir; qu'il soit autorisé à le demander même contre le gré de ses parens, s'ils ne vouloient point y consentir; qu'il s'établisse entr'eux & lui une discussion contradictoire, & que toutes les fois que le juge trouvera dans la personne du sujet qui se présente à l'émancipation les qualités naturelles & acquises, nécessaires à l'homme civil, qu'il le rende à la liberté, qu'il prononce son émancipation, quel que soit son âge. Lorsqu'un homme est doué des qualités de corps & d'ame, qui en peuvent faire un père de famille, un citoyen, pourquoi lui refuseroit-on le pouvoir & le droit d'en jouir? N'est-ce pas, en pareil cas, un acte de justice, que de lui accorder le secours du ministère public pour faire entendre ses moyens de demande? S'ils sont bons, on lui donnera satisfaction; s'ils sont frivoles, on la lui refusera.

Ainsi le juge public, en même tems qu'il seroit autorisé à accorder l'émancipation civile à l'homme, qui la réclameroit avec cette plénitude de raison & de jugement qui la méritent, pourroit la refuser à celui, dont l'imbecillité ou l'incapacité morale ou physique lui rendroit la protection paternelle, l'autorité domestique encore utile à son bonheur & à sa conservation.

Au reste, ce moyen de hâter la jouissance des droits de l'homme & des citoyens dans les *enfans* qui en seroient dignes, n'entraîneroit aucun changement dans l'ordre des loix établies parmi les nations pour l'âge de la majorité.

Ceux qui ne voudroient ou ne pourroient pas partager le privilège de l'émancipation civile, resteroient sous l'autorité de leurs parens, aussi longtems que la coutume ou les loix l'exigeroient.

Mais comme il n'est pas juste non plus que les pères ou mères soient forcément obligés à continuer leurs soins à leurs *enfans*, lorsque l'âge, une raison précoce, une force hâtive, ont donné à ceux-ci les moyens de pourvoir eux-mêmes à leur propre conservation; un parent pourroit avoir également recours à l'autorité civile, pour obliger son fils à demander l'émancipation, & par-là sortir d'un soin toujours pesant pour qui veut s'en acquitter dignement.

Ne seroit-il pas en effet raisonnable qu'un père ou une mère, accablé d'années, pût légalement se soustraire à des obligations aussi impérieuses, que celles de répondre des actions & de la conduite de leurs *enfans*, quand ceux-ci ont tout ce qu'il faut pour agir en hommes raisonnables, en citoyens libres & indépendans?

Cette réciprocité de droits concilieroit les intérêts des pères & des *enfans*; & loin qu'elle pût porter préjudice à la tranquillité des familles, elle y entretiendroit une condescendance douce, une conduite sage, un commerce d'égards des *enfans* envers leurs parens, & des parens envers leurs *enfans*. Le pouvoir de se séparer sitôt qu'on le pourroit légalement, quels que fussent l'âge & le sexe, mettroit une réserve dans les menaces, une délicatesse dans les procédés, une tempérance dans les châtimens, que l'on ne connoît malheureusement pas assez dans la plupart des familles.

Il est important de ne point perdre de vue le véritable objet du tribunal que nous venons de proposer. Il auroit le droit de prononcer sur les qualités requises pour être soustrait à l'autorité paternelle, dans les choses seulement où elle peut légitimement intervenir; car dans celles où l'homme est son maître de plein droit, cette émancipation seroit absolument inutile.

Voilà le seul moyen que l'on puisse proposer pour concilier ensemble les droits de l'homme avec ceux de citoyen, les franchises de la liberté naturelle avec les devoirs de l'état civil.

Peut-être aura-t-on trouvé que dans le cours de cette discussion, j'ai trop donné à la liberté des *enfans*, & pas assez à l'autorité des parens? Peut-être regardera-t-on comme dangereux un système qui tend à accroître une liberté, que des loix respectées se sont empressées de restreindre. Mais que l'on fasse attention aux conséquences qui se rencontrent également dans l'opinion contraire à la mienne. On y trouvera des abus de plus d'une espèce, des injustices de plus d'une sorte. Eh! les parens n'ont-ils pas assez de puissans moyens pour s'assurer l'amour & le respect de leurs *enfans*, sans avoir besoin du secours d'un pouvoir arbitraire & presqu'illimité? L'habitude, où sont les *enfans* de leur obéir par nécessité, peut être facilement prolongée toute la vie, quand la rigueur & la dureté ne les en éloigneront pas. On est naturellement & invinciblement porté à chérir, à respecter ceux qui nous font du bien; pourquoi les *enfans* ne seroient-ils pas dans le même cas envers leurs parens, si ceux-ci se sont conduits avec justice & avec sagesse?

Après avoir discuté les droits respectifs des parens & des *enfans*, après avoir posé les bases & les principes de la législation civile des familles, il nous reste à considérer les *enfans*, dans leur rapport avec l'ordre public, la police des mœurs & les devoirs du Magistrat.

Il résulte de ce que nous avons établi sur l'autorité paternelle, qu'elle n'est que simplement tutélaire & protectrice; qu'à ce titre le père n'a d'autres droits sur ses *enfans* que ceux qui peuvent être utiles à leur bonheur, à leur conservation; que c'est une puissance purement domestique, qui ne doit être ni assimilée, ni affiliée à celle de l'autorité publique.

Qu'en même tems que celle-ci conserve sur les *enfans*, comme membres de la société, la puissance corrective pour les délits, les fautes qui intéressent l'ordre public, elle ne peut ni elle ne doit prêter sa force aux parens pour punir les *enfans* des démarches d'inconduite domestique ou de désobéissance à leurs parens.

Une doctrine contraire, des maximes opposées à ces principes ont long-tems fait, & font encore, quoique plus foiblement, de l'autorité des parens un odieux moyen de vengeance, ou tout au moins de rigueurs volontaires & capricieuses envers les jeunes gens. Les parens, sûrs de trouver dans l'homme public un protecteur partie, ne ménageoient ni les peines, ni la servitude, ni les chagrins de leurs *enfans*; il sembloit que ces petits malheureux fussent destinés à supporter leurs caprices & leurs duretés sans oser se plaindre, sans recours à la puissance des loix & de la justice.

C'est sur-tout dans l'exercice de la police que les abus de l'autorité paternelle envers les *enfans*, trouvoient & trouvent encore un appui. Une plainte, une assertion vague, un mécontentement momentané, suffisent pour ordonner des corrections, des punitions, des détentions contre un pauvre *enfans*; sans l'avoir entendu, sans avoir par conséquent pu justifier, par la contradiction, les plaintes portées contre lui. Une prétendue information dans la famille, dirigée d'après les vues du père ou de la mère, information faite souvent par les parties intéressées, c'est-à-dire, payées ou liées de préjugé, d'intérêt & de principes avec les plaignans; voilà sur quoi on prononce la punition, correction, détention d'un *enfant*, quand les parens veulent avoir l'air d'observer quelque règle dans l'obtention des peines qu'ils demandent.

Ces injustices se commettent encore aujourd'hui que j'écris, en 1790, à la police de Paris, malgré les loix de liberté qui existent, & les lumières répandues sur ces objets.

C'est quelque chose d'étonnant qu'on ait toujours supposé les *enfans* coupables, sans suspecter la bonne-foi des parens, qu'on n'ait jamais rien proposé pour contenir les erreurs, la dureté, l'ignorance, le fanatisme de ceux-ci, & qu'on se soit plû à multiplier les moyens de correction, de peines pour les autres.

J'ai sous les yeux un projet d'organisation judiciaire, composé par un membre de l'assemblée nationale : on y propose le recours des *parens à police* contre leurs *enfans*, & un tribunal de huit personnes de la famille, d'après l'avis desquels les lieutenants de police peuvent prononcer la détention des *enfans* dans une maison de correction, lorsque la famille auroit des craintes graves, des sujets de mécontentement envers eux.

J'ignore si cette forme sera adoptée par l'assemblée nationale; mais tous ces pouvoirs domestiques; ces demi-loix, cette espèce d'autorité despotique donnée aux parens, me paroissent autant de moyens de vexations obscures; ils ne peuvent qu'ajouter à l'égoïsme des familles & aux persécutions qu'elle suscitent aux *enfans* qu'un caractère & des idées différentes des leurs, conduisent à des résultats d'habitudes différens.

De deux choses l'une : ou un *enfant* est coupable aux yeux de la loi, ou il ne l'est pas. S'il est coupable, c'est à la puissance publique à le punir, à la réquisition du ministère public, & ses parens n'ont rien à faire là : si l'*enfant* n'est point coupable aux yeux de la loi, ses parens n'ont point le droit d'invoquer l'autorité publique pour prévenir de prétendus délits, dont, disent-ils, ils ont reconnu les principes ou l'intention en lui. Avec ce don de prophétie & cette intention de prévenir les fautes à naître, on tiendroit la société entière dans l'esclavage, & ce seroit un malheur d'avoir une famille toujours prête à vous susciter des procès, & à vous faire arrêter provisoirement, s'il plaisoit au lieutenant de police de le faire, comme c'est l'usage. *Voyez* FAMILLE.

Il nous reste à considérer les *enfans* sous un point de vue plus rapproché encore des fonctions de police ordinaire.

S'il est dans la société des êtres à qui l'on doive secours & protection, ce sont sûrement les *enfans*, lorsque des malheurs, l'incurie de leurs parens, leur étourderie personnelle, ou quelque accident les exposent à des dangers. Ces dangers sont de deux espèces, & ils naissent l'un & l'autre de l'abandon ou du mauvais usage des enfans.

Les premiers dangers regardent leur santé, leur sûreté, leur existence individuelle.

Les seconds, leurs mœurs. La police, qui doit veiller à tout ce qui peut être utile aux hommes, sans gêner leur liberté, a qualité publique pour prendre sous sa protection l'enfant abandonné, errant, égaré, ou prêt à devenir la proie des mauvaises mœurs, & un instrument de brigands : elle peut s'informer des causes de cet abandon & forcer la famille à reprendre l'*enfant*, s'il n'est majeur, ou que des raisons suffisantes, quoique mineur, l'obligent à quitter sa parenté.

Il n'est pas rare de voir les fripons, les voleurs les plus décidés, faire usage des *enfans* pour seconder leurs desseins. Ils les envoient à la découverte, les introduisent dans des endroits où ils ne pourroient pas entrer, & abusent de la confiance que l'on a dans le jeune âge, pour tromper & commettre les délits avec plus de facilité. C'est un devoir de la police de porter une attention particulière sur les *enfans* qui vaguent dans les rues la nuit, de les retirer, de les secourir & de mettre leur personnes à l'abri des insultes de la brutalité.

Car, & c'est un autre danger auquel sont exposés les *enfans* de douze à quinze ans; la lubricité publique abuse quelquefois de leur misere & de leur enfance, pour satisfaire ses caprices monstrueux. Des hommes perdus de débauche se portent à cet égard à des excès honteux, sans différence de sexe, & corrompent des enfans qui sont à peine capables de prévoir les maux auquels les exposent les sales plaisirs qu'on leur fait partager.

La résistance qu'ils pourroient y faire, ne les sauve pas toujours. Nous en avons vu un mourir sous les coups assassins d'un prêtre, qui n'en ayant pas pu jouir par séduction, voulut y parvenir par la violence. La punition a été exemplaire & publique.

Au reste, si les jeunes garçons courent des dangers à cet égard, les jeunes filles, même *enfans*, en courent d'absolument semblables. Le commerce lucratif que des femmes corrompues ont imaginé d'en faire, les conduit à une perte inévitable. Elles savent les suivre, leur parler, les engager à écouter leurs conseils; & bien-tôt elles les livrent à la plus vile prostitution : car on conçoit à quels excès le libertinage peut se livrer avec des *enfans* que l'on enivre, & dont ensuite on abuse de toutes les manières imaginables.

Sans donc que la police puisse se mêler des actions individuelles qui ne la regardent pas, sans qu'on l'autorise à avoir des espions & des délateurs, elle pourroit par les soins de la garde ordinaire & des patrouilles de sûreté, dans la nuit protéger l'enfance, & offrir secours & charité à ceux que leur misère force à chercher quelque moyen de vivre, quelque aide dans la générosité ou la lubricité de ceux qui veulent bien jeter les yeux sur eux.

Il est bien sûr que, de quelque manière que l'on s'y prenne, il y aura toujours des malheurs & des abus de ce genre; & vaut encore mieux qu'il y en ait, que de tenir pour y remédier, toute la société dans une servitude honteuse & un espionage de tous les momens. Le grand remède aux désordres que nous venons d'indiquer; c'est 1°. de rendre le peuple plus heureux par les suites d'une prospérité générale & d'une bonne constitution; c'est à quoi nous travaillons. Le peuple étant moins pauvre, il aura plus de facilité d'élever ses *enfans*, & de les soustraire aux effets incalculables de la misère, dont le terme est communément le brigandage ou la servitude.

2°. Et ce moyen mérite attention. C'est d'enchaîner par des loix la dureté, la brutalité des familles; c'est de punir sévèrement le père féroce qui aura maltraité gravement ou blessé son *enfant*; c'est de faire de ce délit un délit public, & de contenir ainsi les excès du despotisme paternel. Alors moins d'*enfans* s'expatrieront & nous aurons moins de soins à prendre pour les soustraire au brigandage, à la prostitution, aux vices de la société.

Nous terminerons ici ce que nous avions à dire sur cette matière, & l'on peut voir aux mots *Enfants-trouvés*, *Nourrices*, *Pitié*, les autres soins que la police doit prendre & prend effectivement des *enfans*.

ENFANT-TROUVÉ, m. Mot composé qui désigne un *enfant* qui, ayant été abandonné de ses parens, ou perdu par accident, est recueilli & soigné par la charité publique.

Le mot *enfant-trouvé* au plurier, indique encore un hôpital destiné à recevoir ces mêmes enfans, à les élever & à leur donner un état quelconque dans la société.

Nous ne ferons point de cet article un traité complet de tout ce qu'il y auroit à dire sur cet intéressant sujet; nous recueillerons seulement quelques faits, & développerons quelques principes de morale & de législation sur la nature & l'état des *enfans-trouvés*; nous y joindrons quelque essai de projets, afin de donner quelque idée de ceux qu'on a proposés à cet égard.

Dans la partie des faits relatifs aux *enfans-trouvés*, nous rapporterons la notice historique de l'établissement & de l'administration de l'hôpital qui leur est destiné à Paris, avec quelques détails de ceux formés chez l'étranger.

Hôpital des enfans-trouvés *de Paris*.

L'intérêt qu'inspirent des *enfans* abandonnés, détermina, le 11 décembre 1538, le parlement de Paris à rendre un arrêt qui permit de faire quêter pour eux.

François Ier. confirma la permission de quêter, tant dans tous les quartiers de Paris, que dans toutes les églises, paroisses des villages où étoient nés les *enfans* de l'hôpital, & autorisa à y recevoir les orphelins nés dans les villages de la banlieue de Paris, même à défaut de ceux-ci, des *enfans* des villages prochains, de la ville & du diocèse, âgés de dix à douze ans au plus, par une déclaration du 22 Juin 1541.

Louis XIII, dans la vue de soutenir l'établissement qui se formoit alors à Paris pour les *enfans* exposés, leur assigna par des lettres-patentes du 30 Juillet 1642, 4000 liv. à prendre chaque année sur son domaine de Gonesse: savoir, 3000 liv. pour la nourriture des *enfans*, & 1000 liv. pour les sœurs de charité qui les servoient.

Louis XIV donna 8000 liv. de rente sur les cinq grosses fermes aux *enfans-trouvés* ou exposés, par des lettres-patentes du mois de Juin 1644.

Pour fournir le surplus de la dépense, le parlement ordonna, en 1667 & 1668, qu'il seroit, par forme de provision, payé par les seigneurs hauts-justiciers de la ville & fauxbourgs de Paris: savoir, par M. l'archevêque de Paris 3000 liv. par année; par le chapitre de l'église de Paris, 2000 livres; par les religieux de Saint-Germain-des-Prés, 3000 livres; & ainsi des autres hauts-justiciers.

D'après le principe, que la nourriture des pauvres est une dette des lieux auxquels ils appartiennent, le parlement, sur un réquisitoire du ministère public, fit défenses, par arrêt du 8 février 1663, à tous messagers, rouliers, voituriers & conducteurs de coches, tant par eau que par terre, d'amener aucuns *enfans* à Paris, qu'ils n'eussent fait écrire les noms, surnoms & demeures de ceux entre les mains desquels ils devoient les remettre, à peine de punition corporelle, & de 1000 liv. d'amende au profit de l'hôpital-général, au paiement de laquelle ils seroient contraints par corps.

Un autre arrêt du 3 septembre 1667, dicté à la fois par le même principe, & d'après la règle que la nourriture des *enfans-trouvés* est une charge de la haute-justice, ordonna que les seigneurs hauts-justiciers du dehors de Paris seroient tenus de satisfaire à la dépense de la nourriture & de l'entretien des *enfans*, dont les pères & mères seroient inconnus, qui se trouveroient exposés dans l'étendue de leurs terres.

Louis XIV, par édit du mois de Juin 1670, établit l'hôpital des *enfans-trouvés* à Paris: par cette loi, l'administration en fut réunie à celle de l'hôpital-général. Les directeurs furent autorisés à régir, contracter, vendre, aliéner, acheter, comparoître en jugement, recevoir toutes donations & legs, même universels, & à faire tout ce qui concernoit le bien & l'avantage des *enfans-trouvés*.

Pour assurer le plus grand ordre dans le régime de l'établissement, le roi ordonna, 1°. que les administrateurs visiteroient, chaque semaine, le régistre contenant les noms des *enfans-trouvés*; qu'ils en parapheroient les feuilles, après l'avoir vérifié sur les procès-verbaux des commissaires du châtelet, & les ordonnances des officiers chargés d'en connoître, & qu'ils arrêteroient chaque mois les comptes; 2°. que les sœurs de la charité iroient visiter les *enfans* placés en nourrice hors de l'hôpital, & qu'elles en constateroient l'état, pour être pourvu aux besoins de ces *enfans*.

En 1672, les administrateurs acquirent par voie d'échange, rue Notre-Dame, une maison appellée la Marguerite, qui est à présent celle de la couche des *enfans-trouvés*.

Les administrateurs augmentèrent, en 1688, l'emplacement, en y joignant une maison voisine qu'ils achetèrent des chanoines réguliers de Saint-Victor.

Il est attribué à l'hôpital des *enfans-trouvés*, à la réception de chaque secrétaire du roi, une aumône de 50 liv., indépendante de celle dont jouit l'hôpital-général.

Louis XIV ayant réuni au châtelet de Paris les différentes hautes-justices qui étoient établies à Paris & dans la banlieue, ordonna qu'il seroit employé dans l'état des charges du domaine de Paris la somme de 2000 liv. par année, pour être payée à la maison des *enfans trouvés*, au lieu des indemnités & sommes qu'elle recevoit annuellement des hauts-justiciers.

Dans la vue de soutenir le même établissement dont les dépenses étoient augmentées, le roi réunit l'administration des biens & des revenus de la confrérie de la passion & résurrection de Notre-Seigneur à l'hôpital des *enfans-trouvés*; & il ordonna que ces biens & revenus (la charge du service divin déduite & satisfaite) seroient employés à la nourriture & entretien de ces enfans.

L'hôpital des *enfans-trouvés* étant chargé de deux mille trois cens enfans, Louis XIV, par une déclaration du 20 mai 1680, ordonna que l'administration des enfans-rouges seroit unie pour être faite dorénavant par les directeurs de l'hôpital-général, auxquels il permit de disposer des fonds ainsi que des revenus, à la charge seulement de faire acquitter toutes les fondations de service & autres qui étoient faites dans l'hôpital des enfans-rouges.

Louis XIV, par un arrêt de son conseil du 7 juin 1695, ordonna que du produit de l'octroi de trente sols sur chaque muid de vin entrant à Paris, qui avoit été autorisé par une déclaration du roi du 5 septembre 1693, en faveur de l'Hôtel-Dieu, & de l'Hôpital-Général de Paris, il seroit distrait au profit des *enfans-trouvés*, & remis entre les mains du receveur particulier de leurs revenus; savoir, la quatorzième partie de ce qui en étoit perçu par l'Hôtel-Dieu, & la cinquième de ce qui en appartenoit à l'Hôpital-Général.

Les mêmes considérations ont déterminé Louis XV à accorder à l'hôpital des *enfans-trouvés*, & sous son nom une loterie en l'anné 1717.

Des arrêts du conseil, & une ordonnance de police, ont attribué à l'hôpital des *enfans-trouvés* le profit des lots non-réclames, & ont fixé le prix des billets.

Cette loterie ayant été réunie à la loterie royale de France, le Roi a accordé une indemnité à l'hôpital des *enfans-trouvés*; & il l'a fixée à la somme de cent quarante mille deux cent trente quatre livres dix sols, qui lui est payée de mois en mois.

Par un brevet du 9 mars 1767, Louis XV a assigné à la maison des *enfans-trouvés* une somme de cent vingt mille livres à recevoir chaque année au trésor-royal.

En 1771, le roi étant informé que les besoins & charges de l'hôpital des *enfans-trouvés* étoient encore augmentés, lui a attribué en commun avec l'Hôpital-Général, entr'autres revenus, le doublement du vingtième, accordé à cet hôpital en l'anné 1711, de tous les droits levés dans les ville & fauxbourgs de Paris, aux entrées & sur les ports, quais, halles, foires & marchés, vingt sols par muids de vins, de liqueurs entrant dans Paris, tant par terre que par eau, en sus de ce qui avoit été ci-devant attribué aux hôpitaux, dans les quarante-cinq sols levés au profit des pauvres; & six sols par voie de bois marchand & du crû, au-delà des droits déjà établis sur les bois au profit de l'Hôpital-Général.

Louis XVI a prorogé ces octrois.

La suppression & réunion des biens de la maison des enfans rouges ont été faites au mois de mai 1772, à l'hôpital des *enfans-trouvés*.

En 1781, Louis XVI a également uni à l'hôpital des *enfans-trouvés* les biens de celui de Saint-Jacques, dont l'institution n'avoit plus d'objet; & il a autorisé par les mêmes lettres-patentes, l'administration à acquérir au nom de l'hôpital des *enfans-trouvés*, dans la proximité de la ville de Paris, un lieu qui, par ses bâtimens & emplacemens, seroit propre à recevoir les enfans qui seroient reconnus pour être atteints de maladies communicables, à l'effet d'y être traités.

L'administration ne pouvant surveiller elle-même tous les *enfans-trouvés*, délibéra en 1703 & 1712, que les sœurs de Saint-Lazare feroient des visites, tant chez les nourrices que chez les sevreuses & autres personnes auxquelles les enfans auroient été remis pour les élever.

A défaut de nourrices de la campagne, en nombre suffisant pour allaiter les *enfans-trouvés*, le Bureau arrêta en 1704, qu'il seroit retenu des nourrices à Paris, malgré l'augmentation des frais.

En 1733 & en 1752, il fut arrêté à l'égard des filles qui seroient placées en apprentissage depuis huit ans jusqu'à quinze, que ceux à qui elles seroient confiées, seroient tenus de leur donner trois cent livres en argent, lorsqu'elles auroient atteint vingt-cinq ans, & de leur fournir alors un trousseau composé de quatre chemises, quatre garnitures de tête, huit bonnets, quatre cornettes de nuit, quatre mouchoirs de cou, quatre mouchoirs de poche, une robe & un jupon de Siamoise, un autre jupon, un corps, deux tabliers, deux paires de bas de laine tricotés, deux paires de souliers; le bureau leur fournissant un pareil trousseau lors de leur engagement.

D'autres délibérations de 1742 & de 1753, ont ordonné que les filles qui seroient placées depuis quinze ans jusqu'à vingt-cinq, recevroient deux cens livres à cet âge, de ceux à qui elles seroient engagées, & un trousseau de même qualité que celui ci-dessus indiqué.

Par un réglement du 7 janvier 1761, le bureau, par la raison que le changement d'air peut préjudicier aux enfans, a consenti à ce qu'il n'en fût ramené à Paris à l'age de six ans, que le nombre qui seroit nécessaire pour le service des deux maisons, & a ordonné que les autres seroient confiés, à cet âge, à des bourgeois, laboureurs, marchands & artisans, qui les garderoient jusqu'à vingt-cinq ans, & auxquels il seroit payé chaque année, par forme de pension, pour chaque enfant: Savoir; pour les garçons quarante livres jusqu'à douze ans, & trente livres depuis l'âge de douze ans jusqu'à quatorze accomplis; & à l'égard des filles, quarante livres jusqu'à l'âge de seize ans accomplis.

Louis XV, pour faciliter le placement des *enfans-trouvés* mâles, & récompenser les pères de famille qui s'en chargeroient, fit écrire aux directeurs de l'hôpital par le ministre de la guerre, que ceux des *enfans-trouvés*, qui, parvenus à l'âge de seize ans, auroient toutes les qualités nécessaires pour porter les armes, seroient admis à tirer au sort de la milice, aux lieu & place de pareil nombre d'*enfans*, frères ou neveux des chefs de famille qui les auroient élevés.

Des éclaircissemens pris sur les lieux, au moyen des visites, & par d'autres informations, déterminèrent, en 1765, le bureau à dresser un réglement en 35 articles, par lequel il fut arrêté notamment qu'il ne seroit point admis de nourrices pour élever des *enfans* de l'hôpital, si elles ne représentoient un certificat du curé ou du desservant de la paroisse sur laquelle elles demeuroient; & à défaut de ce certificat, celui du syndic & des deux principaux habitans, qui attesteroient leur vie, mœurs & religion, & qu'elles étoient en état d'élever des *enfans;* qu'aucune nourrice ne pourroit se charger de plus d'un *enfant* à allaiter; que les nourrices seroient payées: savoir, 7 liv. depuis la naissance jusqu'à un an accompli; 5 liv. depuis un an jusqu'à deux, & 4 liv. 10 s. au dessus; que l'on ne laisseroit aux nourrices les *enfans* qui seroient âgés de cinq ans, que sur un certificat du curé; & à son défaut, du syndic & des deux principaux habitans, qui énonceroient qu'elles étoient en état de les nourrir & entretenir; que ceux qui voudroient faire la commission de meneur, feroient certifier par le curé de leur paroisse, leurs mœurs, religion, suffisance, & qu'ils donneroient, tant l'état de leurs biens, qu'une caution suffisante, & feroient élection de domicile à Paris. Les meneurs ont été autorisés à retenir sur le premier mois 2 liv. pour le port de chaque *enfant* qu'ils conduiroient avec des nourrices qui s'en seroient chargées à Paris, & 6 liv. à l'égard des *enfans*, dont les nourrices n'y seroient pas venues. Il a été aussi arrêté qu'il continueroit d'être payé aux meneurs 6 den. pour livres des sommes qu'ils seroient chargés de remettre pour des pensions; & il leur a été enjoint de visiter pour le moins tous les six mois, tant les *enfans* qui seroient en nourrice, que ceux qui seroient placés chez les bourgeois, à l'effet de connoître l'état des uns & des autres *enfans*, s'ils étoient élevés avec soin, & d'en rendre compte au bureau: cette visite doit être certifiée par déclaration du curé; & à son défaut, par le syndic & deux des principaux habitans de la paroisse. Les meneurs ont été autorisés, par un article exprès, à changer les nourrices, après avoir consulté le curé sur ce changement & sur le choix des nouvelles nourrices, & ils sont tenus de rapporter à Paris, à leur premier voyage, les hardes, linges & extraits mortuaires des *enfans* décédés. Il a été aussi réglé qu'il seroit payé par les nourrices au meneur 3 liv. pour frais de retour à Paris, de chaque *enfant* âgé de cinq ans, qu'elles n'y remeneroient pas elles-mêmes.

En 1772, les directeurs considérant que les *enfans*, qui étoient élevés dans les campagnes & les villes de province, ne devoient, ni par raison de justice pour les personnes qui en étoient chargées, ni pour l'intérêt des *enfans*, demeurer engagés, ainsi qu'ils l'étoient, jusqu'à l'âge de majorité, ont limité la durée de l'engagement à vingt ans; après ce tems, les *enfans* ne peuvent être retenus, qu'autant qu'il leur est payé des gages. La pension des deux sexes fut également réglée à 40 liv. jusqu'à l'âge de seize ans accomplis.

Quoique l'hôpital des *enfans-trouvés* ne soit fondé que pour les enfans de Paris, comme il se trouvoit surchargé d'enfans de tous les pays, il fut arrêté en 1772, au bureau général de l'administration, que MM. les Secrétaires d'état & M. le Contrôleur-général seroient invités à donner des ordres dans leurs départemens, pour qu'il ne fût plus envoyé à Paris d'*enfans-trouvés* des provinces.

En 1773, il fut arrêté que la nourriture des *enfans* en nourrice & en sevrage seroit payé à raison de six livres par mois, pendant les deux premières années, & que celle de la troisième année, jusqu'à la septième, à laquelle doit finir le sevrage, seroit payée à raison de cinq livres par mois.

Au mois de juin de la même année, le soin de visiter les *enfans-trouvés* fut confié aux inspecteurs préposés pour la visite des nourrissons, enfans des bourgeois de Paris, & il fut fait un règlement concernant ces visites.

Le 19 juillet suivant, des vues de bienfaisance ont déterminé l'administration à arrêter, que les *enfans* au-dessous de l'âge de cinq ans seroient seuls reçus dans cet hôpital, & quand aux *enfans* de cinq ans & au-dessus, que les garçons seroient placés à la Pitié, & les filles à la Salpêtrière: l'admission des uns & des autres doit être précédé d'un rapport fait au bureau de la Pitié.

En 1774, les directeurs ayant obtenu une augmentation de revenus, rétablirent l'usage de faire faire par les sœurs de Saint-Lazare des visites chez les nourrices & les autres personnes en province, qui étoient chargés d'*enfans-trouvés*. Ils augmenterent les droits des meneurs, & l'honoraire pour l'inhumation des *enfans*, aux curés & déservans, qui seroient priés de surveiller les nourrices.

Il fut fait dans le mois de mars suivant, un nouveau réglement en cinquante-quatre articles, dont les cinq premiers sont relatifs au certificat qui doit être remis par les nourrices aux sœurs de la charité, qui ne doivent leur confier des *enfans* qu'après avoir examiné leur lait. Les articles suivans jusqu'au dix-septième, concernent principalement l'ordre du départ des *enfans* envoyés en nourrice. Les articles 17 & suivans, y compris le 21, règlent les vêtemens des *enfans*. Il s'agit dans les articles 22, 23, 24, 25, 26 de l'âge auquel les *enfans* doivent sortir de sevrage, & de leur engagement chez des bourgeois ou autres habitans. L'article 27 fixe à trois livres la rétribution des curés & déservans pour l'inhumation des *enfans* morts, tant en nourrice ou sevrage, qu'à la pension. Par les articles 28 & 29, les curés sont invités à donner des certificats aux nourrices qui desirent avoir des *enfans* de l'hôpital, à informer le bureau

bureau des contraventions qui seroient faites aux règlemens, & à attester la vie ou le décès des *enfans*. On a pris par l'article 30 & suivans, jusqu'au 49e, des précautions relativement aux meneurs; & les six derniers articles portent sur les visites des sœurs de la charité ou des autres personnes que le bureau charge d'inspecter les nourrices, & de vérifier l'exercice des meneurs.

En 1775, pour attacher les nourrices aux *enfans* de l'hôpital, & s'en procurer de meilleures, elles ont été déchargées, tant du paiement des 40 sols accordés aux meneurs, que des 40 sols pour le port de l'*enfant*; il a été aussi réglé qu'il seroit payé par l'hôpital, pendant les mois de juillet & août de chaque année, tems de la moisson, & pendant les mois de décembre, janvier & février de chaque année, tems de la saison d'hiver, pareille somme de 40 sols à chacune des nourrices qui viendroient à Paris, & auxquelles il seroit donné des *enfans* de l'hôpital; & ce en sus de la somme de 8 livres pour le premier mois.

En 1776, l'administration considérant les pertes qu'elle avoit éprouvées de la part des meneurs, arrêta, pour éviter à l'avenir cet inconvénient, qu'il ne seroit nommé aucun meneur de nourrices pour les *enfans-trouvés*, qu'il n'eût passé devant notaires, conjointement avec sa femme, des actes de soumission & d'obligation, contenant le détail de leurs biens & dettes, & qu'il n'eût fourni une caution, qui ne pourroit être moindre de 3000 livres par ceux dont le maniement en argent n'excède pas 6000 liv. par année, & de la moitié de la recette de la part de ceux dont le maniement sera supérieur jusqu'à 20000 livres: les meneurs sont tenus de fournir d'autres cautions, à la première réquisition du bureau: comme aussi dans le cas où la caution vient à se désister; & de faire engager les femmes des cautions avec leurs maris.

Tel est à peu-près l'historique de l'administration de l'hôpital des *enfans-trouvés* de Paris, maison où l'on fait beaucoup de bien; mais où l'on en pourroit faire encore davantage si l'on s'occupoit d'une manière détaillée de tous les moyens d'employer utilement les fonds qui lui sont destinés.

L'on sait que les *enfans* y sont reçus à toute heure de jour & de nuit, sans aucune recherche, sans aucune question. L'on peut au bout d'une ou plusieurs années, redemander l'enfant, pour peu que l'on indique ou son nom ou quelque marque qui ait pu le faire reconnoître, & l'époque à peu-près de son envoi. L'usage est de donner 100 livres pour autant d'années qu'il est resté aux frais de la maison.

L'hôpital des *enfans-trouvés* a plusieurs dépôts où les enfans passent au retour de nourrice; les garçons vont à la Pitié, les filles à la maison du fauxbourg Saint-Antoine; & quand elles sont un peu plus âgées elles vont à la Salpêtriere, jusqu'à ce qu'ayant atteint vingt ans, elles peuvent demander leur liberté.

Le nombre des *enfans-trouvés* de Paris va toujours de cinq à six mille depuis quelques années. On observe néanmoins qu'il est diminué en 1789, de près de trois cens; & l'on doit présumer que cette diminution deviendra plus considérable à mesure que le préjugé de bâtardise perdra de son intensité, & qu'enfin le nombre des *enfans-trouvés* se réduiroit à moitié de ce qu'il est, si, conformément à la justice & à la raison, l'assemblée nationale déclaroit tous les *enfans* égaux en droit, & proscrivoit cette distinction chimérique d'enfant légitime & d'enfant illégitime. Car qu'est-ce, je vous prie, qu'un homme illégitime? Si cela veut dire celui qui a eu le malheur d'être abandonné de ses parens, ou le hasard de naître d'une mère hors des liens du mariage civil; est-ce une raison pour le punir, le flétrir; pour le priver du droit saint & naturel de succéder au nom & à la propriété de sa mère, suivant les loix des successions ordinaires?

Je reviens aux *enfans-trouvés* de Paris. Un des soins de l'administration de leur hôpital a été de leur trouver un emploi dans le monde, le moyen de vivre dès qu'ils y seront rentrés. La délibération du bureau de 1761, contient à cet égard des choses raisonnables, & qui sont exécutés avec un certain succès. Nous allons la rapporter comme une pièce instructive, & dont les idées ne sont point à mépriser.

ART. I. Les *enfans* continueront d'être reçus à la maison de la couche, rue Neuve-Notre-Dame, & d'être envoyés en nourrice & sevrage dans les provinces, conformément à l'édit d'établissement dudit hôpital, & suivant l'usage.

II. Lorsqu'ils auront atteint l'âge de six ans, il en sera ramené à Paris le nombre suffisant de l'un & de l'autre sexe, pour être envoyés à la maison du fauxbourg Saint-Antoine, & en être réparti dans celle de la couche, autant qu'il en sera nécessaire pour le service.

III. Les autres *enfans*, lorsqu'ils auront aussi atteint l'âge de six ans, seront confiés aux bourgeois, laboureurs, marchands ou artisans qui les demanderont pour les élever jusqu'à l'âge de 25 ans. Il sera payé, par an, par forme de pension pour chaque enfant, par l'hôpital-général; savoir, pour les garçons 40 livres jusqu'à 12 ans, & 30 livres depuis l'âge de 12 ans jusqu'à 14 accomplis; & à l'égard des filles, il sera aussi payé par l'hôpital-général 40 livres par an jusqu'à l'âge de 16 ans accomplis, étant présumable que les garçons parvenus à 14 ans & les filles à 16 ans, seront alors en état d'être utiles à ceux qui s'en chargeront, & auxquels tous lesdits *enfans* seront soumis, & rendront l'obéissance, comme les *enfans* la doivent à leur père & mère.

IV. La caisse de l'hôpital des *enfans-trouvés* fera les avances desdites pensions, dont elle sera remboursée par celle de l'hôpital-général, tous les six mois, sur des états arrêtés par le bureau des *enfans-trouvés*; & outre lesdites pensions, il sera payé par la caisse de l'hôpital des *enfans-trouvés*, & sans recours sur celle de l'hôpital-général, la somme de 30 liv. pour chaque *enfant* lorsqu'il fera sa première communion, pour fournir à son habillement, laquelle somme de 30 livres ne sera payée cependant que sur un certificat du sieur curé de la paroisse où l'*enfant* sera élevé, attestant sa bonne conduite & ses bonnes dispositions pour faire sa première communion; & sera ledit certificat légalisé par le juge ordinaire de la jurisdiction.

V. Ceux qui se présenteront pour se charger d'un ou de plusieurs *enfans-trouvés*, seront tenus de s'adresser, par eux ou par leur fondé de procuration spéciale, au bureau des *enfans-trouvés* à Paris, & de justifier par le certificat de M. leur curé, dûment légalisé, de leurs bonnes vies & mœurs, & qu'ils sont en état de loger, nourrir & entretenir lesdits *enfant*, & de leur apprendre ou faire apprendre un métier, ou de les occuper à des ouvrages de campagne, convenables à leur sexe, & de leur donner une bonne éducation.

VI. Les délibérations, en vertu desquelles le bureau de l'hôpital des *enfans-trouvés* confiera les *enfans* qui seront demandés, seront portées sur un régistre cotté & paraphé par un de MM. les directeurs-commissaires; elles contiendront les noms de chaque *enfant*, la date de sa réception à la maison, son numéro & son âge: il y sera fait mention du tems & du lieu où il aura été mis en nourrice & en sevrage; elles contiendront aussi les noms, surnoms, qualités & demeures de ceux qui se présenteront pour les élever: les certificats qu'ils rapporteront, dont il sera pareillement fait mention dans la délibération, seront mis en liasse, & conservés dans les archives de la maison des *enfans-trouvés*, sous le numéro de l'*enfant*, de celui de la délibération, & du régistre où elle sera transcrite; elle sera signée par celui qui s'en chargera, ou par son fondé de procuration, & il lui en sera délivré une expédition par le greffier du bureau des *enfans-trouvés*.

VII. Ceux qui se chargeront desdits *enfans*, seront tenus de les faire instruire dans la religion catholique, apostolique & romaine, & de leur donner la même éducation qu'ils doivent à leurs propres *enfans*, soit en employant les garçons au même travail de labourage & de la culture des terres, & les filles aux ouvrages de la basse-cour & des champs, si ces *enfans* sont élevés dans leurs campagnes; soit en leur apprenant leurs propres métiers, s'ils sont élevés dans les villes ou bourgs, ou en leur faisant apprendre d'autres métiers convenables à leur sexe, & capables de leur procurer les moyens de subsister par la suite.

VIII. Ils seront tenus de rapporter ou d'envoyer, tous les six mois, au bureau des *enfans-trouvés* à Paris, un certificat du sieur curé, syndic & des marguilliers de leur paroisse, dûment légalisé, attestant l'existence, l'état de santé ou de maladie, les dispositions de l'enfant, & les progrès de son éducation, faute de quoi la pension ne leur sera point payée. L'administration espère qu'en faveur des pauvres, & de l'utilité que le public retirera de ce réglement, MM. les curés & officiers royaux voudront bien, par charité, fournir & légaliser gratis les certificats qui leur seront demandés & présentés.

IX. Ceux qui, après s'être obligés envers l'administration de l'hôpital, de se charger desdits enfans, négligeroient d'en prendre soin & d'en rendre compte au bureau tous les six mois, seront contraints par les voies de droit d'exécuter les charges, clauses & conditions de leur engagement; & s'ils sont mécontens, ou que les enfans aient, de leur part, des plaintes à faire, ils s'adresseront réciproquement à M. le procureur du roi du lieu, qui, le cas arrivant, est prié d'avoir la charité de les entendre & d'envoyer son avis au bureau des *enfans-trouvés*, qui décidera sur le parti qu'il conviendra de prendre; & les délibérations qui seront prises par le bureau, en conséquence de l'avis de M. le procureur du roi, seront exécutées en toute leur forme & teneur.

X. Ceux qui seront chargés desdits enfans, ne pourront leur faire contracter aucun engagement par mariage ou autrement ni, lesdits enfans eux-mêmes en contracter sans le consentement du bureau; mais s'il se présente des occasions de les établir, ils les proposeront au bureau de l'administration des *enfans trouvés*, sous l'autorité duquel ils seront jusqu'a l'âge de vingt-cinq ans accomplis; & si le bureau trouve convenable le parti qui sera proposé pour l'établissement desdits enfans, il donnera son consentement par délibération, dont il sera délivré une expédition par le greffier du bureau.

XI. Le décès desdits enfans arrivant, celui qui en étoit chargé, sera tenu d'en informer aussi-tôt le bureau, & d'y envoyer l'extrait mortuaire légalisé par le juge royal.

XII. S'il y a nécessité de retirer lesdits enfans, soit par la mort de celui qui en étoit chargé, soit par le dérangement de ses affaires, ou autrement, le sieur curé de la paroisse voudra bien en donner avis au bureau, qui avisera aux moyens de placer ailleurs les enfans, ou de les faire revenir à Paris, pour être envoyés dans les maisons de l'hôpital, suivant l'exigence des cas.

XIII. La conservation des enfans, & l'utilité que l'état peut s'en promettre, étant l'objet du présent réglement, & l'administration considérant que, pour en favoriser l'exécution, il seroit nécessaire de procurer quelqu'avantage à ceux qui se chargeront de les élever; elle a arrêté que Sa Majesté sera très-humblement suppliée de rendre une ordonnance portant l'exemption de milice pour leurs enfans propres.

Maisons des enfans-trouvés *de Londres.*

L'on connoit le sentiment public de raison qui caractérise la nation Angloise, & l'on doit croire que les *enfans-trouvés* ont dû fixer d'une manière particulière ses regards, & qu'elle a dû s'en occuper utilement. Nous ne devons point entrer dans de grands détails à cet égard, ce seroit étendre infructueusement cet article, nous nous contenterons de donner quelques notions générales de l'établissement qui est destiné à les recevoir. Voici ce que nous trouvons dans un ouvrage imprimé en 1786.

L'entrée de la maison des *enfans-trouvés* de Londres, située sur la campagne, est une vaste cour dont le pourtour est fermé par des bâtimens de vingt à vingt-cinq pieds d'élévation, décorés de colonnes doriques dans toute leur longueur, & servant de lieux de travail pour les enfans. En face est un corps de logis, dont le devant du premier étage est supporté par des arcades, & qui est prolongé, en retour, par deux aîles, à corps doubles, qui ferment latéralement la seconde cour. Il étoit midi, on étoit à l'office, lorsque j'y allai. Le luxe des premiers bâtimens m'avoit paru déplacé. La somptuosité de la chappelle acheva de me prévenir contre l'administration. Je crûs être dans un de nos magnifiques charniers: la recherche, en faveur des gens du monde, qui s'y rendoient en foule, étoit portée jusqu'à des conduits de chaleur, sous le marbre de l'aire; un thermomètre placé à côté du ministre pour régler le degré de température, & des voix gagées pour le chant des pseaumes; mon cœur se resserroit à cet aspect: heureusement pour les infortunés reçus dans cette maison, l'humanité réfléchie & éclairée, qui préside toujours aux établissemens anglois, avoit fixé irrévocablement leur existence; & le vice de la régie n'avoit influé que sur leur nombre, qui n'est nullement en proportion avec les besoins d'une aussi grande ville.

Je vis sortir ces enfans de la tribune des orgues; ils avoient les cheveux coupés en rond, une chemise de toile très-blanche, dont le col étoit rabattu sur les épaules; leur habillement consistoit en un habit & des caleçons de drap brun, assez fin; un gilet rouge, des bas gris & des souliers à cordons. Le costume des filles est de la même couleur, & la propreté extrême des uns & des autres, me les eût fait prendre pour des enfans nés de pères aisés, qu'on élève à leurs frais & en commun, si le nom de leur asyle ne m'avoit pas été connu. Ils passèrent du temple dans les réfectoires, où la qualité des alimens, la blancheur du linge, & le poli de leurs petits ustensiles de table, me surprirent moins que le ton de décence de ceux qui les servoient: les maîtres même, & les maîtresses, ne leur parloient qu'avec une espèce de dignité qui m'expliqua comment se développe dès l'enfance, cette élévation d'ame, qui caractérise en général l'individu républicain. Deux administrateurs parurent au commencement du repas, & goûtèrent le bouillon, le pain, la viande, les légumes & la bierre. J'avois sur le cœur les superfluités dont l'aspect m'avoit blessé, & je ne les abordai pas; je préferai les services d'une maîtresse, dont le caractère de physionomie avoit fixé mes regards; elle me conduisit dans les dortoirs, qui sont de très-longues salles, éclairées par des nombreuses croisées, & échauffées par une vaste cheminée. Aux murs, blanchis tous les ans, sont adossés des lits de deux pieds & demi de large, composés comme dans toutes les maisons hospitalières, & où les enfans sont couchés seul-à-seul. L'habitude de propreté que j'avois remarquée dans l'école de charité est la même pour eux, sous la direction des femmes à qui le district des dortoirs est abandonné pour les garçons comme pour les filles. Les occupations de ces enfans, retirés de nourrice à cinq ans, & mis en apprentissage à douze, consistent, dans l'intervalle de ces deux époques, à lire, écrire & chiffrer; plus pour les garçons, à fabriquer les bas nécessaires aux deux sexes; & pour les filles, à coudre du linge. Cette maison fut fondée, non par le gouvernement, non par des souscripteurs, mais par un seul citoyen, & malgré une multitude de difficultés, nées de la crainte qu'un pareil établissement n'encourageât le libertinage; fausse opinion qui est encore subsistante: aussi est il le seul de cette espèce, dans le nombre imaginable de ceux que la charité a formés dans Londres, pour toutes les modifications de l'indigence. D'ailleurs, je ne doute pas qu'il n'eût suffi à cette grande ville, si les dons, successivement faits par les bienfaiteurs qui ont imité le premier, sans égard au préjugé général, n'avoient pas été, en partie, employés en superfluités de décorations. Le nombre des enfans est de douze cens, toujours subsistant; savoir, six cens dans la maison, le reste en nourrice. On n'en reçoit que des mains de la mère, obligée de se présenter en personne, avant ses couches, d'exposer à quel point d'indigence elle est réduite, & de prouver ou la fuite du père, ou son impuissance à subvenir aux frais de nourriture; mais cette démarche, exigée par la prudence, est sans suite fâcheuse pour la réputation de celle qui la fait, dont le nom est non-seulement soustrait au déshonneur d'un enrégistrement, mais oublié, & à jamais inconnu du malheureux fruit de la foiblesse, à qui on en donne un à volonté, non moins respecté, lorsque l'âge le place en rang utile, que celui de l'homme qui a reçu le sien d'une union légale.

Maison des Enfans-Trouvés de *Dublin*.

Nous citons cette maison parce que c'est une de celles où les *enfans* reçoivent des soins raisonnés, & un état à l'instant où ils entrent dans le monde. Le nombre est porté quelquefois à deux mille, ce qui est considérable pour la capitale d'un état qui n'a pas plus de deux millions deux cens mille habitans. Les *enfans* y font un apprentissage de métier proportionné à leur force & à leur capacité, & le parlement d'Irlande consacre à cet objet 10000 livres sterling par an, indépendamment de 6 sols par livre, levé annuellement sur les rentes de chaque maison de Dublin. Aussi les sujets que fournit cette maison ne ressemblent-ils en rien aux malheureux qui sortent de nos hôpitaux, tant relativement à la santé, qu'aux mœurs & aux talens.

Maisons des enfans-trouvés *de Moscow*.

Cette maison a été dotée par l'impératrice régnante en 1764, & est entretenue par des contributions volontaires, des legs & d'autres charités. Pour encourager les Russes, à ces libéralités, S.M. accorde à tous les bienfaiteurs certains priviléges utiles, & un rang proportionné à la valeur de leurs contributions. Un de ces bienfaiteurs mérite d'être connu; c'est un négociant nommé Dimidof, dont les ancêtres ont les premiers découvert & exploité les plus riches mines de Sibérie. Il a donné à cette fondation charitable, au-delà de 100,000 livres sterling. La maison est située dans un lieu fort aëré, sur une pente peu rapide, au bord de la Moscua; c'est un immense bâtiment, de forme quarrée, dont il n'y avoit qu'une partie de finie vers 1780; il contenoit alors trois mille *enfans-trouvés*, quand il sera fini on pourra y en recevoir 8000. On porte les enfans à la loge du portier, & ils sont reçus sans récommandation. Les chambres sont grandes & élevées; les dortoirs séparés des atteliers, sont fort aërés, les lits n'y sont pas trop pressés; chaque enfant a le sien à part; le lit est monté sur des tringles de fer au lieu de bois. On change de draps toutes les semaines, & de linge trois fois la semaine. En parcourant ces chambres, on est frappé de leur propreté, sans excepter les chambres mêmes des nourrices, où elle n'est pas moins extraordinaire. On n'y fait point usage de berceaux, & il est expressément défendu de bercer les enfans; ils ne sont point non plus emmaillotés, mais laissés libres dans leurs langes.

Le directeur eut la complaisance de nous accompagner par-tout, dit M. Cox; il nous montra les enfans dans les divers atteliers où ils sont occupés; aussi-tôt qu'il paroissoit, ils accouroient en foule auprès de lui; quelques-uns prenoient son bras, d'autres son habit, d'autres lui baisoient la main, & tous exprimoient la plus grande satisfaction. Ces marques d'une affection libre & sincère, étoient la preuve la plus convaincante de sa douceur, & de son bon naturel, puisque les enfans qui sont maltraités tremblent naturellement devant leurs maîtres. Je ne pus juger par une seule visite s'ils sont bien instruits, & si les réglemens sont bien observés; mais je suis parfaitement convaincu par leur conduite, qu'ils sont en général contens & heureux, & leur air me faisoit voir qu'ils étoient très-bien portans; ce qui est sans doute l'effet du soin extraordinaire que l'on prend, de la propreté sur leurs personnes & dans leurs chambres. Ils sont partagés en classes distinctes à raison de leur âge. Ils restent deux ans avec les nourrices, après quoi on les admet dans la plus basse classe; on laisse ensemble les garçons & les filles, jusqu'à l'âge de sept ans; alors ils sont séparés, ils apprennent tous à lire, à écrire & à chiffrer; les garçons apprennent à tricoter, quelquefois à carder le chanvre, le lin & la laine, & à travailler à différens métiers. Les filles apprennent à tricoter, à filer, & toute sorte d'ouvrages à l'aiguille; elles font des dentelles, & elles sont employées à la cuisine, à faire le pain, & à tous les ouvrages d'une maison.

A quatorze ans les *enfans-trouvés* entrent dans la première classe; alors ils ont la liberté de choisir la profession qui leur plaît, & pour cet effet on a établi diverses sortes de manufactures dans l'hôpital; on y brode, on y fait des dentelles, des bas de soie, des gants, des boutons, des ouvrages de menuiseries. Il y a des atteliers séparés pour chaque métier.

On apprend le françois & l'allemand à quelques garçons & à quelques filles; un petit nombre de garçons apprend aussi le latin, la musique, le dessin & la danse.

A l'âge de vingt ans environ, ils reçoivent une somme d'argent, & on leur accorde d'autres avantages qui les mettent en état de s'établir dans quelque partie de l'empire qu'ils jugent à propos. C'est un grand privilége en Russie où les paysans sont esclaves, & ne peuvent quitter leur village sans la permission de leur maître. Dans une autre visite que je fis à cet hôpital, j'assistai au dîner des enfans; les garçons & les filles dînent séparément; les salles où ils mangent, sont au rez-de-chaussée, vastes, voûtées, & distinctes de celles où ils travaillent. La première classe est assise à table, le reste debout; les petits enfans ont des personnes pour les servir; ceux de la première & de la seconde classe, se servent alternativement les uns les autres. On leur donne à dîner de la viande de bœuf ou de mouton bouillie avec du riz; je goûtai de l'une & de l'autre que je trouva i très-bonnes, le pain étoit fort doux & fait dans la maison ; chaque enfant a sa serviette, son assiette d'étain, son couteau, sa fourchette & sa cuillier : on change trois fois la semaine de serviettes & de nappes. Les enfans se lèvent à six heures, dînent à onze & soupent à six ; on donne aux plus petits du pain à sept & à quatre. Quand ils ne sont pas occupés de leurs devoirs, on leur laisse la plus grande liberté, & on les engage à être à l'air autant qu'il est possible. Tout cela forme un spectacle fort agréable, & ces enfans ont l'air du contentement & du bonheur.

Il y a un théâtre dans cet hôpital dont toutes les décorations sont l'ouvrage des *enfans-trouvés* ; ils ont bâti le théâtre, ils l'ont peint, & fait les habits ; j'assistai à la représentation de l'*honnête criminel*, & du *devin du village*, traduits en langue russe ; comme je n'entends pas cette langue, je fus obligé de me borner à rendre justice à l'aisance avec laquelle ils se présentoient sur le théâtre, & à la bonne grace avec laquelle ils jouoient ; il y eut quelques voix agréables qui chantèrent dans l'opéra ; l'orchestre n'étoit pas mal composé, quoiqu'il ne le fût que d'*enfans-trouvés* ; excepté le premier violon qui étoit leur maître de musique ; cette fois la pièce ne fut pas terminée par un ballet, comme à l'ordinaire, à cause de l'indisposition du premier danseur, ce qui nous priva d'un plaisir ; car nous savions que ces jeunes gens dansent avec beaucoup de grace.

L'impératrice, à ce que j'ai appris, favorise les représentations théâtrales dans cette maison, comme un moyen d'en répandre le goût parmi ses sujets, goût qu'elle croit propre à les civiliser de plus en plus. Par cet établissement les théâtres de Russie pourront se pourvoir aisément de bons acteurs.

Les avantages qui résultent de la maison des *enfans trouvés* sont grands & nombreux.

Une institution si belle ne peut que répandre la connoissance des arts & des métiers parmi le peuple, accroître le nombre des sujets libres, & surtout diminuer l'horrible crime, trop fréquent autrefois en Russie, des mères qui font périr leurs enfans.

Après cet exposé de quelques faits relatifs aux *enfans-trouvés*, il nous reste à parler des différens projets qui ont été imaginés pour les *employer à quelque chose d'utile*. C'est ici où chacun a, suivant ses idées, présenté des moyens plus ou moins impraticables, des systêmes plus ou moins éloignés des égards qu'on doit à la liberté de l'homme & aux sentimens de justice naturelle. On a parlé des *enfans trouvés* comme de troupeaux de moutons, d'hommes *appartenans* à l'état, dont on avoit droit de disposer arbitrairement. Ces sotises ont été répétées par des écrivains graves, & les gens en place en ont quelquefois profité pour couvrir les erreurs ou les injustices qu'ils avoient commises.

On a successivement proposé de *prendre* les *enfans-trouvés* pour en faire des matelots, des soldats, des défricheurs de marais, des décroteurs, des constructeurs de chemins, des balayeurs publics, &c. il n'y a pas de folies que l'on n'ait proposées ; jusque là que nous avons vu M. Chamousset, homme à qui il ne manquoit que des lumières, proposer du plus grand sang-froid du monde, d'établir une colonie à la Louisiane & de la peupler d'*enfans-trouvés*, que l'on enverroit-là malgré eux, ou sans les consulter, attendu qu'ils appartiennent au gounement.

Nous ne répéterons pas ici tout ce que nous avons dit contre ces inepties aux mots *bâtards* & *adoption* ; on peut y avoir recours, nous observerons seulement, que si l'on perfectionnoit tout bonnement le plan adopté par l'administration de l'hôpital de Paris, qu'on en retranchât les abus, qu'on le fit surveiller par des gens éclairés, par des hommes qui n'eussent ni la morgue, ni la sotte importance de ce qu'on a appellé jusqu'aujourd'hui administrateur, qu'on mît à cela un peu de philosophie ; je demande bien pardon de l'expression, l'on parviendroit sans doute à améliorer le sort des *enfans-trouvés*, & à leur rendre utiles enfin les superbes établissemens & les fonds immenses qui leur sont destinés.

Mais une chose, sans laquelle tout ce qu'on pourroit faire ne produira qu'un bien imparfait, c'est la destruction du préjugé de bâtardise, de cette étrange idée qui flétrit un homme innocent, le punit d'une espèce de mort civile, & le force en quelque sorte d'être un ennemi de la société, parce qu'on l'y prive des droits qu'il tient de la nature, & que personne ne devroit pouvoir lui ôter.

Nous avons fait sentir ailleurs combien cette injustice est dépravatrice, à combien de désordres elle donne lieu, combien de malheurs elle a produit, sans avoir, comme on voudroit le faire accroire, servi en quelque chose que ce soit, la cause des mœurs & de l'honnêteté publique ; il importe ici de faire connoître qu'elle seule double le nombre des enfans abandonnés, & que la bâtardise anéantie, nos hôpitaux ne seroient plus que des asyles de la misère, ils cesseroient d'être ceux de la maternité malheureuse & désespérée.

Peut-être qu'à ce sujet nous ferons plaisir à nos lecteurs de leur rapporter un discours que nous avons supposé dans la bouche des administrateurs de l'hôpital-général, lorsque leurs Majestés vinrent au mois de février 1790, visiter l'hospice de la crêche, où sont déposées ces petites créatures, en attendant qu'on les ait pourvus de nourrices, ce qui n'est pas long. Voici ce que nous supposions qu'avec plus de philosophie & un sentiment de raison peu ordinaire, les administrateurs auroient pu dire au Roi (1).

» Sire, ces lieux que vous avez visités ne sont point peuplés seulement par l'indigence ; un rigorisme farouche y conduit chaque jour une multitude d'enfans, que tous nos soins ne sauroient soustraire à la mortalité, parce que rien ne peut suppléer l'amour maternel ou tenir lieu des devoirs que la nature lui impose de remplir.

» L'on a voulu conserver les mœurs, & l'on nous a rendu barbares ; on a flétri l'innocence pour punir le coupable. On a versé la honte & l'outrage sur la foiblesse, pour protéger les intérêts de la force ; la société est devenue un instrument de tyrannie, & les loix n'ont plus servi que de sauvegarde à la licence, par l'impunité dont elles semblent s'être efforcées de la couvrir.

» L'amour des mères, cette base de l'ordre social & des familles, a été sacrifié à des conventions arbitraires ; la dépravation virile a fait la mesure de l'état des enfans ; elle a pu dégrader à son gré, & le fruit & l'objet de ses passions ; enfin la bâtardise est venue frapper d'infamie ceux qu'aucune peine ne rendoit coupables aux yeux de la loi, & que l'autorité publique auroit dû soustraire au despotisme de l'erreur, pour les rendre à la société.

» Le crime est allé plus loin : en proscrivant le bâtard, il a déshonoré la mère ; il lui a ôté ses droits ; il a déclaré incapable de succéder à son nom, à sa propriété le fruit de ses entrailles & le gage de son amour. Une classe d'hommes a tout-à-coup été privée & des biens de la nature & de ceux de la société. On a condamné les mères à partager ces criminels excès ; elles ont éloigné de leur sein, elles ont chassé de leur présence ceux qu'on flétrissoit devant elles, qui, ne pouvant ni porter leur nom, ni recevoir leurs caresses, ne présentoient à leur imagination subjuguée qu'un éternel sujet de repentir & de honte.

» Bientôt naquit l'infanticide & ses aveugles fureurs. Des femmes malheureuses que la loi tourmentoit, que le remords trompoit, que la crainte égaroit, cherchèrent à couvrir leurs foiblesses par le crime ; elles sacrifièrent au fantôme qui les agitoit ceux qu'elles auroient élevés, qu'elles auroient aimés, qu'elles auroient chéris avec délices, si un préjugé terrible, des mœurs féroces, ne leur eussent commandé cet affreux dévouement.

» La religion & l'humanité se hâtèrent de réparer ces torts de la société. Elles ouvrirent des asyles à ces prétendus coupables ; elles leur offrirent des secours, elles protégèrent leur foiblesse & leur enfance ; mais elles ne leur rendirent pas leurs droits, elles ne leur rendirent pas leurs mères, ce premier des biens dans l'ordre de nos besoins, comme dans celui de nos affections.

» Mais aujourd'hui, sire, qu'entouré des fidèles représentans de la nation, & pressé par le besoin de la rendre heureuse ; aujourd'hui que les lumières de l'empire & la force de la raison triomphent des plus vieilles erreurs & des systêmes les plus dangereux, pourriez-vous, sire, oublier l'état des malheureuses mères naturelles ? Sera-t-il juste de conserver un préjugé funeste, lorsque tant d'autres disparoissent à mesure que notre régénération s'avance ? Doit-on toujours les livrer, elles & leurs *enfans*, à une flétrissure que la justice condamne, que la loi proscrit, que votre sens droit & votre cœur paternel désavouent ?

» Comment celle qu'une faute, les séductions, la jeunesse, des promesses illusoires, ont rendu mère, pourroit-elle avoir à rougir d'en porter le titre, de jouir des douceurs qui y sont attachées, si elle en faisoit les fonctions, si elle en remplissoit les devoirs ? Il y a un excès de fanatisme à jetter de l'infamie sur deux êtres chers à la nature, & qu'elle unit étroitement l'un à l'autre ; il y a une rigueur dangereuse, un désordre réel, à vouloir ôter, par un blâme factice, & sans objet, par des loix conventionnelles & dures, à une mère l'affection de son *enfant*, à un *enfant* les soins de sa mère. C'est la subversion de tous les principes, la violation du premier des droits.

» Que l'on conserve, si l'on veut, à l'indépendance des hommes, la coupable facilité d'abandonner, de proscrire ceux que, par une adroite & corruptrice morale, ils feignent de méconnoître, parce que la loi ne leur indique pas ; parce qu'elle ne les en déclare pas les pères civils & connus ; qu'on les exempte de tous les devoirs de la paternité pour le don d'une modique aumône ; que l'on continue, si l'on le trouve bon, d'insulter, par une fiction perfide, à la plus sainte des obligations ; qu'on affranchisse la licence virile des entraves qui pourroient la gêner : cette morale peut avoir des partisans, cette jurisprudence des défenseurs ; mais qu'au moins les mères ne soient ni dépouillées de leurs droits, ni privées de leurs *enfans* ; qu'elles en soient les mères aux yeux de la loi civile, comme elles le sont aux yeux de la raison ; que leur nom, leur propriété, passent à ceux qui tiennent d'elles l'être, & que des collatéraux insolens & avides ne viennent plus invoquer en leur faveur un titre de réprobation qui n'existe pas.

» Alors, sire, nos asyles ne seront plus que ceux de la véritable pauvreté ; la honte & le dé-

(1) Ce discours a été inséré dans la *gazette nationale* du 20 février 1790.

l'espoir n'y entasseront plus les victimes: de toutes les provinces de l'Empire, les mères redemanderont leurs *enfans*; & ces mots odieux de fille-mère & de bâtard, seront à jamais proscrits de la langue. Une nouvelle génération vous devra un nouveau bonheur, avec un nouvel être. La politique & l'humanité gagneront également à cet acte de justice; la première, des hommes & de nouveaux moyens d'aider l'indigence; la seconde, l'abolition d'un préjugé corrupteur, d'un systême combiné de persécution gratuite & de rigueur sans motif ». *Voyez* BATARD.

Il est donc sûr que la cause de l'entassement des *enfans-trouvés*, dans les hôpitaux, est la honte attachée à la maternité naturelle, c'est sur-tout la privation du droit de famille, que l'on prononce injustement contre l'*enfant*; parce qu'une foule de mères effrayées de cette tyrannie, désolées d'un pareil systême, agitées par cent pensées différentes, éloignent d'elles ceux à qui leur amour ne peut rendre aucun droit, & dont la présence ne produiroit qu'une stérile & infâmante flétrissure pour les uns & les autres.

Le premier moyen, celui qui seroit juste & convenable, également conforme à la politique & à la raison, pour soulager les hôpitaux des *enfans-trouvés*, & diminuer le montant des sommes qu'ils coûtent à l'état, seroit donc, non pas de les *prendre* pour en faire des matelots, des soldats, parce que les matelots & les soldats disent qu'ils ne veulent pas de bâtards connus pour tels parmi eux; & qu'au total, c'est très-mal spéculer, que de destiner une foule d'individus, différens en humeur, en force, en intelligence, à un même métier: tous ces moyens sont ou injustes ou déplacés; mais il faudroit tout uniment anéantir, par une loi positive, le préjugé de bâtardise, qui n'existe que dans l'imagination; & comme il n'est point d'*enfant* qui n'ait une mère connue, le déclarer bon & valable *enfant* de sa mère, ayant qualité pour hériter de son nom & de sa propriété, suivant les formes civiles & le droit des familles.

Mais bien-loin de cela, non-seulement nous frappons d'infâmie l'*enfant* né d'un mariage simplement naturel, mais encore nous supposons que tous ceux que le hasard, le malheur, des circonstances fâcheuses ont privés de leurs parens, sont dans le même cas; & crainte de n'être pas assez injustes, nous enveloppons le connu & l'inconnu dans la même proscription. J'écris ceci dans un moment où l'assemblée nationale n'a pas encore prononcé sur ces objets, peut-être dans deux mois les choses seront-elles changées à cet égard.

Nous finirons cet article par faire observer qu'il s'est établie à Paris en 1788, une société dite, de la charité maternelle, dont l'objet est *d'empêcher les gens mariés légitimement d'envoyer leurs enfans à l'hôpital, en leur donnant des secours.*

On a vérifié qu'à-peu-près la moitié des *enfans-trouvés* étoient légitimes, c'est-à dire, nés de parens dans les liens d'une union civile, dont par conséquent le préjugé ne motivoit point l'abandon; mais qui par la misère de leur famille étoient réduits à vivre inconnus, & à rester au nombre des bâtards.

En conséquence, pour obvier à cet inconvénient, & soulager d'autant l'administration des *enfans-trouvés*, qui ne doit ses secours qu'aux enfans illégitimes, plusieurs dames se sont réunies, & ont formé une société qui s'est divisée les quartiers de Paris, afin d'y découvrir & secourir les pauvres parens que la misère pourroit contraindre à abandonner leurs enfans. Nous parlerons plus au long de cet établissement, au mot *société maternelle.*

Nous remarquerons seulement ici qu'en nous servant des termes d'enfans illégitimes &c., dont se sert le réglement de cette société, nous n'avons point entendu en adopter la signification; car encore une fois nous ne pouvons pas concevoir ce que c'est qu'un homme illégitime, quelqu'explication qu'on en donne, semblable à cet anglais à qui l'on ne put jamais faire entendre ce que c'étoit qu'une lettre-de-cachet.

Nous ne croyons pas non plus que ce soit un grand mal qu'un *enfant*, né d'un commerce *illicite*, soit porté à l'hôpital des *enfans-trouvés*, avec un acte baptistaire qui suppose les pères & mères, pères & mères de l'*enfant*, sans dire si c'est civilement ou naturellement; des actes de rigueur, pour empêcher ce prétendu abus, seroient des actes d'injustice.

Nous ne croyons pas non plus que des *enfans*, nés civilement, soient avilis avec les autres dans l'hôpital; nous pensons seulement que les *enfans-trouvés* devroient chez nous, comme en Espagne, être censés tous légitimes, jusqu'à ce qu'enfin on ait détruit toutes ces distinctions ridicules & oppressives, qui n'ont d'autre origine que les erreurs & les prétentions du despotisme des familles. *Voy.* BATARD.

ENGAGEMENT, s. m. En terme de police militaire, est l'acte que fait un homme de servir dans les troupes, pendant tant de tems & moyennant une certaine somme.

L'assemblée nationale n'a encore rien statué sur cet objet; nous nous contenterons donc de rapporter le dispositif des ordonnances à cet égard.

ART. I. L'ordonnance du 20 juin 1788, porte défense expresse à tous officier, bas-officier, soldat ou autre recruteur, d'employer ni menace, ni violence, ni supercherie pour suprendre les hommes qu'il voudra engager, ou pour forcer leur inclination.

II. Tout officier, bas-officier & soldat employé en recrue, ne pourra faire contracter aucun engagement sous un autre uniforme que celui du régiment dans lequel il sert, avec les marques distinctives de son grade, & il ne pourra déguiser son uniforme, ni le couvrir d'aucune espèce de redingotte, excepté de celle qui fait partie dudit uniforme.

III. Tout recruteur sera tenu de déclarer à l'homme qu'il veut engager, le nom du régiment & l'espèce de troupe pour laquelle il engage.

IV. La durée des engagemens dans l'infanterie françoise, ainsi que dans les bataillons d'infanterie légère & dans toutes les troupes à cheval, sera de huit ans.

Autorise toutefois Sa Majesté à engager pour dix ou pour douze ans, les hommes qui voudront contracter volontairement ces engagemens, en augmentant le prix de cet excédant, en proportion de celui qui sera réglé ci-après pour huit ans.

Dans les régimens d'infanterie allemande, irlandoise & liégoise, les engagemens seront de quatre ou huit ans.

V. Le prix des engagemens sera fixé ainsi qu'il suit.

Les hommes de recrues continueront d'être passés dans les comptes d'administration des régimens, au prix commun de 100 livres, laquelle somme pourra être divisée ainsi qu'il suit :

SAVOIR :

En argent,	30 livres
En un billet qui sera acquitté au régiment, & servira à l'équipement de l'homme de recrue,	36 livres
Pour frais de buvette, auberge ou autres de recrutement,	24 livres
Pour composer le traitement du recruteur,	10 livres
Total,	100 livres

Infanterie allemande, irlandoise & liégeoise

Les régimens d'infanterie allemande, irlandoise & liégeoise ne devant plus être composés à l'avenir que de soldats étrangers ; S. M. ne prescrit rien auxdits régimens pour le prix des engagemens de ces régimens. Les inspecteurs passeront sur la masse générale, chaque homme de recrue rendu au régiment, sur le pied de 60 livres par homme engagé pour quatre ans, & de 120 livres par homme engagé pour huit années, sur laquelle somme on prélevera celle de 15 livres pour former le fonds de la masse du linge & chaussure de chaque homme.

L'engagement des recrues, les frais d'auberge & autres dépenses, seront compris dans la somme de 60 livres fixée pour les engagemens de quatre ans, & de 120 livres pour ceux de huit années.

L'inspecteur passera de plus sur la masse les frais de route pour chaque homme, l'un dans l'autre, à raison de 50 lieues, ce qui, à trois sous par lieue, fait la somme de 7 livres 10 sous : la même somme sera passée pour tenir lieu des frais de retour du conducteur & représentera ainsi un abonnement de dépense de conduite de 15 livres par homme.

L'intention de Sa Majesté étant de ne point accorder de dépôts aux régimens étrangers, & de ne leur passer en dépense sur la masse générale que les hommes rendus au corps, & présentés aux commissaires des guerres, elle veut bien toutefois leur accorder, pour les mettre en état de faire leur recrutement, les moyens suivans :

L'inspecteur de ces régimens leur passera sur les comptes de la masse générale, une somme annuelle de 1500 livres, à titre de supplément de traitement, pour un ou plusieurs officiers-recruteurs. Elle entend aussi que le cinquième sergent & les neuvième & dixième caporaux de chaque compagnie de fusiliers, soient toujours passés effectifs & supposés employés en recrue ; Sa Majesté s'en remettant au conseil d'administration desdits régimens de les y employer en effet personnellement, ou de les faire représenter dans ce travail par tels préposés qu'ils jugeront à propos.

Cavalerie.

Les hommes de recrue dans la cavalerie seront passés dans les comptes d'administration à cent trente-deux livres, & cette somme pourra être partagée ainsi qu'il suit :

En argent,	36 livres
En un billet qui sera acquitté au régiment, & qui servira à l'équippement de l'homme de recrue,	60 livres
Pour frais de buvette, auberge ou autre de recrutement,	24 livres
Pour composer le traitement du recruteur,	12 livres
Total,	132 livres

Hussards, Dragons & Chasseurs.

Les hommes de recrue continueront d'être passés dans les comptes d'administration, à 111 livres.

SAVOIR :

SAVOIR :

En argent, ... 30 livres

En un billet qui sera acquitté au régiment, & servira à l'équipement de l'homme de recrue, ... 45 livres

Pour frais de buvette, auberge & autrement, ... 24 livres

Pour composer le traitement du recruteur, ... 12 livres

Total, ... 111 livres

Il sera passé, outre le prix fixé ci-dessus, pour chaque homme de recrue tant de l'infanterie françoise que de la cavalerie, hussards, dragons & chasseurs, trois sols par lieue pour les frais de route, depuis le lieu de l'engagement jusqu'au régiment, lesquels seront payés par la masse générale.

VI. Sous quelque prétexte que ce puisse être, un officier ou bas-officier recruteur ne pourra donner à un homme de recrue, soit en argent ou en effets, aucun à-compte sur la somme réservée pour son petit équipement.

VII. Défend Sa Majesté toutes conventions portées dans les engagemens, tendantes à les annuller, en restituant les sommes reçues, dans un tems fixé, & toutes promesses d'une solde plus forte que celle qui est établie par ses ordonnances.

VIII. Tous bas-officier, soldat, cavalier, &c. convaincu d'avoir engagé un homme pour un autre régiment que le sien, sera privé de sa demi-solde, & obligé de servir un an au-delà de son engagement.

IX. Un soldat de recrue engagé pour un régiment, ne pourra, sous quelque prétexte que ce soit, être cédé par celui qui l'aura engagé, au recruteur d'un autre régiment, à peine de nullité de l'engagement, à moins que ce ne soit de gré à gré, c'est-à-dire du consentement de l'homme engagé.

X. Quand il se présentera des hommes pour s'engager, si les recruteurs ne les connoissent pas particulièrement, ils les interrogeront avant de leur faire contracter leur *engagement*, afin de ne pas contrevenir aux articles 10, 11, 12 & 13 du titre II de la présente ordonnance.

XI. Ils demanderont en conséquence aux hommes qui se présenteront ou qu'ils voudront engager, leur nom, leur âge, leur demeure, les noms de leur père & mère, ce qu'ils ont fait, de quels métier ou de quel état ou profession ils sont; s'ils ont servi comme domestiques, le nom de leur maître ou de la personne qu'ils auroient servie; s'ils ont travaillé d'un métier, chez quel maître; s'ils n'ont aucune infirmité ou maladie cachée qui puisse les empêcher de servir; s'ils ne sont pas déjà engagés pour quelqu'autre régiment, s'ils n'ont pas précédemment servi dans les troupes, s'ils ne sont pas déserteurs, soldats provinciaux, classés dans la marine, gardes-côtes, canoniers-gardes-côtes ou habitans des isles de Ré ou d'Oleron; s'ils sont mariés, s'ils ont des enfans, &c.

Ils étendront ou resserreront ces questions, & les rendront plus ou moins pressantes, selon les circonstances, l'âge, la tournure & les indices; si ces hommes ont des passeports, congés ou papiers de famille, ils les examineront; ils s'assureront enfin autant qu'il sera possible, par des enquêtes faites sur les lieux, de la vérité de leur déclaration, en tâchant de remonter à des époques antérieures, & qui puissent leur procurer des renseignemens.

XII. Si par les réponses aux questions ci-dessus les recruteurs découvrent, ou qu'ils aient lieu de soupçonner que ces hommes sont engagés pour quelqu'autre régiment, ou qu'ils sont déserteurs, soldats provinciaux, classés dans la marine, gardes-côtes, canoniers-gardes-côtes, ou enfin soit flétris, soit poursuivis par la justice, ils les feront arrêter, & en informeront sur le champ le commandant de la place ou le commissaire des guerres, & à leur défaut, l'officier chargé de la police du lieu, qui fera mettre ces hommes en prison, & en rendra compte au commandant de la province, qui en informera le secrétaire d'état de la guerre.

XIII. Les hommes qui se seront engagés sans avoir déclaré qu'ils étoient soldats-provinciaux, ou placés dans une des compagnies de canoniers-gardes-côtes, ou bien habitans des Isles-de-Ré ou d'Oleron, seront renvoyés à leur compagnie ou bataillon, dans lesquels ils seront obligés à faire deux ans de service de plus, & leur engagement sera déclaré nul.

XIV. Veut Sa Majesté que les prévôts-généraux de la maréchaussée & leurs lieutenans, connoissent des *engagemens* qu'auront contractés les soldats-provinciaux pour les troupes réglées, & si par l'instruction qui en sera faite par le prévôt-général, ou lieutenant de la maréchaussée du département où le soldat provincial se sera engagé, il est prouvé que les officiers, bas-officiers, ou recruteurs qui auront reçu son engagement, ont eu connoissance qu'il appartenoit aux troupes provinciales, veut Sa Majesté qu'ils subissent les mêmes peines qu'elle a réglées pour les cas semblables, par l'article 18, du titre II de la présente ordonnance, en ce qui les concerne, suivant leur grade.

XV. Les soldats classés, ou soldats de marine, qui seront découverts sans s'être déclarés, seront renvoyés à leur département ou régiment, sur la demande du secrétaire d'état de la marine, auquel celui de la guerre en donnera avis.

XVI. Si un homme de recrue, en s'engageant, a donné de faux renseignemens, il aura un mois pour le déclarer, passé lequel terme, s'il est découvert, il sera condamné à quinze tours de baguettes par cent hommes, & obligé de servir quatre années au-delà de son *engagement*.

XVII. S'il est reconnu qu'un homme de recrue ait donné de faux renseignemens pour se dérober aux poursuites de la justice, il sera conduit, pour être jugé, dans les prisons du siége qui aura pris connoissance de son crime ou délit.

XVIII. Sa Majesté confirme à tout gentilhomme engagé le droit de pouvoir obtenir son congé absolu, quand il voudra le demander, en faisant sa déclaration légalement constatée, & en rendant l'argent & le prix des effets qu'il aura reçus, cette déclaration ne pouvant cependant pas être admise pour le mettre à l'abri des punitions qu'il auroit méritées, s'il ne l'a fait qu'à cette époque.

XIX. Le recruteur s'étant assuré par toutes les questions & informations prescrites ci-dessus, qu'il peut engager l'homme qui se présente, ou qu'il a déterminé à s'engager, il commencera par le toiser, pour s'assurer plus positivement de sa taille, & il procédera ensuite à faire son *engagement*, ainsi qu'il sera dit ci-après, en se conformant au modèle d'usage; ce modèle contient :

1°. L'*engagement* à contracter :

2°. Le signalement à remplir :

3°. Les renseignemens que le recruteur se sera procurés ou devra se procurer.

4°. Le certificat du chirurgien qui aura visité l'homme engagé.

5°. La ratification de l'*engagement*.

Le recruteur sera tenu de remettre à l'homme de recrue, un certificat d'*engagement*, qui contiendra ce qui reste dû à l'homme de recrue.

XX. Si l'homme de recrue sait écrire, il remplira lui-même l'imprimé d'*engagement*, qu'il datera en toutes lettres, & signera de ses noms de baptême & de famille : le recruteur de son côté, remplira, datera & signera l'imprimé du certificat de l'engagement, qu'il remettra audit recrue, en échange de son *engagement*, pour leur servir de gage mutuel.

XXI. Tout *engagement* qui ne sera pas daté en toutes lettres, & signé par le recrue, sera déclaré nul; & pour le rendre valable, s'il ne sait pas écrire, il fera sa marque en présence de deux témoins, qui devront signer comme tels.

XXII. L'*engagement* étant signé, le recruteur remplira sur le reste de l'imprimé, chacune des cases qui y seront laissées en blanc; il remplira de même la case des renseignemens qu'il prendra à l'égard de l'homme de recrue, ayant soin d'y insérer les noms, qualités & demeure des père & mère, & s'il est possible, de trois des plus proches parens ou amis, avec les lieux indicatifs de leurs demeures.

Il se fera remettre ensuite par le recrue, les passeports, congés ou papiers dont il pourroit être porteur, afin de s'assurer par-là, autant qu'il se pourra, de sa personne.

XXIII. Les formalités ci-dessus remplies, le recruteur aura soin de faire visiter l'homme de recrue par un chirurgien, pour s'assurer que cet homme n'a point d'infirmités qui puissent l'empêcher de servir le roi, & qu'il n'est pas flétri par la justice; le recruteur y sera présent, & payera la visite à raison de douze sous, lesquels seront pris sur la somme qui lui est passée pour frais de recrutement.

Au défaut d'un chirurgien, le recruteur fera lui-même cette visite du mieux qu'il pourra, ce défaut ne pouvant jamais lui servir d'excuse, & toute dépense devant être à sa charge si l'homme n'est pas reçu au regiment.

XXIV. Ordonne Sa Majesté qu'il soit désigné dans toutes les villes de son royaume, soit par le commandant des troupes, soit par le commissaire des guerres, ou le principal magistrat, un chirurgien chargé de visiter les recrues qui se feront dans le lieu ou dans les environs.

XXV. Ce chirurgien fera sa visite le plus exactement possible : après s'être assuré si le recrue n'a pas été flétri par la justice, il cherchera à découvrir s'il n'a pas quelques infirmités qui puissent l'empêcher de servir le roi; il examinera ensuite s'il est bien conformé, d'une complexion saine & robuste, ou s'il est valétudinaire : dans ce dernier cas, s'il le soupçonne d'avoir quelque maladie cachée, qui en seroit le principe, il tâchera de l'engager à la révéler; sa visite aura aussi pour objet d'aider le recruteur à perfectionner son signalement; le chirurgien, après sa visite, remplira le certificat à sa case, & il le datera & signera.

XXVI. Si le chirurgien trouve au recrue quelque infirmité qui le rende incapable de servir le roi, ou découvre qu'il ait été flétri par la justice, l'homme de recrue sera néanmoins présenté au commissaire des guerres ou autre préposé à la ratification des *engagemens*; & ce sera en sa préfence, & d'après la déposition du chirurgien, que l'*engagement* sera annullé.

XXVII. Dans le cas où un officier, bas-officier ou autre recruteur, auroit quelque raison de s'assurer d'un homme de recrue, il sera tenu de s'adresser au commissaire des guerres; & à son défaut, au subdélégué, lequel, après avoir reconnu valables les raisons dudit recruteur, se concertera avec le commandant ou l'officier chargé de la police, pour ordonner la détention dudit homme de recrue, à la subsistance duquel lesdits officiers, bas-officiers ou soldats-recruteurs seront tenus de pourvoir dans les prisons pendant tout le tems qu'il devra y rester.

Défend Sa Majesté de faire emprisonner aucun homme, sans en avoir préalablement pris l'ordre par écrit du commissaire des guerres ou subdélégué, excepté les cas de nécessité reconnue indispensables, & dont les recruteurs seront tenus d'informer sur le champ ledit commissaire ou subdélégué, afin d'en obtenir l'ordre par écrit, au défaut duquel l'homme ne pourra être retenu plus de deux fois vingt-quatre heures.

XXVIII. Tout recruteur sera tenu de présenter le plutôt possible, & dans les vingt-quatre heures au plus tard, les hommes de recrue qu'il aura engagés, au commissaire des guerres, & à son défaut au subdélégué, maire ou syndic du lieu où l'homme de recrue aura été engagé, pour faire ratifier l'engagement; mais il ne pourra s'adresser pour cette formalité, au subdélégué, maire ou syndic, qu'au défaut & en l'absence d'un commissaire des guerres; l'intention du roi étant que par-tout où il se trouvera un commissaire des guerres, la police des recrues lui soit spécialement dévolue.

Les recrues qui se feront au corps, soit en garnison, soit en route, seront engagés avec les formalités prescrites par la présente ordonnance; mais les commandans des corps seront autorisés à ratifier leur *engagement*, & ces recrues ne seront présentés au commissaire des guerres qu'après ladite ratification.

XXIX. Les *engagemens* & certificats d'engagement seront toujours, autant qu'il se pourra, imprimés, & s'ils sont manuscrits, ils seront au moins de tout point conformes au modèle joint à la présente ordonnance, sans que cela puisse toutefois être un titre de nullité, quand l'engagement sera d'ailleurs en règle, c'est-à-dire, revêtu des formalités prescrites ci-dessus.

XXX. Si l'homme de recrue, au moment de la ratification, réclame contre la validité de son *engagement*, ou contre la violence qui auroit pu être faite pour le lui faire contracter, le commissaire des guerres ou autre préposé à la ratification, tâchera de vérifier le fait, s'il est simple; & s'il est grave, il en fera une information dans les règles; & si cette vérification ou information lui fait juger indispensable de ne point ratifier l'engagement, il s'assurera de l'homme de recrue, & en rendra compte au commandant de la province, qui en décidera ou en informera le secrétaire d'état de la guerre, suivant l'exigence du cas.

XXXI. Si les réclamations de l'homme de recrue ne sont point fondées, le commissaire des guerres ratifiera l'*engagement* en remplissant la ratification qui est au bas de l'engagement imprimé, & en lisant auparavant à l'homme de recrue l'engagement qu'il a contracté, pour savoir s'il n'a rien à réclamer contre son contenu.

Les engagemens qui seront contractés depuis l'époque de la présente ordonnance, ne se compteront que du jour de l'arrivée des recrues au régiment.

XXXII. Dès qu'un recruteur sera entré en pour parler avec un homme pour l'engager, aucun autre recruteur ne pourra, sous des peines très-sévères, le traverser dans sa négociation, & il ne cherchera pas, par des promesses faites en chachete ni ouvertement, à l'attirer à lui; mais il pourra avoir le droit de traiter avec lui dès qu'ils se seront séparés.

XXXIII. S'il s'élevoit des contestations pour raisons des *engagemens*, soit entre les recruteurs de différens régimens, les uns & les autres seront tenus de se présenter au commandant de la place, & à son défaut au commissaire des guerres, qui jugera de la validité de l'engagement; & dans le cas où il n'y auroit point de commissaire des guerres, ils s'adresseront au commandant de la maréchaussée le plus voisin.

XXXIV. Les officiers & bas-officiers-recruteurs ne pourront rendre aux hommes de recrues les *engagemens* qu'ils auront contractés, sans en avoir demandé l'autorisation au commandant du régiment, qui ne pourra la leur donner qu'après en avoir obtenu l'agrément du colonel; & la somme provenant de ce dégagement sera versée à la masse générale, déduction faite de celle que l'homme auroit coûté, & conformement à ce qui est prescrit à l'égard *des congés de grâce*. Pour assurer l'exécution de cet article, il est enjoint à tout officier, bas-officier, soldat, cavalier, dragon, hussard & chasseur, d'envoyer au commandant de son régiment l'engagement qu'il aura fait contracter à un homme de recrue, immédiatement après la ratification; & lorsque le dégagement d'un homme de recrue aura lieu, après les formalités ci dessus, il lui sera expédié un congé dans la forme de ceux des congés de grâce d'anciens soldats.

XXXV. Sa Majesté enjoint très-expressément à toute personne qui recevra l'*engagement* d'un homme de recrue pour servir dans ses troupes, d'envoyer la copie de son *engagement* & de la déclaration qui est à la suite de l'*engagement*, au prévôt-général de la province, de laquelle est l'homme de recrue, en même-tems qu'il enverra l'original dudit engagement au commandant du régiment ; elle ordonne en conséquence audit prévôt-général de faire faire les plus exactes perquisitions pour certifier la déclaration de chaque homme de recrue, & de renvoyer ensuite cette même pièce remplie des informations qu'il aura prises, certifiées par lui au commandant du régiment, dans lequel servira ledit homme de recrue.

XXXVI. A cet effet, sa majesté fera adresser à tous les prévôts-généraux de la maréchaussée un régistre, dans lequel lesdits prévôts enrégistreront les noms des hommes de recrue, desquels on leur aura envoyé les copies d'*engagement* : lesdits prévôts porteront sur le même régistre les noms de tous les hommes des troupes du roi, pour lesquels on leur demandera des renseignemens, & de ceux contre qui on fera des rapports de désertion ; ledit régistre sera consulté toutes les fois qu'on en aura besoin.

XXXVII. Les hommes de recrue, qui auront joint le régiment, & qui se seront rendus suspects par quelque indice que ce soit, y seront surveillés plus particulièrement, jusqu'à ce que le prévôt de la maréchaussée ait renvoyé l'*engagement* ; & si, dans les notes qu'il donnera sur le compte dudit recrue, il s'en trouve qui portent un caractère infamant, il en sera usé à l'égard de cet homme, ainsi que le prescrit la présente ordonnance, au titre II, & suivant l'exigence des cas qui y ont été prévus.

Nous joindrons aux réglemens que l'on vient de lire sur la forme, & les conditions des *engagemens*, l'extrait suivant de l'ordonnance de la commune de Paris, concernant le même objet.

Extrait du réglement de police militaire de la commune de Paris, du 9 janvier 1790.

Conformément aux déclarations & ordonnances du roi, & au reglement de la commune de Paris, tous bas-officiers, soldats, cavaliers, hussards, dragons & chasseurs, à Paris, en congé de semestre ou limité, seront tenus de déposer, à leur arrivée, leur congé au bureau du sieur SOMMELLIER, *lieutenant à la suite de l'état-major de la garde-nationale, chargé spécialement de la police militaire*, qui en tiendra registre comme par le passé, d'y donner leurs demeures, & prevenir, en cas de changement de domiciles & de prolongations de congé, sous peine d'être arrêtés & conduits en prison ; seront également tenus de porter, en tout tems, l'uniforme de leur regiment & les distinctions de leur grade ; ils ne pourront, ainsi que les bas-officiers & soldats de la garde-nationale soldée, vaguer dans les rues ni dans aucun cabaret, sous quelque prétexte que ce puisse être, passé *dix heures* du soir, sous les mêmes peines.

Les officiers, bas-officiers, soldats, cavaliers, hussards, dragons & chasseurs en recrues, à Paris, continueront également de se faire enregistrer au bureau dudit sieur SOMMELLIER, pour y faire connoître leur pouvoir, lequel registre sera signé du conseiller-administrateur ayant le département de police-militaire.

Le bureau dudit sieur SOMMELLIER, sera ouvert, tous les jours, depuis huit heures du matin jusqu'à une heure ; & depuis trois heures jusqu'à huit du soir, rue Thibautodé, près de celle St.-Germain-l'Auxerrois.

Signé, *Bailly*, maire ; *Du Port-du-Tertre*, lieutenant de maire ; *Peuchet*, conseiller-administrateur.

ENLÈVEMENT, f. m. C'étoit dans l'ancienne police de Paris l'acte par lequel on prenoit chez lui un homme ou une femme, que l'on conduisoit en prison, ou dans une maison de force.

Rien n'étoit plus commun que ces *enlevemens* ; & leur influence sur les habitudes sociales, a tellement détérioré les idées de sûreté, de liberté, qu'aujourd'hui même, que tout le monde ne veut avoir de maître que la loi, chaque jour la police est assiégée de gens, qui, pour terminer une affaire, s'assurer d'une personne, ou obtenir une vengeance, demandent qu'on leur permette, & qu'on leur donne moyen d'enlever ceux qu'ils désignent comme coupables ; il y a même plus, c'est qu'au mépris de tous les principes, & de tous les droits, ils obtiennent quelquefois ce qu'ils demandent.

Il faut bien distinguer un *enlevement* de police d'un emprisonnement légal. Voici comme tout emprisonnement doit se faire. La personne soupçonnée coupable est arrêtée dans la rue tout simplement, ou chez elle sur l'ordre du juge compétent. elle doit être interrogée sur le champ, parce qu'il ne faut pas provisoirement punir de la prison quelqu'un qui ne seroit évidemment pas coupable ; après l'interrogatoire ordonner sa détention suivant la forme & la lettre de la loi. Un emprisonnement ainsi fait, n'est point arbitraire ; & quelle qu'en soit l'issue, celui qui s'y est trouvé forcé ne l'a point été sans avoir été entendu, à la différence de l'*enlèvement*, où la personne est prise, & son incarceration exécutée, sans qu'elle puisse rien dire qui la soustraie à cet acte arbitraire.

On a cru qu'un *enlèvement* de police étoit une chose indifférente à la liberté civile, parce qu'en général des actes de cette espèce ne s'exercent qu'envers des personnes pauvres ou immorales, comme les filles publiques. Les parisiens habitués si longtems à cet opprobre, le voient avec indifférence, & il est peu douteux, que sous une autre forme on ne reproduise les *enlèvemens* chez nous comme autrefois.

Sous l'ancien régime, il étoit payé tant par capture aux officiers de police, & la majeure partie de ces captures consistoit en *enlèvement*. Aujourd'hui l'on ne payera sûrement plus par capture, mais on n'en enlèvera pas moins les gens du peuple, les filles publiques, les pauvres, qui paroîtront suspects aux agens de la police; car ce mot suspect couvre tout, ou plutôt l'on s'en sert pour couvrir toute vexation.

Il existe dans le caractère françois une inquiétude, une mobilité d'idées & de principes qui ne lui permettent point d'être conséquent; & le despotisme aujourd'hui effrayé des actes de courage, & de volonté fière qu'a développés la nation en masse, peut être sûr de reprendre à la longue tout le pouvoir de détail, par l'inconstance nationale, & son défaut d'attachement à la loi.

Déjà de tout côté l'on redemande l'espionnage, & les membres de la police de Paris, embarrassés des moyens d'empêcher les vols, comme si cela les regardoit, penchent à redonner de l'activité à ce systême de honte, pour prévenir quelques larcins dans la capitale, & découvrir les intrigues amoureuses des enfans de famille, dont les parens ignoreroient sans les espions de police, la conduite & les fautes.

Ainsi l'esprit de préjugé, l'oubli de la loi, la paresse de penser, le défaut de force, rendra le bien de la liberté à peu-près nul à Paris, parce que de proche en proche on rétablira, sous le plus léger prétexte, les actes du gouvernement volontaire, & qu'une fois l'arbitraire établi dans une partie, il le sera bien-tôt dans toutes.

Et qu'on ne croie pas que j'entende le despotisme royal seulement, par celui qui naîtra du rétablissement des actes de police ancienne; j'entends celui de sept ou huit mille corps administratifs du royaume, qui une fois jetés dans le systême de surveillance & de protection arbitraire, formeront autant de centres de persécution, de harcelement, d'importunités, qui feroient de la liberté individuelle un mot vuide de sens, & des droits de l'homme un galimathias inintelligible ou dérisoire dans la pratique.

L'on a donc le plus grand intérêt à proscrire tout ce qui peut avoir l'apparence d'arbitraire, tout ce qui tendroit à faire faire plus ou autrement que la loi; & tels seroient les *enlevemens* de police, si on les permettoit.

La liberté a ses inconvéniens; elle en a sur-tout relativement à la propriété; il y a plus de voleurs chez un peuple libre que chez des esclaves; mais aussi les peuples libres sont plus riches, plus puissans, toutes choses égales d'ailleurs, que les esclaves. Ainsi l'usage des *enlevemens* ne pourroit point être réclamé comme utile, quand il favoriseroit la capture des voleurs; il ne doit pas plus être toléré que l'espionage qui est d'un aussi grand secours pour le moins, en pareil cas.

S'il est quelque chose qu'on doive redouter comme contraire aux droits de la liberté individuelle, c'est l'arbitraire des officiers de police. Ces hommes toujours actifs, & fatigués par la multitude & la difficulté des affaires qui les accablent, aiment à trancher, & se reposant sur leurs bonnes intentions de l'usage qu'ils font de leur pouvoir, finissent par rendre les loix nulles, & soumettre la cité aux décisions plus ou moins éclairées de leurs conseils.

Les *enlevemens* de police sur-tout leur paroissent excellens en ce qu'ils font finir des bruits, des plaintes, & mettent tout de suite sous les mains de la puissance publique l'homme que l'on craignoit de voir s'échapper.

Mais cette facilité est précisément ce qu'il y a de plus dangereux dans ce systême; on ne doit pas même s'en servir envers les enfans encore mineurs, qui soustraits aux punitions de la loi par l'âge, semblent devoir rentrer sous le gouvernement des convenances & des volontés. L'on prévoit en effet qu'il en résulteroit des violences, & l'établissement d'un pouvoir, ou plutôt l'habitude d'un pouvoir, qui nuiroit bien plus à la société, qu'il ne pourroit lui servir par les avantages qui en pourroient résulter.

Je résume donc tout ce qui s'oppose aux *enlevemens* de police, c'est-à-dire, aux captures faites subitement & par voie d'administration d'un homme ou d'une femme dans son asyle, soit garni, soit domiciliaire: 1°. l'*enlevement* est contraire à la forme publique de la loi, puisqu'il effectue l'emprisonnement de l'individu sans l'avoir mis à portée de se justifier ou de se faire entendre avant d'être privé de sa liberté; 2°. il est dangereux à la liberté civile, en ce qu'il autorise & habitue le magistrat de police à l'arbitraire; 3°. il améneroit insensiblement les abus des détensions arbitraires, puisque, sous prétexte d'arrêter chez eux des non-domiciliés, des femmes publiques, des gens sans aveu, on étendroit cette tyrannie sur tous les citoyens indistinctement, & bien-tôt, à force de précautions pour prévenir les vols & arrêter les voleurs, on tiendroit la ville entière dans l'esclavage ; 4°. en ce que ces *enlevemens* se faisant presque toujours de nuit, parce qu'ils sont aussi contraires à l'ordre qu'aux principes de la justice, ils troublent la tranquillité publique, & font fermenter dans le peuple le desir des insurrections & des violences.

Les *enlevemens* doivent donc être proscrits avec les lettres de cachet, & l'on ne doit enlever ni *filles*, ni mendiants, ni gens suspects, qu'ils n'aient été amenés devant un juge compétent, qui reconnoîtra si la personne arrêtée est bien celle qu'on a voulu saisir ; & si l'on en a des raisons suffisantes, alors ce ne sera pas un *enlevement*, une capture, mais une arrestation légale & légitime.

Au reste, je doute qu'on soit jamais assez scrupuleux observateur de la loi, pour punir en France quiconque auroit manqué à ces principes. On voudra toujours laisser aux officiers de police le prétendu droit d'empêcher, de prévenir les délits, ce qui en définitif établira une servitude subalterne, à-peu-près semblable à l'ancienne, sur-tout pour la classe ignorante & pauvre du peuple, pour ce qu'on appelle les mendians, les filles, les jeunes gens de mauvaises moeurs, à l'égard de qui on se croira toujours permis d'établir un ordre de choses qui s'étendra insensiblement à tous les autres états de la société. *Voyez* ABUS, ESPIONAGE, POLICE.

ENTRÉE, f. f. Nous entendons ici par ce mot, le droit qu'acquiert un auteur, d'entrer sans payer au théâtre où sont reçues ses pièces.

Voici quelles sont les dispositions non encore abrogées des reglemens à cet égard.

Une ordonnance du roi, du 29 mars 1776, fixa les règles de police, qu'on devoit suivre à l'opéra.

Sa majesté étant informée que les anciennes ordonnances rendues par les rois, ses prédécesseurs, concernant les *entrées* du public aux représentations & répétitions de l'opéra, ne sont pas exactement observées, & qu'il s'est introduit successivement divers abus qui nuisent autant à la recette, qu'à la police du spectacle, a ordonné & ordonne ce qui suit :

» ART. I. Nulle personne de quelque condition, état & qualité qu'elle soit, ne pourra entrer à l'opéra sans payer, à moins qu'elle ne soit inscrite sur l'état des *entrées* gratuites, qui aura été arrêté par les ordres de sa majesté.

» II. Les personnes qui auront obtenu leur *entrée* gratuite, ne pourront en jouir qu'après la quatrième représentation, inclusivement, des ouvrages nouveaux ou remis au théâtre ; sa majesté n'exceptant de la rigueur de cette règle, que les auteurs de l'ouvrage actuellement au théâtre.

» III. Il sera délivré, tous les ans, à chacune des personnes inscrites sur l'état des *entrées* gratuites un billet timbré *entrée*, avec le nom de la personne à laquelle il appartiendra, de la place qu'elle doit occuper ; & on sera obligé de le représenter à la porte toutes les fois qu'on en voudra faire usage.

» IV. Sur la représentation du billet pour l'amphithéâtre, il sera délivré au porteur une contremarque qu'il sera obligé de remettre au portier de l'amphithéâtre.

» V. Lesdits billets d'*entrées* gratuites ne seront que personnels, & ne pourront être prêtés à d'autres, sous quelque prétexte que ce soit, à peine contre les contrevenans de privation perpétuelle de leurs *entrées* ».

Un réglement du 27 février 1778 porte,

ART. XLIV, que les auteurs des pièces données jouiront de leurs *entrées*, ainsi qu'il en a été usé par le passé ; à l'égard des auteurs des pièces à donner, ils jouiront de leurs *entrées* au parterre & à l'amphithéâtre de l'opéra ; savoir : pour un spectacle entier, pendant trois ans ; pour deux spectacles entiers, pendant leur vie ; pour un acte séparé, pendant un an ; pour deux actes, pendant deux ans ; pour quatre actes, pendant cinq ans ; & pour un spectacle entier & deux actes, pendant leur vie. Ils ne pourront faire présenter leurs ouvrages par d'autres que par eux, ni avoir plus d'une *entrée* dans toute leur vie. Veut sa majesté qu'un auteur, convaincu d'avoir fait passer son ouvrage sous le nom d'un autre, pour lui procurer une *entrée*, soit sur-le-champ privé de la sienne pour toujours ; comme aussi que les auteurs, qui auront donné trois ouvrages entiers, avec assez de succès pour qu'ils demeurent au théâtre, jouissent de leurs *entrées*, non-seulement au parterre & à l'amphithéâtre, mais encore aux loges, balcons & autres endroits de la salle où l'on paie en entrant.

XLV. Les *entrées*, autres que celles des auteurs, ne seront que pour le parterre, le paradis & l'amphithéâtre, & on n'en pourra jouir qu'après la troisième représentation de la mise ou reprise des ouvrages.

XLVI. Toutes personnes, de quelque qualité condition qu'elles soient, même les officiers de la maison de sa majesté, gardes, gendarmes, chevaux-légers & autres, ne pourront entrer sans payer ; à l'exception néanmoins de ceux dont, suivant l'usage, l'état sera arrêté tous les ans par le secrétaire d'état, ayant le département de Paris.

Tels sont les réglemens positifs qui avoient lieu ci-devant pour l'opéra, relativement aux *entrées*. La nouvelle forme d'administration, introduite depuis la révolution, y a fait quelques changemens

& la municipalité de Paris, qui en est chargée, vient de défendre toute *entrée* gratuite, si ce n'est aux auteurs, aux anciens sujets & aux pensionnaires de l'opéra.

Nous devons en bref faire connoître ce que les réglemens, encore en vigueur, décident à cet égard, par rapport aux théâtres françois & italiens.

L'auteur de deux pièces en cinq actes, celui de trois pièces en trois actes, celui de quatre pièces en un acte, ont leur *entrée* franche à la comédie françoise pendant toute leur vie.

L'auteur d'une pièce en cinq actes jouit du droit d'*entrée* pendant trois ans; l'auteur d'une pièce en deux actes, & celui d'une pièce en un acte, pendant un an seulement.

Les auteurs jouissent de leurs *entrées* du jour où les pièces ont été reçues par les comédiens, & ils ont le droit de se placer dans toute la salle, excepté à l'orchestre, aux secondes loges & au parterre.

Il est défendu aux comédiens d'apporter aucun obstacle à l'exercice de ce privilège, à peine de 10 liv. d'amende; cependant un auteur peut être privé de son droit d'*entrée*, s'il est convaincu d'avoir troublé le spectacle par des cabales ou des critiques injurieuses.

C'est à-peu-près la même chose pour le théâtre italien, & le droit d'*entrée* compte du jour où la musique a été reçue avec les paroles. *Voyez* AUTEUR, ACTEUR, THÉATRE.

ESCLAVAGE, f. m. état d'un homme privé des droits de la liberté individuelle, & soumis au régime arbitraire d'un ou de plusieurs autres hommes.

On peut distinguer l'*esclavage* de la servitude. Le premier annonce l'empire absolu d'une volonté étrangère sur nous, la privation de tous les droits, un état de contrainte continuel; il est de tous les momens, & frappe sur toutes les actions, sur tous les mouvemens de l'*esclave*. La servitude au contraire, peut n'être qu'un assujettissement partiel, une obligation tolérable quoiqu'injuste. En un mot la servitude & l'*esclavage*, sont deux mots qui représentent deux degrés du même état, le premier est une injustice, le second une oppression; on l'emploie quelquefois comme sinonyme, & l'on a tort.

Il y a plusieurs sortes d'*esclavage*, les principaux sont l'*esclavage* politique & l'*esclavage* domestique.

Je nomme de ce dernier nom celui des nègres, des esclaves turcs &c. C'est un état contre nature, une injustice envers les hommes, pareille à celle que nous exerçons envers les animaux; c'est l'abus de la force, & un des vices de l'ancienne civilisation. Il faudra encore de grands progrès dans la philosophie, pour anéantir sur toute la terre ce reste de la barbarie antique, & peut-être qu'avant ce tems de nouveaux bouleversemens dans l'espèce humaine ramèneront l'*esclavage* par des causes que nous ne pouvons pas prévoir.

La seconde sorte d'*esclavage* consiste dans l'autorité absolue, indépendante & despotique du prince dans une nation. Celui-ci est l'effet de l'abus du pouvoir, de l'abus des loix & de la lâcheté des peuples; car il n'est guère présumable que toute une nation reste forcément dans l'*esclavage*, elle peut briser ses fers quand ils lui paroissent trop lourds; mais il faut pour cela, beaucoup de courage, de prudence & un grand fonds de raison, afin de ne se point précipiter dans un nouvel *esclavage* par suite des malheurs & de l'anarchie, que l'insurrection entraîne à sa suite.

Ce sujet au reste ne doit point être traité ici. *Voy. le dictionnaire de l'assemblée nationale*, au mot ESCLAVAGE.

ESCROC. f. m. Celui qui vole adroitement en abusant de la confiance.

Combien n'y a-t-il pas d'espèces d'*escroc*? elles se multiplient & varient à l'infini. L'un aspirant à se faire une fortune brillante aux dépens des sots de toutes les conditions, & de tous les rangs, réfléchit sur les habitudes attachées, pour-ainsi-dire, à chaque état. Lorsqu'il a découvert les passions ordinaires qui agitent un individu de telle classe, il l'attaque par l'endroit foible qu'il a apperçu. L'amour-propre flatté, caressé & exalté, est un des moyens que les *escrocs* emploient constamment, ils savent que rarement l'homme, même le plus sage, est insensible aux éloges qui flattent son amour-propre. Souples, adroits à saisir toutes les nuances qui s'offrent à leurs yeux perçans, ils ne négligent rien pour connoître les préjugés & les goûts des personnes qu'ils veulent subjuguer. Quelque déraisonnables que soient ces préjugés, quelques bizarres que soient ces goûts, ces préjugés & ces goûts deviennent des vertus. Lorsqu'ils ont asservi leur victime, ils s'occupent de l'immoler.

Je rangerai dans cette classe, plus nombreuse qu'on ne l'imagine, tous les *escrocs* qui s'attachent à des vieillards pour les déterminer à les instituer leurs héritiers; ce sont de vrais caméléons dont les intrigues sont aussi dangereuses que fréquentes. Un de ces individus qui avoit découvert qu'un vieux père de famille avoit chassé ses enfans de sa maison, trouva le secret d'y être reçu. Avant d'obtenir cette faveur, il savoit que le vieillard avoit les principes les plus austères, & que tout ce qui offroit l'image du luxe offensoit ses regards, il se fit faire sur le champ des habits analogues au rôle qu'il vouloit jouer. Chaque fois qu'il se présentoit chez le vieillard, il étoit dans le négligé le plus simple. Sa conversation étoit conforme à son maintien; une bonhomie affectée séduisit bientôt le vieillard, qui le nomma en peu de tems *le consolateur de ses vieux jours* Ce manège dura pendant quelques années, heureusement pour les enfans disgraciés, ils furent instruits des manœuvres de cet *escroc*. Pour détromper leur père, ils recueillirent sur le compte du fourbe, qui vouloit les dépouiller de leur patrimoine, des anecdotes, dont ils firent usage pour le faire chasser. On leur apprit que cet homme habillé si simplement lorsqu'il rendoit visite à leur père, paroissoit souvent avec les habits les plus recherchés aux spectacles, & dans plusieurs maisons de luxe; que cet homme, qui affichoit les mœurs les plus austères en présence du vieillard, menoit la conduite la plus scandaleuse; qu'il fréquentoit les académies de jeu, & qu'il entretenoit une actrice d'un des spectacles du boulevard; ils apprirent également que cet homme peu délicat faisoit chaque jour des dupes en faisant de nouvelles affaires.

Les enfans s'empressèrent de faire passer sous les yeux de leur père, le véritable portrait de l'*escroc*, qui étoit parvenu à le séduire avec un masque imposant. Le vieillard étonné cria d'abord qu'on calomnioit son *véritable ami*; mais les soupçons entrèrent bientôt dans son cœur, & le déterminèrent à vérifier les faits qu'on lui avoit dénoncés. Convaincu qu'on ne lui en avoit pas imposé, il déchira un testament qu'il avoit fait en faveur de l'*escroc*, & lui ferma sa porte. Si les enfans n'avoient pas eu le bonheur d'éclairer leur père, leur patrimoine seroit devenu la proie d'un intrigant.

Cette classe d'*escrocs* échappe aux recherches & à l'autorité de la police. Je ne la cite que pour inspirer une juste défiance à ceux qui ont la foiblesse de s'attacher à des êtres aussi avides & aussi méprisables. Si l'on veut trouver des exemples de pareilles *escrocqueries*, on en verra une multitude dans le *journal des Causes Célèbres*.

D'autres *escrocs* n'ont de but que celui de faire passer dans leurs mains l'argent d'autrui.

Les uns ont un projet qui doit les enrichir, & dont ils offrent de partager le bénéfice immense avec ceux qui leur avanceront plus ou moins d'argent. Ils réitèrent les mêmes propositions à toutes les personnes qu'ils peuvent tromper. Ces *escrocs* possèdent *le talent de la parole*; ils sont même souvent très-éloquens, la fortune est à leurs ordres; ils savent fixer ses caprices, tous les chemins qui y conduisent leur sont ouverts. Les portes des ministres, des gens en place, des favoris, des grands seigneurs, ne sont jamais fermées pour eux. C'est un spectacle curieux que de les voir faire le tableau des succès qui doivent couronner leurs talens & leurs découvertes; ces narrations faites avec complaisance, ces dissertations pleines de chaleur, n'ont d'autre objet que celui d'arracher aux gens crédules & faciles, quelques avances passagères qu'ils promettent de rendre incessamment; mais presque toujours l'homme trompé ne revoit jamais celui dont il a été la dupe, ou s'il l'apperçoit, c'est pour être témoin de sa fuite.

D'autres prennent des titres pour en imposer plus facilement. Tantôt c'est M. le baron, tantôt M. le chevalier, tantôt M. le comte. Il y a tel de ces *escrocs* qui a parcouru les grandes capitales de l'Europe, & qui dans chacune a changé de nom & de qualité. Le même individu a été trois mois baron, six semaines prince, quinze jours marquis, & partout, & en tout tems, véritable chevalier d'industrie.

Il s'exerce une autre espèce d'*escroquerie* dans les cafés, qui n'est pas moins dangereuse. Les garçons des cafés permettent à des Juifs de proposer des bijoux, quelquefois même les garçons limonadiers se chargent eux-mêmes de la vente. Ces gens ont grand soin de proposer aux étrangers & aux provinciaux, des montres, des cannes, & autres effets au-dessous de la moitié de leur valeur. Lorsqu'on a la sotise de les croire sur leur parole, on est sûr d'être trompé. Cette fraude est une espèce d'*escroquerie* très-commune.

En voici d'un autre genre.

Dans les hôtels des grands-seigneurs, des hommes aussi impudens que hardis, ont osé faire des *coups-de-main* incroyables. Un d'eux déguisé en garçon tapissier, s'y rend avec des crocheteurs, & y emporte, sous les yeux du maître & de ses gens, un meuble précieux que l'homme riche devoit changer avec son tapissier, & que celui-ci devoit envoyer chercher.

Un autre s'annonce pour l'homme de confiance de l'horloger d'un grand-seigneur, & demande de sa part une pendule qu'il faut régler & raccommoder. On lui donne avec confiance la pendule qui devient la proie d'un *escroc*.

De faux garçons tailleurs ont souvent fourni leur garderobe avec des habits qu'ils alloient demander à des personnes qui avoient écrit à leurs tailleurs de venir les chercher pour les arranger.

Des cochers, trompés par les apparences, ont plusieursfois laissé prendre à de faux garçons selliers, les coussins d'une voiture, les glaces & tout ce qui peut s'enlever, sous prétexte que le maître sellier avoit eu ordre de les changer ou d'y faire des réparations. On ne peut trop avertir ceux qui habitent la capitale, de se défier de toutes les personnes qu'ils ne connoissent pas. Ils doivent être sur-tout en garde contre tous les marchands qui se présentent chez eux pour leur proposer des marchandises. Presque tous ces avanturiers sont des coureurs prêts à devenir *escrocs* lorsqu'ils en trouvent occasion.

On

On doit distinguer l'escroquerie de la filouterie, & l'*escroc* du filou. Car le premier vole en abusant de la confiance, en induisant en erreur sur sa probité, sur sa bonne-foi, sur son état; au lieu que le second prend matériellement & sans l'acte apparent de votre consentement, comme il arrive dans l'*escroquerie*, & cette distinction doit faire la différence des peines à infliger à ces deux genres de délit; il est sûr que l'*escroc* est plus coupable que le filou; celui-ci vole, & ne trompe pas, n'abuse pas de la confiance; mais l'autre fait tous les deux à-la-fois, & rend le commerce de la société dangereux, ou au moins douteux, ce qui est un grand mal. *Voyez* FILOU.

ESPIONAGE, s. m. Adresse à suivre secrettement les actions, les affaires, les liaisons des personnes que l'on veut connoître, ou dont on veut prévenir les desseins.

L'on peut distinguer deux sortes d'*espionages*, l'espionage politique & l'espionage naturel.

J'appelle *espionage* naturel, celui que l'homme peut exercer par lui-même, pour sa propre sûreté, & pour échapper au danger que ses ennemis pourroient lui préparer. Dans l'état de nature cet *espionage* est permis; mais dans celui de société, où les individus rentrent sous la protection de la loi, il ne peut avoir légitiment lieu; & parce qu'un homme en soupçonne un autre de mauvaise intention envers lui, ce n'est point une raison de l'observer & espionner dans toutes ses actions; parce que le secret de la conduite comme la sécurité de l'asyle est une chose qui ne doit jamais être ouverte qu'à la loi, lorsqu'elle a des titres pour pénétrer l'un & l'autre.

L'*espionage* public est celui que la puissance publique établit dans l'état pour instruire le pouvoir politique, & des actions secrettes qui lui sont dénoncées, & des événemens publics, mais à lui inconnus, dont il doit prendre connoissance. Ce qui constitue deux espèces d'*espionages* polititiques, celui qui porte sur les individus, & qu'on peut nommer individuel, & celui qui porte sur ce qui est public, & qu'on peut appeller *espionage* public.

Nous confondons chez nous ces deux espèces; & tel est la force de l'habitude qu'on les regarde l'un & l'autre comme tellement indispensables, que tout ce qu'ils y a d'hommes instruits, ou qui se croient instruits en matière de police, assurent avec confiance, & l'on les croit de même, que sans *espionage* individuel, on ne peut gouverner une grande ville comme Paris; & je ne serois pas étonné de voir, tant est fort l'ascendant du préjugé, je ne serois pas étonné de voir l'assemblée nationale abandonner cette partie de la police à la volonté des administrateurs, & leur laisser créer un peuple d'espions individuels parmi nous. On conçoit qu'alors la liberté personnelle seroit sinon violée, du moins avilie, flétrie par cette inquisition. Mais cela ne nous effraie pas.

Quant à ce que j'appelle l'*espionage* public, ou plutôt la surveillance de ce qui se passe dant la voie publique, dans les rues contre l'ordre public, la police peut avoir des gens connus pour tels, qui lui rendent compte exactement de ce qu'il lui importe de savoir pour maintenir l'ordre & la paix dans la ville. Ce besoin est senti, & il est inutile d'insister pour en démontrer l'utilité à un peuple, qui, en général, n'a jamais été que partiellement & convulsivement ennemi de l'*espionage*. Je m'explique.

A peine l'insurrection eût-elle éclaté à Paris, que la burocratie & l'*espionage* de la police furent détruits; & l'administration municipale étant devenue élective, je me trouvai par suite conduit au conseil de la ville, & réparti dans un bureau de la police.

Je pensois dans l'exercice de mes fonctions, qu'un peuple qui venoit de secouer le joug de tous les despotismes, ne solliciteroit sûrement pas l'usage des anciens arts de l'inquisition politique, & que l'*espionage* & la détention arbitraire seroient regardés par lui comme autant de malheureuses facilités, qui, en faisant le bien de quelques individus, pourroient faire le mal d'un grand nombre, & sur-tout mettre entre les mains de la police un moyen avilissant de tout savoir & de tout oser. Je croyois cela, & je devois le croire.

Mais quelle fut ma surprise, lorsque je vis des hommes qui avoient sévi contre le despotisme, venir solliciter des places d'espions, lorsque je vis un public imbécile me demander que je fisse suivre celui-ci, celui-là; que je fisse découvrir la demeure de l'un, la demeure de l'autre; lorsqu'on vint solliciter des enlevemens; lorsque des parens imbéciles exigerent la détention de leurs enfans dans des prisons, pour libertinage; & qu'il ne me fût pas possible de faire sentir que cet ordre illégal d'administrer étoit contre toute raison, qu'il étoit dangereux pour les mœurs, la liberté. Oh! la liberté, on n'en paroissoit plus inquiet lorsqu'il étoit question de retrouver une montre, un vol, une fille débauchée; on ne redoutoit plus l'*espionage*, & l'on oublioit qu'il est le mortel ennemi de la loi, lorsqu'il étoit question d'un intérêt pécuniaire ou d'une vengeance domestique. Tel est encore l'état des choses, & le public & l'administration paroissent pencher pour l'*espionage*, l'espionage individuel.

Dans ces circonstances, je crus devoir défendre les principes, & l'on apprendra avec surprise que ce qu'on va lire, n'excita que le sourire du dédain d'hommes qui, en 1789, se disoient amis & défenseurs de la liberté individuelle.

(1) Depuis la destruction de notre ancien régime politique, & le retour de la liberté, quelques personnes, plus frappées des abus auxquels le système d'un gouvernement libre peut-être sujet, que du bien infiniment précieux qu'il doit produire, se sont récriées contre la suppression des anciens moyens de pouvoir de la police de Paris, ont manifesté des craintes pour la sûreté publique, & ont prétendu que, sans l'*espionage* & ses suppôts, on ne parviendroit jamais à établir l'ordre & la paix dans Paris.

Ces craintes, fruit de l'habitude de ne voir les choses que d'un côté, & de l'attachement machinal aux vieilles habitudes, disparoissent devant la discussion, ou du moins se réduisent à des allégations fondées sur l'erreur, ou l'intérêt peut-être de quelques individus.

Tout établissement public a ses défauts, tout régime a ses inconvéniens; mais dans le nombre des moyens qu'on peut employer pour gouverner les hommes, on doit préférer ceux qui portent le moins d'atteintes à leur droits, qui ne les avilissent point, sur-tout ceux qui sont susceptibles d'une perfection morale, & d'un accord soutenu avec les lois & la liberté publique.

Or, quelque raisonnement que l'on fasse, quelque sophisme que l'on emploie, l'on ne parviendra jamais à prouver que l'*espionage* ait ces qualités, & que les abus, la honte, les desordres auxquels il doit nécessairement donner lieu, soient compensés par quelqu'avantage incontestable, & constant pour la société, par quelque bien qui soit au-dessus des intérêts de quelques particuliers. J'excepte cependant les momens de troubles & de calamités publiques; alors, comme en tems de peste, les moyens violens & qui, dans d'autres instans, seroient d'insoutenables vexations, peuvent devenir le salut de l'état, & sauver la liberté des ménées dirigées contr'elle; alors on peut employer l'*espionage public*, parceque nos ennemis l'emploient; on peut l'employer comme un moyen hostile, comme une arme pour la défense de tous, comme ces poisons qu'on administre aux hommes dans des maladies désespérées, qui les sauvent alors, & les tueroient infailliblement dans l'état de santé.

Tout homme public donc, qui, sans ces raisons impérieuses, emploieroit l'*espionage*, en feroit un prétendu moyen d'ordre public, en étaieroit une administration, se rendroit coupable d'une odieuse prévarication, d'un attentat positif aux droits des hommes & de la société.

Cette vérité méconnue peut être, parce qu'encore une fois l'habitude & une facilité insidieuse de régir avec l'*espionage*, le font croire nécessaire à ceux qui réfléchissent peu: cette vérité doit être toujours présente à l'esprit de quiconque veille à l'ordre public, & lui servir d'égide contre les sollicitations importunes, & contre cette pente naturelle qu'a l'homme puissant de ne juger ses procédées que d'après ses intentions, & jamais d'après les accessoires qui peuvent les rendre odieux aux autres hommes.

L'évidence de ce principe sera incontestablement établie, quand j'aurai démontré, 1°. que l'*espionage* porte atteinte aux droits de l'homme & du citoyen. 2°. Qu'il est une odieuse prévarication dans le magistrat qui l'emploie. 3°. Qu'il ne peut être qu'une source de corruption, & jamais un moyen d'ordre & de sûreté publique.

1°. *Que l'espionage est un attentat aux droits de l'homme & du citoyen.*

En effet, l'*espionage* est généralement regardé comme un crime, ou du moins comme un délit punissable dans l'homme privé qui en fait usage. Personne que ma conscience & la loi, n'a droit de surveiller ma conduite, sitôt que mes forces & ma raison m'ont soustrait à l'autorité provisoire de mes parens.

Quel motif pourroit donc légitimer, dans l'homme public, un semblable délit? Pourquoi pourroit-il impunément attacher un espion à mes pas? De deux choses l'une: ou je suis coupable, ou je ne le suis point. Si je suis coupable, qu'il administre les preuves à la loi, & la loi me punit; si je ne le suis pas, il n'a pas le pouvoir d'abuser de ma sécurité, de livrer ma personne aux regards, aux recherches d'hommes souvent méprisables, & qui peuvent me diffamer ou du moins me rendre suspect par des mensonges adroits.

Quel dédommagement le magistrat qui emploie l'*espionage*, offre-t-il à l'honnête homme, pour l'affront auquel il l'expose? est-il juste que ses foiblesses, celles de sa famille, soient rendues publiques, ou du moins connues de gens qui n'ont aucun droit de les connoître? autoriser une semblable conduite, n'est-ce point violer les droits de l'homme, n'est-ce point un attentat contre la liberté individuelle? L'hypocrite défenseur du despotisme a beau dire que l'honnête homme ne craint rien, je lui soutiens, moi, que l'asyle du citoyen ne doit point être souillé par les regards d'un espion. La sûreté publique, direz-vous, demande que l'on cherche les coupables pour les punir; & je vous réponds que la loi, qui est la régle de tous biens, ne cherche point, qu'elle se contente de punir, lorsque l'homme outragé lui montre le criminel, ou que le ministre public se rend lui-même accusateur; qu'elle n'aime point le soupçon contre celui qui n'est point encore coupable à ses yeux; je réponds que la sûreté publique n'est point fondée sur l'*espionage*, & je ferai un article exprès des preuves de cette vérité.

Mais si l'espion, me direz-vous, ne peut être autorisé à s'introduire dans nos asyles, du moins

(1) Ceci a été publié en décembre 1789, dans la *gazette nationale*, ou *moniteur universel*.

peut-il suivre dans les lieux publics soumis par leur nature à la police, tout homme qui lui est dénoncé.

Non, la ligne de démarcation est trop aisée à franchir, & le misérable, payé pour être à votre porte, s'introduira bientôt dans votre chambre, s'il est autorisé à prendre ce premier poste : d'ailleurs, s'il est permis d'omettre certaines formes, pour les délits commis publiquement, si la police peut y exercer une inspection plus immédiate, ce n'est point pour qu'elle y puisse manquer de respect aux droits de l'homme, qu'elle puisse y agir arbitrairement, y disposer des personnes par l'*espionage*, tenir régistre des actions individuelles, & faire de la société une servitude de tous les momens.

La police doit conserver à tous la jouissance publique des choses qui appartiennent à tous : or, ce n'est que lorsque quelqu'un subvertit l'ordre établi à cet égard, qu'elle doit interposer son ministère ; hors de-là il n'y a d'autre force que celle de la loi, d'autre autorité que celle du magistrat civil ; & nous allons voir tout-à-l'heure que celui-ci ne peut employer l'*espionage* sans prévarication.

2°. *Que l'espionage est une odieuse prévarication dans le magistrat qui l'emploie.*

Il n'est besoin que d'un principe pour démontrer cette vérité ; c'est que le magistrat ne peut ni ne doit punir sciemment, même de la plus légère peine, l'homme dont le délit ne lui est pas prouvé ; il ne peut donc sans prévarication, sans aller contre la loi, livrer telle ou telle personne à l'*espionage*, la lui désigner sur un simple soupçon ; car cette désignation est une injure, une flétrissure, & toute flétrissure est une véritable peine.

Le magistrat est tenu par son serment de soutenir les droits de l'homme, à l'insu même de celui qu'on persécute ; il ne peut donc ameuter sécrètement l'espion sans violer son serment, sans être prévaricateur.

De plus, ministre de la loi, il n'a point été chargé par elle d'aller à la recherche des coupables, mais seulement de les punir quand ils sont pris ; & ce qu'elle n'ordonne point dans ce cas, devient, si on l'effectue, une infraction, de la volonté du législateur, une véritable prévarication, dont un prétendu zèle ne peut justifier celui qui s'y laisse aller. L'arrestation d'un criminel est suffisamment assurée par l'ordre que reçoivent de l'arrêter, sur son signalement, les gardes des maréchaussées.

Il ne suffit pas de dire, pour justifier l'*espionage*, ou le magistrat qui l'emploie, qu'aujourd'hui l'on ne peut plus le faire servir à l'exécution d'ordres arbitraires ; que l'accusé a son recours à la loi, dès qu'il est connu ; que la procédure est publique, & le magistrat responsable.

Ce n'est point par son objet, qu'on doit juger l'*espionage* ; peu importe l'intention de celui qui s'en sert. Il est odieux par lui-même, & ce n'est pas seulement, parce qu'il peut être l'instrument d'ordres arbitraires, qu'on doit le proscrire, c'est parce qu'il livre à une coupable curiosité les actions des hommes, & à des recherches inquiétantes les citoyens pris ensemble ou séparément ; c'est qu'enfin il peut, entre les mains du pouvoir politique, devenir avec le tems une arme terrible, un moyen d'esclavage infaillible, ou tout au moins d'inquisition ennemie des loix & de l'honneur public.

Enfin, ce qui acheveroit de rendre coupable le magistrat qui emploieroit l'*espionage*, c'est que, loin de servir à la sûreté publique, il n'en peut que subvertir tous les fondemens, & devenir une source de corruptions, d'inquiétudes & d'immoralités sécrètes ; c'est ce que l'opinion publique a déjà consacré, & qu'il nous est aisé de prouver.

3°. *Que l'espionage ne peut être qu'une source de corruption, & jamais un moyen d'ordre & de sûreté publique.*

S'il existe un moyen de corruption sociale, c'est sans contredit celui qui met la bassesse & la délation sous la protection de la force publique, qui les autorise, les emploie à la recherche des actions des hommes, qui, sous le plus léger soupçon, livre l'honneur du citoyen, le secret des familles à la discrétion de quelques satellites obscurs, établit une guerre intestine dans la société, arme le despotisme paternel contre les enfans, celui des méchans contre la justice, rend publiques des actions que personne n'a dû connoître, & deshonore l'homme ou la femme qu'une foiblesse ou l'erreur ont pu éloigner un instant de la règle de leurs devoirs. Je ne connois pas un plus grand moyen de corruption publique & privée.

Encore, si tous ces désordres cachés menoient à une véritable sûreté, au repos public ; si de l'*espionage* dépendoit la tranquillité commune, c'est-à-dire, la jouissance paisible des personnes & des choses, peut-être qu'en faveur d'un si grand bien, l'on pourroit oublier les autres maux qu'il produit.

Mais qu'il s'en faut que l'*espionage* atteigne ce but, puisqu'il est lui-même une guerre secrette dans la société, indistinctement dirigée contre tous ses membres, & que par les armes dangereuses qu'il prête au pouvoir public, il expose l'état à des insurrections d'autant plus inévitables que les moyens qu'on emploiroit pour les réprimer, sont précisément les causes qui les font naître !

La police s'est écartée de son objet, lorsqu'elle a pris sur elle des fonctions qui ne conviennent à aucune puissance publique. Dans la société, les loix n'ont point été établies pour qu'on ait des moyens de faire retrouver à tel ou tel individu sa propriété, mais afin de punir ceux qui la lui ont prise, d'empêcher que l'on ne vole, par la rigueur des châtimens contre les brigands, & par l'exactitude des hommes préposés à la garde des citoyens. Il importe à l'ordre public qu'aucun coupable connu n'échappe à la punition; mais il lui importe fort peu que tel ou tel retrouve le bijou qui lui a été volé. Il importe à la société de punir le séducteur qui corrompt ou enleve une fille du sein de sa famille, mais il lui est indifférent de trouver telle ou telle personne pour la remettre à ses parens; elle n'a point d'intérêt à tout bouleverser, à porter des regards inquiets par-tout, à noter la conduite de tous les hommes, leurs habitudes, leur fortune, leurs actions, en un mot, à établir l'*espionage*, pour donner satisfaction à quelques particuliers: ce n'est là ni le vœu, ni l'objet, ni le droit de la puissance publique; il n'y a qu'un desir aveugle de tout faire qui ait pu méconnoître cette vérité.

En la rendant cette puissance utile aux individus, non dans la satisfaction qu'ils peuvent attendre de la loi, mais dans la facilité à réparer leurs pertes par des recherches officieuses, vous livrez le public à la calomnie, à la défiance, aux soupçons, à l'indiscrétion de ceux que vous employez.

Ce n'est pas tout; l'espionage est pour le moins aussi favorable aux fripons qu'il peut être quelquefois utile aux honnêtes gens. Les coquins le connoissent, & souvent le scélérat que l'on croyoit trouver par l'adresse d'un espion, échappe à la loi par son conseil; tout gît dans la différence des sommes qui lui sont offertes.

Ainsi l'on ne peut compter sur un pareil moyen pour établir la sûreté publique; il est toujours favorable à un criminel opulent, & le pauvre coupable, qui n'a point de moyen de corrompre, s'y soustrait encore par la nullité même de son état, & parce que l'espion met toujours moins d'intérêt à la recherche d'un misérable que de l'homme considérable.

Voyons-nous depuis la révolution, depuis que l'*espionage* de sûreté a cessé, des vols avec violence ou sans violence, en proportion des facilités que les circonstances semblent permettre, en proportion de la misère, en proportion du nombre de bras oisifs, d'hommes réduits à la plus grande indigence par la suspension des travaux? Voit-on que les coupables de cette espèce aient plus échappé à la loi, quoique l'*espionage* n'ait point été mis en usage? Croit-on que dans un tems plus calme, plus heureux, il fût plus nécessaire? Ne suffit-il pas des gardes & de la maréchaussée pour arrêter les criminels, soit en flagrant délit, soit à la réclamation publique? Les peuples de l'Amérique, de l'Angleterre, sont-ils plus pauvres, plus immoraux, plus à plaindre que nous, quoiqu'ils n'aient ni espions, ni *espionage* de sûreté? Est-il une si grande différence entre leurs facultés, leur état & le nôtre, pour que nous ne puissions nous passer d'un établissement aussi odieux, aussi corrupteur?

Il a fait parmi nous ce que les lettres de cachet ont produit dans les familles. La certitude de faire, par le moyen de l'*espionage*, retrouver les escrocs, les débiteurs de mauvaise foi, les intrigans, a porté les marchands, les faiseurs d'affaires à confier leur argent ou leurs marchandises à des hommes auxquels ils n'eussent pas osé les donner dans une autre position; à-peu-près comme ces pères imbéciles qui négligent l'éducation de leurs enfans, se contentant de les menacer de les faire renfermer s'ils font des sottises. Aujourdhui qu'on ne peut plus faire renfermer, vous verrez que les pères mettront plus d'importance aux soins qu'ils doivent à leur famille. Il en sera de même de l'*espionage*: lorsqu'on ne pourra plus lâcher une meute d'espions pour découvrir la demeure d'un escroc ou d'une femme perdue, on sera plus circonspect dans ses liaisons & dans l'espèce d'affaire que l'on entreprendra. Quant aux vols, jusqu'à ce que les auteurs en soient connus par des voies légales, il est entendu qu'aucune puissance publique n'existe pour établir un soupçon & le faire tomber, même secretement, sur tel ou tel individu, en livrant ses actions & sa conduite à l'*espionage*.

Cette doctrine, au reste, ces principes pourront bien paroître étranges à quelques esprits. On traitera de visions d'un homme de lettres ce qui n'est qu'un exposé de la justice; de chimère, ce que le bon sens indique, d'ignorance dans les affaires, l'exemple de la conduite des nations sages & éclairées. Le dédain du pouvoir pour tout ce qui n'émane pas de lui, se joindra à l'entêtement de l'habitude, & fort de quelques bonnes intentions, on se hasardera peut être à passer par-dessus toutes les considérations que nous venons de présenter, pour mettre l'*espionage* en activité dans les momens de paix publique; mais cette atteinte, portée à la liberté individuelle, aux loix, à la décence publique, n'en sera pas moins un juste motif de réclamation contre le magistrat qui en feroit usage, & une raison suffisante pour lui retirer la confiance & la soumission qu'on doit à toute autorité légitime.

ETAL, s. m. Lieu où l'on permet, suivant les réglemens de police, d'étaler & vendre de la viande de boucherie.

Avant de rapporter les réglemens positifs sur les *étaux*, & qui, quoiqu'en partie tombés en désuétude par le fait, sont encore observés à quelques égards; nous dirons quelque chose de l'utilité des précautions prises par la police pour soumettre le débit de la viande à des formes particulières & à des conditions déterminées.

Tout individu peut user, comme il l'entend, de sa personne & de sa propriété; mais cet usage doit toujours être circonscrit & borné par l'intérêt général, ensorte que dès qu'il peut attaquer l'utilité, la commodité publique, l'on a droit de s'y opposer, & de faire céder ainsi l'avantage particulier à celui de la société qui doit marcher avant toutes considérations individuelles.

Ainsi, quoique un tanneur, un amidonier fussent plus utilement placés, pour leur commerce, au centre d'une ville, que hors des barrières ou dans les fauxbourgs, il n'en seroit pas moins vrai qu'on pourroit les en éloigner, parce que la commodité publique en seroit troublée, & que l'établissement de leurs atteliers pourroit être très-préjudiciable à la santé des citoyens.

Par la même raison, l'odeur des viandes, les vapeurs qu'elles répandent dans les chaleurs, l'aspect que présente l'*étalage* des cadavres des animaux, sont des motifs suffisans pour la police d'avoir déterminé les lieux où l'on pourra seulement vendre de la viande de boucherie; & c'est ce qu'on désigne par le *droit d'étal*. Il n'y a qu'un certain nombre de maisons qui en jouissent.

Au moyen de cette précaution, les personnes, que la vue, ou l'odeur des cadavres révolte, qui en sont incommodées, les commerces, les *étaux* qui ne peuvent se former près des boucheries, savent à quoi s'en tenir, & n'ont point à craindre qu'un déménagement, un changement de domicile, viennent placer sous leurs yeux, & près d'eux des *étaux*, qui les forceroient eux-mêmes à quitter.

Ainsi, cette seule considération, que les *étaux* peuvent incommoder, déplaire au public, s'ils étoient indistinctement distribués au gré des bouchers, joint à ce que leur fixation près des marchés, & dans certaines places, facilite aux petits marchands de légumes & menues denrées de se mettre auprès, sans gêner la voie publique, ni embarrasser les rues, sont des raisons suffisantes pour justifier & légitimer les réglemens sur les *étaux*, & en fixer le droit & le nombre d'après les besoins reconnus, & la commodité de la ville.

En conséquence de ces principes, nous regardons comme utiles à conserver en partie les réglemens que nous allons rapporter, en attendant que l'assemblée nationale se soit spécialement occupée de cet objet; & quoique nous ne parlions que de Paris en particulier, ce que nous avons dit, & ce que nous allons dire, peut trouver son application dans toute autre grande ville.

Il existe de grandes boucheries, telles que celle près du grand-châtelet; des boucheries couvertes ou fermées, comme celle du marché-neuf; enfin, des boucheries particulières & isolées, telles que celles qui sont attachées à certaines maisons à Paris.

De toutes ces boucheries, il n'en est aucune qui n'ait été établie en vertu d'une autorisation particulière, d'après le principe que nous venons d'établir, que le droit de police sur les boucheries, » emporte celui d'en permettre l'établissement » dans les lieux convenables ».

Voici le détail des formes qui sont gardées, lorsqu'il s'agit de faire de tels établissemens :

1°. On expose au gouvernement l'utilité qu'il y auroit d'ouvrir un ou plusieurs *étaux* à boucherie, dans tel marché, dans telle place, ou dans telle maison particulière; & il est supplié d'en donner la permission.

2°. Avant de l'accorder, il enjoint aux magistrats civils & de police de s'informer de la commodité ou incommodité de l'établissement.

3°. Il les charge de se transporter sur les lieux, accompagnés de l'officier chargé du ministère public, à l'effet de les visiter & de constater s'ils sont propres à cette destination.

4°. Ces magistrats sont aussi tenus d'entendre un certain nombre de notables habitans, & de rapporter leur consentement positif à l'établissement.

5°. Le gouvernement exige encore que ces mêmes magistrats donnent leurs avis personnels à ce sujet.

6°. Enfin ce n'est que lorsque l'information, la visite de l'état des lieux, le consentement des voisins & notables, & l'avis des magistrats s'accordent pour assurer & confirmer l'utilité de l'établissement, qu'on permet de le former, & qu'on donne des lettres-patentes en conséquence.

Voici d'autres règles que l'on suit encore à cet égard.

1°. Lorsque plusieurs *étaux* sont réunis dans la même enceinte & sous le même toît, il ne peut être permis d'en ajouter ou d'en supprimer un seul sans le concours de la même autorité qui les a établis.

2°. Lorsqu'il est question d'un seul *étal* fixé dans tel lieu, attaché à telle maison, circonscrit dans telle rue ou dans tel quartier, on ne peut ni lui donner une situation différente, ni le détacher de cette maison, ni le porter au-delà de la circonscription dans laquelle il est renfermé.

3°. La maison, dans laquelle il y a un *étal* établi, est-elle disposée, de toute ancienneté, pour le commerce de boucherie ? A-t-elle échaudoir, fondoir, bouverie, &c. ? Alors, le propriétaire de cette maison destinée & consacrée spécialement à l'utilité publique, ne peut en céder l'occupation qu'à un marchand boucher.

4°. Le propriétaire ne peut traiter de son *étal* & de sa maison d'aucune manière que ce soit, personnellement & isolément. Les réglemens exigent qu'il soit fait, chaque année, le mardi de la quatrième semaine du Carême, une adjudication générale, pardevant les juges de police, de tous les *étaux* de boucherie, ainsi que des maisons auxquelles ils sont attachés.

5°. L'augmentation du prix de ce bail véritablement judiciaire, n'est pas même en la disposition du propriétaire; ce prix ayant été fixé une première fois entre le boucher & le propriétaire, il ne peut plus être augmenté, & il continue d'être réglé toujours sur le même pied, tant qu'il plaît au boucher d'occuper la maison, & d'exploiter l'*étal*.

6°. Enfin il n'est pas au pouvoir du propriétaire de changer chaque année de locataire, ou plutôt d'adjudicataire. Les réglemens veulent que le boucher soit admis à demander la continuation de sa jouissance d'année en année, tant qu'il paie exactement; sa veuve, après lui, a le même droit. Il n'y a que le défaut de paiement, qui puisse autoriser le propriétaire à publier son *étal*, & maison à bailler, c'est-à-dire, à adjuger à un autre boucher.

Les statuts des bouchers de 1782, portent encore différens réglemens de police relatifs aux *étaux*, qu'il est utile de connoître, & peut être bon de conserver, si l'on en excepte l'article XIII, qui défend à un boucher d'avoir plus de trois *étaux* à Paris; & à un fils de maître plus d'un dans la boucherie où son père en aura déjà un. Voilà un vrai prohibitif qui ne tient ni à la commodité, ni à l'utilité publique, & qu'on peut proscrire, je crois, sans inconvénient.

XIV. Les maîtres seront tenus de garnir suffisamment de viande les *étaux* qui leur auront été adjugés, les jours où ils doivent être ouverts, & notamment la veille de Pâques, sous peine de fermeture desdits *étaux* jusqu'au carême suivant; & en cas d'ouverture desdits *étaux*, nonobstant la disposition ci-dessus, les marchandises qui garniront lesdits *étaux* seront confisqués, & le contrevenant condamné en 50 livres de dommages-intérêts au profit de la communauté, & en 50 livres d'amende.

XV. Les *étaux* seront fermés tous les dimanches & fêtes annuelles ou solemnelles de l'année, à l'exception néanmoins & en considération des grandes chaleurs, à commencer du premier dimanche après la Trinité inclusivement jusqu'à la fête de Notre-Dame de septembre, exclusivement; en conséquence, défenses sont faites à tous bouchers de vendre aucune viande les jours de dimanches & fêtes prohibés, & notamment les fêtes des Rois, de la Chandeleur, de l'Annonciation, du Saint-Sacrement, de l'Assomption, de la Nativité, de la Toussaint, de la Conception & de Noël, à peine de saisie & confiscation des viandes exposées en contravention, & de 300 livres d'amende, dont moitié au profit de la communauté.

XVIII. Tous les *étaux* seront fermés les jours ordinaires de l'année dès six heures du soir, & les samedis & les veilles de grandes fêtes à dix heures du soir seulement, & ce, sous peine de 30 liv. d'amende.

Nous croyons devoir joindre ici l'article des mêmes statuts qui concernent les garçons étaliers. Il est sûr que portant sur des actions individuelles & privées, il sembleroit ne devoir point être du ressort de la police; mais l'on a remarqué qu'à défaut d'une sorte de contrainte & de gêne dans la discipline des ouvriers & garçons de fatigue, il résulte quelquefois des abus, des petits désordres qui réagissent ensuite sur l'ordre public. Au reste voici l'article du statut tel qu'il existe.

L'article L porte, que les réglemens concernant la police des étaliers & garçons bouchers, & notamment la sentence de police du 10 octobre 1777, seront exécutés; en conséquence aucun maître ne pourra prendre à son service un étalier ou garçon boucher sortant de chez un autre maître, qu'il n'y ait parachevé son année de service, qui commencera à Pâques & finira au carême-prenant suivant, & qu'il ne justifie d'un congé par écrit du maître d'où il sera sorti; auquel cas ledit étalier ou garçon sera tenu de passer les ponts, & d'y demeurer une année, sans pouvoir revenir dans le quartier d'où il sera sorti, qu'après l'expiration de ladite année, quand même ce seroit pour s'y établir en qualité de maître, à moins que ce ne soit pour y prendre l'établissement d'une veuve ou fille de maître qu'il auroit épousée; le tout sous les peines portées par lesdits réglemens. *Voyez* BOUCHER.

ÉTALAGE, s. m. Ce qu'on met au dehors d'une boutique, ou dans la rue pour faire remarquer aux passans les objets que l'on vend, ou que l'on fabrique dans cet endroit.

C'est un des objets & des soins de la police, d'empêcher les embarras que les *étalages* pourroient produire, & sur cela il existe quelques réglemens pour Paris, dont nous allons faire connoître l'essentiel à nos lecteurs.

Avant le seizième siècle, il étoit défendu aux marchands, de faire aucun *étalage* dans les rues; ils étoient obligés de les renfermer dans leurs boutiques; mais depuis cette époque, la discipline concernant l'*étalage* a varié. Plusieurs défenses ont été portées sur différentes sortes d'*étalage*.

Un arrêt du 15 juin 1554, défendit tous les *étalages* qui empêchoient la liberté du passage, sous peine de cent sols parisis d'amende.

Le 22 septembre 1700, le prévôt de Paris rendit une ordonnance qui fait défense à tous revendeurs, regrattiers, fruitiers-orangers, poissonniers, & autres gens de ce genre, de revendre & d'étaler dans les rues publiques aucunes marchandises & denrées, & de les vendre dans d'autres places & lieux que ceux qui leur auront été donnés & baillés par le voyer ou son commis, à peine de confiscation de leurs marchandises & denrées, & de prison; néanmoins, pour la commodité du public, & pour donner moyens aux regrattiers susdits de vivre, pourront iceux regratiers prendre boutique & maisons particulières de ladite ville & fauxbourgs, & en icelles vendre leurs fruits & denrées, ou de porter panier-à-col par les rues, allans & venans sans que pour ce ils se puissent placer ou étaler sur lesdites rues & voies ».

Une autre défense a aussi été faite à tous artisans & gens de métier, comme petits merciers, ferrailleurs & vendeurs d'aiguillettes, épingles, faisant aiguilles, savetiers, revendeurs, racoustreurs de bas d'estame & autres de basse condition, de placer leurs établis, selles ou billots dans lesdites rues & voies, contre & audevant des maisons particulières, ou autrement, sans le gré & consentement des propriétaires ou locataires, & même sans la permission du voyer ou de son commis, à peine de confiscation desdits étaux, marchandises, denrées y étant, & d'amende arbitraire ».

Une ordonnance de police du 6 septembre 1716, porte, « qu'il ne sera mis aucun *étalage* sur les auvens, ni qui les débordent, soit au bord ou au-dessus d'iceux, & qu'ils n'excéderont point la largeur des boutiques, de manière que les allées & les portes bourgeoises étant entre les boutiques, ne soient chargées d'aucuns *étalages* au-dessus, ni aux côtés d'icelles. »

Une autre ordonnance du bureau des finances du 23 juin 1752, porte « défenses à tous particuliers, de quelque rang & condition qu'ils soient, d'exposer ou étaler dans les rues, chemins, places, passages, quais & ponts, aucune chose qui puisse embarrasser ou gêner la voie publique; en conséquence, fait défenses, à peine de confiscation, vingt livres d'amende, & en cas de récidive, cinquante livres, aux charrons, sculpteurs, & marchands de bois, de laisser séjourner au-devant de leurs maisons, aucuns trains, roues, solives, blocs de marbres, pierres & autres outils & ustensiles de leur profession, pour quelque cause que ce soit, & de les y faire travailler; aux vitriers, de laver leurs chassis dans les rues, les y exposer, & de former des établis pour y travailler; aux menuisiers & layetiers, d'y scier leurs bois sur traitaux ou autrement, d'y exposer aucuns ouvrages faits, ni outils pour les y travailler; aux serruriers, enbatteurs de roues & autres, de travailler dans les rues, & d'y exposer étaux & autres ustensiles & matériaux, roues ni autres choses, & de faire aucuns trous dans le pavé; aux marchands épiciers, vinaigriers, marchands de vins, cabaretiers & tonneliers, d'y laisser séjourner leurs tonneaux & emballages; à toutes fruitières, harengères, regrattières, revendeuses, petits marchands, & autres personnes de telle espèce, d'étaler sur les quais, ponts, dans les rues, places & voies publiques, aucunes marchandises, paniers & autres choses ».

Il a été encore défendu par une autre ordonnance des trésoriers de France du 27 février 1707, à tous particuliers d'étaler aucunes marchandises de quelque espèce que ce soit, sur les quais & ponts de la ville, à peine de confiscation des marchandises & d'amende.

Enfin une ordonnance de police du 31 juillet 1779, « défend à tous marchands & artisans d'étaler & de vendre aucunes marchandises sur les remparts, dans les rues & places publiques de cette ville, si ce n'est dans le cas porté en l'article XXXIV de l'édit du mois d'août 1776; aux fruitières, regratières, jardiniers & habitans de la campagne, d'établir aucunes boutiques, ni *étalages* dans les rues, places & sur les remparts; leur enjoint de se retirer dans les halles & marchés; pour y faire leur commerce, s'ils n'aiment mieux débiter leurs fruits, légumes, & herbages en parcourant les rues, sans s'arrêter en place fixe, & défend à tous propriétaires & locataires de maisons, de les laisser étaler devant leurs portes ». *Voyez* ART.

Aujourd'hui deux sortes d'*étalages* sont tolérés; savoir: ceux dans les halles, foires & marchés, & ceux qui, n'ayant qu'une saillie de huit pouces, ne servent qu'à indiquer la vente des espèces de marchandises que chaque marchand débite.

Il est important de remarquer que l'édit du mois d'août 1776, n'a pas compris dans les défenses d'étaler aucunes marchandises dans les rues, places & marchés publics, les marchandises de fruiterie, les légumes, herbages & autres menues denrées, dont l'*étalage* & le colportage ont été de tout tems permis; la prohibition d'étaler a été formellement prononcée à l'égard des matières d'or & d'argent, ainsi que des armes offensives & défensives.

L'arrêt du parlement du 11 mai 1735, fixe les droits des commissaires de la voierie. L'article XVI du tarif annexé à cet arrêt, porte : » Pour toutes sortes d'*étalages*, soit en cages ou montres d'épiciers, apothicaires, boulangers & autres, de quelque nature qu'ils soient, ou pour quelque marchand ou artisan que ce puisse être, soit qu'ils demeurent fixes, ou se retirent la nuit, y compris les bancs, tapis, tringles, ensemble tout ce qui peut servir à soutenir, suspendre, attacher, conserver lesdits *étalages*, comme ratelîers, perches, barres de fer; le tout de quelque nombre & différentes sortes de marchandises que soient composés lesdits *étalages*; le tout pareillement posé à la même maison, ayant face sur une ou plusieurs rues, & pour le même marchand ou artisan, dans la même année du jour & date de la permission, un droit de 4 livres. *Voyez* VOIERIE, RUE.

ÉVENTAILLISTE, s. m. C'est celui qui fait & vend des éventails.

L'*éventail* est une peau très-mince, ou un morceau de papier, de taffetas ou d'autre étoffe légère taillée en demi-cercle, & montée sur plusieurs petits bâtons ou branches de diverses matières, comme de bois, d'ivoire, d'écaille, de baleine & de roseau. En Orient, on se sert de grands *éventails* de plumes pour se garantir du chaud & des mouches.

En Italie & en Espagne, il y a des *éventails* carrés, suspendus au milieu des appartemens, particulièrement au-dessus des tables à manger, qui, par le mouvement qu'on leur donne, & qu'ils conservent long-tems, à cause de leur suspension perpendiculaire, raffraîchissent l'air en chassant les mouches.

En France, les femmes font usage des *éventails* aussi-bien en hiver qu'en été, pour leur servir de contenance, ou pour les garantir de la chaleur des spectacles, des lieux d'assemblées & des appartemens.

Il s'en fait une telle consommation, que la fabrique & le commerce des *éventails* occupent une grande quantité d'ouvriers qui se sont partagés les différentes opérations de leur art. Les uns ne font que des bois d'*éventails*, les autres les peignent & les dorent; d'autres ne font que peindre les feuilles; d'autres préparent les papiers; d'autres les emploient & les collent.

Il y en a aussi qui ne font que le commerce d'*éventails*, sans y travailler. Enfin, les *évantaillistes* forment une communauté; & c'est sous ce rapport avec la police, qu'il nous reste à les considérer.

La communauté des maîtres *éventaillistes* n'est pas fort ancienne; leurs statuts sont postérieurs à la déclaration de 1673, par laquelle Louis XIV érigea plusieurs nouvelles communautés dans Paris.

Anciennement les doreurs sur cuir eurent des contestations avec les marchands-merciers & les peintres, pour la peinture, monture, fabrique & vente des *éventails*. Il leur fut fait défenses, en 1674, de prendre d'autre qualité que celle de doreurs sur cuir, & de troubler les merciers dans la possession où ils étoient de faire peindre & dorer les *éventails* par les peintres & doreurs, & de les faire monter par qui ils voudroient. Peu après cet arrêt, la nouvelle communauté des *éventaillistes* fut érigée, & reçut ses réglemens en 1676, suivant lesquels il est arrêté que la communauté sera régie par quatre jurés, dont deux seront renouvellés tous les ans au mois de septembre, dans une assemblée à laquelle tous les maîtres peuvent assister sans distinction.

On ne pouvoit être reçu maître, sans avoir fait quatre ans d'apprentissage, & avoir fait le chef-d'œuvre; néanmoins les fils de maîtres sont dispensés du chef-d'œuvre, ainsi que les compagnons qui épousent des veuves ou des filles de maîtres.

Les veuves jouissoient des privilèges de leur défunt mari, cependant elles ne pouvoient pas prendre de nouveaux apprentifs.

Par l'édit du 11 août 1776, les *éventaillistes* sont réunis avec les tablettiers & luthiers, pour ne faire ensemble qu'une même communauté; cet édit leur attribue la peinture & le vernis relatifs à leur profession, en concurrence avec le peintre-sculpteur: les droits de réception sont fixés à 500 liv. *Voyez* ART.

EXÉCUTEUR, s. m. Celui qui met à exécution quelque projet, sentence ou jugement. On donne ce nom à l'exécuteur des jugemens criminels, & on l'appelle *exécuteur* de la haute-justice.

Il est difficile d'expliquer la contradiction qui règne entre les fonctions utiles de l'*exécuteur* de la haute-justice, fonctions sans lesquelles les loix ne seroient qu'un vain nom, & le préjugé, la flétrissure, qui proscrit celui qui en est chargé.

Je conçois que la terreur qu'inspire l'exécution d'un jugement à mort, la cruauté, la dureté qu'elle suppose dans l'ame de celui qui s'y dévoue, produit un sentiment d'horreur pour sa personne, dont il est difficile de se garantir. Cependant cet homme n'est que l'agent passif de la loi; & si quelqu'un pouvoit être blâmé, ce seroit le juge qui prononce la sentence, & non celui qui l'exécute.

Il est sûr que, si les jugemens n'eussent jamais infligé la peine de mort, sur-tout de l'espèce de la roue, de la potence, du feu, &c.; jamais non plus le ministère d'un homme n'eût été employé au criminel usage de la question; qu'un *exécuteur* n'eût jamais eu que des douleurs d'opinion, des flétrissures publiques à effectuer; sa personne n'eût pas inspiré la même horreur; & un bourreau eût été, comme un huissier, un peu méprisé, mais jamais proscrit par les loix mêmes qui refusent son témoignage, & le repoussent de toutes les fonctions de citoyen & d'homme libre.

Ce préjugé affreux, fondé sur la juste horreur qu'inspire l'effusion du sang, & l'excès des peines que notre jurisprudence criminelle a très-religieusement conservées jusqu'aujourd'hui; ce préjugé tombera nécessairement avec la suppression de la peine de mort, & sa permutation en une détension plus ou moins longue, & en un assujettissement à des travaux pénibles & captivans.

L'on a cherché au reste à ôter au moins la flétrissure du nom de l'*exécuteur* de la haute-justice: un arrêt du conseil, du 12 janvier 1787, porte qu'attendu qu'il arrive souvent que les *exécuteurs* des jugemens rendus en matière criminelle sont, par erreur, désignés sous le nom de bourreaux, sa majesté fait très-expresses défenses de les désigner sous la dénomination de bourreaux.

Mais cette volonté n'a rien fait contre l'opinion générale; & depuis quelque tems, M. Sanson, *exécuteur* des jugemens criminels à Paris, ayant voulu réclamer contre l'usage que quelqu'un avoit fait du mot *bourreau*, le public ne lui a pas donné raison: ce nom odieux est aujourd'hui, comme autrefois, une flétrissure pour celui qui le porte, & le sera tant qu'il désignera un homme qui en étrangle ou en roue publiquement un autre. Ceci n'est plus fondé sur l'opinion, il l'est sur la force impérieuse de l'instinct qui abhorre tout meurtrier qui ne l'est point à son corps défendant; ce qui prouve en même-tems que la peine de mort est contre nature, & passe les pouvoirs de la société.

F.

FACTION, s. f. Combinaison de force & de moyens pour exécuter un dessein, en troublant l'ordre & la paix publique.

Différentes causes donnent lieu aux *factions* dans un état; & il est de la prudence, de la sagesse, de l'intérêt d'un gouvernement libre & puissant; de les connoître & d'en diminuer l'influence & l'activité. C'est à les pénétrer, à les distinguer, que nous allons consacrer cet article, un des plus utiles de notre travail, & des plus indispensables à traiter avec quelque étendue.

Tous les hommes naissent à-peu-près avec les mêmes penchans, & leur détermination pour le vice ou la vertu dépend des tentations auxquelles leur rang les expose. On peut donc dire que les *factions* se forment le plus ordinairement dans les classes élevées.

La richesse & le pouvoir attirent des partisans, donnent de l'influence sur beaucoup de monde, rendent irritables & susceptibles d'ambition les personnes qui en jouissent. La flatterie, qui entoure la puissance, fait naître l'orgueil, & l'orgueil diminue la crainte, détruit la honte & le remords.

Les loix qui enchaînent le peuple sont souvent de trop foibles liens pour les grands. Le loisir, lorsqu'il n'est point employé à de généreuses occupations, dégénère en oisiveté, toujours prête à se porter à tout ce qui peut mettre en mouvement, & occuper l'homme qui s'en trouve accablé.

L'on peut ajouter que la religion, qui est souvent un motif de circonspection, d'égards, d'honneur & de conduite pour le peuple, ne l'est jamais pour les grands; qu'au contraire elle sert souvent leur ambition, & couvre leurs desseins factieux & leurs projets destructeurs.

Le peuple s'arme pour sa défense; les grands pour l'asservir, ou déjouer des concurrens de pouvoir & de domination: l'idée qu'ils se sont faite, que les places lucratives sont leur patrimoine, que les dignités publiques leur appartiennent exclusivement, les enhardit & soutient en eux le desir & le moyen des *factions*.

Ils trouvent à cet égard un grand & aveugle instrument dans la bassesse & l'ignorance de la populace. Par un rapprochement singulier, elle se trouve dans l'extrême opposé, réunir les qualités nécessaires pour encourager & seconder les factieux. Comme les grands cachent leurs désordres & leurs desseins par l'appareil qui les entoure, la dernière classe de la société se soustrait à l'œil public, par la bassesse & la nullité de son existence; elle est, comme eux, sans principes & sans conscience d'honneur & d'amour de la patrie.

Ces désordres de mœurs, ces dangers politiques, ne se rencontrent pas dans les bourgeois, les propriétaires, les fermiers, les marchands, les négocians, les artistes honnêtes; ils tiennent dans la société un état mitoyen, qui les préserve des écarts de la cupidité, des desirs & de l'activité des factieux; ils tiennent leur bonheur de l'ordre public; ils n'ont point assez pour tenter des moyens de succès criminels & dangereux; ils ont trop pour bouleverser l'état, au risque de périr de misère & de pauvreté. Les grands & la populace, par un état opposé, n'ont rien de ces deux choses à redouter; les uns ont trop, pour se trouver sans ressource; la populace, qui n'a rien, ne peut que gagner ou espérer de gagner aux troubles qui accompagnent toujours les *factions*.

D'après ces principes, on peut se guider dans la manière de prévenir ou dérouter les *factions*. Plus les grands auront d'influence, & la populace d'audace, de misère, d'ignorance, plus elles seront faciles, & l'on calculera l'effet contraire par l'ascendant que prend sur les autres la classe honnête, sage & éclairée de la société; & à mesure qu'on verra cette dernière se rapprocher plus ou moins de l'une des deux premières, on doit s'attendre à des *factions*, qu'on doit bien distinguer d'une révolution, d'une insurrection de tous contre l'oppression, puisque celle-ci conduit au rétablissement de l'ordre, & que l'autre n'a pour objet que la domination de quelques ambitieux.

Nous pourrons donc, en ne perdant point de vue ces idées générales, déterminer dans un état libre:

1°. Les moyens les plus propres à découvrir les *factions*.

2°. Les caractères distinctifs de l'esprit de liberté.

3°. Les caractères distinctifs de l'esprit de *faction*.

4°. Les moyens propres à arrêter les progrès des *factions*.

1°. *Des moyens les plus propres à découvrir les* factions.

Quand une *faction* s'est formée, parce que ses

auteurs ont des principes faux, on peut facilement la découvrir ; elle ne suppose pas une dépravation morale, mais seulement une erreur de l'esprit. Celui qui est dans cette erreur, ne la cache pas ; il la publie hautement, parce qu'il croit que c'est une vérité.

Mais lorsqu'une *faction* s'est formée, parce que ses chefs n'ont point de principes, il n'est pas aussi facile de la découvrir ; elle a pour cause une dépravation de mœurs, qui se tient sur ses gardes, & qui, pour en venir à son but, prend le masque de la liberté.

Les clameurs des factieux ont ordinairement pour objet la conduite du gouvernement. Dans un pays où la liberté est la première des propriétés nationales, le prétexte le plus ordinaire, pour former un parti, est d'accuser ceux qui sont chargés du pouvoir exécutif de viser au despotisme.

Il y a souvent, dans l'administration d'un grand état, des opérations dont l'utilité paroît douteuse. C'est un vaste champ ouvert aux contestations politiques. Les bons citoyens diffèrent quelquefois de sentiment sur ces opérations ; aussi, les chefs de parti s'attachent-ils à les critiquer, parce qu'elles leur présentent un moyen sûr de semer la dissension, sans paroître ennemis de la liberté.

Il est difficile alors de décider par la nature seule des opinions de chaque citoyen, quels sont les amis de la liberté, quels sont les moteurs des *factions*, puisqu'il peut y avoir différentes opinions, même entre les bons citoyens.

Mais on peut se déterminer par la conduite des différens partis. Ceux qui aiment la liberté, sont honnêtes, justes & discrets dans le choix des moyens qu'ils emploient pour réussir ; ceux qui sont agités par l'esprit de parti, doivent être injustes, malhonnêtes & fougueux.

Tâchons d'établir les différences caractéristiques qui peuvent faire distinguer ceux qui sont animés par l'amour de la liberté d'avec les factieux.

2°. *Des caractères distinctifs de l'esprit de liberté.*

Les caractères auxquels on reconnoît ceux qui sont animés de l'esprit de liberté, lors même qu'ils diffèrent entr'eux, sont si frappans, que chacun de ces caractères, pris à part, pourroit être décisif. Mais, pour ne point se tromper, il faut observer s'il s'en trouve plusieurs réunis ; car alors ils doivent opérer une pleine conviction par le secours qu'ils se donnent mutuellement.

1°. Celui qui sera animé de l'esprit de liberté, fera tous ses efforts pour conserver une juste balance entre le pouvoir législatif & le pouvoir exécutif. Il agira, d'après ce principe, que la distinction de ces deux pouvoirs est la sauve-garde de la liberté.

2°. Il tâchera d'arriver à son but, sans égard à des intérêts particuliers auxquels il préférera toujours le bien public.

3°. Il sera ferme & conséquent dans ses discours & dans ses actions, parce qu'il est impossible d'opérer le bien public, sans des principes clairs & une conduite irréprochable.

4°. Il ne cherchera point à aigrir contre le gouvernement une populace qui, sous tous les rapports, est incapable de juger ses opérations.

5°. Ses discussions, soit de vive-voix, soit par écrit, ne contiendront jamais d'imputations injurieuses contre ceux qui seront d'un avis opposé. La vérité & l'ordre public étant son unique but, il reconnoîtra que d'autres ont le droit d'approuver, comme il a celui de désapprouver les opérations du gouvernement.

6°. Il ne cherchera point à déprimer ou à décrier ses adversaires, parce que la calomnie contre les individus est bien plus dangereuse, bien plus nuisible que celle qu'on se permet contre un corps ; & qu'elle est absolument inutile à la défense de la cause qu'on a embrassée.

3°. *Premier caractère de l'esprit de* faction.

Quoique les factieux aient soin, comme nous l'avons déjà dit, de paroître bons citoyens, & de se montrer parmi les défenseurs de la liberté, il sera facile de les reconnoître aux caractères suivans, qui sont absolument opposés à ceux de l'esprit de liberté.

Les chefs de *faction*, qui sont ordinairement dans les premiers ordres de l'état, tendent toujours à établir l'aristocratie, & à sacrifier le prince & le peuple à leur ambition & à leur avarice.

S'il existoit une classe de citoyens qui, ayant été très-puissans autrefois, en eussent abusé pour gêner, pour accabler l'autorité royale ; qui, en menaçant le prince d'une défection totale, l'eussent forcé à suivre leurs volontés, qui eussent usurpé par ce moyen les droits de la couronne, & qui les eussent fait servir à soutenir leur crédit & leur autorité, plutôt qu'à opérer le bonheur public.

Si cette classe de citoyens sacrifioit les intérêts du peuple, ou si elle rendoit ses droits nuls, par des combinaisons aristocratiques ; si les représentans du peuple, au lieu d'être libres, n'étoient que de simples députés dévoués à des chefs dont ils exprimeroient les sentimens.

Si cette classe de citoyens attaquoit les prérogatives de la couronne, quoique le vœu général les eût conférées au monarque pour la sûreté publique.

Si cette classe cherchoit à porter les droits du peuple au-delà des bornes que la constitution leur prescrit, & que, pour y réussir, elle abusât de son ascendant sur le grand nombre de personnes qui sont dans sa dépendance, cette classe seroit animée par l'esprit de faction.

4°. *Second caractère de l'esprit de* faction.

Les chefs de *faction* attaquent les agens du gouvernement, lorsqu'ils ne peuvent attaquer ses opérations.

Il faut donc regarder comme animés de l'esprit de *faction* des citoyens qui, lorsqu'ils avoient le pouvoir en main se sont mutuellement soutenus dans toutes les discussions politiques, & qui ont traité comme traîtres à la patrie tous ceux qui ont embrassé, sur le plus léger article, une opinion différente de la leur.

Et si, après une révolution heureuse dans le systême du gouvernement, un monarque généreux eût essayé de réunir les honnêtes gens de tous les partis, & les eût invités de concourir avec lui au bien public ; si quelques-uns d'eux l'eussent menacé de séparer leurs intérêts des siens, & qu'en les prenant au mot, il les eût privés du pouvoir qu'ils avoient usurpé ; si, sur cela, les clameurs d'une populace qui leur étoit dévouée, eût forcé le souverain à leur faire des propositions, à l'acceptation desquelles ils eussent mis des conditions déraisonnables, exorbitantes, oppressives ; qu'ils eussent exigé, par exemple, le rétablissement de tous les mécontens, & la destitution de tous ceux qui étoient en place, quoique leur intelligence & leur fidélité fussent universellement reconnues, ne faudroit-il pas avouer que de tels citoyens ont été des factieux ?

5°. *Troisième caractère de l'esprit de* faction.

Ceux qui sont dirigés par un esprit de *faction* sont inconséquens, & se trouvent souvent en contradiction avec eux-mêmes, non-seulement dans des cas différens, mais dans des hypothèses absolument semblables.

Supposons qu'un officier de l'état obtienne l'exercice de quelque privilège ; qu'il en jouisse paisiblement, & que son successeur l'obtienne également : s'il se forme une cabale contre lui, à raison de ce privilège, n'est-il pas clair que ceux qui approuvent & désapprouvent ainsi tour-à-tour la même chose, sont des inconséquens ? Et cette contradiction ne suffit-elle pas pour faire voir qu'ils sont dirigés par l'esprit de parti, même sans examiner si le privilège a été justement ou injustement accordé (1) ?

Supposons encore que le gouvernement use, pour diriger les esprits dans toutes les classes possibles, d'un moyen qui auroit été employé par des citoyens chargés autrefois de l'administration, & que ceux-ci représentent ce moyen comme un instrument de despotisme, lors même qu'ils s'en servent encore à l'égard de leurs partisans, peut-on nier qu'ils ne soient dirigés par l'esprit de *faction*.

6°. *Quatrième caractère de l'esprit de* faction.

Les chefs de *faction* aigrissent & échauffent la populace contre ses chefs légitimes.

Une populace aveugle & sans frein, telle qu'est sur-tout celle de la capitale, a toujours été l'instrument dont se sont servis, avec succès, ceux qui, dans les grandes discussions politiques, n'ont vu d'autre moyen de l'emporter, qu'une sédition.

Cet instrument seroit terrible, si les factieux pouvoient confondre le peuple du royaume, qui est, comme nous l'avons dit, éclairé & réglé dans ses mœurs, avec la populace des villes, qui est débauchée & sans principes ; s'ils pouvoient réussir à faire passer les clameurs de la populace pour la voix du peuple.

Les fureurs d'une populace, à qui l'on fait inspirer un peu de vanité, se montrent sous toutes sortes de formes.

Un libelle est-il légalement condamné au feu comme séditieux ; elle va l'enlever de dessus le bûcher, & ceux qui l'ont porté à cet acte de démence, publient que l'écrit a été conservé *par les mains du peuple*.

Quelque factieux se permet-il de fronder en public les opérations du gouvernement, & harangue-t-il la populace ? Elle le regarde comme un bon patriote ou un héros ; & il a l'effronterie de se faire appeller l'*ami du peuple*.

Si quelque personnage distingué se fait l'apologiste du gouvernement, on le peint à la populace

(1) Ceci mérite quelques distinctions. La première est que, lorsque l'exercice de ce privilège a été accordé, rien ne s'oppolât aux réclamations, comme le pouvoir excessif de celui qui l'avoit obtenu, l'absence de ceux qui auroient pu réclamer, &c. La seconde, qu'il n'y ait point eu de changement dans l'ordre des choses ; en sorte que ce qui étoit utile, le soit encore, ou même ne soit pas devenu dangereux. Il faut user sobrement d'un principe qui tend à rendre impossible la réformation des abus.

comme l'ennemi de la patrie, & l'on publie ensuite qu'il est l'*exécration du peuple.*

Tout acte de législation qui contrarie les passions de la multitude, ou les intérêts de ses chefs, devient l'objet d'une diffamation. Elle crie qu'il est arbitraire & désastreux ; & ceux qui sont à la tête de la *faction*, disent audacieusement que cet acte est rejetté *par la voix du peuple.*

Si l'on inséroit, dans les papiers publics qui circulent de la capitale dans les provinces, tout ce que les passions, les intérêts ou les animosités particulières peuvent suggérer, ils deviendroient des répertoires de calomnie; comme le méchant est toujours plus prompt à accuser, que l'innocent à se défendre, les calomnies pourroient souvent influer sur l'opinion publique, & ceux qui en auroient été les auteurs, diroient qu'elles sont l'expression *des sentimens du peuple.*

Ainsi, quand la licence favorise l'accroissement d'une *faction*, elle devient un colosse monstrueux dont les grands, sans principes, forment la tête, & la populace, sans frein, le corps & les membres.

7°. *Cinquième caractère de l'esprit de* faction.

Les fauteurs des *factions* répandent, sans ménagement & sans distinction, des bruits injurieux contre ceux qui ne sont pas dans leur parti.

Quand on a semé, parmi la populace, la sédition & la révolte, les chefs des factieux n'oublient pas de répandre sur leurs adversaires les traits envenimés de la calomnie.

S'ils ont autrefois soutenu quelque faux principe qui, depuis, soit ou tombé dans l'oubli, ou généralement regardé comme ridicule, les factieux cherchent à le faire revivre; ils en font un phantôme effrayant pour la populace, & même pour le peuple. Cette manœuvre est peut-être le signe auquel il est le plus facile de reconnoître l'esprit de *faction.*

Chercher à faire renaître des animosités que le tems a détruites ; semer la division entre les sujets d'un souverain, quand le bien public exige qu'ils soient réunis ; décrier sans ménagement des personnes, à qui leur naissance semble promettre la confiance publique, des emplois, des dignités : telle est encore la marche des chefs de *faction.*

8°. *Sixième caractère de l'esprit de* faction.

Les factieux cherchent à déprimer, par toutes sortes de calomnies, les chefs du parti opposé.

Un ancien écrivain a judicieusement observé qu'*il y a guerre éternelle entre les bons & les méchans.* Cependant la manière dont ils en usent, à l'égard les uns des autres, est fort différente.

L'honnête-homme n'attaque jamais volontairement la réputation d'autrui; le méchant, au contraire, fait ses délices de la détruire. Des imputations équivoques, des impostures hardies, des accusations de crimes secrets & imaginaires, telles sont les armes ordinaires des diffamateurs adroits.

Quel vaste champ pour des chefs de *factions* qui ne peuvent jamais être en bute à la calomnie.

Si l'on imputoit à un roi, dont toute la vie pourroit être proposée à ses sujets comme un exemple de probité, des choses qu'un homme d'honneur ne doit pas se permettre; si l'on disoit qu'il est ignorant, parce qu'il n'a pas exactement interprété une loi, sur le sens de laquelle les plus habiles gens du royaume seroient fort embarrassés;

Si les vertus, l'affabilité d'une reine, ne pouvoient la mettre à l'abri des discours injurieux de gens qu'elle n'auroit jamais offensés ;

Si une partie de la famille royale étoit bassement outragée par des calomnies grossières, inventées pour la rendre odieuse à la populace ;

Si ceux qui sont coupables de toutes les horreurs, étoient approuvés, soutenus ou protégés par un grand nombre de personnes, les hommes honnêtes ne devroient-ils pas se réunir & vouer à l'exécration de tous les siecles une troupe de factieux pour qui rien n'est sacré ?

Des moyens propres à arrêter les progrès de la licence & des factions.

1°. Après avoir expliqué à quoi l'on peut reconnoître l'esprit de *faction*, il s'agit d'examiner quels sont les moyens les plus efficaces d'en arrêter les progrès, de ramener la concorde parmi les citoyens, & d'assurer la tranquillité publique.

Il y a deux moyens de guérir une nation de cette maladie ; l'un est palliatif, l'autre est radical : il faut d'abord employer les palliatifs pour préparer l'application des spécifiques.

Le premier moyen est la fermeté inébranlable du prince. Car une *faction*, formée par des personnes du premier ordre, ne cessera de le fatiguer de ses réclamations, qu'elle ne soit venue à bout d'établir un gouvernement aristocratique, absolu: il n'y a que la fermeté du prince, qui puisse servir de digue aux efforts des factieux ; parce qu'il dispose lui seul des places lucratives qui sont toujours le but vers lequel tendent les chefs de *faction.*

Dès qu'un prince se laissera arracher quelque chose par cette voie, sa tranquillité, sa liberté, celle de son peuple, seront détruites : mais s'il montre un courage invincible, une fermeté fondée sur des intentions pures, & sur toutes les vertus d'un grand roi, les *factions* se détruiront par leurs propres efforts ; leur fureur diminuera par degrés ; il verra naître de beaux jours pour son peuple & pour lui-même.

2°. Le moyen le plus propre à seconder la fermeté du prince, doit être une résolution constante de la part du ministère, de ne point employer les secours de la vénalité & de la corruption.

Acheter l'inaction des chefs de parti, c'est affoiblir tous les ressorts politiques. En donnant les grands emplois à des hommes avides, inquiets, ignorans, on décourage tous ceux qui sont capables de les remplir d'une manière avantageuse à l'état, sans acquérir la tranquillité dont le gouvernement a besoin pour opérer le bonheur public.

Une ame vénale est insatiable ; plus on lui accorde, plus elle devient importune : si le ministère réussit à faire taire un factieux, en le comblant de biens, ses succès éveillent l'ambition de dix autres qui, en suivant son exemple, le mettent dans l'alternative, ou de leur tout accorder, ou de l'exposer aux maux qu'il avoit voulu éviter.

Il est donc de l'intérêt, de la gloire d'un ministre de ne point employer la corruption pour gagner ceux qu'il craint de trouver opposés à ses projets ; quand il sera bien connu de tout le monde, que la vertu, des mœurs pures, des principes de religion & de probité, sont les seuls moyens de réussir auprès de lui, les *factions* s'assoupiront d'elles-mêmes, ou périront de désespoir.

3°. J'ai déjà annoncé que ces moyens n'étoient que palliatifs ; il en est un, dont le succès est aussi infaillible que durable ; c'est un code sur l'éducation publique.

Nous avons vu, dans cet ouvrage, que les principes sont les seules bases de la vraie liberté ; qu'un enfant, abandonné à lui même, contracte des habitudes funestes à sa tranquillité & à celle des autres ; que les principes sont le produit d'une éducation commencée dès le berceau, & suivie avec soin, jusqu'à ce que le cœur soit formé ; que les passions déréglées ne peuvent être subjuguées que par la raison ; & que, sans une entière subordination de ces passions, il n'y avoit point de liberté.

Il est démontré qu'il importe à la tranquillité publique qu'il soit fait des réformes sur ce point essentiel. Jusqu'à ce que le gouvernement ait établi une éducation publique, il faut s'attendre à voir les *factions* renaître de tems à autre, & se reproduire avec une nouvelle fureur, au moment où on les croira détruites.

Nous avons à notre portée un grand nombre de ressources, pour mettre ce plan à exécution. Une religion pure & raisonnable, un systême de politique bien conçu, des mœurs qui ne sont pas généralement dépravées, beaucoup d'honneur, d'intégrité dans les classes mitoyennes, & plusieurs exemples de vertus domestiques dans les classes supérieures. *Voyez* ÉDUCATION.

Tant qu'il n'y aura pas quelque institution publique de ce genre, tous les discours qui seront débités en chaire ou sur les bancs, tous les écrits qu'on répandra dans le pulic, par la voie de l'impression, pourront pallier quelquefois les maux que cause l'esprit de *faction*, mais ne les détruiront jamais.

Au reste, il n'y a qu'une chose qui puisse faire valoir les moyens que je viens d'indiquer ; c'est la réunion sincère des honnêtes-gens de toutes les classes ; fondée sur une volonté constante de s'opposer, de toutes leurs forces, aux entreprises des chefs de *faction*.

Une des principales causes de la désunion qu'il y a parmi le peuple, lors même que le bien public l'emporte sur ses affections particulières, c'est sa dispersion dans les provinces. Ce qui l'empêche de se soulever, de s'assembler ; lorsque des chefs de *faction* excitent des troubles, est précisément ce qui fait qu'il ignore souvent la fausseté des prétextes, dont ils se servent pour exciter les esprits.

Les clameurs des factieux se répètent dans les provinces avec fureur : le peuple se prévient facilement, parce qu'il est bien-loin de soupçonner l'adroite scélératesse avec laquelle on le trompe ; il reçoit comme des vérités toutes les calomnies qu'on répand contre des hommes, en qui il seroit nécessaire qu'il eût confiance.

Il est rare que ceux qu'elles attaquent, daignent y répondre. De là naissent des doutes & des soupçons, sur-tout dans l'esprit des gens peu éclairés. Le mécontentement se propage ; on raisonne ; on conteste ; on s'aigrit, & tout un peuple se trouve divisé. Il n'est pas une province, pas un village, pas même une maison où les avis ne soient partagés, & les opinions contradictoires. Ces contentions deviennent ridicules, au point de devenir le sujet des railleries de ceux qui les ont excitées.

Néanmoins, tout citoyen zélé pour la liberté devroit s'affliger, s'il arrivoit qu'un peuple libre, honnête & généreux cessât de s'occuper des affaires publiques ; car, quoiqu'il puisse être allarmé ou trompé quelquefois, son jugement, sur des objets graves, est toujours solide & réfléchi. Et c'est avec raison, que Montesquieu dit : *Ne me dites pas qu'un peuple raisonne mal ; il suffit qu'il raisonne*. Voy. EMEUTE.

FAYENCIER, f. m. Celui qui fait & vend des ouvrages de *fayencerie*; tels que des assiettes, des pots, des verres, des fontaines, &c.

Le mot de *fayence* vient de *Faenza*, ville d'Italie, parce que c'est là que se sont faits les premiers ouvrages de ce genre. Il y a de superbes manufactures de la même espèce aujourd'hui dans le royaume, telles que celle de Nevers, de Sceaux, &c.

Les réglemens & la police des marchands *fayenciers* sont à-peu-près les mêmes que ceux des autres communautés. Ainsi *voy*. ART & COMMUNAUTÉ.

FAMILLE, f. f. C'est le nom que porte la collection de plusieurs personnes issues de mêmes parens. Une *famille* est encore la réunion du père, de la mère & des enfans.

Les droits & les devoirs des *familles* forment un des objets importans de la police sociale ; c'est de leur ensemble, du respect plus ou moins grand qu'on leur porte, que résultent l'ordre & le bonheur publics.

Les droits des *familles* consistent, dans l'aptitude qu'ont chacun de ceux qui la composent, à hériter du nom & de la propriété de leurs parens, à l'exclusion de tous autres ; de connoître des arrangemens particuliers qui peuvent introduire un nouvel ordre de choses parmi eux; de s'opposer aux engagemens que des mineurs pourroient faire au désavantage de tous; enfin, d'exercer une sorte de police domestique sur chacun des membres de la *famille*.

Le père & la mère ont de plus les droits de l'autorité paternelle, dont nous avons parlé. *Voy*. ENFANT.

Les devoirs des *familles* sont de protéger, d'aider, de secourir les parens malheureux ou abandonnés, de prendre soin des mineurs, des enfans en bas-âge, & d'entretenir dans toute la parenté l'attachement, la bienveillance & le goût des services réciproques.

Les pères & mères ont de plus grands devoirs à remplir envers les enfans. *Voyez* ENFANT.

Mais si les *familles*, ou plutôt les membres qui les composent, peuvent & doivent avoir entr'eux un systême de devoirs, de droits & d'obligations réciproques ; ces droits ne vont point jusqu'à exercer une autorité extérieure, une puissance active, un pouvoir coercitif des parens sur un d'entr'eux : une *famille* ne peut & ne doit exercer aucun jugement, combiner aucune punition envers un de ses membres, mineur ou non, coupable ou innocent.

C'est une erreur de croire qu'un tribunal domestique, ou de *famille*, fût une chose nécessaire aux mœurs & à l'harmonie sociale ; ce seroit le plus dur, comme le plus injuste des tribunaux. Toutes les préventions, toutes les haines, tous les préjugés de religion, de principe, d'habitude, de mœurs, deviendroient autant de motifs de persécution, de démarches tyranniques contre celui qui ne penseroit point comme sa *famille*.

On ne doit donner à l'homme de maître, que la loi; mais s'il étoit possible qu'il en eût deux, on devroit avoir grand soin que la *famille* ne fût pas du nombre.

Ce seroit donc une combinaison dangereuse, une police destructive de la liberté personnelle, que l'alliance des *familles* avec la puissance publique, pour la correction ou la justification des parens, soit mineurs, soit majeurs. On rappelleroit le préjugé des peines infamantes, si sagement détruit par l'assemblée nationale ; on substitueroit une jurisprudence de personalités, de vues particulières, d'intérêts domestiques, à celle de la loi & de l'impartialité.

L'on est naturellement porté à étendre le pouvoir des *familles*, parce qu'effectivement renfermé dans ses justes limites, il produit un très-grand bien ; mais l'étendre, lui donner une force, autre que celle de l'opinion & du conseil, l'affilier avec la puissance publique, c'est l'égarer & le corrompre, en faire un moyen d'oppression & de désunion domestiques.

On a pensé que des conseils ou assemblées de parens ne pourroient qu'éclairer le magistrat, sans nuire à sa liberté, à son impartialité; mais cette prétention est fausse. L'influence de l'opinion, du vœu d'une *famille*, sera toujours très-considérable; & dans le bien comme dans le mal, quand il est question d'accuser ou de défendre, on doit toujours éloigner le suffrage de gens qui ne peuvent manquer d'avoir un intérêt quelconque dans le jugement qu'ils sollicitent.

Il est donc clair que les droits des *familles* se bornent à des conseils, des représentations, une discipline purement domestique, & qu'ils ne doivent avoir aucun rapport avec le pouvoir de la puissance publique sur les individus.

C'est par le même principe, que le magistrat de police ne doit jamais prendre connoissance des querelles, des discussions, des différends domestiques. Le père & la mère n'ont une autorité déterminée sur leurs enfans, que pour atteindre le but de la paix, du repos de la maison, sans avoir recours à l'autorité publique. Si les parens n'ont pas su jouir de leur pouvoir, le ménager à propos; si la désobéissance domestique se met dans la *famille*, c'est un malheur; mais la police sociale ne doit point y intervenir. C'est la même chose, quand une malheureuse organisation, de funestes exemples, une mauvaise éducation, ont perverti l'esprit d'un jeune homme; que ses parens ne peuvent plus le gouverner; qu'il les méprise, ou les fuit: on ne peut pas, on ne doit point accorder à la *famille*, au père, à la mère des forces pour le faire renfermer; l'autorité publique ne peut, ne doit agir que dans le trouble public, que pour punir l'homme qui attente à l'ordre, à la tranquillité, au repos de la société. Se laisser aller par foiblesse, ou par égard à substituer l'empire de la loi à celui de la puissance paternelle, le commandement arbitraire du magistrat à la surveillance, à l'activité des parens; prétendre leur prêter main-forte, même dans l'intention, & avec la certitude de produire un bien, c'est tout bouleverser; & pour l'intérêt de quelques individus, compromettre & égarer les moyens de la force & de l'autorité politique. *Voy.* ENFANT & AUTORITÉ PATERNELLE.

L'on nomme encore droit de *famille* celui qu'on a à la propriété, au nom de la *famille* dont on est issu, & généralement à tous les avantages qui y sont attachés. C'est celui qu'on refuse à ce qu'on appelle les bâtards, comme si le droit aux soins, à la protection de ceux qui nous ont donné la vie, naissoit du contrat civil du mariage, & non pas de l'union naturelle des sexes & de la naissance même.

Si quelque chose avoit pu faire refuser ce droit de *famille* aux bâtards, ce n'auroit pu être que du côté du père, qui est quelquefois inconnu, & non de celui de la mère, qui ne l'est jamais. *Voy.* BATARD.

FAMINE, s. f. L'état d'un peuple ou d'une ville qui manque absolument de subsistances.

Les moyens de prévenir cette affreuse position, & de la faire cesser, sont absolument les mêmes que ceux qu'on doit employer contre la disette; avec cette différence, que les soins, l'attention, la vigilance des magistrats & du gouvernement, doivent être en proportion des circonstances fâcheuses & du trouble, qui doivent régner alors.

Il faut donc contenir l'effervescence du peuple, les manœuvres du brigandage, calmer les excès du désespoir, sur-tout mettre la plus grande diligence à se procurer des vivres à quelque prix que ce soit.

Il faut encore porter un œil attentif sur les causes de la *famine*, & voir s'il n'y auroit point quelque ressource, quelque moyen de la faire cesser, qui auroit échappé aux premiers soins.

De toutes les situations d'un peuple, il n'en est point de plus affligeante & de plus terrible pour les hommes publics, que la *famine*. L'autorité, les loix, le repos, tout disparoît devant les hurlemens de la multitude, les cris des familles, la désolation commune.

Heureusement que ces malheurs sont rares & difficiles par-tout ailleurs que dans une ville bloquée, parce qu'enfin l'on peut se procurer des vivres de l'étranger, & tirer parti des animaux répandus sur la surface d'un royaume.

Cependant il est sûr qu'une simple disette peut amener la *famine*, même dans une ville ouverte & en tems de paix. Le peuple, qui devroit, pour son intérêt, se disperser & chercher au loin sa subsistance, s'entasse, se porte sur un même point, & permet à peine aux vivres d'arriver à tems, pour faire cesser le mal; ajoutez que son agitation, sa férocité, son aveuglement repoussent les marchands, les fournisseurs, & que dans son désordre & son impatience, il prolonge les causes & les excès de la *famine*.

Nous avons vu à Paris la fermentation croître à la seule idée de manquer, & la *famine* menacer la ville, quoiqu'il y eût d'autres subsistances encore à consommer que du pain. Mais le peuple est d'une ignorance, d'un entêtement, d'une brutalité si grande à cet égard, qu'il ne sera jamais possible de lui persuader qu'on peut vivre absolument sans pain. Vous ne feriez pas vivre deux jours une Capitale, avec de la viande ou du riz seul; & s'il ne falloit que ce délai pour appaiser la *famine*, en laissant le tems aux subsistances d'arriver, & aux troubles de se calmer, vous n'y réussiriez pas, & tout seroit en combustion, avant que vous ayez pu pourvoir à l'ordre & à l'abondance.

Le moyen le plus généralement sûr d'empêcher la *famine*, est d'avoir des magasins de bleds considérables; mais ce soin est très-dispendieux, & donne lieu à des pertes notables sur la quantité immense qu'on est forcé de conserver long-tems.

Tout dépend de la sagesse & des talens des personnes à la tête des affaires. Il est sûr qu'à l'approche des troubles, des agitations, dans le tems des élections, des convocations d'assemblées, de mouvemens de troupes, &c. il faut d'avance se pourvoir & garnir les magasins, mais sans inquiétude, & en achetant par petite quantité dans chaque marché.

En conséquence, il est bon que les administrateurs connoissent toujours un certain nombre d'hommes ayant des fonds ou du crédit, capables de de fournir tout de suite au gouvernement des bleds en quantité suffisante, sans qu'il soit nécessaire d'épuiser le trésor public, qu'il est bon d'avoir garni dans ces momens de besoin & d'embarras.

Au reste, tous ces soins regardent plus encore l'administration en général de l'état, que le gouvernement particulier d'une ville, parce que toutes les parties de l'empire souffrent, dès que la Capitale, ou quelque grande ville, est dans le trouble & la fermentation, quand les subsistances y manquent, & que le peuple révolté n'y connoît plus ni frein, ni loi, ni guide. *Voyez* Disette, Abondance, Accaparement.

FÉLICITÉ PUBLIQUE, s. f. C'est l'état de bonheur d'une nation, qui résulte de son aisance & de sa liberté.

Tout, dans un bon gouvernement, doit tendre à ce but; les loix, les arts, l'industrie, la religion, la morale publique, n'ont pour but que le bonheur des sujets d'un empire. Mais quelquefois malgré les soins du souverain, les hommes sont malheureux, pauvres, tourmentés de quelque calamité locale ou momentanée: ce qui nous mène à dire que la *félicité* d'un état dépend,

1°. Des productions du sol; 2°. de l'industrie des habitans; 3°. du commerce; 4°. de ses relations avec l'étranger; 5°. de ses loix; 6°. de sa religion; 7°. de sa morale publique; 8°. du progrès des sciences & des arts; 9°. de l'organisation & de la bonté de sa police.

Nous parcourrons rapidement chacune de ces causes de bonheur public, & en nous arrêtant spécialement sur la dernière.

1°. *Du sol.* Il est sûr que, malgré les soins d'un bon gouvernement, l'activité d'un peuple industrieux, l'intelligence du prince, la douceur des mœurs & de la religion, une nation ne sera point heureuse, si la terre ne répond pas ou ne répond que mal aux travaux de la culture. Une subsistance abondante & saine est une des premières bases de la *félicité publique*.

La police, dont l'influence s'étend à tous les biens de la société, lorsqu'elle est établie sur les principes de la raison & de la liberté, doit donc d'abord veiller aux moyens de sûreté, de tranquillité, d'instruction, qui peuvent engager les peuples à s'occuper de l'amélioration des terres & des méthodes d'en multiplier les productions. Mais, si malgré ces soins, le sol ingrat ne rend rien, ou ne rend que des fruits peu nourriciers, alors il faut, & dans l'éducation des bestiaux, & dans le commerce étranger, chercher des ressources & un supplément à la stérilité de la terre.

Quant à l'éducation des bestiaux, elle est une partie même de l'agriculture; & les encouragemens que l'on donne à l'une, sont toujours à l'avantage de l'autre: la protection que le cultivateur reçoit dans l'exercice de ses droits de propriété d'une police vigilante, rejaillit sur toutes les branches de l'économie champêtre.

2°. *L'industrie.* Si les soins qu'on donne à la terre, à l'éducation des bestiaux, ne peuvent pas suffire à la subsistance des habitans, il faut que le commerce y supplée, il faut chercher ailleurs ce qui manque chez soi: mais cette correspondance ne peut s'entretenir qu'au moyen d'échanges réciproques & capables d'offrir un équivalent de valeur de part & d'autre. Or, une nation qui ne recueille rien sur son sol, ne peut chercher que dans son industrie, dans les formes qu'elle donne aux productions étrangères, de quoi fournir à son commerce, & attirer chez elle les objets nécessaires à sa propre consommation.

Le premier soin d'un gouvernement, dans un état ainsi privé de richesses territoriales, est donc de favoriser, par tous les moyens possibles, les progrès de l'industrie; & comme la police est à cet égard l'instrument le plus propre à seconder ses vues, on doit tellement en disposer les parties, en constituer les pouvoirs, qu'elle ne puisse que favoriser tous ceux qui, par goût ou par intérêt, placent leurs fonds en entreprises de manufactures & de travaux utiles.

Le meilleur moyen, pour atteindre ce but, est peut-être de laisser à la liberté d'industrie tout l'essor dont elle est capable, en ne faisant intervenir les loix de police que dans ce qui peut être utile à la conservation de la propriété, de la liberté, de la tranquillité de toutes les classes d'ouvriers & d'artisans.

Jusqu'ici, l'on avoit cru favoriser les arts & l'industrie par des privilèges & des jurandes: mais plus de réflexions & l'expérience ont appris que ce moyen est dangereux, parce qu'en détruisant la concurrence, il fait précisément le contraire de ce qu'on en attend; il arrête les progrès des manufactures, & ôte à l'ouvrier le desir & le pouvoir de tenter de nouveaux essais.

La police des corps des communautés & des artisans est donc contraire aux principes qu'on devroit suivre chez un peuple, où l'on seroit forcé de recourir aux échanges du commerce pour pourvoir à la subsistance, sans laquelle un peuple ne peut être vraiment heureux, puisqu'il manque du véritable soutien de la vie.

3°. Mais, pour faire un commerce utile, il ne suffit pas d'avoir des marchandises à échanger contre des productions, il faut encore savoir entretenir des correspondances avec l'étranger, connoître les marchés des peuples voisins, établir une jurisprudence & une police, entre les marchands qui, sans gêner leur liberté individuelle & leurs ſpéculations, puiſſent cependant prévenir la mauvaiſe foi & les abus de confiance, par la certitude d'une punition prompte, ſuffiſante & impartiale.

C'eſt dans cette vue, qu'en France, les juriſdictions conſulaires ont été établies. Il ne ſuffit pas même de cette juſtice prompte pour faciliter le commerce; il faut encore former des établiſſemens propres à le favoriſer, tels que des banques, des caiſſes d'eſcompte: la beauté, la ſûreté, la propreté des grands chemins, & la tenue d'une marine protectrice, ſont des choſes également utiles pour remplir le même objet.

4°. *Les relations avec l'étranger.* Il eſt preſque impoſſible qu'une nation jouiſſe d'un grand commerce, ſe ménage des reſſources chez ſes voiſins, ſi elle n'a point une habitude de relations ſuivies avec eux, ſoit par des ambaſſadeurs, ſoit par des correſpondances directes; cet uſage prévient les guerres, & fait connoître celles qu'on pourroit avoir à ſoutenir contre l'ambition des étrangers. Ainſi, comme la guerre eſt une grande cauſe de calamité publique, on doit regarder les relations habituelles, la bonne manière de vivre avec les étrangers, comme une des choſes qui concourent à aſſurer la *félicité* d'un état.

Mais ces ſoins ne dépendent point de la police intérieure; ils ſont abſolument ſubordonnés au pouvoir exécutif, ou à la puiſſance ſouveraine, ſelon les différentes ſortes de gouvernemens.

5°. De tous les moyens de bonheur public, dépendans des ſoins & de l'intelligence, ſoit du prince, ſoit des légiſlateurs, il n'en eſt point d'une plus grande influence que les loix; elles ſont telles qu'avec le meilleur ſol, la plus heureuſe ſituation phyſique, les plus grandes reſſources dans un état, il languit & reſte foible, les habitans ſont malheureux, il n'y a point de véritable *félicité publique*, ſi les loix ſont mauvaiſes, ou en contradiction avec les mœurs & les progrès des lumières.

Cet état de choſes eſt celui où s'eſt trouvée la France pendant long-tems, & où elle ſe trouve encore par ſuite de l'ancienne légiſlation & de l'agitation qu'y produiſent les changemens inévitables, amenés par le beſoin.

Tandis qu'une partie de la nation jouiſſoit de tous les avantages de la richeſſe & du luxe, que la terre ne produiſoit que pour elle; l'autre partie, qui étoit de beaucoup la plus nombreuſe, étoit ſoumiſe à des loix d'exceptions dures & injuſtes, & la *félicité publique* n'étoit que le bonheur d'une partie de la nation.

Le bonheur général réſulte du bonheur de chaque homme pris individuellement; ſi donc les loix, qui déterminent l'état & la manière d'être de chacun en particulier, ſont féroces ou déraiſonnables, elles ſeront un éternel ſujet de malheur & de perſécution privée, qui détruiront en détail la *félicité publique*, que l'on croiroit d'ailleurs exiſter dans l'état. Telles ſont encore en France les loix ſur les bâtards, ſur les punitions de certains délits, ſur les formes des héritages, ſur l'autorité paternelle, ſur l'indiſſolubilité du mariage, &c. Toutes ces loix, attaquant les individus dans leur bonheur particulier, ſuivant les tems & les circonſtances, détruiſent véritablement la *félicité* du peuple, qui eſt la *félicité publique.*

Ainſi, le premier ſoin de la ſouveraineté eſt de faire de bonnes loix qui aſſurent à chaque homme individuellement l'exercice & la jouiſſance de ſes droits; ſans quoi, les autres moyens de bonheur ſeroient nuls, & la liberté générale n'exiſtant que par abſtraction, la ſervitude particulière ſeroit de l'état de tous une véritable calamité publique.

De toutes les loix qui peuvent, par leur influence, contrarier ou accroître la *félicité publique*, celles de police étant de tous les inſtans, agiſſant directement ſur les perſonnes, les ſuivant pour ainſi dire dans leur conduite journalière, doivent tellement être combinées, qu'elles n'altèrent point l'indépendance perſonnelle, ne gênent point les actions, & ſous le prétexte de tout réglémenter, d'empêcher ou prévenir les abus, n'établiſſent point une inquiſition, une ſurveillance honteuſe, dont les peuples ne manqueroient pas à s'affranchir par l'inſurrection dans un état libre.

Les loix doivent encore être favorables aux actions généreuſes, aux arts, aux talens, aux vertus domeſtiques; il faut les combiner de manière qu'elles encouragent les uns & les autres, ou du moins jettent une grande conſidération ſur les hommes qui s'y ſeront diſtingués.

6°. *La Religion.* La ſixième des cauſes que nous avons regardées comme propres à établir ou conſerver la *félicité publique* d'un peuple, c'eſt la religion. Son eſprit influe tellement ſur les mœurs & les habitudes ſociales, qu'il eſt impoſſible que celles-ci puiſſent être utiles au bonheur, ſi la religion dominante eſt farouche, dure, intolérante ou ſanguinaire.

Un légiſlateur ſage cherchera donc à détruire ces défauts dans le ſyſtême religieux; il en éloignera la ſuperſtition, le fanatiſme, l'eſprit d'aveuglement & de perſécution. Ces fléaux ont fait le malheur du monde pendant des ſiècles entiers; ils replongeroient encore les peuples dans les mêmes déſordres, ſi les lumières & la philoſophie n'aſſuroient point à la raiſon un long triomphe ſur l'erreur.

On appelle fanatiſme, la paſſion violente qui nous porte à forcer, par toutes ſortes de moyens, les autres, à penser ou agir comme nous: celui de religion vient sur-tout de l'habitude d'assimiler les devoirs religieux aux devoirs sociaux, & le respect du culte, avec l'obéissance à la loi.

Il est sûr que les institutions du culte doivent être respectées, qu'elles sont sous la garde de l'autorité publique, & qu'on ne peut pas en violer la sainteté, sans se rendre coupable, & sans encourir une peine déterminée. Mais c'est là que se borne le pouvoir de la société, il ne peut aller jusqu'à exiger des hommes l'apparence d'une façon de penser qui n'est point la leur; il ne peut les punir pour s'être soustraits à ce joug, & le défaut de principes à cet égard, a long-tems fait des guerres de fanatisme & de religion, autant de causes de calamité publique.

Sous tous les points de vue, un peuple écrasé d'obligations religieuses, confondant les devoirs de la foi avec ceux de la loi, se conduisant d'après des principes de mysticité obscure, d'après les rêves de la théocratie, & faisant de la morale un cours de cas de conscience, un semblable peuple ne peut qu'être pauvre, ignorant, & par conséquent très-éloigné d'une véritable *félicité publique*.

7°. *La morale publique.* C'est une des bases les plus solides du bonheur général, lorsque des principes sains, une raison éclairée, en dirigent les vues, en assurent la durée; mais aussi lorsque l'intolérantisme s'en mêle, lorsque des systêmes de rigueur, des prétentions exagérées, des préjugés féroces en altèrent la pureté, ou l'éloignent trop des habitudes ordinaires de l'humanité; c'est alors une des plus fécondes sources de désordre & de malheur social.

Nous trouvons en France plusieurs exemples de défauts dans la morale publique; aveuglement sur le droit des pères, férocité sur la bâtardise, préjugé sur les mères naturelles, erreur sur le systême du point d'honneur, &c. Toutes ces difformités n'attaquent point la société en grand, mais sont autant de causes qui agissent perpétuellement sur les hommes, & détruisent à la longue le bonheur des familles; & il est d'une bonne & sage législation d'assurer la *félicité* de tous contre les progrès de l'ignorance & de la folie. *Voyez* ce que nous avons dit sur la morale publique dans le *discours préliminaire*. *Voy.* aussi le mot ABUS.

8°. *Les sciences & les arts.* Jamais l'on n'a douté de l'utilité des connoissances, de celle des sciences & des arts, pour polir les peuples, & les rendre heureux.

Les sciences habituent l'homme à la réflexion, rectifient ses idées, étendent, affermissent son jugement, adoucissent ses mœurs, & le conduisent à des découvertes qui perfectionnent sa raison, & embellissent la vie.

Plus les peuples sont avancés dans l'étude des sciences, plus ils ont de dispositions à recevoir & à faire de bonnes loix, parce que les bonnes loix devant être fondées sur les besoins & la nature de l'homme, les connoissances élementaires, la science de l'intelligence, des accidens du corps, des passions & des erreurs de l'esprit, conduisent nécessairement à celle de nos besoins & de notre nature.

Sous ce point de vue seul, l'étude des sciences mérite dans un état tous les soins de la puissance publique & l'attention du gouvernement; mais il en résulte encore des avantages, qu'il importe à la société de connoître & de propager.

Les sciences prêtent des secours puissans aux beaux-arts, & le progrès des uns est toujours en proportion de celui des autres; les arts, par leur douce influence sur les mœurs sociales & la fortune publique, donnent lieu à des usages paisibles, à des établissemens de luxe, qui facilitent la distribution des richesses, & empêchent leur engorgement dans un petit nombre de mains.

Les arts ont des rapports étroits avec le commerce, parce que l'esprit de perfection & de découverte, qui les caractérisent, réagit sur l'industrie qui fait donner des valeurs à tous.

Mais le plus grand bien que produisent les beaux arts, c'est de rendre la vie douce, de multiplier les jouissances de sentiment, d'exalter la délicatesse & tous les sentimens qui tiennent à la sensibilité, à la décence, qualités précieuses chez une nation, qui ajoutent un nouveau prix à toutes les autres, en même tems qu'elles contribuent infiniment au bonheur du peuple qui les possède.

9°. *L'organisation & la bonté de la police.* C'est un des premiers soins du gouvernement de faire jouir un peuple d'une bonne police: les villes sur-tout ne peuvent s'en passer; & c'est de la manière dont elles sont régies & gouvernées à cet égard, que dépend la *félicité* du peuple qui les habite.

Les anciens n'entendoient pas par police tout ce que nous désignons aujourd'hui sous cette expression; ils n'y voyoient que l'art d'embellir, de policer les villes: ce n'étoit point une surveillance des personnes, une inspection des actions privées. On ne connoissoit rien de l'usage, ou plutôt de l'abus qu'on en a fait pour assurer l'autorité domestique, connoître l'état des hommes, les raisons de leur conduite, & tenir régistre de tout ce qui se fait dans la ville: cette police est celle des empereurs du Bas-Empire & des derniers rois de France; elle subsiste encore en Espagne, en Italie, dans quelques endroits de l'Allemagne, & a fait l'opprobre de Paris pendant deux cents ans.

Muratori a fait un chapitre dans son *traité du bonheur public*, pour faire voir que la police des villes, telle qu'elle doit être chez un peuple qui, parce qu'il a des loix, n'a pas besoin d'une puissance politique, toujours en activité, pour rechercher ou prévenir les délits, est une des causes de la *félicité* des peuples, & sans laquelle les autres ne produiroient qu'un bien imparfait.

Il est sûr en effet que la propreté, la salubrité, la commodité, les plaisirs, les établissemens utiles qu'une bonne police a soin de faire naître ou d'entretenir chez un peuple, est un des grands moyens de contentement, de jouissance, & par conséquent de bonheur public.

Mais tous ces avantages ne seroient rien, sans la tranquillité, la paix, qui assurent aux citoyens le repos & la sécurité dans leurs affaires & leur conduite : il faut, pour cet objet, entretenir une force suffisante aux ordres des cités, & toujours prête à réprimer l'insolence, les désordres populaires, & à faire respecter tout ce qui vit paisiblement sous l'autorité des loix ; sur-tout il faut que le peuple respecte ses magistrats, & que ceux-ci fermes & généreux sachent ni le mépriser, ni le craindre. Ces deux excès sont les causes des insurrections, des émeutes, des attroupemens, des violences, qui agitent les esprits, & font naître tous les genres de maux au milieu de la paix & de l'abondance.

Les bâtimens magnifiques, les théâtres, les belles places, les promenades, les bains, les jardins publics, sont encore des fruits d'une bonne police ; ils contribuent au bonheur des villes, d'abord par les jouissances qu'ils procurent, ensuite par le concours d'étrangers qu'ils attirent, par les travaux auxquels ils donnent lieu, par les progrès des arts qui en sont la suite, & qui honorent & enrichissent également une nation.

La police doit regarder l'instruction publique comme un de ses soins principaux ; & à cet égard encore, on sent qu'il règne entr'elle & le bien public une liaison étroite & nécessaire. C'est des habitudes & des principes acquis dans l'enfance, que naissent ensuite les vertus de courage & de sagesse ; c'est par la facilité à faire instruire les enfans du peuple, que l'on peut espérer de le civiliser, de l'accoutumer à ne reconnoître d'autre maître que la loi, mais en même-tems à s'y soumettre avec résignation & respect.

De toutes les causes de bonheur public, que nous venons de rapporter, les unes agissent plus, les autres moins, suivant le caractère & le génie des peuples ; mais il est presqu'impossible de rencontrer un point dans l'histoire des hommes où l'on puisse s'assurer qu'elles aient joui toutes d'une égale influence & d'une pareille activité.

Il n'est pas toujours au pouvoir du gouvernement de leur conserver leur force : quelques-unes dépendent absolument des circonstances qui lui sont étrangères ; mais le gouvernement est une des plus générales, des plus constantes, des plus puissantes causes de la *félicité publique* d'un grand peuple, parce qu'il a des rapports avec toutes les branches de la sociéé, que son pouvoir est le modérateur suprême des affaires, & que son action à laquelle l'ordre général est soumis, agit dans tous les momens & dans tous les lieux.

FEMME, s. f. La compagne de l'homme, & la femelle de l'espèce humaine.

On peut considérer la *femme* sous deux points de vue différens, comme être moral, & comme être physique.

Comme être physique, la *femme* diffère de l'homme, par une organisation particulière, par la délicatesse de ses membres, par la beauté des formes, par les besoins & les accidens de son sexe ; enfin, par des habitudes particulières qui tiennent aux causes que nous venons de déduire, & forment la base de son existence morale, que nous allons considérer.

A ce dernier égard, la *femme* devient l'objet de réflexions intéressantes, de considérations utiles qui expliquent la cause des états différens où elle se trouve dans la société, & donnent la solution de plusieurs phénomènes dans l'ordre politique & dans la législation des peuples.

Pour donner à ce sujet le développement nécessaire, nous considérerons la *femme* dans les trois principales époques de la civilisation ; c'est-à-dire, 1°. chez les peuples sauvages ; 2°. chez les peuples cultivateurs ; 3°. chez les peuples où les arts ont fait des progrès, & où la raison est cultivée.

Après ces apperçus généraux, nous distinguerons les différens ordres de *femmes* établis aujourd'hui, ainsi que leur influence sur les mœurs, la police, les habitudes publiques & les arts de la société.

De l'état de la femme *chez les peuples sauvages.*

La première différence entre les habitudes des *femmes* dans l'état sauvage, & celles qu'elles acquièrent dans la société, porte sur les sentimens de pudeur & de vertu qu'on exige d'elles, comme un charme de plan, un attrait à la jouissance, un plaisir d'imagination, qui accroît encore celui des sens & de l'opinion.

Dans l'état sauvage, on ne met aucun prix à la retenue, à ce que nous nommons la décence ; ou plutôt les mœurs physiques, c'est-à-dire, les mœurs sauvages, prouvent que ces habitudes, ces idées morales, sont le fruit de la société & le résultat de combinaisons politiques. Ainsi les naturels de l'Amérique ne croient pas que l'honneur d'une *femme* soit moins pur, parce qu'elle aura violé les loix de la chasteté avant le mariage. Si nous en croyons même des voyageurs qui ont parcouru cette partie du monde, une *femme* se fait un mérite de cette circonstance auprès de son mari, qui ne l'en trouve que plus agréable pour avoir paru agréable à d'autres; au lieu qu'il croiroit avoir une raison suffisante pour la renvoyer, s'il pouvoit croire qu'elle a été dédaignée.

Chez les Lydiens, dit-on, les filles n'avoient le droit de se marier, qu'après qu'elles avoient gagné leur dot par la prostitution.

Chez les anciens Babyloniens, les gens du peuple prostituoient leurs filles, pour s'assurer de quoi vivre; & il paroît que les personnes même d'un état supérieur étoient portées à regarder la chasteté comme une vertu peu importante, puisqu'il avoit été établi par une loi générale que toute *femme* se soumettroit, une fois dans sa vie, à une prostitution publique dans le temple de Vénus. On a écrit aussi qu'il y avoit une cérémonie religieuse de même nature, qui s'observoit dans quelque partie de l'isle de Chypre.

L'infidélité d'une *femme* mariée se présente naturellement sous un point de vue différent; & les conséquences qui en résultent, ont dû souvent la faire regarder comme une offense qui méritoit un châtiment sévère. Introduire dans la famille un enfant qu'on croit d'un sang étranger; contracter une liaison qui détourne la *femme* des occupations, des devoirs qui lui sont propres, & qui peut l'induire à faire un mauvais usage des effets qui sont confiés à ses soins; ce sont des circonstances qui, même dans une société encore grossière & barbare, sont propres à inspirer de la jalousie au mari, & à exciter son indignation & son ressentiment. Il y a cependant des nations qui, sans avoir égard à ces considérations, ont regardé la fidélité conjugale comme un objet sans conséquence.

Chez les anciennes Massagetes, il étoit d'usage que ceux qui résidoient dans la même partie du pays, vécussent en commun avec toutes les *femmes*. La même coutume, suivant Diodore de Sicile, étoit établie chez les anciens Troglodites & chez les Jethiophages, qui habitoient la côte de la mer Rouge.

Un auteur, d'une autorité plus respectable, cite le même usage comme établi chez les anciens habitans de la Grande-Bretagne. « *Uxores habent deni » duo deniquè inter se communes, & maximè fra» tres cum fratribus, parentesque cum liberis: sed » si qui sunt ex his nati, eorum habentur liberi, » quo primùm virgo quæque deducta est* ».

La coutume de prêter sa *femme* à un ami, afin qu'il puisse en avoir des enfans, paroît avoir été universellement répandue chez les anciens Grecs & Romains; lors même que ces peuples furent devenus riches & civilisés, elle étoit encore ouvertement recommandée par les personnages les plus respectables; elle fut spécialement prescrite aux Spartiates dans les institutions de Licurgue.

Dans le Kamtschatka il y a plusieurs tribus de sauvages qui, lorsqu'ils reçoivent un ami chez eux, regardent comme un devoir indispensable de politesse de lui offrir la jouissance de leurs *femmes* ou de leurs filles; & celui qui refuseroit cette civilité, feroit un affront à son hôte. Dans la Louisiane, sur la côte de Guinée, à Othaïti, en différentes parties des Indes orientales, dans les royaumes de Pégu & de Siam, à la Cochinchine, à Camboye, les habitans sont aussi dans l'usage d'offrir, pour quelques légers présens, leurs *femmes* à tous les étrangers qui passent par leurs pays. Le peu d'attention que ces peuples font au point d'honneur féminin, joint à la sobriété naturelle, qui tient à leur manière de vivre, établit la plus grande simplicité dans le commerce des deux sexes; incapables d'excès dans l'usage de l'instinct que la nature leur a donné, ils ne peuvent attacher aucune honte à céder à ses mouvemens, & ils n'affectent aucun déguisement à cet égard, ni dans leurs discours, ni dans leurs actions: cette manière de penser les empêche d'avoir recours à ce voile que la modestie a introduit parmi les peuples polis, pour cacher aux yeux du public des goûts & des pensées, qu'on regarde comme indécens de laisser paroître ouvertement. Ce sentiment est heureusement exprimé par Milton, dans le huitième livre du *Paradis perdu*, où il représente les premiers habitans de la terre, à qui le crime étoit encore inconnu: *ils marchoient*, dit-il, *& ils étoient nuds; ils n'évitoient la vue ni de Dieu, ni de l'Ange, car leur esprit ignoroit le mal*.

César dit, en parlant des Germains, « *Cujus » rei nulla est occultatio, quòd & promiscuè in » fluminibus perluuntur & pellibus, aut renonum » tegumentis utuntur, magnâ corporis parte nudâ* ».

Lorsque Colomb découvrit l'Amérique, il observa que les hommes de ce nouveau continent avoient quelque espèce de vêtemens; tandis que les *femmes*, qui doivent avoir plus de délicatesse & de réserve, étoient absolument nues. Les mœurs des nations sauvages sont par-tout constamment distinguées par la simplicité & la liberté la plus grande dans leur commerce réciproque; & cela se remarque d'autant plus, que le luxe & l'intempérance y ont fait moins de progrès.

Dans l'Odyssée, lorsque Télémaque arrive à Pylos, il est déshabillé, mis au bain, & parfumé par la fille même du roi.

L'histoire de Ruth, dans l'ancien testament, présente un exemple du même genre, qui mérite d'être remarqué.

« Quand Booz eut mangé & bu, que son cœur » fut joyeux, il alla se coucher au bord d'un tas » de bleds, & Ruth vint doucement & découvrit » les pieds de Booz, & se coucha.

» Et il arriva vers minuit, que l'homme fut » effrayé, & il se tourna, & il vit qu'une *femme* » étoit couchée à ses pieds.

» Et il dit: Qui es-tu? Elle répondit: Je suis » Ruth, ta servante; étend donc ta couverture » sur ta servante, car tu es un proche parent ».

De cette manière d'être des *femmes* dans l'état sauvage, il résulte pour elles que les hommes en font des esclaves. Car ceux-ci n'ayant aucune peine à se procurer les jouissances personnelles qu'elles peuvent offrir, ne trouvant en elles rien de difficile ou de grand, ils les négligent & se livrent aux fatigues de la chasse & de la guerre, ils en font leur unique occupation; & comme les *femmes* ont toujours été, doivent être, & seront toujours peu propres à ces genres d'exercices, les hommes sauvages les méprisent, s'en éloignent ou les assujettissent à tous les devoirs serviles & bas de leur manière de vivre. Ainsi donc, le second caractère de l'existence des *femmes*, dans cet état, est le manque de considération, le défaut d'estime & la servitude domestique, qui en est une suite presque nécessaire; aussi, rien n'égale la dépendance & l'asservissement qu'on leur impose, ni la dureté des travaux auxquels elles sont condamnées. On les voit obligées de travailler sans relâche à arracher des racines de la terre, à puiser de l'eau, à porter du bois, à traire les animaux qui donnent du lait, à apprêter le repas, à soigner les enfans, à faire enfin tout ce que les hommes exigent d'elles, & dédaignent de faire. Le mari, lorsqu'il n'est pas engagé dans quelque expédition de guerre, se livre à la paresse & à l'inaction, & laisse à sa *femme* tout le poids des travaux domestiques: il dédaigneroit de l'aider dans aucune de ces occupations serviles; il couche dans un lit différent, & elle n'obtient que rarement la permission de lui parler & de l'approcher.

Chez les négres de la côte des esclaves, une *femme* ne peut paroître devant son mari, ni recevoir quelque chose de ses mains, sans se mettre à genoux devant lui.

Dans le royaume de Congo, & chez la plus grande partie des nations qui habitent la côte méridionale de l'Afrique, les *femmes*, dans une famille, mangent rarement avec les hommes; le mari s'assied seul à table, & la *femme* reste communément debout derrière lui, pour le garantir des mouches, pour lui apporter les mets, pour lui donner sa pipe & son tabac: lorsqu'il a fini son repas, la *femme* a la permission de manger les restes, mais non celle de s'asseoir; ce qui paroîtroit incompatible avec l'infériorité & la soumission qu'on regarde comme le partage de son sexe. Lorsqu'un hottentot & sa *femme* entrent au service d'un européen, & sont nourris sous le même toît, le maître est obligé de leur faire donner à chacun leur nourriture à part; & suivant l'usage général de leur pays, le mari mange toujours à quelque distance de la *femme*.

Cet état de servitude & d'abaissement où la foiblesse des *femmes* & le défaut d'objet qui excite en elles l'admiration ou l'estime des peuples sauvages, a donné lieu à une troisième différence qui les caractérise dans cet état; c'est qu'elles ont été dépouillées du droit de propriété, & regardées comme une propriété elles-mêmes. Nous en avons des exemples nombreux dans les relations des voyageurs, dans les histoires des peuples anciens & dans des coutumes, dont nous ne pouvons pas assigner d'autres raisons.

Au Cap de Bonne-Espérance, dans le royaume de Benin, & en général sur toute la côte méridionale & occidentale de l'Afrique, aucune *femme* ne peut être admise à hériter d'une propriété, soit réelle, soit personnelle.

La même coutume est, dit-on, en usage chez les Tartares; & il y a lieu de croire qu'elle étoit anciennement établie chez tous les habitans de la Chaldée & de l'Arabie.

La fameuse décision, rapportée par Moïse sur cet article, nous apprend que, de son tems, la succession des *femmes* n'avoit pas encore eu d'exemple; &, par le réglement qu'il fit, elles n'eurent droit d'hériter qu'au défaut de mâles, au même degré.

Chez les différentes nations germaniques, qui inondèrent & conquirent les provinces de l'Empire Romain, les mêmes idées subsistoient sur l'infériorité des *femmes*, & les mêmes règles de succession s'établirent d'elles-mêmes. Il est probable que, selon les anciennes coutumes qui régnoient parmi ces peuples, les filles & tous les parens du même sexe, étoient absolument exclus du droit de succession; mais qu'ensuite, lorsque les progrès de la richesse & du luxe eurent donné aux *femmes* plus de considération, elles furent admises à succéder après les mâles du même degré.

Dans un pays où les *femmes* sont universellement regardées comme les esclaves de l'autre sexe, on doit, par une suite naturelle, les vendre & les acheter comme toute autre espèce de propriété. Epouser une *femme*, n'est autre chose qu'acheter une servante, qui doit avoir, sous l'autorité du mari, la principale direction de la famille.

Ainsi, chez toutes les nations sauvages, soit en Asie, en Afrique ou en Amérique, une *femme* est communément achetée par le mari, qui en paie le prix au père ou aux autres parens de qui elle dépend: la conclusion de ce marché est donc devenue la formalité la plus ordinaire de la célébration de leur mariage.

Ceci paroît être le fondement réel de ce qui est rapporté par les historiens; que dans quelques parties du monde, c'est le mari qui donne une dot à la *femme* ou à ses parens, & non la *femme* qui apporte une dot à son mari:

Dotem non uxor marito, sed uxori maritus offert.

C'est ainsi que s'exprime Tacite, en décrivant les mœurs des anciens habitans de la Germanie.

Quand Sechem voulut épouser la fille de Jacob, » il dit à son père & à ses frères, que je trouve » grâce devant vos yeux, & ce que vous me direz » de donner, je le donnerai.

» Demandez-moi la dot & les présens, qu'il » vous plaira, & je donnerai selon ce que vous » me dites; mais donnez-moi la fille en ma- » riage ».

Quand David épousa la fille du roi Saül, il fut obligé de payer une dot d'une nature très-singulière.

Cette ancienne coutume, que le mari achète sa *femme* de ses parens, subsiste encore aujourd'hui chez les Chinois qui, malgré leurs richesses & leurs progrès dans les arts, sont toujours prodigieusement attachés aux usages nés dans les tems de barbarie.

En conséquence du même principe, le mari est généralement supposé avoir le droit de vendre sa *femme*, ou de la renvoyer toutes les fois qu'il le juge convenable.

Il faut cependant remarquer que c'est un privilège qui, par les mœurs même d'un peuple sauvage, ne peut être exercé que rarement. Le mari ne pourroit guères trouver une personne plus propre à élever & à soigner ses enfans, que leur propre mère. A mesure qu'elle avance en âge, elle acquiert en même-tems plus de prudence & d'habileté; & plus il y a de tems qu'elle vit dans la famille, plus elle mérite qu'on lui confie la direction des affaires les plus importantes. Il n'y a qu'un crime extraordinaire, dont elle se rendroit coupable, qui puisse déterminer le mari à se priver d'un domestique si utile, qu'il connoît depuis si long-tems, & dont le travail, l'attention & la fidélité sont communément d'un plus grand prix, que l'argent qu'il en pourroit retirer; en le vendant. Les divorces doivent donc se rencontrer rarement dans l'histoire des nations barbares.

Mais quoique la *femme* puisse être difficilement exposée à encourir la disgrace de son mari, au point d'être chassée de la famille, il peut souvent lui arriver d'éprouver les effets terribles & soudains de sa colère & de son ressentiment: quand un pouvoir illimité est entre les mains d'un sauvage, il est impossible qu'en plusieurs occasions il n'en abuse avec excès; il traite sa *femme* comme ses autres serviteurs, & attend d'elle la même obéissance aveugle à sa volonté. La moindre contradiction allume son ressentiment, & sa férocité naturelle l'emporte à des excès de brutalité, qui vont quelquefois jusqu'à ôter la vie à l'objet de sa colère.

Chez les anciens habitans des Gaules, le mari avoit droit de vie & de mort sur ses *femmes*, & les traitoit avec toute la dureté d'un maître absolu & tyrannique. Toutes les fois qu'un homme considérable étoit soupçonné d'avoir péri d'une mort violente, l'imputation du crime tomboit sur ses *femmes* comme sur ses autres domestiques; & on les mettoit tous à torture, dans la vue de découvrir le coupable.

C'est sur-tout dans l'ancienne loi des Romains, que nous trouvons les détails les plus complets & les plus positifs sur les différentes branches de pouvoir, dont un mari étoit revêtu dans les premiers âges de la société chez ce peuple célèbre: la *femme* étoit anciennement regardée comme l'esclave de son mari; il pouvoit la vendre, ou la faire mettre à mort pat un acte arbitraire de son autorité. Les cérémonies qui étoient en usage dans la célébration de mariage la plus régulière & la plus solemnelle, donnent lieu de croire que dans les premiers tems, la *femme* étoit réellement achetée de ses parens pour une somme convenue; elle étoit déclarée incapable d'avoir aucun bien qui lui fût propre, & tout ce qu'elle possédoit, au tems de son mariage, devenoit la propriété absolue de son mari.

De toutes ces remarques sur la condition des *femmes* dans l'état sauvage, il résulte qu'elles n'y sont point aussi heureuses, que dans celui de société; qu'elles y sont en quelque sorte esclaves. Mais leur sort s'améliore, à mesure que les arts de la civilisation, le goût du luxe & des plaisirs font des progrès chez les nations. Il ne faut pas néanmoins que ce dernier état soit extrême; car, dès-lors les *femmes* retombent presque dans le mépris & l'indifférence qu'ont pour elles les peuples barbares, c'est-à-dire qu'elles ne jouissent d'aucune considération, & sont en quelque sorte la propriété des hommes qui les achetent ou les épousent.

Pour rendre toutes ces vérités plus sensibles encore, nous allons présenter le tableau des *femmes* dans les autres états de la civilisation; & d'abord

Nous commencerons par les peuples qui ont fait des progrès dans l'agriculture.

De l'état des femmes *chez les peuples qui ont fait des progrès dans l'agriculture.*

Les passions relatives au commerce des deux sexes acquièrent un plus grand degré de force, lorsque les hommes se sont adonnés à la culture de la terre & aux différentes branches d'industrie, qui en dépendent.

Les progrès de l'agriculture produisent une plus grande abondance de choses nécessaires à la vie, & portent les hommes, qui ont le plus d'aisance, à rechercher avec plus de soin & d'intérêt les commodités & les plaisirs que leur situation comporte, & dont leurs sentimens naturels leur inspirent le goût. Alors s'établit la propriété des terres, l'espèce de richesse la plus précieuse & la plus solide, mais dont l'inégale distribution, mettant une plus grande disproportion dans la fortune & le rang des individus, multiplie en même tems, & fortifie les causes de jalousie, de division & d'indépendance entre les membres de différentes familles.

Mais, dans ces mêmes pays habités par des tribus indépendantes de peuples barbares, qui y ont fixé leur résidence, dans la vue de s'adonner à la culture, & qui ont déjà fait quelques progrès dans l'établissement & la division des propriétés en fonds de terre, on s'apperçoit communément que les mœurs du peuple indiquent déjà des idées plus délicates & plus raffinées, relativement au commerce des deux sexes.

L'acquisition de grandes propriétés en terres, la jalousie excitée par la distinction des rangs, les divisions & les querelles produites par le voisinage de grandes familles indépendantes, sont des incidens qui semblent avoir occasionné des changemens remarquables dans les mœurs des nations barbares qui, vers le cinquièmee siècle, envahirent l'Empire Romain, & s'établirent ensuite dans les différentes provinces qu'ils avoient conquises.

Comme ces nations étoient peu nombreuses, & qu'elles avoient acquis une grande étendue de territoire, les tribus ou familles différentes, dont elles étoient composées, se répandirent dans le pays, & y occupèrent chacune de très-grandes portions de terre. Les chefs particuliers devinrent grands & puissans, à proportion de leurs richesses qui les mettoient en état d'entretenir un grand nombre de vassaux & de guerriers attachés à eux. Ne connoissant ni police, ni arts, & n'étant soumis à aucune espèce de gouvernement régulier, leur vie étoit sans cesse occupée par des hostilités réciproques; état naturel à des tribus indépendantes de Barbares, gouvernées par des chefs opulens, ambitieux, guerriers & jaloux les uns des autres. Ces nations restèrent dans cet état, sans beaucoup de changement, pendant près de mille ans; & dans cet espace de tems, les mêmes causes contribuèrent à modifier le caractère & les mœurs du peuple, & donnèrent naissance à des coutumes & à des institutions, dont aucun autre siècle, ni aucun autre pays ne fournissent d'exemples.

Les idées exaltées de l'honneur militaire, & l'esprit romanesque d'amour & de galanterie, qui distinguèrent ces mêmes nations, paroissent être également le fruit des circonstances que nous venons de décrire.

L'état de société acquiert alors une tendance manifeste à exercer & à raffiner le sentiment de l'amour. Des chefs opulens, souvent en guerre, & toujours divisés d'intérêt les uns avec les autres, ne pouvoient laisser établir aucune espèce de familiarité entre les individus de leurs familles respectives; retirés dans l'intérieur de leurs châteaux, & environnés de leurs vassaux nombreux, ils regardoient leurs voisins ou comme des inférieurs, ou comme des ennemis, contre lesquels ils étoient obligés d'être constamment sur leurs gardes, ils se comportoient les uns à l'égard des autres, avec cette civilité cérémonieuse que prescrivoient les loix de la chevalerie; mais en même tems avec la réserve & la circonspection qu'exigeoit le soin de leur propre sûreté. Le jeune chevalier, qui se présentoit à un tournois, voyoit de loin la fille du chef qui donnoit la fête; & ce n'étoit qu'avec beaucoup de difficultés, qu'il pouvoit avoir accès auprès d'elle, & trouver les occasions de lui déclarer les sentimens qu'elle lui avoit inspirés.

Il étoit ordinairement reçu par les parens de la demoiselle, avec cette politesse froide, qui prouvoit peu de disposition à contracter une alliance avec lui: la jeune personne elle-même, élevée dans l'orgueil de sa famille, avoit appris à croire qu'il n'y avoit que les guerriers les plus distingués par leur rang & leur réputation, qui fussent dignes de toucher son cœur; elle se seroit déshonorée pour toujours dans l'opinion de ses parens, si elle s'étoit livrée aux premiers mouvemens d'une inclination subite; & il n'y avoit qu'une longue suite de soins, de respects & de services, qui pût donner à l'amant l'espérance d'obtenir quelques faveurs de sa dame.

La barbarie des mœurs, le défaut de police, & les violences, auxquelles les individus & les *femmes* sur-tout étoient sans cesse exposés, ouvroient une vaste carrière à l'exercice des talens militaires. Le chevalier, qui n'avoit rien à faire chez lui, ne manquoit pas de motifs qui l'excitoient à errer d'un pays à un autre, ou à visiter les

les différentes cours, à la quête de quelque aventure, & dans l'espérance d'accroître sa renommée, & de mériter les bonnes graces de la dame dont il étoit amoureux, en combattant quiconque étoit assez téméraire pour ne pas la reconnoître la plus belle, la plus vertueuse & la plus accomplie de toutes les *femmes*. Comme toutes ses pensées étoient constamment fixées sur le même objet; & que son imagination, enflammée encore par l'absence & les obstacles multipliés, s'exagéroit tous les charmes par lesquels ses desirs étoient continuellement excités, sa passion devoit prendre un caractère d'enthousiasme extraordinaire; & en s'unissant avec l'amour de la gloire, elle devoit être le mobile & la règle de sa conduite, & donner un tour particulier à tous ses sentimens & à toutes ses opinions.

Comme il y avoit un grand nombre d'individus qui se trouvoient dans la même situation, ils devoient naturellement avoir des sentimens semblables. Rivaux l'un de l'autre dans la carrière des armes, ils l'étoient souvent aussi en amour; la même émulation qui les excitoit à se disputer la prééminence pour le premier objet, ne leur donnoit pas une ardeur moins vive pour obtenir la préférence à l'égard du second: cette manière de penser devint à la mode, & se répandit par degrés dans tous les rangs, par la force de l'éducation & de l'exemple. Il falloit qu'un chevalier fût amoureux: c'étoit une disposition nécessaire; & il n'étoit pas moins empressé de prouver sa constance & sa fidélité pour sa maîtresse, que de déployer ses vertus militaires. Il s'honoroit du titre d'esclave ou de serviteur de sa dame; c'étoit ainsi qu'il s'annonçoit dans un combat, & sa victoire étoit regardée comme un triomphe aussi honorable pour la dame que pour le chevalier lui-même. Si elle lui faisoit un présent pour le porter au champ de bataille en gage de son estime, il le recevoit comme un garant assuré de la victoire, & ce don lui imposoit l'obligation la plus forte de se rendre digne d'une si grande faveur.

Cette passion tendre & fidelle, qui remplissoit ordinairement l'ame de chaque guerrier, même loin de l'objet qui la causoit, & qu'il professoit dans toutes les occasions, devoit naturellement produire une grande pureté dans les mœurs, & beaucoup de respect pour le beau sexe. Des hommes qui se faisoient un devoir de défendre la réputation & la dignité de la dame, à laquelle ils étoient dévoués, devenoient par-là même très-délicats & très-circonspects dans leur conduite; ils devoient craindre de donner lieu à la moindre interprétation qui pût blesser la réputation d'une autre *femme*, & les exposer justement à la censure & au ressentiment de ceux qui la protégeoient. Une *femme* qui pouvoit s'écarter des maximes généralement reçues dans son siècle, au point de violer ouvertement les loix de la chasteté, étoit abandonnée par tout le monde, & par conséquent universellement méprisée & insultée; celles, au contraire, qui, fidelles aux loix rigoureuses de la vertu, conservoient une réputation sans tache, étoient traitées comme des êtres d'un ordre supérieur.

L'amour de Dieu & des dames étoit une des premières leçons qu'on donnoit à un jeune homme qui étoit initié à la profession militaire; il étoit instruit avec soin de toutes les formes que les principes reçus de politesse & de galanterie avoient établies avec l'exactitude la plus minutieuse: souvent il étoit recommandé aux soins de quelque dame d'un rang & d'un mérite distingué, laquelle dirigeoit son éducation à cet égard, & à qui il étoit obligé de révéler tous ses sentimens, toutes ses pensées & toutes ses démarches. On lui faisoit faire un serment par lequel il s'engageoit à venger l'honneur des dames, & à les garantir de toute espèce d'injustice; le chevalier peu courtois, qui auroit traité une *femme* avec grossièreté, ou qui auroit osé l'insulter, devenoit l'objet de l'indignation & de la vengeance universelle: il étoit regardé comme l'ennemi commun de tous ceux qui étoient animés des vrais principes de la chevalerie.

Ainsi la condition des *femmes* acquiert avec les progrès de la société une amélioration sensible. Dans l'état sauvage & barbare, nous les avons vues esclaves, méprisées, & formant la propriété disponible de l'homme: avec la culture, elles ont acquis de l'influence sur les mœurs, & un caractère de considération parmi les hommes; elles ont été l'objet de différentes institutions, & cet état de civilisation a été plus favorable à leur bonheur, & plus convenable à leur manière d'exister. Nous verrons, avec les arts, leur sort changer; nous les verrons se rapprocher des jouissances, & partager les plaisirs, la puissance & le luxe des hommes. C'est ce qui nous reste à considérer.

De l'état des femmes *chez les peuples où les arts sont cultivés.*

Lorsque l'agriculture eut produit l'abondance dans les denrées nécessaires à la vie, les hommes ont dû porter leur attention sur d'autres objets d'une moindre importance; ils ont tâché de se vêtir & de se loger d'une manière plus commode, & ils se sont livrés aux occupations particulières, propres à remplir ces vues d'utilité. En appliquant ainsi leur industrie à un grand nombre d'objets, ils se sont procurés des commodités de différens genres, qu'ils ont ensuite échangées les uns avec les autres, selon les besoins & les caprices des individus: c'est ainsi que les manufactures & le commerce se sont établis à la longue chez un peuple.

Ces effets de l'industrie ont été la source de changemens très-importans qui se sont faits dans l'état de la société, & particulièrement dans la condition des *femmes*. Les progrès d'un peuple, dans la pratique du commerce & des arts, tendent naturellement à éloigner les circonstances, qui, en gênant le commerce des deux sexes, servent à exalter & à allumer les sentimens de l'amour. Le goût & la culture des arts, de la paix, sont un moyen d'union entre les différens membres de la société, lequel établit entr'eux un grand nombre de relations nouvelles pour leur avantage réciproque. A mesure que leurs mœurs se civilisent & s'adoucissent, ils sentent mieux les avantages de l'établissement d'une police régulière: les différentes tribus qui vivoient dans un état d'indépendance, les unes à l'égard des autres, se soumettent à des loix qui les empêchent de s'attaquer & de se nuire réciproquement. Les anciennes querelles qui avoient été la source de tant de désordres, ne sont plus fomentées par des insultes récentes, & finissent par être ensevelies dans l'oubli. Les individus n'étant plus divisés par une jalousie & des craintes mutuelles, en viennent bientôt à former des liaisons entr'eux, & à entretenir un commerce plus intime.

Les hommes & les *femmes* des familles différentes communiquent ensemble avec plus d'aisance & de liberté, & trouvent dans leurs parens plus de facilités à se prêter aux inclinations particulières qui naissent de ce commerce.

Il arrive alors plus rarement que les *femmes* soient l'objet de ces passions romanesques & extraordinaires, qui étoient en partie l'effet du désordre même de la société; mais en même-tems elles deviennent plus généralement intéressantes par les talens utiles ou agréables qui les distinguent.

Lorsque les hommes commencent à renoncer aux usages de leur ancienne barbarie; quand leur attention n'est pas exclusivement absorbée par le desir de la réputation militaire; lorsqu'ils ont fait quelques progrès dans les arts, & que les mœurs se sont polies dans la même proportion, ils sont naturellement disposés à estimer dans les *femmes* les vertus & les qualités qui ont tant d'influence sur toute espèce de perfectionnement, & qui contribuent de tant de manières différentes à multiplier les agrémens de la vie. Dans cet état de société, la *femme* n'est regardée ni comme l'esclave, ni comme l'idole de son mari, mais comme l'amie & la compagne qui adoucit & soulage ses peines, qui double ses plaisirs, & qui partage les risques & les travaux, auxquels il est exposé. Chargée par la nature du premier & du plus pressant des soins, celui de nourrir & d'élever les enfans, elle a été douée de toutes les qualités nécessaires pour remplir ce devoir important, tandis qu'en même tems elle est particulièrement propre aux occupations minutieuses, qui exigent plus d'adresse que de force, qui sont indispensables pour l'économie intérieure de la famille, & qui ont tant d'influence sur le bonheur & la prospérité de tous les individus qui la composent.

Examinons les effets du prix qu'attache à ces qualités des *femmes* un peuple qui commence à se civiliser, & la manière dont cette disposition sert à diriger l'éducation, & à former le caractère & les mœurs du sexe. Les *femmes* apprennent à conformer leur conduite aux circonstances, dans lesquelles elles se trouvent placées, & au modèle particulier de convenance & de perfection qu'on leur met sous les yeux. Comme elles seroient estimées en proportion du zèle & de l'habileté qu'elles montrent dans les différentes branches de l'économie domestique, elles sont naturellement excitées à tâcher de perfectionner encore ces qualités utiles. Elles s'accoutument à regarder, comme une vertu, l'assiduité dans les occupations qui leur sont propres, & l'oisiveté comme la plus grande tache dans le caractère d'une *femme*; elles s instruisent de bonne-heure de tout ce qui peut les mettre en état de bien remplir les devoirs de leur emploi, & servir à l'agrément de la vie domestique. Occupées de ces recherches solides, elles sont moins propres à se distinguer par des qualités brillantes, par l'amusement & la gaîté. Accoutumées à vivre dans la retraite, & à n'avoir pour société que leurs parens les plus proches, ce genre de vie leur inspire une modestie & une défiance naturelles aux personnes qui ne connoissent point les sociétés nombreuses & variées. Ainsi, les affections des *femmes* ne sont ni distraites par le plaisir, ni altérées par les mœurs & les opinions corrompues du monde. Comme leurs attentions & leurs soins se portent presque uniquement sur les individus de leur propre famille, les sentimens tendres, qui naissent de ces relations naturelles, ont en elles plus de délicatesse & d'activité, & leur rendent plus facile la pratique de toutes les vertus domestiques.

Il paroît que dans plusieurs états de l'ancienne Grèce, même au tems de leur plus grande prospérité, les *femmes* étoient envisagés à-peu-près sous le même point de vue, & que leur éducation étoit particulièrement dirigée à exciter leur industrie, & à les rendre utiles à la société. Leurs occupations étoient purement domestiques, & toute leur attention paroît avoir été bornée aux soins de leur famille, & aux petits travaux auxquels on les avoit jugées plus propres. Elles habitoient communément un appartement écarté de la maison où elles ne recevoient de visites que très-rarement, excepté de leurs proches parens; leur modestie, leur réserve, & les idées qu'elles avoient de la conduite qui convient aux *femmes*, étoient conformes à ce genre de vie solitaire. Elles ne sortoient jamais de leur maison, sans être couvertes d'un voile,

& on ne leur permettoit d'assister à aucun spectacle public.

Pour vous, ô femmes, dit Periclès, dans une harangue citée par Thucydide, *le but constant de votre sexe doit être d'éviter que le public ne parle de vous; & le plus grand éloge que vous puissiez mériter, c'est de n'être l'objet ni de la censure, ni de l'applaudissement.*

Dans l'Andromaque d'Euripide, une dame essuie des reproches très-sévères, pour s'être montrée hors de chez elle; ce qu'il semble qu'on regardoit comme une liberté qui pouvoit nuire à sa réputation.

Lysias introduit dans une de ses harangues une veuve, mère de plusieurs enfans, qui parle de paroître en public comme d'une des extrémités les plus cruelles, auxquelles ses malheurs pouvoient la réduire: elle prie, elle conjure son gendre d'assembler ses parens & ses amis, afin qu'elle puisse leur faire connoître sa situation. *Je n'ai point été accoutumée*, dit-elle, *à parler en présence des hommes; mais je suis forcée, par mes souffrances, à me plaindre des injures que j'ai reçues.*

Cette vie renfermée des *femmes* grecques, qui étoit conforme aux circonstances du peuple dans leurs premiers pas vers la civilisation, ne se soutint vraisemblablement ensuite que par la force de l'habitude, & par le respect inviolable qu'on portoit aux anciennes institutions. Mais, tandis que cet usage sembloit favorable aux jouissances les plus solides de la vie, il empêchoit évidemment les deux sexes de perfectionner les arts de la société, & d'achever de polir l'expression de leurs pensées & de leurs sentimens. Voilà pourquoi les grecs, avec beaucoup de lumières & de bon sens, manquoient si fort de politesse & de délicatesse dans les manières, & étoient assez mauvais juges en bel esprit & en gaîté, pour applaudir la basse grossièreté d'Aristophane, dans le même tems où les oreilles étoient frappées de l'éloquence sublime de Démosthène, & de la poésie pathétique de Sophocle & d'Euripide.

Le caractère militaire, considéré relativement à la politesse chez les anciens grecs, & comparé avec le même caractère dans les états modernes, semble fournir des preuves sensibles de ce que nous avons observé. Les guerriers, vivant aujourd'hui dans le monde, ont ordinairement les manières qu'on acquiert par l'usage de la société & de la conversation; mais dans l'ancienne Grèce, ils étoient aussi distingués par leur rusticité, qu'ils le sont par leur politesse chez les nations modernes de l'Europe. Le poëte comique Menandre dit qu'il a peine à concevoir que le pouvoir même de la Divinité puisse faire un soldat poli.

Indépendamment des causes que nous venons de détailler, & qui influent plus ou moins sur le bonheur des *femmes*, & leur état dans la société; il en est une dont l'effet très-puissant peut mettre une grande différence dans leurs mœurs, & les rapports de la société avec elles; c'est la beauté.

Il est sûr que par-tout où les *femmes* jouissent d'une grande beauté, toutes choses d'ailleurs égales, les hommes ont des habitudes différentes; & le défaut de formes régulières, d'agrémens, entraîne à sa suite des désordres plus ou moins sensibles. C'est au moins ce qui arriva dans la Grèce, & sur-tout à Athènes. Ce pays, où l'on vit naître tant d'hommes, en qui les qualités corporelles étoient portées presque au plus haut degré de perfection, ne produisit en aucun siècle, ni en aucun âge, des *femmes* célèbres par leur beauté. C'est en partie la cause de la dépravation de l'instinct chez les grecs. *Voyez* PEDERASTIE.

Si, au peu de graces qu'avoient les *femmes* grecques, « dit M. *de Paw*, s'étoit joint encore le mépris » des ornemens; alors l'attrait, qui devoit réunir les » sexes, se seroit de plus en plus affoibli. Et voilà » ce qu'on tâcha de prévenir à Athènes, en y » établissant cette magistrature si singulière, qui » forçoit les *femmes* à se parer d'une manière » décente. La rigueur de ce tribunal étoit extrême: il imposoit une amende énorme de mille » drachmes aux personnes qui étoient ou mal » coëffées ou mal vêtues; ensuite on inscrivoit » leurs noms dans un tableau exposé aux yeux du » public, de façon que l'infamie de la chose excédoit la grandeur même du châtiment; car les » *femmes*, dont le nom avoit paru dans un tel » catalogue, étoient à jamais perdues dans l'esprit » des grecs ». Les magistrats de ce tribunal portoient le nom de *Gynecocosmes*; c'est-à-dire, inspecteurs de la beauté des *femmes*. *Voy.* ce mot.

« Jamais on n'observa parmi les variétés de l'espèce humaine, continue le même auteur, une » différence si marquée qu'entre les *femmes* de » l'Afrique & celles de Circassie, dont le coloris » éblouissant ne tient à aucun prestige de l'art; » & ceux qui les vendent souvent pour cinq ou » six mille piastres, dans le marché de Caffa en » Crimée, font en présence de tous les acheteurs » différens essais pour démontrer jusqu'à l'évidence » que la beauté de leur teint est un don de la nature. (*Kleman. Voy.* en Crimée, p. 67.)

» Les savans ont cru jusqu'à présent que les » athéniennes portoient des vêtemens étroits qui » leur serroient le corps d'une manière cruelle, » uniquement pour se redresser la taille. Mais, » quand on considère les pratiques employées par » ces marchands grecs *Andrapodocapeloi*, & qui » élevoient pour le plaisir des hommes riches & » voluptueux de jeunes esclaves, dont ils comprimoient violemment les hanches avec des ban-

» deaux & des nœuds de corde; alors on soupçonne » dans ces usages un but particulier.

» Plusieurs naturalistes sont persuadés que dans » la Grèce méridionale, dans l'Asie mineure, & » dans les isles de l'Archipel, le sexe est sujet à » un épanchement; & un grand anatomiste de » ce siècle a même découvert que cette singula- » rité affectoit, jusqu'à la configuration des os, » dans un squelette de *femme*, qu'on lui a envoyé » du levant (1). De sorte qu'en ces contrées-là, » un grand nombre d'individus eût été à l'abri » des plus vives douleurs de l'accouchement, si » la forme des habits trop étroits n'eût altéré la » taille, & augmenté de beaucoup le danger d'en- » fanter, & celui de naître. Cependant, quand il » y a dans le climat une force qui attaque le corps » humain, on peut être certain que cette force- » là est immuable. *Galien* dit que de son tems, » on étoit obligé de circoncire les *femmes* de » l'Egypte, & on y est encore obligé de les cir- » concire aujourd'hui. Les peuples des Alpes sont » maintenant aussi sujets aux tumeurs de la gorge, » qu'ils l'étoient il y a deux mille ans.

» Jamais les vierges d'Athènes n'auroient pu » résister aux tourmens qu'on leur faisoit endurer, » sous prétexte de corriger leur organisation, si » l'on ne s'étoit avisé de les faire jeûner pour di- » minuer l'effet nécessaire des sucs nourriciers. Et » malgré cette triste précaution, *Dioscoride* assure » qu'on devoit employer souvent des poudres as- » tringentes & ferrugineuses, pour prévenir la trop » grande croissance du sein, tandis que le corps » étoit extrêmement comprimé au défaut des cô- » tes ». (*Recherches sur les grecs*, t. 1.)

Enfin, ce qui achève de démontrer la rareté des belles *femmes* en Grèce, c'est que si-tôt qu'il en paroissoit une, l'enthousiasme étoit général, son nom étoit répété de bouche en bouche, depuis les extrémités du Peloponèse jusqu'au fond de la Macédoine. Il en résultoit dans les esprits une fermentation semblable à une flamme contagieuse : on vit toute la nation prosternée aux pieds de Laïs, & la Grèce subjuguée par une sicilienne; ce que n'avoient pu ni les armes des perses, ni la politique insidieuse des spartiates.

Ces observations détruisent, comme l'on voit, le systême de M. *Thomas*, qui prétend, dans son *Essai sur les femmes*, que les adorations que les courtisanes grecques s'attirèrent au préjudice des dames honnêtes, étoient dues à la grande supériorité que les premières trouvoient dans l'éducation qu'elles avoient reçue, pour plaire aux hommes, & les séduire par les prestiges des arts & des talens. Ces accessoires pouvoient sans doute y contribuer; mais leur véritable mérite consistoit dans leur beauté, & les graces qu'elles avoient, & dont les *femmes* grecques étoient privées, comme nous venons de le remarquer.

(1) M. Camper : *solution d'un problême proposé par la société littéraire de Rotterdam*, p. 84.

Après ces considérations générales sur l'état des *femmes*, & leur influence sur quelques institutions sociales, nous devons les considérer dans la position de nos mœurs actuelles, & leur rapport avec la police des grandes villes.

Les loix civiles sur le mariage, l'établissement du célibat, le goût du libertinage, & quelques autres causes encore, ont, en quelque sorte, introduit différentes classes de *femmes* dans la société.

Les premières sont les *femmes* civilement mariées, qui acquièrent des droits au nom, à la propriété de leur mari, & transmettent à leurs enfans ces mêmes avantages que leur garantit la loi. Nous n'avons point à nous occuper de cet ordre de *femmes*, parce que nous ne faisons pas un traité de loi civile, mais des remarques sur la police & la civilisation des peuples, & sur-tout des françois.

L'autre sorte de *femmes* sont les concubines. Je les distingue des *femmes* naturelles, des *femmes* entretenues, des courtisanes & des prostituées.

La concubine étoit autrefois reconnue de la loi, & les enfans, qui en naissoient, jouissoient de certains droits de famille. Aujourd'hui, ces usages sont proscrits, sans avoir, comme on l'espéroit sans doute, rendu les mœurs meilleures, c'est-à-dire, dans ce sens, plus sages ou moins libertines : cette injustice ne pouvoit point réprimer ou détruire les passions, ce qui eût été nécessaire pour cet effet; & l'infamie jettée sur des malheureux enfans ou des *femmes* séduites, n'a point dû produire un prodige qu'aucune loi n'a jamais pu atteindre.

Le nom de concubine se donne aujourd'hui chez nous, à la maîtresse d'un homme marié, à la différence de la *femme* naturelle, qui tient, par l'amour & l'habitude, à quelqu'un de libre : la concubine cesse de porter ce nom, si elle-même est dans les liens du mariage ; alors ce n'est plus qu'une maîtresse, & les enfans qui peuvent en naître, sont absolument ceux de celui dont elle porte le nom.

Quelques peuples ont conservé l'usage des concubines, ou pour mieux dire de la polygamie; car on ne cesse pas d'avoir plusieurs *femmes*, parce qu'on donne aux unes un nom, & aux autres un autre : c'est une vraie pluralité de *femmes* sous une autre dénomination.

A la Chine, la décision de la loi ne permet de concubines qu'à l'empereur, aux princes, aux mandarins ; elle les défend au peuple, sous des peines afflictives & pécuniaires, à moins que la *femme* ne soit stérile, & n'ait quarante ans ; auquel cas, elle décerne à cette *femme* le choix d'une concubine, pour donner des enfans à son mari. Le précepte de la loi ne permet qu'à l'empereur d'avoir des concubines, & défend à tous les autres d'en avoir plusieurs. La tolérance & la politique font fermer les yeux sur le nombre de concubines des grands, & sur celles des riches qui n'ont pas le droit d'en avoir ; d'où il résulte que, dans les mœurs chinoises, qui tiennent lieu de loi par l'esprit même de la nation, le concubinage est autorisé, & la polygamie légitimée.

Mais par une bisarrerie singulière, & qui tient à l'abus de la piété filiale, dont on a exagéré l'obligation en Chine, les *concubines* n'y jouissent pas des droits des épouses civiles (1). Tout ce qui est dit dans les loix & dans les livres sur les autres mères, ne la regarde pas. L'épouse légitime est la seule censée mère dans la famille : les fils des *concubines* lui appartiennent ; elle a sur eux les mêmes droits que sur ses propres enfans, & ils lui doivent les mêmes respects & la même obéissance. Ce n'est qu'en vertu de cette espèce de filiation & d'adoption, qu'ils sont regardés comme de la famille, & les frères de leurs frères ; & encore la loi même les met-elle au dessous d'eux : quoiqu'ils soient les aînés, leurs cadets ont le pas au-dessus d'eux dans les cérémonies, dans les assemblées & dans tout ce qui a rapport à la vie civile. Bien plus, ils ne peuvent porter le grand deuil à la mort de leur mère, & ils sont obligés de le porter pour l'épouse légitime ; ils s'asseient dans la salle des visites, tandis que leur mère reste debout (2) ; & quand leur père est mort, si on la veut vendre, ils ne sauroient l'empêcher. Le gouvernement donne l'exemple à cet égard. Dans les confiscations, les concubines sont toutes vendues, au lieu que l'épouse légitime reste avec ses enfans & les sœurs. (*Mém. sur les Chinois.*)

Il est étonnant qu'après un usage, ou plutôt une loi aussi barbare, les rédacteurs des *mémoires* aient voulu arguer de faux M. *de Paw*, sur ce qu'il a dit qu'en Chine, l'on y vendoit publiquement les filles ; l'on y fait pis, puisqu'on y vend des mères, après les avoir séparées de leurs enfans. Excès de despotisme civil, égal à tout ce qu'on nous apprend des peuples les moins civilisés. Il n'y a qu'un abrutissement semblable à celui du chinois, qui puisse tolérer une pareille dégradation de mœurs, & se regarder comme heureux & tranquille. Le calme du despotisme, qui règne à la cour de Pekin, a rongé, détruit, anéanti, dans l'ame de ces peuples, le sentiment des vertus naturelles, ou plutôt des droits de la nature, avec celui de la liberté.

Si les chinois sont injustes envers les concubines, en France, on ne l'est pas moins envers ce que nous avons nommé *femmes* naturelles : la loi n'en reconnoît pas, quoiqu'il en existe de fait ; à-peu-près comme on faisoit des protestans, qui n'avoient point d'existence civile, quoiqu'ils en eussent bien une physique que l'on ne vouloit point avouer.

On appelle *femme* naturelle, celle qui étant libre, s'est attachée à un homme libre, dont elle porte le nom, & avec qui elle vit publiquement & honorablement ; c'est-à-dire, sans afficher aucun désordre de conduite évidemment blâmable.

Il est incontestable qu'une pareille *femme* a tout ce qu'il faut pour transmettre à ses enfans le nom & la propriété de leur père avec la sienne : cependant l'intérêt des familles, une longue habitude, des préjugés religieux, l'aristocratie des gens mariés civilement, frappent de bâtardise l'enfant, & dégradent au rang de prostituée la *femme* fidelle & sage, que le hasard, des circonstances, des empêchemens de parenté, ou d'autres causes, ont empêché de remplir les formes prescrites par l'usage ou par la loi.

Cependant il est bien clair que c'est dans le consentement de l'homme & de la *femme*, dans la continuité suffisante de leur union, dans la naissance & l'éducation des enfans, que consiste le mariage : l'acte civil ne peut qu'assurer le magistrat de leur intention de vivre ensemble ; & lorsque cette intention, ce consentement est prouvé par le fait, je ne vois pas comment on pourroit le frapper de nullité, parce qu'il n'y a pas un pacte préalable & civil, qui l'énonce. Il y a plus, c'est que dans nos loix, un mariage est bon, & les enfans légitimes, quand le mari & la *femme* ont été unis civilement, quoiqu'ils n'eussent pas vécu deux heures ensemble, après les formalités d'usage ; tandis que deux personnes, qui ont constamment & paisiblement resté dans une union paisible, voient leurs enfans bâtards & leur mariage illégitime, s'ils n'ont pu recourir à tems aux moyens de les légitimer.

Il faut convenir cependant que les mœurs ont un peu adouci cette rigueur des loix, & qu'on ne chasseroit pas facilement aujourd'hui les enfans naturels de la maison de leur père ; qu'on ne les expro-

(1) *Voy.* Mém. sur les chinois, tom. IV, p. 289.

(2) On conçoit, par cet usage, que le systême de la piété filiale, chez les chinois, est plutôt le produit d'une combinaison politique & artificieuse, que l'effet d'une vertu publique, inhérente à la nation. Chez nous, quoique les mères naturelles soient moins considérées que les autres, une pareille coutume passeroit pour un scandale, & seroit bientôt proscrite.

prieroit pas comme autrefois, parce que leurs parens ne seroient unis que par les liens d'un mariage naturel. L'on a même des arrêts qui prononcent l'hérédité en pareil cas. *Voyez* MARIAGE.

Le mot de *femme* entretenue désigne celle dont les dépenses sont supportées par un homme qui vit avec elle dans un commerce d'amour. Les *femmes* entretenues ne vivent point avec des hommes qui les entretiennent, & c'est en quoi je les fais différer des concubines; elles n'en portent point non plus le nom, & c'est ce qui les distingue des *femmes* naturelles. On leur a donné le nom d'entretenue, parce que c'est le rapport le plus positif qu'elles aient avec leurs amans; ce rapport cessant, tous les autres cessent la plupart du tems.

Ce n'est pas que les deux autres espèces de *femmes*, que nous venons de nommer, ne vivent très-communément aux frais des hommes qui les aiment; mais cette condition n'est point la base de leur union & de leurs habitudes ensemble: c'est pourquoi nous avons regardé, comme devant être placées dans la classe des concubines ou des *femmes* naturelles, un grand nombre de celles que l'usage fait nommer simplement *femmes entretenues*.

Mais celles qui méritent véritablement ce nom dans l'acception ordinaire, c'est-à-dire, qui se donnent à un homme en quelque sorte à loyer; ces *femmes* sont des espèces de prostituées, au-dessous des courtisannes par le rang, quoique souvent moins dépravées qu'elles encore. Elles ont, comme dit *M. Mercier*, un amant qui paie, dont elles se moquent, qu'elles rongent & dévorent, & un autre à leur tour, qu'elles paient, & pour lequel elles font mille folies.

« Ou ces *femmes* deviennent insensibles, continue le même écrivain, ou elles aiment jusqu'à la fureur; alors elles paient à l'amour le tribut d'un cœur délicat; sur le retour, elles ont la rage de se marier. Ceux qui préfèrent la fortune à toutes autres considérations, les épousent. Ces épouseurs sont ordinairement un petit violon, un médiocre peintre, un mince architecte, & quelquefois un commis.

» On ne dit point en Perse, (suivant le marquis d'*Argens*) la *Zaïde*, la *Fatime*, mais la *cinquante tomans*, la *vingt tomans*. (Un *toman* vaut quinze écus de notre monnoie.) De même, ajoute-t-il, aux noms de nos *filles entretenues*, on devroit substituer ceux de la *cent louis*, la *cinquante louis*, la *dix louis*, &c. Le tout pour l'utilité publique & l'instruction des étrangers, qui paient souvent fort cher ce qui est à très-bon marché pour tout le monde ». *Tableau de Paris*, t. 3, ch. 140.

Il est sûr qu'il existe une grande dépravation & beaucoup d'immoralité parmi les *femmes* entretenues, dans le sens que nous prenons ce mot. Sans délicatesse, sans amour, incapables d'un sentiment d'attachement même passager, elles se regardent comme des marchandises au service de celui qui peut payer le plus; elles se donnent ainsi au plus riche, avec une bassesse bien plus méprisable que le cinisme & la dépravation des dernières prostituées.

Mais toute cette inconduite, toute cette dégradation, ne met pas, comme on voudroit le persuader, les *femmes* entretenues sous la main de la police. La plupart sont domiciliées; & quand elles ne le seroient pas, il n'est pas de la compétence du pouvoir politique de connoître des actions individuelles & des fautes de la conduite privée. Ainsi c'est une erreur du zèle & de l'engouement moral de prétendre exercer une autorité despotique sur cette espèce de *femmes*; si l'ancienne police, qui ne respectoit rien, a cru pouvoir les vexer & les opprimer, ce n'est point une raison pour en faire autant, & livrer à la rapacité, aux menées d'agens subalternes de l'autorité, des *femmes* à qui leurs mauvaises mœurs ne font point perdre le titre de citoyennes, & leur droit à la protection publique.

Nous ne parlerons point ici des courtisanes, ni de leur rapport avec les loix de police. Ce que nous en avons dit ailleurs, est suffisant pour en faire connoître l'influence sur les mœurs: nous remarquerons seulement qu'elles diffèrent des *femmes* entretenues, en ce sens, qu'elles ne sont point aux gages d'un homme en particulier, qu'elles reçoivent indistinctement le public, suivant les proportions que la fortune met entre leurs faveurs & ceux qui s'adressent à elles.

Il y en a beaucoup de cette espèce dans les grandes villes, & même de passablement belles. Les dépenses qu'elles font, ou auxquelles elles donnent lieu, sont un des encouragemens des travaux de luxe & de fantaisie; &, ce seroit peut-être un malheur, si tout-à-coup Paris se trouvoit privé de ce moyen de consommation, de ce débouché pour les ouvrages de caprice & de mode: il est sûr que le commerce & l'industrie en recevroient une secousse, momentanée sans doute, mais enfin qui diminueroit les bénéfices des manufactures & du luxe.

Ce que nous avons dit des rapports de la police avec les *femmes* entretenues, n'est pas moins vrai, relativement aux courtisanes. Il seroit souverainement bête & injuste de vouloir les assujettir à des visites, à des enrôlemens, à des assujettissemens, qui sont des atteintes gratuites, & sans objet, au droit des individus. *Voyez* COURTISANES.

Quant aux prostituées, encore qu'il ne soit nullement permis d'exercer sur elles une autorité arbitraire; peut-être est-il utile de faire quelques réglemens à leur égard, bien moins pour punir, par l'autorité publique, le délit moral qui ne la regarde pas, que pour empêcher les progrès de ce fléau qui tourne également au malheur de celles qui le causent, & au déshonneur de la société. *Voyez* ABUS, PROSTITUTION, BATARD, ABANDON, ENFANT-TROUVÉ.

FER ROUGE, f. m. Instrument dont on se sert pour marquer les coupables qui ont encouru cette peine par la nature du délit qu'ils ont commis.

Nous ne parlons ici de cet instrument que pour blâmer la cruauté féroce de quelques écrivains, qui, peu satisfaits qu'on inflige la peine du *fer rouge* sur les parties cachées & moins sensibles des coupables, telles que l'épaule, voudroient encore qu'on s'en servît aux parties découvertes & sensibles, telles que la figure.

Le chevalier *Filangieri*, qui le croiroit, dans son excellent ouvrage sur la législation, trouvant la peine de mort trop grande contre les banqueroutiers frauduleux, & par cela impossible à pratiquer, ce qui multiplie les fraudes dans le commerce, conseille d'y substituer l'infamie & l'impression du *fer rouge* au front.

Il est des peines qui, sans être extrêmement cruelles, révoltent, soit parce qu'elles ne dégradent pas seulement le criminel, mais l'espèce entiere, soit parce qu'elles paroissent joindre à la douleur un raffinement de vengeance outrée, & ôter au malheureux criminel l'espoir de devenir bon citoyen, en expiant son crime. Telle seroit la marque avec un *fer rouge* sur le front; elle seroit une barrière éternelle, mise entre la société & celui qui la porte, elle porteroit le coupable au désespoir; & qui sait si, pour se venger de cette insultante & implacable cruauté, il ne finiroit point par devenir un brigand, un meurtrier; s'il n'épieroit pas les moyens de vendre chèrement sa vie, & de causer de nouveaux malheurs dans la société. Les hommes peuvent se corriger, il faut au moins leur en laisser l'espérance; & c'est la leur ôter, que de mettre sur leur front la marque évidente de leur faute: c'est créer de nouveaux ennemis des loix & de la patrie, c'est les rendre forcément & à jamais pervers.

On a souvent vu des hommes transportés aux colonies pour vol, brigandages, devenir bons pères & bons citoyens: l'impression du *fer chaud* au front leur eût infailliblement ôté ce moyen, parce que portant par-tout ce signe de réprobation, ils n'eussent jamais pu effacer par leur conduite, leur douceur, leur honnêteté, les idées qu'il rappelle sans cesse à l'esprit des hommes.

S'il n'en étoit point ainsi; si, malgré la marque d'infamie placée par un rafinement diabolique sur ce siège de la dignité de l'homme, les coupables parvenoient à rentrer en grace avec la société, par des services signalés qu'ils auroient pu lui rendre; si cette marque ne choquoit plus les yeux, ce seroit un malheur, un moyen de plus, ôter à la loi de retenir les hommes dans le devoir, par la crainte de voir leur honte & leur infamie publiques.

Cette infernale idée d'appliquer un *fer rouge* sur la figure de l'homme, est donc outrageante à l'espèce entière, & de plus ne rempliroit pas son objet: mais quand il seroit vrai qu'elle pût empêcher certains délits; ce qui est faux, parce que l'atrocité des peines n'en prévient aucun, il n'en faudroit pas faire usage, parce qu'elle flétrit moins le coupable, qu'elle n'insulte à l'homme en général. Si Dieu vouloit flétrir notre espèce, il ne pourroit employer un moyen plus sûr que celui que nous combattons ici.

Cette idée soulève le sentiment, & ne peut par conséquent germer dans l'esprit d'un législateur censé. Veut-on que je le dise? Je préfère la peine de mort, qui n'est que cruelle, à ce *fer rouge* sur le front, qui est une barbarie, une profanation de la dignité de l'homme.

Quand, pour punir l'adultère, on me dit qu'il faut pendre l'être foible & timide qui s'est laissé séduire, je dis voilà des tigres, des fanatiques, qui parlent; mais si l'on me disoit qu'il faut publiquement insulter à sa pudeur, la livrer à la brutale férocité d'un bourreau, par exemple; je dirois que ceux qui conseillent cette peine, non-seulement sont des hommes injustes & cruels, mais encore que leur châtiment est bien plutôt une injure faite à la société qu'ils croient venger, qu'un moyen d'empêcher le vice de naître & de le punir.

Il est donc des idées, des préjugés, des sentimens qu'il faut respecter, même envers ceux qui ont rompu le lien qui les attachoit à la société: car ce sont encore des hommes; & s'ils ne tiennent plus aux loix, ils tiennent encore à l'humanité.

La peine du *fer rouge* imprimé sur le front, ou même sur la joue, ainsi que le proposoit un certain de la *Morandiere* (1) contre les mendians désobéissans, sont donc des cruautés 1°. barbares, 2°. inutiles, 3°. insultantes à l'humanité, 4°. dangereuses pour la société.

Et il m'importe peu qu'on me cite l'exemple de quelques peuples qui ont mis en usage ces peines, ou d'autres à-peu-près semblables; c'est comme si un fou s'autorisoit des rêves ou de l'ivresse d'un

(1) Voyez le *discours préliminaire*, vers la fin.

homme sage, pour justifier sa conduite. Chaque peuple a eu ses erreurs & ses excès qu'il faut connoître & éviter. *Voyez* PEINE.

FERMETURE, s. f. Ce qui tient fermé quelque chose; on donne aussi ce nom à la disposition ou l'obligation de fermer: c'est dans ce sens, que l'on ordonne la *fermeture* des portes pendant la nuit, comme un moyen de sûreté & de tranquillité publiques.

Ce soin a, de tout tems, été recommandé & ordonné aux bourgeois & habitans des villes par les magistrats & officiers chargés de la police.

C'est en effet une des plus utiles précautions de sûreté, que de fermer exactement les portes des allées, des cours, des maisons, des jardins, pendant la nuit; car, faute de ce soin, les brigands, les voleurs peuvent s'y introduire, s'y cacher & échapper ainsi à la poursuite des gardes ou de la maréchaussée.

C'est pourquoi différentes ordonnances prescrivent la *fermeture* des portes, pendant la nuit, sous différentes peines.

L'ordonnance de police pour Paris, de 1778, porte textuellement: « Enjoignons à tous propriétaires & principaux locataires des maisons de cette ville & fauxbourgs, de quelque état & condition qu'ils soient, de tenir les portes de leurs maisons fermées, pendant la nuit; leur défendons de les laisser ouvertes après huit heures du soir, depuis le premier novembre jusqu'au dernier mars; & après dix heures, depuis ledit jour dernier mars jusqu'au premier novembre, à peine de 100 liv. d'amende contre chacun des contrevenans; & sous plus grande peine, en cas de récidive ».

On appelle encore, en terme de voierie, *fermeture*, les différens moyens qu'on emploie pour tenir les maisons fermées; & les propriétaires sont obligés de payer un droit de voierie, lorsqu'ils les font mettre. Telles sont les portes, les croisées, les trappes de cave, les soupiraux. Le tarif de 1735 exige un droit de 4 liv. pour chacun de ces objets, en quelque nombre qu'ils soient sur une même rue, & lorsqu'ils sont établis dans l'année de la date de la permission.

Un soin particulier que doivent avoir les officiers de police, c'est de faire exactement fermer les caves, & d'obliger à prendre des précautions pour empêcher les accidens, lorsque les trappes sont ouvertes. *Voyez* CAVE.

FESTIN, s. m. C'est le nom qu'on donne à un repas de cérémonie, où l'on met plus de recherche & de magnificence, que dans les repas ordinaires.

L'on peut considérer différens objets relatifs aux *festins*; 1°. les avantages qui en résultent; 2°. les inconvéniens, auxquels ils peuvent donner lieu; 3°. les loix somptuaires ou de police, qui ont été faites à leur égard.

1°. Les avantages des *festins* résultent des liaisons d'amitié, auxquelles ils donnent lieu, de l'oubli des injures, de la familiarité, de l'égalité qu'ils produisent entre les convives. Ce sont sans doute ces raisons qui en ont introduit l'usage chez les anciens, & l'ont même perpétué jusqu'à nous.

Les chrétiens en avoient établi parmi eux, sous le nom d'*Agapes*, où chacun apportoit sa part en proportion de sa fortune; ils se célébroient dans l'église, après la communion.

Solon avoit également ordonné chez les Athéniens de certains repas ou *festins* publics, où les citoyens étoient obligés de se trouver chacun à son tour, sous peine d'amende.

Par le même motif, Romulus ordonna qu'à certains jours de fête, tous les habitans d'une même curie s'assembleroient & mangeroient ensemble en signe de paix & de société; il voulut même que ces *festins* fissent partie du culte religieux, & il les nomma *convivia sacra*.

L'on ne doit point confondre de semblables institutions avec l'usage de Sparte, de manger en commun. Rien ne ressembloit moins à un *festin*, qu'un dîner lacédémonien; & les repas de tous les jours étant pris sous cette forme, ils n'avoient rien de l'extraordinaire qui caractérise les *festins*.

Au reste, cette coutume avoit sûrement des avantages, celui de réunir tous les citoyens, de les mettre à portée de se connoître, de se juger, de faire des liaisons d'amitié & de service; & c'est l'objet principal qu'on s'y proposoit. D'un autre côté, c'étoit une gêne, un assujettissement désagréable à la longue, qui d'ailleurs privoit les familles des habitudes domestiques & de la civilisation qui en est la suite; aussi les spartiates, par cette raison, & d'autres encore, furent-ils incivils & detestés de tous leurs voisins.

Les Romains mettoient une grande recherche dans leurs *festins*; & nous voyons, parce qu'on nous en rapporte que non-seulement ils avoient une grande profusion de mets, mais encore des musiciens, des danseuses, des farceurs, des comédiens à la fin du repas: ce qui donnoit lieu à des dépenses prodigieuses, & motiva les loix somptuaires qu'on fit à ce sujet, & qui ne furent que très-imparfaitement exécutées, comme toutes celles qui attaquent l'exercice de la liberté privée, & l'usage des choses domestiques.

Le

Le luxe des romains, à cet égard, s'est en partie conservé; & si la musique ne fait plus une partie essentielle d'un *festin*, du moins les gens riches se procurent-ils d'ailleurs tout ce qui peut flatter la sensualité des convives.

L'usage des provinces n'est pas au reste entièrement semblable à celui de la capitale. L'on a plus de mets dans les premiers, & d'un meilleur choix à Paris. La conversation, la gaîté, y est plus spirituelle; l'on y mange moins, mais l'on y jouit plus. C'est un, je ne sais quoi, que l'on doit au perfectionnement de la société, au goût des arts & du plaisir, moins délicat, moins exercé dans les provinces; la gêne de l'imitation, la contrainte, les prétentions de la richesse sont inconnues à Paris, & règnent encore dans les autres villes, d'une manière sensible.

Au reste, on a moins qu'autrefois le goût des *festins*, c'est-à-dire, de ces repas suivis de danses; & accompagnés de musique & de tout ce qui peut étourdir, agiter, enivrer les hommes. Ce changement tient tout uniment à l'amour de la variété, à la lassitude, au dégoût du même usage, & au desir d'en changer. Ce n'est pas que la raison ne soit plus cultivée, plus perfectionnée, plus puissante qu'autrefois; mais en matière de goût, de mode, d'usages nationaux, la raison n'est assez ordinairement pour rien.

2°. S'il résulte de l'usage modéré des *festins* quelque utilité pour l'adoucissement des mœurs & les agrémens de la société, il en naît souvent aussi des inconvéniens, l'habitude, la dépense, la débauche, les rixes & les désordres de l'ivresse; enfin, les excès d'hommes échauffés par le mélange des alimens & des différentes liqueurs les plus échauffantes.

La dépense est sur-tout un affreux inconvénient des *festins*; elle entraîne des faillites parmi les marchands, des dettes parmi les gens du monde; enfin, tous les désordres d'une fortune délabrée & ruinée de toute part.

C'est sur-tout chez les personnes vaniteuses, ou chez celles qui croient, par un extérieur de luxe, cacher leur état de détresse, que ces abus ont lieu; & c'est pour y parer, qu'en différens tems, & chez presque tous les peuples, il a été fait des loix somptuaires, très-inutiles par les raisons que nous avons dites, & par celles que nous détaillerons plus bas.

Les autres inconvéniens sont la débauche & l'ivrognerie; la débauche privée, celle qui se commet dans l'intérieur des maisons particulières, n'est absolument point du ressort de la police. Que ce soit des femmes publiques qui en fassent les frais, ou que ce soit d'autres, c'est une chose absolument étrangère au pouvoir politique. Il n'y auroit que le cas où cette débauche exciteroit des plaintes, des murmures par le bruit, par le scandale public, auquel elle donneroit lieu, qui pourroit éveiller l'attention du ministère public, & motiver des défenses : encore faudroit-il que des raisons suffisantes, de la part d'un grand nombre de particuliers plaignans, eussent motivé ces plaintes; en un mot, qu'il y eût nuisance publique, sans quoi, la liberté de l'intérieur des maisons défend à la puissance politique d'intervenir, & de s'y mêler des actions privées & de la conduite des personnes.

Je sais bien que ces principes ne sont point respectés, que la police encore aujourd'hui se croit autorisée à prendre connoissance de ce qui se passe dans les maisons, & à exercer une autorité directe sur la conduite des personnes; mais ces abus tiennent au défaut de lumières, & non à la nature même de la police.

Un effet assez ordinaire de la débauche qui accompagne les *festins*, c'est l'ivrognerie : ce défaut de modération & de mesure, dans l'usage du vin & des liqueurs, donne souvent lieu à des rixes, à des violences, & l'on trouve différens genres de punitions établis contr'elle par notre ancienne législation.

Charlemagne fit plusieurs réglemens que les rois ses successeurs ont imités, & sur lesquels ils ont enchéri en rigueur & en châtiment. Nous allons en rapporter l'extrait, non pour proposer de les imiter, mais afin de faire connoître l'esprit de la législation de nos pères.

Le premier qui se présente, est un édit de l'an 802; « il fait défenses à toutes personnes de s'enivrer, de ravir le bien d'autrui, de voler, de » blasphémer, & d'avoir des querelles & des différends, soit dans les repas ou ailleurs, & il exhorte tous ses sujets à vivre ensemble dans une » paix & une charité parfaite ».

Dans cinq autres ordonnances des années 802, 803, 810, 812, & 813, ce même prince « déclare les ivrognes d habitude indignes d'être ouïs » en justice dans leur propre cause, & incapables » d'y rendre aucun témoignage pour leur prochain; » il enjoignit aux anciens d'être circonspects, à ne » se pas laisser surprendre par l'excès du vin, & » les exhorta d'enseigner, par leur exemple, aux » jeunes gens à garder la sobriété; il défendit de » s'exciter les uns les autres à boire avec excès, » jusqu'à s'enivrer, à peine d'être condamnés à ne » boire que de l'eau, & d'être séparés de toute » société pendant un certain tems; il défendit enfin » de s'abandonner à l'ivrognerie, à peine de punition corporelle; & après avoir exagéré tous » les désordres qu'elle cause au corps & à l'esprit, & fait observer qu'elle est la source fatale de tous les autres vices, il déclara que, » comme la courte folie dans laquelle elle fait

» tomber, est purement volontaire, elle ne peut » servir d'excuse aux crimes qu'elle fait commet» tre, & que les coupables en doivent être punis, » selon toute la sévérité des loix ».

Ces loix tombèrent en désuétude; mais S. Louis voulut les remettre en vigueur, & en faire de nouvelles : son ordonnance de 1254 « défend de » recevoir aucune personne dans les cabarets pour » y boire, sinon les passans, les voyageurs, ou » ceux qui n'ont aucune demeure dans le lieu même » où est situé le cabaret ».

3°. A ces loix de police, pour recommander & faire observer la tempérance, on ajouta des loix somptuaires, comme nous venons de le dire, mais qui ne produisirent aucun des effets qu'on en attendoit; puisqu'il est sûr que depuis qu'elles ont été publiées, le luxe de la table a fait des progrès considérables, & qu'il est toujours proportionné à la richesse des peuples & au perfectionnement des arts & des jouissances de la société.

Nous remarquerons aussi qu'on a cru quelquefois utile de fixer la consommation des tables dans les tems de cherté & de disette; mais ce moyen est d'une foible ressource contre un si grand mal, & la loi court risque d'être mal observée, parce qu'il est presque impossible de veiller à son exécution.

Le premier réglement somptuaire, un peu détaillé, que présente notre législation, est celui de Philippe-le-Bel, « qui défendit par un édit de l'an » 1294, ordonnance du saint roi son aïeul, de » donner dans un grand repas plus de deux mets » & un potage au lard, & dans un repas ordinaire » un mets & un entre-mets ; il permit par ce » même édit, les jours de jeûne seulement, de » servir deux potages aux harengs & deux mets, » ou un seul potage & trois mets ; il défendit de » servir dans un plat plus d'une pièce de viande, » ou d'une seule sorte de poisson ; & enfin il dé» clara qu'il entendoit que toute grosse viande fût » comptée pour un mets, & que le fromage ne » passât point pour un mets, s'il n'étoit en pâte » ou cuit dans l'eau ».

François Ier., ayant été informé des désordres que l'ivrognerie causoit dans sa province de Bretagne, y pourvut, par un édit général du mois d'août 1536, pour tout le royaume; il porte « que, » pour faire cesser les oisivetés, les blasphêmes, » les homicides, & les autres inconvéniens qui » arrivent de l'ébriété, le roi ordonne que qui» conque sera trouvé ivre, soit incontinent cons» titué & retenu prisonnier au pain & à l'eau pour » la première fois; que la seconde, outre cette » peine, il soit battu de verges ou de fouets » dans la prison; que s'il récidive une troisième » fois, il soit fustigé publiquement; que, s'il est » incorrigible, il soit puni d'amputation d'oreil» les, d'infamie & de bannissement, avec injonc» tion très-expresse aux juges, chacun en son » territoire, d'y veiller diligemment; & qu'enfin, » s'il arrive que, par ébriété ou chaleur de vin, » les ivrognes commettent quelque faute ou quel» que crime, l'ivresse ne pourra leur servir d'ex» cuse; qu'au contraire ils seront punis de la peine » due au délit qu'ils auront commis, & encore » punis par une autre peine, à l'arbitrage du juge, » pour s'être enivrés ».

Les guerres civiles, qui agitèrent la France, sous le règne de Charles IX, y traversèrent beaucoup le commerce & l'agriculture; l'abondance des choses nécessaires à la vie diminuant à proportion, la disette ne fut pas long-tems sans se faire craindre : ce prince crut y pourvoir par un édit du 20 janvier 1563, qui mit un taux aux vivres, & retrancha la superfluité dans les repas. Il porte, à l'égard de cette dernière partie, qui est la seule dont il s'agit ici, « qu'en quelques nôces, *festins* » ou tables particulières que ce pût être, il n'y » auroit dorénavant que trois services au plus; » savoir : les entrées de table, la viande ou le » poisson, & le dessert; qu'en toutes sortes d'en» trées, soit en potage, en fricassée ou pâtisserie, » il n'y auroit au plus que six plats, & autant » pour la viande ou le poisson, & dans chaque » plat une seule sorte de viande; que ces viandes » ne pourroient être mises doubles; que l'on ne » pourroit, par exemple, servir deux chapons, » deux lapins, deux perdrix pour un plat, mais » seulement un de chaque espèce; qu'à l'égard des » poulets & pigeonneaux, on en pourroit servir » jusqu'à trois, des grives, beccassines & autres » oiseaux de cette nature, jusqu'à quatre, & des » allouettes, & autres espèces semblables, une dou» zaine en chaque plat; qu'au dessert, soit fruits, » pâtisserie, fromage ou autres choses quelcon» ques, il ne pourroit non plus être servi que six » plats; le tout, sur peine de 200 liv. d'amende » pour la première fois, & 400 liv. pour la se» conde, applicables moitié au roi, & moitié au » dénonciateur.

» Il ordonne que ceux qui auront été en *festin* » ou compagnie particulière, où l'on aura contre» venu à la présente ordonnance, seront tenus de » le dénoncer le jour suivant au juge, sur peine » de 40 liv. d'amende.

» Enjoint aux juges & officiers de justice, qui » se trouveront à de pareils *festins*, de se retirer » aussi-tôt qu'ils se seront apperçus de la contra» vention, & de procéder promptement à la con» damnation des contrevenans, sur peine de 200 l. » d'amende, & de tous dépens envers celui qui » aura fait la poursuite dont le roi se réserve la » connoissance, & à son conseil.

» Que les cuisiniers, qui auront servi à ces » repas, seront, pour la première fois, condamnés en 10 liv. d'amende, & à tenir prison quinze » jours au pain & à l'eau; pour la seconde, au » double de l'amende & du tems de la prison; » & pour la troisième, au quadruple de l'amende, » au fouet & bannissement du lieu, comme étant » pernicieux à la chose publique.

» Fait défenses de servir chair & poisson en un » même repas, sur peine de 200 liv. d'amende, » applicables comme dessus.

» Ordonne aux baillis, sénéchaux, prévôts ou » leurs lieutenans, de faire, chacun dans la principale ville de son ressort, assembler les échevins & gouverneurs, avec bon nombre de notables bourgeois; leur déclarer sommairement » le contenu en la présente ordonnance, & les » exhorter à l'observer, & à donner leur avis sur » ce qu'ils croiroient être à faire de plus, pour » remédier au luxe, dont les juges dresseront procès-verbal, qu'ils enverront à M. le chancelier pour » leur être pourvu ».

Les troubles continuèrent, la disette augmenta, & ce même prince, Charles IX, réitéra toutes les dispositions de cet édit, par une ordonnance du 20 février 1565; par l'édit de Moulins, du mois de février 1566, & par une déclaration du 25 mars 1567. La famine, jointe à la guerre, ajouta encore un nouveau poids à la calamité publique; la disette du bled fut si grande, qu'à peine le peuple pouvoit avoir du pain. Il n'auroit pas été juste que les riches, pendant ce tems, eussent employé au luxe & en superfluités, ce qu'ils devoient destiner au soulagement des pauvres. Ce fut le motif d'une déclaration du 20 octobre 1573, par laquelle, après plusieurs réglemens concernant les bleds, le roi mande aux gens tenant la police générale à Paris, « que, pour faire cesser les grandes & ex- » cessives dépenses qui se faisoient en habits & en » *festins*, ils fissent de nouveau publier & garder » inviolablement toutes ses ordonnances somptuai- » res, & afin que l'on pût être averti des fautes » & contraventions qui se commettoient à cet » égard; que les commissaires du châtelet de Paris » pourroient aller & assister aux banquets qui se » feroient ». La disette ayant continué, toutes ces dispositions furent réitérées par une déclaration du 18 novembre de la même année 1573; avec injonction aux commissaires du châtelet, à l'égard de Paris, & aux juges ordinaires des lieux, chacun en droit-soi, de faire les recherches & perquisitions nécessaires pour la découverte des contraventions.

Le funeste accident qui termina les jours de Henri III, fut suivi de plusieurs troubles excités par les différentes factions qui partageoient alors la France. La ville de Paris en reçut les plus vives atteintes; elle fut bloquée plusieurs fois, & une fois assiégée dans les formes: pendant l'un de ces blocus, la disette y étant fort grande, les magistrats, dans une assemblée générale de police, rendirent une ordonnance le 30 janvier 1591, tant pour la sûreté publique, que pour ménager les vivres; elle contient deux dispositions: Par la première, « ils défendoient à toutes personnes de faire » aucuns *festins* ou banquets en salles publiques, » soit pour nôces ou autres occasions, telles qu'elles » pussent être; ils enjoignirent aux maîtres de ces » salles de les tenir fermées, & leur firent défen- » ses d'y recevoir aucunes personnes, jusqu'à ce » qu'autrement par justice en eût été ordonné; » & par la seconde, ils défendirent de faire au- » cuns *festins* ou banquets en maisons particuliè- » res, dont l'assemblée excédât le nombre de douze » personnes ».

La France, épuisée par les longues guerres qu'elle avoit eues à supporter, une partie de ses terres étoit demeurée inculte; le prix du bled en augmenta considérablement, & l'ordre public en reçut aussi-tôt les atteintes qui sont ordinaires en semblables occasions. Louis XIII, d'immortelle mémoire, y pourvut par un édit fort ample du mois de janvier 1629; il contient 361 articles sur différentes matières, & rien ne fut omis de tout ce qui concerne la police. « L'art. 134 fait défenses » à toutes personnes, de quelque qualité qu'elles » soient, d'user au service de leurs tables, pour » quelque prétexte & occasion que ce soit, même » aux *festins* de noces & fiançailles, de plus de » trois services en tout, & d'un simple rang de » plats, sans qu'ils puissent être mis l'un sur l'au- » tre; qu'il ne pourra y avoir plus de six pièces » au plat, soit de bouilli ou de rôti, de quelque » sorte de menue volaille ou gibier que ce puisse » être, soit en leurs maisons ou aux maisons & » salles publiques, où on a accoutumé de traiter; » le tout, à peine de confiscation des tables, vais- » selles, soit que l'on en soit propriétaire, ou » qu'elles aient été empruntées ou louées, & des » tapisseries des salles ou chambres, où se feront » les *festins*; défend aussi tous repas, *festins*, » sous prétexte d'entrées, bienvenues, réceptions, » maîtrises, bâtons de confrairies, redditions de » comptes de communautés, élections, prestations » de serment pour quelque charge que ce soit, à » peine de 300 liv. d'amende, payables sans dé- » port contre ceux qui feront les *festins*, jurés des » communautés, maîtres des confrairies & autres » que besoin sera.

» Le 135e. fait défenses d'employer plus de 40 » ou 50 liv. au plus pour les *festins* & collations » de ceux qui font assembler leurs amis pour dis- » puter & se préparer à l'examen de leur récep- » tion aux offices dont ils ont traité, à peine » d'être renvoyés à l'examen, & de 500 livres » d'amende.

» Le 136e. défend à ceux qui font profession » d'entreprendre des *festins* de noces, de fiançailles » ou des repas pour autres sujets, de prendre plus » d'un écu par tête; & à proportion, si c'est à » prix fait, à peine de 1500 liv. d'amende, & » répétition contr'eux par les pères ou tuteurs de » ceux qui auront fait des *festins*, ou par les ad» ministrateurs de l'hôpital, des sommes qu'ils » auront reçues, & de confiscation de toute la » vaisselle & meubles qui auront servi à ces *fes-* » *tins*, & aux salles & chambres où ils se feront » faits; leur fait défenses, à peine de prison & » de 3000 liv. d'amende, de recevoir en leurs » maisons, & d'entreprendre des *festins* pour les » officiers du roi & les enfans de famille; si ce » n'est pour des noces & fiançailles, & pour un » écu par tête ».

L'on ne feroit point aujourd'hui de semblables loix, parce que le royaume fournit abondamment tout ce qui est nécessaire au luxe de la vie; que l'on ne peut pas empêcher les hommes d'user librement de leur propriété, & qu'on a reconnu l'inutilité de tous les réglemens en matière de luxe & de conduite individuelle.

Au reste, la France n'est pas la seule qui ait eu de semblables loix sur les *festins*; Rome en donna l'exemple jadis, & des étrangers l'ont, ainsi que nous, pris pour modèle. Il seroit trop long d'entrer dans les détails qui concernent cet objet de police chez eux; nous renvoyons aux livres qui en traitent, & sur-tout au mot *luxe* de cet ouvrage.

FÊTE, s. f. Jour destiné à une solemnité ou une réjouissance publique.

Ainsi l'on doit distinguer deux espèces de *fêtes*, celles que la religion a consacrées, & celles que des usages, l'amour du plaisir, & le besoin d'amusement, ont introduites chez les différens peuples; on peut ajouter à ces deux les *fêtes* politiques.

Les *fêtes* religieuses ont pour objet le culte de la Divinité, les cérémonies qui peuvent en relever la pompe & la magnificence; elles sont de toute ancienneté dans l'histoire de la civilisation, & les nations les plus éclairées y ont toujours attaché de l'importance. Ce sont elles qui établissent entre des peuples éloignés, ennemis quelquefois, des liens d'union, de fraternité; elles servent la philosophie & l'humanité, en même-tems qu'elles contribuent au maintien de la religion & des habitudes morales des peuples.

Il est cependant du devoir d'un législateur éclairé de prévenir, par des réglemens convenables, les abus, auxquels les accès de dévotion & le fanatisme peuvent donner lieu dans l'institution & l'usage des *fêtes* religieuses; car il est sûr que l'esprit du peuple s'exaltant, s'échauffant, au milieu des actes, des mouvemens qui suivent, précèdent ou accompagnent les grandes cérémonies de la religion, il est extrêmement dangereux de ne point se mettre d'avance en état d'arrêter les désordres qui en pourroient naître.

Ce danger, au reste, n'est à craindre qu'autant que les *fêtes* ont quelque chose de profond & d'excessif dans les sentimens; qu'autant qu'elles sont liées d'une manière impérative, avec la conduite de la vie privée & le systême de la morale publique: autrement elles sont innocentes, & ne produisent que des habitudes de paix & des sentimens de bienveillance. Du moins, toute *fête* doit-elle porter ces caractères d'utilité publique, pour être digne d'une institution nationale.

Nous avons chez nous un grand nombre de *fêtes* religieuses. Dans ces jours, l'église & le peuple sont plus particulièrement occupés des sentimens de piété, ou au moins de l'apparence de ces mêmes sentimens. La plus célèbre est la *Fête-Dieu*; c'est celle où le catholicisme paroît avec le plus d'éclat, & ce jour-là est vraiment la *fête* de la religion romaine.

Son importance, & les cérémonies qu'elle exige, ont donné lieu à différens réglemens de police, tant pour prévenir les accidens, que pour maintenir la décence. Il n'est pas inutile de les faire connoître, & nous allons rapporter ceux qui s'observent à Paris.

Par une ordonnance du 10 juin 1702, les bourgeois & habitans sont obligés de balayer les rues, de tendre & tapisser leurs maisons, avant que la procession du saint sacrement passe, à peine d'amende.

Par deux ordonnances des 18 mai & 10 juin 1720, « il est défendu, sous la même peine, de tirer aucunes armes à feu, pétards ou fusées, dans les rues, dans les cours ou jardins, & par les fenêtres de leurs maisons, pour quelque cause, prétexte ou occasion que ce soit, & nommément les jours de la *Fête-Dieu*, ou autres *fêtes*, pendant que les processions passeront dans les rues, avant qu'elles passent, ni même après qu'elles auront passé, à peine de 400 liv. d'amende pour la première fois contre les contrevenans, dont les pères & mères seront civilement tenus & responsables pour leurs enfans, & les maîtres & chefs des maisons pour leurs serviteurs & domestiques. Il est enjoint à tous bourgeois de tendre ou faire tendre le devant de leurs maisons dans toutes les rues, par lesquelles les processions du très-saint sacrement doivent passer; leur défendons aussi de commencer à détendre ou faire détendre, sinon une demi-heure après que les processions seront entièrement passées, ensorte qu'il n'y arrive aucun accident, soit par la chûte des échelles, ou en toute autre manière; & seront les contrevenans condamnés en 100 liv. d'amende: mandons aux commissaires du châtelet de tenir soigneusement la main à l'exécution de la présente ordonnance qui sera lue & publiée à son de trompe & cri public, & affichée par tous les carrefours & lieux publics de cette ville & fauxbourgs de Paris, afin qu'aucun n'en prétende cause d'ignorance ».

Une sentence de police du châtelet du 12 juin 1739, condamne le nommé Menestrier en l'amende de 15 liv. pour avoir négligé de balayer & de faire tendre, le jour de la *Fête-Dieu*, le devant d'une maison qu'il occupoit, sur laquelle somme sera payé 10 liv.; savoir, 4 liv. au tapissier qui a fourni la tenture de ladite porte, & 6 liv. à l'huissier Charrier, qui a assisté le commissaire en sa police; & ladite sentence lue, publiée, imprimée & affichée par-tout où besoin sera.

« Lorsqu'il arrive des difficultés pour l'ordre & la marche des processions, c'est le juge de police qui en doit connoître, suivant l'arrêt du conseil d'état du 14 mai 1701 ».

» Ces sortes de difficultés n'arrivent que par la vanité de ceux qui veulent ordonner & avoir le pas sur ceux qui doivent les précéder, ce qui cause toujours du trouble ».

» Dans une affaire où il s'agit d'irrévérences envers Dieu, de mépris envers la religion, de violences commises en public, la condamnation la plus prompte, quoique la moins sévère, est la plus agréable à Dieu & aux hommes, parce qu'elle opère la conversion des impies, & arrête plutôt le progrès du scandale, en le réparant à la vue de ceux qui l'ont vu commettre ».

Les *fêtes* religieuses n'entraînent pas toutes les mêmes obligations; mais elles obligent à des réserves, à des suspensions de travaux & à certaines obligations particulières de la part des marchands, & sur-tout des cabaretiers & autres personnes, qui tiennent des lieux publics. A cet égard, les réglemens sont les mêmes que pour le dimanche. Ainsi *voyez* DIMANCHE.

Nous avons dit qu'il y avoit d'autres *fêtes* encore, que l'amour du plaisir, certains usages & des circonstances locales avoient établies. Ce sont toutes celles qui donnent lieu à des réjouissances, des bals, des foires, & qui, sous une apparence de frivolité, sont très-utiles aux pays & aux peuples chez qui l'on les trouve.

Il est d'une politique raisonnable & juste de protéger ces institutions, lorsqu'elles ne portent aucun caractère de trouble & d'immoralité; parce qu'en effet elles entretiennent, dans le peuple, des habitudes qu'il est bon qu'il ait, elles l'éloignent de la morosité, détruisent sa férocité, son humeur basse, & donnent lieu à des dépenses qui sont autant d'encouragement pour l'industrie.

L'amour du plaisir est le premier sentiment de l'homme; il se porte, par-tout où il trouve à le satisfaire: c'est le premier ressort de la société. Vouloir le détruire, y substituer des habitudes sévères, c'est établir un ordre violent dans la société, que le tems détruit bientôt; parce qu'encore une fois, l'homme, & sur-tout le peuple, a besoin de l'amusement & de la joie qu'il trouve dans les *fêtes*.

De grands princes ont tellement senti cette vérité, qu'ils ont institué des *fêtes* périodiques, ou ordonné qu'il en soit célébré, lorsque quelque chose d'éclatant ou d'heureux pouvoit en être le prétexte ou l'occasion. Mais ce genre rentre dans ce que nous avons nommé *fêtes* politiques, & nous en dirons un mot tout-à-l'heure.

Parmi les *fêtes* de pur agrément, qui n'ont d'objet que de divertir le peuple, il en existoit autrefois un grand nombre dans nos provinces, sous le titre de *fêtes* baladoires, ainsi nommées de l'usage d'y danser & de donner des bals.

Il y en avoit d'extrêmement bisarres & de vexatoires en même-tems. Dans quelques villages on forçoit les gens à boire jusqu'à l'excès; dans d'autres, il falloit que le dernier marié allât dans une forêt chercher une voiture de bois qu'il traînoit: quelquefois les jeunes gens s'assembloient avec des armes, ou étrangement vêtus, & forçoient les habitans à contribuer pour la *fête*, dans laquelle souvent on allumoit des feux qui pouvoient produire des incendies; enfin, la folie & la brutalité rendoient si communément ces *fêtes* odieuses, que différens arrêts des parlemens les ont presque toutes supprimées. Elles étoient en effet pour la plupart des occasions de troubles & d'insultes pour tout ce qui ne vouloit point y prendre part, & sur-tout pour les bourgeois ou autres particuliers, habitans des campagnes.

Ces *fêtes* avoient, dans certains endroits, quelque rapport avec les *fêtes* des ânes & des fous si célèbres chez nos aïeux. Cette dernière fut supprimée par Charles VII. Voici les termes de ses lettres-patentes à ce sujet: « Défendons certaine » dérisoire & scandaleuse *fête*, qu'ils appellent *la* » *fête aux fous*, laquelle, en plusieurs églises ca- » thédrales & autres collégiales, étoit accoutu- » mée d'être faite environ les *fêtes* & octaves de » Noël; en laquelle faisant iceux gens d'église, » & mêmement durant le service divin, plusieurs » grandes insolences, dérisions, spectacles publics, » de leurs corps déguisemens; en usant d'habits

» indécens, non-appartenans à leur état & pro-
» fession, comme d'habits & vêtemens de fous,
» de gens d'armes, & autres habits séculiers; &
» les aucuns usant d'habits & vêtemens de fem-
» mes; les aucuns de faux visages, ou autres telles
» illicites manières de vêtemens, en apostatant de
» leur état & profession; détestant & condamnant
» ladite *fête* comme superstitieuse & paganique,
» laquelle eut son introduction & commencement
» des paysans & incrédules idolâtres, comme bien
» expressément le dit M. saint Augustin: Pour-
» quoi nous, considérant que nous & nos pré-
» décesseurs, rois de France, avons été & sommes
» encore, par la grace spéciale de Dieu, notre
» créateur, dits & appellés par toute la chrétienté
» rois très-chrétiens; & à cette cause, nous nous
» sommes toujours montrés & exhibés votentifs
» à faire tout ce qui fait ou peut faire à l'exalta-
» tion, tuition & entretennement de la sainte foi
» catholique; ne pouvons souffrir aucun tel abus &
» excès contre l'honneur & révérence de Dieu,
» & un grand vitupère & diffâme des gens d'é-
» glise, lesquieux, selon leurs états & vacations,
» doivent montrer aux simples gens exemple de
» sainteté, gravité de mœurs & dévotion »...
Vous mandons, &c. « Ces lettres sont adressées, avec menace, à la cathédrale de Troyes, qui ne vouloit pas cesser de faire la *fête* des fous ».

Mais, si l'on doit approuver l'abolition de *fêtes* de cette espèce, il faut blâmer le fanatisme & la sévérité de quelques hommes publics, qui, par un esprit d'ordre ou de morale exaltée, veulent interdire au peuple ces petites *fêtes*, ces amusemens que le concours des deux sexes rendent si intéressans pour la jeunesse. Cette morgue, cet intolérantisme, est opposé à ce progrès des mœurs douces & des habitudes paisibles, qu'il faut, par tous les moyens possibles, naturaliser chez le peuple.

Enfin, le dernier genre de *fêtes* qui doivent nous occuper, ce sont les *fêtes* politiques. Je nomme ainsi celles qui ont lieu au couronnement des rois, à leur sacre, ou qui tiennent à quelques grands événemens, comme une conquête, une victoire ou une paix glorieuse.

Telle est encore la *fête* fédérative, dont la France offre l'exemple aujourd'hui, instituée pour conserver la mémoire d'une révolution qui a assuré la liberté françoise & l'établissement de la constitution; elle doit être mise au nombre de ces *fêtes* nationales qui tiennent essentiellement au gouvernement & à l'état des peuples: l'idée seule frappe l'esprit d'étonnement. Les députés des citoyens armés de l'Empire, qui viennent jurer fidélité à la loi, en même-tems que tous les citoyens répètent le même serment à la même heure dans tous les départemens, dans toutes les villes, forment un spectacle tel qu'il n'en exista jamais. *Voyez* le dictionnaire de l'assemblée nationale, au mot FÉDÉRATION.

FEU, s. m. Un des quatre élémens.

Nous n'en parlons ici que pour rapporter quelques détails sur l'histoire & la police des *feux* de joie. C'est une des choses qu'il importe de connoître, & sur laquelle nos lecteurs seront sans doute bien aise de trouver ici quelques observations.

Nous commencerons par quelques recherches sur l'origine des *feux* de joie.

Le *feu*, dans les premiers tems, étoit ou un symbole de respect, ou un instrument de terreur. Dieu s'en est servi de ces deux manières, pour se manifester aux hommes; ainsi, dans l'écriture, il se compare tantôt à un *feu* ardent, pour désigner sa sainteté & sa pureté; tantôt il se rend visible sous la forme d'un buisson enflammé, ou formidable par des menaces de *feu* dévorant, quelquefois par des pluies de soufre; & souvent, avant que de parler à son peuple, il s'attire son attention par des éclairs.

Quelques idolâtres, tels que les libyens & les persans, ont adoré le *feu* comme un dieu; les platoniciens le confondoient avec le ciel, & le regardoient comme l'intelligence divine. Il semble même que les princes païens l'aient pris pour symbole de leur majesté; & si l'écriture nous apprend que Dieu, marchant pour ainsi dire avec son peuple, se faisoit précéder d'une colonne de *feu*, de même les rois d'Asie, au rapport d'Hérodote, en faisoient porter devant eux. Ammien Marcellin, parlant de cette coutume, la fait naître d'une tradition qu'avoient ces rois, que ce *feu* qu'ils conservoient pour cet usage, & dont ils faisoient porter une portion dans des foyers, étoit descendu du ciel. Quinte-Curce ajoute que ce *feu* sacré & éternel étoit porté dans la marche de leurs armées à la tête des troupes, sur de petits autels d'argent, au milieu des mages, qui chantoient les cantiques de leur pays.

Le *feu* étoit aussi chez les romains un symbole de majesté; mais si, du tems de la république, & sous les empereurs, on l'employoit dans les fêtes, c'étoit plutôt comme un instrument qui servoit aux cérémonies de religion, que comme une marque particulière de réjouissance. Cette manière d'honorer la divinité par le *feu*, est aussi ancienne que le monde; le vrai Dieu l'a agréée dans les sacrifices qui lui furent offerts par les premiers patriarches; il l'a prescrite dans le Lévitique, elle s'est pratiquée dans son temple, & il n'y a pas de doute que l'usage qu'en ont fait les païens dans leurs sacrifices, n'ait été à l'imitation des hébreux.

Ce *feu* éternel, conservé avec tant de soin par les Vestales, étoit vraisemblablement une imitation de celui qui étant tombé du ciel sur une victime qu'offroit Aaron, fut depuis si religieusement entretenu par les prêtres au milieu du temple, & qualifié par l'ordre de Dieu même de *feu* sacré. Les illuminations des idolâtres avoient aussi quelque rapport à celle du candélabre; à l'exemple des juifs, ils brûloient des parfums en l'honneur de leurs faux dieux.

Les grecs, à la fête qu'ils appelloient *Λαμπὰς*, allumoient en l'honneur de Minerve, de Vulcain & de Prométhée, une infinité de lampes, en actions de graces de ce que la première de ces divinités leur avoit donné l'huile; que Vulcain étoit le premier fabricateur des lampes, & que Prométhée les avoit rendu utiles par le *feu* qu'il avoit volé dans le ciel. Ce jour-là, ils célébroient des jeux, dont le spectacle consistoit à voir courir des hommes un flambeau à la main.

L'appareil d'une autre fête qu'ils appelloient *Λαμπτήρια*, & qui étoit dédiée à Bacchus, & placée dans leurs fêtes, immédiatement après la vendange, consistoit en une grande illumination nocturne, & dans une profusion de vin qui se versoit aux passans.

A celles de Cérès, instituées chez les romains, il se consommoit un nombre infini de torches, en mémoire de ce que cette déesse avoit si longtems cherché sa fille Proserpine enlevée par Pluton, & de ce que, par cet enlèvement, elle étoit devenue reine des enfers.

Servius, un des sept rois de Rome, voulut qu'au tems des semailles, chaque bourgade consacrât au repos un jour auquel on allumeroit dans la place publique un grand *feu* de paille; c'est la fête qu'Ovide met sous le nom de *Sementina* ou de *Paganalia*. Le même poëte, parlant de la solemnité de celle qui se célébroit en l'honneur de la déesse Palès, remarque qu'on avoit coutume de passer trois fois par-dessus les *feux* de paille qu'on y allumoit; usage que le peuple a retenu du paganisme.

Moxque per ardentes stipulæ crepitantis acervos,
Trajicias celeri strenua membra pede.

Dans le nombre des illuminations qui faisoient partie de la solemnité de plusieurs de leurs autres fêtes, il n'y en avoit point de plus considérable que celle des jeux séculaires qui duroient trois nuits entières, pendant lesquelles il sembloit que les empereurs & les édiles, qui en faisoient la dépense, voulussent, par un excès de somptuosité, dédommager le peuple de la rareté de leur célébration. Capitolin dit que l'illumination, que donna Philippe, dans les jeux qu'il célébra à cette occasion, fut si magnifique, que ces trois nuits n'eurent point d'obscurité.

Ce n'est pas que les anciens ne fissent comme nous des réjouissances aux publications de paix & d'alliance, aux nouvelles des victoires remportées sur leurs ennemis, aux jours de naissance, de proclamations, de mariage de leurs princes, & dans leur convalescence, après des maladies dangereuses: mais le *feu*, dans toutes ces occasions, ne servoit qu'à brûler les victimes ou l'encens; & comme la plupart de ces sacrifices se faisoient la nuit, les illuminations servoient à éclairer la cérémonie.

Dans les grands sacrifices, qu'on offroit pour la conservation de la république ou de l'empire, comme les victimes étoient d'un certain nombre de taureaux, il falloit de grands *feux* pour y jetter plusieurs de ces animaux entiers.

La pompe de la marche des triomphes se terminoit toujours par un sacrifice au capitole, où un *feu* allumé pour la consommation de la victime l'attendoit; mais il n'est fait mention d'aucun autre *feu* dans ces jours solemnels.

On n'a point d'exemple de *feu* plus remarquable, que celui que Paul Emile, après la conquête de la Macédoine, alluma lui-même à Amphipolis, en présence de tous les princes de la Grèce, qu'il y avoit invités, puisque la décoration lui coûta une année de préparatifs; mais il faut observer que l'appareil n'en ayant été composé que des dépouilles des vaincus, il ne fit que s'acquitter avec plus d'éclat d'un devoir qui l'engageoit à rendre cet hommage aux dieux qui présidoient à la victoire.

Quelques magnifiques que fussent les bûchers, qu'on élevoit après la mort des empereurs, on ne peut pas dire que ce spectacle lugubre ait eu aucun rapport avec les *feux* de joie.

Il n'y auroit que les *feux* d'artifice, que nous savons avoir été en usage parmi eux, qu'on pourroit présumer avoir fait partie de leurs réjouissances publiques; mais nous n'en voyons l'emploi que dans les machines de guerres, propres à porter l'incendie dans les villes & dans les bâtimens ennemis. Nous avons appris d'eux la manière de nous en servir pour les mêmes usages; mais nous les employons encore avec succès dans les *feux* de joie, malgré le vent, la pluie & les eaux courantes & profondes.

Depuis les derniers tems du paganisme jusqu'au plus bas siècle du christianisme, on ne peut guères citer d'exemples de *feux* allumés pour d'autres sujets de réjouissance publique, que pour des cérémonies de religion; encore étoit-ce plutôt des illuminations qui se faisoient, ou aux cérémonies de baptême des princes, comme un symbole de la vie de lumière, dans laquelle ils alloient entrer par la foi, ou aux tombeaux des martyrs, pour y éclairer pendant les veilles de la nuit. Le concile d'Elvire les abolit, à cause des abus qui s'y glissèrent dans la suite; mais l'illumination de la veille de la St. Jean-Baptiste, dont la tradition est presque aussi ancienne que la prédiction qu'en a faite Jésus-Christ, s'est toujours conservée & s'est changée en un *feu*, dont St. Bernard faisoit remarquer à ses religieux que la cérémonie étoit déjà si universellement pratiquée de son tems, qu'elle s'observoit même chez les sarrasins & chez les turcs. Pour ce qui est de l'illumination de la Chandeleur, dont le nom a tant de conformité avec les λαμπήγρια des grecs, on en attribue, mal-à-propos peut-être, l'institution à une condescendance de papes qui, pour s'accommoder à la portée des néophytes qui étoient mêlés avec les gentils, & leur rendre la privation des spectacles moins sensible, changèrent les illuminations de la fête des Lupercales, ou de celle de Cérès, dont la principale cérémonie consistoit en une grande illumination, en celle de la fête de la Chandeleur.

On ne peut donc rapporter l'usage des *feux* de joie, donnés simplement pour spectacles propres à recréer la vue, qu'au tems de l'invention de la poudre à canon, dont on sait que l'époque est la fin du treizième siècle; puisque ce sont ces deux inventions, dont l'effet a fourni l'idée de toutes les machines & des artifices, qui font l'agrément de ces *feux*. Que ce soit directement d'Allemagne, ou originairement de la Chine, que ce premier mobile de toute l'artillerie nous vient, il est certain que ce sont les Vénitiens qui l'ont mis les premiers en usage contre les Génois à la bataille de Chiozza.

Mais les Florentins & les Siennois sont ceux à qui est due, non-seulement la gloire de la préparation de la poudre avec d'autres ingrédiens pour divertir de loin les yeux, mais encore celle de l'élévation des machines & des décorations propres à augmenter le plaisir du spectacle. Ils commencèrent à en donner des essais aux fêtes de S. Jean-Baptiste & de l'Assomption, sur des édifices de bois qu'ils élevèrent à la hauteur de plus de quarante brasses, & qu'ils ornèrent des statues peintes, de la bouche & des yeux desquelles il sortoit du *feu*.

Cet usage passa de Florence à Rome, où, à la création des papes, on fit voir d'abord des illuminations de pots à *feu* du haut du château St.-Ange. La pyrotechnie, depuis ce tems-là, est devenue un art cultivé dans tous les pays, qui, selon qu'on a su se servir des secours de l'architecture, de la sculpture & de la peinture, a donné lieu à un nombre de descriptions de fêtes publiques, qui ne laissent pas de faire toujours plaisir à ceux qui les lisent, même sans y avoir assisté.

Mais ces mêmes institutions, ces fêtes ont donné lieu à différens réglemens de police. On a déterminé les personnes qui avoient droit d'allumer les *feux* de joie; & cet objet a quelquefois été la cause de différends assez graves entre les personnes & les magistrats préposés au gouvernement des villes. Voici la disposition de l'art. 45 de l'édit de 1706, sur les fonctions des officiers municipaux.

« Les maires, à la tête du corps de ville, allumeront les *feux* de joie immédiatement après » les gouverneurs de nos provinces, ou les lieutenans-généraux audit gouvernement, & conjointement avec les gouverneurs particuliers des » villes, s'il y en a, & marcheront à leur gauche, précédés par leurs héraults, sergens & valets » de ville; *& s'il n'y a point de gouverneurs*, » les maires mettront seuls le *feu*, & après eux, » les officiers du corps de ville qui ont droit, & » sont en usage d'allumer lesdits *feux*; ce qui » sera exécuté, même dans les villes où les ecclésiastiques ont la coutume d'aller en procession » allumer les *feux* de joie, auquel cas les maires les allumeront conjointement avec les ecclésiastiques ».

FILATURE, f. f. L'art ou l'action de filer.

Nous ne parlons ici de cet objet que par son rapport avec les moyens d'éteindre la mendicité, & d'offrir du travail aux pauvres femmes du peuple.

Plusieurs établissemens de ce genre ont été faits depuis quelques années en France. Les dépôts de mendicité sur-tout contiennent des atteliers de *filature*, destinés à la préparation du fil ou de la laine pour les grosses étoffes.

Paris contient plusieurs atteliers de *filature*, qui, d'abord formés sous l'autorité de l'ancien lieutenant de police, sont actuellement dans la dépendance de M. le maire de Paris.

Le décret provisoire de l'assemblée nationale sur la mendicité suppose des atteliers de charité, où seront établis pour les femmes des travaux de *filature*. Nous en rendrons compte au mot *mendicité*, en attendant nous ferons connoître ici la forme d'établissemens, adoptée par l'ancienne police, & nous l'extrairons du dictionnaire de M. des Essarts.

« Le magistrat faisoit distribuer aux différentes paroisses de Paris de la filasse, pour occuper les femmes

femmes qui se trouvoient sans-travail; elles recevoient le salaire qu'elles avoient gagné à la *filature*, à mesure qu'elles rapportoient aux curés ou aux personnes chargées de le recevoir, le fil qu'elles avoient fait. Ce fil étoit rassemblé dans un dépôt ou magasin, & vendu aux marchands ou aux autres personnes qui en font usage. Mais il s'en falloit bien que la vente produisît ce que ce fil avoit coûté pour la matière & la façon, le déficit étoit supporté par le gouvernement qui faisoit les frais de cet établissement.

» Une administration charitable, présidée par le magistrat, veilloit sans cesse sur la manutention, dont les détails étoient confiés à un directeur qui rendoit compte aux administrateurs de la gestion, dont il étoit chargé.

» Outre le secours que la *filature* procuroit aux pauvres, il est difficile d'apprécier tous les autres avantages qui en sont résultés. C'est à cette œuvre de bienfaisance, que l'on devoit particulièrement à Paris la destruction d'une partie de la mendicité. Les femmes, qui alaitoient leurs enfans, ou dont les enfans étoient malades, n'étoient point obligées de les abandonner pour aller gagner leur vie hors de chez elles; elles y trouvoient, en s'occupant, leur subsistance, & les soins qu'elles leur donnoient, contribuoient essentiellement à leur conservation.

» D'ailleurs le salaire qu'elles recevoient, quoique médiocre, suppléoit encore à la diminution de ceux de leurs maris, lorsque la brièveté des jours & la rareté des travaux opèrent une réduction nécessaire sur le prix de leur ouvrage. Enfin la *filature* est la ressource des femmes âgées, & trop infirmes pour se livrer à d'autres travaux; elles en vivent, sans être à charge à leur famille, à leurs maris, & aux hôpitaux où elles ne se rendent que lorsqu'elles ne peuvent plus absolument se livrer à cette occupation.

» Cette assistance, bien différente de l'aumône manuelle & gratuite, dont les abus & les inconvéniens sont si connus, entretient les pauvres dans l'habitude & l'activité du travail: elle leur en rappelle continuellement la nécessité; & le peuple plus laborieux, plus appliqué, jouissant d'une plus grande aisance, perd une partie de sa rudesse; il est plus modéré, plus tranquille; enfin il est très-remarquable que, tant que cet établissement a diminué la mendicité de la Capitale, les jugemens, en portant peine de mort, y sont devenus infiniment plus rares; ce qui prouve combien il est important de venir au secours des malheureux, & que les excès auxquels ils sont sujets à se livrer, n'ont souvent d'autre cause que l'extrême misère ».

FILLE, s. f. C'est le nom que porte la femme, avant d'avoir eu commerce avec l'homme. On donne aussi le nom de *fille* à un enfant du sexe féminin, par relation avec son père ou sa mère. Nous ajouterons que, dans le langage de la Capitale, on appelle encore *filles* les femmes du monde; & dans ce cas, on dit aussi *fille* publique. Cette dénomination tient à ce que la plus grande partie des prostituées & courtisanes sont *filles*, ou du moins se donnent pour telles.

Il y a même, ou plutôt il y avoit une certaine règle parmi les agens de l'ancienne police à cet égard. Il n'étoit point permis à une maquerelle de prendre chez elle pour faire le métier de prostituée, une jeune *fille*, qu'elle n'eût préalablement eu commerce avec un homme. On assure même que quelques-unes de ces malheureuses proxenètes ont été punies pour n'avoir point observé cette loi. *Voyez* PROSTITUTION, ENFANT, FEMME, ABUS.

FILOU, s. m. Celui qui vole par abus de confiance, ou par adresse & surprise.

Les *filoux* sont très-nombreux dans les grandes villes, & sur-tout à Paris: ce sont ordinairement des apprentifs-voleurs; & comme ils ont moins d'astuce & d'effronterie que les escrocs, ils sont plus souvent pris & plus ordinairement punis.

Les *filoux* sont assez communément des jeunes gens qui, ruinés par le jeu, par la débauche, ou réduits à ne pouvoir rien faire par une mauvaise éducation, ne trouvent de ressource pour vivre, que dans une adresse à voler & à tromper successivement tous ceux dont ils peuvent approcher.

Les classes de *filoux* sont nombreuses, depuis celui qui vole adroitement le mouchoir ou la montre dans la poche des passans, jusqu'à celui qui vient audacieusement se donner pour ce qu'il n'est pas, & voler ainsi publiquement, sans courir de risque d'être reconnu, avant d'avoir réussi dans son dessin.

M. des Essarts cite un exemple de cette dernière espèce dans son ouvrage, & nous le rapporterons ici tel qu'il est présenté par l'auteur.

Un *filou*, âgé d'environ trente ans, étoit d'une figure agréable; il joignoit à un maintien décent tout ce qui peut inspirer la confiance. Avec des dehors aussi favorables, il s'annonça chez plusieurs marchands comme un homme de condition, que ses parens avoient appellé dans la Capitale pour y épouser une riche héritière. En faisant cette confidence, le *filou* avoit toujours la précaution perfide d'acheter quelque bagatelle qu'il payoit comptant. Les marchands, qui cherchent les occasions de vendre, ne manquent jamais de faire beaucoup de politesses à ceux qui leur offrent l'appas d'une fourniture considérable. Le *filou*, après s'être ainsi assuré des dispositions des marchands, qu'il préparoit de loin pour exécuter son projet, s'occupa des moyens de le faire réussir. Depuis quelque tems, il épioit le moment du départ du marquis de ****, pour une de ses terres, où ce seigneur passe six mois de l'année. Ayant appris qu'il étoit parti depuis deux jours, & qu'il n'avoit laissé dans son hôtel que son suisse, le *filou* se présente chez le marquis de ****, s'annonce comme son parent, & fait paroître le plus grand chagrin de n'avoir pas prévenu son départ. Le suisse le reçoit avec tous les égards qu'il doit à un parent de son maître. Le *filou* lui demande l'adresse du marquis pour lui écrire, parce qu'il avoit (dit-il) une affaire importante à lui communiquer. Le suisse s'empresse de donner l'adresse, & le *filou* se retire. Quelques jours après, il se présente de nouveau à la porte du marquis, & demande à son suisse s'il peut lui indiquer un honnête marchand de vin. Je suis accoutumé (dit-il au suisse) dans le château de mon père, à boire d'excellent vin; mon estomac ne peut se familiariser avec les mixtions préparées qu'on vend dans les auberges. Je suis logé (ajouta-t-il) dans un hôtel garni, où je me fais servir par un traiteur dans mon appartement; il ne me manque que du vin franc & naturel. — J'en ai de très-bon, répondit le suisse au *filou*, qui le savoit parfaitement; & si vous voulez, monsieur, le goûter, je me ferai un plaisir de vous en fournir. — Le *filou* descend de sa voiture, entre chez le suisse, & goûte son vin, qu'il trouve excellent; il lui en demande deux bouteilles, qu'il paie: deux jours après, il en prend d'autres. Chaque fois que le *filou* vient chercher du vin, il ne manque jamais de s'informer si M. le marquis, son parent, n'a point adressé un paquet pour lui. Il y avoit environ un mois que la liaison entre le suisse & le *filou* s'étoit formée, lorsque ce dernier arrive un matin à l'hôtel du marquis; il descend de sa voiture, & dit au suisse qu'il étoit dans le plus cruel embarras. Je vous dirai en confidence que je suis sur le point de faire un très-grand mariage; tout est arrangé entre ma famille & celle de la riche héritière qui m'est destinée. Les parens de cette jeune personne doivent me faire une visite; je ne veux point les recevoir dans mon hôtel garni, parce que je ne suis pas logé assez décemment. J'ai dit que j'avois la permission de jouir de l'hôtel de M. le marquis, & que ce seroit dans cet hôtel qu'on rédigeroit mon contrat. Je l'ai également indiqué aux marchands qui doivent apporter les bijoux qui seront choisis par les parens. Ainsi il est bien essentiel que j'aie la jouissance de l'appartement de M. le marquis, mon parent. Volontiers, monsieur, répondit le suisse. Je serai très-flatté de vous obliger. Quand voulez-vous que j'ouvre l'appartement de M. le marquis? — Après demain, dit le *filou*, pourvu que cela ne vous dérange pas. — Vous le trouverez en état de recevoir vos visites, répondit le suisse, dès huit heures du matin. Tant mieux, s'écria le *filou*, parce que je me débarrasserai d'abord des marchands, & je consacrerai le reste de la journée à des occupations plus importantes. Vous me rendrez un service essentiel, dont je serai très-reconnoissant, & votre maître vous en saura bon gré. Je vous quitte pour aller prévenir les personnes qui se rendront ici après demain. Le *filou* fut à peine sorti de l'hôtel du marquis, que le suisse fit avertir un frotteur de venir le lendemain pour préparer & arranger l'appartement. Au jour indiqué, le suisse voulant faire honneur au parent de son maître, prend son habit de livrée, & met son baudrier. Huit heures venoient de sonner, lorsque le *filou* se présenta à la porte de l'hôtel. Tout est prêt, dit le suisse; vous pouvez monter, monsieur, dans le sallon: votre domestique vous annoncera les personnes qui doivent venir vous voir. Le maître & le domestique se disposent à jouer chacun leur rôle. Un joaillier se présente, & demande au suisse M. le comte, parent de M. le marquis. Montez au premier, vous y trouverez les gens de M. le comte, qui vous annonceront. Le joaillier, plein de confiance, monte, & sur-le-champ il est introduit dans le sallon de M. le comte, qui examine plusieurs paires de bracelets entourés de brillans, des bagues & d'autres bijoux ornés de diamans; il choisit ceux qui lui paroissent les plus beaux, & demande au joaillier de les lui laisser jusqu'au lendemain, pour les montrer à ses parens. Le joaillier y consent. On convient du prix de chaque article, & tout doit être payé le lendemain argent comptant. Le joaillier quitte le *filou*, en s'applaudissant d'avoir une occasion aussi favorable de vendre sa marchandise à un seigneur qui paie comptant. Un horloger, un bijoutier, un marchand d'étoffes, une marchande de dentelles, & d'autres fournisseurs, se présentent successivement. Le *filou* étale à leurs yeux les diamans que le joaillier lui avoit confiés, & tous suivent le même exemple. Toutes les personnes que le *filou* attendoit étant arrivées, il fait des paquets des bijoux & des marchandises qu'on lui avoit apportés, descend & les met dans sa voiture, en disant au suisse qu'il reviendra sur les quatre heures, pour recevoir les autres personnes. Le suisse lui répond qu'il est le maître de venir quand il voudra. Le *filou* part. Le suisse l'attend le reste de la journée. La nuit étant arrivée, il ferme l'appartement. Le lendemain, les marchands se présentent à la porte de l'hôtel du marquis, & demandent M. le comte. Il n'est pas encore arrivé, dit le suisse, revenez dans une heure. Les marchands reviennent: même réponse de la part du suisse. On lui fait des questions sur M. le comte, il dit qu'il ne le connoît que parce qu'il lui a vendu du vin, & qu'il lui a assuré qu'il étoit parent de son maître. Les marchands inquiets font des démarches pour découvrir l'hôtel garni, où le *filou* logeoit. Ils apprennent qu'il n'est pas connu dans celui qu'il avoit indiqué au suisse. Alors ils ne doutent plus qu'ils ont eu affaire à un *filou*, & ils ont recours aux officiers de police. Au signalement qu'ils donnent, on reconnoît un *filou* exercé dans son métier ; mais il avoit eu le tems de prendre la fuite, & de se soustraire aux poursuites de la justice.

Il est difficile de prévenir de semblables abus dans une grande ville comme Paris ; & l'excès des précautions prises pour les empêcher, a précisément été ce qui les a multipliés. Le public, jadis accoutumé à trouver dans les agens de la police un moyen de se procurer des renseignemens sur la demeure & les noms des escrocs, persuadé qu'ils ne pouvoient pas leur échapper par le secours de l'espionage, & des autres précautions du même genre, se livroit indistinctement à ceux qui cherchoient à le tromper, & le plus grand nombre de personnes crédules se trouvoient dupées, malgré les secours des espions. Aujourd'hui qu'il n'y aura plus d'espionage pour cet objet, plus de noms, de demeures à la police, du moins il faut le croire (1), les marchands, les prêteurs d'argent, seront plus réservés ; & il se fera moins de mauvaises affaires, parce qu'il y aura moins de facilité à trouver des gens confians.

Une autre cause de l'impunité des *filouteries*, c'est l'usage même des mouchards ou espions de police. Lorsqu'on les charge de la recherche d'un *filou* ou d'un voleur, ils s'arrangent de manière à faire savoir au fripon que s'il veut leur donner telle ou telle somme, non-seulement il ne sera point arrêté ou déclaré à la justice, mais encore qu'on aura soin de dire qu'il est parti dans les pays étrangers, & qu'il est inutile de le chercher plus long-tems ; ensorte que l'espion reçoit des deux côtés, de la part de la police, ou plutôt de celui qui paie la police pour faire la recherche, & de celui même que l'on cherche.

Ainsi c'est donc un vain & dangereux moyen de détruire les *filoux*, que de mettre des espions à leur recherche. Ce moyen ne fait connoître que les petits *filoux*, les grands échappent.

Il n'est point d'autre remède à la friponnerie, que les précautions de la part du public ; moins de facilité à se fier à des inconnus, & plus de ménagement avec les gens que l'on fréquente.

Après ces réflexions & ces faits, nous pourrions peut-être dire utilement un mot ici du genre de peine qu'on doit infliger à la *filouterie*, c'est-à-dire, à cette adresse à dérober adroitement, ou par abus de confiance, des choses quelquefois d'une grande valeur. Mais ces discussions ne sont pas de nature à être traitées ici ; elles pourront trouver leur place dans le dictionnaire de l'assemblée nationale, lorsque l'organisation de l'ordre judiciaire sera déterminée.

(1) Je dis qu'*il faut au moins le croire*, & non pas précisément qu'il n'y aura pas d'espions ; car, comme je l'ai déjà observé ailleurs, on paroît très-disposé dans ce moment, parmi les personnes qui tiennent à l'administration, à établir l'espionage domestique, qu'il faut distinguer de l'espionage politique : ce dernier peut trouver des excuses, le premier n'en a pas.

FOIN, f. m. Herbe sèche, qui sert à la nourriture des bestiaux, & sur-tout des chevaux.

Nous ne parlerons du *foin*, ici, que dans son rapport avec la police ; & comme c'est sur-tout à Paris, qu'il a été fait le plus de réglemens à cet égard, nous nous y arrêterons spécialement, quoique presque tous ces réglemens soient aujourd'hui tombés en désuétude : on peut aussi voir les mots *approvisionnement*, *accaparement*, *abondance*.

On tire les provisions de *foin* des grandes & belles prairies qui garnissent les bords de la Seine, de la Marne, de l'Oise, de l'Yonne, & des autres rivières moins considérables, qui affluent dans celles-là.

Toutes ces provisions de *foin*, qui sont chargées sur ces rivières, arrivent à Paris par la Seine, en descendant ou en remontant ce fleuve.

Le *foin*, qui nous vient en descendant (ce que l'on nomme le pays d'Amont), se tire des prairies de Chelles, de Lagny, de Corbeil, de Melun, de Moret, de Montreau, de Bray, de Nogent-sur-Seine, de Gravon, de Pont-sur-Yonne.

Celui qui nous vient en remontant, (ce que l'on appelle pays d'Aval), se tire des prairies de Poissy, de Pontoise, de l'Isle-Adam, de Beaumont-sur-Oise.

Il nous vient aussi des *foins* par charriots ou charrettes des prés ou prairies de Nogent, de Noisy-le-Grand, Gournay, Noisiel, de Palaiseau & de quelques autres lieux les plus proches de la ville de Paris.

Ce commerce passe par les mains de plusieurs personnes de divers états, propriétaires ou fermiers des prairies, botteleurs, marchands, voituriers, metteurs à port, planchéieurs, débardeurs, courtiers, contrôleurs, charretiers. Chacun de ces états a ses devoirs à remplir, qui leur sont prescrits par les ordonnances & les réglemens de police encore en activité pour la plupart.

Les propriétaires des prairies, qui les font valoir par leurs mains ou leurs fermiers, sont tenus, en faisant botteler leurs *foins*, d'y faire proportionner le poids réglé pour le commerce de Paris : ce poids varie selon les saisons ; il doit être, depuis la fenaison jusqu'à la St. Remy, de douze, treize ou quatorze livres ; depuis la St. Remy jusqu'à Pâques, de dix, onze & douze livres ; & depuis Pâques jusqu'à la nouvelle récolte, de huit, neuf & dix livres ; ainsi cette diminution, que causent les différens degrés de siccité du *foin*, est évaluée à deux livres, lors du changement de chacune des trois saisons, & ils sont obligés d'en faire lier les bottes à trois liens de même *foin*.

Il est défendu aux propriétaires ou fermiers, aussi-bien qu'aux marchands, de mêler avec le bon *foin* des *foins* pourris, mouillés, ou de la couverture des meules, de fourrer ou larder de ce mauvais *foin* les bottes qu'ils mettent dans le commerce, ni de couvrir ou parer du *foin* nouveau celles du vieux *foin ;* cela étant reconnu, elles seront débottelées, le mauvais *foin* retiré, & rebottelées aux dépens des propriétaires.

Les défenses d'arrher ou d'acheter les *foins* avant la récolte, concernent les propriétaires ou fermiers, de même que les marchands, puisque la nullité, qui est toujours prononcée de ces achats prématurés, les intéresse également ; les vendeurs par la perte du prix, & les acheteurs par la confiscation du *foin*.

Le commerce du *foin* a été libre de tout tems ; il en est fait mention dès le règne de S. Louis, dans le recueil qui fut fait par Etienne Boileau, prévôt de Paris, des ordonnances de ce prince pour la police ou discipline de toutes les communautés, de négoces, arts & métiers qui s'exerçoient dans cette Capitale. Ces commencemens ont été confirmés & perfectionnés jusqu'à présent, de règne en règne, par les ordonnances de nos rois, les arrêts du parlement, & les sentences des magistrats qui ont rempli au châtelet le tribunal de la police.

Tous ces réglemens ont pour objet les achats sur les lieux, les voitures, l'arrivée aux ports de Paris, la décharge & la vente.

Il est défendu d'acheter, & même de marchander ou arrher aucuns *foins* étant sur le pied, & avant la récolte, à peine de nullité des marchés, de confiscation & d'amende.

Les anciens réglemens vouloient encore que les marchands passassent leur marché en bonne forme par-devant un notaire ou tabellion, contenant la quantité du *foin* qu'ils ont acheté, le nom du vendeur, les lieux de la récolte, le poids des bottes & le prix.

Il leur étoit défendu d'en remplir des maisons ou magasins à Paris, ni sur les bords des rivières ou ailleurs.

Ils devoient aussi avoir un régistre ou livre-journal paraphé à Paris par le lieutenant-général de police, ou en province par le juge des lieux, sur lequel les marchands écrivoient leurs achats ; faisoient mention des envois à Paris, & du jour que leurs bateaux partoient.

Les lettres de voiture devoient être faites en bonne forme sur les lieux, par-devant notaires ou tabellions, pour les mettre entre les mains de leurs voituriers, avant de les faire partir.

Il leur étoit défendu de revendre leurs *foins* sur les lieux des achats, ni en chemin, soit aux pourvoyeurs ou argentiers des écuries du roi, celles des princes, ou à quelques autres personnes que ce soit, sauf à être pourvu à ceux qui en auroient besoin, quand les *foins* étoient arrivés aux ports de Paris.

Il étoit enjoint aux marchands de charger les *foins* par eux achetés, soit en meules ou magasins, & de les amener incessamment, & en diligence à Paris, afin que les ports en soient garnis ; & faute de faire par eux cette diligence, des commissaires du châtelet se transportoient sur les lieux, pour dresser des procès-verbaux de ce retard ; faire charger & voiturer le *foin* aux frais des marchands qui l'auroient négligé.

Il étoit aussi défendu à tous marchands & voituriers d'ancrer, garrer, ni arrêter en chemin, que pendant l'heure d'un repas ou d'un coucher, ni même de changer le *foin* d'un bateau dans un autre, sinon en cas de péril évident, dont ils rapportoient des certificats attestés de personnes connues, ou du juge des lieux.

Il étoit défendu à toutes personnes d'aller au-devant des bateaux de *foin*, pour en acheter ou marchander.

Les bateaux arriveront aux ports qui leur seront destinés.

Aussi-tôt qu'un bateau étoit arrivé, le marchand avoit recours aux metteurs à port pour être placé ; ce que ces officiers étoient tenus de faire à un lieu du port au *foin*, qui leur étoit marqué par les jurés, & les planchéyeurs d'y mettre la planche.

Le marchand, ou son voiturier, se transportoit à l'instant au bureau des jurés-contrôleurs, leur représentoit le marché du *foin* qu'il avoit acheté, sa lettre de voiture, & les certificats de séjour, s'il avoit été obligé d'en faire quelques-uns, dans les cas ci-dessus exprimés ; & le tout en bonne forme.

Les jurés-contrôleurs alloient visiter & peser son *foin*, & s'ils le trouvoient de bonne qualité & du poids de l'ordonnance, ils mettoient une banderolle au lieu le plus éminent du bateau, qui contenoit par écrit le poids & le prix du *foin* dont il étoit chargé.

Le marchand ne pouvoit encore entamer son bateau, qu'il n'en eût obtenu la permission du magistrat de police, & en la présence des jurés; & cette formalité étoit tellement nécessaire, qu'elle étoit même observée par les personnes qui font venir du *foin* de leur crû pour les provisions de leurs écuries.

Le marchand avoit recours ensuite aux courtiers-débardeurs pour tirer le *foin* de son bateau, le livrer à terre aux acheteurs, & leur donner la facilité de le faire charger; & ces officiers ne travailloient qu'après en avoir reçu l'ordre des jurés; & en leur présence, aux heures portées par les réglemens; & ils ne devoient point souffrir que d'autres personnes qu'eux entrassent dans les bateaux, à peine d'être garans, en leurs noms, du dégât qui s'y commettroit, & des dommages & intérêts du marchand.

Le marchand devoit vendre en personne, ou par sa femme, ses enfans ou domestiques; il lui étoit défendu de se servir de courtiers, facteurs, commissionnaires, ou d'autres gens que de sa famille; & à toutes autres personnes de s'y entremettre pour lui, à peine de punition corporelle à l'égard des vagabonds & libertins.

Que s'il n'avoit vendu dans trois jours, à compter du jour qu'il étoit arrivé, il lui étoit ordonné de mettre son *foin* au rabais, & les jurés contrôleurs tenoient la main, pour que cela fût exécuté.

Par les anciens réglemens, la vente ne devoit commencer en été qu'à six heures, & en hiver à huit heures du matin; & par les nouveaux, il est permis d'ouvrir cette vente en été à quatre heures, & en hiver à six heures.

Il étoit défendu de vendre à deux différens prix les *foins* d'un même bateau, que le prix de l'ordonnance.

Il étoit aussi défendu, à peine du fouet ou du carcan, à tous cochers & autres gens de livrée, d'entrer dans le bateau, pour faire le tirage ou débardage du *foin*, le choisir, jetter à terre dans des charriots ou charrettes, ou dans de petits bateaux à eux, pour l'enlever; & à tous bateliers d'approcher leurs batelets des bateaux chargés de *foin*, pour recevoir celui que l'on y jetteroit.

Il étoit enjoint aux débardeurs de tirer les *foins* en travers, de fond en comble, & de les apporter à terre par la planche, pour être visités & comptés, sans les jetter du bateau à terre, ni en charriots ou charrettes.

Le *foin* étoit autrefois amené à Paris, sans le botteler, & il y étoit ensuite débité en faisceaux, ou les marchands le faisoient tirer des bateaux, & botteler avant de le vendre: de-là vient que les anciennes ordonnances parlent de faisceurs & de botteleurs; elles portent que les faisceaux seroient du poids de sept cents livres, & mesurés avec une corde longue de deux toises & demie.

Quoique les bateaux soient chargés à présent de *foins* bottelés, il arrive souvent qu'il s'en délie; ce qui oblige les marchands d'avoir recours à des botteleurs.

Louis XIV avoit créé, en titre d'office, trente-deux botteleurs, par édit du mois d'octobre 1701; les marchands se plaignirent du trouble que cela leur causoit: le même prince, par une déclaration du mois de juin, les supprima, unit aux jurés-vendeurs les droits qui avoient été attribués à ces nouveaux offices, & rétablit l'ancienne liberté aux marchands de se servir de tels botteleurs, ou de telles autres personnes que bon leur sembleroit, pour botteler ou rebotteler leurs *foins*, & que les bourgeois auroient cette même liberté.

Il est défendu à ces botteleurs de faire marché en bloc pour tout le *foin* qui seroit à relier dans un bateau, mais au cent, & d'entrer dans les bateaux, qu'ils n'y soient appellés par le marchand, & au nombre qu'il jugera à propos, sans y mener d'autres gens, sous prétexte de leur aider.

Ces botteleurs, en travaillant, doivent faire les bottes de carre, & du poids de l'ordonnance; il leur est défendu de les fourrer de mauvais *foin*, les peigner ou farder, quand même cela leur seroit ordonné.

Il étoit aussi ordonné que les marchands, qui n'auroient point achevé leur vente dans huitaine, des *foins* arrivés d'Amont, & dans quinzaine, de ceux d'Aval, leurs bateaux seroient mis hors de port, & leurs places remplies d'autres bateaux par l'ordre des jurés; & il étoit enjoint aux débacleurs & metteurs à port de leur obéir.

Le *foin* qui arrive à Paris par terre, soit par charriots ou à somme, doit être du même poids, du même prix, & soumis aux mêmes visites que celui qu'on y amène par la rivière.

Les réglemens de police défendoient encore aux hôteliers & regrattiers d'acheter du *foin* aux champs, & ailleurs que sur les ponts & les places publiques de Paris, d'en acheter plus de deux cents bottes par semaine, & d'en avoir plus de cinq cents en magasin, d'en vendre qui ne soit du poids; il leur étoit fait défenses de le débotteler, & d'une botte en faire plusieurs; & il leur étoit enjoint de souffrir les visites des jurés assistés d'un commissaire, leur faire les ouvertures des lieux, & aux jurés d'y procéder exactement.

Anciennement les officiers de police donnoient les bans de la moisson des bleds, ainsi que celle de la fauchaison des prés; mais cet usage ayant été négligé par ces officiers dans différens lieux, chaque propriétaire ou fermier est devenu le maître de faire faire à son gré, dans ses cantons, la récolte de ces espèces de biens, à la différence des vendanges, dont les officiers de police se sont maintenus dans l'usage de faire publier les bans d'ouverture.

A l'égard des *foins* à récolter dans les capitaineries royales & dans les plaisirs du roi, il étoit ci-devant nécessaire de demander au capitaine des chasses de l'endroit la permission de les faucher; selon les occurrences du retard de la maturité des *foins*, ou de leur primeur, le capitaine des chasses faisoit publier une ordonnance qui permettoit de les faucher, à compter d'un jour préfixe.

Les laboureurs & fermiers, qui avoient des *foins* à vendre, étoient assujettis par les ordonnances à former les bottes de *foin* d'un poids fixe & déterminé, à peine d'amende: ces ordonnances avoient pour but de prévenir le monopole qu'on supposoit qui résulteroit de ce que les marchands grainiers, les loueurs de carrosses & de chevaux porteroient le prix du cent de *foin* formé en bottes de poids plus fort que celui prescrit par l'ordonnance, & occasionneroient souvent une augmentation de prix, même sur toutes les voitures chargées de même marchandise bottelée au poids de l'ordonnance; & que d'ailleurs des domestiques, sous le prétexte que les bottes, d'un poids plus fort, se seroient vendues d'un prix plus haut que le courant même de la place, pourroient se prévaloir de cette augmentation pour faire payer sur le même pied à leurs maîtres le *foin* qu'ils y auroient acheté.

La surveillance de cette police, ainsi que sur la qualité de la marchandise, avec droit de saisir dans le cas de contravention, étoit confiée à des officiers qui, sous le titre de *jurés-vendeurs* & *contrôleurs* de la marchandise de *foin*, étoient autorisés à constater les contraventions par des procès-verbaux qu'ils remettoient au commissaire au châtelet, préposé pour cette partie, pardevant lequel ils étoient assujettis à affirmer leursdits procès-verbaux sincères & véritables, pour ensuite en être fait par le commissaire rapport à l'audience de police.

Ces officiers de contrôleurs-jurés de la marchandise de *foin* ayant été compris dans la suppression faite, en 1776, des offices sur les ports, quais & halles de cette ville; les fonctions en sont aujourd'hui remplies avec la même autorité & le même pouvoir par des commis préposés à l'exercice des anciens contrôleurs-jurés de *foin*, & aux mêmes charges dont étoient tenus les anciens officiers.

Les officiers supprimés avoient des provisions du roi, & étoient reçus par M. le lieutenant de police; ils n'affirmoient point leurs procès-verbaux, ils avoient même le droit d'assigner verbalement les contrevenans. Ceux qui les représentent aujourd'hui n'ont que de simples commissions de M. le lieutenant de police, qui ont été continuées par l'administration de police actuelle, & affirment pardevant le commissaire au châtelet leurs procès-verbaux véritables. Les *foins* qui arrivent par eau, se déchargent au port de la Tournelle & au port de la Grève; ceux qui arrivent par terre, sont conduits aux marchés de la rue d'Enfer, à la porte St.-Martin & au fauxbourg St.-Antoine.

Une sentence de police, du 21 février 1739, a fixé les limites & l'emplacement du port au *foin* de cette ville, & le nombre des bateaux qui doivent y être placés, & a fait défenses à tous charretiers & voituriers de mettre leurs charrettes sur les berges desdits ports, & à toutes autres personnes de faire ni apporter aucunes ordures & immondices sur les berges, à peine de 50 liv. d'amende; cette sentence fut rendue à l'occasion de changement survenu dans la destination de l'isle Louviers.

Une sentence de police, du 5 décembre 1760, rendue sur le rapport de Me. Dubuisson, commissaire, a fait défenses à toutes personnes sans titre de se mêler du débit de la marchandise de *foin* dans les marchés publics, de faire aucuns courtages, y déranger & déplacer les voitures; & a condamné un nommé Henry en 100 liv. d'amende pour y avoir contrevenu. Des ordonnances annuelles fixent les poids des bottes de *foin* & de paille, & rappellent les reglemens faits pour prévenir le monopole & l'altération dans les qualités des marchandises par mélange.

FOUR, s. m. Bâtisse en forme de petite cave, où l'on fait cuire le pain ou toute autre chose.

La police des *fours* intéresse de deux manières, par rapport au service de la boulangerie, & par rapport au danger des incendies.

Nous traiterons seulement ici du premier objet, & nous renverrons au mot *incendie* ce qui regarde le second. Il ne sera pas inutile non plus de dire quelque chose des *fours* à plâtre; & comme ce qui vient d'être ordonné pour Paris, à cet égard, peut également s'appliquer aux autres villes: nous rapporterons simplement l'extrait des travaux de la municipalité, qui ont motivé le renvoi des *fours* à plâtre hors des barrières.

L'uſage des *fours* eſt très-ancien, il a dû commencer avec celui de l'art de la boulangerie; car on ne peut pas donner le nom de boulangerie à la manière groſſière de pétrir de la pâte en petits gâteaux, pour les faire cuire ſous la cendre.

Les Romains, dans les premières années de la république, n'eurent cependant pas d'autre manière de faire cuire leur pain. Ce ne fut que ſous le règne de Tarquin, qu'ils commencèrent, à l'imitation des grecs, à ſe bâtir des *fours* fixes & ſolides, à-peu-près comme nous en avons aujourd'hui. Il ne fut cependant pas libre à chacun d'en avoir: on appréhendoit peut-être qu'un auſſi grand feu dans chaque maiſon privée n'expoſât la ville à de fréquens incendies; ou bien, comme ils n'avoient point encore l'uſage des moulins, qui ne leur fut apporté d'Aſie que plus de trois ſiècles après, ils prirent le parti de faire conſtruire ces *fours* dans les mêmes lieux où le bled étoit pilé & converti en farine, afin d'y réunir toutes les commodités néceſſaires pour la fabrique du pain (1).

Il y avoit des gens prépoſés pour chauffer ces *fours*, & veiller à ce qu'ils fuſſent entretenus de toutes réparations; ils ſe trouvent dans les auteurs ſous tous ces différens noms qui exprimoient également bien leurs emplois: *Fornacarii*, *priſtrinarii*, *focarii*, *furnarii*, *fornicatores*. C'étoit l'une des profeſſions regardées comme ſerviles & ſordides; & ceux qui avoient été réduits à l'exercer, étoient incapables de parvenir à aucune dignité. Il n'y avoit alors que les femmes qui faiſoient le pain; & comme elles ſe rendoient de tous les différens lieux de la ville à ces *fours* publics, qu'elles s'y entretenoient en pétriſſant leur pain, ou pendant qu'il cuiſoit, & que c'étoit une eſpèce de rendez-vous pour débiter des nouvelles, cela fit donner à ces lieux l'épithète de *boulangeries cauſeuſes*: *Priſtrina garrula*.

Il fut enfin permis à chacun des habitans d'avoir des *fours* en leurs maiſons: mais en même-tems, les loix établirent des précautions contre les dangers d'incendie; elles portent que, ſi un *four* étoit bâti contre un mur mitoyen, le propriétaire de la maiſon voiſine pouvoit obliger celui auquel appartenoit le *four*, de donner caution, de récompenſer le dommage qui en pourroit arriver; elles diſtinguent néanmoins ce qui arrivoit par le vice ou défaut de conſtruction, d'avec les accidens qui pouvoient être cauſés par la faute ou négligence du fournier, ou ſerviteur, qui étoit prépoſé à chauffer le *four*. Dans le premier cas, le propriétaire ou le locataire de la maiſon en étoit abſolument tenu; & dans le ſecond, il en étoit tenu auſſi: mais il pouvoit s'en décharger, en abandonnant ſes eſclaves qui avoient cauſé le dommage, pourvu toutefois qu'il n'eût eu aucune part à la faute, & qu'il n'eût pu prévoir ou empêcher celle de ſes eſclaves.

(1) Ces recherches ſont tirées du commiſſaire Lamarre.

Le droit oriental apportoit bien plus de précautions contre les accidens du feu qui pouvoient être cauſés par le voiſinage des *fours*. Harmenopule, l'un des juges de Theſſalonique, qui écrivoit vers le milieu du douzième ſiècle, nous en fournit la preuve dans le recueil-ſommaire, qu'il nous a donné des loix qui s'obſervoient de ſon tems: l'une de ces loix porte que, quiconque feroit bâtir un *four* dans une ville; ſeroit tenu de laiſſer un vuide de ſix coudées, c'eſt-à-dire, de neuf pieds en plein jour entre ſon *four* & les maiſons voiſines; elle ajoute que, pour empêcher que les voiſins ne ſoient incommodés de la chaleur du feu ou de la fumée qui ſort du *four*, la cheminée que l'on y conſtruira ſera élevée d'une hauteur ſuffiſante, fixée par cette loi: ſavoir, de vingt coudées au-deſſus des fenêtres du dernier étage, ſi le *four* eſt bâti au midi ou à l'occident des autres maiſons, ou de trente coudées, ſi elles ſont à l'orient, ou au nord du *four*. La raiſon qu'elle rend de cette diverſité de hauteur, ſe tire de la nature des vents, ſelon les différentes ſaiſons. Les vents du midi & de l'occident, dit cette loi, ſoufflent ordinairement en hiver, & en ce tems, les fenêtres des maiſons ne ſe tiennent ouvertes que très-rarement; joint, ajoute-t-elle, que les vents de l'une ou de l'autre de ces régions tempèrent & diſſipent, par leur humidité, la chaleur du feu; au lieu que les vents de l'orient & du nord ſoufflent dans la belle ſaiſon, que les fenêtres des maiſons ſont preſque toujours ouvertes, & recevroient conſéquemment bien plus d'incommodité du voiſinage d'un *four*.

A notre égard, & ſelon nos loix, tout ce qui concerne les *fours*, ſe réduit à ces deux points, les précautions contre les incendies, le droit de bannalité.

Ce fut encore un uſage qui paſſa de Rome dans les Gaules, de ne pas ſouffrir indifféremment à toutes ſortes de perſonnes d'avoir des *fours* dans leurs maiſons. Il s'eſt paſſé pluſieurs ſiècles, que ce droit étoit réſervé aux ſeuls ſeigneurs des lieux, ſoit qu'ils s'en fuſſent mis en poſſeſſion de leur autorité, comme l'ont écrit quelques auteurs, ſoit qu'ils euſſent voulu prendre ſur eux tout le poids de la dépenſe, & tous les ſoins contre les incendies. Nous ne donnons ici ces deux motifs ou conſidérations, que comme de ſimples conjectures; mais l'une & l'autre ont des fondemens ſi clairs, qu'elles approchent beaucoup d'une vérité évidente, dont la découverte eſt toujours difficile dans une ſi profonde antiquité.

Il est certain, à l'égard de la première, que, dès le tems des gaulois, toute l'autorité étoit entre les mains des druides ou prêtres, & de la noblesse. Le peuple gémissoit sous l'oppression de ces deux premiers ordres, & plusieurs étoient réduits à cette extrémité de s'y livrer en esclavage; ce sont les propres termes de César, qui les trouva en cet état, lors de ses conquêtes: les romains, qui entrèrent dans tous les droits du gouvernement, laissèrent les choses en cet état; ainsi le peuple gaulois, en changeant de maître, ne fut ni plus libre, ni plus heureux.

Il n'est pas difficile de comprendre qu'avec une telle autorité, les seigneurs n'eurent pas de peine à établir dans les lieux de leur dépendance, & qu'ils tenoient alors de nos rois, à titre de bénéfice, telles servitudes, soit réelles, soit personnelles, que bon leur sembloit. Les choses furent portées en effet à un tel excès, que Charlemagne, en étant touché, exhorta les seigneurs spirituels & temporels d'en user avec plus de douceur: l'ordonnance qu'il fit à cette occasion à Châlons-sur-Saone, où il avoit assemblé les prélats & les grands du royaume, est un monument trop précieux de la justice & de la piété de ce prince, & une preuve trop évidente de ce que nous venons d'avancer, pour être omis en cet endroit. Voici ce qu'elle contient:

Quià ergò constat in ecclesiâ diversarum conditionum homines esse, ut sint nobiles & ignobiles, servi, coloni, inquilini, & cætera hujuscemodi nomina: oportet ut quicumque eis prælati sunt, sivè clerici, sivè laïci, clementer ergà eos agant, & misericorditer eos tractent, sivè in exigendis ab eis operibus, sivè in accipiendis tributis & quibusdam debitis; sciantque eos fratres suos esse & unum secum patrem habere Deum, cui clamant: Pater noster, qui es in cœlis, & *unam matrem sanctam ecclesiam, quæ eos intemerata sacri fontis utero gignit. Disciplina igitur eis misericordissima & gubernatio opportuna adhibenda est; disciplina, nè indisciplinatè vivendo auctorem suum offendant; gubernatiò, ne in quotidianis vitæ commeatibus prælatorum adminiculo destituti fatiscant.* Ce qui fut renouvellé par ce religieux prince, au troisième concile de Tours, tenu l'an 849, en ces termes: *Admonendi sunt domini subditorum, ut circà suos piè & misericorditer agant, nec eos quâlibet injustâ occasione condemnent, nec vi opprimant, nec illorum substantiolas injustè tollant, nec ipsa debita, quæ à subditis reddenda sunt, impiè ac crudeliter exigantur.*

Voilà ce qui concerne la première conjecture, que les droits de banalité & les autres servitudes tirent leur origine de la puissance des seigneurs sur leurs sujets; voici ce qui prouve la seconde: Qu'à l'égard du droit de banalité des *fours*, il peut venir aussi de ce que les seigneurs voulurent bien se charger des frais de la construction & des soins de veiller au danger du feu.

Pour bien entendre celle-ci, il faut savoir que, avant l'usage des moulins à l'eau, le *four* & le moulin à bras & à cheval, dont on se servoit alors, étoient toujours joints ensemble; que l'édifice, qui les contenoit l'un & l'autre, en prenoit le nom commun & générique de *boulangerie*, *pistoria;* & que les soins de faire moudre, de pétrir & de cuire le pain, étoient commis aux mêmes gens; que de-là ils étoient nommés indifféremment *pistores*, par rapport au moulin; & *furnarii*, par rapport au *four.*

Or, la construction de cet édifice, tous les ustensiles nécessaires à un moulin, & tout ce qui devoit servir à le faire tourner, soit d'hommes, soit de chevaux, demandoit sans doute quelque dépense qui auroit souvent excédé le pouvoir d'un particulier, principalement en ce tems-là, que le peuple étoit fort pauvre & presque réduit en servitude. Il peut donc bien être vrai que cette dépense, jointe au besoin que l'on avoit de quelque autorité pour désigner les lieux, & pour prendre toutes les autres précautions nécessaires contre les incendies, auroit donné occasion aux seigneurs qui avoient tous ces moyens & tout ce pouvoir en main, de faire construire des moulins & des *fours*, &, pour leur indemnité, d'imposer quelques redevances aux habitans de leurs terres.

Que cela ait été ainsi observé en France, au commencement de la monarchie, nous en avons deux preuves, sinon bien claires, du moins qui approchent beaucoup d'une parfaite évidence; la première, qu'il n'y avoit alors que très-peu de moulins à l'eau dans ce royaume, & seulement sur les petits ruisseaux; puisqu'en Italie, d'où l'usage nous en est venu, ils y étoient fort rares, & qu'il n'y en avoit aucun sur les fleuves & les rivières, avant le règne de Justinien; qu'à l'égard des moulins à vent, l'usage n'en a été connu en Europe que plus de quatre siècles après. Ainsi, la plus grande partie des moulins, dont nos pères se servoient, étoient encore à bras ou à cheval.

La seconde, qu'en effet nous trouvons dans les quatre premiers siècles de la monarchie, l'usage de ces boulangeries, *pristrinæ*, établis en France. Il y en avoit qui étoient construites pour les usages des particuliers, mais sous la protection de nos rois, pour veiller à leur conservation, & sur-tout aux dangers du feu. *Si quis desertaverit*, c'est une ordonnance de Dagobert II, de l'an 630, *aut culmen ejecerit, quod sæpè contingit, aut incendio tradiderit uniuscujusque quod firstfalli dicunt, quæ per se constructa sunt, id est balnearium, pistoriam, coquinam, vel cætera hujusmodi cum*

cum tribus solidis componat, & restituat dissipata vel incensa. Nos rois prenoient grand soin qu'il y eût aussi dans toutes les terres de leurs domaines, & jusque dans leurs maisons royales, de ces boulangeries pour leur usage & celui de leurs sujets; leurs ordonnances ou capitulaires nous en fournissent les preuves: l'un des soins, dont Charlemagne chargeoit les juges des provinces, étoit celui de veiller à ce que ces sortes d'édifices fussent bien entretenus. *Ut unusquisque judex, per villas nostras singulares, &c.; ut ædificia intrà curtes nostras, vel sepes in circuitu benè sint custodita, & stabula atque coquinæ, & pistrina seu torcularia, studiosè præparata fiant; quatenùs ibidem condignè ministeriales nostri, officia eorum benè nitidè peragere possint.* Ainsi, chaque seigneur en put faire autant dans ses terres.

Quoi qu'il en soit, il est certain qu'il y avoit peu de villes ou de bourgs en France, où il n'y eût de ces boulangeries publiques, & que le nombre des moulins à eau & à vent, s'étant depuis multiplié, elles se sont trouvées réduites aux seuls *fours.*

Après avoir considéré les *fours* dans leur rapport avec la boulangerie, il resteroit encore à les envisager relativement aux dangers d'incendie, auxquels souvent ils donnent lieu, & à l'égard desquels il a été fait différens réglemens de police. Mais cet objet regarde l'article INCENDIE; ainsi *voyez*-le.

Il nous reste à parler des *fours* à plâtre, qui sont un objet important de police pour Paris, & sur lequel la nouvelle municipalité a fait un réglement qui devenoit indispensable depuis que le reculement des barrières & un grand nombre de *fours* à plâtre se trouvoient enfermés dans Paris, & nuisoient beaucoup par-là à la salubrité de l'air & à la sûreté publique. Nous allons rapporter le travail qui a été fait dans le tems, & l'ordonnance qui en est résultée.

Arrêté du comité de police de la commune de Paris, du mardi 20 octobre 1789.

Après avoir pris en considération les représentations de différens districts, & les plaintes de plusieurs citoyens contre les plâtriers & chaufourniers qui, depuis deux ans, s'étoient introduits dans Paris, les inconvéniens & dangers du feu, qui résultent de leurs *fours;* l'insalubrité de l'air produite par le gaz méphytique qui s'émane pendant la cuisson de la pierre à plâtre, & l'énorme quantité de cet air fixe qui se dégage pendant la calcination de la pierre à chaux, l'incommodité de la fumée, la gêne qu'éprouve la voie publique par les amas de moëlons à plâtre, & la perte considérable que fait la nation sur les droits d'entrée, la possibilité de ne faire usage que du charbon de terre ou de la tourbe, pour la cuisson de la pierre à plâtre, & la calcination de celle à chaux; & l'économie pour le bois, si essentielle à la capitale.

Le comité, vu l'importance de tous ces objets, voulant en prendre une connoissance bien exacte, a nommé M. Quinquet, l'un des représentans de la commune, membre du comité de police & du collège de pharmacie, à l'effet de dresser procès-verbal, & d'en faire son rapport, duquel, fait avec le plus grand soin, il résulte,

1°. Que les inquiétudes des citoyens & des voisins, sur les *fours* à plâtre & à chaux, sont fondées, en ce que le gaz-méphytique, qui se dégage de la pierre à plâtre pendant la cuisson, & encore plus particulièrement de la pierre à chaux pendant sa calcination, est nuisible aux végétaux, & influe beaucoup sur le corps humain, comme on peut s'en convaincre par la destruction des végétaux qui avoisinent les *fours* à plâtre, & sur-tout ceux à chaux;

De plus, en ce que le feu est à craindre, ces *fours* étant construits sans aucune précaution, sans solidité, & pour ainsi dire sans dépense, & qu'ils sont d'ailleurs la plupart établis dans le voisinage de plusieurs atteliers renfermant des matières combustibles;

2°. Que ce n'est que pour s'affranchir des droits d'entrée sur le plâtre, que plusieurs plâtriers, sans droit & sans permission, se sont introduits dans Paris depuis deux ans, ou environ; ce qui fait un tort considérable à l'intérêt public, au point que les droits sur les plâtres, qui se perçoivent à la seule barrière St. Martin, étoient anciennement de 900 à 1000 liv. par jour; & que, depuis deux ans, ou environ, ces mêmes droits, à cette barrière, ne s'élèvent plus par jour qu'à environ 300 livres;

3°. Qu'il résulte des expériences répétées & constatées; que non-seulement il est possible de cuire le plâtre avec du charbon de terre ou de la tourbe, mais encore que le public en retirera un triple avantage, en ce que le plâtre, cuit au charbon de terre, a une qualité supérieure à celui cuit à la tourbe, qui l'emporte cependant sur celui cuit au bois; de plus, en ce que le plâtre, cuit au charbon de terre, ne revient, pour la cuisson, qu'à 41 sols le muid; celui cuit à la tourbe, qu'à 50 sols, tandis que celui cuit au bois revient à 3 livres; & enfin, en ce que les plâtriers, en ne faisant usage que du charbon de terre ou de la tourbe, il en résultera dès-à-présent une économie, pour la capitale, d'environ trente mille voies de bois par année, laquelle économie pourra encore par la suite s'étendre aux chaufourniers, & à beaucoup d'autres atteliers de Paris, & de la banlieue, qui consomment aussi une énorme quantité de bois, en les obligeant à n'employer que du charbon de terre ou de la tourbe; ce qui fera alors, pour la capitale, une économie de plus de soixante mille voies de bois par année;

4°. Que la possibilité de cuire le plâtre avec du charbon de terre avoit déjà été reconnue par des expériences faites, en 1785, par des commissaires nommés par ordre du gouvernement, sur les moyens qu'en avoit trouvés & présentés le sieur Champagne, propriétaire d'une manufacture à plâtre, rue du chemin de Mesnil-Montant, dans laquelle il ne cuit plus, depuis cette époque, qu'avec du charbon de terre; cette expérience a été depuis imprimée & distribuée par ordre du gouvernement;

5°. Que la rareté du bois augmentant tous les jours, par la grande consommation; & que, dans le cahier de Paris, pour l'assemblée nationale, il est dit que la disette du bois exige que l'exploitation des mines de tourbe & de charbon de terre soit encouragée; tous les bons citoyens ne doivent pas perdre une occasion d'employer tous les moyens possibles d'économiser ce combustible;

6°. Que tous les plâtriers & chaufourniers, qui se sont introduits dans Paris, ont, pour la plupart, conservé les *fours* qu'ils avoient à leurs carrières; de sorte qu'il n'y a point d'inconvénient, & qu'on ne peut même hésiter à les faire dès-à-présent retirer de Paris, & à les obliger à ne cuire le plâtre, ou calciner la pierre à chaux, qu'avec du charbon de terre ou de la tourbe;

7°. Que néanmoins le sieur Champagne est l'inventeur des *fourneaux*, & le premier qui ait employé le charbon de terre pour cuire la pierre à plâtre, & qu'il est le seul qui ait eu la permission de s'établir & de cuire le plâtre dans Paris; que ses lettres-patentes sont enrégistrées au parlement, au châtelet & à la chambre-des-bâtimens; & que, sur la foi de ces lettres patentes, il a fait une dépense considérable, qui, d'après ses titres, peut s'élever à environ 300,000 liv., & qu'on ne pourroit l'expulser sans l'indemniser;

8°. Que ses *fourneaux* sont isolés & éloignés de soixante-dix & de cinquante toises des rues du chemin de Mesnil-Montant & de Popincourt, & que leur construction en est faite avec toutes les précautions possibles; de manière que ni le danger du feu, ni même l'insalubrité de l'air, ne sont à craindre, attendu que le peu de gaz méphytique, qui se dégage successivement de la pierre à plâtre pendant sa cuisson, se trouve mêlé & emporté avec la masse d'air environnant, qui se renouvelle sans cesse; ce qui garantit les êtres organisés qui se trouvent à la distance indiquée de ces *fourneaux*; & que, dans ce cas, les végétaux & les animaux ne reçoivent plus les impressions délétères qu'ils recevroient, si ce gaz étoit pur;

9°. Enfin, que le privilège du sieur Champagne est illimité; & que, dans le cahier de Paris pour l'assemblée nationale, il est dit qu'il ne sera accordé de privilèges qu'aux inventeurs seulement, & pour un tems limité.

Ce considéré, le comité a arrêté que défenses seroient faites à tous plâtriers, chaufourniers & autres, d'établir des *fours*, & faire cuire du plâtre, ou calciner la pierre à chaux dans l'enceinte des nouvelles barrières de Paris, à peine de 1000 l. d'amende; en conséquence, a arrêté que, dans huitaine, à compter de ce jour, tous ceux qui ont fait construire, dans Paris & dans l'enceinte des nouvelles barrières, des *fours* à plâtre ou à chaux, seront tenus de les faire détruire, sinon permis aux districts de les faire démolir *aux frais desdits constructeurs*.

A pareillement arrêté qu'à compter du 1 janvier prochain, tous les plâtriers & chaufourniers de la banlieue & des environs de Paris ne pourront plus faire cuire leur plâtre, & calciner la pierre à chaux, qu'avec du charbon de terre ou de la tourbe; leur défend de faire usage de bois pour la cuisson desdits plâtres ou calcination de pierres à chaux.

A encore arrêté que le privilège du sieur Champagne, porté par ses lettres-patentes vérifiées & enrégistrées par-tout où besoin a été, sera limité & ne subsistera que jusqu'au 1 janvier 1805; à laquelle époque, il sera tenu de démolir les *fourneaux* à plâtre de sa manufacture, rue du chemin de Mesnil-Montant, & de les porter hors des barrières.

Invite M. le commandant-général, tous les districts & les patrouilles à tenir la main à l'exécution du présent arrêté qui sera imprimé, publié & affiché.

Fait à l'hôtel-de-ville, le 20 octobre 1789.

FOWZDAR, s. m. Officier qui, dans les grandes villes de l'Indostan, est chargé de la police, & prend connoissance des matières criminelles. Ce mot signifie encore un officier chargé de percevoir les revenus que paient les Zemindars. Dans ce cas, le district des terres, qui est sous la juridiction, est appellé un *Chucklah*.

FRANC-MAÇON, s. m. Mot composé, qui désigne celui qui est attaché à l'ordre de la franche-maçonnerie ou franc-maçonnerie: cette franche-maçonnerie étoit dans l'origine une véritable secte d'illuminés, de rêveurs; elle est devenue ensuite une confrairie d'hommes liés par des services, des repas, des momeries de cotéries; elle a dégénéré en société de buveurs; elle n'est plus rien aujourd'hui, quoiqu'il y ait encore des hommes qui se disent *francs-maçons*, de la meilleure foi du monde, comme il y a encore des vieilles femmes qui se croient bonnement sorcières.

Nous n'entreprendrons pas de faire une histoire sérieuse de la franche-maçonnerie, n'étant point du *secret*; nous pourrions induire nos lecteurs en erreur sur les hauts mystères & les époques des grandes vérités de l'ordre : mais pour ne pas laisser de vuide à cet égard, dans un ouvrage en partie destiné à faire connoître les folies comme les institutions sages de la civilisation, nous puiserons dans les livres mêmes des adeptes de quoi remplir notre objet, & nous finirons par quelques réflexions à propos de l'édit de Joseph II, empereur, sur les *francs-maçons*.

(1) La société, ou l'ordre des *francs-maçons* est la réunion de personnes choisies, qui se lient entr'eux par une obligation de s'aimer tous comme frères, de s'aider dans le besoin, & de garder un silence inviolable sur tout ce qui caractérise leur ordre.

La manière, dont les *francs-maçons* se reconnoissent, de quelque pays qu'ils soient, en quelque lieu de la terre qu'ils se rencontrent, fait une partie du secret; c'est un moyen de se rallier, même au milieu de ceux qui leur sont étrangers, & qu'ils appellent profanes.

Il y avoit chez les grecs des usages semblables : les initiés aux mystères de Cérès & de la bonne déesse avoient des paroles & des signes pour se reconnoître, comme on le voit dans Arnobe & dans Clement d'Alexandrie. On appelloit symbole ou collation, ces paroles sacrées & essentielles pour la reconnoissance des initiés; & c'est de là qu'est venu le nom de symbole, qu'on donne à la profession de foi qui caractérise les chrétiens.

Tout ce qui tend à unir les hommes par des liens plus forts, est utile à l'humanité : sous ce point de vue, la maçonnerie est respectable, le secret qu'on y observe, est un moyen de plus pour cimenter l'union intime des *francs-maçons*; plus nous sommes isolés & séparés du grand nombre, plus nous tenons à ce qui nous environne. L'union des membres d'un royaume, d'une même province, d'une même ville, d'une même famille, augmente par gradation : aussi l'union maçonnique a-t-elle été plus d'une fois utile à ceux qui l'ont invoquée; plusieurs *francs-maçons* lui dûrent & la fortune & la vie.

(1) Extrait d'un livre intitulé: *Abrégé de l'Histoire de la Franche-Maçonnerie, par un membre de l'ordre.* Paris, 1783.

Les obligations, que l'on contracte parmi les *maçons*, ont pour objet la vertu, la patrie & l'ordre maçonnique. Les informations, que l'on prend au sujet de celui qui se présente pour être reçu *maçon*, assurent ordinairement la bonté du choix : les épreuves, qui précèdent la réception, servent à constater la fermeté & le courage, qui sont nécessaires pour garder un secret, comme pour pratiquer efficacement la vertu; d'où résulte nécessairement une association d'autant plus respectable, qu'elle est choisie, préparée & cimentée avec soin.

Nos lecteurs pensent bien qu'une institution, fondée sur le secret le plus profond, ne peut être développée dans cet ouvrage; mais nous pouvons en dire assez pour rassurer au moins ceux qui n'auroient point été initiés à ces mystères, & pour intéresser même encore la curiosité des *francs-maçons*.

On a imprimé divers ouvrages au sujet de la maçonnerie; il y en a même où l'on annonce formellement l'explication des secrets : mais ces livres sont désavoués par tous les frères, à qui il est défendu de rien écrire sur la maçonnerie; & quand même ils contiendroient quelque chose de leurs mystères, ils ne pourroient servir à des prophanes. La manière de se faire reconnoître, est accompagnée de circonstances qu'on ne sauroit apprendre dans un livre : celui qui n'auroit pas été reçu dans une loge, ignoreroit la principale partie des pratiques de la maçonnerie; il seroit bientôt reconnu & chassé, au lieu d'être traité en frère.

L'origine de la maçonnerie se perd, comme tant d'autres, dans l'obscurité des tems. Le caractère de cette institution étant d'ailleurs un secret inviolable, il n'est pas étonnant qu'on ignore son origine plus que celle de tout autre établissement : on la fait communément remonter aux croisades, ainsi que l'ordre de Saint-Jean-de Jérusalem ou de Malthe, & d'autres ordres qui ne subsistent plus.

On croit que les chrétiens dispersés parmi les infidèles, & obligés d'avoir des moyens de ralliement, convinrent entr'eux de signes & de paroles que l'on communiquoit aux chevaliers chrétiens, sous le sceau du secret, & qui se perpétuèrent entr'eux, à leur retour en Europe; la religion étoit le principal motif de ce mystère.

La réédification des temples détruits par les infidèles, pouvoit être aussi un des objets de la réunion de nos pieux chevaliers; & c'est peut-être de-là, que vient la dénomination de *maçons*; & peut-être que les symboles d'architecture, dont on se sert encore parmi les *francs-maçons*, dûrent leur origine à cet objet d'association.

Il paroît que les françois ou les francs, plus ardens que toutes les autres nations pour la conquête de la terre sainte, entrèrent aussi plus particulièrement dans l'union maçonnique; ce qui a pu donner lieu à l'épithète des *francs-maçons*.

Dans un ouvrage anglois, imprimé en 1767, par ordre de la grande loge d'Angleterre, & qui a pour titre : *The constitutions, of the ancient and honourable fraternity, of free and accept ed masons*, on fait remonter bien plus haut le roman de la maçonnerie; mais écartons tout ce qui a l'air fabuleux. Il est parlé d'un établissement plus ancien que les croisades, fait sous Athelstan, petit-fils d'Alfred, vers l'an 924. Ce prince fit venir des *maçons* de France & d'ailleurs, il mit son frère Edwin à leur tête, il leur accorda des franchises, une jurisdiction, & le droit d'avoir des assemblées générales. Le prince Edwin rassembla les *francs* & véritables *maçons* à Yorck, où se forma la grande loge l'an 926 : on rédigea des constitutions & des loix pour les faire observer. Depuis ce tems-là, on cite plusieurs évêques ou lords, comme grands-maîtres des *maçons*; mais on peut douter que cette société de *maçons* eût du rapport avec l'objet dont il s'agit ici.

Edouard III, qui parvint au trône en 1327, donna aux constitutions des *maçons* une meilleure forme : un ancien mémoire porte que les loges étant devenues nombreuses, le grand-maître à la tête de la grande loge, & du consentement des lords du royaume, qui étoient alors presque tous *francs-maçons*, firent divers articles de réglemens.

Mais le fait le plus authentique & le plus ancien, qu'on puisse citer dans l'histoire de la maçonnerie, est de l'année 1425. Le roi d'Angleterre, Henri VI, étoit mineur, un parlement ignorant entreprit de détruire les loges, & défendit aux *maçons*, sous peine d'amende & de prison, de s'assembler en chapitres ou congrégations, comme on le voit dans le recueil des actes du parlement d'Angleterre, sous la troisième année du règne d'Henri VI, chap. 1, où je l'ai vérifié; cependant cet acte de parlement fut sans exécution : il paroît même que ce prince fut admis dans la suite parmi les *maçons*, d'après un examen par demandes & par réponses, publié & commenté par M. Locke, & qu'on a jugé avoir été écrit de la propre main d'Henri VI.

Judge, Cokes, *institut.*, part. 3, fol. 19. prétend, à cette occasion, que ces *maçons* n'ont point du tout de secret, ou que leurs secrets sont tels qu'ils se rendroient ridicules en les publiant. C'est ainsi qu'on aime à se venger de ce qu'on ignore.

La reine Elisabeth ayant oui-dire que les *maçons* avoient certains secrets qu'ils ne pouvoient pas lui confier, & qu'elle ne pouvoit être à la tête de leur ordre, en conçut un mouvement de jalousie & de dépit contr'eux; elle envoya des troupes pour rompre l'assemblée annuelle de la grande loge, qui se tenoit à Yorck, le jour de St. Jean, 27 décembre 1561. Cependant, sur le rapport qui lui en fut fait par des personnes de confiance, elle laissa les *maçons* tranquilles.

La maçonnerie fleurissoit aussi dans le royaume d'Ecosse, long-tems avant sa réunion à la couronne d'Angleterre, qui fut faite en 1603. Les *maçons* d'Ecosse regardent comme une tradition certaine, que Jacques I, couronné en 1424, fut le protecteur & le grand-maître des loges, & qu'il établit une jurisdiction en leur faveur. Le grand-maître, qu'il députoit pour tenir sa place, étoit choisi par la grande loge, & recevoit 4 l. de chaque maître *maçon*. Davy Lindsai étoit grand-maître en 1542 : il y a encore à Killwinning, à Sterling, à Aberdeen, des loges anciennes, où l'on conserve de vieilles traditions à ce sujet.

On assure, dans l'ouvrage anglois que nous avons cité, & dont nous faisons l'extrait, que Inigo Jones, célèbre architecte anglois, disciple de Palladio, & que les Anglois regardent comme leur Vitruve, fut député grand-maître de l'ordre des *francs-maçons*, & l'on y donne l'histoire de tous les grands édifices qu'il fit construire : on trouve, après lui, Christophle Wren, sous le titre de grand surveillant; ce fut lui qui fit rétablir presque toutes les églises de Londres, après le terrible incendie de 1666, & spécialement la fameuse église de St. Paul, qui, après celle de St. Pierre-du-Vatican, est regardée comme la plus belle église du monde. Il tint une loge générale le 27 décembre 1663, comme on le voit dans une copie des anciennes constitutions, & l'on y fit un nouveau réglement pour l'administration des *francs-maçons* : il fut grand-maître en 1685; en 1717, il fut décidé que les maîtres & les surveillans des différentes loges s'assembleroient tous les trois mois en communication : c'est ce qu'on appelle quaterly communication; & à Paris, assemblée de quartiers. Lorsque le grand-maître est présent, c'est une loge *in ample form*, sinon elle est seulement *in une forme*; mais elle a toujours la même autorité.

En 1718, George Payne, grand-maître, voulut qu'on apportât à la grande loge les anciens mémoires concernant les *maçons* & la maçonnerie, pour faire connoître les anciens usages, & les rapprocher des institutions primitives; on produisit alors plusieurs vieilles copies de constitutions gothiques. En 1719, le grand-maître Jean-Théophile Desaguliers fit revivre l'ancienne régularité des toasts ou santés, que l'on porte dans les banquets ou loges de tables, à l'honneur du roi, des *ma-*

sons, &c. Mais on brûla beaucoup d'anciens papiers concernant la maçonnerie & ses réglemens secrets, sur-tout un qui avoit été fait par Nicolas Stone, surveillant sous Inigo Jones, & qu'on a beaucoup regretté; mais on vouloit prévenir tout ce qui pouvoit donner aux usages de la maçonnerie une publicité qui est contre l'esprit de l'ordre.

Le nombre des loges étant fort augmenté à Londres en 1721, & l'assemblée générale exigeant beaucoup de places, on la tint dans une salle publique, appellée *stationers hall*. Les surveillans ou grands-gardes furent chargés de se procurer quelques stewards, intendans ou frères, qui eussent de l'intelligence pour les affaires de détail, & d'avoir aussi des frères servans, pour qu'il n'entrât jamais de prophanes dans les loges. Le duc de Montaigû fut élu grand-maître, & instalé. On nomma des commissaires, pour examiner un manuscrit d'Anderson, sur les constitutions de l'ordre, & l'on en ordonna l'impression le 17 janvier 1723; la seconde édition est de 1767. Ce fut alors que la réputation de la maçonnerie se répandit de tous côtés: des personnes, du premier rang, désirèrent d'être initiées, & le grand-maître fut obligé de constituer de nouvelles loges qu'il visitoit chaque semaine, avec son député & les surveillans: il y eut quatre cens *maçons* à la fête du 24 juin 1723; on avoit alors pour député grand-maître le fameux chevalier Martin Folkes, qui a été si long-tems président de l'académie ou de la société royale de Londres; & pour grand surveillant, John Senex, mathématicien, connu par de beaux planisphères célestes, dont les astronomes se servent encore tous les jours. Il étoit difficile que ce nouvel empressement des anglois pour la maçonnerie ne s'étendît pas jusqu'à nous. Vers l'année 1725, mylord Dervent-Waters, le chevalier Maskelyne, M. d'Heguerty & quelques autres anglois, établirent une loge à Paris, rue des Boucheries, chez Hure, traiteur anglois: en moins de dix ans, la réputation de cette loge attira cinq ou six cens frères dans la maçonnerie, & fit établir d'autres loges; d'abord celle de Goustand, lapidaire anglois; ensuite celle de le Breton, connue sous le nom de loge de louis d'argent, parce qu'elle se tenoit dans une auberge de ce nom; enfin, la loge dite de Bussy, parce qu'elle se tenoit chez Landelle, traiteur, rue de Bussy; elle s'appelle aussi loge d'Aumont, lorsque M. le duc d'Aumont, y ayant été reçu, fut choisi pour maître: on regardoit alors comme grand-maître des *maçons*, mylord Dervent-Waters, qui, dans la suite, passa en Angleterre, où il a été décapité. Mylord d'Harnonester fut choisi, en 1736, par quatre loges qui subsistoient alors à Paris, & est le premier grand-maître qui ait été régulièrement élu. En 1738, on élut M. le duc d'Antin pour grand-maître général & perpétuel des *maçons* dans le royaume de France; mais les maîtres de loges changeoient encore tous les trois mois: il y avoit vingt-deux loges à Paris en 1742. Le 11 décembre 1743, M. le comte de Clermont, prince du sang, fut élu grand-maître perpétuel dans une assemblée de seize maîtres, à la place de M. le duc d'Antin, qui venoit de mourir; l'acte fut revêtu de la signature de tous les maîtres & des surveillans de toutes les loges régulières de Paris, & accepté par les loges de province. M. le prince de Conti & M. le maréchal de Saxe eurent plusieurs voix dans cette élection; mais M. le comte de Clermont eut la pluralité, & il a rempli cette place jusqu'à sa mort.

On créa pour Paris seulement des maîtres de loges perpétuels & inamovibles; de peur que l'administration générale de l'ordre, confiée à la grande loge de Paris, en changeant trop souvent de mains, ne devînt trop incertaine & trop chancelante. Les maîtres des loges dans les provinces sont choisis tous les ans. La maçonnerie, qui avoit été plusieurs fois persécutée en Angleterre, le fut aussi en France. Vers l'an 1738, une loge qui s'assembloit chez Chapelot, du côté de la Rapée, ayant excité l'attention des magistrats, M. Héraut, lieutenant de police, qui n'avoit pas une juste idée des *maçons*, s'y transporta, il fut mal reçu par M. le duc d'Antin; cela lui donna de l'animosité: enfin, il parvint à faire fermer la loge, murer la porte, & à défendre les assemblées; la persécution dura plusieurs années, & l'on alla jusqu'à emprisonner des *francs-maçons* que l'on trouva assemblés dans la rue des deux écus, au préjudice des défenses.

Cela n'empêcha pas les gens les plus distingués de la cour & de la ville de s'agréger à la maçonnerie; & l'on voyoit encore en 1760 à la Nouvelle-France, au nord de Paris, une loge célèbre, tenue d'une manière brillante, & fréquentée par des personnes du premier rang; elle avoit été fondée par le comte de Benouville. La grande loge étoit sur-tout composée de personnes de distinction; mais la sécheresse des détails, & des affaires qu'on y traitoit pour l'administration de l'ordre, les écartèrent peu-à-peu: les maîtres des loges, qui prirent leur place, n'étant pas aussi respectés, le travail de la grande loge fut interrompu à différentes fois jusqu'en 1762; il y eut alors une réunion solemnelle, l'on dressa des réglemens pour toute les loges de France, on délivra des constitutions pour la régularité & l'union des travaux maçonniques, & l'on perfectionna le réglement de la maçonnerie en France, sous l'autorité de la grande loge.

En 1767, il y eut encore une interruption par ordre du ministère, dans les travaux de la grande loge; mais elle les a repris en 1771, sous la protection d'un prince qui a succédé à M. le comte de Clermont, dans la dignité de grand maître, & qui s'intéresse véritablement à la maçonnerie. Des maîtres de loges, aussi zélés que lettrés, se sont trouvés à la tête de l'administration, ont fait pour toutes les loges régulières de France de nouveaux réglemens, & la maçonnerie a repris dans le royaume une nouvelle consistance.

Si cette société a été suspecte en France, seulement parce qu'elle n'étoit pas connue, il n'est pas surprenant qu'elle ait été persécutée en Italie. Il y a deux bulles de la cour de Rome, contre l'ordre des *francs-maçons*; mais comme elles étoient fulminées sur des caractères qui n'étoient point ceux des véritables *francs-maçons*, ils n'ont point voulu s'y reconnoître, & ils se regardent tous comme étant très en sûreté de conscience, malgré les bulles: la pureté de leur morale & la régularité de leur conduite doivent en effet les rassurer totalement.

L'Allemagne & la Suède ont saisi avec zèle les avantages de la maçonnerie; le roi de Prusse, après y avoir été agrégé, s'en est déclaré le protecteur dans ses états, ainsi qu'il l'est des sciences & de toutes les institutions utiles. Le nombre des *francs-maçons* s'étoit trop multiplié, pour qu'il ne s'y établît pas des distinctions de grades; ils sont même en très-grand nombre, & ils mettent entre les différens ordres des *maçons* des différences très-marquées, relativement aux rangs & aux lumières, de même que par rapport aux objets dont on s'occupe dans chaque loge. La maçonnerie a continué de s'étendre aussi en Angleterre; on y a frappé une médaille en 1766, avec cette exergue: *Immortalitati ordinis*.

D'un autre côté, les prophanes se sont égayés aux dépens de la maçonnerie: on a gravé une immense caricature, qui représente une procession burlesque & ridicule des *francs-maçons*; mais ceux-ci ont fait peu d'attention aux sottises d'une populace ignorante: cependant l'ordre s'est soutenu & s'est accru en Angleterre, au point qu'en 1771, les *francs-maçons* ont cru pouvoir paroître au grand jour; ils ont représenté au parlement de la nation, qu'ils avoient de quoi bâtir une loge qui contribueroit à l'embellissement de la capitale, & même de quoi faire une fondation pour l'utilité publique; ils ont demandé en conséquence d'être reconnus & autorisés comme tous les autres corps de l'état: il paroît que la demande eût été acceptée, si les *francs-maçons* de la chambre haute ne s'y étoient opposés; ils ont pensé qu'une institution, qui est toute mystérieuse & secrette, ne devoit rien avoir d'aussi public, & que cette ostentation pourroit porter atteinte au but de la maçonnerie. En Espagne & en Portugal, où le fanatisme est assis à côté de la superstition, & où les moines asservissent tous les individus à l'empire de leur ignorance; car les Espagnols naissent avec beaucoup de vivacité, & ont sans contredit des dispositions à être spirituels; il y a peu de *francs-maçons*, ils s'y tiennent cachés, par crainte du tribunal horrible de l'inquisition, qui y domine encore, à la honte de l'humanité & de ces nations qui non-seulement le souffrent au milieu d'elles, mais qui en sont encore les apologistes, à la vérité moins par amour que par la terreur qu'il inspire. La *franche maçonnerie* y a fait peu de progrès; il y en a cependant quelques-uns qui se sont faits initier en France, ou ailleurs: j'ai moi-même été le témoin de la scène barbare qui se passa, il y a quelques années, à Madrid; deux françois en ont été les victimes, ils furent déférés à l'horrible tribunal par des seigneurs qui en étoient familiers, & chez qui ils demeuroient, au mépris de l'hospitalité respectée par les nations les moins civilisées.

Après que ces victimes de leur indiscrétion; (ils avoient très-mal à propos dit, devant des domestiques, qu'ils étoient *francs-maçons*) après, dis-je, que l'on les eut fait languir plusieurs mois dans d'affreux cachots, ils furent enfin jugés à être promenés dans les rues de Madrid, avec un écriteau devant & derrière, qui portoient leurs aveux, qu'ils étoient *francs-maçons*, & on les condamna, pour leur vie, à porter un *san-benito*, & à vivre d'aumônes dans la ville de Tolède, liés ensemble avec une grosse chaîne de fer semblable à celles que portent les malheureux forçats; un des deux mourut peu de tems après, ne pouvant survivre à sa honte; l'autre, que j'ai vu encore il y a quelques années à Tolède, étoit tombé en démence, & dans un abrutissement inexprimable.

A Naples, où le tribunal de l'inquisition est envisagé avec toute l'horreur qu'il inspire, les *francs-maçons* y ont cependant éprouvé une dure persécution, il n'y a que quelques années: des magistrats & des avocats, initiés dans cet ordre, ont subi une longue détention; mais enfin ils ont été mis en liberté. Les républiques mêmes, qui semblent devoir être l'asyle de la liberté, en avoient pris aussi ombrage; mais enfin elles ont été convaincues que cet ordre n'avoit rien de vicieux; elles ont pris enfin le parti de laisser les *francs-maçons* tranquilles, & les arrêts fulminés contr'eux, il y a quelques années, sont pour ainsi dire tombés en désuétude; beaucoup de magistrats se sont fait initier dans cet ordre qui, si les hommes étoient ce qu'ils devroient être, seroit sans contredit le plus utile de tous ceux qui l'ont précédé & suivi.

Il y a quelques années, qu'il s'étoit formé à Genève, (où les *francs-maçons* sont très-nombreux) un prétendu ordre de *francs-charpentiers*, composé de personnes du peuple; ils fondoient le mérite de leur institution à haïr & à dénigrer de toutes leurs forces l'ordre de la franche-maçonnerie: mais les *francs-maçons* méprisèrent leurs sarcasmes par leur silence; & cet ordre de *francs-charpentiers* s'est anéanti de lui-même, comme le feront tous ceux qui ne sont pas fondés sur la vertu.

Il nous reste à opposer à cet étalage de mysticité, auquel nous n'avons rien changé, pour faire connoître le langage puérile & la futilité de cette confrairie de *francs-maçons*; il nous reste à opposer le rescrit de l'empereur Joseph II, du 11 décembre 1785, qui ordonne,

1°. Que, dans la capitale de chaque régence, il n'y aura qu'une loge, ou tout au plus deux de *francs-maçons*; elles seront soumises au magistrat ou à l'intendant de la police, qui sera informé du jour & de l'heure auxquels les frères s'assembleront;

2°. Les loges seront défendues dans tout autre lieu que celui où réside la régence; les dénonciateurs de loges établies ailleurs, seront encouragés;

3°. Les présidens des loges seront obligés d'envoyer tous les trois mois la liste & les noms de chaque loge respective au chef du pays;

4°. Les loges dirigées de cette façon ne seront plus soumises à aucunes recherches ou perquisitions; mais toutes les autres seront supprimées.

Le préambule de cette ordonnance est remarquable. Voici comment s'y exprime l'empereur:

Comme dans un état bien réglé, rien ne doit subsister sans un certain ordre, je pense qu'il est nécessaire de prescrire ce qui suit:

Les assemblées qu'on appelle de *francs-maçons*, dont les secrets me sont peu connus, & dont je n'ai jamais cherché à pénétrer les mystères, se multiplient jusques dans les plus petites villes. Les assemblées abandonnées entièrement à elles-mêmes, & n'étant soumises à aucune direction, peuvent fort bien donner lieu à des excès également nuisibles à la religion, au bon ordre & aux mœurs; peuvent induire sur-tout les supérieurs, par une liaison fanatique, à ne pas user de la plus parfaite équité envers ceux qui leur sont soumis, & qui ne sont pas de l'ordre qu'ils professent, ou peuvent au moins donner lieu à des dépenses inutiles. Jadis, & dans d'autres pays, on défendoit & punissoit les *francs-maçons*; on dissipoit leurs assemblées, parce qu'on n'étoit point instruit de leurs secrets: quoiqu'ils me soient tout aussi peu connus, il me suffit de savoir que, par ces loges de *francs-maçons*, il a pourtant été fait quelque bien réel au profit de l'indigence & de l'éducation, pour ordonner plus pour eux, qu'il n'a jamais été fait encore dans aucun pays; savoir: que quoique j'ignore leurs statuts & actions, ils seront néanmoins reçus sous la protection & défense de l'état, tant qu'ils feront du bien; par conséquent, leurs assemblées seront formellement permises: mais il faudra qu'ils se conforment à ce que nous prescrivons à leur égard.

L'empereur affecte, comme on voit, une grande indifférence, pour ne pas dire un grand mépris, pour la *franche-maçonnerie* & ses secrets; en la soumettant à la police, c'est la dégrader aux yeux de bien des gens, & diminuer par-là le nombre de ceux qui s'y enrôlent. D'ailleurs, la liberté étant l'ame de toutes ces petites assemblées; la leur ôter, c'est les détruire: l'on voit encore que l'empereur cherche la raison de son rescrit, dans la nécessité d'une bonne police, qui exige que dans un état rien ne subsiste sans ordre. Mais cette raison est celle qu'on a donnée pour établir l'inquisition & l'usage des lettres-de-cachet; elle sert de prétexte à tous les despotes, pour tenir les hommes dans l'esclavage, & se rendre maîtres de leurs moindres actions. Aussi ne sauroit-on se dissimuler que l'empereur n'ait abusé de son pouvoir & empiété sur les droits des citoyens, en leur ôtant la liberté de s'assembler à leur gré, pour boire, rire, chanter & faire quelques aumônes? Choses innocentes, & qui ne peuvent entraîner aucuns inconvéniens politiques.

Ce n'est pas qu'à considérer la *franche-maçonnerie* raisonnablement, j'approuve beaucoup ces assemblées nocturnes, où les frères perdent leur tems & dissipent leur argent. Au contraire je blâme ces puériles & dispendieuses débauches qui deviennent le fléau & la ruine d'une foule de petits ménages dont les chefs négligent les intérêts, pour s'occuper de ceux des *hauts mystères*.

On voit des hommes qui se croient des personnages, parce qu'ils sont orateurs de leurs loges; d'autres qui ont perdu dans ces cotteries le génie & le goût du beau, qui se développoient en eux. Voilà, au reste, le plus grand inconvénient de la maçonnerie; car, pour ce qui regarde la tranquillité publique, il n'y a rien à craindre de gens, dont l'imagination exaltée, l'esprit échauffé par la boisson, & le corps fatigué de veilles ne sont capables de rien, si ce n'est de dormir & rêver. Jamais un frère *maçon*, sortant de son orgie tout en fumée, n'est allé forcer une porte, ou demander la bourse ou la vie aux passans. Quelques-uns, à qui la jeunesse & le tempérament donnent des forces contre le sommeil & la fatigue, ont pu faire du bacanal aux portes *des filles*; mais ce malheur n'est pas grand.

Quant aux entreprises politiques, on ne doit pas craindre qu'elles deviennent l'occupation favorite des *francs-maçons*. Ils bavarderont peut-être entr'eux, comme faisoit l'*abbé Trente mille hommes*, au Luxembourg; mais jamais ils ne prendront une résolution vigoureuse & utile à leur pays. Les factieux ne se forment pas dans les tabagies; c'est dans le cabinet, dans les corps que le desir de faire une révolution, & de faire parler de soi, vient souvent prendre un homme au colet.

La *franche-maçonnerie* a sans doute une origine importante. Dans des siècles de fanatisme & d'erreurs, un petit nombre d'hommes raisonnables & libres ont pu se réunir pour se communiquer leurs pensées, & s'instruire réciproquement. Le déisme, la morale universelle, peut-être même le matérialisme, cette opinion si généralement répandue, faisoient-ils la base & le fond de leur doctrine? Il ne paroît pas qu'ils voulussent y joindre une conduite politique, dont le but fût l'établissement d'un systême politique & la réforme de la religion. L'histoire ne parle pas non plus que les *frères maçons* aient entrepris de défendre les droits des hommes opprimés; c'est cependant le plus noble motif d'une assemblée de gens liés par le goût du bien. L'on peut présumer encore qu'il se sera trouvé parmi les frères de l'ordre quelques cervelles chaudes, exaltées, qui y auront répandu le goût des mystères, des puérilités cabalistiques, des emblêmes, des allégories de vertus, de vices, & tout l'attirail théologique. A des opinions froides & prises dans le sentiment, auront succédé des châteaux en Espagne, des formules, des gestes, des mommeries.

La bonne chère n'est point une chose indifférente au bonheur de l'homme: des jouissances que nous procurent les sens, celle du goût est une des plus étendues, & dont nous pouvons jouir le plus facilement & agréablement. Ainsi je crois bien que les premiers *maçons* ont pu choisir l'instant où cette jouissance répand la vie & la gaîté dans tous les confrères, pour débiter leurs maximes, & se communiquer leurs réflexions. Mais je suppose qu'ils n'ont jamais regardé la bonne chère comme l'objet principal de leur concile. A présent que la presse a répandu les erreurs & les vérités par-tout, qu'on peut avec six francs acheter un livre qui instruise plus que toutes les loges de la *franche-maçonnerie*, les gens pensans & raisonneurs ont négligé d'aller aux loges; ceux même qui ont continué de s'y rendre, ont trouvé plus commode de raisonner en lisant chez eux, qu'en chantant & buvant dans une orgie: les loges sont devenues par-là de véritables salles à manger, les mystères des choses que tout le monde sait, & les cérémonies de l'ordre des jongleries d'enfans.

Un *maçon* insiste & dit: Ces assemblées font faire des connoissances utiles; vous vous trouvez en société, sitôt que vous arrivez dans un pays où il y a des frères; elles peuvent devenir avantageuses à ceux qui ont besoin de protection. Tout cela est très-beau; mais les connoissances les plus utiles pour un homme raisonnable, sont celles de sa femme, de ses enfans, de ses amis, dont il doit chercher à cultiver, à mériter l'attachement; & le véritable moyen de se faire des protecteurs, est d'acquérir une bonne réputation par sa conduite, & de la célébrité par ses talens; toutes choses que l'on peut très-bien se procurer, sans le secours des loges de *francs-maçons*.

Nous finirons par remarquer que la maçonnerie fut établie en Angleterre, dès l'an 926; elle florissoit aussi dans le royaume d'Ecosse, long-tems avant sa réunion à la couronne d'Angleterre, qui fut faite en 1603: mais l'époque de sa gloire fut lorsque le duc de Montaigu fut élu grand-maître, & installé en 1723.

Ces assemblées étant plus connues, & les loges étant ouvertes aux plaisirs de la société & aux douceurs de l'amitié, plutôt qu'à des pratiques superstitieuses ou à des orgies tumultueuses, la police a modéré ses poursuites, & paroît moins autoriser ces loges, que les tolérer, en s'assurant qu'il ne s'y passe rien de contraire aux mœurs, à la religion & au gouvernement.

FRIPPIER, s. m. Marchand qui achète, raccommode & vend des vieux habits, des vieux meubles, & autres choses, qui ont déjà servi.

Il y a à Paris deux espèces de *frippiers*; les uns en boutique, & les autres qui crient, vendent & achètent dans les rues; ceux-ci se nomment brocanteurs.

L'utilité de ce genre de commerce est sensible sur-tout dans une grande ville où la classe la plus nombreuse du peuple n'est point riche. Elle trouve chez les *frippiers* & les brocanteurs des vêtemens & des meubles à bon marché, & proportionnés au prix qu'on peut y mettre.

La communauté des *frippiers* de la ville de Paris avoit des réglemens, dès l'année 1258; elle a obtenu de nouveaux statuts sous le règne de François Ier., qui les a approuvés par lettres-patentes du mois de juin 1544.

Henri II, au mois d'avril 1556; Charles IX, en mai 1561; & Louis XIII, en septembre 1612, accordèrent aussi aux *frippiers* des lettres-patentes portant confirmation de leurs statuts.

Enfin, en 1664, sous le règne de Louis XIV, ces statuts furent réformés en plusieurs articles, & confirmés en ce qui n'avoit pas besoin de correction.

ction. Le vû de ces derniers statuts, expédié par le lieutenant civil & le procureur du roi, en conséquence de l'arrêt du conseil du 8 juillet 1664, est du 24 août de cette même année, & l'enrégistrement des lettres-patentes en parlement du 9 février 1665.

Chaque maître doit tenir bon & fidèle régistre de toutes les hardes, tant vieilles que neuves, qu'il achète, avec le nom de celui de qui il les a achetées. Il doit prendre des répondans en certains cas, & même retenir les effets jusqu'à ce que son doute ou son soupçon soit éclairci; le tout, afin que pour les vielles hardes, on puisse être sûr qu'elles n'ont point été volées; & pour les meubles, habits neufs & ouvrages de menuiserie pareillement neufs, il puisse apparoître qu'il ne les a pas faits lui-même, ou fait faire par des ouvriers à lui; mais qu'il les a achetés des marchands tapissiers, maîtres tailleurs & menuisiers, à qui seuls il appartient de travailler en neuf de ces sortes d'ouvrages & marchandises.

Il est encore expressément défendu aux *fripiers* & à tous autres marchands d'acheter des habits d'officiers dans les troupes, c'est-à-dire, leur uniforme, ainsi que ceux des soldats, leurs fusils, épées, sabres, ceinturons, & autres habillemens & armes, à peine de confiscation & de 200 liv. d'amende, applicable moitié à l'hôpital, moitié au dénonciateur.

Une sentence de police du châtelet de Paris, du 15 janvier 1745, condamne les nommés Moulé, *fripier*, & Chamblet, maître-fourbisseur, en l'amende, pour avoir acheté des habits de soldat & un sabre, avec défenses d'y récidiver.

L'ordonnance du roi, du 31 mars 1748, porte défenses à tous sujets de sa majesté, autres que ceux qui servent actuellement dans ses troupes, de porter aucun habit uniforme desdites troupes; & à tous marchands *fripiers* & autres d'en exposer en vente, & d'en garder dans leurs boutiques ou magasins. *Voyez* ACHAT, BROCANTEUR.

FRONDEUR, s. m. C'est le nom qu'on donne à ceux qui blâment habituellement les opérations du gouvernement.

Autrefois les *frondeurs* étoient traités avec quelque rigueur en France, & le ministère a plus d'une fois sévi contre ceux qui se sont permis des critiques un peu violentes de ses opérations.

Les *frondeurs* aujourd'hui sont libres, ou plutôt il n'en existe plus. Une secte d'hommes enthousiastes & déclamateurs leur a succédé: le nom de fanatiques leur convient mieux que tout autre; & celui de *frondeurs* ne peindroit que d'une manière très-imparfaite le caractère d'amertume & de calomnie, qui règne aujourd'hui dans les conversations particulières & publiques.

Cet excès est parvenu à un point, qu'il est aujourd'hui une véritable source de désordres & de calamité. La postérité croira, avec peine, que des hommes ignorans, grossiers & pervers se rendent en quelque sorte les arbitres de la souveraineté, par l'ascendant qu'ils ont pris sur la multitude, en calomniant & dénigrant publiquement les vues de l'administration, en ameutant le peuple contr'elle, & menaçant de leur vengeance quiconque ose ne pas penser comme eux.

Ce n'est pas seulement de paroles, que les *frondeurs* actuels attaquent les opérations du gouvernement. Les écrits virulens & absurdes, qu'ils produisent chaque jour, sont un plus grand mal encore, parce qu'ils sont lus de plus de personnes, & qu'ils laissent des impressions profondes dans l'esprit des peuples.

Ainsi l'on peut distinguer deux sortes de *frondeurs*; ceux qui blâment verbalement, & ceux qui le font par écrit.

Les uns & les autres n'ont souvent de *frondeurs* que le nom; ils sont habituellement vendus à un parti, dont ils ont intérêt de prendre la défense, en blâmant tout ce que le parti contraire fait de bien ou de mal.

Cette mauvaise foi est sur-tout le partage de ces écrivains faméliques & changeans, qui courent après la fortune & la célébrité, sous quelque aspect qu'elles se présentent; leurs critiques & leurs éloges sont ordinairement commandés, vendus & livrés au plus offrant: cette espèce de *frondeurs* est la plus vile, si elle n'est pas toujours la plus dangereuse.

On ne doit point y assimiler un autre genre de détracteurs & de persécuteurs des gens en place, & de leur conduite. Ceux-ci suspectent tout; mais c'est d'après leurs lumières, ou ce qu'ils prennent pour tel: ils abondent dans leur sens, & ne veulent point entendre aucune raison, en faveur de leurs adversaires. Le monde littéraire & politique est plein aujourd'hui de cette espèce d'hommes: ils fatiguent sans cesse le public de leurs déclamations, de leurs conseils amphygouriques & de tout l'étalage d'un charlatanisme exalté.

Ces gens sont en général très-dangereux dans un état qui se forme, & à l'instant où l'on s'occupe de lui donner des loix; parce que c'est bien moins le sentiment de l'ordre, le desir d'être utile, la réflexion & l'expérience qui les guident, que la vanité, l'amour de la publicité, l'envie de se singulariser, & quelquefois d'insulter ceux dont ils ont reçu des bienfaits, afin d'en imposer sur les obligations qu'ils leur ont.

Tous ces excès se font singulièrement sentir aujourd'hui parmi nous: l'abus de la liberté a produit une licence vraiment scandaleuse; les *frondeurs* sont de véritables agitateurs, toujours prêts à réaliser leurs desseins féroces & incendiaires. C'est sur-tout au Palais-royal, que se tiennent les assemblées des plus déraisonnables raisonneurs; c'est là qu'une multitude étourdie d'un ordre insolite de choses croit sur parole des hommes fourbes ou enthousiastes, également étrangers à tous les intérêts de la société.

Par cette esquisse du caractère des *frondeurs* actuels, on voit qu'ils n'ont rien de celui des anciens, que l'excès de bavardage & de charlatanisme, qui en est inséparable. Ils ont de plus des intentions factieuses, & des vues de parti absolument étrangères aux premiers.

Cependant quel que soit l'odieux de cette espèce d'hommes, quelque mal qu'ils fassent dans la société, on doit être très-circonspect sur le genre de coercion à employer pour les réprimer: la liberté a ses orages & ses abus. Un état libre doit être tellement constitué, qu'il résiste par sa force aux secousses individuelles, sans qu'il soit nécessaire de recourir toujours à des voies de rigueur, pour contenir ceux qui s'agitent par l'effet de l'ignorance & du mécontentement. Ce dernier inconvénient produiroit un effet fâcheux & contraire à la liberté individuelle; sous prétexte de réprimer les propos scandaleux, séditieux, dangereux des *frondeurs*, on livreroit les actions, les écrits & les paroles à la persécution des agens du pouvoir politique; & au total, un peu de licence est moins dangereux, que la bassesse & la crainte servile: mais il faut que les loix soient respectées, & qu'on ne fasse point grace à celui qui auroit évidemment troublé le repos public par le mensonge & la calomnie. *Voyez* FACTION.

FRUITIÈRE, s. f. On dit plus communément *fruitière* que *fruitier*, parce que ce sont en général les femmes qui débitent les fruits & les autres menues denrées de cette espèce.

Il y a deux sortes de *fruitières*; les *fruitières* orangères & les regrattières: les premières avoient ci-devant une communauté, des privilèges, une maîtrise; les regrattières achetoient un brevet. Aujourd'hui cette distinction n'existe que pour ceux qui n'ont pas le moyen de tenir une boutique considérable.

Les *fruitières* vendent aussi du beurre, du fromage, des œufs; & c'est le commerce sur lequel la police a le plus de soin à prendre pour empêcher les abus. Nous en allons dire un mot.

» Le grand nombre de gros bourgs ou villages qui environnent la ville de Paris, dans l'éloignement de deux lieues ou environ, & quelques habitans des fauxbourgs, qui élèvent des poules, fournissent cette grande ville de tous les œufs frais qui s'y consomment; les autres œufs y sont apportés ou en charrettes, ou à sommes, par les marchands forains, que l'on nomme *coquetiers*, la plupart de Normandie, ou du Vexin, & exposés en vente à la halle tous les jours; mais plus communément le mercredi & le vendredi de chaque semaine.

» Le bon beurre frais, qui se mange sur le pain, est apporté à Paris tous les jeudis par les femmes, les enfans ou les domestiques des laboureurs & fermiers de ces mêmes lieux des environs de Paris, & principalement de la province de Brie, où il se fait beaucoup de nourritures de bestiaux dans ses bons & gras pâturages: le plus grand débit s'en fait dans le cimetière S. Jean & dans la rue S. Antoine, proche S. Paul; & il s'en trouve aussi dans tous les autres marchés: le beurre du village de Vanvre, comme nous l'avons déjà observé, est le plus excellent; il ne se vend ordinairement que par petits pains de trois ou quatre onces, & bien plus cher que l'autre beurre.

» Tous les autres beurres frais nous viennent en mottes dans des paniers en charrettes, ou à sommes. Ceux d'Isigny ne viennent à la halle, que depuis la saint Martin jusqu'aux Rogations, à cause de la chaleur: les jours n'en peuvent être fixés certainement par la difficulté des chemins; cependant le mercredi & le vendredi sont les jours ordinaires: les beurres de la Loupe, de la Ferté & de Gournay, y sont apportés le jeudi & vendredi matin, & s'y débitent en livres.

» Le bon beurre salé, qui se mange sur le pain, vient en petits pots de grès d'Angleterre, de Bretagne ou de Flandres, & ne se trouve que chez les épiciers: l'autre beurre salé est apporté dans de grands pots de grès, ou dans des tinettes de bois de sapin, dont la plupart viennent de la Normandie, du Vexin, & de ces mêmes provinces de Bretagne & de Flandres: le débit s'en fait aussi à Paris par les épiciers qui le font venir en droiture, ou par les marchands forains qui l'exposent en vente à la halle; & celui-là est acheté par les *fruitiers* & beurriers de la ville, qui en font le débit dans leurs boutiques.

» Ce sont encore les épiciers qui tirent & qui font venir d'Italie, de Suisse, d'Auvergne, de Dauphiné & de tous les autres pays ou provinces éloignées, les fromages qui se débitent à Paris: les autres fromages, soit de Normandie, du Vexin ou de Brie, y sont apportés & vendus par les gens du pays, ou par les forains, à la halle, &

achetés par les marchands *fruitiers* de la ville, qui les débitent ensuite en détail dans leurs boutiques. *Voyez* Halle.

FUMIER, s. m. C'est un mélange d'excrémens de chevaux, ou de bétail, avec la paille qui leur a servi de litière.

L'on peut considérer le *fumier* sous deux points de vue différens; comme engrais, c'est un des plus puissans & des plus utiles agens de la culture; comme ordure, c'est une des causes de la malpropreté & de l'insalubrité des lieux où l'on le laisse pourrir, sur-tout mélangé de parties grossières d'animaux, & dans l'enceinte des villes. A ce dernier égard, le *fumier* est un des objets dont doit s'occuper la police; elle doit le faire exactement enlever, & obliger les particuliers qui ont des écuries, à ne le pas laisser séjourner dans les rues.

Il y a sur cet objet des réglemens pour la police de Paris, qu'on exécutoit assez ponctuellement autrefois, mais qui sont tombés un peu en désuétude depuis quelque tems. *Voyez* Air & Propreté.

FURIEUX, adj. m. Ce nom est devenu substantif, par l'usage de l'employer seul. Il désigne un homme qui a perdu la raison, & dont on a à craindre les actions dans la société.

La fureur est le plus haut période de la désorganisation du cerveau; elle naît quelquefois d'un grand malheur éprouvé, d'une exaltation de sentimens féroces, de blessures, ou d'abus dans l'usage des liqueurs; plus souvent elle est l'effet de l'ardeur du tempérament & des sentimens errotiques.

Il est vraiment utile de séparer les *furieux* de la société, leur présence ne pourroit qu'y causer des malheurs; aussi les loix ont-elles pourvu à ce danger? Les *furieux*, que leurs familles ne peuvent pas tenir loin de la société, soit par défaut de moyens ou autrement, le sont par la police, & aux frais du gouvernement.

Mais il faut, avant qu'un homme puisse être renfermé comme *furieux*, que sa démence soit bien prouvée & bien caractérisée par des actes de violence ou d'une conduite évidemment aliénée.

Ces malheureux, incapables de gérer leurs affaires, sont ordinairement interdits, ou plutôt on ne devroit en renfermer, & les priver de leurs biens, que leur fureur ne soit bien démontrée aux yeux de la loi. Ces formes ne s'observent cependant pas toujours; & il étoit très-commun ci-devant de faire renfermer des *furieux* par lettres-de-cachet, qui ne laissoient pas que de rester en prison, quoiqu'ils eussent recouvré leur santé.

La furie cessant, l'homme doit rentrer dans ses droits; & il est du devoir d'une bonne police & d'une justice éclairée, de s'assurer de ceux qui sont dans ce cas, pour les rendre à la liberté.

La marche la plus ordinaire de la police de Paris, à l'égard des *furieux* du peuple, c'est de les mettre en prison, de les envoyer ensuite à l'hôtel-dieu; & s'ils ne guérissent pas, de les renfermer à bicêtre ou à la salpêtrière, suivant le sexe. *Voy.* Hôpital.

G.

GAGE, f. m. Ce qu'on donne pour cautionner ou représenter une chose ou une personne. Plus ordinairement le *gage* est un effet de valeur, sur lequel on emprunte une somme: dans ce dernier sens, on dit, prêter sur *gages*, prêteur sur *gages*.; & c'est de ces derniers, que nous voulons seulement parler ici.

Les prêteurs sur *gages* ne sont pas toujours des usuriers, mais ils le sont très-souvent; comme ils savent que l'homme qui a recours à eux est dans le besoin, ils en exigent tout ce qu'ils veulent; sûrs qu'il acceptera leurs conditions. Ces conditions sont ordinairement une très-modique somme sur un effet de grande valeur, un gros intérêt, & très-peu de délai pour retirer l'effet de leurs mains.

Les prêteurs sur *gages* étoient communs autrefois à Paris, & le sont encore dans les grandes villes où il n'y a point de mont-de-piété.

Ce genre d'établissement public les a absolument détruits; & s'il en existe encore à Paris, c'est seulement dans les maisons de jeu, où les joueurs ne voulant pas se déplacer, donnent leurs bijoux en *gages* à des gens qui sont là, & qui leur prêtent de l'argent dessus.

L'on doit distinguer les prêteurs sur *gages* des prêteurs à la petite semaine. Ceux-ci ne sont pas moins usuriers que les autres; mais ils n'exigent pas de *gages*, ils prêtent un écu de 6 liv. pour huit jours à des petites revendeuses de fruits, à des filles publiques dans la misère, &c.; & se font payer 12, 15 & quelquefois 24 sols d'intérêts.

Il y a eu des prêteurs à la petite semaine, qui n'exerçoient pas cette usure; mais peu en ont été exempts. *Voyez* PRÊTEUR à la petite semaine.

Quant aux prêteurs sur *gages*, la police ne les tolère plus; & ceux qui en feroient un état public & scandaleux, seroient sûrement punis. Au reste il n'y a rien de positif à cet égard, & tout dépend des principes du magistrat de police, & des opinions de ceux qui l'entourent. *Voyez* MONT-DE-PIÉTÉ.

GAGNE-DENIER, f. m. On donne ce nom, à Paris, à des hommes forts & robustes, qui portent des fardeaux; ils servent ordinairement sur les ports.

Le salaire des *gagne-deniers* a été fixé par une ordonnance du bureau de la ville, de 1712; mais les choses ont changé depuis, & le prix du salaire varie suivant les divers genres de travaux.

A la douane de Paris il y a aussi des *gagne-deniers*, dont le nombre est fixé, & qui ont seuls le droit de décharger & de recharger les marchandises qui arrivent. Ils sont choisis par les fermiers généraux: on exige d'eux une sorte d'apprentissage, & leur réception les assujettit à quelques frais.

Ce sont eux qui font l'ouverture des ballots & des caisses, sous les ordres des principaux commis de la douane, de l'inspecteur des manufactures & des visiteurs.

GAINIER, f. m. C'est le nom d'un ouvrier qui fait des gaines pour les instrumens de chirurgie, pour l'argenterie, &c. Le *gainier* a été réuni au coffretier, parce qu'en effet ces deux états ont beaucoup de rapport entr'eux.

La communauté des *gainiers* est très-ancienne à Paris, puisqu'elle avoit un corps de jurande en 1323; mais ce n'est que sous le règne de François II, en 1560, que cette communauté a été établie d'une manière stable, par un réglement du 21 septembre de la même année. Les coffretiers ne sont pas aussi anciens que les *gainiers*; ils n'ont été établis en communauté qu'en 1596.

Les réglemens relatifs au compagnonage, à l'apprentissage, sont à-peu-près les mêmes dans cette communauté, que dans les autres. Ces réglemens ne s'observent presque plus aujourd'hui, que les jurandes sont supprimées. *Voyez* ARTS & COMMUNAUTÉS.

GARDE, f. f. L'action de garder. On donne aussi le nom de *garde* à la personne qui est chargée de veiller à la sûreté ou à la tranquillité des autres.

En matière de police, le soin de garder les villes, sur-tout pendant la nuit, est le premier comme le plus important devoir de l'autorité publique. C'est à ce point, que se réduisent presque tous les autres moyens de sûreté; car, lui seul peut suppléer à tous les autres, & aucun n'en peut tenir lieu.

On peut distinguer deux sortes de *gardes* dans les villes; les *gardes* royales, dont l'objet est de repousser l'ennemi extérieur, en cas qu'il se présentât; & les *gardes* de police, pour la sûreté & le repos des habitans.

Autrefois, les bourgeois des villes réunissoient l'embarras de ces deux espèces de *gardes*; mais bientôt ils s'apperçurent que la première étoit au-dessus de leurs forces, & contraire à leurs habitudes. Ce soin fut abandonné aux troupes de ligne, qui le font encore, sinon exclusivement, du moins par préférence aux *gardes* nationales, principalement dans les villes frontières.

La *garde* de police est plus à la portée des bourgeois, quoiqu'elle ne laisse pas que de les assujettir à un service pénible & désagréable; & c'est sans doute ce qui a successivement fait établir des compagnies de guet dans les grandes villes, & sur-tout à Paris.

Il est fait mention du guet ou de la *garde* de nuit, non bourgeoise, de Paris, dans les *olim* du parlement, qui sont les plus anciens régistres du royaume: le service étoit partagé entre les bourgeois & une compagnie du guet entretenue par le roi, composée de vingt sergens à cheval, & de vingt-six à pied: les communautés des marchands & d'artisans étoient obligées de fournir tous les jours alternativement un certain nombre d'hommes, réglé par le prévôt de Paris; on en formoit plusieurs corps-de-*gardes* fixes, pour y avoir recours, en cas de besoin; ce qui fit nommer ce service le *guet assis*: le guet royal étoit destiné à faire les rondes: le commandant de cette troupe se trouve nommé *chevalier du guet*, dès l'an 1254, dans une ordonnance de S. Louis. C'est ce qu'on nomme aujourd'hui le commandant de la *garde*, qui, comme le premier, est subordonné au moins jusqu'à présent au prévôt de Paris, & au maire, pour tout ce qui regarde les fonctions de sa place.

On trouve dans le recueil de nos loix de police différentes ordonnances & réglemens, tant sur les devoirs des anciennes *gardes* bourgeoises de Paris, que sur ceux de la *garde* de police soldée, nommée alors le guet, & qui n'est plus aujourd'hui que *garde* des ports. On voit par ces ordonnances, que le service des *gardes* bourgeoises étoit alors, comme à présent, déplaisant, & qu'on ne s'y livroit, pour ainsi dire, que par force. Une de Charlemagne condamne à 8 den. d'amende, celui des bourgeois, qui étant commandé, ne monteroit pas sa *garde* comme les autres. Un arrêt du parlement de 1271 ordonne que tous les bourgeois monteront indistinctement, sans avoir égard à ceux qui prétendent des exemptions.

Cependant la *garde* bourgeoise se réduisit successivement à un certain nombre d'hommes, que les communautés fournissoient, & qui faisoient le service pour les maîtres des métiers; mais la négligence & l'incurie de cette *garde*, pendant la nuit, engagea Henri II à y substituer deux cens quarante archers de service, qui furent reçus au châtelet, & payés de 3 sols parisis par jour. Dès ce moment, la *garde* de Paris fut confiée à des hommes soldés, & le commerce, les arts & la politesse des mœurs gagnèrent à cet arrangement.

Cependant aucune loi positive n'ôta aux parisiens le droit de former une *garde* bourgeoise pour se défendre en cas d'attaque hostile, ou pour former cortège dans les jours de grande cérémonie; mais ils négligèrent ce droit, & ce ne fut qu'en 1789, à l'époque de la révolution, que tous les pouvoirs étant détruits par le choc de l'insurrection, la *garde* bourgeoise fut rétablie, non-seulement à Paris, mais aussi dans les autres villes du royaume, sous le nom de *garde nationale*.

Il n'a encore été rien statué sur cette milice; la plupart des corps qui la composent sont encore organisés, suivant le besoin des lieux & les circonstances qui les ont fait naître. Nous ne devons pas nous occuper ici de l'historique de cette partie de notre nouvelle forme de gouvernement. Actuellement que nous avons dessein de faire un dictionnaire de l'assemblée nationale, qui contiendra les actes, les faits & les institutions de la révolution, nous ne devons parler dans cet ouvrage que des objets de police & de municipalité, proprement dites.

Ainsi en renvoyant au mot *garde nationale* dans le dictionnaire de l'assemblée nationale, & au mot *municipalité* de celui-ci, ce qui a rapport à l'organisation de cette troupe, nous nous bornerons pour ce moment à faire connoître le dernier réglement de la ville, sur le service de la *garde* de Paris, qui se trouve dans ce moment composée de la *garde* nationale-volontaire, des compagnies du centre, ou *garde* nationale-soldée, de la cavalerie, des chasseurs des barrières, de la *garde* des ports & de la compagnie de robe-courte.

Nous remarquerons seulement que la *garde* nationale, qui fait le service de sûreté, fait aussi le service chez le roi, qui n'a pas encore rappellé ses *gardes*-du-corps.

Nous observerons aussi qu'on appelle encore *gardes* ou messiers, des hommes nommés par les paroisses, pour la protection des propriétés, la *garde* des fruits & des récoltes; ce sont les assemblées des paroisses qui les nomment.

Réglement sur le service journalier des postes, des détachemens & des patrouilles de l'intérieur & de l'extérieur de la ville.

La nécessité de fixer un service journalier pour les postes, détachemens & patrouilles, a déterminé le comité militaire à présenter à l'assemblée, le 17 novembre dernier (1789) un réglement sur cet objet.

L'assemblée générale a cru devoir le renvoyer au département de police, pour y faire ses observations ; & ce département les ayant fait passer au comité, il les a adoptées avec plaisir, & présente aujourd'hui ce réglement à l'assemblée générale, ainsi qu'il suit ;

TITRE IX.

Du service journalier des postes, des détachemens & des patrouilles de l'intérieur & de l'extérieur de la ville.

Art. I. L'état-major général, de concert avec l'état-major de chaque division, fixera le nombre, l'emplacement & la force des postes, de même que le nombre des officiers qui devront les commander.

II. Tout poste, ou détachement de douze hommes, ou au-dessus, pourra être commandé par un caporal.

Pour un nombre de douze hommes jusqu'à vingt-quatre inclusivement, il y aura un caporal & un sergent.

De vingt-quatre à trente-six inclusivement, il y aura deux caporaux & un sergent; un sous-lieutenant les commandera.

De trente-six à cinquante inclusivement, il y aura quatre caporaux, deux sergens, un sous-lieutenant & un lieutenant.

Pour un nombre de cinquante hommes, & au-delà, il y aura, en sus des officiers précédens, un capitaine & des bas officiers, en proportion de la force du poste ou du détachement.

Pour cent hommes, il y aura huit caporaux & quatre sergens.

Deux détachemenss ainsi formés & commandés par deux officiers du même grade seront, en cas de réunion, commandés par le plus ancien de service de ces deux officiers, ou par le plus ancien d'âge, s'ils sont de même ancienneté de service.

Trois détachemens, de cinquante hommes au moins chacun, seront, en cas de réunion, aux ordres d'un commandant de bataillon.

Lorsqu'un bataillon marchera, il aura son drapeau, & sera toujours aux ordres du commandant de bataillon.

Un détachement de deux bataillons sera commandé par un chef de division; quand il sera de plus de deux bataillons, le chef de division sera accompagné d'un major de division.

III. Lorsque le drapeau sortira pour des *gardes* d'honneur, cette *garde*, quoique formée d'un détachement moindre qu'un bataillon, sera aux ordres d'un commandant de bataillon; & lorsque le commandant de bataillon marchera, il y aura aussi un aide-major. Il n'y aura de tambour qu'aux postes & détachemens composés au moins de trente hommes.

IV. L'état-major général, ou le chef de division pourra, s'il le juge à propos, mettre à la tête d'un poste un officier d'un plus haut grade, que celui qui lui seroit affecté, en vertu de l'article précédent.

S'il arrive qu'un caporal, avec quatre ou six hommes, soit détaché d'un poste, & placé dans un corps-de-*garde* séparé, soit pour la facilité de relever une sentinelle, soit pour quelque autre raison, il sera aux ordres du commandant du poste dont il aura été détaché.

V. Dans chaque division, il sera établi quatre tours de service; le premier, pour les *gardes* d'honneur, & pour services & détachemens dans Paris, hors de la division.

Le second, pour détachemens, escortes & services hors des dernières barrières de la ville, & qui dureront au-delà de vingt-quatre heures.

Le troisième, pour détachemens, au-dehors des dernières barrières de la ville, & dont le service sera de moins de vingt-quatre heures.

Le quatrième, pour la *garde* des postes de l'intérieur de la division.

Il y aura, outre cela, entre les officiers un tour pour les conseils de guerre.

VI. Lorsqu'un officier sera en même-tems appellé, par son tour, à marcher pour différens services, il sera commandé, par préférence, pour le premier de ces services, dans l'ordre où ils sont désignés par l'article précédent; & les autres tours seront censés passés pour lui, de même que s'il est employé à quelque mission ou service particulier.

VII. Les officiers volontaires, & ceux de la compagnie du centre, de même grade, rouleront ensemble également, pour tous les tours de services; les capitaines rouleront, s'il est nécessaire, avec les lieutenans & les sous-lieutenans, pour le tour de service des postes de la division; de manière que les capitaines releveront les officiers subalternes, lesquels pourront pareillement relever les capitaines.

VIII. Les tambours de chaque bataillon s'assembleront tous les jours, à huit heures du matin, vis-à-vis le corps de casernes de la compagnie du centre : le plus ancien de service d'entr'eux, ou, à parité d'ancienneté de service, le plus ancien l'âge les inspectera. Ils battront aussi-tôt la *garde* & l'assemblée dans le quartier du bataillon.

IX. Le détachement du bataillon commandé pour la *garde* de la division, se rendra à onze heures précises, au lieu de la parade de la division ; il y sera mené par le sergent-major de la compagnie du centre.

Tous les postes enverront un soldat de leur *garde* à la parade de la division, pour servir de guide à la *garde* montante.

X. Il y aura tous les jours, à la parade de chaque division, le major de la division, s'il n'est de service chez le roi, l'aide - major & le capitaine d'une des compagnies du centre.

XI. L'inspection de la parade faite, comme il est dit à l'art. XXII du tit. IV, l'officier supérieur qui se trouvera présent, ou le plus ancien des autres, ordonnera à l'aide - major de faire défiler la *garde* : les nouvelles *gardes* se rendront ensuite aux postes qui leur auront été assignés.

XII. Lorsque la nouvelle *garde* approchera du poste qu'elle devra relever, le commandant de ce poste formera sa troupe, à droite de la porte, sur un rang, s'il a moins de six hommes; sur deux, s'il en a plus de douze. Il laissera, à la gauche, la place nécessaire à la nouvelle *garde* ; il fera porter les armes, & ordonnera au tambour, s'il y en a, de battre la marche.

XIII. De son côté, le commandant de la nouvelle *garde*, à l'approche du poste, fera ordonner à son tambour de battre la marche, & porter les armes à sa troupe : lorsqu'elle sera rangée à la gauche de l'ancienne *garde*, les tambours cesseront de battre, & l'on commandera l'*arme au bras*.

XIV. Le commandant de la nouvelle *garde* recevra alors de celui qu'il viendra relever tous les éclaircissemens nécessaires sur les consignes générales & particulières du poste. Ces consignes seront écrites sur un papier collé sur une planche, pour rester dans le corps-de-*garde*, & passer successivement d'un commandant à un autre.

XV. Le commandant de la *garde* montante lira ses consignes à celui de ses caporaux, qu'il chargera de relever les sentinelles, & qu'on appellera *caporal de pose*.

XVI. Il enverra relever les petits postes, qui pourront dépendre de lui, par des détachemens convenables, commandés par des caporaux.

XVII. En même tems, le caporal de pose de la *garde* montante fera sortir du rang le nombre d'hommes qui devront être mis en sentinelle ; le nouveau commandant du poste les inspectera : l'inspection faite, le nouveau caporal de pose se mettra à leur tête, & fera le commandement, *la première pose en avant*. Alors conduit par l'ancien caporal de pose, il ira relever les sentinelles, ayant soin de s'assurer si les nouvelles comprennent bien les consignes qui leur seront rendues par les anciennes, les leur faisant répéter.

XVIII. Pendant qu'on relevera les sentinelles, le premier caporal de la *garde* montante, lequel s'appellera *caporal de consigne du poste*, visitera, avec le caporal de consigne de l'ancienne *garde*, les corps-de-*gardes*, bancs, tables, vitres, guérites & tous les autres ustensiles consignés, pour voir si l'on n'y a point commis de dégradation ; s'il s'en trouve, il en sera rendu compte à l'état-major général, qui les fera payer par la *garde* descendante.

XIX. Le commandant de l'ancienne *garde* ayant rassemblé tous les petits postes & sentinelles, les fera rentrer dans les rangs, & se mettra en marche ; les tambours des deux *gardes* battront la marche.

XX. Lorsqu'il sera à cinquante pas du poste, il ordonnera au tambour de cesser de battre. Il fera les commandemens nécessaires pour remettre la bayonnette en son lieu, & porter l'arme au bras. S'il est officier, il commandera au plus ancien sergent ou caporal de ramener la *garde* à la caserne ou au quartier du bataillon ; s'il est bas-officier, il la ramenera lui-même.

XXI. Tout bas-officier des compagnies du centre, qui ne conduira pas son détachement dans le meilleur ordre & dans le plus grand silence, sera renvoyé, pour vingt-quatre heures, à la salle de discipline, par l'officier qui le trouvera en faute : le soldat des mêmes compagnies, qui troublera l'ordre ou le silence de la marche, y sera envoyé pour quatre jours.

XXII. Après le départ de l'ancienne *garde*, le commandant de la nouvelle fera faire à sa troupe *demi-tour à droite*, & ensuite *haut les armes*. Alors la *garde* rentrera, & les armes seront mises au ratelier, par ordre de numéros.

XXIII. Les soldats soldés d'un poste tireront au sort pour aller chercher le bois & les chandelles, qui devront être fournis au corps-de-*garde* ; le bois se portera sur un brancard, qui sera fourni par la municipalité, sur les demandes de l'état-major général.

XXIV. Le commandant d'un poste ne pourra s'en éloigner, sous quelque prétexte que ce soit. Il veillera sur les soldats, pour leur faire remplir leurs devoirs ; il fera l'appel de sa *garde*, toutes les fois qu'on relevera les sentinelles ; & plus souvent, s'il le juge à propos.

XXV. Pour former les soldats, il les fera sortir avec ou sans armes. Il punira d'une heure de faction de plus, les soldats qui se montreront les plus paresseux. Aucune personne, si elle n'est de service, ne pourra rester dans les postes & corps-de-*garde*.

XXVI. Les sentinelles seront relevées de deux heures en deux heures ; & pendant les gelées, d'heure en heure. Avant de quitter le poste, on mettra en haie les sentinelles qui iront relever ; elles auront la bayonnette au canon, & le caporal de pose s'assurera si les armes sont en bon état.

XXVII. Tout soldat, placé en sentinelle, exécutera ponctuellement sa consigne, & ne la communiquera à qui que ce soit qu'aux seuls officiers, sergens & caporaux de *garde*, aux officiers de l'état-major général & de l'état-major de la division, ainsi qu'aux officiers du jour. S'il étoit dans le cas d'en recevoir une nouvelle, le caporal de pose du poste pourra seul la lui donner.

XXVIII. Une sentinelle ne pourra jamais quitter ses armes, même dans sa guérite ; elle ne pourra ni dormir, ni s'asseoir, lire, chanter, siffler, manger, ni fumer ; elle se promenera portant l'arme au bras, sans s'éloigner de son poste de plus de trente pas.

XXIX. Tout soldat des compagnies du centre sera mis pour quatre jours à la salle de discipline, quand il manquera à sa consigne, ou qu'il aura été trouvé en contravention sur quelqu'un des objets désignés dans l'article précédent, à l'exception du cas où il seroit trouvé endormi ; alors il sera relevé sur-le-champ, & mis en prison pour huit jours.

XXX. Dès qu'il sera nuit, toute sentinelle qui verra approcher une troupe de son poste, criera, *Qui vive?* & présentera les armes pour se mettre en état de défense.

XXXI. Toute sentinelle, en faction de nuit devant la porte d'un corps-de-*garde*, qui aura crié, *Qui vive?* & à qui on aura répondu, *patrouille*, criera, *halte-là*, caporal venez reconnoître ; le caporal de consigne du poste sortira avec quatre fusiliers, ira quatre pas en avant du poste, & criera, *Qui vive?* Quel bataillon? Ensuite, sur la réponse, il ajoutera : *Avance qui a l'ordre.* Le mot de l'ordre lui sera donné en entier par le chef de la patrouille ; & s'il le trouve conforme à celui qu'il aura reçu du commandant du poste, il laissera passer la patrouille ; & la sentinelle, ainsi que les quatre fusiliers, porteront les armes. Si l'on ne donne pas le véritable mot d'ordre au caporal, il fera entrer au poste le commandant de la patrouille, pour y être questionné, & y donner les éclaircissemens qui lui seront demandés.

XXXII. S'il a été répondu à la sentinelle, *ronde d'officier* ou *sergent* ; le caporal, après l'avoir reconnue, & en avoir reçu le mot d'ordre, conduira au corps-de-*garde* l'officier de ronde, qui signera sur le régistre établi à cet effet.

XXXIII. S'il a été répondu à la sentinelle, *ronde-major*, elle criera, *halte-là* ; & ensuite, *caporal hors la* garde, *ronde-major* : le caporal avertira le commandant du poste, qui fera prendre les armes à toute sa *garde*, & la formera à la porte du corps-de-*garde* ; ensuite, escorté d'un caporal de consigne & de quatre fusiliers, il s'avancera dix pas en avant, & criera : *Avance à l'ordre* ; alors celui qui fera la ronde, s'avancera, recevra le mot d'ordre du commandant du poste, & se fera rendre tous les comptes qu'il jugera nécessaires.

XXXIV. Toute espèce de ronde sera escortée par un nombre de fusiliers, qui sera fixé par l'état-major général, & pris au lieu qu'il indiquera.

XXXV. Toute sentinelle, pour mieux observer ce qui se passera autour d'elle, ne restera dans sa guérite que dans les mauvais tems ; quand elle verra ou entendra quelques-uns se quereller auprès de son poste, elle criera : *à la garde.* Cet avertissement passera de sentinelle en sentinelle, jusqu'au poste qui enverra un bas-officier, avec plusieurs fusiliers, pour séparer les querelleurs, même les arrêter & les conduire au commissaire de section le plus voisin ; s'ils ne se retirent pas sur-le-champ, après l'ordre qui leur en aura été donné par le bas-officier ; ou si la rixe avoit été occasionnée par des injures, ou avoit eu des suites graves ; ou, enfin, si l'une des parties le requiert.

XXXVI. Si une sentinelle apperçoit quelque incendie, elle criera : *Au feu* ; cet avertissement étant reçu au poste, le commandant dépêchera un fusilier au plus voisin corps-de-*garde* de cavalerie, pour y avertir de l'incendie.

S'il y avoit un corps-de-*garde* de pompiers plus voisin du poste que celui de cavalerie, le fusilier commencera par l'avertir, & se conformera, en outre, à ce qui est ordonné par le réglement relatif aux incendies.

XXXVII. Lorsque la nuit sera fermée, une sentinelle ne se laissera jamais approcher de trop près

près ; elle criera d'une voix forte, *Qui vive ?* aux allans & aux venans. Si, après avoir crié trois fois, *Qui vive ?* on ne lui répond point, elle se mettra en état de défense, & criera : *à la garde.*

XXXVIII. Pendant le jour, toutes les fois qu'il passera une troupe devant un poste, la sentinelle criera, *aux armes* : le tambour, s'il y en a, donnera trois coups de baguette sur sa caisse ; la *garde* se formera devant le poste : le commandant fera deux pas en avant, s'il est officier ; & à la droite de la *garde*, s'il n'est que sergent ou caporal. Quand la troupe sera passée, il fera rentrer sa *garde*, ainsi qu'il a été prescrit à l'article XXII.

XXXIX. Tout soldat ou bas-officier soldé, de *garde* dans un poste, ne pourra s'absenter pour prendre ses repas. On lui apportera à manger de sa chambre. Les officiers soldés ou non-soldés, les soldats & les bas-officiers de la troupe non-soldée, s'absenteront une heure pour prendre le repas, avec l'agrément du commandant du poste, lequel accordera les permissions ; de manière qu'il ne sorte à la fois qu'une moitié des bas-officiers & des soldats non-soldés : il ne sortira lui-même qu'en laissant à sa place le sergent, à qui il indiquera l'endroit où l'on pourroit envoyer le chercher, s'il en étoit besoin. Le soldat ou bas-officier non-soldé, qui aura été absent plus d'une heure, sera puni par un tour de service de plus.

XL. Il sera expressément défendu de s'écarter du poste sans la permission du commandant, sous la peine d'un tour de service de plus pour la troupe non-soldée.

XLI. Tout soldat ou bas-officier soldé, qui s'écartera du poste, sans permission, sera envoyé à la salle de discipline pour quatre jours. Celui qui quittera le poste sans y revenir, y sera mis pour quinze jours au pain & à l'eau, & son service sera fait aux dépens de sa paie.

XLII. Tout soldat de la troupe soldée, qui, ayant été mis en sentinelle, quittera sa faction, sera envoyé en prison pour quinze jours.

XLIII. Il sera détaché des différens postes de chaque division des patrouilles commandées par des sergens & des caporaux : le nombre & la force de ces patrouilles, les heures de leur service, les quartiers & les rues qu'elles devront parcourir, seront déterminés par les chefs & majors de division, de concert avec les commandans des bataillons.

XLIV. Lorsque deux patrouilles se rencontreront de nuit, celui des deux commandans, qui découvrira le premier l'autre patrouille, criera : *Qui vive ?* on lui répondra, *patrouille* ; il criera, *quel bataillon ?* On lui répondra le nom du bataillon ; alors il ajoutera : *Halte-là, avance qui a l'ordre.* A l'instant, les commandans des deux patrouilles s'appocheront l'un de l'autre, chacun ayant deux fusiliers deux pas en arrière ; celui qui aura été sommé de s'avancer, donnera à l'autre la moitié du mot d'ordre, & en recevra l'autre moitié. Par ce moyen, les deux commandans seront respectivement certains de la légalité de leurs patrouilles.

XLV. S'il arrivoit que l'un des deux ne pût donner la moitié du mot d'ordre, il seroit arrêté par l'autre patrouille, en supposant celle-ci suffisamment forte ; autrement elle se contenteroit de suivre la patrouille suspecte, jusqu'à ce que passant près d'un poste, elle pût y requérir main-forte.

XLVI. Les patrouilles arrêteront tous ceux qui, après neuf heures en hiver, & dix heures en été, porteront des paquets, des malles & des meubles, à moins qu'ils ne justifient sur-le-champ & évidemment de la propriété desdits effets, ou d'une destination non suspecte ; en un mot, toutes personnes qui commettroient, ou seroient accusées d'avoir tenté de commettre quelques actions contraires à l'ordre & à la sûreté publique.

XLVII. Les personnes qui seront arrêtées de nuit par les patrouilles, ou de jour par la *garde*, seront conduites toujours, & à l'instant même, devant les officiers civils, qui doivent connoître du délit dont elles seront prévenues ; c'est-à-dire, devant les commissaires de section, s'il s'agit de faits de police ; & devant un commissaire au châtelet, s'il s'agit de crimes, tels qu'assassinats, vols & injures graves, avec excès, sur la personne.

XLVIII. Dans tous les cas où les patrouilles auroient à conduire la personne arrêtée, chez un commissaire au châtelet, si le commissaire le plus voisin du lieu du délit, ou du commissaire de section, qui lui en auroit fait le renvoi, ne se trouve pas chez lui, les patrouilles entreront avec la personne arrêtée chez ce commissaire, d'où l'on feroit prévenir le premier commissaire du même quartier, qu'on pourroit rencontrer, qui se transporteroit chez son confrère, pour y remplir, en l'absence de celui-ci, les fonctions de son ministère.

Fait au comité militaire de l'hôtel-de-ville, séant au palais cardinal, le 3 mai 1790.

GARGOUILLES, s. f. On appelle ainsi des pierres creusées en forme de gouttières, & destinées à conduire les eaux dans les rues. On pose ordinairement des *gargouilles* dans les allées des maisons. Quand les *gargouilles* font saillie, les propriétaires des maisons doivent un droit de voierie. Si la saillie est trop considérable, les propriétaires sont obligés de la réduire de manière que les passans n'en soient pas incommodés.

GENS-DE-LETTRES, s. m. C'est un mot composé, qui désigne d'une manière générale les personnes qui font leur état de cultiver les belles-lettres, & qui se distinguent par leurs écrits ou par leurs connoissances.

Les *gens-de-lettres* sont assez communément distingués des savans. Ceux-ci sont plus particuliérement occupés de l'étude & des progrès des sciences, telles que la chymie, les mathématiques, la médecine, la théologie, &c.

Ordinairement les occupations d'un savant lui donnent un état dans le monde, tels que les chymistes, les médecins, les mathématiciens. Les *gens-de-lettres*, au contraire, n'ont point de profession lucrative, qui réponde à leur genre d'études habituelles. Ce ne sont guères que ceux qui se distinguent par des talens particuliers, une grande perfection de style & de facilité pour écrire, qui trouvent un moyen d'existence honorable dans leurs travaux littéraires.

Les *gens-de-lettres* forment en France une classe d'hommes particulière: c'est un titre de considération dans le monde; & ceux qui sont véritablement regardés comme tels, y jouissent en général d'une considération flatteuse.

Mais il faut bien distinguer les véritables *gens-de-lettres* des simples littérateurs, de ceux qui en prennent le titre sans en avoir aucune des qualités. Bien des personnes se croient hommes de lettres, parce qu'elles ont fait un ou deux ouvrages, bons ou mauvais. Mais cela ne suffit pas : la qualité d'hommes de-lettres n'est point attachée à l'impression d'un livre, de quelque nature qu'il soit; elle est fondée sur un genre de vie, adonné à l'étude & à la méditation des bons ouvrages, à la fréquentation des personnes éclairées & des honnêtes *gens*.

Ce dernier caractère est sur-tout celui qui distingue les véritables *gens-de-lettres* ; il est en même-tems le plus rare & le plus précieux. Il s'annonce dans ceux qui le possèdent par l'expression de l'honnêteté, de la réflexion, par une conduite modérée, fière & modeste ; c'est l'opposé du charlatanisme, de l'intrigue & de l'esprit de faction.

Quand ce dernier vice vient ternir la réputation d'un homme-de-lettres, rien ne peut l'excuser aux yeux de la postérité ; & pour quelques flagorneries grossières, que lui prodiguent les factieux qui le dominent, il est condamné au mépris des *gens* de bien.

Dans ce moment de trouble & d'agitation, où la France est aujourd'hui livrée, rien n'est si commun que cet avilissement des *gens-de-lettres*. Presque tous se sont vendus, ou plutôt laissés enchaîner, aveugler, conduire par un fanatisme de parti, qui fait honte à la raison.

Des hommes qui, ci-devant avoient quelque urbanité, quelque logique, l'amour de l'ordre & des loix, se sont tout-à-coup changés en grossiers & féroces libellistes. Il est tel nom qui autrefois pouvoit honorer celui qui le portoit, & qui rappelle aujourd'hui des idées de turpitude, de blasphème & de crime.

La postérité lira avec horreur les productions de notre tems; elles sont de niveau avec les mœurs & les systêmes du parti fanatique, qui trouble aujourd'hui la société. Une oppression constante pèse sur tous les individus, & le fer de la canaille féroce, ou les calomnies des écrivains menteurs, poursuivent avec un succès & un acharnement déplorable tout ce qu'il y a de considérable dans la société.

Des *gens-de-lettres* en petit nombre, qui ont conservé de la sagesse & de la raison, se taisent; leurs écrits sont oubliés, méprisés, on diroit qu'une conjuration se soit formée contre la civilisation & les progrès des *lettres*. Mais quittons ces considérations, qui d'ailleurs n'ont qu'un instant d'application, & qui manqueront sûrement d'objet, si-tôt que le calme & les loix auront rendu le bonheur à notre malheureuse patrie.

Un reproche qu'on a pu quelquefois, & souvent même faire à quelques *gens-de-lettres*, c'est leur morgue, leur hauteur, leur suffisance. Il n'est pas rare de trouver ces défauts haïssables, même parmi ceux qui ont des talens distingués, un nom célèbre, & justement mérité d'ailleurs.

On se plaint encore de l'inutilité des *gens-de-lettres* ; mais ce reproche est illusoire : car, à moins qu'un homme ne soit payé pour faire quelque chose, on ne peut pas lui reprocher son oisiveté.

Il n'en est pas moins vrai qu'on a pensé au moyen de rendre les *gens-de-lettres* plus utiles ; l'abbé de S. Pierre sur-tout s'en occupa, il vouloit établir des annalistes d'état payés par le gouvernement & aux ordres des ministres du roi ; de cette façon, il comptoit occuper les *gens-de-lettres*, & perfectionner l'histoire de France, qui effectivement devroit être un travail national : mais il seroit bien difficile, dans ce cas, qu'elle fût vraiment impartiale.

L'assemblée nationale s'est occupée, dans l'une de ses séances, du sort des *gens-de-lettres* & des savans, qui auront rendu des services à l'état, soit par des ouvrages utiles, soit par des découvertes importantes. Ils ont les mêmes droits au *maximum* des pensions, que toutes les autres personnes employées à un service public quelconque. Nous en parlerons dans le dictionnaire de l'assemblée nationale, au mot *pension*.

Nous n'analyserons point ici l'influence des *gens-de-lettres* sur la civilisation & le progrès des connoissances utiles. Tout le monde est d'accord à cet égard, & l'on convient que rien n'illustre tant un pays, que la gloire des études, & les établissemens en faveur des hommes qui s'y livrent.

Il est un autre avantage qu'un état peut retirer des *gens-de-lettres;* c'est la discussion des affaires politiques & l'espèce d'apprentissage qu'on peut faire auprès d'eux, avant de se livrer aux soins du gouvernement & des négociations.

Ce n'est pas que je regarde généralement tous les *gens-de-lettres* comme très-entendus en matière d'administration: il en est beaucoup qui n'ont sur cela que des systêmes & de l'entêtement; mais, dans le nombre, il s'en trouve de véritablement propres aux affaires, & dignes de la confiance publique à cet égard.

De tous les gouvernemens, le monarchique est le plus avantageux aux *gens-de-lettres* pour aller à la fortune, le républicain électif pour aller au pouvoir; quoique ce dernier ne soit pas toujours sûr, puisque nous voyons dans notre démocratie actuelle des artisans grossiers, des hommes ignorans, élevés aux places publiques; tandis que les *gens-de-lettres* les plus capables sont parfaitement oubliés. Cela tient un peu à ce que les *gens-de-lettres* ne sont en général connus que des personnes aisées, distinguées dans la société, & que ces personnes-là, dans nul pays, ne vont guères aux assemblées populaires d'élections. *Voyez* AUTEUR.

GIBECIÈRE, s. f. Espèce de poche, que les joueurs de goblets, les faiseurs de tours, portent ordinairement devant eux.

Sans sa *gibecière*, le meilleur charlatan, joueur de goblets, ne peut rien; c'est elle qui lui sert à cacher adroitement ce qu'il escamote: c'est pourquoi on appelle aussi ceux qui s'en servent, joueurs de *gibecière*.

Le nombre de ces gens est moins grand à Paris aujourd'hui qu'autrefois. Le peuple, devenu plus turbulent, plus pauvre, s'en amuse moins: les crieurs de papiers les ont remplacés; & l'on quitte le sieur *Ogier*, le sieur *le Dru*, pour entendre aboyer la *grande motion*, le *grand massacre*, &c. Chaque tems, chaque usage.

Les joueurs de *gibecière*, avec tous les petits charlatans, étoient jadis soumis aux ordres d'un inspecteur de police, qui les enrégistroit, tenoit note de leurs actions, & leur faisoit faire tout ce qu'il vouloit. Sur-tout il les employoit à l'espionage, métier que leur état leur permettoit d'exercer aisément.

Aujourd'hui les joueurs de *gibecière* sont libres comme les filles publiques, on ne les emploie plus à l'espionage; mais ces vieilles habitudes renaîtront: nous sommes nés pour toutes ces petites vilainies, que nous savons allier d'ailleurs avec des qualités estimables. Notre esprit d'administration est un esprit d'espionage; cette foiblesse tient à notre légèreté, à notre curiosité, qui nous portent à tout savoir, à tout vouloir. Rien n'est plus propre à favoriser ces penchans, que l'espionage & la coutume de classer, par noms & qualités, tous les individus de la société. Il résulte de cet usage, que la liberté des actions morales est absolument détruite; mais nous ne tenons pas à une pareille misère. Du moins c'est ce qu'un an d'administration de la police, m'a fait connoître; & cela, dans les instans où l'esprit de liberté indéfinie étoit le systême dominant, & ne connoissoit point de mesure. *V.* BUROCRATIE, ABUS, ESPIONAGE.

GIBIER, s. m. Animal sauvage, & qui peut servir à la nourriture de l'homme.

Il y a plusieurs sortes de *gibiers*, celui qu'on appelle la *grand'bête;* tels que les cerfs, les chevreuils, &c.; & le petit *gibier*, tels que les lièvres, lapins, perdrix, &c.

S'il est une occupation indigne de l'homme, c'est sûrement la chasse d'amusement. Il est en effet honteux qu'on fasse une guerre froide à des animaux paisibles. Mais ce qui met le comble à ce vice de la civilisation, c'est le soin qu'on prend d'élever, ou plutôt de faire multiplier ces misérables bêtes, pour les tuer ensuite par manière de passe-tems.

Mais comme tout désordre réjaillit aussi sur celui qui le cause, le *gibier*, dont on favorise la propagation, pour occuper le loisir féroce de nos chasseurs, détruit, pour se nourrir, les propriétés & les récoltes.

On a constamment observé que tous les hommes, grands amateurs de la chasse, étoient des sots, des imbécilles, ou des hommes sans caractère. On doit distinguer celui qui chasse par complaisance, par désœuvrement, de celui qui le fait par passion, & par un goût particulier pour cette guerre aussi ridicule, qu'odieuse & inutile.

Au reſte, la chaſſe eſt réduite à peu de choſe aujourd'hui : le droit de s'y livrer, acquis à tout le monde ſur ſa propriété, a détruit preſqu'entièrement le *gibier*; ce qui a produit deux grands avantages : 1°. la conſervation des grains & des récoltes, qui étoient dévorés par l'extrême quantité de *gibier*, qui ſe trouvoit dans le royaume; 2°. l'habitude que l'on contractera de la lecture, des amuſemens paiſibles & doux, quand on ſaura qu'il n'y a rien à gagner à parcourir les champs & les forêts, du matin juſqu'au ſoir, un fuſil ſur l'épaule.

Ces obſervations nous conduiſent à rapporter ici le décret de l'aſſemblée nationale ſur la chaſſe, ſanctionné par des lettres-patentes du 30 avril 1790; on y verra les différentes diſpoſitions d'ordre & de police, qu'on a cru devoir établir, en ſupprimant ce qu'on appelloit le *droit de chaſſe*.

L'aſſemblée nationale conſidérant que, par ſes décrets des 4, 5, 7, 8 & 11 août 1789, le droit excluſif de la chaſſe eſt aboli, & le droit rendu à tout propriétaire de détruire ou faire détruire, *ſur ſes poſſeſſions ſeulement*, toute eſpèce de *gibiers*, ſauf à ſe conformer aux loix de police, qui pourroient être faites relativement à la ſûreté publique; mais que, par un abus répréhenſible de cette diſpoſition, la chaſſe eſt devenue une ſource de déſordres, qui, s'ils ſe prolongeoient davantage, pourroient devenir funeſtes aux récoltes, dont il eſt ſi inſtant d'aſſurer la conſervation, a, par proviſion, & en attendant que l'ordre de ſes travaux lui permette de plus grands développemens ſur cette matière, décrété, les 22, 23 & 28 de ce mois, & nous voulons & ordonnons ce qui ſuit :

1°. Il eſt défendu à toutes perſonnes de chaſſer, en quelque tems & de quelque manière que ce ſoit, ſur le terrein d'autrui, ſans ſon conſentement, à peine de 20 liv. d'amende envers la commune du lieu, & d'une indemnité de 10 liv. envers le propriétaire des fruits, ſans préjudice de plus grands dommages-intérêts, s'il y échoit.

Défenſes ſont pareillement faites, ſous ladite peine de 20 liv. d'amende, aux propriétaires ou poſſeſſeurs, de chaſſer dans leurs terres non cloſes, même en jachères, à compter du jour de la publication des préſentes, juſqu'au 1 ſeptembre prochain, pour les terres qui ſeront alors dépouillées, & pour les autres terres, juſqu'après la dépouille entière des fruits, ſauf à chaque département à fixer pour l'avenir le tems, dans lequel la chaſſe ſera libre, dans ſon arrondiſſement, aux propriétaires ſur leurs terres non cloſes.

2°. L'amende & l'indemnité, ci-deſſus ſtatuées contre celui qui aura chaſſé ſur le terrein d'autrui, ſeront portées reſpectivement à 30 & à 15 liv., quand le terrein ſera clos de murs & de haies; & à 40 & 20 liv., dans le cas où le terrein clos tiendroit immédiatement à une habitation, ſans entendre rien innover aux diſpoſitions des autres loix qui protègent la ſûreté des citoyens & de leurs propriétés, & qui défendent de violer les clôtures, & notamment celles des lieux qui forment leur domicile, ou qui y ſont attachés.

3°. Chacune de ces différentes peines ſera doublée, en cas de récidive; elle ſera triplée, s'il ſurvient une troiſième contravention, & la même progreſſion ſera ſuivie pour les contraventions ultérieures; le tout, dans le courant de la même année ſeulement.

4°. Le contrevenant qui n'aura pas, huitaine après la ſignification du jugement, ſatisfait à l'amende prononcée contre lui, ſera contraint par corps, & détenu en priſon pendant vingt-quatre heures, pour la première fois; pour la ſeconde fois, pendant huit jours; & pour la troiſième ou ultérieure contravention, pendant trois mois.

5°. Dans tous les cas, les armes, avec leſquelles la contravention aura été commiſe, ſeront confiſquées, ſans néanmoins que les gardes puiſſent déſarmer les chaſſeurs.

6°. Les pères & mères répondront des délits de leurs enfans mineurs de vingt ans, non mariés & domiciliés avec eux, ſans pouvoir néanmoins être contraints par corps.

7°. Si les délinquans ſont déguiſés ou maſqués, ou s'ils n'ont aucun domicile connu dans le royaume, ils ſeront arrêtés ſur-le-champ à la réquiſition de la municipalité.

8°. Les peines & contraintes ci-deſſus ſeront prononcées ſommairement, & à l'audience, par la municipalité du lieu du délit, d'après les rapports des gardes-meſſiers, baugards ou gardes-champêtres, ſauf l'appel, ainſi qu'il a été réglé par le décret de l'aſſemblée nationale, du 23 mars dernier, que nous avons accepté; elles ne pourront l'être que, ſoit ſur la plainte du propriétaire ou autre partie intéreſſée, ſoit même dans le cas où l'on auroit chaſſé en tems prohibé, ſur la ſeule pourſuite du procureur de la commune.

9°. A cet effet, le conſeil général de chaque commune eſt autoriſé à établir un ou pluſieurs gardes-meſſiers, baugards ou gardes champêtres, qui ſeront reçus & aſſermentés par la municipalité, ſans préjudice de la garde des bois & forêts, qui ſe fera comme par le paſſé, juſqu'à ce qu'il en ait été autrement ordonné.

10°. Leſdits rapports ſeront ou dreſſés par écrit, ou faits de vive voix au greffe de la municipalité, où il en ſera tenu régiſtre. Dans l'un & l'autre cas, ils ſeront affirmés entre les mains d'un officier municipal, dans les vingt-quatre heures du délit qui en sera l'objet, & ils feront foi de leur contenu jusqu'à la preuve contraire, qui pourra être admise sans inscription de faux.

11°. Il pourra être suppléé auxdits rapports par la déposition de deux témoins.

12°. Toute action, pour délit de chasse, sera prescrite par le laps d'un mois, à compter du jour où le délit aura été commis.

13°. Il est libre à tous propriétaires ou possesseurs de chasser ou faire chasser en tout tems, & nonobstant l'art. 1er. des présentes, dans ses lacs & étangs, & dans celles de ses possessions, qui sont séparées, par des murs ou des haies vives, d'avec les héritages d'autrui.

14°. Pourra également tout propriétaire ou possesseur, autre qu'un simple usager, dans les tems prohibés par ledit article, chasser ou faire chasser, sans chiens courans, dans ses bois & forêts.

15°. Il est pareillement libre, en tout tems, aux propriétaires ou possesseurs, & même au fermier, de détruire le *gibier* dans ses récoltes non closes, en se servant de filets ou autres engins, qui ne puissent pas nuire aux fruits de la terre, comme aussi de repousser avec des armes à feu les bêtes fauves qui se répandroient dans lesdites récoltes.

16°. Il sera pourvu, par une loi particulière, à la conservation de nos plaisirs personnels; &, par provision, en attendant que nous ayons fait connoître les cantons que nous voulons réserver exclusivement pour notre chasse, défenses sont faites à toutes personnes de chasser & de détruire aucune espèce de *gibier* dans les forêts à nous appartenantes, & dans les parcs attenans aux maisons royales de Versailles, Marli, Rambouillet, Saint-Cloud, Saint-Germain, Fontainebleau, Compiègne, Meudon, bois de Boulogne, Vincennes & Villeneuve-le-Roi.

Après avoir rapporté ces dispositions d'ordre public sur la chasse, lesquelles se trouvent naturellement placées ici, & que d'ailleurs nous n'aurions pu rapporter à l'article *chasse*, puisqu'au moment où nous y travaillions, l'assemblée nationale n'étoit point encore formée; après avoir rapporté ces dispositions, nous pourrions faire une longue énumération des diverses sortes de *gibiers*, comme l'ont fait le commissaire la Marre, & l'auteur du dictionnaire de police: mais ces détails seroient déplacés ici; ils allongeroient un ouvrage où nous sommes obligés de retrancher bien des choses que nous avions d'abord cru utiles d'y insérer, par la crainte de lui donner une étendue démesurée.

Nous remarquerons seulement que les devoirs des officiers de police, relativement à la vente du *gibier*, sont absolument les mêmes que pour toutes les autres subsistances; c'est-à-dire, qu'ils doivent veiller à ce qu'il ne s'en vende point de gâté, ou d'une qualité nuisible.

Nous rappellerons seulement une ordonnance du roi, du 3 août 1760, qui défend de colporter & exposer en vente aucun *gibier*, ailleurs que dans les marchés; aux commis des barrières d'en laisser passer, qui soit porté à la main, si le porteur n'est muni d'un certificat qui constate l'endroit où il a été tiré; & aux pâtissiers, rôtisseurs & autres, d'en acheter ailleurs que dans les marchés, à peine de prison contre les contrevenans, de confiscation du *gibier* & de 500 liv. d'amende, dont moitié, ainsi que le *gibier*, appartiendront au dénonciateur ou à ceux qui auront fait la saisie, ou prouvé l'emprisonnement des contrevenans.

La rigueur de cette ordonnance n'a plus d'objet; elle n'avoit été imaginée que pour empêcher le braconage qu'encourageoit la facilité de vendre le *gibier* à Paris: mais aujourd'hui qu'on peut chasser sur sa terre, & vendre ensuite son *gibier*, l'on n'a point besoin de certificat. Au reste, jamais les dénonciateurs n'ont eu la moitié des 500 liv. d'amende, ni même le *gibier* dénoncé. Ces mensonges comminatoires ont, de tout tems, fait l'opprobre des loix, comme ils le feront toujours. *V.* CHASSE.

GINDRE, s. m. Nom donné au maître garçon de chaque boulanger, dans les statuts qui leur ont été donnés par Etienne Boileau, prévôt de Paris, sous le règne de Philippe-Auguste, & que ces garçons portent encore aujourd'hui.

Il n'est pas facile d'expliquer l'étimologie de ce mot: Menage le fait venir de *gener*, parce que, dit-il, ces principaux garçons deviennent assez communément les gendres de leurs maîtres.

Le commissaire de la Marre n'est point satisfait de cette explication: il en donne une autre; il fait dériver *gindre* de *juniores*, ou *joeünes*, ancien mot françois, qui signifie *jeune*.

Ces garçons commencent, dit-il, par faire leur apprentissage chez les maîtres, & ensuite ils deviennent compagnons ou principaux serviteurs. Or, le mot *juniores* a été employé par les anciens dans l'une & dans l'autre de ces significations. Il est synonime de *Tyrones*, apprenti, dans le code théodosien, & dans plusieurs auteurs célèbres, & il est pris pour commis, subdélégués, aides, compagnons, ou serviteurs dans les ordonnances des capitulaires de nos rois. Une autre preuve plus frappante, continue le même auteur, c'est qu'en effet nous trouvons dans les anciens titres latins, que les principaux garçons des meûniers, qui est l'état le plus près de boulanger, portoient ce nom : *In uno quoque molindinorum duo juniores tantùm erant; quòd si aliquis plures juniores, vel alias malas consuetudines in molindinis imponere voluerit, & indè clamor ad pares pervenerit*, &c. Ce qu'un ancien a traduit dans ce vieux langage : » Ad certes, en un chacun des moulins deux joeunes seront tant seulement; que si aucuns plusieurs joeunes, ou autres mauvaises coutumes veut imposer ès-moulins, & de ce clameur vient aux maire & pairs, *&c.* ». Ainsi, de ce mot *joeunes*, c'est bien fait *gindre* ou *joindre*, suivant le commissaire la Marre : ce qui n'est ni très-clair, ni très-utile à savoir.

GOUTTIÈRE, s. f. Espèce d'aqueduc qui dirige l'eau des toits, & la verse dans la rue.

La sûreté des villes exige que l'on veille assiduement sur la construction des *gouttières*, la commodité demande qu'on les construise autrement que par le passé; ces deux besoins se sont tellement fait sentir à Paris, qu'enfin le châtelet & le bureau des finances se sont réunis pour faire des réglemens que, sous tous les régimes, la police doit s'empresser de faire exécuter.

En conséquence, l'ordonnance du 13 juillet 1764 porte « qu'à compter du jour de sa publication, il ne pourra être établi dans les bâtimens qui seront construits dans la ville & fauxbourgs de Paris aucunes *gouttières* saillantes dans les rues, pour quelque cause, & sous quelque prétexte que ce soit; faisons défenses aux particuliers & entrepreneurs, qui feront élever des maisons ou autres édifices; aux architectes, maçons & plombiers, qui seront employés auxdites constructions, de poser, ou faire & laisser poser aucunes *gouttières* en saillie sur la rue, à peine de confiscation des *gouttières*, & de 500 liv. d'amende pour chaque contravention, dont les maîtres seront responsables pour leurs ouvriers ».

» Ordonnons en outre que les *gouttières* saillantes, déjà établies, seront supprimées dans les bâtimens où elles existent, lorsqu'on fera reconstruire les murs de face ou les toitures, en tout ou en partie; le tout, sous les mêmes peines de confiscation des *gouttières*, & de 500 liv. d'amende contre les propriétaires des maisons, entrepreneurs, architectes, maçons & plombiers, qui les laisseront subsister ».

» Disons qu'à l'avenir, tous ceux qui voudront se servir de *gouttières* ou de conduites, pour recevoir les eaux pluviales de leurs maisons, seront tenus de les appliquer le long des murs, depuis le toit jusqu'au niveau du pavé des rues, & de les construire de manière qu'elles n'aient que quatre pouces de saillie du nud du mur ».

» Pourront les propriétaires des maisons employer, pour lesdits tuyaux ou conduites, les matières qu'ils jugeront à propos, soit plomb, fer ou cuivre, bois ou grès, à la charge de faire recouvrir en plâtre les tuyaux de grès ou de bois dont ils se serviront ».

L'ordonnance du bureau des finances, du 16 juillet 1764, n'est pas moins positive; elle porte » défense à tous particuliers qui feront construire de nouveaux édifices, ou qui feront reconstruire les toitures des anciennes maisons, dans l'étendue de la ville & fauxbourgs de Paris, & dans toutes les villes, bourgs & villages, au long des routes entretenues par sa majesté, d'établir aucune *gouttière* saillante sur la voie publique, à peine de démolition, confiscation desdites *gouttières*, & d'amende; leur permettons d'établir au lieu desdites *gouttières*, par-tout où il se oit nécessaire, des tuyaux de plomb, de fer, de bois, de grès & autres matières, recouverts en plâtre ou autrement, s'il est besoin, pour l'écoulement des eaux pluviales, depuis le toit jusqu'au bas des maisons; & ce, sans payer aucun droit pour lesdits tuyaux, lorsqu'ils ne serviront qu'à la conduite des eaux pluviales, & ne pourront cependant excéder lesdits tuyaux & leur recouvrement la saillie de quatre pouces hors du nud du mur; faisons défenses à tous maçons, charpentiers, plombiers, couvreurs & autres, de prêter la main à la construction d'aucune *gouttière* saillante sur la voie publique, à peine d'amende & de confiscation de leurs outils & matériaux en cas de contravention; enjoignons aux commissaires généraux de la voierie, & aux entrepreneurs des routes, de tenir la main à l'exécution de notre présente ordonnance qui sera imprimée, publiée & affichée par-tout où besoin sera, & signifiée aux communautés des maçons, charpentiers, couvreurs & plombiers, à ce qu'ils n'en prétendent cause d'ignorance ».

Depuis ce tems, le nombre des *gouttières* est prodigieusement diminué; bientôt il n'y en aura plus du tout, & le public sera délivré de l'incommodité de recevoir des torrens d'eau, en passant dessous, ou de risquer d'être écrasé par leur chûte. *Voyez* BATIMENT.

GRAIN, s. m. production farineuse, dont on se sert pour faire le pain.

La police des *grains* a, de tout tems, été un des soins du gouvernement & de la législation; mais trop souvent, le succès n'a point répondu aux efforts que l'on a faits, pour en tirer toute l'utilité qu'on en attendoit.

Dans les tems de trouble sur-tout, les embarras que font naître les approvisionnemens des *grains* forment une des causes principales des désordres publics; & leur excès a été porté si loin, dans ces momens d'anarchie, qu'on a été obligé de faire jurer aux peuples, à la confédération du 14 juillet, qu'ils ne s'opposeroient pas à la libre circulation des *grains*, sans que cet engagement ait produit un effet réel; puisque, depuis ce moment, les convois ont encore été arrêtés.

Comme nous avons déjà parlé de la police des *grains*, dans les articles *disette* & *approvisionnement*, nous ne répéterons pas ce que nous avons déjà dit, & nous nous bornerons à rapporter ici ce que le code de police de M. Duchesne contient sur les différens objets de cette police.

Conservation des grains *sur pied*. Ceux qui causent du dégât dans les terres ensemencées de bleds & autres *grains*, sont punissables d'amende, & tenus de dédommager les parties intéressées. Le lieutenant-général de police de Paris faisoit ordinairement publier chaque année son ordonnance à ce sujet, portant défenses à toutes personnes de passer sur les terres ensemencées, & d'y causer aucun dégât, sous quelque prétexte que ce soit, à peine de 500 liv. d'amende, confiscation de chevaux & de bestiaux, & de prison en cas de rébellion.

La nomination des gardes & messiers appartient aux officiers de police, *édit de novembre 1706*. Aujourd'hui ils sont nommés par la commune ou son conseil général. *V.* MUNICIPALITÉ.

C'est sur le rapport de ces gardes, que les contrevenans sont condamnés en l'amende & au dédommagement de ceux qui ont souffert du dégât. L'usage, qui s'est établi dans certains villages, de faire choix d'un lieu où les chevaux & autres bestiaux sont conduits sur le champ pour y être retenus à raison d'une certaine somme par jour, jusqu'au paiement du dégât, devroit être plus universel, parce qu'il procure une prompte justice, & à moins de frais, en laissant l'estimation du dégât à l'arbitrage de la personne à ce destinée.

Moissonneurs. Les réglemens enjoignent aux pauvres gens valides de s'employer, durant le tems de la moisson, à cueillir, scier & serrer les bleds moyennant salaires raisonnables, avec défense de glaner à autres qu'à gens vieux, infirmes, & aux enfans; ce qu'ils ne pourront faire toutefois qu'après que les gerbes seront enlevées par les laboureurs & dîmeurs.

Glaneurs. Pour procurer aux glaneurs la liberté de profiter des épis échappés aux moissonneurs, il y a des coutumes qui défendent de mener des bestiaux sur les champs, si ce n'est 24 heures après l'enlèvement des gerbes.

Dans les pays où la disette de bois oblige les habitans d'arracher les éteuils ou chaumes, il leur est aussi défendu de le faire avant que le juge l'ait permis par une publication, ou du moins les réglemens veulent qu'il soit laissé un tems suffisant pour le glanage, comme de huit jours, depuis l'enlèvement des bleds & autres empouilles.

D'autre part, il est défendu aux glaneurs d'entrer dans les champs, avant le soleil levé; d'y rester après le soleil couché, ni même de glaner avant l'enlèvement de toutes les gerbes & de la dîme: un arrêt du parlement du 23 janvier 1731 condamna au fouet & à la marque trois femmes, avec écriteaux portant ces mots: *Voleuses de* grains *pendant la moisson, sous prétexte de glaner.*

Laboureurs. Dans le réglement fait au conseil du roi, pour la police générale de France, le 4 février 1567, revêtu de lettres-patentes régistrées au parlement, *titre de la police des* grains, *article premier*, il fut pourvu à ce que les laboureurs, en resserrant leurs *grains* pendant plusieurs années, n'occasionnassent la cherté.

« Ceux qui prennent & qui tiennent terres à » fermes, soit de l'église ou autres personnes, ne » pourront par eux, ou personnes interposées, » tenir & garder bleds en greniers ou autres lieux » plus de deux ans, sinon pour la provision de » leurs maisons, sur peine de confiscation de leurs » *grains*, & 100 liv. parisis d'amende, de laquelle » le tiers sera adjugé au dénonciateur & à celui » qui aura fait la prise ou saisie; & néanmoins, » en cas de nécessité, sera permis aux officiers » de la police des lieux faire ouvrir les greniers » en tout tems, quand besoin sera ». *V.* ACCAPAREMENT.

Le même réglement, ainsi que la déclaration du roi, du 31 août 1699, interdisent le commerce des *grains* aux laboureurs; & pour les empêcher de se servir du prétexte des semailles, pour acheter des *grains* dans les marchés, & en faire magasins au préjudice de l'approvisionnement des villes, il fut rendu l'arrêt qui suit:

« La cour, se requérant les gens du roi; M. » Henri-François d'Aguesseau, portant la parole, » fait défenses à tous laboureurs d'acheter des » bleds ailleurs que dans les marchés, sous pré- » texte de semences, ou sous quelque autre que » ce puisse être, sans en amener & vendre une » pareille quantité, à peine de confiscation des » bleds qu'ils auront achetés, & d'une amende » qui ne pourra être moindre de 50 liv., si ce » n'est qu'ils rapportent au juge de police du lieu » une preuve authentique, qu'ils n'auront point » recueilli de bled en la présente année; & qu'en » conséquence ils en aient obtenu permission par » écrit d'acheter des bleds, sans en rapporter la » même quantité, laquelle, en ce cas, leur sera » accordée sans frais. Fait en parlement le sep- » tième jour de septembre 1700 ». *V.* APPROVISIONNEMENT.

Tous ceux qui amènent des *grains* aux marchés, laboureurs & autres, sont assujetis aux règles suivantes, prescrites par le réglement de 1577, ci-dessus cité.

« Que les marchands forains, amenant *grains* à » Paris ou autres villes, seront tenus en personnes ou gens de leurs familles, & non par gens » attirés ou accommodés, faire descendre & vendre leurs marchandises ès marchés, places ou » halles publics; ne les pourront mettre en greniers, sinon qu'ils aient de ce faire congé & » permission expresse des officiers de la police, » laquelle ne pourra leur être accordée qu'en deux » cas: le premier, si lesdits *grains* se trouvoient » être mouillés, & eussent besoin d'être reposés & » séchés, auquel cas néanmoins seront tenus, de » marché en marché, d'en envoyer échantillon » aux marchés publics, pour être achetés par ceux » qui y mettent prix; l'autre desdits cas, si, pour » faveur d'une grande subvention publique en un » besoin & nécessité, il étoit avisé par lesdits officiers, qu'il fut raisonnable, gratifier un marchand forain de mettre en grenier partie d'une » grande quantité de *grains* qu'il feroit amener, » auquel cas il sera chargé de déclarer la quantité d'iceux, & les greniers où il les descendra » & de n'en faire aucun transport hors la ville, ni » même faire aucune vente auxdits greniers, ou » ailleurs, qu'en la halle ou place publique de » ladite ville: le tout, sur peine de confiscation » desdits *grains*, & de 100 liv. parisis d'amende » applicable comme dessus.

» Que celui qui aura déclaré le prix de son » *grain*, ne le pourra renchérir par lui, ni par » autre, & sera tenu de le vendre dedans le premier ou second jour de marché, & s'il vient » jusqu'au troisième, sera mis au rabais ».

Il est défendu d'exposer en vente des *grains*, qui ne soient de bonne qualité, & tels au fond du sac, qu'ils le paroissent à l'embouchure, ou par la montre, à peine de confiscation & d'amende, ou autre peine, selon les circonstances.

« Quiconque amenera aucune d'icelles marchandises de bleds, farines & *grains* èsdites places » & marchés où il y ait aucune embouchure, » c'est à savoir qu'elles ne soient aussi bonnes » dessous comme en la montre, il forfaira icelles » denrées.

» Ne sera exposée en vente sur les ports aucune marchandise de *grains* & farines, qui ne » soit bonne, loyale & marchande, sans aucun » mélange, aussi bonne dessous comme dessus, » nette de toutes ordures & pailles; seront même » les avoines vannées, & ce, à peine d'amende » pour la première fois, & d'interdiction du » commerce pour la seconde ». *Ordonnance pour la ville de Paris, du mois de décembre 1672, chap. 6, art. 6.*

Comme la cherté des vivres provient souvent moins de la rareté effective de l'espèce, que de la crainte qui se répand dans les esprits, dont l'effet est d'exciter d'un côté le desir d'acheter, & d'autre part, de ne point vendre, il est de la prudence & du devoir des officiers de police de réprimer la témérité de ceux qui sement des bruits capables d'alarmer le public à ce sujet.

Par sentence du lieutenant-général de police de Paris, du 22 juillet 1740, un laboureur fut condamné en 2000 liv. d'amende, pour avoir tenu, dans le marché de Gonesse, des discours tendans à alarmer le public, & à faire augmenter le prix des *grains*.

Marchands de grains. Il est important que ceux qui font le commerce de *grains*, soient connus du magistrat, afin qu'il soit en état de veiller sur leur conduite, & de les obliger à remplir les engagemens qui résultent de ce négoce, lequel est incompatible avec certains états & professions.

« Ceux qui voudront faire trafic ou marchandise desdits *grains*, seront tenus de faire enregistrer leurs noms, surnoms & demeurances » aux greffes royaux des lieux, sur peine de » confiscation desdits *grains*, & d'amende arbitraire.

» Ne sera permis aux laboureurs, personnes » nobles, officiers du roi, ou principaux officiers » des villes, de faire trafic ou marchandise de » *grains*.

» Et quant aux marchands qui en feront trafic, ils seront tenus d'amener leurs *grains* au » marché public de la ville où ils résideront une » fois le mois pour le moins, & d'en avoir, à » cet effet, toujours quantité en greniers èsdites » villes, & déclarer les autres lieux, èsquels ils » feront leurs achats & amas de *grains*, autrement seront privés de ladite faculté de se mêler » de revendre *grains*, & condamnés en 100 liv. » parisis d'amende, applicables comme dessus.

» Comme lesdits marchands ne pourront faire » achats de bleds, ni arrhemens d'iceux, à deux » lieues près des villes, auxquelles ils habitent; » ni, quant à la ville de Paris, de sept à huit » lieues près d'icelles; & ce, sur peine de confiscation desdits *grains*, & de 100 liv. parisis » d'amende, de laquelle le quart sera adjugé au » dénonciateur & à celui qui aura fait la prise ou » saisie.

» Que lesdits marchands n'iront au-devant des » *grains* qui sont amenés auxdites villes par eau » ou par terre, sur semblables peines.

» Ne

» Ne pourront aussi acheter *grains* en verd, » ni iceux arrher avant la cueillette, sur peine » de 500 liv. parisis d'amende, part comme dessus, » & autre punition corporelle, selon l'exigence » des cas ».

La déclaration du roi, du 31 août 1699, régistrée au parlement le 27 septembre de la même année, rappelle ces dispositions, & veut, en l'article premier, que l'on ne puisse faire aucun commerce de *grains*, qu'après en avoir obtenu la permission du juge royal, & prêté le serment devant lui.

Et si ceux qui ont obtenu cette permission, demeurent dans l'étendue d'une justice seigneuriale, qui ait l'exercice de la police, ils doivent en outre faire enrégistrer ladite permission au greffe de cette justice, suivant l'art. 3.

Pour prévenir l'abus des sociétés, par lesquelles les associés pourroient se rendre les maîtres du prix des *grains*, les art. 8 & 9, en défendant aux marchands de contracter ces sociétés entr'eux, portent que celles qu'ils pourront contracter avec d'autres personnes, pour raison de ce trafic, seront rédigées par écrit, & régistrées en la même manière que les permissions de faire ce commerce.

L'édit de création des lieutenans-généraux de police leur attribue l'exécution de cette déclaration, à l'exclusion de tous autres juges, auxquels la connoissance en a été interdite; ce qui a été confirmé pour toute l'étendue des bailliages & autres sièges où ils sont établis.

Des blâtiers. On appelle blâtiers certains petits marchands forains, qui vont chercher du bled dans les campagnes éloignées des villes, & l'amènent à somme dans les marchés de proche en proche, jusqu'à ce qu'il soit arrivé aux lieux où il s'en fait une plus grande consommation, ou bien proche des rivières, où ils le vendent aux marchands qui chargent pour les provisions des grandes villes.

L'expérience a justifié que le commerce des blâtiers étoit utile pour le transport qu'ils font du superflu d'une contrée dans une autre qui a besoin; & comme ce sont gens à se passer à un petit gain, ils procurent le bon marché à proportion du prix des *grains*.

Mais il est essentiel de leur faire observer les mêmes réglemens qu'aux marchands; savoir: de n'entrer dans les marchés, qu'à certaines heures; de ne point faire de magasins, & de ne point acheter aux environs des villes, à la distance de deux lieues; de ne point acheter & revendre dans un même marché; sur-tout de ne point mêler & falsifier le bled, & de ne point le blâtrer, c'est-à-dire, le rendre frais pour le renfler & lui donner de la couleur.

Mesureurs. La fonction des mesureurs de *grains* est d'une extrême importance; ils sont arbitres entre le vendeur & l'acheteur, & les premiers surveillans du commerce de *grains*, pour en déférer tous les abus à la justice: c'est sur leur rapport, que les juges de police procèdent, en la plupart des villes, à l'appréciation & liquidation des fruits, conformément aux dispositions de l'ordonnance de 1667, tit. 30, & à la taxe du pain.

Les obligations des mesureurs ont été réglées par différentes ordonnances.

L'édit de Henri III, donné à Paris le 21 novembre 1577, *porte* « que les mesureurs ne pourront se payer en *grains*, ni prétendre le reste » des *grains* demeurant ès sacs leur appartenir; » ains seulement seront payés en deniers de ce » qui leur est ordonné & taxé par l'ordonnance, » sans en prendre ou exiger davantage; lesquels » officiers ne pourront s'entremettre de ladite trafique de bled par eux, ni par personnes interposées, sur peine de confiscation desdits *grains*, » privation desdits offices, & de 60 liv. parisis » d'amende ».

C'est au vendeur à payer les frais du mesurage, s'il n'est autrement convenu, ou que l'usage des lieux ne soit notoirement & généralement contraire, parce que c'est au vendeur à livrer sa marchandise; cela fut ainsi réglé par l'ordonnance de S. Louis, de l'an 1258, concernant les jurés mesureurs de *grains*, en ces termes: *Lequel mesurage li vendeur poie. Voy* ladite ordonnance au traité de la police, liv. 5, tit. 8, chap. 5. « Nulle femme » n'ait, ne puisse avoir l'office de mesurage ». *Ordonnance du roi Jean, du* 30 *janvier* 1350.

« Quand ledit office de mesurage sera vacant, » il sera donné à homme, qui, par information » duement faite, sera trouvé être de bonne vie, » renommée & honnête conversation, sans aucun » blâme ou reproche, habile, suffisant & idoine » pour icelui office exercer.

» *Item*, quand aucun sera institué audit office » de mesurage, il fera serment que justement & » loyaument il exercera icelui office en sa personne, & gardera le droit du vendeur & de » l'acheteur; & qu'il ne prendra, ni demandera plus » grand salaire, que celui qui est ordonné pour » ledit office exercer ».

Une ordonnance de police du châtelet de Paris, du 30 mars 1635, porte que « les mesureurs de » *grains* seront tenus d'assister à l'ouverture des » marchés, faire ouvrir les sacs à huit heures » précises du matin, recueillir fidellement, & sans » connivence, le prix de la vente de tous les *grains*,

» pour, par eux, en être fait rapport ès régistres » des appréciations, à peine d'amende ».

La fixation des heures, pour l'ouverture du marché, est particulièrement nécessaire dans les grandes villes où il y a différens marchés. Cependant elle auroit aussi son avantage dans les autres villes où il n'y a qu'un marché; parce que se trouvant au commencement du jour moins de vendeurs, ils mettent leurs *grains* d'abord sur un pied plus haut qu'il ne convient, ce qui peut influer sur les heures suivantes; au lieu que l'heure étant fixe, cet inconvénient est moins à craindre.

Le réglement général de police du 21 novembre 1577, que nous avons déjà cité, porte « qu'il » sera fait des extraits du contenu aux ordon» nances, concernant les heures du marché pour » l'ouverture des sacs, la correction des mono» poles & intelligences, qui sont entre les mar» chands de bled, les mesureurs & boulangers, » l'interdiction & prohibition des assemblées d'i» ceux ès tavernes, la forme & façon des paie» mens des *grains* vendus & autres semblables; » lequel extrait sera mis en un tableau qui sera » attaché au lieu plus éminent du marché, pour » être vu & entendu par-tout, afin qu'on n'en pré» tende cause d'ignorance ».

Des porteurs de grains. Quoiqu'il y ait des porteurs de *grains* en titre d'office à Paris, & dans quelques autres grandes villes, néanmoins leur privilège se réduit à porter & décharger les *grains* lorsqu'ils sont pour ce mandés, à l'exclusion de tous autres gagne-deniers; mais ils ne peuvent empêcher les laboureurs de décharger & porter leurs *grains* eux-mêmes, ou par gens de leur famille.

Un arrêt du parlement du 12 décembre 1592, » fait défenses aux porteurs de *grains* & à toutes » autres personnes d'aller au-devant des marchands, » leur découvrir le cours du marché desdits *grains*, » faire monopoles, ou avoir intelligences avec » eux, ni de se payer en *grains*, ou prétendre » le reste de leurs sacs leur appartenir ».

Des meûniers. Dans le réglement du 21 novembre 1577, on trouve cet article important: » les juges & officiers de police assembleront les » boulangers & les meûniers pour, eux ouis & » reyues les anciennes ordonnances de ce faites, » aviser ou ordonner, à quelle raison, poids & » mesures se devra rendre la mouture pour bled » ou autres *grains*, & à quel prix la mouture se » paiera, pour, ledit avis rapporté en la cour » de parlement, en être par elle ordonné ce que » de raison ».

Aux états d'Orléans du mois de janvier 1560, le tiers-état avoit demandé instamment qu'à l'avenir les meûniers fussent payés en argent de leurs moutures, & qu'ils prissent le bled, & rendissent la farine au poids; mais il n'y a point eu de disposition insérée dans l'édit.

« En moulins bannaux, qui premier vient, » premier engraine; mais après avoir attendu vingt» quatre heures, qui ne peut à l'un, s'en aille à » l'autre ».

Le tambour des meules, quand il est quarré, retient de la farine dans les angles, au profit du meûnier. C'est pourquoi plusieurs de nos coutumes ont réglé qu'un moulin doit être rond & bien clos, à peine d'amende & de démolition.

Plusieurs coutumes ont aussi réglé le droit de moulage; en telle sorte que le meûnier, qui a reçu le bled nettoyé, soit tenu de rendre du boisseau de bled, rez un comble de farine, le surplus lui demeurant pour son salaire.

Quelques-uns accordent au meûnier le 18e du *grain*.

A Paris, la mouture se paie actuellement en deniers; les meûniers reçoivent les *grains* au poids, & rendent la farine de même, en leur faisant état du déchet qui a été évalué, par les ordonnances, à 2 liv. par setier. On peut suivre cette règle dans les autres lieux, en faisant la réduction, selon la proportion qui se trouve avec le poids du setier de Paris.

Pour plus grande précaution contre l'infidélité des meûniers, divers réglemens leur ont défendu d'avoir aucuns fours & hûcher pour faire & cuire leurs pains, de nourrir aucuns porcs, volailles & pigeons, ni faire ou garder son & recoupes pour les remoudre & mêler avec la bonne farine; à l'effet de quoi, il doit être fait des visites dans leurs moulins & maisons.

Des boulangers. Il est défendu aux boulangers d'entrer dans les marchés aux *grains*, qu'à certaines heures marquées; ensorte qu'il soit libre aux bourgeois de se pourvoir avant eux.

Il leur est aussi défendu d'y acheter au-delà d'une certaine quantité, pour les empêcher de faire des magasins de bleds, de nuire à l'abondance des marchés, de se rendre maîtres du commerce les uns au préjudice des autres, & pour les obliger d'en aller chercher dans la campagne, hors la distance déterminée par les réglemens, & ainsi augmenter les provisions de la ville.

Il y a trois choses à considérer ici, par rapport aux boulangers; savoir: la façon du pain, le poids & le prix.

Divers réglemens portent que les boulangers cuiront à heure compétente, ensorte que leurs pains soient froids, & rassis aux heures que la public en fait sa provision; que le pain soit sans mixtion, bien élaboré, fermenté & boulangé, ainsi qu'il convient; qu'après chaque fournée, le pain qu'ils verront n'être de la façon, boulangerie & blancheur convenables, ils le mettent à part, sans l'exposer en vente dans leurs boutiques: sur toutes choses, défenses à eux d'employer à faire le pain aucune mixtion, mauvaise farine, ou gâtée, bled relavé ni remoulu.

Quant au poids, les réglemens portent que chaque boulanger doit avoir des balances & des poids pour peser le pain, à peine d'amende arbitraire, en observant que les balances soient suspendues à une hauteur suffisante, pour que les bassins ne reçoivent point de la table des contre-coups ménagés au profit du vendeur, par une adresse frauduleuse; & au surplus, chaque pain doit être marqué à Paris d'une marque particulière, pour en faire connoître le poids, lorsqu'il est vendu entier.

A l'égard du prix du pain, la liberté de le vendre de gré à gré n'est accordée, dans les grandes villes, que parce que le concours des boulangers forains, avec ceux de la ville, produit nécessairement une émulation qui les fait se relâcher du prix pour avoir le débit; ce qui n'empêche pas que les magistrats ne donnent leurs soins, pour qu'il n'y ait point d'excès.

Le boulanger, qui prend une place dans un marché pour y faire son commerce, contracte une espèce d'obligation, envers le public, de fournir cette place d'une quantité suffisante de pain chaque jour de marché, sinon le magistrat de police le condamne en l'amende, & donne cette place à un autre.

Tout pain, que les boulangers apportent au marché, doit y être vendu dans le jour; il leur est défendu de le remporter, ou de le serrer dans aucun lieu, pour le garder d'un jour de marché à l'autre.

Au surplus, la profession de boulanger est incompatible, suivant divers réglemens, avec celles de mesureurs de *grains* & de meûniers; parce que les mesureurs, étant boulangers, loin de dénoncer les contraventions, qui peuvent contribuer à la cherté des *grains*, comme ils le doivent par état, seroient intéressés à les dissimuler & à les fomenter, pour vendre leur pain plus cher; outre que leurs rapports, sur le prix du grain, deviendroient légitimement suspects: en qualité de meûniers, ils pourroient aussi, selon les circonstances, contribuer à hausser le prix du pain, en retardant le service des moulins.

Sur la plupart des objets de ce paragraphe, on peut consulter l'*ordonnance de 1672, pour la ville de Paris.*

Police des grains en tems de cherté. Il nous reste à observer que, dans les tems de cherté, les officiers de police doivent faire exécuter les réglemens avec encore plus d'exactitude, & pourvoir principalement à la fourniture des marchés.

Le réglement du 21 novembre 1577, titre de la police des *grains*, art. 12, porte que « en tems » de cherté, ou doute d'icelle, les officiers de » police feront faire défenses générales à tous les » habitans des villes de ne vendre *grains* en gre- » niers, ains seulement èsdites halles, marchés » & places publics, & aux jours & heures ac- » coutumés ».

C'est en de pareilles circonstances, que le parlement de Paris rendit son arrêt du 19 avril 1709, qui, en renouvellant les dispositions portées par les anciens réglemens, concernant le commerce des bleds, & notamment par la déclaration du 31 août 1699 « enjoint à tous ceux qui exercent » ce commerce, de représenter, par-devant les » lieutenans-généraux de police des bailliages & » sénéchaussées du ressort de la cour, la permission » qu'ils doivent avoir obtenue, suivant l'art. 1. » de ladite déclaration; fait défenses, conformé- » ment à la disposition des ordonnances, à tous » fermiers, laboureurs, propriétaires de terres, » marchands de bleds & autres, de quelque qua- » lité qu'ils soient, de vendre ni débiter aucuns » *grains*, ni farines ailleurs, qu'aux marchés voi- » sins de leur résidence....; enjoint auxdits la- » boureurs, marchands de *grains* & autres, d'ex- » poser auxdits marchés tous les bleds & autres » *grains* qu'ils vendront, sans se contenter d'y » envoyer des essais ou échantillons, & sans » qu'ils puissent, sous quelque prétexte que ce » soit, remporter les *grains* qu'ils y auront fait » porter; le tout, à peine de 500 liv. d'amende » & de confiscation des *grains*....; enjoint aux » lieutenans-généraux, & autres juges de police, » de tenir la main à l'exécution du présent » arrêt ».

Nous ajouterons seulement à ces textes, que, par l'expérience de ce qui s'est fait utilement dans les tems de cherté, le magistrat de police, lorsque les marchés se trouvent dégarnis, doit d'abord faire conduire au marché les *grains* appartenans aux forains qui les ont mis en réfuge dans les greniers de la ville ou des environs, parce que ces *grains* sont un superflu pour les propriétaires qui n'attendent qu'un tems favorable pour le débit; il peut les découvrir par des recherches secrettes, ce qui est le meilleur parti, sinon rendre son ordonnance pour contraindre les bourgeois qui ont loué ou prêté leurs greniers, à les déclarer, à peine d'amende; en second lieu, il oblige tous les marchands de *grains* à fournir le marché: c'est le principal engagement de leur profession; & c'est dans cette vue, que les réglemens les ont astreints à déclarer leurs noms & leurs demeures, avec le lieu de leurs greniers; en troisième lieu, lorsque cette ressource est épuisée, chaque bourgeois peut être contraint à venir déclarer au greffe de police la quantité de ses *grains*, pour contribuer à la fourniture du marché, sur les ordres du magistrat de police, à la réserve de ce qui lui est nécessaire pour sa provision, & celle de sa famille.

Les précautions majeures, qui concernent la traite des *grains* & la subsistance extraordinaire des pauvres, sont réservées à l'autorité supérieure; ce n'est que dans les cas très-instanciés, que le magistrat de police pourroit y pourvoir, en prenant la précaution d'en référer & donner avis sur-le-champ. Cet article de l'ancienne police positive des grains est tiré du code de M. Duchesne.

GRAVEUR, s. m. C'est le nom qu'on donne à ceux qui gravent, & qui font toutes sortes de cachets, les sceaux des chancelleries, les poinçons, &c.

Avant 1629, date des premiers statuts de la communauté des *graveurs sur métaux*, cette communauté n'existoit point. A cette époque, les *graveurs sur métaux* obtinrent des lettres-patentes qui les renvoyèrent en la cour des monnoies, pour examiner les statuts qu'ils proposoient. Sur l'examen & l'approbation de cette cour, le roi autorisa ces statuts par de nouvelles lettres-patentes du mois de mai 1631, qui furent enrégistrées à la cour des monnoies le 12 août 1632. Depuis ce moment, la communauté des *graveurs* a son régime & sa discipline, dont voici les principales règles.

Aucun maître *graveur* ne peut prendre plus d'un apprenti, & pour moins de six années consécutives, & avant l'âge de douze ans.

Le brevet d'apprentissage doit être enrégistré au greffe de la cour des monnoies, dans la huitaine après la date de l'obligation passée entre le maître & l'apprenti.

Les maîtres ou autres ne peuvent vendre ou débiter aucuns cachets aux marchands merciers, joailliers ou autres personnes, de quelque métal, pierre ou matière que ce soit, pour en faire trafic & revente.

Nulle personne, autres que les maîtres *graveurs*, ne peut tenir aucunes lettres d'alphabet à droite, servant à faire marquer un cachet, ni avoir aucunes fleurs de lis, couronnes & écussons, pour arrêter tous abus & malversations.

Nul que lesdits maîtres ne peut graver les grands & petits sceaux, cachets, chiffres, marques, & généralement tous & chacun les ouvrages concernant leur art & profession.

Chaque maître *graveur* ne peut avoir qu'une seule boutique ouverte.

Les veuves des maîtres jouissent des mêmes privilèges que dans les autres communautés.

Deux gardes sont à la tête de la communauté des *graveurs*. On les choisit, à la pluralité des voix, tous les deux ans, en présence du procureur général de la cour des monnoies. Cette assemblée se tient le lendemain de saint Eloi. Chaque année, le plus ancien garde sort de charge, & l'autre reste pour instruire le nouvel élu.

Les filles de maître ont un privilège qui consiste à faire obtenir la préférence à ceux avec lesquels elles sont fiancées; & ces derniers jouissent de plusieurs exemptions pour leur réception.

Le droit d'inciser sur tous métaux appartient aux *graveurs*. Il n'est permis qu'à eux de mettre en étalage, au devant de leurs boutiques, des tableaux portant des empreintes de sceaux & cachets des armes de France, princes & princesses, & autres armes.

Les maîtres tailleurs-*graveurs* peuvent fondre & apprêter la matière, pour faire des sceaux & cachets, soit en or & en argent, &c.; & faire les modèles en cire, bois, plomb, sous l'inspection & la visite des maîtres-jurés.

Depuis le mois de juin 1722, les *graveurs* ont un poinçon pour marquer leurs ouvrages en or & en argent; mais la cour des monnoies leur a imposé l'obligation de faire insculper leurs poinçons sur une table de cuivre déposée au greffe de cette cour.

Par l'édit de 1776, les *graveurs sur métaux* ont été réunis aux fondeurs & doreurs, pour ne faire qu'une seule communauté, à laquelle il est permis de faire les fontes garnies, en concurrence avec les merciers.

Les droits & frais de réception des maîtres de cette communauté sont de 600 liv.

GREFFIER, s. m. Celui qui tient le dépôt des papiers & pièces de procédure ou des titres dans un tribunal, un hôtel-de-ville ou autre lieu public.

Il y avoit ci-devant des *greffiers* attachés aux jurisdictions de police qui achetoient leurs offices, comme les autres greffiers dans les tribunaux.

L'édit de création des *greffiers* de police est du mois de novembre 1699.

» Avons créé, y est-il dit, en titre d'office, » d'offices formés & héréditaires dans toutes les » villes où il y a des lieutenans-généraux de po» lice, des *greffiers* pour recevoir les ordonnances

» de police qui seront rendues par lesdits lieute-
» nans-généraux de police, ou en leur absence,
» par nos procureurs, & en délivrer les expéditions
» aux parties, aux mêmes droits & émolumens
» dont jouissent les *greffiers* des bailliages & autres
» justices royales des lieux où ils seront établis ».

Aujourd'hui que la police civile & administrative est attribuée aux municipalités, c'est le conseil général de la commune de chaque ville qui nomme les *greffiers* de police, qui se trouvent confondus avec les *greffiers* de la municipalité sous le titre de secrétaires-*greffiers*. Le conseil de la commune peut les choisir parmi tous les citoyens éligibles de la ville; ils sont à vie dans leur place, & ne peuvent en être privés qu'autant que le conseil général le voudroit. A Paris, le secrétaire-*greffier* a deux adjoints, ainsi que dans les grandes villes.

La place de secrétaire-*greffier* est incompatible avec celles de membre de la municipalité, de notable, d'archiviste, de trésorier. *Voyez* MUNICIPALITÉ. A Paris, ce sont les sections qui ont arrêté le traitement du secrétaire-*greffier*, ainsi que des autres. Il est de 6,000 liv. par an pour le *greffier*, & de trois mille pour chacun de ses adjoints. *Voyez* PARIS.

Indépendamment du *greffier* de la municipalité, chaque comité de police des sections a un secrétaire-*greffier*, soldé, nommé par la section dont la place est à vie, & qui ne peut être ôtée que du consentement de l'assemblée générale de la section. *Voyez* PARIS.

GRIGRI, s. m. Morceau de papier ou de parchemin, sur lequel est écrit quelque prière, & que les nègres d'Afrique portent à leur cou.

Les marabous, qui sont les ministres de la religion chez ces peuples, ont imaginé ce moyen de lever une contribution sur eux; ils leur font payer les *grigris* plus ou moins cher : ce sont des espèces d'amulettes ou talismans, superstition qui a régné chez tous les peuples & qui annonce l'imbécillité de l'esprit humain.

Ils s'imaginent que ces prières ainsi suspendues les préserveront de tout malheur, & les rendront victorieux de leurs ennemis. Chaque *grigri* doit produire un effet particulier, du moins les nègres le croient, & si le contraire arrive, comme en effet il arrive très-souvent, pour lors ils en rejettent la faute sur le marabou, celui-ci, sur le manque de foi au *grigri* ou sur ce que celui qui se plaint n'est pas ami de Mahomet. Alors, le marabou retire le *grigri* des mains du dévot & lui en donne un autre, en lui recommandant d'avoir plus de foi.

GYNECOCOSME, s. m. C'est le nom que portoit un magistrat du tribunal d'Athènes, établi pour juger de la parure des femmes.

L'on a pu voir aux articles *femmes* & *pédérastie* de cet ouvrage, que dans l'Attique, la nature sembloit avoir fait pour un sexe ce quelle auroit dû faire pour l'autre. Les hommes y étoient en général beaux & doués des formes les plus gracieuses; les femmes au contraire étoient privées de ces avantages qui font tout le mérite de leur sexe. De cette différence d'organisation & de beauté, il n'est pas extraordinaire qu'il soit né des désordres chez un peuple sensible & passionné, & que l'instinct s'y soit détérioré au point que l'amour des garçons étoit devenu une chose toute simple & commune.

Au milieu de ce désordre, si les athéniennes eussent négligé les ornemens qui, sans donner la beauté, séduisent les yeux & cachent les défauts, la population & les mœurs auroient pu définitivement souffrir de cette dépravation de goût, ou si vous voulez d'instinct. Ce fut donc dans cette intention qu'on établit les *gynecocosmes*, dont la magistrature consistoit à veiller sur la parure des femmes, & à les obliger à se parer d'une manière agréable. La rigueur de ce tribunal étoit extrême : il imposoit une amende énorme à des personnes qui étoient mal coëffées ou mal vêtues. Ensuite on inscrivoit leur nom dans un tableau exposé aux yeux du peuple : de façon que l'infamie de la chose excédoit la grandeur même du châtiment; car les femmes dont le nom avoit paru dans un tel catalogue étoient à jamais perdues dans l'esprit des grecs.

Mais la sévérité de cette magistrature au lieu de faire le bien qu'on en avoit espéré, produisit un grand mal auquel on ne s'étoit pas attendu; car les athéniennes pour se mettre à l'abri d'une censure si flétrissante, donnèrent dans un excès opposé, c'est-à-dire, qu'elles se parèrent trop, introduisirent dans les familles un luxe ruineux, adopterent les modes les plus extravagantes, & finirent par faire un abus si révoltant du fard, qu'on n'en a jamais vu d'exemple chez aucune nation civilisée.

Elles se noircissoient les sourcils, les paupières, se peignoient les joues & les lèvres avec le suc exprimé d'une plante que les botanistes nomment *orcanette*, qui donne un incarnat plus foible que le carmin; & enfin elles portoient toutes, sans distinction, une couche de céruse sur le sein & le visage, hormis en temps de deuil : encore voit-on par un plaidoyer de Lysias que souvent on n'y respectoit pas les lois du deuil même. (*M. de Paw.* Recherches sur les grecs).

L'on conçoit que si les athéniennes eussent été douées de formes séduisantes, de fraîcheur, le tribunal des *gynecocosmes* eût beaucoup mieux rempli son objet en leur ordonnant de se tenir en partie découvertes, que de se surcharger d'ornemens. Mais cette parure étoit bien moins destinée à relever leur beauté qu'à cacher leurs défauts; aussi ce remède fut-il disproportionné au mal auquel on le destinoit. Les athéniens, bons appréciateurs des grâces & très-sensibles, ne s'y méprenoient pas; ils distinguoient la beauté réelle des efforts de l'art pour l'imiter. Cette recherche de parure dans les femmes est même mise par *Lucien*, au rang des choses qui les font haïr des sectateurs de l'amour socratique. *Voyez* son dialogue intitulé, les *amours*.

Nous avons déjà remarqué l'empire des courtisanes à Athènes, ces femmes n'avoient souvent pour parure que leurs charmes; & Laïs sortant nue des eaux de l'Ilisse, avoit sans doute plus d'adorateurs que la plus brillante athénienne aux fêtes d'Eleusis.

Une autre chose que les athéniens pouvoient faire, & qu'ils ne firent pas, & qui eût mieux attaqué le pédérastime que le tribunal des *gynecocosmes*, c'eût été d'élever les jeunes filles dans tous les arts qui peuvent plaire & séduire. Mais bien loin de cela, elles n'avoient aucun des talens des hommes & des courtisanes. La musique, la danse, l'esprit de société, la peinture, les beaux arts étoient presqu'exclusivement l'apanage de ceux-ci; ensorte que rien n'étoit moins séduisant qu'une matrone grecque devant une Laïs, une Phriné, un jeune athénien, ou une esclave de Circassie. *V.* Femme, Amour, Pédérastie.

H.

HALLE, s. f. Place publique, destinée à tenir les marchés des denrées nécessaires à la vie & au commerce.

La police des *halles* appartient aux municipalités.

Nous ne parlerons ici que des *halles* de Paris: elles datent du douzième siècle. Philippe-Auguste transféra en 1193, dans le quartier des *halles*, les foires qui se tenoient dans les fauxbourgs S. Denis & S. Martin.

En 1550, Henri II ordonna que les *halles* seroient rebâties.

Ces *halles*, jusqu'à la fin du dernier siècle, servoient à toutes les denrées: depuis, on a placé plusieurs *halles* dans d'autres quartiers. Voici les principales *halles* de Paris:

Les piliers des *halles*; l'hôtel de Soissons, ou la *halle* aux grains; la *halle* aux vins; la *halle* aux veaux; la *halle* aux draps; la *halle* aux toiles, mousselines, siamoises, &c.; la *halle* à la saline; la *halle* aux cuirs, appellée *le Fief d'Alby*; le parquet de la marée; la *halle* au beurre; la *halle* à la chandelle; la *halle* au chanvre, filasse & cordes à puits; la *halle* à la chair de porc frais & salé; la *halle* du poisson d'eau douce; la *halle* du Pilori; enfin, la *halle* aux poirées, ou des jardiniers, bouquetières & herboristes.

Chacune de ces *halles* a ses réglemens particuliers, qui constituent sa police. Nous commencerons par la *halle neuve*, où l'on vend les grains, les farines & les menus grains.

Halle neuve.

Cette *halle* est destinée à la vente des farines, bleds, menus grains, orge, avoine & seigle.

Les farines occupent en entier le dessous des arcades; les bleds & menus grains sont placés au milieu de la *halle*, sous la coupole; les orges, avoines & seigles sont mis dans les greniers.

Une déclaration du roi, du mois d'août 1755, a ordonné la construction de la *halle neuve* dans l'endroit où elle existe actuellement.

Le service de la *halle neuve* se fait de la manière suivante:

Six facteurs, qui sont obligés de donner une caution de 50000 liv., font la vente des farines; leur droit de commission est fixé à 1 liv. 2 s. 6 d. par chaque sac. Au moyen de cette rétribution, ces facteurs sont garans du prix de la vente qu'ils font aux boulangers. Le marché des farines se tient tous les jours, depuis deux heures après midi, jusqu'à cinq heures du soir; ce marché a même lieu les jours de fêtes, lorsqu'elles arrivent le mercredi ou le samedi: les fêtes annuelles & celles de Vierge, sont cependant exceptées; le marché ne se tient pas.

Les réglemens assujettissent les facteurs à déclarer au bureau, placé dans l'intérieur de la *halle*, les quantités vendues aux boulangers. Cette déclaration se fait pendant les heures de la vente, en présence du boulanger.

On insére exactement dans cette déclaration les quantités de sacs vendus à chaque boulanger, leur prix, le nom du marchand à qui appartiennent les farines, celui du boulanger, & sa demeure.

Le régistre, qui contient ces renseignemens, est essentiel, non-seulement pour assurer la quantité des farines vendues, & pour connoître ceux à qui elles appartiennent, mais encore pour constater la date & le prix de la vente.

Les facteurs sont également obligés de déclarer, chaque jour de vente, les quantités de farines qui sont arrivées à la *halle*.

C'est d'après ces deux régistres, qu'on forme tous les jours un état de la quantité des farines qui restent dans la *halle*. La municipalité chargée de la police a, chaque jour, une copie de cet état. Si elle apperçoit que la disette s'annonce, elle donne des ordres pour l'approvisionnement de la *halle*, & l'on y transporte, des dépôts voisins de la capitale, les quantités de farines qu'on y conserve pour les besoins urgens.

Les facteurs sont encore obligés de remettre, chaque jour, au bureau une feuille, sur laquelle ils inscrivent particulièrement les quantités de sacs de farine, arrivés & vendus d'un marché à l'autre, le nom des marchands à qui ils appartiennent, & leur prix, avec l'état des sommes qu'ils ont payées, soit pour solde, soit à-compte, aux marchands.

Ces feuilles servent à tenir un compte ouvert entre les facteurs & les marchands. Ces derniers peuvent vérifier leur état de situation, toutes les fois qu'ils le jugent à propos.

Cette police utile, qui prescrit les obligations des facteurs, a pour base un arrêt de réglement du 19 juin 1779.

La rentrée des sacs vides étoit un objet bien essentiel. On tient un régistre particulier, qui contient les quantités de sacs que chaque boulanger doit rapporter, & les noms des marchands à qui ils appartiennent. Un arrêt du parlement du 4 juin 1761, & deux ordonnances de police, du 27 juillet 1764 & du 21 novembre 1777, enjoignent aux boulangers, pâtissiers, & à tous ceux qui achètent des farines, de rapporter au bureau de la *halle* les sacs vides dans un mois, sous peine d'être contraints à payer la somme de trois livres pour la valeur de chaque sac, & d'être condamnés à cinquante livres d'amende.

Malgré les condamnations fréquentes prononcées contre les boulangers qui négligeoient de rapporter les sacs, comme il étoit impossible de les contraindre à exécuter cette obligation, on a pris le parti de charger un commis d'aller chercher, avec une voiture, les sacs vides. Depuis cet établissement, les sacs vides sont rapportés exactement, & il n'en coûte aux marchands que six deniers par chaque sac.

Outre les six facteurs dont je viens de parler, il y en a neuf autres qui sont chargés de vendre la farine en détail.

Tous ces facteurs sont à la nomination de la municipalité.

Les uns & les autres sont également obligés de se trouver à la *halle* tous les jours, pendant la durée du marché.

Les neuf facteurs chargés de la vente de la farine en détail, sont placés dans les travées du rez-de-chaussée de la *halle*.

Leur établissement, qui est très-ancien, a eu pour motif de procurer aux pauvres boulangers la faculté de n'acheter qu'un demi-sac, & au public, celle de se procurer de la farine au boisseau.

Quinze facteurs sont chargés de la vente du bled & des menus grains, qui consistent en pois secs, haricots, lentilles, vesses, millet, & graine de moutarde. Cette vente se fait sous la coupole. La plus petite mesure dont on se sert pour cette vente, est le boisseau.

Le droit des facteurs est de dix sols par setier. Une bande de vingt-quatre forts fait le service de l'entrée & de la sortie du bled & des menus grains, dont le marché se tient tous les mercredis & les samedis, depuis dix heures du matin jusqu'à cinq heures du soir.

Les mêmes jours on tient le marché de l'orge, de l'avoine & du seigle, qui sont placés dans la partie élevée de la *halle*, qu'on appelle *le grenier*.

Ces grains ne se vendent point en détail; le boisseau est la plus petite mesure. Quarante *forts* sont employés à l'entrée & à la sortie de ces grains, & quarante femmes (qu'on appelle *jaleuses*) sont chargées de mesurer les grains vendus.

La discipline la plus exacte est observée dans toutes les parties qui constituent la police de la *halle-neuve*.

Halle aux vins.

Cette *halle* est située au-delà de la porte Saint-Bernard. Elle a plusieurs portes. Celle qui donne dans la rue des Fossés-Saint-Bernard, est destinée pour la sortie des vins qui sont vendus dans Paris, par les marchands forains. La porte qui donne sur le port, sert pour faire entrer & *encaver* les vins destinés pour l'approvisionnement de la capitale.

L'Hôpital-général est propriétaire de cette *halle*. Les greniers servent à l'approvisionnement des grains des hôpitaux, qui sont soumis à l'administration de l'hôpital-général. Voici les différentes lois qui concernent cette *halle*.

C'est pour y enmagasiner les vins des marchands forains, tant par eau que par terre, que l'établissement de la *halle* aux vins s'est fait en vertu des lettres-patentes du mois de mai 1656.

En 1662, l'hôpital-général est devenu donataire de la moitié du droit de la *halle* au vin.

En 1665, le 4 février, le greffier de l'hôtel-de-ville de Paris, fit cession du droit d'étapes & des soles de l'hôtel-de-ville, à MM. les directeurs de l'hôpital-général, par acte passé devant notaires, & homologué par arrêt du parlement du 6 juillet, 1665.

Par un arrêt du conseil, & des lettres-patentes du 2 septembre 1755, la commutation des droits de l'étape en grève, a été faite en un droit fixe d'un sol par muid de vins, aux entrées de Paris.

Une ordonnance du 11 septembre 1704, fait défense de jouer à aucun jeu les dimanches & fêtes dans l'enclos de la *halle* aux vins.

Un arrêt du conseil & des lettres-patentes, des 20 janvier & 25 février 1756, qui ont ordonné le payement d'un sol par muid de vin, par les marchands de vins & autres sujets aux droits de l'étape, à compter du 8 octobre 1748, enjoignent aux marchands de vins privilégiés & non-privilégiés, & à tous autres faisant commerce de ladite marchandise, de faire conduire & mettre à l'étape en grève de cette ville, le tiers des vins & cidres qu'ils qu'ils feroient arriver en cette dite ville, tant par eau que par terre, pour y être vendus en gros depuis sept heures du matin jusqu'à midi, & depuis deux heures de relevée, jusqu'à 6 heures du soir, lesquels seront marqués de leur marque. Enjoignent pareillement auxdits marchands d'y venir les reconnoître pour les vendre, & leur font défenses de faire enlever lesdits vins sous des noms supposés, à peine de quinze cents livres d'amende, dont le tiers appartiendra au dénonciateur, ou aux anciens officiers vendeurs de vin, en cas de dénonciation, auxquels il est enjoint de tenir la main à l'exécution des présentes, qui seront publiées, affichées & exécutées nonobstant oppositions ou appellations quelconques, & sans préjudice d'icelles.

Un arrêt du 7 septembre 1748, rendu en faveur de l'hôpital-général, fixe la police qui doit s'observer à l'occasion des vins qui arrivent sur les ports & *halle* de cette ville, & porte qu'à l'arrivée de chaque bateau, les voituriers seront tenus de représenter leurs lettres de voiture au receveur des droits de la *halle aux vins*, pour être visées; de faire leurs déclarations par noms, surnoms, qualités & demeures de ceux à qui appartiennent les vins chargés dans lesdits bateaux, & que ceux destinés pour la *halle* aux vins, seront déchargés au port d'icelle dans les vingt-quatre heures que les bateaux auront été mis au port, sans pouvoir être déchargés ailleurs ni dans les ports voisins, pour ensuite être roulés dans les trois jours au plus tard, dans ladite *halle*, & engerbés sous les soles d'icelle. Ordonne pareillement que dans le cas où il se trouveroit dans les bateaux des parties de vins non destinées pour ladite *halle*, les propriétaires & préposés à leur conduite, seront tenus de les enlever de dessus le port de la *halle*, dans trois jours au plus tard, à compter de la décharge desdits vins, pour être conduites à leur destination, ou à l'étape, ou autres endroits destinés pour la vente des vins, sinon, & faute par eux de le faire dans ledit temps, & icelui passé, ordonne que tous lesdits vins, indistinctement, étant sur ledit port, seront réputés destinés pour ladite *halle* aux vins, où ils seront conduits en vertu du présent arrêt, sans qu'il soit besoin d'aucune sommation, & ce, aux frais, dépens & aux risques des propriétaires, pour y demeurer en dépôt, à la garde du concierge de ladite *halle*, jusqu'au payement desdits frais & des droits, le tout à peine de cent livres d'amende contre chaque propriétaire, applicable au profit des pauvres de l'hôpital-général; enjoint aux officiers chargés de remonter les bateaux, de les tirer dudit port, & de le rendre libre immédiatement après leur décharge, à peine de cinquante livres d'amende, applicable pareillement au profit desdits pauvres de l'hôpital; fait défenses aux voituriers dont les bateaux ne seront pas chargés de vins pour ladite *halle*, aux marchands de bois & à tous autres, d'embarrasser ni occuper l'étendue dudit port par leurs bateaux & trains de bois, à peine de cent livres d'amende par chaque contravention, applicable comme celle ci-dessus. Enjoint aussi à l'inspecteur des ports, & aux huissiers-commissaires de police de tenir la main à l'exécution du présent arrêt, & de dresser des procès-verbaux des contraventions qui y seront commises, & aux gardes de jour & de nuit, de les assister & de leur prêter aide, assistance & main-forte à la première réquisition qui leur en sera faite.

Halle aux veaux.

Cette *halle*, qui étoit située sur le quai des Ormes, a été transférée sur le terrein des Bernardins, par des lettres-patentes du mois d'août 1772.

Le 28 mars 1774, elle a été ouverte, en vertu d'une ordonnance du 8 du même mois.

Cette *halle*, qui est isolée & couverte, est environnée de quatre rues.

L'ordonnance qui a prescrit les règles de police qui doivent s'observer dans ce marché, contient les dispositions suivantes:

Art. I. Que ledit marché, les jours qu'il doit être tenu, ouvrira, savoir, pendant les mois de juin, juillet, août, à huit heures du matin, & dans les autres mois de l'année, à neuf heures aussi du matin, sans que lesdites heures puissent être changées sous aucun prétexte; faisons défenses à toutes personnes de vendre & acheter des veaux avant lesdites heures, & que l'ouverture dudit marché ait été annoncée au son de la cloche, qui sera placée pour cet effet à ladite *halle*.

II. Ordonnons que ledit marché finira chaque jour, depuis Pâques jusqu'à la S. Remi, à une heure après midi, & le reste de l'année à deux heures; à l'effet de quoi le renvoi sera annoncé au son de ladite cloche, auxdites heures, passé lesquelles il ne sera plus fait aucune vente audit marché.

III. Seront les marchands forains, & autres fournissant ledit marché, tenus d'y amener incessamment & directement les veaux qu'ils auront à vendre, sans pouvoir les exposer ni en faire aucune vente sur l'ancien marché, ni autres endroits de cette ville dans les faubourgs & banlieue, ni les décharger en arrivant chez les bouchers ou ailleurs, ni pouvoir en faire aucun entrepôt sur les routes; défendons aux bouchers d'aller à leur rencontre, ni d'en acheter aucun avant leur arrivée audit marché; le tout à peine de confiscation des veaux, chevaux & voitures, & de cinq cents livres d'amende contre chacun des contrevenans, même de plus grande peine, s'il y échoit.

IV. Défendons expressément aux marchands forains d'apporter & exposer en vente, & aux bouchers d'acheter & tuer des veaux au-dessous de l'âge de dix semaines, à peine de saisie & confiscation de la marchandise, & de trois cents livres d'amende pour chaque contravention.

V. Enjoignons aux syndic & jurés en charge de la communauté des bouchers, de veiller exactement à l'exécution de l'article ci-dessus, de faire saisir les veaux au-dessous dudit âge de dix semaines, de donner avis, sur le champ, des contraventions au commissaire chargé de la police de ladite *halle*, pour nous en être, par lui, fait son rapport à l'audience de police, & être statué par nous ce qu'il appartiendra, sous peine, faute par lesdits syndic & jurés qui auront négligé de faire les diligences nécessaires pour constater lesdites contraventions, d'en répondre en leur propre & privé nom.

VI. Seront tenus les marchands forains d'amener les veaux jusqu'audit marché dans des voitures garnies de lits de paille suffisans pour que les veaux ne puissent être meurtris, ni souffrir dans leur transport audit marché; le tout sous peine de vingt livres d'amende contre chaque contrevenant.

VII. Il sera payé aux propriétaires, entrepreneurs dudit marché, conformément auxdites lettres-patentes, douze sous par veau qui sera vendu, tant pour le droit de ladite *halle*, que pour tous les frais de débardage, litière, abreuvage, lotissage, bannes, & autres relatifs à l'exposition des veaux & au service dudit marché, sans qu'il puisse être exigé par lesdits entrepreneurs, ou leur préposés, aucune autre rétribution ou salaire, de quelque espèce & en quelque manière que ce soit, pour droits & frais dudit marché.

VIII. Les veaux qui n'auront pu être vendus le premier jour de marché où ils auront été exposés, seront remis aux préposés des entrepreneurs dudit nouveau marché, qui s'en chargeront pour être conservés & nourris jusqu'au jour du marché suivant; pour la garde & nourriture desquels il sera payé par les propriétaires desdits veaux, auxdits entrepreneurs, cinq sous par jour, par tête de veau, aussi conformément auxdites lettres-patentes.

IX. Défendons très-expressément auxdits préposés, débardeurs, & autres gens de peine employés par les entrepreneurs au service dudit marché, de recevoir des marchands forains & bouchers aucune chose, même à titre de pour-boire ou autrement, sous peine de prison & de punition exemplaire.

X. Faisons défenses à tous particuliers, gagne-deniers & autres, de quelque qualité & condition qu'ils soient, qui ne seront point employés par lesdits entrepreneurs, de s'entremettre en aucune manière, même gratuitement, sous aucun prétexte, à rien qui puisse concerner le service dudit marché, à peine de dix livres d'amende contre chaque contrevenant, & même de prison, s'il y échoit.

XI. Défendons pareillement aux marchands bouchers, à leurs garçons & domestiques, & à tous autres conduisant leurs voitures, comme aussi aux marchands forains & à leurs charretiers, de former aucun embarras avec leurs voitures dans ledit marché, sur le quai, rues adjacentes & autres rues de Paris, de faire courir lesdites voitures, & de les conduire autrement qu'eux étant à pied; leur enjoignons d'entrer dans ledit marché par le quai des Miramionnes, & d'en sortir par le cloître des Bernardins, & ce jusqu'à ce qu'il en soit autrement ordonné; leur faisons en outre défenses, ainsi qu'à tous autres, de faire ni causer aucun trouble dans ledit marché, d'en emporter ou détourner les pailles, ni insulter qui que ce soit, notamment les commis & autres préposés pour le service dudit marché; faisons aussi défenses auxdits bouchers d'y mener leurs chiens; le tout sous peine de cinquante livres d'amende, dont les pères & mères, maîtres & maîtresses, seront responsables pour leurs enfans & domestiques; pourront les chevaux & voitures desdits contrevenans, être arrêtés & mis en fourrière, & les contrevenans emprisonnés sur le champ.

Halle aux Draps & aux Toiles.

Voici les principales règles de police qui concernent cette *halle*.

La partie de la draperie & de la soierie est régie par les gardes de la draperie & de la mercerie, qui font percevoir à la *halle* les droits qui se prélèvent sur ces marchandises avant de les envoyer chez les marchands, & en versent le produit dans la caisse du trésorier chargé de cette recette.

Cette régie a été rendue aux gardes, par arrêt du conseil du 4 janvier 1777.

La partie des toiles est réunie à la ferme générale. Un inspecteur-général est chargé de la perception des droits & de la visite des marchandises.

Six commissaires, qui sont placés dans la partie haute de la *halle*, sont chargés de vendre la draperie aux Marchands de Paris en gros & en détail.

Les marchandises de soie se tirent directement des manufactures par les marchands; & elles ne passent à la *halle* que pour y payer les droits.

Les fabricans de toiles vendent eux-mêmes leurs marchandises, & cette vente se fait dans une des parties de la *halle-basse*.

Les employés de la régie de la draperie & soierie sont nommés par les gardes régisseurs, qui nomment encore huit forts qui font le fervice de cette régie.

Les employés de la *halle* aux toiles font nommés par les fermiers-généraux. Huit forts, qui font chargés du fervice de cette *halle*, font choifis par l'infpecteur.

Un arrêt du confeil d'état du roi, du 2 février 1780, contenant réglement pour le commerce des toiles à la *halle* de Paris, porte :

Art. I. Que la *halle* aux toiles fera ouverte tous les jours ouvrables de l'année ; favoir, pendant les mois de janvier, février, novembre, décembre, depuis neuf heures du matin jufqu'à deux heures ; pendant les mois de mars, avril, feptembre & octobre, depuis huit heures du matin jufqu'à une heure, & depuis trois heures jufqu'à cinq ; & pendant les mois de mai, juin, juillet, août, depuis huit heures du matin jufqu'à une heure, & depuis trois heures jufqu'à fix ; auxquelles heures l'infpecteur-général des *halles*, & les fyndiques-lingères, feront tenus de s'y trouver régulièrement, à l'effet d'y vifiter & faire auner les toiles & toileries qui y feront apportées, & d'y exercer, par lefdites fyndiques-lingères & ledit infpecteur, toutes les fonctions attachées à leurs places.

II. Que toutes les toiles qui feront apportées fous la *halle*, pour y être vendues par les marchands forains, feront marquées en tête, & en gros caractères, du nom du marchand forain à qui elles appartiendront, & elles ne pourront être expofées en vente, qu'après que ladite marque y aura été appofée ; les ballots contenant lefdites toiles feront pareillement marqués du nom du propriétaire, & ils ne pourront être compofés que de fix pièces de toiles de deux tiers, & de quatre pièces de toiles des autres largeurs ; fait fa majefté défenfes aux marchands forains de former des ballots plus confidérables, même pour les marchandifes qui feront remballées, à peine de vingt livres d'amende, & de confifcation defdits ballots en cas de récidive.

III. Que chaque marchand forain qui fe préfentera à la *halle* pour y faire le commerce de toiles, fera tenu de juftifier de fa qualité & du lieu de fon domicile, à l'infpecteur de ladite *halle*, lequel fe chargera de lui obtenir, s'il y a lieu, la permiffion requife du fieur lieutenant-général de police ; & de déclarer audit infpecteur la quantité des pièces de marchandifes qu'il déballera, ainfi que de celles qu'il remballera ; qu'il fera tenu pareillement de repréfenter aux fyndiques-lingères la permiffion qu'il aura obtenue.

IV. Que fa majefté fait très-expreffes défenfes & inhibitions à tous marchands forains de fe céder ou vendre des toiles les uns aux autres, fous ladite *halle*, à peine de confifcation defdites toiles, & de cent livres d'amende contre chacun des contrevenans.

V. Que feront tenus les forts ou gens de peine travaillant fous la *halle* aux toiles, de fe trouver régulièrement fous ladite *halle*, avant & durant les heures prefcrites par l'article premier ci-deffus, pour la tenue de ladite *halle* ; de commencer par nettoyer la *halle* tous les matins, & de l'entretenir dans la plus grande propreté ; de déballer & remballer les balles & ballots de toiles & toileries, lorfqu'ils en feront requis par ceux auxquels ils appartiennent ; & lorfqu'ils les tranfporteront chez les marchands ou particuliers, de couvrir leurs voitures ou crochets d'une toile cirée, qui puiffe mettre les marchandifes qui leur feront confiées à l'abri des injures du temps, fans que pour raifon defdits emballages, fourniture de toiles cirées, ports de balles & ballots, & autres travaux, ils puiffent prétendre autres & plus forts falaires que ceux qui ont été fixés par le tarif arrêté par le fieur lieutenant-général de police, le 9 août 1776 : que fa majefté veut que lefdits forts & gens de peine foient fubordonnés pour tout ce qui concerne la tenue de ladite *halle* & le fervice du public, à l'infpecteur-général de ladite *halle*, dont ils feront tenus d'exécuter les ordres relatifs à leur fervice, à peine d'être renvoyés de ladite *halle*, de prifon, & de plus grande peine, s'il y échoit.

V. Que les marchands forains qui font le commerce des toiles de Louviers, Lifieux, Bernay & Vimoutiers, pourront continuer à apporter leurs toiles à la *halle*, de quinzaine en quinzaine, les jours de marchés indiqués par un tableau qui fera formé & arrêté au commencement de chaque année par le fieur lieutenant-général de police ; que fa majefté veut qu'ils foient tenus de remballer, le dernier jour de chaque marché, les toiles des fabriques ci-deffus défignées, & autres de pareilles efpèces & qualités, n'entendant fa majefté, que lefdites toiles puiffent être vendues fous ladite *halle*, d'autres jours que lefdits jours de marchés indiqués.

Halle aux Cuirs.

Cette *halle*, qui a été nouvellement conftruite, eft fituée rue Mauconfeil, fur le terrein de l'ancienne comédie italienne.

Le marché pour la vente des cuirs fe tient tous les jours depuis huit heures du matin jufqu'à onze, & depuis deux heures jufqu'à cinq en hiver, & à fix en été.

Les marchands corroyeurs, peauffiers, cordonniers, & autres qui font ufage du cuir, font admis au *lotiffage* de cette marchandife. La vente s'en fait tant par les tanneurs de province que par des commiffionnaires.

Dix *forts* font chargés du fervice de cette *halle* ;

ils sont à la nomination du régisseur-général qui a ce département.

Outre ces *forts*, il y a trois *lotisseurs*, qui sont nommés par la communauté des maîtres cordonniers, & qui sont chargés de mettre les cuirs en lots pour être vendus. Leur droit, qui est de cinq sous par douzaine de peaux, se paye par le vendeur.

Halle au Beurre & aux Œufs.

Les beurres & œufs s'apportent sur le carreau du Pilori, & s'y vendent les jours de leur arrivée, pendant les heures du marché, c'est-à-dire, depuis huit heures du matin jusqu'à midi, & depuis deux heures jusqu'à six.

Les beurres de Gournay & d'Isigny, qui sont ceux de la première qualité, se vendent le jeudi matin de chaque semaine, & la livraison ne s'en fait, ainsi que des œufs, qu'après que le prix en a été fait & arrêté par les syndic & adjoints, & six anciens maîtres de la communauté des fruitiers, de concert avec le commissaire des *halles*. Une ordonnance de police, du 9 mai 1777, a prescrit cette discipline.

Lorsque le prix du beurre & des œufs est une fois fait avec un des forains, les autres sont obligés de s'y soumettre.

Quatre facteurs, qui sont nommés par le magistrat de la police, sont chargés de vendre les marchandises des forains qui ne viennent point en personne à la *halle*.

Le beurre de Gournay arrive toute l'année, & celui d'Isigny depuis la fin de septembre jusqu'après la semaine des Rogations, quelquefois plus tard, lorsque la saison le permet.

On apporte encore sur le carreau de la *halle*, les pois & haricots verts en *cosse*.

Le service se fait, savoir, pour la partie des beurres & des œufs, par une bande de forts de trente-trois hommes, & pour la partie des pois & haricots, par une autre bande de cent-deux hommes, qui servent la moitié un jour, & l'autre moitié l'autre.

Une ordonnance de police, du 30 septembre 1777, fixe leurs salaires.

Un arrêt du parlement, du 27 novembre 1786, qui a ordonné qu'une ordonnance rendue par le lieutenant-général de police de la ville de Paris, concernant le lotissement du beurre & des autres marchandises foraines qui sont apportées sur le carreau de la *halle*, sera exécutée selon sa forme & teneur, porte :

Que les fruitiers-orangers seront tenus de laisser sur le carreau le tiers des marchandises arrivées pour leur compte, afin d'être loties entre les autres maîtres; leur défendons d'enlever les deux autres tiers avant le prix & le lotissement faits de toutes les autres marchandises foraines; le tout à peine de trois cents livres d'amende, & de saisie & confiscation des marchandises.

Mandons aux commissaires du châtelet, & enjoignons aux officiers de police, même aux commis des fermes, de tenir la main à notre présente ordonnance, laquelle sera exécutée, après néanmoins qu'elle aura été homologuée en la cour, à l'effet de quoi le procureur du roi se pourvoira, imprimée, lue, publiée & affichée par-tout où besoin sera, notamment aux *halles* & marchés de cette ville, à ce que personne n'en ignore, même inscrite sur le régistre des délibérations de la communauté des fruitiers.

HARAS, s. m. C'est le nom que porte un établissement destiné à la multiplication & l'amélioration des chevaux.

Les *haras* ont été formés pour l'utilité & l'avantage du commerce des chevaux. Ces établissemens ont été mis d'abord sous la protection directe du contrôleur-général des finances, & la direction des intendans.

M. le marquis de Voyer, qui a gouverné, en France, le département des *haras*, jusqu'en 1764, avec toutes les connoissances nécessaires pour ce genre d'administration, a passé pour avoir dépensé des sommes considérables dans cette partie. Cependant il n'avoit à sa disposition que 75,000 livres sur le trésor royal, & 25,000 livres qu'il retiroit du *haras* de Saralbe. Ces deux sommes étoient trop peu considérables pour un royaume comme la France; & avec un tel secours, il n'étoit pas possible de répondre aux désirs du gouvernement.

Après la paix de 1762, on sentit le désavantage de n'avoir pas de chevaux en France, & on augmenta les fonds destinés à cette partie, en 1764. Les provinces frontières furent gouvernées par le ministre de la guerre : mais le duc de Choiseul, trop occupé des départemens de la marine & de la guerre, laissa, comme ses successeurs, les détails de cette partie aux intendans. Vingt généralités formèrent le département de M. Bertin, qui fut administré par les divers intendans des provinces. Ceux-ci ne se firent pas une occupation sérieuse de cet objet; la plupart d'entr'eux n'avoient aucune connoissance des chevaux, & ils ne pouvoient par conséquent pas choisir les moyens nécessaires pour perfectionner les *haras*. Le résultat des dépenses mal dirigées n'a pas répondu aux espérances que l'on avoit conçues. Les généralités de Rouen, Caen, Alençon, Limoges & Riom, furent réunies à la charge du grand-écuyer, & dirigées par MM. de Briges & de Tourdonnet. Presque tous les intendans de ces généralités, fâchés de perdre le gouvernement de cette partie d'administration, firent tous leurs efforts pour en contrarier les progrès. Malgré ces contrariétés, les grandes connoissances de ces deux administrateurs ont obtenu des succès. La Normandie a fourni les remontes de la maison du roi, & une partie de celles de la gendarmerie, des dragons & de la cavalerie : on en a tiré de superbes chevaux de carosse pour Paris, & des chevaux d'officiers.

Les *haras* étoient presque anéantis dans l'Auvergne & dans le Limousin ; il n'y avoit ni étalon ni jument présentables. Il a fallu vingt ans pour compléter progressivement le nombre de deux cents étalons en état de faire un service utile. Il a été nécessaire d'arriver à la troisième génération, pour obtenir de bonnes jumens avec la descendance des mauvaises bêtes qui étoient restées dans le pays ; & ce fut précisément au moment où ces provinces & le royaume étoient dans le cas de retirer quelque fruit de vingt-cinq années de dépenses & de soins, que la légéreté françoise détruisit un édifice qu'il falloit perfectionner, corriger, & non détruire tout-à-coup.

Aujourd'hui les *haras* ont été supprimés, & le soin d'améliorer l'espèce des chevaux, confié aux départemens : c'est dire que personne ne s'en occupera, à moins que quelque compagnie de riches particuliers ne s'en charge & n'établisse des *haras* à leur compte, dans les diverses provinces du royaume. Mais avant ce tems, le commerce en aura tiré de l'étranger ; & l'habitude une fois prise à cet égard, il sera difficile à des compagnistes françois de soutenir la concurrence étrangère.

Au reste, le régime des *haras* étoit vraiment ridicule ; on auroit pu le changer, l'améliorer, & ne pas perdre en un jour le fruit de quarante années de travaux & de dépenses assez considérables ; mais voilà comme on agit en France ; & ce n'est pas seulement le ministère qui est frappé de cette maladie, c'est la nation elle même ; puisqu'aujourd'hui une grande partie applaudit aux destructions imprudentes, aux changemens peu motivés que l'on ne cesse de faire chaque jour.

HARENG, s. m. Poisson de mer, dont le commerce & le débit sont sujets à certains réglemens de police.

Le *hareng* ne se pêche qu'en certains endroits. Les mers d'Angleterre, d'Ecosse, d'Irlande, d'Allemagne, de Danemarck & de Norwège, en fournissent abondamment ; il s'en trouve peu ailleurs : c'est de-là que l'usage a introduit de nommer une partie de la mer d'Allemagne, *haringsea*, mer des harengs. Ce *poisson* étoit inconnu à l'antiquité grecque & romaine ; on ne le trouve dans aucun auteur de l'une ni de l'autre de ces langues ; c'est une erreur manifeste de prétendre, comme quelques-uns ont fait, que c'est le véritable *halex* des latins : ce nom ne signifioit autre chose qu'une espèce de sauce ou saumure, composée de certains *poissons* ou de leurs entrailles seulement, que l'on nommoit aussi *garum*, qui étoit fort estimé des anciens.

La pêche des harengs ne se peut bien faire qu'en automne, vers l'équinoxe. Ces *poissons* vont par troupe, ce qui en facilite la pêche ; l'on se sert, pour cela, de fort grands filets, & l'on en prend quelquefois une si prodigieuse quantité, que les filets en rompent, ou que l'on a peine à les tirer hors de la mer. Les harengs aiment la lumière, & en quelque lieu qu'ils en découvrent, ils s'y rendent en grand nombre : c'est aussi un artifice dont les pêcheurs se servent souvent pour les attirer dans leurs filets ; & c'est par cette raison que la pêche s'en fait ordinairement la nuit.

Cet attrait pour la lumière peut venir d'une cause fort naturelle à ces *poissons* ; ils reluisent eux-mêmes pendant la nuit avec tant d'éclat, qu'il semble que l'endroit de la mer où ils sont soit tout en feu, principalement lorsqu'ils nagent renversés sur le dos, à fleur d'eau, ce qui leur arrive ordinairement. Les mariniers appellent cette lueur *l'éclair des harengs*, & ils s'en servent bien à propos pour en faciliter la pêche.

Le hareng est néanmoins un poisson de passage, & il faut beaucoup étudier les temps & les lieux, pour en profiter, si l'on veut en faire une pêche abondante. Aussi l'église a permis de s'appliquer à cette pêche les dimanches & les fêtes, par une décrétale d'Alexandre III, de l'an 1160, adressée aux prélats d'Allemagne, qui en faisoient difficulté.

Il s'en débite de trois sortes ; de frais, que l'on nomme *hareng blanc* ; de sec ou fumé, que l'on nomme *hareng saur* ou *saurets*, & du salé. Le hareng frais est de chair molle, grasse, tendre, se digère facilement, & produit un bon suc ; le salé a beaucoup perdu de ces bonnes qualités, il est difficile à digérer, échauffe beaucoup, excite la soif, & rend les humeurs âcres & picotantes. Le saurer est encore plus sec, plus dur, plus difficile à digérer ; c'est un mauvais aliment ; & si l'on en use, ce doit être avec la dernière modération. Il ne s'agit ici que du hareng frais ; tout ce qui concerne les autres espèces est compris sous l'article des *poissons* secs & salés.

Selon l'opinion commune, l'usage de saler le hareng dans des caques, pour le conserver & en faciliter le transport, ne fut perfectionné en Europe que par un flamand de Bierylier, nommé Guillaume Bukelds, qui mourut l'an 1347 ; ainsi l'époque de la salaison du hareng, telle qu'elle s'observe aujourd'hui en France & chez nos voisins, peut être bien certainement fixée au commencement ou vers le milieu du quatorzième siècle.

Charles-Quint passant avec la reine de Hongrie sa sœur à Biervliet, voulut visiter la sépulture de Bukelds; & pour honorer la mémoire d'un homme qui avoit procuré un si grand bien à sa patrie, ce prince lui fit ériger un tombeau magnifique.

Les hollandois qui habitent les lieux où cette découverte de Bukelds fut faite, ou qui en sont les plus proches voisins, ont été aussi les premiers qui ont su en profiter. Leur histoire nous apprend que, tant qu'ils furent sous la domination d'une autre puissance, ils s'appliquerent très-peu à la pêche & au commerce de long cours; le produit de leurs bestiaux & de leurs manufactures faisoit alors leur principale occupation. Un auteur anglois observe qu'ayant le règne de la reine Elisabeth, les hollandois avoient un si petit nombre de bâtimens sur mer, que pour le peu de navigation qu'ils faisoient, ils étoient obligés d'en emprunter de Hambourg, de Lubeck, de Dantzick, de Gènes & de Venise; mais à peine leur république fut-elle formée, qu'ils s'en pourvurent d'un nombre suffisant; & selon With, ce fut d'abord pour augmenter leur pêche de hareng: ce sage politique, si renommé parmi eux, ne fait pas de difficulté de dire que cette entreprise a été le préliminaire ou le fondement de tout ce grand commerce, qui les a depuis rendus si puissans.

Metteren assure que, l'an 1601, il sortit de Hollande, en trois jours, quinze cents barques, pour aller à la pêche du hareng. Valter Kalig a remarqué qu'en 1609, cette pêche se trouva considérablement augmentée, que les états y employèrent jusqu'à trois mille bâtiments montés de cinq mille hommes; & un hollandois qui écrivoit par l'ordre de M. de With, en 1667, rapporte que la seule province de Hollande y envoyoit tous les ans plus de mille buisses, & plus de cent-soixante autres bâtimens plus petits.

Ces bâtimens hollandois, pour la pêche du hareng, partent ordinairement des ports de Dort, de Roterdam, de Delft, de Siedam & de Maeslausluis, & en plus grand nombre de Hanchusen.

Ils vont, pour cette pêche, sur les côtes d'Angleterre, depuis la fin de juin jusqu'à la fin de novembre, en changeant de lieux, & suivant, pour ainsi dire, à la piste ces petits voyageurs aquatiques, qui sont dans un continuel mouvement. Ainsi depuis la St. Jean jusqu'à l'exaltation de Ste. Croix, les pêcheurs tendent leurs filets aux environs de Hisbar, de Pharil & de Boknes; & depuis cette fête jusqu'à celle de Ste. Catherine, ils font leur pêche à Dielwater, & vers l'est de Jarmviden.

Le bourgeois ou marchand hollandois qui envoie à la pêche, ne fournit que le vaisseau ou bâtiment, les barils pour mettre les harengs, & le sel pour les saler. Les pêcheurs se fournissent de vivres & de filets; ils n'ont point de gages, mais ils partagent dans le produit de la pêche; le bourgeois ou marchand en a seul la moitié; l'autre moitié appartient à tous les pêcheurs ensemble: ils le subdivisent entr'eux, & chacun y participe à proportion des filets qu'il a fournis. Ainsi, par cette économie, jointe à la frugalité de la nation, une pêche considérable leur coûte peu de dépense; & si elle se trouve onéreuse, la perte qu'ils souffrent n'est pas grande.

Ils envoient beaucoup de harengs salés en France & ailleurs; Paris en tire une partie de ses provisions. Il vient par mer jusqu'à Rouen, par bateau jusqu'à Paris. Tout ce qui regarde ce commerce important est soutenu par les états généraux avec une grande attention. Ils ont sur cela plusieurs ordonnances de police, qu'ils font publier de tems en tems: leurs principales dispositions portent que tous les harengs qui ne sont pas de bonne qualité, doivent être rejettés; que les autres seront salés dans les tems convenables; que le sel soit bon & en quantité suffisante; que les barils où on les met n'aient aucun mauvais goût, ou d'autres défectuosités qui puissent gâter le hareng; enfin ils n'oublient rien de ce qui peut servir à conserver la réputation que cette marchandise, qui part de leur pays, s'est acquise chez les étrangers.

L'Angleterre a aussi sa pêche de harengs; & comme ses propres côtes en fournissent si abondamment que c'est la ressource de tous les autres états voisins, cette pêche se fait avec bien plus de facilité & bien moins de frais qu'ailleurs. Les anglois salent & encaquent le hareng, de même que les hollandois; ils en envoient en France, dont la consommation totale se fait sur les côtes de Bretagne, n'étant pas d'assez bonne qualité pour Paris & les autres endroits du royaume, soit qu'ils gardent le meilleur chez eux, ou qu'ils manquent de quelque chose à la manière de le préparer. Ils en envoient davantage en Espagne & aux pays plus éloignés; & ils sont si jaloux de ce commerce, que, par une de leurs loix, il est expressément défendu de laisser entrer dans leurs ports aucun vaisseau de Hollande ou d'autres pays, chargé de ce *poisson*.

A notre égard, ce sont les habitans de nos côtes de Picardie & de Normandie qui s'appliquent à cette pêche du hareng; ceux de Picardie vont faire cette pêche pendant les mois d'octobre, novembre & décembre, avec les mêmes bâtimens dont ils se sont servis pour celle des maquereaux; ils vont chercher ce *poisson* sur les côtes d'Angleterre; c'est le principal commerce de St. Valery & de Boulogne. Les maire & officiers municipaux de Boulogne font l'adjudication de chaque bâtiment à son retour, & il ne peut être adjugé qu'à ceux qui ont droit de bourgeoisie; cette pêche produit, dans la seule ville de Boulogne, jusqu'à huit cents lets, de douze barils chacun, quand la pêche a été favorable.

Les villes du Havre, de Dieppe, de Honfleur & de beaucoup de petits ports le long des côtes de Normandie, comme Tresport, Veules & Fescamp, nous fournissent aussi plusieurs pêcheurs de harengs, mais la ville de Dieppe plus qu'aucun autre lieu. Ils commencent cette pêche dès le mois d'août, sur les côtes d'Angleterre, au nord proche Gervinc; les seuls Dieppois y envoient ordinairement soixante grands bateaux avec leur sel & des barils, & ils en reviennent à la mi-octobre.

Ces mêmes matelots pêcheurs, au retour de cette même pêche, en commencent une autre de harengs, avec de petits bateaux, qu'ils continuent jusqu'à Noël sur nos côtes, depuis le Havre jusqu'à Boulogne. Le hareng de cette pêche est plus petit, plus maigre & moins bon que celui de Gervinc sur les côtes d'Angleterre; il s'en consomme beaucoup de frais à Rouen & à Paris, & c'est d'où vient tout celui que l'on y voit dans cette saison; il sert aussi à faire du hareng saur, & cette pêche est ordinairement de cent bateaux.

Ce *poisson* de nos pêcheurs nous est amené par mer jusqu'à Rouen, & de Rouen à Paris, par bateau, & ces voitures se font aussi quelquefois par terre, selon le pressant besoin.

Du hareng saur.

C'est une manière de conserver long-tems la chair de ce *poisson* à demi salé, sans se corrompre; la fumée qu'on y emploie, qui en dessèche l'humidité, lui tient lieu d'un supplément de sel; le nom de *saur*, ou comme on le prononce en françois, *sor*, vient de la couleur que la fumée imprime sur ce *poisson*; c'est ainsi que l'on nomme tout ce qui est de couleur de flamme de feu tirant sur le brun, ou d'un gris obscur comme l'airain. Nicot en rapporte l'exemple des chevaux qui ont le poil de cette couleur-là, & que les italiens nomment, par cette raison, *sauro*. Les espagnols leur ont néanmoins donné le nom d'*alezan*, & nous les avons suivis. L'usage a encore donné à ce hareng le nom de *soret*, par corruption pour *sauret*, diminutif de l'italien *sauro*, *soretto*: un savant du dernier siècle prétend que c'est un mot gothique: le hareng, dit-il, *sale & fumo castigatus, à colore soret vocatur in Gallia vocabulo gothico, qui etiam in equino pilo mansit apud Italos subrusseum enim sorum vocant*; il ajoute que cette manière de préparer le hareng par le sel & la fumée, étoit connue des anciens, & qu'ils nommoient leurs harengs ainsi préparés, *calchidias*, à cause de leur couleur d'airain: *Ita conaito pisces ab æris co ore splendido calchidas appellarunt veteres*. Un autre savant est de ce même sentiment: *Haleces partim muriatici, partim etiam soreti, qui in fumario suspensi tandiù perdurunt, donec auri vel potiùs æris colorem contraxerint, unde Galli nostrates voce gothico sorestos eos nuncupant*.

Il vient quelque peu de hareng saur d'Angleterre, dont le total se consomme sur les côtes de Bretagne; il n'en vient point de Hollande.

Celui que les marchands tirent pour Paris, se fait ordinairement à Dieppe, à Boulogne ou à St. Valery; ils les font venir par terre ou par mer jusqu'à Rouen, & de Rouen à Paris par bateau, ou quelquefois par terre, de l'un ou de l'autre de ces lieux-là, selon le besoin que l'on en a.

La police pour le hareng est la même que pour les autres poissons. *Voyez* POISSON.

HOPITAL, s. m. Lieu destiné à recevoir, traiter & secourir les pauvres malades gratuitement.

Le mot *hôpital* vient de *hospitalitas*, hospitalité, parce que les premiers établissemens de ce genre étoient destinés à donner l'hospitalité, & que par suite de tems, on y comprit indistinctement les malades & les pauvres. Il est possible encore de croire que les soins qu'on donne dans les *hôpitaux* étant une sorte d'hospitalité, on leur en a conservé le nom dérivé.

Cependant quoique le nom d'*hôpital* soit indifféremment donné à presque tous les établissemens destinés à recevoir les pauvres pour les secourir, on peut remarquer qu'il y a quelque distinction à faire à cet égard, & que si l'usage ne s'y prête pas ordinairement, l'exactitude demanderoit néanmoins qu'on s'y soumît.

En effet, il y a des hospices, des *hôpitaux* & des hôtels-dieu. Un hospice est un lieu où l'on donne l'hospitalité, comme celui de Ste. Catherine à Paris, pour les pauvres filles domestiques, celui de St. Joseph pour les hommes, &c. Un hôpital est un lieu destiné à soigner les malades d'un certain genre, d'un certain lieu, souvent avec différence de sexe, comme l'hôpital des frères de la Charité de Paris, comme les hôpitaux militaires, celui de l'école de chirurgie, &c. Les hôtels-dieu sont destinés à recevoir tous les malades indistinctement, sans différence de lieu, de pays, de maladie, de sexe & de tems: tel est l'hôtel-dieu de Paris, celui de Lyon, &c.

C'est donc par une mauvaise application qu'on a donné, dans ces derniers tems, le nom d'hospices à des petits établissemens formés, dans Paris, par des personnes charitables ou les habitans des paroisses, tels que celui de madame Necker, celui de M. de Beaujon, celui de St. Jacques du Haut-Pas, &c. Ce sont de petits *hôpitaux*, des hôpitaux particuliers, qui ne reçoivent qu'un certain nombre de malades, avec certaines conditions & recommandations.

Nous réunirons, dans cet article, ces trois genres d'établissemens, & sans trop nous amuser à présenter des projets de réforme ou d'agrandissement dans ce genre d'institutions publiques, nous nous bornerons à faire connoître, d'une manière très-générale, l'histoire des *hôpitaux*; nous donnerons une notice historique de ceux de Paris, & particulièrement l'examen de l'hôtel-dieu, fait par les commissaires que l'académie des sciences nomma en 1786, en vertu des ordres du roi.

Les connoissances positives ou de théorie, que nous n'aurons pas pu réunir ici, se trouveront tout naturellement placées aux mots Mendicité & Pauvres; c'est-là qu'il faudra les aller chercher, & nous y renvoyons nos lecteurs.

Les hôpitaux paroissent être l'ouvrage du christianisme en Europe, dans l'Afrique & dans les parties de l'Asie qui les avoisinent. Avant cette époque, il n'existoit que des maisons publiques, où les voyageurs & les étrangers recevoient l'hospitalité. Les anciens ne connoissoient point la mendicité, & l'esclavage qui existoit chez eux en étoit la principale cause; car les grands propriétaires & les gens riches nourrissoient ceux qui, libres aujourd'hui mais manquant de tout, sont obligés de demander l'aumône.

Une autre cause de la mendicité, parmi les chrétiens, fut l'institution même des hôpitaux qui se sont propagés par elle, & en grande partie pour elle. L'empereur Constantin voulant secourir la foule des malheureux chrétiens qui, sous ses prédécesseurs, avoient été estropiés aux travaux des mines ou par suite de leur détention dans les prisons, ou ceux que le prétexte de leur religion faisoit chasser des atteliers ordinaires des travaux, leur fit construire des hospices ou *hôpitaux* dans les différentes provinces de l'empire; & comme ces établissemens étoient commodes, & que les pauvres y étoient bien nourris, bien soignés, ils en attirèrent un grand nombre, & l'on vit bientôt une foule de fainéans ne faire autre chose que de vivre aux dépens des hôpitaux, & ne pouvoir subsister autrement, par l'habitude qu'ils en contractèrent.

Mais tous ne se rendirent pas aux *hôpitaux*; un très-grand nombre de chrétiens aimèrent mieux courir le pays, en montrant les cicatrices & les marques de leurs chaînes, comme font encore aujourd'hui ce qu'on appelle les esclaves d'Alger, & toute la nation des estropiés ci-devant étendus à la porte des églises, mais aujourd'hui un peu plus rare chez nous, quoique encore très-commune en Espagne.

A l'imitation de ces gens errans, mendiant & souffrant, cependant vivant dans l'oisiveté, qui est l'état que l'homme aime avant tout, de nouvelles générations de pauvres se formèrent, se sont propagées jusqu'à nous. Il a donc fallu aussi multiplier les *hôpitaux* destinés à leur donner secours, soit dans l'état de maladie, soit dans celui d'extrême misère; & c'est ce qui s'est successivement effectué chez tous les peuples, principalement chez les peuples chrétiens.

Dès le quatrième siècle, on en comptoit déjà un grand nombre. Saint Basile se distingua principalement par celui qu'il fit bâtir près de la ville de Césarée, dans un lieu auparavant inhabité. Cet *hôpital* fut depuis l'ornement du pays, & comme une seconde ville; il y avoit des logemens pour toutes les personnes nécessaires au soulagement des pauvres; les médecins, les serviteurs, les porte-faix, les ouvriers en tout genre, & des atteliers pour y exercer leurs métiers. Les terres que l'empereur Valens avoit données à l'église de Césarée, fournissoient une partie des revenus de cet *hôpital*, qui a subsisté longtems sous le nom de Basiliade. Saint Basile y alloit souvent instruire & consoler les pauvres, qui y étoient en grand nombre. On y logeoit les passans; on y retiroit toutes sortes de personnes qui avoient besoin de secours, principalement les malheureux qui étoient attaqués de la lèpre.

On a depuis fondé des *hôpitaux* particuliers pour cette maladie: ils sont connus sous le nom d'*hôpitaux* de St. Lazare, ou de léproseries. Le caractère de malignité contagieuse qu'avoit cette espèce de maladie, étoit si redouté, que les serviteurs, les amis, les parens, abandonnoient ceux qui en étoient attaqués; on les reléguoit dans les léproseries, où ces malheureux vivoient séparés de la société, & y finissoient ordinairement leurs jours, car on n'en guérissoit presque jamais.

Mathieu Pâris a écrit qu'il y avoit de son tems (dans le treizième siècle) dix-neuf mille léproseries dans la chrétienté; & cela est facile à croire, puisque Louis VIII, dans son testament fait en 1225, lègue cent sous, qui reviennent environ à cent livres de notre monnoie, à chacune des deux mille léproseries de son royaume. Leur nombre a dû augmenter encore considérablement, par les expéditions de St. Louis son fils, dans l'Egypte & dans la Palestine, d'où les premiers croisés avoient apporté le germe de la lèpre, fréquente dans ces pays, & qui s'étoit développée avec tant de force dans tous les royaumes de l'Europe, où on essaya en vain de la combattre par toutes sortes de remèdes. Elle se dissipa d'elle même peu à peu, & l'usage du linge devenu général, paroît avoir contribué à la faire disparoître entièrement.

A l'exemple de St. Basile, St. Jean Chrysostome, patriarche de Constantinople, fit bâtir plusieurs hôpitaux dans cette ville. Il en confia l'administration à deux prêtres, & mit, pour servir les pauvres, des médecins, des cuisiniers, & beaucoup d'ouvriers qui n'étoient point mariés. Il exhortoit le peuple à avoir chacun son *hôpital* domestique, c'est-à-dire, en chaque maison une petite chambre pour les pauvres. Cette exhortation, faite par un excès de

zèle,

zèle, étoit des plus nécessaires : car, selon M. Fleury, sur cent mille chrétiens qu'on comptoit alors à Constantinople, il y avoit cinquante mille pauvres. Ce nombre est exorbitant ; mais la véracité de l'historien ne permet pas d'en douter.

Les *hôpitaux* se multiplièrent prodigieusement en France, en Italie, en Espagne, &c. dans les sixième, septième & huitième siècles. On s'occupa même alors avec plus de soin qu'on n'avoit fait jusqu'à ce tems, de leur administration temporelle & spirituelle. L'empereur Justinien est, je crois, le premier qui ait fait publier une loi à cet effet. Il est dit, par cette loi, que les administrateurs des *hôpitaux* n'auront point la liberté de disposer de ce qu'ils auront acquis depuis qu'ils sont entrés en charge, non plus que les évêques ; que tous leurs acquêts appartiendront aux *hôpitaux*, en considération desquels on les leur donne, puisque l'on est persuadé qu'ils emploient à ces bonnes œuvres, même leurs biens propres.

L'administration des hôpitaux étoit alors une fonction ecclésiastique, qu'on ne donnoit qu'à des prêtres ou à des diacres d'une charité connue, qui ne rendoient de compte qu'à leur évêque. Il y a eu cependant des *hôpitaux* fondés pour être gouvernés par des religieux ou religieuses, avec l'exemption de la jurisdiction de l'évêque ; & c'est ce qui a restreint le droit d'inspection que les évêques avoient originairement sur toutes les maisons de piété.

Dans le relâchement de la discipline, les clercs qui avoient l'administration des *hôpitaux*, l'avoient convertie en titre de bénéfice, dont ils ne rendoient aucun compte ; & ils appliquoient à leur profit la plus grande partie du revenu, ensorte que les intentions des fondateurs étoient frustrées. C'est pourquoi le concile de Vienne défendit de donner les *hôpitaux* en titre de bénéfices, à des clercs séculiers, & ordonna que l'administration en fût donnée à des laïcs capables & solvables, qui prêteroient serment comme tuteurs, & rendroient compte aux ordinaires, le tout sans toucher aux droits des ordres militaires & des autres hospitaliers. Ce décret a été exécuté, & confirmé par le concile de Trente, qui donne aux ordinaires toute inspection sur les *hôpitaux*. L'ordonnance de Blois ajoute que les administrateurs des hôpitaux ne seront ni ecclésiastiques, ni nobles, ni officiers, mais de simples bourgeois, habiles économes, à qui il seroit facile de faire rendre compte ; que la nomination en appartiendra aux fondateurs ; que les administrateurs ne seront que trois ans en charge, &c.

Henri II attribua au grand-aumônier de France la connoissance & la visite des *hôpitaux* de tout le royaume. François I l'avoit attribuée aux juges-royaux des lieux où les *hôpitaux* sont situés. Les ordinaires formèrent leur opposition contre cette ordonnance, prétendant qu'elle préjudicioit à leurs droits ; mais le parlement de Paris n'y eut aucun égard ; il fut arrêté seulement qu'ils pourroient assister aux visites avec les juges-royaux, soit en personne, soit par leurs députés.

Dans le huitième siècle, on comptoit à Rome quatre hôpitaux, sous le pape Zacharie. Etienne II, son successeur, les répara, & en fit construire un cinquième pour cent pauvres. Leur nombre s'est accru depuis ; un des plus célèbres est celui du St. Esprit par Sixte IV, & séparé de l'*hôpital* de Mont-Pellier par le pape Honoré III. Selon Henri de Sponde, il a joui pendant long-tems de la plus grande célébrité par sa bonne administration, ainsi que les *hôpitaux* de Florence, de Lucques & de Milan.

Paris sur-tout fut une des villes où la charité des rois de France & des habitans établit le plus grand nombre d'hôpitaux. La grande population de cette ville en motivoit d'ailleurs l'établissement ; & c'est une des choses principales que nous devons faire connoître, que leur état & l'époque historique de chacun d'eux : c'est ce que nous allons faire dans le tableau suivant.

Tableau des Hôpitaux de Paris.

Il y a dans ce moment, à Paris, quarante-huit hôpitaux ou maisons de charité. On peut les distinguer en trois classes : en hôpitaux de malades, en hôpitaux destinés en même-tems à des pauvres malades & à des pauvres valides ; enfin en hôpitaux consacrés en entier aux besoins des pauvres valides. Chaque classe aura ses divisions.

PREMIÈRE CLASSE.

Des hôpitaux de malades.

Les hôpitaux de malades sont au nombre de vingt deux, six pour les hommes, quatre pour les femmes, six communs aux deux sexes, & six réservés au traitement de maladies particulières.

Il y a six hôpitaux pour les hommes malades, savoir :

1. Celui de la *Charité*, situé rue des Saints-Pères, faubourg Saint-Germain. Il est desservi par des frères de la Charité. On y comptoit, en 1788, dans six salles, au premier étage, deux cent-huit petits lits, chacun pour une personne. Les frères de la Charité ont été institués par St. Jean-de-Dieu, en 1540, dans la ville de Grenade, pour secourir les pauvres malades. En 1606, sous Marie de Médicis, seconde femme de Henri IV, ils ont été établis pour des hommes, rue des Sts. Pères ;

dans cette maison, il y a cinquante frères, compris les novices, & cinquante-deux personnes dévouées aux malades. Ils ont quatre-vingt-deux maisons en France, & cinq aux isles; il n'y a, pour toutes ces maisons que deux cents cinquante sujets. *Voyez plus bas.*

2. *L'hôpital des convalescens*, rue du Bacq, près la rue de Varennes. On y trouve deux salles au rez-de-chaussée, contenant vingt-deux petits lits. Cet hôpital a été fondé en 1628, par Angélique Faure, veuve de Claude de Bullion, sur-intendant des finances, & président à mortier du parlement de Paris. Il a été donné, en 1650, aux frères de la Charité; on y reçoit seulement des compagnons & les ouvriers; on donne à chacun une livre de viande, deux livres de pain & une bouteille de vin, par jour, pendant leur convalescence.

3. *La maison royale de Santé*, hors la barrière de la rue d'Enfer, a une salle au rez-de-chaussée, avec seize petits lits. Elle est desservie par des sœurs de la Charité, pour des prêtres & des militaires pauvres. Au premier étage, il y a sept appartemens pour des pensionnaires.

4. *L'hôpital de Charenton*, une salle censée au premier étage, à partir du bas du terrein, mais au rez-de-chaussée venant d'une première terrasse, avec douze petits lits. On y reçoit en outre des foux furieux, des insensés, des épyleptiques payant pension. Les pensions sont depuis 600 jusqu'à 6000 livres, suivant le degré d'aisance qu'on veut procurer aux malades. Le nombre de ces trois classes de pensionnaires est de quatre-vingt deux. Cet hôpital, que desservent les frères de la Charité, a été fondé en 1642, pour des fous, où on en traite douze gratuitement, indépendamment de ceux qui sont à la pension. En 1644, M. le Blanc, frère du contrôleur-général, donna une maison toute meublée, & un clos de vignes contigu, contenant dix arpens, avec quatre cents livres de rente & une maison à Paris, pour l'entretien de ces douze lits.

L'hôpital militaire des gardes-françoises & des gardes-suisses, rue St. Dominique, au Gros-Caillou, a deux cents soixante-quatre petits lits, sans y comprendre ceux des infirmiers; cet hôpital est près de la paroisse du Gros Caillou, fondé en 1759: il y a deux chirurgiens en chef, un aide-major, six élèves, un infirmier pour dix malades. La journée coûte vingt sous.

6. *L'hôpital* dit *des protestans*, rue de Sève, au-dessous du boulevard, huit petits lits; cet hôpital est sous la protection de l'ambassadeur de Suède.

Il résulte de ce qui précède, que ces six hôpitaux, seulement pour les hommes, fournissent entr'eux de quoi soigner six cents douze malades par jour, couchés séparément.

Il y a quatre hôpitaux pour les femmes malades, savoir:

7. *Les religieuses hospitalières* de la rue Mouffetard, ou l'*hôpital Saint-Julien-Sainte-Basilisse*. Il y a cinq salles au rez de-chaussée, contenant entr'elles quarante-trois petits lits. Cette maison a été fondée en 1655, par le sieur Prévôt, maître des requêtes. Les autres lits payent trente livres par mois: les femmes qui restent toute l'année dans les salles, payent 400 & 500 livres en chambre particulière.

8. *Les hospitalières*, près la place royale, vingt-deux petits lits en deux salles, au premier étage, fondées en 1624 par la mère Françoise de la Croix, & en 1629 par Madeleine Brulart, veuve du sieur Faure, maître-d'hôtel du roi; madame de Maintenon s'y retira avant d'aller à la cour. Cette maison, rue du Foin, près de la place royale de Louis XIII, est pour les femmes.

9. *Les hospitalières* de la rue de la Roquette, au faubourg St.-Antoine, vingt petits lits dans une salle au rez-de-chaussée. Elles achetèrent leur maison; & celle de la place royale, qui ne faisoient qu'une, fut séparée en 1690; alors les biens furent partagés. Les malades qu'on y reçoit donnent vingt-quatre livres par mois, & quatre cents livres de pension pour rester leur vie. On n'y reçoit que des femmes.

10. *Les hospitalières de St. Mandé*, près le parc de Vincennes, seize petits lits, ne reçoivent aussi que des femmes.

Ainsi ces quatre hôpitaux pour des femmes, font entr'eux, par jour, un service qui s'étend à cent-un malades. Ce service est fait par des religieuses de l'ordre St. Augustin, ainsi que celles de l'Hôtel-dieu. Les manses n'ont rien de commun. On n'y reçoit ni femmes grosses, ni maladies contagieuses; on y admet fort peu de cas de chirurgie. L'hospitalité est gratuite aux hospitalières de la place royale; il en coûte trente-six livres pour chaque malade, par mois, aux hospitalières de la rue Mouffetard, trente livres à celles de la rue de la Roquette, & quatre cents cinquante par an à celles de St. Mandé, où il n'y a guères que des infirmes.

Il y a six hôpitaux pour les malades des deux sexes.

11. *L'hospice du collège de chirurgie*, rue des Cordeliers. Vingt-deux petits lits, dont douze pour des hommes, dix pour des femmes, en quatre salles, deux au rez-de-chaussée & deux au premier étage, établi en 1731, & confirmé par lettres-

TABLEAU des Recettes & Dépenses de l'HOTEL-DIEU, pendant dix années.

RECETTE.

Années.	Produits des Biens. de Ville.	Produits des Biens. de Campagne.	Rentes.	Droits. Droits divers & Octrois.	Droits. Droits sur les Spectacles.	Revenus casuels.	Produit total des Recettes.	Déductions à faire sur la Recette. Charges annuelles; rentes, acquits de fondations, &c. &c.	Déductions à faire sur la Recette. Entretien des biens. de Ville.	Déductions à faire sur la Recette. Entretien des biens. de Campagne.	Déductions à faire sur la Recette. Total des charges & Réparations.	Total de la Recette, déduction faite des charges & entretiens.
	l.	l.	l.	l.	l.	l.	l.	l.	l.	l.	l.	l.
1780	263,480	93,149	440,442	404,035	118,537	47,761	1,367,404	58,854	56,419	11,156	126,429	1,240,975
1781	273,844	101,919	437,922	421,270	128,797	28,416	1,392,168	51,210	39,611	28,619	119,440	1,272,728
1782	228,859	80,846	438,761	474,201	113,836	45,084	1,381,587	57,514	60,953	25,667	144,134	1,237,453
1783	267,697	115,395	438,654	402,219	131,506	29,873	1,385,344	52,532	26,045	44,735	123,312	1,262,032
1784	250,781	83,867	438,851	437,078	124,749	41,044	1,376,370	50,868	62,697	17,290	130,855	1,245,515
1785	309,004	122,489	402,050	422,210	139,101	81,924	1,566,778	55,485	97,081	29,620	182,186	1,384,592
1786	275,525	92,653	538,604	450,481	122,620	68,864	1,548,747	44,813	53,255	9,481	107,549	1,441,198
1787	281,910	97,651	407,206	435,031	142,290	80,219	1,444,307	52,252	38,151	10,304	100,707	1,343,600
1788	258,753	71,084	386,826	444,616	143,415	97,295	1,401,989	50,652	29,311	13,751	93,714	1,308,275
1789	279,193	93,952	242,597	373,355	121,309	611,650	1,722,056	46,623	39,226	39,995	125,844	1,596,212
Totaux	2,689,046	953,005	4,261,913	4,264,496	1,286,160	1,132,130	14,586,750	520,803	502,749	230,618	1,254,170	13,332,580
année commune	268,905	95,300	426,191	426,450	128,616	113,213	1,458,675	52,080	50,275	23,061	125,417	1,333,258

DÉPENSE.

Entretien des lieux Hospitaliers.	Frais de Régie, appointemens & gages.	Nourriture. Bleds & panneterie.	Nourriture. Boucherie.	Nourriture. Vin.	Nourriture. Dépenses de Cuisine.	Bois & Charbon.	Dépenses diverses.	Pharmacie.	Total de la dépense.
l.	l.	l.	l.	l.	l.	l.	l.	l.	l.
122,718	62,749	105,020	323,464	125,802	173,331	101,917	165,489	46,671	1,227,161
125,691	60,284	80,025	306,182	123,086	174,522	50,635	218,580	37,763	1,176,779
121,235	61,389	82,774	372,126	143,711	196,747	110,471	92,183	54,824	1,231,460
123,334	61,292	108,289	342,143	100,533	133,645	98,558	158,826	48,569	1,175,189
95,227	60,466	177,041	348,845	147,093	176,700	104,168	103,851	53,270	1,366,66[illegible]
120,393	61,957	201,106	395,210	135,874	151,794	120,516	159,516	63,357	1,410,71[illegible]
98,812	64,055	127,792	392,751	139,570	156,832	154,880	226,747	49,321	1,410,76[illegible]
141,400	66,208	74,533	329,635	63,577	122,787	116,341	307,276	85,451	1,307,20[illegible]
122,671	88,068	158,646	417,063	138,765	141,925	126,237	176,908	90,072	1,461,35[illegible]
123,628	95,486	156,844	396,418	206,766	168,612	212,220	318,013	79,174	1,657,261
1,195,109	681,954	1,273,072	3,623,837	1,324,777	1,597,895	1,095,943	2,027,395	608,577	13,428,55[illegible]
119,511	68,195	127,307	362,384	132,478	159,789	109,594	202,74[illegible]	60,858	1,342,85[illegible]

Résultat de la Recette & de la Dépense des dix années.

La Dépense des 10 années monte à . . . . . . 13,418,559 liv.
La Recette à 13,332,580

Partant la Dépense excede la Recette de . . . 95,979

On n'a pas compris dans la Dépense, celle des constructions extraordinaires, qui, dans une espace de cinq ans, de 1780 à 1784, s'est élevée à 297,587 liv. Cette somme, & 572,283 liv. pour le même objet, payées de 1773 à 1780, forment un total de 869,870 l.

La reconstruction & le remplacement des objets consumés ou détruits dans l'incendie de 1772, ont occasionné ce surcroît de dépense qu'on n'a pas cru devoir faire entrer dans le calcul général des dépenses annuelles. A cette occasion, on observera que l'Hôtel-Dieu a reçu, en secours extraordinaires, dans le cours de l'année 1773, la somme de 160,680 livres provenant des aumônes & quêtes.

La Dépense de l'année commune est de 1,342,856 liv. Le nombre des journées de malades de 2,431; l'année commune de la dépense, divisée par le nombre commun des journées, donne, pour prix de la journée commune du malade, 1 liv. 10 sous 3 deniers.

Etat des Journées de Consommateurs.

Années.	Consommateurs. Malades.	Consommateurs. Employés.	Total des Consommateurs.
1780	869,244	208,574	1,077,818
1781	846,198	205,574	1,051,772
1782	868,107	207,914	1,076,021
1783	869,002	209,223	1,078,225
1784	916,560	210,293	1,126,853
1785	889,248	209,314	1,096,562
1786	867,598	209,151	1,076,749
1787	820,792	217,403	1,038,195
1788	891,567	279,180	1,076,747
1789	1,035,109	287,279	1,322,388
Totaux	8,874,425	2,243,905	11,118,330
année commune	887,442	224,390	1,111,833
Jour commun.	2,431	615	3,046

Tableau des Entrées, Naissances, Sorties & Morts.

Années.	Nombre annuel des Personnes. Entrées.	Nombre annuel des Personnes. Nées.	Total des personnes entrées & nées chaque année.	Nombre annuel des Personnes. Sorties.	Nombre annuel des Personnes. Mortes.
1780	25,172	1,586	26,758	21,552	3,370
1781	25,991	1,576	27,567	22,710	4,914
1782	25,382	1,536	26,918	22,060	4,801
1783	27,159	1,470	28,629	23,328	5,018
1784	27,797	1,502	29,299	23,334	5,784
1785	25,872	1,532	27,404	22,582	5,052
1786	24,958	1,443	26,401	21,518	5,108
1787	23,180	1,507	24,687	20,437	4,348
1788	26,975	1,578	28,553	22,646	4,784
1789	30,299	1,616	31,915	26,920	5,361
Totaux	262,785	15,346	278,131	227,087	50,540
année commune	26,279	1,535	27,813	22,709	5,054
Jour commun.	72	4	76	62	14

OBSERVATIONS.

Dans les revenus casuels, on n'a pas compris 52,800 l. en 1781, & 211,200 liv. en 1789, provenant d'une indemnité accordée à l'Hôtel-Dieu, pour suppression de la franchise dont il jouissoit relativement aux droits d'entrée. Cette indemnité, fixée à raison de 73 liv. 2 sols par année, pour chaque tête de Consommateur, s'est montée, en 1789, à 264,841 liv., à cause de 3,623 Consommateurs, tant malades qu'employés. Mais l'Hôtel-Dieu n'ayant reçu qu'un à-compte de 211,200 liv. sur cette somme, la recette se trouve moins forte de 53,641 liv., & la dépense plus forte de pareille somme qu'elles ne devroient l'être en effet. Il faut cependant observer que, faute de fonds suffisans, l'Hôpital a différé le paiement de quelques fournitures, ce qui rend moins sensible la différence entre la Dépense & la Recette.

N. B. On a diminué sur la Dépense toutes les rentrées qui proviennent de la vente des Sons, Cuirs, Abbatis, Futailles, Graisses & autres choses de cette espèce.

Il est entré en dix années à l'Hôtel-Dieu, non compris les enfans qui y sont nés, 262,785 personnes, c'est-à-dire, année commune, 26,279. Le nombre des morts, pendant le même espace de temps, a été de 50,540, ou de 5,054 année commune; la mortalité est donc de un sur cinq & un cinquieme.

N. B. En ajoutant aux personnes entrées le nombre des enfans nés à l'Hôtel-Dieu, on auroit, pour les dix ans, un total de 278,131 personnes, c'est-à-dire, une année commune de 27,813 : la mortalité seroit alors de un sur cinq & demi; mais les enfans nés à l'Hôtel-Dieu ne restant point à cet Hôpital après leur naissance, & passant aussitôt à celui des Enfans Trouvés, leur nombre ne peut être d'aucune considération pour établir la mortalité de l'Hôtel-Dieu.

patentes en 1748. Douze lits sont fondés par Louis XIV & Louis XV; M. de la Martinière, premier chirurgien du roi, en a fondé dix en 1783.

12. *L'hospice de la paroisse Saint-Sulpice & du Gros-Caillou*, rue de Sève au-delà du Boulevard, contenant cent vingt-huit petits lits, savoir, soixante-huit pour les hommes, & soixante pour les femmes, distribués en huit salles, quatre au rez-de-chaussée & quatre au premier étage, fondé par Louis XVI, en 1779, sous les ordres de M. Necker, directeur-général des finances, & formé par les soins de madame Necker.

13. *L'hospice de la paroisse Saint-Jacques-du-Haut-Pas.* Cet hospice établi par les soins de M. Cochin, curé, est situé à l'extrémité de la rue du faubourg Saint-Jacques, vis-à-vis l'Observatoire; on y trouve seize petits lits pour les hommes, dix-huit pour les femmes, dans deux salles au premier étage; il y a encore vingt-quatre lits pour des pensionnaires infirmes.

14. *L'hospice de la paroisse Saint-Méry*, fondé en 1683, par M. Viennet, curé de cette paroisse, situé cloître St. Méry, près les consuls. Il contient dans trois chambres, l'une au premier, l'autre au second, & la dernière au troisième, huit petits lits pour les hommes, six pour les femmes. Indépendamment de la fondation, qui est remplie avec le plus grand soin, M. le curé, dont les vertus sont recommandables, a fait pratiquer, dans l'étage supérieur de l'hospice, deux appartemens pour des pauvres honteux, où, sans être connus, ils trouvent toutes les commodités d'une vie aisée. Cet hospice est servi par huit sœurs de la Charité, qui tiennent deux écoles de filles, & par un garçon.

15. *L'hospice de la paroisse Saint-André-des-Arcs*, fondé en 1779, rue des Poitevins, six lits en deux chambres au premier, trois pour les hommes, trois pour les femmes, a été établi par M. Desbois de Rochefort, curé de la paroisse Saint-André. Il est servi par cinq sœurs de la Charité & une fille domestique.

Tous ces hospices n'admettent aucun malade atteint de maladies contagieuses; mais on y traite ceux qui en sont attaqués après leur admission.

16. *L'Hôtel-Dieu* de Paris, dans la Cité, desservi par des religieuses Augustines. Il y a neuf cents vingt-un desservans, ce qui fait un pour trois malades. On croit qu'il fut fondé par St. Landry, évêque de Paris, vers l'an 660. Renaud de Vendôme, évêque de Paris en 1005, donna une moitié de l'hôtel-dieu St. Christophe. La salle, dite *du Légat*, fut fondée par Antoine Duprat, chancelier de France & cardinal. Dans le nombre des malades qui sont à l'hôtel-dieu, sont compris ceux qui sont à l'hôpital Saint-Louis. Il étoit composé, en 1788, de vingt salles, situées, les unes au rez-de-chaussée, les autres au premier étage, d'autres au second, d'autres enfin au troisième, contenant entr'elles douze cents dix-neuf lits, dont quatre cents quatre-vingt-six petits, & sept cents trente-trois grands. Douze de ces salles sont destinées pour les hommes, treize pour les femmes. A supposer quatre personnes par grand lit & une par petit, suivant la méthode de les coucher à l'hôtel-dieu, ces différens lits serviroient à trois mille quatre cents dix-huit; ceux des hommes contiendroient mille sept cents trente-quatre malades, & ceux des femmes mille six cents quatre-vingt-quatre. Mais comme il est établi par le rapport des commissaires de l'académie, qu'à l'hôtel-dieu la journée moyenne est de deux mille cinq cents malades, en comprenant ceux de l'hôpital St. Louis, je ne porterai en compte que deux mille cinq cents pour ces deux hôpitaux. *Voyez plus bas.*

Ainsi ces six hôpitaux, pour les malades des deux sexes, en contiennent deux mille sept cents quatre.

Il y a six hôpitaux destinés au traitement de certaines maladies.

17. *L'hôpital Saint-Louis*, entre les faubourgs du Temple & St. Laurent, fondé en 1607, par Henri IV, desservi par des religieuses Augustines, destiné aux maladies épidémiques & contagieuses. On y compte huit salles, quatre au rez-de-chaussée & quatre au premier étage. Il contenoit, en 1788, deux cents cinquante-quatre grands lits, quarante-cinq petits, sept barcelonnettes; à placer quatre malades par grand lit, un par petit, un enfant par barcelonnette, ce seroit pour mille soixante-huit personnes. La feuille diurne de l'hôpital St. Louis, du 5 janvier 1779, déclare huit cents soixante-deux malades. Depuis l'incendie de l'hôtel-dieu, en 1772, il y en a eu tantôt cinq cents, tantôt sept cents. Je ne porte pas en compte le nombre de ces malades, l'ayant employé dans l'article précédent. On prétend que ses eaux, qui viennent de Belle-Ville, sont séléniteuses, & qu'il convient que son égoût, qui rend à l'égoût de Turgot, soit couvert en dales, avec un réservoir de chasse: cette maison fait partie de l'hôtel-dieu pour les malades.

18. *L'hôpital Sainte-Anne*, ou *de la santé*, fondé en 1652, par Anne d'Autriche, mère de Louis XIV, pour les tems de contagion, est situé dans la campagne, au-delà du Boulevard, près la rivière des Gobelins. Il renferme six salles, trois au rez-de-chaussée, ayant entr'elles cent quatre-vingt-dix toises de long: en supposant qu'on y plaçât trois petits lits par toise courante, ce seroit un secours à offrir à cinq cents soixante-dix pauvres. Nous ne portons point ces cinq cents soixante-dix

lits en compte, parce que cet hôpital n'est, dans ce moment, d'aucun usage. On a démoli la plus grande partie de l'édifice qui pouvoit encore servir.

Il en coûta 795,000 livres pour construire & mettre en état l'hôpital de Sainte-Anne, & pour les meubles de ces deux hôpitaux; aujourd'hui il en coûteroit plus de dix millions pour construire le seul hôpital de Ste. Anne, en suivant les plans qui ont été donnés.

19. *L'hôpital de Sainte-Reine*, ou *des teigneux*, rue de la Chaise, faubourg St. Germain. Il est consacré à cette sorte de malades qui payent, en entrant, chacun trente livres. On y trouve deux salles au premier étage; dans l'une sont dix couchettes en fer pour de jeunes filles, dans l'autre onze pour de jeunes garçons. La nourriture est fournie par l'hôpital des Petites-Maisons, d'où il dépend. On commence de traiter cette maladie depuis l'âge de deux ans; c'est à l'âge de dix qu'il s'y en présente davantage.

20. *L'hôpital des Quinze-vingts*, rue de Charenton, faubourg Saint-Antoine, à l'ancien hôtel des mousquetaires-noirs, destiné pour trois cents aveugles des deux sexes. Il a été fondé par Saint-Louis, en 1260. Les veufs ou garçons ont vingt sous par jour, vingt-six quand ils ont femme, deux sous pour chaque enfant; plus, du sel, & on les traite lorsqu'ils sont malades.

En 1785, après la translation aux mousquetaires-noirs, cette maison, qui n'étoit fondée que pour trois cents aveugles, répand ses bienfaits sur cinq cents autres pauvres atteints de maladies aux yeux; ils ne sont point logés, mais ils peuvent quêter: ils portent une fleur-de-lys de cuivre jaune.

21. *L'hôpital des incurables*, rue de Sève, faubourg Saint-Germain. Le titre seul en fait connoître la destination. On y compte sept salles pour les hommes, savoir, cinq au rez-de-chaussée, deux au premier; neuf salles pour les femmes, cinq en-bas, quatre au-dessus, & quatre cents vingt-six incurables couchés chacun dans un petit lit, dont cent quatre-vingt-un hommes, & deux cents quarante-sept femmes. Il n'y a que douze lignes d'eau de la Seine & quatre pouces du Luxembourg, ce qui les constitue en des dépenses l'hiver, pour s'en procurer. Ils ont été fondés en 1637, par madame le Bret, & ensuite augmentés par M. l'abbé Joullet de Châtillon & le cardinal de la Rochefoucaud. Il en coûte 10,500 liv. pour fonder un lit; il y a soixante quatorze personnes dans cette maison pour le service; l'hôtel-dieu y fournit, en payant, la viande & les remèdes: trois femmes ont l'entreprise du blanchissage de trois espèces de linge. L'hôtel-dieu donne soixante mille livres à cette maison.

22. *L'hospice de Vaugirard*, pour le traitement du mal vénérien dont les nouveaux-nés, les femmes & les nourrices sont affectés, cent vingt-huit lits. Cet hôpital devoit être transféré au faubourg St. Jacques, en vertu des lettres-patentes de 1785, sur l'emplacement du couvent des Capucins.

SECONDE CLASSE.

Des six hôpitaux destinés en même-tems à de pauvres malades & à de pauvres valides.

23. *L'hôpital des Petites-Maisons*, rue de Sève, faubourg Saint-Germain, indépendamment des secours qu'il procure à des personnes indigentes & valides, offre:

1°. Cent-cinquante petits lits, à des pauvres malades de la maison, distribués dans sept infirmeries situées au rez de-chaussée & au premier étage, dont trois pour les hommes & quatre pour les femmes.

2°. Sept lits à des gardes-françoises attaqués du mal vénérien.

3°. Sept autres lits à des gardes-suisses atteints du même mal.

4°. Dix-huit lits réservés à des particuliers qui ont contracté la maladie honteuse.

5°. Quarante-quatre loges à des foux furieux des deux sexes, déclarés incurables.

Il en coûte à chaque garde-françoise & à chaque garde-suisse, trente livres pour leur traitement; à chaque particulier non-militaire, frappé du mal vénérien, cent soixante-cinq livres; de pension annuelle, pour chaque fou, trois cents livres. Cet hôpital est servi par les sœurs de la Charité. Les petites-maisons ont été fondées en 1497, par la ville de Paris, pour les gens attaqués du mal-caduc, ce qui dura jusqu'en 1544; en 1557, l'hôtel-de-ville y établit un hôpital pour les pauvres femmes sujettes au mal-caduc, les insensés & les fous. Jean Lhuilier, président de la chambre des comptes, donna beaucoup pour les constructions.

On l'appelle ainsi, parce que cet hôpital est entouré de petites maisons qui servent de logement à trois cents cinquante vieilles gens qui y sont reçus; on leur donne trois livres par semaine, du bois & du sel; ils font leur ménage. Cet hôpital a huit lignes d'eau; il y a des lits pour trois cents soixante-seize malades, & trois cents cinquante vieilles gens en santé.

24. *L'hôpital de la Pitié*, rue Saint-Victor, près la rue Copeau, fondé en 1657. Il est le chef-lieu des différentes maisons qui forment ce qu'on appelle à Paris l'*hôpital général*, lequel comprend lui seul

huit maisons différentes, non compris Scipion. L'hôpital de la Pitié est l'asyle des pauvres enfans mâles, depuis l'âge de six à sept ans jusqu'à celui de quinze à dix-huit. On les y traite de la teigne, de la gale, des humeurs froides. Ordinairement le nombre de ses malades monte à trois cents un, & celui de ceux qui sont en santé, à neuf cents quatre-vingt-dix-neuf. On vient d'y construire un hôpital pour deux cents lits. *Voyez plus bas.*

25. *L'hôpital de la Salpétrière*, situé à l'extrémité du faubourg St. Victor, fut fondé en 1656. On lui donne ce nom, parce qu'on y préparoit le salpêtre. C'est un hôpital de femmes & une maison de force, contenant six mille sept cents vingt personnes, sur lesquelles on compte quatre cents cinquante malades; il a été établi pour renfermer les mendians de Paris. On y reçoit des filles & des femmes enceintes, des nourrices avec leurs nourrissons, des enfans mâles depuis sept à huit mois jusqu'à quatre & cinq ans, de jeunes filles à toutes sortes d'âge. Il y a deux cents cinquante cellules pour les vieilles femmes & vieux hommes mariés: on y reçoit des folles, des furieuses, des épyleptiques, des paralytiques, des aveugles, des estropiés, des teigneux, des incurables de toutes espèces, des enfans avec des humeurs froides. *Voyez plus bas.*

Il y a, à cet hôpital, une grande buanderie, & une maison de force qui comprend quatre prisons différentes, savoir, le commun pour les filles dissolues, la correction, la prison par ordre, la grande force pour les femmes flétries.

Le gouvernement a autorisé cet *hôpital*, le premier octobre 1786, de traiter gratuitement les enfans de cette maison, ceux de la ville & de la campagne, attaqués de convulsions; les grandes personnes du sexe y seront traitées.

On compte, dans cet hôpital, six mille deux cents soixante-dix incurables, des valides, invalides, des gens arrêtés par ordre de la justice, des imbécilles, des fous.

26. *Le château de Bicêtre*, hôpital pour des pauvres hommes, les uns valides, les autres malades, & maison de force. Il est situé à une petite lieue au midi de Paris, & contient trois mille cent vingt-quatre personnes, y compris sept cents quatre-vingt-huit malades. Il a été bâti en 1290, par un évêque de Winchester en Angleterre. Le duc de Berry, en 1400, sur les ruines, en fit bâtir un autre; en 1416 il fut ruiné; Louis XIII, en 1634, y fit construire un hôpital pour les soldats; Louis XIV l'a donné, en 1656, à l'hôpital général. On y reçoit les pauvres, jeunes, vieux, valides ou invalides, malades, & aussi des fous, des furieux, des imbécilles, des épyleptiques, des paralytiques, des aveugles, des écrouelleux, des incurables de toutes espèces, des vénériens, hommes & femmes. Il y a une prison pour les gens arrêtés par ordre du roi & de la justice. On projette d'y construire un hôpital pour trois cents lits. Le nombre des renfermés en santé monte à deux mille trois cents trente-six. *Voyez plus bas.*

Ces trois hôpitaux sont servis par des sœurs qui ne font point de vœux.

27. *Hôtel-royal des Invalides.* Nous ne confondrons pas ici des militaires qui ont bien servi l'état, & à qui on doit une récompense de leurs travaux, avec de pauvres malades, ou avec de pauvres indigens. Si nous plaçons ici les Invalides, ce n'est que pour embrasser tous les secours que l'humanité reçoit parmi nous. On comptoit, en 1788, aux Invalides, trois mille hommes. Il existe, dans les quatorze infirmeries de cette belle maison, quatre cents trente-quatre petits lits. Les infirmeries sont au rez-de-chaussée & au premier. Les malades y sont servis par les sœurs de la Charité. Cet établissement a été commencé en 1671.

28. *L'École royale militaire*, fondée par Louis XV, en 1751, où l'on avoit projetté de placer seize cents soixante-quatorze lits, pour y former un grand hôpital. Ses infirmeries sont au rez-de-chaussée & au premier; on y trouvoit quarante-cinq petits lits, dont les sœurs de la Charité faisoient le service.

Ainsi ces six hôpitaux & maisons royales viennent au secours de deux mille deux cents quarante-quatre malades par jour.

Il résulte de ce qui précède: 1°. que les vingt-deux hôpitaux de malades de la capitale font entr'eux un service qui, par jour, s'étend à trois mille neuf cents quatre-vingt-douze malades.

2°. Que les six hôpitaux particuliers, communs à des malades & à des pauvres valides, font entr'eux, par jour, un service qui, à ne compter que celui des malades, va à deux mille deux cents quarante-quatre.

3°. Qu'en réunissant le service de ces deux espèces d'hôpitaux, on trouve une quantité de six mille deux cents trente-quatre malades, qui sont secourus journellement à Paris.

4°. Que, dans ce nombre, l'hôtel-dieu & l'hôpital St. Louis n'y entrent que pour deux mille cinq cents malades; ensorte que les autres hôpitaux de Paris font face à un service journalier de trois mille sept cents trente-six malades; d'où il résulte que l'hôtel-dieu, quoique très-secourable, si l'on a égard à la quantité de personnes qu'il reçoit, ne fait pas les cinq-douzièmes du service courant de tous les hôpitaux de Paris.

5°. On a pu encore remarquer que nous trouvons à Paris plus d'hôpitaux pour les hommes que pour les femmes, & dans ceux communs aux deux sexes, plus de lits pour les premiers que pour les dernières. Cette remarque ne se borne pas à la capitale ; elle a encore lieu dans beaucoup d'hôpitaux civils, tant du royaume que de l'étranger, elle aura son application en construisant des hôpitaux pour les deux sexes.

6°. Parmi nos hôpitaux, il en est dont tous les lits sont fondés, & où l'on traite gratuitement; c'est le plus grand nombre : il en est d'autres où tous les lits ne sont pas fondés, & où l'on reçoit de modiques sommes, pour se proportionner aux facultés des gens peu aisés, qui ne veulent pas être tout-à-fait à la charge de ces maisons de charité : il s'en trouve où l'on reçoit de fortes pensions annuelles, ou de fortes rétributions journalières : ceux-là sont ouverts en faveur des personnes riches & isolées ; d'autres enfin sont seulement des maisons d'association, où chacun produit sa mise en état de santé, afin de trouver, en état de maladie, des secours indépendans de la bienfaisance publique, & qui ne soient pas humilians à recevoir.

7°. Le tableau que nous allons donner peut être utile à l'administration & aux magistrats. Il indique d'un coup-d'œil l'usage particulier de chacun de nos hôpitaux ; il doit servir encore à faire connoître les ressources que nous avons, & celles qui nous manquent. Nos ressources sont :

Tableau des ressources que présentent les hôpitaux de malades de Paris.

Pour les maladies contagieuses & les non-contagieuses.	L'Hôtel-Dieu, L'hôpital Saint-Louis, & celui des gardes-françoises.
Pour les maladies non-contagieuses.	Les hôpitaux des Frères de la Charité, des Hospitalières. Les six hospices, comprenant celui pour les Protestans.
Pour le traitement du mal vénérien.	Bicêtre, L'hospice de Vaugirard, Les Petites-Maisons, Les Invalides, L'hôpital des gardes-françoises.
Pour les fous.	L'Hôtel-dieu, seulement pour les traiter. Bicêtre, La Salpétrière, Les Petites-Maisons. Ces trois derniers pour les renfermer, lorsqu'ils sont déclarés incurables.
Pour les aveugles.	Les Quinze-vingts, La Salpétrière, Bicêtre.
Pour les femmes enceintes, les accouchées & les nourrices.	L'Hôtel-dieu, La Salpétrière.
Pour les invalides & les incurables.	La Salpétrière, Bicêtre, L'hôpital des incurables, L'Hôtel-royal des Invalides.

On peut remarquer, d'après ce tableau, qu'il n'y a presque pas encore, parmi nous, de secours pour le traitement de la folie, ainsi que pour les aveugles ; il n'y en a point pour le traitement des galeux, & on n'a pas d'hôpitaux où l'on puisse inoculer les enfans du peuple.

A l'égard des aveugles, il seroit possible de rassembler tous ceux qui sont curables à l'hôpital des Quinze-vingts, pour les y traiter. L'emplacement & les bâtimens s'y prêtent. On y a déjà ouvert des infirmeries ; il ne s'agiroit plus que d'y en disposer de convenables, d'y placer un habile chirurgien de Paris, versé dans l'étude de l'anatomie, de la chirurgie, de la médecine, & même de l'optique. Les maladies de l'œil ne procèdent pas simplement de causes locales, ou qui résident uniquement dans l'œil ; un certain nombre, il est vrai, en dérangent ou en détruisent l'organisation ; mais il en est de particulières, qui ont des rapports avec certaines humeurs du reste du corps. Il en existe aussi qui dépendent de certaines relations de l'œil avec différentes parties, soit de la poitrine, soit du bas-ventre, des vaisseaux, des nerfs, du tissu cellulaire, &c. Ajoutez que diverses maladies de l'œil ne se traitent que par des moyens tirés de l'optique. Or, jamais ce qu'on appelle des experts oculistes, renfermés dans la seule étude de l'œil, n'atteindront à ces rapports des maladies de l'œil avec la structure & les maladies du reste du corps. *Pleimpius*, *Antoine Maître-Jean* avoient ouvert la route dans laquelle je propose de rentrer. Un habile chirurgien, versé dans ces connoissances, avanceroit incontestablement cette partie essentielle de l'art. En rendant la vue à beaucoup de pauvres, il leur rendroit les bras, & déchargeroit les hôpitaux. Car on ne devroit recevoir d'aveugles dans les hôpitaux d'invalides, pour y rester à demeure, que sur un certificat d'oculistes qui attestât leur incurabilité.

Il paroît également indispensable de former un hôpital pour inoculer les enfans du peuple, & tous ceux qui sont retirés dans les hôpitaux de valides. On sent assez son utilité relativement à ces hôpitaux, à ces enfans, à leur famille, à leurs maîtres & à toute la société. M. Andouillé en avoit conçu le projet. Ce fut sur ses représentations que le roi, toujours prompt à saisir l'occasion de faire le bien, a ordonné qu'à l'avenir on n'entreroit point aux pages & aux écoles militaires, sans avoir eu la petite-vérole naturelle, ou sans avoir été inoculé.

Le vaste emplacement des hospitalières de Saint-Mandé, qui est d'environ soixante arpens, en lieu sain & isolé, sembleroit tout-à-fait propre à cet utile établissement. Passons à ce qui concerne les hôpitaux de valides.

Troisième Classe.

Des hôpitaux pour les pauvres valides.

Les hôpitaux pour les pauvres valides sont au nombre de vingt. Je les distinguerai en hôpitaux pour les orphelins, il y en a onze; pour les vieillards, on en compte deux; pour les passans, deux; pour les veuves, trois; & en maisons où l'on retire la jeunesse pendant le jour, il y en a deux principales.

Il y a onze hôpitaux pour les orphelins. Nous comprenons sous ce titre les orphelins proprement dits, les enfans nécessiteux & les enfans-trouvés.

29. *L'hôpital de la Trinité*, rue Saint-Denis, vis-à-vis la rue Saint-Sauveur. Cette maison a été établie avant 1202, pour des Prémontrés de l'abbaye des hermites, jusqu'en 1445, pour exercer l'hospitalité, époque où on l'a destinée à retirer des enfans de pauvres; on y reçoit à présent cent orphelins & trente-six orphelines de père & de mère, nés à Paris & valides; on donne, pour être reçu, quatre cents livres pour les hommes, & cinquante livres pour les filles, que l'on rend en sortant; le frère & la sœur ne peuvent être reçus ensemble; les garçons vont aux enterremens. Le service est fait par six sœurs qui ne font point de vœux.

30. *L'hôpital Notre-Dame de la Miséricorde*, ou *des cent filles*, rue Censier, faubourg Saint-Marcel, près le jardin du roi, a été fondé en 1624, avec seize mille livres de rente, par Antoine Séguier, président à mortier; il y a présentement quatre-vingts filles: Louis XV ordonna que ceux qui épouseroient ces filles, gagneroient leur maîtrise.

31. *Maison des orphelins*, dite *de la mère de Dieu*, rue du vieux Colombier, faubourg Saint-Germain, destinée à des orphelins & à des orphelines de la paroisse Saint-Sulpice. Il y en a quarante-deux, dont trente-six filles & six garçons. Le curé de Saint-Sulpice établit ce petit hôpital en 1680. Il y a six sœurs; on prend les enfans de la paroisse en maillot. On donne cent livres en entrant.

32. *Filature de la paroisse Saint-Sulpice*, rue des vieilles Tuileries, près la barrière du petit Vaugirard, pour seize orphelins; plus, elle procure, en outre, de l'occupation à quatre-vingt-seize jeunes filles, auxquelles on donne seulement à dîner & à goûter. Un particulier en est chargé.

33. *Les orphelines du Saint-Enfant Jésus & de la mère de Pureté*, cul de-sac des Vignes, rue des Postes, près l'Estrapade, pour quinze orphelines, sous la direction des filles de Saint-Thomas de Ville-Neuve, fondées en 1700.

34. *L'hospice de M. de Beaujon*, banquier de la cour, & ensuite conseiller d'état, rue du faubourg Saint-Honoré, pour douze orphelins & douze orphelines de la paroisse du Roule, confiés aux soins des sœurs de la Charité, fondé par lui, en 1784.

35. *L'hôpital du Saint-Esprit*, place de Grève, joignant l'hôtel-de-ville, fondé en 1362, par des bourgeois, pour cent orphelins ou orphelines (nés légitimes & baptisés à Paris) au-dessous de l'âge de neuf ans. Il y a treize sœurs qui ne font pas de vœux. Il vient d'être transféré aux Bernardins.

36. *L'hôpital des enfans-trouvés*, dit *de la Couche*, près Notre-Dame, maison où l'on reçoit ces enfans, établi en 1638. Il en vient de l'hôtel-dieu de Paris, de la province, même de l'étranger. Ils y demeurent en dépôt jusqu'à ce que les nourrices arrivent; ce qui dépend de l'accroissement des rivières, des gelées & des récoltes. Dans tous ces cas, il vient moins de nourrices, & le lieu de dépôt est plus chargé. On remet aux nourrices les enfans sains; on envoie à l'hospice de Vaugirard ceux qui sont infectés du mal vénérien. Voilà des exemples des relations d'un hôpital de Paris avec d'autres hôpitaux. Ces exemples ne sont pas les seuls. Les enfans qui ont une autre maladie que le mal vénérien, y sont traités. A leur retour de nourrice, on en choisit un certain nombre dont on prend le plus grand soin, & qu'on élève dans cette maison pendant quelques années; ce sont les enfans qui sont exposés dans l'église Notre-Dame aux yeux du public, pour en captiver les bienfaits. Le nombre de ces enfans & des nou-

veaux-nés, soignés par vingt-deux sœurs de la Charité, monte assez généralement à cent-soixante. L'évêque & le chapitre de Notre-Dame de Paris destinèrent à cet usage une maison située au bas du pont-l'évêque, qu'on nomme la *Couche* ; le chapitre recevoit & nourrissoit les bâtards gratuitement. Il y a quatre-vingt-deux berceaux, huit nourrices : il y entre par jour, depuis dix jusqu'à cent enfans ; on y entretient cinquante-huit petits garçons & douze petites filles. *Voyez* ENFANT-TROUVÉ.

37. *L'hôpital des enfans-trouvés*, du faubourg Saint-Antoine, confié pareillement aux soins de vingt-quatre sœurs de la Charité, établi en 1638 & en 1640. C'est une dame veuve charitable & Saint-Vincent-de-Paul qui ont commencé cet établissement ; ce n'est que du tems de Marie-Thérèse d'Autriche qu'il a pris consistance ; on acheta alors la maison actuelle & un grand emplacement. La reine mit la première pierre de l'église : Etienne d'Aligre, chancelier, & sa troisième femme & le président de Bercy, donnèrent des sommes considérables pour cet établissement. Ces enfans, en 1670, ont été réunis à l'hôpital-général pour l'administration, & non pour les fonds. On y reçoit les filles & les garçons depuis neuf jusqu'à douze ans ; les filles qu'on ne met point en métier, servent de domestiques ; le nombre de ces enfans, depuis 1670 jusqu'en 1786, est de deux cents cinquante mille trois cents quatre ; leur nombre, en 1788, étoit de trois cents quatre-vingt-seize. On y reçoit les garçons & les filles au-dessous de sept à huit ans.

On compte à la charge de cette maison & de celle des enfans-trouvés de la Couche de Notre-Dame,

1°. Les enfans trouvés en nourrice.

2°. Ceux en sevrage.

3°. Ceux à la pension de quarante livres, dans les campagnes, jusqu'à ce qu'ils soient en état de travailler.

Ces trois classes réunies montent à quinze mille.

38. *La maison de l'Enfant-Jésus* de la rue de Sève, hors le boulevard, fondée en 1751, par la reine épouse de Louis XV, confiée aux soins des filles de Saint-Thomas de Ville-Neuve, pour trente jeunes demoiselles de condition.

39. *École d'orphelins*, *fils d'officiers* ou *de soldats invalides*, entretenue aux dépens de M. le comte de Pawlet. Elle étoit rue de Sève, elle est maintenant aux Célestins. On y élève deux cents jeunes gens. Leur éducation plus ou moins distinguée dépend de leurs dispositions. En général, l'éducation y est tournée à l'état militaire ; on y apprend la religion, la lecture, l'écriture, les mathématiques, le latin, l'allemand, l'anglois, le dessin, la peinture, la musique, & toutes sortes de métiers. Depuis peu, cette école est encore ouverte à vingt-quatre jeunes gens avancés dans les sciences & les arts libéraux, mais dont les talens ne sont pas assez perfectionnés pour assurer à ceux qui les possèdent une honnête subsistance. Sous quelque point de vue qu'on envisage cet établissement, il est aussi utile que recommandable. Cette maisons des Célestins, près l'arsenal, a été fondée par St. Louis, en 1259, pour six Carmes qu'il ramena de la terre-sainte, qui, après l'avoir habitée pendant cinquante-huit ans, la vendirent à Jacques Marcel : son fils la donna aux Célestins, en 1352. Charles V leur donna, en 1367, dix mille livres d'or & douze arpens de bois, à prendre dans la forêt de Morel, pour bâtir. En 1378, il donna l'hôtel contigu de Robert Testard, receveur des aides, qui fut vendu pour acquitter ce qu'il redevoit. En 1773, on a établi une école d'orphelins militaires, fils d'officiers & de soldats invalides. Ils sont entretenus, comme nous l'avons déjà dit, aux dépens de M. le comte de Pawlet.

Ainsi, ces onze hôpitaux d'orphelins, avec les enfans que l'hôpital des enfans-trouvés entretient en nourrice, en sevrage & en pension, procurent entr'eux des secours journaliers à seize mille cents quatre-vingt-dix-sept enfans.

Des hôpitaux pour les vieillards.

40. *La communauté des prêtres de Saint-François de Sales*, fondée en 1702, autrefois au faubourg Saint-Marceau, derrière l'hôpital de la Pitié, & présentement transférée au villages d'Issy, pour vingt-deux pauvres prêtres.

41. *L'hôpital du saint nom de Jésus*, desservi par des sœurs de la Charité. Il est situé au faubourg Saint-Laurent, vis-à-vis la maison de Saint-Lazare, fondé en 1659, pour dix huit hommes & dix-huit femmes venant de la campagne. Cet hôpital a été établi par des libéralités d'un inconnu, qui furent confiées à Saint-Vincent-de-Paul, en 1653.

C'est le premier hôpital que Saint-Vincent-de-Paul ait fait construire ; il a servi de modèle à beaucoup d'autres, commis aux soins de l'ordre infiniment recommandable des sœurs de la charité.

J'ai porté ci-dessus les invalides (n°. 27.) pour quatre cents trente-quatre malades. Mais comme il se trouve trois mille invalides dans l'hôtel, il reste à tenir compte de deux mille cinq cents soixante-six personnes invalides & non-malades, que je comprends ici parmi les vieillards.

J'en fais autant par rapport à l'hôpital général &

& par rapport à l'hôpital des petites-maisons, où l'on a distrait les malades de ceux qui sont simplement âgés, invalides ou estropiés. L'on a remarqué que l'hôpital-général logeoit douze mille pauvres au commencement de l'année 1786, époque où furent rassemblés ces mémoires. De ces douze mille, l'on a compris mille six cents soixante-sept comme malades, tant à l'hospice de Vaugirard (n°. 22.), à l'hôpital de la Pitié (n°. 24.), a celui de la Salpétrière (n°. 25.), qu'à celui de Bicêtre (n°. 26.). L'on a encore porté en compte six cents cinquante-six provenant des petits hôpitaux du Saint-Esprit (n°. 35.), des enfans-trouvés de la Couche (n°. 36.), & des enfans-trouvés du faubourg Saint-Antoine (n°. 37.); ce qui fait déjà une quantité de deux mille trois cents vingt-trois dont l'on a tenu compte, & dont il ne sauroit plus être question. Il ne reste donc plus, pour compléter le nombre des pauvres de l'hôpital-général, qu'à ajouter ici neuf mille six cents soixante-dix-sept invalides, estropiés & caducs.

Quant aux Petites-Maisons, on y trouve trois cents quatre-vingt-deux pauvres. Il en a été porté comme malades (n°. 23.) deux cents trente-deux; il ne reste donc plus à tenir compte que d'une quantité de cent cinquante personnes valides, plus ou moins âgées.

Ainsi, les deux hôpitaux de vieillards, les maisons des Invalides, de la Pitié, de la Salpétrière, de Bicêtre, les Petites-Maisons, &c. servent, par jour, de retraite à douze mille quatre cents cinquante-une personnes seulement âgées, valides ou invalides, & non-malades.

Il y a deux hôpitaux pour les passans.

42. *L'hôpital Sainte-Catherine*, rue Saint-Denis, au coin de la rue des Lombards. Des religieuses de l'ordre de Saint-Augustin en prennent soin. Les pauvres femmes y sont reçues & nourries le soir; elles peuvent y coucher trois nuits de suite. Deux salles, au rez-de-chaussée, renferment seize grands lits, où on couche jusqu'à quatre personnes, & cinq petits lits; ce qui donne de quoi retirer, par jour, soixante-neuf femmes. En 1226, Guillaume Barbelle, bourgeois, donna deux arpens & demi près de Saint-Lazare, sur-lesquels il fit bâtir une maison qui fut érigée en hôpital, pour retirer des filles & femmes de mauvaise vie. Elles achetèrent, en 1253, douze arpens de terre; St. Louis, en 1265 & avant, fit beaucoup de bien aux religieuses qu'il mit dans cette maison; en 1350, il en fixa le nombre à cent. Lorsque les anglois firent leurs incursions en France, cette maison fut démolie, de peur qu'ils ne s'y fortifiassent; les religieuses se retirèrent rue St. Denis, dans un hôpital fondé en 1316, par Imbert de Lions. Charles VIII ordonna, en 1483, que cette maison seroit occupée par des religieuses de Fontevrault, ce qui fut exécuté en 1495; elles y ont exercé l'hospitalité jusqu'à la fin du siècle: suivant leur origine, on voit que cette communauté possédoit quatorze arpens.

43. *L'hôpital Sainte-Anastasie & Saint-Gervais*, vieille rue du Temple, au Marais, soigné encore par des religieuses de l'ordre de St. Augustin. On y trouve dans une grande salle, au rez-de-chaussée, dix grands lits & huit à tiroirs, qu'on dégage le soir de dessous les précédens; au premier étage sept grands lits & cinq petits. On y loge les hommes trois nuits consécutives; on leur donne à souper. Il s'y rend, de ces passagers, depuis trente jusqu'à deux cents. J'ai pris cent pour terme moyen & le plus ordinaire. Cet hôpital a été fondé en 1171, par Guerin Masson & son fils, pour donner l'hospitalité. En 1655, les religieuses, qui étoient en trop grand nombre, achetèrent l'hôtel d'O, vieille rue du Temple, pour l'augmenter.

Ainsi ces deux hôpitaux secourent, par jour, cent-soixante-neuf personnes.

Il y a trois maisons de veuves.

Les veuves n'ont, dans ces maisons, d'autre avantage que le logement, qui consiste en une chambre, quelquefois un cabinet, un caveau au bois. Les logemens les plus commodes s'obtiennent à tour de rôle, & par ordre d'ancienneté.

44. *Maison des veuves*, fondée en 1425, par Jean Chenard, garde de la monnoie, rue Saint-Sauveur, pour cette paroisse: il y a huit chambres. Ce fondateur laissa à ses héritiers la disposition de ses plans.

45. *La maison des veuves* de la rue du Sentier, près celle du Gros-Chenet, vingt chambres à la nomination de mademoiselle de Pourpry.

46. *La maison des veuves* de la rue Montmartre, vis-à-vis de la rue du Jour, fondée en 1497, pour huit chambres, à la nomination de M. le Pileur de Brevannes, conseiller au parlement. Ce qui fait trente-six chambres pour les veuves.

Il y a des maisons où l'on retire la jeunesse pendant le jour.

La maison de filature de la paroisse Saint-Sulpice, située rue des Vieilles-Tuileries, & qui, comme on l'a dit (n°. 32.), loge & entretient douze orphelins, procure en outre de l'occupation & des instructions à quatre-vingt-seize jeunes garçons; elle leur accorde aussi le dîner & le goûter. Il convenoit que l'on fît mention sous ce second rapport, & que l'on tînt compte de ces quatre-vingt-seize enfans, qui reçoivent des secours bien essentiels.

47. *La maison* dite *de la dentelle noire*, pour cinquante-six pauvres filles de la paroisse Saint-Sulpice, rue Sainte-Placide, faubourg Saint-Germain. Ces enfans sont occupés à faire de la dentelle noire. On leur apprend la religion; on leur montre à lire, à écrire, & on leur donne à dîner & à goûter.

48. *Les filles séculières de Sainte-Agnès*, rue Plâtrière, près de Saint-Eustache. Leur établissement commença en 1678; il fut ratifié en 1683: on y reçoit de pauvres filles pendant le jour. Outre les principes de religion, elles apprennent à travailler, à lire, à écrire; on leur donne à dîner & à goûter. Il y en a tantôt soixante, tantôt deux cents; le nombre le plus ordinaire monte à cent.

Ainsi le nombre de ces enfans, dans ces trois dernières maisons, est de deux cents-cinquante-deux.

Il suit de ce qui précède:

Que le nombre des pauvres valides & invalides, résidant dans les vingt derniers hôpitaux dont on vient de parler, & dans les hôpitaux communs à des malades & à des valides, est de . . 14,105.

Si, à ce nombre, on joint celui des malades secourus dans les vingt-huit premiers hôpitaux, & qui est de 6,236.

Les quarante-huit hôpitaux de Paris feront, par jour, un service qui s'étendra à 20,341.

Si l'on ajoute encore les 15,000 enfans-trouvés entretenus en nourrice, en sevrage & en pension, par la maison des enfans-trouvés, on aura la preuve d'une assistance publique, qui, à Paris, s'étend, par jour, à 35,341 personnes.

Et comme la population de Paris est de six cents soixante mille individus, il suit:

1°. Que ce nombre total de trente-cinq mille trois cents quarante-une personnes, secourues journellement, est à la population de la capitale, comme 1 est à 18⅔ à-peu-près.

2°. Que les vingt-mille trois cents quarante-un malades, valides & invalides, des hôpitaux de Paris, sont à la population, comme 1 est à 32⅔ ou environ.

3°. Enfin, que le rapport de six mille deux cents trente-six, nombre particulier & ordinaire des malades de chaque jour, des hôpitaux de Paris, est à sa population comme 1 est à 105⅘.

Nous terminerons par cette observation: que nous n'avons pas compris, dans ces résultats, les secours que les charités des paroisses distribuent, chacune dans leur étendue, aux indigens qu'elles soulagent, & aux malades qu'elles font traiter dans leurs propres maisons.

De tous ces *hôpitaux*, les deux plus considérables sont l'hôtel-dieu & la charité. Le second remplit assez bien sa destination. Il est passablement grand, spacieux, propre, & les malades couchés seuls. L'autre, au contraire, réunit tous les maux & les dangers d'une population entassée & manquant des moyens de propreté, de commodité, dont un aussi grand hôpital ne peut se passer.

Ces inconvéniens ont été sentis par toutes les personnes qui ont été à portée de connoître les détails intérieurs & la quantité habituelle de malades de l'hôtel-dieu.

Aussi depuis long-tems s'est-on occupé des moyens d'y remédier. Le grand bureau de l'hôpital-général demanda en 1773, au ministre ayant le département de Paris, que l'hôtel-dieu fût bâti ailleurs & dans un lieu plus salubre; projet également défendu par M. *Chamousset* & plusieurs écrivains distingués.

Enfin, en 1787, M. *Poyet*, architecte de la ville, adressa au baron de *Breteuil*, alors ministre du département de Paris, un mémoire dans lequel, après avoir montré l'insuffisance & les incommodités du local de l'hôtel-dieu, il propose un plan pour en construire un autre à l'*Isle des cygnes*.

Ce mémoire fixa l'attention du gouvernement, & l'engagea à faire nommer une commission par l'académie des sciences, pour en faire le rapport, & prendre, sur les lieux mêmes, la connoissance des défauts & des besoins de l'hôtel-dieu.

Il est résulté, de ce travail, un excellent écrit rédigé par M. Bailly, l'un des commissaires, aujourd'hui maire de Paris. On y trouve des principes clairs sur les conditions physiques & locales que doit réunir un *hôpital* pour être vraiment utile aux pauvres malades. Mais quelle que soit l'utilité de ces connoissances, comme elles n'ont qu'un rapport éloigné avec notre travail, & que d'ailleurs nous donnerions à notre ouvrage trop d'étendue, si nous y insérions toutes les pièces qui peuvent l'enrichir, nous nous contenterons de rapporter un abrégé de l'examen de l'hôtel-dieu, tel qu'il est dans le rapport des commissaires de l'académie; nous y joindrons ensuite quelques détails sur ses revenus & dépenses, & nous bornerons à ces objets ce qui concerne cet *hôpital*.

Examen de l'Hôtel-Dieu de Paris.

L'hôtel-dieu est-il un hôpital suffisant pour la ville de Paris? est-il commode? est-il salubre pour les pauvres malades dont il est l'asyle? Voilà les trois questions qu'il est naturel de proposer, & que l'examen des commissaires de l'académie doit résoudre.

Pour décider si cet hôpital est suffisant, il faut apprécier les besoins de la ville; il faut connoître le nombre des malades qu'elle y envoie, ou qu'elle y peut journellement envoyer. On a publié, contre le projet de M. Poyet, un petit ouvrage intitulé: *Relevé des principales erreurs contenues dans le mémoire relatif à la translation de l'hôtel-dieu*, & dont l'auteur, qui a dû avoir tous les renseignemens nécessaires, assure que le nombre commun & journalier des malades est de 2300 à 2400; les lettres-patentes du 22 avril 1781 établissent 2400 à 2500; & un mémoire manuscrit que nous avons sous les yeux, présenté en 1775 à l'administration de l'hôtel-dieu, par les médecins de cet hôpital, porte ce nombre moyen à 3000 ou 3500.

La diversité de ces résultats ou de ces estimations fait soupçonner que jusqu'ici l'on n'a pas eu de connoissances absolument précises sur ce point. Les états dont nous avons parlé donnent le nombre des malades existans à l'hôtel-dieu, le premier de chaque mois. Nous avons additionné ces nombres de malades des premiers de chaque mois, & nous avons déterminé le nombre moyen & journalier de 2500, par un milieu pris en cinquante-huit ans, depuis 1720 jusqu'en 1772, & depuis 1779 jusqu'en 1785, sur 695 jours différens; & comme ces jours sont très-nombreux, comme ils sont répandus également dans toutes les saisons de l'année, il ne manque rien à l'exactitude de notre détermination. On peut donc regarder ce nombre moyen des malades, 2500, comme un élément positif, fixé d'une manière précise; & on voit que les lettres-patentes qui évaluoient ce nombre à 2500, étoient fondées sur une évaluation assez exacte.

Il en résulte que l'hôtel-dieu doit être capable de recevoir au moins deux mille cinq cents malades.

Cependant un hôpital construit dans une grande ville, dans la capitale d'une nation puissante & sensible, ne doit pas être réglé sur le nombre moyen, mais sur le plus grand nombre des malades qui peuvent s'y présenter. Il faut songer aux années, aux saisons où les maladies sont fréquentes, & où les malades abondent à l'hôpital. Ces saisons calamiteuses se renouvellent dans des périodes assez courtes; on doit avoir des ressources prêtes lorsqu'elles arrivent, & ne se pas mettre volontairement dans la nécessité d'entasser les malades, d'introduire dans l'hôpital le mal-aise, la malpropreté, l'insalubrité, lorsque la mort fait le plus de ravages; & de rendre les secours plus difficiles, lorsqu'ils sont plus nécessaires. Le nombre des malades d'une ville est proportionné au nombre des habitans; & quoique le nombre des pauvres ne soit pas dans le même rapport, la population peut cependant donner une idée approchée de la grandeur de l'hôpital qu'on y veut construire. Nous comparerons Lyon à Paris: ce sont deux grandes villes, où il y a beaucoup d'ouvriers de luxe. L'hôpital de Lyon peut recevoir douze cents malades, & on estime que la population de cette ville est de cent-cinquante à cent-soixante mille ames. On estime également que la population de Paris est de six cents quarante à six cents quatre-vingts mille; & il paroît qu'on peut établir que les nombres des habitans de ces deux villes sont comme 1 à 4. On peut donc croire, & par une première évaluation, que Paris a besoin d'un hôpital capable de recevoir quatre mille huit cents malades, pour offrir à la misère des ressources pareilles à celles que lui offre la ville de Lyon. Cette détermination va être établie sur une base plus solide, & par des faits & par l'expérience. Les mêmes états imprimés nous ont fourni les moyens de connoître le nombre des malades, dans les tems & dans les jours où il y a eu le plus d'affluence. On y voit que, dans les premiers mois de 1740, 1741, 1742, les malades ont toujours été au-dessus de trois mille; & que le 1 février 1742, leur nombre a été jusqu'à trois mille huit cents vingt six. On voit encore que depuis le 1 novembre 1750 jusqu'au 1 novembre 1752, c'est-à-dire, pendant deux ans entiers, ce nombre a toujours surpassé trois mille, & a été, le 1 mars 1752, jusqu'à trois mille neuf cents six. Il ne faut pas croire que ce soit un jour par hasard; c'est pendant un tems considérable, c'est depuis le 1 décembre 1751 jusqu'au 1 juin 1752, c'est-à-dire, pendant six mois révolus, qu'il s'est maintenu entre trois mille six cents neuf & trois mille neuf cents six. Il en résulte que les médecins de l'hôtel-dieu ont eu égard à ces calamités, assez longues & assez répétées, quand ils ont estimé que le nombre journalier des malades étoit de trois mille à trois mille cinq cents; & en se réglant sur le plus grand nombre, on doit en conclure la nécessité de placer à l'hôtel-dieu quatre mille malades. C'est dans cette vue, & sans doute en prenant pour base un calcul pareil au nôtre, que le roi, dans ses lettres-patentes du 22 avril 1781, ordonne de *disposer l'hôtel-dieu de manière qu'il puisse contenir au moins trois mille malades, couchés seuls dans un lit; & de ménager un espace qui puisse contenir mille malades de plus, mais placés comme ils le sont actuellement.* Les lettres-patentes ont donc statué sur une possibilité de quatre mille malades.

Cependant nous croyons que les malades peuvent surpasser le nombre de quatre mille, dans les tems de calamité. Nous le croyons d'abord, parce que l'auteur du relevé dit, & non sans y être fondé, qu'on n'a jamais vu plus de quatre mille huit cents malades à l'hôtel-dieu; & il avoue qu'on y en a vu réellement une fois quatre mille huit cents. Ici nous regrettons de n'avoir pas eu la communication des registres ; nous ne connoissons la quantité des malades que pour le premier de chaque mois ; nous ignorons si, dans le cours de ces mois, le nombre des malades n'a pas surpassé quatre mille, & approché quatre mille huit cents. Nous croyons encore que ce nombre doit surpasser quatre mille, parce que si les malades étoient couchés seuls dans un lit, si l'hôtel-dieu n'étoit plus un lieu d'effroi pour les pauvres, qui n'y viennent qu'avec une extrême répugnance, on verroit augmenter le nombre des malades qui s'y font porter. *Nous ne nous dissimulons pas*, disent les lettres-patentes, *que ce nombre pourra augmenter à mesure qu'on ne sera pas repoussé de ces lieux par le sentiment des maux qu'on y craint.*

On objectera que l'hôtel-dieu a été soulagé par l'établissement de plusieurs hôpitaux, tels que celui des gardes-françoises, & les hospices fondés dans différentes paroisses. On dira que l'hôpital-général va retirer incessamment ses malades de l'hôtel-dieu, que M. le baron de Breteuil établit à Popincourt un hôpital pour la garde de Paris, & que l'augmentation prévue dans les lettres-patentes, peut être compensée par ces secours. Nous ne pouvons rien dire sur cette compensation incertaine ; nous n'avons point de moyens pour calculer, avant le tems, l'effet des causes morales : mais il y a un fait très-remarquable, que nous devons citer ici ; c'est que la population de Lyon fournit à l'hôpital un nombre de malades qui, en prenant la moyenne de six années, est de douze mille huit cents quarante-sept. L'année moyenne des malades, à l'hôtel-dieu de Paris, est de vingt-un mille trois cents vingt-deux. D'où il résulte que, dans une ville quatre fois plus peuplée, l'hôtel-dieu ne reçoit pas le double des malades que reçoit l'hôtel-dieu de Lyon : ce qui vient sans doute en partie de ce que la ville de Paris a d'autres secours, d'autres hôpitaux où différens malades sont admis. Mais tous ces hôpitaux, pris ensemble, ne reçoivent pas assez de malades pour produire cette différence, elle a une autre cause ; & cette cause ne peut être que la répugnance des pauvres pour l'hôtel-dieu de Paris. Lorsqu'elle sera cessée, le nombre des malades augmentera, & dans une proportion peut-être considérable, que nous ne pouvons pas apprécier.

Il n'y a rien au monde qui empêche que ce nombre n'aille à quatre mille huit cents, puisqu'on a vu quatre mille huit cents malades à l'hôtel-dieu ; & cette raison nous détermine à croire qu'un hôpital construit pour la ville de Paris, dans un siècle d'humanité & sous un règne de bienfaisance ; un hôpital destiné à suffire aux tems où les maladies abondent, comme en 1750, 51, 52, doit être capable de recevoir quatre mille huit cents malades, & contenir quatre mille huit cents lits.

Avant de suivre les commissaires de l'académie dans les détails des moyens d'exécution pour rendre un *hôpital* salubre & utile, nous croyons devoir consigner ici quelques connoissances positives sur les revenus, les dépenses, le nombre des malades & la mortalité de l'hôtel-dieu.

D'après les tableaux insérés dans le compte rendu en 1790, par le département des *hôpitaux*, à l'assemblée des représentans de la commune, il résulte que depuis l'année 1780, jusques & y compris 1789, la recette des revenus de l'hôtel-dieu s'est montée, toutes charges déduites, à 13,332,580 liv. ce qui fait, par année, 1,333,258 liv.

Cette somme se compose du produit des biens que l'hôtel-dieu possède à Paris, & qui se monte, année commune, à 268,905 liv. ; de celui des biens de campagne, année commune, 95,300 liv. ; de 426,191 liv. de rente ; de droits divers & octrois établis à son profit aux entrées, année commune, 426,450 liv. ; du droit sur les spectacles, 118,616 liv. ; de revenus casuels, 113,213 liv. sur lesquelles sommes il y a 125,417 liv. de charges & réparations annuelles.

Depuis la même époque de 1780, jusques & compris 1789, le même *hôpital* a dépensé 13,428,559 liv. ; c'est, année commune, 1,342,856 liv.

Cette somme de dépenses se compose annuellement de 119,511 liv. d'entretien des lieux hospitaliers, de 68,195 liv. de frais de régie, d'appointemens & de gages, de 127,507 liv. en bleds & panneterie, de 362,384 liv. en viande de boucherie, de 132,478 liv. en vin, de 159,789 en dépenses de cuisine, de 109,594 liv. en bois & charbons, 201,740 liv. de dépenses diverses, de 60,858 livres.

Il est entré à l'hôtel-dieu, toujours depuis la même époque 1780, jusques & compris 1789, 262,785 personnes ; c'est, année commune, 26,279. Il est né, pendant le même tems, 15,345 enfans ; c'est, année commune, 1,535 ; ce qui fait presque un seizième des naissances de Paris. Il est mort, pendant ces dix ans, 50,540, ce qui donne 5,054 morts pour chaque année.

Notre objet n'est point d'étendre plus loin ces observations : nous remarquerons seulement que cet hôpital a été jusqu'à présent, & est encore administré par un bureau d'administrateurs, & confié aux soins de quatre-vingt-deux sœurs hospitalières, ci-devant engagées par des vœux perpétuels, lesquelles sont aidées, dans leurs fonctions, par vingt filles, dites de la chambre, qui se consacrent au service de l'hôpital, sans recevoir de gages. L'hôtel-dieu renferme encore environ cinq cents quatre-vingts serviteurs & servantes gagés & répandus dans les différentes salles & les différens offices, vingt-cinq prêtres & quatre enfans de chœur, quinze officiers principaux, soixante-deux officiers de santé, non compris les médecins, qui ne sont ni nourris, ni logés dans la maison, ce qui fait un nombre total de sept cents quatre-vingt-dix personnes environ, employées directement ou indirectement au service des malades dans cet *hôpital*.

Passons maintenant aux réflexions des commissaires de l'académie sur les différens moyens de secourir les pauvres malades; quoiqu'elles roulent principalement sur l'hôtel-dieu & sur Paris, leur utilité peut facilement se généraliser, & s'appliquer à tout autre *hôpital*.

Quel est le but qu'on se propose en construisant un hôpital? c'est de soulager le pauvre malade; c'est de le traiter avec le plus grand soin & en même-temps avec le plus d'économie possible. Ces deux objets presque contraires, semblent imposer des obligations différentes; le besoin, le bien être du malade, exigeroient qu'il fût traité chez lui, dans sa famille, s'il en a une, ou confié à une garde, s'il vit seul & isolé, & à un médecin, & à un chirurgien qui le visiteroient. Ces secours que se procurent les gens aisés, ne sont-ils pas trop dispendieux pour que la société s'en charge en faveur de tous les pauvres? On ne peut leur procurer ces secours, quand ils sont malades, qu'en les réunissant; & cette économie est le principe qui semble établir la nécessité des hôpitaux.

Nous ne voyons que trois moyens de soigner les pauvres malades : le premier est de les traiter chez eux-mêmes; le second est de les recevoir dans un hospice où ils seront traités en commun; le troisième est de les réunir en nombre dans un ou plusieurs grands hôpitaux.

Le premier moyen, celui de faire traiter les malades chez eux, demanderoit un partage des revenus de l'hôtel-dieu, entre les différentes paroisses de Paris. Nous ignorons si ce partage seroit praticable; nous croyons qu'il auroit des inconvéniens. Ces malades seroient-ils défrayés selon leur besoin? Alors la distribution des remèdes & des alimens seroit sujette à une infinité d'abus. Comment seroit-on sûr que les remèdes payés ont été fournis, & que les alimens distribués n'ont pas été détournés? S'il y avoit un prix fixé pour la journée des malades, ce prix seroit trop fort pour les uns & trop foible pour les autres; le prix ne peut s'établir que sur un grand nombre, & par la compensation. Ici la compensation seroit au détriment d'une partie des malades. Tous les pauvres malades de Paris sont soulagés par les secours réunis & des revenus de l'hôtel-dieu & des charités des paroisses. Si on versoit dans ces paroisses les revenus de l'hôtel-dieu, la charité se reposeroit peut-être sur la charité publique; & il y a lieu de craindre qu'on ne diminuât, si on ne tarissoit pas la source des aumônes. Mais en supposant que l'on pût remédier à une partie de ces inconvéniens, & que les autres n'eussent pas lieu, on ne peut traiter les malades chez eux que lorsqu'ils ont un domicile; beaucoup de pauvres habitent en chambre commune, & dans des lieux où ils ne pourroient rester malades. Il faut des hôpitaux pour cette espèce de pauvres. Le soin de les soulager malades dans leur propre asyle, appartient à MM. les curés; ils s'en acquittent avec un zèle exemplaire; ils sollicitent les aumônes & les répandent avec autant d'économie que de fidélité. Ces aumônes suffisent dans un nombre de paroisses; il y en a plusieurs qui n'envoient point de malades à l'hôtel-dieu; la charité publique ne doit faire que ce que ne fait point la charité particulière. Il paroît donc naturel de laisser les choses comme elles sont à cet égard, & de réserver les fonds publics pour les hôpitaux. *Voyez* PAUVRES.

Mais doit-on diviser les secours de la charité publique, & substituer un nombre d'hospices établis dans les paroisses, à un hôpital unique? C'est le second moyen de soulager les malades. L'hospice de Saint-Sulpice, où régnent l'ordre, la propreté, l'économie, où l'humanité veille aux besoins des pauvres, & où les mêmes soins guérissent à-peu-près autant de malades qu'à la charité, a fait naître l'idée des hospices. Il est naturel de vouloir procurer des secours semblables à toutes les paroisses, & de répéter par tout une institution qu'on admire avec justice. Il est certain que moins qu'il y a de malades réunis, plus il est aisé de les bien soigner; mais si un hôpital unique a de grands inconvéniens, les hospices en ont aussi qui ne sont pas moins importans, & qui suffisent pour les exclure quand on les propose comme moyen unique.

Comment pourroit-on construire ces hospices, suivant les principes que nous avons établis dans ce rapport? Le terrein manqueroit dans la plupart des paroisses de l'intérieur de Paris; on y trouveroit en petit les vices qui tiennent au défaut d'emplacement, & tout ce qui rend l'hôtel-dieu insalubre. Ces hospices seroient resserrés, abrités, la circulation de l'air y seroit gênée par les édifices voisins. Il faudroit ou accoupler les salles, ou les élever par étages. Où placeroit-on les convalescens pour les séparer des malades? Où seroient les promenoirs de ces hospices? Chaque quartier auroit donc dans son sein un foyer de maux & un spectacle de misère; il en résulteroit que par une triste réciprocité, les habitans de la ville incommoderoient par-tout les malades, & les malades incommoderoient par-tout les habitans.

Mais si nous examinons la destination des hôpitaux, qui est de soulager tous les malades, sans en excepter aucun, nous verrons que les hospices n'y suffiroient pas, & que cet objet ne peut être rempli dans son entier, que par un ou plusieurs hôpitaux communs à tous.

Ces hospices n'auroient qu'un nombre borné, un petit nombre de lits. Ils seroient sans ressources dans les mauvaises années, où le nombre des malades est considérablement augmenté. Le calcul des probabilités enseigne que les petites causes inconnues, auxquels on est convenu de donner le nom de *hazard*, ne se compensent que dans les grandes combinaisons, & ont une influence très-marquée dans les petites. Lorsque ces causes augmentent d'un quart ou d'un cinquième le nombre des malades de l'hôtel-dieu, il n'y a point de doute qu'elles ne puissent doubler ou tripler les malades de telle ou telle paroisse. Les lits étant pleins, il faudra refuser les malades; que deviendront-ils? Alors on aura besoin de protection pour être admis, & bientôt les indigens seront préférés à des nécessiteux sans recommandation. Dans une ville immense comme Paris, où tout est confondu, où arrive tous les jours, où vit une multitude d'hommes inconnus, qui n'ont que des besoins & point de ressources; il faut un hôpital où on ne refuse personne. Première raison qui nécessite un hôpital commun.

L'hôtel-dieu n'est point pour Paris seul; les pauvres des campagnes voisines ont besoin de cet asyle. Dans quels hospices des paroisses seroient ils reçus? Il faut cependant qu'ils le soient. La ville, le chef lieu des habitations, doit avoir des secours pour toutes ses dépendances. Il faut donc que Paris ait d'autres secours que ceux des paroisses, & un hôpital ouvert pour les pauvres des campagnes, seconde raison qui nécessite un hôpital commun.

Suivant le témoignage de MM. les curés, il est des hommes humiliés de leur pauvreté, des hommes que des revers ont conduits à la misère, qui vont comme inconnus à l'hôtel-dieu, & qui rougiroient d'être vus à l'hospice. Une malheureuse fille, honteuse de sa foiblesse, iroit-elle à l'hospice de sa paroisse? Il faut, sur-tout dans ce dernier cas, favoriser le desir de se cacher, qui est un reste de mœurs; il faut tendre une main secourable à la foiblesse, pour empêcher les crimes. Cette considération appartient à la politique comme à la morale. Toutes les naissances à l'hôtel-dieu ne sont pas sans doute illégitimes; mais il s'agit, année commune, de quatorze cents deux enfans, qui naissent pour l'état, & de quatorze cents trente-trois mères qu'on doit ou cacher ou conserver. Il faut donc un hôpital pour les femmes en couche, où les filles devenues mères puissent être confondues. Troisième raison qui nécessite un hôpital commun.

Il y a des traitemens à Paris, tel que celui des fous; il y a des opérations chirurgicales, telles que la taille, le trépan, l'opération Césarienne, l'extraction de la cataracte, l'amputation des membres, qui demandent ou un local vaste, ou des mains habiles, exercées & surveillées par un chirurgien consommé. C'est ce qu'on ne peut réunir que dans un grand hôpital; il offre gratuitement aux plus pauvres les mêmes avantages que l'or procure aux plus riches. Il faut donc un hôpital où l'on traite les fous, & où se fassent les grandes opérations chirurgicales. Quatrième raison qui nécessite un hôpital commun.

Enfin, la dernière raison qui nécessite un hôpital commun, est celle des maladies contagieuses. Ces maladies sont-elles reçues dans les hospices? On y sera forcé lorsqu'il n'y aura pas d'autre hôpital. Mais alors il faudra des salles particulières pour les maladies contagieuses; il en faudra pour séparer les différentes maladies; il en faudra pour les hommes & pour les femmes. Ces dispositions exigeront une certaine étendue; & comme il arrivera souvent que le local dont on pourra disposer n'aura point assez d'étendue, il faudra accoupler les salles, multiplier les étages, renouveller tous les inconvéniens de l'hôtel-dieu; & ces maladies étant mêlées, traitées avec les autres, on reproduira tous les maux qui résultent, à l'hôtel-dieu, de ce mélange. Si ces maladies ne sont pas reçues dans les hospices, il faut donc encore un hôpital pour les maladies contagieuses.

Ces considérations nous conduisent à préférer le troisième moyen, celui d'un ou de plusieurs hôpitaux ouverts à tous les malades; mais nous ne renonçons pas au bien que peuvent faire les hospices; nous savons que les malades y sont plus suivis, mieux traités, mieux consolés. Un avantage inestimable de ces établissemens, quand ils ne sont pas un moyen unique, quand ils n'existent que pour aider & soulager les hôpitaux, c'est que, sans injustice, les malades peuvent y être choisis. L'humanité, qui refuse un infortuné, sait qu'il trouvera d'autres secours; elle s'attache d'autant plus à ses adoptions, & le petit hôpital ressemble à une famille, où des enfans seroient traités par leurs parens. Le gouvernement doit donc encourager, la société doit payer de son estime les personnes vertueuses qui établissent des hospices, comme ceux de Saint-Sulpice, de Saint-Jacques du Haut-Pas, de Saint-Médéric, de Saint-André. Mais ce sont toujours des charités particulières, elles ne doivent rien ôter à la charité publique. Il ne faut rien de borné; il faut un grand hôpital commun dans une ville considérable, où la misère soumet tant d'individus à une destinée commune. Elle a besoin d'un hôpital où on ne refuse personne, où les pauvres de la campagne soient admis; elle a besoin d'un hôpital où se fassent les opérations difficiles, dispendieuses; d'un hôpital qui, par son étendue & sa disposition, permette de séparer & d'éloigner les maladies contagieuses des maladies ordinaires.

On peut encore observer qu'en multipliant trop les hôpitaux, on les soustrairoit, en que que sorte, aux regards de la nation; l'attention publique, à force d'être partagée, deviendroit presque nulle. Dans un grand état, les grands établissemens semblent seuls lui appartenir; seuls ils ont une masse qui résiste au tems, & une importance qui se fait toujours respecter. L'état qui les a élevés doit les soutenir; leur conservation devient un devoir sacré, un devoir d'autant plus indispensable, que tout se passe au grand jour. Si l'hôpital manquoit de fonds pour soulager les malades, l'édifice, en partie désert, recevroit les malédictions du pauvre; & l'homme dur, qui l'auroit ainsi fermé à la misère, n'échapperoit pas aux reproches de la nation. Cet avantage des grands hôpitaux est précieux, car si les vertus privées sont d'autant plus estimables qu'elles sont plus libres, il est bon, il est nécessaire que les vertus publiques soient commandées par les circonstances, & que les hommes soient enchaînés, par ces circonstances mêmes, aux devoirs de première nécessité. C'est encore un avantage de ces hôpitaux, que l'administration en est plus facilement éclairée; cette lumière encourage les hommes qui se dévouent à des fonctions pénibles & gratuites; & *c'est pour leur ménager le tribut d'opinion qui est leur récompense*, que les lettres-patentes, du 22 avril 1781, ordonnent que les comptes de recette & de dépense de l'hôtel-dieu seront annuellement imprimés.

S'il ne paroît pas convenable de construire, pour cinq mille individus, un grand hôpital qui seroit une ville de malades, on voit qu'il y auroit des inconvéniens à trop subdiviser cet hôpital, & à le distribuer dans Paris, en petites parties. Il y a donc un milieu à prendre entre un hôpital unique qui seroit trop grand, & vingt ou trente hospices qui seroient trop petits. Il semble que la nécessité de retirer l'hôtel-dieu du centre de Paris, & de le placer aux extrémités, jointe à la considération de la distance trop grande où cet hôpital, placé à une extrémité, seroit de toutes les autres, doit conduire à établir quatre hôpitaux, dans quatre points choisis de la circonférence de Paris: & ce qu'il y a de singulier, c'est que l'état des choses ramèneroit le systême des hospices à celui de ces quatre hôpitaux.

Toutes les paroisses de Paris ne fournissent pas des malades à l'hôtel-dieu, proportionnellement à leur étendue. La médiocrité a ses quartiers comme la richesse, & la grande misère est reléguée aux extrémités & dans les fauxbourgs. Les classes qui fournissent le plus à cet hôpital, sont celle des maçons & des manœuvres, qui abondent dans une ville où on bâtit sans cesse & de toutes parts; celle des savoyards, des auvergnats, qui sont ramoneurs & porte-faix; enfin celle des artisans & des ouvriers gagnant journées, & qui sont sans ressources lorsque la maladie interrompt le travail. La plupart de ces individus habitent en bandes dans des chambres communes, & dans des quartiers où ces chambres sont moins chères, c'est-à-dire, dans les fauxbourgs. Ces classes, qui fournissent tant de pauvres malades, obligeroient donc d'agrandir en conséquence les hospices des fauxbourgs.

On ne peut guère avoir une idée de la population des paroisses, qu'en comparant leur mortalité à la mortalité totale de Paris. Ainsi, par exemple, cette mortalité totale a été, en 1785, de 20,365 personnes; & en retranchant, de cette quantité, les protestans & tout ce qui est mort en religion & dans les hôpitaux, il en restera 15,345 pour la mortalité des paroisses. Sur cette quantité, Saint-Eustache a eu 1224 morts, Sainte-Marguerite 1097; de sorte que la mortalité de ces paroisses est à la mortalité générale, comme un à onze, & comme un à douze. Nous la supposerons égale pour l'une & l'autre de ces paroisses, & comme un à douze. Or, nous avons établi que le nombre commun & journalier des malades de l'hôtel-dieu est de deux mille cinq cents, & que ce nombre, dans les mauvaises années, peut aller jusqu'à quatre mille huit cents. On pourroit donc croire que les hospices de ces deux paroisses recevroient, dans la raison d'un à douze, deux cents malades dans les tems ordinaires, & quatre cents dans les tems de calamité. Il faudroit donc un local disposé pour quatre cents, puisque, sans égard aux tems, c'est le plus grand nombre des malades qui doit régler la capacité des hôpitaux. Un hospice de quatre cents malades est déjà un véritable hôpital. Mais si l'on considère que les paroisses de Saint-Eustache & de Sainte-Marguerite renferment les fauxbourgs Montmartre & Saint-Antoine, peuplés de pauvres, & où habitent, en grande partie, les classes ouvrières & indigentes dont nous avons parlé, on verra que ces paroisses doivent envoyer à l'hôtel-dieu, relativement aux autres, un nombre bien plus grand de malades, que celui qui résulteroit de leur étendue comparée. Ce n'est pas trop de doubler le nombre de quatre cents que cette étendue nous a indiqué, & de le porter à huit cents; sur-tout en observant que nous avons supposé les variations du nombre des malades, dans ces hospices, proportionnelles à celles de l'hôtel-dieu, tandis que les règles de la probabilité font connoître que ces variations y peuvent être beaucoup plus grandes. Il en résulte que certaines paroisses des fauxbourgs auront besoin de semblables hospices, placés dans cette circonférence où la misère habite; & ces hospices de huit cents malades sont précisément les grands hôpitaux dont nous croyons avoir montré la nécessité. Nous pensons seulement que quatre hôpitaux suffiront, & qu'il convient de les porter de huit à douze cents, pour embrasser le nombre de quatre mille huit cents malades, que paroît demander, dans les cas extrêmes, la population de Paris.

Nous croyons donc que l'académie doit proposer au gouvernement de partager le nouvel hôpital, qui doit suffire à quatre mille huit cents malades, en quatre hôpitaux de douze cents malades chacun, & qui pourront être placés aux quatre extrémités de la ville de Paris. Nous supposons que les bâtimens de ces hôpitaux seront composés d'un rez-de-chaussée & de deux étages, avec caves voûtées & greniers. Nous desirerions que les malades n'occupassent que le premier étage ; mais comme une pareille disposition produiroit un grand développement & prendroit trop de terrein, nous proposons de placer les officiers au second étage, les malades au premier & au rez-de-chaussée. Le rez-de-chaussée, suffisamment élevé au-dessus du sol, sera pareillement réservé aux convalescens, qui font à-peu-près un tiers des malades. Il n'y aura donc jamais qu'un petit nombre de malades proprement dits, dans le rez-de-chaussée ; & cet arrangement facilitera aux convalescens la promenade & l'exercice de leurs premières forces en plein air.

Quant à la disposition générale des bâtimens, nous croyons que la forme circulaire, adoptée par M. Poyet, n'est pas la meilleure. La forme quarrée a l'inconvénient que les salles rentrent les unes dans les autres, & que les croisées des angles sont trop voisines ; lorsqu'elles sont ouvertes, l'air infecté peut passer facilement d'une salle dans l'autre. La direction des salles en rayons est dans le même cas ; les croisées sont trop voisines en approchant du centre, & la forme circulaire des galeries où elles aboutissent, n'est pas la plus favorable au renouvellement de l'air vicié. D'ailleurs, ces rayons, dirigés à tous les points de la boussole, ont tous des expositions différentes ; or, parmi ces expositions, il y en a une meilleure, qui, dans un édifice construit pour un hôpital, doit être employée. Les salles assemblées en croix ont les mêmes inconvéniens que les formes quarrées ; ces salles s'enfilent & communiquent trop directement. On peut, sans doute, en renouveller l'air au moyen d'un dôme placé au centre, qui sert de ventilateur, comme l'a proposé M. Petit en 1774, & rendre, comme lui, ce ventilateur plus actif par le feu ; mais quelque utilité que puisse avoir le ventilateur, il vaut encore mieux n'en avoir pas besoin. Nous croyons que la disposition la plus salubre, pour les hôpitaux, seroit celle où chaque salle, si cela étoit possible, formeroit un hôpital particulier & isolé ; mais ce qui n'est pas praticable sans une grande dépense, quant aux salles, le devient quant aux bâtimens. Au lieu d'enfermer une cour par trois ou quatre corps-de-logis, on peut les développer, les isoler, les espacer. Nous proposons que ces bâtimens soient des parallèles, auxquelles on donnera la longueur qu'on voudra, & que nous supposons ici de cent-dix à cent-vingt toises : ces parallèles seront séparées par des cours de la même longueur, & larges de vingt à trente toises, qui formeront de vastes promenoirs. Nous devons dire que l'idée de cette forme d'hôpital appartient à M. Leroy, de cette académie, qui l'a exposée dans un manuscrit lu en 1777, non encore imprimé, & dont nous regrettons de n'avoir pas eu connoissance. Nous proposons de diriger ces bâtimens de l'est à l'ouest, afin que les croisées donnant du nord au midi, le vent du nord puisse rafraîchir les salles pendant l'été, & fournir un moyen de sécher les planchers quand on les a lavés ; & que l'exposition au midi, en offrant d'autres moyens de sécher, procure aux malades un jour qui leur est toujours agréable, & une chaleur qui leur est souvent nécessaire. L'excès de cette chaleur est rare dans nos climats, & il est par conséquent d'autant plus facile d'y remédier.

Nous insistons pour que les malades soient à jamais couchés seuls, conformément aux principes physiques que nous avons exposés, & suivant ce qui a été décidé & arrêté par la bonté du roi. Nous insistons pour que les lits, chacun de trois pieds, soient séparés par des ruelles de même largeur, & qu'il n'y ait jamais que deux rangs de lits. Ces salles ayant vingt-quatre pieds de large, on aura, dans le milieu, un passage de douze pieds. Nous conseillons de faire les couchettes en fer, & nous insistons sur la nécessité de garnir ces lits de matelas de laine, & non de matelas de plume ; de ne jamais vider les paillasses dans les salles, mais de les vider & d'en brûler la paille dans les cours, à une distance suffisante des bâtimens de l'hôpital.

Il sera convenable que les planchers des salles soient dallés en pierres, autant que cela sera possible. Les joints dégradés des carreaux forment nécessairement des creux où se logent toutes sortes de saletés & de matières fétides qui y fermentent ; ces planchers ne peuvent jamais être bien lavés : il faut, au moins, qu'il y ait des dalles sous les lits, dans les ruelles, & que le reste de la salle soit carrelé en carreaux de grand échantillon. Mais nous croyons que, sans trop charger le plancher, on pourra le carreler en entier de dalles, pourvu qu'elles n'aient que deux pouces d'épaisseur. Alors, en inclinant ces dalles vers le milieu de la salle, on y ménagera une rigole pour l'écoulement de l'eau, & pour dissiper plus facilement l'humidité après le lavage du plancher. Ces dalles seront simplement sciées ; si elles étoient polies, elles seroient glissantes ; & comme elles peuvent le devenir par l'usage, on en préviendra le danger en y répandant du sable.

Quant au plancher supérieur, nous n'avons pas proposé des voûtes, qui exigeroient des murs trop forts & une dépense trop considérable ; mais il faudra plafonner ce plancher, pour que les intervalles des solives n'offrent point à l'air infecté une retraite

retraite d'où il est difficile de le chasser. Les croisées monteront à la hauteur du plafond, & s'ouvriront jusqu'à cette hauteur, afin que la couche supérieure de l'air, qui est toujours la plus infecte, ait une libre issue. Les escaliers doivent être ouverts de manière que l'air du dehors circule librement dans toute leur hauteur. L'intérieur des salles sera échauffé l'hiver, par les moyens ordinaires, c'est-à-dire, par des poêles.

La chapelle pourra être construite hors des bâtimens parallèles, & à une distance convenable. Il n'est pas possible qu'elle soit à portée de toutes les salles de malades; elle est principalement destinée aux gens de service & aux malades convalescens: mais on pourra, comme à l'hôtel-dieu actuel, placer des autels, & avoir ainsi de petites chapelles particulières dans l'intérieur des salles.

On a toujours lieu de craindre le feu dans une maison où il y a beaucoup de monde, & où le service compliqué est très-actif; il convient donc de prendre d'avance des précautions pour en prévenir le danger. C'est une des raisons qui nous ont portés à conseiller de faire les couchettes en fer. Nous conseillons également d'employer le fer pour les chassis des croisées; de l'employer, au lieu de bois, par-tout où cela sera possible; d'imprégner d'une dissolution saline, telle que celle de l'alun, les bois qui entreront dans la construction; & d'avoir des issues par des escaliers suffisamment larges, tant au milieu qu'aux extrémités de chaque bâtiment.

Cette disposition en bâtimens parallèles aura cela d'avantageux, qu'on pourra, selon le besoin, destiner un ou plusieurs corps de bâtimens aux maladies contagieuses. On prendra, de préférence, le bâtiment extérieur du côté du midi, parce qu'il sera sous le vent du nord, & que ce vent est celui qui balaie le mieux le mauvais air. Ce corps de bâtiment étant spécialement destiné aux maladies contagieuses, on pourra y établir des subdivisions, & les classer. Le pavillon du milieu fera une séparation entre la salle de la droite & celle de la gauche; & cette séparation existant au rez de-chaussée comme au premier, le bâtiment aura quatre quartiers différens, dont on pourra faire l'usage convenable, c'est-à-dire, celui qui sera prescrit par les médecins.

Les latrines & leur position sont un objet important dans la construction d'un hôpital; il seroit bon qu'elles fussent isolées & éloignées des bâtimens, afin que leurs émanations n'atteignissent pas les salles des malades; mais la commodité pour engager à les placer aux extrémités des parallèles. Nous n'entreprendrons point cette discussion; mais nous croyons que cet objet doit être médité & combiné avec l'architecte, les plans à la main, pour se décider sur le local, & en mettre à profit tous les avantages. Mais il sera essentiel, lorsque le voisinage de la rivière le permettra, de pratiquer un égout souterrain où se rendront les vidanges des fosses, les immondices, & qu'on lavera en y faisant passer l'eau même de la rivière, comme M. Poyet l'a pratiqué dans son projet; ou du moins on nettoiera cet égout par des eaux retenues dans un bassin, & qu'on y fera tomber & passer en grande masse, plusieurs fois dans l'année.

Il n'est pas nécessaire que nous entrions ici dans des détails, soit de construction, de distribution ou de police intérieure, que pourront exiger la salubrité, la propreté de l'hôpital, & la commodité des malades. Ces détails sont consignés dans un ouvrage de M. Tenon. Il y a recueilli le fruit de vingt années d'observations sur les hôpitaux. Cet ouvrage est utile à l'architecte chargé de construire un hôpital, & à l'administrateur qui en réglera le service. Il nous suffit d'avoir mis sous les yeux du lecteur le plan général de la construction d'un hôpital. Nous croyons que, par la disposition que nous avons indiquée, il aura toute la salubrité qu'un hôpital puisse avoir. Ce ne sera plus un lieu d'effroi & de douleur; les malades béniront le nom du roi; la mortalité y diminuera, & les hommes y seront conservés.

Après ce que nous venons de rapporter sur l'hôtel-dieu, peut-être seroit-il nécessaire que nous fissions également connoître avec quelque détail, les différens hôpitaux de la capitale & même du royaume. Mais cette entreprise nous conduiroit trop loin, & donneroit à notre ouvrage une étendue démesurée: en conséquence, nous allons seulement rapporter quelques observations instructives & générales sur quelques-uns des *hôpitaux* que nous avons nommés dans l'apperçu que nous avons donné de ceux de Paris.

Sous le nom d'hôpital général on entend la réunion de plusieurs maisons, destinées plus encore à recevoir & secourir les pauvres qu'à traiter les malades.

Il doit son origine, comme nous l'avons déjà remarqué, au système de renfermer les mendians. Louis XIII avoit pour cet objet fondé *la Pitié* en 1612; mais n'ayant pas pu exécuter son dessein, il consacra cette maison au soin des pauvres enfans, & même des vieilles femmes qui s'y retiroient volontairement.

Mais Louis XIV voulant absolument mettre un terme à la mendicité très-répandue de son temps, établit l'*hôpital-général* en 1655. Un édit de l'année suivante ordonne de renfermer dans les maisons qui en dépendent tous les mendians valides ou non-valides qui se trouveroient dans les rues de Paris & aux environs.

Successivement on accrut l'*hôpital-général* de différens établissemens de charité, tels que la maison des Enfans-trouvés : celle des Enfans-rouges, l'hôpital du Saint-Esprit, & de plusieurs autres que nous rapporterons tout-à-l'heure.

Pour soutenir un pareil établissement, on lui assigna des fonds considérables pour son entretien ; ils consistent en maisons, terres, rentes & octrois, qui forment un tout de trois millions de revenus annuels.

Ce ne fut qu'au mois de juillet 1670, que l'*hôpital* des enfans-trouvés a pris quelque consistance, & qu'il a reçu la forme qu'il a aujourd'hui. L'édit donné à ce sujet en unit l'administration à celle de l'*hôpital-général* ; & au surplus, il laisse une manse distincte aux enfans-trouvés, lesquels conservent tous les biens, dons & avantages dont ils étoient en possession. Le roi a encore accordé dans la suite quelques nouveaux objets à l'hôpital des enfans-trouvés, & notamment par des lettres-patentes du mois d'avril 1676, les biens de la confrérie de la passion & de la résurection de notre-seigneur. Une déclaration du 23 mars 1680, a chargé les administrateurs de l'hôpital-général, de la direction des biens de l'*hôpital* du Saint-Esprit. Par une autre déclaration du même jour, l'administration des biens des enfans-rouges, a été jointe à celle des enfans trouvés. Mais des lettres-patentes du mois de mai 1772, ont supprimé la maison des enfans-rouges, & réuni ses revenus & biens à l'hôpital des enfans trouvés.

Les moyens que Louis XIV, a adoptés pour soutenir l'*hôpital-général*, ne se sont point bornés à lui concéder, comme il l'a fait par les articles 28 & 29 de l'édit de 1656, les biens, droits, profits & revenus, tant en fonds qu'en fruits, qui appartenoient aux cinq maisons, dont il venoit de lui donner les bâtimens, les lits & les autres meubles ; il lui a en outre attribué le produit de quêtes & d'autres aumônes, celui d'amender tous les legs qui seroient faits aux pauvres en termes vagues & généraux, le profit des taxes ou de droits aux réceptions, soit des officiers de justice, soit des marchands ou maîtres des communautés de Paris, comme aussi divers octrois, dont les rois Louis XV & Louis XVI, ont depuis prorogé la levée, & auxquels même ils en ont ajouté, tant en faveur de l'hôpital-général que de celui des enfans-trouvés, à mesure de l'augmentation des charges des deux hôpitaux. Un autre faveur accordée par Louis XIV, à l'hôpital-général, & qui lui a été continuée par ses successeurs, consiste dans un grand nombre d'exemptions, de droits & de privilèges, singulièrement pour tous les objets de consommation des pauvres. Il fut également ordonné par le même roi, que toutes les causes & les différends que l'*hôpital* auroit à soutenir, seroient portées en première instance, devant des juges souverains ; savoir : à la grande chambre du parlement ; à la cour-des-aides & à celle des monnoies, suivant la nature & la qualité des contestations. A ces avantages différentes ordonnances ont ajouté un impôt sur les spectacles. Celle de 1699, porte que l'opéra & les théâtres de la capitale donneront un sixième de la recette à l'hôpital-général. Cette somme a été augmentée d'un neuvième par la suite, elle est aujourd'hui d'un quart. Nous avons vu au mot Halle, que l'*hôpital-général*, perçoit un droit sur les vins qui arrivent à Paris, pour la consommation de cette ville.

L'*hôpital-général* est donc, comme on vient de le voir, un terme général qui désigne la réunion de plusieurs maisons destinées à recevoir toute espèce de pauvres, & quoiqu'il ne fût d'abord destiné qu'à donner des secours de charité, plusieurs des maisons qui la composent sont également employées au traitement des malades.

L'*hôpital-général* a neuf maisons sous sa direction ; savoir : 1°. la Salpétrière ; 2°. Bicêtre ; 3°. la Pitié ; 4°. Ste. Pélagie ; 5°. l'*hopital* du Saint-Esprit ; 6°. la maison de la Couche des enfans-trouvés ; 7°. les enfans-trouvés du faubourg Saint Antoine ; 8°. la maison de Scipion ; 9°. l'hospice de Vaugirard. Le Mont-de-piété est encore un établissement soumis à la direction de l'hôpital-général ; mais nous n'en parlerons point ici, parce qu'il n'a aucun rapport avec l'objet d'un *hôpital*.

L'établissement de la Pitié eut lieu, comme nous l'avons dit, vers 1650 : on y entretenoit alors un certain nombre de petits garçons, de petites filles & de vieilles femmes. Louis XIII avoit voulu, vers 1612, se servir de son local, pour y loger les mendians valides ; ce qu'on lui avoit conseillé comme un moyen infaillible de détruire la mendicité. Mais ce remède aussi dangereux qu'inutile n'ayant pas pu même être mis en pratique, on destina ces bâtimens à y recevoir de pauvres enfans & de pauvres femmes. Mais en 1656, lorsqu'on forma l'hôpital-général, destiné sur-tout à renfermer les mendians valides, la Pitié fut donnée à l'administration. Depuis ce tems elle lui resta donc unie & destinée à recevoir les petits garçons de pauvres gens de Paris & des environs.

Pour mieux faire connoître cette maison, sans nous arrêter aux changemens qu'elle a éprouvés depuis 1656, nous allons en donner l'état tel que nous l'avons eu, en 1788, de M. *Aubry Dumenil*, greffier de l'hôpital-général, économe de la Pitié, & un des hommes qui ont le plus contribué au bien de cet hospice & des enfans auxquels il est destiné.

« Cette maison, dit M. *Aubry*, ne contient que » des garçons, dont le nombre, année commune, » s'élève à celui douze ou treize cents. L'on y est » admis depuis l'âge de cinq à six ans jusqu'à douze, & il suffit d'apporter l'extrait baptistaire de

» l'enfant, & un certificat de M. le curé de la » paroisse des père & mère, qui constate qu'ils » sont hors d'état de nourrir l'enfant qu'ils présen- » tent. Il faut seulement que les parens dont la » pauvreté se trouve certifiée, soient domiciliés dans » Paris, au moins depuis deux ans, ou dans le ressort » du châtelet.

» Les enfans une fois admis restent dans la mai- » son jusqu'à ce qu'ils aient fait leur première com- » munion, & ils n'en sortent que pour être mis en » métier; à moins que les parens, dans l'intervalle, » ne les retirent, en justifiant qu'ils sont en état d'en » prendre soin. — Dans ce dernier cas on ne réclame » aucune pension, parce que dans tous les temps » les enfans sont toujours nourris & entretenus gra- » tuitement.

» Pendant tout le séjour que les enfans font dans » la maison, ils sont divisés par classes, qui sont » presidées par des maîtres, où ils apprennent leur » religion, à lire, écrire & compter. Il seroit à sou- » haiter qu'ils y fussent aussi employés à quelques » travaux: mais le défaut de local ne l'a point per- » mis jusqu'à présent, & lorsque j'en pourrai trouver » l'occasion, je ne manquerai certainement pas de » la saisir, dit M. Aubry.

» A l'âge de treize à quatorze ans ces enfans font » leur première communion; alors on les met en » métier chez les maîtres qui viennent en deman- » der, & ce n'est qu'après quelques semaines d'essai » que l'on passe le brevet d'apprentissage, temps » auquel on fait seulement remettre à l'enfant ses » effets; il doit ensuite, pendant tout le temps de » l'apprentissage, être nourri & entretenu par son » maître.

» Avant de confier un enfant à un maître quelcon- » que, il faut que ce dernier apporte un certificat du » curé de sa paroisse, par lequel il soit constaté » qu'il est de bonnes mœurs & qu'il est en état » de fournir à l'entretien d'un apprentif.

» Les différens maîtres chez qui l'on a placé des » enfans sont visités de temps en temps par un » inspecteur, qui est particulièrement chargé de » cette inspection, & qui tous les matins donne une » feuille de sa tournée de la veille.

» Il arrive ensuite assez fréquemment que ces en- » fans s'évadent de chez leurs maîtres, c'est même le » plus grand mal qui puisse arriver, car ces malheu- » reux n'ayant ni état, ni domicile, ni ressource, ne » peuvent alors devenir que de fort mauvais sujets. » La police qui est instruite de ce mal, doit seule » s'occuper des moyens d'y remédier, & je sou- » haite, ajoute M. *Aubry*, qu'elle s'en occupe » assez pour prévenir tous les accidens qui peuvent » en résulter ».

Pour mieux faire sentir toute l'importance de cette dernière réflexion, nous allons joindre ici quelques développemens & quelques détails que nous tenons de la même personne, & qui pourront donner lieu à imaginer des moyens d'amélioration dans cette partie de la police des hôpitaux de Paris.

La maison de la Pitié place un nombre plus ou moins considérable d'enfans, tous les ans, dans différentes communautés d'arts & métiers de la capitale. C'est donc autant d'hommes qui peuvent être utiles à l'état par leur industrie & les familles qu'ils élevent; au contraire, si par quelque manque de discipline, par un défaut de soins de la part de ceux qui ont droit de les commander, ou par quelqu'autre cause, ils manquent leur état, se dérangent, s'enfuient de chez leur maître, il est probable que le plus grand nombre s'adonnera à la fainéantise, au brigandage & au vol, & c'est comme l'on voit un très grand malheur dans la société & une très-grande perte pour elle.

Mais comment remédier à cet inconvénient? Est-ce l'affaire de la police ordinaire, ou l'administration de l'*hôpital* doit-elle étendre ses soins, sa vigilance, jusques-là? On vient de voir que M. Aubry n'est point de cette dernière opinion. Il pense que sitôt que la maison a placé un enfant chez un maître, avec les attentions, les conditions qu'exigent l'humanité & l'intérêt des enfans mêmes, sitôt qu'il est dehors avec les moyens de vivre en homme honnête & utile; dès ce moment même le pouvoir de la maison cesse sur lui, il rentre dans l'ordre ordinaire des citoyens, & par conséquent il doit être soumis aux loix & à la police ordinaire de l'état, dans tous les rapports qu'il peut avoir avec la société.

Ce n'est donc point de l'administration de l'hôpital, qu'on doit attendre une étendue de soins suffisans pour retenir les enfans chez leurs maîtres, pour contenir ceux-ci dans leurs devoirs, & pour ramener les fuyards à leur boutique, lorsqu'ils se sont évadés. C'est absolument un des devoirs du magistrat de police ordinaire, & les détails d'une pareille discipline doivent être confiés à un de ses officiers établi *ad hoc*, ou du moins qui ait un département à-peu-près analogue.

Ces dispositions paroissent d'autant plus raisonnables, que la fuite des enfans peut être occasionnée par mille accidens divers, dont la police peut seule connoître toutes les causes: chez l'un c'est la brutalité du maître: chez l'autre, c'est le libertinage de l'enfant; dans un autre endroit il a été débauché, séduit, & peut-être entraîné par d'autres jeunes gens. Comment veut-on qu'à ses soins très-multipliés, l'administration de l'hôpital en joigne encore de si minutieux & de si éloignés de l'esprit de son institution?

Il est vrai que depuis quelque temps, un inspecteur attaché à la maison de la Pitié, surveille la conduite des *maîtres* & celle des apprentifs. Mais cette institution utile à la vérité, & qu'on doit aux soins de M. *Aubry*, est bien plutôt destinée à éclairer les administrateurs sur le sort des enfans, qu'à empêcher les désordres du genre de ceux dont nous venons de parler. Reste donc à prouver qu'il n'y a qu'un moyen de les détruire en très-grande partie, ce seroit de charger la police du soin de surveiller les maîtres & les enfans, dans leurs démarches respectives, & de punir & rappeller ceux-ci, par des moyens convenables, lorsqu'ils se seroient enfui de chez leur maître.

Je ne crois pas que cet arrangement pût étendre d'une manière fâcheuse le pouvoir de la police sur les particuliers domiciliés, si on lui donnoit la forme qui lui conviendroit le mieux. On ne peut pas croire que l'administration de la police en fût accrue au point que ce fût un objet de dépense considérable; d'ailleurs c'est une chose que le bien public demande. *Voyez* ENFANS-TROUVÉS.

La *Salpétrière* est un *hôpital* monstrueux; il fut fondé, comme nous l'avons remarqué, vers 1657. C'est une prison, une maison de force, de correction, & sur-tout de misère & de corruption. On y reçoit des femmes enceintes, des nourrices avec leurs nourrissons, des enfans mâles depuis l'âge de sept à huit mois jusqu'à celui de quatre à cinq ans, de jeunes filles à toute sortes d'âges, de vieilles femmes & de vieux hommes mariés, des folles furieuses, des imbécilles, des épyleptiques, des paralytiques, des aveugles, &c.

Au centre de cet hôpital, le plus grand, le plus mal organisé de tous ceux de la France & peut-être de l'Europe, est une maison de force divisée en quatre prisons différentes: 1°. le *commun*, destiné aux filles publiques que la police y fait renfermer; 2°. la *correction*, pour celles qu'on regarde comme moins coupables, & n'ayant pas mérité une punition aussi rigoureuse que les premières; 3°. la *prison*, où étoient les personnes détenues par ordre du roi; 4°. la *grande force*, où sont détenues les femmes flétries ou condamnées à garder prison toute leur vie, par jugement des tribunaux.

Nous ne nous attacherons pas à relever les abus qui régnent dans cette maison, les désordres qui en sont la suite; elle-même en est un grand, parce que rien n'est si monstrueux que d'accumuler ainsi, sur un seul point, des individus qui ont si peu de rapport les uns avec les autres. Ces erreurs du gouvernement ont été relevées plusieurs fois, sans qu'aucune amélioration, aucun changement utile ait été opéré dans cette maison; tout y est encore à faire, & la publicité, la connoissance des besoins de ceux qui s'y trouvent, la liberté que tout le monde a d'écrire sur les matières d'administration, le grand nombre, le nombre exagéré de personnes qui ont un caractère public & du pouvoir aujourd'hui; tout cela n'a point donné lieu au plus léger soulagement des pauvres ou des prisonniers de la salpétrière. On a beaucoup parlé, beaucoup écrit, & rien effectué; chacun content de son éloquence ou des applaudissemens qu'il s'est attirés par ses écrits, devient indifférent sur le reste, & laisse à d'autres à faire le bien, se contentant d'avoir crié contre ce qu'il croyoit mauvais.

Moi-même, qui ai été pendant huit mois dans un rapport d'autorité avec la salpétrière; qui, comme administrateur, aurois peut-être pu tenter quelque réforme utile, je me suis senti repoussé par la paresse, par les difficultés, par l'indifférence de mes collègues; & tout ce que j'ai pu faire, s'est borné à rendre public l'état des choses, & les sentimens que j'éprouvois.

La municipalité s'étant trouvée saisie de la police par suite de la révolution, comme membre de l'administration, je fus chargé des objets de réglemens relatifs aux filles publiques; & par suite, des détails de la salpétrière. Je demandai alors à l'économe de la maison une instruction sur son objet & sa police; j'en obtins les détails suivans qui, à quelques modifications près, sont exacts; mais où les choses sont présentées, il faut en convenir, sous un jour favorable, elles ont été rédigées par un des chefs de l'hôpital, M. *Dommey*.

Idées générales & succinctes de l'ordre & du régime de la maison de la Salpétrière.

La maison de la salpétrière, établie par édit d'avril 1656, vérifié en parlement le premier septembre suivant, & en toutes les autres compagnies souveraines, est la plus considérable de toutes celles qui composent ensemble l'hôpital-général. Elle renferme toujours six à sept mille personnes (1), dont environ cinq mille pauvres, depuis l'âge d'un an jusqu'au plus grand âge; & sept cents prisonnières de tous âges, tant en personnes de familles qu'en filles & femmes du monde, & autres, reprises de justice. Le surplus du nombre du monde est composé de ceux préposés pour le gouvernement & le service, & de différens ouvriers & ouvrières, également pour le service.

Pour être admis dans cette maison volontairement & comme bon pauvre, il faut être né de la ville, fauxbourgs, vicomté & prévôté de Paris, ou y avoir été domicilié au moins pendant deux ans; être âgé de soixante ans & au-dessus; à moins, dans l'âge au-dessous, d'infirmité reconnue & attestée par des médecins ou chirurgiens de Paris; les jeunes filles n'y sont admises que jusqu'à l'âge de douze ans. Il faut, en outre, que ces pauvres fournissent leurs extraits de baptême, avec un cer-

(1) Le nombre total du monde de la maison varie journellement.

tificat du curé de la paroisse où ils demeurent, qui atteste qu'ils sont pauvres (infirmes, s'ils le sont), & hors d'état de gagner leur vie.

A l'exception d'environ cent ménages, maris & femmes réunis dans des petites chambres particulières, dans un corps-de-logis à ce destiné, on ne reçoit, dans cette maison, que des pauvres du sexe féminin; il n'y a d'hommes que ceux exactement nécessaires pour le service.

Tous les pauvres, en général, sont logés en commun dans différens bâtimens, classés & réunis en dortoirs, par distinction d'âges & d'infirmités.

Il y a des chapelles dans quelques-uns de ces dortoirs, où l'on dit la messe tous les jours, pour les pauvres infirmes qui ne peuvent point aller à l'église (1).

Les prisonnières sont renfermées dans un corps-de-bâtiment particulier qui n'a point de communication avec ceux des pauvres; elles y sont divisées aussi par classes. l'une est pour celles d'un certain âge qui payent pension, & autres sans pension qui paroissent mériter quelque distinction. Une autre, pour les jeunes filles de famille, avec pension & sans pension, qui paroissent aussi mériter quelque distinction; une autre pour les filles du monde; & une autre enfin, pour celles qui ont subi des procès criminels, & reprises de justice. Ces différentes classes n'ont aucune communication les unes avec les autres. Les prisonnières des deux premières classes sont logées seules chacune, en petites cellules; celles de la troisième sont toutes réunies en dortoirs, où elles couchent deux, trois & quatre, suivant que le nombre en est plus ou moins grand; & celles de la quatrième classe, partie réunies aussi en dortoirs, où elles couchent également deux, trois & quatre, & partie en petites cellules, seules à seules.

Il y a des ouvroirs pour chaque classe particulière, où les prisonnières se rassemblent pendant le jour pour travailler, aucunes d'elles ne pouvant entrer dans leurs cellules & dortoirs, que le soir pour s'y coucher. Elles ont aussi deux chapelles dans l'intérieur de leur bâtiment, où l'on dit la messe, & où elles assistent tous les jours. Chaque classe a une cour particulière, où les prisonnières qui y sont renfermées peuvent prendre l'air à certaines heures du jour.

Parmi ces prisonnières, les unes sont détenues jusqu'à nouvel ordre; les autres sont taxées pour des tems limités, au bout desquels elles sont mises en liberté; & les autres y sont à perpétuité.

Celles qui y sont enfermées à la sollicitation de leurs parens, maris, pères, ou supérieurs, sont ordinairement tenues de payer une pension proportionnelle à leurs facultés personnelles.

Ces prisonnières ne sont reçues & détenues dans la maison, qu'en vertu de lettres de cachet, d'arrêts de la cour du parlement de Paris, de sentences criminelles du châtelet, sentences de la prévôté de l'hôtel, de sentences & ordres particuliers de police.

Tous les pauvres, en général, ont de la viande trois fois par semaine, & le quart du nombre total supposé être celui des infirmes & petits enfans, en ont cinq fois; les autres jours, on leur donne à tous, des pois, du beurre ou du fromage; leur ration de pain, par jour, est depuis trois quarterons (pour les plus petits enfans) jusqu'à six quarts, proportionnément à leur âge & infirmité. Tous les pauvres septuagénaires ont, en outre de leur ration ordinaire & journalière, un demi setier de vin par jour.

Les prisonnières qui payent pension sont nourries proportionnément au taux de leurs pensions. Les autres prisonnières sans pensions (qui est le plus grand nombre) ont la même nourriture que les pauvres; & toutes (ainsi que les folles) une ration de six quarterons de pain par jour.

Les jeunes filles provenant des enfans-trouvés sont confondues & classées parmi les autres enfans de leur âge, & n'ont aucune distinction particulière dans la maison; on n'en fait point de dénombrement particulier. Leur traitement est le même que celui des autres pauvres enfans; elles sont libres aussi, comme eux, de se retirer de la maison si bon leur semble, lorsqu'elles ont atteint l'âge de majorité, ou d'y rester encore après; alors on les emploie à quelque service dans la maison; il arrive souvent qu'elles en sortent avant l'âge de vingt-cinq ans, lorsque des personnes dont la religion & la probité sont attestées par des certificats des curés des paroisses sur lesquelles elles demeurent, s'en chargent à des conditions expresses, pour leur procurer des talens ou des métiers pour les mettre en état de gagner leur vie: dans ces cas, les personnes en répondent, & doivent les représenter toutes fois & quantes, jusqu'à l'âge de vingt-cinq ans.

Il seroit difficile de dire exactement ce qu'elles deviennent, ainsi que les autres enfans, parce que c'est une roue qui tourne perpétuellement, & dont il est impossible de suivre exactement les mouvemens. Cependant, en cas de recherches, l'on trouve toujours, sur les registres, si elles sont restées ou

(1) L'église de cette maison est un monument unique dans la France, composé d'un chœur octogone avec un autel à la romaine, & de huit nefs, dont quatre longues principales, & quatre rondes dans chaque angle; toutes ces nefs disposées de manière que tous ceux qui y sont, voient le chœur & le maître-autel. Il y a, dans cette vaste église, deux chaires à prêcher, & souvent deux prédicateurs à la fois. Les annales de France en parlent comme d'un monument très remarquable par sa forme: la bâtisse en est simple & sans ornement.

sorties de la maison. Les vues de l'administration à leur égard sont les mêmes que pour tous les autres enfans qui se trouvent sous sa domination. Tous sont élevés les uns comme les autres; ils passent de classe en classe, à mesure qu'ils avancent en âge. Par-tout on les fait travailler à divers ouvrages. Les plus petits enfans émincent de la laine; ceux au-dessus tricottent; & enfin, parvenues à l'âge d'environ dix ans, elles passent dans des classes où on leur apprend, soit à travailler en linge, soit en broderies, soit en tapisseries, soit en dentelles; & une fois arrivées à l'âge de vingt-cinq ans, elles se répandent ou sont employées à quelque service dans la maison, s'il n'arrive pas qu'elles en aient été retirées avant, pour être placées de la manière déjà annoncée ci-devant.

Il y a des écoles dans la maison, où ces jeunes filles apprennent à lire & à écrire; on les instruit d'ailleurs dans chaque classe particulière, dans la religion catholique, apostolique & romaine; & à différentes heures de la journée, il y a des prières en commun à haute voix, & des lectures spirituelles; & d'autres heures aussi, où l'on garde le silence, sans interrompre les travaux auxquels les pauvres sont occupés.

Il se fait aussi à différentes heures de la journée, dans toutes les autres classes de pauvres, des prières en commun, des lectures spirituelles, & d'autres heures dans lesquelles on garde de même le silence.

Ces derniers travaillent tous également, soit à tricotter, soit à filer de la filasse, soit à faire le linge de la maison. Les épyleptiques, les imbécilles, les aveugles & les estropiés mêmes, travaillent aussi comme les autres pauvres; il n'y a absolument que ceux qui sont hors d'état par leurs grandes infirmités, qui ne sont point occupés, & c'est le plus petit nombre.

Les prisonnières, chacune dans leurs différentes classes, travaillent aussi à divers ouvrages, soit en linge, soit à tricotter, soit à filer de la filasse. Elles ont aussi, à différentes heures de la journée, des prières en commun, des lectures spirituelles, & différens exercices de piété.

Il y a, à la tête de cette maison, un économe & une supérieure qui y représentent l'administration, & qui y maintiennent, en son nom, l'ordre & la police; ils doivent compte de leur gestion à l'administration. De plus, un sous-économe & différens employés pour la régie, la comptabilité & les affaires tant intérieures que de correspondance publique, des médecins, chirurgiens & apothicaires à demeure, & pour le spirituel, un recteur & des ecclésiastiques desservans.

A la tête de chaque emploi ou dortoir classé, il y a une sœur officière qui, elle-même, a en sous-ordre d'autres sœurs & gens de service pour le soin des pauvres, proportionnément au nombre & au genre d'individus dont est composé son emploi. Toutes doivent compte & sont subordonnées à la supérieure.

Les sœurs officières, au nombre de trente-deux, forment une communauté particulière, dominée & présidée par la sœur supérieure de la maison.

Il y a, dans l'intérieur de la maison, quelques petites infirmeries, où sont traitées les sœurs lorsqu'elles sont malades, & d'autres dans l'intérieur de la maison de force, pour les prisonnières.

Il y a aussi, dans la maison, une infirmerie générale pour les pauvres, où ils sont soignés & traités en maladie, dans laquelle il y a une chapelle où l'on dit la messe tous les jours. Cette infirmerie forme un emploi entièrement distinct & séparé des autres emplois de la maison. Tous les malades y couchent seuls.

Nous joindrons, à cet état de l'hôtel-dieu de Paris, un tableau exact des revenus, dépenses, entrées, sorties des malades & autres objets d'administration. Nous le tirons du même compte rendu par le département des hôpitaux de la municipalité provisoire, le même d'où nous avons extrait le petit apperçu analytique qu'on vient de lire.

A cette instruction sommaire de M. *Dommey*, je dois joindre un tableau de la maison, tel qu'elle étoit au mois de décembre 1789. Je ferai remarquer avant, qu'on donne le nom d'*emploi* dans cette maison, ainsi qu'à Bicêtre, à un certain nombre de personnes de tel âge ou de tel état, réunies dans un même endroit, & sous un même nom.

Les individus qui forment le total que nous allons rapporter, sont distribués en un grand nombre d'emplois qui portent chacun un nom particulier, & que nous croyons très-inutile de rapporter.

État du nombre des personnes employées & détenues à la maison de la Salpétrière à la fin de décembre 1789.

Officiers & sous-officiers, quarante-deux; officieres en exercice & reposantes, trente-six; sous-officiers en exercice & reposantes, trente-trois; gouvernantes & maîtresses en exercice & reposantes, cent cinquante; maîtres & compagnons de boutiques, quatre-vingt-six; suppléantes en exercice, vingt-un; les personnes de services en exercice & reposantes, huit cents soixante-treize; pensionaires libres, cinquante-six; enfans-trouvés, six cents quarante-huit; pauvres de bonne volonté, quatre mille quatre cents cinquante-sept; personnes par ordre du roi, soixante dix-huit; personnes par arrêt de la cour, cent quatre-vingt; personnes par sentences criminelles, vingt-six; personnes par la prévôté de l'hôtel, dix; personnes par ordres du procureur-général, cinquante-cinq; personnes par ordre de police, trente-quatre; pensionnaires par ordres dénommés ci-dessus, onze; total, six mille sept cents quatre-vingt-seize.

Le décret de l'Assemblée nationale, du 13 mars 1790 & jours suivans, qui supprime les lettres de cachet, & rend à la liberté, toutes les personnes détenues en vertu d'ordres arbitraires, me procura l'occasion de connoître plus en détail les abus d'autorité & les moyens d'oppression que présentoit l'hôpital de la salpétrière. J'y vis des personnes détenues depuis très-long-tems pour des fautes légères, des mécontentemens de famille, des oublis de conduite à peine dignes d'une correction domestique. Chargé, en grande partie, de l'exécution du décret, j'en profitai pour rendre à la liberté, avec une grande célérité, toutes celles qui s'y trouvoient emprisonnées, soit par ordre du roi, soit par toute autre voie illégale & forcée. En moins de deux mois, il en sortit ainsi plus de cent, quoique, dans l'état qu'on vient de lire, on n'y voie que soixante-dix-huit personnes par ordre du roi.

J'aurois bien desiré étendre le bienfait sur un plus grand nombre de malheureuses détenues dans la même maison; j'écrivis même & fis insérer, dans le *Moniteur*, un article à ce sujet, qu'on ne sera peut-être pas fâché de retrouver dans cet ouvrage: le voici:

» M. le maire, le lieutenant de maire & un » administrateur du département de police, se sont » transportés, le 29 de mars, à la salpétrière, » comme ils l'avoient fait, huit jours auparavant, » à bicêtre, pour y faire exécuter le décret de l'as- » semblée nationale, qui prononce la liberté des » prisonniers détenus par ordres arbitraires, avec » les modifications convenables pour prévenir les » inconvéniens attachés à l'immoralité ou aux » habitudes dangereuses des personnes que l'on » rend à la société.

» Il seroit difficile de rendre l'émotion de joie » qu'a produit la présence de M. le maire parmi » les enfans & les pauvres femmes qui habitent » cette maison, au nombre de plus de cinq mille; » elles l'appelloient leur père, se portoient par- » tout sur ses pas, & s'empressoient de recueillir » ses regards, qui étoient en effet ceux de la pa- » ternité.

» Mais l'objet de sa visite étoit sur-tout les pri- » sonnières. En conséquence, nous nous rendîmes » à la salle préparée pour le magistrat. On nous » y offrit l'etat des personnes détenues par lettres » de cachet, soit qu'elles aient été directement » envoyées par les ministres, ou, ce qui étoit plus » ordinaire, par les agens de l'ancienne police de » Paris. Leur nombre montoit à-peu-près à cent; » elles furent toutes mises en liberté, aux termes » & avec les clauses portées au décret de l'assem- » blée nationale. Les personnes frappées de dé- » mence furent seules exceptées & renvoyées au » magistrat civil, qui doit en prononcer l'inter- » diction légale, & faire ainsi cesser l'arbitraire de » leur détention.

» Il fallut ensuite visiter en détail cet asyle de » la misère & des larmes. Nous vîmes d'abord ce » qu'on appelle la *correction.* L'idée qu'entraîne » ce mot n'est point déterminée, & nous ne savons » pas trop bien quel est le régime de ce genre de » *force*, qui ne nous a présenté d'ailleurs qu'une » soixantaine de jeunes personnes, parmi lesquelles » il y en avoit de très-jolies, & qui toutes étoient » occupées à travailler. Quelques-unes sont déte- » nues sur la demande de leurs parens; d'autres, » nous ne savons pas trop pourquoi ni comment; » plusieurs enfin y sont librement, c'est-à-dire, » qu'on leur a persuadé qu'il convenoit qu'elles se » soumissent à cette peine, pour punition de ce » que les parens appellent inclinations libertines.

» Un autre spectacle plus affligeant encore, fut » la cour des *femmes taxées* & des *ordres du roi.* » Le nombre nous en a paru considérable; & M. » le maire, cédant peut-être au doute que lui com- » mandoient ses yeux, ordonna qu'on lui fit l'état » complet de toutes les personnes détenues, même » par jugement, dans la crainte qu'on ait oublié » parmi elles quelques unes de celles que le décret » de l'assemblée nationale rend à la liberté.

» Il nous restoit à voir la *grande-force*: c'est-là » que sont à jamais emprisonnées, pour des vols » ou infidélités de cette espèce, des jeunes fem- » m s, des mères de famille, parmi des criminelles » convaincues des plus effroyables attentats.

» Le silence de la douleur & de la consomption » règne parmi cette multitude d'esclaves éternel- » les: de hauts murs, d'étroites galeries, des » cellules à peine accessibles à la lumière, des » grilles multipliées, font de cette prison un sé- » jour hideux, où l'on gémit de trouver la jeunesse » & la maternité dans les fers.

» Ces paroles déchirantes retentissent encore au » fond de mon ame; *Eh! monsieur, je ne verrai » donc jamais mes pauvres enfans?* Elles m'étoient » adressées par une jeune femme, mère de cinq » enfans, qui, détenue depuis huit ans, avoit été » condamnée à cet excès raffiné de supplice, pour » un vol de peu de valeur.

» Il est du devoir des législateurs, il est de leur » sagesse d'ordonner la revue de ces jugemens » d'une jurisprudence brutale & insensée. Les pei- » nes peuvent être prescrites par le tems; mais la » raison & la justice ne peuvent jamais être dé- » pouillées des droits de leur puissance rétroactive.

» Mais que cette demande faite ici publiquement » ne reste pas un vain desir, le vœu stérile d'un

» particulier ! Nous ne pouvons, sans honte & » sans remords, abandonner cent mères de famille » à un esclavage de la vie, pour des fautes qu'une » procédure de cannibales a pu seule transformer » en crimes capitaux.

» Je presse donc la souveraineté, au nom de » tous les liens qui l'attachent au bonheur de l'em» pire, au nom de tous les titres qui la dévouent » au bien des sujets, de porter les regards de sa » toute-puissance sur cette foule d'êtres oubliés & » séparés du monde, bien plus encore par des ju» gemens outrés que par la juste peine des désor» dres qu'ils peuvent avoir commis ».

Ces réflexions ne produisirent aucun effet : l'état des malheureuses prisonnières de la salpêtrière est resté le même. Je revins à la charge six mois après, forcé à cela par les mémoires & les placets qu'elles me firent successivement passer. Mais je ne réussis pas mieux la seconde que la première fois, & tandis qu'on s'est hâté de rendre à la liberté des hommes féroces qui n'avoient pour eux que l'illégalité de leur détention, l'on s'obstina à laisser périr dans les fers des mères de famille, à peine coupables de quelques infidélités domestiques.

Par un état certifié vrai, je trouve, en avril 1790, trente-six femmes détenues à la salpêtrière pour la vie, & cent trente-deux à tems ou jusqu'à nouvel ordre.

Nous bornerons à ces différens faits & observations ce que nous croyons pouvoir donner de connoissances sur l'*hôpital* de la salpêtrière; ils suffiront, je crois, pour mettre le lecteur à portée de juger cette maison qui, comme toutes les maisons de correction, présentera toujours de grands abus, de grands désordres. Tout ce que nous pourrions dire, soit pour présenter des plans de réforme ou d'amélioration, seroit parfaitement superflu. Avant peu, il y aura un changement considérable dans la police & l'administration des *hôpitaux*, & tout porte à croire que ces changemens seront à l'avantage des malades & prisonniers détenus à la salpêtrière & dans les autres maisons de cette espèce. Nous devons à présent quelques notions sur l'*hôpital* des enfans-trouvés.

On a pu voir dans les articles BATARD, ENFANT-TROUVÉ, ce que nous pensons du préjugé qui flétrit un homme, parce qu'il a plu à ses père & mère d'être imprudens ou immoraux ; nous ne reviendrons point sur les raisons que nous avons rapportées pour combattre cette institution de l'orgueil & de l'erreur ; nous n'entrerons point non plus dans aucun détail sur la police & l'administration de l'*hôpital* des enfans-trouvés de Paris, puisque, dans le dernier de ces articles, nous avons rapporté ce qu'il suffit d'en connoître, sur-tout à la veille des changemens qui se préparent. Nous donnerons seulement une note sur le nombre des enfans-trouvés reçus à l'hôpital de Paris depuis son établissement jusqu'en 1786, & nous renvoyons le lecteur au mot CHARITÉ, où il trouvera un apperçu de l'*hôpital-général* de la Charité de Lyon, qui prend également soin des enfans abandonnés.

Par le tableau qui a été fait des enfans reçus à cet hôpital depuis l'établissement jusqu'à la fin de l'année 1786, c'est-à-dire, dans l'espace de cent dix-sept ans, on trouve que leur nombre se monte à deux cents cinquante mille trois cents quatre enfans.

Qu'il en est entré, durant les dix premières années, environ trente-un par année commune.

Que leur nombre s'est accru successivement & de manière que, depuis 1730 jusqu'en 1740, on en recevoit trois cents quinze par année moyenne.

Mais que, par une révolution dont il importeroit de connoître la cause, tout-à-coup, à commencer de 1741, il a pris un accroissement prodigieux, qui s'est encore augmenté avec le tems; il s'élevoit, dans la seule année 1741, à trois mille trois cents quatre-vingts, tandis qu'il n'avoit monté qu'à trois mille cent cinquante, durant les dix années précédentes prises toutes ensemble : de sorte que, pendant cette année 1741, il entra plus d'enfans à l'hôpital des enfans trouvés, qu'il n'y en étoit entré en dix ans.

On voit encore, par ce tableau, qu'en l'année 1772, le nombre des enfans exposés alloit à sept mille six cents soixante-seize, & que depuis cette époque jusqu'à la fin de 1786, il s'est soutenu entre cinq mille quatre cents quarante-quatre & six mille sept cents cinq par année.

Si la salpêtrière offre l'image du désordre & de la misère, bicêtre présente encore un spectacle plus hideux. C'est à la fois un *hôpital*, une maison de force, & un lieu d'hospice pour les pauvres vieillards qui n'ont ni moyens de vivre, ni asyle pour y attendre la mort.

On distingue, dans cette maison, les pauvres de bonne volonté, les gens de force & pour correction, les hommes condamnés par jugement, enfin les vénériens qu'on y traite. Le service y est fait par un grand nombre de personnes, à la tête desquelles se trouvent un économe, un sous-économe & plusieurs ecclésiastiques & officiers, comme on le verra dans le tableau que nous joindrons à cet article, après que nous aurons rapporté une notice de cette maison, tirée de l'ouvrage de M. Houard, anglois ; non pas qu'elle soit détaillée, & que nous ne puissions en donner une plus étendue, mais parce qu'il n'est pas inutile de savoir ce que les étrangers pensent de nos établissemens. Voici donc comme s'exprime cet auteur anglois, dans son ouvrage sur les hôpitaux, les prisons

prisons & les maisons de force. Il écrivoit en 1783.

» Bicêtre est situé sur une petite éminence, à environ deux lieues de Paris. Si cette maison n'étoit qu'une prison, on pourroit l'appeller énorme par son étendue; mais elle est, pour les hommes, ce que la Salpétrière est pour les femmes; c'est-à-dire une espèce d'hôpital-général. D'environ quatre mille hommes qui sont dans ses murs, il n'en est pas la moitié qui soient prisonniers; le plus grand nombre sont des pauvres qui portent un uniforme brun & grossier, & paroissent aussi misérables que quelques-uns des pauvres anglois rassemblés dans la maison de travail de la campagne. Il y a encore des fous & des malheureux dévorés de maladies vénériennes. Chaque genre de malades ou de prisonniers a une cour & une partie de bâtiment séparée des autres & des criminels.

» Quelques-uns de ces criminels sont dans de petites chambres d'environ huit pieds en quarré, éclairées par des fenêtres hautes de trois pieds & demi, larges de deux, dont plusieurs n'ont pas de verre, mais sont garnies d'un treillis de fer. Chaque prisonnier à sa chambre, & paye deux cents livres par an pour sa pension. Le nombre des chambres est de deux cents quatre-vingt-seize.

» Il y a d'autres criminels dans deux grandes chambres appellées *la force*, attenantes à l'un des côtés de la *cour royale*. Elles étoient, en 1778, remplies de prisonniers; on y en comptoit plus de deux cents. Un si grand nombre d'hommes rassemblés ensemble, & dans une profonde oisiveté, doit produire une grande corruption de mœurs parmi eux. Aussi plusieurs, au moment que la loi décidoit de leur sort, ont attribué leurs crimes aux exemples vicieux qu'ils y avoient vus, & aux leçons détestables qu'ils y avoient reçues.

» Au-dessus des deux chambres de *la force*, il y a une infirmerie générale; & plus haut encore, une infirmerie pour le scorbut, maladie commune & fatale dans cette maison. Il y avoit, en 1778, soixante-trois malades dans ce lieu, & le plus grand nombre l'étoit du scorbut. Une année ou deux de séjour suffisent pour la faire contracter à ces malheureux, parce qu'on ne leur permet jamais de sortir de leurs chambres; on en a vu divers d'entr'eux dans l'hôpital de S. Louis, où ils sont souvent admis, après qu'ils ont rempli le terme fixé pour leur détention à Bicêtre.

» Dans le milieu de la *cour royale*, il y a huit effroyables cachots, enfoncés au-dessous du sol, de la profondeur de treize pas, longs de treize pieds, larges de neuf, défendus par deux épaisses portes; on voit, dans chacun, trois chaînes fixées dans le mur, & un tuyau de pierre, dans un coin, pour y renouveller l'air.

» On peut conclure de la situation de ces cavernes affreuses, & de la difficulté que j'eus pour en obtenir l'entrée, qu'aucun étranger ne les avoit encore vues; c'est la raison qui justifie la mention que j'en fais ici.

» Les prisonniers s'occupent, à Bicêtre, à faire des boîtes de paille, des cure-dents, & autres objets de ce genre, qu'ils vendent à ceux qui les visitent. J'observai les hommes avec attention, & je vis, dans leurs regards, une profonde tristesse; plusieurs étoient malades.

» On doit dire que cette maison n'est pas si bien administrée que celles de la ville, qu'elle est très-sale, qu'il n'y a de cheminées dans aucune des chambres, & que, dans le froid rigoureux de 1775, plusieurs centaines d'hommes y périrent.

» L'abondance de l'eau y est regardée comme une chose si importante, si nécessaire, qu'on y a construit un puits de pierre, qui est une curiosité dans son genre. Il fut creusé en 1735; il a quinze pieds de diamètre, & environ deux cents dix de profondeur. Chacun des seaux qui s'y remplissent contient un muid; depuis quelques années, ils sont élevés par des chevaux, & vidés dans un réservoir qui a soixante-quatre pieds quarrés de surface, & neuf de profondeur; en cinq minutes, un des seaux pouvoit être élevé & vidé. Douze chevaux sont employés à cet ouvrage, & trois y travaillent à la fois. Ces seaux montent & descendent pendant seize heures chaque jour, sans en excepter le dimanche, & amènent, dans ces seize heures, environ cinq cents muids.

» Les françois sentent enfin les dangers d'une mauvaise police, qui laisse croupir les prisonniers dans l'oisiveté; & aujourd'hui plusieurs sont occupés. En 1783, on en vit cent employés, dans trois chambres, à polir & préparer des glaces; soixante & douze l'étoient à tirer de l'eau, & divisés en trois bandes, dont chacune travailloit une heure de suite, & cinq heures par jour. Ils en fournissoient seize seaux dans une heure, & environ deux cents quarante dans un jour. Ils reçoivent six deniers par seau. Depuis qu'on les a fait travailler, les prisonniers sont plus sains & plus gais ».

Tableau de Bicêtre au mois de décembre 1789.

Sept ecclésiastiques, un économe, un sous-économe, un capitaine de la compagnie des gardes, un lieutenant, un premier commis de bureau, un chirurgien gagnant maîtrise, une supérieure & dix sœurs officières : en tout vingt-quatre personnes.

Quatre commis de bureau, un commis à la vente du vin, un commis-inspecteur de la porte d'entrée, un commis à la vente de l'eau-de-vie & du tabac, deux garçons chirurgiens, un garçon apothicaire en chef & un en second, un sommelier, un maître des enfans de chœur, un fournier, un fourrier, huit élèves en chirurgie, trois officiers ou officières vétérans : en tout vingt-six personnes.

Ces cinquante personnes sont nourries dans le château, & forment ce qu'on y appelle la première table ; la seconde table nourrit deux cents quatre-vingt-neuf personnes employées en sous-ordre.

On a formé six divisions principales sous la dénomination d'*emplois*, qui ont aussi leurs sous-divisions, dans lesquelles sont classés les malheureux qui habitent Bicêtre.

La Cuisine. Premier emploi.

Comprend, 1°. les cabanons, qui renferment trente-cinq prisonniers pensionnaires, & quatre-vingt-neuf sans pension ; 2°. le Fort-Mahon, dix-neuf prisonniers ; 3°. la force, seize ; 4°. le poli des glaces, soixante-dix-huit ; 5°. le grand puits, soixante-douze ; 6°. l'infirmerie, sept pensionnaires, & cent quatre-vingt-neuf non pensionnés.

Pour le service de cet emploi, il y a deux garçons panneriers, cinq garçons au magasin de linge des prisonniers, & soixante domestiques. Total des individus du premier emploi, cinq cents soixante-douze.

Saint-Joseph. Deuxième emploi.

Contient, outre six pensionnaires, 1°. dans le dortoir Saint-Joseph, cent quatre-vingt-quatorze pauvres infirmes, cinquante-huit grands paralytiques, quarante-deux petits paralytiques ; 2°. dans le dortoir Saint-Paul, quarante-huit pauvres valides.

Pour le service de cet emploi, il y a vingt-cinq personnes, dont trois filles. Total des habitans du deuxième emploi, trois cents soixante-treize.

Saint-Mayeul. Troisième emploi.

Quatre pensionnaires. 1°. Dortoir Saint-Mayeul, cent quarante-quatre pauvres valides ; 2°. l'Ange-Gardien, cent cinq ; 3°. Saint-René, trente-deux ; 4°. Saint-André, cent trente-trois ; 5°. Saint-Philippe, cinquante-trois, plus six ravaudeurs ; 6°. Saint-Denis, quatorze maçons, manœuvres ou terrassiers ; 7°. infirmerie des gouvernantes & filles de service, deux.

Cet emploi occupe vingt-huit personnes de service, dont cinq filles. Total des habitans du troisième emploi, cinq cents soixante-onze.

Bâtiment neuf. Quatrième emploi.

Quarante-cinq pensionnaires. 1°. La Visitation cent-quatorze enfans infirmes ; 2°. Saint-François, soixante-douze pauvres imbécilles ; 3°. Saint-Jean, soixante-un pauvres épyleptiques ; 4°. Saint-Fiacre, quarante-un pauvres teigneux & scrophuleux ; 5°. Saint-Prix, cent quatre-vingt-sept fous, & vingt-deux vidangeurs & apprentifs de boutiques.

Cet emploi occupe quarante-deux gens de service, dont quatre filles. Total des habitans du quatrième emploi, cinq cents quatre-vingt-quatre.

Saint-Charles. Cinquième emploi.

Huit pensionnaires. 1°. Dortoir Saint-Charles, quarante-huit pauvres valides, & soixante-un bons pauvres ; 2°. Saint-Martin ou la correction, trente-cinq prisonniers, & vingt-trois enfans de chœur ; 3°. dortoir au-dessus du grand puits, trente-quatre pauvres valides ; 4°. Saint-Louis, soixante-dix-huit galeux ; 5°. Saint-Eustache, cent cinquante-cinq hommes gâtés ; 6°. la Miséricorde, deux cents soixante-quatre femmes gâtées ; 7°. la buanderie, trente personnes & dix-neuf jardiniers.

Cet emploi occupe quarante-sept personnes, dont trois filles. Total des habitans du cinquième emploi, huit cents deux.

Saint-Guillaume. Sixième emploi.

Quatre pensionnaires. 1°. Dortoir de Saint-Guillaume, quatre-vingt-treize pauvres valides ; 2°. Sainte-Marie, quatre vingt-dix-sept ; 3°. Sainte-Marguerite, trente-huit ; 4°. Saint-Marcel, trente-six ; 5°. Saint-Médard, cent cinquante-quatre ; 6°. Saint-Etienne, vingt-deux.

Cet emploi occupe quinze personnes, dont trois filles. Total des habitans du sixième emploi, quatre cents cinquante-neuf.

Total des personnes de la maison de Bicêtre, tant officiers, pauvres, prisonniers que pensionnaires, quatre mille quatre-vingt-quatorze.

Il est beaucoup plus difficile qu'on ne le croit d'avoir des détails exacts sur les différens établissemens publics. Ceux qui sont à la tête n'ont ni le tems ni la volonté de s'en occuper ; souvent même des motifs d'intérêt les éloignent de donner aucun éclaircissement. D'ailleurs, ils altèrent les faits ; & si celui qui demande les renseignemens n'est pas, par sa place, à même de faire vérifier ceux qu'on lui donne, & de marquer son mécontentement des surprises ou allégations fausses qu'on auroit pu se permettre, on ne peut compter sur l'exactitude d'aucun rapport.

Pendant le peu de tems que j'ai été dans l'administration, j'ai fait mon possible pour me procurer des détails sur les différentes branches de police soumises à mes soins. Je n'ai point toujours eu ceux que j'aurois desirés, ou comme je les aurois desirés; mais, au moins, j'en ai assez appris pour juger des faits, & me défier des déclamations comme des éloges prodigués, en matière d'administration, par les écrivains.

On doit également refuser une confiance aveugle aux uns comme aux autres; on doit sur-tout la refuser à ces plans d'administration où tout est simple, facile, peu coûteux, où les bénéfices sont immenses. Presque toujours on est trompé, quand on cherche à réaliser ces idées mathématiquement combinées.

Prétendre mettre de grands établissemens à l'abri de tous les abus, c'est une erreur, mais il en est dont on doit, autant qu'il est possible, les garantir; ce sont tous ceux qui détruisent le bonheur, la santé, ou la liberté des individus. Cette considération, qui paroît fort simple, est pourtant celle qu'on perd de vue le plus généralement, & peut-être plus encore aujourd'hui que jamais, que l'on trouve toujours, dans quelque circonstance générale, une raison de sacrifier les personnes au rétablissement ou à l'établissement d'un ordre régulier dans la société.

Revenons aux hôpitaux, & finissons de donner, sur cet objet, ce que nous connoissons de moins inutile & de plus exact pour l'instruction.

Il existe encore une maison sous la direction de l'*hôpital-général*, qui n'est ni *hôpital*, ni prison proprement dite; c'est une espèce de maison de refuge, & si l'on veut, de correction; on la nomme Sainte-Pélagie. Elle est située dans le faubourg St. Marceau, près de la Pitié.

La police, qui disposoit ci-devant de la liberté des individus, sous le prétexte de l'honneur des familles & de la conservation des mœurs, avoit, dans Paris & ailleurs, une foule de maisons-prisons, où l'on envoyoit par lettre de cachet, ou par un simple ordre de police donné sur la plainte des parens, les enfans qu'il plaisoit à ceux-ci de faire renfermer. Sainte-Pélagie étoit & est encore une maison de cette espèce. On y détient assez arbitrairement des personnes qui n'ont contre elles que quelques défauts de conduite assez légers. Il faut convenir cependant que le nombre en est infiniment diminué, & que la suppression des lettres de cachet a ruiné la maison.

Mais elle n'est point sans espérance à cet égard, ainsi que la Salpétrière, Bicêtre, Charenton, &c. car l'assemblée nationale ayant décrété qu'un conseil de famille, composé de huit parens, aura le droit de faire enfermer, jusqu'à l'âge de vingt ans, les enfans qu'il jugera coupables, on conçoit que les petites familles qui ne pourront pas donner de fortes pensions pour emprisonner leurs enfans, les mettront à Bicêtre, à la Salpétrière, & à Sainte-Pélagie; ou dans les autres maisons de correction établies dans les environs de Paris.

Quoique dans la dépendance de l'*hôpital-général*, la maison de Sainte-Pélagie est régie par une supérieure particulière, & différentes personnes employées aux soins & à la surveillance des pensionnaires ou autres détenues de force. On n'y reçoit que des femmes. Il y a des folles, & cette maison pourra être utile à recevoir & soigner les interdites pour cause de démence. Nous n'avons point pu rapporter les revenus de cette maison, parce qu'ils nous sont inconnus.

Scipion n'est pas proprement un *hôpital;* c'est un établissement succursal, où l'on a placé la boulangerie & la boucherie de l'*hôpital-général;* il y a néanmoins quelques lits destinés à quelques vieillards qui y finissent leurs jours. Cet établissement est d'un grand secours pour l'*hôpital-général*, par la commodité qu'il offre pour la boulangerie, la fabrication des chandelles & la boucherie. Il est placé dans le faubourg Saint-Marceau, près Saint-Marcel.

Nous terminerons cette notice des maisons dépendantes de l'*hôpital-général* de Paris, par un apperçu de l'hôpital du Saint-Esprit, de quelques détails sur les revenus & l'état actuel de quelques autres établissemens hospitaliers; enfin nous rapporterons une loi de Louis XIV sur la police intérieure des *hôpitaux* du royaume, & nous renverrons, pour d'autres détails, *au dictionnaire de l'assemblée nationale*; & aux mots PAUVRES & MENDICITÉ de cet ouvrage.

L'hôpital du Saint-Esprit doit son origine à la piété & à l'humanité de plusieurs bourgeois de Paris, dont l'intention a été, ainsi qu'on le voit par les titres, de pourvoir à la subsistance des pauvres orphelins & orphelines de père & de mère nés dans Paris en *légitime mariage*, de bourgeois ou artistes, de leur procurer une éducation honnête, & de les placer ensuite dans des apprentissages ou professions qui pussent en faire des hommes utiles.

Cet établissement formé dès 1363, & placé dès lors dans la maison voisine de l'hôtel-de-ville, fut confirmé par lettres-patentes du roi, du 4 août 1445.

Une déclaration du roi, du 20 mars 1680, porte » que l'*hôpital* du Saint-Esprit n'ayant été établi » à Paris que pour y nourrir & faire instruire des » enfans orphelins de l'un & l'autre sexe, originaires de cette ville, les administrateurs qui, » jusqu'à présent, ont eu cette administration, y » en ont entretenu plus de deux cents; mais comme » il se trouve un plus grand nombre d'enfans de » cette qualité dans l'*hôpital-général*, dont ceux » qui sont au Saint-Esprit n'augmenteroient pas » beaucoup la dépense, y ayant les personnes

» nécessaires pour en avoir soin & les instruire, » & qu'ainsi on en pourroit recevoir un bien plus » grand nombre qu'on ne l'a pu faire jusqu'à pré- » sent dans l'hôpital du Saint-Esprit; considérant » d'ailleurs qu'il est plus utile au public qu'il n'y » ait pas tant de différentes maisons destinées pour » le même objet, & qu'il sera plus avantageux » pour la conservation des biens donnés à cette » maison, que son administration soit jointe à » celle de l'*hôpital-général*, nous avons joint & » uni l'administration des biens de l'*hôpital* du » Saint-Esprit à celle de l'*hôpital-général*, à la » charge d'entretenir toujours, dans ledit *hôpital*, » quatre cents orphelins de père & de mère, de » cette ville, lesquels porteront un bonnet rouge, » pour marque qu'ils y sont nourris des revenus » de l'*hôpital* du Saint-Esprit, &c.

En 1790, il s'éleva quelques difficultés entre la commune, ou plutôt l'assemblée des représentans de la commune & l'administration de l'*hôpital* du Saint-Esprit. L'assemblée vouloit prendre le bâtiment de l'*hôpital*, & transférer les enfans ailleurs; c'est ce qu'elle effectua malgré les représentations de l'*hôpital*, que je ne juge pas, mais dans lesquelles on lit ces plaintes, qui feront connoître un peu l'esprit des affaires municipales dans ce moment.

» La proximité de cet *hôpital*, y est-il dit, de » l'hôtel de la commune, & les circonstances pré- » sentes y ont déjà occasionné des inconvéniens » fâcheux. L'église habituellement remplie de per- » sonnes pieuses que la charité y attiroit, & qui » répandoient sur cette maison des secours infini- » ment précieux, est devenue un lieu d'assemblée » de parties de la garde nationale, ce qui en a » sensiblement écarté ceux que des motifs aussi » respectables ne cessoient d'y réunir.

» La maison elle-même, qui sert d'habitation » aux orphelins, à douze sœurs, à plusieurs prê- » tres, aux maîtres & domestiques, cette maison » est déjà occupée, en partie, par des soldats de » la garde nationale, & par des effets propres à » l'état militaire; ensorte que les enfans n'ont » plus de refuge que leur dortoir pour tous leurs » exercices, & une église où la dissipation règne » plus que le recueillement ».

Nous allons rapporter maintenant, suivant ce que nous venons de dire, une note détaillée de quelques hôpitaux de Paris; nous la tirons d'un compte rendu à l'assemblée des représentans de la commune par le département des hôpitaux, au mois de juillet 1790.

1. L'*hôpital des Incurables* contient, au mois de juillet 1790, quatre cents quarante-six lits effectifs; savoir, cent quatre-vingt-dix-neuf occupés par les hommes, dont un vacant, & deux cents quarante-sept occupés par des femmes; chaque lit coûte 10,500 liv. à fonder.

L'hôpital est desservi par quatre ecclésiastiques, quatre officiers, quarante-trois sœurs-grises, & vingt-deux domestiques à gages; ce qui fait en tout soixante-quatorze personnes.

Suivant l'état des revenus & des dépenses de cette maison, elle jouit d'un revenu évalué à une année commune, prise sur dix, de 336,625 liv.

A l'égard de la dépense, elle monte, d'après le même état, année commune, à 317,563 liv.

Conséquemment le bénéfice, année commune, est de 19,062 liv.

D'où il résulte que chaque malade a 500 liv. à dépenser par an, puisque tous les lits sont complets, & que, déduction faite de sa pension sur le revenu total, il reste une somme de 125,625 liv. pour les frais d'administration & pour les charges; or, il est constant que les pauvres ne sont ni nourris, ni servis, dans cet hôpital, comme ils devroient l'être, payant chacun une pension de 500 liv. Il n'y a qu'un cri de leur part, sur la parcimonie avec laquelle on leur distribue les alimens; sur le peu de soin qu'on apporte à leur préparation; sur le retranchement qu'on leur a fait de certaines douceurs, tels que lait, sucre, &c. Mais heureusement que, sur l'apperçu des biens de cette maison, & des réformes dont la dépense est susceptible, on entrevoit la douce espérance d'améliorer leur sort, & même d'augmenter le nombre des lits.

Entr'autres objets dont la dépense paroît susceptible de diminution, nous ne citerons que l'article du lait, qui se monte à 4000 livres & plus aux Incurables.

Quant à ce qui concerne la discipline intérieure des salles, nous sommes forcés d'avouer qu'elle est susceptible d'une grande réforme; il y règne des abus qui troublent le repos & la tranquillité des malades, qui occasionnent de la mésintelligence entr'eux, ou qui les forcent à des dépenses vexatoires. En voici quelques-unes que les réclamations des malades nous ont mis dans le cas de vérifier, & qui ne sont que trop réelles. Quoique les sœurs de la Charité qui desservent cet hôpital, au nombre de quarante-trois, soient secondées par vingt-deux domestiques (ce qui fait un serviteur pour six ⅔ infirmes), cependant leur service se fait en partie par des femmes du dehors, qu'on appelle *commissionnaires*, & qui exigent du malade dont elles font le lit ou nettoient la ruelle, trois livres par mois; d'où il arrive que l'infirme qui n'a pas le moyen de payer cette rançon, est vu de mauvais œil, qu'il est bien plus mal servi que les autres; ce qui occasionne des querelles & des jalousies, sans parler des torts faits à la maison par ces femmes étrangères, qu'on accuse d'emporter les alimens, & même des effets appartenans à l'hôpital.

L'abus de ces femmes-commissionnaires est fort ancien : on trouve, dans un réglement du 5 janvier 1703, un article qui dit qu'on ne souffrira aucune personne, de quelque sexe qu'elle soit, de s'introduire dans les salles, sous prétexte d'être commissionnaires des malades, à peine, par eux, d'être privés de leur vin pendant huit jours pour la première fois, pendant un mois pour la seconde, & mis en prison pour la troisième.

Il est encore dit qu'en cas de récidive, ils seront renvoyés de l'hôpital, ainsi qu'ils s'y sont soumis en y entrant, & qu'il est porté par les contrats passés avec les fondateurs.

Chaque pensionnaire, en entrant, a été astreint, on ne sait trop pourquoi, à se procurer certains meubles que l'hôpital ne fournit pas ; depuis, on l'en a dispensé, moyennant qu'il payeroit 45 livres d'entrée ; aujourd'hui, cette taxe a augmenté jusqu'à soixante-douze livres.

On tolère, dans cette maison, un commerce de vin entre les malades, qui est sujet à de grands inconvéniens ; les uns en boivent trop ; les autres sortent pour aller dépenser au cabaret le produit de leur vente ; & tant d'une part que de l'autre, ce commerce abusif cause des dérangemens de santé, des scandales & du désordre.

Mais l'abus le plus considérable est celui d'admettre des gens valides dans un hôpital spécialement affecté à la caducité.

Un ancien réglement prescrit le genre de maux admissibles dans cet asyle, & les formalités que le postulant doit remplir pour être reçu ; mais il paroît qu'on tient peu la main à l'exécution de ce réglement, & que le relâchement a produit plus d'un désordre, entr'autres des allées & des venues, qui font que cet asyle de l'humanité souffrante a perdu le repos & la tranquillité qu'on s'attend à trouver dans une infirmerie. L'expérience prouve que, toutes les fois qu'on s'écarte du but de l'institution, on ouvre la porte aux abus. L'hôpital des Incurables étoit destiné, dans l'origine, à des *pauvres malades attaqués de maux incurables, qui, ne trouvant aucun secours à leurs infirmités, les exposoient dans les rues, aux yeux du public*. C'est ainsi que la fondatrice s'explique ; les réglemens étoient adaptés à ce genre d'établissement, & personne ne réclamoit. Mais depuis qu'on a perdu de vue l'esprit de la fondation, depuis qu'on a reçu, d'une part, des gens qui ont un certain revenu, de l'autre, des valides, cette maison est devenue une auberge proprement dite, où chacun se croit en droit de tout faire & de tout dire, parce qu'il paye pension. Et les choses en sont au point que les malades, non contens de sortir sans permission les jours ordinaires, réclament encore leur liberté les jours de dimanches & fêtes.

Voici l'état des personnes qui ont le droit de nommer aux lits vacans.

L'administration en a quatre-vingt-quinze.

Les fondateurs, ou leurs représentans, nomment à deux cents quatre & demi.

Enfin, les curés de Paris en ont cent vingt-deux & demi.

Ce qui compose les quatre cents vingt-deux lits.

Cependant il est de fait qu'il y a, aux Incurables, cent quatre-vingt-dix-neuf lits d'hommes, & deux cents quarante sept lits de femmes ; ce qui forme un total de quatre cents quarante-six lits.

Mais, sur ce total, il convient de déduire six lits, qui sont ceux qu'occupent les six garçons de salles, ensorte que le nombre se trouve réduit à quatre cents quarante lits ; ce qui fait encore dix-huit lits de plus que l'état des fondations.

Il existe, dans cet hôpital, un usage affligeant pour l'humanité, & qu'il seroit facile de supprimer. C'est que l'incurable qui a pris possession d'un lit, ne le quitte plus : c'est là qu'il finit ses jours, sous les yeux & au milieu de ses semblables. Quoiqu'en général tous soient infirmes, cependant on peut les considérer comme tenant un état moyen entre la santé & la maladie ; & lorsqu'ils arrivent à ce dernier période, il conviendroit de les placer dans une infirmerie particulière, où ils seroient plus tranquilles & plus à portée de recevoir les secours que leur état exige.

2. Les revenus de l'*hôpital de la Charité* consistent :

1°. En rentes de toute espèce, qui produisent annuellement une somme de 62,595 liv. 15 s.

2°. En loyers de maisons, montant à 121,384 liv. 5 s.

3°. En terres, dont l'une, dite *des Essarts*, est affermée 9200 liv. ; & l'autre, appellée *Ferme des Corbins*, que les religieux font valoir eux-mêmes, rapporte net 8000 livres ; ce qui fait un total de 17,200 liv.

4°. Enfin, le roi donne ici, comme aux autres hôpitaux, une indemnité de 25,000 liv., pour lui tenir lieu des privilèges & entrées gratuites, dont il jouissoit avant la suppression.

Ce qui fait un revenu total de 226,180 liv.

Sur lequel il faut déduire 48,820 liv. 6 s. 6 d. de charges annuelles, telles que rentes perpétuelles & viagères, réparations, acquits d'*Obit*, &c.

Il reste net, tant pour l'entretien de l'hôpital

que pour celui des religieux, la somme de 177,359 liv. 13 s. 6 d.

Car il n'y a point ici distinction de mense; le bien des pauvres se trouve confondu avec celui de la maison. Mais ce qui pourroit tirer à conséquence, dans tout autre cas, & même dégénérer en abus, est ici, tout entier, à l'avantage des pauvres; & cette différence vient de ce que, dans une corporation religieuse, les biens sont à tous & n'appartiennent à personne. L'intérêt personnel y devient absolument nul; & rien ne s'oppose à ce que l'économie tourne au profit de la communauté.

La preuve de ce que nous avançons ici, se trouve dans la manière dont le régime de la Charité est composé.

Cet ordre religieux est administré par un conseil composé du supérieur-général, d'un secrétaire, de quatre conseillers, tous résidans au grand hôpital, rue des Saints-Pères, qui est le chef-lieu.

Ce conseil, trop peu nombreux pour qu'il y ait de la lenteur dans les opérations, & suffisant pour que le chef soit surveillé, ce conseil, dis-je, administre trente-neuf maisons, tant ici qu'en province & dans les colonies. Toutes ces maisons se prêtent un secours mutuel, & s'entr'aident, suivant les circonstances.

Chaque sujet, entrant dans l'ordre, s'engage à traiter, soigner & médicamenter les malades, sans le secours d'aucun étranger, le jour & la nuit: aussi tous, sans en excepter même les supérieurs majeurs, se livrent, dans cette maison, aux devoirs d'hospitalité, & aux fonctions les plus basses & les plus répugnantes à la nature. Leurs exercices commencent à quatre heures & demie du matin, & ne finissent qu'à dix heures du soir; alors ceux qui ne sont pas de veille, se retirent dans l'intérieur du couvent.

Un médecin fait la visite des malades, tous les jours pendant trois mois, & un autre lui succède le trimestre suivant; ils ordonnent les remèdes, & les religieux apothicaires & infirmiers les distribuent.

Il y a, en outre, un chirurgien-major, un gagnant-maîtrise & deux religieux-chirurgiens, pour les opérations, les pansemens & autres maladies chirurgicales.

Enfin, c'est dans cette maison de la rue des SS. Pères que se forme la pépinière de chirurgiens, d'apothicaires, d'infirmiers, dont le régime dispose, par le moyen d'une obédience, pour entretenir le service, & fournir les différens hôpitaux de l'ordre, de sujets propres à l'emploi devenu vacant.

L'hôpital est desservi par cinquante religieux, deux aumôniers, quarante-cinq domestiques; ce qui fait en tout quatre-vingt-dix-sept personnes, pour deux cents seize malades. Mais comme c'est ici le chef-lieu & le seul noviciat de tout l'ordre, la proportion de quatre-vingt-dix-sept à deux cents seize n'offre aucun résultat, sinon que, plus il y a de monde employé autour du malade, mieux il s'en trouve.

Mais un autre apperçu plus important que celui-ci, c'est qu'un revenu de 177,000 livres, après avoir fourni la nourriture & l'entretien à trois cents huit personnes, fait encore face à des augmentations, soit de lits, soit de bâtimens, tandis que, dans nos grands hôpitaux, administrés par des séculiers, tel que celui des Incurables, cinq cents personnes, qui ont 366,000 liv. à dépenser par an, sont mal nourries & mal entretenues, & ne font aucune amélioration, au moins digne de remarque.

Mais cette supériorité de régime que nous présentent les frères de la Charité, & que nous retrouvons en général dans tous les corps religieux hospitaliers, cessera d'exister à l'avenir, au moyen de la suppression du vœu monacal; il y aura désormais du danger à laisser le patrimoine des pauvres entre les mains de gens pour qui la pauvreté ne sera plus une loi, ni la défense de posséder, une affaire de conscience. L'esprit de propriété succédera à celui de désintéressement; & à moins que l'assemblée nationale, lorsqu'e le reprendra l'article des hôpitaux-religieux qu'elle a mis en réserve, ne trouve le moyen de substituer au vœu de pauvreté, un lien quelconque qui le remplace, il faut s'attendre à un changement d'administration, dont le pauvre sera nécessairement la victime.

La suppression des vœux donne lieu à beaucoup de questions, entr'autres à celle-ci: on demande si, la masse des fondations mise à part, le surplus des biens sera réputé biens ecclésiastiques, & comme tels, à la disposition de la nation; si cela est ainsi jugé, l'hôpital, tant de la Charité que des convalescens, perdra cinquante-neuf lits qui n'ont point de revenus, & qui n'ayant pu être créés avec les économies de la masse des pauvres, mais étant le fruit, au contraire, de l'industrie des religieux, & pris sur les revenus conventuels, se trouveront englobés dans la confiscation.

En second lieu, les religieux n'étant plus que des hommes salariés & réduits à une pension quelconque, se conduiront en conséquence; & alors la mense des pauvres aura besoin d'être surveillée de près par la municipalité; ce qui change le régime entièrement de face.

Si, au contraire, on conserve à ces maisons leurs biens & leur administration, & si, en faveur de leur utilité, on les excepte de la loi générale, le service pourra se continuer à l'extérieur; mais les avantages ne seront plus les mêmes, puisque le corps administrant aura changé de principes; car alors il faut s'attendre que les membres de cette administration travailleront chacun pour soi, & se prépareront de loin une retraite pour l'instant où ils seront las & ennuyés du métier. Alors la mense conventuelle, bien loin de tendre à une perpétuelle amélioration, bien loin de se confondre avec celle des pauvres, ira toujours en décroissant, parce que chaque cupidité partielle l'assaillira.

Il ne sera pas facile, sans doute, de trouver un remède à ces inconvéniens; mais c'est précisément à raison de la difficulté, que nous nous sommes crus obligés de les faire sentir.

Nous finirons cet article par une remarque importante, & qui milite en faveur des Charitains. C'est que cette corporation diffère essentiellement des ordres religieux, en ce qu'elle n'est composée que de laïcs, la règle de la maison étant de n'avoir parmi eux qu'un prêtre ou deux pour le service du spirituel.

3. *L'hôpital des convalescens*, établi rue du Bacq, en 1652, paroît avoir ses fondateurs particuliers, & un revenu totalement distinct & séparé de celui de la maison de la Charité; cependant on ne peut l'envisager que comme une annexe du grand hôpital, attendu que ce sont les mêmes religieux qui desservent l'un & l'autre, que le régime est le même, & que la mense, quoique administrée en apparence séparément, se confond & se rapporte à la masse générale, quand les circonstances le requièrent.

On y trouve, dans le moment actuel, vingt-quatre lits fondés, dont dix-neuf par des particuliers, & cinq par les religieux de la Charité, que leur économie a mis à portée de faire cette augmentation.

Le mouvement de ces lits se fait trois fois la semaine, savoir, les lundi, mercredi & vendredi. A chacune de ces époques, huit convalescens, qu'on tire du grand hôpital, entrent pour compléter leur guérison, & remplacent huit sortans, qui n'ont plus besoin de secours.

On conçoit aisément toute l'importance de cet établissement, qui ne se borne pas seulement à réparer les forces de l'individu échappé à la mort, mais qui lui procure en outre le tems de chercher une boutique, si c'est un ouvrier; une occasion pour retourner dans son pays, si c'est un habitant de la campagne; en un mot, le moyen d'aviser au parti qu'il prendra, lorsqu'il sera rendu à lui-même.

Quant au revenu dont jouit cet hôpital, il ne fut, dans le principe, que de 10,000 liv. environ; mais l'économie & l'intelligence des frères de la Charité l'ont fait monter à 34,310 liv. 10 s.

Sur quoi il faut déduire les charges, telles que cens, rentes perpétuelles & rentes viagères, montantes à 2654 liv. 6 s. 8 d.

Reste net 31,656 liv. 3 s. 4 d.

Ce revenu deviendra encore plus considérable, lorsque des hôtels bâtis par des particuliers sur des terreins qu'on a concédés à vie, rentreront dans la maison des religieux; & comme l'exemple du passé prouve qu'ils suivent avec zèle & fidélité le but de leur institution, en appliquant le fruit de leurs épargnes au progrès de l'établissement; on ne peut point douter que, d'ici à peu de tems, les lits destinés aux convalescens n'augmentent en nombre.

Les vingt-quatre malades qu'on y reçoit, dans ce moment-ci, sont servis par six religieux, deux aumôniers & trois domestiques. Il y a en sus un cuisinier & un jardinier: en tout, trente-sept personnes.

4. *Les Hospitalières* de la rue Mouffetard, faubourg Saint-Marcel. Ici il n'y a point, comme à la Charité, confusion de mense; la règle s'y oppose, & voici comme elle s'énonce:

» Il y aura, en chaque maison de l'institut, deux » sortes de biens, l'un des malades, l'autre des » religieuses, lesquels ne pourront, en aucune fa- » çon, être mêlés ni confondus l'un avec l'autre, » ni responsables l'un de l'autre; & à cette fin, » il y aura une dépositaire pour les malades, autre » que la dépositaire de la communauté ».

Cette règle s'est scrupuleusement observée jusqu'en 1709; mais à cette époque, la mense des malades se trouvant considérablement diminuée, les religieuses, pour ne pas laisser tomber un établissement qui forme la base de leur institution, n'hésitèrent point d'employer, au soutien de la chose les fruits de leurs économies particulières; & profitant d'un article de leur constitution, qui dit que si l'on commet aux religieuses l'administration du temporel des malades, elles pourront l'accepter, elles la prirent sur leur compte, toute onéreuse qu'elle étoit, pour pouvoir confondre leur revenu personnel avec celui des pauvres. Alors il n'y eut plus qu'une seule administration dans la maison, pour la recette & la dépense; & par ce moyen, plusieurs lits qui n'ont pas 250 livres de revenu, deux entr'autres, qui n'en ont pas 113, sont néanmoins demeurés en pleine activité.

Ce second exemple de désintéressement confirme ce que nous avons dit plus haut du régime des Charitains, & nous oserons encore le répéter avec confiance; si les pauvres sont si bien traités, c'est parce qu'il entre dans la politique & dans les intérêts d'une corporation religieuse, d'exercer de son mieux la profession qu'elle a embrassée; c'est parce que son genre d'existence se prête mieux à l'économie, & que, barrée par la nature de ses vœux, du côté de l'intérêt personnel, rien ne la détourne de l'impulsion que sa règle lui donne vers le bien. Ici le fait vient encore à l'appui de notre observation.

Le revenu des pauvres, c'est-à-dire, le produit des fondations reçues par les Hospitalières, ne monte annuellement qu'à 11,112 liv. 4 f. 11 d.

Cette somme, répartie entre quarante malades qui sont perpétuellement soignés & nourris, ne donne qu'un revenu annuel de 277 liv. pour chaque lit. Or, il est reconnu qu'au prix où sont les denrées, un malade ne peut être bien servi & entretenu à Paris, à moins de vingt sous par jour; ce qui fait 365 liv. par an.

Quarante malades, à 365 liv. chacun, dépenseront donc, dans une année, une somme de 14,620 liv.

Mais la mense des pauvres ne rapporte que 11,112 liv.

Il s'ensuit un déficit annuel de 3508 livres.

Et la maison est obligée d'ajouter cette somme, c'est-à-dire, 88 livres de supplément par chaque lit, qu'elle prend sur les revenus de la mense conventuelle.

Mais ce qui va, Messieurs, vous surprendre, c'est que cette mense conventuelle n'est pas en état de porter cette surcharge, & cependant le malade est parfaitement bien nourri & soigné.

La preuve que cette maison fait plus qu'elle ne peut, se trouve dans le calcul suivant.

1°. La mense des malades est de 11,112 liv. 4 f. 11 d.

2°. Celle des religieuses, de 22,655 liv. 10 f. 3 deniers.

Ces deux revenus, confondus, forment par conséquent un total de 33,767 liv. 15 f. 2 d.

Dont il faut distraire les charges, telles que cens, des redevances foncières, des rentes, tant perpétuelles que viagères, des décimes, les frais de sacristie, le blanchissage, &c. Le tout montant à 10,394 liv. 11 f. 10 d.

Partant, il ne reste plus que 23,373 liv. 3 f. 4 deniers.

Or, si les malades, comme on vient de le démontrer, en consomment, à eux seuls, 14,620 liv.

Il s'ensuit qu'il ne reste à la maison conventuelle, pour tout revenu, qu'une somme de 8,753 liv. 3 f. 4 d.

Et cette maison est cependant composée de quarante-deux personnes, tant religieuses que converses & domestiques. Aussi la maison est-elle arriérée, sur l'année 1789, de 17,454 livres; & son unique ressource, pour réparer ce déficit, réside dans les bénéfices que la communauté peut faire sur les personnes qu'elle admet à titre de pensionnaires, moyennant 500 liv. par an.

Car indépendamment des quarante lits fondés, il en existe huit autres occupés par des personnes infirmes qui, jouissant d'un trop modique revenu pour vivre dans leur ménage, trouvent un grand avantage à se retirer aux Hospitalières, où, pour 500 livres, elles sont nourries, logées, chauffées, éclairées & soignées, tant en santé qu'en maladie.

Mais quel bénéfice peut-on faire sur une somme de 4000 livres, dont il faut distraire l'entretien de huit personnes? Il seroit à souhaiter que ces sortes de pensionnats prissent faveur, & qu'on travaillât à détruire, dans le public l'idée défavorable que le préjugé attache au mot *hôpital*. Les maisons qui se consacrent au service des malades y trouveroient leur compte; celles qui imiteroient leur exemple se rendroient au moins utiles à la patrie; & des asyles de ce genre seroient d'un grand avantage pour cette classe de citoyens qui, placés entre l'aisance & la pauvreté, vivent misérablement, dans la crainte de tomber dans la misère. Souvent même ils ne réussissent point à s'en préserver; & alors, après avoir long-tems combattu contre l'indigence, ils finissent par venir se confondre avec la dernière classe des malheureux, dans nos grands hôpitaux, ce qui les surcharge d'autant.

5. *Les Hospitalières* de la Place-Royale. Cette maison diffère de la précédente, quoique du même ordre, en ce que, par sa constitution, la mense des malades ne doit pas être distincte de celle des religieuses.

Cette mense commune a, de revenu, 33,923 liv. 4 f. 9 d.

Sur quoi il faut déduire, 1°. 549 liv. de rentes & redevances.

2°. 3340 liv. 17 f. 1 d. pour l'entretien, annee commune, des bâtimens.

3°. Les gages de domestiques, les frais de sacristie, les honoraires des chapelains, médecins & chirurgiens, & différens faux-frais occasionnés par les aumônes & les besoins particuliers des religieuses, 6552 liv. 14 f.

Ces charges montent, année commune, à 10,442 liv. 11 f. 6 d.

Partant, reste net 23,480 liv. 13 f. 3 d.

Sur quoi sont nourries & entretenues cinquante-huit personnes, qui ont 423 liv. 17 f. environ, à dépenser chacune.

Ces cinquante-huit personnes sont: quinze religieuses,

gieuses, six converses, cinq postulantes, neuf tant sacristains que tourrières & filles de service, & vingt-trois malades.

6°. *Les Hospitalières* de la Roquette ne sont qu'un démembrement de celles dont nous venons de parler. L'établissement de la Place-Royale s'étant beaucoup accru, l'archevêque de Paris jugea à propos, en *1690*, de le partager, & de prendre, à cet effet, une maison dont les Hospitalières de la Place-Royale se servoient pour prendre l'air, & le faire prendre à leurs convalescens.

Il y eut, en conséquence, seize lits de transportés à ce nouvel hôpital, avec les revenus de leur fondation, montant à la somme de *6538* liv. 8 s. 4 deniers.

Ce qui revient, pour chaque lit, à 408 liv. 13 s. de rente.

Pour compléter le nombre de vingt-trois lits, tel qu'il existe à la Place-Royale, on a établi sept lits, où des infirmes sont admis en payant vingt sous par jour, pendant tout le tems de leur traitement.

Comme cependant, suivant la constitution de ces religieuses, il n'y a point de distinction de mense, il convient de prendre le revenu annuel en totalité; or, ce revenu consiste:

1°. En objets fixes, tels que fonds & rentes sur le roi, montant à 36,908 liv. 5 s. 2 d.

2°. En revenus éventuels, pour pension de malades dont les lits ne sont pas fondés, & pour celle de dames qui occupent des appartemens dans la maison; ce qui produit, année commune, *8565* livres.

Ces deux revenus forment un total de 45,473 liv. 5 s. 2. d.

Sur quoi il convient de déduire les charges, telles que réparations, gages de domestiques, honoraires, frais de sacristie & rentes viagères dues par la maison, montant à 13,91*6* liv. 6 s.

Au moyen de quoi, il ne reste net que 31,557 liv. 3 s. 2 d.

Et ce total est consommé par soixante-dix-huit personnes, dont la maison est composée, savoir: vingt-trois malades, dix-huit religieuses, *6* sœurs converses, quatre postulantes, deux chapelains, deux sacristains, un jardinier, six filles de service au tour, à la salle de l'apothicairerie, seize dames en chambre: ce qui revient, par tête, à 417 liv. *6* s.

7°. *La Maison de Charenton* est encore une dépendance du régime des frères de la Charité. En 1641, époque de l'établissement, la fondation ne consistoit qu'en une maison de particulier, garnie de meubles, & en dix arpens ou environ de jardin.

Ce premier don n'étant grévé d'aucune charge hospitalière, les religieux en firent une maison de convalescens, & la retraite de leurs vieillards & infirmes. Mais vingt-un ans après, c'est-à-dire, en *1662*, le sieur le Blanc, premier fondateur, proposa l'établissement à perpétuité, de sept lits en faveur de sept pauvres malades du lieu, & y affecta une maison sise, à Paris, rue des Noyers, dont il fit également don aux religieux; enfin, en 1721, un huitième lit fut fondé & doté de 400 liv. de rente sur les aides & gabelles, par un sieur Richard & son épouse; & c'est ainsi que la maison de plaisance fut métamorphosée en un véritable hôpital, contenant, au moment actuel, seize lits journellement occupés, quoiqu'il n'y en ait que huit de rentés.

Il est à remarquer que, dans l'intervalle du 4 mai *1662* au mois de juillet *1767*, un revenu de 1208 liv. est devenu un objet de 13,984 liv.

Il est encore à remarquer qu'à cette époque de 1767, les religieux, pour se soustraire aux tracasseries du seigneur du lieu, & éviter des procès très-dispendieux qu'il leur suscitoit, firent l'acquisition de la terre de Saint-Maurice; & ce qui auroit ruiné tout particulier assez téméraire pour, avec un revenu de 13,984 liv. faire, à crédit, une acquisition de 421,600 livres, a tellement prospéré dans les mains de cette communauté, qu'il n'est plus dû sur cet objet, au régime de l'ordre qui a prêté les fonds, qu'un capital de 149,650 livres, produisant 4656 liv. de rentes; ensorte que les économies ont acquitté 272,000 liv. en vingt-trois années.

La maison de Charenton n'est pas simplement hôpital. Le gouvernement, invité par la bonté du local & la salubrité de l'air, en a fait aussi une maison de sûreté pour la classe d'hommes la plus à plaindre de toutes; puisque sans avoir démérité, sans autre tort que celui d'avoir l'esprit aliéné, elle subit le sort des coupables, en perdant, comme eux, la liberté.

Ces infortunés sont nourris, logés & surveillés par les religieux, à titre de pensionnaires; & c'est le produit de ces pensions qui fait l'article principal du revenu de la communauté, car il lui rapporte à-peu-près 125,000 liv. par an. Le prix du traitement dépend de la volonté des parens ou curateurs, & de la fortune du particulier qu'on y renferme, ou qui s'y retire de lui-même; car ce que les Charitains nomment le *Pensionnat*, renferme trois espèces particulières d'individus, savoir: des pensionnaires libres, au nombre de sept.

Des fous, maniaques, & autres gens de cette sorte, renfermés par sentences d'interdiction, arrêts de cour souveraine, ou lettres de commutation de peine accordées par le prince, au nombre de trente-cinq.

Et enfin des particuliers détenus par lettres de cachet, au nombre de quarante-neuf.

Ce qui fait, en tout, quatre-vingt-onze personnes.

Quant aux individus que nous avons trouvés à l'infirmerie, ils sont au nombre de seize; car, quoiqu'il n'y ait eu que huit lits de fondés, la maison en a établi huit autres.

Ensorte que le total est de cent-sept personnes.

Ces personnes sont servies par cinquante-deux domestiques, sept religieux, & deux aumôniers.

En tout soixante-une personnes de service, qui, réunies aux autres habitans de la maison, donnent un total de cent soixante-huit.

A l'égard des biens dont jouit cette maison, ils consistent, savoir: en rentes, tant foncières sur le roi que sur des corps & communautés, 9,511 liv. 10 f. 2 d.

En loyers de maisons, terres, prés & moulins, 27,545 liv. 4 f.

Les terres que la maison fait valoir peuvent s'évaluer, année commune, à 2093 liv. 15 f.

Finalement, le casuel du pensionnat produit, en ce moment-ci, 115,734 liv.

Ce qui fait, au total, un revenu de 154,884 liv. 9 f. 2 d.

Mais il faut en retrancher les rentes que la maison doit, lesquelles montent à 7,927 liv. 16 f.

Au moyen de quoi, il ne reste plus que la somme de 146,956 liv. 13 f. 2 d.

Et c'est sur cette somme que se prennent, 1°. les réparations & entretiens des bâtimens, dont on ne nous a pas remis l'apperçu, mais qui doivent être considérables, tant à cause de deux moulins, qu'à cause de l'immensité de corps-de-logis dont cette maison a besoin pour le double service qu'elle a entrepris.

2°. Sur ce revenu, se prend encore l'aumône journalière faite à cinquante pauvres de la paroisse, depuis la grêle de 1788, & les frais d'un chemin qui n'a été entrepris que pour procurer de l'ouvrage à quarante malheureux qui mouroient de faim dans le pays.

Le traitement des malades de l'hôpital de Charenton est absolument le même que celui de la Charité de Paris, & de l'hôpital des convalescens; aussi n'avons-nous rencontré par-tout que des gens qui, loin de se plaindre, chantent sans cesse les louanges de leurs hôtes; & si quelque chose a dû nous surprendre, ç'a été de trouver, même chez les fous, des démonstrations affectueuses envers les religieux qui les approchent; démonstrations qui ne permettent pas de douter que leur captivité ne soit aussi douce qu'elle peut l'être.

Le rapport des commissaires sur les vices de l'hôtel-dieu, & dont nous avons fait connoître une partie plus haut, détermina le gouvernement à la construction de quatre nouveaux *hôpitaux* à Paris. Un arrêt du conseil, du 22 juin 1787, en fixe l'établissement à l'*hôpital* Saint Louis, à celui de Ste. Anne, aux hospitalières de la Roquette, & le quatrième à l'abbaye royale de Sainte-Périne de Chaillot.

Mais comme il falloit des fonds considérables pour l'exécution de ce projet, chacune des maisons que nous venons de nommer exigeant des constructions ou augmentations considérables, M. de Calonne, alors contrôleur-général des finances, imagina un emprunt de douze millions, en forme de loterie, que la ville de Paris fut autorisée à ouvrir.

L'arrêt du conseil, du 13 octobre 1787, porte que cette loterie sera de cinquante mille billets de 340 liv. chacun, divisibles par moitié & par quart. La totalité des douze millions sera remboursée par le sort d'un seul tirage. Il sera, en outre, attribué au premier & au dernier numéro qui sortiront, une prime de 20,000 liv. qui sera payée en outre du lot qui pourra leur échoir. Le tout sera payé comptant trois mois après le tirage, & on prélevera sur chacun des lots & primes, le dixième, qui servira aux dépenses des quatre nouveaux *hôpitaux*.

Indépendamment des fonds que produisit cet emprunt, qui fut bientôt rempli, le roi ouvrit une souscription de bienfaisance, avec la condition de rendre public, par la voie de l'impression, les noms des personnes qui auroient souscrit. Celles qui donnoient 10,000 liv. devoient être mises au rang des fondateurs des quatre *hôpitaux*, & avoir leur nom gravé sur des tables de marbre, dans les salles de chaque *hôpital*. On retira beaucoup d'argent de ces différens moyens, mais les *hôpitaux* sont encore à faire.

On prépare de grands changemens dans le régime des *hôpitaux*. Déja les municipalités sont chargées, par le décret de leur établissement, de veiller aux améliorations & changemens dont ils sont susceptibles. Les départemens ont la suprême main sur les municipalités à cet égard. *Voyez* MUNICIPALITÉ.

Nous ne pouvons rien dire de plus étendu à cet égard, dans ce moment; mais pour ne pas laisser ignorer au lecteur la forme de régime qu'on observoit précédemment dans la grande administration & la police des *hôpitaux*, nous rapporterons la déclaration du roi, du 12 décembre 1698, qui contient les dispositions les plus générales à cet égard.

I. Il y aura, en chacun desdits *hôpitaux*, un bureau ordinaire de direction, composé du premier officier de la justice du lieu, & en son absence, de celui qui le représente, du procureur du roi aux sièges, ou du seigneur, du maire, de l'un des échevins, consuls ou autres ayant pareille fonction, & du curé; & s'il y a plusieurs paroisses, les curés y entreront chacun pendant une année, & tour-à-tour, à commencer par le plus ancien.

II. Outre ces directeurs nés, il en sera choisi de trois ans en trois ans, dans les assemblées générales qui seront tenues, ainsi qu'il sera dit ci-après, tel nombre qui sera jugé à propos dans chaque lieu, d'entre les principaux bourgeois & habitans, pour avoir entrée & séance après les directeurs nés, & voix délibérative dans le bureau de direction, pendant ledit tems de trois ans, sauf à l'assemblée générale à les continuer tous, ou seulement quelques-uns, si bon lui semble.

III. Le bureau ordinaire de direction s'assemblera une fois la semaine, ou tous les quinze jours au moins, dans l'*hôpital*, au jour & heure qui sera marquée, & plus souvent si les affaires le requièrent.

IV. Il sera tenu des assemblées générales dans chaque *hôpital*, une ou deux fois par chaque année, aux tems qui seront marqués.

V. Les assemblées générales seront composées, outre le bureau ordinaire, de ceux qui auront été directeurs de l'*hôpital*, & des autres habitans qui ont droit de se trouver aux assemblées de la communauté du lieu.

VI. Les délibérations qui auront été prises dans les assemblées générales & dans le bureau de direction, seront écrites sur un registre paraphé par le premier officier de justice, & signées, savoir: celles du bureau de direction, par tous ceux qui y auront assisté, & celles des assemblées générales, par les principaux & plus notables du lieu.

VII. Il sera nommé tous les trois ans, par le bureau de direction, un trésorier ou receveur, pour faire les recettes de l'*hôpital*, & les employer à l'acquit des charges, à la subsistance & entretien des pauvres, & autres dépenses utiles & nécessaires.

VIII. Il sera nommé dans le bureau de direction, au commencement de chaque année, & plus souvent s'il est jugé à propos, deux des directeurs nés ou élus, pour expédier les mandemens des sommes qui devront être payées par le trésorier ou receveur, & il ne pourra lui en être alloué aucune en dépense, qu'en rapportant les mandemens signés desdits deux directeurs.

IX. Le trésorier ou receveur aura entrée dans toutes les assemblées ordinaires & extraordinaires, sans voix délibérative.

X. Les archevêques & évêques auront, conformément à l'article XXIX de l'édit du mois d'avril 1695, la première séance, & présideront, tant dans le bureau ordinaire que dans les assemblées générales qui se tiendront pour l'administration des *hôpitaux* de leurs diocèses, lorsqu'ils y voudront assister; & les ordonnances & réglemens qu'ils y feront pour la conduite spirituelle & célébration du service divin, seront exécutés nonobstant toutes oppositions & appellations simples & comme d'abus, & sans y préjudicier.

XI. En l'absence des archevêques & évêques, leurs vicaires-généraux pourront assister auxdits bureaux ordinaires & assemblées générales, y auront voix délibérative, & prendront place après celui qui présidera.

XII. Les baux à fermes des biens & revenus desdits *hôpitaux* ne pourront être faits que dans le bureau de direction, après les publications nécessaires, & après avoir reçu les enchères.

XIII. Il ne sera fait aucuns voyages ni réparations, ni accordé aucune diminution aux fermiers, que par délibération du bureau de direction.

XIV. Il ne pourra être entrepris aucun bâtiment ni ouvrage nouveau, ou intenté ni soutenu aucun procès, fait aucun emprunt ni acquisition, sans une délibération préalable, prise dans l'assemblée générale.

XV. Le trésorier ou receveur sera tenu de présenter au premier bureau de direction qui sera tenu en chaque mois, l'état de sa recette & dépense du mois précédent, qui sera arrêté, signé par ceux qui y auront assisté.

XVI. Le trésorier ou receveur sera tenu de présenter au bureau de direction, dans les trois premiers mois de chaque année, le compte de la recette & dépense par lui faites dans l'année précédente, & d'y joindre les états arrêtés par chaque mois, avec les autres pièces justificatives, pour être ledit compte arrêté dans le bureau, & signé par tous ceux qui y auront assisté.

XVII. A faute par ledit trésorier de présenter son compte dans le tems porté par l'article précédent, il pourra être destitué, & il en sera, en ce cas, nommé un autre en sa place, sans préjudice des poursuites qui seront faites contre celui qui n'aura pas rendu compte pour l'obliger à le rendre.

XVIII. Le comptable se chargera en recette du reliquat du compte, si aucun y a, & des reprises.

XIX. Les pièces justificatives seront paraphées

par celui qui rendra compte, & par celui qui présidera à l'examen & clôture.

XX. Le compte clos & arrêté dans le bureau de direction, sera représenté & lu dans la première assemblée générale qui sera tenue ensuite; & en cas qu'il y soit reconnu quelque abus, il y sera pourvu par l'assemblée, ainsi qu'elle jugera à propos.

XXI. Il sera fait choix d'un lieu commode dans l'*hôpital*, où seront mis, par ordre, les titres & papiers concernant les biens de l'*hôpital*, en une ou plusieurs armoires fermantes à deux ou trois clefs, dont chacune sera gardée par ceux nommés à cet effet.

XXII. Il sera fait un inventaire desdits titres & papiers, qui y sera joint, & sur lequel seront ajoutés les comptes qui seront rendus à l'avenir, & les actes nouveaux concernant les affaires de l'*hôpital*, à mesure qu'il s'en passera; & seront lesdits actes & comptes, avec les papiers justificatifs, remis aux archives de l'*hôpital*.

XXIII. Il sera pourvu par le bureau ordinaire de direction, au surplus de tout ce qui pourra regarder l'économie & l'administration du temporel de chaque *hôpital*, selon qu'il sera jugé à propos pour le bien & le soulagement des pauvres.

Et quant aux *hôpitaux*, maladreries, léproseries & autres lieux pieux, & biens en dépendans, désunis de l'ordre de Notre-Dame de Mont-Carmel & de Saint-Lazare, & unis en exécution desdits édits & déclarations des mois de mars & août 1693, arrêts & lettres-patentes expédiés en conséquence à d'autres *hôpitaux* établis avant le mois de mars 1693, nous ordonnons que lesdits biens seront régis dans la même forme & manière, & suivant les mêmes réglemens que les anciens biens & revenus des *hôpitaux* auxquels l'union en a été faite; & en cas que les *hôpitaux* n'aient point de réglemens, voulons que le présent réglement y soit gardé & observé, tant pour les biens dont ils jouissoient avant lesdites unions, que pour ceux qui ont été nouvellement unis par lesdits arrêts & lettres-patentes.

Enfin, quoique la connoissance du régime des *hôpitaux* militaires n'intéresse qu'indirectement la police municipale, nous croyons utile néanmoins de finir cet article par quelques détails sur les principaux articles qui s'y rapportent.

Des Hôpitaux militaires.

On ne trouve point de traces qu'il y ait eu des *hôpitaux* militaires dans le tems que nos armées n'étoient composées que de la chevalerie du royaume, & de tous ceux qui, par le droit des fiefs, devoient former les milices des provinces. On voit éclore cet établissement si nécessaire pour la conservation des hommes, sous Henri IV, & ce fut sous le ministère du cardinal de Richelieu qu'il prit une certaine consistance.

Il y a aujourd'hui, dans le royaume, quatre-vingt-cinq *hôpitaux* militaires, qui sont administrés sous les ordres du secrétaire d'état de la guerre. Outre ces *hôpitaux* fixes, il y en a d'ambulans à la suite des armées, ou qui ne servent que d'entrepôts, à l'effet de donner les premiers secours aux soldats malades ou blessés, & ensuite les transporter dans les *hôpitaux* sédentaires. Il y a même des *hôpitaux* sur mer; ce sont des vaisseaux qui suivent une armée navale, dans lesquels il y a un nombre de lits suffisant, avec des médecins, chirurgiens, apothicaires & infirmiers. On y embarque les blessés & les malades, afin qu'ils n'incommodent pas les autres, & qu'ils reçoivent les traitemens dont ils ont besoin.

Sa majesté, par son ordonnance du 1 janvier 1747, en rassemblant toutes les dispositions des réglemens qui avoient été précédemment faits concernant les *hôpitaux* militaires, & suppléant celles qui lui ont paru nécessaires, a pourvu à ce que cette partie si importante du service fût portée à l'avenir à sa plus grande perfection.

On y voit non-seulement les règles à observer par tous les officiers & autres qui sont employés à ce service, pour y maintenir l'ordre & la discipline, mais encore les détails dont les directeurs & administrateurs de tous les *hôpitaux* du royaume peuvent profiter, concernant la distribution des malades dans les salles, les visites qui doivent y être faites par les médecins & chirurgiens, les alimens & leur distribution, les opérations, pansemens & médicamens, les lits, linges & autres fournitures, l'usage des eaux minérales & médicinales, la netteté, clarté, température & police intérieure des *hôpitaux*, l'entrée & la sortie des malades, les testamens, morts & sépultures, & enfin pour les arrêtés des dépenses & la comptabilité.

L'administration des *hôpitaux* militaires & d'entrepôts se fait rarement par régie. L'entreprise de la fourniture des remèdes & alimens s'adjuge au compte du roi, moyennant un certain prix par jour pour chaque malade. Il se fait aussi un autre marché pour ce qui concerne les lits. Comme l'avidité du gain peut porter les entrepreneurs ou leurs directeurs à s'écarter des conditions de leurs marchés, les intendans & les commissaires des guerres qui ont sous leurs ordres la police des *hôpitaux*, veillent scrupuleusement pour empêcher les abus dont la pratique peut être journalière, & causer un tort infini à l'état, par le mauvais traitement des soldats, & par l'excès de la dépense.

Sous Charlemagne, & même avant son règne, les évêques faisoient, près de nos rois, les fonctions d'aumôniers des armées, & procuroient à chaque commandant un prêtre pour célébrer les saints mystères, & donner à la troupe les secours spirituels.

Il paroît que de là est dérivé le droit du grand aumônier de France, de nommer les aumôniers des armées, & de leur donner des pouvoirs.

Les aumôniers des *hôpitaux* doivent y dire la messe chaque jour, à une heure réglée, faire la prière tous les soirs, veiller à l'administration des sacremens, faire de tems en tems des exhortations dans les salles, & tenir registres de tous les soldats malades qui seront décédés, dont on doit tirer deux extraits pour chacun, contenant le nom de famille & de guerre, le lieu de la naissance & le nom du régiment & de la compagnie, & envoyer régulièrement ces doubles extraits au régiment, qui en fait passer un à la famille. Pour assurer encore davantage la connoissance nécessaire à l'ordre des successions & au repos des familles, il se tient au bureau de la guerre un registre alphabétique, dans lequel sont enregistrés tous les soldats, cavaliers ou dragons, morts dans les *hôpitaux* du royaume, dont on délivre des extraits aux parties intéressées.

Dans l'intérieur du royaume, à défaut d'*hôpitaux* militaires, les soldats sont reçus dans ceux des villes, moyennant la solde qui se retient au profit de l'*hôpital*, à la déduction de ce qui est affecté à l'entretien du linge & chaussure du soldat; & comme cette solde peut être insuffisante, le roi fait encore payer aux *hôpitaux* de charité, un supplément par chaque journée, pour les dédommager de la dépense que le traitement des soldats leur a occasionné.

Il a été envoyé par les ordres du ministre de la guerre, aux bureaux des *hôpitaux*, un tarif imprimé de la solde réglée aux troupes de sa majesté, tant françoises qu'étrangères, en garnison & en campagne, & de la retenue à faire sur lesdites troupes, pour les journées du traitement des soldats malades dans les *hôpitaux*.

Ceux qui ont la direction des *hôpitaux* de charité, de même que les commissaires des guerres qui ont la police des *hôpitaux* du roi, doivent avoir grande attention de faire sortir tous les soldats en état de joindre leurs régimens : par ce moyen, non-seulement on évite beaucoup de dépense au roi, on prévient aussi la foule & la confusion, & ceux qui sont réellement malades en sont plus à l'aise & mieux soignés.

Outre les précautions prescrites par les réglemens, pour la propreté des lieux & pour la salubrité de l'air, il en est certains qui demandent beaucoup de vigilance sur la conduite des infirmiers; par exemple, qu'il soit toujours donné des draps blancs à ceux qui entrent, que les chemises dans lesquelles quelques malades auront sué, ne soient point séchées pour être données à d'autres, que des couvertures, matelas, & autres fournitures qui ont servi à des scorbutiques, galeux ou autres malades attaqués ou morts de maladie contagieuse, soient mises à part pour être lavées à différentes reprises dans l'eau bouillante, & qu'on n'en fasse aucun usage qu'elles n'aient été bien purifiées.

Ce que nous avons dit ne peut concerner les officiers municipaux, qu'autant qu'ils participent à l'administration des *hôpitaux* de leur ville, dans lesquels on traite des soldats; cependant il se rencontre des circonstances où leur ministère peut être intéressé, comme officiers de ville.

Un soldat n'est reçu dans les *hôpitaux* que sur un billet visé du major ou autre officier chargé du détail, concernant son nom de famille & de guerre, & le lieu de sa naissance; mais lorsque les troupes, étant en marche, ont laissé des traîneurs qui viennent à tomber malades, & ne peuvent prendre ces billets, ni de leurs officiers, ni d'un commissaire des guerres ou d'un subdélégué, les maire & autres officiers municipaux, doivent les leur expédier; il en est de même des soldats qui, étant absens par congé, ou sortant d'un *hôpital* pour aller joindre leur corps, viennent à tomber malades, ou à faire une rechute.

S'il n'y a point de troupes sur les lieux, & qu'il se trouve une certaine quantité de soldats aux *hôpitaux*, comme il est nécessaire qu'il y ait une garde proportionnée, ils doivent commander des bourgeois pour la monter.

Lorsqu'il n'y a pas assez de place dans les *hôpitaux* militaires des lieux où l'on a coutume d'envoyer les soldats pour y prendre les eaux minérales, c'est aux officiers municipaux à leur délivrer des billets de logement chez l'habitant, pour s'y retirer le soir après la prière publique de l'*hôpital*, dans lequel, au surplus, ils prennent leurs repas, & sont assujettis à la même règle que les autres.

Enfin, par les ordonnances des 19 mars 1685, 4 juillet 1717 & 14 août 1725, il est ordonné aux gouverneurs des citadelles & châteaux, & aux maires & principaux habitans des places où il y a des lits établis pour les sergens, cavaliers & dragons des troupes, de faire fournir gratuitement, & sans payer aucune chose aux commis des entrepreneurs qui auront soin des lits, un logement & un magasin raisonnable, dans lequel ils puissent commodément habiter & resserrer leurs effets, & y tenir des ouvriers pour l'entretien desdits lits; que dans les places où il ne se trouvera pas de logement ni magasins, il leur en sera fourni gratuitement par les officiers municipaux des lieux les plus prochains & les plus commodes pour le biendu service ; qu'ils jouissent de blanchisseries où il y en a d'établies, & qu'il leur soit donné toute protection, aide & assistance.

HORLOGER, s. m. Celui qui fait des montres, horloges & pendules.

Les *horlogers* composoient à Paris, ainsi que dans la plupart des grandes villes du royaume, une communauté en jurande, qui avoit ses réglemens & ses officiers chargés d'en maintenir l'exécution. Mais aujourd'hui que les jurandes sont détruites, les *horlogers*, ainsi que les autres corps de métiers, sont libres, & s'ils ont une communauté, s'ils forment corporation, il n'existe plus de jurandes, c'est-à-dire, que celui qui veut exercer cet état n'est plus obligé de donner de l'argent pour se faire recevoir & ouvrir boutique. *Voyez* Art, Communauté.

L'horlogerie ne paroît pas aussi perfectionnée en France qu'en Angleterre ; quelques personnes prétendent cependant que nos bons ouvrages en ce genre valent mieux que ceux des anglois, mais qu'en général, les mouvemens ordinaires sont plus soignés, mieux finis en Angleterre qu'en France ; perfection qui se retrouve dans tous les ouvrages anglois.

C'est peut-être le desir de remédier à ce défaut dans notre horlogerie, qui a porté le gouvernement à favoriser, sous le titre de *manufacture royale d'horlogerie*, un établissement propre à la perfectionner, & en même-tems à conserver à la France les profits d'industrie qu'elle portoit chez l'étranger pour les *mouvemens* qu'elle en tire. Voici la substance des lettres-patentes du 17 janvier 1787, portant établissement de la manufacture.

» Le sieur *Bralle* ayant exposé que le dégrossissage des ouvrages d'horlogerie faisoit une branche » considérable de commerce pour l'étranger, d'autant que le nombre des ouvriers, à Paris, a toujours été infiniment peu nombreux, vu la difficulté que les artistes ont à les former, & les » pertes de tems & de matière qu'ils éprouveroient, » le suppliant propose d'établir à Paris une manufacture de ce genre, qui ne craindroit pas la concurrence, & qui obtiendroit même la préférence » à prix égal, par la précision & perfection des » ouvrages ; en conséquence, sa majesté lui permet de mettre au dessus de la porte de ses atteliers, un tableau avec les armes de France, » portant *manufacture royale*, & ordonne que les » bâtimens dépendans de ladite manufacture seront » exempts du logement des gens de guerre, & que » ledit *Bralle*, ainsi que dix de ses principaux ouvriers, seront exempts de tutelle, curatelle, collecte, milice & autres charges publiques ; l'autorise à diviser les portions d'intérêts de son entreprise, en actions de mille livres de capital chacune, » & ordonne qu'il lui sera payé tous les quatre ans, » pendant vingt années, 4000 liv. par forme de » gratification, pour l'indemniser des frais & dépenses, à la charge par lui de présenter, à l'expiration du délai ci-dessus, quatre apprentifs » parfaitement instruits dans les parties de l'horlogerie ».

HOSPICE, s. m. Lieu destiné à recevoir, traiter & secourir les pauvres d'un quartier, ou d'une espèce particulière. *Voyez* Hopital.

L'on a trop multiplié les *hospices*, & l'on ne s'est point assez occupé des moyens de donner des secours aux pauvres malades chez eux. Ce dernier moyen eût cependant été beaucoup plus efficace, & conservé les mœurs & les habitudes domestiques dans les pauvres familles.

L'expérience m'a convaincu de cette vérité. Lorsque je faisois le service de la police, j'ai souvent remarqué que des enfans, des maris, des femmes, n'étoient livrés à la misère, au brigandage, à la prostitution, que parce qu'une maladie longue avoit forcé le chef de la maison, le père ou la mère, de se faire transporter à l'hôpital, & d'abandonner ainsi la famille à tous les égaremens de la misère & du libertinage ; malheur qui ne seroit point arrivé, si l'on eût offert au pauvre malade, chez lui, les secours en médicamens, linge & nourriture, qu'il a été forcé d'aller chercher hors de sa maison.

Les *hospices*, à cet égard, ont les mêmes inconvéniens que les hôpitaux ; ils séparent la famille, privent les pères & mères de la présence & des soins de leurs enfans, & rendent ceux-ci étrangers aux habitudes, aux devoirs domestiques, qui sont le soutien des familles.

J'avois, en conséquence de ces observations, présenté un petit plan de secours domestiques à l'assemblée générale des deux districts du Val-de-Grace & de Saint-Jacques-du-Haut-Pas. Le discours que j'y lus fut fort goûté de l'assemblée, qui prit l'arrêté que voici, & qui, j'espère, produira quelque effet ; car on m'assure que le comité de mendicité de l'assemblée nationale, à qui on en a fait part, se dispose à le réaliser en grande partie. *Voyez* Pauvres.

L'assemblée générale des districts réunis du Val-de-Grace & de Saint-Jacques-du-Haut-Pas, délibérant sur la proposition faite par M. *Peuchet*, l'un de ses représentans à la ville & administrateur de police, d'établir, dans chaque section de la capitale, des secours domestiques pour les pauvres malades domiciliés, & considérant,

1°. Qu'un des moyens d'améliorer les mœurs populaires, & de prévenir la mendicité, est de conserver, de protéger & secourir, par tous les moyens possibles, les petits ménages ;

2°. Que la nécessité où se trouvent cependant les pauvres pères ou mères de famille malades, de se rendre aux hôpitaux, & d'abandonner ainsi leurs maisons, les livre à des désordres que leur absence ne manque jamais de produire;

3°. Que les maladies, dans les hôpitaux, sont plus longues & plus douloureuses que par-tout ailleurs; que cette fâcheuse position est encore accrue par les peines que leur cause la privation de tout ce qu'ils ont de plus cher, & qu'une pareille extrémité ne peut être que le partage de ceux qui n'ont absolument ni famille, ni asyle, ni aucune ressource domestique;

4°. Que ce malheur ne tombe pas seulement sur la classe de citoyens entièrement dépourvus de propriétés, mais encore sur les petites familles honnêtes & malheureuses, que des secours légers mais faciles, dans des momens de maladies, sauveroient des maux & de l'humiliation attachés au transport dans les hôpitaux;

5°. Qu'aujourd'hui que la capitale va contenir quarante-huit comités de police, chargés de tous les pouvoirs nécessaires pour opérer le bien du peuple & le secours des malheureux, on trouveroit, sans doute, de grandes facilités pour l'exécution de ce plan;

6°. Qu'on pourroit y parvenir, en établissant un médecin, un ou plusieurs chirurgiens dans chaque section, chargés de voir & de traiter ces malades gratuitement, & de prescrire les remèdes, linges ou alimens qui seroient délivrés, sur leurs bons, par les fournisseurs nommés à cet effet, en prenant les mesures convenables pour prévenir les abus.

7°. Que ces secours domestiques tournant à la décharge des dépenses des hôpitaux, une partie des fonds de ceux-ci pourroit être employée à l'établissement de ceux-là.

Considérant enfin qu'à l'instant où les représentans de la nation s'occupent de la mendicité, du régime des hôpitaux, des secours les plus utiles à donner aux pauvres; il est du devoir de l'assemblée de rendre public & de faire connoître ce qu'elle peut croire utile à coopérer à ce grand objet. En conséquence a arrêté qu'elle députeroit de ses membres au comité de mendicité de l'assemblée nationale, pour le prier de prendre en considération le plan proposé par M. *Peuchet*; que de plus l'arrêté sera imprimé, envoyé aux autres sections, avec prière de vouloir bien faire également passer au comité de mendicité le résultat de leurs observations & de leurs lumières à cet égard; qu'il en sera semblablement envoyé à M. le maire, à la municipalité, & à l'assemblée de MM. les représentans de la commune, afin d'en discuter & de développer davantage les moyens d'exécution & d'utilité.

L'assemblée a nommé pour commissaires ses deux présidens, & MM. *Peuchet*, *Jullienne*, *Duval*, *Abraham du Tertre*.

En l'assemblée générale, le 19 juin 1790.

HOSPITALITÉ, s. f. L'action de recevoir & coucher quelqu'un chez soi, sur-tout s'il est inconnu & dépourvu de secours. On donne encore ce nom à l'habitude d'exercer cette sorte de bienfaisance, & c'est alors non pas précisément une vertu, mais un des plus respectables devoirs de l'homme civilisé.

Depuis les progrès de la civilisation, l'augmentation des richesses, l'inégalité des fortunes & le goût des jouissances de luxe, l'*hospitalité* a cessé d'être en usage parmi nous. La grande quantité de voyageurs que le commerce & les intérêts privés attirent d'un lieu à un autre, rendroit ce devoir trop pénible à exercer; ce seroit une charge intolérable. L'établissement des hôtelleries a été en même-tems le remède à ce défaut, & une des causes qui ont achevé de détruire l'habitude de l'*hospitalité*. On ne la donne guère à présent qu'à des personnes que l'on connoît, ou à des malheureux comme aumône; mais ceux-ci sont rarement admis à la table & à la société de ceux qui les reçoivent; on les loge habituellement dans quelque lieu isolé de la maison. En cela, nous différons beaucoup des anciens.

En effet, il est prouvé, par l'écriture sainte, que l'*hospitalité* étoit la vertu favorite des anciens patriarches. Ce qu'on lit dans la Genèse, d'Abraham & de Loth, en est une preuve sans réplique. Il est vrai que l'exercice de cette vertu se trouva resserré dans des bornes plus étroites, lorsque les israélites reçurent ordre de Dieu de rompre tout commerce avec les peuples voisins, pour éviter la contagion de leurs vices. Mais, sans parler ici des iduméens & des égyptiens qui n'étoient pas compris dans cette loi, & qui étoient toujours reçus avec charité par les hébreux, cette vertu trouvoit assez d'exercice parmi les frères, sur-tout pendant les tristes tems de captivité, où nous voyons que Tobie en étoit uniquement occupé.

Les égyptiens, qui peut-être avoient reçu des hébreux l'opinion que Dieu envoyoit quelquefois sur la terre des anges sous une figure humaine, crurent, dans la suite, que les dieux mêmes prenoient souvent la forme de voyageurs, pour venir corriger les hommes & réprimer leur violence. Peut-être cette opinion religieuse a-t-elle contribué à rendre, en Égypte, les droits de l'*hospitalité* si sacrés & si respectables. L'accueil favorable fait à Ménélas & à Hélène du tems de la guerre de Troie, & les voyages fréquens des sages de la Grèce en Egypte, sont des témoignages certains de l'*hospitalité* des égyptiens.

Homère ayant établi l'excellence de l'*hospitalité*

sur l'opinion de ces prétendus voyages des dieux, qu'il avoit sans doute apprise des égyptiens ; & les autres poètes de la Grèce ayant publié que Jupiter étoit souvent venu avec les autres dieux sur la terre, ou pour réparer les désordres qu'avoit causé le déluge, ou pour punir Lycaon qui égorgeoit ses hôtes, ou pour d'autres sujets ; il n'est pas étonnant que les anciens grecs aient regardé l'*hospitalité* comme la vertu la plus agréable aux dieux ; aussi cette vertu étoit-elle universellement pratiquée dans la Grèce. Comme les exemples en sont trop connus pour les rapporter ici, on se contentera de dire qu'il y avoit dans quelques endroits, sur-tout dans l'isle de Crète, des édifices publics, où tous les étrangers étoient reçus. En un mot, rien n'étoit plus inviolable que les droits de l'*hospitalité*, & Jupiter lui même, qui en étoit le vengeur, portoit le nom d'*hospitalier*.

Les rois de Perse, malgré cette fierté qui leur faisoit mépriser les autres nations, n'ignoroient pas cette vertu ; & nous savons, par l'histoire, de quelle manière ils ont reçu les étrangers, sur-tout les grecs qui cherchoient dans leur empire une retraite contre la persécution de leurs concitoyens.

Malgré la férocité des anciens peuples de l'Italie, l'*hospitalité* y étoit connue dans les premiers tems. L'asyle donné à Saturne par Janus, & à Enée par Latinus, en sont des preuves suffisantes. Elien (1) même rapporte qu'il y avoit une loi parmi les lucaniens, qui condamnoit à l'amende ceux qui auroient refusé de loger les étrangers qui arrivoient dans leurs villes après le soleil couché. Les romains, dans la suite, surpassèrent les autres peuples dans l'exercice de cette vertu ; & si nous en croyons Cicéron, les maisons les plus illustres de Rome tiroient leur principale gloire de ce qu'elles étoient toujours ouvertes aux étrangers. La famille des Marciens étoit unie, par le droit d'*hospitalité*, avec Persée roi de Macédoine ; & Jules-César, sans parler des autres, étoit uni par les mêmes liens avec Nicomède, roi de Bythinie.

Les anciens germains, les gaulois, les celtibériens, les peuples atlantiques, & presque toutes les autres nations du monde, observoient, avec une religieuse régularité, les droits de l'*hospitalité* ; & les indiens mêmes avoient un magistrat établi pour fournir aux voyageurs les choses nécessaires à la vie & avoir soin des funérailles, s'ils mouroient dans le pays. Quand Homère dit que les éthiopiens recevoient les dieux & les régaloient pendant plusieurs jours avec magnificence, il fait sans doute allusion à la coutume qu'ils avoient de bien traiter les étrangers ; aussi Héliodore les loue en particulier de ce qu'ils exerçoient l'*hospitalité*.

(1) Jugement d'Oleron.

Disons maintenant quelque chose des pratiques de l'*hospitalité*. Lorsqu'on étoit averti que quelque étranger arrivoit, celui qui devoit le recevoir alloit au-devant de lui, & après l'avoir salué & lui avoir donné le nom de père, de frère ou d'ami, plutôt selon son âge que par rapport à sa qualité (Cicero *pro Dejotaro*), il lui tendoit la main, le conduisoit dans la maison, le faisoit asseoir ; & lui présentoit du pain, du vin, du sel. Cette cérémonie étoit une espèce de sacrifice que l'on offroit à Jupiter hospitalier. Les orientaux, avant les festins, lavoient les pieds à leurs hôtes ; cette pratique étoit sur-tout en usage parmi les juifs, & notre Seigneur reproche au pharisien qui le recevoit à sa table, de l'avoir négligée. Les dames, même de la première qualité, parmi les anciens, prenoient ce soin à l'égard de leurs hôtes. Les filles de Cocalus, roi de Sicile, conduisirent Minos dans le bain, au rapport d'Athenée (Lib. I.), & Homère en fournit d'autres exemples, en parlant de Nausicaa, de Polycaste & d'Hélène. Le bain étoit suivi du festin, où l'on n'épargnoit rien pour divertir les hôtes : les perses mêmes poussoient au delà de la bienséance les égards qu'ils leur devoient, en introduisant leurs femmes & leurs filles dans la salle du festin.

La fête, qui avoit commencé par des libations, finissoit de même, en invoquant les dieux protecteurs de l'*hospitalité* ; & ce n'étoit ordinairement qu'après le repas qu'on s'informoit du nom de ses hôtes & du sujet de leur voyage ; ensuite on les conduisoit dans l'appartement qu'on leur avoit préparé.

Il étoit de l'usage & de la bienséance de ne pas laisser partir ses hôtes sans leur faire des présens, qu'on appelloit *Xenia*, & que ceux qui les recevoient gardoient soigneusement, comme les gages d'une alliance contractée par la religion.

Les dieux protecteurs de l'*hospitalité* étoient Jupiter surnommé ξένιος, Vénus, Minerve, Hercule, Castor & Pollux ; il y avoit aussi dans la ville de Pellène, un Apollon θεοξένιος, mais on reconnoissoit particulièrement les dieux domestiques & les pénates, comme les défenseurs de l'*hospitalité*.

Pour laisser à la postérité une marque de l'*hospitalité* qu'on avoit contractée avec quelqu'un, on rompoit une pièce de monnoie, ou l'on scioit en deux un morceau de bois ou d'ivoire, dont chacun gardoit la moitié ; c'est ce qui est appellé par les anciens, *tessera hospitalitatis*. On en voit encore dans les cabinets des curieux, où les noms des deux amis sont écrits ; & lorsque les villes accordoient l'*hospitalité* à quelqu'un, elles en faisoient expédier un décret en forme, dont on lui délivroit copie.

Les droits de l'*hospitalité* étoient si sacrés, qu'on regardoit le meurtre d'un hôte comme le crime le plus irrémissible ; & quoiqu'il fût quelquefois involontaire,

lontaire, on croyoit qu'il attiroit la vengeance de tous les dieux. Le droit de la guerre même ne détruisoit point celui de l'*hospitalité*, & il étoit éternel, à moins qu'on n'y renonçât d'une manière solemnelle. Une des cérémonies qui se pratiquoient en cette rencontre, étoit de briser la marque d'*hospitalité*, & de dénoncer à un ami infidèle qu'on avoit rompu pour jamais avec lui.

L'*hospitalité* est aussi en très-grande recommandation chez les maronites & chez les druses. Ces derniers sur-tout offrent des traits remarquables à cet égard. Quiconque se présente à leur porte, à titre de suppliant ou de passager, est sûr de recevoir le logement & la nourriture, de la manière la plus généreuse & la moins affectée. « J'ai vu, dit M. de Volney dans son voyage en Syrie, de simples paysans, chez les druses, donner le dernier morceau de pain de leur maison au passant affamé; & lorsque je leur faisois l'observation qu'ils manquoient de prudence, *Dieu est libéral & magnifique*, répondoient-ils, *& tous les hommes sont frères*. Aussi personne ne s'avise de tenir auberge dans leur pays, non plus que dans le reste de la Turquie. Lorsqu'ils contractent avec leur hôte l'engagement sacré du *pain & du sel*, rien ne peut, par la suite, le leur faire violer. On en cite des traits qui font le plus grand honneur à leur caractère. Il y a quelques années qu'un aga des jannissaires, coupable de rebellion, s'enfuit de Damas, & se retira chez les druses. Le pacha le sut, & le demanda à l'émir, sous peine de guerre; l'émir le demanda au chaik *Talhouq* qui l'avoit reçu; mais le chaik indigné répondit: *Depuis quand a-t-on vu les druses livrer leur hôte? dites à l'émir que tant que Talhouq gardera sa barbe, il ne tombera pas un cheveu de la tête du réfugié.* L'émir menaça de l'enlever de force; *Talhouq* arma sa famille. L'émir craignant une émeute, prit une voie usitée comme juridique dans le pays; il déclara au chaik qu'il feroit couper cinquante mûriers par jour, jusqu'à ce qu'il rendît l'aga. On en coupa mille, & *Talhouq* resta inébranlable. A la fin, les autres chaiks indignés prirent fait & cause, & le soulèvement alloit devenir général, quand l'aga, se reprochant d'occasionner tant de désordres, s'évada, à l'insu même de *Talhouq*.

Charlemagne recommande expressément l'*hospitalité*, par son ordonnance de l'an 789, fondée sur l'autorité des loix divines, en ces termes:

« *Et hoc nobis competens & venerabile videtur, ut hospites peregrini & pauperes susceptiones regulares & canonicas per loca diversa habeant; quia ipse Dominus dicturus erit in remuneratione magni diei: hospes eram, & suscepistis me. Et apostolus hospitalitatem laudans, dicit: per hanc quidam placuerunt Deo, angelis hospitio susceptis* ».

Ce même prince, par une autre ordonnance de l'an 802, défendit à tous ses sujets, riches ou pauvres, de refuser aux voyageurs, tout au moins le couvert, le feu & l'eau. Que s'ils ont besoin de quelque chose de plus, il exhorte tous ses peuples de les en aider, & il leur donne encore pour motif la récompense que Dieu a promise à ceux qui exerceront l'*hospitalité*.

« *Præcipimusque ut in omni regno nostro, neque dives, neque pauper, peregrinis denegare audeant, id est, sive peregrinis propter Deum ambulantibus per terram, sive cuilibet iteranti propter amorem Dei & propter salutem animæ suæ, tectum & focum, aquam nemo illi deneget. Si autem amplius eis aliquid boni facere voluerit, à Deo sibi sciant retributionem optimam, ut ipse dixit: qui autem susceperit unum parvulum propter me, me suscipit; & alibi: hospes fui, & suscepistis me* ».

L'établissement de ce grand nombre d'hôpitaux, dans la plupart des villes du royaume & sur toutes les grandes routes, pour les pélerins & pour les passans, dont nous sommes redevables à la piété des rois successeurs de ce grand prince, ou aux libéralités des gens de bien, ont succédé à ces anciennes ordonnances.

HOTEL, s. m. Lieu consacré à l'exercice de quelque fonction publique, ou à la demeure de quelque personne publique.

Le droit d'*hôtel* réside dans le droit qu'a quelqu'un d'exercer un acte d'autorité publique chez lui, & c'est de ce droit dont jouissoient la plus grande partie des seigneurs, qu'est venue l'habitude de mettre au-dessus de leur porte, *hôtel de tel ou tel*; & quoique les justices seigneuriales & les droits des barons aient été réduits à rien depuis Louis XIII, les grands propriétaires n'en ont pas moins continué de mettre au-dessus de leur maison le nom d'*hôtel*; mais alors ce ne fut plus qu'un titre sans conséquence, qui désignoit plutôt la richesse que l'autorité; aussi, bien des personnes qui n'avoient point le droit d'*hôtel*, n'en donnèrent pas moins ce nom à leur demeure, & l'on en vint jusqu'à établir des *hôtels* garnis.

C'est par les principes que nous venons d'indiquer, que les maisons de ville ont pris le titre d'*hôtels*-de-ville, parce qu'effectivement c'est là que s'exerce l'autorité de la commune; c'est là que la municipalité juge ou prononce sur les choses qui sont de sa compétence; & cette dénomination convient aux *hôtels*-de-ville aujourd'hui plus que jamais, puisque les municipalités réunissent tous les pouvoirs possibles, jusques là que ce sont elles qui installent les tribunaux. *Voyez* MUNICIPALITÉ.

L'on donnoit aussi le nom d'*hôtel*-de-ville autrefois à ce qu'on nomme aujourd'hui corps municipal ou municipalité ; c'étoit une manière abrégée de désigner les différens droits dont jouissoient les personnes & les corps qui exerçoient leurs fonctions publiques dans les *hôtels*-de-ville ou *hôtels* de commune.

C'est sous ce titre que nous croyons devoir donner ici un apperçu des anciens *hôtels*-de-ville ; on verra, par leur organisation, en quoi ils diffèrent des nouveaux corps, & par leurs objets & leurs abus, en quoi ils peuvent leur ressembler.

En parcourant l'histoire, on voit que la première punition que nos rois infligeoient aux villes rebelles, c'étoit d'interdire leurs officiers municipaux, & de faire raser leur *hôtel*-de-ville, ce qui prouve la réalité du privilège des communes ; & si l'on remonte à l'origine des choses, on trouve les vestiges de la manutention actuelle de nos villes, dans le régime & le gouvernement que les romains avoient établi dans les Gaules.

Sous leur domination, chaque cité avoit son sénat, ses décurions, qui rendoient la justice sous l'autorité du gouverneur, & qui faisoient le recouvrement des impôts, selon le cadastre arrêté par ce même officier.

Chaque cité avoit aussi ses milices, ses revenus, ses diètes ou assemblées générales, qui se tenoient tantôt à la réquisition de l'empereur, tantôt du propre mouvement des citoyens.

Les revenus des cités consistoient dans certains biens-fonds & dans des octrois. Il nous reste une ordonnance d'Arcadius, qui confirme les octrois accordés aux cités, & dans toutes les Gaules, on rencontroit à côté des douanes impériales, des bureaux appartenans aux cités, pour la perception de leurs octrois.

Tel étoit le régime de cent cinquante villes, lorsque Clovis fit la conquête des Gaules : ce conquérant laissa subsister en partie cet ancien régime. Des gouverneurs, sous le titre de comtes ou de ducs, se rendoient dans les cités, & représentoient le nouveau souverain.

Les choses restèrent à-peu-près dans cet état, sous les rois de la première race ; mais sous ceux de la seconde, les cités dégénérèrent, & disparurent presque entièrement sous les ruines, dont les normands & les grands vassaux couvrirent la France entière ; tout ne fut que trouble, confusion & oppression.

L'excès du mal en produisit le remède : les peuples, las de se courber sous le joug de l'anarchie féodale, implorèrent le souverain, & nos rois eux-mêmes réduits, pour ainsi dire, à un simple titre honorifique, cherchèrent à rentrer dans leurs droits usurpés.

Trop foibles encore pour attaquer de front les seigneurs, nos rois commencèrent par affranchir les serfs du domaine de la couronne ; ces hommes qui languissoient dans la misère, lorsqu'ils étoient dans les liens de la servitude, ne s'en virent pas plutôt affranchis, qu'ils semblèrent avoir acquis une nouvelle existence, & qu'on vit naître parmi eux le courage, l'émulation, l'industrie.

Telle fut en France la renaissance du peuple, de cet ordre d'hommes qu'on a nommé *le tiers-état*, & qui forme la partie la plus nombreuse de la nation.

Bientôt les vassaux des seigneurs, animés par l'exemple de ceux du roi, s'agitèrent sous leurs chaînes, & mirent tout en œuvre pour les rompre ; leur premier mouvement se dirigea vers le trône ; ils sollicitèrent des charges d'affranchissement, & des titres sans droits leur furent d'abord accordés : le souverain leur permit de se réunir *en commune*, sauf à eux à racheter de leurs seigneurs *leurs droits de franchise & de liberté*.

Louis VI est, selon M. de Brequigny, celui de nos rois qui le premier a imaginé ces concessions & trouvé cet expédient pour satisfaire aux cris du peuple & ne pas indisposer les seigneurs ; mais ceux-ci ne tardèrent pas à pressentir l'atteinte qu'on vouloit leur porter : des clameurs universelles s'élevèrent de la part des seigneurs, & sur-tout de la part de cette classe d'hommes qui ne font que passer sous le ciel, & qui ne pouvant connoître leurs successeurs, n'ont aucun intérêt de leur transmettre en bon ou mauvais état, les vassaux & les domaines dont ils jouissent.

L'abbé *de Nogent*, l'un d'eux, dans les écrits qu'il a laissés, s'exprime ainsi : « *La commune*, » nom nouveau, nom détestable, a pour but d'affranchir les censitaires *de tout servage*, au moyen » d'une redevance annuelle, n'imposant à ceux qui » manquent à leurs devoirs qu'une amende légale, » & délivrant les serfs de toutes les charges aux- » quelles ils étoient assujettis ».

Tandis que les seigneurs déclamoient, les communes se multiplioient : quand une ville n'étoit pas assez puissante, nos rois l'associoient à d'autres villes ou bourgs du même canton ; une charte de Philippe-Auguste, de l'an 1184, réunit en une seule commune, Cerni, Chamouilles, Baune, Chevi, Cortone, Verneuil, Bourg & Courin : une autre charte du même prince, de l'an 1185, réunit Condé, Vassi, Chavannes, Celles, Filain & Pargny.

Parmi les motifs qui déterminoient les rois de France à créer des communes, on trouve dans les ordonnances du Louvre, qu'en 1189 la ville de Sens obtint cette faveur *par un mouvement de piété & par le désir d'y faire régner la paix & la tranquillité* ; la ville de Compiegne, *pour les énormités du clergé*; la ville de Nantes, *attendu la trop grande oppression des pauvres*; la ville de la Rochelle, *attendu les injures & les insultes qu'éprouvoient fréquemment les habitans*.

Une des plus belles prérogatives de cette attribution de commune, étoit d'avoir des loix fixes, des loix écrites, & de ne pouvoir être régis que par elles. Quand on vouloit se réunir en commune, on commençoit par recueillir les usages & les anciens droits; on examinoit en même-tems les abus & les remèdes; on traçoit des réglemens, on en formoit une espèce de code, que l'on consignoit dans le projet de chartre, pour être ratifié par le souverain.

Les communes n'avoient pas seulement des loix écrites, elles avoient des magistrats pour les faire exécuter, une milice pour les faire respecter: voilà l'origine des officiers municipaux & de la milice bourgeoise.

Chez les romains, on distinguoit certaines villes qu'on appelloit *municipia*: c'étoit originairement les villes libres qui, par leurs capitulations, s'étant rendues & adjointes volontairement à la république romaine, en avoient reconnu la souveraineté, en gardant néanmoins leur liberté, leurs magistrats, leurs loix, d'où ces magistrats furent appellés magistrats municipaux, & le droit particulier de ces villes, droit municipal.

Cette dénomination fut adaptée aux communes & à leurs magistrats; & dans notre droit public, on entend par officiers municipaux ceux qui sont établis pour défendre les intérêts d'une ville, comme les ci-devant maires, échevins, capitouls, jurats, consuls, &c.

Les magistrats des communes étoient tirés de leur sein, & choisis par les membres de chaque commune; c'étoit une suite nécessaire de leur institution.

Les villes conservèrent long-tems le droit de se choisir elles-mêmes des magistrats; ce droit fut même confirmé par des décisions expresses. La coutume locale de la ville de Calais, article premier, dispose: « La ville de Calais est ville de loi, policée par un mayeur & quatre échevins.... qui se renouvellent, & sont annuellement élus par suffrages & voix commune des bourgeois, manans & habitans de ladite ville, le premier jour de l'an, y appellés les officiers du roi de ladite ville, selon la forme & manière portées par les lettres contenant ledit privilège, & par l'arrêt de la cour de parlement, intervenu sur la vérification d'icelles ».

Par édit de juillet 1690, Louis XIV créa dans tous les *hôtels*-de-ville du royaume, des offices de procureurs du roi & de greffiers.

Par édit d'avril 1692, des offices de maires & d'assesseurs.

Par édit de mai 1702, des offices de lieutenant de maire & d'assesseurs.

Par édit de janvier 1704, des offices d'échevins, de concierges des *hôtels*-de-ville, & de gardes-meubles.

Par autre édit du même mois de janvier, des offices de contrôleurs, de greffiers ordinaires, de greffiers de l'écritoire.

Par édit de décembre 1706, des offices de maire & lieutenant de maire, alternatifs & triennaux.

Par édit d'octobre 1708, des offices d'avocats du roi.

Par édit de mars 1709, des offices d'échevins alternatifs & triennaux.

Par autre édit du même mois de mars, des offices de greffiers alternatifs & triennaux, de sergens & valets de ville.

Louis XV mit de nouveau ces offices en vente, par édits des mois d'août 1722 & décembre 1733; mais ces offices furent supprimés, & les places municipales redevinrent amovibles & électives, par les édits d'août 1764 & mai 1765.

Ces deux édits firent dans le tems la plus grande sensation, & promettoient l'administration la plus sage, la mieux ordonnée. Le législateur avoit cru qu'en rendant aux villes le droit de nommer elles-mêmes leurs officiers, les citoyens ne profiteroient de cette liberté que pour concourir unanimement au bien de leur communauté, & se dépouilleroient de tout autre intérêt dans le choix des sujets chargés d'y veiller; mais on crut alors reconnoître qu'au lieu des avantages qu'on s'étoit promis de l'exécution de ces dispositions, elles étoient devenues, dans toutes les villes, une source de querelles & de divisions, par le desir que des gens, souvent incapables, avoient de participer à l'administration, desir qui avoit fait naître les brigues, les cabales, & porté à la tête des affaires des gens hors d'état de les administrer.

En conséquence, les places municipales ont été recréées & rétablies en titre d'office par édit du mois de novembre 1771; cet édit formant la dernière loi sur la matière des anciens *hôtels-de-ville*, il convient d'en rapporter les principales dispositions.

L'article I abroge & supprime la forme d'administration établie par les édits d'août 1764 & mai 1765.

L'article II dispose: « créons & érigeons en titre

d'offices formés en chacune des villes & communautés de notre royaume..... sauf Paris & Lyon, un notre conseiller-maire, un notre conseiller-lieutenant de maire, un notre conseiller-secrétaire-greffier-garde des archives, nos conseillers, échevins, jurats, consuls, capitouls & assesseurs, au nombre qui sera réglé par notre conseil..... & un notre conseiller-procureur dans les villes où les fonctions de cet office n'ont point été réunies par nos procureurs des juridictions ordinaires, en conséquence de notre édit du mois de juillet 1758 ».

L'article III dispose : « que dans les trois mois de la publication de l'édit, la finance desdits offices pouvoit être payée en effets royaux, & qu'après après ce terme, elle ne pourra être payée qu'en argent ».

L'article IV « habilite toutes personnes graduées ou non graduées, officiers ou autres, à acquérir lesdits offices, & dispense cette première fois du marc d'or, en payant le droit de sceau & autres, sur le pied du tiers desdits droits ordinaires ».

L'article V dispose : « que dans les villes de parlement, archevêché, évêché, présidial, conseil supérieur, les maires seront reçus & prêteront serment pardevant les cours de parlement ou conseil supérieur de leur ressort, en payant, pour tous droits de réception, la somme de soixante livres ; & que, dans les autres villes, les maires pourront prêter serment devant lesdites cours ou conseil supérieur, ou le plus prochain juge royal, à leur choix, en payant, pour tous droits, trente livres ».

Le même article dispose : « que les lieutenans de maire, échevins, jurats, consuls, capitouls, secrétaires-greffiers, contrôleurs, procureurs du roi, prêteront serment entre les mains du maire ».

L'article VI « fait défenses, à peine de trois mille livres d'amende, aux baillis, sénéchaux & leurs lieutenans, aux prévôts, vicomtes, juges-mages, syndics, de troubler les maires & autres officiers pourvus en vertu du présent édit, & de s'immiscer dans leurs fonctions directement ni indirectement, sous prétexte des édits d'août 1764 & mai 1765 ».

L'article VII dispose : » voulons que les pourvus desdits offices jouissent des mêmes fonctions, rang, séance, droits & prérogatives dont avoient droit de jouir les précédens titulaires..... & de la même manière, & ainsi qu'il est plus amplement expliqué par les édits & déclarations de juillet 1690, août 1692, mai 1702, janvier 1704, & notamment l'édit de décembre 1706..... comme aussi qu'ils jouissent de toute autre exemption de logement de gens de guerre, collecte, tutelle, curatelle & nomination à icelles, guet, garde & milice, tant pour eux que leurs enfans, & de toutes autres charges de ville & de police ».

Le même article ajoute : « voulons même que les maire & lieutenant de maire, dont la finance sera de dix mille livres, jouissent de l'exemption de la taille personnelle, & des droits d'octrois appartenans aux villes.

Voulons que les maire, échevins, jurats, capitouls, jouissent du privilège de noblesse dans les villes où ils sont en droit & possession d'en jouir, à la charge de posséder leur office pendant vingt ans, ou d'en décéder revêtus..... à l'effet de quoi lesdits privilèges & exemptions seront insérés dans leurs provisions ».

L'article VIII dispose : « avons attribué & attribuons auxdits offices, outre les droits & émolumens dont jouissent ceux qui en font actuellement les fonctions, des gages sur le pied du denier vingt de leurs finances, à prendre par préférence sur les revenus patrimoniaux & d'octrois des villes..... & à défaut de fonds suffisans, sur ceux qui seront par nous ordonnés ».

L'article IX ordonne « que cette loi sera générale, même pour les villes qui avoient acquis lesdits offices, en conséquence de l'édit de novembre 1733, sauf, si le cas y échoit, à pourvoir au remboursement des finances payées par lesdites villes ».

L'article X dispose : « nous avons pareillement créé..... créons, érigeons & rétablissons en titre d'office formé en chacune ville & communauté de notre royaume..... deux nos conseillers, trésoriers, receveurs anciens & mi-triennals, alternatifs-triennals, des deniers, biens & revenus patrimoniaux ou d'octrois, dons, concessions, tarifs, subventions & impositions ordinaires qui se lèvent & perçoivent..... tant pour l'acquittement des charges & dettes, que pour les affaires desdites villes & communautés ».

Le même article dispose : « créons, érigeons & rétablissons deux nos conseillers, contrôleurs, vérificateurs anciens mi-triennals desdits trésoriers-receveurs, & jouiront les pourvus de tous les privilèges, prérogatives, droits, taxations & émolumens à eux attribués par notre édit de juin 1725, que nous voulons être exécuté ».

L'article XI dispose : « permettons aux acquéreurs desdits offices d'emprunter les deniers nécessaires pour l'acquisition d'iceux, & d'affecter auxdits emprunts, par privilège spécial, lesdits offices, ensemble les gages y attribués, à l'effet de quoi mention en sera faite dans les quittances de finance qui leur seront délivrées ».

Enfin, l'article XII dispose : « voulons qu'en cas de contestations sur l'exécution du présent édit, elles soient réglées en notre conseil, auquel nous en avons réservé la connoissance, & icelle interdite à toutes nos cours & juges ».

Au mois d'octobre 1771, Louis XV avoit rendu,

pour les duchés de Lorraine & de Bar, pareil édit, lequel, entr'autres dispositions, porte :

Que dans la ville de Nanci, le siège municipal sera composé d'un maire, six échevins, un échevin-trésorier-receveur des octrois & deniers patrimoniaux, un procureur du roi, un secrétaire-greffier, un commis & un huissier audiencier.

Que dans les villes de Lunéville, Saint-Diez, Sarguemines, Dieuse, Bougonville, Boulai, Mirecourt, Bruyères, Neuchateau, Epinal, Veselize, Commerci, Bar, Saint-Mihiel, Brici, Etain & Pont-à-Mousson, le siège municipal sera composé d'un maire, un lieutenant de maire, un lieutenant de police, quatre échevins, un échevin-trésorier-receveur, un procureur du roi, un secrétaire-greffier, un commis, trois commissaires de police & un huissier audiencier.

Que dans les villes de Saint-Nicolas, Rozières & Salines, Marsal, Château-Salins, Blamont, Bourquenon, Saint-Avold, Charmes, Châtel-sur-Moselle, Ligny, Amerville, Thiaucourt, Bourmont, la Marche, Gondrecourt, Saralbe, Darney, Fenestrange, Bitche, Villiers-la-Montagne, Schambourg, Lixheim, Saint-Hypolite, Sainte-Marie-aux-Mines, Nommeni, Longuion, Raoul, l'Etape & Dompair, le siège municipal sera composé d'un maire, trois échevins, un échevin-receveur, un procureur du roi, un secrétaire-greffier, un huissier audiencier.

Cet édit, du mois d'octobre 1771, a été interprété par déclaration du 10 février 1776, dont nous rapporterons plus loin les principales dispositions.

Enfin, par une déclaration du 5 février 1777, le roi a ordonné : « que, dans le cas où les revenus des villes & communautés seroient insuffisans pour acquitter les gages des officiers municipaux créés & rétablis par l'édit du mois de février 1771, le fonds en seroit fait annuellement dans les états des recettes générales des finances de sa majesté, ou de telle autre comptabilité, où elle jugeroit à propos de les employer, & que ces gages seroient payés au titulaire de chaque office, sur leurs quittances, en rapportant copie collationnée de leurs provisions duement registrées, & des actes de leur réception, pour une fois seulement ».

Telle étoit la forme du droit public sur les *hôtels* de ville, droit compliqué & bisarre, qui n'empêchoit point les municipaux de passer les pouvoirs de leur juridiction, & de disposer souvent arbitrairement du peu de puissance qui leur restoit.

On en a vu emprisonner avec hauteur & sans décret, d'autres exercer des vexations sur les propriétés, établir des formes de police intolérables. Tous ces abus sont l'effet inévitable de l'amour du pouvoir dans des hommes peu familiarisés avec les loix & qui se hâtent, dans leurs places éphémères, de jouir du pouvoir qui leur est confié.

L'oiseau s'en plaignoit de son tems voici ce qu'il dit dans son chap. XVI des offices des villes. « Dans » le régime actuel de nos villes, les officiers muni» cipaux font emprisonner ; & très-souvent sans » examen, sans information préalable, sur une » simple plainte, sans forme ni figure de procès, & » par un simple ordre verbal, un citoyen se trouve » arraché de son domicile & conduit en prison ».

Les nouvelles municipalités, avec plus de pouvoir encore que les anciennes, commettront de plus grands abus ; à peine formées, déjà l'arbitraire se mêle de leurs opérations, lorsqu'elles seront entièrement affermies, elles se rendront intolérables au peuple, & il faudra en venir à affoiblir leur pouvoir par l'action de l'autorité royale & des tribunaux, ainsi qu'on l'a fait autrefois. *Voyez* MUNICIPALITÉ.

HOTEL-GARNI, c'est le nom d'une maison meublée où l'on loue des appartemens au mois & à l'année.

Les *hôtels-garnis* diffèrent des maisons des logeurs & des aubergistes. *Voyez* CHAMBRE ET AUBERGISTE.

Les maisons des logeurs sont des endroits où l'on couche à tant par nuit, des ouvriers, des mendians, des filles publiques du dernier étage.

Les maisons où l'on loue des chambres & cabinets garnis diffèrent encore des *hôtels-garnis*, en ce que les prix sont moins hauts, les logemens moins propres & les commodités moins recherchées.

Les *hôtels-garnis* sont ordinairement placés dans des rues propres, mais détournées, peu passagères & près des marchés, ils occupent assez communément de grands bâtimens, où l'on trouve écurie, remise, & souvent des jardins agréables.

Ces établissemens subsistent par les étrangers qui viennent à Paris, & quelques-uns, mais des moins considérables, par les filles publiques qui y demeurent, & à qui l'on fait payer fort cher de très-petits logement. Mais les *hôtels-garnis* sur un bon pied ne reçoivent point de *filles* à moins que ce ne soit des femmes entretenues ou des filles d'un grand ton.

Il y a depuis long-tems à Paris, c'est-à-dire depuis le commencement du siècle, une police toute particulière pour les *hôtels* & chambres garnis. Chacun des maîtres de ces maisons est obligé de tenir une note exacte des personnes qui entrent chez lui, leur nom, qualités, profession, pays, &c. Son registre doit être double, un pour le commissaire du quartier, & l'autre pour l'inspecteur de police, ayant ce département, ou plutôt aujourd'hui, pour le comité de police du quartier dans lequel se trouve l'*hôtel garni*.

L'inspecteur de police étoit ci-devant chargé, & les comités de police sont aujourd'hui dans l'usage de faire par semaine le relevé du livre du logeur & *hôtels-garnis*, en distinguant les étrangers, les régnicoles & les militaires.

Ce relevé contient les noms, qualités, sexe, âges, profession &c. pays des personnes logées dans la maison, avec la date de leur entrée, la sortie de celles qui y étoient avant. Les relevés ainsi faits de tous les logeurs & *hôtels-garnis* sont envoyés à la police, ils sont placés par ordre de date, les militaires d'un côté, les régnicoles & les étrangers d'un autre.

Pour former ce relevé, les commis des inspecteurs de police alloient ci-devant, & aujourd'hui un homme payé par le comité de police du quartier va tous les deux ou trois jours chez les logeurs & maîtres d'*hôtels-garnis*, prendre les noms, entrées & sorties des personnes qui sont logées chez eux: plus généralement encore, les logeurs portent eux-mêmes leurs livres au comité de police. Ce service s'est fait & se fait plus ou moins bien encore, suivant les quartiers & suivant le plus ou moins de bon-sens des membres qui composent les comités de police.

L'objet de cette police est comme, on peut s'en appercevoir, de connoître les étrangers & les gens non domiciliés qui vivent ou passent à Paris. On prétend que par ce moyen on peut faire des choses très-utiles, & la police nouvelle comme l'ancienne, tient à cette inquisition puérile au point de méconnoître & de mépriser hautement toutes les observations qu'on peut faire pour en montrer l'odieux & l'inutilité. Règle générale, tout ce qui a rapport à l'espionnage, aux moyens d'inquisition, est dans la mesure du génie administratif & réglémentaire des françois.

Tant que j'ai été à la police, j'ai négligé de faire aucun usage de cette inquisition, je n'ai mis aucune suite dans un travail que je me croyois interdit, j'aurois voulu même l'anéantir pour la suite, & la vérité est que je ne m'en suis chargé, ainsi que de celui des filles, que dans cette intention. Jamais je n'ai cherché sur les buletins qu'on m'a adressés des comités, ou de chez les commissaires qui font aussi des relevés, les noms des personnes que l'on vouloit trouver dans Paris. Ces fonctions d'inquisiteurs me révoltoient, & j'avois toute la peine du monde à ne pas gourmander ceux qui venoient bêtement me prier de chercher dans dix mille noms celui d'une fille publique ou d'un créancier qui les avoit trompés.

Il y a plus, c'est que l'ordonnance de police, que l'on va lire & qui est de moi, n'a été faite que dans la même intention. La fureur inquisitoriale des districts se portoit alors à tous les excès pour vérifier les livres des logeurs & *hôtels-garnis*, ils se tranportoient la nuit en force dans les maisons de cette espèce de leurs quartiers respectifs, faisoient lever les locataires, leur demandoient leurs noms, leurs qualités, leur religion, s'ils étoient mariés ou non, ils vérifioient même le sexe, parce que, disoient-ils, il n'y avoit que ce moyen de constater la fidélité des livres que les maîtres d'*hôtels-garnis* apportoient aux comités de police.

Je ne pouvois pas faire cesser ces excès brutaux par une ordonnance prohibitive; je pris une autre tournure, je fis un réglement tel qu'on va le voir, bien décidé à n'en suivre moi-même que la partie qui ne blesseroit aucun des droits de la liberté individuelle. Depuis ce moment, les visites de nuit furent moins fréquentes; & si les pauvres qui vivent dans de misérables taudis à deux sous par nuit n'en furent pas exempts, du moins les autres en furent à l'abri.

Au reste, cette ordonnance contient à-peu-près les dispositions positives des autres réglemens de police sur le même objet; ainsi je la rapporterai telle que je l'ai rédigée.

Ordonnance de Police, concernant les hôtels & chambres garnis. Du Lundi 18 Janvier 1790.

Sur ce qui nous a été remontré par le procureur-syndic de la commune, qu'il se commet des abus journaliers dans la tenue des maisons & chambres garnies, tant de la part de ceux qui les louent que de ceux qui y logent; que ces abus peuvent compromettre la sureté publique & troubler le repos des citoyens; que l'ordre de police à suivre, à l'égard des & uns des autres, n'a point été fixé depuis la révolution, ce qui donne lieu à des démarches irrégulières de la part de ceux qui sont spécialement chargés d'y veiller: nous avons cru devoir renouveller les ordonnances & les règles prescrites à cet égard, en y portant les changemens que l'état actuel des choses exige; le tout en attendant que l'assemblée nationale ait prononcé sur ce des loix générales qui doivent servir de base à la police des villes: en conséquence ordonnons ce qui suit.

Art. I. Tous particuliers, de quelque qualité qu'ils soient, qui loueront en appartemens ou chambres garnis, seront tenus d'avoir deux registres, sur chacun desquels ils inscriront, jour par jour, les noms, pays, qualités & professions de ceux qu'ils recevront chez eux, pour en présenter un tous les mois au commissaire du quartier, à l'effet d'être par lui signé & visé, & de porter l'autre tous les huit jours au comité du district dans l'arrondissement duquel ils se trouvent, à peine de *cent livres* d'amende pour chaque contravention.

Les comités des districts enverront chaque semaine le relevé des livres aux conseillers-administrateurs ayant le département des *hôtels-garnis*.

II. Ceux qui logent des ouvriers par *chambrée* seront également soumis à la précédente disposition, & aux mêmes peines, en cas de contravention.

III. Tout hôtel, ou maison loués par appartemens ou chambres garnis, portera à l'extérieur un écriteau qui les fera connoître.

IV. Il est défendu aux logeurs, logeuses, & à tous ceux qui tiennent des chambres garnies, de louer au mois, à la semaine ou au jour, à des femmes ou filles faisant du bruit, & racrochant, avec scandale & insolence, les passans le soir dans la rue, sous peine de *cent livres* d'amende à la première contravention, & de plus grande peine en cas de récidive.

V. Ne pourront non plus, lesdits logeurs & logeuses, louer à des domestiques lorsqu'ils seront en maison, sans un consentement par écrit des maîtres & maîtresses; à peine de *cent livres* d'amende à chaque contravention.

VI. Pour s'assûrer de l'exactitude des logeurs & logeuses, & de ceux qui tiennent des maisons louées garnies, les comités des districts pourront envoyer un ou plusieurs de leurs membres, s'informer des noms des personnes logées dans la maison, sans qu'ils puissent jamais faire ce qu'on appelloit autrefois *des visites de nuit*, comme contraires à la décence & à la tranquillité publique.

VII. Seront néanmoins exceptés de cette règle les logeurs ou logeuses *à la nuit*, chez lesquels on pourra se transporter, mais seulement sur l'ordre du département de police; ces maisons ne pouvant être regardées, par ceux même qui y couchent, que comme des auberges, & des *lieux ouverts* au public. Fait & donné par nous maire, lieutenant de maire & conseillers-administrateurs de police, le 18 janvier 1790.

Signé, *Bailly*, maire, *Duport du Tertre*, lieutenant de maire; *Fallet*, *Manuel*, *Peuchet*, & *Thorilion*, administrateurs.

Boullemer de la Martinière, procureur-syndic de la commune.

HOTELLERIE. s. f. Lieu où l'on reçoit, couche & loge les voyageurs ainsi que leurs chevaux & équipages.

Les *hôtelleries* étoient nommées par les hébreux *malon*, par les grecs καταγωγιον καταλυμα; & les latins qui avoient ordinairement leurs *hôtelleries* dans des lieux écartés, à la différence de celles de la France, dont la plupart sont sur les routes ou les grands chemins, les nommèrent *diversorium* à *divertendo*, se détourner du chemin *ab itinere deflecto* : nous les avons nommés *hôtellerie*, du latin *hospitalitas*.

Nos *hôtelleries*, de même que tous les autres lieux publics, ont leurs règles & leur discipline, ils n'y doivent recevoir à loger aucuns domiciliés des lieux, mais seulement les passans ou voyageurs : il y a une ordonnance de saint Louis, en ces termes : *nullus recipiatur ad moram in tabernis faciendam, nisi sit transiens vel viator, vel in ipsa villâ non habeat aliquam mansionem.*

Il ne leur est pas permis d'y loger des étrangers ou des gens suspects, sans en avertir les officiers de police.

Les hôtes n'y doivent recevoir ou souffrir aucuns vagabons, gens sans aveu ou mal famés, blasphémateurs, sans en donner avis à la justice des lieux.

Ils doivent veiller à la sureté des hardes, ou autres effets des personnes qui logent chez eux. Une ancienne ordonnance leur défendoit d'ouvrir leur porte le matin, qu'après avoir demandé à tous leurs hôtes, s'ils n'avoient rien perdu pendant la nuit précédente.

Il y a des arrêts qui les ont rendus responsables des vols faits chez eux; & ils n'en ont été déchargés, que lorsque les hôtes ne leur ont point déclaré le nombre & la qualité de leurs effets, ou qu'il ne leur a été donné par l'*hôtelier* ou l'aubergiste des chambres, armoires, coffres, ou autres lieux sûrs & bien fermés, pour s'en servir, & que de sa part il n'y a eu aucun dol personnel.

Cette jurisprudence est conforme au droit romain; il y est expressément porté, tant par la loi que par les jurisconsultes qui l'ont expliquée, que l'*hôtellier* ou l'aubergiste n'est chargé ni tenu de répondre que de ce qui a été reçu, par lui-même ou par son facteur ou commissionnaire : *caupones autem & stabularios æque eos accipiemus qui cauponam vel stabulum exercent institoresve eorum.* Ils ne sont pas même chargés de ce qui auroit été reçu par les autres domestiques : *cæterùm si qui operâ mediastini fungitur, non continetur, ut puta atriarii & focarii & his similes.*

A été crée (porte une ordonnance du prévôt de Paris, du 12 février 1367) que tous *hôtelliers*, & autres qui s'entremettent de hebergier gens pour argent, cloent & tiennent leur huys fermés depuis l'heure de queuvre feu jusqu'au lendemain matin, cet qu'ilz ne soient sy hardys de ouvrir leur huys, jusques à ce que ilz aient signifié & demandé a tous leurs hostes, se ils ont aucune chose perdu, & s'il avient qu'aucun ouvre son huys sans le faire savoir à ses hostes & il y en ait aucun quy perde rien, l'hoste sera tenu de restiteur la perte dont le perdant sera creu par son serment.

Un arrêt du parlement du dernier avril 1579, ordonne que défenses seront faites & réitérées, & les fait icelle cour à toutes personnes, de quelque état, qualité & condition qu'elles soient, de hanter & fréquenter, aller ne venir ès *hostelleries*, tavernes & cabarets de lieux où ils sont domiciliés. Et aux *hostelliers*, taverniers & cabaretiers, de recevoir en leurs hostels, tavernes, & cabarets, les domiciliés, ains passans & étrangers seulement, sur les peines portées par lesdits édits & ordonnances. Et enjoint au substitut du procureur-général du roi en chacun siége de ce ressort, de tenir la main à l'exécution dudit présent arrêt, en certifier la cour un mois après ladite publication; auxquels ladite cour enjoint faire poursuite & correction des contreventions, si aucunes se commettent contre les délinquans & infracteurs desdites ordonnances & présent arrêt, & sera le présent arrêt lû & publié à son de trompe & cri public, tant en cette ville, qu'autres villes, lieux & endroits du ressort de ladite cour.

Une déclaration du roi, du 2 avril 1729, défend à tous ceux qui tiennent des *hôtelleries* dans les campagnes, de recevoir chez eux des contrebandiers, & de prendre leurs marchandises en entrepôt. Si les contrebandiers entrent par force dans les *hôtelleries*, les *hôtelliers* sont obligés d'en avertir dans les vingt-quatre heures au plus tard, le juge le plus prochain, les officiers des maréchaussées & les brigades des fermes, sous peine de mille livres d'amende pour la première fois & d'un bannissement en cas de récidive.

L'ordonnance d'Orléans (arti. CI) défend aux *hôtelliers* de retenir & loger des gens sans aveu & inconnus plus d'une nuit.

Ils doivent en outre les dénoncer à la justice, sous peine de prison & d'amende arbitraire.

L'ordonnance de Blois contient une disposition encore plus sévère; car l'article CCCLX, défend aux *hôtelliers* de loger plus d'un nuit les gens sans aveu, sous peine des galères; & leur enjoint, sous la même peine, de les dénoncer à la justice.

Le parlement de Provence, par arrêt du 10 décembre 1733, a défendu aux *hôtelliers* de son ressort de recevoir des mendians, sous peine de trois cents livres d'amende pour la première fois, & de peine exemplaire pour la seconde.

Mais il ne dépend pas des aubergistes de ne loger que ceux qu'ils veulent recevoir. La déclaration du roi, de 1563, leur fait un devoir de loger toutes les personnes qui ne sont pas de la classe de celles que les loix défendent de recevoir.

Une sentence de police, du 22 juin 1732, a défendu aux aubergistes de confier des chevaux à des enfans au-dessous de l'âge de dix-huit ans pour les conduire dans les rues.

Il seroit à désirer pour la sûreté publique, que cette ordonnance fût exécutée avec la plus grande exactitude.

Les personnes qui logent dans les *hôtelleries*, sont tenues de payer le logement & la nourriture qui leur ont été donnés.

Les anciennes ordonnances de police fixoient le prix des vivres; mais cet usage n'est plus pratiqué depuis deux siècles.

L'*hôtellier* a une action contre les personnes qui ont été nourries chez lui, excepté contre les domiciliés qui auroient fait des dépenses en vin & autres boissons. La disposition sage de l'article CCCXXVII, la coutume de Melun, qui prescrit cette exception, a été adoptée par la jurisprudence.

Les *hôtelliers* n'ont point d'action contre les pères pour la nourriture qu'ils ont fournie aux enfans, à moins que les pères n'aient approuvé ces fournitures; ils ne peuvent donc poursuivre que les enfans.

Toutes les obligations des *hôtelliers* & des voyageurs se réduisent à ce que ces derniers payent leur dépense & leur logement, & à ce que les premiers aient soin des objets qui leur ont été confiés, & qu'ils les remettent aux voyageurs. *Voyez* AUBERGE, HOTEL-GARNI, CABARETIER.

HUISSIER, s. m. Officier subalterne de justice & de police, chargé de porter ou de faire exécuter les ordres des juges & des magistrats. Leur nom vient de *huis*, qui signifie porte, parce que les *huissiers* sont en même-tems gardes de portes des assemblées ou tribunaux, & que ce doit être là qu'ils attendent les ordres des magistrats.

Indépendamment des *huissiers* de justice & de police, il y a encore des officiers de même nom appellés *huissiers*-priseurs, c'est de ceux-là seulement que nous allons parler dans cet article; nous renvoyons au mot POLICE pour les *huissiers*-de-police, & ceux de justice ne nous regardent point.

Tout ce que nous pouvons dire de mieux sur les fonctions des *huissiers*-priseurs relativement à la police, se trouve dans un réglement du 24 mai 1789 qui porte:

Art. I. Que les arrêts & réglemens du parlement, sentences & ordonnances de police, seront exécutés selon leur forme & teneur; en conséquence, il est fait défenses à tous marchands, tapissiers, fripiers, brocanteurs & brocanteuses, revendeurs & revendeuses, & chauderonniers, de former dorénavant entr'eux, sous le titre de lotissement, revidage, révision, & sous tels autres titres & dénomination que ce soit & puisse être, aucune association qui ait pour objet de se procurer un gain illicite sur les marchandises, meubles & effets mobiliers exposés dans les ventes publiques, & qui leur seront adjugés, à peine de cinq cents livres d'amende contre chacun des contrevenans, dont moitié appartiendra au dénonciateur, de déchéance de la maîtrise à l'égard de ceux qui seront maîtres; & à l'égard des privilégiés, de destitution de leurs priviléges.

II. Leur faisons pareillement défenses de lotir, revider ou revendre entr'eux les marchandises, meubles & effets dont ils se sont rendus adjudicataires, soit dans les cabarets ou maisons particulières, soit dans tel autre lieu que ce puisse être;

ce sous les mêmes peines que dessus, & en outre, à peine de saisie & confiscation desdites marchandises & effets.

III. Leur défendons en outre de s'emparer du devant des tables où se font les ventes, & de pratiquer aucune manœuvre pour accaparer les effets & se les faire adjuger à vil prix; leur enjoignons de laisser l'approche des tables libre aux bourgeois & autres personnes qui se présenteront, & de ne point mépriser ou détériorer les meubles & effets qui seront exposés en vente, ni injurier ceux qui enchériront sur eux, à peine de cent livres d'amende, & de toutes pertes, dépens, dommages & intérêts envers qui il appartiendra.

IV. Enjoignons auxdits marchands-tapissiers, fripiers, brocanteurs & brocanteuses, revendeurs & revendeuses, chauderonniers & autres fréquentant habituellement les ventes, de s'y comporter avec décence & tranquillité; leur faisons défenses d'injurier & insulter les officiers qui procèdent auxdites ventes, & d'exciter aucuns troubles ni aucunes rixes & émeutes, à peine de deux cents livres d'amende contre chacun des contrevenans, même de plus grande peine, si le cas y échoit.

V. Et en cas de contravention aux articles I & II de la présente ordonnance, enjoignons aux *huissiers-priseurs* qui auront procédé aux ventes, de dresser des procès-verbaux des noms & demeures des contrevenans, & des infractions & contraventions qui auront été par eux commises, & qui viendront à la connoissance desdits *huissiers-priseurs*; lesquels procès-verbaux ils feront signer par les parties qui auront requis la vente, ou autres personnes présentes, pour, iceux communiqués au procureur du roi, être par lui requis, & par nous statué & ordonné ce qu'il appartiendra; & lors desdits procès-verbaux, autorisons lesdits *huissiers-priseurs* à saisir les effets qui pourroient se trouver au revidage, lotissement, révision ou revente, & y établir séquestre aux frais de la chose, même de les faire enlever pour les séquestrer; à l'effet de quoi leur permettons de requérir, si besoin est, aide & main-forte de la garde.

VI. Comme aussi, en cas de contravention aux articles III & IV, autorisons les *huissiers-priseurs* qui procéderont aux ventes, à faire arrêter sur-le-champ les délinquans, s'il y a lieu; à l'effet de quoi tous officiers du guet & de police prêteront main-forte & assisteront lesdits *huissiers-priseurs*, lorsqu'ils en seront par eux requis; lesquels officiers du guet & de police pourront, dans lesdits cas, s'introduire avec main-forte dans les maisons & endroits où l'on procédera aux ventes, sur la première requisition des *huissiers-priseurs*, & sans qu'il soit besoin de l'assistance d'un commissaire; à la charge néanmoins, par lesdits *huissiers-priseurs*, de dresser procès-verbal des contraventions, dans la forme prescrite par l'article ci-dessus, & de faire conduire les contrevenans ou délinquans chez le premier commissaire, pour être par lui pareillement dressé procès-verbal, & statué provisoirement ce qu'il appartiendra.

VII. Mandons aux commissaires au châtelet, & enjoignons aux officiers de police de tenir la main à l'exécution de la présente ordonnance, qui sera imprimée, lue, publiée & affichée dans tous les lieux ordinaires & accoutumés de la ville, fauxbourgs & banlieue de Paris, & par-tout ailleurs où besoin sera, & notamment dans les lieux où se feront les ventes; à l'effet de quoi il sera posé un tableau, sur lequel sera attaché un exemplaire de la présente ordonnance, après néanmoins qu'elle aura été homologuée en la cour, pour quoi le procureur du roi se pourvoira.

HUITRE, s. f. Poisson contenu dans deux écailles, en forme de boîte ronde & platte.

La police des *huîtres* est un des soins principaux de celle de Paris; un grand nombre de réglemens ont été faits à leur égard; mais nous ne croyons devoir rapporter ici que l'ordonnance de police du 25 septembre 1779, & celle du 20 septembre 1790, qui les feront suffisamment connoître.

La première à neuf articles qui portent:

Art. I. Que les arrêts & réglemens du parlement, sentences & ordonnances de police, seront exécutés selon leur forme & teneur; & en conséquence, défenses sont faites à tous marchands d'*huîtres*, mariniers, voituriers par eau, & autres particuliers de la ville de Dieppe, du port de la Hogue, & autres ports de mer, d'altérer, falsifier & autrement mixtionner les *huîtres* qu'ils envoyeront en cette ville, tant par eau que par terre; il leur est enjoint de les livrer bonnes, loyales & marchandes, bien conditionnées, à peine de cinquante livres d'amende, de confiscation des marchandises, même des bâteaux & autres voitures qui auront servi à les conduire, & d'être en outre, procédé contre le propriétaire vendant lesdites *huîtres*, extraordinairement, si le cas y échet.

II. Ne pourront lesdits marchands, leurs facteurs & commissionnaires, exposer ni vendre aucunes marchandises d'*huîtres*, ni les écaillers & colporteurs les crier & vendre dans les rues, depuis le premier avril jusqu'au 10 septembre de chaque année, à peine de deux cents livres d'amende contre chacun des contrevenans, même de confiscation desdites marchandises.

III. Faisons défenses, sous la même peine de deux cents livres d'amende, & même de prison, à tous débitans d'*huîtres*, gagne-deniers & autres, d'aller au-devant des voitures d'*huîtres*, sur les routes & ailleurs, sous le prétexte de marquer & de retenir des paniers, & sous tel autre prétexte que ce soit : même aux facteurs & factrices d'*huîtres* de les remettre ou faire remettre à ceux qui prétendroient les avoir marqués en route; comme aussi à tous écaillers & autres; de revendre en regrats des paniers d'*huîtres* à l'heure de la vente, & dans les endroits destinés à ce commerce, notamment aux portes des magasins & dans la rue Montorgueil.

IV. Seront les *huîtres* de Dieppe & autres villes & ports de mer, venant par terre, vues & visitées à leur arrivée par le commissaire qui sera à cet effet commis; & contiendra chaque panier d'*huîtres* blanches, quarante-huit douzaines; les demi & quart à proportion, à peine de deux cents livres d'amende & de confiscation de la marchandise.

V. Disons qu'à l'égard des *huîtres* en bateau, elles seront vues & visitées au moment de leur arrivée, & avant que de pouvoir être exposées en vente, tant par le commissionnaire, qui sera par nous commis à cet effet, que par l'inspecteur des ports, pour, sur leur rapport, être ordonné sur le champ ce qu'il appartiendra.

VI. Défendons aux propriétaires desdites *huîtres*, venant en bateau, d'en laisser enlever par charrettes, & aux écailleurs & colporteurs, d'en prendre plus de quatre cents à la fois, lesquelles seront sonnées les unes après les autres, sur la berge du bateau, afin de mettre à part toutes celles qui ne seront pas de bonne qualité, à peine de deux cents livres d'amende, tant pour les propriétaires des *huîtres*, que contre les écaillers, & de confiscation de la marchandise.

7°. Défendons pareillement aux colporteurs, ou vreurs d'*huîtres* & à tous autres, d'aller au-devant des bourgeois, & de s'entremettre pour leur faire avoir des *huîtres*, ni d'entrer dans leurs barques; pourront même être emprisonnés en cas de contravention. Ordonnons que les *huîtres* seront portées sur la berge, par le commissionnaire chargé de la vente de chaque bateau, & par lui livrées au bourgeois après les avoir sonnées; disons que les matelots qui se tiennent ordinairement au bout de la planche, seront tenus d'en recevoir le prix par eux-mêmes, des bourgeois & des écaillers, le tout à peine de deux cents livres d'amende.

VII. Les *huîtres* seront délivrées aux écaillers & aux bourgeois, sur le pied de quatre au cent : ne pourront les compteuses en délivrer un plus grande quantité par cent, à peine de deux cents livres d'amende.

IX. Ordonnons que lesdits bateaux ne pourront tenir planche pour la vente & distribution de leurs *huîtres*, plus de cinq jours; après lequel temps toutes les *huîtres* qui resteront dans lesdits bateaux, de même que celles qui auront été jugées défectueuses en les sonnant, seront gardées dans le bateau & jettées à terre dans quelque endroit éloigné, sans que les mariniers puissent les jetter ni faire jetter dans la riviere, à peine de cinquante livres d'amende.

La seconde ordonnance porte que les départemens des subsistances & de police, s'étant fait représenter les reglemens concernant le commerce des *huîtres*, ont reconnu que les dispositions en étoient utiles & sages, en ce qu'elles interdisent ce commerce dans le temps où l'usage des *huîtres* pourroit être dangereux; qu'elles prescrivent des précautions pour en assurer la qualité, prévenir les mélanges frauduleux, l'accaparement, la survente, & autres abus que ce commerce pourroit entraîner; en conséquence, ouï, & ce requérant le procureur-syndic de la commune, ils ont arrêté & arrêtent ce qui suit :

Art. I. Les ordonnances, arrêts & réglemens, ci-devant rendus, concernant le commerce des *huîtres*, seront exécutés selon leur forme & teneur : il est, en conséquence, fait défenses à tous marchands d'*huîtres*, mariniers, voituriers par eau, & autres particuliers, d'altérer ni mélanger les *huîtres* qu'ils enverront dans cette ville, tant par eau que par terre; leur enjoignons de les livrer bonnes, loyales & marchandes, & bien conditionnées, à peine de *cent livres* d'amende, de confiscation des marchandises, même des bateaux & autres voitures qui auront servi à les conduire, & d'être, en outre, procédé contre les propriétaires, vendant lesdites *huîtres* extraordinairement, si le cas y échéoit.

II. Ne pourront lesdits marchands, leurs facteurs & commissionnaires, exposer, ni vendre aucunes marchandises d'*huîtres*, ni les écaillers & colporteurs, les crier & vendre dans les rues, depuis le dernier avril jusqu'au dix septembre de chaque année, à peine de *cent livres* d'amende contre chacun des contrevenans, & de confiscation desdites marchandises.

III. Il est fait défense, sous peine de *cinquante livres* d'amende, & sous telle autre peine qu'il appartiendra, à tous débiteurs d'*huîtres*, gagne-deniers & autres, d'aller au devant des voitures d'*huîtres*, sur les routes & ailleurs, sous prétexte de marquer & de retenir des paniers, & sous tel autre prétexte que ce soit; même aux facteurs & factrices d'*huîtres*, de les remettre & faire remettre à ceux qui prétendroient les avoir marqués en route; comme aussi à tous écaillers & autres, de revendre en regrats, des paniers d'*huîtres* à l'heure de la vente, dans les endroits destinés à ce commerce, notamment aux portes des magasins & dans la rue de Montorgueil.

IV. Pareilles défenses sont faites auxdits facteurs

& factrices, & aux colporteurs, ouvreurs d'*huîtres*, & à tous autres, d'arranger les *huîtres* de Granville, de Caen, & autres endroits dans des cloyères, à l'instar de ce qui se pratique pour les *huîtres* de Dieppe & de d'Etretal : il leur est enjoint de les vendre & délivrer dans des paniers, telles qu'elles arrivent, & ce, sous les peines ci-dessus.

V. Il est aussi fait défenses, sous peine de *cinquante livres* d'amende, aux facteurs & factrices qui tiennent des *huîtres* vertes de la Basse-Normandie, ou d'autres endroits que de l'Angleterre, de les qualifier & vendre sous la dénomination d'*huîtres* d'Angleterre.

VI. Seront les *huîtres* de Dieppe & autres villes & ports de mer, venant par terre, vues & visitées à leur arrivée ; contiendra chaque panier d'*huîtres* blanches, quarante-huit douzaines, les demi & quart de panier, à proportion ; le tout à peine de *cinquante livres* d'amende, contre les marchands qui en exposeroient en vente avant ladite visite, & de confiscation de ladite marchandise.

VII. Les *huîtres* en bateau seront vues & visitées au moment de leur arrivée, & avant de pouvoir être exposées en vente, pour, sur le rapport du commissaire qui en aura fait la visite, être ordonné ce qu'il appartiendra.

VIII. Défenses sont faites aux propriétaires desdites *huîtres*, venant en bateau, d'en laisser enlever par charrettes, & aux écaillers & colporteurs, d'en prendre plus de quatre cents à la fois, lesquelles seront sonnées, les unes après les autres, sur la berge du bateau, afin de mettre à part toutes celles qui ne seront pas de bonne qualité, à peine de *cinquante livres* d'amende, tant contre lesdits propriétaires que contre les écaillers, & de confiscation de la marchandise.

IX. Il est aussi fait défenses aux colporteurs, ouvreurs d'*huîtres*, & à tous autres, d'aller au-devant des bourgeois, & de s'entremettre pour leur faire avoir de *huîtres*, ni d'entrer sur les barques. Seront les *huîtres* portées sur la berge, par le commissionnaire chargé de la vente de chaque bateau, &, par lui, livrées aux bourgeois, après les avoir sonnées ; tenus les matelots qui sont ordinairement au bout de la planche d'en recevoir le prix par eux-mêmes, des bourgeois & des écaillers, le tout à peine de *cinquante livres* d'amende.

X. Les *huîtres* seront délivrées aux écaillers & aux bourgeois, sur le pied de quatre au cent. Ne pourront les compteuses en délivrer une plus grande quantité par cent, sous quelque prétexte que ce soit, sous pareille peine de *cinquante livres* d'amende.

XI. Lesdits bateaux ne pourront tenir planche pour la vente & distribution de leurs *huîtres*, plus de cinq jours, après lequel temps toutes les *huîtres* qui resteront dans lesdits bateaux, de même que celles qui auront été trouvées défectueuses en les sonnant, seront gardées dans les bâteaux, & jettées à terre, dans quelqu'endroit éloigné, sans que les mariniers puissent les jetter ni faire jetter dans la rivière, à peine de *cinquante livres* d'amende.

XII. Les comités des sections, les commissaires de police de l'hôtel-de-ville, & M. le commandant-général, sont invités & autorisés à tenir, chacun en ce qui les concerne, la main à l'exécution de la présente ordonnance, qui sera imprimée, lue, publiée & affichée dans tous les lieux ordinaires & accoutumés de cette ville & des fauxbourgs de Paris, notamment aux portes du magasin d'*huîtres*, de la rue de Montorgueil, au port S. Nicolas, & par-tout ailleurs où besoin sera.

Sont pareillement invités MM. les officiers municipaux des villes de Rouen, du Havre, de Dieppe, de Courcelles, Granville, S. Vast, la Hogue, Fécamp, Etrétal, à la faire afficher dans lesdites villes & ports, & à tenir la main à son exécution.

Fait & donné par nous, maire, lieutenant-de-maire & conseillers-administrateurs des subsistances & de police, le 23 septembre 1790.

I.

ILLUMINATION, s. f. L'action d'illuminer quelque chose. En terme de police municipale, on donne ce nom à l'usage de mettre des lampions & chandelles allumés sur le devant des maisons & au-dessus des principales portes des bâtimens publics, dans des momens de réjouissances ou de dangers.

Ce dernier est le plus rare, mais aussi c'est celui qui exige le plus de soins, parce que faute d'y tenir la main, on peut exposer une ville entière à des surprises ou des désordres que la clarté que produit l'*illumination* donne le moyen d'empêcher.

On a fait usage plus d'une fois de cette *illumination* de sureté, dans ces tems de troubles & d'inquiétudes publiques; plus d'une fois Paris a été illuminé pour rassurer contre les inquiétudes, ou mettre obstacle à des complots réels.

On peut faire connoître, de deux manières, l'ordre d'illuminer les maisons, par affiche & au son de la caisse; ces deux méthodes ont été également employées dans les troubles; mais la voie de l'affiche est toujours préférable, parce qu'outre que le bruit de la caisse incommode les habitans, il jette l'alarme, depuis sur-tout qu'on s'en est servi pour annoncer des dangers, soit qu'ils fussent fondés, soit qu'ils ne le fussent pas.

On appelle encore *illumination*, la méthode d'éclairer la ville pendant la nuit par des reverbères ou des lanternes; mais cette expression est fautive, & confond ce que la commodité prescrit avec ce qui n'est commandé que par des circonstances extraordinaires. Ainsi *voyez* LANTERNE.

Je ne dois point oublier non plus que le nom d'*illumination* a été donné à un acte féroce de l'anarchie populaire; on a désigné, par ce mot, les incendies que le peuple s'est permis sur les châteaux ou autres propriétés des privilégiés, dans les différentes provinces du royaume; on appelloit cela, *éclairer ou illuminer les châteaux. Voyez le dictionnaire de l'assemblée nationale, au mot* INCENDIE.

IMPRIMERIE, s. f. L'art de multiplier les copies d'un ouvrage par le moyen des caractères mobiles, dont on forme des planches qui, soumises à la presse, rendent dans le sens droit les mots & les lignes formés en sens contraire.

Cet art a prodigieusement donné de cours aux erreurs & aux vérités de toutes espèces; il est devenu un instrument universel de bien & de mal; mais le premier l'emporte tellement sur le second, qu'il n'est personne qui ne regarde l'*imprimerie* comme une des plus belles & des plus utiles inventions des hommes.

Mais ces considérations ne sont point de notre objet dans ce moment; nous ne nous proposons que de tracer en bref le tableau des loix de police relatives à l'*imprimerie*; nous ne discuterons pas même ce qu'elles ont de défectueux: on pourra voir cette matière développée au mot LIBERTÉ DE LA PRESSE.

Nous parlerons donc ici seulement des réglemens de la librairie & *imprimerie*, de ceux du colportage, de la vente des livres & des estampes, du moins tels que ces réglemens existoient avant la révolution.

Le réglement pour la librairie & *imprimerie* de Paris, arrêté au conseil d'état le 28 février 1723, est le plus ample & le plus étendu que nous ayons: comme il comprend les dispositions principales de tous ceux qui ont précédé, c'est à celui-là qu'il convient de s'arrêter ici; d'autant plus qu'il a été rendu commun pour les provinces, par un autre arrêt du conseil, du 24 mars 1744, en ces termes:

» Le roi étant en son conseil, de l'avis de M. le chancelier, a ordonné & ordonne, que l'arrêt de son conseil, du 28 février 1723, portant réglement général sur le fait de l'*imprimerie* & de la librairie, sera exécuté selon sa forme & teneur, dans toutes les villes du royaume où il se fait un commerce de livres, & dans celles où il y a des *imprimeries* établies: fait défenses à tous libraires & autres de contrevenir audit réglement, sous les peines y portées. Enjoint aux lieutenans-généraux de police, ou autres officiers de police, de se conformer audit réglement ».

Nous allons en extraire seulement les articles les plus essentiels.

I. *Commerce de livres.*

Défenses sont faites à toutes personnes, de quelque qualité & condition qu'elles soient, autres que les libraires & imprimeurs, de faire le commerce de livres, en vendre & débiter aucuns.... acheter pour revendre en gros & en détail, en chambre & autres lieux, à peine de cinq cents livres d'amende, de confiscation & de punition exemplaire. Comme aussi aux auteurs & à toutes personnes autres que lesdits imprimeurs, d'avoir & tenir en quelque lieu que ce soit, & sous quelque prétexte que ce puisse être, aucunes presses, caractères & ustensiles d'*im-*

primerie, à peine de punition exemplaire, de confiscation des presses, & de trois mille livres d'amende. *Art. IV*.

Du 31 décembre 1748, arrêt du conseil d'état du roi, qui renouvelle les défenses à tous merciers & porte-balles, & à toutes personnes autres que les marchands-libraires, de vendre, débiter ou autrement distribuer des livres, même dans les campagnes, dans les foires ou ailleurs, à l'exception des almanachs & petits livres de prières, qui n'excéderont pas deux feuilles d'impression du caractère dit *cicero*.

Défenses sont faites à tous libraires d'acheter aucuns livres des enfans ou serviteurs des autres libraires, des enfans de famille, des écoliers, des serviteurs domestiques, & de toutes personnes inconnues, s'ils ne sont certifiés par d'autres personnes domiciliées & capables d'en répondre; ce qui sera pareillement observé à l'égard des vieux papiers & parchemins. *Art. VII*.

Enjoint sa majesté auxdits libraires & à tous autres, de retenir les livres qui leur seront présentés par personnes suspectes, & de les remettre dans vingt-quatre heures entre les mains des syndic & adjoints, qui seront tenus d'en avertir le lieutenant-général de police. *Art. VIII*.

II. Imprimeries.

Par l'article IX, les imprimeurs doivent mettre leurs noms & demeures sur les livres & écrits par eux imprimés, sous différentes peines.

La déclaration du 10 mai 1728, leur enjoint en outre de mettre la date de l'année, avec défenses de supposer le nom d'une autre ville, à peine de faux.

L'article XIV du réglement, leur enjoint d'avoir un tableau, portant qu'ils tiennent imprimerie, & ce tableau ne peut être mis ailleurs que dans le lieu où sera actuellement leur imprimerie.

Enjoint auxdits libraires & imprimeurs, de tenir leurs boutiques, magasins & imprimeries fermés, les dimanches & jours de fêtes commandées par l'église, à peine d'amende. *Art. XVI*.

Pourront néanmoins, en cas de nécessité seulement, préparer & tremper leur papier hors les heures du service divin. *Art. XL*.

III. Capacité des aspirans à la maîtrise.

Par l'article XLIII, pour être admis à la maîtrise, il faut avoir fait apprentissage pendant quatre années, & servi les maîtres en qualité de compagnon durant trois ans, après le temps de l'apprentissage achevé, avoir vingt ans accomplis, être congru en langue latine, & savoir lire le grec.

En outre, les aspirans doivent subir un examen sur la librairie, & celui qui veut être imprimeur, faire une épreuve de sa capacité en présence des syndics & adjoints & de plusieurs anciens. *Voyez l'art. XLIV*.

Procès-verbal doit être dressé par les syndics & adjoints, de l'examen & épreuve des aspirans à l'imprimerie, lequel avec un certificat de catholicité, & l'information de vie & de mœurs, sera remis entre les mains du lieutenant-général de police, pour être par lui envoyé avec son avis, à M. le garde-des-sceaux, & être en conséquence expédié un arrêt du conseil, sur lequel, & non autrement, il sera procédé à la réception d'un aspirant à l'imprimerie. *Voyez l'art. XLV*.

Les nouveaux maîtres prêteront serment pardevant le lieutenant-général de police, sans aucuns frais, en présence des syndics & adjoints, qui en feront mention sur les lettres de maîtrise. *Article XLVII*.

Les articles suivans prescrivent l'assortiment des *imprimeries*, avec des visites de trois mois, par les syndics & adjoints.

IV. Fondeurs de caractères.

L'article LXV défend aux *fondeurs des caractères* d'imprimerie, de délivrer leurs fontes à d'autres personnes qu'aux imprimeurs ou à leurs veuves en exercice, & suivant l'article LXVIII, ils ne peuvent pareillement céder ou transporter leurs poinçons, frappes ou matrices, en tout ou en partie, à d'autres qu'aux imprimeurs, aux libraires & aux fondeurs.

V. Des Colporteurs.

Aucun ne pourra être *colporteur*, s'il ne sait lire & écrire, & qu'après avoir été présenté par les syndic & adjoints des libraires & imprimeurs, au lieutenant-général de police, & par lui reçu sur les conclusions du procureur de sa majesté; ce qui sera fait sans frais. *Art. LXIX*.

Une ordonnance du roi du 29 octobre 1732, fait défenses aux *colporteurs* de crier, vendre & débiter aucuns imprimés, dont les permissions ne soient de plus anciennes dates qu'un mois, ni aucuns ouvrages, même aucunes sentences rendues par des juges hors du ressort de la ville, sans la permission du lieutenant-général de police; & de crier sous d'autres titres & dénominations, que ceux qui sont mis en tête desdits imprimés.

Il y avoit ci-devant cent vingt *colporteurs* & quarante afficheurs de la chambre syndicale à Paris; mais depuis que la liberté de la presse a été établie par le fait, comme elle l'est par le droit naturel, la grande quantité de papier, journaux, brochures, que l'on s'est permis de crier dans Paris, en a fait porter le nombre à trois cents, & donné lieu au réglement suivant, qui a été rédigé par M. *Manuel*, administrateur de police, en novembre 1789.

« Le département de police, considérant que si le premier besoin d'un peuple qui se régénère est la *liberté de la presse*, il est également vrai que *la puissance publique a seule le droit de publier & d'afficher*; que cependant on publie chaque jour une foule d'*écrits incendiaires & calomnieux*, qui ne tendent qu'à compromettre le repos & l'honneur des citoyens, ainsi que le caractère même de la nation.

» Considérant en outre que des hommes sans aveu, sans domicile, & par conséquent sans responsabilité, inquiètent même les libraires, par des attroupemens que proscrit le bon ordre; considérant enfin qu'une administration qui donne sa confiance à des hommes qu'elle choisit elle-même, sur la présentation des *districts*, ne peut pas être accusée de favoriser un de ces privilèges exclusifs qui découragent & étouffent l'industrie. Le département de police a arrêté ce qui suit :

» Art. I. Qui que ce soit ne pourra *être colporteur* ni *afficheur*, qu'il ne sache lire & écrire.

II. Le nombre des *colporteurs* sera borné *à trois cents*; celui *des afficheurs à soixante*; ils ne seront reçus que sur le certificat de leur *district* qui les surveillera.

III. Il est défendu aux *colporteurs* de colporter, & aux *afficheurs* d'afficher, sans avoir sur leur habit une *plaque ostensible*, sur laquelle on lira d'un côté, *la loi & le roi*, & de l'autre, *la publicité est la sauve-garde du peuple : Bailly*; & pour que cette *plaque* ne puisse passer en des mains étrangères, les *colporteurs & afficheurs* porteront toujours dans leur poche, leur *commission en parchemin*, sur laquelle sera leur signalement, & que les patrouilles & les factionnaires auront droit de se faire représenter.

IV. Les *colporteurs & afficheurs* seront tenus, sous peine de destitution, de représenter, tous les ans, dans le courant du mois de décembre; leur *plaque & commission* à l'administrateur chargé du département de la librairie.

V. Ils seront tenus aussi de se présenter dans la huitaine, au comité de leur *district*, pour y faire enrégistrer leurs noms & demeure, avec la soumission d'avertir leur changement de domicile.

VI. Les *colporteurs* ne pourront crier (pendant le jour & jamais la nuit) que des *décrets*, des *édits*, des *déclarations*, des *arrêts*, les *arrêtés de la commune*, les *mandemens de M. l'archevêque*; enfin les ordonnances & réglemens qui émaneront d'une autorité légalement constituée, que les peuples ont intérêt de connoître, & auxquels leur devoir est d'obéir.

Quant aux journaux, ceux même qui portent le titre d'Assemblée nationale, les *colporteurs* ne pourront les proclamer, sous peine d'être arrêtés & conduits au comité de districts, pour être ensuite condamnés à une saisie, & à vingt-cinq livres d'amende par l'administration.

VII. Les *colporteurs* ne pourront se charger, même pour la distribution sans proclamation, que d'ouvrages garantis par le nom de l'auteur ou par celui de l'imprimeur; en conséquence tous écrits dont se trouveront chargés lesdits *colporteurs*, seront soumis, non à la censure, mais à l'inspection des patrouilles & des corps-de-garde, pour être saisis par eux, lorsqu'ils ne seront pas munis d'une signature; & les contrevenans seront conduits aux comités des districts, pour être, de l'autorité desdits comités, déposés à l'hôtel de la Force, à moins qu'ils ne consignent l'amende de 25 liv.; ou ne fournissent caution; & les comités des districts enverront, dans les vingt-quatre heures, au département de police, la copie du procès-verbal qu'ils en auront dressé avec les objets saisis, pour être ensuite statué ce qu'il appartiendra.

VIII. Il est défendu, sous les mêmes peines, aux *afficheurs*, d'afficher dans les rues & carrefours, sans une permission du département de police, aucun placard ni avis qui ne porte également le nom de l'imprimeur; ils ne pourront afficher qu'en plein jour, c'est-à-dire, depuis cinq heures du matin jusqu'à huit heures du soir, du 15 mars au premier octobre; & depuis sept heures du matin jusqu'à six heures du soir, du 2 octobre au 14 mars.

IX. Comme il est dans les principes d'une bonne administration de n'enlever aux citoyens aucuns moyens de vivre que le commerce fournit, tout citoyen qui vendra des papiers périodiques, sera tenu de prévenir son *district* de sa demeure, du lieu où il veut étaler; mais ne pourra, sans *médaille & commission*, les colporter pour les vendre dans les rues ».

VI. Visites des livres & estampes.

L'art 85 règle les visites qui doivent être faites dans les *imprimeries*, boutiques, magasins & fonderies, dont les procès-verbaux seront remis au lieutenant-général de police, pour y être par lui pourvu : & enjoint aux imprimeurs de tenir leurs *imprimeries* ouvertes, ou seulement fermées d'un loquet, pendant le temps du travail, sous peine d'amende.

La déclaration du 10 mai 1728, ajoute des défenses d'avoir dans leurs maisons ou autres lieux où ils imprimeront, aucunes portes de derrière, par lesquelles ils puissent faire sortir clandestinement aucuns imprimés.

Au cas que lors des visites qui seront faites chez les libraires & imprimeurs, ou dans les magasins, étant dans les colléges ou autres lieux prétendus privilégiés, il soit fait refus d'ouvrir les portes, il en sera, par les syndic & adjoints, dressé procès-verbal, dont ils référeront au lieutenant-général de police, à l'effet d'obtenir main-forte, & même permission de faire procéder par bris & rupture, des portes, en se conformant à l'ordonnance. *Art. LXXXVI.*

Les livres & estampes qui arrivent à la ville, doivent être apportés au même état à la chambre syndicale de la communauté, pour y être visités, à peine de confiscation & d'amende; où il se trouveroit des livres & estampes contraires à la religion, ou bien au repos de l'état, & à la pureté des mœurs, ou les libelles diffamatoires, ou imprimés dans le royaume sans privilèges ni permission, & sans nom de libraire & de la ville, ou contrefaits, le tout doit être arrêté. *Voyez l'art. LXXXIX.*

En conséquence l'article XC défend à tous maîtres & conducteurs de carrosses & coches, messagers, charretiers, rouliers & autres voituriers, tant par eau que par terre, qui ameneront des ballots ou paquets de livres & estampes, ou de fontes & caractères d'imprimerie, de les délivrer ni faire délivrer à leurs adresses, ou de les décharger aux environs de la ville & ailleurs, & à toutes personnes d'en recevoir par entrepôts ni autrement pour éviter ladite visite, sous des peine très-graves.

Par sentence de police du châtelet de Paris du 25 Avril 1721, rapportée au code voiturin dans l'ordre de sa datte, la défense des entrepôts de livres a été renouvellée; & pour les contraventions commises par une hôtellerie aux environs de Paris, elle a été condamnée en deux mille livres d'amende.

L'article XCII, prescrit des acquits à caution pour le transport des ballots de livres, estampes ou caractères destinés pour la ville de Paris.

Les articles XCVI & XCVII, autorisent les syndics-adjoints à faire leurs visites chez les doreurs & relieurs, ainsi que chez les tapissiers, dominotiers & imagers; ceux-ci sont expressément tenus en défenses d'imprimer ni vendre aucuns placards *ni peintures & images dissolues*, comme aussi d'avoir dans leurs maisons des presses uniquement propres à imprimer des planches gravées en bois ou en cuivre.

L'article XCIX, porte que ceux qui imprimeront ou feront imprimer, vendront, exposeront, distribueront ou colporteront des livres ou libelles *contre la religion, le service du roi, le bien de l'état, la pureté des mœurs, l'honneur & la réputation des familles & des particuliers*, seront punis suivant la rigueur des ordonnances; & à l'égard des imprimeurs, libraires, relieurs ou colporteurs, qu'ils seront en outre privés, & déchus de leurs priviléges & immunités, & déclarés incapables d'exercer leur profession, sans pouvoir y être jamais rétablis.

Priviléges & permissions pour l'impression.

Aucuns libraires ou autres ne pourront faire imprimer ou réimprimer dans toute l'étendue du royaume, aucuns livres, sans avoir préalablement obtenu la permission par lettres scellées du grand sceau. *Art. CI.*

Ne pourront pareillement lesdits libraires ou autres, faire imprimer ou réimprimer aucuns livres, ni même des feuilles volantes & fugitives, sans en avoir obtenu la permission du lieutenant général de police, & sans une approbation de personnes capables & choisies par lui pour l'examen; & sous ledit nom de livres, ne pourront être compris que les ouvrages dont l'impression n'excedera pas la valeur de deux feuilles en caractères de cicero. *Art. CII. Voyez* CENSEUR.

La nécessité d'une approbation est d'un usage qui remonte au-delà des temps où l'imprimerie a été inventée; les libraires-jurés de l'Université faisoient transcrire les manuscrits, & en apportoient les copies aux députés des facultés de la science, desquelles lesdits libraires traitoient, pour les recevoir & les approuver avant que d'en afficher la vente.

L'article CIV, pourvoit à ce que l'on n'abuse point d'une permission, pour faire passer sous le même titre des parties ou supplémens qui n'auroient point été examinés & approuvés.

Par arrêt du conseil du 3 Août 1732, sa majesté défend d'imprimer aucuns ouvrages sur des manuscrits où il se trouveroit des cartons collés, ratures ou renvois, à moins qu'ils ne soient visés ou paraphés par les censeurs qui auront approuvé lesdits manuscrits.

Les articles CX & CXI, permettent à tous imprimeurs d'imprimer les factums, requête ou mémoires, lorsque les copies qui seront remises entre leurs mains, seront signées d'un avocat inscrit sur le tableau, ou d'un procureur, les arrêts du parlement & de la cour des aides, lorsqu'il y en a permission particulière desdites cours, ou ceux de réglement qui doivent être imprimés par les soins des procureurs généraux de sa majesté.

Par l'article CXII, sa majesté défend à tous graveurs, imagers & dominotiers, de graver, imprimer ou faire imprimer, vendre & débiter aucunes cartes de géographie & autres planches ni explications étant au bas d'icelles sans privilége du grand sceau ou permission du lieutenant général de police.

Un arrêt du conseil d'état du roi du 10 Juillet 1745, a renouvellé & étendu ces dispositions, en faisant défenses d'imprimer aucun manuscrit, ou réimprimer aucun livre, à moins que toutes les feuilles n'en aient été paraphées par ceux qui auront examiné & approuvé l'ouvrage; ce qui sera observé à l'égard des préfaces, avertissemens, épîtres dédicatoires, supplémens & tables, même des frontispices gravés, médailles, vignettes historiques ou autres s'il y en a. *Art. I.*

A l'égard des livres ou cahiers de musique avec des paroles, estampes, images, plans, cartes de géographie ou autres planches, soit qu'il y ait paroles ou non, il suffit de faire parapher la première épreuve de chaque feuille ou planche. *Art. II.*

Les deux feuilles mentionnées dans l'arrêt de réglement du 10 avril 1725, doivent être paraphées par l'examinateur, pour être, l'une attachée sous le contrescel des lettres de privilège, & l'autre déposée en la chambre syndicale. *Art. III.*

Défenses de commencer l'impression ou la gravure, avant l'expédition des lettres de privilège ou de permission, & leur enregistrement à la chambre syndicale, conformément à l'article CVI du réglement du 28 février 1723. *Art. IV.*

Le manuscrit de l'auteur, ou l'exemplaire imprimé par lequel la réimpression aura été faite, après le paraphe de l'examinateur, conformément à l'article CIV du réglement de 1723, sera remis à M. le chancelier, ou à celui qu'il aura préposé à cet effet. *Art. V.*

Diverses peines contre les auteurs, libraires & imprimeurs, en cas de contravention aux précédens articles, sont détaillées par le *VI* & le *VII.*

Conformément à l'article IX de l'édit d'août 1686, aux déclarations du 8 septembre 1703 & du 23 octobre 1713, & aux articles CVIII & CXII du réglement général de 1723, & autres réglemens postérieurs, il est défendu d'afficher, vendre & débiter aucuns ouvrages, avant d'en avoir remis à la bibliothèque du roi, & à celle de M. le chancelier, le nombre d'exemplaires fixé par les réglemens.

» Toutes les dispositions portées par le présent arrêt seront pareillement observées par les imprimeurs, libraires ou graveurs, autres que ceux de la ville de Paris, qui obtiendront ou qui auront obtenu les lettres de privilège ou de permission expédiées au grand sceau, ou accordées par les lieutenans-généraux de police; & ce sous les peines portées par les articles précédens, dont l'exécution est attribuée, à Paris, au lieutenant-général de police, & dans les provinces, aux mêmes officiers, ainsi qu'aux intendans & commissaires qui y sont départis par sa majesté, pour l'exécution de ses ordres ».

VIII. Vente des Bibliothèques, Imprimeries & Librairies.

Avant qu'il soit procédé à la vente des bibliothèques ou cabinets de livres qui auront appartenu à des personnes décédées, les syndic & adjoints seront appellés pour en faire la visite, & en donneront leur certificat, sur lequel il sera obtenu une permission du lieutenant-général de police pour faire ladite vente : seront tenus lesdits syndic & adjoints, lors de ladite visite, de mettre à part & de faire faire un catalogue des livres défendus ou imprimés sans permission, qu'ils remettront au lieutenant-général de police, pour être envoyé à M. le garde des sceaux, duquel catalogue ils laisseront aux parties intéressées un double signé d'eux, & se chargeront lesdites parties, desdits livres contenus audit catalogue; défend à tous libraires de faire l'achat desdites bibliothèques, s'il ne leur est apparu de certificat des syndic & adjoints, pour justifier que la visite en aura été par eux faite, à peine de cinq cents livres d'amende, & d'interdiction pendant six mois. *Art. CXVI.*

La vente des *imprimeries*, ou de parties d'icelles, ne pourra être faite sans la permission du lieutenant-général de police, & qu'en la présence des syndic & adjoints, qui tiendront un registre de ladite vente, sur lequel les imprimeurs, auxquels seuls les presses & caractères pourront être vendus & adjugés, s'en chargeront. *Art. CXXII.*

Avenant le décès d'un imprimeur, sans veuve ou sans enfans qui aient qualité pour exercer l'*imprimerie*, les vis des presses de son imprimerie seront portées, à la diligence des syndic & adjoints, en la chambre de la communauté, pour y être déposées jusqu'à la vente de ladite *imprimerie. Article CXXIII.*

Par une nouvelle déclaration du roi, du 16 avril 1757, registrée au parlement, il est fait défenses de composer, imprimer, faire imprimer, vendre, colporter & distribuer dans le public, des écrits tendans à attaquer la religion, à émouvoir les esprits, à donner atteinte à l'autorité de sa majesté, & à troubler l'ordre & la tranquillité de ses états, à peine de mort.

Cette même loi renouvelle, au surplus, les dispositions des précédentes pour la police de l'*imprimerie* & librairie, sous les peines les plus rigoureuses.

INCENDIE, s. m. On donne ce nom à un accident considérable produit par le feu, & qui a réduit en cendres, totalement ou en partie, quelque maison, bâtiment ou amas de matières combustibles, soit que la nature, le hasard ou la méchanceté des hommes en soit la cause.

L'histoire fait mention d'*incendies* célèbres qui

ont

ont causé des ravages affreux. Tout le monde connoît celui de Troie, si bien rendu dans les belles tapisseries des Gobelins. L'incendie de Londres, en 1666, consuma une grande partie de cette ville immense, où les accidens du feu sont d'autant plus fréquens & redoutables, que les maisons y sont serrées, petites & construites en bois, dans les quartiers intérieurs de la ville & de la cité. Nous avons eu en France des exemples mémorables d'*incendie*, & il n'y a pas de ville un peu considérable, qui n'en ait éprouvé plusieurs dans l'espace d'un siècle; de sorte que ce ne seroit pas une histoire inutile que celle des accidens qui y ont donné lieu, & des moyens qu'on a employés pour en arrêter les progrès.

Ce sont principalement les lieux d'assemblées qui sont le plus exposés à être incendiés, soit par la négligence des gens de service, soit parce que ces endroits sont éclairés & échauffés d'un plus grand nombre de feux que les autres. Les salles de spectacles sur-tout semblent être destinées à donner de tems à autre le tableau des malheurs produits par le feu. C'est là que la police doit particulièrement porter ses soins, parce que non-seulement ces édifices sont remplis de matières extrêmement combustibles, & que l'*incendie* fait de rapides progrès en peu de tems, mais parce que ces accidens arrivent ordinairement aux heures du spectacle. Alors c'est un désastre affreux, une calamité publique, que l'*incendie* d'un théâtre. Dans ces momens de danger, chacun veut sauver sa vie, & l'empressement que les spectateurs mettent à sortir, forme un engorgement, qui non-seulement empêche d'arrêter les progrès du feu, mais qui cause la perte d'un grand nombre de personnes qui auroient pu se sauver sans cette précipitation bien naturelle.

C'est donc un des premiers soins des magistrats de police, de ne permettre qu'aucune salle de spectacles s'établisse dans une ville, qu'en rassemblant auprès d'elle tous les moyens de secours, en cas d'*incendie*; tels que de grands barils d'eau, des pompes foulantes & aspirantes, des hommes prêts & entendus à les servir. Il seroit bon même d'exiger qu'il y eût un réservoir d'eau sur le haut de la salle, & qu'en cas de malheur, on inondât tous les lieux du théâtre, par le moyen de certaines écluses que l'on lâcheroit. Sur-tout, l'on devroit ordonner qu'il y eût plusieurs issues à la salle, & que les portes en fussent larges, hautes & capables de donner passage à un grand nombre de personnes à la fois.

Paris offre un exemple à suivre en ce genre; quoiqu'il y ait bien des choses à desirer encore pour la sureté des petits spectacles, qui ne sont pas moins nécessaires à l'amusement du peuple, que les grands le sont à celui du riche. Je voudrois qu'on y apportât autant de soins & de précautions, & que les choses fussent disposées de manière, & la police du feu si exacte, qu'à peine l'incendie seroit-il ébauché, qu'à la première étincelle, l'eau, les secours fussent administrés sur-le-champ, & la vie des spectateurs mise à l'abri de tout danger.

Peut-être conviendroit-il encore qu'aucune salle d'assemblée publique, théâtre, wauxhal, panthéon, &c. ne fut construite qu'en pierre ou en forte maçonnerie. Les romains, au-dessous de nous pour la douceur des mœurs & les convenances sociales, étoient bien au-dessus dans tout ce qui tient à la gloire & la magnificence nationale. Leurs vastes amphithéâtres étoient de pierre, & largement construits. Un peuple immense y étoit à l'aise, & jamais le feu n'y consuma les spectateurs & ceux qui les amusoient.

Quelle différence chez toutes les nations de l'Europe! on entre dans les salles de spectacles comme dans des prisons, par des espèces de guichets & de petits escaliers, où l'on s'étouffe réciproquement. Que le feu vienne à y prendre, vous êtes brûlé, suffoqué par la fumée, ou écrasé par la foule qui cherche vainement à s'enfuir par ces boyaux étranglés qu'on appelle faussement *corridors*.

Un autre accident du feu, mais qui n'a guère lieu dans les villes, c'est celui qui résulte de l'entassement des foins mal séchés, ou même des gerbes de bled mouillées & trop précipitamment empilées dans les granges. On a vu plus d'une fois des incendies terribles naître de ces effets naturels de la fermentation.

Toutes les personnes qui se sont quelquefois attachées à observer le mouvement rapide que l'eau, l'air & la sève des végétaux excitent dans les amas de corps combustibles, ont dû remarquer une fumée épaisse qui en sort & qui annonce une chaleur interne active & puissante, dont on doit craindre l'explosion.

Il ne se passe guère d'année qu'il n'y ait quelques malheurs occasionnés par la négligence ou l'ignorance des laboureurs à cet égard. Ce qui prouve encore, comme mille autres faits semblables, que le peuple n'a pas moins besoin de connoissances physiques sur ce qui l'intéresse, que d'instructions morales sur ses devoirs & ses droits. Les magistrats de police doivent lui servir de pères en cela, & l'éclairer d'abord, & ensuite lui prescrire ce qu'il a à faire pour éviter des malheurs qui ont souvent causé la ruine d'une paroisse entière, & de vingt familles de laboureurs.

C'est pourquoi on devroit exiger que les granges fussent éloignées des principaux bâtimens, soit dans les villes, soit même dans les campagnes. Il faudroit encore que les *meules* de bled ou de foin se fissent toujours dans des lieux isolés. Ces précautions ne peuvent porter aucun préjudice à la conservation des grains ou des fourrages, ne peuvent gêner la liberté des cultivateurs, ce qu'il ne faudroit pas faire, & peuvent prévenir de très-grands accidens.

La police du feu est, comme l'on voit, une des principales branches de celle des villes, & qui mérite le plus de vigilance, de soin & même de sévérité dans l'exécution des réglemens qui la concernent. Comme notre objet n'est pas seulement de présenter des réflexions utiles sur les différentes parties de la police, mais de faire encore connoître les dispositions des ordonnances qui y ont rapport, sans nous étendre davantage sur un article qui n'exige la connoissance que d'un petit nombre d'objets.

Les tourbes peuvent aussi produire des *incendies* par le feu qui s'y développe. Ces corps contiennent beaucoup de bitume & d'acide vitriolique, qui, se concentrant par la sécheresse, & s'échauffant ensuite par l'humidité, embrase la partie combustible du bitume; à-peu-près comme il agit dans le pyrophore, qui est un composé de sucre & d'alun, long tems torréfiés ensemble. Nous avons eu un exemple de ce phénomène à Paris, au mois de juillet.

A la suite du tems chaud & humide, un chantier de tourbes, du quai Saint-Bernard, s'embrâsa, & sans les secours que l'on a apportés, l'*incendie* eût pu devenir considérable. Mais comme la combustion ne donnoit point de flamme, on put facilement empêcher les accidens.

Pour prévenir ceux qui pourroient avoir lieu par la suite, une ordonnance du bureau de la ville, qui, comme on sait, a la police des ports & quais, a ordonné le transport des chantiers de tourbes hors de l'intérieur de la ville, & défendu d'en établir ailleurs que dans les lieux isolés & loin de tout bâtiment ou autre matière combustible.

Toutes les précautions que l'on peut prendre pour prévenir ou arrêter les *incendies*, ont été présentées avec beaucoup de soin, dans une ordonnance de police, du mois de novembre 1781; en conséquence, nous croyons devoir en rapporter ici les principales dispositions, avant de faire connoître les moyens de secours que l'on emploie pour arrêter les progrès du feu, au moment même de l'*incendie*.

I. Faisons très-expresses inhibitions & défenses à tous maîtres maçons, charpentiers, compagnons & manœuvres de construire à l'avenir des cheminées dans des échopes, de faire aucuns manteaux & tuyaux de cheminée adossés contre des cloisons de maçonnerie & charpenterie, de poser des âtres de cheminée sur des solives des planchers, & de placer des bois dans les tuyaux, lesquels ils construiront de manière que les enchevêtures & les solives soient à la distance de trois pieds des gros murs; ensorte que les passages desdites cheminées aient au moins dix pouces de large, deux pieds & demi de long, ou au moins deux pieds trois pouces dans les petites pièces, à moins qu'il ne soit question de réparer d'anciens bâtiments, auquel cas on pourra ne donner que deux pieds de longeur aux tuyaux des cheminées, lorsqu'il y aura nécessité, afin d'éviter aux propriétaires la reconstruction des planchers, en ce, non compris les six pouces de charge de plâtre qui seront contre lesdits bois de chacun côté, le tout revenant à trois pieds un pouce d'ouverture pour les nouveaux bâtimens, & de deux pieds dix pouces pour les anciens au moins entre lesdits bois, dont les recouvremens de plâtre, tant sur les solives, chevêtres & autres bois seront de six pouces, ensorte qu'il n'en puisse arriver aucun *incendie;* le tout à peine de mille livres d'amende, d'être déchu de la maîtrise pour les maîtres, & de tout dépens, dommages & intérêts envers les propriétaires des maisons; pourront même les compagnons & ouvriers travaillants à la journée ou autrement être emprisonnés en cas de contravention.

II. Défendons, suivant & conformément aux mêmes ordonnances, à tous propriétaires de souffrir qu'il soit fait en leurs maisons aucunes malfaçons de la qualité ci-dessus énoncée, à peine de pareille amende, & d'être tenus de faire abattre à leurs frais & dépens tous les tuyaux, âtres & manteaux de cheminées qui ne se trouveront pas conformes à ce qui est prescrit par l'article précédent.

III. Enjoignons à tous propriétaires, locataires & sous-locataires des maisons de faire exactement ramonner au moins quatre fois l'année, les cheminées des appartements & autres lieux par eux loués, sous-loués ou occupés, & celles des grandes cuisines tous les mois; le tout à peine de deux cens livres d'amende contre ceux qui se trouveront habiter les maisons ou chambres dont les cheminées n'auront pas été ramonnées exactement.

IV. Faisons défenses à tous bourgeois & habitants de cette ville, de quelque qualité & condition qu'ils soient, de tirer ou faire tirer à l'avenir aucun coup de fusil dans les cheminées en cas d'*incendie*, chargés à balle, de gros plomb, ou même seulement à poudre, & ce, sous telles peines qu'il appartiendra.

V. Faisons pareillement défenses à tous bourgeois & habitans de cette Ville, & aux voituriers, loueurs de carrosses, marchands loueurs de chevaux, aux charretiers, palefreniers & valets d'écurie, d'entrer dans les greniers & magasins où il y a du foin, de la paille, du charbon ou d'autres matières combustibles, & dans les écuries, avec aucunes lumières, si lesdites lumières ne sont renfermées dans des lanternes bien & duement closes & fermées, ensorte qu'il ne puisse arriver aucun accident; leur faisons aussi défenses d'entrer dans lesdits magasins, greniers & écuries avec des pipes remplies de tabac allumé, & d'y fumer, le tout sous peine de deux cent livres d'amende pour chaque contravention ; même de plus grande peine en cas de récidive : défendons sous les mêmes peines à tous marchands pailleux d'entrer dans leurs granges, greniers & autres endroits où ils serrent leur paille pendant la nuit avec des lumières, si elles ne sont renfermées dans des lanternes, & de travailler ou faire travailler esdits greniers, granges & autres lieux pendant la nuit & avant le jour en aucune saison, ni d'y travailler avec aucune lumière pour quelque cause & sous quelque prétexte que ce puisse être.

VI. Ne pourront lesdits bourgeois & habitants, marchands, voituriers, loueurs de carosses & de chevaux, charretiers, cochers, palefreniers, valets d'écuries, & tous autres de quelque qualité & condition qu'ils soient, brûler soit chez eux ou dans leurs cours, soit dans les rues, aucune paille, fumiers, ordures de jardins & autres immondices; leurs enjoignons de les faire enlever & porter aux décharges ordinaires; le tout à peine de cent livres d'amende pour chaque contravention, dont les pères & mères seront civilement responsables pour leurs enfants, & les maîtres pour leurs apprentifs, compagnons, serviteurs & domestiques; pourront même les contrevenants être emprisonnés sur le champ.

VII. Notre ordonnance du 15 décembre 1730 sera exécutée; en conséquence faisons défenses à tous gagne-deniers, charretiers, & autres personnes fréquentants dans les halles, d'y allumer des feux, à peine de cent livres d'amende, d'interdiction aux gagne-deniers pour toujours de la halle & de leur travail : pourront même être emprisonnés en cas de contravention; leur défendons & à toutes autres personnes fréquentants les halles d'y apporter des chaudrons à feu, s'il ne sont couverts de grillage de fer, à peine de cent livres d'amende, d'interdiction des halles, même de plus grande peine en cas de récidive; de laquelle amende les pères & meres demeureront civilement responsables pour leurs enfants, & pareillement les maîtres & maîtresses pour leurs garçons, servantes & domestiques : défendons sous les mêmes peines à tous gagne-deniers & autres personnes, de quelque qualité & condition qu'ils soient, de fumer dans lesdites halles.

VIII. Disons que les arrêts du parlement, sentences & réglements qui ont été faits pour prévenir l'*incendie* des bateaux de foin, seront exécutés selon leur forme & teneur.

IX. Seront tenus tous marchands & marchandes faisant commerce de paille & de foin, de resserrer lesdits pailles en lieux clos & sûrs, pour qu'il ne puisse en arriver aucun accident; leur défendons d'en laisser séjourner au-devant de leurs portes, tant le jour que la nuit, à peine de cent livres d'amende & de confiscation.

X. Faisons très-expresses défenses & inhibitions à tous marchands, bourgeois & autres habitants de cette ville & faubourgs, & notamment à ceux qui logent rue de la Tannerie & aux environs de la Place de Grêve de faire aucun magasin de charbon & poussière de charbon à l'avenir dans leurs maisons, sous quelque prétexte que ce puisse être, à peine de cinquante livres d'amende contre les contrevenants, & de confiscation dudit charbon.

XI. Faisons défenses aux menuisiers, layetiers, bahutiers, tourneurs, boisseliers, de travailler la nuit sans avoir leurs lumières renfermées dans des lanternes, à peine de cent livres d'amende.

XII. Ordonnons que l'arrêt du 30 avril 1729 portant réglement pour le débit de la poudre à canon, fusées & autres artifices, & l'ordonnance de police du 12 août 1780, seront exécutés selon leur forme & teneur; & en conséquence faisons défenses à tous marchands merciers, quincailliers, binblotiers & autres, de faire aucun commerce ni débit de poudre à canon, soit fine ou commune, fusées volantes & autres artifices dans l'étendue & l'intérieur des limites & des fauxbourgs de cette ville. Faisons pareillement défenses aux propriétaires, engagistes ou principaux locataires des maisons, boutiques ou échoppes de louer leursdites maisons, boutiques ou échoppes dans la ville & les fauxbourgs, pour y faire un pareil commerce; faisons en outre défenses aux artificiers de tirer dans cette ville & fauxbourgs aucuns feux d'artifice, sous prétexte de fêtes particulières ou pour quelqu'autre cause que ce soit, sans avoir obtenu notre permission, même d'essayer leurs artifices dans les environs de la ville & fauxbourgs, ni dans les promenades publiques, mais seulement dans les lieux écartés & par nous indiqués; le tout à peine de quatre cents livres d'amende.

XIII. Enjoignons aux boulangers, pâtissiers, rôtisseurs, traiteurs, chaircuitiers, bouchers, chandeliers, serruriers, taillandiers, maréchaux, grossiers & ferrans, chârons, fondeurs de tous métaux & autres de semblables états, tenant four, cuisine, fondoir, forges & fourneaux dans cette ville & faubourgs, de faire ramonner les cheminées de leurs fours, cuisines, fondoirs, forges & fourneaux, au moins une fois par mois, & auxdits boulangers & pâtissiers, d'avoir des éteignoirs de fer ou de cuivre pour éteindre leur braise. Leur faisons défenses de s'en servir d'autres, de faire sécher leurs bois dans leurs fours, & de faire construire des soûpentes au-dessus desdits fours, forges & fourneaux, à peine de cinq cents livres d'amende. Ordonnons que dans un mois, du jour de la publication de notre présente ordonnance, ceux qui ont actuellement des soûpentes au-dessus desdits fours, forges & fourneaux, seront tenus de les faire démolir, sous les mêmes peines que dessus; à l'effet de quoi les commissaires au châtelet feront des visites chez les boulangers, pâtissiers, serruriers & autres, chacun dans leur quartier, une fois le mois.

XIV. L'ordonnance de police du premier février 1781, concernant les maîtres charrons, menuisiers & autres travaillans en bois, qui cumulent avec leur profession celle de serrurier, taillandier, maréchal grossier, sera exécutée selon sa forme & teneur; en conséquence, ceux qui exerceront lesdites professions dans la même maison, seront tenus d'avoir deux atteliers séparés par un mur de huit pieds au moins d'élévation, dans la construction duquel il ne pourra être employé aucun bois de charpente, & sans qu'ils puissent adosser les forges audit mur, ni employer dans l'attelier où sera la forge, des apprentifs & compagnons travaillans en bois; leur enjoignons de placer la porte de communication de manière que les étincelles de la forge ne puissent jaillir dans l'attelier voisin; leur défendons de poser dans l'attelier des forges aucuns bois, recoupes, ni pièces de charonnage, ni menuiserie, à l'exception des ouvrages finis & qu'on sera occupé à ferrer, à la charge de les retirer à la fin de la journée, & de les placer dans un endroit séparé de la forge, de manière qu'il ne reste pendant la nuit aucune matière combustible dans lesdits atteliers; & avant que de former ces deux établissemens dans une maison, lesdits maîtres seront tenus d'en faire déclaration au commissaire de quartier, lequel s'y transportera & en dressera procès-verbal à leurs frais; le tout à peine de démolition des forges, fermeture des atteliers, & de quatre cents livres d'amende.

XV. Faisons très-expresses & itératives défenses à tous particuliers, de quelque qualité & condition qu'ils soient, de tirer aucuns pétards ou fusées, boîtes, pommeaux d'épée ou saucissons, pistolets, mousquetons ou autres armes à feu, dans les rues, dans les cours ou jardins, & par les fenêtres de leurs maisons, pour quelque cause & occasion que ce soit, & nommément les jours de la fête-dieu, de la veille de Saint Jean-Baptiste, & les jours de réjouissances publiques, de se servir de fusils, pistolets ou autres armes à feu pour tirer au blanc, ni autrement, même dans les cours & jardins des fauxbourgs, à peine de quatre cents livres d'amende, de laquelle amende les pères & mères seront civilement tenus & responsables pour leurs enfans, & les maîtres & chefs de maisons pour leurs apprentifs, compagnons, serviteurs & domestiques; pourront même les contrevenans être emprisonnés sur le champ.

XVI. Enjoignons expressément à tous propriétaires & locataires des maisons, lors des réjouissances publiques, de fermer leurs boutiques, de faire fermer & boucher exactement les fenêtres, lucarnes, œils de bœufs, & généralement toutes les ouvertures des greniers des maisons à eux appartenans ou par eux occupés, soit que lesdits greniers soient vides ou remplis; comme aussi de fermer les fenêtres & portes des chambres, remises, angars & écuries, de même que les soupiraux & ouvertures des caves, caveaux & autres lieux dans lesquels il y auroit de la paille, du foin, du bois, des tonneaux, du suif & autres matières combustibles, à peine de deux cents ivres d'amende contre les contrevenans: ordonnons en outre aux marchands épiciers de tenir pendant ledit temps les portes & soupiraux de leurs caves & magasins exactement fermés; & aux chandeliers & grenetiers de retirer les bottes de foin & de paille qu'ils ont coutume d'étaller au-dehors de leurs boutiques, sous les mêmes peines de deux cents livres d'amende.

XVII. Enjoignons pareillement à tous propriétaires de maison où il y a des puits, de les maintenir en bon état, ensorte qu'il y ait au moins vingt-deux pouces d'eau; de les faire nétoyer & même creuser lorsque ladite quantité d'eau viendra à diminuer; enjoignons aussi auxdits propriétaires ou principaux locataires, de les entretenir de bonnes & suffisantes poulies, & d'avoir soin à ce qu'elles soient exactement & journellement garnies de cordes, & d'avoir en icelles un ou plusieurs seaux qui puissent servir au besoin; le tout sous les peines portées par lesdites ordonnances & réglemens, & notamment par nos ordonnances du 20 janvier 1727 & 15 mai 1734.

XVIII En cas d'*incendie*, seront tenus les bourgeois & habitans chez lesquels le feu aura pris, de faire ouverture de leurs maisons aux commissaires au châtelet, aux gardes-pompes, aux officiers du guet, & autres officiers de police qui se présenteront pour leur prêter secours; & en cas de refus, seront les portes enfoncées & brisées sur les ordres desdits commissaires du quartier, qui dresseront procès-verbal du refus d'ouvrir les maisons desdits propriétaires ou locataires: enjoignons pareillement à tous les habitans de la rue où sera l'*incendie*, & même à ceux des rues adjacentes, de tenir la porte de leurs maisons ouvertes, & de laisser puiser de l'eau dans leurs puits, lorsqu'ils en seront requis pour le service des pompes publiques & des ouvriers employés auxdits *incendies*, à peine de cinq cents livresd'amende contre ceux qui refuseront de prêter secours ou de faire ouverture de leurs maisons.

XIX. Les tonneaux destinés pour les secours des *incendies* seront toujours remplis d'eau: enjoignons aux gravatiers & autres voituriers, chez lesquels lesdits tonneaux sont déposés, de les conduire au premier avis qui leur sera donné par les pompiers, & le plus promptement qu'il sera possible, dans les endroits où le feu aura pris.

XX. Les marchands épiciers, ciriers, les plus prochains de l'*incendie*, seront aussi tenus d'avoir leurs boutiques ouvertes, & de fournir en payant, sur les ordres des commissaires au châtelet, tous les flambeaux nécessaires pour éclairer les ouvriers travaillans audit *incendie*, à peine de deux cent livres d'amende.

XXI. Ordonnons que tous les maîtres maçons, charpentiers, couvreurs, plombiers & autres ouvriers & artisans, seront tenus au premier avis qui leur sera donné de quelqu'*incendie*, & sur la requisition des commissaires & autres officiers de police, de se transporter à l'instant de l'avertissement sur les lieux où sera l'*incendie*, d'y faire transporter leurs compagnons, ouvriers & apprentifs avec les ustensiles nécessaires, soit pour aider à éteindre le feu, s'ils en sont requis par les gardes-pompes, soit pour mettre les bâtimens en sûreté & travailler aux décombres après que le feu sera éteint; à peine de cinq cents livres d'amende contre chacun desdits maîtres, compagnons, ouvriers & apprentifs. Ordonnons en outre que les jurés des communautés des maîtres maçons, charpentiers, couvreurs & plombiers, seront tenus de faire imprimer par chacune année, une liste contenant les noms & demeures des maîtres de leurs communautés, & d'en délivrer des exemplaires aux commissaires au châtelet, au chevalier du guet, & au directeur des pompes; lesquelles listes lesdits jurés feront imprimer par distinction de chacun quartier, le tout conformément aux arrêts du parlement & réglemens de police, & notamment à nos sentences des 7 mars 1670, 10 juillet 1706, & 29 janvier 1726.

XXII. Il sera posé tous les ans, au coin des rues, des affiches indicatives des lieux où les corps-de-gardes sont situés, où les pompes, les voitures & les tonneaux remplis d'eau sont déposés.

Un des plus grands secours contre les *incendies*, à Paris, est l'établissement du corps des pompiers; nous en parlerons ailleurs avec détail: ainsi, pour ne pas nous répéter, nous y renvoyons. *Voyez* POMPIER.

Indépendamment de ces soins pour mettre à l'abri des suites du feu, dont les progrès seroient rapides dans une ville comme Paris, si les plus promptes dispositions ne s'y opposoient, la garde est spécialement chargée de donner secours & protection dans les momens d'*incendie*; & sur cela, il existe un réglement que nous consignerons ici, pour compléter ce qu'il importe de connoître sur la police des *incendies* dans les villes.

Ordre de la garde pour les Incendies.

I. En cas d'*incendie*, les commandans des postes feront battre l'assemblée dans l'arrondissement du bataillon où sera le feu; alors la compagnie du centre & les volontaires prendront les armes, & se porteront sur la place désignée pour l'assemblée du bataillon.

II. Dès que le bataillon sera assemblé, si son commandant ne s'y trouve pas, le plus ancien officier ou bas-officier présent en prendra le commandement, & se portera sur-le-champ au lieu de l'*incendie*; le tiers de la troupe sera armé pour faire la police, & le reste sera sans armes, pour prêter les secours nécessaires.

III. La garde à cheval, la plus proche de l'*incendie*, détachera des cavaliers, aussitôt qu'elle s'appercevra ou sera avertie du feu, pour aller prévenir M. le maire, M. le commandant-général, M. le major-général, le commandant de la cavalerie & le major de la division. Un de ces cavaliers, après s'être assuré si c'est un feu de chambre ou de cheminée, en préviendra sur-le-champ le chef du corps-de-garde de pompiers le plus voisin du lieu de l'*incendie*, & ensuite le commandant en chef des pompiers, avec lequel il reviendra au lieu de l'*incendie*.

IV. On ne battra jamais la générale pour l'*incendie*, & on ne fera plus sonner le tocsin, que d'après l'ordre du major-général, sur l'avis qu'il en auroit reçu du commandant en chef des pompiers.

V. Les commandans des postes, dans le district desquels sera le feu, détacheront la moitié de leur garde au lieu de l'*incendie*; les deux tiers seront sans armes, & le reste sera armé, pour y faire la police jusqu'à l'arrivée du bataillon du district; alors elles se retireront à leurs postes respectifs.

VI. Les officiers de l'état-major général, & celui de la division où sera le feu, se porteront au lieu de l'*incendie*, pour y faire observer l'ordre si nécessaire dans ces malheureuses circonstances, & encourager & diriger les travailleurs.

VII. Il sera envoyé, par chaque compagnie des autres bataillons de la division où sera le feu, quatre hommes armés & huit hommes sans armes, conduits par un officier ou bas-officier armé, pour y faire la police.

VIII. Il sera également détaché, de chacune des compagnies des cinq autres divisions d'infanterie, deux hommes armés & quatre hommes sans armes, conduits par un bas-officier armé.

IX. Chaque capitaine de cavalerie enverra un maréchal-des-logis, deux brigadiers & six maîtres, pour écarter la foule des différens débouchés, & maintenir le bon ordre dans les approches du feu.

X. Les secours à l'*incendie*, ordonnés par les articles VII, VIII & IX du présent ordre, ne seront envoyés que par les ordres du major-général, auquel le commandant en chef des pompiers en auroit fait connoître la nécessité; cette précaution ayant pour objet d'éviter aux soldats citoyens des fatigues inutiles, & cependant de les faire arriver au besoin.

XI. Les gardes & patrouilles redoubleront de vigilance & d'activité dans leurs arrondissemens, pour y maintenir la police & le repos public.

XII. Les troupes de service à l'*incendie* resteront jusqu'à ce que le major-général les fasse avertir, par un cavalier, de rentrer.

XIII. Les officiers de service à l'*incendie* s'entendront avec le commandant en chef des pompiers pour diriger les travaux de l'*incendie*, & lui donneront les hommes nécessaires pour le travail des pompes.

XIV. Tous les commandans de bataillons & les capitaines de cavalerie enverront un soldat d'ordonnance au major-général, qui fera relever les différens détachemens par leurs bataillons respectifs, dans le cas où l'*incendie* dureroit plus de six heures; pour cet effet, les commandans de bataillons & les capitaines de cavalerie auront attention de tenir toujours prêt à marcher, un pareil détachement à celui qui est au feu; ce détachement ne marchera cependant que d'après l'ordre du major-général.

XV. Dans le cas où l'*incendie* menaceroit de durer long-tems, le commandant en chef des pompiers en préviendra le major-général, qui fera rentrer le bataillon dans l'arrondissement duquel sera le feu, & y suppléera, s'il le croit nécessaire, par les neuf autres bataillons de la division, ou même par tous les bataillons de la garde nationale.

Dans tous les cas, ce bataillon fournira, douze heures après son départ, le même nombre d'hommes que les neuf autres bataillons de sa division, lesquels seront relevés tous les quatre heures, comme le reste de la troupe, ou plus souvent, si le major-général l'ordonne.

XVI. Lorsque le feu ne sera pas considérable, & que le commandant en chef des pompiers assurera qu'il n'y a pas de danger, on n'y enverra des secours que des bataillons de la division où sera le feu, & de la manière ordonnée à l'article VII du présent ordre.

XVII. Les officiers veilleront particulièrement à ce qu'il ne soit fait aucun tort aux propriétaires & locataires des maisons incendiées; & feront arrêter tous ceux qui seroient munis de quelques effets; ils en rendront compte au major-général, qui les enverra au comité de police, pour être punis suivant la rigueur des ordonnances.

XVIII. Pour veiller également à la sureté des citoyens des rues voisines de l'*incendie*, le major-général fera faire de fréquentes patrouilles, qui parcourront ces différentes rues, pour arrêter tous ceux qui, sous prétexte de tirer de l'eau aux puits des maisons, y entrent souvent dans l'intention d'y voler. Ces patrouilles favoriseront en même-tems les porteurs-d'eau, qui souvent sont arrêtés & conduits par le peuple, au lieu de l'*incendie*, ce qui n'est d'aucune utilité.

XIX. Il est d'autant plus essentiel de tenir la main à l'exécution de l'article précédent, que les dépôts d'eau, qui sont en grand nombre dans Paris, suffisent au-delà pour l'*incendie* le plus considérable.

XX. Les patrouilles empêcheront & disperseront également toute espèce d'attroupemens qui se font toujours sous prétexte d'aider dans les travaux, & dont on n'a nullement besoin, le nombre de la troupe étant assez considérable.

XXI. Les commandans des différens postes d'infanterie de la garde nationale, donneront le nombre d'hommes nécessaire, tant pour le transport des pompes que pour avertir aux différens dépôts d'eau contre l'*incendie*; & ce sur la demande des chefs-pompiers, avec lesquels il est de la dernière importance de bien s'entendre. En conséquence, il est expressément défendu à tous particuliers d'exiger des secours des corps-de-garde de pompiers éloignés de de l'*incendie*, lesquels ne doivent se joindre à ceux qui en sont voisins, que d'après les ordres qu'ils en auront reçus de leur commandant, ou sur la simple demande du chef-pompier arrivé le premier au feu. Cette défense a pour objet de ne point dégarnir inutilement des quartiers dans lesquels il pourroit y avoir également un *incendie*.

XXII. Le major de la division où sera le feu s'arrangera de manière à ce qu'il y ait, près du major-général, deux ou trois aides-majors de sa division, lesquels seront particulièrement chargés par le major-général, d'aller rendre compte à M. le maire & à M. le commandant-général des progrès ou de la diminution du feu, & généralement de tous les événemens auxquels l'*incendie* auroit donné lieu.

Assurance contre les incendies.

Comme les dangers du feu entraînent des pertes considérables, on a imaginé de former des compagnies d'assurance contre les *incendies*; & il en résulte de grands avantages.

Les tuteurs chargés de veiller au bien des mineurs, trouvent dans le prix modique d'une prime d'assurance, le moyen de préserver ces biens des dangers du feu: les curateurs aux biens des interdits, les séquestres chargés de la régie des biens qui ne leur appartiennent pas, les économes des biens ecclésiastiques, les administrateurs des hôpitaux, tous ceux en un mot, que l'intérêt & la confiance élèvent au rang de peres de famille, pour l'administration des biens de ceux que l'état & la loi protègent spécialement, trouve dans l'assurance le moyen de conservation le plus certain. Ce moyen de conservation doit même devenir pour eux un moyen de nécessité qu'on devroit leur prescrire : puisque ce ne seroit administrer en père de famille & remplir le vœu de la loi, que de ne pas saisir tout ce qui tend au bien & à éviter les dangers.

Les secours que la loi civique ouvre contre ceux qui sont auteurs des *incendies*, sont toujours équivoques: souvent ces auteurs sont inconnus; plus souvent ils sont insolvables : rarement peut-on les convaincre entièrement que l'*incendie* ait été occasionné par leur faute.. Les mineurs, les ecclésiastiques, les interdits ne peuvent dans tous ces cas user des secours de la loi; d'ailleurs pendant le temps du litige, les lieux ne sont point rétablis; dans le cas de l'assurance, le rétablissement le plus prompt, ne permettra presque pas qu'on s'apperçoive que les revenus ont cessé leur cours.

Quel avantage encore dans l'assurance pour ceux qui ont prêté & prêtent des deniers pour la construction d'un bâtiment? ils ont beau avoir stipulé un privilège, ce privilège périt avec le bâtiment. Qu'ils exigent que le propriétaire assure, qu'ils assurent eux-mêmes le bâtiment, leur privilège ne court plus de risque.

Il arrive encore que tel a prêté pour la construction, & tel autre pour réparer. Tant que la maison subsiste en bon état, les deux privilèges peuvent trouver leur assiette; mais si la maison est incendiée en partie, comme le privilège de celui qui a fourni les deniers pour réparer est préféré, il arrive que celui qui a prêté pour la construction perd sa créance. L'assurance que les prêteurs stipuleront ou feront stipuler par les propriétaires, les conservera tous deux. On ne craint pas de dire que cette stipulation doit devenir une clause nécessaire dans ces sortes d'emprunts.

Le locataire chez qui l'*incendie* peut arriver, en faisant assurer, s'affranchit des évènemens dont il est tenu envers les propriétaires : les propriétaires peuvent même exiger que les locataires fassent assurer, ou en assurant eux-mêmes, augmenter proportionnellement les loyers. La prime d'assurance en Angleterre entre toujours dans le prix des loyers. Cet usage d'assurer n'est pas au surplus une nouveauté il est établi sur-tout ce qui se pratique dans toutes les cours de l'Europe. Un ambassadeur ne peut prendre à bail une maison, qu'il ne fasse garantir le propriétaire des *incendies*, & le garant doit être un citoyen de la nation chez laquelle cet ambassadeur est envoyé.

D'après cet usage il seroit très-naturel que tous ceux qui louent leurs maisons, exigeassent que les locataires les fissent assurer. Il en est nombre qui exigent caution du prix des baux, qui devroient encore plus l'exiger de l'évènement de l'*incendie*.

Qu'on consulte d'ailleurs dans cet établissement le bien général. Que de soins, quels prompts secours ne doit-on pas attendre, dans le cas d'*incendie*, d'une compagnie qui dans ce moment devient la seule intéressée à faire cesser les dommages?

Ce sont ces différens points de vue du bien public, & de l'intérêt général & particulier qui ont déterminé la compagnie à se livrer entièrement à ce qui peut concerner le projet annoncé au public dès 1754, & à établir à cet effet un comité particulier de plusieurs intéressés, choisis pour syndics, & qui en cette qualité sont chargés des pouvoirs nécessaires.

Nous avons tiré ces réflexions, qui nous paroissent très-justes, d'un journal économique du mois de février 1758. Elles furent publiées alors, à l'occasion de la compagnie d'assurances, contre les *incendies*, réunie à celle des assurances maritimes.

Mais cet établissement n'eut pas le succès qu'on devoit s'en promettre, & tomba absolument. Il s'en est formé deux semblables tout récemment, l'un par les entrepreneurs de la pompe à feu à Paris & l'autre par une compagnie de capitalistes.

A Londres il y a une compagnie d'assurance contre les *incendies* dont le crédit est très-bien fondé, & qui a beaucoup de maisons assurées dans les pays étrangers. *Voyez* PARIS, LONDRES.

Malgré les raisons sages & prépondérantes que nous venons de rapporter sur l'utilité des compagnies d'assurances contre le feu; quelques personnes croyent que de pareils établissemens sont nuisibles, en ce qu'il peuvent faire négliger aux citoyens les soins nécessaires pour éteindre & prévenir les *incendies*. Mais ces craintes ne nous paroissent qu'illusoires, & ne sont point de nature à engager un magistrat de police à s'opposer à de semblables institutions. D'abord ce n'est pas seulement la perte de ses effets ou maisons que l'on craint, c'est bien plus, celle de sa vie, que l'on ne peut assurer à son profit. Ainsi, quelque soit la sécurité sur la perte des biens, l'inquiétude est la même sur celle de la vie; tous les habitans d'un quartier ont intérêt à chercher des secours contre les progrès d'un *incendie* qui commence à paroître; & celui qui seroit convaincu de s'être incendié volontairement ne seroit pas moins puni & mériteroit sûrement de l'être.

D'un autre côté les assureurs ont grand intérêt à ce que les secours publics ne manquent pas en cas d'*incendie*, ensorte que cette vigilancce de leur part compense seule & au-delà la crainte du relâchement dans les citoyens sur les accidens du feu. Il ne seroit pas même déplacé qu'on exigeât d'une riche compagnie d'assurances, contre les *incendies*, dont les profits seroient constans par la vigilance de la police à prévenir les malheurs du feu; il ne seroit pas déplacé qu'on exigeât d'elle une contribution proportionnée à l'importance de ce service.

Mais ce qui doit rassurer plus que toute cela les habitans des villes policées comme Paris, contre les périls des *incendies*, c'est la vigilance, les soins & l'attention que la police montre pour cet objet; ce sont les secours gratuits & toujours prêts qu'offre l'établissement des gardes-pompes, ce sont les facilités de toute espèce qu'on y trouve pour arrêter les progrès du feu. Ainsi, qu'il y ait ou qu'il n'y ait point de compagnies d'assurances, la police n'est ni moins attentive, ni moins zélée pour cet importante partie de sécurité publique, & d'ailleurs où est le citoyen qui voulût laisser brûler sa maison pour avoir le plaisir de s'en faire rembourser à un prix presque toujours au-dessous de sa valeur réelle? Ce n'est point pour s'enrichir qu'on fait assurer ses biens; c'est pour ne pas être totalement ruiné, en cas de malheur; c'est pour être sûr de sauver quelques débris de sa fortune, ce qui n'invite sûrement pas à s'incendier soi-même ou à rester indifférent sur les négligences qui pourroient donner lieu au développement d'un *incendie*.

Il existe aujourd'hui, à Paris, comme à Londres, une compagnie d'assurance contre les *incendies*, dont il n'est point de notre objet de faire connoître les détails & les formes, ces matières étant absolument du ressort des finances; ainsi, *voyez* ASSURANCE dans le dictionnaire des finances. Il nous a suffi de prouver que de semblables établissemens ne pouvoient donner lieu à aucune défiance, soit de la part de la police, soit de celle du particulier, lorsque le danger du feu se fait connoître, c'est à quoi doit se réduire ce qu'on peut chercher dans un dictionnaire de police, qui ne peut pas embrasser tous les détails & les embranchemens des institutions sociales, sans lui donner une étendue démesurée. *Voyez* ACCIDENT, POMPIERS, SURETÉ.

INFANTICIDE ou ENFANTICIDE; destruction violente ou assassinat d'un enfant venant au monde par sa mère, ou même par son père.

L'*infanticide* est un crime qui doit sa naissance à la société, au préjugé de bâtardise, aux idées théologiques de la pureté virginale & de l'honneur des familles. C'est pour éviter la honte attachée à toutes les flétrissures, toutes les persécutions de l'état de mère naturelle; c'est pour se soustraire au fanatisme de la morale, je ne dis pas de la religion, que les femmes cruelles ont fait taire, les sentimens de l'amour & de la justice, & déchiré de leurs propres mains, l'enfant qu'elles venoient de mettre au monde. *Voyez* ABANDON, BATARD, ENFANT-TROUVÉ.

M. *de la Croix*, dans son ouvrage, sur les moyens de civilisation, a fait un chapitre exprès des causes de l'*infanticide*, & des vices de notre législation, sur les punitions qu'on y a attachées. Nous en rapporterons l'extrait ici, persuadé que nos lecteurs verront avec plaisir l'accord de nos sentimens à cet égard, avec cet écrivain sensible & éclairé.

Un auteur moderne, dit M. *de la Croix* « regarde l'*infanticide* comme un des crimes qu'i » seroit peut-être plus important d'arrêter que de » punir, soit en établissant dans toutes les provinces des asyles sûrs, où la foiblesse puisse se » refugier sous la sauve-garde du ministère, soit » en défendant rigoureusement de faire le plus » léger reproche à la fille devenue mère, qui, » en pleurant sur sa faute, aura le courage d'allaiter & d'élever publiquement son enfant ».

Cette idée qui n'est qu'effleurée, mérite bien par son importance d'être méditée & *travaillée*, si l'on peut s'exprimer ainsi. D'abord, quelques rigoureuses que soient les défenses qu'on proclamera, on ne parviendra jamais à empêcher que dans les campagnes, & même dans nos villes, cette fille qui aura le courage d'allaiter publiquement son enfant, n'essuie des reproches de ses parens, & ne soit dégradée aux yeux de ses compagnes. Pour un homme sage qui l'encouragera, pour une femme bonne & sensible qui la plaindra, qui la consolera, cent autres l'outrageront de leur rire insultant, de leurs mots ironiques. Les mères craignant qu'un pareil exemple n'enhardisse leurs filles, seront les premières à aggraver l'humiliation de la malheureuse pénitente, qui ne pouvant bientôt plus résister aux dédains, aux affronts, finira par s'enfuir en détestant & l'amour & de son malheureux fruit. Qui sait même si, poussée par le désespoir, elle n'ira pas se précipiter elle & son enfant, dans le premier fleuve qui se présentera à sa vue égarée? Il seroit donc d'un avantage plus sûr, d'établir dans toutes les provinces des retraites inaccessibles à l'autorité paternelle, à la malignité mondaine, où une malheureuse fille pût venir donner le jour avec sécurité au fruit de son imprudence.

Les filles enceintes n'ont que trop l'art de dissimuler leur grossesse, & d'arriver au terme de l'enfantement, sans que les apparences aient revélé leur faute à ceux dont elles redoutent les regards. On ne peut pas douter que cette compression violente, sous laquelle gémit l'être vivant qu'elles portent dans leur sein, n'occasionne bien des *enfanticides* dont elles ne peuvent pas être punies, si après avoir déclaré à un juge leur état, elles mettent au monde un enfant mort. Voilà donc un mal réel & très-fréquent, que la loi ne prévient pas, & auquel l'établissement dont nous avons parlé pourroit seul remédier.

Combien de malheureuses créatures qui, après avoir été amantes trop foibles, sont précipitées par l'indigence, par la honte, dans la prostitution! Le mépris public qui les chasse de leurs villes & du sein de leur famille, les amène dans la capitale, où elles sont bientôt souillées de crime & de corruption.

L'établissement

L'établissement de ces diverses demeures leur offriroit une ressource de plus, & ne laisseroit plus d'excuses à leurs désordres.

Si nous nous arrêtions à ces idées de bien public, qui ne se réaliseront peut-être jamais, nous manquerions le principal objet de notre ouvrage, qui est de répandre quelque lumières sur notre législation.

Il est essentiel de faire observer que la rigueur de l'édit de Henri II, ne doit être appliquée qu'aux filles, dont les enfans *trouvés morts*, & dérobés à la sépulture, présentent un *corps de délit*, c'est-à-dire, l'idée d'une destruction criminelle, qu'un juge ne peut sur de vains bruits, sur de trompeuses conjectures, allarmer la pudeur, jetter l'inquiétude dans les familles, par l'accusation de ce que la loi appelle *recel de grossesse*, ou d'*infanticide ;* qu'il s'exposeroit alors à être pris à partie & à une condamnation d'amende, comme cela est arrivé au juge & au procureur-fiscal de la justice de Saint-Arnould, qui furent condamnés en 1716, par arrêt du parlement, *en deux cents livres de dommages & intérêts, & en tous les dépens de la prise à partie.*

Et en effet, une semblable accusation suivie légèrement, porteroit un si grand préjudice à l'état d'une fille qui se seroit conservée pure, qu'il est important de mettre la sagesse à l'abri d'un pareil affront.

Toutes les fois qu'un enfant a été baptisé, & a reçu la sépulture, le juge doit s'abstenir de toutes recherches; cependant, si d'après de forts indices, il avoit ordonné une exhumation, & que des chirurgiens eussent déclaré que l'enfant enseveli a été détruit par une main homicide, la procédure qu'il instruiroit alors pour parvenir à découvrir & à punir l'auteur du crime, ne pourroit pas donner lieu à des dommages & intérêts contre lui, dans le cas où il ne décerneroit des décrets qu'à la lueur des preuves qui naîtroient de l'information.

Je sens combien un juge sage & prudent doit être embarassé, lorsqu'un enfant arrivé à terme lui présente l'idée d'une exposition meurtrière, ou d'une mort violente. Comment découvrira-t-il parmi de jeunes filles qui n'ont rien de plus cher que l'honneur, celle qui a été véritablement mère? Les assujettira-t-il à une visite outrageante? Se confiera-t-il à de simples raports? Fera-t-il porter ses décrets sur une absence momentanée, sur des apparences incertaines? Quelques articles de la *constitution caroline* donnent des indices dont l'expérience & l'art de la chirurgie attestent la fausseté.

Quoique plusieurs criminalistes, du nombre desquels est *Jousse*, aient mis en principe qu'une fille qui a dissimulé sa grossesse, & est accouchée à l'ombre du mystère, doive être punie du dernier supplice, lorsque son enfant est mort sans avoir reçu le baptême, nous croyons que les juges doivent d'autant moins adopter une opinion aussi sévère, qu'on n'exécute pas une loi, par laquelle il est expressément enjoint à tous les curés « de publier » au prône de leurs paroisses l'édit de Henri II, » tous les trois mois ».

Je dois rapporter à ce sujet un fait bien important. Dans le ressort du parlement de Dauphiné, la fille d'un gentilhomme eut le malheur de céder aux desirs ardens d'un militaire, qui se trouva forcé de s'éloigner, avant d'être son époux. La jeune demoiselle, après avoir dérobé les apparences de sa faute, à ceux sous les yeux desquels elle vivoit, fut enfin obligée de la confier à une femme, qui lui donna, au moment d'un accouchement pénible, les secours qu'exigeoit sont état.

Ce malheureux fruit d'un amour imprudent, avoit perdu la vie avant d'arriver au monde. La mère, oubliant bientôt ses douleurs, se hâta d'en cacher la cause inanimée sous le chevet de son lit. Funeste précaution! qui faillit lui coûter tout-à-la fois & l'honneur & la vie.

Et en effet, des murmures publics ayant quelques jours après, annoncé à la justice qu'un enfant avoit été enterré dans un lieu écarté, il fut exhumé & reconnu qu'il avoit eu le bras cassé. Aveuglé par la prévention, le chirurgien ne manqua pas d'attribuer cette fracture à une intention meurtrière.

Des monitoires furent publiés : les dépositions, quoique vagues & incertaines, se réunirent contre la demoiselle, dont la démarche foible & le teint décoloré offroient encore les signes de la convalescence. Les égards dus à son nom, ne la sauvèrent pas de la rigueur d'un décret de prise de corps. Qu'on se peigne la confusion, l'effroi & le désespoir d'un fille de condition qui ne voit autour d'elle que honte & solitude. Elle ne desire qu'un seul être dans la nature, mais il est bien loin de soupçonner le péril où il a conduit sa trop foible amante. Cependant le juge l'interroge : il n'a pas de peine à lui faire avouer qu'elle a mis au monde un enfant qui n'a reçu ni le baptême ni la sépulture. Mais lorsqu'il lui demande comment elle l'a privé de la vie, & pourquoi elle s'est portée à cette action dénaturée, elle paroît sortir de l'abattement pour se défendre avec courage d'une semblable inculpation. » J'ai, dit-elle au juge, manqué au premier des » devoirs. Je suis bien loin de vouloir m'excuser... » Je ne mérite plus que la haine de mon père & » le mépris des hommes. Je ne me plaindrai point, » lorsqu'ils me mettront dans la classe des filles malhonnêtes. Hélas! oui, répète-t-elle en versant » des larmes & laissant tomber sa tête sur son sein, » des filles malhonnêtes.... Mais, je le jure par » ce qu'il y a de plus sacré, le seul crime que j'aie » à me reprocher, c'est de n'avoir pu résister aux » vœux trop répétés d'un homme agréé par mon

» père, & qui, en me donnant cent fois le nom » d'épouse, m'a persuadé que je l'étois véritable- » ment. Si j'eusse été assez heureuse pour mettre » au jour un être vivant, l'enfant que j'aurois pu » offrir aux regards de celui que l'empire du devoir » & la voix de l'honneur ont éloigné de moi, n'au- » roit jamais péri par ma faute ». L'air de franchise avec lequel elle prononça ce peu de mots, fit sur le juge une grande impression. Mais comment ne pas condamner une accusée, que la loi & les apparences déclaroient criminelle! cependant, si cet enfant exhumé avoit été privé de la vie par la nature, l'ensevelir dans le mystère en sauvant l'honneur à la mère, étoit-il un crime digne de mort?

Le juge qui alloit décider du sort de cette jeune personne, plus à plaindre que coupable, se rappella que, dans un mémoire très-savant, un célèbre anatomiste avoit exposé que l'on pouvoit reconnoître à un signe certain, si un enfant étoit venu au monde mort ou vivant; que pour s'en assurer, il falloit en détacher les poumons, les déposer dans un vase rempli d'eau; s'ils descendoient au fond, c'étoit une preuve que l'enfant n'avoit jamais respiré depuis qu'il étoit sorti du sein de sa mère; si, au contraire, ils surnageoient, il étoit évident qu'ils avoient été dilatés par l'air extérieur que l'enfant y avoit introduit par sa respiration.

Le juge comprit qu'il étoit de sa sagesse de ne pas négliger un moyen aussi simple de s'assurer de la vérité. En conséquence, il fit appeller de nouveau le chirurgien, qui convint de la justesse de l'observation. Il ouvrit le corps de l'enfant, en tira les poumons, & fit sous les yeux du juge l'expérience dont le résultat fut en faveur de l'accusée; le procès-verbal ayant été rectifié sur le point le plus essentiel, elle fut rendue à la liberté, & ensuite à l'honneur par le jeune homme, qui obtint de sa famille & de ses chefs, la permission de venir effacer sa faute aux pieds des autels.

Suivant les loix angloises, dictées dans un esprit bien différent des nôtres, un seul témoin qui atteste que l'enfant est venu au monde mort, ou qu'il a perdu la vie par une mort naturelle, suffit pour mettre la mère à l'abri de la peine prononcée contre celle qui a détruit son fruit.

Chez les romains, la femme ou la fille qui avoit contrarié l'œuvre de la nature, étoit punie de mort, s'il étoit constaté que le fruit qu'elle portoit eût été animé; mais s'il ne l'avoit pas été, elle étoit seulement condamnée au bannissement, ou à une autre peine proportionnée à sa condition. L'étranger qui avoit prêté ses secours homicides, étoit puni de la même peine.

Nous ne connoissons pas en France ces distinctions; dont le véritable point est très-difficile à saisir; & nous condamnons à la mort, sans autre examen, les coupables & les complices.

Un crime qui n'est pas moins destructeur de l'enfance, que ceux dont nous avons parlé, & qui ne peut être trop rigoureusement puni de nos jours, parce qu'il est devenu sans excuse, c'est celui de l'*exposition*.

Cependant il y a des circonstances qui rendent le coupable plus ou moins digne de toute la sévérité de la justice. Par exemple, si l'enfant a été exposé nud, ou dans un lieu caché; s'il a été abandonné au danger d'être dévoré, ou foulé aux pieds des voyageurs, il doit attirer sur la tête du criminel une peine plus effrayante que si on l'eût exposé à la charité publique, en veillant à sa conservation, par les soins dont on auroit environné sa fragile existence.

Lorsqu'on jette les yeux sur notre jurisprudence criminelle, on a souvent lieu de gémir de l'arbitraire qui règne dans la distribution des châtimens infligés aux coupables. Dans son traité des matières criminelles, *Jousse* rapporte à l'article *exposition*, deux arrêts, l'un rendu en 1682, l'autre en 1712. Par le premier, le parlement confirma une sentence du châtelet, qui avoit condamné une *sage-femme à être fustigée*, avec *écriteau devant & derrière*, *portant ces mots : sage-femme convaincue d'exposition d'enfans, & à être bannie pour cinq ans*.

Par le second arrêt, le parlement confirma une autre sentence du même tribunal, qui avoit seulement *condamné au bannissement pour cinq ans*, une sage-femme convaincue *d'avoir exposé un enfant, & d'avoir appliqué à son profit l'argent qui lui avoit été donné pour mettre l'enfant en nourrice*.

Peut-être l'auteur qui rapporte ces deux arrêts, a-t-il oublié quelques circonstances qui nous expliqueroient le motif de la différence de ces deux jugemens, rendus dans les mêmes tribunaux. Certainement la sage-femme qui trompe la tendresse de la mère, & livre, par une cruauté cupide, à tous les dangers de l'*exposition*, l'enfant qui lui a été confié pour le mettre en nourrice, est encore plus punissable que celle qui n'a fait que suivre les intentions de la mère. *Voyez* ABANDON.

A ces raisons très-solides de M. de la Croix, l'on peut en ajouter de plus solides encore; l'on peut parvenir à diminuer tellement les causes d'*infanticide*, qu'enfin ce ne soit plus qu'un malheur plutôt du hasard que de l'intention.

Nous avons cent fois remarqué dans cet ouvrage l'injustice du préjugé, qui distingue des hommes légitimes & des hommes illégitimes, qui qualifiant ces derniers du nom de bâtards, les prive du droit qu'ont tous les enfans de porter le nom & d'hériter de la propriété de ceux qui leur ont donné la vie.

Nous avons également fait sentir les abus de l'intolérantisme qui condamne à l'opprobre, à l'infamie, la jeune fille, que des fautes, la séduction, l'âge, l'amour ont rendu mère. Nous avons démontré qu'il étoit absurde de condamner à la dégradation civile, des femmes qui n'ont souvent contre elles que trop de sensibilité. *Voyez* ENFANS-TROUVÉS.

Ces deux causes d'*infanticide* une fois supprimées par une loi positive, il est certain qu'il seroit infiniment rare qu'on en eût à punir.

L'on pourroit sans porter atteinte à la morale, à la modestie, déclarer toute mère sous la sauvegarde de la loi, son enfant véritablement à elle portant son nom, héritant de sa propriété & des droits de famille de son côté.

L'état du père est indifférent, il suffit que celui de la mère soit connu; l'enfant a par ce moyen un titre de famille aussi bon que celui du mariage civil.

Cependant ces idées qui paroissent fort simples, sont souverainement haïes, on les repousse quoiqu'on en avoue la justesse & la justice; le fanatisme, l'*intolérantisme*, veulent toujours qu'il y ait des enfans légitimes & des enfans illégitimes; on veut toujours qu'une mère soit proscrite, diffamée, criminelle, parce qu'elle l'est devenue par foiblesse, par amour, ou parce que les préjugés des familles vouloient la condamner à un injuste célibat.

De nos jours où l'on prétend avoir atteint le *maximum* de la perfection législative, on s'obstine à cet égard, & l'on répete tous les lieux communs de la jurisprudence, pour prouver qu'une mère naturelle n'est pas une mère, & que son enfant n'est point un enfant, mais seulement un bâtard; & lorsqu'on prétend par un systême d'uniformité politique, supprimer l'état de noble, qui ne fait de mal à personne; on veut conserver celui de bâtard, qui est une injustice publique, & fait du mal à beaucoup de monde.

Au reste, si les loix n'ont point encore rendu l'état à l'enfant naturel, si on lui ravit encore ses droits de famille, si à la mort de son père ou de sa mère, des collatéraux, ou même le fisc, peuvent le chasser de chez lui, s'emparer de son bien & le priver de sa propriété héréditaire, on doit convenir que les mœurs ont adouci cette férocité légale, & que dans la société l'on a les mêmes égards, les mêmes considérations pour l'homme *illégitime* que pour l'homme *légitime*, & qu'on ne met guère de différence entre une mère naturelle qui se conduit bien & toute autre femme.

Aussi, & sur-tout dans les grandes villes, ne voit-on plus d'*infanticide*. A Paris, le secours des hôpitaux prévient ceux que la misère pourroit faire commettre; les causes de morale & d'opinion n'ayant plus d'influence meurtrière à cet égard.

Mais dans les campagnes l'*infanticide* se soutient par la pureté des mœurs, ou plutôt par le fanatisme; une honte exagérée, fruit de l'infamie qu'on attache à l'état de mère naturelle, entraîne souvent au crime de malheureuses filles, & les rend coupables, parce qu'on n'a point voulu leur pardonner une foiblesse. *Voyez* ABANDON, BATARD, ENFANT-TROUVÉ.

INHUMATION, s. f. L'action de mettre une personne morte en terre. Ce mot vient de *humus*, qui veut dire terre; & l'on dit *exhumation*, pour exprimer l'action de déterrer un cadavre.

L'*inhumation* & l'enterrement ne sont pas la même chose; l'*enterrement* désigne la cérémonie qu'on emploie pour porter les morts au lieu de la sépulture, & l'*inhumation* indique plus précisément le mode ou la forme de mettre en terre. Cependant, sous le mot *inhumation*, nous réunirons différens détails relatifs à ces deux objets, & nous les diviserons en deux parties, l'une historique, où nous ferons connoître quelques usages des peuples anciens sur l'*inhumation*; & l'autre, où nous donnerons une courte analyse de nos réglemens de police sur la sépulture des morts.

Histoire des sépultures chez les différens peuples.

Il n'est pas croyable, quoique quelques anciens l'aient avancé, qu'il y ait eu des peuples chez lesquels, comme parmi les animaux, le soin d'enterrer les morts ait été totalement négligé.

De telles nations ne connurent aucune loi de société; ou les déserts qu'elles habitoient étoient si vastes, qu'elles pouvoient facilement se retirer dans des lieux éloignés de ceux où elles abandonnoient leurs morts; ou bien il est probable que l'infection de l'air causa chez elles d'énormes ravages.

Plusieurs philosophes ont affecté de l'indifférence sur leur sépulture. De ce nombre sont Diogène, Théodore de Cirène, Bion, Démosthène, Timon, Sénèque & plusieurs autres.

Leur but fut, sans doute, de corriger l'ambition extravagante des riches, & de jetter un ridicule sur les soins trop empressés que certaines personnes prenoient à cet égard.

Si nous ajoutons foi à ce que disent les historiens, quelques peuples suivirent sur ce point des usages bien surprenans. Hérodote, Cicéron & Lucien parlent de certains indiens qui dévoroient les membres des vieillards après les avoir massacrés : ils se faisoient un mêts délicat des entrailles des malades & des membres de leurs ennemis. Nous lisons ailleurs les mêmes fables sur les massagètes, sur les dervices, & quelques autres peuples peu connus de la Syrie & du Pont.

Les indiens, les parthes, les habitans des bords de la mer Caspienne, & les bactriens, avoient coutume de laisser les cadavres épars, pour servir de nourriture aux bêtes féroces. On assure même qu'elles étoient nourries pour rendre une espèce d'honneur aux personnes en place, & aux héros dont elles dévoroient les cadavres. Si ces récits sont vrais, si l'on n'a pas transformé en usage quelque événement particulier, on peut assurer que cette coutume devoit contribuer à entretenir l'insalubrité de l'air.

D'autres peuples jettèrent les cadavres dans les fleuves & dans les étangs, ressource funeste, & peut-être plus dangereuse que leur abandon en plein air. Les neiges & les glaces fournirent au froid habitant de la Scythie des retraites profondes où il put les déposer. Par-tout où les forêts étoient communes, on se servit du feu pour les réduire en cendres. Aux environs de la mer, ils furent engloutis dans les flots : mais ni les glaces, ni les forêts, ni la mer, ne purent servir généralement à la sépulture de tous les cadavres ; la terre seule pouvoit y suffire par-tout : c'est pourquoi l'usage le plus ancien & le plus commun fut toujours de les ensevelir dans son sein ; c'est ce qu'on appella *inhumation*.

L'histoire de la formation de l'homme, & les traditions religieuses servirent sur-tout à cimenter cet usage. Il paroissoit juste de restituer les corps humains à la mère commune de laquelle on les croyoit sortis.

Les rochers, les précipices, les vallées & les déserts furent les premiers réceptacles des cadavres. Ces lieux parurent les plus propres à prévenir les maladies contagieuses qui en ont été souvent les funestes effets.

Les difficultés que l'on éprouva en creusant des fosses & en élevant des catacombes, firent préférer les cavernes, les antres & les grottes, qui furent les premiers tombeaux, dans le voisinage & dans le sein même des montagnes.

Un systême si sage étoit l'ouvrage de la raison ; mais il fut bientôt altéré par les passions. L'horreur avec laquelle l'homme regarde la fin de sa vie, le chagrin cuisant d'être oublié pour toujours & de ne laisser aucun souvenir de soi, le desir de résister à la révolution constante qui détruit tous les êtres, furent les sources de ce mélange bizarre de cérémonies funèbres dont les historiens nous offrent froidement le tableau, & dont les philosophes pénètrent l'esprit & les motifs.

On trouve, dans la plus haute antiquité, des exemples d'hommes vivement affectés, qui, surmontant l'horreur qu'inspire un cadavre, en soutinrent la présence pendant quelque tems, soit qu'ils espérassent le voir revenir à la vie, soit qu'il leur fût presque impossible de s'en détacher. Ils cherchoient ainsi à se dédommager de la perte qu'ils venoient de faire.

On vit paroître ensuite des hommes éclairés, faits pour reculer les bornes de l'esprit humain, pour tracer des loix & pour réformer les usages. Ils lurent dans l'avenir les tristes conséquences d'un si funeste désordre ; ils virent que si cette coutume meurtrière devenoit plus commune, elle entraîneroit avec elle la perte de l'espèce humaine. Aussitôt les sépultures furent reportées loin des villes.

L'amour de l'agriculture & la nourriture des troupeaux, que l'on doit regarder comme la première richesse des nations, furent des motifs puissans qui déterminèrent à choisir, pour les sépultures, des terreins stériles & incultes. C'étoit le vrai moyen de ne point dévaster les campagnes fécondes, de ne point altérer les sucs nourriciers des herbes, & de préserver les bestiaux des maladies qui auroient pu en être la suite. Ainsi, cet usage fut ramené à son véritable but, celui de mettre à couvert les dépouilles des morts, & de conserver la santé des vivans.

La voix de la religion s'unit à celle de la nature & de la politique, pour engager les hommes à hâter la sépulture des cadavres. Les égyptiens attachèrent au tombeau une idée flatteuse d'honneur ; ils en firent une récompense pour la vertu, & un objet public d'émulation. L'examen sévère qui suivoit la mort d'un citoyen, le sombre lac destiné à décider du caractère dont chaque nom devoit être revêtu aux yeux de la postérité ; tels furent les motifs qui intéressèrent les particuliers aux sépultures.

Bientôt la religion portant avec elle le dogme consolant d'une vie future, dans laquelle l'ame devoit encore conserver quelque sentiment de la vie passée, inspira du respect pour les tombeaux de ceux qui avoient bien vécu. Ce fut un crime de troubler le repos des morts dans leur asyle ; un noble desir d'obtenir un jour les honneurs des funérailles, germa dans tous les cœurs. Ainsi, la vénération pour les tombeaux devint une partie du culte religieux. Dès ce moment, ce fut une obligation de rendre promptement aux morts les derniers devoirs. Quiconque laissa un cadavre sur un chemin, sans le couvrir de terre, se rendit coupable d'une impiété monstrueuse. Renverser les tombeaux, répandre çà & là les os ensevelis, fut un sacrilège horrible. Celui qui touchoit un corps avant qu'il eût reçu les honneurs de la sépulture, se rendoit coupable d'une profanation dont les eaux lustrales pouvoient seules le laver. Dans quelques autres endroits, on se souilloit en passant seulement sur le lieu où il y avoit un cadavre inhumé.

D'après ces mêmes idées un peu modifiées, on poussa la précaution jusqu'à ne point construire de maisons, à ne point élever de murs, & sur-tout à ne point bâtir de temples sur les terreins qui avoient servi aux sépultures; précaution qui tendoit évidemment à éloigner, le plus qu'il étoit possible, les morts des vivans, & à fixer les sépultures dans les campagnes reculées.

Il fallut cependant rendre reconnoissable l'endroit qui leur étoit destiné. Tantôt, à cet effet, on y amassa des pierres; tantôt on se contenta d'élever un peu de terre sur la surface. Cette manière de les inhumer rappelloit l'usage des anciennes sépultures dans les montagnes. Ainsi, le laboureur, le voyageur, & tous ceux qui travailloient à la terre, étoient avertis de respecter ce terrein. En même-tems, les exhalaisons cadavéreuses ne pouvoient se répandre en grande quantité dans l'atmosphère; & d'ailleurs, le danger étoit encore diminué par la distance qui séparoit les habitations des lieux destinés aux sépultures.

Ces principes nous conduisent aisément à trouver la suite & la connexion des cérémonies funèbres pratiquées par les anciens peuples. Les germains, qui possédoient de vastes forêts, brûlèrent leurs morts. Homère nous dit la même chose des phrygiens, & Virgile des troyens. L'*inhumation* cependant ne leur étoit pas interdite, & nous en trouvons chez eux des exemples fréquens. Le respect que les perses avoient pour le soleil & pour le feu, leur faisoit regarder comme un crime de brûler les morts. Il est, en conséquence, difficile de concevoir comment, à la sollicitation de Darius, les carthaginois adoptèrent cet usage.

Les assyriens, les mèdes, les parthes, les tyriens, les phéniciens, les éthiopiens, les égyptiens mêmes & les perses, eurent toujours, pour leurs morts, des caveaux & des lieux qui leur étoient particulièrement destinés. Les chinois & les péruviens, situés aux deux extrémités de la terre, eurent la même pratique à cet égard.

Les tombeaux des rois & des grands de l'antiquité la plus reculée, se trouvent dans des cavités artistement pratiquées au milieu des montagnes les plus solitaires. Gigès, roi de Lydie, eut sa sépulture au pied du mont Tinolus. Les rois de Perse eurent la leur sur la montagne royale, près la ville de Persépolis. Sylvius Aventinus fut enseveli dans la colline qui a conservé son nom, & le roi Dercenne, dans le sein d'une haute montagne, ainsi que nous l'atteste Virgile.

Les anciens russes transportèrent les corps de leurs princes dans de profondes cavernes, le long du Boristhène; les voyageurs curieux les visitent encore tous les jours. Les danois construisirent des montagnes artificielles, pour y placer les corps de leurs rois.

Les tombeaux dont nous avons parlé ci-dessus, étoient un reste de cet usage. Le simple troglodite en forme un avec des pierres, qu'il jette en riant sur la dépouille de son compagnon. L'orgueilleux égyptien élève, à grands frais, des pyramides & des obélisques. La Carie nous offre ses mausolées; la Grèce se glorifie de ses prodiges de sculpture, & Rome moderne contient encore, dans son enceinte, les colonnes des Antonins & le vaste mole d'Adrien. Ainsi, la raison & le caprice se sont trouvés sans cesse en opposition sur un objet dans lequel la vanité & l'ambition ont toujours eu tant de part.

La perte d'un objet aimé demandoit des dédommagemens: c'est alors que l'on pensa à crayonner son image, & à conserver son portrait. Ce desir, quoique assez indifférent en lui-même au bien de la société, pouvoit cependant tourner à son avantage; mais l'homme, guidé par ses passions, se porte aisément au-delà des bornes de la raison. Au lieu des portraits, des bustes & des empreintes, on voulut garder le corps lui-même. La douleur industrieuse d'un père, d'un fils, d'une veuve, d'un amant, imagina l'art ignoré jusqu'alors, de donner une espèce de vie à des corps inanimés.

Les égyptiens, de qui les autres peuples ont appris tout ce qui polit & adoucit les mœurs, inventèrent l'art d'embaumer les corps, de les dessécher, de les saler, de les revêtir de cire, de miel, de poudre de cèdre, & de toute autre matière capable d'empêcher l'action de l'air sur les humeurs stagnantes, de préserver le corps de la corruption, & de le rendre propre à être conservé sans danger au milieu des vivans. L'amour-propre donna une nouvelle force à cette invention, qui fut universellement adoptée & pratiquée.

On croyoit alors que l'ame restoit errante autour du corps auquel elle avoit été précédemment unie, tant qu'il conservoit sa forme entière & intacte. Cette opinion donna d'abord la plus grande faveur à l'art des embaumemens; mais bientôt les conséquences en parurent assez dangereuses pour déterminer les dépositaires de l'autorité publique à blâmer cet usage, & même à l'abolir. Il est vrai que, dans l'origine, les corps ainsi embaumés se conservoient loin des villes, & se gardoient dans des vaisseaux de verre ou de terre faits exprès. Ils étoient alors placés dans le fond de quelque cavité isolée, ou dans du sable desséché, ou sous un tuf impénétrable à l'eau. Mais ces premiers usages dégénérèrent, & bientôt les maisons furent remplies de ces vases; on les conserva comme le dépôt le plus précieux des familles, & le gage le plus sacré de la foi publique. Cette pratique superstitieuse n'étoit accréditée cependant que chez les grands & les riches.

Le peuple, c'est-à-dire, le plus grand nombre dans toutes les nations, se contenta toujours d'inhumer les corps; il y eut même des nations entières chez lesquelles l'*inhumation* fut pratiquée généralement & sans aucune interruption.

Déjà plus d'une fois des maladies contagieuses avoient fait sentir la nécessité de porter les cadavres loin des habitations. Le grand nombre des morts, après une bataille meurtrière, avoit obligé de les brûler, & de se contenter de conserver leurs cendres. Ces exemples furent adroitement employés pour détruire l'usage trop étendu des embaumemens; & ils réussirent d'autant mieux, qu'ils n'étoient aucunement contraires à l'opinion dominante.

Quelque tems après, tout changea donc de face, & le feu remplit de cendres les tombeaux & les urnes. L'usage de brûler les corps se répandit même chez les peuples qui avoient d'abord pratiqué la simple *inhumation*. On avoit observé que les longues guerres, les fréquentes transmigrations, la ruine & la réédification des villes devoient, avec la révolution des tems, bouleverser toute la surface d'un pays, & que les os confiés depuis plusieurs siècles au sein de la terre, devoient être alors indispensablement exposés au dehors. La crainte d'une telle profanation détermina généralement à les réduire en cendres. Dès ce moment, leur repos fut regardé comme plus assuré.

On alla plus loin: on voulut exclure des murs & de l'enceinte des villes, ces cendres qu'on ne regardoit cependant qu'avec respect; & les lieux qui avoient été consacrés aux sépultures ordinaires, furent destinés à recevoir les urnes. Les grands chemins ont été pendant long-tems bordés de tombeaux, & de pierres cinéraires couvertes d'inscriptions. Ainsi, le voyageur apprenoit facilement les actions glorieuses de ses ancêtres, & tout le monde y trouvoit des exemples & des sujets d'émulation. Un coup-d'œil jetté sur les dépouilles des grands hommes, sembloit reprocher à tout passant sa propre foiblesse. D'un autre côté, on écartoit des villes le carnage, l'incendie & la destruction, le peuple se trouvant engagé à sortir de ses murs pour défendre ces dépôts sacrés, c'eût été un crime de les laisser en proie aux ennemis.

La religion introduisit de nouveaux dogmes qui favorisèrent cet usage. La philosophie adopta différentes opinions sur la nature des esprits & sur l'activité des flammes: on crut que les corps étoient ainsi promptement rappellés à leurs principes constitutifs; l'ame, disoit-on, promptement dégagée de sa prison, purifiée par le feu, & délivrée du fardeau d'un corps périssable, est rapidement entraînée vers sa sphère, & tend à se réunir à l'ame de l'univers. Les égyptiens adoptèrent cette coutume, & leur industrie leur fit trouver un nouveau moyen de conserver les cendres de leurs morts dans l'incombustible amiante. Les dépenses considérables du bûcher & des aromates font cependant présumer que le peuple n'a jamais obtenu cette distinction.

Parcourons l'histoire, nous trouverons que les soldats ont été, dans tous les tems, occupés à la construction des chemins, & que l'on pratiqua toujours des souterreins, dans des villes. Il est également certain qu'il y a eu, en plusieurs pays, des fonds publics assignés pour la construction des tombeaux, ainsi que pour l'entretien des bûchers qui brûloient presque continuellement dans les états très-peuplés.

Au milieu de tant d'usages que le caprice & la vanité ont produits en différens endroits, la nature, les loix & la religion se sont donc toujours accordées pour éloigner les morts des vivans; & jamais on n'a perdu de vue la fin pour laquelle les tombeaux avoient été construits loin des villes.

Il convient maintenant de jetter un coup-d'œil rapide sur trois nations dont l'histoire offre les époques les plus intéressantes. Nous trouvons chez elles les élémens de nos usages, relativement aux cérémonies funèbres. Ces peuples sont les hébreux, les grecs & les romains.

Sépultures chez les Hébreux.

C'est parmi les juifs que le christianisme jeta ses premiers fondemens, & l'église primitive se forma des prosélytes de la Grece & du Latium.

Les traces de l'antiquité judaïque, toujours conservées inviolables & pures, nous conduisent aux tems les plus anciens dans lesquels l'*inhumation* ait été généralement pratiquée. Un forfait horrible donna entrée à la mort dans cet univers. Caïn, après avoir osé porter sa main meurtrière sur son frère, crut cacher son crime en couvrant de terre le corps de celui qu'il venoit d'assassiner. D'après cet exemple funeste, on dut continuer d'*inhumer* les corps de ceux qui moururent dans des campagnes désertes, & dans des lieux inhabités. Les traditions ridicules des Rabbins, adoptées par quelques-uns de nos historiens, ont accrédité la fable des os & du crâne de notre premier père, que l'on prétend avoir été conservés scrupuleusement par Noé jusqu'au tems du déluge. Abraham acheta des enfans de Het la caverne d'Hébron, où il déposa le corps de Sara après sa mort. Lui-même y trouva sa sépulture; & après lui Isaac, Rebecca, & Lia y furent également ensevelis. Le tombeau de Rachel fut placé le long du chemin qui conduisoit de Jérusalem à Ephrata. Jacob acheta pareillement des enfans de Sechem une pièce de terre, où il fit élever un tombeau. Il y fut enterré avec beaucoup d'appareil par son fils Joseph, qui le fit transporter de l'Égypte où il étoit mort, Joseph & ses autres frères reçurent dans le même lieu les honneurs de la sépulture. Pendant la captivité d'Égypte, les tombeaux des Israélites furent sans doute placés dans quelque lieu éloigné, suivant l'usage des peuples dans les pays desquels ils étoient fixés. Leurs longues courses dans les déserts, servirent à donner encore de la consistance à cet usage. Moïse fut enterré, par les ordres de Dieu même, dans la vallée de Moab, du côté de Feger: Marie sa sœur le fut à Cadès; Aaron à Or; & Eléazar, fils de ce dernier, ainsi que Josué, sur les montagnes d'Efrem. Après l'entrée des juifs dans la terre promise, après l'établissement de la loi judaïque, & l'inauguration des cérémonies religieuses, on reconnut que les ordres de Dieu même s'opposoient au voisinage dangereux des cadavres. Suivant leur usage, l'attouchement d'un corps mort leur faisoit contracter une impureté légale, & pour l'effacer, ils devoient laver leurs vêtemens. Enterrer les morts dans les maisons particulières, c'étoit les souiller. C'est ce réglement qui les rendit attentifs à éloigner les cadavres de leurs demeures. Ils redoutoient toute communication avec eux, au point qu'il étoit même défendu aux voyageurs de marcher sur les lieux où les morts étoient *inhumés*, & que de petites colonnes faisoient aisément appercevoir. Ils eurent aussi grand soin de peindre en blanc la surface de leurs tombeaux; ce que l'on renouveloit chaque année. Il leur étoit cependant permis d'avoir leurs sépultures dans des maisons de campagne; & c'est là où l'on voyoit briller le luxe des grands & des premiers de la nation. La nourrice de Rebecca & Débora furent enterrées au pied d'un arbre. Le malheureux Saül eut le même sort. Les prêtres étoient *inhumés* dans leurs terres, & quelquefois dans le tombeau des rois. Des cavernes creusées dans la montagne de Sion, sous les fondemens du temple & dans les jardins royaux, furent destinées aux sépultures des rois de Juda.

Dans la suite des tems, malgré la vicissitude des événemens éprouvés par ce peuple, il n'arriva, sur ce point, aucun changement notable. Si nous en jugeons par ces trois passages de l'écriture, il paroît seulement qu'il s'introduisit parmi eux quelques pratiques étrangères, telles que celles de brûler les corps & de les embaumer. Dans les Paralipomènes & dans les ouvrages de Jérémie, il est question de la cérémonie de brûler les corps, comme d'un rit introduit en faveur des rois. Peut être cet usage fut-il de courte durée, & particulier à quelques-uns d'entr'eux. Les corps de Saül & de Jonathas furent réduits en cendres par les peuples de Jadès-Galaad, pour les mettre à couvert de la rage des philistins.

On rendit à quelques-uns les honneurs de l'embaumement; mais on n'y fut sans doute pas déterminé par les mêmes motifs. L'odeur fétide qui s'exhaloit du corps de Lazare, quatre jours après sa mort, nous fait d'ailleurs conjecturer que les parfums & les liqueurs que l'on versoit sur les morts, ne servoient qu'à resserrer davantage les linges dont on les enveloppoit.

Nous croyons donc que les cavernes & les campagnes ont toujours été destinées aux sépultures. Elizée fut inhumé dans une grotte où l'on plaçoit aussi d'autres cadavres, parmi lesquels il s'en trouva un qui, suivant les saintes écritures, recouvra miraculeusement la vie, par l'attouchement du prophète. On avoit creusé, pour le jeune Tobie, une fosse dans le même champ où reposoient les autres maris infortunés de Sara. Le monument élevé par Siméon à Médine, en faveur des Machabées, est très-connu. Le fils de la veuve affligée de Naïm avoit été porté hors de la ville, au lieu de la sépulture de toute sa famille: c'est là où Jésus-Christ le rencontra. L'étonnant démoniaque dont parlent les évangélistes, qui, après avoir brisé ses chaînes, s'enfuit dans le désert, habitoit, nous dit-on, au milieu des tombeaux. Lazare fut enterré dans les environs de Béthanie. Joseph d'Arimathie, homme considérable parmi les juifs, s'étoit fait creuser un tombeau au milieu d'un rocher, dans un jardin voisin de Golgota, lieu de la sépulture de Jésus-Christ. Plusieurs saints personnages qui ressuscitèrent à la mort du sauveur, avoient leurs tombeaux hors de Jérusalem, puisqu'il est dit dans l'écriture, qu'immédiatement après avoir recouvré la vie, ils revinrent dans cette ville.

Chaque cité eut toujours hors ses murs son cimetière public. Quelques-uns prétendent que celui de Jérusalem étoit dans la vallée de Cédron, aux environs de laquelle les pharisiens achetèrent le champ de Vasaje, pour servir de sépulture aux étrangers. Un usage aussi constant chez un peuple qui l'avoit reçu de Dieu, & qui l'observa toujours très-fidèlement, doit être regardé comme un modèle respectable pour les chrétiens.

Sépultures chez les Grecs.

L'usage le plus ancien chez les grecs, fut l'*inhumation*. Pausanias nous a laissé une énumération exacte des tombeaux les plus connus dans ce tems, qui semblent tenir un peu de la fable. Il nous apprend qu'ils étoient situés en pleine campagne, ou le long des rivages de la mer, au pied ou sur le sommet des montagnes. Dans la suite, l'usage de brûler les morts s'introduisit aussi chez eux. Alors on renferma les urnes qui contenoient les cendres, dans des maisons privées, dans l'intérieur des villes, quelquefois même dans les temples. Ces exemples furent rares d'abord, & on n'accorda cette distinction qu'aux chefs de l'administration & aux généraux qui avoient sauvé la patrie.

L'*inhumation* fut toutefois plus usitée en Grèce que par-tout ailleurs, & on respecta inviolablement l'usage très-salutaire de transporter les cadavres hors des villes. Les thébains, les peuples de

Sicione, de Délos & de Mégare, les macédoniens, les habitans de la Chersonèse & de la Grèce presque entière, tinrent la même conduite à cet égard. Les législateurs les plus fameux en firent un point intéressant de leur code. Cécrops, à Athènes, voulut que les morts fussent portés hors des murs : Solon adopta & rétablit dans toute sa vigueur ce sage réglement ; & il n'y a eu à Athènes, jusqu'aux derniers tems de la république, qu'un petit nombre de personnes inhumées dans l'intérieur de la ville. Cette distinction honorable fut seulement permise en faveur de quelques héros. C'est ainsi qu'on laissa, dans le Céramique, les tombeaux de ces braves citoyens qui s'étoient sacrifiés pour le salut de la patrie. Platon, dans sa république, ne permit pas même que l'on fît aucune *inhumation* dans les campagnes propres à la culture ; il voulut qu'on réservât, pour cet usage, les terreins sabloneux, arides, & qui ne sont d'aucune utilité.

Les mêmes loix étoient en vigueur dans la grande Grèce. Les carthaginois trouvèrent, hors de Syracuse, des tombeaux élevés par les habitans de cette ville. La même chose arriva à Agrigente. La religion, chez eux, donna sa sanction à cette coutume. La sainteté des tombeaux, dont plusieurs devinrent les temples de certaines divinités, & qui furent regardés comme des asyles pour les malheureux & pour les accusés, le respect que l'on portoit aux cendres & à la mémoire de ses ancêtres, les peines dont les saintes loix menaçoient les violateurs de ces usages, les malédictions lancées contre eux par les prêtres ; en un mot, toute la doctrine religieuse & la mythologie des grecs n'avoient pour but que de soutenir les loix qui ordonnoient de porter les cadavres loin des habitations.

Sépultures chez les Romains.

Les romains se conformèrent aux usages des nations qui peuploient l'Italie ; ou, si l'on veut, ils conservèrent l'usage qui leur avoit été indiqué par la nature, en inhumant les morts. On croit que, dans le commencement de leur établissement en Italie, ils se servirent des souterrains de leurs habitations, & qu'ils y placèrent des vases assez grands pour renfermer les cadavres. Mais on peut révoquer cette tradition en doute, & soutenir, avec quelque fondement, qu'ils avoient le droit d'élever des tombeaux, seulement dans leurs maisons de campagne.

Numa eut le sien sur le mont Janicule, qui n'étoit pas alors dans l'enceinte de la ville. Les rois qui lui succédèrent eurent le leur dans le champ de Mars, situé entre la ville & le Tibre. Suivant le témoignage d'Appien, les rois de Rome seuls pouvoient être ensevelis sur cette montagne ; aucun particulier ne devoit y être placé, s'il n'étoit distingué par des actions glorieuses & dignes de la reconnoissance publique. Valérius Publicola & Tubertus obtinrent cet honneur. Le premier avoit droit de le transmettre à ses descendans. Toutefois nous lisons dans l'histoire, qu'ils n'osèrent faire usage de cette distinction, qu'autant qu'elle fut nécessaire pour instruire la postérité des services qu'ils avoient rendus à la république. Les vestales jouissoient de la prérogative d'être inhumées dans l'enceinte de la ville ; & celles qui avoient enfreint le vœu de chasteté à laquelle elles s'étoient engagées, étoient inhumées dans un champ, auquel cette faute fit donner le nom de *champ du crime*. Les généraux eurent bientôt part à cet honneur. L'ambition & l'orgueil le rendirent enfin assez commun parmi les grands de la nation.

La loi des douze tables, soit qu'elle fût une collection des institutions faites pour les grecs, ou plutôt un résultat de certaines recherches sur l'ancien droit d'Italie, ne fit que renouveller le premier usage qui avoit souffert quelques interruptions, lorsqu'elle défendit expressément de brûler ou d'ensevelir aucun cadavre dans la ville. Par les termes mêmes de la loi, il paroît clairement que, depuis le quatrième siècle de la république, on mettoit indifféremment en usage le bûcher & l'*inhumation*.

Plus d'une fois on avoit dû voir les ossemens inhumés, outragés & découverts, dans les guerres opiniâtres que les romains avoient eues à soutenir avec des peuples barbares. L'horreur que les maximes religieuses excitèrent en eux contre de telles profanations, la sagesse des magistrats, tout devoit se réunir pour leur faire prendre le parti de brûler les cadavres : c'étoit le moyen de prévenir les maux que devoient nécessairement produire le génie guerrier & la superstition du peuple.

L'administration & la religion se concertèrent heureusement pour accréditer de plus en plus l'usage du bûcher. On convint d'inhumer une petite partie du corps, un doigt, par exemple, afin de réunir les pratiques de toutes les cérémonies. Cependant il étoit nécessaire de mettre la ville à l'abri des incendies, & de la préserver des exhalaisons d'un grand nombre de cadavres exposés à l'action des flammes. Il falloit distraire les habitans du triste spectacle que leur offroient continuellement tant de cérémonies funèbres. La loi destina donc la pleine campagne aux sépultures & aux *inhumations* ; elle permit à peine que les extrémités du faubourg voisin du mort servissent à cette cérémonie. La religion trouva dans la sainteté de ses droits, & dans le respect dû aux divinités qui présidoient dans les villes, les raisons d'une précaution si utile.

Il étoit ordonné de respecter les morts. Leur asyle, à ce titre, étoit inviolable, & leur sépulture étoit sacrée. Le scrupule religieux, sur cette matière, fut porté si loin, que, peu contens des marques de respect pour les tombeaux, les romains voulurent que les lieux destinés aux sépultures fussent particulièrement

lièrement consacrés. En quelque endroit qu'on enterrât un mort, tout le terrein qui l'environnoit, étoit, dès ce moment, soustrait à la circulation du commerce.

Sous le consulat de Duillius, dans le tems où les trésors de l'Asie conquise n'avoient pas encore rendu l'agriculture un objet de mépris pour le peuple & d'indifférence pour le gouvernement, les maisons les plus illustres avoient chacune dans leurs terres les tombeaux de leur famille, qui chaque jour devenoient plus spacieux. Les terres cependant ne produisoient rien, par le défaut de culture; & l'étendue des campagnes cultivées diminuant beaucoup, les magistrats crurent devoir s'opposer vigoureusement à l'accroissement de ce désordre. On cessa de faire de nouvelles sépultures dans les campagnes; celles des familles les plus illustres, telles que les Métellus, les Claudius, les Scipions, les Servilius, les Valérius, furent transportées le long des chemins, & les ornemens qu'elles y apportèrent ne furent point sans utilité.

Cette sage ordonnance fit donner aux grands chemins les noms de voies *Aurelia*, *Flaminia*, *Lucilia*, *Appia*, *Laviniana* & *Julia*. Plusieurs cependant placèrent leurs tombeaux sur la colline des Jardins, un peu au-dessus du champ de Mars. La religion qui n'avoit, sur ce point, d'autre intérêt que celui de la république, adopta comme d'elle-même ce nouveau plan. Le peuple eut aussi, chez les romains, des bûchers & des tombeaux communs. Quelques citoyens riches, Gémellius Bébius entr'autres, achetèrent la faveur du peuple, en lui donnant des terres qui devoient servir à la sépulture commune. La république faisoit, pour les grands hommes, la dépense du tombeau & des funérailles, & les citoyens pauvres obtenoient la même faveur de la libéralité des pontifes.

Il y eut cependant quelques exceptions faites en faveur de certaines personnes. Les vestales ne perdirent jamais le privilège d'être ensevelies dans l'enceinte des murs. Les généraux qui avoient reçu les honneurs du triomphe, eurent toujours le même droit. Les prêtres, & dans la suite tous les ministres du culte public, en jouirent également. Une pareille distinction flattoit l'amour-propre; dès lors chacun la réclama en sa faveur. Les Césars, qui furent tous, depuis Auguste, élevés à l'apothéose, pouvoient-ils ne pas jouir de cette distinction? Nous lisons cependant que les corps de quelques-uns d'entr'eux furent portés hors des murs de Rome. C'est ainsi que le corps de Domitien fut transporté dans la voie Latine; celui de Septime-Sévère dans la voie Appia, & celui d'un autre empereur dans la voie Laviniana.

Bientôt cette distinction cessa d'en être une, parce qu'elle fut accordée trop facilement, ou parce qu'elle fut usurpée dans les révolutions fréquentes que la ville de Rome éprouva. L'empereur Adrien, par un rescrit, ou, si l'on veut, par une constitution, se trouva obligé de défendre de nouveau l'*inhumation* dans les villes. Par hasard, il ne désigna que les capitales: mais Antonin le pieux, auquel on attribue une loi rendue contre l'usage d'enterrer les morts dans les villes, comprit dans le réglement qu'il fit à ce sujet, les villes & les bourgs de son vaste empire. L'usage de brûler les corps fut moins commun sous cet empereur; il le fut encore moins sous ses successeurs, & cessa enfin totalement sous l'empereur Gratien. Dioclétien & Maximien furent aussi obligés de détruire les abus qui se commettoient de tous côtés contre cette loi.

Sépultures chez les premiers Chrétiens.

Les trois nations qui composèrent primitivement l'église, trouvèrent l'*inhumation* établie chez elles par les dogmes de leur religion & par les loix de leur pays. Les grands seuls & les riches adoptèrent l'usage de brûler les corps, & la sépulture hors des villes fut une obligation pour les uns comme pour les autres. S'il y eut des exceptions, elles furent en petit nombre, & jamais on n'en accorda au peuple, ni à ceux qui mouroient sans être revêtus de quelque dignité.

Le mépris le plus injuste & le moins mérité ayant été le premier apanage de cette religion sainte & respectable, qui, dans ses progrès rapides & miraculeux, a depuis éclairé tout l'univers, la sépulture des premiers chrétiens dut être d'abord la même que celle du peuple, ou celle des particuliers les moins distingués. Lorsqu'ils composèrent un corps distinct & reconnu, ils eurent leurs cérémonies funèbres particulières, & qui étoient mélangées des usages des juifs & de ceux des gentils. Ainsi l'*inhumation* s'établit parmi les chrétiens: c'étoit la seule pratique des juifs, dont les loix leur servoient de règle sur tous les points qui n'étoient pas l'objet d'une sanction ou d'une croyance particulière. Si l'on joint à toutes ces considérations, leur petit nombre, leur extrême pauvreté, la crainte qu'ils avoient des juifs, & leur aversion décidée pour tout ce qui pouvoit se ressentir du paganisme, on se persuadera aisément ce que nous avons déjà avancé, que la sépulture des chrétiens fut celle du commun des peuples dont ils faisoient partie.

Ananias, dont il est parlé aux actes des apôtres, expira aux pieds de saint Pierre. Quelques chrétiens transportèrent son corps & le mirent en terre; ils placèrent près de lui le corps de Saffire son épouse. Le diacre Étienne fut soigneusement enterré par les chrétiens, qui versèrent sur son tombeau des larmes amères. Nous trouvons le récit de ces deux sépultures, sans qu'il soit question du lieu où elles furent faites.

Cependant les persécutions que les chrétiens

eurent à souffrir dans l'empire romain, le carnage cruel dont le barbare Néron donna l'exemple, & qui fut tant de fois suivi, augmentèrent le nombre des martyrs : les fidèles se virent environnés d'une quantité prodigieuse de morts, exposés au mépris & aux insultes des payens.

La reconnoissance & le plus tendre attachement se joignirent au cri de la nature & à la voix de la religion. Les chrétiens se déterminèrent à chercher ces corps, pour les soustraire à la colère d'un peuple irrité : on les cacha d'abord dans les maisons des particuliers, pour les transporter ensuite dans les sépultures publiques, à la faveur des ombres de la nuit. Le secret le plus mystérieux, la garde la plus attentive, étoient nécessaires en cette occasion. Les catacombes, que quelques-uns ont peut-être mal à propos confondues avec les *putéols* des anciens romains, parurent favorables pour y assurer le repos de ces respectables dépouilles.

Les chrétiens se rassembloient fréquemment dans ces retraites sombres, pour y célébrer leurs mystères. L'horreur de ces lieux, l'épaisse nuit qui y régnoit, ont fait dire à St. Jérôme, qu'ils retraçoient à ses yeux l'image de l'enfer.

Tout contribue à rendre également respectables & le lieu de la sépulture, & les cérémonies des funérailles des premiers chrétiens. La dignité de leurs sacremens, les augustes cérémonies avec lesquelles ces fidèles se consacroient au créateur, la participation au sacrifice de l'autel, qui s'offroit en ces lieux, une conduite sainte & irréprochable, si commune en ces siècles de ferveur. tout concilioit aux chrétiens la vénération la mieux méritée. D'ailleurs, on réserva toujours des places particulières pour les cendres des martyrs, & de tous ceux qui étoient morts en odeur de sainteté. Aucun autre fidèle n'étoit enterré dans le même lieu ; on craignit de confondre les dépouilles des uns & des autres. De-là vint l'usage de distinguer les corps des martyrs par quelque symbole qui désignoit le genre de mort qu'ils avoient subi.

C'étoit une œuvre de religion chez les juifs, d'élever des synagogues & des oratoires près des tombeaux de ceux qui avoient bien vécu, & de s'y rendre pour prier en commun. Les grecs offroient des sacrifices près des lieux destinés aux sépultures ; & c'est une opinion assez bien fondée, que les temples des divinités de la fable furent élevés sur les tombeaux des héros de l'antiquité. Les romains avoient coutume de construire, sur leurs apogées, des salles où ils se rassembloient pour rendre aux morts les derniers devoirs, & pour faire les festins qui étoient usités en pareil cas. Ils avoient aussi des chapelles, & des autels sur lesquels ils sacrifioient aux dieux manes.

D'après ces exemples, les premiers chrétiens bâtirent sans doute, sur les catacombes, ces retraites que les amateurs de l'antiquité ne voient qu'avec vénération : ils s'y rendoient en foule, & s'y occupoient des mystères de leur religion, & des *agapes* usitées dans les funérailles. C'est ainsi qu'ils élevèrent des autels sur les tombeaux des martyrs. Ils sanctifièrent les cérémonies des payens, & satisfirent à un sentiment que la piété & la dévotion leur inspiroient.

Cet empressement ne dut point empêcher les chrétiens de chercher à prévenir les maux qui auroient pu résulter de la réunion de tous les corps dans les lieux où ils se rassembloient : on eut l'attention de remplir avec de la terre les places vides qui se rencontroient en différens endroits de ces catacombes.

Cependant le nombre des fidèles augmentoit chaque jour, & le feu de la persécution n'étoit pas moins ardent ; on sembloit n'accorder une trève d'un moment, que pour recommencer cette espèce de guerre avec plus de fureur : le nombre des martyrs devint surprenant, & déjà les premiers tombeaux ne pouvoient plus suffire.

Quelques citoyens recommandables de la ville ayant embrassé la religion chrétienne, leurs richesses & les terreins qu'ils possédoient y suppléèrent. Plusieurs patriciens, quelques pieuses dames romaines offrirent d'ailleurs de vastes fonds de terre, & les destinèrent à cet usage. Telle fut l'origine des cimetières. Dans ces lieux mêmes, on éleva des autels, on construisit des chapelles qui servoient de retraire pendant les cérémonies funèbres, & pendant les autres assemblées qui avoient la religion pour but.

Déjà l'ambition, inquiète & extravagante, avoit fait presque oublier la loi des douze tables, quand l'empereur Adrien lui rendit son ancienne vigueur. L'empereur Antonin le pieux l'étendit à tout l'empire. Une loi nouvelle, ou qui vient d'être renouvellée, est toujours observée avec exactitude. On transporta donc les cadavres hors de la ville ; mais bientôt on y dérogea de nouveau, & un siècle & demi après, Dioclétien & Maximien furent obligés de l'appuyer par de nouveaux décrets.

Dans les trois premiers siècles de l'église, les circonstances difficiles dans lesquelles les chrétiens se trouvèrent, leur situation par rapport au gouvernement & à la législation des Césars, servirent à maintenir l'usage qu'ils avoient pratiqué dès la naissance du christianisme.

L'église vit enfin s'élever sur son horizon un jour calme & serein. Constantin y rétablit la paix, en embrassant la religion chrétienne. Déjà, depuis quelque tems, les temples des idoles avoient perdu leur faveur ; il n'y avoit plus de concours, & bientôt ces édifices, après avoir été purifiés, devinrent le sanctuaire du vrai Dieu. Les mêmes autels sur lesquels on avoit célébré les saints mystères dans l'obscurité des catacombes & des cimetières, furent transportés dans les villes. Pour la première fois, les tombeaux des martyrs occupèrent la place des divinités profanes.

Ce fut cette révolution qui substitua les héros de la religion chrétienne aux héros du siècle. On ne voyoit dans les églises qu'un seul sacrifice & qu'un seul autel; & on auroit cru manquer à l'unité de la religion, si l'on s'étoit exposé à partager l'attention des fidèles réunis.

Alors on orna les cimetières avec beaucoup de soin, & tous, dans la suite, devinrent des temples particulièrement consacrés. Le pape Jules fut obligé de faire construire peu après trois cimetières le long des mêmes chemins où l'on voyoit auparavant les tombeaux des familles romaines; depuis, on en construisit encore, & l'époque de leur établissement est indiquée par les inscriptions que l'on y plaça.

Le desir de transporter les tombeaux dans l'intérieur des villes sembloit s'accroître par les obstacles. Le tableau de la ferveur primitive se présenta avec toute sa force; on regarda même comme un sort digne d'envie, l'avantage d'être enterré près de ceux dont la mémoire étoit en vénération; on voulut être assuré d'occuper après sa mort les mêmes lieux où ces saints personnages avoient adressé leurs prières à Dieu; enfin on poussa la confiance jusqu'à se persuader que les émanations des corps saints étoient capables d'échauffer les cœurs des fidèles, & d'y porter les heureuses impressions qui disposent à la ferveur & à la piété.

Époque à laquelle sont arrivés les premiers changemens relativement aux sépultures dans les villes & dans les églises.

Un nouvel empressement multiplia le nombre des tombeaux dans les catacombes. Il n'y avoit eu jusqu'alors aucune distinction pour les prêtres, les évêques, les princes, ni même pour les papes, si leur piété, leur libéralité, & leurs travaux pour la religion, ne leur avoient mérité cet honneur. Lorsque l'église, par un motif de reconnoissance, accorda à l'empereur Constantin le privilège d'être inhumé dans le vestibule de la Basilique des saints apôtres, qu'il avoit lui-même fait construire, cette concession fut regardée comme un témoignage très-remarquable d'honneur & de distinction. Saint-Jean Chrysostome s'exprime sur ce sujet, de manière à faire sentir aux fidèles toute l'importance d'une pareille faveur, que le plus grand prince de la terre regarda comme un nouveau lustre à sa suprême dignité.

D'autres successeurs de Constantin obtinrent dans la suite le même honneur, & il fut long-tems réservé aux princes qui se déclarèrent hautement les protecteurs de l'église. Quelquefois il fut partagé par des bienfaiteurs à qui la religion devoit les plus grands services, qui avoient fourni abondamment à la décoration des autels & aux dépenses nécessaires pour les augustes cérémonies de la religion. La ressemblance entre l'empire & le sacerdoce, fit accorder, dans la suite, le même privilège aux évêques. Leur sainteté & l'éminence de leur grade justifièrent cette innovation dans la discipline de l'église. Les motifs qui rendoient cette distinction précieuse, intéressoient trop la piété & la religion, pour qu'elle ne fût pas aussi recherchée par le commun des fidèles. Le sacerdoce, la vie claustrale, des mœurs irréprochables, furent les premiers titres pour l'obtenir. Les laïcs, auxquels aucune prérogative de leur état ne pouvoit faire espérer cet honneur, le briguèrent en offrant aux églises des dons considérables, & en répandant des aumônes avec largesse.

Une révolution aussi rapide ne fut pas générale. Plusieurs églises se montrèrent très-attachées aux règles anciennes, & plus difficiles sur les exceptions. Ce changement ne pouvoit être que l'effet d'un relâchement dans la discipline, relativement à un objet auquel les papes & les évêques pouvoient apporter plus ou moins d'opposition. C'est pour cette raison que, dans ce même tems, l'histoire ecclésiastique nous offre des exemples qui paroissent contradictoires. Dans quelques églises, à certaines époques, on n'avoit point encore fait usage de cette exception, tandis que, dans plusieurs autres, elle avoit déjà été accordée à tous les ecclésiastiques. Bientôt les séculiers les plus respectables reçurent cet honneur. Les évêques ayant été laissés entièrement les maîtres de ces dispositions, il n'est pas difficile de comprendre comment, dans une église, les dignités éminentes ou une piété rare étoient les seuls titres pour y prétendre, tandis que, dans une autre, on l'obtenoit plus légèrement. Malgré ces variations, on ne changea pas le lieu où l'on avoit d'abord résolu de placer les tombeaux publics; & ceux auxquels on accorda l'honneur de la sépulture dans la ville, furent toujours en petit nombre.

Sépultures introduites dans les villes & dans les églises.

Jusqu'à cette époque, on n'avoit osé pénétrer dans l'intérieur des églises; on ne s'étoit point encore déterminé à mêler les corps des profanes avec ceux des saints & des martyrs, & à rompre ainsi l'unité des autels & des sacrifices. Les tombeaux étoient rangés le long des murs, auprès & hors des églises. Comme on y accouroit pour satisfaire aux devoirs de la religion, bientôt il fut nécessaire de mettre les fidèles à l'abri des injures des saisons. C'est à cette fin que l'on construisit les vestibules & les portiques, & voilà pourquoi les cimetières furent toujours voisins des églises paroissiales. Nous avons encore des vestiges de ce point d'antiquité. L'on voit, dans quelques vestibules ou portiques, les petites chambres souterraines, & les arcades qui se pratiquoient au dehors & le long des murs des temples : elles sont connues sous le nom d'*exèdres* : elles se trouvoient dans quelques églises lorsque Baluze écrivoit.

Il paroît hors de doute que le nombre des *inhumations* s'étoit excessivement accru à Constantinople & dans les autres villes de l'empire, puisque, d'accord avec les empereurs Gratien & Valentinien II, Théodose le grand, prince d'une piété exemplaire, & dont le zèle pour le bien de l'église est généralement reconnu, fut obligé de renouveller les édits de ses prédécesseurs, & de publier la fameuse constitution que nous trouvons dans le code Théodosien. Son dessein fut de prévenir l'infection de l'atmosphère, que tant de cérémonies funèbres devoient nécessairement occasionner. Il défendit d'enterrer les morts dans l'intérieur des villes, & ce qui est plus fort, il voulut que les corps, les urnes & sarcophages qui étoient dans la ville de Rome, fussent portés hors de son enceinte. L'empereur desiroit que, sur ce point, Rome moderne fût égale à l'ancienne Rome. Cette constitution fut bientôt mise en vigueur dans toute l'étendue de l'empire romain.

Si nous parcourons les époques de l'histoire ecclésiastique nous voyons que l'usage d'enterrer dans les églises étoit déjà très-répandu. Là, des intentions pieuses avoient introduit cette coutume ; ici, le local s'étoit trouvé trop étroit dans les cimetières voisins ; toujours une pareille exception avoit été justifiée par le mérite ou par la nécessité, & elle n'avoit été accordée qu'après le plus sévère examen. Saint-Ambroise fit enterrer son frère Satyrus dans la Basilique de Milan, près du martyr saint Victor : lui-même voulut être inhumé près des reliques de saint Gervais & saint Protais, qu'il avoit placées sous l'autel ; & Marcelline sa sœur desira être transportée de Rome à Milan, pour y avoir la sépulture avec ses frères. Saint Paulin, évêque de Nola, à la prière d'une dame de distinction, fit placer dans l'église de saint Félix, près du tombeau des martyrs, les corps de Cénégius & de Celsus, tous les deux fils de cette dame. Saint Césaire, évêque d'Arles, fut enterré dans l'église qu'il avoit fait bâtir, & où il avoit de plus fait préparer des tombeaux pour les vierges qui se consacroient à Dieu, & pour Césaria sa sœur.

Nous lisons que, dans le même tems, plusieurs personnes furent enterrées hors des églises. Saint Fulgence, évêque, fut le premier de son église qui y obtint les honneurs de la sépulture. Il étoit disciple de saint Augustin, & il mourut quelque tems après lui. On se conforma, dans cette église plus que dans toute autre, aux saints canons & aux loix des empereurs. Nous devons présumer aussi que les infractions à ces loix ont été très-rares ; & si les expressions des anciens historiens semblent donner à entendre que beaucoup de personnes ont été enterrées près des martyrs, nous devons interpréter autrement leur texte, & croire que ces *inhumations* ont été faites dans le voisinage des églises où reposoient les reliques de ces saints personnages.

Les moines, dont les règles ont été faites dans des tems de ferveur, & qui les ont exactement observées, se sont conduits sur ce point avec la plus austère sévérité. Ceux qui habitèrent les grottes & les déserts, furent ensevelis dans les forêts & dans le sein des montagnes. Les Antoine, les Paul, les Pacôme, n'eurent point d'autre sépulture, si ce n'est quand la vénération publique fit élever des chapelles pour honorer leurs précieux restes. C'est ce que Théodoret nous dit avoir fait lui-même près du tombeau du solitaire Saint-Jacques. Les autres, qui furent réunis dans des monastères sous des règles mieux connues, se montrèrent long-tems attachés à l'ancienne discipline de l'église. Ils se servirent de cimetières communs, placés hors de l'enceinte des monastères, & on y transportoit les morts dans des charriots. Saint Benoit lui-même ne reçut, sur ce point, aucune sorte de distinction : ce ne fut que long-tems après lui que l'on pensa, pour la première fois, à enterrer quelqu'un dans l'intérieur des monastères. Valfred, abbé de Palazzolo en Toscane, fut le premier qui, dans le huitième siècle, imagina de se faire inhumer dans son cloître. Bientôt on alla plus loin ; les sépultures furent introduites dans les églises ; enfin elles le furent dans le chœur, ou ce qui paroît plus probable, dans le chapitre. Nous ne trouvons cependant pas de vestiges d'une pareille innovation, avant le neuvième siècle.

Des usages si opposés, & qui supposent des principes contraires, venoient de ce que l'on agitoit encore vivement alors la question qui s'étoit élevée entre les fidèles, long-tems avant saint Augustin ; savoir, jusqu'à quel point il peut être utile d'être inhumé dans les lieux destinés à la sépulture des saints martyrs. Saint Augustin fut consulté à ce sujet par Paulin, ce qui lui donna occasion de composer son ouvrage sur le soin que l'on doit aux morts ; il y développa une doctrine bien opposée à celle qui s'introduisit dans le moyen âge & dans des siècles plus ténébreux. On vit cette question renaître au tems de saint Grégoire le grand. Elle fut encore traitée vivement sous le pontificat de Nicolas I, qui fut consulté à ce sujet par les bulgares. Les réponses de ce pontife ne purent faire conclure autre chose, sinon que tout l'avantage résulte de la bonne conduite de la personne qui vient de mourir, & des prières ferventes des fidèles.

Au milieu de cette diversité d'usages, il est

certain que la prohibition de l'empereur Théodose continua d'être respectée. Elle ramena ce point de discipline à son premier état. En général, on prit le parti de faire toujours porter les morts hors des églises; & l'honneur d'être enterré en-dehors, auprès de leurs murs, fut regardé comme une prérogative très-distinguée.

La constitution de l'empereur Théodose fut observée probablement plus long-tems, soit parce que l'on porta le plus grand respect à la mémoire d'un si grand prince, soit parce que ses descendans firent tous leurs efforts pour conserver à cette ordonnance sa pleine & entière exécution. D'après les écrits de Grégoire le grand, il semble que de son tems les abus commencèrent à s'étendre. Les offrandes considérables des riches furent un titre pour obtenir un honneur que le mérite seul ou les premières dignités devoient faire accorder; mais, long-tems avant Grégoire le grand, la défense de Théodose avoit été négligée, puisque ce prince la renouvella en Italie, par les conseils du pieux & savant Cassiodore. En effet, c'est en Italie que l'infraction des ordonnances civiles & ecclésiastiques, concernant les sépultures, est la plus commune.

Ces observations nous conduisent à une réflexion importante pour le sujet que nous traitons. Quelque différence qu'il y ait eu entre la façon de penser des payens & des chrétiens, sur le sort qui nous attend après la fin de cette carrière; quelques variétés que les différentes positions où s'est trouvée l'église chrétienne, ayent pu apporter dans ses cérémonies & dans ses usages, nous voyons toujours que les princes les plus éclairés ont maintenu, par les loix de leur gouvernement, à l'égard des sépultures, ce qui étoit le plus conforme au bien des peuples.

Les anciennes constitutions ecclésiastiques, les lettres des pontifes, cette tradition inviolable qu'ils se flattoient de conserver, tout sembloit concourir à délivrer les villes de l'infection des cadavres; mais cet abus, loin d'être détruit, prit de nouvelles forces. Les raisons sans nombre pour lesquelles on n'avoit plus les cadâvres en horreur, les espérances flatteuses que l'on concevoit, de participer aux mérites des justes en participant à leurs sépultures; les distinctions qui résultoient en faveur de ceux qui avoient été jugés dignes de cet honneur, échauffèrent chez les uns les sentimens de religion, excitèrent chez les autres ceux de l'amour-propre. Enfin la coutume dominante parvint à combattre la loi. la prérogative qui étoit autrefois réservée aux empereurs, fut le partage de la dernière classe des citoyens; & ce qui avoit été d'abord une distinction, devint un droit commun à tout le monde.

Des lois de police sur l'inhumation.

Il seroit inutile de rappeler ici tous les motifs qui ont déterminé le gouvernement à défendre l'*inhumation* des cadâvres dans l'intérieur des villes; nous en avons vu les principaux à l'article Cimetière, & l'on peut les réduire au besoin de conserver la pureté de l'air & d'éloigner les miasmes putrides des lieux habités par un grand nombre de personnes réunies. Le défaut de soin à cet égard avoit donné lieu à de grands accidens, surtout à Paris; mais depuis le transport des cimetières hors des murs, ils ont cessé, & les rues intérieures de la capitale ne sont plus exposées à des émanations qui y causoient des fièvres putrides & des maladies graves pendant l'été. *Voyez* Cimetière.

Nous ferons suffisamment connoître les dispositions générales de police que ces motifs ont fait naître, si, à ce que l'on trouve au mot Cimetière, nous joignons l'arrêt du parlement de Paris de 1765, qui contient, sur cet objet, des détails qu'il est utile de conserver dans cet ouvrage.

On y expose, qu'en exécution de l'arrêt de la cour, du 12 mars 1763, les différentes paroisses de Paris avoient envoyé au procureur leurs mémoires concernant les sépultures, l'évaluation du nombre des enterremens annuelle, la nature du sol, l'étendue & l'ancienneté des cimetières, les avis de diverses fabriques, que les commissaires au châtelet lui avoient remis, leurs avis sur les mêmes objets; que, d'après l'examen de toutes ces pièces, le procureur général du roi se croyoit en état de proposer à la cour ses réflexions, & le moyen de remédier aux inconvéniens de tout genre qui paroissent résulter de l'usage actuel d'enterrer les corps des défunts dans l'intérieur de la ville, usage qui ne doit son origine qu'à l'agrandissement de cette capitale, qui, en s'étendant, a renfermé la plupart des cimetières dans l'enceinte de ses limites; que d'ailleurs le nombre des habitans de chaque paroisse s'est si fort augmenté par l'élévation des maisons, que les lieux destinés aux *inhumations* se sont trouvés trop resserrés, & par-là sont devenus fort à charge à tous le voisinage; que c'est ce qui est établi par le plus grand nombre des actes qui seront remis sous les yeux de la cour; qu'elle y verra que dans la plupart des grandes paroisses, & sur-tout de celles qui sont au centre de la ville, les plaintes sont journalières sur l'infection que répandent aux environs, les cimetières de ces paroisses, principalement lorsque les chaleurs de l'été augmentent les exhalaisons; qu'alors la putréfaction est telle, que les alimens les plus nécessaires à la vie ne peuvent se conserver quelques heures dans les maisons voisines, sans s'y corrompre, ce qui provient ou de la nature du sol trop engraissé pour pouvoir consommer les corps, ou du peu d'étendue du terrein pour le nombre des enterremens annuels, ce qui nécessite de revenir trop souvent au même endroit, & peut-être aussi du peu d'ordre que ceux qui sont préposés au soin d'enterrer les morts, n'ont ni l'attention ni l'exactitude nécessaire pour ne pas rouvrir trop tôt les mêmes sépultures; que la cour demeurera d'autant plus pénétrée de ces inconvéniens, qu'elle remarquera avec satisfaction que plusieurs fabriques, sensibles aux plaintes réitérées des paroissiens, s'étoient déjà déterminées à supprimer leurs cimetières actuels, & que dès avant son premier arrêt, elles avoient fait entre elles des arrangemens pour acquérir en commun, hors la ville, un terrein propre à cet usage, & assez étendu pour le besoin de ces paroisses, eu égard au nombre de leurs habitans; que dans telles circonstances, le procureur général du roi estime, qu'il ne s'agit que d'étendre un plan si naturel & si facile à remplir; qu'il proposera donc à la cour, d'un côté, de supprimer de l'enceinte de la ville les cimetières, afin que la loi étant générale, devienne une exécution plus facile; & de l'autre, de placer au dehors de la ville sept ou huit cimetières communs à plusieurs paroisses d'un même arrondissement, afin de diminuer le nombre de ces établissemens & de trouver plus facilement des terreins qui y soient convenables, &c.

La cour ordonne, I. qu'aucunes *inhumations* ne seront plus faites à l'avenir dans les cimetières actuellement existans dans cette ville, sous aucun prétexte que ce puisse être, & sous telles peines qu'il appartiendra, & ce à compter du premier janvier prochain, sauf néanmoins dans ceux qui seront exceptés par l'article 19 ci-après.

II. Que les cimetières actuellement existans demeureront dans l'état où ils sont, sans que l'on en puisse faire aucun usage avant le temps & espace de cinq années, à compter dudit jour premier janvier prochain, après lequel temps il sera procédé à la visite desdits terreins, par les officiers de police, & par les médecins & chirurgiens du châtelet, pour leur avis être communiqué aux curés & marguilliers de chaque paroisse; & dans le cas où les officiers & médecins estimeroient qu'on pourroit faire usage desdits cimetières, se pourvoir, par lesdits curés & marguilliers, vers le supérieur ecclésiastique, pour obtenir de lui la permission d'exhumer les corps & ossemens avant de remettre lesdits terreins dans le commerce.

III. Qu'aucunes sépultures ne seront faites à l'avenir ou accordées dans les églises, soit paroissiales, soit régulières, si ce n'est celles des curés ou supérieurs décédés en place, à moins qu'il ne soit payé à la fabrique la somme de deux mille livres pour chaque ouverture en icelle; & que quant aux sépultures dans les chapelles & caveaux, elles ne pourront avoir lieu que pour les fondateurs ou leurs représentans, ou pour ceux des familles qui en sont propriétaires, ou sont dans une possession longue & ancienne d'y avoir leurs sépultures, & ce à la charge d'y mettre les corps dans des cercueils de plomb, & non autrement.

IV. Qu'il sera fait choix de sept à huit terreins différens, propres à recevoir & consommer les corps, & situés hors de la ville au sortir des faubourgs, aux endroits les plus élevés, & assez étendus pour l'usage des paroisses de chaque arrondissement, ainsi qu'il sera fixé par l'article 11 ci-après; & à cet effet ordonne que le roi sera très-humblement supplié de vouloir bien déroger à la déclaration du 31 janvier 1690, enregistrée le 6 février audit an, & à l'édit du mois d'août 1749 concernant les gens de main-morte, enregistré le 2 septembre audit an.

V. Que chacun desdits cimetières sera clos de murs de dix pieds d'élévation dans tout le pourtour; & que dans chacun d'iceux il y aura une chapelle de dévotion & un logement de concierge, sans qu'on y puisse construire d'autres bâtimens, ni même mettre dans l'intérieur aucune épitaphe, si ce n'est sur lesdits murs de clôture, & non sur aucunes sépultures.

VI. Que les enterremens se feront comme par le passé; mais qu'après les prières finies dans l'église les corps seront portés dans le lieu du dépôt, ou chapelle mortuaire, tel qu'il sera ci-après indiqué, article 10, pour un certain nombre de paroisses de chaque arrondissement, sans que, sous aucun prétexte, on puisse y accorder de sépulture particulière, non plus que dans le cimetière commun.

VII. Que les bières ou serpillières seront marquées d'une lettre alphabétique, indicative de la paroisse, & d'un numéro, qui, porté également à la marge de l'extrait mortuaire de chaque défunt, indiquera que le corps y est renfermé; & les corps seront accompagnés, lors du transport au dépôt, d'un ecclésiastique de la paroisse d'où le transport sera fait, & y demeureront jusqu'au lendemain matin.

VIII. Il restera toujours audit lieu de dépôt l'un des ecclésiastiques qui y aura accompagné les corps, jusqu'au moment où l'on viendra les lever pour les transporter au cimetière commun de chaque arrondissement, pour prier dieu pour les défunts; à l'effet de quoi il sera bâti, dans le dépôt de chaque arrondissement, une ou deux chambres pour ledit ecclésiastique; & sera, ledit ecclésiastique, pris alternativement dans chaque paroisse de l'arrondissement, & nommé par le curé de la paroisse.

IX. Tous les jours à deux heures du matin, depuis le premier avril jusqu'au premier octobre, & à quatre heures du matin, depuis le premier octobre jusqu'au premier avril, on ira lever les corps qui auront été portés audit dépôt, & ils seront transportés dans un ou plusieurs chars couverts de draps mortuaires, attelés de deux chevaux allant toujours au pas, au cimetière commun de l'arrondissement. Le conducteur dudit chariot se rendra d'abord au premier dépôt de l'arrondissement qui sera sur la route, & ira successivement à chacun des dépôts;

& ledit chariot sera toujours accompagné d'un ecclésiastique ou deux au plus, qui seront choisis alternativement dans chaque paroisse de l'arrondissement, & nommés par les curés de chaque paroisse de l'arrondissement. Le chariot sera précédé d'autant de lanternes qu'il y aura de dépôts dans l'arrondissement, & les porteurs d'icelles chargeront le chariot & aideront en route en cas d'accident; ils seront en même-temps les fossoyeurs du cimetière commun.

X. Que chaque entrepôt où seront déposés les corps, en attendant qu'ils soient portés au cimetière commun, sera un lieu fermé, à la hauteur de six pieds au moins, de murailles garnies au-dessus de barreaux de fer de quatre pieds de haut, dans tout le pourtour, & terminé par une voûte ouverte dans son sommet.

XI & XII. Ces deux articles de réglement contiennent des détails relatifs aux différentes paroisses.

XIII. Que la dépense à faire pour l'acquisition des terreins & bâtimens qui devront servir aux nouveaux cimetières, sera supportée par chaque paroisse du même arrondissement, à proportion du nombre des sépultures annuelles qu'elles peuvent avoir, & au marc la livre de la somme totale qui aura été employée aux dépenses susdites du cimetière de leur arrondissement.

XIV. Que les paroisses de chaque arrondissement seront tenues de contribuer dans la même proportion de l'article précédent, à la dépense & entretien, gages & appointemens, soit des ecclésiastiques & luminaires, soit du char, des chevaux, du concierge & des fossoyeurs, soit du cimetière commun, soit du lieu du dépôt particulier d'aucune des paroisses de chaque arrondissement, & généralement à toute dépense commune, de quelque nature qu'elle puisse être.

XV. Que pour supporter lesdites charges, il sera payé, par les héritiers ou les représentans des défunts, à la fabrique de chaque paroisse, un supplément de six livres par chaque enterrement des grands ornemens, & de trois livres pour chacun des autres, sauf ceux de charité & demi-charité, pour raison desquels il ne sera rien perçu, non plus que pour ceux qui, en payant le double des frais ordinaires en tout genre, voudroient faire porter directement les corps de leurs parens au cimetière commun, sans que pour ce, l'on y puisse ouvrir une fosse particulière, s'il n'est payé préalablement la somme de trois cens livres, laquelle sera employée aux dépenses communes des paroisses de l'arrondissement, & qu'il sera réservé à cet effet un terrein de huit pieds au pourtour intérieur des murailles de chaque cimetière, dans lequel espace ne pourra être ouverte aucune fosse commune.

XVI. Que la fosse commune de chacun des huit cimetières sera renouvellée, au plus tard, trois fois dans l'année, & l'ancienne comblée, quand même elle ne seroit pas remplie; savoir, une fois depuis octobre jusqu'en avril, & deux fois depuis le premier avril jusqu'au premier octobre.

XVII. Que l'ouverture de la fosse générale sera couverte & fermée par un assemblage de bois, sur lequel sera attachée une grille de fer fermant avec un cadenas.

XVIII. Défend au concierge & à tous autres, de planter aucuns arbres ou arbrisseaux dans lesdits cimetières. *Voyez* SÉPULTURE.

Il ne suffit point aux magistrats chargés du soin de la police des villes, que les *inhumations* ne deviennent pas par l'effet de la corruption, un principe de mortalité parmi les hommes, ils doivent encore prendre des précautions suffisantes pour que ceux que des maladies particulières tiendroient dans un état approchant de celui de la mort, ne soient ensevelis tout vifs & livrés au plus affreux des tourmens, sans qu'on puisse leur donner secours. C'est ce qu'on évitera en portant la plus grande attention aux corps des personnes que l'on doit inhumer; on doit tenter tous les essais que la prudence indique pour s'assurer de l'absence entière de la vie. Ces précautions deviennent indispensables surtout dans les asphyxies, espèce de maladie ou l'homme n'est que privée de sensibilité extérieure, quoiqu'il existe & soit d'ailleurs plein de vie.

Il est du devoir des magistrats de police, de répandre l'instruction sur ces objets, & de rendre très-commun parmi le peuple soumis à leurs soins, les connoissances nécessaires à cet égard.

C'est ce qu'on a tenté d'effectuer il y a quelques années en imprimant & répandant avec profusion parmi le peuple un catéchisme sur les morts apparentes ou asphyxies; nous réunirons au mot MORT ces diverses connoissances, ainsi que les réglemens qui ont été faits, pour prévenir les enterremens des personnes léthargiques. *Voyez* MORT ET NOYÉ.

Ce qui nous reste a dire pour compléter cet article, c'est de recueillir sommairement les moyens indiqués par la médecine & la prudence pour les mêmes cas; nous les tirons d'un ouvrage de M. Winslow.

Différens auteurs ont proposé différens moyens pour distinguer ceux qui sont réellement morts, de ceux dont la mort est encore incertaine. Pour rendre sensible une respiration comme assoupie ou ensevelie, l'on présente d'une main ferme, & doucement, la flamme d'une bougie à la bouche & aux narines, & l'on juge que, quand elle balance de côté & d'autre, sans qu'on puisse attribuer ce tremblement à quelque autre cause, c'est une preuve que la vie n'est point encore finie; comme on juge le contraire, lorsque la direction de la flamme est constamment la même. D'autres prétendent découvrir la même vérité en approchant de la bouche & du nez du duvet très-délié, tel que celui d'une laine cardée, ou du coton. Foible ressource; l'homme le plus vivant, & qui jouit de la meilleure santé, peut rendre cette épreuve inutile en modérant sa respiration; c'est ce dont chacun peut se convaincre par soi-même.

Il y en a qui prétendent que quand la glace d'un miroir, approchée du nez & de la bouche, se ternit, c'est une preuve que la respiration subsiste encore; mais pour donner du poids à cette épreuve, il faudroit qu'il ne sortît pas des vapeurs presque semblables de la bouche & du nez d'un mort qui est encore chaud. On met encore un verre plein d'eau sur l'apophyse, ou, si l'on aime mieux dire, sur l'épiphyse xiphoïde, le corps étant couché sur le dos, & placé de manière qu'il ne puisse remuer; & l'on s'imagine, que quand on apperçoit quelque mouvement dans l'eau, c'est une preuve que la vie n'est point encore finie, & que le parfait repos de cette liqueur en est une d'une mort certaine. Mais pour donner à cette épreuve toute la certitude dont elle est susceptible, il ne faudroit pas placer le corps entierement sur l'épine du dos: il faudroit le tourner tellement sur l'un des deux côtés, que l'extrémité du cartilage de l'avant-dernière côte fût en haut, & placer le verre plein d'eau sur cette partie, beaucoup mieux disposée que le cartilage xiphoïde, pour rendre sensible le plus léger mouvement de la poitrine; mais l'expérience a fait connoître qu'un mouvement lent, doux & insensible du diaphragme seul, sans que les côtes en aient le moindre, suffit quelquefois dans les cas dont nous avons parlé, pour entretenir la respiration: or, dans cet état, il est évident que l'eau n'aura aucun mouvement.

Qu'on prenne garde cependant de prendre pour le mouvement des organes qui servent à la respiration, la fermentation des humeurs qui se fait dans le bas-ventre d'un corps vraiment mort, & dont le mouvement peut se communiquer à l'eau contenue dans le verre. Gardez-vous aussi, après avoir inutilement tenté ces différentes épreuves, de vous imaginer qu'il n'y a plus de ressource, & de laisser en conséquence mourir par votre faute, celui qui n'est point encore mort, & peut-être qui ne devroit pas mourir, si vous ne négligiez pas de le rappeller à la vie. Il faut donc lui irriter les narines en y faisant entrer des sternutatoires, des errhines, des sels, des liqueurs pénétrantes, de la moutarde, du jus d'oignons, d'ail, de raifort sauvage, &c. ou les barbes d'une plume, ou l'extrémité d'un pinceau; il faut frotter souvent & rudement les gencives avec les mêmes choses. Il faut piquer les organes du tact avec les fouets & les orties, &c. Irriter les intestins au moyen des lavemens, du vent, de la fumée, agiter les membres par des extensions & des inflexions violentes; fatiguer l'oreille de sons, de cris, de bruits; & sur-tout faire attention qu'on ne doit pas conclure la perte totale de l'ouïe, de ce que le corps que vous examinez ne donne pas le mouvement même le plus léger, des paupières, des levres, des doigts ou de quelque autre partie, aucun signe qu'il entend; car si l'on pense communément que le cœur est la première partie du corps qui se meuve, ceux qui, privés de tout autre sens, ne laissent pas de rapporter ensuite exactement tout ce qu'ils ont entendu, sont en état d'attester que le sens de l'ouïe est celui qui s'éteint le dernier.

Cette vérité est notamment établie par le témoignage d'un célèbre théologien, qui avoit enseigné en premier lieu, qu'il ne falloit pas donner l'absolution à un mourant qui ne faisoit connoître par aucun signe qu'il entendoit encore; mais qui changea d'avis après une défaillance si considérable qu'il avoit perdu tout mouvement, parce qu'il avoit distinctement entendu tous les discours des assistans. Enfin il est nécessaire pour tâcher de trouver des signes de la vie ou de la mort, d'emprunter le secours de cette partie de la médecine, dont Celse a dit, il y a long-tems, que les effets sont les plus sensibles.

Les épreuves chirurgiques qu'on regarde comme les plus propres à mettre l'un ou l'autre en évidence, sont principalement les blessures qui se font avec les instrumens piquans ou tranchans, ou avec le feu; ces déchiremens ont quelquefois rappellé comme de la mort à la vie, des corps aussi insensibles à toute autre épreuve que des termes & des souches: car les petites fibrilles des extrémités des nerfs, qui constituent principalement l'organe du tact, tiraillées, séparées, déchirées par l'impulsion violente d'une pointe, d'un tranchant, ou de la matière ignée, & dépouillées de l'épiderme qui les recouvre, transmettent au siége commun de toutes les sensations, par des voies inconnues jusqu'à nos jours & avec une extrême vitesse, le sentiment des douleurs les plus pénétrantes, & c'est par cette raison que les épreuves de piquer le dedans des mains, ou la plante des pieds, & de sacrifier les omoplates, les épaules, les bras; &c, ont souvent réussi pour découvrir une mort certaine. De là vient aussi le succès de l'heureuse témérité d'une personne, qui ayant fait entrer profondément une longue aiguille sous l'ongle d'un des doigts du pied d'une femme apoplectique qui ne donnoit aucun signe de vie, la fit dans l'instant même revenir à elle.

Les exemples que nous avons rapportés ci-devant, prouvent incontestablement que les incisions ont fourni des preuves que la vie des personnes qui les ont souffertes n'étoit pas finie. Enfin on regarde comme très efficaces pour connoître l'état d'une vie incertaine, les épreuves qui se font par le moyen du feu; aussi le célèbre Lancisi, que nous avons cité

cité plus haut, & qu'on ne doit pas se lasser de citer, rapporte-t-il que des manœuvres, que les remédes les plus violens n'avoient pas pu réveiller d'un assoupissement apoplectique, ont été sur le champ rappelles à la vie, en approchant de la plante de leurs pieds des fers rouges. D'autres auteurs conseillent, pour le même effet, de les mettre sur le sommet de la tête. On peut, avec le même succès, appliquer aux mains, aux bras ou à la peau de quelque autre partie du corps, de l'eau, de la cire ordinaire bouillante, ou de la cire d'Espagne brûlante, ou bien une méche allumée.

On peut rapporter à la même cause l'effet des frictions violentes, dont s'est servi avec succès un médecin, dont parlent les mélanges de l'académie des curieux de la nature. S'étant apperçu qu'un homme qu'on croyoit mort, avoit encore les membres flexibles, quoiqu'on ne sentît point de pouls, que l'immobilité du coton approché de la bouche, déposât contre l'existence de la respiration, & que les lavemens les plus âcres fussent sans effet, il fit frotter fortement la plante des pieds de cet homme avec une étoffe très-dure, pénétrée d'une saumure très-forte, & par ce moyen le rappella à la vie. Cependant, quelque efficaces que soient ces moyens pour juger de l'état d'un sujet qu'on croit mort, il est certain qu'ils sont quelquefois insuffisans; & sans m'arrêter à compiler des exemples, je me contenterai d'en appeller à l'histoire communiquée à l'académie royale des sciences, d'un soldat sur qui le fer chaud ne faisoit aucune impression douloureuse, bien que tous les organes des mouvemens volontaires fussent en bon état. *Voyez* MORT, NOYÉ, SÉPULTURE.

INOCULATION. s. f. insertion du virus de la petite vérole faite dans l'intention de donner cette maladie à quelqu'un, dans un instant ou il y a moins de danger pour lui de l'avoir.

C'est pour prévenir la mortalité de la petite vérole que l'*inoculation* a été imaginée. On a remarqué que cette maladie depuis qu'on la connoît, n'a épargné presqu'aucun des individus des lieux où elle a pénétré, & qu'elle ne revient pas deux fois dans le même sujet; elle a d'ailleurs signalé en différens tems sa présence par des ravages affreux, par des dévastations innombrables, par des atteintes cruelles à la vie, à la santé, à la beauté; elle a sur-tout semblé augmenter de fureur, à proportion que les sujets étoient avancés en âge, s'aigrir & s'aggraver par diverses complications que la manière de vivre & la société présentent inévitablement; elle a donné lieu trop souvent à des traitemens hypothétiques & peu sûrs, & bravé même quelquefois ceux qui étoient les plus appropriés.

Ce spectacle & ces considérations ont dû naturellement engager à chercher & à adopter un moyen qui en déterminant à volonté ce mal dans les circonstances les plus favorables, le diminuoit, le simplifioit, en anéantissoit à-peu près les suites & les dangers, & donnoit contre son retour la plus absolue sécurité. La philosophie de l'intérêt a été plus éclairée & plus décisive à cet égard, que celle de la raison & du sentiment. Les peuples qui font de la beauté un commerce lucratif, tels que les arméniens, les georgiens, les circassiens, ont depuis plusieurs siècles pratiqué l'*inoculation* pour assurer cet objet de spéculation, les colons d'Amérique, qui ont des troupeaux d'hommes pour la culture de leurs habitations, se sont empressés d'accueillir & de pratiquer, dès qu'ils l'ont connu, ce moyen de soustraire les artisans & les fondemens de leur fortune, aux ravages très-considérables de cette maladie.

L'*inoculation* portée à Constantinople avec les belles femmes qui en avoient été les heureux sujets, fut introduite & répandue au commencement de ce siècle dans le reste de l'Europe par les écrits de Boyer en France, par ceux de Timoni & de Pilarini en Allemagne & en Italie, & par l'exemple courageux de Ladi Montague en Angleterre. Les faits & les ouvrages ont été multipliés ensuite par des praticiens éclairés, par d'illustres auteurs, de manière à forcer aujourd'hui en sa faveur le suffrage le plus général. Il a reçu une nouvelle force & un appui plus solide des opinions opposées.

Les magistrats, protecteurs de l'ordre général, ont été excités à s'occuper d'un objet qui intéressoit & qui pouvoit compromettre la sûreté publique. Tout ce qui change, modifie, intervertit la manière d'être ordinaire, est de leur ressort, & digne de leur surveillance; plus l'article de la santé est important & précieux, plus ils sont obligés de veiller à ce qui y est relatif. La loi qui chez les Syriens défendoit, sous peine de la vie, aux médecins de s'écarter des recettes consignées dans le code sacré, & aux malades de manquer à l'exécution de leurs ordonnances, pouvoit être d'une rigueur nuisible; mais la police, sans forcer la confiance, peut & doit écarter les mauvais moyens de traitement, & les distributeurs sans aveu de remède, comme sans gêner le régime des citoyens elle empêche la vente des nourritures malsaines. La société ne doit ni être privée de secours utiles, ni livrée à des prestiges dangereux; il faut pour cela, avant qu'on permette l'usage d'une méthode nouvelle, le débit d'un remède secret, que leurs avantages & leurs inconvéniens ayent été sévérement discutés & impartialement constatés. On a, dans ces circonstances, un double écueil à éviter; d'un côté, l'orgueil & l'avidité des inventeurs, & l'enthousiasme trop ordinaire du public pour les nouveautés; & de l'autre, la vanité, l'inertie, la prévention, & quelquefois même l'intérêt opposé des corps ou des particuliers. Le magistrat, à l'abri de ces passions, doit profiter de leur effet, de celui du tems & de la raison, qui finissent toujours par triompher. Ainsi l'émétique, après avoir été l'objet des discussions les plus animées, des disputes les plus scandaleuses, a été reconnu & jugé un remède puissant & digne d'être consacré à l'utilité publique.

L'*inoculation* a dû exciter encore plus l'attention des médecins, du public, & des chefs de la police; il n'étoit pas question d'une ressource dans un cas de maladie grave, où déja un danger pressant autorisoit en quelque façon des tentatives incertaines & délicates; mais c'étoit une maladie qu'on proposoit de donner dans l'état de la santé la plus florissante; c'étoit un poison actif qu'on alloit insérer dans les veines pour qu'il y déployât une funeste énergie. Que de motifs, que de certitudes ne falloit-il pas avoir pour tenter, pour autoriser une pareille entreprise? Quelle raison puissante pourra déterminer une mère tendre à présenter un enfant chéri à l'acier aigu chargé de venin qui doit substituer aux agrémens de la santé, les horreurs de la maladie? Comment le magistrat pourra-t-il être décidé à permettre l'emploi d'un moyen qui produit un mal réel, dans l'espérance incertaine d'un bien à venir? Et quelle considération ne lui fournira pas le risque auquel la fantaisie d'un particulier peut exposer la société entière en appellant dans son sein une maladie contagieuse? Il a dû, sans doute, avant de prononcer sur de si grands intérêts, réunir les lumières des ministres de la religion, des interprêtes des loix, & des docteurs de la santé.

Ce fut l'objet naturel des arrêts que le parlement rendit en 1762 & 1763; ils donnèrent lieu, suivant ses intentions, à un grand nombre d'écrits polémiques, auxquels le zèle du bien public ou des passions moins nobles concoururent, mais qui contribuèrent à remplir le vœu des magistrats, en éclaircissant la question. La faculté, en proie à la plus grande fermentation, fut divisée en deux partis. M. Petit, fut l'organe de celui qui étoit favorable à l'*inoculation*; il parut ajouter aux charmes de la vérité par ceux de son caractère & de son éloquence, tandis qu'un autre soutenoit l'opinion contraire avec une dureté qui ne lui étoit que trop familière. Ce dernier remplaça les bonnes raisons qui lui manquoient, par des sarcasmes & des personnalités qu'il poussa au point d'exciter l'animadversion du magistrat chargé de la police. On vit des auteurs distingués, des médecins célébres se ranger de bonne foi sous les étendards de l'un & de l'autre. Il y en avoit qui présentoient avec un zèle plus pur qu'éclairé, des sophismes déplacés, des calculs insidieux, dont ils étoient eux-mêmes la dupe, pour armer contre l'*inoculation* la sévérité des loix & répandre l'alarme & l'horreur dans les cœurs paternels, & les déterminer à préférer le joug impérieux d'une cruelle fatalité. D'autres, peut-être plus répréhensibles, ayant adopté la chimérique idée que l'air ne pouvoit transmettre la petite vérole, bâtissant sur ce caduc fondement le projet d'extirper cette maladie, tâchoient d'inspirer aux magistrats des décrets rigoureux pour faire séquestrer ceux qui en étoient attaqués, pour former des barrières, pour imposer à la société des gênes & des entraves, &c.

L'exemple du roi & de ses frères, joint à grand nombre d'autres, a décidé la question de l'utilité & de l'admission de cette méthode; il a suppléé aux décisions positives des facultés, des corps académiques, des tribunaux. L'*inoculation* a été autorisée de fait, & même un acte émané de la police de la cour en 1786, exige que ceux qui se présenteroient pour être reçus pages, prouveroient qu'ils avoient eu la petite vérole naturelle ou inoculée: ordonnance bien sage, qui assure la santé des individus, supprime une source fréquente de désagrémens, de difformité, de maladie, de contagion, d'interruption de service, &c. Il y a bien des cas auxquels on pourroit étendre ce réglement, & déterminer ainsi sans violence & sans effort les citoyens à un parti aussi raisonnable; mais en général la loi doit être à cet égard plutôt persuasive qu'impérative; il faut que l'opinion soit auparavant décidée par l'évidence & l'utilité; mais il seroit bien à propos que les moyens en fussent faciles. Le gouvernement peut seul, par des établissemens convenables, mettre ce secours à portée de toutes les conditions, de toutes les fortunes, de toutes les positions; & ce seroit un des plus grands bienfaits qui pussent être répandus sur la génération commençante.

En laissant aux particuliers la liberté d'attendre la petite vérole naturelle, ou de l'accélérer dans un tems favorable par l'*inoculation*, les magistrats ont dû pourvoir aux moyens d'empêcher que les précautions des uns ne fussent pour les autres un sujet d'incommodité ou d'inquiétude. Les maladies contagieuses ont toujours, & avec raison, attiré leur attention & leurs soins. Quoique la lèpre, incapable d'être transmise par l'air, exigeât pour être communiquée un contact immédiat, il étoit sévèrement ordonné que ceux qui en étoient atteints seroient tirés du milieu de la société, pour la soustraire au spectable horrible de ces maux, & au dangers d'y participer. Il y a sans doute des affections qui lui sont encore plus funestes, sur lesquelles il seroit bien à désirer que la surveillance de la police pût s'exercer; la découverte des moyens propres à remplir ce grand objet sans nuire à la liberté & à la réputation, seroit bien importante & bien utile. La petite vérole, lorsqu'elle est naturelle, ne sçauroit se prêter à des réglemens prohibitifs; indépendamment de la facilité qu'elle auroit à franchir les barrières qu'on tenteroit de lui opposer, d'être transportée sur les ailes des vents, de passer inconnue, même en s'attachant à des foyers solides ; le public & sur-tout le peuple ne pourroit supporter les gênes, les contraintes, l'inaction, & les sacrifices qu'il faudroit lui imposer pour isoler & concentrer les sujets attaqués de cette maladie.

On a cru ces précautions plus faciles & ces réglemens plus justes à l'égard de la petite vérole inoculée ; on ne peut qu'applaudir au zèle des magistrats. La loi qui défend d'inoculer dans Paris en-deçà des barières, a été déterminée par le motif d'empêcher qu'il n'y eût dans la ville un foyer perpétuel de contagion, de soustraire à des vues pusillanimes, le spectacle trop fréquent d'objets capables de semer la crainte, l'horreur & le danger. *Voyez* SALUBRITÉ.

INONDATION. s. f. Grand amas d'eau subitement produit, soit par le débordement d'un fleuve, soit par quelqu'orage ou fonte inopinée de neige.

Les malheurs qui résultent des grandes *inondations* sont connus, & l'on doit mettre au rang des premiers soins de la police des villes & des campagnes, celui de s'en garantir & de les arrêter. En général elles peuvent causer différentes sortes de dommages, suivant le lieux où elles se portent.

Dans les campagnes les *inondations* détruisent les moissons, entraînent les cultures & les habitations riveraines de rivières. C'est un des fléaux de l'agriculture dans les lieux bas, & où l'on n'a point coupé le terrein par des fossés qui servent de décharge aux eaux soit de la pluie, soit de débordement.

Ces *inondations* ont encore un inconvénient c'est celui de donner lieu à des marres, qui, contenant ordinairement des substances animales, donnent lieu à des émanations très-dangereuses pour la santé des habitans.

Une des causes de ces *inondations* sont souvent les embarras produits dans le cours des rivières, par les moulins, usines ou autres établissemens de ce genre ; cet abus a été & est encore porté à un excès très-grand dans les provinces, & de-là viennent les quantité prodigieuses des marais & autres amas d'eau qui se trouvent dans quelques cantons.

Sur cet objet de la police des campagnes, il a été fait nombre de réglemens & d'arrêts du conseil, qui n'ont rien produit, ou du moins très-peu de chose, & c'est un des soins des corps administratifs provinciaux, que celui d'opérer enfin quelqu'utile amélioration dans cette partie ; mais il n entre point dans notre plan de faire connoître tous ces détails, qui, quoique liés avec notre sujet & pouvant lui donner plus de développement, donneroient à notre ouvrage trop d'étendue ; nous allons donc revenir à ce qu'exigent de la police des villes, les précautions contre l'*inondation*.

À cet égard on doit considérer ce qu'il faut faire avant, pendant & après l'*inondation*.

Avant l'*inondation*, c'est-à-dire, lorsque l'on craint qu'elle n'ait lieu, que quelque chose puisse la faire naître, comme l'approche de la fonte des neiges, ou d'une saison pluvieuse : alors on doit faire éloigner des endroits exposés, tout ce qui pourroit être entraîné dans le torrent ou submergé par l'approche des eaux. Il est encore utile de faire des coupures nécessaires dans de certains lieux, & d'opposer dans d'autres une digue à la rapidité du courrant. Toutes ces mesures dépendent des localités, & leur succès de l'intelligence & des soins des officiers de police des villes.

Autrefois à Paris l'on ordonnoit le déménagement des ponts, lorsque l'instant de la fonte des glaces approchoit, & qu'on supposoit qu'elle seroit considérable. Cette précaution tenoit à la crainte des accidens qu'auroit infailliblement occasionnés l'écroulement du pont, si, par malheur, il fût arrivé sans avoir pris cette mesure ; ainsi qu'on le vit au pont Notre-Dame, je crois, dans le treizième siècle. Mais ces accidens naissent autant par la force des glaces qui frappent contre les arches du pont, que par l'action de l'eau ; ou plutôt la vîtesse de l'eau accrue par son gonflement, donne au choc des glaçons une force qu'il n'auroit pas autrement.

Pendant le tems de l'*inondation* tout se borne dans les villes à prévenir les accidens qui pourroient naître de l'extrême hauteur de l'eau, à donner secours aux bâtimens ou maisons qui seroient en péril, à procurer aux piétons des facilités pour passer dans les endroits submergés, à prendre garde encore aux dégradations causées par l'eau aux divers ouvrages qui bordent les bords des rivières, ou servent à la solidité des ponts ; mais ce dernier soin se rapporte à ceux que les officiers de police ou municipaux doivent prendre après l'*inondation*.

Ces derniers sont de plusieurs espèces, d'abord, comme nous venons de le dire, on doit porter son attention sur les dégradations qu'a pu produire l'*inondation* ; cette attention est indispensable & peut prévenir de très-grands dangers ; car on a vu des bâtimens s'écrouler par suite des dégradations de l'eau.

La seconde précaution à prendre se rapporte à la pureté de l'air qu'il faut soigneusement conserver, dans les villes surtout, & que ne manquent jamais de détruire les marres qu'a produites l'*inondation*, surtout dans les caves, où mélangée avec d'autres substances, l'eau forme un foyer de corruption & de puanteur dangereuses. C'est pour remédier à ce danger qu'on a rendu différentes ordonnances, qui malheureusement ne sont que très-imparfaitement exécutées.

Celle du 18 janvier 1741, porte que les propriétaires & principaux locataires des maisons de Paris & fauxbourgs, qui ont encore de l'eau dans leurs caves, seront tenus de les vider deux jours après la publication de l'ordonnance; seront aussi tenus les propriétaires de pourvoir ensuite aux réparations à faire tant aux voûtes des caves, qu'aux voûtes des fosses d'aisances qui peuvent avoir été endommagées, & aux fondemens des maisons qui menaceroient le moindre danger; le tout à peine de quatre cents livres d'amende pour chaque contravention. Porte en outre que tous ceux qui auront du bois dans leurs caves, ou dans d'autres endroits de leurs maisons où l'eau aura pénétré, seront tenus de le faire sortir, & de le faire sécher à l'air, avant de le remettre dans les mêmes dépôts, à peine de 200 l. d'amende pour chaque contravention. Et comme il pourroit se trouver des propriétaires & principaux locataires qui négligeroient d'exécuter les conditions ci-dessus prescrites, il sera fait des visites exactes dans tous les quartiers, par les commissaires, chacun dans leur département, lesquels se feront assister de tels architectes qu'ils jugeront à propos de choisir, pour être ensuite pourvu, sur le rapport desdits commissaires, suivant l'exigence des cas; il leur sera pareillement enjoint de tenir la main à l'exécution de la présente ordonnance, qui sera lue, publiée & affichée partout où besoin sera, à ce que personne n'en ignore.

INSPECTEUR, s. m. Officier chargé de l'inspection de quelque chose. C'est des *inspecteurs* de police qu'il sera seulement question ici.

Ces officiers ont été d'abord établis en 1708, au nombre de quarante, pour s'occuper des divers objets de police & de surveillance dans Paris. Ils ont été ensuite réduits à vingt par l'édit du mois de mars 1740, & la finance de leur charge taxée à 7,500 liv.

Il n'existe plus aujourd'hui d'*inspecteurs* de police. L'abus de leur place & de leurs fonctions les a fait détester; cependant ils auroient pu rendre des services. Ils étoient partagés en vingt quartiers dans Paris, & chargés de plusieurs parties de la police, comme de viser les livres des personnes tenant hôtel-garni ou logeant à la nuit, ceux des fripiers, tapissiers, brocanteurs & autres personnes achetant & vendant des effets de hasard; ils étoient autorisés, par ce même édit, enregistré au parlement le 3 mai suivant, à percevoir de ceux tenant hôtel-garni à porte cochère, douze livres par année; de ceux tenant maison garnie à petite porte, six livres, & en outre trois livres, aussi par année, de tous les tapissiers, brocanteurs, fripiers & ferailleurs, vendant & achetant du vieux.

Ces sommes faisoient leur bourse commune, & étoient également réparties entre tous.

Par la susdite ordonnance, ils étoient assujettis à faire eux-mêmes ces visites hebdomadaires; mais comme ils avoient jugé à propos de secouer ce joug, un de leurs préposés, chacun dans leur quartier, étoit chargé de ce soin, & ils lui donnoient trois cents livres par année, & même quelques-uns d'entr'eux moins.

Outre ce travail commun pour tous, les vingt, à-peu-près, étoient chargés par le magistrat qui présidoit à la police, de l'inspection d'une partie particulière, de faire les captures & emprisonnemens y relatifs, & de mettre à exécution les lettres de cachet.

Quatre d'entr'eux, & assez ordinairement les plus anciens en charge, étoient chargés de la sureté, c'est-à-dire, de prendre chez les commissaires au châtelet, connoissance des déclarations de vols, de faire la recherche des personnes y dénoncées & soupçonnées, d'arrêter les évadés ou libérés des galères, les infractaires des bannissemens, soit du châtelet, soit de la cour du parlement.

Quoique leur traitement fût considérable, ils s'occupoient peu de leur état, en remettoient le soin à un commis qui dirigeoit leurs opérations, traçoit aux subalternes la marche qu'ils avoient à tenir pour faire des découvertes.

Les commis mal payés, les préposés presque point, se permettoient beaucoup de mauvaises manœuvres, quelques subalternes ont même été arrêtés commettant des vols.

Ces officiers, pour augmenter leurs revenus, avoient entrepris, depuis environ quinze ans, de faire les captures des mendians; celles-ci, plus faciles que celles des personnes prévenues de vols, fixoient davantage leur attention; ils les recommandoient plus expressément à leurs préposés, qui en mettoient quelques-uns à contribution, arrêtoient les autres, & malheureusement quelquefois à faux; ce qui a, de tout tems, fait crier le public.

Mais cette besogne régulièrement payée chaque mois, anciennement par M. l'intendant de la généralité de Paris, & depuis peu par M. de la Millière, contentoit presque leur avidité.

Pour le bien général, la sureté & la mendicité n'auroient jamais dû être réunies sous les mêmes *inspecteurs*.

Ces quatre officiers tiroient de la police, par an, à-peu près quatre-vingt mille livres; de M. de la Millière, pour la mendicité, quarante à quarante-cinq mille livres; faisoient très-peu de frais, se faisoient donner en outre, depuis le mois de juillet 1785, une gratification annuelle de trois mille livres, qui leur a été passée jusqu'au mois de juillet

1789, époque de la révolution ; en outre, ils faisoient des mémoires pour des observations particulières & frais extraordinaires, qui ne leur coûtoient guère ; le partage du bénéfice, les frais prélevés, se faisoit ainsi : le plus ancien, le tiers ; les deux suivans, chacun un quart, & le dernier un sixième.

Le possesseur du tiers avoit annuellement vingt-six à vingt-sept mille livres, frais faits, & les autres à proportion.

L'inspection des escrocs & des juifs faisoit un département séparé ; cette partie rapportoit douze à quinze mille livres ; on avoit beau présenter au magistrat des mémoires contre quelques faiseurs d'affaires ou courtiers de mauvais billets, les privilégiés de l'*inspecteur* & du commis n'avoient jamais tort, & l'on répondoit toujours en leur faveur.

La partie des jeux a toujours été la plus lucrative ; celui qui l'avoit ci-devant est mort, il y a dix ans, avec quarante mille livres de rente ; le titulaire actuel tiroit par an, de la police, à-peu-près vingt mille livres ; n'en dépensoit pas deux pour payer ses employés ; tiroit une contribution des maisons de jeux, connues sous le nom d'*académie* ; des banquiers faisant jouer au *Biribi*, *Loto*, à *la Couleur*, & autres jeux de hasard qu'il toléroit ; & sans exagérer, on la peut porter annuellement à soixante mille livres.

Il n'y a pas quatre mois qu'un certain docteur *Batral*, qui donnoit à jouer au *Biribi*, a distribué trente mille livres également entre le commissaire, l'*inspecteur* & le chef du bureau de la police, tous trois ayant le département des jeux.

Les préposés subalternes rançonnoient les filoux qui fourmillent dans les maisons de jeux, fermoient les yeux sur les parties de convention, & gagnoient beaucoup.

Il n'est pas possible de faire un tableau exact des abus, des malversations & des infamies que commettoit celui qui étoit chargé de la partie de surveiller les filles publiques.

Ami & protégé de quelques commis de la police, adroit & insinuant auprès du chef, il se croyoit tout permis.

A sa fête & au renouvellement de l'année, les filles, celles qui trafiquent & colportent leurs charmes, ceux qui les logent, tous s'empressoient de lui faire des cadeaux ; écuelles, couverts, huiliers, le tout en argent ; linge, étoffes, bas de soie, vins de liqueurs, tout abondoit chez lui ; il tenoit registre des plus fortunées, des plus généreuses, les forçoit de lui apporter chaque semaine une feuille des personnes qui venoient les voir ; les plus pauvres, ou celles qui dissipoient tout, étoient assurées d'être renfermées souvent à l'hôpital.

Cet homme ne payoit point ses gens, leur auroit presque affermé l'avantage de lui appartenir & de travailler pour lui.

Le Mont-de-Piété, cette partie qu'il est essentiel de surveiller, auroit dû correspondre davantage avec la sureté dont elle paroît démembrée ; elle coûtoit à la police à-peu-près douze mille livres par an ; l'administration de cette maison y ajoute environ mille écus ; elle a toujours été assez soigneusement remplie.

La surveillance des étrangers de marque, pour empêcher qu'ils ne soient la dupe des fournisseurs, les entendre dans les plaintes qu'ils peuvent porter contre leurs domestiques, qui sont presque tous de louage, formoit encore une partie confiée à un *inspecteur*. Ses frais ne coûtoient pas beaucoup à la police.

La partie de surveiller les militaires, de les arrêter à heure indue, de constater les engagemens des recrues, formoit aussi un département, lequel coûtoit considérablement à la police ; malgré qu'il eût éprouvé beaucoup de réformes depuis sept à huit ans, il ne laissoit pas de rapporter encore à celui qui en étoit chargé, vingt à vingt-cinq mille livres. *Voyez* MILITAIRE & ENGAGEMENT.

Toutes les plaintes contre les cochers de place, les charretiers, les rapports y relatifs, les captures de ceux qui, pour ces objets, contrevenoient aux réglemens de police, regardoient l'*inspecteur* à ce préposé ; sa partie coûtoit douze mille livres environ à la police ; il commettoit beaucoup d'abus, sur-tout aux encans de chevaux

Un *inspecteur* chargé d'empêcher la distribution des annonces des remèdes des non-privilégiés, la vente des drogues, coûtoit peu à la police, aussi étoit-il peu nécessaire.

Un *inspecteur* de police étoit encore chargé de surveiller ce qui se passoit dans la vente des bestiaux à Paris, à Poissy & à Sceaux. Il tiroit peu de chose de la police ; l'agiotage qu'il se permettoit avec les bouchers, & à la caisse, l'indemnisoit.

Les captures des pédérastes étoient très-fréquentes sous M. Le Noir, & donnoient alors beaucoup d'occupation & de profit à celui qui en étoit chargé. Il y eut beaucoup de méprises & d'abus ; elle est diminuée, & ces Messieurs s'adonnent librement à leur goût. *Voyez* PÉDÉRASTIE.

L'inspection de la librairie, des colporteurs, les vérifications relativement à l'obtention des sauf-conduits, formoient encore un apanage très-lucratif pour un des vingt ; il en tiroit le meilleur parti ; il commettoit, & souffroit de la part des siens, beaucoup d'abus & de vexations.

On ne s'occupoit plus, depuis quelque tems, de l'inspection sur les domestiques ; cela auroit dû regarder uniquement la sureté.

L'inspection de ce qui se passe à la Bourse, des bruits qui se débitoient dans les cafés, formoit un département très-lucratif, sur-tout pour celui qui le possédoit, qui entendoit merveilleusement la fabrication des mémoires de frais, sans bourse délier.

La partie des nègres formoit un très-petit département peu lucratif. Anciennement il occasionnoit quelques voyages dans les ports de mer, pour faire rembarquer quelques nègres malgré eux.

Ces deux derniers n'avoient point de département fixe ; le magistrat, par des voyages & des observations particulières, leur faisoit gagner beaucoup d'argent.

Toutes ces divisions coûtoient des sommes considérables ; les *inspecteurs* s'en approprioient la majeure partie, & abandonnoient les soins qu'ils auroient dû prendre à des subalternes pour la plupart ineptes & mal choisis. *Voyez* ABUS, POLICE & PARIS.

INSTALLATION, s. f. L'action d'établir une personne ou un corps dans l'exercice de ses fonctions. Nous parlerons ici de l'*installation* des juges, parce que c'est une des fonctions attribuées aux municipalités, par le titre VII des lettres-patentes du 24 août 1790, sur les décrets de l'assemblée nationale, concernant l'*ordre judiciaire*.

On y lit : 1°. lorsque les juges élus auront reçu les lettres-patentes du roi, ils seront installés en la forme suivante.

2°. Les membres du conseil général de la commune du lieu où le tribunal sera établi, se rendront en la salle d'audience, & y occuperont le siège.

3°. Les juges introduits dans l'intérieur du parquet, prêteront à la nation & au roi, devant les membres du conseil général de la commune à ce délégués par la constitution, & en présence de la commune assistante, le serment *de maintenir de tout leur pouvoir la constitution du royaume décrétée par l'assemblée nationale & acceptée par le roi, d'être fidèles à la nation, à la loi & au roi, & de remplir avec exactitude & impartialité les fonctions de leurs offices.*

4°. Après ce serment prêté, les membres du conseil général de la commune, descendus dans le parquet, installeront les juges, & au nom du peuple, prononceront pour lui l'engagement *de porter au tribunal & à ses jugemens, le respect & l'obéissance que tout citoyen doit à la loi & à ses organes.* *Voyez* MUNICIPALITÉ.

INTOLÉRANTISME, s. m. C'est le système de l'intolérance. Il diffère du fanatisme ; celui-ci aveugle, trouble celui qui en est frappé ; l'autre est plus calme, & naît de l'opinion qu'on s'est faite du danger de quelque chose, ou du mépris qu'on se croit autorisé d'avoir pour elle ; l'un consiste à ne point accorder son estime, sa confiance à quelqu'un ; l'autre à vouloir le forcer à changer de sentiment. L'*intolérantisme* est négatif, il ne persécute pas, il se contente de refuser, d'éloigner. Le fanatisme est actif, ardent, & contraint avec violence, lorsqu'il désespère de persuader avec promptitude. Le fanatisme porte sur les opinions, l'*intolérantisme* sur la conduite ; mais l'un & l'autre sont également odieux & contraires aux loix de la justice & de la liberté. On peut observer encore que le dernier est enfant du premier, sur-tout lorsqu'il est porté à un certain degré d'intensité.

On peut distinguer trois espèces d'*intolérantisme*, le moral, le politique & le religieux. Le premier prend sa source dans des principes de perfection, d'après lesquels on juge les hommes, sans considérer les maux très-grands & l'injustice qui souvent en sont la suite ; il consiste encore dans une extrême sévérité de mœurs, qui fait sacrifier les devoirs de l'humanité à ceux que prescrivent les conventions ou l'usage.

C'est ainsi, par exemple, qu'un excès d'amour pour l'ordre, ou peut-être une vertu trop farouche, un sentiment exalté de régularité morale, a frappé d'infamie les enfans que l'on appelle illégitimes, & les mères qui leur donnent le jour, sans considérer que le hasard, des foiblesses pardonnables, la séduction, sont souvent les causes de la naissance des uns, & de la faute des autres.

Cet *intolérantisme* moral est plus dangereux en province que dans les grandes villes, & sur-tout à Paris. C'est lui qui force chaque année, à l'expatriation, une foule de mères naturelles, & qui remplit les hôpitaux d'une multitude de bâtards qui, devenus grands, sont perdus pour la société.

L'*intolérantisme* moral s'étend encore à d'autres objets de conduite individuelle, & produit, dans la société, des effets d'une plus grande importance ; il influe sur le choix des hommes publics, & égarant le jugement par la rigidité des prétentions morales, établit des préférences que la justice & plus souvent encore l'utilité publique désavoue.

Aussi doit-on regarder comme une des causes qui ont quelquefois perdu les républiques, & donné de l'avantage aux princes puissans qui ont pris à tâche de les soumettre, la morgue & le rigorisme que les premières affectent dans le choix des personnes qu'elles chargent de leurs intérêts. Elles sont, en général, scrupuleuses sur les qualités morales & la pureté de conduite des membres de leur administration; elles mettent à cela une grande importance; elles n'apperçoivent pas qu'assez ordinairement les hommes de génie ont des mœurs libertines, & que presque toujours l'étendue d'esprit accompagne les vices de la conduite, l'amour des femmes & des plaisirs. Ainsi un conseil de républicains austères éloignera des affaires publiques un homme d'esprit qui aura des maîtresses, pour substituer à sa place un imbécille qui vivra dans la continence.

Cette gaucherie, cette morale déplacée ne tombe pas dans l'esprit des rois, & on les a vu utilement mettre à la tête des affaires, des hommes d'une luxure, d'une mollesse reconnue, & s'en bien trouver. L'expérience leur a prouvé qu'on peut avoir un cœur foible & voluptueux, une ame adonnée aux plaisirs, & porter une tête sagement organisée, entendre les affaires, & savoir l'art de traiter avec les hommes.

Voilà pourquoi les princes sont, en général, mieux servis que les républiques. Les ministres, dans une monarchie, sont absolument les maîtres dans leur conduite privée; leur administration est la seule chose sur laquelle on peut les questionner ou les gêner. Qu'ils vivent en sybarites ou en anachorettes, cela est égal; & comme, sur trente hommes de génie, il y en a vingt-cinq amis du plaisir & des voluptés, il en résulte qu'un plus grand nombre de gens habiles se trouve au service des rois que des états démocratiques.

On prétend que la vertu est l'ame de la république: on a raison. Mais c'est la vertu publique, l'amour de l'égalité, qui n'exclut point du tout celui des plaisirs & du luxe. On ne peut donc s'empêcher de blâmer les peuples qui, par un zèle mal entendu pour les mœurs, se privent d'hommes éclairés, de bons ministres, & souvent de généraux habiles. Il est presque impossible de citer un grand homme à qui l'on ne puisse reprocher des qualités qu'un fanatisme de mœurs eût blâmé & traité de corruption & de mollesse.

On ne doit point conclure de ceci, que le cynisme doive être un titre à la confiance ou à la considération publique; mais on peut en inférer que l'extrême rigorisme, lorsqu'il va jusqu'à sacrifier l'utilité, la justice, la convenance publique à des principes d'une morale très-sévère, dégénère en *intolérantisme*, & devient un des grands vices de la société.

C'est pis encore lorsque l'esprit politique s'en mêle, lorsque l'amour exalté d'un système de gouvernement, ou l'entêtement d'opinions législatives vont jusqu'à repousser, proscrire l'homme qui n'en veut pas, ou n'en peut pas reconnoître le mérite & l'utilité. Alors il se forme des haines, des persécutions secrètes dans la société, la division des familles, & l'esprit de fanatisme.

C'est ce que prouvent, d'une manière frappante, les dispositions actuelles de Paris, & de presque tout le royaume. On y porte l'*intolérantisme* politique jusqu'à vouloir repousser des places ceux dont les maximes de liberté, de gouvernement, n'ont point tous les caractères qu'il plaît au système dominant de leur donner.

L'*intolérantisme* politique tient ordinairement à quelque circonstance, à quelque grand événement dans l'organisation de l'état, ou lorsque le peuple, tout-à-coup entraîné par une idée nouvelle, ne veut rien souffrir qui puisse le contrarier. Il résulte, de cet état de tyrannie, des violences, de grands désordres dans les habitudes & les institutions de la société. Un des plus sensibles est la bassesse de ceux qui prétendent aux places & aux emplois publics. Dans la crainte de déplaire au peuple, ils se plient à ses caprices, flattent ses goûts, & le rendent par conséquent plus intolérant encore envers ceux qui, ne voulant point mentir à leur conscience, lui rappellent ses torts, & le blâment courageusement lorsqu'il s'éloigne de ses devoirs.

L'*intolérantisme* religieux a beaucoup perdu de son intensité; les progrès des lumières & les changemens survenus en Europe, l'ont réduit à peu de chose, ensorte qu'il n'est point dangereux aujourd'hui. On doit le distinguer, au reste, de l'intolérance soutenue par le gouvernement. L'*intolérantisme* religieux est considéré ici dans les individus, & consiste sur-tout dans la haine & les persécutions qu'il inspire aux uns contre les autres, dans la société.

Toutes ces espèces d'*intolérantisme* nuisent aux talens, aux lumières, & font, de la société, une sorte d'état de guerre. Ils font fuir les hommes qui, ne pouvant se conformer aux opinions des autres, pourroient cependant vivre parmi eux, sans leur nuire.

Il est du devoir d'un magistrat de police d'employer les moyens d'instruction qui sont en son pouvoir, pour détruire, parmi le peuple, ces causes de désordre. Mais c'est une tâche très-difficile, sur-tout par rapport à l'*intolérantisme* politique, lorsque des écrivains affectent, comme dans ce moment, d'en propager la doctrine & le goût dans toutes les classes de la société. Alors c'est du tems qu'on doit attendre le remède.

Quant au rigorisme moral, il est toujours plus facile de le dompter, lorsque le magistrat montre, dans l'exercice de ses fonctions, de la condescendance & de la douceur pour ceux qui, foibles plutôt que vicieux, ont choqué la morale, sans l'intention de donner l'exemple d'un scandale public.

Pour l'*intolérantisme* qui s'étend jusqu'à gêner le choix des personnes destinées aux places, qui repousse avec amertume & dédain le mérite ami des plaisirs & de la mollesse, c'est à l'expérience, à la raison, à détromper le peuple à cet égard; & l'un & l'autre sont encore l'affaire du tems. *Voyez* MORALE PUBLIQUE, LUXE & CORRUPTION DES MŒURS.

J.

JARDIN, f. m. Lieu destiné à la promenade, à la culture des fruits & des fleurs. Nous n'entendons parler ici que des *jardins* publics, parce que ce sont les seuls qui peuvent donner lieu à quelques observations politiques, & fournir la matière de quelque réglement. Nous transcrirons, en conséquence, ce qu'en a dit M. *de la Croix*.

» Il est de la grandeur des rois & des princes d'ouvrir leur palais au peuple, de permettre au public de venir admirer la beauté de leurs *jardins*, & de s'y promener. C'est une espèce de bienfait qui se renouvelle à tous les instans; c'est une jouissance qui se communique à tous. Cette magnificence est d'une grande utilité dans les villes dont les habitans sont nombreux; elle les met à même d'aller respirer un air plus pur que celui qui se concentre au milieu de leurs demeures; elle leur procure l'occasion de prendre un exercice salutaire, & les détermine à quitter leurs foyers pour jouir de l'ouvrage de la nature, dirigé & embelli par l'art.

» Plus cette liberté accordée indistinctement à tous les citoyens qui se présentent sous des dehors honnêtes, est noble & généreuse, plus il seroit condamnable d'en abuser & de la rendre onéreuse ou funeste au prince de qui on la tient, puisque par là on commettroit non seulement un acte d'ingratitude, mais qu'on exposeroit encore ceux qui profitent décemment de la même faveur, à en être privés & à être enveloppés dans une défense générale.

» Tous ceux qui entrent dans un *jardin public* pour s'y promener ou pour le traverser, doivent respecter l'image du maître qui est dans tous les lieux qu'ils parcourent, & s'y conduire comme si le maître lui-même les y suivoit. Ils peuvent jouir de tout, mais ils ne doivent rien gâter ni altérer. Cette fleur qui leur fait plaisir à voir, un autre aura le même plaisir à l'observer; & comme elle est pour tous, aucun en particulier ne doit la cueillir; ces arbres qui donnent un ombrage si frais, si salutaire, si quelqu'un se permet de les endommager, il attaque la propriété du maître & le plaisir & la jouissance de tous.

» On est tenu de se comporter dans un *jardin public*, vis-à-vis de ceux qui y sont, comme on se conduiroit dans l'appartement de celui auquel ce *jardin* appartient. La générosité du propriétaire qui nous y admet sans intérêt, & seulement pour nous procurer l'avantage de la promenade, rend ce lieu infiniment plus respectable que les endroits publics où l'on est admis pour de l'argent ou par nécessité: quand à cette jouissance considérable il s'en joint une autre, telle que celle qui résulte du caractère auguste du maître, il est certain qu'à moins d'avoir perdu toute idée de décence & de respect, on ne peut blesser en aucune manière la délicatesse de qui que ce soit; on doit pousser l'attention & le scrupule jusqu'à réprimer tous ses mouvemens de haine, d'indignation, de dédain, devant son plus mortel ennemi que l'on y rencontreroit; le seul parti qu'il soit alors prudent de prendre, c'est de s'éloigner de lui en détournant la tête pour ne pas l'insulter de son regard.

» Les femmes qui se promenent dans les *jardins publics*, & qui en font souvent l'ornement, ont droit à nos égards, à nos hommages, & même à notre admiration lorsqu'elles sont belles. L'attention que nous donnons aux charmes de leur figure, à l'élégance de leur ajustement, à la grâce de leur marche, ne leur déplaît jamais; mais il ne faut pas que cette attention soit trop marquée, parce qu'elle les expose à être en butte à l'empressement de la foule qui les trouble, qui les embarrasse, & les oblige quelquefois de chercher à s'enfuir.

» Cette excessive attention seroit encore plus répréhensible, si elle avoit pour objet de faire remarquer un ridicule, & de livrer à la risée publique une femme mise extraordinairement, ou dont la physionomie seroit difforme. Il y a même à ce sujet une ordonnance rendue en la prévôté de l'hôtel, qui porte que ceux qui insulteront quelqu'un dans un *jardin* ou dans une maison royale, seront poursuivis extraordinairement. Voici ce qui donna lieu: le 12 du mois de mars 1769, plusieurs particuliers s'arrêtèrent pour regarder avec affectation une jeune personne qui étoit assise avec sa mère & sa compagne, dans une des allées des Tuilleries; ils s'attroupèrent autour d'elle, & la forcèrent de se retirer & de sortir par la porte des feuillans, suivie d'une foule de monde.

» Le procureur du roi de la prévôté de l'hôtel rendit plainte de cette scène, » & exposa qu'il n'ar- » rivoit que trop souvent que différens particu- » liers, oubliant le respect & la décence que l'on » doit garder dans les *jardins* des palais qui appar- » tiennent à sa majesté, s'y conduisoient d'une ma- » nière répréhensible, se fixant, s'arrêtant, par le » seul effet de leur caprice, & sans aucun sujet, » devant des personnes, singulièrement d'un sexe » qui doit mériter le plus d'égards: que ces mêmes » particuliers forment des espèces d'attroupemens » autour d'elles, ce qui les force de se retirer après » avoir essuyé, par ce moyen, un genre d'in- » sulte, & les prive ainsi de l'avantage des pro-

» menades que sa majesté veut bien procurer à ses » sujets ; qu'une pareille conduite étoit d'autant » plus condamnable, qu'elle blessoit tout à la fois, » & la majesté royale, par le manque de respect » dans ses palais, & la tranquillité publique ».

» Sur cette remontrance, il fut arrêté qu'il seroit procédé à la continuation de l'information commencée contre les quidams, auteurs du trouble arrivé le 11 mars, & que les ordonnances de sa majesté concernant la police qui doit être observée dans les palais, châteaux & *jardins* en dépendans, & singulièrement dans celui du château des Tuilleries, seroient exécutées selon leur forme & teneur ; en conséquence, que tous particuliers seroient tenus de se conduire dans lesdits *jardins* avec toute la décence & le respect dus auxdits lieux ; la même ordonnance porte : » faisons défenses de former au» cuns attroupemens dans lesdits *jardins*, sous tel » prétexte que ce puisse être, sous peine contre » ceux qui seroient les auteurs desdits attroupe» mens, d'être poursuivis extraordinairement sui» vant la rigueur des loix, pour le manque de » respect dû à sa majesté, & comme perturbateurs » de la liberté & de la tranquillité publique ». Cette ordonnance a été affichée aux *jardins* des Tuilleries, du Luxembourg, & des autres maisons royales.

» On ne devroit pas se permettre de mener dans un *jardin public* ces animaux domestiques, qui, dans leur course rapide, & par leurs mouvemens de joie, dérangent la symmétrie des parterres, gâtent les plate-bandes, & augmentent les frais de l'entretien. Mais puisque par égard pour la foiblesse de ceux auxquels ces animaux appartiennent, & qui se plaisent à s'en faire suivre, on tolère qu'ils les y fassent entrer, au moins faut-il qu'ils aient un œil attentif sur eux, qu'ils les éloignent des endroits que leurs pas peuvent endommager.

» Il n'arrive que trop souvent que nos *jardins publics* deviennent les lieux de prostitution. La nuit y prête souvent son voile à des amours mercenaires ; des beautés errantes y offrent des conquêtes faciles. Nous n'avons pas besoin de dire combien l'homme qui s'abandonne à cette débauche honteuse, manque tout à la fois & aux mœurs publiques, & à la majesté royale qui réside dans tout son palais.

» Les ordonnances multipliées rendues contre cette prostitution nocturne, la surveillance des gardiens, les condamnations sévères prononcées contre les coupables surpris, ont intimidé, mais non pas corrigé ceux qui ne l'avoient pas été.

» Des ordonnances ont interdit aux gens du peuple & aux domestiques l'entrée de ces *jardins publics*, qui par là sont devenus le rendez-vous des citoyens honnêtes ; & la preuve de la sagesse des ces ordonnances, c'est le dégât, le ravage, le tumulte que la populace y répand le seul jour où elle y est admise. Jusqu'à quel point la licence & la barbarie n'ont-elles pas été récemment portées dans un des plus beaux *jardins* de l'univers ? Les statues, ces chef-d'œuvres de la sculpture, qui animent & embellissent les charmans bosquets de Marly, ont été mutilés par des mains ennemies des arts. Certainement ceux qui ont commis ces attentats ont mérité une peine très-sévère, & il auroit peut-être été à souhaiter qu'en échappant à la rigueur des ordonnances, leur action criminelle, & que l'ignorance la plus barbare ne rend pas excusable, n'eût pas été tout-à-fait impunie. Des *jardins* grandement dessinés & peignés avec soin, tels que ceux qui embellissent la capitale, sont précieux aux yeux de ceux qui ont le goût du beau, & auxquels l'habitude du luxe a rendu l'art nécessaire ; mais il ne faut au peuple que des bois, que des champs couverts de gazons, que des fleurs qui viennent sans culture. Ennemi de la gêne, de la contrainte, il faut qu'il puisse tout fouler, tout arracher : ses promenades ne doivent offrir à ses yeux ni vases, ni fleurs précieuses. Il ressemble aux enfans qui aiment à tout dénaturer, & qui ne peuvent pas comprendre que ce qu'ils voient ne leur appartient pas. Ce n'est pas procurer aux gens du peuple une jouissance, que de leur accorder la liberté de parcourir un *jardin*, à la condition qu'ils ne toucheront à rien, qu'ils marcheront paisiblement sans incommoder, sans heurter personne ; ils s'y regardent comme dans un séjour de contradiction ; la présence des gardiens qui les observent, les importune, & ils ne tardent pas à s'y ennuyer, ou à transgresser la loi qui leur est imposée. C'est donc avec raison qu'on écarte le peuple des *jardins* royaux, surtout dans les villes où il est nombreux : on ne lui ôte presque rien, & on donne beaucoup aux gens d'un certain état, en leur accordant l'agrément d'une promenade paisible, où règnent la décence, l'honnêteté & la discrétion. Les enthousiastes de la liberté illimitée, qui ne veulent point de distinction, point d'exclusion, qui confondent l'ordre avec la servitude, ne seront point de notre avis, & nous regarderont comme un ennemi du peuple & de la liberté ; mais c'est au contraire parce que nous aimons le peuple & sa liberté, que nous croyons qu'on ne doit le laisser entrer qu'où il peut être libre & heureux. *Voyez* PROMENADE.

JARDINIER. s. m. Homme occupé de la culture & du soin des jardins. On donne aussi ce nom à ceux qui viennent vendre des légumes sur le carreau de la halle à Paris. On les nomme encore maraichers.

La police des *jardiniers*, quant à la vente des denrées qu'ils apportent à Paris, est la même que pour tous les autres objets de consommation, c'est-à-dire qu'il est défendu d'aller au-devant d'eux pour enharrer leurs denrées, & qu'elles doivent être apportées & vendues sur le carreau de la halle.

La police de la halle leur détermine de certaines heures auxquelles ils doivent apporter leur marchandise, s'en retourner & faire nétoyer la place où ils ont étalé. Il y avoit autrefois des inspecteurs chargés de surveiller l'exécution des réglemens à cet égard; aujourd'hui ils n'existent plus. *Voyez* HALLE & MARCHÉ.

Indépendamment des *jardiniers* maréchers, il y a encore les *jardiniers-fleuristes* qui formoient une communauté & qui viennent étaler des fleurs en pot & en tige, les mercredi & samedi, sur le quai de la féraille. *Voy.* BOUQUETIÈRE.

JEU. s. m. Ce mot signifie originairement amusement; mais nous le prenons ici pour l'habitude, souvent transformée en passion, de tenter, par la voie du sort ou par adresse, de gagner une somme d'argent plus ou moins considérable, que l'on nomme *enjeu.*

L'ennui, la cupidité, ont donc fait naître & perfectionner le *jeu;* ils en ont multiplié les espèces à l'infini, & chaque jour on en voit de nouvelles combinaisons.

L'on peut les considérer de trois manières: 1°. en eux-mêmes & comme moyen d'adresse ou combinaisons de chance; 2°. comme source de plaisirs ou de peines pour ceux qui s'y livrent; 3°. comme cause des désordres publics & pouvant troubler par conséquent la société.

La première manière d'envisager les *jeux* est absolument mathématique & ne nous regarde pas; la seconde est du ressort de la morale, & la troisième appartient à la police.

Mais cette dernière même, pour être bien traitée, doit emprunter quelque chose de la seconde & s'appuyer sur les exemples de l'histoire, sans quoi elle ne présente qu'une connoissance imparfaite & manque des principaux détails qui doivent en faire un sujet d'instruction.

En conséquence nous diviserons en deux parties ce que nous avons à dire sur les *jeux;* dans la première nous réunirons des observations & des faits qui serviront d'appui aux réflexions, & dans la seconde nous traiterons particulièrement des lois de police sur les *jeux.*

Du jeu, par rapport à la société, à différentes époques.

L'homme naturellement superbe, impatient, & dont la cupidité se reproduit sous tant de formes, a porté de tout temps jusque dans ses plaisirs, le besoin de la conquête & l'image de la guerre: témoins les fêtes, les spectacles & les *jeux* des grecs & des romains, surtout de ces derniers, qui, traitant les autres peuples de barbares, contemploient de sang-froid l'arêne ensanglantée, & jouissoient enfin des convulsions du gladiateur expirant; témoins les tournois de ces braves & fanatiques chevaliers, qui pendant la paix ou plutôt durant les trèves, ne respiroient que les combats.

Ces violens exercices, du moins, n'avilissoient pas les ames, n'énervoient pas les corps. On devoit espérer que, tôt ou tard, l'humanité gratuitement outragée rentreroit dans ses droits, puisqu'en effet ces *jeux* cruels n'existent plus depuis long-tems.

La manie dont il s'agit, plus invétérée que les précédentes, n'a pas encore cessé de tourmenter le genre humain. Une tradition, antérieure, dit-on, aux tems fabuleux, & récemment publiée, prouve qu'il y avoit déjà des joueurs effrénés chez les *Gentous* ou habitans idolâtres du Bengale & de l'Indostan.

L'empereur Justinien ne doute pas que les *jeux* de hazard ne soient plus anciens que les *jeux* d'exercice. Platon en attribue l'invention au fameux Mercure Trismégiste.

Chaque siècle, chaque peuple eut ses vertiges particuliers. Le vertige du *jeu* appartient, avec plus ou moins d'énergie, à tous les siècles, à tous les peuples. Je n'en sache aucun qui s'en soit garanti, si ce n'est le peuple juif; encore ne fut-ce qu'avant sa dispersion: il devint joueur après avoir fréquenté les grecs & les romains.

Parcourez la terre depuis le Japon jusqu'à l'extrémité du nouveau monde, quels que soient le culte, les lois & les opinions, vous trouverez des joueurs dans les climats glacés, dans les climats brûlans. On prétend néanmoins que les sectateurs de Mahomet craignent de se livrer aux *jeux* de hasard, sévèrement défendus par leur prophète.

La fureur du *jeu* paroît générale, s'il est vrai, comme les voyageurs s'accordent à le dire, qu'en Afrique, en Amérique & dans les terres nouvellement découvertes, des hordes vagabondes & des peuplades entières, s'y livrent avec plus de rage que les nations civilisées.

Cherchons d'abord dans les débris de l'antiquité, les témoignages épars des progrès & des symptômes de ce mal universel: nous verrons ensuite quelle fut, en dernier ressort, l'influence de ce levain qui fermentoit depuis tant de siècles.

Les prêtres d'Egypte racontèrent à Hérodote, qu'un de leurs rois étoit descendu vivant dans ces demeures souterraines, que les grecs appellent les *enfers;* que ce prince y avoit joué, & qu'il avoit alternativement éprouvé l'une & l'autre fortune.

Mercure joua contre la lune, car on jouoit aussi dans l'Olympe. Le gardien du temple d'Hercule, pour passer le tems, dit Plutarque, prit des dez, joua contre le dieu, à condition, s'il gagnoit, qu'il en obtiendroit quelque faveur signalée; s'il perdoit, qu'il fourniroit, au fils d'Alcmène, une belle courtisanne.

Toutes ces fables & tant d'autres que je pourrois rapporter, prouvent, quoi qu'en aient dit quelques savans, que Palamède & les lydiens ne furent point les inventeurs des premiers *jeux*. C'est principalement dans le cœur humain, qu'il faudra chercher l'origine de cette fatale industrie.

Plusieurs traits dans la suite de cet article, marqueront où en étoient les grecs & d'autres peuples relativement à la fureur du *jeu*; quant aux romains, il est évident qu'ils devinrent joueurs longtems avant la destruction de la république, puisqu'ils avoient déjà des livres sur l'art de jouer; puisque Caton le censeur ne cessoit de leur crier: citoyens, fuyez les *jeux* de hazard.

Les caractères de cette passion étoient si bien connus sous Auguste, qu'Ovide les a presque tous indiqués. C'est là, dit-il, c'est au *jeu* que la cupidité trahit notre cœur, le montre à découvert: on sèche de desir, on frémit de colère, & l'on se meurt de rage. Que d'injures! Quels cris frappent les nues! Les malheureux! ils invoquent les dieux, les dieux qui les châtient; ils les invoquent cependant, & c'est ce qui les soutient dans leurs perplexités.

Quoique satyrique de profession, Horace s'est contenté, par égard pour l'empereur, de dire que les lois avoient défendu le *jeu*; les deux vers de cet auteur que l'on emploie souvent pour en désigner les effets, ne regardent que ceux de la raillerie, qui n'est pas un *jeu* indifférent.

Écoutons un contemporain de Domitien & de dix autres empereurs, dont la plupart furent en proie à la fureur du *jeu*; écoutons un ami de la vérité qui n'a ménagé personne. Quand la manie des *jeux* de hasard, dit Juvénal, fut-elle plus ardente? Non content aujourd'hui de porter sa bourse au lieu de la séance, le joueur y fait traîner son coffre-fort. C'est-là, dès qu'une fois les instrumens du *jeu* sont distribués, que vous verriez s'élever les combats les plus terribles: perdre cent mille sesterces, & ne pas vêtir un esclave transi de froid; n'est-ce là que de la fureur?

Il paroît que les romains ne jouoient pas sur leur parole; ils n'avoient pas encore inventé cette multitude de signes à l'aide desquels, sans être retardés par le poids de l'or & de l'argent, les joueurs modernes peuvent se ruiner secrettement & sans appareil.

Un autre satyrique moins fort, moins véhément que Juvénal, mais plus fin, plus enjoué, Lucien, achèvera ce qui concerne cette époque. Pour châtier son siècle, il introduit Saturne dans l'un de ses dialogues: celui-ci observe que sous son règne on jouoit aux dez, sans chaleur, sans passion. On ne jouoit, dit-il, que des noix ou telles autres bagatelles, pour passer le temps. Ces joueurs antiques, ajoute-t-il, bien différens des joueurs actuels, ne dépouilloient point leurs amis: soit qu'ils gagnassent, soit qu'ils perdissent, ils ne se fâchoient pas; ils ne brisoient pas les dés.

Le même auteur, employant le même personnage, lui fait dicter des lois dont le résultat mérite d'être rapporté. Si quelqu'un, dit Saturne, ne se conforme pas à ce qui vient d'être statué contre le *jeu*, je le condamne à jeûner le jour de ma fête. Je veux que ces lois soient fidellement gravées sur des colonnes d'airain; je veux que chaque riche en ait une au milieu de sa maison; & j'avertis que tant qu'elles subsisteront, la peste, la guerre, la famine & tous les autres fléaux en seront exilés. Si l'on vient à les abattre, il arrivera tout le contraire.

Passons à des autorités plus graves.

Depuis Lucien, qui écrivoit sous Marc-Aurèle, jusqu'à la translation du siège impérial, la manie des *jeux* de hasard fut toujours en augmentant. Vers le tems où Constantin abandonna Rome pour n'y plus revenir, tout le monde, jusques à la populace de cette ville, étoit, selon Ammien-Marcellin, en proie à la fureur du *jeu*.

Voici des excès qui paroîtroient fabuleux, s'ils n'étoient pas rapportés par des écrivains dignes de foi. Lorsque les germains s'étoient ruinés au *jeu*, ils se jouoient eux-mêmes: celui qui perdoit, se livroit à la merci de son adversaire, & décoroit du beau nom de fidélité cet absurde dévouement. Le passage de Tacite est trop remarquable pour ne pas le citer en entier. Ce qu'il y a d'étrange, dit cet historien, c'est que le *jeu* soit une de leurs affaires les plus importantes, & qu'ils s'y livrent, même à jeun, avec tant d'abandon, qu'après avoir tout perdu, ils finissent par se jouer d'un seul coup. Alors, le vaincu subit volontairement l'esclavage; quoique plus jeune, quoique plus fort, il se laisse garotter & vendre. Cette résignation, il l'appelle bonne-foi. Le vainqueur, pour ne pas rougir longtems de sa victoire, vend, le plutôt qu'il peut, ces sortes d'esclaves aux étrangers.

Ce que Tacite dit des germains, a lieu de notre tems. On voit à Naples & dans d'autres endroits de l'Italie, des bateliers qui jouent leur liberté pour un certain nombre d'années. Nos *dettes d'honneur* ne signifient rien autre chose que d'être esclave de sa parole, esclavage aussi dur que l'autre.

Saint Ambroise rapporte que les Huns, sortis des marais de la Scythie, peuple farouche & presque sans lois, se soumettoient inviolablement à celles de leurs différens *jeux*; après avoir perdu, dit-il, ce qu'ils avoient de plus cher, leurs armes, ils jouoient leur vie, & quelquefois se donnoient la mort malgré celui qui les avoit gagnés.

On trouve, à cet égard, des choses incroyables dans les voyageurs. C'est en vain que l'on défend aux nègres de Juida de jouer leurs femmes & leurs enfans. *Paschasius Justus* assure qu'un vénitien joua sa femme; *Schouten*, qu'un chinois joua sa femme, ses enfans, & les perdit. Si ce qu'on m'a dit est vrai, quelques débauchés jouèrent dernièrement, *au plus haut point*, une courtisane célèbre. Les indiens jouent jusques aux doigts de leurs mains, & se les coupent eux-mêmes, pour s'acquitter. Peut-on donner le nom de *jeux*, s'écrie Justinien, à ce qui cause tant d'horreurs?

Que des nations farouches ou paresseuses, uniquement guidées par un instinct brutal, conservent toujours les mêmes vices, je le conçois: mais que des grecs & des romains se soient de plus en plus dégradés, voilà ce que j'aurois de la peine à comprendre, si j'ignorois que ces gouvernemens fameux, toujours distraits par l'ambition ou par l'avarice, ne s'occupèrent des mœurs, que lorsqu'il ne fut plus tems d'y remédier.

Cependant on avoit constamment blâmé les joueurs. Malgré leurs continuelles agitations, Socrate leur reprochoit de croupir, en effet, dans l'oisiveté, parce qu'ils sont au moins inutiles à leurs semblables. Théophraste les couvroit de mépris. Aristote leur refusoit toutes les qualités du cœur: mauvais parens, disoit-il & amis infidèles, au lieu de donner, ils ravissent, plus vils que les brigans & les voleurs, qui n'exercent leurs rapines qu'au risque de leur vie. Platon, Sénèque & Plutarque, ne cessent de répéter les mêmes choses.

Nul écrivain ne les a plus maltraités que Cicéron: il les nomme, les poursuit sans relâche, soit dans ses traités philosophiques, soit dans ses oraisons; jamais il ne les cite qu'avec des épithètes diffamantes; & dans le dénombrement qu'il fait des métiers indignes d'un honnête homme, il n'oublie pas le métier de joueur.

Cicéron ne prévoyoit pas, sans doute, que l'on dût un jour délibérer si l'état ne pourroit pas tirer parti d'une compagnie de joueurs toujours subsistante. J'avoue que le professeur de Groningue est pour la négative: ce qu'il a mis en délibération, est pratiqué maintenant dans presque toute l'Europe, où le *jeu* a des formes réglées & des administrateurs.

Je ne trouve, dans l'histoire, qu'une circonstance où le jeu ait, dit-on, adouci le malheur de tout un peuple. La Lydie, sous le règne d'Atys, fils de Manès, fut affligée d'une famine générale: les lydiens, pour se dissimuler le sentiment de leurs maux, inventèrent les dés & d'autres *jeux*; ce qui les consola pendant dix-huit ans, & ne les empêcha pas de mourir de faim.

C'en est assez pour faire connoître quelle étoit la fureur du *jeu* dans les tems anciens, ce qu'on en pensoit: non qu'elle ait toujours été la même.

Le travail & la médiocrité garantissent de cette passion, qui ne se développe guère qu'au sein de l'oisiveté produite par l'opulence, ou bien lorsque l'avidité des gouvernemens la rend en quelque sorte nécessaire.

Quand les besoins factices, & les desirs exaltés, ont une fois poussé les princes & les peuples hors des sentiers de la nature, c'est alors qu'il ne suffit pas de blâmer, de défendre le *jeu*: les loix qui le proscrivent, sont innombrables.

Principales loix portées contre le Jeu, jusqu'à nos jours.

Moins il y a de mœurs, plus on multiplie les loix: ces loix tardives, plus foibles que les passions, que l'exemple & l'habitude, ne changent point les hommes, elles les chagrinent seulement; si quelquefois elles les contiennent, ce n'est que jusqu'à la première occasion de les enfreindre; on la trouve bientôt, cette occasion, lorsqu'on la souhaite ou qu'on la cherche.

Quand un état est corrompu, au lieu d'instruire les sujets, de les forcer au bien pour leur propre intérêt, on se contente de noter, de punir les infracteurs subalternes; c'est ainsi que tant de loix tombées dans le néant, pour avoir été aussi mal préparées que mal exécutées, n'ont pas cessé d'affliger l'humanité, sans jamais la corriger.

Le code des *Gentoux* contient plusieurs loix insuffisantes, quoique sévères & même atroces. Il n'étoit permis de jouer, chez ces anciens peuples, qu'en présence du magistrat: celui-ci avoit son droit de présence; il veilloit sur les différens *jeux*, avertissoit des fautes, & punissoit les prévaricateurs, en leur faisant couper deux doigts.

Lorsque Athènes & Rome eurent atteint le plus haut degré de splendeur, c'est-à-dire, quand l'atticisme & l'urbanité, précurseurs ordinaires de la mollesse & de l'avarice, firent insensiblement préférer les plaisirs aux devoirs; l'aréopage & le sénat se signalèrent de part & d'autre, par la censure des vices que les magistrats de ces deux nations se permettoient à eux-mêmes, & la fureur du *jeu* ne fut point épargnée.

Chez les grecs, on avoit déjà, du tems de Périclès, souvent flétri les joueurs; ensuite il fut enjoint aux citoyens de dénoncer ceux qui jouoient furtivement; c'est pourquoi quelques-uns partoient d'Athènes, pour aller jouer à Scyros, dans le temple de Minerve, comme nous voyons aujourd'hui des vénitiens qui parcourent la France & l'Angleterre, afin de pouvoir se livrer aux *jeux* de hasard, récemment défendus dans leur patrie.

Ces sortes de *jeux* furent constamment prohibés chez les romains, sous peine d'infamie : quiconque y donnoit à jouer, perdoit le droit de citoyen, & restoit à la merci des forcenés qui pouvoient impunément se venger sur sa personne & sur ses biens, des caprices de la fortune. On sent l'imprudence de ce dernier moyen.

Les édiles, du tems de Martial, avoient inspection sur les tavernes où les joueurs se rassembloient : on voit, dans l'une de ses épigrammes, qu'ils y étoient surveillés avec tant de soin, que les dés, trop vivement agités, suffisoient pour trahir. Cette police invariable, quoique impuissante, toujours maintenue par le sénat & les empereurs, s'exerçoit encore parmi les ruines du bas-empire.

Les pères de l'église, & les conciles, ont vainement tonné contre le *jeu ;* le clergé lui-même en donnoit l'exemple. J'apprends, dit Justinien, que des diacres, des prêtres, & ce que j'ai honte d'ajouter, que des évêques, spécialement chéris de Dieu, ne se font aucun scrupule de jouer aux dés.

M. Le Beau parle d'un évêque de Syllée, qui vivoit sous le règne de Léon V, au commencement du neuvième siécle : c'étoit non-seulement, dit-il, le courtisan le plus délié, mais encore le plus gros joueur.

Le cardinal Pierre Damien, au onzième siécle, condamna un évêque de Florence, pour avoir joué dans une auberge, à réciter trois fois de suite le pseautier, à laver les pieds de douze pauvres, & à leur compter un écu par tête.

Dans ces derniers tems, un évêque de Langres s'attira cette épitaphe, pour avoir scandalisé son diocèse :

Le bon prélat qui gît sous cette pierre,
Aima le jeu, plus qu'homme de la terre :
Quand il mourut, il n'avoit pas un liard ;
Et, comme perdre étoit chez lui coutume,
S'il a gagné paradis, on présume
Que ce doit être un grand coup de hasard.

Nos rois, les rois d'Espagne, d'Angleterre, & tous les princes de l'Europe, ont fréquemment sévi contre cette peste renaissante : Charlemagne, Louis le débonnaire & St. Louis, l'ont combattue de toutes leurs forces.

Charles V auroit mérité le nom de sage, par la seule ordonnance dans laquelle, recommandant les *jeux* d'exercice & proscrivant les autres, ce bon prince ne stipuloit que pour la prospérité de son peuple, & la gloire de son royaume.

« Voulant, disoit-il, obvier à tous inconvéniens, toujours duire & gouverner nos sujets, en ce qui peut leur être utile & agréable, défendons les *jeux* de hasard, &c. »

On s'en abstint pour quelque tems ; mais les grands vassaux, la noblesse & le clergé, ne tardèrent pas à ramener la licence. Il n'est presque jamais possible de faire le bien : quand on le veut, on en ignore les moyens ; quand on les connoît, il est trop tard.

Les joueurs ne furent point réprimés jusqu'à Charles VIII : celui-ci se contenta de défendre aux prisonniers détenus au châtelet, de jouer aux dés ; il permit aux personnes de distinction, arrêtées pour des causes légères & purement civiles, de jouer seulement au trictrac & aux échecs.

François I, au lieu de proposer à ses sujets, comme Charles V, des plaisirs innocens, voulut légitimer les dettes contractées à la *paume :* prévenant, en quelque sorte, les idées de Barbeyrac, qui a considéré le *jeu* comme un commerce, il nomma des gardiens, des juges, & forma un tribunal pour concilier les joueurs : il est vrai que cette ordonnance n'a point été exécutée.

Le même prince, en 1532, défendit les *jeux* de hasard, seulement aux comptables, & condamna quiconque joueroit avec eux, à restituer le double de ce qu'il leur auroit gagné. Il est clair que François I, dans cette circonstance, ne songeoit qu'aux intérêts du fisc.

Ce monarque, recommandable à d'autres égards, connoissoit si peu l'esprit du *jeu*, qu'*afin d'en réprimer la fureur*, ce sont ses propres termes, il donna des lettres-patentes pour l'établissement d'une loterie, qui ne fut point tirée faute d'enregistrement, & sur-tout, parce que le peuple n'étoit pas encore assez joueur pour se laisser prendre à cet appât.

Voyez comment tout se prépare & s'enchaîne : la cupidité propose, l'ignorance ordonne, les fripons s'en mêlent ; & la politique aveugle ratifie ensuite, aux dépens des nations, de funestes projets dont les maux sont infinis, & le remède presque impossible. Voilà cependant où nous en sommes, depuis que les *jeux* domestiques ont enfanté les *jeux* d'état.

Sous Henri II, François II, Charles IX & Henri III, les joueurs ne furent presque point inquiétés ; ils triomphèrent sous Henri IV.

Louis XIII, indigné de leurs excès, ne fut pas plutôt sur le trône, qu'il déploya contre eux toute la rigueur des loix : « A notre grand regret, dit-il, nous avons trouvé le *jeu* si commun à notre avénement à la couronne, que nous avons vu plusieurs de nos officiers & de nos sujets, de diffé-

» rentes qualités, réduits aux plus viles ressources, » après avoir dissipé ce que l'industrie de leurs » pères leur avoit honorablement acquis par de longs » travaux, &c. »

Cette ordonnance, réitérée deux fois de suite, produisit de bons effets, sur-tout dans les classes moyennes. Louis ne s'en tint pas là : pour arrêter non-seulement le *jeu* des particuliers, mais encore celui des princes, des grands, de la noblesse & des riches, il poursuivit indistinctement le luxe dans toutes les maisons.

Les punitions suivirent les menaces ; deux maîtres de *jeu* & quatre joueurs, furent condamnés, chacun, à dix mille livres d'amende, ce qui étoit alors une somme considérable. Parmi tous ces plébéiens que l'on châtioit, je n'y vois point de nobles : la noblesse jouoit cependant, & très-gros *jeu*.

» Ces défenses, dit un auteur contemporain, » furent d'abord assez bien observées : peu de tems » après, quelques seigneurs rouvrirent des *jeux* » dans leurs hôtels, bien sûrs que les huissiers n'ose- » roient pas s'y présenter ; ce qui fait, ajoute-t-il, » que ce grand abus pourroit bien recommencer ».

Cet abus, en effet, recommença sous le règne suivant, & força toutes les digues qui, jusqu'alors, lui avoient été vainement opposées. Ce n'est pas qu'on ne trouve encore beaucoup de réglemens contre le luxe & contre le *jeu* ; mais l'exemple de la cour fut plus fort que ses prohibitions.

Louis XIV défendit, sous les peines les plus grièves, la *Bassette* & le *Hoca*. Que firent les joueurs ? ils déguisèrent ces *jeux* sous les noms de *Pharaon*, *Barbacole*, *Pour & Contre*, &c. Il suffit le plus souvent, pour avoir l'impunité, d'éluder les termes de la loi. C'est ainsi que l'on se moquoit des précautions de la reine-mère qui, pendant sa régence, afin de rendre les recherches plus imposantes, faisoit accompagner les officiers de police par un exempt de ses gardes. On compte, sous Louis XIV, plus de vingt, tant ordonnances que déclarations ou édits contre les *jeux* de hasard.

Après tant d'animadversions inutiles, on s'est retourné du côté diamétralement opposé : on défendoit le *jeu*, maintenant on invite à jouer ; car je compte pour rien quelques restrictions employées sous Louis XV, pour la forme & par un reste de pudeur. J'aurai occasion d'examiner une ordonnance émanée, en 1760, du tribunal des arbitres de la noblesse, par laquelle la perte des joueurs est fixée à cent pistoles pour chaque séance ; de sorte qu'il n'est pas permis aux gagnans d'en exiger davantage.

Il semble que les princes & leurs ministres, fatigués de contredire un penchant si général, aient, d'un commun accord, fait grâce à cette antique manie ; du moins est-il certain, quels que soient leurs motifs & leurs intérêts particuliers, qu'ils la secondent & la perpétuent. Qui ne sait pas qu'elle entre aujourd'hui dans les spéculations de certains gouvernemens, & leur fournit d'immenses contributions, dont la source sera bientôt tarie, si le mal continue ?

Quelle manœuvre, grand Dieu ! que cette invention moderne, à l'aide de laquelle tout un peuple & toutes les nations peuvent, à jour nommé, jouer contre l'état, & se ruiner entr'elles au même jeu.

Que les citoyens se ruinent, qu'ils s'égorgent, pourvu que l'état s'enrichisse. Fort bien ! si l'on ne veut plus régner que sur des mendians & sur les cendres des morts.

Je n'ai présenté que des loix françoises, parce que, toutes celles qui, depuis la chute de l'empire romain, ont été portées contre la fureur du *jeu*, dans les diverses contrées de l'Europe, ne sont, à quelques modifications près, que des répétitions : je vais cependant jetter, relativement aux *jeux* de hasard, un coup-d'œil sur les loix & la police des isles britanniques.

Statuts des rois d'Angleterre contre le Jeu.

La rigueur des loix dépose presque toujours contre les mœurs : si j'ignorois, par exemple, quel est l'emportement des japonois, il me suffiroit de savoir que, chez eux, on punit de mort quiconque risque de l'argent aux *jeux* de hasard.

C'est Blacksthone qui parlera jusqu'à la fin de ce sujet.

Le contrat du *jeu*, dit préliminairement ce fameux jurisconsulte, est le plus absurde des contrats, puisqu'il ne s'agit, en dernier ressort, que de savoir sur qui tombera la ruine, & que le vainqueur tarde rarement à subir le sort du vaincu. De tous les vices, c'est le plus effrayant ; il rend le peuple paresseux, le porte à la débauche, l'enhardit au crime. Les nobles, il les dégrade : tantôt il renverse les maisons les plus illustres, les plus florissantes ; tantôt, sans parler du suicide, il fait qu'on se déshonore & qu'on se prostitue.

Il semble que les germains, nos ancêtres, nous aient transmis, dès l'origine, toute la fureur qu'ils ressentoient pour le *jeu*.

Si cette fureur continue & s'augmente, ce n'est pas faute de loix, tant anciennes que modernes. Pour arrêter le désordre dans les derniers rangs de la société, Henri VIII défendit aux artisans, sous peine d'amende & de prison, de se livrer, excepté pendant les fêtes de Noël, aux *jeux* qui, de son tems, étoient en vogue. La même défense, confirmée par un statut de George III, inflige les mêmes peines à ceux qui donnent publiquement à jouer aux domestiques.

Les *jeux* des grands & des riches, tels qu'ils existent maintenant, sont de toute autre conséquence ; ils méritent beaucoup plus l'attention du magistrat : quand les supérieurs jouent, les subalternes les imitent ; ceux-ci ne joueroient pas, s'ils n'en recevoient l'exemple.

Que peuvent les loix en pareille conjoncture ? que peuvent-elles lorsqu'un faux honneur exige que l'on s'exécute sans délai, que l'on s'immole en silence, & sans recourir aux tribunaux. N'importe, ne nous lassons point de faire des loix contre le *jeu*, de les renouveller, sur-tout de les rendre familières, afin que les joueurs de bonne foi & de bon lieu, sachent ce qu'ils ont à craindre, tant de la part du gouvernement qui s'engage à les punir, que de la part des fripons, dont ils ne sauroient manquer d'être les victimes. Ceux-ci, lorsqu'ils gagnent, réclament l'honneur, & la loi, quand ils perdent. Ces loix mettent des bornes fort étroites, à ce qu'il est permis de risquer aux *jeux* de hasard.

Si quelqu'un, dit Charles II, soit en jouant, soit en pariant, perd plus de cent livres en une séance, je le dispense du payement : je condamne son adversaire à compter le triple de la somme gagnée, moitié à la couronne, moitié au dénonciateur.

La reine Anne déclare nuls & de nul effet, les billets, l'argent prêté, & tous les engagemens contractés au *jeu* : elle donne encore action au perdant contre le gagnant ; & au défaut de ce dernier, à quiconque voudra poursuivre le délit ; adjugeant, à celui-ci, le quintuple de la somme perdue. Ce qu'il y a de plus remarquable, c'est qu'elle permet à ceux qui sollicitent la confiscation des gains faits au *jeu*, de prendre à serment l'infracteur, de quelque qualité qu'il soit ; voulant que les actions de cette nature suspendent les privilèges des membres du parlement.

Cette princesse n'a pas oublié les joueurs infidèles : lorsqu'ils gagnent plus de dix livres, soit en argent, soit en effets, elle les condamne à rendre le quintuple ; les soumettant, d'ailleurs, à des notes d'infamie, à des peines afflictives ; en un mot, les traitant comme on traite les parjures.

On voit, dit Blacksthone, que nos rois n'ont rien omis de ce qui pouvoit flétrir le *jeu*, en dégoûter les joueurs. Vains efforts ! pour se soustraire au châtiment, on changeoit les noms : on annonçoit des ventes, des encans, des adjudications, qui n'étoient que des loteries. On ne cessoit, dans tous les quartiers de nos villes, & jusques dans les bourgades, de tirer ces sortes de loteries avec des billets, des cartes ou des dés. Tous les jours, c'étoit de nouveaux expédiens, de nouvelles ruses, qui aboutissoient également à la perte des biens & des mœurs.

George II condamna les moteurs de ces différens *jeux* à cinq cents livres d'amende ; leurs dupes, à cinquante.

Toutes les loteries *dénuées de la sanction du parlement*, tout ce qui équivaloit aux loteries, comme le *Pharaon*, la *Bassette*, &c. fut pareillement défendu par un grand nombre de statuts.

Les courses de chevaux, qui n'étoient que des *jeux* plus ruineux que les autres, furent également soumises aux ordonnances. George II ne voulut pas néanmoins priver ses sujets d'un exercice martial & salutaire ; mais il défendit, sous peine de deux cents livres d'amende, d'y parier plus de cinquante livres.

Le même prince, non content d'opposer aux nouveaux abus de nouvelles loix, fit revivre les anciennes, tant il avoit à cœur de dompter cette passion toujours combattue, toujours renaissante ; pour moi, je prétends que s'il n'est pas possible de la vaincre, on peut la réfréner. Si cette fureur, plus ardente que jamais, brave impunément le législateur & la décence, si elle compromet la sureté publique, c'est moins la faute de nos loix, que celle des magistrats qui négligent de les faire exécuter.

L'auteur n'a pas osé blâmer ouvertement les *jeux* d'état, si chers à son pays ; on voit assez ce qu'il en pense. Les loix & les peines, dit-il, ne remédieront à rien, tant qu'on n'aura pas le courage de frapper le grand coup, tant qu'on laissera subsister le principal ressort du *jeu*. Il faut donc, ajoute-t-il, anéantir les *jeux* de hasard, sous quelque dénomination qu'ils se présentent : il faut tout accorder aux joueurs, ou leur tout refuser. Jouez ce *jeu*, direz-vous, mais n'en jouez pas d'autres. On le jouera, ce *jeu* que vous permettez, précisément pour jouer celui que vous défendez. C'est en vain que l'on tenteroit de mettre des bornes légitimes à la témérité des joueurs : ceux-ci sont plus agiles que la verge des loix, qui les poursuit sans les atteindre, ou les châtie trop tard.

Comparez les loix angloises aux loix françoises, vous verrez que les premières, en plus grand nombre, plus pressantes, plus détaillées, supposent que les anglois ont été, de tout tems, plus enclins que nous à la fureur du *jeu* ; tandis que chez eux le peuple jouoit déjà, on ne trouve guères de joueurs en France, que parmi les grands, la noblesse & le clergé.

Pour mieux sentir l'esprit des lois précédentes, pour connoître les causes qui influent maintenant sur tous les peuples de l'Europe, il faut remarquer que nous & les insulaires nos voisins, nous n'avons longtemps joué qu'à la manière des sauvages, plutôt par instinct

instinct que par projet; plutôt pour assouvir nos besoins de première nécessité, que pour satisfaire une multitude de fantaisies plus urgentes que les vrais besoins.

Lorsque l'anglois, navigateur infatigable, eut fait le tour du globe, il se familiarisa tellement avec le danger & le hasard, que ses factions, ses affaires & son commerce, empruntèrent l'esprit du *jeu*.

Tout, dès-lors, en Angleterre, fut soumis au calcul: le lucre y prit presque la place de l'honnêteté. Excepté quelques philosophes & quelques-unes de ces ames que la contagion ne sauroit infecter, le reste n'étudia que des tables de probabilités, dressées pour apprendre à faire des fortunes rapides. Bientôt on ne vit plus que des *chances* dans les choses positives, même dans celles qui relèvent uniquement de la prudence & de l'honneur. Ce fut alors que l'Angleterre ressentit ces convulsions terribles, & telles qu'en éprouvent les nations avares, lorsqu'elles sont dévorées de l'amour des richesses, encore plus destructeur, peut-être, que celui des conquêtes.

Les romains commencèrent par l'ambition, finirent par l'avarice. Dans le premier cas ils furent moins éloignés de la vertu. « Tant de villes rasées, s'écrie » Montaigne, tant de nations exterminées, tant de » millions d'hommes passés au fil de l'épée; la plus » riche & la plus belle partie du monde boulever- » sée pour des perles & du poivre: quelles vic- » toires! Jamais l'ambition, jamais les inimitiés » publiques, ne poussèrent la race humaine à de » telles atrocités ».

Quoique joueurs d'origine, ainsi que les anglois, nos *jeux* eurent une influence plus tardive sur les mœurs & sur les affaires publiques; cependant ils arrivèrent au même terme par une autre route.

Notre heureux pays, protégé par des montagnes & par des mers, la France, plus fertile en denrées que l'Angleterre, plus féconde en beaux-arts que l'Espagne, attira, sans effort, l'or & l'argent du nouveau monde. Le débordement de ces richesses soudaines, dégoûta des travaux honnêtes, fit pulluler les intrigans; il enfanta les systêmes, les banques, les loteries, & mille autres pratiques imitées des *jeux* de hasard, quoique d'un produit certain pour les instigateurs. Les riches jouèrent par avidité; les pauvres, par besoin. Par-tout on vit des *jeux* publics, des *jeux* d'état. Les lois qui proscrivoient le *jeu*, furent réduites au silence.

Observons que la plupart de celles que l'on avoit promulguées, à cet égard, dans les différens états formés des débris de l'empire romain, n'eurent que des effets momentanés, parce qu'elles étoient, le plus souvent, vagues ou contradictoires, sans préparations, & quelques-unes purement fiscales. Au reste, toutes ces loix ne furent constamment exécutées, qu'en ce qu'elles privoient & qu'elles privent encore les joueurs, du droit de réclamer juridiquement leurs gains; car le tribunal de l'honneur établi chez nous, est extrajudiciaire.

Les bonnes loix, celles de saint Louis, de Charles V & de Louis XIII; celles de Henri VIII & de la reine Anne, ont subi le sort des institutions humaines, qui s'abolissent d'elles-mêmes, quand on les néglige. Il n'y a que les loix gravées dans le cœur de tout le monde, qui ne seront jamais abrogées.

Il s'agit, dans le cours de cet article, de démontrer que la fureur du *jeu* est préjudiciable à toutes les sociétés, à tous les gouvernemens, ce qu'on sait déjà, & ce qu'on ne cesse cependant d'excuser par des sophismes. Sachez, disoit un ancien, que ni le tems, ni l'autorité, ni les nations ne sauroient prescrire contre la vérité; on peut ajouter, contre les mœurs. Je vais maintenant examiner, relativement à mon sujet, quelles furent celles de nos ancêtres.

Du jeu, principalement en France, jusqu'à François I.

Si l'on considère que la société, source intarissable de bien & de mal, de vertus & de vices, n'étoit pas, il y a quelques siècles, ce qu'elle est maintenant; que nos pères, gémissans sous le joug féodal, étoient plus occupés des besoins de première nécessité que de leurs plaisirs; qu'ils n'avoient ni le tems, ni l'occasion de jouer: on conviendra que les lois portées, en France, contre la fureur du *jeu*, regardoient moins le peuple que les chefs de la nation.

On voit en effet dans nos annales, que ces seigneurs hautains & fainéans, qui ne savoient guère que tourmenter leurs vassaux, boire & se battre, étoient pour la plupart des joueurs effrénés; qu'ils bravoient impunément la décence & les lois. Le frère de saint Louis jouoit aux dés, sans égard aux ordres réitérés de ce prince vertueux. Duguesclin, lui-même, perdit dans sa prison tout ce qu'il possédoit. Le duc de Touraine, frère de Charles VI, *se mettoit volontiers en peine*, dit Froissart, pour gagner l'argent du roi; transporté de joie, de lui avoir un jour gagné cinq mille livres, son premier cri fut: *Monseigneur, faites-moi payer.*

On jouoit jusque dans les camps & en présence de l'ennemi. Des généraux, après avoir ruiné leurs propres affaires, ont compromis le salut de la patrie. Philibert de Châlon, prince d'Orange, commandant au siège de Florence pour l'empereur Charles-Quint, perdit l'argent qui lui avoit été compté pour la paye de soldats; & fut contraint, après onze mois de travaux, de capituler avec ceux qu'il auroit pu forcer.

Quelquefois, pendant la paix, on se rassembloit

pour jouer en liberté. Il est fait mention, dans le manuscrit d'Eustache Deschamps, d'un hôtel de Nesle, fameux, sous Charles VI, par de sanglantes catastrophes; plus d'un acteur y ont perdu; les uns la vie; les autres, l'honneur plus cher que la vie. Cet hôtel n'étoit pas ouvert à tout le monde, comme ceux que l'on a connus depuis, sous le nom de *Gesvres* & de *Soissons*; il n'étoit fréquenté que par la noblesse, ou par les particuliers les plus opulens. Le *jeu* n'avoit pas encore confondu toutes les conditions; cette honte étoit réservée à des tems postérieurs. Ce tripot est le premier que je connoisse en France.

Quant au peuple, l'histoire & les mémoires du tems nous apprennent qu'il se livroit plus volontiers aux *jeux* d'exercice, qu'aux *jeux* de hasard; & même je trouve, dans les antiquités de *Sauval*, que ceux-ci lui étoient absolument étrangers. « Avant » l'arquebuse, dit-il, & la poudre à canon, il avoit » toujours en main l'arc & l'arbalêtre; & de tout » tems il s'est plu à jouer au palet, aux quilles, à » la boule & autres passe-tems ».

L'invention des cartes apporta quelques changemens dans la manière de s'amuser. Les différens *jeux* qu'elles amenèrent coûtèrent d'abord plus de tems que d'argent; cette perte, non moins réelle que l'autre, attira l'attention des magistrats & du clergé. Un religieux augustin, dit *Pasquier*, fit, sous Charles VII, des changemens merveilleux dans Paris, par ses prédications: à sa voix, on alluma des feux dans plusieurs quartiers; chacun à l'envi courut y jeter *cartes*, *billes* & *billards*.

Excepté quelques folies passagères, quelques accès momentanés, je n'ai rien trouvé, non-seulement dans les derniers rangs de la société, telle qu'elle existoit alors, mais encore dans l'état moyen, qui puisse les faire soupçonner de la fureur du *jeu*; tandis, au contraire, que je vois cette fureur régner, sans interruption, dans les palais des rois ou dans les maisons des grands.

Quand nous en serons aux joueurs infidèles, on verra comment on jouoit sous Louis XI & ses successeurs; on remarquera que la délicatesse & la bonne foi se sont altérées à proportion que le *jeu* est augmenté. Il ne faut pas s'y méprendre, quelque choisie que soit la société des joueurs, elle est rarement exempte de bassesses; & ceux-ci, quoi qu'ils en disent, tardent rarement à s'oublier.

Du jeu depuis François I, jusqu'à Henri IV.

« Du tems de François I, dit l'abbé de Longue» rue, on ne savoit pas ce que c'étoit que ce misé» rable *jeu* dont la rage a gagné tout le monde ». Ce qui signifie seulement, que les citadins économes & laborieux des villes médiocrement peuplées ne s'y livroient pas encore. Ce savant, ne pouvoit pas ignorer que les cours ont presque toujours été le théâtre du *jeu*. « Nos rois, dit Sauval, l'ont aimé » de tout tems; & présentement on les voit, à portes » ouvertes, passer le tems aux échecs, au trictrac, » aux dés ».

J'en ai dit assez, pour indiquer les vraies sources de cet abus; pour montrer d'avance par où doit commencer la réforme. Continuons de suivre cette passion, qui désormais va marcher à plus grands pas, & se glisser jusque dans le sanctuaire de la justice. Je sais qu'il y a des joueurs parmi vous, disoit, en 1564, le chancelier de l'Hôpital, au parlement de Bordeaux.

Si les rois avoient imité le désintéressement de Henri II, cette manie n'auroit pas fait tant de progrès. Brantome donne une haute idée de la générosité de ce prince, en même tems qu'il fait la satyre de ses contemporains. « Il jouoit à la paume, dit-il, & » s'y affectionnoit fort; non pour l'avarice, car ce » qu'il gagnoit, il le donnoit à ses associés; s'il » perdoit, autant de perdu pour lui, il payoit pour » tous; aussi les parties de ce tems n'étoient-elles » que de deux, trois ou quatre cents écus au plus, » non comme à présent, de quatre mille, six mille » & deux fois plus: mais le paiement ne s'en fait » aussi beau comme alors, & il faut aujourd'hui » en faire bonne composition ».

Le même auteur parle d'un capitaine françois, nommé La Roue, qui jouoit cinq à six mille écus d'un coup; ce qui, alors, étoit exorbitant. Ce joueur intrépide proposa de jouer vingt mille écus contre l'une des galères de Jean-André Doria: celui-ci, quoiqu'il eût engagé sa parole, la retira de crainte d'être raillé, s'il venoit à succomber. « Je » ne veux pas, disoit-il, que ce jeune aventurier, » qui n'a de quoi perdre, me gagne ma galère, » pour s'en aller triompher, en France, de ma » fortune & de mon honneur ».

On jouoit si gros *jeu*, qu'un fils naturel du duc de Bellegarde fut en état de lui compter, sur ses gains, cinquante mille écus, pour s'en faire reconnoître juridiquement.

Ces excès commençoient à faire beaucoup de sensation; on en parloit diversement; le peuple s'essayoit; les fripons s'insinuoient à la cour. Comme ils n'étoient pas fort habiles, ils appellèrent à leur aide des italiens nos maîtres, de tout tems, en fait de souplesse & de dextérité. De concert avec les premiers, ceux-ci gagnèrent trente mille écus à Henri III, *qui avoit*, dit un journaliste, *dressé en son louvre, un déduit de cartes & de dés*. Ce n'est pas que ce prince aimât le *jeu*: quand on se passionne pour le *Bilboquet*, au point d'y jouer sans cesse & jusques dans les rues, on a plutôt l'air d'une dupe que d'un joueur.

Je n'en saurois dire autant du prince qui lui succéda. On voit, dans les *Mémoires de Nevers*, des lettres écrites dès l'année 1557, par quelques magistrats de Bordeaux. Ces lettres témoignent que le jeune Henri, alors peu fortuné, savoit déjà trouver les moyens de satisfaire sa passion naissante. Son exemple, dans la suite, fit tant de mal, que la sévérité de Louis XIII ne put le réparer.

» Henri IV, dit Péréfixe, n'étoit pas beau » joueur, mais âpre au gain, timide dans les grands » coups, & de mauvaise humeur dans la perte; » ce grand prince n'étoit pas exempt de taches, » non plus que le soleil ».

Du Jeu sous Henri IV.

On n'avoit point encore joué, en France, avec tant d'acharnement qu'à la cour de Henri: des familles illustres s'y ruinèrent de fond en comble; le duc de Biron y perdit, en une seule année, plus de cinquante mille écus; *Mon fils Constant*, dit d'Aubigné, *y perdit vingt fois plus qu'il n'avoit vaillant, de sorte que, se trouvant sans ressource, il abjura sa religion.*

C'est dans cette cour que fût perfectionné l'art de se ruiner plus promptement, & que plusieurs italiens firent valoir leurs talens. L'un d'eux, nommé Pimentel, s'étant prévalu, contre le duc de Sully, de l'honneur qu'il avoit de faire souvent la partie de Henri IV: « Comment, *ventre de ma vie!* lui » répliqua le duc, vous êtes donc, à ce que je » vois, *ce gros piffre* d'italien, qui gagnez tous » les jours l'argent du roi? *Pardieu*, vous êtes » mal tombé, car je n'aime, ni ne veux ici de » telles gens ». Pimentel s'échauffoit: « allez, allez, » lui dit-il en le repoussant, vous ne me persuaderez point avec votre *baraguoin* ».

La nation, long-tems agitée par les guerres civiles, se reposoit enfin au sein de la paix & de l'abondance, dont les fruits sont quelquefois empoisonnés. Le guerrier qui n'avoit plus d'ennemis à combattre, le barreau jaloux de la douane, l'artisan révolté de la modicité de son salaire; en en un mot, presque toutes les professions, éprouvèrent la fureur du jeu; des magistrats vendirent la permission de jouer.

Ces *jeux*, tant ceux des grands que des particuliers, on les conçoit à peine. Bassompierre déclare, dans ses mémoires, qu'il gagna plus de cinq-cents mille livres dans le cours d'une année: » Je les gagnai, dit-il, quoique je fusse distrait » par mille folies de jeunesse & d'amour; & mon » ami Pimentel gagna, de son côté, plus de deux » cents mille écus ».

Les gains de ce courtisan, souvent répétés, furent énormes: il gagna chez le duc d'Epernon de quoi payer ses dettes, de quoi se faire habiller magnifiquement, acheter des broderies, une épée garnie de diamans, &c; » & tous frais faits, dit-il, » j'eus encore cinq ou six mille écus de reste, » pour tuer le tems ».

Une autre fois & dans un âge plus avancé, il gagna cent mille écus, en une seule séance, tant à M. de Guise, qu'à Joinville & au Maréchal d'Ancre. En lisant ses mémoires, j'étois indigné de ses succès; en parcourant sa vie, j'ai ri de sa misère. Il mourut tellement obéré, qu'il ne laissa pas de quoi payer la vingtième partie de ses dettes; & c'est ainsi que finissent presque tous ses pareils.

C'en est fait des mœurs, quand le prince joue: Henri IV jouoit, comme les joueurs vulgaires, tantôt avec audace, tantôt avec foiblesse, & toujours d'une manière affligeante, pour quiconque se rappelle ses qualités sublimes. On savoit qu'il aimoit à gagner. Le duc de Savoie, jouant contre lui, dissimula son jeu, &, par politique, renonça volontairement à quatre mille pistoles.

On ne l'abandonnoit pas impunément lorsqu'il perdoit. Bassompierre, après un gain considérable, sous prétexte de se rendre où l'appelloit son service, s'esquiva furtivement. Le roi fait courir après lui, on l'arrête, on le ramène; il en est quitte pour donner la revanche.

Henri, le bon Henri, incapable de la moindre dissimulation, soit en bien, soit en mal, montroit souvent une cupidité dont Sully rougissoit: ce prince, afin d'acquitter les dettes qu'il avoit contractées au jeu, retint un jour soixante-douze-mille livres, sur une confiscation dont le profit ne devoit pas le regarder. Une autre fois, il fut subitement épris de quelques pièces d'or, que Bassompierre avoit apportées à Fontainebleau, & que l'on nommoit alors *Portugalloises*. Il s'en mouroit d'envie: il falloit jouer pour les gagner, mais il vouloit aussi chasser afin de concilier ces deux passions, il engage une partie, fait tenir son jeu jusqu'au retour de la chasse, & revient, plutôt qu'à l'ordinaire, pour disputer lui-même *les Portugalloises* tant désirées.

L'amour, quelque violent qu'il fût, ne pouvoit pas le distraire de cette malheureuse cupidité: on lui annonce qu'une princesse, qu'il aimoit, va lui être ravie: prends garde à mon argent, dit-il à Bassompierre, & entretiens le jeu, pendant que je vais savoir des nouvelles plus particulières.

Sous ce règne, les joueurs eurent du crédit; l'un d'eux, à l'occasion du jeu, obtint un honneur dont n'avoient pas encore joui les princes & les ducs. » Ceux-ci, dit Amelot de la Houssaie, » n'entrent en voiture dans les maisons royales que » depuis l'an 1607, & ils en ont obligation au » premier duc d'Epernon, c'est-à-dire au favori » de Henri III, lequel allant jouer tous les jours » avec la reine Marie de Médicis, s'avisa de faire » entrer son carrosse dans la cour du Louvre, & de » se faire porter entre les bras de ses estafiers,

» jusque dans la chambre de la reine, sous pré-» texte qu'il étoit cruellement tourmenté de la » goutte, & ne pouvoit pas se tenir sur ses pieds ».

Cependant, Paris se remplissoit de joueurs : il s'y forma, pour la première fois, des académies de jeu ; c'est ainsi que l'on appelloit les tripots où la bourgeoisie, les artisans & le peuple se précipitoient en foule.

Tous les jours, il y avoit quelqu'un de ruiné : un fils de marchand, riche de vingt-mille écus, en perdit soixante-mille. Il sembloit, dit l'auteur du *Mercure françois*, que mille pistoles alors, fussent moins qu'un sou du tems de François I. ; aussi vit-on naître tous les désordres qu'une telle manie entraîne nécessairement à sa suite.

L'usure & les procès achevoient d'abymer les joueurs. Une maison du fauxbourg Saint-Germain, fut louée quatorze cents livres pour quinze jours, au nommé Jonas, qui donnoit à jouer pendant la foire. On louoit de simples *cabinets* ou *garde-robes*, plusieurs pistoles par heure ; quand il falloit payer, on se battoit ou l'on plaidoit.

Les honnêtes gens, témoins de cette plaie qui s'envenimoit de plus en plus, s'indignoient, surtout, de ce qu'on ne songeoit pas à y remédier. A quoi servent, disoient-ils, nos lois & nos magistrats? les uns fermoient les yeux, les autres tendoient les mains, & vendoient, à prix d'argent, la sureté des citoyens, sans pouvoir alléguer, comme on l'a fait depuis, le prétexte du bien public.

Admirez notre prudence & nos progrès, depuis deux siècles bientôt révolus ! Nous venons d'établir des *maisons de santé*, pour y soigner les victimes de la débauche ; ces *maisons*, sont fondées sur les produits du jeu. Tenter de guérir une peste par une autre ! Voilà ce qu'on appelle maintenant avoir de *grandes vues*. Qu'on ne vienne plus nous dire, à la manière des Plutarque & des Montaigne : » C'est une grande erreur dans l'économie domes-» tique ainsi que dans la civile, de vouloir com-» battre un vice par un autre, ou former en-» tr'eux une sorte d'équilibre, comme si ce qui » sappe les fondemens de l'ordre, pouvoit jamais » servir à l'établir ».

C'est ainsi que l'on raisonnoit encore, sous les Théodose & les Valentiniens : un ministre de Théodose II, en 431, le vertueux Florence, pour apprendre à son maître qu'il ne convenoit pas de faire contribuer les vices, parce que c'étoit les autoriser, donna au fisc l'une de ses terres dont le revenu égaloit le produit de l'impôt annuel que l'on avoit mis sur la prostitution.

Du jeu, sous Louis XIII.

Les lois, comme on l'a vu, se reveillèrent dès le commencement du règne de Louis XIII : on en fit de nouvelles & même de plus sévères. Quarante-sept brelands autorisés, dont plusieurs magistrats tiroient tous les jours une pistole, furent abolis ; & l'on disoit tout haut : » Le premier président, » le lieutenant civil, le procureur du roi du châte-» let, font grande chère à nos dépens, & si ne leur » coûte-t-il rien, car *ils n'achetent point la chaire ;* » mais patience, s'il en veulent désormais, ils la » payeront ou s'en passeront ».

Le peuple s'arrêta, les grands continuèrent. Bassompierre & ses pareils trouvèrent parmi la noblesse du règne précédent, des joueurs toujours prêts à leur tenir tête : il est vrai que l'on se cachoit ; mais on n'en jouoit que plus gros jeu. Le maréchal d'Ancre risquoit, communément, jusqu'à vingt-mille pistoles.

La contagion, n'avoit pas encore gagné les provinces & l'on ne jouoit, à la cour, que les jeux d'étiquette : l'exemple de Louis XIII contenoit les courtisans, du moins en sa présence.

Ce prince, ennemi des jeux de hasard, n'aimoit que les échecs ; mais trop, si l'on en juge par l'anecdote suivante : afin de lui procurer le moyen d'y jouer en voiture, on fit, pour lui, ce qu'on avoit pratiqué à Rome pour l'empereur Claude ; c'est-à-dire que l'on fit un échiquier bourré, sur lequel les pièces garnies d'aiguilles en dessous, s'adaptoient de manière que le mouvement ne pouvoit pas les faire tomber.

Le bilboquet de Henri III & l'échiquier de Louis XIII, ne sont que ridicules : excusons les monarques bien intentionnés, quand ils ne se permettent que des choses frivoles ou puériles.

Du jeu sous Louis XIV.

Les révolutions opérées dans le gouvernement & dans les mœurs, par le cardinal de Richelieu qui jouoit un jeu plus sérieux encore que ceux dont il s'agit, avoient considérablement ralenti ces derniers : ils reprirent avec plus de force sous un autre cardinal, profondément imbu de l'esprit italien. Ce ministre, indépendamment de son goût particulier, sut les allier à ses vues politiques ; &, à leur aide, prolongea l'enfance du prince sous lequel il gouvernoit.

» Mazarin, dit l'abé de Saint-Pierre, introduisit le » jeu à la cour de Louis XIV, en 1648 : il enga-» gea le roi & la reine régente à jouer, & l'on » préféra les jeux de hasard. Le jeu passa de la » cour à la ville ; & de la capitale, dans toutes les » petites villes de province. On quitta les jeux » d'exercice, tels que la paume, le mail & le billard. » Les hommes en devinrent plus foibles, plus mal-» sains, plus ignorans, moins polis ; les femmes,

» séduites à leur tour par ce nouvel attrait, apprirent » à se moins respecter ».

Dès lors, on ne vit que des joueurs d'un bout de la France à l'autre, ils se multiplioient rapidement dans toutes les professions, & même dans la robe, qui se piquoit encore d'une certaine décence. Le cardinal de Retz rapporte, dans ses mémoires, qu'en 1650, le magistrat le plus vieux du parlement de Bordeaux, & qui passoit pour en être le plus sage, ne rougissoit pas de risquer tout son bien dans une soirée; & cela, ajoute-t-il, sans que sa réputation en souffrît: tant cette fureur étoit générale! Elle se mêla bientôt aux circonstances les plus importantes de la vie, ainsi qu'aux affaires les plus graves.

Les états n'offroient plus, lorsqu'ils étoient convoqués, que des assemblées de joueurs: « c'est un » *jeu*, dit madame de Sévigné, c'est une chère, » une liberté jour & nuit, qui attirent tout le » monde: je n'avois jamais vu les états de Bretagne, c'est une assez belle chose que les états ». Cette femme, aussi sensée que spirituelle, n'avoit pas encore, lorsqu'elle parloit ainsi, marié sa fille, & son fils étoit en bas âge. Le prestige s'évanouira bientôt: cette bonne mère aura des transes.

Elle en eut en effet: les disgraces que sa fille & son gendre éprouvèrent au *jeu*, la firent changer de ton & suppléèrent à son expérience; elle avoit trop d'ame pour devenir joueuse. « Vous perdez, » leur écrivoit-elle, tout ce que vous jouez: vous » avez payé cinq ou six mille francs pour vous en» nuyer, pour être houspillés de la fortune ».

Le *jeu* lui parut enfin aussi odieux qu'elle y avoit trouvé de charmes, tant qu'elle n'en fut que simple spectatrice. L'intérêt de ses enfans l'éclaira, & la rendit peut-être trop soupçonneuse. On voit ce qu'elle pensoit des joueurs les plus heureux, les plus renommés; elle ne croyoit pas qu'un bonheur constant fût une chose naturelle.

Je trouve que sa manière de louer Dangeau tient plus de la satyre que de l'éloge: « Je le voyois » jouer, disoit-elle à sa fille, & j'admirois com» bien nous sommes sots auprès de lui: il ne songe » qu'à son affaire; il ne néglige rien; il profite » de tout; il n'est point distrait: en un mot, sa » bonne conduite défie la fortune ». Quelquefois elle s'expliquoit plus clairement: « Vous croyez que » tout le monde joue comme vous? rappellez-vous » ce qui s'est passé dernièrement à l'hôtel de la » Vieuville: vous souvient-il de cette volerie »?

La faveur tant briguée, dans cette cour fastueuse, lui sembloit à trop haut prix, s'il falloit l'acquérir par de ruineuses complaisances. Elle trembloit chaque fois que son fils la quittoit pour aller à Versailles: « Il me mande qu'il va jouer avec » son jeune maître, cela me fait transir; quatre » cents pistoles s'y perdent fort aisément; *ce n'est* » *rien pour Admète, & c'est beaucoup pour lui.* » Si Dangeau est de ce *jeu*, il gagnera toutes les » *poules*, c'est un aigle: il en arrivera, ma fille, » tout ce qui plaira à Dieu ».

Cet heureux courtisan, ce Dangeau reparoît souvent sur la scène: j'ignore si la fortune s'est soutenue jusqu'à la fin; mais je sais bien que je pourrois citer plus de cent Galet contre un Dangeau.

L'impulsion donnée par Mazarin subsista. Les *jeux* les plus simples de Louis XIV répondirent long-tems à sa magnificence: il s'en dégoûta vers la fin de son règne.

Avant cette époque, on se ruinoit avec pompe & dignité, tant à Versailles que dans les autres maisons royales, où le *jeu* commençoit souvent dès le matin. Ne dénaturons pas le style naturel & rapide de madame de Sévigné: « J'ai vu, dit-elle, » mille *louis* répandus sur le tapis; il n'y avoit plus » d'autres jetons; les *poules* étoient au moins de » cinq, six ou sept cents *louis*, jusqu'à mille, douze » cents.... On joue des *jeux* immenses à Versail» les.... Le *Hoca* est défendu à Paris, *sous peine* » *de la vie*, & on le joue chez le roi; cinq mille » pistoles avant le dîner, ce n'est rien; c'est un » vrai coupe-gorge ».

Madame de Sévigné n'avoit vu les joueurs que sous l'œil du maître, ou dans les cercles soumis à des bienséances inviolables: que seroit-ce, si cette femme honnête avoit pu les suivre dans les soupers clandestins & dans les maisons de campagne du surintendant Fouquet, où vingt joueurs qualifiés, tels que les maréchaux de Richelieu, de Clairembaut, &c. se rassembloient avec un peu de mauvaise compagnie, pour y jouer des terres, des maisons, des bijoux, & jusqu'à *des Points-de-Venise*, jusqu'à des *rabats*? C'est là qu'elle auroit vu risquer plus que de l'or, puisqu'on s'avilissoit au point de circonvenir quelques dupes opulentes, toujours invitées les premières.

Laisser cent pistoles aux cartes, par égard pour le maître du logis; le racquitter lorsqu'il perd; & lorsqu'on avoit affaire à quelque subalterne, l'abîmer de fond en comble, lui faire signer sa ruine sur la table du *jeu*: voilà ce qu'on applaudissoit; voilà ce qui faisoit rechercher un homme, ce qui lui procuroit le titre de beau joueur.

Ce fut ainsi que Gourville, successivement valet-de-chambre du duc de la Rochefoucault, pendu à Paris en effigie, envoyé du roi en Allemagne, & proposé depuis pour remplacer Colbert: ce fut ainsi qu'il obtint de la faveur, de la considération & de la fortune; car il déclare, dans ses mémoires, que ses gains, en peu d'années, montèrent à plus d'un million. Ce joueur systématique n'a point laissé de dettes, comme Bassompière : après avoir *fait sa main*, il s'est retiré, pour écrire la liste scandaleuse d'où je viens d'emprunter les faits précédens.

La France fut un théâtre trop étroit pour ses chevaliers d'industrie, & pour quiconque étoit en proie à la fureur du *jeu*. Le comte de Grammont, joueur très-suspect, fit valoir ses talens en Angleterre, en Italie & en Espagne. Le comte de Chavagnac, joueur très-loyal, apprit à jouer aux allemands, & joua dans plusieurs cours du nord.

Les trois quarts de la nation ne soupirèrent plus qu'après le *jeu*, qui lui-même devint un objet de spéculation ; car il n'a pas cessé, depuis l'établissement de la première loterie, de fournir autant & plus de projets sinistres, que l'enthousiasme du bien public n'en put adresser aux princes vertueux.

Du Jeu pendant la minorité de Louis XV, jusqu'aux jeux publics des hôtels de Gesvres & de Soissons.

On se figuroit que le vertige ne pouvoit pas aller plus loin. Pendant la minorité de Louis XV, un joueur étranger, devenu contrôleur-général, entreprit de faire jouer la nation, pour rétablir les finances : il proposa un système, il établit une banque qui manqua de bouleverser l'état, & séduisit ceux mêmes qui s'étoient garantis de l'épidémie des *jeux* de hasard.

Quelque générale que soit la fureur du *jeu*, tout le monde ne joue pas : certaines professions rougiroient de se livrer à des *jeux* dont la turpitude leur seroit unanimement reprochée. Changez les noms de ces *jeux*, changez-en la forme, & que l'appât soit présenté de la part du législateur ; c'est alors, quoique la chose n'en soit pas moins vicieuse, ni moins contraire aux vrais principes, c'est alors que vous verrez l'ardeur que l'on remarque chez les sauvages, se manifester avec plus de risque, & se communiquer à tout un peuple, aux ministres des autels, à ceux des loix ; aux pères, aux mères de familles, sans distinction de rangs, de moyens & de devoirs.

Jean Law, que nous nommons Jean Lass, ouvrit un gouffre, où la moitié de la nation s'empressa de verser son argent. On fit fortune en peu de jours, en quelques heures. Plusieurs s'enrichirent, en prêtant seulement leurs signatures. Une prompte révolution consterna tout le monde.

Quelques agioteurs échappèrent aux recherches ; les autres furent contraints de rendre leurs gains, quoiqu'ils réclamassent les ordonnances de la cour. Tandis que l'on faisoit jouer toute la France à ce *jeu* de la *banque*, le plus séducteur & le plus dévorant qui ait jamais existé, on emprisonna trente ou quarante personnes, pour avoir enfreint les loix portées contre les *jeux* de hasard.

Six cents mille des meilleures familles qui avoient pris du *papier* sur la foi du gouvernement, perdirent, avec leurs biens, leurs places, leurs emplois & furent presque anéanties. La peste de Provence, concourut avec cette peste politique ; mais celle-ci dura plus que l'autre.

Ce qui console un peu, c'est que l'auteur de tant de maux n'en ait pas joui long-tems ; après tant de millions dissipés, ce fameux joueur en fut réduit, pour jouer encore, à mettre en gage le seul diamant qui lui restât.

Cette grande catastrophe, dont la commotion retentit en Hollande & en Angleterre, fut, chez nous, la source de mille désordres : la probité en reçut un coup, dont elle aura bien de la peine à se relever. Croit-on, disoit alors le chancelier d'Agusseau, que Ciceron lui-même fût écouté, s'il crioit dans la rue *Quincampoix*, comme autrefois à Rome, que, loin de nuire à ses semblables, tout homme, pour son propre intérêt, est tenu de les servir ?

Ce fut envain que d'Aguesseau, non moins respectable que Ciceron, fit entendre sa voix à diverses reprises ; elle fut étouffée, par les clameurs de l'avarice. Les parvenus l'emportèrent : leur sang impur, mêlé à celui de la noblesse, augmenta la cupidité des nobles, les rendit peu délicats. Au lieu des préjugés utiles, on se transmit, de race en race, l'avidité qui multiplie les joueurs de toute espèce.

Dans ces tristes conjonctures, des ministres & des magistrats que l'on ne sauroit assez blâmer, permirent des jeux publics dont on voit encore de nombreuses victimes. » Je doute, dit un auteur » contemporain, que sous M. d'Argenson, les » jeux des hôtels de Gesvres & de Soissons, dé» fendus par les loix, eussent duré si long-tems : » il n'auroit pas souffert que le valet y jouât l'ar» gent de son maître, le fils celui de son père, » & le père le patrimoine de ses enfans : il auroit, » avec tous les gens de bien, detesté ces abominables » jeux, comme étant la source des plus grandes » calamités.

Nous avons été récemment menacés de voir naître, avec plus d'éclat encore, ce monstrueux abus. Lorsqu'on élevoit, à la hâte, le vaste & fragile édifice dont le dédale sembloit promettre de nombreux asyles aux joueurs & à la débauche, bien des gens soupçonnèrent les motifs de ceux qui l'avoient fait construire : sous prétexte, disoient ils, de nous divertir, ils veulent encore nous faire jouer. Un lieutenant de police, dont la mémoire vivra long-tems, rassura le public.

Heureusement que cette entreprise, quel qu'en ait été le projet, n'a point eu de suites : excepté une loterie mesquine, faite pour attirer le peuple & les enfans, tout s'y passe assez bien; car il ne ne s'agit pas ici de la prostitution. Ce n'est pas que nous n'ayons encore, indépendamment de cent maisons connues où l'on se ruine tous les jours, dix fois plus de réduits subalternes que l'on n'en comptoit sous Henri IV, sous Louis XIV & du tems de la régence.

Fureur actuelle du jeu.

Lorsqu'on ferma les hôtels de Gesvres & de Soissons, l'applaudissement fut général de la part des gens de bien, & même de ceux qu'un attrait involontaire y ramenoit sans cesse malgré leur perte évidente. Les provinces imitèrent l'exemple de la capitale. La fureur du jeu se ralentit dans les villes : elle redoubla dans les cours & chez les courtisans. De ces ardens foyers, sortirent les flammes qui rallumèrent l'incendie pour la quatrième fois.

L'usage qui règle tout, les fausses bienséances, d'un luxe scandaleux & des conventions destructives, ne cessent d'augmenter cette passion si effrénée qu'on la vit, autrefois, se mêler aux circonstances les plus tristes de la vie. Le jour que Didius Julianus fut proclamé empereur, il passa sur le cadavre ensanglanté de Pertinax, & se mit à jouer aux dés dans la chambre voisine.

On ne rougit plus maintenant, à l'exemple de Caligula, de jouer au retour des funérailles de ses parens ou de ses amis. Un joueur revenant du convoi de son frère où il avoit donné des marques d'une douleur profonde, fit un gain considérable: comment vous trouvez-vous à présent ? lui dit quelqu'un : un peu mieux, répliqua-t-il, cela console.

La plûpart de ceux qui vont aux eaux sous prétexte de santé, n'y cherchent que des joueurs. Aux états, c'est moins l'intérêt du peuple qui rassemble une partie de la noblesse, que l'attrait d'un jeu terrible, & tel que l'endroit où il se tient, dans l'une de nos provinces, s'appelle *enfer*; aujourd'hui cet *enfer* est partout.

Si, par malheur, un *jeu* terrible, & qu'on nomme *Belle*, subsistoit encore quand cet ouvrage paroîtra, je prie les gens sensés d'y passer quelques heures : qu'il suffise, je n'en dirai pas davantage, que l'on y voit peindre le crime sur les figures d'un tas d'aventuriers rassemblés au hasard ; & que chaque séance seroit ensanglantée, si ceux qui permettent ces sortes de *jeux*, n'avoient pas soin de les garnir de satellites. Ces derniers n'escortent pas les joueurs, lorsqu'ils rentrent parmi nous.

Outre les tripots autorisés, il s'en établit furtivement de nouveaux dans les maisons privilégiées des ambassadeurs & des représentans des cours étrangères. Quelques chevaliers d'industrie proposèrent à un homme de qualité, qui venoit d'être nommé plénipotentiaire, de lui louer un hôtel, de le défrayer, pourvu qu'il leur abandonnât un appartement, & leur permît d'avoir des valets à sa livrée : proposition qui fut rejettée avec mépris, parce que l'ambassadeur étoit l'un des hommes les plus honnêtes & les plus instruits de son siècle.

Il est triste, sans doute, de révéler la turpitude de ses contemporains ; mais quel est l'homme qui oseroit me reprocher de blâmer de tels excès ; quand les loix sont impuissantes, & les mœurs dépravées ?

« Le vice, dit *Jean-Jacques*, offense en tous lieux un œil impartial ; & l'on n'est pas plus blâmable de le reprendre dans le pays où il règne, quoique ce pays soit le nôtre, que de révéler les défauts de l'humanité, quoiqu'on vive avec des hommes ».

Pour moi, j'attaque ce qui nuit : en tout tems, quiconque veut le bien, doit défendre les mœurs avec autant de courage que les anciens combattoient pour la liberté.

J'ai déjà remarqué que l'esprit du *jeu*, chez les peuples joueurs, influoit, tôt ou tard, sur le gouvernement & sur les affaires publiques. Dans plusieurs royaumes, une partie du commerce & des opérations de finances sont fondées sur le hasard. Remarquons encore, que ce même esprit n'influe pas moins sur toutes les circonstances de la vie privée.

Les marchés les plus difficiles à conclure se terminent souvent à l'amiable, par une partie de *jeu*.

On a vu jouer en se promenant, soit à pied, soit en voiture : quand on se rencontroit aux portes des spectacles, pour ne rien débourser, on jouoit un *billet*. De quelque manière que ce soit & dans quelque situation qu'il se trouve, un vrai joueur tâche de mettre tous les instans à profit.

Si je disois qu'on en a vu même jouer en dormant, on auroit de la peine à le comprendre : un joueur épuisé de fatigue, ne pouvant pas se résoudre, parce qu'il perdoit, à quitter la partie, conjura son adversaire de jouer pour lui de la main gauche ; ce qu'il y a de plus singulier, c'est que cette main gauche ruina la droite, tandis que celui dont il s'agit ronfloit au bruit des dez.

On lit, dans un journal, que deux anglois partis pour se battre en pays étranger, n'en avoient pas moins joué le plus gros *jeu* pendant la route ; & qu'arrivés sur le champ de bataille, l'un d'eux avoit parié qu'il tueroit son adversaire. On ajoute que les spectateurs, regardant cette affaire comme une partie de *jeu*, s'y étoient intéressés.

J'ai ouï raconter, à cette occasion, qu'un allemand ayant été contraint de se battre pour une querelle de *jeu*, ne perdit point la tête : il laissa, dit-on, tirer son homme ; le coup lâché, moi, dit-il, je n'ai jamais manqué : je parie donc cent *ducats*, que je vous casse le bras droit ou gauche, à votre choix & il gagna.

Le mal est au plus haut degré quand les travers de la noblesse & les vices des financiers, après avoir gagné la bourgeoisie, transpirent dans les dernières classes des citoyens, & se débordent de la capitale jusqu'aux frontières.

Le parlement de Bretagne, indigné de ce que des comptables risquoient & perdoient jusqu'à cent mille écus ; de ce que, dans plusieurs villes de cette province, on osoit, au mépris des lois, faire hautement l'apologie des *jeux* de hasard : ce parlement rendit un arrêt par lequel « il est défendu à » toutes personnes de jouer auxdits *jeux* de hasard, » à peine de mille livres d'amende ; fait en outre » défenses aux maîtres cartiers & à tous autres, de » vendre & débiter des cartes, sous les mêmes » peines, & de punition corporelle en cas de » récidive ».

J'ai trouvé des cartes & des dés dans plusieurs endroits où l'on manquoit de pain : j'ai vu le marchand & l'artisan, jouer l'or à pleines mains : je n'en impose point, j'ai vu des fermiers & des laboureurs dépravés, pour avoir seulement traversé nos villes ou respiré l'air du *château seigneurial*. L'exemple ne s'arrête point où il commence.

De l'usage du sort & des Loteries, chez les anciens.

Nous voici parvenus au dénouement de l'habitude du *jeu* : c'est-à-dire, à son plus grand excès ; car les peuples, maintenant, jouent par-tout contre l'état, comme j'ai dit que les joueurs novices, jouent contre ceux qui leur tendent des pièges.

Soit en paix, soit en guerre, on ne sauroit à présent se passer de loteries, ou de ressources équivalentes ; après la corruption des mœurs, le plus grand mal qu'elles aient produit, c'est qu'on s'est permis de tout risquer sans prudence, de tout entreprendre sans génie.

Les grecs n'avoient point de loterie : on ne voit pas que ce peuple de fatalistes ait, aussi souvent que nous, employé le sort, pour suppléer à la prudence.

Il se passa bien du tems à Rome, avant que le hasard y prît la place des suffrages ; avant que l'on se fût avisé de tirer au sort le département des provinces. Peu de tems après que cette république eut subi le joug de quelques ambitieux, en attendant celui des barbares, on ne tarda point à y connoître l'usage des loteries. Les empereurs, quoique avides, pour la plupart, ne s'en servirent que par faste, par caprice, ou par inertie, quelquefois, comme Auguste, pour s'amuser de la cupidité de leurs convives.

Néron faisoit jetter au peuple jusqu'à mille *billets* par jour : quelques-uns de ces *billets* procuroient des esclaves, des navires, des maisons ou des terres. Domitien, pour avilir les sénateurs & les chevaliers, les fit participer à ces sortes de distributions.

Lampride raconte qu'Héliogabale, dans ses festins ridicules, faisoit tirer au sort des chameaux, des mouches, & tout ce que lui suggéroit sa folie naturelle.

Si cette mine, aujourd'hui si féconde, n'a pas été exploitée par les tyrans de Rome, ce fut par d'autres égards que ceux de la justice : quand le despotisme est au comble, il est encore plus simple de proscrire, que de faire des loteries. Qu'il suffise que les Titus, que les Trajan & les bons empereurs n'en aient pas eu besoin pour se faire craindre au dehors, respecter au dedans, pour laisser après eux tant de monumens utiles, dont les ruines majestueuses nous enseignent encore ce que peuvent la justice, la constance & le travail.

Des premières Loteries modernes.

Tacite parle d'un proconsul qui abrégeoit l'année, pour faire payer plus souvent le même impôt aux tributaires de Rome ; & l'on sait que plusieurs monarques ont autrefois altéré les monnoies. Aujourd'hui, l'on s'y prend mieux : lorsqu'on veut, à quelque fin que ce soit, obtenir promptement, & sans murmures, de nouvelles contributions, on suscite de nouveaux besoins, *on travaille un pays en finance*. Au lieu d'encourager les mœurs, & de récompenser les vertus, on cherche à tirer parti des vices : ce qui ne peut s'exécuter qu'en redoublant la corruption.

Dès que les gouvernemens s'apperçurent que le plus grand nombre jouoit, ils devinrent joueurs ; ils modifièrent, d'une manière artificieuse & séduisante, différens *jeux* de hasard, où ils avoient toujours plus à gagner qu'à perdre. Les chefs des nations rivales publièrent à l'envi des *jeux* d'état, sans songer que la ruse & la fraude répugnent essentiellement à l'autorité souveraine, dont le principal caractère doit être la droiture, dont le plus beau triomphe est de rendre les cités heureuses & florissantes.

Cette invention moderne nous vient de l'Italie. Gênes & Venise en ressentirent les premières atteintes avec tant d'ardeur, que bientôt on n'adora plus que le sort, dans ces deux villes fondées sous de meilleurs auspices. Le commerce y languit : on aima mieux transiger à l'aide du hasard, que d'avoir recours aux actes légitimes.

On lit dans Gregorio Leti, que les Vénitiens furent tellement épris de ces nouveaux *jeux*, qu'ils s'en servirent pour trafiquer de leurs bijoux, de leurs meubles, de leurs terres. La superbe maison de campagne du médecin Salvatico, dit le même auteur, fut gagnée par un batelier, qui la vendit à vil prix: on ne l'acheta que pour en faire sur-le-champ une loterie. Cette demeure de l'opulence appartint successivement, & par le même moyen, à différens maîtres hors d'état de l'habiter.

Sous le doge François Erizzo, on tiroit des loteries dans les maisons privées, dans les places publiques, & jusques dans les couvens. Le Conseil des Dix en voulut connoître; il y fut observé que cet ennemi domestique perdroit la république. Que dites-vous, répliqua l'un des membres de ce Conseil? Plût-à-Dieu, que nous n'en eussions jamais de plus redoutables que les loteries! De pareils ennemis mériteroient, de notre part, le titre de bienfaiteurs.

La république vendit d'abord aux particuliers ce dangereux privilège qu'elle devoit bientôt s'arroger exclusivement : les princes, qui ont emprunté d'elle cette ressource pernicieuse, en ont usé de même.

Dans le XVme. siècle, une étincelle de ce feu dévorant s'échappa vers la France. François Ier., *afin d'amortir*, disoit-il, *la fureur du jeu*, accorda, moyennant 2000 liv. tournois de rétribution annuelle, des lettres-patentes à l'un de ses sujets, pour créer une loterie ou *blanque*, qui devoit avoir cours dans tout le royaume. Cette loterie, ouverte pendant plus de deux ans, ne fut point remplie: il ne paroît pas qu'elle ait jamais été tirée, puisqu'il n'en est fait aucune mention, ni dans l'histoire, ni dans les mémoires de ce tems. On lui donna vainement plusieurs formes, pour la rendre plus attrayante. Il n'y avoit pas assez de luxe, pas assez de joueurs. Les têtes n'étoient pas encore exaltées, comme elles le furent plus de cent cinquante ans après.

Quoique rejettée par tous les ordres de l'état, le souvenir de cette loterie resta dans la mémoire de ceux qui ne vivoient alors que des malheurs publics. Des instigateurs nationaux échauffèrent les esprits, par le récit de ce qui se passoit à Gènes & à Venise.

Sous les règnes suivans, on fit diverses tentatives. Pendant la minorité de Charles IX, un particulier, ayant obtenu des lettres-patentes, ouvrit une loterie ou *blanque*, dont l'objet n'étoit pas de conséquence. Il ne s'agissoit que d'une montre d'or. Ce particulier n'en fut pas moins traduit au châtelet, & ensuite au parlement. L'avocat-général Dumesnil s'y couvrit de gloire, tant par la force de ses raisons, que par l'arrêt qu'il obtint.

Le parlement de Paris, tandis que la fureur du *jeu* s'autorisoit de l'exemple de la cour, rendit, sous Henri IV, un nouvel arrêt contre ceux qui tenoient des *blanques*; il annula ces honteux privilèges, comme ayant été surpris & extorqués.

Dix ans après, le procureur-général eut commission de faire saisir une *blanque permise & ouverte en la ville de Soissons, à la ruine des habitans d'icelle:* Ce sont les termes du réquisitoire.

L'année suivante, il y eut plusieurs *blanques*, dans la ville d'Amiens; elles eurent le même sort que les précédentes, *parce qu'elles étoient*, disoit toujours le parlement, *la ruine du pauvre peuple*.

Toutes ces loteries privées en préparoient d'autres qui ne tardèrent point à s'établir chez nous, dès qu'elles furent adoptées en Angleterre & en Hollande.

Etablissement des loteries en Angleterre & en Hollande.

Les loteries souffrirent moins de contradictions chez les insulaires: nos voisins, plus hardis que nous, lorsqu'il s'agit du gain. Ces *jeux* d'état, si redoutables, & que l'on regarde maintenant avec tant de complaisance, ne passèrent en Angleterre, que vers la fin du siècle dernier. Ils furent proposés au parlement national, dans les sessions du mois de janvier 1694. On fut longtems à s'accorder; & même il y eut de grands débats: ce parlement en permit l'établissement.

Les circonstances étoient critiques. L'état avoit besoin d'argent pour faire la guerre; il en falloit, & promptement. On vota pour une loterie de 200,000 liv. sterlings; elle fut remplie en moins de six mois. Amis & ennemis, tout le monde y porta: les vrais patriotes en murmurèrent. *Taisez-vous*, leur disoit-on, *cette loterie est la reine des loteries; c'est elle qui vient de prendre Namur*? On ne répliquoit pas: C'est elle qui perdra peut-être nos mœurs, notre gouvernement, qui nous fera detester dans les deux Indes, & soulevera peut-être un jour tous les peuples de l'Europe contre notre avidité.

La politique marchande n'étoit pas faite pour dédaigner ces nouveaux appas. Aussi, la ville d'Amersfort, à l'exemple de Londres, & sans autre prétexte que le gain, forma-t-elle le projet de la première loterie qui ait été tirée en Hollande. Quelques-uns des *lots* promettoient des fermes & des terres seigneuriales, que l'on pouvoit, après la décision, se faire payer en argent comptant. Ces fermes & ces terres furent visitées par toutes sortes de gens, qui s'arrangeoient d avance, comme s'ils avoient été sûrs de leur fait.

La folie des Hollandois n'en céda point à celle des Vénitiens. On établit des loteries dans la plupart des villes, & dans presque tous les districts. On s'étouffa pour avoir des *billets* : on en prit, pour les revendre & y gagner. Les trois quarts de ceux que l'on rencontroit dans les rues & sur les chemins, ne pouroient, si l'on en croit Gregorio Leti, qu'après ce fantôme qui les détournoit de leurs professions, de leurs métiers.

De graves professeurs ne parloient plus que de loteries à leurs élèves: la tête en tournoit aux ministres des autels. Si quelqu'un s'en abstenoit, on le blâmoit de cette indifférence ; on l'accusoit de ne pas aimer les hommes, puisqu'il négligeoit ce moyen de les servir. « Mes meilleurs amis, » dit Leti, m'ont traité de père dénaturé, pour » n'avoir pas voulu risquer quelques *billets*, au » profit de mes filles ». C'en étoit fait de la Hollande, si cette fièvre ne s'étoit pas un peu calmée.

Ces *jeux* furent adoptés de proche en proche, par la plupart des nations européennes, & par celles même, qui d'abord les avoient rejetés; tant il est vrai que l'exemple n'agit pas moins sur les sociétés respectives, que sur les individus.

On persuada aux princes que les loteries pourroient suppléer aux impôts, aux emprunts, & servir à éteindre les dettes nationales. On ne les avertit pas qu'il s'établiroit, entre les gouvernemens, une concurrence, dont l'effet leur seroit à tous également préjudiciable.

Comme celui qui présentoit le plus d'appâts, faisoit les plus grands gains, ces *jeux* de hasard se multiplièrent en peu de tems, pour regagner ce qu'on perdoit chez l'étranger : on mit les citoyens aux prises, & son propre pays en combustion. On s'embarrassa fort peu des conséquences, pourvu qu'il en résultât de l'argent, à mesure que l'on en avoit besoin.

Etablissement des loteries en France.

Plusieurs causes retardèrent, chez nous, l'établissement des *jeux* d'état, projetés sous François I. Après les guerres & les troubles civils, il fallut rétablir l'ordre, réprimer les nobles, réformer les mœurs. Le parlement, sous Louis XIII, s'acquitta si bien de cette dernière fonction, que les instigateurs des *jeux*, dont il s'agit, ne firent pas la moindre tentative; ils s'enhardirent, sous le ministère du cardinal Mazarin.

On accorda des lettres-patentes, en *1656*, pour l'établissement d'une loterie proposée par l'italien Tonti, afin de construire un pont de pierre entre les galeries du Louvre & le faubourg St. Germain, le pont de bois qui y étoit auparavant, ayant été consumé par un incendie. La loterie de Tonti n'eut point d'exécution.

Deux ans après, plusieurs associés obtinrent, par leurs intrigues, & par le crédit de quelques courtisans, le privilège d'une loterie de marchandises: celle-ci, plus captieuse que les autres, & bien reçue, auroit été remplie; mais les six corps des marchands s'opposèrent à l'enrégistrement des lettres-patentes, & le parlement fit droit à la requête.

La première loterie royale, tirée en France, le fut à l'improviste, dans un moment d'enthousiasme, occasionné par le mariage de Louis XIV, & la publication des fêtes de la paix. Le parlement voulut bien autoriser cette loterie, sans tirer à conséquence. Celles qu'il n'avoit pas su prévoir, furent promptes & immédiates.

La moitié de la nation, se voyant privée des loteries publiques, dont elle venoit de faire l'essai, eut recours aux loteries étrangères, en forma de particulières de tous côtés. Les maîtres & les valets en firent de proportionnées à leurs moyens. On en fit de bijoux, de meubles, d'ustensiles, afin que tout le monde pût y jouer. Il y en eut *à 5 sous le billet.*

Le roi sentit la nécessité de défendre toutes ces loteries subalternes. Le parlement & la police les supprimèrent à diverses reprises, en remontrant toujours que la première n'avoit été permise qu'en vertu d'une réjouissance extraordinaire, & pour célébrer l'heureux mariage du roi.

Dès qu'on vit qu'il n'étoit plus possible de contenir une partie des citoyens, dont le vertige alloit toujours en augmentant, on acheva de les empoisonner; car on mit le mal dans le remède.

Le conseil d'état ouvrit, à l'hôtel-de-ville de Paris, en 1700, une loterie royale de 10 millions de livres. Voici comme on fit parler le roi:

« Sa majesté ayant remarqué l'inclination naturelle de la plupart de ses sujets, à mettre de » l'argent aux loteries particulières, à celles que » des communautés ont eu la permission de faire, » pour l'entretien & soulagement des pauvres, » même à celles qui se font dans les pays étrangers, & désirant leur procurer un moyen agréable & commode de se faire un revenu sûr & » considérable, pour le reste de leur vie, même » d'enrichir leurs familles, en donnant au hasard » des sommes si légères, qu'elles ne pussent leur

» causer aucune incommodité, a jugé à propos, » &c. ». Tous les termes de ce préambule sont remarquables.

On peut tout risquer, puisque cet arrêt du conseil, & tant d'autres, ont trouvé des approbateurs. Le commissaire de Lamarre, que sa place mettoit, tous les jours, à portée de voir les ravages causés par ces loteries, n'a point rougi d'écrire sérieusement ce que l'on est tenté de prendre pour un sarcasme. » Les loteries, dit-il, sont l'unique *jeu* auquel les » derniers du peuple puissent décemment jouer contre le souverain. C'est le seul *jeu* où l'on puisse, » en un moment, & d'un seul coup, faire fortune » & se trouver dans l'abondance, en ne risquant » presque rien ».

C'est l'historien de la police, le compilateur des ordonnances de nos bons rois, & des arrêts de nos plus dignes magistrats ; c'est lui qui s'exprimoit ainsi, lorsque la philosophie commençoit à rayonner de toutes parts ; lorsque le chancelier d'Aguesseau foudroyoit les agioteurs, & les partisans des gains illégitimes.

Cette récidive consterna les sages : tous les gens sensés en murmurèrent. Lorsqu'un état, disoient-ils, a besoin de contributions, pourquoi recourir à des expédiens qui le ruinent & le dégradent ? Si le prince ne demande rien que de juste, il l'obtiendra ; s'il corrompt pour satisfaire son faste & ses caprices, tôt ou tard il perdra ses droits & sa puissance onéreuse. C'en est fait, ajoutoient-ils, quand on afferme le vice : les anciennes républiques se soutenoient mieux par le courage que par l'argent.

Je ne parlerai point de l'art avec lequel ces loteries ont été récemment combinées en Europe. On voit assez ce que j'en pense & ce que j'en pourrois dire. Laissons l'examen du tems présent à ceux qui viendront après nous. *Voyez* LOTERIE.

POLICE DES JEUX.

Malgré les désordres qu'entraîne la passion du *jeu*, malgré les suites dangereuses qui l'accompagnent, il a presque toujours été impossible à l'autorité publique, ainsi qu'on vient de le voir, d'en surveiller l'usage, & d'en déterminer les règles ; les efforts, les soins de la police à cet égard, ne se sont guère étendus qu'à une contrainte extérieure, qui n'a fait que rendre plus actif l'amour du *jeu*, plus funestes les excès qu'il fait naître, en concentrant cette fureur, & réunissant, en quelque sorte, les joueurs contre la rigueur de la loi.

Mais une raison de l'impuissance de la police, & même des loix à cet égard, c'est la nature même du *jeu*. On peut le regarder comme l'action libre de l'individu, comme l'usage de sa propriété, de sa personne, de ses facultés, & quel qu'en soit le danger pour lui, personne, que son expérience, n'a droit de contraindre sa volonté à cet égard.

Cependant la puissance publique oppose à ces raisons le besoin de l'ordre & de la morale dans l'état, ses devoirs qui sont de conserver l'un & l'autre ; elle répond encore que si le joueur ne causoit que sa perte à lui-même, on n'auroit peut-être rien à lui dire ; mais qu'il entraîne ordinairement celle de sa famille, de ses amis, de ses créanciers ; qu'il ne peut d'ailleurs jouer seul, & que la multitude de personnes avec lesquelles il fait successivement des parties, rend son action presque publique ; qu'enfin ce n'est pas l'action du *jeu* que l'on défend, sur laquelle on veut établir une surveillance politique, mais sur l'abus, les désordres, sur la publicité sur-tout de ces désordres. La police ne prétend pas même juger des excès en matière de *jeu*, qu'un particulier & deux ou trois personnes se permettroient chez lui, mais en vertu de son devoir, de surveiller tout lieu public, elle se croit autorisée à regarder comme tel, & à exercer son pouvoir dans toute maison qui, recevant à jouer indifféremment toute espèce de personnes, devient par cela même un lieu public, & dès-lors soumis au régime de la police, comme un spectacle, un café, &c.

Les joueurs ne tombent point d'accord sur ces principes ; ils soutiennent que tout *domicilié* est libre chez lui, qu'il peut y recevoir qui bon lui semble, qu'il est seul juge de ce qui se passe chez lui, lorsque personne, de ceux qui s'y trouvent, ne réclame contre les actions qui s'y commettent ; que tant que la force ou l'autorité publique ne sont point expressément requises, elles n'ont point droit de s'introduire dans les maisons, lorsque ce qu'on y fait n'incommode personne du dehors ; & le prétexte de savoir si ce qui s'y passe n'est point un acte défendu par la loi, n'est point non plus une raison suffisante pour y entrer ; car autrement, tout homme pouvant commettre des actes contraires à la loi, dans l'intérieur de son domicile, il devroit en tenir perpétuellement la porte ouverte, & être toujours sous la main de la police ; ce qui détruiroit bien complettement toute espèce de liberté individuelle.

Ces raisonnemens ont bien quelque force, on doit en convenir ; & ce n'est pas une des petites difficultés de l'administration ; d'allier le respect pour la liberté individuelle, qui doit être inaltérable, avec les soins qu'exigent l'ordre & la tranquillité publique.

Aussi les réglemens, les ordonnances toujours renouvellées, ont-ils presque toujours manqué leur objet, & prouvé l'impuissance & peut-être l'incompétence de la loi, au moins dans un grand nombre de cas, à cet égard. Une foule de difficultés s'offre pour la faire exécuter. D'abord, la haine d'une surveillance excessive, qui a quelque chose d'humiliant & d'oppressif pour ceux qui en sont l'objet; ensuite les égards qu'on doit aux noms, au sexe, au rang des personnes qui donnent à jouer chez elles; par-dessus, la corruption & l'intérêt que trouvent les agens subalternes de la police, à tolérer des abus dont ils retirent des avantages pécuniaires, souvent considérables.

L'ancienne police avoit, à cet égard, adopté un système, qui étoit le moins mauvais de ceux que son régime pouvoit lui permettre; elle avoit autorisé un certain nombre de maisons publiques de *jeux*, dans Paris, qu'elle faisoit surveiller par des espions, sous la tenue d'un inspecteur chargé de cette partie.

Elle se proposoit deux objets dans cette tolérance: 1°. d'empêcher les excès de *jeux* dans les maisons particulières; 2°. de connoître les joueurs de profession & les escrocs, qui, en général, étoient & sont encore les soutiens nés de ces lieux.

On tenoit note de ce qui s'y passoit, & les sommes perdues ou gagnées étoient connues de l'inspecteur, qui en faisoit son rapport au lieutenant de police, lorsque celui-ci l'exigeoit. Au reste, il n'étoit permis à ceux qui tenoient ces maisons, de donner à jouer qu'à des *jeux* déterminés; il y avoit même telle académie, c'est le nom qu'on donnoit à ces lieux, où l'on ne pouvoit point donner une espèce de *jeu*, pendant qu'on le pouvoit dans une autre.

Mais ces maisons ou académies n'étoient point les seuls endroits où l'on jouât; il y avoit encore bien des grands ou petits tripots dans Paris, que la police toléroit, dont l'inspecteur tiroit un assez grand revenu, & où il se commettoit quelquefois des désordres publics.

Depuis la révolution, cette fureur de jouer s'est encore accrue par la misère, par la dépravation & par la licence. On a vu, jusques dans les rues, & l'on voit encore, mais en moindre quantité, des groupes de joueurs, de la dernière classe du peuple, rester des journées entières à tripoter de l'argent, & offrir aux ouvriers, aux domestiques, l'exemple de la plus grande friponnerie & de la plus dangereuse dépravation.

Le long des galeries du Louvre, sur-tout, on voyoit tout ce que Paris a de misérable & de corrompu, s'occuper à jouer & à voler ensuite, lorsqu'il n'avoit plus rien à mettre au *jeu*. Le peuple s'étoit rendu si redoutable, son pouvoir physique, accru de la licence qu'on lui prêchoit, s'étoit rendu tellement formidable à l'autorité des loix, qu'il n'étoit point possible de dissiper ces attroupemens de misère & de dépravation. La garde nationale osoit à peine se permettre de les dissiper de tems en tems & lorsqu'ils étoient peu nombreux; mais sitôt que le peuple menaçoit, l'autorité se taisoit, & le désordre augmentoit.

Le département de police, cependant, fit publier une ordonnance pour défendre ces groupes de joueurs malheureux, & condamna à cinquante livres d'amende, quiconque seroit trouvé y donnant à jouer. Cet acte de police ne servit pas à grand'chose; mais le peuple s'étant un peu dégoûté de ce métier, & la publication des journaux lui offrant d'autres ressources, les tripots des rues sont peu nuisibles aujourd'hui.

Mais les grands tripots se sont soutenus & accrus; on joue très-gros *jeu* aujourd'hui, à Paris, & l'on assure même que quelques membres de l'assemblée nationale sont, à cet égard, ceux qui ont le moins de retenue.

Ce qu'il y a de très certain c'est que les plaintes multipliées portées à la police, l'ont forcée de rappeller les anciennes ordonnances & d'en recommander l'exécution aux différens corps chargés de la police dans la capitale.

C'est en conséquence de ces dispositions que le procureur-syndic de la commune a présenté un réquisitoire au tribunal de police, tendant à demander l'exécution des anciennes loix contre les *jeux défendus* & notamment de la déclaration du roi de 1781. En même-tems le maire de Paris crut devoir adesser une lettre aux sections de la capitale, pour les prévenir sur les nouvelles mesures contre les maisons de *jeux* & pour les engager a se prêter avec soin à leur exécution.

Nous allons rapporter ces diverses loix sur les *jeux*, après que nous aurons fait connoître la lettre du maire dont nous venons de parler.

Lettre de M. le Maire de Paris, aux soixante sections, sur la prohibition des jeux.

Messieurs, vous avez dû avoir communication du jugement rendu par le tribunal d. police, contre les jeux prohibés & contre les maisons où ces jeux sont établis malgré les défenses. Ce jugement renouvelle les loix sages qui ont été portées contre cet abus funeste. Il rappelle notamment la déclaration du roi du premier mars 1781, & l'arrêt de réglement du 9 janvier 1789. Ce jugement invite les comités & les commissaires des sections à veiller sur ces maisons & à les dénoncer au procureur-syndic. Le devoir de ma place est de faire exécuter les loix; je crois donc, messieurs, remplir ce devoir en vous demandant l'exécution rigoureuse & de la déclaration du roi & de l'arrêt de réglement

& du jugement du tribunal de police qui en renouvelle les dispositions. Je dois, messieurs, vous prévenir, & déclarer que ces dispositions n'ont rien de comminatoire, qu'elles sont tout entières de rigueur. Il ne faut pas nous le dissimuler, le désordre, la licence, l'anarchie qui accompagnent nécessairement le grand changement d'un état de choses à un autre, a favorisé tous les abus & particulièrement celui du jeu; ces maisons où l'on joue, & où la fortune des citoyens va s'engloutir, se sont tellement multipliées, & la licence marche tellement à découvert que, dans certains quartiers, on rencontre, à chaque pas, des maisons de cette espèce, & que même il y a des gens placés pour distribuer des cartes & pour inviter d'y entrer. Ce désordre, s'il subsistoit plus long-tems, accuseroit l'administration. Si jusqu'ici la force publique n'a pu se rendre maîtresse & réprimer cet abus, aujourd'hui qu'elle est dans sa plénitude, elle doit agir pour le maintien des loix & la conservation des mœurs. Un des abus des plus condamnables de l'ancien régime étoit la tolérance des maisons de jeux; un des abus des plus honteux étoit le tribut qu'on levoit sur ces maisons. Qu'on n'allègue point que ce produit étoit employé à un usage utile; l'emploi le plus légitime de ce produit n'en purifie pas la source impure. Il faut aujourd'hui que nous fassions le bien, toujours avec pureté, toujours avec des moyens nobles & légitimes, par la bienfaisance & non par le vice: en entrant en place, j'ai contracté l'obligation de poursuivre tous les désordres, & les abus du *jeu* ne doivent pas échapper à ma surveillance: le jugement que nous venons de rendre détermine le moment de commencer les poursuites, la force est prête à soutenir la loi, l'administration doit agir avec suite & avec rigueur, & le zèle des sections de la capitale, pour la loi, pour les mœurs, & pour l'ordre public, m'est un sûr garant du succès.

Considérez, messieurs, que les piéges sont tendus, que les abîmes sont de toutes parts ouverts autour de nous, que notre jeunesse va s'y précipiter, y consommer sa ruine & que le désespoir des victimes prépare tous les malheurs & tous les forfaits. Bientôt nos frères des provinces, une brillante & valeureuse jeunesse arrivant sans défiance au milieu de nous, va trouver des maisons ouvertes pour se perdre, des établissemens dangereux qu'elle peut croire autorisés, & surtout des plaisirs empoisonnés, contre lesquels une heureuse inexpérience ne la met point en garde. Fermons à jamais ces sources funestes, réprimons en sa présence un abus qui a déshonoré long-tems l'ancien régime, & montrons au moment du pacte fédératif, qui ne fait qu'une force nationale de toutes les forces particulières, que la puissance publique se déploie avec toute son énergie, & que désormais tous les abus vont être réprimés, & toutes les loix inviolablement exécutées. Montrons à cette jeunesse, qui vient connoître & juger la capitale, que la liberté acquise par le courage de tous, que le nouvel état de choses qui va résulter de la constitution nationale sera le règne des bonnes mœurs. Ces sentimens & ces principes sont les vôtres, messieurs; il n'y a que des citoyens vertueux qui aient pu se dévouer à la chose publique comme vous l'avez fait depuis un an; j'appelle donc toute votre vigilance, j'arme toute votre vertu contre les désordres du *jeu*; je préviens ceux qui se livrent à cette malheureuse passion, que les poursuites vont être conformes aux loix portées & renouvellées; je les exhorte, je les prie d'en éviter la rigueur, de considérer qu'ici la sévérité est secourable & bienfaisante, & en leur annonçant que le soin de l'exécution est remis entre vos mains, ils sauront que la municipalité, les sections, c'est-à-dire, tous les bons citoyens auxquels la puissance publique est confiée se réunissent pour venir à leur secours, se liguent pour réprimer les désordres du *jeu*, & s'armeront pour les punir.

Je suis, avec respect, messieurs, votre très-humble & très obéissant serviteur *signé*, Bailly.

Déclaration du roi concernant les jeux défendus, donnée à Versailles le premier mars 1781, registrée en parlement le 2 mars audit an.

Louis, par la grâce de Dieu, roi de France & de Navare: à tous ceux qui ces présentes lettres verront; salut. Depuis notre avénement à la couronne, nous n'avons cessé de nous occuper de la prospérité de nos états & du bonheur de nos sujets; nous nous sommes appliqués à établir l'ordre dans toutes les parties de l'administration de notre royaume, & nous commençons à jouir avec satisfaction du succès de nos soins; mais nous nous flatterions en vain de rendre nos peuples heureux par notre économie & par l'attention avec laquelle nous avons évité jusqu'à présent d'augmenter leurs charges, si nous ne faisions pas usage de la puissance que Dieu nous a donnée pour remédier aux malheurs qu'un grand nombre de nos sujets attirent sur leurs familles par leur inconduite. L'abus des *jeux*, qui s'est multiplié depuis quelque tems, a fixé notre attention; & nous nous sommes fait représenter les ordonnances des rois nos prédécesseurs sur une matière aussi importante. Nous avons reconnu qu'ils ont, dans tous les tems, donné des loix salutaires, dont il est de notre sagesse de maintenir l'exécution. A ces causes & autres à ce nous mouvant, de l'avis de notre conseil, & de notre certaine science, pleine puissance & autorité royale, nous avons dit, statué & ordonné; & par ces présentes, signées de notre main, disons, statuons & ordonnons, voulons & nous plaît ce qui suit.

Art. I. Les édits, ordonnances, arrêts & réglemens contre les *jeux* de hasard & autres prohibés, seront exécutés selon leur forme & teneur, & sous les peines y portées, suivant l'exigence des cas, tant dans notre bonne ville de Paris, que dans toutes les autres villes & bourgs de notre royaume, pays, terres & seigneuries de notre obéissance.

II. Seront réputés prohibés, outre les *jeux* de hazard, principalement tous les *jeux* dont les chances sont inégales, & qui présentent des avantages certains à l'une des parties au préjudice des autres.

III. Faisons très-expresses & itératives inhibitions & défenses à toutes personnes, de quelque état & condition qu'elles soient, de s'assembler en aucuns lieux, privilégiés ou non privilégiés, pour jouer auxdits *jeux* prohibés; & à tous autres de même nature, sous quelques noms que lesdits *jeux* aient été ci-devant introduits, & sous quelque forme ou dénomination qu'ils puissent être présentés dans la suite.

IV. Les commissaires au châtelet, dans notre bonne ville de Paris, & les officiers de police dans les autres villes & bourgs de notre royaume, seront tenus de veiller exactement sur les maisons où il pourroit être tenu de pareilles assemblées de *jeux* prohibés; ils en informeront nos procureurs & les juges de police, lesquels seront tenus de procéder, contre les contrevenans, dans les formes prescrites par les ordonnances, de les condamner aux peines portées par les articles ci-après, & d'en donner avis à nos procureurs généraux.

Art. V. Ceux qui seront convaincus d'avoir joué auxdits *jeux* prohibés, seront condamnés, pour la première fois, savoir: ceux qui tiendront lesdits *jeux*, sous le titre de *banquiers*, ou sous quelqu'autre titre que ce soit, en trois mille livres d'amende chacun; & les joueurs, en mille livre chacun, applicables, un tiers à nous, un tiers aux pauvres des hôpitaux des lieux, & l'autre tiers au dénonciateur.

Art. VI. Les amendes seront payables sans déport & par corps; & faute du payement d'icelles, les contrevenans garderont prison jusqu'au parfait payement.

Art. VII. En cas de récidive, l'amende contre ceux qui auront tenu lesdits *jeux*, & contre les joueurs, sera du double, sans que lesdites amendes puissent être remises ni modérées, pour quelque cause & sous quelque prétexte que ce soit.

Art. VIII. Ceux qui, après avoir été deux fois condamnés auxdites amendes, seroient de nouveau convaincus d'avoir tenu lesdites assemblées, seront poursuivis suivant la rigueur des ordonnances, & punis de peines afflictives ou infamantes, suivant l'exigence des cas.

Art. IX. Ceux qui, pour faciliter la tenue desdits *jeux*, auront prêté ou loué sciemment leurs maisons, seront condamnés en dix mille livres d'amende, au payement de laquelle lesdites maisons seront & demeureront spécialement affectées.

Art. X. Déclarons nuls & de nul effet tous contrats, obligations, promesses, billets, ventes, cessions, transports & tous autres actes, de quelque nature qu'ils puissent être, ayant pour cause une dette du *jeu*, soit qu'ils aient été faits par des majeurs ou des mineurs.

Si donnons en mandement à nos amés & féaux conseillers, les gens tenant notre cour de parlement à Paris, que ces présentes ils aient à faire lire, publier, & régistrer; & le contenu en icelles garder, observer & exécuter selon leur forme & teneur, cessant & faisant cesser tous troubles & empêchemens; & nonobstant toutes choses à ce contraires: car tel est notre plaisir; en témoin de quoi nous avons fait mettre notre scel à cesdites présentes.

Donné à Versailles, le premier jour du mois de mars, l'an de grâce mil sept cent quatre vingt-un, & de notre règne le septième. *Signé*, LOUIS. *Et plus bas*, par le roi. *Signé*, AMELOT. Et scellé du grand sceau de cire jaune.

Arrêt de la cour de parlement, rendu les chambres assemblées, les pairs y séant, qui ordonne que la déclaration du premier mars 1781 sera exécutée dans toutes ses dispositions; enjoint aux commissaires du châtelet de Paris, & aux officiers de police dans les autres villes & bourgs du ressort du parlement, de veiller exactement sur les maisons où il pourroit être tenu des assemblées de jeux *prohibés; ordonne qu'ils seront tenus, dans les procès-verbaux qu'ils pourroient dresser, de mentionner toutes les circonstances qui pourront tendre à constater la nature & la qualité des* jeux *de hasard, ou autres prohibés, & les noms & qualités des joueurs.*

Extrait des registres du parlement, du 9 janvier 1789.

Vu par la cour, toutes les chambres assemblées, les pairs y séant, la requête présentée par le procureur-général du roi, contenant que, par la déclaration du premier mars 1781, le roi, à l'exemple des rois ses prédécesseurs, Louis XIII & Louis XIV, qui, par leurs déclaration & édit des 30 mai 1611 & décembre 1666, avoient fait revivre les défenses anciennes prononcées par les ordonnances, contre ceux qui donnent à jouer ou qui jouent à des *jeux* prohibés, auroit renouvellé les mêmes défenses de la manière la plus expresse;

Que par l'article I de cette déclaration, il a été ordonné que ces édits, ordonnances, arrêts & réglemens contre les *jeux* de hasard & autres prohibés, seroient exécutés selon leur forme & teneur, & sous les peines y portées, suivant l'exigence des cas, tant dans la ville de Paris, que dans les autres villes & bourgs du royaume;

Que par l'article II, seroient réputés prohibés, outre les *jeux* de hasard, principalement tous les *jeux* dont les chances sont inégales, & qui présentent des avantages certains à l'une des parties au préjudice des autres;

Que par l'article III, il est fait très-expresses inhibitions & défenses à toutes personnes, de quelqu'état & condition qu'elles soient, de s'assembler en aucuns lieux privilégiés ou non-privilégiés, pour jouer auxdits *jeux* prohibés; & à tous autres de même nature, sous quelques noms que lesdits *jeux* aient été ci-devant introduits, & sous quelque forme ou dénomination qu'ils puissent être presentés dans la suite;

Que, par l'article IV, les commissaires au châtelet dans la ville de Paris, & les officiers de police dans les autres villes & bourgs, seront tenus de veiller exactement sur les maisons où il pourroit être tenu de pareilles assemblées de *jeux* prohibés, & d'en informer les substituts du procureur général du roi & les juges de police, lesquels seront tenus de procéder contre les contrevenans, dans les formes prescrites par les ordonnances, de les condamner aux peines portées par les articles suivans, & d'en donner avis au procureur général du roi.

Que, par l'article V, ceux qui seroient convaincus d'avoir joué auxdits *jeux* prohibés, doivent être condamnés, pour la première fois, savoir: ceux qui tiendront lesdits *jeux*, sous le titre de banquiers, ou sous quelqu'autre titre que ce soit, en trois mille livres d'amende chacun, & les joueurs en mille chacun, applicables, un tiers au roi, un tiers aux pauvres des hôpitaux des lieux & l'autre tiers au dénonciateur;

Que, par l'article VI, les amendes sont payables sans déport & par corps, & faute de payement d'icelles, les contrevenans doivent garder prison jusqu'au parfait payement;

Que, par l'article VII, en cas de récidive, l'amende contre ceux qui auront tenu lesdits *jeux* & contre les joueurs, sera du double, sans que lesdites amendes puissent être remises ou modérées pour quelque cause & sous quelque prétexte que ce soit;

Que, par l'article VIII, ceux qui, après avoir été condamnés auxdites amendes, seroient, de nouveau, convaincus d'avoir tenu lesdites assemblées, doivent être poursuivis suivant la rigueur des ordonnances & punis de peines afflictives ou infamantes, suivant l'exigence des cas;

Que, par l'article IX, ceux qui, pour faciliter la tenue desdits *jeux*, auront prêté ou loué sciemment leurs maisons, doivent être condamnés en dix mille livres d'amende, au payement de laquelle lesdites maisons seront & demeureront spécialement affectées;

Et qu'enfin, par l'article X, tous contrats, obligations, promesses, billets, ventes, cessions, transports & tous autres actes de quelque nature qu'ils puissent être, ayant pour cause une dette de *jeu*, soit qu'ils aient été faits par des majeurs ou des mineurs, auroient été déclarés nuls & de nul effet;

Que cette déclararion auroit été régistrée en la cour, toutes les chambres assemblées, les princes & pairs y séant, le 2 mars 1781; que cette déclaration a contenu, pendant quelque temps, dans la capitale & même dans les provinces, les tristes effets d'une passion aussi funeste que celle des *jeux* de hasard & autres prohibés par ses dispositions; mais ce qui n'est que trop ordinaire par rapport aux réglemens de police, qui touchent sur-tout un ordre de chose d'une surveillance aussi difficile, est arrivé; que cette déclaration est tombée dans une sorte d'oubli, soit pa. les précautions recherchées de ceux qui ont mis tout en œuvre pour avoir la facilité d'y contrevenir sans pouvoir être découverts, soit par les embarras des officiers de police eux-mêmes pour parvenir à constater les contraventions, de manière que la passion de jouer à ces *jeux* prohibés a été plus ingénieuse pour se perpétuer, que n'a pu l'être, jusqu'à présent, la prévoyance de la loi pour la réprimer & l'éteindre entièrement: qu'il est cependant du devoir du procureur-général du roi de remettre sans cesse sous les yeux de ceux pour lesquels le desir de gagner est un attrait si dangereux, la sagesse des réglemens qui n'ont pour objet que de les préserver d'une source de ruine, de désordre & de dérangement pour eux-mêmes ou pour leurs familles, & d'exciter de nouveau le zèle & l'activité des officiers de police, en discernant de leur part, avec prudence, ceux des *jeux* qui doivent être permis, & ceux qu'aucune circonstance ni aucune considération ne doivent permettre, & qui doivent être sévèrement réprimés.

A ces causes, requéroit le procureur-général du roi, qu'il plût à la cour ordonner que la déclaration du roi, du premier mars 1781, sera exécutée selon sa forme & teneur, en toutes ses dispositions; en conséquence enjoindre aux commissaires au châtelet, dans la ville de Paris, & aux officiers de police, dans les autres villes & bourgs du ressort, de veiller exactement sur les maisons où il pourroit être tenu des assemblées de *jeux* prohibés, & de se conformer à ce qui leur est, audit cas, ordonné par ladite déclaration. Ordonner qu'ils seront tenus, dans les procès-verbaux qu'ils pourront dresser en cas de contravention, de mentionner toutes les circonstances qui pourroient tendre à constater la nature & la qualité des *jeux* de hasard ou autres prohibés, comme aussi les noms, qualités des joueurs; & dans le cas où il ne pourroit être dressé procès-verbal, les officiers de police être autorisés à faire informer contre les contrevenans aux dispositions de ladite déclaration, ou d'être procédé extraordinairement contre eux, pour le fait de ladite contravention, suivant l'exigence des cas. Ordonner que l'arrêt qui interviendra sera imprimé, lu, publié & affiché par-tout où besoin sera, & copies collationnées envoyées, tant au substitut du procureur-général du roi au châtelet, qu'aux bailliages & sénéchaussées du ressort, pour y être lu, publié & registré : enjoindre aux substituts du procureur-général du roi èsdits sièges, d'y tenir la main, & d'en certifier la cour dans le mois. Ladite requête signée du procureur-général du roi.

Oui le rapport de Me. Adrien-Louis Lefebvre, conseiller, tout considéré :

La cour ordonne que la déclaration du roi, du premier mars 1781, sera exécutée selon sa forme & teneur en toutes ses dispositions ; en conséquence, enjoint aux commissaires au châtelet dans la ville de Paris, & aux officiers de police dans les autres villes & bourgs du ressort, de veiller exactement sur les maisons où il pourroit être tenu des assemblées de *jeux* prohibés, & de se conformer à ce qui leur est, audit cas, ordonné par ladite déclaration.

Ordonne qu'ils seront tenus, dans les procès-verbaux qu'ils pourront dresser en cas de contravention, de mentionner toutes les circonstances qui pourroient tendre à constater la nature & la qualité des *jeux* de hasard ou autres prohibés, comme aussi les noms & qualités des joueurs, & dans le cas où il ne pourroit être dressé procès-verbal, autorise les officiers de police à faire informer contre les contrevenans aux dispositions de ladite déclaration, à l'effet d'être prononcé contre lesdits contrevenans les amendes portées par ladite déclaration, ou d'être procédé extraordinairement contr'eux pour le fait de ladite contravention, suivant l'exigence des cas.

Ordonne en outre que le lieutenant général de police sera tenu d'indiquer au procureur général du roi toutes les maisons de *jeux* qui sont à sa connoissance, sans aucune espèce de distinction, par noms, surnoms, qualités & demeures des contrevenans, pour, par le procureur général du roi, en être rendu compte à la cour, toutes les chambres assemblées, le vendredi 16 de ce mois.

Ordonne pareillement que le présent arrêt sera imprimé, lu, publié & affiché par-tout où besoin sera, & copies collationnées envoyées, tant au substitut du procureur général du roi au châtelet de Paris, qu'aux bailliages & sénéchaussées du ressort, pour y être lu publié & registré : enjoint aux substituts du procureur général du roi esdits siéges d'y tenir la main, & d'en certifier la cour dans le mois.

Fait en parlement, toutes les chambres assemblées, les pairs y séant, le 9 janvier 1789.

Long-tems avant ces ordonnances il en avoit été déja publié un grand nombre qui en faisant connoître les mêmes désordres, semblent annoncer la même impuissance de la police à leur égard. Nous n'en rapporterons qu'un extrait, ainsi que de quelques réglemens de police sur le même objet.

L'article LIX de l'ordonnance de Moulins, de 1566, est remarquable. « Et parce que nous avons entendu que plusieurs de nos sujets, mineurs & en bas âge, ont été tirés par induction à *jeux* du hasard, auxquels ils ont perdu & consommé leur jeunesse & substance, avons ordonné que les deniers & biens perdus en tels *jeux*, pourront être répétés par lesdits mineurs, leurs pères, mères, tuteurs & curateurs, ou proches parens; & voulons iceux biens leur être rendus, pour employer au profit desdits mineurs, & éviter leur ruine & destruction, sans, par ces présentes, approuver tels *jeux* entre majeurs, pour le regard desquels entendons les ordonnances de nos prédécesseurs être gardées, & y être tenu la main par nos juges, ainsi que la matière y sera disposée ».

Louis XIII, par sa déclaration du 30 mai 1611, & par une autre ordonnance du 20 décembre 1612, « fait très-expresses défenses de tenir des brelans ou assemblées pour jouer aux cartes & aux dés, aux propriétaires des maisons de les y souffrir, à peine de mille livres d'amende pour la première fois, restitution des deniers ou autres choses perdues auxdits *jeux*, à tous orfèvres, lapidaires, jouailliers, tapissiers, courtiers & autres qui prêtent de l'argent, d'en fournir pour jouer, à peine de confiscation ».

Un arrêt du parlement, du 23 novembre 1680, « fait défenses à toutes sortes de personnes de tenir chez eux aucune académie de *jeux* publics, & particulièrement de donner à jouer aux *jeux* appellés le *Hoca* & la *Bassette*, à peine de trois mille livres d'amende, applicables, le tiers au roi, l'autre tiers aux hôpitaux des lieux, & le dernier au dénonciateur; lesquelles amendes pourront être prononcées sur les procès-verbaux des officiers de police ; ordonne que les maisons dans lesquelles ceux qui auront été condamnés une première fois, pour avoir donné à jouer auxdits *jeux*, demeureront fermées durant six mois, sans préjudice d'autre peine corporelle ou pécuniaire contre lesdits particuliers, ainsi qu'il sera trouvé à propos, selon les circonstances du fait : fait aussi défenses à toutes personnes de jouer à tous *jeux* de hasard, à peine, &c. enjoint aux officiers auxquels la police des lieux appartient, & aux substituts du procureur-général, d'y tenir la main ».

Par sentence de police, du 19 novembre 1740, les billards doivent être fermés à sept heures du soir

soir en hiver, & à neuf heures en été, avec défenses à toutes personnes d'y faire aucuns paris, & aux maîtres de souffrir qu'il y en soit fait, le tout sous différentes peines.

Une autre ordonnance de police, du 30 novembre 1740, a renouvellé les défenses de donner à jouer à aucuns *jeux* de cartes & de dés, chez les limonadiers, traiteurs, ceux qui tiennent des *jeux* de boule & autres.

Quoique les loteries soient de véritables *jeux*, & que nous en ayons donné une notice historique, cependant nous croyons devoir renvoyer ailleurs les réglemens qui les concernent, & les diverses dispositions de police qui y ont rapport. Ainsi, *voyez* LOTERIE.

JOURNAL, f. m. Livre qui contient jour par jour les faits ou événemens dont il est utile de conserver la connoissance.

C'est encore le nom que les ordonnances du commerce donne au livre sur lequel les négocians portent jour par jour leur état de recette & dépenses; elles ont voulu même les assujettir à tenir ce *journal* avec la plus grande exactitude, comme un moyen de reconnoître les banqueroutes frauduleuses, & encore pour servir de preuves dans les discussions qui peuvent s'élever entre les vendeurs & les acheteurs; car quand un livre *journal* est tenu avec régularité, il devient une sorte de preuve en faveur du marchand qui le produit en justification de ce qu'il avance.

L'édit du commerce porte expressément que tous marchands, négocians & autres faisant commerce, doivent avoir un livre *journal* contenant leur négoce, leurs lettres-de-change, leurs dettes actives & passives, & les deniers employés à la dépense de leur maison.

Ce registre doit être signé & paraphé par un consul, ou au défaut par le maire ou official municipal du lieu de la résidence du négociant; mais comme un seul registre ne suffiroit point dans un commerce un peu étendu, on a recours à d'autres registres, tels sont les extraits, les livres de caisse, le carnet, le livre de chargement, celui des copies de lettres & autres, que le genre de négoce où l'on se trouve oblige de tenir. Il n'est pas nécessaire de faire parapher ces livres, il ne font foi en justice qu'autant que le rapport en est exact avec le *journal*.

Quoique ce dernier même ne soit pas paraphé, on n'y a pas moins d'égard en justice lorsqu'il est en bon ordre, c'est-à-dire, par datte sans aucun blanc, & que d'ailleurs le marchand est en bonne réputation, même dans le cas où il feroit faillite.

L'ordonnance de 1673, titre 3, article VII, assujettit les marchands à mettre en liasse les lettres missives qu'ils reçoivent. En exécution de cet article lorsqu'il y a contestation entre deux marchands, dont l'un demande le rapport de ses lettres, & l'autre dit les avoir perdues; le premier peut rapporter son livre de copie de lettres, auquel on a égard comme s'il rapportoit les lettres originales.

Un *journal* est encore un papier public qui contient jour par jour les faits les plus intéressans, les découvertes ou les nouvelles de la littérature & de la politique, tels que le *journal* de Paris, le *Moniteur*, les *Petites-Affiches*, &c.

Il n'est pas toujours nécessaire qu'un papier public paroisse tous les jours pour mériter le titre de *journal*, il suffit qu'il contienne les événemens de chaque jour lorsqu'ils méritent d'être conservés, avec cette circonstance, que lorsque les faits ne sont rapportés que comme bruits, ou sans aucun développement, ce n'est qu'une gazette, & qu'au contraire, lorsque la vérité en est assurée, ou qu'ils sont racontés avec les éclaircissemens & les documens nécessaires, c'est un *journal*. Au moins paroît-il qu'on peut faire cette distinction entre ces deux papiers, car il est sûr qu'on peut recueillir les faits des deux manières que nous venons d'annoncer.

On ne doit pas cependant croire que tous les *journaux* aient le caractère d'exactitude dont nous venons de parler; il semble, au contraire, que la seule gazette qui existe en France ait, contre notre définition, conservé la vérité & la certitude dans le récit des faits. Presque tous les autres papiers publics, beaucoup plus curieux de donner des nouvelles que d'en donner de vraies, accumulent les erreurs, & répandent chaque jour des mensonges avec une rapidité prodigieuse.

Cet inconvénient s'est accrû à un excès incroyable depuis le rétablissement de la liberté de la presse; il semble que les journalistes aient voulu se dédommager de la gêne qu'ils éprouvoient, par l'ardeur à se livrer à tout ce qui leur passe par la tête, à donner comme faits des bruits hazardés, & comme vérités les rêveries les plus absurdes.

Par une suite de ce débordement d'écritures, l'on a vu les plus étonnantes calomnies s'accréditer en un jour, les personnes les plus respectables insultées d'une manière outrageante, & le vertige public porté à ce point, que les atrocités des journalistes ont fait à Paris, & font encore, en quelque sorte, le destin de la ville.

Une nuée de publicistes à la feuille, d'orateurs, de déclamateurs, est tout-à-coup sortie des boutiques des libraires, des quartiers des collèges, des antichambres & des bureaux de toute espèce. Ces gens, à force de dire qu'ils en savoient plus que tout le monde, sont parvenus à le faire croire; ils ont régenté le roi, l'assemblée nationale, toutes les personnes publiques, dans leurs écrits; ils se sont fait craindre, & ont, en plus d'une occasion, influencé les délibérations de l'assemblée nationale.

Le succès leur donnant de l'audace, leur enflant le courage, ils se sont érigés en dénonciateurs publics, & les conspirations contre les loix, les émeutes populaires, les troubles & les crimes de toutes espèces, se sont trouvés chaque jour consignés, recommandés, enseignés dans les *journaux* de la capitale.

Ces excès ont été plusieurs fois dénoncés à l'assemblée nationale, plusieurs fois les corps administratifs, & notamment la municipalité de Paris, ont cherché les moyens de remédier à ce désordre, porté aussi loin qu'il est humainement possible de le supposer. Mais les *journalistes*, forts de l'engouement public & de la foiblesse, ou plutôt de l'anéantissement des loix, ont bravé ces tentatives, & en ont fait la matière d'un triomphe & d'un titre de plus à la faveur du peuple, dont ils se sont déclarés les *amis*, les *orateurs*, les *défenseurs*, &c.

Les personnalités les plus grossières, les calomnies les plus monstrueuses, les bêtises les plus incroyables sont devenues par ce moyen le catéchisme du peuple, qui a eu besoin de toute la force de ses habitudes qui le rappellent à l'ordre & à la subordination, pour ne s'être point livré plus souvent à des excès de la nature de ceux que nous avons vus.

Ce qui a dû accroître encore l'incendie qu'ont produit les *journaux*, ç'a été l'habitude de les crier dans les rues, en désignant les articles tant vrais que menteurs qui se trouvoient dedans. Vainement la municipalité a-t-elle rappellé plusieurs fois que la proclamation devoit être réservée aux actes seuls de l'autorité publique; en vain a-t-elle fait défense aux colporteurs de crier autre chose que les décrets de l'assemblée nationale, les déclarations du roi, &c. Le désordre a continué avec la même audace, & journellement on entend proclamer par les colporteurs, les calomnies les plus monstrueuses, les absurdités les plus révoltantes, les plus coupables injures contre tout ce qu'il y a de respectable dans la société.

L'assemblée nationale, malgré les représentations qui lui ont été faites, malgré les plaintes contre le cynisme & les atrocités des journalistes, n'a jamais voulu s'opposer à ce désordre; il a semblé même que la majorité regardoit cette effronterie, cette insulte faite chaque jour aux personnes publiques, comme une sauve-garde de la liberté & un moyen de révolution. Du moins est-il vrai qu'elle n'a rien tenté pour mettre une mesure à cette frénésie, & que son silence ou son inaction a paru aux écrivains incendiaires une sorte d'approbation tacite de leur conduite.

Cette manière de voir des journalistes, devoit leur paroître d'autant plus vraie que l'on ne peut point douter, & que tout le monde sait que les factions qui déchirent aujourd'hui l'état, trouvent dans les *journaux* des ressources incalculables pour faire mouvoir le peuple, & changer l'opinion à leur gré. Mais ces objets ne sont point de nature à être traités ici; nous les approfondirons dans le *dictionnaire de l'assemblée nationale*.

Nous remarquerons seulement qu'il y a un très-grand nombre de *journaux* aujourd'hui en France, mais qu'il n'y a encore aucune police, aucune règle d'établie à leur égard.

Les principaux sont : le *Moniteur*, le *Mercure*, le *journal de Paris*, la *gazette de France*, la *gazette Universelle*, les *Petites-Affiches*, le *journal général de France*, la *gazette de Paris*, l'*Ami du Roi*, l'*Ami du Peuple*, les *Révolutions de Paris*, les *Révolutions de Brabant*, l'*Orateur du Peuple*, le *Postillon*, le *journal Universel*, le *journal général de la Cour & de la Ville*, le *Courier François*, le *Courier de Madon*, la *Chronique de Paris*, le *journal de la Révolution*, la *feuille du Cultivateur*, le *Patriote François*, les *Annales Politiques & Littéraires de Linguet*, celles de Mercier; le *Courier de Paris dans les provinces & des provinces à Paris*, le *Courier d'Avignon*, le *journal général de Politique & de Commerce*, le *journal des Savans*, le *journal de la municipalité*, le *Reviseur*, l'*Esprit des journaux*, l'*Année Littéraire*, le *journal de Médecine*, &c. &c. Outre le *Courier de l'Europe*, les *gazettes d'Amsterdam* & de *Liége*, qui ne se composent pas en France, mais qui s'y distribuent.

On conçoit que de mensonges, que de sottises, doivent sortir chaque jour de cette masse immense de papiers, la plupart composés avec légèreté, infidélité, amertume, ignorance, & quelques-uns vendus à l'esprit de faction.

Il ne s'ensuit pas néanmoins qu'on doive les proscrire, ou les assujettir à des formes qui en puissent détruire l'utilité en les privant de liberté; mais il faut assujettir les auteurs à une sévère responsabilité, punir ceux qui feront de fausses dénonciations, qui calomnieront ou insulteront les hommes publics, ou toute autre personne. Par ce moyen, on aura des *journaux* libres, mais purgés des grossièretés, des injures contre tout ce qu'il y a de respectable dans l'état.

Mais comme nous n'avons encore rien de réglé sur cet objet, qu'il n'existe encore aucune police, aucun mode d'arrangement à cet égard parmi nous, je crois qu'il sera utile avant tout de faire connoître les loix & l'usage que les anglois ont établis relativement aux *journaux* : nous tenons ce travail de M. *Panckoucke*.

Sur les journaux & papiers anglois.

Il y a à Londres vingt *journaux* qui paroissent sous les titres de *Reviews* ou *Magazine*. Presque tous sont publiés le dernier de chaque mois. Les uns se paient 1 scheling (24 sols) chaque numéro, ou

14 schelings par an, car on donne deux supplémens, l'un le premier janvier, l'autre le premier juillet. Les autres, comme le *Theatrical Magazine*, le *Rambler's Magazine*, ne sont que de 6 pences (12 s.).

De ces *journaux*, il y en a cinq purement littéraires, comme le *journal des Savans*. On m'a assuré qu'il y en avoit quatre qui ne traitent que de médecine, de chirurgie, d'histoire naturelle; il y en a un uniquement destiné à l'agriculture. Tous les autres, à l'instar du *Mercure de France*, traitent de toutes sortes d'objets, *politique*, *administration*, *littérature*, *arts*, &c. Les uns sont de quatre, les autres de cinq à six feuilles d'impression, de format *in*-8°., en petit caractère, & très-chargés de copie.

Une chose très-digne d'attention, c'est qu'aucun *journal* ne paie de redevance en Angleterre; tous s'impriment sur un papier qui n'a point la marque du *timbre*; au lieu que les *papiers-nouvelles* sont tous sur un papier timbré. J'ai cherché la raison de cette préférence qu'on n'a pu me dire à Londres, & je crois l'avoir trouvée. Un journal est, en grande partie, une production de l'esprit de l'auteur qui le compose: or, il y auroit de l'injustice à mettre une taxe sur un produit de l'esprit humain; ce seroit imposer particulièrement son auteur; & toute taxe, pour être juste, doit être générale. L'homme de génie ne doit point payer, parce qu'il est un homme de génie, mais comme tout autre citoyen.

Les anglois peuvent encore avoir eu une autre considération en n'obligeant pas les *journaux* à se servir du papier *timbré*. Il augmente considérablement le prix des *papiers-nouvelles*, & l'on a pu sentir qu'un *journal* qui ne paroît que tous les mois, qui ne convient qu'à une très-petite classe de lecteurs, ne pourroit subsister, s'il n'étoit d'un prix très-modéré. D'ailleurs, tout *journal* paie de fait un impôt sur le papier blanc, qui est taxé en Angleterre à 12 pour 100 de sa valeur, & il seroit dans l'impossibilité de payer encore celui du *timbre*. Le gouvernement se seroit donc fait tort à lui-même, & eût peut-être détruit tous les *journaux*, s'ils les eût obligés à n'être imprimés que sur un papier *timbré*.

Il y a encore une grande différence entre les *journaux* & les *papiers-nouvelles* anglois. Ces premiers ne peuvent insérer aucuns avis, annonces, &c., dans l'intérieur de l'ouvrage, mais seulement sur la *couverture*. Chacune de ces annonces se paie ordinairement 2 guinées; le gouvernement n'en retire rien. Les *papiers-nouvelles*, au contraire, admettent des avis de toutes espèces, tous les objets du *journal général de France*, ou des *Petites-Affiches de Paris*, &c., & ne subsistent même, en grande partie, que par cette ressource, comme nous le verrons plus bas.

Au reste, les journaux en Angleterre, à l'instar des *papiers-nouvelles*, sont parfaitement libres, mais de cette liberté circonscrite par la loi.

En France, si l'on vouloit imposer tous les journaux qui ne sont pas des *papiers-nouvelles*, comme le *journal des Savans*, l'*Année Littéraire*, le *journal de Phisique*, le *journal Ecclésiastique*, le *journal de Médecine* (& je ne crois pas qu'il en existe d'autres actuellement), ils seroient bientôt détruits. Le *journal des Savans*, par exemple, ne rend pas ses frais. Il a été, jusqu'à présent, à la charge du *journal de Paris*. Les auteurs de ce dernier journal pensionnent les auteurs du premier. Je ne parle point ici du Mercure, qui paie seul plus de 100,000 livres de pension que j'ai conservées, quoique je ne jouisse plus du privilège exclusif. Le succès de ce journal s'étant soutenu, ayant même augmenté, malgré les efforts combinés pour le faire tomber, je n'ai pas cru devoir m'affranchir de pensions dont la suppression auroit plongé nombre de personnes dans l'infortune. Un bon patriote doit se montrer tel dans une crise générale. Et le pouvois-je mieux qu'en employant mes vues & mes foibles moyens à soutenir une grande machine à laquelle est lié le sort de tant de citoyens?

Dans l'impôt du timbre, que M. de Calonne avoit proposé, la taxe sur les journaux étoit si mal calculée, que si elle eût passé, le Mercure & aucun journal n'existeroient aujourd'hui. L'administration auroit perdu plus de 100,000 écus sur les seuls journaux dont je suis propriétaire; car indépendamment des redevances que je paie sur le Mercure, les journaux politiques & la gazette, & qui s'élèvent, chaque année, à 150,000 livres, il faut y joindre à-peu-près une somme égale pour les frais de grande & petite poste, le port des lettres & de l'argent, & l'impôt que le gouvernement perçoit sur le papier que consomment ces journaux. C'est ce que je représentai dans le tems à l'assemblée des notables; tant il est vrai qu'une imposition quelconque est une opération très-délicate, qui doit être envisagée sous tous ses rapports, si l'on ne veut pas qu'elle soit destructive de l'intérêt national.

Des papiers-nouvelles anglois.

Il paroît toutes les semaines à Londres, trente-sept gazettes de format d'Atlas, ayant dix huit pouces de haut, & douze pouces de large, composées de quatre colonnes d'un très-petit caractère. Quinze de ces gazettes paroissent tous les jours; dix trois fois la semaine, cinq tous les samedis, cinq tous les dimanches, une de la Comté de Londres tous les lundis, & enfin une gazette de la cour deux fois la semaine. Il n'y a pas une ville un peu considérable de l'Angleterre qui n'ait la sienne. On en publie même à Bath, qui est pour l'Angleterre ce que Spa est pour les gens aisés de l'Europe, qui vont y chercher le plaisir ou la santé.

Les anglois regardent ces *papiers-nouvelles* comme le plus sûr rempart de leur liberté. Une gazette libre, a dit le docteur *Jebb*, est une sentinelle qui veille sans cesse pour les intérêts du peuple. Les américains sont tellement convaincus de cette vérité, que lorsque l'on fonde une colonie, l'on établit sur-le-champ une imprimerie & une gazette. Il y en a même une à *Kentucke*, qui n'est qu'un très-petit établissement.

A Londres, les *papiers-nouvelles* sont si bien organisés, que, quoique libres, ils renferment en eux-mêmes les moyens d'arrêter la licence, ou du moins de la circonscrire singulièrement. Ils sont très-utiles à la chose publique; & quoiqu'il y en ait du parti ministériel, les anglois n'y voient aucun inconvénient, & leurs auteurs ne courent jamais aucun risque d'être inquiétés, parce que l'on y est persuadé que la vérité ne peut naître que du choc des opinions. Dans les grandes fermentations, chaque parti cherche à se rendre favorable le *papier-nouvelle* qu'il croit le plus propre à captiver l'opinion publique. Quelquefois les auteurs se font payer très-cher les services qu'ils rendent; car il y a des ames vénales à Londres comme dans toutes les grandes capitales. Je me rappelle qu'un nommé *Bates*, pasteur & éditeur du *Morning-Herald*, avoit embrassé le parti de mylord North. Ce ministre lui avoit promis un bénéfice; mais jugeant ensuite qu'un homme qui vendoit sa plume & ses sentimens n'étoit pas digne d'en posséder, il préféra de lui donner, de ses propres deniers, 4000 guinées, & de s'acquitter ainsi des services que le journaliste lui avoit rendus.

On apprendra aussi avec surprise que la plupart des *papiers nouvelles* ne peuvent couvrir, par le débit, leurs frais de papiers, de copies, d'impression, &c. Cette grande quantité de gazettes n'a lieu que parce qu'ils ont tous un moyen commun d'existence, qui seul a fondé leurs succès, servi les intérêts de leurs propriétaires, & a fini par les rendre, avec le tems, d'un tel profit au trésor public, que je tiens d'un ministre qui a été long-tems lord de la trésorerie, qu'ils rapportent actuellement plus de 500,000 livres sterlings, ou environ 12,000,000 de France. Les détails ci-après feront connoître l'organisation complette de ces feuilles périodiques.

Toutes les gazettes angloises, dont la grandeur nous paroît si considérable, comparées à nos petites gazettes, *au journal de Paris*, *à la Chronique*, *au Modérateur*, &c., ne sont cependant imprimées que sur une demi-feuille; car il est à observer qu'en Angleterre on fabrique, pour les *papiers-nouvelles*, un format double de notre grand *in-folio*; la feuille entière a trente-six pouces de hauteur & vingt-quatre de largeur: elle est coupée en deux avant d'être mise sous presse, & c'est pour épargner des frais de fabrication qu'on en use de cette manière. Chaque rame coûte 36 livres; mais cette rame fait deux de nos rames ordinaires, contenant cinq cents feuilles ou cinq cents gazettes.

La feuille entière porte deux timbres, & rend actuellement 8 sols de France au gouvernement: la rame étant de cinq cents feuilles, rend par conséquent 20 livres; & comme toute rame de papier blanc paie en outre douze pour cent de sa valeur, il en résulte que la rame de papier qui coûte 36 liv. rend au trésor public 23 livres, tant en timbre qu'en impôt; & chaque *feuille-papier-nouvelle* n'étant que la demi-feuille de fabrication, & payant pour le timbre 4 sols de France, il en résulte encore qu'une gazette angloise qui paroît tous les jours, rend annuellement, par exemplaire, pour le seul impôt du timbre, 73 livres; ce qui paroît incroyable, & c'est cependant la plus exacte vérité.

Ce n'est pas tout: les gazettes sont remplies d'annonces & avis de tous genres, & chacun d'eux rend au gouvernement 3 schelings, ou 3 livres 12 sols de France: chaque avis, de dix-huit lignes, se paie 5 schelins, ou 6 livres de France, au propriétaire. On observe qu'il y a quatre colonnes dans chaque p., & ce sont dix-huit lignes, de chacune de ces colonnes, qui coûtent 6 livres; pour chaque cinq lig., au-delà des dix-huit, on paie 1 scheling ou 1 livre 4 sols: le gouvernement ne prélève rien sur les lig. d'augmentation.

C'est la réunion de ces deux sortes d'impositions qui rend les *papiers-nouvelles* d'un tel produit à l'administration, qu'ils rapportent annuellement, comme je l'ai déjà dit, plus de 12 millions tournois.

Le prix de chaque *papier-nouvelle*, qui paroît tous les jours, est de 5 guinées, 5 guinées & demie, & même 6, sans l'affranchissement du port.

Le propriétaire d'une gazette donne aux libraires & colporteurs 1 sol de France de remise, & le vingt-cinquième *gratis*. Leur plus grande consommation se fait au débit. Le prix de chaque gazette n'est pas le même en général: elles coûtent, par jour 7 s., 7 s. & demi; il y en a une ou deux à 8 s. Elles circulent au-dehors par la poste & sous bande. La poste n'accorde cependant aucun abonnement pour les journeaux & *papiers-nouvelles*; mais comme les membres des communes, les pairs, les ministres, & même les premiers commis, jouissent de la franchise dans toute la Grande-Bretagne, excepté l'Irlande, on a de grande facilités pour les recevoir. Cette franchise ne s'étend que jusqu'au poids de deux onces, au-delà tout le monde paie, les seuls ministres exceptés.

Le succès de ces gazettes varie suivant le caprice du public; elles éprouvent des hausses & des baisses considérables, d'après les mouvemens qui agitent l'administration, & le parti plus ou moins nombreux dont les gazettes embrassent la défense. Toutes ne se soutiennent, comme je l'ai déjà remarqué, que par la quantité d'avis qu'elles renferment: c'est-là leur grand fonds d'existence, & sans lequel il n'y auroit pas deux gazettes dans toute l'Angleterre. Le *Dayly-Advertiser* est celle de toutes qui en renferme le plus. On m'a assuré que, depuis quarante ans, elle a régulièrement rapporté aux propriétaires au moins 6000 guinées de bénéfice.

On peut souscrire pour un mois, trois mois, une année; mais la plus grande consommation se fait journellement au débit & par la voix des colporteurs.

Il y a à Londres un bureau général de correspondance pour toutes les gazettes des provinces; l'on y reçoit les avis & annonces qu'on veut y faire insérer, & ce bureau les envoie dans chaque ville, à chaque propriétaire de *papiers-nouvelles*. Il se charge aussi de fournir toutes les gazettes.

Gazette de la Cour.

Il y a à Londres une gazette ministérielle, comme il y en a à Paris, à Vienne, à Madrid, &c. C'est le ministre de la trésorerie qui en donne le privilége à un particulier. L'auteur est nommé & payé par la cour: les matériaux lui sont fournis par les secrétaires d'état.

Elle est la seule qui ait des lettres-patentes.

Elle est aussi la seule, avec le *London Chronicle* & le *Lloid's Evening-Post*, qui soit de format grand *in*-4o, de huit pages : elle paroît deux fois la semaine; chaque gazette coûte 7 sols.

Les colporteurs la portent dans les maisons de Londres, & l'envoient dans les provinces.

Elle est estimée, comme la gazette de France, à cause de sa véracité, de son authenticité, & parce que l'on n'y met rien au hasard. Toutes les cours y sont respectées. Elle rend compte de toutes les nominations faites par le roi, tant au civil qu'au militaire, & de toute espèce de lettres-patentes, &c.

Enfin, elle est, comme toutes les autres gazettes, imprimée sur papier timbré, quoiqu'elle soit d'un plus petit format. Elle rapporte environ 2000 guinées, & ce bénéfice provient des *annonces* & *avis* qu'on y insère, & qui coûtent chacun 1 demi guinée pour dix-huit lignes.

On a pu voir, par ce que j'ai dit ci-dessus, que les gazettes angloises paient trois sortes d'impôts; 1°. sur le papier blanc; 2°. le timbre; 3°. sur les annonces & avis; c'est ce dernier objet qui assure l'existence & le produit de ces nombreuses gazettes: or, pour que cet arrangement ait pu avoir lieu, il a fallu un bill qui ne permît l'insertion d'aucun avis dans aucun papier anglois quelconque, sans que le public payât, & par-là le paiement des annonces est devenu véritablement un impôt national. Il n'y a donc pas en Angleterre, comme en France, des journaux intitulés, *Affiches* & *Annonces*, où il soit permis d'insérer *gratis* toute espèce d'avis. Si un tel journal existoit chez nos voisins, on sent qu'il anéantiroit dans l'instant les quatre vingt *papiers-nouvelles* qui y circulent, puisque tous, ou presque tous, ne subsistent que du produit des annonces.

Le paiement des annonces & avis a donc déterminé le succès de ces gazettes en Angleterre, & fondé leur établissement; il a dû aussi déterminer la grandeur du papier, & la fixer à-peu-près pour toutes; car plus on a d'espace, plus on peut mettre d'annonces, plus le trésor public gagne, ainsi que le propriétaire. De-là, cette grande forme qui nous étonne, & le très-petit caractère. Aussi je ne crois point que ce soit par la promulgation d'aucune loi que les gazettes angloises sont presque toutes imprimées sur un papier de ce grand format; mais les annonces & affiches étant leur domaine particulier, tous les propriétaires ont senti la nécessité de l'employer, parce qu'ils gagnent d'autant plus qu'ils peuvent en insérer d'avantage.

Par la manière dont les gazettes sont ordonnées, les anglois ont trouvé, ce me semble, un moyen très-simple de circonscrire la liberté de la presse dans ses vraies limites. Ils ont bien senti que la vigilance la plus active du gouvernement, ne pourroit point arrêter le débordement de feuilles à 1 sol & à 2, & qu'une province entière couroit risque d'être infectée d'un avis qui y porteroit le désordre, avant qu'on eût le tems de le prévenir, si de pareilles feuilles existoient chez eux. Elles peuvent être utiles dans les commencemens d'une révolution; mais quand elle est faite, il est nécessaire que le calme renaisse de toutes parts, & que l'on ne vive plus que sous l'empire de la loi. Aucune feuille ne pouvant insérer d'*avis* sans le faire payer, & sans en rendre une partie au gouvernement, la grandeur de chaque feuille étant aussi déterminée, tous les entrepreneurs de gazettes étant assujettis aux mêmes droits, le prix des annonces étant uniforme pour toutes, & ayant intérêt à ne point se servir d'un petit format, chacune des gazettes, par la raison même de celui qu'elle a adopté, nécessite un grand établissement, une réunion de plusieurs auteurs, nombre d'ouvriers, des imprimeries particulières (car il y en a d'affectées à la plupart des gazettes angloises, & où l'on ne s'occupe point d'autre objet); aussi le service de ces gazettes se fait-il avec une rapidité extrême. On les reçoit exactement & de bonne heure. J'ai vu des avis portés à onze du soir, & paroître le lendemain. Une grande partie de ces journaux dépend d'une association d'auteurs, de libraires & de particuliers riches. De-là, encore la nécessité d'être circonspect pour ne point être inquiété, courir les risques de perdre ses fonds & ses avances. Car quelques libres que soient les gazettes angloises, il ne leur est pas permis d'être incendiaires, de calomnier & outrager les magistrats, les ministres, les administrateurs, & tout particulier de quelque rang & état qu'il soit, enfin d'écrire contre la religion & les mœurs. Ceux qui s'oublient au point de méconnoître ce que la loi permet d'écrire, s'exposent à des punitions très-sévères, au pilori, au carcan, à 1000, 2000, & jusqu'à 6000 guinées d'amendes, & même à des années entières de prison. Les exemples d'auteurs ou d'imprimeurs (car l'un des deux doit répondre) punis d'une manière exemplaire, ne sont pas rares dans ce pays de grande liberté.

On voit, par ce que je viens de dire, que l'Angleterre n'a que très-peu à redouter ces pamphlets, & ce torrent de feuilles de toutes sortes de formats, qu'on peut imprimer en moins de deux heures, & dont tout un faubourg, une ville entière peuvent être infectés dans un tems très-limité.

Je reviens aux avis & annonces ; ils doivent être beaucoup plus considérables à Londres, que dans aucune des grandes capitales de l'Europe. Il faut faire attention que toutes les villes commerçantes de l'Angleterre, ont, avec la capitale de cet Empire, des rapports immenses, qui nécessitent des avis de toute espèce. Londres, par son port, est, pour ainsi dire, l'entrepôt & le marché de l'univers. Le départ & l'arrivée des navires, le détail de leurs cargaisons, leurs ventes, leurs expéditions suffiroient seules pour alimenter plusieurs gazettes. L'Angleterre, avec un tiers de la population de la France, a un commerce décuple de cette dernière. L'argent y est dans ce moment-ci en si grande abondance, que les guinées sont plus communes à Londres que nos écus à Paris.

J'observerai encore, & ceci mérite une attention particulière, que la taxe du timbre & des annonces a été augmentée progressivement. Elle a crû d'une manière insensible avec l'établissement des *papiers-nouvelles*, pour lesquels le peuple anglois a une grande passion. Ces papiers sont dans les mains de toutes les classes des citoyens ; les plus pauvres se cotisent entr'eux pour en avoir un, & se réunissent en société pour le lire. Aussi n'êtes-vous pas étonné d'entendre un artisan, ou un simple laboureur, raisonner sur les affaires publiques ; il se familiarise même avec les intérêts politiques de l'Europe ; & je me rappelle, avec plaisir, avoir vu aux environs de Bath, un très-petit fermier qui faisoit des observations pleines de bon sens sur la révolution de France, & entroit là-dessus dans de très-grands détails.

Je n'ai pas pu me procurer des notes exactes sur l'augmentation progressive de la taxe des *papiers-nouvelles* ; mais je sais que l'impôt du timbre n'étoit d'abord que d'un quart de sol, puis d'un demi & d'un sol ; & enfin aujourd'hui de quatre sols de France pour chaque gazette. La taxe sur les annonces a suivi la même progression. Une nation qui voudroit imposer ses *papiers-nouvelles* sans consulter son commerce, ses relations, le goût du public, la nature des feuilles existantes, l'embarras de ses affaires, le discrédit, le défaut de numéraire, toutes les circonstances enfin de sa position, & qui prétendroit sur-le-champ assimiler ses *papiers-nouvelles* pour la taxe, à celle qui a lieu en Angleterre, bien loin de servir ses intérêts & de favoriser l'établissement de nouvelles feuilles, détruiroit inévitablement toutes celles qui existent. C'est donc une opération infiniment délicate qu'une taxe sur les gazettes ; & cependant je crois qu'en consultant la manière dont les anglois ont constitué leurs *papiers-nouvelles*, on pourroit, dans un grand état comme la France, donner un grand essort aux *papiers-nouvelles*, & les rendre aussi utiles à la chose publique qu'à leurs propriétaires.

JUIF, s. m. Homme de la religion juive ; c'est-à-dire, de celle que Moyse donna jadis au peuple hébreu, & dont les principaux dogmes sont contenus dans l'ancien Testament, le Talmud, & les commentaires des rabins.

Nous donnerons une connoissance historique de ce peuple en France, des loix qui le regardent, & du petit nombre de réglemens de police qui existent encore à son égard aujourd'hui ; l'un & l'autre, nous l'emprunterons en partie du commissaire La Marre.

Dans la dispersion des *juifs*, dit cet auteur, plusieurs d'entr'eux pénétrèrent dans les Gaules, & s'y établirent.

Le concile d'Agde, tenu l'an 406, fit défense aux chrétiens d'avoir aucun commerce, & sur-tout de manger avec ces peuples ; & le concile d'Orléans, tenu l'an 533, excommunia tous ceux qui feroient quelque alliance avec eux.

Nos premiers rois en trouvèrent un assez grand nombre qui s'étoient mariés à Paris. Ils y occupoient toute une rue, au milieu de la ville, qui en a retenu le nom de *juiverie*, & ils s'étendoient en deux autres rues, qui aboutissent de celle-ci au Palais.

La plus grande partie du commerce étoit entre leurs mains, & ils exerçoient l'usure ouvertement. Ce gain injuste les avoient enrichis, & en même-tems rendus insolens. Ils affectoient, pour insulter aux chrétiens, de paroître, la semaine sainte, plus magnifiquement vêtus qu'à l'ordinaire, & de la passer en réjouissances ; & ils paroissoient, au contraire, tristes & en deuil, dans le tems de Pâques.

Childebert, fils du grand Clovis, premier roi chrétien, fit cesser ce scandale par un édit de l'an 533 ; « qui défendit aux *juifs* de paroître en public pendant le saint tems de la Passion & à Pâques. Il leur défendit aussi d'avoir aucun esclave ou domestique chrétien, n'étant pas juste, dit cette loi, que celui qui a été racheté par le précieux sang de Jésus-Christ, soit soumis à servir un infidèle qui blasphême son saint nom ».

Sous Chilperic, plusieurs des *juifs* se convertirent, & ce prince fit l'honneur aux principaux de la nation, d'être leur parain.

Dagobert fit un édit, l'an 633, par lequel il enjoignit expressément à tous ceux qui ne confesseroient pas la foi de Jésus-Christ, de sortir de ses états dans un certain tems. Plusieurs *juifs* se firent baptiser, & tous les autres, en plus grand nombre, se retirèrent.

On ne trouve point combien cet exil dura ; il est seulement certain que les *juifs* étoient rétablis en France sous le règne de Charles-le-chauve. Il en est fait mention dans le concile de Meaux, de l'an 845, & dans celui de Paris, de l'an 850, & toutes les loix précédentes y sont renouvellées contre eux.

Ce même prince, dans l'un de ses édits de l'an 877, en réglant les droits qu'il imposa sur les denrées & marchandises, ordonna « que les marchands chrétiens payeroient l'onzième denier, & les *juifs* le dixième ».

Philippe I les chassa de ses états l'an 1096. Tous les autres princes de l'Europe en firent autant, chacun dans ses états, & plusieurs *juifs* périrent en cette occasion.

Leur rétablissement se fit en France, quelques années après. On leur accorda, à la vérité, en ce tems, des conditions qui parurent favorables à leur sûreté, mais qui augmentoient de beaucoup le poids de leur servitude. Ils se rendirent tributaires, & le roi les partagea avec les princes & les autres grands seigneurs de sa cour. Sous cette protection, ils continuèrent véritablement leur commerce ; & en payant la somme convenue, le reste de leurs biens leur appartenoit : mais ils étoient tellement attachés à leurs seigneurs, qu'ils les considéroient comme faisant partie de son domaine. Leur domicile devoit demeurer fixe au lieu où ils les avoient placés ; & ils ne pouvoient en déloger sans sa permission. Ils entroient eux-mêmes dans le commerce, comme un héritage ; on les vendoit, on les revendiquoit, on les hypothéquoit à ses créanciers, & il y avoit action de complainte contre les gens qui en troubloient la possession.

Ceux de Paris ne furent plus logés au milieu de la ville. On les relégua hors des portes, dans le lieu nommé *Champeaux*. De petites maisons hautes & mal faites y furent bâties exprès, & composèrent un certain nombre de rues étroites, tortues & obscures, qui furent fermées de portes de tous côtés. Ce sont aujourd'hui les rues de la Poterie, de la Friperie, de la Chausseterie, de Jean-de-Beausse, & de la Cordonnerie. Et c'étoit ainsi que toutes les juiveries de l'Europe furent bâties. Ceux qui ont vu celles de Rome, d'Avignon & de Metz, conviendront, sans doute, de cette comparaison.

Il y eut encore ce changement, que le roi nomma des juges pour connoître des causes des *juifs*, & des différends qui naîtroient entr'eux & les chrétiens. Le prevôt de Paris étoit toujours de ce nombre ; & on les nomma *commissaires conservateurs des juifs*.

Les choses demeurèrent en cet état sous les règnes de Louis-le-gros & Louis-le-jeune. C'en fut assez pour enrichir de nouveau les *juifs*. Les usures excessives qu'ils exerçoient avoient mis dans leur dépendance les biens & les fortunes de la plus grande partie des chrétiens.

Philippe-Auguste parvenu à la couronne, l'on accusa les *juifs*, devant lui, d'avoir ruiné le peuple par leurs usures ; de s'être rendus, par cette voie injuste, les maîtres d'une infinité de terres considérables, & de presque la moitié des maisons de Paris ; d'avoir reçu pour gages les vases sacrés & les trésors des églises, & de les avoir profanés. L'on y ajouta qu'ils avoient réduit plusieurs pauvres chrétiens à devenir esclaves ; & qu'enfin ils en crucifioient un, tous les ans, le jour du vendredi saint.

Ce prince, persuadé enfin de la malignité des *juifs*, les chassa de ses états, l'an 1182, confisqua tous leurs biens, à l'exception de leurs meubles, qu'il leur permit d'emporter, ou de les vendre dans un certain tems. Il rétablit ses sujets dans la possession des héritages qu'ils leur avoient aliénés, & les déchargea de toutes les sommes qu'ils leur devoient, en lui en payant seulement un cinquième.

De ces biens qui avoient été confisqués sur les *juifs*, Philippe-Auguste en donna quarante-deux maisons aux drapiers & aux pelletiers, moyennant cent soixante-treize livres de cens. L'acte de cette donation, qui est conservé dans le trésor des chartes & dans un ancien registre de l'hôtel-de-ville, ne fait aucune mention de la situation de ces maisons. Il y a beaucoup d'apparence qu'elles faisoient partie de deux des rues de l'ancienne juiverie de la cité ; & que c'est de là que ces rues ont pris le nom qu'elles portent encore aujourd'hui, de la vieille draperie & de la pelleterie.

Ce même prince ordonna que toutes les synagogues seroient converties en églises ou en chapelles. Il en donna une à Maurice de Sully, évêque de Paris. Le petit pastoral de l'église de Paris en fait mention, sans dire en quel lieu elle étoit située.

Les *juifs* sollicitèrent leur rétablissement, & offrirent de grandes sommes pour l'obtenir. Les besoins de l'état, pour soutenir les guerres contre les anglois & les flamands, furent une occasion favorable. Leurs offres furent acceptées, & ils furent rétablis l'an 1198.

Il fut même permis aux plus riches de se loger où bon leur sembleroit, pourvu que ce ne fût pas dans le milieu de la ville. Les accroissemens de Paris, qui avoient commencé sous le règne de ce prince, leur facilita les moyens de trouver des logemens commodes. Il y en eut qui se logèrent derrière le lieu où est aujourd'hui le petit Saint-Antoine, d'autres à la montagne Sainte-Geneviève, & quelques-uns dans un cul-de-sac de la rue de la Tisseranderie. De-là viennent les noms de rue des *Juifs* & de rue Judas. Le cul-de-sac que l'on nomme aujourd'hui de *Saint-Pharon*, se trouve aussi dans les anciens titres, par la même raison, sous le nom de cul-de-sac des *Juifs*. Plusieurs se logèrent aussi rue des Lombards, rue Quincampoix, & rue des Jardins, qui est aujourd'hui la rue des Billettes. La rue de la Harpe & la rue Saint-Bon en furent encore tellement remplies, que dans le grand pastoral de l'église de Paris, l'on y trouve ces deux rues sous le titre de juiveries. Ainsi il n'y eut plus que les artisans & les plus pauvres d'entre les *juifs*, qui furent loger dans la juiverie de Champeaux.

Ils avoient aussi, en ce tems, deux synagogues & deux cimetières. L'une de leurs synagogues étoit rue de la Tacherie; l'autre dans une tour de l'ancienne enceinte de Paris, qui fait aujourd'hui partie du cloître de Saint-Jean-en-Grève. Cette tour est, en effet, nommée dans les anciens titres, la *synagogue*. Le peuple lui a depuis donné, & à la rue voisine, le nom burlesque de rue & de tour du Pet-au-Diable. C'est le nom seul sous lequel elles sont à présent connues; peut-être que la haine ou le mépris que l'on avoit pour les *juifs*, y a servi de fondement.

L'un de leurs cimetières étoit rue Garlande ou Galande; ils en payoient quatre livres parisis de cens & rentes, aux seigneurs de Garlande, propriétaires du fief de ce nom, qui le donne à la rue, & qui appartient aujourd'hui aux chanoines de Saint-Aignan, en l'église de Paris. L'autre cimetière étoit situé rue de la Harpe.

Les mêmes *juifs* avoient, sur la rivière de Seine, un moulin qui ne servoit que pour eux; il étoit attaché à la rue de la Tannerie, & à d'autres moulins que l'on nommoit les *chambres* ou les *moulins de maître Hugue*. Ce moulin des *juifs* devoit cinq sous parisis de cens & rentes aux religieux de Saint-Magloire. Il en est fait mention dans tous leurs anciens titres.

Par un bref du pape Innocent III, de l'an 1213, il exhorta toutes les puissances temporelles de contraindre les *juifs* de remettre aux chrétiens les usures dont ils les avoient chargés, sinon leur interdire tout commerce.

Il écrivit en particulier à Philippe Auguste sur le même sujet, & le pressa d'employer son autorité royale pour faire cesser ces désordres des *juifs*.

Il y a beaucoup d'apparence que ce prince ne put pas y apporter tout le remède qu'il auroit souhaité. L'ordonnance qu'il fit sur ce sujet, l'an 1222, bien loin de défendre l'usure, l'autorise sous certaines conditions, qui devoient seulement la rendre moins odieuse.

Voilà quel fut l'état des *juifs* jusqu'à la fin du règne de Philippe-Auguste; & Louis, son fils, n'y apporta aucun changement.

Saint Louis, parvenu à la couronne, fut sollicité avec empressement, par ses peuples, de chasser les *juifs* : mais ce pieux monarque s'attacha beaucoup plus à leur conversion, qu'à les éloigner de ses états. L'usure, le blasphême & la magie étoient les crimes dont on les accusoit. Il y pourvut par une ordonnance de 1254.

« Elle défend aux *juifs* de prêter aucun argent à usure. Leur enjoint de pourvoir à leur subsistance du seul travail de leurs mains, ou du juste profit qu'apporte un commerce légitime Leur défend de blasphêmer & de se servir de caractères ou autres sortilèges. Ordonne que leur Talmud & tous leurs autres livres où se trouveront des blasphêmes, seront brûlés, & que les *juifs* qui refuseront d'obéir à cette ordonnance, seront forcés de le faire, ou punis selon la rigueur des loix ».

Cette ordonnance fut exécutée à la rigueur. Le Talmud & les autres livres des *juifs* furent recherchés & brûlés. Cela leur fit beaucoup de peine; & les auteurs de ce tems rapportent que les *juifs* se plaignoient de n'avoir jamais souffert une telle persécution sous tous les règnes précédens.

Mais d'un autre côté, le roi n'épargna rien pour leur conversion. Sa piété & ses libéralités en gagnèrent en effet plusieurs, & des familles entières se convertirent. Il faisoit baptiser, & nourrissoit tous leurs enfans qui demeuroient orphelins. Il tenoit lui-même sur les fonts ceux des adultes qui demandoient le baptême. Il assignoit ensuite aux uns & aux autres des rentes sur son domaine, d'un, de deux ou trois deniers par jour, selon l'âge, la qualité & les besoins. C'étoit en ce tems une somme considérable. Il y avoit des deniers d'or & des deniers d'argent. Les deniers d'or valoient douze sols six deniers de notre monnoie. Quant aux deniers d'argent, il n'y en avoit que deux cent vingt au marc, ce qui vaudroit aujourd'hui trois sols chaque denier. Ainsi c'étoient trois, six ou neuf sols que le roi donnoit par jour aux *juifs* nouveaux convertis. Ils pouvoient disposer de ces rentes ou pensions pendant leur vie & celle de leurs veuves. Leurs enfans ou leurs héritiers en jouissoient après leur mort. Les anciens comptes du domaine font mention de cette dépense. Elle y est divisée sous ces deux titres : *Baptisati*, pour les enfans qui avoient reçu le baptême avant l'âge de raison; & *conversi*, pour les autres.

Les pères du concile de Latran, tenu l'an 1215, avoient ordonné » que les *juifs* portoient un » habit particulier qui les distingueroit des chré- » tiens. Le concile d'Arles, de l'an 1284, ordonna » qu'ils porteroient seulement une marque sur leurs » habits en lieu apparent, pour les faire con- » noître ».

Les canons de ces conciles, à cette égard, n'avoient point encore eu lieu en France. Saint-

Louis

Louis en ordonna l'exécution l'an 1269. Le réglement qu'il fit à cette occasion porte, » que les » *juifs* feroient coudre sur leur robe de dessus, » devant & derrière, une pièce de feutre, ou de » drap jaune d'une palme de diamètre & de quatre » palmes de circonférence ». Cette marque fut nommée *rouelle*, & en latin *rotella*, par la ressemblance qu'elle avoit à une petite roue. Ceux qui étoient trouvés sans cette marque, leur robe étoit confisquée, & ils étoient condamnés en dix livres d'amende.

Philippe-le-hardi, fils & successeur de Saint-Louis, réitéra le même réglement par une ordonnance de l'an 1271. Il y ajouta, » que pour distinguer encore d'avantage les *juifs*, ils porteroient une corne attachée sur leur bonnet »; & cette dernière marque qui les rendoit ridicules, les mortifia beaucoup plus que la première.

Sous ce même règne, il y eut un arrêt du parlement de la Pentecôte, de l'an 1280, » qui fit » défenses à toutes personnes de la religion chré» tienne, de servir dans les maisons des *juifs*, » & aux *juifs* de les retenir à leur service.

Plusieurs *juifs* d'Angleterre & de Gascogne passèrent en France; & Philippe-le-Bel, qui règnoit alors, ne jugeant pas a propos de souffrir une si forte recrue d'étrangers, fit rendre en sa présence un arrêt du parlement de la Chandeleur 1290, portant » que les nouveaux venus seroient chassés » de ses états, & seroient tenus d'en sortir avant » la mi-carême ».

Tous les autres *juifs* y furent soufferts encore pendant quelque tems, mais toujours sous les conditions de servitude qui leur avoient été imposées par Philippe-Auguste : le roi & chacun des grands seigneurs avoit les siens, & en disposoit à sa volonté.

Les anciens registres de la chambre des comptes nous apprennent que Marguerite de Provence, veuve de saint-Louis, avoit son douaire assigné sur les *juifs*, qui lui payoient deux cent dix-neuf livres sept sols six deniers par quartier.

Philippe-le-Bel, en 1296, donna à Charles de France son frère, comte de Valois, un *juif* de Pontoise, & il paya trois cent livres à Pierre de Chambly, chevalier, pour un *juif* qu'il avoit acheté de lui, nommé Samuel de Guitri.

Le même prince Charles de France, en 1299, vendit au roi son frère, Samuel Viol, *juif* de Rouen, & tous les autres *juifs* de son comté de Valois, & de ses autres seigneuries.

A l'abri de cette singulière protection, les *juifs* multiplièrent leurs usures, & furent encore une fois accusés de plusieurs autres crimes : le roi en fut informé; les cris de son peuple le touchèrent : il les chassa tous de son royaume l'an 1306, & confisqua tous leurs biens. Le registre de la chambre des comptes, qui a pour titre *judæi*, porte » qu'ils » mirent en dépôt chez les chrétiens de leurs amis, » beaucoup d'or & d'argent, & ce qu'ils avoient » de plus précieux, & qu'ainsi ils sauvèrent une » partie considérable de leurs principaux effets ».

Depuis la réduction faite par Philipe-le-hardi, à une synagogue & à un seul cimetière en chaque diocèse; les *juifs* de Paris n'avoient plus que la synagogue de la rue de la Tacherie, & le cimetière de la rue de la Harpe.

Philippe-le-Bel, après cet exil des *juifs*, donna la synagogue à Jean Pruvin, son cocher, l'an 1307, & l'an 1311, il vendit le cimetière mille livres de petits tournois, aux religieuses de Poissy, qu'il avoit fondées. Leur exil dura tout le reste de Philippe-le-Bel : ce prince résista constament à toutes les sollicitations qui lui furent faites en leur faveur pour les rétablir. Il leur permit néanmoins sur la fin de poursuivre le recouvrement de leurs biens, qui n'avoient pas été compris dans la confiscation ; il leur donna même des commissaires pour en connoître.

Louis Hutin, parvenu à la couronne l'an 1315, permit aux *juifs*, dès la première année de son règne, de se rétablir en France : le tems d'y demeurer fut néanmoins limité à treize années. Ils financèrent dans les coffres du roi, pour obtenir cette permission, cent vingt-deux milles cinq cents livres, & cédèrent au roi les deux tiers de ce qui leur étoit dû en France, lorsque le roi son père les avoit exilés. Le traité en fut arrêté au mois de Juin.

Ce prince ne règna que dix-neuf mois. Philippe-le-long confirma aux *juifs* tout ce qui leur avoit été accordé par son prédécesseur. Il leur permit, l'an 1317, de voyager sans porter sur leur bonnet cette marque ignominieuse d'une corne. Plusieurs des riches furent même dispensés, par argent, de la porter en aucun lieu, ni même la rouelle sur leurs habits.

Sous le règne de ce Prince, l'an 1321, les *juifs* furent accusés d'avoir entrepris d'empoisonner tous les puits, & toutes les citernes & les fontaines du royaume; qu'ils avoient pour cela intelligence avec les autres infidèles ennemis des chrétiens, qui leur fournissoient de l'argent & des poisons, & que les lépreux de France étoient de concert avec eux. Cela fut, dit-on, découvert par deux lettres arabes qui furent interceptées, & que l'on conserve avec la traduction dans le trésor des chartes; l'une du roi de Tunis, & l'autre du roi de Grenade. Sur cette accusation, plusieurs *juifs* furent arrêtés; quelques-uns brûlés, le reste de la nation fut chassé de France, à l'exception des plus riches, qui furent seulement condamnés à une amende de cent cinquante mille livres.

Philippe de Valois les obligea de se convertir, ou de sortir du royaume l'an 1346. Plusieurs furent baptisés, tous les autres se retirèrent.

Le roi Jean, son fils, dès la première année de son règne, l'an 1350, leur permit de revenir. Le même prince les bannit de ses états l'an 1357; il leur permit, trois ans après, de revenir & de demeurer encore en France pendant vingt ans, à la charge de lui payer pour droit d'entrée de chaque chef de famille, douze florins d'or, & chaque année six florins par tête: ils furent en paix tout le reste de son règne.

Charles V, parvenu à la couronne l'an 1364, confirma les *juifs* dans la permission que le roi Jean son père leur avoit donnée, de demeurer en France pendant vingt ans, & proroge ce terme de six ans aux mêmes conditions. Ce même prince, l'an 1374, leur accorda une seconde prorogation de dix années, ils lui proposèrent, pour l'obtenir, une somme considérable, qui fut employée aux frais de la guerre avec l'Angleterre.

C'étoit l'usage en France, que lorsqu'un *juif* se faisoit baptiser, tous ses biens, comme mal acquis, étoient confisqués au roi, qui lui en faisoit ensuite telle part qu'il jugeoit à propos.

Charles VI ne fut pas sitôt monté sur le trône, qu'il cassa cette coutume; les lettres patentes qu'il en fit expédier sont du 4 avril 1381, la première année de son règne.

En 1394, les *juifs* de Paris furent accusés d'avoir fait mourir un enfant chrétien en croix la nuit du vendredi-saint: plusieurs furent emprisonnés; il y en eut de pendus, d'autres fustigés, & ils furent solidairement condamnés en une amende de dix-huit mille écus, qui furent employés pour achever de rebâtir le petit châtelet & le petit pont.

Les vingt années que le roi Jean leur avoit permis de demeurer en France l'an 1360, & les seize années de prorogation que Charles V leur avoit accordées, ne devoient expirer que l'an 1396; mais les crimes & les abominations dont on les accusoit, obligèrent Charles VI d'anticiper ce terme. Il le fit par lettres-patentes du 17 septembre 1394, qui bannissent les *juifs* de ses états à perpétuité, & leur font défenses d'y demeurer, à peine de la vie.

Ils se retirèrent dans les pays voisins, & principalement en Allemagne. Plusieurs familles s'établirent dans la ville de Metz. Cette ville avoit été autrefois à la France, & capitale du royaume d'Austrasie. Les empereurs l'avoient depuis usurpée, & rendue libre comme les autres villes impériales: cela y facilita aux *juifs* leur établissement. Henri II la reprit en 1552, & par le traité de Munster de l'an 1648, elle fut réunie incommutablement à la couronne de France. Nos rois y ont toléré les *juifs* qu'ils y trouvèrent établis.

Quelques *juifs* étant venus s'établir en France, au commencement du dix-septième siècle, le roi en fut informé, & cela donna lieu à une déclaration du 23 avril 1615, par laquelle le roi bannit de son royaume tous les *juifs*, & leur fit défenses d'y demeurer sous les peine portées par les ordonnances des rois ses prédécesseurs. Ceux de Metz furent néanmoins exceptés de ce banissement.

Tels sont les détails qu'on trouve dans le traité de la police du commissaire la Marre, j'y joindrai les loix & les réglemens qui constituoient ci-devant la police des *juifs* en France, auxquels on a déja fait des changemens considérables, & qui finiront par être totalement détruits.

Les *juifs* qui n'avoient point obtenu des lettres patentes qui les autorisoient à demeurer en France, n'avoient aucun domicile, ils n'étoient point citoyens, quoiqu'ils fussent nés françois; ainsi toutes les fois qu'ils vouloient rester dans le royaume, ils devoient en obtenir la permission du gouvernement.

A Paris, les *juifs* étoient soumis à l'inspection de la police; ils devoient obtenir un passeport qu'on ne leur accordoit que pour un tems & qu'on ne renouvelloit que lorsque les *juifs* n'avoient donné lieu à aucune plainte. Un inspecteur de police étoit spécialement chargé de cet objet. *Voyez* INSPECTEUR.

Le parlement de Paris, par un arrêt du 22 août 1729, fit défenses aux marchands *juifs*, & à tous autres *juifs*, de s'établir dans la Rochelle à perpétuité & même pour un temps; & aux officiers de police d'accorder aux *juifs* & à toutes autres personnes prohibées par les ordonnances, de s'établir dans cette ville, à moins qu'ils n'aient des lettres patentes enrégistrées en la cour.

Des marchands *juifs* établis à Bordeaux avoient obtenu deux arrêts du parlement de Dijon, l'un le 22 juin 1724, & l'autre le 29 juillet 1730, qui leur avoient permis de trafiquer, vendre & négocier, dans le ressort de ce parlement, pendant un mois de chaque saison de l'année. Sur des représentations faites au conseil, un arrêt du 20 février 1731 a cassé les deux arrêts du parlement de Dijon, & a fait défenses aux *juifs* de trafiquer, vendre & négocier dans d'autres endroits que dans ceux où ils sont domiciliés.

Les *juifs* prêtent le serment d'une manière particulière: ils mettent la main sur une bible hébraïque, & se couvrant la tête, ils promettent à Dieu de dire vérité.

Le parlement de Metz, par un arrêt du 10 février 1691, a décidé que les *juifs* ne peuvent être entendus comme témoins, dans une affaire, entre un *juif* & un chrétien, lorsqu'ils sont appellés par le premier pour déposer contre le second.

Suivant notre jurisprudence, le mariage des *juifs* est indissoluble ; on n'autorise pas même ceux qui abjurent leur religion, & dont les femmes refusent d'habiter avec eux, à en épouser d'autres. C'est ce qui a été solemnellement jugé par un arrêt du parlement de Paris, rendu sur les conclusions de M. l'avocat général Séguier, le 2 janvier 1758, dans la cause de Borach Levi.

Un arrêt du conseil souverain de Colmar, du 19 février 1735, a fait défenses de se servir de caractères hébraïques dans les actes qu'ils font avec les chrétiens, & il leur a été ordonné de rédiger ces actes en langue vulgaire.

Les *juifs* de Metz sont ceux qui ont joui de plus de privilèges, en France, jusqu'aujourd'hui ; il est fait mention des *juifs* qui y sont établis, dans un concile tenu à Reims, en 625 ou 630. Il fut aussi question d'eux dans le concile tenu à Metz en 888. Dans les régistres de l'hôtel-de-ville, on trouve une ordonnance du maître-échevin, du 2 juillet 1562, qui condamne le *juif* Mardochée, son serviteur, & un autre *juif* nommé Isaac, à sortir de la ville. Il y eut même, l'année suivante, une pareille injonction à tous ceux qui résidoient à Metz. Mais, par une ordonnance du 6 août 1567, il fut permis, seulement aux familles de Mardochée, Isaac, Michel & Gerson, de demeurer & trafiquer en cette ville, aux conditions par eux offertes de payer sur-le-champ deux cens écus, & deux cens francs messins chaque année au profit des pauvres.

Les *juifs* furent depuis tolérés à Metz, par Henri III ; & par une ordonnance du duc d'Épernon, gouverneur, du 2 janvier 1603, les huit ménages désignés par ce roi, avec leurs descendans, au nombre de cent vingt personnes, faisant vingt-quatre ménages, furent maintenus dans leur résidence. Cette ordonnance fut confirmée par lettres patentes de Henri IV, du 24 mars 1603, renouvellées le 24 janvier 1632, par Louis XIII, & entérinées au parlement de Metz, par arrêt du 3 mai 1635.

Le 25 septembre 1657, les *juifs* de Metz étant alors au nombre de quatre-vingt-seize familles, issues de quatre premières, obtinrent, de Louis XIV, des lettres de confirmation de leurs privilèges, à la charge de ne pouvoir à l'avenir choisir un rabin, ni appeller des *juifs* du dehors du royaume, sans en avoir obtenu la permission de sa majesté.

Ils ont à Metz le libre exercice de leur religion. A l'exception de leurs maisons, ils y sont dans l'interdit d'acquérir & de posséder aucuns immeubles en propriété. Ils occupent un quartier séparé & limité, à la droite de la Moselle, près du retranchement de Guise. Ils étoient, en 1766, au nombre d'environ trois mille personnes de cette religion, en sorte que leur quartier étant fort resserré, ils sont obligés d'élever leurs maisons jusqu'à cinq ou six étages, pour pouvoir se loger.

On distingue les *juifs* de Metz par leur barbe, un manteau noir & un petit rabat blanc. Leur synanogue n'a rien de remarquable : elle est fort petite ; les femmes y sont séparées des hommes, & sont placées dans une salle élevée où elles ne sont pas vues. On y lit le texte de la loi, ils ont une manière de chanter en lisant.

L'honneur de lire le texte sacré s'achète. Le rabin explique ce qui a été lû. Ils font des prières pour le roi, les princes & les magistrats.

Tous les trois ans, au mois de juillet, il se fait une assemblée, dans laquelle on procède, en forme d'élection, soit pour commettre de nouveaux syndics, soit pour confirmer les anciens. Ces syndics sont chargés de la police, administrent les affaires de la communauté, & imposent par rôle toutes les sommes nécessaires à leurs charges & autres objets.

Dans les affaires qui naissent entr'eux, ils n'ont point d'autres juges que leur rabin, qu'ils font venir ordinairement de loin, afin que, n'ayant point de parens dans la communauté, il ne favorise personne.

Pour ce qui concerne les affaires qu'ils ont avec les chrétiens, ils sont traduits devant les tribunaux ordinaires ; quand ils sont obligés de faire serment, ils le font sur le texte de la loi que le rabin y apporte.

Les *juifs* de cette ville observent des coutumes & des usages extraits du cahier par eux présentés, le 2 mars 1743, au parlement de Metz, en exécution des lettres patentes du roi, du 20 août 1742, régistrées au parlement, le 20 dudit mois.

Au reste, presque tous ces usages ont disparu en partie, par l'effet de la révolution & des décrets de l'assemblée nationale; elle s'en est occupée d'une manière particulière. Elle a prononcé différens décrets en leur faveur, qui, sans changer entièrement leur état, les met sous la protection de la loi, & les assimile aux autres sujets de l'empire. Notre objet n'est point de faire connoître tous les détails auxquels a donné lieu la discussion de leur affaire, nous rapporterons seulement les décrets qu'elle a produits, & que les circonstances ont motivés, & nous finirons par consigner les démarches de la commune auprès de l'assemblée nationale, pour obtenir d'elle l'état civil des *juifs*, à Paris & dans tout le royaume, avec faculté positive de partager tous les droits de citoyen actif.

Le premier décret en leur faveur a été motivé par les violences dont ils furent menacés en Alsace, & les voies de fait que le peuple se permettoit envers eux. Ce décret, du 28 septembre 1789, porte : « l'assemblée, délibérant sur les violences » exercées contre les *juifs* d'Alsace, a arrêté que » M. le président écrira aux officiers publics de » l'Alsace, que les *juifs* sont sous la sauve-garde » de la loi, & réclamera, auprès du roi, la pro- » tection dont ils ont besoin ».

Dans un autre décret du 24 décembre de la même année, l'assemblée nationale ayant prononcé l'admission des non-catholiques aux droits de citoyen actif, elle ajouta : « sans entendre rien préjuger » relativement aux *juifs*, sur l'état desquels l'as- » semblée nationale se réserve de prononcer ».

Par un troisième décret du 28 janvier 1790, il fut arrêté, « que tous les *juifs* connus sous le nom de *juifs* portugais, espagnols & avignonois, continueront de jouir des droits dont ils ont joui jusqu'à présent, & qui leur avoient été accordés par des lettres patentes. En conséquence ils jouiront des droits de citoyens actifs, lorsqu'ils réuniront d'ailleurs les conditions requises par les decrets de l'assemblée ». Ces décrets ont été sanctionnés par le roi.

Enfin de nouvelles violences ayant encore eu lieu contre les *juifs* en Alsace, dans le mois d'avril 1790, l'assemblée décréta « qu'elle mettoit de nouveau les *juifs* de l'Alsace & des autres provinces du royaume sous la sauve-garde de la loi ; défendant à toutes personnes d'attenter à leur sûreté ; ordonnant aux municipalités & aux gardes nationales de protéger de tout leur pouvoir, leurs personnes & leurs propriétés ».

Nous terminerons cet article par rapporter un discours prononcé à l'assemblée des représentans de la commune de Paris, le 28 janvier 1790, tendant à demander pour les *juifs* les droits de citoyens actifs à l'assemblée nationale. On peut voir, pour de plus grands détails sur cet objet, le *Dictionnaire encyclopédique de l'assemblée nationale*.

Discours prononcé le 28 Janvier 1790 par M. Godard, avocat au parlement, l'un des représentant de la commune, en présentant à l'assemblée général de la commune, une députation des Juifs de Paris.

Imprimé par ordre de l'assemblée.

MESSIEURS,

J'ai quitté un instant la place que j'occupois au milieu de vous, pour prendre celle qui me convient, lorsque je parle pour des supplians, & que je suis l'interprète des malheureux.

Chargé, par la plupart des *juifs* du royaume, de défendre leur cause à l'assemblée nationale, je le suis, en même temps, par ceux de Paris, messieurs, de vous offrir l'hommage de leurs respects, l'assurance de leur dévoument, le témoignage même de leur reconnoissance : car, les généreux habitans de cette capitale ont devancé, en quelque sorte, pour les *juifs*, le bienfait de la loi, en saisissant cette mémorable révolution pour se confondre avec eux, en faire leurs compagnons d'armes, les revêtir de la livrée citoyenne, sous laquelle plusieurs d'entr'eux paroissent devant vous, les traiter enfin comme frères, avant de les traiter en citoyens.

Ce n'est pas-là faire la loi, mais c'est la préparer par l'opinion ; c'est exercer la plus haute des puissances ; c'est rendre les œuvres du législateur plus faciles, & transformer, pour ainsi dire, à l'avance, ses intentions en décrets : ensorte que tous les genres de gloire, messieurs, semblent vous être réservés. Tantôt, vous secondez une loi déjà faite en la consacrant aussitôt par l'opinion, & plaçant, à côté du principe, un mémorable exemple, qui donne à la loi un empire irrévocable. Tantôt, c'est une loi à faire que vous préparez par des actions, par des faits, par un ensemble de conduite, que les législateurs semblent vous demander, & dont ils ont besoin, pour opérer tout le bien qu'il est dans leur desir de vous faire. Il n'y a point de préjugés qui puissent résister à cette puissance incalculable de l'opinion qui prépare la loi, ou de la loi qui est secondée & consacrée par l'opinion.

Les *juifs*, qui sollicitent de l'assemblée nationale, & qui attendent de sa sagesse une loi qui leur soit favorable, attachent donc une grande confiance à l'opinion qui les environne dans cette capitale ; & dont ils ont déjà éprouvé tant de salutaires effets. Ils oseront dire, messieurs, qu'ils en sont digne par le zèle patriotique qui, dès le moment de la révolution, a transporté leur ame, les a couverts de l'armure civique, & en a fait de braves & infatigables soldats, entièrement dévoués au salut & à la prospérité de la nation. Mais ils n'en ressentent pas moins une vive reconnoissance de tous les témoignages de bienveillance qu'ils ont reçus ; & ils viennent en remercier, dans vos personnes, la capitale entière.

Je dois le dire à leur louange, messieurs : quoique, dans toutes les démarches qu'il a falu faire pour chercher à conquérir leurs droits, ils n'ayent rien fait par eux-mêmes, & qu'ils ayent eu besoin d'être guidés par d'autres ; ce sont eux, néanmoins, qui, les premiers, ont eu l'idée de vous offrir leurs hommages; parce que cette idée n'est qu'un sentiment ; & que le sentiment n'a pas besoin de guide.

Ils ont pensé aussi, messieurs, que les bontés de cette capitale envers eux, leur donneroient peut-être le droit de vous supplier d'élever la voix en leur faveur, & d'émettre un vœu qui pût hâter la décision de leur sort. Mais ils craignent de vous demander ce nouveau témoignage de bonté ; & ils s'abandonnent, ils se confient, sur cet objet, à votre sagesse.

Ils vous prient seulement de leur permettre de se vanter de tous les anciens témoignages qu'ils ont reçus. Ils vous prient de leur rendre la justice qu'ils méritent, en disant hautement que vous n'avez aucun reproche à leur faire ; que l'ordre public n'a jamais été troublé par eux ; que, dans l'excès même de leur infortune, ils n'ont murmuré ni contre les hommes, ni contre la loi ; qu'un zèle pur & vraiment civique les anime aujourd'hui pour la défense commune & le bien général ; &, par cette attestation solemnelle, qui ne sera qu'un hommage rendu à la vérité, vous aurez la satisfaction, si douce pour de véritables amis de la chose publique, de servir, non-seulement la cause des *juifs* de Paris en particulier, mais celle de tous les *juifs* du royaume en général, & de préparer ainsi le bonheur de cinquante mille individus.

Vous n'hésiterez pas, messieurs, à leur donner ce certificat que j'ai l'honneur de vous demander pour eux ; quand vous saurez que sur cinq-cents *juifs* qui existent à Paris, il y en a plus de cent qui sont enrôlés dans la garde nationale, & qui sacrifient tout leur tems, tout leur zèle, toutes leurs forces à la défense de la constitution, quand vous saurez qu'au milieu des députés que j'ai l'honneur de vous présenter, se trouve le fameux *Hourwitz*, auteur d'un excellent ouvrage couronné par l'académie de Metz (1), interprète des langues Orientales à la bibliothèque du roi, n'ayant pour toute fortune, que 900 livres de rente, & ayant trouvé ces 900 livres encore trop considérables pour lui ; car il vient de faire à jamais le don patriotique du quart de cette somme ; &, quand on lui a représenté que la contribution patriotique n'étoit imposée que sur une seule année de revenu, il a répondu qu'il abadonnoit, pour toujours, le quart de ses appointemens, parce que les 900 livres étoient un prix supérieur au salaire qui lui étoit dû pour le genre de travail auquel on l'occupoit à la bibliothèque du roi.

Voilà, messieurs, les hommes pour lesquels je sollicite votre justice. Et si, comme je l'espère, vous ne la leur refusez pas ; si, enfin, cette journée pouvoit se terminer au gré de nos désirs ; vous n'en auriez jamais eu de plus mémorable ni de plus complette depuis le commencement de la révolution.

Ce matin, vous avez consacré la loi relative aux comédiens, par l'honneur que vous avez rendu au citoyen estimable qui, lui-même, avoit commencé par montrer que sa profession n'exclut ni la vertu, ni les mœurs, ni le patriotisme.

Vous avez, en même tems, & par le même acte, consacré la loi qui détruit le préjugé des peines infamantes (1).

Un troisième préjugé est, en ce moment, déféré à votre tribunal. C'est celui qui existe contre les *juifs*. Il est aussi injuste que les précédens, il doit périr comme eux ; & il est digne de vous, messieurs, d'en préparer solemnellement la destruction.

Ce sera donc de cette enceinte que sortira, pour se répandre ensuite dans le royaume entier, l'irrévocable proscription de tous les préjugés qui déshonoroient le plus la nation françoise.

Vous n'êtes que des administrateurs *provisoires* de cette capitale ; mais vous aurez fait un bien qui ne le sera point ; qui sera, au contraire, impérissable ; & pour lequel toutes les générations & tous les siècles vous devront de la reconnoissance.

Réponse de M. l'abbé Mulot, président.

Vous venez, messieurs, solliciter l'assemblée de la commune d'émettre un vœu qui seconde, auprès des législateurs de la nation, une demande que vous leur faites au nom de la nature.

Je m'enorgueillis, messieurs, & de ce que je puis, auprès de vous, être l'organe de cette assemblée, & de ce que vous ne redoutez pas de vous présenter devant elle, pendant que j'y exerce les fonctions de la présidence.

Oui, messieurs, vous faites honneur à mon cœur ; & ce qui doit me flatter le plus, c'est que je puis répondre à votre confiance, sans blesser la sévérité de mes principes.

La distance de vos opinions religieuses aux vérités que nous professons tous, comme chrétiens, ne

(1) Apologie des juifs, en réponse à la question : *Est-il des moyens de rendre les juifs plus heureux & plus utiles en France?* Ouvrage couronné par la société royale des arts & des sciences de Metz, par M. Zalkind-Hourwitz, juif polonois, avec cette épigraphe : *Veniam pro laude pero.* A Paris, chez Gattey, libraire au Palais Royal, & Royez, libraire, quai des Augustins.

Cet ouvrage a été couronné concurremment avec celui de M. l'abbé Grégoire, député à l'assemblée nationale, & celui de M. Thierry, avocat au parlement de Nancy.

(1) M. de Beaulieu, comédien du théâtre du Palais-Royal, avoit été invité par l'assemblée générale des représentans de la commune, à venir recevoir les éloges dûs à la belle action que tout le monde connoît. Il y est venu, a reçu, par l'organe de M. le président, le tribut de louanges qu'il méritoit ; l'assemblée l'a prié de s'asseoir parmi ses membres ; & en honorant ainsi le comédien qui avoit fait une action distinguée, en se dépouillant de son grade militaire pour en revêtir le jeune parent des frères Agasse, elle a consacré à-la-fois la destruction de deux préjugés. Mais on n'oubliera jamais que c'est le district de Saint-Honoré qui, pour la destruction du préjugé des peines infamantes, a donné l'exemple, & que cet exemple étoit aussi touchant que sublime.

peut nous empêcher, comme homme, de nous rapprocher de vous; &, si mutuellement nous nous croyons dans l'erreur, si mutuellement nous croyons devoir nous plaindre, nous pouvons nous aimer.

Votre demande ne vous est pas d'ailleurs tellement personnelle, qu'il n'en rejaillisse aucun bien sur la société entière; &, si elle tend à nous faire confirmer les droits que vous avez acquis en naissant sujets de la loi, elle tend aussi à bannir tous les vices dont on s'est plu à accuser votre nation, à faire fleurir les vertus que vous cultivez en secret, & à ouvrir pour l'état, de nouvelles sources de richesses, je ne puis vous annoncer quel sera le vœu précis de l'assemblée sur le fond de cette demande; mais je puis du moins vous assurer à-la-fois & que ses arrêtés seront conformes aux loix de la raison & de l'humanité; & que je serai le premier à applaudir à ce qui sera déterminé de favorable pour votre nation.

Pour premier témoignage de notre fraternité, l'assemblée vous invite, par ma bouche, a assister à sa séance.

JURÉ, s. m. Ce nom désigne un homme qui s'est engagé devant justice, & par serment, à remplir une fonction publique quelconque.

Les *jurés* sont célèbres dans la jurisprudence angloise; c'est d'eux que nous les avons pris pour les introduire dans notre procédure criminelle: & comme il n'est pas possible de faire connoître les fonctions que leur attribuent les loix angloises, sans entrer dans quelques détails, nous allons donner une notice de la forme de la procédure en Angleterre, afin d'éclaircir une fois pour toutes cette matière.

Pour la commodité des peuples qui demeurent dans les provinces, les juges font deux fois l'année le tour de l'Angleterre, par commission du roi; savoir, après le terme de S. Hilaire, & celui de la Trinité. Ils vont deux à deux dans les provinqui leur sont assignées, & c'est ce qu'on appelle en Angleterre, *circuit*; chaque *circuit* comprenant verses provinces; & les six *circuits* pour les douze juges, embrassant toute l'Angleterre.

Quant au pays de Galles, on le divise en deux *circuits*; l'un septentrional, & l'autre méridional; & l'on y envoie à chacun deux avocats du premier ordre, avec plein pouvoir de juger.

Quand ces juges ambulans sont prêts à entrer dans une province, on les reçoit avec beaucoup d'honneur: le *scheriff*, avec tous les autres principaux officiers de justice, & grand nombre de noblesse, s'assemblent à cheval sur la frontière pour les recevoir. De-là ils vont d'ordinaire à la ville capitale, où ils tiennent la cour, qu'on appelle *assises*.

Dès qu'ils ont terminé les affaires de cette province, tant civiles que criminelles; ce qu'ils font en deux ou trois jours; ils passent à une autre, où ils font la même chose. Ainsi ils vont d'une province à l'autre, jusqu'à ce qu'ils aient fait chacun leur *circuit*.

Il y a ceci de particulier dans la justice d'Angleterre, que personne n'y est jugé péremptoirement par les juges. Le jugement du fait est remis à un corps de douze *jurés* du voisinage; & tout ce que les juges font, après le plaidoyer de part & d'autre, c'est d'instruire les *jurés* sur ce que porte la loi en tel cas. Le jugement de ceux-ci est décisif; mais il faut qu'ils soient tous d'accord.

Je viens maintenant à la cour, qu'on appelle *sessions*, & qui se tient quatre fois l'année dans chaque province par les magistrats, qu'on appelle en anglois, *justices of the peace*, c'est-à-dire, juges de paix.

Ils sont établis par le roi, pour maintenir la paix à Londres, & dans les provinces; pour examiner & pour envoyer en prison tous perturbateurs du repos public, tous vagabonds, voleurs, meurtriers & autres délinquans, afin qu'on fasse leurs procès.

Pour saisir les délinquans, on se sert des officiers, qu'on appelle communément *constables* ou *connétables*; en certains endroits, *headboroughs*; & en d'autres, *tithing-men*. Ils sont choisis par les principaux membres de la paroisse, pour une année seulement; & l'on peut dire qu'ils ne sont proprement que les officiers des juges de paix, puisque c'est à eux à saisir les malfaiteurs, à les amener chez un de ces juges, & les conduire de-là en prison, par l'ordre du juge.

Pour une marque de leur autorité, ils portent un grand bâton peint, avec les armes du roi. Ils portent aussi un bâton court, qu'ils cachent surtout, lorsqu'il s'agit de surprendre un délinquant. Si un *connétable* trouve de la résistance, lorsqu'il va saisir quelqu'un, il peut appeller à son secours tous ceux qu'il trouve à portée, & ils sont obligés par les loix de lui prêter main-forte.

En cas de larcin, de vol, ou de meurtre dans un bourg ou village, si le criminel prend la fuite, le *connétable* en étant averti, peut obliger la paroisse de le poursuivre avec lui. C'est ce qu'on appelle en anglois, *hue & gry*; & en normand, le *haro*. Si le criminel ne se trouve pas dans la paroisse, le *connétable*, & ceux qui le suivent, s'en vont à la prochaine paroisse pour y faire crier le *haro* par le *connétable* de cette paroisse. Ainsi la poursuite se fait de paroisse en paroisse, jusqu'à ce qu'on ait trouvé le criminel. S'il y a quelque paroisse qui ne fasse pas son devoir, & qui, par sa négligence, donne lieu au voleur de se sauver, on l'oblige non-seulement à payer une amende au roi, mais aussi à dédommager la personne à qui l'on a fait le vol. Cet usage supplée aux maréchaussées.

Un malfaiteur étant pris par le *connétable*, ou saisi par quelque autre personne que ce soit, est d'abord mené chez un juge de paix, qui l'examine, son clerc mettant l'examen par écrit, & la confession du criminel, s'il avoue le fait. Là-dessus il oblige la partie lézée, ou celui qui fait la poursuite, avec le *connétable*, & tout autant de témoins qu'il y a contre le criminel, de comparoître à la cour prochaine, lorsqu'on doit juger les criminels pour faire leurs dépositions, & cela sous une amende à sa discrétion, suivant la nature du crime. Cela fait, le criminel est envoyé en prison par le connétable, avec un *mittimus*, c'est-à-dire un ordre au concierge, de le recevoir, & de le garder en prison, jusqu'à ce qu'il soit jugé.

Pour prévenir les désordres qui pourroient arriver pendant la nuit, principalement à Londres, il y a plusieurs guets. Le guet dans chaque paroisse est composé d'un certain nombre d'hommes munis d'un long bâton & d'une lanterne, qui, depuis minuit jusqu'à trois ou quatre du matin, crient les heures dans les rues, & frappent aux portes avec leur bâton, pour voir si elles sont bien fermées. S'il se commet quelque désordre, ou qu'il y ait des personnes de mauvaise vie dans une maison suspecte de libertinage, le *connétable*, qui d'ordinaire accompagne le guet, saisit ces personnes-là, & les met en lieu de sûreté, pour être punies.

Dans les tems de guerre, les *connétables* sont autorisés, par acte de parlement, de saisir tout autant de vagabonds qu'ils trouvent pour le service du roi, par mer ou par terre; & pour chaque vagabond, convaincu d'être tel devant deux ou trois juges de paix, le connétable reçoit une récompense de 10 schelins des deniers publics.

Quand on trouve dans la rue, ou ailleurs, un corps mort, c'est l'affaire d'un magistrat, qu'on appelle *coroner*, de faire visiter le corps par douze *jurés* du voisinage, qui examinent si la personne est morte de mort naturelle, ou non. S'il paroît qu'elle ait été tuée ou assassinée, on recherche les circonstances du fait, & on tâche d'en découvrir l'auteur. Le *coroner* met en écrit la substance des dépositions que l'on fait aux *jurés* en sa présence, & en fait le rapport à la cour qui doit juger les criminels dans la prochaine séance. Il oblige les témoins de se représenter à la cour.

Si les *jurés* trouvent que la personne morte s'est défaite elle-même, ils la déclarent presque toujours *non compos mentis*, ou lunatique: ce qui met à couvert de la rigueur des loix faites contre celui qui est *felo de se*, ou homicide de soi-même.

C'est par un ordre de la chancellerie que ce magistrat est choisi par ceux qu'on appelle *freeholders* de la province. Il y en a quatre dans chaque province, hormis la province de Cheshire, & celles du pays de Galles, qui n'en ont que deux chacune.

Un *coroner* ne prenoit rien autrefois pour l'exécution de son office, sous peine d'une grosse amende. Mais, par un acte passé sous le règne d'Henri VIII, il doit avoir 13 schelins 4 sous des biens confisqués d'une personne convaincue de meurtre.

Mais il faut parler ici plus amplement des juges *de paix*, dont nous n'avons dit qu'un mot. En général leur office est, comme on l'a déja remarqué, d'examiner, d'envoyer en prison, tous perturbateurs de la paix, vagabonds, filous ou voleurs, meurtriers, & autres delinquans, & d'assister à leur procès.

Si un homme est menacé par un autre, & qu'il prête serment à un des juges, qu'il croit sa vie en danger, le juge cite la personne qui l'a menacé, à comparoître devant lui, & l'oblige de donner caution, qu'il ne sera fait de sa part aucun mal pendant un an & un jour à la partie qui a juré contre lui; fauté de quoi il l'envoie en prison. Le terme étant expiré, si la partie se croit encore en danger, & qu'elle en fasse serment, il faut que l'autre partie renouvelle la caution, ou qu'elle souffre l'emprisonnement.

Quand il y a quelque différend entre les maîtres & leurs domestiques, le juge de paix a droit de connoître de leur différend. Il peut obliger les premiers à payer d'abord les gages dus à ceux-ci, & faire punir les domestiques qui manquent de respect, ou sont infidèles à leurs maîtres.

Il y a certains cas auxquels la *commission de paix* s'adresse à sept de ces juges, & particulièrement à trois de sept, *quorum A B C esse volumus*. Ce sont les termes de la commission en faveur des trois; & du mot *quorum* on les appelle *justices of the quorum*. Les autres quatre ont les mains liées, & ne peuvent agir en l'absence de ces trois.

Les juges de paix de chaque province s'assemblent 4 fois l'année, savoir une fois par quartier, & font une cour qu'on appelle *quarter-sessions* ou la session du quartier. Il semble que cette cour n'ait été établie que pour prendre connoissance des perturbateurs de la paix, mais aujourd'hui son pouvoir est de plus grande étendue. Le sheriff de la province, ou son *député* est obligé de s'y trouver avec ses sergens, les connétables, &c.

Les jurés de la province, qu'on appelle *the grand jury*, les grands *jurés*, sont aussi cités à comparoître devant cette cour. Leur nombre ordinaire est de vingt-quatre gentilshommes, & autres de la province, ayant du bien & étant de bonne réputation, choisis par le *sheriff* de la province, pour donner leur jugement sur les *bills* ou accusations qu'on produira dans la cour. Si les *jurés* approuvent le bill, on y endosse ces mots : *billa vera* ; & s'ils le désapprouvent, *ignoramus*. En ce cas on délivre le bill à la cour, qui le met d'abord en pièces. Mais quand un bill est approuvé, la personne chargée du crime, est envoyée en prison, pour y demeurer jusqu'aux *assises*, lors que les juges font leur tour de l'Angleterre; & l'affaire alors se termine par d'autres *jurés*. S'il s'agit d'une affaire qui n'est pas capitale, la cour la décide, en mettant le délinquant à l'amende.

Lors qu'il s'agit de vuider les prisons (ce qu'on appelle en Anglois *goal-delivery*) c'est-à-dire de juger les prisonniers; les juges venus dans la province, pour y tenir les *assises*, se rendent à la ville où cette cour se tient d'ordinaire, soit dans la maison-de-ville, ou dans quelque place bâtie exprès pour cela.

Tout étant prêt pour le jugement des prévenus; le crieur ordonne qu'on fasse silence, & l'un des juges fait un petit discours, où il déclare (entre-autres choses) le sujet de cette assemblée. Le discours fini, on appelle d'abord les prisonniers par leurs noms, & chacun d'eux y répond. Cela fait, le *custos rotulorum* produit les accusations, & les juges nomment d'abord deux ou trois des prisonniers, pour leur faire leur procès.

Le *clerc* ordonne à un d'eux de s'approcher du barreau, & de lever la main. Ensuite il le charge du crime dont il est accusé, & lui commande de répondre *guilty*, ou *not guilty*, c'est-à-dire, coupable ou non coupable.

S'il refuse de répondre, ce qui arrive rarement, sa punition est d'être *pressé à mort*, comme on le dira dans la suite. Alors ses biens ne sont pas confisqués, mais ils vont à ses héritiers.

Il faut remarquer ici, à la louange du gouvernement d'Angleterre, qu'on ne s'y sert point de la *question*, pour extorquer la confession des personnes accusées de quelque crime. Suivant les apparences cet avant-coureur de la mort est pire que la mort même, & il y a lieu de croire que bien des gens, pour l'éviter, se confessent coupables, quoiqu'ils soient innocens, & préferent la mort aux tourmens de la question.

Si le prisonnier s'avoue coupable, voilà son procès fini, hormis la sentence, qu'on doit prononcer contre lui dans les formes.

Mais d'ordinaire la réponse est *not guilty*, ou *non coupable*, quelques fortes que soient les preuves qu'on à produire contre lui, & quoiqu'il ait volontairement confessé le fait au juge de paix. La raison de cela est, qu'il se flatte de pouvoir se tirer d'affaire, par quelque manque de formalité. Car la loi d'Angleterre a de si grands égards pour la vie d'un homme, qu'à moins que les témoins, à qui l'on fait prêter serment, ne prouvent le fait clairement & positivement, le prisonnier est absous.

Quand le prisonnier a répondu *not-guilty* ou non-coupable, le *clerc* lui demande, *s'il veut bien que Dieu & sa patrie soient ses juges*. S'il répond qu'*oui* ; le clerc lui dit, qu'il a été accusé d'un tel crime, &c. Qu'il s'est déclaré innocent, & quand on lui a demandé s'il vouloit bien que Dieu & sa patrie fussent ses juges, il a répondu qu'oui. Là-dessus il lui dit, que les *jurés* sont présens, qui représentent sa patrie; & que, s'il a quelque objection à faire contre aucun d'eux, il n'a qu'à les regarder en face & les recuser, parcequ'il s'agit de sa vie.

Cela fait, on fait d'abord prêter serment aux *jurés* ; qui sont au nombre de douze pour le moins. Et, si le prisonnier est un étranger, les *jurés* sont moitié Anglois, & moitié étrangers. Si le prisonnier ne recuse aucun des *jurés*, pendant qu'ils prêtent le serment, ils les reconnoit par-là pour ses juges.

Là-dessus le *crieur* dit à haute voix, *si quelqu'un a des preuves à donner, ou quelque chose à dire contre le prisonnier, qu'il se produise incessamment, car le prisonnier s'attend à sa délivrance.* S'il ne se trouve personne, le juge demande qui l'a envoyé en prison ? Et si le juge de paix qui l'a fait emprisonner est présent, il met entre les mains du juge son examen du prisonnier, signé par ceux qu'il a obligés de se représenter en cour, & il faut qu'ils payent l'amende. Cependant le prisonnier est absous par les *jurés*, quand même il auroit avoué le fait au juge de paix.

Mais, si les témoins qui se sont obligés de comparoître en cour, s'y trouvent; & qu'il s'agisse d'un vol, par exemple; premièrement la cour fait lire l'examen du juge de paix. Cela fait, la personne lezée étant présente, on lui fait prêter serment, comme aussi au connétable, à ceux qui l'ont assisté à saisir le prisonnier; en un mot, à tous ceux qui sont prêts à déposer contre lui. On les place tous dans un endroit commode pour voir les juges, les juges de paix, les *jurés*, & les prisonniers; desorte qu'ils puissent les entendre, & être entendus d'eux tous.

Le juge là-dessus demande en premier lieu à celui qu'on a volé, s'il connoît bien le prisonnier, & lui commande de le regarder en face. Ayant déclaré qu'il le reconnoît fort bien, il fait la relation du vol dans toutes ses circonstances. Si le prisonnier s'obstine à nier le fait, on écoute ceux qui l'ont saisi, & tous ceux qui ont des preuves contre lui, l'un après l'autre.

Le prisonnier de son côté a la liberté de se défendre le mieux qui lui est possible. Et quoique le roi soit partie contre lui, pour avoir violé la paix, cependant

cependant les juges écoutent librement ce qu'il a à dire pour sa justification, pourvu qu'il se tienne dans de certaines bornes. Mais on ne souffre point qu'il ait un avocat, pour plaider en sa faveur, comme on fait dans le cas de haute trahison, & dans les causes civiles, où l'on peut même plaider contre le roi.

Le juge demande ensuite aux témoins, s'ils ont encore quelque chose à dire. S'ils demeurent dans le silence, il instruit les *jurés*, & leur ordonne de suivre les lumières de leur conscience. Si les preuves sont claires, ils consultent ensemble, sans sortir du bareau; & s'ils tombent tous d'accord, le chef des *jurés*, en son nom & au nom des autres, déclare le prisonnier *coupable*. Mais si c'est un cas douteux, & qui requière délibération, ils se retirent à part dans une chambre où on les enferme sans aucuns vivres, jusqu'à ce qu'ils soient tous d'accord; & il y a un officier à la porte, qui les veille. S'il arrivoit cependant qu'un des *jurés* mourût subitement, le prisonnier, quelque criminel qu'il fût, seroit élargi.

Quand les *jurés* sont tombés d'accord, ils en avertissent d'abord l'officier, & demandent audience à la cour. Là-dessus on ramène le prisonnier au barreau; on appelle chacun des *jurés* par son nom, & il répond. Le clerc leur demande s'ils sont d'accord, & qui doit parler en leur nom. La réponse étant faite, on commande au prisonnier de lever la main, & le clerc lui parle en ces termes: *toi, A. B. de telle paroisse*, &c. *tu as été accusé d'un tel crime*, &c. *tu t'es déclaré innocent à la cour. Quand on t'a demandé comment tu voulois être jugé, tu as répondu que tu prenois Dieu & la patrie pour tes juges. Les* jurés *sont ta patrie, écoute ce qu'ils ont à dire.* Alors il demande aux jurés, *que dites-vous? Est-il coupable, ou non?* Le chef des *jurés* répond, *coupable* ou *non-coupable*. Suivant ce jugement, le prisonnier est absous ou condamné.

Ensuite le clerc demande quels biens le prisonnier avoit, dans le tems qu'il commit le crime. A quoi les *jurés* répondent communément, *ignoramus*. Mais le *scheriff* & l'*escheator*, qui prennent soin des confiscations, sont assez diligens pour en faire la recherche, tant pour leur intérêt, que pour celui du roi.

Le criminel étant ainsi convaincu de son crime, le juge lui demande s'il a quelque chose à dire, avant que la sentence soit prononcée contre lui. S'il sait lire, il demande le *bénéfice du clergé*: car il faut savoir que sous le régne de Guillaume II, les peuples d'Angleterre étoient dans une si grande ignorance, qu'à peine les prêtres savoient-ils lire. Pour les obliger à l'apprendre, ce prince fit une loi par laquelle un criminel pourroit, en certains cas, (comme pour meurtre commis sans dessein prémédité, pour un premier vol d'une somme non excédant 500 livres sterl., &c.,) racheter sa vie, & souffrir seulement la peine d'être marqué d'un fer chaud dans la main, s'il étoit assez habile pour lire. Cette loi a encore lieu aujourd'hui. Ainsi, lorsqu'un prisonnier se trouve dans le cas, il demande ce privilége; sur quoi le ministre de la prison lui présente un livre, & quand il a lu quelques mots, le juge demande au ministre; *legit ut clericus?* à quoi il répond *legit* ou *non legit*. S'il répond *legit*, quoiqu'il lise assez mal, il est quitte pour être marqué avec un fer chaud sur la main par le bourreau, en présence des juges. Si la réponse est *non legit*, le criminel reçoit la sentence de mort le même jour, ou le jour suivant, & le juge donne ordre au *shériff* de prendre soin qu'elle soit exécutée.

A l'égard des prisonniers qui sont déclarés innocens par les *jurés*, ils sont d'abord élargis, en payant les droits du concierge.

Mais il est bon de remarquer ici, que les loix d'Angleterre distinguent le *meurtre* en trois sortes, savoir: *murder*, *manslaughter*, & *chance-medley*. Le premier, quand on tue une personne de dessein prémédité. Le roi a droit de pardonner cette espèce de crime. Cependant les parens du défunt peuvent demander que le prévenu soit jugé de nouveau; & s'il est condamné à mort une seconde fois, le roi ne sauroit lui pardonner. La seconde espèce de meurtre, c'est quand deux personnes, qui ne se vouloient point de mal auparavant, viennent à se quereller, & que l'un d'eux tue l'autre. L'homicide, en ce cas, a le privilége du clergé. Le troisième, quand un homme en tue un autre par accident, & dans ce cas-là il obtient facilement son pardon. Tout homme attaqué qui en tue un autre à son corps défendant, *se defendendo*, est absous par la loi.

Quant il s'agit d'un crime d'état, c'est d'ordinaire un des *secrétaires d'état* qui en prend connoissance, & qui fait saisir la personne suspecte par un des messagers du roi. Quand il est saisi, on l'amène au secrétaire d'état, qui l'examine; & s'il y a des preuves assez fortes pour le mettre en lieu de sûreté, il l'envoie d'abord en prison. Si c'est une personne de qualité, on l'envoie à la tour de Londres, jusqu'à ce qu'il soit jugé. *Voyez* accusation & le *dictionnaire de l'assemblée nationale*, au mot PROCÉDURE.

On donne aussi le nom de *juré*, ou plutôt on le donnoit ci-devant aux officiers chargés dans les communautés, de faire exécuter les réglemens qui les concernoient. Nous réunirons ici l'ancien positif qui étoit établi à cet égard.

Les communautés d'arts & métiers étoient autrefois gouvernées, présidées par des gardes *jurés*, lesquels ont été originairement établis par le roi Jean, qui, par son ordonnance de 1347, ordonna « qu'en toutes marchandises, qui se vendoient à Paris, il y auroit visiteurs, regardeurs & maîtres *jurés*. »

Postérieurement, Henri III en 1581 & 1588, Henri IV en 1587, Louis XIV en 1691, ont rendu différens réglemens, lesquels ont fixé, développé les fonctions des gardes *jurés*.

D'après ces anciens réglemens, « ces sortes de places se donnoient par élection, mais presque toujours aux plus anciens; ils avoient seuls le droit de convoquer & d'assembler la communauté; ils avoient la manutention de toutes les affaires communes; ils veilloient à l'observation des statuts & réglemens; ils faisoient punir les contrevenans; en un mot, ils étoient comme les tuteurs & les patrons de la communauté. »

D'autres réglemens ayant établi des syndics & adjoints, l'on a cru que les gardes *jurés* étoient supprimés; mais le ministère s'est empressé d'écarter cette opinion; & l'arrêt du conseil d'état, du premier décembre 1777, dispose : « Le roi étant informé que, depuis la publication de l'édit du mois d'avril dernier, par lequel sa majesté a supprimé les communautés d'arts & métiers dans les villes du ressort de son parlement de Paris, il s'est élevé des doutes par rapport à l'élection des gardes *jurés* des marchands & fabriquans, qui doit être faite chaque année, en exécution des réglemens de manufactures; & sa majesté ayant reconnu que la police & inspection qui se fait par les gardes *jurés* des marchands & fabriquans, est très-utile au progrès des manufactures; que le commerce en a tiré de grands avantages; *que cette police n'a rien de commun avec celle qui est confiée aux syndics & adjoints des communautés d'arts & métiers, sur leur régime intérieur*, & qu'il est à propos de la maintenir non-seulement dans les villes dans lesquelles sa majesté a rétabli des communautés d'arts & métiers, mais encore dans tous les lieux dans lesquels sa majesté n'a pas encore jugé à propos d'en établir : à quoi voulant pourvoir, ouï le rapport du sieur Moreau-de-Beaumont, conseiller d'état ordinaire, & au conseil royal des finances; le roi étant en son conseil, a ordonné & ordonne que les réglemens, concernant la police & inspection qui doit être faite par les gardes *jurés* des marchands & fabriquans, seront exécutés, & qu'en conséquence il continuera d'être procédé, en la manière accoutumée, à l'élection desdits gardes *jurés*, comme auparavant l'édit du mois d'avril dernier; & ce, dans toutes les villes & autres lieux où il étoit d'usage d'en nommer, soit que lesdites villes aient été comprises dans l'état annexé à l'édit, soit qu'elles n'y aient pas été comprises. Enjoint sa majesté, &c. »

Cet arrêt du conseil a été confirmé par des lettres-patentes données le même jour, registrées au parlement le 12 février 1778. *Voyez* ART.

L

LABORATOIRE, s. m. On entend, par ce mot, l'endroit où se font les opérations de Chymie & de Pharmacie.

C'est ordinairement un lieu clos & couvert, une salle, une cour, enfin un attelier qui renferme tous les ustensiles compris sous les noms de *fourneaux*, de *vaisseaux* & d'*instrumens* propres aux travaux chymiques.

Ce *laboratoire* doit être vaste, pour que les différens fourneaux soient placés commodément, & que l'artiste puisse y manœuvrer sans embarras.

En effet, il est plusieurs procédés, tels que les distillations avec les ballons enfilés, les édulcorations d'une quantité de matière un peu considérable, les préparations de ses sels neutres avec les filtrations, les évaporations, les cristallisations, qui demandent des appareils embarrassans, des vaisseaux multipliés, & par conséquent de l'espace.

Le *laboratoire* doit être bien éclairé, parce que le plus grand nombre des phénomènes chymiques sont du ressort de la vue; tels sont les changemens de couleur, les mouvemens intestins des liquides, les nuages formés dans une liqueur diaphane par l'effusion d'un précipitant, l'apparition des vapeurs, la forme des crystaux, les sels; ces objets sont quelquefois très-peu sensibles, & ne peuvent s'appercevoir qu'au grand jour.

Le *laboratoire* doit être pourvu d'une grande cheminée, afin de donner une issue libre & constante aux exhalaisons du charbon allumé, à la fumée du bois, & aux vapeurs nuisibles qui s'élèvent de l'arsenic, de l'antimoine, du nitre, & autres matières pernicieuses.

Il seroit même utile que le toit entier, du *laboratoire*, fût une chape de cheminée, terminée par une ouverture étroite, mais étendue & élevée tout le long du mur, opposé à celui où sont pratiquées les portes & les fenêtres, afin que le courant d'air, établi naturellement par la chaleur intermédiaire des fourneaux, entraînant toutes les vapeurs funestes par cette ouverture, laissât à l'artiste la liberté d'agir, d'aller & venir sans danger.

Un grand *laboratoire* doit être surmonté d'un grenier, & être établi sur une cave, ou du moins avoir l'un & l'autre tout auprès, afin de pouvoir y déposer les matières & certaines substances, suivant le besoin qu'elles ont d'un air froid ou chaud, sec ou humide.

Le voisinage d'un courant d'eau seroit encore bien commode pour faire aller certaines machines propres à piler, à porphyriser, à triturer, ou pour faire mouvoir des soufflets. Du moins il faut avoir la facilité de se procurer l'eau en abondance, par la proximité d'une pompe ou d'un puits.

Il est indispensable d'avoir, joignant le *laboratoire*, un lieu découvert, tel qu'une cour ou un jardin, pour y exécuter, commodément & sûrement, certaines opérations, & y tenter des expériences périlleuses, telles que les explosions, les déflagrations des matières inflammables, les dessications des matières qui ont des odeurs pénétrantes ou des vapeurs nuisibles.

Un *laboratoire* est souvent garni de substances utiles pour les opérations de Chymie ou de Pharmacie, mais qui ne devroient point être exposées à la vue, ni être à la disposition de toutes les personnes qui ont accès dans ce lieu de travail. Avec quelle précaution, par exemple, le maître du *laboratoire* ne doit-il pas enfermer l'acide vitriolique, l'eau forte, l'esprit de sel, l'arsenic, l'antimoine, le vert-de-gris, le sublimé corrosif, l'or fulminant, & beaucoup d'autres substances dont il est résulté tant d'accidens, soit par imprudence, soit par malignité.

On sent combien la police doit veiller sur les *laboratoires* où l'on fabrique en grand, les eaux fortes, les acides, les sels, les chaux métalliques, où toutes sortes d'ouvriers se familiarisent avec les poisons les plus subtils & les plus violens, sans précaution souvent pour eux-mêmes, & encore moins pour les autres. Les exhalaisons mortelles qui sortent de ces *laboratoires*, & qui s'étendent au loin, rendent nécessairement leur voisinage dangereux; ainsi ils ne doivent pas être soufferts dans les villes, & ils ne doivent être tolérés que dans des lieux isolés & spacieux, où ces fabriques ne peuvent porter de préjudice à la santé ni à la tranquillité des citoyens.

L'article II, des statuts du 5 avril 1639, des distillateurs, ordonne aux personnes de cette profession de tenir de bons & fidèles registres de ceux ou celles à qui ils vendront de l'eau forte, &c. & iceux représenter à justice tous les mois & toutes fois & quant elles en seront requises.

Suivant les mêmes statuts, les distillateurs d'eaux fortes & autres eaux, esprits & essences, ne peuvent prêter leurs fourneaux; ni laisser travailler des étrangers dans ceux qu'ils ont chez eux, sans avoir préalablement obtenu permission; ils sont même obligés de donner avis à la cour des monnoies, des personnes qui tiennent *laboratoire* & ont des fourneaux sans avoir ou lettres ou permissions. (Article de M. Déseflarts).

LABOUREUR, s. m. On donne ce nom à l'homme qui habite la campagne, cultive la terre & lui fait produire les différentes choses nécessaires à nos besoins, mais particulièrement le bled.

Ce nom tire son origine du mot *laborare*, qui signifie travailler; & comme le travail du *laboureur* est, à raison de son objet, le travail par excellence, on a nommé l'homme, qui s'y consacre, *laboureur*, c'est-à-dire, le travailleur.

Tous les législateurs, qui ont senti combien il étoit intéressant d'encourager la culture des terres, ont eu grand soin de l'exciter par des privilèges & des distinctions. Tous les peuples, chez lesquels l'état du cultivateur a été honoré, ont toujours été riches & puissans. On est disposé à aimer, à défendre un sol qui nous nourrit; on y tient; le mot de patrie devroit être inconnu dans un pays où il n'y a pas de campagnes fertiles; car on ne peut regarder comme patrie, qu'une région qui est pour ses habitans ce qu'une mère est pour ses enfans.

Dans les siècles d'ignorance & de barbarie on dédaignoit l'emploi de *laboureur*, mais à mesure que les lumières ont fait des progrès, on a senti tout le prix d'un travail qui écartoit la famine & qui amenoit l'abondance. Jamais on n'a plus écrit en faveur de l'agriculture, que dans ce siècle ci, jamais les *laboureurs* n'ont eu de plus zelés défenseurs & de plus illustres imitateurs.

Il y a deux espèces de *laboureurs*, celui qui cultive son champ, & celui qui fait valoir le champ d'un autre. Le premier s'appelle *propriétaire de terre*; le second se nomme *fermier*. Il y avoit des coutumes où tout propriétaire avoit un seigneur; dans ces coutumes la maxime, *nul terre sans seigneur*, étoit la maxime générale. Elle n'est pas aussi belle & aussi juste que celle qui étoit adoptée dans d'autres coutumes, *nul seigneur sans terre*, car certainement les titres ne sont venus que bien long-temps après la possession des terres.

Les conquérans sont venus depuis, qui ont pillé, ravagé les terres cultivées, qui ont exterminé les anciens propriétaires, ou les ont mis en fuite, & ont ensuite accordé aux compagnons de leurs exploits plus ou moins de terrein en proportion de leurs grades & de leur valeur.

Ces différens compagnons gardèrent leurs portions de terrein, ou les affermèrent. Mais soit qu'ils les fissent valoir par eux-mêmes, soit que l'esprit militaire les détournât de l'assujettissement de la culture, & qu'ils en rejettassent la fatigue sur quelque autre, ils furent toujours tenus à des droits ou à des devoirs envers le chef qui les leur avoit distribuées. Ces droits ou ces devoirs furent de différente nature : les uns étoient purement nobles, & n'engageoient celui qui y étoit assujetti, qu'à rester fidèlement attaché à son chef, à lui prêter foi & hommage, à l'aider de ses forces, de son courage, dans les circonstances où il pourroit en avoir besoin.

Les autres droits & les autres devoirs roturiers & absolument asservissans, étoient de payer en argent ou en denrées, une certaine redevance, que l'on a depuis appellée *cens*, censives, champarts, dîmes, lods & ventes, &c. & de faire certains travaux, tels que ceux d'entretenir les chemins de celui de qui on relevoit, de faire sa récolte, de lui donner tant de journées dans le cours de l'année.

Ces droits ont eu aussi quelquefois pour origine & pour cause, de simples concessions de terrein, que le propriétaire ou seigneur n'auroit pu cultiver, & qu'il abandonnoit, à la charge de lui payer en argent, en denrées ou en service, telle ou telle chose. Bien peu de ces conventions étoient écrites; l'ignorance & la barbarie ne savoient pas fixer leurs droits passifs ou actifs d'une manière aussi claire que par l'écriture; l'usage étoit le titre général; tant d'arpens, tant de redevance; tant d'hommes, tant de corvéables. Les seigneurs qui naissoient recueilloient, en recevant le jour, la domination & la faculté de percevoir tel ou tel droit sur les serfs qui avoient le malheur de naître dans l'étendue de leur territoire. C'est ce défaut de titres qui avoit établi la maxime presque générale, *nulle terre sans seigneur*.

Cette maxime n'a pas pris naissance, & n'a jamais été adoptée dans les pays de droit écrit, parce qu'elle est trop contraire à l'esprit de liberté qui animoit les romains, lors même qu'ils n'étoient plus que sujets. Nous avons eu des coutumes, telles que celles de Troye, de Chaumont, de Nivernois, qui lui furent toujours opposées, & où une terre étoit, de sa nature, présumée libre & franche, à moins qu'il n'existât un titre bien clair, qu'elle avoit un seigneur envers lequel elle étoit assujettie à tel ou tel droit.

Il résulte de ces principes, que le *laboureur* qui se fixoit dans un pays où la terre étoit soumise, soit par l'usage, soit par le titre exprès du seigneur, à un droit quelconque, ne pouvoit se soustraire à la nécessité d'acquitter ce droit, à moins qu'un édit, qu'une déclaration du roi, ne l'en affranchît.

A ces idées générales sur la profession des *laboureurs*, il faut ajouter les règles de police qui les régissent entre eux.

Comme il n'y a pas un chemin pratiqué pour conduire à toutes les portions de terrein, à tous les héritages labourables, la règle est que tout *laboureur* peut passer sur l'héritage voisin pour arriver au sien, quand aucun chemin n'y conduit: « non seulement alors, comme l'observe l'auteur de la collection de jurisprudence, il doit passer par l'endroit le moins incommode en dédommageant le voisin, il doit encore passer de la manière qui peut le moins l'incommoder. Ainsi, par exemple, s'il y a un champ ensemencé & un autre qui ne le soit pas, le *laboureur* ne pourra pas passer par le champ ensemencé, sous le prétexte qu'il en a le droit en indemnisant le propriétaire; il sera répréhensible dans ce cas-là, & condamnable en une amende, pour avoir gâté les fruits d'un héritage par lequel il pouvoit se dispenser de passer, outre le dommage qu'il devra encore payer, aulieu qu'il n'y aura point d'amende si tous les héritages voisins sont emclavés, mais seulement une indemnité à dire d'experts.

Par la même raison, le *laboureur* qui passe à travers un champ pour arriver au sien, doit prendre soin de retourner sa herse, ranger sa charrue & autres harnois, de manière qu'il ne fasse ni labour ni fossés dans l'héritage sur lequel il passera. S'il ne le fait pas, non seulement il devra indemniser le propriétaire, il devra encore supporter une amende proportionnée aux circonstances, sur-tout si le terrein sur lequel il passe est ensemencé, parce qu'ayant pu passer d'une manière moins incommode, il a dû le faire, & prendre toutes les précautions que la prudence humaine pouvoit lui indiquer, pour éviter de causer du dommage à celui que la nature du terrein force de lui donner passage ».

C'est donc un principe certain, que toutes les fois qu'un héritage est renfermé dans plusieurs autres, de manière qu'il n'y a point de chemin pour y arriver, les propriétaires de ces autres héritages sont obligés de donner passage par l'endroit qui les incommode le moins; sans cela la propriété sans chemin deviendroit inutile, & il arriveroit que, par méchanceté, ou par intérêt, les voisins d'un héritage enclavé dans d'autres s'entendroient pour fermer toute avenue, afin d'obliger le propriétaire à le leur abandonner.

La jurisprudence a consacré ce principe. Je me bornerai à rapporter l'arrêt le plus récent qui l'a confirmé, afin qu'il ne reste plus de doute sur une matière qui trop souvent donne lieu à une multitude de contestations ruineuses pour les *laboureurs*.

Dans le Mâconois, la veuve Cornier s'opposa, en 1754, à ce que le nommé Dureau passât sur sa terre, pour aller à la sienne, quoiqu'il ne pût y arriver autrement. Sur cette difficulté, il intervint une sentence du présidial de Mâcon, qui ordonna que la veuve Cornier fourniroit un passage à charette, de six pieds de large, sur cinquante-cinq de long, pour l'alignement & indemnité duquel passage les parties conviendroient d'experts.

Le parlement trouva que ce jugement blessoit le principe que nous venons d'exposer. En conséquence, par arrêt du 3 avril 1756, cette sentence fut infirmée, & le parlement ordonna que Dureau pourroit passer sur la terre de la veuve Cornier, toutefois & quand il lui seroit nécessaire pour aller de son pré à ses deux pièces de terre, dans la largeur du terrein convenable pour passer une voiture, autant que la situation des lieux & la nature des héritages voisins le pourroient permettre, en dédommageant la veuve Cornier, lorsque sa terre seroit ensemencée.

Lorsqu'il se trouve, dans une pièce de terre, un ravin ou une rigole qui servent à l'écoulement des eaux qui tombent du ciel, il n'est pas permis à un propriétaire d'en changer le cours, à moins que le changement ne puisse se faire sans porter le moindre préjudice aux autres propriétaires. Un arrêt, du 26 juin 1751, a confirmé ce principe.

L'état du cultivateur est toujours le même, soit qu'il laboure mille arpens, soit qu'il n'en cultive qu'un, soit qu'il ait cent serviteurs à ses gages & vingt charrues en action pour lui, ou soit que courbé vers la terre, il ne se serve que de ses bras pour la fertiliser. Néanmoins, comme celui qui a une plus grande possession ouvre à l'humanité une plus grande source de richesses, il jouit de quelques priviléges que les autres n'ont pas. Ainsi, par exemple, celui qui a cinquante arpens de terres labourables situées aux environs de son manoir, peut avoir non pas un colombier mais une volière de cinq cents paniers.

C'étoit par une suite de cette faveur accordée à l'étendue de la culture, qu'il existoit des réglemens, portant exemption de milice pour le *laboureur* qui avoit tant d'arpens labourables & pour son premier valet de charrue.

Les loix récentes qui avoient établi les assemblées provinciales, ont accordé aux cultivateurs une distinction flatteuse & méritée, en admettant dans ces assemblées les propriétaires, & en leur donnant voix délibérative avec les membres du clergé, & les gentilshommes de leur province.

Ces prérogatives avoient pour objet d'encourager le zèle des grands cultivateurs, sans humilier les pauvres, qui remplissent la tâche que leur a imposée la nature, lorsqu'ils consacrent toutes leurs facultés hpysiques à rendre fertile la terre qu'ils ont affermée, ou qu'ils tiennent de leurs pères.

Un des plus grands fléaux que le *laboureur* avoit à redouter, c'étoit le gibier, lorsque la chasse n'étoit pas permise à tous les habitans. A peine la terre avoit elle reçu la semence qu'il lui avoit confiée, que des voleurs ailés venoient fondre sur son champ, & dévorer une partie de ses espérances. L'épi naissant sembloit ne se montrer que pour nourrir le lièvre & le lapin qui parcouroient avec sécurité les campagnes sous les yeux du *laboureur*, qui n'osoit pas donner la mort à ses ennemis. Dans les grandes capitaineries, il ne lui étoit pas même permis d'enclore son champ, d'opposer des obstacles à la biche, au sanglier; il falloit qu'il souffrît sans murmurer, les incursions de ces bêtes dévastantes: il n'avoit que la foible & presque inutile ressource de les épouvanter par des cris, par un vain bruit auquel elles sont bientôt accoutumées. On croiroit, à la lenteur avec laquelle elles s'éloignoient, qu'elles devenoient l'impuissance de celui qui les menaçoit.

Pour rendre la terre fertile, il ne suffit de la remuer, de l'ensemencer, il faut qu'elle soit fumée & engraissée. Le cultivateur qui veut obtenir la récompense de ses peines & de ses travaux, est donc obligé d'avoir des bestiaux qui lui fournissent du fumier & qui séjournent dans ses champs; il y a des cantons où il existe des communes, dont les terres sont destinées à la nourriture des troupeaux des habitans; mais il y en a d'autres où ce secours si avantageux pour les *Laboureurs* n'existe pas, & il faut alors qu'ils divisent leurs terres en terres labourables & en prés.

Le *laboureur* est obligé de souffrir que tous les bestiaux paissent dans ses prés & dans ses champs, après que les dernières récoltes ont été enlevées; il est même d'usage dans plusieurs paroisses, qu'il ne pourroit s'y opposer après la saint-Remy, si à cette époque il avoit négligé de faucher.

Il est permis à tous les habitans des campagnes d'avoir autant de troupeaux qu'ils le veulent chez eux, pour les nourrir & les engraisser : mais plusieurs arrêts de réglement, &, entre autres, celui du 13 août 1661, exigent que quand ces habitans les envoient dans les pâturages ordinaires, ils n'aient qu'une bête à laine par arpent.

Il y a beaucoup de provinces, telles que la Normandie, l'Auvergne, où il est d'usage de labourer avec les bœufs. Il seroit à désirer que cet usage fût plus commun. Quoique le bœuf laboure plus lentement que le cheval, il est préférable à bien des égards : premièrement, dans les terres qui exigent un fort labour, le bœuf forme un sillon plus profond; il supporte plus long-temps le travail, il se nourrit à moins de frais; & lorsque les années ont affoibli ses forces, & le mettent hors d'état de porter le joug, le repos l'engraisse, & sa vente rend ce qu'il a coûté.

L'article XVI, du titre 33 de l'ordonnance de 1667, veut « que les chevaux, bœufs, & autres bêtes de labourage, charrues, charettes, & ustensiles servant à labourer & cultiver les terres, vignes & prés, ne puissent être saisis, à peine de nullité, de tous dépens, dommages & intérêts, & de 50 livres d'amende contre les créanciers & le sergent solidairement ».

Le législateur fait même, par cet article, à l'intérêt public, le sacrifice de ses droits particuliers, car il est dit, même pour nos propres deniers.

L'édit du mois de janvier 1634, servant de réglement général pour les tailles, défend au sergent des tailles de faire aucune exécution sur le pain, le lit, les chevaux & autres bêtes de labour. L'édit du mois d'octobre 1713, qui établit un nouveau réglement pour les tailles, porte « que, dans les saisies de meubles qui seront faites sur les contribuables, on leur laissera toujours ceux qui sont réservés par les ordonnances, ensemble les outils & ustensiles servant au labourage ».

L'article XVI, du titre 33, de l'ordonnance de 1667, met une juste restriction à cette faveur : « N'entendons toutefois, est-il dit, comprendre les sommes dues au vendeur ou à celui qui a prêté l'argent pour l'achat des mêmes bestiaux & ustensiles ». Et en effet, il ne seroit pas équitable qu'un *laboureur*, abusant de son titre, pût acheter des bœufs, des moutons à crédit, sans avoir à craindre que le vendeur pût les saisir faute de paiement.

Une déclaration du 12 septembre 1742, renouvellée en 1749, pour la province de Languedoc, « fait défenses aux créanciers des communautés, & à ceux des particuliers qui contribuent aux impositions de cette province, même aux collecteurs, de saisir & faire saisir les bestiaux de toute qualité »

Ces déclarations annoncent une administration éclairée; car il vaut bien mieux que l'état perde quelques portions de l'impôt, que d'enlever au cultivateur les moyens de continuer son utile travail. Un cultivateur, dont on a saisi les troupeaux, les bœufs, ne labourera, ne fumera point ses terres l'année suivante; il sera donc encore plus pauvre, & la société aura perdu le produit des peines qu'il se seroit données : car, plus les cultivateurs sont misérables, moins ils travaillent, moins il vient de bled, & plus il est cher; de sorte que la misère amène nécessairement une plus grande misère; & voilà comme il arrive qu'un peuple nombreux & puissant passe quelquefois, par des erreurs & des fautes des administrateurs, en moins d'un siècle, de la richesse, de la population, à la pauvreté, à l'épuisement & à la foiblesse. On ne peut pas se dissimuler que les campagnes ne soient les véritables sources de l'abondance; que les *laboureurs* ne soient les abeilles qui forment le miel qui nourrit les habitans des villes; que la destruction d'une grange, remplie de bled, ou d'une étable, ou d'une bergerie, dans lesquelles étoit renfermé un riche troupeau, ne soient une calamité pour l'espèce humaine, plus forte que le renversement d'un édifice de luxe. La première perte est irréparable, car le bled qui viendra l'année suivante, ou les animaux qui naîtront seroient toujours venus, & même en plus grande quantité, quand même cette perte, qui afflige & ruine celui qui l'a éprouvée, ne se seroit jamais fait sentir. Le malheur existe donc toujours, au lieu que la reconstruction de l'édifice abattu tourne presque toujours au profit des arts, & à l'avantage de ceux qui en sont les agens. L'aspect d'un plus beau monument console de la destruction de celui qu'il remplace.

Ceux qui ont prêté des grains au *laboureur* fermier, pour ensemencer ses terres, ont-ils, sur la récolte, un privilége plus favorable que celui du propriétaire de la ferme? Cette question s'étant présentée au parlement de Dijon, a été jugée en faveur du propriétaire, par la raison que tout ce qui se trouvoit sur ses héritages lui appartenoit exclusivement, en vertu de la loi & de la stipulation faite avec le fermier.

Louet, la Peyrere & Mornac, décident que les moissonneurs ont un privilége supérieur à celui du propriétaire : par la même raison, l'ouvrier qui a labouré, & le créancier qui a fourni sa semence, doivent aussi être préférés; mais il seroit à craindre que la mauvaise foi d'un fermier ne fît paroître une multitude d'ouvriers & de créanciers de cette nature, pour disputer au propriétaire le gage de son bail, lorsqu'il se verroit saisi.

Par l'article IV de l'arrêt de réglement rendu le 9 mars 1723, il est défendu à toutes personnes de lier les gerbes avec les liens pris dans les bois taillis.

Si la plupart des principes sont communs au propriétaire cultivateur & au fermier, les devoirs de celui-ci sont différens de ceux du *laboureur* propriétaire, parce que l'un est le maître de sa chose, sa possession est durable, au lieu que la possession de l'autre n'est que momentanée. Le fermier ne doit pas risquer, en se livrant à des systêmes d'agriculture, ou à des spéculations hazardées, de détériorer le domaine qu'il afferme; il doit le tenir en bon état, le rendre tel qu'il l'a reçu du maître qui le lui a confié; mais il n'est pas obligé de faire les avances d'amélioration, dont un autre recueillera seul le fruit. La principale obligation du fermier, c'est de faire tous ses efforts pour payer au propriétaire le prix convenu, & aux époques fixées. Le cultivateur propriétaire doit bonifier sans cesse sa possession, & faire produire à la terre tout ce qu'elle peut rapporter, afin que la denrée qui nourrit les hommes soit aussi abondante qu'il peut dépendre de lui. Il peut se regarder, avec une noble fierté, comme le père des citadins; & s'il arrive à ceux-ci de mépriser sa rusticité, il peut leur reprocher, à juste titre, d'être des fils ingrats. Mais pour acquérir des droits à leur reconnoissance, il ne faut pas qu'un intérêt meurtrier le tourmente, qu'il entasse impitoyablement ses grains, qu'il tienne toujours ses greniers fermés dans l'attente d'un prix plus fort; il est obligé, sous peine de répondre à Dieu & aux hommes de la vie de tous ceux que son avarice aura fait périr de misère, de concourir de toutes ses facultés à entretenir le bled à un prix qui soit à la portée du pauvre; les sacrifices ne doivent lui rien coûter dans des momens de disette.

Personne n'a plus besoin d'être aimé de ses semblables, que le cultivateur. Si les malheureux ne regardent pas ses greniers comme des sources où ils pourront aller puiser dans leurs besoins, l'envie les aigrit & souvent les égare au point de mettre le feu à des trésors qui leur paroissent étrangers. Les *laboureurs* impitoyables ont souvent occasionné des séditions, des crimes qui n'auroient jamais eu lieu sans leur avarice barbare. On en a vu risquer de perdre leur bled, de le laisser gâter & dévorer par les insectes, pour profiter d'une disette qu'ils espéroient. Si leurs granges, leurs greniers, sont ouverts par la populace indignée, qui ne connoît plus de loi, plus de propriété, lorsque la faim lui donne le mouvement, ils doivent imputer ces malheurs à leur barbare avarice.

Heureusement ces exemples affreux seront inconnus à l'avenir par les sages précautions que le gouvernement a prises pour rendre au commerce des grains la liberté qui lui est nécessaire, & pour prévenir tous les abus qui pourroient en résulter. (*V.* l'article GRAINS & AGRICULTURE.

LAITIÈRE, s. f. Femme qui vend du lait.

C'est un des soins de la police de s'occuper de tout ce qui peut intéresser la santé des hommes, & comme le lait est un des alimens les plus ordinaires, sur-tout dans le jeune âge, ils est utile d'employer tous les moyens nécessaires pour en empêcher la falsification, ce qui est très-difficile, sur-tout à Paris.

On y met de l'eau, & souvent des eaux dures & crues, par conséquent très-indigestes, sur-tout pour les femmes, les enfans, dont la constitution est plus délicate, & qui sont habitués à boire de l'eau de la Seine, douce, de la plus grande légèreté. On donne la préférence à ces eaux, parce que leur crudité tend à conserver le lait.

Je n'entrerai point dans le détail des falsifications qu'on se permet pour rendre au lait la blancheur qu'il perd nécessairement quand il est privé d'une partie de sa crême, & que de l'autre il est noyé dans l'eau. Il seroit à desirer que les *laitières* n'employassent que la farine.

Ce n'est pas que la farine ne produise, dans ces cas, beaucoup d'inconvéniens; simplement délayée dans le lait, elle est lourde & indigeste : la farine est un mauvais aliment, si sa viscosité n'est pas détruite par une longue coction; aussi tous les médecins se réunissent-ils pour la proscrire, même cuite; elle ne devient vraiment salutaire qu'autant qu'elle a éprouvé l'action de la fermentation, & c'est l'effet qu'opère la panification.

Autrefois les *laitières* apportoient, à Paris, le lait dans des pots de cuivre, & il est résulté de cet usage des accidens graves sur lesquels la police a enfin ouvert les yeux.

Les *laitières* recevoient en dot des pots de cuivre étamés; la propreté qu'exigent les vases destinés à recevoir le lait, la nécessité de les écurer, & le peu de choix des substances employées à cet effet, avoient bientôt mis le cuivre à nu, & jamais on ne faisoit étamer ces pots.

Le lait, déposé de la veille dans ces pots de cuivre, avoit le temps d'agir sur le métal pendant les quinze ou dix-huit heures qu'il y séjournoit; & cette action il l'exerçoit comme fluide, comme corps gras, comme liqueur en fermentation; car le lait, du moment où il est exposé à l'action de l'air, tend à se décomposer; on sait avec quelle rapidité, sur-tout dans les chaleurs, il éprouve des changemens, le mouvement ajoutant encore à la dissolution: c'est ce lait qu'on distribuoit dans Paris; & quand on réfléchit que ce sont principalement les femmes, les enfans, les malades, qui usent du lait, on frémit des accidens qui devoient nécessairement résulter de l'usage de ce liquide, & il en résultoit en effet beaucoup. En 1775, les personnes qui habitoient l'hôtel de la Force, occupé alors par la régie des cartes, furent empoisonnées, au nombre de quinze ou vingt, par le lait des déjeûnés; ce même accident se renouvela l'année suivante. Les communautés de la paroisse Saint-Paul, furent toutes empoisonnées le jour de leur première communion; elles avoient mangé, chez les filles de la charité, où elles dînoient, de la soupe au lait qui avoit séjourné dans un chaudron d'airain; l'après-midi, étant à l'office, toutes furent prises de vomissemens, de coliques, de convulsions; l'église devint une infirmerie: on leur administra les secours nécessaires; plusieurs furent reconduites mourantes chez leurs parens.

Le lait qui séjournoit dans les pots de cuivre, pour ne pas occasionner des accidens aussi sensibles, n'en étoit pas moins dangereux. Combien de gens prenant du *lait*, se plaignoient de maux d'estomac, de coliques, de tranchées, de dévoiement, dont ils accusoient le lait; tandis que cela ne provenoit que des vaisseaux, dans lesquels il séjournoit, & du cuivre qui y étoit en dissolution.

Enfin, M. Cadet Devaux dénonça au gouvernement l'abus des pots au lait de cuivre; & il fut rendu, en 1777, une déclaration du roi, qui prohibe ces ustensiles, ainsi que les comptoirs de plomb des marchands de vin.

LANTERNE, s. f. Espèce de boîte de verre, dans laquelle on met une lampe ou une chandelle, & que l'on suspend en l'air pour éclairer les rues.

Cet usage contribue à la sûreté & à la commodité des villes pendant la nuit; car, comme a dit quelqu'un, les fripons craignent les reverbères.

Ce dernier nom est celui qu'on a substitué au mot de *lanterne*, parce qu'en effet, depuis près de trente ans les reverbères ont été substitués aux *lanternes* à Paris.

L'on a pu voir au mot ILLUMINATION quelque détail sur cet objet de police; ainsi nous nous bornerons dans cet article à rappeller les principaux réglemens concernant les *lanternes*.

Avant Louis XIII, les rues de Paris n'étoient point éclairées, c'est sous ce régne que les *lanternes* furent mises en usage pour la sûreté de la nuit. Depuis ce tems, Louis XIV, sur les observations de son conseil, ordonna le même établissement pour les principales villes du royaume. L'édit de juin 1697, rendu pour cet objet, porte positivement: « Que dans les villes du royaume où il n'existe pas de *lanternes*, il sera procédé à leur établissement, que les intendans ordonneront aux maires & échevins desdites villes, de s'assembler & de leur rapporter un état de la quantité des *lanternes* qu'il sera nécessaire d'y établir, & des sommes dont il faudra faire fonds annuellement pour leur entretien. Les maires & échevins nommeront annuellement, ainsi qu'il se pratique en la ville de Paris, le nombre d'habitans qu'ils trouveront convenable pour allumer les *lanternes*, chacun dans son quartier aux heures réglées, & un commis surnuméraire dans chaque quartier pour avertir de l'heure; & en cas qu'aucun desdits commis refusât ladite charge, il pourra y être contraint par les maires & échevins ».

Alors, comme on fait encore dans quelque ville, l'on allumoit les *lanternes* que depuis le 20 d'octobre jusqu'au 31 mars inclusivement. On s'apperçut aussi de bonne heure que les chandelles, dont on se servoit pour éclairer dans les *lanternes*, & la forme des *lanternes* même, ne remplissoient qu'imparfaitement l'objet qu'on se proposoit, & l'on chercha à y substituer les reverbères tels qu'ils existent aujourd'hui.

Ce fut sous l'administration de M. de Sartines, en 1767, que ce changement eu lieu; une compagnie fit sa soumission de fournir Paris de reverbères, de les entretenir d'huile & de tout ce qui est nécessaire à leur service, à l'exception des boîtes & potences de fer, le tout moyennant 43 livres 12 s. par an pour chaque bec de lampe, & qu'il leur seroit passé un bail de vingt ans, au bout duquel tems, les reverbères appartiendroient à la ville.

Cette soumission fut acceptée par un arrêt du conseil du 30 juin 1769.

Depuis

Depuis ce moment, le service des *lanternes* a été à l'entreprise, & a toujours été bien fait, si l'on en excepte quelques négligences, qui ont même attiré, à celui qui en est chargé aujourd'hui, une condamnation à 300 liv. d'amende de la part du tribunal de police.

Le nombre des reverbères, aujourd'hui, existant à Paris, se monte à près de cinq mille, y compris ceux qui se trouvent sur la route de Versailles. Chaque reverbère ayant deux becs, cela forme une dépense de près de 400,40,000 l., à raison de 43 liv. 12 s. chaque bec. Mais l'on sentit bientôt l'inconvénient de cette parcimonie, &, depuis M. le Noir, les *lanternes* sont allumées non-seulement toute l'année, mais même pendant les clairs de lune.

L'on a substitué également au soin des bourgeois d'allumer les *lanternes*, le service d'hommes payés pour cela; il en résulte que l'illumination se fait plus exactement, & que les bourgeois sont exemptés d'une occupation incompatible avec leurs affaires, & dont ils ne se dispensoient qu'en payant plus qu'ils ne leur en coûte pour contribuer aux gages de ceux qui s'en chargent & qui en font leur état.

Un soin que la police de Paris eût encore, ce fut de multiplier le nombre des *lanternes*, & de les étendre en proportion de l'aggrandissement de Paris. Avant M. le Noir, le chemin de Versailles à Paris n'étoit point éclairé, c'est à lui qu'on doit l'idée & l'exécution d'y mettre des *lanternes* comme on le voit à présent.

Une ordonnance de police, du mois de novembre 1778, prescrit les différens réglemens que l'on suit assez exactement dans l'illumination, avec cette observation, que l'on ne met aucune distinction entre les nuits éclairées par la lune & celles qui ne le sont pas, & que les reverbères sont indifféremment allumés toutes les nuits. Voici cette ordonnance :

Sur ce qui nous a été remontré par le procureur du roi, que parmi les établissemens formés pour concourir au maintien de la sûreté & tranquillité publique, un des plus importans, est l'illumination des rues pendant la nuit; que cette partie de l'administration de la police, est une des branches sur laquelle il a été fait des recherches & découvertes plus avantageuses; qu'elle ne demande qu'à être étendue & faite avec soin & attention, pour être portée aux degrés de sa perfection; mais que cet objet d'utilité commune, sur lequel chaque citoyen semble avoir des droits particuliers, ne peut être bien rempli qu'au moyen de dépenses nouvelles & considérables; qu'encore qu'elles se multiplient chaque jour par l'aggrandissement de cette capitale, de nouvelles mesures nécessaires & dispendieuses, seront employées cet hiver pour assurer d'avantage aux habitans leur sûreté & commodité; que dans tes circonstances il estime convenable d'assurer l'exactitude de ce service, en renouvellant les dispositions des ordonnances & réglemens rendus à ce sujet: pourquoi requiert y être par nous pourvu.

Nous, faisant droit sur le requisitoire du procureur du roi, ordonnons que les ordonnances, arrêts & réglemens, concernant l'illumination de cette ville & fauxbourgs, seront exécutés selon leur forme & teneur. En conséquence :

ART. Ier. Enjoignons aux entrepreneurs de l'illumination, leurs commis & préposés, de veiller avec le plus grand soin à ce que les *lanternes* soient bien nettoyées, & le service fait avec toute l'exactitude possible.

II. Ordonnons que les petites rues, trop étroites pour recevoir la clarté de la lune, & qui seront par nous indiquées auxdits entrepreneurs, leurs commis & préposés, seront éclairées toutes les nuits indistinctement pendant l'hiver; voulons que les *lanternes* de toutes les autres rues, soient disposées de manière à pouvoir être allumées également pendant la lune, lorsque par des nuages ou brouillards l'effet en sera intercepté.

III. Enjoignons aux inspecteurs & autres officiers de police, aux officiers & soldats du guet & de la garde, qui appercevront pendant la nuit des *lanternes* éteintes avant les heures ordonnées, de se transporter au plus prochain des cinq dépôts indiqués dans le tableau de l'illumination, à l'effet d'avertir le commis de garde, qui sera tenu de rallumer sur-le-champ lesdites *lanternes*, & ce sous telles peines qu'il appartiendra.

IV. Faisons défenses à toutes personnes de quelque qualité & condition qu'elles soient, de rien jetter sur les *lanternes* qui puisse les briser ou les salir. Enjoignons aux cochers, voituriers, & tous autres conducteurs de voitures & chevaux, de s'arrêter lorsque les préposés de l'illumination seront occupés à nettoyer ou allumer les *lanternes*, & qu'il n'y aura pas un espace suffisant dans la rue pour passer sans risquer de les endommager. Leur défendons en outre, & à tous autres, de troubler le service de l'illumination en aucune manière, & sous quelque prétexte que ce soit, à peine de 300 liv. d'amende, dont les pères & mères seront responsables pour leurs enfans, & les maîtres pour leurs domestiques.

LAPIDAIRE, s. m. Ouvrier qui travaille les pierres, les taille & les prépare pour être mis en œuvre par les metteurs en œuvre.

Quoique la communauté des *lapidaires* n'existe plus comme jurande, nous croyons cependant devoir rapporter en bref les anciens réglemens qui la concerne. *Voyez* pour le surplus ART & communauté.

Les premiers statuts de ce corps ont été donnés par S. Louis, & depuis confirmés par Philippe-le-

Bel, en 1290. Les *lapidaires* y sont appellés *estailliers-pierriers de pierres naturelles*.

L'article II de ces statuts, qui défend de travailler en pierres fausses, ou comme il est dit en langue du tems, *de joindre verre en couleur de crystal par teinture, ni par peinture nulle*, fut confirmé par sentence du châtelet du 23 janvier 1331; & par l'article XVII de l'ordonnance de Henri II, donnée à Fontainebleau, les maîtres jurés, & gardes de l'orfévrerie de Paris, furent maintenus dans le droit de visite chez les *lapidaires*.

Ce fut en 1584, qu'en conséquence de l'édit donné par Henri III, trois ans auparavant, pour ériger en corps de jurande toutes les communautés de Paris, les ouvriers *estailliers-pierriers* eurent de nouveaux statuts, & même un nom nouveau; mais ce ne fut proprement qu'en 1613, qu'ils furent mis dans une entière jouissance des droits de maîtrise, par l'arrêt du conseil qui intervint entr'eux & les maîtres orfèvres qui s'étoient opposés à leurs lettres.

Ces lettres de confirmation de leurs nouveaux statuts, & d'érection en corps de jurande, leur attribuoient quatre jurés pour le gouvernement & le maintien de leurs droits pour visiter les maîtres, donner chef-d'œuvres, & expédier les lettres d'apprentissage & de maîtrise. Ils sont élus deux par chaque année à la pluralité des voix.

Par arrêt du parlement de Paris, du 9 fév. 1740, il fut décidé, au sujet du procès qui existoit depuis plus de deux cents ans entre les orfèvres *joailliers* & la communauté des *lapidaires*, que ceux-ci ne pourroient plus vendre des pierres garnies & mises en œuvre, à peine d'amende & de confiscation; qu'ils se renfermeroient dans la seule vente des pierres brutes, taillées & non garnies; &, en conséquence, il leur fut défendu de prendre dorénavant la qualité de *marchands joailliers*, de donner à leurs jurés le titre de *gardes*; il leur est permis seulement de se dire *maîtres lapidaires*, *graveurs & ouvriers en toutes sortes de pierres précieuses*, *fines & naturelles*.

Les maîtres graveurs sur pierres précieuses font une même communauté avec les *lapidaires*, & ont les mêmes statuts.

L'apprentissage est de sept ans, le compagnonage de deux autres années, & l'exécution du chef-d'œuvre est nécessaire pour parvenir à la maîtrise. Chaque maître ne peut avoir qu'un seul apprentif.

Les maîtres ne doivent pas avoir plus de deux roues tournantes, ni plus de trois moulins. On compte à Paris soixante-douze maîtres *lapidaires*.

Les merciers & les orfèvres de Paris, sont appellés, par leurs statuts, *marchands joailliers*, parce que les uns & les autres, à l'exclusion de tous marchands, ont la faculté de faire trafic de marchandises de joaillerie; mais les merciers ne peuvent tailler, monter, ni mettre en œuvre aucunes pierres précieuses ni joyaux, cela étant réservé aux seuls orfèvres, qui sont les artisans de ces sortes de choses.

Les maîtres & marchands *lapidaires*, *diamantaires*, joailliers, ont été rétablis par l'édit d'août 1776, seuls & sans réunion, mais en concurrence avec les orfèvres pour la *mise en œuvre*, en fin & en faux exclusivement. *Voyez* COMMUNAUTÉ.

LÈSE-MAJESTÉ ou LEZE-MAJESTÉ. Mot composé qui désigne un attentat commis envers quelque personne sacrée, comme celle du prince. On dit alors, crime de *lèse-majesté*; quand il est question d'une violation des choses saintes ou d'une grande profanation, on se sert de l'expression de crime de *lèse-majesté* divine.

L'on a depuis quelque tems établi une troisième sorte de crime de la même espèce à laquelle on a donné le titre de *lèse-nation*. On a voulu désigner par-là un attentat aux droits de la nation, tel que ce que les Anglois appellent le crime de haute-trahison; mais il n'y a encore rien de positivement établi à cet égard, & presque tout les procès faits jusqu'aujourd'hui pour les délits de *lèse-nation*, n'ont point eu un caractère prononcé, ensorte que l'on ne voit point jusqu'ici de différence entre ce nouveau genre de crime & celui de trahison. Ainsi *voyez* ce dernier mot.

Nous rassemblerons ici quelques faits & quelques principes de l'ancien droit positif sur le crime de *lèse-majesté* proprement dit: nous ne prétendons point au reste ni justifier, ni approuver aucune des choses que nous allons rapporter, nous les racontons seulement comme des faits & comme objets de comparaison.

On distingue dans le crime de *lèse-majesté* humaine, plusieurs degrés qui rendent le crime plus ou moins grave. Quiconque attente à la personne du souverain ou à celle des enfans de France, doit, suivant la déclaration du 10 août 1539, donné à Villers-Cotterêts, être regardé comme coupable de *lèse-majesté* au premier chef.

Ceux qui conspirent ou font des entreprises contre l'état, soit en se soulevant avec armes contre les ordres du roi, soit en rassemblant des troupes contre lui, soit en excitant le peuple à la rébellion, soit en entretenant des intelligences avec les ennemis de l'état, soit en formant quelque complot pour faire rendre une place contre le gré du gouverneur & de son conseil, soit en donnant du secours à l'ennemi en lui fournissant des soldats, des chevaux, des vivres ou de l'argent, sont egalecriminels de *lèse-majesté* au premier chef, &c.

Les militaires qui désertent du royaume pour se retirer chez l'ennemi; ceux qui injurient le souverain ou font rébellion à ses ordres; les infracteurs des sauve-gardes ou sauf-conduits donnés par le prince aux ennemis, ou à leurs ambassadeurs, ou à leurs ôtages, ceux qui refusent de payer les impôts publics, ceux qui font la guerre, quoique contre les ennemis de l'état, sans en avoir obtenu la permission du souverain; ceux qui, sans pouvoir ni mandement du prince, s'assemblent pour délibérer sur les affaires de l'état, sous prétexte du bien public, ou autre quelconque, ceux qui, sans permission du roi, enrôlent des gens de guerre, fortifient des places, ou en démolissent les fortifications, font des amas d'armes, de poudres ou autres munitions de guerre, ou font fondre des canons, ou d'autres pièces d'artillerie; ceux qui, de leur autorité privée, établissent ou levent des impôts, ou disposent des deniers royaux, ceux qui fabriquent de la fausse monnoie, ceux qui falsifient le scel royal, ceux qui, de leur propre autorité sous de fausses provisions, exercent les fonctions de magistrats, de gouverneurs, d'intendans, &c.; ceux qui commettent des excès contre les juges, ou même contre les huissiers qui sont dans leurs fonctions; ceux qui, sans permission du roi, transportent hors du royaume des armes, de la poudre ou d'autres munitions de guerre, &c, sont réputés coupables de *lèse-majesté* au second chef.

Les romains condamnoient les criminels de *lèse-majesté* & leurs complices qui étoient de basse condition, à être dévorés par les bêtes, ou à être brûlés vifs; & ceux qui étoient d'une condition distinguée, à perdre la vie par le fer, & les biens des uns & des autres devoient être confiqués au profit de l'empereur.

Le supplice des coupables du crime de *lèse-majesté* au premier chef, est, en France, d'être tenaillés vifs avec des tenailles rouges, d'être tirés à quatre chevaux, &c.

Pierre Barriere, ayant été convaincu en 1593, d'avoir conspiré contre la personne du roi, fut condamné à avoir le poing coupé, à être tenaillé avec des tenailles ardentes, à être ensuite rompu vif & brulé, &c.

En 1594, Jean Châtel, pour attentat commis en la personne de Henri IV; Ravaillac, pour avoir tué le même prince; & Robert-François Damiens, pour avoir attenté à la vie de Louis XV, ont subi le même supplice.

Par un arrêt du 29 mars 1757, le père & la mère, & la fille de Damiens, ont été bannis à perpétuité du royaume, avec défense à eux d'y revenir, sous peine d'être pendus sans autre forme de procès, & il a été enjoint aux frères & aux sœurs du même criminel de changer le nom de Damiens.

Quand une femme se rend coupable du crime de *le-èsmajesté* au premier chef; on la condamne à être brûlée vive. Au mois de juin de l'année 1600, le parlement fit subir ce supplice à Nicole Mignon, convincue d'avoir conspiré contre la vie d'Henri IV.

On punit aussi de la même peine du crime de *lèse-majesté* au premier chef, ceux qui attentent à la vie des enfans de France. Sébastien de Montecuculi, accusé en 1536, d'avoir empoisonné François, dauphin de France, fut tiré à quatre chevaux à Lyon.

Salcede, qui avoit conspiré contre la vie du duc d'Alençon, frère de Heri III, fut condamné par arrêt du parlement de Paris du 26 octobre 1580, à être tiré à quatre chevaux, ce qui fut exécuté en place de Grève.

On punit encore du même supplice ceux qui conspirent contre l'état, qui entrent dans des ligues contre le souverain, qui lui font la guerrre, où livrent aux ennemis quelque place du royaume. C'est ce qu'éprouva en 796, sous Charlemagne, un gentilhomme, qui fut condamné à être tiré à quatre chevaux, pour avoir trahi l'état, & occasionné la déroute de l'armée françoise.

En 1548, François de Lavergne, l'un des principaux chefs de la conjuration de Bordeaux, fut condamné par arrêt du parlement de cette ville, à être tiré à quatre chevaux.

En 1602, Fontanelle, complice de la conjuration du maréchal de Biron, accusé d'avoir traité avec l'Espagne, pour lui livrer une île en Bretagne, fut condamné par un arrêt du grand conseil, à avoir les quatre membres rompus en place de Grève

Les crimes de *lèse-majesté* au second chef, sont ceux qui offensent la dignité du souverain, ou qui attaquent son autorité, le plus souvent on les punit du dernier supplice.

C'est ainsi que, par arrêt du premier décembre 1584, un gentilhomme protestant fut condamné à être pendu & ensuite brûlé en place de Grève, pour avoir composé des libelles diffamatoires contre le roi.

Par un autre arrêt du 22 novembre 1586, le nommé François le Breton, fut pendu devant les degrés du Palais, pour avoir composé & fait imprimer un libelle contre le roi.

Quand à ceux qui exposent en vente des libelles contre le souverain, ils sont condamnés au fouet & au banissement, conformément au douzième des articles arrêtés en l'assemblée de Saint-Germain-en-Laye, au mois de novembre 1583.

Les infracteurs de sauve-garde, sont punis comme criminels de *lèse-majesté*, relativement aux excès qu'il ont commis. L'ordonnance du premier juillet 1727, concernant les délits militaires, défend à toutes personnes telle qu'elle soit, à peine de punition corporelle ou de la vie, selon l'exigence des cas, d'attenter où entreprendre contre les personnes, villes, bourgs, villages, châteaux, hameaux, ou autres biens & lieux qui sont sous la sauve-garde du roi.

Plusieurs loix ont établi, que ceux qui feroient des levées de gens de guerre, sans commission du roi, seroient punis comme criminels de *lèse-majesté*, leurs corps & biens confisqués, & leur postérité déclarée incapable de tout état, office, honneur & privilége.

L'ordonnance du mois de janvier *1629*, à prononcé les mêmes peines contre ceux qui, sans commission du roi, fortifieroient des places, soit qu'elles appartinssent à sa majesté, ou à des particuliers.

Suivant l'article 27 de l'assemblée de novembre 1583, ceux qui rasent ou démolissent des places ou fortifications, sans permission du roi, sont condamnés à les rétablir, & à perdre leur droit de justice.

Ceux qui font des amas de poudre & de plomb, ou qui en fabriquent, sans la permission du roi, sont condamnés à 2000 écus d'amende, conformément à l'article 173 de l'ordonnance du mois de janvier 1629; & l'article suivant veut que ceux qui font fondre des canons & d'autres pièces d'artillerie, ou qui en gardent chez eux, sans permission, soient punis de peine corporelle, outre la confiscation des choses prohibées.

Les ordonnances de Moulins & de Blois, & les déclarations des 29 novembre 1565, & 25 août 1570, déclarent criminels de *leze-majesté* au second chef, ceux qui font des levées de deniers sur le peuple, sans lettres-patentes du roi: la peine, en pareil cas, & la confiscation de corps & de biens.

Il en est de même à l'égard de ceux qui falsifient les sceaux du roi, ou qui fabriquent de la fausse monnoie.

Ceux qui attentent à la personne des magistrats dans leurs fonctions, ou même des huissiers, lorsqu'ils font des actes de justice, sont punis de mort, sans aucune espérance de grace. C'est ce qui résulte de l'article premier de l'édit d'Amboise, du mois de janvier 1572; de l'article 190 de l'ordonnance de Blois, & de l'article 4 du titre 16 de l'ordonnance criminelle du mois d'août 1670.

Mezerai rapporte que le sieur Jourdain, seigneur de Lille, ayant tué un huissier qui l'avoit assigné à comparoître au parlement, fut condamné, par arrêt, à être traîné à la queue d'un cheval, & pendu au gibet de Paris.

L'article 22 de l'assemblée de novembre 1583, défend à tout officier du roi de sortir du royaume sans permission par écrit de sa majesté, à peine de privation d'offices; & l'article 23 fait la même défense aux prélats du royaume, à peine de saisie de leur temporel, & de la perte des fruits de leurs bénéfices pendant leur absence.

L'édit du mois d'août *1669*, & la déclaration du 14 juillet 1682, ont défendu aux sujets du roi, de quelque qualité ou condition qu'ils fussent, d'aller s'établir dans les pays étrangers, & d'y transporter leur famille, sous peine de confiscation de corps & de biens.

LETTRE-DE-CACHET, f. f. On définissoit autrefois une *lettre-de-cachet*, une lettre émanée du prince, signée de lui, & contre-signée par un secrétaire d'état, écrite sur simple papier, & pliée de manière qu'on ne peut pas rompre le cachet qui la ferme.

L'on connoît l'abus effrayant qu'on a fait des *lettres de-cachet* en France; l'on sait qu'elles sont opposées à tous les principes de justice & de liberté, mais l'on ne sait point également qu'elles ont habitué & en quelque sorte acclimaté les françois avec les ordres arbitraires, avec l'impatience de la loi, & les manœuvres de l'espionage. Ces attentats aux droits des hommes, ne nous déplaisent point du tout; & nous avons vu, ce que la postérité ne croira pas, les comités des recherches de la ville & de l'assemblée nationale, donner des ordres arbitraires, faire arrêter sans aucune information préalable & légale des domiciliés, des personnes famées & respectables, & cela dans le même tems qu'on travailloit à l'abolition des ordres arbitraires, abolition qui n'existera jamais de fait, tant qu'en France on ne voudra suivre que les mouvemens d'un zèle aveuglé, d'une impétuosité de régime dans les affaires, & qu'on ne saura pas supporter les inconvéniens attachés à l'immuable respect de la loi, en faveur des avantages inestimables qu'il procure.

Il n'en est pas moins vrai que le travail & les décrets de l'assemblée nationale, sur les *lettres de-cachet*, est très-utile & très-estimable; en conséquence, nous allons les rapporter ici, quoique nous devions en faire usage dans le *dictionnaire de l'assemblée nationale*.

Rapport fait au nom du comité des lettres-de cachet, par M. de Castellane, le 20 février 1790, imprimé par ordre de l'assemblée nationale.

C'est avec une grande répugnance, messieurs, que nous nous sommes vu forcés de retarder si long-temps à vous proposer de rendre la liberté aux victimes du pouvoir arbitraire, qui gémissent encore dans les fers; mais telles étoient les funestes conséquences du despotisme ministériel, qu'une partie des maux qu'il avoit produits, devoit se faire sentir dans les premiers jours de la liberté. Les innocens & les coupables, ceux qui ont conservé l'usage de la raison, & ceux qui l'ont perdue, se trouvant confondus ensemble dans les lieux de douleur que vous allez détruire, la sûreté que vous devez à la nation entière, vous a fait une loi d'apporter quelques précautions à l'entière suppression des prisons illégales. Vous avez remarqué que parmi ceux qu'elles renfermoient, quelques-uns étoient déjà condamnés, que d'autres étoient prévenus de crimes, & vous avez reconnu l'impuissance où vous étiez de vous livrer à l'instant même aux sentimens d'humanité qui vous pressoient de ne point retarder un jour à faire jouir ceux qui avoient le plus souffert de l'ancien ordre des choses, de tous les droits dont la constitution nouvelle doit leur assurer l'exercice.

Guidé par les mêmes motifs, votre comité a pensé qu'il falloit diviser en quatre classes les prisonniers illégalement détenus.

Il a placé dans la première ceux qui, n'étant juridiquement accusés d'aucun crime, doivent être rendus à la société. Dans la seconde, ceux qui ont perdu l'usage de la raison. La troisième est composée des individus condamnés en dernier ressort, & enfermés par commutation de peine. La quatrième enfin comprend ceux qui sont décrétés.

La justice rigoureuse sembleroit exiger que ceux qui composent la première classe fussent incontinent remis en liberté; cependant, messieurs, leur propre intérêt & celui de l'ordre public nous ont semblé se réunir pour commander à votre prudence un délai fixe, mais suffisant pour laisser à leurs parens les moyens d'assurer leur subsistance, soit pour ne pas faire sortir en ce moment, des maisons de force, ceux qui, ayant été enfermés pour cause de police, privés, dans une saison morte, de la ressource d'un travail assuré, se livreroient peut-être à des excès qui obligeroient à sévir contre eux d'une manière plus rigoureuse. C'est avec peine que nous avons adopté cette mesure; & nos regrets, à cet égard, sont loin d'être écartés par les soins que nous avons pris de nous concerter avec les ministres du roi, afin de délivrer d'avance tous ceux qui, ayant réclamé, nous ont paru susceptibles d'être élargis sans danger. Leur nombre est considérable; nous ne le dissimulerons pas. Cependant, messieurs, une disposition générale peut seule rendre, à tous les innocens que renferment les prisons d'état, la justice qui leur est due; puissent-ils attendre avec patience l'époque que vous jugerez à propos de fixer; puisse leur captivité être adoucie par l'espoir certain d'une délivrance prochaine?

Parmi ceux qui sont enfermés pour cause de démence, il en est certainement plusieurs qui ne sont pas foux; les personnes qui sollicitoient autrefois des *lettres-de-cachet*, appuyoient souvent leurs requêtes, de motifs qui n'étoient pas conformes à la vérité: mais comme les particuliers, qui se trouvoient sacrifiés, ou à leurs intérêts, ou à leurs passions, n'avoient aucun moyen de réclamation, comme on interceptoit habituellement les lettres qu'ils écrivoient au secrétaire d'état, par qui l'ordre du roi avoit été expédié, ainsi que le prouve la quantité de papiers de cette espèce, trouvés dans les archives de la bastille, il étoit impossible alors; il est encore difficile à présent de connoître, avec exactitude, le véritable état de santé de chacun des individus détenus pour cause de folie.

Cette connoissance préliminaire est cependant indispensable, avant de prendre un parti à leur égard. Il nous a donc paru, messieurs, que vous deviez charger les assemblées de districts du soin de faire visiter, par des médecins, ceux qui sont privés de leur liberté, sous prétexte de folie; mais comme il en est plusieurs qui, malgré des intervalles lucides, sont hors d'état d'être livrés à eux-mêmes, nous avons cru nécessaire de fixer un espace de tems assez considérable pour donner les moyens de constater, par des visites multipliées, la véritable situation des personnes soumises à cet examen.

Vous aurez donc, messieurs, à vous occuper d'améliorer le sort des malheureux qui, ayant besoin d'une surveillance journalière, ne sauroient jouir de la liberté. Ils ont presque toujours jusqu'à présent été traités, dans les différentes maisons-de-force du royaume, avec une inhumanité qui, loin de guérir leur mal, n'étoit propre qu'à l'aggraver. Persuadés que c'est par la douceur, & non par la férocité d'un régime barbare, qu'il est possible de guérir ces infortunés, vous vous déterminerez probablement à assigner, soit sur les fonds des maisons-de-force déjà subsistantes, soit sur les biens ecclésiastiques, une portion de revenus suffisante, pour assurer aux insensés les secours que leur état exige de la bienfaisance publique. Eh! combien cette disposition, si nécessaire dans tous les tems, n'est-elle pas encore une obligation plus sacrée pour nous, au moment où nous savons qu'une partie de foux, actuellement existans dans les maisons-de-force, ne le sont devenus que par la longue captivité, & par les tourmens qu'ils ont soufferts, lorsque les loix étoient muettes, & les ministres tout-puissans?

Nous croyons donc, messieurs, que les mesures à prendre, pour la garde & le soulagement des foux, doivent être l'objet d'un rapport particulier. Nous soumettons aussi à votre discussion l'exposé d'un régime pour les maisons de correction qui, nécessaires même chez un peuple libre, ne peuvent cependant ressembler à celles qui ont été établies sous un système d'oppression.

Jusqu'à présent, messieurs, ce que nous avons eu l'honneur de vous proposer, nous a paru d'accord avec les principes & les décrets de l'assemblée nationale; mais en ce moment, les difficultés augmentent, ce n'est plus l'innocence qu'il faut délivrer, ce ne sont plus des malades qu'il s'agit de faire examiner, pour déterminer s'ils sont en état de recevoir de vous le bienfait de la liberté, ou si votre humanité doit se contenter de leur procurer des secours qui puissent ou les guérir, ou du moins rendre leur position supportable. Nous avons à remplir une tâche plus difficile. Il s'agit de porter vos regards sur la troisième & la quatrième classe des prisonniers d'état; il s'agit de vous intéresser pour ceux même qu'une accusation ou une condamnation légale ont déjà placé sous la main de la loi. L'assemblée voudra sans doute tenir compte aux uns & aux autres de la punition irrégulière, à laquelle ils ont été soumis: cependant nous n'avons pas cru qu'elle pût interdire aux premiers le recours à leurs juges naturels. S'ils sont innocens, ils ont droit à être publiquement déclarés tels; mais s'ils étoient coupables, aurions-nous celui de les exempter de la réparation qu'ils pourroient devoir encore à la société? Quel parti l'assemblée prendra-t-elle donc à l'égard de ceux qui sont déjà, ou qui seront par la suite juridiquement convaincus de crimes? Quel guide la conduira, entre une indulgence injuste & une sévérité déplacée? C'est ici que le désordre du gouvernement ancien pèse sur nous, & semble ne nous présenter que des écueils. Quelque parti que nous prenions, nous nous écarterons plus ou moins de la sévérité des principes; aussi n'est-ce qu'avec une extrême défiance de nous-mêmes, que nous nous sommes déterminés à vous soumettre l'opinion, à laquelle le comité s'est arrêté. Sûrs que vous n'aviez à prononcer que sur un fait particulier; sûrs qu'une pareille circonstance, dont les inconvéniens ne sauroient assurément vous être reprochés, ne pourra se reproduire dans la suite. Nous avons raisonné ainsi:

L'intention de l'assemblée nationale n'est pas de priver la société de la réparation qui lui est due; cependant, voudroit-elle envoyer à l'échafaud des misérables qui regrettent depuis vingt ans, dans des cachots, le supplice qu'ils avoient mérité peut-être, mais qui leur auroit été moins cruel? Elle ne dira pas à ces malheureux qu'un ministre avoit sauvé par égard pour leurs familles, *après les tourmens que le despotisme vous a fait souffrir, la nation va replacer vos têtes sous le glaive des loix, la liberté vous restitue à la mort.* Cette idée révolteroit l'humanité; vous vous contenterez donc de légitimer la commutation de peine de ceux qui étoient légalement condamnés à une peine afflictive, & jugés en dernier ressort, en leur laissant cependant la faculté qui leur appartient, de préférer la soumission au jugement qui avoit été porté contre eux, à la prison qui leur a été accordée comme un adoucissement, & qu'ils pourroient considérer sous un aspect différent.

Quant à ceux qui sont simplement décrétés, nous avons pensé que vous ne pourriez leur refuser les moyens de constater leur innocence; mais les forcerez-vous à s'exposer au danger d'un jugement dont ils craindroient le résultat.

Nous aurions bien voulu pouvoir les en dispenser; nous aurions désiré les soustraire entièrement aux atteintes des loix qui ont été insuffisantes pour les protéger; mais nous avons pensé qu'il étoit important à l'ordre public, de faire prononcer sur l'innocence, où le crime de tous les décrétés, en même-tems qu'il étoit juste d'user d'indulgence envers ceux qui seroient jugés coupables.

D'après cela, nous nous sommes déterminés à vous proposer de statuer que les juges, devant lesquels s'instruiront les causes des prisonniers d'état, préalablement décrétés, se borneront à déclarer ou leur innocence, ou le crime dont ils sont coupables; afin que, sur le compte qui lui en sera rendu, l'assemblée nationale, de concert avec sa majesté, porte une loi qui réglera la peine à laquelle ils pourront être condamnés, ayant égard à la nature du délit, sans que cette peine puisse jamais excéder celle d'une détention de douze ans, en y comprenant le tems qu'ils ont déjà passé dans les prisons illégales.

En adoptant les dispositions que nous allons lui proposer, l'assemblée va faire disparoître les restes odieux de la tyrannie ministérielle; elle va réparer, autant qu'il est en elle, les malheurs qui en ont été la suite: encore quelques semaines, & aucun françois ne se plaindra plus qu'il existe des contradictions entre notre déclaration des droits, entre les principes de notre constitution & sa position personnelle. Nul ne pourra plus dire: je suis libre de droit, & je languis dans les fers, & l'assemblée nationale oublie de prononcer ma délivrance.

Votre comité a l'honneur de vous proposer le décret suivant:

L'assemblée nationale étant enfin arrivée au moment heureux de détruire les prisons illégalles, & de déterminer une époque fixe pour l'élargissement des prisonniers qui s'y trouvent encore renfermés;

Considérant la nécessité de donner le tems aux parens ou amis de ceux qui sont encore détenus, de prendre les arrangemens qu'ils jugeront convenables pour assurer leur tranquillité, & pourvoir à leur subsistance;

Qu'il est nécessaire de prolonger la détention de ceux qui sont enfermés, sous prétexte de folie, assez long-tems pour connoître s'ils doivent être mis en liberté, ou soignés dans les hôpitaux qui seront établis à cet effet;

Considérant que, parmi ceux qui sont prisonniers en vertu d'ordres arbitraires, il en est qui ont été préalablement jugés, d'autres qui sont décrétés de prise-de-corps, & doivent être renvoyés devant leurs juges naturels; & désirant cependant avoir égard au châtiment illégal auquel ils ont été soumis, a décrété & décrète ce qui suit :

Décret du 13 mars, & jours suivans contre les prisonniers détenus en vertu de lettres-de-cachet, & *autres ordres arbitraires.*

L'assemblée nationale étant enfin arrivée au moment heureux d'anéantir les ordres arbitraires, de détruire les prisons illégales, & de déterminer une époque fixe pour l'élargissement des prisonniers qui s'y trouvent renfermés à quelque titre, ou sous quelque prétexte qu'ils y aient été conduits;

Considérant la nécessité de donner le tems aux parens ou amis de ceux qui sont encore détenus, de concerter les arrangemens qu'ils croiront devoir prendre, à l'effet de leur assurer une situation convenable & tranquille, & de pourvoir à leur subsistance;

Considérant encore que parmi les prisonniers enfermés en vertu d'ordres arbitraires, il en est qui ont été préalablement jugés en première instance, ou qui sont seulement décrétés de prise-de-corps, ou contre lesquels il a été rendu plainte en justice, & dressé des procès-verbaux tendans à constater un corps de délit; enfin, qu'il s'en trouve quelques-uns que leur famille a déféré à l'administration comme coupables de faits très-graves, que l'on a cru certains & suffisamment avérés;

Considérant qu'il est juste de tenir compte des rigueurs d'une longue détention, à ceux mêmes qui seroient reconnus coupables de crimes capitaux, & d'allier à leur égard les ménagemens inspirés par l'humanité, à l'exactitude que la justice, l'intérêt de la société & celui des individus, forcent à porter dans la recherche, la condamnation & la punition des délits constans, régulièrement poursuivis, & complettement prouvés.

Considérant enfin qu'il est nécessaire de prolonger la détention de ceux qui sont enfermés pour cause de folie, assez long-tems pour connoître s'ils doivent être mis en liberté, ou soignés dans des hôpitaux établis, inspectés & dirigés avec cette vigilance, cette prudence & cette humanité qu'exige leur triste situation, a décrété & décrète ce qui suit :

Art. Ier. Dans l'espace de six semaines, après la publication du présent décret, toutes les personnes détenues dans les châteaux, maisons religieuses, maisons de force, maisons de police, ou autres prisons quelconques, par lettres-de cachet, ou par ordre des agens du pouvoir exécutif, à moins qu'elles ne soient légalement condamnées ou décrétées de prise-de-corps, qu'il n'y ait eu plainte en justice portée contre elles, pour raison de crimes emportant peine afflictive, ou que leurs pères, mères, aïeuls ou aïeules, ou autres parens réunis, n'aient sollicité & obtenu leur détention, d'après des mémoires & demandes appuyées sur des faits très graves, ou, enfin, qu'elles ne soient renfermées pour cause de folie, seront remises en liberté.

II. L'assemblée nationale n'entend comprendre, dans la disposition du précédent article, les mendians & vagabonds enfermés à tems, en vertu de sentence d'un juge, ou sur l'ordre des officiers de police, & autres ayant caractère pour l'exécution des réglemens relatifs à la mendicité & à la sûreté publique, à l'égard desquels il n'est rien innové quant à présent.

III. Ceux qui, sans avoir été jugés en dernier ressort, auroient été condamnés en première instance, ou seulement décrétés de prise-de-corps, comme prévenus de crimes capitaux, seroient conduits dans les prisons des tribunaux désignés par le roi, pour y recevoir leur jugement définitif.

IV. A l'égard des personnes non-décrétées, contre lesquelles il y aura eu plainte rendue en justice, d'après une procédure tendante à constater un corps de délit, elles seront également jugées, mais dans le cas seulement où elles le demanderoient; & alors elles ne pourront sortir de prison qu'en vertu d'une sentence d'élargissement. Dans le cas où elles renonceroient à se faire juger, l'ordre de leur détention sera exécuté pour le tems qui reste à courir, de manière toutefois que sa durée n'excède pas six années.

V. Les prisonniers qui devront être jugés en vertu des articles précédens, & qui seront condamnés comme coupables de crimes, ne pourront subir une peine plus sévère que quinze années de prison, excepté dans le cas d'assassinat, de poison ou d'incendie, où la détention, à perpétuité, pourra être prononcée : mais dans ce cas même les juges ne pourront prononcer la peine de mort ni celle des galères perpétuelles.

Dans les quinze années de prison, seront comptées celles que les prisonniers ont déjà passées dans les maisons où ils sont détenus.

VI. Quant à ceux qui ont été renfermés sur la demande de leur famille, sans qu'aucun corps de délit ait été constaté juridiquement, sans même qu'il y ait eu de plainte portée contre eux en justice, ils obtiendront leur liberté, si dans le délai de trois mois aucune demande n'est présentée aux tribunaux, pour raison des cas à eux imputés.

VII. Les prisonniers qui ont été légalement condamnés à une peine afflictive, autre toutefois que la mort, les galères perpétuelles, ou le bannissement à vie, & qui, n'ayant point obtenu de lettres de commutation de peine, se trouvent renfermés en vertu d'un ordre illégal, garderont prison pendant le tems fixé par l'ordre de leur détention, à moins qu'ils ne demandent eux-mêmes à subir la peine à laquelle ils avoient été condamnés par jugement en dernier ressort; & cependant aucune détention ne pourra jamais, dans le cas exprimé au présent article, excéder le terme de dix années, y compris le tems qui s'est déjà écoulé depuis l'exécution de l'ordre illégal.

VIII. Ceux qui seront déchargés d'accusation recouvreront sur-le-champ leur liberté, sans qu'il soit besoin d'aucun ordre nouveau, & sans qu'il puisse être permis de les retenir, sous quelque prétexte que ce soit.

IX. Les personnes detenues pour cause de démence, seront, pendant l'espace de trois mois, à compter du jour de la publication du présent décret, à la diligence des procureurs du roi, interrogées par les juges dans les formes usitées, & en vertu de leurs ordonnances, visitées par les médecins, qui, sous la surveillance des directoires des districts, s'expliqueront sur la véritable situation des malades, afin que, d'après la sentence qui aura statué sur leur état, ils soient élargis, ou soignés dans les hôpitaux qui seront indiqués à cet effet.

X. Les ordres arbitraires, emportant exil, & tous les autres de même nature, ainsi que toutes les *lettres-de-cachet*, sont abolis, & il n'en sera plus donné à l'avenir. Ceux qui en ont été frappés sont libres de se transporter par-tout où ils le jugeront à propos.

XI. Les ministres seront tenus de donner aux citoyens ci-devant enfermés ou exilés, la communication des mémoires & instructions sur lesquels auront été décernés contre eux les ordres illégaux qui cessent par l'effet du présent décret.

XII. Les mineurs seront remis ou renvoyés à leurs pères & mères, tuteurs ou curateurs, au moment de leur sortie de prison; les assemblées de district pourvoiront à ce que les religieux, ou autres personnes qui, à raison de leur sexe, de leur âge ou de leurs infirmités, ne pourroient se rendre sans dépense à leur domicile, ou auprès de leurs parens, reçoivent en avance sur les deniers appartenans au régime de la maison où ils étoient enfermés, ou sur les caisses publiques du district, la somme qui sera jugée nécessaire & indispensable pour leur voyage; sauf à répéter ladite somme sur le couvent dont les religieux étoient profés, ou sur leurs familles, ou sur les fonds du domaine.

XIII. Les officiers municipaux veilleront à ce que les personnes mises en liberté, qui se trouveroient sans aucune ressource, puissent obtenir du travail dans les atteliers de charité déjà établis, ou qui seront établis à l'avenir.

XIV. Dans le délai de trois mois, il sera dressé par les commandans de chaque fort ou prison d'état, supérieurs de maison-de-force, ou maisons religieuses, par tous détenteurs de prisonniers en vertu d'ordres arbitraires, un état de ceux qui auront été élargis, interrogés & visités, renvoyés pardevant les tribunaux, ou qui garderont encore prison en vertu du présent décret. Cet état sera dressé sans frais & certifié.

XV. Cet état sera déposé aux archives du district, & il en sera renvoyé des doubles en forme, signés du président & du secrétaire, aux archives du département, d'où ils seront adressés au ministre du roi, pour être communiqués à l'assemblée nationale.

XVI. L'assemblée nationale rend les commandans des prisons d'état, les supérieurs des maisons-de-force & maisons religieuses, & tous les détenteurs des prisonniers enfermés par ordre illégal, responsables, chacun en ce qui les touche, de l'exécution du présent décret, & elle charge spécialement les tribunaux de justice, les assemblées administratives de départemens & de districts, d'y tenir la main, chacun en ce qui les concerne. *Voy.* ABUS, ENLÈVEMENT.

LIBERTÉ, s. f. État de celui qui n'est point empêché dans la jouissance de quelque droit ou l'usage de quelque chose.

La *liberté* est une chose relative & très-variée; elle peut avoir autant de définitions que d'objets sur lesquels elles portent; la liberté religieuse a son caractère, la *liberté* civile un autre, la *liberté* de la presse le sien, & ainsi des autres.

Dans le premier plan que nous nous étions fait de cet ouvrage, nous nous étions proposé de traiter avec quelque étendue des principes de *liberté* publique & individuelle de réunir toutes les raisons déjà connues sur la *liberté* de la presse, mais la révolution qui nous a mis à même de donner à ces grands objets un développement suffisant dans un autre ouvrage, & qui, d'ailleurs, a rendu extrêmement commun tout ce que nous aurions pu dire à cet égard, nous dispense de nous étendre ici, & de présenter avec les notions qu'on doit se faire de la *liberté*, les excès qu'elle entraîne lorsqu'on la confond avec la grossiéreté, la licence, comme il est malheureusement arrivé quelquefois, & de la part d'un grand nombre de fanatiques, dans la révolution actuelle. *Voyez* LIBERTÉ dans le *dictionnaire de l'assemblée nationale*.

La *liberté* de la presse sur-tout peut devenir un terrible instrument de troubles & d'anarchie lorsque la la force publique & les tribunaux n'existent pas pour en réprimer les excès ; elle est particulièrement un fléau lorsqu'elle sert à répandre les erreurs ou les mensonges d'un parti dominant. Alors la calomnie, les injures les plus grossières deviennent le partage de ceux qui ne sont point de l'opinion des écrivains.

La *liberté* sociale qui consiste dans le droit de s'assembler pour parler & s'instruire réciproquement, peut encore être une grande source de désordres lorsque ceux qui forment ces assemblées sont livrés à quelque faction ou tourmentés de quelque espèce de fanatisme : alors le gouvernement a besoin des plus grands égards, de la plus grande prudence pour empêcher l'effet des manœuvres & des résolutions désastreuses qui s'y prennent quelquefois. *Voyez* FACTION dans ce dictionnaire.

LIBERTINAGE, s. m. Habitude de mœurs déréglées.

On a beaucoup écrit sur les mœurs, & tenté différens moyens, pour les améliorer & empêcher le *libertinage* ; mais ces tentatives paroissent avoir été infructueuses jusqu'à présent. Le *libertinage* lui-même n'est point bien déterminé, quoiqu'en général on s'en forme une idée assez positive dans bien des cas.

On appelle généralement de ce nom le dérèglement de mœurs dans leur rapport, avec les jouissances des femmes : l'homme, qui montre des goûts variés ou peu délicats, ou trop licentieux, s'appelle *libertin* ; mais, avec cette nuance, que telle action paroît à l'un un acte de *libertinage* très-répréhensible ; tandis qu'il n'est, aux yeux d'un autre, qu'une jouissance permise, ou du moins tolérée.

Le *libertinage*, considéré dans son rapport avec l'autorité publique, n'offre que peu de prise aux différentes fonctions qui lui sont attribuées. Elle ne doit point connoître du *libertinage* individuel, dès qu'il ne peut nuire aux intérêts d'un autre, ou troubler l'ordre public. La prostitution elle-même, qui tient du *libertinage* & de la misère, n'est, sous la verge de la police, qu'autant que les femmes, qui s'y livrent, excitent un scandale ou un désordre public ; alors ce n'est point comme libertines qu'on les punit, mais comme perturbatrices du repos public.

Le jeu est un autre genre, mais très-impropre de *libertinage*. Les droits de la police, à son égard, sont encore restreints dans les limites de l'ordre public : car il ne lui est pas permis de sévir contre un joueur, comme joueur, mais seulement comme perturbateur de la tranquillité publique, ou comme pouvant causer le malheur des autres ; encore, sur tout cela, le respect de la loi commande-t-il bien des ménagemens ? *Voyez* la fin du mot JEU.

Enfin nous croyons que la police n'a rien à démêler avec le *libertinage* domestique. Trop long-tems elle a étendu son inspection, dans l'intérieur des familles, sous le prétexte du maintien des mœurs, qui ne peut lui appartenir que d'une manière indirecte, & non pas coercitive, c'est-à-dire qu'elle ne doit jamais autoriser des établissemens publics, licentieux ; mais qu'elle ne peut pas punir rigoureusement, ou d'une manière quelconque, l'homme libertin qui les fréquente. *Voyez* PROSTITUTION, COURTISANE, ENLEVEMENT, ABUS.

LIBRAIRE, m. s. Marchand de livres. *V.* IMPRIMEUR & SYNDIC.

LIEUTENANT, s. m. Celui qui tient la place d'un autre. On donne ordinairement ce nom à un fonctionnaire public qui en remplace un autre ; comme un *lieutenant* de maire, un *lieutenant* de police, &c.

Nous ne parlerons ici que de ces deux sortes de *lieutenans* ; & comme dans les principes de la nouvelle constitution, il n'existe plus ni *lieutenant* de maire, ni *lieutenant* de police, nous nous bornerons à rapporter le droit positif, ancien à cet égard. On trouvera au mot MUNICIPALITÉ, les noms & fonctions de ceux qui tiennent lieu aujourd'hui des anciens *lieutenans* de maire.

Cette place n'est point très-ancienne : on n'en trouve aucune trace ni dans nos coutumes, ni dans les auteurs : le siècle l'a vu naître ; elle a été créée, érigée, établie par édit du mois de mai 1702. Le législateur a expliqué, développé ses motifs : » comme » en l'absence des maires, porte cet édit, & autres cas de légitime empêchement, les fonctions » de leur charge, pour l'administration des affaires » des villes, logement de nos troupes, & autres » affaires concernant notre service, se trouvent » dévolues à des consuls ou échevins, lesquels » n'ayant que peu de tems à demeurer dans cet » emploi, n'y acquièrent jamais les connoissances » nécessaires, nous avons jugé à propos de créer, » établir. . . . . des officiers fixes & permanens, » pour remplir toutes les fonctions des maires en » leur absence. . . . A ces causes. . . . . créons, » érigeons en titre d'office formé & héréditaire, un office de notre conseiller *lieutenant* de » maire dans toutes les villes & communautés de » notre royaume, pour faire, en l'absence des » maires, les mêmes & semblables fonctions qui » appartiennent auxdits maires, même présider en » leur absence, dans toutes les assemblées des hôtels-de-ville, dans lesquelles ils auront entrée, rang, » séance & voix délibérative, immédiatement après » les maires.

» Et afin que les fonctions desdits officiers soient » réglées de manière qu'il ne puisse leur être ap-

» porté aucun trouble. . . . . ordonnons, voulons » & nous plaît :

» Que les maires, & en leur absence lesdits » *lieutenans*. . . . . fassent les convocations de » toutes les assemblées générales & particulières des » villes & communautés, & qu'ils président auxdites » assemblées, soit qu'elles aient pour objet les » affaires particulières des villes, adjudications de » leurs revenus, impositions des deniers, clôtures » des comptes. . . . . ou les cours & exercices pu- » blics, & en quelqu'autre sorte & manière que » ce puisse être.

» Dans les villes où il n'y a point d'hôtel-de- » ville, les assemblées se tiendront en la maison » des maires, & en leur absence en celle desdits » *lieutenans*.

» Les fermes des revenus des villes seront ad- » jugées au plus offrant & dernier enchérisseur dans » les assemblées de villes, où les maires, & en » leur absence lesdits *lieutenans* présideront.

» Les maires, ou en leur absence lesdits *lieutenans*, » feront les ouvertures des propositions dans toutes » les assemblées, concluront à la pluralité des » voix; & lorsqu'il y aura égalité de suffrages, » l'avis duquel le maire, ou en son absence, le » *lieutenans* aura été, prévaudra.

» Les maires, ou en leur absence, lesdits *lieu-* » *tenans*, recevront le serment des échevins, con- » suls, jurats, capitouls & autres officiers de » ville. . . . . les visites qui seront rendues pour » ladite réception seront faites auxdits *lieutenans*, » comme aux maires; & jouiront les maires, & en » leur absence lesdits *lieutenans*, des bougies, » sucres, & autres présens, que lesdits officiers » sont accoutumés de faire à leur réception.

» Lesdits *lieutenans* de maire seront député-nés » aux assemblées des états, & des comptes géné- » raux & particuliers de nos provinces & pays d'é- » tats, en l'absence des maires, y auront séance, » voix délibérative, & jouiront des mêmes hon- » neurs, droits, profits & émolumens. . . . . dans » les villes qui sont en droit de nommer plusieurs » députés. . . . . lesdits *lieutenans* serons seconds » députés-nés auxdits états; jouiront de tous les » droits, vacations, journées, assiettes & autres » profits & nos émolumens attribués auxdits seconds » députés.

» Nos lettres de cachet, nos ordres, ou autres » lettres & paquets adressés au maire ou officiers » de ville, seront ouverts par les maires, & en leur » absence par lesdits *lieutenans*, dans une assemblée, » qui sera pour cet effet convoquée en l'hôtel-de- » ville, & ne pourront les maires ou lesdits *lieu-* » *tenans* y répondre, qu'en conformité de ce qui » sera délibéré & arrêté.

» Lesdits *lieutenans*, en l'absence des maires, » allumeront les premiers les feux de joie, & après » eux immédiatement lorsqu'ils seront présens.

» La revue des troupes sera faite par les maires, » conjointement avec le commissaire aux revues, » & en l'absence des maires par le *lieutenant*; le » logement de la troupe sera fait en l'hôtel-de- » ville par le maire ou son *lieutenant* en la manière » ordinaire.

« Ne seront les maires ni leurs *lieutenans* res- » ponsables de la levée des deniers & impositions, » qui sera faite sur les villes & communautés, » ni inquiétés pour raison de ce, sous prétexte » d'avoir assisté ou présidé lesdites assemblées; tien- » dront la main seulement à ce que ce recouvre- » ment s'en fasse promptement, & à défaut de paie- » ment, les diligences & contraintes seront faites » contre les villes & communautés, sans pouvoir » les exercer personnellement contre les maires » & leur *lieutenans*.

» Seront les maires, & en leur absence lesdits » *lieutenans*, tenus de convoquer les assemblées, » qui leur seront demandées à la réquisition de nos » procureurs ».

« Jouiront au surplus lesdits *lieutenans*, des » mêmes, de telles & semblables prérogatives, » prééminences, droits, franchises, libertés, im- » munités, privilèges & exemptions dont jouissent » les maires, de même que s'ils avoient été créés » par le même édit, sans aucune exception ni diffé- » rence, même de la noblesse dans les villes où » elle a été ci-devant attribuée aux maires, aux » échevins, capitouls ou consuls ».

L'édit du mois de décembre 1706, confirme toutes ces dispositions, & ne fait que les détailler plus particulièrement; tous les articles de cet édit, que nous venons de rapporter, tit. 2, conjoignent le maire & le *lieutenant* de maire, leur attribuent les mêmes fonctions, les mêmes droits, les mêmes privilèges.

Les articles IV, V & VII, accordent au *lieutenant* de maire, comme au maire, « l'exemption de la taille » personnelle, d'ustensile, de collecte, du sel, de » tutelle, curatelle, logement de gens de guerre, » droit de franc-fief, ban & arrière-ban, l'exemption » des droits d'entrée, tarif & octrois pour les den- » rées de leur consommation, la noblesse enfin dans » les villes où ce privilège a été rétabli ».

Les articles X, XI, XIII, XIV, XV, XVI, XXI, XXII, XXIV, XXV, XXVI, XXVII, XXVIII, XXXI, XXXIV, XXXV, appellent & habilitent le *lieutenant* de maire à remplacer en tout

& par-tout le maire, énoncent littéralement les maires, & en leur absence les *lieutenans* de maire, &c.

L'article XLII dispose : « que dans les villes où » il y a présidial ou bailliage royal, les *lieutenans* » de maire auront les honneurs, & le pas immé- » diatement après les *lieutenans* généraux de police » & les *lieutenans* criminels, & avant tous autres » officiers ».

L'article XLV veut : « Que dans les villes où la » justice est seigneuriale, les *lieutenans* de maire » aient, comme les maires, leur banc & la place la » plus honorable après les seigneurs ».

L'article XLVI donne droit aux *lieutenans* de maire, « comme aux maires, de rentrer dans les » places des églises qui ont été aliénées, en rem- » boursant ceux qui les ont acquises ».

L'article XLVIII attribue également aux *lieutenans* de maire, dans les justices seigneuriales, les honneurs de l'église avant tous les officiers desdites justices.

L'article XLIX dispose : « Les maires, & en leur » absence, les *lieutenans* de maire à la tête du » corps de ville, allumeront les feux de joie, &c.

L'article L « ordonne également aux hérauts, » sergens & valets de ville, en l'absence des maires, » de se rendre en la maison des *lieutenans* de maire, » & de les conduire à l'hôtel-de-ville ».

L'article LI autorise les *lieutenans* de maire à porter, comme les maires, la robe ou l'épée, & même la robe rouge suivant les usages différens des villes.

L'article LIII donne également droit aux *lieutenans* de maire d'évoquer leurs causes, tant civiles e criminelles, tant en demandant que défendant présidial, au bailliage le plus voisin à l'exclusion ceux de leur établissement.

L'édit du mois d'octobre 1771, portant réglement pour les offices municipaux des duchés de Lorraine & de Bar, contient aussi quelques dispositions rélatives aux lieutenans de maire.

Dans les villes de Lunéville, Saint-Diez, Sarguemine, Dieuze, Bouzonville, Boulai, Mirecourt, Bruyeres, Neufchâteau, Épinal, Veselige, Commerci, Bar, Saint-Mihiel, Brici, Étain, & Pont-à-Mousson, le *lieutenant* de maire est en même-tems *lieutenant* de police.

La déclaration du 10 février 1776, interprétative de cet édit, dispose :

Article XI « Les maires, & en leur absence, » les *lieutenans* de maire accorderont les per- » missions de proclamations, des danses, jeux & » fêtes publiques, &c.

Article XII : Présideront les maires, ou en leur absence, les *lieutenans* de maire aux conditions des comptes des hôpitaux & fabriques, &c.

Article XIII. « Dans les villes & lieux où les » hôpitaux ne sont pas de la fondation des villes, » où dont les comptes ont coutume d'être rendus » par-tout ailleurs que dans les hôtels-de-ville.... » les maires & leurs *lieutenons* auront droit d'y » assister en qualité d'administrateurs nés desdits » hôpitaux, & y auront rang, séance, voix dé- » libérative, après l'officier qui a coutume d'y » présider ».

Article XIV : Dans les villes & lieux, où les évêques, ou leurs grands vicaires ont coutume de présider... les maires & leurs *lieutenans* n'auront, auxdites assemblées, rang, séance, voix délibérative, qu'après le premier officier du présidial ou bailliage royal, & n'y pourront présider qu'en son absence, à moins qu'ils ne fussent en possession contraire.

Article XV : Dans les villes & lieux où la justice appartient à des seigneurs particuliers.... les maires, ou en leur absence leurs *lieutenans*, auront séance, rang, & voix délibérative avant le premier officier desdites justices, & présideront à leur exclusion; à moins que l'hôpital ne fût de la fondation des seigneurs.

Enfin, le réglement municipal de la ville d'Amiens du 22 janvier 1774 dispose :

Article XVII : « Le *lieutenant* de maire ne pourra » être élu que parmi ceux qui sont ou seront éche- » vins ».

Article XXIII : « Le *lieutenant* de maire exer- » cera pendant trois ans, & sera remplacé sans » pouvoir être continué ».

Les derniers *lieutenans* de maire ont été ceux de la municipalité provisoire de Paris.

Toute l'administration étoit divisée en sept départemens : savoir, celui des subsistances, celui de la police, des établissemens publics, des travaux publics, des impositions, des domaines & de la garde-nationale; & à la tête de chacun de ces départemens, il y avoit un *lieutenant* de maire, dont les fonctions n'étoient point précisément distinctes de celles des administrateurs de chaque département, à la tête duquel il se trouvoit. Aujourd'hui tous les administrateurs de la municipalité sont égaux, & il n'existe plus de *lieutenant* de maire. *Voyez* MUNICIPALITÉ.

Les *lieutenans* de police étoient des officiers chargés de l'administration de cette partie du gouvernement, dans les villes un peu considérables ; le magistrat, qui en faisoit les fonctions à Paris, avoit un pouvoir considérable, & jouissoit de grands avantages dans sa place : nous en dirons quelque chose ; après quoi, nous ferons connoître l'époque & la loi de création des *lieutenans* de police dans les provinces, & leur extinction par l'effet de la révolution.

Le prévôt de Paris entra dans tous les droits des anciens comtes, & dans la possession de la police de cette ville, & y fut maintenu jusqu'à l'édit du mois de mars 1498, qui retira l'administration de la justice du prévôt de Paris, aussi-bien que des baillis & sénéchaux d'épée dans les provinces, & la laissa à leurs *lieutenans*.

Cet édit fit naître une fort grande difficulté au châtelet de Paris. Comme la police est mixte entre le civil & le criminel, le *lieutenant* civil & le *lieutenant* criminel prétendirent l'un & l'autre qu'elle étoit de leur tribunal. Cette affaire fut portée au parlement le 18 février 1515 ; d'après les plaidoyers & les conclusions des gens du roi, la cour appointa les parties au conseil, & cependant ordonna que les choses demeureroient en l'état qu'elles étoient, jusqu'à ce que par la cour, il en eût été autrement ordonné. Pendant ce procès, les soins de la police furent abandonnés, & les désordres se multiplièrent dans Paris. Les *lieutenans* civil & criminel en connurent les conséquences, &, en sages magistrats, sacrifièrent au bien public leur querelle & leurs intérêts particuliers. Ils s'appliquèrent à rétablir de concert le bon ordre.

La police de Paris fut donc exercée concurremment par les *lieutenans* civil & criminel, pendant 129 ans. Mais les contestations fréquentes que ce concours faisoit naître, & les troubles qui en sont inséparables, firent enfin prendre la résolution d'y pourvoir.

Le parlement, par son arrêt du 12 mars 1630, rétablit au châtelet l'unité de tribunal pour la police : le bon ordre subsista jusqu'aux troubles qui agitèrent la capitale, ainsi que la France, au commencement du règne de Louis-le-Grand. Mais ce prince, après la paix des Pyrénées, s'occupa des moyens d'ordre intérieur & des soins du gouvernement ; sur tout il introduisit une bonne police dans les villes, qui bientôt à Paris dégénéra en espionage, mais qui dans son institution n'avoit rien que d'utile.

C'est dans cette intention, qu'il créa l'office de *lieutenant* de police de la ville, prévôté & vicomté de Paris, par son édit de mars 1667, enrégistré au parlement le 15 du même mois. Il porte que le *lieutenant* de police connoîtra de la sûreté de Paris, du port des armes prohibées par les ordonnances, du nétoiement des rues & places publiques il donnera les ordres nécessaires en cas d'incendie d'inondation ; connoîtra des approvisionnemens amas & magasins de subsistances, qui pourroient être faits à l'usage de la ville, de l'envoi des commissaires, & autres personnes nécessaires sur les rivières pour le fait des amas de foin, bottelage & conduite d'icelui à Paris ; réglera les étaux des bouchers, & adjudications d'iceux ; aura la visite des halles, foires & marchés, des hôteleries, auberges, maisons garnies, brelans, tabacs, (tabagies), & lieux mal famés ; aura la connoissance des assemblées illicites, tumultes, séditions & désordres qui arriveront à l'occasion d'icelles, des manufactures & dépendances d'icelles, des élections des maîtres & gardes des six corps des marchands des brevets d'apprentissage, & réception des maîtres, de la réception des rapports, des visites desdits gardes, & de l'exécution de leurs statuts & réglemens, & des renvois des jugemens ou avis de notre procureur, sur le fait des arts & métiers, & ce, en la même forme & manière que les *lieutenans* civils, exerçant la police, en ont ci-devant bien & duement usé ; pourra étalonner les poids & balances de toutes les communautés de la ville & fauxbourgs d'icelle, à l'exclusion de tous autres juges ; connoîtra des contraventions qui seront commises à l'exécution des ordonnances, statuts & réglemens faits pour le fait de l'imprimerie par les imprimeurs, en l'impression de livres & libelles défendus ; & par les colporteurs, en la vente & distribution d'iceux, les chirurgiens seront tenus de lui donner les déclarations de leurs blessés & qualités d'iceux ; pourra connoître de tous délinquans & trouvés en flagrant délit, en fait de police, leur faire & parfaire leurs procès sommairement, & les juger seul, sinon ès cas où il s'agira de peines afflictives ; & audit cas, en fera son rapport au présidial, en la manière accoutumée ; & généralement appartiendra audit *lieutenant* de police l'exécution de toutes les ordonnances, arrêts & réglemens concernant le fait d'icelles, circonstances & dépendances, pour en faire les fonctions en la même forme & manière qu'ont fait ou eurent droit de faire les ci-devant pourvus de la charge de *lieutenant* civil, exerçant la police ; seront tenus les commissaires du châtelet, huissiers & sergens, d'exécuter les ordres & mandemens desdits *lieutenans* civils & de police, même les chevaliers du guet, *lieutenant* criminel de robe-courte & prévôt de l'île ; comme aussi les bourgeois de prêter main-forte à l'exécution des ordres & mandemens, toutefois & quand ils en seront requis ; aura ledit *lieutenant* de police son siège ordinaire & particulier dans le châtelet, en la chambre présentement appellée la chambre civile, & entendra en icelle les rapports des commissaires, & y jugera sommairement toutes les matières de police, les jours de chaque semaine, ou à tels jours qu'il jugera nécessaires.

C'est le maire de Paris, qui succède en grande partie à toutes ces attributions; le corps municipal en a sa part, ainsi que l'administration du département, le reste est suspendu ou détruit par suite de la révolution & de l'embarras des affaires.

Ainsi la charge de *lieutenant* de police, établie en 1667, n'a duré que cent vingt-deux ans, à Paris; puisqu'elle a cessé au moment de la révolution, par la démission de M. de Crosne, en juillet 1789.

Cet intervalle de tems a été rempli par treize *lieutenans* de police, dans l'ordre qui suit:

Gabriel-Nicolas de la Reynie, du 29 mars 1667 au 29 janvier 1697.

Marc-René de Voyer de Paulmy, marquis d'*Argenson*, de 1697 au 28 janvier 1718.

Louis-Charles de Machault, du 28 janvier 1718 au 26 janvier 1720.

Marc-Pierre de Voyer de Paulmy, comte d'*Argenson*, du 26 janvier 1720 au 1er. juillet 1720.

Gabriel Teschereau, seigneur de Baudry, du 1 juillet 1720 au 26 avril 1722.

Du 26 avril 1722 jusqu'au 28 janvier 1724, la police a été remise au comte d'*Argenson*, qui l'avoit déjà eue en 1720.

Nicolas-Jean-Baptiste Ravot, seigneur d'Ombreval, de 1724 au 28 août 1725.

René Hérault, de 1725 au 21 décembre 1739.

Claude-Henri Feydeau de Marville, de 1739 au 27 mai 1747.

Nicolas-René de Berryer, de 1747 au 29 octobre 1757.

Henri-Léonard Bertin, de 1757 au 21 novembre 1759.

Jean-Gualbert de Sartine, de 1759 jusqu'en 1775.

A cette époque, la police fut donnée à M. *le Noir*, maître des requêtes, qui l'eut quelques tems, & qui fut remplacé bientôt par M. *Albert*, qui lui-même ne l'occupa que quelques mois pour la rendre à M. *le Noir*, qui a été *lieutenant* de police jusqu'en 1785, que M. *Thiroux de Crosne* fut nommé à sa place, & en remplit les fonctions jusqu'au mois de juillet 1789, qu'il donna sa démission, à l'instant où l'ordre administratif changea à Paris. *Voyez* PARIS, MUNICIPALITÉ & POLICE.

LIMONADIER, s. m. C'est le nom qu'on donne aux membres d'une communauté qui ne vendoit autrefois que de la limonade & d'autres liqueurs rafraîchissantes. Le titre de *limonadier* tire donc son origine de la principale liqueur que ces marchands vendoient au public.

Le commissaire de la Marre dit que le café, qui est à présent la branche la plus importante du commerce des *limonadiers*, n'a été connu en France qu'en 1626; & que, pendant le règne de Louis XIII, on n'en fit usage que très-rarement; mais au commencement du règne de Louis XIV, l'usage en devint plus commun. Un officier de la reine obtint, en 1660, le privilége exclusif d'en vendre pendant un certain nombre d'années. Ce spéculateur privilégié réussit dans son entreprise. L'usage du café devint à la mode, & depuis, jusqu'au peuple même, toutes les classes de la société ont recherché cette boisson.

Autrefois les femmes du peuple déjeûnoient avec du vin ou de l'eau-de-vie; aujourd'hui elles déjeûnent avec du café. Cette habitude est devenue pour elles presque un besoin de première nécessité. Cette révolution a dû nécessairement augmenter le nombre des *limonadiers*. Aussi cette communauté est à présent une des plus nombreuses de Paris.

Les cafés sont des lieux consacrés en grande partie à l'oisiveté. On s'y rassemble aussi pour apprendre les nouvelles, jouer ou parler des affaires publiques. Cette dernière habitude est la dominante aujourd'hui. Chacun veut se distinguer & montrer son savoir en matière de gouvernement: mais comme tout le monde n'est point également instruit, que bien des gens parlent de choses même qu'ils ignorent entièrement, on ne doit pas s'étonner des sots propos, des contes dépourvus de raison qu'on y débite chaque jour, & qui font perdre un tems précieux à des hommes que souvent leur devoir appelle ailleurs. Un autre inconvénient de ces rendez-vous publics, c'est qu'ils habituent au verbiage, à la déclamation, qu'ils forment au néologisme, à l'entêtement, à l'opiniâtreté, & éloignent des études sérieuses & réfléchies.

Cependant on n'en doit pas conclure que les assemblées de café soient absolument inutiles ou dangereuses; personne n'a droit de les interdire lorsqu'on n'y commet aucun désordre, & que tout s'y passe dans les bornes de l'honnêteté. Il y auroit même de la part de la police une sorte de tyrannie à vouloir persécuter des gens emportés par la discussion pour quelques propos répréhensibles tenus dans ces lieux. C'étoit-là un des vices de l'ancien régime: il y avoit des espions qui rapportoient exactement aux agens de l'administration les discours débités dans les cafés, & en faisoient un sujet de délation, ce qui rendoit alors cette forme d'espionage un véritable attentat à la liberté.

Les cafés sont devenus insupportables aujourd'hui par l'excès des inepties, des calomnies, des mensonges qu'on y entend. L'esprit de faction, de coterie en dirige plus ou moins les orateurs; en sorte que rien n'est si ridicule, & en même tems si odieux, que la légéreté avec laquelle on y traite les objets les plus graves, ou maltraite les personnes les plus respectables.

Les cafés sont des lieux publics, ils doivent être soumis à l'inspection de la police; elle doit y maintenir l'observation des réglemens, dont voici les principaux.

Il est essentiel, pour la sûreté & la tranquillité publiques, que les boutiques des *limonadiers* ne soient pas ouvertes pendant la nuit, après les heures fixées. Aussi toutes les fois que des contraventions à cette règle sont dénoncées au magistrat, il a droit de punir les infracteurs. Il est encore d'autres règles auxquelles sont assujettis les *limonadiers*, & qui sont contenues dans l'ordonnance suivante du mois d'octobre 1760.

Art. Ier. Faisons défenses à tous cabaretiers, *limonadiers*, vendeurs de bierre & d'eau-de-vie, d'avoir leurs boutiques ouvertes après neuf heures du soir, depuis le premier novembre jusqu'au premier avril, & depuis le premier avril jusqu'au premier novembre, après dix heures, à peine de cent livres d'amende pour la première fois, de deux cents livres en cas de récidive, même de punition exemplaire.

Art. II. Leur défendons pareillement de recevoir chez eux aucunes femmes de débauche, soldats, vagabonds, mendians, gens sans aveu, & des filoux, à peine de cent livres d'amende pour la première fois, de trois cents livres en cas de récidive, d'avoir en outre leurs portes murées, & d'être privés de leur état.

Art. III. Ne pourront lesdits cabaretiers, *limonadiers*, vendeurs de bierre & d'eau-de-vie, donner à boire, ni recevoir personne chez eux les jours de dimanche & fêtes pendant le service divin, à peine de cent livres d'amende pour la première fois, de deux cents livres pour la seconde, & de plus grande s'il y échet.

Art. IV. Seront tenus les cabaretiers, *limonadiers*, vendeurs de bière & d'eau-de-vie, établis dans la banlieue, de se conformer aux règles ci-dessus prescrites, & sous les mêmes peines: enjoignons aux officiers du prévôt de l'île, de faire de fréquentes visites chez eux, à l'effet d'y maintenir le bon ordre, & de dresser des procès-verbaux des contraventions qu'ils constateront, pour, sur iceux, être par nous pourvu, ainsi qu'il appartiendra.

Art. V. Faisons défenses à tous marchands merciers, quincailliers & autres, d'étaler aucunes sortes de marchandises les jours de dimanches & fêtes, à peine de confiscation des marchandises qui leur seront saisies, de 300 liv. d'amende pour la première fois, & d'être poursuivis extraordinairement en cas de récidive; pourront même, si le cas y écheoit, les contrevenans être arrêtés sur-le-champ, procès-verbal préalablement dressé par un commissaire au châtelet.

Art. VI. Disons que les habitans de cette ville & fauxbourgs, de quelque état & condition qu'ils soient, seroit tenus de fermer ou faire fermer les portes de leurs maisons à l'entrée de la nuit, à peine de 100 liv. d'amende pour la première contravention, de 300 liv. pour la seconde, & de plus grande peine, s'il y écheoit; de laquelle amende les propriétaires & principaux locataires seront civilement responsables.

Art. VII. Défendons à tous maîtres à danser de tenir assemblées & salles de danse les jours de dimanches & fêtes, de recevoir chez eux, dans aucuns jours de la semaine, des soldats, domestiques & gens sans aveu, ni aucunes filles ou femmes, sous quelque prétexte que ce soit; le tout à peine de 500 liv. d'amende, pour la première contravention, & d'être poursuivis extraordinairement, en cas de récidive.

Art. VIII. Ordonnons en outre que les dispositions portées par l'édit du mois de décembre 1666, & les déclarations du roi, des 23 mars 1728 & 25 août 1737, concernant le port d'armes, seront exécutées selon leur forme & teneur.

La communauté des *limonadiers* a cessé d'être en jurande depuis la révolution; aussi le nombre des cafés, tant grands que petits, s'est-il prodigieusement accru depuis quelque tems. Les réglemens concernant les garçons sont à-peu-près les mêmes que pour les autres communautés. Ainsi *Voyez* COMMUNAUTÉ, ART, COMPAGNON.

LINGÈRE, s. f. Marchande, dont le commerce consiste dans la vente des toiles & mousselines, & qui fait aussi des chemises, des cols, &c.

Les *lingères* formoient une communauté en jurande, & avoient des statuts qui remontoient au tems de S. Louis, & qui furent renouvellés en 1782. Nous ne les rapporterons point ici, parce que n'ayant d'objet que la discipline intérieure de la communauté, & n'influant point sur l'ordre public, il est inutile de les détailler aujourd'hui, que toutes les anciennes corporations sont détruites. Au reste, ils sont à-peu-près les mêmes que ceux des autres communautés. Ainsi *Voyez* COMMUNAUTÉ, ART & ADJOINT.

LIVRE, f. m. C'est un recueil de feuilles liées ensemble, & ordinairement chargées d'écritures, ou imprimées par la méthode typographique.

Nous avons vu au mot COMMERCE & JOURNAL, que les marchands sont obligés de tenir un *livre*-journal de leurs recettes, dépenses, &c. & nous y renvoyons pour ce que l'on pourroit chercher ici.

Nous avons donné au mot IMPRIMEUR quelques détails de l'ancienne police des *livres* & de la librairie; nous nous bornerons donc à renvoyer le lecteur à ces articles, sans entrer dans aucun développement sur ce qu'on appelle, en terme de police, inspection des *livres* défendus.

De pareils *livres* ne peuvent être que des libelles ou des ouvrages licentieux; or, dans le premier cas, ce sont les loix sur la liberté de la presse, qui doivent être la règle de conduite des magistrats & officiers de police; dans le second, tout se borne à défendre l'exposition affectée des ordures aux yeux du public. Cette licence est portée à son comble aujourd'hui. On trouve publiquement exposé au Palais-Royal & ailleurs les plus grossières productions à cet égard. On n'a point le droit de scruter la boutique d'un libraire, lorsqu'il n'y a point contre lui une dénonciation valable; mais la police a qualité pour défendre l'exposition publique des objets trop licentieux; & dans ce cas, on peut punir, par la saisie, ceux qui méprisent les réglemens. Au reste il faut, à cet égard, beaucoup de retenue; car j'aimerois encore mieux supporter l'inconvénient d'une licence de cette espèce, même outrée, que de livrer le commerce & les individus qui le font à une police vexatoire & bêtement rigoriste.

Aujourd'hui la suppression des *mouchards* ou espions de police pour les objets de cette espèce, a donné aux actes individuels une liberté qui va jusqu'à la licence; mais ce n'est point par une surveillance d'espions, qu'il faut la réprimer: le remède seroit pire que le mal. Il faut se borner à punir le flagrant délit public, & à n'exercer d'action sur les individus que par les formes ordonnées par la loi. *Voyez* ABUS.

LIVRÉE, f. f. Marque distinctive que portent les domestiques, attachée à une maison de condition. Telle est au moins la définition qu'on peut donner de cet usage dans les pays où il existe encore. En France, l'assemblée nationale a décrété la suppression de la *livrée* avec tous les autres titres & marques distinctives des maisons nobles; en sorte qu'aujourd'hui, le roi seul & les princes du sang royal font porter la *livrée* aux personnes qui leur sont attachées.

La *livrée* formoit autrefois à Paris un soin particulier de la police, pour prévenir les abus qu'à la faveur de son habit, un domestique auroit pu commettre, soit chez les marchands, soit ailleurs; il y avoit un inspecteur & des espions subalternes chargés de tous les détails qui pouvoient avoir rapport à cet objet.

Une déclaration du roi de 1768, & plusieurs ordonnances de police interdisoit aux gens de *livrée*, qui sont en général grossiers & insolens, le port d'armes & de canne. Aujourd'hui que la distinction de *livrée* n'est plus observée, cette loi de police fort sage n'est plus exécutée, & il en peut résulter de grands inconvéniens. *Voy.* ARMES, PORT D'ARMES & DOMESTIQUES.

LONDRES, f. m. Ville capitale d'Angleterre, & l'un des plus grands marchés de l'Europe.

Il n'est point, sans doute, dans l'objet de notre travail de donner une connoissance détaillée de tous les établissemens des capitales de l'Europe; nous aurions trop de choses à dire, & notre ouvrage en prendroit une étendue excessive; mais *Londres* est si intéressant, ses usages, ses loix, sa police sont si souvent mis en parallele avec les nôtres; nous-mêmes nous en avons parlé si souvent, que nous croyons utile de donner ici une notice de l'état politique de cette grande ville; on peut voir aussi ce que nous avons déja dit au mot JURÉ.

Londres, est à 51 degrés, & 30 minutes, de latitude septentrionale; dans la province de Middlesex, & du côté septentrional de la Tamise, qui est estimé plus sain que le côté méridional, si l'on en excepte la ville de Westminster proprement dite, laquelle est dans un lieu bas; il est sur un côteau élevé, situé sur un fonds de gravier, & par conséquent sain, où la rivière forme une espèce de croissant. La marée y monte pendant 4 heures, & baisse pendant 8. Elle va jusqu'à Kingston, c'est-à-dire, dix milles par terre, & vingt milles par eau, au-dessus de Londres: & depuis la mer, elle amène des vaisseaux d'une grande charge presque jusqu'au pont de Londres, avantage infini pour le commerce. Londres est éloigné de la mer d'environ 60 milles, & il est par-là à couvert de toute surprise de la part des flottes ennemies. Il en est aussi d'autant moins incommodé des vapeurs de la mer. Du côté du nord, il est à couvert en partie des vents froids du nord par Hampsted, Highgate & le terrein élevé d'Islingron; mais il est découvert au couchant qui est moins froid & plus doux.

Son étendue, de l'orient à l'occident, est d'environ huit milles. Mais sa largeur du septentrion au midi, n'est pas de plus de deux milles & demie, même dans les endroits les plus larges, comme depuis l'extrémité de S. Léonard-Shoreditch, jusqu'aux extrémités de Blackmanstreet en Southwark.

Dans cette enceinte, Londres contient cent trente-cinq paroisses; savoir, soixante-sept dans l'enceinte des murailles, & seize au dehors, outre quinze paroisses qui sont dans les paroisses de Middlesex & Surrey, & sept qui sont dans la Cité & les franchises de Westminster. Il y a pour l'exercice public de la religion, cent une églises paroissiales, outre l'église cathédrale de S. Paul dans Londres, l'église collégiale de S. Pierre, dans Westminster, sans compter S. Paul la cathédrale, & S. Pierre de Westminster, église collégiale, & grand nombre d'annexes & de chapelles. La raison pourquoi le nombre des églises est moins grand que celui des paroisses, c'est, qu'avant l'incendie de Londres, les églises étoient plutôt en trop grand nombre qu'autrement, & qu'à présent, en plusieurs lieux, il n'y a qu'une église pour deux paroisses, & un ministre pour les deux. Depuis le règne du roi George, le parlement a établi un fonds pour bâtir cinquante nouvelles églises à Londres & à Westminster, & il y en a déjà quelques-unes de finies. Le projet en avoit été formé sur la fin du règne de la reine Anne. A l'égard des non-conformistes, on compte qu'ils ont au moins quatre-vingt temples ou assemblées.

On y trouve plus de cinq mille rues tant grandes que petites, cours & allées, dans lesquelles on peut compter plus de cent & vingt mille maisons logeables, & en comptant huit personnes dans chaque maison, l'une portant l'autre, (comme on peut fort bien le faire, eu égard au grand nombre de celliers qui sont habités par des gens de métier), le nombre des habitans se montera sur ce pied-là à neuf cents soixante mille, c'est-à-dire, à quarante mille moins d'un million. Et nous pouvons juger aussi en partie du nombre des habitans par les enterremens de Londres, où il mourut, l'an 1681, (qui n'étoit pas une année de maladie) vingt-trois mille neuf cents soixante & onze personnes, suivant les régîtres généraux de mortalité. Mais l'on ne sauroit faire là-dessus un calcul exact, parce que le nombre des maisons augmente tous les jours dans Londres; on y bâtit même des quartiers qui passeroient ailleurs pour de jolies villes. Il faut remarquer que la partie orientale de cette ville, presque jusqu'au pont, est habitée principalement par des gens de marine, ou dont les métiers se rapportent aux affaires de la mer; la principale partie de la Cité par des marchands & des artisans; la ville & les fauxbourgs de Westminster par la grande & petite noblesse, & par des marchands qui vendent en détail.

Les maisons sont toutes de brique. Avant l'embrâsement de Londres elles étoient la plupart de bois, & fort mal entendues: depuis ce tems-là, les anglois se sont tellement perfectionnés dans l'art de bâtir, qu'il n'y a point de nation qui en approche. C'est une chose surprenante, de voir quelquefois sur un terrein fort étroit, des maisons si jolies & si commodes, des escaliers si bien éclairés, des plat-fonds si exhaussés, avec des cabinets dans la plupars des chambres, qui sont boisées, lambrissées ou peintes; des fenêtres à chassis avec de grands carreaux de verre; des cuisines pavées de brique ou de pierres de taille; des cours dans le derrière des maisons, & plusieurs avec de beaux jardins. Au lieu qu'autrefois les maisons n'avoient, pour la plupart, que des escaliers obscurs, de bas étages, des chambres sans régularité ni symmetrie, souvent avec des marches pour entrer de l'une dans l'autre, & de petites fenêtres, dont le plomb obscurcissoit les vîtres; de manière qu'à les voir on auroit crû que les gens de ces tems-là avoient peur de la lumière & du bon air. La boiserie, dont on garnit les chambres, n'a pas seulement une grande propreté, mais elle est encore très-utile pour ne pas dire nécessaire, dans un pays aussi humide qu'est l'Angleterre, pour empêcher le mauvais effet des murailles humides; & les plafonds plâtrés, rendent, par leur blancheur, les chambres plus claires, outre qu'ils bouchent le passage à la poussière, & diminuent le bruit au dessus de nos têtes. En été, l'air d'une chambre en est d'autant plus frais.

Cependant les murailles des maisons sont ici assez foibles, n'ayant guère qu'une brique & demie, c'est-à-dire, environ treize pouces d'épaisseur; aussi ne les bâtit on la plupart que pour durer précisément un certain nombre d'années. Ce qui vient de ce que les propriétaires du fonds ne passent jamais de bail pour bâtir sur leur fonds, au-delà de quatre-vingt-dix-neuf ans, & plusieurs ne les font pas au-dessus de soixante, & quelques-uns moins: & ce terme étant expiré, les maisons leur reviennent. Cela oblige les entrepreneurs à les faire bâtir suivant le terme du bail. Desorte qu'une maison est souvent prête à tomber, sinon devant, au moins bientôt après que le bail est expiré. Pour tirer tout l'avantage possible du fonds de la maison, les caves sont communément bâties sous la rue.

Ce qui augmente considérablement le nombre des maisons de Londres, c'est qu'on a démoli plusieurs hôtels qui avoient de grands jardins, pour en faire des rues entières. Témoin, dans le Strand seulement, les hôtels de York, Salisbury, Bedfort, Beaufort, Exeter, Norfolk, & Essex; dans Holbourn, l'hôtel de Warwick, & dans la Cité de Londres, ceux de Berkley, d'Elgin & de Barbican. Ces hôtels occupoient beaucoup de terrein, & même en des lieux de commerce. La noblesse est maintenant logée plus commodément dans les places publiques, ou dans de belles rues, où les maisons sont bâties à la moderne. Particulièrement celles de *Montaigu* dans Great-Thusselstreet; de *Buckingham* dans le parc de Saint-James, de *Burlington* & de Devonshire en Piccadilly; *Schomberg-House* dans le Pall-Mall, *Southamton-Housse* en Bloomsbury, Leicester-House dans Leicester-Fields, toutes les grandes maisons dans la place de Saint-James, &c.

En

En un mot, Londres est remarquable pour le grand nombre de belles grandes places qui s'y trouvent, telles que sont celles de *Lincolns-inn-Fields*, de *Serle-Court*, de *Grays-Inn*, *Thed-Lion*, *Bloomsbury*, *Soho*, *Golding*, *S. James*, *Leicester-Fields*, *Devonshire*, &c., qui font que l'air en est meilleur dans les rues voisines. Entre ces places, celle de *Lincolns-inn-Fields* est la plus spacieuse, celle de *Soho* a été ornée depuis peu d'un très-beau jardin au milieu, & si la plupart des maisons publiques, comme sont les églises, les colléges, & les hôtels des corps de métier n'étoient dans des lieux à l'écart & détournés, peut-être n'y auroit-il point de villes dans l'univers qui fût comparable à Londres après Paris.

Cette ville a aussi un très-grand nombre de belles & spacieuses rues, particulièrement *Cornhill*, *Cheepside*, *Fleetstreet*, *Great-Hatton-Street*, *Pall-Mall*, &c. Et pour la longueur, *Thame-street*, le *Strand*, & Holsbourn, dont la dernière, qui est aussi la plus large, a un mile de long. Les rues, nouvellement bâties, sont les plus propres pour ceux qui vont à pied, le devant des maisons étant pavé des deux côtés, d'une largeur suffisante, de grandes pierres fort unies, & défendu par des poteaux, à quelque distance les uns des autres, pour empêcher les charrettes & carosses d'en approcher.

Quelquefois entre les rues, on a ménagé des cours qui sont pavées de grandes pierres plates, & qui renferment plusieurs maisons aussi bien que des boutiques. Je parlerai maintenant des avantages & des commodités de Londres, par rapport aux provisions, & autres choses utiles ou agréables.

Premièrement à l'égard de l'eau douce, il n'y a point de lieu au monde qui en soit mieux fourni que Londres l'est par la Tamise & par la nouvelle rivière, sans parler de plusieurs autres. Car l'eau vient à certains tems fixes, & à bon marché, dans la plupart des maisons, par des tuyaux de plomb, ou autres grands vaisseaux. Le peuple a d'ordinaire de l'eau de pompe ou dans sa maison ou dans le voisinage. On est redevable de l'eau de la nouvelle rivière, aux soins, à l'habileté, & à la grande dépense du chevalier Hugh-Middleton, gentilhomme du pays de Galles, qui, par-là, a rendu un si grand service à la ville de Londres, qu'il mériteroit qu'on lui érigeât une statue. Il commença cette rivière en 1608, & la finit en cinq ans. Elle prend sa source en deux endroits près de Ware dans la province de Hart-Fort, & de-là par plusieurs détours, elle fait soixante milles de chemin avant que d'arriver à Londres, & passe sous huit cents ponts. Le canal est étroit, mais fort profond en plusieurs endroits. En d'autres il est porté au-dessus de certaines vallées plus de vingt pieds au-dessus de la terre dans des auges toutes couvertes. Il y eut six cens hommes employés chaque jour pendant long-tems à ce grand ouvrage, qui (pour dire la vérité) étoit plus convenable à un prince qu'à un sujet.

Pour ce qui est du chauffage, cette ville est abondamment fournie par eau de bois & sur-tout de charbon de terre. Ce dernier lui vient de Newcastle & de Sunderland, & le bois lui vient des provinces voisines, d'où l'on a la commodité de le faire venir par eau. A l'égard du charbon de terre, on compte qu'il en entre dans la Tamise, tous les ans, soixante mille *chaldrons*, chaque *chaldron* contenant trente-six boisseaux. Trois boisseaux font un *sac*, & douze sacs un *chaldron*. Il vient par mer de trois cents milles, quoiqu'on pût en avoir suffisamment de Blackheath dans le pays de Kent, qui n'est qu'à trois milles de Londres. Mais l'état ne juge pas à propos de faire ouvrir ces mines, à cause du grand avantage que la nation trouve à employer dans ce commerce de charbon plusieurs centaines de vaisseaux, & des milliers de matelots, qui sont estimés les meilleurs que nous ayons.

Pour la viande de boucherie, il y a douze grands marchés, qui sont fournis d'excellentes viandes de toute espèce; outre quantité de bouchers répandus par-ci, par-là, pour la commodité des familles qui sont trop éloignées des marchés, & des gens qui crient de la viande dans les rues. On y trouve aussi toutes sortes de volailles, de gibier, dans tous les tems de l'année.

Le marché de *Leaden-Hall* est un des plus considérables de Londres, où l'on a aussi ceux de *Spittlefieds*, *Honey-Lane*, & *Newgate*, celui de *Brooks* en Holsbourn; cinq dans Westminster, savoir: ceux de *Clare*, Hungerford, Newport, *S. James*, & *Kingstreet*; & deux autres en *Southwarck* & *Roderiff*. Pour le poisson, il n'y a proprement qu'un marché, qui est à *Billeng'sgate*, à l'est du pont de Londres, où tous les poissonniers de la ville l'achetent en gros, & le revendent ensuite en détail.

Il y a deux grands marchés pour toutes sortes de grains, savoir *Queen-hythe* & *Bear-key*, pour la farine il y en a un près de *Fleet-ditch*, & un autre en *Bloomsbury*. Pour le foin & la paille, un en *Smithsfield*, & un autre dans la rue appellée *Hay-market*; *Smitsfield* a un grand marché pour le bétail, & pour les chevaux, comme aussi *Leadenhall* pour les cuirs, & *Blackwellhall*, pour les draps de laine. Enfin, le long de la Tamise, on trouve du bois de charpente, du bois à brûler, des pierres & du charbon en abondance.

Il seroit difficile de déterminer le nombre des tavernes ou cabarets à vin; *Alehouses*, ou cabarets à bière, & sur-tout des maisons à caffé, chocolat, &c. Il y a trois principaux théâtres, un dans *Drury-lane*, un dans le *Hay-market*, & un près de *Lin-*

colns infields. Celui du Hay-market est destiné pour les opéra ; les autres pour les tragédies & les comédies.

Les caffés sont des rendez-vous pour les affaires ou pour la conversation : les gens de métier y vont fréquemment : & pour un sou (si on ne veut pas dépenser d'avantage) on a la commodité de lire les nouvelles imprimées qui paroissent tous les jours régulièrement. *La gazette de Londres* se publie le *mardi* & le *samedi* : le *Post-man*, le *Flying-post*, le *Post-boy*, & l'*Evening-post*, les mardis, jeudis & samedis, & *Saint-James-post* les lundis, mercredis & vendredis, & le *Dayly courant* ; tous les jours de la semaine. Enfin dans un grand nombre de caffés on trouve les gazettes de Paris, & celles de la Hollande, Flammandes aussi bien que Françaises. Pendant la tenue du parlement on a tous les jours les *Votes* ou résolutions de la chambre basse imprimées, & publiées par son ordre. On a encore tous les jeudis une liste du nombre des personnes qui meurent chaque semaine ; & de tems-en-tems l'imprimé des *sessions*, qui rend compte de l'examen, condamnation, & exécution des criminels jugés & condamnés au tribunal qu'on appelle *Old-baily*.

Il y a aussi plusieurs *Clubs* ou confréries, ou certain nombre d'amis s'assemblent au cabaret à vin, ou à bière, & là ils parlent d'affaires, de nouvelles, &c. Et chacun paye pour ce qu'il a bu ou mangé.

Pour aller d'un quartier de la ville à l'autre en diligence ou à l'aise, il y a 800 fiacres ou carosses de louage, & vers la cour quantité de chaises à porteur. Pour aller par eau on trouve le long de la rivière tous les jours, excepté le dimanche, une infinité de bateaux conduits par un batelier ou deux, comme on le souhaite. Tous ces bateaux sont d'une structure & d'une légereté extraordinaire ; & ce qu'on doit donner aux bateliers, aussi-bien qu'aux fiacres & aux porteurs de chaises, est réglé par les loix de police.

Pour éclairer les allans & venans la nuit, il y a de distance en distance dans les rues des lanternes convexes, qui répandent une assez grande lumière. Elles sont utiles pour empêcher les meurtres, & autres outrages, si fréquens dans les autres grandes villes.

Comme *Londres* s'étend le long de la rivière, à cause des commodités qu'elle en tire, ce qui fait qu'elle est beaucoup plus longue que large, il résulte ces avantages que d'un côté, elle jouit de l'air frais de la rivière, & de l'autre côté de celui de la campagne. Ceux qui aiment à prendre l'air & à se promener pour leur santé, ont bien des commodités pour cela, sans aller fort loin ; car ils ont *Moor-fields*, *Islington*, & *Red-lion-fields*, *Marybon*, & *Tuttle-fields*, & peuvent aussi aller à *Chelsey*, *Kinsington*, &c. Pour les personnes au-dessus du commun, il y a les beaux jardins des *Inns of Court*, & ceux des *Hall* des sociétés de *Londres*, qu'on appelle *Companies-halls*, sans parler du jardin de la chartreuse.

Le quartier de la cour a l'avantage d'avoir près de soi les deux *parcs*, dont l'un s'appelle le *parc* de *Saint-James*, & l'autre *Hyde-parc*. Dans le premier on se promène seulement à pied, & dans l'autre en carosse & à cheval. Le parc de Saint-James a environ trois milles de tour, & contient une grande variété de belles & spacieuses allées, bien ombragées & sablées, avec un beau mail de mille pas de longueur, un beau canal à peu-près de la même longueur, dont l'eau est rafraichie & renouvellée à toutes les marées par des conduits souterrains qui communiquent avec la Tamise. Il y a aussi quantité de dains qui y paissent l'herbe. Mais le plus grand ornement de ce parc est le palais royal de Saint-James où les rois font leur demeure depuis l'incendie du palais de Whitehall.

Hyde-parc n'en est séparé que par le grand chemin, mais il a l'avantage que sa situation est plus élevée, & qu'il est beaucoup plus spacieux. Il est environné de murailles. Il y a au milieu un chemin bien sablé pour les carosses & les chevaux, qui conduit jusqu'au palais de Kinsington. C'est dans ce même parc qu'est *le cours* de *Londres*. Il y a un endroit où les personnes de qualité se rendent tous les soirs l'été en carosse ; & alors on voit deux à trois cents carosses, & même quelquefois jusqu'à cinq ou six cents se promenant dans un cercle, ce qui donne lieu aux hommes & aux femmes de se voir les uns les autres, & en même tems de respirer l'air de ce parc, qui est fort pur. C'est aussi le lieu où l'on passe en revue les gardes de sa majesté, tant à pied qu'à cheval.

Pour se promener à couvert de la pluie & du vent, il y a la *Bourse royale*, la *Maison-de-ville*, les *Cloître du Middle-temple*, &c. La partie occidentale de l'église cathédrale de Saint-Paul & celle de l'abbaye de Westminster, & les portiques du *Covent-garden*.

Il y a une commodité particulière à *Londres* pour s'écrire en quelque partie que ce soit de *Londres* & de Westminster, & même à quelques milles hors de la ville. On peut envoyer, non seulement des lettres, mais des paquets au-dessous du poids d'une livre, & même jusqu'à la valeur de dix livres sterling en argent. On ne paie qu'un sou pour cela, & c'est à celui qui envoie à le paier. C'est pour cela qu'on appelle cette voie le *Peny-post*, ou la poste d'un sou. *Londres* a été long-tems la seule ville où l'on avoit cette commodité. Si un paquet venoit à se perdre, c'est au bureau à en répondre.

Pour le réglement de cette poste, il y a un bureau général dans *Thread-needle-street* sous la direction immédiate d'un contrôleur, dont les gages sont de deux cent livres sterlings par an. De ce bureau dépendent cinq autres qui sont dans d'autres quartiers, & qu'on appelle *Sorting-houses*. Savoir : à *Westminster* près de *Charing-cross*, le bureau du *Temple* près de Lincolns-jin, le bureau de *Saint-Paul* dans *Pater-noster-row*, un autre près de *Saint-Mary-over* dans Southwark, & le cinquième appellé le bureau de Tower-hill, ou de l'hermitage.

Il y a dans tous ces bureaux environ cent personnes qui en dépendent, tant messagers, que ceux qui assortissent les lettres & paquets, & en tiennent des registres. Les principaux assortisseurs ont douze schelins par semaine, & ceux qui sont sous eux en ont dix. Les messagers pour la ville qui ramassent & délivrent les lettres ont huit schelins chacun par semaine; & ceux pour la campagne ont de dix jusqu'à douze & quinze schelins, selon l'éloignement des lieux où ils portent les lettres. Pour recevoir les lettres & paquets qui s'envoyent, il y a près de cinq cent boutiques ou caffés dans la ville & dans les villages aux environs, où les messagers les vont quérir, & les apportent au bureau dont-ils dépendent. Dans la plupart des lieux à *Londres* & Westminster, ils le font à chaque heure du jour, & dans les lieux les plus éloignés de deux heures en deux heures. Dans les bourgs près de *Londres*, deux fois par jour, & dans les lieux plus éloignés, seulement une fois. La nation est redevable de cet avantage à M. Guillaume Dockwra, marchand, qui en forma le dessein le premier & l'établit lui seul à ses propres frais l'an 1680. Mais lorsqu'il espéroit cueillir le fruit de son industrie, le duc d'Yorck, à qui Charles II avoit donné le revenu des postes, lui fit un procès, comme à un homme qui usurpoit ses droits, & on lui ôta le *Peny-post*. C'est à présent un des revenus de l'état, qui produit environ mille livres sterling par an.

Un autre avantage de cette ville, c'est qu'on peut y faire assurer beaucoup de choses de conséquence, sujettes à des accidens ou à des hasards, & cela même à bon marché. Pour cet effet, il y a plusieurs assureurs, gens de bonne réputation & qui ont du bien, lesquels en courent les risques, moyennant une somme modique dont on convient.

Pour l'assurance des maisons en cas de feu, il y a aujourd'hui trois ou quatre compagnies, qui ont chacune leur bureau. Chaque compagnie a des gens qui sont toujours prêts à secourir les maisons où le feu prend, ou du moins à empêcher qu'il ne gagne les maisons voisines. Mais avant qu'on ait rompu les acqueducs, & qu'on ait une quantité d'eau suffisante pour les pompes qui sont dans chaque rue, il se passe quelquefois deux ou trois heures, & cependant le feu fait bien du ravage. On n'assure aucune maison pour toute sa valeur, mais seulement pour une somme dont on convient, & que les assureurs paient lorsquelle vient à brûler. On assure aussi les meubles jusqu'à une certaine somme.

Les négocians de la ville sont divisés en soixante-deux compagnies, qui sont autant de corps politiques, qui jouissent de grands priviléges que les rois leur ont accordés en différens tems. En voici les principales : les merciers, épiciers, drapiers, poissonniers, orfèvres, pelletiers, marchands tailleurs, chapeliers, sauniers ou marchands de sel, marchands de fer, taverniers, ouvriers en drap. Chaque compagnie a un *maître*, choisi tous les ans, & d'autres gouverneurs subalternes, appellés *Gardiens* & *Assistans* : & ces compagnies sont si considérables, que plusieurs rois leur ont fait l'honneur d'y vouloir bien être incorporés. Guillaume III, entr'autres, voulut être un des membres de la compagnie des épiciers, & en prendre les lettres d'incorporation, qui lui furent présentées dans une boëte d'or.

Entr'autres priviléges des bourgeois de *Londres*, qui rendent leur commerce florissant, ils sont exempts de tous péages par toute l'Angleterre; & le lord-maire expédie pour cet effet des certificats aux bourgeois qui trafiquent dans les provinces. Ils ont aussi le privilége d'exclure tous les artisans & gens de métier qui n'ont pas fait leur apprentissage dans la cité, ou qui n'en sont pas bourgeois. Ils peuvent même inquiéter tout bourgeois de *Londres* qui emploie dans la cité ou dans ses franchises des gens qui n'ont pas ces qualités, & lui faire payer pour amende 5 livres par jour. C'est ce qui fait que la cité fourmille d'apprentifs élevés dans toutes sortes de métiers. On en fait monter le nombre à 40 mille.

Un autre grand privilége, c'est que la cité envoie quatre membres au parlement, ce qui est deux fois autant que les autres cités; & à leur première séance dans le parlement, ces membres y paroissent d'ordinaire dans leurs robes d'écarlate, lorsque tous les autres (hormis l'orateur) paroissent dans leurs habits ordinaires. Voici comment on choisit ces membres. On propose quatre échevins ou Aldermans, & quatre du conseil commun: de ces huit prétendans, les quatre qui ont la pluralité des suffrages sont déclarés par les sherifs pour duement élus. Cela se fait à la cour qu'on appelle des *hustings* dans la maison-de-ville; & s'il y a quelque contestation sur la validité des suffrages, elle est ordinairement décidée, en recueillant toutes les voix de ceux qui ont droit à l'élection, une par une, & celui qui a le plus de voix pour lui l'emporte; c'est ce qu'on appelle *poll*.

Mais le plus grand privilége de tous est, que les bourgeois choisissent leurs magistrats, ou leurs propres cours de justice, & font telles loix que bon leur semble, pour le gouvernement de la ville, pourvu qu'elles ne soient pas contraires aux loix du royaume.

De toutes les villes de l'Europe, il n'y en a point où l'on se soit plus empressé de former des établissemens pour les sciences, & de procurer des secours à l'humanité souffrante, que dans la ville de *Londres*.

Premièrement, pour le droit coutumier & pour la chancellerie, il y a deux collèges qu'on appelle des *Sergens en droits*, l'un en Fleet-Street, & l'autre en Chancery-Lane. Outre quatre collèges qu'on appelle *Inns of Court*, savoir les deux *temples* en Fleet-Street, l'un qu'on appelle *the Inner*, & l'autre *the Middle-temple;* celui de Grays-Inn, en Holbourn, & de Lincols-Inn, en Chancery-Lane. Dans tous ces collèges, les gens de loi vivent d'une manière collégiale, dans le tems des séances des cours de justice; ils ont là leurs chambres à part, où ils travaillent hors du bruit & de l'embarras des familles, & où leurs cliens les trouvent facilement. En un mot, on compte en Angleterre quarante mille personnes qui vivent par les procès, dont plusieurs gagnent des centaines de livres sterlings par an, & les autres des milliers. Ils sont assurément un des plus puissans corps de l'état, & celui qui a le plus de crédit & d'autorité. Plusieurs personnes de ce corps ont eu l'honneur d'être faits pairs du royaume, & de parvenir jusqu'à la charge de chancellier.

On appelle *Sergeants at law*, ou *Sergens en droit*, ceux qui, après être parvenus au plus haut degré de la science du droit coutumier, sont élevés par le roi à cette dignité, qui répond à celle de *Docteur en droit*, dans le droit civil. Ces messieurs portent une calotte de soie noire sur la tête, & plaident avec des robes de deux différentes couleurs. A la cour des plaidoyers communs, ils se tiennent hors du barreau; mais dans toutes les autres cours, ils ont place au-dedans. Les docteurs en droit ont la liberté de se couvrir, mais ceux-ci sont découverts, comme *servientes ad legem: servitutis autem appellatio est ministerii, doctoris vero magisterii*. Cependant tous les juges du banc du roi, des plaidoyers communs & de l'échiquier, sont de cet ordre. Les collèges qu'on appelle *Inns of Court* sont les plus considérables par leur beauté, par leur étendue, & le grand nombre de chambres belles & commodes. Chacun de ces collèges a une salle où les membres du collège mangent ensemble pendant les *termes* ou le tems des séances des cours de justice, une église ou chapelle pour leurs dévotions publiques, un jardin & autres lieux propres pour se promener.

Le temple étoit autrefois le collège des chevaliers templiers, ordre qui fut aboli il y a 400 ans. Il est divisé en deux parties: celle qu'on appelle *Inner temple* a un beau jardin sur la Tamise, & près de-là une très-belle place pour se promener. Le *Middle-temple*, c'est le nom de l'autre partie, & a aussi un jardin sur la rivière, mais de moindre étendue, plusieurs allées pavées de pierres: il y a aussi une fontaine, ou jet-d'eau entouré d'une balustrade, & ombragé de plusieurs arbres. Ce collège a aussi une bibliothèque: mais sa salle, qui est une très-belle pièce, fait son plus grand ornement. L'église des templiers subsiste encore; & le ministre qui la dessert est appellé le *maître du temple*, *the master of the temple*. A l'entrée on voit sur neuf tombes plates les figures en bas-relief de neuf chevaliers armés de pied en cap.

Les collèges de Lincoln's-Inn & Grays-Inn sont sur un terrain plus élevé & sur un fonds de gravier, ce qui les rend plus sains. Le premier appartenoit autrefois aux comtes de Lincoln, & le dernier à la noble famille des Grays.

Lincoln's-Inn a deux jardins, avec une terrasse faisant face à *Lincols-Inn-fields*, la plus grande place de la ville. Il a été agrandi & embelli, depuis peu d'années, par une belle cour, appellée *serle's court*, ornée au milieu d'une colonne de pierre, avec un horloge au haut, qui fait voir les heures de trois côtés différens: & cette colonne se trouve posée dans une fontaine qui a quatre jets d'eau, & qui est environnée de barreaux de fer. Dans le jardin du dehors, il y a un bassin avec un jet d'eau. Ce collège a une belle chapelle, qui est élevée d'environ vingt marches au-dessus de terre, & soutenue par des colonnes; si bien qu'on peut se promener sous cette chapelle à sec en tems de pluie.

Grays-Inn, en Holsbourn, est particulièrement remarquable pour sa belle place, qu'on appelle communément *Cony-court*; & pour son jardin magnifique, avec une belle terrasse du côté septentrional, d'où l'on a une charmante vue sur la campagne. On compte dans ces quatre collèges de gens de loi environ 600 étudians, parmi lesquels il y a plusieurs jeunes gentilshommes qui étudient le droit, non pour le professer, mais pour profiter de cette connoissance dans le maniement de leurs propres affaires.

Mais il y a outre cela huit collèges de chancellerie, qui dépendent des quatre dont je viens de parler, & qu'on appelle *Inns of chancery*. Ceux qui appartiennent aux deux temples sont *Clifford-Inn*, *Saint-Clements-Inn*, *New-Inn*, & *Lyons-Inn*. Dans Holsbourn, il y a *Thavies* & *Furnival's-Inn*, qui appartiennent à *Lincolns-Inn; Bernards* & *Staple-Inn*.

Dans la chapelle, dans la salle, & dans les cours de justice, les membres ne doivent paroître qu'avec une robe noire. Ailleurs ils prennent un habit ordinaire, & portent l'épée. Chacune de ces sociétés, ou de ces collèges, est composé de ces trois ordres de personnes : de *Benchers*, *Outer-Barristers*, & *Inner-Barristers*. Les *Benchers* sont les plus anciens membres de la société qui ont le gouvernement du collège. On choisit de leur nombre un *trésorier* tous les ans. Les *Outer-Barristers* sont ceux qui, ayant demeuré long-tems dans le collège, & étant bien exercés dans le droit, sont appellés par les *Benchers* pour plaider dans la salle, & pour débattre des cas & des questions douteuses. Tous les autres, qui, faute de capacité, ne sont point admis à soutenir ces disputes de droit, sont ceux-là proprement qu'on appelle *Inner-Barristers*.

Près de la cathédrale de S. Paul, il y a un collège de docteurs en droit civil, appellé *Doctors Commons*, où résidoient autrefois les juges, & les plus savans docteurs en droit civil. Dans la salle de ce collège, on tient divers cours qui se règlent par le droit civil. Dans Warwick-Lane, près de Newgate, est le *collège des médecins*, qui a une cour spacieuse, un amphythéâtre où se font les dissections, & une bibliothèque.

Le nombre des médecins qui sont de ce collège, ne doit être que de 80. Les principaux d'entr'eux sont appellés: *Fellows* ou *Collegues*. Après ceux-ci, sont les collègues *honoraires*, & enfin les licenciés, c'est-à-dire ceux qui ayant été trouvés capables de pratiquer la médecine, du moins en quelques sortes de maladies, obtiennent du collège la permission de l'exercer.

Ce collège a plusieurs grands privilèges, qui lui ont été accordés par le roi ou par le parlement. Par exemple, un médecin (quoiqu'il ait pris ses degrés à Oxford ou à Cambrige) ne peut, sans licence obtenue sous le sceau du collège, pratiquer la médecine à *Londres*, ou à sept milles aux environs; & toute personne qui n'a point pris ses degrés, ne la peut exercer en aucune partie d'Angleterre. Ce collège peut condamner à l'amende, & emprisonner tout contrevenant. Il y a une loi qui défend à qui que ce soit d'exercer la médecine ou la chirurgie, à moins qu'il ne soit qualifié pour cela, ou qu'il n'ait permission expresse pour le faire, & qui déclare felon ou coupable de mort, tout contrevenant, entre les mains de qui un malade viendra à mourir. Ce collège a aussi l'autorité de visiter les boutiques des apothicaires dans *Londres* & aux environs, & de voir si leurs drogues & compositions sont bonnes & bien préparées; & afin que ces messieurs du collège puissent visiter en tout tems leurs malades, ils sont exempts de toutes les charges onéreuses de paroisse.

Cependant Londres ne laisse pas de fourmiller d'empiriques, de charlatans, & autres qui exercent la médecine sans autorité, dont les billets sont tous les jours distribués publiquement par toute la ville. Pour empêcher le petit peuple de se laisser duper par ces gens-là, & le sauver des mains des apothicaires, quarante-deux médecins établirent, en 1696, trois boutiques ou laboratoires appellés *dispensaries*, un au collège des médecins, l'autre dans *Bornhill* à *Londres*, & le troisième dans *Saint-Martin's-Lane*, à Westminster, où l'on vend toutes sortes de drogues au juste prix de leur valeur, & où l'on donne gratuitement conseil aux personnes incommodées.

Le collège des médecins est gouverné par un président, quatre censeurs, & douze électeurs, qui sont tous les principaux membres de la société; le président est choisi d'entr'eux, tous les ans, à la Saint-Michel. Mais les collègues honoraires & les licenciés, n'ont point de part au gouvernement, quoiqu'ils jouissent des privilèges du collège par une patente que Jacques II accorda à ce collège; ceux qui ont pris leurs degrés dans les universités étrangères, sont qualifiés pour devenir fellows ou collègues.

Le *Collège de Gresham*, en Bishopsgatestreet, mérite une place ici. Il est ainsi appellé de son fondateur le chevalier Thomas Gresham, qui bâtit la bourse royale, & destina, à l'établissement de ce collège, le revenu qui en proviendroit, dont il commit une moitié au maire & à la communauté de Londres, & à leurs successeurs à jamais; & l'autre moitié à la compagnie des merciers. La première moitié pour trouver quatre personnes capables d'enseigner, dans ce collège, la théologie, l'astronomie, la musique & la géométrie; & l'autre moitié, pour trois autres personnes capables d'enseigner la rhétorique, le droit civil & la médecine. Les gages de chaque professeur sont de 50 livres sterling par an, avec un logement dans le collège.

La société royale fut établie par Charles II, au mois d'avril 1663, pour perfectionner la science des choses naturelles & des arts utiles, par des expériences; sa majesté elle-même se déclara le fondateur, le patron, le chef, & en même-tems un des collègues de cette société. Cette société a fait un grand nombre de découvertes dans la nature, & a beaucoup perfectionné l'architecture navale, civile & militaire; l'art de l'agriculture, & celui de la navigation. Elle a une bibliothèque & un cabinet qui contient un très-grand nombre de curiosités de la nature, comme bêtes, oiseaux, poissons, serpens, mouches, coquillages, plumes, momies, gommes, minéraux, fossiles, &c. Mais le plus beau cabinet de raretés qu'il y ait en Angleterre, & peut-être au monde, c'est celui de M. le chevalier Sloane, docteur en médecine, &c.

Le nombre des membres de la société royale n'est point fixé : il y a un grand nombre d'étrangers qu'on avoit reçus ci-devant avec une facilité dont on reconnoît présentement l'abus. On compte parmi ses membres des personnes du premier rang. Elle tenoit autrefois ses assemblées dans *Gresham College*; mais depuis quelques années c'est dans *Crane-Court*, près de *Fleetstreet*. Elle s'assemble tous les jeudis. Cette société est gouvernée par un conseil, composé de vingt un membres, dont dix sortent tous les ans, & dix autres sont mis en leurs places. L'élection s'en fait le 30 de novembre au matin, le jour de Saint-André. Le chef du conseil porte le titre de *président*, dont l'office est de convoquer & de renvoyer les assemblées, de proposer les matières qu'on y doit agiter, de faire les questions, de demander qu'on produise les expériences, & d'admettre les membres qui sont élus, &c.

Pour être admis dans cette société, l'aspirant est proposé dans une assemblée par quelques uns des membres. Après que l'assemblée a approuvé cette proposition, elle en renvoie l'examen au conseil, & si le conseil l'approuve, il en fait le rapport à la société, qui ne manque presque jamais d'y donner son suffrage. On ballote dans ces deux dernières occasions. Le nouveau membre est obligé de signer, qu'il fera son possible pour le bien de la société royale de Londres, en travaillant à son avancement dans la connoissance des choses naturelles. A son entrée il paie 40 scheling, & dans la suite 13 shelings par quartier, pendant tout le tems qu'il est membre de la société.

Il y a aussi un trésorier & deux secrétaires, pour lire toutes les lettres écrites à la société, & pour faire les réponses; pour enregistrer toutes les expériences, & pour publier tout ce que la société juge à propos d'être publié. Ils publient aussi les lettres & mémoires que les membres de la société leur envoient, lorsqu'ils les jugent utiles au public. Cela paroît de tems-en-tems sous le titre de *Transactions Philosophiques*.

Le *collège de Sion*, près de Cripplegate, étoit autrefois une maison religieuse, ensuite un hôpital, & aujourd'hui c'est un collège & un hôpital tout ensemble. L'un & l'autre, fondés l'an 1631, par le docteur Wite de Bristol, vicaire de S. Dunstan à Londres. Le collège est pour l'usage de tous les ministres de Londres qui sont de l'église anglicane; & l'hôpital pour dix pauvres hommes & autant de pauvres femmes, ceux-là logés dans le collège, & celles-ci au-dehors. Il acheta cette maison 3000 liv. sterl, constitua 40 l. sterl. par an pour les réparations & autres dépenses nécessaires, & 20 l. st. par an pour l'entretien de l'hôpital. Il y a une sale bâtie depuis peu des contributions des membres de ce collège, & de quelques autres personnes bien intentionnées, & une bibliothèque de livres de théologie, comme celle de Gresham est pour les philosophes, & celle de Warwick-Lane pour les médecins. Cette bibliothèque est principalement pour l'usage du clergé de Londres.

Je finis par le *collège des Herauts*, qu'on appelle communément en anglois *the Heralds office*, & qui est dépendant du grand maréchal d'Angleterre. Les *hérauts* déclarent la paix & la guerre, sont bien entendus dans les généalogies, tiennent regître des armoiries des familles, règlent les formalités des couronnemens, des mariages, baptêmes, funérailles, entrevues & festins des princes, cavalcades, &c. Ils sont tous payés par le roi; & il y en a de trois ordres en Angleterre. Les uns qu'on appelle *kings of arms*, les autres *heralds*, & les derniers *poursuivans*. Il y a trois *kings of arms*, le premier qui s'appelle *garter*, le second *clarencieux*, & le troisième *norroy*.

Garter, le principal de tous, fut institué par Henri V, pour assister aux solemnités des chevaliers de la jartière, pour donner aux chevaliers avis de leur élection, pour les faire venir à Windsor afin d'y être installés, & pour placer leurs armes au-dessus de la place où ils s'asseyent dans la chapelle. C'est à lui aussi à porter la jartière aux rois & princes étrangers qui sont choisis membres de cet ordre, étant joint dans la commission avec quelque pair du royaume; enfin c'est lui qui règle les funérailles solemnelles de la grande noblesse. Sa création est une espèce de couronnement. On y fait venir premièrement une épée & un livre, sur lesquels il prête serment. Ensuite une couronne d'or, un collier d'Esses, & une coupe de vin. Après cela une cotte d'armes de velours, richement brodée, & un badge d'or émaillé dans une chaîne d'or. Pendant qu'il est à genoux devant le grand maréchal, & qu'il met sa main sur le livre & sur l'épée; un autre *roi d'armes* lit la forme du serment. Le serment étant prêté, on lit la patente de sa charge, & pendant qu'on la lit, le grand maréchal verse le vin sur sa tête, & lui donne le nom de *garter* ou jartière, met sur lui la cotte d'armes, le collier d'Esses, & la couronne sur sa tête. Il est obligé, par son serment, d'obéir au souverain de l'ordre très-noble de la jartière, & aux nobles chevaliers de l'ordre, en tout ce qui regarde son office, de s'informer de tous les exploits mémorables de cet ordre, & de les certifier à celui qui en tient les regîtres, afin qu'il les enregître. C'est à lui encore à informer le roi & les chevaliers de l'ordre de la mort des membres de cette société. Il doit aussi avoir une connoissance exacte de toute la noblesse, pour instruire les hérauts dans tous les points douteux qui regardent le blazon, & doit être toujours plutôt prêt à excuser qu'à blâmer aucun noble, à moins qu'il ne soit obligé par la justice à déposer contre lui. Enfin, il doit éviter tout commerce avec les personnes de mauvaise réputation.

Clarencieux & *norroy*, les deux autres *rois d'armes*, sont appellés *hérauts provinciaux*, parce que la jurisdiction de l'un est bornée aux provinces qui sont au nord de la Trente, & l'autre à celles qui se trouvent à son midi. Ils sont tous deux créés à peu-près comme le *garter*, & leur emploi consiste à ordonner des funérailles de la petite noblesse, savoir : baronets, chevaliers, écuyers & gentilshommes. Ils ont tous deux le pouvoir, par patente, de visiter les familles des nobles, & de distinguer leurs armes, &c. Ceux qu'on appelle *heralds* sont six en nombre, distingués par les noms de *Richmond*, *Lancaster*, *Chester*, *Windsor*, *Somerset* & *Yorck*. Leur office est d'aller à la cour pour y recevoir ses ordres; d'assister aux solemnités publiques, de proclamer la paix & la guerre.

Les *poursuivans* sont quatre, qu'on appelle *bluemante*, ou manteau bleu; *rouge-croix*, *rouge-dragon*, & *portcullice*, en françois, *portcoulisse*, probablement des marques de distinction que chacun d'eux portoit autrefois. Outre ceux-là il y en a deux autres, qu'on appelle *poursuivans extraordinaires*.

Le collège des hérauts a, pour objet, tout ce qui regarde les honneurs, étant considérés *tanquàm sacrorum custodes & templi honoris aditûs*. Ils assistent le grand maréchal dans sa cour de chevalerie, qui se tient d'ordinaire dans la sale du collège des hérauts, où ils prennent place, vêtus de leurs riches cottes d'armes. Il faut qu'ils soient tous gentilshommes de naissance, & les six hérauts sont faits écuyers dans le tems de leur création. Ils ont tous des gages : mais Garter a double salaire, & certains droits à l'installation des chevaliers, outre des émolumens annuels de chaque chevalier de l'ordre. Il reçoit aussi un présent de chaque chevalier le jour de son installation.

Il y a à Londres plusieurs écoles publiques pour l'éducation de la jeunesse, sans parler d'un nombre infini d'écoles particulières. J'appelle publique celles qui ont été fondées pour l'éducation d'un certain nombre d'écoliers, qui y sont enseignés *gratis*.

Telles sont, 1°. l'*école royale de Westminster*, fondée par la reine Elisabeth, pour quarante écoliers, enseignés & entretenus aux dépens de l'école, & qu'on y prépare pour les universités. Remarquez en passant qu'il y a deux écoles semblables à la campagne, savoir : celle d'Éton, dans la province de Buckingham, vis-à-vis de Windsor, où il y a une fameuse école pour les langues, fondée par le roi Henri VI; & l'école de Wincheter en la province de Hampshire, fondée par Guillaume de Wickham.

2°. L'*école de S. Paul*, qui est un très-beau bâtiment, près de la cathédrale. Cette école fut fondée en 1512 par le docteur Collet, doyen de S. Paul, pour y enseigner cent cinquante-trois enfans *gratis*. Pour cet effet, il y établit un maître, un sous-maître, & un chapelain, avec de gros gages, à perpétuité.

3°. L'*école des marchands-tailleurs*, près de Cannonstreet, fondée par le chevalier Thomas White, échevin & marchand-tailleur de Londres, qui est aussi le fondateur du collège de S. Jean à Oxford. Dans cette seule école on enseigne trois cents écoliers, savoir : cent *gratis*, pour 2 schelings, 6 sous par quartier chacun, & cent autres pour 5 chelings par quartier. Il y a, pour cet effet, un maître d'école, qui est proprement logé, & trois sous-maîtres ayant chacun leur appartement. Un côté de cette école est soutenu par de gros pilliers de pierre, dans une grande cour pavée de pierre de taille. Il y a aussi une bibliothèque. Les quarante-six *fellowships*, ou places de collègues dans le collège de S. Jean, appartiennent à cette école, pour lesquelles *fellowships* on élit tous les ans autant d'écoliers, de cette école, qu'il y a de places vacantes dans ce collège.

4°. Il y a une autre bonne école à la *chapelle des Merciers* en Cheapside, fondée par la compagnie des Merciers. Ajoutez à cela l'*école de l'hôpital de Christ*, & celle de *la chartreuse*, dont je parlerai plus amplement ci-après. Une autre école avec une bibliothèque près de l'église de *Saint-Martin* dans Westminster, fondée par le docteur Tennison, archevêque de Cantobery. Et enfin celle de *Ratcliff*, fondée par Nicolas Jibson, épicier de *Londres*, qui y bâtit aussi une maison de charité pour quatorze pauvres personnes âgées.

A *Londres* & aux environs, à dix milles à la ronde, il y a soixante-quatre *école de charité*, établies par des personnes charitables depuis quelques années, pour l'éducation des enfans pauvres garçons & filles. Lorsqu'on les assembla en 1706, pour ouir un sermon dans l'église du Saint-Sépulchre, on compta jusqu'à 573 garçons & 915 filles, outre un nombre considérable des uns & des autres, qui avoient été mis en apprentissage.

Outre un grand nombre de maisons de charité, ou petits hôpitaux, fondés par des particuliers, pour le soulagement des pauvres, il y a huit grands hôpitaux, en comprenant ceux de Greenwich & Chelsey, qui ne sont pas loin de la ville.

Je commence par l'*hôpital de Christ* près de Newgate-street. C'étoit autrefois un couvent qui, ayant été supprimée par Henri VIII, fut converti en hôpital l'an 1553 par son fils Edouard VI, on l'appelle l'hôpital des *enfans-bleus*, parce qu'ils sont habillés de bleu. Il y a une école latine pour les garçons, dont on destine les uns pour l'université, & les autres pour des métiers. Il y en a eu qui ont été élevés aux premières dignités de la ville, & un d'eux a été lord maire de *Londres*. Il y a aussi une belle école pour apprendre à écrire, bâtie aux dépens du chevalier Jean Moor, échevin, à qui elle a coûté plus de quarante mille livres sterling; & une école de mathématiques, fondée par Charles II, pour enseigner à quarante garçons de cet hôpital toutes les parties des mathématiques, mais principalement la navigation. Tous les ans on en envoie dix ou douze à la fois en mer, pour joindre la pratique à la théorie.

L'*hôpital de Saint-Berthelemi*, qui est tout proche de l'hôpital de Christ, & qui fait face à Smithfield d'un côté, destiné pour les pauvres malades, estropiés & blessés, où ils sont fort bien traités & entretenus. Il y a pour cet effet d'habiles médecins & chirurgiens gagés pour en prendre soin, & on peut dire que rien ne leur manque. Cet hôpital fut fondé par un nommé *Rayhere* l'an 1102, sous le règne de Henri I; & après la suppression des monastères, il fut refondé par Henri VIII en 1546. Dans le cloître il y a une espèce de change, avec des boutiques des deux côtés.

Il y a d'autres hôpitaux entretenus par celui-ci, l'un à *Kings-land*, & l'autre appellé *the Lock* en Sothwark. On compte que ces trois hôpitaux ont entretenu tous les ans trois cents malades pendant plusieurs années. Il y a pour le gouvernement de cet hôpital un président, un trésorier, & plusieurs gouverneurs, d'entre lesquels on choisit tous les ans un commité, pour régler les affaires de la maison. Le trésorier & plusieurs goverueurs s'assemblent deux fois la semaine à l'hôpital, & ordonnent à ceux qu'on appelle *aumoniers* d'acheter ce qui est propre pour les malades.

Pour la guérison & l'entretien des pauvres lunatiques ou insensés, il y a dans Moor-fields un magnifique hôpital, appellé communément *Bedlam*. Il fut bâti environ dix ans après l'incendie de *Londres*, en 1666, sans compter le fonds, le seul bâtiment à couté dix-sept milles livres sterling, à quoi plusieurs riches bourgeois & autres ont contribué. Il est situé dans un bon air. Dans l'espace d'un an on y a vû jusqu'à quarante, cinquante & soixante lunatiques rétablis dans leur bon sens.

L'*hôpital de Saint-Thomas* à Southwark, de l'autre côté de la rivière, étoit autrefois un bâtiment fort vieux & irrégulier. Mais il a été abbatu, & on la rebati si commode, si uniforme, & si propre qu'il mérite d'être vû par les étrangers. L'usage de cet hôpital est pour les malades, les estropiés & les blessés, comme celui de Saint-Barthelemi.

Je passe maintenant à un hôpital fondé par un particulier, mais qui fait beaucoup d'honneur à l'Angleterre. C'est l'*hôpital de Sutton*, communément appellé *la chartreuse*, ayant été dans le temo du Papisme un monastère de charteux. Il y en avoit huit autres de cet ordre en Angleterre, savoir à *Sheen* dans la province de Surrey, à Hindon en Wiltshire, à Fair-valley en Nottinghamshire, *Saint-Anne*, dans la province d'Yorc, *Epworth* dans celle de Lincoln, & Witham en Somersetshire.

Lorsque les couvens d'Angleterre furent supprimés par le roi Henri VIII, cette chartreuse fut donnée au chevalier Thomas Audley, orateur de la chambre des communes. Elle passa de lui à Thomas Howard, duc de Norfolz, qui épousa Marie, fille unique de ce chevalier. Sous le règne de Jacques I, elle vint par succession à Thomas, comte de Suffolk, de qui M. Sutton l'acheta l'an 1611, pour le prix de treize milles livres sterling. Il lui en coûta sept milles livres davantage, pour en faire un hôpital, en tout de vingt milles livres sterling. Cela fait, il lui constitua un revenu annuel de quatre milles livres sterling que l'on a fait valoir & augmenté jusqu'à six milles livres. Le bâtiment est vieux, mais il est grand, commode, & bien entretenu. On y trouve une belle cour carrée, avec une grande salle, d'un côté où les pensionnaires mangent ensemble à diverses tables, & sur le derrière une chappelle. Cet hôpital situé près de la rue appellée Aldersgate, a une grande cour au devant, ornée de trois rangs de maisons neuves.

M. Sutton érigea cet hôpital à ses propres frais pour quatre-vingt pauvres gentilshommes, gens de guerre, ou marchands, qu'on appelle communément pensionnaires: pour y être entretenus libéralement, & pour vivre dans la dévotion & dans la retraite. Il y fonda en même tems une école pour quarante jeunes garçons, à qui on montre le latin & le grec; & après quelques années on met les uns en apprentissage, & on envoie ceux qui sont propres pour les lettres, à l'université de Cambrige, où l'on fait tenir à chacun d'eux vingt livres sterlings par an pour sa dépense, pendant huit années. Et comme il y a neuf bénéfices qui dépendent de cet hôpital, ceux qui sont les plus capables de les remplir y ont un droit assuré & immédiat.

Par les statuts de cette fondation, on ne peut être reçu pensionnaire que l'on ne soit au-dessus de cinquante ans. Avant que d'être admis, on doit prêter les sermens de fidélité & de suprématie, & un autre serment, portant qu'on n'a donné ni promis aucun argent directement ni indirectement; &, par un réglement fait depuis par les gouverneurs, & qui n'a point été établi par le fondateur, aucun pensionnaire, ni officier ou serviteur de l'hôpital ne doit être marié; mais cette ordonnance a été fort peu observée. Les gouverneurs de cet hôpital sont au nombre de seize, & la plupart du royaume. Le *maître* de l'hôpital qui y fait sa résidence, en est un. Selon que les vacances viennent à échoir, ils ont chacun leur tour dans la nomination des pensionnaires & des écoliers; & l'élection doit être signifiée par un écrit de la part du gouverneur, adressé au maître & au greffier de l'hôpital. Le prince de Galles est un des gouverneurs: mais le roi seul nomme deux pensionnaires & deux écoliers quand son tour vient. Il y a plusieurs officiers & serviteurs qui dépendent de cet hôpital.

Au reste, M. Sutton étoit un gentilhomme de la province de Lincoln. Il naquit en 1531, & après avoir fait ses études, il alla voyager. Etant de retour en Angleterre, il remplit plusieurs emplois publics, civils & militaires. Enfin, après un long cours d'actions charitables & pieuses, il mourut à Hackney, le 11 décembre 1611, âgé de soixante-douze ans. De-là son corps fut porté à la maison du docteur Low, (un de ses exécuteurs testamentaires) dans Pater-Noster-Row, & de-là conduit en grande pompe à Christ-Church. Il y avoit 6000 personnes à son enterrement, ce qui fit durer la procession cinq ou six heures. Son corps y resta trois ans, jusqu'à ce que l'hôpital fût fini, où il fut porté le 12 de décembre 1614, & enterré dans la chapelle. Etant ainsi dans son lieu de repos, on lui érigea un beau tombeau de marbre, avec une inscription en lettres d'or. Depuis ce tems là, on célèbre tous les ans sa mémoire au même jour. Après le sermon prononcé dans la chapelle, les auditeurs se rendent à la salle publique, où la bienfaisance du fondateur est mise en tout son jour dans une harangue, prononcée en latin par un des enfans entretenus dans cet hôpital : & on peut dire que cette fondation d'un particulier protestant égale, & peut-être même surpasse celle des catholiques romains en pareil cas.

A *Hoxton*, il y a un autre *hôpital*, qui est fort beau : il a été fondé par M. Ask, échevin de la ville de *Londres*, & membre de la société des chapelliers, pour l'entretien de vingt pauvres vieillards de ce corps, & pour l'éducation d'un pareil nombre de jeunes garçons. Pour la construction de ce bâtiment, & pour l'entretien de ces quarante personnes, il a laissé un bien considérable entre les mains de cette société. Chaque vieillard a son appartement qui consiste en plusieurs chambres, plus propres pour des courtisans que pour des artisans ruinés. Il y a un chapelain pour les dévotions publiques, & ce chapelain est aussi maître d'école des enfans.

Je passe maintenant aux hôpitaux royaux de *Chelsey* & *Greenwich*, qui sont tous deux près de *Londres*. Le premier est pour les soldats invalides, le second pour les matelots estropiés, & pour les veuves & enfans de ceux qui ont été tués sur mer, ou noyés au service de l'état. Le premier est à Chelsey, à un mille de Westminster, dans un très-bon air; & l'autre, à trois petits milles du pont de *Londres* du côté d'orient, l'un & l'autre sur la Tamise.

Le premier fut commencé par Charles II, continué par son frère Jacques II, & achevé par Guillaume III. C'est un très-bel édifice, ouvert du côté de la rivière : la face du bâtiment qui regarde la Tamise, contient d'un côté une très-belle salle, & de l'autre une chapelle, avec un beau pavillon entre deux. Il y a aussi une belle galerie pavée de pierres de taille, & soutenue de pierres. Les deux autres côtés, qui ont quatre étages, contiennent deux galeries à chaque étage, & chaque galerie vingt-six chambres à lit pour autant de soldats. Chacun des coins de ce principal bâtiment est orné d'un beau pavillon, dans l'un desquels le gouverneur loge : la chambre du conseil y est aussi. L'autre contient trois beaux logemens pour plusieurs officiers de la maison, tant civils que militaires. Au milieu de la place on voit la statue de bronze du fondateur Charles II sur un piédestal de marbre. Outre ce principal bâtiment, il y a quatre grandes ailes qui sont uniformes, dont l'une contient l'infirmerie pour les malades; la seconde est pour les officiers estropiés; la troisième pour plusieurs officiers de la maison, & la quatrième pour les serviteurs. Le nombre des pensionnaires ou des simples soldats entretenus ordinairement dans cet hôpital, est d'environ 400. Ils ont tous des justes au-corps rouges doublés de bleu, & sont fournis de tous les autres habillemens nécessaires, tant de laine que de toile, outre leur logement, nourriture, blanchissage & feu, & un jour de paie toutes les semaines pour se divertir.

Ils dînent à midi dans la salle, soupent à six heures, & à neuf ils se retirent dans leurs chambres. Ils vont à la chapelle deux fois par jour, savoir, le matin & le soir. A table, ils mangent quatre à quatre. On leur donne à dîner, les jours de viande, deux pains chacun de quinze onces, quatre livres de bœuf ou de mouton, & quatre pots de petite bière; à souper, deux pains, une livre de fromage, & quatre pots de bière. Ils ont du mouton les dimanches & les jeudis, du bœuf les lundis, mardis, & samedis; les mercredis & vendredis, on leur donne un plat de soupe aux pois, un quarteron de beurre, une livre de fromage, du pain & de la bière comme les autres jours. Aux jours de fêtes ils ont de la viande à dîner & à souper, & de la bière forte. Tous les dimanches & jeudis les tables sont servies de linge blanc. Les serviteurs & servantes ont les mêmes mêts & en même quantité que les pensionnaires.

Pour subvenir à la dépense de cet hôpital, il y a une somme considérable tirée tous les ans du sou pour livre qui se prend sur la paie de l'armée, outre un jour de paie de la solde de chaque officier & soldat une fois l'an, ce qui se monte ordinairement à plus de 3000 livres sterling. Pour le gouvernement, il y a cinq commissaires, & plusieurs officiers établis pour cet effet.

Si l'on peut dire que cet hôpital est beau, celui de Greenwich mérite le titre de magnifique. Il a été fondé par Guillaume III pour l'encouragement des matelots, en pourvoyant à leur subsistance, lorsque, par vieillesse, blessures ou autres accidens, ils sont devenus incapables de servir, & hors d'état de pouvoir subsister : comme aussi pour les veuves ou enfans de ces matelots, & d'autres tués ou noyés au service de l'état.

Pour établir cette fondation, ce prince donna une terre à Greenwich, contenant près de neuf arpens, avec le palais-royal que le roi Charles II y avoit fait bâtir, & qui avoit couté 36000 livres sterling : & quoique le roi Guillaume fût alors engagé dans une guerre onéreuse avec la France, il donna 2000 livres sterling par an à prendre sur l'échiquier pour avancer cet ouvrage, se reposant pour le reste sur l'assistance & contribution volontaire de ses bons sujets. Sa majesté nomma aussi des commissaires pour recevoir des contributions volontaires, & pour régler tout ce qui étoit nécessaire pour l'établissement & le gouvernement de cet hôpital. Cette commission a été renouvellée & amplifiée par la reine Anne, & par le roi George.

Le nombre des pensionnaires est d'environ 300. Pour chaque centaine il y a six veuves de matelots pour prendre soin d'eux, à 6 livres sterling par an, & 2 schelins par semaine de plus pour celles qui servent dans l'infirmerie. Leur ordinaire est le même qu'à l'hôpital de Chelsey ; & pour leurs menus-plaisirs ils ont un schelin par semaine, qui leur est payé tous les lundis matin par l'intendant de la maison. Les officiers ont leurs chapeaux bordés d'un galon d'or : ils ont les meilleures chambres, prennent place au haut bout de la table, & reçoivent par semaine 18 sous pour leurs menus-plaisirs. A l'égard des serviteurs & servantes, ils sont traités comme les pensionnaires.

Il n'y a à *Londres* que deux maisons publiques de travail qui soient fameuses ; l'une appellée Bridewell, qui est près de l'église de S. Brigide, derrière Fleetstreet. C'est une grande maison qui fut bâtie par Henri VIII pour la réception de Charles-Quint, & qui fut convertie par Edouard VI à l'usage qu'on en fait à présent. Il y a cent quarante pauvres garçons qui y sont entretenus, à qui l'on apprend des métiers ; & il y a pour cet effet douze maîtres logés *gratis*, outre le profit qu'ils tirent du travail de leurs apprentifs : car chacun de ces garçons est engagé avec son maître pour le terme de sept ans ; lequel étant expiré, il entre dans les droits de bourgeoisie de *Londres*. L'hôpital leur fournit les habits & les lits, & leurs maîtres les vivres. Bridewell est aussi une maison de correction pour les serviteurs & servantes qui sont insolens, pour les femmes prostituées, & autres gens de mauvaise vie. Là on les fait travailler, & on leur donne tous les jours un tel nombre de coups de fouet que le président ordonne : ils n'ont pour toute nourriture que du pain & de l'eau, à moins que par leur industrie & bonne conduite ils ne fassent voir qu'ils méritent un meilleur traitement. Enfin, Bridewell est gouverné en chef par un président, qui de tems en tems tient sa cour pour la punition des coupables, selon la grandeur de leurs fautes. En son absence, le trésorier fait ses fonctions.

L'autre maison de travail est en *Bishopsgate-Street*. Elle a été fondée par la ville de *Londres*, pour employer les pauvres, jeunes & vieux, les vagabonds de profession, les mendians robustes, & autres fainéans & gens de mauvaise conduite. On y fournit aux garçons & aux filles le logement, les habits & la nourriture. On apprend aussi aux filles à coudre, filer & tricoter des bas ; & tous y apprennent à lire & à écrire avec le catéchisme, ou les principes de la religion. Les vagabonds robustes sont employés à battre du chanvre, à raper du bois de brésil, ou à quelque autre rude travail ; & on ne leur donne pour leur subsistance que ce qu'ils peuvent gagner par leur travail. C'est pourquoi plusieurs d'entr'eux, pour se tirer de ce lieu-là, se sont volontairement engagés au service de sa majesté par mer & par terre, & d'autres se sont fait transporter aux colonies des Indes occidentales. Il y a huit ou dix ans que cette maison entretenoit 260 garçons & 154 filles, en tout 414, sans compter 44 mendians & vagabonds.

Quant aux prisons ; *Newgate*, la prison de la province, est destinée à enfermer les débiteurs, aussi bien que les criminels. Pour les premiers, il y a deux autres prisons qu'on appelle *Counsters*, outre la prison de *Ludgate*, qui est particulièrement pour ceux qui sont bourgeois de *Londres*. Il y a encore la nouvelle prison de *Clarkenwell*, *Gate-House*, à Westminster ; & la *maréchaussée*, dans Southwark. Il y a de plus deux grandes prisons pour dettes ; l'une à Southwark, qui s'appelle *the Queen's-Bench*, & l'autre *the Fleet*. Ces deux prisons étant les plus spacieuses & les moins incommodes, tout prisonnier en Angleterre pour dettes peut s'y faire transporter par un brevet d'*habeas corpus*.

Pour prévenir le malheur d'être enfermé dans des prisons comme celles-là, où l'on ne reçoit aucune subsistance, il y avoit autrefois des lieux que l'on prétendoit être privilégiés contre les prises de corps ; particulièrement *le Strand*, *White-Friars*, *Ram-Alley*, *Miter-Court*, près de Fleet-Street, & la *Mint* à Southwark, où les débiteurs étoient protégés par la force contre les loix, les habitans de ces lieux-là ne permettant point aux sergens de les saisir. Mais comme bien des gens se prévaloient de cette coutume pour commettre des injustices & des friponneries, le parlement, sous le règne de Guillaume III, abolit toutes ses prétendues franchises. Il n'y a que la *Mint* qui est en partie soutenue jusqu'ici, ne souffrant que difficilement encore qu'un sergent y vienne faire exécuter un arrêt.

Cependant les collèges & les hôpitaux, qui ne sont point compris dans cet acte du parlement, ne permettent pas non plus facilement qu'on arrête personne dans leur enceinte. Dans la juridiction de la cour de sa majesté, on n'arrête également personne, sans la permission de la *cour du Tapis-Verd*.

La maison des assises, qu'on appelle *sessions house*, est celle où l'on fait le procès aux criminels. Elle est dans le *Old-Baily*, entre Ludgate & Newgate, & c'est de la prison de Newgate que l'on y amène publiquement les prisonniers enchaînés, pour être jugés. Le lord-maire y prend séance, comme premier magistrat de la ville, & l'examen se fait par trois des douze juges, qui y assistent tour-à-tour, & qui instruisent les *jurés* en matière de droit. Ceux-ci qui sont proprement les juges du fait, donnent leur sentiment selon les dépositions; suivant leur sentiment, le prisonnier est absous ou condamné. Le procès fini, on prononce la sentence à chaque prisonnier, conformément à la peine qu'il a encourue. Ainsi les uns sont condamnés à mort, d'autres à être marqués à la main d'un fer chaud, quelques-uns à être fouettés par la main du bourreau, ou bien à être mis au pillori, ou transportés aux Indes. Le nombre en est d'ordinaire si grand, qu'encore que ces tems d'assises viennent huit fois par an, à peine s'en passe-t-il aucune qu'il n'y ait trente ou quarante malfaiteurs qui y comparoissent, & quelquefois le double.

Du gouvernement de Londres & de Westminster.

Londres & Westminster sont deux villes contigues, mais dont la police est distincte; le *lord maire* de Londres, n'ayant rien à faire à Westminster, & le *high steward* de Westminster ne se mêlant point de ce qui regarde Londres, excepté la rue appellée *S. Martin-le-Grand*, qui est sous la jurisdiction de Westminster.

Je commence par le gouvernement civil de Londres, dont le *lord maire* est le chef. Il est choisi tous les ans par les citoyens, le jour de la S. Michel, 29 septembre; & il entre dans l'exercice de sa charge en grande solemnité le 29 d'octobre suivant. Le gouvernement de cette ville ressemble en toutes choses à la nation. Car comme le pays est gouverné par un roi, par les seigneurs & par les communes, ainsi la ville est gouvernée par un lord maire, par les Aldermans, & par le conseil commun.

La magistrature du lord maire de Londres est si considérable, que de tous les maires d'Angleterre, il n'y a que lui & le maire d'Yorck qui portent le titre de *lord*, ou seigneur. Son autorité s'étend, non-seulement sur la Cité, & partie des fauxbourgs, (hormis quelques lieux particuliers) mais aussi sur la Tamise dont il fut déclaré conservateur par Henri VII. Sa jurisdiction s'étend sur cette rivière, depuis le pont de Stanes jusqu'à l'embouchure de la Medway. Il est le premier juge de Londres, & a le pouvoir de citer, & dans quelque cas, d'emprisonner. Il y a sous lui de grands & de petits officiers, & entre les premiers, un porte-épée, qui a pour sa table 1000 l. st. par an; pour ses plaisirs, il a une meute de chiens entretenus, & le privilège de chasser par-tout dans les trois provinces de Midlesex, Sussex & Surrey. Le jour du couronnement du roi, il fait l'office de grand échanson: il présente à boire au roi dans une coupe d'or, & après que le roi a bu, la coupe est à lui. Chose fort remarquable, que lorsque Jacques I fut invité à venir prendre possession de la couronne, le lord maire signa le premier l'acte, avant les pairs du royaume. Quand il paroît en public à cheval, c'est avec un riche harnois, & toujours en robe longue, quelquefois de pourpre, quelquefois d'écarlate, avec une grande chaîne d'or qui lui pend au cou, ornée d'un beau joyau. Il est aussi accompagné de divers officiers, dont les uns vont devant, les autres à ses côtés: mais la grandeur de ce magistrat paroît sur-tout le jour de son installation.

Avant que j'en donne une idée, il est à propos de parler de son élection, qui se fait à *Guildhall* (la maison-de-ville) dans la cour des *hustings*.

Premièrement, les *livery-men*, qui sont des membres choisis de quelques-unes des soixante-deux compagnies des corps-de-métiers de la ville, proposent d'ordinaire quatre échevins, & de ces quatre ils en choisissent deux à la pluralité des voix. Ensuite les échevins choisissent qui bon leur semble de ces deux; quoiqu'ils soient libres en leur choix, d'ordinaire ils jettent les yeux sur le plus vieux échevin qui n'a pas encore été lord-maire; & c'est la méthode que l'on suit depuis quelques années pour éviter les contestations & les brigues. Dès qu'un lord-maire a été élu le 29 de septembre, il prête serment de maintenir les privilèges de la Cité. Le 29 d'octobre suivant, qui est le jour de son installation, il entre en charge, en grande solemnité. Il faut remarquer que le lord-maire élu doit être membre d'une des douze compagnies de corps-de-métiers, qui ont des privilèges particuliers; & s'il arrive qu'il soit choisi de quelqu'un des autres corps, il passe d'abord dans l'un des douze corps.

Le jour qu'il entre en charge, est remarquable par sa solemnité. Premièrement, il va, par eau, de Black-Friars à Westminster, dans une *barge* ou espèce de galère très-propre, accompagné des Aldermans, dans leurs habits de cérémonie. Les douze principales compagnies de corps-de-métiers, & quelques autres, le suivent, portant leurs robes fourées, chaque corps dans sa barge, ornée de ses armes, de drapeaux & de banderoles de tous côtés. En allant, il est salué, tant du rivage que de la rivière, de plusieurs coups de canon. A Westminster, il met pied à terre, suivi des compagnies dont on vient de parler, qui marchent en ordre à la grande sale. On apporte devant lui la masse & l'épée, le porte-épée ayant son grand bonnet de parade sur la tête. En entrant dans la salle ils trouvent des hautbois qui les accompagnent, jouant pendant qu'ils font le tour de la sale. Le maire & les échevins saluent les cours de justice qui sont alors assemblées. Après quoi ils vont à la cour de l'échiquier, où le lord-maire prête serment de fidélité. De-là, ils font encore un tour de sale, pour inviter les juges, de chacune des cours de justice, à dîner à Guildhall. Cela fait, toute la procession s'en retourne par eau, comme ils étoient venus. Les membres des corps-des-métiers ayant mis pied à terre, marchent les premiers à la maison-de-ville, en bon ordre, suivis des milices qu'on appelle de l'artillerie. Après eux vient le lord-maire & les échevins, montés sur des chevaux parés de riches harnois. Il y a aussi quelquefois des *pageants*, ou chars de triomphe mobiles, pour divertir les spectateurs.

La procession & la cavalcade finissent à la maison-de-ville, où un dîner magnifique conclut la solemnité. On n'y invite pas seulement les juges, mais aussi plusieurs personnes de la première qualité, les membres du conseil privé, les ambassadeurs, & le roi même fort souvent.

Pour bien gouverner cette grande ville, elle est divisée en vingt-six quartiers, & il y a un *alderman* ou échevin assigné à chaque quartier. Ces vingt-six échevins sont, après le lord-maire, ceux qui ont le plus de pouvoir, & chacun d'eux a sous lui un certain nombre de personnes du commun conseil, dont l'un est son lieutenant, sans les officiers subalternes. Par les chartres qui contiennent les privilèges de *Londres*, les échevins qui ont été maires, & les trois qui les suivent immédiatement, sont juges de paix de la ville. Dès qu'un échevin est mort, le lord-maire envoie ses ordres aux bourgeois du quartier dont il étoit échevin, de choisir deux personnes considérables, & de faire savoir leurs noms à la cour des échevins. Cela fait, le lord-maire & la cour des échevins choisissent ceux qu'ils jugent le plus propre pour remplir ce poste.

Il y a aussi un magistrat qu'on nomme *recorder* ou greffier, qui sert de conseiller au lord-maire, pour l'informer des loix & coutumes de la ville, dans lesquelles il doit être bien versé. Il prend place dans le conseil & dans la cour du maire, devant tous les échevins qui n'ont pas encore été maires. C'est lui qui prononce les sentences de la cour.

Les deux *sherifs* de Londres & Middlesex sont aussi des magistrats considérables, particulièrement par le pouvoir qu'ils ont de choisir les jurés pour le jugement d'une cause. Ils sont élus tous les ans dans la maison-de-ville à la S. Jean, par les compagnies des corps-de-métiers; mais ils ne prêtent serment que la veille de la S. Michel, lorsqu'ils entrent en charge. Et si quelqu'un d'eux, ayant été choisi, refuse la charge, il faut qu'il paie une amende de 420 liv. sterl., à moins qu'il ne prête serment qu'il n'a pas 10000 liv. sterl. vaillant. Chaque *sherif* a sous lui un *sous-sherif*, six *clerks* ou commis, un certain nombre de *sergens*; & chaque *sergent* un *yeoman* ou aide de sergent. Chaque *sous-sherif* a aussi des *clerks*.

Enfin il y a un trésorier, qu'on appelle *chamberlain*, qui est un poste d'importance, car il a le trésor de ville entre les mains, & la caisse des orphelins. C'est pourquoi quand il est admis à cette charge, il est obligé de donner bonne caution à la cour des échevins, & il doit rendre compte aux auditeurs établis, pour examiner ses comptes. Une partie des fonctions de sa charge regarde aussi les apprentifs, sur lesquels il a une grande autorité. Nul d'entr'eux ne peut s'engager à un maître sans avoir une licence ou permission de lui, & ne peut ouvrir boutique, ou exercer son métier, sans avoir prêté, auparavant, serment devant lui. Si un apprentif se conduit mal, ou s'il a commis quelque grande faute, le trésorier, sur les plaintes qui lui en sont faites, a droit de l'envoyer au Bredewal, ou de le punir d'une autre manière, suivant le mérite du fait. Et si un maître maltraite son apprentif, il fait justice à celui-ci; on lui permet de poursuivre son maître dans la cour de justice du lord-maire. Il peut même donner le droit de maîtrise à un apprentif qui a bien servi son maître tout le tems de son engagement, quoique le maître ne veuille pas y donner les mains. Et si un maître s'entend avec son apprentif pour le déclarer libre, avant que de l'avoir servi le terme entier de sept années, sur les preuves qu'on en produit, le *recorder* & le trésorier peuvent les condamner tous deux à telle amende que bon leur semble, & faire fermer la boutique du maître. Pour remettre un apprentif à un autre maître du même métier, il faut premièrement s'adresser au corps-de-métier dans lequel il étoit engagé, & ensuite au trésorier. Ainsi, le premier maître est déchargé, & le second s'oblige de le servir, jusqu'à ce que le tems de son premier engagement soit expiré. La Cité de *Londres* est remarquable d'ailleurs par le privilège qu'elle a de se gouverner elle-même, & de tenir des cours de justice, dont la plupart s'assemblent à Guildhall, la maison-de-ville.

La principale de ces cours, appellée *commun concil* ou le commun conseil, est une espèce de parlement, qui est composé de deux ordres; car le lord-maire & les échevins représentent la chambre des seigneurs, & les particuliers, membres de ce conseil, représentent celle des communes. Ces derniers sont au nombre de deux cents trente-un, choisis des différentes wards ou quartier de la ville. Dans cette cour, se font les loix municipales, qui lient tous les bourgeois, chacun y donnant son consentement, ou par lui-même ou par ceux qui le représentent. Un étranger peut être fait citoyen de *Londres* par cette cour, & non autrement. Pour l'expédition des affaires de la ville, elle nomme des comités, qui lui en font leur rapport. Outre cette cour, il y a celle du *lord-maire*, où l'on juge les causes civiles à peu de frais. La cour des échevins, celle des *hustings*, les assises; la cour des deux *sherifs*, & celle du trésorier, &c.

Pour le bien des orphelins, il y a la cour, qu'on nomme *orphans-court*, laquelle se tient par le lord-maire & les échevins, qui sont les tuteurs des enfans mineurs de tous les bourgeois de *Londres*, après la mort de leurs pères. Cette cour ne s'assemble qu'une fois l'an, mais elle prend grand soin des orphelins. Il est vrai qu'elle n'a pu remédier à leur malheur sous le régne de Charles II, qui, ayant offert un gros intérêt pour l'argent qui lui seroit prêté par des sociétés, ou par des particuliers, la régence de *Londres* crût bien faire en plaçant à l'échiquier l'argent des orphelins, qui montoit à une somme très-considérable. Mais elle fut perdue pour eux; car le roi ayant fermé l'échiquier, s'empara de tout l'argent qui y étoit, & n'en paya ni l'intérêt, ni le capital. Ainsi les pauvres orphelins, entr'autres, furent ruinés, au lieu qu'auparavant, lorsque l'argent étoit entre les mains du trésorier de la ville, un orphelin venant en âge, ou à se marier avec l'approbation de la cour des échevins, recevoit d'abord son capital avec l'intérêt, quand la somme auroit été de 1000 liv. sterl. & d'avantage.

Pour réparer le tort que cette banqueroute royale avoit fait aux intéressés, le parlement fit un acte sous le régne du roi Guillaume & de la reine Marie, qui établit un fonds perpétuel pour payer à ces orphelins, & aux autres créanciers l'intérêt de 4 pour 100 pour le principal. Chaque échevin tient d'ailleurs une cour ou assemblée dans son quartier, appellée *Wardmote*, pour les affaires qui regardent son quartier particulièrement pour l'élection des membres du conseil commun, & autres officiers. Les corps des métiers ont aussi leurs assemblées, que l'on appelle *hall-motes*, où ils s'assemblent une fois le mois, pour régler ce qui regarde leurs métiers.

Après avoir parlé du gouvernement civil de *Londres*, nous passerons au militaire. Dans les provinces, il y a un lieutenant de chaque province, qui commande en chef les milices. La ville de *Londres* a ce même privilège que ces lieutenans, à l'égard de ses milices; le lord-maire & les échevins, avec plusieurs autres des principaux citoyens, ayant le même pouvoir, par commission du roi.

Les milices de *Londres* sont de six régimens d'infanterie, faisant en tout 9000 hommes, sans compter deux régimens des paroisses qui dépendent de la tour, & le régiment de Southwark. Mais en cas de nécessité, on lève les milices auxiliaires, composées d'apprentifs, qui font six autres régimens; chaque bourgeois, qui a deux apprentifs, étant obligé d'en fournir un pour cet effet. Pour fournir des officiers à toutes ces milices, il y a une compagnie de 600 hommes choisis, & qui sont commandés en chef par un officier nommé par le roi. C'est ce qu'on appelle *la compagnie de l'artillerie*, qui fait tous les quinze jours l'exercice dans un lieu fermé de murailles auprès de Moorfields.

En matières ecclésiastiques, cette ville est gouvernée par son évêque, à qui est commis le soin de tout le clergé de *Londres*.

Passons maintenant au gouvernement de Westminster, c'est-à-dire, de la cité ou ville de Westminster, & de ses fauxbourgs ou dépendances, qui s'étendent du côté de *Londres* jusqu'à *Temple-Bar*. La cité elle-même n'a qu'une paroisse, appelle de Ste.-Marguerite, qui est d'une grande étendue; mais ses dépendances consistent en cinq paroisses; savoir: *St.-Martin*, *St.-Clement*, *Ste.-Marie de la Savoye*, *St-Paul de Covent-Garden*, *St.-Jacques & Ste.-Anne*. Pour la paroisse de *St.-Gilles*, elle n'est ni de *Londres*, ni de Westminster.

Westminster n'a pour gouvernement, ni maire, ni échevins, ni scherifs. Le chapitre est revêtu de toute la jurisdiction civile & ecclésiastique, depuis la réformation. Il est vrai que le gouvernement civil a été mis entre les mains des laïcs choisis ou confirmés par ce chapitre.

Le chef de tous les magistrats est celui qu'on appelle *High-Steward*, qui est d'ordinaire un noble du premier rang, choisi par le chapitre, & qui posséde cette charge pendant sa vie. Pour en exercer les fonctions, il choisit un homme versé dans les loix, qui doit être confirmé par le chapitre. Celui-ci, avec les autres magistrats, tient la cour qu'on appelle *Leet*.

Après lui, est le baillif, qui tient lieu de scheriff; car il convoque les jurés: tous les sergens de Westminster lui sont soumis, & c'est lui qui règle les formalités pour l'élection des membres de parlement pour la cité de Westminster. Toutes les amendes & confiscations lui appartiennent, ce qui rend sa charge fort lucrative.

Il y a aussi un *grand connétable*, choisi par la cour de *Leet*, qui a sous son commandement tous les autres connétables. D'ordinaire, il est continué deux années en cette charge.

Enfin il y a quatorze des principaux bourgeois qu'on appelle *Burgesses*, dont sept sont pour la cité & sept pour ses dépendances. Leur office a bien du rapport à celui des échevins de *Londres*, ayant chacun un Ward, ou quartier particulier sous sa direction. De ces quatorze, il y en a deux qui sont élus sous le nom de *Head-Burgesses*, ou chefs des bourgeois, dont l'un est pour la cité, & l'autre pour ses dépendances, lesquelles on nomme aussi *libertés* ou *franchises*. *Voyez* JURÉ.

LOTERIE, s. f. Espèce de jeu de hazard, qui consiste a faire choix de quelques numéros sur un certain nombre, & qui venant à sortir dans le tirage qu'on en fait, produisent aux joueurs gagnans une quantité de fois leurs mises.

L'invention des *Loteries* est moderne en Europe; nous avons rapporté au mot JEU quelques particularités qui les concernent, nous ne les répéterons pas ici, & nous nous bornerons à les considérer dans leurs effets & dans les réglemens qui s'y rapportent.

Quant aux premier objet, nous ferons, je crois, plaisirs à nos lecteurs de rapporter ici l'essai de M. l'*évêque d'Autun*, sur les *loteries*, ou elles sont peut-être un peu jugées sevèrement, mais où l'on verra au moins le mal réel qu'elles font & qu'on ne peut pas se dissimuler. Cet ouvrage a d'ailleurs joui d'une célébrité distinguée, & la question moral des jeux de *loterie* s'y touve traitée avec un intérêt & un soin qui doivent en rendre la lecture indispensable à quiconque veut se faire de cet objet une idée nette & détaillée.

Après avoir considéré les *loteries* dans leur rapport avec l'ordre public & la morale, nous ferons connoître le mode & les réglemens de celles qui sont autorisées aujourd'hui dans l'état.

Des loteries par rapport à l'ordre & à la morale publics.

Dans tous les tems, dit M. l'évêque d'Autun, l'homme avide & paresseux a voulu consommer sans se donner la peine de produire: il a convoité le travail d'autrui; & de ce desir contenu par les loix, a dû se former, dans l'état de société, la passion du jeu, comme offrant les ressources les plus promptes pour se procurer des richesses qu'on n'a pas concouru à faire naître.

Il n'est question ici que des jeux de hasard, les seuls en effet qui écartent toute idée de travail: & même dans un sujet aussi étendu, je me bornerai à parler des *loteries*. Je vais prouver qu'un tel jeu est à-la-fois, & au plus haut degré, injuste & immoral, & qu'aucun prétexte ne peut le sauver d'un entière proscription.

Il ne faut pas confondre avec ces *loteries*, celles qui font parties des emprunts publics, & qui y sont tellement attachées, qu'elles en forment la dénomination. Un empunt en *loterie* quoique, sous plusieurs rapports, hors des véritables principes, diffère pourtant des *loteries* proprement dites, dans lesquelles l'alternative des joueurs est toujours placée entre la perte entière des mises, & la faveur particulière d'un petit nombre de chances. Dans l'emprunt en *loterie*, le joueur consent à placer son argent à un intérêt plus foible, dans l'espérance d'un lot en sus de cet intérêt qui est commun à tous les prêteurs. Toute la perte est donc dans cette diminution générale d'intérêts, dont se compose la fortune du petit nombre de ceux que le sort favorise; en sorte que dans cette espèce de jeu, non-seulement tout le profit est versé sur les joueurs, mais même que le sort y est forcé d'être favorable aux uns, sans pouvoir jamais être entièrement funeste aux autres.

Toute autre *loterie* est, par sa nature, fondée sur les espérances qu'elle donne & sur le profit assuré qu'elle perçoit. Le gain de chaque joueur est éventuel; la perte de tous les joueurs réunis est certaine; par conséquent, les bénéfices de la *loterie* sont infaillibles. Tel est son caractère constitutif; tel est le principe évident de son injustice. Et quand même on garderoit quelque mesure d'équité dans ses combinasons; quand même, par la plus chimérique des suppositions, la *loterie* renonceroit entièrement à ses profits pour en accroître les chances des joueurs, elle cesseroit d'être injuste, sans cesser d'être condamnable. Dès le moment où toutes les classes de citoyens seroient invitées à ce jeu par la facilité des mises, il en résuteroit un grand mal social: ce jeu, à proprement parler, ne feroit plus des dupes, mais toujours il feroit des malheureux; toujours il s'alimenteroit de la substance du pauvre; toujours il feroit consommer le tems en d'extravagantes spéculations.

Or, s'il est certain que même l'égalité la plus parfaite entre les mises totales & les chances ne pourroit justifier entièrement les *loteries*, que faut-il donc penser de celles dont les profits sont à-la-fois infaillibles & énormes; de celles sur tout dont les inventeurs ont épuisé l'art le plus savant, pour cacher les bénéfices immenses à la crédule ignorance du peuple, & pour enflammer en même tems sa folle cupidité?

Il faut croire qu'on ne prévit pas d'abord tout ce que l'institution des *loteries* entraîneroit de maux avec elle. Séduit par des intérêts momentanés, ou même par des vues de bienfaisance que toujours on a eu l'art de lier à ces établissements, on imagina sans doute, que le seul superflu des riches iroit se perdre dans ces combinaisons, & que le pauvre, loin d'en être la victime, pourroit même en recueillir quelque fruit : & lorsque ensuite on n'a pu se dissimuler les intolérables abus de ce jeu, telle est la fatale influences des habitudes les plus vicieuses, qu'il n'a cessé de subsister, quoiqu'il ait été constamment flétri dans l'opinion des hommes sages & des administrateurs éclairés.

Mais c'est bien vainement qu'on a voulu trouver quelque excuse à ce jeu, dans la destination d'une partie de ses profits à des institutions de piété & d'utilité publique : depuis quand l'usage d'un bien en a-t-il donc purifié la source ? sophisme injurieux, qui semble accuser d'avarice & d'insensibilité tout un peuple généreux & sensible ! Comme si la pitié ne pouvoit plus être excitée que par un sentiment abject ; comme s'il falloit nécessairement tromper les hommes pour les rendre humains ; qu'on ne pût les conduire à la bienfaisance que par la cupidité, & que nous fussions réduits à l'avilissante nécessité d'implorer le vice, pour lui faire remplir les fonctions révérées de la vertu !

Pour se pénétrer des abus révoltans des *loteries*, pour bien concevoir à-la-fois toutes les ruses qu'elles ont inventées, tous les piéges qu'elles tendent à la crédulité du peuple, & tous les désordres qu'elles traînent à leur suite, il faut attacher ses regards sur la *loterie* royale de France. Jamais, peut-être, aucune institution n'a présenté au législateur autant de signes de réprobation que cette *loterie*, qui, sous l'abri de son nom auguste, semble braver la censure publique.

Cette assertion est fondée sur les calculs les plus rigoureux. En voici les résultats.

La *loterie* royale est combinée de telle sorte, qu'on y peut jouer, & qu'on y joue en effet à chaque tirage de sept manières différentes.

Dans la première, le bénéfice calculé de la *loterie* est d'un sixième de la mise des joueurs, c'est-à-dire, que sur six qu'elle reçoit du public, elle en remet cinq pour en former les lots qu'elle lui distribue ; ou, ce qui revient au même, son profit est de 16 $\frac{2}{3}$ sur 100. Ce profit, déja extrêmement usuraire, va s'accroître avec un excès inconcevable dans les autres manières de jouer à cette *loterie*.

Dans la seconde de ces manières, elle retient 23 sur 100.

Dans la troisième, environ 32 $\frac{1}{2}$ sur 100.

Dans la la quatrième, 36 $\frac{1}{2}$.

Dans la cinquième, 53 $\frac{1}{5}$.

Dans la sixième, 85 $\frac{1}{3}$.

Dans la septième enfin, oseroit-on l'imaginer ! elle retient 97 & près de $\frac{1}{4}$ sur 100. Ensorte que le public, considéré en masse & jouant dans cette dernière combinaison, est précisément dans le cas d'un particulier qui joueroit à pair ou non, à condition qu'il payeroit 100 liv. chaque fois qu'il perdroit, & qu'il recevroit 2 liv. 5 sols & quelques deniers chaque fois qu'il gagneroit : & la preuve en est sensible, puisque pour s'assurer d'obtenir 200,000 l. par cette combinaison, il est démontré qu'il faut commencer par donner à la *loterie*, avant le tirage, près de 44 fois 200,000 livres, ou, plus exactement, 8,789,853 liv. 12 sols. C'est sur cette somme énorme qu'après en avoir disposé quelque tems, la *loterie* veut bien consentir à rendre pompeusement 200,000 : & c'est dans cette combinaison dévorante, qu'on ose inviter le peuple ignorant & crédule, à placer quelques pièces de monnoie encore trempées des sueurs de son front, en l'enivrant du chimérique espoir de ce *quine*, qui exalte les têtes jusqu'à la démence.

Mais, comme en s'arrêtant à cette dernière combinaison, qui en effet est la plus défavorable de toutes pour le public, on pourroit craindre de se faire de l'injustice totale de la *loterie*, une idée beaucoup trop exagérée, il importe, pour connoître l'ensemble de la *loterie*, de réunir toutes les manières possibles d'y jouer, & de supposer, par exemple, qu'un particulier voulant obtenir à lui seul les différens lots qu'elle propose, place une livre tournois sur chacune des combinaisons différentes que présente chacune des sept manières d'y jouer : dans cette supposition, qu'on a sans doute le droit de faire, on arrive à un résultat presque aussi effrayant, puisqu'il est mathématiquement prouvé que ce particulier sera tenu de livrer d'abord à la *loterie* 45 millions & plus de 700 mille livres ; qu'après le tirage, il lui sera rendu par cette même *loterie* moins d'un million & demi, & que par conséquent le bénéfice de la *loterie* sera de 44 millions & plus de 200 mille livres ; ce qui donne, pour la totalité des combinaisons, un profit de 96 un peu plus de $\frac{3}{4}$ sur 100. Et voilà sur quelle base est établie la *loterie* royale de France.

A chaque tirage, il est vrai, on ne joue pas sur toutes les combinaisons possibles, & particulièrement sur les combinaisons presque innombrables du quine, les plus avantageuses de toutes à la *loterie*. Il est vrai aussi qu'on ne place pas des sommes égales sur chaque combinaison ; ce qui rend le calcul rigoureux moins appliquable aux effets de cette bizarre *loterie*, & donne réellement pour chaque tirage un terme moyen de perte générale inférieur à celle que présente le calcul : mais si ces chances ne sont pas toutes prises, ni toutes également, certes ce n'est pas la faute de la *loterie*, qui ne cesse de les proposer toutes indifféremment ; mais à la longue il peut arriver qu'elles le soient ; mais enfin, telle est la constitution bien véritable de cette *loterie*.

Veut-on rendre plus sensible encore l'injustice odieuse de la *loterie* royale de France? Qu'on la compare avec les jeux de hasard, même les plus décriés, tels que les jeux de *Belle* & de *Biribi*; ces jeux si publiquement avilis, qu'on ose à peine en rappeller ici les noms.

Le jeu de la *Belle* étoit, dans son principe, composé de 106 numéros, dont un seul gagnoit & valoit au joueur 96 fois sa mise. Le bénéfice des banquiers étoit donc de 10 sur 106, ou, ce qui revient au même, de 9 $\frac{23}{53}$ sur 100. Ce bénéfice, si modéré en comparaison de celui de la *loterie*, parut tellement scandaleux, même aux banquiers, que de leur propre mouvement, ils le réduisirent à 8 sur 104, ou 7 $\frac{9}{13}$ sur 100. Cependant, même après cette réduction, ce jeu continuoit à ruiner les joueurs. Pour arrêter ses ravages, la police se vit obligée de le proscrire, & tous les jeux de la *Belle* furent supprimés.

Il est aisé de voir jusqu'à quel point la *loterie* royale est intrinséquemment plus vicieuse que ce jeu. La combinaison de la *loterie*, la moins défavorable au public, assure pourtant à l'administration un bénéfice de 16 $\frac{2}{3}$ sur 100, comme nous l'avons déjà remarqué, c'est-à-dire, plus que le double de celui de la *Belle*; & en réunissant toutes les combinaisons de la *loterie*, nous avons vu qu'il en résulteroit pour elle, dans le cas où elles seroient toutes prises une fois également dans le même tirage, 96 & plus de $\frac{3}{4}$ sur 100. Ainsi, s'il étoit possible à un joueur de répartir uniformement 100 l. sur toutes ces combinaisons, il ne recevroit, après le tirage, que 3 liv. & un peu moins de 5 sols, même en gagnant le quine & tous les autres lots, tandis qu'il recevroit de la *Belle* 92 liv. & plus de 8 sols. Le rapport de ces deux sommes exprime dans cette supposition la défaveur respective des deux jeux; & puisqu'elles sont entr'elles comme 1 à 28 & plus d'un tiers, il suit que si l'injustice totale du jeu de la *Belle* peut être exprimée par 1, on est autorisé à exprimer par plus de 28 celle de la *loterie* royale.

Par un procédé semblable, on établiroit que le jeu de *Biribi*, dont le profit est de 6 sur 70, ou de 8 $\frac{4}{7}$ sur 100, est 27 fois moins injuste que la *loterie* considérée dans l'ensemble uniforme de toutes se combinaisons; & cependant l'un & l'autre de ces jeux ont été déclarés infâmes.

Croiroit-on maintenant que, par de nouveaux traits, on pût flétrir la *loterie* royale! Il faut pourtant ajouter que cette *loterie* est combinée avec une telle adresse, que, malgré sa révoltante injustice, elle est venue presque à bout d'enchanter les esprits; que le peu de numéros qu'elle emploie en comparaison des autres *loteries*, est une première amorce grossière, à laquelle le grand nombre des joueurs s'est laissé prendre; que l'artifice des combinaisons, dans lesquelles elle s'enveloppe, est un piège non moins sûr pour attirer d'abord les joueurs, & pour leur inspirer ensuite une persévérance effrénée dans le malheur; que, par cette variété presque infinie de combinaisons, et la seule qui permette à l'esprit une sorte d'usage de ses facultés, elle a eu l'art d'intéresser l'amour-propre dans le jeu de hasard le plus ruineux, & de l'aveugler à tel point, qu'il n'est peut-être aucun joueur qui, ridiculement attaché à certaines combinaisons, dont il s'attribue la gloire, ne se persuade follement qu'avec de la constance, & des mises toujours croissantes, il viendroit facilement à bout d'enchaîner la fortune, ou même de ruiner la *loterie*.

Il faut ajouter que telle est la composition insidieuse de cette *loterie*, que les combinaisons qui sont les moins défavorables au public, ne laissant espérer que des lots peu considérables, le peuple uniquement avide de gros lots, les dédaigne presque généralement, pour se précipiter avec une fureur aveugle vers celles qui assurent à la *loterie* des bénéfices immenses.

Il faut ajouter que, dans la crainte sans doute, que l'intervalle d'un mois, entre deux tirages, ne refroidît les joueurs, pour tenir leur desir en haleine; pour accroître leur ardeur par l'espérance d'un prompt retour de fortune, & en effet pour les ruiner avec plus de certitude, on n'a pas craint par une exception particulière, de doubler le tirage de cette *loterie* dans chaque mois, & que par-là on a au moins doublé ses ravages.

Il faut ajouter que cette *loterie*, par une cruelle complaisance, admettant à-la-fois, & les mises les plus modérées & des sommes considérables sur une seule combinaison, sur un seul numéro, semble avoir été inventée pour se jouer, & de la misère des pauvres, & de la fortune des riches.

Et comme si tous ces moyens de séduction ne suffisoient pas, il faut ajouter enfin qu'on ne cesse d'entretenir l'ivresse générale, en répandant de toutes parts des livres, des almanachs, où chacun va chercher les combinaisons les plus superstitieuses; que l'on corrompt la raison du peuple par les rêveries des pressentimens, par l'absurde interprétation des songes; qu'on enflamme son imagination par mille récits mensongers, & que l'on achève de l'étourdir par des provocations bruyantes, par des cris extravagans, par des ornemens de fête, par le son des instrumens, par le bruit des fanfares, &c.

Ainsi les pièges sont semés de toutes parts sous les pas de l'ignorance; ainsi la ruse succède à la ruse; ainsi rien n'est épargné pour séduire toutes les classes de citoyens, & sur-tout pour tromper le pauvre,

pauvre, que des ruses bien moins savantes eussent si facilement égaré dans les routes de l'espérance. Si le malheureux est une chose sacrée, quel crime n'est-ce pas d'abuser ainsi de sa crédulité & de sa misère!

Et voilà cette *loterie*, qui subsiste avec éclat, dans le même lieu où la surveillance paternelle du roi a sévèrement proscrit tous les jeux de hasard à *chances inégales!*.... Créée sous le nom d'un établissement célèbre, elle fit d'abord en partie les frais de l'éducation militaire; & l'on vit une école faite pour inspirer de sentimens d'honneur, entretenue du produit d'une institution que le véritable honneur réprouvoit. Lorsque ensuite ses bénéfices se furent accrus au-delà de toute espérance, alors elle passa toute entière dans les mains du gouvernement: un jeu de hasard devint une branche des revenus publics, & l'on s'accoutuma à cette étrange métamorphose, en se persuadant follement que la *loterie* pouvoit être regardée comme un impôt libre & volontaire.

Un impôt! Quel impôt que celui qui ne peut être prélevé qu'autant qu'on égare la raison des peuples! Quel impôt que celui qui fonde ses plus grands produits sur le délire ou sur le désespoir! Quel impôt que celui que le plus riche propriétaire est dispensé de payer, & que les hommes vraiment sages, que les meilleurs citoyens ne paieront jamais! Un impôt libre!.... Étrange liberté que celle qu'on suppose exister au milieu des amorces les plus séduisantes! Chaque jour, à chaque instant du jour, on crie au peuple qu'il ne tient qu'à lui de s'enrichir avec un peu d'argent: on propose un million pour 20 sols au malheureux qui ne sait pas compter, & qui manque du nécessaire; & le sacrifice qu'il fait à ce fol espoir du seul argent qui lui reste, est un don libre & volontaire! C'est un impôt qu'il paie à l'état!

Non, toute *loterie* n'est & ne peut être qu'un moyen cruellement abusif d'attirer l'argent du peuple, en se jouant de sa crédulité. Je dis toute *loterie*: car celles qui subsistent en France avec la *loterie* royale, sous le nom de *Piété* & des *Enfans-trouvés*, ne peuvent, non plus que leur rivale, échapper à cette juste imputation. Elles sont, il est vrai, moins redoutables qu'elle, parce que leur bénéfice est de beaucoup inférieur; qu'elles n'offrent à l'esprit aucune combinaison qui amorce, & que chaque numéro ne supporte qu'une mise modique & constamment la même; mais pourtant elles détournent de sa véritable destination tout l'argent que le peuple y sacrifie; mais elles font supporter l'entretien des établissemens auxquels elles sont consacrées à la classe du peuple qui doit le moins acquitter cette charge; mais enfin le profit certain de l'une & de l'autre est de près de 21 sur 100, ou plus exactement de 20 $\frac{5}{8}$ sur 100. Et par toutes ces raisons, ces deux *loteries* ne peuvent survivre à la destruction de la *loterie* royale de France.

Maintenant sera-t-il difficile de prouver que la *loterie*, & sur-tout la *loterie* royale de France est aussi immorale, aussi corruptrice, qu'elle est injuste?

N'est-il pas évident qu'un jeu qui allume jusqu'au délire la cupidité de la multitude, qui fascine l'esprit du peuple, jusqu'à lui persuader qu'infailliblement il trouvera pour prix de sa persévérance, je ne dis pas seulement le moyen d'améliorer son état, mais celui d'en sortir tout-à-coup par une fortune immense (car c'est toujours là l'ambition insensée du peuple)? N'est-il pas évident que ce jeu, après lui avoir ravi tout le fruit de ses épargnes, tout l'argent qu'il possède, le livre à chaque instant à la tentation d'en obtenir par toutes sortes de voies? Car il ne faut pas perdre de vue que, par une suite presque nécessaire de l'artificieuse combinaison de cette *loterie*, celui qui d'abord n'a risqué que des mises légères, se trouve bientôt entraîné dans des mises considérables; que, victime de l'illusion la plus folle, & pourtant la plus ordinaire, il s'attache d'autant plus à une combinaison, que plus long-tems elle lui a été funeste; qu'il se regarde même comme obligé à de nouveaux sacrifices, pour ne pas perdre le fruit des anciens; qu'en conséquence il charge & recharge sans cesse les mêmes numéros, dans l'intime persuasion qu'ils céderont enfin à sa persévérance, & que, par l'ancienneté de leur sortie, ils acquièrent chaque jour de nouveaux titres pour reparoître avant les autres, comme si dans un pareil jeu, l'avenir pouvoit en quelque manière dépendre du passé; que des billets, toujours les mêmes, agités au hasard, fussent contraints dans leurs mouvemens par les tirages précédens, & qu'un numéro, parce qu'il n'a pas paru depuis un certain nombre de tirages, dût plus facilement que tout autre en particulier, s'offrir au tirage suivant sous la main indifférente de l'enfant qui va les prendre. De-là, presque nécessairement après chaque tirage, des fraudes, des injustices, des infidélités sans nombre, pour ravoir un argent plus que jamais indispensable, ou même pour satisfaire cette insatiable passion, que le malheur n'a fait qu'irriter. Par elle, chaque jour, les enfans deviennent furtivement coupables envers leurs parens, les époux envers les épouses, les domestiques envers les maîtres; &, ce qui fait frémir, c'est qu'il est bien reconnu qu'un grand nombre d'entr'eux avoient vécu irréprochables jusqu'au moment où ils se sont abandonnés à la déplorable passion de ce jeu.

N'est-il pas évident que lors même que la *loterie* ne précipite pas dans le crime, son effet habituel est de rendre au peuple sa condition insupportable ; de relâcher dans sa famille les liens domestiques, si nécessaires à son bonheur ; d'éteindre en lui les goûts honnêtes, toute émulation louable, tout esprit d'ordre, d'économie, tout amour du travail. Voyez comme le marchand est détourné de son commerce ; l'ouvrier, de ses travaux ; la mère, du soin de ses enfans, dont les cris l'importunent ; tout un peuple, de ces occupations journalières : une pensée unique travaille tous les esprits ; de l'or, des monceaux d'or gagnés sans peine : c'est à cette funeste pensée qu'on livre deux fois par mois tous les sujets de l'état, & principalement (car on ne peut trop le répéter), ceux à qui le travail & l'économie sont le plus nécessaires, & chez qui le désespoir & la misère ont toujours eu les plus terribles conséquences.

N'est-il pas évident enfin que la *loterie* est, de tous les jeux réprouvés, celui qui insulte le plus ouvertement aux mœurs publiques ? Car, dans les maisons de jeu, même les plus décriées ; dans ces maisons, où une jeunesse imprudente va perdre, souvent sans retour, ses mœurs & ses principes, & où tous les cœurs semblent fermés à la pitié ; soit fierté, soit un reste de pudeur, du moins on rougiroit d'admettre le pauvre couvert des lambeaux de la misère, qui viendroit compromettre les foibles ressources de son existence ; & c'est particulièrement sur les malheureux que la *loterie*, plus impitoyable, fonde ses espérances. Non contente de recevoir de leurs mains, lorsqu'ils se présentent, quelques pièces de monnoie qu'ils se volent en quelque sorte à eux-mêmes, elle s'empresse d'aller au-devant d'eux ; elle les appelle, elle les presse, elle les sollicite ; elle les poursuit dans les campagnes ; elle pénètre jusques dans leur réduit ; & par mille séductions, elle parvient à leur faire une véritable violence.

Depuis long-tems le gouvernement travaille à extirper un des maux les plus funestes des grands états, la mendicité ; & il n'est point de citoyen qui n'ait applaudi dans son cœur à ces vues pures & bienfaisantes : mais si la *loterie* subsiste toujours ; si plusieurs fois par mois, la classe la plus malheureuse parmi les citoyens, est sollicitée, par des amorces presque irrésistibles, à sacrifier dans ce jeu perfide tout ce qu'elle possède, & souvent bien plus qu'elle ne possède, il est rigoureusement démontré que le vice de la mendicité devient entièrement irrémédiable ; qu'étant le fruit naturel de la misère & de la paresse, il doit nécessairement se perpétuer & s'accroître par une institution qui, en même-tems qu'elle ruine tant de malheureux, leur inspire un dégoût invincible pour le travail, & que par conséquent, la *loterie* royale de France en fera toujours plus en un mois pour conserver la mendicité, que n'en feront dans plusieurs années les efforts les mieux concertés de l'administration pour la détruire. Et si parmi tous ceux que la *loterie* dépouille, plusieurs résistent à la tentation d'augmenter la foule des mendians, il est également certain qu'ils sont du moins réservés à devenir un jour les fardeaux de la société, puisqu'en leur ravissant tout le fruit de leur économie dans le tems du travail, la *loterie* nécessairement en surcharge les hôpitaux dans le temps de leur vieillesse.

Mais ce n'est pas seulement dans la famille du pauvre & dans la classe du peuple, que la passion de la *loterie* fait de terribles ravages ; elle est aussi une source féconde de malheurs dans les classes plus élevées de la société : & par combien de faits déplorables n'en avons-nous pas acquis la preuve ! Combien d'homme attachés à des maisons de commerce, à des caisses de gens d'affaires ; combien de particuliers chargés d'une grande comptabilité, ont disparu subitement de nos jours en jettant le désespoir dans l'ame de leurs commettans & l'effroi dans le sein de leurs familles ! Quels étoient donc les déportemens de ces hommes, dont souvent la vie entière montroit de la sagesse, de l'intégrité, & dont les mœurs pures sembloient interdire tout soupçon d'inconduite ? Long-tems les recherches ont été vaines : toutes les traces sembloient avoir disparu ; on s'égaroit en conjectures, lorsque enfin un amas de billets déchirés & découverts par hasard, a décelé la cause de tant de malheurs.

Peut-on, après tant d'exemples de ce genre, s'étonner de l'esprit de méfiance qui, de plus en plus, ferme les cœurs, isole les particuliers, & engourdit la société ? Depuis que l'on sait qu'il existe un moyen ténébreux de dissipation & de ruine, qui souvent a séduit des ames vertueuses, la confiance de citoyen à citoyen a dû nécessairement s'affoiblir. La conduite extérieure, une bonne renommée, ne sont plus des garans qui rassurent entièrement ; & si l'honnête homme devient suspect à l'honnête homme, il n'a pas même le droit de s'irriter de ce soupçon : car que pourroit-il opposer au sentiment inquiet qui le fait naître ? Tous les autres vices qui tendent à subvertir les fortunes sont annoncés par des caractères sensibles ; les parens, les amis, l'œil sévère & vigilant du public peuvent en imposer ; la destruction s'annonce par degrés ; elle peut quelquefois être arrêtée ; elle est du moins toujours prévue. Mais la passion de la *loterie* ! nul caractère, nul symptôme ne la fait connoître ; elle se dérobe à tous les regards ; elle fuit même ceux de l'amitié ; car quel homme osa jamais confier à son ami les sacrifices insensés qu'il faisoit à cette passion ? C'est une plaie intérieure & profonde, qui ne devient visible que lorsque le mal est sans remède : on ne peut, par aucun moyen, discerner ceux qui en sont frappés ; & une grande défiance est l'effet inévitable de cette affligeante incertitude.

Il est donc vrai que, dans toutes les classes de la société, la *loterie* fait sentir sa coupable influence; qu'elle atteint ceux-là même, qui ont su résister à ses séductions, & que par-tout elle sème le trouble, le désordre, la méfiance, le désespoir, & souvent même les plus grands crimes : car s'il est incontestable que presque tous les crimes sont dus à la cupidité, n'est-ce pas une conséquence nécessaire qu'un grand nombre a dû naître, d'une institution qui sans cesse & l'irrite & la trompe? Que l'on invoque le témoignage des magistrats; que l'on s'adresse aux ministres de la religion : ils diront tous, combien elle a précipité de malheureux dans les cachots; combien elle a grossi le nombre des criminels publics; combien d'hommes enfin ont péri dans les derniers supplices, qui eussent vécu bons pères, bons maris, bons citoyens, si la *loterie* royale de France n'eût jamais existé!

Pourroit-on ne pas déplorer ici une désastreuse calamité qui fait verser tant de larmes à la religion & à la patrie! Ce dégoût affreux de la vie qui brave toutes les lois; cette maladie terrible qui sembloit nous être si étrangère, paroît depuis peu comme naturalisée dans nos climats. Que de ravage n'a-t-elle pas fait dans ces dernières années! Avec quelle effrayante rapidité ne se sont pas succédés sous nos yeux tous les genres de suicide! Jusques-là même que ces événemens qui, jadis, jettoient l'épouvante dans toute une ville, & laissoient dans les esprits une longue & profonde impression, semblent, par leur fréquent retour, avoir perdu le droit d'émouvoir la multitude.

Parmi les causes de cette révolution, la *loterie*, n'en doutons point, doit occuper un des premiers rangs. Des faits nombreux, que cent mille voix ont publiés, en sont la preuve irrésistible. Et qui oseroit s'en étonner! Que l'on se représente tous ces malheureux que, de piège en piège, la *loterie* a enfin précipités dans la misère, dévorés de chagrins, tourmentés de remords, & qui, trop honnêtes peut-être pour tenter des ressources coupables en devenant criminels sur autrui, trouvent jusques dans une apparente vertu, le prétexte de l'être sur eux-mêmes. Que l'on se peigne sur-tout un père désolé que la *loterie* a conduit au terme fatal où, par aucune voie, il ne peut échapper à l'indigence qui va frapper en même tems toute sa famille, & l'on frémira du parti désespéré dans lequel la *loterie* peut si facilement entraîner. Aussi la voix publique est-elle toujours prête à l'accuser de ces malheurs. Un homme s'est-il donné la mort? interrogez le peuple : c'est la *loterie* qui l'a perdu, vous dira-t-il le plus souvent. Voilà le cri général. Dès qu'on ignore la cause, c'est presque toujours la première qui s'offre à l'esprit : tant il est reconnu que la *loterie* est un des principes les plus féconds de ces événemens déplorables! & cependant, ce même peuple, par un étrange aveuglement que nourrissent sans cesse en lui les funestes illusions de la *loterie*, va tranquillement après compromettre, dans ce cruel jeu, son repos, son aisance & son bonheur. Cette institution est tellement incompatible avec toute idée de bien, que les malheurs qu'elle enfante, n'ont pas même le triste avantage de devenir jamais une leçon utile.

Quels sont donc les titres qui parlent en faveur de la *loterie?* Par quels biens, par quels avantages peut-elle expier tant de malheurs? Quelle est du moins l'apparente utilité qui puisse lui faire pardonner cette foule de maux qu'elle traîne à sa suite? Osera-t-on dire que si elle ruine un grand nombre de joueurs, plusieurs aussi trouvent en elle leur fortune & leur bonheur? Sans doute on peut citer un petit nombre de particuliers qui ont gagné des lots considérables; mais cette faveur-là même, à quoi sert-elle le plus souvent? A irriter la cupidité du joueur, à augmenter son fol espoir, à accroître son imprudente crédulité. Dès-lors il se regarde comme appelé à une fortune sans bornes; & qui pourroit y mettre obstacle? sa destinée la lui promet, son étoile va infailliblement l'y conduire. . . . . . . C'est ainsi que l'égare la superstition la plus grossière, & que sa ruine, reculée de quelques instans, en devient toujours plus certaine. On assure que dans le pays où ce jeu a pris naissance, en Italie, c'est une malédiction populaire de souhaiter un terne à ses ennemis. C'est que l'expérience a fait connoître que les lots ne sont que des présens illusoires; qu'ils sont même l'amorce la plus redoutable; que bientôt rentrés dans les mains de la *loterie*, ils entraînent avec eux le bien de l'imprudent joueur, & que par-là les faveurs de ce jeu deviennent plus cruelles encore que ses disgraces.

Et quand les bienfaits de la *loterie* ne retourneroient pas ainsi à leur source, oseroit-on célébrer les prétendus heureux qu'elle fait? Pourroit-on ne pas gémir sur le scandale de sa faveur, sur la publique immortalité de ses dons? Et en voyant ces fortunes inopinées se précipiter tout-à-coup au sein de l'indigence, étourdir le pauvre, bien loin de le rendre heureux, le plonger dans le vice & dans l'extravagance, & présenter aux yeux d'une multitude avide des exemples perfides & corrupteurs, ne faudroit-il pas reconnoître que ces aveugles & stupides bienfaits sont eux-mêmes un des crimes de la *loterie?*

L'on s'est permis de dire, on a osé imprimer que la *loterie*, quelle que soit sa nature, présente pourtant des consolations au pauvre; qu'elle est l'unique voie ouverte à une grande fortune; que cette espérance est seule un bonheur qu'on ne doit pas lui ravir; qu'enfin la destruction de la *loterie* exciteroit infailliblement les regrets de la multitude. . . . . Etrange renversement de toute raison! La *loterie* ne fit-elle qu'entretenir dans la classe du peuple le désir immodéré d'une fortune rapide, elle mériteroit, par cela seul, d'être proscrite, parce que ce désir est ennemi de tout bien,

& qu'éveillant sans cesse dans l'esprit du pauvre l'idée d'une richesse imaginaire, elle renfonce à chaque instant dans son cœur le sentiment amer de sa misère. Mais il est démontré que la *loterie* est essentiellement vicieuse, & que, sous tous les rapports, elle corrompt le peuple & le rend malheureux : qu'importent donc les vains regrets & les folles espérances auxquelles il s'abandonne ? Si, dans son délire, il méconnoît ses intérêts, il faut l'y rappeller malgré lui; il faut travailler à son bonheur, au risque d'essuyer ses premiers murmures; opposer la sage prévoyance de l'avenir aux illusions du moment qui l'égarent, & combattre avec une rigueur bienfaisante des désirs qui font nécessairement son malheur.

Gouverner les hommes, c'est connoître leurs vrais besoins, & non pas obéir à leurs caprices déréglés. L'art de gouverner ne seroit-il donc plus l'expression de la raison publique, faite pour contenir les écarts de la raison des particuliers ?

On craint que, si les *loteries* sont supprimées en France, les joueurs, toujours avides de gain & de fortune, n'aient recours aux *loteries* étrangères, qui par-là, dit-on, s'enrichiront de nos pertes.

Que ces craintes sont futiles ! Qui ne voit qu'après avoir prononcé la destruction des *loteries* nationales, le législateur, libre alors de s'expliquer sévèrement sur la perversité de ce jeu, se hâtera de purger ses états de tous débitans de billets étrangers & de leurs complices ? Quelle ressource restera-t-il donc à l'avidité des joueurs ? D'envoyer leur argent dans le pays étranger ? Sans doute on ne pensera pas que le peuple entretienne de pareilles correspondances, & c'est sur-tout le peuple pour qui la *loterie* est un grand fléau. Quant aux autres joueurs, une défense sévère faite à tout banquier de prêter son ministère pour ce jeu réprouvé, les mettra dans l'impossibilité de s'y livrer; mais cette précaution-là même sera à peine nécessaire; & lorsque la cause véritable n'existera plus, on ne doit pas craindre de voir s'opérer, en faveur de la *loterie*, ce miracle politique, que l'effet subsiste toujours. Qu'il faut peu connoître la nature de l'homme, pour ne pas sentir que la passion de la *loterie* tient essentiellement aux agens qu'on emploie pour les séduire; qu'elle ne captive avec tant d'empire l'imagination, que parce qu'elle parle continuellement aux sens ! . . . Que l'on se hâte donc de fermer ces bureaux nombreux, toujours ouverts, toujours affamés; qu'il soit défendu d'étaler tout cet appareil de billets préparés, de roues de fortune, ces inscriptions décevantes, ces rubans enlacés, prétendue livrée de l'espérance & du bonheur; qu'on renvoie ces crieurs publics, dont le langage absurde distrait tous les citoyens; que tous ces prestiges disparoissent; que toutes ces ruses s'anéantissent, & l'imagination laissée à elle seule s'appaisera bien vîte; & l'ardeur la plus effrénée se dissipera avec les illusions qui l'entretiennent.

Ainsi tombent tous les raisonnemens, tous les vains prétextes dont on a voulu pallier les vices de cette institution. Il faut sans doute, puisqu'elle subsiste encore malgré tant de titres de proscription, il faut que des motifs d'un autre ordre l'aient protégée jusqu'à ce jour; il faut que l'on se soit laissé éblouir par l'espèce de profit qui semble en résulter, & qu'on ait été effrayé surtout par la difficulté de remplacer ce profit apparent.

Il est pénible de descendre dans la discussion de pareils motifs, après avoir montré l'influence de la *loterie* sur les mœurs, la fortune & le bonheur de tant de citoyens; mais il importe de dissiper entièrement cette dernière illusion, en réduisant à sa juste valeur ce prétendu bénéfice.

Les *loteries* produisent au trésor royal environ neuf millions. La recette est beaucoup plus considérable, & s'élève au moins à douze; mais les frais de toute espèce sont énormes, & absorbent plus d'un quart de cette recette. Il y a plus : les *loteries* nationales elles-mêmes ne reçoivent pas toutes les mises pour leur compte. On sait qu'il existe dans les pays étrangers plus de vingt *loteries* qui entretiennent des distributeurs de leurs billets à Paris, & lèvent ainsi tous les mois un tribut sur la nation, en promettant de payer les chances un peu plus cher que ne fait la *loterie* royale. Ce sont de nouvelles sources de misère & de corruption; & l'état n'en sera délivré qu'au moment où sera anéantie la *loterie* royale de France, qui protège à son insçu tous ces désordres.

Pour opérer une recette de neuf millions, il faut donc d'abord que le public ait perdu douze millions; & en n'évaluant qu'à trois millions par an ce qui est enlevé par les *loteries* étrangères, ou même par des particuliers qui jouent sous le manteau de la *loterie* royale, (évaluation sans doute bien modérée) il résulte plus de quinze millions de perte annuelle, perte entièrement incalculable dans sa progression physique & ses conséquences morales, & qui est sacrifiée, contre toute raison, à neuf millions de revenu pour le trésor royal...... A neuf millions de revenu !....... Non, je ne crains point d'affirmer que ce revenu n'est point un bénéfice réel; qu'il est entièrement fictif & illusoire, & que la perte de l'aisance générale & du bonheur public est la seule réalité que présente la *loterie*. Tout est chimérique ou stérile dans ce funeste établissement, depuis les illusions du joueur, jusqu'au produit du bénéfice pour le fisc. Qui pourra calculer les non-valeurs de toute espèce qu'opère la *loterie*? Combien de millions sont détruits par ces neuf millions? Combien de branches de revenu public sont desséchées? Combien de richesses véritables sont taries dans leur source, & par les vices qu'engendre ce fléau, & par la stérilité dont il frappe tout ce qu'il touche? Qu'au lieu d'être dissipés par le peuple, & enlevés par les étrangers, les quinze millions qui ont produit en apparence neuf millions au trésor de l'état soient employés, d'une part, à augmenter les consommations journalières des citoyens; de l'autre, à accroître leurs facultés & leur industrie, n'est-il pas sensible que, de cette nouvelle & légitime destination, le trésor public lui-même doit s'enrichir? N'est-il pas incontestable qu'il doit en résulter d'abord une augmentation de revenu public en raison d'une plus grande consommation, & puis un fonds de richesse nationale toujours croissant par l'industrie du peuple dont l'aisance laborieuse entretient tous les canaux de la fortune publique? Il faut se reporter sans cesse à cet axiôme éternel de toute constitution, que la richesse d'un état s'identifie sous tous ses rapports avec celle des citoyens; que l'une & l'autre n'est que l'excès des produits sur les consommations; que l'une se compose nécessairement par l'autre; qu'elle ne peut même avoir d'autre principe, d'autre source; & que par conséquent, tout ce qui ruine les peuples, appauvrit aussi le trésor public.

C'est donc bien faussement que l'on a regardé comme un revenu véritable les neuf millions de la *loterie*, fruits malheureux de tant de ruines & de désastres: & ce revenu, quand il seroit aussi réel qu'il est illusoire, pourroit-il être conservé? Ne sera-ce pas un principe inviolable pour les représentans de la nation, que, s'il est nécessaire de réduire considérablement le *déficit*, par la suppression de toute dépense inutile, il est d'une justice non moins exacte de l'accroître sur certains points, par la proscription de toute recette illégitime? Et en fut-il jamais de plus illégitime que celle qui provient de la *loterie*? En fut-il de plus féconde en calamités? Au prix de neuf millions, arrachés à la misère par les moyens les plus honteux & les plus profondément injustes, que voit-on en effet tous les ans? Des races éteintes; les hôpitaux, les prisons peuplés de nouvelles victimes; le peuple découragé, corrompu, appauvri; des milliers de citoyens dépravés par la cupidité, égarés par des illusions, aimant mieux rêver leur fortune que s'occuper des moyens de la faire; les uns perdant dans de vains calculs leur intelligence & leur raison; d'autres livrés tour-à-tour à des angoisses cruelles, à des désirs criminels: les banqueroutes se déclarent; les suicides se commettent; les crimes se succèdent..... Qui osera penser que neuf millions, même véritables, mais provenant d'une source aussi corrompue, puissent racheter tant de malheurs aux yeux de la nation assemblée?

Ces raisons qui sollicitent avec force la proscription de la *loterie*; ces raisons que consacrent les vœux d'une partie de la nation, & que nous n'avons fait que recueillir au sein de l'opinion générale, nous ont paru, dans leur rapprochement, pouvoir être offertes au public. Nous avons pensé que le développement de ces idées, quelqu'imparfait qu'il soit, pourroit peut-être concourir à accélérer la ruine de ce funeste établissement: car en appellant de plus en plus l'attention publique sur les maux dont il est la source; en mettant sous les regards de tous les citoyens ses dangers & ses ravages; en les pénétrant de son injustice & de son immoralité, non-seulement on détruit l'illusion qui en est le premier soutien, mais on peut même espérer d'accroître & d'affermir à tel point dans les esprits la juste indignation qu'il inspire, que chacun soit prêt à s'imposer des sacrifices, s'ils sont nécessaires, pour être délivré à jamais de ce fléau, qui trop long-tems a fait le malheur de la nation.

Après avoir rapporté ces réflexions de M. l'évêque d'*Autun*, sans adopter cependant d'une manière indéfinie tous les sentimens de l'auteur, nous devons actuellement donner une notice des principaux réglemens de police relatifs aux *loteries*.

Ils peuvent se rapporter au tirage, à la vente & au colportage des billets. Nous ferons connoître les uns & les autres après que nous aurons dit un mot de la forme de la *loterie* royale de France.

Elle fut établie en 1776, & son premier tirage eut lieu le 6 août de la même année. Les *loteries* de l'école royale militaire, celle de l'hotel-de-ville, la générale & des communautés religieuses, furent en même tems supprimées. Il n'y eut que celles de piété & des enfans-trouvés réunis que l'on conserva, & dont la régie fut incorporée à celle de la *loterie* royale de France.

L'arrêt du conseil qui établit cette dernière détermine en même-tems les divers articles de réglemens qui la concernent, & auxquels il n'a été fait que peu de changemens sensibles depuis le moment de sa promulgation: nous n'en extrairons que ceux qui ont rapport au régime extérieur de la *loterie*, étant inutile à notre objet de faire connoître son mode d'administration financière.

Il est dit dans cet arrêt, qu'il sera établi des tirages de *loterie* royale de France dans celles des principales villes du royaume & des frontières qui seront jugées convenables: mais cette disposition n'a point lieu; il ne se fait de tirages qu'à Paris. Ils ont lieu tous les premiers & seize de chaque mois, dans une des salles de l'hôtel-de-ville. C'étoit ci-devant le lieutenant de police qui y présidoit, ce sont aujourd'hui les membres nommés par la municipalité pour cet objet qui en tiennent la place.

Les intendans dans les provinces, & le lieutenant de police à Paris, étoient autrefois autorisés à juger les contestations qui pouvoient naître sur les faits des *loteries*, aujourd'hui ces fonctions sont exercées par les municipalités & par les directoires de département.

Le même arrêt du conseil du 30 juin 1776, explique la nature de la *loterie* royale de France, & les différentes chances, suivant lesquelles on peut perdre ou gagner à ce jeu. Nous les transcrirons, quoique ce ne soit point un objet absolument lié à notre travail : mais le lecteur peut être bien-aise de les trouver ici.

Plan de la LOTERIE *composée dans les principes de celles établies à Gênes, Rome, Venise, Milan, Naples, Vienne, Bruxelles, Berlin, &c., avec l'addition des chances, extrait déterminé, d'ambe déterminé, de quaterne, de quine, & de plusieurs primes gratuites, accordées en proportion de la valeur des mises.*

Art. I. On suivra dans le tirage de cette *loterie* la méthode qui s'observoit ci-devant dans les tirages de la *loterie* de l'école royale militaire.

Le jour du tirage, on enfermera dans la roue de fortune quatre-vingt-dix étuis d'égale grandeur, forme & poids. Chacun de ces étuis contiendra un carré de vélin, sur lequel sera inscrit chaque numéro, depuis le numéro un jusques & compris le numéro quatre-vingt-dix.

Tous les numéros, avant d'être placés dans leurs étuis, seront exposés aux yeux de tous les assistans. Après cette formalité, on mêlera les quatre-vingt-dix étuis dans la roue de fortune, & on tirera cinq numéros seulement. Le tirage de ces cinq numéros sera nommé *tirage des lots*, & déterminera le montant des lots de tous ceux qui auront pris intérêt à la *loterie*.

II. Immédiatement après ce tirage des lots, il sera fait successivement quatre autres tirages, qui seront appellés tirages *des primes gratuites*, qui seront désignés par les noms de *première*, *seconde*, *troisième & quatrième c'asse*. Pour y procéder avec célérité, on exposera de nouveau aux yeux du public les cinq numéros qui seront sortis de la roue de fortune ; & chacun d'eux, suivant l'ordre de la sortie, sera jetté une seconde fois dans la roue de fortune, pour y être mélangé avec les quatre-vingt-cinq numéros restans. La même opération se répétera jusqu'à quatre fois consécutives.

III. Tous les lots & primes gratuites seront payés au bureau général de l'administration, trois jours après le tirage, & l'on continuera de les payer sans interruption jusqu'à leur entier acquitement ; sans autre formalité que celle de rapporter le billet original.

IV. Tous porteurs de billet gagnans, jouiront, à dater de l'époque du jour du tirage, d'un terme de six mois pour recevoir le payement des lots & primes qui leur seront échus, passé lequel délai, lesdits billets seront & demeureront nuls.

V. L'on délivrera à l'actionnaire une reconnoissance provisionnelle, pour être échangée contre le billet original. La reconnoissance & le billet original émaneront d'une même souche, & se rapprocheront par une légende, contenant ces mots, *loterie royale de France*. En échange de la reconnoissance, il sera fourni à l'actionnaire, sous le plus bref délai, le billet original pour constarer son titre, & ce ne sera que sur la représentation de ce titre qu'il pourra prétendre au paiement du lot ou des primes qui lui seront échus.

VI. Chacun des actionnaires sera libre de placer sa mise sur tel numéro & tel quantité de numéros qu'il lui plaira choisir, depuis le numéro un jusques & compris le numéro quatre-vingt-dix. A l'égard des différentes chances à courir, on peut s'intéresser à cette *loterie* de sept manières différentes, savoir :

1°. Sur un seul numéro, qui s'appelle communément *extrait simple*.

2°. Sur un seul numéro, dont l'ordre de sortie doit être désigné, & qu'on appellera *extrait déterminé*.

3°. Sur deux numéros liés ensemble, qui s'appellent communément *ambe simple*.

4°. Sur deux numéros liés ensemble, dont l'ordre de sortie pour chacun d'eux doit être désigné, & qu'on appelle *ambe déterminé*.

5°. Sur trois numéros liés ensemble, qui s'appellent communément *terne*.

6°. Sur quatre numéros liées ensemble, qui s'appelleront *quaterne*.

7°. Sur cinq numéros liés ensemble, qui s'appelleront *quine*,

VII A l'égard du montant total des billets qui pourront être pris sur chaque chance, il en sera délivré, savoir :

Sur chaque extrait simple, depuis un sol jusqu'à la somme de dix mille livres.

Sur chaque extrait déterminé, depuis douze sols jusqu'à la somme de mille livres.

Sur chaque ambe simple, depuis six deniers jusqu'à la somme de quatre cents livres.

Sur chaque ambe déterminé, depuis six deniers jusqu'à la somme de cent quatre-vingt livres.

Sur chaque terne, depuis six deniers jusqu'à la somme de cent cinquante livres.

Sur chaque quaterne, depuis six deniers jusqu'à la somme de douze livres.

Sur chaque quine, depuis six deniers jusqu'à la somme de trois livres.

On ne délivrera néanmoins aucun billet au-dessous de la valeur de douze sols pour le total de la mise.

VIII. L'actionnaire gagnera pour chaque lot qui lui sera échu au tirage des lots; savoir :

Par extrait simple, quinze fois la mise.

Par extrait déterminé, soixante-dix fois la mise.

Par ambe simple, deux cent soixante-dix fois la mise.

Par ambe déterminé, quatre-mille neuf-cents fois la mise.

Par terne, cinq mille deux cents fois la mise.

Par quaterne, soixante-dix mille fois la mise.

Par quine, un million de fois la mise.

IX. Indépendamment de tous les lots qui résultent des différentes chances ci-dessus, les actionnaires, porteurs de billets composés, soit d'ambes déterminés, soit de ternes, soit de quaternes, soit de quines, participeront aux tirages des primes gratuites, accordées en raison de leurs mises, ainsi qu'il est expliqué dans l'article 10 ci-après; & sous les conditions y énoncées.

X. 1°. Chaque billet d'ambe déterminé, qui sera composé d'une colonne de six numéros & au-dessus, jusqu'à vingt numéros inclusivement; chaque billet de terne, ou de quaterne ou de quine, qui sera composé d'une colonne de dix numéros & au-dessus jusqu'à vingt numéros inclusivement, pourra se prendre à raison de chaque combinaison qui résultera de la quantité des numéros choisis, sur le pied de 3 deniers.

2°. Chaque billet d'ambe déterminé, de terne, de quaterne ou de quine, qui sera composé d'une colonne de vingt-un numéros & au-dessus, jusqu'à trente numéros inclusivement, pourra se prendre à raison de chaque combinaison qui résultera de la quantité des numéros choisis, sur le pied d'un denier.

3°. Chaque billet d'ambe déterminé, de terne, de quaterne ou de quine, qui sera composé d'une colonne de trente-un numéros & au-dessus, jusqu'à volonté, pourra se prendre à raison de chaque combinaison qui résultera de la quantité des numéros choisis, sur le pied d'un douzième de denier. Dans tous les cas, le fort denier restera au profit de la *loterie*.

Tout porteur de billet, soit d'ambe déterminé, soit de terne, soit de quaterne, soit de quine, composé dans les formes prescrites au présent article, participera, sans être soumis à aucun nouveau débourse, aux primes gratuites énoncées à l art. 2; & quant au montant desdites primes, il sera payé pour la rencontre d'une ou de plusieurs chances déterminées; savoir :

Pour chaque ambe déterminé, au tirage de la première classe des primes, à raison de cinq cents fois la mise.

Pour chaque terne, au tirage de la première classe des primes, à raison de cinq cents fois la mise.

Pour chaque terne, au tirage de la seconde classe des primes, à raison de trois cents fois la mise.

Pour chaque quaterne, au tirage de la première classe des primes, à raison de quinze mille fois la mise.

Pour chaque quaterne, au tirage de la seconde classe des primes, à raison de neuf mille fois la mise.

Pour chaque quaterne, au tirage de la troisième classe des primes, à raison de six mille fois la mise.

Pour chaque quine, au tirage de la première classe des primes, à raison de quatre-vingt-mille fois la mise.

Pour chaque quine, au tirage de la seconde classe des primes, à raison de soixante mille fois la mise.

Pour chaque quine, au tirage de la troisième classe des primes, à raison de quarante mille fois la mise.

Pour chaque quine, au tirage de la quatrième classe des primes, à raison de vingt mille fois la mise.

De cette manière, l'actionnaire pourra gagner.

Sur la chance de l'ambe déterminé, deux fois de suite.

Pour la totalité des dix ambes qui peuvent résulter des cinq numéros sortis.

1°. Au tirage des lots, ainsi qu'il est mentionné à l'art. 8, quarante-neuf mille mises.

2°. Au tirage de la première classe des primes gratuites, cinq mille mises.

Sur la chance du terne, trois fois de suite.

Pour la totalité des dix ternes, qui peuvent résulter des cinq numéros sortis.

1°. Au tirage des lots, ainsi qu'il est mentionné à l'art. 8, cinquante-deux mille mises.

2°. Au tirage de la première classe des primes gratuites, cinq mille mises.

3°. Au tirage de la seconde classe des primes gratuites, trois mille mises.

Sur la chance du quaterne, quatre fois de suite.

Pour la totalité des cinq quaternes qui peuvent résulter des cinq numéros.

1°. Au tirage des lots, ainsi qu'il est mentionné à l'article 8, trois cent cinquante mille mises.

2°. Au tirage de la première classe des primes gratuites, soixante-quinze mille mises.

3°. Au tirage de la seconde classe des primes gratuites, quarante-cinq mille mises.

4°. Au tirage de la troisième classe des primes gratuites, trente mille mises.

Sur la chance du quine, cinq fois de suite.

Pour le quine qui peut résulter des cinq numéros sortis.

1°. Au tirage des lots, ainsi qu'il est mentionné par l'art. 8, un million de mises.

2°. Au tirage de la première classe des primes gratuites, quatre-vingt mille mises.

3°. Au tirage de la seconde classe des primes gratuites, soixante mille mises.

4°. Au tirage de la troisième classe des primes gratuites, quarante mille mises.

5°. Au tirage de la quatrième classe des primes gratuites, vingt mille mises.

Pour expédition du plan de la *loterie*, approuvé par le roi, pour être annexé à la minute de l'arrêt du conseil de ce jour 30 juin 1776; *signé*, Bertin.

Mais ce qui doit sur-tout intéresser les officiers de police, relativement aux *loteries*, ce sont les réglemens du colportage & de la vente des billets; il y a eu plusieurs ordonnances de police à cet égard, & voici les plus utiles.

Celle du 19 septembre 1776 porte :

1°. Qu'aucun particulier ne pourra vendre, distribuer, crier & colporter des billets & listes desdites *loteries*, s'il n'est avoué de l'administration, & par nous pourvus d'une commission, sur laquelle il lui sera délivré par l'administration une plaque ou écusson de cuivre, portant d'un côté les armes du roi, & de l'autre ces mots : *Loterie royale de France*, & le numéro du bureau auquel le colporteur sera attaché; 2°. que nul ne pourra obtenir lesdites commissions, s'il ne justifie d'un extrait de baptême en bonne forme, qu'il est né sujet de sa majesté, ayant l'âge au moins de trente ans; qu'il sait lire & écrire, & s'il ne rapporte un certificat de ses bonne vie & mœurs, signé du curé de sa paroisse & de trois personnes notables de son quartier, ensemble du consentement d'un receveur desdites *loteries* de lui confier des billets, desquels billets ledit receveur demeurera responsable; 3°. que lesdites commissions seront numérotées & enrégistrées sans frais, tant audit bureau de l'administration, que sur les régistres que le sieur inspecteur de police tiendra à cet effet; & dans le cas où le colporteur changeroit de domicile, il sera tenu, dans les vingt-quatre heures, d'en faire déclaration audit bureau, & chez ledit inspecteur, à peine de 100 liv. d'amende; 4°. que celui qui sera pourvu de commission & de plaque, ne colportera des billets & listes des *loteries*, que pour celui desdits receveurs, qui sera autorisé à l'employer; 5°. que lesdits colporteurs seront tenus de porter leurs plaques ou écussons attachés en évidence au-devant de leur vêtement, & de porter leur commission dans leur poche, à peine de 100 liv. d'amende; qu'il leur est fait défenses, sous quelque prétexte que ce puisse être, de prêter à qui que ce soit, leursdites commissions & plaques, à peine de 300 liv. d'amende & de prison, tant contre celui qui auroit fait le prêt, que contre celui qui l'auroit accepté; pourront même les porteurs des commissions & plaques empruntées, être arrêtés sur-le-champ; & à l'égard de ceux qui les auroient prêtées, ils seront & demeureront en outre privés pour toujours de la permission de colporter; 6°. que les colporteurs pourront vendre & distribuer les billets & listes des *loteries*, depuis sept heures

du

du matin jusqu'à six heures du soir, à compter du 15 octobre jusqu'au 15 mars; & depuis six heures du matin jusqu'à huit du soir, à compter du 16 mars jusqu'au 14 octobre; qu'il leur est fait défenses d'en colporter hors lesdites heures, & de vendre des reconnoissances desdites *loteries*, ou autres imprimés quelconques, à peine de 100 liv. d'amende & de prison, en cas de récidive; 7°. que le colporteur sera tenu de représenter dans le mois de février de chaque année, sa commission au bureau de l'administration pour être visée par le directeur de ce bureau, & par l'inspecteur de police; le tout sans frais; sinon & faute de ce faire, il sera déchu de sa place. Chaque receveur sera aussi obligé, dans le courant du mois qui précédera le *visa*, d'informer ledit directeur & l'inspecteur de la conduite qu'aura tenue envers lui le colporteur qu'il aura employé; 8°. que tout colporteur qui, pour contravention aux ordonnances & réglemens des *loteries*, ou sur les plaintes des receveurs & de l'administration, aura été mis deux fois en prison, sera privé de la commission & de la plaque, s'il se met dans le cas de subir une troisième punition.

L'on a dû prévenir aussi la fraude & les abus de la distribution des billets de *loteries* dans les provinces, en établissant des réglemens sur la manière de la faire; c'est l'objet de l'arrêt du conseil, du 21 décembre 1776; il porte:

Qu'aucun particulier ne pourra vendre, distribuer, crier & colporter des billets & listes de la *loterie* royale de France, s'il n'a les conditions requises par l'ordonnance de police du 19 septembre 1776, ni ailleurs que dans les villes où réside le receveur, au bureau duquel il est attaché par sa commission & le numéro de sa plaque, à peine de 300 liv. d'amende, & d'interdiction entière de ses fonctions.

Enfin l'attention à empêcher la vente & distribution des billets de *loteries* étrangères dans le royaume, est encore un des soins de la police; & voici, à cet égard, ce que porte l'arrêt du conseil du 20 septembre 1776: Sa Majesté a ordonné & ordonne qu'il ne pourra être publié & affiché aucunes *loteries* dans le royaume, de quelque nature qu'elles soient; ni distribué aucuns billets, sans que lesdites *loteries* soient autorisées par sa majesté; qu'il est fait defenses à tous négocians, marchands, banquiers & à toutes personnes, de quelque qualité & condition qu'elles soient, de se charger de la distribution d'aucuns billets de *loteries* étrangères ou autres, qui n'auroient pas été autorisées par sa majesté, à peine de restitution des sommes reçues pour les billets distribués, de 3000 liv. d'amende, & de plus grande peine, si le cas y écheoit.

LUXE, f. m. On entend par ce mot l'habitude des jouissances superflues, des choses dont on pourroit se passer; telle est au moins la signification rigoureuse; mais dans le sens plus ordinaire, il désigne l'excès dans l'abondance même des choses utiles, & à cet égard on s'en fait plutôt une idée par la vue de ce qu'on appelle des objets de *luxe* que par une simple définition.

Au reste le *luxe* est, comme tout ce qui est mêlé de moral, susceptible de comparaison & finit par être purement relatif, c'est-à-dire que ce qui passe pour *luxe* dans un endroit peut fort bien dans un autre n'avoir que le caractère de l'utilité & même de la nécessité.

Il n'en est pas moins vrai que depuis long-tems on se dispute sur les inconvéniens & les avantages du *luxe*, les uns prétendent qu'il ruine les nations, énerve le courage & corrompt les mœurs; les autres le regardent au contraire, comme un utile encouragement pour les arts, comme le signe de la civilisation & de la prospérité du peuple.

Nous avons discuté cette matière dans le *discours préliminaire* de cet ouvrage; nous avons essayé de montrer que le *luxe* par lui même ne pouvoit jamais nuire en altérant les mœurs d'une manière dangéreuse, que les habitudes qu'il fait naître sont toutes à l'avantage du progrès de la douceur, de la civilisation, opposées à la férocité & aux sentimens de dureté naturelle, qui sont les fléaux de la société: qu'il n'est pas vrai non plus que les arts du *luxe* détruisent le courage, seulement ils l'éclairent, & adoucissent l'apreté sanguinaire de la bravoure & de l'amour de la guerre; que les nations qui ont le plus de *luxe* & surtout un *luxe* recherché & délicat n'en sont ni moins libres ni moins puissantes; tels sont les Anglois, tels ont été long-tems les François.

Nous n'entrerons donc pas dans de grands détails sur ces objets de simple raisonnement; nous renverrons notre lecteur au discours que nous venons d'indiquer, & nous nous étendrons davantage sur les réglemens somptuaires que l'on fait en France & dans quelques autres états de l'Europe.

Cependant nous remarquerons que la doctrine opposée au *luxe* a fait en France des progrès sensibles depuis la révolution: on a cru favoriser les sentimens d'égalité, de liberté en jettant la défaveur sur les jouissances de *luxe*; on a attaché une sorte d'antipatriotisme au goût des ars & des talens agréables, & cette dernière erreur tient à un système particulier d'opinions dominantes, dont nous croyons pouvoir rendre raison, & dont nous consignerons le développement ici avec d'autant plus de convenance pour nous, qu'il ne nous seroit guère possible de le faire dans un autre ouvrage sans attirer sur nous toutes les inculpations des écrivains du jour, dont l'audace est aussi puissante & active ; qu'elle est libre & respectée.

L'insurrection de 1789 a été l'ouvrage de la presque totalité des citoyens ; mais les obstacles à la réforme des loix ne furent pas sitôt renversés, le pouvoir d'opérer un grand bien ne fut pas sitot donné à l'assemblée nationale, que les honnêtes gens sentirent que l'anarchie n'étoit plus bonne à rien, qu'il ne falloit point la confondre avec une prise darmes nécessaire & momentanée, & que pour retrouver la paix & la liberté il falloit rappeller le peuple à l'ordre & à la soumission.

Cette façon de penser si sage, si utile n'étoit point celle d'un grand nombre de factieux sortis du néant, & qui conçurent au moment de l'insurrection, l'espoir, jusqu'ici couronné du succès, de s'élever audessus de tous les pouvoirs, & d'établir le régime de la force par le secours du peuple & des agitateurs subalternes.

Pour soutenir ce rôle, il fallut échauffer les classes les plus abruties de la société, les tenir continuellement en haleine, faire l'éloge de leur férocité, caresser, payer, sur tout protéger les journalistes menteurs & incendiaires ; qui chaque jour donnoient des leçons de meurtre à la foule des journaliers, des petits bourgeois, dont la lecture ordinaire se borne aux productions de ces fanatiques & insolens écrivains.

Cette tentative des factieux réussit au delà de leur esperance, peut être, & ils virent bien qu'ils leur seroit aisé de captiver & de conduire ou ils voudroient, un peuple léger, encore nouveau dans ces matières & dont l'admiration, l'estime, la haine se dirigent par des moyens étrangers à la prudence & à la réflexion.

Les violences qu'il commit, ou qu'on l'autorisa à commettre, par l'impunité même des coupables, les désordres, les malheurs qu'il fit naître, furent prônés comme des actes de patriotisme & de courage, & l'on attacha une sorte de religion nouvelle, à l'anarchie des principes & à la fureur publique, dont Paris surtout à offert & offre encore l'exemple le moins possible dans le calcul des choses humaines.

Alors les honnêtes gens qui s'apperçurent de la tyrannie qu'on vouloit établir, des moyens absurdes qu'on employoit pour favoriser les désordres du peuple, & la bassesse avec laquelle on encensoit les crimes des plus vils coquins, de la foiblesse des loix devant les agitateurs de toute espèce qui travailloient le peuple, à qui l'on donna artificieusement le nom de *nation*, alors dis-je, les honnêtes gens se retirèrent, blâmèrent les excès de la licence & cherchèrent dans la patience & le tems le remède à de si grands maux ; mais ces honnêtes gens étoient presque tous ceux qui tiennent à l'état par une famille, par quelque propriété, dont l'extérieur annonçoit quelque *luxe*, & chez qui se cultivent les mœurs douces & les arts de la paix.

Ces nouveaux ennemis du désordre & des violences parurent dangéreux à la faction dominante, elle chercha à les rendre odieux, à les désigner au peuple comme des aristocrates ennemis de son bonheur & de sa liberté ; les journalistes crièrent contre leur *luxe*, contre leurs richesses, & notèrent du signe de réprobation tout ce qui avoit le caractère d'un aisance distinguée. Le *luxe* devint ainsi un objet de mépris, je dirai de fureur pour le peuple qu'on égaroit ; & comme il désignoit par le nom d'aristocrate, tout ce qu'il regardoit comme nuisible ou opposé à ses intérêts, il regardoit aussi comme signe d'aristocratie les dehors du *luxe* & de la magnificence.

Indépendamment de ces raisons de circonstances qui ont pu inspirer des déclamations à nos folliculaires agitateurs contre le *luxe*, on a constamment remarqué que chez tous les peuples, les fanatiques lui ont déclaré la guerre & cela par différents motifs.

D'abord parce que l'habitude des arts & des jouissances qu'on appelle de *luxe*, donne à l'homme un caractère de paix & de tranquillité, qui cadre mal avec les convulsions du fanatisme & des agitations publiques.

Ainsi l'intérêt des révolutionnaires est de le proscrire, de le peindre comme un systême d'immoralité, d'impureté, un vice de l'aristocratie, & de lui donner toutes les dénominations qui peuvent le forcer en quelque sorte à se cacher aux yeux de la société.

Une autre raison pour les factieux de prêcher cette doctrine, à laquelle cependant ils ne croient pas, c'est que jamais ne pouvant causer dans la société les mouvemens du désordre sans rompre les liens de la subordination ; il est tout naturel qu'ils en cherchent les moyens. Or, celui qui ne manque jamais, consiste à prêcher l'égalité absolue, outrée, par conséquent la proscription de tout ce qui peut offrir les caractères d'une distinction quelconque entre les hommes, par conséquent les richesses, par conséquent le *luxe*. Voilà pourquoi le fanatisme religieux ou politique à toujours été frère & partisan du rigorisme & de toutes les simagrées du charlatanisme.

Il y a bien encore une autre cause de cette conduite des factieux révolutionnaires : c'est qu'au milieu des troubles & de l'anarchie qu'ils produisent pour établir le systême qui leur plait, le commerce & tous les travaux nourriciers du peuple se trouvent suspendus. Il est nécessaire d'éloigner des yeux de la multitude la vue des jouissances qui lui feroit trop sentir la misère & pourroit dégoûter les esprits d'un état de choses dont-ils sentiroient trop les inconvéniens.

Tels sont au moins les pensées & les réflexions que les circonstances actuelles ont dû faire naître, & que nous avons cru pouvoir consigner ici par forme de digression : nous allons retourner à notre objet principal maintenant.

Si le *luxe* est par lui même une chose indifférente, une jouissance permise, si même il est démontré qu'il soit utile dans un grand état, il n'en est pas moins vrai qu'il est souvent accompagné de circonstances qui le rendent odieux, soit par l'insolence de ceux qui l'affichent, soit par des prodigalités qui révoltent la misère de ceux qui vivent dans les privations. Ces raisons sans doute & d'autres encore que nous nous dispenserons de détailler, ont pu motiver les réglemens sévères que l'on a fait contre lui en différens tems. Réglemens dont on a bientôt senti la foiblesse & qui ont plutot été des remèdes d'opinion que des moyens efficaces contre le *luxe*.

Au reste on ne doit jamais confondre le *luxe*, avec les excès du *luxe*, excès qui naissent plutôt de la dépravation personnelle que des jouissances de richesse en elles mêmes.

Ce fut contre eux que les Romains firent des loix, ce fut pour en prévenir les désordres qu'on multiplia en divers tems les défenses de l'usage de certains objets. Mais on se trompa souvent dans ces matières, & pour avoir voulu trop défendre on a fini par ne rien corriger. On verra par les réglemens que nous allons rapporter combien peu on considéroit la nature des hommes, & les droits individuels lorsqu'on les fit.

Pour mettre quelqu'ordre dans les détails que nous en allons donner, nous les distinguerons par époque, nous nous attacherons surtout à la France, & ce que nous ajouterons de l'étranger ne sera qu'accessoire & peu étendu.

Nous ferons observer encore que nous ne rapporterons l'extrait des réglemens, que comme faits sans prétendre approuver, ni blâmer en tout l'esprit & les motifs qui les ont dictés. Cette habitude de prononcer condamnation contre les loix, ou de les admirer trop exclusivement, habitude dont nous n'avons peut-être pas été toujours exempts, est un grand défaut des écrivains, & contre lequel la sagesse du lecteur doit être souvent en garde.

Sans nous arrêter à quelques détails connus sur les anciennes loix somptuaires, chez les Grecs & chez les Romains; nous passerons à celles que les derniers empereurs Romains & les rois de France ont successivement établies ou renouvellées, suivant que l'on les croyoit utiles dans les circonstances où elles ont été promulguées.

On trouve a cet égard une loi de Théodose & de Valentinien, de l'an 380, qui défend à toutes personnes privées, de teindre, contrefaire vendre ou débiter la pourpre, soit en soie, soit en laine, sans peine de la vie, & de la confiscation de tous les biens. Mais cette loi est plûtôt fiscale que somptuaire, parce que les empereurs s'étoient réservé de faire fabriquer cette couleur, & teindre en pourpre les étoffes, dans des espèces de manufactures qu'ils avoient établies exprès.

Mais il avoit été aussi défendu par la loi de l'an 367, de broder les étoffes à fond d'or ou de soie mêlée d'or; Gratien, Valentinien & Théodose, par une autre loi de l'an 382, interdirent totalement l'usage des étoffes d'or à tous les hommes qui n'auroient pas obtenu de l'empereur par un brevet, la permission d'en porter.

Cette modestie forcée que l'on imposoit aux hommes, ne laissa pas de leur déplaire. Ils se jettèrent dans une autre extrémité qui confondoit toutes les conditions. Les sénateurs mêmes, se dépouillant des marques de leur dignité, affectèrent de paroître en public avec l'habit militaire, & il en fut ainsi de tous les autres états. Les mêmes princes, Gratien, Valentinien & Théodose, connoissant les dangers de ce déréglement, firent de concert une loi l'an 382, pour y remédier. Elle porte : » qu'aucun sénateur ne paroîtra dans la ville » en quelque tems que ce soit, du matin ou de » l'après dînée, avec la casaque militaire elle leur » enjoint de quitter cet habit de terreur, & de » se vêtir de la veste & du manteau de paix. Elle » ordonne que lorsqu'ils s'assembleront au sénat ou » ailleurs pour l'administration de la justice, ils » seront vêtus de leurs robes longues; que les » greffiers qui reçoivent les actes des juges; & les » huissiers qui les exécutent, porteront un manteau & une robe de dessous serrée étroitement » par une ceinture; qu'ils tiendront néanmoins leur » manteau ouvert par devant, en sorte que la petite casaque de différentes couleurs qu'ils doivent » porter par dessous leurs robes, & qui leur couvre » la poitrine, paroisse pour les distinguer les uns » des autres, & faire connoître au peuple leur » condition; que les esclaves ne porteront d'autres » habits que les chausses & la cape. Elle porte » enfin, que si quelqu'un des sénateurs néglige cette » loi, il sera dépouillé de sa dignité, & que l'entrée du sénat lui sera interdite pour toujours; » qu'à l'égard des officiers & des esclaves qui n'ont » point de dignité à perdre, & par la privation » de laquelle on les puisse punir, ils seront condamnés

» au bannissement. Elle enjoint aux officiers de » police, qui sont les gardes de la décence publique, d'y tenir la main; & veut que s'ils découvrent quelque contravention, & qu'ils la » souffrent, ou que corrompus par argent ils la » dissimulent, ils soient eux mêmes condamnés, » pour leur prévarication, en vingt livres d'or d'amende ».

Les irruptions fréquentes qui se firent de tous côtés dans l'empire Romain, sur la fin du quatrième siècle, & au commencement du cinquième, y introduisirent plusieurs modes des autres nations; l'intention de l'empêcher, du moins dans la ville capitale & au centre de l'empire, pour ne pas confondre par les mêmes habits le citoyen avec l'étranger; fut ce qui donna lieu à trois loix, des années 397, 399 & 416; elles défendent de porter dans les villes de Rome & de Constantinople, & dans la province voisine, des cheveux longs, des hauts de chausses & des bottines de cuir, à peine contre les personnes libres d'être bannies, & de confiscation de tous leurs biens; & à l'égard des esclaves, d'être condamnés aux ouvrages publics.

Par une autre loi de l'an 424, l'empereur Théodose défendit à toutes personnes de quelque sexe, état, condition, dignité & qualité qu'elles fussent, » de porter des robes & des manteaux de soie & » de toutes sortes d'autres étoffes teintes en pourpre, ou de quelqu'autre teinture mêlée de » pourpre ou contrefaite de cette couleur, dont » l'usage étoit réservé par les loix au prince & » à sa cour; il défendit d'en faire ou d'en broder de cette qualité; enjoignit à tous ceux qui » en avoient alors en leur possession, de les porter au trésor impérial, sans espérance d'aucun » remboursement du prix; déclara que c'étoit assez » leur faire de grace de ne les pas punir pour » cette fois du mépris qu'ils avoient fait des loix; » & que si quelques-uns étoient assez téméraires » pour en retenir chez eux, ou en cacher ou supprimer, ils seroient punis comme criminels de » leze-majesté ».

Le même prince & Honorius, par une loi de l'an 425, » firent défense de teindre la soie ou la » laine d'une fausse teinture de pourpre, tirée du » poisson *Rhodinus*, ou de la déguiser en quelques » autres manières que ce pût être, à peine d'être » punis capitalement comme criminels de leze-majesté ».

Enfin, l'empereur Léon, par une loi de l'an 460, qui est la dernière des loix somptuaires romaines, fit un nouveau réglement touchant les ornemens d'or & de pierreries, qui nous fait connoître jusqu'à quel point ses sujets avoient porté le *luxe*. Cette loi contient deux parties; par la première, » il » est défendu à toutes personnes, de quelque » qualité qu'elles soient, d'enrichir de perles, » d'émeraudes ou d'hyacintes leurs baudriers, le » frein des brides ou les selles de leurs chevaux; » il leur est seulement permis d'y employer toutes » autres sortes de pierreries; mais elle leur défend » d'en faire mettre aucune, de quelque qualité » qu'elle soit, aux mords des brides; elle permet » aux hommes d'avoir des agraffes d'or à leur casaque, & d'y employer tout l'art que l'on jugera à propos pour en perfectionner l'ouvrage; » mais elle défend d'y ajouter aucuns autres ornemens plus précieux; & ordonne que ceux qui » contreviendront à cette loi seront condamnés en » cinquante livres d'or d'amende.

» La seconde partie de cette loi défend à toutes » autres personnes que ceux qui sont employées par » le prince, de faire aucuns ouvrages d'or ou de » pierres précieuses, à l'exception seulement des » ornemens qui étoient permis aux dames, & des » anneaux que les hommes & les femmes avoient » droit de porter; elle veut que tous ceux qui » seront trouvés en contravention, quand même » les ouvrages seroient destinés pour faire un présent à l'empereur, soient condamnés au dernier » supplice, & en 100 liv. d'or d'amende; elle » ajoute, pour motif, que cette liberté, si elle » étoit soufferte, seroit une occasion prochaine à » éluder des loix, & que tous ces ouvrages destinés aux ornemens des empereurs, doivent être » fabriqués dans leurs palais, & par les ouvriers » qu'ils y emploient ».

Les anciens gaulois ne connurent guères le *luxe*; & de tous les anciens capitulaires de nos rois, on n'en trouve point qui ait le véritable caractère de loi somptuaire, avant celle que Philippe-le-Bel donna en 1294; elle est très-détaillée, & nous allons la rapporter. Voici ce qu'elle contient:

» Nulle bourgeoise n'aura de char.

» Nul bourgeois ou bourgeoise ne portera vair, » ni gris, ni hermines, & ils se déferont des fourures, qu'ils ont de cette qualité du jour de l'âques, en un an; il leur est aussi défendu de porter » de l'or, des pierres précieuses, ni des couronnes » d'or ou d'argent.

» Nul clerc, s'il n'est prélat, ou établi en personnat ou en dignité, ne pourra porter de vair » ni gris ou hermines, sinon à son chaperon seulement.

» Les ducs, les comtes, les barons, de 6000 l. » de rente, pourront avoir quatre robes, & non » plus par an, & leurs femmes autant.

» Nul chevalier ne donnera à aucun de ses

» compagnons, que deux paires de robes par » an.

» Les prélats auront seulement deux paires de » robes, & n'en pourront donner à chacun de » leurs compagnons qu'une paire & deux charpes » par an.

» Les chevaliers qui auront 3000 liv. de rente, » & les bannerets, pourront avoir trois paires » de robes par an, y compris une robe pour » l'été.

» Tous autres chevaliers n'auront chacun que » deux paires de robes par an, soit par don, par » achat, ou en quelque autre manière que ce soit, » & ils en pourront donner pareil nombre à leurs » compagnons.

» Nul écuyer n'aura que deux paires de robes » par an, soit par don, soit par achat ou autre- » ment.

» Les garçons n'auront qu'une paire de robes » par an.

» Nulle demoiselle, si elle n'est châtelaine ou dame » de 2000 liv. de rente, n'aura qu'une paire de » robe par an.

» Nul bourgeois ou bourgeoise, nul écuyer ou » cler, s'il n'est prélat en personnat, ou en plus » grand état, n'aura torche de cire.

» A l'égard des étoffes pour les robes, le prix » en est réglé pour les prélats & les barons, dans » quelque dignité qu'ils soient, à 25 sols tournois » l'aune de Paris.

» Les femmes des barons à proportion.

» Les compagnons des comtes ou des barons, » 18 sols l'aune.

» Les bannerets & les châtelains, 18 sols l'aune, » leurs femmes à proportion, & leurs compagnons » 15 sols l'aune.

» Les écuyers, fils de barons, de bannerets ou » de châtelains, 15 sols l'aune.

» Les écuyers des prélats, des comtes, des ba- » rons, des bannerets ou des châtelains, 6 ou » 7 sols l'aune.

» Les autres écuyers qui sont à eux, & s'ha- » billent à leurs dépens, 10 sols l'aune.

» Les clercs, qui sont en dignité ou en per- » sonnat, 16 sols l'aune, & pour leurs compagnons » 12 sols l'aune.

» Les clers, qui ne sont en dignité ni person- » nat, mais qui sont fils de comtes, barons, ban- » nerets ou châtelains, 16 sols l'aune; & pour » leurs compagnons, ou pour leurs maîtres, 10 » ou 12 sols l'aune.

» Les autres clers qui sont à eux & qui s'ha- » billent à leurs dépens, douze sols six deniers » l'aune.

» Les chanoines d'église cathédrale, quinze sols » l'aune.

» Les bourgeois qui auront la valeur de deux » mille livres & audessus, douze sols six deniers » l'aunes, & leurs femmes seize sols au plus.

Les bourgeois moins riches, dix sols & leurs » femmes, douze sols l'aune.

» Enjoint à tous les sujets du roi d'observer » cette ordonnance, à peine contre les ducs, les » comtes, les barrons & les prélats, de cent livres » tournois d'amende; les bannerets, cinquante » livres; le chevalier ou le vavasseur, vingt-cinq » livres; les doyens, les archidiacres, les prieurs » & les autres clers qui ont dignité ou personnat, » vingt-cinq livres; les autres laïques de quelque » qualité qu'ils soient, qui auront vaillant mille » livres parisis, vingt-cinq livres, & s'ils ont moins » vaillant, cent sols; les autres clers qui n'ont ni » dignité ni personnat, soit séculiers ou réguliers, » cent sols. Ces amendes appliquables les deux » tiers aux seigneurs des lieux à l'égard des laïques, » & aux prélats ou supérieurs à l'égard des ecclé- » siastiques; & l'autre tiers au dénonciateur : & » que néanmoins ceux qui se voudront purger par » serment qu'ils sont innocens, ils seront quittes » de la peine ». Le sol de ce tems, évalué à notre monnoie d'aujourd'hui, valoit onze sols quatre deniers obole, & la livre, onze ou douze des nôtres : ainsi l'on peut juger par-là du prix de ces étoffes, & de la force des amendes.

*S*ous le règne de ce même prince, ils s'établit une mode de chaussure la plus bizarre que l'on puisse imaginer; c'étoit une espèce de souliers que l'on nommoit *soulier à la poulaine*, peut-être du nom de celui qui les avoit inventés : ils finissoient en pointe, dont le bec étoit plus ou moins long, selon la dignité de la personne; les gens de commun les portoient ordinairement d'un demi-pied, les plus riches d'un pied; les grands seigneurs & les princes, de deux pieds : quelquefois ce bec étoit terminé par deux cornes, d'autres fois par des griffes ou des figures d'ongles : enfin les plus ridicules étoient les plus beaux. L'église s'étoit beaucoup de fois récrié contre cet usage, comme étant contraire à l'ordre de la nature, & défigurant l'homme dans cette partie de son corps; elle l'avoit condamné dans le concile de Paris l'an 1212, & dans celui d'Angers l'an 1365; cette mode extravagante fut enfin abolie par lettres-patentes de Charles V, du 9 octobre 1360. « Elles font défences à » toutes personnes de quelque qualité & condition » qu'elle soient, à peine de dix florins d'amende, » de porter à l'avenir de ces souliers à la poulaine, » cette superfluité étant contre les bonnes mœurs, » en dérisions de Dieu & de l'église, par vanité, » mondaine & folle présomption ». Ce sont les termes de cette ordonnance. Le florin valoit dix sols parisis, & le sol revenoit à six sols dix deniers de notre monnoie; ainsi cette amande seroit aujourd'hui de trente-quatre livres deux sols huit deniers; c'étoit en ce tems-là une somme assez considérable.

Les gros ouvrages d'orfévrerie n'étoient autrefois destinés qu'aux églises, ou tout au plus aux tables des princes & des grands seigneurs : l'usage commença d'en être plus commun sous le règne de Louis XI, chacun voulant en avoir selon ses facultés. Ce n'est pas que les matières d'or & d'argent fussent alors plus abondantes, mais le *luxe* faisoit toujours des progrès. Le prix de ces métaux précieux augmenta à proportion; le marc d'or fut porté, en moins de trente ans, de cent livres à cent trente, de huit livres quinze sols à onze livres.

Louis XII, ne fut pas plutôt parvenu à la couronne, qu'il craignit le préjudice de cet usage; & rendit une ordonnance le 22 novembre 1506, qui porte : » que tous les orfévres ne » pourroient dorénavant faire aucune vaisselle de » cuisine d'argent, ni aucuns bassins, pots à vin, » flacon & autre grosse vaisselle, sans son congé » & permission par lettres-patentes; leur permet » seulement de faire des tasses & pots d'argent » du poids de trois marcs & au dessous, des salières, cuillères, d'autres menus ouvrages de » moindre poids, & tous ouvrages pour ceintures » & reliquaires d'églises.

Le *luxe* étoit parvenu à une telle habitude, que les sujets du roi faisoient venir des pays étrangers, la vaisselle qui excédoit le poids de cette ordonnance Les orfévres s'en plaignirent, & représentèrent que » pour ces ouvrages qui étoient tirés des » pays étrangers, il sortoit de la France beaucoup » d'argent en espèce, tant pour la matière que pour » les façons; ils ajoutèrent, que les étrangers » qui avoient accoutumé de faire fabriquer leur » vaisselle en France, ne le pouvant plus depuis » cette ordonnance, s'étoient retirés ailleurs, ce » qui portoit un notable préjudice au commerce » : Ainsi le besoin du commerce vint au secours du *luxe*, & cette ordonnance fut revoquée par une déclaration du même prince, du 24 juin 1510.

Charles VIII, parvenu à la couronne, trouva la France beaucoup épuisée, par les calamités qu'elle avoit eu à supporter sous Charles VI, Charles VII, & Louis XI; il fit assembler les états-généraux à Tours, dès la première année de son règne, pour y pourvoir. L'un des principaux résultats fut de retrancher le *luxe* & les dépenses superflues. L'édit en fut expédié à Melun le 17 décembre 1485, voici qu'elles sont ses dispositions : » il » fait défenses à tous les sujets du roi, de porter aucuns draps d'or, d'argent ou de soye, » soit en robes en doublures, à peine de confiscation des habits, & d'amende arbitraire. Il » excepte néanmoins, quant à la soye, les nobles » de bonne & ancienne famille, & vivant noblement; il leur permet de se vestir; savoir, les » chevaliers ayant deux mille livres de rente, de » toutes sortes d'étoffes de soye indistinctement, & » les écuyers ayant un pareil revenu de deux mille » livres, d'étoffe de damas ou de satin figuré; » leur défend sous les mêmes peines, le velours » & toutes autres étoffes de cette qualité ».

La richesse & la beauté des fourures avoient longtems distingué en France celles des habits; les ordonnances de Charlemagne & de Philippe le Bel, nous en fournissent la preuve : ce n'est pas qu'il n'y eût des étoffes de soie long-tems avant l'établissement de la monarchie. L'origine en vient des Indes, & est fort ancienne; mais l'usage n'en a passé en Europe que fort tard.

L'empereur Héliogabale, qui commença de régner l'an 220, est le premier qui en a porté des habits. Elle se vendoit encore au poids de l'or l'an 272, sous le règne de l'empereur Aurélien, ce qui blessa tellement l'économie de ce prince, qu'il refusa de s'en vêtir.

Il ne faut pas s'étonner de ce prix excessif, elle se tiroit encore en ce tems-là des lieux où elle avoit pris naissance; ce ne fut que l'an 555, que deux religieux apportèrent des Indes à l'empereur Justinien des œufs ou sémence de vers à soie; avec la méthode de les faire éclore, de les élever, d'en tirer la soie & de la mettre en œuvre. Cet art fit des progrès en peu de tems, & le prince en établit des manufactures en différentes villes de la Grece. Roger, roi de Sicile, au retour d'une expédition qu'il avoit faite dans la Terre-Sainte environ l'an 1130, amena d'Athènes, de Corinthe & de Thébes, tous les ouvriers en soie qu'il y put trouver, & les établir à Palerme. Ils apprirent aux Siciliens à nourrir les vers à soie, à la filer, & à la mettre en œuvre. Cet art fut ensuite porté en Italie & en Espagne. Des marchands lombards & toscans l'apportèrent peu de tems après en France; ils s'établirent d'abord dans les provinces les plus chaudes: nos rois leur assignèrent les villes de Nîmes, Montpellier, Carcassonne & Beaucaire. Plusieurs étendirent leur commerce jusqu'à Paris. Le quartier, où ils se logèrent, en a retenu jusqu'aujourd'hui le nom de la rue des *Lombards*.

A l'égard de l'or & de l'argent, l'usage de le brocher ou mêler dans les étoffes, vient d'Atalus, roi de Pergame en Asie, qui commença à régner l'an du monde 3812, & avant Jesus-Christ 242; l'usage en passa de l'Asie en Grèce, de Grèce en Italie, & nous a peut-être été apporté de ce pays-là, aussi bien que la soie. Mais, quoi qu'il en soit, on se servoit peu en France de ces matières précieuses de soie, d'or ou d'argent, pour se vêtir. Cette ordonnance de Charles VIII est la première qui en fait mention; & ces parures furent substituées aux riches fourrures, dont l'usage, qui étoit encore en vigueur sous Philippe-le-Bel, s'abolit insensiblement.

Sous François Ier., le *luxe* fit de grands progrès chez nous; & il est sûr qu'un grand nombre de familles se ruinoient pour y satisfaire; & que d'un autre côté, le numéraire passoit chez l'étranger, pour l'achat des objets, qui servoient à l'entretenir.

Ce furent ces deux motifs qui servirent de fondement à une déclaration de ce prince, du 8 décembre 1543. « Elle porte de très-expresses défenses à tous » princes, seigneurs, gentilshommes, & à tous » autres sujets du roi, de quelque état & qualité » qu'ils soient, à l'exception seulement des deux » princes enfans de France, le dauphin, & le duc » d'Orléans, de se vêtir d'aucun drap ou toile d'or » ou d'argent: défend aussi toutes porfilures, bro» deries, passemens d'or ou d'argent, velours ou » autres étoffes de soie barrés d'or ou d'argent, » soit en robes, soies, pourpoints, chausses, bor» dures d'habillemens ou autrement, en quelque » sorte & manière que ce soit, sinon sur les harnois, » à peine de mille écus d'or sol d'amende, de con» fiscation, & d'être punis comme infracteurs des » ordonnances. Et afin que ceux qui avoient plusieurs » de ces habillemens eussent le tems de les user, le » roi leur donna un délai de trois mois pour les » porter, ou en disposer ainsi que bon leur semble» roit ». L'écu d'or sol valoit 45 s. de la monnoie de ce tems-là, il y en avoit soixante-onze un sixième au marc; ainsi il vaudroit aujourd'hui un peu plus de 7 l., & conséquemment cette amende montoit à 7000 l. & plus.

Henri II renouvella ces défenses du *luxe* sous les mêmes peines, par une déclaration du 19 mai 1547; la première année de son régne, il les étendit aux femmes, qui n'avoient point été comprises dans celles de François premier, & n'en excepta que les princesses & les dames, & demoiselles, qui étoient à la suite de la reine, & de madame, sœur du roi.

Le couronnement de la reine, en 1549, son entrée à Paris, les tournois & les fêtes qui la suivirent, furent encore autant d'occasions de *luxe* & de magnificence; toutes les conditions s'y trouvèrent enfin confondues, l'on n'y distinguoit plus le bourgeois du courtisan, & à peine l'ecclésiastique d'avec le cavalier. Les étoffes étoient portées à un prix excessif, les vivres, & toutes choses, avoient été augmentées à proportion; chacun, dans son état, depuis le plus petit jusqu'au plus grand, ayant besoin d'augmenter son revenu pour entretenir le faste des parures; ce désordre, suivant l'esprit du tems, demandoit un puissant remède pour rétablir la discipline publique, & empêcher la ruine des familles: ce furent les motifs d'une autre déclaration du même prince, du 12 juillet de cette même année 1549, plus ample que la première; « elle porte des défenses à toutes personnes, » hommes & femmes, de quelque état & condition » qu'elles soient, de porter sur leurs habits, ou autres » ornemens, aucuns draps ou toiles d'or & d'argent, » porfilures, broderies, passemens, emboutissemens, » orfévreries, cordons, canetilles, velours, satins, » ou taffetas barrés, mêlés, couverts ou tressés » d'or ou d'argent, ni autres semblables super» fluités.

» Elle excepte néanmoins, quand à l'orfévrerie, » les boutons ou fers seulement sur les découpures » des manches & des robes, sur les saies, au-de» vant du corps, aux fentes & aux manches des » mêmes sayes qui seront découpés, & non ailleurs; » & quant aux broderies, passemens & emboutisse» mens, ils se pourront porter de soie, & non » d'autres étoffes ou matières, aux bords & bor» dures des habits, seulement de la largeur de » quatre doigts, sans qu'on en puisse mettre sur les » plis, ni aux corps, soit des robes ou des saies.

» Que comme il est raisonnable que les princes & » les princesses soient distingués des autres par leurs » habits, le roi leur permet de porter, en robes, » tous draps de soie rouge cramoisi, & défend à » tous autres hommes ou femmes, d'être si hardis » d'en porter de cette couleur, sinon les gentils» hommes, en leurs pourpoints & hauts de chausses, » & les dames & demoiselles en cottes & en man» ches: ordonne que pour faire aussi quelque diffé» rence des filles élevées proche de la reine, ou » proche des princesses, filles ou sœurs du roi, » d'avec les autres, elles pourront porter en robe du » velours de toutes autres couleurs que du cramoisi: » fait défenses à toutes celles qui sont au service des » autres princesses ou dames, de porter en robes » autre velours que noir ou tanné, leur laissant la » liberté de porter toutes autres étoffes de soie de » couleurs non défendues.

» Quant aux femmes des gens de justice & des » autres habitans des villes, il leur est expressément » défendu de porter aucunes robes de velours, ni » d'autres draps de soie de couleur, leur permet » seulement de les porter en cottes ou manchons.

» Fait défenses aux gens d'église de porter des » robes de velours, s'ils ne sont princes.

» Défend aussi à tous sujets du roi, qui ne sont » point gentilshommes, ou qui ne servent dans ses » armées, de porter soie sur soie, c'est-à-dire, que » s'ils ont une saie de velours ou d'autre drap de » soie, ils ne pourront avoir la robe d'étoffe de » soie, & ainsi de leurs autres habillemens; leur est » défendu de porter des bonnets, des souliers, ou » des fourreaux de velours à leurs épées, excepté » néanmoins, de cette régle, tous les officiers ordi-» naires servant auprès de la personne de sa majesté, » ou dans son conseil privé, qui continueront de » s'habiller ainsi qu'ils ont accoutumé ».

Qu'en expliquant & modifiant les dernières ordonnances qui permettoient de porter sur les harnois toutes sortes d'ornemens: déclare par celle-ci, « que » sur les harnois des gens de guerre, & les capara-» çons des chevaux, ne sera porté aucun drap ou » toile d'or ou d'argent, teint ou tissu, si ce n'est » pour une fois, & dans une action notable, comme » dans une bataille ou journée assignée; mais bien » se pourra porter en tout tems des broderies ou » taillures d'or, d'argent ou de soie, en bord de » quatre doigts, & en ornemens de croix.

» Ne seront les pages, soit des princes, seigneurs, » gentilshommes ou autres, habillés que de drap » seulement, avec un jet ou bande de broderie de » soie ou velours, si bon semble à leurs maîtres.

» Fait défenses à tous artisans mécaniques, pay-» sans, gens de labour & valets, s'ils ne sont aux » princes, de porter pourpoints de soie, ni chausses » bandées, ni bouffées de soie, & d'autant qu'une » partie de ces dépenses excessives & superflues, » en habits de soie, provient du grand nombre » de bourgeoises qui prennent la qualité de de-» moiselles; il leur est défendu à l'avenir de chan-» ger d'état, & de prendre ce titre, si leurs » maris ne sont gentilhommes ».

Le parlement ayant été averti que, sous prétexte de la huitaine qui avoit été accordée pour quitter les habits d'étoffes défendus, plusieurs bourgeoises, dans ce tems de huitaine, faisoient tailler & préparer des habits de demoiselles, pour être en état d'éluder dans la suite l'exécution de l'édit; sur cet avis, il rendit un arrêt le 17 août 1549, par lequel il fut ordonné au prévôt de Paris, ou son lieutenant, « de faire publier promptement les » défenses faites aux bourgeoises & autres femmes » non-demoiselles, d'en prendre le titre, ou d'en » porter l'état & les habits, sur les peines portées » par l'édit, & d'amende arbitraire; & au surplus » de s'informer diligemment des autres contraven-» tions, & de punir ceux qui s'en trouveront cou-» pables ».

Pour exécuter cette réforme dans la plus exacte précision, le parlement « proposa au roi plusieurs » doutes sur les articles qui demandoient quelque » explication; le roi les fit examiner en son con-» seil, & les renvoya, avec ses réponses, au par-» lement le 27 octobre 1550: nous les rappor-» terons dans leurs propres termes ».

Doutes proposés au roi par le parlement, en interruption de l'édit contre le LUXE, *& les réponses du roi à ces articles.*

» 1°. Si les bordures d'orfévrerie, que les fem-» mes portent sur leur tête, & les chaînes d'or » qu'elles portent en ceintures ou en bordures, » sont comprises & défendues sous le mot d'*or-» févrerie.*

» Le roi déclare qu'elles n'y sont pas comprises, » non plus que les patenôtres, & autres espèces » de bagues.

» 2°. Si, sous le mot de *passement*, les bandes » de velours, qui sont sur les habits, & ailleurs » qu'aux bords, sont compris dans ces défenses.

» Déclare qu'il entend qu'il n'y ait aucunes » bandes, sinon aux fentes & bords des robes.

» 3°. Si les petits enfans de dix ans & au-dessous » sont compris dans l'édit pour les robes & coëf-» fures.

» Déclare qu'ils y sont compris.

» 4°. Si le tanné en soie est compris sous les robes » de couleurs.

» Déclare que le tanné n'est point défendu.

» 5°. S'il sera permis aux gens d'église » qui ne sont gentilshommes, de porter soie sur » soie.

» 6°. Si, sous ce mot de *gentilshommes*, les gens » de justice, de robe-longue, qui sont gentils-» hommes y sont compris; comme aussi, si les » offices de conseillers de la cour, secrétaires du » roi, & autres, annoblissent les personnes, quant » à l'observance de cet édit, encore que d'ailleurs » ils ne soient nobles.

» Déclare que les gens de robe, qui sont gentils-» hommes, pourront porter soie sur soie, & en » user, ainsi que les autres gentilshommes; & que » les secrétaires du roi en pourront porter comme » nobles.

» 7°. Si, sous ces mots *bonnets de velours*, les » chapeaux & les calottes y sont compris.

» Déclare

» Déclare que les chapeaux de velours sont compris en l'édit.

» 8°. Si les domestiques de la maison du roi, » étant hors de quartier, sont compris en l'exé- » cution de l'édit.

» Déclare qu'ils jouiront de l'exemption en service » & autrement.

» 9°. Si, sous ce mot de *mécaniques*, sont com- » pris les marchands vendant en détail, & les prin- » cipaux métiers à Paris, comme orfévres, apo- » thicaires & autres; & si les femmes des méca- » niques porteront de la soie en bordures & ail- » leurs.

» Déclare sa majesté que tous marchands ven- » dant en détail, & gens de métiers sont compris » en l'édit; mais bien pourront leurs femmes por- » ter de la soie en doublures, bords & man- » chons ».

Ces réponses reçues avec une lettre-de-cachet, du 17 octobre 1549, le parlement rendit un arrêt le 24 mai de l'année suivante 1550, « par lequel » il est ordonné au prévôt de Paris, ou ses lieu- » tenans, de faire publier de nouveau l'édit contre » le *luxe*, avec ses interprétations, & de le faire » exécuter inviolablement, sous les peines y con- » tenues ».

Le règne de ce prince ne fut pas assez calme, pour soutenir cette réforme; le goût du *luxe* reprit bientôt le dessus: les troubles de la religion qui agitèrent la France, pendant tout le règne de François II, ne permirent pas de penser à d'autres soins.

Charles IX, qui commença de régner l'an 1560, ne fut pas plutôt monté sur le trône, qu'il assembla les états-généraux à Orléans, pour remédier aux abus qui s'étoient introduits sous les règnes précédens. Lange, avocat au parlement de Bordeaux, qui parla pour le tiers-état, se plaignit beaucoup de la dissolution du clergé, & de la superfluité & somptuosité de leurs habits; il en dit autant des gens de justice, & beaucoup plus des partisans & financiers, qui surpassoient, disoit-il, toutes les efféminations des asiatiques & des anciens sybarites. Jacques de Silly, seigneur de Rochefort; & Damoiseau de Commerci, parlant pour la noblesse, » se plaignit que l'une de ses prérogatives autrefois » étoit d'aller à cheval, & de se vêtir plus riche- » ment que les autres; ce qui étoit alors usurpé » par les gens de toutes conditions ». Sur ces remontrances, l'art. 145 des ordonnances qui furent arrêtées en cette assemblée, « fait défenses à tous » les habitans des villes du royaume, d'avoir des » dorures sur du plomb, du fer ou du bois, & de » se servir des parfums apportés des pays étrangers, » à peine d'amende arbitraire, & de confiscation » de la marchandise ». Cette disposition fort abrégée fut ensuite étendue plus particulièrement à tous les autres objets du *luxe*, par des lettres-patentes du 22 avril 1561; elles portent:

» 1°. Que tous gens d'église se vêtiront d'habits » modestes & convenables à leur profession, sans » qu'ils puissent porter aucun drap de soie, soit » en robes soyées, pourpoints ou chausses, ni les » chausses aucunement découpées, & qu'ils porte- » ront toujours l'habit long.

» 2°. Les cardinaux porteront toutes soies avec » discrétion, sans néanmoins aucune superfluité ni » enrichissement.

» 3°. Les archevêques & évêques seront en ro- » bes de taffetas ou damas pour le plus, & en » velours & satin plein pour les pourpoints & les » soutanes.

» 4°. Défend à tous ses sujets, à l'exception » de ses frères, de sa sœur & de ses tantes, du » roi de Navarre, des princes & des princesses, » & de ceux qui portent titre de ducs, de porter » dorénavant des habits de drap ou de toiles d'or » ou d'argent, ni aucunes porfilures, broderies, » passemens, franges tortillées, canétilles, réca- » murs, velours ou soies mêlées d'or ou d'argent, » en quelque sorte ou manière que ce soit, à peine » de mille écus d'amende.

» 5°. Défend à toutes personnes de porter sur » leurs habits, soit qu'ils soient de soie ou non, » aucune bande de broderies, piqûres ou embou- » tissemens de soie, passemens, franches tortillées » ou canétilles, bords ou bandes, de quelque soie » que ce soit, sinon un bord de velours ou de soie » de la largeur d'un doigt, ou pour le plus deux » bords, chaînettes ou arrière-points aux bords de » leurs habits, à peine de 200 liv. parisis d'amende » pour chacune fois, appliquable moitié aux » pauvres, & l'autre au dénonciateur, sans re- » mission.

» 6°. Permet aux dames & demoiselles de mai- » sons, qui demeurent à la campagne, de s'habiller » de draps de soie de toutes couleurs, selon » leur qualité, sans néanmoins aucuns enrichisse- » mens.

» 7°. Et quant à celles qui sont à la suite de » madame, sœur de sa majesté, & des princesses » & dames, qu'elles pourront porter les habits, » tels qu'elles les ont, pendant un an, à compter » du premier juillet alors prochain, & seulement » lorsqu'elles seront à la suite de la cour, & non » ailleurs & sans qu'il leur soit permis de faire

» faire de nouveaux habits, que semblables à ceux » des autres dames & demoiselles de la campagne, » sur les peines portées ci-dessus.

» 8°. Défend aux veuves l'usage de toute soie, » sinon de serge ou de camelot de soie, de taf- » fetas, de damas & de velours plein. Quant à » celles de maison, demeurantes à la campagne, » sans aucun enrichissement, ni autre bord que » celui qui sera mis pour arrêter la couture.

» 9°. Défend à tous seigneurs, gentilshommes » & à tous autres, de faire porter à leurs pages » aucuns draps de soie, broderie, bandes de ve- » lours, ni enrichissemens de soie sur leurs habits, » même aux pages de sa majesté, & à ceux des » enfans de France, ses frère & sœur, des princes » & princesses, & des ducs.

» 10°. Quant aux présidens, maîtres des requêtes » & conseillers des cours souveraines & du grand » conseil, gens des comptes, & autres officiers de » justice, & généralement tous autres officiers » royaux, sujets & habitans des villes du royau- » me, qu'ils ne pourront porter de la soie en bon- » nets, souliers, fourreaux d'épée, ni aucun autre » habit de soie, si ce n'est pour les hommes des » pourpoints & soies; & les femmes & les filles » des devans de cottes, manches & doublures de » manches de leurs robes, sans aucun enrichisse- » ment: les maîtres des requêtes, étant à la suite » du roi, sont exceptés de cette disposition.

» 11°. Les femmes ne pourront porter aucune » dorure à la tête, sinon la première année qu'elles » seront mariées; & les chaînes, colliers & bra- » celets qu'elles porteront, seront sans aucun » émail; à peine de 200 liv. d'amende appliquable » aux pauvres & au dénonciateur.

» 12°. Pareilles défenses sur pareilles peines, » aux trésoriers de France, généraux des finances, » & secrétaires du roi, officiers comptables, & » autres officiers, à l'exception des secrétaires de sa » majesté, étant à sa suite.

» 13°. Fait défense aux artisans, serviteurs & » laquais, de porter de la soye sur leurs habits, » même aux doublures de leurs chausses, à peine, » contre les artisans & gens de métiers, de cin- » quante livres d'amende, applicable aux pauvres, » & contre les serviteurs & laquais, de prison & » de confiscation des habits; défenses aux maîtres » de permettre que leurs serviteurs ou laquais con- » treviennent à cette ordonnance, sur peine d'en » répondre civilement.

» 14°. Fait aussi défenses à tous tailleurs, bro- » deurs & chaussetiers de la suite de la cour, & » à tous autres de même profession, de travailler » aux ouvrages défendus par cette ordonnance, » à peine de deux cents livres parisis d'amende, » appliquable comme dessus pour la première fois, » & pour la seconde, d'une amende double de la » première, & du fouët.

» 15°. Permet & pendant trois mois d'user les » habits enrichis de soye, & non de ceux d'or » & d'argent.

» 16°. Enjoint à tous juges de dénier toutes » actions pour raison de ce aux marchands qui au- » ront vendus des étoffes de soye à crédit à quel- » que personnne que ce soit, du jour de la publi- » cation de la présente ordonnance.

» 17°. Seront exceptés les jours que le roi fera » son entrée en la ville de Reims, de son sacre, » & de son entrée à Paris, pendant lesquels jours, » l'usage de toutes sortes d'habits sera permis, » sans qu'on puisse faire de nouveaux dans la qua- » lité ci-dessus défendue, sur peine de confisca- » tion, & aux tailleurs qui les feront, de la peine » portée par l'ordonnance ».

Cette ordonnance n'eut aucune exécution; les troubles de l'état augmentèrent, & le *luxe* fit le même progrès: ainsi, au lieu de diminuer la superfluité & la dépense excessive des habits, deux modes nouvelles enchérirent sur-tout ce qui s'étoit vu par le passé. Les hommes inventerent des habits dont les hauts de chausses étoient rembourrés de crin, de bourre, de coton ou de laine, & les plus enflés étoient les plus beaux; les femmes prirent d'Espagne la mode des vertugadins, qui élevoient leurs robes en cercle autour d'elles, de huit ou dix pieds de circonférence; ainsi l'un & l'autre sexe fit consister sa parure à grossir sa taille: cette mode bizarre, pour ne rien dire de plus, consommoit beaucoup plus d'étoffe, & coutoit des sommes considérables en façons. Un édit de pacification accordé aux gens de la république Romaine au mois de mars 1563, rétablit pour quelque tems le calme dans l'état. Le roi avoit alors pour chef de son conseil le chancellier de l'Hôpital; ce fut par l'avis de ce grand homme que le bon ordre fut rétabli dans la police du royaume. Le retranchement du *luxe* lui parut l'une des matières les plus importantes. Le roi y pourvut par une déclaration du 17 janvier de cette même année 1563. Cette déclaration confirme & rappelle toutes les dispositions des lettres-patentes du 22 avril 1561; & pour faire cesser les abus qui s'étoient introduits de nouveau: elle y en ajoute huit nouvelles.

» 1°. Que comme la façon des habits excédoit de » beaucoup le prix des étoffes, sa majesté ordonne » qu'à l'avenir il ne soit payé pour la façon d'un » habit, tant pour hommes que pour femmes, que

» soixante sols, sur peine, contre les contreve-
» nans, de cent livres parisis d'amende pour chaque contravention, applicable moitié aux pauvres, & l'autre au dénonciateur sans rémission.

» 2°. Fait défenses aux femmes de porter des » vertugadins de plus d'une aune ou une aune & » demi de tour.

» 3°. Il excepte ses pages, ceux de la reine sa » mère, des enfans de France, ses frères & sœurs, » des princes, princesses & ducs, des défenses portées contr'eux par l'ordonnance précédente.

« 4°. Qu'à l'égard des présidens n'étant du » conseil privé, maître des requêtes, & autres » portés par l'article 10 de l'ordonnance précédente, il y ajoute que les femmes & filles demoiselles pourront porter du tafetas & samy de » de soye seulement en robes, sans pouvoir y » employer aucune autre sorte de soye, qu'elles » pourront néanmoins en devant de cottes, manchons, doublures de manche de leurs robes, porter » toutes sortes de soye, excepté le cramoisye sans » aucun enrichissement; leur défend de faire doubler entièrement leurs robes de velours, satin » ou autre drap de soye; ni les hommes leurs » robes, capes ou manteau, si ce n'est d'un lé » ou demi-lé par le devant des robes & cappes, » & de trois doigts autour, si bon leur semble.

» 5°. Il défend aux demoiselles de porter aucunes dorures à la tête, si ce n'est la première » année de leurs noces; leur permet seulement de » porter des chaînes des carcans & bracelets, pourvu » que ce soit sans émail, à peine de deux cents » livres d'amende.

» 6°. Les femmes de marchands & autres de » moyenne condition, ne pourront porter de perles » ni dorures qu'en patenostres & bracelets, sous » les mêmes peines.

» 7°. Défend d'employer plus de vingt sols pour » la façon des habits des serviteurs & laquais.

» 8°. Il fait aussi défenses aux tailleurs & chaussetiers de faire dorénavant, & à tous ses sujets de porter des hauts de chausses rembourrées » ni enflées de crin de cheval, de coton, de » bourre ou de laine, & d'y mettre dedans autre » chose que la doublure, le tafetas, le satin & » le velours simplement, sans être aucunement relevé; comme aussi de faire des poches aux » chausses, qui n'auront dorénavant que deux tiers » de tour pour le plus, sur peine contre ceux » qui les porteront autrement, de deux cents » livres d'amende pour chaque contravention, & » de confiscation.

Ces défenses, & d'autres encore, que la misère du tems ou l'opinion particulière des princes faisoient rendre contre le *luxe* tomboient bientôt en désuétude. Le seul progrès des manufactures devoient seuls en détruire tout l'effet, & c'est ce qui arriva. Nous allons continuer pour prouver cette assertion continuer d'indiquer les réglemens somptuaires les plus notables qui ont eu lieu de tems en tems & qu'on s'est lassé de reproduire.

Henri III par une déclaration du 7 septembre 1517, » défendit très expressément à toutes personnes de dorer ou argenter sur du bois, du » plastre, du cuir, du plomb, du cuivre, du fer » ou de l'acier; si ce n'est pour les princes, sur » peine contre les ouvriers d'amende arbitraire: » enjoint à tous juges royaux d'y veiller, même » à la cour des monnoies; n'entend néanmoins » comprendre dans ces défenses les dorures & enrichissemens que l'on a accoutumé de faire de tous » tems dans les églises; à l'égard des livres, il permet d'en dorer la tranche à l'ordinaire, & de » mettre un filet d'or seulement sur la couverture, » avec une marque au milieu de la grandeur d'un » franc au plus ».

Le commerce des étoffes de soie qui avoit été apporté de l'Italie en France dès le douzième siècle, y avoit fait peu de progrès. François premier, en avoit établi quelques manufactures en Touraine, mais sans beaucoup de fruit; elle étoit encore si rare sous le règne de Henri II, que l'on fut surpris de lui voir des bas de soie à la noce de la duchesse de Savoie sa sœur, & que cela fut exagéré comme une magnificence extraordinaire qui n'avoit point encore eu d'exemple.

Ce ne fut que sous le règne de Henri IV, que les arts & les manufactures commencèrent à fleurir en France; il favorisa beaucoup celle de soie, qui étoient déjà établies à Lyon & à Tours. Le velours & les plus riches étoffes n'y avoient point encore été fabriquées; elles se tiroient toujours d'Italie: des ouvriers proposèrent au roi d'en établir des manufactures à Paris ou aux environs: sa majesté les écouta, & leur donna des lieux aux Tuileries, au château de Madrid & à Fontainebleau, pour y nourrir des vers à soie, dont on alloit chercher les œufs tous les ans en Espagne, ou en Italie. Cela ne réussit pas, ce terrain n'étant pas propre à élever des muriers blancs qui servent de nourriture à ces précieuses chenilles: mais l'on trouva ce secours en Provence, en Languedoc & dans les autres provinces méridionales de la France, où l'on avoit déjà commencé le commerce de soie, que l'on eut seulement soin d'augmenter. Le roi en établit ensuite une manufacture dans son ancien château des Tournelles à Paris. Les quatre ouvriers qui l'entreprirent la poussèrent à un si haut point de perfection & y firent des gains si considérables, qu'ils achetèrent du roi les débris &

l'emplacement de ce château, & y firent bâtir la place royale telle que nous la voyons aujourd'hui. Cette riche manufacture jointe à celle de Lyon & de Tours, acheva de fournir abondamment la France d'étoffes de soie. La cour commença de l'employer à toutes sortes d'usages, & fut bientôt suivie par la ville. Pour faciliter ce commerce dans le royaume, le roi, par un édit de 1599, défendit toutes les manufactures étrangères, tant de soie que d'or ou argent, pures ou mêlées. Mais comme toute chose perd de son estime à proportion qu'elle devient abondante & commune, les habits de pure soie ne satisfaisoient plus les amateurs du *luxe*, on y mêla bientôt l'or & l'argent, les perles & les pierreries; ainsi les édits somptuaires ne firent plus mention à l'avenir que de ces matières précieuses, & la soie ne fut interdite encore pendant quelque tems qu'aux seuls gens de livrée. Un *Luxe* si excessif parut ruiner les familles, confondre les conditions, & avoir tellement diminué les matières d'or & d'argent, que l'on crut s'en appercevoir aux hôtels des monnoies, où elles manquoient pour la fabrication des espèces. Ces considérations porterent le roi a y remédier par un édit de juillet 1601. Il défend à toutes personnes, de quelque qualité qu'elles soient, de porter en habits » aucuns drap ni toiles d'or & » d'argent, de clinquant, ni aucune autre étoffe, » broderies, passemens, boutons, cordons, ou » autres ornemens mêlés d'or ou d'argent. Il dé» fend à tous marchands passementiers & autres » artisans d'en faire pour cet usage, & à tous » chaussetiers, pourpointiers, tailleurs d'habits » d'hommes & de femmes, & cordonniers, d'en » employer, sur peine à ceux qui seront trouvés » en contravention, huitaine après la publica» tion de cette ordonnance, de confiscation des » habits & autres ornemens que l'on trouvera sur » eux, & de cinq cents écus d'amende, appli» cable un tiers au roi, un tiers aux hôpitaux » & aux pauvres des lieux, l'autre au dénoncia» teur, & de tenir prison jusqu'à l'entier paye» ment, sans que ces peines puissent être modérées » par les juges pour quelque cause que ce soit ».

Cette ordonnance eut le sort des précédentes; elle fut exécutée d'abord avec beaucoup d'exactitude, & ensuite négligée: le roi, qui ne vouloit rien relâcher de cette discipline, en renouvella toutes les dispositions par un autre édit du mois de novembre 1606, qui les remit en vigueur.

Jamais la cour n'avoit été si magnifique qu'elle le fut sous la minorité de Louis XIII. Le grand nombre de seigneurs qui la composoient, & la tranquilité dont l'état jouissoit alors, furent autant d'occasions d'y rétablir le *luxe*. Ce fut en ce tems que l'on commença d'employer l'or sur les carosses & de le prodiguer dans les bâtimens, & que fut rendu l'édit du mois de mars 1613 dont voici les dispositions.

» Il enjoint à tous les gens d'église de conti» nuer à l'avenir à se vestir d'habits modestes & » convenables à leur profession; & à tous autres » de s'abstenir de toutes les superfluités auxquelles » ils se sont laissés emporter par le passé, sur les » peines portées par les ordonnances des rois.

» Il fait défenses à toutes personnes, de quelque » sexe & qualité qu'elles soient, de porter des ha» bits sur lesquels il y ait aucun or ou argent fin » ou faux, de quelque manière que ce soit, à » peine de quinze cents livres d'amende, appli» quable le tiers au roi, le tiers aux pauvres infirmes » de Paris, & l'autre tiers au dénonciateur.

» Il défend tous ouvrages de broderie d'or, d'ar» gent ou de soie, sur quelque sorte d'habits que » ce soit; comme aussi l'usage de tous passemens de » Milan ou façon de Milan, à peine de mille livres » d'amende: n'entend néanmoins comprendre l'u» sage de l'or, de l'argent, & des broderies aux » ceintures, pendans d'épées, cordons de cha» peau, jarretières, nœuds, fers & porte-fraises, » collets de femmes, filles & demoiselles, ni les » dorures de gardes d'épées & du fer qui est au » bout du fourneau, aux armes, éperons, mords » de chevaux & étriers.

» Fait défenses à tous ouvriers de dorer à l'ave» nir ou faire dorer aucuns carosses, à peine de » mille livres d'amende, applicable comme dessus.

» Défend de faire à l'avenir aucunes dorures » dans les maisons, soit en plomb; fer, bois, pierre, » plâtre, ou sur quelque chose que ce soit, à peine » de pareille amende.

» Fait défenses à tous seigneurs, gentilshommes » & autres, de quelque qualité qu'ils soient, de » faire porter à l'avenir aucun habit de soie à » leurs pages ou laquais: veut sa majesté qu'ils » ne soient que d'étoffe de laine, avec un bord de » passemens sur les coutures, bords & extrémités » seulement.

» Il fait aussi défense à tous ouvriers de la suite de » la cour, & autres, de faire ou faire aucuns ha» bits & autres choses défendues par le présent » édit; à peine de trois cents livres d'amende pour » la première fois, pour la seconde de six cents » livres, & pour la troisième de punition corpo» relle ».

Dans tous les tems où l'on avoit porté des habits d'étoffes fort riches, & beaucoup de perles & de pierreries, la modestie s'étoit, pour ainsi dire, retranchée dans l'usage du linge; on en faisoit fort peu paroître, & il étoit sans ornement. La réforme des étoffes & des pierres précieuses fit naître la mode des points coupés, des broderies, &

des dentelles de fil. Cette dépense n'étoit pas moins excessive ni moins superflue que la première ; elle devint même beaucoup plus à charge & plus ruineuse à l'état. Ces nouvelles modes nous venoient encore d'Italie ; c'étoit à Venise & à Gênes que ces points furent inventés, & que les manufactures en furent établies ; ainsi pour les faire venir, l'argent de France passoit nécessairement dans les pays étrangers. Cet inconvenient connu, donna lieu à un édit du mois de janvier 1629.

» Cet édit défend toute broderie de toile & fil, » & imitation de broderie, rebordemens & filets » en toiles ; découpures de rabats, collets & manchettes sur quintins & autres linges, points coupés, dentelles, passemens, & autres ouvrages » de fil aux fuseaux, pour hommes & pour femmes ; » défend tout autre ornement sur les collets, manchettes & autre linge, que des passemens, points » coupés & dentelles manufacturées dans le royaume, » de la valeur de trois livres l'aune seulement, » à peine de confiscation des collets & des chaînes, » colliers, chapeaux & manteau qui se trouveront » sur les personnes contrevenantes, ensemble des » carosses & chevaux sur lesquels ils se trouveront, » & de mille livres d'amende, dont moitié appartiendra à ceux qui feront les saisies, & l'autre » moitié aux pauvres de l'hôpital. Fait défenses » aux marchands & à tous autres, d'avoir du point » coupé manufacturé hors du royaume, & d'en » faire venir du dehors ; à peine de confiscation » de ces sortes d'ouvrages & des marchandises » étant aux boutiques & magasins, balles, » sommes, chariots, charettes & chevaux, & de » cinq cents livres d'amende applicables comme » dessus ».

Tous ces règlemens n'empêchèrent point la continuation du *luxe*, & l'on vit paroître une ordonnance de police le 9 juin 1636, « portant qu'au » préjudice des édits & ordonnances du roi pour la » défense des passemens, points coupés & dentelles, » plusieurs personnes ne laissent pas d'y contrevenir, » en les cachant & détournant de leurs maisons, » pour n'être point surprises lorsque les commissaires » y vont en visite ; à quoi voulant pourvoir, il fait défense à toutes personnes d'acheter ni de porter aucunes dentelles & passemens » défendus, sur les mêmes peines portées par les » ordonnances : fait défenses aux marchands d'en » faire aucun commerce, ni d'en cacher & détourner en aucune maison particulière, à peine » de confiscation, & de deux mille livres parisis » d'amende, tant contre eux que contre ceux qui » les retireront, applicable un tiers au roi, un » aux nécessités de la contagion, & un tiers au » dénonciateur : & pour éviter les contraventions, » & savoir à l'avenir les marchandises détournées, » & celles qui seront avouées par les marchands ; » ils seront tenus dans huitaine d'apporter leurs » inventaires signés d'eux, des marchandises qu'ils » prétendent leur appartenir, & continuer de mois » en mois, l'un au bureau des gardes de la marchandise, & l'autre au greffe de la chambre » civile du châtelet, à peine de mille livres parisis » d'amende contre les contrevenans, & de plus » grande, s'il y échet. Ordonne aux commissaires » du châtelet assistés de leurs huissiers, d'aller par » la ville, & aux maisons & boutiques des marchands, pour connoître les contraventions, & » en faire leur rapport à la police.

» Les conquêtes du Mexique & du Pérou, qui » furent achevées l'an 1543, & la découverte de » leurs mines, rendirent l'or & l'argent beaucoup » plus commun dans l'Europe, au commencement » du dix septième siècle, qu'il n'y avoit été auparavant. Le *luxe* augmenta aussitôt à proportion ; » ensorte qu'au lieu que cette abondance devoit » diminuer le prix de ces métaux, il s'en fit une » telle consommation en différens ouvrages, & » il en resta encore une si petite quantité pour la » fabrique des monnoies ; que le marc d'or fut » porté de 147 livres à 320, & celui d'argent » de 19 livres à 25.

L'on renouvella encore aux mois de novembre 1639, les défenses contre le *luxe* des habits, mais toujours avec un aussi peu de succès & de réflexion. Cela n'empêcha pas Louis XIV, lui qui dévelopa un très grand *luxe* dans sa cour & dans les divers établissemens qu'il fit exécuter sous son règne, de renouveller les ordonnances de ses prédécesseurs & même d'y ajouter des prohibitions plus sévères. C'est ce qu'on peut voir sur-tout par les ordonnances du trente mai & du douze décembre 1644, 26 octobre 1656, 27 novembre 1660 & 26 avril 1672. Nous rapporterons cette dernière ainsi qu'une ordonnance de police de la même année & nous finirons par celle de 1700, comme étant la plus étendue & la dernière loi de cette espèce que l'on ait publiée sur cette matière.

Voici ce que porte la déclaration de 1660. » Les » soins de la guerre ne nous ayant pas permis tant » qu'elle a duré, de nous appliquer autant que » nous l'aurions souhaité, à réformer le dedans » de notre royaume, nous n'avions pas laissé néanmoins de défendre par divers édits les défenses » superflues & le *luxe* des habits, qui sont des » abus inévitables dans les états florisans, & qu'on » a toujours taché de réprimer dans ceux qui ont été » les mieux policés : mais nos défenses, quoique » souvent renouvellées, n'ont produit tout l'effet » que nous en attendions, soit par la licence de » nos armées, où il étoit plus difficile de les faire » observer, soit par l'artifice de ceux qui profitent » de ces vaines dépenses, lesquels, au lieu de l'or » & de l'argent que nous défendions, inventoient » sans cesse d'autres ornemens également ruineux

» à nos sujets : à quoi nous réservant de pourvoir » en un tems plus tranquille, nous nous sommes » relachés quelquefois de l'exacte observation de » nos édits. Mais aujourd'hui qu'il a plu à Dieu » de nous redonner la paix, & avec elle les moyens » de veiller plus soigneusement que jamais au » bien de nos peuples, pendant que nous-nous » appliquons incessamment à chercher & pratiquer » toutes les autres voies possibles de leur soula- » gement ; nous avons résolu de couper, s'il se » peut, ce mal jusqu'en sa racine, par des dé- » fenses plus exactes, & qui soient mieux obser- » vées, nous y croyant d'autant plus obligés, » qu'il intéresse principalement ceux de nos sujets, » auxquels il semble que nous devons une affection » plus particulière, comme étant les personnes les » plus qualifiées de l'état, & toute notre noblesse » que ces sortes de dépenses incommodent nota- » blement, après celles qu'elle vient de faire dans » nos armées, & qu'elle est obligée de continuer » à la suite de notre cour : à ces causes, après avoir » fait mettre le tout en délibération, nous avons » statué & ordonné, statuons & ordonnons par » ces présentes signées de notre main, ce qui en » suit :

» 1°. Faisons très expresses inhibitions & dé- » fenses à toutes personnes, tant hommes que » femmes, de quelque qualité & condition que » ce soit, de porter à l'avenir, à commencer du » premier jour de janvier prochain, en leurs » habits, manteaux, casaques, juste-au-corps, » robes, jupes, & autres habits généralement » quelconques, même en leurs cordons, baudriers, » ceintures, porte-épées, aiguillettes ; écharpes, » jarretières, nœuds, rubans, tissus, ou tels autres » ornemens, aucunes étoffes d'or ou d'argent fin » ou faux, à la réserve des boutons d'orfévrie » sans queue, boutonnières d'or & d'argent, ni » autres agrémens quelconques ; & ce aux endroits » seulement où lesdits boutons sont nécessaires, à » peine de confiscation desdits étoffes, habits & » ornemens, & de quinze cents livres d'amende, » applicable le tiers à l'hôpital des lieux, l'autre » tiers à l'hôpital-général, & l'autre tiers au dé- » nonciateur, & aux officiers qui auront fait les » captures ; n'entendons néanmoins en ce com- » prendre les casaques des gens d'armes & che- » vaux-legers de notre garde.

» 2°. Comme aussi pareillement nous défendons » de mettre sur lesdits habits, tant d'hommes que » de femmes ou autres ornemens, aucune bro- » derie, piquure, chamarrure, guipure, passe- » mens, boutons, houppes, chaînettes, passe- » poils, porfilures, cannetilles, paillette, nœuds » & autres choses semblables, qui pourroient » être cousues & appliquées, & dont les habits & » autres ornemens pourroient être couverts & en- » richis ; voulant que les plus riches habillemens » soient de drap, de velours, de taffetas, satin » & autres étoffes de soye unies ou façonnées, » non rebrodées, & sans autres garnitures que de » rubans seulement de taffetas, ou de satin uni.

» 3°. Ne pourront en outre nos sujets, de quelque » qualité & condition qu'ils soient, à commencer » du premier avril prochain, faire porter à leurs » pages, laquais, cochers, & autres valets vétus » de livrées, aucuns habits de soye, ou bande de » velours, satin, ou autres étoffes de soye. Vou- » lons qu'ils soient vétus d'étoffe de laine avec » deux galons ou passemens de la grandeur d'un » pouce au plus, sur les coutures & extrémités » des habits seulement.

» 4°. Défendons pareillement à toutes personnes, » de quelque qualité & condition qu'elles soient, » de se servir de carosses, litières, calèches, » chaises, housses, selles de chevaux, & fourreaux » de pistolets, où il y ait aucune dorure, bro- » derie d'or ni de soye, franges d'or ou d'argent » fin ou faux à commencer dudit jour premier jan- » vier, sur les peines que dessus.

» 5°. Désirant pareillement empêcher les dé- » penses excessives qui se font en passemens, den- » telles, & autres ouvrages de fil, dont la plu- » part viennent des pays étrangers ; nous faisons » expresses inhibitions & défenses à tous marchands, » & autres personnes, à commencer du jour de » la publication des présentes, de vendre ni débi- » ter aucuns passemens, dentelles ; entre-toiles, » points de Gênes, points coupés, broderies de » fil, découpures, & autres ouvrages de fil quel- » conques faits aux pays étrangers, ni autres passe- » mens ou dentelles de France, que de la hauteur » d'un pouce au plus, à peine de confiscation, » & de quinze cents livres d'amende, applicable » comme dessus. Et pour l'exécution des présentes, » voulons qu'il soit fait exacte perquisition & recher- » che dans les maisons & boutiques des marchands. » Et comme depuis quelque tems l'usage des ca- » nons en bas de toile a été introduit dans ce » royaume avec un excès de dépense insuppor- » table, par la quantité de passemens, points de » Venise, Gênes, & autres ornemens dont ils ont » été chargés ; nous en défendons absolument » l'usage, si ce n'est qu'ils soient de toile simple, » ou de la même étoffe qui est permise pour les » habits, sans dentelles ni ornemens quelconques ; » & ce à commencer du premier janvier. Permet- » tons néanmoins à nos sujets de se servir de collets » & manchettes seulement garnis des passemens qu'ils » auront lors de la publication des présentes, & les » user pendant un an, sans pouvoir acheter ni » porter ledit tems passé, autre passement à leurs » collets & manchettes, sinon une seule dentelle » de la hauteur d'un pouce au plus, fabriquée » dans le royaume ; & pourront les marchands en-

» voyer & transporter librement hors du royaume, » sans payer aucun droit de sortie, les passemens » qu'ils auront, d'autre qualité que celle ci-» dessus ».

L'ordonnance de police contient à peu près les mêmes principes que celle du roi, le magistrat de police y dit : » Qu'instruit qu'après les défenses » si souvent réitérées par plusieurs édits & décla-» rations de porter des ornemens d'or ou d'ar-» gent sur les habits, il y avoit tout sujet d'espé-» rer que l'usage en seroit entièrement aboli, & » le *luxe* à cet égard considérablement diminué : » mais le desir du gain ayant fourni des inventions » nouvelles presque au même tems de la réforma-» tion ; & la vanité de ceux qui devoient le plus » ressentir les bons effets de ces sages réglemens, » leur ayant fait aussi recevoir les nouveaux moyens » qui leur ont été donnés de s'engager en des dé-» penses excessives & superflues ; toutes les défenses » qui ont été faites jusqu'à présent, après avoir été » quelque tems observées, n'ont fait, ce semble, » qu'augmenter dans la suite la licence & la pro-» fusion ; & parceque cet abus pourroit enfin cau-» ser, avec la ruine de plusieurs familles, la di-» minution d'une des principales forces de l'état, » par la dissipation prodigieuse qui se fait tous les » jours des matières d'or & d'argent ou ornemens » inutiles, il a plu à sa majesté de nous ordonner » non seulement d'en renouveller les défenses, » mais encore d'employer de nouveaux moyens » pour les faire observer également à toutes sortes » de personnes sans aucune distinction. Et après » des ordres si précis, étant bien raisonnable de » présumer que les personnes de la première qualité » s'empresseront a donner l'exemple de l'obéissance » qui est due à la volonté de sa majesté, desqu'elle » leur sera connue, & que les gens d'une autre » condition devront croire après cela qu'il pourroit » y avoir quelque espèce de honte pour eux à se » servir des étoffes & des ornemens dont l'usage » autrefois n'étoit permis qu'au prince : le pro-» cureur du roi nous a requis de vouloir, par les » voies ordinaires, informer le public de la vo-» lonté expresse de sa majesté, afin que chacun » soit duement averti des diligences & des recherches » qu'elle entend qui soient faites pour empêcher » l'usage & le débit des étoffes d'or & d'argent ; » & qu'au cas qu'il se trouve ci-après quelques » personnes, de quelque qualité ou condition qu'elles » puissent être, qui osent contrevenir aux défenses » qui seront faites, soit en portant des étoffes, » ou ornemens d'or ou d'argent, soit en continuant » d'en faire commerce, sa majesté a donné tous les » ordres, qui sont nécessaires pour les réduire à » l'exécution précise de ses réglemens. Nous, » faisant droit sur ladite remontrance, en consé-» quence des ordres exprès de sa majesté, de ses » édits & déclarations, arrêts & ordonnances ; » faisons très-expresses défenses à toutes sortes de » personnes, de quelque qualité & condition qu'elles » soient, que celles qui sont exceptées par la dé-» claration du 17 novembre 1672, de porter, » après la publication de la présente ordonnance, » sur leurs habits, manteaux & casaques, vestes » & justaucorps, robes, jupes & autres habillemens » généralement quelconques, même en leurs bau-» driers, écharpes, ceintures, porte-épées, aiguil-» lettes, jarretières, gants, manchons, nœuds, » rubans, tissus, dentelles, franges, cordons ou » autres ornemens, aucunes étoffes & ouvrages » d'or ou d'argent, fin ou faux, trait ou filé, à » l'exception des boutons sans queue, & bouton-» nières d'orfévrerie, aux endroits où ils sont né-» cessaires seulement, à peine de confiscation & » de 1500 liv. d'amende ; comme aussi, & sous les » mêmes peines, faisons défenses à tous marchands » merciers, maîtres frangers, boutonniers & tous » autres, de faire aucun commerce desdites étof-» fes & marchandises d'or ou d'argent, d'en tenir » aucunes dans leurs magasins ou boutiques, ni de » les exposer en vente ; & à tous maîtres tailleurs » & brodeurs, & autres, de les attacher ou appli-» quer sur aucuns habits, soit pour homme ou » pour femme, à peine aussi de confiscation desdits » habits, & de 500 liv d'amende contre lesdits » tailleurs & brodeurs pour la première fois, & » de privation de la maîtrise, en cas de récidive ; » & afin qu'il ne puisse être à l'avenir vendu, dé-» bité ou employé en secret aucune des susdites » étoffes, ornemens ou marchandises, nous ordon-» nons qu'il sera fait visite dans les magasins, bou-» tiques & tous autres lieux de cette ville & faux-» bourgs qu'il appartiendra, par les officiers qui » seront par nous commis & préposés ; ordonnons » aux commissaires du châtelet de saisir cependant » les étoffes & marchandises d'or ou d'argent qu'ils » trouveront exposées en vente, ou d'assigner ver-» balement par-devant nous toutes les personnes » qui seront par eux trouvées en contravention, » & dont la qualité, ou bien la considération des » lieux où ils les trouveront, pourroient faire quel-» que sorte d'obstacle & de difficulté, à procéder » par voie de saisie, au lieu de laquelle sera pourvu, » selon la qualité de la contravention, sur le rapport » desdits commissaires, auxquels & à chacun d'eux » nous enjoignons de tenir soigneusement la main » à ce qu'il ne soit contrevenu à la présente or-» donnance ».

Enfin, le roi, par un dernier édit du mois de mars 1700, a donné à cette police, qui concerne le *luxe*, la dernière forme qu'elle devoit avoir, & a réglé ce qui devoit y être observé.

» Louis, &c. Le desir que nous avons eu de » procurer l'abondance dans notre royaume, d'y » maintenir l'ordre public, & de conserver, autant » qu'il est possible, les fortunes de nos sujets, » nous a obligé de faire différentes ordonnances,

» pour empêcher les dépenses excessives, auxquelles » ils s'engageoient, & la consommation en choses » inutiles des matières précieuses d'or & d'argent » que l'on tire avec tant de peine & de dépense » des pays les plus éloignés; & quoique nous eussions » eu lieu d'espérer que l'autorité de l'exemple que » nous voulûmes bien leur donner au mois de dé- » cembre 1689, les engageroit d'observer plus ponc- » tuellement l'édit que nous fîmes pour cet effet: » cependant nous avons vu, avec beaucoup de » déplaisir, ces désordres augmenter, à mesure que » la nécessité de la guerre que nous avons été » obligés de soutenir depuis ce tems presque contre » toute l'Europe, diminuoit inévitablement la com- » modité de leurs fortunes particulières. Mais » comme le zèle qu'ils ont tous également témoigné » pour notre service dans cette conjoncture, & les » efforts qu'ils ont faits pour nous aider à sou- » tenir des dépenses aussi excessives, nous engagent » encore de plus en plus à leur témoigner le gré » que nous leur en savons, de rétablir, autant qu'il » nous est possible, l'état de nos finances, & leurs » biens particuliers; nous avons résolu de profiter » de la paix qu'il a plû à Dieu de donner à l'Eu- » rope, & que nous avons préférée, par ces con- » sidérations, aux avantages que nous avions tant » de sujet d'espérer de la continuation de la guerre, » pour donner une nouvelle vigueur à des réglemens » si nécessaires, & de commencer à arrêter l'excès » des dépenses, auxquelles quelques-uns de nos » sujets s'engagent d'une manière si peu convenable » à leur condition & à leurs biens, & donner aux » autres une excuse honnête dans l'obéissance qu'ils » rendront à nos ordres, pour ne pas suivre des » modes & des exemples qu'ils condamnent eux- » mêmes avec tant de raison.

» A ces causes, & dans l'espérance qu'ils pré- » viendront eux-mêmes par leurs réflexions tout ce » que l'on pourroit désirer d'eux dans la suite, pour » leur propre intérêt, nous voulons que nos dé- » clarations des 6 mai 1672, 20 février 1687, & » notre édit du mois de décembre 1689, soient » exécutés; & en conséquence faisons défenses à » tous orfèvres & autres ouvriers, travaillant tant » en or qu'en argent, dans notre bonne ville de » Paris, & autres villes & lieux de notre royau- » me, de fabriquer, exposer ou vendre, à compter » du jour de la publication qui sera faite de notre » présent édit, aucun ouvrage d'or excédant le poids » d'une once, à la réserve des croix des arche- » vêques, évêques, abbés, abbesses & religieuses, » des chevaliers de nos ordres, & de ceux de » S. Jean de Jérusalem & de S. Lazare, & des » chaînes d'or & d'argent pour les montres, que » nous leur permettons de faire & débiter à l'or- » dinaire.

» Leur défendons pareillement de fabriquer, » vendre ou exposer en vente aucuns balustres, » bois de chaises, cabinets, tables, bureaux, gué- » ridons, miroirs, brasiers, chenets, grilles, gar- » nitures de feu & de cheminée, chandeliers à » branches, torchères, girandoles, bras, plaques, » cassolettes, corbeilles, paniers, caisses d'orangers, » pots à fleurs, urnes, vases, quarrés de toilet- » tes, pelottes, buires, seaux, cuvettes, caraf- » fons, marmites, tourtières, casserolles, flacons » ou bouteilles, sur-tout pour mettre dans le mi- » lieu des tables, pots à ceillet, corbeilles & plats » par étages, inventés pour servir le fruit, de » quelque poids que ce puisse être, & tous autres » ouvrages de pareille qualité d'argent, ou aux- » quels il y aura de l'argent appliqué, sans pré- » judice, néanmoins des calices, ciboires, vases » sacrés, soleils, croix, chandeliers & ornemens » d'église, que l'on pourra continuer de faire à » l'ordinaire, en vertu des permissions que nous en » donnerons.

» Défendons pareillement auxdits orfévres & » ouvriers, de fabriquer, exposer & vendre au- » cuns bassins d'argent excédans le poids de douze » marcs, des plats excédans le poids de huit » marcs, des assiettes excédans trente marcs la » douzaine, des soucoupes excédans le poids de » de cinq marcs chacune, des aiguières au dessus de » sept marcs, des sucriers audessus de trois marcs, » des salières, poivriers, & autre menue vaisselle » pour l'usage des tables excédans le poids de deux » marcs; le tout à peine de confiscation des ou- » vrages énoncés ci-dessus, & de trois mille livres » d'amende, applicables moitié au dénonciateur, » l'autre à l'hôpital-général de Paris, & aux hô- » pitaux des autres lieux s'il y en a, sinon aux plus » prochains desdits lieux, payables solidairement » par les orfévres & ceux qui acheteront la vais- » selle; & en outre à l'égard des maîtres orfévres, » d'être déclarés déchus de la maîtrise, sans y pou- » voir être rétablis sous quelque prétexte & occa- » sion que ce puisse être, & à l'égard des compa- » gnons & apprentifs qui auront travaillé en la fa- » brique desdits pièces, de ne pouvoir parvenir à » la maîtrise.

» Défendons pareillement aux maîtres & gardes » des orfévres, essayeurs, & à notre fermier de » la marque de l'or & de l'argent, d'apposer aux- » dits ouvrages aucuns de leurs poinçons, à peine » d'être condamnés solidairement à ladite amende de » trois mille livres; & en outre aux susdits orfé- » vres, d'être déchus de la maîtrise.

» Défendons à toute sorte de personnes, de » quelque qualité & condition qu'elles puissent être, » de faire ni de laisser travailler auxdits ouvrages » dans leurs hôtels & maisons, à peine de con- » fiscation & de trois mille livres d'amende soli- » daire avec les maîtres & ouvriers; & de perte » de la maîtrise contre lesdits maîtres, & contre » les

» les compagnons & apprentifs, de ne pouvoir » être admis à la maîtrise.

» Permettons aux personnes qui ont des boëtes, » étuis & autres petits ouvrages d'or & d'argent, » de les garder si bon leur semble.

» Ordonnons à toutes personnes, de quelque » qualité & condition qu'elles soient, qui ont des » pièces de vaisselle d'argent défendues ci-dessus, » d'en faire declaration dans un mois, à compter » du jour de la publication du présent édit, par- » devant ceux qui seront préposés par les lieu- » tenans-généraux de police, pour les recevoir sans » frais; à peine de confiscation desdits pièces, & » de trois mille livres d'amende applicable comme » dessus.

» Enjoignons, aux greffiers d'en délivrer des » décharges, pour lesquelles il leur sera payé dix » sols pour tous droits, y compris le papier » timbré.

» Enjoignons au lieutenant de police de notre » bonne ville de Paris, de commettre des com- » missaires du châtelet, pour se transporter aussitôt » après la publication de notre présent édit, dans » les boutiques & maisons des orfévres, jouailliers, » merciers & ouvriers travaillans en orfévrerie, pour » se faire représenter tous les ouvrages d'argent » défendus qui se trouveront en leur possession, » soit qu'ils soient achevés, ou seulement com- » mencés, dresser procès verbal de leur état, poids » & qualité, & de les faire difformer & rompre » en leur présence; & aux lieutenans-généraux de » police, ou autres officiers à qui elle appartient, » de faire la même chose dans les provinces, » d'en dresser leurs procès-verbaux, & de les en- » voyer au contrôleur-général de nos finances, » pour nous en être par lui rendu compte, le » tout sans qu'ils puissent y être troublés par les » officiers de nos cours des monnoies & autres, » lesquels ne pourront, sous quelque prétexte que » ce puisse être, en prendre connoissance, si ce » n'est seulement en cas d'altération au titre.

» Voulons que les orfévres donnent incessam- » ment auxdits lieutenans de police, des états de » ce qu'ils ont de vaisselle d'argent chez eux, & » qu'ils tiennent des registres à l'avenir, qui » seront cottés & paraphés sans frais par les lieu- » tenans de police, dans lesquels ils écriront la » quantité & poids de vaisselle qu'ils ont, de celles » qu'ils feront ou feront faire dans la suite, les » noms de ceux à qui ils la vendront; & en cas » qu'il s'en trouve chez eux qui ne soit pas em- » ployée sur leurs registres, elle sera confisquée, » & l'orfévre condamné en trois mille livres d'a- » mende.

« Enjoignons auxdits lieutenans-généraux de » police, même aux commissaires du châtelet, en » vertu des ordonnances que celui de notre bonne » ville de Paris leur en donnera, de se transporter » après le mois chez tous les particuliers, de quelque » qualité & condition qu'ils soient, qu'ils appren- » dront, par les dénonciations qui leur en seront » faites, avoir chez eux des ouvrages défendus, & » qu'ils n'auront point déclarés, de les saisir, d'en » dresser leurs procès-verbaux, & de les envoyer » au contrôleur-général de nos finances pour y être » ensuite par nous pourvu.

» Voulons en cas d'inventaire ou de vente de » meubles fait par autorité de justice, que les » pièces d'or & d'argent défendues par le présent » réglement, soit pour la qualité, soit pour le » poids, & dont on n'auroit point fait de décla- » ration, demeurent confisquées & portées ès hôtels » de nos monnoyes.

» Enjoignons à cet effet à tous juges, com- » missaires, notaires, huissiers & autres officiers » qui assisteront auxdits inventaires & ventes, de » les faire saisir, avec défenses aux héritiers, sai- » sissans, créanciers & tous autres, de les détour- » ner, à peine d'en payer la valeur, & de trois » mille livres d'amende applicable comme dessus, » & d'interdiction contre les officiers qui y au- » ront contribué par leur négligence ou autre- » ment.

» Défendons à tous orfévres & autres ouvriers, » de fondre ou difformer aucune espèce de mon- » noie ayant cours dans notre royaume, pour » employer à leurs ouvrages, à peine des galères » à perpétuité.

» Voulons que l'article 18 du réglement du 30 » Décembre 1679, soit exécuté, & en consé- » quence que les orfévres soient tenus d'avoir leurs » forges & fourneaux scellés en plâtre dans leurs » boutiques & sur rue, à la vue du public, & » en lieux non fermés. Leurs défendons de fondre » & travailler ailleurs qu'en leurs boutiques, sous » quelque prétexte que ce soit, & qu'aux heures » portées par les ordonnances.

» Ordonnons qu'à l'avenir les affineurs ne pour- » ront mettre à l'affinage aucune espèce d'or & » d'argent ayant cours dans le royaume, ni d'autres » lingots, barres, barretons, que ceux venans des » pays étrangers, & qui en auront la marque; à » peine de punition corporelle, & de trois mille » livres d'amende. Enjoignons aux officiers de la » cour des monnoies, & aux juge-gardes d'y te- » nir la main; & de faire porter aux hôtels des » monnoies, tous autres lingots qui leur seront » présentés par les affineurs.

» Et d'autant plus que nous sommes informés

» que plusieurs marchands & négocians qui ne font » point de commerce aux pays étrangers, vendent » & débitent aux affineurs & orfévres des lingots » qui ne peuvent provenir que de vieilles vaisselles » & autres matières qu'ils achetent au préjudice de » nos monnoies, ou même espèces par eux fon- » dues & qui ont cours dans le royaume; leur » faisons pareillement défense, conformément aux » anciennes ordonnances, d'acheter de vieilles » vaisselles d'argent, de ramasser d'autres matières » dans notre royaume, ni de vendre aux affineurs » d'autres lingots, barres, ou barretons, que ceux » venans des pays étrangers, & qui en auront la » marque; leur enjoignons de les porter aux hô- » tels de nos monnoies, à peine de confiscation » desdits lingots, & de trois mille livres d'amende » applicable comme dessus.

» Défendons à tous banquiers, orfévres, mar- » chands, & tous autres faisant commerce de lin- » gots, barres & ouvrages d'argenteries, de vendre » ni acheter l'argent à plus haut prix que celui » porté par les tarifs de nos cours des monnoies, » à peine de confiscation & de six mille livres » d'amende, de punition corporelle, & de priva- » tion de leur état en cas de récidive. Voulons » qu'ils soient tenus d'avoir dans leurs bou- » tiques, magasins & bureaux, un tableau con- » tenant le prix du marc avec ses diminutions, & » donner des bordereaux & écrits signés de leur main, » à ceux qui acheteront d'eux, contenant le prix » tant de la matière que de la façon, suivant & con- » formément aux ordonnances & réglemens con- » cernant l'orfévrerie, le tout à peine de mille livres » d'amende.

» Défendons aux orfévres d'acheter aucun or, » soit en lingot ou barre, en ouvrage ou autre- » ment, pour l'employer à autre usage qu'aux » ouvrages ci-dessus permis, & aux officiers & » commis des monnoies, de garder pour eux, ou » de vendre à qui que ce puisse être les ouvrages » d'or & d'argent contraires aux dispositions de » notre présent édit, que l'on y pourroit porter, » leur enjoignons de les faire convertir en mon- » noies, à peine de trois mille livres d'amende, » & de destitution de leurs charges & emplois.

» Défendons à tous négocians, marchands & autres » personnes telles qu'elles puissent être, de faire » fabriquer à l'avenir & de vendre à nos sujets » aucunes étoffes à fonds & sur laine d'or & d'ar- » gent, ni avec de l'or & de l'argent frisé audessus » de soixante-dix livres l'aune. Permettons à ceux » qui en ont présentement, de les débiter jusqu'au » premier janvier de l'année prochaine 1701, & » à nos sujets de les acheter & de s'en servir pen- » dant ledit tems seulement, à peine, après ledit » tems passé, de trois mille livres d'amende, & » en outre contre les marchands & fabriquans, de » perte de la maîtrise. Ordonnons que les mar- » chands qui ont des étoffes desdites qualités, se- » ront tenus, dans le dernier avril prochain, d'en » donner des états certifiés par eux véritables aux » lieutenans-généraux de police, lesquels pourront » encore se transporter dans leurs magasins, ou y » envoyer des commissaires ensemble dans les lieux » où l'on fabrique lesdites étoffes, pour dresser » sans aucuns frais des procès-verbaux de ce qu'ils » y trouveront, le tout sous peine de confisca- » tion des étoffes dont on n'aura point fait de » déclaration, ou que l'on n'aura pas représentées » lors desdits visites, de trois mille livres d'a- » mende, & contre lesdits marchands, de déché- » ance de la maitrise. Permettons auxdits mar- » chands de faire fabriquer desdits étoffes à fonds » & sur des laines d'or & d'argent, avec de l'or » & de l'argent frisé & autrement, de quelque ma- » nière que ce puisse être, pour les envoyer dans » les pays étrangers, à la charge de déclarer aupa- » ravant aux lieutenans-généraux de police, ou » autres juges auxquels la police appartient, la » fabrique & la quantité qu'ils en font faire, d'en » tenir un registre particulier, lequel sera cotté & » paraphé sans frais par lesdits juges & lequel » contiendra la fabrique & quantité desdites étoffes, » & ensemble les noms de ceux auxquels il les » envoyeront; leur enjoignons de le communiquer » à nos procureurs pour la police & de le représenter » auxdits juges toutes les fois qu'ils l'ordonne- » ront.

» Défendons aux hommes, de quelque qualité » qu'ils puissent être, de porter des habits pleins » & couverts entièrement de broderie, gallon ou » dentelle d'or & d'argent.

» Défendons aux femmes, à peine de trois » mille livres d'amende, de porter aucunes bro- » deries, dentelles, boutonnières, ni autres or- » nemens sur des étoffes d'or & d'argent: leur » permettons de mettre sur des manteaux, robes » & jupes de velours, & autres étoffes, des bro- » deries, dentelles ou gallons d'un demi pied de » hauteur seulement; leur défendons, sous pareille » peine, de porter aucun or ni argent sur les » écharpes, tabliers, fichus ou palatines, sans » préjudice à celles qui en ont présentement, de » les porter pendant trois mois.

» Défendons à toute sorte de personnes, à peine » de ladite amende de trois mille livres, de mettre » aucune broderie, dentelle ni gallon sur les toi- » lettes d'étoffes d'or ou d'argent, mais seulement » des glands ou houpes aux quatre coins; leur » permettons, si elles sont de velours ou d'étoffes, » d'y mettre des points d'Espagne, gallon ou bro- » derie de six pouces de hauteur; permettons à » ceux qui en ont, de s'en servir si bon leur » semble. Voulons qu'outre l'amende solidaire de

» trois mille livres, les maîtres tailleurs & maîtresses couturières, qui travailleront à des habits, » jupes, écharpe, toilettes, & autres ouvrages ci-dessus défendus, soient déchus pour toujours de » la maitrise, & les compagnons & apprentifs déclarés incapables d'y parvenir.

» Défendons sous pareilles peines aux femmes » qui ont des quarreaux ou des placets pour porter » à l'église, d'y faire mettre à l'avenir des gallons » plus hauts de quatre pouces, & qui soient re-» brodés : permettons néanmoins à celles qui en » ont de plus riche présentement, de s'en servir » pendant le reste de cette présente année.

» Défendons de faire faire à l'avenir aucuns » chandeliers, chenets, grilles plaques, ni autres » dorures sur bois, plâtre, plomb, bronze, cuivre, » acier & métail, de s'en servir dans les chambres » & appartemens, & d'en appliquer aucuns orne-» mens sur des cheminées ni autres endroits, en » quelque manière & façon que ce puisse être : » comme aussi de faire dorer les bois d'aucuns lits, » chaises, tables, guéridons, & généralement de » tous meubles quels qu'ils puissent être, autres » que les bordures des tableaux & des miroirs, » & à la réserve des croix, chandeliers, & autres » choses qui sont nécessaires pour le service divin, » ou qui servent à l'ornement des églises, & par-» ticulièrement à celui des autels, des boutons à » mettre sur les habits, des bobeches & branches » pour des chandeliers & bras de cristal, bronze » ou cuivres, des cloux, des pommes, des fiches, » loquets, & des boucles de soupentes pour les » carosses, des boucles pour les harnois des che-» vaux de selle & de carosse, & des bossettes pour » leurs mords; le tout à peine de trois mille livres » d'amende solidaire contre les maîtres & ceux qui » s'en serviront; & en outre de déchéance de la » maitrise contre les maîtres doreurs; & à l'égards » des compagnons & apprentifs, d'être déclarés in-» capables de l'acquérir.

» Défendons pareillement de mettre à l'avenir » aucunes crépines, franges, gallons d'or & d'ar-» gent dans les carosses, chaises roulantes & à » porteurs, sur les siéges des cochers & sur les » housses des chevaux qui les trainent : comme » aussi de les dorer & argenter, & d'y peindre » en dehors autres choses que les armes, avec les » supports, couronnes & chiffres de ceux à qui » ils appartiennent; le tout à peine de confisca-» tion, & de trois mille livres d'amende, tant con-» tre ceux qui les feront faire, que contre les » selliers & ouvriers qui y travailleront, & de dé-» chéance & de capacité de la maitrise comme » ci-dessus à l'égard des maîtres & ouvriers. En-» joignons à ceux qui ont des carosses dorés, ar-» gentés ou peints au dehors, d'en faire effacer » l'or, l'argent & les peintures dans le dernier » avril prochain, & de faire dans pareil tems ôter » les gallons, passemens & franges d'or & d'ar-» gent qui sont sur les siéges des cochers & sur » les housses de l'impériale des carosses, l'ex-» ception de celles qui sont clouées, sous les peines » ci-dessus de confiscation & d'amende; leur laissant » au surplus la liberté de laisser l'or & l'argent » qui peut être dans lesdits carosses & chaises, » sans le pouvoir renouveller dans la suite.

» Défendons de faire & de faire faire à l'avenir » aucuns lit, tapisseries, chaises, ni autres meu-» bles d'étoffes à fonds, ni même à fleurs d'or » ni d'argent, de les doubler desdits étoffes, ni » de les chamarrer à plein de broderie d'or & » d'argent, ni sur les lés & demi-lés avec lesdites » broderies, ni avec des gallons ou passemens; » & d'y mettre autre chose qu'un seul gallon & » frange ou crespine autour des pentes & autres » pièces qui sont nécessaires pour les lits & les » siéges seulement, le tout à peine de confisca-» tion & de trois mille livres d'amende, tant » contre ceux qui les feront faire, que » ceux qui y travailleront, & de déchéance ou » d'incapacité de la maitrise. Voulons que tous » ceux qui ont présentement des meubles de cette » sorte, soient tenus, à peine de confiscation, » d'en faire dans un mois des déclarations aux » lieutenans-généraux de police. N'entendons em-» pêcher que l'on ne fasse des meubles avec des » découpures d'étoffes d'or & d'argent qui au-» ront servi pour des habits d'hommes & de femmes, » pourvu que l'on n'y mettre aucunes franges, » mollets, broderies, gallons d'or & d'argent; » mais seulement un petit gallon d'or ou d'argent » appellé ordinairement un bordé tout autour. Per-» mettons à ceux qui ont des meubles tels que » ceux que nous avons défendus ci-dessus, de » s'en servir; à toutes personnes, même aux ta-» pissiers, de les vendre, & aux particuliers de les » acheter; pourvu que l'on en fasse déclaration » dans le tems porté par l'article précédent, & à » la charge par l'acheteur d'en faire une pareille » déclaration.

» Défendons à toutes sortes de personnes d'a-» cheter à l'avenir des tables, bureaux, armoires » & boîtes de pendules & horloges, & des con-» soles pour les porter, avec des figures & orne-» mens de bronze doré, quels qu'ils puissent être, » & à tous ouvriers d'en faire de cette manière, » mais seulement d'y mettre, si bon leur semble, » des filets & compartimens de cuivre ou d'étain; » le tout à peine de confiscation desdits meubles, » de trois mille livres d'amende solidaire, & en » outre de déchéance & d'incapacité de la maitrise » à l'égard des maîtres & des compagnons qui y » travailleront. Permettons néanmoins à ceux qui » en ont, de les vendre, & à toutes personnes de » les acheter pendant le reste de la présente année, » en faisant déclaration comme dessus.

» Défendons à toute sorte de personnes de faire » mettre à l'avenir de l'or & de l'argent, de quelque » manière que ce puisse être, sur les habits de » livrées, à l'exception des justaucorps, des trom» pettes & des timballiers. Défendons pareillement » à ceux qui donnent à leurs cochers, laquais & » autres, des justaucorps d'étoffes unies sans livrée, » d'y mettre aucun gallons d'or ni d'argent; & » aux uns & aux autres de faire doubler les revers » des manches de velours; ce que nous permettons » pour les pages seulement; le tout à peine de » confiscation des habits, d'amende de trois mille » livres contre les maîtres, si l'on en trouve deux » mois après la publication de notre présent édit, » & de privation de la maitrise contre les maîtres » tailleurs, & d'incapacité contre les garçons qui » travailleroient à faire lesdits habits après la pu» blication de notre présent édit.

» Défendons aux femmes & aux filles non encore » mariées, des greffiers, autres que celles des » greffiers en chef de nos cours; à celles des mar» chands & artisans, de porter & avoir à l'ave» nir aucunes pierreries de quelque nature que ce » puisse être, à la réserve de quelques bagues; » aucunes étoffes, gallons, franges, ni broderie » d'or & d'argent. Leur permettons néanmoins de » se servir pendant trois mois de celles qu'elles ont. » Défendons pareillement auxdits greffiers, notaires, » procureurs, commissaires, huissiers, marchands » & artisans, & à leurs femmes, d'avoir aucuns » meubles, lits, chaises, tapisseries & autres, avec » de l'or & de l'argent, le tout à peine de con» fiscation & de trois mille livres d'amende contre » leurs maris, pères ou mères; & de déchéance & » d'incapacité pour la maitrise à l'égard des ta» pissiers & autres ouvriers qui travailleroient aux» dits meubles, avec connoissance qu'ils soient pour » des personnes à qui nous avons défendu d'en » avoir. Voulons que les réglemens contenus en » notre présent édit soient exécutés ponctuellement » par tous nos sujets, sans préjudice aux ambas» sadeurs, résidens & autres ministres des princes » étrangers qui sont auprès de nous, & même » aux princes, seigneurs, & autres étrangers qui » sont ou passeront dans le royaume, d'en user » pour leurs habits, carosses & livrées, ainsi qu'ils » aviseront bon être, à la charge de donner des » reconnoissances par écrit aux marchands qui leur » vendront des étoffes & autres choses dont l'usage » est défendu à nos sujets, & des ordres ainsi par » écrit aux tailleurs, selliers & autres ouvriers qui » travailleront aux habits, carosses & livrées, contre » les défenses portées par notre présent édit à » l'égard de nos sujets, dont ils donneront con» noissance à nos lieutenans de police ».

Telles sont les diverses loix somptuaires que l'on a publiées à diverses époques en France, & qui toujours ont manqué d'atteindre leur but; parce que toute loi qui, sans utilité véritablement publique, gène la liberté individuelle ou l'usage de la propriété particulière, ne peut être rigoureusement & constamment exécutée.

Une autre raison de cette inexécution c'est le peu de certitude qu'on a de l'utilité de loix somptuaires elles-mêmes. Car toutes les fois que le *luxe* ne donne pas lieu à une exportation de numéraire très considérable, on ne voit pas comment des dépenses de fantaisie, des jouissances recherchées peuvent nuire à la prospérité de l'état; on voit plutôt comment elles pourroient lui être utiles.

Si l'on examine les états d'importation de marchandises étrangères en France, l'on verra que les objets de *luxe*, ne sont presque rien en comparaison de ceux de première nécessité.

Il est vrai que quelquefois le *luxe* cause la ruine de quelques familles; mais alors c'est un malheur particulier, comme le vin cause la mort de bien des individus sans qu'il soit cependant utile d'en prohiber l'usage d'une manière indéfinie.

Au reste quelques auteurs ont pensé que si le *luxe* ne peut être dangereux dans les grands états, il est utile d'en prévenir les effets dans les petits & de l'y assujetir à des réglemens sévères. Nous ne discuterons point ici cette façon de penser, nous nous bornerons à rapporter les loix somptuaires de Genève, au moins la partie de ces loix qui est encore en activité dans cette république.

On y a institué une chambre de réforme, qui s'assemble tous les lundis. Le quatrième sindic en est le président, un des auditeurs, le procureur-général & plusieurs autres personnes en sont membres. Quiconque a transgressé ses ordres y est cité. Une réprimande est la seule punition de la première faute; mais la seconde est suivie d'une amende proportionnée.

Les ordonnances, ou loix de cette chambre sont, que personnes n'aura de voiture que pour aller à la campagne & ne pourra y atteler plus de trois chevaux. Que les hommes ne pourront porter ni dentelles, gallons d'or ou d'argent, si ce n'est à leur chapeaux, ni de velours ou étoffes de soie, si ce n'est pour des culottes & des vestes.

Les joyaux, les pierres colorées, le linge garni de dentelles, & toutes sortes de gallons sont défendus aux dames. La largeur de leurs paniers, le prix de leurs étoffes, qui ne peuvent avoir ni or ni argent, sont aussi limités.

Il n'est permis à personne de faire usage de chaise à porteurs, si ce n'est en cas de maladie, & l'on est même alors obligé d'en demander la permission, les rideaux en dedans sont aussi défendus.

Les tapisseries fines, les tableaux, les miroirs, & tous ces rafinemens du *luxe* sont interdits lorsqu'ils vont au dela d'un certain prix; & pour empêcher les mauvaises impressions que pourroient faire sur les esprits, les spectacles en inspirant aux habitans un goût pour la molesse & les plaisirs, on les a exclus de Genève. Les réjouissances de noces, sont aussi limitées.

On ne peut inviter que seize personnes à ces festins, & à dix heures du soir toute danse doit cesser.

Ni les armoiries des familles ni aucune sorte de peinture ne sauroient décorer leurs carosses qui ne peuvent être peints que de deux couleurs. Ils sont encore soumis à plusieurs autres réglemens qu'il est inutile de rapporter ici.

M

MAÇON, s. m. Ouvrier travaillant à la construction des bâtimens.

Nous avons déjà traité des objets qui ont rapport à la maçonnerie, au mot BATIMENT; ainsi nous nous bornerons ici à quelques détails indispensables à connoître sur l'état & la communauté des *maçons*.

L'art de la maçonnerie tient le premier rang entre les arts mécaniques qui servent à la construction des édifices.

On regarde les égyptiens comme les premiers peuples qui ont fait un art de la maçonnerie, en établissant des règles pour bâtir avec solidité & commodité. Témoin, les restes imposans de leurs fameuses pyramides & de leurs murs construits de briques & de bitume.

Aux édifices des égyptiens, des assyriens & des hébreux, succédèrent dans ce genre les ouvrages des grecs, qui ne se contentèrent pas seulement de la pierre qu'ils avoient chez eux en abondance, mais qui firent usage des marbres des provinces d'Egypte, qu'ils employèrent avec profusion dans la construction de leurs édifices.

Ces peuples firent naître aux romains l'ambition de les surpasser, par l'incroyable solidité qu'ils donnèrent à leurs travaux de maçonnerie. On trouve encore, avec étonnement, des vestiges de grands chemins, & de vastes bâtimens que ni le tems, ni la fureur des barbares n'ont pu détruire.

Les goths parurent plus jaloux d'exciter la surprise, que l'admiration, par la hardiesse de leurs constructions bisarres.

En France, sous le règne de François Ier., & principalement sous celui de Louis XIV, on perfectionna l'art de bâtir, en y faisant concourir la qualité des matériaux, la beauté des formes, la convenance des édifices, les découvertes sur l'art du trait, la beauté de l'appareil, & tous les arts libéraux & mécaniques. Mais l'art de la maçonnerie semble être dégénéré de nos jours, par l'extrême légèreté que l'on met dans la construction des plus grands bâtimens, par l'oubli de toutes les convenances, & par la bisarrerie des formes que l'on affecte de préférer à une ordonnance sage & régulière.

Après ces apperçus généraux, nous devons faire connoître ce qui regarde la communauté même, & les fonctions des *maçons*.

La communauté des maîtres *maçons* est fort ancienne, à en juger par le stile des statuts & ordonnances qui établissent leur régime.

Par ces statuts, qui contiennent vingt articles, la communauté est composée de *maçons*, de tailleurs de pierre, de plâtriers, & de mortelliers.

Voici quelques uns des articles de ces statuts dans leur ancien stile.

1°. Peut être maître à Paris qui veut, pourvu qu'il sache le métier & qu'il œuvre aux usages & coutume dudit métier.

2°. Nul ne peut avoir en leur métier qu'un apprenti; & s'il a apprenti, il ne le peut prendre à moins de six ans de service; mais à plus de service le peut-il bien prendre & argent, si avoir le peut; & s'il le prenoit à moins de six ans, il est en vingt sols parisis d'amende a payer à la chapelle de M. Saint-Blaise, si n'étoient ses fils tant seulement, nés de loyal mariage.

3°. Les *maçons* peuvent bien prendre un autre apprenti, comme l'autre aura accompli cinq ans, à quel terme qu'il eût l'autre apprenti pris.

4°. Le roi qui ores, à qui Dieu doint bonne vie, à donné la maitrise des *maçons* à son maître *maçon* tant comme il lui plaira, & jura pardevant le prévôt de Paris, &c.

5°. Le mortellier & le plâtrier sont de la même condition & du même établissement des *maçons* en toutes choses. Le maître qui garde le métier des *maçons*, des platriers & mortelliers de Paris, de par le roi, peut avoir deux apprentis tant seulement, & ainsi des autres.

Celui que ces statuts nomment maître de métier, est proprement un juré qui veille sur la police dudit métier suivant le quinzième article, lequel porte que le maître qui garde le métier, ne peut lever qu'une amende d'une querelle, &c.

Depuis on l'a appellé maître & général des œuvres & bâtimens du roi, ponts & chaussées de France. Il a plusieurs adjoints, comme il a été dit dans l'article BATIMENT, en parlant de la jurisdiction de la maçonnerie.

Plusieurs rois ont confirmé ces statuts, du nombre

desquels sont Louis XIII & Louis XIV, par divers arrêts du conseil, entre autres ceux des 9 novembre 1616, 20 août 1622, 20 mars 1685, 30 juin de la même année, 10 juin 1688, & 3 février 1690.

Ces lettres-patentes & arrêts du conseil sont principalement pour la jurisdiction de la maçonnerie qu'ils confirment, déchargeant tous ceux qui y sont sujets de toutes assignations à eux données, ou des jugemens contre eux prononcés dans d'autres jurisdictions, les renvoyent par devant les maîtres généraux des bâtimens, comme leurs juges naturels.

Quelques-unes des lettres-patentes regardent aussi la police du métier, entre autres les apprentis qui doivent être reçus par le maître, garde dudit métier, conformément aux lettres de 1574, & les amendes que le dit maître peut prononcer sont réglées jusqu'à la somme de dix écus, &c.

Quoique les statuts dont on vient de parler fassent mention de six ans d'apprentissage, cependant il n'y a point d'apprenti en régle & par brevet; les maîtres s'attachent seulement à prendre, parmi les manœuvres qu'ils payent, les plus capables; ils les gardent à titre d'apprentis pendant trois ans, en augmentant leur paye de deux sols par jour. Ils sont réciproquement maîtres de garder ou de rester; mais si c'est l'apprenti qui quitte la seconde année, on lui retient les deux sols par jour d'augmentation.

Aux termes des lettres-patentes de 1595 & 1598, les visites de police & les vérifications des mal-façons dans les bâtimens sembloient restreintes à la ville & fauxbourgs de Paris; mais l'utilité de ces visites ayant fait désirer que le maître général pût les étendre par-tout où la sûreté publique l'exigeroit, l'édit de 1645, en créant deux nouveaux généraux, ajouta qu'ils continueroient les mêmes visites, & qu'ils commettroient quelqu'un pour les lieux éloignés.

Enfin l'édit du mois de mai 1690. En créant cinquante experts jurés, dont vingt-cinq entrepreneurs, ordonne que les jurés de la seconde colonne seront tenus de faire toutes les semaines, sans frais, la visite & police dans les ateliers & bâtimens qui se construiront dans la ville & fauxbourgs de Paris; & qu'à cet effet deux d'entre eux seront pris successivement selon l'ordre de leur tableau, assistés de dix maîtres *maçons*, pour faire leur rapport, en la manière accoutumée, des contraventions qui sont venues à leur connoissance, l'édit fixe ensuite l'application des amendes qui, sur les rapports, seront prononcées par le maître des œuvres des bâtimens du roi.

En conséquence de ces loix multipliées & des arrêts du parlement, la chambre des bâtimens, par différentes sentences des 16 juin 1690, 10 janvier 1738, 13 novembre 1652, & premier juin 1770, suivies pour la plupart d'impression, publication & affiche, ont réglé & déterminés les jours où les visites de police doivent être faites, le lieu où les jurés & maîtres doivent s'assembler, l'heure de leur départ, la durée de leurs visites, la forme des procès-verbaux, les objets & matières à vérifier, & ce qui devoit être fait après la rédaction des procès-verbaux.

Les visites de police devant se faire toutes les semaines, & les jours n'en étant point déterminés, il dépend du juge général qui est en exercice pour présider, de régler un ou deux jours, suivant que l'exigent la multiplicité des constructions, ou les avis que le procureur du roi peut avoir reçus pour raison de mal-façon ou dangers dans les constructions.

Les commissaires, en visitant les bâtimens pour savoir s'ils sont conformes aux régles de l'art, & s'il n'y a rien de contraire à la sûreté publique, doivent également vérifier la qualité des matériaux & les mesures; & s'il se trouve des mortiers, des plâtriers ou pierres défectueuses, ils sont autorisés à faire casser les pierres pour être mises en moellons, & à faire jeter les plâtres & mortiers.

Comme, en fait de sûreté publique, il ne peut y avoir ni privilége ni exemption, les commissaires de police pour les bâtimens & plâtres sont autorisés à se transporter dans tous les bâtimens publics & privés, sans distinction du titre & de la qualité des propriétaires.

Les commissaires doivent déclarer dans le procès-verbal la nature & la destination des ouvrages, la qualité des matériaux, l'état où est la construction, les mal-façons qu'ils ont apperçues, & le danger qui pourroit en résulter; il doivent aussi en déclarer le lieu, le nom du propriétaire, celui de l'entrepreneur, ou si l'ouvrage est fait par le propriétaire, par économie, à la simple journée des ouvriers, & en leur fournissant tous les matériaux, échafauds, cordages & équipages, sans marché avec eux, ni entreprise de leur part sur les droits des maîtres.

Si l'ouvrage est défectueux, la chambre en ordonne la démolition & reconstruction suivant les régles de l'art, aux frais & dépens de l'entrepreneur, sans répétition contre le propriétaire, & sous la conduite d'un expert ou entrepreneur nommé d'offices au choix du président.

La communauté des *maçons* a comme les autres, des réglemens particuliers, nous les ferons connoître en bref ici, en renvoyant aux mots Art

& Communauté, pour ce qu'elle a de commun avec les autres corporations.

Les lettres patentes du roi du 10 mai 1782, enregistrées au parlement le 3 septembre de la même année, continuent les dispositions que nous allons extraire.

Art. III. Il sera loisible aux bourgeois & habitans de la ville & fauxbourgs de Paris, de faire travailler pour leur compte & par économie, à tous les ouvrages de maçonnerie, par des compagnons *maçons* à la journée, à la charge néanmoins par lesdits bourgeois de leur fournir les matériaux & tous les équipages nécessaires, & de déclarer préalablement au bureau de ladite communauté, la nature & la qualité des ouvrages qu'ils voudront construire ou réparer, & le nombre des compagnons qu'ils se proposeront d'y employer. Lesdites déclarations seront inscrites sur un registre à ce destiné, & il sera payer trois livres, au profit de ladite communauté, pour chacune desdites déclarations, dont il sera donné sans frais un extrait aux bourgeois, & seront tenus les sindics de donner chaque mois un extrait dudit registre au procureur du roi en la chambre des bâtimens.

IV. En cas de fausse déclaration, ou faute de l'avoir faite, les bourgeois & compagnons seront solidairement condamnés en tels dommages & intérêts qu'il appartiendra envers la communauté, & en l'amende de cent livres envers nous, sans préjudice de la confiscation des outils, équipages & matériaux.

V. Dispensons de faire aucune déclaration les bourgeois qui n'employeront qu'un ou deux compagnons ou manœuvres, l'espace de deux jours au plus, à faire quelques menues réparations.

VI. Les maîtres *maçons* qui se chargeront de continuer des ouvrages commencés par un autre maître, demeureront garans & responsables des vices de construction qui pourroient se trouver dans lesdits ouvrages, ainsi que de ce qui pourroit être dû pour raison d'iceux au premier maître, ses ouvriers ou fournisseurs; & il ne pourra être déchargé desdites garanties, qu'après que la visite desdits ouvrages commencés aura été faite par les maître de la police, & après s'être fait représenter la quittance des premiers entrepreneurs, ou du moins le toisé de leurs ouvrages, fait contradictoirement avec eux.

VIII. Les maîtres, les compagnons & les bourgeois seront tenus de se conformer, en toute espèce de construction, aux régles de l'art, à la coutume de Paris, & aux réglemens de police, à peine contre les maîtres d'être garans & responsables des défectuosités, démolitions & réparations, d'être condamnés aux dommages intérêts, tant envers les bourgeois qu'envers la communauté, & à telle amende envers nous qu'il appartiendra à l'égard des constructions qui auroient été faites par les compagnons au compte des bourgeois, les démolitions & reconstructions des ouvrages défectueux seront à la charge des bourgeois, lequel sera solidairement responsable de l'amende & des dommages intérêts.

XVI. Les aspirans à la maitrise, avant d'être admis, seront tenus de se retirer au bureau de la communauté, pour subir un examen sur les différentes parties relatives à la construction des bâtimens, lequel examen sera fait par les sindics & adjoints, trois députés en exercice pris à tour de rôle, & de deux experts entrepreneurs, lesquels seront aussi pris à tour de rôle. L'aspirant sera tenu de répondre, dans une séance dont la durée sera de trois heures au moins, à toutes les questions relatives à l'art, même de tracer les traits géométriques qui lui seront demandés. Les examinateurs décideront à la pluralité des voix, si l'aspirant a la capacité & l'expérience suffisante & requise pour être admis à la maitrise; & il sera distribué par ledit aspirant à chacun des examinateurs, pour leurs honoraires ou droits d'assistance audit examen, deux jetons d'argent de la valeur de quarante sols chacun. Ils payeront en outre aux sindics vingt-quatre livres pour être employées aux menues nécessités de la chambre, laquelle sera déposée au greffe de la chambre.

XX. La communauté des maîtres *maçons* sera tenue de veiller, comme par le passé, sous l'inspection des officiers de la chambre des bâtimens, à l'exécution des réglemens concernant l'art de la maçonnerie. Voulons en conséquence qu'aucun maître ne puisse commencer la construction ou reconstruction d'aucun édifice, refaire gros murs, planchers & cheminées de fond, & faire reprises sous œuvre qui nécessiteroient chevalemens & contrefiches, dans la ville & fauxbourgs de Paris, sans avoir fait déclaration au greffe de la chambre du lieu où est situé ledit édifice, & du jour auquel il se propose d'y mettre ses ouvriers, à peine de vingt livres d'amende envers nous, & de tous dépens, dommages & intérêts envers la communauté.

XXI. Lesdites déclarations seront reçues & inscrites par ordre de date sur un registre à ce destiné par le greffier de la chambre, ou autre par lui préposé, lequel sera tenu d'en donner tous les deux jours des extraits aux sindics & adjoints, & il sera payé par les maîtres dix sols pour chaque déclaration, dont moitié restera au greffier pour ses peines & soins, & l'autre moitié sera par lui remise à la communauté pour subvenir à ses charges.

XXII.

XXII. Il sera procédé tous les mois par la chambre des bâtimens en la manière accoutumée, à la nomination de huit maîtres qui seront chargés de faire pendant le mois suivant, une fois par chaque semaine, la visite de tous les bâtimens, maisons, & autres édifices qui seront construits & réparés dans la ville de Paris; lesdits maîtres seront choisis chacun parmi les vingt-quatre députés en exercice, deux parmi les experts entrepreneurs, deux dans le nombre des maîtres qui auront plus de dix ans de réception & deux jeunes. Lesdits maîtres ainsi choisis ne pourront se dispenser desdites visites, à peine de douze livres d'amende pour chaque fois; & dans le cas où l'un deux seroit malade ou absent pour cause légitime, il sera tenu de se faire remplacer, à ses frais, par un maître de sa classe. Les sexagénaires, ou ceux qui seroient attaqués de quelque infirmité habituelle dûment constatée, seront dispensés desdites visites.

XXIII. La chambre indiquera, lors de ladite nomination, les jours auxquels seront faites les visites du mois suivant; & afin que ceux qui auront été nommés ne puissent en prétendre cause d'ignorance, voulons que l'ordonnance du juge soit signifiée sans frais à chacun desdits maîtres, ainsi qu'aux sindics & adjoints.

XXIV. Les syndics & adjoints, & les huit maîtres, qui auront été ainsi choisis, seront tenus de se rendre au bureau de la communauté, aux jours indiqués, avant huit heures en hiver, & avant sept en été; & après avoir vérifié sur le régistre des déclarations les différens bâtimens qui seront dans le cas d'être visités, ils conviendront de la marche des huit commissaires; & dans le cas où les syndics & adjoints jugeroient que le grand nombre & la distance des bâtimens à visiter ne permettroient pas auxdits commissaires de s'y transporter tous ensemble, les syndics & adjoints pourront requérir qu'ils se partagent; de manière néanmoins qu'ils soient quatre ensemble, & qu'il y en ait un de chaque classe.

XXV. Les maîtres qui procéderont auxdites visites, se feront accompagner par un huissier de la chambre des bâtimens, lequel recevra le procès-verbal qui lui sera dicté par un des experts, ou en cas d'absence, par le plus ancien des commissaires, lequel contiendra la marche & la visite qui aura été faite des différens bâtimens, ainsi que les vices, malfaçons & autres contraventions qui auront été reconnues par lesdits commissaires; ledit procès-verbal sera déposé au greffe de la chambre des bâtimens, & communiqué à notre procureur à ladite chambre, & seront tenus lesdits huissiers de délivrer copie de leurs procès-verbaux aux syndics de la communauté.

XXVI. Les maîtres ou compagnons, ainsi que les bourgeois, faisant travailler à leur compte, qui auront été trouvés en contravention, seront assignés pour comparoître à ladite chambre, à la requête de notre procureur, poursuite & diligence des syndics & adjoints; voulons qu'il soit statué sur lesdits procès-verbaux à l'audience, sommairement, sans délai & sans frais, en présence de l'un des trois commissaires de police, deux experts, de l'un des syndics & adjoints, & des parties intéressées, ou elles dûment appellées.

XXVII. Dans le cas où, en prononçant sur un procès-verbal de contravention, il seroit ordonné que les ouvrages défectueux seront démolis ou rétablis, suivant les règles de l'art, lesdites démolitions & réparations ne pourront être faites qu'en présence d'un commissaire qui sera nommé par le même jugement, dans le nombre de huit maîtres de la police du mois précédent, pour veiller aux démolitions & rétablissemens; & sera tenu ledit commissaire de se faire assister d'un huissier, lequel recevra son procès-verbal, & sera tenu de le déposer au greffe de la chambre, aussi-tôt après que le rétablissement aura été achevé.

XXVIII. Lorsqu'en procédant au rétablissement ordonné, il s'élevera quelques difficultés entre le commissaire & le propriétaire, ou l'ouvrier qui aura construit le bâtiment, ledit commissaire, pour éviter à frais, appellera les maîtres chargés de la police, lesquels, conjointement avec lui, & du consentement des parties, pourront faire les changemens qui seront requis, & qu'ils aviseront plus utiles aux propriétaires, & plus conformes à la sûreté publique, dont il sera fait rapport à la chambre de la manière portée en l'article précédent; & dans le cas de contestation, ils en référeront à ladite chambre, pour être statué ce qu'il appartiendra.

XXIX. Les maîtres chargés desdites visites pourront, pendant le mois de leurs exercices, visiter toutes sortes de bâtimens, où il y aura des ouvriers de leur profession, quels que soient les propriétaires, & soit que lesdits ouvrages soient faits par des maîtres de la communauté, par des *maçons* privilégiés, ou par des compagnons à la journée; faisons défenses à tous particuliers propriétaires, entrepreneurs, ouvriers ou autres, de refuser l'entrée desdits bâtimens auxdits maîtres, ou de les troubler dans les visites, sous peine de 100 liv. d'amende, même d'être procédé contr'eux extraordinairement, en cas de violence.

XXX. Les maîtres *maçons* seront pareillement tenus au nombre de quatre, lesquels seront nommés par la chambre des bâtimens à tour de rôle, de faire au moins une fois chaque mois la visite des carrières, fours & magasins à plâtre dans la ville, les fauxbourgs & la banlieue de Paris, à l'effet de veiller à ce qu'il soit fabriqué & mesuré, suivant les réglemens concernant l'art de la maçonnerie; l'huissier recevra les procès-verbaux de contravention, & il y sera statué, en ladite chambre, en la forme prescrite par les articles précédens.

XXXI. Les frais de visites de police prescrites par les articles ci-dessus, & ceux des procédures, auxquelles elles donneront lieu, & des jugemens qui interviendront sur icelles, seront avancés par les syndics & adjoints, lesquels seront tenus de poursuivre le recouvrement des dépens & autres condamnations, qui auront été adjugés à la communauté, & de s'en charger en recette; ne pourront lesdits frais & dépens leur être passés en dépense, qu'en rapportant les procès-verbaux, jugement de condamnation, exécutoires de dépens, & autres pièces suffisantes, ensemble les exécutoires de dépens, ou les mémoires de procureurs, arrêtés en la forme ordinaire.

XXXII. Toutes les contestations qui s'éleveront à l'occasion de la construction des bâtimens ou du défaut de qualité de la part de l'entrepreneur, seront portées à la chambre des bâtimens. Quant à celles qui concerneront l'administration de la communauté, celles de ses revenus, & les contraventions aux réglemens de police, elles seront portées au châtelet devant le sieur lieutenant-général de police. *Voyez* BATIMENT.

MADRID. f. m. Ville capitale & siége du gouvernement de l'Espagne.

Notre objet ne peut pas être dans cet ouvrage de donner une notice détaillée de la police de toutes les capitales de l'Europe; nous croyons utile cependant de faire connoître ce qui caractérise les principales; c'est ainsi qu'à l'article LONDRES nous avons rassemblé des notions sur la police & les principaux établissemens de cette grande ville. Nous allons réunir ici quelques renseignemens sur *Madrid*, & nous en prendrons occasion de dire quelque chose de la civilisation & des mœurs espagnoles.

Les rues de *Madrid* sont en général assez grandes & belles; elles sont tenues très-proprement, bien pavées & éclairées de réverbères à cent cinquante pieds de distance les uns des autres.

La police est modelée sur celle de Paris. La ville se partage en plusieurs quartiers, qui se subdivisent encore, chaque quartier est sous l'inspection d'un commissaire ou alcade, qui juge les disputes du peuple, & les délits de peu d'importance.

En Espagne dans les hôtelleries le prix de tout est fixé par la loi, & l'aubergiste est obligé d'en produire l'affiche si on le lui demande.

Les personnes chargées de l'administration de la police à *Madrid*, ainsi que dans toute l'Espagne, sont les *corrégidors* & les *alcades*. Mais les corrégidors ne se trouvent que dans les villes; les alcades leur sont subordonnés, & il y en a jusques dans les plus petits villages: la police n'en est pas meilleure pour cela.

Le *corrégidor* est un magistrat qui est l'unique juge au civil comme au criminel; il est ce qu'étoit autrefois chez nous le prévôt de Paris, avant que la place de lieutenant de police eût été créée, peut-être avec des pouvoirs plus étendus encore. L'*alcade* n'est que le premier officier du corrégidor; c'est lui qui est chargé de faire les premières diligences contre les coupables: il doit se saisir de leurs biens & de leurs personnes, & rendre compte de ses démarches au corrégidor, qui seul a le droit de décider & de juger. L'alcade des villes & des villages change tous les ans.

Dans *Madrid* chaque quartier choisit & nomme lui même son alcade à la pluralité des voix. Les notables s'assemblent en présence de l'alcade de cour & de l'escrivano ou espèce de notaire à ce délégué. Chacun donne à son tour son suffrage, & l'homme élu représente nos *commissaires de police*; & veille à la propreté des rues & des maisons, aux rixes publiques & particulières. Cet emploi ne rend rien, dit-on; cependant il est très-recherché & quelques jours avant l'élection, les prétendans ont soin de se concilier les suffrages. Le pouvoir des *alcades de cour* est très étendu: ils jugent même quelquefois en dernier ressort au criminel.

Quant au corrégidor, voici ses fonctions principales: il doit visiter au moins une fois les villes & les villages de son district pendant la durée de sa charge; faire renouveller les termes qui désignent les limites de sa juridiction s'ils tombent en ruine; distribuer avec équité la justice & faire rendre à chacun le sien; annuler les péages, les droits & les impôts qui auroient été mis sur les villes, grands chemins & les villages sans le consentement du roi; veiller à l'exécution du concile de Trente, en ce qui concerne les tonsurés & le bas clergé; & ne point souffrir que, sous aucun prétexte, les droits de la couronne soient fraudés. Il doit avoir un registre où il tient un compte exact des frais de justice qu'il aura été obligé de faire par lui ou ses officiers pour le service du roi; recouvrer ce qui est légitimement dû; rendre ses comptes tous les ans dans le mois de décembre; & remettre l'excédant de la recette au receveur des finances avant la fin de janvier. Il est obligé de veiller à la sureté des chemins, de faire observer les loix en ce qui concerne la chasse, les pâturages, les bois & les pêches; d'instruire tous les six mois le conseil, si les prélats & les juges ecclésiastiques n'empiétent pas sur la jurisdiction royale. Il doit prendre soin des écoles publiques & des maisons de charité, connoître leurs revenus & faire rendre compte aux administrateus. Les visites qu'il fait dans divers endroits de son ressort doivent être à ses dépens, sans qu'il puisse exiger ni logement, ni nourriture, ni aucune espèce de redevance. Il est obligé de résider dans la ville principale de son district, & il ne peut s'en absenter, sans une permission expresse du roi, sous peine de perdre sa charge. Il doit empêcher les jeux de hasard, poursuivre & châtier les vagabons, parmi lesquels sont compris les chaudronniers étrangers; ne laisser mendier que les vieillards & les impotens; modérer le luxe; ne pas permettre aux femmes d'aller entièrement voilées, & veiller à ce qu'il n'y ait pas de maisons de débauche; il faut enfin qu'il soit exact à tenir des audiences & qu'il juge avec la plus grande célérité. Un corrégidor ne demeure guère dans la même ville que trois ou quatre ans; il se promène de corrégidoriat en corrégidoriat, jusqu'à ce que pour le récompenser de ses travaux on le place dans les tribunaux supérieurs; car, en Espagne les places de magistrature ne sont point venales, ce qui n'empêche pas que la brigue ne les fasse obtenir à des hommes qui souvent en sont très peu dignes.

Les alcades étoient autrefois les gouverneurs & premiers magistrats des villes. Lorsque les Maures furent chassés d'Espagne, qu'ils avoient embellie & cultivée, en les dépouillant des provinces qui leur étoient soumises, on conserva aux gouverneurs, sous le titre d'*alcade* la police & le gouvernement des villes qui leur étoient confiées; on donna le titre de *régidor* ou de régisseur à ceux qui eurent le soin de veiller aux affaires de la ville; & de *corrégidor* au magistrat qui devoit juger les différends qui surviendroient dans cette même ville. Avec le tems ce corrégidor devint plus puissant que l'alcade, celui-ci n'eut plus que la police ordinaire, & l'autre conserva les pouvoirs que nous venons de détailler.

Il existe en Espagne un établissement qui lui est particulier & qu'on peut regarder comme un moyen de police assez extraordinaire, c'est ce qu'on nomme la *Sainte-Hermandad*. C'est une espèce de maréchaussée ayant une sorte de jurisdiction & dont nous allons rapporter ici l'origine telle qu'on la trouve dans *l'introduction à l'histoire du règne de Charles-Quint*, de M. Robertson.

Vers le milieu du treizième siècle, les villes du royaume d'Aragon, & à leur exemple celles de Castille, se réunirent & formèrent une association, qui prit le nom de la *sainte confrérie*. Chacune des villes associées fournit une certaine contribution; on leva un corps considérable de troupes, destiné à protéger les voyageurs & à poursuivre les criminels. On nomma des juges qui ouvrirent leurs tribunaux en différentes parties du royaume. Quiconque étoit convaincu de meurtre, de vol ou de quelque délit qui troubloit la paix publique, s'il tomboit entre les mains des troupes de la sainte confrérie, étoit amené devant les juges qui, sans avoir égard à la jurisdiction exclusive & souveraine que pouvoit reclamer le seigneur du lieu, jugeoient & condamnoient le coupable. Cet établissement rendit bientôt à l'administration de la justice la vigueur & l'activité; & dès-lors, l'ordre & la tranquillité intérieure commencèrent à renaître. Les nobles murmurèrent, & se plaignirent de cette innovation comme d'une usupation ouverte sur un de leurs principaux priviléges. Ils firent des remontrances très vives contre cette institution salutaire, & en quelques occasions, ils refusèrent même d'accorder au roi des subsides, à moins qu'elle ne fût abolie. Ferdinand qui sentit que la sainte confrérie étoit non seulement très utile au maintien de la police dans ses royaumes, mais qu'elle tendoit en même tems à affoiblir & à détruire à la fin la jurisdiction territoriale des barons, la protégea dans toutes les occasions, & employa pour la défendre, toute la force de l'autorité royale; ainsi, outre les autres expédiens auxquels il eut recours, ainsi que les autres souverains de l'Europe, il sçut se prévaloir avec avantage de cet établissement, qui fut particulier à l'Espagne, pour imiter & anéantir cette jurisdiction indépendante que s'étoit arrogée la noblesse, & qui n'étoit pas moins incompatible avec l'autorité du prince qu'avec l'ordre & l'harmonie de la société.

On peut regarder l'inquisition, ce tribunal odieux, comme une espèce de département de police ténébreuse & qui loin de contribuer au bonheur de la société ne peut y porter que le trouble & le désordre. Cependant comme elle s'occupe de la recherche des vices qui ailleurs sont soumis à l'inspection de la police ordinaire, nous dirons ici quelque chose de cet établissement qui ne peut inspirer que de l'horreur.

Les inquisiteurs sont choisis parmi les ecclésiastiques, les moines & les magistrats. Le conseil suprême de l'inquisition fait sa résidence dans Madrid; il est composé d'un président qui est *grand inquisiteur*, de *six conseillers* & d'un certain nombre de *qualificateurs*. Les inquisitions particulières de l'Espagne sont celles de Séville, de Tolède, de Grenade, de Cordoue, de Cuença, de Valladolid, de Murcie, de Saint-Jacques, de Lagrosio, de Saragosse, de Valence, de Barcelone & de Lerena; elles sont composées de trois inquisiteurs, de plusieurs sécretaires, d'un alguasil major & de trois qualificateurs. Tous ces tribunaux sont dépendans du conseil suprême, & ne peuvent rien juger ni décider sans son approbation. Les dominicains par un privilége qui leur fut accordé sous le règne de Philippe III. ont toujours un de leurs religieux au nombre des qualificateurs du conseil suprême; ce privilége leur est bien dû à titre d'inventeurs. Il y a en Espagne un nombre prodigieux de familiers du saint office, sans compter les *soplones* ou les espions, les receveurs, les fiscaux & les autres ministres, de sorte que ce tribunal a à ses gages une grande partie de la nation.

Les délits ou prétendus délits soumis au jugement de l'inquisition, sont 1°. L'hérésie. 2°. Le soupçon d'hérésie. 3° La protection d'hérésie. 4°. La magie. 5°. Les blasphêmes contre Dieu ou l'inquisition, ce qui est la même chose. 6°. La polygamie. 7°. La pédérastie qu'on connoit en Espagne sous le nom de *sodomie*. 8°. Les ouvrages prohibés ou philosophiques. 9°. Et sur-tout les injures faites à l'inquisition à quelqu'un de ses membres, ou la résistance à quelqu'un de ses ordres.

Le soupçon d'hérésie est très étendu : il suffit, pour l'encourir, d'avancer quelques propositions qui scandalisent ceux qui vous écoutent; de mépriser les images; de lire des livres défendus; de les donner à lire; de passer une année sans se confesser ou communier; de ne pas entendre la messe les jours d'obligation; d'avoir assisté une seule fois aux sermons des hérétiques; de ne pas se faire absoudre dans l'année, lorsqu'on a été excommunié, &c.; d'avoir pour ami un hérétique, &c.

Les accusations de magie ne sont pas moins faciles à intenter: les moindres soupçons peuvent vous précipiter dans les cachots du Saint-Office; & il n'est pas aisé de se justifier, lorsqu'on a pour adverse partie ses juges, & des juges prévenus, qui ne cherchent pas la preuve de l'innocence de l'accusé, mais celle de l'accusation dirigée contre lui.

Ceux qui regardent l'autorité de l'inquisition comme réduite presqu'à rien, qui soutiennent que son despotisme ne consiste plus que dans de petites corrections fraternelles, & qui accusent d'exagération tout ce qu'on dit de ce tribunal odieux & révoltant, n'ont qu'à jetter les yeux sur ce que nous allons rapporter de l'*auto-da-fé* du 24 novembre 1778.

Paul Olavidès, né au Pérou, reçut de la nature les plus heureuses dispositions. C'étoit un homme ami des loix & de la liberté. Ces heureuses qualités furent développées & cultivées dans ses voyages en France, en Italie, & par ses liaisons avec les hommes les plus éclairés de ces deux contrées. De retour en Espagne, il eut le malheur de substituer aux préjugés, dont il la trouva imbue, les lumières qu'il avoit acquises en voyageant. Il attaqua avec hardiesse les erreurs & les superstitions de l'Espagne. Le despotisme monacal sur-tout excitoit son indignation; il en parloit avec la plus grande horreur, & son élocution étoit si juste & si précise, qu'il parvint à persuader grand nombre de personnes. Sa maison devint le rendez-vous des hommes éclairés & vertueux; il n'en falloit pas tant pour exciter des haines contre lui.

Une émeute arrivée à *Madrid* fournit à Olavidès l'occasion de rendre ses lumières utiles au peuple. Il fut choisi pour en être le représentant. Ce représentant, sous le nom de *personero*, étoit une foible image des tribuns romains; mais c'étoit assez à Paul Olavidès, pour devenir l'organe de sa nation auprès du souverain.

Quelque tems après, il fut employé par le roi même dans une affaire d'autant plus délicate, qu'il étoit question de combattre d'intérêts & d'adresse avec les jésuites, ces religieux si habiles & si grands politiques dans tout ce qui pouvoit faire le bien de leur ordre.

Olavidès devint bientôt, par son mérite, gouverneur de Séville, & intendant-général de l'Andalousie; mais ce qui lui fait le plus d'honneur, & ce qui causa son malheur, est d'avoir défriché, peuplé, civilisé la *Sierra-Morena*, pays de l'Espagne, qui, avant lui, n'étoit habité que par des brigands, des mendians & des moines. Il fallut, pour parvenir à ce but, faire des réglemens sages; établir une police sensée parmi les colons, qu'il fit transporter à cet endroit; sur-tout il étoit important d'abolir une foule de pratiques superstitieuses & d'usages fanatiques, qui ne pouvoient que faire manquer ses opérations. Un capucin, à qui il avoit confié la direction spirituelle des nouveaux habitans, profita de ces dernières réformes, pour le perdre; il le dénonça au Saint-Office, il instruisit des témoins, & le bienfaiteur de l'Espagne, l'homme éclairé fut jetté dans les cachots de l'inquisition: il fut accusé, entr'autres choses, d'avoir eu communication avec Voltaire, Rousseau, les encyclopédistes, les esprits forts; de s'être fait peindre avec une image de Venus à la main; d'avoir interdit des usages autorisés par la religion, & conséquemment d'être un hérétique. On le condamna à assister à un *auto-da-fé*, une torche verte à la main, pour se voir déclarer incapable d'exercer ou posséder aucun emploi, ses biens confisqués, & lui confiné dans une prison pendant huit ans, obligé de lire le *symbole de la foi*, de frère *Louis de Grenade*, l'*incrédule sans cause*, composé par le père *Sefieri*, & de se confesser une fois tous les mois.

C'est ainsi que fut traité un homme public qui, en Angleterre, eût été récompensé & loué de la nation, qui, en France, eût obtenu des distinctions

& des pensions, & qui, même en Italie, se fût rendu recommandable à tous les gens de bien, & où il n'eût jamais eu à craindre un pareil traitement, d'autant plus odieux, qu'il a été suggéré & ordonné par le plus absurde fanatisme, le plus méprisable de tous les despotismes.

Presque tous les actes de religion des espagnols sont mêlés de *superstitions* ridicules : le principal objet de leur ignorance, à cet égard, est la vierge Marie; le culte, qu'ils lui rendent, est aussi déplacé que profane, aux yeux de tout homme religieux & sensé.

Les *autos sacramentales* de *Calderon* lui sont dédiés sous ce titre : *A la mère du meilleur fils*, & *à la fille du meilleur père*, *à la reine des anges*, &c. Les pieux espagnols ne se contentent pas de dédier à la vierge des ouvrages sacrés & profanes; on jouoit encore à son honneur & à son profit, il y a peu d'années, des pièces de théâtre, des comédies, des farces. Un voyageur vit, en 1777, représenter le *légataire universel*, sous son invocation. Voici comme l'affiche étoit conçue :

« A l'impératrice du Ciel, mère du Verbe éternel, nord de toute l'Espagne, consolation, fidelle sentinelle, & rempart de tous les espagnols, la très-sainte Marie. C'est à son profit, & pour l'augmentation de son culte, que les comédiens de cette ville joueront une très-plaisante comédie intitulée *le légataire*; le célèbre Romain dansera la *fandango*, & la salle sera éclairée ».

La vénération, qu'on a pour elle en Espagne, vient sur-tout du don qu'elle a fait à l'humanité du scapulaire & du rosaire. Peu de femmes sortent, se promènent, jouent, font l'amour, sans un rosaire à la main : des hommes en ont un pendu au col. Dans les comédies, si l'on enchaîne le diable, c'est avec un rosaire; & le diable fait des hurlemens horribles, dont les espagnols sont toujours très-édifiés : à-peu-près comme en France, on a vu les possédés insulter Dieu & les hommes, par des blasphêmes, la veille de Noël, dans la Sainte-Chapelle de Paris, jusqu'à ce que la police ait imposé silence à lucifer & à ses anges.

Le culte des morts est encore poussé jusqu'à la plus ridicule *superstition* en Espagne. On y fait le jour précis où une ame doit sortir du purgatoire, & l'on voit souvent affichés à la porte des églises : *Hoy se saca anima ; aujourd'hui on retire une ame.*

La veille du jour des morts, dans presque toutes les villes & villages d'Espagne, on arrange des bancs dans une place publique, la foule se rassemble, & l'on fait un encan au profit des ames du purgatoire : il faut savoir que quelques semaines avant cette enchère, les confrères préposés pour cet objet vont faire le tour des maisons & des campagnes : ils ramassent tout ce qu'on leur donne; comme des brebis, des agneaux, des pigeons, des poulets, du bled, des légumes; & tous ces objets réunis sont vendus au plus offrant : l'argent qui en résulte, sert à faire dire des messes. Les dévots se piquent de briller à cette fête, & souvent un pigeon est vendu six fois au-dessus de sa valeur. On va à la chasse, on donne des bals pour les ames des trépassés; en un mot, on ne néglige rien pour leur donner tous les soulagemens qui peuvent dépendre de nous : Dieu, sans doute, touché de tant d'humanité, fait le reste.

Le viatique est porté avec beaucoup de pompe, comme si son pouvoir consistoit dans des détails minutieux & des actes de superstition. La première personne en voiture, qui se trouve sur son passage, ne manque pas de descendre & d'offrir son carrosse qui est toujours accepté; le prêtre se place dans la voiture, & celui qui l'a offerte, suit à pied. Le viatique est, dans quelques villes, précédé de beaucoup de porteurs de cierges, & de six haut-bois maures, appelés *donzaines*, & quelquefois d'un petit tambour qui s'accorde très-bien avec cet instrument. Ils entrent, tant qu'ils peuvent, dans la chambre du malade qui doit avoir la tête bien forte pour résister à tout ce bruit. Lorsque les cris du prêtre, les hélas des assistans, le bruit des flûtes, ont produit leur effet, & que le malade est à l'agonie, on le couvre d'un habit de moine : car, les hommes & les femmes sont très-jaloux d'être enterrés dans un habit de religieux, que chacun choisit selon sa dévotion, & les moines ont soin de vendre fort cher, en conséquence, les vieux habits des couvens. C'est cette folle superstition qui a donné lieu à Milton de placer dans le paradis des fous tous ceux qui, à l'article de la mort, se couvrent d'un habit de moine, croyant, à la faveur de ce travestissement, entrer sans difficulté dans la gloire éternelle.

Après la mort, les messes n'ont pas de fin : quelque pauvre que l'on soit, il faut faire de la dépense pour mettre en repos l'ame du mort. Les messes qu'un homme se lègue sont privilégiées, son ame est préférée à ses créanciers. On voit, par le testament de Philippe IV, qu'il ordonna à tous les prêtres du lieu où il mourroit, de dire ce jour-là la messe pour le repos de son ame; outre cela, pendant trois jours, de célébrer autant de messes, qu'il seroit possible, aux autels privilégiés, & pour ne pas manquer son coup, il veut qu'il en soit dit cent mille encore à son intention, le surplus de ce qu'il lui en faut pour le mener au ciel étant réversible sur les pauvres ames isolées, auxquelles personne ne songe.

Cette foiblesse des espagnols n'a pas toujours été

que ridicule ; sans compter les désordres de l'inquisition, elle a souvent été cause de grands injustices, & donné à leur morale publique une teinte de fanatisme capable de bien des excès. On en a vu un exemple frappant dans l'Andalousie, il y a quelques années, dit un voyageur, dont nous avons tiré une partie de ces détails (1). Un moine, c'étoit un carme déchaussé, aimoit éperduement une jeune fille, qui étoit sa pénitente ; il avoit en vain tenté de lui expliquer ses desirs : mais ayant appris qu'elle alloit se marier, & jaloux qu'un autre possédât un bien dont il étoit idolâtre, il en devint frénétique ; & un jour que la jeune demoiselle s'étoit confessée à lui, & avoit communié de sa main, après avoir entendu sa messe, il vint l'attendre, à la porte de l'église, & de trois coups de poignards, il l'abattit à ses pieds : malgré les cris de la mère, & l'étonnement stupide des assistans, qui n'osèrent point arrêter ce scélérat, parce qu'il venoit de célébrer les saints mystères, & qu'il étoit prêtre, il fut pris ; mais le roi apprenant que c'étoit un prêtre, & voulant lui donner le tems de se repentir, l'envoya à *Porto-Rico*, non pas aux galères, mais comme gâlerien à tems.

Voici un autre exemple d'atrocité qu'il est bon de rapprocher du précédent. Un chanoine de l'église cathédrale de Seville, très recherché dans ses habits, & curieux surtout d'être bien chaussé, ne pouvoit trouver d'ouvrier à sa guise. Un malheureux cordonnier auquel il s'étoit adressé, après en avoir quitté tant d'autres, lui ayant porté des souliers mal faits à son gré, le chanoine entra dans une telle fureur que s'étant saisi des instrumens du misérable, il lui en donna tant de coups sur la tête qu'il l'étendit mort sur le carreau. Il laissoit une veuve, quatre filles, & un jeune garçon de quatorze ans, aîné de la pauvre famille. Ils portérent leurs plaintes au chapitre ; le procès fut jugé, & le chanoine condamné à ne pas paroître d'un an dans le chœur. Le jeune cordonnier grandit avec les années ; gagnant à peine de quoi vivre, accablé de sa misère ; il étoit assis un jour de Fête-Dieu sur les marches qui conduisent à la porte de la fameuse église de Seville, dans le tems que la procession se faisoit. Il apperçut parmi les autres chanoines, le meurtrier de son père ; à cet aspect l'amour filial, la fureur, le désespoir le saisirent au point que se jettant sur le chanoine & le frappant de plusieurs coups de couteau, il l'étendit à ses pieds. *Sternitur exanimisque tremens procumbit humi.* On saisit le jeune homme, & comme il n'étoit ni prince ni prêtre, on le condamna à être écartelé. Pierre, que nous nommons *le cruel*, & que les espagnols nomment *le justicier*, se trouvoit à Séville : l'affaire vint à sa connoissance, il se fit instruire du fait, & condamna le jeune homme à s'abstenir de faire des souliers pendant un an.

(1) *Nouveau voyage en Espagne, fait en 1777 & 1778.* A Londres, 2 vol. in-8°.

Ces traits de foiblesse dans le gouvernement, de cruauté dans les individus, ne prouvent cependant pas que l'Espagne doive éternellement être assujettie aux mêmes erreurs, aux mêmes égaremens. Les vices, les désordres, qui révoltent chez elle, & que l'histoire a conservés, peuvent s'effacer par une réforme utile dans cette grande monarchie.

Mais il ne faut pas attendre que las de sa nullité, de sa bassesse & de sa misère, le peuple cherche, par des insurrections, des prétentions exagérées, à ruiner l'édifice politique, pour retomber peut-être ensuite sous un joug plus pesant que celui qu'il porte.

Il est du devoir du gouvernement, du prince sur-tout, qui régit ce grand empire, de préparer la réforme des abus & l'amélioration des loix par des établissemens, des changemens nécessaires dans toutes les parties de l'administration. Pendant que l'ordre subsiste encore, il faut préparer les moyens de perfectionnement, & se conduire comme si une force impérieuse ordonnoit ce que la prudence & le bien de l'état conseillent.

Une grande erreur des gouvernemens, une grande cause de désordre dans ceux qui en sont chargés ; c'est leur ignorance des progrès ou des changemens de l'opinion publique, ou si l'on veut même, des caprices & des oscillations des goûts des peuples : le mépris qu'ils font des moyens de s'en instruire, les exposent aux plus dangereux accidens ; l'incendie étoit déjà universel, qu'à peine soupçonnoit-il le foyer qui l'entretenoit ? Il faut alors employer la force, dont l'usage est précaire, & ne conduit pas toujours où l'on veut aller.

L'Espagne peut éviter ces inconvéniens, suites des mécontentemens du peuple ; si son roi, qui a des vertus, son ministère, qui a de l'autorité, des lumières, veulent l'un & l'autre s'occuper des intérêts du peuple, qui sont les leurs. Le moyen de conserver dans une nation les bienfaits de la tranquillité, du respect des loix, c'est de ne laisser à l'ambition individuelle aucun moyen de tourner à son avantage le mal-aise & la détresse publics ; c'est-à-dire, entr'autres termes, qu'il n'y a de moyen de tenir le peuple dans le devoir, que de respecter ses droits, même de les lui faire respecter.

L'Espagne est un des plus beaux royaumes de l'Europe ; si, de bonne-heure, les rois qui le gouvernent, vouloient prendre à cœur de l'élever au degré de prospérité, qui lui convient, ce seroit bientôt le plus puissant des états du continent.

Il faut aller en tout au-devant des besoins des

autres, quand on veut se les attacher, & leur inspirer de la confiance. Tant que le gouvernement espagnol n'adoptera point ces maximes, & attendra l'effet terrible des circonstances pour obéir, il s'exposera à de grands maux, sans être sûr de procurer le bien-être de la nation.

La France lui offre un exemple frappant: cette grande monarchie pourroit devenir dans ce moment la conquête de ses voisins, si la politique de l'Europe ne s'y opposoit point; mais l'Espagne, qui a des possessions, des royaumes dans l'Inde, les perdroit infailliblement, si l'anarchie, les fureurs, les partis qui nous désolent aujourd'hui, pouvoient une fois établir leur empire dans son sein.

Après ces réflexions dictées en quelque sorte par la matière, nous allons continuer notre examen sévère de quelques autres défauts de la civilisation espagnole.

L'éducation en Espagne se ressent singulièrement de l'esprit despotique qui gouverne, & l'on y prend toutes les mesures, pour que les jeunes gens n'adoptent pas des sentimens libres. Les collèges de *Santa-Crux* à *Villadolide*, de *Saint-Ildephonse* à *Alcala*, d'*Oviedo*, *Cuença* & *Salamanque*, ayant eu quelques disputes entr'eux, au sujet de leur administration intérieure, le roi s'en est mêlé, & a rendu un édit, par lequel il défend de recevoir des écoliers, jusqu'à ce qu'il ait été pourvu à la réforme des réglemens de leur administration. Les professeurs ont fait des représentations & des remontrances très-vives à la cour, au nom de l'université; enfin ils obtinrent une audience du roi à *Aranjuez*: mais comme ils s'avisèrent de faire valoir leurs droits avec trop de liberté, il leur fut ordonné de se retirer, & il sortit un second édit en confirmation du premier.

L'objet principal de ces collèges étoit l'étude des loix, & leur fondation particulièrement destinée à des gens de condition; ceux-ci nés pour l'indépendance, & pleins d'un esprit de liberté, venant à découvrir par cette étude des principes, que l'autorité absolue, dont jouit le souverain, en *Espagne*, est une usurpation contraire à l'esprit de l'ancienne constitution, ne vouloient pas, quand ils arrivoient aux places, consentir à toutes les fantaisies du prince. Ainsi les ministres, pour détruire cet esprit généreux, ont pris ce biais détourné de décourager par des ordres absolus, ou plutôt de prévenir les progrès de la science, & d'arracher ces premiers germes de liberté, avant qu'ils eussent le tems de prendre racine.

Ces remarques du major d'*Alrymple*, dans son voyage en Espagne, sont confirmées par une anecdote rapportée dans celui de M. *Swinburne*, dans le même pays.

L'inquisition paroissoit moins sévère, sa despotique activité sembloit perdre de sa rigueur, les alarmes des citoyens n'étoient plus si vives, & une légère nuance de liberté se répandoit dans les conversations. La nouvelle en vient au roi; on lui rapporte que, dans les caffés, les lieux publics, les assemblées particulières, on se permet des raisonnemens sur la religion, qui peuvent avoir des conséquences; que les esprits se livrent à la discussion d'objets qui jusqu'alors avoient été respectés, & sur lesquels il n'appartenoit point à un peuple, fait pour obéir, de s'éclairer. Sur cette judicieuse remontrance, le roi témoigna à l'inquisition, qu'il blâmoit sa négligence, & lui ordonna de procéder, avec la plus grande rigueur, contre quiconque parleroit trop légèrement de la religion, de ses ministres & des objets de la foi. Cela se passoit vers 1778: on ne sauroit dire si les choses sont changées; mais ce qu'il y a de certain, c'est qu'en 1786, le gouvernement espagnol fit proscrire l'encyclopédie, & défendit qu'il en entrât un seul exemplaire dans tous les états de sa majesté catholique.

L'éducation est donc très-négligée en Espagne. Un gentilhomme ne peut établir dans ses terres une école pour l'instruction des jeunes paysans, qu'en payant des droits très-onéreux.

Les ordres religieux ont des écoles où l'éducation ne va pas plus loin que de savoir lire, écrire & dire la messe, qu'ils n'entendent pas; car il n'y est pas question de latin: on ne fait guères apprendre aux élèves, que la Vie des Saints, & d'autres études pareilles; & quoiqu'assurément ils ne soient que très-peu instruits, ils parviennent cependant à occuper les places de pasteurs & de directeurs spirituels des peuples.

La noblesse élève ses enfans à la maison, sous la garde de quelques prêtres qui, en général, plus occupés de faire leur cour, que leur devoir, ne cherchent qu'à procurer à leurs pupilles de la dissipation, ou à leur inspirer des sentimens de bigotisme & de hauteur. Il en résulte qu'en général, les grands sont orgueilleux, fiers & ignorans; qu'ils ne voyagent pas; qu'ils ne lisent pas, & que toute leur vie se passe dans un cercle d'intrigues, de cour & de galanterie. On ne leur voit rien écrire, rien produire, qui mérite de les faire connoître. C'est encore dommage; car la nation espagnole est douée d'un grand fond de sensibilité, d'ardeur & de vivacité. Elle feroit sans doute des progrès rapides dans la culture des lettres & dans la civilisation, si elle étoit délivrée des entraves qui la captivent.

L'éducation des femmes y est extrêmement mauvaise; soit qu'elles soient élevées chez leurs parens, soit qu'elles le soient dans des couvens, elles sont abymées dans un déluge de petites pratiques superstitieuses & ridicules, qui leur donnent les plus extravagantes idées de la religion, & les plus fausses notions de leurs devoirs. Comme les mariages sont déclarés valides, dès que les parties contractantes ont seize ans, les filles sont rigoureusement gardées, de crainte que les parens ne soient dégradés par des mésalliances disproportionnées à leur rang. C'est cet usage, fondé sur une crainte qu'on n'a pas ailleurs, qui assujettit les jeunes filles à une gêne d'autant plus dangereuse, que le climat les porte à l'amour de bonne-heure. Il en résulte que leur esprit s'exerce continuellement à trouver les moyens de satisfaire secrettement leurs passions; ce qui leur donne un caractère faux, vindicatif & dissimulé, & qui leur inspire une haine souvent bien motivée contre les parens.

MAGIE, s. f. Prétendue science surnaturelle, dont l'objet est de produire des effets étonnans, soit en bien, soit en mal, & de connoître les choses occultes.

La *magie* comprend différentes branches qui ne sont pas moins absurdes les unes que les autres : la première, & la plus ancienne, est la négromancie; elle consiste à évoquer les ames des morts, pour savoir d'elles quelque chose de caché, soit de l'avenir ou du passé. Cette connoissance hideuse semble autorisée par un fait cité dans l'écriture, & par différens passages des historiens anciens.

Une autre partie des sciences magiques est la théurgie; ce mot signifie l'action de Dieu, ou l'art d'opérer par Dieu. On a différens ouvrages sur cette folie, non-seulement des anciens auteurs, mais encore de quelques modernes. Tout le monde connoît ceux de *Jean Belot*, curé de Milmont, qui écrivoit du tems de la reine Marie de Médicis, qui elle-même avoit la foiblesse d'ajouter foi aux rêveries de l'art cabalistique.

Cet art cabalistique est une espèce de haute-*magie*, que les juifs prétendent leur avoir été enseignée par Moyse, & transmise, dit-on, dans les livres des Rabins; c'est par son aide, que ce chef des hébreux déjoua le roi des égyptiens, & opéra tant de miracles au désert. Au reste, les démonographes prétendent que cette science est la même que la théurgie.

Il existe un ouvrage intitulé : *Maliei maleficorum*, c'est-à-dire, les maillets des sorciers, où l'on trouve les plus absurdes contes sur l'art des magiciens & les facultés des démons, par rapport au commerce qu'ils ont avec les hommes. C'est un recueil de théologie, où l'on examine la nature des délits que l'on peut commettre avec le diable ou avec ses anges, & en même-tems les peines auxquelles on doit condamner les sorciers en conséquence.

Les auteurs des dissertations théologico-magiques de cet ouvrage s'étendent principalement sur les galanteries des femmes, avec les esprits infernaux; on y détaille les exploits & les manières des succubes & des incubes.

Les succubes sont les femelles des démons, les sorciers ont habitude avec elles; les incubes au contraire sont les mâles, & font l'amour avec les sorcières.

Mais ce commerce de galanterie, suivant les mêmes casuistes, n'est point de nature à engendrer; & voilà, disent-ils, pourquoi les femmes en sont si avides. Ils assurent encore que la volupté que les sorciers & sorcières goûtent avec les diables & diablesses, est supérieure à celle qu'on éprouve dans des embrassemens charnels.

Mais une licence de ces plaisirs magiques est la sodomie qui, disent les mêmes auteurs, est le péché mignon des négromanciens & autres habitués aux arts magiques.

Après l'exposé de cette communauté entre les sorciers, sorcières, démons & diablesses, les docteurs du *maillet des sorciers* exposent l'intensité des délits, & la proportion des peines qu'il convient d'y appliquer.

Une simple évocation du diable mérite une peine très sévère, comme une pénitence de toute la vie; mais toute conjonction, tout pacte, toute habitation charnelle, soit naturelle, ou contre nature, tant de la part des hommes que des femmes, mérite irrévocablement le feu.

Ce qu'il y a de plus affreux dans ces folies, c'est que de malheureuses femmes ont été punies de ce supplice, pour ces prétendues adultères, fornications, sodomies & plaisirs diaboliques. Cela cessera de nous étonner, sans cesser de nous indigner quand nous aurons parcouru les loix, que l'ignorance & la foiblesse ont propagées sur cette folie dans toutes les nations, & contre l'astrologie judiciaire; autre maladie du cerveau, qui ne fait de mal qu'à ceux qui en sont frappés.

Chez les juifs, Moyse fait dire à Dieu, dans une loi qu'il est chargé de faire exécuter : « Vous » ne souffrirez point, ceux qui usent de sortilèges » & d'enchantemens; vous leur ôterez la vie. Ne » vous détournez point de votre Dieu, pour aller » chercher des magiciens, & ne consultez point » les devins, de peur de vous souiller, en vous » adressant à eux; si quelqu'un se détourne de moi » pour aller chercher les magiciens & les devins, » & s'abandonne à eux par une espèce de fornication, il attirera sur lui l'œil de ma colère, & » je l'exterminerai du milieu de son peuple. Si un

» homme

» homme ou une femme a un esprit de Python, » ou un esprit de divination, qu'ils soient punis » de mort; ils seront lapidés, & leur sang retom- » bera sur leurs têtes ».

Dans un autre endroit, le même Moyse fait dire à Dieu, en parlant des Cananéens & des Amorréens, dont il leur avoit promis le pays.

» Lorsque vous serez entrés dans la terre que » le Seigneur votre Dieu vous donnera, prenez » garde de ne pas imiter les abominations de ces » peuples; qu'il ne se trouve personne parmi vous, » qui prétende purifier son fils ou sa fille, en les » faisant passer par le feu, ou qui consulte les de- » vins, ou qui observe les songes & les augures, » ou qui use de maléfice, de sortilèges & d'enchan- » temens, ou qui consulte ceux qui ont l'esprit de » Python, & qui se mêlent de deviner, ou qui » interrogent les morts, pour apprendre d'eux la » vérité; car le Seigneur a en abomination toutes » ces choses, & il exterminera tous ces peuples à » votre entrée, à cause de ces sortes de crimes qu'ils » ont commis; vous serez parfaits, & sans tache » avec le Seigneur votre Dieu: ces nations, dont » vous allez posséder le pays, écoutent les augures » & les devins; mais, pour vous, vous avez » été instruits autrement par le Seigneur votre » Dieu ».

Cette législation, sur la peine due aux sorciers, se retrouve chez les grecs, & nous la verrons bientôt chez les romains & tous les peuples qui ont pris de ces derniers presque tous leurs usages & leurs loix de police générale.

Il y avoit une loi à Athènes contre les magiciens, qui portoit « que tous ceux qui, par char- » mes, paroles, ligatures, images de cire, ou » autre maléfice, enchantent ou charment quel- » qu'un, ou qui s'en servent pour faire mourir » les hommes ou le bestial, soient punis du der- » nier supplice. Platon, qui rapporte cette loi, » avertit les gens qui se marient, de prendre » garde à ces charmes ou ligatures qui troubleroient » leur union ».

L'on connoît les loix qui défendoient à Rome de charmer les champs & de transporter les moissons d'un lieu à un autre; cette ignorance tenoit à l'habitude des vieilles idées, au goût que l'homme a pour le merveilleux, à son amour-propre qui le porte à croire qu'il peut des choses au-dessus des forces apparentes de la nature. Il ne pouvoit y avoir que cette imperfection de l'homme, qui pût ainsi égarer les romains d'une manière aussi absurde: car ils avoient du bon sens; mais malheureusement cette qualité n'exclut pas toujours l'ignorance.

L'on retrouve dans le Bas-Empire une loi de Dioclétien & Maximien contre l'astrologie: « Il » étoit défendu de consulter aucuns devins ou as- » trologues touchant la vie ou la destinée du prince » ou de la république, à peine du dernier sup- » plice, tant contre le consultant, que contre celui » qui répondroit: *Qui de salute principis, vel* » *summa reipublicæ mathematicos, ariolos, arus-* » *pices, vaticinatores consulet, cum eo qui res-* » *ponderit, capite punietur* ».

Cette loi rigoureuse & barbare tenoit à d'autres motifs, qu'à ceux du crime de divination. On craignoit que des intrigans, des factieux, n'abusassent des folies astrologiques, pour troubler la tranquillité de l'état, par de prétendus présages, sur le tems de la durée de la vie ou les actions de l'empereur; cette rigueur tenoit encore à ce qu'on trouvoit criminel de faire de la personne sacrée de l'empereur l'objet des sottises & des momeries de quelques imposteurs. Mais la peine est excessive, & par cela, la loi est injuste.

« Le concile d'Ancyre, tenu l'an 314, prononça » anathême contre ceux & celles qui se mêleroient » de ces arts diaboliques de *magie* ou de sorcel- » lerie, & ordonna qu'ils seroient mis pendant » cinq ans en pénitence; & que ceux qui les au- » roient consultés, ou qui les auroient introduits » chez eux, pour découvrir ou pour faire faire » quelques maléfices, subiroient la même peine; » il ordonna enfin aux évêques & à ses autres » ministres d'apporter tous leurs soins, pour en » purger l'église, & de les chasser honteusement » de l'assemblée des fidèles, s'ils ne se conver- » tissoient ».

Constantin fit une loi l'an 319: « Elle porte » très-expresses défenses à tous aruspices & à tous » autres qui avoient coutume de servir à leurs cé- » rémonies, d'entrer dans aucune maison particu- » lière, sous quelque prétexte que ce fût, quand » ce seroit même sous celui d'une ancienne ami- » tié, à peine d'être brûlés; elle veut aussi que » celui qui auroit appellé en sa maison un arus- » pice, en soit puni par un bannissement, & la » confiscation de tout son bien; & enfin elle dé- » clare que ceux qui découvriront ce crime, ne » passeront point pour dénonciateurs odieux; mais » qu'au contraire ils mériteront une très-grande » récompense ».

Une autre loi de Constantin porte « qu'encore » qu'il eût défendu aux aruspices, à leurs prê- » tres, & à tous ceux qui servoient à ces an- » ciennes cérémonies, d'entrer dans les maisons » des particuliers, il n'avoit point entendu leur » interdire l'entrée de leurs temples, & leurs ap- » proches de leurs autels publics, pour y observer » leurs solemnités, pourvu que cela se fît de » jour ».

Le même empereur fit, quelque tems après, une loi qui montroit bien sa foiblesse & l'ignorance de ses ministres; on y suppose des choses si absurdes, qu'on est fâché de voir un grand empereur les faire entrer dans le texte des loix.

» Elle porte que c'est avec justice, que les loix » se sont armées de toute leur sévérité pour punir » les magiciens qui emploient leur art pour nuire » aux hommes, ou pour exciter les personnes » chastes à l'impudicité; mais que ceux qui don- » nent certains remèdes profitables au corps hu- » main, ou qui empêchent par des charmes les » vents, les pluies, les grêles, ou quelques autres » intempéries de l'air, de nuire aux fruits de la » terre, n'en doivent point être recherchés; parce » qu'en cela, leur art ne porte aucun préjudice, » qu'au contraire il produit un grand bien, en » conservant aux hommes les fruits de leurs tra- » vaux ».

Constance fit publier une loi l'an 357. Voici ce qu'elle contient: « Qu'aucun ne consulte les au- » gures ou les mathématiciens; si ence perpétuel » aux chaldéens, aux magiciens, & à tous ceux » que le vulgaire nomme *malfaiteurs*, *maleficos*, » par les maux étranges qu'ils commettent; que » chacun d'eux se donne bien de garde d'exercer » à l'avenir ces arts pernicieux; que la curiosité » des devins soit éternellement muette; que celui » enfin qui refusera d'obéir à notre présente loi, » en soit à l'instant puni par la perte de la tête, » & que l'épée venge ses crimes ».

Une loi de Constance, de l'an 358, porte « que » si dans toutes les parties de la terre, les *magi- » ciens* sont regardés comme ennemis du genre » humain; il est bien important que les personnes » qui composent la cour du prince, & qui appro- » chent de plus près sa majesté, soient exemptes » de ce crime; c'est pourquoi il ordonne que s'il » se trouvoit en sa cour, ou en celle de César, » aucun *magicien*, aruspice, devin, mathémati- » cien, augure, observateur de songes, ou infecté » de quelqu'un de ces arts que le vulgaire nomme » *maléfice*, il soit arrêté; & si étant convaincu, » il ose dénier son crime, il soit exposé à la ques- » tion, & que les côtés lui soient déchirés avec » des ongles de fer, sans que son rang l'en puisse » exempter, nonobstant les priviléges accordés aux » personnes constituées en dignité, qui les exemptent » de ces sortes de tourmens ».

On auroit peine à croire qu'une pareille loi ait jamais été portée par un homme civilisé, si l'on n'avoit des preuves de ce que peuvent l'égarement, le fanatisme & la férocité, quand ils croient avoir pour objet le bien public. Ne voyons-nous pas dans notre malheureux tems, les assassinats, les violences aussi atroces que celles que l'on recommande dans cette loi de Valence, justifiés en quelque sorte, & les personnes qui les blâment, traitées d'ennemis de la société, de traîtres à la patrie. La force, de tout tems, a égaré les hommes; & quiconque se sent le plus fort, se dispense de raisonner, si ce n'est sur une chose, c'est sur une autre. Valence faisoit écorcher un magicien, Louis XIV faisoit pendre un protestant.

Chez nous aujourd'hui, on trouve tout simple que le peuple égorge ceux qui ne pensent pas comme lui, ou qui tiennent à des habitudes différentes des siennes.

L'on se persécute pour des principes que l'on n'entend pas, & pour des hommes qui se moqueront de ceux qui les auront constitués en pouvoir. C'est le sort de la sottise humaine, & cette maladie est indestructible.

Les empereurs Valentinien, Théodose & Alcade firent une loi l'an 371: « Elle enjoint à toutes » personnes qui découvriront quelque magicien, » de le conduire devant les juges, à l'instant qu'ils » l'auront arrêté; elle leur fait très-expresses dé- » fenses, à peine de la vie, de faire mourir en » secret aucune personne, quoique notoirement » connue pour être coupable de ce crime, ou sous » tel autre prétexte que ce pût être ».

C'est un grand malheur, quand le peuple ne suivant pour règle que ses caprices & ses fureurs, prétend exercer une justice prompte. Cette horrible conduite est la ruine de la société; & l'on doit rendre d'autant plus de justice aux empereurs qui ont porté cette loi, que l'on a vu des législateurs plus éclairés, à peine en oser dire autant à des scélérats qui se croyoient en droit de sacrifier à leur vengeance tout ce qui leur déplaisoit.

Une loi de l'an 424 porte: « Que quiconque » en appellera un autre sorcier, ou l'accusera d'a- » voir porté la chaudière au lieu où les sorciers » s'assemblent, & qui ne le pourra prouver, il sera » condamné en 2500 deniers, qui font 62 sols & » demi; que celui qui aura appellé sorcière ou femme » de mauvaise vie, une femme libre, & ne le pourra » prouver, sera condamné en 7500 deniers, qui » font 187 sols & demi; & qu'enfin si une sor- » cière dévore un homme, ce qui peut s'entendre » d'un corps mort, comme les historiens rapportent » qu'elles faisoient en ce tems-là, elle sera con- » damnée en 8000 deniers, qui font 200 sols ».

Childeric III, dans l'un de ses édits de l'an 742, ordonna « que, selon les saints canons, chaque » évêque, avec le secours du magistrat, prendroit » un grand soin d'abolir dans son diocèse les sa- » crifices profanes, les sortilèges, les divinations,

» les charmes, les enchantemens, & toutes les » autres ordures restées du paganisme, qui attiroient » la colère de Dieu sur son peuple ».

Le roi Charles VIII rendit l'ordonnance suivante, qui porte : « Que sa majesté veut & entend que » tous les enchanteurs, les devins, les invocateurs » des malins esprits, les négromanciens soient in» cessamment arrêtés & punis selon la rigueur des » loix, parce que tous ces crimes attaquent direc» tement Dieu & la foi catholique; elle enjoint » à tous ses officiers, & à ceux des seigneurs ses » sujets & vassaux, de tenir la main en toute di» ligence, que cette ordonnance soit exécutée, à » peine, contre les négligens, d'une amende arbi» traire, dont le dénonciateur aura le quart, & » de la perte de leur office qu'elle déclare dès-lors » impétrable, & sans espérance d'y pouvoir être » rétablis, nonobstant toutes lettres ou nouvelles » provisions qu'ils en auroient pu obtenir; elle veut » que tous les juges ordinaires connoissent de ce » crime par prévention, & leur ordonne qu'à l'ins» tant qu'ils en auront des preuves, soit par infor» mation, soit par notoriété ou présomption vio» lente, ils fassent emprisonner les coupables, saisir » leurs biens; qu'ils instruisent leurs procès, & les » jugent, toutes autres affaires cessantes; qu'à » l'égard des clercs, ils les fassent arrêter, & les » remettent à leur évêque diocésain, pour y être » aussi punis, ainsi que les loix & la raison le » demandent; elle ordonne enfin que toutes les » personnes, de quelque état ou condition qu'elles » soient, sans aucune exception, qui demanderont » conseil ou secours à ces enchanteurs, devineurs, » invocateurs des malins esprits, négromanciens » ou autres, qui usent de ces arts pernicieux dé» fendus par l'église, ou qui fréquenteront & par» ticiperont avec ces détestables, les connoissant » pour tels, & qui ne les révèleront pas à justice, » seront punis de la même peine que les principaux » auteurs & malfaiteurs ».

Un édit du mois de juillet 1682, régistré au parlement le 31 de la même année, porte « 1°. que » toutes personnes se mêlant de deviner, & se » disant devins ou devineresses, vuideront inces» samment le royaume, après la publication de » notre présente déclaration, à peine de punition » exemplaire; 2°. défendons toutes pratiques su» perstitieuses de fait, par écrit ou par paroles, » soit en abusant des termes de l'Ecriture-Sainte, » ou des prières de l'Eglise, soit en disant ou en » faisant des choses qui n'ont aucun rapport aux » causes naturelles: voulons que ceux qui se trou» veront les avoir enseignées, ensemble ceux qui » les auront mises en usage, & qui s'en sont servis » pour quelque fin que ce puisse être, soient punis » exemplairement, & suivant l'exigence des cas; » 3°. & s'il se trouvoit à l'avenir des personnes » assez méchantes pour ajouter & joindre à la su» perstition l'impiété & le sacrilège, sous prétexte » d'opérations prétendues magiques, ou autre pré» texte de pareille qualité; nous voulons que celles » qui s'en trouveront convaincues soient punies de » mort ».

Telle est à-peu-près la législation françoise, copiée sur celle des juifs & des romains, relativement aux *magiciens*, sorciers & sorcières; on en conçoit une juste horreur: cependant il est peut-être possible de trouver dans les profanations, les empoisonnemens, les folies dangereuses des sorciers, quelques-uns des motifs de la haine qui a excité contr'eux une aussi cruelle proscription. On ne doit pas croire que ces loix aient toujours été rigoureusement exercées : mais pour le peu qu'on en ait suivi l'esprit, c'est encore trop; & un exemple que nous allons rapporter d'après Voltaire, fera voir qu'il n'est que trop vrai qu'on a pratiqué cette jurisprudence sur des personnes, dont le sexe & la jeunesse auroient au moins dû exciter la compassion.

« *Michelle Chaudron*, c'est le nom de cette innocente, ayant rencontré le diable en sortant de la ville, le diable lui donna un baiser, reçut son hommage, & imprima sur sa lèvre supérieure & à son téton droit la marque qu'il a coutume d'appliquer à toutes les personnes qu'il reconnoît pour ses favorites. Ce sceau du diable est un petit seing qui rend la peau insensible, comme l'assurent tous les jurisconsultes démonographes ».

« Le diable ordonna à *Michelle Chaudron* d'ensorceller deux filles; elle obéit à son seigneur ponctuellement : les parens des filles l'accusèrent juridiquement de diablerie; les filles furent interrogées & confrontées avec la coupable : elles attestèrent qu'elles sentoient continuellement une fourmilière dans certaine partie de leur corps, & qu'elles étoient possédées. On appella les médecins, ou du moins ceux qui passoient alors pour médecins : ils visitèrent les filles, ils cherchèrent sur le corps de *Michelle* le sceau du diable, que le procès-verbal appelle les *marques sataniques*; ils y enfoncèrent une longue aiguille, ce qui étoit déjà une torture douloureuse. Il en sortit du sang, & *Michelle* fit connoître par ses cris que les marques sataniques ne rendent point insensible. Les juges ne voyant pas de preuve complette que *Michelle* fût sorcière, lui firent donner la question, qui produisit infailliblement ces preuves; cette malheureuse cédant à la violence des tourmens, confessa enfin tout ce qu'on voulut ».

« Les médecins cherchèrent encore la *marque satanique* : ils la trouvèrent à un petit seing noir sur l'une de ses cuisses; ils y enfoncèrent l'aiguille: les tourmens de la question avoient été si horribles, que cette pauvre créature expirante sentit à peine l'aiguille; elle ne cria point: ainsi le crime fut avéré; mais par grâce, elle ne fut brûlée qu'après avoir été pendue & étranglée». *Voyez* DIVINATION, SORCIER.

MAISON, s. f. Bâtiment destiné à loger une ou plusieurs personnes.

La première *maison* fut une caverne ou quelque abri formé de branches d'arbres; bientôt on y mit de la terre, & l'on eut des cabanes; l'art & l'industrie se développant, la bâtisse devint plus recherchée, & la construction des *maisons* les rendit commodes & spacieuses. Au reste ce n'est guère que dans les villes, que les maisons ont acquis cette élégance & ces agrémens, dont nous parlons. Celles des campagnes n'ont point dû suivre les mêmes progrès; la population n'y exige pas comme dans les grandes villes, que plusieurs ménages demeurent sous le même toît. C'est à Paris sur-tout que cet usage a été porté aussi loin qu'il est possible, & que les *maisons* ont acquis une élévation prodigieuse. Aussi la police qui doit veiller à la conservation de la salubrité, de la commodité des villes, a-t-elle sollicité & obtenu des loix sur l'alignement & la hauteur des maisons. *Voyez* ALIGNEMENT & VOIERIE.

Le mot de *maison* nous rappelle les *maisons* de force & de correction; ces espèces de prisons ont été jusqu'à présent des instrumens de tyrannie & d'oppression, quoiqu'elles eussent pu servir utilement les mœurs & les loix. Voici comment ce renversement d'ordre est arrivé.

La police des villes s'est presque toujours mêlée de régir les personnes & de passer ses pouvoirs, en prononçant sur les délits privés ou l'inconduite domestique des individus: il en est résulté que dans les différends de famille, dans les écarts du libertinage ou de la foiblesse, l'on a eu recours à elle, & qu'arbitrairement, & sans avoir été entendus, des enfans, des femmes, sur-tout des jeunes filles ont été enfermées tant qu'il a plu à la mauvaise humeur de leurs pères ou maîtres; de prolonger leur détention; le prétexte qu'une reclusion dans une *maison* de correction ne flétrit pas, a encore ajouté à la facilité de ses actes de despotisme.

D'un autre côté, la puissance publique a fait un usage bête des mêmes établissemens; entêtée de réformer les mœurs qu'elle n'a ni droit ni pouvoir de réformer, elle a fait servir à des rigueurs gratuites & déplacées, des institutions qui pouvoient avoir quelque utilité politique.

Aussi les *maisons* de correction sont-elles odieuses, & peu appropriées en général à leur objet. Cela n'empêche pas que tous les administrateurs politiques n'aient un entêtement vraiment prodigieux à cet égard, & qu'ils ne répètent sans cesse que sans une *maison* de correction pour ceci, une *maison* de correction pour cela, on n'aura jamais ni honneur dans les familles, ni même dans l'ordre public.

Personne ne me soupçonnera d'être partisan du désordre & de la licence populaire; personne ne m'accusera d'avoir lâchement loué la multitude de ses crimes par la crainte de son ressentiment, ou l'espoir de ses faveurs. J'ai été, pendant mon administration à la police de Paris, aussi ennemi de l'insubordination qu'aucun de mes collègues; cependant aucun de ces petits embarras d'affaire: jamais l'envie de satisfaire une famille ennuyée de l'étourderie ou des erreurs d'un enfant, ne m'ont porté à favoriser les *maisons* de correction; j'ai, autant qu'il a été en moi, opposé les raisons à l'habitude de l'usage à cet égard, & essayé de ramener les autres aux principes de la justice à cet égard. Mais jamais je n'ai pu rien gagner: il n'y a pas un homme de police qui ne regarde une *maison* de correction comme un chef-d'œuvre de l'art social.

Voici cependant comme je raisonnois: La puissance paternelle n'est point un titre tout à l'avantage de celui qui en jouit; c'est la condition d'un devoir très-sévère & très-obligatoire, & ce devoir c'est le soin des enfans: les droits des parens n'ont d'objet que ce soin, & la puissance publique ne peut se mettre à sa place sans injustice ou sans oppression envers les enfans.

Une fille, par exemple, a découché, est devenue mère par égarement, par libertinage; c'est aux parens à s'arranger avec elle; c'est à eux à exercer, avec mesure cependant, l'autorité domestique sur sa conduite, & l'action du pouvoir public dans cette circonstance est injuste & déplacée. L'on ne peut ordonner un emprisonnement sans oppression, envers l'enfant qui s'est écarté des principes d'une bonne morale: il en est de même d'une foule d'autres fautes semblables qu'on aime à punir, & pour lesquelles la raison demande indulgence & consolation.

Mais il est impossible de rien faire entendre aux hommes publics à cet égard: j'ai passé parmi mes confrères pour un original à cet égard, & quoique plusieurs d'eux eussent à-peu-près pensé de même, ou écrit dans les mêmes principes, avant d'être à l'administration; ils se sauvoient par une distinction admirable, en disant que cette théorie étoit bonne dans les livres.

Un pareil langage eût été tolérable dans des hommes qui auroient toujours parlé de même, ou qui en méprisant les principes de la liberté individuelle, auroient en même-tems montré la même sévérité pour les attentats populaires, pour l'anarchie de la multitude & la fureur de la démagogie: mais c'est précisément le contraire; & l'on auroit crié au despotisme, à la trahison, si le roi ou un ministre eût fait une proclamation sur la tranquillité publique, tandis que l'arbitraire dans la disposition des personnes s'est perpétué, & se perpétuera mieux encore, par l'institution des *maisons* de correction; dont sûrement on ne manquera pas de s'occuper.

Après ces observations générales sur les *maisons* de force, il seroit naturel de donner ici quelques détails sur celles qui existent chez nous, ou dans l'étranger; mais l'on peut avoir recours au mot HÔPITAL pour les premières, & nous renvoyons pour les secondes à l'article PRISON, où nous donnerons l'extrait de l'ouvrage de M. Howard, surtout pour la partie de l'Angleterre, de la Russie & de la Hollande. *Voy.* PRISON, HÔPITAL.

MAITRE, f. m. Celui qui commande ou enseigne à quelqu'un.

Ce mot s'applique indistinctement à différens états; d'abord il désigne le chef domestique de la maison relativement aux serviteurs & personnes à gages; il signifie aussi un ouvrier qui a acquis ou acheté le droit de faire quelque chose publiquement, on dit un *maître* horloger, serrurier, &c. Aujourd'hui ce titre est réduit à peu de chose. *Voyez* ART & COMMUNAUTÉ.

Le mot de *maître* s'applique encore plus particulièrement à celui qui enseigne l'escrime ou l'art des armes; & dans ce cas, on dit un *maître* en fait d'armes, ou simplement *maître* d'armes.

Les *maîtres* d'armes forment une sorte de communauté à Paris, qui étoit ci-devant en jurande, mais qui n'est aujourd'hui qu'une simple association.

Cette société a reçu ses lettres-patentes du 12 août 1787, qui donne à chacun de ses membres le titre de *maître de l'école royale d'armes de la ville & fauxbourgs de Paris*; elles contiennent encore différens articles, mais qui étant tombés en désuétude, & qui n'ayant de rapport qu'avec l'ordre intérieur de cette communauté, ne sont point utiles à connoître.

Ils portent en général sur le régime des salles d'armes, sur les conditions pour être reçus à la maîtrise, sur les qualités des prévôts de salle, & sur les prérogatives attachées à l'état de *maîtres* d'armes.

MAITRISE, f. f. Le droit d'exercer un état ou profession. *Voyez* JURANDE, ART, COMMUNAUTÉ.

Nous avons déjà dit que peut-être sera-t-il nécessaire de conserver dans les arts une sorte de police, qui exige dans les aspirans à la *maîtrise* des conditions, & qui prescrive aux apprentifs ce qu'ils doivent faire pendant leur apprentissage. Ce régime, qui n'a rien de commun avec l'achat du privilège exclusif de *maîtrise*, garantiroit, auprès du public dans certain cas, l'exactitude & le talent de l'artiste. Il y a certain art où l'intérêt public exige sur-tout cette sécurité.

MANUFACTURE, f. f. Etablissement destiné à faire différens ouvrages, tels que des draps, des toiles, des chapeaux, &c.

On confond assez ordinairement les *manufactures* & les fabriques; il semble pourtant que ces dernières annoncent un genre particulier de travail, qui les caractérise. Ainsi on dit une fabrique de chocolat, une fabrique de vermichel, &c.; & l'on ne dit point une *manufacture* de chocolat, &c.

Quoi qu'il en soit de cette distinction, dans les réglemens de police relatifs aux *manufactures*, on emploie indistinctement le mot de *fabrique*, ainsi qu'on pourra le voir dans ce que nous allons en dire.

Nous nous bornerons aux détails abrégés: car en général, les ordonnances sur cette partie sont peu observées; ce qui n'est pas une raison pour les ignorer, quand on saura qu'elles sont en partie l'ouvrage de Colbert, & des hommes qui ont entendu l'art d'encourager l'industrie. Au reste, un très-grand nombre sont vexatoires, & nous ne les rapportons que comme connoissances positives.

Nous ne nous étendrons point non plus sur l'histoire des *manufactures* en France: on a pu voir au mot COMMERCE une légère esquisse des causes de leur établissement & de leurs progrès; ainsi nous nous bornerons absolument à faire connoître les réglemens qui, jusqu'à présent ont formé la police des *manufactures*, avec cette remarque, que l'on doit regarder comme dévolues aux nouveaux corps administratifs des villes les fonctions que les ordonnances attribuent aux maires & échevins, relativement aux mêmes objets. *Voyez* COMMERCE, ART, COMMUNAUTÉ, JURÉ.

Il s'est établi en France un grand nombre de *manufactures*, dont les principales sont les *manufactures* de draps, & tissus d'or & d'argent; celles de velours, pannes, pluches, satins, damas, tabis, taffetas, papelines, brocatelles, crêpes, raz, &c.; de draps, de serges, de ratines, camelots, callemandes, étamines, crépons, sempiternelles, bayettes, flanelles, revêches, cadis, burats, frises, droguets, pinchinats, tiretaines, & autres semblables étoffes toutes de laine, ou de laine mêlée de fil, poil, coton, ou autres semblables matières, des mocquettes, mocades, tripes & damas de laine, ligatures & autres pareilles marchandises.

Il y a aussi des *manufactures* de linge ouvré, de toiles de toutes sortes, de futaines, basins, coutils & canevas.

De points de fil à l'aiguille, de dentelles de soie & de fil, en fuseau, sur l'oreiller.

De tapisseries de haute & basse lisse, de bergames, de tontures de laine, &c.

De couvertures de laine pour lits.

De chapeaux de castor, demi-castor, caudebec, &c.

De bas, camisolles & autres ouvrages de bonneterie de soie, de laine, de fil, de coton & de poil, tant au métier qu'au tricot.

On en a aussi établi pour des glaces de miroirs & de carrosses, pour des crystaux, des porcelaines, de la fayance, & pour des pipes à fumer.

Pour des cuirs d'Hongrie, veaux façon d'Angleterre, maroquins, buffles, chamois, &c.

Nos rois, & particulièrement Louis XIV, sous le règne duquel se sont faits les plus grands établissemens de *manufactures* dans le royaume, ont accordé des avantages considérables, tant aux entrepreneurs qu'aux ouvriers.

Quelquefois on a accordé aux entrepreneurs la noblesse pour eux & pour leur postérité; toujours ils ont obtenu des lettres de naturalité, lorsqu'ils étoient étrangers; souvent la remise du total ou du moins d'une partie des droits d'entrée pour les matières nécessaires à leur fabrique, qui viennent de dehors, ou de sortie pour les ouvrages de leurs *manufactures* qu'ils envoient à l'étranger; le prêt de sommes extraordinaires pendant plusieurs années sans intérêt; d'autres données en pur don; des pensions annuelles souvent augmentées à proportion du succès des *manufactures*; la faculté de prendre du sel au prix du marchand, celle de brasser de la bière pour leur usage, celui de leurs familles & de leurs ouvriers; des lieux commodes pour la construction de leurs atteliers, machines & moulins; le droit de committimus; enfin quelquefois l'exemption de toutes visites des maîtres & gardes des communautés, soit pour les ouvrages faits dans leurs *manufactures*, soit pour les ouvriers de différens métiers qu'ils sont obligés d'avoir à leurs gages, & de tenir près d'eux, pour la construction de leurs machines, moulins, métiers & instrumens.

Les privilèges des ouvriers des *manufactures* de nouvel établissement consistoient ordinairement dans la décharge de toutes tailles, subsides, logemens de gens de guerre, tutelle, curatelle, &c., s'ils étoient françois; & outre cela, dans la naturalité & exemption du droit d'aubaine, s'ils étoient étrangers; ils gagnoient même assez souvent l'apprentissage de la maîtrise dans les communautés des arts & métiers, en travaillant & fabriquant un certain tems dans les *manufactures*, dont les ouvrages se trouvent de la dépendance des communautés.

On peut voir des exemples de tous ces privilèges singuliers, dans les lettres-patentes de l'établissement de l'hôtel-royal des Gobelins, des *manufactures* de Sedan, d'Abbeville & de quelques autres.

Outre ces privilèges, qui étoient la plupart particuliers à certains entrepreneurs & à leurs ouvriers, & qui leur étoient donnés comme une récompense des avantages que leurs entreprises apportoient à l'état: il y en a d'autres accordées généralement à toutes les *manufactures*, & à ceux qui y travaillent. Tel est le privilège important contenu dans l'art. 55 du réglement pour les *manufactures* de lainage, du mois d'août 1669, qui porte: « que les moulins, métiers, outils & ustensiles servant à quelque *manufacture* que ce soit, ne pourront être saisis, ni vendus par autorité de justice, si ce n'est pour le loyer des maisons occupées par les ouvriers & façonniers ».

Quoique ce privilège, dans l'intention du roi, eût été accordé pour toutes sortes de *manufactures*, plusieurs le voulurent restreindre aux seules *manufactures* d'étoffes de laine, parce qu'il ne se trouvoit que dans le réglement pour la draperie, sergeterie, & autres ouvrages de laine & de fil. Mais Louis XIV, qui, trente-cinq ans auparavant, en avoit fait un des articles de ses lettres-patentes, l'expliqua par sa déclaration du 19 août 1704, & l'étendit à toutes les *manufactures*, de quelque nature qu'elles fussent, afin, est-il dit dans cette loi, que tous les ouvriers pussent avoir la même assurance, & jouir de la même tranquillité, pour être plus en état de s'appliquer uniquement à perfectionner & à augmenter leurs fabriques.

La déclaration du 19 août 1704 porte:

« 1°. Qu'il ne pourra à l'avenir être procédé par saisie, exécution, ni vente forcée en justice, des moulins, métiers, outils, instrumens & ustensiles propres pour la préparation, moulinage & filage de la soie, de la laine, du coton, du chanvre, du lin, & des autres matières propres pour la fabrication de toutes d'étoffes de soie, de laine, ou de poil, ou mêlées d'or ou d'argent, non plus que des métiers, instrumens, ou ustensiles servant à faire toutes lesdites étoffes, ou à fabriquer des futaines, basins, bombasins, toiles de chanvre, ou de lin de toutes façons, & aux apprêts & teintures de toutes lesdites marchandises, pour quelques dettes, causes & occasions que ce puisse être, si ce n'est pour les loyers des maisons qu'occuperont les maîtres, ouvriers, & façonniers, ou pour le prix desdits moulins, métiers, &c. qui se trouveront encore dus à ceux qui les auront faits & fournis ; les exemptant même de saisie pour les deniers de sa majesté, & spécialement de la taille & impôt du sel, à peine d'interdiction de leurs charges, de 150 liv. d'amende & de tous dépens, dommages-intérêts envers les parties saisies, contre les huissiers & sergens qui auront fait lesdites saisies & ventes.

2°. Qu'en cas de faillite, les ouvriers & façonniers seront tenus de déclarer par-devant les juges consuls des marchands du lieu de leur demeure, ou pardevant notaires, s'ils veulent garder tout, ou partie de leurs moulins, métiers, outils, &c. pour continuer leurs *manufactures*, ou s'ils veulent seulement se réduire à leur travail personnel & journalier ; voulant sa majesté, dans cette dernière circonstance, qu'il soit remis aux faillis, sans rien payer, le nombre de leurs moulins, métiers, outils, &c. suffisans & nécessaires pour leur occupation personnelle ; & dans la première circonstance, que le tout ou partie desdits ustensiles demandés par les faillis, pour continuer leurs *manufactures*, leur soient laissés par compte & par nombre, pour, après l'estimation faite, le prix être payé aux créanciers ; indépendamment de tous les autres accords ou contrats d'attermoiement ; savoir, un tiers à la fin de la seconde année, à compter du jour de l'estimation ; le second tiers à la fin de la troisième année ; & le troisième tiers à la fin de la quatrième année ; & à faute de paiement par lesdits faillis, pourront les créanciers faire vendre lesdits ustensiles par vente forcée en justice, avec défenses aux faillis de les engager, déplacer, ni vendre pendant lesdits quatre années, que du consentement de leurs créanciers, à peine de punition corporelle pour les vendeurs, & de restitution de ce qu'ils auront reçu, & de 100 liv. d'amende contre les acheteurs, au payement de laquelle ils pourront être contraints, même par corps ».

L'arrêt du conseil du vingt-huit décembre mil sept-cent soixante-dix-sept dispose : « sa majesté désirant entretenir l'émulation par des motifs de gloire & d'honneur, a jugé à-propos de fonder un prix annuel en faveur de toutes les personnes qui, en frayant de nouvelles routes à l'industrie nationale, ou en la perfectionnant essentiellement, auront servi l'état, & mérité une marque publique de l'approbation de sa majesté. Le prix honorable que son amour pour les travaux utiles l'engage à instituer, consistera dans une médaille d'or, du poids de 12 onces, ayant d'un côté la tête du roi, & de l'autre, un exergue & une légende analogue au sujet.

» Cette médaille sera décernée dans les premiers mois de chaque année, à commencer en mars 1779, pour l'année 1778, & ainsi de suite, au jugement d'une assemblée extraordinaire, composée du ministre des finances, de trois conseillers d'état, des intendans du commerce, & à laquelle seront appellés les députés & les inspecteurs généraux du commerce. Sa majesté veut que les intendans du commerce rendent compte à cette assemblée de tous les nouveaux établissemens, dont on aura eu connoissance dans le cours de l'année, & qu'ils ne négligent rien pour l'acquérir, soit par leurs correspondances avec tous les inspecteurs du royaume, soit par les avis qui leur seront donnés par les commissaires du roi, départis dans les provinces ; enfin, les personnes même qui croiront avoir des droits à ce concours, pourront adresser leurs titres au secrétaire-général du commerce. Sa majesté veut que le prix ne puisse jamais être adjugé aux auteurs de simples mémoires, mais seulement aux personnes, dont les idées utiles auront été mises à exécution. Le roi permet que la personne, qui aura obtenu ce prix, lui soit présentée par le ministre de ses finances ; se réservant encore sa majesté d'ajouter à cet honneur de nouvelles graces, selon le mérite & l'importance de la découverte qui aura été couronnée ; elle approuve même que l'assemblée donnée pour juge puisse demander un second prix, s'il arrivoit que deux citoyens eussent des droits à-peu près égaux à cette marque de distinction. Enfin, l'intention du roi est que ces médailles deviennent, dans les familles, une preuve subsistante d'un service rendu à l'état, & un titre à la protection particulière de sa majesté ».

Ces différens privilèges ne souffroient d'autre restriction que celle expliquée par l'arrêt du conseil du 2 mai 1783, lequel arrêt dispose : « le roi étant informé que quelques propriétaires ou entrepreneurs de *manufactures* ou autres établissemens dans son royaume ayant sollicité & obtenu de sa majesté des exemptions ou encouragemens pécuniaires, se sont permis de faire de ces récompenses un objet de négociation, & de céder leurs établissemens à d'autres, en s'en faisant payer un prix proportionné aux grâces qu'ils ont obtenues ; & sa majesté considérant que les secours accordés en pareil cas aux *manufactures*, sont souvent moins le prix des services passés, que ceux que lesdits titulaires annoncent pour l'avenir : oui le rapport du sieur Lefevre d'Ormesson, conseiller d'état ordinaire & au conseil royal, contrôleur-général des finances, tout considéré : le roi étant en son conseil, a ordonné & ordonne que les propriétaires ou entrepreneurs de différens établissemens de commerce de son royaume, qui auront obtenu de sa majesté quelques privilèges, exemptions ou encouragemens pécuniaires en faveur de ces établissemens, ne pourront traiter de la vente desdits établissemens, ou les céder à quelque titre que ce soit, sans en avoir obtenu une permission expresse du contrôleur-général de ses finances; & faute par eux d'avoir obtenu cette permission, ordonne sa majesté que lesdits traités seront regardés comme nuls & non avenus; & que, dès ce moment, lesdits propriétaires ou entrepreneurs seront privés des graces qui leur auront été accordées : enjoint sa majesté, &c.

§. I.

Jurisdiction.

Les *manufactures* sont, comme les arts & métiers, une dépendance de la police; & à ce titre, en l'année 1669, tems de leur régénération, la connoissance en appartenoit naturellement aux maire & échevins: mais, pour ne laisser à cet égard aucun doute, Louis XIV crut convenable de s'expliquer d'une manière expresse & positive; ses lettres-patentes du mois d'août 1669, régistrées au parlement le 31 du même mois, disposent: « voulons & nous plaît que les maires & échevins, capitouls, jurats & autres officiers ayant pareille fonction dans les hôtels-de-ville de notre royaume, connoissent en première instance, & privativement à tous les autres juges, de tous les différens mus & à mouvoir entre les ouvriers employés auxdites *manufactures*, & entre les marchands & lesdits ouvriers, pour raison des longueurs, largeurs, qualités, visites, marques, fabriques, ou valeur desdits ouvrages & *manufactures* d'or, d'argent, de soie, laine & fil; des qualités des laines, teintures & blanchissages, même des salaires des ouvriers employés dans lesdites *manufactures*, jusqu'à la somme de 150 liv., en dernier ressort & sans appel; & par provision, à quelque somme que ce puisse être, nonobstant l'appel.

» Connoîtront pareillement lesdits maires & échevins, capitouls, jurats & autres, ayant pareilles fonctions, des comptes des gardes & jurés des communautés desdites *manufactures*, qui seront rendus en la présence de l'un d'eux, gratuitement, & sans frais; le tout à peine de concussion.

» Et pour faciliter l'expédition desdits procès, qui pourroient retarder par la multiplicité des juges, voulons qu'il n'y en puisse avoir que six au plus dans les grandes villes, dont le conseil se trouvera composé de plusieurs échevins & conseillers de ville, qui seront pris & tirés du corps d'iceux, & nommés comme les plus intelligens dans les *manufactures*, à la pluralité des voix, dont trois seront annuellement changés, & trois autres nommés, ensorte qu'il y en ait toujours trois anciens & trois nouveaux; & à l'égard des autres villes & principaux bourgs où lesdits établissemens se trouveront faits, il n'y en aura que deux ou trois au plus, dont l'un sortira à la fin de chaque année, à la place duquel un autre sera nommé; ensorte qu'il y en ait toujours un ou deux anciens & un nouveau.

» L'un desdits échevins nommés sera actuellement marchand, ou aura fait pendant six années au moins la marchandise, à peine de nullité de son élection.

» Pourront lesdits échevins nommés prendre les avis des maîtres & gardes & jurés en charge des ouvrages desdites *manufactures*, qu'ils seront tenus de leur donner en personne ou par écrit, aussitôt qu'ils en seront requis, gratuitement & sans frais.

» Seront tenus lesdits échevins nommés de juger & prononcer suivant les statuts & réglemens de chacun métier dont il s'agira, sans que les peines portées par iceux puissent être remises ni modérées, à peine d'en répondre en leur propre & privé nom.

» Faisons très-expresses inhibitions & défenses à tous autres juges de connoître des susdits différens; & aux parties, de faire aucunes poursuites pour raison de ce que dessus, que pardevant lesdits échevins, capitouls, jurats, ou autres ayant pareille fonction, à peine de nullité, cassation de procédures, dépens, dommages & intérêts.

» N'entendons néanmoins comprendre en ces présentes, notre bonne ville de Paris, ni déroger aux édits, déclarations & réglemens faits en notre conseil, concernant l'élection & jurisdiction, tant civile que criminelle, des prévôts des marchands, échevins & juges, conservateurs de la ville de Lyon, pour le fait de la police des arts & métiers, commerce & *manufactures* d'icelles, que nous voulons être exécutés selon leur forme & teneur ».

Les réglemens rendus ce même mois d'août 1669, pour les marchands drapiers & fergers, disposent:

Art. 39 « sur le rapport & à la diligence des maîtres, gardes & jurés, la confiscation des marchandises en contravention, sera poursuivie pardevant le juge de police des *manufactures* ».

Art. 59 « Et pour connoître si les gardes jurés se seront bien acquités du devoir de leurs commissions, & exactement exécuté ces présens réglemens; & aussi, pour rechercher d'autant plus les moyens de perfectionner lesdites *manufactures*, & en augmenter le commerce dans toutes les villes &

& bourgs du royaume où il y a & aura ci-après corps & communauté des maîtres drapiers & sergers, les officiers de police des *manufactures*, feront assembler pardevant eux, au mois de janvier de chaque année, les gardes & jurés en charge des métiers desdites *manufactures* de laine & de fil, avec ceux qui seront sortis de charge l'année précédente, & quatre autres personnes de chacune desdites communautés, tels qu'ils les voudront choisir, ensemble deux notables bourgeois, afin que les gardes & jurés en charge informent l'assemblée de l'état auquel seront lesdites *manufactures*, de leurs progrès, des moyens qu'ils jugeront nécessaires pour leur perfection, & de l'observation ou contravention qu'ils auront remarquées avoir été faites au présent réglement, & les remèdes qu'il conviendra d'y apporter, pour être sur le tout, par ladite assemblée, donné son avis de ce qu'elle jugera le plus utile & raisonnable pour le bien public & le commerce des marchandises, dont sera dressé procès-verbal par lesdits officiers de police des *manufactures*, qui seront tenus d'en envoyer une expédition, un mois après, au sur-intendant des arts & *manufactures* de France, le tout gratuitement, & sans frais ».

Les réglemens rendus la même année pour les teinturiers, art. 62 : « Et pour connoître si les gardes des marchands drapiers & les jurés teinturiers se sont bien acquittés du devoir de leur commission, & exactement exécuté les présens réglemens & statuts ; & pour rechercher d'autant plus les moyens de perfectionner les teintures, attendu qu'en icelles consiste la beauté, le bon usage & le débit des marchandises de draperie, sergeterie & autres étoffes de laine, dans toutes les villes du royaume où il y a & aura ci-après corps & communauté de teinturiers, les officiers de police des arts & *manufactures* desdites villes, feront assembler pardevant eux, aux lieux ordinaires & accoutumés, pour les assemblées au mois de janvier de chacune année, les gardes en charge des marchands drapiers & jurés teinturiers, avec ceux qui seront sortis de charge l'année précédente, & six autres personnes de l'une & l'autre communauté, telles qu'ils les voudront choisir, ensemble deux notables bourgeois, afin que lesdits gardes & jurés en charge, informent l'assemblée de l'état auquel seront lesdites teintures, de leur progrès, des moyens qu'ils jugeront nécessaires pour leur perfection, & de l'obéissance ou des contraventions qu'ils auront remarqué avoir été faites aux présens statuts, & les remèdes qu'il conviendra d'y apporter ; pour être sur le tout, par ladite assemblée, donné son avis de ce qu'elle jugera le plus utile & raisonnable pour le bien public & le commerce des marchandises qui passent par la teinture ; & le lendemain desdites assemblées, lesdits officiers de police assistés desdits gardes & jurés se transporteront dans les maisons, ouvroirs & magasins desdits teinturiers, pour y faire examiner ; en leur présence, la qualité des matières & ingrédiens que lesdits teinturiers emploieront dans leurs teintures, & se faire représenter les échantillons de bon teint, & les marques destinées pour marquer lesdites marchandises teintes, afin de voir si le tout sera en conformité de ce qui a été ordonné par les présens statuts ; ce fait, en dresser leur procès-verbal, & sur le tout, ordonner ce qu'il appartiendra par raison, dont sera fait mention sur les régistres des communautés desdits marchands drapiers & teinturiers, & donner avis par lesdits officiers de police, au sur-intendant des arts & *manufactures* de France, un mois après lesdites assemblées, le tout gratuitement & sans frais ».

Le réglement rendu le même mois d'août 1669, pour les maîtres & gardes-jurés des drapiers, sergers, ouvriers, façonniers, & maîtres teinturiers, porte ».

» Sur toutes les contraventions auxdits réglemens, & pour les procès & différends, concernant lesdites *manufactures* en quelque manière que ce soit, lesdits jurés, marchands, ouvriers & façonniers, se pourvoiront pardevant les sieurs échevins des lieux, ou autres personnes faisant même fonction pour être par eux jugés sommairement, & sans frais ; & pour la réception des maîtres & prestation de serment des jurés, l'on se pourvoira devant les juges ordinaires des lieux, au cas qu'avant lesdits réglemens du 13 août 1669, lesdits juges fussent en possession desdites prestations de serment & réception ; mais, si c'étoit les échevins qui en fussent en possession, ils continueront de le faire, & lesdits juges ordinaires ne pourront s'en entremettre ; & quant aux lieux où il n'y a point d'échevins, ni autres personnes, faisant même fonction, l'on se pourvoira sur le tout, pardevant les juges qui sont en possession de connoître de la police des *manufactures* ; & si lesdits sieurs échevins & juges ne s'acquittoient exactement de leur devoir, lesdits jurés en feront leurs plaintes à MM. les maîtres des requêtes que sa majesté a départis pour commissaires dans les provinces, afin qu'ils y pourvoient, & en donneront aussi avis aux commis que sa majesté y aura envoyés.

» Quant à la police desdits métiers concernant les apprentissages, maîtrises & autres choses, lesdits jurés se conformeront à ce qui est ordonné par lesdits réglemens, & auront un soin particulier de s'adresser le 1er. janvier de chacune année auxdits sieurs échevins ; & s'il n'y en a point, aux juges ordinaires qui ont droit de connoître de la police, pour faire assemblée, & tenir conseil de police des *manufactures*, en la manière prescrite par les derniers articles desdits réglemens, le tout sous les peines portées par iceux ; & aussi, lesdits jurés informeront tous les mois lesdits sieurs échevins ou le juge qui aura comme dit, est la police des *manufactures*, de tout ce qu'ils auront fait & remarqué concernant leur commission.

» Et si lesdits jurés remarquent qu'il ait été obmis quelque chose dans lesdits réglemens, qui soit nécessaire pour la perfection desdits *manufactures*, & l'augmentation de leur commerce & débit, ils le proposeront auxdits sieurs échevins; & s'il n'y en a point, au juge de police, afin de l'examiner & en donner avis, s'il est nécessaire, à monseigneur Colbert, sur-intendant des arts & *manufactures* de France ».

6 Janvier 1670, arrêt du conseil: « le roi s'étant fait représenter en son conseil-royal de commerce le réglement du mois d'août 1669, par lequel, entr'autres choses, il est ordonné que, pour faciliter l'expédition des procès qui pourroient retarder par la multiplicité des juges, il n'y en pourroit avoir que six au plus, dans les grandes villes, dont le conseil se trouvera composé de plusieurs échevins & conseillers de ville, qui seront pris & tirés du corps d'iceux, à la pluralité des voix; & quoique ladite attribution ne soit entendue que du corps desdits échevins, & que les conseillers de ville n'y puissent prétendre aucune participation, si ce n'est lorsqu'il n'y aura nombre d'échevins suffisant; & pour parfaire seulement ce qui s'en défaudra. Néanmoins sa majesté a été informée que les conseillers d'aucunes villes prétendent être nommés à exercer ladite jurisdiction, concurremment avec lesdits échevins; ce qu'étant contraire à la disposition dudit réglement, & à l'intention de sa majesté, désirant y pourvoir, & lever toutes les difficultés qui pourroient naître à l'élection & nomination desdits juges, afin que l'exécution dudit réglement n'en soit retardé; sa majesté étant en son conseil-royal de commerce, a ordonné & ordonne, en interprêtant ledit réglement du 13 août 1669, que l'élection & nomination des juges, pour les procès & différends concernant les *manufactures*, seront premièrement pris du corps des échevins ou autres faisant pareille fonction; & s'ils n'étoient au nombre de six, il sera pris des conseillers de ville pour parfaire ledit nombre, faisant sa majesté défenses d'y procéder autrement, & d'exécuter aucune nomination contraire; & au cas qu'il y en eût été fait, sa majesté ordonne que, sans y avoir égard, il sera incessamment procédé à nouvelle nomination en la forme susdite, à la diligence desdits échevins, auxquels elle enjoint de tenir la main à l'exécution dudit réglement, & du présent arrêt qui sera exécuté, nonobstant oppositions ou appellations quelconques, dont si aucuns interviennent, sa majesté s'en est réservée la connoissance en sondit conseil de commerce, & icelle interdit à toutes cours & juges.

L'instruction donnée ce même mois d'août 1669, pour les maires & échevins :

» Lesdits sieurs feront régistrer lesdits réglemens, avec celui qui leur attribue la jurisdiction des *manufactures*, au greffe de l'hôtel-de-ville, les feront publier & signifier aux jurés des communautés des marchands drapiers, sergers & teinturiers, feront assembler audit hôtel-de-ville, les marchands & les maîtres drapiers, sergers & teinturiers, pour les informer desdits réglemens, & les exhorter à les bien exécuter; inscriront sur ledit régistre les noms de tous lesdits maîtres; empêcheront qu'autres que lesdits maîtres ne s'ingèrent de fabriquer des étoffes, ni de les teindre; & feront délivrer à tous les marchands & maîtres desdits métiers, chacun une copie du réglement qui les concernera, & leur en feront signifier l'acceptation sur le régistre de leur communauté, avec soumission d'y satisfaire sur les peines y contenues, & interdiront de la maîtrise ceux qui y seront refusans, jusqu'à ce qu'ils y aient satisfait.

» Destineront un lieu commode pour la visite & marque des marchandises, qui seront fabriquées & teintes èsdites villes, ou qui y seront apportées des lieux forains ou étrangers, pour y être vendues & débitées; empêcheront qu'aucune ne soient exposées en vente, ni transportées qu'après qu'elles auront été visitées & marquées, & que le nom de l'ouvrier ne soit à la tête de chacune pièce; & pour cet effet, ne feront faire les marques prescrites par lesdits réglemens, à la diligence des jurés en charge, des deniers de la communauté, auxquelles visites l'un desdits échevins assistera une fois le mois au moins, & sera présent à la visite générale ordonnée par le 31e. article.

» Feront incessamment réformer tous les métiers qui ne seront propres pour la largeur des étoffes prescrites par ledit réglement, dans le tems de quinzaine, à peine de 20 sols d'amende pour chacun métier, au paiement de laquelle somme, ils feront contraindre les refusans, après ledit tems expiré, & empêcheront dès-à-présent que sur les métiers propres pour ses largeurs ordonnées par ledit réglement, il soit fait aucunes étoffes étroites, ni qu'après l'expiration de ladite quinzaine, il en soit marqué d'étroites; mais que celles qui auront cette défectuosité, & n'auront été marquées dans ladite quinzaine, soient saisies, confisquées, & les lisières déchirées publiquement, pour marque de ladite défectuosité. Sur quoi, il est important d'observer que les étoffes non conformes audit réglement, qui auront été marquées dans ledit tems ou auparavant, seront à l'avenir dans le commerce, comme par le passé, pour éviter la perte que les marchands en souffriroient, pourvu que les marchands & façonniers, auxquelles elles appartiendront, ne conviennent point auxdits réglemens à l'avenir.

» Lesdits sieurs veilleront exactement que l'aunage des marchandises se fasse justement pince à pince, c'est-à-dire, bois à bois, sans pouce, ni évaut au bout de l'aune, & qu'il ne soit donné d'excédant d'aunage, que celui porté par le 44e. article dudit réglement, ni qu'il en soit pris aucun des marchandises, dont l'usage ancien a été de n'en pas donner; & pour mieux éviter les abus, qu'on pourroit commettre auxdits aunages, & faciliter la débite des marchandises, il faudra faire mettre par les drapiers, sergers & façonniers, l'aunage de chaque pièce sur un buletin de parchemin signé d'eux, qui sera cousu à la tête desdites pièces; & tiendront aussi la main à ce que les auneurs se conforment entièrement aux 36 & 37mes. articles dudit réglement.

» Feront faire en leur présence les teintures en cramoisi des échantillons de draps, serges, soies & laines, en la manière prescrite par ledit réglement, & les marques ordonnées par icelui, pour s'en servir par les jurés en leurs visites.

» Examineront la capacité des teinturiers, & s'il y en a nombre suffisant, sinon y pourvoiront suivant ledit réglement. Et aussi, s'il y a des moulins pour dégorger les draps qui seront mis à la teinture, & des lieux plus commodes pour en établir; bien observer à quelles teintures chaques lieux sont les plus propres, soit à cause de leurs eaux, fruits, feuilles, écorces, racines & herbes, & quelles couleurs desdites teintures abondent le plus.

» Qu'en tous lieux où les *manufactures* & teintures sont établies, il y soit élu des jurés de chacune communauté de drapiers, sergers & teinturiers, & pour tenir la main à l'exécution desdits réglemens, sur lesquels jurés lesdits sieurs échevins auront l'œil pour voir s'ils s'acquittent bien du devoir de leur commission.

» Toutes choses seront faites, instruites & jugées en conformité desdits réglemens, & lesdits sieurs délivreront aux gardes ou jurés l'instruction ci-enjointe, & tiendront la main à son exécution.

» Les marchands, ouvriers, façonniers & teinturiers seront avertis que toutes les marchandises de draperie, sergerie, outre la visite & marque au lieu de leur fabrique, doivent être encore visitées & marquées dans les foires ou dans les halles des villes où elles seront portées pour y être débitées; & que si elles ne se trouvent de la qualité portée par lesdits réglemens, en fabrique & teintures, elles seront confisquées & les peines tomberont sur les gardes & jurés des lieux, qui auront abusivement marqué lesdites marchandises; outre lesquelles précautions, il a été envoyé des commis pour résider dans chaque province, pour y faire exécuter le dits réglemens, aux instructions desquels lesdits sieurs échevins auront particulièrement soin de tenir la main.

» Il sera tenu conseil de police pour les *manufactures*; savoir, l'année présente, lorsqu'ils en seront requis par lesdits commis; & pour les autres années, ledit conseil se tiendra le 1 janvier, conformément aux derniers articles desdits réglemens, & lesdits sieurs maires & échevins exécuteront ponctuellement le réglement qui leur attribue la jurisdiction pour les *manufactures*, auquel ils observeront n'avoir été compris la réception des jurés, l'examen du chef-d'œuvre, la prestation de serment pour la maîtrise, ni les affaires criminelles, sa majesté en ayant conservé le droit à ceux qui en connoissoient avant ledit réglement; de sorte que si lesdits maires & échevins avoient accoutumé d'en connoître, ils continueront de le faire; & si c'étoit les officiers ordinaires desdites villes, lesdits sieurs échevins ne s'ingéreront pas d'en connoître, afin de ne former aucun conflit de jurisdiction entr'eux & lesdits officiers, qui soit contraire à l'attribution dudit réglement; & si lesdits sieurs échevins recevoient quelque notable empêchement de la part desdits officiers ou autres, à l'exécution desdits réglemens, ils se pourvoiront pardevers MM. les maîtres des requêtes, que sa majesté a départis pour commissaires dans les provinces, afin qu'ils les appuient de leur autorité ».

19 Avril 1670, arrêt du conseil, lequel ordonne que « la connoissance des procès & différends concernant les *manufactures* & l'exécution dudit réglement, n'appartiendra qu'aux maires élus dans les hôtels-de-ville, en même-tems qu'aux échevins, & dont la fonction est conjointe avec eux pour la jurisdiction des affaires de ville; veut sa majesté que, dans les villes où il n'y aura point de maires de cette qualité, ladite jurisdiction ne soit exercée que par les échevins & conseillers de ville, qui seront nommés à cet effet, suivant l'arrêt du conseil de sa majesté, du 6 mars dernier; fait sa majesté défenses aux autres maires qui ne seront élus, comme dit est, d'en connoître, à peine d'interdiction, & sera le présent arrêt exécuté nonobstant oppositions ou appellations quelconques, dont si aucuns interviennent, sa majesté s'est réservé la connoissance en sondit conseil de commerce, & icelle interdit à toutes autres cours & juges.

27 Juin 1670, autre arrêt du conseil : « sa majesté a ordonné & ordonne que la jurisdiction des *manufactures*, attribuée aux maire & échevins, sera exécutée selon sa forme & teneur; fait défenses aux officiers des présidiaux, & à tous autres d'y contrevenir, ni rien entreprendre sur ladite jurisdiction, troubler ni empêcher lesdits maires & échevins en l'exercice d'icelle directement ni

indirectement, à peine d'interdiction & de 1000l. d'amende; & à tous marchands & ouvriers de se pourvoir pour raison desdites *manufactures*, circonstances & dépendances, ensemble des comptes des communautés, que pardevant lesdits maires & échevins, à peine de 500 liv. d'amende; & à tous huissiers ou sergens de donner aucunes assignations pour le même fait, pardevant autres juges, sur les mêmes peines, & d'interdiction. Enjoint sa majesté auxdits maires & échevins de vaquer incessamment à l'exercice de ladite jurisdiction, & de tenir la main à l'exécution des réglemens généraux des *manufactures*, & aux maîtres des requêtes, départis par sa majesté dans les provinces, de leur donner toute protection nécessaire. Ordonne sa majesté, qu'à la diligence desdits maires & échevins, les contrevenans au présent arrêt seront assignés au conseil en vertu d'icelui, pour voir déclarer lesdites peines encourues contr'eux; & sera ledit arrêt lu, publié & affiché par-tout où besoin sera, & exécuté, nonobstant oppositions ou appellations quelconques, dont si aucunes interviennent; sa majesté s'est réservé la connoissance en sondit conseil royal du commerce, & icelle interdit à toutes autres cours & juges.

Autre arrêt du conseil du 24 décembre 1670: « Sa majesté a ordonné & ordonne que les étoffes manufacturées en France, qui seront défectueuses & non conformes aux réglemens, seront exposées sur un poteau de la hauteur de neuf pieds, avec un écriteau contenant le nom & surnom du marchand ou de l'ouvrier, trouvé en faute; lequel poteau, avec un carreau, sera pour cet effet incessamment posé, à la diligence des procureurs ou syndics des hôtels-de-ville, & autres jurisdictions sur le fait des *manufactures*, & aux frais des gardes & jurés des communautés des marchands & ouvriers, devant la principale porte où les *manufactures* doivent être visitées & marquées, pour y demeurer les marchandises jugées défectueuses, pendant deux fois vingt-quatre heures; lesquelles passées, elles en seront ôtées par celui qui les y aura mises, pour être ensuite coupées, déchirées, brûlées ou confisquées, suivant qu'il aura été ordonné; & en cas de récidive, le marchand ou l'ouvrier, qui seront tombés pour la première fois en faute sujette à confiscation, seront blâmés par les maîtres & gardes ou jurés de la profession, en pleine assemblée du corps, outre l'exposition de leurs marchandises sur le poteau, en la manière ci-dessus ordonnée; & pour la troisième fois, mis & attachés audit carcan, avec des échantillons des marchandises sur eux confisquéées, pendant deux heures; ordonne en outre sa majesté que les gardes & jurés préposés à la visite & marque desdites *manufactures*, auront un livre dans lequel ils transcriront tous lesdits jugemens; & que ceux nommés d'office pour lesdites visite & marque, se rendront aux halles & bureaux où elles se devront faire aux jours & heures prises à cet effet, à peine de 4 liv. d'amende contre chacun pour chaque fois qu'ils y manqueront, sans excuse légitime; & que les échevins des villes, & autres faisant mêmes fonctions, assisteront auxdites visites & marques, chacun à tour de rôle par semaine, sous pareille peine. Enjoint sa majesté aux juges, sur le fait desdites *manufactures*, de se conformer dans leurs jugemens au présent arrêt, & tenir la main à l'exécution d'icelui, à peine d'en répondre en leurs privés noms, & sera ledit arrêt lu, publié, affiché & exécuté par-tout où il appartiendra, & régistré en tous les greffes des jurisdictions, sur le fait des *manufactures*, & des juges-consuls, & sur les livres des communautés des marchands & ouvriers de toutes les villes & bourgs du royaume, à la diligence des procureurs de sa majesté, ou syndics dans lesdites jurisdictions, qui certifieront le conseil de leurs diligences dans deux mois, sur peine de 500 liv. d'amende; le tout nonobstant oppositions ou appellations quelconques, dont si aucunes interviennent, sa majesté se réserve la connoissance & à son conseil, & l'interdit à toutes ses cours & autres juges ».

15 Mars 1671 autre arrêt du conseil: « le roi s'étant fait représenter sa déclaration du mois d'août 1669, régistrée en sa présence en sa cour du parlement de Paris, contenant que les maires, échevins, capitouls, jurats & autres officiers ayant pareilles fonctions dans les hôtels-de-ville de son royaume, connoîtront en première instance, privativement à tous autres juges, des différens mûs & à mouvoir entre les ouvriers employés aux *manufactures* d'or, d'argent, soie, laine & fil, & entre les marchands & lesdits ouvriers, pour raison des longueurs, largeurs, qualités, teintures, blanchissages, visites & marques desdites marchandises, qualités des laines, peines & salaires des ouvriers, & des comptes des gardes & jurés desdites communautés desdits marchands & ouvriers, pour être le tout jugé sommairement, gratuitement & sans frais, jusqu'à la somme de 150 liv. en dernier ressort & sans appel, & par provision, à quelque somme que ce puisse être, nonobstant l'appel; & quoiqu'aux termes de ladite déclaration, lesdits maires & échevins doivent connoître des procès concernant les rébellions qui se font lorsque les gardes & jurés, commis & préposés, faisant leurs visites desdites *manufactures*, se mettent en devoir de saisir celles qu'ils trouveront défectueuses, & des rébellions qui se font aux huissiers & sergens qui exécutent les sentences rendues par lesdits maires & échevins, étant juste que les incidens criminels, émanés du civil, appartiennent au juge civil, particulièrement lorsque l'action ne mérite pas une peine afflictive ou infamante; néanmoins les officiers des justices ordinaires prétendent connoître desdites rébellions, & à ce sujet troublent la jurisdiction sur le fait desdites *manufactures*, & d'au-

tant que lesdites contestations forment des conflits de jurisdiction entre les juges ordinaires & les maires & échevins, qui retardent l'observation des réglemens sur le fait des *manufactures*, & engagent les gardes & jurés en des grands frais, & les pourroient obliger à se relâcher de l'exactitude qu'ils sont tenus d'apporter dans les visites & marques des marchandises; sa majesté désirant y pourvoir, oui le rapport du sieur Colbert, conseiller ordinaire au conseil-royal, & contrôleur-général des finances; sa majesté étant en son conseil royal de commerce, interprétant en tant que besoin seroit, sa déclaration du mois d'août *1669*, a ordonné & ordonne que les maires & échevins des villes, jurats, capitouls, & autres officiers ayant pareille fonction dans les hôtels-de-ville du royaume, connoîtront en première instance, privativement à tous autres juges, des rébellions qui seront faites aux gardes & jurés des communautés des marchands & ouvriers, dans l'exercice de leurs fonctions; & aux huissiers & commis & préposés à la visite, marque & saisie des *manufactures* & métiers, ensemble de celles qui se commettront, à l'exécution de leurs sentences, qu'ils en pourront informer, décréter contre les accusés, & les condamner en telle réparation pécuniaire que le cas méritera, même en une aumône arbitraire, & en une amende, jusqu'à la somme de 10 liv. seulement; faisant sa majesté défenses à tous autres juges d'en connoître, à peine d'interdiction, & aux parties de se pourvoir, pour raison de ce, pardevant autres juges que lesdits maires & échevins, à peine de nullité, cassation des procédures, & de 500 liv. d'amende, sauf si le fait requéroit une amende plus forte, ou qu'il échût peine afflictive ou infâmante, de renvoyer les informations, & de laisser la connoissance entière aux juges ordinaires qui en doivent connoître; & sera le présent arrêt exécuté, nonobstant oppositions ou appellations quelconques, dont si aucunes interviennent, sa majesté s'en réserve la connoissance, & à son conseil, & l'interdit à toutes ses cours & autres juges ».

18 Novembre 1673, autre arrêt du conseil, lequel ordonne « que les réglemens généraux des mois d'août *1669*, pour les longueurs, largeurs, teintures & marques des étoffes; ensemble les arrêts du conseil en interprétation d'iceux, seront exécutés selon leur forme & teneur; & en conséquence, les maires, échevins, jurats, capitouls & autres juges, auxquels la connoissance est attribuée en première instance, jugeront en conformité d'iceux, à peine d'en répondre en leur propre & privé nom, des amendes & confiscations qu'ils auront dû prononcer, & d'interdiction; enjoignons aux intendans de tenir la main à l'exécution du présent arrêt ».

Dix décembre 1685, arrêt du conseil lequel ordonne: « aux intendans de province de tenir la main à l'exacte observation desdits réglemens; & ce faisant, veut & entend qu'ils veillent à la conduite que tiendront dorénavant dans les villes & & bourgs de leurs départemens, les gardes-jurés des marchands dans les visites qu'ils sont obligés de faire, & qu'en cas qu'aucun deux négligent de le faire, & qu'aussi les maires, échevins, jurats, capitouls desdites villes diminuent contre les délinquans les peines marquées par lesdits réglemens, & n'observent pas ponctuellement à leur égard ce qui est prescrit par iceux, lesdits intendans procèdent contre les uns & les autres par voie d'amende, & les condamnent à telles sommes qu'ils verront être juste & à propos? au paiement desquelles amendes veut sa majesté que les condamnés satisfassent & y soient contraints par toutes voies dûes & raisonnables.

C'est dans cet état des choses que Louis XIV, par ses édits d'octobre *1699*, & novembre *1706*, ayant établi dans les provinces des juges de police, il leur a attribué la connoissance des *manufactures*; l'édit d'octobre *1699*, portant littéralement, « lesdits juges auront la connoissance des *manufactures*, & dépendances d'icelles ».

Aussi, l'édit du mois d'aout 1704, portant création des inspecteurs des *manufactures*, dispose: « que lesdits inspecteurs feront leur rapport des contraventions devant les juges de police des villes & lieux où leurs procès-verbaux auront été faits, & que la confiscation sera poursuivie devant les lieutenans-généraux de police, auxquels la connoissance des *manufactures* est attribuée ».

Un arrêt du conseil du 5 décembre 1719, rendu contradictoirement & en très-grande connoissance de cause, a maintenu les officiers de police de Cherbourg dans le droit & la possession de connoître exclusivement à tous autres, de tout ce qui concerne les *manufactures*.

Il résulte donc que les hôtels de-ville n'ont plus sous leur jurisdiction les *manufactures*, qu'autant qu'ils ont acquis les offices de police; c'est même raison de décider pour les arts & métiers.

Les nouveaux réglemens se servent seulement du mot générique, juges des *manufactures*, sans désigner d'ailleurs quels sont & quels doivent être ces juges; ce qui confirme implicitement les officiers de police dans leur droit & leur possession.

L'arrêt du conseil du 28 juin 1781, dispose: » vu au conseil d'état du roi; sa majesté y étant les lettres-patentes du premier juin 1780, par lesquelles entr'autres dispositions, il a été ordonné que les bureaux de visite & de marque qui seront établis dans les principaux lieux de fabrique du royaume, seront desservis par des gardes-jurés, soit marchands, soit fabricans, qui seront élus pour la première fois par les juges des *manufactures*; & qu'à leur défaut lesdits bureaux seront desservis par des préposés particuliers, lesquels, ainsi que les gardes, seront tenus de prêter serment entre les mains desdits juges, de se conformer dans l'exercice de leurs fonctions, aux dispositions des réglemens : & sa majesté ayant reconnu que par lesdites lettres-patentes il n'a point été ordonné que lesdits juges continueront d'assister aux élections des gardes qui seront faites par la suite; ni déterminé les honoraires qui leur seront payés, tant pour leur assistance auxdites élections, & pour l'enregistrement des commissions données aux dits préposés, que pour la réception du serment qui doit être prêté par tous ceux qui seront chargés de la desserte des bureaux de visite & de marque, à quoi desirant pourvoir : ouï le rapport du sieur Joly-de-Fleury, conseiller d'état ordinaire, & au conseil royal des finances; le roi étant en son conseil a ordonné & ordonne qu'à l'avenir il sera procédé en présence des juges des *manufactures*, aux élections des gardes jurés, lesquels au surplus continueront d'être faites conformément à l'article 2, des lettres-patentes du premier juin 1780, par la voie du scrutin, dans une assemblée générale de tous les fabricans, convoquée par les gardes alors en exercice. Veut sa majesté qu'aussi-tôt après leur élection, les gardes nouvellement élus, soient tenus de prêter serment entre les mains desdits juges, de bien & fidellement exercer leurs fonctions, dont & du tout, sera dressé procès-verbal, lequel sera déposé au greffe de la jurisdiction des *manufactures*; & que, tant pour leurs assistances auxdites élections, que pour la réception du serment qui sera prêté par tous les gardes élus, il soit payé au dit juge la somme de six livres, & celle de quarante sols au greffier, pour l'expédition du susdit procès-verbal : & seront lesdites deux sommes employées en dépense dans le compte qui sera rendu du produit du droit de marque. Ordonne pareillement sa majesté que les préposes pour la desserte des bureaux de visite & de marque, qui ne pourront être desservis par des gardes-jurés, seront tenus aussi-tôt après leur nomination, de faire enregistrer au greffe des *manufactures* la commission qui leur aura été expédiée, & de prêter pareillement serment entre les mains du juge des *manufactures*, de se conformer exactement en ce qui les concerne, aux dispositions des réglemens. Autorise sa majesté lesdits préposés à payer audit juge la somme de trois livres pour ses honoraires, & celle de quarante sous au greffier, tant pour l'enregistrement de la commission, que pour le procès-verbal qui constatera qu'ils ont prêté serment : & seront lesdites deux sommes employées en dépense dans le compte du produit du droit de marque : ordonne au surplus sa majesté, que les dispositions du réglement du mois d'août *1669*, continueront d'être exécutées en tout ce qui concerne les honoraires attribués aux officiers des jurisdictions des *manufactures*, sans que, sous quelque prétexte que ce soit, il puisse être exigé par eux, d'autres & plus fortes sommes que celles fixées par ledit réglement, & le présent arrêt : & ce, sous telle peine qu'il appartiendra ».

§. I I.

Forme de procéder

Le même édit du mois d'août *1669* : « voulons que les procès soient traités sommairement sans ministère d'avocats ni procureurs, & à l'audience, sur ce qui aura été dit & représenté par la bouche des parties; & où il y auroit quelques pièces à voir, & que les différends fussent de telle qualité qu'ils ne pussent être jugés sur le champ, les pièces seront mises sur le bureau pour être les différends jugés sans appointement, procédures ni autres formalités de justice; & sans que, pour quelque cause que ce puisse être, lesdits maires & échevins, capitouls, jurats & autres, puissent recevoir ni prendre aucuns droits, sous prétexte d'épices, salaires & vacations, ni les greffiers, aucuns autres droits, que deux sous seulement, pour chacun feuillet des sentences qu'ils expédieront, lesquelles sentences seront écrites en la forme & manière portée par les réglemens faits pour les jurisdictions des juges-consuls.

» Pourront lesdits échevins, prendre les avis des maîtres & gardes & jurés en charges des ouvrages desdites *manufactures*, qu'ils seront tenus de leur donner en personne, ou par écrit, aussitôt qu'ils en seront requis, gratuitement, & sans frais ».

» Seront tenus lesdits échevins de juger & prononcer suivant les statuts & réglemens de chacun métier dont il s'agira, sans que les peines portées par iceux, puissent être remises ni modérées, à peine d'en répondre en leur propre & privé nom.

» Seront lesdits ouvriers & autres parties condamnés, contraints par corps au paiement des sommes portées par les jugemens qui interviendront, nonobstant toutes lettres de répi, surséances & défenses qu'ils pourroient obtenir, que nous avons dès-à-présent déclarées nulles, & de nul effet ».

Quinze janvier 1784, arrêt du conseil : « vu

au conseil d'état du roi, sa majesté y étant, les lettres-patentes du premier juin 1780, par l'article 8, desquelles il est ordonné que les procès-verbaux des contraventions aux dispositions des réglemens, continueront d'être dressés sur papier non-timbré, sans qu'il soit besoin du ministère d'huissiers; qu'ils énonceront la nature desdites contraventions, & qu'il y sera statué par les juges qui en doivent connoître, à la poursuite & diligence des gardes-jurés : vu pareillement l'édit du mois d'août 1669, qui ordonne que les procès concernant les *manufactures*, seront traités sommairement & sans ministère d'avocats & procureurs, à l'audience, sur ce qui aura été représenté par la bouche des parties : & sa majesté étant informé que malgré des dispositions aussi précises, néanmoins plusieurs juges des *manufactures* ont cru devoir déclarer nuls des procès-verbaux dressés pour cause de contraventions aux réglemens, parce qu'ils avoient été dressés par des gardes-jurés ou préposés, seuls & sans le concours & l'assistance d'huissiers; que d'autres ont autorisés des procureurs postulans dans les jurisdictions royales à défendre devant eux les parties contre lesquelles lesdits procès-verbaux ont été dressés; que de leurs côtés, les gardes-jurés ou préposés ont négligé de faire contrôler leurs procès-verbaux avant de les déposer au greffe des jurisdictions des *manufactures*, & qu'au lieu de les faire signifier par huissier aux parties contre lesquelles ils ont été dressés, & de les faire ajourner à jour fixe, pour comparoître devant lesdits juges, ils se sont bornés à les en avertir verbalement ou par écrit, ce qui peut donner lieu à beaucoup d'abus : à quoi voulant pourvoir. Ouï le rapport du sieur Calonne, conseiller ordinaire au conseil royal, contrôleur général des finances, le roi, étant en son conseil, a ordonné & ordonne que les lettres-patentes du premier juin 1780 : & l'édit du mois d'août 1669, seront exécutés suivant leur forme & teneur; autorise en conséquence sa majesté, tant les gardes-jurés que les autres préposés aux bureaux de visite & de marque, à dresser eux-mêmes sur papier non-timbré; & sans avoir besoin du ministère d'huissier, leurs procès-verbaux pour raison des contraventions commises aux dispositions des réglemens, sur lesquelles procès-verbaux il sera statué par les juges des *manufactures* à la seule diligence desdits gardes-jurés ou préposés, après néanmoins que lesdits procès-verbaux auront été préalablement contrôlés, & que signification en aura été faite par le ministère d'un huissier, aux parties contre lesquelles ils auront été dressés, & auxquelles il en sera en même temps donné assignation par ledit huissier, pour comparoître en personne devant lesdits juges, dans les délais ordinaires & accoutumés; & sans qu'il soit besoin du ministère d'avocats & procureurs; & seront, si besoin est, sur le présent arrêt, toutes lettres-patentes nécessaires, expédiées ».

§. III.

Des inspecteurs des manufactures.

C'est au fameux Colbert que la France doit ses premiers réglemens concernant les *manufactures* & ce ministre après avoir réglé la jurisdiction & & la fabrication, a cru devoir préposer particuliérement des personnes pour veiller à la manutention de ses réglemens; l'instruction générale donnée à cet effet, & enregistrée au parlement en présence de sa majesté, le 13 août 1669, dispose : « le roi ayant desiré remédier aux abus qui se commettent en la fabrique & teinture des *manufactures* de France, par un bon ordre qui les porte dans leur plus grande perfection; sa majesté auroit eu la bonté d'en faire dresser des réglemens généraux, & de les faire registrer en son parlement de Paris, le 13 août 1669; mais comme leur observation doit faire l'accomplissement de ce grand ouvrage, sa majesté a résolu d'envoyer commis dans toutes les provinces de son royaume, pour y tenir exactement la main, & informer les juges de police des *manufactures*, les marchands & les ouvriers, de ses volontés sur l'exécution desdits réglemens, afin que tous ceux auxquels elle sera commise, s'y conforment, & n'ayent aucun prétexte pour excuser les contraventions ou le retardement qu'ils pourroient y apporter. C'est pourquoi, de l'ordre exprès de sa majesté, nous aurions dressé la présente instruction, en la maniére qui en suit ».

Art. 1 : « ledit commis se rendra incessamment auprès de M.... maître des requêtes, commissaire départi par sa majesté pour l'exécution de ses ordres, en la généralité de.... pour lui délivrer la lettre que nous lui écrivons, afin de l'informer de cette instruction, & recevoir ses ordres aux échevins & officiers des lieux où les *manufactures* sont établies, pour l'entiére & parfaite exécution desdits réglemens, & présente instruction.

Art. 2. « ledit commis ayant reçu les ordres dudit sieur intendant, se transportera incessamment dans la ville la plus proche, & où il se fait le plus de *manufactures*, pour, en toute diligence, voir les maires, échevins & le juge ordinaire, si tant est que ledit juge ait quelque fonction pour les *manufactures*, après leur avoir délivré les lettres dudit sieur intendant; il saura d'eux si les réglemens pour les *manufactures* & pour la jurisdiction d'icelles, ont été registrés & publiés au greffe de l'hôtel-de-ville, & en celui de la justice ordinaire, & s'ils ne l'ont été, le fera faire le lendemain, & en retirera les actes & procès-verbaux ».

Art. 3 « & afin que ledit commis soient pleinement informé à quelles personnes il doit s'adresser, il observera que suivant la disposition du réglement pour la jurisdiction desdites *manufactures*, & les intentions de sa majesté, les maires & échevins ou autres faisant pareille fonction dans les hôtels-de-ville, lesquels avant lesdits réglemens connoissoient seuls des différends concernant lesdites *manufactures*, continueront de le faire à l'avenir, comme par le passé, d'autant qu'à leur égard ledit réglement n'est qu'une confirmation de leur jurisdiction. Mais si avant ledit réglement les juges ordinaires avoient ladite jurisdiction, lesdits maires & échevins ou autres ayant même fonction, en conséquence de l'attribution qui leur a été faite par ledit réglement du 13 août 1699, connoîtront des différends entre les marchands & les ouvriers pour raison des matières, fabrique, teinture, blanchissages, marque & valeur des ouvrages, peines & salaires des ouvriers, contraventions auxdits réglemens & comptes des gardes & jurés, le tout sommairement, gratuitement, & sans frais; & quant aux juges ordinaires des villes & lieux où il y aura des maires & échevins ou autres faisant pareilles fonctions, ils ne pourront à présent connoître que des assemblées pour l'élection des gardes & jurés prestations de serment d'iceux, examen du chef-d'œuvre, réception des maîtres & des affaires criminelles; toutefois s'il n'y a point d'échevins ou autres personnes faisant pareille fonction dans ledit hôtel-de-ville, lesdits juges ordinaires doivent connoître à l'avenir, ainsi qu'ils faisoient par le passé, de toute la police des *manufactures*, & pour les maires & échevins ou conseillers-de-ville qui doivent composer le nombre des juges des *manufactures*, ledit commis se conformera aux deux arrêts du conseil rendus pour ce sujet, les 6 janvier & 19 avril 1670 ».

Art. 4 : « ledit commis saura s'il y a maîtrise aux lieux où les *manufactures* sont établies, & si les maîtres ont fait inscrire leurs noms sur le regiltre du greffe de l'hôtel-de-ville, & celui du juge ordinaire, & de la communauté du corps du métier; sinon le fera faire, savoir, gratis à l'hôtel-de-ville, & aux maîtres de la communauté, & quinze sous au juge ordinaire, & cinq sous à son greffier pour chacun acte, & s'il en étoit payé d'avantage, il le fera rendre; & jusques à ladite inscription des noms, il fera interdire les maîtres de leur travail, & empêchera qu'autres que ceux qui seront inscrits sur lesdits registres, & auront ledit acte d'inscription puissent travailler comme maîtres, afin de composer par ce moyen, un corps & communauté de personnes capables, & fermer la porte aux ignorans.

» Le même ordre sera observé aux lieux où il n'y a point de maîtrise, en se faisant inscrire sur le registre du juge de police du lieu de leur demeure; s'il n'y a point de gardes ou jurés; il faudra promptement faire assembler les maîtres, & en faire élire le nombre que réquerra le travail; & pour cet effet, le juge ordonnera ladite assemblée, & enjoindra aux maîtres de s'y trouver, à peine de vingt sous d'amende contre les défaillans, & s'ils étoient refusans de nommer lesdits jurés, le juge en nommera d'office, & ordonnera qu'ils exerceront dans trois jours, à peine de trente livres d'amende; & la plus grande, s'il échet, au paiement de toutes les lesquelles amendes il faudra faire contraindre les condamnés promptement, parce que les exemples de désobéissance sont de conséquence ».

Art. 11 : « ledit commis fera assembler les jurés, & tous les maîtres dans la chambre de la communauté, & leur fera la lecture dudit réglement, expliquera sur chacun article, ce qu'ils doivent faire pour le bien exécuter, & leur fera connoître que s'ils y contreviennent, il s'ensuivra infailliblement leur ruine, parce que leurs étoffes seront confisquées, & les lisières déchirées publiquement, ce qu'ils ne sauroient éviter; car non-seulement leurs marchandises seront visitées par les jurés du lieu, mais encore par les gardes des marchands des villes & des foires où elles seront portées pour être vendues & débitées, l'ordre en étant donné dans toutes les villes du royaume, & y ayant des commis par nous envoyés dans toutes les provinces, pour y tenir la main; & ainsi, la seule ressource desdits ouvriers est de bien travailler; ce que faisant, leurs marchandises seront plus dans le commerce que par le passé, d'autant qu'il en viendra moins des pays étrangers; ne pas obmettre de leur représenter sur cela que les étoffes de même nom, espèce & qualité, doivent être uniformes dans tout le royaume pour leur longueur, largeur & force, & que les ouvriers d'un lieu n'auront point d'avantage indirect sur ceux d'un autre, en la débite de leurs marchandises, mais seulement celui de la mieux faire ».

Art 14 : « ledit commis observera que les marchandises ne pourront être exposées en vente, que le nom des ouvriers, ne soit mis au chef de la pièce faite sur le métier, & non à l'aiguille; & qu'elles ne soient marquées de la nouvelle marque par les jurés, à peine de confiscation, quand même elles seroient conformes audit réglement; & si, après ladite marque appolée, elles sont jugées défectueuses, & confisquées sur une seconde visite, qui en seroit faite; en ce cas, la peine de la confiscation tombera sur le juré qui l'aura mal marquée, sans aucune répétition contre l'ouvrier & façonnier, la présomption étant qu'il l'a fait malicieusement, & en fraude ».

Art. 28 : « ledit commis s'informera & fera un mémoire

mémoire de toutes les foires considérables, qui se tiendront dans son département, pour les *manufactures* des étoffes de soie, laine, coton, fil & poil; des lieux & des jours que se tiendront lesdites foires, & s'y transportera avec le juge de la police des *manufactures*, & les gardes & jurés desdits lieux, pour visiter lesdites marchandises; voir si elles ont été marquées aux lieux de leur fabrique, & si elles sont de qualité portée par ledit réglement; & s'il s'en trouvoit qui ne le fussent pas, les faire saisir & confisquer, & déchirer les lisières publiquement sur-le-champ, pourvu qu'elles ne soient marquées de la marque ancienne, c'est-à-dire, de la marque des marchandises faites avant ledit réglement. Mais comme il est fort important de ne pas troubler le commerce des foires, & que peu de chose est capable de l'interrompre, l'on doit procéder en tout cela avec bien de la prudence, de l'adresse & de la vigilance aux jours & heures les plus commodes aux vendeurs & acheteurs, & insinuer à tous les marchands de ne plus acheter des marchandises étroites & non-conformes audit réglement, leur représentant que la peine de la confiscation tombe directement sur eux; & que quand on leur donneroit leur recours contre les ouvriers & façonniers qui les ont faites, ils ne pourroient éviter, en leur particulier, une condamnation d'amende, pour les avoir achetées au préjudice des défenses qui leur en sont faites ».

Art. 42 : « ledit commis fera des mémoires en tous lieux des remarques qu'on aura faites sur les réglemens des *manufactures*, soit de ce qu'on croira y avoir été obmis, ou qui n'auroit point été expliqué assez nettement, ou qui seroit contraire à la perfection des *manufactures*, & des moyens de mieux faire, & d'en augmenter le commerce; à l'effet de quoi, & pour bien discuter toutes choses, les échevins feront assembler dans l'hôtel-de-ville les principaux & les plus habiles marchands & maîtres façonniers, pour y donner leurs avis, dont sera dressé procès-verbal. Les juges ordinaires de la police, où il n'y a point d'échevins, feront la même chose; observant néanmoins que cela ne doit différer l'exécution desdits réglemens, jusqu'à ce qu'il y ait été pourvu par sa majesté, si elle le juge nécessaire ».

Art. 60 : « verra avec les sieurs échevins des villes où il y a des hôpitaux, les moyens d'occuper les pauvres au travail des *manufactures*, comme aussi les gens fainéans, & de leur fournir les outils, métiers & matières nécessaires ».

Art. 61 : « lesdits sieurs échevins, les juges de police, & les gardes & jurés des communautés, se conformeront à notre présente instruction, chacun à leur égard, & donneront entrée, séance & voix délibérative auxdits commis, en toutes assemblées qu'ils feront, concernant l'exécution desdits réglemens, & lui donneront, à cette fin, conseil, aide & protection, quand ils en seront requis; comme aussi tous marchands, teinturiers, façonniers & ouvriers, donneront entrée audit commis en leurs maisons, boutiques & magasins, pour y voir & visiter leurs marchandises, toutefois & quantes qu'ils en seront par lui requis ».

Art. 62 : « incontinent après l'arrivée dudit commis dans les villes ou gros bourgs, les échevins tiendront conseil de police pour les *manufactures*, dans l'hôtel-de-ville; & s'il n'y a point d'échevins, ce sera le juge de police, auquel ledit commis assistera, ensemble les gardes & jurés en charge, les anciens maîtres qui ont passé par les charges; & tel nombre de maîtres, marchands & notables bourgeois, qui sera réglé par lesdits sieurs échevins, ou par lesdits juges, pardevant qui se tiendra ledit conseil, sans qu'autres que ceux qui seront appellés s'y puissent trouver, à peine d'être traités comme factieux; & audit conseil sera délibéré & arrêté les moyens les plus raisonnables & avantageux pour l'exécution desdits réglemens, & de la présente instruction, l'augmentation & le bien du commerce, & sur-tout pour marquer en cette occasion une parfaite obéissance aux volontés de sa majesté, que nous avons par son ordre amplement exprimées dans cette instruction ».

Art. 63 : « ledit commis observera exactement la conduite des gardes & jurés, & s'ils ne s'acquittent bien de leur devoir, en fera ses plaintes auxdits sieurs échevins, & où il n'y en auroit, les fera au juge de police, afin qu'ils y pourvoient; comme aussi prendra garde à la capacité & conduite desdits sieurs maires & échevins, & des juges de police, & si elle ne répond pas à nos intentions pour la parfaite exécution desdits réglemens & de cette instruction; il en fera ses plaintes à M. l'intendant de la province, afin qu'il se transporte sur les lieux, pour y donner les ordres nécessaires; & à toutes les occasions, ledit commis nous informera particulièrement de tout ce qui se sera passé à cet égard, & nous marquera les noms & demeures des maires & échevins, & des juges qui seront les plus capables, & les mieux intentionnés ».

Art. 64 : « s'il arrivoit quelque contestation pour l'attribution des amendes qui seront adjugées pour le fait des *manufactures*; ledit commis fera savoir à ceux qui les prétendront, que sa majesté s'étant expliquée sur cela, a résolu de ne s'attribuer que la moitié des amendes qui seront adjugées dans l'étendue de ses justices royales; & qu'au regard de celles qui seront adjugées dans l'étendue de ses justices subalternes, ladite moitié appartiendra aux seigneurs-justiciers, qui en jouissoient avant lesdits réglemens-généraux, & pour l'autre moitié, qu'elle appartiendra en toutes jurisdictions, aux jurés & aux pauvres du lieu où les jugemens auront été rendus, chacun pour moitié ».

Art. 65 : « de tout ce que dessus, ledit commis dressera ses procès-verbaux, pour nous en rendre compte, lorsque nous le lui ordonnerons; & cependant nous informera par ses lettres de ses diligences, de quinzaine en quinzaine, nous fera savoir le lieu où nous lui adresserons nos ordres; & se comportera en toutes choses avec application, prudence, fidélité, affection & vigilance ».

31 Décembre 1675, arrêt du conseil qui attribue aux commis & inspecteurs des *manufactures*, 2000 l. d'appointemens à prendre & à percevoir sur le produit du sou pour livre par pièce d'étoffe, tant de soie, que de laine & fil, qui seront visitées & marquées par les maîtres & gardes & jurés des drapiers & sergers des villes, bourgs & villages du royaume, duquel sou pour livre, lesdits jurés tiendront régistre, ainsi que des amendes.

8 Mars 1686, autre arrêt du conseil, lequel, en confirmant celui ci-dessus, ordonne : « que les gardes & jurés de toutes les communautés, où il y a des *manufactures* établies, seront tenus & obligés d'avoir un régistre paraphé, sans frais, par les juges des *manufactures*, dans lequel régistre, lesdits jurés seront tenus d'insérer toutes les pièces d'étoffes généralement qui leur seront apportées, pour être marquées; ensemble les amendes, auxquelles les marchands en fraude auront été condamnés, à peine d'amende contre lesdits jurés, laquelle sera arbitrée par l'intendant ou commissaire départi en chaque généralité, sur la plainte qui leur en sera faite; enjoignant sa majesté aux commis & inspecteurs des *manufactures*, de tenir la main à l'exécution du présent arrêt, & de se faire représenter lesdits régistres dans le cours de leurs visites, pour vérifier s'ils sont tenus exactement ».

23 Juin 1687, autre arrêt du conseil, lequel » autorise les inspecteurs des *manufactures* à aller en visite chez les marchands, toutefois & quand bon leur semble; enjoint auxdits marchands d'ouvrir, sans difficulté, leurs maisons, boutiques & magasins ».

29 Mars 1691, arrêt du conseil, lequel ordonne » que dans tous les conseils & assemblées des *manufactures*, les inspecteurs seront appellés, & pourront y assister si bon leur semble ».

Août 1704, édit qui crée en offices les places d'inspecteurs des *manufactures*, & leur attribue différens droits & privilèges ».

3 Novembre 1715, déclaration duement régistrée, laquelle dispose : « le feu roi, de glorieuse mémoire, notre très-cher & très-honoré seigneur & bisaïeul, auroit par son édit du mois d'octobre 1704, créé & érigé en titre d'office des inspecteurs-généraux, & des commissaires-visiteurs & contrôleurs des *manufactures* de draps & de toiles de notre royaume, auxquels il auroit entr'autres privilèges accordé l'exemption de tutelle, curatelle, nomination à icelles, collecte de tailles, guet & garde, logement de gens de guerre & service de milice, tant pour eux que pour leurs enfans; mais lesdits offices n'ayant point été levés, attendu le rachat qui en a été fait par les villes & communautés, il auroit depuis jugé à propos de permettre au sieur contrôleur-général des finances de commettre au lieu & place desdits officiers des personnes capables d'en faire les fonctions : en veillant à l'observation des réglemens des mois de mars 1667, d'août 1669 & 1676, de juillet 1684, d'avril 1693, & décembre 1701, & en d'autres tems pour le travail, la longueur, largeur & teinture des étoffes de laine, fil & soie, & comme lesdits inspecteurs, n'exerçant que par commission, ne sont pas en droit de jouir des privilèges accordés par ledit édit du mois d'octobre 1704, à ceux qui devoient être pourvus desdits offices, & que cependant ayant à en faire les fonctions, il ne convient pas qu'ils soient sujets à aucunes des charges publiques, capables de les en détourner ».

» A ces causes, de l'avis de notre très-cher & très-amé oncle le duc d'Orléans, régent, de notre très-cher & très-amé cousin, le duc de Bourbon, de notre très-cher & très-amé oncle le duc du Maine, de notre très-cher & très-amé oncle le comte de Toulouse & autres pairs de France, grands & notables personnages de notre royaume, & de notre certaine science, pleine puissance & autorité royale; nous avons, par ces présentes signées de notre main, exempté & exemptons tous lesdits inspecteurs des *manufactures* de draps & de toiles de notre royaume, de la collecte, tutelle, curatelle, nomination à icelles, garde, guet, séquestre, garde-meubles & fruits, ou autres charges publiques; ensemble du service de la milice, tant pour eux que pour leurs enfans; voulons que ceux desdits inspecteurs qui peuvent avoir été nommés tuteurs ou curateurs, ou appellés aux nominations de tutelle ou curatelle, depuis que leur commission d'inspecteur leur a été délivrée, soient & demeurent déchargés desdites charges, en vertu des présentes; & qu'il soit incessamment procédé à la nomination d'autres tuteurs ou curateurs, pourvu néanmoins qu'ils ne se soient pas immiscés à ladite tutelle ou curatelle, ou qu'ils n'en aient pas provoqué la nomination ».

7 Août 1718, arrêt du conseil, lequel en confirmant les privilèges ci-dessus, ajoute « que dans les provinces & généralités de leur résidence, les

inspecteurs des *manufactures* seront exempts de la taille, pourvu néanmoins qu'ils n'y possèdent aucun immeuble ; qu'ils n'aient point été imposés à la taille, auparavant dans la province où ils exercent leurs emplois, & qu'ils ne fassent aucun commerce ».

§. IV.

GARDES & JURÉS.

Anciens Réglemens.

Le réglement du mois d'août 1669, concernant les drapiers & sergers porte :

Art. 35 : « pour maintenir les maîtres & communautés desdits métiers dans l'union & la bonne intelligence en laquelle ils doivent vivre, & pour tenir la main à l'exécution des présens statuts & réglemens, sera nommé par chacun an, à la pluralité des voix, le même jour que lesdites élections ont été ci-devant faites, & pour les lieux où n'en a été fait, à tel jour qui sera réglé par les officiers qui ont droit de le faire, le nombre de gardes ou jurés desdits métiers de drapiers & sergers qu'ils aviseront bon être, eu égard aux lieux où se feront lesdites élections, lesquels jurés prêteront le serment par-devant lesdits officiers, de bien & duement exercer leur commission pendant le tems d'icelle, qui ne pourra être moins que d'une année ; & lesdits jurés sortant de charge, sera procédé à nouvelle élection d'autres jurés en leur lieu ; mais de manière qu'il y reste toujours deux anciens, ou un au moins pour instruire les nouveaux, & ainsi successivement d'année en année, le même ordre sera toujours observé ; & seront obligés lesdits gardes ou jurés de bien & duement faire ladite commission, & fidellement faire leur rapport au juge de police des *manufactures*, de toutes les contraventions qui pourroient être faites aux présens statuts & réglemens, à peine d'interdiction de ladite commission & de la maîtrise ; ne pourront les maîtres, compagnons & apprentis desdits métiers, s'assembler pour l'élection desdits jurés, ni pour quelques autres affaires que ce puisse être, s'ils n'en ont la permission des officiers qui ont le droit de la donner, à peine de 30 liv. d'amende contre chacun des contrevenans, & de leur être leur procès fait & parfait extraordinairement comme à des séditieux ; & lorsque lesdits gardes ou jurés sortiront de charge, ils remettront entre les mains de ceux qui leur succéderont tous les régistres & papiers concernant les affaires de ladite communauté ».

Art 39 : « tous les draps, serges, & autres étoffes seront vues & visitées, au retour du foulon, par les gardes & jurés en charge, & par eux marquées de la marque du lieu où elles auront été faites, si elles sont conformes au présent réglement ; & s'ils y trouvent de la défectuosité, ils les feront saisir, & en feront leur rapport aux juges de police des *manufactures*, pour en ordonner la confiscation, ainsi qu'ils aviseront bon être ; & si elles n'avoient la largeur ordonnée par ces présentes, les lisières en seront déchirées pubiquement ; & pour faciliter lesdites visites & marques desdites marchandises, il y aura en toutes les villes, bourgs & villages du royaume, où lesdites *manufactures* sont établies, une chambre de la grandeur nécessaire, dans les hôtels desdites villes, ou au bureau des communautés dudit corps, s'il se peut, ou autre lieu le plus commode, en laquelle chambre les ouvriers & façonniers seront tenus d'apporter leurs marchandises pour y être visitées & marquées comme dit est, aux jours & heures qui seront réglés & arrêtés par le juge de police des *manufactures* ; & à cette fin, lesdits gardes & jurés seront tenus de s'y rendre ; & si lesdites marchandises étoient portées en d'autres villes pour y être débitées, même celles des pays étrangers, sans exception, elles seront directement déchargées dans les halles ou autres lieux destinés aux visites des marchandises, & non ailleurs, excepté celles qui seront apportées aux foires, pour y être aussi vues & visitées par les maires & gardes de la draperie desdites villes, & par eux marquées, si elles sont de qualité requise, & où elles ne seroient, ou qu'à celles manufacturées en France, la marque du lieu où elles auront été faites, n'y eût été apposée, ou que le nom de l'ouvrier, fait sur le métier, & non à l'aiguille, n'eût été mis sur le chef & premier bout des pièces desdites marchandises, elles seront saisies ; & sur le rapport & à la diligence desdits maîtres & gardes & jurés, la confiscation en sera poursuivie par-devant les juges de police des *manufactures* ; & ne pourront aucuns marchands & ouvriers exposer en vente, vendre ni acheter lesdites marchandises, qu'au préalable elles n'aient été marquées, comme dit est, ni les gardes & jurés des lieux où lesdites marchandises auront été faites, ne les pourront marquer d'autre marque, que de celle desdits lieux ; le tout à peine de confiscation desdites marchandises, & de plus grande peine, s'il y échet ».

Art. 42 : « les gardes & jurés de la draperie & sergerie en charge, tiendront les halles & autres lieux destinés aux visites des marchandises, bien clos & fermés pour la sûreté desdites marchandises qui y seront déchargées, à peine de répondre en leurs privés noms, des pertes qui en pourroient arriver ; & sera tenu bon & fidèle régistre par lesdits gardes & jurés, ou leur préposé, de toutes les marchandises qui y auront été déchargées, des noms des marchands auxquels elles appartiendront du jour desdites décharges, & de celui qu'elles leur auront été rendues, en payant un sou par pièce seulement, pour subvenir auxdits frais, sans que ledit droit puisse être augmenté pour quelque cause que ce soit ».

Art 43 : « les marchands & ouvriers seront tenus de souffrir les visites des gardes & jurés, & s'ils en sont refusans, pourront lesdits jurés se faire assister d'un officier de justice, pour leur donner aide & main-forte contre les contrevenans ».

Art. 44 : « & parce qu'il arrive souvent des contestations entre les marchands, les façonniers & les auneurs, à cause que l'aunage des draps & serges larges se fait avec pouce, & évant au bout de l'aune, & qu'il se donne encore 21 aunes & un quart pour vingt, quelquefois plus, quelquefois moins; ce qui se pratique différemment en plusieurs lieux; quoique la manière des aunages doive être uniforme dans tous les royaumes; seront à l'avenir toutes sortes de marchandises aunées bois à bois, justement & sans évant; ne pourront les auneurs en user autrement, à peine de 100 liv. d'amende pour chacune contravention; & pour les draperies dont l'usage est de donner, par le façonnier, au marchand acheteur un excédant d'aunage pour la bonne mesure, ledit excédant ne pourra être, pour ce regard seulement, que d'une aune & un quart au plus, sur 21 aune un quart, vulgairement appellé 21 aune & un quart pour vingt, & les demi-pièces à proportion, sans que les marchands ne puissent prendre ni recevoir davantage, ni étendre ledit excédant d'aunage sur les autres marchandises, pour lesquelles n'en a jusqu'à présent été donné; le tout à peine aussi de 100 liv. d'amende pour chacune contravention ».

Art. 57 : « lesdits jurés en charge s'assembleront en la chambre de leurdite communauté, le premier lundi de tous les mois, à deux heures de relevée, & plus souvent s'il est besoin, pour conférer des affaires de ladite communauté, ouir les dénonciations & plaintes qui leur seront faites par les maîtres & apprentis touchant le fait de leur métier, pour être réglées à l'amiable; & au cas qu'il arrive quelques affaires importantes concernant ledit corps & communauté, qui pût donner occasion de procès, les gardes ou jurés en charge feront assembler en leur chambre le plus grand nombre des maîtres dudit corps qu'il leur sera possible, du moins celui de cinq; & ceux qui auront été en charge les deux années précédentes, auxquels ils proposeront les affaires dont il s'agira, pour les résoudre à la pluralité des voix; & ce qui sera ainsi résolu, sera transcrit sur ledit régistre de la communauté, & exécuté par tous les maîtres dudit corps, comme si tous y avoient assisté ».

Art. 58 : « toutes les amendes qui seront adjugées en conséquence des présentes, & pour les contraventions à icelles, seront applicables : savoir moitié à sa majesté, un quart aux gardes & jurés en charge, & l'autre quart aux pauvres du lieu où les jugemens, portant condamnation desdites amendes, seront rendus ».

Le réglement pour les teinturiers en laine, de 1669, art. 3 : « pour maintenir d'autant plus lesdits maîtres teinturiers du grand & bon teint, dans l'union & la bonne intelligence, en laquelle ils doivent vivre; & pour tenir la main à l'exécution des présens statuts & réglemens, sera nommé par chacun an, à la pluralité des voix, le même jour que les élections ont été ci-devant faites, & pour les lieux où n'en a encore été fait, à tel jour qu'ils aviseront bon être, un maître juré teinturier du bon teint, lequel prêtera le serment pardevant les officiers de la police du lieu de sa demeure, de bien & duement exercer ladite charge pendant une année, après l'expiration de laquelle en sera élu un autre en sa place, de même qualité, & ainsi successivement les années suivantes, le même ordre sera toujours gardé; enjoint audit juré de bien & fidellement faire sadite charge, de rechercher, en faisant ses visites, les contraventions qui pourroient être faites auxdits présens réglemens & statuts, & d'en faire son rapport par-devant lesdits officiers de police, en la manière accoutumée, sous peine d'interdiction de la maîtrise ».

Art. 57 : « les jurés en charge auront un régistre qui sera actuellement dans la chambre de la communauté, sur lequel ils transcriront les présens statuts & réglemens, pour y avoir recours, quand besoin sera, & feront lesdits jurés imprimer aux frais de leur communauté, lesdits présens statuts & réglemens, & en délivrer une copie pour une fois seulement, à chacun maître dudit corps, un mois après la publication d'iceux, dont lesdits maîtres signeront la réception sur ledit régistre, afin qu'ils ne les puissent ignorer, ni s'excuser sur les contraventions qu'ils y pourroient faire, le tout à peine de 100 liv. d'amende ».

Art. 58 : « lesdits jurés en charge s'assembleront en la chambre de leurdite communauté tous les premiers lundi du mois, à deux heures de relevée, & plus souvent s'il est besoin, pour conférer des affaires de ladite communauté, ouir les dénonciations & plaintes qui leur seront faites par les apprentis & maîtres compagnons, touchant le fait de la teinture, circonstances & dépendances d'icelle, pour être réglés à l'amiable par lesdits jurés en charge, qui seront tenus d'en donner leur avis par écrit, auquel les parties seront obligées de déférer, si mieux n'aiment payer, par forme de peine, la somme de 10 liv., (qui sera employée pour les affaires dudit corps,) lequel avis, les appellans seront tenus de rapporter avec la quittance de ladite somme de 10 liv. avant que d'être reçus à se pourvoir contre icelui ».

Art. 59 : « & au cas qu'il arrive quelques affaires importantes concernant ledit corps & communauté, qui pût donner occasion de procès, ou avoir d'autres suites de conséquence, les jurés en charge feront assembler en leur chambre le plus grand nombre des maîtres dudit corps, qu'il leur sera possible, du moins celui de cinq, si tant y en a, auxquels ils proposeront les affaires dont il s'agira, pour les résoudre à la pluralité des voix; & ce qui sera ainsi résolu, sera transcrit sur ledit régistre de la communauté, & exécuté par tous les maîtres dudit corps, comme si tous y avoient assisté ».

Art. 61: « toutes les amendes qui seront adjugées, en conséquence des présens statuts & règlemens, & pour les contraventions à iceux, seront applicables; savoir moitié à sa Majesté, un quart aux gardes de la draperie ou juré teinturier, qui auroit fait faire la saisie, & l'autre quart aux pauvres de l'hopital dudit lieu, où les jugemens seront rendus. «.

Les statuts, ordonnances & règlemens pour tous les teinturiers en soie, laine & fil du royaume portent, art. 2: « pour maintenir d'autant plus lesdits maîtres-marchands teinturiers dans l'union & la bonne intelligence en laquelle ils doivent vivre; & pour tenir la main à l'exécution des présens règlemens, sera nommé par chacun an, à la pluralité des voix, le même jour que les élections ont été ci-devant faites, & pour les lieux où n'en aura été faite, à tel jour qui sera réglé, par les officiers qui ont droit de le faire, le nombre de gardes ou jurés dudit art de teinturier qu'ils aviseront bon être, eu égard aux lieux où se font lesdites élections; savoir, dans les villes où il y a des teinturiers en soie, laine & fil, sera élu pareil nombre de teinturiers en soie, que de teinturiers en laine & fil, c'est-à-dire, que quand l'élection sera de quatre jurés, il y en aura deux en soie, un en laine, & un en fil, & s'il y en a plus, le même ordre & proportion sera observé; & dans les villes où il n'y aura que des teinturiers en laine & fil, le nombre des jurés de l'une & de l'autre qualité sera égal, lesquels gardes & jurés prêteront le serment par-devant lesdits officiers, de bien & dûment exercer leur commission pendant le temps d'icelle, qui ne pourra être moins que d'une année, & les jurés sortans de charge, sera procédé à nouvelle élection; mais de manière qu'il y ait toujours moitié de jurés teinturiers en soie, & l'autre moitié en laine & fil, & qu'il y reste moitié des anciens pour instruire les nouveaux, & ainsi successivement d'année en année, le même ordre sera toujours observé; seront tenus lesdits jurés de bien & dûment faire leurs charges, de rechercher en faisant leurs visites chez les maîtres teinturiers, les contraventions qui pourroient être faites au présent réglement, & d'en faire leur rapport en la manière accoutumée, au juge de police des *manufactures*: & seront lesdits gardes ou jurés, visités par deux maîtres du même corps, qui seront aussi choisis & nommés à la pluralité des voix, le même jour que l'élection desdits jurés, sans qu'ils puissent faire visite que chez lesdits jurés, ni à cause de ladite commission, prétendre rang ni voix délibérative, autre que celle de leur ancienneté; ne pourront lesdits maîtres dudit art faire aucunes brigues, festins & autres dépenses en quelque manière que ce soit, pour être élu garde ou juré, devant ni après l'élection, à peine de cent livres d'amende contre chacun de ceux qui auront fait lesdites brigues, donné ou accepté lesdits festins, dont sera délivré exécutoire par le juge de police, contre les contrevenans: & un mois après que lesdits jurés seront sortis de charge, ils seront tenus de rendre leur compte en présence de six anciens qui auront passé par les charges, & de trois modernes de toutes les qualités de teinturiers en soie, laine & fil, & sans frais. «

Art. 3: « les maîtres, gardes ou jurés en charge, chacun à leur égard, feront tous les ans quatre visites générales chez les maîtres teinturiers en soie, laine & fil, chez les plieurs de soie, pour chacune desquelles chacun maître teinturier leur payera dix sous, & leur donnera son nom, & les noms & surnoms de ses fils, compagnons & apprentis, pour connoître s'ils ont été enregistrés sur le registre de la communauté dudit corps: & en cas que lesdits gardes ou jurés trouvent de la défectuosité en quelques-unes desdites teintures, ils pourront faire saisir & enlever les choses mal teintes, en vertu du présent article, collationné par un conseiller sécretaire de sa majesté, sans demander *visa* ni *pareatis* à aucuns juges, étant assisté d'un officier de justice; à cet effet, tous les maîtres teinturiers & plieurs de soies, seront tenus d'ouvrir auxdits jurés, leurs maisons, magasins & boutiques; & lorsque lesdits maîtres teinturiers sortiront de charge, ils remettront entre les mains de ceux qui leur succéderont tous les registres & papiers de ladite communauté, avec les rôles où sont inscrits les noms & surnoms des maîtres, fils des maîtres, compagnons & apprentis qu'ils auront trouvés en faisant leurs visites, travaillans auxdites teintures. «

Art. 95. « les maîtres, gardes ou jurés en charge, s'assembleront au bureau de leur communauté une fois la semaine, & plus souvent s'il est nécessaire, pour conférer des affaires d'icelles, ouïr les plaintes & dénonciations qui leur seront faites par les maîtres, veuves de maîtres, compagnons ou apprentis dudit état, touchant le fait d'icelui, pour être réglé par lesdits jurés en charge, à l'amiable, s'il leur est possible; & au cas qu'il arrive quelques affaires de conséquence concernant ledit corps & communauté, lesdits gardes & jurés en charge assembleront les maîtres qui auront passé par les charges les deux dernières années, & six autres au moins des plus notables, auxquels ils proposeront lesdites affaires, & les résoudront à la pluralité des voix; & ce qui sera ainsi fait, sera exécuté par tous les autres maîtres, & transcrit sur ledit registre de la communauté, sur lequel le présent réglement sera aussi transcrit avec la liste de tous les maîtres dudit art, à chacun desquels lesdits maîtres & jurés en charge seront tenus de délivrer une copie dudit présent règlement, une fois seulement, aux frais & dépens de la communauté, de laquelle copie lesdits maîtres seront tenus de signer la réception sur ledit registre portant leur submission de l'exécuter, à peine de trente livres d'amende contre ceux qui seront refusans de le faire, même d'interdiction de la maîtrise, jusques à ce qu'ils y aient satisfait. «

Art, 96 : « & pour observer un ordre dans la direction des affaires de ladite communauté des marchands & maîtres teinturiers, les papiers, titres & contrats d'icelle, seront mis par inventaire en un coffre fermant à deux clefs, qui sera dans la chambre de ladite communauté, & dont l'une sera entre les mains de l'un des gardes ou jurés-teinturiers en soie, & l'autre entre les mains de l'un des gardes ou jurés-teinturiers en laine, pour la première année, & la seconde aux jurés-teinturiers en fil, alternativement entre lesdits teinturiers en laine & fil seulement, & perpétuellement en celle du juré-teinturier en soie, lesquels gardiens desdites clefs seront tenus de se trouver en la chambre de ladite communauté, pour l'ouverture dudit coffre, toutefois & quantes & celui auquel on délivrera des papiers étant dans icelui, & concernant ladite communauté, en donnera son récépissé, qui contiendra les causes pourquoi on les aura donnés. «

Art. 97 : « toutes les amendes & confiscations adjugées pour les contraventions aux présens statuts & règlemens, & en conséquence, seront applicables; savoir, moitié à sa majesté, un quart aux jurés qui en auront fait faire la saisie, & l'autre quart aux pauvres du lieu, où les jugemens seront rendus. «

Règlemens nouveaux.

On a vu ci-dessus au mot Art, que par arrêt du conseil du premier décembre 1777, le législateur a fait connoître que son intention n'avoit point été de supprimer les gardes & jurés, qu'il entendoit au contraire qu'ils soient rétablis.

Depuis cet arrêt les lettres-patentes du premier juin 1780, ont disposé ce qui suit :

Art. I : « il sera incessamment établi, si fait n'a été, des bureaux de visite & de marque, dans les villes où il y a des communautés des marchands ou fabricans, dans les principaux lieux de fabrique & de commerce; ainsi que dans ceux où se tiennent les foires : lesdits bureaux seront ouverts à des jours & heures fixes & invariables, & seront desservis par des gardes-jurés, soit marchands, soit fabricans, ou par des préposés que nous nous réservons de nommer ; seront tenus tant lesdits gardes que lesdits préposés, de prêter serment entre les mains des juges des manufactures, de se conformer dans l'exercice de leurs fonctions aux dispositions des règlemens. «

Art. 2 : « dans toutes les villes & lieux où les bureaux de visite & de marque seront desservis par des gardes-jurés, l'élection sera faite par la voie du scrutin, dans une assemblée générale de tous les fabricans, convoquée à cet effet par les gardes-jurés, pour lors en exercice : il en sera usé de même à l'égard des gardes-jurés marchands, & il sera dressé procès-verbal desdites élections, lequel sera déposé au greffe de la jurisdiction des manufactures; seront néanmoins lesdites assemblées convoquées pour la première fois seulement, par le juge de ladite jurisdiction. «

Art. 3 : « lesdits gardes-jurés resteront en exercice pendant une année : voulons néanmoins que moitié de ceux qui seront élus dans le mois de juillet de la présente année, en conséquence des dispositions ci-dessus, soient remplacés au premier janvier 1781, & qu'il en soit usé ainsi successivement, de six mois en six mois, de sorte que, par la suite, les bureaux se trouvent desservis par un nombre égal d'anciens & de nouveaux gardes-jurés. «

Art. 4 : « seront tenus lesdits gardes-jurés de se trouver au nombre de deux, au moins, aux bureaux de visite & de marque, aux jours & heures qui auront été réglés : voulons que, dans les bureaux qui seront desservis concurremment par des gardes-jurés-marchands & fabricans; il se trouve toujours au bureau un nombre égal de chacun desdits gardes. «

Art. 5 : « seront pareillement tenus lesdits gardes-jurés, ainsi que ceux qui seront par nous préposés pour desservir lesdits bureaux, de visiter & examiner toutes les étoffes qui y seront apportées, & qui seront déclarées être fabriquées d'après les règles prescrites : si lesdites étoffes se trouvent fabriquées conformément à icelles, lesdits gardes-jurés ou préposés y apposeront les marques indiquées par les lettres-patentes du 5 mai 1779, & dans le cas où aucunes desdites étoffes présentées comme fabriquées suivant les règlemens, ne s'y trouveroient par conformes, soit quant à la fabrication, soit quant à la teinture, ou qu'elles auroient été dégradées par les apprêts, elles seront saisies, & il en sera dressé procès-verbal. «

Art. 6 : « à l'égard des étoffes fabriquées d'après les combinaisons arbitraires, lesdits gardes & jurés constateront si elles sont revêtues des lisières prescrites par lesdites lettres-patentes du 5 mai 1779, ou des marques représentatives desdites lisières : ils vérifieront pareillement si la qualité de la teinture est conforme à celle annoncée par le plomb apposé ſur icelles ; auxquels cas ils ſeront tenus de les marquer du plomb preſcrit par leſdites lettres-patentes : & où leſdites étoffes ſeroient dépourvues deſdites liſières ou marques, ou n'auroient pas la qualité de la teinture déſignée par le plomb ; elles ſeront ſaiſies par leſdits gardes-jurés, leſquels en dreſſeront procès-verbal. «

Art. 10 : « il ſera tenu par les gardes-jurés, ou par nos prépoſés, pour la deſſerte deſdits bureaux de viſite & de marque, des regiſtres paraphés par les juges des *manufactures*, ſur leſquels ſeront inſcrites, ſans aucun blanc ni interligne, & jour par jour, toutes les marchandiſes préſentées à la viſite & marque : le regiſtre deſtiné à l'enregiſtrement des étoffes de laine, fabriquées d'après les règles preſcrites, ſera diviſé en cinq colonnes, dont la première contiendra la date du jour auquel ladite pièce aura été préſentée en toile, au bureau de viſite, la ſeconde le nom du fabricant & celui de ſon domicile ; la troiſième, le numéro de la pièce, s'il y en a ſur ladite pièce ; la quatrième, la dénomination & la qualité de l'étoffe ; & la cinquième, la date à laquelle l'étoffe aura été marquée après les apprêts : à l'égard des regiſtres deſtinés à enregiſtrer les pièces de toiles ou toileries ; ſoierie & bonneterie, auſſi fabriquées d'après les règles preſcrites, ils ne ſeront diviſés qu'en trois colonnes ; dont la première contiendra la date du jour auquel la pièce aura été préſentée au bureau ; la ſeconde, le nom du fabricant ; & la troiſième, la dénomination & qualité de la pièce qui aura été préſentée à la viſite : il ſera pareillement tenu dans leſdits bureaux des regiſtres particuliers pour les marchandiſes ci-deſſus indiquées, qui auront été fabriquées d'après des combinaiſons arbitraires ; leſdits regiſtres ne ſeront diviſés qu'en trois colonnes, dont la première contiendra le nom du fabricant ; la deuxième, la dénomination de l'étoffe ; & la troiſième, la date à laquelle elle aura été marquée. «

Art. 11 : « il ſera payé par ceux qui préſenteront des étoffes auxdits bureaux, un ſou pour chaque empreinte, marque ou plomb qui ſeront appoſés ſur icelles : & ſera ledit droit perçu par leſdits gardes-jurés, ainſi que le produit des amendes & confiſcations qui ſeront prononcées par les juges ſur leurs procès-verbaux. «

Art. 12 : « voulons que les gardes-jurés & autres deſſervans leſdits bureaux, tiennent bons & fidèles regiſtres du montant du droit qu'ils ſont autoriſés à percevoir, pour raiſons des marques & plombs qu'ils appoſeront ſur les étoffes ; enſemble du produit des amendes & confiſcations qui ſeront prononcées ſur leurs procès-verbaux : & ſeront leſdits regiſtres paraphés ſans frais, par l'un des juges des *manufactures*. «

Art. 13 : « la moitié du produit des amendes & confiſcations dont la perception eſt ordonnée par l'article 12, ci-deſſus, appartiendra aux gardes-jurés & autres prépoſés pour la viſite & marque, leſquels, au moyen de ladite attribution, ne pourront rien prétendre pour la confection de leurs procès-verbaux. «

Art. 14 : « avons dérogé & dérogeons par ces préſentes, à toutes ordonnances, édits, déclarations, lettres-patentes, arrêts & règlemens, en tout ce qui pourroit y être contraire : ſi vous mandons que ces préſentes vous ayez à faire lire, publier & regiſtrer, & le contenu en icelles, garder & exécuter ſelon leur forme & teneur, nonobſtant toutes choſes à ce contraires. «

Les lettres-patentes du 4 du même mois de juin, art. 9 : « toutes les étoffes réglées qui auront été revêtues de la marque preſcrite par l'article 6, ci-deſſus, ſeront préſentées après les apprêts, à la viſite, pour être appoſé ſur icelles le plomb ordonné par l'article 3 des lettres-patentes du 5 mai 1779, ſi elles n'ont point été altérées dans leurs apprêts : & dans le cas où elles ſeroient trouvées défectueuſes, la ſaiſie en ſera faite par les gardes jurés, pour, ſur la ſuſdite ſaiſie, être ſtatué par les juges des *manufactures*. «

Art. 10 : « ne pourront les marchands & fabricans, ramer les étoffes, que pour les équarrir, & de manière que leur qualité ne ſoit pas altérée ; dans le cas où les gardes-jurés ſuſpecteroient quelques-unes de celles qui leur ſeront préſentées, d'avoir été trop tirées en longueur ou en largeur, nous les autoriſons à les faire mouiller, après en avoir conſtaté l'aunage, & à les faire auner de nouveau lorſqu'elles ſeront sèches : & ſi leſdites étoffes, lors du ſecond aunage, ſe trouvent racourcies au-delà de la proportion fixée par les tableaux de fabrication, elles ſeront ſaiſies, pour, ſur le procès-verbal deſdits gardes-jurés, être ſtatué par le juge des *manufactures*, conformément à l'article 9, des lettres-patentes du 5 mai 1779, pourront néanmoins les fabricans, s'oppoſer au mouillage deſdites étoffes, & dans le cas de ladite oppoſition il en ſera référé audit juge, pour être par lui ordonné ce qu'il enſuivra. «

Art. 11 : « autoriſons les gardes-jurés dans le cas où ils ſuſpecteroient la qualité de la teinture, ſoit des étoffes libres, ſoit des étoffes fabriquées conformément aux règles preſcrites par les tableaux de fabrication ; ſoit enfin, de celles qui, à raiſon de la modicité de leur prix, ſont par l'article précédent, diſpenſées des règles preſcrites, à en faire le débouilli ſuivant l'uſage, pour conſtater ſi la teinture eſt conforme à celle qui eſt indiquée par le plomb appoſé ſur icelles, & en cas de contravention, leur enjoignons de dreſſer procès-verbal, pour être ſtatué ſur icelui, en conformité de l'article 8 des lettres-patentes du 5 mai 1779. «

Art. 14 : « maintenons les gardes-jurés dans le droit de faire des visites chez les fabricans, ouvriers & apprêteurs résidans dans les villes & fauxbourgs, dans tous les moulins à foulon & dans les halles, foires & marchés ; & en cas de contravention, ils en dresseront procès-verbal, pour y être statué par les juges des *manufactures*, suivant les dispositions des articles 8 & 9 des lettres-patentes du 5 mai 1779. »

Art. 15 : « les voituriers & autres qui transporteront des étoffes de laine dans les villes & lieux où il y a des bureaux de visite établis, seront tenus de les décharger directement dans lesdits bureaux, à l'effet par les gardes-jurés de vérifier si elles sont revêtues des marques prescrites ; dans le cas où lesdites étoffes de laine n'auroient point encore reçu les apprêts, & n'auroient pas lesdites marques, elles seront visitées par lesdits gardes jurés, à l'effet d'être apposées sur icelle, suivant la nature de leur fabrication, les marques prescrites par l'art. 3 des lettres-patentes du 5 mai 1779, & où lesdites étoffes auroient reçu tous leurs apprêts, & seroient dépourvues desdites marques prescrites, elles seront saisies, pour, après le jugement qui interviendra, être coupées de six aunes en six aunes, ainsi qu'il est ordonné par l'art. 9 desdites lettres-patentes du 5 mai 1779 ».

Art. 18 : « voulons que les présentes soient exécutées selon leur forme & teneur ; dérogeant, a cet effet, à tous édits, déclarations, lettres-patentes, arrêts & réglemens, en tout ce qui pourroit y être contraire ».

28 juin 1780 : autres lettres-patentes concernant les toiles & toileries, l'art. 8 dispose : « enjoignons aux gardes-jurés ou autres préposés, pour la desserte des bureaux de visite, de vérifier la largeur des toiles qui seront déclarées avoir été fabriquées, conformément aux réglemens ; ladite largeur sera mesurée à l'aune de Paris, ou au pied-de-roi, suivant les différentes fixations déterminées pour la fabrication desdites toiles ».

Art. 9 : « les toiles, dont les longueurs auront été déterminées par des dispositions des réglemens particuliers à chaque généralité, seront, lors de la visite qui en sera faite au bureau de marque, aunées par lesdits gardes-jurés, ou par telles autres personnes à ce préposées : il sera appliqué aux deux chefs d'icelles une marque en huile & noir de fumée, qui en constatera l'aunage ; & dans le cas où ledit aunage se trouveroit moindre que celui qui aura été prescrit, lesdites toiles seront réduites en demi-pièces, & le coupon restant sera saisi, pour, en conséquence du jugement qui interviendra, être ledit coupon divisé de trois aunes en trois aunes, & ensuite rendu à ceux à qui lesdites pièces appartiendront : faisons très-expresses défenses auxdits gardes-jurés & aux préposés d'auner lesdites toiles autrement que bois à bois, & sans pouce ni évant ».

Art. 11 : « toutes les toiles & toileries qui seront présentées aux bureaux de visite, comme étant fabriquées conformément aux règles prescrites par les dispositions du présent réglement, & par les tableaux de fabrication, & qui, lors de la visite qui en sera faite, ne s'y trouveront pas conformes, seront saisies par les gardes-jurés, lesquels en dresseront procès-verbal, pour, après les jugemens qui interviendront sur lesdits procès-verbaux, être lesdites toiles coupées de trois aunes en trois aunes, & ensuite rendues aux propriétaires d'icelles, après qu'ils auront acquitté les frais ».

Art. 15 : « les voituriers & autres qui transporteront des toiles dans les villes & lieux où il y aura des bureaux de visite établis, seront tenus, lors de leur arrivée dans le lieu de leur destination, de les décharger directement dans lesdits bureaux, à l'effet par les gardes-jurés des vérifier si elles sont revêtues des marques prescrites ; & où lesdites toiles ne seroient pas marquées, elles seront visitées par lesdits gardes-jurés, à l'effet d'être apposées sur icelles, suivant la nature de leur fabrication, les marques prescrites par l'art. 3 des lettres-patentes du 5 mai 1779 ; faisons défenses auxdits voituriers & autres, de décharger lesdites toiles ailleurs que dans lesdits bureaux ».

Art. 16 : « autorisons lesdits gardes-jurés à faire des visites chez les fabricans & les curandiers ou blanchisseurs, ainsi que dans les halles, foires & marchés, d'y saisir les toiles ou matières qui seront en contravention au présent réglement, pour, sur le procès-verbal qui en sera dressé par lesdits gardes-jurés, être statué par les juges des *manufactures*, ainsi qu'il appartiendra ».

11 Mars 1781, arrêt du conseil, lequel dispose :

Art. 1 : « les gardes-jurés ou autres desservant les bureaux de visite & de marque, remettront à la fin de chaque année, ou au plus tard, dans le premier mois de l'année suivante, au greffe des jurisdictions des *manufactures*, un compte par bref-état, signé & affirmé par eux, du produit des droits de marque & plomb, amendes & confiscations, & de la dépense faite pour la desserte desdits bureaux pendant ladite année ».

Art. 2 : « il sera alloué auxdits gardes-jurés, dans la dépense desdits comptes, la somme de 10 l. qui sera payée pour chaque compte, au greffier desdites jurisdictions des *manufactures*, lequel sera tenu d'envoyer au conseil un double dudit compte, pour être réglé & appuré, ainsi qu'il appartiendra ».

Art. 3 : « lesdits gardes-jurés seront solidaires entr'eux jusqu'à l'entier appurement de leur compte, pour raison des perceptions qu'ils auront faites en conséquence de l'art. 1 du présent arrêt; veut sa majesté que les reliquats desdits comptes soient versés dans la caisse du commerce, pour être employés aux dépenses & encouragemens relatifs aux *manufactures* ».

Art. 4 : « enjoint sa Majesté aux sieurs intendans & commissaires départis dans les différentes généralités de son royaume, aux juges auxquels la connoissance des règlemens des *manufactures* est attribuée, & aux inspecteurs & sous-inspecteurs desdites *manufactures*, chacun en droit soi, de veiller à l'exécution du présent arrêt, lequel sera exécuté nonobstant toutes oppositions, dont si aucunes interviennent, sa majesté se réserve à elle & à son conseil la connoissance, & icelle interdit à toutes ses autres cours & juges. »

Autre arrêt du 19 mars 1781, art. 11, « les gardes-jurés ou autres préposés à la desserte des bureaux de visite & de marque établis dans les différentes générali és du royaume, seront tenus, aussi-tôt après la publication du présent arrêt, de se transporter chez les différens marchands ou fabricans résidans aux environs des lieux dans lesquels lesdits bureaux seront établis, & de se faire représenter les marchandises que lesdits marchands ou fabricans se trouveront avoir dans leurs magasins ou ateliers, & qui ne seront point revêtues des plombs ou marques prescrites par les anciens règlemens, à l'effet d'apposer aux deux bouts de chacunes d'icelles, & suivant la nature de la marchandise, un plomb ou empreinte d'une forme triangulaire, portant d'un côté ces mots : *Etoffes nationales*; d'autre, le millésime & le nom du bureau à la desserte duquel ils seront préposés. «

Art. 3 : « seront pareillement tenus lesdits gardes-jurés & préposés, après avoir vérifié la teinture des pièces d'étoffes qui se trouveroient dépourvues de toutes marques, ou dont la marque ne seroit pas indicative de la véritable qualité de la teinture, d'en apposer une qui désignera si elles sont teintes en grand ou petit teint : il sera payé un sou pour l'apposition de chacun desdits plombs, marques ou empreintes. »

Art. 4 : « en cas de refus de la part desdits marchands ou fabricans, de représenter les marchandises qui seront dans leurs magasins ou ateliers, & qui ne seront revêtues d'aucune marque; comme aussi en cas de résistance à ce qu'il soit procédé auxdites visites, autorisons lesdits gardes-jurés à en dresser procès-verbal, lequel sera envoyé au conseil, pour, sur icelui, être statué ce qu'il appartiendra. »

Autre arrêt du 2e juin 1781 : on en a vu ci-dessus la teneur, au paragraphe *juge* :

Autre arrêt du 27 septembre 1781, art. 1 : « les gardes-jurés ou autres préposés au service des bureaux de visite & de marque, seront tenus de remettre à l'intendant & commissaire départi de la généralité, dans le courant du mois de janvier de chaque année, un compte par eux signé & affirmé des recettes qu'ils auront faites pendant l'année précédente, tant du produit du droit de marque, que de celui des amendes & confiscations; comme aussi des dépenses qu'auront occasionné pendant ledit temps, la régie & l'entretien desdits bureaux. »

Art. 2 : « autorise sa majesté les sieurs intendans & commissaires départis, à régler & arrêter lesdits comptes, dont il sera par eux envoyé un double au conseil. «

Art. 3 : « ordonne au surplus sa majesté que les dispositions de l'article 5 de l'arrêt du conseil du 12 mars 1781, seront exécutés; & qu'en conséquence, les reliquats desdits comptes seront versés dans la caisse du commerce, pour être employés aux dépenses & encouragemens relatifs aux manufactures, & que tous les gardes jurés préposés à la desserte de chacun des bureaux de visite & de marque, continuent d'être solidaires entr'eux jusqu'après l'apurement de leur compte & le payement total de la somme dont ils seront jugés réliquataires. «

Art. 4 : « enjoint sa majesté auxdits sieurs intendans & commissaires départis dans les différentes généralités de son royaume, & aux inspecteurs & sous-inspecteurs des *manufactures*, chacun en droit soi, de tenir la main à l'exécution du présent arrêt, lequel sera exécuté, nonobstant toutes oppositions, dont si aucunes interviennent, sa majesté se réserve à elle & à son conseil la connoissance, & icelle interdit à ses autres cours & juges. «

MAQUERELLE, s. f. C'est une femme qui fait métier d'en prostituer d'autres, & sur-tout des jeunes filles.

Ce désordre est commun à Paris & dans les grandes villes : ce ne sont point seulement des femmes qui en font état; l'on voit des hommes même mariés qui ne vivent que de la prostitution de leur femme ou de leurs enfans. Le *maquerellage* est cependant plus rare dans cette classe d'hommes que parmi ceux qui ont des maitresses. Ceux-ci sont très-faciles à tirer parti de la beauté des femmes ou filles qu'ils connoissent, au point même d'essuyer toutes sortes d'humiliations pour laisser libres celles qui se prostituent à leur profit.

Si cette turpitude se fait remarquer quelquefois dans la classe de la société qui connoît quelque délicatesse, on peut croire à quel excès elle doit être portée dans celle du peuple pauvre & corrompu, tel qu'est celui des grandes villes & de Paris notamment.

La honte aussi bien que l'insolence & la turpitude sont extrêmes sur-tout chez ces bandits qu'on nommé *souteneurs de filles*, ces espèces de *maquereaux* sont ce qu'il y a de plus vil au monde, & par leur sordide avarice & par leurs mœurs etrangement dépravées.

Avant les réformes que fit M. le duc de Biron dans le régiment des gardes françoises, un grand nombre de souteneurs de filles étoit tiré de ce corps, & les rixes, les disputes qui en naissoient, donnoient souvent lieu à des meurtres. Depuis la discipline introduite dans ce corps, les perruquiers, coëffeurs, mouchards de la police & autre vermine semblable, ont succédé aux soldats, & quoique ce commerce fut aussi honteux, il étoit moins dangereux pour les jeunes gens ou même les vieux qui fréquentent les lieux publics de prostitution.

Mais depuis la révolution, la dissolution du régiment des gardes & la licence que l'anarchie a répandu dans les compagnies de troupes de garde nationale soldée à Paris, l'ancien désordre a recommencé. Pour peu qu'on ait prêté quelqu'attention à cet objet, on a pu remarquer que presque toutes les filles publiques sont soutenues de soldats, qui les visitent dans le jour, les mènent promener & partagent le profit de leur prostitution. Il est même possible de dire que depuis la révolution, la délicatesse a été plus inconnue qu'autrefois à cet égard, & que le *maquerellage* est presqu'autant exercé par des hommes que par des femmes aujourd'hui; ce qui n'annonce pas une grande régénération dans cette partie des mœurs sociales, pas plus que dans bien d'autres, où une grossière férocité a pris la place des habitudes corrompues aussi sans doute, moins révoltantes que celles que l'anarchie y a substituées.

Le *maquerellage* est quelquefois, mais bien rarement, l'effet du besoin dans quelques mères de famille. J'ai eu connoissance, étant à la police, d'une femme qui, dans l'alternative de voir périr de misère ses quatre enfans, trouvoit moyen de ménager des tête-à-tête avec l'aînée, qui étoit fort jolie. J'ai été révolté, comme un autre, de cette foiblesse honteuse; je lui ai rappellé ce qu'elle devoit à la religion, à l'honneur; j'ai fait valoir les secours de charité, auxquels elle auroit pu avoir recours; j'ai été tout étonné de ses réponses, & sur-tout de celle-ci: « Monsieur, j'ai encore mieux aimé livrer ma fille à des hommes qui, par devoir, ne me devoient aucun secours, & pouvoient la payer; qu'à d'autres qui vouloient à ce prix m'accorder des bienfaits auxquels ma misere me donne des droits ».

Il n'est que trop vrai en effet que souvent des administrateurs de la bienfaisance publique, ont avili leur ministère, en y mettant de semblables conditions; & je suppose que l'innocence souffrante a plus court encore de se livrer au vice découvert, que d'être le jouet de ces manœuvres de l'hypocrisie. Je dois au reste, pour prévenir toute sotte interprétation, remarquer que la plainte de cette femme ne tomboit sur aucun ecclésiastique, & qu'il n'est pas vrai que des bienfaiteurs laïques offrent moins d'exemple de conduite menteuse & corruptrice que les hommes attachés à l'église. Cette vérité pourra se vérifier aujourd'hui, que des milliers de corps administratifs, ont le gouvernement de la bienfaisance & du soulagement des familles.

Le *maquerellage* est un véritable délit, lorsqu'il est accompagné de circonstances aggravantes, de séduction; de violence, ou même seulement d'une grande dépravation publique & connue, telle que seroit une mère qui ouvertement avoueroit la protection qu'elle donneroit à la prostitution de sa famille, ou une maîtresse à celle de son apprentie. Autrefois la police régloit les peines à cet égard par voie d'administration; c'est-à-dire qu'une femme connue pour *maquerelle* insolente, & publiquement scandaleuse, étoit arrêtée, mise à l'hôpital, ou à une amende qu'elle payoit à l'inspecteur de police.

Aujourd'hui la police ne peut arrêter que pour fait qui la concerne; & comme delit, le *maquerellage* ne la regarde pas: c'est un des objets de la justice criminelle. En général, ce délit n'est que foiblement poursuivi, parce qu'on suppose toujours de la part de la personne prostituée, un besoin quelconque, ou une volonté déterminée de se livrer à l'homme qui la paie.

Autrefois on punissoit ce délit par un bisarre châtiment. La femme qui en étoit convaincue, étoit portée sur une âne, la face tournée vers la queue qu'elle tenoit dans sa main, avec écriteau portant *maquerelle* publique. On a senti que ce spectacle pouvoit plus nuire aux mœurs, que retenir le vice; en conséquence on ne le renouvelle plus.

Il n'en est pas moins vrai que le *maquerellage*, scandaleux par trop, doit être assujetti à une peine; mais il faut à cet égard tenir ce milieu qui puisse laisser à la loi son action, sans favoriser les délations & les écarts du rigorisme & de la vengeance.

Au reste, pour ce qui regarde plus particulièrement le *maquerellage*, on peut voir l'article PROSTITUTION, ainsi que celui ABUS.

MARBRIER, s. m. Celui qui fait des ouvrages communs en marbre, connus sous le nom de marbrerie. Il y a le *marbrier* stucateur & le sculpteur *marbrier*; ces deux professions s'exercent simultanément, & n'ont guère de différence que celle du talent.

Les *marbriers* ne composent pas à Paris une véritable communauté, mais seulement une espèce d'association sans jurés, & sans les autres privilèges des maîtres érigés en corps de jurande. Ils en avoient cependant obtenu le droit, de même que des statuts, par des lettres-patentes du mois d'octobre 1609, portant création de leur art & métier en communauté de jurée, avec la qualité de maîtres *marbriers*, maîtres scieurs & polisseurs de marbre, &c.; mais les jurés-sculpteurs & peintres de Paris, de qui il avoient toujours dépendu, y ayant formé opposition au nom de leur communauté, il intervint sentence du châtelet du 10 novembre 1610, par laquelle il fut fait défense aux *marbriers* de prendre la qualité de maîtres, ni de procéder à l'élection des jurés, avec permission néanmoins d'user chez eux de la scie & polissure, pour ce qui leur sera commandé par les sculpteurs, les peintres, & même les bourgeois.

Cette sentence ayant été confirmée par deux arrêts du parlement, l'un du 16 avril 1611, & l'autre du 16 janvier 1612; ce dernier ayant même ordonné qu'ils seroient tenus de fermer boutique, déboutés enfin par un arrêt du conseil du 20 mars 1612, de toutes les prétentions: les choses sont, depuis ce tems-là, demeurées sur le même pied.

MARCHAND, s. m. On appelle *marchands* ceux qui négocient, trafiquent, font commerce, vendent en boutique ou en magasin, débitent dans les foires & marchés, & envoient pour leur compte dans les pays étrangers.

On distingue les *marchands* en gros d'avec ceux qui ne vendent qu'en détail, ceux qui ne font que le commerce de mer, d'avec ceux qui ne font que celui de terre, ou qui font également l'un & l'autre.

Les *marchands* sont classés à Paris par les anciens règlemens, & spécialement par l'édit du 11 Août 1776, en six corps, & en quarante-quatre communautés. Nous avons fait connoître en général leurs statuts, leur régime, leur police, à l'article arts & métiers, premier volume de cet ouvrage; & nous en parlons plus en détail encore dans chacun de leurs articles particuliers, suivant l'ordre alphabétique.

Le commerce en gros, celui sur-tout qui embrasse des objets considérables, & qui s'étend à divers pays, mérite toutes sortes d'éloges; loin d'être incompatible avec la noblesse & les sentimens, il est même un nouveau titre d'illustration pour ceux qui l'exercent avec l'intelligence & les talens qui sont nécessaires pour y réussir.

Les *marchands* en détail sont de différentes classes; mais comme il n'y a point de commerce qui ne procure le bien public, cet état n'a rien en soi qui puisse diminuer l'estime qui est due à tout *marchand* qui fait son négoce avec probité, & qui se conforme aux règlemens de sa profession.

Réception des Marchands.

Il est nécessaire que le magistrat de police connoisse tous ceux qui font le commerce en détail, afin de les assujettir aux règles qui les concernent; c'est pourquoi les ordonnances ont prescrit à tous *marchands* vendant par poids ou mesures, & faisant trafic en boutiques ouvertes, magasins, chambres, ateliers ou autrement, de se présenter devant le juge de police, même dans les lieux où il n'y a point de maîtrise, pour lui déclarer le genre de commerce qu'ils entendent faire, & prêter serment pardevant lui de s'y bien & fidèlement comporter.

A l'égard des lieux où il y a maîtrise de *marchands*, l'ordonnance de 1673 a prescrit les règles de leurs réceptions suivant cette loi.

Les apprentis *marchands* seront tenus d'accomplir le temps porté par les statuts; néanmoins les enfans des *marchands* seront réputés avoir fait leur apprentissage lorsqu'ils auront demeuré actuellement en la maison de leur père ou de leur mère, faisant profession de la même marchandise, jusqu'à dix-sept ans accomplis. *Tit.* 1, *art.* 1.

Celui qui aura fait son apprentissage, sera tenu de demeurer encore autant de tems chez son maître ou chez un autre *marchand* de pareille profession; ce qui aura pareillement lieu à l'égard des fils de maîtres.

Aucun ne sera reçu *marchand*, qu'il n'ait vingt ans accomplis, & ne rapporte le brevet d'apprentissage, & du service fait depuis; & en cas que le contenu ès certificats ne fût véritable, l'aspirant sera déchu de la maîtrise; le maître d'apprentissage, qui aura donné son certificat, condamné en 500 l. d'amende, & les autres certificateurs, chacun en 300 liv.

L'aspirant à la maîtrise sera interrogé sur les livres & régistres à partie double & à partie simple, sur les lettres & billets de change, sur les règles d'arithmétique sur la partie de l'autre, sur la livre & poids de marc, sur les mesures & la qualité de la marchandise, autant qu'il conviendra pour le commerce dont il entend se mêler.

Défendons aux particuliers & aux communautés de prendre ni recevoir des aspirans, aucuns présens pour leurs réceptions, ni autres droits que ceux qui sont portés par les statuts, sous quelque prétexte que ce puisse être, à peine d'amende qui ne pourra être moindre de 100 liv.; défendons aussi à l'aspirant de faire aucun festin, à peine de nullité de sa réception.

Les *marchands* ont besoin de commissionnaires & de correspondans, pour faire les achats des marchandises dans les lieux où elles se trouvent à bon compte; & pour les vendre dans les endroits où l'on a besoin.

Le *marchand*, qui n'a pas un négoce bien étendu, emploie, le moins qu'il peut, de commissionnaires; il est de son intérêt de vaquer en personne à ses affaires.

Il y a même certaines sortes de marchandises qui doivent être vendues aux marchés & sur les ports par les vendeurs en personne, ou par ceux de leur famille, sans qu'il soit permis d'y employer des commissionnaires; ce que les réglemens ont établi pour empêcher la revente & le regrat, dont l'effet seroit d'enchérir nécessairement ces sortes de denrées.

Il y a des villes où les courtiers de certaines marchandises sont en titre d'office, comme à Paris & à Bordeaux; en d'autres, ils sont seulement établis par commission du magistrat qui les reçoit au serment sur les attestations des principaux négocians & *marchands*, de leurs bonnes mœurs & de leur capacité pour l'exercice du courtage dont il s'agit.

L'ordonnance du commerce, *tit.* 2, *art.* 1. défend aux agens de banque & de change de faire le change, ou de tenir banque pour leur compte particulier, sous leur nom, & sous des noms interposés directement ou indirectement, à peine de privation de leurs charges, & de 1500 liv. d'amende.

Cette prohibition a un fondement sensible; quelqu'un qui seroit en même-tems agent de banque, & banquier, pourroit se rendre maître du prix du change, au préjudice des négocians, des banquiers, & de l'intérêt général du commerce & du public.

C'est la même raison qui a fait établir l'incompatibilité entre l'état de courtier de marchandises, & celui de *marchand*. La même ordonnance, *tit.* 2. *art.* 2. y est formelle en ces termes: « Ne pourront aussi les courtiers de marchandises en faire » aucun trafic pour leur compte ».

C'est une police générale qui concerne les courtiers de chaque espèce de marchandise, pour prévenir les abus, malversations & monopoles, qui pourroient résulter de la réunion des qualités de *marchand* & facteur de la même espèce de marchandise.

Plusieurs de nos coutumes portent que les courtiers seront tenus de rendre la marchandise ou le prix, par prise ou détention de leurs personnes.

L'ordonnance du commerce de 1673, tit. 3, art. 2, « enjoint aux agens de change & de banque de tenir un livre-journal, dans lequel seront insérées toutes les parties par eux négociées, pour y avoir recours en cas de contestation ».

Il en est de même des courtiers de marchandises; leurs livres paraphés par les magistrats, devant lesquels ils doivent prêter leur serment, font foi pour les ventes, achats & trocs qui sont faits entre les *marchands* par leur entremise, si ce n'est lorsqu'ils n'ont point fait serment en justice, & qu'ils ne tiennent point de régistres, comme sont certains courtiers des manufacturiers & artisans, dont l'entremise n'est que momentanée; un courtier de cette espèce ne peut être regardé que comme témoin.

Au surplus, le droit de courtage est dû au courtier, moitié de la part du vendeur, moitié de la part de l'acheteur, comme s'étant également employé pour l'un & pour l'autre.

Marchands *de bois*.

Le commerce des bois consiste à savoir les acheter sur pied, à les faire exploiter & à les vendre; ce qui suppose beaucoup de connoissance & d'expérience pour juger de la quantité, de l'espèce, & de la qualité des bois dans la forêt; pour apprécier l'usage auquel ils sont le plus propres; pour employer la manière la plus avantageuse de les débiter; enfin, pour évaluer les frais d'exploitation, les avances d'argent, les pertes & les bénéfices.

On distingue différentes classes de *marchands*, suivant les diverses natures de bois, auxquelles ils s'adonnent particulièrement. Les uns ne vendent que des bois de marine ou des bois de charpente & de charronage; les autres, que des bois de menuiserie; ceux-là, que des bois pour l'ébénisterie; ceux-ci, que du bois à brûler; & parmi ces derniers, il y en a qui ne tiennent que du bois *flotté*, qu'ils font venir en trains, qui flotte sur l'eau; il en est aussi qui ne vendent que du bois neuf, qui a été charié par terre ou amené dans des bateaux.

Bois de chauffage.

Le bois destiné pour le chauffage se distingue en bois neuf & en bois flotté.

Les *marchands* de bois neuf sont ceux qui embarquent sur les ports des rivieres navigables, des bois qui y ont été amenés par charroi; ils les mettent ensuite en pilles ou théâtres, comme on le voit sur les ports ou autres places dont la ville de Paris leur a accordé l'usage.

Le *bois flotté* est encore de deux sortes; celui qu'on appelle *bois de gravier* est un bois qui croît dans les endroits pierreux, & qui devient *demi flotté* du Nivernais & de Bourgogne. Ce bois a ordinairement toute son écorce comme le bois neuf: il fait un bon chauffage.

L'autre espèce de *bois flotté* se tire des provinces éloignées; il est sans écorce, &, par son long séjour dans l'eau, il est presque entièrement passé & épuisé de ses sels lorsqu'il arrive à Paris. Lorsqu'il est séché dans les chantiers, on le débite à ceux qui ont des fours à faire chauffer. On le vend aussi au menu peuple en falourdes composées de six ou sept bûches.

Le plus grand commerce des *marchands* de bois de chauffage consiste dans ce bois flotté qu'ils font venir de provinces les plus éloignées, Ils le jettent d'abord à *bois perdu* sur les ruisseaux qui entrent dans les rivières sur lesquelles ce commerce est établi; ces mêmes rivieres l'amenent encore à bois perdu jusqu'aux endroits où il est possible de former des trains sur des rivieres plus navigables qui s'embouchent dans la seine. Or, il arrive quelques fois que ces rivieres, ainsi que la Seine, manquent d'eau suffisante pour faire descendre ces trains jusqu'à Paris; d'ailleurs il se commet beaucoup d'abus, soit dans la rétention de ces eaux, soit dans leur distribution, & il en résulte des dépenses extraordinaires, tous inconvéniens qui peuvent nuire à l'approvisionnement du bois pour Paris.

C'est pour remédier à ces inconvéniens, autant qu'il est possible, que le prévôt des marchands & les échevins de la ville de Paris ont donné le 14 mars 1761, une sentence en réglement de Police, pour établir de quelle maniere doivent se distribuer les écluses d'eau & les chevaux pour les trains qui viennent sur la riviere d'Yonne, & celles-cy affluantes.

Des différentes espèces de bois de chauffage.

Tout le gros bois est compris sous le nom générique de bûches.

Chaque bûche, de quelque bois que ce soit, doit avoir trois pieds & demi de long.

Les plus grosses bûches sont nommées bois de *moule* ou de *moulure*, parcequ'elles se mesurent dans le moule ou l'anneau: elles doivent avoir dix-huit pouces de tour.

Cet anneau, mesure du bois, est un tercle de fer qui a six pieds & demi de circonférence, que l'on nomme aussi moule, & dont le patron ou protolype est à l'Hôtel-de-Ville. C'est sur ce patron que tous ceux dont on se sert sont étalonnés & marqués aux armes de la Ville.

Trois moules ou anneaux remplis; plus douze bûches, doivent faire la charge d'une charrette: le tout fait ordinairement depuis cinquante-deux jusqu'à soixante-deux bûches, qui sont aussi nommées pour cette raison *bois de compte*.

On mesure aussi le bois de compte avec la *chaîne*.

La chaîne est une mesure qui s'applique à différentes sortes de marchandises, telles que le bois, le grain en gerbes, le foin, &c.

Cette mesure est faite d'une petite chaîne de fer ou de laiton, divisée en différentes parties égales par des petits fils de laiton ou de fer fixés sur sa longueur: ces divisions sont ou par pieds ou par pouces, ou par palmes, selon l'usage des pays.

La chaîne s'applique à Paris particulièrement à la mesure du bois de compte. L'étalon en est gardé au greffe du châtelet. Il a quatre pieds de longueur. A l'un des bouts, est un petit anneau dans lequel peut être reçu un crochet qui est à l'autre bout, & qu'on peut encore arrêter dans d'autres points de la chaîne.

Comme il y a trois sortes de bois de compte dont la grosseur excede celle du bois qui se mesure dans la membrure, il y a sur la longueur de la chaîne, depuis le crochet, trois divisions différentes distinguées par des S de fer, & chacune de ces divisions marque la circonférence du bois qui doit être admis ou rejetté de la mesure de la chaîne.

On a donné quatre pieds à la longueur de la chaîne, parce qu'on peut l'appliquer, par ce moyen, à toute autre mesure de bois, soit neuf, soit flotté; ces mesures ou membrures devant porter quatre pieds en carré.

Si le bois de *quartier* ou *bois fendu*, qu'on appelle aussi *bois de traverse* & *bois blanc*, a dix pouces de tour, il se mesure au moule & se met avec le bois de compte; s'il n'en a que dix sept., il se mesure avec le *bois de corde*, ainsi nommé, parce qu'autre fois on se servoit d'une corde pour le mesurer.

Les bûcherons, pour former la mesure qu'on appelle une *corde de bois*, plantent à la corde quatre pieux en forme d'un carré, dont le côté a huit pieds de longueur, & chaque piece quatre pieds de hauteur; c'est là leur mesure ou *corde*, qui contient comme on voit, quatre fois soixante-quatre ou deux cent cinquante-six pieds cubes de bois.

Cette méthode de mesurer le bois, a duré jusqu'en 1641, qu'il fut ordonné de se servir d'une membrure de charpente qui retint le nom de *corde*.

Dans les chantiers de la ville de paris, le bois de corde se mesure donc dans un assemblage de charpente composé de deux membrures, ou pieces de quatre pieds de haut, maintenues à huit pieds de distance l'une de l'autre par une autre piece de traverse qui les assemble par le bas.

Les *marchands* de Paris se servent, pour leur débit, d'une membrure qui ne contient qu'une demi corde: c'est ce que l'on appelle une *voie de bois* dans l'usage ordinaire, cette membrure à la même hauteur que celle de la corde, mais elle n'a que quatre pieds de large.

On ne reçoit pas ordinairement dans les membrures le bois tortillard, à cause des vides qu'il laisse, & du tort qui en résulte pour le public.

On rejette aussi le bois boucan, ou les bûches qui, par vétusté, ne sont plus de mesure.

Réglement concernant les marchands *de bois à brûler.*

Parmi les *marchands* de bois flotté, les uns sont bourgeois, les autres sont forains.

Les *marchands* de bois neuf font un tiers de la provision du bois qui se consomme à Paris; les *marchands* de bois flotté font les deux autres tiers.

Les *marchands* sont tenus de faire couper & sortir les bois des ventes dans les temps qui leur auront été fixés, eu égard aux lieux & à la qualité des arpens.

Il est défendu de séjourner en chemin sans nécessité, & de déposer les bois ailleurs qu'à Paris.

L'ordonnance concernant la jurisdiction des prévôts des marchands & échevins de Paris, donnée en 1672, enjoint aux *marchands* de bois flotté de faire triquer (ou tirer) leurs bois, & les faire empiler dans leurs chantiers séparément selon leurs différentes qualités, à peine de confiscation de leur marchandise, & que chaque pile sera mise à telle distance qu'elle puisse être entiérement vue & visitée par les officiers à ce préposés.

Pour éviter le mélange des bois de différentes qualités qui en pourroient causer la survente, il est enjoint aux *marchands* qui font arriver du bois neuf de différentes qualités en même bateau, de les y faire mettre par piles séparées, à peine de confiscation.

Aussi-tôt après l'arrivée de leurs bois, les *marchands* sont tenus de se transporter au bureau des Jurés-Mouleurs, & de leur exhiber des lettres de voitures, dont il sera tenu registre pour y avoir recours quand besoin sera.

Les *marchands* ne peuvent mettre leur bois en vente qu'après que la taxe en a été faite par le prévôt des marchands & échevins; & ils ne peuvent vendre le bois à brûler à plus haut prix que la taxe, sous peine de punition.

La même ordonnance leur défend d'avoir des courtiers ou commissionnaires pour la vente de leur marchandise.

Ils ne peuvent acheter le bois des autres *marchands* pour le revendre, & ils ne doivent se mêler, eux ni leurs gens, de mesurer ou compter le bois qu'ils vendent.

Il est enjoint aux *marchands* de bois de chauffage de les faire mettre en chantier, en piles, qu'on nomme théatres: ces bois ne peuvent être vendus ailleurs que dans les chantiers.

Le temps de la vente est réglé par la police, depuis sept heures du matin jusqu'à cinq du soir, à compter du 1er octobre jusqu'au dernier février; & depuis six heures du matin jusqu'à sept du soir pour le reste de l'année.

La ville de Paris commet des Officiers-Mouleurs de bois, pour veiller dans les chantiers à la distribution & au mesurage du bois de chauffage.

Dans les provinces, il y a des offices de mesureurs de bois à bâtir, qui sont exercés par des personnes assermentées devant le juge de police. On observe, à cet égard, qu'ils ne soient pas en même-temps *marchands* de bois, afin que, sous prétexte de se trouver sur les ports ou dans les marchés pour mesurer, ils ne puissent devancer l'heure des *marchands* au préjudice des bourgeois, ainsi que celle des charpentiers & menuisiers, lesquels doivent avoir un temps de préférence pour faire leurs provisions de cette espece de marchandise, sans être obligés de passer au regrat.

Les ports & emplacemens, où les bois, pour la consommation de la ville de Paris, doivent arriver & être déposés, sont :

Au port au plâtre, le bois de charpente & le bois flotté à brûler.

Au port au-dessus du Mail, le bois flotté.

A l'Isle-Louvier, le bois neuf à brûler.

Au quai de l'école, garent les bateaux chargés de bois neuf de la forêt de Compiegne, Villers-Cotterets, & autres.

Dans le port de la conférence, se décharge le bois flotté.

Au port de l'hôpital-général ou de la salpétriere, débardent les bois de charpente.

Le port au-dessus du pont de la Tournelle sert en partie à la vente du bois neuf à brûler.

Au port de la Grenouillere, garent les trains de bois flottés.

A l'isle des Cygnes, est le chantier public du bois flotté à brûler, des bois de charpente & de menuiserie : tous les bateaux hors de service s'y déchirent.

Ordonnance de police de MM. les prévôts des marchands & échevins de la ville de Paris, du 20 mars 1743, concernant le flottage, la conduite sur les rivières, le tirage sur les ports, l'empilage dans les chantiers des bois flottés à brûler pour la provision de cette ville.

Lettres-patentes du roi concernant le prix des à Paris, données à Versailles le 24 avril 1785, registrées en parlement le 9 août suivant.

Par ces lettres, il est ordonné qu'à compter du premier mai 1785, le prix de chaque voie de bois neuf sera augmenté de trois livres, & le prix de chaque voie de bois blanc diminué de 50 sols, ensorte que le prix de la premiere espèce soit à l'avenir de 27 livres, & celui de la derniere de vingt livres seulement; le prix de la seconde espèce, connue sous la dénomination de bois flotté, continuant d'être de vingt-deux livres dix sols.

Arrêt du conseil d'état du roi, du 29 juin 1785, qui ordonne que dans les forêts & bois les plus voisins des ports, à l'exception des quarts de réserve, il sera fait délivrance aux entrepreneurs de flottage, des étoffes, rouettes, & autres bois nécessaires pour la construction des trains.

Autre arrêt du conseil d'état du Roi, du 15 octobre 1785, qui ordonne que le transport des bois à brûler, connus sous la dénomination de bois neuf, n'aura plus lieu par flottage, & ne pourra se faire que par bateau, défendant expressément sa majesté de les charger en train, tant sur la riviere de marne que sur toutes les autres rivieres.

Marchands *de fer.*

L'art des *marchands* de fer consiste à connoître les bonnes qualités de ce métal, & à le tirer des meilleures forges : il y a des fers aigres & des fers doux; le fer aigre est celui qui casse aisément à froid. On le reconnoît en ce qu'il a le grain brillant & gros à la cassure.

Le fer doux paroît noir dans sa cassure : il est tendre à la lime, & malléable même à froid.

Les fers se vendent comme on les tire des forges, en barres carrées, rondes ou plattes, en carillons, en bottes, en courçon, en cornettes, en plaques, en tôles.

Il a été rendu plusieurs édits & arrêts, qui ordonnent de ne se servir du fer aigre que dans les ouvrages dont la rupture ne peut causer aucun accident, & au contraire de n'employer que du fer doux dans les autres ouvrages; & afin que le public ne fut pas trompé dans l'achat de cette marchandise, il fut ordonné par les lettres-patentes de Charles VI, du 30 mai 1415, que le fer, provenant des mines, seroit marqué; que pour cet effet, il seroit payé le dixième de sa valeur; que ce droit domanial seroit annexé pour toujours à la couronne, & qu'il feroit partie de la ferme générale des aides.

En 1628, le fer mis en œuvre & apporté des pays étrangers, & celui des forges du royaume, furent déclarés sujets à cette marque, & durent être conduits & déchargés aux bureaux pour y payer les droits.

En 1636, la quincaillerie fut assujettie à payer les mêmes droits pour le même objet.

Ces droits furent fixés par l'ordonnance de 1680, à treize sols six deniers par quintal de fer, à dix-huit sols par quintal de quincaillerie grosse & menue, a vingt sols par quintal d'acier, & à trois sols quatre deniers par quintal de mine, le quintal pésant cent livres de poids de marc, pour le distinguer de celui des forges qui est beaucoup plus fort.

Personne ne peut s'exempter de ces droits, & les fers destinés pour le service du roi y sont également assujettis.

Les fers sont pareillement sujets à des droits d'entrée & de sortie, ainsi qu'il a été réglé par l'arrêt du conseil du 2 avril 1701.

Les *marchands* de fer sont du corps de la mercerie, & le principal objet de leur commerce est la vente des différentes sortes de fer; le duvet ou les plumes à lit sont aussi du commerce de ces *marchands*, qu'on nomme marchands merciers-ferronniers. *Cet article est extrait du dictionnaire de police de M. des Essarts.*

MARÉCHAUSSÉE. s. f. Troupe à cheval moitié civile & moitié militaire, destinée principalement à la police des routes, à l'arrestation des brigands & à la protection des campagnes.

La *Maréchaussée* proprement dite, fut créée pour la garde des maréchaux de France & l'exécution de leurs ordres, dès qu'ils furent saisis d'une partie principale de l'autorité militaire. Depuis, on a compris sous la même dénomination plusieurs troupes dont les fonctions se rapprochoient beaucoup; c'est pourquoi on peut faire remonter l'origine de la *maréchaussée* à quatre institutions différentes & dont la plus ancien ne se rapporte aux gardes du connétable. Ils existoient long-temps avant ceux des maréchaux de France, & déja même avec considération, dès l'an 1160.

La seconde est celle dont venons de parler & dont on fixe les commencemens à l'année 1230, où Mathieu de Montmorenci ayant élevé la charge de connétable au-dessus de tout autre autorité militaire, celle de maréchal de France qui la suivoit immédiatement, reçut un accroissement proportionné d'illustration & de pouvoir.

La troisieme remonte presque à la même époque. Elle fut composée des compagnies de sergens d'armes, qui furent mises sous le commandement des baillifs royaux, institués par Philippe Auguste, & de celles qui furent mises aux ordres des sénéchaux, à mesure que ces officiers furent établis.

La quatrieme comprend les compagnies d'archers créées depuis 1494 sous les ordres des prévôts généraux, qui furent placés dans les provinces où il n'y avoit pas de Baillifs ou de Sénéchaux.

Le Connétable exerça d'abord par lui-même sa jurisdiction, mais elle devint si étendue, qu'il fut obligé de se nommer un prévôt pour connoître sous lui des délits militaires, & présider au tribunal de la Connétablie qui s'érigea alors, & dont on cite encore des sentences rendues en 1316 & 1361: tribunal qui fut ambulatoire à la suite de la cour jusqu'en 1594 & qu'il fut rendu sédentaire à Paris

En 1578, sous le regne de *Henri* III, ce prévôt de la Connétablie devint un des grands officiers de la couronne, avec le titre de grand prévôt de France, ou de l'hôtel du Roi, & retint pour ce service la compagnie d'Hoquetons qui se nomme aujourd'hui Gardes de la prévôté de l'hotel & qui est une branche sortie du tronc commun des *maréchaussées*.

Mais dès avant 1500, on s'étoit apperçu que cet officier ne pouvoit présider en même-temps à la police militaire de la cour, & à celle des garnisons & des armées, malgré l'attention qu'il avoit d'y envoyer souvent des lieutenans; c'est pourquoi Louis XI avoit commis d'abord un gentilhomme dans la plupart de ses provinces, avec le droit d'assembler les nobles & les habitans du pays pour s'opposer aux excès des gens de guerre & les réprimer; mais cet arrangement ayant été sujet à plusieurs inconvéniens, le même roi créa des compagnies de *maréchaussée*, & des prévôts en titre d'office pour les commander & remplacer les gentilshommes auparavant à ce commis: c'est ce qui forma la quatrième institution dont nous avons parlé plus haut. On les appella compagnies de *maréchaussée*, parce qu'elles furent mises sous les ordres immédiats des maréchaux de France qui eux-mêmes, étoient encore à ceux du connétable qu'ils remplacèrent depuis, lorsque cette dignité fut supprimée après la mort de M. de *Lesdiguieres*, en 1627: la compagnie du connétable ne laissa pas néanmoins de subsister, mais réduite en nombre & incorporée à la *maréchaussée*, parmi les compagnies de laquelle elle tient encore le premier rang, comme elle continue ses mêmes fonctions près du tribunal des maréchaux de France.

Par l'édit de 1720, tous les corps dont je viens de rappeller l'origine, furent réunis sous les titres & dénomination de *maréchaussée*. Il résulte des détails ci-dessus, que la *maréchaussée* est non-seulement la plus ancienne de toutes les troupes actuellement au service, puisque les compagnies écossoises des gardes du corps & de la gendarmerie qui ont les prétentions les mieux fondées en ce genre, ne datent que de 1445; mais qu'elle existoit déja sur un pied régulier & militaire, même avant les sergens d'armes, établis en 1223, qui furent les premiers gardes de nos rois, & à plus forte raison avant toutes autres troupes réglées. Il résulte encore de cet exposé que comme on appelloit alors gendarme tout cavalier pésamment & régulièrement armé, la maréchaussée dut être la première des troupes qui composèrent la gendarmerie, puisqu'elle en eût le caractère dès son origine.

De la composition de la maréchaussée depuis son origine.

La *maréchaussée* ne consistoit dans son origine que dans la garde du connétable, qui dans son principe

principe, n'étant qu'une garde d'honneur, dut n'être composée que de pages ou de jeunes gentilshommes qui vouloient faire l'apprentissage des armes; mais l'autorité du connétable s'étant accrue considérablement ainsi que sa jurisdiction, il lui fallut alors un plus grand nombre de gardes, & des hommes plus robustes pour assurer l'exécution de ses ordres: il dut donc les choisir parmi les gens voués au métier des armes; & comme ils devoient être braves & intelligens, il y a lieu de croire que si cette troupe cessa d'être composée de gentilshommes, elle n'en fut pas moins un corps d'élite & de confiance.

Il ne nous reste pas de traces plus certaines de la composition de la seconde institution; mais comme elle étoit destinée au même service près des maréchaux de France, il y a lieu de croire qu'elle fut à peu près formée & dirigée dans les mêmes principes que la première.

La troisième paroît susceptible d'avoir été la moins bien composée, quoiqu'aussi utile, parce que ses services avoient un objet moins considéré, & qu'elle étoit commandée par des chefs qui, partagés également entre des fonctions militaires & juridiques, civiles & criminelles, n'ont pu conserver long-temps à leurs ordres des gens purement militaires, ou capables d'en retenir l'esprit: aussi les compagnies de ces Baillifs furent-elles les premieres à dégénérer.

La derniere espèce de *maréchaussée*, établie dans les temps où l'on commençoit à introduire quelque discipline dans les troupes, fut dès la création composée d'un nombre fixe de compagnies, de chefs, d'officiers inférieurs & d'archers. Il y eut d'abord un prévôt général dans la plupart des provinces, & un prévôt particulier en chaque ville principale, mais ces dernieres furent suprimés en 1544; excepté en Bourgogne, où les choses étoient restées jusqu'aujourd'hui sur le même pied. Quelques-uns des prévôts particuliers furent remplacés par des lieutenans; d'autres, dans la suite, par des exempts qui ne furent crées qu'en 1612, & ces arrangemens ont subsisté jusqu'à l'époque des changemens qu'ont apportés les dernieres ordonnances du Roi.

Les Prévôts & les Baillifs avoient le droit de choisir & de nommer les archers qui devoient composer leurs compagnies, La cupidité s'en mêla & produisit bientôt un trafic abusif de ces places, qui, laissées aux plus offrant, ne se trouvoient plus remplies que par ceux qui en étoient les moins dignes. Lorsqu'une ordonnance de 1573 vint retirer à ces chefs la faculté de disposer de ces emplois, qui jusques-là étoient restés amovibles à titre de simples commissions, & par-là on redressa un abus essentiel dont la réforme suspendit pour quelque temps la décadence de la *maréchaussée*. Mais les besoins de l'état ou l'espérance d'assortir encore mieux des gens qui eussent les qualités requises, engagerent en 1629 à exiger des officiers & archers de *maréchaussée*, des sommes pour lesquelles un édit leur accorda le droit de disposer de la survivance & hérédité de leurs charges. On crut s'assurer mieux des sujets en les tirant d'une classe de citoyens assez aisés pour pouvoir faire l'acquisition de leurs emplois, & on s'attendit à plus de conduite & de retenue de leur part que de celle de sujets sans fortune, qui, ne tenant à rien, pouvoient se laisser plus aisément aller à des excès d'imprudence & de concussion; mais en cherchant ainsi quelques-unes des qualités requises dans la *maréchaussée*, on tomba dans l'inconvénient d'en exclure de braves militaires à qui il ne restoit d'autres ressources que la récommandation de leurs services. L'abus bientôt connu, fut reparé, dès 1632, par la nouvelle suppression des hérédités. Je ne sais par quelle fatalité elles furent encore retablies sucessivement en 1642, 1690, & 1701, & alternativement retirés en 1663, 1692 & 1720, l'arrangement de 1629 fut donc d'autant plus nuisible à la *maréchaussée* que la dignité du connétable ayant été tout récemment supprimée, les Prévôts & Baillifs réunirent sous leur commandement ce qui se trouva subsister de *maréchaussée* après cette époque, qui fut malheureusement celle de la décadence totale de ce corps par la réduction de ses fonctions militaires & par les atteintes que lui porterent les opérations ruineuses de finance dont je viens de parler, & dont le résultat le plus sensible fut que la maréchaussée ne se trouva plus enfin composée que de bourgeois timides qui ne recherchoient que des franchises & des privileges pour faire mieux valoir leur commerce & leur industrie. Il sembloit dans ces temps de relâchemens qu'on n'exigeoit plus de la *maréchaussée* que de servir d'un vain épouvantail aux coquins, car s'inquiétant peu de rectifier la machine, ont crut faire assez d'en multiplier les ressorts par les nouvelles résidences qu'on lui affecta en 1642. Enfin, le désordre multiplié avec l'occasion de le commettre, fit ouvrir les yeux, & on comprit mieux que jamais que la vénalité des emplois militaires est le plus grand des abus, le germe destructeur de toute émulation, & un principe infaillible de contagion dans presque tous les établissemens. Le malheur est qu'on ne pouvoit encore y remédier: les circonstances vers la fin du regne de *Louis* XIV ou pendant la régence, rendoient une liquidation si considérable toujours difficile ou même impossible; & il fallut attendre des temps plus heureux & plus convenables à la réforme dont on sentoit le besoin. Tout ce qu'on put faire, fut d'annoncer une préférence pour les militaires qui voudroient entrer dans la maréchaussée; ce palliatif ne changea pas l'état d'un établissement si dégénéré. Il falloit des crises plus violentes & d'heureuses révolutions pour ranimer la vigueur & renouveller la constitution d'un corps usé de vét. uste & par son mauvais régime. Cette opération fut en.

fin fixée à l'année 1720, & on osa s'en promettre le succès si désiré. Avant d'en examiner l'événement, qu'il me soit permis de jetter un dernier coup d'œil sur la situation où ce corps étoit réduit. J'en apperçois le tableau dans le préambule même de l'arrêt de suppression, & j'y vois que les motifs de la réforme sont les distinctions & prétentions qui divisoient les différens chefs de la maréchaussée, l'incapacité & l'inconduite de leurs officiers, l'ignorance des devoirs, l'abus des fonctions, les excès en tout genre, l'insubordination, l'indiscipline, le défaut de chevaux de tenue & d'uniformité, l'application à des métiers étrangers, enfin l'avilissement où cette troupe étoit tombée par le mauvais choix des sujets, & les fonctions basses par lesquelles ils cherchoient à gagner de l'argent ou à plaire à des gens qui pouvoient leur procurer quelques avantages. Tel étoit avant la refonte de 1720, l'état de la maréchaussée, composée de bourgeois sans courage, sans discipline, sans désintéressement, & d'officiers probablement d'une trempe proportionnée, & qui peut-être autorisoient les archers par leur exemple. Doit-on s'étonner si on a vu peu-à-près les honnêtes gens refuser & mépriser un service si décrié; & si le nom & l'habit d'archer laissoient après eux l'impression de l'avilissement & du ridicule. Et malheureusement ces époques fâcheuses ne sont pas assez éloignées de nous; ou bien la réforme qui les a suivies, n'a pas été assez tranchante, pour que ces désordres passés n'aient influé encore long-temps après sur les préjugés que l'on regardoit contre la maréchaussée, & qui humilioient journellement les officiers nouvellement introduits dans ce corps, on sait d'ailleurs assez que les troupes en france touchoient déjà à cette discipline, à cette uniformité qu'on admire dans leur tenue, & que la maréchaussée, tenant encore à ses vieux usages, restoit mal armée, mal montée, & vêtue comme on étoit au quinzieme siècle.

Aussi cette troupe n'avoit-elle plus du militaire que l'honneur d'avoir été mise sous le commandement des maréchaux de France : je dis d'avoir été, car pour lors elle n'étoit plus commandée que par les intendans des provinces, leurs secrétaires ou leurs subdélégués qui ont plus contribué que tout le reste à faire perdre à ce corps la considération dont il étoit encore susceptible : il y a assez de personnes qui peuvent se rappeller de l'avoir encore vu, sur ce pied, il y a vingt-cinq ans : on s'étonnera peut-être que les maréchaux de France aient pu souffrir qu'un corps à leurs ordres fut entraîné dans une telle décadence; mais qu'on réfléchisse que les occupations toutes militaires du règne de Louis XIV, qui ont appellé, presque tous les maréchaux de France hors du royaume, jusqu'à la paix d'Utrecht, en 1713, n'ont pas permis qu'ils donnassent des soins à un corps militaire qui n'avoit plus de soldats, & qui en laissant les chemins infectés par les brigands multipliés à la suite de ces longues guerres, ne rappelloit plus par ses services le but & l'utilité de son établissement. Pourquoi d'ailleurs les maréchaux de France y auroient-ils pris un si grand intérêt, puisqu'il existoit à peine de relation entre eux & ce corps, & que, contre l'usage de ce qui se pratique dans les autres troupes, celle-ci étoit censée commandée par les maréchaux de France, sans que pour cela ils disposassent de la nomination des emplois, ni de la disposition du service & des graces de ce corps; mais au moins, dira-t-on, il y avoit alors des chefs, soit prévôts, soit baillifs, qui devoient arrêter les progrès du désordre? Ils étoient faits pour cela, j'en conviens; mais en avoient-ils tous le talent & la volonté, & sur-tout le pouvoir? car à quoi ne se réduit pas l'autorité d'un chef isolé au milieu d'une troupe dispersée, peu ou point disciplinée, & qu'on ne rassembloit jamais.

Enfin le mal étoit extrême; mais le remède étoit prochain; du moins l'espéroit-on : le moment arrivé, tous ceux qui avoient les yeux ouverts sur la *maréchaussée*, s'attendoient à la voir renaître de ses cendres; & la manière assez tranchante avec laquelle on procéda sembloit l'annoncer, puisque la suppression totale de la maréchaussée, laissoit dans un champ libre tous les moyens possibles de la renouveller sous une forme & une constitution exempte des vices & des inconvéniens qu'on avoit remarqués dans la précédente; mais on sait combien peu on sut profiter d'une si belle occasion. La carrière étoit ouverte; il falloit la parcourir jusqu'à ce qu'on eut atteint le but; mais on le manqua, parce qu'après avoir suivi quelques routes battues, on crut avoir assez fait en voyant déjà loin derrière soi le point d'où l'on étoit parti.

Apprécions cependant jusqu'à quel degré on s'est approché de ce but, & examinons si on étoit au moins sur la voie.

2°. Toutes les maréchaussées sont supprimées par l'édit de 1720, recréées par le même édit; mais avec le même fonds & sur un pied trop peu différent du premier pour avoir dû produire l'effet qu'on se proposoit.

Toutes les compagnies prennent la dénomination de la maréchaussée, & ne sont plus commandées que par des prévôts généraux, sous les ordres des maréchaux de France. N'étoit-ce pas sous cette dénomination, & presque sous la même composition qu'elle s'étoit avilie : il falloit donc dénaturer l'une & l'autre pour laisser régénérer un autre esprit dans ce corps comme on a fait depuis.

3°. Il reçoit une augmentation d'hommes qui le porte à 2800 : mais cette augmentation étoit encore bien loin d'être suffisante, puisque celle de 1770, qui y a ajouté un tiers de plus, laissoit encore un grand vuide, qu'il étoit très-intéressant de couvrir.

4°. On répartit cette troupe en résidence de quatre hommes aux ordres d'un exempt ou d'un brigadier, mais elles restent trop éloignées entre elles : la plupart des villes n'en ont point, ou n'ont que des brigadiers, & ceux-ci ayant sur leur brigade la même autorité qu'un exempt dans la sienne, & étant par-là, confondus avec eux, n'ont pas laissé que de compromettre souvent le corps par leurs bévues ou leurs souplesses.

5°. Une très-légère différence de la solde du brigadier avec celle de l'exempt ne pouvoit manquer de rabaisser encore ce dernier grade : c'est cependant par les officiers nombreux qui le composent qu'on peut juger de ce corps, & qu'il peut fixer la considération publique & soutenir son service sur le meilleur pied.

6°. La finance des emplois d'exempt & d'archer est remboursée, & même celle des officiers de robe-longue qui en paroissoit bien moins susceptible; mais celle des prévôts & des lieutenans restent en titre d'office, & avec elles l'usage odieux d'une surfinance qui, portée encore à la même somme, a détruit le moyen le plus sûr d'introduire de l'émulation dans ce corps, & aux lieutenans celui de vivre dans une sorte d'aisance, & de faire honneur à leur place par une certaine représentation, & du désintéressement.

7°. On continue à la *maréchaussée* tous ses priviléges; le plus flatteur & le plus réel fut d'être conservé sous le commandement des maréchaux de France & du corps de la gendarmerie ; mais en fut-elle pour cela ou plus protégée ou plus considérée? Et la gendarmerie s'en est-elle moins piquée de n'avoir rien de commun avec la maréchaussée, & en avoit-elle, en effet, conservé autre chose que la bandouillère? Et quant à ses priviléges, ils sont si peu détaillés, si peu connus, si souvent contestés, & si mal soutenus, qu'ils se réduisent à rien.

8°. L'édit exige des services préalables dans les troupes pour être admis dans la maréchaussée; mais ces services n'ont pas apparemment été toujours exigés d'une manière assez absolue, ou bien la représentation des sujets laissée aux prévôts-généraux, leur aura donné la facilité d'y introduire insensiblement trop de protégés, peu faits pour cet état : ce qu'il y a de certain, c'est qu'on n'a pas tardé à voir, de nouveau, le fond de la maréchaussée composé de gens qui, pour la plupart, n'avoient servi qu'en qualité de domestiques, état que quelques-uns ont même continué jusqu'au delà de 1770.

9°. L'édit prend les mesures les plus sages, en apparence, pour la nomination des prévôts & lieutenans, en réservant la présentation de trois sujets à M. les maréchaux de France, dont le roi en agréeroit un ; mais qui ne sait pas que toutes ces précautions ont dû se passer en formalités; car les charges ayant été laissées purement héréditaires jusqu'en 1770, chaque titulaire trouvoit toujours le moyen de n'en disposer que pour son plus grand profit, ce qui a doublé réellement le prix de ces charges & en a éloigné d'autant plus les exempts ou de bons officiers sans fortune, pour les laisser à la seule disposition des bourgeois opulens qui pouvoient y prétendre, après quelques années de service, soit dans la gendarmerie ou ailleurs.

10°. On regardoit l'insuffisance de la paye comme la cause ou le prétexte des désordres arrivés dans ce corps : on voulut l'augmenter, & pour y parvenir & la rendre plus exacte, car souvent ce corps passoit des années entières sans recevoir de solde ni d'appointemens, on en affecta les fonds sur le taillion d'une manière qui sembloit invariable. Cependant cette paye, augmentée même depuis, a paru encore beaucoup trop foible, & a presque toujours éprouvé le retard de plusieurs quartiers. Ainsi la plupart des inconvéniens reconnus n'ont été que trop foiblement rectifiés, faute d'avoir rapproché la constitution de ce corps de principes modernes, & d'y avoir puisé des règles aussi sages qu'aisées à exécuter, tant sur l'administration de la *maréchaussée*, que sur la dispensation de ses devoirs. Les premières, je le répete, n'ont jamais été assez combinées; & les autres qui sont la base essentielle du service n'ont pas été posées d'une manière beaucoup plus instructive ou plus satisfaisante, & leur ignorance, toute excusable qu'elle étoit, n'en a pas moins jetté les sujets de la maréchaussée dans des nullités & des fautes aussi fréquentes qu'irréparables, qui les ont souvent conduits à la destitution ou à d'autres désagrémens.

Qu'on juge donc maintenant si cet édit qui devoit corriger tous les abus qui l'avoient précédé, a répondu par ses effets à ce qu'on en attendoit. Il faut l'avouer : soit que les meilleurs principes dégénèrent insensiblement, soit que la plupart de ceux renfermés dans cet edit, ayent été ou faux ou inconséquens; il n'en est pas moins résulté que bien avant 1760, la maréchaussée étoit retombée jusqu'au même degré où elle étoit avant 1720? puisque l'ordonnance qui parut en 1760, tend encore à réformer les mêmes inconvéniens; mais telle est la difficulté de repolir des corps rongés & pénétrés par la rouille, que dix ans après il fallut encore recommencer de nouveau les ordonnances qui parurent à cette occasion, c'est-à-dire jusqu'en 1770, quoique plus générales & plus reflèchies que les précédentes; elles ont aussi produit un peu plus d'effet; mais pas encore, à beaucoup près, tout celui dont elles étoient susceptibles.

Revenons à l'ordonnance de 1760, & remarquons-y : 1° la rigueur avec laquelle elle se servit contre les prévôts qui s'attribuoient des rétributions pour leur nomination aux places d'exempt & d'archer; cela prouve que ces emplois qui ne se vendoient plus au profit du Roi, l'étoient à celui de quelques-uns de ces chefs de compagnie; ce qui entrainoit un vice local qu'il importoit de détruire.

2°. L'état des officiers de maréchaussée n'étoit pas constaté par des rangs militaires, qui les missent en paix avec les officiers des autres troupes. Cette ordonnance y pourvoit, & fixe des rangs à chacun; mais comme ce n'est qu'en cas de retraite à l'hôtel, cela fut cause qu'on leur contesta toujours.

3°. Les brigades étoient livrées à elles-mêmes & n'étoient surveillées par personne dans leurs résidences, il fut ordonné que les Prévôts & lieutenans y feroient plusieurs tournées par année; mais outre qu'on se rappelle que ces Messieurs s'en dispensèrent pour la plupart, ces tournées ou visites étoient communément mal-faites, ne remplissoient pas leur objet, & étoient d'ailleurs susceptibles de plusieurs inconvéniens dont j'aurai occasion de parler dans la suite.

4°. Cette ordonnance entre dans plusieurs détails au sujet du service, de la discipline, de la tenue, &c. Mais combien ne sont-ils pas encore insuffisans! ils effleurerent à peine la matiere: on a dû le remarquer par le grand nombre de difficultés survenues, ou de décisions demandées depuis. Cependant l'ordonnance de 1766 ne rectifie & ne supplée rien à cet égard.

5°. Enfin elle établit des inspecteurs généraux, & quoiqu'alors leur travail n'étoit ni aussi réglé ni aussi étendu qu'il l'est devenu depuis, & qu'il eût été infiniment plus convenable à tous égard de donner cette inspection à des officiers généraux.

Tel étoit l'état & la composition de la maréchaussée, lorsque, sur les représentations des inspecteurs généraux, ou par l'effet de l'émulation dans toutes les parties du service, sous le ministère de M. le Duc de *Choiseul*, on songea à faire de nouveaux changemens dans ce corps. On prit assez de temps pour les concerter, & pour rassembler les premiers produits des impositions destinés à fournir au supplément de dépense que cette opération alloit occasionner. Les inspecteurs furent engagés à donner des mémoires très détaillés, & s'ils s'en sont acquittés avec le zèle & les lumieres que l'on devoit supposer à des chefs naturellement intéressés au bien de la chose, il y avoit tout lieu d'espérer de revoir bientôt ce corps sur un meilleur pied: c'est ce qu'on attendoit lorsqu'on vit éclore la nouvelle formation avec l'année 1770. Chacun y fut si trompé que je pourrois en me répétant y appliquer presque tout ce que j'ai déja dit de la révolution de 1720; soit que le rédacteur de cette derniere ordonnance, n'ait consulté les inspecteurs généraux que pour ne pas tomber dans leurs sens, soit qu'il ait manqué de talens, de conseil ou de bonnes intentions, il n'en est pas moins résulté ou qu'on est resté beaucoup en deça du but, ou que le but même ne tendoit pas au dégré de perfection dont la *maréchaussée* étoit susceptible; sur-tout dans la circonstance où se firent ces changemens. Malgré les défauts de cette ordonnance, on ne peut cependant dissimuler qu'elle est venue très-à-propos pour mettre en vigueur quelques bonnes dispositions de celle de 1760 qui étoient déjà oubliées, & pour introduire un peu de cet esprit de tenue & d'émulation, d'après l'exemple des autres corps dont la *maréchaussée* commença à rougir de se trouver si différente quand elle auroit dû être leur modele, puisqu'elle a le rang & l'ancienneté sur eux.

Des fonctions qui ont occupé la maréchaussée jusqu'à présent.

Dans les temps les plus reculés, la première branche de la *maréchaussée*, fut employée, comme on l'a dit, à la garde du connétable & à l'exécution de ses ordres: ce service étoit aussi distingué qu'honorable. Il consistoit, 1°. à combattre à côté du connétable & à l'environner de tous les côtés d'un escadron d'élite qui lui étoit entiérement dévoué; 2°. à porter ses ordres, comme sont encore aujourd'hui les aides-de-camps de nos généraux, & cet honneur étoit d'autant plus distingué que le connétable étoit après le roi & les princes, la première personne de l'état, ou du moins la plus puissante. Le roi lui-même n'avoit pas encore de gardes particuliers attachés à sa personne, que les connétables en avoient déjà depuis long-temps; le nombre de ceux-ci augmenta avec l'autorité militaire de leur chef, qui devint telle que le connétable de *Richemont* fit en 1426, de son autorité privée, trancher la tête aux seigneurs de *Giac* & de *Beaulieu*, quoique principaux personnages de la cour, & favoris du roi *Charles* VII, parce qu'ils s'étoient rendus coupables de quelques malversations; la punition des délits militaires faisoit alors la principale partie de la juridiction du connétable, & elle étoit exercée sous ses ordres par un prévôt, des lieutenans & des gardes: le détail de ces derniers sur-tout, exigeant beaucoup de vigueur & d'activité, éloigna une partie des jeunes gentilshommes qui avoient composé cette troupe dans son origine; mais ceux qui les remplacèrent n'obtinrent pas moins de considération par la sévérité de leurs recherches & le respect qu'on portoit aux ordres dont l'exécution leur étoit confiée. Leurs lieutenans étoient chargés de diriger ce service important, & se transportoient dans les provinces & à l'armée pour y instruire des délits qui s'y commettoient, & les faire punir.

Cependant les désordres s'étant multipliés avec

les révolutions & les circonstances qui les faisoient naître & avec le nombre des troupes qui augmentoient sensiblement, les tournées des lieutenans devinrent insuffisantes. Elles ne produisoient plus que des poursuites aussi tardives qu'accidentelles qui n'arrêtoient le mal ni dans son principe ni dans ses effets.

Louis XI. s'en étoit apperçu, & jugeant de la nécessité de faire suppléer aux fonctions de ces lieutenans trop préocupés, il avoit commis un gentilhomme en chaque province avec pouvoir d'assembler d'autres nobles & des habitans du pays pour réprimer les excès & les désordres des gens de guerre : mais il est aisé de juger du peu d'avantage que produisit à la police générale & à la sûreté publique, une troupe si peu réguliere : aussi le même Roi ne tarda pas à lui donner une constitution plus convenable en substituant au gentilhomme chef, un prévôt, & créant à ses ordres une compagnie d'archers dans chacune des provinces où il n'y avoit point de Baillifs ni de Sénéchaux. Cette nouvelle troupe eut la désignation de la *maréchaussée* parce qu'elle remplit les mêmes fonctions que celles des gardes des maréchaux de France aux ordres desquels elle fut mise aussi, d'autant qu'alors ceux qui étoient revêtues de ce grade suppléoient aux fonctions du connétable; cette maréchaussée fut donc chargée de réprimer les délits militaires ainsi que la connétablie l'avoit été; elle remplit d'abord cet objet avec tant de succès, que le parfait rétablissement de la tranquilité publique qui s'en suivit sembloit ne lui plus rien laisser à faire. Le Roi crut donc pouvoir l'occuper d'autant plus utilement en lui confiant l'exercice de la justice corrective sur les vagabonds & malfaiteurs, & en lui formant ainsi une jurisdiction qui s'étendit à différens cas qu'on a depuis, & à cause de cela, nommés *prévôtaux*, jurisdiction qu'elle n'obtint néanmoins que par concurrence & prétentions avec les Baillifs & Sénéchaux crées bien avant elles & saisis dès leur origine, de l'exécution de cette partie de la police générale du royaume. Mais il résulta un inconvénient de cet arrangement; c'est que ces fonctions civiles ayant insensiblement plus occupé la *maréchaussée*, que le service militaire, elles prirent insensiblement le dessus dans un temps où toute la noblesse ne savoit que porter les armes, ce qui ne tarda pas à détruire l'esprit & la composition à la faveur desquels ce corps s'étoit maintenu jusques là sur un assez bon pied. Ainsi l'époque de sa décadence suivit de près celle où elle partagea les fonctions des compagnies des Baillifs & Sénéchaux. Le service de ces compagnies étoit moins honorable que celui de la *maréchaussée*; mais il n'en étoit pas pour cela moins utile, puisqu'il avoit également pour objet le repos & la sûreté publique.

Les compagnies aux ordres des Baillifs & Sénéchaux étoient composées d'un certain nombre de Sergens ou de maîtres armés qui battoient la campagne, à l'instar de ces milices entretenues par les Romains, & connus sous le nom de *Latronculatores*. L'inconvénient consistoit en ce que ces Officiers de justice étoient pour la plupart des gentilshommes ou des militaires qui n'avoient aucune idée de la jurisprudence. On ne tarda pas de s'appercevoir que la justice distributive ne pouvoit être administrée convenablement par des hommes de guerre. *Louis XII* crut y remédier, en ordonnant par son Edit de 1498, qu'à l'avenir, les Baillifs & Sénéchaux seroient gradués, mais au moyen des facilités abusives de quelques universités, les dégrés que prirent ces Officiers, ne furent que pour la forme; & ne les rendirent pas plus capables ni plus instruits. Il arriva seulement que cette obligation d'être gradué, éloigna insensiblement les gentilshommes & les militaires, & rendit les places susceptibles de n'être plus occupées que par des gens de robe, ce qui jetta dans un autre inconvénient, car ces derniers n'étoient pas plus propres à conduire & à commander des gens de guerre que les autres à exercer la justice. Pour trancher cette difficulté, le chancelier de l'Hôpital jugea qu'il convenoit d'ôter absolument l'administration de la justice aux Baillifs & Sénéchaux, chefs des compagnies armées à leurs ordres, pour la laisser à leurs Lieutenans, qui étoient des gens de loix, ce qui fut ainsi réglé en 1560 par la fameuse ordonnance des états de Blois sous *Charles IX*. De-là, sans doute, l'origine des Lieutenans civils & criminels de Police. Les Baillifs & Sénéchaux restèrent de robe courte, & gardèrent leurs compagnies d'archers jusqu'à la réforme de 1720, époque où toutes les branches de la *Maréchaussée*, avoient les mêmes fonctions, puisque dès 1534 les cas *prévôtaux* furent exercés par la maréchaussée proprement dite, comme ils l'étoient par les compagnies des Baillifs & Sénéchaux. La seule chose qui les distinguoit à cet égard, c'est que ces dernières, destinées à un service plus civil, n'avoient pas encore le droit de connoître des délits militaires & de la désertion, mais elles en furent aussi chargées sous le règne de *Louis XIV*, de manière que ces différentes troupes furent assujetties aux mêmes obligations, ce qui en les multipliant à l'infini, pour chacune d'elles, contribua peut-être à les faire d'autant plus mal remplir, sur-tout dans des tems où la confusion & le relâchement avançoient la dégradation de ce corps. quoiqu'il en soit, ces devoirs compliqués sont prescrits en général dans un si grand nombre d'ordonnances, d'arrêts, de déclarations, de réglemens, la plupart de dattes si reculées, que la plus grande partie des sujets de la Maréchaussée sont censés devoir les ignorer, ou du moins être très embarrassés pour en faire l'application discerner celles qui ont été suivies de dérogations, ou enfin, savoir où les trouver pour les consulter au besoin. Ce n'est que d'une manière vague & incertaine, que l'on sait dans ce corps ce qu'il faut y exécuter.

La jurisdiction & la compétence de la maréchaussée

sont fixées par divers ordonnances & réglemens, notamment par les lettres patentes du 15 février 1549, 14 octobre 1563, août 1564, l'ordonnance de Moulins de 1566, l'ordonnance criminelle de 1670, & enfin par la déclaration du Roi du 5 février 1731. Mais le nombre & l'espèce des fonctions de la *Maréchaussée* dont le détail seroit trop long, fait assez connoître l'étendue des services dont ce corps est susceptible.

Ce qui le prouve encore mieux, c'est le soin que vient de prendre l'Assemblée nationale, de l'organiser sous le nom de gendarmerie ou *Maréchaussée*, & de déterminer les fonctions & la forme de service de chacun des grades qui la composent.

Ce travail est un des plus intéressans pour la sûreté des routes & la police du royaume. Il satisfait aux différens besoins & remédie aux inconvéniens que nous avons remarqués dans l'organisation de la maréchaussée jusqu'à présent. Nous croyons donc devoir le rapporter ici sans nous étendre d'avantage sur les défauts des anciennes ordonnances.

SECTION PREMIERE,

Organisation du corps de la maréchaussée.

§. I

Composition du corps

« Art. I. La *maréchaussée* portera désormais le nom de *gendarmerie nationale*.

« II. Elle fera son service partie à pied, partie à cheval, selon les localités, & comme il sera réglé par les administrations & directoires de département, après avoir pris l'avis des colonels qui seront établis, & néanmoins les gendarmes nationaux à cheval feront le service à pied quand il leur sera ordonné. «

« III. Cette troupe sera portée jusqu'au nombre de 7, 166 hommes non compris l'augmentation qui va être décrétée pour les trois départemens, de Paris, Seine & Oise, & Seine & Marne. »

« IV. La gendarmerie nationale sera organisée par divisions; chaque division comprendra trois départemens; une seule de ces divisions comprendra quatre départemens.

« V. Le service de la Corse sera fait par une division particuliere de vingt quatre brigades.

« VI. Le nombre moyen des brigades de gendarmerie nationale des départemens, sera de quinze par chaque département.

« VII. Et néanmoins il y aura des départemens réduits à douze brigades, & d'autres qui en auront dix-huit, selon les localités & les besoins du service.

« VIII. Il y aura deux compagnies par département, & les distributions des brigades seront determinées par le corps législatif, sur la proposition des directoires de département, qui prendront l'avis des colonels. »

« IX. Il y aura à la tête de chaque division un colonel; & dans chaque département, sous ses ordres, un lieutenant-colonel qui aura sous les siens deux compagnies, commandées chacune par un capitaine & trois lieutenans. »

« X. Un secrétaire-greffier sera attaché à chaque département, & servira près du lieutenant-colonel, sous l'autorité du colonel. »

« XI. Chacun des lieutenans aura sous ses ordres un maréchal-des-logis; & un ou deux brigadiers. »

« XII. Chaque maréchal-des-logis sera à la tête d'une des brigades, & sera en même temps chef d'une ou deux autres brigades, selon les distributions mentionnées dans les articles VI, VII & VIII précédens. «

« XIII. Les autres brigades, subordonnées à chaque maréchal des logis, auront chacune un chef particulier, lequel portera le nom de brigadier. »

« XIV. Chaque brigade sera composée de cinq hommes, y compris le maréchal-des-logis ou le brigadier. »

« XV. Chacun des trois lieutenans attachés à chaque compagnie, pourra commander toutes les brigades; & en cas de concours, le commandement appartiendra au plus ancien des lieutenans. »

« XVI. Les résidences des lieutenans-colonels, capitaines & lieutenans seront disposés de maniere qu'ils soient à portée de chacun des districts, & que leur service puisse être uniforme, prompt & également réparti. Cette disposition sera faite définitivement par le corps législatif, d'après l'avis des directoires de département, qui sera provisoirement exécuté. »

§. II.

Formation & avancement.

« Art. I. Il ne sera reçu à l'avenir aucun gendarme national qui n'ait vingt-cinq ans accomplis, qui ne sache lire & écrire, & qui n'ait fait au moins un engagement sans reproche dans les troupes de ligne, sans qu'il puisse y avoir plus de trois ans d'intervalle depuis la date de son congé. »

« II. Ceux qui voudront devenir gendarmes nationaux se feront inscrire sur un registre qui sera ouvert dans chaque directoire de département. Le colonel présentera au directoire, pour chaque place vacante dans l'étendue du département, cinq ſujets inſcrits ſur la liſte du département, ayant les qualités requiſes. Le département en choiſira dans les cinq, un qui ſera pourvu par le roi. »

« III. Pour remplir une place vacante de brigadier, chacun des dix-huit maréchaux-des logis de la diviſion ſe réunira avec le brigadier ou les brigadiers qui lui ſont ſubordonnés, pour choiſir de concert un cavalier. La liſte des dix-huit cavaliers ainſi choiſis ſera adreſſée au capitaine dans la compagnie duquel l'emploi ſera vacant. Le capitaine réduira la liſte à deux, dont les noms ſeront préſentés au colonel qui en nommera un. »

» IV. Pour remplir une place de maréchal-des-logis, les trois maréchaux-des-logis de chacune de ſix compagnies de la diviſion nommeront enſemble un brigadier. Les noms de ces ſix brigadiers ſeront adreſſés au capitaine de la compagnie où l'emploi ſera vacant; celui-ci réduira les noms à deux, leſquels ſeront préſentés au colonel qui en nommera un. »

« V. La moitié des places vacantes de lieutenans ſera remplie par les maréchaux-des logis de la diviſion, ayant au moins deux ans de ſervice en cette qualité, l'autre moitié par des ſous-lieutenans des troupes de ligne, âgés de vingt-cinq ans au moins, & de quarante-cinq ans au plus, qui auront ſervi ſans reproche depuis deux ans dans ce grade, & qui auront au moins ſix années de ſervice, & par les ſous lieutenans & maréchaux-des-logis qui ont précédemment ſervi dans la maréchauſſée ou dans la gendarmerie. »

« VI. Lorſqu'il s'agira de donner une place de Lieutenant en tour d'être remplie par un maréchal-des-logis de la diviſion, les trois Lieutenans de chacune des ſix compagnies nommeront enſemble un maréchal-des-logis; le lieutenant-colonel du département où l'emploi ſera vacant, réduira ces ſix noms à deux, & le colonel en choiſira un. »

« VII. Les ſous-Lieutenans des troupes de ligne & autres, qui aſpireront aux places de gendarmerie nationale, s'inſcriront ſur le regiſtre ouvert à cet effet par le directoire du département; & lorſqu'il s'agira de donner une place de Lieutenant en tour d'être remplie par eux, le directoire du département où la place ſera vacante, en formera librement une liſte, le colonel préſentera trois ſujets, le directoire en choiſira un. »

« VIII. A l'égard de la diviſion de gendarmerie nationale pour la Corſe, où il n'y aura que douze maréchaux-des-logis, & de celle qui, comprenant quatre départemens, aura vingt-quatre maréchaux-des-logis, les choix & nominations ſe feront de la même manière, à la ſeule différence du nombre des gendarmes & ſous-officiers qui ſeront préſentés pour chaque place vacante. »

« IX. Les Lieutenans parviendront, à tour d'ancienneté, au grade de capitaine. »

« X. Les capitaines parviendront à tour d'ancienneté, au grade de Lieutenant-Colonel. »

« XI. Le Roi fera délivrer une commiſſion à ceux qui, de la manière qui vient d'être expliquée, auront été nommés aux places de brigadiers, maréchaux-des-logis, Lieutenans, Capitaines & Lieutenans-Colonels. »

« XII. Quant aux Colonels, ils ſeront âgés au moins de trente ans accomplis; un ſera choiſi entre les deux plus anciens Colonels de leur diviſion & ſera nommé par rang d'ancienneté, nommé & pourvu par le Roi, entre les deux plus anciens Lieutenans-Colonels de la diviſion. »

« XIII. Les ſecrétaires greffiers ſeront nommés par les directoires de département. »

« XIV. Tout privilége de préſentation & nomination aux places dans la gendarmerie nationale des départemens eſt aboli. »

« XV. Les cavaliers ſeront aſſimilés aux brigadiers de la cavalerie, les brigadiers aux maréchaux-des-logis ordinaires, & les maréchaux-des-logis aux maréchaux-des-logis en chef de la cavalerie. »

« XVI. Il y aura une place de maréchal de camp affectée à la gendarmerie nationale. »

§. III.

Ordre intérieur.

« Art. I. Les officiers, ſous-officiers & gendarmes de la gendarmerie nationale des départemens, conſerveront l'uniforme dont ils ont fait uſage juſqu'à préſent; ils ajouteront néanmoins un paſſe poil blanc au collet, aux revers & aux paremens, & porteront à leurs chapeaux la cocarde nationale; & le bouton portera ces mots : *force à la loi*; les éguillettes ſont ſupprimées, & le manteau ſera bleu. »

« II. La maréchauſſée & gendarmerie nationale des départemens continuera de faire partie de l'armée, & pourra parvenir aux diſtinctions militaires, ainſi qu'il a été preſcrit. »

« III. La gendarmerie conſervera le pas ſur la cavalerie. »

« IV. Les commiſſions ſeront ſcellées ſans frais. »

« V. Celles des colonels ſeront adreſſées au directoire du département dans lequel leur réſidence ſera fixée, qu'à l'officier général qui commandera dans le département. »

« VI. Les colonels prêteront ſerment, dans le directoire, de s'employer ſuivant la loi, en bons citoyens & braves militaires, à tout ce qui peut intéresser la sûreté & la tranquillité publique.

« VII. Ensuite l'officier-général commandant dans le département, les fera reconnoître à la tête des compagnies. »

« VIII. Les commissions des lieutenans-colonels, capitaines & lieutenans seront adressées au directoire du département dans lequel ils résidront, pour y prêter le serment prescrit; & pareillement adressés aux colonels, qui feront reconnoître ces officiers dans leurs corps aux compagnies respectives. »

« IX. Les colonels ou, en cas d'empêchement, les lieutenans colonels recevront le même serment des maréchaux des-logis, brigadiers & cavaliers. Leurs commissions seront adressées aux colonels. »

« X. Les commissions seront conçues dans les termes qui seront déterminés séparément. »

« XI. Les sermens seront prêtés sans aucun frais. »

« XII. Toutes les commissions & actes de prestations de serment seront enregistrés aussi sans frais, dans les directoires de département, au secrétaire de la maréchaussée du département auquel l'emploi sera attaché, ainsi qu'au greffe des tribunaux de district. »

« XIII. Les inspecteurs généraux & particuliers du service de la maréchaussée, sont supprimés; & seront, s'ils le désirent, remplacés dans le nombre des Colonels, »

« XIV. Le Roi donnera tous les ans telles commissions qu'il jugera à propos, à l'un des officiers-généraux employés dans les départemens, pour inspecter seulement la tenue, la discipline & le service des divisions de maréchaussée & gendarmerie nationale. »

« XV. L'inspection des écuries & entretien des chevaux est confiée spécialement aux différens Lieutenans, sous l'autorité du colonel & autres Officiers à qui ils sont subordonnés. »

» XVI. Les directoires de département pourront faire parvenir au corps législatif & au roi, leurs observations sur les besoins & la convenance du service. »

XVII. Il y aura, par chaque division, un conseil d'administration, composé du colonel, du plus ancien des capitaines, du plus ancien des Lieutenans-Colonels du plus ancien des Capitaines, du plus ancien des Lieutenans, du plus ancien des maréchaux-des-logis, du plus ancien des brigadiers & des deux plus anciens gendarmes. Il sera chargé de régler les retenues à faire sur les sous-Officiers & gendarmes, l'emploi de la masse dont il sera parlé au § IV, & tout ce qui concerne l'intérêt commun de la division. »

« XVIII. Aucune destitution ne pourra être prononcée que selon la forme & de la manière établie pour l'armée. Les règles de la discipline seront les mêmes. «

§. IV.

Traitemens.

« Art. I. Tout bénéfice d'amende, taxe exécutoire sur le domaine public & les particuliers, récompense & gratification pour services rendus sur les réquisitions des Citoyens ou autrement, sont supprimés. Il est défendu aux Officiers, sous-Officiers & gendarmes d'en recevoir, à peine de restitution, & d'être destitués de leurs emplois. »

« II. Les directoires de département pourront disposer, chaque année, sur la proposition qui leur en sera faite par les conseils d'administration, d'une somme de 1,500 liv. en gratifications pour les Officiers, sous-Officiers & gendarmes qui auront fait le meilleur service. »

« III Les traitemens & appointemens de la gendarmerie nationale, seront fixés & payés mois par mois dans chaque département sur les fonds publics, d'après les mandats qui seront donnés par les directoires de départemens, en conséquence des états qu'ils recevront aussi mois par mois, du ministre ayant la correspondance des départemens. »

« IV. A compter du premier janvier 1791, les traitemens & appointemens de la gendarmerie nationale des départemens, demeureront fixés de la maniere suivante ».

» Savoir à chaque colonel........	6,000 liv
» A chaque lieutenant-colonel.......	3,000
» A chaque capitaine.....................	2,600
» A chaque lieutenant..................	1,800
» A chaque maréchal-des-logis......	1,100
» A chaque brigadier monté.........	1,000
» A chaque gendarme monté	900
» A chaque brigadier non monté...	600
» A chaque gendarme non monté..	500
» A chaque secrétaire greffier.......	600

» V. Sont compris dans ces appointemens, le logement des officiers, leurs courses & voyages dans les départemens où ils seront employés, & les places de fourrage. Les officiers, sous-officiers & gendarmes, demeureront chargés de se monter, de s'habiller & équiper, sans qu'il puisse être fait de retenues que celles arrêtées par le conseil d'administration. »

» VI. L'armement sera fourni & entretenu des magasins nationaux, de manière à faire le service à pied & à cheval ».

« VII. Le

» VII. Le casernement des sous-officiers & gendarmes sera fourni en nature, & déterminé par les directoires, sur l'avis des colonels & lieutenans-colonels.

« VIII. Il sera ajouté aux appointemens du secrétaire, une somme de 200 liv. pour subvenir aux menus frais & dépenses du secrétariat.

» IX. Il sera fourni annuellement par la caisse publique une masse de 360 liv. pour chaque brigade. Cette masse sera destinée, par forme de supplément à l'entretien de l'habillement, remonte & équipement des chevaux. Il sera déduit sur cette masse quarante liv. par homme dans les lieux où les brigades ne serviront pas montées.

X. Le traitement de chaque division sera toujours fourni au complet. Les revues de subsistances continueront d'être faites de la même manière qui sera déterminée incessamment ».

» XI Le conseil d'administration réglera, tous les ans, le compte qui sera rendu par le colonel ».

« 1°. Des avances que les circonstances auront pu rendre nécessaires & qui devront être remboursées par retenue sur sa solde ».

« 2°. De l'emploi du bénéfice obtenu sur le payement au complet, lequel tournera en gratifications, à la décharge des 1,500 liv. à ce destinées par l'article II du présent paragraphe ».

« 3°. Du fonds de masse établi par l'article IX du présent paragraphe, duquel fonds les maréchaux-des-logis, brigadiers & cavaliers ne pourront demander séparément aucun compte particulier.

» XII. Le compte réglé par le conseil d'administration sera présenté à la révision du directoire de chaque département.

« XIII. Les retraites & pensions seront réglées sur les mêmes principes que celles de l'armée. Trois ans de service dans le corps de la gendarmerie nationale seront comptés pour quatre.

§. V.

De la division attachée aux départemens de Paris, Seine & Oise, & Seine & Marne.

« Art. I. La division attachée aux département de Paris, Seine & Oise, & Seine & Marne, sera composée d'un colonel, trois lieutenans-colonels, six capitaines; dix-huit lieutenans, dix-huit maréchaux-des-logis, & cinquante quatre brigadiers, chefs de soixante & douze brigades, trois secrétaires-greffiers résidens auprès de trois lieutenans-colonels; le tout indépendamment de la garde judicielle dont il sera parlé ci-après. Il sera attaché un commis au secrétariat du département de Paris ».

» II. Les appointemens des officiers, sous-officiers gendarmes & secrétaires greffiers, seront plus forts que ceux qui ont été fixés dans l'article IV. du paragraphe précédent ».

Savoir : d'une moitié en sus pour ceux qui résideront dans la ville de Paris, & d'un quart en sus pour ceux qui résideront hors de cette ville, jusqu'à cinq lieues de cette ville. Le commis du secrétariat de Paris sera aux appointemens de 600 liv.

III. Le fonds des gratifications à distribuer sera de 2,400 liv. pour chacun de ces trois départemens.

§. VI.

Suppressions & changemens.

» Art. I. Les compagnies à la suite des maréchaux de France, celle des monnoies & celle de la connétablie sont supprimées; les compagnies connues sous le nom de Clermontois, d'Artois & toutes autres ne faisant pas corps avec la ci-devant maréchaussée, sont également supprimés ».

« II. La compagnie connue sous le nom de Robe-courte, est également supprimée; néanmoins les officiers, sous officiers & cavaliers de la ci-devant compagnie de robe-courte, continueront à faire partie de la gendarmerie nationale dans laquelle ils restent & demeurent incorporés avec tous les avantages de ladite gendarmerie nationale; ils continueront leur service à pied près des tribunaux de Paris & pour la garde des prisons, sous l'autorité du colonel des départemens de Paris, Seine & Oise, & Seine & Marne, & seront sous les ordres du lieutenant-colonel du département de Paris »

« III. Les ci-devant Officiers, sous-officiers & cavaliers de robe-courte formeront deux compagnies composées chacune d'un capitaine, cinq lieutenans, cinq maréchaux-des-logis, dix huit brigadiers; en tout cent & un homme par compagnie; chacune de ces compagnies sera placée auprès & dans le ressort de trois tribunaux de Paris; leur emplacement définitif sera tiré au sort.

« IV. Le traitement des officiers, sous-officiers & gendarmes des compagnies servant auprès des tribunaux de Paris, sera pareil à celui des autres officiers, sous-officiers & gendarme de la gendarmerie nationale servant dans Paris, mais il en sera défalqué l'entretien du cheval, l'équipement, les accidens & frais de remonte, estimés 600 liv. par an.

« V. Les officiers, sous-officiers & cavaliers des différentes compagnies supprimées qui possédoient leur état à titre de charge, sont autorisés à se présenter avec leurs titres, pour être remboursés aux termes des décrets. »

§ VII.

Formation du nouvel ordre.

(Les divisions seront formées ainsi qu'il suit.)

« Art. I. Première division, Paris, Seine & Oise, Seine & Marne.

« 2. Seine inférieure, Eure & Oise.

« 3. Calvados, Orne & Manche.

« 4. Finistère, Morbihand, Côtes du Nord.

« 5. Isle & Vilaine, Mayenne, Mayenne & Loire; Loire inférieure.

« 6. La Vendée, Deux Sèvres, Charente inférieure.

« 7. Lot & Garonne; Dordogne & Gironde.

« 8. Landes, Basses-Pyrénées, Hautes-Pyrénées.

« 9. Haute-Garonne, Gers & Tarn.

« 10. Arriège, Pyrénées Orientales, l'Aude.

« 11. L'Hérault, le Gard & la Lozère.

« 12. Bouches-du-Rhône, Drôme, Ardèche.

« 13. Basses-Alpes, Hautes-Alpes & Var.

« 14. Isère, Rhône & Loire, & l'Ain.

« 15. Saone & Loire, Côtes d'Or & Jura.

« 16. Doubs, Haute-Saone & Haut-Rhin.

« 17. Bas-Rhin, Meurthe, & Moselle.

« 18. Meuse, Haute-Marne & Vosges.

« 19. Aisne, Marne, Ardennes.

« 20. Somme, Pas-de-Calais, Nord.

« 21. Sarthe, Eure Loire, Loire & Cher.

« 22. Indre, Vienne, Indre & Loire.

« 23. Charente, Haute-Vienne & Correze.

« 24. Lot, l'Aveiron, le Cantal.

« 25. Haute-Loire, Puy-de-Dôme & la Creuze.

« 26. Loiret, l'Yonne & Aube.

« 27. Cher, Nievre & Allier.

« 28. La Corse.

« II. Les officiers, sous-officiers & cavaliers de la gendarmerie nationale, actuellement pourvus, demeureront provisoirement dans le lieu de leur résidence ».

II. Les ci-devant Inspecteurs-généraux & les ci-devant Prévôts-généraux entreront en concurrence pour remplir les vingt-huit places de colonels, selon l'ancienneté de leurs provisions de prévôts-généraux; & leur résidence sera fixée, autant qu'il se pourra, dans les départemens dont les localités leur seront les plus familières. Dans le cas où quelques-uns d'entr'eux seroient obligés d'en changer, ils passeront à la résidence la plus voisine de celle où ils étoient établis ».

« IV. Les autres ci-devant Inspecteurs-généraux, prévôts-généraux seront employés comme lieutenans-colonels des départemens, & parviendront les premiers au grade de colonel, à mesure que ces places viendront à vaquer, chacun selon l'ancienneté de ses provisions de prévôt-généra'. Ils auront jusques-là un quart en sus du traitement attaché au grade de lieutenant-colonel ».

« V. Les lieutenans-colonels seront pris parmi les lieutenans actuels, à tour d'ancienneté ».

« VI. Les capitaines seront pris d'abord parmi les lieutenans actuellement pourvus, ensuite parmi les sous-lieutenans, à tour d'ancienneté ».

« VII. Les lieutenans seront pris & complétés, savoir la moitié par les maréchaux-des-logis, & l'autre moitié par les sous-lieutenans & autres officiers des troupes de ligne, selon la forme qui sera établie ci-après ».

« VIII. La moitié des lieutenans prise parmi les maréchaux-des-logis sera complétée; savoir, une moitié par rang d'ancienneté; & pour compléter l'autre moitié, il sera formé, par les directoires de département, une liste des maréchaux-des-logis, susceptibles d'avancement. Sur cette liste, le colonel choisira trois sujets, & le directoire en nommera un ».

« IX. Pour le remplacement & complettement des maréchaux-des-logis, brigadiers & gendarmes, il y sera pourvu en la forme prescrite au § II. du présent décret. »

« X. La gendarmerie nationale sera formée provisoirement dans chacun des départemens, autres que ceux de Paris, Seine & Oise, Seine & Marne, sur le pied de quinze brigades, sauf à faire ensuite les distributions définitives, conformément aux articles VII & VIII du paragraphe premier ».

« XI. Les officiers, sous-officiers, cavaliers & soldats des compagnies ci-dessus supprimées, concourront à la formation du corps de la gendarmerie nationale, & seront, toutes choses d'ailleurs égales, préférés, pour cette première formation, aux officiers, soldats & cavaliers des troupes de ligne. Le temps de service qu'ils auront fait dans les compagnies supprimées, leur sera compté. »

« XII. Le traitement des officiers, sous-officiers & cavaliers de la gendarmerie nationale, leur sera payé suivant l'ancienne division des compagnies, usqu'au premier janvier 1791, auquel jour les appointemens commenceront, ainsi qu'ils sont fixés par le présent décret. »

» XIII. Les officiers, sous-officiers, secrétaires-greffiers & cavaliers actuels exerceront les fonctions de leur état & de leurs grades sans nouvelle commission, en prêtant seulement le serment ordonné dans l'art. VI du § III. »

» Il sera délivré par le roi, aux officiers actuellement pourvus, & qui, par l'effet des dispositions du présent décret, auront eu un avancement de grad le brevet de celui qui leur sera échu. »

SECTION SECONDE.

Des fonctions de la gendarmeri nationale.

« Art. I. Les fonctions essentielles & ordinaires de la gendarmerie nationale, sont : »

1°. De faire les marches, tournées, courses & patrouilles dans tous les lieux des arrondissemens respectifs, de les faire constater sur leurs feuilles de service, par les maires, & en leur absence par un autre officier municipal, à peine de suspension de traitement. »

« 2°. De recueillir & prendre tous les renseignemens possibles sur les crimes & délits publics. »

« 3°. De rechercher & de poursuivre les malfaiteurs. »

« 4°. De saisir toutes personnes surprises en flagrant délit, ou poursuivies par la clameur publique, quelles qu'elles puissent être, sans aucune distinction. »

« 5°. De saisir tous gens trouvés porteurs d'effets volés, d'armes ensanglantées, faisant présumer le crime. »

« 6°. De saisir les brigands, voleurs & assassins attroupés. »

« 7°. De saisir les dévasteurs de bois & de récoltes, les chasseurs masqués, les contrebandiers armés, lorsque les délinquans de ces trois derniers genres seront pris sur le fait. »

« 8°. De dissiper les révoltes & attroupemens séditieux, à la charge d'en prévenir incessamment les officiers municipaux des lieux les plus voisins. »

« 9°. De saisir tous ceux qui seront trouvés exerçant des voies de fait ou violence contre la sûreté des personnes ou des propriétés, contre la libre circulation des subsistances, contre les porteurs de contraintes pour deniers publics ou d'ordonnance de justice. »

« 10°. De prendre, à l'égard des mendians & vagabonds sans aveu, les simples précautions de sûreté prescrites par les anciens réglemens qui seront exécutés jusqu'à ce qu'il en ait été autrement ordonné. »

« 11°. De dresser des procès-verbaux de l'état de tous les cadavres trouvés sur les chemins, dans les campagnes, ou retirés de l'eau, à l'effet de quoi l'officier de maréchaussée le plus voisin sera averti, & tenu de se transporter en personne sur le lieu, dès qu'il sera averti. »

« 12°. De dresser pareillement des procès-verbaux des incendies, effractions, assasinats & autres crimes qui laissent des traces après eux. »

« 13°. De dresser de même procès-verbal des déclarations qui leur seront faites par les habitans, voisins & autres qui seront en état de leur fournir des preuves & renseignemens sur les crimes, les auteurs & complices. »

« 14°. De se tenir à portée des grands rassemblemens d'hommes, tels que foires, marchés, fêtes & cérémonies. »

« 15°. D'escorter les deniers publics, les convois de poudre de guerre, & faire la conduite des prisonniers ou condamnés, de brigade en brigade. »

« 16°. De faire le service dont la maréchaussée est actuellement chargée, en ce qui concerne l'armée, les soldats & toutes les parties militaires, conformément aux réglemens, tant qu'il n'en sera pas autrement ordonné. »

« 17°. De remplir toutes les fonctions qui leur sont attribuées par le décret concernant la procédure par jurés. »

« 18°. Ils sont au surplus autorisés à repousser par la force les violences, voies de fait qui seroient employées contre eux dans l'exercice des fonctions qui leur sont confiées par la loi. »

« II. Les fonctions mentionnées en l'article précédent, seront habituellement exercées par la gendarmerie nationale, sans qu'il soit besoin d'aucune requisition particuliere. »

« III. Les signalemens des brigands, voleurs assassins, perturbateurs du repos public, & ceux des personnes contre lesquelles il sera intervenu *mandat d'amener* ou *mandat d'arrestation*, seront délivrés à la gendarmerie nationale ; & transmis de brigade en brigade, ou autrement. »

« IV. Hors le cas exprimés dans l'article premier, la gendarmerie nationale ne pourra saisir aucun citoyen domicilié, sans un mendat spécial de justice. »

V. Elle ne pourra jamais saisir un citoyen dans sa propre maison, si ce n'est en vertu d'un mandement de justice, auquel cas elle accompagnera si elle en est requise, l'huissier porteur de cette ordonnance, à peine, en cas de contravention au présent article & au précédent, de prison, pour la premiere fois, contre le chef de la brigade, & de destitution pour la seconde, sans préjudice des dommages & intérêts. »

« VI. Il est expressément défendu à tous, & en particulier aux dépositaires de la force publique de faire, aux personnes arrêtés, aucun mauvais traitement ni outrages, même d'employer contr'elles aucune violence, si ce n'est en cas de résistance ou de rebellion, en préférant néanmoins toutes les mesures nécessaires pour s'assurer d'elles; le tout à peine, contre les officiers, sous-officiers ou gendarmes qui manqueront à ce devoir, d'être condamnés à la prison pour la premiere fois, & suspendus de toute fonction pour la seconde, même de plus grande peine s'il y échet; faute de quoi les officiers supérieurs demeureront responsables, sans préjudice des dommages & intérêts & les coupables seront reprimés par les tribunaux de district. »

« VII. Tous procès-verbaux de corps de délit, de capture, d'arrestation, seront déposés au tribunal de district, dans trois jours au plus tard : il en sera envoyé extrait, avec tous les renseignemens nécessaires, au lieutenant-colonel de la gendarmerie nationale, & l'enregistrement en sera fait à son greffe; celui ci en rendra compte au colonel de division. »

« VIII. Le secrétaire greffier de la gendarmerie nationale sera tenu, à peine d'en demeurer responsable, de donner avis des captures & détentions à la municipalité du lieu du domicile, du lieu de la naissance du détenu ou prisonnier. Quand aux individus étrangers ou dont le lieu de naissance seroit inconnu, il en sera donné avis par le secrétaire-greffier, au chef de la justice ».

« IX. La lettre qui sera écrite à cet effet par le secrétaire-greffier sera transcrite sur son registre, visée par le lieutenant-colonel, & chargée à la poste ou transmise de brigade en brigade ; le sécretaire greffier aura soin de se procurer la preuve de ces précautions ».

« X. En toute occasion, les officiers, sous-officiers & gendarmes de la gendarmerie nationale prêteront sur-le-champ la main-forte qui leur sera demandée par réquisition légale ; ils exécuteront les réquisitions qui seront adressées par les commissaires du roi près les tribunaux, seulement lorsqu'il s'agira d'exécution de jugemens & ordonnances de justice ».

« XI. L'extrait des procès-verbaux & les notes des opérations relatives aux dispositions de l'article précédent, seront pareillement envoyés au lieutenant-colonel de la gendarmerie nationale, qui en fera faire l'enregistrement à son secrétaire, & qui en rendra compte au colonel ».

« XII. Le service de la gendarmerie nationale est essentiellement destiné à la sûreté des campagnes ; & néanmoins la gendarmerie nationale prêtera, dans l'intérieur des villes, toute main-forte dont elle sera légalement requise ».

« XIII. La gendarmerie nationale des départemens pourra être chargée de transmettre aux municipalités des campagnes & aux citoyens qui les composent, les avis & instructions des administrations & directoires de départemęnt & de district, ainsi que les instructions décrétés par le corps législatif ou rédigées par ses ordres ».

MARIAGE, f. m. l'union constante & volontaire d'un homme & d'une femme.

Notre objet avoit d'abord été de développer ici quelques principes de morale & de législation relatifs au *mariage*, nous voulions donner à cette matière une étendue proportionnée à son importance & comparer les divers usages des peuples, avec les idées que la philosophie & les loix nous donnent du *mariage* parmi nous. Mais ces discussions étrangères, jusqu'à un certain point, à l'objet d'un dictionnaire de police & de municipalité, nous auroient forcé de répéter ici une grande partie des choses que l'on trouvera plus naturellement dans le dictionnaire de l'Assemblée nationale, ou à l'occasion des nouvelles loix, nous pourrons traiter des diverses institutions sociales qui en sont l'objet.

Ce que nous croyons utile de dire ici se borne à quelques notions sur la nature du *mariage* en lui-même & les erreurs qu'on paroît avoir trop légèrement accréditées à son égard.

Le *mariage* n'est ni la cérémonie qui l'accompagne, ni l'acte qui en certifie l'existence, ni le sacrement qui en sanctifie l'institution ; c'est l'union de deux personnes de différent sexe vivant ensemble & élevant les enfans qui en naissent.

Les actes n'ont été institués que pour assurer cette union, pour en notifier la durée ; mais si cette union avoit été constante, si des faits irrécusables, une notoriété publique l'attestoient, le mariage ne seroit ni moins vrai, ni moins positif, quand les titres auroient été omis, que les actes n'existeroient pas, & que le *mariage* n'auroit été que naturel.

Il est bien vrai que l'usage de la plus grande partie des peuples de l'Europe est contre cette opinion ; qu'on y fait dépendre le mariage du titre & qu'on y confond l'un avec l'autre ; ensorte que des gens ne sont pas unies par la raison qu'ils ont constamment vécu ensemble ; mais parce qu'il y a un acte qui prouve qu'ils ont promis de le faire : ce qui, comme l'on voit, est véritablement absurde.

Je crois bien que quant aux effets civils, aux droits de succession, le *mariage* simplement naturel, pourroit bien ne pas avoir le même effet que le mariage civil; c'est-à dire, que deux individus qui se sont unis volontairement & sans le concours de leurs parens, pourroient fort bien ne pas avoir un droit bien déclaré à la succession de leurs pères & mères; encore cela n'est-il pas bien certain. Mais quant à la légitimité des enfans des deux époux, c'est-à-dire, au droit qu'ils ont d'hériter du nom & de la propriété de leurs parens immédiats, de leur titre, à tous les avantages domestiques, on ne peut élever le moindre doute, sans tomber dans des contradictions, dont il est impossible de sortir.

Le *mariage* naturel a un caractère particulier qui le distingue du concubinage. Le concubinage consiste à vivre plus ou moins de tems avec une femme qui ne porte point votre nom, & qui est publiquement connue pour n'être qu'une société de plaisir plutôt qu'une compagne domestique & jouissant des droits d'épouse & de mère. Il ne peut y avoir de *mariage* naturel entre un homme déja marié & une femme ou une fille; les deux époux doivent être libres, leur union décente, & ne porter qu'un nom commun celui du mari.

Le *mariage* naturel est de fait, & devient de droit lorsqu'il se trouve présenter le caractère de celui que reconnoît la loi, c'est-à-dire, lorsque l'union est constante & domestique: que les intérêts & les soins de familles sont les mêmes, conditions auquel l'acte qui les énonce ou promet, ne pourroit rien ajouter de plus.

C'est donc une erreur dangereuse, une injustice que d'assimiler des unions de cette espèce avec les habitudes passagères, que le plaisir fait contracter & que la légèreté rompt ensuite; c'est un acte contraire à l'esprit des loix que d'attaquer l'état des personnes par un défaut de forme qui n'auroit rien ajouté au caractère constitutif du mariage, qui, suivant tous les principes de droit, réside essentiellement dans la volonté des époux de vivre ensemble & d'élever leurs enfans.

Les magistrats de police doivent donc bien se garder de prétendre avoir quelque part de pouvoir actif sur les personnes qui sont dans le cas que nous venons d'indiquer, de regarder comme débauchées ou prostituées les personnes qui n'ont d'autre titre de *mariage* que celui d'une constante & paisible union; de se croire obligés de sévir au gré des parens contre de jeunes époux qui n'ont contr'eux qu'un défaut de titre dont ils remplissent d'ailleurs toutes les conditions. On peut même dire qu'un mariage de cette espèce, sur-tout lorsqu'il est suivi de la naissance d'un ou plusieurs enfans, doit affranchir du joug paternel, comme le mariage civil, car encore une fois dans celui-ci, le titre qui l'assure ne produit rien par lui-même, & tous les effets naissent de l'union constante des époux & de la naissance des enfans.

L'on trouve dans l'ouvrage de M. Mazzei sur les *états-unis d'Amérique*, tome Ier. pag. 143, une remarque sur les mariages des sauvages qui vient à l'appui de ces principes. « Toutes les cérémonies du *mariage*, parmi les sauvages, dit-il, consiste dans le consentement volontaire des parties ». Je n'en conclus cependant pas qu'il faille réduire nos *mariages* à cette forme nue, mais je dis seulement, que lorsqu'un homme & une femme ont vécu ensemble pendant dix ans, par exemple, qu'ils ont porté le même nom, élevé leurs enfans, rempli les devoirs domestiques & civils, quoiqu'ils n'en aient pas précédemment fait la déclaration, c'est-à-dire, quoiqu'ils n'aient point fait précéder leur union d'un acte déclaratoire de leurs intentions, ces gens-là n'en sont pas moins époux, père & mère, aux yeux de la loi, & par conséquent mariés. *Voyez* un mémoire de M. Target pour la marquise d'Anglure.

Cette matière nous conduit naturellement à parler des *mariages* clandestins. L'on n'en reconnoît point en France, pas plus que de *mariages* naturels, quoiqu'il y en ait de fait dans la société.

Les *mariages* clandestins diffèrent des mariages naturels en ce que les premiers se font secrettement à l'insu des parens dans les formes civiles, & que les seconds ne sont que l'exercice d'un droit naturel qui porte le caractère d'un droit positif, lorsque par le fait on a rempli les conditions que l'on auroit promis de remplir, si l'on avoit dressé un acte de *mariage*.

Les *mariages* clandestins ne sont pas très-rares en Angleterre; la loi civile les reconnoît avec quelques modifications qui n'en atténuent point la légitimité, mais qui tendent à les rendre difficiles. En Ecosse ils sont plus communs, par les dispositions civiles qui y sont moins sévères sur le concours de l'approbation des parens. En 1788 on a eu un exemple d'une semblable *mariage*. Une des filles du lord Courtenay s'évada de la maison paternelle, avec un fils puiné du duc de Beaufort. Cet évènement surprit tous ceux qui connoissoient la modestie, la réserve & toutes les qualités de cette demoiselle. Mais, l'espoir de vaincre des résistances de famille l'a déterminée à s'enfuir avec son amant & aller se marier en Ecosse.

Il y a un usage à Sumatra encore plus favorable à la liberté des mariages. Lorsqu'un père a reçu des arrhes pour le *mariage* de sa fille, il ne peut plus la donner à un autre, sans encourir une amande à quoi sa fille l'expose souvent. Car tandis que les vieillards sont occupés à arranger un *mariage* par *Patootan*, c'est-à-dire, par accord de famille, il arrive souvent que la jeune fille disparoît avec un amant plus favorisé, & s'assure par-là un parti de son propre choix. Cette pratique appellés *Telarec gaddees* ou enlèvement, n'est pas la voie la moins ordinaire de terminer un *mariage*, & par un esprit d'indulgence, dont peu de codes offrent l'exemple, les loix autorisent ce mariage naturel. *Histoire de Sumatra, par W. Marsden*, tom. 2. p. 43.

Nous bornerons à ce peu de réflexions, ce que nous croyons devoir dire ici sur le *mariage*, des plus grands détails regardant ou la jurisprudence, ou le dictionnaire de législation dont nous avons parlé. Voyez encore les mots FEMME, BATARD, CONCUBINE, ENFANT.

MARIAM. s. m. Nom des lieux de prostitution au Japon.

Kempfer qui se sert de cette expression & qui dit que c'est le nom des lieux de débauches au Japon, fait un tableau du libertinage de ce pays qui prouve qu'à cet égard les japonois sont encore plus corrompu que nous; ou plutôt la prostitution n'est point regardée dans ce pays sous les mêmes aspects qu'ici. Il y a des maisons singulièrement protégées qui n'ont d'autre usage que d'offrir aux desirs publics des jouissances faciles. L'écrivain assure même que dans quelques villes, ces institutions ont quelque caractère de culte public & que les plaisirs de l'amour entre dans les fonctions des ministres qui y sont destinés.

Ce n'est point seulement de filles qu'on trouve des *Mariams* dans les villes du Japon, l'excès du libertinage va jusqu'à en offrir de remplis de jeunes garçons, qui sont élevés dans tous les arts qui peuvent exciter la sensualité & varier les plaisirs de ceux qui se rendent dans les lieux. Les auberges sur-tout sont les mieux fournies de prostitués des deux sexes & les voyageurs sont prévenus sur tout ce qui peut leur plaire à cet égard. *Voyez* PEDERASTIE, & PROSTITUTION.

MASQUE. s. m. Tout ce qui couvre la figure d'un homme & le rend méconnoissable. On donne aussi le nom de *masque* aux personnes déguisées sous une autre forme ou un autre costume que celui qu'elles ont naturellement.

Tous les hommes aiment à se déguiser, à se peindre ou décorer suivant des goûts particuliers. Chez les peuples policés ces habitudes se sont perfectionnées & sont devenues, sur-tout dans nos tems modernes des amusemens de société.

Le carnaval est le tems des *masques*; c'est alors que le peuple s'amuse & se livre à quelques mouvemens de joie, un peu grossière à la vérité, mais enfin utile à quelques égards par l'air de contentement, de gaîeté que tout semble prendre alors.

Un des soins de la police a toujours été à cette époque, d'empêcher les désordres que la licence & la brutalité peuvent faire; il y a des ordonnances à ce sujet dont nous donnerons le sommaire, parce qu'elles contiennent des dispositions qu'il est utile de connoître.

Par une ordonnance de François I, il est défendu d'aller *masqué*, & armé dans les villes & dans les campagnes. L'ordonnance de Blois permet de courir sus à toute personne *masquée*, ayant commis vol ou assassinat.

Le roi, par une déclaration du 22 juillet 1682, avoit défendu aux gardes-françoises de se déguiser & d'aller dans la ville pendant la nuit, à peine de galères. Une autre ordonnance de 1720, 9 novembre défend, aux *masques* de porter l'épée, ni de la faire porter aux valets ou autres personnes qui les accompagnent.

Une ordonnance de police du 6 décembre 1737, fait défenses à toutes personnes *masquées* ou non *masquées* de s'introduire de force dans les assemblées de noces qui se font, chez les traiteurs & autres, soit de jour ou de nuit, à peine d'être punis comme perturbateurs du repos public.

Depuis la révolution la police contre les *masques* est encore devenue plus sévère, ils ont été entièrement interdits & le carnaval par conséquent supprimé. Il y a plusieurs causes de cette interdiction; 1°. la crainte que sous le prétexte des *masques* on ne donne lieu à quelques désordres publics; 2°. l'impuissance de la municipalité à maintenir une bonne police pendant le carnaval; 3°. l'esprit de réforme & cette idée d'enfans qui porte bien des gens à croire que le peuple va tout-à-coup changer & devenir grand, sage, raisonnable, & ne voulant plus s'amuser. Cette dernière manie est la folie du jour, & il faut faire semblant d'y croire; si l'on ne veut pas être traité de mauvais patriote. Au reste, voici la dernière ordonnance de la municipalité de Paris, sur la suppression des *masques*; elle a été imitée dans toutes les grandes villes du royaume.

Proclamation de la municipalité de Paris, concernant les bals, masques & déguisemens, du 16 janvier 1791.

1°. Il est expressément défendu à tous particuliers de se déguiser, travestir ou masquer, de quelque manière que ce soit, à peine contre ceux qui seroient rencontrés dans les rues, places ou jardins publics, d'être arrêtés, démasqués sur le champ, & conduits devant le commissaire de police de la section.

2°. Il est pareillement défendu de donner aucun bal masqué, public ou particulier, sous telles peines qu'il appartiendra, tant contre ceux qui, tenant un bal public, y auroient reçu des personnes masquées, déguisées ou travesties, que contre ceux qui, dans les bals particuliers, recevroient des masques, & encore contre toutes personnes qui s'y trouveroient déguisées.

3°. Il est également défendu d'étaler, louer ou vendre, pendant la nuit des masques & habits de caractères servant aux déguisemens.

4°. Aucune personne ne pourra donner de bal public, qu'après en avoir fait sa déclaration au département de police; de laquelle déclaration expédition sera remise aux déclarans, pour être par eux représentée, au besoin, au commissaire de police qui la visera.

5°. Lesdits bals ne pourront commencer avant quatre heures de relevée, & devront cesser à onze heures du soir.

6°. Le département mande aux commissaires de police & de sections, à M. le commandant-général, à MM. de l'état major, chacun en ce qui les concerne, de tenir la main à l'exécution de la présente proclamation, laquelle sera imprimée, publiée, affichée & envoyée par-tout ou besoin sera. Fait à l'hôtel de la mairie, le 16 janvier 1791. Signé, *Bailly*, maire; *Thorillon*, *Perron*, *Jolly* & *Maugis*, administrateurs; *Desmousseaux*, procureur-adjoint de la commune.

MEAUX, Ville de la Brie, dans le département de Seine & Marne & chef-lieu de district. Nous ne parlons ici de cette ville que pour rapporter la forme d'organisation municipale qui lui avoit été donnée, non pas dans l'ancien régime, mais depuis que les lumières s'étoient répandues & que le ministre s'étoit lui-même apperçu que les villes avoient besoin d'avoir dans leur sein des corps administratifs, choisis par les habitans & chargés de la police & de l'administration des propriétés communes. C'est à ces fonctions que l'on avoit cru devoir borner les pouvoirs des municipalités pour n'en point faire des républiques indépendantes, dont l'énorme autorité pourroit fort bien tourner à l'oppression du peuple & au maintien de la division & des troubles dans l'état. L'on comparera cette forme avec la nouvelle, & c'est afin de mettre le lecteur à même de juger que nous avons cru devoir rapporter ici l'arrêt du conseil du 10 août 1787 qui règle la forme de l'administration de la ville de *Meaux*. *Voyez* MUNICIPALITÉ.

1°. Le corps municipal de la ville de Meaux, sera composé à l'avenir d'un maire, de quatre échevins, d'un procureur du roi, d'un receveur & d'un secrétaire-greffier. Lesdits procureur du roi, receveur & secrétaire-greffier, n'auront voix délibérative dans aucune assemblée.

2°. Le maire ne pourra être choisi que parmi ceux qui auront rempli cette place, qui seront ou auront été échevins, ou parmi les gentilshommes, officiers militaires ou officiers de judicature.

3°. Les échevins seront choisis parmi ceux qui auront déjà rempli lesdits places, & parmi les gentilshommes, officiers militaires, officiers de judicature, avocats, procureurs, notaires, médecins, chirurgiens, principaux négocians ou bourgeois vivans noblement.

4°. A l'avenir, le maire exercera ses fonctions pendant quatre ans, ainsi que les échevins, le procureur du roi, le receveur & le secrétaire-greffier; & néanmoins afin d'établir un ordre successif pour le renouvellement desdits officiers municipaux, ordonne sa majesté que pour cette fois seulement ceux qui seront nommés en exécution du présent arrêt, exerceront, savoir: le maire, les deux premiers échevins, le procureur du roi, le receveur & le secrétaire-greffier, jusqu'au 2 janvier 1792; & les deux derniers échevins, jusqu'au 2 janvier 1790 seulement.

5°. Le maire, ainsi que les autres officiers-municipaux pourront, après quatre années d'exercice, être continués dans leursdites places pour quatre autres années seulement: à condition qu'au premier scrutin ils réuniront les deux tiers des suffrages, & en procédant au second scrutin tous les suffrages qui leur seroient donnés seront rejettés.

6°. Lorsque les officiers-municipaux auront été continués, ils ne pourront être élus de nouveau aux mêmes places qu'après la révolution d'un tems égal à celui pendant lequel ils les auront exercées.

7°. On ne pourra nommer le père & le fils, le beau-père & le gendre, les frères & beaux-frères, l'oncle & le neveu pour exercer en même-tems les fonctions de maire & échevins.

8°. Les élections des officiers-municipaux se feront par la voie du scrutin, dans une assemblée générale où assisteront tous les membres du corps municipal; les deux plus anciens de ceux qui auront exercé les places de maire & échevins, un député de chaque paroisse de la ville, un député du chapitre de l'église cathédrale, un de l'église collégiale, un député des curés de la ville, tous les gentilshommes & officiers militaires demeurans dans ladite ville depuis dix ans, un député du bailliage, un de l'élection, un du grenier à sel, l'ancien des avocats, l'ancien des procureurs, l'ancien des notaires, l'ancien des médecins, l'ancien des chirurgiens, & les quatre plus anciens négocians & principaux marchands ayant rempli ou remplissant actuellement les charges de leur communauté, & payant au moins cent livres d'impositions.

9°. Les assemblées ci-dessus seront toujours présidées par le maire, ou en son absence par le premier échevin.

10°. Les députés des paroisses seront nommés dans une assemblée, de chaque paroisse, ceux des chapitres, & les officiers de judicature dans une assemblée de leurs compagnies, & celui des curés de la ville dans une assemblée qui sera tenue chez l'ancien desdits curés. Les députés susdits seront tenus de notifier leur élection au greffe de la ville, aussitôt après qu'elle aura été faite.

11°. Immédiatement après l'enregistrement du présent arrêt, aux registres de l'hôtel-de-ville, qui sera fait au plus tard dans la huitaine du jour de sa réception; le maire actuellement en exercice, ou en son absence le premier échevin, en adressera une copie à chacun des corps & communautés, qui doivent envoyer des députés à l'assemblée générale, avec l'indication du jour auquel elle sera tenue, pour qu'ils aient à procéder sur-le-champ à l'élection des députés; seront également tenus lesdits maire ou premier échevin, de donner le même avertissement & en la même forme, à tous ceux qui par leur qualité sont autorisés à s'y trouver aux termes de l'article VIII du présent arrêt.

12°. Quinze jours après ledit enregistrement, le maire ou en son absence le premier échevin, convoquera dans la matinée les députés, ainsi que ceux qui par leur qualité sont autorisés à se trouver à l'assemblée générale, par billets adressés à chacun d'eux, contenant l'heure à laquelle ladite assemblée sera tenue dans l'après-midi du même jour, à l'effet de procéder à l'élection des nouveaux officiers-municipaux.

13°. Faute par le maire ou en son absence, le premier échevin, d'avoir rempli les formalités ordonnées par les articles XI & XII ci-dessus, l'assemblée sera réputée clandestine, & toutes les élections & délibérations faites en icelle seront nulles & de nul effet.

14°. Veut & ordonne sa majesté que le maire, les échevins, le receveur & secrétaire-greffier actuellement en exercice, cessent leurs fonctions aussitôt après qu'il aura été procédé aux élections ordonnées par le present arrêt.

15°. Les élections des officiers-municipaux se feront à l'avenir le second jour de janvier à trois heures de relevée, & les nouveaux officiers élus entreront en exercice aussitôt après leur élection.

16°. Le jour fixé pour les élections, les officiers municipaux, les députés & autres qui doivent composer l'assemblée générale, se rendront à l'hôtel-de-ville, & une heure après celle qui aura été marquée pour l'assemblée, les présens prendront leur place; lorsque tous seront assis, le valet-de-ville de service présentera aux assistans, une boîte dans laquelle ils déposeront leurs billets cachetés, & dans chaque billet sera écrit le nom de la personne qu'ils choisiront pour remplir la place dont il s'agira. Cette boîte sera présentée en suivant l'ordre des séances; les billets étant recueillis, les personnes qui surviendront ne seront plus reçues à déposer les leurs; la boîte sera remise entre les mains du maire, qui en présence de deux scrutateurs nommés par l'assemblée, vérifiera le nombre des billets, pour savoir s'il répond au nombre des assistans ayant droit de suffrages: il en fera ensuite l'ouverture en présence desdits scrutateurs, & les lira à l'assemblée. Les noms des élus seront inscrits par le secrétaire-greffier, en présence de deux assistans, choisis par l'assemblée avant la vérification du nombre des billets; le greffier tirera à la suite de chaque nom une ligne horizontale, sur laquelle il fera autant de barre que les sujets vis-à-vis lesquels les lignes seront tirées, auront voix: il en arrêtera le nombre pour savoir quelle sera la personne qui réunira le plus de suffrages pour la place à nommer, le tout en présence de deux personnes nommées par l'assemblée pour suivre lesdites opérations. Ces formalités remplies, le maire en présence des scutateurs brûlera les billets; il sera dressé à l'instant un procès-verbal du tout, qui sera lû & signé par tous les assistans.

17°. Le maire prêtera serment entre les mains du lieutenant général du bailliage, les autres officiers le prêteront en celles du maire, & en son absence du premier officier-municipal qui se trouvera présider l'assemblée.

18°. Dans le cas où il devra être procédé en même-tems à l'élection du maire, d'un ou plusieurs échevins, on commencera par élire le maire, ensuite les échevins, de manière qu'on ne procédera à l'élection des échevins, que lorsque le maire sera reçu, & ainsi des autres.

19°. Lorsqu'un officier-municipal viendra à décéder ou à transférer son domicile hors de la ville & des faubourgs, il lui sera nommé un successeur en observant les formalités ci-dessus prescrites.

20°. Le successeur parachevera non-seulement le tems de celui qu'il remplacera; mais ledit tems fini, il continuera d'exercer ses fonctions comme s'il n'eût été nommé qu'à l'expiration de l'exercice de son prédécesseur.

21°. Les officiers subalternes, tels que les concierges, valets-de-ville & hallebardiers, seront choisis & congédiés par les maire & échevins, à la pluralité des voix.

22°. Le receveur sera tenu de donner telle caution qui sera déterminée par l'assemblée générale, laquelle caution sera reçue par délibération des officiers

officiers-municipaux, homologué par le sieur intendant & commissaire départi.

23°. Les honoraires qu'il sera jugé convenable d'accorder au receveur & au secrétaire-greffier, seront réglés dans l'assemblée générale qui les aura élus : ne pourront néanmoins les délibérations qui seront prises à cet effet, avoir d'exécution qu'après qu'elles auront été homologuées par ledit sieur intendant.

24°. Il sera tenu le second dimanche de janvier de chaque année une assemblée générale du corps municipal, des députés & autres à qui le présent arrêt y accorde droit de suffrage, à l'effet d'y entendre le compte qui y sera rendu de l'état des affaires & de ce qui s'y sera passé dans le cours de l'année précédente, & il n'en sera tenu aucune autre dans le cours de l'année, sans l'autorisation expresse dudit sieur intendant, si ce n'est pour l'élection des officiers-municipaux.

25°. Il ne pourra être fait aucun règlement, ni disposé d'aucuns deniers appartenans à la ville, que préalablement sa forme n'ait été réglée, & que l'emploi des deniers n'ait été déterminé par des délibérations arrêtées & conclues à la pluralité des voix, dans des assemblées particulières qui se tiendront à la ville tous les quinze jours, & plus souvent si le cas le requiert, & seront composées à l'ordinaire des maire & échevins, procureur du roi, receveur & secrétaire-greffier; lesquelles délibérations ainsi que toutes celles relatives à l'administration municipale, seront préalablement envoyées audit sieur intendant & commissaire départi, & ne pourront être exécutées qu'après avoir été revêtues de son approbation.

26°. Sera tenu le receveur de remettre tous les trois mois aux officiers de ville, un bref-état de recette & de dépense, signé & certifié par lui sincère & véritable, & les brefs-états signés & paraphés par celui des officiers-municipaux qui aura présidé à l'assemblée où ils auront été présentés, seront enregistrés après avoir été lûs à l'assemblée générale, à la suite des délibérations qui y auront été prises.

27°. Sera tenu le receveur de veiller à ce que le remboursement des sommes empruntées, en vertu d'arrêts du conseil & de lettres-patentes, soit annuellement effectué, suivant la teneur desdits arrêts du conseil ou lettres-patentes; il veillera également à ce que l'on fasse les remboursemens qui seront convenus dans les délibérations d'assemblées générales, homologués par ledit sieur intendant; les officiers-municipaux & les receveurs en seront responsables en leur propre & privé nom, à moins que des circonstances particulières & non prévues, mais approuvées par délibérations d'assemblée générale pareillement homologuées, n'y mettent un empêchement légitime.

28°. Il ne pourra être fait ou ordonné aucune députation qu'elle n'ait été délibérée dans une assemblée générale.

29°. Sa majesté fait pareillement défenses au receveur, de délivrer aucuns deniers que sur les mandemens délivrés par les officiers-municipaux, & visés par le sieur intendant & commissaire départi; & sera fait mention dans lesdits mandemens de la quotité des sommes qui forment le montant d'iceux & de l'objet des dépenses: Seront en outre lesdits mandemens enregistrés dans un registre particulier, qui sera cotté & paraphé par le maire. Sera tenu le receveur d'énoncer exactement dans les comptes qu'il rendra annuellement des octrois & deniers patrimoniaux, à chaque article de dépense, la date des mandemens & celle des délibérations du corps-de-ville où ils auront été signés; faute de quoi lesdits mandemens ne seront point alloués dans lesdits comptes.

30°. Les adjudications des baux des biens & revenus patrimoniaux, seront faites dans une assemblée des officiers-municipaux, au plus offrant & dernier enchérisseur, & sur trois publications & affiches préalables de quinzaine en quinzaine; & à l'égard des octrois il sera procédé à leur adjudication dans la forme ordinaire.

31°. Les comptes des octrois seront rendus suivant l'usage, à la chambre des comptes; ceux des revenus patrimoniaux seront rendus chaque année, par-devant le sieur intendant & commissaire départi qui les arrêtera.

MÉGISSIER. s. m. L'ouvrier qui passe les peaux au blanc pour les livrer au gantier; il prépare aussi celles qui sont destinées aux fourrures.

Les *mégissiers* composoient à Paris une communauté d'artisans d'environ cinquante maîtres. Leurs statuts sont du mois de mai 1407, du règne de Charles VI, confirmés depuis par François premier, en septembre 1517, & par Henri IV, en décembre 1694.

Suivant ces statuts, chaque maître ne peut avoir qu'un apprenti à-la-fois, & aucun ne peut être reçu maître qu'il n'ait fait au moins six années d'apprentissage & un chef-d'œuvre, qui consiste à passer un cent de peaux de mouton en blanc.

Les fils de maîtres sont exempts de l'apprentissage, sans l'être du chef-d'œuvre.

Le nombre des jurés est de trois, deux desquels sont élus tous les ans dans une assemblée générale des maîtres de la communauté; le serment des nouveaux élus se prêtoit par devant le prévôt de Paris ou son lieutenant.

Il y a une ordonnance de police, en date du 20 octobre 1702, « qui défend aux *mégissiers* & aux tanneurs de porter sur la rivière de Seine leurs bourres pour y être lavées, ni leurs cuirs avant qu'ils aient été écharnés, comme aussi de bouler les mort-plains, ni les jetter dans la rivière, leur enjoignant de laisser reposer les eaux qui sont dans les plains (ou cuves) afin que les mort-plains restent dans les fonds pour être vidés & exposés sur les berges, s'y égouter, & ensuite être portés dans des tombereaux hors de la ville & au loin; ensorte que le public n'en puisse recevoir aucune incommodité. Cette ordonnance leur défend pareillement de jetter dans la rivière les écharnures ou autres immondices, & leur enjoint de ne faire la vidange de leurs plains dans la rivière, qu'à six heures du soir, depuis le premier octobre jusqu'au dernier mars, & à huit heures du soir, depuis le premier avril jusqu'au dernier septembre; le tout à peine de trois cens livres d'amende, dont les pères & maîtres seront civilement responsables pour leurs enfans, ouvriers & domestiques, même d'interdiction en cas de récidive ».

L'article 32 de leurs statuts leur défend de passer en mégie les peaux de moutons qui ont péri par les maladies contagieuses. Les autres articles concernent la vente des peaux & des laines, la visite des marchandises foraines, &c.

Indépendamment de ces statuts, il y a un règlement fait par un arrêt du conseil d'état, du 26 février 1732, qui ordonne qu'il y aura un tombereau attelé de deux chevaux & entretenu en partie aux dépens des *mégissiers*, à l'effet de voiturer journellement dans la campagne les mort-plains des tanneurs & des mégissiers, écharnures, cornichons, & autres immondices provenant, tant de leur métier que du commerce des teinturiers, afin de conserver plus pures les eaux de la Bièvre dans lesquelles on les jettoit auparavant.

L'édit du mois d'août 1776 a réduit dans une même corps de communauté, les tanneurs, corroyeurs, peaussiers, *mégissiers*, & parcheminiers, & a fixé leurs droits de réception à six cens liv. *Voyez* COMMUNAUTÉ.

MÉLANCHOLIE. s. f. Disposition de l'ame qui répand sur nos pensées & nos actions un caractère de profondeur, de tristesse & d'opiniatreté.

L'effet de cette maladie ou plutôt de cette affection de l'ame est tellement actif, qu'il peut caractériser un peuple & lui donner des traits qui le distinguent de tous les autres; il fait prendre aux habitudes nationales une teinte particulière & plus ou moins remarquable suivant le degré de *mélancholie* qui affectent les individus.

Cette tournure d'esprit & de sentiment agit encore sur la soumission aux loix, l'attachement aux institutions établies & rend plus ou moins difficile l'administration de la police & l'exercice de l'autorité.

De tous les peuples de l'Europe le françois est le moins exposé à la *mélancholie*, de pensée & d'habitudes; il peut éprouver de grands accès de tristesse, quelques momens de tension vers un même objet, mais le besoin du changement se fait bientôt sentir & prouve que la sensation plutôt que le sentiment fait la règle de ses mouvemens habituels.

Le propre de la gaité est d'être mobile, inconséquent, superficiel; la *mélancholie* au contraire s'occupe lentement d'un même objet, l'examine profondément & produit dans l'ame du penseur, un sentiment de haine ou d'amour d'autant plus indestructible qu'il est fondé sur une sorte de conviction lente, fruit de l'habitude mélancholique.

La *mélancholie* n'est point la tristesse; celle-ci participe de l'autre en ce qu'elle emprunte d'elle, le caractère de la réflexion, quoique la tristesse ne soit pas toujours pensante, à la différence de la *mélancholie* qui l'est essentiellement.

Cette affection se modifie par tous les élémens qui peuvent agir sur les hommes, mais à son tour elle donne à tous les actes de la vie, une teinte particulière & qui se manifeste d'une multitude de manières différentes.

Il entre dans les études de l'art social de connoître les ressources & les obstacles qui peuvent naître de la *mélancholie* pour hâter ou retarder les progrès de la civilisation; la science des gouvernemens se compose de la connoissance de tout ce qui pouvant mouvoir ou retenir les hommes, exige une marche particulière dans la distribution des pouvoirs publics.

Si la *mélancholie* peut, sous cet aspect, mériter quelqu'attention du magistrat, elle appelle d'avantage encore celle du moraliste, qui retrouve dans l'influence de cette affection, les causes d'une foule d'effets singuliers, qui n'ont souvent aucun rapport avec les habitudes ordinaires des hommes.

Nous trouverons l'application des ces réflexions chez les grecs & chez les anglois sur-tout; ces deux peuples, distingués par leur génie, le sont aussi par des traits de conduite singulièrement étrange & dont la cause tient à l'action de la *mélancholie*.

M. de Paw à fait sur le premier de ces peuples des observations relatives à notre objet & dont nous croyons devoir consigner l'extrait ici; il y cherche les causes de la *mélancholie* chez les grecs, en fait remarquer le caractère & les traits particuliers.

Une chose particulière à la *mélancholie* des

grecs, étoit leur haine pour la société; ce qui formoit leur misantropie. Cet excès tenoit à l'incandescence des idées, que produisoit nécessairement la température du climat. Les misogynes n'étoient pas moins communs chez eux. Ils désignoient par-là des hommes dont les uns faisoient sans cesse des imprécations contre les femmes comme Euripide, & dont les autres fuyoient leur aspect, comme Melanion, qui ne vivoit qu'au sein des plus obscures forêts, tandis que Timon s'étoit établi entre les rochers de la Paralie.

Plus j'ai réfléchi, dit M. de Paw, sur une singularité si frappante dans l'histoire de l'espèce humaine, & plus je me suis convaincu que les misogynes & les misantropes de l'Afrique étoient réellement atteints d'une maladie qui avoit beaucoup de rapport avec celle qu'on nommoit la *Nympholepsie*. C'étoit un accès mélancholique qui les faisoit fuir dans des endroits solitaires, propres aux rêveries profondes, & souvent ils finissoient par se cacher dans des grottes, telle que celle que l'on a découverte de nos jours à Bari, entre Athènes & Sunium, au penchant méridional du mont Hymète. Ce paroît être une carrière abandonnée & ornée de sculptures fort grossières, exécutées par un grec, nommé Archidame, qui étoit indubitablement atteint de la nympholepsie, comme cela est attesté par les inscriptions mêmes qui sont encore au fond de ce souterrain.

Le cithéron dédié aux nymphes avoit la reputation d'inspirer la nympholepsie, ou cet abattement de l'esprit qui dégeneroit aisément en demence & en une peur superstitieuse des Dieux. Or il est probable, dit encore M. de Paw, que cet effet étoit produit par l'air froid & pénétrant qu'on éprouve encore de nos jours sur cette hauteur, qui sert de point de partage aux vents & où la rigueur de l'atmosphère fait contracter les muscles & les nerfs.

L'Helicon, dont la position est un peu plus septentrionale, & qu'on sait avoir été particulièrement consacré aux muses, engendroit la mulolepsie, ou cette affection si difficile à définir, qui faisoit monter beaucoup de sang à la tête & qu'on nommoit génie dans les grands poëtes, folie dans les médiocres, & fureur dans ceux qui travailloient sans art, sans frein, sans brides, comme les troubadours.

Ces observations de M. de Paw, en même-tems qu'elles font connoître les accès & le caractère de la *mélancholie* à laquelle les grecs étoient assujetis, tendent a en assigner la cause. Quelle qu'elle put être il est sûr que ces peuples avoit une *mélancholie* particulière & qui différoit prodigieusement de celles des Lacedemoniens, qui tenoit davantage de celle des anglois, quoique cette dernière soit plus douce, plus policée & plus près du sentiment de la réflexion que l'autre.

Nous en dirons quelque chose & nous emprunterons de M. Grosley, qui a voyagé en Angleterre, les détails que l'on va lire.

Un auteur du XIIe. siècle, frappé du caractère grave & mélancholique, qui distinguoit les anglois de toutes les nations, & spécialement des françois, leurs plus proches voisins, en recherchoit la cause dans l'excessive humidité des cerveaux anglois.

Les brouillards, dont Londres & les trois royaumes, dont elle est la métropole, sont perpétuellement environnés; l'humidité constante qu'y entretient l'air de la mer, en donnant dans toutes les saisons, aux campagnes & aux végétaux qui les revêtent, une verdure d'un éclat & d'un brillant que l'on ne voit point ailleurs & que les plus grands soins n'y peuvent procurer, agissent nécessairement sur le tempéramment des habitans.

Il ne vivent que de viande: la quantité de pain que mange un françois chaque jour, pourroit suffire à quatre anglois. Le bœuf est leur viande la plus usuelle; & cette viande, qu'ils estiment en proportion de la graisse dont elle est chargée, mêlée dans l'estomac avec la bierre qui leur sert de boisson, doit produire habituellement un chyle, dont la pesanteur visqueuse ne peut porter au cerveau que des germes de mélancholie.

Si leur bierre, la plus légère & la plus pétillante, agit sur la tête, c'est en l'appesantissant, c'est en y portant tous les désordres de la plus triste ivresse. Celle qu'ils appellent *potter*, fermente à peine dans l'estomac: c'étoit celle que je bûvois le plus volontiers & le plus habituellement. Malgré le peu d'usage que j'avois de toute bierre, quoique le *potter* passe pour très-fort, il me portoit moins à la tête qu'à l'estomac & au bas-ventre; j'y trouvois un purgatif très-doux, lorsqu'il m'étoit arrivé d'avoir outre-passé la mesure de mon ordinaire. Cette espèce de bierre ne se fait qu'à Londres: elle n'a été très long-tems connue que des crocheteurs & des gens de place: depuis que l'on a imaginé de la prendre comme spécifique contre la gravelle, le beau monde, les dames elles-mêmes s'en sont permis l'usage.

Dans le détail des denrées de consommation en Angleterre, j'ai parlé ci-dessus, & de la disette de vin que l'on y souffre, & du vin que l'on y boit. L'un & l'autre ne contribuent pas peu à entretenir la mélancholie. Sans adopter tous les éloges qu'Horace & presque tous les anciens donnent à cette liqueur, sans vouloir autoriser l'usage qui en permet l'excès une fois par mois, on ne peut se dissimuler que nous lui devons presque toutes les choses d'agrément, qui sont comme la fleur de l'esprit, dans les anciens & chez les modernes. Celui des grecs avoit toutes les qualités de leurs vins;

vivacité, chaleur, légéreté. Ces vins leur offroient une agréable diversion contre l'amour & contre toutes les passions qui participoient de l'ardeur de leur tempéramment & de leur caractère: Plutarque n'a parlé de Lampias son aïeul, que pour se rappeller ce qu'il avoit souvent ouï dire au bonhomme : *que le vin faisoit sur son esprit, ce que fait le feu sur l'encens dont il développe & volatilise ce qu'il y a de plus agréable, de plus fin & de plus exquis.*

La fumée de charbon de terre, qui remplit l'atmosphère de Londres, peut entrer en compte parmi les causes physiques de la mélancholie de ses habitans. Les parties terrestres & minérales, dont cette fumée est impregnée, passent dans le sang de ceux qui les respirent sans cesse, l'appesantissent & y portent de nouveaux principes mélancholiques.

Les causes morales, résultantes en partie des causes physiques, aggravent & perpétuent ce que celles-ci ont commencé.

L'éducation, la religion, les spectacles, les ouvrages les plus répandus, semblent n'avoir pour but que d'entretenir le ton lugubre de la nation.

L'éducation, qui doit avoir pour objet de diriger le caractère, de l'adoucir, de le dresser, a à peine quelque prise sur le caractère anglois. Elle commence par des leçons domestiques sur la lecture & sur l'écriture. L'objet capital de cette première éducation, est de ne point gêner les enfans & de n'apporter aucun trouble à l'opération de la nature dans un développement, soit du corps, soit de l'ame : ce qui est conforme aux principes posés par Aristote, au dernier livre de ses politiques.

Suivant les mêmes principes, de la maison paternelle, les enfans passent dans des pensions très-nombreuses soutenues & éclairées par l'autorité publique. Après qu'elle y a pris les élémens des langues savantes & des connoissances correspondantes à ces langues, la jeunesse se distribue dans les universités de Cambridge & d'Oxfort.

En réunissant tous les états, les pensions & les universités les rapprochent. Il y règne une émulation qu'exclut l'éducation domestique; il s'y forme des liaisons qui font souvent la base des plus hautes fortunes. Telle étoit, disent les anglois, l'éducation des spartiates, qui avoit pour objet de former des hommes & non des jolis hommes : telle a été celle de la famille royale actuelle, élevée en société avec tous les enfans qui se trouvoient à portée d'elle & qui partageoient ses divertissemens & les plaisirs. Les princes, frères du roi, y ont contracté cette popularité que les romains appelloient, dans leurs princes, *civilitas* : popularité d'autant plus flatteuse pour un peuple, qu'en l'honorant, elle ne lui laisse voir dans ses maîtres que des concitoyens & des amis.

J'ai suivi le pensionnat de Westminster, j'ai vu celui d'Eton, continue M. *Grosley* ce sont les deux plus grands établissemens en ce genre. Les enfans, vêtus uniformement & très-simplement, tous tondus comme le sont nos frères de la charité, & le cou orné d'une petite fraise, s'y montrent ce qu'ils seront à 50 ans. Avec des physionomies généralement très-jolies, avec l'air de la plus grande douceur. Ce sont déjà les moins dociles & les plus entières créatures qui soient sorties des mains de la nature. Dans leur maintien, dans les jeux même, leur phisionomie n'a rien de cette souplesse & de ces graces naïves qui sont ailleurs le partage du jeune âge. Leur ame ne se développe point par ces petites espiégleries, par ces niches dont le résultat est de rire aux dépens de ses camarades. En revanche, ils sont furieux pour les exercices violens, dont ils sentent déjà le besoin : la permission de s'y livrer est la plus grande faveur qu'ils attendent de l'indulgence des maîtres. Si, dans les récréations, ils prêtent l'oreille à la conversation des surveillans, ces conversations, qui ont communément la politique pour objet, ou les ennuient, ou tournent d'avance leur goût, du côté de la politique.

Tous les exercices de religion n'offrent rien à l'enfance & à la jeunesse qui soit capable de déroider le caractère. Ces exercices ne parlent point aux sens : ils se réduisent à des prières qui ne finissent point & qui ont pour intermèdes, des instructions métaphysiques ou dogmatiques, qui ne portent rien à l'ame des enfans. L'office de l'église romaine, les tableaux, les statues qui décorent ses temples, la variété des cérémonies, des ornemens, des habillemens, les processions, les saluts, &c. sont plus à leur portée : naturellement imitateurs, on les voit s'attrouper dans les pays catholiques, pour arranger des paradis, chanter des messes, faire des processions : en les berçant dans la niaiserie, qui est l'appanage de l'enfance, ces exercices laissent à leur ame cette souplesse qui entretient la douceur du caractère & la disposition à la gaieté.

Si, en Angleterre, nous suivons les influences de la réligion sur les gens faits, nous n'y verrons pour eux que de nouveaux principes de *mélancholie*. En nous bornant au peuple des villes & à celui des campagnes, c'est-à-dire, à la partie de la nation qui en use le plus, la manière judaïque dont on oblige ce peuple à passer les dimanches, est un spécifique sûr pour l'entretenir dans la tristesse. Cette observation rigoureuse du dimanche a son fondement dans les loix multipliées qu'arrachèrent les puritains à la reine Elisabeth : loix que Jacques Ier. & Charles Ier. entreprirent envain d'adoucir, par des ordonnances qui permettoient tous les divertissemens honnêtes après le service paroissial. Ces ordonnances firent partie des griefs, des enthousiastes contre ce prince & contre les ministres de l'église anglicanne qui les avoient adoptées & publiées dans les temples. Le long parlement fit même brûler ces ordonnances par la main du bourreau. Et l'observation du dimanche à toute rigueur fut un des articles du traité qu'il proposa au même prince pendant sa prison dans l'île de Wight. De pieuses impostures, que les réformateurs avoient abhorrés dans le clergé romain, sont ensuite venues à leur secours en faveur de l'observation du dimanche. Vers Néos, dans la partie orientale du comté de Cornouaille, on voit au milieu de la campagne un cercle de grès bruts, piqués en terre, & très-anciennement arrangés de main d'homme. Les Ministres ont dit & tout le peuple de ce canton croit pieusement, que ces grès sont autant d'hommes ainsi métamorphosés au milieu d'une partie de paume, qu'ils s'étoient irréligieusement permise un jour de dimanche. Le code de la Pensilvanie va plus directement au but, en condamnant à l'amende ceux qui osent travailler ou jouer le dimanche, & plus sévèrement ceux qui dansent.

Ce jour-là les spectacles & toutes les maisons publiques sont fermés, tout jeu défendu, toute danse interdite : on ne peut ni chanter chez soi, ni jouer d'aucun instrument; les papiers publics, aliment favori de la curiosité nationale, sont suspendus; les batteaux dans lesquels on passe la Tamise pour aller de Londres ou de Westminster à Soutwark & aux guinguettes répandues dans cette partie, sont sans bateliers; les péages établis aux avenues de Londres sont doublés, quelques-uns mêmes sont tiercés en vertu d'un acte du dernier parlement, qui a assigné le produit de cette augmentation, au rétablissement du pavé de Londres; & dans l'intervalle des offices, on voit chaque habitant attendre sur sa porte, les bras croisés, ou un nouvel office, ou la fin du jour, sans autre amusement que celui de regarder tristement les passans. Un jeune officier anglois, qui suivoit le carosse de Paris à Calais, refusa, un dimanche, de chanter un air anglois, par la raison que ce n'étoit pas le jour, & un cantique par la raison que ce n'étoit pas le lieu.

Les spectacles ne sont pas une ressource moins certaine pour entretenir la *mélancholie* nationale, ou plutôt pour l'exalter. Les tragédies, que le peuple suit le plus, sont un assemblage de scènes atroces qui font frémir l'humanité; & ces scènes ont au théâtre toute la chaleur qu'y peut jetter l'action la plus vraie : action aussi vive, aussi pathétique, aussi chaude que celle des prédicateurs est froide, languissante & monotone. L'imagination ne se peut rien figurer d'aussi fort que ce que j'ai vu, en ce genre, aux théâtres de Covent-Garden & de Drurylane, où, ignorant l'anglois, *spectabam populum ludis attentius ipsis*. Aux représentations de Macbet, de Richard III, du roi Léar, & autres pièces de Shakespear, dont le hasard m'a favorisé, le spectateur a sous les yeux tout ce que peut exécuter, tout ce que peut imaginer la cruauté la plus brutale & la scélératesse la plus rafinée. Ce qui manque à ces pièces du côté des règles, est abondamment compensé par le choix des situations les plus attendrissantes & les plus capables de déchirer l'ame. Si l'amour s'y montre, c'est dans ce que peut produire de plus fort & de plus énergique l'amour filial ou conjugal. L'histoire d'Angleterre en a fourni les sujets les plus communs & les mieux traités. La plupart des anciens rois y jouent le personnage de fous, de furieux ou d'imbécilles. Le théâtre n'a pas encore osé s'emparer de l'histoire de Charles Ier. ; cependant quel fonds pour lui que les diverses situations par lesquelles passa ce prince malheureux, considéré comme roi, comme père, comme époux !

Dans une des pièces que j'ai vu représenter, un roi détrôné & condamné par un tyran à périr avec sa femme & ses enfans, demande à ce tyran, pour grace unique, d'être mené au supplice avec sa famille. Cette grace lui est refusée : à l'instant qui va les séparer pour jamais, le roi vole dans les bras de la reine, la reine se jette dans les bras du roi, & ils y demeurent collés avec une action, des serremens, des transports qui excitent dans tout ce spectacle un frémissement annoncé par une espèce de jappement de la part d'un grand nombre de spectateurs. A cette scène & à plusieurs autres de la meme force, dont le simple récit m'auroit plutôt faire rire que pleurer, je ne pouvois me défendre de l'impression générale, ni retenir mes larmes. Le lord Chesterfield, à qui je rendois compte de l'impression que ces situations faisoient sur moi, prétendoit qu'elle étoit en raison de mon ignorance de l'anglois, & qu'elle auroit été nulle, si j'eusse entendu toutes les platitudes qui les amènent & les accompagnent. Un long séjour en France, à la cour du régent, & une connoissance entière de nos meilleurs écrivains dans tous les genres, avoit un peu dégouté ce seigneur de bien des choses que les anglois vantent beaucoup.

La comédie est peu capable d'effacer ou d'affoiblir l'impression de tristesse que laisse la tragédie : elle en porte de nouvelles par les scènes nocturnes qu'elle donne très-souvent. En général, les anglois ont autant d'indifference pour la comédie, qu'ils sont passionnés pour la tragédie; ils abandonnent volontiers aux autres nations la supériorité dans le genre comique, à condition qu'elles ne la leur disputeront pas dans le tragique.

Les meilleurs comédies sont un tissu d'intrigues qui mettent à la torture l'esprit de qui les veut suivre. Le fond le plus commun de ces intrigues, est ce travertissement de personnages, que les italiens appellent *sottonome*, & sur lequel roulent les comédies espagnoles & notre ancien théâtre François. D'ailleurs les anglois évitent, comme des défauts, l'unité de l'action & celle de lieu, & leurs pièces sont d'autant meilleures que les personnages y sont multipliés.

A peine les ouvrages anglois présentent-ils quelque ressource contre la mélancholie. Le spectateur de Steele & d'Addisson est le chef-d'œuvre de l'Angleterre dans le genre badin & plaisant ; mais toute la gaieté de cet ouvrage gît dans la forme, sous laquelle d'excellentes leçons de morale sont présentées.

Les œuvres du docteur Swift offrent des traités de politique & de théologie, sous un vernis de badinage plus mordant qu'ingénu, & où l'on chercheroit en vain la finesse, la délicatesse, la légéreté de nos *provinciales*. Le voyage de Gulliver est le chef-d'œuvre de cet écrivain ; mais il a beaucoup gagné en passant par les mains & par la plume de notre abbé Desfontaines. Dans ce genre, & dans tous ceux qui demandent une gaité naïve, l'Angleterre le disputeroit en vain à l'Italie & à la France :

Ne forçons point notre talent;
Nous ne ferions rien avec grace.

Aussi les Anglois, écrivains & lecteurs, préfèrent-ils le don de faire penser, au talent de faire rire. Cependant quel plus beau champ pour ce talent que les pamphlets, dont Londres est tous les jours inondé, par les partis opposés qui essaient mutuellement de se couvrir de ridicule ? la bile la plus acre ; le fiel le plus amer, d'atroces vérités y tiennent lieu du badinage & de la gaieté que le maître du goût exigeoit pour ce genre de composition : *ridiculum acri*, *&c.* : Cependant les anglois appellent cela *humor*, terme emprunté du mot françois *belle-humeur*.

Je ne répéterai point ce que j'ai dit des conversations; elles sont toutes au ton sérieux. Les Anglois sont encore tels que les dépeignoit M. Dubellai, ambassadeur en Angleterre, dans une dépêche du 22 juillet 1523, au connetable de Montmorency. *Sur-tout je vous prie*, lui écrit-il, au sujet d'une entrevue alors projettée entre Henri VIII & François I, *que vous ôtiez de la cour*, qui paroîtra à cette entrevue, *ceux qui ont la réputation d'être joyeux & gaudisseurs*, *car c'est bien en ce monde la chose la plus haïe de cette nation.* J'ai cru cependant appercevoir que les Anglois voient avec plaisir dans les étrangers une gaîté naturelle, & qui ne prétend point insulter à leur sérieux. Ils m'ont paru en penser comme l'Ecossois Barclay, qui, dans l'examen des nations, qui fait partie de son Euphormion, *ne connoit point de plus aimable créature qu'un François, chez qui l'enjouement est tempéré par le jugement & par la discrétion.* Je n'ai vu en Angleterre qu'un acte de gaieté, d'autant plus remarquable qu'il étoit moins placé : c'étoit à la seconde séance de Westminster pour le lord Byron. Un homme bien mis y étoit assis mal à son aise sur le gradin le plus élevé de la partie de l'amphithéâtre où je me trouvois placé. Une heure avant que les pairs entrassent, cet homme se leva & attaqua de conversation, toutes les personnes qui se trouvoient à sa portée : ses propos étoient montés au ton le plus haut, & soutenus des gestes d'un saltimbanque de place : ils étoient coupés par de grands éclats de rire, tant de sa part que de la part de ceux qui pouvoient l'entendre, & cela dura jusqu'à l'arrivée des Pairs. Je le crus ivre ; mais on me dit qu'il étoit membre de la chambre des communes, qu'il étoit naturellement fort jovial, & qu'il donnoit souvent à sa chambre des scènes de cette espèce.

Hors, quelques exceptions qui confirment d'autant mieux l'usage général qu'elles sont plus rares, la *mélancholie* regne à Londres dans l'intérieur du domestique, dans les coteries, dans les cercles, dans les assemblées, dans les fêtes publiques & particulières : & la nation Angloise, qui voit chez elle le *populum latè regem* chanté par Virgile, n'offre aux yeux des étrangers qu'un *populum latè tristem*.

Les fêtes même du plus bas peuple participent de cette tristesse. Le 26 avril les garçons bouchers célébrent l'anniversaire de la naissance du duc de Cumberland. Au nombre d'une cinquantaine, en uniforme, c'est-à-dire, des bonnets, pantalons & tabliers blancs, ils courent dès le matin les rues de Londres, ayant chacun à une main un gros os de bœuf, dont ils touchent en mesure sur un couperet qu'ils portent de l'autre main : cela forme un charivari aussi aigre que discordant. L'air de ceux qui le donnent, aussi sauvage que leur musique, semble annoncer une troupe de bourreaux marchant en cérémonie pour quelque grande exécution.

MENDICITÉ. s. f. état d'un homme qui vit aux frais de la charité publique ou privée. On emploie encore ce mot d'une manière abstraite pour désigner le nombre, le régime, l'état des pauvres & les formes de secours qu'on leur accorde dans un état.

La *Mendicité* forme un des objets essentiels de la police, & de tous tems les magistrats chargés des détails qui la composent, ont veillé aux soins des pauvres & à l'exécution des réglemens qui ont pour objet de leur porter secours.

Considérée comme objet de police la *mendicité* semble se borner à des fonctions de surveillance directe & administrative. Cependant elle suppose la connoissance d'un grand nombre d'institutions qui tous se rapportent au soulagement des familles indigentes.

Ces établissemens sont les hôpitaux, les hospices, les ateliers de charité, les dépôts, enfin les sociétés particulières, telles que la société de la charité maternelle & la société philantropique établies depuis plusieurs années dans des vues de bienfaisance active.

Nous ne traiterons point de ces objets ici, on peut voir à chacun des articles qui les concernent, la collection de faits, de principes & de réglemens qui en font suffisamment connoître les détails.

Nous ne nous engagerons point non plus dans le développement des divers systêmes imaginés pour éteindre la mendicité; ils sont nombreux & tous se réduisent à lever des deniers sur l'état pour enaider ceux qui sont dans la misère. La différence de systêmes consiste dans la manière d'employer ces deniers d'une manière plus ou moins économique & plus ou moins avantageuse pour le peuple.

Si nous n'avions pas à parler de la théorie générale de la législation dans le dictionnaire de l'Assemblée nationale, nous présenterions ici quelques-unes des plus raisonnables méthodes de détruire la *mendicité*, mais ce travail nous meneroit à des répétitions, d'autant plus inutiles, peut-être que c'est principalement la partie positive des loix & des établissemens qu'on doit s'attendre à trouver ici.

En conséquence nous nous bornerons à présenter à nos lecteurs 1°. un extrait des rapports de l'Assemblée nationale sur l'état des loix relative à la mendicité en 1791, 2°. les anciens; 3°. les nouveaux réglemens & moyens de police employés pour opérer l'extinction de la *mendicité*.

Etat de la législation du royaume, relativement aux hôpitaux, & à la mendicité, en 1791.

C'est dans l'hospitalité des anciens temps que l'on doit rechercher les premières traces des établissemens connus parmi nous sous le nom d'*hôpitaux*. Dans ces siècles reculés, où l'exercice de cette vertu étoit en grand honneur, il y avoit dans toutes les contrées civilisées des asyles ouverts pour les étrangers. Tel étoit sur-tout l'usage généralement établi dans l'Orient; divers monumens historiques ne laissent aucun lieu de douter que les premiers hôpitaux n'aient été une imitation de ces antiques établissemens.

Lorsque la religion chrétienne se fut répandue; ces asyles prirent une autre forme. Les pélérinages furent alors en grande pratique, & le premier fruit de cette religion fut d'exciter parmi ses prosélites, une charité que les persécutions tendoient encore à rendre plus ardente. Touchés des maux auxquels étoient exposés des milliers de fidèles, à peine échappés aux supplices, aux prisons affreuses, aux travaux publics, auxquels ils avoient été condamnés, les Empereurs s'empresserent de leur assurer, dans de spacieux hospices, les secours & les consolations de la religion qu'ils avoient embrassée & défendue.

Tel fut l'objet des premiers édits publiés par Constantin, à la piété duquel on dût les premiers asyles de ce genre; cet usage religieux se perpétua dans ce bas Empire. Les hôpitaux se multiplièrent prodigieusement en Italie, en Espagne, sur-tout du temps des croisades. Ce fut à ces pieuses expéditions que dût principalement son origine, l'hôpital de Saint-Jean de Jérusalem. A Malte il y avoit un riche hôpital pour les malades indigens, servi par des chevaliers, en mémoire de l'institution des chevaliers hospitaliers. Enfin, on ne peut douter que les premières commanderies de Malte n'aient été des hospices ou auberges de pélérins, allans & revenans des croisades.

En France, comme dans toute la chrétienté, les premiers hôpitaux ne furent aussi que des asyles pour les pélérins. On les trouve existans dès les premiers temps de la monarchie; mais on n'a nulle trace certaine de leur première institution. L'origine des plus anciens hôpitaux du royaume se perd dans l'obscurité des temps : on sait seulement que leurs revenus étoient assignés sur les dons faits au clergé, car dans les temps de la primitive église, on n'accordoit de biens à ses ministres, qu'à la condition d'en consacrer une partie aux hôpitaux.

Ce n'est guère que vers le huitième siècle que l'on commence parmi nous à suivre leur histoire. On les voit, depuis cette époque, prendre sur-tout différentes formes. Dans les temps antérieurs, on sembloit avoir laissé confondus les divers genres de malheureux & de misères : alors on parut sentir la nécessité de soigner plus particuliérement, ou à part, les pauvres malades, on en fit une classe séparée, & ce fut d'abord dans les cloîtres, & même quelquefois dans les églises, on crût à propos de les placer : delà le nom [illegible] la [illegible]gine de ceux de nos hôpitaux, co[illegible] près dénomination d'*Hôtel-Dieu*, & l[illegible] des Métropoles.

Bientôt après, deux maladies cruelles donnèrent lieu à des fondations, d'où résultèrent deux genres particuliers de ces hôpitaux, ou hospices. Tel fut le feu *Saint-Antoine*, *ce feu sacré*, ou *mal des ardens*, qui, vers le dixième siècle, fit de si grands ravages en France. Presque tout le royaume, le Dauphiné sur-tout, se ressentit de la maladie, ce qui détermina le Pape-Urbain II à fonder un ordre hospitalier, sous le nom de *Saint-Antoine*, dans la vue de secourir ceux qui en étoient atteints, & de choisir pour le chef-lieu de cet ordre, Vienne en Dauphiné, où, vingt-trois ans auparavant, le corps de ce Saint avoit été transporté de Constantinople.

On sait que c'étoit le temps de la plus grande ferveur des croisades. Sur la fin du onzième siècle, elles introduisirent en Europe une nouvelle calamité, la lèpre se répandit de toutes parts, & le caractère de malignité contagieuse qu'avoit cette espèce de maladie, faisant abandonner les malheureux qui en étoient atteints, on fut obligé d'élever des hospices pour les soigner, ces hospices furent connus sous le nom de *léproseries* ou *maladreries*. Le nombre en fut bientôt très-considérable. Suivant Mathieu Paris, il passoit dix-neuf mille, au treizième siècle, dans la chrétienté. Un legs de Louis VIII, en 1225, annonce que, dans le royaume de France seul, il y en avoit plus de deux mille.

Ainsi, dès ces premiers siècles, la France fut couverte d'établissemens ou asyles pour les pauvres, qui furent de vrais hôpitaux. Ces établissemens étoient des hospices pour les pélérins, des Hôtels-Dieu pour les malades, des établissemens d'ordres hospitaliers, des maisons pour le feu Saint-Antoine, & des léproseries ou maladreries dont le nombre étoient sur-tout le plus considérable. Le feu Saint-Antoine ayant bientôt disparu, les maisons qui lui étoient destinées, ont été successivement abandonnées; on vit bientôt aussi la lèpre s'éteindre, & la fureur des croisades s'étant assoupie en même temps que l'habitude & le goût des pélérinages, les ordres hospitaliers se sont insensiblement anéantis: des débris de ces grands établissemens que des calamités passagères avoient nécessités, se sont agrandis les hôpitaux, si éloignés d'abord de l'usage qu'ils devoient avoir, & de l'étendue qu'ils ont acquise dans des temps postérieurs.

Lorsqu'on recherche quelle étoit, au milieu de ces diverses vicissitudes, l'autorité qui dirigeoit ces grands établissemens, on ne peut être assez étonné du résultat. On ne sait ce qu'on doit remarquer le plus, ou de la multitude d'abus qui n'ont cessé de se succéder en ce genre, ou de le [illegible]ilité constante des efforts faits par l'autorité avoir a pour s'assurer les droits qu'elle devoit temps cette administration. Dans les premiers qu'une fonction [illegible]istration des hôpitaux ne fut lors les vrais principes [illegible]nt ecclésiastique; soit qu'a- entièrement ignorés, ou q[illegible] gouvernemens fussent seuls lettrés, on ne confioit [illegible] les clercs fussent les des diacres ou à des prêtres, qui [illegible]e direction qu'à soient d'autre jurisdiction que celle [illegible] se reconnois- gue; mais en s'emparant de cette gestion dans leur évê-

les premiers temps, le clergé n'y porta pas l'esprit de charité & désintéressement qui devoit le caractériser. Le soin des malades fut abandonné le plus souvent à de simples clercs, qui sous le nom de *maîtres*, géroient à leur gré le patrimoine des pauvres. On les vît bientôt, dans le relâchement de la discipline, convertir ces établissemens en titres de bénéfice, & appliquer à leur profit, contre l'intention des fondateurs, des revenus dont ils ne doivent être que des dispensateurs charitables & désintéressés.

Sous une pareille administration, le désordre dût nécessairement s'introduire & amener des malversations. Ces abus, d'abord obscurs ou ignorés, acquirent enfin un grand éclat, & il ne fallut pas moins que des actes de rigueur de la part des conciles pour les réprimer. Celui de Vienne défendit de conférer les hôpitaux en titre de bénéfice à des clercs séculiers, & ordonna de n'en confier la gestion qu'à des laïcs capables & solvables, qui prêteroient serment comme tuteurs, & rendroient compte aux ordinaires. Ce décret fut confirmé par le concile de Trente, qui donna aux ordinaires toute inspection sur les hôpitaux.

Alors la puissance civile ne sembloit avoir aucune part à la direction de ces pieux établissemens qu'on regardoit sans doute comme n'ayant rien de commun avec les choses de ce monde. Vers le sixième ou septième siècle, elle avoit paru s'occuper avec quelque soin de leur administration; ainsi l'on attribue à Justinien une loi sur les hôpitaux, par laquelle il étoit interdit aux administrateurs de disposer de ce qu'ils auroient acquis depuis qu'ils seroient entrés en charge, non plus que les évêques. Mais ces traces de l'autorité civile, si elle existoit, ne se trouvent presque plus; en France au moins, à peine y en avoit-il à cette ancienne époque; l'Empire de Rome prévaloit alors, par ses légats, sur la puissance des souverains: les titres des hôpitaux étoient des brefs ou des bulles des Papes qui exerçoient la plus grande autorité sur ces établissemens; plusieurs existent encore n'ayant pas d'autres titres. Les conciles mêmes, en appelant des laïcs à la gestion des hôpitaux, en réservoient toute l'inspection aux ordinaires. Enfin, c'étoit au centre de la jurisdiction ecclésiastique qu'ils étoient placés, dans ces temps où la partie dominante de la législation françoise étoit le droit canon.

Cependant, soit que la puissance ecclésiastique crut devoir se fortifier de l'autorité civile, soit que les malversations des clercs, dans la gestion des hôpitaux, eussent appris que ce seroit un moindre sacrilège qu'on ne le pensoit, de s'immiscer dans leur administration, on vit le gouvernement y prendre quelque-part. Des lettres-patentes furent données en faveur de quelques ordres hospitaliers, & de plusieurs hôpitaux & maladreries de la capitale & des provinces. On rapporte au treizième siècle

siècle les premières qui furent données; elles étoient relatives à l'hôtel-dieu de Paris. Dans les mêmes-temps, les rois s'empressoient, ou de confirmer, ou d'augmenter les privilèges de ces établissemens charitables. Depuis Philippe-Auguste, François Ier, & Philippe-le-Bel, jusqu'à Henri II & François II, tous les rois marchèrent sur ces traces. Mais à cette bienfaisance libérale, ils en joignirent une plus réelle & plus éclairée, en y rétablissant peu-à-peu l'ordre & l'autorité. Ainsi on retrouve une ordonnance de François I, du 20 juin 1546, portant règlement pour la réformation des hôpitaux; on retrouve de même un règlement de Henri II, du 12 février 1553, prescrivant l'emploi des revenus de ces maisons, & un édit de François II, du 23 juillet 1560, donnant des règles pour leur administration.

Ces édits & règlemens tendoient à opérer un changement considérable. Henri II avoit attribué au grand-aumônier la connoissance & la visite des hôpitaux de son royaume; François I l'avoit déléguée aux juges-royaux : il fut formé par les ordinaires une opposition contre cette ordonnance; mais on la vît bientôt rejetée par le parlement, qui arrêta qu'ils seroient seulement admis à la visite, soit en personne, soit par députés, avec les juges-royaux. On avoit profité d'ailleurs des sages dispositions du concile de Vienne, pour introduire peu-à-peu les syndics ou chefs des communautés, & les plus notables bourgeois dans l'administration des hôpitaux; en même temps la lépre ayant totalement disparu les maladreries ou léproseries furent supprimées, & leurs revenus destinés aux hôpitaux.

Mais de ces entreprises, si bien dirigées, on ne retira, pour ainsi dire, aucun fruit. Les administrations des hôpitaux, à dater de cette époque, commencèrent bien à être composées des différens ordres de citoyens, mais aux entreprises, aux malversations des clercs, elles en substituèrent d'autres. Dans ces temps de troubles & d'anarchie, elles n'eurent d'autres règles que leur volontés; les biens furent dissipés; le clergé, les tribunaux, les corps municipaux, toujours occupés d'étendre leurs prérogatives, continuerent autant qu'ils le purent, de s'arroger des droits, & delà vint la forme multipliée & si bisarre des administrations, qu'on remarque encore aujourd'hui.

En vain, sous Charles IX, parût le fameux édit de 1561, confirmé par les non moins fameuses ordonnances de Moulins & de Blois, qui illustrèrent ce règne. En posant les premières bases de la législation Françoise, le chancelier de Lhôpital avoit cru devoir porter ses vues sur l'administration des revenus des hôpitaux & maladreries, & sur l'entretien des pauvres. L'ordonnance de Moulins enjoignoit aux officiers de justice de faire rendre compte aux personnes commises à la régie des biens des hôpitaux, & ordonnoit que les pauvres fussent nourris dans leur territoire sur la contribution de la communauté. L'ordonnance de Blois ajoutoit que les administrateurs feroient inventaire, & qu'ils ne seroient ni ecclésiastiques, ni nobles, ni officiers, mais de simples bourgeois, bons économes; que leur nomination appartiendroit aux fondateurs; qu'ils seroient trois ans en charge, &c. &c. on ne retira presque aucun avantage de ces sages dispositions. Dans les secousses que la France éprouvoit par les guerres, aucune loi ne pouvoit alors avoir de force. La féodalité d'ailleurs s'étoient emparée de tous les établissemens dans les domaines usurpés, & le temps n'étoit pas encore venu de réprimer ces entreprises, & de soumettre le royaume à des loix uniformes.

Depuis cette époque cependant la réforme des hôpitaux parut être suivie avec plus de constance & de succès. Henri III, par une déclaration de 1581, en prononça de nouveau la réformation; mais ce qu'on s'étoit borné jusqu'alors à ordonner, on prit des mesures pour le mettre à exécution, & des commissions furent créées pour s'en occuper.

Henri IV en créa une à deux reprises (en 1599 & 1606) sous le nom de *chambre de la charité chrétienne*; un autre fut établie, en 1612, par Louis XIII, sous le nom de *chambre de la générale réformation des hôpitaux*, elle fut composée du grand-aumônier, de quatre maîtres des requêtes, & de quatre conseillers au grand-conseil. Cette commission fit beaucoup de bien pour les circonstances; elle supprima les maladreries, désigna les hôpitaux inutiles, ceux à conserver, avec les moyens de les améliorer : elle proposa de réunir aux hôpitaux les biens des maladreries. Cette disposition ne fut exécutée qu'en partie, ces biens ayant été principalement attribués aux ordres de Saint-Lazare & du Mont-Carmel, ce qui fut confirmé par les édits de 1664, 1672, & par les déclarations de 1674, 1675 & 1682.

Mais cette grande violation des droits des pauvres, consommée par Louvois, protecteur des ordres hospitaliers, ne tarda pas à être réparée. Peu avant cette réunion avoit paru (en 1662) l'édit mémorable, régistré en parlement, portant établissement d'hôpital général pour les pauvres mendians, invalides orphelins, dans toutes les villes ou gros bourgs, où il n'y en avoit pas. C'étoit le fruit d'une des plus grandes & des plus humaines conceptions de Louis XIV; il s'agissoit de subvenir à la formation de ces nouveaux hôpitaux. Les biens attribués aux ordres hospitaliers lui parurent être propres à cet usage, & en 1693 il donna un édit ôtant à l'ordre de Saint-Lazare les biens des maladreries, & les attribuans aux pauvres & malades des lieux, sur l'avis des archevêques, ainsi que des intendans & commissaires départis des provinces. Une nouvelle commission de réformation étoit ainsi créée par cet édit; elle subsista jusqu'en 1705, & ne remplit pas aussi utilement son objet, qu'on auroit pu l'espérer. Ses fonctions remplies, elle fut revoquée, toute contestation étant renvoyée par mémoires au chancelier, pour, sur son avis, & celui des évêques & des intendans, être statué ce qu'il appartiendroit.

En accordant ce bienfait, Louis XIV imposa de nouvelles règles aux hôpitaux. La plupart de ceux alors existans avoient des loix & des règles différentes : de grands abus résultoient de cette diversité de régime; il y fut pourvu par la déclaration de 1698, portant réglement général pour l'administration des hôpitaux auxquels, par les édits antérieurs, il avoit été uni des biens des léproseries, & pour ceux qui n'avoient point encore de réglemens, d'autres dispositions furent encore ajoutées dans cette déclaration, & par celle du mois d'août 1693, qui l'avoit précédée.

Mais le fruit de ces dispositions le plus remarquable fut l'amélioration des *hôpitaux généraux*, on pourroit même dire leur création.

Ce n'est pas cependant qu'il n'existât très-anciennement de ces derniers : on en trouve des traces dès les plus anciens temps; & dans le Bas-Empire, au huitième siècle, on en comptoit déjà plusieurs; mais il n'en avoit été créé qu'en petit nombre, & c'étoit avec les Hôtels-Dieu qu'ils avoient été plus particuliérement confondus. En les séparant ou créant de nouveau, Louis XIV voulut les fortifier par un bon régime, & différentes dispositions avantageuses au bon ordre de ces sortes d'établissemens, furent le fruit de ses soins.

Cependant quelques germes des anciens vices d'administration, laissés encore dans ces réformes, y développerent bientôt une nouvelle source d'inconvéniens & d'abus. L'ordonnance ou réglement général de 1698 sembloit bien, dans ses détails, devoir embrasser la direction entière des hôpitaux du royaume, & pourvoir à tout ce que pouvoient exiger la composition des bureaux d'administration, la forme des assemblées générales & particulières, les fonctions des trésoriers, la tenue des régistres; mais la vraie source du mal échappoit encore à la vigilance des réformateurs. L'article 10, rappellant l'édit de 1695, confirmoit aux évêques, archevêques, & en leur absence à leurs vicaires-généraux, la préséance dans les Assemblées ordinaires & extraordinaires. Les premiers officiers de la justice du lieu devoient être également appellés aux Assemblées. Cette permanence des présidens des bureaux, & l'établissement des différens ordres religieux qui s'étoient emparés de tous les détails des hôpitaux, durent nécessairement y propager une sorte de régime monastique, & éloigner toute idée nouvelle de perfection : l'autorité d'ailleurs pénétroit difficilement à travers les ténébreux & mystérieux détails d'administrations qui se dirigeoient & s'inspectoient elles-mêmes. La comptabilité ne pouvoit qu'être illusoire, n'étant pas publique : concentrée dans un bureau, elle devenoit une espèce de secret, dès que quelqu'un vouloit la surveiller.

Aucuns efforts n'étoient déployés contre cet oubli de toute espèce de règles, qui ramenoit insensiblement tous les abus. Depuis le réglement dont il s'agit, le gouvernement ne parut plus dans l'administration des hôpitaux, que pour confirmer des concessions d'octrois, accorder des secours ou autoriser des emprunts. Police intérieure, réglemens, soin des pauvres, des vieillards, des enfans, tout étoit confié aux administrateurs. D'anciens édits les avoient revêtus d'un pouvoir des plus absolus, & l'amour de l'autorité les faisoit tendre naturellement à la recouvrer. L'édit de 1656 leur avoit attribué le droit de *justice*, *punition* & *correction* sur les pauvres; il leur avoit délégué le pouvoir d'ériger, dans l'intérieur des maisons de charité, des *poteaux* & *carcans*, & d'y avoir des *prisons* & *basses-fosses* : des troupes d'*archers* armés marchoient d'ailleurs à leurs ordres; enfin, par le même édit, on leur avoit encore attribué le pouvoir de faire les réglemens de police qu'ils jugeroient convenables, & de diriger l'emploi des fonds qui leur étoient confiés.

Ainsi, maîtres absolus de la recette & de la dépense, libres d'admettre ou de renvoyer les pauvres, & pouvant à leur gré faire de nouveaux réglemens, une semblable autorité conduisit bientôt à de nombreux abus : le premier de tous fût de restreindre tant qu'il étoit en leur pouvoir, le droit d'entrée ou d'admission, & dans le partage des soins charitables, on vit bientôt tout accordé aux villes, & les campagnes entièrement oubliées : en même temps, tout ce qui pouvoit intéresser ce régime intérieur, étoit abandonné ou négligé. C'est à ce sujet une remarque frappante, que parmi cette foule d'édits qui réglent l'autorité des administrations charitables, on n'en voit aucun qui concerne le genre de travail qui devoit être établi dans les hôpitaux, & qui ait le plus léger rapport au prix de la main-d'œuvre. Sous un régime aussi arbitraire, sous une administration aussi négligée, on sent combien ont dû souffrir, & l'on voit combien il est important de rappeller toutes ces administrations à un nouvel ordre des choses.

Sous le dernier règne, on avoit peu fait pour remédier à ces abus. Cependant un édit remarquable dû au chancelier d'Aguesseau, digne successeur de l'immortel Lhôpital, parut en 1749; il portoit défense aux maisons de charité, comme aux communautés, d'acquérir des biens-fonds :

mais ce fut à ces actes de l'autorité que l'on se borna; les autres ne furent guère que des lettres-patentes particulières, données pour confirmer ou augmenter les privilèges des hôpitaux, & il n'y avoit eu rien de changé aux loix générales.

Au commencement du règne actuel, cette partie d'administration, si intéressante pour le bonheur du pauvre, fixa de nouveau les regards, & plusieurs bienfaits du gouvernement ont signalé cette époque : un arrêt du conseil des dépêches, en 1777, établit une commission de plusieurs magistrats & administrateurs d'hôpitaux pour s'occuper de la réforme de ceux de Paris. En 1780 parut un édit mémorable, concernant la vente des immeubles appartenans aux maisons de charité; & pour veiller à ces salutaires projets de réforme, & en étendre le bienfait à tous les asyles de ce genre, existans dans le royaume, il fut formé un département particulier pour l'administration & la surveillance des hôpitaux.

Mais ce fut sur-tout sur le sort, jusqu'alors si malheureux & si négligé des pauvres *enfans trouvés*, ou abandonnés, que l'attention fut portée. Il semble que dès les premiers temps de l'ere chrétienne, on s'en étoit occupé : on fait mention d'un hôpital fondé, dès le huitième siècle, dans le Bas-Empire, pour y recueillir les enfans orphelins. En 1180, à l'hôpital du Saint-Esprit à Montpellier, & à Lyon dès 1533, on avoit ouvert des asyles pour les enfans trouvés & délaissés; mais ces soins avoient été trouvés ou très-foibles ou peu généralement imités. Dans les premiers temps, les enfans exposés appartenoient, comme esclaves; à ceux qui les recueilloient. Ces expositions se faisoient à la porte des églises, où l'on plaçoit une coquille ou un berceau; il est souvent question de ce berceau dans les anciens titres de l'église de Notre-Dame de Paris.

Le défaut de secours & d'asyles, & peut-être la barbarie des mœurs, avoient, dans ces temps éloignés, dû faire exposer beaucoup d'enfans, & il paroît que le mal devint assez grave pour exciter la rigueur des loix : tel fut l'objet du fameux édit de Henri II, qui, pour prévenir le crime de l'exposition, déclara que toute femme convaincu d'avoir *célé, couvert & occulté tant sa grossesse que son enfantement, sans avoir pris de l'un & de l'autre témoignage suffisant, seroit réputée avoir homicidé son enfant, & pour réparation, punie de mort.* On peut reprocher à l'usage où l'on est encore de publier cet édit au prône, d'avoir le double inconvénient de révéler la dépravation du cœur humain & d'offenser la pudeur.

L'ordonnance de Moulins, qui parut peu de temps après, en 1586, avoit chargé quelque ville, bourg ou village, de prendre soin de ses pauvres. Les enfans exposés étoient compris dans ces dispositions; mais cette ordonnance éprouva de grandes difficultés : après beaucoup de varitions, la jurisprudence s'étoit enfin fixée. On pensa que l'entretien des enfans exposés devoit être supporté par les Seigneurs haut-justiciers, comme une compensation des profits attachés à leurs fiefs : un arrêt du parlement, en 1667, & un arrêt du conseil de 1668, confirmèrent cette loi, alors déjà très-ancienne; mais comme aucune disposition ne determinoit le genre de secours que l'on devoit à ces êtres infortunés, comme on n'avoit aucun intérêt à leur conservation, tout avoit aggravé le malheur de leur sort.

Ce qui se passoit alors à Paris, montre quelle étoit à leur égard la barbare insouciance du gouvernement. C'étoit dans les rues, qu'on trouvoit ces malheureux, abandonnés à la merci des passans. En 1638, une veuve charitable, touchée de leur sort, s'étoit chargée du soin de les retirer; c'étoit dans sa maison, près Saint-Landry, qu'elle exerçoit cette œuvre touchante de piété & de commisération. Mais bientôt ses facultés ne suffisant pas à la charge qu'elle s'étoit imposée, ses servantes, fatiguées des cris de ces malheureux enfans, en firent un commerce scandaleux; elles les vendoient à des mendiantes qui leur tordoient les membres & les estropioient de mille manières pour exciter les charités du public : des nourrices, dont les enfans étoient morts, s'en procuroient pour conserver leur lait, & plusieurs leur en donnoient un corrompu, on en achetoit pour en supposer dans les familles, ou pour servir à des opérations magiques : le prix de ces enfans étoit fixé à vingt sols.

Ce fut dans ces circonstances, qu'en 1640, Saint-Vincent de Paule émut tous les cœurs sensibles en faveur de ces malheureux enfans, & leur assura une éternelle protection. Louis XIII entra dans ces vues charitables : le château de bicêtre fut donné pour leur servir d'asyle. Les enfans qui y furent portés n'ayant pas paru s'accommoder de l'air qu'on y respiroit, l'établissement fut d'abord errant, mais en 1640, il fut fixé où il est maintenant, au parvis Notre-Dame.

Dans l'édit de Louis XIV, revêtu de lettres patentes, qui prononça l'établissement de cet asyle, on remarque une disposition singulière, c'est que le Roi en fixant la dotation des enfans trouvés, faisoit entrer pour motif que ces enfans pourroient servir dans les troupes ou être utiles aux colonies. Ainsi on leur faisoit acquitter le bienfait de leur éducation. Ce fut aussi dans ces mêmes vues, qu'en 1761, les enfans-trouvés furent admis à tirer à la milice, à la place du fils, du frère ou du neveu de celui qui les avoit en pension. Quoiqu'il en soit, la première dotation de l'hôpital des enfans-trouvés fut fixée à 12,000 liv. L'édit avoit arrêté un état des sommes qui seroient annuellement payées par les Seigneurs hauts-justiciers de la ville de Paris; mais en 1675, le Roi, par ses lettres-patentes, ayant réuni au Châtelet toutes les justices des Seigneurs, il ordonna qu'il seroit pris, tous les ans, sur son domaine une somme de 20,000 liv. pour pourvoir à la dépense.

Cet établissement formé à Paris servit bientôt de modèle. Suivant quelques auteurs, c'est à la France qu'on doit les hôpitaux d'enfans-trouvés. L'exemple de Paris fut suivi par des villes célèbres; Lyon, Rouen, Londres, Varsovie élevèrent de ces asyles semblables à l'enfance abandonnée.

Mais on n'avoit point accompagné ces secours des mesures & des précautions qui devoient en assurer le succès, & l'abus suivit de près le bienfait. Le nombre des enfans-trouvés s'accrut successivement dans le royaume, en proportion des facilités qu'on trouvoit à les exposer; & les asyles ouverts pour les recevoir, ayant été bornés aux grandes villes, on les y apportoit avec le plus grand risque de les faire périr, des endroits les plus éloignés de nos provinces.

En 1722, l'administration s'étoit bien occupée du transport de ces enfans; mais les mesures furent mal prises ou négligées, & les abus ne cessèrent pas. En 1772, on fit encore vérifier le nombre d'enfans-trouvés, amenés à Paris; sur 6,459 reçus à l'hôpital, du premier janvier au dernier octobre, il s'en trouva 2,350 qui venoient des provinces, ce qui faisoit à-peu-près le tiers.

Le gouvernement donna de nouveaux ordres qui eurent peu d'effet, puisque du premier janvier 1772, au dernier décembre 1776, sur 32,222 enfans reçus à l'hôpital, on en trouva encore à-peu-près le tiers, c'est-à-dire, 10,068 que les provinces avoient envoyés. Ce fut principalement à cet abus qu'au commencement du règne actuel, on crut le plus instant de remédier. En 1779, le gouvernement s'assura qu'il venoit encore des provinces des enfans qui périssoient par le défaut des précautions dans leur transport, & il fut rendu le 10 février, un arrêt qui, en ordonnant de les porter dans les hôpitaux les plus voisins, annonçoit que si ces dispositions nouvelles occasionnoient à quelques-uns une dépense extraordinaire, il y seroit pourvu provisoirement par le trésor public.

Le gouvernement fit encore sur cet objet quelques tentatives en 1782; mais il paroît que le grand but de la loi proposée alors, étoit de décharger le trésor-royal des dépenses relatives aux enfans abandonnés dans les provinces. Le Roi, les hauts justiciers, en proportion du nombre des feux de leurs justices, les communautés dans le rapport de leur capitation, devoient rembourser par tiers à la fin de chaque année, les avances qui auroient été faites par le trésor-royal. Après de longs débats, qui durèrent près de trois ans, le résultat fut que l'imposition, telle qu'on la proposoit, ne convenoit pas, & c'est là où se trouvoit le nœud de la difficulté. La ligue, alors puissante, des privilégiés doublement atteints dans leurs justices & leur capitation, ne vouloit admettre que la partie réglementaire du projet, tandis que l'administration au contraire ne sollicitoit qu'un nouveau mode d'imposition. Dans cette lutte, où l'intérêt personnel étoit opposé à l'intérêt général, on est étonné des moyens foibles avec lesquels on couvroit les motifs du refus de l'enregistrement de la loi. Tantôt en attaquant le style, l'éloquence du préambule, tantôt en laissant entrevoir qu'il y avoit du danger à révéler au peuple que l'on ne surveilloit pas assez les mœurs; & que l'impôt n'étoit pas également réparti; on vint à bout de fatiguer l'administration, qui abandonna son projet.

Mais ce n'étoient toujours que des premiers pas formés dans une carrière, où des abus multipliés & profondément enracinés exigeoient que l'on pénétrât plus avant. Après avoir ouvert à ces malheureux enfans des asyles destinés à les recevoir, une administration vraiment paternelle n'auroit cessé de les suivre dans tous les momens, de veiller sur les premiers soins dus à leur conservation, de prodiguer tous les secours à leur enfance, & de considérer en eux une génération intéressante par son malheur : tant de soins n'entrèrent point dans les vues du gouvernement. Une fois déposés dans les hospices qui leur étoient destinés, l'état cessoit de s'en occuper; c'étoit aux administrations qu'ils étoient abandonnés, sans que l'on eut songé même à leur en demander compte. Mais dépourvues de tout ce qui pouvoit, soit en faisant le bien, exciter & provoquer en elles une utile émulation, soit en s'acquittant mal de leurs fonctions, prévenir l'abandon & l'insouciance par la crainte du blame, ces administrations veilloient peu sur le dépôt précieux qui leur étoit confié. Jetés presqu'au hazard, & répandus çà & là dans les campagnes, sans surveillance, sans intérêt, livrés à des nourrices mercénaires, que l'appât même du gain n'attachoit pas à leur conservation, ces malheureux enfans périssoient dévorés, dès leurs premiers jours, par une effrayante mortalité. Les Meneurs encouragés en quelque sorte par les profits d'un transport plus considérable d'enfans, avoient à cette calamité une sorte d'intérêt caché, auquel ils pouvoient n'être pas insensibles. Les sœurs chargées d'ailleurs presqu'entièrement de ce genre de secours & de soins, tendoient naturellement à ramener dans leurs maisons tout ce qui pouvoit augmenter leur autorité & agrandir leur administration. Ainsi le très-petit nombre d'enfans qui survivoient, étoient bientôt arrachés au séjour des champs. En les y conservant, on auroit pu leur assurer des mœurs pures, une constitution robuste & saine. On ne sait quel préjugé, qui leur faisoit croire que, sous leurs yeux, ils seroient mieux instruits des principes de la religion, portoit les administrateurs à les entasser dans les hôpitaux, où languissans bientôt, ils devenoient la proie de tous les genres de dépravations & d'infirmités. C'étoit d'ailleurs dans cette administration, comme dans celle des hôpitaux, de simples réglemens qui servoient de guide, & qui étoient considérés comme lois dans tout le royaume, lorsqu'il falloit fonder, pour chacune de ces différentes parties, une bonne législation. Il en étoit de même de l'administration relative à la mendicité.

Il seroit inutile de remonter au-delà de 1524, pour en avoir l'histoire; avant cette époque, nulle autorité n'étoit en vigueur dans le royaume. Ce fut alors qu'on ordonna à tous les mendians valides de Paris, de sortir ou de travailler. La loi ne manquoit pas de rigueur, car dans le cas où un homme se faisoit emprisonner, il étoit, à la troisième fois, marqué d'un fer chaud & banni. Cette loi ne pût être exécutée, on n'avoit aucun travail à offrir; le bannissement ne faisoit que rejetter à quelques lieues de Paris des brigands, qui infestoient les provinces, & l'état affreux où se trouvoit la capitale, y multiplioit le nombre des vagabonds.

Le parlement de Paris ordonna en 1532, que les mendians valides seroient renfermés & conduits, deux à deux, dans les fosses & les égoûts qu'ils devoient nettoyer; la ville étoit chargée de les nourrir; on condamnoit au fouet ceux qui contrefaisoient les estropiés; cette espèce de galère de terre ne dura pas long-temps; on fut bientôt fatigué de nourrir & d'entretenir des hommes, dont le nombre ne faisoit qu'augmenter à mesure que la quantité de travail diminuoit.

Une loi de rigueur qui ne produit pas d'effet, est succédée par une autre plus dure. En 1532, on enchaînoit les mendians deux à deux; on condamna, en 1535, a être pendus ceux qui ne sortiroient pas de Paris. Cette étrange jurisprudence fut remise en vigueur en 1543, 1547. Ces hordes de mendians vagabonds, auxquels, on n'offroit aucune ressource, qu'on flétrissoit & qu'on exterminoit, s'unirent enfin, & commirent dans le royaume tous les forfaits, qui furent les suites de la guerre dite *des gableurs*.

Ce fut à cette époque, que quelques villes, fatiguées par la Mendicité, firent des réglemens particuliers. Orléans, Chartres, Lyon & Toulouse établirent des bureaux d'aumônes. Le parlement de Toulouse força les bénéficiers à abandonner le dixième de leurs revenus aux pauvres. En 1566, époque de l'ordonnance de Moulins, qui fut rendue générale par tout le royaume, la peine des galères à perpétuité pour les hommes, & celle du fouet pour les femmes, furent renouvelées; pour subvenir à la nourriture des pauvres, le Roi fit lever cinq sous sur chaque minot de sel, vendu dans la généralité de Paris.

Pendant l'espace d'un siècle, depuis l'ordonnance de Moulins, on parut ne pas avoir pensé que toute loi contre la mendicité devenoit inutile, si on ne préparoit pas, avant tout, du travail. Enfin, en 1683, on commença à établir quelques ateliers à Paris, & on renouvella encore la peine des galères, dans tout le royaume, pour tous ceux qui seroient trouvés mendians; mais il n'y avoit dans les provinces aucuns ateliers comme dans la capitale, & la misère étoit extrême. En 1693, le parlement de Paris rendit un arrêt, qui établit une imposition dans les paroisses, & qui fut perçue sur des rôles particuliers.

Toutes ces loix de sang, de rigueur & de peines furent successivement renouvellées en 1699, 1700, 1709, années si désastreuses, que l'on fut obligé de porter au double, à Paris, l'imposition sur les *boues & lanternes* pour soulager les pauvres.

En 1719, le gouvernement ne pouvant plus ni occuper les mendians, ni les renfermer dans les hôpitaux, ni continuer à les flétrir, imagina d'en faire transporter aux colonies, où ils devoient travailler comme engagés, soit à terme, soit à perpétuité, sans que cette peine emportât la mort civile. Les parlemens, jaloux de l'autorité peut-être illégale des jurisdictions prévôtales défendirent la transportation, sans mettre une autre loi à la place.

La maréchaussée, qui dès l'année 1720 fut mise sur un nouveau pied, fut chargée spécialement de l'exécution de toutes les loix contre la mendicité, & la rigueur des anciennes ordonnances se déploya avec de nouvelles formes. On devoit recevoir dans les hôpitaux tous ceux qui voudroient librement s'y présenter, & en même temps tous ceux qui, arrêtés sur les routes, y seroient conduits: on devoit les distribuer par compagnies de vingt hommes, & les employer aux travaux des ponts & chaussées. Cette idée, sans cesse reproduite par ceux qui s'occupent des pauvres, n'eut pas l'effet qu'on s'en étoit promis, aucun sergent ne voulut conduire ses ouvriers; on les redouta sur les grandes routes. Après une dépense de plus de six millions, faite en moins de trois ans, les hôpitaux renvoyèrent tous ces individus indistinctement, & le gouvernement manqua son but. C'est vers cette époque, en 1733, qu'il faut rapporter l'imposition de trois deniers pour livre sur la taille, imposition qui, encore aujourd'hui versée au trésor Royal, fait les premiers fonds qui sont distribués aux différens dépôts de mendicité du royaume. On n'avoit pas négligé, au milieu de toutes ces dispositions, d'infliger la peine d'être marqué de la lettre M sur le bras gauche d'un mendiant qui étoit arrêté en récidive,

& de prononcer celle des galères, quand il étoit pris la troisième fois.

Cette lutte perpétuelle entre les mendians, auxquels on n'offroit pas de travail, les hôpitaux qui refusoient de les garder, & la loi qui vouloit les punir sembla être terminée par l'établissement des *dépots de mendicité*, qui, proposés par la commission créée à cette époque, & ne devant être ni des prisons, ni des hôpitaux, parurent plus propres à corriger les mendians valides. Après de longues conférences sur les loix qui devoient diriger cette partie d'administration, parut l'ordonnance de 1764, confirmée par un arrêt du conseil du 21 septembre 1767, qui avec quelques lettres ministérielles de détail, forment encore aujourd'hui l'unique code de la Mendicité.

En résumant cette longue suite de lois, on s'apperçoit qu'elles étoient principalement dirigées contre les mendians que la misère force à être vagabonds. L'administration, presque toujours dans l'impuissance d'offrir du travail au peuple, n'avoit pas d'autre ressource que d'entasser dans les hôpitaux une Mendicité importune & factice, ou d'armer la loi de rigueur, pour renfermer tous ceux qui fatiguoient la société. On feignoit d'ignorer que les secours donnés par les hôpitaux, étoient insuffisans, & que les dépôts étoient à-peu-près inutiles. D'ailleurs ces espèces de prisons manquoient souvent d'ateliers : alors la fainéantise y étoit obligée ; elle n'étoit pas beaucoup plus détruite dans les dépôts où il y avoit quelque moyen de travail ; car souvent celui qui étoit offert aux renfermés, n'étoit ni analogue à leurs forces, ni à leur genre de vie, quelquefois même il y étoit contraire, & rarement il étoit assez pénible pour être un châtiment. Enfin un des plus grands inconvéniens de tous, étoit qu'en sortant d'un dépôt, un individu étoit rejeté dans la société, sans ressource & peut-être moins bon qu'il n'y étoit entré. Il régnoit, en général, dans ces maisons, un grand oubli, un défaut absolu d'instructions morales, si nécessaires aux pauvres, & l'arbitraire dans le terme de la détention achevoit de révolter contre les lois des hommes auxquels il importoit si fort de les connoître & de les respecter.

Ainsi, dans ses rigueurs comme dans sa bienfaisance envers le pauvre, tout étoit resté également imparfait & défectueux dans les soins du gouvernement. Le desir si touchant de soulager la misère, d'adoucir l'infortune, étoit incessamment entré dans ses vues, mais peu éclairé sur cette partie de ses devoirs, & embarrassé dans sa marche par des entraves étrangères, il n'en avoit jamais ni bien conçu le projet, ni efficacement pu l'exécuter. C'étoit à prévenir la misère publique plutôt qu'à la soulager, qu'il falloit porter ses soins. C'étoit dans les sources mêmes, qui entretiennent une pauvreté habituelle & forcée, qu'il falloit chercher à étouffer les germes de mendicité.

On sembloit n'avoir jamais saisi ce principe : rien ne se faisoit pour alléger le poids de l'impôt, incessamment aggravé sur le peuple ; rien pour animer, entretenir l'industrie. La misère faisant des progrès journaliers, & frappant les yeux de toutes parts, on ouvroit des asyles, on entretenoit des établissemens pour venir à son secours. Mais cette bienfaisance n'étoit bientôt plus qu'une apparence illusoire, qui décevoit cruellement l'espérance du pauvre. De nombreux abus assiégeoient de tous côtés ces maisons de secours & d'assistances publiques, déjà si humiliantes par leur nom de *Maisons de Charité*. L'œil de l'administration pénétroit seul jusqu'à ces abus, que son influence ne pouvoit atteindre. Enorgueillies de leur fondation, & fières d'un titre qui devoit les rendre humbles & modestes, fortes de la foiblesse d'un gouvernement où des corps intermédiaires avoient des droits prétendus légitimes que l'on se croyoit forcé de respecter, les administrations d'hôpitaux alléguoient hautement leur indépendance à toute démarche pour ramener l'ordre & prendre connoissance de la situation de leurs finances ; elles opposoient leurs titres de fondation, la qualité des personnes qui administroient, & l'autorité fléchissoit devant cette extraordinaire résistance. Ainsi nulle puissance ne veilloit sur ces établissemens, qui s'étoient tous éloignés, plus ou moins, de l'esprit & de la loi de leur institution. Delà des emprunts viagers ou perpétuels, faits par les hôpitaux au-delà de leurs forces : delà des constructions magnifiques & des dépenses infinies avoient absorbé, dans le plus grand nombre, le patrimoine des pauvres, qui, toujours sacrifié dans ces asyles, n'y étoit plus regardé que comme l'accessoire.

Ainsi, tandis, que d'un côté les torts & la dureté du gouvernement envers le peuple multiplioient les sources de la misère, que par les erreurs non moins funestes de sa part, d'une bienfaisance mal entendue, qui multiplioit ses secours pour un mal qu'on auroit dû prévenir, il encourageoit l'imprévoyance, source encore plus féconde de misère que toutes les autres ; de l'autre côté mille abus, sans cesse renaissans, dévoroient ces secours même offerts à la détresse & à l'infortune. Ainsi se multiplioit & se reproduisoit incessamment une génération imprévoyante & factice de pauvres, l'ouvrage même du gouvernement : ainsi croissoit incessamment un mal, dont les progrès surpassoient toujours & devançoient ses efforts.

Tels étoient les résultats nécessaires d'une administration, qui agissant sans loi générale, sans plan unique, par des réglemens particuliers &

d'après des circonstances du moment, n'avoit & ne pouvoit avoir qu'une marche incertaine.

Si le système entier des secours à donner à la classe de la société, qui a droit de les réclamer; si le moyen de prévenir l'indigence, de soulager la pauvreté, de réprimer la Mendicité, ne sont pas les conséquences d'un même principe; si la bienfaisance & la sévérité de la législation des pauvres ne s'élèvent pas sur les bases communes de la politique & de la justice, cette législation ne peut être qu'imparfaite & dangereuse.

Voilà la tâche que nous avons à remplir, elle est pénible sans doute, les difficultés se rencontrent à chaque pas dans cette importante carrière; mais la grandeur, la beauté du motif en feront triompher l'assemblée, qui voit, dans une utile & équitable assistance des malheureux, son plus précieux devoir ».

Indépendamment de ce travail très-bien fait, le comité de *Mendicité* de l'Assemblée nationale en a rendu publics plusieurs autres, que nous ne rapporterons point ici & que nous réservons pour le dictionnaire de l'*Assemblée nationale*.

Nous aurions pu aussi nous étendre beaucoup sur les anciennes loix rélatives à la *Mendicité*, sur les établissemens qui y ont rapport & faire en quelque sorte l'histoire de cette partie de la police. Mais ces connoissances n'auroient rien ajouté à celles qu'on a pu prendre dans ce que l'on vient de lire. D'ailleurs nous avons déjà parlé de plusieurs de ces objets dans divers articles de cet ouvrage, auxquels nous renvoyons pour abréger. Ce qu'il nous reste donc de mieux à faire est de rapporter ici l'instruction sur les mendians, telle que les anciens officiers de police & la maréchaussée étoient chargée de l'exécuter.

Nous y joindrons les nouveaux réglemens émanés de l'assemblée nationale & quelques dispositions ordonnées par la municipalité de Paris sur le même objet, ces détails positifs nous ont paru préférables à ce que nous aurions pu dire de relatif à la *Mendicité* & aux systêmes que le desir de secourir les malheureux auroit pu nous faire concevoir.

On est au surplus assez au courant des développemens de théorie, aujourd'hui; ce sont principalement des faits, des connoissances positives qu'il est devenu nécessaire de présenter au public & sur-tout aux administrateurs qui doivent exécuter les lois avec courage & justice, plutôt que d'en discuter la théorie.

Instruction concernant les Mendians publiée en 1724.

Aussitôt que la déclaration au sujet de la *Mendicité* aura été publiée, il est nécessaire que les officiers & archers de maréchaussée redoublent leur vigilance, pour empêcher que les *mendians* qui pourroient se retirer de Paris & des autres villes du royaume, ne fassent aucun désordre dans les campagnes.

Pendant la quinzaine accordée aux *mendians* par la déclaration, pour se retirer à compter du jour que la déclaration aura été publiée dans chaque bailliage ou sénéchaussée royale, il ne sera arrêté aucuns *mendians*, soit dans les villes ou dans les campagnes, si ce n'est:

En premier lieu, ceux qui feroient du désordre.

En second lieu, ceux qui mendiroient avec insolence.

En troisième lieu, les *mendians* qui, se disant soldats, n'auroient point de congé, ou qui auroient des congés faux.

En quatrième lieu, ceux qui mendiroient contrefaisant les estropiés, ou qui feindroient des maladies qu'ils n'auroient pas.

En cinquième lieu, ceux qui mendiroient avec des épées, fusils, pistolets, baïonnettes, bâtons ferrés, ou autres armes.

En sixième lieu, ceux qui mendiroient attroupés en plus grand nombre que celui de quatre, non compris les enfans.

S'il est arrêté pendant la quinzaine quelques *mendians* du caractère de ceux ci-dessus désignés, ils seront conduits dans la prison la plus prochaine du lieu où ils auront été arrêtés, pour le procès leur être fait par les lieutenans-généraux de police, pour les *mendians* arrêtés dans les villes où il y en a d'établis, faux-bourgs & banlieues d'icelles; par les lieutenans criminels, dans les lieux où il n'y a pas de lieutenant-général de police établi; & par les prévôts des maréchaux ou leurs lieutenans, pour les *mendians* arrêtés hors des villes, fauxbourgs & banlieues; le tout en la manière prescrite par les articles 7 & 8 de la déclaration: & sera tenu à cet effet, l'officier qui aura arrêté lesdits *Mendians*:

En premier lieu, de dresser un procès-verbal de capture, conformément à l'ordonnance de 1670, qui contiendra les causes, le lieu & les circonstances de la capture & dans lequel il énoncera, autant qu'il sera possible, le signalement & les habillemens des *mendians* arrêtés, les hardes ou linges, & l'argent s'ils s'en trouvent saisis; & il le fera signer par deux archers témoins de la capture, au moins.

En second lieu, le même officier fera l'écrou des *mendians* sur le registre de la prison, en la forme portée par l'ordonnance; & il y énoncera la cause de l'emprisonnement, suivant son procès-verbal, dont il rapportera dans l'écrou la date & les noms des archers qui l'auront signé.

En troisième lieu, dans le moment même qu'il aura constitué les *mendians* dans les prisons, il en donnera avis au procureur du Roi du bailliage ou sénéchaussée, ou à celui de la jurisdiction de police, ou enfin à celui de la maréchaussée, suivant que l'accusation contre le *mendiant* sera de la compétence de l'une ou de l'autre de ces jurisdictions.

En quatrième lieu, il déposera aussi sur le champ la minute de son procès-verbal au greffe de la jurisdiction qui sera compétente, avec les hardes, linges & argent, s'il y en a, en distinguant, par le procès-verbal, ce qui en appartient à chacun de ceux qui auront été emprisonnés.

Dans les villes où il y a des archers des pauvres, ils en useront de la même manière.

Les lieutenans-généraux de police, lieutenans-criminels, & les prévôts des maréchaux ou lieutenans, chacun en ce qui les concerne, instruiront incessamment les accusations contre les *mendians* ainsi arrêtés, à la requête des procureurs du Roi, conformément à l'ordonnance de 1670, & aux articles 6, 7 & 8 de la déclaration.

Après la quinzaine expirée, à compter du jour que la déclaration aura été enrégistrée dans chaque bailliage ou sénéchaussée royale, les officiers & archers des maréchaussées, aussi bien que les archers des pauvres, arrêteront tous ceux qu'ils trouveront *mendians*, soit dans les villes ou dans les campagnes, sans aucune exception, & ils examineront d'abord si lesdits *mendians* ont des passeports, ou s'ils n'en ont point.

S'ils ont des passeports, ils auront attention aux jour & lieu de la date du passeport, ils verront si le *mendiant* est dans la route qu'il doit tenir, conformément au passeport; si le passeport est visé des officiers municipaux des villes de la route, ainsi que le passeport les aura énoncés; enfin, si le passeport n'est pas expiré, en comptant, pour le voyage du lieu du départ à celui de leur retraite quatre lieues par journée, depuis le lendemain de la date du passeport, jusqu'au jour auquel le *mendiant* aura été arrêté.

Si le passeport est expiré, ou qu'il n'ait pas été visé par les officiers-municipaux des lieux de la route, ou que le *mendiant* ne soit pas dans la route qui lui a été prescrite, il sera conduit dans l'hôpital général le plus prochain du lieu de la capture, par l'officier, qui dressera un procès-verbal, conformément à ce qui a été dit ci-dessus, dont il laissera la minute au greffe de la police du lieu ou du bailliage royal, s'il n'y a point de jurisdiction de police dans le lieu; le tout pour les *mendians* arrêtés dans les villes, fauxbourgs & banlieues; ou au greffe de la maréchaussée pour les *mendians* arrêtés dans les campagnes; & il laissera une expédition du même procès-verbal au bureau de l'hôpital-général avec les hardes, linges, argent, &c. s'il en a été trouvé.

Si le *mendiant* est dans sa route, que le passeport soit en forme, & qu'il ne soit pas expiré, le *mendiant* sera relâché sur le champ, à moins qu'il ne fut de l'une des six classes mentionnées au commencement de la présente instruction; auquel cas, il sera conduit dans la prison, & il en sera usé comme il a été ci-devant.

Les *mendians* qui n'auront point de passeport, seront arrêtés par lesdits officiers & archers, & conduits dans l'hôpital-général, en la forme ci-dessus prescrite pour les *mendians* dont les passeports ne sont pas en forme, ou sont expirés. S'il y avoit une distance trop considérable du lieu de la capture au lieu où l'hôpital-général le plus proche est établi, les *mendians* seront mis dans la prison la plus prochaine, comme prison empruntée, pour une nuit seulement, & seront le lendemain transférés à l'hôpital.

Les officiers & archers de la maréchaussée seront en outre tenus de prêter main-forte aux officiers de police & autres; même aux archers des pauvres, où il y en a, pour arrêter les *mendians*, & mettre en exécution tous mandemens de justice.

Ils auront cependant une extrême attention de n'arrêter que ceux qui sont réellement *mendians*, sans que, sous ce prétexte, les journaliers & autres ouvriers qui iront de province en province, & autres sortes de personnes allant & venant par le royaume, puissent craindre que l'on pût les inquiéter. Les officiers ne peuvent avoir trop d'attention à n'arrêter que les *mendians* ou ceux qui seroient compris dans les rôles des engagés, & qui n'auroient point de congé.

Les administrateurs des hôpitaux donneront des passeports à ceux des *mendians* qui se présenteront dans la quinzaine du jour que la déclaration aura été publiée dans chaque bailliage ou sénéchaussée, pour se retirer. Ces passeports contiendront les nom, surnom, signalement, âge, naissance, domicile & profession du *mendiant*, le lieu de sa retraite, les principaux lieux de sa route, & le délai nécessaire pour y arriver, à raison de quatre lieues par jour; & sera le passeport signé de deux administrateurs, dont sera tenu un régistre particulier.

Les administrateurs recevront & garderont tous les *mendians* valides ou invalides, ensemble les femmes grosses, les nourrices & les enfans qui se présenteront pour y entrer, ou qui y seront amenés par

par les officiers de maréchaussée, ou archers des pauvres, dans les lieux où il y en a.

Les *mendians* valides qui se présenteront aux hôpitaux, seront engagés pour leur vie, & seront tenus, à cet effet, de signer un engagement qui sera aussi signé par deux des administrateurs au moins, lesquels, si le *mendiant* ne sait signer, en feront mention dans l'engagement.

Les administrateurs seront tenus de nourrir & habiller les *mendians* engagés pendant leur vie, & les *mendians* seront obligés de faire les travaux auxquels les administrateurs les destineront dans l'intérieur ou hors de l'hôpital; & lorsqu'ils seront employés à des travaux publics, on les distribuera par compagnie de vingt hommes, sous un sergent, auquel on donnera des appointemens convenables. Les administrateurs conviendront du prix du travail avec les entrepreneurs des ouvrages, lesquels remettront le prix au sergent, qui nourrira les *mendians*, & tiendra compte du surplus aux administrateurs de l'hôpital général à moins que les administrateurs ne soient convenus avec les entrepreneurs que les *mendians* fussent par eux nourris, au moyen de quoi le prix étant à une moindre somme, le sergent.... tiendra compte aux administrateurs du prix en entier, dont les administrateurs, dans l'un & l'autre cas, donneront une portion par gratification aux *mendians*, qui ne pourra être moindre d'un sixième, & qui ne pourra excéder la moitié; ce qui sera proportionné à l'assiduité des *mendians* à leur travail, à leur conduite & à leur docilité.

Les administrateurs & le sergent veilleront à ce que les engagés ne puissent déserter; & au cas qu'ils désertent, ils en avertiront sur le champ les officiers de la maréchaussée, afin qu'ils fassent leurs efforts pour les arrêter; ils en avertiront aussi les procureurs du Roi des bailliages de la police ou de la maréchaussée, chacun suivant sa compétence, ainsi qu'il a été dit ci-dessus, pour instruire le procès desdits déserteurs, même par contumace, & les faire condamner aux peines portées par l'article 2 de la déclaration.

Si les engagés veulent servir le Roi dans ses troupes, les administrateurs leur donneront un congé dans le même temps qu'ils signeront l'engagement au service du Roi.

Les administrateurs pourront aussi donner congé à ceux des *mendians* qui, ayant donné des marques de leur bonne conduite pendant un temps considérable, trouveront un emploi assuré pour gagner leur vie; ce qu'ils ne feront qu'avec prudence & avec grande connoissance de cause.

Ceux des *mendians* qui seront arrêtés pour la première ou seconde fois, pourront être reçus à s'engager, pourvu que le temps de leur détention soit expiré.

A l'égard des *mendians* invalides qui se présenteront dans les hôpitaux, soit dans la quinzaine ou après la quinzaine, ils seront gardés & nourris dans lesdits hôpitaux pendant leur vie, même employés aux travaux dont leur état pourroit les rendre capables: si cependant leurs familles les réclamoient, & qu'elles fussent en état de les nourrir, on pourroit les leur rendre, pourvû qu'on fut bien assuré qu'ils fussent en état de les faire subsister, en prenant de celui auquel le *mendiant* seroit rendu, une soumission de le nourrir pendant sa vie, & de l'empêcher de mendier, à faute de quoi il en demeureroit responsable.

Les femmes grosses qui se présenteront aux hôpitaux, y seront aussi reçues, pour y être gardées jusqu'après leur accouchement, & ne seront congédiées que lorsqu'il y aura un temps suffisant depuis leur accouchement, pour être assuré qu'elles seront en état de gagner leur vie & de nourrir leurs enfans: si cependant l'hôpital n'étoit pas en état de secourir les femmes pour leur accouchement, elles seront conduites dans l'hôtel-Dieu, le plus proche, pour y faire leurs couches.

Les nourrices qui se présenteront, y seront pareillement reçues & nourries, jusqu'à ce qu'elles puissent gagner leur vie & nourrir leurs enfans.

Les enfans qui seront présentés aux hôpitaux, y seront gardés, nourris & instruits, jusqu'à ce qu'ils aient connoissance de leur religion, qu'ils aient fait leur première communion, s'ils y sont entrés sans l'avoir faite, & qu'ils soient en état par leur âge & par leur force, de pouvoir gagner leur vie.

Les administrateurs des hôpitaux recevront & garderont tous les *mendians* qui leur seront amenés par les officiers & archers de la maréchaussée, & par les archers des pauvres dans les lieux où il y en a, tant les valides qu'invalides, enfans, nourrices, & femmes grosses; & seront tenus les administrateurs de garder aussi les expéditions des procès-verbaux de capture qui leur seront délivrés par lesdits officiers ou archers.

Il en sera usé pour les invalides, enfans, nourrices, & femmes grosses, amenés pour la première fois, comme pour ceux ou celles qui se seroient présentés volontairement.

A l'égard des *mendians* & mendiantes valides, les administrateurs le feront transférer dans les prisons du lieu;

1°. Ceux qui auront mendié avec insolence.

2°. Les soldats qui n'auront point de congé, ou dont le congé seroit suspect.

3°. Ceux qui auroient déguisé leur nom, surnom, ou le lieu de leur naiſſance, pour empêcher d'être reconnus.

4°. Ceux qui auroient contrefait les eſtropiés, ou auroient feint des maladies qu'ils n'auroient pas.

5°. Ceux qui auroient été arrêtés attroupés en plus grand nombre que celui de quatre, non compris les enfans.

6°. Ceux qui auroient été ſaiſis d'armes, de quelque nature qu'elles puiſſent être.

7°. Ceux qui ſeront marqués de la fleur de lis, de la lettre V ou de quelque autre marque infamante, pour être leur procès fait & parfait, conformément à l'article VI de la déclaration; & les autres *mendians* ou mendiantes ſeront détenus dans les hôpitaux, & nourris au pain & à l'eau pendant deux mois au moins, pendant lequel tems on s'informera de leur conduite, de leur naiſſance, domicile & profeſſion.

Ceux deſdits *mendians* ou mendiantes qui ſeront arrêtés & conduits pour la ſeconde & troiſième fois dans leſdits hôpitaux, ſeront transférés dans les priſons du lieu, ſur le mandement des adminiſtrateurs, pour leur procès leur être fait & parfait, conformément aux articles III & IV de la déclaration.

Les adminiſtrateurs recevront pareillement ceux des *mendians* ou mendiantes qui leur ſeront envoyés par les lieutenans-criminels, lieutenans-généraux de police ou prévôts des maréchauſſées, après les jugemens qui les auroient condamnés à être enfermés à temps ou à perpétuité dans leſdits hôpitaux, ſans que les adminiſtrateurs puiſſent leur donner, en ce cas, la liberté, pour quelque cauſe & ſous quelque prétexte que ce puiſſe être, ſi ce n'eſt après le tems de leur détention expiré; & l'expédition du jugement ſera dépoſée à l'hôpital dans le même moment de la tranſlation du priſonnier.

Les adminiſtrateurs auront ſoin de mettre dans les lieux ſéparés, les *mendians* & mendiantes, de donner aux invalides une nourriture convenable à leur état, & des lits autant que faire ſe pourra, ou au moins des paillaſſes, des draps & des couvertures; au lieu que les valides doivent être nourris au pain & à l'eau, & coucher ſur la paille, à l'exception des engagés.

S'il ſe trouve quelques-uns deſdits hôpitaux qui n'aient pas de lieux ſuffiſans, ou de lieux aſſez sûrs pour y détenir tous ceux qu'on y conduira, qui n'euſſent pas enfin de lits ou hardes néceſſaires, les adminiſtrateurs en donneront avis à M. l'intendant ou à ſon ſubdélégué, pour être pourvu, ſoit en louant quelques maiſons voiſines de l'hôpital, ſoit en faiſant faire les réparations néceſſaires pour la sûreté de la détention, ſoit en donnant des ordres pour conduire dans un hôpital voiſin qui ſe trouveroit plus sûr & plus commode, une partie deſdits *mendians*, & en faiſant enfin l'achat des choſes néceſſaires.

Si les hôpitaux n'étoient pas en état de nourrir tous les *mendians* qui s'y ſeroient préſentés, ou qui y auroient été conduits, les adminiſtrateurs des hôpitaux en donneront pareillement avis à M. l'intendant ou à ſon ſubdélégué, pour y être pourvu par le roi.

Il ſera tenu deux regiſtres doubles ſur papier commun, & tous conformes l'un à l'autre, dont toutes les feuilles ſeront cotées & paraphées par le premier adminiſtrateur, qui marquera ſur le premier feuillet le jour qu'il l'aura coté & paraphé, & l'atteſtera par ſa ſignature, dans chacun deſquels regiſtres ſeront inſcrits jour à jour, tout de ſuite & ſans aucun blanc, tous les *mendians*, mendiantes, enfans, nourrices, femmes groſſes, qui ſe ſeront préſentés auxdits hôpitaux, ou qui y auront été conduits par les officiers des maréchauſſées ou archers des pauvres, ou de l'ordre des juges, pour exécuter leur jugement, même ceux des *mendians* valides qui s'y ſeront préſentés pour y être engagés.

Il ſera fait un article ſéparé pour chaque *mendiant* ou mendiante, dont on inſcrira les nom, ſurnom, âge, naiſſance, domicile, profeſſion & ſignalement, & ſur-tout la hauteur bien exacte, à l'effet de quoi chaque hôpital aura une meſure pour meſurer chaque *mendiant;* on fera mention auſſi, ſur le regiſtre, ſi c'eſt pour la ſeconde & troiſième fois que le *mendiant* eſt arrêté, ce qui ſe vérifiera tant par les rôles ou ſignalemens dont ſera parlé ci-après, que par la viſite que les adminiſtrateurs feront faire deſdits *mendians*, pour voir s'ils ne ſont point marqués de la lettre M.

On fera auſſi mention, ſur le regiſtre, du nom de l'officier qui l'aura conduit, de la date du procès-verbal, & des effets, hardes, linge ou argent, s'il en a été trouvé.

Et ſi le *mendiant* ou la mendiante a été conduit dans l'hôpital en vertu d'un jugement, ſera fait mention du juge qui l'aura rendu, de la peine prononcée par le jugement & de ſa date, & les procès-verbaux de capture & conduite, enſemble le jugement de condamnation, ſeront enliaſſés par ordre de date, pour y avoir recours.

Leſdits regiſtres ſeront en grand papier, & il y ſera laiſſé deux marges blanches, chacune contenant le quart ou environ du papier, dans l'une deſquelles ſera inſcrit ce que les adminiſtrateurs auront jugé convenable de ſtatuer conformément à la déclaration, ſoit pour la détention deſdits *mendians* ou mendiantes, ſoit pour leur liberté, en ces termes: *Demeurera deux mois ou trois mois*, &c. ou ſera *transféré dans la priſon*, ou *reſtera juſqu'à ce qu'il ſoit inſtruit*, ou *ſortira*, ou *ſurſis*, ou *engagé un tel jour*, ou *autre*. Et sera observé que cette marge soit assez grande, & que le premier statut soit écrit de manière qu'on puisse insérer dans cette même marge, à côté du nom du *mendiant*, les autres choses qui seront statuées dans la suite au sujet du même *mendiant*, qui peut exiger qu'on statue plusieurs fois sur son état, soit pour sa détention, soit pour sa liberté.

L'autre marge sera destinée pour y insérer les découvertes qu'on aura faites dans la suite, sur les nom, surnom, âge, naissance, profession, domicile des *mendians*, supposé qu'ils les eussent déguisés, soit que ces découvertes aient été faites par les nouvelles déclarations des *mendians*, ou autrement.

Si les mêmes *mendians* sont arrêtés une seconde ou troisième fois dans le même hôpital, ou qu'ayant été transférés dans les prisons, ils soient conduits de nouveau dans l'hôpital, on inscrira de nouveau leurs nom, surnom, &c. au jour qu'ils y auront été de nouveau conduits, avec le renvoi au *folio* du registre auquel ils auroient été inscrits une première fois.

Il sera tenu outre cela un registre particulier des *mendians* engagés, qui sera de même côté & paraphé, sur lequel on inscrira la copie de tous les engagemens, jour à jour, suivant la date des engagemens, avec le renvoi au *folio* du registre d'entrée du *mendiant*, & seront mis à la marge dudit registre les congés, s'il y en est accordé.

Il sera tenu aussi un autre registre côté & paraphé, où seront inscrits l'arrangement des compagnies sous un sergent, le nom du sergent & de ceux des engagés qui seront mis sous sa conduite, avec le renvoi au *folio*, tant du registre des engagés, que du registre d'entrée; & seront aussi inscrites sur ledit registre les conventions faites avec le sergent ou les entrepreneurs, les sommes reçues par le sergent, & remises au receveur de l'hôpital, celles données par les administrateurs aux engagés par gratification, & données au sergent pour appointement; & généralement tout ce qui concerne le travail, payement & dépense desdits engagés.

Il sera tenu un registre général de sortie des *mendians* ou mendiantes, aussi côté & paraphé, avec deux marges, où seront inscrits les nom, surnom, naissance, domicile, profession & signalement desdits *mendians*; le tout conforme au registre d'entrée, soit qu'ils sortent pour avoir leur liberté, ou pour être transférés dans les prisons, ou par congé pour les engagés, avec le renvoi au *folio* du registre d'entrée, & même du registre des engagés, si ce sont des *mendians* engagés.

Il sera tenu un cinquième registre, aussi côté paraphé, où seront inscrits les *mendians* qui se seront présentés pour avoir des passeports pour se retirer dans le lieu qu'ils auront déclaré, où l'on inscrira les mêmes circonstances que celles énoncées dans lesdits passeports.

Les deux premiers administrateurs, ou ceux qui les suivront en rang, en cas d'empêchement des premiers, se transporteront au moins une fois la semaine, dans le bureau de l'Hôpital-général, & ils se feront représenter tous les *mendians* & mendiantes entrés depuis le dernier jour auquel ils auroient été au bureau, à l'effet de connoître, par les déclarations des *mendians* ou mendiantes, leur véritable nom, domicile, profession, & de statuer la détention pendant le temps porté par la déclaration, la translation dans la prison, ou la sortie; le tout conformément à la déclaration, & d'inscrire, chacun de leur main, ce qui sera statué sur chacun des deux registres, dans chaque marge à ce destinée. A la fin de la séance, ils arrêteront chaque registre, après le nom du dernier *mendiant* entré, en ces termes: *Arrêté un tel jour*, & signeront tous deux chaque arrêté; après quoi on continuera les registres en la forme ci-dessus, en y inscrivant les noms des *mendians* arrêtés depuis.

Ils se feront aussi représenter tous les anciens *mendians* ou mendiantes, pour examiner si le tems de leur détention n'est point expiré, s'il n'est rien survenu qui doive engager à les retenir plus longtems, ou à les transférer dans les prisons, ou s'il y a lieu de leur donner la liberté; & ils inscriront, comme il a été dit, sur chaque registre, dans la marge à ce destinée, à côté du nom du *mendiant*, & qu'ils jugeront convenable, au-dessous de ce qui avoit été une fois statué, & dateront du jour de ce qu'ils auront statué de nouveau.

Il sera fait une liste des *mendians* & mendiantes qui devront être transférés dans les prisons, conformément à la déclaration, dans le jour même auquel les administrateurs l'auront statué; & ils enverront cette liste au procureur du roi du bailliage, de la police ou de la maréchaussée, chacun en ce qui les concerne, suivant la déclaration, pour être transférés dans les vingt-quatre heures.

Les administrateurs feront faire une liste ou rôle des passe-ports qui seront donnés aux *mendians* qui se seront présentés pour retourner dans leur pays, qui contiendra les mêmes choses que les passe-ports, & le *folio* du registre où les passeports auront été enregistrés; & cette liste ou rôle sera envoyé au Procureur-général du roi au parlement de Paris, dans la semaine suivante, pour les passe-ports donnés dans la semaine précédente.

Les administrateurs feront faire aussi toutes les semaines un rôle des *mendians* qui seront entrés dans l'hôpital pendant la semaine, qui ne contiendra que la copie fidelle du registre, & à la marge, ce qui aura été ſtatué par rapport à chaque *mendiant* ; & ils enverront ce rôle, ſigné des deux premiers adminiſtrateurs, au procureur-général du roi au parlement de Paris, toutes les ſemaines.

Ils feront auſſi une liſte ou rôle, ſigné de même, de tous les *mendians* ſortis pendant la ſemaine, qui ſera une copie fidelle du regiſtre de ſortie, qu'ils enverront de même toutes les ſemaines.

S'il ſe fait quelques nouvelles découvertes au ſujet du nom, ſurnom, âge, naiſſance, domicile ou profeſſion des mendians, depuis leur détention ; après l'avoir inſcrit dans la marge à ce deſtinée, ils en feront un état particulier, avec le renvoi au *folio* du regiſtre, qu'ils ſigneront auſſi, & enverront de même au procureur-général du parlement de Paris.

Lorſqu'il ſera ſtatué quelque choſe de nouveau au ſujet des anciens *mendians* ou mendiantes, qui aura été inſcrit ſur la marge qui y eſt deſtinée, il en ſera auſſi fait un état particulier, ſigné des deux premiers adminiſtrateurs, qui ſera envoyé toutes les ſemaines au procureur-général du parlement de Paris, avec le renvoi au *folio* du regiſtre.

Il lui ſera auſſi envoyé toutes les ſemaines un rôle des engagés, en la même forme, avec le renvoi au *folio* des deux regiſtres d'entrée, & de celui des engagemens ; & il ſera envoyé de même une liſte des congés qui ſeront donnés aux engagés, afin que tous leſdits rôles ou états puiſſent être imprimés & envoyés dans les provinces.

Les officiers de maréchauſſée enverront auſſi au procureur-général du roi une liſte exacte, avec les ſignalemens de tous les *mendians* qu'ils arrêteront, & qu'ils conduiront dans les priſons.

Les officiers des bailliages, ſénéchauſſées, police & maréchauſſées, enverront pareillement au procureur général du roi une liſte, avec le ſignalement de tous ceux qu'ils auront jugés, avec copie du jugement.

Les officiers des bailliages, ſénéchauſſées, police & maréchauſſées, & les adminiſtrateurs des hôpitaux, auront une grande attention aux rôles & ſignalemens qui leur auront été envoyés.

Le rôle qui leur ſera envoyé des paſſe-ports donnés dans les hôpitaux aux *mendians* qui s'y feront préſentés pour retourner dans les provinces, ne pourra être d'aucun uſage pour arrêter ceux qui y ſeront dénommés, à moins qu'ils ne ſoient trouvés *mendians* ; auquel cas, lorſqu'ils ſeront arrêtés par les officiers de maréchauſſée ou autres, ils examineront, par la reſſemblance du ſignalement & par la repréſentation du paſſe-port, ſi c'eſt le même *mendiant* à qui le paſſe-port a été donné ; & au cas que ce ſoit le même, que ſon paſſeport ne ſoit point ſuſpect, qu'il ſoit viſé par les officiers-municipaux, qu'il ne ſoit point expiré, & que le *mendiant* ne ſoit point hors de ſa route, qu'enfin il ne mendie point avec inſolence, & qu'il n'ait pas été trouvé faiſant du déſordre, armé, contrefaiſant l'eſtropié ou le malade, ou attroupé avec d'autres en plus grand nombre que celui de quatre, non compris les enfans, il ſera relaché ſur-le-champ ; & il ne ſera arrêté que dans les cas ci-deſſus, pour leſquels il ſera conduit dans les priſons les plus proches de la capture.

Le rôle des *mendians* engagés ſervira pour arrêter tous ceux qui ſe trouveront conformes aux ſignalemens, *mendians* ou non ; & en cas qu'ils ne fuſſent porteurs d'aucuns congés de l'hôpital où ils auront été engagés, ou que les congés fuſſent ſuſpects, ils ſeront conduits dans les priſons comme ci-deſſus ; s'ils ont des congés en bonne forme, ils ſeront relâchés.

Les rôles des *mendians* ou mendiantes arrêtés & conduits dans les hôpitaux, ſoit qu'il ait été ſtatué pour leur détention pendant un tems, ou pour leur tranſlation dans les priſons, ſoit qu'ils aient été jugés à une détention ou aux galères, ne pourront être mis en uſage que pour trois objets différens.

L'un d'arrêter ceux dont le tems de la détention ou des galères ne paroîtroit pas fini, & de les conduire dans les priſons.

Le ſecond, de faire connoître aux officiers, lorſqu'ils arrêteront des *mendians*, s'ils ne l'ont pas déjà été, ce qu'ils vérifieront par des ſignalemens portés par les rôles, & par la viſite qu'ils feront pour voir s'ils ne ſont point marqués de la lettre M., afin d'en faire mention dans le procès-verbal de capture.

Le troiſième, de pouvoir examiner ſi, dans les rôles qu'on enverra, il n'y a point quelque *mendiant* qui ait été déjà arrêté par les officiers auxquels les rôles ſeront envoyés, ou qu'ils connoiſſent pour avoir été condamnés à quelque peine, ou pour avoir une conduite ſuſpecte, ou s'il y en a qui aient déjà été conduits dans les hôpitaux, afin d'en donner avis ſur-le-champ, ſoit par les officiers ou par les adminiſtrateurs de l'hôpital, au procureur-général du roi au parlement de Paris.

Le rôle de ceux auxquels on aura accordé la ſortie des hôpitaux, ſervira à en faire une note à la marge des rôles d'entrée dans les hôpitaux, à côté du nom de chaque *mendiant*, à l'effet de veiller plus exactement sur eux, s'ils sont trouvés de nouveau *mendians*.

Le rôle qu'on enverra des découvertes nouvelles qu'on pourra faire sur le sujet des *mendians*, dont on auroit envoyé déja les noms dans un rôle, servira à en faire une note sur le rôle d'entrée, à la marge de l'endroit où le nom du *mendiant* auroit été employé, pour en faire plus facilement la reconnoissance.

Le rôle de ce qui aura été statué sur lesdits *mendians* dans les hôpitaux ou dans les prisons où ils auroient été détenus, servira de même à en faire des remarques sur les rôles où leurs noms auront été la première fois employés.

Une partie de ces règlemens a été renouvellée dans le décret de l'assemblée nationale du 30 mai 1790. Son objet étoit particulièrement pour Paris, qui dans ce moment se trouvoit rempli de *mendians* arrivés de toutes les provinces du royaume & de ceux que la révolution avoit privés de leur travail ordinaire. Leur réunion donnoit de l'inquiétude, leur importunité déplaisoit aux bourgeois & l'on reçut avec un grand plaisir, un règlement dont on espéroit beaucoup de bien.

La municipalité fut chargée de son exécution, elle ouvrit quelques ateliers de travaux, qui, s'ils ne remédièrent pas entièrement à la misère populaire, offrirent au moins de quoi vivre à un grand nombre d'ouvriers.

Ces moyens de secourir les pauvres furent nécessaires pour répondre à l'objection très-forte que l'on faisoit, contre la disposition de la loi qui ordonnoit l'arrestation des *mendians* dans les rues.

Le nombre des pauvres qui mendioient diminua d'abord par l'effet de la crainte d'être arrêté, & par celui de l'activité que l'on mit à suivre cette partie de la police. Depuis, les *mendians* ont reparu quoique l'assemblée nationale ait décidé qu'une somme de quinze millions seroit répartie entre tous les départemens, pour les secours de charité.

C'est que dans un moment de misère publique & de suspension des travaux, il est impossible d'aller aux secours de tous les pauvres, ou du moins de les aider d'une manière suffisante. Le retour de la paix, de l'ordre, de l'activité du commerce & des dépenses des riches particuliers, pourra seul remédier entièrement à la misère actuelle. *Voyez* MENDICITÉ dans le *dictionnaire de l'assemblée nationale*.

Lettres patentes du roi, sur le décret de l'assemblée nationale, du 30 mai 1790, concernant les mendians dans Paris, ou dans les départemens voisins.

L'assemblée nationale informée qu'un grand nombre de mendians étrangers au royaume, abondant de toute part dans Paris, y enlèvent journellement les secours destinés aux pauvres de la capitale & du royaume, & y propagent avec danger l'exemple de la mendicité qu'elle se propose d'éteindre, a décrété le 30 mai dernier, & nous voulons & ordonnons ce qui suit :

ARTICLE PREMIER.

Indépendamment des ateliers déjà ouverts dans Paris, il en sera encore ouvert dans la ville & dans les environs, soit en travaux de terre pour les hommes, soit en filature pour les femmes & enfans, où seront reçus tous les pauvres domiciliés dans Paris, ou étrangers à la ville de Paris, mais françois.

II.

Tous les mendians & gens sans aveu, étrangers au royaume, non domiciliés à Paris depuis un an, seront tenus de demander des passe-ports, où sera indiquée la route qu'ils devront suivre pour sortir du royaume.

III.

Tout mendiant né dans le royaume, mais non domicilié à Paris depuis six mois, & qui ne voudra pas prendre d'ouvrage, sera tenu de demander un passe-port où sera indiquée la route qu'il devra suivre pour se rendre à sa municipalité.

IV.

Huit jours après la publication du présent décret, tous les pauvres valides trouvés mendiant dans Paris, ou dans les départemens voisins, seront conduits dans les maisons destinées à les recevoir, à différentes distances de la capitale, pour de-là, sur les renseignemens que donneront leurs différentes déclarations, être renvoyés hors du royaume, s'ils sont étrangers; ou s'ils sont du royaume, dans leurs départemens respectifs, après leur formation; le tout sur des passe-ports qui leur seront donnés. Il sera incessamment présenté à l'assemblée un réglement provisoire pour le meilleur régime & la meilleure police de ces maisons, où le bien-être des détenus dépendra particulièrement de leur travail.

V.

Il sera en conséquence accordé à chaque département, quand il sera formé, une somme de trente mille livres, pour être employés en travaux utiles.

VI.

La déclaration à laquelle seront soumis les mendians conduits dans ces maisons, sera faite au maire ou autre officier municipal, en présence de deux notables.

VII.

Il sera accordé trois sous par lieue à tout individu porteur d'un passe-port. Ce secours sera donné par les municipalités successivement de dix lieues en dix lieues.

Le passe-port sera visé par l'officier municipal auquel il sera présenté, & la somme qui aura été délivrée, y sera relatée.

VIII.

Tout homme qui, muni d'un passe-port, s'écartera de la route qu'il doit tenir, ou séjournera dans les lieux de son passage, sera arrêté par les gardes nationales des Municipalités, ou par les cavaliers de la maréchaussée des départemens, & conduit dans les lieux de dépôts les plus prochains; ceux-ci rendront compte sur-le-champ aux officiers-municipaux des lieux où ces hommes auront été arrêtés & conduits.

IX.

Les municipalités des départemens voisins des frontières, seront tenus de prendre les mesures & les moyens ci-dessus énoncés, pour renvoyer hors du royaume les mendians étrangers sans aveu qui s'y seroient introduits, ou tenteroient de s'y introduire.

X.

Les mendians malades, hors d'état de travailler, seront conduits dans les hôpitaux les plus prochains, pour y être traités & ensuite renvoyés, après leur guérison, dans leurs municipalités, munis de passeports convenables.

XI.

Les mendians infirmes, les femmes & enfans hors d'état de travailler, conduits dans ces hôpitaux & ces maisons de secours, seront traités pendant leur séjour avec tous les soins dûs à l'humanité souffrante.

XII.

A la tête des passe-ports délivrés soit pour l'intérieur du royaume, soit pour les pays étrangers, seront imprimés les articles du présent décret, & le signalement des mendians y sera également inscrit.

XIII.

Il sera fourni par le trésor public les sommes nécessaires pour rembourser cette dépense extraordinaire, tant aux municipalités qu'aux hôpitaux.

Instruction de la municipalité de Paris sur les lettres patentes.

L'exécution du décret du 6 de ce mois sanctionné le 13, si importante pour la capitale, ne peut manquer de donner un surcroît de travail aux comités & à la garde-nationale. Mais on peut toujours se reposer avec confiance sur le zèle & le patriotisme des citoyens, qui se sont dévoués avec tant de constance aux soins continuels qu'exige le maintien de l'ordre, de la sûreté & de la tranquillité publique. Afin que cette exécution soit conforme, la municipalité de Paris croit devoir proposer à Messieurs des comités & de la garde-nationale les règles suivantes.

1°. A dater de mardi prochain toutes personnes trouvées mendiant dans les rues, places publiques, promenades, églises, &; à plus forte raison, celles qui se permettroient d'aller mendier dans les maisons doivent être arrêtées aux termes de l'article 4 du décret.

2°. Elles doivent être conduites au comité du district le plus voisin, où il sera fait rapport par l'officier commandant la patrouille ou le détachement du poste, lequel rapport sera signé par les soldats qui l'auront accompagné.

3°. Il sera procédé sur-le-champ, à un interrogatoire sommaire des personnes arrêtées, sur leur nom, surnom, âge, lieu de leur naissance ou de leur dernier domicile, sur le temps qu'aura duré leur séjour à Paris, & le lieu de leur demeure. Et il sera fait mention si elles sont estropiées, si elles ont quelque maladie, ou infirmité apparente, ou de la déclaration qu'elles sont malades.

4°. Tous les mendians valides de l'un & de l'autre sexe nés dans le royaume, qui ne pourront justifier qu'ils demeurent à Paris depuis six mois, seront déposés à l'hôtel-de-la-Force, pour delà être envoyés dans le plus court délai possible dans les maisons indiquées par l'article IV, où ils feront la déclaration prescrite par le même article.

5°. Tous les mendians étrangers au royaume non domiciliés à Paris depuis un an, seront également déposés à l'hôtel de la force, d'où ils seront envoyés dans les maisons d'arrêt, où il sera pris les mesures prescrites par la loi, pour les faire sortir du royaume.

6°. Quant aux mendians nés dans le royaume, & demeurant à Paris depuis six mois, il leur sera fait une interpellation de déclarer, s'ils entendent ou non, prendre de l'ouvrage dans les ateliers ouverts; conformément à l'article Ier. du décret; en cas d'acceptation, leur nom, surnom, demeure & signalement sera porté sur le registre, dont il va être parlé au chapitre destiné à l'inscription des mendians de cette classe, & ils seront ensuite déposés à l'hôtel de la force, ou ils resteront jusqu'à ce qu'ils aient reçu leur billet de travail indicatif de l'atelier, dans lequel ils auront été distribués. En cas de refus, ils seront conduits à l'hôtel de la force, où ils resteront, jusqu'à ce que dans le plus bref délai possible, ils soient conduits dans les maisons indiquées par l'article IV.

7°. A l'égard des mendians qui auront déclaré être malades, ils seront visités sur-le-champ par le chirurgien du bataillon, & dans le cas d'absence de celui-ci, conduits à l'hôtel-dieu où ils seront visités, & traités si leur déclaration est véritable; & s'ils se trouvoient sains, reconduits sur-le-champ au comité du même district, qui en ordonnera, suivant les différens cas, ainsi qu'il a été prescrit ci-dessus.

8°. Les mendians infirmes, les femmes & les enfans hors d'état de travailler, les estropiés, notamment ceux qui sont affligés de difformités monstrueuses & capables d'effrayer les imaginations trop vives, seront menés directement devant messieurs les administrateurs du département des hôpitaux, qui indiqueront l'hôpital dans lequel ils devront être soignés, & leur délivreront le billet d'entrée, le tout en exécution de l'article II du décret.

9°. Afin de mettre de l'ordre dans l'exécution de ce décret, il sera tenu un registre séparé, qui sera intitulé, registre de mendicité. Ce registre sera divisé en trois parties.

La première, pour les mendians étrangers au Royaume, non domiciliés à Paris, depuis un an.

La seconde, pour les mendians nés en France, non domiciliés à Paris depuis six mois.

La troisième, divisée en deux articles distincts; le premier relatif aux mendians domiciliés à Paris depuis six mois, qui auront accepté de l'ouvrage dans les ateliers; le deuxième de ceux qui auront refusé d'en prendre.

Ce registre contiendra seulement les noms, surnoms, le jour du dépôt à l'hôtel de la force, ou de l'envoi dans les hôpitaux, avec renvoi de l'article au folio du registre des procès-verbaux.

Le bulletin pour le dépôt de l'Hôtel-de-la-Force portera en tête, mendicité, la mention du décret de l'assemblée nationale, & l'indication de l'espèce de *mendians*, suivant les divisions ci-dessus indiquées, dans cette forme; N. mendiant, *étranger au royaume, non domicilié à Paris depuis un an*: N. mendiant *françois, non domicilié à Paris depuis six mois*, N. mendiant *domicilié à Paris depuis six mois, ayant refusé de l'ouvrage*: N. mendiant *domicilié depuis six mois demandant du travail*. N. mendiant *malade, envoyé à l'Hôtel-Dieu & reçu dans cet hôpital pour y être guéri*: N. mendiant *hors d'état de travailler, envoyé au département des hôpitaux*.

Pour éviter la confusion, chaque division du registre devra être à deux colonnes, pour y distinguer les hommes & femmes.

Il sera envoyé de suite & sans interruption un double de ce bulletin au département de la police, pour qu'il puisse donner le plus promptement possible les ordres, afin, soit de faire transférer de la force dans les maisons d'arrêt & de dépôt provisoire, ceux qui seront dans ce cas, soit de faire passer aux ateliers des travaux publics, ceux auxquels il aura été délivré des billets, & qu'il puisse veiller à ce que les mendians malades soient forcés au travail, à leur sortie des hôpitaux, & toutes les lettres d'envoi au département seront timbrées *mendicité*.

C'est de l'ensemble de ces précautions, que résultera l'exécution complète du décret de l'assemblée nationale, exécution qui sera un soulagement sensible & une cause de tranquillité pour la capitale.

La municipalité ne croit pas avoir besoin d'inviter des hommes sensibles & des citoyens à apporter à l'exécution de cette loi utile, cette modération, cette douceur & ces égards qui doivent caractériser tous les actes d'une administration bienfaisante & paternelle. Que rien ne rappelle ici le mode des arrestations d'autrefois, ni leurs déplorables suites. Songeons bien que c'est la mendicité qu'il faut détruire, & non les mendians. Sans doute, la fainéantise & le libertinage, & toutes les causes de la corruption morale, & de la dégradation de l'espèce humaine, sont la source la plus ordinaire de la mendicité. Mais le malheur peut aussi réduire des hommes honnêtes, à cette triste & humiliante condition. Et, dans quel temps a-t-on pu dire avec plus de raison, que le malheureux est un être sacré, puisqu'une partie de ceux qui ont recours à la bienfaisance publique, peuvent être regardés comme d'honorables victimes d'une révolution, qui n'a pu opérer le bien général, sans exiger d'un grand nombre de particuliers de douloureux sacrifices.

Nous avons dit qu'un des utiles moyens qu'on employât à Paris pour la diminution des *mendians* & procurer des salaires aux pauvres, on y établit des atteliers de charité. Cette voie avoit été très-utilement tentée par les ADMINISTRATIONS PROVINCIALES, qui sont réunies en une aussi grande masse de pouvoirs civils & politiques que nos départemens actuels, avoient cependant tout ce qu'un corps administratif peut réunir de puissance pour faire le bien public, sans contrecarrer la marche de l'autorité souveraine, si cependant l'on en excepte le pouvoir des intendans sur elles.

Ce que les administrations provinciales firent, on l'exécuta à Paris. L'assemblée nationale rendit un décret qui fut sanctionné, & la municipalité rendit publique une instruction, pour en suivre l'exécution. Nous allons les rapporter tous les deux.

Lettres patentes du roi, sur le décret de l'assemblée nationale, du 31 août 1790, concernant les ateliers de secours à former, soit dans la ville de Paris & sa banlieue, soit dans différens départemens.

L'assemblée nationale considérant combien il importe que les ateliers publics ne soient qu'un secours accordé à ceux qui manquent véritablement de travail; que les fonds qu'on y destine soient répartis sur le plus grand nombre possible d'indigens; qu'ils ne soient préjudiciables, ni à l'agriculture, ni aux manufactures, & ne deviennent une sorte d'encouragement à l'imprévoyance & à la paresse, a décrété le 31 août dernier, & nous voulons & ordonnons ce qui suit :

ARTICLE PREMIER.

Les ateliers de secours, actuellement existans dans la ville de Paris, seront supprimés, il en sera sur-le-champ formé de nouveaux, soit dans la ville de Paris & sa banlieue, soit dans les différens départemens où des travaux auront été jugés nécessaires par les directoires.

II.

Ces ateliers seront de deux espèces.

Dans la première, les administrateurs n'admettront que des ouvriers qui travailleront à la tâche.

Dans la seconde, ils occuperont les hommes foibles, ou moins accoutumés aux travaux de terrasse, qui seront payés à la journée.

III.

La fixation du prix des travaux à la tâche ou à la journée, sera toujours inférieure au prix courant du pays pour les travaux du même genre; & sera déterminée par les corps administratifs des lieux où les ateliers seront ouverts. Les règlemens pour la police desdits ateliers seront également faits par ces mêmes corps administratifs.

IV.

Ceux des ouvriers qui contreviendront aux règlemens qui seront faits, soit pour la police des ateliers, soit pour la fixation du prix des ouvrages, seront jugés comme pour faits de police, par les officiers municipaux des lieux, & punis ainsi qu'il appartiendra; & en cas d'attroupemens séditieux, d'insubordinations ou autres faits graves, ils seront arrêtés, poursuivis dans les tribunaux ordinaires, comme perturbateurs du repos public, & punis comme tels suivant l'exigence des cas.

V.

A compter du jour de la publication des présentes, toute personne non actuellement domiciliée à Paris, ou qui n'y seroit pas née, & qui se présenteroit pour avoir de l'ouvrage, ne sera pas admise aux ateliers de secours qui seront ouverts conformément à l'article Ier.; & pour le surplus, renvoyons aux dispositions de nos lettres patentes du 13 juin 1790, sur le décret de l'assemblée nationale, du 30 mai précédent, concernant la mendicité de Paris.

Règlement en exécution desdites lettres patentes.

La municipalité de Paris, instruite des abus qui, malgré sa surveillance & celle de ses préposés, se sont introduits dans les atteliers publics; voyant avec peine que l'exécution de ses précédens règlemens a été négligée, & que la plupart des ouvriers induits en erreur par des gens mal-intentionnés se croyent dispensés de travailler, parce qu'ils regardent comme une dette ce qui n'est & ne peut être que le salaire de leur travail; considérant qu'il est de son devoir de maintenir la subordination parmi les ouvriers, l'exactitude & la vigilance parmi les chefs, & désirant faire autant qu'il est en elle, tourner au profit de la société en général la dépense excessive qu'occasionnent les ateliers, & à laquelle fournit le trésor public, *oui, & ce consentant, le procureur-syndic de la commune*, a arrêté qu'à compter du jour de la publication du présent règlement, lesdits atteliers publics seront dirigés & conduits ainsi qu'il suit :

ARTICLE PREMIER.

Les ateliers seront surveillés, conduits & dirigés par des inspecteurs-généraux, des contrôleurs, des inspecteurs, des chefs d'atteliers & des piqueurs.

II.

On n'admettra pour contrôleurs, inspecteurs, chefs

chefs & piqueurs que des personnes absolument sans emploi & qui auront fait preuve de la capacité, des connoissances & de l'expérience nécessaires pour conduire & diriger des travaux.

I I I.

Les inspections seront composées de cinq ateliers de 60 hommes, & chaque atelier sera divisé en trois brigades de 20 ouvriers.

Fonctions des inspecteurs-généraux.

I V.

Les inspecteurs-généraux seront chargés de la levée des plans, de la distribution des ateliers, du tracé des pentes, coupes & nivellemens des terrasses & généralement de tout ce qui tient à la partie d'art, conformément aux projets qui auront été arrêtés par le département des travaux publics; ils fixeront le prix des ouvrages à la tâche, & en feront le toisé d'avance.

V.

Ces inspecteurs-généraux auront le droit de faire la vérification des feuilles, de faire faire des appels devant eux, & de faire pointer ceux des inspecteurs, chefs, piqueurs & ouvriers qui y manqueroient. Ils auront attention de faire mention sur les feuilles de l'heure à laquelle ils auront fait les appels.

Fonctions des contrôleurs.

V I.

Chacun des contrôleurs sera chargé de la surveillance de cinq inspections, & fera au moins une fois par jour l'appel nominal des inspecteurs, chefs, piqueurs & ouvriers de tous les ateliers confiés à ses soins.

V I I.

Il sera tenu de noter exactement les absens, & de faire mention sur la feuille de l'heure des appels. Il visera chaque jour & arrêtera les feuilles des inspecteurs & des chefs d'ateliers, il les rassemblera, & en fera le relevé sur une seule feuille qu'il remettra journellement avec son rapport aux administrateurs du département des travaux publics, en venant prendre leurs ordres; & il exécutera ponctuellement tout ce qui lui sera prescrit par les inspecteurs-généraux.

Fonctions des Inspecteurs.

V I I I.

Les fonctions journalières des inspecteurs seront de se transporter successivement d'un atelier à l'autre, afin de s'assurer de l'assiduité des chefs, ils établiront les piquets pour les alignemens, pentes & régalemens, & ils arrêteront & régleront les parties du travail qui seront à la tâche.

Ces inspecteurs feront au moins une fois par jour, & sur les feuilles des chefs, l'appel nominal des ouvriers de leur inspection, en observant de ne point adopter d'heures fixes pour ces appels, ils auront néanmoins un registre coté & paraphé par un des administrateurs du département, sur lequel ils inscriront les noms, surnoms & signalemens des ouvriers de leur inspection par ordre d'ateliers & de brigades, afin de pouvoir vérifier s'il n'y aura pas eu de changemens ou remplacemens; ils viseront les feuilles journalières de chaque chef; ils arrêteront les rôles des semaines, recevront du commis préposé à cet effet le montant de la paye des ouvriers de leur inspection, la répartiront entre les chefs, suivant ce qui reviendra à chacun de leurs ateliers, & veilleront à ce qu'elle se fasse avec ordre & exactitude.

Les inspecteurs seront responsables des fraudes qui pourroient être commises par les chefs, & qu'il n'auroient pas dénoncées.

Fonctions des chefs d'ateliers.

I X.

Les chefs d'ateliers seront chargés de faire exécuter les ouvrages de terrasses & autres qui leur auront été tracés & distribués par leur inspecteur ou par l'inspecteur général, & de les répartir entre les trois brigades qui seront sous leurs ordres.

Ils feront quatre appels par jour sur une feuille destinée à cet effet; le premier à l'heure où devra commencer le travail, le dernier avant de quitter l'ouvrage, & les deux autres à différens tems de la journée. A chaque appel ils pointeront les ouvriers absens sur ladite feuille, qui sera toujours placée en évidence sur l'atelier, pour que les ouvriers puissent vérifier eux-mêmes les réductions de journées qu'ils auront encourues par leurs absences, & tous les soirs ils feront signer ladite feuille par les piqueurs.

Les chefs d'ateliers tiendront, comme les inspecteurs, un livre coté & parafé par le département, & sur lequel ils inscriront les noms, surnoms & signalement de leurs ouvriers; ils tiendront un état exact des brouettes, camions & outils de leur atelier, appartenans à l'administration, ils veilleront à ce que les piqueurs les fassent porter exactement le soir dans le magasin, & à ce qu'ils soient remis, le lendemain, en bon état, aux ouvriers.

Ces chefs feront, tous les samedis, le relevé des feuilles journalières, d'après lequel ils rédigeront le rôle de la paye, sur une feuille imprimée qui leur sera remise par le département des travaux-publics. Ils recevront, des mains de l'inspecteur, le montant de ladite paye, qu'ils partageront entre les piqueurs, suivant ce qui reviendra, à chaque brigade, & en retireront quittance au bas dudit rôle.

X.

Les rôles étant la preuve de ce qui est dû, par chaque semaine, aux ouvriers, ils auront le droit, pendant la semaine suivante seulement, de se rendre, à la fin de la journée, au bureau du département des travaux-publics, ou chez le caissier, pour y vérifier le payement qui leur aura été fait, & la feuille de paie de chaque semaine restera affichée sur l'atelier, le lundi suivant toute la journée.

X I.

La paye ne se fera que tous les samedis au soir, & aucun ouvrier ne pourra exiger d'acompte dans le cours de la semaine.

Fonctions des piqueurs.

X I I.

Les piqueurs seront choisis parmi ceux des ouvriers qui auront montré le plus de sagesse, d'intelligence & d'activité, & qui sauront lire & écrire; ils seront tenus de travailler, comme les autres ouvriers, de les former à l'ouvrage, & de veiller à ce qu'ils l'exécutent, conformément aux ordres qu'ils auront reçus des chefs; il entretiendront l'activité de leur brigade, rendront compte, sur-le-champ, des absences, & noteront les ouvriers fainéans; ils auront soin de faire reporter, tous les jours, par les ouvriers, les outils, brouettes & camions, aux magasins, & ils en rendront compte au chef. Il leur sera accordé une haute paye d'un quart en sus du prix de la journée, & telle autre gratification qui sera arbitrée, à la fin de chaque mois, en raison de leur travail & de leur bonne conduite.

Devoirs des ouvriers.

X I I I.

On n'admettra, dans les ateliers-publics, que des ouvriers qui auront au moins l'âge de dix-huit ans; ils seront tenus de se présenter au commissaire de leur section, pour se faire inscrire & signaler sur un registre qui sera tenu, à cet effet; & sur l'extrait qui en sera envoyé au département des travaux publics, il sera délivré des billets d'admission qui seront adressés au commissaire, pour être remis par lui aux ouvriers qu'il aura inscrits, &, delà, se rendre à l'atelier qui lui sera indiqué pour y travailler, soit à la tâche, soit à la journée, suivant qu'il aura été jugé convenable par les administrateurs du département des travaux publics, à quoi il sera tenu de se conformer.

X I V.

Tous les ouvriers seront obligés de se munir des outils nécessaires, comme bêches, pelles, pioches, tournées, &, dans le cas où ils n'auroient pas le moyen de s'en procurer, il leur en sera fourni, & on leur fera, par semaine, une retenue proportionnée à la valeur de l'outil.

X V.

Ils seront tenus de se rendre, sur les ateliers, aux heures fixées pour les ouvriers des bâtimens, & d'exécuter, avec exactitude & docilité, les ordres qui leur seront donnés par les chefs & piqueurs. Ils travailleront, avec assiduité & convenablement, sans pouvoir s'absenter, sous peine d'être pointés. Ils le seront également, quoique présens aux appels, lorsque, ayant discontinué leur travail, ils ne l'auroient pas repris après le premier avertissement.

X V I.

Il leur est expressément défendu de passer, sous quelque prétexte que ce soit, & sans permission, d'un atelier sur un autre, de jouer aux cartes, au petit palet, blanque & tous autres jeux, de divaguer au-dehors, notamment dans les terres ensemencées, vignes ou autres héritages, sous peine d'être pointés d'une demie journée, & d'être renvoyés, en cas de récidive.

X V I I.

Ils présenteront, à la fin de chaque journée, leurs brouettes & camions au piqueur, & les déposeront dans les magasins indiqués. Ils porteront respect & obéissance aux piqueurs, chefs, inspecteurs, contrôleurs & inspecteurs-généraux.

Appels.

X V I I I.

Dans le cas où les inspecteurs, chefs & piqueurs, s'absenteroient, de manière à négliger leurs devoirs & la surveillance de leurs ateliers, ils seront pointés par le contrôleur, l'inspecteur-général ou telle autre personne ayant qualité, & il leur sera fait, sur leurs appointemens, une retenue proportionnée à leur absence, &, en cas de récidive, ils seront révoqués.

X I X.

Lorsque les inspecteurs-généraux, contrôleurs, inspecteurs & chefs, auront remarqué, dans quelques-uns de leurs subordonnés, de l'inconduite, de la négligence, de l'infidélité ou quelques autres défauts qui pourroient faire naître des désordres & exciter des troubles dans les ateliers; ils en prévíendront, sur-le-champ, l'administration, pour la mettre à portée d'en arrêter les suites. Ils indiqueront ceux des ouvriers & préposés qui, par leurs bonnes qualités, pourroient être susceptibles d'avancement.

XX.

Tous les chefs piqueurs & ouvriers, seront tenus de répondre aux appels qui pourront leur être faits par les inspecteurs-généraux, les contrôleurs & toutes autres personnes en ayant le droit, lesquelles auront attention de faire ces appels par brigade, afin de ne déranger que vingt ouvriers à la fois.

XXI.

Les ouvriers qui refuseroient d'obéir à leurs chefs, ou de se soumettre aux dispositions du présent réglement, seront, pour la première fois, & d'après l'ordre du département des travaux publics, envoyés dans les ateliers de correction où ils seront tenus de rester un tems proportionné à la gravité de la faute qu'ils auront commise; &, en cas de récidive, renvoyés à toujours.

XXII.

Il sera établi, en conséquence, des ateliers, sous la dénomination d'*ateliers de correction*, où le prix des journées sera moindre d'un quart que celui ordinaire, & ne sera délivré, à chaque ouvrier, qu'autant qu'il aura rempli, chaque jour, la tâche qui lui aura été imposée.

XXIII.

Quant à ceux des ouvriers qui mériteroient une punition plus grave, par la nature des fautes qu'ils auroient commises, telles que voyes de faits envers leurs supérieurs ou tous autres, qui insulteroient les Passans, qui auroient suscité ou fomenté des émeutes, ils seront arrêtés à la réquisition des piqueurs, chefs ou inspecteurs, & conduits par la garde-nationale, à laquelle il sera enjoint de prêter main-forte, par-devant les commissaires de la section la plus voisine, pour être jugés & punis, comme perturbateurs du repos public, suivant la rigueur des ordonnances.

La municipalité invite M. le commandant-général & MM. les commissaires de sections, à tenir la main à l'exécution du présent réglement, à prêter main-forte sur la demande des inspecteurs, contrôleurs & autres préposés pour faire punir les contrevenans.

Fait & donné à l'hôtel-de-ville, le 24 septembre 1790.

Signé, *Bailly*, maire; *M. L. F. Duport & Cellerier*, lieutenans-de-maire; *Plaisant*, conseiller administrateur.

Boulemer, procureur-syndic de la commune.

MESSAGERIE. s. f. On donne ce nom à des voitures publiques dont l'objet est de transporter les voyageurs & des effets, en partant à des jours fixes & suivant une route déterminée.

Le régime des *messageries* auquel a été par suite réuni celui des postes aux chevaux & aux lettres, a éprouvé une foule de changemens, ensorte que les ordonnances qui règlent le prix des places, la forme du service ont varié souvent deux fois pendant un an.

Pour justifier cette observation nous rapporterons quelques détails sur l'origine & les anciens règlemens des *messageries*; & nous terminerons cet article par un recueil de soins de police relatifs aux *messageries*, qu'il est utile aux officiers de police de connoître.

Nous observerons avant, que depuis la révolution il s'est fait de grands changemens dans le régime intérieur des *messageries*; qu'elles ne jouissent plus du privilège exclusif de transporter les voyageurs, & qu'une foule de petits établissemens particuliers partagent cet avantage avec elles.

Ce fut sous le règne de Charles IX que l'usage des coches ou premiers carosses s'introduisit dans Paris. Ce fut aussi dans le même tems que quelques particuliers en firent faire pour les louer à ceux qui voudroient s'en servir dans les voyages: ces loueurs de coches prenoient des commissions du roi, pour n'être point inquiétés sur les routes par les *messagers* ni par les *maîtres des postes*. Il ne leur en falloit point d'avantage pour faire ce petit négoce; mais ils ne demeurèrent pas long-tems en cet état; car on voit dans les lettres patentes du 10 octobre 1575, que Henri III révoqua toutes les commissions qu'il avoit octroyées pour mener coches, & qu'il permit à Antoine Philibert de cardaillac, sieur de Capelle, sénechal de Quercy, de commettre telles personnes qu'il jugeroit à propos pour la conduite des coches de Paris, Orléans, Troyes, Rouen & Beauvais: on ne sait point l'usage qu'il fit de cette concession; mais il est constant qu'en 1580, la dame de Fontaines eût la propriété, par engagement, de tous les coches & carosses publics, par contrat du 8 juillet de la même année. Les établissemens qu'elle fit jusqu'en 1587, ne furent pas nombreux; il n'y en eût que deux, l'un pour Rouen, & l'autre pour Orléans; le fait est assuré par une ordonnance de police, du premier décembre de la même année, où il est dit que les nommés Etienne Loyer, Pierre Bourgeois, & leurs associés, fermiers de tous les coches publics du Royaume, avoient présenté requête au roi, pour l'augmentation du prix des places de leurs coches, à cause de la disette des fourrages; & que cette requête fut renvoyée au prévôt de Paris, pour leur être fait droit. Le magistrat après avoir pris l'avis de notables bourgeois, & du consentement du procureur du roi, régla le prix des places de la manière qui suit : « Ordonnons que d'aujourd'hui » jusqu'à la Saint-Remi prochain, qu'il est permis » & permettons auxdits Loyer, Bourgeois & à leurs » associés, de prendre pour la conduite de chacune » personne de Paris à Orléans, & d'Orléans à » Paris, la somme de soixante-quinze sols tour- » nois; & de Paris à Rouen, & de Rouen à Paris, » la somme de soixante & dix sols tournois, sauf » auxdits Loyer, Bourgeois & leurs associés, où » ladite crue ne seroit suffisante pour la cherté » du tems, se pourvoir pour le rabais & diminu- » tion de leur ferme, ainsi qu'ils verront bon être, » & enjoignons auxdits Loyer & Bourgeois rappor- » ter la présente permission, après le jour de la » Saint-Remi passé, & leurs faisons défenses de » s'en aider, à peine de concussion ». Or l'augmentation demandée par des gens qui avoient la ferme de tous les coches du royaume, a dû être accordée pour tous les établissemens qu'ils faisoient valoir; & le prévôt de Paris, n'ayant désigné dans son ordonnance, que les coches de Paris à Rouen & à Orléans, avec retour, il est naturel de penser que les fermiers n'en avoient point encore établi ailleurs; néanmoins il fut commis un contrôleur, pour avoir inspection sur ces *voitures*; mais il ne demeura pas long-tems en place, parce qu'en 1594, Henri-le-Grand créa par édit du mois d'avril, l'office de commissaire général & surintendant des coches publics, du royaume, dont le nommé Pierre Thireul fut pourvu.

Le parlement n'ordonna l'enregistrement de cet édit, qu'après des lettres de jussion du 21 septembre suivant : son arrêt du 12 mai 1595, porte que » tant le commissaire que fermier des coches, ne » prendront qu'un écu un quart pour tous droits de » ceux qui iront de Paris ès villes d'Orléans, Rouen, » Amiens, & à cette raison pour la *voiture* ès au- » tres villes plus ou moins éloignées; & que ledit » commissaire sera tenu de se trouver deux fois le » mois & plus souvent, si besoin est, à la police, & » faire rapport des abus qui se pourroient à l'avenir » commettre à la conduite & entretènement desdits » coches. »

Cette sujétion dégoûta le commissaire général des coches, & le détermina à traiter de son office avec la dame de Fontaines, qui en fit l'acquisition, tant pour augmenter ses droits, que pour empêcher ses fermiers d'être inquiétés dans leurs exercices; mais eux-mêmes entreprirent de troubler les messagers de l'université dans leurs fonctions, & s'immiscerent de porter les lettres & paquets du public : cette entreprise donna lieu à une instance par-devant le prévôt de Paris, dont la sentence du 18 décembre 1599, confirmée par arrêt du parlement du 22 mai 1601, conserva les messagers dans la possession & jouissance de leurs charges, avec défenses aux fermiers des coches de Paris à Rouen, & à tous autres, de les troubler, prendre ni recevoir aucunes lettres, sacs ou procès, sur peine de cinquante écus d'amende.

La dame de Fontaines ne négligea rien pour augmenter les carrosses publics dans le royaume; il y en eut successivement sur les grandes routes & sur celles de traverse : mais à mesure que ces établissemens se multiplierent, elle trouva aussi plus d'embarras à les soutenir, tant de la part de ceux qui vouloient s'introduire dans le même exercice, qu'à cause de la difficulté qu'il y avoit de faire observer également le bon ordre par tous ses fermiers, ce qui l'obligea de demander au parlement une nouvelle confirmation de son droit, & un réglement qui fixât la conduite de ses fermiers dans le service qu'ils devoient au public, aussi bien que la taxe des places que payeroient ceux qui se serviroient de ses *voitures*. La dame de Fontaines obtint un réglement le 25 février 1623, qui ordonne qu'elle jouira par engagement des coches & carrosses publics, suivant le contrat du 8 juillet 1580.

Une ordonnance du Roi, du 4 février 1786, a fait un réglement sur la police qui doit être observée sur les routes par les postillons de *poste*, les rouliers, charretiers & autres voituriers.

Sa majesté ayant été informée par le sieur duc de Polignac, directeur général des *postes* aux chevaux, relais & messageries de France, que plusieurs maîtres de *poste* se plaignent des violences & voies de fait, que différens charretiers, rouliers ou autres conducteurs de *voitures*, exercent journellement sur les postillons, lorsque ceux-ci veulent exiger qu'ils leur cédent le pavé; que souvent même lesdits postillons en sont attendus & maltraités au retour; qu'il résulte du refus de faire place à la *poste*, divers accidens pour les chevaux des maîtres de *poste*, & un retard préjudiciable à la célérité d'un service qui mérite une entière protection, & jugeant à propos d'y pourvoir; sa majesté a ordonné & ordonne que tous rouliers, charretiers, voituriers & autres, seront tenus de céder le pavé & de faire place à tous courriers & voyageurs allant en poste : leur fait sa majesté expresses inhibitions & défenses de troubler à l'avenir, en quelque sorte & manière que ce puisse être, lesdits maîtres de *poste* & postillons dans leur service sur les routes, comme aussi d'exercer à l'avenir aucunes voies de fait, violences & mauvais traitemens, à peine de trente livres d'amende payable sur-le-champ, & applicable un tiers aux pauvres du lieu de l'établissement de poste, & les deux autres tiers au profit des cavaliers de maréchaussée qui auront été employés à constater la contravention, & arrêter le contrevenant, même de punition corporelle, si le cas y échoit. Pour ne laisser aux charretiers & voituriers aucun prétexte qui puisse les mettre dans le cas de causer le moindre accident, il leur est défendu, sous les mêmes peines, de quitter leurs chevaux, & de marcher derrière leur *voiture*; si plusieurs voituriers se suivoient, il devra toujours s'en trouver un pour marcher à la tête de la première *voiture*; défendant également sa majesté à tous postillons d'user, en cas de résistance de la part des voituriers, d'aucunes voies de fait ni de menaces, de les frapper pour faire ranger les *voitures* qui s'opposeroient à leur passage, & voulant qu'ils se bornent à porter leurs plaintes contre ceux qui auroient refusé de leur faire place après en avoir été avertis : enjoint sa majesté aux prévôts des maréchaussées, leurs lieutenans ou autres leurs officiers, dans l'étendue de leurs départemens, de recevoir les plaintes qui leur seront portées par lesdits maîtres de *poste* & postillons, contre lesdits rouliers, charretiers, voituriers & tous autres, pour raison desdits troubles, voies de fait, violences & mauvais traitemens, même de leur prêter main forte au besoin, sur la réquisition qui leur en sera faite, tant pour prévenir lesdits accidens, que pour arrêter les contrevenans, & assurer le service public. Mande & ordonne sa majesté à tous gouverneurs, lieutenans-généraux en ses provinces, gouverneurs particuliers & commandans de ses places, intendans & commissaires départis èsdites provinces, d'y tenir la main, chacun en droit soi, & de donner les ordres nécessaires pour l'exécution, renvoyant aux intendans des provinces la connoissance & le jugement sommaire, s'il y a lieu, de toutes les contestations relatives aux dispositions de la présente ordonnance, réservant celle des crimes & délits aux tribunaux auxquels il appartient d'en connoître : & sera la présente ordonnance lue, publiée & affichée par-tout où besoin sera, à ce que personne n'en ignore.

Voyez dans le *dictionnaire de l'assemblée nationale* les articles MESSAGERIES, POSTES, COCHES.

Détails instructifs sur les messageries.

Les entrepôts établis autour de Paris correspondent à toutes les routes du royaume, d'où les marchandises, expédiées en passe-de-bout, sont transportées à leur destination avec la plus grande célérité.

Au moyen de ces entrepôts, on évite les droits de commission, de réexpédition, & magasinage; on évite encore quantité de frais en tous genres que l'usage sembloit avoir établis.

Les négocians peuvent donc remettre toutes marchandises en passe-de-bout dans les bureaux des *messageries* en province, avec des adresses directes, ou avec les marques d'usage dans le commerce, & une seconde adresse à M. le directeur des entrepôts des *messageries*; savoir, à Saint-mandé, à la croix de Bernis, à la Villette, à Saint-Denis, à Saint-Germain-en-Laye, à Versailles.

Pour le transport de l'un desdits entrepôts à un autre, on ne paie qu'un simple droit de six deniers par livre pesant de tous les objets, & trente sols par cent de ceux pour lesquels il y a composition convenue.

Les directeurs des *messageries* sont autorisés à faire des compositions pour les gros envois par les *voitures* à journées réglées, lesquelles seront suivies jusqu'au lieu de destination des marchandises.

Gibier & volailles.

Les particuliers auxquels on envoie des volailles, du gibier, & autres choses sujettes à corruption, qui ne peuvent être transportées faute d'adresse, ou par l'inexactitude d'icelles, seront tenus de les venir ou envoyer chercher au bureau, dans huit jours après l'arrivée d'iceux; sinon permis au préposé de jetter lesdites denrées, en cas qu'elles soient corrompues ou gâtées, desquelles il sera & demeurera déchargé. Tarif du 7 août 1775.

Précautions pour l'envoi des volailles.

Pour éviter les inconvéniens qui arrivent souvent dans l'envoi des volailles, du gibier, & d'autres comestibles, que l'on fait à Paris, faute d'avoir pris les précautions nécessaires, le public doit avoir l'attention de les faire mettre dans des paniers ou boîtes bien conditionnés de fournir une déclaration signée, qui contiendra les noms, qualités & demeures des personnes auxquelles il fait des envois, la quantité de pièces & leur nature, & de mettre deux adresses bien lisibles, l'une sur les paniers ou boîtes, & l'autre en dedans, afin de faciliter la remise des articles, dans le cas où celles mises en dehors seroient perdues ou effacées. Les particuliers privilégiés sont priés de faire suivre exactement leurs envois d'un certificat dans la forme usitée, pour éviter les retards que leurs articles pourroient éprouver à la douane.

Les directeurs des bureaux de *messageries* doivent tenir la main à ce que les précautions ci-dessus prescrites soient scrupuleusement suivies, & faire payer le port des comestibles sujets à corruption, par les envoyeurs.

Formalités à remplir, & précautions à prendre pour l'envoi & l'emballage des paquets & marchandises.

Les effets, hardes & marchandises doivent être

remis au bureau la veille des départs, avant cinq heures du soir, faute de quoi ils ne partiroient que par la *voiture* suivante.

Les marchandises grossières doivent être emballées de serpillière, paille & cordages, faute de ce, il ne sera pas tenu compte des dommages que pourroient souffrir ces marchandises. Tarif du 7 août 1775.

Le public doit avoir la plus grande attention de donner aux directeurs ou contrôleurs des bureaux de départs, les noms, surnoms, qualités & demeures des personnes auxquelles il fait des envois; comme aussi de faire peser & porter sur les registres tous les articles d'un poids au-dessous de dix livres, pour être taxés conformément au tarif annexé à l'arrêt du conseil du 7 août 1775.

On doit aussi avoir l'attention d'écrire lisiblement & en gros caractère les adresses, & de les attacher sûrement.

Pour faciliter d'autant plus les expéditions des provinces & éviter les retards, il a été ordonné que les sous-fermiers de la ferme générale des *messageries*, dans les villes où elle a des bureaux établis, tiendront leurs bureaux dans le même endroit. Règlement du 4 juin 1785.

Il est absolument nécessaire d'envoyer une déclaration de ce que contiennent les malles, caisses portemanteaux, paquets & ballots, pour les villes frontières & villes où il y a douane; à l'égard des marchandises & autres effets pour la Flandre autrichienne, il faut y joindre une autre déclaration du poids des effets de soie ou de laine, & de leur valeur en argent de France, lesquelles déclarations seront signées par les envoyeurs.

Effets non-réclamés.

L'arrêt du conseil d'état du roi, du 30 septembre 1775, porte: « les effets contenus dans les paquets, balles & ballots, qui ne seront pas réclamés, ainsi que ceux qui par la suite resteront, faute de réclamations, dans les bureaux de *messageries* seront vendus au profit de sa majesté, ainsi qu'il est prescrit par différentes lettres-patentes du 13 août 1716, après le délai de deux ans, à compter du jour de l'arrivée desdits paquets, balles & ballots dans les bureaux de *messageries* ».

Port de l'or & de l'argent.

On paye quarante sols par mille livres depuis une lieue jusqu'à vingt.

On ne paye que vingt sols pour cinq cents livres & au-dessous, jusqu'à vingt lieues.

L'arrêt du conseil d'état, du 30 septembre 1783, ordonne, conformément & en exécution des arrêts concernant les priviléges accordés au fermier-général des *messageries*, qu'il ne sera fait aucun transport d'espèces d'or ou d'argent, de Paris dans les provinces & des provinces à Paris, & de province à province, que par la voie des *messageries* royales, en payant le prix de la *voiture* suivant le tarif.

Le préambule de l'arrêt du 20 mai 1785 fait mention de ces mêmes privilèges; & l'article 6 de l'arrêt du 7 août 1775, fait aussi très expresses défenses aux rouliers, coquetiers & autres de se charger d'aucune matière d'or & d'argent, sous peine de cinq cents livres d'amende, & de confiscation des chevaux & *voitures*. Ordonnance confirmative du 6 mai 1786.

Par arrêt du conseil d'état, du 22 octobre 1785, sa majesté, en confirmant ceux précédemment rendus, qui accordent aux fermiers-généraux des *messageries* le transport exclusif des matières d'or & d'argent, veut & ordonne que les deniers destinés à son service, ceux de ses receveurs-généraux des finances, & même ceux de la guerre, continuent à être voiturés par lesdites *messageries*; en conséquence, réitère sa majesté les défenses faites à tous rouliers & autres voituriers de se charger d'aucune matière d'or ou d'argent, sous les peines portées contr'eux par les arrêts rendus sur cette matière, & notamment par celui du 7 août 1775, & autres subséquens. Entend sa majesté que les fermiers-généraux des *messageries* se conforment aux tarifs fixés par les différens arrêts & réglemens, les autorise néanmoins à composer avec les différens trésoriers de la guerre dans les cas ordinaires & extraordinaires, & à passer des traités avec eux; dérogeant à cet égard, & pour les trésoriers-généraux de la guerre, & leurs commis dans les provinces seulement, à l'arrêt du conseil du 30 septembre 1780.

Précautions pour les envois d'argent.

Les sommes au-dessus de six mille livres doivent être mises dans des caisses qui seront emballées avec paille & serpillère, & cordées; il est nécessaire que ces caisses soient de forme plate, afin que les sacs ne puissent jouer.

L'arrêt du conseil d'état, du 8 février 1683, exige que ceux qui feront des envois d'or & d'argent monnoyés, seront tenus d'en faire la vérification & compte, en présence du fermier, ses commis & préposés, & en faire charger le registre dans les bureaux où lesdites sommes seront déposées, autrement le fermier ni ses commis n'en seront aucunement responsables.

Défenses de mettre de l'argent dans les valises, malles, sans déclaration.

L'arrêt du conseil d'état, du 20 novembre 1759, rendu en faveur du fermier des diligences de Lyon, déboute le sieur Carrié de sa demande en restitution de la somme de quatre cents cinquante livres pour droit de *voiture* de la somme de quatre-vingt-neuf mille neuf cent quatre livres en trois mille sept cent quarante-six louis d'or mis dans une valise sans déclaration.

Port des étoffes précieuses.

Le port des dentelles, étoffes d'or & d'argent, bijoux, pierreries & autres choses précieuses, est payé sur le pied fixe pour le port de l'or & de l'argent monnoyés; & ce d'après l'estimation desdits effets, que ceux qui en font les envois sont tenus d'inscrire ou de faire inscrire sur les registres du préposé.

Précautions pour l'emballage des étoffes précieuses.

Les choses précieuses, comme brocards d'or & d'argent, guipures, rubans, dentelles & autres semblables, doivent être mises dans des caisses couvertes de toile cirée, & non de toile grasse, avec un emballage au-dessus; faute de ce, il ne sera pas tenu compte des dommages que pourroient souffrir les marchandises. Tarif du 7 août 1775.

L'arrêt du conseil, du 8 février 1683, contient les mêmes dispositions.

Déclaration des étoffes précieuses.

L'arrêt du parlement de Paris, du 12 juillet 1758, en confirmant celui rendu le 11 janvier précédent, enjoint de faire déclaration des espèces d'or & d'argent, dentelles fines, bijoux, pierreries, & autres choses précieuses, qui seront voiturées dans des caisses, malles ou autrement; & dans le cas où il n'auroit pas été fait de déclaration, ou que lesdites déclarations seroient fausses, autorise les fermiers des diligences à percevoir le double du tarif.

Port des papiers.

Le tarif annexé à l'arrêt du conseil, du 7 août 1775, fixe le port des paquets de papiers à un sol par livre pour dix lieues. Tous paquets au-dessous de dix livres, payent comme s'ils pesoient dix livres.

On ne se charge pas de paquets de papiers au-dessous du poids de deux livres, excepté les papiers de procédures & exécutoires, dont la ferme générale des *messageries* a seule le droit exclusif du transport. On fait des compositions pour les transports des papiers.

Transport & remise des paquets & ballots, &c. dans les différens quartiers de Paris.

Par ordonnance de M. le Lieutenant-général de police, du 17 avril 1784, le prix du transport & remise des paquets, ballots, &c. est fixé; savoir:

Pour chaque article du poids d'une livre à dix livres, cinq sols.

Pour chaque article du poids de dix livres à cinquante livres, huit sols.

Pour chaque article du poids de cinquante livres à cent livres, douze sols.

Pour chaque article du poids de cent livres à cent cinquante livres, quinze sols.

Tout article de plus fort poids paye par cinquante livres, cinq sols en-sus du prix déterminé pour cent cinquante livres.

Le transport des espèces est fixé à cinq sols pour deux mille livres & au-dessous, & lorsque les envois sont de plus fortes sommes, il est dû deux sols pour chaque sac de douze cents livres.

Chaque facteur doit avoir un registre coté & paraphé, sur lequel sont portées les sommes qu'on doit payer pour le port des paquets & les droits de la ferme générale, & en tête des registres il y a l'extrait de l'ordonnance ci-dessus mentionnée: tout excédant donné aux facteurs n'est qu'affaire de générosité.

En cas d'infidélité, la personne qui auroit à se plaindre, voudra bien en donner avis à l'administration des *messageries*. Ce n'est que par la connoissance des abus qu'elle peut parvenir à les réprimer.

Effets perdus.

Les effets perdus seront remboursés, conformément à la déclaration faite sur le registre; en cas de fausse déclaration de la part de ceux qui feront les envois, il sera perçu le double droit fixé par l'arrêt du 7 août 1775. Ceux qui ne feront point, sur le registre, la déclaration du contenu dans les valises, coffres, malles & autres, fermant à clef, ne pourront demander pour la valeur des choses qui seront dans lesdites valises ou coffres non-déclarés, plus que la somme de cent cinquante livres, lorsqu'elles seront perdues, en affirmant par ceux qui les réclameront, qu'elles valoient la somme de cent cinquante livres. Tarif du 7 août 1775.

DROIT DE PERMISSION.

Extrait du tarif annexé à l'arrêt du conseil du 7 août 1775.

Pour aller à six lieues & au-delà de la ville de Paris seulement, même dans tous les endroits en-deçà desdites six lieues pour lesquelles il y a des *voitures publiques*, & à l'égard des autres villes du royaume, à quelques distances que ce soit desdites villes, dès qu'il y aura des *voitures publiques* établies, & que le service desdites routes sera fait régulièrement, soit par ladite administration, soit par les fermiers particuliers auxquels l'exploitation desdites routes pourra être affermée, les loueurs de chevaux & carosses ne pourront en fournir à des particuliers, sans avoir préalablement obtenu la permission du bureau du lieu de leur départ, ou du lieu le plus prochain, & sera payé pour les droits de permission, le tiers des droits fixés pour chaque place dans les diligences.

Seront tenus, les loueurs de chevaux, de représenter, toutes les fois & quand ils en seront requis par les administrateurs & leurs préposés, lesdites permissions, tant en allant qu'en revenant, & ne pourront faire des ventes simulées; le tout sous peine de confiscation des chevaux & équipages; & de cinq cents livres d'amende.

PERMISSIONS.

Arrêt du conseil d'état du roi, du 20 mai 1785.

Cet arrêt en ordonnant l'exécution des édits, arrêts & réglemens, qui accordent aux *messageries* le transport exclusif des voyageurs, veut que tous les négocians & marchands forains, sans exception, faisant usage des *voitures publiques*, se servent de celles des *messageries*, & que, dans le cas où ils préféreroient de se servir des *voitures* de rouliers, ils se munissent d'une permission de la ferme des *messageries*, à peine de cinq cents livres d'amende contre les contrevenans, & de la saisie & confiscation des chevaux & *voitures*, au profit de ladite ferme.

Les sous-fermiers des pataches n'ont le droit que de conduire des mariniers, soldats, dragons, cavaliers, pionniers & compagnons avec leurs effets; & si d'autres personnes que celles désignées ci-dessus veulent se servir de leurs *voitures*, ils sont tenus de prendre des permissions des préposés des fermiers des *messageries*, à peine de cent cinquante livres d'amende & de confiscation des chevaux & pataches, ainsi qu'il est porté par les réglemens, & notamment par les ordonnances des 15 décembre 1785 & 4 mai 1787.

BUREAU DES PERMISSIONS.

Hôtel royal des messageries.

Il n'y a que ce seul bureau à Paris où l'on délivre des permissions aux loueurs de chevaux, & à tous autres voyageurs, tant sur les routes exploitées par la ferme générale des *messageries*, que sur celles par elle sous-fermées.

Recouvrement sur les provinces.

La ferme générale des *messageries*, pour procurer plus de facilités au commerce, se charge de faire recevoir dans toutes les villes où elle a des établissemens, le montant des effets, sans exiger aucun droit que celui du port de l'argent; & en cas de refus de payement, de faire faire le protêt seulement.

Précis des arrêts & réglemens sur le fait des messageries, & des réglemens particuliers concernant les conducteurs & cochers.

Librairie.

Il est défendu aux directeurs, sous-fermiers des *messageries*, & à tous rouliers, &c. tant par eau que par terre, de délivrer aucuns ballots ou balles de librairie ou estampes à quelques personnes que ce soit, & à qui que ce soit de les recevoir, sans un certificat de la chambre syndicale, revêtu du vu bon à expédier de l'inspecteur, à peine de mille livres d'amende. Réglement du conseil.

Conduite des enfans à Paris.

Il est défendu, sous peine de mille livres d'amende, aux directeurs & sous-fermiers des *messageries*, tant par eau que par terre, d'amener à Paris aucuns enfans, qu'ils n'ayent écrit les noms, surnoms & demeures de ceux qui les auront chargés sur les lieux, & l'adresse de ceux entre les mains desquels ils devront les remettre. Arrêt du parlement de Paris, du 8 février 1663.

Sous-fermiers.

Il est expressément défendu aux sous-fermiers des messageries de recevoir & admettre à leur service aucuns postillons, garçons d'écurie, ou autres domestiques, qu'ils n'aient justifié par des certificats en bonne forme, des causes & raisons de leur sortie de chez les maîtres de *poste*. Arrêts & règlemens des *postes* & *messageries*.

Conducteurs, cochers & postillons.

Les conducteurs & cochers ne peuvent se charger d'aucunes marchandises, malles, ballots, paquets, &c. qu'autant qu'ils seront inscrits sur la feuille du départ : autrement l'administration des *messageries* n'en répond pas.

Il leur est pareillement défendu de se charger en route d'aucuns effets, valises, sacs de nuit & paquets des voyageurs, sans les enregistrer.

Ils ne doivent jamais quitter leur *voiture*, sans quelque prétexte que ce soit, ni se placer dans l'intérieur des diligences, ni manger à la table des voyageurs, à moins qu'ils n'y soient par eux invités & d'une voix unanime.

Il leur est enjoint de faire aller au pas leur *voiture* dans les rues de Paris, & dans celles de toutes les villes de province.

Ils doivent s'arrêter à tous les bureaux de douannes de leur route, pour la visite de leur *voiture* être faite en présence du directeur des *messageries* du lieu.

Il leur est défendu de se charger d'aucun article de contrebande, sous peine d'en répondre personnellement, & d'être renvoyés en cas de récidive.

Maîtres de poste.

Il est défendu aux maîtres de *poste* d'aller à journées réglées, ni autrement qu'au train de *poste*, à peine de cinq cents livres d'amende.

Arrêts des premier mars 1700, premier janvier 1708, premier mai 1714, premier février & 26 mai 1719.

Ce dernier arrêt maintient les fermiers des *messageries* dans le droit & faculté de fournir exclusivement à tous autres, les carrosses & chaises roulantes, caleches & autres, avec les chevaux nécessaires.

Couriers des malles.

Il est très-expressément défendu aux couriers des malles, de transporter des voyageurs, paquets, hardes, marchandises, or & argent, sous les peines portées par les ordonnances & arrêts du conseil des 6 avril 1669, 18 juin 1681, 21 octobre 1682, & notamment par l'arrêt du 7 août 1775.

Ils ne peuvent non plus avoir aucuns facteurs ni entrepôts de marchandises. Arrêts du conseil des 18 juin 1681, 12 septembre 1724, 24 janvier 1784.

Par l'arrêt du conseil du 18 juin 1681, il est fait défenses à tous marchands & autres particuliers de remettre aux couriers des malles aucunes marchandises, or & argent, ni toutes autres choses, pour quelque occasion que ce soit, à peine de trois cents livres d'amende, & de confiscation des marchandises.

Défenses d'insulter les employés des messageries.

Il est expressément défendu d'insulter & troubler les directeurs, contrôleurs & autres commis des *messageries*, directement ni indirectement, dans l'exercice de leurs fonctions ; & d'injurier & maltraiter les conducteurs, cochers & postillons pendant leur service, à peine d'amende & de punition corporelle, en cas de récidive.

Déclaration du roi, du 27 juin, arrêts du conseil & ordonnances des 7 septembre 1720, 29 avril 1761, 16 avril 1777 & 21 avril 1779.

Désordres commis dans les auberges des messageries.

Il est défendu à tous voyageurs de commettre aucun désordre ni d'user d'aucune voie de fait dans les auberges des *messageries*, à peine de désobéissance, & d'autres plus grandes peines, le cas échéant. Ordonnance du roi, du 29 décembre 1733.

Aubergistes.

Il est enjoint aux aubergistes des routes, de recevoir les *voitures* & chevaux saisis, & aux officiers de maréchaussée de prêter main-forte lorsqu'ils en seront réquis par les commis & préposés des *messageries*. Règlement du 20 novembre 1748.

Loueurs de chevaux.

Il est défendu à tous loueurs de chevaux du royaume, à peine de cinq cents livres d'amende, de donner des chevaux quittes, & d'en fournir par bidets ni correspondance de ville en ville, d'avoir aucun bureau de renvoi, ni de se servir d'autre inscription que celle de loueurs de chevaux. Arrêts du conseil des 10 janvier 1722 & 28 avril 1725.

Les fermiers-généraux des *messageries* ont le droit exclusif de fournir des chevaux quittes & par correspondance dans tout le royaume. Ce droit leur a été concédé par différens édits, arrêts, lettres-patentes, & particulièrement confirmé par l'arrêt du 10 juin 1722, par celui contradictoirement rendu le 28 avril 1725, & subséquent.

L'ordonnance du roi, du 28 août 1779, fait défenses expresses aux loueurs de chevaux, hôteliers & autres particuliers, de fournir des chevaux pour aller le train de *poste*, soit à cheval, soit en chaises ou dans d'autres équipages, avec des gens pour les guider ou pour ramener les chevaux, mais seulement pour aller le pas ou le trot, sans guides,

& sans qu'ils puissent avoir aucuns relais ni postillons, & après avoir préalablement pris au bureau des *messageries*, un permis, & en avoir acquitté les droits, conformément aux arrêts des 7 août 1775 & 30 janvier 1777, à peine de confiscation des chevaux, harnois, équipages, & de trois cents livres d'amende.

L'édit de mai 1597, lettres patentes du 2 septembre 1607 & 18 octobre 1616, l'arrêt du conseil du 18 août 1681, le jugement souverain du 22 août 1716, l'arrêt du 26 mai 1719, & l'ordonnance du 28 juin 1733, portent les mêmes défenses.

L'arrêt du conseil d'état privé du roi, du 27 juin 1741, en confirmant celui du 26 mai 1719, maintient les fermiers des *messageries* dans le privilége exclusif à tous autres, de fournir des *voitures publiques*, & fait défenses à tous loueurs de chevaux, de chaises, & à tous voituriers & autres, d'entreprendre sur ledit privilége, & même sur les fonctions desdits fermiers.

Cet arrêt ordonne en outre, qu'en aucun cas, les loueurs de chevaux & chaises ne pourront fournir de chevaux & chaises aux voyageurs sur les routes desdits fermiers, sans permission par écrit, à peine de cent livres d'amende & de confiscation, &c.

Rouliers & voituriers.

Il est défendu à tous voituriers & autres, de conduire au-dedans du royaume aucuns étrangers, aucunes personnes de leur suite, leurs hardes, bagages & équipages, sans permission expresse du fermier-général des *messageries*, à peine de dix mille livres d'amende, de punition exemplaire, & de confiscation des chevaux & équipages, & de tous dépens, dommages & intérêts. Arrêt du conseil, du 23 janvier 1742.

Roulage.

Les rouliers sont tenus de faire le roulage par eux-mêmes, ou par leurs valets & domestiques.

Ils doivent avoir des *voitures* & chevaux à eux appartenans en propre : il leur est défendu d'avoir des relais.

Ils ne peuvent porter ni conduire aucunes personnes sur leurs chevaux, *voitures* & mulets ; ni se charger d'aucuns ballots au-dessous du poids de cinquante livres, ni en composer un de plusieurs paquets appartenans à différens particuliers, ni d'aucune espèce d'or ou d'argent.

Lorsqu'ils manquent de chevaux, ils sont tenus d'en prendre de louage dans les lieux où leurs chevaux auront manqué, ou d'en emprunter s'ils n'en trouvent point de louage, le tout à peine de cinq cents livres d'amende par chaque contravention, & de confiscation des chevaux, harnois, *voitures*, &c. Arrêts des 24 janvier 1684, 30 mai 1730, & 7 août 1775.

Tous rouliers, charretiers, voituriers & autres, sont tenus d'avoir des plaques à leurs *voitures* ; ils doivent céder le pavé, & faire place aux *voitures* des *messageries* ; il leur est défendu de quitter leurs chevaux, & de marcher derrière leur *voiture* ; & si plusieurs *voitures* se suivent, il doit toujours s'en trouver une pour marcher à la tête de la première ; il leur est également défendu de maltraiter aucuns conducteurs ou cochers desdites *voitures publiques*, à peine d'emprisonnement & de trente livres d'amende, même de punition corporelle, si le cas y échet. Ordonnances des 30 septembre 1744 & 4 février 1786.

Visites des voitures.

Il est défendu aux commis de l'adjudicataire des fermes, de saisir les *voitures* des *messageries*, & les chevaux qui les conduisent, ni d'arrêter, sous aucun prétexte, le service public.

Ils ne peuvent saisir que les marchandises trouvées en contravention, dont ils doivent payer le port aux fermiers des *messageries*. Arrêt de la cour des aides, du 31 août 1786.

Contraventions principales.

Les contraventions principales sont, lorsque les carrosses, berlines ou chaises, & les chevaux appartiennent à un loueur ; lorsque les chevaux appartiennent seulement à un loueur, quoique la *voiture* appartienne aux voyageurs ; lorsque les voituriers & rouliers conduisent des personnes sur leurs charrettes lorsqu'il y a sur lesdites charrettes des paquets du poids de cinquante livres, ou qu'il en est formé d'un poids plus considérable par l'assemblage de plusieurs : enfin, lorsque les voituriers & rouliers se chargent d'or & d'argent monnoyés & en matière.

Par jugement souverain de la commission établie sur le fait des *postes* & *messageries*, du 17 décembre 1779, il est défendu à toutes personnes de louer & fournir pour les routes & lieux où il y a des diligences & autres *voitures* établies, aucuns chevaux d'atelage ou de trait, ni aucunes chaises, cabriolets, ou autres *voitures*, sans la permission par écrit du fermier-général, ou de ses préposés, à peine de confiscation des chevaux & *voitures*, & de cinq cents livres d'amende.

Causes & contestations relatives aux messageries.

Toutes les causes & contestations entre les fermiers ou entrepreneurs des *messageries*, leurs procureurs, commis ou préposés, concernant l'exercice des droits résultans de leurs baux, circonstances & dépendances ; & entre les marchands, voituiers, rouliers, loueurs de chevaux, voyageurs, & tous autres, doivent être portées par-devant M. le lieutenant-général de police de la ville de Paris, & par-devant MM. les commissaires départis dans les provinces & généralités du royaume, chacun en ce qui les concerne, pour être par eux jugées en première instance, & leurs jugemens exécutés par provision, nonobstant & sans préjudice de l'appel au conseil, qui doit être porté par-devant MM. les commissaires députés par sa majesté pour le fait des *postes* & *messageries*.

C'est ce qui est ordonné par divers édits, déclarations, lettres-patentes, & arrêts du conseil d'état du roi, entr'autres par ceux des 5 juillet 1683, 2 décembre 1704, 4 juin 1775, 16 avril 1777, & 10 septembre 1784.

Privilèges & exemptions.

L'arrêt du conseil d'état, du 5 juin 1678, art. III, porte : « que les fermiers & commis jouiront de l'exemption du logement des gens de guerre, de la collecte des deniers royaux, du guet & de la garde des portes, de tutelle, de curatelle, &c. »

L'article II de l'ordonnance du mois de juillet 1681, « permet aux fermiers & sous-fermiers, aux commis ayant la direction générale de leurs fermes ou départemens, commis à la recette, ensemble aux commis aux exercices, ayant serment en justice, de porter épées & autres armes ; les déclare exempts de curatelle, de tutelle, de collecte, de logemens de gens de guerre, de corvées & de milice ; défend aux officiers des élections & greniers à sel, habitans des villes & paroisses, asseseurs & collecteurs, de les comprendre dans leurs rôles, en cas qu'ils n'aient point été imposés avant leurs fermes & commissions, ni d'augmenter l'imposition qui a été faite de leurs personnes auparavant ; le tout, sinon à proportion des immeubles qu'ils auront acquis depuis, ou en cas de trafic ».

Les déclarations des 27 juin 1716 & premier août 1721, sont absolument conformes à ces dispositions ; & par l'article IV de l'arrêt du conseil d'état, du 7 août 1775, sa majesté a confirmé ces mêmes privilèges & exemptions, en ordonnant que l'article XI du titre commun, pour toutes les fermes, de l'ordonnance de 1681, sera exécuté selon sa forme & teneur.

L'article XII de l'arrêt du conseil, du 17 août 1776, porte : « les privilèges accordés aux directeurs, receveurs, inspecteurs, contrôleurs & autres commis des *messageries*, auront également lieu en faveur des sous-fermiers, leurs commis & préposés, dans toute l'étendue du royaume ».

Et l'article VIII de l'arrêt du 20 octobre 1782, porte : « que lesdits directeurs & autres préposés par le fermier général des *messageries*, continueront de jouir des exemptions & privilèges accordés par les ordonnances & règlemens aux employés des fermes & domaines de sa majesté ; à l'effet de quoi ledit fermier sera tenu de faire viser les commissions qu'il délivrera à ses préposés par le sieur intendant-général des *postes* ».

MEUNIER, s. m. celui dont l'état est de moudre le grain & de le réduire en farine.

Dans les temps ordinaires on peut, sans danger, se reposer sur l'amour du gain pour croire que les *meûniers* ne négligeront rien pour faire le plus de farine qui leur sera possible.

Mais dans les momens de disette il est très-nécessaire de surveiller cette sorte de service, & d'empêcher que des spéculations ou d'autres motifs ne fassent languir les approvisionnemens & n'augmentent les embarras de la disette.

Dans les premiers mois de la révolution, les officiers municipaux de Paris ont été obligés de se donner ce soin & de s'assurer que le service des farines ne souffriroit point de la part des *meûniers*.

Les statuts de la communauté des boulangers de 1785 porte, article 18 : que les syndics seront pareillement autorisés à aller chez les *meûniers* de la banlieue, pour veiller à ce qu'il ne se commette aucun abus dans la mouture des grains, même de ceux employés par les brasseurs, visiter leurs fléaux, balances & poids, que lesdits *meûniers* seront tenus d'avoir bien étalonnés, & se faire représenter le registre que chaque *meûnier* est tenu d'avoir pour inscrire les noms des boulangers qui lui envoient du grain, le jour de l'envoi, la quantité de grain qu'il recevra, & celle de la farine qu'il rendra. Ils feront pareillement assigner les contrevenans à la chambre de police, pour y être statué ce qu'il appartiendra.

MILITAIRE, s. m. On dit un *militaire* pour désigner en général un homme attaché à la profession des armes.

Nous n'avons à considérer ici les *militaires*, & principalement les soldats, que dans leur rapport avec la police des villes, & les moyens que l'on a mis en usage pour empêcher qu'ils n'en altèrent la tranquillité.

Les mœurs relâchées & l'habitude de la violence rendroient les soldats, très-dangereux, sur-tout dans les grandes villes, telles que Lyon, Paris, Bordeaux, si une police active & sévère ne les tenoit point dans les règles du devoir & de la décence.

Du défaut de police parmi les *militaires* à Paris, on vit naître autrefois, & l'on a vu se reproduire pendant la première année de la révolution, les plus grands excès, des scandales publics, des meurtres & tous les désordres de la plus grossière licence.

A l'instant où l'ancienne police de Paris fut détruite, tous les genres de mauvais sujets, de bandits se trouvèrent à l'aise, & les rues furent infestées la nuit de soldats déserteurs ou recrues dont l'insolence & la brutalité s'accroissoient avec l'impunité dont ils jouissoient par le défaut d'autorité publique.

J'étois alors à l'administration ; & la police des *militaires* à Paris se trouva précisément être une des parties dont j'étois chargé par ma place. Je fus bientôt instruit des suites affreuses qu'entraînoit la licence des soldats, des malheurs qui en naissoient & de la désertion que cet état de choses encourageoit.

Je crus qu'il convenoit pour faire cesser ce désordre d'assujettir les *militaires* à des règles de police qui les continssent dans le devoir & missent la puissance publique à même de punir ceux, qui par une conduite séditieuse ou coupable, s'écarteroient des loix qu'on leur auroit prescrites.

Je ne pensai point déroger à mes principes de respect pour la liberté des personnes en adoptant ces moyens, comme administrateur de police. Les soldats sont des hommes qui ont renoncé pour un temps, & par un acte positif à la disposition de leur personne ; ils ont consenti à obéir aux divers règlemens de police nécessaires pour maintenir la discipline dans la troupe, & empêcher qu'absens de leur corps, ils ne commettent des délits contre le repos & la tranquillité du bourgeois. En établissant donc des règlemens particuliers de police pour les *militaires*, je ne violois point les principes & j'assurois l'ordre public.

Je me fis rendre compte en détail des moyens que l'ancienne police employoit pour maintenir la discipline des recrues, soldats en semestres & recruteurs à Paris. Je trouvai qu'à un très-petit nombre près de précautions exagérées ou réprouvées par les principes de liberté, tout ce qu'on pratiquoit à cet égard étoit parfaitement dans les règles de la justice & de l'ordre public.

Le lieutenant de police avoit, comme aujourd'hui, le maire & le corps municipal, la sur-intendance générale de la police ; c'étoit à lui qu'un officier particulier sous le nom d'inspecteur de police étoit chargé de faire son rapport de tous les évènemens importans qui arrivoient dans la police *militaire* à Paris ; il signoit les ordres de prison & de liberté sur le rapport que lui faisoit l'inspecteur ; des délits plus ou moins graves des soldats arrêtés dans les rues ou les cabarets à des heures indues.

Les fonctions de cet officier de police s'étendoient à une foule de détails & de soin qui en rendoit le service extrêmement utile ; voici à-peu-près en quoi il consistoit.

1°. L'inspecteur de police chargé de la partie *militaire* étoit chargé de faire exécuter les ordonnances du roi, des 27 mars 1760 & 15 novembre 1778, concernant les recrues qui se font à Paris. Les officiers, bas-officiers, soldats, cavaliers & dragons qui ont commission d'y faire des recrues, ne peuvent recevoir aucun engagement, sans être revêtus de l'uniforme de leur régiment, & connus de l'officier de Police, par un enregistrement en son bureau ; le recruteur y doit donner son nom, sa qualité. Lorsqu'un homme a été engagé, le recruteur doit le conduire devant l'officier de police, qui reçoit sa ratification, fait enregistrer en son bureau son engagement, & ensuite le fait passer à M. le lieutenant de police, pour être par lui visé. L'homme engagé signe aussi sur une feuille imprimée, qui reste dans les bureaux de l'officier de police ; les recruteurs ne peuvent faire partir les hommes engagés sans cette formalité, à peine de nullité des engagemens.

Le nombre des hommes engagés à Paris étoit ordinairement de six à sept mille par an.

2°. L'officier de police tenoit également la main à l'exécution des ordonnances du roi, des 3 janvier 1753 & 28 avril 1778, concernant les soldats, cavaliers & dragons, absens sur des congés limités de leur régiment, qui sont tenus de se faire enregistrer chez l'officier de police, & d'y déclarer leurs noms, celui de leur régiment, ainsi que leur demeure, & d'y déposer leur congé jusqu'à leur départ, à peine d'être emprisonnés pour autant de jours qu'ils auroient différé de remplir cette obligation.

Il étoit donné à chacun des soldats, cavaliers & dragons, un avis imprimé, dans lequel il est dit que, conformément aux ordres de M. le lieutenant-général de police, il leur est défendu de vaguer dans les rues de Paris, ni se trouver dans aucuns cabarets ou lieux publics après neuf heures du soir, à peine d'être arrêtés & conduits en prison.

Il venoit ordinairement par an à Paris trois mille soldats par congés, qui étoient enregistrés chez l'officier de police.

3°. L'officier de police veilloit à l'exécution de l'ordonnance du Roi, du 17 avril 1772, concernant tous les soldats & bas-officiers invalides, pensionnés ou qui ont obtenu une recompense militaire, qui font leur résidence à Paris & dans ses fauxbourgs. Ces soldats pensionnés étoient obligés de se présenter chez l'officier de police, pour y être enregistrés, & y déclarer leur nom, leur âge & leur demeure. L'existence du pensionné doit être constatée par l'officier de police, pour toucher sa pension.

4°. L'officier de police, pour prévenir les désordres que peuvent commettre les bas-officiers, soldats, cavaliers & dragons étant à Paris par congés ou en recrues, faisoit des patrouilles de nuit trois ou quatre fois par semaine, accompagné d'un commissaire & d'un sergent du régiment des Gardes-Françoises ou Suisses; ces patrouilles avoient pour objet de visiter les guinguettes des environs de Paris, les cabarets & mauvais lieux de cette ville, & d'y faire arrêter tous les soldats en contravention, pour assurer aux citoyens la tranquillité.

5°. L'officier de police devoit encore veiller avec soin à ce que tous les soldats, cavaliers & dragons, partent à l'expiration de leur congé; il lui est adressé des différens régimens qui ont des soldats à Paris, les signalemens de ceux qui n'ont pas joint, ainsi que ceux des déserteurs.

6°. Toutes les demandes au ministre de la guerre, relatives aux *militaires*, faites par des particuliers résidans à Paris, qui sont très-nombreuses; les contestations concernant les recrues qui se font à Paris, les plaintes faites contre des *militaires*, étoient renvoyées à l'officier de police chargé de cette partie, pour prendre des informations, entendre les parties, & en rendre compte à M. le lieutenant-général de police.

7°. L'officier de police assembloit tous les deux mois en l'hôtel de la police, tous les officiers, bas-officiers, soldats, cavaliers & dragons chargés de faire des recrues à Paris, pour y être passés en revue par M. le lieutenant-général de police, suivant l'article 14 de l'ordonnance du roi, du 15 novembre 1778, concernant les recrues; ils y sont appellés par l'officier de police.

Cette discipline militaire fut suspendue par l'effet de la révolution, & les désordres dont nous avons parlé en naquirent & obligèrent à la rétablir avec quelques modifications.

Quoique l'on conservât l'ancien officier de police chargé de cette partie, M. Sommeillier, chevalier de St. Louis, ce ne fut plus comme inspecteur de police qu'il en fit les fonctions, on lui donna le titre & le brevet de lieutenant à la suite de l'état major de la garde nationale parisienne, en vertu du règlement arrêté dans l'assemblée générale des représentans de la commune le 9 janvier 1790. Voici un extrait de ce règlement tel qu'il est suivi dans ce moment pour le service de la police militaire à Paris. Voyez aussi ENGAGEMENT.

Le lieutenant à la suite de l'état major créé par le règlement tiendra registre de tous les sémestriers à Paris, déserteurs, fauteurs de désertions, des prisonniers qui, dans d'autres prisons que celle de la garde-nationale, seroient détenus pour discipline militaire; le tout sous l'inspection du conseiller-administrateur ayant ce département.

Il sera employé, sous la direction du conseiller administrateur, ayant la police militaire, principalement à la recherche & poursuite des soldats déserteurs de toute arme, à la surveillance des soldats en semestre, & de leur conduite: il recevra la ratification des engagemens de tous les hommes de recrue des troupes du roi; & enverra, le jour même, leurs noms & signalemens au quartier-maître-général de la garde-nationale, lequel lui donnera également communication des engagemens des soldats-nationaux, qui seront présentés audit lieutenant, pour être assuré qu'ils n'ont contracté aucun autre engagement.

Ledit lieutenant veillera spécialement à ce que les recrues se conforment aux règlemens qui les concernent: il demeurera autorisé à faire arrêter tout homme engagé qui y contreviendra, de quelqu'arme qu'il soit; mais il ne pourra être constitué prisonnier qu'autant que la détention aura été prononcée par le pouvoir civil: en conséquence, toutes les fois que ledit lieutenant fera arrêter, ou que la garde arrêtera officier, bas-officier, soldat & recrue ou en semestre, ils seront conduits au district le plus voisin; &, de-là, déposé à l'hôtel de la Force, s'il y a lieu. Le procès-verbal sera envoyé au conseiller-administrateur au département, qui, d'après l'interrogatoire, prononcera la détention ou l'élargissement; &, dans le cas où l'homme arrêté seroit reconnu déserteur, il sera livré au prévôt général de la maréchaussée de l'isle de France, qui, seul alors, a le droit d'en connoître.

Le lieutenant sera obligé de faire, de tems en tems, des visites, après la retraite battue, dans les cabarets, guinguettes & autres lieux ouverts au public. Il sera accompagné, dans ces visites, d'un commissaire de district, d'un sergent de la garde nationale, & de la quantité d'hommes qui, d'après ses propres exposés, sera jugée nécessaire par l'état-major général. Les aubergistes & cabaretiers qui retiendront des soldats, une heure après la retraite, seront, d'après le procès-verbal qui sera envoyé au conseiller administrateur, assignés au tribunal de police, pour se voir condamner à l'amende encourue.

Lorsque ledit lieutenant fera arrêter, soit des déserteurs, soit des soldats semestriers en retard de rejoindre, ou qui se seroient portés à quelque désordre, il en adressera les rapports, tant au département de la police, qu'à M. le commandant-général; une autre copie sera également envoyée au prévôt général de la maréchaussée de l'Isle de France, afin qu'il puisse interroger ceux qui seroient détenus pour désertion, ainsi que leurs fauteurs, à cet égard, aux dispositions des ordonnances & règlemens relatifs à chacun des corps auxquels les uns & les autres appartiendront; & il suivra la correspondance qui lui sera prescrite par les instructions qu'il aura reçues.

Le conseiller-administrateur, ayant la police militaire dans sa division, visitera, chaque jour, es soldats envoyés à l'hôtel de la Force, à l'effet de prononcer la détention ou l'élargissement des soldats qui ne seront pas déserteurs, ceux-ci devant être abandonnés à la justice du prévôt général de la maréchaussée de l'Isle de France.

Les soldats en semestre seront tenus, comme par le passé, de déposer leurs cartouches, entre les mains du lieutenant qui leur délivrera un certificat; & , à l'expiration de leur semestre, leur rendra leurs cartouches, visées dans la forme ordinaire.

Les officiers & bas-officiers détachés en recrue à Paris, continueront de se faire enregistrer, sur un livre qui sera tenu par le lieutenant, signé du conseiller administrateur ayant le département de police militaire.

Tous les officiers & soldats en recrue ou en semestre dans la ville de Paris, seront assujettis à porter constamment l'uniforme de leurs corps respectifs.

Signé, *Bailly*, maire; *Duport du Tertre*, lieutenant de maire; *Peuchet*, conseiller administrateur.

Extrait du procès-verbal du 9 janvier 1790, séance du matin.

Le comité des rapports a fait lecture à l'assemblée, d'un règlement concernant la police militaire des recrues & des soldats de toutes armes, en sémestre dans la ville de Paris.

Ce règlement, concerté entre M. le maire, M. le commandant-général, l'état-major, le comité militaire & le département de police, a été présenté comme absolument nécessaire pour maintenir la tranquillité publique.

Lecture faite de ce règlement, il a été approuvé provisoirement; & il a été arrêté qu'il seroit imprimé & envoyé aux différens districts.

Signé, *Vermeil*, président; *Moreau*, *Mulot*, chancelier de Saint-Victor; *Cellier*, *Guillot de Blancheville*, *Bertolio*, secrétaires.

MIROITIER, s. m. On désigne sous ce nom le fabricant & marchand de glaces & miroirs, ainsi que les lunettiers & faiseurs de verres d'optique.

Venise a été long-tems seule en possession de fournir des glaces à toute l'Europe. Ce fût M. Colbert qui vint à bout d'établir en France une manufacture de glaces, en rappellant & intéressant les ouvriers françois, qui travailloient en grand nombre dans cette république. Ce ministre accorda, en 1665, un privilège aux entrepreneurs; mais on ne connoissoit alors que les glaces soufflées; les grandes glaces, ou les glaces coulées, ne furent imaginées qu'en 1688. La nouvelle compagnie, qui se forma pour cette dernière fabrique, demanda un privilège exclusif. On établit d'abord les ateliers à Paris; on les transfera ensuite à Saint-Gobin, où ils sont encore présentement.

Il s'éleva, entre ces deux compagnies, plusieurs contestations sur l'étendue de leur privilège, qui ne pûrent être terminées que par leur réunion.

L'établissement, que les privilégiés ont à la Tour-la-ville, s'occupe uniquement des glaces soufflées; celui de Saint-Gobin, des glaces coulées & soufflées. Les glaces sortent brutes de ces manufactures: c'est à Paris que s'en fait l'apprêt, qui consiste dans le *douci*, le *poli* & l'étamure.

Les compagnies des glaces du grand & petit volume, établies par les lettres-patentes de Louis XIV, prétendirent, avant & après leur réunion, être en droit de mettre leurs glaces en blanc, à quiconque voudroit en acheter; mais elles furent déboutées de leurs prétentions par arrêt, en forme de réglement, que les maîtres *miroitiers* obtinrent le 31 décembre 1716.

Par cet arret, il est défendu à la compagnie des glaces, & à ses commis, sous peine de quinze cents livres d'amende & d'être révoqués de leur commission, de vendre à d'autres, qu'à des *miroitiers*, les glaces de leur fabriques, ni de les faire mettre au tain, à l'exception de celles destinées pour les maisons royales de sa majesté, ou pour être envoyées à l'étranger.

Les *miroitiers* de Paris composent une communauté d'autant plus considérable, qu'elle a été grossie, en divers tems, par l'union de deux autres communautés, de celle de bimblotiers, (ou marchands & fabricans de joujoux d'enfans), avant le règne d'Henri III., & de celle des doreurs sur cuir, vers le milieu du règne de Louis XIV.

Les statuts des bimblotiers furent confondus avec ceux de *miroitiers*-lunettiers, lors de leur rénouvellement & de leur confirmation par lettres-patentes de Henri III, du mois d'août 1581; mais ceux des doreurs sur cuir, qui leur avoient été donnés en 1594, subsistent toujours; & ils servent conjointement avec ceux des *miroitiers*-lunettiers-bimblotiers pour la police de cette triple-communauté; à la réserve que le nombre de huit jurés est réduit à quatre, qui se choisissent également entre les maîtres des communautés réunies.

Les statuts des *miroitires*, du mois d'août 1581, consistent en 24 articles, partie concernant la *miroiterie* & lunetterie, & partie la bimbloterie.

Il y a quatre jurés, dont l'élection de deux se fait tous les ans, ensorte qu'ils restent chacun deux années en charge. Ce sont eux qui gouvernent la communauté, donnent le chef-d'œuvre, &c.

L'apprentissage est de cinq années entières, après lesquelles l'apprenti peut demander chef-d'œuvre, suivant la partie du métier qu'il a choisie & apprise.

Les veuves ont droit de tenir boutique ouverte, & d'y faire travailler par des compagnons & apprentis.

Par l'édit du 11 août 1776, la communauté des *miroitiers* a été unie à celle des tapissiers & fripiers en meubles; leurs droits de réception furent fixés à six cents livres. *Voyez* COMMUNAUTÉ, ART.

MODE. s. f. Manière de vivre & de s'habiller, adoptée par les habitans aisés d'une ville ou d'un pays. La *mode* diffère de l'usage en ce que la première est mobile & tient au goût & au caprice, & que l'autre est souvent l'effet du besoin ou de l'habitude. L'usage dépend aussi plutôt des mœurs que la *mode*, car quoique celle-ci paroisse d'abord être la cause ou le signe d'une corruption morale, il n'en est pas moins vrai qu'elle n'est qu'une nuance particulière du caractère national & le résultat du génie particulier des habitans d'une ville ou d'un pays.

L'habitude qu'on s'est faite de ne voir de bonnes mœurs que par-tout où s'en trouvent de sévères, a porté plusieurs moralistes à regarder le goût des *modes*, c'est-à-dire, des habillemens & des parures que le changement ou la nouveauté rendent intéressans, comme une des plus malheureuses causes de la corruption des mœurs; ils ont confondu avec le plaisir que trouve une femme à se parer dans le goût moderne, les désordres qui peuvent naître d'une prodigalité excessive. Comme si l'on ne pouvoit point ruiner aussi bien une maison par d'autres dépenses que par celles des *modes*, & comme si ces dernières étoient de nature à s'élever à des sommes disproportionnées aux facultés de chacune des classes de la société, qui veut suivre la *mode*.

Il est prouvé au contraire que depuis que l'art d'embellir les femmes par la parure s'est perfectionné, les grandes dépenses sont devenues plus rares, & n'ont aucune proportion avec celles des diamans & des dorures de l'ancien temps.

La parure est une chose innocente & louable en elle-même; elle ajoute à la somme des jouissances & aux charmes de la beauté, elle annonce dans un peuple des mœurs douces & paisibles; & encore une fois, les mœurs douces & paisibles sont préférables à toutes autres, puisqu'enfin la société n'a de prix que par les agrémens & la paix qu'on y trouve.

C'est une pédanterie d'enfant que de chercher de la corruption de mœurs dans l'art d'embellir un chapeau de gaze ou de fleurs, dans celui de rendre sensible les belles formes d'une femme par la coupe & le dessin des robes; dans le goût pour des *modes* dont l'effet est de flatter l'imagination & de multiplier en quelque sorte la beauté.

Il est difficile de trouver quelqu'objet plus séduisant, plus agréable à voir, qu'une jeune femme parée, non de lourds ornemens qui la défigurent, mais de vêtemens frais & légers, qui dessine son corps; de fleurs qui embellissent sa tête & d'ajustemens qui l'habillent en même-temps qu'ils ajoutent à ses graces.

Sûrement une nation adonnée à un pareil luxe n'est point une nation aussi corrompue que celle qui ne connoîtroit que privations & rigueurs; que celle chez qui les mœurs intolérantes & dures, tiendroient en quelque sorte les hommes dans un éternel temps de pénitence.

Nous ne répéterons point les prétendues inculpations faites aux marchandes de *modes* d'avoir corrompu les mœurs, nous ne nous occuperons pas même à les refuter. Mal-à-propos a-t-on voulu s'étayer de la religion qui prêche la modestie, pour trouver dans ce genre d'industrie, un motif de blâme. La religion est amie des hommes, & si elle reprouve le meurtre, le parjure & l'infamie, elle fait pardonner à nos foiblesses quand elles n'ont d'objet qu'un plaisir innocent. *Voyez* CORRUPTION *des mœurs*.

On a fait un autre reproche aux marchandes de *modes*; on a dit que leurs magasins, leurs boutiques étoient des écoles de libertinage, & que la jeunesse y contractoit le goût du plaisir & de la coquetterie. Il est très-sûr que la plupart des jeunes ouvrières en *modes*, à Paris sur-tout, sont plus ou moins libres dans leur conduite, & que sachant bien se mettre & d'ailleurs assez ordinairement jolies, elles se livrent de bonne-heure aux habitudes de l'amour; qu'elles ont presque toutes des liaisons de galanterie avec des jeunes gens & qu'un grand nombre d'elles sont même ce qu'on appelle entretenues.

Mais cette inconduite est plutôt l'effet des mœurs d'une grande ville, des erreurs de la civilisation que celui d'un art exclusivement occupé des agremens de la parure. Il n'y a pas moins de libertinage parmi les femmes des marchés, que parmi les ouvrières en mode, seulement il est plus grossier & moins agréable.

Ainsi donc, tout considéré, l'on ne doit pas plus se facher contre les marchandes de *modes* que contre tout autre état, on doit même leur savoir quelque gré d'avoir trouvé moyen de parer la beauté & de flatter les yeux par une multitude d'ajustemens simples & ingénieux.

Après ces remarques rapides sur les marchandes de *modes*, nous parlerons des principaux réglemens qui gouvernoient ci-devant leur communauté; renvoyant à l'économie politique l'examen des avantages que l'industrie nationale retire du goût & de la perfection des *modes* en France.

Par l'article premier de leurs statuts, les marchandes de modes doivent jouir du droit exclusif, sauf les exceptions portées en l'article VII, d'entreprendre, façonner, garnir, enjoliver, vendre & débiter toutes sortes d'ouvrages en *modes*, & ajustemens de femmes, tels que bonnets, chapeaux, autres que ceux de feutre, palatines, fichus, mantelets, mantilles, manchettes, pelisses, ceintures, & autres ajustemens de *mode* de pareille nature; de faire & façonner toutes sortes de garnitures de robes & de dominos, à l'exception de celles qui se font sur le petit métier par le fabricant agréministe, qu'elles ont néanmoins le droit d'appliquer concurremment avec les maîtresses couturieres, & de celles qui se font avec la même étoffe que la robe & le domino, qui ne doivent être faites & appliquées que par les seules maîtresses couturières, même avec les bordures d'agrémens assortis à l'étoffe. Les marchandes de *modes* ont également le droit de faire & vendre des cravates de taffetas, des nœuds d'épée, des sacs à ouvrage, de garnir, d'enjoliver & vendre des corbeilles de mariage & de baptême, & enfin de tenir & vendre concuremment avec les maîtres boursiers, des bourses à cheveux, sans pouvoir néanmoins les faire ni façonner.

Par l'article II, les marchandes de *modes* jouissent pareillement du droit exclusif de fabriquer, enjoliver, teindre, colorer & vendre toutes sortes de plumes, plumets, panaches, bouquets, palatines, manchons & paremens de robes de plumes, & généralement tout ce qui concerne la profession de plumassier.

Par l'article III, les marchandes de *modes* ont le droit de faire, fabriquer, teindre & colorer les fleurs artificielles imitant la nature, destinées à former des bouquets, guirlandes, garnitures de robes & autres parures; comme aussi celles destinées à former des décorations de tables, d'appartemens, de fêtes & de spectacles, appartiennent exclusivement aux dites marchandes de *modes*; à l'effet de quoi elles peuvent seules se servir pour tous ces ouvrages, de toutes sortes d'emporte-pièces, gauffroirs unis & gravés, presses, balanciers, & autres outils destinés auxdits ouvrages, ou qui pourront être inventés par la suite, sans néanmoins préjudicier au droit qu'ont les rubaniers, passementiers, agréministes, de fabriquer des agrémens, pompons & autres ouvrages en forme de fleurs, de festons & de guirlandes, faits au petit métier, ou avec le canon, la brochette & l'aiguille.

Elles jouissent pareillement du droit exclusif de fabriquer toutes sortes de décorations de tables, comme berceaux, arbres, plantes, & autres ouvrages imitant la nature, avec les ornemens accessoires, tels que la représentation des temples, portiques, vases, corbeilles & autres, à l'exception toutefois de ceux qui se font en sucre, dont la fabrication appartient à l'épicier-confiseur. Il leur est également permis de vendre des plateaux de tables qu'elles auront ornés avec leurs ouvrages, & ce concuremment avec les communautés qui ont le droit de faire lesdits plateaux, & sans qu'elles puissent les fabriquer, ni sans que les membres des autres communautés puissent s'immiscer dans la fabrication des fleurs & autres ornemens.

Par l'article IV, il leur est pareillement permis de broder en or, argent, soie, fil & cordonnet, tous les ouvrages de *mode*, dont la fabrication & la vente leur sont permis, & ce concuremment avec les maîtres brodeurs, sans qu'elles puissent néanmoins faire ni entreprendre aucunes broderies d'habits ou autres ouvrages étrangers à leur profession.

Par l'article V, les marchandes de *modes* ont la faculté de tenir en pièces dans leurs boutiques ou magasins, & de vendre à l'aune & en détail seulement les marchandises nécessaires à leurs ouvrages; savoir, toutes espèces de taffetas & mantelets, taffetas doubles & simples de Florence, satins à pelisses, gazes, rubans, dentelles noires, crêpes & blondes, à la charge néanmoins par elles de ne pouvoir tirer ces marchandises des fabriques du dehors, & de les tenir directement des marchands ou fabricans de Paris, ayant-droit d'en faire le commerce. Elles peuvent pareillement tenir chez elles les batistes, toiles & autres étoffes nécessaires pour la fabrication des fleurs, sans néanmoins qu'elles puissent vendre ni débiter ces marchandises avant d'être employées, soit en gros, soit en détail.

Par l'article huitième, défenses sont faites à tous particuliers, marchands & autres, même aux maîtresses de la communauté, de colporter & faire colporter dans les rues & promenades publiques, ainsi que dans les maisons, des marchandises dépendantes du commerce des marchandes de *modes*, pour les y annoncer & les y vendre, & ce sous les peines de confiscation des ouvrages & marchandises, de tels dommages-intérêts qu'il appartiendra, & de cent livres d'amende.

Les autres articles des statuts des marchandes de *modes* ressemblent à peu de choses près à ceux des autres communautés; ainsi voyez ART, COMMUNAUTÉ, JURANDE.

MŒURS, s. f. pl. On entend par ce mot les habitudes qui naissent des besoins, des erreurs, des passions & des qualités particulieres des hommes ou des peuples.

Considerées dans les individus, les *mœurs* sont privées; considérées dans la généralité des habitans d'un pays, elles sont publiques, & ces dernières constituent la morale publique d'un état, quand par le laps de tems elles ont modifié l'opinion publique &

& qu'elles sont devenues la règle des jugemens des actions.

L'on a beaucoup écrit sur la corruption des *mœurs* & les moyens de l'empêcher ; on a débité sur cet objet des maximes auxquelles on ne croit pas, que l'on est bien éloigné de pratiquer, & que l'on défend dans la société avec un zèle hypocrite. L'usage est de déclamer contre le luxe, le jeu, les femmes, & de s'y livrer, cependant, lorsque les occasions s'en trouvent.

Cette contrariété de conduite vient de ce qu'on a confondu des objets différens sous une même proscription : un jeu de plaisir, une luxe proportionné à l'état de celui qui en fait la dépense, l'habitude des femmes & des plaisirs sans scandale public, ont bien quelque chose contre l'extrême pureté des *mœurs*, mais ne détruisent point leur bonté.

Car c'est une chose à remarquer, que la différence qui se trouve entre les *mœurs* pures & les bonnes *mœurs*. Les premières sont estimables sans doute, mais les secondes sont de beaucoup préférables pour le bonheur d'un état.

On entend, assez généralement, par *mœurs* pures, des *mœurs* reservées, mesurées dans la jouissance des plaisirs des sens, & surtout des femmes. C'est à-peu-près là & à quelques détails de parure que se borne la doctrine de pureté morale, & le reste n'est regardé que comme indifférent ou accessoire.

Il est résulté de-là que les magistrats de police se sont occupés de sévir avec rigueur contre les habitudes de plaisir, à en faire, pour ainsi dire, l'unique objet de leur surveillance morale, tandis que toutes les habitudes féroces, grossières, destructives de la tranquillité sociale, ont presque toujours trouvé des encouragemens & rarement des défenses bien positives. C'est ainsi que le combat du taureau à Paris & autres écoles de sang, ont alimenté chez le peuple les sentimens féroces, sans qu'on ait vu, dans de pareilles institutions, rien d'immoral.

J'appelle bonnes *mœurs*, les *mœurs* douces, délicates, sensibles, tendant un peu à la volupté, au luxe, à tout ce qui peut embellir la vie & éloigner du sein de la société les sentimens féroces & sauvages, les mœurs barbares & spartiates.

Il ne faut pas conclure, de tout ceci, que l'on doive approuver exclusivement, & protéger particulièrement les seminaires de luxure, & les vices de la lubricité ; mais il faut en conclure, qu'à position égale, la société gagne plus à faire germer dans son sein les *mœurs* douces & legèrement corrompues, ainsi qu'on les appelle, que d'y cultiver des *mœurs* de fer, des habitudes féroces, qui sous l'apparence d'une virilité trompeuse, recelent les causes des plus grands désordres publics.

Après ces considérations générales & philosophiques, nous envisagerons les *mœurs* sous le rapport de l'autorité publique, & nous finirons par rapporter quelques règlemens positifs sur ce qu'on appelle la police des *mœurs*.

Il est certain, que plus un peuple a les mœurs réglées, plus il est en état de contribuer à son bonheur. Il seroit par conséquent à souhaiter, qu'un souverain s'étudiât à rendre ses sujets les plus vertueux qu'il est possible ; mais la fragilité de la nature humaine, & la constitution des états, ne permettent point qu'on punisse d'autres crimes que ceux, qui pèchent contre les devoirs, qui rendent les hommes incapables de s'en acquitter, & qui troublent le repos & la tranquillité publique. Cependant cela ne doit pas empêcher qu'on n'en punisse plusieurs autres qui n'y ont aucun rapport ; par exemple, la calomnie, l'ingratitude, la dureté envers son prochain, lors sur-tout qu'on les porte trop loin.

Comme la violation des devoirs parfaits ne regarde que l'intérieur de la conscience, la police, en prenant ce mot dans sa signification limitée, n'est en droit que de punir les crimes, qui mettent les hommes hors d'état de s'acquitter des devoirs que la société exige d'eux, & qui troublent le repos & la tranquillité publique. Il faut encore avoir égard ici à la fragilité humaine, & ce discernement est si difficile à faire, lorsqu'on ne veut pas trop gêner la liberté des hommes dans ce qui concerne les actions indifférentes qu'ils peuvent faire en leur particulier, que la police est réduite à ne châtier que les crimes & les excès qui causent du scandale, ou qui peuvent avoir des imitateurs. La police doit donc avoir pour maxime générale, du moins relativement aux *mœurs*, de châtier généralement les crimes & les excès qui troublent la sûreté & la tranquillité publique, & qui mettent les citoyens hors d'état de remplir leurs devoirs, sur-tout, lorsqu'ils causent du scandale, & que d'autres peuvent en commettre de pareils dans l'espoir de l'impunité.

On voit donc que la police ne doit point défendre aux citoyens les divertissemens innocens, tels que le jeu, la danse, les spectacles & autres semblables, ainsi que l'ont prétendu quelques enthousiastes chagrins & atrabilaires. Ces sortes de divertissemens sont absolument nécessaires dans un état bien réglé ; & lorsqu'il en est entièrement privé, les sujets vont les chercher ailleurs, & abandonnent insensiblement le pays. La police doit donc les leur procurer, sur-tout dans les grandes villes, en faisant en sorte néanmoins qu'ils n'excèdent pas les bornes permises, & qu'au lieu de gâter le goût & les *mœurs*, ils contribuent au contraire à les perfectionner. C'est ce qu'il est aisé de faire à l'égard des concerts, des bals, des spectacles, & sur-tout de la comédie.

Elle est encore moins en droit de défendre les divertissemens innocens dans les maisons des particuliers, & il doit être permis à chacun de danser, de jouer chez soi, de donner des concerts, &c. mais elle doit les empêcher du moment qu'elle s'apperçoit qu'ils causent du scandale, & qu'ils tendent à pervertir les jeunes gens, & à corrompre les *mœurs*; par exemple, elle ne doit point autoriser aucuns jeux de hazard ni en public, ni en particulier, ni les concerts, ni les bals qu'on donne chez les filles de joie, pour attirer les jeunes gens; mais elle ne doit point empêcher les concerts qu'on donne dans des vues innocentes. Elle doit défendre tout ce qui tend à attrouper le monde dans les rues, à moins qu'elle ne sache les raisons pour lesquelles on le fait.

Une attention sur-tout qu'elle doit avoir, relativement aux *mœurs*, est d'empêcher le libertinage & la licence, autant que la chose est possible. Elle doit cependant avoir égard à la fragilité humaine, & ne point pousser les choses à la rigueur, crainte d'ouvrir la porte à de plus grands crimes, à moins qu'il n'en résulte du scandale, des querelles & des batteries. On ne sauroit éviter le scandale, lorsqu'une maison est publique & reconnue pour telle; cependant comme les loix de la police doivent être relatives au pays où l'on est, il n'est pas encore décidé si l'on ne doit point permettre ces sortes d'endroits, pour éviter de plus grands désordres.

La crapule & l'ivrognerie sont pareillement des vices que la police doit empêcher, parce qu'ils mettent les sujets dans l'incapacité de remplir les devoirs dont ils sont tenus envers la société. Cependant comme elle ne peut savoir ce qui se passe dans les maisons des particuliers, & que sa trop grande attention à cet égard, gêneroit la liberté des citoyens, elle doit seulement empêcher que ceux, qui sont sujets à ces vices, ne causent du scandale & du désordre dans les rues, & défendre sur-tout qu'on ne force personne à boire au-delà de sa volonté. Pour déraciner peu-à-peu ces vices honteux, il convient de rendre les cabaretiers responsables des désordres que l'on commet chez eux, & leur enjoindre, sous peine d'amende, de fermer leurs portes à dix heures du soir.

Il seroit extrêmement à souhaiter, que la police pût bannir entièrement les juremens & les blasphêmes; mais cette mauvaise habitude est tellement enracinée chez les hommes, qu'elle ne doit point espérer d'en venir à bout. Cela ne doit point cependant empêcher qu'elle ne châtie sévèrement les juremens scandaleux, & sur-tout les blasphêmes contre la divinité, sans que l'ivrognerie serve de prétexte pour les excuser.

Elle doit empêcher que personne ne crie, se batte, ni cause du vacarme dans les rues, soit de nuit, soit de jour; & au cas que cela arrive, elle doit faire arrêter les coupables, & les faire conduire en prison. Cette précaution est nécessaire, tant pour empêcher les attroupemens, que pour ne point troubler le sommeil des citoyens, lesquels, après avoir travaillé le jour, ont besoin de se reposer la nuit. Elle doit tenir la même conduite à l'égard des enfans & des jeunes gens qui font du vacarme dans les rues. *Voyez* ABUS, CORRUPTION DES MŒURS.

La police des *mœurs* est donc, comme on voit, cette partie du gouvernement d'une ville ou de l'état, qui consiste à règler les actions qui pourroient choquer la décence publique, & favoriser la corruption des *mœurs*.

On range, en conséquence, parmi les objets, qui composent la police des *mœurs*, 1°. le luxe; 2°. l'ivrognerie; 3°. la discipline des bains; 4°. les spectacles; 5°. les jeux; 6°. les femmes publiques; 7°. les blasphêmes & juremens; 8°. les magiciens, enchanteurs & imposteurs semblables. Nous joindrons à ces chefs tant essentiels qu'accidentels d'immoralité publique, ceux qui peuvent entretenir la férocité, la grossiereté populaire, tel que le combat du taureau & autres scènes semblables.

Le luxe. Nous avons déjà parlé du luxe au mot qui le désigne, à celui de MODE & dans le discours préliminaire, & nous y avons rapporté tout ce qu'on peut dire pour prouver que c'est une erreur d'attribuer au luxe, une véritable corruption des *mœurs*, tout au plus il en seroit l'effet, mais il n'en peut pas être la cause. Ainsi donc si nous le rangeons ici dans la classe des objets, sur lesquels la police étend une surveillance morale, c'est pour nous conformer à l'usage & présenter le systême de police positive, qui est généralement suivi. Cependant pour ne point nous répéter, nous renvoyons le lecteur aux mots LUXE & FESTIN.

L'ivrognerie & la crapule, sur-tout dans les cabarets & autres lieux publics. Ce vice est un des plus haïssables & des plus communs parmi le peuple. Il y entretient toutes les habitudes corruptrices & la haine des qualités domestiques; il cause la ruine des petits ménages, la désunion entre les pères & mères, la misère des familles, le filoutage des garçons & la prostitution des filles, par les mauvais exemples que leur offrent leurs parens.

Cette habitude détestable est plus dangereuse pour le peuple à Paris, que dans les villes de province & dans les campagnes; elle l'y expose à plus de mauvaises actions & à des punitions par conséquent proportionnées. L'abrutissement que l'ivrognerie produit, est encore une cause de corruption morale, par tous les excès auxquels il donne nécessairement lieu, & tout concourt à prouver que les soins, que la police peut prendre pour remédier à de semblables maux, doivent être regardés comme infiniment utiles, pourvu qu'ils ne dégénèrent point en actes arbitraires & destructifs de la liberté personnelle.

C'est ce qu'on a essayé d'obtenir par diverses ordonnances & règlemens. Nous en allons rapporter la substance, sans prétendre en approuver toutes les dispositions, mais seulement pour les faire connoître comme partie positive de la police des *mœurs*.

L'ordonnance de François I du mois d'août 1536 porte, que « quiconque sera trouvé ivre, soit incontinent constitué prisonnier au pain & à l'eau » pour la première fois, & si secondement il est » répris, sera, outre ce que devant, battu des » verges ou fouet par la prison. Les récidives subséquentes punies de plus grandes peines. Et s'il » arrive que par ébriété ou chaleur du vin, les » ivrognes commettent aucuns mauvais cas, ne » leur sera pour cette occasion pardonné, mais » seront punis de la peine due audit délit, & davantage pour ladite ébriété, à l'arbitrage du juge ».

L'attention des juges, à maintenir la police des cabarets, peut beaucoup contribuer à prévenir les désordres qui naissent de l'excès du vin & des autres liqueurs. Le 22 janvier 1672 intervint arrêt du parlement, portant défenses de fréquenter les cabarets à heures indues, & aux officiers de justice de tenir cabaret & d'exercer aucuns actes de jurisdiction dans les cabarets, ni de les fréquenter; à peine d'amende pour la première fois, & d'interdiction de leur charge pour la seconde.

Un arrêt du parlement du 10 fevrier 1724 « fait défenses à toutes personnes de fréquenter » les cabarets & autres lieux où se vendent vin, » eau-de-vie, caffé & autres liqueurs pendant la » nuit & autres heures indues, & pendant le service divin; fait pareilles défenses à tous hôtes, » cabaretiers, taverniers, limonadiers & autres de » les y recevoir, à peine d'une amende, qui ne » pourra être moindre la première fois de 50 liv. » dans les villes, & de 20 liv. dans les bourgs » & villages, & contre ceux qui auroient fréquenté lesdits cabarets & autres lieux, d'une » amende au moins de 20 liv. dans les villes, & » de 5 liv. dans les bourgs & villages, & à peine » contre les uns & les autres de prison pour la seconde fois, & d'une amende au moins du double » de celle ci-dessus, même de punition corporelle, » s'il y échet, & notamment en cas de récidive, » enjoint aux juges royaux & autres officiers des » sieurs hauts-justiciers d'y tenir la main, à peine » d'en répondre en leur propre & privé nom, & » aux officiers de maréchaussées de leur prêter » main forte pour l'exécution du présent arrêt, » & d'arrêter ceux qu'ils trouveroient aussi en contravention en cas de récidive ».

L'ordonnance d'Orléans, article cinquième, « avoit fait défenses aux domiciliés, à ceux qui » sont mariés & ont ménage, d'aller boire ou manger aux tavernes & cabarets; & auxdits taverniers & cabaretiers de les y recevoir, à peine » d'amende arbitraire pour la première fois, & de » prison pour la seconde ».

En conséquence, les peines doivent être plus graves contre ces sortes de personnes, qui fréquenteroient les cabarets à heures indues.

Par arrêt du conseil d'état du roi du 4 janvier 1724 « il est défendu aux taverniers, cabaretiers » & autres vendans vins & boissons, de tenir les » cabarets ouverts, & d'y donner à boire & à manger, & d'y recevoir aucunes personnes après huit » heures du soir en hiver, & après dix heures du » soir en été, à peine d'être punis suivant la rigueur des ordonnances ».

L'édit de création des lieutenans-généraux de police leur attribue la visite des cabarets, caffés, tabagies & autres lieux publics.

Aujourd'hui ces soins sont dévolus aux officiers municipaux, qui, étant chargés de la police & du gouvernement des villes, doivent veiller à y maintenir la décence & la paix, suivant les loix établies pour chaque objet en particulier.

Police des bains. Nous avons déjà entré dans quelques détails sur cet objet au mot BAIN; nous y avons rappellé d'anciens usages, & hazardé une opinion sur la police qu'on pouvoit y observer; ce que nous avons à faire ici, c'est de donner une notice des règlemens que l'on suit à cet égard. L'on n'y a pas seulement pourvu à la décence, mais encore à la sûreté des baigneurs.

Les prévôts des marchands & echevins de la ville de Paris avoient seuls, autrefois, la jurisdiction & police de la rivière, c'étoient eux qui rendoient les ordonnances à cet égard, & la garde des ports étoit obligée d'en maintenir l'exécution.

L'ordonnance de police du bureau de ville, composé du prévot des marchands, echevins & autres officiers de ville, du 3 juin 1783 porte: « Ordonnons que tous les sous-fermiers des places, où sont établis les bains sur la rivière, ne pourront se servir des bâteaux pour l'usage & l'entrée desdits bains, qu'ils ne soient de constitution solide & sans aucune défectuosité: qu'ils seront tenus de couvrir & entourer exactement lesdits bâteaux & bains avec des bannes de toile, qui tombent jusqu'au niveau de la rivière, & en outre d'entourer lesdits bains de planches clouées sur les pieux dans l'intérieur, & jusqu'a la surface de l'eau, afin d'y retenir les baigneurs, & de leur ôter l'envie d'en sortir pour aller en pleine rivière; comme aussi de former & entretenir des chemins solides & bordés de perches en long, de deux côtés, à hauteur d'appui, pour parvenir dans l'intérieur desdits bâteaux & bains, un bachot non-défectueux, pour servir à porter du secours en cas d'événement; que les bains des hommes seront séparés & éloignés à une distance suffisante de ceux des femmes; que les chemins, pour y arriver, seront différens; & que, la saison des bains finie, lesdits sous-fermiers seront tenus de retirer, du lit de la rivière, leurs pieux, perches & autres choses qu'ils pourroient nuire à la navigation; le tout, à peine, contre lesdits sous-fermiers, de trois cents livres d'amende, de confiscation de leurs bâteaux & équipages, & d'être exclus pour toujours de pouvoir tenir aucuns bains sur la rivière : faisons très-expresses inhibitions & défenses à toutes personnes, de l'un & de l'autre sexe, de s'introduire dans d'aucuns bains que ceux qui leur seront destinés; de s'y comporter d'une manière indécente ou scandaleuse, même de la part des hommes d'y jurer & fumer, & auxdits sous-fermiers de le souffrir; à peine contre les uns & les autres de cent livres d'amende & de punition exemplaire, si le cas y échoit; à l'effet de quoi les contrevenans seront arrêtés & conduits en prisons de l'hôtel de cette ville : faisons pareilles défenses, sous les mêmes peines, à toutes personnes de se baigner, en tel tems que ce soit, dans le bras de rivière, depuis le jardin, appellé le terrein, jusqu'au pont St. Michel; comme aussi de se baigner, pendant le jour, en pleine rivière, & hors les bains dans l'intérieur de cette ville, & à cet effet de se retirer sur les bâteaux à laver lessives, & autres bâteaux chargés de marchandises ou vuides, non plus que sur les trains de bois flottés, & sur les bords & graviers de la riviere, & y paroître d'une manière indécente; & aux sous-fermiers desdits bâteaux à laver lessives, de les attirer ni souffrir sur leurs bâteaux, à peine, contre lesdits sous-fermiers, de trois cent livres d'amende, & de confiscation de leurs bâteaux & équipages, même d'être exclus à toujours d'en pouvoir exploiter; sauf aux personnes qui, pour raison de santé, sont dans la nécessité de prendre les bains en pleine rivière, à le faire hors de cette ville, soit au-dessus, soit au-dessous, & de nuit comme de jour, mais seulement de nuit dans l'intérieur de cette ville, à l'exception dudit bras de rivière depuis le jardin, appellé le terrein, jusqu'au pont St.-Michel; en quels cas leur enjoignons très-expressement, de se baigner avec la décence convenable, & à cet effet de se servir de bachots exactement couverts d'une banne pour l'entrée & sortie des bains; & leur faisons défenses de s'éloigner des endroits, où lesdits bachots auront été fixés & arrêtés; d'aller près de ceux, où des personnes d'un sexe différent seroient à prendre le bain; & de tenir aucuns propos scandaleux, ni de commettre aucune indécence sous la même peine de cent livres d'amende, & de punition exemplaire, si le cas y échoit; à l'effet de quoi les contrevenans seront arrêtés & conduits ès prisons de l'hôtel de cette ville. Défendons, en outre, à tous bachoteurs & compagnons de rivière, de les conduire ni arrêter ès endroits prohibés, sur quelque prétexte que ce soit, même de prêter ou louer leurs bachots à cet effet, sous peine de cinquante livres d'amende, & de confiscation desdits bachots & ustensiles; toutes lesquelles peines seront encourues, même pour la première fois.

Spectacles. On a de tout tems, & avec raison, mis les spectacles au rang des institutions qui ont le plus d'influence sur les *mœurs* d'une nation. Mais en général, cette action ne se fait guères sentir que sur une certaine portion de la société. Les gens de la campagne, & presque toute la classe des petits ouvriers dans les villes, n'y sont point exposés, au moins directement, car à la longue ils doivent participer aux habitudes de ceux, qui fréquentent les spectacles, par l'effet des rapports qui mettent les hommes en communication les uns avec les autres.

Nous avons rapporté au mot ACTEUR, & nous rapporterons à celui de SPECTACLE des réflexions générales sur cet objet, ainsi nous ne nous livrerons pas à une plus longue discussion à cet égard, nous dirons seulement un mot de l'espèce d'influence, qu'il seroit à souhaiter que les spectacles exerçassent constamment sur les *mœurs* du peuple.

L'on croit assez généralement aujourd'hui, que les pièces tragiques, celles sur-tout qui présentent des exemples d'une morale exagerée, ou des sentimens violens & audacieux, sont celles qu'il faut mettre sous les yeux du public & sur-tout du peuple. On suppose qu'on alimente & fait germer en lui, par ce moyen, des idées nobles, hautes & républicaines.

Mais on ne voit pas qu'on ne réussit ainsi qu'à tourner la tête au peuple; qu'au sortir du spectacle, où il a vu jouer *Mahomet*, il prend son curé pour le faux prophete, & tout le clergé de la paroisse pour des prêtres de mensonge; que quand il a vu réprésenter *Brutus*, il ne veut plus payer l'impôt, parce qu'on le perçoit au nom du roi, & que cette tragédie inspire la haine des rois. C'est bien pis encore si ce même peuple a assisté à *la liberté conquise*, ou autres pièces semblables, alors il ne voit que *lanterne*, despotisme, insurrection, piques, soldats, assassinats &c. Sa pauvre cervelle est en pièces, & par malheur il n'en est que plus dangereux & féroce. C'est, par parenthèse, l'état actuel du peuple françois, dont les *mœurs*, du côté de la corruption féroce & brutale, du côté des habitudes sanguinaires & fanatiques, ont prodigieusement fait de chemin depuis deux ans.

Ainsi donc le fanatisme moral, les fureurs politiques, peuvent être de tristes effets des spectacles, lorsqu'on y donne des pièces de nature à développer ces poisons, lorsque la puissance publique est avilie au point de ne pouvoir s'y opposer, & que le peuple se trouve dans une position à trouver quelque plaisir à ces abus du plus agréable des arts.

Pour la classe instruite de la société, *César* est

Cæsar, Mahomet est *Mahomet* ; mais pour le peuple César est un tel, Mahomet un tel, & sa haine, qui se mesure par l'étendue de son ignorance, s'alimente contre des individus par l'impression qu'a faite sur lui des tableaux, souvent fantastiques & toujours altérés.

On sent, au reste, qu'une pareil instrument est, entre les mains des factieux, un excellent moyen de se faire craindre, obéir & respecter ; ils s'en servent à contenir, par la frayeur, la partie éclairée de la société qui pourroit dévoiler leurs affreux projets. Tel Cromwell employoit le ministère de la chaire, pour répandre les principes favorables à ses desseins de domination.

Mais si l'influence des exemples de fanatisme & de férocité est dangereuse au théâtre, celle de maximes impies, scandaleuses & par trop lascives nuit aux *mœurs*, sinon d'une manière aussi affreuse, du moins de façon à les avilir & à en bannir ce qui en fait le charme, la décence, la bonne foi, la sensibilité.

Sans donc exercer une censure rigoureuse & arbitraire, je voudrois que tout directeur de spectacle fut responsable des impiétés & scandales qu'il auroit présenté sur son théâtre, & que, sur la plainte d'un nombre suffisant de citoyens, on pût informer contre lui & le punir d'après des loix établies à cet égard. Autrefois on agissoit autrement, & la censure & les ordonnances contre la licence des spectacles les contenoient dans un respect sévere pour les *mœurs* & la religion. Mais on négligeoit trop la partie qui pouvoit regarder la grossièreté, la dureté, l'insensibilité morale, & en général là, comme ailleurs, on craignoit bien plus dans le peuple la corruption qui naît de l'amour du plaisir & des jouissances libertines, que la fureur qu'inspirent les actes de cruauté ; ce en quoi on avoit grand tort.

Il existe plusieurs ordonnances sur le fait des spectacles, relativement aux *mœurs* & à la religion, & nous croyons devoir rapporter ici la substance des principales. L'édit de janvier 1560 aux états d'Orléans, art. XXIV, fait défenses à tous joueurs de farces, batteleurs & autres semblables gens, de se vêtir d'habits ecclésiastiques, & de jouer des choses dissolues ou de mauvaise exemple, à peine de prison & de punition corporelle.

Une déclaration de Louis XIII, du 4 avril 1741, porte très-expresses inhibitions & défenses à tous comédiens de représenter aucunes actions malhonnêtes, ni d'user d'aucunes paroles lascives ou à double entente qui puissent blesser l'honnêteté publique, sous peine d'être déclaré infâme & autres peines qu'il écherra.

C'étoit, ci-devant, aux lieutenans-généraux de police qu'il appartenoit, à l'exclusion de tous autres juges, d'accorder les permissions qui étoient demandées par les comédiens, opérateurs & autres personnes de cette qualité ; aujourd'hui ce sont les officiers municipaux des villes qui jouissent de ce droit, & c'est à eux à veiller à ce que le théâtre ne devienne pas une école de folies atroces ou d'indécences outrées.

Les jeux. Un autre objet de la police des *mœurs* consiste à prévenir les désordres des jeux ; ils influent sur la conduite des hommes, & les entraînent souvent à des actions d'une grande perversité ; ainsi ce n'est point sans raison, qu'ils ont été placés parmi les choses qui peuvent détériorer les *mœurs* & attirer la surveillance de la police.

Mais on ne doit point se dissimuler, que l'exercice de l'autorité est très-difficile à cet égard, à concilier avec le respect des droits personnels. L'intérieur des maisons est de droit soustrait à la surveillance de la police, ainsi, ce ne peut être que sur une plainte, rendue par quelqu'un qui a été friponné dans une maison de jeu, qu'on peut ordonner une recherche domiciliaire, & procéder contre celui qui la tient en contravention aux loix.

Cependant la police ne prend pas toujours tant de mesures, ce qui n'en est pas plus efficace, puisque les maisons de jeux se multiplient chaque jour à Paris & les désordres moraux des familles avec eux. Voyez JEU dans cet ouvrage.

L'on peut mettre au nombre des jeux les plus corrupteurs, les loteries ; elles font naître, parmi le peuple, la cupidité, la paresse, la misère. Les classes plus distinguées de la société ne sont pas moins soumises à l'influence corruptrice des loteries, c'est-à-dire, que souvent elles sont ruinées par l'habitude d'y jouer ; que des pères, des mères négligent les soins de leurs affaires, bâtissent des fortunes sur des gains éventuels, & finissent par ne laisser à leurs enfans que des dettes & des regrets.

La municipalité de Paris sent, plus que jamais, les désordres immoraux attachés à la passion des jeux, aujourd'hui sur-tout que les mouvemens de la révolution ont donné aux esprits un caractère d'exagération & d'indépendance, dont les effets réagissent d'une manière sensible sur leur conduite. Mais les plaintes des administrateurs marquent l'impuissance de la force publique, à cet égard. Les loix ont été vainement multipliées contre les jeux : ce ne sera que lorsque l'éducation aura assez sensiblement changé le caractère, qu'on pourra espérer quelque amélioration dans cette partie des *mœurs* ; encore cette perspective n'est-elle rien moins qu'assurée, les hommes conservant, malgré leurs lumières, les défauts & les vices attachés à leur nature. *Video meliora, proboque, deteriora sequor.* *Voyez* JEU, LOTERIE.

Les femmes de débauches. La prostitution a toujours été regardée comme une des premières causes de la corruption des *mœurs*; mais on se seroit moins éloigné de l'exactitude, si l'on eût dit qu'elle en est l'effet & la preuve.

On a fait une multitude de réglemens contre les femmes publiques, qui n'ont presque jamais rempli l'objet qu'on s'y proposoit, c'est que l'existence de cette débauche tient primitivement à un besoin de l'homme, qu'il cherche par-tout à satisfaire; que les institutions sociales, qui éloignent du mariage, ou la crainte d'avoir des enfans, ont encore accru ce genre de libertinage, & que la misère des femmes du peuple, & le goût du plaisir chez quelques-unes, ne peuvent être détruits par des réglemens.

La prostitution, quoiqu'effet de la corruption des *mœurs*, en devient elle-même cause, par une réaction continuelle, sur la conduite de ceux qui s'y livrent, ou qui la propagent. Presque toutes les femmes, qui ont servi à la débauche publique, sont absolument perdues pour elles & pour la société. Le caractère de leur sexe ne leur permet guère de s'élever, après quelque tems d'inconduite, au-dessus des habitudes vicieuses qui les ont avilies; elles restent toute leur vie dans le même état d'abrutissement & d'opprobre, où la séduction, les sens, la jeunesse, les ont tenues pendant quelques années.

C'est moins par elle-même que par ses suites honteuses, par les habitudes qu'elle fait contracter, par les mauvaises connoissances qu'elle fait faire, par l'abâtardissement des sentimens de délicatesse, que la prostitution détériore les *mœurs* publiques, en donnant un caractère de bassesse aux individus qui s'y livrent.

On doit remarquer au reste que tous ces désordres de la débauche des femmes publiques ne conviennent, à parler rigoureusement, qu'à la grossière prostitution populaire. Il y a une différence immense entre une prostituée des rues & une courtisane sensuelle, qui joint à une grande beauté les agrémens de la conversation & de la société. Des femmes de cette dernière espèce sont utiles aux *mœurs*; si elles leur donnent un vernis de licence, elles ne leur ôtent point leur douceur, leur délicatesse, & n'abrutissent pas la pensée des hommes qui les fréquentent. *Voyez* COURTISANES.

Il n'en est pas moins vrai que ce libertinage distingué, n'étant point à la portée du peuple, il faut à celui-ci des femmes publiques, & c'est à la police à savoir ne pas trop contrarier ce besoin, & cependant ne point paroître favoriser par trop le cinisme des *mœurs*.

Aujourd'hui cette conduite est aisée à tenir par les magistrats de police; la loi leur interdit toute autorité coercitive ou réprimante sur les actions individuelles, lorsqu'elles ne troublent point sensiblement la tranquillité publique.

Nous rapporterons au mot PROSTITUTION les divers réglemens qui ont été faits pour la réprimer; c'est là que l'on trouvera l'histoire de cette branche de corruption sociale, avec le développement des causes qui la produisent ou l'entretiennent.

Ce que nous remarquerons seulement ici, c'est que les rigueurs contre les prostituées, comme telles, ne peuvent qu'accroître le mal, sans corriger le vice, & contenir le libertinage; qu'il est plus convenable de punir avec sévérité les femmes qui, par leur commerce honteux, troublent la tranquillité publique, que de leur infliger des peines, uniquement à cause de leur débauche: par cette conduite, les principes sont respectés, & la police peut se faire d'une manière régulière.

Il existe une autre cause d'immoralité, qui a un grand rapport à celle que nous traitons ici; c'est la vente des livres & des gravures, non pas voluptueuses, mais grossièrement licentieuses. Ce désordre s'est accru prodigieusement depuis la révolution; d'abord par le défaut de police, ensuite parce que les imprimeries se sont multipliées, & que pour les occuper & vendre quelque chose, des libraires, la plupart nouvellement établis, ont imaginé de faire des éditions de tout ce qu'on peut imaginer de plus obscène, & de les faire vendre publiquement, & ostensiblement sur les places & dans les rues.

Le délit de police à cet égard n'est point dans l'impression, ou la vente des ouvrages obscènes, mais dans l'exposition affectée, principalement des gravures dont ils sont ornés. On en voyoit au Palais-Royal, & ailleurs, où tous les arts de la lubricité, de la pédérastie, de la plus étrange luxure, étoient dévoilés aux yeux des passans; & c'est en cela, qu'on doit dire que cette vente de livres & peintures indécentes nuit aux *mœurs*. Sûrement ce seroit une chose ridicule, que de condamner à l'amende le marchand qui étaleroit sur sa boutique les *Contes de la Fontaine*, ou un tableau de *Vénus Collypige*; mais de ces peintures à celles de l'Aretin, des attitudes de pédérastie, ou d'autres genres de voluptés semblables, il y a une distance infinie; & l'on peut être sévère à l'égard des uns, sans l'être à l'égard des autres. *Voyez* LIBRAIRIE.

Blasphêmes & juremens. C'est avec raison, que l'on place l'habitude du blasphême & des juremens au rang des causes qui avilissent & corrompent les *mœurs* d'un peuple. Il est utile à la société, que les sentimens délicats, les objets divins soient respectés; qu'une férocité grossière ne confonde point dans sa fureur ce que l'homme est habitué d'honorer, avec ce qui excite son mépris.

Le blaſphême attaque un des principes conſervateurs de la ſociété; il prête au crime de l'aſſurance, lorſqu'il reſte impuni, ou du moins qu'il n'excite plus l'indignation qu'il doit produire.

On doit au reſte prendre garde à ne point confondre avec le blaſphême de ſimples emportemens involontaires, avec des juremens odieux les effets de la colère & de la vivacité; cette rigueur ſeroit injuſte & tyrannique. *Voyez* Blasphême.

On peut encore remarquer que la police ne peut connoître de ces délits, que lorſqu'ils ſont commis publiquement, comme ſi un homme affectoit de blaſphémer en public, ou d'exprimer des juremens ſcandaleux. Dans ce cas, la police doit faire réprimer ce déſordre, & punir ſévèrement celui qui le commet; choſe qu'elle ne fait guère, ce en quoi elle a tort; ces habitudes, contraires aux ſentimens religieux & délicats, étant autant que toutes autres immoralités, contraires aux bonnes *mœurs*, & ne pouvant être excuſées par aucun beſoin de l'homme.

Je réunirai à cet article, comme cauſe corruptrice des *mœurs*, le mépris de la religion, ou, ſi l'on veut, des devoirs qu'elle impoſe.

Je n'examine point ſi les gens qui ont été élevés dans des principes d'honneur & de morale, ſi ceux qui, par leur richeſſe & leurs habitudes, ſont audeſſus des tentations & des égaremens de l'ignorance & de la misère, peuvent ſe paſſer de religion; je dirai ſeulement que, quelque raiſonnement que l'on faſſe, il eſt impoſſible de prouver que le gros d'une nation puiſſe ſe paſſer d'un certain ſentiment religieux, qui le guide dans l'exercice de ſes devoirs & le conſole dans ſes peines.

Tout ce qui pourra donc altérer ce ſentiment, le faire oublier ou mépriſer, telle qu'une ſévérité inutile dans la pratique de certaine cérémonie religieuſe, l'inconduite des miniſtres du culte, les déclamations des ignorans contre la religion, les tentatives pour faire mépriſer les prêtres, & jetter du ridicule ſur quelques myſtères de la foi, &c. Tous ces moyens de corruption méritent la haine publique & l'attention de l'autorité publique à les réprimer.

Nous rapporterons au mot Religion quelques ordonnances qui ont été faites ſur ces objets; ordonnances très-mal exécutées, & que probablement il faudra changer, aujourd'hui que les idées du peuple ſur la religion ſe trouvent ſans point d'appui, & le portent à des déraiſonnemens auſſi abſurdes, que ſon emportement eſt quelquefois criminel. *Voyez* Dimanche, Fête, Religion.

Les auteurs, qui ont écrit de la police, ont réuni encore aux cauſes, qui peuvent altérer les *mœurs*, l'uſage de conſulter les devins & magiciens. C'eſt qu'en effet pluſieurs ordonnances prononcent des peines graves contre ces fous ou impoſteurs, comme pouvant altérer la tranquillité des familles, & ſervir les intentions perverſes de ceux qui ont ſu les gagner pour leur faire prononcer des oracles payés.

La proſcription des devins-magiciens tient encore au reſpect de la religion, qui elle-même les a condamnés ſans doute par les motifs que nous venons d'expliquer, & parce qu'ils habituent à des profanations odieuſes ou des actes d'une ſuperſtition abrutiſſante.

On peut voir au mot Magiciens ce que nous avons dit ſur cet objet; nous en avons auſſi parlé ſous l'article Abus, auquel on peut avoir recours.

Voici cependant quelques diſpoſitions de l'édit du mois de juillet 1682.

« Toutes perſonnes ſe mêlant de deviner, & ſe diſant devins ou devinereſſes, vuideront inceſſamment le royaume, à peine de punition exemplaire.

» Défendons toutes pratiques par écrit ou par paroles, ſoit en abuſant des paroles de l'écriture ſainte ou des prières de l'égliſe, ſoit en diſant ou faiſant des choſes qui n'ont aucun rapport aux cauſes naturelles; voulons que ceux qui ſe trouveront les avoir enſeignées, enſemble ceux qui les auront miſes en uſage, & qui s'en ſeront ſervis pour quelque fin que ce puiſſe être, ſoient punis exemplairement, & ſuivant l'exigence des cas.

» S'il ſe trouvoit à l'avenir des perſonnes aſſez méchantes pour ajouter & joindre à la ſuperſtition l'impiété & le ſacrilège, ſous prétexte d'opérations prétendues magiques, ou autre prétexte de pareille qualité, nous voulons que celles qui s'en trouveront convaincues, ſoient punies de mort. »

On ſent bien que ce dernier genre de peine eſt exagéré, & qu'il ne peut y avoir que des cas extrêmement rares, où on en puiſſe faire l'application, ſi tant il y a que la peine de mort puiſſe jamais être prononcée par la ſociété contre un coupable quelconque.

La férocité & *groſſiéreté.* Contre l'uſage de preſque tous les écrivains qui ont traité de la police, des magiſtrats & officiers qui l'ont exercée, je mets au rang des plus odieuſes qualités morales d'un peuple la férocité, la groſſiéreté; je regarde comme très-corrompues les *mœurs* qui ſe diſtinguent par ces vices; je range parmi les cauſes de la corruption la plus haïſſable tous les moyens qui peuvent donner à la multitude des habitudes inſolentes & meurtrières.

C'eſt un véritable fléau public, que l'atrocité

des *mœurs* populaires, & c'est ignorer les besoins de la société, ce qui la rend douce & agréable, que de ne pas porter une attention suivie sur tout ce qui peut tendre à adoucir le caractère & les usages d'un peuple.

J'appelle bonnes *mœurs*, les *mœurs* généreuses, douces, sensibles, bienfaisantes. L'homme n'est né ni pour se battre, ni pour se mutiler; le sang lui déplaît, & l'ordre social demande que tout nourrisse en lui cette disposition. Un peuple de fer est un peuple dont on peut bien admirer les tours de force, mais avec qui l'on seroit bien fâché de vivre.

Les *mœurs* féroces sont ennemies des arts, des bonnes loix, de la paix intérieure, du bonheur domestique; elles favorisent les factions & les vengeances des ambitieux de tous les états.

Aussi ceux-ci ont ils grand soin d'entretenir le peuple dans tout ce qui peut alimenter chez lui la pétulance, la grossiéreté, les menaces, les meurtres; luttes, usages militaires, guerre aux animaux, spectacles de sang, discours de sauvages, tous les arts de l'abrutissement sont employés, proposés ou conseillés; & le peuple n'est que trop avide de ces objets si analogues à son défaut d'éducation.

On se rappelle peut-être que, dans quelques-uns des premiers articles de cet ouvrage, je me suis élevé contre l'affreuse institution du *combat du taureau;* d'abord, parce qu'il est injuste de faire éprouver des tourmens à de pauvres animaux pour notre amusement; en second lieu, parce que les leçons de meurtre, que le peuple y puisoit, ne pouvoient qu'ajouter à ses dispositions féroces.

Je n'ai point été plutôt à la police, que je me suis occupé du soin de supprimer ce spectacle; j'ai pensé que, si la révolution avoit offert au peuple tant d'exemples impunis de meurtre, il falloit au moins profiter de la circonstance où elle me plaçoit, pour détruire un foyer de corruptions féroces aussi actif que celui du combat du taureau.

J'avois besoin du secours de mes collègues pour cela; ils s'y prêtèrent, mais avec indifférence; & d'après le sentiment que je viens de peindre, & qui porte en général les hommes publics à s'embarrasser fort peu des choses qui peuvent accroître la férocité populaire. Cependant il fut ordonné à l'entrepreneur du combat de le cesser, ce qui s'est effectué avec beaucoup de peine. Si jamais je rentre dans l'administration, je m'occuperai de la destruction d'autres établissemens à-peu-près du même genre, quoique moins atroces.

Les officiers municipaux ont le plus grand intérêt à veiller à cette partie de la police des *mœurs*; la férocité, la brutalité éloignent les gens riches, & mettent souvent les magistrats d'une ville dans l'impossibilité de maintenir la paix & la soumission aux loix.

MOISSON, s. f. L'action de recueillir les grains à l'instant de leur maturité.

On conçoit qu'à l'approche de la maturité des grains, il est utile de prendre les précautions nécessaires pour empêcher qu'ils ne soient pillés ou ravagés; & que, pendant la *moisson*, on doit encore s'occuper du moyen d'empêcher que les gerbes ne soient enlevées ou dégarnies par les glaneurs ou autres personnes: ce sont ces soins qui composent une partie de la police de l'agriculture, & sur laquelle il existe plusieurs réglemens & institutions, dont nous avons déjà parlé aux mots LABOUREUR, AGRICULTURE & GRAIN.

Nous rappellerons seulement ici quelques dispositions de police qui regardent particulièrement la *moisson*.

L'on peut distinguer dans ces réglemens ce qui a rapport au tems de faire la *moisson*, & ce qui regarde les ouvriers nécessaires aux travaux qu'elle exige.

Quant au premier objet, l'usage, dans presque tous les tems, a été d'exempter de l'observation du dimanche & des fêtes les laboureurs, lorsque la saison demandoit qu'on profitât du beau-tems pour scier & ramasser les grains. Une loi de Constantin du 6 mars 321 porte « que tous les sujets de l'empire cesseront leurs travaux le jour du dimanche, à l'exception néanmoins des gens de la campagne, auquel il est permis de travailler pendant ce saint jour à la culture de la terre. »

Une autre loi, en faveur de la *moisson*, c'est le soin qu'eut cet empereur d'ordonner la vacance des tribunaux, depuis le 24 juin jusqu'au 23 août, & depuis le 23 août jusqu'au 15 octobre. Pendant cet intervalle, les procès étant suspendus, les laboureurs & gens de la campagne pouvoient s'occuper des récoltes & vendanges, sans être obligés de s'éloigner de leurs champs. Cet usage s'est conservé parmi nous, ou du moins parmi les tribunaux, qui existoient avant ceux d'aujourd'hui (1791). Les vacances se trouvent dans le tems des récoltes, avec quelque différence dans les diverses provinces, à raison du plus ou moins de promptitude dans la maturité des grains. C'est ce qui fait dire à François I, dans l'édit d'octobre 1535, « que les vacances du parlement de Provence commenceront dès le 1 juillet, & finiront le dernier de septembre, parce que les *moissons* y sont beaucoup plus avancées que dans les autres provinces plus éloignées du soleil. »

Différentes ordonnances défendent de piller les bleds, emporter les gerbes, notamment celle du 2 novembre 1554; on y enjoint aux officiers de justice d'obliger les gens oisifs, & qui mendient, à prendre du travail pour la *moisson*, & à laisser aux femmes, vieillards, enfans, le glanage, conformément aux réglemens de police, & coutume de chaque province. *Voyez* LABOUREUR, AGRICULTURE.

MONT-DE-PIÉTÉ, f. m. composé. On donne ce nom à des établissemens où l'on prête sur gage, & moyennant quelque intérêt, de l'argent au public.

On croit communément que c'est aux papes, que nous devons l'établissement de ces caisses de prêt public, plus connues dans l'Italie, sous le nom de *monts-de-piété*. Cependant nous lisons qu'Athènes & Rome ont établi plus d'une fois des banquiers, des argentiers, qui faisoient le change & la banque, & tenoient des tables de prêt public. Les désordres de l'usure donnèrent lieu à ces différens établissemens. Sans ces caisses publiques, ces deux superbes villes, qui devoient éclairer le monde entier, ou lui donner la loi, étoient détruites dès leur naissance. Rome chrétienne, l'Allemagne, l'Angleterre, les Pays-Bas, devinrent la proie des usuriers. Sans les *monts-de-piété*, sans ces caisses connues sous le nom de *lombards*, ces empires étoient peut-être engloutis. Que deviendroit la France, sans la police, qui les contient? Combien encore en échappe-t-il à ses yeux, & quels maux cruels ne font pas ceux qui y sont tolérés?

Solon avoit permis à Athènes le prêt à intérêt; il vouloit qu'il fût libre à tout citoyen de faire valoir son argent, ainsi qu'il le jugeroit à propos. Le prêteur faisoit la loi? Tout ce qu'on exigeoit de lui, étoit de ne pas trop demander d'intérêts: la concurrence, selon lui, devoit rendre le prix de l'argent moins coûteux; cependant cette concurrence n'empêchoit pas que le taux le plus médiocre fût de douze pour cent. Il est vrai qu'Athènes étoit une ville de commerce, située sur le bord de la mer; son port étoit ouvert à toute l'Asie mineure, & les prêts d'argent n'avoient guère pour objet que des prêts maritimes, ou à la grosse aventure; ce qui devoit mettre l'argent à un taux élevé, puisqu'il y a le prix du risque dans ces sortes de contrats.

Cette liberté indéfinie, accordée à tout le monde, de prêter son argent, ainsi qu'il le vouloit, fit naître l'idée du prêt journalier, *fœnus diarium*: on donnoit deux drachmes par chaque mine; c'étoit deux pour cent par jour; conséquemment 730 liv. pour cent par année. Aristote parle d'une espèce d'usuriers qui prêtoient une drachme aux pauvres, à raison d'une obole par jour, (l'obole étoit la sixième partie de la drachme) & qui doubloient leur principal en six jours. Théophraste fait mention de plusieurs autres, qui se présentoient sur la place, & qui, au soleil couchant, retiroient leurs avances, & en outre le quart. Ce n'est donc pas dans notre siècle, qu'est née cette énorme avarice: toutes les passions, tous les vices, qui infectent la société, sont presque aussi anciens qu'elle. La somme des maux qu'elle procure, égale peut-être celle des biens qu'elle fit naître; elle a fait des méchans, & ne nous a pas rendu meilleurs.

Pour arrêter ces brigandages de l'usure, on établit à Athènes des banquiers, qui, dans la place publique, sur une table, prêtoient à un modique intérêt de l'argent, à tous ceux qui en avoient besoin; de-là ils furent appellés *trapesitæ*, ou *mensarii* du mot *table*.

A Alexandrie, les gens riches étoient chargés, & même contraints de tenir banque ouverte, & de prêter de l'argent au public. Ainsi qu'à Athènes, ces charges devenues honorables, étoient héréditaires & patrimoniales; & quoiqu'elles fussent incommodes, on ne pouvoit s'en défaire. Lorsqu'un banquier décédoit, un de ses enfans étoit tenu de continuer la banque; c'est ce qui arriva dans la succession d'un fameux banquier nommé Passon. L'aîné de ses enfans, Apollodore, eut l'alternative, ou de prendre la banque de son père, ou de se faire armurier; il opta ce dernier état, quoique moins lucratif: mais le bénéfice y étoit plus assuré; au lieu que, dans l'autre, les recouvremens étoient souvent fort incertains: au reste, ils jouissoient, à Athènes, de toute la considération qu'on accorde à ceux qui remplissent leur état, suivant les bornes que la décence prescrit; ils étoient autorisés par les loix, & on n'a jamais blâmé en eux que ce qui les rend blâmables; c'est-à-dire, les usures excessives, quand ils les exigeoient.

Il en étoit de même à Rome. Cicéron, dans son discours *pro Cæcinâ*, dit que l'exercice de la banque étoit une profession honnête. L'usure exerça dans cette ville les plus affreux ravages; la liberté de prêter à intérêt indéfini, y causa les plus grands désordres; la loi des douze tables réduisit l'intérêt à 12 pour cent: néanmoins, les usuriers transgressoient la loi; les tribuns du peuple, chargés d'y veiller, s'élevoient de tems à autre contr'eux, & la faisoient observer. On peut voir dans Tite-Live, aux années 386, 396, 538, 561, 664, les différens plébiscites qu'ils firent rendre à ce sujet. Appien, *lib. I. civilium*, rapporte que, sous le consulat de Porcius, un prêteur fut massacré par des usuriers dans la place, pour avoir voulu prendre le parti des pauvres débiteurs.

Pour faire cesser les désordres de l'usure, on établissoit donc de tems à autre, à Rome, des tables de prêt public, à l'effet de prêter de l'argent aux pauvres débiteurs. Tite-Live en rapporte le premier établissement à l'an 386. *Novi consules*, dit-il, *fœnebrem quoque rem quæ distruere unà animos videbatur, levare aggressi solutionem æris alieni, in publicam curam veterum, quinque viris creatis, quos mensarios ab dispensatione pecuniæ appellârunt.*

Dans un autre endroit, il fait mention de la création de trois autres banquiers, pour le même sujet; ces banques publiques n'étoient formées que dans des tems de calamité, pour le soulagement des indigens: mais il y avoit en tout tems des caissiers tolérés, appellés *argentarii, mensarii, numularii.* L'on voit que, dans la guerre punique, le consul Lævinus engagea le sénat à porter de lui-même à ces teneurs de tables de prêt, leurs bijoux & leur argenterie en gage, pour trouver de l'argent.

Ensuite on vit s'établir, pour & au nom du peuple, une banque qui s'appelloit *mensa trallianorum*; leur institution étoit de recevoir les impôts, & de prêter de l'argent à intérêt: ce n'étoit pas pour leur propre intérêt, que cette banque étoit établie, mais au profit du public, qui nommoit les directeurs; ils étoient gagés par le fisc, & ils rendoient leur compte. Cicéron en parle dans son discours, *pro flacco.*

Outre ces banques ouvertes pour l'argent, il y en avoit d'autres où l'on prêtoit les choses nécessaires à la vie, comme de l'huile: c'est ce qu'on peut voir par la loi rapportée au code Théodosien, *de mensis oleariis*; ces sortes d'établissemens étoient héréditaires. *Si quis autem mensam olearìam in domino suo retinens vivendi cursum impleverit, eamdem mensam ad successores proprios cum reliquis rebus hæreditario jure poterit committere.* Il ne leur étoit pas permis de cesser leurs fonctions; ils devoient en substituer d'autres, quand ils quittoient. Suivant la loi des empereurs Théodose & Valentinien, rapportée, *cod.* 11, *tit.* 17, ils pouvoient céder leurs fonds. Ces banques étoient un objet de commerce: on ne pouvoit pas vendre la place où se faisoit ce négoce, mais seulement le droit de le faire à la place où l'on étoit. *Qui tabernas argentarias, vel cæteras quæ in solo publico sunt, vendit non solum, sed jus vendit, cùm istæ tabernæ publicæ sunt, quarum usus ad privatas pertinet. De cont. empt. l. 32. Ulp. lib. 44. ad edic.*

Pour faire valoir davantage ces établissemens, & les soutenir, l'empereur Justinien les éleva au rang de négociant. La circulation, qu'ils répandoient dans le commerce, les en rendoit, pour ainsi dire, l'ame. Dans nos mœurs, ceux qui font la banque, sont encore au même rang; ils ont les mêmes privilèges, les mêmes loix, les mêmes juges. Cet empereur, pour engager ses sujets à y porter leur argent, ordonna que ceux qui y avoient déposé des sommes, fussent privilégiés sur les biens de ces banquiers. Lorsqu'ils venoient à manquer, la première chose dont on s'assuroit, étoit de savoir qui est-ce qui y avoit remis des deniers en dépôt: on commençoit par les remplir sur le prix provenant des biens du banqueroutier; il n'en étoit pas de même de ceux qui leur avoient remis leur argent pour le faire valoir, & qui en retiroient des intérêts: on les regardoit alors comme associés & intéressés à la banque, ils ne pouvoient plus prétendre le même privilège, ils n'avoient qu'un droit à la chose; ce qui les admettoit à la concurrence avec les autres créanciers.

Ce privilège, qu'on accordoit aux bailleurs de fonds, étoit juste. Quoique les romains refusâssent ce privilège à ceux qui confioient leur argent pour le faire valoir, il ne faudroit pas, dans un établissement de ce genre, regarder les bailleurs de fonds comme intéressés à l'établissement, & comme faisant valoir par le ministère du bureau; le paiement qu'on leur feroit chaque année de la qualité d'intérêt qui leur reviendroit, ne les associeroit pas pour cela à l'entreprise: ainsi, ils seront toujours privilégiés sur le prix, étant dans la caisse.

Il n'étoit pas permis, chez les romains, d'attaquer en même-tems la caution & le principal obligé; il falloit discuter ce dernier, avant que de poursuivre l'autre. Justinien en avoit fait une loi précise par sa novelle 4, chap. 3; cependant par la novelle 136, il accorda aux banquiers la faculté de stipuler qu'on pourroit discuter en même-tems les uns & les autres. Le fondement de ce privilège étoit établi sur l'utilité que l'on retiroit à Rome de ces sortes de banques, & sur l'importance des recouvremens.

Par le chapitre 1, il exempta des charges publiques ceux qui faisoient la banque, ou le prêt public, ainsi que leurs enfans; il leur accorda même par ce chapitre, un privilège qui paroîtroit bien extraordinaire dans nos coutumes. Si un particulier, débiteur envers ses banquiers, achetoit à son fils ou à quelqu'un de ses parens *un office vénal, militiam*, il étoit présumé l'avoir acheté des deniers de la banque; & par-là, non-seulement l'emprunteur, mais celui qui étoit pourvu de l'office, devenoient débiteurs du banquier: ce privilège extraordinaire a pour cause dans la loi les avantages infinis, que ces banques procurent aux particuliers pour subvenir à leurs besoins, & les risques qu'ils éprouvent par le prêt de leur argent: *liberalitatem nostram explicamus propter communem ipsorum utilitatem, quam in contractibus exhibent; dùm multis se periculis immiscent, ut ingruentibus aliorum necessitatibus medeantur.*

Les édits 7 & 9 de Justinien ont pour objet les différens traités de ces banquiers, & leurs prérogatives. On voit de quelle manière on pourroit reconnoître les obligations des contractans; non-seulement on leur accorde une action sur les biens de leurs débiteurs, mais encore sur les biens de ceux dont leurs débiteurs sont créanciers, & on leur permet d'agir contre les tiers-détempteurs, en déclaration d'hypothèque. Leur influence sur tous les actes qui se faisoient dans l'Empire-Romain, étoit si considérable, que l'empereur, (*Idcircò quòd eorum qui cum ipsis contrahunt, infinitus numerus sit; &, ut contingit, pauci probi sunt & grati*), attendu qu'on les vexoit, en les traduisant en différens tribunaux, établit pour eux une seule jurisdiction, pour juger les différends qu'ils pouvoient avoir avec tous les sujets de l'Empire; tant afin que la poursuite de leur procès ne les détournât pas de leur importante fonction, & qu'ils pussent y vaquer en tout tems, que pour prévenir l'ingratitude & la noirceur de ceux qui méconnoissoient leurs services; ensuite il recommande aux juges de leur faire prompte justice, & d'empêcher qu'ils ne soient vexés & inquiétés; blâme ceux qui non-seulement ne vouloient pas payer des intérêts, mais prétendoient encore imputer ce qu'ils avoient payé sur le principal; ordonne que les intérêts leur seront payés à raison de 8 pour 100, &c.

Je renvoie le lecteur à ces deux édits.

On fait remonter l'origine des lombards au 12e. siècle, au tems de la guerre du pape Grégoire contre l'empereur Frédéric. Le pape, ayant besoin d'argent, tant pour payer ses dettes, que pour lever des troupes, envoya de tous côtés des nonces à tous les évêques, abbés & prieurs, avec ordre de lui faire passer, à telle journée, tant d'argent, sous peine d'interdit & d'excommunication. Ces nonces exécutoient si rigoureusement les ordres du pape, qu'ils faisoient même vendre les prés en herbes, & les vignes en fleurs. Les prélats, qui n'avoient pas d'argent vendoient les vases sacrés, ou les mettoient en gage. Mathieu Paris, dans l'histoire de Henri III, fait mention d'un fameux nonce, nommé Etienne, qui avoit amené avec lui de l'Italie & de la Lombardie des usuriers, qui, sous le titre de négocians, offroient aux indigens & aux pauvres de l'argent à énormes usures, le nonce même les forçoit de prendre leur argent, sous menace des plus rigoureuses peines. En peu de temps ils envahirent les fortunes des particuliers, les princes les plus riches leur devoient des sommes immenses; les états furent leurs tributaires. Delà les lombards se répandirent dans les différentes contrées de l'Europe, & notamment dans l'Angleterre, les Pays Bas, & l'Allemagne, où ils se sont maintenus long-temps le nom en est resté à ceux qui depuis eux ont fait commerce dans les différens pays.

On a cru devoir se dispenser d'entrer dans le détail de l'histoire des établissemens de ces lombards, leur origine a donné lieu à nombre décrits pour & contre, & leur exaction à quantité de réglemens qu'il est superflu de rapporter. On appelle *Mont-de-Piété*, une caisse publique, où l'on peut emprunter de l'argent à peu de frais; on a institué ces caisses publiques, pour donner lieu aux pauvres de trouver sur gages des secours dans leurs besoins, sans être obligés d'emprunter chez des usuriers, qui les ruineroient par des intérêts considérables: c'est ainsi que l'exprime l'auteur des conférences ecclésiastiques de Paris, traité de l'usure.

Ce fut en Italie, au quinzieme siècle, qu'on vit s'élever les premiers *Monts de-Piété*. L'usure, dit le docteur Ceretti, dans son histoire des *Monts-de-Piété*, faisoit les plus grands ravages; tout gémissoit sous l'empire des usuriers; la plupart des états étoient devenus tributaires des juifs & des lombards; ils avoient ruiné une infinité de famille, soit en tirant 60 ou 80 pour cent d'intérêt des sommes qu'ils prêtoient sur gages, soit en s'appropriant les gages mêmes, lorsque les propriétaires ne se rendoient pas au temps pour les retirer.

Ces usures accumulées ruinoient le commerce, l'émulation étoit éteinte, tout languissoit dans un état d'épuisement & de foiblesse, toutes les richesses des particuliers & de l'état passoient par le canal de l'usure, dans les mains d'usurpateurs avides, qui fermoient toute issue à la circulation, en gardant le produit de leur vexation, enfin des personnes charitables de la ville de Pérouse formerent une caisse publique pour être employée à secourir leurs concitoyens. Ceux qui manquoient d'argent pour leur subsistance particulière, trouverent à emprunter des sommes légères, sans intérêts, en y laissant seulement un gage pour la sûreté du prêt; ceux qui furent obligés d'emprunter des sommes considérables pour soutenir leur commerce & leur crédit, y trouverent les mêmes secours, en déposant pareillement un gage équivalent à la somme empruntée, & en payant pour les frais un dédommagement modique, selon le temps que leur gage restoit en dépôt: ce pieux établissement fût nommé *Mont-de Piété*.

Le public, ajoute le docteur Ceretti, en ressentit bientôt l'utilité. Les pérusiens respirerent; le citoyen indigent ou pressé, n'étoit plus réduit, en s'humiliant devant les usuriers, à mendier d'eux sa ruine; le *Mont-de-Piété*, qui secouroit gratuitement les pauvres, remplissoit à leur égard les fonctions de la providence. Le négociant qui, pressé d'acquitter une lettre de change, auroit péri, pour n'oser emprunter une somme sur ses marchandises de peur d'ébranler son crédit, trouvoit dans le *mont-de Piété* une ressource secrete & assurée qui sauvoit sa fortune.

Les particuliers qui n'achetoient auparavant qu'avec réserve, dans la crainte, s'il leur survenoit un contre-temps, d'être obligés d'emprunter à gros intérêts sur ces marchandises, ou de les vendre à une perte considérable, achetoient, à la faveur des *monts-de-Piété*, avec plus de hardiesse & de confiance, par la certitude de trouver au besoin de l'argent sur les effets achetés. De-là une circulation utile au commerce; le peuple, en général, plus aisé, acquittoit facilement les impôts & autres charges de l'état; cette rosée bienfaisante se répandoit également sur les créanciers & les débiteurs, qui avoient tous deux la satisfaction, l'un d'éteindre sa dette, & l'autre de recevoir sa créance : enfin tous les pérusiens soulagés, se dégagerent insensiblement du lieu des usuriers, & par la continuité, la facilité des secours, toutes les avenues furent fermées à l'usure. Ces établissemens, dont l'utilité ne tarda guère à se faire sentir, déterminerent la Pape Sixte IV à ériger un *mont-de-Piété* à Savone, sa patrie en 1479; Innocent VIII vingt ans après, en forma à Césene & à Mantoue; la ville de Padoue en vît pareillement un s'établir par ordre du gouvernement l'an 1491; l'on fit fermer douze banques des juifs, qui exigeoient le quint ou la cinquieme partie du principal pour usure, au lieu de quoi l'on ne prit que le vingtieme.

L'année suivante 1492, des habitans de Florence formerent aussi un *mont-de-Piété*; enfin Jules II, par sa bulle de 1506, érigea aussi un *mont de-Piété* à Bologne, sa patrie.

Le concile de Latran ayant solemnellement & authentiquement approuvé ces sortes d'établissemens, Paul III en établit à Rome en 1539. En 1555, il en fut établi à Vicense, le pape Jules III lui fit une concession considérable.

On en vit bientôt se former dans plusieurs états de l'Europe, à Naples, à Milan, à Bruxelles, à Gand, à Amsterdam; il y en a à Bruges, Ypres, Lille; & tout récemment l'illustre Gustave vient d'en établir en Suède, où ceux qui empruntent, donnent seulement des gages, parce que les fondateurs ont laissé des fonds, pour subvenir aux frais.

Il y en a également en Espagne; mais la modicité des fonds empêche qu'on puisse en tirer de grands avantages : on en a établis aussi en Angleterre, en faveur du peuple.

Les villes de Sedan, Nancy, Arras, ont aussi des *monts-de-piété*; ils ont été autorisés & confirmés par nos rois. Louis XIII a tenté, dans le dernier siècle, d'en établir généralement en France par son édit du mois de février 1626, enrégistré au parlement le 6 mars suivant; des circonstances particulières le firent supprimer par sa déclaration du 28 juin 1647. Dans le tems de la minorité de Louis XIV, on fit de nouvelles tentatives pour l'établissement d'un *mont-de-piété* à Paris; la reine régente le refusa. Brillon, dict. des arrêts.

Enfin Louis XIV, par sa déclaration du mois de septembre 1643, en avoit accordé le brevet au chevalier Balthazard Gerbier, & s'étoit proposé d'en établir à Paris & dans les principales villes du royaume. Il ne put trouver ses fonds, le privilège n'eut pas lieu. Il paroît que depuis ce tems-là, il n'avoit été question d'un pareil établissement qu'en projet, lorsqu'en 1777, le gouvernement s'en occupa d'une manière sérieuse, & l'établissement fut formé à-peu-près, d'après le plan qui fut proposé par un avocat au parlement dans un ouvrage fort bien fait, qui parut en 1775, sous le titre de *Moyen d'extirper l'usure ou établissement d'une caisse de prêt public*.

Il y auroit peut-être de longs détails à faire connoître, si l'on ne vouloit laisser rien ignorer au lecteur de ce qui a rapport à cet établissement: mais ces développemens nous conduiroient trop loin; nous nous bornerons à l'essentiel, qui est l'administration intérieure & la police observée, tant par les prêteurs que par les emprunteurs & les agens du *mont-de-piété*. L'on trouvera ces connoissances positives dans le réglement d'administration, homologué au parlement le 26 février 1778, & dans une instruction-sommaire qui le suivra. On aura ainsi le positif de la police du *mont-de-piété*, auquel on n'a encore rien changé, probablement parce qu'il ne seroit guère possible de mieux faire, si ce n'est qu'on diminuât un peu l'intérêt, qu'on obligeât les commis & employés à être un peu moins grossiers avec le public.

Reglement d'administration du mont-de-piété, *du 5 janvier 1778, homologué au parlement le 26 février de la même année.*

EXTRAIT DES REGISTRES DU PARLEMENT.

Vu par la cour la requête présentée par le procureur général du roi, tendante à ce qu'il plût à la cour homologuer la délibération du bureau d'administration du *mont-de-piété*, du 5 janvier de la présente année 1778, pour être ladite délibération exécutée selon sa forme & teneur; ordonner que ladite délibération, ensemble l'arrêt qui interviendra seront imprimés & affichés par-tout où besoin sera. Vu aussi ladite délibération attachée à ladite requête signée du procureur général du roi.

Suit la teneur de ladite délibération.

Extrait du régistre des délibérations du bureau d'administration du mont-de-piété.

Du lundi 5 janvier 1778, après midi, en la séance tenue en l'hôtel de M. le lieutenant-général de police, où étoient présens M. le lieutenant-général de police, MM. Josson, Vieillard, Basly & Henry.

Le bureau s'étant occupé, depuis l'établissement du *mont-de-piété*, de la rédaction d'un réglement propre à fixer, quant à présent, son administration, en a arrêté provisoirement les articles ainsi qu'il suit :

Bureaux.

ART. I. L'administration du *mont-de-piété* sera partagée en plusieurs bureaux, lesquels seront établis en une même maison.

SAVOIR :

Le bureau d'administration.

Le bureau de la direction.

Le bureau du magasin.

Et le bureau de la caisse.

Se réserve le bureau d'établir par la suite, s'il le juge nécessaire, un ou plusieurs bureaux particuliers, sous la dénomination de prêt auxiliaire, pour les emprunts de sommes depuis 3 liv. jusqu'à la somme de 50 liv., conformément à l'art. 3. des lettres-patentes portant établissement du *mont-de-piété*.

III. Le bureau d'administration sera composé de M. le lieutenant-général de police, qui y présidera comme chef, de MM. les administrateurs & du greffier.

IV. Il se tiendra dans une des salles de la maison dudit établissement, le mercredi de quinzaine en quinzaine, sauf à en convoquer d'extraordinaires quand ils seront jugés nécessaires, & la convocation de chaque bureau, tant ordinaire qu'extraordinaire, sera faite par billets signés & adressés par le greffier à chacun des administrateurs.

V. Le bureau de la direction dans lequel se feront le contrôle & la vérification des opérations de l'établissement sera composé du directeur-général, d'un premier commis, de trois autres commis & d'un garçon de bureau.

VI. Le bureau du magasin sera composé du garde-magasin, de trois commis aux écritures & de deux garçons de magasin.

VII. Le bureau de la caisse sera composé du caissier, de trois commis aux écritures & d'un garçon de caisse.

VIII. Les bureaux seront ouverts au public tous les jours, à l'exception des fêtes & dimanches, depuis neuf heures du matin jusqu'à une heure après-midi, & depuis trois heures de relevée jusqu'à sept du soir.

Officiers & préposés.

IX. Le greffier, le directeur-général & autres officiers préposés & employés, ne pourront être admis à faire leurs fonctions qu'après avoir prêté serment au bureau de bien & fidelement s'en acquitter, conformément à l'article 12 des lettres patentes.

Greffiers.

X. Il sera chargé de porter sur un régistre toutes les délibérations qui seront prises au bureau, d'en délivrer toutes les expéditions nécessaires, ensemble de tous les autres actes qui pourront être portés sur les régistres des délibérations ; le tout sans pouvoir exiger aucune rétribution, conformément audit article 12.

XI. Il sera réservé dans la maison louée pour ledit établissement, & attenant le bureau d'administration, s'il est possible, une ou deux pièces qui seront destinées à serrer les archives dudit établissement, anciens régistres, comptes, bordereaux & autres pièces qui seront nécessaires à garder.

XII. Ce dépôt des archives sera confié à la garde du greffier du bureau, & il en aura seul les clefs.

Directeur général.

XIII. Il aura séance au bureau d'administration lorsqu'il y sera mandé, ou lorsqu'il aura quelque rapport à y faire, sans néanmoins qu'il ait aucune voix délibérative.

XIV. Lorsqu'il y aura quelques places de préposés & d'employés à remplir, il présentera au moins deux sujets au bureau qui nommera l'un desdits sujets, s'il le juge capable, sans que le bureau puisse en aucun cas être gêné par la présentation qui lui sera faite par le directeur-général.

XV. Il ne pourra cependant pas présenter pour la place de greffier, lorsqu'elle viendra à vaquer, laquelle sera à la nomination du bureau sans aucune présentation.

XVI. Il aura inspection sur tous les bureaux & sur les commis & employés, veillera à ce qu'il ne s'y passe rien contre les réglemens, & à l'exécution des ordres du bureau ; & si quelques commis s'écartoient de l'obéissance & de l'exactitude, sans avoir égard à ce qu'il leur auroit été prescrit par le directeur général, ce dernier en fera son rapport au bureau qui statuera ce qu'il jugera à propos.

XVII. Il tiendra la correspondance de toutes les lettres, mémoires & placets relatifs à l'administration dudit établissement ; il répondra au public, & lorsqu'il y aura quelques difficultés, il en référera à un des administrateurs qui décidera provisoirement, sauf par lui à en être fait rapport au premier bureau, & être, par le bureau, ordonné ce que de raison : il exécutera & fera exécuter les délibérations du bureau : il pourra se faire fournir par le garde magasin, le caissier & par les autres préposés & employés de tous les bureaux, tels bulletins, états & comptes qu'il jugera nécessaires.

XVIII. Il tiendra deux caisses particulières, l'une du produit du droit de deux deniers pour livre par mois, & l'autre du *boni*, c'est-à-dire, de l'excédent revenant à chaque emprunteur sur l'effet qu'il aura déposé & qui aura été vendu faute d'avoir été retiré à l'expiration de l'année du prêt, cette dernière caisse sera fermée à deux clefs, dont l'une entre les mains d'un des administrateurs, & l'autre dans les siennes.

XIX. Il sera aussi chargé d'acquitter les intérêts des fonds consignés dans la caisse générale, tous les frais de régie de quelque nature qu'ils soient, & le *boni* revenant à chaque emprunteur, en observant toutefois de ne payer lesdits intérêts & frais de régie que sur le mandat de l'un des administrateurs, ou sur un coupon visé aussi par l'un d'eux.

XX. En conséquence il tiendra deux régistres : 1°. un régistre de recette & dépense journaliere : chaque page de ce régistre sera séparée en deux parties par une ligne perpendiculaire, une partie servira pour l'enrégistrement de la récette de la somme totale que le caissier versera jour par jour du montant du droit de deux deniers pour livre qu'il aura perçue ; dans l'autre partie seront enrégistrées toutes les dépenses qui seront à la charge du droit de deux deniers pour livre, telles que les intérêts des fonds consignés dans la caisse & généralement tous les frais de régie de quelque nature qu'ils soient. 2°. Un régistre de compte ouvert des sommes provenant d'excédents sur le prix des effets vendus. Le directeur y fera à mi-page, article par article, recette du *boni* lorsque le caissier le lui versera, & à l'autre mi-page, il fera dépense dudit *boni* lorsqu'il restituera au porteur de la reconnoissance qui aura été délivrée à l'emprunteur.

XXI. Il sera tenu encore dans son bureau un régistre de contrôle par un commis contrôleur, de toutes les opérations qui se feront jour par jour, soit au magasin, soit à la caisse.

XXII. Il fournira tous les mois au bureau un bordereau des recettes & dépenses générales, & un tableau de situation du magasin & de la caisse, lesquels y seront arrêtés, & chaque année il dressera, d'après lesdits bordereaux, un compte général & le présentera aux quatre commissaires du parlement, pour être ledit compte par eux clos & arrêté; duquel compte il en déposera un double au greffe du parlement; le tout conformément à l'article 16 desdites lettres-patentes ; à l'égard de l'original dudit compte, il sera déposé aux archives.

XXIII. En cas de maladie ou autre empêchement légitime, le directeur général ne pourra se faire représenter dans son bureau que par un des préposés & employés dans ledit établissement, & il restera toujours garant de celui dont il aura fait choix.

Garde-magasin.

XXIV. Le garde-magasin, sous les ordres du directeur général, aura toute autorité dans son bureau : & si quelques-uns des commis de ce bureau s'écartoient de leur devoir, il les avertira, & s'ils ne faisoient point attention à ses avertissemens. Il en préviendra le directeur général.

XXV. Il aura seul les clefs des différens magasins où seront déposés les effets donnés en nantissement & qui seront à sa garde.

XXVI. Et afin que les effets, dont le garde-magasin sera dépositaire, ne soient pas confondus & qu'ils puissent se trouver facilement, il réunira ensemble dans une même armoire ou tiroir tous les bijoux & meubles de même espèce, de manière que lorsque l'on viendra pour retirer une montre, une bague, une épée, une boëte, on puisse les trouver, l'une dans le tiroir aux montres, l'autre dans le tiroir aux bagues, & ainsi des autres, chaque armoire ou tiroir aura extérieurement une marque indicative des effets qu'ils contiendront; il sera attaché à chaque bijou, meubles ou ustensiles une étiquette avec un fil dont le nœud sera cacheté du cachet des huissiers-commissaires-priseurs & de celui de l'emprunteur, s'il le desire, sur celle étiquette sera écrit le nom de l'emprunteur, le numéro de l'enrégistrement & l'année du prêt.

XXVIII. Il ne délivrera aucun effet sans confronter le régistre de l'enrégistrement avec l'étiquette de l'effet & la quittance du caissier ou la décharge de l'huissier-commissaire-priseur, lesquelles lui seront remises & serviront à opérer sa décharge.

XXVIII. Il fournira chaque jour au directeur-général un bulletin contenant le montant des sommes qui auront dû être prêtées sur les effets qui lui auront été déposés, & contenant aussi le montant des sommes qui auront dû être payées à la caisse par les emprunteurs pour reprises de leur nantissement.

XXIX. Il tiendra deux régistres, le premier sera intitulé, régistre journalier d'engagement; il servira à porter la désignation des effets de nantissement qui seront entrés dans le magasin, la valeur à laquelle ils auront été estimés, les noms, professions & demeures de l'emprunteur, la somme & la date du prêt, & il sera réservé une colonne pour y faire note du numéro & de la date du dégagement lorsqu'il aura lieu, ainsi que du montant des droits qui auront été perçus, & le nombre des mois que les effets seront restés en nantissement; chacun de ces deux régistres sera divisé en deux volumes, l'un pour les numéros impairs, commençant par les numéros 1, 3, 5, 7, &c. successivement, jusqu'où ils pourront aller pendant l'année, & l'autre pour les numéros pairs, commençant par les numéros 2, 4, 6, 8, &c. jusqu'où ils pourront aller aussi pendant l'année. Le premier jour de l'année le garde-magasin se servira du régistre des numéros impairs ; le second jour il prendra le régistre des numéros pairs ; le troisieme jour il fera son travail sur le régistre des numéros impairs, & ainsi alternativement ; cette opération ainsi arrêtée pour procurer au commis-vérificateur la commodité de vérifier toutes les opérations faites la veille & ne pas retarder celles qui se feroient journellement.

XXX. Pour faciliter les recherches des nantissemens, il sera tenu dans le bureau du magasin un autre régistre, lequel sera intitulé, régistre répertoire ; il contiendra seulement par ordre le numéro des engagemens & une indicative des armoires & tiroirs où chaque effet est renfermé.

XXXI. Lorsque quelqu'empêchement légitime ne permettra pas au garde-magasin d'être à son bureau, il pourra se faire représenter, de l'agrément du directeur général, par tel des commis des différens bureaux de l'établissement qu'il jugera à propos, en restant néanmoins par ledit garde-magasin personnellement garant du commis qu'il mettroit à sa place.

Caissier.

XXXII. Il aura sous les ordres du directeur-général toute autorité dans son bureau, en conséquence il portera au directeur-général les plaintes qu'il auroit à faire contre les commis de son bureau qui s'écarteroient de leur devoir & qui ne feroit pas attention aux différens avertissemens qu'il leur auroit donnés.

XXXIII. Il y aura deux caisses ; l'une, dont il aura seul la clef, qui contiendra les sommes que le bureau jugera nécessaires pour le service journalier ; l'autre aura trois clefs, dont la première entre les mains d'un des administrateurs, la deuxieme entre les mains du directeur général, la troisieme entre les mains dudit caissier ; cette dernière caisse contiendra les fonds dudit établissement qui ne seront pas nécessaires au service journalier.

XXXIV. Il fournira chaque jour au directeur-général un bulletin des opérations qui auront été faites dans son bureau.

XXXV. Il y aura quatre régistres. 1°. Un régistre à mi-page, contenant à l'une, recette des fonds qui seront versés dans sa caisse pour faire les prêts sur nantissement, & à l'autre, la dépense desdites sommes lorsqu'il en fera le remboursement aux prêteurs. 2°. Un régistre journal des prêts sur nantissement ; il y portera en dépense toutes les sommes qu'il payera pour prêts faits aux emprunteurs ; chaque page de ce régistre contiendra deux parties séparées par une double ligne perpendiculaire, l'une pour l'enrégistrement des prêts, l'autre pour la date & le numéro des remboursemens. 3°. Un régistre journal des remboursemens ; il y portera en recette toutes les sommes qu'il recevra pour remboursement desdits prêts sur nantissement, droits d'iceux & de *boni*. 4°. Un régistre ou sommier de recette & dépense générale, à mi-page, contenant dans l'une la recette, article par article, tant des fonds qui seront versés dans sa caisse pour faire les prêts sur nantissement, & à l'autre mi-page, la dépense, article par article des remboursemens qu'il fera des fonds qui auront été versés dans sa caisse & la dépense des sommes qu'il payera chaque jour pour prêt sur nantissement.

XXXVI. Le caissier, en cas d'absence & d'empêchement légitime, pourra, de l'agrément du directeur-général, se faire remplacer par tel commis de bureaux qu'il jugera à propos, en demeurant toujours par lui personnellement garant de ceux qui le remplaceront.

Employés & préposés.

XXXVII. Ils se rendront aux bureaux le matin une heure avant l'ouverture qui en sera faite par le public, ainsi qu'il est dit article 8 ; & ils y resteront le soir jusqu'à huit heures ; pendant ces deux heures qu'ils auront de tranquillité dans la journée, ils pourront le matin disposer leur travail de manière à donner à leurs opérations toute la célérité possible vis-à-vis du public, & le soir ils seront à portée de faire leur récapitulation, expédier leur bulletin du jour, & enfin de ne rien laisser en arrière pour le lendemain.

XXXVIII. Ils seront sous la dépendance du directeur-général & des chefs des bureaux, chacun dans son district leur porteront honneur & leur obéiront, sauf, en cas de plainte de leur part, à y être statué par le bureau.

XXXIX. Aucun employé & préposé dans les bureaux, quelque titre qu'il ait, ne pourra recevoir aucun gage ni faire aucun prêt pour son compte particulier, ni contribuer en aucune manière à aucuns de ceux qui seroient étrangers à l'établissement, même après le refus dans les bureaux, à peine d'être destitué de son emploi, & sous telle autre peine qu'il appartiendra.

XL. Le directeur-général, le garde-magasin & le caissier consigneront en la caisse générale dudit établissement, pour le montant de leur cautionnement provisoire & en attendant que le bureau les ait fixé définitivement. Savoir : le directeur-général, la somme de soixante mille livres ; le garde-magasin, la somme de cinquante mille livres le caissier, la somme de trente mille livres ; lesquels cautionnemens provisoires ils seront tenus d'effectuer d'ici au premier avril.

XLI. A l'égard des autres employés & préposés, ils fourniront un cautionnement en bien fonds jusqu'à la concurrence de la somme de deux mille livres chacun, si mieux ils n'aiment déposer à la caisse générale ladite somme en argent.

XLII. Les intérêts de tous les cautionnemens en argent seront payés sur le pied de cinq pour cent, à compter du jour qu'ils auront été effectués, conformément à l'article 2 desdites lettres-patentes.

XLIII. Tous les actes relatifs audit cautionnement seront passés devant le notaire du bureau.

XLIV. Tous les régistres relatifs audit établissemens seront cotés & paraphés par premier & dernier feuillet par un des administrateurs.

XLV. Tous les régistres, états, bordereaux, bulletins, billets & acquits seront imprimés, conformément aux différens modeles qui viennent d'être arrêtés par le bureau, lesquels modeles demeureront déposés dans la pièce qui sera destinée à mettre les archives.

Huissiers-commissaires-priseurs.

XLVI. La communauté des huissiers-commissaires-priseurs sera tenue d'envoyer journellement au bureau, lorsqu'il sera ouvert, le nombre d'huissiers commissaires-priseurs qui sera nécessaire, tant pour les estimations des nantissemens qui seront apportés au bureau, que pour faire la vente publique des nantissemens qui ne seroient point retirés dans l'année du prêt, de sorte que le service public ne puisse souffrir aucun retard.

XLVII. Elle enverra chaque mois au bureau une copie certifiée par un des Syndics ou par le greffier de l'état qui aura été arrêtée de tous ceux de ses officiers qui devront faire ces différens services dans le mois.

XLVIII. Elle ne pourra exiger, pour raison desdites estimations & ventes, plus forts droits que ceux qui lui sont attribués par les articles 2 & 7 desdites lettres-patentes, sans qu'il puisse être pretendus aucuns droits pour les évaluations qui seroient faites, mais qui ne seroient suivies d'aucuns prêts de la part du bureau.

XLIX. Sera libre à ladite communauté de faire faire un cachet qui lui soit particulier, lequel cachet, une fois adopté, ne pourra plus être changé que du consentement du bureau; l'empreinte duquel cachet sera déposée aux archives du *mont-de-Piété*, & à tel autre greffe qu'il sera ordonné par M. le lieutenant-général de police.

L. Les huissiers-commissaires-priseurs pourront faire appliquer ledit cachet sur l'étiquette qui sera mise aux différens nantissemens sur lesquels il aura été prêté quelques sommes, même signer ladite étiquette, sans cependant que le défaut d'aucunes de ces formalités puissent porter atteinte à la garantie que la communauté des huissiers-commissaires-priseurs doit au bureau, aux termes desdites lettres-patentes & qui sera ci-après stipulé.

LI. Sera permis à ladite communauté de faire tenir par ses membres qui seront de service au bureau, un régistre en forme de journal, qui contiendra seulement le numéro, sous lequel le nantissement évalué aura été porté sur le régistre du garde-magasin, le montant de l'évaluation & celui de la somme prêtée par le bureau.

LII. L'huissier-commissaire-priseur qui aura fait une évaluation qui sera suivie de prêt, sera tenu de signer l'article de son évaluation sur le régistre journalier d'engagement qui sera tenu dans le bureau du garde magasin, conformément à l'article 19 ci-dessus.

LIII. Lorsqu'un effet mis en nantissement sera dans le cas d'être vendu, l'huissier-commissaire-priseur, qui sera chargé d'en faire la vente, sera tenu de s'en charger envers le garde-magasin, qui au moyen de la reconnoissance que lui aura donnée l'huissier-commissaire-priseur, en sera valablement déchargé envers le bureau.

LIV. Encore que l'effet ne doive être remis à l'huissier-commissaire-priseur qu'afin de procéder à la vente, il pourra néanmoins s'en charger dès le matin du jour auquel elle aura été indiquée, dans le cas où il croiroit utile de le faire voir, pourvu que ledit effet ne soit pas déplacé de la maison du *mont-de-Piété*.

LV. Dans le cas où un effet apprécié ne seroit pas porté à la vente, lors d'une première exposition, au montant de la somme prêtée & accessoires, l'huissier-commissaire-priseur qui procédera à ladite vente, pourra en remettre, une fois seulement, l'adjudication à un autre jour qui ne pourra pas être plus éloigné que de huitaine; & si cette remise ne remplissoit pas son objet & qu'il lui parut nécessaire d'indiquer une troisieme remise, l'huissier-commissaire-priseur ne pourra l'annoncer qu'après en avoir référé au bureau ou à un des administrateurs qui l'autorisera ou non ainsi qu'il le jugera convenable, & à chaque remise, l'huissier-commissaire-priseur sera tenu de rétablir dans l'instant le nantissement dans le magasin.

LVI. Si dans l'intervalle de ses remises l'emprunteur se présente pour retirer son gage, il lui sera libre de le faire, & l'effet lui sera rendu, & la communauté ne pourra prétendre aucuns droits pour raison des premières expositions, & en toute circonstance, il ne pourra être répété qu'un seul droit, & au cas de vente seulement, conformément à l'article 7 desdites lettres-patentes.

LVII. Tout huissier-commissaire-priseur qui aura procédé à la vente d'un effet mis en nantissement, sera tenu de remettre, aussi-tôt après ladite vente, le paye l'intérêt à cinq pour cent, sans retenue, il n'y a que les commis qui ne sont chargés d'aucune montant d'icelle au caissier avec un extrait de l'acte de vente; le caissier gardera entre ses mains le montant de la somme prêtée, & versera entre les mains du directeur-général l'excédant des sommes prêtées, en distinguant le montant des deux deniers pour livre dans le boni.

LVIII. La communauté des huissiers-commissaires-priseurs sera, aux termes de l'article 2 desdites lettres-patentes, garante envers le bureau de l'évaluation que ses membres auront faites des nantissemens, de sorte que le bureau puisse toujours être assuré de la rentrée de la somme qui aura été prêtée d'après ladite évaluation & des deux deniers pour livre par mois du montant des sommes prêtées.

Emprunteurs.

LIX. Les effets sur lesquels l'on desirera emprunter, seront portés au bureau du garde-magasin, où il sera incontinent procédé à l'évaluation par l'un des huissiers-commissaires-priseurs de service; & si l'emprunteur acquiesce à l'estimation, elle sera portée sur le régistre d'engagement qui sera signé de l'huissier-commissaire-priseur, il sera délivré par le garde-magasin à l'emprunteur, pour sa sûreté, une reconnoissance détaillée au porteur, & une par extrait pour recevoir à la caisse le montant du prêt, lesdites deux reconnoissances visées par le commis chargé du contrôle; le numéro du régistre du garde-magasin, sera marqué en tête desdites reconnoissances & extraits, & le caissier inscrira sous le même numéro le paiement sur le livre de caisse.

LX. Dans le cas où le garde-magasin refuseroit d'admettre un effet comme n'étant pas de nature ou de valeur à former un nantissement, l'emprunteur pourra s'adresser au directeur & même exiger qu'il en soit référé à l'un des administrateurs & dans le cas où l'administrateur décidera l'effet recevable, l'article porté sur le régistre sera par lui visé.

LXI. Tout porteur de reconnoissance délivrée au *mont-de-Piété* pourra, quand bon lui semblera, dans l'année du prêt, retirer l'effet mis en nantissement. Pour y parvenir, il présentera sa reconnoissance au caissier & lui payera la somme prêtée ainsi que les deux deniers pour livre, conformément à l'article 4 desdites lettres patentes; & ladite reconnoissance sur laquelle le caissier aura mis son reçu, sera portée au commis chargé du contrôle pour la viser & en faire mention sur son régistre; ensuite de quoi le porteur de la reconnoissance la mettra au garde-magasin, qui lui délivrera l'effet mis en nantissement.

LXII. Dans le cas où l'emprunteur perdroit la reconnoissance qui lui aura été délivrée, il sera tenu d'en venir faire & signer sa déclaration, avant l'expiration de l'année du prêt, au directeur général qui la portera sur le régistre d'engagement, en marge de l'article; & ce ne sera qu'après ladite année du prêt expirée, que le nantissement réclamé pourra être rendu au déclarant, en en donnant par lui bonne & valable décharge par acte passé devant notaires, contenant sa garantie & celle d'une personne domiciliée & solvable envers le bureau pour raison de tous événemens, & de tous depens, dommages & intérêts; il en sera de même pour la répétition du boni, le cas échéant.

Instruction sur le mont-de-piété.

Les lettres-patentes du roi, constitutives du *mont-de-Piété*, sont du 9 décembre 1777, elles ont été régistrées en parlement le 12 du même mois. Cet établissement a été ouvert au public le premier janvier 1778. Il est surveillé & dirigé par une administration gratuite & charitable, composée de M. le lieutenant-général de police, qui en est le chef, & d'administrateurs de l'hôpital-général, d'abord au nombre de quatre, & ensuite de six, laquelle tient ses bureaux d'assemblée tous les mercredis, de quinzaine en quinzaine.

C'est avec les fonds que le *mont-de-Piété* emprunte du public, qu'il fait les prêts sur nantissement au public.

La caisse de cet établissement n'est donc pas seulement ouverte aux emprunteurs, elle l'est aussi aux capitalistes qui ont des fonds à placer.

Les emprunts que le *mont-de-Piété* fait, sont: à constitution à cinq pour cent sans retenue. Et par billets d'un an, avec billets pour les intérêts à quatre & demi pour cent. On ne paye aucun intérêt aux capitalistes qui demandent & obtiennent le remboursement de leurs fonds dans le premier mois du placement.

Si le remboursement a lieu après le premier mois révolu, & avant six mois du placement, l'intérêt n'est que de trois & demi pour cent à l'égard des fonds remboursés après le sixieme mois, & avant l'échéance du billet d'un an, l'intérêt en est payé à quatre pour cent.

Le directeur général & tous les commis, ainsi que les commissionnaires au *mont-de-Piété*, sont tenus de fournir un cautionnement; savoir, le directeur-général, soixante mille livres, le sous-directeur, dix mille livres les deux garde-magasins, chacun trente-cinq mille livres.

Il n'y a qu'un garde-magasin, dont le cautionnement est de cinquante mille livres, & un sous-garde-magasin dont le cautionnement est de vingt mille livres, le caissier, trente mille livres; le premier commis de la comptabilité, huit mille livres, tous les autres commis deux mille livres; les commissionnaires, chacun douze mille livres.

Tous ces cautionnemens doivent être en argent consigné dans la caisse, & le *mont-de-Piété* en comptabilité au dépôt, qui peuvent fournir leur cautionnement sans consignation, & seulement par hypotheque sur les immeubles.

Les bureaux sont ouverts tous les jours depuis huit heures du matin jusqu'à une heure après midi, & de relevée, depuis trois heures jusqu'à sept heures du soir. Il en est de même de la vente des effets de nantissement non dégagés, à l'exception qu'elle ne commence le matin qu'à dix heures, & de relevée, qu'à quatre heures jusqu'à huit heures du soir. Les fêtes le *mont-de-Piété* est fermé, ainsi que le mardi gras, les dimanches & le vendredi-saint.

On a établi dans la maison un corps-de-garde de Pompiers, & un autre de la garde de Paris, composé d'un sergent & six fusiliers, dont trois sont en faction jour & nuit. Indépendamment de ces deux corps-de-garde qui ne sont que pour la sûreté de la maison, le bon ordre est maintenu, pendant le service, par des fusiliers de la garde de Paris, posés en sentinelle dans tous les bureaux & dans toutes les salles d'attente du public, par un sergent chef de division qui les commande.

Il y a au *mont-de-Piété* six bureaux pour les engagemens, & six pour les remboursemens des prêts; ils sont désignés par premiere, seconde, troisieme, quatrieme, cinquieme & sixieme division.

C'est à la premiere division que l'on fait l'engagement des diamans, des bijoux précieux, & de toutes les dentelles, mousselines, toiles, étoffes & autres marchandises neuves & en pièces, ainsi que des tableaux, tapis, tapisseries & livres.

A la deuxieme division, on engage l'argenterie, les montres communes d'or & d'argent, les boucles, cannes, épées, fusils, pistolets, feux, bras de cheminée, & autres bronzes.

La troisieme division est en aide des deux premiers, pour les objets de même nature, mais de moindre valeur.

Les dernieres divisions sont pour les hardes & linges, coupons de dentelles, mousselines, toiles, étoffes, boucles, bijoux, & autres effets de nantissement les plus communs.

Néanmoins il arrive souvent, suivant le plus ou le moins d'engagemens qu'il y a à faire, & particuliérement aux fins de mois, aux veilles & lendemains de fêtes, où les engagemens sont plus nombreux, que cette distribution des nantissemens dans les différentes divisions n'est pas exactement suivie, & que les bureaux les moins chargés viennent au secours de ceux qui le sont le plus.

Indépendamment des douze bureaux, dont il est ci-dessus parlé, c'est-à-dire, des six bureaux d'engagemens & des six bureaux de recette des remboursemens, il y a celui d'aunage pour toutes les pièces & coupons qui en sont susceptibles, les emprunteurs doivent y présenter leurs nantissemens aunables, avant d'aller dans les bureaux d'engagemens.

Il faut être connu & domicilié, ou assisté d'un répondant connu & domicilié, pour emprunter au *mont-de-Piété* sur nantissement; & de même pour renouveller l'engagement des nantissemens.

L'affluence des emprunteurs qui viennent journellement au *mont-de-Piété*, a nécessité d'établir parmi eux un ordre au moyen duquel ils puissent être expédiés chacun suivant le rang de leur arrivée. A cet effet, tous les emprunteurs sont tenus de s'adresser au portier de la rue des blancs Manteaux, & de lui désigner la nature des effets qu'ils apportent. Ce portier leur remet un numéro, qui, en fixant leur rang, leur indique en même temps la division où ils doivent se rendre, & où leurs nantissemens peuvent être prisés suivant l'espèce dont ils sont. Il y a pour chaque division, une salle dans laquelle les emprunteurs peuvent s'asseoir en attendant que le garçon de prisée leur vienne demander leur nantissement. Aussitôt que ce garçon l'a reçu, il le présente à l'appréciation; ensuite il vient annoncer à l'emprunteur la somme qu'on lui offre. Si l'emprunteur la refuse, le nantissement lui est à l'instant rendu; s'il acquiesce à la somme offerte, on le fait entrer dans le bureau d'engagement, où il déclare ses noms, profession & demeure. L'enrégistrement fait & signé par l'emprunteur, & la reconnoissance expédiée, le contrôleur payeur la lui remet avec le montant du prêt, déduction faite du droit de prisée.

Les personnes qui ont des motifs de considération pour ne pas se montrer dans les bureaux, peuvent se présenter au directeur-général, qui envoie par un garçon de la direction les nantissemens à l'appréciation, & se charge de consommer le prêt.

Les reconnoissances délivrées aux emprunteurs annoncent que leurs nantissemens leur sont rendus à tel jour qu'il leur plaira d'en faire le dégagement, pourvu que ce soit depuis huit heures du matin jusqu'à une heure après midi, attendu qu'on ne fait aucun dégagement les après midi.

Pour parvenir au dégagement d'un nantissement, le porteur de la reconnoissance doit d'abord aller au bureau de recette rembourser le montant du prêt en principal & droits; ce remboursement est inscrit sur le régistre du receveur & sur celui de son contrôleur; mention en est aussi portée sur la reconnoissance par le receveur, qui la passe à son contrôleur pour l'apostiller de son contrôle: ensuite elle est rendue par ce dernier au porteur, qui, arrivé dans la salle des dégagemens, la présente au guichet du premier commis, pour l'échanger contre un numéro d'appel, lequel contient le numéro d'engagement porté en la reconnoissance, & le montant du prêt.

Le porteur, sorti du guichet & muni de son numéro d'appel, reste dans la salle à attendre qu'on vit été chercher dans le magasin son nantissement ; & attentif aux numéros que les délivreurs appellent, lorsqu'il entend le sien, il va le remettre au délivreur, qui, après l'avoir comparé au numéro de la reconnoissance qu'il se trouve avoir sous les yeux, remet le nantissement au porteur.

Il est aisé de concevoir qu'un service aussi multiplié que celui de la remise de deux à trois mille nantissemens dans une matinée, laquelle réunit dans une même salle trois à quatre cents personnes à la fois, demande beaucoup de célérité & de précision pour maintenir l'ordre parmi cette foule de personnes qui entrent dans la salle des dégagemens, y attendent l'appel de leur numéro, & qui en sortent après avoir reçu leur nantissement, il a fallu faire usage de rampe de fer qui tracent la marche de tout le public, & lui indiquent son entrée, ses passages pour arriver au comptoir des délivreurs & sa sortie.

Le *Mont-de-Piété* donne la facilité aux emprunteurs de renouveller l'engagement de leurs nantissemens aussi-tôt l'année du prêt expirée. Dans ce cas, l'emprunteur est tenu de représenter sa reconnoissance, & de payer les droits dûs au *Mont-de-Piété* pour l'année échue, formant douze mois, & à raison de deux deniers pour livre, par mois, sans rien payer pour le treizième mois commencé, & l'emprunteur doit encore acquitter le droit pour la nouvelle prisée, à raison d'un denier pour livre, attendu que ce renouvellement n'est autre qu'un dégagement fait sur le vu d'un bon de commis, qui se charge de rembourser le premier prêt avec l'argent du nouveau prêt réalisé à l'instant du réengagement.

Comme il peut se trouver des obstacles au renouvellement d'engagement, le récépissé que l'on donne à l'emprunteur à l'instant où il dépose sa reconnoissance & où il paie les droits de l'année échue, ainsi que celui de la nouvelle prisée, contient avis audit emprunteur de ne revenir que dans trois jours, parce que cette opération n'a lieu qu'autant que le nantissement ne s'est pas détérioré, ou qu'autant qu'il n'a pas été formé d'opposition à sa délivrance, ou bien qu'autant que ledit nantissement n'est pas déjà vendu, ce dont il n'est pas possible de s'assurer sur-le-champ, à cause de la trop grande multiplicité des renouvellemens qui se font chaque jour.

Les effets non-dégagés ou qui ne sont pas réengagés après l'année de l'engagement révolue, sont aussi-tôt dans le cas d'être exposés en vente, & sont effectivement vendus. Sur le produit de la vente, le *Mont-de-Piété* retient la somme prêtée, & le droit de l'année. S'il y a du surplus, nommé *boni*, il se paie au porteur de la reconnoissance tous les jeudis matin, ou le vendredi, lorsqu'il est fête le jeudi. Le tout conformément à la délibération de l'administration du *Mont-de-Piété* du 20 février 1779, homologuée en parlement le 3 Mars 1779, aux lettres-patentes du 22 mars 1779, & à la sentence de police du 24 mars de la même année.

L'emprunteur qui perd sa reconnoissance, est autorisé à en venir faire sa déclaration au *Mont-de-Piété*, pour tenir lieu d'opposition à la délivrance du gage ou au paiement du *boni* qui en est provenu, si l'année de l'engagement se trouve expirée, & s'il est vendu.

Cette déclaration faite par l'emprunteur, c'est-à-dire, par la personne dénommée en l'engagement, lui donne droit de retirer sans la reconnoissance, le nantissement ou le *boni*, s'il ne se présente qu'après la vente ; ce qui toutefois, dans l'un & l'autre cas, n'a lieu qu'après qu'il en a donné décharge devant le notaire du *Mont-de-Piété*, avec caution solvable, & même par hypothèque sur immeubles, lorsqu'il est question d'une somme au-dessus de cent livres, laquelle caution se rend solidairement garante de tous évènemens envers le *Mont-de-Piété*.

Pour que les oppositions judiciaires faites à la délivrance des nantissemens, ou des *boni* qui en sont provenus, puissent être valables, il faut qu'elles soient visées du directeur-général. Elles n'empêchent pas la vente des nantissemens.

Cette vente ne peut avoir lieu que lorsque l'année d'engagement est révolue, & qu'en vertu d'un rôle rendu exécutoire par M. le lieutenant-général de police, qui ordonne que les effets désignés seront vendus. Pour indiquer la vente aux emprunteurs, les numéros des engagemens de leurs nantissemens sont préalablement affichés dans toutes les places & carrefours de Paris, avec avertissement, que faute d'avoir dégagé lesdits nantissemens pendant l'année du prêt, ils vont être vendus au *Mont-de-Piété*, au plus offrant & dernier enchérisseur. Avant chaque vacation, soit du matin ou de relevée, on affiche encore sous la porte cochere, près celle de la salle des ventes, les numéros de tous les objets à vendre pour la vacation : indépendamment de toutes ces affiches, il s'en fait une qui indique, par désignation générale, la nature des objets qui seront vendus chaque jour, & par chaque vacation, pour toute la semaine.

Lorsque le prix de la vente d'un nantissement est inférieur au montant du prêt en principal & droits, les douze huissiers-priseurs, délégués pour le service de l'établissement, sont garants du *déficit* envers leur communauté, qui en est responsable, & tenue de le payer au *Mont-de-Piété*.

Les matieres d'or & d'argent qui sont dans le cas d'être vendues au *Mont de-Piété*, ne peuvent être exposées en vente qu'après qu'aux termes de l'arrêt du conseil d'état du roi, du 18 mars 1779, elles auront été marquées du poinçon du régisseur ou fermier des droits de marque & contrôle, dans le cas où elles ne seroient pas empreintes de ces marques.

Toutes les fois qu'il y a suspicion de vol ou d'abus de confiance contre les personnes qui présentent des effets de nantissemens, ou que l'on présume que lesdits effets ne leur appartiennent pas, on ne néglige aucune des informations propres à faire connoître la vérité ; & si, par la suite de ces informations, les soupçons paroissent fondés, alors les personnes suspectées sont, par un inspecteur de police attaché au *Mont-de-Piété*, conduites chez un commissaire au châtelet, préposé pour tout le contentieux relatif à l'établissement. Il en est de même à l'égard des particuliers qui viennent pour dégager des nantissemens à la délivrance desquels il a été formé des oppositions. Ces officiers de police sont aussi spécialement chargés de tenir la main à l'exécution des réglemens par rapport aux personnes qui s'ingéreroient de prêter sur gages ou sur des reconnoissances d'effets déposés au *Mont-de-Piété* ; comme aussi par rapport à celles qui se permettroient de faire un trafic frauduleux des reconnoissances ; & enfin tous les contrevenans aux réglemens sont traduits par l'inspecteur de police devant le commissaire, qui dresse son procès-verbal des contraventions, ordonne provisoirement ce que de raison, & cite les délinquans devant les magistrats, suivant que les circonstances le requièrent.

Le service de la prisée & des ventes au *Mont-de-Piété* s'y fait par douze huissiers-priseurs que leur communauté délègue, & dont elle répond. De ces douze, il y en a journellement neuf en fonctions ; savoir : deux pour la prisée à la première division, un dans chacune des cinq autres, & deux aux ventes.

Ces douze huissiers-priseurs délégués ont un service permanent au *Mont-de-Piété*, & pour raison de la totalité des émolumens qu'ils y perçoivent à leur profit personnel, ils rendent sur leur masse, par chaque jour de vacations, une somme fixe qui entre dans la bourse commune de la communauté.

Les emprunteurs, qui, pour raison d'éloignement du *Mont-de-Piété*, ou pour telle autre cause que ce soit, ne peuvent ou ne veulent point y venir, ont la liberté de s'adresser aux commissionnaires au nombre de douze, qui sont dispersés dans les différens quartiers de Paris, pour recevoir du public les effets qu'il veut engager.

Ces commissionnaires ont des registres sur lesquels ils inscrivent toutes les opérations dont ils sont chargés, soit pour engager, renouveller les engagemens, ou pour dégager, soit aussi pour recevoir le *boni* provenant des ventes. Il leur est défendu de faire aucun prêt aux emprunteurs : ils peuvent, seulement, dans des cas urgens, leur avancer le tiers de la somme présumée pouvoir être prêtée sur le nantissement.

Ils sont tenus de délivrer à l'emprunteur un récépissé de ses effets, par lequel ils s'engagent de lui remettre la reconnoissance du *Mont-de-Piété*, avec le montant ou le complément du prêt, & par ce récépissé, ils préviennent l'emprunteur, que faute par lui de se présenter chez eux, sous huit jours, pour recevoir ce qui lui revient, & retirer sa reconnoissance, l'argent & ladite reconnoissance seront par eux déposés au *Mont-de-Piété*, où l'un & l'autre ne pourront lui être remis que sur un certificat d'eux, qu'ils ne lui délivreront qu'après qu'il sera venu décharger leur registre.

La reconnoissance & l'argent qui revient à l'emprunteur ne peuvent être remis par les commissionnaires qu'à la personne qui a fait chez eux l'engagement, qui est dénommée en l'enregistrement, & qui rapporte le récépissé, lequel devient nul & de nul effet dans toute autre main, excepté celle de l'héritier, en cas de décès de l'emprunteur.

Pour s'assurer de l'exactitude des commissionnaires à remplir toutes les obligations que leur prescrivent les différens réglemens qui les concernent, le bureau d'administration a proposé un inspecteur chargé de se transporter journellement chez eux, d'examiner leurs registres, de vérifier s'ils sont exacts dans leurs opérations, & fidèles dans la perception de leurs droits ; comme aussi de faire ses rapports de toutes les contraventions ou négligences qu'il découvriroit de leur part.

Un arrêt du parlement, du 16 août 1779, qui a fait défenses à toutes personnes, de quelque état & condition qu'elles puissent être, de faire la commission ou le courtage au *Mont-de-Piété*, sans y être autorisées par le bureau d'administration du *Mont-de-Piété*, sous peine de trois mille livres d'amendes, applicables aux pauvres de l'hôpital-général, autorise le bureau d'administration à faire tels réglemens qui pourront être nécessaires pour la police & la discipline de ceux qui seront admis à faire la commission ou le courtage, tant dans Paris que dans les villes voisines de Paris, & du ressort de la cour. C'est en conséquence de cet arrêt qu'il a été nommé pour Paris des commissaires, d'abord au nombre de vingt, présentement réduit à douze, & qu'il en a été établi à la résidence de Versailles, Saint-Germain-en-Laye & Fontainebleau. Ces derniers n'ont exercé leurs fonctions que provisoirement & par essai, comme préposés seulement par les juges de leur ville, jusqu'à ce que l'administration ait définitivement statué sur leur nombre & sur les obligations auxquelles seront tenus les commissionnaires qu'elle croira devoir nommer à la résidence de ces villes.

Le droit de prisée accordé aux huissiers priseurs par les mêmes lettres-patentes, pour l'appréciation qu'ils font des nantissemens, est d'un denier pour livre du montant de la somme prêtée, laquelle est à raison des quatre cinquièmes de l'évaluation desdits nantissemens, faite au poids par les huissiers-priseurs, pour la vaisselle & les bijoux d'or & d'argent; & à raison des deux tiers de l'évaluation pour tous les autres effets. Ce droit se paie par l'emprunteur en recevant le montant du prêt.

Le droit accordé au *Mont-de-Piété* par les lettres-patentes du 9 décembre 1777, pour chaque prêt qui s'y fait, est de deux deniers pour livre, par mois, du montant de la somme prêtée. Il ne se perçoit qu'à l'instant du dégagement du nantissement, & alors le droit du mois commencé est payé en entier, quoique non fini.

Les droits accordés aux huissiers-commissaires-priseurs pour les ventes par eux faites au *Mont-de-Piété*, sont fixés par un tarif.

Le droit accordé aux commissionnaires au *Mont-de-Piété*, conformément aux réglemens de l'administration, homologués au parlement par arrêts des 6 novembre 1779 & 7 mars 1780, est, pour les engagemens & renouvellemens d'engagemens; de quatre deniers pour livre du montant des sommes prêtées au *Mont-de-Piété* sur les effets de nantissement, qu'on les charge d'y engager ou réengager. Ce droit se paie, par l'emprunteur, en recevant du commissionnaire le montant du prêt & la reconnoissance du *mont-de-piété*.

Le droit accordé aux commissionnaires par les mêmes réglemens, pour les dégagemens dont on les charge, est de deux deniers pour livre du montant de la somme qui a été prêtée au *mont-de-piété*. Ils ont pareillement deux deniers pour livre du montant des *boni*, dont ils ont la commission de faire le recouvrement. Ces droits se paient par le porteur de la reconnoissance, lors de la remise que le commissionnaire lui fait du nantissement dégagé, ou du *boni* perçu.

Les bureaux du *mont-de-piété* sont, savoir: six pour les engagemens; un pour l'aunage; six pour la recette du remboursement des prêts; un pour la confection des répertoires des magasins; un pour les dégagemens; un pour les mentions des dégagemens à porter en marge des registres d'engagemens; un pour les renouvellemens d'engagemens; un pour les oppositions à la délivrance des nantissemens; un pour les recommandations que le public a le droit de faire ou d'envoyer par écrit, pour cause de vols ou d'effets perdus.

Le directeur général a près de lui, son bureau de correspondance; son bureau de comptabilité générale; son bureau de police; son bureau d'enrégistrement pour la caisse du produit & des deux deniers pour livre, & pour celle du *boni*.

Les garde-magasins ont leur bureau.

Le caissier a le sien & celui de son commis de caisse.

Le contrôleur-général & le vérificateur-général ont aussi le leur; ce dernier est en même-tems chef des bureaux des mentions & oppositions.

Enfin, il y a un bureau pour le dépôt des imprimés nécessaires à l'établissement, & pour le dépôt des reconnoissances dégagées, ainsi que pour le dépôt des sommes & reconnoissances qui restent entre les mains des commissionnaires, après un mois de la date des engagemens qu'ils ont faits. C'est aussi à ce bureau que les reconnoissances qui restent entre les mains du receveur des renouvellemens, après quinze mois de leur date, sont déposées. On ne comprend pas dans tous ces bureaux celui des ventes, qui est au compte des huissiers-priseurs.

Aux termes des lettres-patentes, du 9 décembre 1777, le directeur-général est tenu de fournir tous les mois à M. le lieutenant-général de police & à MM. les administrateurs, un bordereau de la recette & de la dépense du *mont-de-piété*, avec un tableau de situation de la caisse & du magasin; & chaque année il en rend un compte général en présence d'un des substituts de M. le procureur-général, par-devant quatre de MM. les conseillers de la grand'chambre du parlement. Ce compte est par eux clos & arrêté; un double en est déposé au greffe du parlement, & lorsqu'il se trouve des fonds en caisse au-delà de ceux nécessaires pour la régie & les charges de l'établissement, ils sont appliqués au profit de l'hôpital-général de Paris, suivant l'ordonnance qui en est rendue par MM. les conseillers-commissaires, ensuite de l'arrêté & clôture du compte.

Ces observations sur le régime du *mont de-piété* prouvent que les administrateurs ont pris les précautions les plus sages pour maintenir une police exacte & vigilante dans toutes les parties de cet établissement.

Comme il est essentiel que le public connoisse le tarif des droits de marque & de contrôle qui se perçoivent sur les ouvrages d'or & d'argent qu'on porte au *mont-de-piété*, & celui des droits qui appartiennent aux huissiers-priseurs, je vais déposer ici ces deux tarifs, ainsi qu'un tableau sommaire des réglemens relatifs au *mont-de-piété*.

Tarif des droits de marque & de contrôle à percevoir au mont-de-piété *sur les ouvrages d'or & d'argent.*

Droits par marc d'or; Savoir :

Droits principaux.	33 liv.	12 f.	» d.
Droits des hôpitaux.	3	7	2 $\frac{4}{10}$
Total.	36	19	2 $\frac{4}{10}$
Dix fols pour livre.	18	9	7 $\frac{2}{10}$
Total général.	55	8	9 $\frac{6}{10}$

Tarif sans fractions.

Pour 1 marc.	55 liv.	9 f.
Pour 7 onces.	48	10
Pour 6 onces.	41	12
Pour 5 onces.	34	13
Pour 4 onces.	27	14
Pour 3 onces.	20	16
Pour 2 onces.	13	17
Pour 1 once.	6	19
Pour 7 gros.	6	1
Pour 6 gros.	5	4
Pour 5 gros.	4	7
Pour 4 gros.	3	9
Pour 3 gros.	2	12
Pour 2 gros.	1	15
Pour 1 gros.	»	17
Pour ½ gros.	»	9

Droits par marc d'argent; favoir :

Droits principaux.	2 liv.	16 f.	» d.
Droits des hôpitaux.	»	5	7 $\frac{2}{10}$
Total.	3	1	7 $\frac{2}{10}$
Dix fols pour livre.	1	10	9 $\frac{6}{10}$
Total général.	4	12	4 $\frac{6}{10}$

Tarif sans fractions.

Pour 1 marc.	4 liv.	12 f.
Pour 7 onces.	4	1
Pour 6 onces.	3	5
Pour 5 onces.	2	18
Pour 4 onces.	2	6
Pour 3 onces.	1	15
Pour 2 onces.	1	3
Pour 4 gros.	»	12

Nota. Le tarif ci-deffus & celui des droits fur l'or, font fans fractions, c'eft-à-dire, fans deniers, pour faciliter la comptabilité du *mont de-piété*; mais au-deffus de fix deniers, le bon eft pour la ferme; & au-deffous, le bon eft pour le débiteur.

Tarif des droits accordés aux huiffiers-commiffaires-prifeurs, pour les ventes par eux faites au mont-de-piété, *lefquels droits doivent être payés par les adjudicataires, en fus du prix de leur adjudication, pour chaque article de vente, conformément à l'article premier des lettres-patentes du 7 janvier 1781, regiftrées en parlement le 12 mars de la même année;* favoir :

Prix de l'adjudication.	*Droits à payer par l'adjudicataire.*	
Pour 10 liv. & au-deffous.	» liv.	5 f.
Au-deffus de 10 liv. jufqu'à 20 liv.	»	12
Au-deffus de 20 liv. jufqu'à 30 liv.	»	15
Au-deffus de 30 liv. jufqu'à 50 liv.	1	»
Au-deffus de 50 liv. jufqu'à 100 liv.	1	10
Au-deffus de 100 liv. jufqu'à 150 l.	2	»
Au-deffus de 150 liv. jufqu'à 200 l.	2	5

Et ainfi continuer à raifon de cinq fols par chaque cinquante livres d'augmentation.

Les mêmes droits font pareillement dûs, & en fus, par les propriétaires des effets de nantiffemens vendus; mais, conformément auxdites lettres patentes, les huiffiers-prifeurs ne peuvent les percevoir qu'autant que la vente du nantiffement a produit un *boni*, qui, en ce cas, leur appartient en entier lorfqu'il n'excède pas le droit, & s'il l'excède, le reftant appartient aux propriétaires.

Le prix des adjudications doit être payé comptant par les adjudicataires; néanmoins les huiffiers-prifeurs confentent quelquefois de ne recevoir qu'un à-compte; auquel cas les adjudicataires ne peuvent exiger que l'effet adjugé leur foit livré: il ne leur eft remis que lorfqu'ils viennent folder.

Défenfes très-expreffes font faites aux crieurs de la vente, d'exiger des adjudicataires aucune fomme quelconque en fus des droits fixés par le tarif ci-deffus, foit à titre de pour-boire ou autrement. *Voyez* PRÊTEUR.

Nous rapporterons ici pour terminer cet article, un réglement concernant les commissionnaires du *mont-de-piété*, homologué au parlement le 28 août 1779, & qui contient les dispositions de police suivies dans cette partie, quoiqu'un autre du 22 février 1780, y ait fait quelques augmentations peu considérables.

Art. Ier. Aucune personne ne sera admise à faire la commission au *mont-de-piété*, à moins qu'elle n'y soit spécialement autorisée par le bureau, dans la forme qui sera prescrite par le présent réglement.

II. Si, malgré les dispositions précises de l'article ci-dessus, les anciens courtiers, commissionnaires ou autres, non autorisés, entreprenoient de faire la commission, les effets par eux présentés aux bureaux d'appréciation y seront retenus, & il sera appellé un commissaire au châtelet, pour être dressé un procès-verbal, ainsi qu'il appartiendra, sauf aux propriétaires desdits effets à se pourvoir pour en obtenir la remise.

III. Aucune personne ne sera admise à remplir les fonctions de commissionnaire au *mont de-piété*, à moins qu'elle n'ait atteint l'âge de vingt-cinq ans, qu'elle ne sache lire & écrire, & ne fournisse des certificats du curé, ou, en son absence, du vicaire de sa paroisse, ainsi que de plusieurs personnes notables, lesquels certificats attesteront sa catholicité, sa probité & ses bonnes vie & mœurs.

IV. Toutes personnes qui satisferont à l'article précédent, pourront être reçues commissionnaires, même les filles, les femmes veuves & femmes mariées, en justifiant par ces dernieres de l'autorisation de leur mari.

V. Aucun commissionnaire ne pourra entrer en exercice, qu'après avoir prêté serment au bureau de bien & fidélement s'acquitter de ses fonctions, d'exécuter les réglemens, & d'obéir aux ordres qui lui seront donnés au nom du bureau, & qu'après avoir satisfait à ce qui va être ordonné relativement au cautionnement qu'il sera tenu de consigner.

VI. Le nombre des commissionnaires au *mont-de-piété* sera fixé; savoir: à vingt pour ceux résidans à Paris; quatre pour Versailles; trois pour Saint-Germain-en-Laye; & deux pour chacune des villes de Fontainebleau, Compiegne & Saint-Denis, sauf à augmenter ou diminuer le nombre par la suite, & même à en établir dans les autres villes désignées par ledit arrêt du parlement, du 10 de ce mois, lorsque le bureau le reconnoîtra utile, sauf aussi à former & instituer par la suite, si le bureau le juge nécessaire, un ou plusieurs bureaux particuliers, sous la dénomination du prêt auxiliaire, pour les emprunts des sommes depuis trois livres jusqu'à cinquante livres, conformément aux dispositions de l'article 3 des lettres-patentes du 6 décembre 1777, portant établissement du *mont-de-piété*.

VII. Les vingt commissionnaires ci-dessus fixés pour la ville de Paris, seront, pour la commodité du public, distribués, autant que faire se pourra, dans les différens quartiers de cette ville.

VIII. Dans le cas où un commissionnaire viendroit à changer de demeure, il sera tenu, six semaines auparavant, d'en avertir le directeur-général, afin que, sur le rapport qui en sera fait au bureau, il puisse lui être assigné un quartier dans lequel il devra fixer sa résidence.

IX. Les personnes agréées pour faire la commission au *mont-de-piété*, s'annonceront publiquement par l'inscription d'un tableau, qu'elles seront tenues de mettre au-dessus de la porte de leur domicile, portant ces mots: *Commissionnaire au mont-de-piété.*

X. Il sera dressé un état de tous les commissionnaires, contenant leurs noms, surnoms & demeure; & il en sera affiché un tableau, tant dans la salle du bureau d'administration, que dans tous les bureaux du *mont-de-piété*, afin qu'ils puissent être parfaitement connus du public.

XI. En cas de suspension ou d'interdiction d'aucun desdits commissionnaires, le public en sera prévenu par des affiches qui seront mises dans tous les bureaux du *mont-de-piété*, & si, nonobstant une suspension provisoire, ou à terme, aucun commissionnaire se permettoit de continuer la commission, il en sera puni par révocation.

XII. Pour constater les différentes opérations dont lesdits commissionnaires auront été chargés, ils seront tenus d'avoir deux registres: sur l'un seront inscrits les nantissemens qu'on leur confiera pour les rapporter au *mont-de-piété*, & il sera intitulé: *Registre des nantissemens*; l'autre servira à inscrire les dégagemens ou les recouvremens du *boni* qu'ils seront chargés de faire, & il sera désigné sous le titre de *registre des reconnoissances.*

XIII. Le registre des nantissemens contiendra la date de la remise des nantissemens chez le commissionnaire, les nom, profession & demeure de l'emprunteur, & la désignation de tous les effets. Les enregistremens seront signés dudit emprunteur, & toujours faits en sa présence; s'il ne sait pas signer, déclaration en sera faite. Chaque article contiendra aussi le numéro de la reconnoissance qui aura été délivrée, & la somme qui aura été prêtée au *mont-de-piété*, avec mention de la remise que le commissionnaire aura faite à l'emprunteur, tant de ladite reconnoissance, que du montant du prêt fait audit *mont-de-piété*. Cette mention sera également signée de l'emprunteur; & s'il ne sait pas signer, déclaration en sera pareillement faite.

XIV. Le registre des reconnoissances contiendra la date de la remise des reconnoissances chez le commissionnaire, les nom, profession & demeure de celui qui l'aura faite, le numéro de la reconnoissance, l'indication du bureau du *mont-de-piété* où elle aura été expédiée, & le montant du prêt. Au bas de chaque article d'enregistrement, le commissionnaire sera tenu de déclarer la remise qu'il aura faite du nantissement ou du *boni*. Le reçu de l'un ou de l'autre sera signé de celui qui aura confié la reconnoissance; & s'il ne sait pas signer, déclaration en sera faite.

XV. Les commissionnaires feront de suite, & sans laisser aucun blanc, pour quelque cause que ce soit, entre chaque article, leurs enregistremens par ordre de numéros successifs; & ils prendront de nouveaux registres au commencement de chaque année, afin que ceux de l'année révolue puissent être clos & arrêtés par un des administrateurs, & qu'ils ne contiennent point des enregistremens de deux années différentes.

XVI. Tous les registres qui serviront aux commissionnaires seront cotés & paraphés par premier & dernier par l'un des administrateurs, & il ne pourra être fait aucun enregistrement avant que cette formalité ait été remplie.

XVII. Les commissionnaires déposeront au *mont-de-piété* leurs registres à mesure qu'ils seront remplis, & ce, dans le mois du jour du dernier enregistrement qui y sera fait, sauf à leur en être donné communication, sans déplacer, toutes les fois qu'ils le requerront.

XVIII. Aussi-tôt après leur enregistrement, les commissionnaires seront tenus de remettre au porteur des objets qui y seront inscrits, un récépissé contenant le numéro, la date du jour, mois & an sous lesquels lesdits objets auront été enregistrés, & leur désignation conforme à celle qui aura été portée sur leur registre. Ce récépissé sera signé desdits commissionnaires.

XIX. Les commissionnaires viendront effectuer leurs opérations au *mont-de-piété*, sans aucun délai, & aux jours & heures où les bureaux sont ouverts; & aussi-tôt après ils termineront lesdites opérations dans la forme prescrite par les articles ci-dessus, sans pouvoir diviser aucun article des enregistremens qu'ils auront faits sur leurs registres, ni en réunir plusieurs; de maniere que chaque article de leur registre fera toujours un seul article d'enregistrement au *mont-de-piété*.

XX. Les engagemens que les commissionnaires feront au *mont-de-piété*, ne pourront s'exécuter que dans les bureaux qui leur seront indiqués par le directeur-général. Défenses sont faites auxdits commissionnaires de se présenter dans aucun autre bureau, sous tel prétexte que ce soit, quand même ils seroient propriétaires des nantissemens qu'ils voudroient engager, lesquels seront, comme les autres, sujets à être auparavant inscrits sur leur registre.

XXI. Et encore qu'il soit libre à toutes personnes connues & domiciliées, ou assistées d'un répondant connu & domicilié, de venir emprunter au *mont-de-piété*, comme à tout porteur de reconnoissance de dégager les effets mentionnés en icelles; dans le cas où les uns ou les autres voudroient se servir de l'entremise desdits commissionnaires, soit pour engager, soit pour dégager ou recouvrer un *boni*, lesdits commissionnaires ne pourront exiger pour leurs peines & salaires au-delà de six deniers pour livres, pour les engagemens au-dessous de 100 liv., 3 den. pour livres pour ceux depuis 100 liv. jusqu'à 300 livres, & un denier pour livre depuis trois cens livres & au-dessus. Et quant aux dégagemens ou recouvremens de *boni*, lesdits commissionnaires ne pourront prétendre que la moitié des salaires ci-dessus autorisés pour les engagemens.

XXII. Défenses sont faites auxdits commissionnaires d'avoir & garder chez eux ou ailleurs aucuns effets de nantissemens.

XXIII. D'après les dispositions de l'article 2 des lettres-patentes du 9 décembre 1777, les commissionnaires ne pourront se charger d'aucunes opérations au *mont-de-piété*, que pour des personnes connues & domiciliées, ou assistées d'un répondant connu & domicilié; & en conséquence ils seront garans & responsables de droit & de fait de tous évènemens résultans de leur commission, sauf leur recours contre qui il appartiendra.

XXIV. Si par quelques circonstances imprévues, telles que celle d'un départ précipité des emprunteurs, ou par tel autre motif que ce puisse être, les commissionnaires se trouvoient dans l'impossibilité de remettre auxdits emprunteurs les reconnoissances du *mont-de-piété*, ou même les effets de nantissement, dans le cas où le prêt n'auroit pas été effectué, alors ils seront obligés de déposer, sous trois jours au plus tard, les reconnoissances, argent ou nantissement entre les mains du directeur-général du *mont-de-piété*, lequel tiendra à cet effet un registre pour y inscrire chaque article de dépôt, en désignant les objets déposés, avec les noms, qualités & demeures des propriétaires, & le numéro de l'article sous lequel lesdits objets auront été inscrits sur les registres des commissionnaires. Les enregistremens desdits dépôts seront signés par ces derniers, & il leur en sera fait, sur leurs registres, un récépissé signé par le directeur-général.

XXV. Les commissionnaires seront tenus de remettre, toutes les fois qu'il leur sera ordonné de la part du bureau, entre les mains du directeur-général, leurs registres courans, pour être par lui fait la vérification s'ils se conforment bien exactement aux dispositions du présent réglement.

XXVI. Ceux qui auront des plaintes à faire contre aucun des commissionnaires, s'adresseront au directeur-général; & en ce cas, comme aussi lorsqu'il s'appercevra de quelques prévarications de la part

part de ceux desdits commissionnaires, il en référera à un administrateur, qui, suivant qu'il le jugera nécessaire, pourra par provision suspendre le commissionnaire, & lui retirer ces registres, jusqu'à ce que le bureau ait statué définitivement ce qu'il appartiendra.

XXVII. Le cautionnement auquel les commissionnaires seront assujettis, conformément à ce qui est dit article 5 ci-dessus, sera de douze mille livres en argent, & la consignation dans la caisse s'en fera au plus tard dans le cours de l'année de leur nomination; lesdits commissionnaires ne pourront néanmoins diviser la consignation en plus de quatre portions égales de trois mille livres chaque; savoir, le premier paiement avant d'entrer en exercice, & les trois autres de quatre mois en quatre mois, & sous aucun prétexte lesdits commissionnaires ne seront admis à faire aucune fonction avant le premier paiement du premier terme; ils ne pourront non plus continuer l'exercice de leur commission, dès qu'ils seront en retard de satisfaire à aucun des autres termes du paiement.

XXVIII. A compter du jour de chaque consignation, & dans la proportion d'icelle, les intérêts de ladite somme de douze mille livres seront payés par la caisse du produit sur le pied de cinq pour cent, conformément à l'article 11 des lettres-patentes portant établissement du *mont-de-piété*.

XXIX. Dans le cas de décès ou de cessation de fonctions, soit volontaire, soit forcée, d'aucun desdits commissionnaires, la somme de douze mille livres qu'ils auroient déposée pour leur cautionnement, ne pourra, à raison de leur gestion, leur être remise, ou à leur ayant cause, qu'un an après la cessation de leurs fonctions au *mont-de-piété*, & les intérêts n'auront plus cours après l'expiration de ladite année. *Voyez* PRÊT.

MORT, s. f. Cessation de vie chez les êtres vivans.

Nous n'entrerons dans aucune des considérations de morale & de philosophie que ce sujet pouvoit nous fournir à traiter; nous nous bornerons à de simples détails de police & de soins pour la vie des hommes dont il est utile que les magistrats soient instruits. En conséquence, nous parlerons des *morts* subites apparentes que l'on désigne sous le nom d'asphixie, & dont l'ignorance a plus d'une fois donné lieu à des inhumations de personnes qu'on auroit pu rappeller à la vie. *Voyez* INHUMATION & SEPULTURE.

On distingue plusieurs sortes de *morts* apparentes ou asphixies, les unes ont lieu par l'immersion dans l'eau, les autres par les vapeurs nommées mofette ou exhalaison méphitique. Nous renvoyons au mot NOYÉ à parler des premières, & nous ne donnerons ici une idée que des secondes.

Ce qu'on nomme mofette ou gaze méphitique, est une vapeur qui s'élève de certains lieux & de certains corps, & qui ne peut point servir à la respiration, ou plutôt qui introduite dans les poumons par la respiration, n'y entretient pas le mouvement de la vie, comme l'air ordinaire.

Cette vapeur s'exhale principalement de la combustion de certains corps, comme du charbon, de la braise, de la tourbe, de certaines substances en fermentation, comme du vin, du cidre, de la bierre; des puits; des mines, des égouts, des latrines; des fleurs amassées en grande quantité & renfermées dans des lieux étroits; des lieux bas & marécageux; enfin, l'air des endroits où se trouvent réunies beaucoup de personnes est lui-même méphitisé, & les personnes délicates en sont quelquefois incommodées jusqu'à perdre connoissance & paroître *mortes*.

Il n'y a point de signe extérieur bien certain de l'état d'un asphixié, c'est-à-dire, de signe qui démontre que la personne qui semble *morte* n'est que dans l'état d'asphixie. C'est pourquoi toute *mort* subite doit prudemment être regardée comme apparente & l'effet d'une suspension plutôt que d'une cessation de la vie. Alors on administre des secours & l'on donne les soins à l'asphixié, que l'on croit nécessaires pour le rappeller à la vie.

On en distingue de plusieurs sortes. D'abord il faut retirer l'asphixié du lieu qui a causé son asphixie, si c'est par cette cause qu'il a été attaqué; dans ce cas on doit prendre pour soi-même les plus grandes précautions, c'est-à-dire, qu'il faut tremper ses vêtemens de vinaigre, & s'attacher par le corps avec une corde que quelques personnes seront chargées de tenir & amener, dans le cas où l'on perdroit les forces dans le lieu empoisonné.

Le second est de dépouiller le malade de tous ses vêtemens, en commençant par son col, sa ceinture, ses jarretières, & tout ce qui pourroit gêner la circulation du sang. Aux femmes on doit avoir grand soin de les délacer, & sur-tout de couper tous les cordons qui retiennent ordinairement leurs jupons & les gênent beaucoup.

Il y a encore une autre raison de dépouiller entiérement l'asphixié de ses vêtemens; c'est que si c'est un noyé, l'eau dont ils sont imbus ne peut qu'entretenir le froid qui le glace, & si c'est une personne frappée de méphytisme, les habits se trouvant imprégnés des vapeurs, prolongent l'état de l'asphixie du malade & peut donner lieu à des accidens.

Une troisième précaution à prendre est de coucher l'asphixié sur le côté droit de la poitrine, ayant la tête un tant soit peu élevée, si c'est un noyé, ou de le mettre sur son séant, si l'asphixie est d'un autre genre.

Le quatrième moyen, & qu'il faut presque toujours employer pour rappeller l'asphixié à la vie, c'est de porter sous son nez un flacon d'alkali volatil, ou à défaut de ce sel, d'y présenter la première eau spiritueuse que l'on aura sous la main, telle que l'eau de mélisse des carmes, de Hongrie, le vinaigre des quatre voleurs, & même le vinaigre commun.

Le cinquième secours que l'on peut administrer aux asphixiés, c'est de réchauffer les noyés & de rafraîchir les asphixiés par d'autres causes, en leur faisant respirer le grand air & les éloignant des endroits chauds & occupés par trop de personnes.

On reconnoît qu'un asphixié revient à la vie par de petits hoquets, le serrement & le sifflement des narines; le malade rejette de la bouche des matières épaisses, quelquefois noires, il vomit, tremble, & quand il en est là, la respiration est prête à renaître. On doit cesser alors de jetter de l'eau au visage de l'asphixié; il faut avoir soin de saisir l'instant où il aura la bouche ouverte, pour lui mettre entre les dents quelques petits morceaux de bois tendre qui l'empêche de les serrer & de ne pouvoir rien prendre; en même tems il faut introduire de l'alkali volatil fluor dans ses narines, avec une petite mèche de papier & lui mettre du sel dans la bouche. On peut après cela lui jetter encore un peu d'eau à la figure.

A mesure que l'asphixié revient à la vie, il se plaint de diverses douleurs, ne distingue rien, & paroît en délire; mais ces symptômes se dissipent pour être suivis d'autres accidens, qui ne se dissipent que par le rétablissement des forces & les secours appropriés à l'état de foiblesse du malade. Nous ne nous étendrons pas sur ces derniers, ils sont du ressort de la médecine, & nous n'avons parlé des premiers secours à administrer, que parce que très-souvent l'officier de police se trouve obligé de donner des conseils ou de diriger la conduite de ceux qui se trouvent à un accident d'asphixie, auquel ses fonctions l'obligent de se trouver. Pour plus de détails, *Voyez* NOYÉ; *voyez* aussi INHUMATIONS & SÉPULTURE.

MOULIN, s. m. Machine & bâtiment dont on fait usage pour moudre les grains.

C'est un des soins principaux des officiers municipaux des villes, que de veiller à ce que le service des *moulins* se fasse dans toutes les saisons, & que dans les basses eaux ou les gelées, on ne se trouve réduit à manquer de farine, comme il est arrivé quelquefois.

Pour suppléer à cet inconvénient, qui est très-grand, & qui peut donner lieu à des séditions, à des inculpations de manœuvres, de *pacte de famine*, & autres plaintes semblables, les magistrats des villes devroient toujours avoir des *moulins* à bras, qui puissent remplacer les autres dans la mouture des grains.

Nous ferons connoître ici celui qui a été imaginé par MM. Durand, serrurier à Paris, ce que nous allons en dire est extrait de la *Feuille du Cultivateur*, numéros 17 & 18, année 1790.

La société royale d'agriculture a présenté le 21 novembre dernier à M. le dauphin, un *moulin* en petit, propre à réduire les grains en farine, & construit par MM. Durand père & fils, maîtres serruriers à Paris, sur les mêmes principes que ceux dont nous avons parlé dans notre feuille, n°. 6. M. Parmentier, directeur de la société, n'a pas laissé échapper cette occasion de rappeller avec clarté, & d'une manière énergique, à M. le dauphin, toute l'influence de l'agriculture sur la prospérité d'un royaume & le bonheur de ses habitans; vérité qui n'est méconnue nulle part, excepté peut-être à la cour des rois, où du moins l'on a agi bien long-tems comme si on ne la connoissoit pas.

M. le dauphin a versé lui-même du grain dans la trémie, & faisant tourner la meule & mouvoir en même tems la bluterie, il a obtenu les différens produits du blé; cette petite manœuvre paroissoit l'intéresser beaucoup. Pourquoi des satisfactions de ce genre n'entreroient-elles pas dans l'éducation des jeunes princes? ce ne sont pour eux que des amusemens; mais heureux les peuples qui voient les instrumens employés à la préparation de leur subsistance, donnés pour amusement à ceux qui doivent les gouverner.

M. le dauphin s'est fait expliquer l'usage des diverses parties qui entrent dans la composition de ce *moulin*; & il en a appris les noms dans un écrit bien détaillé, rédigé par M. de Saint-Victor, de la société d'agriculture, qui a eu l'honneur de lui en présenter un exemplaire.

Ces *moulins* sont de deux sortes; les uns plus petits, les autres plus grands. Les meules des petits *moulins* ont de 12 à 15 pouces de diamètre sur 3 à 4 pouces d'épaisseur. Elles sont de pierre meulière comme celles des grands *moulins*. Un enfant de 12 à 15 ans peut, avec les petits moulins, réduire en farine le grain nécessaire à la nourriture du plus nombreux ménage, puisqu'il peut moudre & réduire en farine quinze livres de froment par heure. Ce fait a été constaté dans la séance de la société d'agriculture, tenue le lundi 15 du mois dernier, avec le *moulin* présenté à M. le dauphin, dont les autres ne différeront que relativement aux ornemens extérieurs, qui sont absolument étrangers à la perfection du mécanisme.

Les petits *moulins* ont quatre pieds de hauteur avec la trémie, trois pieds de longueur, y compris la bluterie, vingt pouces de largeur avec la manivelle, qui est de six pouces. On remarquera sans doute, d'après ces dimensions, qu'ils ne tiendroient pas plus de place dans un appartement, & que décorés, ils ne le dépareroient pas davantage que certains meubles d'agrément, tels que les clavecins, les *forte-piano*, &c. Le prix de ces petits moulins, proprement travaillés & bien finis, mais sans décorations, est de deux cens cinquante livres.

Les *moulins* à bras & à un homme se vendent 450 livres avec la bluterie; ils tiennent plus de moitié moins de place que ceux à deux hommes; ils pèsent, avec le bluteau, six quintaux.

Ceux à deux hommes se vendent 650 liv. sans bluterie; & sept cens cinquante liv. avec bluterie. Ils ont quatre pieds & demi sur chacune de leurs quatre faces, les manivelles non comprises. Ils pèsent environ dix-huit quintaux. Les meules ont les mêmes dimensions que celles des meules à manège.

Pour contenir le moulin à manège, il faut un emplacement circulaire de vingt-quatre pieds de diamètre. Les ferrures de sa mécanique, avec les quatre meules, peuvent peser environ six milliers. Le prix de ce *moulin* est de 7,000 liv.

Les frais de transport en province de ces différens *moulins* varient depuis trente sols jusqu'à six à sept francs le quintal ou cent pesant, à proportion de la distance & de la communication des lieux. Les différentes personnes auxquelles MM. Durand en ont vendu jusqu'à présent, se sont servis de MM. Legret, Desmarets & Cadet, au bureau du roulage, rue Christine. Elles ont été satisfaites du prix, des soins qu'ils ont mis, & de la célérité qu'ils ont apportée dans les expéditions.

MM. Durand ont eu la précaution, pour la mécanique de leurs *moulins*, d'employer à propos le fer fondu, le fer forgé, le cuivre & l'acier, dans les pièces où ces différens métaux étoient nécessaires, soit pour garantir les rouages de l'excès nuisible du frottement, soit pour rendre les pièces plus solides & plus durables; aussi ne sont-ils sujets à d'autres réparations qu'au repiquages des meules, qu'un long travail rend indispensable. D'ailleurs la mécanique en est si simple, que le meûnier & le forgeron les moins experts de province pourront les réparer dans les cas extraordinaires avec la plus grande facilité.

Les mouvemens de ces *moulins* étant, comme on vient de le dire, en fer, en cuivre & en acier, ils ont les mêmes besoins d'être graissés que les autres machines à rouage. Les meules étant de pierre meulière, exigent les mêmes attentions que celles des *moulins* ordinaiers à eau & à vent.

On peut, avec les moulins de MM. Durand, moudre tous les grains qui sont moulus dans les autres, en prenant les mêmes soins & les mêmes précautions. La mouture s'y fait à la grosse comme au gruau, & par économie. Tous ces genres de mouture se trouvent complétement détaillés dans un ouvrage de M. Parmentier, directeur de la société royale d'agriculture, qui a pour titre : *Mémoire sur les avantages que le royaume peut retirer de ses grains, considérés sous leurs différens rapports avec l'agriculture, le commerce, la meûnerie & la boulangerie.* Cet ouvrage n'est point la suite de simples réflexions faites dans le secret du cabinet, mais le résultat d'observations & de connoissances acquises par de nombreuses expériences suivies & répétées par son auteur, avec le zèle, l'exactitude & la sagacité qui lui ont mérité la juste réputation dont il jouit, soit comme savant, soit comme voué avec la plus vive ardeur à tous les travaux qui peuvent contribuer au bonheur de ses semblables, & à la gloire de sa patrie. M. Parmentier enseigne dans ce mémoire (que les acquéreurs des *moulins* de MM. Durand ne peuvent se dispenser de se procurer) l'art de faire la plus belle farine, d'en tirer le plus grand parti possible, de curer les sons, sans les réduire en poudre, & de les séparer si exactement du produit, qu'il n'en reste pas la moindre parcelle; comme aussi la meilleure manière de construire les fours, de fabriquer & de cuire le pain; enfin tout ce qui a rapport au blé, à son commerce & à celui des farines, à la meûnerie & à la boulangerie, au prix & au commerce du pain. Ce mémoire, de 447 pages in-4°. avec des planches, de l'imprimerie de Didot, se vend 9 liv. Il se trouve à Paris, chez M. Barrois, l'aîné, libraire, quai des Augustins, & chez M. Descazeaux, rue des Fossés-Saint-Victor, n°. 12. MM. Durand se chargeront d'en faire passer, au même prix, aux personnes qui acquerront de leurs moulins; ils les joindront aux caisses d'emballage, lorsqu'ils leur seront demandés.

Indépendamment des avantages que peuvent procurer les *moulins* de MM. Durand, & qui sont détaillés dans les deux rapports de la société royale d'agriculture, ne seroit-il pas possible de les employer à occuper les prisonniers détenus dans les maisons de force? Le produit du travail qu'ils feroient, leur procureroit des douceurs; une partie, mise en réserve, serviroit à leur fournir des habits & des outils lors de leur sortie. Ce travail conserveroit leur santé, qui se perd dans l'inaction: leur tems ne seroit plus employé à méditer des crimes, & l'oisiveté funeste qui corrompt tout, & dans laquelle ils vivent, seroit remplacée par un travail utile, qui contribueroit à corriger les détenus, & à les rendre aux bonnes mœurs. L'Angleterre tire parti de ses prisonniers au point que leurs travaux couvrent, sinon tous, du moins une grande partie des frais de leur détention. Ne doutons pas que les citoyens recommandables chargés de cette partie d'administration dans la capitale, ne parviennent à imiter cette nation sur un objet qui intéresse aussi essentiellement la politique que l'humanité.

Nous ne parlerons point ici des *moulins* banaux; ils ont été supprimés, & s'ils sont conservés dans quelques endroits, c'est plutôt pour la commodité des habitans que par aucun droit féodal ou exclusif de moudre, comme autrefois.

Il y a quelques dispositions de police relatives aux *moulins* qu'il est utile de connoître, & dont nous allons donner l'analyse ici; on y verra en même tems les devoirs des meûniers; ce qu'il est bon de connoître.

Dans l'ordonnance du 21 novembre 1577, on trouve cet article. « Les juges & officiers de police assembleront les boulangers & les meûniers pour, eux ouis & revues les anciennes ordonnances de ce faites, aviser ou ordonner à quelle raison, poids & mesure se devra rendre la mouture pour le blé ou autre grain, & à quel prix la mouture se payera, pour ledit avis rapporté en la cour de parlement en être par elle ordonné ce qu'il appartiendra ».

Aux états d'Orléans, du mois de janvier 1560, le tiers-état avoit demandé instamment qu'à l'avenir les meûniers fussent payés en argent de leur mouture, & qu'ils prissent le blé & vendissent la farine au poids; mais il n'y a point eu de disposition insérée dans l'édit.

Les usages aux *moulins* varient suivant les coutumes, & il y a une grande diversité à cet égard.

A Paris la mouture se paie en deniers; les meûniers reçoivent les grains au poids, & rendent la farine de même, en leur faisant état du déchet qui a été évalué par les ordonnances à deux livres par septier.

Pour plus grande précaution contre l'infidélité des meûniers, divers réglemens leur ont défendu aucuns fours & huches pour faire & cuire leur pain, de nourrir aucun porc, volaille, pigeon, ni faire ou garder son & recoupe pour les remoudre & mêler avec la bonne farine; à l'effet de quoi il doit être fait des visites dans les *moulins* & maisons. (Arrêt de la cour du parlement, du 22 juin 1639).

Une sentence de police de la ville d'Angoulême, homologuée au parlement le 4 mai 1724, & étendue à d'autres ressorts sur la demande des magistrats des lieux, porte: « que tous les meûniers seront tenus, lorsqu'ils remettront la farine ou la retourneront, de la mesurer, ou à défaut de ce, les maîtres ou maîtresses, serviteurs ou servantes, auxquels la farine aura été remise, seront crus à leur serment de ce qui se sera moins trouvé de ladite farine, si mieux n'aiment lesdits meûniers prendre le blé au poids & rendre la farine au même poids, sur lequel sera déduit une seizième partie à quoi revient le droit de mouture; & pourront les particuliers obliger lesdits meûniers de prendre leur blé au poids, & rendre la farine à la susdite déduction: le tout à peine de cinquante livres d'amende contre les meûniers contrevenans; leur est pareillement défendu de mettre dans les farines aucun sable, pierre ou autre chose, ni de tremper la farine pour la rendre plus pesante, à peine de cent livres d'amende & de punition corporelle. *Voyez* BOULANGER, GRAIN, DISETTE.

Un septier de bon bled pesant 240 livres.

			ci.		180 l.
Donne farine de bled . . .	92		rémoulage . .	13	
1er. de gruau.	46		recoupes . .	15	54
2e. de gruau .	23	180 l.	gros son . . .	26	
3e. *idem*. . .	12		déchet		6
4e. *idem*. . .	7				240 l.

MUNICIPALITÉ, s. f. Le gouvernement administratif d'une ville. Ce mot dont l'étymologie n'est pas très-connue, & qu'on définit *à muneribus capiendis*, comme désignant les avantages, les honneurs & les soins que l'on trouve dans les charges municipales; ce mot, dis-je, est très-ancien dans le droit public de l'Europe, & même de l'ancienne Grece, où il existoit une sorte de gouvernement municipal.

Mais la vraie origine de l'administration municipale est due aux romains, qui l'établirent dans toutes les villes qu'ils soumirent, pour les attacher à l'empire & les accoutumer à une police favorable aux arts & à la tranquillité de chacune d'elles.

Ces *municipalités*, instituées par les romains, furent détruites avec leurs autres ouvrages par les barbares, qui, sortis du nord, se répandirent en Italie, dans les Gaules & en Espagne, où ils établirent le gouvernement féodal & les usages de leurs pays.

Cependant le laps de plusieurs siècles ayant affoibli ou rendu intolérable le gouvernement féodal, ou plutôt l'anarchie, le désordre & la licence étant devenus extrêmes sur la fin du neuvième siècle, quelques villes se formèrent en *municipalités* en Italie, & ensuite en France & dans d'autres pays; les rois protégèrent ces établissemens, parce qu'ils favorisoient l'industrie, le commerce, qu'ils étoient des moyens de secours contre les grands vassaux de la couronne & les ennemis du dehors. Cependant les formes trop républicaines de quelques-unes, les progrès de l'autorité royale indispensable dans une grande monarchie, les vexations qu'exercent les corps municipaux sur les habitans des villes, firent qu'à la longue les peuples s'en dégoûtèrent & qu'ils aimèrent mieux obéir aux officiers royaux qu'à ceux des hôtels-de-ville, dont le gouvernement tenoit beaucoup des formes militaires & prévôtales.

Ces circonstances, jointes à la jalousie du pouvoir dans les ministres, firent que dès avant Louis XIII, les *municipalités* ne furent plus en France d'aucune considération; on les réduisit à de simples corps administratifs secondaires, subordonnés aux intendans, & ne se mêlant que des soins de charité, de quelques ouvrages & de quelques autres détails relatifs à la répartition des taxes sur les habitans.

La vénalité des officiers municipaux acheva de les anéantir, ensorte que les corps de ville n'étoient presque plus connus que par le ridicule que versoient sur ceux qui en étoient revêtus, les places de maire & d'échevin, lorsque M. de Calonne, par son projet d'organisation provinciale, vint leur donner une existence, des droits, des pouvoirs, sans cependant en faire des corps de république indépendans, comme sont aujourd'hui les *municipalités*.

On peut voir dans notre discours préliminaire une notice des tentatives qu'on fit alors pour établir des administrations provinciales, dont le premier échellon étoit dans les assemblées municipales. Nous ne répéterons point ces détails ici, ce que nous en avons dit doit suffire à l'instruction du lecteur; on peut consulter aussi les mots ADMINISTRATION, ASSEMBLÉE, MEAUX : on verra dans cette dernière ville un exemple des formes d'administration municipale proposées en 1787, formes, qui avec quelques changemens dans le mode d'élection des membres de l'hôtel-de-ville & dans l'attribution de leurs pouvoirs, présentoient à-peu-près ce que doit être un gouvernement de ville, quand on n'en veut point faire une république.

Si nous voulions rapporter ici les nombreux aperçus, les débats, les discussions, les évènemens, les loix auxquels a donné lieu l'établissement des nouvelles *municipalités*, nous ferions un volume entier, ces objets trouveront leur place dans le dictionnaire de l'*assemblée nationale*, nous rapporterons seulement ici, 1°. l'édit du roi, du mois d'août 1764; 2°. celui du mois de mai 1765; 3°. enfin, celui de novembre 1771, qui feront connoître l'ancien droit public des *municipalités*; nous finirons par la proclamation du roi & l'instruction de l'assemblée nationale sur celles de nouvelle création. Nous croyons ces connoissances indispensables dans un ouvrage de la nature de celui-ci, & propres à donner une idée juste de l'ancien & du nouveau gouvernement des villes de France.

Edit du roi, contenant réglement pour l'administration des villes & principaux bourgs du royaume, donné à Compiègne au mois d'août 1764.

LOUIS, par la grace de Dieu, roi de France & de Navarre, à tous présens & à venir : SALUT. Lorsque nous avons donné notre déclaration du 11 février dernier, nous avons formé le dessein d'établir l'ordre le plus exact dans l'administration des villes & des autres corps & communautés de notre royaume; nous avons cru en conséquence devoir nous faire rendre compte de ce qui s'est passé en différens tems au sujet de cette administration, & nous avons reconnu qu'indépendamment des éclaircissemens demandés par notredite déclaration, & d'après lesquels nous ferons connoître nos intentions à l'égard de chacune desdites villes, corps & communautés, relativement à leur situation particulière, il seroit utile de fixer, dès-à-présent, les principes généraux qui doivent diriger leur administration, afin que nos sujets puissent recueillir plutôt les fruits que nous attendons des mesures que nous ne cesserons de prendre pour le rétablissement du bon ordre, par-tout où il auroit pu souffrir quelque interruption; nous nous sommes fait représenter en même-tems les loix & réglemens qui sont intervenus sur cette matière importante, jusqu'à ce jour, & il nous a paru nécessaire de les réunir dans une seule & même loi, en y faisant les changemens que les tems & les circonstances ont pu exiger, & en apportant aux abus & aux inconvéniens qui se sont glissés, les remèdes les plus efficaces par l'établissement d'une police stable & permanente, & la plus uniforme qu'il a été possible. C'est dans cet esprit que nous avons jugé à propos de déterminer la forme & les précautions avec lesquelles lesdites villes & bourgs pourront emprunter, vendre ou acquérir, & régir leurs biens communaux, celle dans laquelle les octrois établis pour un tems pourront être prorogés, ou dans laquelle il en pourra être établi de nouveaux dans des cas de nécessité, & celle qui sera suivie par rapport à la perception des deniers patrimoniaux ou d'octrois, à leur emplois, & à la reddition des comptes qui en doivent être rendus, tant à nous qu'auxdites villes, corps & communautés, & si nous avons cru ne devoir nous expliquer, en ce moment, que sur celles desdites villes & bourgs, dont le nombre des habitans rendroit cette administration plus importante, nous espérons que leur exemple influera sur les autres, & rendra leur administration plus avantageuse, en attendant que nous jugions nécessaire d'y donner aussi notre attention. Nous comptons assez sur le zèle des officiers municipaux de nosdites villes, corps & communautés, & sur leur attachement à leurs devoirs, pour être assurés qu'ils entreront dans toutes les vues du bien public qui nous animent; & c'est ce qui nous a déterminé à supprimer, dès aujourd'hui, des offices qui étoient à charge auxdites villes, corps & communautés, & à rétablir l'ordre ancien, suivant lequel il leur étoit permis de choisir eux-mêmes leurs officiers. Nous ne pouvons douter que l'attention continuelle que nous donnerons à l'exécution de notre présent édit, ne nous procure la satisfaction de voir incessamment régner le bon ordre dans une administration aussi intéressante pour nos sujets, que pour le bien général de notre état. A CES CAUSES, & autres à ce nous mouvant, de l'avis de notre conseil & de notre certaine science, pleine puissance & autorité royale, nous avons, par le présent édit perpétuel & irrévocable, dit statué & ordonné, disons, statuons & ordonnons, voulons & nous plaît ce qui suit :

1°. Les biens & revenus, soit patrimoniaux, soit d'octroi, & généralement tous revenus communs, appartenans aux villes & bourgs de notre royaume, dans lesquels il se trouvera quatre mille cinq cens habitans ou plus, seront régis & administrés par les maires, échevins, consuls, jurats & autres officiers municipaux desdites villes & bourgs, en la forme qui sera réglée par les lettres-patentes que nous ferons expédier pour chacune desdites villes & bourgs, sur le vu des états & mémoires qui nous auront été envoyés, conformément à notre déclaration du 11 Février dernier.

2°. Les offices des maires, consuls, échevins, jurats, ou autres officiers municipaux, créés sous quelque dénomination que ce soit, ensemble les offices de receveurs de deniers communs & d'octrois desdites villes & bourgs, & contrôleurs desdits receveurs, & en général, tous offices de pareilles nature & qualité, sans aucune exception, qui auroient été créés jusqu'à ce jour, sous quelque titre que ce puisse être, & qui n'auroient pas été acquis avant notre présent édit, par lesdites villes & bourgs, seront & demeureront éteints & supprimés, à compter de ce jour, comme nous les éteignons & supprimons, par notre présent édit, à perpétuité, & sans qu'ils puissent être rétablis par la suite, sous quelque prétexte que ce puisse être.

3°. Voulons néanmoins que lesdits officiers municipaux & lesdits receveurs des deniers d'octrois, continuent de remplir les fonctions attachées auxdits offices, jusqu'au premier janvier prochain, & que, passé ledit tems, ils soient appellés aux assemblées des notables, & y aient voix délibérative; voulons même que ceux d'entr'eux qui auront exercé lesdits offices pendant trente ans, jouissent pendant le reste de leur vie des privilèges & exemptions qui y étoient attachés.

4°. Les pourvus desdits offices supprimés seront tenus de remettre, dans trois mois pour tout délai, leurs quittances de finances ou autres titres, ès mains du contrôleur-général de nos finances, pour être par nous pourvu, ainsi qu'il appartiendra, à la liquidation & au remboursement desdites finances, voulons que l'intérêt d'icelles soit payé à raison du denier vingt, à compter du premier janvier prochain, à ceux qui auront remis leursdits titres dans le délai, passé lequel lesdits intérêts ne courront que du premier jour du mois qui suivra ladite remise.

5°. Il sera dans deux mois, du jour de la publication de notre présent édit dans les bailliages & sénéchaussées de notre royaume, procédé en chacune desdites villes, bourgs ou communautés, à l'élection desdits maires & échevins, consuls, jurats, ou autres officiers municipaux, à l'exception toutefois de nos procureurs ès hôtels desdites villes supprimés par notre édit de l'année 1758. Comme aussi à la nomination d'un receveur des deniers communs, & de ceux d'octrois qui sont destinés au service desdites villes & bourgs; lesdites élections & nominations seront faites en une assemblée ordinaire de notables, qui sera convoquée & tenue en la manière ci-après prescrite.

6°. La remise ou les appointemens accordés auxdits receveurs ainsi nommés, & le montant du cautionnement qu'ils seront obligés de donner, seront, par provision, & jusqu'à ce que nous ayons fait connoître nos intentions à cet égard, fixés & réglés dans ladite assemblée de notables, & sera la caution reçue par le juge du lieu en la forme ordinaire, sans que, jusqu'à ce, lesdits receveurs puissent entrer en fonctions.

7°. Tout ce qui concernera la régie & administration ordinaire desdites villes & bourgs, sera réglé dans une des assemblées desdits officiers municipaux.

8°. Et pour qu'il soit veillé perpétuellement à ladite administration, il sera convoqué, deux fois par an, aux jours qui seront fixés dans la première assemblée qui sera tenue en exécution du présent édit, ou même plus souvent, s'il est nécessaire, une assemblée de notables desdites villes & bourgs, en laquelle nos officiers & ceux des seigneurs seront appellés, pour y être par lesdits officiers municipaux rendu compte de l'état des affaires de la commune. Voulons que les registres des receveurs y soient représentés avec un bref état de la recette & dépense, & des dettes actives & passives de ladite ville ou bourg, pour y être ledit état vérifié, & en être le double, arrêté dans ladite assemblée, remis ensuite par ledit receveur, à l'intendant & commissaire départi pour nous, dans le département duquel sera la ville ou bourg, & par lui envoyé, avec ses observations & son avis, au contrôleur-général des finances. N'entendons quant à présent, rien innover sur le choix de ceux qui sont appellés, comme notables, auxdites assemblées, jusqu'à ce que nous ayons fait connoître nos intentions à ce sujet, par les lettres particulières que nous ferons expédier pour chacun desdites villes & bourgs.

9°. Le premier officier de nos sièges, & nos procureurs esdits sièges, seront toujours appellés auxdites assemblées de notables, ainsi que les juges des seigneurs, sans toutefois que nosdits officiers puissent présider auxdites assemblées, si ce n'est que tous les officiers municipaux en exercice, se trouvassent absens, ou qu'il fût question de la police générale desdits villes & bourgs, ou de la perception de ceux de nos deniers qui doivent être portés en notre trésor royal, & des comptes d'iceux, auquel cas ils présideront auxdites assemblées.

10°. Les assemblées ordonnées par les articles précédens, seront convoquées par le premier officier municipal desdits villes & bourgs, & tenues en la manière accoutumée, sans qu'il soit besoin de l'autorisation du commissaire départi, jusqu'à ce que nous ayons réglé la forme d'icelles par nos lettres-patentes, que nous ferons expédier en la forme ordinaire. Voulons à cet effet, que lesdits officiers municipaux soient tenus dans un mois, à compter du jour de l'enregistrement de notre présent édit, de remettre audit commissaire départi, un mémoire sur la forme dans laquelle lesd tes assemblées ont été tenues jusqu'à ce jour, & tous ceux qui y ont été appellés; pour être ledit mémoire par lui envoyé, avec son avis, au contrôleur-général de nos finances.

11°. Et voulant prévenir les difficultés qui pourroient s'élever dans la suite, sur les rangs & séances de ceux qui assisteront auxdites assemblées, voulons que, sans préjudice du droit des parties, & jusqu'à ce qu'il ait été autrement pourvu, il ne soit par provision observé aucun rang entr'eux, & que chacun y prenne séance, suivant qu'il se trouvera placé, à l'exception seulement de l'officier qui y présidera, conformément à ce qui est porté par l'article IX ci-dessus, lequel y aura la première place.

12°. Voulons pareillement que, par provision, & jusqu'à ce qu'il en ait été autrement ordonné, s'il y échet, par lesdites lettres-patentes, que nous ferons expédier pour chacun desdits villes & bourgs, les élections des officiers municipaux & du receveur des deniers communs & d'octroi, seront faites par voie de scrutin & par billets, & que les délibérations sur les affaires communes, soient prises à la pluralité des voix.

13°. N'entendons empêcher les officiers municipaux desdits villes & bourgs, de faire les dépenses qui auront été jugées nécessaires par lesdites assemblées, jusqu'à ce que nous ayons statué sur chacun desdits villes & bourgs par nosdites lettres-patentes: voulons qu'après que lesdites dépenses auront été déterminées par nosdites lettres, elles ne puissent être augmentées dans la suite, si ce n'est dans les cas urgens, & avec les formalités qui y auront été prescrites; le tout à peine d'en répondre par lesdits officiers municipaux en leurs propres & privés noms, & d'être condamnés à remettre ès mains du receveur le montant dudit excédant, avec les intérêts du jour que les deniers dudit excédant seroient sortis de la caisse commune.

14°. Il ne pourra être accordé aucune pension ou gratification, ni fait aux biens communaux, aucunes réparations, autres néanmoins que celles d'entretien ordinaire, qu'ensuite d'une délibération prise dans une assemblée de notables, qui sera remise audit commissaire départi, pour être par lui envoyée, avec son avis, au contrôleur-général de nos finances, & être par nous autorisée; s'il y a lieu.

15°. Les nouvelles constructions, ou augmentations à celles déjà faites, seront pareillement délibérées dans ladite assemblée des notables, & ne pourront être faites qu'elles n'aient été par nous autorisées sur l'avis dudit commissaire départi; à l'effet de quoi, les plans & devis estimatifs desdites contributions ou augmentations, seront envoyés au contrôleur-général de nos finances, pour être mis sous le contre-scel de nos lettres-patentes, que nous ferons expédier lorsque l'objet desdites nouvelles constructions ou augmentations montera à la somme qui sera par nous déterminée par nosdites lettres-patentes particulières pour chacun desdits villes & bourgs.

16°. Faisons très-expresses inhibitions & défenses aux officiers municipaux desdits villes, bourgs & communautés, de faire aucunes acquisitions, qu'elles n'aient été délibérées dans une assemblée de notables, & que la délibération n'ait été envoyée audit commissaire départi, pour nous être par lui donné son avis, & sur ledit avis être accordé, s'il y échet, nos lettres à ce nécessaires; & où lesdites acquisitions n'excéderoient point la somme de trois mille livres, avons dispensé & dispensons lesdits officiers d'obtenir nosdites lettres, à la charge toutefois, de faire homologuer en nos cours lesdites délibérations, lesquelles seront homologuées sur les conclusions de nos procureurs-généraux, & sans frais; voulons que copie duement collationnée de nosdites lettres, ou desdits arrêts d'homologation, soit annexée auxdits contrats d'acquisition, à peine de nullité: faisons défenses expresses auxdits officiers, de faire aucunes acquisitions avant lesdits enregistremens ou homologations, à peine d'en répondre en leurs propres & privés noms.

17°. Les dispositions portées par l'article précédent seront exécutées en leur entier, à l'egard des aliénations des biens desdits villes & bourgs, qui se trouveroient indispensables; & seront au surplus exécutées, selon leur forme & teneur, les dispositions des ordonnances, édits & déclarations qui concernent lesdits aliénations.

18°. Il ne pourra pareillement être fait aucun emprunt de deniers pour lesdits villes & bourgs, si ce n'est dans les formes prescrites par l'article 16 ci-dessus, qui sera exécuté à cet égard en tout son contenu.

19°. Les lettres-patentes qui permettront lesdites aliénations ou emprunts, & les arrêts d'homologation portés par les articles précédens, prescriront en même-tems l'emploi des deniers qui en proviendront, à peine de nullité; faisons défenses aux officiers municipaux de les divertir à aucun autre usage, à peine d'être destitués, & d'être condamnés à la restitution, & en tels dommages & intérêts qu'il appartiendra.

20°. Les lettres-patentes qui permettront les constructions, acquisitions, aliénations & emprunts portés par les articles précédens, seront scellés sans droits ni frais, & elles seront enregistrées dans les grand'chambres de nos cours de parlemens, sur la seule requête de nos procureurs-généraux, & sans droits ni frais, ce qui sera pareillement observé à l'égard des arrêts d'homologation, des délibérations ci-dessus prescrites.

21°. Voulons que tous contrats ou actes qui seroient passés à l'avenir pour raison des susdites constructions, acquisitions, ventes, aliénations & emprunts, à l'égard desquelles les formalités ci-dessus prescrites n'auroient pas été observées en leur entier, soient & demeurent nuls de plein droit, sans qu'il soit besoin de lettres de restitution ou de rescision, & sans que les acquéreurs ou prêteurs puissent exercer aucun recours contre le corps desdits villes & bourgs, sauf à l'exercer contre ceux desdits officiers municipaux, & autres délibérans qui auroient signé lesdits contrats & actes, ou les délibérations qui auroient autorisé à les passer.

22°. Faisons défenses expresses à tous habitans desdits villes & bourgs ou autres, même à leurs officiers municipaux, de s'obliger pour lesdits villes & bourgs, si ce n'est dans les actes ou contrats passés pour lesdits villes & bourgs, dans les formes prescrites par les articles précédens; déclarons nuls & de nul effet tous autres actes & obligations par eux contractés pour lesdits villes & bourgs, comme aussi toutes acceptations & promesses de garantie qui seroient faites en leur faveur par lesdits villes & bourgs, ou en leurs noms, sans que ceux qui se seroient ainsi obligés, & ceux qui auroient stipulé ladite garantie, puissent exercer aucun recours contre lesdits villes & bourgs, mais seulement contre ceux qui auroient signé lesdits actes, ce qui aura lieu de plein droit, sans qu'il soit besoin de lettres de restitution ou de rescision, & dans tous cas sans distinction, à l'exception seulement de ceux de famines, de maladies pestilentielles, & autres accidens imprévus.

23°. Voulons néanmoins par grace & sans tirer à conséquence, que ceux qui auroient contracté jusqu'ici avec lesdits villes & bourgs, & leurs officiers municipaux ou autres, soit pour constructions nouvelles; emprunts, ventes, aliénations, acquisitions, ou autres affaires communes & dont les actes ne se trouveroient pas revêtus des formalités ci-dessus prescrites, puissent se pourvoir avant le premier janvier 1767, pour faire réparer, s'il y échet, le défaut desdites formalités, faute de quoi, & ledit délai passé, ils n'y seront plus reçus, & il sera statué sur lesdits actes, conformément aux édits & déclarations précédemment intervenus à ce sujet, par les juges qui en doivent connoître, aux termes desdites loix.

24°. En cas que l'insuffisance des deniers patrimoniaux, pour fournir aux charges desdits villes & bourgs, obligeât lesdits officiers municipaux de recourir à notre autorité, pour y suppléer par l'augmentation, la prorogation ou l'établissement de quelque octroi, ils demanderont audit commissaire départi, la permission de convoquer une assemblée des notables habitans, à l'effet d'être délibéré sur ladite demande, & ladite déclaration contiendra la situation des affaires de ladite ville ou bourg, & les motifs de la demande.

25°. Ladite déclaration sera envoyée sur le champ par lesdits officiers municipaux audit commissaire départi, & par lui au contrôleur-général de nos finances, à l'effet d'y être par nous statué, s'il y échet, par nos lettres-patentes adressées à nos cours, & seront lesdites lettres expédiées de notre propre mouvement, & enregistrées sur les seules conclusions de nos procureurs-généraux, & sans frais, en la manière accoutumée; voulons que le tems, pendant lequel ledit octroi sera levé, soit fixé par lesdites lettres, & que lesdites délibérations & avis soient mis sous le contre-scel d'icelles, à peine de nullité.

26°. Les adjudications des baux des biens & revenus patrimoniaux desdits villes & bourgs, seront faites dans la susdite assemblée des notables, au plus offrant & dernier enchérisseur, & sur trois affiches préalables apposées de quinzaine en quinzaine aux lieux requis & accoutumés, à l'exception seulement de ceux qui n'excéderoient pas la somme de cent livres de revenu annuel, qui pourront être passés par lesdits officiers sans lesdites formalités; & à l'égard de tous les octrois, sans exception, qui auront été par nous accordés auxdits villes & bourgs, il sera procédé à leur adjudication dans lesdits villes & bourgs, par-devant les officiers de nos bureaux des finances, ou ceux de nos élections qui s'y transporteront, le tout en la forme & manière accoutumée; défendons à tous officiers municipaux de s'en rendre, en aucun cas & sous quelque prétexte que ce soit, adjudicataires ou cautions d'autres adjudicataires, soit en leurs noms & sous des noms interposés, à peine de nullité desdits baux, de restitution & de dommages & intérêts, sans que lesdites peines puissent être réputées comminatoires.

27°. Les deniers communs desdits villes & bourgs seront déposés dans le lieu qui aura été choisi & déterminé dans une assemblée de notables, & seront conservés dans un coffre fermant à trois clefs, dont l'une sera gardée par l'un des officiers municipaux; la deuxième, par un notable du lieu, & la troisième par le receveur; & il sera réglé par ladite assemblée telle somme qu'il appartiendra, pour rester ès mains dudit receveur, & fournir aux dépenses manuelles & quotidiennes de la commune, sans qu'il puisse garder une somme plus considérable entre ses mains, à peine d'en répondre en son propre & privé nom & de destitution. Voulons qu'il ne lui soit remis de nouveaux deniers, qu'en justifiant sommairement de l'emploi des précédens, dont, ainsi que de ceux qui lui seront successivement remis, il sera par lui donné quittance qui sera déposée dans ledit coffre, & mention d'icelle faite dans un registre qui restera ès mains de celui desdits officiers municipaux chargé de l'une des clefs dudit coffre.

28°. Les deniers provenans des octrois, dont le produit a été accordé auxdits villes & bourgs, seront pareillement déposés dans ledit coffre, lors duquel dépôt il sera donné quittance au receveur desdits octrois, par l'officier municipal & le notable habitant qui auront la clef dudit coffre, suivant ce qui est porté par l'article précédent : voulons que les deniers ainsi déposés, soient ensuite réputés deniers communs desdits villes & bourgs, à la charge toutefois de les employer spécialement à la destination à laquelle ils auront été affectés par l'établissement même desdits octrois.

29°. En cas qu'il se trouve à la fin de l'année un excédant de recette dans lesdits deniers communs, il sera délibéré en ladite assemblée de notables sur l'emploi qui en sera fait pour l'utilité desdits villes & bourgs, & ladite délibération sera envoyée audit commissaire départi, à l'effet d'être par nous, sur son avis, pourvu audit emploi, soit en paiement des dettes & charges desdits villes & bourgs, soit en ouvrages nécessaires ou autres, soit en acquisitions de rentes, ou effets, qui ne pourront être que de la nature de ceux que les gens de main-morte peuvent acquérir, aux termes des dispositions portées par notre édit du mois d'août 1749.

30°. Il ne pourra être fait ou ordonné aucune députation, qu'elle n'ait été délibérée dans une assemblée des notables habitans de nosdits villes & bourgs, convoquée en la forme ci-dessus prescrite. Faisons défenses de députer aucun des officiers municipaux, si ce n'est qu'ils veuillent se charger gratuitement & sans frais de la députation, à peine de restitution des sommes qui lui auroient été payées, nous réservant néanmoins de permettre la députation desdits officiers municipaux, sur l'avis dudit commissaire départi, en cas que nous la jugions nécessaire pour le bien desdits villes & bourgs.

31°. Les titres & papiers desdits villes & bourgs seront placés dans tel lieu sûr & convenable qui aura été choisi à cet effet, & qui aura été par nous réglé sur le vu de la délibération de ladite assemblée, & de l'avis dudit commissaire départi : voulons qu'il en soit fait un inventaire sommaire, dont le double sera remis au premier des officiers municipaux, & l'autre restera ès mains de ceux desdits officiers, à qui la garde desdits archives aura été confiée par délibération de ladite assemblée, sans qu'il puisse en être tiré aucune pièce, si ce n'est sur le récépissé de celui à qui elle aura été confiée, lequel récépissé restera dans lesdites archives jusqu'à ce qu'elle y ait été rétablie.

32°. Les receveurs desdits villes & bourgs seront tenus de remettre auxdits officiers municipaux, dans les premiers jours de chaque mois, un bref état de leur recette & dépense, qui sera visé par l'un d'entr'eux ; comme aussi de rendre tous les ans, au plus tard dans le mois de mars, un compte en règle, de toute la recette & dépense de l'année précédente, lequel sera par eux signé & affirmé véritable.

33°. Ledit compte, & les pieces justificatives d'icelui, seront examinés dans une assemblée de notables, qui sera convoquée à cet effet, pour y être vérifiés, & arrêtés en la manière accoutumée, jusqu'à ce que nous ayons réglé par nos lettres-patentes particulières, pour chacun desdits villes & bourgs, la forme dans laquelle lesdits comptes y seront réglés & arrêtés.

34°. Faute par ledit receveur de rendre ledit compte dans ledit délai, il y pourra être contraint par amende, & même par corps, en vertu de la simple ordonnance du juge du lieu, qui sera rendue sur la requête du syndic ou des officiers municipaux, & exécutée provisoirement, nonobstant l'appel, & sans préjudice d'icelui ; voulons que ledit appel soit porté directement en nos cours, & jugé en la grand'chambre d'icelles.

35°. L'extrait & l'arrêté desdits comptes sera envoyé par ledit syndic audit commissaire départi, pour être par lui envoyé, avec ses observations, au contrôleur-général des finances, à l'effet de nous être représenté tous les ans un état général de l'administration de nosdits villes & bourgs, & d'y être par nous pourvu en la forme ordinaire, ainsi qu'il appartiendra, suivant l'exigence des cas.

36. Les comptes des deniers provenans de la recette des octrois, seront pareillement rendus par lesdits receveurs en la forme & manière prescrites par les articles précédens, jusqu'à ce qu'il en ait été autrement par nous ordonné.

37°. La recette desdits comptes sera composée du produit total desdits octrois, & la dépense le sera des taxations attribuées audit receveur, pour en faire la perception, des frais de recouvremens, si aucuns y a, & du montant de la remise faite du surplus dans la caisse des deniers communs, suivant la quittance qu'il sera tenu d'en rapporter, conformément à l'article 28 de notre présent édit.

38°. Lesdits comptes des deniers d'octrois, après avoir été vérifiés & arrêtés chaque année en la forme prescrite par les articles précédens, seront rendus tous les trois ans par lesdits receveurs, par bref état, tant aux bureaux des finances, qu'en nos chambres des comptes, sans que les épices desdits comptes puissent excéder un pour cent du montant de la recette effective, ni dans aucun cas excéder la somme de quatre mille livres, & sauf à nosdites chambres des comptes à les taxer au-dessous de cette quotité, suivant les circonstances, ce dont nous chargeons l'honneur & la conscience de celui qui présidera.

39°. A l'égard des droits & salaires qui pourroient être dûs aux officiers inférieurs de nosdites chambres, pour vacations auxdits comptes, voulons qu'il nous soit par elles envoyé, aussi-tôt après l'enregistrement de notre présent édit, un tarif desdits droits avec leurs observations, pour y être par nous pourvu ainsi qu'il appartiendra.

40°. Les comptes prescrits par l'article 32 de notre présent édit, après avoir été pareillement vérifiés & arrêtés dans ladite assemblée de notables, en la manière prescrite par l'article 33, seront rendus en forme par lesdits receveurs, pardevant nos bailliages & sénéchaussées, pour, après avoir été communiqués à notre procureur, & sur le vu des pièces justificatives de la recette & de la dépense, être lesdits comptes clos, arrêtés & jugés, sans droits ni frais, & ce dans un mois au plus tard, à compter de l'arrêté qui en aura été fait par lesdites assemblées.

41°. Après la clôture desdits comptes, il en sera envoyé, par notre procureur audit siège, une expédition à notre procureur-général, pour être par lui examinée, à l'effet de se pourvoir en la grand'-chambre de notre parlement, pour y être procédé à la réformation des articles qu'ils trouveront n'être point en règle, ce qui ne pourra être fait que sur référé, instruit par simple mémoire & sans frais, sans qu'en aucun cas il puisse être prononcé aucuns appointemens à ce sujet.

42°. Dans tous les cas où nous aurions permis auxdits habitans desdites villes & bourgs de contribuer entr'eux par voie de capitation, ou autre levée de deniers, la perception en sera faite par les collecteurs qui auront été nommés dans une assemblée des notables habitans, convoquée à cet effet.

43°. Les ordonnances, édits & déclarations concernant les autorisations nécessaires auxdites villes & bourgs, pour pouvoir plaider, seront exécutés selon leur forme & teneur, & lesdites autorisations ne pourront être accordées que sur une requête, accompagnée d'une consultation d'avocats, qui sera annexée à l'ordonnance d'autorisation, à peine de nullité de ladite ordonnance.

44°. Ne pourra néanmoins ladite autorisation être nécessaire pour défendre aux appels desdites sentences ou jugemens qui auront été rendus en faveur desdites villes & bourgs, ni pour se pourvoir pardevers nous.

45°. Dans tous les cas où ladite autorisation se trouvera nécessaire, faute par lesdits officiers municipaux de l'avoir obtenue, les dépens qui seroient prononcés contre lesdites villes & bourgs, ne pourront être répétés sur leurs biens & revenus, mais seront payés par les délibérans en leurs propres & privés noms.

46°. Les contestations qui pourront s'élever au sujet des biens patrimoniaux & communaux desdites villes & bourgs, seront portées pardevant les juges ordinaires des lieux; & par appel, immédiatement en la grand'chambre de nos cours de parlement.

47°. Lesdites contestations seront jugées, tant en cause principale qu'en cause d'appel, à l'audience, ou sur délibéré, sans qu'elles puissent être appointées, si ce n'est seulement en cas de partage d'opinions; auquel cas, elles seront seulement appointées à mettre, & sera fait mention dudit partage dans ladite sentence, ou arrêt d'appointement; le tout à peine de nullité & de restitution des frais par les procureurs qui auroient occupé dans lesdites instances.

48°. Voulons néanmoins que lesdites contestations qui concerneront lesdits biens patrimoniaux, soient jugées en dernier ressort, quand elles seront portées en première instance pardevant nos juges, lorsqu'il ne s'agira que d'une somme moindre de 300 liv. une fois payée, & l'appel des sentences rendues sur lesdits objets, ne pourra être reçu, à peine de nullité, & 200 liv. d'amende contre le procureur qui auroit signé la requête d'appel.

49°. Les sentences qui interviendront dans les cas portés par l'article précédent, seront rendues par cinq juges au moins qui seront tenus de les signer, & il y sera fait mention qu'elles ont été rendues par jugement en dernier ressort, sinon elles seront sujettes à l'appel.

50°. Les contestations qui concerneront la levée des droits d'octrois, même pour la portion qui en aura été accordée auxdites villes, seront portées pardevant les juges qui connoissent de nos droits en première instance, & par appel en nos cours des aides, & seront jugées tant en première instance qu'en cause d'appel, en la forme prescrite par les articles 47, 48 & 49 de notre présent édit, & sous les peines qui y sont portées.

51°. Les demandes qui concerneront lesdits droits d'octrois, même pour la portion qui en aura été accordée auxdites villes & bourgs, seront pareillement jugées en dernier ressort, par les juges qui en doivent connoître en première instance, lorsqu'elles n'excéderont pas la somme de 30 liv. & qu'il ne s'agira point de décider du fond du droit, & seront observées à cet égard les dispositions portées par l'article 49 de notre présent édit.

52°. N'entendons au surplus préjudicier par les dispositions des articles 45 & 46 ci-dessus, aux droits de jurisdiction attachés aux corps municipaux qui seroient en possession de connoître des matières portées par lesdits articles, ou d'aucunes d'icelles.

53°. Les dispositions portées par notre déclaration du 21 novembre dernier, par rapport aux dettes de notre état, seront exactement observées en ce qui concerne la liquidation & le remboursement des dettes desdites villes & bourgs.

Edit du roi contenant réglement, pour l'exécution de celui du mois d'août 1764, dans les villes & bourgs du royaume, donné à Marly au mois de mai 1765.

LOUIS, par la grace de Dieu, roi de France & de Navarre, à tous présens & à venir, SALUT: Nous avons, par notre édit du mois d'août dernier, supprimé les officiers municipaux, en titre, dans les villes & bourgs qui contiennent 4500 habitans & plus; nous avons annoncé que nous donnerions dans la suite notre attention aux autres villes & bourgs, qui, quoiqu'elles ne contiennent pas un aussi grand nombre d'habitans, ont néanmoins des revenus communs & des charges pour l'administration desquels il est nécessaire de leur donner des règles: la liberté d'élire les officiers municipaux, la nécessité de les changer, celle de faire délibérer les notables dans les cas qui intéressent la commune & la forme de compter de toutes les recettes & dépenses, nous ont paru les voies les plus propres à faire fructifier les revenus, à diminuer les dépenses, & à rappeller l'ordre & l'économie nécessaires dans toutes les administrations publiques. Nous avons établi ces règles par notre édit, & nous nous portons d'autant plus volontiers à étendre ces dispositions à toutes les villes & bourgs indistinctement, que l'empressement avec lequel il nous est demandé de la part des habitans des lieux où nous ne l'avons pas encore envoyé, ne peut pas nous laisser douter des avantages que son exécution générale procurera à tous nos sujets qui nous sont également chers, en rendant aux différens corps & communautés la liberté d'élire eux-mêmes les officiers municipaux des villes, & de participer chacun à leur administration; nous avons cru qu'il étoit nécessaire de fixer invariablement le nombre desdits officiers municipaux en proportion de l'importance de chaque ville & bourg, de donner des règles pour les élections, & de faire présider chaque assemblée par un chef en état de veiller à la manutention de l'ordre que nous établissons. Nous avons, à cet effet, attribué la présidence desdites assemblées de notables à notre lieutenant-général en nos bailliages, ou autre premier officier de la justice ordinaire du lieu, mais sans qu'il puisse donner dans lesdites assemblées sa voix que nous avons réservée pour son siège; nous avons jugé qu'il seroit aussi honorable pour nosdites villes & bourgs, qu'intéressant pour notre service, que leur premier officier fut connu & approuvé de nous: nous nous sommes en conséquence réservé la nomination du maire que nous choisirons sur trois sujets qui seront élus & qui nous seront présentés par les notables de chaque ville ou bourg; lequel maire, pour nous ainsi choisi, présidera à toutes les assemblées ordinaires du corps de-ville: pour nous assurer d'autant plus d'entière observation de toutes les règles que nous avons déjà établies par notre édit du mois d'août dernier, & de celle que nous établissons par le présent, nous avons chargé notre procureur en nos jurisdictions ordinaires, ou celui des seigneurs, dans les lieux où la justice ne se rend pas en son nom, d'y veiller & d'assister aux assemblées des notables, pour y faire ses fonctions, & y former tels réquisitoires que de droit: il nous restera, après ces précautions, pour consommer l'opération de l'établissement d'un ordre économique si désirable dans les revenus communaux, qu'à fixer par nos lettres-patentes particulières, ce qui sera observé dans chaque ville & bourg, pour l'administration de ses revenus, en prenant les arrangemens convenables pour mettre chaque communauté en état de supporter ses charges, & même d'acquitter ses dettes; c'est ce que nous nous empresserons de faire aussi-tôt que les villes & bourgs nous auront adressé leurs mémoires à cet effet, conformément aux dispositions de notre présent édit. A CES CAUSES, & autres à ce nous mouvant, de l'avis de notre conseil, & de notre certaine science, pleine puissance & autorité royale, nous avons par le présent édit perpétuel & irrévocable, dit, statué & ordonné, disons, statuons & ordonnons, voulons & nous plaît ce qui suit:

1°. Les dispositions de notre édit du mois d'août 1764, concernant l'administration des villes & principaux bourgs de notre royaume, seront exécutées dans toutes les villes & bourgs qui ont des officiers municipaux, quelque nombre d'habitans qu'elles se trouvent contenir; voulant à cet effet, que tous les offices de la nature de ceux qui ont été supprimés par l'article 2 de notre présent édit, qui auroient été créés dans les villes & bourgs où il se trouveroit moins de 4500 habitans, & qui n'auroient pas été par eux acquis, soient & demeurent également éteints & supprimés, comme nous les éteignons & supprimons par notre présent édit.

2°. Lesdits officiers municipaux continueront de remplir les fonctions attachées à leurs offices, jusqu'au premier juillet prochain, & seront tenus, dans le même délai, de remettre ès-mains du contrôleur-général de nos finances leurs quittances de finances & autres titres, pour être par nous pourvu à la liquidation & au remboursement desdites finances; voulons que l'intérêt en soit payé à raison du denier 20, à compter dudit jour 1er. juillet, à ceux qui auront remis leurs titres dans ledit délai, sinon il ne courra que du premier jour du mois qui suivra ladite remise.

3°. Dans toutes les villes & bourgs dans lesquels il se trouvera 4500 habitans & plus, les corps de ville, seront à l'avenir composés d'un maire, de quatre échevins, de six conseillers de ville, d'un syndic-receveur & d'un secrétaire-greffier, sans, toutefois, que ledit syndic-receveur & ledit secrétaire-greffier puissent avoir voix délibérative dans les assemblées du corps-de-ville, ni que le greffier puisse assister à ses délibérations, à moins qu'il n'y soit mandé.

4°. Tous lesdits officiers seront élus par la voie du scrutin & par billets, dans les assemblées de notables, qui seront convoquées & tenues à cet effet, ainsi qu'il sera ci-après prescrit.

5°. Entendons néanmoins nous réserver la nomination de maire seulement; il sera à cet effet élu dans chaque ville & bourg, par la voie ci-dessus prescrite, trois sujets qui nous seront présentés, pour être par nous choisi & nommé celui d'entr'eux qui remplira la place de maire; & sera le procès-verbal de ladite élection envoyé sur-le-champ au secrétaire d'état ayant le département de la province, pour faire notre choix sur le compte qui nous en sera par lui rendu.

6°. Dans celles des villes & bourgs, ès-quelles aucuns seigneurs particuliers, ou autres, seroient en droit & possession de nommer ou confirmer lesdits officiers municipaux ou quelqu'un d'eux; voulons que par provision il soit élu trois sujets pour la place de maire seulement, qui leur seront présentés, à l'effet d'être par eux choisi & nommé celui des trois qui remplira la place, sauf à statuer définitivement sur lesdits droits & possessions, à l'effet de quoi lesdits seigneurs, ou autres, prétendans lesdits droits, seront tenus de remettre leurs titres au greffe de la grand'chambre de notre parlement, pour, sur les conclusions de notre procureur-général, y être fait droit sur simples mémoires & sans frais, ainsi qu'il appartiendra; voulons que lesdits titres & mémoires soient remis dans un an, pour tout délai, du jour de l'enrégistrement de notre présent édit; faute de quoi, lesdits seigneurs & autres demeureront déchus de leurs prétentions.

7°. Il sera pareillement élu en la même forme dans les villes de nos trois comtés de Mâcon, Bar-sur-Seine & Auxerre, trois sujets pour remplir ladite place de maire seulement, lesquels seront présentés à nos états de Bourgogne, pour être choisi & nommé par eux celui qui exercera les fonctions de ladite place, & celui qui aura été ainsi choisi par nosdits états, prêtera serment auxdits états, suivant l'usage accoutumé en notredite province de Bourgogne.

8°. En ce qui concerne les villes & bourgs de l'apanage de notre très cher & très-amé cousin le duc d'Orléans, ainsi que celles qui ont été unies audit apanage, par nos lettres-patentes du 28 janvier 1751, désirant donner à notredit cousin de nouvelles marques de notre affection; voulons que jusqu'à ce que nous ayons fait connoître définitivement nos intentions à ce sujet, il ne soit rien innové dans l'usage qui s'observoit relativement à la nomination ou confirmation, de la part de notredit cousin, des officiers municipaux desdites villes & bourgs.

9°. Les maires ne pourront être choisis que parmi ceux qui auroient déjà rempli cette place, ou qui auroient été ou seroient actuellement échevins.

10°. Le choix des échevins ne pourra être fait que parmi ceux qui seront ou auront été conseillers de ville; voulons que parmi les échevins il y ait toujours au moins un gradué.

11°. A l'égard des conseillers de ville, ils seront choisis parmi ceux qui seront ou qui auront été notables, n'entendons néanmoins que les dispositions du présent article & des deux précédens n'aient lieu pour la première élection qui sera faite en vertu de notre présent édit, mais seulement pour les subséquentes.

12°. Le maire exercera ses fonctions pendant trois années, à l'expiration desquelles il sera procédé au jour accoutumé à son remplacement en la forme ci-dessus prescrite, sans qu'il puisse être continué ni élu de nouveau, si ce n'est après un intervalle de trois années, depuis la cessation de ses fonctions.

13°. En cas que quelques-uns des maires des villes de nosdits trois comtés de Mâcon, Bar-sur-Seine & Auxerre, se trouvassent en même-tems alcades ou élus de notre province de Bourgogne, ils continueront leurs fonctions de maire pendant tout le tems qu'ils rempliront celles d'alcades ou d'élus, & ils ne pourront être remplacés que quand ils cesseront d'être alcades ou élus desdits états.

14°. Les échevins exerceront leurs fonctions, pendant deux années, en telle sorte néanmoins qu'il y en ait toujours deux anciens & deux nouveaux; à l'effet de quoi il en sera élu tous les ans au jour accoutumé, deux nouveaux à la place de deux anciens, sans qu'en aucuns cas ils puissent être continués ni élus de nouveau, si ce n'est deux ans au moins après la fin de leur échevinage; vousons en conséquence que la moitié des échevins, qui auront été élus en exécution de notre présent édit, à commencer par les plus jeunes, ne puissent exercer leurs fonctions que pendant un an, & soient remplacés, à l'expiration de ladite année.

15°. Les conseillers de ville exerceront leurs fonctions pendant six années; voulons néanmoins que, dans le nombre de ceux qui seront élus la première fois, en exécution de notre présent édit, le premier nommé soit remplacé au bout d'un an, & ainsi successivement, en telle sorte qu'il y en ait un chaque année, qui soit remplacé en la forme ci-dessus prescrite.

16°. Aucun desdits conseillers ne pourra être continué ni nommé de nouveau, si ce n'est après un intervalle de tems au moins égal à celui pendant lequel il aura de suite, & sans intervalle, exercé ses fonctions, en vertu de sa dernière élection.

17°. Le syndic-receveur & le secrétaire-greffier exerceront leurs fonctions pendant trois années, après lesquelles ils pourront être continués, s'il y a lieu, & autant de fois qu'il sera jugé convenable, & même sans interruption.

18°. Il sera fait, un mois au plus tard, après la publication de notre présent édit, dans les bailliages & sénéchaussées, auxquels nosdites villes & bourgs ressortissent, une élection desdits maire, échevins, conseillers de ville, syndic-receveur & secrétaire-greffier; voulons que jusqu'à ce jour ceux qui remplissent lesdites places continuent d'en exercer les fonctions, & que le tems, depuis le jour de ladite élection jusqu'à celui où lesdits officiers ont coutume d'être renouvellés, ne soit point compté dans la durée des fonctions ci-dessus fixée, sans, toutefois, que la présente disposition puisse avoir lieu dans les villes & bourgs où il auroit été fait une élection depuis notre édit du mois d'août dernier, & en exécution d'icelui.

19°. Les fonctions du ministère public ne pourront être exercées dans lesdites assemblées de notables, que par nos procureurs dans nos jurisdictions ordinaires, ou par le procureur d'office du seigneur, dans les lieux où la justice ne se rend pas en notre nom, sans qu'aucun desdits officiers municipaux puisse s'immiscer dans lesdites fonctions, sous prétexte que les offices de procureur du roi ci-devant créés dans lesdites villes & bourgs, auroient été acquis par le corps-de-ville, ou réunis à icelui.

20°. Le maire, nouvellement élu, ne pourra prendre séance, ni exercer ses fonctions, qu'après avoir fait enrégistrer son brevet de nomination au siège ordinaire de ladite ville ou bourg, & prêté serment entre les mains du premier ou plus ancien officier dudit siège, qui sera tenu de le recevoir sans frais ni droits, & jusqu'à ce le premier échevin remplira les fonctions du maire.

21°. Lesdits échevins & autres officiers du corps de ville exerceront leurs fonctions, en vertu de la délibération qui les aura nommés, sans qu'ils aient besoin de provisions ni de commissions, si ce n'est dans le cas porté par l'article 8 ci-dessus, sans, toutefois, qu'ils puissent être installés, qu'après avoir prêté serment entre les mains du maire en exercice, ou de celui qui en remplira les fonctions.

22°. Ne pourra néanmoins le syndic-receveur entrer en exercice qu'après avoir présenté & fait recevoir pardevant le premier ou plus ancien officier dudit siège, & en présence de notre procureur, ou celui du seigneur, une caution telle qu'elle aura été réglée dans l'assemblée qui aura nommé le syndic-receveur.

23°. Ledit syndic-receveur fera toutes les propositions qui pourront être à faire dans les assemblées ordinaires du corps-de ville seulement, & pour la régie & administration des biens de ladite ville ou bourg, comme aussi la recette & le recouvrement de tous les revenus, sans exception, soit patrimoniaux ou d'octrois, ainsi que les poursuites qui auront été délibérées & jugées nécessaires contre les fermiers, locataires, rentiers, adjudicataires, régisseurs & autres débiteurs, sans toutefois qu'il puisse employer lesdits deniers autrement que sur les mandemens des maire & échevins; & sera tenu ledit syndic-receveur de porter jour par jour, & sans aucun blanc, sa recette & sa dépense sur un régistre cotté & paraphé par le maire ou un échevin, même de faire mention desdits mandemens à chaque article de dépense, à peine de radiation de l'article.

24°. Lesdits mandemens ne seront valables, s'ils ne sont signés du maire, d'un échevin au moins, & du secrétaire-greffier; & en cas d'absence du maire, de deux échevins & du secrétaire; & dans les lieux où il n'y auroit point de maire, de deux échevins, ou d'un échevin, d'un conseiller de ville & du secrétaire-greffier.

25°. Ne pourront lesdits mandemens être délivrés à ceux au profit desquels ils auront été expédiés, sans avoir été enrégistrés sur un régistre à ce destiné, & cotté & paraphé par le maire ou par un échevin, duquel enrégistrement mention sera faite sur ledit mandement, à peine, contre ceux qui les auroient signés & délivrés, d'être contraints personnellement au paiement des sommes y portées, sans aucun recours contre leur communauté; voulons que ceux qui se trouveront porteurs d'aucuns desdits mandemens, au jour de la publication de notre présent édit, soient tenus de le faire enrégistrer dans six mois, à compter dudit jour, passé lesquels, ils n'y seront plus reçus, &

lesdits mandemens seront regardés comme non-avenus; faisons défenses expresses auxdits receveurs-syndics de les acquitter, à peine de radiation des sommes y portées.

26°. La remise ou les appointemens qu'il conviendra d'accorder au syndic receveur, seront fixés & réglés dans une assemblée de notables, par une délibération, dont l'expédition sera envoyée au contrôleur général de nos finances, &, pour, sur l'avis du commissaire départi, y être par nous pourvu, ainsi qu'il appartiendra; & sera tenu ledit syndic & receveur de se conformer aux dispositions de notre édit du mois d'août dernier, & notamment à celles contenues ès-articles 32, 35, 36, 37, 38 & 40 dudit édit.

27°. Le secrétaire-greffier aura la garde des titres & papiers de la communauté, desquels il se chargera au pied de l'inventaire qui en sera dressé; ses appointemens seront pareillement réglés dans l'assemblée des notables, en la forme prescrite par l'article précédent, & passés en dépense dans le compte du syndic-receveur, sur le vu des mandemens des maire & échevins, & de ses quittances.

28°. Le nombre des officiers subalternes & des serviteurs & domestiques nécessaires pour le service desdites villes & bourgs, sous quelque dénomination que ce soit, & leurs honoraires, appointemens ou gages, seront réglés dans une assemblée de notables, en la forme prescrite par l'article 26 ci-dessus; & seront lesdits officiers, serviteurs ou domestiques choisis ou congédiés par les maire & échevins, à la pluralité des voix.

29°. Les assemblées des notables seront composées du maire, des échevins, des conseillers de ville & de quatorze notables.

30°. Et, pour que le bon ordre & la police puissent être maintenus dans lesdites assemblées, voulons que le premier officier de nos sièges établis dans lesdites villes & bourgs, &, s'il n'y en a pas, celui de la justice du seigneur préside auxdites assemblées de notables, & recueille les suffrages, reçoive le scrutin, en fasse lecture à l'assemblée, sans déplacer, & dresse procès-verbal du tout; comme aussi que nos procureurs ou ceux des seigneurs y assistent, pour requérir ce qui pourra être de leur ministère, à l'effet de quoi ils y seront invités par les officiers municipaux; n'entendons néanmoins que nosdits officiers ni ceux des seigneurs puissent être réputés faire partie du corps municipal, ni avoir voix délibérative auxdites assemblées.

31°. Et où, nosdits officiers ou ceux des seigneurs ne se seroient pas rendus aux assemblées, sur l'invitation qui leur aura été faite, le maire y présidera, & il sera passé outre à la délibération, à la charge toutefois de faire mention de ladite invitation & de l'absence dans le procès-verbal de ladite assemblée.

32°. Pour former le nombre des notables prescrit par l'article 29 ci-dessus, il en sera choisi un dans le chapitre principal du lieu, un dans l'ordre ecclésiastique, un parmi les personnes nobles & officiers militaires, un dans le bailliage & sénéchaussée, un dans le bureau des finances, un parmi les officiers des autres jurisdictions, en quelque nombre qu'elles soient dans le lieu, deux parmi les commensaux de notre maison, les avocats, médecins & bourgeois vivans noblement, un parmi ceux qui composent la communauté de notaires & de procureurs, trois parmi les négocians en gros, marchands ayant boutique ouverte, les chirurgiens & autres exerçant les arts libéraux, & deux parmi les artisans.

33°. Et où il manqueroit quelques-unes des classes d'habitans, désignées dans l'article précédent, les notables que lesdites classes qui manqueront, auroient dû fournir, seront remplacés d'abord par les commensaux de notre maison, avocats, médecins & bourgeois vivant noblement, ensuite par les commerçans en gros & marchands ayant boutique ouverte, chirurgiens & autres exerçant les arts libéraux, & enfin par les artisans.

34°. Pour procéder à l'élection des susdits notables, il sera nommé un député par le chapitre principal du lieu; un par chaque autre chapitre séculier, un par l'ordre ecclésiastique, un par les nobles & officiers militaires, un par le bailliage, un par chacune des autres jurisdictions, & un par chacun des autres corps & communautés du lieu.

35°. Lesdits députés seront nommés dans des assemblées qui seront convoquées à cet effet huitaine au moins avant le jour auquel se fera l'élection des officiers municipaux, lesquelles assemblées seront tenues; savoir: celles des chapitres en la manière accoutumée, celles des ecclésiastiques par l'évêque ou l'un de ses vicaires généraux dans le lieu de sa résidence épiscopale, & dans les autres lieux par le doyen des curés; celles des nobles & des officiers militaires par le bailli d'épée; celles des jurisdictions par celui qui y présidera; celles des commensaux de notre maison & bourgeois vivant noblement, ainsi que celles des personnes qui exercent des professions libres ou des arts libéraux par le lieutenant-général, ou autre premier officier de nos sièges ou de ceux des seigneurs; celles des avocats, notaires & procureurs en la manière ordinaire; celles des commerçans, négocians en gros, & des marchands détailleurs, & des artisans par celui qui exercera les fonctions de lieutenant de police.

36°. Les députés seront tenus de s'assembler à l'hôtel-de-ville, au plus tard la veille du jour destiné à l'élection des officiers municipaux, à l'effet d'élire, par ſcrutin & par billets, à la pluralité des ſuffrages leſdits notables; & ſera ladite aſſemblée convoquée par le maire en exercice.

37°. Ne pourront être élus notables que des perſonnes âgées au moins de trente ans, domiciliées dans leſdits villes & bourgs depuis dix ans, n'ayant aucunes fonctions qui exigent leur réſidence ailleurs, ayant paſſé par les charges de leur communauté, s'ils ſont d'une communauté où il y ait des ſyndics ou jurés; & ſeront leſdits notables élus pour quatre années, ſauf à être continués, s'il y échoit, autant de fois qu'il ſera jugé convenable.

38°. Les notables ainſi élus ſeront convoqués par billets ſignés du ſecrétaire-greffier, & envoyés par les officiers municipaux toutes les fois qu'il y aura lieu de tenir une aſſemblée de notables.

39°. Auſſi-tôt après l'élection des échevins & des trois ſujets qui ſeront préſentés pour remplir la place de maire, il ſera tenu une aſſemblée de notables pour procéder à celle des conſeillers de ville.

40°. En cas que quelques-uns deſdits corps & communautés n'euſſent pas nommé leurs députés, ou que quelques-uns des députés nommés ne ſe trouvaſſent pas à l'aſſemblée pour l'élection des notables, ainſi que dans les cas où quelques-uns des notables ne ſe trouveroient pas aux aſſemblées pour l'élection des maires & échevins ou conſeillers de ville, il ſera paſſé outre auxdites élections, ſans qu'elles puiſſent être différées ni ſuſpendues, pour quelque cauſe ni ſous quelque prétexte que ce ſoit, & ſans qu'aucunes autres perſonnes que celles ci-deſſus déſignées puiſſent y être admiſes en leur lieu & place.

41°. Aucuns habitans deſdits villes & bourgs ne pourront refuſer les places auxquelles ils auront été élus, ſous prétexte de priviléges attachés à des charges ou offices pendant une partie de l'année, ailleurs que dans leſdits villes & bourgs; voulons que toutes conteſtations qui naîtroient a ce ſujet, ainſi que ſur ce qui concerne l'exécution de notre édit du mois d'août dernier & du préſent, ſoient portées devant nos juges ordinaires des lieux, ou s'il n'y en a pas, devant ceux des ſeigneurs reſſortiſſans nûment en nos cours, & par appel immédiatement à la grand'chambre de nos cours de parlement, pour être jugées dans la forme preſcrite par l'article 47 de notre édit du mois d'août dernier.

42°. Voulant écarter tout ſujet de conteſtations ſur les rangs & préſéances dans les aſſemblées, ordonnons que celui qui y préſidera ſoit placé à la tête des officiers municipaux, & ſoit avec eux ſur une même ligne, que les officiers des juriſdictions prennent place vis-à-vis d'eux dans l'ordre entr'eux réglé; que les eccléſiaſtiques, les nobles, ceux qui exercent des profeſſions libres, des arts libéraux, ſoient placés à la droite des officiers municipaux, & tous les autres notables à leur gauche; le préſident prendra les ſuffrages en commençant par les officiers municipaux, enſuite par les officiers des juriſdictions, ſuivant l'ordre établi entr'elles, & après le premier des notables à la droite, en continuant ainſi juſqu'au dernier opinant des notables placés à ſa gauche.

43°. Quant aux proceſſions & cérémonies publiques, voulons que les officiers de nos bailliages & ſénéchauſſées, même, à leur défaut, les officiers des ſeigneurs, aient toujours la droite, & ceux du corps de ville la gauche, & que s'il s'y trouve d'autres juriſdictions qui ne ſoient pas du nombre des compagnies ſupérieures, elles prennent ſéance après les officiers de noſdits bailliages & ſénéchauſſées, ſuivant le rang qu'elles doivent tenir entr'elles.

44°. Tout ce qui concerne la régie & adminiſtration ordinaire des villes & bourgs, ſera réglé dans une aſſemblée de corps-de-ville, qui ſe tiendra tous les quinze jours, aux jour & heure qui auront été fixés dans une aſſemblée de notables qui ſera convoquée à cet effet auſſi-tôt après l'élection des échevins & conſeillers de ville, qui ſera faite en exécution de notre préſent édit.

45°. Les conſeillers de ville auront droit d'aſſiſter auxdites aſſemblées, ſans toutefois que leſdits maire & échevins ſoient tenus de les y appeller, pour les affaires que l'aſſemblée des notables aura déterminé être de nature à être réglées par le corps de ville ſeulement, & qui pourront requérir célérité.

46°. Toutes les autres affaires, ſans exception, ſeront portées dans une aſſemblée dudit corps-de-ville, à laquelle leſdits conſeillers ſeront appellés, & qui ſera tenue tous les mois au moins, aux jour & heure qui auront été fixés par la ſuſdite aſſemblée des notables, ou même plus ſouvent ſi leſdits maire & échevins le jugent néceſſaire; n'entendons néanmoins comprendre dans leſdites affaires celles qui, ſuivant l'article 13 & ſuivans de notre édit du mois d'août dernier, ſeront de nature à être portées & réglées dans une aſſemblée de notables.

47°. Les aſſemblées du corps-de-ville ſeront tenues à l'hôtel-de-ville & préſidées par le maire; les délibérations y ſeront priſes à la pluralité des voix, & portées de ſuite ſur un regiſtre coté & paraphé par le maire ou un échevin, où elles ſeront ſignées par tous les délibérans, ſans qu'aucun d'eux puiſſent ſe diſpenſer de les ſigner, quand ils auroient été d'avis contraire.

48°. Et afin que nous puiſſions régler inceſſamment tout ce qui pourra concerner l'adminiſtration des biens & revenus deſdits villes & bourgs, & même régler & diminuer, autant que faire ſe pourra, leurs dépenſes ordinaires & extraordinaires; voulons que dans un mois au plus tard du jour de l'élection des notables, officiers municipaux & conseillers de ville, qui aura été faite en exécution de notre présent édit, & dans deux mois, à compter du jour de sa publication pour les élections qui auroient été faites en exécution de notre édit du mois d'août dernier, il soit convoqué une assemblée desdits notables, pour délibérer sur les moyens de parvenir à une meilleure administration; à l'effet de quoi lesdites délibérations, & les pièces & mémoires qui y pourront être joints, seront envoyés aussi-tôt après au contrôleur-général de nos finances, pour, sur l'avis du commissaire départi, y être par nous pourvu, ainsi qu'il appartiendra, par nos lettres-patentes en la forme ordinaire.

49°. Voulons, en outre, que pour subvenir promptement à l'acquit des dettes contractées par nos villes & bourgs, tant en principaux qu'intérêts ou arrérages, il soit, dans le délai porté par l'article précédent, dressé par les maire & échevins, des états de recette & de dépense, ensemble des états de différentes dettes, dans lesquels distinction sera faite des dettes exigibles d'avec les constituées, des capitaux des unes & des autres, des intérêts ou arrérages qu'elles produisent annuellement, & de ce qui sera dû au premier juillet prochain. Voulons même qu'il y soit, autant qu'il se pourra, fait mention de la cause desdites dettes, des lettres-patentes, arrêts ou délibérations en vertu desquels elles auront été contractées, & qu'elles soient distinguées en autant de classes qu'il y aura d'emprunts, & que dans chaque classe il soit fait distinction des dettes privilégiées, hypothéquaires ou chirographaires.

50°. Lesdits états, dès qu'ils seront dressés, seront présentés à une assemblée de notables qui sera convoquée à cet effet, pour y être lus & vérifiés, & sur iceux pris telles délibérations qu'il appartiendra, sur les moyens qui seront jugés les plus propres à liquider & acquitter lesdites dettes; laquelle délibération sera, avec lesdits états, envoyée au contrôleur-général de nos finances, pour, sur l'avis du commissaire départi, y être par nous pourvu en la forme portée en l'article 48 ci-dessus.

51°. Dans les villes & bourgs où il se trouvera deux mille habitans & plus jusqu'à quatre mille cinq cens, les corps-de-ville ou communautés seront composés d'un maire, de deux échevins, de quatre conseillers, d'un syndic-receveur & d'un secrétaire-greffier.

52°. Les assemblées de notables dans lesdits villes & bourgs seront composées du maire, des deux échevins, des quatre conseillers de ville & de dix notables, lesquels notables seront choisis; savoir: un dans l'ordre ecclésiastique, un parmi les nobles & officiers militaires, un dans les différentes jurisdictions du lieu, deux parmi les commensaux de notre maison, avocats, médecins & bourgeois vivans noblement, un dans les communautés de notaires & procureurs, deux parmi les commerçans en gros & marchands ayant boutique ouverte, les chirurgiens & autres exerçant des arts libéraux, & deux parmi les laboureurs, vignerons & artisans.

53°. Ledit maire exercera ses fonctions pendant trois ans, lesdits échevins pendant deux ans, & les conseillers de ville pendant quatre, en telle sorte néanmoins qu'il soit procédé, chaque année, à l'élection d'un échevin & d'un conseiller, & tous les 3 ans seulement à l'élection de trois sujets qui nous seront présentés pour remplir les fonctions de maire, ainsi qu'il est porté par les articles 5, 6, 7 & 8 ci-dessus; & seront au surplus exécutées, dans lesdits villes & bourgs, les dispositions contenues aux 50 premiers articles de notre présent édit, en ce qu'il n'y est point dérogé par le présent article & les deux précédens.

54°. Les corps municipaux des villes & bourgs, qui contiendront moins de deux mille habitans, seront composés de deux échevins, de trois conseillers de ville, d'un syndic-receveur, & d'un secrétaire greffier.

55°. Lesdits échevins exerceront leurs fonctions pendant deux années, & les conseillers de ville pendant trois, & il sera procédé chaque année à l'élection d'un échevin & d'un conseiller de ville; & seront, lesdites élections, faites dans une assemblée composées des officiers municipaux & de six notables.

56°. Lesdits six notables seront choisis dans les différens corps desdits villes ou bourgs, à l'effet de quoi le juge du lieu, ou à son défaut, le premier échevin, divisera la ville ou bourg en trois quartiers, en observant de former, autant qu'il se pourra, chacun desdits quartiers, d'un nombre égal d'habitans en suivant l'ordre des demeures; voulons que chaque quartier s'assemble séparément devant ledit juge ou premier échevin, & nomme quatre députés, qui seront ensuite assemblés au lieu ordinaire, pour faire les élections, aux fins d'élire, par la voie du scrutin & par billets, lesdits six notables, & seront au surplus exécutées, dans lesdits villes & bourgs, les dispositions contenues aux 50 premiers articles de notre présent édit, en ce qui n'y est pas dérogé par le présent article & les deux précédens.

57°. Ladite assemblée sera tenue par le juge du lieu, ou à son défaut, par le premier échevin qui y présidera.

Edit du Roi, portant rétablissement dans chacune des villes & communautés du royaume où il y a corps municipal, d'offices de conseillers, maires, lieutenans de maires, secrétaires, greffiers, conseillers, échevins, jurats, consuls, capitouls & assesseurs; donné à Fontainebleau au mois de novembre 1771, registré en parlement le 15 janvier 1772.

LOUIS, par la grace de Dieu, roi de France & de

de Navarre, à tous présens & à venir; SALUT. L'administration des villes & communautés de notre royaume, méritant de notre part une attention particulière, après nous être fait rendre compte de tout ce qui y avoit rapport & des moyens qui paroissent les plus propres à y établir & conserver l'ordre, nous nous sommes déterminés à supprimer, par nos édits du mois d'août 1764 & mai 1765; les offices municipaux créés dans lesdites villes & communautés, & nous avons ordonné par lesdits édits qu'il seroit pourvu, par voie d'élection, à la nomination desdits offices municipaux : nous avions lieu d'espérer qu'en rendant aux villes & communautés la liberté de se nommer elles-mêmes leurs officcs, les citoyens de tous les ordres se réunissant pour l'avantage commun, ne profiteroient de cette liberté que pour concourir unanimement au bien de leur communauté, & dépouilleroient tout autre intérêt dans le choix des sujets chargés d'y veiller. Nous avons néanmoins reconnu depuis, qu'au lieu des avantages que nous nous étions promis de l'exécution desdits édits, elle devenoit dans toutes les villes une source d'inimitié & de divisions, par le desir que des gens, souvent incapables, avoient de participer à l'administration, & par la cabale & les brigues qui s'introduisoient dans les élections, & qui donnoient souvent lieu à des procès ruineux pour lesdites villes; retardoient l'expédition de leurs affaires communes, & jettoient le trouble & la confusion dans leur administration, ensorte que le bien que nous nous étions proposé d'opérer, devient chaque jour le principe d'un mal réel. Nous avons cru ne pouvoir remédier trop tôt à cet abus, & nous n'avons pas trouvé de moyen plus expédient que de créer & rétablir, en titre, dans toutes les villes & bourgs de notre royaume, des officiers municipaux qui, après avoir obtenu notre agrément, n'étant point redevable de leurs charges aux suffrages des particuliers, & n'ayant plus rien à appréhender de leurs successeurs, en exerceront les fonctions sans passions & avec toute la liberté qui leur est nécessaire pour conserver l'égalité dans la distribution des charges publiques, & qui d'ailleurs étant perpétuels, seront en état d'acquérir une connoissance plus entière des affaires concernant notre service & celui des villes, & pourront se rendre capables, par une longue expérience, de satisfaire à tous les devoirs & aux obligations qui sont attachées à leur ministère. A CES CAUSES & autres à ce nous mouvant, & de notre certaine science, pleine puissance & autorité royale, nous avons, par notre présent édit perpétuel & irrévocable, dit, statué & ordonné; disons, statuons & ordonnons, voulons & nous plaît ce qui suit :

ART. I. La nouvelle forme que nous avions cru devoir introduire dans l'administration des villes & communautés de notre royaume, par nos édits des mois d'août 1764, & mai 1765, cessera d'avoir lieu, à compter du jour de notre présent édit : révoquons, à cet effet, lesdits édits, ainsi que tous les arrêts de notre conseil, ou lettres-patentes qui auroient pu être rendus en conséquence; entendons néanmoins, que ceux qui ont été élus en exécution desdits édits pour remplir les offices municipaux desdits villes & communautés, continuent à les exercer jusqu'à ce qu'il y soit par nous pourvu.

II. De la même autorité que dessus, nous avons créé, érigé & rétabli, créons, érigeons & rétablissons en titre d'offices formés, en chacune des villes & communautés de notre royaume où il y a corps municipal, à l'exception des villes de Paris & Lyon; un notre conseiller-maire, un notre conseiller-lieutenant de maire, & un notre conseiller-sécrétaire-greffier, garde des archives, de nos conseillers, échevins, jurats, consuls, capitouls & assesseurs, au nombre réglé par notre conseil, suivant qu'il sera jugé nécessaire pour chacune desdites villes & communautés, & un notre conseiller-procureur dans celles où les fonctions n'ont point été réunies par nos procureurs des jurisdictions ordinaires, en conséquence de notre édit du mois de juillet 1758.

III. La finance desdits offices, conformément aux rôles qui en seront arrêtés en notre conseil, pourra, pendant le délai de trois mois, à compter du jour de la publication de notre présent édit, être payée entre les mains du trésorier de nos revenus casuels, moitié en argent, & moitié en quittance de finances, ou contrats provenant de liquidations de pareils offices supprimés par nos édits des mois d'août 1764, & mai 1765, en fournissant, par les propriétaires, les quittances de remboursement, & autres actes nécessaires pour l'extinction & la suppression entière des rentes constituées à leur profit, pour raison desdites liquidations; & ledit délai de trois mois expiré, le montant de ladite finance ne pourra être fourni qu'en argent.

IV. Toutes personnes graduées ou non graduées, soit officiers ou autres, pourront, après en avoir obtenu notre agrément, être pourvues desdits offices, & les tenir sans incompatibilité : voulons que toutes lettres de provisions en soient expédiées aux acquéreurs en notre grande chancellerie sur la quittance de finance du trésorier de nos revenus casuels, sans qu'il soit tenu de payer, pour cette première fois seulement, aucun droit de marc d'or, dont nous les avons dispensés, & en payant les droits du sceau & autres sur le pied d'un tiers seulement desdits droits ordinaires.

V. Voulons que les pourvus desdits offices soient reçus & prêtent serment comme par le passé; savoir : les maires des villes où il a cour ou conseil supérieur, archevêché ou présidial, par-devant les cours de parlement ou conseils supérieurs de leur ressort, en payant pour tous droits de réception soixante livres; les maires des autres villes, bourgs & communautés pourront prêter serment par-devant lesdits cours ou conseils supérieurs, ou le plus prochain juge royal à leur choix, en payant pour tous droits trente livres; le lieutenant de maire, les échevins, jurats, consuls, capitouls, assesseurs, secrétaires, greffiers & leurs contrôleurs, & nos conseillers-procureurs, devant les maires des lieux de leur établissement, ou autres officiers en charge créés par le présent édit, si aucuns sont instal és, sinon par-devant le plus prochain juge royal: dispensons les officiers de judicature actuellement en charge, qui auront été reçus & prêté serment dans aucunes de nos cours ou conseils supérieurs, d'une nouvelle réception & d'un nouveau serment devant le plus prochain juge royal, les acquéreurs desdits offices qui auront été reçus dans quelques autres offices de judicature dont ils seront actuellement pourvus: voulons que les provisions desdits officiers ainsi dispensés de nouveau serment, soient seulement régistrées esdites cours de parlement & conseils supérieurs, ou auxdites justices royales.

VI. Nous ordonnons que les acquéreurs desdits offices, en vertu de leurs provisions & réceptions ou de l'enregistrement desdites provisions desdits offices, & dans le cas où il n'y auroit pas été pourvu dans six mois, à compter du jour de la publication du présent édit, que ceux qui y seront par nous commis, entreront en jouissance en exercice d'iceux au lieu & place de ceux qui pourroient avoir été nommés ou élus pour les remplir; lesquels cesseront d'en faire les fonctions, leur défendant de continuer à s'y immiscer, à peine de trois mille livres d'amende; faisons pareillement défenses, & sous les mêmes peines, à nos baillis, sénéchaux & leurs lieutenans, aux prévôts, vicomtes, juges-mages, syndics, de troubler dans leurs fonctions les maires & autres officiers qui seront pourvus ou commis par nous, en vertu du présent édit, ni de s'y immiscer directement ou indirectement, sous prétexte de nos édits d'août 1764 & mai 1765, ou autres édits quelconques.

VII. Voulons que les pourvus desdits offices jouissent des mêmes fonctions, rangs, séance, droits & prérogatives dont avoient droit de jouir les précédens titulaires, avant leur suppression, & de la même manière, & ainsi qu'il nous est plus amplement expliqué par les édits & déclarations de juillet 1670, août 1692, mai 1702, janvier 1704, & notamment notre édit de décembre 1706, dont nous ordonnons l'exécution en tous les articles qui n'ont rien de contraire au présent édit, mars 1709, novembre 1733, portant création des susdits offices; comme aussi qu'ils jouissent de toute exemption de logement de gens de guerre, collecte, tutelle, curatelle & nomination à icelles; guet & garde, milice, tant pour eux que pour leurs enfans, & de toutes autres charges de ville & de police, même les maires & lieutenans de maires, dont la finance sera de dix mille livres, de l'exemption de la taille personnelle & des droits d'octrois appartenans aux villes; & les maires, échevins, jurats, capitouls, du privilège de noblesse dans les villes où ils sont en droit & possession d'en jouir, à la charge de posséder leurs offices pendant vingt ans, ou d'en décéder revêtu; le tout conformément auxdits édits, que nous voulons être exécutés; à l'effet de quoi lesdits privilèges & exemptions seront insérés dans leurs provisions.

VIII. Avons attribué & attribuons auxdits offices, outre les droits & émolumens dont jouissent ceux qui en font actuellement les fonctions, des gages sur le pied du denier vingt de leurs finances, à prendre par préférence sur les revenus patrimoniaux & d'octrois des villes, après néanmoins que les arrérages des rentes & les autres charges & dépenses indispensables desdites villes & par nous approuvées auront été acquittées; desquels gages les pourvus desdits offices seront payés de six mois en six mois sur leurs simples quittances par les receveurs desdits deniers patrimoniaux & d'octrois, ou autres ayant le maniement des revenus desdites villes & communautés, dans le compte desquels la dépense en sera passée & allouée sans difficulté, & à défaut de fonds suffisans, sur ceux qui seront par nous ordonnés.

IX. Faisons défenses de plus élire & nommer à l'avenir aucuns maires ou autres officiers faisant les fonctions attribuées à ceux créés par le présent édit, même dans les villes & communautés qui auroient acquis aucuns des offices municipaux créés par édit de novembre 1733, ou autres édits antérieurs, à peine de nullité desdites élections & nominations, & à ceux qui seroient élus de s'immiscer dans lesdites fonctions, à peine de trois mille livres d'amende, sauf à nous pourvoir au remboursement des finances payées par lesdites villes & communautés, si le cas y échoit.

X. Nous avons pareillement créé, érigé & rétabli, créons, érigeons & rétablissons en titre d'offices formés en chacune ville & communauté de notre royaume où ils ont été supprimés, ou s'exercent par commission, deux nos conseillers, trésoriers-receveurs anciens & mitriennals, alternatifs mi-triennals, des deniers, biens & revenus patrimoniaux ou d'octrois, dons, concessions, tarifs, subventions & impositions ordinaires & extraordinaires qui se lèvent & perçoivent au profit desdites communautés ou des particuliers, tant pour l'acquittement des charges & dettes que pour les affaires desdites villes & communautés, & deux nos conseillers-contrôleurs-vérificateurs aussi anciens mitriennals & alternatifs mi-triennals desdits trésoriers & receveurs, pour par les pourvus jouir de tous les privilèges, prérogatives, droits, taxations, & émolumens à eux attribués par notre édit de juin 1725, que nous voulons être exécutés & ainsi qu'ils en jouissoient avant nosdits édits des mois d'août 1764 & mai 1765; voulons que la finance qui sera fixée en notre conseil, soit payée moitié en argent

& moitié en quittances de finances, ou contrat provenans des liquidations d'offices municipaux supprimés, conformément à l'article 3, & que sur la quittance qui en sera délivrée aux acquéreurs par le trésorier de nos revenus casuels, il leur soit expédié des provisions en vertu desquelles ils entreront en exercice, chacun alternativement d'année en année, aussi-tôt après l'acquisition par eux faite, & leur réception en la manière accoutumée.

XI. Permettons aux acquéreurs desdits offices d'emprunter les deniers nécessaires pour l'acquisition d'iceux, & d'affecter aux emprunts par privilège spécial, lesdits offices, ensemble les gages y attribués, à l'effet de quoi mention en sera faite dans les quittances de finances qui leur seront délivrées.

Proclamation du roi, sur un décret de l'assemblée nationale, pour la constitution des municipalités, *du 28 décembre* 1789.

Vu par le roi le décret dont la teneur suit :

Extrait du procès-verbal de l'assemblée nationale, sur la constitution des municipalités, *du* 14 *décembre* 1789.

Art. I. Les *municipalités* actuellement subsistantes en chaque ville, bourg, paroisse ou communauté, sous le titre d'hôtel-de-ville, mairies, échevinats, consulats, & généralement sous quelque titre & qualification que ce soit, sont supprimées & abolies; & cependant les officiers municipaux actuellement en exercice, continueront leurs fonctions jusqu'à ce qu'ils aient été remplacés.

II. Les Officiers & membres des *municipalités* actuelles seront remplacés par voie d'élection.

III. Les droits de présentation, nomination ou confirmation, & les droits de présidence ou de présence aux assemblées municipales, prétendus ou exercés comme attachés à la possession de certaines terres, aux fonctions de commandant de province ou de ville, aux évêchés ou archevêchés, & généralement à tel autre titre que ce puisse être, sont abolis.

IV. Le chef de tout corps municipal portera le nom de maire.

V. Tous les citoyens actif de chaque ville, bourg, paroisse ou communauté, pourront concourir à l'élection des membres du corps municipal.

VI. Les citoyens actifs se réuniront en une seule assemblée dans les communautés, où il y a moins de 4,000 habitans; en deux assemblées dans les communautés de 4,000 à 8,000 à 8,000 habitans; en trois assemblées dans les communautés de 8,000 à 12,000 habitans, & ainsi de suite.

VII. Les assemblées ne pourront se former par métiers, professions ou corporations, mais par quartiers ou arrondissemens.

VIII. Les assemblées des citoyens actifs seront convoquées par le corps municipal huit jours avant celui où elles devront avoir lieu. La séance sera ouverte en présence d'un citoyen chargé par le corps municipal d'expliquer l'objet de la convocation.

IX. Toutes les assemblées particulières dans la même ville ou communauté, seront indiquées pour le même jour, & à la même heure.

X. Chaque assemblée procédera, dès qu'elle sera formée, à la nomination d'un président & d'un secrétaire : il ne faudra pour cette nomination que la simple pluralité relative des suffrages en un seul scrutin, recueilli & dépouillé par les trois plus anciens d'âge.

XI. Chaque assemblée nommera ensuite, à la pluralité relative des suffrages, trois scrutateurs, qui seront chargés d'ouvrir les scrutins subséquens, de les dépouiller, de compter les voix, de proclamer les résultats. Ces trois scrutateurs seront nommés par un seul scrutin recueilli & dépouillé, comme le précédent, par les trois plus anciens d'âge.

XII. Les conditions de l'éligibilité pour les administrations municipales, seront les mêmes que pour les administrations de département & de district; néanmoins les parens & alliés aux degrés de père & de fils, de beau-père & de gendre, de frère & de beau-frère, d'oncle & de neveu, ne pourront être en même-temps membres du même corps municipal.

XIII. Les officiers municipaux, & les notables dont il sera parlé ci-après, ne pourront être nommés que parmi les citoyens éligibles de la commune.

XIV. Les citoyens qui occupent des places de judicature ne peuvent être en même-tems membres des corps municipaux.

XV. Ceux qui sont chargés de la perception des impôts indirects, tant que ces impôts subsisteront, ne peuvent être admis en même-temps aux fonctions municipales.

XVI. Les maires seront toujours à la pluralité absolue des voix. Si le premier scrutin ne donne pas cette pluralité, il sera procédé à un second; si celui-ci ne la donne point encore, il sera procédé à un troisième, dans lequel le choix ne pourra plus se faire qu'entre les deux citoyens qui auront réuni le plus de voix aux scrutins précédens; enfin, s'il y avoit égalité de suffrages entr'eux à ce troisième scrutin, le plus âgé seroit préféré.

XVII. La nomination des autres membres du

corps municipal sera faite au scrutin de liste double.

XVIII. Dans les villes ou communautés où il y aura plusieurs assemblées particulières des citoyens actifs, ces assemblées ne seront regardées que comme des sections de l'assemblée générale de la ville ou communauté.

XIX. En conséquence, chaque section de l'assemblée générale des citoyens actifs fera parvenir à la maison commune ou maison de ville, le recensement de son scrutin particulier, contenant la mention du nombre des suffrages que chaque citoyen nommé aura réunis en sa faveur; & le résultat général de tous ces recensemens sera formé dans la maison commune.

XX. Chaque section particulière de l'assemblée générale des citoyens actifs pourra envoyer à la maison commune un commissaire pour assister au recensement du scrutin.

XXI. Ceux qui dès le premier scrutin réuniront la pluralité absolue, c'est-à-dire, la moitié des suffrages, & un en sus, seront définitivement élus.

Si au premier tour de scrutin il n'y a pas un nombre suffisant de citoyens élus à la pluralité absolue des voix, on procédera à un second scrutin, & ceux qui obtiendront cette seconde fois la pluralité absolue, seront de même élus définitivement.

Enfin, si le nombre nécessaire n'est pas rempli par les deux premiers scrutins, il en sera fait un troisième & dernier; & à celui-ci, il suffira, pour être élu, d'obtenir la pluralité relative des suffrages.

XXII. Les citoyens qui, par l'évènement du scrutin, auront été nommés membres du corps municipal, seront proclamés par les officiers municipaux en exercice.

XXIII. Dans les villes où l'assemblée générale des citoyens actifs sera divisée en plusieurs sections, les scrutins de ces diverses sections seront recensés à la maison commune, le plus promptement qu'il sera possible; ensorte que les scrutins ultérieurs, s'il se trouvent nécessaires, puissent se faire dès le jour même, &, au plus tard, le lendemain.

XXIV. Après les élections, les citoyens actifs de la communauté ne pourront ni rester assemblés, ni assembler de nouveau en corps de commune, sans une convocation expresse, ordonnée par le conseil général de la commune, dont il va être parlé ci-après; ce conseil ne pourra la refuser, si elle est requise par le sixième des citoyens actifs, dans les communautés au-dessous de 4,000 ames, & par 150 citoyens actifs dans toutes les autres communautés.

XXV. Les membres des corps municipaux des villes, bourgs, paroisses ou communautés, seront au nombre de trois, y compris le maire, lorsque la population sera au-dessous de 500 ames;

De six, y compris le maire, depuis 500 ames jusqu'à 3,000;

De neuf, depuis 3,000 jusqu'à 10,000;

De douze, depuis 10,000 jusqu'à 25,000;

De quinze, depuis 25,000 jusqu'à 50,000;

De dix-huit, depuis 50,000 jusqu'à 100,000;

De vingt-un, au-dessus de 100,000 ames.

Quant à la ville de Paris, attendu son immense population, elle sera gouvernée par un réglement particulier, qui sera donné par l'assemblée nationale, sur les mêmes bases & d'après les mêmes principes que le réglement général de toutes les *municipalités* du royaume.

XXVI. Il y aura, dans chaque *municipalité*, un procureur de la commune, sans voix délibérative. Il sera chargé de défendre les intérêts, & de poursuivre les affaires de la communauté.

XXVII. Dans les villes au-dessus de 10,000 il y aura en outre un substitut du procureur de la commune, lequel, à défaut de celui-ci, exercera ses fonctions.

XXVIII. Le procureur de la commune sera nommé par les citoyens actifs, au scrutin & à la pluralité absolue des suffrages, dans la forme & selon les règles prescrites par l'article XVI ci-dessus pour l'élection du maire.

XXIX. Le substitut du procureur de la commune, lorsqu'il y aura lieu d'en nommer un, sera élu de la même manière.

XXX. Les citoyens actifs de chaque communauté nommeront, par un seul scrutin de liste & à la pluralité relative des suffrages, un nombre de notables double de celui des membres du corps municipal.

XXXI. Ces notables formeront, avec les membres du corps municipal, le conseil général de la commune, & ne seront appellés que pour les affaires importantes, ainsi qu'il sera dit ci-après.

XXXII. Il y aura, en chaque *municipalité*, un secrétaire-greffier, nommé par le conseil général de la commune Il prêtera serment de remplir fidelement ses fonctions, & pourra être changé, lorsque le conseil général, convoqué à cet effet, l'aura jugé convenable, à la majorité des voix.

XXXIII. Le conseil général de la commune pourra aussi, suivant les circonstances, nommer un trésorier, en prenant les précautions nécessaires pour la sûreté des fonds de la communauté. Ce trésorier pourra être changé comme le secrétaire-greffier.

XXXIV. Chaque corps municipal, composé de plus de trois membres, sera divisé en conseil & en bureau.

XXXV. Le bureau sera composé du tiers des officiers municipaux, y compris le maire, qui en fera toujours partie : les deux autres tiers formeront le conseil.

XXXVI. Les membres du bureau seront choisis par le corps municipal, tous les ans, & pourront être réélus pour une seconde année.

XXXVII. Le bureau sera chargé de tous les soins de l'exécution, & borné à la simple régie. Dans les *municipalités* réduites à trois membres, l'exécution sera confiée au maire seul.

XXXVIII. Le conseil municipal s'assemblera au moins une fois par mois; il commencera par arrêter les comptes du bureau, lorsqu'il y aura lieu; & après cette opération faite, les membres du bureau auront séance & voix délibérative avec ceux du conseil.

XXXIX. Toutes les délibérations nécessaires à l'exercice des fonctions du corps municipal, seront prises dans l'assemblée des membres du conseil & bureau réuni, à l'exception des délibérations relatives à l'arrêté des comptes, qui, comme il vient d'être dit, seront prises par le conseil seul.

XL. La présence de deux tiers au moins des membres du conseil, sera nécessaire pour recevoir les comptes du bureau; & celle de la moitié, plus un des membres du corps municipal, pour prendre les autres délibérations.

XLI. Dans les Villes au-dessus de 25,000 ames, l'administration municipale pourra se diviser en sections, à raison de la diversité des matières.

XLII. Les officiers municipaux & les notables seront élus pour deux ans, & renouvellés par moitié chaque année : le sort déterminera ceux qui devront sortir à l'époque de l'élection qui suivra la première. Quand le nombre sera impair, il sortira alternativement un membre de plus ou un membre de moins.

XLIII. Le maire restera en exercice pendant deux ans; il pourra être réélu pour deux autres années, mais ensuite il ne sera permis de l'élire de nouveau qu'après un intervalle de deux ans.

XLIV. Le procureur de la commune & son substitut conserveront leurs places pendant deux ans, & pourront également être réélu pour deux autres années; néanmoins, à la suite de la première élection, le substitut du procureur de la commune n'exercera ses fonctions qu'une année; & dans toutes les élections suivantes, le procureur de la commune & son substitut seront remplacés ou réélus alternativement chaque année.

XLV. Les assemblées d'élection pour les renouvellemens annuels se tiendront dans tout le Royaume, le dimanche d'après la St. Martin, sur la convocation des officiers municipaux.

XLVI. Si la place de maire ou de procureur de la commune, ou de son substitut, devient vacante par mort, démission, ou autrement, il sera convoqué une assemblée extraordinaire des citoyens actifs pour procéder à une nouvelle élection.

XLVII. Lorsqu'un membre du conseil municipal viendra à mourir, ou donnera sa démission, ou sera destitué ou suspendu de sa place, ou passera dans le bureau municipal, il sera remplacé de droit, pour le tems qui lui restoit à remplir, par celui des notables qui aura réuni le plus de suffrages.

XLVIII. Avant d'entrer en exercice, le maire & les autres membres du corps municipal, le procureur de la commune & son substitut, s'il y en a un, prêteront le serment de maintenir, de tout leur pouvoir, la constitution du *royaume*, d'être *fidèles* à la *nation*, à la *loi* & au *roi*, & de *bien remplir leurs fonctions*. Ce serment sera prêté, à la prochaine élection, devant la commune, & devant le corps municipal aux élections suivantes.

XLIX. Les corps municipaux auront deux espèces de fonctions à remplir; les unes propres au pouvoir municipal, & les autres propres à l'administration générale de l'état, & déléguées par elle aux *municipalités*.

L. Les fonctions propres au pouvoir municipal, sous la surveillance & l'inspection des assemblées administratives, sont :

De régir les biens & revenus communs des Villes, bourgs, paroisses & communautés;

De régler & d'acquitter celles des dépenses locales qui doivent être payées des deniers communs;

De diriger & faire exécuter les travaux publics qui sont à la charge de la communauté;

D'administrer les établissemens qui appartiennent à la commune, qui sont entretenus de ses deniers, ou qui sont particuliérement destinés à l'usage des citoyens dont elle est composée;

De faire jouir les habitans des avantages d'une bonne police, notamment de la propreté, de la salubrité, & de la tranquillité dans les rues, lieux & édifices publics.

LI. Les fonctions propres à l'administration générale qui peuvent être déléguées aux corps municipaux, pour les exercer sous l'autorité des assemblées administratives, sont :

La répartition des contributions directes entre les citoyens dont la communauté est composée;

La perception de ces contributions ;

Le versement de ces contributions dans les caisses du district ou du département ;

La direction immédiate des travaux publics dans le ressort de la *municipalité*;

La régie immédiate des établissemens publics destinés à l'utilité générale ;

La surveillance & l'agence nécessaires à la conservation des propriétés publiques ;

L'inspection directe des travaux de réparation ou de reconstruction des églises, presbytères, & autres objets relatifs au service du culte religieux.

LII. Pour l'exercice des fonctions propres ou délégués aux corps municipaux, ils auront le droit de requérir le secours nécessaire des gardes nationales, & autres forces publiques, ainsi qu'il sera plus amplement expliqué.

LIII. Le maire & les autres membres du corps municipal, le procureur de la commune & son substitut ne pourront exercer en même-temps ces fonctions, & celle de la garde nationale.

LIV. Le conseil général de la commune, composé tant des membres du corps municipal que des notables, sera convoqué toutes les fois que l'administration municipal le jugera convenable; elle ne pourra se dispenser de le convoquer, lorsqu'il s'agira de délibérer,

Sur des acquisitions ou aliénations d'immeubles,

Sur des impositions extraordinaires pour dépenses locales,

Sur des travaux à entreprendre,

Sur l'emploi du prix des ventes, des remboursemens ou des recouvremens,

Sur les procès à intenter,

Même sur les procès à soutenir dans le cas où le fond du droit sera contesté.

LV. Les corps municipaux seront entièrement subordonnés aux administrations de département & de district pour tout ce qui concernera les fonctions qu'ils auront à exercer par délégation de l'administration générale.

LVI. Quant à l'exercice des fonctions propres au pouvoir municipal, toutes les délibérations pour lesquelles la convocation du conseil général de la commune est nécessaire, suivant l'article LIX ci-dessus, ne pourront être exécutées qu'avec l'approbation de l'administration ou du directoire de département, qui sera donnée, s'il y a lieu, sur l'avis de l'administration ou du directoire de district.

LVII. Tous les comptes de la régie des bureaux municipaux, après qu'ils auroient été reçus par le conseil municipal, seront vérifiés par l'administration ou le directoire du district, arrêtés définitivement par l'administration ou le directoire de département, sur l'avis de celle du district ou de son directoire.

LVIII. Dans toutes les villes au-dessus de 4000 ames, les comptes de l'administration municipale en recette & dépense, seront imprimés chaque année.

LIX. Dans toutes les communautés, sans distinction, les citoyens actifs pourront prendre au greffe de la *municipalité*, sans déplacer & sans frais, communication des comptes, des pièces justificatives & des délibérations du corps municipal, toutes les fois qu'ils le requerront.

LX. Si un citoyen croit être personnellement lésé par quelqu'acte du corps municipal, il pourra exposer ses sujets de plainte à l'administration ou au directoire de département, qui y fera droit, sur l'avis de l'administration de district, qui sera chargée de vérifier les faits.

LXI. Tout citoyen actif pourra signer & présenter, contre les officiers municipaux, la dénonciation des délits d'administration dont il prétendra qu'ils se seroient rendus coupables, mais, avant de porter cette dénonciation dans les tribunaux, il sera tenu de la soumettre à l'administration ou au directoire de département, qui, après avoir pris l'avis de l'administration de district ou de son directoire, renverra la dénonciation, s'il y a lieu, à ceux qui en devront connoître.

LXII. Les citoyens actifs ont le droit de se réunir paisiblement & sans armes en assemblées particulières pour rédiger des adresses & pétitions, soit au corps municipal, soit aux administrations de département & de district, soit au corps législatif, soit au roi, sous la condition de donner avis aux officiers municipaux du tems & du lieu de ces assemblées, & de ne pouvoir députer que dix citoyens pour apporter & présenter des adresses ou pétitions.

Le roi, acceptant ledit décret, a ordonné & ordonne qu'il sera envoyé à la diligence des commissions intermédiaires, départies dans les provinces; à toutes les *municipalités*, paroisses & communautés du royaume. Fait à Paris, le 18 décembre 1789.

Signé LOUIS. *Et plus bas :* DE SAINT-PRIEST.

Instruction de l'assemblée nationale sur la formation des nouvelles municipalités *dans toute l'étendue du royaume ; du* 14 *décembre* 1789.

L'assemblée nationale a décrété, le 12 novembre dernier, qu'il y aura une *municipalité* dans chaque ville, bourg, paroisse ou communauté de campagne. Elle arrêté ensuite les articles qu'elle a réunis dans son décret de ce jour, pour régler la formation & les fonctions de ces *municipalités*.

Il y a trois parties à distinguer dans ce décret de l'assemblée nationale sur l'organisation des *municipalités*.

La première concerne la forme d'élire les officiers municipaux.

La seconde concerne la composition des corps municipaux.

La troisième est relative à leurs fonctions.

§. 1er.

De la formation des élections.

Tous les citoyens actifs de chaque lieu ont le droits délire.

Les décrets de l'assemblée nationale ont fixé les conditions nécessaires pour être citoyen actif. Celles de ces conditions qui peuvent être exigées pour les prochaines élections, sont les suivantes :

1°. D'être François ou devenu François.

2°. D'être majeur de 25 ans.

3°. D'être domicilié de fait dans le lieu, au mois depuis un an.

4°. De payer une contribution directe de la valeur locale de trois journées de travail.

5°. De n'être point dans l'état de domesticité, c'est-à-dire, de serviteur à gages.

Les mêmes décrets excluent, outre ceux qui n'ont pas les conditions ci-dessus, les banqueroutiers, les faillis & les débiteurs insolvables.

Ils excluent encore les enfans qui ont reçu & qui retiennent, à quelque titre que ce soit, une portion des biens de leur père mort insolvable, sans avoir payé leur part virile de ses dettes, excepté seulement les enfans mariés qui ont reçu des dots avant la faillite ou l'insolvabilité de leur père, notoirement connues.

La part virile des dettes est la portion contributive que chaque enfant auroit été tenu de payer, s'il se fût rendu héritier de son père.

Dans tous les lieux où il y a moins de 4,000 habitans, en comptant la population totale en hommes, femmes en enfans, tous les citoyens actifs se réuniront en une seule assemblée, parce que les citoyens actifs ne forment qu'environ le sixième de la population totale, & qu'ainsi, sur moins de 4,000 habitans, l'assemblée des citoyens actifs ne s'élèveroit qu'à environ 650 votans, supposé que tous fussent présens.

Dans les lieux où il y a plus de 4,000 habitans, il faudra former plusieurs assemblées; savoir : deux assemblées depuis 4,000 habitans jusqu'à 8,000; trois depuis 8,000 jusqu'à 12,000 habitans, & ainsi de suite.

Les inconvéniens des assemblées par métiers, professions ou corporations, ont déterminé l'assemblée nationale à proscrire ces sortes d'assemblées : celles qui vont avoir lieu doivent se faire par quartiers ou arrondissemens. Le premier soin des officiers municipaux actuels doit être de former, sans délai, ces quartiers ou arrondissemens, en nombre égal à celui des assemblées que la population de leur ville obligera d'y former.

Les citoyens actifs de chaque quartier ou arrondissement se réuniront au jour & au lieu indiqués par la convocation. La convocation sera faite huit jours d'avance, tant par publication au prône, que par affiche aux portes des églises, & aux autres lieux accoutumés.

Les assemblées se formeront sous l'inspection d'un citoyen que le corps municipal aura chargé de ce soin pour chaque assemblée.

Aussi tôt que l'assemblée sera formée, elle nommera son président & son secrétaire au scrutin. Il ne sera pas nécessaire, pour consommer cette élection, que la majorité absolue des suffrages soit acquise, c'est-à-dire, qu'un sujet réunisse la moitié des voix, plus une : il suffira de la simple pluralité relative, c'est-à-dire, que celui-là sera élu qui aura réuni le plus de suffrages comparativement aux autres.

Les trois plus anciens d'âge recevront, ouvriront & dépouilleront ces premiers scrutins.

Après la nomination du président & du secrétaire, l'assemblée nommera à la fois, & par un seul scrutin, trois scrutateurs chargés d'ouvrir tous les scrutins subséquens, de les dépouiller, de compter les voix, & de proclamer les résultats.

Les trois plus anciens d'âge recevront encore, ouvriront & dépouilleront le scrutin pour la nomination des trois scrutateurs.

Ce scrutin, par lequel chaque votant écrira à la fois, & dans le même billet, les noms des trois personnes qu'il nommera pour être scrutateurs, est celui qu'on appelle *scrutin de liste*, par opposition au scrutin appellé *individuel*, par lequel on vote sur chaque sujet séparément, en recommençant autant de scrutins qu'il y a de sujets à élire.

Quant les trois scrutateurs auront été nommés, l'assemblée procédera à la nomination des membres qui devront composer le corps municipal.

Cette nomination sera faite par la voie du *scrutin de liste double ;* c'est-à-dire, que les votans écriront à la fois, & dans un même billet, non-seulement autant de noms qu'il y a de membres à nommer suivant la population du lieu ; mais qu'ils voteront pour un nombre de sujets double de celui des membres à élire, & écriront tous ces noms ensemble dans leur billet.

Les scrutateurs de l'assemblée feront le dépouillement du scrutin, en inscrivant de suite, par forme de liste, tous les noms sur lesquels les suffrages auront porté, à mesure qu'ils se présenteront par l'ouverture des billets, & en notant, à la suite de chaque nom, le nombre des voix que ce nom recevra par chaque nouveau billet dans lequel il se trouvera inscrit.

Quand il n'y aura qu'une seule assemblée dans le lieu, le résultat du scrutin de cette assemblée consommera l'élection ; mais dans les communautés plus nombreuses où il y aura plusieurs assemblées, l'élection ne sera faite que par le résultat général & additionné de tous les suffrages portés sur chaque nom par tous les scrutins de différentes assemblées. La raison en est que toutes les assemblées particulières de chaque ville ou communauté ne sont que des sections de l'assemblée générale des citoyens de cette ville ou communauté.

Pour connoître ce résultat général de tous les scrutins, chaque assemblée particulière formera dans son sein le dépouillement & le récensement de son scrutin contenant la mention du nombre de suffrages que chaque citoyen aura obtenu en cette assemblée, & elle fera parvenir ce récensement à la maison commune ou maison de ville. Là, le récensement général de tous les scrutins des assemblées particulières sera fait par les officiers municipaux en exercice, en présence d'un commissaire de chaque assemblée particulière, si elle juge à propos d'y en envoyer un, comme elle en a le droit ; & c'est le résultat général de ce récensement de tous les scrutins particuliers qui déterminera l'élection.

Il y a une différence à remarquer entre la forme d'élire le maire & celle de nommer les autres officiers municipaux.

Le maire, chef de toute *municipalité*, soit de ville, soit de campagne, est nommé au scrutin individuel, & ne peut jamais être élu que par la pluralité absolue des voix, c'est-à-dire, par la moitié, plus une ; si, lorsqu'on aura été obligé de passer au second tour de scrutin, ce second tour n'a pas encore produit la pluralité absolue en faveur d'un sujet, en ce cas, il faut faire un troisième tour de scrutin pour voter seulement entre les deux citoyens qui seront nommés, & déclarés à l'assemblée avoir réuni plus de suffrages par le dernier scrutin ; & si, à ce troisième scrutin, les suffrages se trouvoient partagés entre les deux citoyens sur lesquels on a voté, alors le plus ancien d'âge seroit préféré.

Il n'en est pas de même pour la nomination des autres officiers municipaux, qui sont élus par scrutin de liste double.

Ceux qui ont obtenu la pluralité absolue au premier tour de scrutin, sont définitivement élus.

S'il reste des places à remplir, pour lesquelles aucun sujet n'a eu la pluralité absolue, on fait un second tour de scrutin par liste double du nombre seulement des places qui restent à remplir ; & l'élection n'a encore lieu cette seconde fois, qu'en faveur de ceux qui obtiennent la pluralité absolue.

Enfin, s'il est nécessaire de passer à un troisième scrutin pour compléter le nombre de membres à élire, ce dernier scrutin se fait de même par une liste double du nombre des places qui restent à remplir ; mais la simple pluralité relative des suffrages suffit, cette troisième fois, pour déterminer l'élection.

Aussi-tôt que le résultat du scrutin aura été constaté, les citoyens élus seront proclamés par les officiers municipaux en exercice ; le rang de proclamation sera réglé entre tous les membres élus, à raison du plus ou du moins grand nombre de suffrages que chacun d'eux aura obtenu, & en cas d'égalité de suffrages, par l'ancienneté d'âge.

Les citoyens votans en chaque assemblée, auront soin de ne porter leurs suffrages que sur des sujets éligibles.

Pour être éligible à l'administration municipale, il faut 1°. être membre de la commune à qui la *muncipalité* appartient ; 2°. réunir aux qualités de citoyen actif, détaillées ci-dessus, la condition de payer une contribution directe plus forte, & qui monte au moins à la valeur locale de dix journées de travail. Les parens & alliés aux degrés de père & de fils, de beau-père & de gendre, de frère & de beau-frère, d'oncle & de neveu, ne peuvent être en même-tems membres du même corps municipal.

Les citoyens qui occupent des places de judicature, & ceux qui sont chargés de la perception des impôts indirects, ne sont point éligibles tant qu'ils exercent ces fonctions réputées incompatibles avec celles de la *municipalité.*

Ceux des officiers municipaux actuels que leurs concitoyens jugeront dignes de la continuation de leur confiance, pourront être nommés à la prochaine élection.

Il sera bien essentiel d'observer exactement les dispositions suivantes, indispensables pour garantir la sûreté & la fidélité des élections.

La première est que, dans toutes les communautés où il y aura plusieurs assemblées particulières, elles soient toutes convoquées pour le même jour & à la même heure. La seconde est que les scrutins de ces assemblées particulières, soient récensés à la maison commune, sans aucun délai; de manière que, s'il devient nécessaire de passer à un nouveau tour du scrutin, il puisse y être procédé par les assemblées particulières, dès le jour même, ou au plus tard le lendemain.

L'unique objet des assemblées convoquées pour élire, étant de faire des élections, les citoyens actifs ne peuvent point rester assemblés après les élections finies. Le président de chaque assemblée particulière doit la dissoudre, & déclarer la séance levée aussi-tôt que toutes les nominations auront été faites & proclamées.

Les citoyens actifs ne pourront point s'assembler de nouveau en corps de commune dans l'intervalle d'une élection à l'autre, sans une convocation expresse, ordonnée par le conseil-général de la commune; mais cette convocation extraordinaire ne pourra pas être refusée lorsqu'elle sera requise par le sixième des citoyens actifs dans les communautés au-dessous de 4,000 ames, & par 150 citoyens actifs dans toutes les autres communautés.

Ces dispositions concilient, par un juste tempérament, ce que la constitution doit, d'une part, à la liberté des individus & au légitime exercice de leurs droits, avec ce qu'elle doit, d'autre part, au maintien de l'ordre & de la tranquillité publique.

§. II.

De la composition des corps municipaux.

Toutes les *municipalités* du royaume, soit de ville, soit de campagne, étant de même nature, & sur la même ligne dans l'ordre de la constitution, porteront le titre commun de *municipalité*, & le chef de chacune d'elle celui de *maire;* toute autre dénomination, soit pour les corps municipaux, soit pour leurs chefs, est abolie.

Le nombre des membres dont chaque *municipalité* doit être composée, a été réglé par le décret de l'assemblée nationale, à raison de la population des lieux. Il sera toujours facile de s'y conformer exactement, après que le nombre des habitans de chaque ville, bourg, paroisse ou communauté aura été soigneusement constaté.

C'est la population totale en hommes, femmes & enfans, & non pas les seuls citoyens actifs, qu'il faut compter pour reconnoître le nombre des officiers municipaux qui doivent composer la *municipalité* de chaque lieu.

Il y aura un procureur de la commune en chaque *municipalité*, soit de ville, soit de campagne; &, de plus, un substitut du procureur de la commune dans tous les lieux où la population excédera 10,000 ames.

Le procureur de la commune sera nommé en même tems que les autres officiers municipaux, & par les mêmes assemblées de citoyens actifs. Son élection sera faite, par la voie du scrutin individuel, dans la même forme & suivant les mêmes règles établies pour l'élection du maire.

Le substitut du procureur de la commune sera élu de même.

Il sera encore nécessaire de nommer, en chaque *municipalité*, un nombre de notables double de celui des membres du corps municipal; de manière qu'où il y aura trois officiers municipaux, c'est-à-dire, trois membres du corps municipal, il faudra six notables; qu'il en faudra douze où il y aura six officiers municipaux, & ainsi de suite.

L'élection des notables sera faite par un seul scrutin de liste, & à la simple pluralité relative des suffrages.

Ces notables, lorsqu'ils seront réunis aux membres du corps municipal dans les cas fixés par le décret de l'assemblée nationale, formeront le conseil-général de la commune.

Il y aura, en chaque *municipalité*, un secrétaire greffier, qui sera choisi & nommé à la majorité des voix, non par les assemblées des citoyens actifs, mais par le conseil-général de la commune.

Le secrétaire-greffier pourra être changé, lorsque le conseil-général de la commune le jugera convenable.

Enfin, il pourra être nommé un trésorier si le conseil-général de la commune le trouve nécessaire.

Cette nomination sera faite par le conseil-général dans la même forme que celle du secrétaire-greffier. Le trésorier pourra être également changé.

Le maire présidera les assemblées, tant du conseil-général de la commune, que du corps municipal & du bureau.

Les autres officiers municipaux auront rang & séance selon l'ordre dans lequel ils auront été proclamés lors de leur élection. Dans le cas d'absence du maire, celui des autres officiers municipaux, qui aura été proclamé le premier, le remplacera & présidera à sa place.

Le procureur de la commune aura séance à toutes les assemblées, tant du conseil-général de la commune, que du corps municipal & du bureau, & sera entendu sur tous les objets mis en délibération, quoiqu'il n'ait pas voix délibérative. Il sera placé à un bureau particulier.

Dans les *municipalités* où il y aura un substitut du procureur de la commune, ce substitut aura le même droit de séance à toutes les assemblées municipales. Il se placera au même bureau particulier, soit que le procureur de la commune soit présent, soit qu'il soit absent; mais le substitut ne pourra parler qu'en l'absence du procureur de la commune.

Le maire, les autres membres du corps municipal, les notables, le procureur de la commune & son substitut seront élus pour deux ans, mais avec les distinctions suivantes.

Le maire restera en fonctions pendant les deux premières années; il pourra être continué, mais par une nouvelle élection, pour deux autres années seulement.

Le procureur de la commune restera aussi en fonctions pendant les deux premières années; mais le substitut qui sera nommé à la prochaine élection, n'exercera qu'une seule année; ensuite ils seront remplacés alternativement chaque année, & pourront être réélus de même, chacun pour deux autres années seulement.

Enfin, les autres membres du corps municipal, & les notables, seront renouvellés tous les ans par moitié, la première fois au sort, à la fin de la première année; ensuite à tour d'ancienneté: ainsi une partie des officiers municipaux & des notables nommés à la prochaine élection, n'aura qu'une année d'exercice; cette année d'exercice ne sera pas même complète pour ceux qui sortiront au premier renouvellement, puisqu'il aura lieu le premier dimanche d'après la Saint-Martin de l'année 1790.

Comme il est nécessaire, lorsque le nombre sera impair, qu'il sorte alternativement un membre de plus, & un de moins chaque année, il faudra faire sortir un membre de moins à la fin de la première année.

Il faut remarquer encore les différences suivantes dans les remplacemens.

Aussi-tôt que les places de maire, de procureur de la commune & de substitut à ce dernier, viendront à vaquer dans le cours de l'année, par quelque cause que ce soit, il sera nécessaire de convoquer extraordinairement les citoyens actifs pour procéder à une nouvelle élection.

Si c'est une place de membre du conseil municipal qui devient vacante, il sera inutile de convoquer les citoyens actifs; mais celui des notables qui aura réuni le plus de suffrages, remplacera le membre manquant du conseil municipal.

Enfin, s'il vaque une place de notable, elle ne sera remplie qu'à l'époque de l'élection annuelle pour les renouvellemens ordinaires.

§. III.

Des fonctions des corps municipaux.

Le maire, les autres membres du corps municipal, le procureur de la commune, & son substitut dans les lieux où il y en aura, ne pourront entrer en exercice de leurs places qu'après avoir prêté le serment de maintenir de tout leur pouvoir la constitution du royaume, d'être fidèles à la *nation*, à la *loi* & au *roi*, & de bien remplir leurs fonctions.

C'est devant la commune elle même que ce serment doit être prêté la première fois, c'est-à-dire, par les officiers municipaux qui vont être nommés à la prochaine election. Les citoyens actifs seront avertis, à cet effet, par les présidens des assemblées d'élection, de se rendre à la maison commune après l'élection finie.

A l'avenir, le même serment sera prêté devant le corps municipal.

Les membres des corps municipaux auront soin de se bien pénétrer de la distinction des deux espèces de fonctions appartenantes à des pouvoirs de nature très-différente qu'ils auront à remplir.

C'est par leur exactitude à se renfermer dans les bornes de ces fonctions, & à reconnoître la subordination qui leur est prescrite pour celles de chaque espèce, qu'ils prouveront leur attachement à la constitution, & leur zèle pour le bien du service. L'objet essentiel de la constitution étant de définir & de séparer les différens pouvoirs, l'atteinte la plus funeste qui puisse être portée à l'ordre constitutionnel, seroit la confusion des fonctions, qui détruiroit l'harmonie des pouvoirs.

Les officiers municipaux se convaincront aisément que toutes les fonctions détaillées dans l'article 51, intéressant la nation en corps, & l'uniformité du régime général, excédant les droits & les intérêts particuliers de leur commune; qu'ils ne peuvent pas exercer ces fonctions en qualité de simples représentans de leur commune, mais seulement en celle de préposés & d'agens de l'administration générale, & qu'ainsi, pour toutes ces fonctions qui leur seront déléguées par un pouvoir différent & supérieur, il est juste qu'ils soient entièrement subordonnés à l'autorité des administrations de département & de district.

Il n'en est pas de même des autres fonctions énoncées en l'article 50. Ces fonctions sont propres au pouvoir municipal, parce qu'elles intéressent directement & particuliérement chaque commune que la *municipalité* représente. Les membres des *municipalités* ont le droit propre & personnel de délibérer & d'agir en tout ce qui concerne ces fonctions vraiment municipales. La constitution les soumet seulement, dans cette partie, à la surveillance & à l'inspection des corps administratifs, parce qu'il importe à la grande communauté nationale que toutes les communes particulières qui en sont les élémens, soient bien administrées; qu'aucun dépositaire de pouvoirs n'abuse de ce dépôt, & que tous les particuliers qui se prétendront lésés par l'administration municipale, puissent obtenir le redressement des griefs dont ils se plaindront.

La surveillance des corps administratifs sur les *municipalités* aura lieu principalement dans les quatre cas suivans.

1°. Pour la vérification des comptes de la régie des bureaux municipaux. Ces comptes, lorsqu'ils auront été reçus par le conseil municipal, seront soumis à l'administration ou au directoire de district, qui les vérifiera, & les fera parvenir ensuite, avec son avis, à l'administration de département, ou à son directoire : celle-ci, ou son directoire, les arrêtera définitivement.

2°. Pour l'autorisation des délibérations qui seront prises sur les objets d'une importance majeure, détaillés en l'article 54, & pour lesquels la convocation du conseil général de la commune est nécessaire. Ces délibérations ne pourront être exécutées qu'après qu'elles auront reçu l'approbation de l'administration de département, ou de son directoire, qui la donnera, s'il y a lieu, sur l'avis de l'administration ou du directoire de district.

3°. Lorsqu'un citoyen se croira fondé à se plaindre personnellement de quelques actes du corps municipal, l'administration du département, ou son directoire, fera droit sur sa plainte, après avoir pris l'avis de l'administration ou du directoire de district, qu'elle chargera de vérifier les faits exposés.

4°. Lorsqu'un citoyen actif, sans articuler des griefs qui lui soient personnels, voudra dénoncer les officiers municipaux comme coupables de délits d'administrations; en ce cas, la dénonciation devra être préalablement soumise à l'administration ou au directoire de département, qui, après avoir fait vérifier les faits par l'administration de district, & avoir pris l'avis de cette derniere, renverra la poursuite, s'il y a lieu, devant les juges qui en devront connoître.

Les corps municipaux, composés de plus de trois membres, seront divisés en *Conseil* & en *Bureau*. Le bureau sera formé du tiers des officiers municipaux, y compris le maire, qui en fera toujours partie : les deux autres tiers formeront le conseil.

Le bureau, seul, sera chargé de tous les détails d'exécution, & des actes de simple régie.

Le conseil, seul, formera la séance, lorsqu'il s'agira d'examiner & de recevoir les comptes de la gestion du bureau : la présence des deux tiers, au moins, des membres du conseil sera nécessaire pour la réception de ces comptes.

Le conseil & le bureau se réuniront pour prendre toutes les autres délibérations relatives à l'exercice des fonctions du corps municipal; & la présence de la moitié, plus un, des officiers municipaux sera nécessaire pour former un arrêté.

Enfin, le corps municipal se formera en conseil général de la commune, par l'adjonction des notables, toutes les fois qu'il le jugera convenable, & nécessairement lorsqu'il s'agira de délibérer sur les objets détaillés en l'article 54.

Les officiers municipaux devront être attentifs à discerner entre ces diverses especes d'assemblées ou de séances, celle à laquelle chaque nature d'affaire doit être traitée; car leurs opérations seroient défectueuses & nulles, s'ils avoient arrêté en simple bureau ce qui devoit l'être en conseil ou corps municipal, ou s'ils délibéroient en simple conseil municipal lorsqu'ils doivent se former en conseil général de la commune.

Dans les *municipalités* qui ne sont composées que de trois membres, le maire sera chargé seul des détails de simple exécution, & tous les membres se réuniront pour les actes de régie; le compte de cette régie commune des officiers municipaux sera rendu aux notables, vérifié ensuite par l'administration ou le directoire des districts, & arrêté définitivement par l'assemblée ou le directoire de département.

Lorsque les *municipalités* seront composées de plus de trois membres, c'est le corps municipal qui élira lui-même le tiers de ses membres destiné à former le bureau. Cette élection sera renouvellée tous les ans; mais les membres du bureau pourront être réélus une fois pour une seconde année.

Enfin, dans les villes dont la population excédera 25,000 ames, le corps municipal pourra se diviser en sections à raison de la diversité des parties d'administration, afin que chaque section puisse être chargée plus particulièrement du soin de sa partie; mais elle sera toujours tenue de soumettre les objets de délibération à l'assemblée générale du corps municipal.

Tous les citoyens actifs du royaume sont appellés, en ce moment, à poser dans leurs *municipalités* les fondemens de la régénération de la constitution, ils se prépareront à l'établissement de l'empire; en recueillant les premiers fruits des assemblées administratives de département & de district, qui suivra immédiatement. La nation reconnoîtra que ses représentans se sont attachés à consacrer tous les principes qui peuvent assurer l'exercice le plus étendu du droit de cité, l'égalité entre les électeurs, la sûreté & la liberté des choix, la prompte transmission des places & des fonctions : principes sur lesquels reposent la liberté publique & l'égalité politique des citoyens. Tous sentiront que la jouissance de ces biens précieux est attachée à l'esprit de concorde, & aux sentimens patriotiques nécessaires pour accélérer l'exécution des décrets constitutionnels. Ces sentimens exprimés d'une manière si touchante dans toutes les adresses des villes & des communes du royaume à l'assemblée nationale, sont ceux d'un peuple raisonnable & bon qui sent le prix de la liberté, & qui, digne d'en jouir, n'a plus d'efforts pénibles à faire pour s'en assurer la possession. Il ne lui reste qu'à consommer avec courage & tranquillité ce que son roi & ses représentans, unis par les mêmes vues, & tendans au même but, lui présentent pour première base de la prospérité nationale & du bonheur des particuliers.

Approuvé par le roi. Signé LOUIS.

Et plus bas : DE SAINT-PRIEST.

N.

NATATION, s. f. L'art ou plutôt l'action de nager.

On regarde, depuis quelques années en France, la *natation* comme une des parties de l'éducation physique des enfans. Indépendamment du secours que l'on en peut retirer dans des instans de péril, cet exercice est encore utile à la santé. Les anciens en faisoient plus de cas que nous, & les enfans des plus grandes familles apprenoient à nager, comme on peut le voir par ce qui arriva à César, qui se sauva en nageant d'une main, & en tenant de l'autre des papiers précieux, au-dessus de l'eau.

Ces avantages reconnus de la *natation* ont engagé le gouvernement à autoriser l'établissement d'une école où l'on l'enseigne, à la pointe de l'île Saint-Louis. On assure que les leçons qu'on y donne sont très bonnes, & que l'entrepreneur a pris tous les moyens nécessaires pour empêcher qu'il n'y arrive d'accidens.

NEGRE, s. m. C'est un homme de couleur noire : il y avoit autrefois une police sur les noirs, & un inspecteur de police chargé de la faire observer à Paris. *Voyez* NOIR.

NEIGE, s. f. Eau légèrement gelée qui tombe en flocons blancs, & couvre la surface de la terre pendant tout ou une partie de l'hiver.

La *neige*, par son amoncelement, encombre les rues & chemins, produit des dégâts, & empêche le service public dans plusieurs choses. C'est donc un soin de la police d'employer tous les moyens de précaution, pour empêcher qu'elle ne gêne, & de la faire balayer ou enlever dans les lieux où elle peut le plus incommoder.

Ce soin étoit assez exactement suivi à Paris autrefois. Dès qu'il étoit tombé une quantité un peu considérable de *neige*, le lieutenant de police rappelloit, par un placard, l'obligation imposée aux bourgeois, par les ordonnances sur le nettoiement, de balayer la *neige* au-devant de leur porte, & de ne point jetter dans la rue celle qui se trouve dans les cours ou jardins.

Cette dernière précaution étoit prise, parce que l'on a remarqué que les tas de *neige*, formés par celle que l'on jette des cours dans la rue, ajoutent encore à l'embarras de la rue, empêchent le passage des voitures & du public. Ces tas rendent encore l'inondation plus subite, lorsque tout-à-coup il vient une fonte de *neige* un peu active.

Depuis la révolution, cette attention est négligée, quoiqu'elle soit essentielle à la propreté & à la commodité des rues. *Voyez* NETTOIEMENT & PROPRETÉ.

NETTOIEMENT, s. m. L'action & l'usage de nettoyer. C'est une des parties principales de la police, que le *nettoiement* des rues & places publiques. De tout tems, les magistrats des villes ont eu soin d'y veiller; & dans tous les états de l'Europe, les rois se sont empressés de rendre des loix, & de créer des officiers pour maintenir la propreté dans les villes.

Paris a été, dès le tems de Philippe-Auguste, & même avant, l'objet des soins particuliers de nos rois à cet égard. On a pu voir au mot AIR une partie des choses qu'ils ont ordonnées, pour empêcher qu'il ne se corrompe par trop dans cette grande ville. Pour cela, on a formé des établissemens pour l'entretien du pavé & du balayage, dont une partie existe encore. Nous parlerons de ces divers objets au mot PROPRETÉ: ici, nous nous bornerons à rapporter les principales dispositions de l'ordonnance de police, publiée sous M. le Noir, en novembre 1780, sur le *nettoiement*.

1°. Tous les bourgeois & habitans de la ville & fauxbourgs de Paris, de quelque état & condition qu'ils soient, seront tenus de faire balayer régulièrement au-devant de leurs maisons, cours, jardins & autres emplacemens dépendans des lieux qu'ils occupent, jusqu'au ruisseau, même la moitié des chaussées, tous les matins à sept heures en été, & avant huit heures en hiver, & de relever les ordures & immondices à côté des murs de leurs maisons, & d'en faire des tas, afin que l'entrepreneur du *nettoiement* puisse les enlever; leur défendons de sortir les ordures provenant de leurs maisons, & de les déposer sur la rue, après le passage des voitures de l'enlevement; leur enjoignons, conformément à l'article 18 de l'arrêt de réglement du 30 avril 1663, de faire jetter, après le balayage, deux sceaux d'eau au moins sur le pavé & ruisseau étant au-devant de leurs maisons, afin d'entretenir libre l'écoulement des ruisseaux.

2°. Seront pareillement tenus lesdits habitans, dans les tems de neige & de gelée, de relever les neiges, de rompre & casser les glaces qui seront au-devant de leurs maisons & dans le ruisseau, de les mettre par tas le long des murs de leurs maisons, sans pouvoir porter celles de leurs cours dans les rues avant le dégel, & généralement de satisfaire à tout ce qui sera ordonné, contenant le *nettoiement* des rues, par des extraits des ordonnances de police, indicatifs du genre d'ouvrages que la variété du tems pourra exiger, lesquels extraits seront affichés par-tout où besoin sera, afin que personne n'en puisse prétendre cause d'ignorance, le tout à peine de 50 liv. d'amende pour chaque contravention au présent article & au précédent, & de plus grande, si le cas y échet; pourront même, dans les cas de contravention, les suisses, portiers & autres domestiques, être emprisonnés, conformément à la disposition de l'article 18 dudit arrêt du parlement, du 30 avril 1663.

3°. Défendons pareillement à tous particuliers, de quelque état & condition qu'ils soient, de jetter ni souffrir qu'il soit jetté dans les rues aucunes ordures de jardin, feuilles, immondices, cendres de lessive, ardoises, tuiles, tuilots, raclures de cheminées, gravois, ni d'y mettre ou faire mettre aucuns fumiers, ni autres ordures de quelques espèces qu'elles puissent être, à peine de 20 liv. d'amende pour chaque contravention, & de plus grande, en cas de récidive.

4°. Enjoignons aux entrepreneurs du *nettoiement* de fournir exactement le nombre des tombereaux suffisans en bon état, ayant des numéros, à l'effet de faire régulièrement tous les jours l'enlevement des immondices dans toutes les rues de cette ville & fauxbourgs, lequel commencera à sept heures & demie en été, & huit heures & demie en hiver; d'avoir, pour le service de chaque tombereau, un charretier & un retrousseur, auxquels il fournira les pêles & balais nécessaires: enjoignons aux retrousseurs de se servir toujours de balais pour relever les boues & immondices de chaque tas; défendons aux charretiers de charger dans leurs tombereaux les gravois & ordures qui ne doivent être enlevés que par les gravatiers, & de recevoir aucun salaire des habitans de cette ville, à peine, contre lesdits charretiers & retrousseurs, d'être emprisonnés.

5°. Enjoignons pareillement aux habitans de la campagne, qui viennent enlever des fumiers dans Paris, de faire ce service dans les premières heures de la journée, de balayer exactement les places où étoient les fumiers qu'ils auroient enlevés, après que les voitures seront chargées, & de les contenir soigneusement par des baunes & clayons, afin que dans les transports, ils ne puissent se répandre sur le pavé. Pourront lesdits habitans, comme par le passé, venir prendre des boues dans les rues de Paris, à l'effet de fumer leurs terres, à la charge d'exécuter les ordonnances & réglemens de police donnés à ce sujet.

6°. En ce qui concerne les atteliers des maçons & entrepreneurs de bâtimens, renouvellons les défenses faites de faire porter dans les rues & places de cette ville une plus grande quantité de matériaux, que ce qu'ils pourront employer dans le cours de trois jours ou d'une semaine au plus; ainsi que les injonctions de faire balayer les atteliers, & relever les recoupes tous les jours, & avant la fin du travail des ouvriers, comme aussi de les faire enlever trois fois au moins par semaine, le tout à peine de 500 liv. d'amende.

7°. Seront tenus ceux qui auront chez eux des gravois, poteries, bouteilles cassées, verres, vitres, morceaux de glaces, ou vieilles ferrailles, de les rassembler dans des paniers ou autres ustensiles, pour les porter dans la rue, & de les mettre dans un tas séparé de celui des boues, sans pouvoir les mêler avec lesdites boues, ni les jetter par les fenêtres, le tout à peine de 100 liv. d'amende pour la première fois, & de plus grande en cas de récidive.

8°. Faisons défenses à tous particuliers, de quelque état & condition qu'ils soient, de jetter par les fenêtres dans les rues, tant de jour que de nuit, aucunes eaux, urines, matières fécales & autres ordures, de quelque nature qu'elles puissent être, à peine de 300 liv. d'amende, dont les maîtres seront responsables pour leurs domestiques, & les marchands & artisans pour les apprentis & compagnons. *Voyez* PROPRETÉ.

NOBLESSE, s. f. Titre honorifique, dont quelques familles jouissent particulièrement.

Dans quelques pays, le titre de *noble* entraîne des prérogatives particulières & de certaines exemptions fiscales; mais cet accessoire de la *noblesse* est étranger à son institution.

L'origine de la *noblesse* tient à l'estime, à l'attachement d'un peuple pour quelques individus qui ont rendu des services à l'état; pour les récompenser, on leur a donné une propriété purement honorifique, c'est-à-dire, un titre qui annonçât publiquement la considération, dont ils ont mérité de jouir par leur naissance, dans une famille considérée.

Indépendamment du consentement national, qui fait de la *noblesse* une propriété honorable dans les familles, elle est précieuse & indestructible chez les peuples policés, par ce préjugé estimable qui nous porte à considérer le fils d'un homme estimable & respecté.

Au reste, c'est une grande question de savoir si, lorsqu'une longue prescription & la permanence du consentement national ont, par un titre positif, fait de la distinction héréditaire de noble, une propriété des familles; c'est une question de savoir si l'on peut la supprimer, sans lésion du droit de propriété, & même si l'on peut la supprimer absolument, puisqu'il faudroit, pour cela, faire éprouver à tous les individus d'un pays du mépris ou de l'indifférence pour une chose qu'ils estiment & considèrent.

Il n'est point question de savoir mathématiquement si la *noblesse* existe *à parte rei*, ou seulement *à parte mentis*: il s'agit seulement de prouver que les peuples se conduisent, & souvent heureusement par des institutions idéales; que la *noblesse* s'établit chez tous les peuples, à mesure qu'ils font des progrès dans les arts de la civilisation; que les excès de la féodalité n'ont point plus de liaison avec la *noblesse*, que la S. Barthelemy avec l'évangile; qu'à Rome, la destruction du gouvernement a suivi l'avilissement du patriciat, & que c'est toujours bien plus la haine, qu'un sentiment philosophique qui proscrit la *noblesse*, puisqu'on s'obstine à conserver des préjugés de distinction, véritablement injustes & féroces, tels que celui de bâtard & d'autres. La société est un être positif, elle ne se gouverne que par des moyens adaptés à ses besoins; c'est à une législation sage à les connoître, à choisir ceux qui sont utiles, sans trop examiner s'ils sont toujours mathématiquement conséquens aux axiômes de la logique politique, dont le défaut est d'oublier que les hommes auront toujours des passions, des vices & des foiblesses, qu'au défaut de la raison, il convient de balancer par des sentimens purement conventionnels.

NOIR. C'est le nom d'un habitant de l'Afrique, ou de toute autre partie du monde, dont les habitans ont cette couleur; on dit encore *negre*, & ce nom est moins particuliérement donné aux esclaves, que le premier.

Il y a, comme nous l'avons dit, une police particulière pour les *noirs* qui se trouvent à Paris; on observe aussi à leur égard certaines formalités, auxquelles ne sont point soumis les autres habitans même étrangers. Au moins, ces arrangemens avoient lieu sous l'ancienne police; aujourd'hui l'on s'est beaucoup relâché de toutes ces règles coërcitives.

Quoi qu'il en soit de la gêne que l'on avoit imposée aux *noirs*, elle tenoit, comme celle que l'on observe encore, à l'état d'esclavage, où cette espèce d'hommes se trouve encore assujettie dans nos colonies, & aux préventions que l'on est obligé de prendre, pour qu'ils ne s'échappent pas des habitations.

Il y a long-tems que l'on sent combien cet esclavage est odieux, & contre le respect que l'on doit aux hommes; mais, de nos jours, on s'est plus que jamais occupé d'en démontrer l'injustice & l'absurdité. Cet objet a été traité à l'assemblée nationale, dans des sociétés particulières, & surtout au parlement d'Angleterre. Ce dernier avoit entamé la question l'année dernière, on avoit entendu les raisons pour & contre la *traite*, sans prendre un parti: le même sujet a été reproduit cette année par M. Wilberforce; mais après plusieurs ajournemens & des débats assez longs, on a rejetté sa motion tendante à demander que la traite fût abolie. En France, la traite, l'esclavage sont conservés; il y a cependant quelques légers changemens de fait, dans la manière de les traiter, mais de peu d'importance, & que nous ferons connoître dans le dictionnaire de l'assemblée nationale: nous rapporterons seulement ici les loix & réglemens de police, qui ne sont point encore abrogés sur les *noirs*.

Une ordonnance de l'amirauté de Paris, de juillet 1777, porte que son ordonnance du 16 avril de la même année sera exécutée selon sa forme & teneur: en conséquence, que toutes personnes, de quelque qualité ou condition qu'elles soient, françois ou étrangers, demeurantes dans la ville de Paris, & dans le ressort de la chambre, seront tenues de faire en personne, ou par procureurs fondés de leurs procurations spéciales, au greffe de la chambre, ou en ceux des amirautés particulières y ressortissantes, leurs déclarations précises des negres & mulâtres, de l'un & l'autre sexe, demeurans chez elle, en quelle qualité ils y demeurent, à quel titre, depuis quel tems, par quel vaisseau lesdits negres ou mulâtres sont arrivés en France, leur âge, noms & surnoms, l'époque de leur débarquement, s'ils sont baptisés, & de quelle colonie ils ont été exportés; lesquelles déclarations elles seront tenues de faire, à peine de 300 liv. d'amende: savoir; dans un mois, pour toute préfixion & délai, à l'égard des personnes demeurantes à Paris, & dans six semaines, également pour toute préfixion & délai, à l'égard des personnes domiciliées dans les villes & autres lieux du ressort de la chambre; lesquels peine & délai ne pourront être réputés comminatoires: ordonne pareillement que tous autres négres & mulâtres, de l'un & l'autre sexe, de quelque profession qu'ils soient, & qui ne sont au service de personne, seront tenus, sous peine de prison, de faire en personne, ou par procureurs spéciaux, auxdits greffes, & dans lesdits délais, leur déclaration de leurs noms, surnoms, âge, vacations, lieu de leur naissance, temps de leurs arrivées en France, & par quels vaisseaux, & s'ils sont baptisés ou non; lesquelles déclarations seront reçues sans frais: ordonne en outre que les expéditions des déclarations, qui auront été reçues par les greffiers desdites amirautés particulières, seront par eux envoyées dans le mois au greffe de la chambre, pour lesdites déclarations faites, envoyées & communiquées au procureur du roi; ou, faute de ce faire dans ledit tems, être par lui pris telles conclusions qu'il avisera, & par la chambre statué ce qu'il appartiendra : ordonne que la présente sentence sera imprimée, publiée & affichée dans la ville & fauxbourgs de Paris, & que copies collationnées d'icelle seront envoyées par le procureur du roi à ses substituts, dans les villes du ressort de la chambre, pour s'y conformer ; à l'effet de quoi, la présente sentence sera pareillement publiée & affichée en leur ressort : enjoint aux substituts du procureur du roi d'y tenir la main, & d'en certifier la chambre dans le mois ; ordonne au surplus que la présente sentence sera exécutée par provision, comme ordonnance de police, nonobstant oppositions ou appellations quelconques, & sans y préjudicier.

Ce réglement de l'amirauté fut suivi d'une déclaration du roi, du 9 avril 1777, qui contient les principaux articles de la police des negres, & dont nous allons rapporter les principales dispositions.

Art. I. Faisons défenses expresses à tous nos sujets, de quelque qualité & condition qu'ils soient, même à tous étrangers, d'amener dans notre royaume, après la publication & enrégistrement de notre présente déclaration, aucun *noir*, mulâtre ou autres gens de couleur, de l'un & de l'autre sexe, & de les y retenir à leur service ; le tout à peine de 3000 liv. d'amende, même de plus grande peine, s'il y écheoit.

II. Défendons pareillement, sous les mêmes peines, à tous *noirs*, mulâtres, ou autres gens de couleur, de l'un & de l'autre sexe, qui ne seroient point en service, d'entrer à l'avenir dans notre royaume, sous quelque cause & prétexte que ce soit.

III. Permettons néanmoins à tout habitant de nos colonies, qui voudra passer en France, d'embarquer avec lui un seul *noir* ou mulâtre, de l'un ou de l'autre sexe, pour le servir pendant la traversée, à la charge de le remettre, à son arrivée, dans le port, au dépôt qui sera à ce destiné par nos ordres, & y demeurer, jusqu'à ce qu'il puisse être rembarqué. Enjoignons à nos procureurs des amirautés du port, où lesdits *noirs* auroient été débarqués, de tenir la main à l'exécution de la présente disposition, & de les faire rembarquer sur le premier vaisseau qui fera voile dudit port, pour la colonie de laquelle ils auront été amenés.

IV. Les habitans desdites colonies, qui voudront profiter de l'exception contenue en l'article précédent, seront tenus, ainsi qu'il a toujours été d'usage dans nos colonies, de consigner la somme de 1000 livres, argent de France, ès-mains du trésorier de la colonie, qui s'en chargera en recette, & de se retirer ensuite pardevers le gouverneur-général ou commandant dans ladite colonie, pour en obtenir une permission qui contiendra le nom de l'habitant, celui du domestique *noir* ou mulâtre, qu'il voudra emmener avec lui, son âge & son signalement ; dans laquelle permission, la quittance de consignation sera visée, à peine de nullité, & seront lesdites permissions & quittances enrégistrées au greffe de l'amirauté du lieu du départ.

V. Faisons très-expresses défenses à tous officiers de nos vaisseaux, de recevoir à bord aucun *noir* ou mulâtre, ou autres gens de couleur, s'ils ne leur représentent ladite permission dûment enrégistrée, ainsi que la quittance de consignation, desquelles mention sera faite sur le rôle d'embarquement.

VI. Défendons pareillement à tous capitaines de navire marchand, de recevoir à bord aucun *noir*, mulâtre ou autres gens de couleur, s'ils ne leur représentent la permission enrégistrée, ensemble ladite quittance de consignation, dont mention sera faite dans le rôle d'embarquement ; le tout à peine de 1000 liv. d'amende pour chaque *noir* ou mulâtre, & d'être interdits pendant trois ans de toutes fonctions, même du double desdites condamnations, en cas de récidive. Enjoignons à nos procureurs ès-sièges des amirautés du lieu du débarquement, de tenir la main à l'exécution de la présente disposition.

VII. Et attendu que la permission, que nous avons accordée aux habitans de nos colonies, par l'article 3 de notre présente déclaration, n'a pour objet que leur service personnel pendant la traversée ; voulons que lesdits *noirs*, mulâtres, ou autres gens de couleur, demeurent, pendant leur séjour en France, & jusqu'à leur retour dans les colonies, en l'état où ils étoient lors de leur départ d'icelle, sans que ledit état puisse être changé par leurs maîtres ou autrement ».

Voici l'extrait d'un arrêt du conseil, qui régle les formalités & défenses relatives aux mariages des *noirs* ; il est du 5 avril 1778, & peut offrir un exemple des droits que s'arrogeoit le conseil dans des choses sur lesquelles il étoit incompétent pour prononcer : telles sont, par exemple, les défenses ou conditions imposées au mariage des citoyens, qui ne devoit être ordonné que par une loi enrégistrée dans les cours.

Sa majesté, par cet arrêt, a fait & fait défenses à tous sujets blancs, de l'un & de l'autre sexe, de contracter mariage avec les *noirs*, mulâtres ou autres gens de couleur, jusqu'à ce qu'il ait été pourvu, par telle loi qu'il appartiendra, sur l'état desdits *noirs*, mulâtres, ou autres gens de couleur, de l'un & de l'autre sexe, qui étoient en France, avant la déclaration du 9 août dernier ; fait défenses à tous notaires de passer aucun contrat

de

de mariage entr'eux, à peine d'amende; veut sa majesté que si aucun de ses sujets contrevient auxdites défenses, les contractans soient sur-le-champ renvoyés dans ses colonies; enjoint sa majesté au sieur le Noir, conseiller d'état, lieutenant-général de police de la ville de Paris, & aux intendans & commissaires départis dans les provinces, de tenir la main à l'exécution du présent arrêt, & de donner sur-le-champ avis au secrétaire d'état, ayant le département de la marine, des contraventions qui auroient été faites au présent arrêt, pour y être par sa majesté pourvu, ainsi qu'elle avisera bon être. *Voyez* ESCLAVAGE.

NOURRICE, s. f. Femme qui nourrit.

Nous n'entrerons dans aucun des détails historiques & philosophiques, auxquels cette matière peut donner lieu; nous bornerons à rapporter sommairement les réglemens & les usages suivis dans la police des *nourrices* à Paris. On peut voir au mot ENFANT quelques principes qui ont rapport à cette matière.

L'on appelle *recommanderesses* les dames chargées de la direction des bureaux des *nourrices* : ce sont elles qui président à tous les soins que l'on donne aux enfans & aux femmes, lorsqu'elles sont à Paris; c'est à elles que l'on doit s'adresser pour les informations & les plaintes; & c'est sur le rapport au magistrat, que les fautes des *nourrices* & meneurs ou meneuses sont punies, ainsi qu'on va le voir.

Bureau des recommanderesses.

Les recommanderesses étoient, dans le principe, des personnes auxquelles s'adressoient les femmes ou filles qui cherchoient condition, & les *nourrices*, qui venoient à Paris chercher des enfans pour les alaiter; elles procuroient, moyennant une certaine rétribution, des conditions aux unes & des nourrissons aux autres.

Leur origine est très-ancienne, ainsi que celle des courtiers, vendeurs & autres agens sur les ports, quais, halles & marchés, qui ont été depuis établis en titre d'office; elle remonte au moins au douzième siécle. On trouve dans le traité de la police, tome 2, page 173, le fragment d'un titre latin, concernant le prieuré de S. Eloi, de 1284, dans lequel il est question d'une rue ou village des recommanderesses, *vicum des recommanderesses*. On ne peut pas s'y tromper, leur nom étant en françois.

La première loi, qui ait fait mention des recommanderesses, & qu'on connoisse, se trouve dans Fontanon. C'est une ordonnance du roi Jean, du 30 janvier 1350, portant réglement pour le salaire des *nourrices*, & le droit des recommanderesses.

Par des lettres-patentes de Louis XIII, du 4 février 1615, régistrées en parlement, les recommanderesses furent maintenues dans les fonctions de leurs charges, & il fut défendu à tous autres de s'y immiscer; d'autres lettres-patentes de Louis XIV, du 6 décembre 1655, contiennent les mêmes dispositions.

On ignore précisément le temps où les recommanderesses ont cessé de s'occuper de la location des servantes, pour se livrer uniquement à celle des *nourrices*. On voit seulement qu'en 1711, elles exerçoient encore ce droit, puisqu'une sentence du châtelet, du 18 décembre de cette année, les y maintient, & condamne une nommée Royer à 10 liv. d'amende, pour avoir loué des servantes. Mais la déclaration du roi, de 1715, sur le fait des recommanderesses & *nourrices*, ne faisant aucune mention des servantes, on peut présumer que c'est à-peu-près à cette époque, qu'elles ont cessé de se mêler de ces dernières. Au reste, aucun édit, ni ordonnance, n'a privé les recommanderesses de leur droit de louer *servantes* & *nourrices*.

Jusqu'en 1715, le lieutenant criminel du châtelet a eu la connoissance de tout ce qui concernoit les fonctions des recommanderesses. Louis XIV, par sa déclaration du 20 janvier 1715, a réformé l'ancien usage, & cette partie a passé au lieutenant-général de police. Cette déclaration fait en outre réglement pour les recommanderesses, les *nourrices* & les meneuses.

Les meneuses sont des femmes qui vont dans les campagnes recruter des *nourrices*, c'est-à-dire, les engager à venir à Paris chercher des nourrissons. Elles les amenent au bureau des recommanderesses, les remenent avec leurs nourrissons dans leurs villages, se chargent de donner des nouvelles des enfans aux parens, de recevoir le salaire des *nourrices*, & de rapporter les enfans, lorsque les parens les demandent.

Autrefois il n'y avoit que des meneuses; mais cette partie ayant été perfectionnée par les soins des lieutenans-généraux de police, il a fallu tenir des régistres, & même donner caution pour la sûreté des deniers des *nourrices*; & comme on a trouvé peu de femmes en état d'y satisfaire, on les a remplacées par des hommes à qui l'on a donné le titre de *meneurs*, sans cependant donner l'exclusion à celles-là. La déclaration du roi, du 1 mars 1727, leur a attribué le sol pour livre des mois de *nourrices*.

Il y a grande apparence que, dans le principe, le nombre des recommanderesses n'étoit pas fixé: mais il fut déterminé par la déclaration de Louis XIII, du 4 février 1615, & par l'édit du roi, du mois de juillet 1729, qui, en supprimant les recommanderesses qui existoient, en créa quatre nouvelles,

& fixa l'âge qu'elles devoient avoir, & les lieux où leurs quatre bureaux seroient établis.

Par arrêt du parlement, du 19 juillet 1737, il est ordonné que les condamnations par corps, prononcées contre les pères & mères, pour le paiement des mois de nourriture de leurs enfans mis en *nourrice*, par l'entremise des recommanderesses, pourront être exécutées par la capture des condamnés dans les maisons.

Les lieutenans-généraux de police se sont toujours occupés à mettre le plus grand ordre, & à prévenir les abus dans cette partie qu'ils ont regardée avec raison comme une des plus intéressantes de leur administration. C'est, en effet, le seul moyen qu'aient les gens du peuple, les domestiques, & même beaucoup de marchands & de bourgeois, pour conserver la vie, & assurer l'état de leurs enfans, & sous ce point de vue, cet établissement ne doit point être indifférent pour les citoyens d'un ordre plus relevé, ni pour le gouvernement. Aussi voit-on, depuis 1611, une foule d'arrêts, édits, déclarations, ordonnances & sentences sur cet objet. Les lieutenans de police, chargés, depuis 1715, de cette partie, ont rendu beaucoup d'ordonnances.

Les quatre bureaux des recommanderesses ne remplirent pas les vues du gouvernement. Ils n'étoient pas conduits tous les quatre avec le soin & l'exactitude qu'exigeoit une partie aussi intéressante. Les *nourrices* étoient mal logées, encore plus mal couchées, & se dispersoient dans la ville; delà naissoient plusieurs inconvéniens. Pour y remédier, M. de Sartine fit rendre la déclaration du roi, du 24 juillet 1769, qui supprima les quatre recommanderesses, & réunit leurs quatre bureaux en un seul, sous la direction de deux recommanderesses seulement.

La personne, qui veut être reçue meneur ou meneuse, doit apporter à madame d'Hamecourt, recommanderesse, un certificat de son curé, qui atteste qu'elle est de la religion catholique, de bonnes vie & mœurs, & que son bien est suffisant pour répondre des deniers des *nourrices*; sinon qu'elle a un cautionnement. Madame d'Hamecourt, recommanderesse, vise ce certificat, & l'envoie au chef du bureau de la direction, qui expédie la commission, & la fait signer par le magistrat.

Les meneurs & meneuses conduisent les *nourrices* qu'ils amenent à Paris au bureau de madame d'Hamecourt, recommanderesse. Ces *nourrices* ne peuvent loger ailleurs qu'au bureau, & il est défendu à tous hôteliers ou aubergistes de les recevoir chez eux, sans une permission par écrit de madame d'Hamecourt; elles couchent dans des dortoirs qui leur sont destinés; & pour prévenir l'abus d'un trop long séjour, elles paient 2 sols chacune par nuit, & 1 sol par nourrisson. Ces derniers sont mis dans des berceaux placés à côté de chaque lit: deux filles domestiques ont soin de tenir les dortoirs propres, de faire les lits, &c. Les domestiques mâles sont exclus du service intérieur.

Chaque *nourrice* doit être munie d'un certificat de son curé, contenant l'extrait baptistère de son dernier enfant, attestation de bonnes vie & mœurs, & de religion, & qu'elle a un garde-feu & un berceau. Le meneur prend ces certificats, & les remet au bureau, en y amenant les *nourrices*. Madame d'Hamecourt les examine, & s'il y manque quelque chose, elle fait faire aux meneurs des soumissions d'en rapporter d'autres en bonne forme; on prend tel autre parti que suggère la prudence, en se conformant néanmoins toujours aux ordonnances pour les choses essentielles.

Il y a au bureau, qui est ouvert tous les jours, & où madame & mademoiselle d'Hamecourt, recommanderesses, passent régulièrement au moins toutes les matinées, une salle de location dans laquelle les *nourrices* se tiennent le jour, & où il y a toujours deux factrices. Le particulier qui veut une *nourrice*, s'adresse à la recommanderesse ou à une des factrices, qui lui présentent celles du meneur le plus anciennement arrivé à Paris: si aucune ne lui convient, celles du meneur qui le suit en ancienneté, & ainsi de suite, jusqu'à ce qu'il ait fait son choix; alors il convient de prix, paie le droit, qui est de 31 sol, donne son adresse, qu'on inscrit au dos du certificat de la *nourrice*; & l'emmene. En ramenant la *nourrice* au bureau, il donne l'extrait baptistère de son enfant, qui est joint au certificat de la *nourrice*, & remis en cet état à un commis qui l'enrégistre, & expédie sur-le-champ le congé de renvoi, que la *nourrice* est tenue de remettre à son curé aussitôt qu'elle est arrivée chez elle. Ce congé, qui est signé de madame d'Hamecourt, & légalisé par M. le commissaire Mouricault, contient les noms de l'enfant & de ses père & mère, ainsi que la demeure & la profession de ces derniers; & sa remise aux curés est d'autant plus nécessaire, que sans lui, ils seroient souvent très-embarrassés pour rédiger l'acte mortuaire des nourrissons qui meurent en *nourrice*.

Il est défendu aux meneurs de presser les particuliers qui se présentent pour louer des *nourrices*, & il n'y a que le plus ancien qui ait la permission de rester dans la salle de location; les autres ne doivent y paroître que lorsqu'ils sont mandés par madame d'Hamecourt.

Un médecin de la faculté doit se rendre tous les jours au bureau, pour examiner les *nourrices*, goûter leur lait, s'il le juge à propos, ou si les parens, ou madame d'Hamecourt le requièrent, pour visiter les enfans qui sont rapportés en mauvais état, pour entendre les parties, & pour faire son rapport. Ce rapport est remis au bureau de la direction, on y entend les parens, & le magistrat décide si la *nourrice* doit être payée de ses salaires, privée d'une partie, de la totalité, ou même punie plus sévérement.

Il n'est pas permis à une femme de prendre un nourrisson, à moins que son dernier enfant ne soit mort ou âgé de sept mois, ou que le curé n'atteste, par son certificat, que l'enfant est chez une autre femme, pour y être alaité jusqu'à cet âge. Dans ce dernier cas, le meneur fait sa soumission de veiller à ce que l'enfant de la *nourrice* ne soit pas retiré avant les sept mois accomplis.

La *nourrice*, qui a rapporté son nourrisson, n'en obtient un autre que sur le consentement par écrit des parens du premier, qui attestent qu'ils n'ont aucune plainte à faire contr'elle : si l'enfant est mort, il faut de plus que la *nourrice* rapporte l'extrait mortuaire, & toute la layette. Ces formalités sont prescrites par les ordonnances, & par l'usage introduit, d'après les lumières que l'expérience a données.

On forme par année quatre régistres, un pour chaque trimestre, lesquels sont cottés & paraphés par le magistrat, & on y inscrit toutes les *nourrices* louées journellement. Chaque enrégistrement est sous des numéros différens qui se suivent sans interruption, jusqu'à la fin de l'année. Le commissaire paraphe chaque page de ces régistres, & les arrête mois par mois, & M. le lieutenant-général de police les arrête tous les trois mois.

Un commis de la direction va chaque jour chercher les certificats enrégistrés la veille; en les rapportant le lendemain, il en prend d'autres, & ainsi successivement. Ces certificats sont enliassés par quinzaine, & envoyés à M. le commissaire Mouricault, qui les vise, & les renvoie ensuite au bureau de madame d'Hamecourt, où ils sont gardés pendant cinq ans.

Madame d'Hamecourt, recommanderesse, rend compte au magistrat des opérations de son bureau; chaque mois elle lui remet l'état des *nourrices* qui ont été louées; tous les ans elle en remet un général pour l'année, & ces états sont comparés avec les époques correspondantes des années précédentes.

Etablissement de la direction générale du bureau des nourrices *de Paris.*

On a vu, dans l'histoire du bureau des recommanderesses, les motifs d'utilité, qui ont déterminé cet établissement. En 1715, le gouvernement, pour prévenir les dangers que les enfans pouvoient courir dans des mains étrangères, établit (comme on l'a vu ci-devant), des recommanderesses pour rassembler les *nourrices*, & leur donner un asyle sûr.

Les pertes & les difficultés qu'éprouvèrent les meneurs & les meneuses dans le recouvrement de leurs salaires, déterminèrent ensuite le parlement de Paris à ordonner, par arrêt du 19 juin 1737, que les condamnations prononcées pour mois de nourriture d'enfans seroient exécutoires par la capture des débiteurs faite dans leurs maisons. Cet arrêt fut rendu sur les représentations de M. Hérault, alors lieutenant-général de police, à qui il avoit été remis à cet égard des mémoires.

Quelques années après, le gouvernement s'étant chargé du paiement des frais de poursuites, les magistrats de police rendirent successivement différentes ordonnances pour prévenir les abus; mais ces abus continuant, M. de Sartine fit faire depuis des tournées dans tous les endroits où il y avoit des nourrissons de Paris. Ce magistrat connut alors que le moyen d'assurer le service des *nourrices*, étoit de leur faire toucher leurs salaires à l'échéance, & de leur ôter par-là tout prétexte, en cas de négligence & d'inexactitude, à remplir les devoirs de leur état.

En conséquence il forma le projet, dont l'exécution a été ordonnée par la déclaration du roi, du 24 juillet 1769. Cette loi supprima les quatre bureaux des recommanderesses alors existans dans des lieux trop serrés, & y en substitua un seul qui, par sa situation & son étendue, pût procurer des logemens également sains & commodes pour les *nourrices* & pour les enfans. La même loi établit un bureau de direction, chargé de faire aux *nourrices* les avances de leurs mois de nourriture, sauf le recours contre les pères & mères des enfans, & même d'entretenir entre les *nourrices* & les pères & mères une correspondance continuelle qui les mit en état de concourir tous également à la sûreté des jours des nourrissons. Conformément à cette déclaration, le 1 janvier 1770, il fut ouvert un bureau pour la direction, & un autre pour la location des *nourrices*.

Le premier de ces bureaux est régi par un directeur, & l'autre par une directrice connue sous le nom de *recommanderesse*.

C'est à ce dernier, que les bourgeois doivent trouver en tout tems des *nourrices*.

Depuis cette époque, elles y ont été toutes rassemblées dans le jour en une salle appellée la *salle de la location*, assez grande pour y contenir quelquefois jusqu'à cent *nourrices*.

Un médecin préposé par le magistrat, (comme je l'ai déjà dit) est attaché à ce bureau, où il se rend tous les jours, pour juger des qualités physiques des *nourrices*, & du bon ou mauvais état des enfans, qu'elles rapportent, lorsque les pères & mères l'exigent. Ces visites se font gratuitement, ainsi que les rapports que le médecin adresse au magistrat pour faire droit sur les plaintes respectives des pères & mères & des *nourrices*.

Il en est de même du traitement de la maladie vénérienne, pour laquelle, au moyen d'une recommandation adressée à l'économe de Bicêtre; & d'une somme que chaque individu malade reçoit pour se procurer des alimens de meilleure qualité, les *nourrices* sont soignées & guéries dans cette maison.

Tous les jours, depuis onze heures du matin jusqu'à midi, le médecin se rend au bureau de la recommanderesse, dans un endroit qui lui est spécialement réservé. Les *nourrices* arrivées à ce bureau lui sont amenées l'une après l'autre par le meneur, ou par une factrice du bureau, pour être visitées.

Après avoir pris & visité leur certificat, il procède aussi-tôt à la dégustation du lait, qu'il atteste au verso de ce même certificat, avoir trouvé bon ou mauvais, par ces mots: *goûté & approuvé* ou *goûté & refusé le lait de ladite* nourrice.

Ce n'est qu'après cette attestation, que la recommanderesse peut louer les *nourrices*, à moins que les parens n'en veuillent sans garantie, & qu'ils s'y engagent par écrit; alors le bureau ne répond de rien.

La déclaration du roi limite à sept mois au moins, & vingt-quatre mois au plus l'âge du lait de la *nourrice*; mais dans certaines saisons, celle des moissons, par exemple, celle des grandes gelées ou des débordemens des rivières, où les *nourrices* sont très-rares à Paris, on est quelquefois obligé d'interprêter la loi, & d'approuver le lait des *nourrices*, quoique vieux, pourvu toutefois qu'il soit bon, & ayant toujours la précaution d'en marquer l'âge avec l'approbation, afin que les parens ne puissent l'ignorer.

On a la précaution, dans ces visites, de ne point effaroucher les *nourrices*, par un appareil imposant, parce qu'elles s'effraient à la moindre question: c'est pourquoi on les interroge avec beaucoup de douceur, & on les rassure; sans cela, le saisissement qu'elles éprouveroient, les mettroit dans l'impossibilité de donner du lait, & l'on concluroit souvent qu'elles n'en ont point, ou qu'elles en manquent, lorsqu'elles en ont abondamment.

Le droit d'enrégistrement au bureau des recommanderesses, est de 31 sols pour chaque nourrisson, dont 30 sols pour la recommanderesse, & 1 sol pour les factrices. Ce droit est dû par les pères & mères, qui sont tenus de déposer au bureau l'extrait baptistère de leur enfant.

Suivant les dispositions de l'ordonnance de police, du 17 décembre 1762, chaque *nourrice*, qui emporte un nourrisson, doit, aussi-tôt son arrivée chez elle, remettre au curé de sa paroisse le certificat de renvoi, que la recommanderesse lui a délivré avant son départ de Paris; ce certificat de renvoi contient les noms de la *nourrice*, ceux de son mari, les noms du nourrisson, ceux de ses père & mère, & leurs demeures & professions; au moyen de quoi, le curé de la paroisse de la *nourrice* est en état de porter dans l'acte qu'il fait de l'inhumation de l'enfant, s'il vient à décéder en *nourrice*, ses vrais noms & ceux de ses père & mère; ce qui évite qu'il ne se glisse, dans ces sortes d'actes, des erreurs de noms qui pourroient être préjudiciables à l'état des familles. Les curés des paroisses des *nourrices*, instruits par ce même certificat des noms, professions & demeures des pères & mères, peuvent les informer de l'état & besoin de leurs enfans; ce qui fait un contrôle du compte que les meneurs sont tenus d'en rendre à chacun de leurs voyages à Paris.

Suivant la déclaration du roi, du 24 juillet 1769, le bureau de la direction est garant envers les pères & mères & les *nourrices*, de la recette & gestion des préposés au recouvrement des mois de *nourrice*; ainsi que celle de tous les meneurs & meneuses. Le directeur remet à ces derniers, à chaque voyage qu'ils font à Paris, toutes les sommes qui sont dues aux *nourrices*, pour leurs mois d'alaitement & de nourriture, quand même il ne les auroit pas reçues des pères & mères. Le bureau de la direction est chargé de tous les frais de la régie, & des appointemens de tous les commis & préposés; il ne peut répéter aucuns frais des poursuites qu'il fait contre les pères & mères, pour défaut ou retard de paiement; & pour les mettre en état de satisfaire à toutes ses charges, & de l'indemniser des pertes & retards qu'il essuie dans le recouvrement des deniers dont il est chargé de faire l'avance, il lui a été accordé par la déclaration du roi, de 1769, à son profit, un droit de sol pour livre sur toute sa comptabilité, déduction faite sur icelle du droit de sol pour livre attribué aux meneurs & meneuses.

Les mois de nourriture étant l'un dans l'autre de 8 liv.; le sol pour livre de ces mois ne fait par an qu'un objet de 4 liv. 16 s. par chaque nourrisson.

Les pères & mères sont libres de venir payer au bureau de la direction les mois de nourriture, attendu qu'on y tient un double des régistres de chaque meneur, ou bien de les payer aux meneurs, lorsqu'ils vont chez eux leur donner des nouvelles de leurs enfans à chaque voyage qu'ils font à Paris; ce dont les meneurs doivent justifier au bureau de la direction par un vu sur leurs régistres, signé des pères & mères à l'article de leurs enfans: dans le cas où les pères & mères ne seroient point venus payer au bureau, & où ils n'auroient point remis aux meneurs les mois échus, alors le directeur du bureau en fait l'avance, & écrit ensuite aux pères & mères pour les en prévenir & leur en demander le remboursement. C'est au bureau de la direction, que les pères & mères doivent se présenter, pour y demander le retour de leurs enfans. Le directeur a un compte ouvert, avec chaque père & mère & chaque *nourrice*, dont le nombre est de 13 à 14 mille; il tient la correspondance, qui est continuelle entre le magistrat & les curés des paroisses des *nourrices*, les juges des lieux de leur résidence, & les commandans de maréchaussée pour l'exécution des ordres du magistrat. Le directeur, tant par lui que par les commis de ses bureaux, a la vigilance la plus active, sur la conduite des meneurs: ces voituriers sont très-utiles par les services qu'ils rendent; en effet ils sont recruteurs de *nourrices* dans les campagnes, ils en fournissent la capitale, & les y amènent des provinces de l'Ile de France, de la Picardie, de l'Artois, de la Flandre, de la Normandie, du Maine, du Perche, de l'Orléanois, de la Champagne & de la Bourgogne; témoins de la conduite des *nourrices*, ils rendent compte de l'état des nourrissons; commissionnaires des pères & mères, c'est par eux que ces derniers subviennent aux besoins de leurs enfans; collecteurs & distributeurs des mois de nourriture, ils sont les canaux de la circulation d'une partie de l'argent de Paris, qui se répand dans les campagnes, à 50 lieues à l'entour, & fait une ressource pour plus de 12 mille ménages.

M. le Noir ayant remarqué, pendant son administration, qu'il pouvoit arriver que dans le nombre de ses enfans, il y en eût qui décédâssent chez leurs *nourrices*, faute, de la part de ces femmes, d'être à proximité des villes & bourgs, & à portée de procurer à leurs élèves le secours de la pharmacie, & que la majeure partie des enfans envoyés en *nourrice* par l'entremise du bureau des recommanderesses, & sous la conduite des meneurs, appartenoit à la portion la plus indigente du peuple de Paris, & par conséquent trop peu aisée pour pouvoir rembourser les *nourrices* d'aucuns frais de chirurgiens & de drogues, sollicita & obtint un arrêt du conseil d'état, du 25 avril 1777, par lequel il a été ordonné qu'il seroit annuellement composé & fourni, aux frais du gouvernement, cent boîtes, contenant des remèdes appropriés à l'usage des nourrissons.

En exécution de cet arrêt, M. le Noir, profitant de la bonne volonté & des sentimens patriotiques de différens seigneurs & curés de paroisses, dames & sœurs de charité, leur a confié le dépôt particulier d'une de ces boîtes; ils se sont chargés de faire la distribution & l'emploi des remèdes qui y sont contenus pour les enfans malades, conformément à l'instruction insérée dans ces boîtes.

Le médecin, qui a rédigé avec soin cette instruction, est spécialement préposé par le magistrat pour répondre à toutes les consultations qui seroient faites, eu égard aux différentes circonstances & symptômes des maladies des enfans.

On a observé que c'étoient les pères & mères les moins opulens, qui alloient se pourvoir de *nourrices* au bureau des recommanderesses; la pauvreté de cette classe de citoyens est cause qu'il y en a parmi eux 5 à 6 cents par an, qui se trouvent dans une impuissance effective de payer les mois dont ils sont redevables pour la nourriture de leurs enfans, alors les contraintes décernées par corps contr'eux sont mises a exécution. Constitués prisonniers, ils languiroient long-tems dans la captivité, & leur famille désolée éprouveroit toutes les horreurs du besoin le plus pressant, si différentes personnes & des associations charitables ne venoient briser leurs fers, en acquittant leur dette. Il seroit bien à désirer qu'on ne fût pas obligé d'employer ce moyen rigoureux; mais il est, dit-on, malheureusement indispensable.

Une ordonnance de police du 19 novembre 1773, concernant les meneurs & meneuses de *nourrices*, porte:

Art. I. Ordonnons que l'article 10 de la déclaration du roi, du 1 mars 1727, sera exécuté selon sa forme & teneur; en conséquence, enjoignons aux meneurs & meneuses de se servir de voitures bien conditionnées, dont le fond sera en planches suffisamment garni de paille neuve, les ridelles exactement closes par des planches bien assemblées, ou par des nattes de paille ou d'osier, toujours entretenues en bon état, & de couvrir leurs voitures avec une bonne toile bien tendue sur des cerceaux, & assez grande pour envelopper les bouts & côtés, à peine de 50 liv. d'amende, de destitution, même de prison contre lesdits meneurs & meneuses; autorisons les directeurs du bureau général des *nourrices* à faire faire aux voitures des meneurs, avant leur départ de Paris, les réparations & fournitures qui y sont convenables; dans le cas où les meneurs ne les auroient pas faites, & d'avancer à cet effet les sommes nécessaires, desquelles dépenses & avances ils seront remboursés, d'après les mémoires par nous arrêtés sur les droits de voyage & de sol pour livre qu'ils auront entre leurs mains, revenant aux meneurs & meneuses contrevenans.

II. Défendons, sous les mêmes peines, auxdits meneurs & meneuses de transporter aucuns nourrissons, à moins qu'il n'y ait des *nourrices* assises sur des bancs suspendus au-devant & au-derrière de leurs voitures avec des cordes ou courroies solidement attachées, afin que les *nourrices* soient à portée de veiller aux besoins des nourrissons, de prévenir les accidens, auxquels ils pourroient être exposés sur la route, & de s'assurer si toutes les layettes & paquets des enfans sont maintenus de manière à ne point courir le risque d'être perdus, ou d'incommoder les nourrissons; défendons pareillement, & sous les mêmes peines, auxdits meneurs & meneuses de mettre dans leurs voitures aucuns ballots, paquets ou marchandises, autres que les layettes & hardes des nourrissons, & ce qui sera nécessaire pour la nourriture de leurs chevaux pendant la route seulement.

III. Défendons à quelque personne que ce soit, sous peine de 50 liv. d'amende, de faire aucune commission pour les meneurs & meneuses, relativement à leurs fonctions, avant de s'être fait enrégistrer au bureau de la direction & de celui des recommanderesses: l'enrégistrement contiendra les noms, surnoms, âges, professions & demeures de ceux qui se présenteront, le lieu de service où ils se fixeront, soit à la descente des coches de terre ou d'eau, soit à la porte des auberges des meneurs, soit à celle du bureau des recommanderesses; & lors dudit enrégistrement, leur sera délivré par les directeurs & recommanderesses une plaque de cuivre en forme de médaille, numérotée & ayant pour inscription ces mots: *commissionnaire du bureau des nourrices*.

IV. Les meneurs seront responsables, chacun en droit soi, des commissionnaires qu'ils emploieront, lesquels ne pourront être autres que ceux mentionnés en l'article ci dessus, & ils ne pourront les charger d'aucune commission, qu'ils ne leur délivrent un bulletin imprimé, dans les blancs duquel ils rempliront les noms, professions & demeures des bourgeois chez qui ils les enverront, le numéro de la plaque du commissionnaire, & l'objet de sa commission: ce bulletin sera souscrit du nom du meneur; & le commissionnaire, sa commission faite, sera tenu de remettre le bulletin contenant le reçu du bourgeois, signé de lui, ou d'un voisin, s'il ne sait signer, au meneur qui l'attachera à son régistre, pour le représenter & le déposer à la direction lors de l'arrêté de son compte, le tout à peine de 30 liv. d'amende contre le meneur ou commissionnaire contrevenant.

V. Ordonnons que l'article 9 de la déclaration du roi, du 29 janvier 1715, & l'article 11 de celle du 1 mars 1727, seront exécutés selon leur forme & teneur; en conséquence, défendons à tous aubergistes & à toutes autres personnes, à peine de 50 liv. d'amende, de loger ni retirer chez eux aucuns meneurs, meneuses & *nourrices*, sans la permission des recommanderesses, auxquelles les meneurs & meneuses seront tenus, sous les mêmes peines, de déclarer les noms & demeures des personnes chez qui ils logent, & où ils laissent leurs voitures & chevaux.

Le défaut de paiement de la part des pères, mères ou autres personnes qui mettent des enfans en *nourrice*, a déterminé l'autorité publique à prononcer contre eux la contrainte par corps, toute excessive que soit cette rigueur. On a pensé que, sans cette précaution, des parens négligens, ou peu délicats à remplir leurs engagemens, ne paieroient point la nourriture de leurs enfans, & abuseroient de cet établissement, pour se soustraire à cette obligation.

Un arrêt de la cour du parlement de Paris, du 19 juin 1737, porte: Vu les déclarations des 29 janvier 1715, & 1 mai 1727, ensemble les arrêts de la cour, des 19 décembre 1720, & 18 juin 1710, & l'édit du mois d'août 1714, la cour a arrêté: que les sentences du lieutenant général de police, ci-devant rendues, ou qui le seront par la suite, portant condamnation, par corps, contre les pères, mères ou autres personnes, qui auroient mis des enfans en *nourrice*, par l'entremise des recommanderesses, pour le paiement de nourriture desdits enfans, en exécution des déclarations des 29 janvier 1715, & 1 mai 1727, régistrées en la cour, & conformément aux articles 14 d'icelles, pourront être exécutées par la capture des condamnés dans les maisons, pourvu que ce ne soit à heure indue, ni les dimanches & fêtes, sans qu'il soit besoin d'aucune permission spéciale du juge à cet effet.

On peut remarquer que la contrainte par corps, pour nourriture d'enfant, n'est prononcée par la loi, que contre les pères, mères ou autres qui ont employé la voie des bureaux de recommanderesses: les *nourrices* particulières n'ont pas le même privilége.

Au reste, la bienfaisance est venue au secours des personnes emprisonnées pour de semblables dettes: elles ne restent point long tems en prison, & il existe à Paris une société de charité, qui annuellement délivre sur les fonds, qu'elle se procure, un grand nombre de prisonniers. La bienfaisance est allée, à cet égard, au point qu'on a prétendu que les pauvres comptoient trop dessus, & ne prenoient aucun soin de payer les mois de leurs enfans. Mais cette réflexion, quand elle seroit juste, ne doit point faire une objection en pareil cas. *Voyez* Société, Pauvre.

NOYÉ, s. m. Ce mot est du nombre des adjectifs qui se prennent substantivement; on dit un *noyé*; c'est celui qui par son immersion dans l'eau a perdu la respiration d'abord, & ensuite la vie.

Quoique le *noyé* soit celui qui a perdu la vie dans l'eau, l'usage a voulu cependant que l'on conservât ce nom à celui qui tombé dans l'eau, en est retiré & rappellé ensuite à la vie.

L'expérience a en effet prouvé que des personnes qui paroissoient mortes, qui ne donnoient aucune marque de sentiment, ont cependant été rappellées à la vie par des secours fort simples & fort aisés à mettre en usage.

Les Hollandois furent les premiers à profiter de cette découverte & à former des établissemens en faveur des *noyés* dans leurs principales villes ; à leur exemple il s'en est établi de semblables à Milan & à Venise en 1768, puis à Hambourg ; en 1769 en Allemagne; & en 1772 à Paris. Les succès qu'ils eurent dans cette dernière ville furent rendus publics à Londres en 1774 par le docteur Cadogan, & sans que le gouvernement s'en mêlât, il se forma une société pour donner des secours dans les trois royaumes aux personnes retirées de l'eau & qu'on pourroit croire mortes.

A Paris, ce fut le bureau de ville qui eût la principale direction de ces secours, & dès le commencement on en retira les plus grands avantages par le nombre de personnes qu'on auroit abandonnées, & qui furent rappellées à la vie.

Comme les accidens qui arrivent aux *noyés* sont à-peu-près les mêmes que ceux des personnes asphyxiées, c'est-à-dire, l'interception de la respiration & l'embarras du cerveau, on peut consulter le mot MORT SUBITE; cependant nous rapporterons ici deux pieces du bureau de ville de 1773 : elles contiennent une instruction qu'il est utile que les officiers municipaux connoissent; pour de plus grands détails il faut voir le *Dictionnaire de Médecine.*

De par les prévôt des marchands & échevins de la ville de Paris.

Avis intéressant, concernant les personnes noyées qui paroissent mortes, & qui ne l'étant pas, peuvent recevoir des secours pour être rappellées à la vie.

Les prévôt des marchands & échevins de la ville de Paris, instruits des succès multipliés qu'ont eus différens moyens pratiqués pour secourir les personnes *noyées* que l'on a retirées de l'eau, s'empressent de les indiquer à leurs concitoyens, renouvelant, en tant que de besoin, un premier avis qu'ils avoient donné à ce sujet, en 1740, imprimé & distribué de nouveau en 1759, & depuis en 1769.

Ils ne croient pas devoir se borner à annoncer la conduite qu'on doit tenir, & à faire connoître les secours qu'on peut employer en pareil cas; mais avant que de présenter les moyens utiles, ils croient nécessaire de proscrire ceux qu'une pratique abusive a mis souvent en usage. En conséquence,

1°. Il est libre à toutes personnes, & dans toutes les circonstances, de retirer de l'eau un *noyé;* l'ancien préjugé contraire à cette liberté n'est nullement fondé; il doit être proscrit.

2°. On s'abstiendra de prendre les *noyés* par les pieds : ce moyen est si préjudiciable, qu'il peut occasionner la mort, même à quelqu'un qui seroit plein de vie.

3°. Le roulement dans un tonneau défoncé est également pernicieux; on ne le pratiquoit que dans le dessein de mettre toutes les parties du *noyé* dans une agitation générale, & par-là de tâcher de rétablir en lui la circulation éteinte en apparence; mais ce moyen doit occasionner une infinité de contusions au corps du *noyé*, qui peuvent rendre les autres secours inutiles, parce qu'il est possible qu'elle donne une véritable mort au *noyé* pendant la violence de cette opération. Il est donc essentiel de proscrire ces deux prétendus secours.

Après avoir averti de l'inutilité, & prévenu du danger de ces secours, les prévôt des marchands & échevins s'empressent de faire connoître ceux qu'une expérience heureuse a démontrés très-utiles, & qui, jusqu'à présent, sont les seuls qu'on ait cru pouvoir employer; le zèle charitable pour ses semblables, l'intelligence bien entendue qu'on mettra dans l'administration des secours, & beaucoup de persévérance, les rendront encore plus efficaces.

En conséquence, dès qu'une personne *noyée* aura été retirée de l'eau, il faut sur le champ, si son état annonce qu'elle a besoin d'un secours pressant, lui donner, même dans le bâteau dans lequel elle aura été placée, ou sur le bord de la rivière, si le tems le permet, ceux qu'on pourra lui procurer dans l'instant, & qu'on indiquera ci-après.

Pendant qu'on sera occupé à les lui administrer, quelqu'un se détachera pour aller avertir au corps-de-garde le plus prochain, où l'on trouvera une boîte-entre-pôt, dans laquelle on a réuni les secours les plus convenables, & que l'usage a démontrés les moins équivoques.

On transportera ensuite, s'il est possible, la personne retirée de l'eau, ou dans le corps-de-garde le plus prochain, ou dans l'endroit le plus commode qu'on pourra se procurer, chez les particuliers qui voudront bien s'en charger.

Le sergent de chaque corps-de-garde sera obligé, à la première réquisition, de faire porter par un de ses soldats la boîte qu'il aura en dépôt, & de l'accompagner pour veiller à l'administration des secours.

Lorsque, par leur efficacité, le *noyé* aura été rappellé à la vie, il sera transféré chez lui, s'il a un domicile, & qu'on puisse en avoir connoissance, sinon à l'Hôtel-Dieu.

Le sergent ou soldat, sera tenu de faire son rapport, qui contienne les noms, qualités & demeure de la personne retirée de l'eau; qui annonce si elle a été rappellée à la vie, & en quel état elle s'est trouvée lorsqu'elle a été transférée chez elle ou à l'Hôtel-Dieu.

Ce même procès-verbal contiendra les noms de celui qui aura averti le premier au corps-de-garde, & de tous ceux qui auront concouru à la retirer de l'eau, & à lui procurer les secours convenables.

Le sergent sera tenu de remettre, dans les vingt-quatre heures, ledit rapport au procureur du roi & de la ville.

Détail des secours & de l'ordre dans lequel ils doivent être donnés.

Il faut sur le champ, dans le bâteau même, si la personne *noyée* y a été placée après qu'elle aura été retirée de l'eau, & que son état semble exiger un secours pressant, ou sur le bord de la rivière, si la chaleur de la saison le permet, ou dans le corps-de-garde, ou autre endroit proche & commode, s'il est possible d'en trouver.

1°. La déshabiller, la bien essuyer avec de la flanelle ou des linges, & la tenir très-chaudement, en l'enveloppant, soit avec des vêtemens, & ce qu'on pourra se procurer de convenable à cet égard, on la mettra devant un feu modéré, ou dans un lit bien chaud, s'il est possible.

2°. On lui soufflera ensuite, (par le moyen d'une canule faite exprès) de l'air chaud dans la bouche, en lui serrant alternativement les deux narines.

3°. On lui introduira de la fumée de tabac dans le fondement, par le moyen d'une machine fumigatoire, qu'on trouvera toute garnie de ses ustensiles dans tous les corps-de-garde des ports.

Si la personne retirée de l'eau paroissoit exiger un pressant secours, & qu'on ne fût pas à portée d'avoir sur le champ la canule à bouche & la machine fumigatoire, on pourra, pour l'instant, suppléer à cette canule pour introduire l'air par la bouche dans les poumons, en se servant d'un soufflet ou d'une gaîne de coûteau tronquée par le petit bout.

On pourra également suppléer à la machine fumigatoire, en se servant de deux pipes, dont le tuyau de l'une sera introduit avec précaution dans le fondement de la personne retirée de l'eau, les deux fourneaux appuyés l'un sur l'autre, & quelqu'un soufflant la fumée de tabac par le tuyau de la seconde pipe.

On peut aussi employer avec succès les lavemens de tabac & de savon.

4°. On ne négligera pas d'agiter le corps de la personne *noyée* en divers sens, en observant de ne pas la laisser long-tems sur le dos.

On réitérera ces premiers secours le plus souvent qu'il sera possible, & sans violence.

5°. On lui chatouillera le dedans du nez & de la gorge avec la barbe d'une petite plume; on lui soufflera dans le nez du tabac ou de la poudre sternutatoire, et on lui présentera sous le nez de l'esprit volatil de sel ammoniac, ainsi que de la fumée de tabac.

6°. On la frottera même un peu rudement partout le corps, particuliérement sur le dos, les reins, la tête & les tempes, avec des pieces de linges ou de flanelle imbibées d'eau-de-vie camphrée, animée avec l'esprit de sel ammoniac. On observera seulement que les frictions qui se feront sur le ventre et sur la poitrine, soient dirigées de bas en haut, de crainte de trop affaisser ces visceres en les faisant dans le sens contraire.

7°. La saignée à la jugulaire sur-tout, peut aussi être tres-utile, si l'on trouve promptement un homme de l'art, qui jugera si elle doit être employée par préférence à celle du bras ou du pied.

Si la personne retirée de l'eau donne quelques signes de vie, & qu'on s'apperçoive que la respiration et la déglutition commencent à se rétablir, on lui donnera d'abord une petite cuillerée d'eau tiede.

Si elle passe, on lui fera avaler quelques cuillerées d'eau émétisée, ou, chaque demi-heure, une petite cuillerée d'eau-de vie camphrée, animée d'esprit de sel ammoniac, dont on trouvera toujours des bouteilles (avec la machine fumigatoire & autres secours) dans les entrepôts des corps-de-garde des ports.

On mettra en usage tous les secours ci-dessus indiqués pour toutes les personnes *noyées*, sans avoir égard au tems qu'a duré leur submersion; à moins qu'il n'y eut des signes de mort certains & évidens : le visage pourpre ou livide, la poitrine élevée, & autres symptômes de la même espece, ne devant point empêcher de tenter les secours indiqués.

On avertit au surplus, qu'il faut les employer sans relâche, & avec la plus grande persévérance, parce que ce n'est souvent qu'après les avoir continués pendant trois ou quatre heures, & même plus, qu'on a la satisfaction d'en voir le succès se développer par dégrés.

Récompenses.

Pour exciter, s'il étoit nécessaire, à procurer ces différens secours aux *noyés*, il sera payé à l'avenir, à compter du jour de la publication des présentes,

présentes, pour chaque personne qui étant *noyée*, aura été retirée de l'eau & rappellée à la vie, savoir : à quiconque avertira le premier au corps-de-garde des ports & quais les plus prochains, qu'il y a un *noyé*, & indiquera le lieu où il peut être, la somme de six livres.

A ceux qui auront retiré de l'eau la personne *noyée*, & auront aidé à l'administration des secours indiqués ; la somme de vingt-quatre livres.

Au sergent & aux soldats du corps-de-garde, qui ayant reçu l'avis d'une personne *noyée*, se seront transportés à l'endroit où elle aura été déposée, après avoir été retirée de l'eau, auront veillé & coopéré à l'administration des secours, & du tout auront fait & remis leur procès-verbal, dix-huit livres, dont le tiers pour le sergent & les deux autres tiers à partager également entre les soldats.

Tous les frais extraordinaires & particuliers qu'on seroit obligé de faire, seront de plus remboursés, après qu'ils auront été jugés nécessaires, & qu'ils auront été certifiés par des personnes connues, & non intéressées à la répartition des récompenses.

Dans le cas où, malgré tous les secours & moyens possibles, la personne *noyée* ne pourroit être rappellée à la vie, alors les récompenses ci-dessus fixées seront réduites à moitié.

Le paiement de ces différentes récompenses ne pourra être fait par le receveur-général des domaines de la ville, que d'après les ordres du bureau de la ville, huitaine après le jour de la remise du rapport ; afin que, pendant ce tems, le procureur du roi et de la ville puisse s'informer des faits & circonstances qu'il contiendra.

Autre avis concernant les personnes noyées *qui paroissent mortes, & qui, ne l'étant pas, peuvent recevoir des secours pour être rappellées à la vie.*

Les prévôt des marchands & échevins, voulant détruire l'abus funeste de la *suspension par les pieds*, ainsi que du *roulement dans un tonneau défoncé*, commencent par proscrire ces deux moyens, comme téméraires & dangereux ; instruits d'ailleurs des succès multipliés qu'ont eu différens secours donnés à des personnes *noyées*, ils s'empressent de les indiquer à leurs concitoyens, & les sollicitent à ne pas les négliger, toutes les fois que l'occasion se présentera de les employer. Ces moyens salutaires consistent :

1°. A déshabiller le *noyé*, l'essuyer avec une flanelle, l'envelopper dans une couverture, l'agiter en différens sens, le laisser peu sur le dos, & le tenir chaudement, s'il est possible, sans cependant lui intercepter l'air.

2°. Lui faire entrer de l'air dans les poumons en lui soufflant dans la bouche par le moyen d'une canule, & lui pinçant les deux narines.

3°. Lui introduire dans les intestins de la fumée de tabac par le fondement, en se servant d'une machine fumigatoire, qu'on trouvera dans tous les corps-de-garde, ainsi qu'une canule à bouche.

4°. Lui chatouiller le dedans du nez & de la gorge avec la barbe d'une petite plume, lui souffler dans le nez du tabac ou de la poudre sternutatoire, lui présenter sous le nez de l'esprit volatil de sel ammoniac, ainsi que de la fumée de tabac.

5°. Lui frotter toute la surface du corps avec de la flanelle imbibée d'eau-de-vie camphrée ; &, si l'on juge qu'il est en état d'avaler, lui faire prendre successivement une ou deux cuillerées d'eau-de-vie camphrée.

6°. Enfin, continuer long-tems tous ces secours, sans que l'un puisse préjudicier à l'autre ; la persévérance est d'autant plus indispensable, que ce n'est souvent qu'après deux ou trois heures d'un travail non interrompu, que les premiers signes de vie commencent à se manifester.

Le sergent de chaque corps-de-garde est tenu de fournir la boîte contenant lesdits secours, à la première réquisition ; il l'accompagnera lui-même, ou la fera accompagner par un soldat au fait & intelligent.

Il fera, dans les vingt-quatre heures, son rapport au bureau de la ville, de l'usage qui aura été fait desdits secours.

Il entretiendra son entrepôt toujours en bon état ; en conséquence, il le fera compléter, & il aura soin de nettoyer les machines, toutes les fois qu'on en aura fait usage.

Il se fera tous les mois une visite pour assurer le bureau des soins qui auront été pris.

Le bureau de la ville accorde une somme de quarante-huit livres, à partager entre ceux qui auront sauvé un *noyé*, en le rappellant à la vie, suivant la distribution indiquée par l'avis, & aux conditions qui s'y trouvent énoncées.

Si les moyens employés n'ont pas eu le succès desiré, le sergent ou soldat, aura soin de requérir la garde de Paris, pour lui remettre le cadavre avec toutes ses dépendances, afin que les officiers du Châtelet, ou autres à qui il appartiendra, en prennent connoissance.

On prévient que, dans tous les cas, les frais extraordinaires seront remboursés, pourvu qu'ils soient jugés nécessaires.

Usage de la machine fumigatoire, & des autres objets contenus dans la boîte entrepôt.

On met dans la boîte de la machine une demi-once de tabac à fumer, qu'il faut humecter; on l'allume avec un morceau d'amadou; on introduit dans le manche de cette boîte la douille d'un soufflet, qu'on assujettit par le moyen d'une fiche de fer; on fait mouvoir le soufflet pour allumer le tabac; alors on insinue dans le fondement du *noyé* la tige de la canule garnie d'un long tuyau flexible, on adapte le gros bout de cette canule au bec du chapiteau dont on couvre la boîte où est le tabac allumé; on bouche le chapiteau avec le liége, lorsqu'on voit que la fumée en sort en trop grande quantité.

On emploie trois quarts d'heure pour consumer une demi-once de tabac; mais il ne faut pas trop précipiter le mouvement du soufflet.

L'esprit volatil de sel ammoniac est contenu dans un flacon de crystal, qu'on trouvera dans la boîte de la machine fumigatoire.

Pour en faire usage, on tortillera un morceau de papier qu'on trempera dans le flacon, & qu'on introduira dans les narines du *noyé*; on aura soin de tenir le flacon fermé, pour que l'esprit volatil ne se dissipe pas en vain.

L'eau-de-vie camphrée est contenue dans les bouteilles de pinte.

Les deux morceaux de flanelle sont pour essuyer & pour frotter le *noyé*, & le bonnet de laine pour lui couvrir la tête, après qu'elle aura été desséchée avec la flanelle.

La chemise ou tunique de laine qui occupe le milieu de la boîte, est destinée à envelopper le corps du *noyé*, lorsqu'il a été bien desséché. On peut le frotter par-dessous cette chemise.

On trouvera dans une petite boîte quelques paquets d'émérique, pour servir en cas de besoin.

Les quatre paquets en rouleaux qui s'apperçoivent à l'ouverture de la boîte, contiennent chacun une demi-once de tabac à fumer.

Le nouet attaché par une ficelle à un petit piton, est inutile au *noyé*; il n'est placé dans la boîte & au milieu de la couverture, que pour la préserver des vers. *Voyez* ACCIDENT.

O.

OBSERVATEUR, f. m. Celui, dont les fonctions sont de tenir note & état de ce qu'il voit & entend.

En termes de police, l'on donne ce nom à des hommes que l'on charge de prendre des renseignemens sur divers objets, dont ensuite ils rendent compte aux administrateurs ou officiers de police. Ce sont ce qu'en d'autres termes on appelle espion. *Voyez* ESPIONAGE.

Nous ne répéterons pas ici ce que nous avons déjà dit sur l'illégalité, l'immoralité du systême des espions; mais nous développerons, en peu de mots, les motifs de la distinction que nous avons faite entre l'espionage individuel & la surveillance publique.

Les principes du droit & l'expérience ont fait connoître l'injustice & le danger qui se trouvent à attacher un espion aux pas d'un homme, sur le simple soupçon d'un délit, ou une dénonciation d'intérêt privé contre lui; le magistrat prévarique toutes les fois que par une partialité aveugle, il se prête à faire espionner un individu, soit dans sa conduite intérieure, soit dans sa conduite extérieure, parce qu'on est venu lui *assurer*, sans preuve, que cet individu *peut être* la personne qui a commis tel ou tel délit.

Dans ce cas, le magistrat n'a qu'une régle à suivre, c'est de renvoyer le plaignant pardevant le juge ordinaire, qui, sur la plainte, ordonnera l'information, & ce que de droit ensuite. Pour les cas individuels, pour les intérêts particuliers, pour l'avantage privé, le magistrat politique ne peut pas, ne doit pas se permettre l'usage de l'espionage, de l'*observation*, quelque bien intentionné qu'il soit.

Mais, dans le rapport de ses fonctions avec l'ordre public, le magistrat peut, sans manquer à ses devoirs, se faire rendre compte *de ce qui se passe*, par des hommes intelligens, par des *observateurs*. Sans cette facilité, il lui sera presque impossible de surveiller la tranquillité publique, de manière à ce qu'elle ne soit point troublée; les insurrections locales, les attroupemens s'effectueront avant qu'il ait pu en connoître les premiers mouvemens.

Ainsi donc, loin que l'usage d'*observateurs* publics puisse être un sujet de plainte contre l'autorité qui les emploie, on peut au contraire les mettre au rang des moyens que la loi donne à ses officiers pour le maintien de la sûreté commune.

Jamais on ne trouvera dangereux, illégal & vexatoire, qu'un nombre déterminé de personnes fassent & donnent connoissance au maire d'une ville, des entreprises que des particuliers peuvent faire sur la voie publique, des désordres qui se fomentent dans un quartier, des plaintes que le peuple manifeste contre telle ou telle personne, ou contre tels ou tels abus; enfin de tout ce qui peut blesser l'ordre public, & cependant rester inconnu, souvent jusqu'à ce qu'il ait produit de grands malheurs.

Il n'y a point là d'inspection personnelle, point de recherche domiciliaire, point d'ordre de tenir note des actions individuelles; c'est une surveillance politique, une attention multipliée sur tous les moyens de tranquillité. Cette conduite du magistrat ne doit être ni dissimulée, ni tenue secrette; elle n'est point une cause de corruption & de vengeance secrettes, comme l'espionage des personnes; & l'on peut, à ce titre, la tolérer dans les villes capitales & dans l'ensemble d'un gouvernement orageux.

Ces idées fort simples n'ont cependant jamais bien été saisies, ou plutôt la conduite des administrateurs de police leur a presque toujours été opposée; ils se sont constamment obstinés à l'espionage personnel, & ont négligé la surveillance politique qui leur appartient. Telle a été au moins leur conduite, pendant le tems que j'ai été administrateur de police. J'ai vu mes collégues beaucoup plus actifs & zélés à seconder l'inquiétude d'un créancier, d'un mari, d'un particulier, en livrant à l'espionage les personnes qu'on leur dénonçoit, qu'à s'informer, par le même moyen, des attroupemens commencés, des entreprises contre l'ordre public, &c. Sur ces derniers articles, nous étions toujours assez mal instruits, tandis qu'on avoit la foiblesse d'employer sur des demandes particulières les espions de police, & de suivre leur rapport avec une attention sérieuse.

En deux mots, l'espionage domestique-personnel est un attentat à la loi; la surveillance politique, qui n'a d'objet que l'ordre commun, est, dans l'ordre des fonctions administratives, sauf la responsabilité contre le magistrat qui en auroit dirigé l'emploi sur la conduite des individus & les actions qui ne sont point du ressort de la police. *V.* ABUS, ESPIONAGE.

ORFÉVRE, s. m. C'est le nom de l'ouvrier qui travaille en or & en argent.

La facilité que trouveroient les fripons à tromper le public dans l'état d'*orfévre*, a de tout tems obligé l'autorité publique d'assujettir ceux qui s'en occupent, à des réglemens de police, qui n'ont point été abrogés depuis que, pour la première fois, ils ont été prescrits dans les statuts des *orfévres*, de 1260.

Ce sont ces réglemens que des ordonnances subséquentes ont renouvellés, & dont l'exécution contentieuse a été attribuée à la cour des monnoies, comme tribunal compétent sur les fraudes commises dans le commerce des matières d'or & d'argent. Aujourd'hui, les tribunaux ordinaires en connoissent, tous ceux d'exception ayant été détruits.

Voici quelques dispositions de police qu'il importe de connoître sur les *orfévres*. Une déclaration du roi, du 25 avril 1778, porte :

Art. III. Les communautés d'*orfévres*, lapidaires, joailliers, horlogers, réunies, seront soumises aux officiers de police des lieux, tant pour l'admission à la maîtrise, que pour leur régime & police & l'administration de leurs affaires, & elles seront soumises à notre cour des monnoies & aux officiers ressortissans de notredite cour, pour tout ce qui peut avoir rapport à la vente, achat, emploi & fabrication des matières d'or & d'argent.

IV. Voulons, en conséquence, que ceux qui voudront à l'avenir se faire recevoir maîtres dans lesdites communautés d'*orfévres*, lapidaires, joailliers & horlogers, soient tenus de se présenter d'abord aux officiers de police pour être admis, s'il y a lieu; en justifiant de leurs bonnes vie & mœurs, & qu'ils soient tenus ensuite de se retirer pardevant notre cour des monnoies, ou pardevant les officiers qui ressortissent de notredite cour, pour, après avoir fait certifier leur chef-d'œuvre par les *orfévres* nommés à cet effet, & subi examen sur le titre & l'alliage, être reçus, s'il y a lieu, en ladite qualité, en prêtant le serment, en tel cas requis, faisant insculper leurs poinçons, & donnant caution, le tout en la manière accoutumée.

Le 30 janvier 1781, arrêt de la cour des aides, lequel ordonne l'exécution des art. 14 & 16 de la déclaration du 26 janvier 1749; en conséquence, assujettit les marchands merciers-bijoutiers à tenir régistre pour la vaisselle & les ouvrages d'or & d'argent vieux ou réputés vieux, qu'ils achetent.

12 janvier 1782, arrêt de la cour des monnoies, lequel ordonne que les maîtres & marchands *orfévres* seront tenus de marquer de leur poinçon tous les ouvrages d'or & d'argent; & ce, tant au corps & pièces principales, qu'aux pièces d'appliques & garnitures qui en pourront recevoir empreinte.

12 juillet 1783, arrêt de la cour des monnoies, lequel renouvelle les défenses faites à tous marchands & ouvriers travaillant ou employant dans leurs ouvrages les matières d'or & d'argent, de se retirer dans les lieux clos & privilégiés, ou prétendus tels, à peine, contre les contrevenans, d'être poursuivis extraordinairement, & punis, suivant la rigueur des ordonnances.

20 septembre 1783, arrêt de la cour des monnoies, lequel ordonne l'exécution des réglemens, & fait en conséquence défenses à tous *orfévres*, joailliers, lapidaires, merciers, bijoutiers & autres ouvriers, de vendre aucuns bijoux ou menus ouvrages, de telle nature qu'ils puissent être, soit montés en pierres ou autrement, à moins qu'ils n'aient été essayés & marqués des poinçons prescrits par les réglemens. *Voyez* Achat.

ORPHELIN. Ce mot, qui est un véritable adjectif, se prend substantivement pour désigner un enfant qui a perdu son père ou sa mère, ou tous les deux.

Nous n'avons point pour objet de traiter des *orphelins*, sous le rapport de leur état civil; nous voulons seulement indiquer quelques établissemens de bienfaisance formés pour leur donner des secours & de l'instruction.

Il en existe un grand nombre dans le royaume; les plus connus sont ceux de la *charité* de Lyon, l'hôpital des Cent-Filles, & celui de la Trinité, destinés à donner asyle & secours aux enfans *orphelins*, qui sont nés dans la ville même. *Voyez* Charité, Lyon & Hôpital.

Il existe encore un établissement à Paris, que l'on doit à la philantropie d'un gentilhomme françois, M. le chevalier Pawlet. Cet honnête citoyen a consacré sa fortune à élever un certain nombre d'*orphelins* militaires, & il a obtenu du gouvernement des facilités & des encouragemens pour ce genre de bienfaisance. Voici l'extrait du réglement arrêté par le roi, en faveur des *orphelins* militaires. Il est du 7 septembre 1788.

Sa Majesté ayant bien voulu prendre sous sa protection une école composée de deux cens élèves, formée & soutenue par le chevalier Pawlet, depuis environ treize ans, pour l'éducation des fils d'anciens officiers & militaires de tout grade, à laquelle elle a déjà accordé un secours annuel; & voulant en outre établir dans cette institution patriotique un ordre fixe qui puisse assurer le bien-être de ceux qui y seront élevés, elle a ordonné & ordonne ce qui suit :

Cette école continuera de porter, comme ci-devant, le titre d'*école des orphelins militaires*, & sera partagée en deux divisions; la première sera composée des fils d'anciens officiers indistinctement, soit qu'ils soient chevaliers de l'ordre royal & militaire de S. Louis, gentilshommes ou non; la seconde sera composée des fils de bas-officiers & soldats, encore au service, ou retirés à l'hôtel des invalides, ou avec la pension de récompense militaire.

Tous les élèves de ladite école, admis dans la seconde division, lorsqu'ils auront atteint l'âge de seize ans, seront censés avoir contracté un engagement, & cet engagement sera, pour ceux qui auront cultivé avec succès les connoissances littéraires, ou les sciences, ou qui se destineront à quelque profession, du temps qui sera jugé nécessaire pour les perfectionner, ou de la durée de l'apprentissage de l'art ou du métier qu'ils auront embrassé, pourvu qu'il ne s'étende pas au-delà de quatre à cinq ans; & pour ceux qui se destineront à servir de bonne volonté, de la durée d'un engagement de huit ans, dans les régimens de l'armée, qui leur sont désignés, & dans lesquels ils seront incorporés sur-le-champ.

En conséquence défend sa majesté à tout recruteur, sous les peines de droit, d'engager aucun élève; sous quelque prétexte que ce puisse être, sans une permission expresse par écrit du chevalier Pawlet.

A l'expiration du tems convenu pour l'apprentissage des élèves, il sera procédé à leur examen; & suivant la nature des progrès qu'ils auront faits, ils seront divisés en trois classes. La première comprendra ceux qui auront atteint le point de perfection, auquel les meilleures dispositions pouvoient les porter; la seconde comprendra ceux qui, sans être encore parvenus à ce dégré, donnent l'espérance de les y voir arriver avec un plus long travail; la troisième enfin comprendra ceux qui faute de dispositions, ou par leur conduite, seront jugés ne devoir jamais réussir dans la profession qu'ils avoient embrassée. Les élèves de la première classe obtiendront sur le champ leur congé, & pourront s'établir où ils le jugeront convenable, leur conduite prouvant suffisamment qu'ils sont en état de subvenir par eux-mêmes à leurs besoins. Les élèves de la seconde classe seront tenus de contracter, par écrit, un nouvel engagement de huit ans, & destiné au service. Il leur sera cependant permis de résider à Paris pour continuer à se perfectionner dans la profession à laquelle ils se destinent; mais ils seront obligés de rendre compte de leur conduite, & de prouver au chevalier de Pawlet qu'ils subsistent de leur travail, & tenus en outre de se présenter les dimanches & fêtes, pour être formés aux évolutions & exercices militaires, auxquels présideront, sous les ordres du chevalier de Pawlet, des officiers & élèves choisis, ainsi qu'il sera expliqué ci-après. Les élèves de la troisième classe contracteront, comme ceux de la seconde, un engagement de huit ans, & seront sur le champ incorporés dans ceux des régimens de l'armée qui leur seront désignés.

L'école des orphelins militaires sera commandée, sous les ordres & l'administration du chevalier de Pawlet, par vingt-quatre officiers & dix bas officiers, choisis les uns & les autres parmi ceux retirés des troupes de sa majesté, ou parmi les élèves les plus intelligens, mais sans brevets, enregistrés seulement dans les bureaux de la guerre.

Veut, sa majesté, que les officiers & bas-officiers qui auront été choisis parmi ceux retirés de ses troupes, pour remplir les places ci-dessus, continuent d'être regardés comme en activité de service, & aient droit conséquemment aux honneurs & grades militaires. Voulant également, sa majesté, que le service de ceux des élèves qui auront été à l'âge de seize ans chargés de remplir une de ces places, leur soit compté pour leur avancement militaire lorsqu'ils auront été admis à servir dans les troupes réglées.

Les élèves de ladite école, de l'une & l'autre division, sans aucune distinction, continueront de porter l'uniforme ainsi qu'il suit:

Habit de drap bleu-de-roi, paremens de même couleur, collet écarlate, doublure, veste & culotte blanches, boutons blancs, timbrés d'un enfant nu derrière une pile d'armes, entouré des attributs militaires & des arts, surmonté d'une couronne royale.

Les vingt-quatre officiers & les dix bas-officiers porteront le même uniforme, avec les épaulettes & les distinctions de leurs grades.

OUALI, s. m. Officier de police turc, principalement dans les villes de Syrie, où il exerce la police des marchands, c'est-à-dire, qu'ils veillent sur les poids & mesures; & sur cet article la sévérité est extrême. Pour le moindre faux poids sur le pain, sur la viande, sur les *debs* ou *sucreries*, l'on donne cinq cens coups de bâton, & quelquefois l'on punit de mort. Les exemples en sont fréquens dans les grandes villes. Cependant il n'est pas de pays où l'on vende plus à faux poids; les marchands en sont quittes pour veiller au passage de l'*ouâli* & du *mohtesel* ou inspecteur du marché. Sitôt qu'ils paroissent à cheval, tout s'esquive & se cache, ou produit un autre poids: souvent les débitans font des traités avec les valets qui marchent devant les deux officiers; & moyennant une rétribution ils sont sûrs même de l'impunité.

Du reste, les fonctions de l'*ouâli* n'atteignent point à ces objets utiles ou agréables, qui font le mérite de la police parmi nous. Ils n'ont aucun soin, ni de la propreté, ni de la salubrité des villes ; elles ne sont en Syrie comme en Égypte, ni pavées, ni balayées, ni arrosées ; les rues sont étroites, tortueuses, & presque toutes toujours embarrassées de décombres. On est sur-tout choqué d'y voir une foule de chiens hideux qui n'appartiennent à personne. Ils forment une espece de république indépendante, qui vit des aumônes du public. Ils sont cantonnés par familles & par quartiers, & si quelqu'un d'entr'eux sort de ses limites, il s'ensuit des combats qui importunent les passans.

En Turquie la propriété répond des dettes, & l'on n'y connoît pas l'art d'emprisonner les débiteurs.

En Syrie l'usure est extrême : lorsque le paysan a besoin d'argent, il est obligé de vendre sa récolte future au plus vil prix.

Nous avons un exemple bien frappant des désordres qui résultent du mélange de la puissance arbitraire du gouvernement avec l'exercice ordinaire de la police, dans la manière dont les *pachas* & leurs subalternes exercent leurs fonctions dans les villes de l'empire turc. Le pacha, dit M. *Volney*, dans son excellent *Voyage en Syrie*, à titre d'image du sultan, est chef de toute la police de son gouvernement, & sous ce titre, il faut comprendre aussi la justice criminelle. Il a le droit le plus absolu de vie & de mort ; il l'exerce sans formalité, sans appel. Par-tout où il rencontre un délit, il fait saisir le coupable, & les bourreaux qui l'accompagnent, l'étranglent ou lui coupent la tête sur le champ ; quelquefois il ne dédaigne pas de remplir leur office. Trois jours avant mon arrivée à *Sour*, *Djezzar*, (c'est le nom du pacha *de Saïde ou d'Acre*) avoit éventré un maçon d'un coup de hache. Souvent le pacha rode déguisé, & malheur à quiconque est surpris en faute ! comme il ne peut remplir cet emploi dans tous les lieux, il commet à sa place un officier que l'on appelle l'*ouâli* ; cet *ouâli* remplit les fonctions de nos officiers de guet ; comme eux il rode nuit & jour ; il veille aux séditions, il arrête les voleurs ; comme le pacha, il juge & condamne sans appel : l'accusé baisse le cou ; le bourreau frappe ; la tête tombe, & l'on emporte le corps dans un sac de cuir. Cet officier a une foule d'espions qui sont presque tous des filoux, au moyen desquels il sait tout ce qui se passe. D'après cela, il n'est pas étonnant, que des villes comme le Kaire, Alep & Damas, soient plus sûres que Genes, Rome & Naples ; mais par combien d'abus cette sûreté n'est-elle pas achetée ? & à combien d'innocens la partialité de l'*ouâli* & de ses agens ne doit-elle pas coûter la vie ? »

Nous ajouterons que ce qui prouve combien cet abus du pouvoir dans l'exercice de la police lui est étranger & contribue peu à sa perfection, c'est que les villes mêmes où ces excès ont lieu, ne sont ni éclairées, ni pavées, ni balayées, ni arrosées, comme le sont celles d'Europe, où ne règnent pas le despotisme des *pachas* & *ouâlis*.

OUVRIER, s. m. Celui qui s'occupe du travail & de la fabrique de quelqu'ouvrage.

La police des ouvriers est une des plus importantes branches de l'ordre public ; plusieurs fois ils ont troublé la tranquillité des habitans & la marche du commerce, par des prétentions ou coalitions séditieuses ou déplacées. Il a fallu que les loix prescrivissent à cet égard la conduite que les magistrats ont à tenir pour rétablir la paix & la subordination ; c'est ce qu'ont fait plusieurs ordonnances & réglemens de police dont nous allons donner la notice rapidement, les limites de notre ouvrage ne nous permettant point de donner à cet objet l'étendue qu'il pourroit recevoir.

L'édit de 1749, qui n'a point été abrogé en cette partie, porte :

ART. I. Faisons très-expresses inhibitions & défenses à tous compagnons & *ouvriers* employés dans les fabriques & manufactures de notre royaume, de quelqu'espèce qu'elles soient, de les quitter pour aller travailler, sans en avoir obtenu un congé exprès & par écrit de leur maître ; à peine contre lesdits compagnons & *ouvriers*, de cent livres d'amende, au paiement de laquelle ils seront contraints par corps.

II. Pourront néanmoins lesdits compagnons & *ouvriers*, dans le cas où ils ne seroient pas payés de leurs salaires par leur maître, ou qu'ils essuyeroient de mauvais traitemens, qu'ils les laisseroient sans ouvrage, ou pour d'autres causes légitimes, se pourvoir par-devant les juges de police des lieux, pour en obtenir, si le cas y échoit, un billet de congé, qui ne pourra cependant leur être délivré en aucun cas, qu'ils n'aient achevé les ouvrages qu'ils auroient commencés chez leur maître, & acquitté les avances qui pourroient leur avoir été faites.

III. Faisons pareillement défenses à tous compagnons & *ouvriers* de s'assembler en corps, sous prétexte de confrairie ou autrement ; de cabaler entr'eux pour se placer les uns les autres chez des maîtres, ou pour en sortir ; ni d'empêcher, de quelque manière que ce soit, lesdits maîtres de choisir eux-mêmes leurs *ouvriers*, soit françois ou étrangers, sous pareille peine de cent livres contre lesdits compagnons & *ouvriers*, payables comme dessus.

IV. Faisons aussi très-expresses défenses à tous fabricans & entrepreneurs de fabriques & manufactures, de prendre à leur service aucuns compagnons & *ouvriers* ayant travaillé chez d'autres de leur état & profession de notre royaume, sans qu'il leur soit apparu d'un congé, par écrit, des maîtres qu'ils auront quittés, ou des juges de police en certains cas, à peine de trois cens livres d'amende pour chaque contravention, & de tous dépens, dommages & intérêts.

Douze novembre 1778, arrêt du parlement de Paris, lequel fait défenses aux artisans, compagnons & gens de métier, de s'associer, ni de s'assembler, ni faire entr'eux aucunes conventions contraires à l'ordre public, sous quelque dénomination que ce puisse être, à peine contre les contrevenans d'être poursuivis extraordinairement, suivant la rigueur des ordonnances. Fait défenses auxdits artisans, compagnons & gens de métier, sous les mêmes peines, de s'attrouper & de porter cannes, bâtons & autres armes; fait pareillement défenses aux maîtres de communautés d'arts & métiers, de prendre & recevoir chez eux aucuns garçons, qu'ils n'aient justifié du lieu de leur naissance, de leur province, & de la ville la plus voisine du lieu de leur naissance, dont il sera tenu registre par lesdits maîtres, qu'ils seront tenus de représenter aux officiers de justice des lieux, toutefois & quand ils en seront requis; le tout à peine d'amende, & même de plus grande peine, s'il y échoit: fait défenses auxdits compagnons de présenter de faux certificats, sous peine d'être punis comme faussaires: fait pareillement défenses aux taverniers, cabaretiers & limonadiers, de recevoir chez eux lesdits compagnons, au-dessus du nombre de quatre, sous peine d'amende, même de plus grande peine, si le cas y échoit; & auxdits taverniers, cabaretiers & autres, de favoriser les pratiques du prétendu devoir desdits compagnons, par la tenue du registre, ou de telle autre manière que ce puisse être, sous peine de punition exemplaire. Enjoint aux substituts du procureur-général du roi, dans les bailliages & sénéchaussées, & aux officiers de justice des lieux, de tenir la main à l'exécution du présent arrêt, & de poursuivre les contrevenans par les voies de droit, ainsi qu'il appartiendra. Enjoint pareillement aux officiers & cavaliers de maréchaussée, de prêter main-forte pour l'exécution dudit arrêt, lequel sera imprimé, publié & affiché par-tout où besoin sera.

Vingt-trois février 1786, arrêt du parlement de Paris, lequel fait défenses aux garçons maréchaux & à tous autres de s'attrouper, ni faire aucunes associations, sous quelque prétexte que ce puisse être, à peine d'être poursuivis extraordinairement.

Dix-neuf mars 1786, ordonnance du roi, laquelle défend aux garçons & compagnons de quelques professions, arts & métiers que ce soit, notamment aux garçons maréchaux, de s'attrouper, cabaler contre les maîtres & quitter leur travail, à peine de prison, même de punition corporelle.

Nous finirons cet article par rapporter deux pièces émanées pendant les mois d'avril & mai 1791, de l'administration municipale de Paris, & dont voici l'occasion.

Les barrières de Paris & les droits d'entrées furent supprimés, & par conséquent le prix des matières premières diminua de prix à cette époque. Les *ouvriers* de Paris sentirent bien que les fabricans & entrepreneurs continuant de vendre & de faire payer leurs marchandises le même prix, eux seuls, s'appercevroient d'une manière avantageuse de la destruction des droits d'entrée, & que les journaliers ne profiteroient point de cette liberté, si le prix de leurs journées n'étoit augmenté. Plusieurs se coalisèrent donc & demandèrent hautement une amélioration dans leur sort & une augmentation dans leur paie. Les charpentiers surtout, mirent le plus de chaleur à ces demandes & pendant quelques jours l'autorité municipale fut embarrassée sur les moyens d'empêcher les suites de cette insurrection, qui au total se réduisit à rien, parce que quand un peuple de malheureux n'a point de chef, il faut nécessairement qu'il cède à l'ascendant de la propriété & à l'opiniâtreté de l'avarice. Quelques *maîtres* cependant augmentèrent le salaire de leurs *ouvriers*, & les plus raisonnables de ceux-ci s'apperçurent que le bruit & le désordre, loin de leur être utiles, ne pourroient qu'ajouter encore à la suspension des travaux & accroître leur misère. Voici ce que la municipalité fit afficher alors.

Extrait du registre des délibérations du corps municipal du 26 avril 1791.

Le corps municipal est instruit que des *ouvriers* de quelques professions, se réunissent journellement en très-grand nombre, se coalisent au lieu d'employer leur tems au travail, délibèrent & font des arrêtés, par lesquels ils taxent arbitrairement le prix de leurs journées; que plusieurs d'entre eux se répandent dans les divers atteliers, y communiquent leurs prétendus arrêtés à ceux qui n'ayant pas concouru, & emploient les menaces & la violence pour les entraîner dans leur parti, & leur faire quitter leur travail.

La suppression des droits d'entrées est un bienfait dont tous les citoyens doivent jouir. Diminuer le salaire des *ouvriers*, en raison de cette suppression, sur le fondement que les denrées seront moins chères pour eux, & que leurs maîtres seront obligés de supporter les impositions, qui seront le remplacement nécessaire des entrées; ce seroit renouveller l'ancien état des choses, & tromper le vœu de la nation, en faisant tourner l'avantage de la loi au bénéfice seul des riches. Les entrepreneurs & les maîtres ne proposeront certainement pas cette injustice. Mais s'il est juste, s'il est raisonnable, que les *ouvriers* profitent de la suppression des entrées, le seroit-il qu'ils en prissent occasion pour gréver les propriétaires ou les entrepreneurs, en les forçant à augmenter encore le prix de leurs journées? Tous les citoyens sont égaux en droits; mais ils ne le sont point & ne le seront jamais en facultés, en talens & en moyens: la nature ne l'a pas voulu. Il est donc impossible qu'ils se flattent de faire tous les mêmes gains. Une loi qui taxeroit le prix de leur travail, & qui leur ôteroit l'espoir de gagner plus les uns que les autres, seroit donc une loi injuste. Une coalition d'*ouvriers* pour porter le salaire de leurs journées à des prix uniformes, & forcer ceux du même état à se soumettre à cette fixation, seroit donc évidemment contraire à leurs véritables intérêts. Une pareille coalition seroit de plus une violation à la loi, l'anéantissement de l'ordre public, une atteinte portée à l'intérêt général, & le moyen de réduire ceux qui l'auroient faite à l'indigence, par la cessation ou la suspension des travaux, qu'elle produiroit infailliblement; elle seroit, sous tous les points de vue, un véritable délit.

Le corps municipal espère que ces courtes réflexions suffiront pour ramener ceux que la séduction ou l'erreur ont pu égarer un moment. Il invite tous les *ouvriers* à ne point démentir les preuves qu'ils ont données jusqu'à présent de leur patriotisme, & à ne pas le réduire à la nécessité d'employer les moyens qui lui ont été donnés pour assurer l'ordre public, & maintenir l'exécution des loix.

Extrait du registre des délibérations du corps municipal, du 4 mai 1791.

Le corps municipal, informé que ses représentations aux *ouvriers* des diverses professions n'ont pas produit l'effet qu'on avoit le droit d'en attendre, & que des actes de violence, commis dans plusieurs atteliers, continuent d'allarmer les citoyens, d'éloigner de Paris les propriétaires riches, & de troubler la paix publique; après avoir entendu le premier substitut-adjoint du procureur de la commune, déclare nuls, inconstitutionnels & non obligatoires, les arrêtés pris par des *ouvriers* de différentes professions, pour s'interdire respectivement, & pour interdire à tous autres *ouvriers* le droit de travailler à d'autres prix que ceux fixés par lesdits arrêtés. Fait défenses à tous *ouvriers* d'en prendre à l'avenir de semblables; déclare de plus que le prix du travail des *ouvriers* doit être fixé de gré à gré entr'eux & ceux qui les emploient, & que les forces & les talens des individus étant nécessairement dissemblables, les *ouvriers* & ceux qui les emploient ne peuvent être assujettis à aucune taxe ni contrainte. Déclare enfin que tous *ouvriers* qui s'attrouperoient pour maltraiter des individus travaillant dans les boutiques ou les atteliers, pour les en expulser avec violence, & s'opposer à ce qu'ils continuent leurs travaux, sont & doivent être traités comme perturbateurs du repos public. En conséquence, enjoint aux commissaires de police de se transporter, à la première réquisition, avec forces suffisantes, dans tous les lieux où quelque désordre seroit commis par des *ouvriers*, de faire arrêter & constituer prisonniers les coupables, & d'envoyer, sans délai, les procès-verbaux d'arrestation à l'accusateur public de l'arrondissement. Mande au commandant-général de faire, en ce qui le concerne, exécuter le présent arrêté, qui sera imprimé & affiché.

PAIN,

P.

PAIN, s. m. Un des principaux alimens de l'homme, fabriqué de farine & d'eau cuites ensemble, après avoir éprouvé un léger degré de fermentation sous la forme de pâte.

Le *pain* est un objet de police, sous plusieurs rapports; 1°. par les soins qu'on est obligé de prendre pour en prévenir la disette, sur-tout dans les grandes villes; 2°. par ceux qu'on doit apporter à la vente pour assurer le poids, & empêcher que les boulangers n'en altèrent la composition.

Nous avons parlé d'une partie de ces objets aux mots DISETTE & BOULANGER : l'on peut y recourir. Nous rapporterons seulement ici quelques remarques qui ont été faites sur la quantité de *pain* que donne une mesure ou poids de farine déterminé. Cette connoissance pourra servir de données sur les bases de la taxe du *pain*, puisque connoissant ce que coûte un sac de farine & la quantité de livres de *pain* qu'on en peut faire : on sait à quel prix à-peu-près les boulangers peuvent le vendre.

Un boulanger peut retirer d'une quantité déterminée de farine, quelle qu'en soit la qualité, de 240 livres; par exemple, 315 livres de *pain*, c'est-à-dire, les 5 seizièmes au-delà du poids de la farine employée: il en retirera un peu plus, si la farine est bise & a été convertie en *pains* de 6, de 8, ou de 12 livres; comme, d'un autre côté, il en obtiendra moins, si les *pains* ne sont que de 1 & de 2 livres. Il faut supposer d'ailleurs une grande vigilance de la part du boulanger dans la conduite du four, où une chaleur trop forte peut faire perdre au *pain* une partie de son poids, ou le même inconvénient peut naître d'un séjour trop long du *pain* dans le four. Le boulanger, en tâchant d'éviter cette perte, doit cependant donner au *pain* le degré de cuisson convenable, & la régler, suivant la qualité & le poids dont est le *pain*. Ce sont ces précautions indispensables dans l'art du boulanger, ces variétés dans le poids & la qualité du *pain*, qui arrêteront toujours pour la détermination précise de la quantité de livres de *pain*, qu'on peut tirer d'une certaine quantité de farine; mais nous croyons qu'on peut compter en général sur le produit de 315 livres de *pain*, comme sorti de 240 livres de farine, & en supposant encore que ces *pains* ne seront pas au-dessous de 4 livres, sur-tout ceux de la première qualité; puisqu'il est constaté, par plusieurs expériences, qu'il est assez difficile d'obtenir l'avantage de 5 seizièmes d'augmentation, sur une quantité de farine d'un poids déterminé.

On retire à Paris, de 560 livres de froment, 420 livres de *pain* de la première qualité, & 131 livres, dont la moitié peut être en *pain* un peu inférieur, nommé *bis-blanc*, & l'autre moitié en *pain* proprement *bis*.

La mouture à la grosse ne donne pas le même avantage, tant pour la quantité des farines, que pour leurs qualités bien distinguées. On peut compter sur les deux tiers ou environ, de la farine qu'on retire de cette mouture, pour le *pain* de fine fleur ou de minot, sur un sixième de cette farine, pour le *pain* de la seconde qualité ou de froment à sa fleur, & sur un sixième également pour le *pain* bis ou de meture; c'est-à-dire, qu'en supposant qu'on ne tirât par la mouture à la grosse de 560 livres de froment, que 534 livres de *pain*; il y en auroit 356 livres de la première qualité, 89 de la seconde, & une quantité égale de la troisième. Nous ne pouvons donner, sur le partage des farines, pour les convertir en *pains* de différentes qualités, qu'une idée générale, parce qu'il y a des provinces, où les boulangers ne font qu'une quantité médiocre de *pain* blanc, où une grande partie des plus belles farines passent dans le *pain* de la seconde qualité, tandis que les farines bises qu'on en a séparées, entrent dans le *pain* à bas prix, que le peuple consomme.

La question de la taxe du *pain* a long-tems fait l'objet des discussions économiques & politiques; on l'a regardée comme gênant la liberté de l'industrie, & forçant en quelque sorte les boulangers à se ruiner ou à donner de mauvais *pain*. Il n'en est pas moins vrai que souvent les circonstances obligent d'y avoir recours pour calmer le peuple, & qu'une fois établi, il n'est plus aisé ensuite de revenir à une augmentation de prix que cependant la cherté des grains exige.

Les anciennes municipalités avoient des tarifs, au moyen desquels, on fixoit la taxe du *pain*, suivant le prix commun du bled au marché.

Un réquisitoire du procureur du roi, de la ville de Chartres, du mois de septembre 1785, a développé avec beaucoup de clarté les principes qui doivent guider les officiers de police à cet égard; il est appuyé sur des observations faites par M. du Tillet, & a donné lieu à une ordonnance fort sage, émanée de la chambre de la police de cette ville. A Paris, cette taxe se déterminoit ordinairement sur les observations combinées des boulangers de Paris, & de celles des personnes employées dans l'administration des vivres.

La taxe du *pain*, au reste, n'est nécessaire que lorsque l'on craint qu'il ne s'élève à un prix au-dessus des facultés ordinaires du peuple; ainsi qu'il arriva au mois de juillet 1789. Les *électeurs*, qui composoient alors l'administration municipale de Paris, ordonnèrent que le *pain* de quatre livres blanc, qui se vendoit 14 sous 6 deniers, seroit donné pour 13 sous 6 deniers, en attendant qu'on puisse permettre une diminution plus considérable.

Les maire & officiers municipaux des villes ont succédé aux chambres & lieutenans de police, dans la jouissance du droit de taxer le *pain*.

PAPETIER, s. m. L'ouvrier qui fait le papier: on donne aussi le même nom à celui qui le vend.

La communauté des *papetiers* a ses réglemens de police à-peu-près semblables à ceux des autres corporations d'arts & métiers; ainsi nous ne les rappellerons pas ici, & l'on peut voir les mots ARTS, COMMUNAUTÉ, JURANDE.

Ce qu'il importe de connoître aux officiers de police, c'est le *poids*, *grandeur* & *largeur* des différentes sortes de papiers, afin de pouvoir prononcer sur les contraventions que les marchands ou débitans pourroient commettre. Nous allons en conséquence rapporter le tarif des diverses qualités du papier, déterminées par lettres-patentes du 18 septembre 1741.

Tarif du poids que sa majesté veut que pèsent des rames de différentes sortes de papiers, qui se fabriquent dans le royaume, sur le pied de la livre pesant seize onces, poids de marc; comme aussi des largeur & hauteur que doivent avoir les feuilles de papier des différentes sortes ci-après spécifiées.

Le papier, dénommé *grand-aigle*, aura trente-six pouces six lignes de largeur, sur vingt-quatre pouces neuf lignes de hauteur; la rame pesera cent trente-une livres & au-dessus, & ne pourra peser moins de cent vingt-six livres. Le papier dénommé *grand-soleil* aura trente-six pouces de largeur sur vingt-quatre pouces dix lignes de hauteur; la rame pesera cent douze livres, & ne pourra peser plus de cent vingt, ni moins de cent cinq livres. Le papier dénommé au *soleil*, aura vingt-neuf pouces six lignes de largeur, sur vingt pouces quatre lignes de hauteur; la rame pesera quatre-vingt-six livres & au-dessus, & ne pourra peser moins de quatre-vingt livres. Le papier dénommé *petit soleil*, aura vingt-cinq pouces de largeur sur dix-sept pouces dix lignes de hauteur; la rame pesera soixante-cinq livres & au-dessus, & ne pourra peser moins de cinquante-six livres. Le papier dénommé *grande-fleur de lys*, aura trente-un pouces de largeur sur vingt-deux pouces de hauteur; la rame pesera soixante-dix livres, & ne pourra peser plus de soixante-six livres. Le papier dénommé *grand-colombier* ou *impérial*, aura trente-un pouces neuf lignes de largeur sur vingt-un pouces trois lignes de hauteur; la rame pesera quatre-vingt-huit livres & au-dessus, & ne pourra peser moins de quatre-vingt-quatre livres. Le papier dénommé *à l'éléphant*, aura trente pouces de largeur, sur vingt quatre pouces de hauteur; la rame pesera quatre-vingt-cinq livres & au-dessus, & ne pourra peser moins de quatre-vingt livres. Le papier dénommé *chapelet*, aura trente pouces de largeur, sur vingt-un pouces six lignes de hauteur; la rame pesera soixante-six livres & au-dessus, & ne pourra peser moins de soixante livres. Le papier dénommé *petit-chapelet*, aura vingt-neuf pouces de largeur, sur vingt pouces trois lignes de hauteur; la rame pesera soixante livres & au-dessus, & ne pourra peser moins de cinquante-cinq livres. Le papier dénommé *grand-atlas*, aura vingt-sept pouces six lignes de largeur, sur vingt-quatre pouces six lignes de hauteur; la rame pesera soixante-dix livres & au-dessus, & ne pourra peser moins de soixante-cinq livres. Le papier dénommé *petit atlas* aura vingt-six pouces quatre lignes de largeur, sur vingt-deux pouces neuf lignes de hauteur; la rame pesera soixante-cinq livres & au-dessus, & ne pourra peser moins de soixante livres. Le papier dénommé *grand-jesus* ou *super-royal*, aura vingt-six pouces de largeur, sur dix-neuf pouces six lignes de hauteur; la rame pesera cinquante-trois livres & au-dessus, & ne pourra peser moins de quarante-huit livres. Le papier, dénommé *grand-royal étranger*, aura vingt-cinq pouces de largeur, sur dix-huit pouces de hauteur; la rame pesera cinquante livres & au-dessus, & ne pourra peser moins de quarante-sept livres. Le papier dénommé *petite fleur de lys*, aura vingt-quatre pouces de largeur, sur dix-neuf pouces de hauteur; la rame pesera trente-six livres & au-dessus, & ne pourra peser plus de quarante livres, ni moins de trente-deux. Le papier dénommé *grand-lombard*, aura vingt-deux pouces huit lignes de largeur, sur dix-sept pouces dix lignes de hauteur; la rame pesera trente six livres, & ne pourra peser plus de quarante livres, ni moins de trente-deux. Le papier dénommé *grand-royal*, aura vingt-deux pouces huit lignes de largeur, sur dix-sept pouces dix lignes de hauteur; la rame pesera trente-deux livres & au-dessus, & ne pourra peser moins de vingt-deux livres. Le papier dénommé *royal*, aura vingt-deux pouces de largeur, sur seize pouces de hauteur; la rame pesera trente livres & au-dessus, & ne pourra peser moins de vingt-huit livres. Le papier dénommé *petit-royal* aura vingt-deux pouces de largeur, sur seize pouces de hauteur; la rame pesera vingt-deux livres & au-dessus, & ne pourra peser moins de vingt livres. Le papier dénommé *grand-raisin*, aura vingt-deux pouces huit lignes de largeur, sur dix-sept pouces de hauteur; la rame pesera vingt-neuf livres, & au-dessus, & ne pourra peser moins de vingt-cinq livres. Le papier dénommé *lombard*, aura vingt-un pouces quatre lignes de largeur, sur dix-huit pouces de hauteur; la rame pesera vingt-quatre livres & au-dessus, & ne pourra peser moins de vingt-deux livres. Le papier dénommé *lombard-ordinaire* ou *grand-carré*, aura vingt pouces six lignes de largeur, sur seize pouces six lignes de hauteur; la rame pesera vingt-deux livres & au-dessus, & ne pourra peser moins de vingt livres. Le papier dénommé *cavalier*, aura dix-neuf pouces six lignes de largeur, sur seize pouces deux lignes de hauteur; la rame pesera seize livres, & au-dessus, & ne pourra peser moins de quinze livres. Le papier dénommé *petit-cavalier*, aura dix-sept pouces six lignes de largeur, sur quinze pouces deux lignes de hauteur; la rame pesera quinze livres & au-dessus, & ne pourra peser moins de quatorze livres. Le papier dénommé *double-cloche*, aura vingt-un pouces six lignes de largeur, sur quatorze pouces six lignes de hauteur; la rame pesera dix-huit livres, & au-dessus, & ne pourra peser moins de seize livres. Le papier dénommé *grande-licorne à la cloche*, aura dix neuf pouces de largeur, sur douze pouces de hauteur; la rame pesera douze livres & au-dessus, & ne pourra peser moins d'onze livres. Le papier, dénommé *à la cloche*, aura quatorze pouces six lignes de largeur sur dix pouces neuf lignes de hauteur; la rame pesera neuf livres & au-dessus, & ne pourra peser moins de huit livres. Le papier dénommé *carré* ou *grand-compte*, ou *carré au raisin*, & celui dénommé *au sabre* ou *sabre au lion*, aura vingt pouces de largeur, sur quinze pouces six lignes de hauteur; la rame pesera dix huit livres & au-dessus, & ne pourra peser moins de seize livres. Le papier dénommé *carré* très-mince, aura les mêmes largeur & hauteur que le carré; & la rame ne pourra peser que treize livres & au-dessous. Le papier dénommé *à l'écu* ou *moyen-compte*, ou *compte* ou *pomponne*, aura dix-neuf pouces de largeur, sur quatorze pouces deux lignes de hauteur; la rame pesera vingt livres & au-dessus, & ne pourra peser moins de quinze livres. Le papier dénommé *à l'écu* très-mince, aura les mêmes largeur & hauteur que le papier à l'écu; & la rame ne pourra peser que onze livres, & au-dessus. Le papier dénommé *au coutelas*, aura dix-neuf pouces de largeur sur quatre pouces deux lignes de hauteur; la rame pesera dix-sept livres & au-dessus, & ne pourra peser moins de quatorze livres. Le papier dénommé *grand-messel*, aura dix-neuf pouces de largeur, sur quinze pouces de hauteur; la rame pesera quinze livres & au-dessus, & ne pourra peser moins de quatorze livres. Le papier dénommé *second-messel*, aura dix-sept pouces six lignes de largeur sur quatorze pouces de hauteur; la rame pesera douze livres & au-dessus, & ne pourra peser moins d'onze livres. Le papier dénommé *à l'étoile* & *à l'éperon*, ou *longuet*, aura dix-huit pouces six lignes de largeur, sur treize pouces dix lignes de hauteur; la rame pesera quatorze livres & au-dessus, & ne pourra peser moins de treize livres. Le papier dénommé *grand-cornet*, aura dix-sept pouces neuf lignes de largeur, sur treize pouces six lignes de hauteur; la rame pesera douze livres, & ne pourra peser plus de quatorze, ni moins de dix livres. Le papier dénommé *grand-cornet très mince*, aura les mêmes largeur & hauteur que le grand-cornet; & la rame ne pourra peser que huit livres, & au-dessous. Le papier, dénommé *à la main*, aura vingt pouces trois lignes de largeur, sur treize pouces six lignes de hauteur; la rame pesera treize livres & au-dessus, & ne pourra peser moins de douze livres. Le papier dénommé *couronne* ou *griffon*, aura dix-sept pouces une ligne de largeur, sur treize pouces de hauteur; la rame pesera douze livres & au-dessus, & ne pourra peser moins de dix livres. Le papier dénommé *couronne* ou *griffon très-mince*, aura les mêmes largeur & hauteur que la couronne ou griffon; la rame ne pourra peser que sept livres & au-dessous. Le papier dénommé *champy* ou *bâtard*, aura seize pouces onze lignes de largeur, sur treize pouces deux lignes de hauteur; la rame pesera douze livres & au-dessus, & ne pourra peser moins d'onze livres. Le papier dénommé *tellière*, *grand-format*, aura dix sept pouces quatre lignes de largeur, sur treize pouces deux lignes de hauteur; la rame pesera douze livres & au-dessus; & ne pourra peser moins de dix livres. Le papier dénommé *cadran*, aura quinze pouces trois lignes de largeur, sur douze pouces huit lignes de hauteur; la rame pesera onze livres, & au-dessus, & ne pourra peser moins de dix livres. Le papier dénommé *la tellière*, aura seize pouces de largeur, sur douze pouces trois lignes de hauteur; la rame pesera douze livres & demie & au-dessus, & ne pourra peser moins d'onze livres & demie. Le papier dénommé *pantalon*, aura seize pouces de largeur, sur douze pouces six lignes de hauteur; la rame pesera onze livres & au-dessus, & ne pourra peser moins de dix livres. Le papier dénommé *petit-raisin*, ou *bâton-royal*, ou *petit-cornet à la grande sorte*, aura seize pouces de largeur, sur douze pouces de hauteur; la rame pesera neuf livres & au-dessus, & ne pourra peser moins de huit livres. Le papier dénommé *les trois O*, ou *trois ronds*, ou *Gènes*, aura seize pouces de largeur, sur onze pouces six lignes de hauteur; la rame pesera neuf livres & au-dessus, & ne pourra peser moins de huit livres & demie. Le papier dénommé *petit-nom de Jésus*, aura quinze pouces une ligne de largeur, sur onze pouces de hauteur; la rame pesera sept livres & demie & au-dessus, & ne pourra peser moins de sept livres. Le papier dénommé *aux armes d'Amsterdam*, *pro patriâ*, ou *libertas*, aura quinze pouces six lignes de largeur, sur deux pouces une ligne de hauteur; la rame pesera douze livres, & au-dessus, & ne pourra peser moins d'onze livres. Le papier dénommé *cartier*, *grand-format dauphiné*, aura seize pouces de largeur, sur treize pouces six lignes de hauteur; la rame pesera quatorze livres & au-dessus, & ne pourra peser moins de douze livres. Le papier dénommé *cartier grand-format*, aura seize pouces de largeur, sur douze pouces six lignes de hauteur; la rame pesera treize livres & au-dessus, & ne pourra peser moins de douze livres. Le papier dénommé *cartier*, aura quinze pouces une ligne de largeur, sur onze pouces six lignes de hauteur; la rame pesera onze livres & au-dessus, & ne pourra peser moins de dix livres. Le papier dénommé *au pot*, ou *cartier ordinaire*, aura quatorze pouces six lignes de largeur, sur onze pouces six lignes de hauteur; la rame pesera dix livres & au-dessus, & ne pourra peser moins de neuf livres. Le papier dénommé *pigeonne* ou *romaine*, aura quinze pouces deux lignes de largeur, sur dix pouces quatre lignes de hauteur; la rame pesera dix livres & au dessus, & ne pourra peser moins de huit livres & demie. Le papier, dénommé *espagnol*, aura quatorze pouces six lignes de largeur, sur onze pouces six lignes de hauteur; la rame pesera neuf livres & au-dessus, & ne pourra peser moins de huit livres. Le papier dénommé *le lys*, aura quatorze pouces une ligne de largeur, sur onze pouces six lignes de hauteur; la rame pesera neuf livres & au-dessus, & ne pourra peser moins de huit livres. Le papier dénommé *petit à la main*, ou *main fleurie*, aura treize pouces huit lignes de largeur, sur dix pouces huit lignes de hauteur; la rame pesera huit livres & au-dessus, & ne pourra peser moins de sept livres & demie. Le papier dénommé *Petit-Jésus*, aura treize pouces trois lignes de largeur, sur neuf pouces six lignes de hauteur; la rame pesera six livres & au-dessus, & ne pourra peser moins de cinq livres & demie. Toutes les différentes sortes de papier, au dessous de neuf pouces six lignes de hauteur, feront des largeur, hauteur & poids qui seront demandés. Le papier dénommé *trasse* ou *tresse*, ou *étresse*, ou *main-brune*; le papier *brouillard*, ou *à la demoiselle*, & les papiers *gris* & de *couleur*, seront des largeur, hauteur & poids qui seront demandés.

PARIS, s. m. capitale de la France.

Ce nom rappelle une foule d'idées & l'assemblage en quelque sorte de tout ce qu'offre de plus intéressant l'histoire de la société. Les derniers événemens de cette grande ville ajoutent encore à sa célébrité, à son influence, & rendent le tableau de sa situation plus marquant qu'aucune des autres cités de l'europe.

Nous n'entreprendrons point de le tracer dans tous ses détails; cette tâche immense dépasseroit les limites de notre travail, & nous forceroit à répéter ce que nous avons déjà fait connoître dans plusieurs des articles de cet ouvrage; seulement nous ressemblerons en masse ce qu'on peut dire de plus précis sur les mœurs, les habitudes, l'étendue & la forme du gouvernement actuel de *Paris*.

Paris offre aux yeux de l'observateur, des mœurs factices & des mœurs propres à ses habitans. Les premières sont les plus fortes & couvrent en quelque sorte les autres au point de les rendre méconnoissables. J'appelle mœurs factices, celles qui ne sont point le produit d'une nature particulière ou d'un caractère déterminé dans les habitans, mais qu'une grande civilisation & la réunion d'une multitude de goûts, d'intérêts, de passions, de lumière font naître. L'homme qui se trouve à *Paris* continuellement entouré de tant de causes agissantes sur lui, doit naturellement contracter des habitudes qu'il n'auroit jamais connues s'il eut été simplement abandonné à l'action de son naturel.

Le premier effet de ce phénomène social est de produire l'inconstance, l'amour des modes nouvelles & tout ce qui tient à l'intérêt du jour; de faire par conséquent oublier & même quelquefois mépriser les usages de la veille & a plus forte raison ceux qui datent d'un laps de tems un peu considérable. C'est le produit de l'extrême diversité qui règne à *Paris* & qui inspire par une habitude machinale le dégoût de toute uniformité, dans les jouissances & les plaisirs de la société.

Cet amour du changement ne se concentre pas dans le cercle ordinaire des plaisirs & des amusemens, il s'étend encore aux choses les plus graves, que l'on aime à voir offrir de grandes scènes, uniquement parce que les contrastes sont plus marquants, & caractérisent une variété plus sentie: c'est un second effet des mœurs parisiennes, qui en fait naître un autre, non moins singulier, celui de traiter avec légèreté, les objets les plus imposans, le vice, la vertu, les talens & les crimes; tout est l'objet d'un pamphlet, d'une épigramme; l'histoire des calamités publiques, des malheurs des peuples, de l'opéra, des modes, est également écoutée avec le sentiment de la nouveauté, sans presqu'aucun accessoire qui donne à l'une quelque importance sur l'autre.

Il résulte de ce caractère d'abord une ardeur incroyable pour tout ce qui fait tableau, variété, qui change la scène; & un mépris singulièrement remarquable pour tout ce qui peut contrarier le sentiment, le goût, l'opinion du jour.

C'est encore la même cause qui donne aux plaisirs de la capitale & aux idées morales une teinte de licence qu'on ne connoît point ailleurs. Les exemples multipliées qu'offre une aussi grande population, le peu d'importance qu'on attache a chaque objet en particulier, le desir de changer, la facilité de le faire, rendent peu délicats, sur certaines convenances, & plus libres dans la conduite privée, sans avoir à craindre la désaprobation d'autrui.

Une autre particularité des mœurs parisiennes, c'est l'empressement à parler de tout, sans être suffisamment instruit des connoissances qu'il est utile d'acquérir pour ne point se laisser aller à des écarts de jugement. Cette foiblesse ou si l'on veut cette habitude, est une des causes du peu de cas que l'on fait parmi nous de l'instruction proprement dite; on aime à se passer de l'étude des faits pour s'en rapporter uniquement à son opinion; on croit au moins pouvoir s'en passer, cela est commode.

C'est surtout dans les discussions politiques qu'on fait peu de cas à *Paris*, des connoissances positives. Comme ce qu'on pense un jour paroît toujours meilleur que ce qu'on a pensé la veille, il en résulte naturellement que l'on attache peu d'intérêt à la science du passé, & l'idée du moment a seule le mérite de l'excellence avec celui de la nouveauté.

Un tems fut à Paris, qu'il étoit du bon ton de faire l'éloge du gouvernement Anglois au détriment de celui de la France; aujourd'hui c'est absolument le contraire; c'est un tort impardonnable, une espèce de crime d'état de trouver dans la constitution Britannique, quelque chose de préférable à ce qu'offrent les différentes parties de la nôtre.

Cet engouement pour la nouveauté, cet amour du changement s'est singulièrement manifesté & se manifeste encore tous les jours dans tout ce qui a trait à la révolution. Pour un homme qui a approuvé les changemens qu'elle a amenés par l'apperçu des biens qui peuvent en résulter, vingt ne les ont exaltés que par le desir de changer de manière d'être, que par l'espoir de nouvelles scènes, politiques, toujours amusantes, quoique souvent affreuses, pour un peuple qui n'aime rien tant que le changement.

Ce même caractère rend l'habitant de Paris opiniâtre, entêté dans son opinion; quand il a adopté un systême il ne veut pas même qu'on élève des doutes sur la possibilité qu'il peut être dans l'erreur; son amour propre va jusqu'à lui persuader qu'il a trouvé la seule, la véritable manière de traiter & d'expliquer un point de doctrine. De-là cette multitude de mauvaises brochures où des hommes étrangers à tout objet d'administration, vous donnent de la meilleure foi du monde, des leçons de politique & des moyens sûrs de remédier à tous les désordres du gouvernement.

J'ai vu dans les partis opposés, qui divisent la société aujourd'hui, des hommes bien complétement convaincus de la bonté exclusive de leur systême de gouvernement, n'écoutant qu'avec un dédaigneuse complaisance les modestes doutes des autres hommes; ces enthousiastes sont de véritables fanatiques. C'est à de pareils fous que nous devons les orages de la révolution, qui se seroit opérée par la force des choses & sans convulsions, si d'un côté les puritains enragés n'avoient point prétendu qu'on devoit tout niveler à leurs opinions, & si de l'autre des imbécilles sans caractère n'avoient point rejetté avec une suffisance puérile, les conseils de la prudence sur leur position.

Le caractère des mœurs parisiennes s'accorde mal avec la férocité, on diroit même qu'il tend à la détruire, je le crois; cela n'empêche pas que nous n'ayons vu commettre pendant ces tems d'orages les meurtres & les injustices les plus inutiles & uniquement par un sentiment de vengeance. Mais ces actes de la cruauté populaire ont été moins l'effet des mœurs ou des habitudes ordinaires, que des factions & de l'égarement fanatique dans lequel on a su jetter à-peu près tout ce qui compose la petite bourgeoisie & le bas peuple.

Cette aptitude à la révolte commandée a de tous tems été naturelle au peuple parisien; on se rappelle la facilité avec laquelle *Marcel*, les ligueurs, le cardinal *Retz* en ont profité pour parvenir à leurs fins. Alors comme aujourd'hui, le public étoit inondé de brochures, de calomnies; alors le fanatisme le plus atroce se mêloit aux plaisanteries. Je me rappelle d'avoir lu dans les mémoires du tems, que pendant la ligue, Henri quatre ayant fait placer une batterie sur Montmartre, & un boulet du canon qui en partit, étant aller blesser un conseiller au parlement dans Paris, qui tenoit pour le roi, & qui s'appelle *Rebours*, on publia comme une excellente plaisanterie, qu'on ne devoit point craindre les royalistes, puisqu'ils tiroient à rebours.

Depuis la révolution, les mœurs parisiennes ont changé d'objet, sans changer de caractère, & elles n'ont point gagné, je crois, à ce changement. Je m'explique.

Je suis loin d'approuver l'espèce de nullité civile, dont on se faisoit honneur avant la révolution; à cette époque, j'écrivois les premières feuilles de cet ouvrage, & l'on a pu voir comment je me suis expliqué, à cet égard: mais tout ce que je disois alors, pour dissiper une partie de la torpeur parisienne, étoit aussi peu considéré, que ce que j'ai depuis écrit pour faire sentir combien notre fanatisme actuel est éloigné de la raison & du bon esprit.

Aujourd'hui l'on a donné dans un excès vraiment prodigieux : on a affiché & soutenu une sorte de puritanisme, des habitudes spartiates; le mépris des convenances a été poussé jusqu'à la folie, la grossiereté a fait de rapides progrès: on a donné à ces vices de société des noms respectables, & l'on a vu une haine impétueuse, un fanatisme bas, persécuter avec la même légereté, la même inconséquence, qu'autrefois on mettoit à une critique de ruelle, ou à un couplet contre la cour.

Des hommes vraiment bêtes se sont crus de grands esprits, & n'en ont pas dû douter, quand ils se sont vus appellés à des emplois, pour lesquels il falloit, sinon des études profondes, au moins l'habitude des affaires. Aussi les moins inconséquens se sont-ils crus des hommes d'état, comme le médecin malgré lui, qui disoit que peut-être étoit-il grand médecin, puisqu'on le lui assuroit; ou comme le bourgeois gentilhomme, qui faisoit de la prose sans le savoir.

Sur ces points délicats, ces messieurs n'entendoient point plaisanterie; & le peuple, qui ne veut plus croire en Dieu, entendoit que l'on crût à l'infaillibilité de ses protégés, jusqu'au moment où il les déclareroit déchus de sa confiance.

Avec cette désorganisation morale, les mœurs sont devenues hypocrites, le parti battu a simulé de partager les opinions du vainqueur, quelques-uns seulement ont fait tête à l'orage, ou se sont expatriés; mais les uns & les autres n'ont pas montré plus de caractère dans leur défaite, que les plus forts de générosité dans leur triomphe.

Les mœurs de corps-de-garde, & les grossieretés militaires, se sont amalgamées avec les vanités & l'ignorance bourgeoises; il en est résulté un mélange qui a rendu cette classe presqu'insupportable; une morgue martiale, la licence, le dégoût des devoirs & les arts de la paix, ont pris la place chez elle de sentimens paisibles, de l'amour de l'ordre, & des convenances sociales. Ces vices ont acquis d'autant plus d'intensité, & jetté de plus profondes racines, que personne n'auroit osé les reprocher à ceux qui en étoient entichés, & qu'encore aujourd'hui il y a beaucoup plus de danger à écrire contre un maire de village ou un journaliste patriote, qu'il ne l'a été jamais de le faire contre la cour & les despotes anciens. Vous trouviez contre ceux-ci du secours, de la protection, dans les autres citoyens, chez vos amis; à présent plus de protection d'amis, vous seriez patriotiquement dénoncé, arrêté, livré: l'abbé Raynal n'échapperoit point aujourd'hui à un arrêté de municipalité, à un jugement du comité des recherches, ou d'un tribunal d'arrondissement, comme il l'a fait à un décret du parlement de Paris.

Pour comble de folie, on appelle cela patriotisme, & l'on est tout naturellement exclu des emplois publics, quand on n'est point patriote de cette façon, & cela pour deux raisons : 1°. parce que ce sont ceux qui professent cette religion qui nomment au plus grand nombre de places; 2°. parce que les ministres, qui ont peur, & qui veulent plaire au peuple, ne nomment aussi que les hommes connus par ce systême.

Un nouveau genre de corruption s'est développé depuis la révolution; c'est celle qui naît du commerce des voix dans les élections; le peuple est trop pauvre pour ne pas mettre à profit le moyen politique de gagner de l'argent, & sûrement il ne le négligera pas.

Une autre source de désordre & d'immoralités populaires; c'est la corruption employée pour exciter des troubles, des meurtres, des assassinats impunis, & pour servir les projets des factions. Voilà une mine d'or pour les brigands : aussi ces messieurs crient-ils bien fort contre ceux qui osent dire qu'il faut punir, sans aucun égard, quiconque troublera l'ordre public. Jusqu'ici il n'y a eu qu'un fort de la halle, & quelques évêques poursuivis comme perturbateurs du repos public; le premier a été pendu au mois d'octobre 1789, pour avoir aidé à pendre un boulanger; & les autres ont été décrétés, pour avoir soutenu leurs droits avec, non pas des canons, mais des brochures.

Tel est à-peu-près le tableau des mœurs factices, que les habitudes & les événemens publics font contracter à *Paris*. Les provinces s'en ressentent plus ou moins; & comme elles singent la capitale le plus qu'elles peuvent, que même elles veulent lutter de zèle avec elle, il n'a point été rare de les voir plus folles ou plus fanatiques que *Paris*; mais d'une façon servile, & non avec l'originalité & le vice radical de la capitale.

Elles ont même des défauts que nous n'avons point à *Paris*; c'est l'intolérantisme, le rigorisme, le manque d'égards pour la liberté morale, toutes choses qui rendent la société odieuse, & font fuir les villes de province, comme des lieux où la liberté se réduit à faire tout ce que les autres font ni plus ni moins, si l'on ne veut point s'exposer à la censure publique.

Les mœurs naturelles des parisiens, considérés comme faisant un peuple, ont quelque rapport avec les mœurs factices, mais n'en ont point tous les traits. Le parisien est changeant, doux, frivole, confiant : mais ces qualités n'acquièrent de développement que par l'action des habitudes sociales ; elles se détériorent, & prennent une teinte souvent odieuse par leur mélange avec les mœurs des diverses provinces. Le provincial lui-même perd son caractère d'origine à *Paris*, ou du moins n'en conserve qu'une nuance inapperçue ; ce qui fait qu'il ne ressemble ni à un parisien naturel, ni à un provincial, mais contracte les manières & les mœurs des habitans de *Paris*.

Dans les provinces, les mœurs factices sont moins caractérisées : vous retrouvez des lyonnois à Lyon, des bretons à Rennes ; le caractère naturel n'y est point, comme à *Paris*, étouffé par une complication d'habitudes, de goûts, d'opinions empruntées, communiquées par l'effet de la civilisation.

Ce mélange, au reste, produit un phénomène particulier à *Paris* ; c'est celui d'une grande liberté morale, & d'une sorte de générosité, que n'offre point ordinairement la province : l'amour des arts y est aussi plus commun ; & par une suite naturelle de ce premier principe, le bon goût, le savoir-dire, semblent ne se trouver, avec quelque perfection, qu'à *Paris* : les provinciaux n'attrapent pas ce je ne sais quoi, qui plaît & porte les marques du talent ; ils s'astreignent trop à imiter *Paris*, & quand ils suivent le génie du pays, alors leurs productions sentent le terroir. Cet inconvénient ne peut avoir lieu à *Paris* ; on ne prend personne pour modèle, & il n'y a point de terroir.

De cette manière morale d'exister à *Paris*, il suit que le gouvernement doit y être plus difficile que par-tout ailleurs ; la mobilité des idées, l'oisiveté d'un grand nombre d'habitans, le tourbillon des passions, les facilités de faire le mal, sans être connu, y rendent l'action des loix difficile, & le maintien de l'autorité incertain. Ces raisons appuyées de l'expérience, ont peut-être motivé le genre de police, qu'on y avoit établi, qui dégénéra ensuite en un espionage & une inquisition blâmable, mais qui auroit pu rendre de grands services, si on l'avoit contenu dans les bornes qui devoient lui être prescrites. Nous n'en traiterons pas ici : l'on peut voir les mots POLICE, ABUS, ENLEVEMENT, ESPIONAGE.

Nous allons faire connoître la forme actuelle du gouvernement de *Paris*, après que nous aurons dit un mot de son agrandissement & de l'ancienne administration de la ville, qui a précédé l'établissement de la municipalité actuelle.

Accroissemens successifs de la ville de Paris.

Premier plan. Lorsque l'on considère la grandeur, les richesses & le nombre des habitans de cette ville, l'esprit se rétrace avec plaisir le tems où, renfermée dans une seule île, elle n'avoit pour elle que les avantages de la situation. Ce fut, en effet, ces avantages qui la firent préférer aux autres villes des Gaules, par César, & par ceux des romains qui y vinrent ensuite. Ses maisons, bâties de bois & de terre, étoient basses, rondes & mal construites. Son enceinte ne s'étendoit pas au-delà de la cité, & la ville étoit enfermée entre les deux bras de la Seine.

Second plan. Cette ville s'embellit un peu, du tems de cet empereur. Il fit construire de nouvelles maisons plus solides & plus commodes : on facilita la communication au septentrion & au midi, en construisant deux ponts de bois dans les lieux où sont aujourd'hui le petit-pont & le pont-au-change. Ces ponts se trouvèrent enfermés par la nouvelle muraille, dont César entoura la ville ; il la fortifia de deux tours placées où étoient le grand & le petit-châtelet.

Troisième plan. Paris, devenu le siége des gouverneurs de la Gaule, s'étoit embelli sous les règnes de Valentinien, de Gratien, de Constantin & de Constance, qui y séjournèrent. Son principal accroissement est attribué au règne de Julien, surnommé l'*Apostat*, qui y passa plusieurs hivers. On bâtit alors, hors de la Cité, vers le midi, un palais & des bains pour cet empereur. C'est ce que nos anciennes chartes appellent le palais des Thermes, & dont on voit encore quelques vestiges dans une maison sise rue de la Harpe.

Depuis l'établissement des Francs dans les Gaules, chaque règne, pour ainsi dire, apporta quelque accroissement à la ville. Clovis, Childebert, & plusieurs des princes qui régnèrent ensuite, firent construire hors de la ville des abbayes qui, devenues considérables, furent bientôt environnées des maisons qui formèrent insensiblement de petits bourgs. Tels furent le bourg S. Marcel, le nouveau bourg auprès de S. Germain-l'Auxerrois, le bourg-l'Abbé, ainsi nommé, parce qu'il étoit dans la censive de l'abbaye de S. Martin-des-Champs, le Beau-Bourg auprès du Temple, &c.

Quatrième plan. Les incursions des normands, & les ravages qu'essuyoient ces petits bourgs sans défenses, firent sentir la nécessité d'élever de nouvelles murailles. Quelques auteurs attribuent cet ouvrage à Philippe-Auguste ; mais Piganiol de la Force prouve assez clairement que cette quatrième enceinte est antérieure au règne de ce prince. Voici qu'elle étoit cette clôture, au rapport de Sauval.

Elle commençoit vers le nord à la place que l'on nomme aujourd'hui la place Beaudoyer ; puis tournant vers le cloître S. Jean, elle rendoit à la tour du pet-au-diable, gagnant ensuite une tour sise vers le lieu où l'on voit la rue des deux Portes; elle passoit de-là près S. Merry, & finissoit au bout du pont-au-change, dans le marché de l'apport-*Paris*.

Du côté du midi, cette clôture commençoit au petit-pont, renfermoit la place Maubert, & finissoit au bord de la rivière, vis-à-vis l'endroit où est aujourd'hui la rue de Bièvre; nom qu'elle tient de la petite rivière de Bièvre, que l'on nomme aujourd'hui communément des Gobelins. Elle venoit alors se jetter dans la Seine, auprès de la place Maubert. Ce fut dans la suite que l'on en changea le cours.

Cinquième plan. Philippe-Auguste donna des preuves de sa bienveillance pour la gloire de sa capitale; il la fit paver en 1184, & vers l'an 1190, on commença une nouvelle enceinte qui fut achevée en 1211. Cette nouvelle clôture, beaucoup plus étendue que les précédentes, mettoit les bourgs, dont nous avons parlé, en état de résister aux incursions fréquentes des normands & des anglois.

Du côté du septentrion, elle commençoit au-dessous de S. Germain-l'Auxerrois, vis-à-vis le Louvre, traversoit les rues S. Honoré, Coquillère, des Deux-Ecus, Montmartre, Montorgueil, Françoise, S. Denis, Bourg-l'Abbé, S. Martin, Ste. Anne. Elle renfermoit les bourgs de S. Germain-de-l'Auxerrois, une partie du Bourg-l'Abbé, le Beaubourg, le Bourg-Thibouft, qui tiroit son nom de Guillaume Thibouft, prévôt des marchands de *Paris*. Cette enceinte s'avançoit du côté où sont les maisons des Jésuites & de l'Ave-Maria, & finissoit au pont Marie.

Du côté du midi, elle commençoit à l'endroit où est le pont de la Tournelle, passoit derrière l'église Sainte-Geneviève, l'église S. Jacques, où sont aujourd'hui les Jacobins, & se terminoit au bord de la rivière, vers le lieu où nous voyons le collége des Quatre-Nations. Cette muraille étoit flanquée, d'espace en espace, de fortes tours, entre lesquelles on en distinguoit quatre principales, la tour de Nesle & la tour de Bois ou du grand-prévôt, gardoient le bas de la rivière; la tour de la Tournelle, & la tour de Barbeau, en défendoient le haut.

Il ne faut pas croire cependant que cette enceinte, qui paroît considérable pour ce tems-là, fût entiérement remplie de maisons. On y voyoit (Ce qui subsiste encore aujourd'hui dans plusieurs villes des Pays-Bas) de grands clos ensemencés & des places vagues: on les désignoit assez ordinairement par le nom de *culture;* de-là se sont formées les dénominations de Culture-Ste.-Catherine, Culture-S.-Gervais, &c.

Philippe-Auguste fit construire plusieurs églises; élever la grosse tour du Louvre, & le château de bois, qui en étoit assez proche.

Sixième plan. Le commerce de *Paris*, qui se faisoit principalement avec les villes qui sont vers le nord, & les incursions des anglois qui faisoient des courses pour le traverser, furent cause que la ville s'accrut d'abord beaucoup plus de ce côté que vers le midi. On avoit construit, pour le commerce, des maisons qui formèrent des fauxbourgs; &, pour leur sûreté, on les entourra de fossés & de murailles. C'est à-peu-près au règne de Charles V, qu'il faut rapporter le sixième plan de *Paris*, & la quatrième clôture, en comptant celle de César, pour la première. Cette clôture fut commencée en 1367, & ne fut achevée qu'en 1383, sous Charles VI. Elle commençoit, du côté du nord, au bord de la rivière, vers l'arsenal; elle continuoit le long des portes de S. Antoine, de S. Martin, de S. Denis; passoit dans les lieux où sont aujourd'hui la place des Victoires, le Palais-Royal, les Quinze-Vingts; & se terminoit au bord de la rivière, vers la rue S. Nicaise. Quant au côté du midi, on creusa des fossés au pied des murs de l'ancienne clôture. Les fauxbourgs, qui étoient au-delà, furent ruinés pour empêcher les ennemis de s'enrichir de leurs dépouilles, & pour n'être pas obligé de diviser ses forces, en voulant les défendre.

Septième plan. Les guerres d'Italie mirent des obstacles aux desseins de Charles VIII & de Louis XII son successeur. Ils n'ajoutèrent que fort peu à ce qu'avoient fait les rois qui les avoient précédés. Le règne de François Ier. fut plus favorable. Le Louvre fut abattu & rebâti avec plus de régularité. Les hôtels des Ursins, de Bourgogne, d'Artois, de Flandres, de Fécamp, & autres qui tomboient en ruine, furent rétablis avec plus de magnificence. Un grand nombre de nouvelles rues facilitèrent la communication entre la ville & les fauxbourgs. Charles IX enferma depuis, dans l'enceinte des nouvelles murailles, le château des Thuileries, que Catherine de Médicis avoit fait élever. Ce prince mit la première pierre aux fondemens de la Porte-Neuve, appellée depuis la porte de la Conférence, sous le règne de Henri IV, depuis abattue.

Huitième plan. Malgré les divisions qui troublèrent son règne, Henri IV fit faire de grands changemens dans le quartier S. Antoine, fit achever le Pont-Neuf, & donna au premier président du Harlay la partie occidentale de l'île de Paris, pour y construire des maisons, en se reservant seulement quelques cens. Il avoit le projet d'un embellissement pour le Marais, en y construisant une place, & en donnant à chacune des rues de ce quartier le nom de l'une des provinces du royaume; ce ce qui fut exécuté, en partie, sous le règne de Louis XIII. Ce prince cependant suspendit les travaux par arrêt du 15 janvier 1638.

Neuvième plan. Malgré cette défense & quelques autres qui n'eurent que peu d'effets, la ville s'aggrandissoit toujours, & c'est au règne de Louis XIV, qu'il faut fixer le neuvième plan de Paris. Ce prince donna, le 26 avril, 1672, des lettres-patentes, par lesquelles il ordonna que de nouvelles bornes seroient plantées à l'extrémité des fauxbourgs; &, pour en fixer les limites, il fit défenses de bâtir au-delà. Une nouvelle ville parut alors s'élever sur les ruines de l'ancienne: la clôture de l'université fut démolie; on joignit la ville aux fauxbourgs; les Pont-au-Change, de la Tournelle, & le Pont-Rouge (aujourd'hui Pont-Royal) qui n'étoient que de bois, furent construits en pierre. Au lieu des petites portes S. Denis & S. Martin, on plaça des arcs de triomphe; l'hôtel des Invalides, l'Observatoire, le bâtiment du Louvre, des pompes, des quais bordés de maisons, des places publiques & plusieurs autres édifices publics & particuliers, furent alors élevés par les soins de ce prince.

Dixième plan. Les édifices, & les différens accroissemens que l'on avoit ajouté à la ville de Paris sur la fin du règne de Louis XIV, & pendant la minorité de Louis XV, firent sentir la nécessité d'en régler de nouveau les limites. Le roi devenu majeur, rendit en conséquence, une déclaration, dans laquelle on fixa de nouvelles bornes de la ville:

« La ville de Paris doit être bornée à ce qui est renfermé d'arbres depuis l'Arsénal, jusqu'à la porte S. Honoré; & delà, en suivant le fossé, jusqu'à la rivière; & de l'autre côté de la rivière, en suivant l'alignement du rempart désigné dans un plan; depuis la rivière, jusqu'à la rue de Vaugirard; & delà, en suivant le rempart, jusqu'à la rue d'Enfer où il finit; delà, en allant le long de la rue de la Bourbe, à côté du monastère de Port-Royal (ledit monastère étant hors de l'enceinte); & de là, allant aboutir à la rue S. Jacques, & en partie par une petite rue qui est derrière le Val-de-Grâce; & dudit boulevart, en suivant la rue des Bourguignons, & en prenant à gauche au bas de ladite rue, suivant la rue de l'Oursine jusqu'à la rue Mouffetard; & de cette rue entrant dans la vieille rue S. Jacques, autrement dite la Censière; & suivant cette dernière, dans toute sa longueur, jusqu'à la rue S. Victor, autrement nommée la rue du Jardin-Royal; & delà, cotoyant le Jardin-Royal, jusqu'au boulevart qui aboutit à la rivière. »

Plan onzième & dernier. Le nombre prodigieux de maisons de campagne qui s'établirent autour de Paris, sous le règne de Louis XVI, facilitoient la contrebande dans *Paris* & diminuoient le produit des droits sur les consommations, par l'établissement d'une foule de guinguettes qui ne se trouvoient point assujetties aux entrées, quoique pour ainsi dire dans *Paris*. On résolut donc sous le ministère de M. de Calonne, d'entourer *Paris* d'un mur, & de comprendre dans son enceinte non-seulement les maisons dont nous venons de parler, mais même des villages voisins, tels que Chaillot, le gros Caillou, &c.

Ce mur commence près de Charenton, enveloppe tout le nord de *Paris*, Picpuce, Menil-Montant, une partie de la Villette, les Porcherons, la petite Pologne, Chaillot, & aboutit à la rivière près la montagne des Bons-Hommes; ensuite il reprend à la rivière, renferme les Invalides, l'Ecole Militaire, le gros Caillou, une grande partie de la plaine de Vaugirard, l'Hôpital général, & se termine à la rivière à cet endroit.

Cette enceinte a été faite à grands frais, & les bâtimens massifs, dispendieux & bizarres que l'on a construits pour le logement des employés, sembloient être faits pour durer toujours; cependant au mois de mai de cette année 1791, les Barrières ont été supprimées avec les droits d'entrée, & les grilles qui servoient de portes enlevées.

Mais l'arrondissement de la municipalité de *Paris* n'en est pas moins concentrée dans l'enceinte de cette muraille, que l'on doit, dit-on, abatre & dont on doit vendre les matériaux, quoique aujourd'hui 21 juin 1791, jour de la fuite de la famille royale, il soit question de les conserver pour tenir *Paris* fermé en cas de besoin. Passons à l'administration de *Paris*.

L'ancienne municipalité étoit formée d'un bureau & d'un corps de ville.

Le bureau de la ville étoit composé d'un prévôt des marchands; de quatre échevins; d'un avocat & procureur du roi de la ville de Paris; d'un greffier en chef & d'un trésorier. Le corps de ville étoit formé du bureau de la ville, de vingt-six conseillers & de seize quartiniers. La durée d'une prévôté étoit de deux ans; mais l'élection du prévôt des marchands étoit un simulacre. Soit qu'on y procédât pour la première fois, soit qu'on la renouvellât après la durée d'une première ou d'une seconde prévôté, un usage déjà ancien réduisoit cette cérémonie à une vaine formalité. Le résultat du scrutin, toujours arrangé & disposé à cet effet, étoit fixé à l'avance par une lettre de cachet adressée au bureau de la ville. C'est pour exécuter littéralement la teneur de cette lettre de cachet, que l'on convoquoit l'assemblée qui étoit censée devoir élire librement le chef de la municipalité.

Ces électeurs étoient les échevins, les conseillers de ville, les quartiniers & quelques bourgeois qualifiés notables, choisis par les quartiniers eux-mêmes; les uns mandoient, les autres étoient mandés pour venir coopérer sous la foi du serment, à une élection dont la liberté auroit du être le premier caractère.

C'est ainsi que, chaque année, deux échevins, après avoir été élus dans l'intérieur des compagnies des conseillers & des quartiniers, donnoient, le jour de la S. Roch, le spectacle public d'un élection supposée. Le même jour, les deux anciens quittoient l'échevinage.

Des deux échevins élus annuellement, l'un étoit tiré alternativement de la compagnie des conseillers & de celle des quartiniers de ville, qui fournissoient, l'un après l'autre, par rang d'ancienneté, un sujet pour l'échevinage; celui-là devenoit premier échevin: l'autre étoit choisi parmi la bourgeoisie. On ne le prenoit même autrefois que parmi les membres des six corps; depuis quelque tems, on s'étoit écarté de cette règle, en nommant à l'échevinage des avocats, des notaires, des gens de loi, &c.

Les offices d'avocat & de procureur du roi étoient réunis. Celui qui les exerçoit, ainsi que le greffier & le trésorier, étoient en charge (c'est ce qu'on appelloit autrefois des *inamovibiles*); on les désignoit à l'hôtel-de-ville, par la dénomination de *permanens*.

Dans la compagnie des conseillers de ville, composée de vingt six membres, dix attachés aux cours souveraines, ne passoient jamais à l'échevinage; les seize autres rouloient alternativement pour y arriver avec les quartiniers, également au nombre de seize, ils étoient, les uns & les autres, pourvus de charges. Les conseillers & quartiniers s'étoient investis du droit d'élire le second échevin, qui étoit pris, chaque année, dans l'ordre de la bourgeoisie.

Ces dix conseillers de ville, attachés aux cours souveraines, le reste des conseillers & des quartiniers, formé de trente-deux négocians, marchands ou autres, tous propriétaires de charges dont la finance est peu considérable, composoient, à leur gré, le bureau, puisque la moitié des places leur étoit réservée & qu'ils disposoient de l'autre moitié en faveur de ceux qu'il leur plaisoit de nommer.

Telle étoit en gros l'organisation municipale qui jouissoit non seulement d'un pouvoir d'administration assez grand, mais avoit encore une jurisdiction très-étendue sur le commerce par eau sur la Seine, Marne, &c. *Voyez* Bureau *de ville*.

On doit dire au reste que ce bureau de ville tout mal composé qu'il étoit, ne laissoit pas que de travailler beaucoup & d'exécuter des choses importantes avec succès & intelligence. Je n'ai point vu que dans le conseil de ville ou le bureau de ville de la municipalité, on mît autant d'ordre, si peu de personnes, & autant de célérité dans ses affaires.

Aujourd'hui la municipalité de *Paris* est composée à peu près comme celles des autres villes, & telle qu'on a pu le voir au mot Municipalité. Il y a cependant pour *Paris* quelques modifications particulieres que les besoins & la population de cette grande ville ont nécessairement fait adopter: quelques-unes de ces modifications ont été aussi la suite de la révolution, dont la première explosion a eu lieu à *Paris*, & dont les effets se feront longtems sentir encore. Voici qu'elle est à peu près la forme actuelle.

La municipalité est composée d'un maire, de seize administrateurs; de trente-deux membres du conseil, de quatre-vingt-seize notables; d'un procureur de la commune, de deux substituts qui sont ses adjoints & exercent ses fonctions à son défaut.

La ville de *Paris* est divisée, par rapport à sa municipalité, en quarante-huit parties, sous le nom de *sections*, qu'on a tâché d'égaliser, autant qu'il a été possible, relativement au nombre des citoyens actifs. Ces quarante-huit sections ne peuvent être regardées que comme des sections de la commune; elles forment autant d'assemblées primaires, lorsqu'il s'agit de choisir les électeurs qui doivent concourir à la nomination des membres de l'administration du département de Paris, ou à la nomination des députés que ce département doit envoyer à l'Assemblée nationale.

La municipalité de *Paris* a un secrétaire-greffier, un trésorier & deux secrétaires greffiers adjoints, un garde des archives & un bibliothécaire, qui prêtent serment de remplir fidèlement leurs fonctions. Le conseil général de la commune les nomme, & chacun deux après avoir été entendu peut être changé, lorsque le conseil général convoqué à cet effet, l'a jugé convenable, à la majorité des voix.

Le corps municipal est divisé en conseil & en bureau. Le nombre des départemens du bureau peut varier lorsque les circonstances l'exigent.

Le maire & les seize administrateurs composent le bureau; les trente-deux autres membres composent le conseil municipal. Le conseil général de la commune élit, à la pluralité absolue des voix & au scrutin individuel, les seize administrateurs parmi les quarante-huit membres du corps municipal, non compris le maire; l'élection se termine au troisième tour de scrutin en cette occasion, ainsi que dans toutes les autres.

Le conseil municipal s'assemble au moins une fois tous les quinze jours & commence par vérifier les comptes des divers départemens du bureau, lorsqu'il y a lieu. Les membres du bureau ont voix délibérative avec ceux du conseil, excepté lorsqu'il s'agit des comptes de l'un des départemens.

Outre le droit de convoquer le corps municipal, le maire a encore celui de convoquer le conseil général de la commune lorsqu'il le juge nécessaire.

Le corps municipal nomme, parmi les membres du conseil, un vice-président, qui n'a d'autres fonctions que de tenir les assemblées du corps municipal ou du conseil général de la commune en l'absence du maire; &, en cas d'absence du maire & du vice-président, le doyen d'age des membres préside les assemblées.

La présence des deux tiers au moins est nécessaire pour recevoir les comptes de la gestion du maire & des administrateurs, du maniement des deniers du trésorier; & la présence au moins de la moitié, plus un des membres du corps municipal est nécessaire pour prendre les autres délibérations. Mais si, dans un cas urgent, on ne peut rassembler la moitié, plus un, des membres du corps municipal, on y appelle des notables, selon l'ordre de leur élection.

Lors du renouvellement annuel, les officiers municipaux & les notables sortent au nombre de soixante-douze, déduction faite de celui des morts; de manière qu'on ait à remplacer la moitié des administrateurs, la moitié des membres du conseil & la moitié des notables.

Les substituts du procureur de la commune restent en place deux ans & peuvent être réélus pour deux autres années. Ils ne peuvent l'être dans les élections suivantes pour les mêmes places, qu'après l'expiration de deux années.

Le procureur de la commune & ses substituts sortent de place alternativement, le procureur une année, & les substituts une autre année.

L'année de la sortie du procureur de la commune n'est pas la même que celle de la sortie du maire: à cet effet, si le procureur de la commune, nommé à la première élection, n'est pas réélu, il n'exerce que pendant un an, non compris le tems qui s'écoule avant celui de l'époque fixe des élections ordinaires.

Les places de maire, de procureur de la commune & de ses substituts, de membres du corps municipal ou du conseil général, de secrétaire-greffier, de trésorier, de garde des archives, de bibliothécaire & d'adjoints du secrétaire-greffier sont incompatibles; en conséquence ceux qui étant pourvus d'une de ces places, sont élus à une autre, sont tenus d'opter.

Les membres du corps municipal, durant leur exercice, ne peuvent être membres de l'administration de *Paris*; & s'ils sont élus membres de cette administration, ils sont tenus d'opter.

Le travail du bureau est divisé en cinq départemens, 1°. celui des subsistances, 2°. celui de la police, 3°. celui du domaine & des finances, 4°. celui des établissemens publics de la ville de *Paris*, & 5°. enfin celui des travaux publics. Le corps municipal fixe les attributions & le nombre des administrateurs de chacun de ces départemens.

Le bureau peut concerter directement avec les ministres du Roi les moyens de pourvoir aux subsistances & approvisionnemens nécessaires à la capitale. Il s'assemble trois fois par semaine & on y rapporte toutes les affaires, de manière que le maire & chacun des administrateurs puissent connoître & éclairer les différentes parties de l'administration.

Les administrateurs n'ont aucun maniement de deniers en recettes & en dépenses. Les dépenses sont acquittées par le trésorier.

Le nombre & les appointemens des commis ou employés dans les diverses parties de l'administration municipale, au secrétariat, aux archives & à la bibliothèque, sont déterminés par des délibérations particulières du corps municipal, & confirmés par le conseil général de la commune, d'après les renseignemens qui sont fournis par le maire, les administrateurs, le secrétaire-greffier ou ses adjoints.

Des Sections.

Il y a dans chacune des quarante-huit sections un commissaire de police toujours en activité, & dont les fonctions relatives à la municipalité sont déterminées. Chacune des quarante huit sections a en outre seize commissaires de section, qui exercent dans leur arrondissement, sous l'autorité du corps municipal & du conseil général de la commune, les fonctions suivantes:

Les seize commissaires de section sont chargés de surveiller & de seconder au besoin le commissaire de police. L'un d'eux reste, à tour de rôle, vingt-quatre heures dans sa maison, afin que le commissaire de police, & les citoyens de la section, puissent recourir à lui en cas de besoin ; le commissaire de service est de plus chargé de répondre aux demandes & représentations qui peuvent être faites.

Les commissaires de section peuvent être chargés par l'administration du département de *Paris*, de la répartition des impôts dans leurs sections respectives.

Les commissaires de police sont élus pour deux ans, & peuvent être réélus autant de fois que leur section le juge convenable : le conseil général de la commune fixe la somme de leur traitement. Chaque commissaire de police a sous ses ordres un secrétaire-greffier de police, dont le conseil général de la commune fixe aussi le traitement.

Les personnes domiciliées, arrêtées en flagrant-délit dans l'arrondissement d'une section, sont conduites chez le commissaire de police. Celui-ci peut, avec la signature de l'un des commissaires de section, envoyer dans une maison d'arrêt les personnes ainsi arrêtées, lesquelles sont entendues dans les vingt-quatre heures, conformément à ce qui est réglé par la suite.

Les personnes non domiciliées, arrêtées dans l'arrondissement d'une section, sont conduites chez le commissaire de police : si elles sont prévenues d'un désordre grave ou d'un délit, celui-ci peut les envoyer dans une maison d'arrêt, où elles sont interrogées dans les 24 heures & remises en liberté, ou selon la gravité des circonstances, livrées à la justice ordinaire, ou condamnées par le tribunal de police qui est établi.

Le commissaire de police, en cas de vols ou d'autres crimes, garde par-devers lui les effets volés & les pièces de conviction, pour les remettre aux juges. Dans tous les cas, il dresse procès-verbal des pièces & des faits, & il tient registre du tout ; il en instruit de plus le département de police & le commissaire de section qui se trouve de service.

Hors les cas du flagrant-délit, la municipalité ne pourra ordonner l'arrestation de qui que ce soit, que dans les cas & de la manière qui seront déterminées dans le règlement de police.

Il est procédé à l'élection des seize commissaires de section, du commissaire de police & du secrétaire-greffier par les assemblées de chaque section, immédiatement après les élections des membres du corps municipal & du conseil général de la commune.

Le commissaire de police & le secrétaire-greffier ne peuvent être choisis que parmi les citoyens éligibles de la section, & ils seront tenus d'y résider.

Les seize commissaires de section sont choisis parmi les citoyens éligibles de la section, au scrutin, par bulletin de six noms.

L'exercice des fonctions de commissaire de police est incompatible avec celles de la garde nationale.

La moitié des commissaires de section sort chaque année. La première sortie se fait par la voie du sort ; elle n'a eu lieu qu'à l'époque des élections ordinaires en 1792 ; &, pour la première fois, le tems qui s'écoule entre l'époque de leur élection & l'époque fixe des élections ordinaires n'est point compté.

Les élections des secrétaires-greffiers se renouvellent tous les deux ans, & l'époque en est fixée de façon à alterner avec celle de l'élection des commissaires de police.

Nous finirons ces détails sur l'administration municipale de *Paris*, par un tableau de sa population en 1790, & un état des citoyens actifs, tel que le corps-de-ville l'a publié en juin 1791.

Etat de la population de Paris, *en* 1790, *extrait de la Gazette de France, du* 24 *mai* 1791.

Il résulte du travail qui a été fait sur la population cette année, qu'en 1790, le nombre des baptêmes s'est élevé à *Paris* à 20,005, savoir : 10,133 garçons & 9,872 filles ; celui des morts a été de 19,447 : savoir : 10,074 hommes & 9,373 filles & femmes. Dans ce nombre, sont comprises les personnes mortes en religion, & les étrangers.

Le nombre des mariages a été de 5,866, & celui des enfans trouvés reçus à l'hôpital, qui leur est destiné, de 5,842 ; savoir, 2,967 garçons, & 2,875 filles.

Il résulte de la comparaison de ce tableau avec celui de 1789, qu'il y a eu en 1790, 123 enfans trouvés, 612 baptêmes, 1,085 mariages de plus, & 944 morts de moins qu'en 1789.

Il résulte aussi de la comparaison des morts & des naissances de 1790, que les naissances ont surpassé les morts de 558.

On voit encore, par ce travail, qu'il est mort en 1790, 6,019 personnes dans les hôpitaux de *Paris*, savoir : 3,372 hommes & 2,647 femmes, & que 1,660 femmes y ont fait leurs couches ; ce qui fait 1,370 morts, & 13 naissances de moins dans les hôpitaux qu'en 1789.

Le résultat du travail du corps municipal sur la population active de *Paris*, c'est-à-dire, sur le nombre de personnes qui ont qualité pour voter dans les assemblées primaires ou sections, porte ce nombre à 77,371, sur quoi la proportion établie par les décrets pour choisir les électeurs, a donné 779 électeurs. *Voyez* MUNICIPALITÉ, ASSEMBLÉE, ELECTION.

PASSEPORT, s. m. C'est le nom qu'on donne à une sorte de permission de voyager ou de sortir du royaume.

On distingue deux espèces de *passeport*, ceux qui ne regardent que l'intérieur du royaume, & ceux qui sont accordés aux personnes qui passent dans le pays étranger. Autrefois les premiers se délivroient sur un certificat donné par un commissaire au châtelet, qui attestoit, sur le témoignage de deux personnes, que celui qui demandoit un *passeport*, étoit un homme honnête. Ce certificat, ou si l'on veut, cette espèce de déposition étoit portée chez M. le lieutenant de police, au bureau des *passeports*, où l'on délivroit un *passeport*, moyennant 24 sols.

Les *passeports* pour l'étranger se délivroient sur celui de la police au bureau des affaires étrangères; & quand la personne qui les demandoit, étoit étrangère, il falloit qu'elle apportât un certificat de l'ambassadeur ou résident de son pays. Cet ordre de choses subsiste encore avec quelques modifications, ou si l'on veut, même avec plus de gênes à présent. Quand on a besoin d'un *passeport*, il faut avoir d'abord un certificat d'état ou de mœurs de la section, dans laquelle on demeure; après quoi, il faut se rendre à la municipalité qui, sur ce bulletin, vous délivre un *passeport*: sur celui-ci, on en obtient au département des affaires étrangères pour le dehors du royaume.

J'ai toujours regardé la police des *passeports* comme une des plus odieuses & inutiles entraves mises à la liberté individuelle; elle ne peut que favoriser les coupables, & nuire aux honnêtes gens; elle est d'ailleurs contraire à tous les principes & le prétexte du plus ridicule des despotismes. C'est sur-tout dans un gouvernement populaire, comme celui de la France aujourd'hui, que la loi des *passeports* a tous ces inconvéniens. Là, le peuple, toujours ardent à opprimer, quand il est le plus fort, exerce une tyrannie, une inquisition diabolique, & de tous les lieux sur les personnes; il trouve son bonheur à mettre la plus grande sévérité, le plus de rigueur dans tout ce qui peut lui donner une autorité directe sur les actions privées: comme dans un pareil gouvernement, chacun est ou se croit un fonctionnaire public, on se trouve éternellement obligé de rendre compte de sa conduite à tout bourgeois de village, qui tout uniment vous empêche de passer, si vous ne lui montrez pas un *passeport* en règle.

C'est dans les malheureux jours, où nous vivons sur-tout, que cette manie des *passeports* a fait des progrès étonnans. Auroit-on jamais pensé que, avec tout le bruit que l'on fait sur le respect des droits de l'homme, qu'avec les sermens prodigués de mourir pour la liberté, on n'eût pas seulement celle d'aller à vingt lieues, sans de très-sottes formalités; qu'on ne pût pas sortir du royaume, si l'on n'est négociant ou étranger? Comment concilier cet esclavage avec la fureur de la démagogie, de la licence? Qu'est-ce que la liberté, si, dès qu'un trouble arrive, d'un bout du royaume à l'autre tout individu est tenu à la chaîne, & fait prisonnier d'état?

C'est précisément dans les tems de trouble, qu'il faut laisser à chacun le pouvoir de se retirer où bon lui semble: c'est un droit de la conservation personnelle; on ne peut pas l'anéantir, sans injustice & sans tyrannie. Mais que peuvent des principes de justice contre la force qui commande, contre l'adresse d'une faction puissante, qui trouve très-utile à ses intérêts de lâcher après ce qu'elle appelle ses ennemis, le peuple des villes & des campagnes, qui lie ainsi à son parti une multitude orgueilleuse & fanatique, toujours prête à appesantir le joug sur tout ce qui n'est pas elle?

Ces considérations & d'autres encore m'avoient engagé à traiter la question des *passeports*, & à démontrer leur injustice & leur inutilité, dans un journal intitulé le *moniteur*; mais mes raisons n'ont pu tenir contre le besoin de flatter le peuple & la haine de la liberté personnelle, qui est une tache indélébile du caractère françois: aussi aujourd'hui seroit-on bafoué, si l'on prétendoit soutenir sérieusement qu'un *passeport* est dans un tems de tyrannie la plus odieuse comme la plus injuste des obligations, auxquelles on puisse assujettir les individus? Voici donc ce que j'écrivis en juillet 1789, & que je rapporte ici comme ce que je crois de mieux contre ce genre de despotisme bête, inconnu des anciens.

Si quelque chose peut caractériser les progrès de la raison publique, c'est bien moins la recherche d'une perfection idéale & stérile, que le respect du bonheur & de la liberté des individus en société. Le premier objet indifférent par lui-même ne se réalise que par l'existence du second, ou plutôt sans le dernier, l'autre n'est qu'un fantôme qui fatigue inutilement la volonté, sans rien présenter de positif à la jouissance.

Ces maximes simples en elles-mêmes, & si près de la conception, ne paroissent cependant pas avoir été senties aussi profondément qu'on auroit dû l'espérer du développement des lumières & de la haine des vieilles institutions politiques.

Il semble, au contraire, que la chaleur des premières idées ait tout abandonné à la coërtion publique, dépouillé l'homme de ses droits personnels, & livré ses mouvemens & sa conduite à une surveillance aussi étendue que dangereuse, dans les moyens qu'elle emploie les vues & les intérêts qui la dirigent.

Cette déviation inattendue des principes de justice & de liberté trouble la société, aliène les esprits, & produit, au milieu des plus sages dispositions, un mécontentement, une inquiétude, qui n'est pas toujours le résultat de l'erreur & de la cupidité.

Comme les fortunes particulières sont la base de la prospérité publique, il n'est point de liberté commune, si chacun individuellement est privé de la sienne, ou gêné dans l'usage naturel & légitime qu'il peut en faire.

Tous les peuples sages ont inviolablement consacré cette vérité; & il est étonnant que nous, dont les prétentions vont si loin, ayons pu la méconnoître, & la méconnoissions encore avec un mépris qui tient également de la licence & du fanatisme.

Déjà nous avons remarqué notre propension individuelle à l'espionage domestique, à l'intolérantisme moral, au puritanisme & aux abus de l'impétuosité politique, qui nous agite aujourd'hui. Il est encore un désordre de police d'autant plus odieux, qu'il tient à tous les arts de la tyrannie, & prive l'homme du premier, du plus juste de ses droits, celui de respirer l'air qui lui plaît, sans demander la permission d'un maître qui peut la lui refuser; c'est l'abus des *passeports*.

Il n'y a point de convenances qui puissent autoriser un abus de cette espèce; il n'y a point d'avantage qui puisse en effacer l'odieux & l'injustice; établir des droits avec cette inégalité, cette irrégularité de jouissance, ce n'est point en établir, c'est fatiguer inutilement la société.

De tous les écarts de la liberté, ceux de la suppression des *passeports* étoient les moins à craindre; d'ailleurs il est des inconvéniens attachés à tout, & l'on ne doit sacrifier une réforme au danger de les faire naître, que lorsqu'ils sont d'une nature à troubler universellement & constamment le bonheur des familles, la paix, la sécurité des individus.

On est difficilement porté à penser qu'on puisse avoir à défendre aujourd'hui le droit qu'a tout homme de voyager librement; qu'on puisse encore avoir à demander la suppression de l'esclavage des *passeports*. Il est cependant très vrai que nous en sommes encore là, & que la liberté n'est jusqu'ici connue, quant à l'usage personnel, que par l'abus que quelques esprits insolens osent en faire impunément & publiquement.

Mais, dit-on, la liberté de voyager donnera aux coupables la facilité de se soustraire à la justice qui les poursuit.

Vous pourriez dire aussi, & à la tyrannie qui les persécute; mais ne mettez-vous point au rang des peines celles de se bannir soi-même? Et puis, si vous avez des raisons de captiver des coupables, ce n'est qu'après que leur délit est prouvé, & non avant. Quel droit avez-vous, je vous prie, de me forcer à prendre l'attache d'un commis pour pouvoir rejoindre ma famille, mes enfans, ma femme? Et si un délai de deux ou trois jours m'a fait arriver trop tard pour aller à leur secours, qui m'en dédommagera? Si, pour de si chers intérêts, je passe par-dessus les formes, qui me vengera de l'arrestation qu'un maire ou tout autre municipal fera de moi au premier village de ce pays, où je croyois être libre d'une solide & véritable liberté?

Au reste, avec cette maxime d'empêcher le coupable de se soustraire à la loi, il n'est point d'inquisition, de question préparatoire ou définitive, d'espionage domestique, de despotisme de détail, que l'on ne puisse établir, & j'ajouterai que l'on n'établira.

C'est de cet esprit que les anglois ont su se préserver. Malgré les défauts de leur jurisprudence civile & fiscale, ils sont libres par leur respect pour la liberté de l'homme; ils sont libres par les principes d'une constitution vicieuse à des égards, à la vérité, mais enfin toute dirigée au respect des droits individuels; les premiers, comme les plus utiles de tous.

Je résume: Les *passeports* sont contraires à tous les principes de justice & de raison; il n'y a que l'oubli des droits, & l'inconséquence politique, qui puissent les consacrer: toutes les fois qu'on arrête un homme, à défaut de cette formalité, on commet un délit, & ce délit se renouvelle tous les jours, même envers la classe pauvre & obscure du peuple, si malheureusement condamnée à souffrir par ceux qui l'agitent, pour l'abandonner ensuite à la misère & à l'oppression.

PASSION, s. f. C'est un mouvement de l'ame, qui naît en nous du plaisir ou de la peine que nous fait éprouver quelqu'objet.

La théorie des *passions* est une des plus précieuses parties de la morale, parce que c'est d'elle qu'on apprend à connoître & à gouverner les hommes. Presque tous sont mûs par leurs *passions*; la conviction purement mentale ne les ébranle que foiblement au moment où le sentiment de la haine ou du plaisir s'empare d'eux. Il ne faut donc pas compter, en matière de gouvernement, sur les idées fugitives, & l'apperçu plus ou moins développé des principes d'honneur & de justice parmi les hommes. L'observation de ces principes exige communément le sacrifice des *passions* qui nous plaisent le plus, la vengeance & la cupidité. C'est donc une erreur digne des économistes, de penser que l'évidence de leur intérêt bien entendu, le sentiment de la loi, peut seul conduire les hommes, & qu'on doit calculer les rapports sociaux & politiques, qui existent entr'eux d'une manière abstraite & simplement mathématique.

Dépouiller les hommes de leurs *passions*, & croire qu'ils ne se laisseront jamais égarer par elles; que jamais elles n'affoibliront l'impression des vérités sur leur esprit, c'est ne point les connoître, ou c'est chercher à les flatter par un intérêt de parti.

Je dis *flatter*, parce qu'en effet, quoique les hommes ne se conduisent en général que par leurs *passions*, ils voudroient persuader qu'ils n'agissent jamais que par le sentiment de la justice, & ils aiment à trouver des défenseurs de ce mensonge d'amour-propre. Aussi le moyen de se faire un grand nombre de partisans, c'est de professer cette doctrine; c'est de dire que la *raison est faite pour l'homme; qu'avec le progrès des lumières, on ne verra plus que justice & fraternité dans la société*, & cent autres adages pareils qui ont vingt fois bouleversé les gouvernemens. On est aujourd'hui plus que jamais persuadé de cette erreur, & l'on assure que les hommes n'ont qu'à connoître la loi, la vérité, pour s'y soumettre; tandis qu'en aucun tems de troubles, on n'a violé l'une, & méprisé l'autre avec plus d'indifférence, de gratuité & d'impunité.

C'est pour balancer cette influence des *passions*, sur l'ordre public & le bonheur de la société, que la religion est sur-tout du plus grand intérêt; elle fait de plus profondes impressions, que tous les systêmes de logique possibles, & atteint l'intérieur de l'homme, de manière à y commander impérieusement les devoirs au nom d'une puissance qu'il est habitué de respecter. Sans religion, il n'y auroit point de société, parce que tous les échafauds & les archers du monde n'équivaudront point aux moyens d'ordre & de soumission qu'elle présente; bien moins encore pourroit-on conduire la société par des idées générales d'honneur & d'intérêt, parce que les *passions* donnent à ces deux bases de la conduite individuelle, la couleur & le caractère qui leur plaît? Et puis, souvent l'homme va au mal irrésistiblement. *Video meliora, proboque, deteriora sequor.* Voilà l'homme & en même tems la condamnation des alchymistes politiques, qui ne voient la société qu'à travers leurs rêveries.

Une seule *passion* est de nature à produire de grands effets, en se rapprochant du véritable intérêt social; c'est l'orgueil national: mais il n'a de valeur qu'en raison des relations & des rapports qu'un état peut avoir à l'extérieur; c'est un sentiment relatif plutôt qu'absolu.

Par tout ce que je viens de dire, on ne doit point conclure que je regarde les *passions* comme destructives de la société: au contraire, je crois qu'elles contribuent à y rendre les jouissances plus nombreuses, & l'activité plus grande. Mais j'ai voulu faire remarquer que leur action impétueuse, irrésistible, empêche souvent l'homme d'écouter la raison, & que c'est s'égarer, que de dire que l'homme se conduisant toujours par intérêt, on est sûr de lui faire tenir une conduite déterminée, en lui prescrivant des règles conformes à son intérêt: car encore une fois dit, les *passions* de l'homme lui font souvent prendre le change sur ses intérêts, & méconnoître plus souvent encore le droit des autres.

Les *passions*, considérées dans l'ordre de la police ordinaire, doivent encore faire un objet d'étude pour les magistrats & officiers chargés du gouvernement des peuples. Malheureusement ils font peu de cas de cette science, & elle ne leur est pas plus familière que l'algèbre. Ces messieurs, nouvellement portés à régir le peuple par son propre choix, se croient tout naturellement doués des qualités propres à l'administration, sans étude & sans réflexion.

PATISSIER, f. m. Celui qui fait & vend de la pâtisserie, c'est-à-dire, des pâtés, brioches, biscuits, &c.

Le commissaire la Marre a fait quelques recherches, & des remarques sur l'état de *patissier*; nous allons les consigner ici.

Les premiers statuts des *patissiers*, qui leur furent donnés par S. Louis, au mois de mai 1270, les confirment dans l'ancien usage dont ils étoient en possession de travailler tous les jours de fêtes, sans aucune distinction. Il n'y est fait aucune mention du dimanche. Ainsi cette dispense, qui ne tomboit que sur les fêtes, devoit avoir quelque fondement fort ancien, qui eût rapport à ces solemnités.

Pour remonter jusqu'à la source, l'histoire nous apprend que les païens avoient leurs fêtes, qu'ils solemnisoient en l'honneur de leurs faux dieux, ou en mémoire de la naissance de leurs princes, des fondateurs de leurs villes, ou de quelques autres grands événemens. La principale solemnité de ces jours consistoit à les passer en festins, tant publics que particuliers; d'où ils étoient nommés par les romains, *dies epulatæ*. Quelques auteurs même prétendent que le mot *feriæ*, qu'ils employoient pour signifier les jours de fêtes, étoit pris de cette principale circonstance de leur solemnité. *Feriæ à ferendis epulis*.

Les premiers chrétiens, qui sortoient du paganisme, abandonnèrent bien, à la vérité, le culte des faux dieux, & tout l'essentiel de l'idolâtrie; mais ils conservèrent toujours certaines coutumes, dans lesquelles ils avoient été élevés, & qu'ils croyoient sans doute indifférentes. Celle de se réjouir & de faire des festins en public & en particulier, les jours des fêtes instituées par l'église, fut de ce nombre; & passant des pères aux enfans, l'usage s'en est conservé pendant plusieurs siécles. Toute affoiblie qu'est cette coutume, nous en voyons encore quelques restes dans les débauches de la Saint-Martin, de la veille du jour de l'Epiphanie, & dans les assemblées qui se font encore en plusieurs bourgs & villages les jours des patrons, avec danses & festins.

Les pères de l'église & les conciles se sont souvent élevés contre ces abus; & dès la naissance du christianisme en France, Childebert, fils du grand Clovis, premier roi chrétien, les condamna & les défendit expressément par son ordonnance de 554. L'on fut néanmoins obligé de les tolérer encore long-tems, pour ne pas s'opposer, sans fruit, au torrent d'un peuple prévenu en faveur de ses anciennes coutumes; mais dans l'espérance toujours de les abolir insensiblement, en les retranchant peu-à-peu, ainsi que l'on a fait dans la suite avec assez de progrès.

Supposant cette coutume de solemniser les fêtes par des festins & d'autres réjouissances séculières & profanes, l'on n'aura pas de peine à croire que les gens destinés à la préparation des repas devoient être beaucoup occupés pendant ces jours, & qu'en tolérant le premier abus, l'on ne pouvoit se dispenser de souffrir l'autre.

Mais, de toutes les professions, il n'y en avoit aucune, dont l'emploi fût plus nécessaire en ces jours, que celui des *patissiers*, par deux raisons tirées de ce qui se passoit, & de leurs propres statuts, qui nous en fournissent en partie la preuve.

La première, que de tout tems, ces régals & ces réjouissances des jours de fêtes ont consisté principalement dans un fort grand débit de tartes, de gâteaux, & de toute autre sorte de pâtisserie & de friandises. On les exposoit en vente, non-seulement pour l'usage des repas, mais encore pour en faire des largesses & des présens. Les amis s'en envoyoient les uns aux autres, par une espèce de religion, & pour entretenir entr'eux l'union & la concorde. On ne peut douter que ce ne fut la coutume des païens, après le témoignage de Macrobe, l'un des plus célèbres auteurs sur cette matière. Les juifs même, selon le prophète Jérémie & ses interprètes, pendant leur captivité en Egypte, s'accommodant en cela aux mœurs du pays, y avoient contracté cette superstition des gentils. Les premiers chrétiens, qui avoient été élevés, dès leur enfance, dans cette mauvaise habitude, comme il vient d'être observé, en conservèrent l'usage.

La seconde raison, ou le second prétexte qui avoit pu donner lieu à cette dispense accordée aux *pâtissiers* d'observer les fêtes, c'est qu'en ce tems, ils étoient également *pâtissiers*, cabaretiers, rôtisseurs & cuisiniers. C'étoient eux qui entreprenoient les nôces & les banquets. Les anciennes ordonnances de police font défenses à toutes personnes de les y troubler. Ce n'est pas qu'il n'y eût à Paris une communauté de rôtisseurs aussi ancienne que celle des *pâtissiers*; mais il n'étoit permis à ceux de cette communauté, que de faire rôtir seulement de la viande de boucherie & des oies. Ce fut de-là qu'ils furent nommés *oyers*, & non pas rôtisseurs. Delà vient aussi que la rue où il y en avoit un plus grand nombre, fut nommée la *rue aux oyers*, qui est celle que l'on nomme aujourd'hui par corruption la *rue aux Ours*. Tout le gibier, toute la volaille, & l'autre commune viande étoit préparée & vendue par des *pâtissiers*. Cet usage, qui n'est plus à Paris, s'est conservé dans la plus grande partie des autres villes du royaume. Ainsi cet emploi étant plus nécessaire au public que celui de simple *pâtissier*, il auroit pu autoriser cette dispense qui leur fut alors accordée.

Leurs statuts furent renouvellés par les lettres-patentes du mois de mai 1653. Ces derniers statuts confirment tout ce qui avoit été ordonné par ceux du mois de juillet 1566. La fête de la Chandeleur fut conséquemment rétablie. Ces nouvelles lettres ajoutent encore aux fêtes de Pâques, de la Pentecôte, du saint Sacrement, de l'Assomption, de la Chandeleur & de saint Michel, celle de l'Ascension de N. S., de l'Annonciation & de la Conception de la S. V.; & il est enjoint aux *pâtissiers* de cesser leur travail, & de tenir leurs boutiques fermées tous ces jours de fêtes, qu'ils sont obligés d'observer.

PAUVRE, s. m. Celui qui n'a que peu ou point de propriété.

La

La pauvreté est un état relatif. Dans la société actuelle, on donne assez communément le nom de *pauvre* à celui qui, sans être dans la dernière indigence, manque cependant des moyens de vivre, & est obligé de recourir soit à la charité publique, soit à celle des particuliers, pour ne pas périr de faim ou de maladie.

L'on a rangé en différentes classes les secours qui peuvent être donnés aux *pauvres*, suivant leur sexe, leur âge & leur état; pour les malades, on a élevé des hôpitaux; pour ceux qui se portent bien, on a formé des atteliers de travaux pour les hommes, & de filature pour les femmes. Des sociétés particulières sont encore venues à leur secours. On connoît à Paris la société philantropique & la société maternelle, ainsi que celle de charité. Mais tous ces établissemens ont beaucoup perdu depuis la révolution. La plupart des revenus, qui y étoient attachés, ont été supprimés ou détournés à d'autres objets, les personnes bienfaisantes, qui y contribuoient de leur fortune, ont été ruinées, ou se sont expatriées, ou ont changé par l'effet des circonstances. *Voyez* MENDICITÉ, CHARITÉ, HÔPITAUX, ENFANS-TROUVÉS, SOCIÉTÉ.

PAVÉ, s. m. C'est une pierre dure, & ordinairement de grès, dont on se sert pour couvrir les rues, les places & chemins publics, les cours, cuisines & écuries des maisons; on le dit en général du lieu qui est pavé, & en particulier, de chaque pierre qui sert à paver: il y a plusieurs espèces de *pavés*; le *pavé* neuf & le *pavé* de rebut, le *pavé* d'échantillon & le *pavé* des bordures, le *pavé* de pierre parementée, & le *pavé* de pierre brute.

Les carthaginois passent pour avoir inventé l'usage de paver les rues: les romains ont été les premiers à les imiter; mais ils les ont beaucoup surpassés, en portant l'entreprise jusqu'à paver les grands chemins dans toute l'étendue de leur empire.

L'établissement du *pavé* en France n'étoit point connu avant Philippe-Auguste; sous le règne duquel, selon le témoignage de Rigord, médecin & historiographe de ce prince, le premier *pavé* de la ville de Paris fut posé en l'année 1184.

C'est-là l'époque à laquelle on peut rapporter l'entreprise du *pavé* des autres villes & des grands chemins de la France. Les mêmes titres qui accordent aux trésoriers de France la compétence, relativement aux chemins, l'établissent également par rapport au *pavé*, qui en est une partie essentielle.

Il y a une police particulière concernant les atteliers pour la construction & l'entretien des ponts & chaussées, & les ouvriers qui y travaillent.

L'art. 1 de l'ordonnance rendue, à ce sujet, par les trésoriers de France de Paris, le 2 août 1774, défend à tous ouvriers, compagnons paveurs & carriers employés à la fabrication & à la réparation du *pavé* pour les routes de la généralité, & les rues de la ville & fauxbourgs de Paris, de désemparer les atteliers, & de quitter leurs occupations, sans un congé par écrit de l'entrepreneur, à peine de 50 liv. d'amende, conformément aux ordonnances des 25 février & 4 juillet 1769.

L'art. 2 leur défend d'exciter aucun trouble dans les atteliers, d'ameuter les ouvriers pour abandonner leurs ouvrages, d'injurier, &c. à peine de pareille amende.

Par l'art. 4, défenses sont faites à toutes personnes de troubler les compagnons paveurs dans leurs atteliers, d'arracher les pieux & barrières établis pour la sûreté de leurs ouvrages, d'endommager leurs bâtardeaux, d'entreprendre d'y passer avec voitures, & d'injurier & maltraiter les paveurs & ouvriers, à peine de 300 liv. d'amende & de plus grande peine, si le cas y échet; même de peine afflictive, conformément aux ordonnances du bureau des finances, des 14 février 1670, 29 mars 1754, & 30 avril 1770. *Voy.* VOIRIE.

PÉDÉRASTIE, s. f. C'est la même chose que sodomie.

Nous n'entrerions dans aucune explication sur ce vice, si les soins de la police ne s'étoient étendus à en empêcher la propagation dans la société. On a pu voir au mot *inspecteur*, qu'il y avoit ci-devant à Paris un département de la police, chargé particulièrement du soin de connoître & d'arrêter les *pédérastes*, dont en général le nombre est assez considérable dans la capitale.

La police les distinguoit en deux classes; ceux qui se livrent à ce genre de prostitution, & ceux qui l'alimentent par leur goût pour cette dépravation monstrueuse.

C'étoit sur la première classe, que portoient principalement les recherches de la police: les jeunes gens, qui la composoient, étoient tous ou à-peu-près tous inscrits sur les régistres de l'inspecteur; on tenoit également note de ceux, aux plaisirs desquels ils servoient.

La conduite de la police étoit assez prudente à cet égard, & de nature à empêcher la publicité du scandale. Ceux qui étoient connus pour *pédérastes* de la première ou de la seconde classe, n'étoient point inquiétés, tant que leur débauche étoit secrette ; mais lorsqu'il arrivoit que les uns ou les autres racrochoient publiquement, alors ils étoient arrêtés & conduits chez un commissaire. Comme les jeunes gens, qui se prostituoient à ce désordre n'étoient, comme ils ne sont encore en général, que des coëffeurs, des perruquiers, des jockeis, des domestiques sans condition, on les envoyoit assez communément à Bicêtre, pour un, deux, trois ou six mois, suivant que le lieutenant de police en prononçoit sur le rapport de l'inspecteur ou du commissaire. Quant à ceux avec qui l'on les trouvoit on en prenoit le nom, & quelquefois on les rançonnoit.

La police tenoit encore note des femmes du monde, qui se prostituent à la manière des *pédérastes*; mais c'étoit l'inspecteur des filles, qui avoit cette partie. *Voyez* le dictionnaire de JURISPRUDENCE & PROSTITUTION.

PEINTRE. s. m. L'artiste qui fait des tableaux & par dérivé celui qui peint soit les bâtimens, soit les meubles.

C'est dans ce second sens qu'il y avoit à Paris, ci-devant, une communauté de *peintres*, doreurs, vernisseurs, car on s'imagine bien que jamais on imagina de mettre en jurande l'art de la peinture & le talent de rendre les beautés de la nature par l'imitation.

Par l'édit de 1776, les *peintres* & sculpteurs furent réunis en une seule communauté, & leurs droits s'élevoient à six cents livres.

Le même édit leur donne pour attribution la liberté d'exercer leur art en bâtimens, voitures & meubles. Ils étoient à la fois vernisseurs, doreurs sur bois, sculpteurs & marbriers. Ils pouvoient faire le commerce des tableaux en concurrence avec le mercier & le tapissier.

PELERINAGE, s. m. Voyage entrepris par un motif de dévotion.

Les *pélérinages* ont été très à la mode autrefois. Ce n'étoient point seulement des gens du peuple, mais encore les plus grands princes qui les entreprenoient par des motifs religieux. Celui de la Terre-Sainte étoit un des plus fameux; & l'institution des chevaliers de S. Jean de Jérusalem ou de Malthe n'est due qu'au soin de protéger les *pélerins* qui se rendoient à Jérusalem, pour y visiter les lieux saints. Parmi les turcs, le *pélérinage* de la Mecque est encore un des devoirs de la religion mahométane. Il a lieu tous les ans, & attire un grand nombre de fidèles au tombeau du prophète. Nous avons eu & nous avons encore en France des lieux de *pélérinage*, tel qu'est N. D. de Liesse près de Laon. S. Jacques en Galice est aussi pour l'Espagne un lieu de *pélérinage* célèbre.

Les *pélérinages* du peuple ont été quelquefois l'occasion de désordre, ou plutôt une facilité de commettre des brigandages, en se réunissant en troupe & parcourant ainsi les campagnes. A cet égard, c'est un bien qu'on ait, par des réglemens, prévenu les désordres qui en pouvoient résulter. Mais on a mal-à-propos & injustement attaché des rigueurs aux *pélérinages* en pays étranger, faits paisiblement & tranquillement; on a craint que le *pélérinage* ne devînt pour les personnes mécontentes un moyen de fuir & de quitter le royaume : en conséquence, il a été donné une déclaration en 1686, & renouvellée depuis en 1738, qui défend, sous peine de galères pour les hommes, & de punition arbitraire pour les femmes, d'aller en *pélérinage* dans l'étranger, sans une permission du secrétaire d'état, délivrée sur une approbation de l'évêque diocésain.

Cette rigueur étoit principalement dirigée contre les protestans proscrits & persécutés; sous le prétexte de *pélérinage*, ils émigroient à l'étranger : aussi trouvoit-on fort mauvais que, par ce moyen, ils allassent chercher dans un autre pays la paix & la liberté; comme aujourd'hui l'on ne veut point que ceux, que la révolution opprime, jouissent du droit qu'a tout homme de se retirer où il croit sa vie & sa tranquillité plus assurées. De tout tems, la tyrannie a eu le même caractere; elle n'a fait que changer d'objet ou de prétexte.

PELLETIER-FOURREUR, s. m. C'est le marchand qui achete, vend, apprête & emploie à différens ouvrages des peaux de poil.

Les *pelletiers* sont nommés dans leurs statuts, *pelletiers-haubaniers-fourreurs*. Ils composent le troisième des six corps des marchands de Paris. Leurs premiers statuts sont de 1586, & les derniers de 1648. Pour être admis à ce corps, il faut avoir fait quatre ans d'apprentissage & autant de compagnonage. Six gardes gèrent les affaires de la communauté ; ils peuvent porter la robe consulaire dans toutes les cérémonies où ils sont appellés. On ne compte à Paris qu'environ cinquante ou soixante marchands *pelletiers*.

Les manchons, les palatines, les fourrures pour doubler les habits des hommes & les mantelets des femmes, sont les principaux objets de leur commerce.

Il leur est défendu de mêler du vieux avec du neuf, de fourrer des manchons pour les merciers, de travailler pour les frippiers, de faire le courtage & de contracter aucune société avec des marchands qui ne sont pas de leurs corps.

Par l'édit du mois d'août 1776, les *pelletiers* ont été unis à la communauté des bonnetiers & chapeliers. Leurs droits de réception sont fixés à 600 livres.

PERIL, ſ. m. Etat d'une choſe qui eſt expoſée à perir. L'on emploie ce mot en matière de police de la voierie, pour déſigner les dangers auxquels un bâtiment ou tout autre conſtruction expoſe ceux qui paſſent auprès, alors on dit *peril imminent*.

La pareſſe ou la cupidité des propriétaires les empêchent quelquefois de faire à leurs maiſons les réparations néceſſaires, enſorte qu'on en a vu tomber de vetuſté, cauſer des malheurs & occaſionner beaucoup de déſordre. Il a donc fallu que dans les grandes villes ſur-tout, la police ſe chargeât du ſoin de mettre le public à l'abri des dangers auxquels il ſe trouveroit expoſé par la négligence des propriétaires; c'eſt à quoi ſont deſtinés les réglemens ſur ces *perils imminens;* nous en ferons connoître la ſubſtance au mot VOIERIE, tels au moins qu'ils étoient en uſage ci-devant. La révolution y a apporté quelques changemens, & tout ce qui étoit attribué à cet égard aux lieutenans de police & bureaux des finances eſt aujourd'hui du reſſort des municipalités & directoires de départemens. *Voyez* VOIERIE.

PERRUQUIER, ſ. m. c'eſt celui qui fait & vend des perruques, coupe & friſe les cheveux.

En 1620, on créa quarante-huit barbiers-baigneurs-étuviſtes-*perruquiers* ſuivant la cour; & on les avoit confirmés en cette qualité par deux arrêts du conſeil, des 5 mars & 11 avril 1634.

En 1665, Louis XIV créa par édit du mois de décembre, un corps & communauté de deux cents barbiers-*perruquiers*-baigneurs-étuviſtes, pour la ville & fauxbourgs de Paris, vingt dans les villes où il y a parlement, & ſix dans les autres; mais l'édit n'eut point d'exécution.

Enfin par un édit du mois de mars 1673, il s'en fit une autre nouvelle création, à peu près ſur le même pied de celle de 1659, & c'eſt cette communauté qui ſubſiſte encore aujourd'hui. Les ſtatuts de ce corps, dreſſés au conſeil le 14 mars 1674, & enregiſtrés au parlement le 17 août ſuivant, conſiſtent en 36 articles dont les trois premiers concernent l'élection des prévôts, ſyndics & gardes, dont les trois anciens ſeront changés tous les ans, en ſorte qu'ils reſtent chacun en charge deux années entières.

Il y a 805 maîtres *perruquiers* à Paris. Le brevet d'apprentiſſage eſt de quatre ans, & coûte 40 livres & la maîtriſe eſt de 300 livres outre la charge qui eſt de 3000 livres.

Une ordonnance de police, concernant la diſcipline des garçons *perruquiers*, du 18 juillet 1781, fait très expreſſes inhibitions & défenſes à tous logeurs & logeuſes de garçons *perruquiers*, ſoit que leſdits garçons ſe trouvent en place, ou qu'ils ſoient nouvellement arrivés de la province pour travailler dans la ville, fauxbourgs & banlieue de Paris, & à toutes perſonnes généralement quelconques, de s'immiſcer de placer aucun garçon, notamment en qualité d'aides, chez les maîtres *perruquiers*; de ſe pourvoir de garçons ou d'aides chez les logeurs, logeuſes ou ailleurs, qu'au bureau de la communauté, à peine contre chacun des contrevenans, de 200 liv. d'amende & de plus forte en cas de récidive; enjoint aux garçons *perruquiers* qui ſe propoſeront de travailler en qualité d'aides, de ſe transporter au bureau de la communauté, deſtiné à la diſtribution des billets, & dès qu'ils leur auront été délivrés de ſe tranſporter chez les maîtres indiqués à chacun d'eux par ſon billet; leur défend en outre d'exiger des maîtres plus de 15 ſous par jour pour leur ſalaire outre leur nourriture & le logement, conformément à l'arrêt du 6 ſeptembre 1773, à peine d'amende, même de priſon, & enjoint aux ſyndics des maîtres *perruquiers*, de veiller à l'exécution de la préſente ordonnance.

PEUPLE, ſ. m. C'eſt la réunion de toutes les claſſes d'individus qui compoſent une nation.

Cependant on emploie plus communément ce mot pour déſigner ſeulement les claſſes inférieures de la ſociété; ce qui comprend les ouvriers, les domeſtiques, la petite bourgeoiſie & les payſans; ces claſſes forment une population au-deſſus de celle des autres & rendent par là la prépondérance du *peuple* très-grande dans les mouvemens politiques.

Le mot du peuple eſt employé quelquefois pour déſigner le corps entier de la nation, mais alors on dit, pour plus de clarté, le *peuple françois*, par exemple; car malgré les explications qu'on a données du mot *peuple* & le caractère de dignité dont on a voulu l'inveſtir, on continue toujours à le prendre dans une acception du mot latin *plebs*, & non pas *populus*; il ne ſignifie que les claſſes inférieures de la ſociété.

C'eſt dans ce dernier ſens que nous le prendrons ici; nous en avons fait uſage dans l'autre ſignification au mot APPEL, & nous ajouterons que peut-être ce que nous dirons dans cet article pourra ſervir de correctif à quelques aſſertions du premier, où l'on verra que l'expérience ne nous avoit point encore appris à diſtinguer ce que l'on peut utilement & avec ſtabilité mettre en pratique dans une grande nation, de ce qui n'eſt vrai qu'en théorie & conſidéré d'une manière abſtraite. On peut dire encore que telle manière d'appliquer la théorie à la pratique peut différer beaucoup chez un *peuple* de ce qu'elle eſt chez un autre qu'enfin en matière de gouvernement comme de santé, ce qui convient à l'un ne convient point à l'autre, & que les nations comme les hommes ont leur âge & leurs habitudes particulières qui doit en faire varier le régime.

Nous considérerons donc ici le *peuple* comme composé seulement des classes inférieures de la société, & sous ce point de vue nous procurerons rapidement les devoirs des magistrats de police à son égard, & les moyens d'assurer son bonheur & sa liberté sans l'exposer à ces sécousses violentes, dont il est la victime après qu'il a troublé la tranquillité & l'ordre de la société.

Deux choses sont redoutables dans le *peuple*, son ignorance & sa force, quand les circonstances l'assurent de l'impunité, la première devient fanatisme, la seconde barbarie, c'est ainsi que dans ces derniers tems nous avons vu le *peuple*, jusqu'ici étranger à toutes sortes de discussions publiques, apporter dans les débats politiques dont il s'est mêlé un fanatisme intolérable, ne point vouloir douter de son infaillibilité, rendre inutiles toutes reflexions & prennant ces idées obscures & imparfaites pour des lumières, demander & entreprendre des choses qui contrastoient avec toute espèce de lumières & de connoissance de la société. Sa férocité est encore un plus grand fléau; elle est le résultat de son ignorance & de la grossiéreté de ses habitudes. Tant qu'elle reste isolée dans chaque individu, l'ordre public, la sûreté des personnes, n'en sont point troublés; mais, quand par la réunion du grand nombre elle s'assure une grande puissance, alors elle devient barbarie, & se rend coupable de tous les crimes dont nous avons été témoins depuis deux ans.

C'est donc une chose très-dangereuse d'anéantir la force morale, qui tient à la considération des personnes & des emplois, devant une multitude qui n'est conduite que par l'action méchanique des organes, & les besoins du moment. Prétendre conduire le *peuple* par le seul sentiment de la justice & de la raison, c'est vraiment une chimère inestimable; elle suppose que l'on peut parvenir non-seulement à l'éclairer assez pour cela; mais encore à l'habituer à soumettre ses passions au calcul de l'intérêt public & de la raison; ce qu'on pourroit à peine attendre d'hommes élevés dans la pratique de toutes les vertus morales, & à l'abri des besoins, qui presque toujours égarent le sentiment de l'équité, dans les momens où ils se font fortement sentir.

Ce n'est pas seulement pour l'intérêt des classes distinguées de la société, que l'on doit, par tous les moyens sociaux, retenir le *peuple* dans la subordination; c'est pour son intérêt propre & celui de sa liberté. Comme la multitude est en général ignorante & féroce, elle détruit toute sûreté, toute paix dans la société, arrête le progrès des arts & de la fortune publique: alors il est le premier victime de son erreur & de son emportement; c'est donc lui rendre un très-grand service, que de le tenir en haleine sur ses devoirs, & de le prémunir contre les suggestions des factieux & des fanatiques, dont il ne manque jamais d'être la dupe, quand on les laisse faire.

Une autre raison doit engager les véritables amis du *peuple* à le garantir des mouvemens & des sentimens insubordonnés, c'est l'intérêt de sa liberté: comme le *peuple* a la plus grande force physique de son côté; que d'ailleurs son aggression est d'autant plus violente dans les momens de troubles, qu'il ne considère que le succès du présent: les classes distinguées de la société, effrayées de ses fureurs, se rangent bien vîte du côté de la force publique, pour s'en mettre à l'abri, & sacrifient même de leurs droits, afin de ne plus avoir à craindre le despotisme populaire, qui est le plus insupportable de tous. Il résulte de-là que sitôt que l'orage politique est passé, le *peuple* retombe dans l'esclavage, parce que, lorsqu'il étoit libre, il a abusé de sa force.

Le premier devoir des magistrats politiques est donc de veiller continuellement à entretenir parmi le *peuple* les sentimens de soumission aux loix, & de respect pour les droits de la société; & pour y parvenir, je vois deux grands moyens, la *religion* & l'*instruction*.

La première est, sans contredit, un des plus puissans moyens de conserver au *peuple* les habitudes de justice & de paix, sans lesquelles on ne peut maintenir l'ordre public qu'avec des bayonnettes, du sang, des canons & des potences. On a dit sur cela tout ce qu'il est possible de dire, & chacun sait combien peu solides sont les objections que l'on fait au principe de l'utilité de la morale religieuse. Nous ne pouvons à cet égard entrer ici dans aucun développement, & nous renvoyons au mot RELIGION.

Pour que l'instruction du *peuple* lui soit vraiment utile, il faut qu'elle soit à sa portée, & d'une utilité-pratique. Il est trop ordinaire d'entendre donner le nom d'*instruction* à des choses ou dangereuses ou inutiles au *peuple*. Aujourd'hui sur-tout on ne veut donner exclusivement ce nom qu'aux leçons de la plus insoutenable doctrine politique; doctrine qui, ne pouvant point être comprise par des esprits ignorans, devient pour eux un poison & la source éternelle des égaremens populaires.

Un moyen d'instruction seroit la lecture des journaux, si l'on pouvoit parvenir à les dégager de l'esprit de fanatisme & de parti, qui les entache tous. Chaque écrivain, à cet égard, croit être seul interprète de la raison, & parle, avec cette confiance, de ses principes & de ses opinions : mais comme chacun a sa manière de voir, il résulte de ce cahos de systême, que le *peuple* ne croit à rien & n'aime que la licence.

C'est encore là une des choses remarquables de la révolution de 1789 ; on a multiplié à l'infini les moyens de précipiter le *peuple* dans les sentimens qu'il étoit de l'intérêt des révolutionnaires, de lui donner ; mensonges, fausses maximes, exagérations politiques, tout ce qui pouvoit lui enflammer le sang, & l'aigrir, a été mis en usage, avec un succès qui tient du prodige. Le *peuple* est actuellement très-fanatique en France ; mais c'est un genre de fanatisme nouveau, & qui, sans tenir de celui des croisades, a cependant quelque chose de son débordement & de sa folie.

Le *peuple*, pris d'une manière plus stricte, est dans les villes l'objet des soins particuliers de l'administration municipale & de la police ; l'une lui doit les secours pour la santé, la pauvreté, & embrasse tous les moyens d'améliorer son sort par le travail & les encouragemens. La police doit s'occuper de sa tranquillité, de sa subsistance & de tout ce qui peut le mettre à l'abri de l'oppression des autres classes, comme celles-ci doivent trouver dans les magistrats la protection contre les insultes de la multitude, & les violences qu'elle peut commettre.

L'on parle beaucoup des mœurs du *peuple*, sans savoir ce qu'on dit ; toutes les spéculations, les réglemens à cet égard manquent presque toujours leurs objets, parce qu'on prend pour de la corruption ce qui n'est souvent que l'effet des besoins & de la misère. Vouloir d'ailleurs exiger du *peuple* des mœurs spartiates ou de puritains, cela est dangereux & chimérique ; pourvu que le *peuple* ne soit point féroce, qu'il soit soumis & laborieux, le reste doit être indifférent aux magistrats de la Cité. Le travail est son école, la paix est son bonheur, & la religion doit être sa morale C'est aux ministres du culte à le gouverner pour la partie des mœurs, & le magistrat doit se borner à des soins d'un genre différent à son égard.

Quand je dis pourtant que le magistrat de la Cité ne doit pas faire le Caton, en matière de mœurs populaires, je n'entends pas qu'il doive autoriser la licence & l'immoralité des sexes. Sûrement il peut empêcher, par exemple, que des piéces très-licencieuses ne soient données sur le théâtre ; mais il importe bien davantage encore qu'on n'en donne point de féroces & de fanatiques, comme on fait à présent. *Voyez* MŒURS, CORRUPTION DES MŒURS.

PLATRIER, f. m. On donne ce nom à celui qui cuit le plâtre, qui le bat, qui le vend.

L'ordonnance de la ville de Paris, de 1672, défend à tous les *plâtriers*, qui viennent par eau, de vendre ailleurs qu'au port à plâtre ; & ordonne, à peine d'interdiction de leur charge, aux mesureurs du plâtre, d'avoir de bonnes mesures, & de ne pas permettre qu'il s'en vende de défectueux.

Le 7 septembre 1786, le parlement a homologué une sentence de la chambre des bâtimens, qui a fixé les regles de police, que les *plâtriers* doivent suivre : cette sentence & l'arrêt portent, 1°. que les carriers ne pourront vendre ni débiter aucunes pierres de taille, moyeuses & filandreuses, sauf à eux à les réduire en moëllons ; 2°. que les *plâtriers* ne pourront fabriquer leur plâtre qu'avec moëllons & recoupes, sans pouvoir y mêler la poussière desdites recoupes, ou tout autre, marne ni autres matières étrangères ; leur fait défenses de tenir & entasser aucunes de ces poussières & matières étrangères dans l'avoisinement, & aux approches de leurs fours & culées ; leur enjoint de les enlever & jetter aux décharges ; 3°. qu'à cet effet, ils seront tenus de paver en grès les aires de leurs fours & leurs culées ; leur fait défenses de composer lesdites aires de recoupes & autres matières, qui, par l'effet des terrages & battages, pourroient se mêler avec les plâtres ; 4°. qu'ils seront tenus de faire cuire suffisamment le plâtre, avant de le pouvoir battre ; leur enjoint de retirer à cet effet des cuissons avant le battage, ceux des moëllons qui ne se trouveroient pas suffisamment cuits, & de les rejetter pour les cuissons suivantes ; 5°. qu'ils seront tenus de tenir le plâtre cuit & battu à l'abri de la pluie ; & à cet effet, de couvrir leurs fours & culées, soit en tuiles, soit en planches d'épaisseur suffisante, & bien rainées les unes dans les autres, & même en pailles, avec perches & liens suffisans, les culées seulement construites momentanément, pour suivre les exploitations des masses de pierre, en telle sorte que la pluie ne puisse pas pénétrer sur le plâtre cuit & battu, comme aussi de couvrir d'une toile ou banne suffisante chacune des voitures, dans lesquelles ils feront transporter le plâtre ; 6°. qu'ils seront tenus de livrer le plâtre battu à mesure bonne & loyale de deux boisseaux pour chaque sac, & de les faire conduire directement aux personnes & atteliers, pour qui chaque voiture sera destinée, sans pouvoir, dans le transport, soit par eux ou leurs voituriers, en détourner aucuns sacs, sous tel prétexte que ce puisse être ; à l'effet de quoi seront tenus de délivrer à leurs voituriers un écrit ou bulletin, contenant la destination de chacune des voitures, la quantité pour chaque destination ; leur fait défenses, à cet effet, de donner & livrer à leurs voituriers, charretiers & ouvriers, aucuns sacs de plâtre, soit à titre de paiement, soit à titre de pour-boire, ou à quelque autre titre que ce soit ; faisant défenses auxdits charretiers, voituriers & ouvriers, de vendre par eux-mêmes aucuns sacs de plâtre, à toutes personnes de les acheter d'eux, & de détourner leurs voitures des lieux de leurs destinations, ou s'emparer de tout ou partie du plâtre qu'elles contiendront; 7°. pour d'autant plus assurer l'exécution de tout ce que dessus, seront tenus ceux qui voudront faire à l'avenir le commerce du plâtre, de prêter serment en la chambre, de se conformer à tout ce que dessus, avant de pouvoir s'y immiscer, & de déclarer au greffe de la chambre leurs noms, qualités & demeures, & les numéros qu'ils entendent mettre dans le lieu le plus apparent de chacun des fours & culées qui leur appartiendront; enjoint à tous ceux qui font actuellement le commerce de plâtre, & qui voudront le continuer, de prêter le même serment dans le mois de la publication des présentes, lequel serment sera reçu sans frais.

PLOMBIER, s. m. On donne ce nom à l'ouvrier qui fond le plomb, qui le façonne, qui le vend façonné, qui le met en œuvre dans les bâtimens, &c.

Par l'édit du mois d'août 1776, les *plombiers* font communauté avec les couvreurs, carreleurs & paveurs. Les droits de leur réception sont fixés à 500 livres.

Un réglement de police enjoint aux *plombiers* d'employer du plomb loyal & de bonne soudure, & de donner les alignemens nécessaires à leurs ouvrages, & mettre de la soudure dans les endroits où il en sera besoin; à l'effet de quoi les jurés doivent faire leurs visites dans les maisons des ouvriers, & dans les bâtimens, pour découvrir les contraventions, & en faire leur rapport dans les 24 heures.

Pour prévenir les vols de plomb, un arrêt de réglement du parlement de Paris, du 6 septembre 1727, ordonne aux maîtres *plombiers* d'avoir un régistre, sur lequel ils écrivent jour par jour les achats & ventes de plomb, & prescrit ce qui suit:

L'art. 37 des statuts des maîtres *plombiers* sera exécuté selon sa forme & teneur, & en conséquence fait inhibitions & défenses à toutes personnes, autres que lesdits maîtres *plombiers*, d'acheter, fondre & mettre en culots la marchandise de plomb, & à tous marchands de le vendre, autrement qu'en navettes fabriquées dans les pays étrangers.

Fait pareilles inhibitions & défenses, conformément audit article, aux vitriers, bimblotiers, balanciers, potiers d'étain & de terre, chaudronniers, fondeurs, faiseurs de balles & dragées, & tous autres, d'en faire achat en morceaux ou autrement, à peine de confiscation & de 400 liv. d'amende, moitié au profit du roi, & moitié au profit de la communauté des maîtres *plombiers*.

Enjoint aux jurés de la communauté des *plombiers* de tenir exactement la main à l'exécution dudit article & du présent arrêt.

Fait en outre défenses aux maîtres *plombiers* d'acheter d'aucuns artisans, ouvriers, ou autres personnes inconnues, le vieux plomb provenant des démolitions des maisons ou autrement, dont ils ne pourront faire l'achat que du propriétaire ou de l'entrepreneur, qui aura acheté ou pris les démolitions & plombs en paiement, & dans la maison même, où ledit plomb se trouvera inutile, & non ailleurs; le tout à peine de 500 liv. d'amende, même au cas que les plombs par eux achetés se trouvassent volés, être poursuivis comme complices du vol qui en auroit été fait.

POIDS, s. m. Masse plus ou moins pesante, dont on se sert pour estimer & comparer les choses par leur pesanteur.

Les *poids* servent donc à comparer les pesanteurs comme les mesures à connoître la quantité & l'étendue des objets.

Le commerce ne peut se faire que par échange, & l'échange est fondé sur la connoissance des quantités & des valeurs relatives des choses entr'elles. L'on peut donc regarder les *poids & mesures* comme des moyens de commerce, & sur l'exactitude desquels repose la fidélité du commerce.

Ce sont les officiers de police, qui sont chargés du soin de faire suivre les réglemens établis pour la bonne foi dans l'usage des *poids* & mesures, entre les marchands & débitans; nous en allons donner une notice, extraite du *code de la police* de M. Duchesne: on observera que les attributions des anciens juges & officiers de police, à cet égard, appartiennent aujourd'hui aux municipalités.

Des poids *&* *mesures.*

Il paroît que, sous nos premiers rois, les mesures étoient égales & conformes aux matrices qui étoient gardées dans le palais du roi.

Justinien, par sa novelle 128, avoit ordonné que les matrices des mesures fussent déposées dans les églises ou autres lieux publics.

La même raison, qui a fait la différence de nos coutumes, a fait la différence des mesures: dans les troubles de l'état, chaque seigneur introduisit dans ses terres des usages particuliers.

Plusieurs de nos rois ont depuis entrepris de réduire toutes les mesures à celle de Paris; mais ces projets ont été jusqu'ici abandonnés, à cause des difficultés.

Pour y suppléer, il seroit à souhaiter que l'on dressât une table exacte, où toutes les différences des *poids* & mesures fussent évaluées & rapportées à une proportion connue; ce qui pourroit faire éviter bien des méprises sur le prix relatif des marchandises & denrées.

Les juges-royaux, qui ont la police des mesures, en ont les matrices dans les greffes de leurs siéges; à l'égard des justices seigneuriales, la plupart de nos coutumes donnent aux seigneurs haut-justiciers le droit de garder les étalons des mesures, & d'étalonner toutes celles des justices inférieures.

Ces matrices ou étalons doivent être d'une matière qui ne soit pas sujette à contracter aisément, avec le tems, des vices qui en altèrent la justesse.

Cet article mérite une très-grande attention de la part des officiers de police; & lorsque les matrices sont en mauvais ordre, ils doivent y pourvoir par un procès-verbal dressé solemnellement en l'assemblée des habitans, pour constater la dimension que chaque espèce de mesure doit avoir & former une matrice nouvelle, tellement désignée par le procès-verbal inscrit sur les régistres publics, que la postérité ne puisse la méconnoître.

1°. *Mesures des grains.*

Dans les lieux où l'étalon des mesures à grains est en bois, c'est matière à réforme: l'ancienne manière de mesurer les grains à comble, ou sur bord, est également un abus; la mesure raclée est la plus juste, & celle qui est aujourd'hui prescrite presque universellement en ce royaume.

Enfin, la forme ronde est la plus propre à faire des mesures justes, parce que ses parties se remplissent avec plus d'égalité.

On peut consulter, à cet égard, le chap. 24 des ordonnances pour la ville de Paris, où sont rapportées les lettres-patentes, portant qu'à la diligence des prévôts des marchands & échevins, il seroit fondu de nouveaux étalons de minot, demi-minot, boisseau, demi-boisseau, quart, demi-quart, litron, demi-litron, pour iceux faire l'épalement des mesures à bois, qui servent à la distribution de toutes les natures de grains.

Les jurés-mesureurs, les grainiers, & ceux qui font commerce de grains, doivent, chaque année, dans les premiers quinze jours du mois de juin, apporter leurs mesures, pour être vérifiées sur les étalons originaux, & marquées à la lettre de l'année; à peine, s'ils se servoient d'autres mesures que de celles qui seroient ainsi marquées, de 500 l. d'amende, & même d'interdiction.

La continence de ces sortes de mesures se règle en versant, par le moyen de la trémie, du grain de millet dans la matrice, jusqu'à ce qu'elle soit comble, ensuite on la rade, sans laisser grains sur bord; le millet, trouvé dans la matrice, doit être renversé par la trémie une seconde fois dans ladite matrice, en radant de nouveau sans grains sur bord; & ce qui s'y trouve cette seconde fois, se verse dans la mesure de bois, pour l'étalonner au niveau du grain.

Pour obvier aux fraudes, l'ajusteur marque la mesure au fond d'une fleur de lys, & de l'autre côté au dehors à l'extrémité, on y met la lettre courante de l'année.

Il y a plusieurs marchés où les mesures à grains sont en pierre dure; on y verse le grain, on rade, puis on le laisse échapper dans le sac de l'acheteur, par une coulisse qui est au-dessous, & qui s'ouvre & se ferme à volonté.

En Irlande, on a pourvu aux inconvéniens qui résultoient, comme parmi nous, des variations dans les mesures des grains, & dans la manière de les mesurer. Le gouvernement a fait défenses de livrer une partie de grains pour le commerce intérieur ou extérieur, autrement qu'au *poids*; cet usage, qui est en France celui des munitionnaires, & qui est même général pour toutes sortes de denrées dans la Provence, devroit être adopté dans tout le royaume, pour le commerce des grains, dont les spéculations sont fort gênées par les difficultés que les négocians éprouvent, pour s'assurer de la véritable continence des mesures de tous les lieux où ils pourroient faire leurs achats.

Quoique les mesures locales pour les grains varient aussi en Angleterre; cependant il y en a une seule dont il est permis de faire usage, lorsqu'il s'agit d'une entreprise de commerce: savoir, celle que l'on nomme de Westminster.

2°. *Mesures des vins & autres liqueurs.*

Les demi-queues de Bourgogne & d'Orléans tiennent 215 pintes, & celles de Champagne, 192 ou 195 pintes; le tout, mesure de Paris: le muid de Paris, 288 pintes.

Par lettres-patentes du roi, du 8 avril 1715, le muid de vin, dans les villes d'Auxerre, Tonnerre, Chablis, Vermanton, Avalon, Joigny & Villeneuve-le-Roi, est fixé pour sa continence à 36 setiers chacun, valant huit pintes sur marc & lie; ce qui forme les 288 pintes de Paris; mais chaque fût, y compris la lie & le marc, doit contenir 37 setiers & demi: il est ordonné que dans lesdites villes il sera, à la diligence des juges de police, déposé au greffe un étalon conforme à celui de l'hôtel-de-ville de Paris, avec défenses aux tonneliers d'en fabriquer d'une moindre continence; & parce que les vieilles futailles diminuent en les réparant, il est ordonné que les vieux muids seront réduits à demi-muids, & ainsi des autres à proportion.

On mesure les grands vaisseaux par le moyen d'une verge d'acier, qui est une espèce de compas de proportion, sur lequel sont marquées plusieurs lignes qui servent à faire la réduction sur-le-champ de la continence de tous les vaisseaux, à mesure commune & connue.

Les jaugeurs doivent avoir des jauges justes, selon l'échantillon & vrai patron qui est au greffe, & avoir une marque différente les uns des autres, consignées dans les régistres, pour marquer les tonneaux qu'ils jaugeront; que si l'on se plaint de la jauge de l'un d'eux, il en appellera un second; & s'ils ne s'accordent pas, on aura recours à un troisième; & ce qui sera accordé par deux voix conformes, demeurera pour décision.

L'inexécution des loix, par rapport à la jauge des vins & des eaux-de-vie, décréditeroit notre commerce chez l'étranger; ensorte que les principes de la justice, & ceux de l'intérêt national, concourent pour que le magistrat apporte sur cette partie la plus grande attention.

A l'égard des mesures pour le détail du vin & autres liqueurs, la quarte à Paris, que l'on nomme en quelques provinces le *pot*, tient quatre livres de liqueur, la pinte deux livres, la chopine une livre, le demi-setier une demi-livre, & le poisson un quart de livre; cela s'entend à-peu-près, parce que les différentes liqueurs ont différens *poids*.

Il est défendu à tout vendant vin, cidre, bière, breuvages & liqueurs, de faire débit desdites marchandises en d'autres mesures que de pinte, chopine & demi-setier d'étain, étalonnées sur les matrices.

3°. *De l'aune.*

L'aune sert à mesurer les draperies de laine, soie, sergeries, rubanneries, & toiles de toutes sortes; celle de Paris contient trois pieds sept pouces huit lignes.

A Lyon, elle est plus courte d'une aune sur cent.

Cette fixation de l'aune de Paris a été ainsi déterminée par l'ordonnance de Henri II, en 1557; mais on s'est apperçu par la suite, que, lors de cette ordonnance, l'aune avoit apparemment été mesurée sur la toise des architectes qui, par des altérations insensibles & progressives, étoit devenue plus grande que la toise conservée au greffe du châtelet. C'est pourquoi en 1746, on a constaté sur les mesures originales, que l'aune est de trois pieds sept pouces dix lignes, & 5 sixièmes. Les savans ont observé, d'après la mesure du pied romain antique, gravé au capitole, que l'aune de Paris devroit être originairement composée de quatre pieds romains, auxquels elle est encore égale à très-peu de chose près; ce qui étoit beaucoup plus commode pour les fractions.

Les cannes sont des espèces d'aunes, dont on se sert beaucoup dans l'Italie, dans l'Espagne, & qui ont été fort en usage dans les parties méridionales de la France, & leur longueur varie selon les lieux: celle de Rome a dix palmes, qui font six pieds onze pouces de roi, &c.

Celles d'Avignon, de Provence & de Montpellier contiennent deux tiers plus que l'aune de Paris.

Celle de Toulouse & de Languedoc a demi-aune davantage que l'aune de Paris; mais, par arrêt du 24 juin 1687, rapporté dans l'ordre de sa date au recueil des manufactures, il fut ordonné qu'à commencer du 1 septembre, lors prochain, tous fabricans, ouvriers, marchands & autres, qui vendent ou achetent des étoffes ou marchandises en Languedoc, soit de laine, soie, fil ou autres natures, seront obligés, dans la vente ou débit qu'ils en feront, de se servir de l'aune de Paris, au lieu de canne, de laquelle sa majesté a défendu l'usage; & par autre arrêt du conseil, du 27 octobre 1687, la même chose a été ordonnée pour la province du Dauphiné.

Les aunes de Troyes & d'Arc en Barrois ne contiennent que deux tiers de celle de Paris, & il en est de même dans quelques autres villes de Bourgogne & de Picardie.

L'édit de mars 1673, servant de réglement pour le commerce, porte en l'art. 11 du tit. 1, « que » tous négocians & marchands, tant en gros qu'en » détail, auront chacun à leur égard des aunes » ferrées par les deux bouts, & marquées, ou » des *poids* & mesures étalonnées, avec défenses » de s'en servir d'autres, à peine de faux, & » 150 liv. d'amende ».

4°. Poids *de marc.*

La livre commune contient deux marcs; le marc huit onces; l'once huit gros; le gros trois deniers; le denier 24 grains; le grain pèse environ un grain de bled.

A

A Lyon, il y a deux sortes de *poids ;* celui pour la soie est de quinze onces, celui pour les autres denrées est de quatorze onces.

En Provence & en Languedoc, la livre est de treize onces.

Les officiers de police ne doivent pas seulement faire vérifier ces *poids* sur leurs matrices, mais encore faire examiner scrupuleusement les balances dans la proportion de leurs branches, & l'égalité de leurs bassins.

Les officiers de police emploient une manière simple, pour vérifier les fraudes que les débitans peuvent commettre dans l'usage de leurs balances & de leurs *poids ;* c'est de changer les *poids* d'un bassin à l'autre, pour juger s'il en résulte le même effet.

5°. Poids *à la romaine.*

La romaine ou le peson est d'une grande commodité, surtout dans les foires ; parce que, selon la grandeur de sa branche, on peut tout-d'un-coup peser une grande quantité de marchandises.

« Mais, dit Savary, si ce *poids* est utile & » commode au commerce, l'on y peut aussi plus » facilement tromper qu'à celui des balances, soit » en vendant, soit en achetant, quand celui qui » achete pèse la marchandise, ainsi qu'il se pra- » tique dans les foires & marchés ; s'ils veulent » avoir bon *poids*, lorsqu'ils pèsent & conduisent » l'anneau où est attaché le peson, jusqu'au point » qui marque sur la branche les livres, en tirant » un peu l'anneau ; cela fait pencher la branche, » trompe la vue de celui qui voit peser, & lui » fait voir que le peson, n'est pas encore arrivé » à son point juste : cependant il y seroit si celui qui » pèse laissoit agir de soi-même l'anneau.

» L'autre tromperie est quand celui qui vend sa » marchandise, la pèse lui-même ; s'il veut tromper » & donner moins de *poids*, il le peut ; car, » comme de baisser la main en bas, fait trouver » du bénéfice ; aussi en lèvant un peu l'anneau » où est attaché le peson en haut, cela fait pa- » roître qu'il est au point que doit peser la mar- » chandise, par l'enlevement soudain du peson.

» C'est à quoi les officiers, dans les lieux où » se tiennent les foires & marchés, & qui ont » droit de police sur les *poids* & mesures, dans » l'étendue de leurs jurisdictions, ne prennent pas » garde ».

Le remède que propose l'auteur, à l'imitation de l'usage de Rome, est que les officiers de police fassent vérifier le *poids* d'une marchandise qui vient d'être pesée & délivrée ; & lorsqu'il y aura du défaut, de condamner le délinquant en des peines rigoureuses.

Il nous reste à observer sur cet objet, que par l'édit de création des lieutenans-généraux de police, il est dit « qu'ils feront l'étalonnage des » poids, balances & mesures des marchands & » artisans des villes & fauxbourgs d'icelles, à » l'exclusion de tous autres juges ».

Cette compétence leur a été confirmée par l'édit du mois de novembre 1706, lequel ordonne « qu'il sera déposé au greffe desdits officiers de » police, des échantillons des poids & mesures » de chaque lieu de leur établissement, étalon- » nées sur les matrices, pour y avoir recours » quand besoin sera ».

6°. *Des mesures des terres.*

Les mesures des terres varient peut-être encore davantage que celles qui sont usitées pour le commerce des denrées. Le pied, la perche, la corde, l'arpent, le journal, & autres dénominations, ne signifient point les mêmes dimensions dans des cantons souvent limitrophes. L'ordonnance des eaux & forêts, titre 27, article 14, a défendu d'employer d'autre mesure à l'égard des bois & forêts, que celle de l'arpent qui contient cent perches, dont chacune porte vingt-deux pieds de roi.

Cette mesure avoit aussi été prescrite par l'ordonnance de Henri II, en 1595, pour les terres, prés, vignes, eaux, bois & autres choses sujettes à l'arpentage dans le territoire de Paris : il en résulte que cette mesure peut être réputée la mesure royale. Le pied, composé de douze pouces, & le pouce de douze lignes est assez connu dans le royaume, pour que les magistrats puissent dresser, dans l'étendue de leur jurisdiction, un procès-verbal de réduction de toutes les mesures locales à cette mesure royale ; par ce moyen, ils laisseroient à la postérité un monument de leur zèle pour l'utilité publique, & un préservatif contre toutes les difficultés qui peuvent naître par rapport à l'application des titres pour la continence, les confrontations & les limites des héritages.

POISON, s. m. On donne ce nom à toute substance, soit simple, soit composée, qui peut détruire la vie ou altérer sensiblement la santé des hommes ou des animaux.

La vente des *poisons* seroit dans la société un moyen terrible de vengeance & de scélératesse, si par des gênes utiles, on ne l'assujettissoit point à des règles qui en diminuent le danger. Ces règles sont d'autant plus sévères, que le *poison* est violent & aisé à employer, c'est ainsi que l'on trouvera plus de difficulté à acheter de l'arsenic que de l'eau forte, quoique cette dernière substance soit aussi un violent *poison*.

Des diverses ordonnances qui ont été faites pour empêcher la vente & distribution du *poison*, nous ne ferons connoître que quelques dispositions de l'édit de 1682; tout ce qu'on a dit depuis & avant, est à peu près la même chose, & cette citation suffisant pour guider les magistrats dans l'exercice de cette partie de la police.

« A l'égard de l'arsenic, du réalgal, de l'orpiment & du sublimé, est-il dit dans ordonnance, quoiqu'ils soient *poisons* dangereux de toute leur substance, comme ils entrent & sont employés en plusieurs compositions nécessaires, nous voulons, afin d'empêcher à l'avenir, la trop grande facilité qu'il y a eu jusqu'ici d'en abuser, qu'il » ne soit permis qu'aux marchands qui demeurent » dans les villes, d'en vendre & d'en livrer eux-» mêmes seulement, aux médecins, apothicaires, » chirurgiens, orfèvres, teinturiers, maréchaux » & autres personnes publiques qui, par leur pro-» fession, sont obligés d'en employer; lesquels » néanmoins écriront en les prenant sur un regis-» tre particulier, tenu pour cet effet par lesdits » marchands, leurs noms, qualités & demeures, » ensemble la quantité qu'ils auront prise desdits mi-» néraux; & si au nombre des artisans qui s'en » servent, il s'en trouve qui ne sachent pas écrire, » lesdits marchands écriront pour eux. Quant aux » personnes inconnues auxdits marchands, comme » peuvent être les chirurgiens & maréchaux des » bourgs & villages, ils apporteront des certi-» ficats en bonne forme, contenant leurs noms, » demeures & professions, signés du juge des » lieux, ou d'un notaire & de deux témoins, ou » du curé & de deux principaux habitans, les-» quels certificats & attestations demeureront chez » lesdits marchands pour leur décharge; seront » aussi les épiciers, merciers & autres marchands » demeurant dans lesdits bourgs & villages, te-» nus de remettre incessamment ce qu'ils auront » desdits minéraux, entre les mains des syndics, » gardes ou anciens marchands épiciers ou apo-» thicaires des villes plus prochaines des lieux où » ils demeureront, lesquels leur en rendront le » prix; le tout à peine de trois mille livres d'a-» mende, en cas de contravention, même de » punition corporelle s'il y échet.

» Enjoignons à tous ceux qui ont droit, par » leurs professions & métiers, de vendre ou d'a-» cheter des susdits minéraux, de les tenir en » des lieux sûrs, dont ils garderont eux-mêmes » la clef. Comme aussi leur enjoignons d'écrire » sur un registre particulier, la qualité des re-» mèdes où ils auront employé desdits minéraux, » les noms de ceux pour qui ils auront été faits, » & la quantité qu'ils y auront employée, & » d'arrêter à la fin de chaque année, sur leurs-» dits registres, ce qui leur en restera; le tout à » peine de 1000 livres d'amende pour la première » fois, & de plus grande s'il y échet.

» Défendons aux médecins, chirurgiens, apo-» thicaires, épiciers-droguistes, orfévres, teintu-» riers, maréchaux, & tous autres, de distri-» buer desdits minéraux en substance, à quel-» que personne que ce puisse être, & sous » quelque prétexte que ce soit; sur peine d'être » punis corporellement; & seront tenus de com-» poser eux-mêmes, ou de faire composer en » leur présence, par leurs garçons, les remèdes » où il devra entrer nécessairement desdits miné-» raux, qu'ils donneront après cela à ceux qui » leur en demanderont, pour s'en servir aux usa-» gés ordinaires ».

Voyez APOTHICAIRE, CHARLATAN.

POISSON, s. m. C'est le nom d'un animal qui vit dans l'eau, & dont un grand nombre de son espèce sert à la nourriture de l'homme.

La vente du *poisson* a toujours été un des objets de la police des villes, & sur-tout des ports. La quantité de ce comestible est telle, en certains tems, qu'avant d'être vendu la corruption s'y met, & que si l'on n'avoit point l'attention de forcer les marchands à jetter le *poisson* gâté, non-seulement le public seroit trompé, mais il pourroit en résulter un méphitisme dangereux pour les habitans. C'est sur-tout dans les ports où l'on veille à cette police sévère, principalement lorsque la pêche du hareng & du maquereau abonde. A Dieppe, au Havre, à Saint-Valery & dans les ports de la Méditerranée, on fait jetter à la mer tout le *poisson* qui n'a point été vendu à une certaine heure en été. Nous allons extraire du commissaire *Lamarre*, quelques détails relatifs à la vente du *poisson* à Paris, & nous finirons par l'extrait d'un réglement sur le même objet.

La ville d'Athènes, dit le commissaire *Lamarre*, avoit un marché pour les vivres, & les vendeurs de *poissons* y occupoient la première & principale place. Ce marché s'ouvroit à une certaine heure, & l'on en étoit averti par le son d'une cloche. Les Agoranomes, commissaires des vivres & des marchés, visitoient celui aux *poissons*, de même que tous les autres; leurs premiers soins consistoient à y entretenir la bonne-foi, tant de la part des vendeurs, que de celle des acheteurs, tenir la main à ce que les loix y fussent exécutées, faire punir, entre autres choses, la fraude & le mensonge de ceux qui faisoient passer pour bonnes & salutaires, des marchandises mauvaises, défectueuses & nuisibles à la santé. Les falsifications étoient étroitement défendues. Les marchands avoient inventé cette fraude, d'arroser d'eau leurs marées, pour les faire paroître plus fraîches : ce déguisement amollissoit le *poisson*, le rendoit plus susceptible de corruption, le faisoit toujours paroître frais & nouveau, quoiqu'il fut vieux & corrompu, ce qui trompoit les acheteurs; cela leur fût étroitement défendu par une loi expresse.

Athénée rapporte plusieurs autres malices des vendeurs de *poisson*; leurs insolences, leur rusticité, leur avidité outrée d'un gain exorbitant, étoient souvent punis sans se corriger; il y eut enfin une loi, par laquelle il leur fut défendu de s'asseoir jusqu'à ce qu'ils eussent vendu tout leur *poisson*, afin que cette incommodité d'être debout, les rendit plus humbles, plus soumis, & que l'on pût acheter d'eux leur *poisson*, & à un prix raisonnable.

Entre ce grand nombre de marchés, dont il est fait mention dans des descriptions de la ville de Rome; il y en avoit un où s'exposoit en vente tout ce qui étoit de meilleur & de plus exquis dans les vivres. Ce marché étoit nommé *Forum cupidinarium*, du mot *cupes* ou *cupedia*, qui signifie, chez les anciens, des viandes délicates ou friandes. Entre ces viandes si estimées, qui étoient exposées en vente dans ce marché, les meilleurs & les plus rares *poissons* tenoient le premier rang. Il y avoit un autre marché qui étoit singulièrement destiné pour y exposer en vente toutes les autres espèces de *poissons*, ce qui le fit nommer *Forum piscarium*. Ces deux marchés se tenoient en lieux éloignés l'un de l'autre. La ville de Rome, comme on l'a dit ailleurs, étoit partagée en quatorze régions ou quartiers; le marché des viandes délicates étoit situé dans le quatrième quartier, & l'autre dans le huitième; mais dans la suite des temps, ces deux marchés, & tous les autres de la ville de Rome furent unis & renfermés dans cette grande place, qui fut nommée *Macellum*, comme nous dirions nos halles de Paris; ils avoient comme nous des chasse-marées ou coureurs qui apportoient de la mer ces *poissons* à Rome. L'ouverture s'en faisoit par le son d'une cloche; l'on observoit la même police que dans les marchés d'Athènes; il y avoit aussi des officiers préposés pour y tenir la main; ce fut d'abord l'une des fonctions des édiles, & ensuite celle des commissaires des quartiers de la ville, *curatores regionum urbis*.

Le commerce du *poisson* à Paris ayant commencé par les salines, les bourgeois qui l'avoient entrepris avoient leurs magasins particuliers, où ils faisoient arriver leurs marchandises & l'y exposoient en vente. Les forains avoient leurs facteurs ou commissionnaires, qui recevoient & vendoient en leurs maisons les *poissons* qui leur étoient envoyés. Rien n'étoit plus contraire à une bonne police, que cette disposition en différens lieux d'une marchandise, ce qui n'en fait jamais connoître l'abondance, & en augmente toujours le prix; le public y perdoit, mais les marchands y trouvoient leur compte, & c'est ce qui les entretenoit dans cette mauvaise habitude; aussi avons-nous vu, quels efforts il a fallu faire, & combien il a été nécessaire de faire d'ordonnances & de réglemens pour les obliger, tant les bourgeois que les forains, à faire conduire, décharger & vendre leurs marchandises en la place publique. Louis le Gros fût le premier de nos rois qui commença à réformer cet abus : il n'y avoit, avant son règne, d'autres marchés à Paris, que ceux qui se tenoient proche les trois portes de la ville, que l'on nommoit porte de Paris, porte de petit pont, & porte Baudets. La ville de Paris étoit alors environnée de neuf bourgs ou gros villages, entre lesquels il y avoit plusieurs campagnes de terres cultivées. Ce prince choisit en 1117, assez proche de cette petite ville, & au milieu des plus considérables de ces bourgs, un endroit nommé *Capellis*, & en françois, Champeaux ou Petits-champs, & il y établit un marché; tous les marchands forains étoient obligés d'y décharger & d'y exposer en vente leurs marchandises; eux-mêmes, de la ville, venoient y apporter celles dont ils faisoient le commerce, & les artisans leurs ouvrages, trois jours de la semaine, le lundi, le mercredi & le samedi, tout commerce dans leurs maisons leur étant interdit ces trois jours-là : ainsi, ce lieu fût à Paris, ce que le *Macellum* étoit à Rome, c'est-à-dire, un marché général & commun, où toutes choses étant réunies, l'abondance ou la disette en étoient connues & servoient de règle pour y donner un juste prix. C'étoit de ce marché que l'on tiroit ensuite ce qui se répandoit dans tous les autres marchés particuliers de la ville & des lieux voisins.

Ce grand marché se tint en pleine campagne, & à découvert, pendant tout le prince & celui de Louis VII, son fils Philippe Auguste le fît clorre de murs & de portes, & y fit construire des halles couvertes, l'an 1183. Ce n'étoit encore que celles où se vendoient encore il y a quelques année, le blé, les autres grains & les fruits.

Saint-Louis, acquit d'une famille nommée *Alby*, un petit fief situé vis-à-vis cette halle de Philippe Auguste, & y fit construire deux halles couvertes & fermées, l'une qu'il fit remplir d'étaux pour y exposer en vente le *poisson* de mer, frais, & l'autre pour y servir & y exposer en vente le *poisson* de mer, salé : c'est de-là que cette place est nommé dans les anciens réglemens, tantôt halle nouvelle, tantôt halle annexée; & le plus souvent, halle à la marée, & que depuis ce temps-là l'usage s'est établi de ne plus dire la halle, mais au plurier, les halles.

Le même Prince marqua une place proche la halle du *poisson* frais, pour y décharger, par les marchands forains de marée, leurs *poissons*, & les y faire vendre en gros par les jurés-vendeurs; d'où ce lieu fut nommé la place aux marchands, ou le plus souvent le parquet à la marée, qui est le nom qu'elle porte encore aujourd'hui.

Il restoit encore plusieurs places vuides aux environs de ce parquet à la marée; ce saint monarque les destina à ces pauvres femmes qui vendent le *poisson* de mer en détail, & défendit à celui qui étoit préposé à recevoir les droits qui se levoient pour cet objet, à la halle, de recevoir aucune chose de ces places qui étoient à découvert; & c'est ce que l'on a depuis nommé les places de Saint-Louis. Le charitable don de ce bon prince à ces pauvres femmes, fût confirmé par un édit de son fils, Philippe-le-Hardi, du mois de janvier 1278, & par le réglement du roi Jean, pour la police de Paris, du 30 janvier 1350.

Le grand concours de ces femmes détaillereffes de *poissons* de mer, apporta dans la suite quelque embarras aux marchands en gros. Ces forains s'en plaignirent, & cela donna lieu à plusieurs réglemens. La halle à la marée est donc le seul marché de Paris où les *poissons* de mer, tant les frais que les secs & les salés, sont descendus & vendus en gros par les forains, & c'est celui aussi où se trouvent un plus grand nombre de détailleresses, les meilleurs *poissons*, & en plus grande quantité. *Voyez* MARCHÉ.

Un arrêt du parlement de Paris, du 5 Septembre 1749, a fait un réglement sur la police de la vente du *poisson*, qui porte ce qui suit:

Sont tenus, les marchands chasse-marées & tous voituriers conduisant le *poisson* destiné pour la provision de la ville de Paris, d'amener leurs marchandises à Paris avec toute la plus grande diligence, pour arriver aux heures ordinaires pour la vente dudit poisson & retourner à la mer pour en prendre d'autres, & à cet effet, de se munir de chevaux en nombre suffisant pour faire ladite diligence.

La marchandise de *poisson* de mer frais, destiné pour la provision de Paris, sera conduite directement & sans séjour, des ports de mer à Paris, & menée à la halle de ladite ville, sans qu'elle puisse être portée ailleurs, mise en magasin ou salle, séjournée, vendue ou déchargée sur le chemin, sous quelque prétexte que ce soit, à peine de confiscation de la marchandise & équipages servant à la voiture, & de 100 livres d'amende, tant contre les marchands chasse-marées que contre les hôteliers & tous autres qui l'auront reçue dans leurs maisons; & en cas de récidive, sous plus grandes peines; à l'effet de quoi sera permis aux officiers jurés vendeurs de *poisson* à Paris, & à leurs commis & préposés, de faire des visites dans les hôtelleries, maisons, & partout ailleurs, sans qu'il leur soit besoin d'en demander permission en justice.

Fait très-expresses inhibitions & défenses à toutes marchandes détailleresses & revendeuses de poisson de mer, frais, sec & salé, & à tous autres, d'aller, tant dans Paris que dehors, au devant des marchands chasse-marées conduisant la provision de Paris, d'acheter de leur *poisson*, de le faire entrer frauduleusement dans Paris, ni d'en vendre dans ladite ville & banlieue de Paris, s'il n'a été acheté aux halles de Paris, en présence des officiers vendeurs de marée, à peine de confiscation de la marchandise, 500 livres d'amende, & de punition corporelle, suivant la nature de la contravention au présent article.

Fait pareillement très-expresses inhibitions & défenses à toutes personnes de quelque qualité & condition qu'elles soient, de troubler les pêcheurs de *poisson* de mer, en la liberté & possession d'aller quand bon leur semblera à la mer pour pêcher, & de troubler les marchands chasse-marées, sur les ports de mer & ailleurs, en l'achat du *poisson* desdits pêcheurs, & en l'enlevement & transport d'icelui, battre ni excéder, à peine de punition corporelle, & de tous dépens, dommages & intérêts.

Fait itératives défenses aux pourvoyeurs des maisons de sa majesté, de la reine, & des princes du sang, à tous juges, magistrats, maires & officiers de ville & de police, à tous chefs, capitaines, officiers, cavaliers, soldats, maréchaussées, gentilshommes, seigneurs, tant séculiers que réguliers, habitans des villes, bourgs, villages & autres lieux, par lesquels passent les marchands chasse-marées, aux commis des fermes du roi, qui sont aux portes des villes de leur passage, & des barrières des portes de cette ville de Paris, de saisir ni arrêter lesdits marchands chasse-marées, leurs voitures, serviteurs & domestiques étant à la conduite de leurs voitures, de leurs chevaux, fourgons & marchandises de *poisson*, soit en venant de la mer à Paris, ou en retournant à la mer, & pendant leur route, sous quelque prétexte que ce soit, ni de les obliger de vendre leur *poisson*, battre ni excéder, à peine de 1000 liv. d'amende & privation de leurs offices & emplois, même de punition corporelle, & de tous dépens, dommages & intérêts.

A l'égard des marchandises de *poisson* de mer sec & salé, ordonne que toutes celles destinées pour la provision de cette ville de Paris, qui seront chargées, tant sur les ports de mer, qu'à Rouen,

Nantes, Orléans, autres villes & lieux, par les marchands de Paris & forains, leurs commissionnaires, serviteurs & domestiques, seront directement & promptement amenés en cette ville de Paris, à la halle d'icelle, sans qu'elles puissent être déchargées, vendues, ni mises en magasin en quelques lieux & endroits que ce soit, à peine de confiscation desdites marchandises, bateaux & équipages servant à la voiture, & de 500 livres d'amende.

Fait pareilles défenses pour ledit *poisson* de mer, sec & salé, que celles portées en l'article sixième, ci-dessus, pour le *poisson* de mer, frais, sous les peines portées par ledit article. *Voyez* APPROVISIONNEMENT.

POLICE, s. f. partie du gouvernement de l'état, qui a pour objet d'y maintenir l'ordre, la tranquillité & l'usage libre des choses publiques.

Cette définition montre qu'on doit distinguer dans la pratique, deux genres de *police*, l'une, qu'on peut appeller *judiciaire*, ou *correctionnelle*; son objet est de contenir les personnes dans les règles de la tranquillité publique & de leur infliger des peines simplement correctionnelles, c'est-à-dire, qui n'entraînent aucune infamie, lorsqu'elles s'en écartent; l'autre ne s'occupe que de l'administration des choses, & veille à ce que l'usage en soit libre & sûr; celle-ci roule principalement sur les soins nécessaires à l'approvisionnement, à la propreté des rues, à l'illumination, aux secours à donner aux pauvres, &c. C'est proprement elle qui constitue la *police* des villes, & forme la principale fonction des administrateurs municipaux.

Considérée sous ce dernier point de vue, la *police* se trouve bornée par des limites beaucoup plus resserées que son nom ne l'indique, & qu'il est pris dans le langage ordinaire des loix. On a pu voir dans le discours préliminaire qui précède cet ouvrage, la signification qui y attachoient les anciens & l'étendue qu'on peut lui donner. En envisageant en effet la *police* comme la pratique de tous les moyens d'ordre & de sûreté publique, on voit qu'elle peut être divisée en autant de branches que le gouvernement employe d'agents pour atteindre ce but; alors la police se partageroit en *civile*, *militaire*, *religieuse*, *économique*; & sous ces quatre titres, viendroient se ranger toutes les institutions que la société a formées pour le maintien de l'ordre, & qu'on désigne ordinairement par chacune de ces dénominations: l'on auroit ainsi un sistême complet de gouvernement; ce qui prouve que la *police* de l'état n'est autre chose que la partie exécutive du gouvernement, & c'est ce que les anciens entendoient par le mot πολιτεία, qui vient de πολις, *cité*; voulant par là désigner l'état ou la république, qui toujours a commencé par une ville nommée cité.

Considérée d'une manière plus rapprochée, la police n'emprunte pas moins des diverses branches du gouvernement, tous les moyens d'administration & de discipline qui lui sont nécessaires pour veiller au soin & à la tranquillité des villes, c'est pourquoi on l'a partagée en plusieurs parties qui sont plutôt des sections d'un même tout, que des systêmes entiers de *police*.

Ainsi, on divise la police en *police* du culte; *police* des mœurs; *police* des vivres; *police* de la santé; *police* des arts & du commerce; *police* de la voierie; *police* des pauvres, *police* de la sûreté & de la tranquillité publiques.

On pourroit encore envisager la police sous le point de vue de *police* des campagnes & de *police* des villes; parce qu'il est certain que les soins qu'exigent celles-ci, sont plus nombreux, plus difficiles que les autres, & que par cela même, elles demandent un genre de *police* plus énergique; mais les loix de *police* rurale, reviennent dans la partie de la *police* qui traite des vivres, parce qu'on regarde en général tous les réglemens de *police* des campagnes, comme destinés à la conservation & l'abondance des subsistances.

Nous n'entrerons point dans le détail de toutes les divisions que l'on pourroit donner de la *police*, il suffit de ce que nous venons d'en dire & des développemens qui se trouvent dans le discours préliminaire; on y a vu un apperçu historique des progrès quelle a faits en Europe depuis le onzième siècle, & les causes qui les ont amenés. Ce que nous croyons utile de présenter ici, c'est quelques maximes de droit & quelques principes sur l'usage des choses publiques; après quoi nous présenterons le tableau de la police, telle qu'elle existoit avant la révolution, enfin, la nouvelle organisation qu'on lui a donnée.

De l'usage des choses publiques.

Il y a deux sortes de choses destinées aux usages communs de la société & dont chacun peut user librement. La première est de celles qui sont telles par la nature; ainsi, les rivières, les fleuves, les mers, les rivages sont à l'usage commun de tous. La seconde de celles qui sont telles, qu'encore que l'usage en soit naturellement nécessaire dans la société, soit pour le spirituel, comme les églises & les cimetières, ou pour le temporel, comme les rues, les grands-chemins, les places publiques, les palais où se rend la justice, les collèges, les maisons de ville, & autres lieux publics; l'usage n'en est pas donné aux hommes par la nature, mais c'est la police qui choisit & destine les lieux qui doivent servir au public pour tous ces différens usages.

De toutes ces choses destinées à l'usage commun des hommes, soit par la nature, par la police, il n'y en a point dont l'usage ait plus d'étendue, & soit plus universel que celui des mers, qui sont naturellement communes à tout l'univers; & c'est par cette raison, que de l'usage des mers ouvertes à toutes les nations du monde, les hommes ont pris les occasions de s'y rendre maîtres, & d'y entreprendre les uns sur les autres. Lorsque ces entreprises sont d'une nation sur une autre, il n'y a que les guerres qui décident leur différend; & pour ce qui se passe d'entreprises sur la mer entre sujets d'un même état, ou d'entreprises sur les droits du prince, il y a été pourvu par des loix particulières.

Cet usage commun de la mer, à toutes les nations du monde, est une suite toute naturelle de l'ordre divin, qui ayant rendu nécessaire aux hommes, l'usage des eaux, les leur distribue par les pluies, par les sources, par les ruisseaux, par les rivières & par les fleuves, dont le cours continuel demande une décharge proportionnée à leur abondance. C'est pour recevoir toutes ces eaux qu'il a fait la mer, dont la vaste étendue les reçoit de tous les pays; & cette décharge, qui leur est commune, est en même-temps une voie ouverte pour la communication de chacun aux autres; il a de plus donné à la mer la fécondité des poissons, & de plusieurs choses, dont l'usage convient à tous les pays.

On peut mettre au rang des mers, de certains lacs, d'une étendue qui répond à plusieurs provinces, & qui reçoivent même des fleuves; & on donne aussi à quelques-uns de ces lacs, le nom de mers; telle qu'est la mer Caspienne.

La nature des eaux qui rend public & commun à tous l'usage des mers, rend aussi commun & public l'usage des fleuves & rivières.

L'usage des mers pour la navigation, a rendu nécessaire l'usage des ports, qui sont des lieux propres à la retraite des vaisseaux, dont l'abord soit facile pour charger & décharger, & où ils soient en sûreté contre les orages. Il y a aussi des ports aux rivières.

Les fleuves, les rivières & les ruisseaux ont rendu nécessaire l'usage des ponts pour les traverser; ainsi, les ponts sont du nombre des choses destinées à l'usage public.

La nécessité des communications des hommes entr'eux, & du transport des choses d'un lieu à un autre, a rendu nécessaire l'usage des rues dans les villes & autres lieux, & des grands-chemins d'un lieu à un autre. Ainsi, les rues & les grands-chemins sont des lieux publics, à l'usage libre de toutes personnes indistinctement.

L'usage des foires & des marchés, & celui d'autres commodités pour assembler des personnes pour d'autres besoins, a fait l'usage des places publiques, des halles & autres lieux, qui, comme les palais, les collèges, les maisons de ville, sont des lieux publics.

Quoique les forêts ne soient pas d'un usage commun & public, comme les mers, les fleuves & les autres choses dont on vient de parler dans les articles précédens; la nécessité des divers usages des bois, a obligé d'y établir une police.

La chasse & la pêche ayant leur usage & leur étendue, non-seulement sur les fonds propres à quelques personnes, mais en général sur la terre & sur les eaux, on les considère comme étant d'un usage public, & elles ont aussi ce rapport au public, qu'il profite de ce qui provient de l'un & de l'autre. Ainsi, la police y a établi aussi ses règles.

Tous ces différens usages, que tire le public de ces diverses sortes de choses, ont leur police, par les règles qui seront expliquées ci après.

Quoique l'usage des mers soit commun à tous, ainsi qu'il a été dit, la liberté de cet usage doit avoir ses bornes, pour prévenir les inconvéniens qui arriveroient, si chacun usant comme il entendroit, soit de la navigation ou de la pêche, l'usage des uns nuisoit à celui des autres; ou qu'il y eût même des entreprises contre les droits du prince, & c'est à quoi il a été pourvu par les ordonnances.

Pour la navigation, comme il pourroit arriver sur mer, ainsi que sur terre, que des gens s'attroupassent pour quelque mauvais dessein, & que sous prétexte, ou de commerce, ou du service du prince contre les ennemis de l'état, ils équipassent des vaisseaux pour quelque entreprise, qui pourroit nuire à l'état, ou aux alliés; il n'est pas permis d'équiper des vaisseaux de guerre ou marchans, soit en paix ou en guerre, & partir pour de longs voyages, sans la connoissance & le congé des officiers de mer.

Pour les pêches sur la mer, il a été nécessaire d'en régler l'usage, soit par le droit & la liberté de la pêche, ou par les différentes manières de pêcher; c'est à quoi il a été pourvu par les ordonnances qui ont déclaré illicites de certaines manières de pêcher.

Comme il arrive souvent sur mer des naufrages, & que les choses perdues viennent sur les bords, & tombent entre les mains de ceux qui les trouvent : les loix ont réglé un temps aux maîtres pour les recouvrer, & s'ils ne paroissent dans ce temps le prince y a ses droits, comme sur les autres espèces de biens vacans, & les officiers de mer, & ceux qui les ont trouvés y ont aussi les leurs, ainsi qu'il est réglé par les ordonnances.

Il est aussi plusieurs autres règles qui regardent l'usage des mers, la *police* des vaisseaux, les droits & les fonctions de ceux qui y sont préposés, la punition des crimes qui s'y commettent, & toutes ces matières font un ample détail réglé par les ordonnances.

La *police* des ports, fait une partie de celle des mers, & il a été pourvu par les ordonnances, à ce que les ports soient entretenus, & qu'on y fasse les réparations nécessaires pour les mettre dans le bon état où il doivent être.

La *police* des rivières consiste en ce qui regarde la pêche & la navigation, sur celles qui sont ou qui peuvent être rendues navigables par quelques travaux. Et il importe au public de les rendre telles, autant qu'il se peut, soit que le prince veuille en faire lui-même la dépense, ou la permettre à ceux qui voudroient l'entreprendre, leur accordant les droits & les privilèges que ce service pourroit mériter.

Pour l'usage de la navigation sur les rivières, il est de la police de défendre & punir toutes entreprises qui pourroient l'empêcher, ou rendre incommode, soit par des bâtimens, pêcheries, pieux, vannes & autres empêchemens ; ou détournant de l'eau du cours des rivières ou autrement. Et il est aussi défendu de jetter dans les rivières, des ordures, des immondices, & autres choses qui pourroient nuire à la navigation, ou causer d'autres incommodités.

Cette même utilité de la navigation des rivières demande l'usage libre de leurs bords ; de sorte que dans la largeur & l'étendue nécessaire pour les passages & le trait des chevaux tirant les bateaux, il n'y ait ni arbres plantés, ni autres obstacles.

Pour les pêches, la police a pourvu à les régler, de sorte qu'on ne pêche, ni en tout temps, ni avec toute sorte de filets & outils indistinctement ; pour ne pas dépeupler les rivières de petits poissons ; mais qu'on y observe les réglemens pour les temps, & les manières de faire la pêche.

L'usage des rivières étant au public, personne ne peut y faire de changement qui nuise à cet usage. Ainsi, on ne peut rendre le cours de l'eau ou plus lent ou plus rapide, si ce changement nuisoit au public ou à des particuliers. Ainsi, celui qui auroit un héritage divisé par le cours de l'eau, ou qui posséderoit aux deux bords, deux héritages distingués, ne pourroit, pour son usage, faire un pont qui joignit ses deux héritages. Ainsi, quoiqu'on puisse détourner de l'eau d'un ruisseau ou d'une rivière, pour arroser des prés ou autres héritages, ou pour des moulins ou d'autres usages ; chacun doit user de cette liberté, de sorte qu'il ne nuise point, ou à la navigation de la rivière, dont il détourneroit l'eau, ou à celle d'un autre que cette eau qui iroit s'y joindre, rendroit navigable, ou à quelque autre usage public, ou à des voisins qui auroient un semblable besoin, & un pareil droit. Et s'il n'y avoit pas assez d'eau pour tous, ou que l'usage qu'en feroient quelques-uns fût nuisible aux autres, il y seroit pourvu, selon le besoin, par les officiers de qui c'est la charge.

La *police* des ponts sur les rivières, & sur les ruisseaux, regarde les manières de les construire, & le soin de les réparer. Pour la construction des ponts sur des rivières navigables, on doit les proportionner à la commodité du passage, par une largeur suffisante, & les autres dimensions ; & à l'usage de la navigation par la largeur & hauteur des arches, & par leurs ouvertures, disposées à recevoir le fil de l'eau, de sorte qu'il traverse en ligne droite le vuide des arches. Ainsi, on voit des ponts dont les arches sont, ou trop étroites, ou trop basses pour des bateaux chargés en comble, ou qui reçoivent le fil de l'eau sur le flanc des piles.

Pour les réparations des ponts, il y est pourvu par les officiers chargés de ce soin : & les dépenses en sont fournies, ou des deniers du roi pour les ponts qui sont à sa charge, ou de ceux des personnes qui peuvent en être tenus, à cause des droits de péages, ou autres qu'ils ont sur les ponts.

Pour la police des chemins hors les villes & les autres lieux, il faut distinguer trois différentes sortes de chemins. La première des grands-chemins qui sont à l'usage public, pour aller de tout lieu à tout autre ; & ces sortes de chemins aboutissent, ou à d'autres chemins, ou aux portes des villes, ou des autres lieux, ou à la mer, ou à des rivières. La seconde, des chemins propres à quelques personnes, pour l'usage de leurs héritages ; & ceux-ci aboutissent d'une part à de grands chemins, & de l'autre finissent aux derniers des héritages où ils conduisent. La troisième est des chemins qui servent pour des servitudes entre voisins, dont l'un a droit de passage dans le fond de l'autre.

La *police* des grands-chemins, consiste à les tenir dans le bon état où ils doivent être pour la commodité du public. Ce qui renferme trois sortes de règles, celles qui regardent la largeur & les autres commodités des chemins, comme le pavé, s'il est nécessaire, celles qui défendent d'y rien faire jetter ou mettre, qui incommode le passage, & celles qui obligent aux réparations, cette police regarde les officiers du roi, qui sont préposés pour cette police, & qui en ordonnent les dépenses, ou sur les deniers du roi, ou sur les particuliers, qui, à cause des droits de péage, ou autres, y sont obligés. Et à l'égard des autres chemins à l'usage des particuliers, chacun des intéressés y contribue selon son droit, son intérêt, ou suivant leurs titres & possessions.

La *police* des rues, des places publiques & des autres lieux qui sont à l'usage public, consiste à les mettre & entretenir dans le bon état où ils doivent être, pour en rendre l'usage libre & commode. Ainsi, pour les rues & places publiques, il faut en entretenir les pavés, empêcher que rien n'embarrasse ou n'incommode le passage; qu'on n'y jette & expose, ni ordures, ni autres choses qui pourroient être incommodes aux passans, qu'on ait soin de les faire nettoyer, & que les officiers de police ou autres préposés à ces fonctions, veillent à l'observation de ces réglemens, y faisant contribuer les habitans, selon ce que chacun doit porter de cette dépense.

Les réparations nécessaires pour les lieux publics se font, ou des deniers publics, ou aux dépens de ceux qui doivent y contribuer, selon la qualité des lieux, & selon les usages & les reglemens; & entre les particuliers intéressés à l'usage des lieux qu'il faut réparer, aucun n'est exempt d'y contribuer, mais c'est la charge commune de tous.

Les entreprises contre la police des lieux publics, sont réprimées par des condamnations d'amende, & par d'autres peines, selon la qualité des faits, & les circonstances; & si quelques particuliers souffroient quelque dommage de ces entreprises, il seroit pourvu à leur dédommagement, par des condamnations contre ceux qui auroient causé le dommage.

S'il arrivoit que quelque bâtiment se trouvât fait sur un lieu public, il pourroit ou être démoli s'il nuisoit ou incommodoit, ou souffert à la charge de quelque redevance ou dédommagement au public, s'il étoit plus avantageux de le laisser, soit parce qu'il orneroit quelque place ou autre lieu public, ou à cause du revenu, ou dédommagement qu'on en tireroit.

Comme le public à un intérêt à la conservation des forêts, d'où se tirent les bois nécessaires pour le chauffage & les bois de charpente pour la fabrication des maisons, des vaisseaux, des édifices publics, églises, palais, ponts & tous autres bâtimens, pour des machines de guerre, des affûts pour l'artillerie, pour les convois, & pour d'autres usages, les ordonnances ont pourvu par plusieurs reglemens à la conservation des forêts, & non-seulement de celles du Roi, mais aussi de celles des communautés, & particulierement des églises, & même de celles des particuliers.

L'intérêt public pour ce qui regarde la chasse, y a fait établir des regles pour prévenir les inconvéniens du mauvais usage qu'on pourroit en faire, soit par les querelles qui arriveroient, si elle étoit permise indistinctement par-tout, à toutes personnes, ou par le préjudice que feroit à la chasse la liberté de toutes manieres de chasses en toutes saisons, ou par le danger d'entretenir dans la fainéantise ceux de qui la profession demande d'autres exercices. Les ordonnances contiennent plusieurs reglemens sur ce détail.

De l'exercice de la Police.

A Paris ainsi que dans presque toutes les villes du royaume, la *police* s'exerçoit ci-devant par un lieutenant de *police* dont la charge étoit un objet de finance plus ou moins considérable. La charge de lieutenant de *police* de Paris, fut créée en 1667 & dans les autres villes en 1699. Il y avoit quelques villes, telles que Bordeaux & autres, où le corps municipal jouissoit du droit de *police*, non-seulement correctionnelle, mais même criminelle, c'est-à-dire que les officiers municipaux y faisoient les fonctions de juges criminels.

Dans les villes où l'on créa des lieutenans de *police*, ces officiers n'exerçoient que les fonctions attachées à cette charge; mais à Paris le lieutenant de *police* y exerçoit encore des fonctions comme commissaire du Roi.

Pour faire connoître en bref ce qu'étoit la *police* de Paris, quant à son administration connue, nous allons présenter le tableau des attributions judiciaires & de commission de lieutenant de *police*.

Comme magistrat de *police*, le lieutenant de *police* devoit faire exécuter les ordonnances & les reglemens qui ont prescrit aux citoyens la conduite qu'ils devoient tenir dans l'enceinte des villes. Toute contravention à ces reglemens exigeoit une punition. C'étoit au lieutenant-général de *police* à la prononcer. Mais comme en matiere de contravention, il falloit des preuves légales qui la constatassent, les contrevenans devoient être traduits devant le magistrat pour repondre sur les faits qu'on leur imputoit. Le magistrat après avoir entendu le le rapport qu'on lui faisoit & la défense des parties, prononçoit sa sentence qui s'exécutoit toujours par provision.

Cette partie des fonctions du lieutenant-général de *police* de Paris, étoit appellée *police ordinaire*. Elle comprenoit toutes les affaires qui naissoient de l'infraction des reglemens qui ne prononçoient que des peines légéres.

Le magistrat de *police* avoit encore deux autres parties importantes à remplir dans ses fonctions judiciaires, la *police* criminelle ou mixte, & la *police* civile.

Les délits qui étoient du ressort de la *police* criminelle ou mixte, étoient en très petit nombre : voici les principaux ; les attroupemens dans les rues, les cabales contre le gouvernement, les émeutes populaires, les enlevemens faits dans les marchés publics, le maquerellage accompagné de séduction, les assemblées illicites & dangereuses. Ces différens crimes, qui pouvoient être également punis par les lieutenans criminels & par les lieutenans de *police*, devoient être soumis aux formalités de l'instruction prescrite par l'ordonnance criminelle ; parce qu'ils emportoient des peines afflictives ; & que la loi seule avoit le droit de les prononcer sur les preuves qui lui étoient administrées suivant les formes qu'elle avoit prescrites.

Quant à la *police* civile, elles comprenoit toutes les contestations qui concernoient les corps & métiers, leurs priviléges, leur discipline intérieure & extérieure, leurs saisies & généralement tout ce qui pouvoit faire la matiere d'un procès entre le corps & les membres, relativement à l'exécution des statuts.

Dans les affaires de simple *police* & de *police* civile, le magistrat rendoit seul ses sentences, mais en matiere de *police* criminelle, il se faisoit assister par un nombre suffisant de conseillers au châtelet, ou de gradués, suivant le vœu des ordonnances.

Toutes les parties de l'exercice de la *police* judiciaire étoient soumises à l'autorité des parlemens, qui avoient chacun, dans leur ressort, la grande *police*, & qui pouvoient, non-seulement réformer les sentences des lieutenans de *police*, mais encore faire des réglemens qu'ils envoyoient dans les siéges de *police* pour y être exécutés.

Comme commissaire du roi, le lieutenant général de *police* avoit l'inspection sur tous les corps & communautés, sur les arts, sur les manufactures & sur le commerce, en tout ce qui concerne la *police* d'administration qui appartenoit au gouvernement. Cette *police* concernoit l'établissement, la réforme & la suppression des corps & communautés.

Il régloit les taxes, subventions & contributions auxquelles étoient assujettis les corps & communautés ; il recevoit & examinoit les comptes des receveurs de ces corps, & fixoit leur discipline intérieure.

Il étoit chargé de faire exécuter, dans Paris tous les ordres du roi.

Il avoit l'inspection sur les militaires qui passoient ou qui séjournoient dans Paris, sur les recruteurs, sur les enrôlemens.

Il étoit chargé d'interroger les prisonniers d'état qui étoient détenus dans les châteaux du roi.

Il faisoit arrêter, de l'ordre du roi, tous les hommes dangereux ou suspects. Il faisoit ouvrir les maisons des particuliers, & y faisoit faire les recherches & les perquisitions dont il avoit besoin.

C'est à lui que les familles s'adressoient pour faire renfermer les mauvais sujets qui pouvoient les deshonorer. Ces ordres ne s'obtenoient qu'après une information exacte des faits exposés dans les mémoires présentés. Les inspecteurs étoient chargés de cette opération ; mais leur travail étoit examiné & vérifié par les commissaires. Ainsi, le magistrat ne devoit se déterminer que lorsque sa religion étoit parfaitement éclairée.

Les ordres que le magistrat donnoit pour arrêter des gens sans état & sans domicile, n'étoient pas assujétis à tant de formalités. L'intérêt public éxigeoit dans cette partie, une célérité incompatible avec la lenteur des précautions : telles étoient au moins les idées sur cette matiere.

Le magistrat étoit le centre de l'immense machine de la *police* ; tous les rayons qui partoient de la circonférence, venoient aboutir à lui, ils n'avoient d'impulsion que par lui ; ainsi, on ne pouvoit mieux le comparer qu'au mouvement central qui faisoit agir un grand corps. Sans lui, tout étoit réduit à l'inertie. Il étoit le principal ressort de cette étonnante machine ; c'est lui qui faisoit marcher toutes les roues dont l'ensemble produisoit l'ordre & l'harmonie : une de ces roues pouvoit cesser de tourner ; mais elle ne pouvoit agir sans céder à l'impulsion de la force motrice qui résidoit dans le magistrat seul, parce qu'il étoit l'ame qui donnoit la vie à tous les membres du corps, & que, sans lui, leur action particulière ne pouvoit produire aucun effet.

Tel étoit l'étonnant méchanisme de la *police* de la capitale. Pour qu'elle parvint au but de son institution, il falloit que les mouvemens en fussent uniformes, qu'ils tendissent tous vers le même objet, qu'aucun ne pût s'écarter des vues du chef, & que tous vinssent s'y réunir, c'est-à-dire, qu'ils ne fussent que des effets de la volonté du magistrat.

D'après l'idée que je viens de donner de la *police*, tous les officiers qui la composoient devoient avoir des relations & des rapports continuels avec le magistrat qui en étoit le chef.

Aussi, en parcourant les différentes branches de son travail & de son administration, on le voyoit sans cesse occupé à donner des ordres, à conférer sur leur exécution, à examiner les résultats & à prononcer ensuite sur les rapports qui lui étoient faits, après qu'il avoit pris toutes les précautions pour s'assurer de leur fidélité.

En effet, les commissaires qui, après le magistrat de *police*, tenoient le premier rang, étoient obligés d'écrire au magistrat tout ce qui pouvoit concerner l'approvisionnement des marchés; ils devoient s'instruire des monopoles, des contraventions, des abus & des manœuvres dont ils avoient connoissance.

Le magistrat devoit prendre lui-même lecture de toutes les lettres, mémoires & observations des commissaires, & leur répondre aussi-tôt sur tout ce qu'ils lui avoient écrit, & leur adresser en même-temps ses décisions & tous les ordres dont ils avoient besoin.

Les commissaires alloient chez le magistrat, toutes les fois que l'importance des affaires exigeoit qu'ils prissent directement ses ordres & qu'ils conférassent sur la conduite qu'ils avoient tenue & sur celle qu'ils devoient tenir.

Le magistrat étoit instruit tous les matins, des observations qui avoient été faites par la garde pendant la nuit; à cet effet le commandant du guet lui envoyoit les bulletins qui renfermoient ce que chaque patrouille avoit vu & fait.

Les inspecteurs de *police* lui rendoient compte également chaque jour par écrit, & par des rapports séparés pour chaque affaire, de toutes les observations, recherches, informations & découvertes qu'ils avoient faites, & de l'exécution des ordres qu'il leur avoit donnés.

Ils s'assembloient tous les jours chez le magistrat, pour lui rendre compte de toutes les affaires dont ils étoient chargés, & pour prendre de lui, de nouveaux ordres.

Le lieutenant-général criminel, le procureur du roi, le lieutenant-criminel de robe-courte, le prévôt de l'isle, & le commandant de la garde de Paris, se rendoient tous les quinze jours chez le magistrat, pour conférer ensemble sur tout ce qui étoit arrivé depuis leur dernière assemblée, relativement à la sûreté publique, de tout ce qui concernoit les procès des prisonniers détenus pour crimes, de l'état de leurs procès, des complices qu'ils pouvoient avoir qui n'étoient point encore arrêtés, & sur la recherche desquels le magistrat devoit donner des ordres.

Lorsqu'il avoit été emprisonné un certain nombre de filles ou de femmes de débauche, de vagabonds, de gens suspects & sans aveu qui devoient subir publiquement un jugement de *police*, le commissaire chargé de ce détail, se rendoit dans les prisons, dressoit un rôle des personnes des différentes espèces ci-dessus, le présentoit au magistrat avec les observations relatives à chaque prisonnier; le magistrat arrêtoit dans ce moment la décision qu'il devoit prononcer en public, sur le rapport du commissaire.

Le magistrat faisoit des visites dans toutes les maisons de force, pour connoître par lui-même l'état des prisonniers, & pour se faire rendre compte de tout ce qui les concernoit.

Il donnoit toutes les semaines des audiences publiques à son hôtel, où il recevoit tous ceux qui avoient des affaires à lui communiquer.

Il alloit toutes les semaines à Versailles, pour conférer avec le ministre de Paris & les autres ministres, sur toutes les affaires qui concernoient la *police* & toutes les branches d'administration dont il étoit chargé par le gouvernement.

Le magistrat se rendoit tous les mois à une assemblée qui se tenoit chez M. le premier président du parlement, où se trouvoient plusieurs autres principaux magistrats de cette cour, pour conférer sur tout ce qui regardoit la *police* générale.

Le magistrat étoit en correspondance avec tous les premiers présidens des parlemens du royaume, relativement à la *police* de la capitale, avec les intendans de toutes les provinces, avec tous les lieutenans-généraux de *police*, & avec tous les autres juges de *police* des différentes villes du royaume.

Il étoit instruit par tous les lieutenans-criminels & autres juges, des crimes qui avoient été commis, des noms & du signalement de ceux qui étoient accusés de les avoir commis, & de leurs complices, lorsqu'ils n'avoient point été arrêtés, afin qu'on en fît la recherche dans la capitale; des déclarations des coupables, avant de subir leur supplice contre leurs complices, pour parvenir à les arrêter.

Des détails aussi immenses exigeoient des bureaux très-étendus, dont les chefs pouvoient faciliter le travail du magistrat; aussi, est-ce une partie très-importante, dont l'activité contribue essentiellement à l'expédition des affaires.

Les différentes parties de la *police*, étoient presque toutes distinctes & séparées; le magistrat les distribuoit à ses bureaux, qui étoient au nombre de neuf. Je parlerai dans un instant de ces bureaux & de la nature des affaires dont ils étoient chargés; mais avant, je vais esquisser le travail qui s'y faisoit, & donner une idée de l'ordre qui y regnoit.

Chaque chef, ou premier commis, examinoit les papiers que le magistrat lui avoit envoyés, & sur lesquels il étoit noté ce qui devoit être fait; il les distribuoit ensuite aux commis de son département, suivant le rapport qu'ils avoient avec les fonctions ordinaires de ces commis. Lorsque l'expédition nécessaire étoit faite, le chef la lisoit, & la portoit ensuite au magistrat pour la signer.

Ces expéditions consistoient dans les décisions, dans les ordres du magistrat, dans ses lettres & dans ses réponses.

Lorsque chaque affaire étoit terminée, les papiers qui y étoient relatifs, étoient mis dans un dépôt qui étoit chez le magistrat, & qu'il pouvoit consulter dans le besoin; un commis étoit chargé de l'arrangement de ce dépôt, & de fournir au magistrat les éclaircissemens qu'il demandoit. Pour faciliter les recherches, il y avoit quatre registres qui contenoient, par ordre alphabétique, le nom de tous ceux dont la conduite pouvoit attirer les regards de la *police*.

Le premier de ces registres contenoit les noms de tous ceux qui avoient été emprisonnés ou renfermés pour fait de *police*.

Le second renfermoit les noms des personnes qui avoient été arrêtées pour vols & pour d'autres crimes. Il étoit fait mention, à la suite de leurs noms, de leurs jugemens & de l'exécution qui en avoit été faite.

Dans le troisième, étoient inscrits les noms des personnes renfermées par ordre du roi, soit de l'autorité du gouvernement, soit à la requête des particuliers.

Enfin, le quatrième contenoit des notes sur les gens dont la conduite est mauvaise ou suspecte, & qui attiroient l'attention de la *police*; entre autres, de tous les intrigans, escrocs, joueurs de profession, & autres mauvais sujets.

Le premier bureau de la *police* étoit celui du cabinet ou sécrétariat. Son département consistoit en tout ce qui concernoit la bastille & les autres châteaux où étoient renfermés les prisonniers d'état.

Les ordres pour les visites, tant à la chambre syndicale que chez les libraires, s'expédioient dans ce bureau, dont le chef étoit chargé de tout ce qui concernoit la librairie prohibée.

Lorsque le magistrat vouloit traiter des affaires extraordinaires qui n'appartenoient à aucun département, il les adressoit à ce bureau.

La censure des pièces de théâtre, le rapport au magistrat, des difficultés relatives à cette censure, & tout ce qui regardoit l'annonce des pièces, dépendoient de ce bureau.

C'étoit encore à ce bureau que le magistrat renvoyoit les demandes particulières de places & d'emplois.

Enfin, c'étoit ce bureau qui étoit chargé des affaires les plus importantes & les plus secrettes.

Un chef qui avoit le titre de secrétaire de la *police*, & un sous-secrétaire, faisoient le travail de ce bureau.

Le secrétariat étoit chargé d'autres détails qui étoient confiés à deux secrétaires particuliers. Ces secrétaires faisoient l'ouverture des lettres, l'extrait des mémoires & des placets, & les renvois aux départemens. Ils expédioient les affaires instantes, & ils étoient chargés du travail relatif aux maisons de santé & à la distribution des remèdes administrés par charité. Le second bureau étoit composé d'un premier commis, & de cinq commis.

Ce bureau avoit la *police* de l'approvisionnement de Paris, de l'illumination & du nettoiement.

Les permissions d'imprimer les affiches & les placards en dépendoient.

La *police* des spectacles, autre que celle qui concernoit la censure des pièces, appartenoit à ce bureau, ainsi que celle des foires, des bureaux de nourrices, des hôpitaux, des pompes & des incendies.

Les rapports de la garde de Paris étoient envoyés à ce bureau.

Il étoit chargé du travail, relatif aux périls

imminens, aux prisonniers de *police*, & à tout ce qui regardoit la ferme générale.

Le troisième bureau, qui étoit composé d'un premier commis & de quatre commis, étoit chargé des ordres du roi, de faire le rapport de toutes les demandes qui tendoient à les obtenir, & de faire les informations nécessaires.

Ce bureau avoit, dans son département, les maisons de force.

Le quatrième bureau étoit composé d'un premier commis & de six commis. Ce bureau étoit appellé le *bureau des arts & métiers*. La révision des comptes des corps & communautés; les affaires concernant leurs statuts & réglemens & l'administration de leurs revenus; la capitation & l'industrie; la milice des corps & des communautés; l'exécution des édits de février & d'août 1776; la liquidation des dettes de communauté de province; enfin, le rachat des boues & lanternes, en dépendoient.

Le cinquième bureau avoit un premier commis & quatre commis. Voici les objets de travail qui étoient confiés à ce bureau.

Le commerce, les manufactures, les sauf-conduits, les arrêts de surséance, les étoffes prohibées, les nouveaux convertis, les religionnaires, les agens de change, les carrières, les loteries, la caisse des fonds assignés aux dépenses de la *police*, & la taxe des mémoires des officiers de *police*.

Le sixième bureau avoit le département de la sûreté, de la correspondance des maréchaussées, & des juifs. Quatre inspecteurs de *police* devoient se rendre tous les jours à ce bureau, & y rester depuis midi jusqu'à deux heures. Un premier commis, & deux commis faisoient ce travail.

Le septième bureau étoit chargé du contentieux. Il étoit divisé en deux départemens, dont l'un avoit toutes les commissions du conseil & le greffe. Il avoit en outre, une partie du contentieux du châtelet.

L'autre département de ce bureau avoit les audiences du châtelet & les affaires contentieuses des communautés.

Le huitième bureau avoit le détail des fonds destinés aux établissemens de charité, & ce qui concernoit le militaire & le régiment de Paris. Un premier commis & un commis faisoient le travail de ce bureau.

Le neuvième bureau étoit celui des nourrices. Il étoit chargé de ce qui concernoit les nourrices, les enfans qui leur étoient confiés, les meneurs & les meneuses *Voyez* INSPECTEUR.

Les officiers & magistrats de *police*, non-seulement, avoient qualité pour faire exécuter les ordonnances de *police*, mais encore ils pouvoient en faire de locales, pourvu qu'elles ne dérogeassent point aux loix & usages établis. Quand elles avoient de l'étendue & de l'importance, le droit étoit de la faire homologuer dans les cours; on a des ordonnances de *police* de cette espèce fort étendues, qui sont vraiment de très-bons traités de *police* rurale & municipale. Elles se ressembloient, au reste, toutes, elles n'étoient en général, que des extraits plus ou moins développés des loix générales de *police* du royaume.

Aujourd'hui les officiers municipaux sont exclusivement chargés de la *police* des villes, sous la surveillance du directoire du département, quant à certaines parties, comme autrefois les parlemens avoient une supériorité de grande *police*, relativement aux villes enclavées dans leur ressort.

Les loix qui doivent servir de règles de conduite aux officiers municipaux, se trouvent consignées dans un décret général de l'assemblée nationale, sur la police municipale & correctionnelle, nous croyons devoir le rapporter ici, comme une pièce essentielle à la perfection de cet ouvrage.

TITRE PREMIER.

POLICE MUNICIPALE.

Disposition d'ordre public, pour les villes de vingt mille ames & au-dessus.

ART. I. Dans les villes, ainsi que dans les municipalités de campagne, les corps municipaux feront constater l'état des habitans, soit par des officiers municipaux, soit par des commissaires de *police*, s'il y en a, soit par des citoyens commis à cet effet. Chaque année, dans le courant du mois de décembre, cet état sera vérifié de nouveau, & on y fera les changemens nécessaires.

II. Le registre contiendra mention des déclarations que chacun aura faites de ses noms, âge, lieu de naissance, dernier domicile, profession, métier & autres moyens de subsistance. Le déclarant qui n'auroit à indiquer aucun moyen de subsistance, désignera les citoyens domiciliés dans la municipalité dont il sera connu, & qui pourront rendre bon témoignage de sa conduite.

III. Ceux qui, dans la force de l'âge, n'auront,

ni moyens de subsistance, ni métier, ni répondans, seront inscrits avec la note de gens sans aveu. Ceux qui refuseront toute déclaration, seront inscrits sous leur signalement & demeure, avec la note de gens suspects. Ceux qui seront convaincus d'avoir fait de fausses déclarations, seront inscrits avec la note de gens mal intentionnés.

IV. Ceux des trois classes qui viennent d'être énoncées, s'ils prennent part à une rixe, un attroupement séditieux, un acte de voie de fait ou de violence, seront soumis aux peines de la *police* correctionnelle.

V. Dans toutes les villes, ainsi que dans les municipalités de campagne, les aubergistes, maîtres d'hôtels garnis & logeurs, seront tenus d'inscrire de suite, & sans aucun blanc, sur un registre paraphé par un officier municipal, ou un commissaire de police, les noms, qualités, domicile habituel, dates d'entrée & de sortie tous ceux qui logeront chez, & qui demeureront plus de 24 heures dans le même lieu, de représenter ce registre tous les quinze jours, & en outre, toutes les fois qu'ils en seront requis, soit aux officiers municipaux, soit aux commissaires de *police*, ou aux citoyens commis par la municipalité.

VI. Faute de se conformer aux dispositions du précédent article, ils seront condamnés à une amende du quart de leur droit de patentes, sans qu'elle puisse être moindre de 12 liv., & demeureront civilement responsables des désordres & délits commis par ceux qui logeront dans leurs maisons.

VII. Les propriétaires ou principaux locataires des maisons & appartemens où le public seroit admis à jouer des jeux de hasard, seront, s'ils demeurent dans ces maisons, & s'ils n'ont pas averti la *police*, condamnés, pour la premiere fois à 300 livres & pour la seconde à 1,000 livres d'amende, solidairement avec ceux qui occuperont les appartemens employés à cet usage.

VIII. Il en sera de même à l'égard des propriétaires ou principaux locataires des maisons ou appartemens abandonnés notoirement à la débauche, s'il y arrive des rixes, batteries, ou violences.

Règles à suivre par les officiers municipaux ou les citoyens, commis par la municipalité, pour constater les contraventions de police.

IX. Nul officier municipal, commissaire ou officier de *police* municipale, ne pourra entrer dans les maisons des citoyens, si ce n'est pour la confection des états, ordonnés par les articles 1, 2 & 3, & la vérification des registres des logeurs, pour l'exécution des loix sur les contributions directes, ou en vertu des ordonnances, contraintes & jugemens dont ils seront porteurs, ou enfin, sur le cri des citoyens, invoquant, de l'intérieur d'une maison, le secours de la force publique.

X. A l'égard des lieux livrés notoirement à la débauche, de ceux où tout le monde est admis indistinctement, tels que les cafés, cabarets, boutiques; les officiers de *police* pourront toujours y entrer, soit pour prendre connoissance des contraventions aux réglemens, soit pour vérifier les poids & mesures, le titre des matières d'or ou d'argent, la salubrité des comestibles & des médicamens; ils pourront aussi entrer dans les maisons où l'on donne habituellement à jouer des jeux de hasard; mais seulement sur la désignation qui leur en auroit été donnée par deux citoyens domiciliés.

XI. Hors les cas mentionnés aux articles 9 & 10, les officiers de *police*, qui, sans autorisation spéciale de justice ou de la *police* de sûreté, feront des visites ou recherches dans les maisons des citoyens, seront condamnés par le tribunal de police, & en cas d'appel, par celui de district, à des dommages & intérêts qui ne pourront être au-dessous de 100 livres, ni excéder 1000 livres, sans préjudice des peines prononcées par la loi, dans les cas de voies de fait & de violence.

XII. Les commissaires de *police*, dans les lieux où il y en a, dresseront, dans leurs visites & tournées, le procès-verbal des contraventions, en présence de deux des plus proches voisins, qui y apposeront leur signature, & des experts en chaque partie d'art, lorsque la municipalité, soit par voie d'administration, soit comme tribunal de *police*, aura jugé à propos d'en indiquer.

XIII. La municipalité, soit par la voie d'administration, soit comme tribunal de *police*, pourra, dans les lieux où la loi n'y aura pas pourvu, commettre à l'inspection du titre des matières d'or ou d'argent, à celle de la salubrité des comestibles & médicamens, un nombre suffisant de gens de l'art, lesquels après avoir prêté serment rempliront, à cet égard, seulement les fonctions de commissaires de police.

Délits de police municipale, & peines qui seront prononcées.

XIV. Ceux qui voudront former des sociétés ou clubs, seront tenus chacun, à peine de 200 livres d'amende, de faire, préalablement au greffe de la municipalité, la déclaration des lieux & jours de leur réunion; & en cas de récidive, ils seront condamnés à 500 livres d'amende.

XV. Ceux qui négligeront d'éclairer & de nettoyer les rues, devant leurs maisons, dans les lieux où ce soin est laissé à la charge des citoyens; ceux qui embarrasseront ou dégraderont les voies publiques; ceux qui contreviendront à la défense de rien exposer sur leurs fenêtres, au-devant de leur maison, sur la voie publique, de rien jeter qui puisse nuire ou endommager par sa chûte, ou causer des exhalaisons nuisibles; ceux qui laisseront divaguer des insensés ou furieux, ou des animaux mal-faisants ou féroces, seront, indépendamment des réparations & indemnités envers les parties lésées, condamnés à une amende de 50 livres, sans que l'amende puisse jamais être au-dessous de 2 liv. 10 s., & si le fait est grave, à la détention de *police* municipale.

XVI. Ceux qui, par imprudence ou par la rapidité de leurs chevaux, auront blessé quelqu'un dans les rues ou voies publiques, seront, indépendamment des indemnités, condamnés à huit jours de détention, & à une amende de 300 livres, & qui ne pourra être au-dessous de 15 livres, s'il y a eu fracture de membres, ou si, d'après les certificats des gens de l'art, la blessure est telle qu'elle ne puisse se guérir en moins de quinze jours, les délinquans seront renvoyés à la *police* correctionnelle.

XVII. Le refus des secours & service requis par la *police*, en cas d'incendie ou autres fléaux calamiteux, sera puni par une amende du quart de la contribution mobiliaire, sans que l'amende puisse être au-dessous de 3 livres.

XVIII. Le refus ou la négligence d'obéir à la sommation de réparer ou démolir les édifices menaçant ruine sur la voie publique, seront, outre les frais de la démolition ou de la réparation de ces édifices, punis d'une amende de la moitié de la contribution mobiliaire, laquelle amende ne pourra être au-dessous de 6 livres.

XIX. En cas de rixe ou dispute avec ameutement du peuple; en cas de voies de fait ou violences légères dans les assemblées & lieux publics, en cas de bruits & attroupemens nocturnes; ceux des trois premières classes, mentionnés en l'article III, & ceux de la première classe, mentionnés au même article, qui sont en état de travailler, seront, dès la première fois, renvoyés à la *police* correctionnelle; les autres seront condamnés à une amende du tiers de leur contribution mobiliaire, laquelle ne pourra être au-dessous de 3 livres, & pourront l'être suivant la gravité du cas, à une détention de trois jours, dans les campagnes, & de huit jours dans les villes. Tous ceux qui, après une première condamnation prononcée par la *police* municipale, se rendroient encore coupables de l'un des délits ci-dessus, seront renvoyés à la *police* correctionnelle.

XX. En cas d'exposition en vente de comestibles gâtés, corrompus ou nuisibles; ils seront confisqués & détruits; & le délinquant condamné à une amende du tiers de sa contribution mobiliaire, laquelle amende ne pourra être au-dessous de 3 livres.

XXI. En cas de vente de médicamens gâtés, le délinquant sera renvoyé à la *police* correctionnelle, & puni de 100 livres d'amende, & d'un emprisonnement qui ne pourra excéder six mois.

XXII. En cas d'infidélité des poids & mesures dans la vente des denrées ou autres objets qui se débitent à la mesure, au poids ou à l'aune, les faux poids ou fausses mesures seront confisqués & brisés, & l'amende sera, pour la première fois, de 100 livres au moins, & de la moitié de la contribution mobiliaire, si cette contribution est de plus de 200 livres.

XXIII. Les délinquans, aux termes de l'article précédent, seront, en outre, condamnés à la détention de *police* municipale, & en cas de récidive, les prévenus seront à la *police* correctionnelle.

XXIV. Les vendeurs convaincus d'avoir trompé, soit sur le titre des matières d'or ou d'argent, soit sur la qualité d'une pierre fausse, vendue pour fine, seront renvoyés à la *police* correctionnelle.

XXV. Quant à ceux qui seroient prévenus d'avoir fabriqué, fait fabriquer, ou employé de faux poinçons, marqué ou fait marquer des matières d'or ou d'argent, au-dessous du titre annoncé par la marque, ils seront, dès la première fois, renvoyés par un mandat d'arrêt du juge de paix, devant le juré d'accusation, jugés, s'il y a lieu, selon la forme établie pour l'instruction criminelle, &, s'ils sont convaincus, punis des peines établies dans le code pénal.

XXVI. Ceux qui ne payeront pas dans les trois jours, à dater de la signification du jugement, l'amende prononcée contr'eux, y seront contraints par des voies de droits : néanmoins la contrainte par corps ne pourra entraîner qu'une détention d'un mois à l'égard de ceux qui sont absolument insolvables.

XXVII. Toutes les amendes établies par le présent décret, seront doubles en cas de récidive; & tous les jugemens, en cas de récidive, seront affichés aux dépens des condamnés.

XXVIII. Pourront être saisis & retenus jusqu'au

jugement, tous ceux qui, par imprudence ou la rapidité de leurs chevaux, auront fait quelques blessures dans la rue, ou voie publique, ainsi que ceux qui seroient prévenus des délits mentionnés aux articles 19, 21 & 22; ils seront contraignables par corps, au paiement des dommages & intérêts, ainsi que des amendes.

Confirmation de divers réglemens, & dispositions contre l'abus de la taxe des denrées.

XXIX. Les réglemens actuellement existans sur le titre des matières d'or & d'argent, sur la vérification de la qualité des pierres fines ou fausses, la salubrité des comestibles & des médicamens, continueront d'être exécutés jusqu'à ce qu'il en ait été autrement ordonné. Il en sera de même de ceux qui établissent des dispositions de sûreté, tant pour l'achat & la vente des matières d'or & d'argent, & des objets de l'orfévrerie, des drogues, médicamens & poisons, que pour la présentation, le dépôt & l'adjudication des effets précieux dans les Monts-de-piété, Lombards, ou autres maisons de ce genre.

XXX. La taxe des subsistances ne pourra provisoirement avoir lieu dans aucune ville ou commune du royaume, que sur le pain & la viande de boucherie, sans qu'il soit permis, en aucun cas, de l'étendre sur le bled, les autres grains, le vin, ni autre espèce de denrée, & ce, sous peine de destitution des officiers municipaux.

XXXI. Les réclamations élevées par les marchands, relativement au taux des taxes, ne seront en aucun cas, du ressort des tribunaux de district; elles seront portées devant le directoire du district, & par appel au directoire de département, qui prononcera sans appel; les réclamations des particuliers contre les marchands qui vendroient au-dessus de la taxe, seront portées & jugées au tribunal de *police* municipale, sauf l'appel au tribunal de district.

Formes de procéder, & règles à observer par le tribunal de police municipale.

XXXII. Tous ceux qui, dans les villes & dans les campagnes, auront été arrêtés, seront conduits directement chez un juge de paix, lequel renverra pardevant le commissaire de *police*, ou l'officier municipal, chargé de l'administration de de cette partie, lorsque l'affaire sera de la compétence de la *police* municipale.

XXXIII. Tout juge de paix d'une ville, dans quelque quartier qu'il se trouve établi, sera compétent pour prononcer, soit la liberté des personnes amenées, soit le renvoi à la police municipale, soit le mandat d'amener, ou devant lui où devant un autre juge de paix, soit enfin le mandat d'arrêt, tant en matière de *police* correctionnelle, qu'en matière criminelle.

XXXIV. Néanmoins, pour assurer le service dans la ville de Paris, il sera déterminé par la municipalité, un lieu vers le centre de la ville, où se trouveront toujours deux juges de paix, lesquels pourront chacun donner, séparément les ordonnances nécessaires. Les juges de paix rempliront tour à tour ce service pendant vingt-quatre heures.

XXXV. Les personnes prévenues de contraventions aux loix & réglemens de police, soit qu'il y ait eu un procès-verbal ou non, seront citées devant le tribunal par les appariteurs, ou par tous autres huissiers, à la requête du procureur de la commune ou des particuliers qui croiront avoir à se plaindre. Les parties pourront comparoître volontairement, ou sur un simple avertissement, sans qu'il soit besoin de citation.

XXXVI. Les citations seront données à trois jours, ou à l'audience la plus prochaine.

XXXVII. En cas de non-comparution, le tribunal de police pourra ordonner que la citation soit réitérée par l'un des appariteurs de l'audience.

XXXVIII. Les défauts seront signifiés par un huissier, commis par le tribunal de *police* municipale, & ne pourront être rabattus, qu'autant que la personne citée, comparoîtra après la signification du jugement, & demandera à être entendue sans délais; si elle ne comparoit pas, le jugement demeurera définitif, & ne pourra être attaqué que par la voie d'appel.

XXXIX. Les personnes citées, comparoîtront par elles-mêmes ou par des fondés de procuration spéciale. Il n'y aura point d'avoués aux tribunaux de *police* municipale.

XL. Les procès-verbaux, s'il y en a, seront lus; les témoins, s'il faut en appeller, seront entendus; la défense sera proposée; les conclusions seront données par le procureur de la commune; le jugement préparatoire ou définitif sera rendu, avec expression de motifs, dans la même audience, ou au plus tard dans la suivante.

XLI. L'appel des jugemens ne sera pas reçu, s'il est interjeté, ou après huit jours depuis la signification des jugemens, à la partie condamnée.

XLII. La forme de procéder sur l'appel en matière de police, sera la même qu'en première instance.

XLIII. Le tribunal de *police* sera composé de trois membres que les officiers municipaux choisiront parmi eux, de cinq dans les villes où il y a soixante mille ames ou davantage, de neuf à Paris.

XLIV. Aucun jugement ne pourra être rendu que par trois juges, & sur conclusions du procureur de la commune ou de son substitut.

XLV. Le nombre des audiences sera réglé d'après le nombre des affaires, qui seront toutes terminées, au plus tard dans la quinzaine.

XLVI. Aucun tribunal de *police* municipale, & aucun corps municipal, ne pourra faire aucun réglement. Le corps municipal néanmoins pourra, sous le nom & l'intitulé de délibérations, sauf la réformation, s'il y a lieu, par l'administration du département, sur l'avis de celle du district, faire des arrêtés sur les objets suivans. 1°. Lorsqu'il s'agira d'ordonner les précautions locales sur les objets confiés à sa vigilance & à son autorité, par les articles 3 & 4 du titre onzième du décret sur l'organisation judiciaire; 2°. de publier de nouveau les loix & réglemens de police, & de rappeller les citoyens à leur observation.

XLVII. Les objets confisqués resteront au greffe du tribunal de police, mais seront vendus au plus tard dans la quinzaine, au plus offrant & dernier enchérisseur, selon les formes ordinaires. Le prix de cette vente & les amendes, versés dans les mains du receveur du droit d'enregistrement, seront, après la déduction des remises accordées aux percepteurs, employés sur les mandats du procureur-syndic du district, visés par le procureur-général-syndic du département, un quart aux dépenses de la municipalité, un quart aux menus frais du tribunal, un quart aux frais des bureaux de paix & de jurisprudence charitable, & un quart au soulagement des pauvres de la commune. Cet emploi sera justifié au directoire de district, qui en rendra compte au directoire de département, toutes les fois que l'ordonnera celui-ci.

XLVIII. Les commissaires de *police*, dans les lieux où il y en a, porteront, dans l'exercice de leurs fonctions, un chaperon aux trois couleurs de la nation, placé sur l'épaule gauche. Les appariteurs chargés d'une exécution de police, présenteront, comme les autres huissiers, une baguette blanche, aux citoyens qu'ils sommeront d'obéir à la loi. Les dispositions du décret sur le respect dû aux juges & aux jugemens, s'appliqueront aux tribunaux de *police* municipale & correctionnelle, & à leurs officiers.

TITRE SECOND.

Dispositions générales sur les peines de la police correctionnelle & les maisons de correction.

ART. I. Les peines correctionnelles seront; 1°. l'amende; 2°. la confiscation, en certain cas, de la matière du délit; 3°. l'emprisonnement; 4°. enfin, la déportation, laquelle sera toujours à vie.

II. Il y aura une maison de correction destinée, 1°. aux jeunes gens au-dessous de l'âge de 21 ans, qui devront y être renfermés, conformément aux articles 15, 16 & 17 du titre 10 du décret sur l'organisation judiciaire; 2°. aux personnes condamnées par voie de *police* correctionnelle.

III. Si la maison de correction est dans le même local que la maison destinée aux personnes condamnées par jugement des tribunaux criminels, le quartier de la correction sera entièrement séparé.

IV. Les jeunes gens détenus d'après l'arrêté des familles, seront séparés de ceux qui auront été condamnés par la *police* correctionnelle.

V. Toute maison de correction sera maison de travail. Il sera établi par les conseils ou directoires de départemens, divers genres de travaux communs ou particuliers, convenables aux personnes des deux sexes, les hommes & les femmes seront séparées.

VI. La maison fournira le pain, l'eau & le coucher; sur le produit du travail du détenu, un tiers sera appliqué à la dépense commune de la maison; sur les deux autres tiers & sur ses biens, lorsque le jugement l'aura ainsi prononcé, il lui sera permis de se procurer une nourriture meilleure & plus abondante que celle de la maison. Le surplus sera réservé pour lui être remis après que le temps de sa détention sera expiré.

VII. Ceux qui seront prévenus d'avoir attenté publiquement aux mœurs, par outrage à la pudeur des femmes, par actions deshonnêtes, d'avoir favorisé la débauche, ou corrompu des jeunes gens de l'un ou l'autre sexe, par exposition & vente d'images obscènes, pourront être saisis sur-le-champ, & conduits devant le juge de paix, lequel est autorisé à les faire retenir jusqu'à la prochaine audience de la *police* correctionnelle.

VIII. Si le délit est prouvé, les coupables seront condamnés, selon la gravité des faits à une amende de 50 à 500 livres, & à un emprisonnement qui ne pourra excéder six mois. Pour avoir favorisé la débauche ou corrompu des jeunes gens de l'un & l'autre sexe, l'emprisonnement sera d'une année.

année. s'il s'agit d'images obscènes, les estampes & les planches seront en outre confisquées & brisées.

IX. Les peines portées en l'article précédent seront doubles en cas de récidive.

X. Ceux qui auront outragé les objets d'un culte quelconque dans des lieux publics ou destinés a l'exercice de ce culte, ou ses ministres en fonctions, ou interrompu par un trouble public les cérémonies religieuses de quelque culte que ce soit, seront condamnés à une amende, qui ne pourra pas excéder la somme de 300 livres, & à un emprisonnement qui ne pourra excéder la durée de deux ans. L'amende sera toujours de 300 livres, & l'emprisonnement de deux ans en cas de récidive.

XI. Les auteurs de ces délits pourront être saisis sur le champ, & conduits devant le juge de paix.

Troisieme genre de délit.

XII. Ceux qui hors le cas de légitime défense, & sans excuse suffisante, auront blessé ou même frappé des citoyens, si le délit n'est pas de la nature de ceux qui sont punis des peines portées au code pénal, seront jugés par la *police* correctionnelle, & en cas de conviction, condamnés selon la gravité des faits à une amende qui ne pourra excéder 500 livres, & à un emprisonnement qui ne pourra excéder six mois.

XIII. La peine sera double, si les violences ont été commises envers des femmes ou des personnes de 70 ans & au-dessus, ou des enfans de 16 ans & au-dessous, & enfin s'il y a eu effusion de sang.

XIV. En cas d'homicide involontaire, dénoncé comme tel, mais causé par une imprudence, l'auteur de l'homicide sera condamné a une amende du double de sa contribution mobiliaire, & à un emprisonnement de six mois à un an.

XV. Si quelqu'un ayant blessé un citoyen, soit par imprudence, soit par la rapidité de ses chevaux, il est résulté fracture de membres, ou si, d'après le certificat des gens de l'art, la blessure est telle qu'elle exige un traitement de trois jours, le délinquant sera condamné à une amende qui ne poutra être moindre de 10 livres & plus forte que 500 livres & à un emprisonnement qui ne pourra excéder six mois. Le maître sera civilement responsable des condamnations pécuniaires, prononcées contre le cocher ou conducteur des chevaux.

XVI. Toutes les peines ci-dessus, seront prononcées independamment des dommages & intérêts des parties.

XVII. Quant aux simples injures verbales, si elles ne sont pas adressées à un fonctionnaire public en exercice de ses fonctions, elles seront jugées dans la forme établie en l'article 10 du titre 3 du décret sur l'organisation judiciaire.

XVIII. La reputation des imputations calomnieuses, sera du ressort des tribunaux de district, lesquels, si les calomnies sont graves, sont autorisés à prononcer en outre, contre les calomniateurs, un emprisonnement dont la durée ne pourra excéder deux années; la peine sera double en cas de récidive.

Quatrieme genre de délit.

XIX. Les mendians valides pourront être saisis & conduits devant le juge de paix, pour être statué à leur égard, ainsi qu'il sera déterminé dans la loi sur la répression de la mendicité.

XX. Les circonstances aggravantes seront: 1°. de mendier avec menaces & violences; 2°. de mendier avec armes; 3° de s'introduire dans l'intérieur des maisons; 4°. de mendier deux ou plusieurs ensemble; 5° de mendier avec faux certificats ou congés, infirmités supposées, ou déguisement; 6°. de mendier après avoir été repris de justice; 7°. de mendier hors du canton du lieu de sa naissance.

XXI. Les mendians contre lesquels il se réunira une ou plusieurs de ces circonstances aggravantes, seront condamnés à un emprisonnement d'une à deux années, & en cas de récidive, à la déportation.

XXII. L'insubordination, accompagnée de violences ou de menaces, dans les ateliers publics ou de charité, sera punie d'un emprisonnement qui ne pourra excéder deux années, la peine sera double en cas de récidive.

XXIII. Les peines portées dans la loi sur les associations & attroupemens des ouvriers & gens du même état, seront prononcées par le tribunal de la police correctionnelle.

XXIV. Les personnes des trois classes mentionnées dans l'article 3 du titre 1, qui seront surprises dans une rixe, un attroupement ou un acte quelconque de violence, seront punies d'un emprisonnement qui ne pourra excéder trois mois. En cas de récidive, la detention sera d'une année.

XXV. Les citoyens domiciliés, qui, après avoir été réprimés une fois par la police municipale, pour rixes, tumultes, attroupemens nocturnes, ou désordres en assemblée publique, commettroient pour la deuxième fois le même genre de délit, seront condamnés par la police correctionnelle, à une amende qui ne pourra excéder 300 livres, & à un emprisonnement qui ne pourra excéder quatre mois.

XXVI. Les personnes qui se rendront coupables des délits mentionnés, dans les six articles précédens, seront saisies sur le champ, & conduites devant le juge de paix.

Cinquième genre de délit.

XXVII. Tous dégâts commis dans les bois, toutes violations de clôtures, de murs, haies & fossés, quoique non suivis de vol; les larcins de fruits & de productions d'un terrein cultivé, autres que ceux mentionnés dans le code pénal, seront punis ainsi qu'il sera dit à l'égard de la police rurale.

XXVIII. Les larcins, filouteries & simples vols qui n'appartiennent, ni à la police rurale, ni au code pénal, seront, outre les dommages & intérêts, punis d'un emprisonnement qui ne pourra excéder deux ans. La peine sera double en cas de récidive; & la seconde récidive sera punie de la déportation.

XXIX. Le vol de deniers ou effets appartenans à l'état, & dont la valeur sera au-dessous de 10 livres, sera puni d'une amende du double de cette valeur, & d'un emprisonnement qui ne pourra excéder six mois; la peine sera double en cas de récidive.

XXX. Les coupables des délits mentionnés aux trois précédens articles, pourront être saisis sur le champ, & conduits devant le juge de paix.

XXXI. Ceux qui, par dol, à l'aide de faux noms ou de fausses entreprises, ou d'un crédit imaginaire ou d'espérances & de craintes chimériques, auront abusé de la crédulité de quelques personnes, & escroqué la totalité ou partie de leurs fortunes, seront poursuivis pardevant les tribunaux de district; & si le dol ou l'escroquerie est prouvée, le tribunal de district, après avoir prononcé les restitutions, dommages & intérêts, est autorisé à condamner, par voie de *police* correctionnelle, à une amende qui ne pourra excéder cinq mille livres, & à un emprisonnement qui ne pourra excéder deux ans. En cas d'appel, le condamné gardera prison, à moins que les juges ne trouvent convenable de le mettre en liberté sur une caution triple de l'amende prononcée. En cas de récidive, la peine sera double. Tous les jugemens seront imprimés & affichés.

XXXII. Ceux qui tiendront des jeux de hasards où le public sera admis, soit librement, soit sur la présentation des affiliés, seront punis d'une amende de 1000 à 3000 livres, avec confiscation des fonds trouvés exposés au jeu, & d'un emprisonnement qui ne pourra excéder un an. L'amende, en cas de récidive, sera de 5000 à 10,000 livres, & l'emprisonnement ne pourra excéder deux ans, sans préjudice de la solidarité pour les amendes qui auroient été prononcées par la *police* municipale, contre les propriétaires & principaux locataires, dans les cas & aux termes de l'article 7 du titre 1 du présent décret.

XXXIII. Ceux qui tiendront des maisons de jeu de hasard, s'ils sont pris en flagrant délit, pourront être saisis & conduits devant le juge de paix.

XXXIV. Les vendeurs, convaincus d'avoir trompé, soit sur le titre des matières d'or ou d'argent, soit sur la qualité d'une pierre fausse vendue pour fine, seront, outre la confiscation des marchandises en délit, & la restitution envers l'acheteur, condamnés à une amende de 1,000 à 3,000 livres, & à un emprisonnement qui ne pourra excéder deux années; la peine sera double en cas de récidive.

XXXV. Ceux qui, condamnés une fois par la *police* municipale, pour infidélité sur les poids & mesures, commettront de nouveau le même délit, seront condamnés par la *police* correctionnelle, à la confiscation des marchandises fausses, ainsi que des faux poids & mesures, lesquels seront brisés, & à une amende qui ne pourra excéder 1000 livres, & à un emprisonnement qui ne pourra excéder une année. A la seconde récidive, ils seront poursuivis criminellement, & condamnés aux peines portées au code pénal.

XXXVI. Les dommages & intérêts, ainsi que les restitutions & les amendes qui seront prononcées en matière de *police* correctionnelle, emporteront contrainte par corps.

XXXVII. Les amendes de la police correctionnelle ou de la *police* municipale qui ont la contribution mobiliaire pour base, seront payées sur la totalité de cotte, & sans déduction de la contribution foncière.

Forme de procéder & composition des tribunaux en matière de police correctionnelle.

XXXVIII. Dans le cas où un prévenu, surpris en flagrant délit, seroit amené devant le juge de paix, conformément aux dispositions ci-dessus le juge, après l'avoir interrogé, après avoir entendu les témoins, s'il y a lieu, & dressé procès-verbal sommaire, le renverra en liberté, s'il le trouve innocent, le renverra à la *police* municipale, si l'affaire est de sa compétence, donnera le mandat d'arrêt, s'il est justement suspect d'un crime; enfin, s'il s'agit des délits ci-dessus mentionnés depuis l'article 9, le fera retenir pour être jugé par le tribunal de la *police* correctionnelle, ou l'admettra sous caution de se représenter. La caution ne pourra être moindre de 3,000 livres, ni excéder 20,000 livres.

XXXIX. La poursuite de ces délits sera faite, soit par les citoyens lésés, soit par le procureur de la commune, ou ses substituts, s'il y en a, soit par des hommes de loi, commis à cet effet par la municipalité.

XL. Sur la dénonciation des citoyens, ou du procureur de la commune, le juge de paix pourra donner un mandat d'amener, &, après les éclaircissemens nécessaires, prononcera selon qu'il est dit en l'article 38.

XLI. Dans les lieux où il n'y a qu'un juge de paix, le tribunal de police correctionnelle sera composé du juge de paix & de deux assesseurs. Dans ceux où il y a deux juges de paix, il sera composé de ces deux juges & d'un seul assesseur.

XLII. Dans les villes où il y a trois juges de paix, le tribunal de *police* correctionnel sera composé de ces trois juges; & en cas d'absence de l'un des deux, il sera remplacé par un des assesseurs.

XLIII. Dans les villes qui ont plus de trois juges de paix & moins de six, le tribunal sera de trois, qui siegeront de manière à ce qu'il en sorte un chaque mois.

XLIV. Dans les villes de plus de soixante mille ames, le tribunal de *police* correctionnelle sera composé de six juges de paix, ou, à leur défaut, d'assesseurs. Ils serviront par-tout & pourront se diviser en deux chambres.

XLV. A Paris, il sera composé de neuf juges de paix, servant par tour, il tiendra une audience tous les jours, & pourra se diviser en trois chambres.

XLVI. Le greffier du juge de paix servira auprès du tribunal de *police* correctionnelle, dans les lieux où ce tribunal sera tenu par le juge de paix & de deux assesseurs.

XLVII. Dans toutes les villes où le tribunal de *police* correctionnelle sera composée de trois juges de paix, le corps municipal nommera un greffier.

XLVIII. Dans les villes où le tribunal de *police* correctionnelle sera composé de plusieurs chambres, le greffier présentera autant de commis-greffiers qu'il y aura de chambres.

XLIX. Les greffiers nommés par le corps municipal pour servir près du tribunal de *police* correctionnelle, seront à vie. Leur traitement sera de 1000 livres dans les lieux où le tribunal ne formera qu'une chambre; de 1800 livres dans les lieux où il en formera deux, & de 3000 livres dans les lieux où il en formera trois. Le traitement des commis-greffiers sera, pour chacun, la moitié de celui de greffier.

L. Les huissiers des juges de paix qui seront de service, feront celui de l'audience.

LI. Les audiences de chaque tribunal seront publiques, & se tiendront dans le lieu qui sera choisi par la municipalité.

LII. L'audience sera donnée, sur chaque fait, trois jours au plus tard après le renvoi prononcé par le juge de paix.

LIII. L'instruction se fera à l'audience; le prévenu y sera interrogé, les témoins pour & contre, entendus en sa présence, les reproches & défenses proposés, les pièces lues, s'il y en a, & le jugement prononcé de suite, ou au plus tard à l'audience suivante. Les témoins prêteront serment à l'audience; le greffier tiendra note du nom, de l'âge, des qualités, ainsi que des principales déclarations des témoins & des principaux moyens de défense. Les conclusions des parties & celles de la partie publique, seront fixées par écrit, & les jugemens seront motivés.

LIV. Il ne sera fait aucune autre procédure, sans préjudice du droit qui appartient à chacun, d'employer le ministère d'un defenseur officieux.

LV. Les jugemens en matière de *police* correctionnelle, pourront être attaqués par la voie de l'appel. L'appel sera porté au tribunal de district; il ne pourra être reçu après les quinze jours du jugement signifié à la personne du condamné ou à son dernier domicile.

LVI. Le tribunal de district jugera en dernier ressort.

LVII. Le département de Paris n'aura qu'un tribunal d'appel, composé de six juges ou suppléans, tirés des six tribunaux d'arrondissemens. Il pourra se diviser en deux chambres, qui jugeront au nombre de trois juges.

LVIII. Les six premiers juges ou suppléans qui

composeront le tribunal d'appel, seront pris par la voie du sort, dans les six tribunaux. les présidens exceptés; de mois en mois, il en sortira deux, lesquels seront remplacés par deux autres, que choisiront les deux tribunaux de district, auxquels les deux sortans appartiendront, & ainsi de suite, par ordre d'arrondissement.

LIX. L'audience du tribunal d'appel, ou des deux chambres dans lesquelles il sera divisé, sera ouverte tous les jours, si le nombre des affaires l'exige, sans que le tribunal puisse jamais vaquer.

LX. Les six premiers juges qui composeront ce tribunal, nommeront un greffier, lequel sera à vie, & présentera un commis-greffier pour chacune des deux chambres.

LXI. Les plus âgés présideront les deux chambres du tribunal d'appel ci-dessus. Il en sera de même dans toute l'étendue du royaume, pour ceux des tribunaux de premiere instance qui seront composés de trois juges de paix.

LXII. Dans toute l'étendue du royaume, l'instruction sur l'appel se fera à l'audience, & dans la forme déterminée ci-dessus; les témoins s'il est jugé nécessaire, y seront de nouveau entendus; & l'appellant, s'il succombe, sera condamné en l'amende ordinaire.

LXIII. En cas d'appel des jugemens rendus par le tribunal de police correctionnelle, les conclusions seront données par le commissaire du roi. Dans la ville de Paris, il sera nommé par le roi un commissaire pour servir auprès du tribunal d'appel de *police* correctionnelle.

LXIV. Les jugemens rendus en matiere correctionnelle, pourront être attaqués par la voie de l'appel, & cet appel sera porté au tribunal de district.

Application des confiscations & amendes.

LXV. Les produits des confiscations & des amendes prononcées en *police* correctionnelle, seront perçus par le receveur du droit d'enregistrement après la déduction de la remise accordée aux percepteurs, & appliqués, savoir: un tiers aux menus frais de la municipalité & du tribunal de premiere instance, un tiers à ceux des bureaux de paix & jurisprudence charitable, & un tiers au soulagement des pauvres de la commune. La justification de cet emploi sera faite au corps municipal, & surveillée par le directoire des assemblées administratives.

LXVI. Les peines portées au présent décret, ne seront applicables qu'aux délits commis postérieurement à sa publication.

LXVII. Les outrages ou menaces par parole ou par gestes, faits aux fonctionnaires publics dans l'exercice de leurs fonctions, seront punis d'une amende qui ne pourra excéder dix fois la contribution mobiliaire, & d'un emprisonnement qui ne pourra excéder deux années. La peine sera double en cas de récidive.

LXVIII. Les mêmes peines seront infligées à ceux qui outrageroient ou menaceroient par paroles ou par gestes, soit les gardes nationales, soit la gendarmerie nationale, soit les troupes de ligne qui se trouveroient ou sous les armes, ou au corps de garde, ou dans un poste de service, sans préjudice des peines plus fortes, s'il y a lieu contre ceux qui les frapperoient, & sans préjudice également de la défense & de la résistance légitime, conformément aux loix militaires.

LXIX. Tous ceux qui, dans l'adjudication de la propriété ou de la location des domaines nationaux, ou de tous autres objets, troubleroient la liberté des enchères, ou empêcheroient que les adjudications ne s'élevassent à leur véritable valeur, soit par offre d'argent, soit par des conventions frauduleuses, soit par des violences ou voies de fait exercées avant ou pendant les encheres, seront punis d'une amende qui ne pourra excéder 500 livres, & d'un emprisonnement qui ne pourra excéder une année; la peine sera double en cas de récidive.

LXX. Toute personne convaincue d'avoir vendu des boissons falsifiées par des mixtions nuisibles, sera condamné à une amende qui ne pourra excéder 1,000, & à un emprisonement qui ne pourra excéder une année. Le jugement sera imprimé; la peine sera double en cas de récidive.

LXXI. L'extrait des jugemens rendus par la *police* municipale, sera déposé, soit dans un lieu central, soit au greffe du tribunal de *police* correctionnelle, dans tous les cas où le présent décret aura renvoyé à la *police* correctionnelle les délinquans en récidive.

PONT. s. m. Construction en pierre ou en bois qui sert de passage pour traverser une riviere.

La plupart des *ponts* à Paris etoient couverts de maisons; l'on avoit trouvé utile autrefois d'employer le service qu'offre leur superficie à bâtir; mais dans ces derniers temps l'on a mis les ponts à découvert; c'est principalement à M. le baron de Breteuil que l'on doit cette innovation que beaucoup de personnes trouvent admirable & que d'autres blâment.

Les ponts qui existent aujourd'hui à Paris datent de diverses époques & ont suivi les progrès de la population & de l'aggrandissement de la ville. Dans son origine, Paris renfermé dans l'île Notre-Dame ne communiquoit au dehors que par des barques & des batelets, dont l'usage s'est perpétué jusqu'à ce jour. Bientôt cette ville qui devoit former la capitale, d'un grand empire, jetta sur la Seine différens ponts. Le plus ancien est le *Petit-Pont*. Le pont *Notre-Dame* fut le second & fut construit en pierre en 1507.

A ces deux ponts, succéderent celui de *Saint-Michel*, & celui *au Change*; mais lorsqu'on eut arraché les bois, détruit les prairies au couchant, dans la partie qu'occupe une portion du fauxbourg Saint-Germain des Prés, que l'on y eut tracé & élevé des maisons & des hôtels, que la ville fut prolongée au nord sur le territoire de Saint-Germain l'auxerrois l'on fut obligé de construire à la pointe de l'île, le pont qui a conservé le surnom de neuf, élevé sous Henri IV, en 1578.

Dans la suite les vignobles de la montagne Sainte-Genevieve au sud-ouest, & les coutures ou terres labourables des territoires Sainte-Catherine ou de Saint-Gervais au nord-est, ayant été réunis à la ville circonscrite par les fossés Saint-Victor, Saint-Bernard & de la bastille, on fut obligé de jetter sur la Seine les ponts *Marie* & de la *Tournelle*, achevés en pierre en 1614; enfin le fauxbourg Saint-Germain s'étant prolongé vers la plaine de Grenelle, les tuileries & les briqueteries qui existoient de l'autre côté de la Seine, ayant été détruites pour y construire le palais qui en a conservé le nom, on établit entr'elles une communication par un grand pont, qui porta le nom de pont rouge ou *Barbin* & celui de pont royal, lorsqu'il a été construit en pierre sous Louis XIV. C'est ainsi qu'à mesure que la population s'est accrue, que la surface de la ville s'est étendue; on a été forcé de multiplier les ponts pour établir des communications indispensables au concours du peuple, & des voitures toujours en mouvement pour le transport des denrées de consommation, des objets de commerce, des matériaux de construction, ainsi que pour transporter rapidement les citoyens dans les différens quartiers de la ville, dans lesquels leurs affaires ou leurs plaisirs les appelloient.

Depuis la construction des ponts dont on vient de parler, la ville de Paris s'est étendue bien au-delà des barrieres qui la circonscrivoient alors; le fauxbourg Saint-Antoine très-moderne, & la partie de celui de Saint-Marcel n'existoient pas. Le seul fauxbourg Saint-Antoine forme aujourd'hui une grande ville, tant pour l'étendue, que pour la population. Ce fauxbourg ne peut communiquer avec la partie de la ville au midi, que par les ponts *Marie* & de la *Tournelle*; & la grande affluence de monde & de voitures qui partent continuellement des ports, & vont se rendre de part & d'autre, dans les différens quartiers de la ville, y causent des embarras d'autant plus dangereux & plus longs, que la rue qui couvre le pont *Marie* & celle des deux ponts, sont très-étroites. Une voiture qui part du port des Chantiers, hors des tournelles, pour se rendre dans le fauxbourg Saint-Antoine, est obligée de faire une lieue de plus qu'elle ne feroit, s'il y avoit un pont jetté sur la Seine, en face des boulevards neufs, près la salpêtriere, & qui couperoit à angle droit le cours de la Seine, pour aboutir au port Saint-Mandé, à peu de distance de la rue des fossés de la Bastille & de la rue Moreau.

Un des grands avantages que ce pont procureroit, seroit d'empêcher de passer dans l'intérieur de Paris tous les materiaux de construction, tels que pierre, plâtre & bois de charpente destinés pour les parties au dessus des ponts Marie & de la Tournelle; & l'on sait combien il résulte d'accidents du transport de ces objets dans l'intérieur de Paris. Toutes les voitures qui arrivent par les routes des différentes provinces situées à l'orient ou au midi de Paris, soit qu'elles soient destinées respectivement pour la consommation des parties de la ville, situées au-dessus des ponts, même pour les quartiers qui avoisinent les boulevards, tant au nord qu'au midi, soit qu'elles doivent seulement traverser en passe-debout, ces voitures ne seront point obligés de traverser tout Paris, y éprouver des retards, & augmenter les embarras toujours dangereux pour les citoyens: mais si ce pont doit procurer des avantages inapréciables par son utilité, il ne seroit pas moins agréable par la communication qu'il formeroit entre le jardin royal des plantes & celui de l'arsenal, qui ne sont séparés que par la Seine.

POPULATION. s. f. On entend par ce mot l'état actuel du nombre des habitans d'un royaume, d'une province, d'une ville ou d'une paroisse.

On peut considérer la population sous deux points de vue, l'un comme une source de richesses nationales & un moyen d'augmenter les revenus d'un état, l'autre comme une collection d'hommes dont le souverain doit faire le bonheur en entretenant au milieu d'eux l'ordre, la paix, & protegeant les établissements qui peuvent contribuer à cet objet.

Une nombreuse population est généralement le signe démonstratif d'un état sagement gouverné, & l'on peut la regarder comme le thermometre des démarches de l'autorité souveraine & des événemens mémorables. Elle augmente ou diminue en proportion que les uns & les autres sont plus ou moins favorables aux progrès du bonheur des hommes & de la civilisation.

Nous allons d'abord parler de la population considérée sous ce dernier point de vue, nous parlerons ensuite des établissemens & reglemens de police & municipaux qui peuvent la favoriser & qui méritent l'attention spéciale du gouvernement.

Nous ne saurions mieux faire connoître le rapport qui regne entre la population & les événemens publics, qu'en rapportant ici un excellent morceau de M. *Gudin de la Brenelerie* inséré dans un petit ouvrage intitulé supplément à la maniere d'écrire l'histoire. On y verra que toutes les fois que la guerre ou le despotisme ont troublé la société, il y a eu diminution dans le nombre des naissances ; & quoique ces remarques ne tombent que sur Paris, elles ne prouvent pas moins les vérités que nous venons d'énoncer, & peuvent également s'adapter à tout autre lieu.

» Quand la nation est en paix, le nombre des » naissances se soutient & même il augmente d'an- » née en année : mais aussitôt que la guerre est » déclarée, ou aussitôt que le calme intérieur est » troublé par quelqu'opération ministérielle, le » nombre des naissances diminue.

		Naissances.	*Perte, comparée à 1739.*
	En 1739 il étoit né à Paris, ...	19781 enfans.	
	Le terrible hiver qui suivit la disette qu'il causa, les bruits de guerre qui se répandirent arrêtèrent la population, & en		
1740	il n'en naquit que	18632, c'est-à-dire,	1149 de moins qu'en 1739.
	L'année suivante la guerre fût déclarée & . .		
1741	n'en vît naître que	18578.	1203.
1742	Plus stérile encore, n'en donna que	17722.	2059.
	Ce qui fait plus de 2000 enfans de moins qu'il n'en naissoit avant la guerre. L'hiver qui avoit été fort rude cette année, avoit contribué aussi pour sa part, à diminuer le nombre des naissances. La dépopulation étoit certainement plus forte dans le reste du royaume, mais les moyens de la calculer nous manquent. Cette guerre fut plus brillante qu'heureuse.		
1743	Les naissances se montèrent au nombre de . . .	17873, c'est-à-dire,	1908 moins qu'en 1739.
	Ce qui fait cent cinquante & un enfant de plus qu'en 1742 ; en		
1744	elles furent de	18318.	1463.
1745	de	18840.	941.
1746	de	18347.	1739. 1434.
1717	. . . .	18446.	1335.
1748	Elles furent beaucoup moins nombreuses, il n'y en eut que	17907.	1874.

Ce qui fait 1874 enfans de moins qu'en 1739, de sorte que si l'on compare le nombre des naissances de chaque année pendant cette guerre, à celui des naissances de 1739, on trouvera, qu'outre le nombre des hommes faits, que la guerre a détruits, elle

Naissances. *Perte, comparée à 1739.*

coûte encore à la seule ville de Paris, 13366 enfans qu'elle a empêché de naître. On peut juger de ce qu'il en a coûté au reste du royaume, puisque la capitale est naturellement la ville qui se ressent le moins des calamités de la guerre, & celle qui répare ses pertes le plus promptement.

Aussitôt que la paix fut signée, le nombre des naissances commença à se remonter & dès
1749 On en compte . . . . 19158.

Ce qui fait 1200 de plus que l'année précédente.

Ce nombre n'égaloit pourtant pas celui des naissances de 1739; mais il avoit été beaucoup plus fort que ne l'avoit été le produit d'aucune des années de la guerre. La population eut même quelque peine à se rétablir; car si les années 1750 & 1751 donnent l'une & l'autre plus de 19000 enfans, aucune n'en donna autant qu'il en étoit né en 1739, mais en
1752 il en naquit . . . . 20227.

Ce qui ne s'étoit point encore vu. En . . .
1753 le parlement de Paris fût exilé; le nombre des naissances ne fut que de . . . . 19729.

1754 Le mal produit par cet exil, fut plus sensible, il n'y en eut que . . . . 18909.

Ce qui fait plus de 1300 enfans de moins que 1752.

Le parlement ayant été rappelé le 4 septembre 1754, l'année suivante, ...
1755 les naissances se montèrent au nombre de . . 19412.

1756 Les vit montrer à . . . . 20006.

La population de Paris tendoit donc fortement à s'accroître. La funeste guerre de 1756 arrêta son cours, & la fit même retomber dans ses dernières années, plus bas qu'elle n'avoit été dans la guerre de 1741. En . . . .
1757 la guerre avoit déja assez influé, pour que de 20000 enfans il n'en naquît plus que . . . . 19369, c'est-à-dire, 631 de moins qu'en 1756.

1758 En vit naître moins encore, & n'en donna que. . . . . 19148, c'est-à-dire, 852 de moins qu'en 1756.

1759 Les particuliers portèrent leur vaisselle à la monnoie, & cette année il y en eut encore . . 19058 942

Dès l'année suivante, le nombre des naiss-

		Naissances.	Perte, comparée à 1739.
1760	sances diminua plus qu'il n'avoit fait encore & n'en produisit que	17991.	2009.
1761	En fournit un peu plus, on en compte . .	18374.	1626.
1762	En eut moins qu'il n'y en avoit eu dans aucune année de cette guerre; on n'en compte que.	17809	2191.
1763	Tout étoit si épuisé, que malgré la paix qui avoit été signée l'année précédente, il naquit moins d'enfans encore, il n'y en eut que .	17469.	2531.

Ce qui fait 2531 enfans de moins qu'en 1756, où le nombre des naissances alloit au-delà de 20000 mille. Si l'on suppute année par année, ce qu'il en a coûté à la capitale, on trouvera que cette guerre a empêché dix mille sept cents quatre-vingt-deux enfans de voir le jour.

L'on peut regarder toutes les loix qui ont pour objet d'accroître la richesse & la puissance d'un état, comme propres à favoriser la *population* en encourageant les mariages. Mais l'on ne s'est point borné à ces moyens généraux, l'on a, par des loix particulières, assuré des récompenses ou des exemptions aux pères & mères de famille qui ont un certain nombre d'enfans. C'est ainsi que, par son édit de 1666, Louis XIV a exempté de taille celui qui a dix enfans, & a accordé d'autres encouragemens dans la même vue.

Mais quelque bonne volonté qu'ait le gouvernement d'encourager la *population* par ces moyens & d'autres semblables, il n'en résulte que peu d'effet réel, ce qui n'est peut-être pas un grand mal dans un pays aussi peuplé que la France, & où il doit être bien moins question de multiplier les hommes que de les rendre heureux. L'on compte aujourd'hui en France, de 24 à 25 millions d'individus. *Voyez* L'ÉCONOMIE POLITIQUE.

PORTEUR-D'EAU. s. m. C'est le nom d'hommes qui vont criant de l'eau dans les rues & qui en fournissent les maisons de Paris.

Il arrive souvent que ces hommes excitent des rixes entre eux & s'opposent avec grossiereté à ce que les habitans & les domestiques prennent de l'eau aux fontaines; il a donc fallu que la police s'en mêlât & prescrivît les regles à suivre pour le service des fontaines; voici la derniere ordonnance publiée sur cet objet, c'est la répétition de ce qui avoit déjà été ordonné plusieurs fois:

» Nous, ayant égard au requisitoire du procureur du roi & de la ville, & en attendant qu'il soit pourvu à l'établissement d'un regime complet sur le service & le travail des porteurs d'eau, déclarons qu'à compter du jour de la notification de notre ordonnance, tous les porteurs d'eau pourront se présenter librement & indistinctement à toutes les fontaines appartenantes au domaine de la ville, pour y remplir leurs seaux, à leur tour, & suivant l'ordre de leur arrivée.

» Ordonnons à ceux desdits porteurs d'eau auxquels il a été délivré des permissions exclusives, de les rapporter au greffe de l'hôtel-de-ville, pour être supprimées, & ce, dans le délai de trois jours; leur faisons défenses de s'en prévaloir; & à cet effet, nous les avons déclarés nulles & de nul effet.

» Enjoignons auxdits porteurs d'eau de laisser toujours approcher avant eux les citoyens qui iront chercher de l'eau pour leur consommation personnelle.

» Et sur notre présente ordonnance, imprimée, publiée & affichée aux lieux & places ordinaires, à toutes les fontaines appartenantes au domaine de la ville, & notamment à celles de la croix-du-Trahoir, de la halle, des petits-peres, de la rue de Richelieu, de Colbert, de la porte-Montmartre, des rues Grénetat, Maubuée, S. Leu, du

Ponceau

Ponceau & autres, pour lesquelles lesdites permissions avoient été expédiées.

Mandons au commandant-général de la garde nationale parisienne, de donner des ordres à tous les postes, corps-de-garde & patrouilles de tenir la main à ce que le bon ordre soit maintenu à toutes les fontaines. »

Fait au bureau de la ville de Paris, l'audience tenante, le 25 septembre 1789. Signé *Bailly*, maire. *Ethis de Corny*, procureur du roi & de la ville.

PORT. f. m. On nomme ainsi certains lieux de la mer & des rivieres, destinés à charger ou à décharger les bâtimens qui y arrivent. Nous ne parlerons que de ceux qui se trouvent à Paris, les principaux sont : le *port* de la Grêve, en face de la place de Grêve. Le terrein de ce port, ainsi que celui de la place, fut acheté 370 livres en 1411, du roi Louis-le-jeune, par les bourgeois & officiers municipaux. En ce temps-là il n'y avoit que deux *ports* pour la ville, celui de Saint-Landri & le *port* aux œufs : il est aujourd'hui le plus considérable; c'est là qu'arrivent les bateaux chargés de foin, bled, avoine, farine, orge, vesce, chaux & charbon de bois, & où les ventes s'en font.

Le *port* Saint-Nicolas, établi vis-à-vis le guichet du Louvre, où arrivent & se déchargent les marchandises venant de Rouen, de Provence, du Havre, de Dieppe & de Hollande; comme, huile, savon, oranges, poivre, café, morue, harengs, huître, cidre, vins de Languedoc, vins étrangers, eau-de-vie, liqueurs, plomb & blocs de marbre.

Le *port* Saint-Bernard, situé vis-à-vis la halle au vin. Ce port, jusqu'à l'hôpital, a été construit aux frais des sieurs Bellefond & du Pertuis, en conséquence de lettres-patentes du mois d'août 1662, qui leur accorde la jouissance pendant quatre-vingt-dix ans des places qui composoient les fossés & contrescarpe d'entre la porte Saint-Bernard, & celle Saint-Victor, avec faculté d'y bâtir des édifices. Il sert de garre aux bateaux chargés de vins qui doivent y être contrôlés.

Le *port* Saint-Paul, au-devant du quai des Celestins & du quai Saint-Paul. C'est-là où arrivent & d'où partent les coches d'eau; l'on y décharge toutes sortes de marchandises qui viennent par les coches, comme de fers, vins, liqueurs, &c.

Et le *port* Saint-Landry, en la Cité, qui tient à la rue d'Enfer.

Outre ces *ports*, il y en a encore plusieurs autres très-intéressans à faire connoître; tels sont ceux-ci : le *port* au plâtre, au-dessous du bac de Charenton, le *port* au-dessus du Mail, pour le bois flotté, & les bateaux chargés de charbons-de-terre; le *port* de la conférence, où se déchargent les pierres de Saint Leu, de Liais, & le bois flotté; le *port* de l'hôpital général, ou de la Salpétriere, pour le bois quarré, de charpente & de charronnage; le *port* au-dessous du pont de la Tournelle, pour le bois neuf en partie, le *port* des Miramiones, pour les ardoises, tuiles, briques, fruits, pommes, châtaignes & pour les bateaux de foin & de charbon en vente; le *port* de la Grenouillere; pour des trains de bois flotté, & le *port* des Invalides, pour les provisions de cet hôtel.

L'entretien des *ports* est à la charge des villes; mais c'est aux trésoriers de France, comme grands-voyers à y veiller.

Par un arrêt du conseil du 19 novembre 1666, confirmatif d'une ordonnance du bureau des finances de Paris, du 26 octobre précédent. Il est enjoint aux marchands & autres qui ont des marchandises sur les *ports*, qui empêchent le passage de les retirer dans des chantiers & lieux propres pour les contenir, à peine de confiscation d'icelles & de 20 livres parisis d'amende contre chacun d'eux.

PORT-D'ARMES. f. m. composé. On donne ce nom à l'usage de porter des armes par toutes autres personnes que des militaires.

La police du *port-d'armes* a de tous tems été regardée comme un des grands moyens de sûreté publique; on a pensé que l'abus qu'on pouvoit faire d'instrumens meurtriers méritoit une surveillance sévere, d'autant plus que la sûreté des personnes se trouve garantie dans les villes par la garde & l'autorité des officiers de police.

C'est à ces raisons sans-doute qu'on doit les ordonnances qui prescrivent les regles du *port-d'armes*. L'édit de décembre 1666 porte ce qui suit :

« Nous avons défendu & défendons le *port-d'armes à feu*, de jour dans notre ville de Paris, à toutes personnes autres qu'aux officiers de notre maison, ceux des compagnies de nos ordres, ceux de la prévôté de notre hôtel, connétablie & maréchaussée, sergens & autres officiers de justice, lorsqu'ils seront commandés pour l'exécution des ordres d'icelle.

» Faisons pareillement défenses à toutes personnes allant de nuit dans notre ville de Paris & fauxbourgs d'icelle, de porter aucune épée, à peine de prison.

» N'entendons néanmoins comprendre dans cette prohibition les gentils-hommes & officiers tant de nos troupes que de justice..., pourvu qu'ils soient éclairés de flambeaux & autres lumieres, autres que des lanternes sourdes. »

La déclaration du 23 mai 1728, n'est pas moins positive.

« Ordonnons qu'à l'avenir toute fabrique, commerce, vente, débit, achat, port & usage des poignards, couteaux en forme de poignards, pistolets de poche, épées en bâtons, bâtons à ferremens, autres que ceux qui sont ferrés par le bout, & autres armes offensives, cachées & secrettes, soient & demeurent pour toujours généralement abolis & défendus.

» Ceux qui porteront sur eux lesdits couteaux, pistolets & autres armes offensives, cachées & secrettes, seront condamnés en six mois de prison & en cinq cens livres d'amende. »

Cependant depuis la révolution l'on s'est beaucoup relâché de cette police; ou pour mieux dire tout le monde porte des armes découvertes ou cachées sans qu'on croie pouvoir y mettre aucune modification. La municipalité avoit tenté de faire revivre les anciennes loix de police à cet égard, mais son arrêté ou ordonnance a excité de grandes réclamations, des plaintes, des menaces; on a crié à la trahison, au despotisme contre les officiers municipaux. L'ordonnance fut retirée. Je dis dans le tems mon opinion sur cet objet, & comme ce que j'ai rendu public alors peut également servir de point de solution dans cette matiere, je vais rapporter l'article inséré dans le *moniteur*, après quoi je transcrirai l'arrêté de la municipalité: il est du 17 mars 1791.

Remarques sur l'arrêté relatif au port-d'armes.

Le *port-d'armes* secrettes & cachées, dans l'intérieur des villes, offre comme la vente des poisons, tant de moyens au crime d'exécuter ses desseins, que l'autorité protectrice de la sûreté des personnes, a dû s'occuper de parer aux dangers qu'il présente: voici comme elle a raisonné.

Dans l'exercice des droits personnels on doit distinguer les actions qui ne sont point essentiellement liées au bonheur de l'homme, ou auxquelles la société peut suppléer d'une maniere pleine & réguliere, de celles qui sont inévitablement liées à notre contentement personnel & que la société ne peut remplacer d'aucune façon. Tel est le droit de voyager, même d'émigrer librement, de choisir une femme, un état, un domicile, &c. ces actes sont à nous: la puissance publique ne peut ni les contraindre ni les ordonner.

Mais le droit d'armement personnel pour sa défense, peut être modifié parce qu'il suppose une terrible corrélation, celle de la destruction des hommes. C'est pourquoi la force publique a été instituée; on a trouvé qu'il falloit qu'elle répondit à chaque individu de sa propre sûreté, & que si l'homme en société conservoit individuellement des armes, elles devoient être visibles & dans la proportion de ses besoins. De-là la juste défense de porter, au sein des cités, des armes cachées ou masquées, ou d'en avoir qui ne peuvent appartenir qu'à la puissance publique, telles que des bouches à feu & autres instrumens de dévastation.

On a également distingué le droit d'avoir des armes pour la défense sociale & politique, de celui de les porter en tout tems indistinctement. Sûrement, comme citoyen-soldat, je peux avoir un ou deux armes à feu chez moi; mais l'on m'arrêteroit avec justice, si je vaguois dans les rues, de nuit principalement, avec un fusil sur l'épaule; si j'effrayois les autres citoyens par l'habitude de porter sur moi des poignards ou autres instrumens de meurtre & de violence.

On peut conclure de ces principes: 1°. que lorsque la société est armée pour la défense des personnes, le *port-d'armes* peut être soumis à des loix de police qui en préviennent le danger; 2°. que la force publique & la garde citoyenne sont calomniées par une affectation de s'armer au sein d'une ville, comme au milieu d'un bois; 3°. que la sureté personnelle n'est point blessée dans la police du *port-d'armes*, puisqu'il n'est point nécessaire de cacher son arme pour se défendre; & que celui qui nous attaque est soumis à la même regle que nous; 4°. qu'on ne doit point confondre l'armement civique pour la défense de l'état, avec le droit modifié de porter des armes pour sa défense personnelle; 5°. que dans ce dernier cas, l'arme doit être visible & non secrette ou masquée.

C'est peut-être pour avoir exagéré ou mal appliqué ces principes, que l'arrêté du département de police, du 17 mars 1791, publié par erreur, sous le titre d'ordonnance de la municipalité, a excité des réclamations. Avec des vues de sûreté publique très-estimables, il étendoit les prohibitions & les gênes au-delà du besoin; l'énoncé en étoit confus & les dispositions inpraticables. C'est donc avec raison que le corps municipal a retiré cette ordonnance par son arrêté du même mois. Il a cru qu'il falloit, dans un pareil réglement, une mesure de rigueur & de prohibition suffisante au maintien de la sûreté publique; mais que toutes autres gênes seroient odieuses. Il n'en a pas moins énoncé le devoir dont il est pénétré d'empêcher l'abus du port d'armes qui offre au brigandage un moyen public de braver les loix, & de se faire craindre de ceux qui sont obligés d'en maintenir l'exécution. Il a chargé le département de police de lui présenter de nouvelles vues sur la police de la sûreté, & notamment en ce qui regarde la vente des fausses clefs & la fabrique ainsi que le port des armes secrettes & masquées. *Voyez* Armes. Voici l'arrêté de la municipalité.

Sur ce qui nous a été représenté par le substitut du procureur de la commune; que quelques soins que nous nous soyons donnés jusques à présent pour maintenir la sûreté & le repos public, néanmoins les vols se multiplient dans les maisons, à l'aide de fausses clefs, rossignols & autres instrumens, & que les malfaiteurs trouvent, plus que jamais, des facilités pour se munir d'armes secrettes & prohibées; il est de notre devoir de renouveller les anciens réglemens, & d'en maintenir l'exécution. Oui, sur ce, le substitut du procureur de la commune, nous ordonnons que les édits, déclarations & ordonnances des 18 décembre 1666, 25 août 1737, 12 août & 8 novembre 1780, seront exécutées selon leur forme & teneur. En conséquence:

1°. Faisons défenses à tous serruriers, taillandiers & autres ouvriers travaillans à la forge, férailleurs, revendeurs & crieurs de vieilles férailles, & à toutes autres personnes, telles qu'elles soient, d'exposer en vente & débiter aucune clef, vieille ou neuve, séparément de la serrure pour laquelle elle aura été faite.

2°. Faisons pareillement défenses à tous compagnons & apprentifs serruriers & autres ouvriers en clef, de travailler, forger & limer des clefs & des serrures, hors les boutiques de leur maître, en quelques lieux que ce puisse être, & d'y avoir des outils, ainsi qu'à tous particuliers, de les recevoir dans leurs maisons & logemens, & seront tenus, les propriétaires & principaux locataires, qui auroient lesdits ouvriers logés dans leurs maisons, de faire leur déclaration chez le commissaire de police de leur section, dès qu'ils seront instruits que lesdits ouvriers ou tous autres travaillent chez eux desdits ouvrages.

3°. Ne pourront, les férailleurs, revendeurs, crieurs de vieux fers, avoir des étaux & limes chez eux, limer, faire limer, & réparer aucunes clefs dans leur boutique, maison ou ailleurs, & ne pourront également les maîtres serruriers, les ferrailleurs, taillandiers & autres ouvriers travaillans à la forge, travailler dans les derrières de leurs maisons & lieux non-apparens.

4°. Faisons défenses à toutes personnes, de fabriquer, vendre, débiter, faire achat, porter & faire usage des poignards, couteaux en forme de poignards, bayonnettes, pistolets de poche, épées, sabres ou dards renfermées dans bâtons, bâtons à ferrements, autres que ceux qui sont ferrés par le bout, & autres armes cachées & secrettes; enjoignons à tous couteliers, fourbisseurs, armuriers, & marchands, de les rompre & briser incessamment, & ce dans la huitaine au plus tard, de la publication de la présente, à l'exception des bayonnettes qui se mettent au bout des armes à feu, qu'ils ne pourront vendre & débiter qu'aux officiers & soldats de la garde nationale, qui leur en délivreront certificats, dont ils tiendront registre paraphé par le commissaire de police de leur section.

5°. Faisons pareillement défenses à tous particuliers, autres que les officiers & soldats de la garde nationale, de porter, de jour & de nuit, dans la ville & fauxbourg de Paris, aucune arme à feu, sous quelque prétexte que ce soit, même de la défense de leur personne, & enjoignons à tous ceux qui arriveront dans la ville & fauxbourgs de Paris, avec des armes à feu, de les déposer, dans le jour de leur arrivée, entre les mains du commissaire de police de la section du domicile qu'ils prendront.

6°. Faisons défenses aux officiers & soldats de la garde nationale ou troupes de lignes, & à toutes autres personnes de tirer, dans les rues, cours, jardins, & par les fenêtres des maisons, aucuns fusils, mousquetons, pistolets ou autres armes à feu, même sous prétexte de décharger leurs armes; le tout, sous les différentes peines portées par lesdits réglemens, dont les commissaires de police & commandans de bataillons, seront tenus, chacun en ce qui les concerne, de maintenir l'exécution; & sera la présente ordonnance, lue, publiée à son de trompe, imprimée & affichée dans tous les carrefours & places publiques, de la ville & fauxbourgs de Paris, & envoyé aux 48 sections & aux 60 bataillons.

Signé, *Bailly*, maire; *Joly*, *Perron*, *Maugis*, *Vignier*, administrateurs; *Desmousseaux*, second substitut-adjoint du procureur de la commune.

POSTE. s. f. Mot générique qui désigne un établissement destiné à transporter les personnes ou les dépêches par des courriers & par des chevaux de relais, placé de distances en distance sur les routes.

La connoissance, l'histoire de l'origine, des changemens & de l'état actuel des *postes* en France, forment un des objets les plus intéressans dans l'histoire de la police & des moyens de civilisation du royaume. Les *postes* ont eu une influence marquée sur le commerce, sur le progrès des lumières & les principaux événemens publics, par la [illegible] lité qu'elles donnent de communiquer à de très-grandes distances & en très-peu de tems.

On croit qu'il y a eu des *postes* en France au temps de Charlemagne; & qu'il chargea ses peuples de cette dépense : cependant nous n'avons aucune connoissance de l'ordre & de la durée de cet établissement sous son regne, non plus que sous Louis le Débonnaire son successeur, nous n'avons même, durant six cent cinquante années consécutives depuis Charlemagne, ni titres, ni monumens qui fassent mention de *postes* établies dans le royaume : si l'on en excepte une ancienne charte de Louis VI dit le Gros, contenant une donation faite à l'église de Saint Martin-des champs, dans laquelle un *Baudouin* a signé avec ce prince en qualité de grand-maître des *postes*, à ce que l'on croit, *Balduinus verdarius* : mais le peu de lumieres qu'on tire de cet acte par rapport à la qualification de l'officier, ne permet point d'avancer qu'il y ait eu en France auparavant le quinzieme siecle, d'autres *postes* que celles de Charlemagne; encore faut-il reduire tout ce qu'il a fait en ce genre à trois routes sur lesquelles on pouvoit courir en *poste*, l'une pour l'Allemagne, l'autre pour l'Italie, & la troisieme pour l'Espagne, afin d'aller & venir promptement dans ces trois provinces nouvellement soumises à sa domination. Cette entreprise l'obligea à des dépenses considérables, pour paver les grands chemins, pour construire des ponts, & pour faire d'autres ouvrages semblables, que plusieurs rois ses successeurs n'ont pu imiter, même dans des choses de moindre dépense, puisque le premier pavé des villes n'a commencé que deux cent soixante-dix ans après ce prince, sous Philippe-Auguste; ainsi ces premieres *postes* ont été vraisemblablement de peu de durée. D'ailleurs il n'y en avoit que sur trois routes; de-là vient qu'on ne défere point à Charlemagne l'honneur d'avoir fait cet établissement pour le royaume de France.

Nous sommes redevables à Louis XI d'une si belle institution ; la plupart des auteurs la regardent dans son objet comme un ressort qui devenoit absolument nécessaire aux vues de sa politique : mais l'établissement considéré en lui-même ne se montre pas moins supérieur à tout ce que l'on avoit fait auparavant. S'il étoit question du parallelle, on ne trouveroit d'autre conformité entre les *postes* établies par Louis XI & celle des anciens que dans le service de l'état, & dans la diligence extraordinaire qu'ils faisoient faire à leurs courriers : mais le monarque de France sera toujours distingué pour n'avoir rien fait en cela qui ait été onéreux à ses peuples, & qui en ait jamais attiré les plaintes; loin de-là, les mesures qu'il a prises pour former son établissement, ont laissé des moyens si faciles pour perfectionner l'usage des *postes*, qu'elles sont devenues utiles, même nécessaires au public & aux particuliers, par la facilité qu'il y a de s'en servir en tout tems, en toute conjoncture, pour les affaires publiques & privées, de la religion, de la justice, de la guerre, de la finance, & du commerce, aussi bien que pour les besoins communs de la société; de maniere que cet établissement intéresse presque toutes les parties de l'ordre public.

On ne sait pas positivement l'année de l'établissement des *postes* sur les grands chemins ; on ne trouve pas même le nom du premier grand-maître : mais comme l'intention du roi fut de donner cette charge à une personne puissante, intelligente & capable, peut-être que ce fut au grand écuyer de France, d'autant que les fonctions de cette nouvelle charge avoient beaucoup de rapport avec son office, qu'il avoit sous ses ordres les chevaucheurs de l'écurie, & que les maîtres des *postes* furent également nommés *chevaucheur de l'écurie*. Alain Goyon, grand personnage de ce tems-là, qui avoit mérité les bonnes graces de Louis XI, à cause des services qu'il avoit rendus à ce prince avant & après son avénement à la couronne, étoit alors grand-écuyer : il peut bien aussi avoir été grand-maître des coureurs; cependant nous n'en avons point de preuve, pas même de l'exercice de cette charge; il semble au contraire qu'en 1479 & dans la suite, l'administration principale des postes ait été entre les mains du contrôleur des chevaucheurs de l'écurie.

L'attention continuelle de Louis XI sur ce qui se passoit au-dedans & au-dehors du royaume, ses intelligences secrettes, les intrigues de ses voisins, & souvent son incertitude dans le parti qu'il devoit prendre, multiplierent les dépêches, les courses & les voyages, & l'engagerent d'avoir à ses ordres quantité de courriers ou chevaucheurs; il s'en trouva deux cent trente-quatre à sa mort. Charles VIII ne jugeant pas nécessaire de les conserver, les réduisit à cent vingt, & érigea leurs emplois en titre d'office, sans que ce nombre pût être augmenté par la suite. Louis XII, loin de changer ce que son prédécesseur avoit fait, le confirma par édit donné à Blois au mois de février 1509.

Il n'est pas aisé de savoir ce qui s'est passé dans l'administration des *postes* sous les regnes de François premier, de Henri II, de François II & au commencement de celui de Charles IX; les registres publics nous en apprennent peu de chose, ce n'est pas qu'il n'y ait eu des reglemens durant cet espace de tems : on ne présume pas même qu'un établissement si considérable ait pu se soutenir sans cela : mais les contrôleurs-généraux, chefs de l'exercice, n'ayant jamais reconnu pour le fait des *postes*, d'autre jurisdiction supérieure que le Conseil, la publication de nombre d'édits, de déclarations & de réglemens, a été faite à l'audience du sceau seulement; delà vient qu'on ne trouve pas tout ce que l'on pourroit désirer dans les registres du parlement, dans les livres du châtelet, & dans les dépôts publics. En effet les contrôleurs-généraux passoient pour officiers attachés au service du roi, dépendans du corps de sa maison, & conséquemment hors la connoissance, jurisdiction & disposition des juges ordinaires; Charles IX l'a fait entendre en termes précis dans les lettres-patentes du 29 novembre 1565.

Il n'y a point eu de changement remarquable dans les *postes* depuis Louis XI qui les a établies, jusqu'à Louis XIII, sinon que le contrôleur des *postes* a eu le titre de contrôleur général, qui fut ensuite changé en celui de général; mais il n'en a pas été de même sous le gouvernement de Louis XIII, les *postes* devinrent alors publiques, & les particuliers commencerent à s'en servir pour envoyer & recevoir des lettres & paquets, moyennant une modique retribution; les charges de contrôleurs généraux des *postes* furent supprimées par édit du mois de janvier 1630, & le roi créa à leur place trois offices de surintendans généraux des *postes* & relais de France, & chevaucheurs de son écurie, ancien, alternatif & triennal, aux mêmes droits, autorité, pouvoir, gratifications & récompenses dont avoient joui les contrôleurs-généraux, à la charge de rembourser au sieur d'Almeras qui avoit été pourvu de trois offices, la somme de trois cent cinquante mille livres, conformément a l'arrêt du conseil rendu le 31 décembre précédent; sa majesté réserva aussi le produit des lettres & paquets, pour l'attribuer aux offices des maîtres des courriers qu'elle créa en même tems par un édit du mois de mai de la même année.

Comme l'édit de création des surintendans des *postes* leur avoit ôté le produit des ports de lettres, dont avoient joui avant eux les contrôleurs-généraux, l'administration des *postes* tomba en peu de temps dans un fort grand désordre, tant parce que les surintendans n'etoient plus les maîtres des dépêches ni des bureaux des *postes* & qu'ils ne se trouvoient plus intéressés à y tenir la main, qu'à cause du défaut d'autorité & de pouvoir des maîtres des courriers sur les maîtres des *postes*; cela détermina le roi à donner l'édit du mois de mai 1632, qui rétablit les choses dans l'état ou elles avoient été précédemment, & rendit aux surintendans des *postes* non seulement les mêmes pouvoirs, prérogatives & droits des anciens contrôleurs généraux, mais aussi ceux qui avoient été attribués aux nouveaux maîtres des courriers, « afin, porte » l'édit, que toute sorte d'ordre, de direction & » d'autorité résidant en la même personne, il pût » avec plus de facilité répondre des manquemens » qui pourroient arriver. » L'édit donna encore aux surintendans la faculté d'établir des offices de maîtres des courriers, contrôleurs provinciaux des *postes*, dont les pourvus jouiroient suivant l'édit de création du mois de mai 1630.

Après la mort de M. de Nouveau, Louis XIV permit à M. Tellier, marquis de Louvois, ministre & secrétaire d'état, de lever aux parties casuelles la charge de surintendant général des *postes*, mais sa majesté la réduisit en commission, ainsi qu'elle l'avoit été avant l'année 1630: elle réunit en même tems à son domaine les droits, profits & revenus qui avoient été attachés à cette charge, dont M. de Nouveau avoit même fait des aliénations aux maîtres des courriers; le tout fut reglé par déclaration du 6 mars 1662.

Cette charge a été exercée sur le même pied jusqu'à la mort de M. de Louvois en 1691, que le roi, pleinement satisfait de la discipline & du bon ordre que ce ministre avoit établis dans toutes les *postes* du royaume durant son exercice, jugea que le même ordre pouvoit se maintenir par la seule inspection des intendans départis dans les provinces, & que sa majesté pouvoit sans risque reduire la surintendance générale des *postes* en simple commission; c'est pourquoi elle ordonna, au mois de janvier 1692, un édit qui supprima cette charge.

Louis XV, à son avènement à la couronne, rétablit la charge de grand-maître & surintendant des *postes*, avec plusieurs autres officiers pour en faciliter l'exercice, & pour procurer la diligence convenable au bien de ses affaires & au service du public; il parut à cet effet un édit au mois de septembre 1715, elle a été ensuite supprimée, rétablie & supprimée.

Quant aux maitres de *postes*, ils datent du regne de Louis XI, qui rétablit les *postes*, ce prince les fixa sur les grandes routes, de quatre lieues, pour entretenir chacun quatre ou cinq chevaux de légère taille, & propres à courir le galop pendant la traite; il leur assigna des gages, & un droit par chaque cheval qu'ils fourniroient à ceux qui seroient munis de son passe-port, avec l'attache du grand-maître des coureurs ou de ses commis, & il fit défense aux maîtres de donner des chevaux à d'autres, sur peine de la vie, réservant par ce moyen, l'usage des *postes* pour le service du roi & de l'état; de-là vient que les maîtres des *postes* sont qualifiés dans les premieres lettres de cet établissement, *maîtres tenants les chevaux courans pour le service du roi, & maîtres coureurs.*

Les chevaucheurs de l'écurie du roi, dont le nom a changé dans la suite en celui de courriers du cabinet, portoient ordinairement les dépêches; mais comme les maîtres des *postes* furent également chargés par leur établissement, de porter les lettres & paquets du roi, des gouverneurs, des lieutenans-généraux des provinces, & des autres officiers supérieurs, ils ont aussi été nommés, suivant les anciennes lettres patentes, *chevaucheurs de l'écurie.*

Dès le commencement, les maîtres des *postes* ont dû être établis par le grand-maître des coureurs, sous l'autorité du roi; peu après ils furent mis en charge, dont ils prirent des provisions. Le premier & principal officier des *postes* a toujours conservé le droit de les corriger, de les punir & de les destituer; mais en même tems il leur a accordé une protection ouverte, pour les mettre en état de faire le service avec diligence, d'où dépend en effet tout l'établissement des *postes*; c'est encore aux soins de ce chef qu'ils sont redevables des reglemens qui ont facilité leur exercice, & qui leur ont attribué différens privileges.

Quoique les maîtres des *postes* fussent chargés par leur état de porter les dépêches de la cour, en se les remettant l'un à l'autre de traite en traite, jusqu'à ce qu'elles fussent parvenues à leur destination, on ignore si cette confiance a eu lieu, & combien cela a duré; nous savons au contraire que long-tems avant l'établissement des ordinaires, il étoit d'usage à la cour de se servir de courriers particuliers pour porter les dépêches; les gouverneurs des provinces, les lieutenans généraux, & d'autres officiers supérieurs, envoyoient également des exprès, mais comme ces courses étoient d'une grosse dépense, on a pris le parti de se servir de la voie des ordinaires, pour porter de toute part les mêmes dépêches; c'est à l'occasion de ce changement, qu'il est dit dans l'ordonnance de Louis XIII, du mois de janvier 1629, article 361; » que pour éviter les grands frais qui se font à » cause des voyages inutiles, que nous avons en» tièrement retranchés, nous voulons & ordon» nons que toutes dépêches soient dorénavant en» voyées par les gouverneurs & nos lieutenans» généraux dans les provinces, & autres officiers » qui ont accoutumé de nous écrire & à notre » conseil, par la voie des *postes* ordinaires, sans » dépêcher des courriers exprès; ce qui sera fait » semblablement par les sécretaires de nos com» mandemens:

Les maîtres des *postes* ont le privilege de fournir des chevaux à ceux qui courent, de quelque état & condition qu'ils soient, françois & étrangers; aussi est-il défendu par les lettres-patentes de François premier, du 5 juillet 1527, en forme de reglement pour les *postes*, à toutes personnes autres que les chevaucheurs, de fournir des chevaux aux courriers.

Un arrêt du conseil, du 12 août 1634, rendu sur les remontrances du surintendant des *postes*, s'est expliqué positivement contre les messagers royaux, & leur a fait défenses d'amener aucuns étrangers qui entreroient dans le royaume pour venir à la cour, ou pour aller ailleurs, non plus que ceux qui partiroient de la cour & autres lieux du royaume, à dessein de le traverser ou d'en sortir, parce que ces sortes de conduites sont réservées aux courriers, à l'exclusion des messagers.

L'exemption de la taille est le plus beau privilege des maîtres des *postes*; ils en avoient joui depuis leur établissement en qualité de commensaux du roi, suivant les ordonnances de François premier & de Henri III, des 3 septembre 1543, & août 1576, mais ils le perdirent tout-à-fait par l'édit du mois de janvier 1684. On ne fut pas longtems à s'appercevoir du trouble que cela causeroit dans les *postes*, ces gens-là ne pouvant en effet se soutenir qu'à la faveur de l'exemption; le surintendant ne manqua pas d'en faire ses remontrances au roi, qui donna sur-le-champ ses ordres pour ne rien innover à cet égard, nonobstant son édit que sa majesté révoqua par un subséquent, rendu exprès au mois de novembre 1635.

Louis XIV confirma tous ces privileges par la déclaration du 20 décembre 1652; cela n'empêcha pas quelques maîtres des *postes* de s'écarter de leur devoir, & de refuser des chevaux pour le service des ordinaires: ils prétendoient se faire payer de chaque course; mais un arrêt du conseil, du 16 septembre 1654, réprima cette nouveauté, en ordonnant » que les maîtres des *postes* » seroient tenus de fournir promptement, jour & » nuit, aux courriers ordinaires dépêchés par les » maîtres des courriers ou par leurs commis, un » cheval seul, bon mallier, sans guide, aux jours » ordinaires pour l'aller & le retour, sans payer » aucune chose pour le port de chaque ordinaire, » qui ne pourroit excéder la pésanteur de cent » livres; autrement & à faute de ce faire, que les » maîtres des *postes* demeureroient déchus & pri» vés de leurs gages, privileges & exemptions, » lesquels gages seroient employés aux frais des » chevaux qu'il seroit nécessaire d'établir pour les» dits courriers ordinaires. »

Le defaut de subordination & l'indépendance parurent encore bien plus dans la suite; car, sur la fin de l'année 1661, & au commencement de l'année suivante, les maîtres des *postes* se comporterent comme s'ils n'avoient plus de général ni chef: ils s'imaginerent n'être plus comptables de leur conduite, cela causa quelque désordre, & entr'autres le retardement des courriers ordinaires, dont ils exigeoient par force & violence le payement des courses, au préjudice des défenses portées par les édits & déclarations: mais une ordonnance du roi, du 27 février 1662, les fit rentrer dans leur devoir; elle ordonna » qu'information

» seroit faite des rebellions & exactions des maî» tres des *postes*, par les prévôts des maréchaux, » & autres juges des lieux qui en seroient re» quis, pour être le procès fait & parfait à ceux » qui se trouveroient atteints & convaincus de » concussion & de rebellion, & d'avoir soulevé » & fomenté celle des autres; enjoignant sa ma» jesté aux maîtres des *postes* de rentrer dans leur » devoir & d'obéir aux ordres du sieur de Nou» veau, leur général, dont les ordonnances se» roient exécutées, nonobstant oppositions ou ap» pellations quelconques, & sans préjudice d'icel» les, attendu qu'il s'agissoit des affaires de sa » majesté.

Les *postes* étoient d'ailleurs en mauvais état; les seigneurs, les courriers ordinaires, & les particuliers, en faisoient beaucoup de plaintes : le roi manda son surintendant pour se faire instruire de l'état des choses; il informa sa majesté que le dérangement provenoit de ce que pendant le séjour qu'elle avoit fait à Fontainebleau l'année précédente, il y avoit toujours eu cent chevaux ou environ sur la route de Paris, qui furent de temps en temps renouvellés, & à la fin, presque tous tués ou estropiés; que l'on en avoit pris jusqu'à sept cents sur les routes éloignées, pour servir au voyage que sa majesté fit en Bretagne; que la plupart de ces chevaux avoit péri, & que les maîtres des *postes* n'en avoient été, ni indemnisés, ni récompensés; que d'ailleurs les mauvais traitemens & les violences que les courriers extraordinaires faisoient en passant sur les routes, avoient obligé la plupart des *postes* d'abandonner le service; que les fourrages & les nourritures avoient manqué en 1661; que leur cherté, aussi bien que celle des chevaux ayant été excessive, la mortalité & la misère presque générale dans la campagne, de même que dans les villes, il avoit été impossible au surintendant, quelque diligence qu'il eut faite, de trouver des sujets pour remonter les *postes* : qu'enfin, ceux qui pouvoient les prendre pour les services, s'en éloignoient, par la difficulté qu'il y avoit de recevoir les gages attribués à l'emploi, & que les priviléges dont ils devroient jouir suivant les édits & déclarations, étoient tous les jours disputés, & causoient une infinité de procès, pour lesquels on traduisoit continuellement les maîtres des *postes* en différens tribunaux, ce qui leur occasionnoit des dépenses qui entraînoient souvent leur ruine totale.

Le mal étoit instant, & demandoit un prompt remède; ce fut aussi pour prévenir un plus grand désordre, que le roi rendit l'arrêt du 13 septembre 1662, par lequel, en ordonnant qu'il lui soit délivré un état des chevaux existans chez les maîtres des *postes*, il confirme les anciens encouragemens qui leur avoit été donnés & ajoute « que lesdits maîtres des *postes* jouiront des exemp» tions de logement de gens de guerre; tailles, » subsides & autres impositions desquelles ils sont » déchargés par déclarations vérifiées à la cour » des aides & non révoquées. A mis & met sa» dite majesté, lesdits maîtres des *postes* en sa » protection & sauve-garde, avec défenses à tous » gentilhommes & autres courriers de les maltraiter » & excéder à peine d'être procédé contr'eux suivant » la rigueur des ordonnances, qui seront exécutées » contre les contrevenans, par les premiers pré» vôts des maréchaux, vice-baillis, & autres » juges sur ce requis, nonobstant oppositions ou » appellations quelconques ».

L'exemption entière de la taille accordée aux maîtres des *postes*, paroissoit préjudiciable aux intérêts du roi & du public, en ce que les meilleurs habitans des paroisses, & les plus aisés prenoient ces emplois, qui coutoient peu de chose, & la cote de leur taille se rejettoit sur les plus pauvres, qui, enfin, devenoient insolvables, & faisoient trouver des non-valeurs dans le recouvrement des deniers royaux; il y eut à ce sujet une déclaration du roi, du 14 mai 1668, qui ordonna que les maîtres des *postes* seroient taxés d'office selon leurs biens, facultés, commerces & trafics; que sur chaque taxe il seroit déduit la somme de trente livres, à laquelle sa majesté fixoit l'exemption de taille, leur accordant la faculté de tenir hôtellerie pour les courriers seulement, & d'exploiter jusqu'à cinquante arpens de terre labourable, tant en propre qu'en ferme, avec injonction aux maîtres des *postes* de tenir nombre suffisant de bons chevaux pour monter tous les courriers ordinaires & extraordinaires, & de faire porter les dépêches du roi & celles du public, suivant les réglemens sur ces faits, à peine d'être privés du paiement de leurs gages, & de perdre leurs priviléges.

Un arrêt du conseil, du 9 juillet de la même année, expliqua que l'exemption pour la quantité de cinquante arpens, accordée par la déclaration précédente, devoit être entendue, tant en terre labourable qu'en prés, & ajouta que les maîtres des *postes* seroient aussi exempts de tutelle, curatelle, logement & contribution aux dépenses des gens de guerre; avec défenses de saisir pour dettes particulières, leurs gages, leurs chevaux & fourrages servant à leur nourriture.

Ces tempéramens furent encore d'une foible ressource, & les *postes* n'en alloient guère mieux; le roi, qui ne perdoit point de vue cet objet, trancha toute difficulté, rétablit les priviléges anciens des maîtres des *postes*, & en accorda encore d'autres, pour leur donner plus de moyens de s'entretenir dans leurs charges, pour obliger, par un traitement favorable, ceux des *postes* ruinées ou délaissées, à les reprendre, & pour engager ceux qui étoient sur le point de les abandonner, d'y rester, de s'y maintenir, & d'avoir toujours de bons chevaux en nombre suffisant pour le service.

La faveur que les maîtres des *postes* venoient de recevoir, ne les empêcha point encore de faire de mauvaises difficultés aux couriers ordinaires; ils les retenoient pendant la nuit dans leurs maisons; sans leur fournir les chevaux dont ils avoient besoin, & empêchant ainsi la diligence que les courriers auroient faite, les affaires publiques en souffroient beaucoup de retardement; il fallut un nouvel arrêt du conseil qui leur ordonna de fournir aux courriers ordinaires allans & venans, des chevaux à toutes les heures de la nuit & du jour qu'ils arriveroient chz eux, sans les retarder aucunement, & sans exiger d'eux aucune chose, à peine de répondre en leurs propres & privés noms du retardement des affaires de sa majesté & du public, & d'être déchus de leurs gages & priviléges pour la première fois; & s'ils récidivoient, d'être privés de leurs charges sans autre formalité de justice.

Le roi ne voulant rien omettre pour le rétablissement des *postes* du royaume, montra encore dans la même année, la protection qu'il accordoit aux maîtres des *postes*, aux maîtres des courriers, aux contrôleurs, & aux commis des bureaux des *postes*, par ordonnance du 26 du même mois de février 1669, dans laquelle les loueurs de chevaux établis par le surintendant-général des *postes* & relais, furent aussi compris.

Depuis cette époque il a encore été fait divers changemens dans le régime des *postes*, qu'il est à-peu-près inutile de rapporter; nous donnerons seulement les dernières dispositions arrêtées par l'assemblée nationale dans le courant du mois d'août 1791.

Art. I. A compter du premier janvier 1792, le prix du transport des lettres, paquets, or & argent, sera payé conformément au tarif annexé au présent décret.

II. Pour établir les bases de ce tarif, il sera fixé un point central dans chacun des 83 départemens.

III. Les distances entre les départemens seront calculées de point central en point central, à vol d'oiseau, & à raison de 2,283 toises par heures.

IV. La taxe des lettres & paquets partant ou arrivant d'un département pour un autre, sera la même pour tous les bureaux des deux départemens.

V. Il sera dressé, sous la surveillance du ministre des contributions publiques, une carte de france où seront désignés les points de centre de chaque département, & les bureaux de poste établis dans leur enceinte.

VI. Il sera de même dressé un tableau divisé en 6,889 cases; chaque case indiquera la distance du point central d'un département, au point central d'un autre, & la taxe de sa lettre simple, d'un département à un autre.

Cette carte & ce tableau seront déposés aux archives de l'assemblée nationale. Un double de l'un & de l'autre seront aussi déposés dans les archives des postes, & des exemplaires affichés dans tous les bureaux de postes.

VII. Il ne sera fait usage dans tous les bureaux de postes, pour la taxe des lettres & paquets, que du poids de marc.

VIII. Seront taxées, comme lettres simples, celles sans enveloppe, & dont le poids n'excédera pas un quart d'once.

IX. La lettre avec enveloppe, ne pesant point au-delà d'un quart d'once, sera taxée, pour tous les points du royaume, un sou en sus du port de la lettre simple.

X. Toute lettre, avec ou sans enveloppe, qui paroitra être du poids de plus d'un quart d'once, sera pesée.

XI. La lettre ou paquet pesant plus d'un quart d'once & au-dessous d'une demi-once, payera une fois & demie le port de la lettre simple.

La lettre ou paquet pesant demi-once & moins de trois quarts d'once, paiera double de la lettre simple.

La lettre ou paquet pesant trois quarts d'once, & moins d'une once, paiera trois fois le prix de la lettre simple.

La lettre ou paquet pesant une & au-dessous de cinq quarts d'once, paiera quatre fois le port de la lettre simple, & ainsi de proportion, de quart d'once en quart d'once.

XII. Toutes les fois que le poids des lettres ou paquets donnera lieu à une fraction de sou, cette fraction sera retranchée de la taxe.

XIII. Lorsqu'une lettre ou paquet aura été taxé

taxé dans l'un des bureaux de postes, sa taxe ne pourra être augmentée dans aucun autre bureau.

XIV. Il y aura dans chaque département un bureau désigné pour la réduction des taxes faites au-dessus du tarif, & la remise de la sur-taxe sera faite au réclamant, aussitôt que la lettre ou paquet détaxé, s'il y a lieu, aura été renvoyé au bureau où il étoit adressé.

XV. Les ports de lettres seront payés comptant; mais il sera libre à tout particulier de refuser les lettres qui lui seront adressées, sans pouvoir les décacheter.

XVI. Ne seront taxés qu'au tiers du port fixé par le tarif, les échantillons de marchandises, pourvu que les paquets soient présentés sous bande, ou d'une manière indicative de ce qu'ils contiennent. Le port ne sera cependant jamais au-dessous de celui de la lettre simple.

XVII. La taxe des journaux & autres feuilles périodiques sera la même pour tout le royaume; savoir, pour ceux qui paroissent tous les jours, de huit deniers pour chaque feuille d'impression, & pour les autres, de douze deniers. La taxe sera de moitié pour les ouvrages qui ne seront que d'une demi feuille, & les supplémens seront taxés en proportion.

XVIII. Les livres brochés qui seront mis à la poste, sous bande, ne seront taxés pour tout le royaume, qu'à un sou la feuille. Les livres reliés ne jouiront d'aucune modération.

XIX. L'administration des postes ne sera pas responsable des espèces monnoyées, matières d'or ou d'argent, diamans & autres effets précieux qui auroient été insérés dans les lettres ou paquets.

XX. Ceux qui voudront faire charger des lettres ou paquets, les remettront aux préposés des postes, qui percevont d'avance le double port, & en chargeront leurs registres.

XXI. Lorsqu'une lettre ou paquet chargé à la poste, ne sera pas parvenu à sa destination en France, dans la quinzaine au plus tard du jour du chargement, le chargeur ou celui à qui ils auront été adressés, pourront en faire la réclamation, & faute de remise de la lettre ou paquet, dans le mois de la réclamation, l'administration des postes sera tenue de payer au réclamant 300 livres.

XXII. Le port des matières d'or & d'argent, monnoyées ou non, sera pour tout le royaume, de cinq pour cent de leur valeur, & l'administration sera responsable de la totalité de la somme dont elle sera chargée.

XXIII. L'administration des postes fixera le *maximum* des sommes qui pourront être expédiées pour chaque courier, de chaque bureau de poste.

XXI. Les lettres & paquets destinés pour les colonies françoises, seront affranchis jusqu'au port de l'embarquement; le port en sera payé conformément au tarif, & deux sous en sus.

XXV. Les lettres & paquets venant des colonies françoises, destinés & remis aux commandans des navires par les directeurs des ports du lieu de leur départ, seront taxés à quatre sous, dans le lieu d'arrivée, lorsqu'ils seront destinés pour le port du débarquement. Ceux dont la destination sera plus éloignée, seront taxés, conformément au tarif, à raison des distances du lieu du débarquement, à celui de leur destination, & deux sous en sus.

XXVI. Les commandans de navires, partant pour les colonies, ou des colonies pour la France, seront tenus de se charger des lettres & paquets qui leur seront remis par le directeur des postes du port de leur départ, & de les remettre aussitôt leur arrivée, au bureau des postes du lieu de leur débarquement. Il leur sera payé en France deux sous par chaque lettre ou paquet qu'ils recevront des préposés de l'administration, ou remettront au bureau de la poste.

XXVII. Les lettres de France, destinées pour les Etats-unis de l'Amérique septentrionale, seront affranchies depuis le bureau de leur départ jusqu'au port de l'Orient. Le port sera conforme au tarif. Il sera en outre augmenté d'une livre par chaque lettre ou paquet pesant moins d'une once, d'une livre dix sols pour ceux pesant une once & moins de deux, ainsi de suite en augmentant de dix sous par once.

XXVIII. Les lettres & paquets envoyés des Etats-unis à l'Orient, paieront le même port d'une livre pour la lettre ou paquet pesant moins d'une once, d'une livre dix sols pour la lettre ou paquet pesant une once & moins de deux, & ainsi de suite en augmentant de dix sous par once. Ils payeront en outre, le port fixé par le tarif, de l'Orient à leur destination.

XXIX. La lettre simple envoyée de l'isle de Corse, payera quatre sous en sus de sa taxe, suivant le tarif, à raison des distances d'Antibes, au lieu de sa destination; ou du lieu du départ à Antibes.

XXX. Il ne sera rien changé, quant à présent, à la taxe des lettres & paquets arrivant des pays étrangers, ou destinés pour eux, telle qu'elle est fixée par des traités ou conventions existans avec les différens offices des postes étrangères, non plus qu'à l'obligation de l'affranchissement jusqu'aux frontières pour certains pays, résultante des conditions desdits traités.

XXXI. Le pouvoir exécutif est autorisé à entamer des négociations avec les offices étrangers pour l'entretien ou le renouvellement des différens traités qui existent avec eux, pour, sur le compte qui en sera rendu au corps législatif, être par lui définitivement statué ce qu'il appartiendra.

Tarif des lettres simples, relativement à la distance.

XXXII. Dans l'intérieur du même département, quatre sous; hors du département & jusqu'à 20 lieues inclusivement, cinq sols; de 20 à 30, six; de 30 à 40, sept; de 40 à 50, huit; de 50 à 60, neuf, de 60 à 80, dix; de 80 à 100, onze; de 100 à 120, douze; de 120 à 150, treize; de 150 à 180, quatorze; de 180 & au-delà quinze sous.

XXXIII. L'administration des postes est autorisée à former des établissemens de petite poste dans tous les lieux où elle le jugera nécessaire. Les lettres portées par ces petites postes, seront taxées; savoir: la lettre simple pour l'intérieur de la ville, deux sous; la lettre sera réputée simple jusqu'au poids d'une once; & lorsqu'elle pésera une once & moins de deux, elle sera taxée quatre sous; du poids de deux onces & moins de trois, six & ainsi de suite, en augmentant de deux sous pour chaque once.

Pour le service de l'arrondissement, la taxe sera; savoir: la lettre simple, trois sous; au poids d'un once, cinq; deux onces, sept; & ainsi de suite en augmentant de deux sous pour chaque once. *Voyez* MESSAGERIE & VOIERIE.

PRISON, s. f. Lieu destiné à renfermer les personnes, en vertu de décrets de prise-de-corps ou des ordres de police.

L'on distingue, suivant cette définition, deux genres de *prisons*, celles où le prisonnier est détenu en attendant que la loi ait prononcé sur son sort, & celles où la détention même tient lieu de peine, & est l'effet d'un jugement; cette dernière est proprement la *prison* correctionnelle ou de police. *Voyez* POLICE.

A ces deux genres de *prisons* l'on peut joindre la *prison* civile, ou pour dettes, c'est là qu'on met les débiteurs sur la poursuite de leurs créanciers: elle tient lieu de la *prison* correctionnelle, en ce qu'elle est une sorte de peine, & de la *prison* criminelle, en ce qu'elle se fait en vertu d'un jugement de prise-de-corps. On devroit l'appeller *prison* ou maison d'arrêt. *Voyez* POLICE.

Je m'étois proposé d'entrer dans des détails très-instructifs sur la partie historique des *prisons*, tant en France que dans les pays étrangers; l'ouvrage de M. Howard, & les mémoires que je me suis procurés sur les *prisons* de Paris, pendant le tems de mon administration, m'auroient fourni d'excellens matériaux; mais l'étendue de cet ouvrage ne le permet pas, ensorte que le public qui se plaint toujours que les volumes de l'encyclopédie se multiplient prodigieusement, perdra ici, comme dans quelques autres parties, des morceaux intéressans, pour ne pas le faire crier. Une encyclopédie bien faite ne peut pas être limitée dans le nombre de ses volumes, il dépend de l'intérêt & de l'abondance des matières. Je me renferme donc dans les bornes des réglemens positifs sur les *prisons*.

Dans les temps reculés, les prisons n'étoient, pour ainsi dire, point connues. Chez les grecs, & notamment à Athènes & à Lacédémone, & chez les romains, dans le temps de la république, les criminels n'étoient emprisonnés, que lorsqu'ils étoient condamnés, & jusqu'au moment de la condamnation, ils jouissoient de leur liberté, excepté, toutefois, lorsqu'il s'agissoit d'un crime contre les dieux ou contre l'état.

Sous les empereurs, les prisons devinrent plus communes; on en distinguoit cinq sortes; l'une que l'on appelloit *vincula*, c'étoit véritablement la prison; l'autre étoit la *garde militaire*, lorsque quelqu'un étoit donné en garde à des gens de guerre; la troisième étoit lorsqu'un sénateur ou autre personne constituée en dignité, prenoit volontairement l'accusé sous sa garde; la quatrième étoit lorsque l'accusé donnoit caution. La cinquième enfin, lorsque l'accusé promettoit, sous la foi du serment, de se représenter aux ordres du magistrat.

Dans les premiers temps de la monarchie françoise, la prison n'étoit guères connue; elle n'étoit pour ainsi dire, en usage que pour les prisonniers de guerre; les accusations se purgeoient par les amendes, ou par le combat judiciaire.

Sous la seconde race de nos rois, les prisons devinrent plus communes à raison de l'autorité qu'usurpèrent les grands vassaux, & autres particuliers qu'on a depuis nommés seigneurs.

C'est à l'époque de la bataille de Fontenoi, donnée l'an 842, entre les trois enfans de Louis le Débonnaire, Lothaire, empereur, Charles, roi de Neustrie, & Louis, roi de Bavière; c'est à l'époque de cette bataille qu'il faut fixer la décadence entière de l'autorité royale; les trois frères firent ensuite un traité par lequel, d'un côté, il fut permis à tout homme libre, de se choisir, pour son seigneur celui qu'il voudroit du monarque ou des grands vassaux; & d'un autre côté, la noblesse fut dispensée de suivre le monarque à la guerre, excepté dans le cas où il s'agiroit de défendre l'état contre une invasion étrangère.

Charles, dit le Chauve, devenu roi de France, fit ou plutôt consentit un réglement par lequel il rendit les fiefs héréditaires; il régla, notamment, que les comtés seroient donnés aux enfans du comte.

Ces comtes qui rendoient originairement la justice dans les plaids du roi, qui menoient les hommes libres à la guerre, se trouvant entre les hommes libres & le roi, la puissance publique se trouva reculée d'un dégré, les vassaux du comte, ne furent plus que les vasseaux du roi; les bénéfices attachés aux comtés, ne furent plus les bénéfices du roi; nos roi n'eurent presque plus d'autorité directe; leur souveraineté ne fut plus qu'un vain titre, & lorsqu'en 987 ce titre fut transporté à Hugues Capet, la couronne sortit de la maison de Charlemagne, sans exciter aucun mouvement sensible dans l'état.

L'anarchie étoit à son comble, les loix saliques, les loix romaines, les capitulaires & tous les autres réglemens avoient cédé la place à la volonté arbitraire des seigneurs, chacun d'eux étoit cantonné dans les terres qu'il avoit usurpées, chacun exerçoit, sans crainte & sans pudeur, un despotisme absolu.

Sous Hugues Capet & ses premiers successeurs, l'abus avoit jetté de trop profondes racines pour pouvoir être sitôt réprimé: les seigneurs restèrent les maîtres; chacun d'eux, dans sa seigneurie, enchainoit les prisonniers qu'il faisoit sur les voisins, & souvent les vassaux même du seigneur, subissoient le même sort.

Les prisons étoient des lieux souterrains, des lieux infects; l'horreur d'un tel séjour étoit encore augmentée par les liens étroits dont on garottoit les prisonniers; on employoit contre eux, les ceps, les grillons, les grues & autres instrumens semblables.

Aussi, lorsqu'en 1450 l'autorité royale, mieux affermie, permit de rédiger, par écrit, les coutumes, leurs dispositions, en confirmant aux seigneurs, le droit d'avoir des prisons, énoncèrent expressément que les prisons seroient bâties à rez-de-chaussée, sans pouvoir user de fers, ceps, grillons, grues & autres instrumens semblables. C'est notamment ce que disposent la coutume de Melun, chap. 1, art. 5, & la coutume du grand Perche, tit. 1, art. 12.

Cette disposition de nos coutumes a été confirmée par les réglemens postérieurs, dont nous allons donner l'analyse.

L'ordonnance d'Orléans, art. 55: « Enjoignons » à tous hauts justiciers d'avoir prisons sûres, » lesquelles, d'autant qu'elles ne doivent servir » que pour la garde des prisonniers, nous dé» fendons être faites plus basses que le rez-de» chaussée, c'est-à-dire, le sol de la terre ».

L'arrêt du réglement du 10 décembre 1665, art. 7 « Tous les seigneurs hauts-justiciers seront » tenus d'avoir des prisons au rez-de-chaussée en bon & suffisant état, ensemble un geolier pour la garde d'icelle, lequel sera tenu d'avoir un registre chiffré, au commencement & à la fin duquel sera fait mention du nombre de feuilles dont il sera composé, lequel registre sera paraphé dans touts les feuillets, par le juge & le procureur fiscal, dans lequel seront écrits les écrous & les recommandations, le tout ensuite l'un de l'autre..... & à côté mis les décharges ».

Art. VIII. « Fourniront, les seigneurs, le pain aux prisonniers accusés de crimes ».

XXII. « Seront tenus les engagistes du domaine du roi, de faire faire les réparations nécessaires aux prisons, & les entretenir en bon & suffisant état, fournir le pain aux prisonniers accusés de crimes ».

L'ordonnance du mois d'août 1670, tit. 13, art. 1. « Voulons que les prisons soient sûres, & disposées en sorte que la santé des prisonniers n'en puisse être incommodée ».

Art. VI. « Les greffiers des géoles, où il y en a, sinon les geoliers & concierges seront tenus d'avoir un registre relié, coté & paraphé par le juge, dans tous ses feuillets, qui seront séparés en deux colonnes pour les écrous & recommandations, & pour les élargissemens & décharges».

VIII. « Les greffiers & géoliers ne pourront laisser aucun blanc dans leurs registres ».

XIII. « Les écrous & recommandations feront mention des arrêts, jugemens & autres actes en vertu desquels ils seront faits, du nom, surnom

& qualité du prisonnier, de ceux de la partie qui les fera faire ».

XXX. « Ne pourront les géoliers, greffiers de géole, guichetiers, cabaretiers & autres, empêcher l'élargissement des prisonniers, pour frais, nourritures, gîte, geolage, ou aucune autre dépense ».

L'arrêt du réglement du 15 janvier 1689, art. 45. « Les seigneurs hauts-justiciers seront tenus d'avoir dans l'étendue de leurs justices, des prisons sûres, & où les prisonniers puissent être sûrement gardés & sans danger de leur santé; de mettre géolier ou garde desdites prisons qui sache écrire, & prête serment en justice, réside dans le lieu d'icelle; de fournir aux prisonniers le pain nécessaire pour leur subsistance, & paille pour les coucher ».

L'arrêt de réglement du 18 juin 1704, rendu pour les prisons de la ville de Paris, dispose:

Art. XI. « Les prisonniers qui couchent sur la paille, ne payeront aucun droit d'entrée ni de sortie de la prison, mais payeront seulement un sol par jour aux géoliers qui seront tenus fournir par jour auxdits prisonniers, à chacun d'eux, un pain de bonne qualité de bled, & du poids au moins de livre & demie; seront aussi tenus de leur fournir de la paille fraîche, & de vuider & brûler toute la vieille tous les premiers jours de chaque mois pour ce qui est des cachots clairs, & à l'égard des cachots noirs, tous les premiers & quinzièmes jours de chaque mois ».

XVII. » Enjoint auxdits géoliers d'avoir un registre particulier, relié, coté, paraphé par le commissaire de la prison, dans lequel ils écriront de leur main, sans y laisser aucun blanc, les jours d'entrée & de sortie des prisonniers; & tout ce qu'ils recevront chaque jour de chacun, pour gîte, géolage & nourriture ».

XX. Fait défenses auxdits géoliers, guichetiers ou cabaretiers des prisons, d'injurier, battre ou maltraiter les prisonniers, de leur laisser prendre du vin ou de l'eau-de-vie par excès, & de leur vendre aucune marchandise ou denrée qu'elle ne soit de poids, mesure & qualité requise par les ordonnances de police ».

L'arrêt de réglement, du premier septembre 1717, rendu pour les prisonniers des provinces, dispose:

Art. VI. « Les femmes & filles prisonnières seront mises dans des chambres séparées, éloignées de celles des hommes prisonniers, & ne pourront parler aux hommes que par la fenêtre de leur chambre, ou à la morgue; ou entrée de la prison, en présence du géolier; elles auront la liberté d'aller sur le préau ou dans la prison, depuis midi jusqu'à deux heures, & pendant ce temps, les hommes prisonniers seront renfermés ».

Les articles XI, XIII & XIV de ce réglement présentent les mêmes dispositions que celles ci-dessus rapportées, articles XI, XVII & XX du réglement de 1704.

Art. XVII. « Les géoliers seront tenus d'avoir un registre relié, coté & paraphé par première & dernière, par le lieutenant-général, ou autre premier officier du siége; tous les feuillets dudit registre, seront séparés en deux colonnes, l'une pour les écrous & recommandations, l'autre pour les élargissemens & décharges; ils ne pourront laisser aucun blanc dans ledit registre ».

XVIII. « Les écrous, recommandations & décharges, feront mention des arrêts, jugemens & actes, en vertu desquels ils seront faits......... Comme aussi du nom, surnom & qualité du prisonnier, de ceux de la partie, & domicile par elle élû ».

XXXII. Les sieurs hauts-justiciers, du ressort de la cour, seront tenus d'avoir des prisons au rez-de-chaussée en bon & suffisant état, & d'y mettre des géoliers de la qualité requise par les ordonnances, si fait n'a été, dans trois mois, autrement seront reconstruites & rétablies à la diligence du substitut du procureur-général du roi ès-siéges royaux..... dont sera délivré exécutoire de l'autorité des juges desdits siéges royaux, contre les receveurs des terres & seigneuries d'où dépendent lesdites hautes-justices ».

L'ordonnance militaire du mois de mars 1768, tit. 25, dispose;

Art. I. « Les prisons militaires d'une place, seront toujours séparées des prisons civiles, & à cet effet, à fur & mesure que les circonstances le permettront, il sera bâti des prisons militaires dans les places où il n'y en aura pas ».

II. Ces prisons militaires seront disposées de manière que les chambres ou salles destinées pour les soldats, cavaliers, dragons, tambours & trompettes n'aient point de communication avec celles dans lesquelles on devra mettre les bas officiers, ni celles-ci avec les chambres des officiers ».

V. « Il n'y aura d'autres meubles dans les chambres destinées aux officiers, qu'un lit garni, une table, une chaise, un chandelier & un pot à l'eau; ces meubles & ustensiles seront fournis aux dépens de sa majesté ».

VII. « Il n'y aura dans les chambres des bas-officiers, soldats, cavaliers ou dragons, d'autres meubles que des bois de lits & des baquets; lesquels seront aussi fournis aux dépens de sa majesté ».

VIII. « Il sera fourni une botte de paille du poids de douze livres, à chaque bas-officier, soldat, cavalier ou dragon, le jour qu'il entrera en prison, & cette paille sera renouvellée tous les huit jours ».

IX. « Tout bas-officier, soldat, cavalier ou dragon qui sera mis en prison, y sera au pain & à l'eau; il lui sera donné chaque jour, indépendamment de la ration fournie par sa majesté, une livre de pain de plus, dont la dépense sera prise sur sa solde.

XII. « Le géolier ne pourra, sous peine d'être chassé, laisser entrer d'autres alimens pour les bas-officiers, soldats, cavaliers ou dragons, que du pain & de l'eau ».

XIV. « Le géolier ne pourra demander, pour la sortie de chaque prisonnier, qu'un demi jour de la solde....... indépendamment duquel il sera payé au géolier, sur l'ordonnance de l'intendant du département, un sol par jour pour la paille de chaque prisonnier ».

XV. « Le géolier tiendra un registre coté & paraphé feuille par feuille, par le major de la place, sur lequel il enregistrera les prisonniers qui entreront ou sortiront, & sera tenu d'en envoyer tous les matins un état au major de la place ».

XVI. « Le géolier fera sortir tous les jours des chambres ou des salles, les prisonniers, pour se promener & prendre l'air pendant une heure dans la cour de la prison; chaque chambre ou salle aura une heure différente, pour que les bas-officiers, soldats, cavaliers ou dragons ne se rencontrent pas.

Nonobstant la sagesse de ces différentes dispositions, les prisons sont encore pour la plus grande partie des lieux d'horreur; nous en avons pour garant le monarque lui-même, il suffit de lire le préambule de sa déclaration du 30 août 1780; laquelle énonce:

« Plein du désir de soulager les malheureux, & de prêter une main secourable à ceux qui ne doivent leur infortune qu'à leurs égaremens, nous étions touchés depuis longtemps de l'état des prisons dans la plûpart des villes de notre royaume, & nous avons, malgré la guerre, contribué de nos propres deniers à diverses reconstructions qui nous ont été présentées comme indispensables, regrettant seulement que les circonstances nous aient empêché de destiner à un objet si digne de nos soins, tous les fonds qui peuvent le porter à sa perfection; mais nous ne le perdrons pas de vue, lorsque la paix nous fournira des nouveaux moyens ».

» Cependant, informé plus particulièrement du triste état des prisons de notre capitale....... instruit qu'à l'époque reculée de leur établissement, l'on y avoit adopté des bâtimens destinés, lors de leur construction, à d'autres usages, ensorte que nulle commodité & nulle précaution pour la salubrité n'avoient pu y être ménagées, que cependant tous ces inconvéniens étoient devenus plus sensibles à mesure que les bâtimens avoient vieilli, & que la population de Paris s'étoit accrue, qu'ainsi, des prisonniers de tout âge, de tout sexe, ou pour dettes, ou pour crimes, ou pour des égaremens passagers, resserrés dans un trop petit espace, & souvent confondus, présentoient le spectacle le plus affligeant, & digne, sous tous les rapports, de notre plus sérieuse attention, &c. ». *Voyez* HOPITAUX & POLICE.

PROMENADE, s. f., l'action de marcher doucement pour prendre l'air & se dissiper.

La *promenade* est une chose si utile à la santé & tellement nécessaire au peuple des grandes villes, que dans presque toutes, on a préparé des jardins, des mails, des lieux d'exercices pour en faire jouir les habitans. Paris, à cet égard, s'est particulièrement distingué, de tout temps; les rois de France & les magistrats qui ont administré cette grande ville, y ont fait faire des *promenades*, qui en rendent le séjour agréable, & forment des lieux de rendez-vous où tout le public se rend principalement les dimanches & les jours de fête. *Voyez* JARDIN.

Mais, si le gouvernement a eu soin d'établir des *promenades*, la police a dû veiller à ce que rien ne s'y passe qui puisse troubler l'ordre public; elle a dû encore empêcher que l'on ne se promène dans les lieux qui ne sont point destinés à cet objet. C'est ce qui a lieu, relativement aux ports de Paris. L'ordonnance du bureau de la ville, de 1783, défend de s'y rendre pour s'y promener. Voici les motifs & le texte de ce réglement de police, qu'il est utile de connoître & qui forme une partie de la police des ports.

Sur ce qui nous a été remontré par le procureur du roi & de la ville, que la chaleur de la saison & la sérénité des nuits, donnant lieu à un concours extraordinaire de personnes de l'un & de l'autre sexe, sur les ports de cette ville, pour y prendre le frais & s'y promener, il y auroit lieu de craindre que, non-seulement les marchandises de bleds & autres grains & farines en sacs, ne souffrissent quelques dépérissemens, ainsi que d'autres marchandises susceptibles d'altération, s'il n'étoit défendu de monter & de s'asseoir sur les sacs, ballots & caisses qui sont déposés & empilés sur lesdits ports; mais encore que des gens mal-intentionnés n'abusassent de cette liberté, pour percer lesdits sacs, ballots & caisses pour en soustraire les grains, denrées & marchandises qu'ils renferment, & ce, malgré l'exactitude & la vigilance des gardes préposés à leur conservation. Qu'il y auroit également lieu à appréhender qu'il n'arrivât des accidens, même des malheurs, si la faculté de se *promener* entre les piles de bois, monter sur icelles, & sur les bateaux & bachots étant dans lesdits ports, n'étoit interdite; ainsi qu'aux personnes du sexe masculin, de s'y trouver en robe-de-chambre; pour à quoi obvier, il espère de notre attention au maintien du bon ordre, à la tranquillité publique, & à la conservation des marchandises qui sont sur les ports, que nous voudrons bien rendre une ordonnance dont les dispositions puissent remplir entièrement ces différents objets.

En conséquence, faisons très-expresses inhibitions & défenses à toutes personnes, de quelques qualités & conditions qu'elles soient, de monter & de s'asseoir sur les sacs de bleds & autres grains & farines, sur les ballots & caisses de marchandises étant sur les ports de cette ville, de se promener entre les piles de bois, de monter sur icelles, ni sur les bateaux & bachots étant dans lesdits ports; comme aussi à tous particuliers de s'y trouver en robe-de-chambre, & sans être décemment vêtus, sous peine d'amende, même de prison, dans tous les cas, où par leur fait, la sûreté & la tranquillité publique auroient été interrompues.

PROPRETÉ. s. f. C'est l'état d'une chose nétoyée des parties sales & étrangères qui pourroient la corrompre ou l'empuantir.

Nous ne devons considérer ici la *propreté*, que dans son rapport avec la police de la voierie & la salubrité des villes. Sous ce point de vue, c'est un des soins les plus importans de l'administration municipale, & de tout temps l'on s'en est occupé d'une manière particulière, à Paris.

C'est même au besoin de rendre l'air plus pur, & de tenir les rues propres, qu'est due l'origine du pavé de cette ville. Jusqu'à l'an 1184, les rues étoient boueuses, & c'est à Philippe Auguste que nous devons les premiers soins de propreté à cet égard, pendant la cinquième année de son règne, quoiqu'il n'eût alors que vingt ans. Ce prince se promenant seul dans une salle de son palais, situé à Paris, au bord de la seine, contemploit, d'une fenêtre, le cours de la rivière. Dans ce temps là même, des charettes passoient au-dessous de cette fenêtre où étoit le monarque, remuèrent la boue, & en firent exhaler une odeur si puante, que le roi ne la pouvant supporter, fût obligé de se retirer. Aussitôt il résolut de faire paver la capitale; & pour cet effet, il fit venir le prévôt des marchands & plusieurs des plus notables bourgeois de Paris, & leur ordonna, d'autorité royale, de faire paver la ville, d'un bout à l'autre, tant les rues, que marchés & places publiques; ainsi, ce jeune prince exécuta ce que tous ses prédécesseurs n'avoient pas osé entreprendre. *Arduum opus*, dit Rigordus, historien français & contemporain, *sed valde necessarium : quod omnes prædecessores sui ex nimiâ gravitate & operis impensâ aggredi non præsumpserant.* De sorte que c'est l'an 1184, que Philippe-Auguste ordonna de paver & de nétoyer les rues de Paris, alors impraticables.

Le nétoiment des rues fut pratiqué pendant long-temps; mais ensuite, comme toutes les espèces de biens, on le négligea; néanmoins 479 ans après l'époque dont nous avons parlé, on fut obligé de faire revivre la loi. Un médecin nommé Courtois, logé dans la rue des Marmousets, avoit, dans une salle sur la rue, de gros chenets à pommes de cuivre; il avoit soin de les faire nétoyer tous les jours; & tous les matins il les trouvoit chargés de verd-de-gris, avant 1663 où le nétoiment des rues étoit négligé; mais, dès que cette police fût rétablie, les taches ne reparurent plus. D'où il concluoit que cette malignité devoit faire bien plus d'impression sur les viscères, & que c'étoit la cause de bien des maladies.

Un ancien auteur, dit : « on raconte que la « ville de Smyrne, en Asie, & celle de Sienne » en italie, sont bien comparties en rues, belles, » droites & accompagnées de très-beaux édifices, » mais qui offensoient grandement les étrangers » non accoutumés aux mauvaises odeurs des im» mondices que l'on jettoit par chaque nuit sur » le pavé, d'autant qu'il n'y avoit aucunes cloa» ques pour en faire la décharge ». Il seroit difficile de se persuader que ce qui produit une impression si désagréable sur les étangers qui n'y sont pas accoutumés, n'en fît aucune sur le tempérament des habitans.

Bien plus, on a remarqué que la mal-propreté des rues qui, sans contredit, vicie l'air, a souvent occasionné des maladies épidémiques. Presque toujours on a réussi à les détruire, en les attaquant dans la cause du mal. Plus souvent, on a vu règner dans les villages, des épidémies qui ont été entièrement anéanties, en comblant certains égouts où l'on mettoit le fumier pour le faire pourrir. Le nétoiment des rues doit donc être rangé parmi les objets de première nécessité, puisque la santé en est un, & sous ce rapport il mérite toute l'attention des gouvernements & des académies à qui, sans doute, ce sujet ne peut être indifférent. Un préjugé vulgaire fait regarder à des esprits superficiels, ces sortes de discussions comme des objets de peu de conséquence, & sur-tout, peu scientifiques. Si elles sont utiles, l'on est bien dédommagé de ses peines.

Nisi utile est quod facimus, stulta est gloria.

Les romains, afin de procurer & d'entretenir la *propreté* des rues, ont employé des moyens qu'aucun peuple de la terre, quelque puissant qu'il fût, n'a osé imiter; je veux parler de leurs magnifiques cloaques; ces deux noms, qui, dans notre langue, semblent peu faits pour être ensemble, s'allìant merveilleusement dans celle des romains: aussi Cassiodore les appelloit-il *splendida*; & Pline dit que c'est la plus haute entreprise qui fût jamais faite dans la capitale du monde. Ces cloaques admirables (vrais égouts, véritables fosses souterraines), ne servoient qu'à purger les rues de la ville de Rome, de leurs immondices. On est surpris, dit Pline, comment, pour les faire, on a pu percer & enfoncer les montagnes, & rendre, par ce moyen, la ville de Rome presque suspendue en l'air. Strabon assure que l'on pouvoit aller par bateaux au-dessous de toutes les rues, ces cloaques ou canaux étant d'une largeur & d'une hauteur si considérables, qu'un char de foin y pouvoit passer très-facilement. Pline ajoute qu'Agrippa y fit former sept conduits d'une eau si rapide, qu'elle emportoit ordinairement, comme un torrent, tout ce qu'elle rencontroit; & qu'on ne s'appercevoit pas, de son temps, que l'eau eût produit la moindre détérioration, quoiqu'ils eussent été construits depuis le siècle de Tarquin l'ancien, c'est-à-dire, depuis plus de huit cents ans.

Ces cloaques, selon Albert, ne sont rien moins que des ponts, des arches ou des voûtes d'une extrême longueur & largeur, qui ont été construites sous les grandes rues de la ville pour nétoyer les rues, *purgatioresque reddendas vias conferant*, & pour soutenir le fardeau des matériaux dont elles étoient pavées, de même que les colonnes, les obélisques & autres ouvrages d'un poids énorme, qu'on charrioit tous les jours. On peut juger de la solidité du pavement des rues, & de celle des cloaques qui étoient dessous, par le trait suivant que Pline rapporte. M. Scaurus voulant faire transporter trois cent soixante colonnes de marbre, chacune de trente-huit pieds de longueur, du lieu où elles avoient servi à son théâtre, jusqu'au mont Palatin, pour en décorer sa maison, les commissaires ou intendans des cloaques, craignant que le transport d'un grand nombre de masses aussi pesantes n'ébranlât ces espèces de voûtes, demandèrent à Scaurus qu'il s'obligeât à faire réparer à ses dépens, tout le dommage qui pourroit en résulter. Cette précaution fut inutile, car on ne remarqua aucune dégradation. Ces cloaques ou fosses souterraines étoient faites avec le même art selon lequel les ponts sont construits, & dessus étoient les mêmes arrangements de diverses matières, désignées sous le nom de *rudus*, *nucleus*, *aggeres aut summa crusta*, dont nous avons parlé à la fin du chapitre second de la première partie de cette dissertation.

C'est par ce moyen admirable que les rues de Rome étoient nétoyées des boues & des immondices dont le pavé pouvoit être couvert; car il y avoit des ouvertures d'espace en espace, comme divers égouts & réceptacles, où les eaux entraînoient, dans leur chûte, les ordures qui étoient sur le pavé; de sorte qu'en quelques instans, les rues étoient nettes & sèches. Chaque rue ayant ses déchargeoirs, dit Bergier, l'une n'étoit point assujettie à recevoir les eaux & les immondices des autres. Si les eaux n'avoient pas complетté le nétoiment, le travail des hommes y suppléoit bientôt; ceux-ci jettoient les immondices dans les cloaques, par les égouts fréquents qui se rencontroient le long du pavé. Jamais les fosses souterraines ne pouvoient être comblées, parce qu'à toute heure il étoit facile de les nétoyer de sept canaux d'où sortoit une eau, venue avec une grande rapidité, en levant les écluses qui la retenoient. Ce torrent impétueux entraînoit le tout dans le Tibre, par les bouches desdites fosses, qui y avoient été conduites par Tarquin l'ancien, qui en fut le premier auteur.

Si tout ce que nous avons dit jusqu'à présent ne suffisoit pas pour donner une grande idée de ces ouvrages étonnans, je rapporterois un trait frappant que Pline nous a transmis. Tarquin l'ancien, pour venir à bout de construire ces aquéducs souterrains, ces admirables cloaques, contraignit les hommes & les femmes à y travailler en personne; mais la longueur & les difficultés qu'on éprouva dans l'exécution de cet ouvrage, furent telles, que plusieurs aimèrent mieux se tuer, que de continuer cette entreprise. Afin d'arrêter cette étrange fureur, le roi imagina d'employer le même moyen dont les habitans de Milet s'étoient servis dans une circonstance semblable, pour empêcher les jeunes filles de se donner la mort, rien n'ayant pu réussir jusques-là à les détourner de ce crime. Il ordonna, donc, de pendre en un gibet, à la vue de tout le peuple, les corps tout nuds, de ceux qui s'étoient tués.

Cette loi rappella aux romains les sentimens de cet honneur qui les avoit si souvent rendus vainqueurs, ils conçurent aussitôt une honte pareille à celle des filles Miléfiennes, que la crainte de paroître nues devant leurs concitoyens, empêcha de se rendre coupables d'un forfait aussi horrible, & se soumirent à la loi qui leur étoit imposée.

Quelle ne devoit pas être la solidité de ces cloaques, puisque, ni huit siècles écoulés, ni le choc continuel des eaux, ni les débordemens du Tybre, ni les chûtes fréquentes des maisons, ni les tremblemens de terre, &c. n'avoient pu, tant soit peu, entâmer leur maçonnerie ? Aussi, ne suis-je point surpris d'entendre Cassiodore, dire : *splendidas romanæ civitates cloaquas, quæ tantùm visentibus conferunt stuporem, ut aliarum civitatum possint superare miracula. Hinc roma singularis, quanta in te sit potest colligi magnitudo. Quæ enim urbium audeat tuis culminibus contendere, quandòne ima tua possint similitudinem reperire?* L'exemple des romains ne doit-il pas nous engager à faire de puissants efforts pour donner à nos villes, & sur-tout à nos rues, cet air de propreté qui regnoit dans les leurs, & qu'on remarque de nos jours principalement chez les hollandois. Pour parvenir à ce but, j'examinerai successivement divers moyens qui me paroissent propres à cet effet, & je les divise en essentiels & en accidentels.

Des rues larges & bien allignées, contribuent beaucoup à la propreté d'une ville, parce que les rues sont moins humides ; le soleil les desséche plus facilement. L'expérience prouve que les rues étroites sont très-sombres, toujours humides & pleines de boues, & que celles qui sont larges sont sèches & sans boue, ou du moins, qu'il n'y a pas tant d'immondices. La raison de ce phénomène est à-peu-près celle que donnent les physiciens pour expliquer la prompte dessication d'un linge humide, exposé en plein air, ou au soleil, tandis que, dans une cour étroite, & dont les murs sont très-élevés, cet effet n'a pas lieu aussitôt. De plus, l'évaporation croît comme les surfaces. Ce ne sont pas seulement les liquides qui s'évaporent, mais les solides eux-mêmes, perdent continuellement de leur substance, par les exhalaisons continuelles qui s'élèvent dans l'air ; conséquemment, une rue humide & pleine de boues, sera desséchée si sa surface a une plus grande étendue. Les expériences sur lesquelles est appuyé tout ce que nous venons de dire, sont trop-connues pour les rapporter & pour insister sur cet objet.

Je me contente de le confirmer par l'observation suivante. Environ en 1472, les habitans de Ravenne, s'avisèrent d'un moyen semblable pour rendre praticable un chemin qui conduisoit à leur ville. Cette route, qui traversoit une forêt, étoit détestable, ils la rendirent belle, en faisant couper les arbres à une certaine distance. Alors les vents y jouerent en liberté, les rayons du soleil purent y pénétrer & sécher ce terrein, auparavant humide & continuellement plein de boues. *Apud lucum Ravennæ per hos dies quod viam abcissis arboribus dilatarint, solisque immiserint, ex corruptissima percommoda reddita est.*

Il ne faut pas, cependant, que dans les pays extrêmement chauds, comme certaines villes d'Italie, les rues aient trop de largeur, parce qu'en ne pensant qu'à la propreté des rues, on pourroit ne pas faire assez d'attention à la salubrité de l'air, relativement à la santé des habitans. C'est ce qu'on remarqua dans la ville de Rome, après que l'empereur Néron, eut fait brûler l'ancienne Rome pour rebâtir une nouvelle ville plus magnifique, & dont les rues étoient trop larges, respectivement à la température du climat. Ce que confirme Tacite, par ces paroles : *erant tamen qui crederent, veterem illam formam salubritati magis conduxisse, quoniam angustiæ itinerum & altitudo tectorum non perindè solis vapore perrumperentur; at nunc parulam latitudinem, & nullâ umbrâ defensam graviore æstu ardescere.*

La plûpart des villes de France n'ont pas à redouter cet inconvénient, notre climat étant bien plus tempéré que celui de Rome; & on doit d'autant moins craindre d'élargir les rues, lorsque l'occasion s'en présentera, que les maisons y sont d'une grande élévation, sur-tout à Lyon. On pourroit appliquer à cette dernière ville, ce qu'on a dit de celle de Rome, qu'elle ne se contente pas d'occuper la superficie & le sol de la terre, comme les villes ordinaires, mais qu'elle semble aller chercher de la place dans l'air. Le rhéteur Aristide, comparoit l'ancienne capitale du monde, à un homme robuste qui, pour faire preuve de ses forces, porte sur ses épaules plusieurs hommes placés les uns sur les autres. Il ajoute encore, que si on pouvoit la développer, en séparant les divers étages qui la surmontent, & placer sur la terre, les villes qu'elle soutient dans l'air, en les rangeant les unes auprès des autres, elles pourroient remplir l'Italie & occuper l'espace qui est depuis le Tibre jusqu'à la mer Ionienne. *Nec verò superficiem duntaxat occupat, sed longè suprà exemplum altissimè in aërem ascendit. . . . antequàm & alias æquales sibi super impositas urbes alteram super alteram ferat. . . . . Quò circà si quis eam diligenter vellet evolvere, & quæ nunc in sublimi sunt in urbes, humi juxtà se in vicem deponere, existimarem fore ut omnis Italiæ reliqua pars compleretur: atque una urbs ad Ionium usque mare continua protenderetur.* La ville de Lyon, par l'élévation de ses édifices, exige donc que toutes ses rues aient une largeur

plus

plus grande que celle qu'on remarque dans la plûpart d'entr'elles. Alors, la *propreté* des rues & la salubrité de l'air en résulteront.

La pente suffisante des revers & des rues elles-mêmes, est un second moyen relatif au nétoiement proposé. Cette double pente, selon la demi-largeur des rues, & selon leur longueur totale, contribue beaucoup à maintenir la propreté des rues, ou à empêcher que les immondices ne s'y arrêtent trop facilement. On donne ordinairement aux rues, un pouce par toise, de pente, & à chaque revers, un pouce par pied. Cependant, cela dépend de la longueur des rues, de leur largeur & des autres circonstances locales qui doivent être déterminées par l'ingénieur de la ville, ou par ceux qui sont chargés de cette partie. Les pentes suffisantes étant données, les eaux s'écoulent avec facilité, & entraînent au moins une partie des ordures.

Il est encore nécessaire de distribuer, tellement les rues en divers quartiers, que plusieurs rigoles puissent se jetter dans de plus basses, celles-ci dans d'autres, & enfin ces dernières, dans des égouts, des dégorgeoirs & aquéducs souterrains qui conduiront les eaux hors de la ville ou dans les rivières. La première ouverture de ces égouts sera armée d'une grille de fer, afin d'arrêter les immondices de gros volume, qui pourroient engorger ces aqueducs souterrains, lesquels, ordinairement, n'ont pas une grande capacité; s'ils en avoient une considérable, cette précaution seroit inutile. Je connois quelques villes en France, dont la plûpart des rues sont construites sur des aquéducs qui servent à conduire, hors de leur enceinte, les eaux des rues, celles des maisons, les matières que fournissent les fosses d'aisance, &c. Des canaux de communication de chaque maison, se jettent dans l'aqueduc qui est sous le milieu de la rue, celui-ci débouche dans d'autres, & ainsi de suite, jusqu'aux dégorgeoirs respectifs. C'est en petit, imiter les romains, mais il n'y a que peu de villes ainsi construites, & il est nécessaire que le sol en pente permette ce moyen. Cependant, par-tout, il y a dans certains quartiers, des égouts & aqueducs souterrains par où s'écoulent les eaux après les grandes pluies; il y en a à Lyon, & j'exhorte à en augmenter le nombre. Deux rivières qui coulent dans le sein de cette ville, faciliteront sans doute cette exécution. Ainsi, la multiplication des égouts, des canaux, des aqueducs souterrains & des dégorgeoirs, est un troisieme moyen pour procurer le nétoiement des rues.

L'attention à ne choisir, pour la matière du pavé, que des substances très-dures, comme du quartz ou du silex, ne contribuera pas peu à la propreté des rues. La plûpart des autres substances qui pourroient servir au pavement, s'usent beaucoup par le frottement continuel; d'où résulte une pulvérisation fréquente, source éternelle de boue, lorsque l'eau s'y joint. Qu'on essaie de paver une petite rue fréquentée, avec des pierres calcaires, par exemple, & l'on verra bientôt la preuve de ce que j'avance. Le quartz & le silex étant très-durs, au contraire, & le frottement ordinaire ne produisant aucun effet, ou du moins qu'un effet très-petit, & encore au bout d'un certain temps, seront donc des moyens capables de maintenir la propreté des rues. Ce qui a été établi dans le chapitre premier, dispense d'entrer ici dans de plus grands details.

Il en faut dire autant de la solidité de la base, parce qu'un fondement inébranlable empêche les affaissements du pavé, qui sont des causes, plus grandes qu'on ne pense, de la mal-propreté qui règne dans plusieurs rues & dans plusieurs villes. Ces creux & ces enfoncemens, bientôt produits par de fréquents charrois, seront des espèces de réservoirs où seront ramassées diverses immondices qu'il sera très-difficile de pouvoir en ôter. Dès que le pavé ne sera point établi sur une bonne forme, ou plutôt sur un fondement ferme & inébranlable, ces creux se multiplieront prodigieusement sur les deux revers de la rue, & le mal ira toujours en augmentant.

Si les pavés sont en coin, & forment une surface arrondie en pente, une espèce de voûte, les intervalles entre chaque pavé, seront moindres, & les immondices ne pourront pas s'y loger en si grande quantité ou si facilement. Supposons qu'on pave un côté de quai, de place ou de rue, avec des quarreaux de grès ou de pierre d'Anse; & qu'on donne à ces quarreaux la forme que nous avons prescrite à la fin du chapitre premier, alors le quarré de la surface supérieure de ces pavés, étant plus grand que celui de la superficie d'en bas, les joints seront moins grands, ou même presque nuls, si la coupe des pierres a été bien faite, relativement à la courbure qu'on a donnée au pavement entier. Les joints étant, ou nuls, ou moindres, les ordures ne s'y arrêteront pas, ou ce ne sera pas en si grande quantité. Il en est de même des cailloux dont les intervalles ne seront pas aussi grands, dès que leur tête sera plus large que leur queue l'arrangement serré revient à ce moyen.

Mais une attention essentielle qu'on doit avoir, est de ne recouvrir le pavé, récemment arrangé, qu'avec du bon sable. Si on se sert du platras, des décombres & d'autres matériaux de cette espèce, on aura toujours de la boue, comme l'expérience le prouve, dans plusieurs villes, & sur tout à Lyon, où le sable n'est pas toujours employé; c'est-là la vraie cause des boues qui règnent principalement dans l'hiver, & dans les autres saisons, après les pluies. On ne doit admettre, pour cette opération, que du bon sable & non du sable terreux, celui-ci ayant, en partie, les inconvénients des décombres; non-seulement le sable calcaire, mais encore le sable argilleux doit être réprouvé absolument, parce que le premier ne filtreroit pas assez l'eau, & le second, par sa qualité propre, la retiendroit entièrement. Du sable de rivière, qui est ordinairement quartreux ou siliceux, & du petit gravier, sont ce qu'il y a de mieux; & comme ils sont très-connus, je supprime ici ce que les naturalistes en disent, cet article étant déjà trop long.

Aussitôt qu'on s'appercevra de quelques détériorations, il faudra les réparer promptement, de crainte qu'elles n'augmentent rapidement. La solidité du pavement consiste dans l'union & les rapports des parties, *vis unita fit fortior*, comme on dit; mais s'il y a quelques brèches faites, le mal ne fera que prendre successivement différens accroissemens, si on n'a la plus grande attention à y apporter un prompt remède. Une vigilance scrupuleuse est ici nécessaire; c'est bien le cas de dire, avec Horace, *principiis obsta*, &c. Les réparations faites avec soin, sont donc encore un moyen d'entretenir la *propreté* des rues, des places & des quais.

Ces huit moyens me paroissent si essentiels, que ce seroit en vain qu'on espéreroit procurer le nétoiement d'une ville, par d'autres secours, si ceux dont nous avons parlé n'étoient premièrement employés. Des obstacles, sans cesse renaissants, s'opposeroient continuellement à cet effet, parce qu'on auroit négligé le mal, dans sa source, où il faut l'attaquer. Sans ces précautions on verra la boue suinter & sortir perpétuellement, du sein même des rues, comme une sueur humide sort du corps animal, par la transpiration, ainsi qu'on l'a dit du pavé de Paris, *perpetuo exudat inutilis humor*. Il est facile d'employer successivement ces moyens à mesure qu'on refait & répare les rues, alors il n'en coûte presque rien de plus; ce qui certainement est très-économique & forme la manière essentielle la plus simple, la plus solide, la plus commode & la moins coûteuse de nétoyer les rues, les quais & les places de la ville de Lyon. Ce sont là les vrais moyens essentiels, qui sont d'autant meilleurs qu'ils naissent du sujet. A présent, on peut voir dans toute son étendue, la vérité de ce que j'ai avancé au commencement de ce mémoire, qu'il y avoit un très-grand rapport, une connexion nécessaire entre les deux parties, de la question proposée.

On ne doit regarder, que comme accidentels les moyens qui restent à proposer, & je n'en parle que pour ne laisser rien à désirer sur ce sujet. Comme on demande des plans simples & peu coûteux, je suis obligé de circonscrire mes vues dans les bornes assignées, & de dire que, pour remplir cet objet, il est nécessaire de contraindre les habitans des divers quartiers de la ville, de faire balayer tous les jours régulièrement à certaines heures fixées, au-devant de leur maison, sous peine d'amende. Quelques arrêts du parlement, & diverses ordonnances de police l'enjoignent expressément, notamment l'arrêt du 23 septembre 1476; celui du 14 mars 1506; l'arrêt du 30 avril 1663, article 18 & 19; l'édit du 11 décembre 1666; l'ordonnance de police du 28 janvier 1639, article 9; celle de novembre 1539, article 1 & 2, celle du 3 février 1734, & une autre du 10 juin 1740, qui doivent être exécutés dans les villes de province, comme dans la capitale. Ordonnons.......... en conséquence, « que tous les bourgeois &. habitans.............. de quelque état, qualité & condition qu'ils soient, seront tenus de faire balayer régulièrement au-devant de leurs maisons, tous les matins à sept heures en été, & à huit en hiver, & de pousser les ordures & immondices le long des murs de leurs maisons, dans un tas, afin que les entrepreneurs du nétoiement puissent les enlever, sans que lesdits puissent les mettre ailleurs, sous quelque prétexte que ce soit, si mieux ils n'aiment les garder dans un panier, jusqu'à ce que les tombereaux passent pour les enlever. Leur faisons très-expresses inhibitions & défenses de les pousser, ni faire pousser dans les ruisseaux, ni sur les bords d'iceux dans les temps de pluie, ni dans aucun autre temps, sous quelque prétexte que ce soit, le tout à peine de vingt-quatre livres parisis d'amende pour chaque contravention, & de plus grande peine si le cas y échoit; pourront même, dans le cas de contravention, les suisses, portiers & autres domestiques, être emprisonnés, conformément à la disposition de l'article 18 du réglement. Faisons aussi défenses à tous particuliers de quelque état & condition qu'ils soient, de jetter, ni de souffrir qu'il soit jetté dans la rue, aucunes ordures de jardins, feuilles, immondices, cendres de lessives, ardoises, tuiles, tuileaux, raclures de cheminées, gravois, ni d'y mettre ou faire mettre aucuns fumiers, ni quelques autres ordures, de quelques espèces qu'elles puissent être, à peine de huit livres d'amende pour chaque contravention, & de plus grande en cas de récidive »

Cette ordonnance du 3 février 1734, est trop relative à notre sujet pour n'avoir pas rapporté ce que nous en avons extrait, parce qu'il confirme très-bien nos idées. Tous les habitans seront donc tenus de faire balayer à des heures déterminées la partie des rues qui est devant leur maison, & de ranger en un tas les ordures, afin qu'on puisse les enlever plus facilement. Il en est de même de ceux dont les maisons sont sur des quais ou des places; ils feront balayer une partie égale à celle qu'ils auroient été obligés de nétoyer, s'ils avoient habité des rues d'une moyenne largeur. On remarquera que c'est ordinairement cette partie des quais & des places, étant plus fréquentée, qui est aussi plus sujette à être couverte d'ordures & d'immondices de divers genres.

Quant aux quais & aux places, où des bouquetières, des fruitieres, jardinières, poissonnières, &c. & autres personnes de cette espèce s'assemblent pour vendre, il ne leur sera permis d'y rester une partie de la journée, qu'en s'obligeant à balayer la partie de ces places ou quais, correspondante à celle que les bourgeois font nétoyer devant leur maison. Cela est bien juste, selon cet axiôme, *qui sentit commodum, sentire debet onus*. D'ailleurs, les ordonnances, arrêts & réglemens de police, des 2 août 1639, 25 juin 1641, 24 juillet 1642, 30 avril 1663, 4 juin 1667, 15 juin 1678, &c. « enjoignent expressément aux jardiniers qui étalent dans les halles & marchés publics, d'emporter & faire emporter par chacun jour, les feuilles & pieds d'artichaux dont ils font la vente, & même aux écosseurs & écosseuses de pois & de fèves, d'enlever incessamment les écosses........ Contraventions qui nuisent à la police du nétoiement ».

L'ordonnance de police, du 10 juin 1740, renouvelle ces défenses, à peine de confiscation & de cinquante livres d'amende contre chacun des contrevenants, & enjoint d'avoir des paniers ou manequins dans lesquels ils mettront lesdites écosses, pieds & feuilles d'artichaux, pour les vuider dans les tombereaux des entrepreneurs à ce destinés, ou les emporter dans leurs maisons jusqu'à ce que lesdits tombereaux passent.

La partie des quais & des places trop éloignée des maisons, est moins fréquentée; & alors il sera moins nécessaire de la faire nétoyer, comme l'expérience le prouve. Pour remplir cette fin, on emploiera le moyen pratiqué pour les ponts, ou des moyens analogues, ou des mendiants occupés à cet effet, par la police, &c. c'est l'expédient le moins coûteux. Les rues étant donc balayées, les ordures amassées en divers tas à des heures fixées, il sera facile de les enlever par le moyen de divers tombereaux, distribués dans différens quartiers.

L'enlévement des boues peut se faire de trois manières; aux frais des villes, par l'entremise des jardiniers, ou par le moyen d'une entreprise. Le premier & le troisième moyen rentrent assez dans le même, mais il y a de grands inconvénients à ce que la ville s'en charge. Le nétoiement des rues, des places & des quais seroit toujours mal fait, & certainement d'une maniere beaucoup plus dispendieuse, parce que les gens en sous-ordre ne seroient pas assez surveillés. L'expérience la plus constante a engagé divers corps-de-ville à donner tout à entreprise, & cette résolution est très-sage; il ne s'agit donc que de comparer les deux autres moyens proposés.

Il paroît naturel de préférer, pour le nétoiement des rues, les jardiniers des environs, parce que c'est un avantage pour eux & pour la ville, n'étant pas obligés d'acheter le fumier; mais n'ayant que la peine de le ramasser, le jardinage en sera à meilleur marché. Pour que cette méthode soit bonne, il est absolument nécessaire que les maîtres jardiniers des environs de la ville s'étant assemblés, & s'étant volontairement obligés à faire corporation pour le seul objet de l'enlèvement des boues & immondices des rues, ils consentent à observer régulièrement la loi d'envoyer chacun à leur tour, leurs garçons jardiniers dans les endroits qui leur auront été désignés, & aux heures marquées, sous peine d'une amende fixée, dont la moitié sera employée au nétoiement des rues, & l'autre moitié servira de récompense & d'encouragement à leurs camarades qui se seront mieux acquittés de leur devoir.

Pour que la loi soit mieux observée, on divisera la ville par quartiers, & les jardiniers qui occupent les environs de la ville, les plus proches de ces quartiers, seront désignés pour en ôter les boues. Supposons, par exemple, qu'on divisât la ville en quatre parties, A. B. C. D. (c'est une supposition; on peut la partager en huit, dix ou douze portions.) Les jardiniers qui sont les moins éloignés de la portion A, enlèveront les immondices de ce quartier; ceux qui sont près de B, en feront autant, & ainsi de suite, selon le nombre des divisions. On fera encore des subdivisions dans chaque partie, afin qu'on puisse connoître plus facilement les prévaricateurs de la loi. Il est inutile d'observer que parmi ceux dont l'habitation est placée aux environs de la portion A, il y en a qui sont plus ou moins près. Ceux qui sont plus proches des murs de la ville iront dans le centre, & les autres s'avanceront moins, afin qu'il y ait une égalité dans les courses journalières, & une compensation respective. Un tableau contenant les divisions & les subdivisions, avec les noms correspondants des jardiniers, selon les tours établis, présentera au premier coup-d'œil, le nom de ceux qui ont été chargés de cette partie. Rien de plus simple que de former un tableau de ce genre, & on regarde comme inutile de donner ici le modèle de sa formation.

En assemblant pour la première fois les jardiniers, on leur fera sentir que c'est un avantage qu'on veut leur faire, mais que le bon ordre exige un arrangement, que celui qui est ici proposé est le plus simple, & qu'on consent volontiers à en prendre un autre qu'ils présenteront, pourvu que le nétoiement des rues se fasse. Que s'ils ne veulent pas se soumettre à la police qu'on désire d'établir, on est dans la détermination de donner les boues à des entrepreneurs qui vendront le fumier, en s'obligeant à entretenir les rues, les quais & les places dans la plus grande propreté possible. Dans le cas du refus des jardiniers, sans qu'il en coûte absolument rien aux villes, on fera l'adjudication des boues, aux entrepreneurs qui se présenteront. Ils feront enlever, chaque jour, sur des tombereaux, à des heures déterminées, les tas de boues & d'immondices que chaque habitant aura rangés contre sa maison. Sur le produit, ils feront nétoyer les quais, les places & les ponts; & si on trouve que leur profit soit trop considérable, on fixera le prix qu'ils mettront au fumier, ou ils paieront une somme à la ville, laquelle sera employée à l'utilité & à l'embellissement de cette cité. Les entrepreneurs seront tenus d'imposer des amendes à leurs sous-ordres, en cas de manquement; & ils seront solidaires & cautions envers la ville, de toutes les négligences des employés.

A Paris, on avertit, chaque matin, par une clochette, tous les particuliers de balayer les rues. Dans les villes de province on peut se dispenser d'employer des sonneurs; il suffit de publier une loi qui ordonne de commencer ce nétoiement aussitôt que la cloche de l'hôtel-de-ville, & celle de la paroisse auront sonné une heure dont on sera convenu. Les tombereaux partiront une heure après, & enléveront les boues; ils seront tous numérotés, précaution qu'exige une bonne police. On assignera, hors de la ville, des endroits particuliers où les entrepreneurs pourront déposer les boues & les immondices, c'est ce qu'on appelle à Paris, des voiries, & il y en a pour chaque quartier.

Si on craignoit que ces voieres n'altérassent la pureté de l'air, on prendroit les précautions suivantes, 1°. de les construire sous les vents qui regnent le plus dans les villes, ce qu'on peut facilement connoître par les résultats des observations météorologiques qu'on y a faites; alors les vents éloigneroient de la ville les vapeurs qui en émanent. 2°. On planteroit autour de ces voieres, différents grouppes d'arbres; rien ne sert mieux à purifier l'air. Si quelqu'un avoit de la peine à se persuader de cette vérité, que l'expérience confirme si merveilleusement, je lui rappellerois les belles expériences que M. Priestley a faites depuis peu. Ce savant anglois a démontré que les plantes purifient l'air, en absorbant les exhalaisons qui l'altèrent, elles se plaisent, pour ainsi dire, à se nourrir de tous ces effluves pernicieux pour les animaux; c'est une des ressources que la nature emploie à ce grand dessein. Cet auteur a trouvé qu'une tige de Menthe, de Melisse ou d'autres plantes, mise dans une jarre de verre, renversée dans un vaisseau plein d'eau, & après y avoir poussé pendant quelque mois, rétablit tellement l'air, qu'il n'éteignoit point la chandelle, & qu'il n'étoit point nuisible à une souris qu'on y exposa, quoique ces deux effets fussent auparavant produits, ce qui prouve très-bien que la végétation rétablit l'air vicié. Plus bas il montre que les végétaux poussent vigoureusement dans l'air corrompu par la putréfaction, & qu'ils rétablissent très-bien l'air vicié par la putréfaction ou par la respiration, tandis qu'ils meurent dans l'air fixe, ce qui forme une preuve décisive de la vérité de ce que j'ai avancé. Ce rétablissement de l'air vicié s'opère, selon M. Priestley, au moyen de ce que les plantes absorbent le phlogistique dont l'air est surchargé par la combustion des corps inflammables. Ce raisonnement est confirmé par le fait dont MM. Walker & Bremner furent témoins à Harwich, & duquel il résulte qu'une « matière en végétation conservoit la douceur de l'eau, en absorbant l'effluve phlogistique qui s'en dégageoit, lorsqu'elle tendoit à la putréfaction ».

En vain nétoyeroit-on tous les jours les rues, en vain des entrepreneurs feroient-ils enlever les immondices, à des heures réglées, dans les rues, les quais & les places, si on se servoit de tombereaux ordinaires. Comme ils sont faits avec peu de précaution, & que les planches de ces tombereaux sont très-mal assemblées, les boues, les immondices & les ordures en dégouttent continuellement sur le pavé, de sorte qu'on pourroit dire que les tombereaux ordinaires servent moins à enlever les ordures, qu'à les répandre sur une plus grande surface. On remédiera à ce défaut, qui est un des plus grands, en assemblant scrupuleusement les pièces de bois dont ils sont composés, de telle sorte que rien ne puisse tomber par les joints.

Le tombereau propre à enlever les boues, que M. Mane, marchand orfèvre de Paris, a proposé, me paroît devoir être adopté. Il a augmenté surtout dans cette machine, les facilités du chargement & du déchargement, sans donner à son tombereau des dimensions plus grandes & plus embarrassantes que celle des voitures de cette espèce qui circulent journellement dans Paris. En voici la description.

« Deux roues de grandeur ordinaire, c'est-à-dire, de cinq à six pieds de diamètre, reçoivent dans leur moyeu, un essieu de fer, semiblable, pour la largeur & la grosseur, à l'essieu des tombereaux actuels. Deux plates-bandes de fer ou de bois sont antées sur cet essieu, & leur prolongement est fixé de chaque côté sur un limon. Les deux limons forment un brancard pour le cheval. Entre les deux plates-bandes & le commencement des limons, se trouve la caisse destinée à recevoir les boues & immondices. Cette caisse est traversée, à telle partie de sa hauteur, que l'on voudra, par l'essieu qui la tient suspendue, au moyen de deux étriers de fer. Chacun de ces deux étriers, placé au milieu de la longueur totale de la caisse, la met en équilibre, & s'éloignant de l'essieu, vient embrasser la caisse en dessous. Cette caisse est de forme ordinaire, à l'exception de la partie du derrière de la voiture, qui est ployante, au moyen de deux couplets en fer.

Cette partie ployante est arrêtée sur le bord de la caisse principale, par deux espèces de crochets qui en serrent les côtés & les font joindre aux côtés de la caisse principale, avec d'autant plus de force, qu'il y a plus de charge dans le tombereau. L'extrémité de cette partie ployante qui forme le derrière de la voiture, est fermée par un ais ou chassis qui s'emboîte à recouvrement. Ce chassis est contenu au moyen de deux tenons, dans lesquels entre une barre, coudée en serpent, dans une de ses extrémités. Un seul coup de pince recourbé, retire la barre & la dégage à la fois des deux tenons. Alors il faut nécessairement que le chassis de derrière, qui ferme la caisse, la détache & quitte. Cette opération vide en partie les immondices qui sont dans la caisse. On achève ainsi : au-dessous de la caisse, entre les deux couplets de la partie ployante, est attachée une corde; cette corde vient se rouler sur un treuil, placé au-devant de la caisse, dessus & dessous les deux limons; à une des extrémités de ce treuil, est une roue dentée en rochoir. On y adapte, au moyen d'une clavette, un levier à ressort; en pesant quatre ou six fois sur ce levier, le treuil tourne, & la corde se raccourcit jusqu'au point de mettre dans un plan vertical, le fond de la caisse qui étoit horisontal.

En terminant cet article, pourquoi ne me seroit-il pas permis de faire des vœux, afin de voir établir à Paris & dans toutes les villes principales, des machines qui élevassent les eaux des rivières, pour les répandre ensuite dans le sein des villes, où elles circuleroient librement dans toutes les rues; la salubrité de l'air, la fraîcheur en été, & en tout temps la propreté des rues seroient les biens précieux qui en reviendroient. Je suis persuadé que le profit qui résulteroit de l'adjudication du bail des boues à des entrepreneurs, seroit plus que suffisant pour cet effet. Les citoyens pourroient encore recevoir chez eux les eaux qu'on leur distribueroit, des fontaines multipliées rendroient ces avantages publics. Ces machines, puisant l'eau dans les rivières, fourniroient pour la boisson des eaux pures; car dans une grande ville où il y a tant de fosses d'aisance, les eaux de puits doivent être mal-saines.

Une machine de ce genre seroit peu coûteuse, on n'auroit qu'à se servir de celle que M. Cordelle, méchanicien, demeurant à Paris, a inventée pour élever à telle hauteur & en telle quantité qu'on voudra, sans gêner la navigation, l'eau prise au courant des rivières; cette machine a été approuvée par l'académie royale des sciences, d'après le rapport qu'en ont fait le 27 novembre dernier, MM. Tillet, de Montigny, le Roy, Bezout & de Bory. Selon ces commissaires, rien de plus simple, ni de plus ingénieux. Cette machine a déjà été établie à Epinay-sur-seine, & on en verra la description dans le recueil des savans étrangers.

Quelle ville, qu'une cité florissante, dans une heureuse température, dont le sein est continuellement baigné par les flots d'une grande rivière, qui verroit dans ses places, des fontaines élevées pour répandre une rosée céleste dans l'air & sur la terre; & dans ses rues, des ruisseaux d'une eau pure, couler avec un doux murmure!

Nous n'étendrons pas plus loin les diverses réflexions & projets auxquels la *propreté* des rues peut donner lieu; ce que nous avons dit de Paris, peut aisément s'appliquer aux autres villes; & l'on peut voir aux mots AIR & NÉTOIEMENT; les loix de police qui ont été faites pour cet objet.

Nous finirons par rapporter ici un passage du savant abbé de *Fleury*, sur la *propreté* corporelle prescrite aux hébreux, par la loi de Moyse; ce qu'il en dit, pourra également trouver son application à d'autres peuples.

« Les purifications ordonnées par la loi, avoient les mêmes fondements que la distinction des viandes; les peuples voisins en pratiquoient de semblables, entre autres, les Egyptiens, chez qui les sacrificateurs se rasoient le poil tous les trois jours, & se lavoient tout le corps deux fois la nuit & deux ou trois fois le jour. Les purifications légales des Israëlites, étoient utiles pour la santé & pour les mœurs. La netteté du corps est un symbole de la pureté de l'âme: & de-là vient que quelques saints, par esprit de pénitence, ont affecté d'être mal-propres, pour se rendre plus méprisables, & faire mieux paroître au dehors, l'horreur qu'ils avoient de leurs péchés. De-là vient encore que la purification extérieure est appellée dans l'écriture, sanctification, parce qu'elle rend sensible la pureté extérieure, avec laquelle on doit s'approcher des choses saines. On peut même dire que la propreté est un effet naturel de la vertu, puisque la saleté ne vient, pour l'ordinaire, que de paresse & de bassesse de cœur.

» La netteté d'ailleurs est nécessaire pour entretenir la santé, & prévenir les maladies, sur-tout dans les pays chauds. Aussi les hommes y sont naturellement plus propres, la chaleur invite à se dépouiller, à se baigner & à changer souvent d'habits : au lieu que dans les pays froids, on craint l'eau & l'air; on est plus engourdi & plus paresseux. Il est certain que la saleté où vivent, parmi nous, la plûpart des petites gens, sur-tout les plus pauvres, & dans les villes, cause ou entretient plusieurs maladies : que seroit-ce dans les pays chauds, où l'air se corrompt plus aisément, & où les eaux sont plus rares ? De plus, les anciens se servoient peu de linge, & la laine n'est pas si facile à nétoyer.

» Admirons ici la sagesse & la bonté de Dieu, qui avoit donné à son peuple des loix utiles en tant de manières, puisqu'elles servoient tout ensemble à les accoutumer à l'obéissance, à les éloigner de la superstition, à régler leurs mœurs, & à conserver leur santé. C'est ainsi que, dans la structure des animaux & des plantes, nous voyons tant de parties qui servent à plusieurs usages. Or, il étoit important que les préceptes de propreté fissent partie de la religion : parce que regardant le dedans des maisons, & les actions les plus secrettes de la vie, il n'y avoit que la crainte de Dieu qui pût les faire observer. Cependant, par ces choses sensibles, Dieu formoit leur conscience, & les accoutumoit à reconnoître, que rien ne lui est caché, & qu'il ne suffit pas d'être pur aux yeux des hommes. Tertullien prend ainsi ces sortes de loix, quand il dit: même dans le commerce de la vie & de la conduite des hommes, au dedans & au dehors, il a tout déterminé, jusqu'à prendre soin de leur vaisselle, afin que, rencontrant par-tout ces préceptes de la loi, ils ne pussent être un moment sans regarder Dieu. Et ensuite, pour aider cette loi, plutôt favorable que pesante, la même bonté de Dieu a aussi ordonné des prophêtes, qui enseignoient ces maximes dignes de lui : ôtez la malice de vos âmes, &c. De sorte que le peuple étoit suffisamment instruit de la signification de toutes ces cérémonies, & de ces pratiques sensibles ». *Mœurs des Israélites*.

PROSTITUTION, s. f. On entend par ce mot, l'acte par lequel une personne s'abandonne à servir aux plaisirs d'une autre, par la jouissance de son corps, dans les cas défendus par les mœurs.

Cette définition est la plus juste que l'on puisse apporter de ce mot, car le nom de *prostitution* n'est point donné à tous autres actes indifféremment par lesquels on se soumet aux plaisirs d'un autre, puisque le devoir conjugal, de la part d'une femme, & la foiblesse d'une personne aimée, ne peuvent être, dans les règles du bon sens & de la justice, considérés comme des actes de *prostitution*, proprement dite; il faut donc ajouter dans les cas défendus par les mœurs.

Je dis par les mœurs & non par les loix, car celles-ci ne peuvent jamais prononcer sur la *prostitution*, comme telle, mais bien comme cause de trouble, de scandale ou de corruption; dans lequel cas, c'est relativement à la société & non à l'individu, qui est maître de sa personne, que le magistrat prononce une peine quelconque contre la *prostitution*.

On peut distinguer la *prostitution* en publique & privée. La première seule devient, par son rapport avec les soins de police, un des objets de l'attention des magistrats des villes; mais sur cette matière, comme nous le dirons tout-à-l'heure, l'usage, les préjugés, l'habitude, ont introduit des formes que la saine politique, la liberté, les droits & l'humanité repoussent également.

La *prostitution* privée, n'a que peu de rapports avec la police, proprement dite; elle est, ou un délit, dont la justice doit prendre connoissance, ou une action libre & individuelle, soustraite, par cela même, aux regards comme à l'action de la loi.

Une des principales causes de méprise en matière de *prostitution* privée, c'est que l'on confond ordinairement la violence, la séduction envers des enfans de douze ou treize ans, le maquerellage public ou particulier, avec la *prostitution*. La différence est cependant sensible.

La *prostitution* est l'acte d'une personne envers elle-même, ou plutôt la disposition de son corps, que personne n'a droit de lui contester. Ainsi, tant que l'usage de cette liberté ne blesse les droits de personne, ne cause point de scandale grand & public, la *prostitution* reste au-delà du pouvoir de la loi, c'est-à-dire, dans le nombre de ces actions qui appartiennent à l'individu, & que la loi, bien loin de gêner ou modifier, est obligée de protéger. C'est ainsi que la loi, dans l'espèce que nous citons, ne devroit pas moins protéger la vie, la liberté, la tranquillité, les actions domestiques d'une femme qui se prostitueroit, contre le brigandage & les mauvais traitemens, que celles de toute autre personne; je vais plus loin, & je soutiens que cette femme auroit qualité pour exiger le secours de la force publique, afin d'éloigner ceux qui, par zèle ou par tout autre sentiment, prétendroient, par exemple, forcer l'homme à qui elle se prostitue, de s'éloigner de chez elle. Tant les actions de la conduite privée qui ne blesse point les droits d'un tiers, doivent être protégées de la loi & de ses agens.

Au reste, c'est plutôt comme moraliste que comme publiciste que nous employons le nom de *prostitution* privée; car, dans les idées reçues le mot de *prostitution* entraîne toujours celui de publicisme.

Je nommerois *prostitution* privée, celle d'une femme qui, dans ses plaisirs, changeroit souvent d'hommes; ce qui, comme l'on voit, ne peut qu'improprement, & en morale seulement, être qualifié du mot de *prostitution*.

Ce n'est encore qu'avec la même impropriété d'expression qu'on pourroit donner le nom de prostituée, à une femme entretenue; à moins, qu'en bon grammairien on ne veuille donner ce nom à toute femme qui se sera livrée à un homme; ce que signifie le mot prostitution, *position dessous*.

Il n'en est pas moins vrai que des rigoristes, ou se donnant pour tels, des censeurs, des marchands de maximes puritaines, ont confondu, pêle-mêle, toutes les femmes qui ne sont point civilement mariées & qui se livrent à quelques plaisirs, avec les prostituées, ce qui, comme l'on voit, étend le champ de la *prostitution* au-delà de ses limites, & multiplie sans nécessité les vices de l'espèce humaine. *Voyez* Femme, Courtisanne.

Cette manière, au reste de classer parmi les *filles*, c'est-à-dire, parmi les prostituées, les femmes entretenues, & de les noter d'une sorte d'infamie, étoit une des maximes de l'ancienne police de Paris, qui trouvoit par ce moyen, de quoi fournir de l'occupation de plus & des cadeaux à ses principaux agens. *Voyez* Inspecteur.

En général, la conduite de cette administration, relativement aux prostituées & à celles qu'il lui plaisoit de qualifier ainsi, étoit véritablement détestable, nous en parlerons, après que nous aurons dit quelque chose de l'état de la *prostitution* chez les anciens, comparé à celui où elle est aujourd'hui parmi nous. Ces détails se termineront par l'exposé des réglemens qui ont été faits sur cet objet, réglemens tombés, en grande partie, en désuétude; mais qu'il faut connoître.

Il est bien difficile de ne pas croire que la *prostitution* ait été instituée chez quelques peuples, comme un acte religieux, un sacrifice que la beauté faisoit au dieu du pays. C'est l'inverse du vœu de virginité, & l'on conçoit que s'il s'est trouvé des peuples qui ont trouvé digne de la divinité, que des jeunes filles gardassent un célibat éternel, il a dû être plus naturel, & plus raisonnable qu'il y en ait eu qui ait regardé la jouissance & le sacrifice de la virginité, comme un hommage aux dieux protecteurs de la fécondité & de la volupté.

Ce qu'il y a de certain, c'est que les anciens écrivains nous parlent de l'usage où étoient les jeunes filles de se prostituer en l'honneur de Vénus. A Corinthe, les prêtresses de cette déesse se livroient à l'homme qui les avoit choisies, & l'on peut croire que parmi le nombre de ceux auxquels le culte du lieu exigeoit qu'elles se soumissent, il y en avoit dont les caresses étoient pour elles un véritable sacrifice, un devoir qu'elles ne remplissoient qu'avec peine; mais sûrement elles trouvoient plus souvent encore un dédommagement à cette complaisance en faveur de Vénus. On pense qu'à Cythère les filles se prostituoient également aux étrangers, & que cette coutume a regné dans plusieurs des îles de l'Archipel, comme elle règne encore à Othaïti. Mais l'on peut regarder, plutôt, ce dernier genre de prostitution comme un acte d'hospitalité, que comme une institution religieuse. Cela doit être tout simple, chez un peuple qui ne regarde les choses que sous leur aspect naturel, & qui trouve que donner une jolie compagne à un voyageur, est une chose aussi agréable pour lui que tout autre plaisir qu'on pourroit lui procurer.

Nous regardons aujourd'hui la *prostitution* autrement que les anciens peuples ou les peuples sauvages, & cette manière de voir, tient aux progrès de la civilisation. Une autre cause encore, rend cette sorte d'égarement moral plus odieux à nos yeux aujourd'hui, qu'il ne l'a jamais été, c'est les dangers que l'on court pour sa santé & les suites terribles de la maladie vénérienne que la *prostitution* propage; ce venin a fait envisager avec une nouvelle horreur, des habitudes qui choquent déja la délicatesse & les sentimens de pudeur, à juste titre, regardés comme les plus séduisans moyens de bonheur & de volupté.

Pour bien s'entendre, au reste, sur la *prostitution*, il faut en distinguer plusieurs espèces, ou plutôt déterminer le véritable genre des prostituées. Sûrement les noms célèbres des courtisanes de Rome & de la Grèce, ne nous rappellent point les idées des malheureuses que la faim, la crapule & la bêtise, promènent dans les rues de Paris, à la fin de chaque jour. Ces dernières forment, ce qu'on appelle le corps de la *prostitution*,

& n'ont, pour la plûpart, rien que de brutal & de dégoûtant.

Cette espèce est très-nombreuse à Paris aujourd'hui & dans les capitales de tous les états de l'Europe; c'est sur elle que s'est continuellement & très-bêtement, la plûpart du temps, appesanti le joug de la police correctionnelle; on a cru par des châtimens, des peines, des emprisonnemens arbitraires arrêter ce vice que la misère & la corruption publique soutiennent contre tous les efforts du gouvernement.

L'ancienne police de Paris, que la nouvelle copie stupidement quelquefois & précisément dans les choses où elle ne le devroit pas, l'ancienne police de Paris, avoit adopté un système singulier, barbare & illégal, par rapport aux filles publiques ou prostituées. Des imbécilles ont prôné ce genre d'établissement adopté par elle à cet égard, comme une excellente invention pour arrêter & punir le vice. On a dû voir, par l'expérience, jusqu'à quel point elle a réussi.

Un inspecteur de police avoit la partie des *filles*; c'étoit un souverain absolu sur cette portion malheureuse & dégradée de l'espèce humaine. Non-seulement, tout ce qui pouvoit flatter ses goûts & ses caprices lui étoit prodigué par les souteneuses de maisons de débauche ou maquerelles; non-seulement il disposoit des personnes & de la liberté d'un peuple de femmes, dont on étendoit même le cercle à d'autres qui n'étoient rien moins que *prostituées*; non-seulement l'inspecteur des *filles* jouissoit de tous ces droits abusifs, comme les anciens seigneurs féodaux, de celui de culage; mais encore il levoit des impôts ou contributions sur ces malheureuses.

Quand *Monsieur l'inspecteur* avoit besoin d'argent, il faisoit répandre chez les maquerelles & les *filles* en chambres garnies, qu'au premier jour il feroit sa visite de nuit, & qu'il feroit enlever celles contre qui l'on lui avoit porté des plaintes, ou qui ne se conduisoient pas bien; c'étoient, comme on peut le penser, celles qui ne lui avoient rien envoyé depuis un mois ou six semaines. Alors les cadeaux, l'argent, les présens lui venoient de toutes parts, & les hautes maquerelles ne manquoient point de couronner ces contributions par l'envoi de quelque jeune fille nouvellement séduite & dont Monsieur l'inspecteur avoit les premières faveurs ou du moins, des faveurs encore fraîches & dont la publicité n'avoit point encore fait perdre le mérite.

Mais comme les badauds de Paris auroient beaucoup crié si l'on n'avoit point exécuté de temps en temps quelqu'enlèvement, M. l'inspecteur n'en faisoit pas moins ses tournées de nuit chez les malheureuses qui ne pouvoient donner, ni argent, ni jolies filles, ni bijoux. Celles-ci étoient donc enlevées, quand elles n'avoient point le bonheur d'être soutenues ou d'intéresser les mouchards & autres gredins de la police, si l'on peut donner le nom de police à ces œuvres de tyranie & de turpitude.

Ces enlèvement se faisoit ordinairement par le ministère d'un commissaire & de l'inspecteur de police, qui avoient commission du roi ou du lieutenant de police pour cet objet. Ils étoient accompagnés de mouchards, de fiacres & de quelques soldats de la garde de nuit.

Les *filles* enlevées étoient conduites à Saint-Martin; au bout de quelques jours elles paroissoient à l'audience du lieutenant de police, au châtelet. Celui-ci les condamnoit sur le vu d'une information faite à la diable, les unes à l'hôpital pour un mois, d'autres pour trois, six, plus ou moins, quelques-unes étoient renvoyées.

Cette audience publique offroit bien la scène la plus grossière, la plus scandaleuse, & en même temps la plus comique que l'on puisse voir. Ces femmes étoient amenées dans une voiture couverte, au bas de l'escalier du châtelet, & de là conduites dans la salle. Pendant la traversée de Saint-Martin au châtelet & leur arrivée à la salle, on les entendoit jurer, crier, menacer, insulter les passans, hommes & femmes, & dire tout ce qu'une honteuse lubricité leur suggéroit. Quelques unes pleuroient, se déchiroient les habits, d'autres se découvroient de la manière la plus indécente, & bravoient en quelque sorte la colère ou l'indignation du magistrat, par leurs postures, leurs grimaces & leurs propos injurieux. Au total, ce spectacle étoit un morceau friand pour les badauds, les vieux libertins & les jeunes filles qui s'y trouvoient toujours en assez grand nombre.

Outre les *filles* que l'on enlevoit la nuit *de police*, il y en avoit que l'on ne pouvoit arrêter chez elles que par *ordre du roi*; c'étoient celles qui étoient dans leurs meubles ou domiciliées. L'usage étoit de les laisser en prison un an; elles ne paroissoient point à l'audience & étoient conduites dans le lieu qu'avoient désigné ceux qui l'avoient fait arrêter: ceux-ci étoient ordinairement des parens, des amans trompés, des entreteneurs dupés, des gens puissans, c'est-à-dire, riches, qui vouloient empêcher leurs fils ou parens de s'*amouracher d'une gueuse*: alors sans trop s'embarrasser de la qualité de la fille, elle étoit enlevée, coffrée, moyennant quelque louis, ou la protection de M. l'inspecteur. C'étoit l'abus des lettres-de-cachet appliqués à ce genre d'autorité.

Les

Les agens du lieutenant de police exerçoient encore une autre sorte d'espionnage & de tyrannie à l'égard des filles, & dans ce cas, l'abus se dirigeoit plutôt contre ceux qui alloient chez elles, que contre elles-mêmes. Voici en quatre mots l'histoire de cette sottise, motif & conséquence de tant d'autres.

M. l'archevêque de Paris, dit-on, desirant prévenir le libertinage des jeunes ecclésiastiques, s'adressa au lieutenant de police, & convint avec lui d'un système d'espionnage & de corruption pour cela. Il fut arrêté que l'inspecteur de police s'assureroit d'un certain nombre de filles publiques des plus jolies & des plus coquettes; qu'on leur donneroit protection pour le reste, à condition qu'elles avertiroient l'inspecteur, le commissaire, ou tout autre agent de la police, sitôt qu'un prêtre, un moine, ou simplement un homme portant habit ecclésiastique, se présenteroit chez elle; que sur cette déclaration le commissaire & l'inspecteur se rendroient chez la fille pour y dresser procès-verbal, des propos, actions, caresses qui auroient pu avoir lieu entre la fille & celui qui seroit entré chez elle: ces procès-verbaux étoient ensuite envoyés au lieutenant de police, qui en faisoit passer copie à l'archevêque de Paris, dit-on, & une autre à Versailles; ces bagatelles égayoient les amours de Madame la comtesse du Barry, une des femmes qui ont le mieux entendu l'art des jouissances & les rafinemens de la *prostitution*. Nous allons transcrire ici quelques-uns de ces procès-verbaux, dont une collection a été trouvée à la Bastille au mois de juillet 1789; lorsque cette forteresse s'est vitement rendue à une poignée de gens qui l'entouroient & qui s'en sont dits les vainqueurs, à-peu près comme on le disoit de Louis XIV, quand les bourgades de la Hollande lui ouvroient leurs portes, frappées d'une stupide crainte.

Procès-verbal de capture de l'abbé Champion, dressé le 10 avril 1755, par les sieurs de la Villegaudin, inspecteur de police, & le commissaire Chenon.

L'an 1755, le jeudi 10 avril, huit heures du soir, nous Pierre Chenon, conseiller du roi, commissaire au châtelet de Paris, requis par le sieur Pierre de la Villegaudin, conseiller du roi, inspecteur de police, nous sommes transportés avec lui, rue Saint-Honoré, dans une maison occupée par bas par le sieur Charles, maître chapelier, où étant entrés par bas, dans une salle au fond de la cour, occupée par la nommée la Mitronne, fille du monde, y avons trouvé un particulier vêtu en ecclésiastique, avec une fille; ledit particulier interpellé de ses noms, surnom, âge, pays, qualité, demeure, & ce qu'il est venu faire à l'endroit où nous le trouvons.

A répondu se nommer François-Guillaume Champion, âgé de 35 ans, natif de Soissons, prêtre, curé de la paroisse de Sainte-Croix, diocèse de Soissons, à Paris depuis mardi dernier pour affaires, qu'il loge au Palais-royal, chez le sieur Petit son oncle, médecin de monseigneur le duc d'Orléans, qu'il a eu la foiblesse de venir dans l'endroit où nous sommes, & que c'est la première fois qu'il a mis le pied dans de pareils endroits, & a refusé de signer.

La particulière trouvée avec lui, a dit se nommer Marie-Louise Blaye, âgée de 19 ans, native de Paris, paroisse Saint-Eustache, fille du monde, demeurant chez la Mitrone, & que l'ecclésiastique, ci-présent, s'est contenté de causer avec elle, & a déclaré ne savoir écrire ni signer, dont & de quoi avons fait & dressé le présent procès-verbal.

Lettre adressée à M. Berrier, lieutenant-général de police, par l'inspecteur.

MONSIEUR,

J'ai l'honneur de vous informer que je me suis transporté cejourd'hui, sur les huit heures du soir, accompagné de M. le commissaire Chenon, rue Saint-Honoré, chez le sieur Charles, chapelier, dans une salle au rez-de-chaussée, occupée par la nommée Mitronne, femme de débauche, où j'ai trouvé un ecclésiastique, tête à tête, s'amusant avec une fille d'amour; l'ayant interrogé, il a dit « se nommer François-Guillaume Champion, âgé de 35 ans, natif de Soissons, curé de la paroisse Sainte-Croix, diocèse de Soissons, à Paris depuis mardi dernier pour affaire; qu'il étoit logé au Palais-Royal chez le sieur Petit, son oncle, médecin de monseigneur le duc d'Orléans ». Après être convenu de tous ses torts, il nous auroit prié d'avoir pour lui quelques égards, sinon qu'il seroit perdu pour toujours; ensuite ledit sieur commissaire a interrogé ladite fille, qui a dit se nommer Marie-Louise Blaye, âgée de 19 ans, native de Paris, paroisse Saint-Eustache, demeurant avec ladite Mitronne; que c'étoit la première fois qu'elle le voyoit, & qu'elle n'avoit rien consommé avec lui, ni lui avec elle, que seulement elle étoit en état de répondre qu'il portoit un......... chrétien long d'un grand quart d'aune, dont & du tout ledit sieur commissaire en a dressé son procès-verbal, que j'ai signé, & à l'instant nous avons donné la liberté audit sieur Champion, vû les circonstances énoncées au présent;

DE LA VILLEGAUDIN.

Le commissaire CHENON.

Procès-verbal de capture du sieur abbé de Clermet, 29 avril 1755. (De la Villegaudin, inspecteur de police; commissaire Chenon.)

L'an 1755, le mardi 29 avril; nous, Pierre Chenon, conseiller du roi, commissaire au châtelet de Paris, requis par le sieur de la Villegaudin, conseiller du roi, inspecteur de police, nous sommes transportés avec lui, rue des Vieilles-Etuves Saint Honoré, en une maison dont le bas est occupé par le nommé Langlois, fruitier, où étant montés au premier étage, dans un appartement occupé par la nommée Montpellier femme du monde, avons vu deux particuliers, dont l'un vêtu d'un habit ecclésiastique, nous a dit se nommer André de Clermet, agé de 36 ans, natif de Beauvais, chanoine de la cathédrale dudit lieu, y demeurant ordinairement, de présent à Paris, logé rue Saint-Denis à la sellette rouge. L'autre particulier nous a dit se nommer Nicolas Berreau, commis au greffe de la cour-des-aides, demeurant à Paris, cloître Saint-Jacques de l'hôpital, & nous ont dit être venus où nous sommes, pour s'amuser avec des filles, ce qu'ils ont fait; dont & du tout, avons fait & dressé le présent procès-verbal, & a, ledit sieur de la Villegaudin, signé: lesdits sieurs Clermet & Berreau, ont refusé de signer, de ce sommés.

Lettre adressée au lieutenant de police.

MONSIEUR,

J'ai l'honneur de vous informer que cejourd'hui, sur les neuf heures du soir, je me suis transporté, avec M. le commissaire Chenon, rue des Vieilles-Etuves Saint-Honoré, chez la nommée Montpellier, fille prostituée, à l'effet de constater la débauche d'un ecclésiastique qui étoit chez elle; ayant monté dans un appartement, au premier sur le devant d'une maison, dont est principal locataire le nommé Langlois, fruitier, nous y avons trouvé le sieur André de Clermet, prêtre & chanoine de l'église de Beauvais, ainsi qu'il nous a déclaré se nommer & demeurer, avec le nommé Nicolas Berrault, commis au greffe de la cour-des-aides, lequel nous a dit demeurer cloître Saint-Jacques-de-l'Hôpital, & ledit sieur abbé de Clermet être à Paris depuis quatre jours, logé rue Saint-Denis à la sellette rouge; l'ayant interrogé sur ce qu'il se trouvoit dans un lieu de débauche & ce qu'il y avoit fait, nous auroit dit n'y avoir rien fait, & avoir été amené par son ami; interrogé ladite Montpellier, elle nous auroit déclaré que ledit sieur abbé de Clermet s'y étoit amusé avec elle charnellement, & qu'elle en avoit reçu de lui trois livres; ledit sieur commissaire en a du tout, de suite dressé son procès-verbal, & m'a remis ledit sieur abbé que j'ai reconduit en son auberge, à l'effet de vérifier ses déclarations, qui se sont trouvées vraies, & sous le bon plaisir du magistrat, ledit abbé a été mis en liberté, vu son état;

DE LA VILLEGAUDIN.

Le commissaire CHENON.

Lettre au lieutenant de police.

MONSIEUR,

J'ai l'honneur de vous informer que je me suis aujourd'hui transporté au fauxbourg Saint-Germain, quartier de la comédie françaife, pour y veiller à différens objets. J'y ai apperçu différens ecclésiastiques qui alloient & venoient, & un entr'autres qui, sur les sept heures du soir, au carrefour de la rue de Bussy, auroit été accosté par une femme qui m'a paru être une racrocheuse, ce qui m'a engagé de les examiner & de les suivre; ils ont été rue Mazarine jusqu'à la rue Guénégaud, ladite femme ayant devancé cet ecclésiastique pour lui indiquer l'endroit où il devoit entrer, a entré environ dix pas avant lui dans l'allée d'un marchand de vin, dont le premier appartement est occupé par la nommée Londé, femme du monde; cet ecclésiastique qui s'étoit plusieurs fois retourné pour savoir s'il n'étoit pas observé, passa cette allée & feignit de lâcher de l'eau; mais s'imaginant qu'il n'étoit point apperçu, a retourné sur ses pas & est entré avec beaucoup de précipitation dans la même allée où ladite femme l'attendoit; présumant qu'il étoit monté au premier, j'ai suivi aussitôt pour l'y surprendre, lorsque, dans ladite allée, j'ai senti & apperçu ledit ecclésiastique & ladite femme, dans des postures très-indécentes; je me suis assuré de leurs personnes, & les ai fait conduire, par mes observateurs, chez le commissaire Chenu; le désordre dans lequel ils étoient, étoit si grand quand je les ai surpris, que ledit sieur commissaire s'est apperçu que cet ecclésiastique n'avoit pas eu le temps de se réparer, puisque sa chemise étoit encore hors de sa culotte & la lui fis remettre; ledit sieur commissaire l'ayant interrogé, il a répondu s'appeller Jean Jolibert, prêtre, natif du diocèse de Toulouse, âgé de 42 ans, desservant la cure de Bicêtre, & qu'il regardoit comme un moment malheureux, celui qui lui avoit fait oublier les devoirs de son état, mais qu'il prioit de ne pas le perdre. Après s'être assuré de la vérité de son nom, surnom & qualité, par exhibition de plusieurs lettres à son adresse, qu'il avoit dans ses poches, le procès-verbal dudit sieur commissaire, dressé, nous avons cru devoir, sous le bon plaisir du magistrat, renvoyer ledit abbé; après néanmoins, avoir pris de lui sa reconnoissance, restée en mes mains; & à l'égard de la femme, qui a dit se nommer Marie Dupont, âgée d'environ 23 ans, native de Rheims, demeurante à Paris, au fauxbourg Saint-Marceau, chez le sieur Augé, épicier, qu'elle étoit fille, & néanmoins grosse de près de six mois, par un jeune homme qui l'avoit abusée; ledit sieur commissaire l'a envoyée, de son ordonnance, ès-prisons de Saint-Martin, par une seconde escouade du guet.

DE LA VILLEGAUDIN.

Le commissaire CHENU, *rue Mazarine.*

Procès-verbal contre Jean-Baptiste Girard, dit le père Jean-B., capucin, trouvé dans un mauvais lieu, le 2 *juillet* 1756. (Sieur Meusnier inspecteur.)

L'an 1756, le vendredi 2 juillet, de relevée, nous Gilles-Pierre Chenu, avocat en parlement, conseiller, commissaire au châtelet de Paris, ayant été requis par le sieur Meusnier, inspecteur de police, pour l'exécution des ordres dont il est porteur, sommes avec lui transportés rue Fromenteau, en une maison dont est principal locataire le sieur Aubry, marchand de vin, où étant montés au premier étage, occupé par la nommée Louise Olivier, femme du monde, & entrés dans une chambre, ayant vue sur ladite rue, y avons trouvé un particulier religieux, qui nous a dit se nommer Jean-Baptiste Girard, surnommé le pere Jean-Baptiste, prêtre, religieux, prédicateur de l'ordre de Saint-François, de la maison conventuelle de la rue Saint-Honoré, où il est demeurant, natif de Bertry, près Bouillon, âgé de 36 ans, s'amusant avec les nommées Elisabeth Moulinard, dite Dumoulier, ouvrière en linge, native de Paris, âgée de 30 ans, & Françoise Voitout, dite Félicité, native de Nancy en Lorraine, âgée de 16 ans, toutes deux filles de débauche, qu'il auroit, à cet effet, fait deshabiller toutes nues, & lequel aussi s'étoit deshabillé, pourquoi ledit sieur Meusnier, après avoir pris, dudit religieux, une reconnoissance par écrit, de ces faits là, en notre présence arrêté, pour le conduire en l'hôtel & pardevant M. le lieutenant-général de police, & en être par lui ordonné, dont & de quoi avons dressé le présent procès-verbal, que ledit sieur Meusnier a avec nous signé en notre minute.

Pour copie, le commissaire CHENU.

Procès-verbal de débauche du frère Elisée, prêtre, religieux Carme-Billette, & d'emprisonnement, du nommé Corbelle, sans emploi à Paris, du 6 *novembre* 1759. (Sieur Marais, inspecteur.)

Ce jourd'hui, 6 novembre 1759, à minuit & demi, en l'hôtel & pardevant nous Pierre Thiérion, avocat en parlement, conseiller du roi, commissaire au châtelet de Paris, est comparu sieur Louis Marais, conseiller du roi, inspecteur de police, qui nous a dit qu'il vient d'apprendre qu'un religieux Carme est présentement à boire avec des cochers, dans un café à eau-de-vie, aux halles, & comme il est porteur d'ordres, à l'effet de l'arrêter, il nous requiert de nous transporter avec lui pour constater la débauche & la capture, & a signé. Desquels dire & réquisition, nous commissaire susdit, avons donné acte audit sieur officier; en conséquence & en exécution des ordres à nous adressés, nous sommes avec lui transportés aux halles, dans le café à eau-de-vie du sieur Chasé, où étant, ledit sieur Marais a arrêté le frère Maximilien-Joseph Bulletot, appellé en religion, le père Elizée, âgé de 28 ans, natif de Chimay, prêtre, religieux Carme-Billette, demeurant en la maison de Paris, trouvé buvant avec les nommés Brenel, cocher de M. le comte de Brionne, & Romain Corbelle, âgé de 31 ans, natif de Saint-Brieux en Bretagne, qui a dit être sans emploi depuis deux mois qu'il cherche une commission. Lequel frère Elizée ayant donné sa reconnoissance audit sieur Marais, comme il est trouvé en ce lieu scandaleux à son état à heure indue, cet officier s'est chargé de ce religieux pour le conduire à son couvent & remettre à son supérieur. Avons fait remettre en liberté ledit Brenel, & à l'égard dudit Corbelle, ayant appris qu'il passoit la plus grande partie de son temps dans de pareils cafés, l'avons fait arrêter par sieur Devaux l'aîné, sergent du guet, de poste à Saint-Eustache, qui s'en est chargé pour le conduire ès-prisons du Fort-l'Evêque, pour répondre à la police. De ce que dessus, nous avons dressé procès-verbal, que ledit sieur Marais a signé.

Pour copie, THIERON.

Lettre adressée à M. le lieutenant de police, par l'inspecteur.

MONSIEUR,

Je me suis transporté sur le minuit, avec le

sieur commissaire Thierrion dans un cabaret à eau-de-vie à la halle, tenu par le nommé Chazé, limonadier, lieu où se rassemble toutes les nuits nombre de gens suspects, & où nous avons trouvé le sieur Maximilien-Joseph Bulleton, appellé en religion, le père Elizée, âgé de 28 ans, natif de Chimay, prêtre, religieux Carme-Billette de la maison de cette ville, y demeurant; il m'a donné sa reconnoissance, portant que les personnes avec qui il étoit attablé, se nomment, l'un le sieur Brenel, cocher de M. le comte de Brionne, & l'autre, Romain Corbelle, cherchant de l'emploi depuis deux mois; reconnoissant en outre, que la position où nous le trouvions étoit très-scandaleuse, l'ai ensuite conduit à son couvent, & l'ai remis au frère Eloi Dufais, prieur des Carmes-Billettes, qui m'en a donné son reçu que je joins aussi au présent rapport; ledit sieur commissaire a de tout ce que dessus, dressé procès-verbal; je vous observe, Monsieur, que ce même père Elizée avoit, dans la journée d'hier, passé trois quarts d'heure avec la nommée Leroy, femme de débauche, demeurant, rue de la Verrerie, ce dont il est lui-même convenu.

Marais.

Ce dernier procès-verbal nous rappelle un genre particulier de *prostitution*, très à la mode à Paris, & que les mœurs italiennes ont amené en France dans le temps des guerres de Charles VIII & depuis, quand le duc de Nemours, eut en 1562, congédié les troupes auxiliaires d'Italie avec lesquelles il étoit venu au siége de Lyon : ses soldats italiens corrompoient les jeunes garçons dans les villages par où ils passoient.

Brantôme nous rapporte dans ses *mémoires*, plusieurs anecdotes qui confirment que ce vice étoit commun alors en Italie, & font en même-temps connoître les mœurs licencieuses de cette partie de l'Europe, au moins à l'époque où il écrivoit. Nous croyons devoir employer les paroles de Brantôme même, quoiqu'en général son style soit obscur & peu agréable à lire; mais nous ne conserverions pas dans une traduction, les nuances d'expressions qui caractérisent l'auteur & son siècle.

« La première fois que je fus en Italie, dit-il, j'en oui un exemple à Ferrare, par un conte qui m'y fut fait d'un, qui, épris d'un beau jeune homme, persuada à sa femme d'octroyer sa jouissance audit jeune homme, qui étoit amoureux d'elle & qu'elle lui assigna jour, & qu'elle fit ce qu'il lui commanderoit, la dame le desiroit très-bien, car elle ne désiroit manger autre venaison que celle-là. Enfin, le jour fut assigné, & le jour étant venu que le jeune homme & la femme étoient en ces douces affaires, le mari qui s'étoit caché, selon le concert d'entre lui & sa femme, voici qu'il entra en les prenant sur le fait, approcha la dague à la gorge du jeune homme, le jugeant digne de mort, à tel forfait, selon les loix d'Italie, qui sont un peu plus rigoureuses que celles de France. Il fût contraint d'accorder au mari ce qu'il voulut, & firent échange l'un de l'autre; le jeune homme se prostitua au mari & le mari abandonna sa femme au jeune homme.

» J'ai oui conter qu'en quelqu'endroit du monde, (je ne le veux pas nommer), il y eut un mari, & de qualité grande, qui étant épris d'un jeune homme qui aimoit fort sa femme, & elle aussi lui, soit, ou que le mari eut gagné sa femme, ou que ce fut une surprise à l'improviste, les prenant tous deux couchés & accouplés ensemble, menaçant le jeune homme, s'il ne lui complaisoit, l'investit tout couché & joint & collé sur sa femme, & en jouit, dont sorti le problême, comme trois amans furent jouissants & contents tout en un même coup ensemble.

» Je me suis laissé conter qu'un de ces ans, un jeune gentilhomme Français, l'un des beaux qui fut veu à la cour longtems, étant allé à Rome pour y apprendre les exercices, comme autres ses pareils, fut regardé d'un si bon œil & par si grande admiration de sa beauté, tant des hommes que des femmes, que quasi on l'eut couru à force, & là où ils le savoient aller à la messe, ou autre lieu public de congrégation, ne failloient ni les uns ni les autres, de s'y trouver pour le voir; si bien que plusieurs maris permirent à leurs femmes de lui donner assignation d'amours en leur maison, afin qu'estant venus & surpris, fissent échange, l'un de sa femme & l'autre de lui, dont lui en fut donné advis, de ne se laisser aller aux amours & volontés de ces dames, d'autant que le tout avoit été fait & aposté pour l'attraper.

» J'ai oui conter d'une dame italienne, laquelle étant éperduement amoureuse d'un fort honnête gentilhomme qu'elle avoit pris pour ami; lui craignant que le mari lui feroit & à elle quelque mauvais tour, elle le consola, lui disant *n'ayez pas peur*, car il n'oseroit rien faire, craignant que je *ne l'accuse de m'avoir voulu user de l'arrière Vénus*. Certes, de tels abus, j'en ai oui parler que plusieurs maris en ont été atteints bien au vif, car, malheureux qu'ils sont, ils se sont accommodez de leurs femmes, plus contre nature qu'autrement, & ne se sont servi du devant que pour avoir des enfans; & traitent ainsi leurs belles femmes qui ont toutes leurs chaleurs en leurs belles parties de la devantière......... Combien y a-t-il de femmes que, si elles étoient visitées par des sages-femmes, médecins & chirurgiens experts, ne se trouveroient non plus pucelles par le derrière que par le devant, qui feroient faire le procès de leurs maris à l'instant, lesquelles le dissimulent, & ne l'osent découvrir, de peur de scandaliser elles & leurs maris; ou possible qu'elles y prennent quelque plaisir plus grand que nous ne pouvons penser ».

Cet amour des garçons, au reste, qui a fait naître un genre particulier de *prostitution*, comme celui des femmes a donné naissance à un autre, paroit avoir été, comme ce dernier, moins affreux aux yeux de la Grèce, ce pays des arts & du génie, qu'il ne l'est de nos jours. On trouve dans Anacréon, l'éloge des plaisirs qu'il procure, comme d'une jouissance permise & recherchée. Dans les vers que ce poëte adresse à Bathylle, jeune danseur de Samos, à qui Polycrate avoit fait élever une statue, il peint les beautés qui l'ont séduit, & finit, après une description très-érotique, par cette remarque, plus qu'érotique, où il reproche au peintre qui avoit fait le portrait de Bathylle, de n'en avoir pas pu rendre tous les agrémens.

Invidam autem nactus es artem
Quod non etiam terga ostendere
Valeas : hoc essent utique pulchriora.

On sait combien ce genre de *prostitution* étoit en vogue à Rome; mais il n'avoit point la publicité, & n'y jouissoit pas de l'espèce d'approbation qu'il avoit obtenue dans la Grèce.

Il y avoit bien à Athènes, comme à Rome, des loix contre la corruption des sexes; ces loix n'avoient point pour objet d'en empêcher la jouissance, seulement elles défendoient la séduction; ainsi celui qui avoit séduit un écolier, étoit coupable de séduction; il n'est point sûr qu'il fût puni pour avoir commis un crime contre nature, mais seulement pour avoir abusé de son pouvoir, de sa force, pour avoir séduit un enfant.

Mais l'esclavage donnoit moyen d'éluder les loix à cet égard, & l'on conçoit que les jeunes filles & les jeunes garçons, dans cet état, pouvoient servir aux amusemens de leur maître sans que ceux-ci eussent rien à craindre. Il y avoit dans ces grandes villes des petits poliçons qui, comme à Paris, raccrochoient les hommes, & malgré la police qui les chassa quelque fois, ils reparurent toujours. Ce vice étoit par les mœurs dures & licencieuses des Romains, devenu plus odieux chez eux que dans la Grèce, car comme dit Voltaire; *ce qui ne paroit qu'une foiblesse dans le jeune Alcibiade, est une abomination dégoûtante dans un matelot Hollandois, ou un vivandier Moscovite.* Horace exprime la lubricité Romaine par ces deux vers :

Præsto puer impetus in quem
Continuò fiat.

On a reproché aux Turcs un penchant à la pédérastie, & l'on l'a attribué à la polygamie que leurs loix autorisent, mais l'on pourroit bien plutôt l'attribuer à l'usage d'éloigner les femmes de la société.

L'habitude de ne voir que des hommes, la défense faite par la loi de Mahomet, à tout musulman d'avoir aucun commerce charnel avec des femmes infidèles, défense religieusement respectée, l'ardeur du climat, la vie sédentaire & molle des Turcs les habituent de bonne-heure à la pédérastie. Dans l'adolescence ils sont séduits par les hommes avec qui ils vivent habituellement; dans l'âge fait, ils corrompent à leur tour la jeunesse qui les entoure. Ces vices se conservent, lors même qu'ils sont mariés & qu'ils ont plusieurs femmes. Les esclaves mâles & femelles servent alors également à cet honteux abus des plaisirs; accoutumés à se passer de femmes dans le temps où ils en avoient le plus besoin, ils se font une habitude de se conduire de la même façon lorsqu'ils en ont plusieurs à leur disposition; mais ces désordres ne sont point l'effet de la pluralité des femmes. Leur présence seule pourroit, sinon les détruire entièrement, au moins en diminuer l'intensité, au point de n'en faire qu'un goût dépravé de quelques particuliers, & lui ôter cette universalité qui le rend, dit-on, une habitude nationale chez les Turcs.

Mais une chose à laquelle on auroit du faire plus d'attention, & qui auroit en grande partie expliqué le pédérastisme des Turcs, c'est la manière dont sont principalement élevés les pages du sérail, à qui tout commerce avec les femmes est interdit. Ces jeunes gens sont ordinairement de parens chrétiens, pris en guerre ou amenés de fort loin. Ils sont tous bien faits & l'on n'en recevroit aucun qui eût le moindre défaut sur le corps. Ils sont présentés au Grand-Seigneur, de-là envoyés dans les différens sérails pour y être instruits à la manière des Turcs, & mis sous la garde des Eunuques qui les traitent très-durement & qui les surveillent avec autant de soin qu'on pourroit faire des filles, & peut-être dans le même esprit; mais cette garde & ces soins rigoureux n'empêchent pas que cette jeunesse, belle & entourée d'objets qui ne peuvent rappeller que des idées voluptueuses, ne se livre à la plus ardente passion de l'amour. Il règne parmi ces pages un véritable amour Socratique, c'est-à-dire, un égarement de l'instinct naturel, avec un désir brulant de le satisfaire.

Ces esclaves du sultan passant ainsi les premières années de leur vie dans l'habitude des plaisirs défendus, ne peuvent plus en perdre le souvenir & le goût bisarre dans la suite. Et comme la plupart des grands-officiers du sérail & même des généraux & des gouverneurs sont tirés de cette classe d'hommes, il n'est pas étonnant que le vice se propage & que la pédérastie règne dans la nation; « aussi voit-on, dit *Ricaut* (*Histoire de l'Emp. Ottom.* liv. 1, chap. 7.) « les premiers » de l'état, partager ces passions désordonnées. » Sultan Moral devint si éperdument amoureux » d'un garçon Arménien, nommé *Musa*, qu'il » lui fit faire plusieurs extravagances, quoiqu'il » fût d'ailleurs un sage prince. Il tira une autre fois un jeune garçon, pour sa beauté, du » noviciat de Galata. Le sultan Mahomet Han, » quatrième du nom, devint tellement amoureux » d'un page de sa musique, qu'il en fit son prin» cipal favori ».

Il est si vrai que la fréquentation des sexes est nécessaire pour prévenir les dangereux écarts de l'instinct, dans le temps de la jeunesse, que les femmes mêmes qui sont soumises à la clôture & loin du commerce des hommes, se livrent à des désordres d'un genre analogue à ceux de la *pédérastie*. Le même auteur que je viens de citer, nous peint presque toutes les femmes du Grand-Seigneur, sur-tout celles pour qui son goût est blâsé ou que quelqu'infirmité rend peu propres à satisfaire les desirs du despote, comme livrées à la passion de l'amour des femmes; passion qu'elles conservent toute leur vie, parce qu'elles en ont contracté l'habitude dès l'enfance. Sans aller à Constantinople, au reste, on pourroit trouver des exemples de ces erreurs d'instinct ailleurs. *Voyez* AMOUR SAPHIQUE.

Ce que l'isolement où l'on tient les femmes, produit dans les endroits où il a lieu, leur peu de beauté le fit naître chez les grecs. Ce goût dépravé qu'on leur a tant reproché, tient à cette cause. La nature sembloit avoir fait chez eux pour un sèxe qui peut se passer de beauté, ce qu'il auroit dû faire pour un autre, dont cette qualité a toujours fait le principal mérite. Les hommes y étoient tous d'une belle proportion, d'une riche organisation, & quelques-uns d'une régularité de trait parfaite. Les femmes au contraire y manquoient de fraîcheur, de ces formes adoucies, de ces contours réguliers qui devoient avoir une si prodigieuse force sur l'imagination d'un peuple épris de tous les genres de beautés. Elles étoient de plus assujetties à des difformités naturelles, à une sorte d'épanchement du sein & des parties de la génération; ce qui ajoutoit encore à leurs autres défauts. Dioscoride rapporte qu'on se servoit, pour remédier à cet inconvénient, de poudres astringentes & ferrugineuses, tandis que le corps étoit extrêmement comprimé au défaut des côtes. (*Dioscorid.* lib. V. cap. 159).

« Et c'étoit pour prévenir les suites de ce manque de beauté dans les femmes grecques, dit M. *de Paw*, (*rech. phil. sur les Grecs.* première partie, page 114) qu'on établit à Athènes cette magistrature si singulière qui forçoit sans cesse les femmes à se parer d'une manière décente. La rigueur de ce tribunal étoit extrême, il imposoit une amende énorme de mille drachmes à des personnes qui étoient, ou mal coiffées ou mal vêtues. Ensuite on inscrivoit leur nom dans un tableau exposé aux yeux du peuple, de façon que l'infamie de la chose excédoit la grandeur même du châtiment, car les femmes dont le nom avoit paru dans un tel catalogue étoient à jamais perdues dans l'esprit des Grecs.

» La sévérité de cette magistrature, continue le même auteur, au lieu de faire le bien qu'on en avoit espéré, produisit un grand mal auquel on ne s'étoit pas attendu : car les Athéniennes, pour se mettre à l'abri d'une censure si flétrissante, donnèrent dans un excès opposé; c'est-à-dire, qu'elles se parèrent trop, introduisirent dans les familles un luxe ruineux, adoptèrent les modes les plus extravagantes, & finirent par faire un abus si révoltant du fard, qu'on n'en a jamais vu d'exemple chez aucune nation civilisée ».

De tels détails sont suffisans pour démontrer que les femmes de l'Attique n'étoient point pourvûes des charmes qui les font rechercher partout. Et au contraire les hommes y sortoient des mains de la nature, doués de ces graces que *Xénophon* a dépeintes dans *Autolycus*, & *Platon*, dans *Charmide*, qui brilla à Athènes par sa beauté, & qui étoit sans cesse environné d'un grand cortège d'admirateurs, ainsi que *Demus* fils de *Pyrilampe*, dont on voyoit le nom écrit sur les portiques de la ville & les façades des maisons, pour conserver le nom d'un homme si bien fait.

Il n'étoit donc pas très-étonnant qu'avec une différence si marquée dans la beauté des hommes & des femmes grecs, la nature se méprît, & que l'instinct se dépravât chez eux au point d'y rendre la *pédérastie* très-commune Ce n'est donc point dans les Gymnases, ou maisons d'éducation que ce vice prit naissance. Long-tems avant que la Gymnastique fût introduite dans la Grèce, il étoit déjà connu. On en voit des traces dans les dieux d'*Homère* & dans la Mythologie, qui sont bien antérieurs à l'établissement de la Gymnastique dans l'Attique.

Enfin, ce qui démontre que c'étoit le peu de beauté des femmes & non un goût particulier qui les faisoit négliger, & qui portoit les grecs à faire l'amour aux garçons, c'est que jamais chez aucun peuple du monde les belles femmes n'excitèrent plus d'enthousiasme que parmi eux.

« Dès qu'il en paroissoit une, dit M. *de Paw*, ce qui arrivoit à la vérité fort rarement, aussitôt son nom étoit répété de bouche en bouche, depuis les extrêmités du Péloponèse jusqu'aux confins de la Macédoine; d'où il résultoit dans les esprits une fermentation semblable à une flamme contagieuse. Les épouses les plus tendres ne pouvoient plus retenir leurs maris, & les mères les plus impérieuses ne pouvoient plus retenir leurs enfans. Enfin, on vit toute la nation prosternée aux pieds de Laïs, & toute la Grèce subjuguée par une sicilienne, ce que n'avoit pu, dit-on, ni les armes des perses, ni la politique insidieuse des spartiates ». On connoit la gloire d'Aspasie, & celle de Pythionice, même après sa mort.

On peut remarquer aussi à l'occasion de ce goût des grecs pour les courtisannes, que M. *Thomas* s'est trompé dans l'*Essai sur les femmes*, lorsqu'il l'a attribué à la vie recluse que menoient les dames grecques & au peu d'éducation qu'elles recevoient, tandis que les courtisannes étoient instruites dans tous les arts & les agrémens de la vie. Cette cause pouvoit y contribuer sans doute, mais la plus puissante étoit la même qui fomentoit chez eux la *pédérastie*, c'est-à-dire, les défauts & le manque de beauté opposés aux graces & aux belles formes des jeunes hommes grecs & des courtisannes.

Toutes ces réflexions expliquent assez clairement la licence avec laquelle les écrivains grecs parlent de l'amour des garçons; l'habitude en avoit fait un vice ordinaire & tolérable à leurs yeux. Lucien nous a laissé à cet égard un morceau curieux. On y voit en partie les raisons que nous venons de détailler sur les femmes & les jeunes gens.

La pédérastie étoit autrefois punie de mort, ce n'est plus aujourd'hui qu'une affaire de police; l'on regarde ce vice comme un crime moral, plutôt que comme un attentat contre l'ordre public. L'ancienne police de Paris avoit fait de cet abus des plaisirs, l'objet d'un département particulier à la tête duquel étoit un inspecteur. Il avoit la liste de ceux qui étoient connus pour pédérastes actifs, & de ceux qui se prostituoient aux autres. Ceux-ci étoient ordinairement punis de six mois ou un an de prison à Bicêtre, lorsqu'ils étoient trouvés à raccrocher dans les jardins publics ou les promenades; aujourd'hui ce genre de *prostitution* est fort libre, & à moins d'un scandale public, l'on laisse fort tranquilles ceux qui s'y livrent ou s'en amusent. *Voyez* PÉDÉRASTIE.

Ces plaisirs infâmes sont en général fort chers & beaucoup plus que ceux de même nature que procure la classe obscure des prostituées. Il en est plusieurs de celles-ci qui, comme les voluptueuses corinthiennes, sacrifient plus à Vénus Calipige, qu'à celles de Gnide; c'est-à-dire, en bon français, qui offrent dans leur honteux commerce les deux genres de *prostitution*. Elles sont en général recherchées des jeunes libertins, comme les lesbiennes le sont des vieux. Celles-ci, pour me servir des expressions du médecin *Mercurialis*, sont celles, *qui ore penem hominis contrahunt & cuni vice utuntur.*

Les agens de l'ancienne police étoient très-curieux de connoître les femmes qui se prostituoient à la pédérastie publique; ils les faisoient payer plus cher que d'autres, parce qu'ils supposoient qu'elles gagnoient davantage; aujourd'hui elles ne sont pas plus embarassées que les autres; elles paroissent d'ailleurs convaincues de cette décision des Rabins, que l'homme à droit d'user & d'abuser de la femme.

Les mœurs des prostituées de Paris sont très-crapuleuses; elles s'avilissent encore par des habitudes détestables & un mépris d'elles-mêmes, plus grand que celui qu'on en fait. Leur manière de vivre est misérable & pauvre. La plupart logent dans des mauvais cabinets qu'elles payent fort cher & d'où on les chasse dès qu'elles manquent de satisfaire à l'avidité des logeurs. Quelques-unes ont par moment un air d'aisance; mais elles ne le conservent pas long-temps. Comme elles ont la plupart des espèces d'hommes qu'elles appellent *leurs amis*, elles dépensent promptement avec ceux-ci ce qu'elles ont gagné avec d'autres. Ces *amis* au reste, sont la plus vile espèce d'hommes que l'on puisse trouver; sans vergogne, sans état, sans délicatesse, ils ne rougissent point de servir de proxenetes & de valets de corruption à celles dont ils partagent habituellement les caresses. Cette classe d'individus est composée principalement de ce qu'on appelle *tapageurs*, *bâtoniers*, *butteux*; ces vauriens semblent nés pour servir d'aliment aux soins de la police; ce sont communément eux qui peuplent les maisons de jeux & excitent des rixes dans les lieux publics. Depuis la révolution presque toutes les prostituées vulgivagues, c'est-à-dire de la dernière classe, ont pour compagnons de débauche & de *prostitution*, des soldats de la garde nationale soldés; comme la discipline est très-relâchée, on voit souvent naître des désordres notables de cette association de la licence avec la férocité.

Rien n'est plus méprisable que la conduite des

prostituées de Paris, & plus choquant en même-temps. Quelques-unes savent assez bien se mettre, mais l'on est pas peu surpris d'entendre proférer par une jeune fille souvent jolie, les plus grossières paroles, & d'un ton de voix telle qu'à peine un charretier pourroit l'imiter.

Malgré ces motifs repoussans, la *prostitution*, même du dernier rang, est très de mode à Paris, & par un renversement de goût remarquable, il n'est pas rare de voir les dernières malheureuses préférées pour ce commerce, à celles qui auroient quelques degrés de moins d'abrutissement. Les lieux qui y sont destinés sont très-nombreux & répandus dans tous les quartiers. Indépendamment des femmes habituellement publiques pour les passans, la *prostitution* a encore d'autres élèves, d'autres suppôts. Ce sont des jeunes ouvrières ou domestiques, qui, moitié par besoin, moitié par libertinage & habitude vont raccrochant le soir. Celles-ci sortent à une certaine heure de chez leurs maitresses ou de leurs maisons, se déguisent & vont chez des femmes qui les reçoivent & leur donnent une chambre où elles amènent ceux qu'elles rencontrent dans la rue; cette facilité est payée très-chère aux maquerelles ou logeurs qui prêtent ainsi un local.

On peut douter qu'aucune capitale soit plus abondante en prostituées du dernier rang que Paris; mais toutes offrent à-peu-près le même désordre. L'on sait qu'à Londres, à Madrid, à Rome, on en trouve par troupes dans les rues, moins cependant dans ces deux dernières villes que dans la première, où l'on a sagement mieux aimé tolérer cette indécence publique, que de porter atteinte à la liberté individuelle, en permettant des enlèvemens de police, pour fait de *prostitution*.

Dans l'Inde & les pays chauds ce scandale est un usage ou plutôt une commodité devenu nécessaire.

Kempfer rapporte qu'à Nagazacki au japon, la prostitution est très-commune, les femmes publiques très-nombreuses, les lieux destinés à les loger, toujours près des temples, & le concours du monde est aussi nombreux aux premiers qu'à ces derniers. « La partie de la ville, dit-il, où sont bâtis ces aziles de la volupté (1) se nomme Kasimatz, c'est-à-dire, le quartier des filles de joie : ce quartier est au sud, sur une éminence nommée Mariand; il consiste, suivant les japonois, en deux rues, les européens y en compteroient davantage : elles contiennent les plus jolies maisons des particuliers de toute la ville, toutes habitées par des courtisannes. Cet endroit-ci & un autre qui est dans la province de Tsikusen, quoique de moindre réputation, sont les deux seuls mariams, comme ils les appellent, ou lieux de débauche publics qui soient dans l'île de Saikof. C'est-là que le pauvre peuple de cette île, qui produit les plus grandes beautés de tout le Japon, si l'on en excepte les seules femmes de Meaco, qui, à ce qu'on dit, les surpassent; c'est-là, dis-je, qu'ils peuvent placer leurs filles pour ce genre de vie, pourvu qu'elles soient belles & bien faites. Le quartier qui leur est destiné, en est toujours bien fourni, & le plus fameux de l'empire, après celui de Meaco. Ce commerce est plus lucratif ici qu'en aucun autre endroit, non-seulement à cause du grand nombre des étrangers, Nagazacki étant le seul endroit où ils ont la permission de séjourner, mais aussi à cause des habitans eux-mêmes, qui passent pour être les gens les plus débauchés & les plus impudiques de tout l'empire.

» Les filles sont achetées des pères & des mères lorsqu'elles sont fort jeunes. Le prix en est différent à proportion de la beauté & de l'âge dont on les souhaite, qui est en général de dix à douze ans, plus ou moins. Chaque maquereau en a autant qu'il peut en loger dans la même maison, depuis le nombre de sept jusqu'à celui de trente. Elles sont logées fort commodément, dans de beaux appartemens, & l'on a grand soin de leur montrer à danser, à chanter, à jouer des instrumens de musique, à écrire des lettres, & en général, à leur donner toutes les qualités nécessaires pour le genre de vie qu'elles sont obligées de mener. Les vieilles qui ont plus d'habileté & d'expérience, instruisent les jeunes, qui en récompense, les servent comme leurs maitresses. Celles qui font des progrès considérables dans ce qu'on leur enseigne, & qui, à cause de leur beauté & bonne grace, sont recherchées le plus, au grand avantage de leurs maîtres, sont mieux vêtues & mieux logées, le tout aux dépens de leurs amoureux qui doivent, à cause de cela, payer leurs faveurs plus chèrement. Le prix qu'on paye à leur hôte, est depuis un Maas jusqu'à deux Itzebi par nuit; au-delà duquel prix il leur est défendu de rien exiger sous de grosses peines. Une des filles des plus chétives, & presque usée de débauche, doit veiller pendant la nuit dans une loge qui est contre la porte, où tout passant peut avoir affaire avec elle, en lui donnant seulement un Maas. D'autres sont condamnées à faire la garde par punition si elles se sont mal comportées. Ces filles après avoir servi leur temps, supposé qu'elles se marient, passent parmi le commun peuple pour honnêtes femmes;

(1) Il faut remarquer que la contagion malheureuse qui règne en Europe, nous fait envisager la prostitution avec une horreur bien plus grande que celle qu'en éprouvent les peuples où ce danger n'est point à craindre.

le crime de leur vie passée n'est pas mis sur leur compte, mais sur celui de leur père, mère ou parens qui les ont vendues pour gagner leur vie dans une profession aussi infâme, avant qu'elles fussent en état d'en choisir une plus honnête. Outre cela, comme elles sont généralement bien élevées, il leur est moins difficile de trouver un mari. Les maquereaux au contraire quoiqu'ils amassent des biens considérables, ne sont jamais reçus dans la compagnie des honnêtes gens : on leur donne le nom scandaleux de Katsuwa, qui signifie, la lie du peuple la plus méprisable : on les met sur le pied des tanneurs de cuir, qui sont les gens les plus infames, selon l'idée qu'on en a dans le pays, qui sont obligés de faire le métier d'exécuteur de la haute-justice, & de demeurer hors de la ville, dans un village séparé, près de la place des exécutions. Les maquereaux sont obligés aussi d'envoyer leurs domestiques pour aider le Jetta aux exécutions publiques, ou de louer d'autres gens pour cela.

» On voit également à Meaco ou Miaco, des lieux de prostitution près du temple de Giwon, une des principales divinités du pays. Les hôtes de ces Parthénions n'ont pas la permission de tenir chacun plus de deux filles publiques, de peur qu'ils ne s'enrichissent trop dans ce commerce. Le prix de la plus belle est de trois maas par nuit; pour une beauté médiocre, deux maas; & pour la plus chétive un maas.

» Enfin, l'île de Niphon est remarquable par le nombre de femmes publiques & la protection dont elles jouissent. Sur le midi, lorsqu'elles ont achevé de s'habiller & de se peindre, elles se montrent en public, se tenant debout à la porte de la maison, ou s'asseyant sur une petite gallerie qui avance sur la rue, d'où, avec un air riant & des paroles honnêtes, suivant l'expression de *Kempfer*, elles invitent les diverses troupes de voyageurs qui passent, à entrer dans les hotelleries où elles demeurent, préférablement aux autres. Dans les rues où il y a plusieurs maisons publiques proche les unes des autres, sur-tout dans les villages de postes, ces femmes font un tel bruit à force de causer & de se quereller, qu'elles en deviennent très-incommodes. Enfin, à peine y a-t-il une hôtellerie dans toute la grande île de Niphon, qu'on ne puisse regarder comme un temple dédié à Vénus publique; jusques là, que s'il se rend un trop grand nombre de chalands ou de voyageurs dans l'une de ces maisons, les hôtes leurs voisins prêteront avec plaisir à celui qui en est le maître, leur fille de joie, à condition que l'argent qu'elles gagneront leur soit fidèlement payé. Et ce n'est point ici une nouvelle coutume, continue le même voyageur. Au contraire elle est de fort vieille date, ayant pris naissance, il y a plusieurs siècles sous le fameux Joritomo, premier monarque séculier du Japon. Ce général craignant que ses soldats, fatigués de ses longues & pénibles expéditions, & impatiens de revoir leurs femmes & leurs enfans, ne désertassent son armée, crut qu'il valoit mieux, pour les retenir, satisfaire leurs appétits charnels, en leur accordant des maisons de débauche particulières. Et c'est à cause de cela même, que les Chinois avoient accoutumé d'appeller le Japon, le bordel de la Chine, car la prostitution (1) étant interdite dans ce dernier empire, les Chinois se rendent au Japon pour y trouver des femmes publiques, probablement plus belles que les leurs.

M. *Anquetil* raconte dans son *voyage aux Indes*, que dans presque toutes les grandes villes de l'Inde, non-seulement la prostitution des femmes y est très-publique & très-ordinaire, mais celle des jeunes garçons n'y est pas moins tolérée. *On voit à* AURENGABAD, dit il, *des lieux où des jeunes garçons s'abandonnent à tous venans, ces lieux sont plus communs & plus fréquentés que ceux des courtisannes, qui n'y sont pourtant pas rares* ».

Ainsi donc, sur tous les points du globe & dans tous les temps, la *prostitution* des deux sexes a été un vice d'ordre social, l'effet d'une grande civilisation. Cette remarque est tellement vraie, que dans les pays où l'esclavage des femmes est très-prononcé, & où par conséquent les loix n'ont point acquis de consistance, ou pour mieux dire, où il n'en existe pas, la *prostitution* proprement dite n'a pas lieu. A mesure au contraire que, par l'effet des mœurs, de la contrainte, du luxe & des usages, les passions acquierent de l'intensité, la *prostitution* fait des progrès rapides, sans que les loix & les établissemens religieux puissent y porter remède.

En France ces deux moyens ont été vainement tentés depuis bien des années, & l'on a pu voir leur peu d'efficacité; nous les ferons connoître brièvement.

La jurisprudence, ou plutôt la forme de procéder contre les filles publiques & d'exercer la police des *prostituées*, est contenue principalement dans quelques déclarations des rois, & plusieurs ordonnances des lieutenans de police, conformes aux principes qui dirigeoient alors cette partie de l'administration. Nous rapporterons des exemples des unes & des au-

(1) On sait qu'une loi barbare de la Chine, réduit au rang d'esclave & ordonne de vendre publiquement, la fille qui a cédé à son tempérament & à l'amour avant d'être mariée; & cela malgré le père, les parens & toute considération. Voilà une superbe police!

tres, avant de faire connoître l'établissement des filles repenties ou des *Magdelonettes*.

Dès le temps de Charlemagne on rendit contre les prostituées des ordonnances assez sévères. Ce prince en fit une en 800, qui enjoignoit à ses officiers de rechercher les femmes de mauvaise vie qui se trouveroient soit à la cour, soit dans d'autres lieux à lui appartenans, de les arrêter & de les punir par la prison.

Saint-Louis, tenta de détruire la *prostitution*, en étendant ce genre de rigueur à toutes les villes & villages. Son ordonnance de 1254, porte :

Que toutes les femmes & filles qui se prostitueront, seront chassées, tant des villes que des villages, qu'après qu'elles auront été averties & qu'on leur aura fait défense de continuer leur mauvais commerce, leurs biens seront saisies de l'autorité du juge des lieux & donné au premier occupant ; qu'elles seront même dépouillées de leurs habits. Défenses également à toutes personnes de louer aux filles aucuns lieux, à peine de confiscation des maisons.

Saint-Louis n'avoit guères de raison de rendre un pareil édit : il devoit bien voir que ces confiscations donneroient lieu à une foule de persécutions, de mensonge, d'injustice & d'accusations fausses, pour s'emparer du bien de quelques malheureuses. Cette loi étoit tellement mauvaise, qu'elle n'empêcha pas la prostitution de faire des progrès. S.-Louis, lui-même, fût obligé de tolérer les prostitués & de leur assigner des lieux où elles pourroient se retirer, & cela dans la même année, car une ordonnance de 1254, porte : que toutes les folles femmes, de leur corps & communes, soient mises hors des maisons privées ; qu'elles soient séparées d'avec les autres personnes, & qu'il soit défendu de leur louer des maisons ou habitations pour y commettre & y entretenir leur vice & péché de luxure. La même ordonnance défend « à tous baillis, prévôts, maires, juges, & autres officiers du roi, de fréquenter les *Bordeaux* ». C'est le nom que l'ordonnance donne aux lieux assignés pour la *prostitution*. On prétend que son étymologie vient de leur position le long de l'eau ou de la rivière ; on lui donne encore d'autre origine, & probablement, c'est un mot Celte ou Normand dont l'orthographe & la prononciation ont été altérées.

Ce qui soutenoit principalement la *prostitution* alors, peut-être plus encore qu'aujourd'hui, c'étoit le commerce qu'on en faisoit, & l'argent qu'en retiroient les proxenetes ou maquereaux qui tenoient les lieux de débauche. Ce nom de *Maquereau*, vient, suivant quelques auteurs, de *macher*, mot hébreu qui signifie vendre. D'autres le font venir d'*Aquariolus*, parce que, dit-on, les porteurs-d'eau se mêloient à Rome, des intrigues amoureuses, mais cela est peu important à savoir.

Une fois les femmes publiques tolérées de droit par le gouvernement, la police s'est occupée des réglemens propres à prévenir les désordres qu'elles pouvoient faire naître. Une ordonnance du prévôt de Paris, du 17 Mars 1374, porte : que toutes femmes qui s'assemblent ès-rue de Glatigny, l'abreuvoir - Maçon, Baillehoé, la cour Robert de Paris & autres Bordeaux, seront tenues de s'en retirer & de sortir de ces rues, incontinent après six heures du soir sonnées, à peine de vingt sols parisis d'amende pour chaque contravention ».

On doit conclure de cette ordonnance, que les mauvais lieux étoient principalement fréquentés le jour, dans les rues qu'on y désigne, puisque les filles devoient s'en aller à six heures. Mais une autre ordonnance de 1397 leur donne jusqu'au moment où l'on sonne le couvre-feu, ce qui est neuf ou dix heures.

On ne négligea point non plus de régler le costume des prostituées, soit qu'on voulut les empêcher d'avoir des parures trop lubriques, soit qu'on crut utile de les distinguer par l'habillement des autres femmes.

Un arrêt du parlement de Paris du 26 juin 1420, porte « défenses à toutes filles & femmes de mauvaise vie, de porter des robes à collets renversés & à queues traînantes, ni aucunes fourrures, ni ceintures dorées, des couvre-chefs, ni boutonnières en leurs chaperons, sous peine de prison, de confiscation & d'amende arbitraire ». On trouve dans les comptes du domaine de 1428, un relevé des confiscations & amendes prononcées contre des prostituées qui avoient porté des ornemens à elles interdits par les ordonnances, & certainement, des ceintures dorées.

On voit aussi, par un arrêté de compte de la trésorerie de Beaucaire & Nismes, de l'année 1330, qu'on levoit un droit sur les lieux de *prostitution*.

On ne traita pas toujours les prostituées avec une égale rigueur. On trouve dans le recueil des ordonnances, une déclaration de Charles VI, par laquelle il accorde protection aux filles publiques de Toulouse, en voici le texte :

« Charles VI, &c. Savoir faisons à tous présens & à venir, que ouie la supplication qui faite nous a été de la partie des filles de joie du bordel de notre grande ville de Toulouse, dite la *grant abbaye*, contenant que pour cause de plusieurs ordonnances & défenses à elles faites par les capitoux & autres officiers de notre ville, sur leurs robes & autres vestures, ils ont souffert & soutenu plusieurs injures, vituperes & dommages, souffrent & soutiennent de jour en jour, & ne peuvent pour se vestir ni assaynier à leur plaisir, pour cause de certains chaperons & cordons blancs, à quoi elles ont été estraintes par icelles ordonnances, sous notre grace & licence, requerans que nous leur veuillons a notre joyeux avenement que fait avons présentement en notre dite ville, leur faire grace & les mettre hors d'icelle servitude; pourquoi nous, attendu les choses dessus dites, desirant à chacun faire grace, & tenir en franchise & liberté, les habitans conversans & demeurant en notre royaume, avons, à notre dit avenement, fait en notre dite ville, ordonné & ordonnons, & par ces présentes de grace spéciale & de notre autorité royale, avons octroyé & octroyons aux dites suppliantes, que dorénavant elles & leurs successeurs en *ladite abbaye* portent & puissent porter telles robes & chaperons, & de telles couleurs comme elles voudront vestir & porter parmi (moyennant) ce qu'elles seront tenues de porter autour de l'un de leurs bras, une enseigne ou différence d'une jarretiere ou lisiere de drap, d'autre couleur que la robe qu'ils auront vestue ou vestiront, &c. Si donnons amandement, &c. »

En 1424, Charles VI prit sous sa protection spéciale cette même maison de Toulouse, qui étoit appellée *le Chatelvert*, & fit une loi expresse pour y rétablir le bon ordre & la tranquillité qu'une jeunesse inconsidérée troubloit souvent. Les capitouls, qui avoient le plus grand intérêt à l'y rétablir, adressèrent au roi des représentations, dans lesquelles ils lui exposèrent, que depuis très-long-temps ils possédoient à bon droit & juste titre *quoddam hospitium vulgariter vocatum bordelum sive hospitium commune in quo hospitio à longo tempore, citra morata fuerunt seu morari consueverunt mulieres vocatæ mulieres publicæ, sive* LAS FILLAS COMMUNES, dans laquelle maison les capitouls, ou leur trésorier, recevoient tous les ans des filles publiques, & de ceux qui venoient les visiter, un impôt qui étoit employé pour l'utilité de ladite ville; *in quo quidem hospitio dicti domini de capitulo seu eorum thesaurarius recipiebant quolibet anno à dictis mulieribus seu arrendatoribus, commodum magnum quod convertebatur ad utilitatem dictæ villæ.* Ils ajoutèrent, que quelques mauvais sujets, qui fréquentoient cette maison le jour & la nuit, la rendoient inabordable par le bruit qu'ils y faisoient, & les violences qu'ils y exerçoient; qu'en conséquence, la recette de leur droit étoit réduite à rien; pourquoi ils supplioient le roi de vouloir bien y pourvoir.

Cela n'empêcha pas que les états, tenus à Orléans, ne demandassent la suppression de tous les lieux publics de prostitution, & que l'ordonnance de 1560 ne fut rendue en conséquence. Voici ce que porte l'article relatif à cet objet. « Défendons à toutes personnes de loger & de recevoir en leurs maisons gens sans aveu & inconnus; leur enjoignons de les dénoncer à la justice, à peine de prison & d'amende arbitraire; défendons aussi tous bordeaux, berlans, jeux de quille & de dés, que voulons être punis extraordinairement, sans dissimulation ni connivence des juges, à peine de privation de leurs offices. » Une sentence du chatelet de Paris de mars 1565 « fait défenses à tous les habitans de Paris, de souffrir en leurs maisons aucun bordeau secret ou public, sous peine pour la première contravention de soixante livres parisis d'amende, & pour la troisième de confiscation des maisons. »

Il résulta de cette nouvelle police qu'il n'y eut plus de maisons publiques de *prostitution* avouées & reconnues pour telles, mais qu'il y en eut au compte, risque & péril des particuliers.

Alors la police de Paris & des grandes villes eut l'inspection & la direction arbitraire de tout ce qui pouvoit avoir rapport à la *prostitution*; elle s'arrangea de manière à la tolerer ou à la poursuivre, suivant le ton du jour, sans exception de lieux, puisqu'il n'en existoit plus de droit qui fussent destinés à cet objet. Elle se conforma néanmoins à une marche, telle à-peu-près qu'on la trouve dans la déclaration du roi de juillet 1713, & dans quelques ordonnances que nous allons rapporter.

La déclaration du mois de juillet 1713 sur la *prostitution* porte que dans le cas de débauche publique & vie scandaleuse de filles ou de femmes, où il n'écherra de prononcer que des condamnations d'amende ou d'aumônes, ou des injonctions de vider les lieux, ou même la ville, & d'ordonner que les meubles desdites filles ou femmes seront jettés sur le carreau & confisqués au profit des pauvres de l'hôpital-général, les commissaires du châtelet puissent, chacun dans leur quartier, recevoir les déclarations qui leur en seront faites & signées par les voisins, auxquels ils feront prêter serment avant que de recevoir lesdites déclarations, dont ils seront tenus de faire mention, à peine de nullité dans leur procès-verbal, qui sera par eux dressé. Le rapport des faits, contenus dans ledit procès-verbal, sera fait, par lesdits commissaires, au lieutenant-général de police, les jours ordinaires des audiences de police, auxquelles les parties intéressées seront assignées en la manière accoutumée, pour y être pourvu contradictoirement, ou par défaut, ainsi qu'il appartiendra, sur les conclusions de celui de nos avocats au châtelet, qui sera présent à l'audience, & entre les mains duquel lesdites déclarations seront remises, pour faire connoître au lieutenant-général de police, les noms & les qualités des voisins qui les auront faites. En cas que lesdites parties denient les faits contenus auxdites déclarations, le lieutenant-général de police pourra, s'il le juge à-propos pour la suspicion des voisins ou pour autres considérations, ordonner qu'il sera informé desdits faits devant l'un des commissaires, à la requête du substitut de notre procureur-général au châtelet, pour y être statué ensuite définitivement ou autrement, par ledit lieutenant-général de police, sur le récit des informations qui sera fait à l'audience par l'un de nos avocats, ou en ce cas qu'il juge à-propos, d'en délibérer sur le registre, sur les conclusions de notre procureur audit siège; le tout à la charge de l'appel en notre cour de parlement; voulons que sur ledit appel, soit que l'affaire ait été jugée sur le simple procès-verbal du commissaire, ou sur le récit ou sur le vu des informations, les parties procedent en la grande chambre de ladite cour, encore qu'il y ait eu un décret sur lesdites informations, & que la suite de la procédure ait obligé le lieutenant-général de police à ordonner que lesdites femmes ou filles seront enfermées pour un tems dans la maison de force de l'hôpital général, en cas de maquerelage, prostitution publique, & autres, où il écherra peine afflictive, ou infamante; ledit lieutenant-général de police sera tenu d'instruire le procès aux accusés ou accusées par récolement & confrontation, suivant nos ordonnances, & les arrêts & réglemens de notre cour, auquel cas l'appel sera porté en la chambre de la tournelle, à quelque genre de peine que les accusés ou accusées aient été condamnées; le tout sans préjudice de la jurisdiction du lieutenant criminel du châtelet, qui pourra exercer, en cas de maquerelage, concurremment avec le lieutenant-général de police, auquel néanmoins la préférence appartiendra, lorsqu'il aura informé & décrété avant le lieutenant-criminel, ou le jour même.

L'ordonnance de police, rendue par M. le Noir, en novembre 1778, sur le même objet, est ainsi conçue :

« Nous, faisant droit sur le réquisitoire du procureur du roi, ordonnons que les ordonnances, arrêts & réglemens, concernant les femmes & filles de débauche, seront exécutés suivant leur forme & teneur, & en conséquence :

1°. Faisons très-expresses inhibitions & défenses à toutes femmes & filles de débauche de raccrocher dans les rues, sur les quais, places & promenades publiques, & sur les boulevards de cette ville de Paris, même par les fenêtres, le tout sous peine d'être rasées & enfermées à l'hôpital; même, en cas de récidive, de punition corporelle, conformément auxdits ordonnances, arrêts & réglemens.

2°. Défendons à tous propriétaires & principaux locataires des maisons de cette ville & fauxbourgs, d'y louer ni sous-louer les maisons dont ils sont propriétaires ou locataires, qu'à des personnes de bonne vie & mœurs & bien famées, & de souffrir en icelles aucun lieu de débauche, à peine de cinq cents livres d'amende.

3°. Enjoignons auxdits propriétaires & locataires des maisons où il aura été introduit des femmes de débauche, de faire, dans les vingt-quatre heures, leurs déclarations par-devant le commissaire du quartier, contre les particuliers & particulières qui les auront surpris, à l'effet par les commissaires de faire leurs rapports contre les délinquans, qui seront condamnés en quatre cents livres d'amende, & même poursuivis extraordinairement; & leurs dites déclarations continueront d'être reçues par les commissaires, gratuitement & sans frais, comme pour fait de police, ainsi qu'il en a été usé par le passé.

4°. Défendons à toutes personnes de quelque état & condition qu'elles soient, de sous-louer jour par jour, huitaine, quinzaine, un mois ou autrement, des chambres & lieux garnis, à des femmes ou filles de débauche, ni de s'entremettre directement ou indirectement auxdits locations, sous la même peine de quatre cents livres d'amende.

5°. Enjoignons à toutes personnes tenant hôtels, maisons & chambres garnies, au mois, à la quinzaine, à la huitaine, à la journée, &c. d'écrire de suite, jour par jour & sans aucun blanc, les personnes logées chez eux, par noms, surnoms, qualité, pays de naissance & lieux de domicile ordinaire, sur les registres de police, qu'ils doivent tenir à cet effet cotés & paraphés par les commissaires des quartiers, & de ne souffrir dans leurs hôtels, maisons & chambres, aucunes gens sans aveu, femmes ni filles de débauche, se livrant à la prostitution; de mettre les hommes & les femmes dans des chambres séparées, & de ne souffrir dans des chambres particulières des hommes & des femmes prétendus mariés, qu'en représentant par eux des actes en forme de leur mariage, ou s'en faisant certifier par écrit par des gens notables & dignes de foi, le tout à peine de deux cents livres d'amende.

6°. Mandons aux commissaires au châtelet, & enjoignons aux inspecteurs & officiers de police, du Guet, de la garde, & à tous autres qu'il appartiendra, de tenir la main à l'exécution de la présente ordonnance, qui sera imprimée, lue, publiée & affichée dans cette ville & fauxbourgs de Paris, & par-tout ailleurs où besoin sera. »

Une autre du 8 novembre 1780 défend de louer des hardes aux prostituées, la voici :

« Sur ce qui nous a été remontré (y est-il dit) par le procureur du roi, que la débauche, qui n'est souvent que la suite de la misère, sera moins excessive; si elle ne trouvoit les moyens de se produire dans l'intérêt & la cupidité de ceux qui la favorisent; qu'il est instruit que des marchands louent, à prix d'argent & à la journée, ou procurent par d'autres moyens aussi peu honnêtes; des hardes & vêtemens dont se parent les filles & femmes prostituées, & avec lesquels elles se montrent avec scandale dans les rues & à leurs fenêtres, pour raccrocher les passans; qu'il est du devoir de son ministère de s'élever contre un pareil désordre: pourquoi il requiert qu'il y soit pourvu.

1°. Faisons très-expresses inhibitions & défenses à tous marchands & autres, de louer à prix d'argent & à la journée ou autrement, même de procurer par d'autres moyens malhonnêtes, aux filles & femmes de débauche, les hardes & vêtemens dont elles se parent, & à la faveur desquels elles se montrent scandaleusement à leurs fenêtres; dans les rues & places de cette ville, pour y raccrocher les passans, à peine, contre les contrevenans, de trois cents livres d'amende, & de confiscation, au profit de l'hôpital-général, des robes, pelisses, mantelets, & autres ajustemens dont se trouveront saisies les filles & femmes prostituées, même en cas de récidive, de punition corporelle.

2°. Seront, au surplus, les ordonnances de police, & notamment celle du 6 Novembre 1778, exécutées dans toutes les dispositions y portées, notamment, quant aux peines d'être rasées & enfermées à l'hôpital, ordonnées contre les filles & femmes de débauche, & quant aux autres punitions prescrites contre ceux & celles qui leur donnent retraite & logement au préjudice desdits ordonnances & réglemens, & qui favorisent la débauche & le scandale, directement ou indirectement ».

C'étoit l'usage des ci - devant lieutenans de police de Paris, de rendre des ordonnances à-peu-près semblables aux deux que l'on vient de lire contre les *filles*, au commencement de leur administration. Cela leur donnoit l'air d'avoir à cœur de réprimer la licence & la corruption des mœurs. Le peuple a toujours aimé cette singerie de morale. C'est ainsi que dans presque tous les cahiers des anciens états - généraux on y demandoit au roi de détruire les mauvais lieux de son royaume, & d'empêcher la *prostitution*; c'est encore ainsi qu'on a vu au commencement de la révolution, des écrivains bêtes, proposer pour l'extinction de la *prostitution*, non-seulement des rigueurs impraticables, mais la clôture des bals champêtres, & la plus sévère inspection sur les maisons garnies, les traiteurs, &c. comme des gens intéressés à favoriser la débauche.

Ce n'est point seulement contre les prostituées que les loix ont prononcé des rigueurs; elles ont ordonné, avec beaucoup plus de raison, des peines contre les proxenetes, entremetteuses ou maquerelles, qui corrompent la jeunesse & la prostituent. Comme ce délit est assez ordinairement commis par des femmes, elles sont punies par un genre d'infamie & de peine particulière. Voici celui qui a lieu en pareil cas; nous rapporterons pour le faire connoître, un jugement rendu par le tribunal du deuxième arrondissement du département de Paris, le 4 Août 1791.

Vu par le tribunal du deuxième arrondissement du département de Paris, le procès criminel commencé au ci-devant châtelet, à la requête du procureur du roi audit siège, continué, fait & parfait par le troisième tribunal établi par la loi du mois de mars mil sept cent quatre-vingt-onze, à la requête de l'accusateur public, demandeur, contre Marie-Louise Bertaut, veuve de Jean-Baptiste Desbleds, défendresse & accusée, prisonniere ès prisons de l'hôtel de la force, & appelante du jugement rendu sur ledit procès par ledit troisieme tribunal, le trente avril dernier, par lequel jugement les motifs du jugement portent que ladite veuve Desbleds a été déclarée duement atteinte & convaincue d'avoir, au mois de mai mil sept cent quatre-vingt-dix, accosté dans le jardin du palais-royal, une jeune fille de douze à treize ans, portant dans ses bras sa sœur, âgée de dix-sept mois; d'avoir pris cet enfant des bras de ladite jeune fille, & sous le prétexte qu'il étoit bien chétif, d'avoir proposé à ladite jeune fille de l'emmener chez elle pour acheter un biscuit à sa petite sœur, & lui faire boire du vin; lorsqu'elle y a été rendue, de l'avoir renfermée dans sa chambre, & l'avoir, en présence d'elle veuve Desbleds, & d'une petite fille de l'âge de cinq ans environ, prostituée à un jeune homme vêtu d'un habit violet, lequel, après en avoir joui, a donné trois livres, sur lesquelles ladite veuve Desbleds a gardé trente sols; environ huit jours après, de l'avoir une seconde fois acostée dans ledit jardin du palais-royal, attirée chez elle, & de lui avoir donné douze sols; & cinq à six jours après de l'avoir invitée de venir chez elle le lendemain, à sept heures du matin, sous le prétexte de lui remettre vingt-quatre sols qui lui avoient été donnés pour elle, par un particulier; & ladite jeune fille s'y étant rendue à ladite heure, de l'avoir à l'instant prostituée à un particulier vêtu d'un habit gris; & dans l'après-midi du même jour, à deux autres particuliers, l'un vêtu d'un habit rouge, & l'autre d'un blanc, en présence d'elle veuve Desbleds, & de sondit enfant, de s'être elle-même prostituée en présence de son enfant & de ladite jeune fille, en disant à cette dernière : *Il faut faire comme cela*, & *ne pas pleurer*; & enfin de l'avoir engagée à ne pas retourner chez ses père & mère, en lui disant qu'ils la mettroient à l'hôpital, & de l'avoir placée chez la fille Louison, où l'on a commencé à la traiter du mal vénérien dont elle étoit affectée. Pour punition, ladite Marie-Louise Bertaut, veuve Desbleds, a été condamnée à être conduite par l'exécuteur des jugemens criminels dans tous les lieux & carrefours accoutumés de cette ville de Paris, & notamment à la place du palais-royal, comme plus voisine de la rue Fromenteau, montée sur un âne, la face tournée vers la queue, ayant sur la tête un chapeau de paille, avec écriteau devant & derrière, portant ces mots : *femme corruptrice de la jeunesse*, battue & fustigée nue de verges, par ledit exécuteur, & en ladite place du palais-royal, flétrie d'un fer chaud, en forme d'une fleur de lys sur l'épaule droite ; ce fait, être conduite en la maison de force de l'hôpital-général de la salpêtriere, pour y demeurer détenue & renfermée pendant le tems & espace de trois ans. Il lui a été fait défenses de se retirer en aucuns cas, après le tems de sa détention expirée, dans la ville, fauxbourgs & banlieue de Paris, sous les peines portées par les loix : ladite veuve Desbleds a été condamnée en outre en trois livres d'amende à prendre sur ses biens.

Ce que l'on appelle *filles repenties*, *magdelonnettes*, *filles penitentes*, sont des espèces de communautés où les filles, qui ont mené une vie débauchée, peuvent se retirer & faire pénitence le reste de leur vie. Ce genre d'établissement est même uniquement destiné aux femmes de cette espèce. Il en existe un à Paris sous le nom *de bon pasteur*, près les invalides, fondé en 1687 par une jeune veuve hollandoise, nommée de Combé. Louis XIV le confirma en 1698 par des lettres patentes & donna plusieurs sommes pour les dépenses de la maison. La regle en étoit d'abord assez sevère.

Cette maison est composée de deux sortes de personnes, de filles que l'on nomme sœurs, & dont la conduite a toujours été regulière, & des filles pénitentes. Les sœurs, après avoir travaillé à leur propre sanctification dans le monde, se consacrent gratuitement pour travailler à la conversion & à la sanctification des filles pénitentes, pour expier leurs péchés, embrassent volontairement une vie de mortification, de travail & de retraite. Comme c'est la charité qui doit être l'ame de la maison, on ouvre la porte à toutes les filles qu'une sincère conversion retire du monde ; mais on préfère celles qui sont en plus grand danger. On ne fait distinction ni de pays, ni de paroisse ; on ne demande qu'une bonne volonté. On ne reçoit point de pension, quelque modique qu'elle soit ; on se contente de demander la premiere robe. Ceux qui, pour soulager la maison, font volontairement quelque aumône, la mettent dans le tronc, ou entre les mains de la supérieure ; mais cette aumône ne peut être affectée à aucune fille en particulier. On ne reçoit point les femmes mariées, tant que leur engagement subsiste ; ni celles qui sont enceintes ou attaquées de quelque mal qui pourroit se communiquer. Les filles n'entrent point dans la maison qu'elles n'aient postulé pendant quelque temps, & donné des marques d'une sincère conversion. Avant que de les recevoir, on leur fait un détail exact de tout ce qui se pratique dans la communauté. Si elles persistent, on les met en retraite, où elles n'ont aucune communication, si ce n'est avec les sœurs préposées pour en avoir soin.

Plusieurs villes de province ont de semblables établissemens, mais la gaucherie, ou plutôt, l'injustice que l'on a eu d'en faire des espèces de prisons, ou de maisons de correction pour des jeunes filles peu réprehensibles, a empêché l'effet qu'on en pouvoit espérer. C'est au moins ce qui est arrivé à Bordeaux, dont les *magdelonettes* sont une véritable salpetriere. *Voyez* Hopital.

On a pu voir par tout ce que nous avons dit sur la *prostitution* dans cet article, que ce vice est l'effet de la civilisation, qu'il est accru par les arts du luxe, le goût des plaisirs, le célibat & l'amour de la variété parmi des hommes, dont un très grand nombre n'ont d'autres soins que ceux de penser à leurs plaisirs. La pauvreté, la mauvaise éducation des femmes du peuple y contribuent encore beaucoup ; enfin la coqueterie & la difficulté de trouver à se marier utilement, l'entretiennent encore. On a également vu que les rigueurs, les chatimens, les enlevemens, n'ont fait qu'accroitre la turpitude & la dépravation des prostituées sans en diminuer le nombre ; on doit donc en conclure que c'est par d'autres moyens qu'il faut chercher à y parvenir, c'est tout ce que l'on peut faire, car de prétendre la détruire entièrement est une chose inutile, déplacée, inpolitique & dangereuse. Nous ne nous étendrons point sur les preuves de cette vérité, elles se trouvent dans l'histoire même de la *prostitution*, des passions humaines & de la société. *Voyez* Courtisannes, Femme, Amour, Pédérastie, Inspecteur, Enfant, Abandon.

R.

RAMONEUR. f. m. C'eſt le nom qu'on donne à des hommes, ou plus ordinairement à de jeunes garçons qui, par état, nétoyent les cheminées, de la ſuie qui s'y amaſſe.

C'eſt un des grands ſoins de la police, de veiller à ce que le ramonage des cheminées s'effectue régulièrement, ſur-tout chez les manufacturiers, dans les maiſons publiques, les hôpitaux, afin de prévenir les incendies qui pourroient réſulter de la négligence des particuliers à cet égard. Les ordonnances de police du 12 Janvier 1712, & 10 Février 1735, enjoignent à tous propriétaires, locataires, ſous-locataires de maiſon, de faire exactement *ramoner* les cheminées des appartemens & autres lieux par eux loués, ſous-loués ou occupés, à peine de deux cents livres d'amende, contre ceux qui ſe trouveront habiter leſdites maiſons ou chambres, dans les cheminées deſquelles le feu aura pris, faute d'avoir été *ramonées*, quand même il ne s'en fût enſuivi aucun accident.

On conçoit qu'une pareille loi eſt preſque impoſſible à exécuter, auſſi l'amende eſt-elle tombée en déſuétude, & il n'y auroit que dans un cas de négligence extrêmement grave où le procureur du roi, ſyndic de la commune, ou tout autre pourroit provoquer l'amende contre ceux qui, par négligence dans le *ramonage* de leurs cheminées, auroient donné lieu à un incendie.

Il y a quelques années qu'on imagina de former des établiſſemens publics de *ramonage*: on avoit penſé que le ſervice de la capitale exigeoit ce ſoin, & qu'il pourroit prévenir des incendies, mais cette invention n'a point tenu, & le ramonage continue à ſe faire par des petits ſavoyards qui crient dans les rues. Voici au reſte les motifs de cet établiſſement tels qu'ils ſont conſignés dans un arrêt du conſeil, du 2 Février 1770.

Sur la requête préſentée au roi étant en ſon conſeil, par le ſieur Joſeph Villemin, contenant que la plupart des incendies qui arrivent dans la ville & les fauxbourgs de Paris, ſont occaſionnés par la négligence avec laquelle les *ramoneurs* nétoyent les cheminées, & que ſi les ſuites de ces incendies ne ſont pas auſſi conſidérables qu'on a lieu de le craindre, ce n'eſt que par la promptitude des ſecours, & ſur-tout par l'ordre établi dans la compagnie des garde-pompes. Cependant les feux des cheminées donnent ſouvent lieu à des accidens particuliers, & occaſionnent au moins des alarmes qu'il eſt dans l'intérêt général de prévenir autant qu'il eſt poſſible. Le public eſt obligé de ſe ſervir de ramoneurs pris au haſard, la plupart gens ſans aveu, & n'ayant, ni motifs pour bien faire, ni craintes ſur le mal qu'ils peuvent occaſionner; au lieu qu'un établiſſement public de ramonage ne préſenteroit aucun de ces inconvéniens, & ſerviroit d'ailleurs à les rendre beaucoup plus rares; le travail & les détails de cet établiſſement, ſoumis à l'autorité & à la ſurveillance du magiſtrat de police, remphront le vœu des réglemens ſur le fait du ramonage; & inſpireront d'autant plus de confiance, qu'étant fondés ſur la liberté publique, l'entrepreneur ſera obligé de mettre en uſage les moyens les plus convenables pour ſatisfaire chaque particulier. Il en réſultera encore un avantage eſſentiel dans les incendies, celui de fournir aux garde-pompes le nombre de ramoneurs dont ils auront beſoin, & que l'on trouvera ſur le champ dans les dépôts que le ſieur Villemin ſe propoſe de placer dans les principaux endroits de la ville & des fauxbourgs. Requéroit à ces cauſes, le ſieur Villemin, qu'il plût à ſa majeſté lui permettre, & à ſes ayant cauſe, d'entretenir à ſes frais, dans la ville & fauxbourgs de Paris, le nombre de ramoneurs que bon lui ſemblera; de les diſtribuer dans différens dépôts & quartiers pour le ſervice de ceux des habitans de ladite ville & fauxbourgs, qui jugeront à propos de les employer aux ramonages & entretien des cheminées de leurs maiſons & appartemens, ſuivant les prix qui ſeront convenus de gré à gré entr'eux & le ſieur Villemin ou ſes ayant cauſe, à condition, par ledit ſieur Villemin, & ſuivant ſes offres, d'envoyer aux incendies les ramoneurs du dépôt le plus prochain du lieu qui exigera des ſecours, & ce, ſans exiger aucun ſalaire ni rétribution: ordonner que les ordonnances de police concernant le ramonage des cheminées, & notamment celles des 12 janvier 1729 & 10 février 1735, ſeront exécutées ſelon leur forme & teneur; mande au ſieur lieutenant général de police de tenir la main à l'exécution de l'arrêt qui interviendra ſur la préſente requête, & d'aviſer aux réglemens de police qu'il croira néceſſaires, pour donner à cet établiſſement la conſiſtance dont il peut être ſuſceptible pour le ſervice du public: oui le rapport. Le *roi étant en ſon conſeil*, a permis & permet au ſieur Joſeph Villemin & à ſes ayant cauſe, d'entretenir, à leurs frais, dans la ville & fauxbourgs de paris le nombre de *ramoneurs* que bon leur ſemblera, &c. *Voyez* INCENDIE.

RECELEUR. ſ. m. En termes de police & de juriſprudence criminelle, on donne ce nom à quelqu'un qui reçoit & cache ſciemment des effets qui ont été volés.

Il y a un vieux proverbe qui dit, que *s'il n'y avoit point de* receleurs *il n'y auroit point de voleurs*. C'eſt peut-être ſur ce fondement que nos anciennes loix condamnoient les premiers aux mêmes peines que les derniers. C'eſt auſſi pour gêner les voleurs par la difficulté de trouver où placer les effets volés, que les réglemens anciens ſur les hôtels garnis, défendoient de louer à des domeſtiques, ſans la permiſſion de leurs maîtres. Un arrêt du parlement de Paris, du quatre Août 1778, condamne à être pendue une femme de Tours, pour avoir fait le métier de *receleuſe* d'effets domeſtiques volés. *Voyez* DOMESTIQUE.

RECHERCHE. ſ. f. L'action de prendre des renſeignemens & des indices ſur quelques objets de police ou de ſûreté publique.

C'eſt au moins le nom, qu'en matière d'adminiſtration politique, on donne aux démarches des agens & prépoſés de l'autorité pour parvenir à la connoiſſance des cauſes qui ont pu produire un événement, & ſur-tout un délit quelconque.

Dans l'ancienne police, les *recherches* ſe faiſoient ainſi. Un inſpecteur de police étoit chargé par le magiſtrat de s'inſtruire de tel ou tel fait, de l'état de telle ou telle perſonne; celui-ci envoyoit à la découverte des eſpions qui lui rapportoient ce qu'ils avoient vu; l'inſpecteur dreſſoit, ſur leur dire & quelque fois avec l'aide d'un commiſſaire au châtelet, un rapport, qui etoit envoyé au lieutenant de police; ſur ces *recherches* on faiſoit les pourſuites, on délivroit des ordres d'arreſtation ou l'on faiſoit des enlèvemens de police ſuivant les perſonnes & les circonſtances.

Ces *recherches* s'étendoient même juſques chez l'étranger, on y a vu plus d'une fois des perſonnes arrêtées d'après le conſentement tacite ou exprimé du gouvernement du pays. *Voyez* ESPIONNAGE.

On avoit cru qu'avec la révolution cette habitude des *recherches* ceſſeroit, & qu'au moment où l'on proclamoit la liberté on détruiroit les inſtitutions qui lui paroiſſent & qui lui ſont effectivement le plus oppoſées. Mais l'engouement de la liberté politique étouffa le ſentiment de la liberté perſonnelle; on vit à la fois deux comités des *recherches* s'établir; l'un dans le ſein même de l'aſſemblée nationale, l'autre à l'hôtel-de-ville; & le goût des inventions tyranniques devint tellement à la mode, qu'on en vît s'en former à Baſtia, à Montpellier, & je ne ſais où encore; c'étoit, diſoit-on, pour contenir les ariſtocrates. Sous ce beau prétexte, qui répondoit à tout dans ces temps de démence, il n'y a point d'inſultes à la liberté, d'injuſtices que l'on n'ait commiſes, en ſorte que le nom de comité des *recherches* rappelle en france des idées d'horreur & de calamité, comme ceux de long parlement, de chambre étoilée en font naître en angleterre.

Les comités des *recherches* ont inſpiré d'autant plus d'indignation & produit d'autant plus d'injuſtices, qu'ils ont été crées dans des momens de troubles & de factions, qu'ils ont par conſéquent, été entre les mains du plus fort un inſtrument tout puiſſant & oppreſſif. Dans un autre moment, ils auroient été également illégaux, mais moins odieux, parce qu'ils n'auroient point eu à ſervir les vengeances, les préjugés, les ſyſtêmes d'un parti dominant.

Celui de Paris, ſur-tout, s'eſt couvert d'un vernis éternel de haîne publique; il a excité une indignation d'autant plus générale, qu'il a cauſé des inquiétudes, inſpiré la terreur, fait beaucoup de mal, violé la liberté & le reſpect des perſonnes, ſans produire un ſeul coupable. La ſeule choſe dont il puiſſe ſe vanter, c'eſt d'avoir été la cauſe principale & provoquante de la mort du malheureux Favras, homme tout au plus coupable de quelques craneries de faiſeur de projet.

Tout a été prodigieux dans ces hideux comités des *recherches*, juſques-là qu'on a vu un des plus zélés défenſeurs de la liberté individuelle, M. Briſſot de Warville, ſe porter défenſeur, apôtre & protecteur des comités des *recherches* & ſur-tout de celui de la ville. La diſpute qu'il a eue à ce ſujet avec un des membres les plus éclairés de l'aſſemblée nationale conſtituante, nous fournira l'occaſion de préſenter les raiſons qui ont été données pour & contre cet établiſſement, après que nous aurons dit un mot de ſa création.

A l'époque affreuſe du 6 Octobre le roi vint à Paris forcément; il laiſſoit à Verſailles les corps enſanglantés de ſes ſerviteurs, qu'une multitude furieuſe avoit égorgés au nom de la liberté. Je vis ce monarque malheureux arriver avec ſa famille à l'hôtel-de-ville, le 6 à 5 heures du ſoir: quelques gardes-du-corps l'accompagnoient dans le plus affreux état; ces braves jeunes gens ſupportoient pour leur roi un tourment plus grand que la mort ſans doute, celui des hauteurs d'une troupe d'hommes féroces & égarés; l'aſſemblée de la commune, dont j'étois membre, n'eut point honte de délibérer ſi les gardes-du-corps ſe-

roient

roient le service auprès de leur roi dans ce malheureux moment ; on eut la justice de reconnoître leur droit ; on étoit insensible à leurs malheurs ; plusieurs de leurs camarades avoient été publiquement & impunément assassinés à Versailles.

Le roi, toujours foible, toujours malheureux, dit quelques mots, & M. de Liancourt qui se trouvoit auprès de lui, nous annonça que l'intention du roi étoit de rester à Paris, une lettre de M. de la Fayette nous l'avoit déja fait connoître.

Le roi sortit un quart d'heure après de l'hôtel de ville & se rendit aux Tuileries ; sa demeure fut fixée à Paris. Cette ville étoit dans le plus affreux état, l'anarchie la plus absolue y regnoit ; les subsistances manquoient, le peuple étoit sans frein, tous les scélerats à leur aise. Le 22 octobre, un boulanger, nommé *François*, fut pendu par le peuple devant l'hôtel de ville, & sa tête portée dans les rues, suivant l'usage de ce tems.

Ce nouveau crime allarma les gens de bien, le roi y parut très sensible ; on crut qu'il y avoit un nouveau projet de détruire la famille royale, ou tout au moins la reine, dans une émeute universelle. On voulut aller à la source de ces mouvemens affreux ; la cour elle-même pensa que la municipalité seroit pour elle un garde-feu utile dans cet incendie général. Le garde des sceaux écrivit à la municipalité & promit, au nom du roi, vingt mille livres à qui dénonceroit les coupables auteurs des attentats qui se commetroient jusques sous les yeux de sa majesté. Depuis ce moment l'assemblée de la commune s'occupa des moyens de rétablir la tranquillité, elle en eut même sérieusement l'intention, quoiqu'elle se trompât plusieurs fois dans les moyens & se mêlât souvent de choses qui ne la regardoient point. Elle prit donc le 22 octobre 1789 l'arrêté suivant, portant établissement du comité des *recherches*.

« L'assemblée générale des représentans de la commune, vivement affligée de voir que, malgré ses invitations à tous les habitans de la capitale, pour les engager à ne plus troubler la tranquillité publique par des insurrections aussi préjudiciables au repos des bons citoyens qu'au bonheur de la ville entière, de nouveaux actes de violence & des meurtres même se commettent encore pendant le séjour du roi dans sa bonne ville de Paris, & pendant la tenue des séances de l'assemblée nationale ; considérant qu'il est de son devoir de chercher à découvrir les manœuvres odieuses que des gens mal-intentionnés employent pour dénaturer le caractère doux & humain du peuple françois, & pour l'exciter à des troubles qui ne tendent qu'à tourner contre ses propres intérêts, a unanimement arrêté qu'il seroit établi un comité des recherches, composé de membres pris dans son sein, qui se borneroit, & sans avoir aucun autre pouvoir administratif, à recevoir les dénonciations & dépositions sur les trames, complots & conspirations qui pourroient être découvertes, s'assureroient, en cas de besoin, des personnes dénoncées, les interrogeroient, & rassembleroient les pièces & preuves qu'ils pourroient acquérir, pour former un corps d'instruction ; en conséquence elle a nommé, par la voie du scrutin, des commissaires qu'elle a spécialement chargés de remplir les fonctions ci-dessus énoncées.

Ordonne que le présent arrêté sera lû, affiché & publié à son de trompe. »

« Signé, *Bailly*, maire ; *Blondel*, *Delavigne* & *Marchais*, présidens ; *Bertolio* & *Vigée*, secrétaires. »

Les démarches illégales, ardentes, égarées de ce comité, d'abord formé pour un objet déterminé utile, & ensuite étendu à une foule d'autres, exciterent des murmures & des plaintes ; l'arrestation de plusieurs personnes innocentes, sur-tout de Madame de *Jumilhac*, enlevée d'une de ses terres, où elle étoit cherie & respectée, pour répondre à des rêveries de contre-révolution, le couvrit de ridicule & d'odieux. M. *de Clermont-Tonnere* dénonça & attaqua sa conduite dans une brochure fort bien faite. M. *Brissot de Warville*, membre & défenseur du comité des *recherches*, prétendit y répondre : voici un apperçu des raisons de part & d'autre. Nous rapporterons d'abord la *refutation* de M. *Brissot*, & la replique de M. de *Clermont-Tonnerre*, ensuite.

« Vos reproches contre le comité de *recherches*, dit M. *Brissot*, ne sont pas nouveaux, copiant tout ce que les ennemis du bien public ont cent fois répété contre cet établissement, qui a plus d'une fois prévenu leurs complots, & réprimé leurs crimes, vous avez assimilé au sanguinaire & mysterieux tribunal de l'inquisition, « ce tribunal des recherches arrêtant, emprisonnant, interrogeant, confrontant à son gré, ou ne confrontant pas, ouvrant ensuite les prisons, dont il dispose, trouvant des géoliers dans nos jours de liberté, & relevant la bastille au milieu de la capitale armée contre le despotisme, » vous avez soutenu que les décrets de l'assemblée ne donnoient aucun de ces pouvoirs à ses comités. »

« M. Pange, & avec lui tous les auteurs & journalistes, dévoués à l'aristocratie, vous avoient précédé dans ces brillantes déclamations. Je croyois avoir pulvérisé leurs rapprochemens absurdes de ces comités, avec l'ancien régime de la police. »

« Ce n'est pas simplement au tribunal de la police que vous comparez les comités des *recherches*; vous les assimilez au tribunal de l'inquisition, vous leur reprochez de relever la bastille au milieu de la capitale armée contre le despotisme.... »

« Comment, n'avez-vous pas senti la contradiction choquante de cette phrase ? croyez-vous que si l'abbaye étoit une bastille, & le comité de la ville une inquisition, ces braves patriotes, qui l'ont renversée, en souffriroient la tyrannie ? »

« Vous n'avez donc jamais connu le regime infernal, ni de l'inquisition, ni de la bastille ? vous avez donc oublié que cette caverne engloutissoit sur tout les amis de la liberté ; qu'ils y étoient séquestrés de tout le genre humain, pendant de longues années, souvent pendant leur vie ; qu'ils étoient punis dans le mystère ; que ce mystère enveloppoit & le crime qu'on leur reprochoit, & la procédure, & le jugement ! Et tous ceux, que les ordres du comité ont privés de leur liberté, étoient des ennemis de la liberté ; & jamais on ne les en a privés que sur des preuves qui auroient déterminé les tribunaux ordinaires ! & ils ont été en petit nombre, quoique dans la tribune de l'assemblée nationale, un des détracteurs de ce comité les ait portés à des milliers ; & les plus grands égards leur ont été témoignés ; & souvent ils ont pu voir leurs parens, leurs amis ; & la douce consolation d'écrire, ne leur a jamais été refusée ; & ils n'ont jamais été réduits avec eux-mêmes à une barbare solitude ! & lorsqu'il existoit des preuves de leur crime, ils ont été sur-le-champ livrés aux tribunaux ! enfin, presque toujours la publicité la plus grande a découvert au public, & les charges qui existoient contr'eux, & la conduite du comité.

La publicité ! Des inquisiteurs ont-ils jamais connu ce mot ? « C'est parce que les inquisiteurs ne l'ont jamais connu, que l'inquisition, sous leurs mains, créoit des crimes comme vous le dites. Mais sous un régime libre, les *recherches* que la publicité suit, ne peuvent jamais en créer, en couvrir.

Vous avez raison, l'inquisition ne convient qu'au despotisme ; mais des comités de *recherches* ou de sûreté, car c'est la même chose, sont nécessaires aux peuples libres, dans les temps de crise. Aussi, à ces époques désastreuses, à-t-on eu soin, dans les républiques, pour arrêter les complots, ou d'en ériger, ou de revêtir un petit nombre d'hommes d'un pouvoir & de fonctions extraordinaires. Rappellez-vous le pouvoir illimité confié aux dictateurs, aux consuls, celui qu'exerça Cicéron, lors de la conjuration de Catilina.

» Et le long parlement d'Angleterre, dans le temps où le patriotisme le plus pur l'animoit, n'avoit-il pas aussi son comité de sûreté ou de recherches ? La république lui dut plus d'une fois son salut.

» Je vous le demande, la France n'étoit-elle pas, en 1789, & n'est-elle pas encore aujourd'hui dans une crise assez violente, pour nécessiter l'institution de ces comités de sûreté ?

Vous les croyez inutiles. Je pensois, dites-vous, le 16 Août 1789, lorsqu'à l'hôtel-de-ville de Paris, je demandai & j'obtins, pour un moment, l'oubli des haînes & le pardon de tous les crimes....... je ne craignois pas les complôts ennemis : je ne voulois appeller que le concert des volontés....... je croyois la nation française assez forte pour mépriser les traîtres sans les craindre...... Je ne voulois pas de sang, pas d'inquisition.

« Mais comment avez-vous pu ne pas craindre alors les complôts ennemis ? Comment avez-vous pu croire au concert des volontés ? Vous connoissez donc bien peu la nature humaine ! vous ignorez donc la force des habitudes, des passions, des vices, de l'ambition, du despotisme ! Comment pouviez-vous croire que des hommes qu'on dépouilloit de privilèges usurpés, dont ils jouissoient depuis une longue suite de siècles, se soumettroient, avec une patience héroïque, à la volonté de ceux qu'ils opprimoient ? Comment n'avez-vous pas vu qu'ils se révolteroient contre cette égalité de droits qui les faisoit descendre au niveau des autres hommes, contre la destruction des loix féodales, l'abolition des titres, des livrées, l'anéantissement de ces corporations, qui faisoient toute leur force ? Les prêtres & les nobles étoient-ils donc des anges, pour qu'on pût croire à une pareille vertu ? Et dès-lors qu'il étoit impossible de ne pas compter, sinon sur une résistance ouverte, au moins sur une de manœuvres secrètes, pour empêcher l'exécution de ces décrets, comment croire à la chimère du concert des volontés ?

» Un pareil concert ne pouvoit se supposer qu'entre des hommes ayant le même intérêt, les mêmes principes, les mêmes habitudes, les mêmes goûts. Or, entre le peuple qui secouoit ses fers, & les privilégiés qui en profitoient jadis, il y avoit contrariété d'intérêt, de principes, d'habitudes & de goûts.

» Quand donc vous vouliez la paix, il y a un an, vous vouliez une chose impraticable ; vous vouliez, ou que les oppresseurs dépouillés, remerciassent les vengeurs du peuple, ou que ceux-ci fissent grâce aux oppresseurs ; vous vouliez, ce qui étoit impossible, qu'une révolution qui fait passer une grande nation, d'une servitude de douze siècles, à la liberté, ne fût pas embarrassée sans cesse par des complots.

» Je ne vous parle pas des dangers extérieurs qui nous menaçoient & nous menacent encore; de la ligue des princes, qui doivent voir avec horreur notre révolution; des efforts faits par les fugitifs, pour les soulever contre nous; de la guerre qui étend ses ravages à nos portes mêmes, & qui peut nous embraser; de cette guerre qui nécessite la réunion d'une grande masse de troupes, masse toujours dangereuse dans des temps de crise, & lorsque la constitution n'est pas finie......

» Si donc nous avions tout à craindre, & des ennemis de la révolution, & du dehors, devions-nous confier notre sûreté à des précautions ordinaires? Le salut de la patrie n'exigeoit-il pas que l'on créât dans le sein de l'assemblée nationale, dans le sein de la capitale, des comités extraordinaires peu nombreux, plus actifs, plus secrets que des assemblées générales, qui eussent le pouvoir de veiller sur les conspirations, & d'en arrêter les effets, par de promptes & vigoureuses mesures?

» Vous vous récriez sur les arrestations ordonnées par ces comités. Vous ne croyez pas qu'on dût leur accorder la faculté d'arrêter, ni qu'on la leur ait accordée.

» Eh! qu'elle seroit leur utilité, sans ce pouvoir? Si les comités étoient astreints, avant d'arrêter les coupables, à les dénoncer, soit aux tribunaux, soit à l'assemblée nationale, ces coupables se déroberoient aisément à la poursuite.

» Rappellez-vous l'axiôme si trivial & si vrai! *qui veut la fin, veut les moyens.* L'assemblée nationale vouloit prévenir les conspirations. Or, jamais il n'eût été possible de saisir les coupables ni le fil des complôts, si son comité de recherches, avant de prononcer aucune arrestation, eût été obligé de lui rendre compte de toutes les preuves qu'il avoit acquises: en un mot, ou les comités de sûreté ou de recherches doivent être revêtus du pouvoir d'arrêter, d'interroger, de relâcher, de dénoncer, ou l'on n'en doit pas créer; car, sans de pareils pouvoirs, ils sont complettement inutiles.

» Ces pouvoirs vous semblent violer toutes les formes constitutionnelles, toutes les loix.......... *Loi & comité de recherches*, vous paroissent une contradiction.

En quoi donc ces pouvoirs sont-ils constitutionnels? ils se réduisent à autoriser un comité d'examiner s'il y a lieu à dénoncer aux tribunaux des personnes prévenues de complôts, & à les détenir jusqu'au décret, dans le cas où il y auroit de violentes charges.

» Ce comité fait ici l'office que remplit, en Angleterre, le grand juré dans les délits. Il déclare s'il y a lieu ou non à l'accusation, & il envoie en prison.

» Or, si le grand juré est très-constitutionnel en Angleterre, comment un comité, qui ne remplit ses fonctions que pour une seule espèce de crime, seroit-il inconstitutionnel en France? Si un tribunal antécédent ou préliminaire a paru nécessaire aux anglais, dans toutes les affaires criminelles, combien n'étoit-il pas nécessaire d'en instituer un, pour les crimes de haute trahison, dans un temps de crise! Il étoit commandé par l'intérêt de la sûreté publique, & par l'intérêt des personnes même, soupçonnées de crime. Supprimez en effet ce tribunal préliminaire, faites porter immédiatement aux tribunaux réguliers, toutes les accusations & dénonciations si fréquentes dans ces temps désastreux; abandonnez-les aux formes ordinaires, & combien d'innocens soupçonnés auroient souffert des longueurs d'une instruction criminelle, qu'un comité préliminaire leur a épargnées par son examen! Tel étoit, pour le dire en passant, le cas des illuminés, qui languiroient encore dans les prisons, si, d'après leur incartade mystique, ils y eussent été transférés! cette information du comité de *recherches* a donc été un bienfait pour eux.

» Après avoir blâmé la nature de ces pouvoirs, vous en niez l'étendue; vous paroissez ignorer le titre & la mission du comité de recherches de la ville, puisque vous l'assimilez à celui du comité de recherches de l'assemblée nationale, créé le 28 Juillet 1790.

» L'arrêté de l'assemblée générale des représentans, du 22 Octobre 1789, autorise ce comité à recevoir les dénonciations & les dépositions sur les trames, complots & conspirations qui pourroient être découvertes, s'assurer, en cas de besoin, des personnes dénoncées, les interroger, & rassembler les pièces & preuves qu'il pourroit acquérir pour former un corps d'instruction.

» Ajouterai-je, pour vous prouver la validité des pouvoirs de ce comité, que l'assemblée nationale l'a reconnu, en ordonnant plusieurs fois à son comité de recherches de se concerter avec lui, en lui ordonnant de remettre des pièces au châtelet, en l'admettant à sa séance le 10 Août dernier, en faisant son éloge par l'organe de son président?

» Ajouterai-je encore, que le chef du pouvoir

exécutif avoit sanctionné, pour ainsi dire, l'existence & les pouvoirs de ce comité, dans la lettre du garde-des-sceaux, écrite par ses ordres au maire de Paris ?

» Si vous aviez suivi d'un œil impartial la conduite de ce comité, vous auriez vu que, loin d'être un fléau comme vous le dites, il a préservé la patrie de plusieurs fléaux qui la menaçoient. Si vous eussiez fait attention aux bases de cette institution, & à la réaction de l'esprit de liberté sur tous les établissemens publics, vous auriez vu qu'il n'y avoit rien à redouter ici des *vices de l'homme*, *ni des vices de l'établissement*. Vous auriez vu que, sous le régime de la liberté, les vices, & des hommes & des choses, ne peuvent long-temps tourmenter la société, parce que la censure publique se hâte bientôt de les dénoncer, de provoquer l'examen autour d'eux & d'appeller la réforme. Vous auriez vu que ce comité, s'il eût été l'inquisition, ne pouvoit marcher aussi longtemps avec la constitution, ou vous auriez conclu que s'il marchoit, il n'étoit pas l'inquisition ».

« J'ai blâmé les comités des *recherches*, replique M. de *Clermont-Tonnerre*, en général ; j'ai blâmé le comité de la ville en particulier, relativement à l'affaire de Madame de Jumilhac. »

« J'ai blâmé les comités des *recherches :* oui, certes, je les ai toujours regardés, je les regarde encore comme la honte de notre révolution, comme un triste monument des passions qui nous tourmentent, de ces passions haineuses, inquietes, qu'il ne faut pas confondre avec la passion de la liberté, & que la vraie passion de la liberté auroit étouffée, si nous l'avions connue, si nous l'avions eue telle qu'elle est, telle que Rousseau la concevoit, telle que la providence l'a placée dans le cœur de l'homme, vraiment pure, & non pas telle que la peignent les ambitieux & les insensés qui nous égarent. Oui, j'ai blâmé les comités des *recherches*, & en cela j'ai usé du droit reconnu par la déclaration des droits de l'homme, j'ai manifesté ma pensée, je l'ai manifestée avec franchise, avec espoir que, fortifiée dans peu par la voix de la raison, par le cri de la conscience de mes concitoyens, elle seroit la pensée de tous, & que, devenue bientôt après la volonté générale, & fixée par une loi, elle purifieroit enfin la révolution de ces institutions que réprouve la morale publique. »

« On convient de ces principes dans un tems calme, mais, me dit-on, vous confondez les tems calmes avec ces tems d'anarchie. Et à qui la faute, si cette anarchie dure encore ? qui a semé les terreurs & les soupçons ? qui a successivement attaqué tous les pouvoirs ? qui a aigri toutes les haines ? je le demande à tous ceux qui voient & réfléchissent, quels sont dans ce moment les symptômes d'anarchie qui nous affligent ? interrogez les premiers, les anciens, les bons amis de la liberté, contre qui sont dirigés leurs reproches, quels objets leur inquiétude montre-t-elle à notre surveillance ?.... des régimens séduits & insubordonnés ? des fractions du peuple excitées au meurtre ou à la révolte, des écrivains séditieux soufflant par-tout le poison de la discorde. Eh bien, est-ce contre ces ennemis que s'éleve le zèle patriotique de vos comités ? non, sans doute, & l'un des membres du comité de la ville, J. P. Brissot, que je refute, est lui-même un de ces folliculaires dont la plume arme les citoyens les uns contre les autres ; & la sentence qui supprime ses coupables calomnies, sentence affichée dans tous les carrefours de Paris, prouve qu'il a porté jusqu'à cent lieues de la capitale des germes de dissension & de discorde. »

» J'ai contesté l'utilité des comités des *recherches*. Premierement, si l'utilité justifioit les attentats portés aux droits de l'homme, dont la déclaration est la base inébranlable de nos loix, il n'y auroit dans ces atrocités de l'ancien régime, dans les atrocités que vous voulez perpétuer aujourd'hui, il n'y auroit, dis-je, aucune injustice que l'on ne pût prétendre excuser. Certes, il pouvoit paroître utile qu'un conspirateur fût enlevé sans qu'aucune trace n'avertît les complices. Certes, il pouvoit paroître utile que le jeune insensé, que des bassesses & des excès semblent préparer à de grands crimes, fût attaché à sa destinée fatale par une longue, même par une éternelle détention. Certes il pouvoit paroître utile qu'un affreux libelle qui pût porter dans le cœur d'un bon citoyen, d'un magistrat, d'un administrateur, les coups irrémédiables de la calomnie, fût soustrait à la lumiere, & n'affligeât pas l'honnête homme, pour lequel le gouvernement veilloit. Mais je rougis de retracer tous ces sophismes ministériels, ces méprisables considérations qui ont disparu devant nous ; un seul mot les a détruits : *il n'y a d'utile que ce qui est juste*. Il ne faut ni tromper, ni opprimer l'homme, pas même pour son plus grand avantage. Il naquit pour la vérité & pour la liberté ; il n'appartient pas à son semblable de lui ravir ces deux bienfaits sous le pretexte des dangers qui les accompagnent.. Ou cette doctrine est un paradoxe, & alors la révolution actuelle seroit un crime, & alors ce seroit à l'ancien régime, ce seroit à son despotisme qu'il appartiendroit de nous gouverner par les mêmes moyens qui si long-tems assurèrent son règne : ou bien cette doctrine est pure, vraie, inattaquable, & alors il faut la suivre dans ses conséquences ; il ne faut pas que la révolution use de ces moyens, dont l'odieux nous arma contre le despotisme ; il ne faut pas qu'elle se traîne dans les sentiers que suivoient nos oppresseurs : il ne faut pas qu'elle rejoigne les anneaux de la chaîne qu'elle a brisée. Mais où est cette utilité prétendue ? toute-puissante lors de l'ancien régime, elle est nulle sous celui-ci. En effet, le despotisme est seul, il faut qu'il veille; il est foible, il faut qu'il trompe; tout le menace. La découverte d'une vérité, dont la propagation est possible, le choc de deux idées, la réunion, la rencontre de trois hommes, tout est un véritable danger pour le despotisme; mais la liberté, mais la constitution, elle est tout, elle a la force, elle a la vérité pour elle. Du moment où elle a dit : *la volonté générale est la loi*, elle s'est interdit l'espionnage, la délation, la violence que peuvent lui opposer ses ennemis ? la force extérieure ? ce n'est pas avec des comités de *recherches*, c'est avec la masse du corps social qu'on l'a repoussée. Les opinions ? elle les respecte, elle cherche la vérité, elle ne craint point l'erreur; elle sait que l'erreur, librement manifestée, est elle-même un moyen de conduire à la vérité; elle sait que la volonté générale ne peut exister pure que lorsque toutes les volontés individuelles existent libres; elle sait que même ce qui est foncièrement l'erreur, rapproché de l'immuable vérité, seroit la loi si toutes les volontés, si la majorité des volontés l'adoptoient. Les complots ? qu'est-ce que les complots si la volonté générale leur est contraire ? je ne sais si je m'égare, mais je ne conçois pas, je ne concevrai jamais qu'il faille employer tant de moyens pour empêcher que la minorité ne détruise ce que veut une majorité armée & toute-puissante; ce qu'adopte la volonté générale. Nos surveillans sont l'esprit public, le vœu universel, l'amour de la liberté; ces sentimens sont les soutiens de notre constitution. Doutez-vous qu'ils existent ? je vous plains. Voulez-vous les suppléer par la terreur ? je vous condamne; vous n'avez pas plus de droit de me forcer à être libre à votre manière, que l'on en avoit de me tenir dans l'esclavage, qu'ils appelloient aussi la liberté. Eclairez, persuadez, invitez, mais ne contraignez pas, ou quels que soient vos prétextes, vous êtes de véritables tyrans.

» Je reviens; les inquisitions que vous défendez sont inutiles; mais j'ai de plus attaqué la légalité de leur existence. Ici vous distinguez le comité de l'assemblée & le comité de la ville : je vais m'expliquer sur l'un & sur l'autre, sans aucune dissimulation.

» J'ai copié le titre de l'établissement du premier, vous seul y avez vu le droit de faire arrêter, & encore ne l'y avez vous vu que par induction. Vous convenez avec moi qu'il n'y existe pas textuellement, mais vous dites, *qui veut la fin veut les moyens*, & partant de ce principe qui vous paroit incontestable, vous établissez que l'assemblée nationale ayant voulu des informations, & les informations ne pouvant se faire sans arrêter arbitrairement des citoyens, il est clair que l'assemblée a voulu que des citoyens fussent arbitrairement arrêtés. Voilà votre raisonnement, voici ma réponse : *qui veut la fin veut les moyens*, est un adage dont l'expression est vague quoique l'idée en soit juste; vous en avez fait la majeure d'un raisonnement, & vous avez volontairement fait un sophisme; il suffit donc de fixer la majeure; si par ces mots, *qui veut la fin veut les moyens*, on entend seulement que celui qui veut un résultat, veut en même-temps que l'on prenne des moyens qui y conduisent, on a raison, mais cela ne prouve rien contre moi; si, au contraire, par ces mots, *qui veut la fin veut les moyens*, on entend que celui qui veut un résultat, autorise & avoue, par cela même, tous les moyens qu'un tiers jugera propres à parvenir à ce résultat, on dit une étrange absurdité; & lorsqu'on applique ce raisonnement aux législateurs, à un législateur qui, par des loix, par des dispositions précises, a fixé des principes absolument contraires aux prétendus moyens que choisit son mandataire, & que l'on prétend trouver dans cet axiome, la légalisation de ces mesures, alors ce qui n'étoit qu'une étrange absurdité devient un véritable outrage fait au législateur, & un véritable délit contre la raison & contre les mœurs publiques.

« Il a suffi, si je ne me trompe, de fixer le véritable sens du proverbe dont vous avez abusé, pour détruire votre raisonnement, & il demeure incontestable qu'il n'y a dans le titre du comité des recherches de l'assemblée, que ce que l'assemblée y a véritablement mis, le droit d'écouter les informations, & de lui en rendre un compte fidèle.

» Vous aviez peut-être une autre arme dans l'approbation que l'assemblée nationale a donnée à son comité de *recherches*; je n'en dissimule pas la force; elle a, comme considération, tout le poids de l'assemblée nationale; mais la plus forte considération n'est rien contre la justice; l'assemblée ne peut pas approuver la violation de ses décrets. Ses décrets sont formels sur la liberté individuelle; si son comité a été hors du terme de la loi, s'il a violé son décret, il n'y a ni législation postérieure, ni acte d'une puissance quelconque, qui puisse empêcher que la loi n'ait été violée. L'avenir est à Dieu, le présent est à l'homme, mais le passé n'est plus à personne; ce qui a été un crime le sera toujours, & la loi même venant à changer, ne couvre pas le délit de ceux qui ont violé son ancienne disposition. Je crois qu'on ne se plaindra pas que j'aie éludé la difficulté.

» Je passe au comité de la ville : il a un titre celui-là, & un titre qui m'étoit inconnu, & un titre qui contient le droit terrible de *s'assurer des personnes*. Il est vrai que ce titre émane d'un pouvoir totalement incompétent, & vous l'avez senti, & vous le savez comme moi, & vous n'avez eu qu'un moyen d'éluder cette objection que vous avez eu la bonté de vous faire à vous même. Vous avez été réduit à soutenir l'absurde ; à soutenir que les représentans de la commune étoient un pouvoir constituant. Il n'y a certes aucun attentat contre les principes que vous ne puissiez justifier, si vous soutenez qu'il existe un pouvoir constituant qui ne soit pas la convention nationale, qui co-existe avec l'assemblée nationale, qui soit renfermé dans une ville, & dont les mandataires agissent dans tout le royaume ; tout cela est tellement absurde, tellement insoutenable que je n'aurai garde de vous suivre dans ce raisonnement politique.

» Si les principes sont évidemment la condamnation des comités inquisitoriaux que j'attaque, les exemples ne les justifient pas davantage, & je vais pour le prouver, m'arrêter à celui qu'a cité *J. P. Brissot*. Je vais surmonter l'horreur que m'inspire le long-parlement anglois, m'occuper un instant de ce monstre de politique & d'immoralité, & chercher avec *J. P. Brissot* où est l'instant où il lui a vu *les principes du plus pur patriotisme*.

» L'histoire exécrable du long parlement vous présente deux périodes ; on le voit d'abord entêté des rêveries presbytériennes, en faire le véhicule de l'ambition de quelques membres ; on voit ceux-ci habiles à saisir, à diriger dans le sens de leurs vues, la tendance que tout corps politique a par sa nature vers le pouvoir & l'action ; on voit ce corps insensé, usurper successivement toute la prérogative royale, former & signer une ligue, nommer aux emplois, lever une armée, faire la guerre au roi, l'acheter des écossois auxquels il s'étoit abandonné, commencer une procédure contre ce malheureux prince, détruire la chambre haute qui refusoit de participer à ce forfait & le consommer seule ; voilà le crime du long parlement : voici maintenant son opprobre. Après l'assassinat du roi, accablé de son forfait, il tombe dans le mépris & l'avilissement ; l'armée l'insulte, le peuple le brave ; Cromwell s'en lasse, il dit un mot, & le long parlement disparoît. Je le demande à *J. P. Brissot*, à qu'elle époque attache-t-il l'idée du patriotisme le plus pur ? Quand le parlement fut-il patriote ? Est-ce lorsqu'il foula sous ses pieds la tête sanglante de son roi ? Est-ce lorsqu'il rampa lui-même aux pieds d'un usurpateur ? Apperçoit-il de loin ce Cromwel dont la coupable grandeur fut l'effet inévitable des crimes du long parlement ?

» Dans quel temps vivons nous donc ? Quelle idée avons nous de la liberté & du patriotisme, s'il existe un homme qui ose nous proposer comme un modèle, le long parlement, cette assemblée régicide & lâche qui fit acheter le despotisme aux anglois par sept années de troubles & d'anarchie ».

Telles ont été les diverses opinions sur le comité des *recherches* de la ville tant qu'il a existé ; celui de l'assemblée nationale n'étoit guères plus aimé ; mais comme il y avoit moins d'ineptie & de fanatisme qu'à celui de la ville, on ne le détestoit pas tant, quoique son institution ne fût, ni plus légale, ni plus utile aux progrès de la liberté ; l'un & l'autre sont détruits. Celui de l'hôtel-de-ville l'a été dans les premiers jours d'octobre 1791 ; voici le discours & l'arrêté qui l'ont enterré dans le conseil général de la commune.

M. Lohier, président du comité des *recherches*, a dit : « Messieurs, votre comité des recherches n'avoit été institué, comme celui de nos premiers législateurs, qu'en des conjonctures très-difficiles, & qui exigeoient une surveillance aussi rigoureuse qu'extraordinaire. En effet, c'est le 22 octobre 1789, que, selon l'arrêté de la commune, ses représentants choisirent dans leur sein vos propres commissaires ; mais messieurs, les temps sont heureusement changés. Par un bienfait marqué de la providence, nous voici au moment même où l'empire Français semble appeller toutes les nations à la liberté, en leur montrant sa majestueuse constitution. Permettez donc, messieurs, que voyant les droits du citoyen pour toujours assurés par notre inviolable législation, que voyant nos tribunaux en pleine activité, votre comité des recherches déclare aujourd'hui que sa mission est remplie ».

Sur cette déclaration, le conseil général considérant que le règne de la loi commence, & que la surveillance & l'action ne doivent plus résider que là où la constitution les a placées, a arrêté : 1°. Que le comité des *recherches* cesseroit toutes fonctions ; 2°. que les papiers inventoriés seroient déposés au département de police ; 3°. vôte des remercîmens aux membres de ce comité, pour le zèle & la prudence avec lesquels ils ont rempli les devoirs les plus pénibles. Signé, *Bailly*, maire ; *Royer*, secrétaire-greffier adjoint. *Voyez* ESPIONAGE.

RELIGION, s. f. Institution publique dont l'objet est l'adoration de l'être suprême & l'ensemble des règles qu'on doit suivre pour s'en acquitter dignement.

La *religion* peut être considérée sous deux aspects différens, dans ses rapports avec la conscience & le salut des âmes, & dans ceux qui l'attachent à l'ordre public & à l'harmonie de la société. C'est à la théologie à s'étendre sur le premier de ces rapports, notre objet est de parler du second.

Par rapport à l'ordre public, la religion offre encore un soin particulier à remplir par la société, c'est la surveillance à faire observer les loix de police qui concernent le respect dû aux fêtes, aux abstinences, &c. Ces objets ont été discutés aux mots Fetes, Dimanche, ainsi l'on peut y avoir recours. Quant au second, le rapport de la *religion* avec l'ordre de la société, nous croyons devoir entrer dans quelque développement : nous tirerons ce que nous allons dire, de l'ouvrage de M. Necker, sur les *opinions religieuses*.

Du rapport des idées religieuses avec l'ordre public.

On ne connoit pas distinctement l'origine de la plûpart des sociétés politiques ; mais au moment où l'histoire nous montre les hommes réunis en corps de nation, on apperçoit en même-temps l'établissement d'un culte public, & l'application des idées religieuses au maintien des loix d'ordre & de subordination. Ce sont les idées religieuses qui, par la puissance du serment, lioient le peuple aux magistrats, & les magistrats à leurs promesses ; & ce sont elles qui inspiroient un saint respect pour les engagemens contractés entre les souverains ; ce sont encore ces idées religieuses qui, plus dominantes que la discipline, retenoient les soldats auprès du général; ce sont enfin ces mêmes opinions qui, par leur influence sur les mœurs particulières, produisent un nombre infini de belles actions & de traits de dévouement personnel, dont l'histoire nous a transmis le souvenir ; mais comme c'est aussi parmi les nations les plus éclairées, qu'on a vu s'élever une philosophie sans relâche, d'enlever à la religion tout ce qu'elle avoit d'imposant, les dissertations sur les temps éloignés de nous, & les divers systêmes qu'on s'efforceroit d'y associer, deviendroient une source interminable de controverses. C'est donc par le raisonnement seul, c'est par cette action de l'esprit, qui appartient également à tous les pays & à tous les siècles, que nous soutiendrons la cause dont nous avons pris en main la défense. Il y a peut-être quelque chose de faible & de servile dans le secours qu'on veut tirer des anciennes opinions ; la raison ne doit point, comme la vanité, se parer de vieux parchemins & déployer un arbre généalogique ; il faut que plus superbe en sa marche, & fière dans sa nature immortelle, elle emprunte tout d'elle-même ; il faut qu'elle se passe d'ancêtres ; & qu'elle soit, pour ainsi dire, contemporaine de tous les âges.

Il étoit réservé, particulièrement à notre siècle, d'attaquer jusqu'à l'utilité de la religion, & de chercher à remplacer son active influence par les instructions inanimées d'une philosophie politique. Cette religion, dit on, est un échafaudage qui tombe en ruine, & il est temps de donner à la morale un appui plus solide. Mais que sera-t-il cet appui ? Il faut, pour le découvrir ; il faut pour s'en former une juste idée, considérer séparément les différens mobiles qui dépendent des relations que les hommes ont entre eux ; & il sera nécessaire d'apprécier ensuite, le genre & le dégré d'assistance qu'on peut raisonnablement attendre d'une pareille force.

Il me semle qu'en renonçant aux secours efficaces de la religion, on peut aisément se former l'idée des moyens dont on chercheroit à faire usage, pour attacher les hommes à l'observation des régles de la morale, & pour contenir les écarts dangereux de leurs passions. On feroit valoir, sans doute, les rapports qui peuvent exister entre l'intérêt particulier & l'intérêt général ; on se serviroit de l'empire des loix & de la crainte des punitions, & l'on se confieroit encore à l'ascendant de l'opinion publique, & à l'ambition que chacun doit avoir, de l'estime & de la confiance des autres.

Examinons séparément ces différens motifs ; & en arrêtant d'abord notre attention sur l'union de l'intérêt personnel avec l'intérêt public, voyons si cette union est réelle, & si l'on peut tirer d'un pareil principe aucune instruction de morale véritablement efficace.

Il s'en faut bien que la société soit une œuvre parfaite ; il s'en faut bien qu'on doive considérer comme une composition harmonieuse, les différens rapports dont nous sommes les témoins, & sur-tout ce contraste habituel de puissance & de foiblesse, d'esclavage & d'autorité, de richesse & d'infortune, de luxe & de misère ; tant d'inégalités, tant de bigarrures ne sauroient former un édifice imposant par la justesse de ses proportions.

L'ordre civil & politique n'est donc point excellent par sa nature, & l'on ne peut en appercevoir la convenance, qu'après avoir fait une étude réfléchie, & des considérations que les législateurs avoient à ménager, & des difficultés qu'ils avoient à vaincre. C'est alors seulement, qu'avec le secours de la méditation la plus attentive, on parvient a découvrir comment les relations singulières, établies par les loix sociales, forment néammoins le systême d'équilibre le plus propre à lier ensemble une immense diversité d'intérêts ; mais c'est déjà un grand obstacle à l'influence d'une morale politique, que la nécessité de donner pour base à l'amour de l'ordre ; une idée abstraite & compliquée. Que peut sur les esprits vulguaires, l'harmonie scientifique de l'ensemble, près de ce sentiment journalier d'injustice & d'inégalité, qui nait à l'aspect de chaque partie de la constitution sociale, lorsqu'on en prend connoissance, d'une manière isolée ou circonscrite? Et combien est borné le nombre de ceux qui peuvent rapprocher sans cesse tous les anneaux épars de cette vaste chaîne.

On ne sauroit éviter, dans les sociétés les mieux ordonnées, que les uns ne jouissent, sans travail & sans peine, de toutes les comodités de la vie, & que les autres, en beaucoup plus grand nombre, ne soient forcés de chercher, à la sueur de leur front, la subsistance la plus étroite, la récompense la plus limitée. On ne sauroit éviter que les uns ne trouvent, dans leurs maladies, tous les secours que l'empressement & l'intelligence peuvent offrir, tandis que d'autres sont réduits à partager, dans un asyle public, les modiques secours que l'humanité du prince assure à l'indigence. On ne sauroit éviter que les uns ne soient en état de prodiguer à leur famille tous les avantages d'une longue éducation, tandis que d'autres, impatiens de s'affranchir d'une charge pénible, sont contraints d'épier le premier développement des forces physiques, pour appliquer leurs enfants à quelque travail lucratif. Enfin, on ne sauroit éviter que le spectacle de la magnificence ne contraste sans cesse avec les haillons de la misère. Tels sont les effets inévitables des loix de propriété. C'est une vérité dont j'ai eu occasion de discuter les principes, dans les ouvrages que j'ai composés sur l'administration & sur l'économie politique; mais je dois la rappeler ici, puisqu'elle se trouve étroitement liée à d'autres vues générales. Le pouvoir éminent de la propriété est une des institutions sociales dont l'influence à le plus d'étendue; cette considération étoit applicable aux droits du peuple dans la législation sur le commerce des grains; elle devoit être présente à l'esprit, dans la recherche des devoirs de l'administration; elle est encore importante, quand il est question d'examiner le genre d'instruction morale qui peut convenir aux hommes.

En effet, s'il appartenoit à l'essence des loix de propriété, d'introduire & de maintenir constamment des disparités immenses, dans la distribution des biens; s'il appartenoit à l'essence de ces loix, de réduire au plus simple nécessaire, la classe la plus nombreuse des citoyens; le résultat inévitable d'une semblable constitution seroit d'entretenir, au milieu des hommes, un sentiment habituel d'envie & de jalousie. Vainement démontreroit - on que ces loix sont les seules capables d'exciter le travail, d'animer l'industrie, de prévenir le désordre, & d'opposer des obstacles aux actes arbitraires de l'autorité; toutes ces considérations suffisantes, sans doute, pour fixer l'opinion de la volonté du législateur, ne sauroient frapper de la même manière, l'homme jetté sur la terre, sans biens, sans ressources & sans espérances; & il ne rendra jamais un hommage libre à la beauté d'un ensemble, où il n'y a pour lui, que laideur, abjection & mépris.

Les hommes, dans la plûpart de leurs raisonnemens politiques, sont trompés par des vraisemblances & des analogies; l'intérêt de la société est sans doute un composé des intérêts de tous ses membres; mais il ne résulte point de cette explication, qu'il y ait une correspondance immédiate & constante entre l'intérêt général & l'intérêt particulier; un semblable rapprochement, une telle identité ne pourroient être applicables qu'à un être social, imaginaire, & qu'on se représenteroit divisé en plusieurs parties, dont les riches seroient la tête, & les pauvres les pieds & les mains; mais la société politique n'est un seul & même corps que sous de certains rapports, tandis que, relativement à d'autres intérêts, elle se partage en autant de ramifications que d'individus.

Les considérations qu'on revêt du nom d'intérêt général, seroient le plus souvent suceptibles d'une infinité d'observations; mais il est des principes, qu'on a l'habitude de recevoir & de transmettre, dans leur acception la plus commune; & l'on ne découvre les idées mixtes dont ils sont composés, qu'au moment où l'on analyse ces principes, pour en tirer des conséquences; de même à-peu-près, qu'on n'apperçoit la diversité des couleurs d'un rayon de lumière, qu'au moment où, à l'aide du prisme, on parvient à le diviser.

L'organisation des loix sociales doit paroître, avec raison, l'une de nos plus admirables conceptions; mais ce systême n'est pas tellement lié dans toutes ses parties, qu'un désordre frappant soit toujours l'effet nécessaire de quelques mouvemens irréguliers : ainsi l'homme infracteur des loix ne découvre pas rapidement le rapport de ses actions avec l'intérêt de la société; mais c'est à l'instant & sans délai qu'il jouit, ou croit jouir de ses usurpations.

Que le feu prenne à une salle de spectacle, il est sans doute de l'intérêt général de l'assemblée que chacun sorte avec ordre; mais si les personnes les plus éloignées de l'issue croient pouvoir échapper plutôt au danger, en se faisant jour à travers la foule qui les environne, elles se détermineront sûrement à cette violence, à moins qu'une force coërcitive ne les en empêche : cependant, l'utilité commune

commune de s'astreindre à une règle en pareilles circonstances, paroît une idée plus simple & plus distincte, que ne l'est, au milieu des sociétés, l'importance universelle du maintien de l'ordre civil.

Le seul défenseur naturel de cet ordre, c'est le gouvernement; sa fonction l'oblige à ne jamais considérer que l'ensemble; mais le besoin qu'il a de puissance pour faire exécuter ses décrets, prouve évidemment qu'il est l'adversaire de plusieurs, lorsqu'il agit au nom de tous.

On se livreroit donc à une grande illusion, si l'on espéroit pouvoir fonder la morale sur la liaison de l'intérêt particulier avec l'intérêt public, & si l'on imaginoit que l'empire des loix sociales pût se passer de l'appui de la religion.

L'autorité de ces loix n'a rien de décisif, pour ceux qui n'ont jamais assisté à leur établissement; & quand on donneroit aux distinctions héréditaires de propriété, l'origine la plus reculée, il n'en est pas moins vrai que les nouveaux venus sur la terre, frappés du partage inégal de son riche domaine, & n'appercevant nulle part des limites & des lignes de séparation, tracée par la nature, auroient quelque droit à dire : ces pactes, ces partages, ces diversités de lots, qui procurent aux uns l'abondance & le repos, aux autres, le travail & la pauvreté, toute cette législation enfin, n'est bonne qu'à un petit nombre d'hommes privilégiés; & nous n'y souscrirons, qu'autant que la crainte du danger personnel nous y contraindra. Qu'est-ce donc, ajouteroient-ils, que ces idées de juste & d'injuste, dont on nous entretient? Qu'est-ce que ces dissertations sur la nécessité d'adopter un ordre quelconque de société, & d'en observer les règles? Notre esprit ne se plie point à des principes qui, généraux dans la théorie, deviennent particuliers dans l'application. Nous trouvions des dédommagemens & des compensations, quand les idées de vertu, de soumission & de sacrifice, se lioient à une opinion religieuse; quand nous croyons compter dans nos actions avec un Etre suprême, dont nous adorions les loix & la volonté dont nous avions tout reçu, & dont l'approbation se présentoit à nos yeux, comme un motif d'émulation & un objet de récompense; mais si les bornes rapprochées de la vie, fixent l'étroite enceinte où tous nos intérêts doivent se renfermer, où toutes nos spéculations & nos espérances doivent s'arrêter, quel respect devons nous à ceux que la nature a formé nos égaux? A ces hommes sortis d'une terre insensible, pour y rentrer avec nous, & s'y perdre à jamais dans la même poussière? Ils n'ont imaginés les loix de la justice, que pour être usurpateurs plus tranquilles. Qu'ils descendent de leur haute fortune; qu'ils se mettent à notre niveau, ou nous présentent du moins un partage moins inégal, & nous pourrons concevoir, que l'observation des loix de propriété nous est importante; jusques là, nous aurons de justes motifs pour être ennemis d'un ordre civil, dont nous nous trouvons si mal; & nous ne comprendrons point comment, au milieu de tant de biens qui nous font envie, c'est au nom de notre propre intérêt que nous devons y renoncer.

Tel est le langage secret que ne manqueroient pas de tenir les hommes accablés par la détresse de leur situation, ou simplement ceux qui, dans un état habituel d'infériorité, se trouveroient continuellement blessés par le spectacle du luxe & de la magnificence.

Il ne seroit point aisé de combattre ces sentimens, en essayant de peindre avec force, & la vanité de tous les plaisirs, & l'illusion de la plupart des objets qui captivent notre ambition, & les ennuis qui marchent à leur suite. Ces réflexions, sans doute, ont leur puissance & leur efficacité; mais si l'on y prend garde, tout ce que nous appellons consolations dans le monde, ne peut être adressé, avec fruit, qu'aux âmes préparées aux sentimens doux, par les idées plus ou moins confuses de la religion & de la piété; on ne peut pas relever de même le stérile & farouche abattement de l'homme malheureux & jaloux, qui a rejetté loin de lui toutes les espérances : concentré dans les intérêts d'une vie qui est pour lui le temps & l'univers, c'est la passion du moment, qui l'enchaîne, & rien ne peut l'en dégager; il n'a plus le moyen de se prendre à aucune idée vague, il n'a plus le moyen de s'en contenter; & comme la raison elle-même a besoin, à chaque instant, du secours de l'imagination, il ne peut plus être encouragé, ni par les discours de ses amis, ni par ses propres réflexions.

D'ailleurs, si l'on peut soutenir, en général, que les loix de bonheur ou de malheur sont plus égaux qu'on ne pense; si l'on peut avancer, avec des motifs raisonnables, que le travail est préférable à l'oisiveté; si l'on peut dire, avec vérité, que les embarras, les inquiétudes accompagnent souvent la richesse, & que le contentement d'esprit paroît le partage de la médiocrité, on doit convenir en même-temps que ces axiômes ne sont parfaitement justes qu'aux yeux des moralistes qui prennent l'homme dans un grand espace, & qui font le calcul de toute une vie : mais, au milieu du cours journalier des desirs & des espérances, il est impossible de vouloir exciter au travail par l'espoir de la fortune, en décriant les plaisirs & les commodités qu'elle procure. Les idées subtiles, sans excepter celles qui sont susceptibles d'être défendues, ne peuvent jamais être applicables aux circonstances actives; &

si l'on se sert quelquefois avec succès de ces forces de réflexions pour adoucir les regrêts, c'est qu'on n'a plus alors à combattre que des ombres.

Enfin, lors même qu'on réduiroit en préceptes, toutes les réflexions connues sur l'illusion de la plupart des supériorités d'état & de fortune, on ne sauroit empêcher que les esprits les plus grossiers, ne fussent continuellement frappés de l'inégalité extérieure des différens marchés que le riche fait avec le pauvre, on diroit, dans ce moment-là, qu'une partie des hommes n'a été formée que pour la commodité de l'autre; le pauvre sacrifie son temps & ses forces pour multiplier, autour du riche, les satisfactions de tous genres; & celui-ci, lorsqu'il donne en échange la plus étroite subsistance, ne s'impose aucune privation; puisque l'étendue de ses besoins physiques est bornée par les loix de la nature: & l'égalité n'est donc établie que par la lassitude & l'ennui qui naissent de la jouissance même des plaisirs. Mais ces dégoûts composent le lointain dans le tableau de la vie; le peuple ne les apperçoit point; & comme il n'a jamais connu que les besoins, il ne peut se former aucune idée des langueurs de nos diverses satiétés.

Dira-t-on imprudemment, que si les distinctions de propriétés sont un obstacle à l'établissement d'une morale politique, il faut travailler à les détruire? Mais si, dans ces âges reculés, où les divers dégrés de talens & de connoissances se rapprochoient infiniment davantage, les hommes n'ont pu conserver, ni la communauté des biens, ni l'égalité des partages; imagineroit-on que les relations primitives puissent être rétablies dans un temps où la disparité des moyens s'est considérablement accrue, & dans un temps où toutes les supériorités d'état & de puissance sont consolidées par la force immuable des armées disciplinées?

D'ailleurs, lors même que dans la composition d'un monde idéal, on auroit introduit la division la plus exacte des divers biens estimés par les hommes, il faudroit encore, pour maintenir un systême réel d'égalité, que chacun exécuta fidellement les devoirs imposés par la morale universelle, puisque c'est la part de chaque individu, aux sacrifices de tous les membres de la société, qui doit dédommager chaque citoyen en particulier, des privations auxquelles il se soumet lui-même.

Jusqu'à présent, nous avons tâché de connoître l'effet qu'on pouvoit attendre d'un traité de morale, en rapportant seulement ce genre d'instruction à l'intérêt personnel le plus éclairé. Il nous reste à montrer que toute espèce d'éducation, qui demande du temps & de la réflexion, ne peut convenir, en aucune manière, à la classe la plus nombreuse des hommes; & pour sentir cette vérité, il suffit d'arrêter son attention sur l'état social de tous ceux qui sont dénués de propriétés, & dépourvus de talens qui peuvent y suppléer; obligés de recourir à un travail grossier, & où l'on n'exige que l'emploi des forces physiques, leur concurrence, & l'empire de la richesse réduisent le salaire de cette classe nombreuse au nécessaire le plus absolu; ils ne sauroient donc subvenir qu'avec peine, à l'entretien de leurs enfans; & ils doivent être tellement impatiens de les appliquer à des occupations utiles, qu'ils ne peuvent les envoyer dans les lieux publics d'instruction, que pendant les premiers instans de la vie; ainsi, l'ignorance & la pauvreté sont, au milieu de nos sociétés, le lot héréditaire de la plus grande partie des citoyens; il n'y a d'adoucissement à cette loi générale, que dans les pays où la constitution du gouvernement soutient le prix des salaires, & donne, au peuple, quelques moyens de résistance, contre le despotisme de la fortune & de la propriété. Cependant, si tel est l'inévitable effet de notre législation civile & politique, comment pourrions nous imaginer de lier les hommes, indistinctement, au maintien de l'ordre public, par aucune instruction, je ne dis pas compliquée; mais où l'exercice d'un long raisonnement un préalable nécessaire? Il ne suffisoit pas alors de donner des appointemens aux instituteurs, il faudroit encore payer le temps des écoliers; puisque, pour les gens du peuple, ce temps est, dès le plus bas âge, leur unique moyen de subsistance.

Cependant, la morale n'est point, comme toutes les autres sciences humaines, une connoissance, qu'on soit libre d'acquérir plus ou moins lentement; l'instruction la plus prompte est encore trop tardive, puisque l'homme a le pouvoir physique de faire du mal, avant que son esprit soit en état de s'adonner à la réflexion, & d'enchaîner les idées les plus simples.

Ce n'est donc pas un catéchisme politique qu'il faut destiner à l'instruction du peuple; ce n'est pas un cours d'enseignemens, fondé sur les rapports de l'intérêt personnel avec l'intérêt public, qui peut convenir à la mesure de son intelligence; & quand une pareille doctrine seroit aussi juste qu'elle me paroît susceptible de contradictions, on ne pourroit jamais en rendre les principes aussi distincts, pour la mettre à l'usage de tous ceux dont l'éducation ne dure qu'un moment. La morale religieuse, par son action rapide, se trouve exactement appropriée à la situation singulière, du plus grand nombre des hommes; & cet accord est si parfait, qu'il semble un des traits remarquables de l'harmonie universelle. La morale religieuse est la seule qui puisse persuader avec célérité, parce qu'elle émeut en même-temps qu'elle éclaire, parce que, seule, elle a le moyen de rendre sensible tout ce qu'elle redemande; parce qu'elle parle au nom d'un Dieu, & qu'il est aisé d'inspirer du respect pour celui dont la puissance éclate de toutes parts, aux yeux des simples & des habiles, aux yeux des enfans & des hommes faits.

Qu'on ne dise point, pour attaquer cette vérité, que l'idée d'un dieu est la plus incompréhensible de toutes; & que si l'on peut faire découler des leçons utiles d'un principe si métaphysique, on doit attendre bien davantage des préceptes qui seront appuyés sur les rapports communs de la vie. Une telle objection est purement subtile; la connoissance distincte de l'essence d'un dieu créateur du monde, est sans doute au-dessus de l'intelligence des hommes de tous âges & de toutes facultés; mais il n'en est pas de même de l'idée vague d'une puissance céleste qui punit & qui récompense, l'autorité paternelle & la foiblesse de l'enfance préparent de bonne heure aux idées d'assujettissement & d'empire; & le monde est une si grande merveille, un théâtre si continuel de prodiges, qu'il est aisé de lier de bonne heure la crainte & l'espérance au sentiment d'un être suprême. Aussi, bien loin que l'infinité d'un dieu créateur & moteur de l'univers puissent détourner du respect & de l'adoration, ce sont les ténèbres dont il s'enveloppe qui prêtent une nouvelle force aux idées religieuses; & l'homme demeure froid, très-souvent, au milieu des découvertes de sa raison; mais il est toujours facile à émouvoir toutes les fois qu'on s'adresse à son imagination: car cette faculté de notre esprit nous excite à une action continuelle, en découvrant à nos yeux un grand espace, & en nous tenant toujours à une certaine distance du but. L'homme est tellement disposé à s'étonner d'un pouvoir dont il ignore les ressorts, ce sentiment en lui est tellement inné, que ce dont on doit se défendre le plus dans son éducation, c'est de l'insinuation inconsidérée des diverses terreurs dont il est susceptible. Ainsi, non pas seulement l'idée à jamais vraie de l'existence d'un dieu tout-puissant, mais simplement la foi crédule aux opinions les plus superstitieuses, aura toujours plus d'empire sur la classe commune des hommes, que des enseignemens abstraits ou des considérations générales. Je ne sais même si l'on ne pourroit pas dire avec vérité, que l'avenir de cette courte vie, quand il ne nous est présenté que par l'esprit, est moins rapproché de nous que le spectacle lointain offert à nos yeux par la religion, parce que c'est notre sentiment qui s'avance vers celui-ci, & que les descriptions les plus distinctes de la raison ne peuvent jamais égaler en pouvoir l'ardeur pressante d'un mouvement de notre ame.

Je reprends la suite de mes réflexions, & je place ici une observation importante; c'est que plus l'étendue des impôts entretient le peuple dans l'abattement & dans la misère, plus il est indispensable de lui donner une éducation religieuse; car c'est dans l'irritation du malheur qu'on a sur-tout besoin & d'une chaîne puissante, & d'une consolation journalière. Les abus successifs de la force & de l'autorité, en bouleversant tous les rapports qui existoient originairement entre les hommes, ont élevé au milieu d'eux un édifice tellement artificiel, & où il règne tant de disproportion, que l'idée d'un dieu y est devenue plus nécessaire que jamais, pour servir de nivellement à cet assemblage confus de disparités de tous genres; & si l'on pouvoit jamais se prêter à imaginer l'existence d'un peuple soumis uniquement aux loix d'une morale politique, on se représenteroit sans doute une nation naissante, & qui seroit contenu par la vigueur d'un patriotisme encore dans sa pleine jeunesse, une nation qui occuperoit un pays où les richesses n'auroient pas eu le temps de s'accumuler, où la distance des habitations les unes des autres, contribueroit au maintien des mœurs domestiques, où l'agriculture, cette occupation simple & paisible, constitueroit la principale ambition, où la main d'œuvre obtiendroit une récompense proportionnée à la rareté des ouvriers & à la vaste étendue des travaux utiles; on se représenteroit enfin une nation où les loix & la forme du gouvernement favoriseroient pendant long-temps l'égalité des rangs & celle des propriétés. Mais dans nos anciens états de l'Europe, où l'accroissement des richesses augmente continuellement la différence des fortunes; & la distance des conditions; mais dans ces vieux corps politiques, où nous sommes serrés les uns contre les autres, où la misère & la magnificence se trouvent sans cesse entremêlées, il faut nécessairement une morale fortifiée par la religion, pour contenir ces nombreux spectateurs de tant de biens & d'objets d'envie, & qui, placés si près de tout ce qu'ils appellent le bonheur, ne peuvent jamais y prétendre.

Les mêmes remarques sont applicables à toutes les vertus dont l'observation est essentielle à l'ordre public. Quelle route le simple raisonnement n'auroit-il pas à faire, pour persuader à un célibataire qu'il ne doit point enlever à un époux le cœur de sa femme! Où lui assigneroit-on un dédommagement distinct du sacrifice de sa passion? quels détours encore ne seroit-on pas obligé de parcourir, pour démontrer à un ambitieux qu'il ne doit pas calomnier en secret son rival; à un avare solitaire, ou armé d'indifférence contre l'opinion, qu'il ne doit pas s'éloigner de toutes les occasions de faire du bien; à un génie ardent & vindicatif, qu'il ne doit pas obéir aux sentimens qui le pressent; à un homme dans le besoin, qu'il ne doit pas avoir recours à des mensonges pour se faire valoir, ou pour tromper de quelqu'autre manière! Et combien d'autres positions offriroient les mêmes difficultés, & de plus grandes encore! Les idées abstraites les mieux ordonnées ne peuvent jamais s'emparer de nous que par le plus long chemin, puisque le propre de ces sortes d'idées est de dégager le raisonnement de ce qu'il a de sensible, & par conséquent de frappant, & d'une impression rapide. D'ailleurs, la morale politique, comme tout ce qui vient uniquement de l'esprit, seroit pour nous une simple opinion; opinion que nous aurions le droit d'appeller à tout moment en cause, au tribunal de notre raison. Les leçons des hommes ne sont jamais que la représentation de leurs jugemens, & le sentiment des uns n'entraîne point la volonté des autres. Il n'est même aucun principe de morale, qui, sous des rapports absolument humains, ne soit susceptible d'exception ou de quelque modification; il n'y a rien de si composé que la liaison de la vertu avec le bonheur. Enfin, tandis que notre esprit a de la peine à saisir, à distinguer clairement cette union, les objets de nos passions sont par-tout apparens, & tous nos sens en sont préoccupés. L'avare voit de l'or & de l'argent; l'ambitieux, les honneurs qu'on décerne aux autres; le débauché, les objets de sa luxure; la vertu n'a pour elle que le raisonnement : elle avoit donc besoin d'être soutenu par un sentiment religieux, & par les heureuses espérances dont ce sentiment est accompagné.

Aussi, dans un gouvernement où l'on voudroit substituer une morale politique à une éducation religieuse, il deviendroit peut-être indispensable de garantir les hommes de toutes les idées propres à exalter leur esprit; il faudroit les détourner des différentes rivalités qui excitent leur amour-propre & leur ambition; il faudroit les éloigner de la société habituelle des femmes; il faudroit encore abolir l'usage des monnoies, cette image attrayante & confuse de toutes sortes de biens; enfin, en enlevant aux hommes leurs espérances religieuses, & en les privant ainsi des encouragemens à la vertu qui naissent de leur imagination, il faudroit nécessairement empêcher de toutes ses forces, que cette imagination ne servît plus qu'à seconder les vices & toutes les passions contraires à l'ordre public : c'est parce que Télémaque étoit accompagné d'une divinité, qu'il lui fut permis de visiter la cour fastueuse de Sésostris, & les demeures enchanteresses d'Eucharis & de Calypso.

Il est sur-tout un âge, le plus beau comme le plus assuré de la vie, où l'on ne sauroit se passer de l'autorité d'un guide; il faut, pour traverser avec sûreté les jours orageux de la jeunesse, des principes qui nous commandent, & non des réflexions qui nous conseillent : celles-ci n'ont de puissance qu'en proportion de la vigueur de l'esprit, & l'esprit n'est formé que par l'expérience & par le long combat des idées.

Les instructions religieuses ont le particulier avantage de saisir l'imagination, & d'intéresser la sensibilité, ces deux brillantes facultés de nos premières années : ainsi, lors même que l'on parviendroit à établir un cours de morale de politique assez bien étayé par le raisonnement, pour défendre du vice l'homme éclairé par la maturité de l'âge, je dirois encore qu'une semblable philosophie ne sauroit convenir à la jeunesse, & que cette armure est trop pesante pour elle.

Enfin, les leçons de la sagesse humaine, qui ne peuvent nous dominer dans l'ardeur de nos passions, sont également insuffisantes aux momens où, nos forces étant abattues par la maladie, nous ne sommes point en état de saisir une diversité de rapports; au lieu que, telle est la douce émotion qui accompagne le langage de la *religion*, que, dans la dégradation successive de nos facultés, ce langage est encore en proportion avec elles.

Cependant, si l'on venoit jamais à persuader qu'il y a sur la terre un plus sûr encouragement à la vertu que les idées religieuses, on affoibliroit plutôt leur empire; elles ne peuvent ni intéresser à demi, ni régner en partage; si elles ne débordent pas, pour ainsi dire, le cœur de l'homme, toute leur puissace s'évanouit.

Les instructions religieuses, en rassemblant tous les moyens propres à exciter les hommes à la vertu, ne négligent point, il est vrai, d'indiquer les rapports qui existent entre l'observation des loix de la morale & le bonheur de la vie; mais c'est comme un motif accessoire que ces considérations sont présentées : ainsi il n'est pas nécessaire de les appuyer des mêmes preuves qu'exige un principe fondamental. D'ailleurs, quand de bonne heure on avertit le peuple que les vices & les crimes conduisent au malheur sur la terre, ces enseignemens ne font une longue impression sur lui, qu'autant qu'on réussit en même-temps à le convaincre de l'influence habituelle d'une providence sur tous les événemens de ce monde. *Voyez* ABUS, CARÊME, DIMANCHE, FÊTE.

REMEDE, s. m. Ce que l'on administre à un homme incommodé, pour le guérir ou diminuer ses infirmités.

Deux soins principaux s'offrent aux administrateurs de police sur cet objet; par l'un, ils doivent empêcher qu'il ne soit distribué aucun *remède* dangereux; par l'autre, veiller à ce que les *remèdes* destinés aux pauvres, soient distribués avec utilité & justice : nous rapporterons, sur ces deux objets, ce que les ordonnances du roi & les réglemens de police prescrivent d'important a connoître.

Pour prévenir les abus de la vente & distribution des *remèdes* dans le public, le conseil du roi fit établir en 1752, une commission composée de médecins, à la tête de laquelle se trouvoit M. Senac, premier médecin du roi; l'arrêt du conseil du 13 octobre 1752, qui règle les pouvoirs de cette commission porte:

1°. Qu'il ne sera à l'avenir expédié ni délivré aucuns brevets par son premier médecin, pour la distribution des *remèdes* particuliers, qu'après avoir été examinés à la commission, & en conséquence d'une délibération signée de tous ceux qui la composent; que les maladies & les circonstances auxquelles ils seront jugés applicables, soient spécifiées dans lesdits brevets & privilèges; & que, pour plus grande sûreté, il soit marqué dans ces mêmes brevets & privilèges, que ceux qui les auront obtenus ne pourront prescrire ces *remèdes* que sous la direction d'un médecin.

2°. Ne pourront lesdits brevets & privilèges être accordés que pour le temps & espace de trois ans, passé lequel temps seront tenus ceux en faveur de qui ils auront été expédiés; de les rapporter pour en obtenir le renouvellement, qui ne sera délivré que sur les certificats donnés par les médecins & chirurgiens des lieux ou lesdits *remèdes* auront été employés, sur le bon effet qu'ils auront produit: & en cas qu'aucuns desdits brevets ou privilèges aient été expédiés pour un temps indéfini, ils ne pourront avoir lieu que pendant ledit temps de trois années, à compter du jour de leur date; le tout à peine de nullité, mille livres d'amende applicable aux hôpitaux des lieux, même de punition exemplaire contre ceux qui auront, ledit temps passé, continué à distribuer leurs *remèdes* sans avoir obtenu le renouvellement de leurs brevets dans la forme prescrite ci-dessus.

3°. Et pour éviter toute surprise dans le public, de la part des distributeurs desdits *remèdes* qui auront été examinés & approuvés, ordonne sa majesté que les brevets ou extraits d'iceux ne pourront être affichés ni publiés autrement que dans les rues; que l'original des annonces par lesquelles on avertira le public des propriétés des *remèdes* susdits, sera conforme à la teneur des brevets qui les autoriseront, & visé du premier médecin, ou de tel autre qui sera par lui préposé à cet effet; à peine de cinq cents livres d'amende.

4°. Enjoint très-expressément sa majesté à tous les corps des facultés de médecine & d'agrégations du royaume, ainsi qu'à tous les lieutenans du premier chirurgien, de dénoncer à ladite commission tous distributeurs de *remèdes*, colporteurs, ou soi-disans apothicaires de maisons particulières ou communautés, qui, contre les droits des trois corps de la médecine, débiteront des secrets, les administreront dans les maladies sans avoir aucun titre, permission ou brevet du premier médecin dans la forme ci-dessus prescrite.

5°. Et pour prévenir toutes sortes de contestations & de procès entre les trois professions des médecins, chirurgiens & apothicaires, en ce qui peut regarder les différens objets de la police desdites professions, veut sa majesté que ladite commission, après s'être fait représenter les statuts & réglemens, donne son avis sur les difficultés nées ou à naître concernant l'exercice, la discipline & les limites de chacune desdites professions, pour ledit avis vu & rapporté, y être pourvu par sa majesté.

6°. Fait sa majesté défenses à tous gouverneurs & magistrats des villes dans les provinces, de permettre à des gens sans qualité, comme opérateurs ou autres, de distribuer & débiter aucuns *remèdes*, s'ils n'ont été approuvés de la commission, & qu'il ne leur soit apparu de l'expédition des brevets ou privilèges dans les formes ci-dessus.

Cette police sur la distribution des remèdes a été ensuite attribuée à la société royale de médecine, avec à-peu-près les mêmes pouvoirs. Aujourd'hui l'on est bien relâché de la sévérité que l'on observoit à cet égard: aussi voit-on des annonces de *remèdes* aussi dangereux qu'absurdes. *Voyez* CHARLATAN, MÉDECIN, CHIRURGIEN, APOTHICAIRE.

L'on ne s'est point contenté d'empêcher ou du moins de gêner la distribution des *remèdes* dangereux parmi le peuple; on a encore pris des soins pour qu'il lui en fût donné gratuitement de bienfaits pendant ses maladies. On connoîtra, par l'extrait que nous allons rapporter de l'arrêt du conseil du 9 février 1776, la nature & l'objet de ce soin.

Le roi s'étant fait représenter, en son conseil, l'arrêt du 1er. mars 1769, par lequel le feu roi avoit ordonné, que pour prévenir & guérir plusieurs maladies épidémiques dont les peuples, & sur-tout les habitans des campagnes, étoient souvent attaqués, il seroit envoyé chaque année aux sieurs intendans & commissaires départis dans les différentes généralités du royaume, la quantité de sept cents quarante-deux petites boëtes de *remèdes*, & trente-deux grandes, pour être par eux confiées à des personnes charitables pour faire la distribution; que le zèle & l'attention avec lesquels le sieurs intendans & commissaires départis entrent dans les vues de sa majesté pour leur distribution, procurent aux habitans des campagnes de si grands avantages, en mettant à portée de prévenir & de guérir les maladies qui ne les affligent que trop souvent, qu'il seroit à desirer que ce genre de secours fût plus multiplié; que par une légère augmentation & une nouvelle subdivision, les *remèdes* parviendroient dans les endroits les plus éloignés sans rien perdre de leur vertu. Et sa majesté voulant donner à ses peuples des preuves de son amour paternel, & de son attention pour tout ce qui peut contribuer à leur soulagement & à leur conservation ; a ordonné & ordonne, qu'au lieu de sept cent quarante-deux petites boëtes de *remèdes*, & trente-deux grandes qui étoient envoyées aux sieurs intendans & commissaires départis dans les provinces, il en sera, chaque année, à commencer de la présente, envoyé la quantité de deux mille deux cent cinquante-huit, dont trente-deux grandes & & deux mille deux cent vingt-six petites boëtes ; qu'à cet effet le sieur de Lassone, premier médecin du roi, chargé par sa majesté de la composition desdits *remèdes*, en remettra ladite quantité, avec les imprimés d'instructions pour l'usage d'iceux, boëtes, fioles, pots, caisses & emballage, au sieur Guillaume-François Rihouey-Desnoyers, que sa majesté charge de l'envoi desdits *remèdes*, pour être par ledit sieur Desnoyers, adressés aux sieurs intendans & commissaires départis, à proportion de l'étendue & des besoins des différentes généralités, sur les ordres qui lui seront donnés à cet effet par le contrôleur-général des finances, & être, par lesdits sieurs intendans, confiés à des personnes charitables & intelligentes dans les campagnes, pour être par eux distribués aux pauvres habitans d'icelles seulement. Fait sa majesté très-expresses inhibitions & défenses à toutes personnes, de quelqu'état, condition & qualité qu'elles puissent être, de troubler & inquiéter le sieur Lassone dans la préparation & fourniture desdits *remèdes*, le sieur Desnoyers dans l'emploi d'iceux, & les personnes chargées par les sieurs intendans & commissaires départis dans ladite distribution, à peine de tous dépens, dommages & intérêts.

RIVIÈRE, s. f. courant d'eau moins considérable que celui qu'on nomme fleuve, mais tel cependant, qu'il peut porter bateau, & servir à la navigation intérieure.

La police des *rivières*, pour l'utilité du commerce, a paru de tout temps un objet digne d'attention en France.

On trouve une charte de 558, qui nous apprend que les particuliers qui possédoient des terres le long des fleuves étoient tenus d'en abandonner la portion la plus proche de leur lit, pour servir de passage aux chevaux ou à ceux qui tiroient les bateaux pour les faire remonter.

Cette police consiste dans la surveillance sur les entreprises des riverains, dans l'attention à faire ôter tout ce qui pourroit embarrasser le cours de la *rivière* ou gêner ses bords ; à empêcher qu'il ne soit planté ni arbres ni pieux qui pourroient empêcher le hallage des bateaux ; à s'opposer aux empiétemens & établissemens de moulins dans les lieux où ils pourroient mettre obstacle à la navigation, &c.

La police des ports diffère de celle des *rivières*, comme on peut le voir, en ce que celle-là veille à la garde, à la sûreté des marchands, & que celle-ci ne s'occupe que de ce qui pourroit nuire à la navigation.

L'article 4 du chapitre Ier. de l'ordonnance de la ville de 1672 défend en général de mettre aucun empêchement sur les *rivières*, à peine de tous dépens, dommages & intérêts des marchands & voituriers.

Le 5. enjoint à ceux qui, par concessions bien & duement obtenues, ont droit d'avoir arches, gors & pertuis, de leur donner 24 pieds au moins de largeur, de les tenir ouverts en tout temps, & la barre tournée, ensorte que le passage soit libre aux voituriers montant & avalant leurs bateaux & trains, lorsqu'il y a deux pieds d'eau en rivière, & quand les eaux sont plus basses, de faire l'ouverture de leurs pertuis toutes & quantes fois ils en sont requis, avec défense aux gardes des pertuis, de rien recevoir pour l'ouverture & fermeture des pertuis, à peine du fouet & de restitution du quadruple.

L'article 6. veut que lorsqu'il convient de faire quelques ouvrages aux pertuis, gors, arches, van-moulins, &c. pour leur réparation ou autrement, les propriétaires soient tenus d'en faire faire la publication dans les paroisses voisines un mois avant de les commencer, & d'y déclarer quand lesdits ouvrages pourront être faits & la navigation rétablie, à peine de dépens, dommages & intérêts pour le retard des des marchands & voituriers.

Enfin l'article 7. du même titre & chapitre ordonne que toutes les chaînes & barrières mises aux ponts, passages, écluses & pertuis, pour la perception des droits & péages qui ne sont pas établis avant cent ans, ou réservés par déclaration du roi, seront levées & ôtées.

Il est défendu aux maîtres des ponts & pertuis de donner aucune préférence aux voituriers ; mais ils sont obligés de les passer suivant le rang de leur arrivée aux gares. Ces officiers sont pareillement tenus d'afficher à un poteau ; au lieu le plus éminent des gares, le tarif des droits qui leur sont dus pour le passage des bateaux.

L'ordonnance de Louis XIV, du mois de décembre 1672, pour la ville de Paris fait défenses aux voituriers d'aller par *rivière* autrement qu'entre soleil levant & couchant, sous prétexte du jour nommé, ou de plus grande diligence, sauf à eux de renforcer les courses des chevaux pour hâter la voiture.

Par le règlement de la ville de Paris, de 1672, pour les voituriers par eau, il est ordonné qu'aux passages des ponts & des pertuis les bateaux avalans, c'est-à-dire qui descendent, se garent pour laisser passer les montans.

Par l'article 6. du second chapitre de l'ordonnance de la ville de Paris, les conducteurs de traits de bateaux montans, sont obligés, pour faciliter ce passage, de faire voler par-dessus lesdits coches & bateaux la corde appellée cincenelle, & empêcher que les bascules accouplées à la fin des traits ne s'écartent.

Il existe plusieurs autres réglemens qui ont rapport à la police des *rivières*, mais que l'on trouvera au mot VOITURE *d'eau* : presque tous ont été conservés parce qu'ils ont pour objet la sûreté publique ou la commodité des lieux par où passent les *rivières*. *Voyez* encore BAIN.

ROI, f. m. celui qui gouverne un nombre plus ou moins considérable d'individus obéissans aux mêmes loix de gouvernement.

Nous ne rappellons ce mot ici, que pour parler en bref du *roi* des ribauds, des menestriers & des arbalestriers.

Les ribauds étoient une troupes d'élite, créée par Philippe-Auguste, quelque temps avant la bataille de Bouvines, pour servir à sa garde à pied; de même que la cohorte prétorienne, instituée par Scipion l'Africain, servoit à celle des empereurs.

Ils avoient à leur tête un chef qui portoit la qualité de *roi*, non à cause de la nature de ses fonctions & du genre de personnes sur qui elles s'exerçoient, comme l'ont cru certains auteurs; mais suivant l'usage alors subsistant, de donner cette qualité à ceux qui avoient quelque commandement ou supériorité sur les autres.

Ainsi on disoit le *roi* des ribauds, pour parler du chef des ribauds; de même qu'on disoit le *roi* des merciers, pour désigner le grand-chambrier; le *roi* des cuisiniers, pour le gran-queux; le *roi* des barbiers, pour le syndic des barbiers; le *roi* des poëtes, pour le poëte couronné aux jeux Floraux; le *roi* des arbalétriers, pour le vainqueur au jeu de l'arbalête; enfin, comme on dit encore, le *roi* d'armes, pour le chef des hérauts d'armes.

Outre cet officier, qui portoit donc le nom de *roi*, aujourd'hui fort extraordinaire, & alors fort commun, la compagnie en avoit un autre qui, selon du Haillan, avoit celui de prévôt des ribauds.

Le prévôt des ribauds étoit le lieutenant du *roi* des ribauds.

Tant que la compagnie fut en honneur, les charges de *roi* & de prévôt furent remplies par des hommes également recommandables par leur nom & par leurs services.

Les qualités qu'on exigeoit des ribauds étoient la taille, la bravoure, la fidélité. Ils se tiroient de l'armée; &, selon nos conjectures, leur nombre peu considérable ne passoit pas cent ou cent cinquante.

Le plus ancien de leurs *rois* qu'offre l'histoire, est le sieur Thévenot, qui vivoit sous Philippe-le-Hardi en 1271, lequel paroît avoir eu pour successeur Crasse Ire ou Joé en 1308.

La compagnie des ribauds se tenoit toujours à la porte de l'hôtel du *roi*, afin d'en défendre l'approche à tous vagabonds, filoux, femmes débauchées, gens d'intrigue & de mauvaise vie. C'est pourquoi elle étoit de la jurisdiction des maîtres des requêtes de l'hôtel, qui, selon la remarque de du Tiller, avoient anciennement leur tribunal à la porte du logis du *roi*, pour être plus à portée de recevoir, examiner, vérifier les plaintes ou requêtes des personnes du dehors.

La charge du *roi* des ribauds étoit de faire justice des crimes commis dans l'hôtel & hors de l'hôtel, & d'assister & prêter main-forte à l'exécution des jugemens rendus par le comte ou bailli du palais, ou tel autre qui en avoit alors la jurisdiction.

Son autorité s'étendoit même sur les princes & grands seigneurs, pour tous les désordres qu'ils commettoient.

Il avoit soin de faire sortir du palais, à l'heure du dîner & du souper, tous ceux qui n'avoient pas bouche en cour, & à l'heure de la retraite, quiconque n'avoit pas le droit d'y coucher; tels que les étrangers & les concubines, tels que ceux d'entre les officiers, domestiques & commensaux qui étoient célibataires, ou qui n'avoient pas avec eux leur femme. Le voisinage pouvoit avoir son danger; on faisoit bien de le prévoir.

Le *roi* des ribauds avoit jurisdiction sur les jeux de hasard & les lieux de mauvais commerce qui étoient dans l'enceinte & l'étendue du logis du *roi*.

Il assistoit, avec les maîtres de l'hôtel, aux comptes de la dépense du *roi*; & il avoit, en vertu de sa place, inspection & droit de visite sur les mesures des marchands de vin privilégiées à la suite de la cour.

Il les marquoit toutes d'une fleur de lis: & quiconque étoit surpris à se servir d'une fausse mesure, étoit condamné à soixante sous d'amende.

Enfin le *roi* des ribauds avoit la garde du *roi*. Mais, comme nous l'avons dit, c'étoit sa porte qui lui étoit particulièrement confiée.

Le prévôt des ribauds n'avoit point de fonctions qui lui fussent propres. Aider & remplacer dans les siennes le *roi* des ribauds, étoit tout son emploi.

Le *roi* des ribauds avoit divers privilèges.

Le greffier du Tillet rapporte que, comme les femmes publiques suivant la cour se trouvoient sous sa charge, elles étoient tous les ans, pendant le mois de mai, obligées de faire son lit & sa chambre.

Bouthillier ajoute que chacune d'elles lui devoit par semaine deux sous, ainsi que tout mauvais lieu & tout jeu de dés & de brelans.

Un registre de l'an 1380 fait même mention d'un droit de cinq sous, qui lui étoit dû par chaque femme mariée convaincue d'adultère : droit bien propre, par l'infamie dont il notoit les coupables, à servir de frein aux mœurs domestiques, & dont l'existence actuelle empêcheroit sans doute que tant de désordres particuliers n'attirassent l'indignation de la vertu.

Mais pourquoi cette obligation & ce tribut, si propres à exercer la malignité, ou à la faire naître ?

C'étoit, il y a lieu de croire, une marque de l'autorité que le *roi* des ribauds avoit sur toutes les femmes perdues, & en reconnoissance des soins qu'il prenoit pour que personne ne les insultât & ne leur fît tort. Car, comme il n'y avoit alors, à la honte du siècle, que trop de maisons déshonnêtes, tolérées, autorisées même, sous le spécieux prétexte de la foiblesse humaine, & pour préserver de plus grands désordres le sein des familles, on crut que la bienséance & la police exigeoient de donner à ces maisons un inspecteur.

Le commissaire de la Marre, dans son traité sur la police, nous apprend que la France, sur la fin du règne de Charles VI, se trouvant déchirée par les factions les plus étranges, ce prince fut obligé d'être souvent à la tête de ses armées; & que les juges ordinaires qu'il avoit mis en possession de la police & de la jurisdiction criminelle de la maison du *roi*, ne pouvant le suivre dans ces campagnes, parce qu'ils devoient ailleurs leur assiduité & leurs services, Charles VI attacha à sa cour le prévôt des maréchaux, afin d'y remplir les mêmes fonctions qu'il avoit coutume d'exercer dans les armées, & que le prévôt des maréchaux eut sous lui le *roi* des ribauds pour exécuteur de ses ordres & sentences.

L'opinion de cet ancien doyen des commissaires du châtelet est appuyée sur celle de l'auteur de la Somme rurale. Jean Bouthillier lève même par ses expressions le doute que pourroient encore laisser celles de la Marre.

« *Item*, a le dit prevost le jugement de tous les cas advenus en l'ost ou chevauchée du *roy*; & le *roy* des ribauds en a l'exécution. Et s'il advenoit qu'aucun forface de corps, qui soit mis à exécution criminelle, le prevost de son droict a l'or & l'argent de la cheinture au malfaiteur, & les mareschaux ont le cheval & le harnois, & tous outils se ils sont, réservé le droict, & les habillemens quels qu'ils soient, & dont ils sont vestus, qui sont au *roy* des ribauds, qui en fait l'exécution. Le *roy* des ribauds se fait toutes les fois que le *roy* va en ost ou en chevauche, appeller l'exécuteur des sentences & commandemens des mareschaux & de leur prevost ».

On voit par ce texte de Bouthillier, que le *roi* des ribauds n'avoit point seulement inspection sur les femmes publiques, mais encore que dans l'origine son office s'étendoit aussi à l'exécution des jugemens criminels, qu'il exerçoit par son prévôt : il levoit aussi un certain droit sur les lieux publics de prostitution, comme on peut le voir par un passage de l'auteur que nous venons de citer.

Le titre de *roi* étoit donné, comme on voit, à des espéces d'officiers chargés du commandement ou de la police en chef de certaines corporations ou associations. C'est à la même cause qu'est due l'origine du *roi* des arbalestriers, qui n'étoit autre chose qu'un supérieur des archers nommé à cette place par le *roi*, & jouissant d'une certaine jurisdiction.

Le *roi* des violons ou ménestriers a eu une existence plus longue que ces deux monarques : il jouissoit encore d'assez grands privilèges en 1773. C'est pour les faire cesser, & avec eux le prince imaginaire qui en avoit la propriété, que des lettres-patentes & un édit du *roi* ont été rendus. Voici l'arrêt du conseil qui explique les causes de cette suppression, & sur lequel les deux loix dont nous venons de parler ont été données.

Le roi étant informé que la communauté des maîtres à danser, connue sous le nom de confrérie de Saint-Julien des menestriers, se seroit crue fondée sur des statuts confirmés par édit du mois d'octobre 1658, auxquels elle auroit donné une interprétation trop étendue, & qui ont été abrogés par des loix postérieures, notamment par la déclaration du 2 novembre 1692, & par les lettres-patentes du 15 Juin 1790 : Et sur ce qui a été représenté à sa majesté que ladite communauté, sans la participation du sieur Guignon, nommé *roi* des violons & des brevets du 15 Juin 1741, auroit vendu ou concédé des charges de lieutenans-généraux & particuliers du *roi* des violons dans les provinces à différens particuliers, & nommément au sieur Barbotin, qui exerce & fait exercer par des lieutenans-particuliers par lui commis, envers les

les musiciens, même ceux des églises cathédrales & autres, de prétendus droits & des vexations qui troublent le bon ordre; sa majesté auroit jugé à propos de réprimer de tels abus, & en conséquence s'est fait représenter, en son conseil, lesdits statuts & édit de 1658, ladite déclaration du 2 Novembre 1692, & les lettres-patentes du 25 Juin 1700, desquels sa majesté s'étant fait rendre compte & bien informée en outre que ledit sieur Guignon n'a jamais, en sa qualité de *roi* des violons & des ménestriers, commis aucuns lieutenans-généraux ni particuliers dans les provinces & villes du royaume, sa majesté n'auroit pu voir, sans étonnement, que ladite communauté auroit nommé des lieutenans-généraux & particuliers du *roi* des violons, & notamment le sieur Barbotin dans différentes provinces, lequel a nommé des lieutenans-particuliers qui le représentent, & sa majesté voulant faire connoître ses intentions à cet égard, casse & annulle la vente ou concession faite par la confrairie de saint-Julien des Ménétriers, de toutes les charges de lieutenans-généraux & particuliers du *roi* des violons dans toute l'étendue du royaume, & notamment celle du sieur Barbotin, &c.

L'édit de Mars 1773, porte que: « Jean-Pierre Guignon nous ayant très-humblement fait supplier d'aggréer sa démission pure & simple de l'office de *roi* & maître des ménestriers & joueurs d'instrumens tant hauts que bas dans notre royaume, dont nous l'avons pourvû par nos lettres du quinze Juin mil sept cent quarante-un, nous nous sommes fait rendre compte des pouvoirs & privilèges généralement attribués à cette charge; & bien informés que l'exercice desdits privilèges que ledit sieur Guignon s'est abstenu de mettre en usage, paroît nuire à l'émulation si nécessaire au progrès de l'art de la musique, que notre intention est de protéger de plus en plus, nous avons jugé à propos, en déférant à la demande dudit sieur Guignon, de supprimer à toujours ladite charge. A ces causes, & autres à ce nous mouvant, de l'avis de notre conseil & de notre certaine science, pleine puissance & autorité royale, nous avons, par notre présent édit perpétuel & irrévocable, éteint & supprimé, éteignons & supprimons la charge de *roi* & maître des ménestriers & joueurs d'instrumens, tant hauts que bas, de notre royaume, vacante par la démission volontaire qu'en a faite le sieur Guignon.

RUE, s. f. Les *rues* sont des passages ouverts dans les villes & fauxbourgs, entre des maisons ou murs de clôture, pour la communication des habitans entr'eux. Elles diffèrent des ruelles, en ce que celles-ci sont plus étroites, & des cul-de-sacs, en ce que ces derniers n'ont qu'une issue; il y a néanmoins à Paris des passages fort étroits qui ont conservé le nom de *rues*, parce qu'il leur a été donné dans des temps où les *rues* avoient si peu de largeur, que la plûpart étoient impraticables aux voitures.

Pour ouvrir une nouvelle *rue*, on demandoit autrefois la permission au grand-voyer qui l'accordoit facilement; depuis il n'a plus été possible d'en ouvrir, qu'en vertu de lettres-patentes, ainsi qu'il résulte de l'article IV de la déclaration du 11, de celle de 1726 & des articles V & IX de celle de 1765. Aujourd'hui ce sont les municipalités qui ont le droit de permettre ou de refuser l'ouverture des *rues*, suivant qu'elles le trouvent utile ou nuisible au service public.

On distingue trois sortes de *rues*, par rapport à leur largeur, qui, cependant, n'est point constamment déterminée.

Les grandes *rues* ont communément depuis sept jusqu'à dix toises de largeur.

Les moyennes, qu'on appelle *rues* de communication & de distribution, sont de trois, quatre & cinq toises.

Les petites, considérées comme des *rues* de dégagement, pour raccourcir le chemin, sont aussi différentes; il y en a de six, de neuf & de dix-huit pieds de large.

A considérer cette inégalité, il semble que la largeur des rues soit arbitraire; cela est vrai aussi dans de certaines occasions; par exemple, lorsqu'il s'agit d'ouvrir ou de former des *rues* sur des emplacemens qui ne sont point bâtis, en ce cas, on prend telle largeur que l'on juge à propos, en la faisant autoriser par les magistrats qui ont qualité pour cela; mais quand il faut élargir ou redresser des *rues* déjà bâties, pour rendre la communication plus aisée & pour faciliter le passage de deux voitures venant à la rencontre l'une de l'autre, il est de la prudence de ceux qui accordent la permission, de considérer d'un côté l'avantage du commerce & la liberté du passage; de l'autre les dommages que souffriroient les particuliers, si des retranchemens trop considérables, supprimoient leur maison en totalité ou dans la plus grande partie. *Voyez* ALIGNEMENT.

Nous joindrons ici l'extrait d'un mémoire publié en 1782 sur la propreté des *rues* de Paris, à l'occasion du prix proposé en 1779 par l'administration de la police sur le même objet.

Un objet de la plus grande importance dans l'administration de la police est le nétoiement des *rues*; puisqu'il n'a pas seulement pour but l'agrément & la commodité, mais qu'il intéresse la santé des citoyens. Car quel effet ne doit pas produire sur le corps humain la respiration d'un air chargé de toutes les exhalaisons de boue fétide & d'eau croupie ? Qu'on en juge par celui qu'il produit sur le linge blanc, sur l'or & l'argent, &c.

Le public, qui avoit vécu très-long-temps dans l'indifférence sur cet objet, en sent actuellement l'importance : mais ce qu'il y a de remarquable, c'est qu'à mesure que l'administration fait de nouveaux efforts pour remédier au mal, les murmures des habitans semblent augmenter.

On entreprendra d'indiquer dans ce mémoire les moyens de rendre les rues propres, & par conséquent de rendre plus sain l'air de la capitale.

Après avoir établi une distinction nécessaire entre les différentes ordures qui couvrent le pavé, on indiquera les causes de la mal-propreté, & les moyens que l'on croit les plus propres à y remédier.

Des ordures.

Les ordures qui salissent les rues, sont de deux espèces.

La première est composée de ce qu'on nomme particulièrement *la boue*, laquelle provient de la poussière qui se forme toujours dans les lieux fréquentés ; des terres & menus platras que répandent le long de leur chemin les gravatiers, salpétriers & plâtriers des atteliers de construction, des crottins de chevaux, qui seuls en forment une grande partie dans les rues passagères; enfin de la poussière, des cendres, suies & autres parties les plus menues des balayures des maisons, qui étant placées le long des murs, sont éparpillées par les voitures & les pieds des passans, par les chifonniers & ramasseurs de cendres : toutes ces ordures se mêlant avec l'eau des ruisseaux, & sur-tout avec ces eaux grasses qui proviennent des cuisines, forment cette boue infecte que la quantité considérable de fer qu'elle tient en dissolution, rend noire & si tachante, & qui, presque pendant toute l'année, couvre les *rues* de Paris, nuit à la salubrité de l'air, & cause tant de désagrémens aux gens qui vont à pied.

Dans le beau temps, ces ordures restent sèches, & ne causent pas tous ces inconvéniens. Réduites alors à leur volume naturel, elle s'enlèvent aisément : mais s'il survient une légère pluie, elles forment une boue grasse & tenace, que le balayage ne peut arracher d'entre les pavés : si la pluie continue, cette boue perdant de sa consistance, devient alors facile à enlever : enfin si la pluie est de durée, cette boue devient liquide : elle forme ce que les boueurs appellent de la *molange* ; & elle acquiert un tel volume, qu'un tombereau de *poudrette*, ou boue sèche, forme six tomberaux de boue liquide, attendu la quantité d'eau que sa siccité la rend susceptible d'absorber.

La seconde espèce d'ordures, est celle qui provient des balayures des maisons, particulièrement des cuisines, & des gravats, poteries, bouteilles & verres cassés.

Causes de la mal-propreté des rues.

Les *rues*, couvertes toute l'année de ces ordures, tantôt sous une forme, tantôt sous une autre, sont souvent de la plus grande mal-propreté, malgré tous les soins de la police. Et en effet, plusieurs causes concourent à rendre ces soins inutiles en grande partie. Ces causes sont : 1°. le mauvais état du pavé ; 2°. le défaut d'air ; 3°. l'inexécution des réglemens faits pour le balayage, & la mauvaise manière de balayer ; 4°. la disette d'eau ; & 5°. le peu de pente de la plupart des *rues*, & l'insuffisance des égouts.

§. I.

Mauvais état du pavé.

Paris est certainement une des grandes villes les mieux pavées de l'univers. Le gouvernement dépense annuellement pour ce seul objet, des sommes considérables. Cependant on se plaint, & ce n'est pas sans fondement. Toutes les fois qu'il faut réparer le pavé, tout un quartier est englouti dans la boue ; & s'il ne survient pas de forts orages, il se passe quinze jours ou trois semaines, avant que l'on puisse commencer à balayer ; & malheureusement ces réparations arrivent souvent ; car la quantité prodigieuse de grosses voitures de toute espèce, qui circulent dans la ville, a bientôt détruit le pavé ; un seul grès enfoncé, écorné, écrasé, suffit pour causer un enfoncement dangereux, par le jeu qu'ont alors les pavés d'alentour. On dit que l'on n'a pas pu encore prévenir les inconvéniens occasionnés par les fardeaux trop pesans des voitures ; mais pourquoi souffrir que des voitures que cinq ou six chevaux ont peine à traîner, ne roulent que sur deux roues ? Si ces voitures en avoient quatre, le poids seroit plus divisé, & le pavé moins maltraité. Il en résulteroit encore un avantage plus précieux : les citoyens seroient plus en sûreté, car, quels dangers ne court-on pas à la rencontre de ces masses énormes ? Comment ne pas frémir, en entendant le bruit effrayant qu'elles font à chaque cahot, & qui fait craindre à tout moment que la machine ne s'écroule sous son poids ?

Il y a plus : ne pourroit-on pas, comme en Angleterre, obliger les propriétaires de toutes ces grosses voitures, à ne les faire rouler que sur des roues dont les jantes eussent une largeur proportionnée au poids?

Il est établi à Londres, que toutes les voitures qui servent au transport des matériaux pour bâtir, & des fardeaux les plus pesans, portent des jantes d'un pied & demi. Ces jantes, garnies sur leur largeur de trois fers ordinaires, loin de dégrader le pavé, l'affermissent, & font perpétuellement l'office de la hie ou demoiselle, dont les paveurs de Londres ne font point usage ; tous leurs soins se bornant à arranger le pavé le plus près possible.

On a encore été plus loin en Angleterre, on y a fixé le poids des voitures, afin que, malgré leurs quatre roues & la largeur de leurs jantes, elles ne puissent nuire au pavé. Le poids une fois déterminé, on s'est servi d'un moyen aussi simple qu'ingénieux pour peser la voiture. Elle passe à l'entrée de la ville sur une espèce de pont-levis, formé par de longues poutres qui portent dans leur milieu sur un arbre, comme sur un essieu. L'extrémité de ces poutres qui est hors du chemin, est chargée d'un poids égal à celui jusqu'à la concurrence duquel il est permis de charger la voiture ; & l'autre bout est retenu de manière que le côté chargé ne puisse pas enlever de bas en haut celui qui ne l'est pas. Lorsqu'une voiture passe sur ce pont-levis, il est tout naturel que si elle pèse plus que ce qui est prescrit, le pont-levis enfonce, & la voiture ne peut plus sortir de la cavité que sa pesanteur a occasionnée. Le conducteur est alors mis à l'amende.

On ne cite cet usage que comme un surcroît de précaution. Mais tant qu'on n'obligera pas les rouliers, carriers, plâtriers, salpêtriers, &c. à n'avoir que des voitures à quatre roues avec de larges jantes, ou à ne pas mettre des fardeaux aussi énormes sur leurs voitures, il ne faut pas s'attendre à être satisfait du pavé.

§ II.

Défaut d'air.

La seconde cause de la mal-propreté des *rues* est le défaut d'air dans plusieurs quartiers : ce mal a sa source dans le peu de largeur d'un grand nombre de *rues*, & dans la hauteur demesurée des maisons. Il a été fait plusieurs réglemens pour fixer la hauteur des bâtimens tant dans l'intérieur de la ville que dans les fauxbourgs. Différens arrêts & lettres-patentes qui ont permis de bâtir dans les fauxbourgs, ont défendu d'élever les maisons qui seroient construites de plus d'un étage au-dessus du rez-de-chaussée.

Les déclarations du roi, des 18 juillet 1724 & 29 janvier 1726, font défenses de rien changer à l'étendue & à l'élévation des maisons à porte-cochère dans les fauxbourgs, & ne permettent de bâtir en certains cas des boutiques & des maisons à petites portes, qu'à la charge de ne les élever que d'un étage au-dessus du rez-de-chaussée.

Enfin une ordonnance du bureau des finances, en date du 18 août 1767, défend de construire à l'avenir aucun mur de face ni pan de bois à la hauteur de plus de huit toises, depuis le rez-de-chaussée des *rues* jusqu'à l'entablement.

Mais ces loix n'ont été en vigueur qu'un court espace de temps après leur publication ; & l'on a abusé à un tel point de la facilité d'élever à son gré ses maisons, qu'il devient important de réprimer cet excès. Envain objecteroit-on qu'on est maître de son terrein depuis le nadir jusqu'au zénith, c'est-à-dire, depuis le centre de la terre jusqu'au point le plus élevé qui y correspond dans le ciel ; nul sur son terrein n'est en droit de nuire à son voisin. S'il n'est pas permis de prendre des vues sur lui, à plus forte raison ne l'est-il pas de lui ôter le soleil & l'air, & de condamner tous les environs à des ténèbres éternelles, plus ou moins épaisses, selon la proximité des maisons entr'elles.

Les *rues* sont encore plus ou moins sales en raison des voitures qui y passent. Comparez la *rue* neuve des Petits-champs avec celle des filles-Saint-Thomas, les *rues* Ticquetonne & du Petit-Lyon avec la *rue* Thévenot ; ces *rues* ne sèchent jamais, même en été : mais les unes ne sont que mouillées, tandis que les autres sont couvertes d'une boue épaisse. Enfin la *rue* de Richelieu en offre elle seule un exemple sensible. Cette *rue* est droite, bien alignée du nord au midi, & à par-tout la même largeur ; cependant la partie qui va de la *rue* Saint-Honoré à celle des Petits-Champs est toujours infiniment plus malpropre, que celle qui va de cette dernière *rue* au boulevard.

Mais malheureusement il n'est pas au pouvoir de l'administration de la police de remédier à ces inconvéniens : ils sont dans la nature de la chose même, & subsisteront autant que la ville. On peut seulement en diminuer les effets; ce qui s'exécutera naturellement par l'usage des moyens que l'on va proposer.

§. III.

Inexécution des réglemens de police, & mauvaise manière de relever les boues.

Quelques soins que prenne l'administration de la police pour le nettoiement des rues, quelque dépense qu'elle fasse, elle n'y parviendra jamais, si le public n'y concourt avec elle par son exactitude à balayer, & par un balayage plus soigné & mieux entendu.

Depuis trois siècles on a publié nombre d'édits, d'arrêts, de réglemens & d'ordonnances concernant le balayage, & jamais loix n'ont été plus mal exécutées. Il semble que plus le mal augmente, moins le public veut concourir à y remédier. L'on diroit même, à entendre les plaintes qui se multiplient tous les jours, que les rues étoient anciennement toujours propres. Cependant la vérité est qu'autrefois on ne songeoit seulement pas à se plaindre, & qu'actuellement on ne se plaint qu'en proportion des soins qu'y met l'administration. Mais voici peut-être la véritable source de la plupart de ces murmures : les Parisiens changent de manière de vivre, comme de modes pour leurs habillemens. Anciennement un particulier ayant voiture n'eût osé se montrer le matin à pied dans les rues ; aujourd'hui les citoyens de toutes les classes ; grands & petits, vont à pied ; le matin les femmes, la canne à la main, bravent les éclaboussures & les embarras. Moins accoutumés aux chemins difficiles que les gens de la campagne, que les artisans & ouvriers de la ville, ils trouvent mauvais que les rues ne soient pas propres & dégagées de toutes immondices dès le grand matin, sans considérer que l'enlèvement ne peut commencer qu'après qu'on a balayé ; qu'on ne peut obliger les particuliers à balayer avant sept ou huit heures ; que de-là il arrive que, lorsque les *rues* sont remplies de cette molange produite par les brouillards & les pluies légères qui ne fournissent pas assez d'eau pour que les ruisseaux aient de l'écoulement, le travail de l'enlèvement ne peut être fini avant midi dans les fauxbourgs, & même quelquefois dans plusieurs *rues* de la ville.

Quoi qu'il en soit, il est certain qu'il y a huit ou dix ans, les *rues* étoient tout aussi sales qu'elles le sont aujourd'hui : toutes les causes de la mal propreté énoncées dans ce mémoire existoient.

Alors, comme à présent, on ne rencontroit partout que des ateliers de constructions, on avoit déjà été forcé de reculer les voieries ; & le pavé se ressentoit de toutes les lourdes masses qui le fatiguent continuellement. Mais on convient qu'il y a vingt ans les *rues* étoient réellement moins sales ; ce qui provenoit 1°. de ce qu'il y avoit alors beaucoup moins de voitures ; 2°. du lavage très-répété que faisoient les gouttières saillantes, que l'on a depuis remplacées par des tuyaux qui descendent le long des maisons : chaque gouttiere lavoit plusieurs toises de pavé devant la maison au bas de laquelle elle jettoit ses eaux ; & ces gouttières étant très-multipliées, pour peu qu'il plût, les rues étoient très-bien nettoyées par toutes ces espèces de torrens ; au lieu qu'à présent l'eau qui coule par les plombs ne fait aucun effet ; 3°. enfin, toutes les boutiques étoient alors ouvertes ; & les marchands, qui craignoient les éclaboussures, faisoient balayer plutôt six fois qu'une. Actuellement que toutes les boutiques, jusqu'à celles des pâtissiers & des rotisseurs, sont vitrées, les marchands sont beaucoup plus négligens.

La dernière ordonnance de police, concernant le balayage, publiée le 8 novembre 1778, dit que » si tous les habitans étoient également attentifs, ou disposés à faire ou faire faire ce service, dont ils sont tous tenus indistinctement, le mal ne seroit pas aussi grand qu'il paroît être, au moins dans les momens où les intempéries de la saison n'y forment pas un obstacle insurmontable ». Elle ajoute, « qu'il paroît de toute nécessité d'employer la voie des avertissemens ; de faire connoître que nul n'est exempt de faire faire ce service ; qu'il seroit contraire à toute justice, que les domestiques & serviteurs appartenans à des personnes de considération, pussent impunément manquer à leurs obligations ; tandis que ceux qui, dans un état moins heureux, sont obligés de faire ce service eux mêmes, se trouvent exposés aux peines des réglemens ».

Le premier article de cette ordonnance contient plusieurs dispositions. « 1. Tous les bourgeois & » habitans, &c. seront tenus de faire balayer régu- » lièrement au-devant de leurs maisons, cours, » jardins & autres emplacemens dépendans des lieux » qu'ils occupent, jusqu'au ruisseau, même la moi- » tié des chaussées, tous les matins à sept heures » en été & avant huit heures en hiver. 2°. » De relever les ordures & immondices à côté des » murs de leurs maisons, & d'en faire des tas, afin » que l'entrepreneur du nettoiement puisse les enle- » ver. 3°. Leur défendons de sortir les ordures » provenant de leurs maisons, & de les déposer sur » la *rue* après le passage des voitures de l'enlève- » ment. 4°. Leur enjoignons, conformément à » l'article XVII de l'arrêt de réglement du 30 avril » 1663, de faire jetter après le balayage deux seaux » d'eau au moins sur le pavé & ruisseau étant au- » devant de leurs maisons, afin d'entretenir libre » l'écoulement des ruisseaux ».

En examinant avec impartialité ces différentes injonctions, on ne pourra se dissimuler que les unes sont insuffisantes, & que d'autres sont encore moins propres à remplir l'objet de l'administration.

On ordonne de balayer à sept heures en été & avant huit heures en hiver, conformément aux ordonnances antérieures qui indiquent l'hiver à commencer du premier novembre, & l'été à partir du premier mai. Beaucoup de personnes trouvent que c'est balayer trop tard, sur-tout pendant l'été ; car pendant les mois de novembre, décembre, janvier & février, il n'est guères possible que ce service soit fini avant huit heures. Il paroît devoir être fait beaucoup plutôt en été; mais il faut que les réglemens s'accomodent aux usages des citoyens pour lesquels ils sont faits. Il y a trente ou quarante ans qu'on eût pu ordonner de balayer dès cinq heures du matin en été, c'étoit l'heure de l'ouverture de toutes les boutiques; mais aujourd'hui que dans tous les états l'on se couche si tard, il n'est pas possible que les domestiques soient sur pied de si grand matin; & de-là résulte une grande difficulté pour l'enlèvement qui se trouve devoir être fait dans un trop court espace de temps. Cent vingt tombereaux sont journellement employés à enlever les immondices, sans compter les voitures des habitans des campagnes voisines, qui s'en retournent chargées de cette matière qui fournit un engrais précieux. Ces cent vingt tombereaux ont beaucoup de peine à faire chacun cinq voyages par jour, sur-tout en hiver : car non-seulement l'aggrandissement de la ville depuis plusieurs années a forcé de reculer infiniment les voieries, comme on l'observe dans le préambule de l'ordonnance, mais encore, pour arriver à la plupart de ces voieries, il faut monter considérablement, ce qui fait que plusieurs voyages sont de plus d'une heure & demie, & épuisent les chevaux.

La seconde disposition de cet article premier enjoint de relever les ordures & immondices à côté des murs des maisons, & d'en faire des tas. Voilà la source toujours renaissante de la mal-propreté des rues : voilà ce qui fait que ceux qui balaient avec le plus de soin, se rebutent bientôt, voyant journellement leurs peines perdues. Et comment cela pourroit il être autrement? Les tomberaux finissent leur ouvrage sur les trois ou quatre heures après midi : il y a donc nombre de *rues* dont les immondices ne sont pas enlevées avant cette heure. Qu'on se représente après cela des tas de boue liquide amassée le long des maisons, & s'écoulant naturellement par la pente de la *rue* vers le ruisseau. Ceux des passans qui n'ont rien à gâter en se crottant s'y embourbent; & les autres, forcés d'enjamber par-dessus dans le peu d'espace que leur laissent les carosses du côté des murs : que l'on considère les roues des voitures & les pieds des chevaux étendant cette boue au loin, & qu'on juge si les rues peuvent être propres, même après un balayage fait avec le plus de soin.

Ces inconvéniens sont encore plus grands dans les *rues* dont les maisons n'ont point de bornes, comme la *rue* Saint-Honoré, une grande partie des *rues* Saint-Denis, Saint-Martin, &c. Dans toutes ces *rues* on ne peut placer les ordures le long des maisons, les boutiques ayant si peu de face, leurs portes & celles des allées étant si proches, qu'on en seroit trop incommodé. On les place donc au milieu de la *rue* sur le bord du ruisseau; & alors les voitures & les chevaux les étendent bien davantage.

A cette mauvaise habitude de balayer, il faut ajouter la manière non moins mauvaise dont s'y prennent les retrousseurs pour charger les boues, qu'il est ridicule, lorsqu'elles sont liquides, de vouloir enlever avec des pelles : il faudroit au moins des espèces d'écopes & d'autres tombereaux, ceux dont on se sert actuellement étant en quelque façon pareils au tonneau des Danaïdes, qu'on ne cesse de remplir, parce qu'il ne cesse de se vuider.

Le seul moyen de remédier entiérement à ces inconvéniens, est l'usage & l'abondance d'eau, ce qui sera traité dans l'article suivant.

La troisième disposition de l'article premier de l'ordonnance, porte : « leur défendons de sortir les ordures provenant de leurs maisons, & de les déposer sur la *rue* après le passage des voitures de l'enlèvement. » Cette disposition est aussi sage qu'elle est mal exécutée, & c'est en faire un grand éloge; car il n'y a pas au monde de réglement plus négligé; & souvent même on l'enfreint très-innocemment. N'étant pas averti de l'arrivée du tombereau, qui, par la nature de l'ouvrage, passe nécessairement, tantôt plutôt, tantôt plus tard, un particulier peut se trouver en faute, sans le vouloir, en descendant ses ordures aujourd'hui à la même heure qu'il l'a fait hier.

Il est donc nécessaire de défendre de porter les ordures dans la rue à quelque heure que ce soit; d'ordonner de les garder dans des paniers jusqu'à l'heure du passage du tombereau, & de mettre à l'amende toute la maison au bas ou en face de laquelle il se trouvera un tas d'ordures. On dit toute la maison; car dans ce cas tous les locataires doivent être solidaires l'un pour l'autre. Alors le tombereau passera avec une sonnette assez forte pour se faire entendre aux étages supérieurs; & à l'instant de ce passage, chacun remettra son panier au retrousseur, pour le vuider dans le tombereau.

Cet usage des paniers que l'on propose, est pratiqué en Angleterre. Eh! pourquoi ne feroit-on pas à Paris ce dont on se trouve bien à Londres? Il y a plus : c'est qu'ici ce ne seroit point une nouveauté. L'Edit de François premier déjà cité, « fait défenses de mettre dans les *rues*, des ordures, boues & autres immondices; mais enjoint de les garder dans les maisons en des *paniers*, pour les faire porter hors de la ville : ordonne aux commissaires du châtelet, d'apporter toute la vigilance possible à découvrir & faire punir ceux qui les auroient mises & laissées contre les ordonnances; & veut que les propriétaires & locataires des maisons & voisins soient responsables les uns pour les autres par saisie de leurs biens & de leurs personnes, sauf leurs recours contre les négligens. »

En *1636*, il fut dressé par ordre du conseil, un procès-verbal de l'état des *rues* de Paris, relativement au pavé & à la mal-propreté. A la suite de ce procès-verbal, que l'on trouve dans l'histoire de Paris, par D. Felibien, partie seconde des preuves & pièces justificatives, page 119, est celui des moyens que l'on proposoit pour nétoyer les *rues*. On y lit : nul ne pourra jetter dans les *rues* les cendres de lessive & ordures des maisons ; & les garderont dans des *mannequins* ou *paniers*, pour être jettées dans les tombereaux du nétoiement, à peine de quatre livres pour la premiere fois, & de huit livres parisis pour la seconde.

Enfin, l'article X de l'arrêt du parlement, du 30 avril *1663*, ordonne que les tombereaux aient chacun une clochette suffisante pour avertir de leur passage, afin que les bourgeois puissent apporter dans des *manequins*, *seaux*, *paniers* ou *autres vaisseaux*, les ordures lors dudit passage.

A la fin de l'année 1779, M. le lieutenant-général de police fit faire des tinettes ou baquets, & fit proposer à plusieurs locataires des rez-de-chaussées de la rue Saint-Honoré, de s'en servir pour y déposer les boues en attendant le passage des tombereaux. On sait que le défaut de bornes dans cette *rue*, force de porter les ordures vers le ruisseau ; & l'on connoît la mal-propreté qui en résulte. Tous refusèrent d'en faire usage. Depuis, par des avis imprimés, distribués & affichés, on a engagé ces locataires à employer des paniers pour les ordures des maisons ; & le commissaire qui demeure dans cette *rue*, est le seul qui s'en soit servi. Quoi ! l'on se plaint ; & on ne veut rien faire pour jouir des avantages qu'on desire ! Il faut donc faire usage de l'autorité, & employer la rigueur.

Enfin la quatrième disposition ordonne de faire jetter, après le balayage, deux seaux d'eaux au moins sur le pavé & ruisseau étant au-devant des maisons. Cette partie de l'ordonnance n'est pas mieux exécutée que la précédente. Cette loi n'est cependant pas nouvelle : elle ne l'étoit pas lors de l'arrêt du parlement, auquel l'ordonnance renvoie : car on la trouve dans l'édit de François premier, du mois de novembre 1539, qui dit : « voulons que chaque habitant ait soin de faire répandre de l'eau tous les jours devant sa maison, pour donner cours aux immondices dans les égouts.

Mais cette disposition est insuffisante. On ordonne indistinctement à tous ceux qui balayent, de jetter deux seaux d'eau, de sorte qu'un hôtel qui a vingt toises de face sur une *rue* de trente-six pieds de large, ce qui fait, pour sa portion du pavé de la *rue*, soixante toises quarrées, n'est pas tenu de fournir plus d'eau qu'une petite maison, dont la portion du pavé ne fait pas deux toises quarrées. Il faudroit donc spécifier telle quantité d'eau, à raison de tant de toises, & ordonner de répandre cette eau lors du passage du tombereau, c'est-à-dire, à l'instant de son départ. L'on sent bien que ce tombereau, avec sa sonnette, mettra dans le même moment tous les portiers & domestiques chargés de balayer, à l'ouvrage : alors tous jetteront leur eau en même-tems : alors cette eau fera quelque effet, au lieu qu'actuellement elle n'en peut faire aucun, tous ne balayant pas à la même heure ; alors enfin qui osera se dispenser de faire comme ses voisins, sous les yeux desquels chacun sera ? Il s'attireroit des reproches : celui qui n'auroit pas le temps de s'en acquitter, prieroit son voisin de lui en rendre le service, à la charge de le lui rendre un autre jour.

L'article V de la dernière ordonnance, enjoint aux habitans de la campagne de contenir soigneusement par des bannes ou clayons, les fumiers dont leurs voitures seront chargées. On sait avec quelle négligence cette partie de l'ordonnance est encore exécutée. Ceux qui sont les plus exacts, se contentent de faire passer par dessus leurs voitures une bande étroite de toile ; & le fumier se répand le long du chemin.

Mais pourquoi se relâcher des anciens réglemens ? Les moyens indiqués à la suite du procès-verbal cité ci-dessus, portent : « tous les jardiniers, charretiers, &c. qui viennent journellement en cette ville enlever les fumiers, seront tenus de fermer leurs charrettes pardevant & derriére, & garnir le fond d'icelles de nattes ; & ne les empliront à comble, à peine de trente livres d'amende pour la première fois, & pour la seconde, de confiscation de chevaux & charrettes ».

Seront tenus, dit l'article VII de la dernière ordonnance, « ceux qui auront chez eux des gravats, poteries, bouteilles cassées, verres à vitres, morceaux de glaces, ou vieilles ferrailles, de les assembler dans des paniers ou autres ustensiles, pour les porter dans la *rue*, & de les mettre dans un tas séparé de celui des boues, sans pouvoir les mêler avec lesdites boues, *&c.* ». Que deviendront ces gravats déposés dans les *rues*, les entrepreneurs du nétoyement ne pouvant s'en charcher ? Ils pourront y rester long-temps, en attendant que quelque salpêtrier les enlève, si toutefois ils sont de nature à lui convenir. On pense donc qu'il est nécessaire de réformer cet article. Si ces gravats sont en quantité suffisante pour faire la charge d'un tombereau, il faut faire venir un gravatier, ou un salpêtrier : s'ils sont en trop petite quantité, on pourroit les faire porter à l'attelier de construction le plus proche, avec l'agrément de l'entrepreneur qui ne s'y refuseroit pas ; & on paieroit le gravatier par évaluation. Si la quantité en valoit la peine, le gravatier les enlèveroit en allant ou revenant : mais dans tous les cas il ne faut pas qu'ils restent plus d'une demi-journée dans la *rue* : encore ne doit-on souffrir qu'ils y soient mis que pour les maisons qui n'ont pas une cour avec une porte cochère.

Quant aux bouteilles cassées, verre à vitres & morceaux de glaces, il ne faut pas en embarrasser les *rues* : les particuliers doivent les garder chez eux jusqu'à ce qu'il passe un de ces *marchand de bouteilles cassées*, qui s'annonceront suffisamment par leurs cris; & il faut obliger ces derniers à se charger de tout ce qui est verrerie.

Pour la poterie cassée, on ne croit pas qu'il y ait grand inconvénient à la laisser enlever avec les autres ordures ; cela formant un très-petit objet.

Et quant à la vieille ferraille, on pense que la défense est tout-à-fait inutile ; personne ne la jettant dans la *rue*.

Enfin, l'article VIII fait défenses à tous particuliers de jetter par les fenêtres, dans la *rue*, tant de jour que de nuit, aucunes eaux, urines, matières fécales, & autres ordures, à peine, &c. C'est donc le sort de tous les réglemens de police, concernant la propreté de la propreté de la ville, d'être mal exécutés. Celui-ci l'est assez généralement pendant le jour ; mais il ne l'est guères pendant la nuit, sur-tout dans les quartiers des halles, dans les fauxbourgs, & dans toutes les petites *rues*. Les plaintes portées journellement chez les commissaires, à ce sujet, constatent l'étendue du mal. Mais à cela il n'y a d'autre remède qu'une police sévère, & de rendre tous les locataires d'une maison responsables les uns pour les autres ; *sauf*, comme dit l'édit de François premier, qui n'a jamais été révoqué, *leur recours contre les contrevenans*.

Cette disposition peut paroître au premier coup-d'œil avoir trop de sévérité : elle est cependant le meilleur moyen, peut-être même le seul, de faire exécuter le réglement qui défend de jetter de l'eau & des ordures par les fenêtres, & celui qui défendroit de déposer dans la *rue* aucune sortes d'ordures, à quelque heure que ce soit. Ce qui se passe journellement à Paris, démontre l'efficacité d'un tel moyen. Un particulier, un domestique jette de l'eau ou des ordures dans la rue, sans en avoir beaucoup d'inquiétude. L'ordonnance prononce une amende, mais il y a tant de probabilités que ce qu'il jette ne tombera pas sur un passant qui pourroit aller se plaindre chez un commissaire, ou qu'il ne passera pas dans ce moment un officier de police en fonction ! & les voisins ne s'inquiétent guères de ce qu'on jettera, pourvu que cela ne tombe pas sur eux.

Il résulte de toutes ces réflexions, que la malpropreté des *rues* a sa source en grande partie ; 1°. dans la trop grande indulgence de l'administration de la police ; 2°. dans la négligence du public ; & dans l'inexécution des réglemens, qui, avec de légers changemens, seroient suffisans étant bien exécutés, pour rendre & tenir propre, autant qu'il est possible, une grande ville qui manque d'eau.

§. IV.

Disette d'eau.

Ce n'est pas sans une sorte de chagrin, même pour un étranger, que lorsqu'on considère cette cité fameuse qui ne compte pour rivales que les villes qui tiennent le premier rang dans l'univers, on voit qu'elle manque d'eau, cet élément si précieux, nécessaire à la santé : car Paris, quoique bâti sur une grande & belle rivière, est privée, dans plusieurs quartiers d'eau : ce n'est pas en avoir, que d'être obligé de l'aller chercher loin de son habitation ; & les fontaines dispersées dans la ville sont en si petit nombre, & ont si peu d'eau, que les habitans n'en retirent presqu'aucun avantage. Qu'est-ce en effet qu'environ 200 pouces d'eau que fournissent pour 700,000 habitans les deux pompes du pont Notre-Dame, celle de la Samaritaine, l'aqueduc d'Arcueil, & les sources de Belleville & du Pré Saint-Gervais ? Ces 200 pouces d'eau donnent environ 14,000 muids à 280 pintes par muid. On évalue la consommation de chaque habitant à 20 pintes par jour, le fort portant le foible ; ce seroit 50,000 muids qu'on ne peut avoir qu'au moyen d'environ 700 pouces d'eau ; & avec cela on n'auroit que le nécessaire.

Londres, outre deux grandes machines hydrauliques & onze machines à feu, qui lui fournissent de l'eau en abondance, jouit d'une petite rivière, qu'au commencement du siècle dernier un simple citoyen, le chevalier Hugues Middleton, fit venir à ses frais, d'une distance de plus de vingt lieues, par un aqueduc très-profondément creusé dans une partie du terrein, & porté dans d'autres parties par 800 aqueducs en pierres, en briques & en bois. *Voyez* Londres.

Rome moderne est ornée d'un nombre considérable de superbes fontaines, qui donnent de l'eau abondamment dans tous ses quartiers. Mais quelle surprise, quelle admiration ne causent pas les travaux entrepris & exécutés par les anciens romains, pour procurer de l'eau non-seulement à leur capitale, mais à un grand nombre de villes qui étoient sous leur domination!

Le consul Frontin, qui avoit l'intendance des eaux sous l'empereur Nerva, parle dans son traité des aqueducs de Rome, que l'on trouve dans la collection de *Scriverius*, de neuf aqueducs, la plupart faits avec une dépense qui effraie l'imagination. Ces aqueducs avoient dans la ville 13,594 tuyaux d'un pouce de diamètre : chaque tuyau d'un pouce fournissant 27 muids en vingt-quatre heures, c'est 978,758 muids d'eau que Rome recevoit par jour.

Si l'on considère après cela les travaux que ces maîtres du monde entreprirent pour procurer de l'eau à toutes les villes de leur empire, on va de merveilles en merveilles. Plus de vingt villes seulement en France offrent les ruines des aqueducs construits par cette étonnante nation. Sans entrer ici dans un détail inutile, on se contentera de dire que les différens aqueducs faits pour amener de l'eau à Lyon, composoient plus de 60 lieues de chemin : celui seul qui amenoit les eaux du mont Pila étoit de plus de vingt lieues, voûté dans toute sa longueur, & avoit plus de mille toises faites sous-œuvre, à travers les montagnes & les rochers.

On pense bien que Paris, tout peu considérable qu'il étoit alors, ne fut pas oublié par ses maîtres. Ils y avoient amené les eaux de Rongis. On voit encore une partie de l'aqueduc qui traversoit la vallée d'Arcueil. Mais cet aqueduc, comme tous les autres, est tombé en ruine faute d'entretien, lorsqu'on voulut ramener à Paris les eaux d'Arcueil, ouvrage qui fut exécuté sous la régence de Marie de Médicis, on fut obligé de faire un canal nouveau.

Il s'en falloit de beaucoup que cette source fût suffisante aux besoins des habitans, quoiqu'elle fût alors bien plus considérable qu'elle n'est aujourd'hui. Mais ce n'étoit pas moins un grand avantage que la reine Marie de Médicis procuroit à la ville.

Depuis ce temps l'étendue de la ville a toujours été en augmentant, le besoin d'eau s'est fait sentir de plus en plus, & l'on n'a cessé de s'occuper des moyens d'en procurer. Dans cette vue, on a proposé en différens temps d'amener à Paris les rivières d'Étampes, de Malsherbes, d'Orge, de Bièvre, d'Hières, de Crou ou de Gonesse, de Clayes, d'Ourques, d'Eure, & les eaux de la Seine elle-même prises au-dessus de Paris; projet le plus impraticable de tous, puisque cette rivière n'ayant qu'un pied de pente par mille toises, depuis Valvins jusqu'à Sève, il auroit fallu commencer à faire le canal à plus de quarante lieues au-dessus de Paris, pour l'amener seulement à la hauteur de quarante pieds, qui n'est que la moitié de celle à laquelle la porte la pompe du pont Notre-Dame, qui ne peut fournir elle-même les endroits élevés de Paris.

Enfin en 1762 parut le mémoire de M. de Parcieux, sur la possibilité d'amener à Paris la rivière d'Yvette. Tout le monde connoît ce projet, & plusieurs personnes regrettent encore qu'il n'ait pas été exécuté. Mais, entr'autres inconvéniens qui s'opposoient à cette entreprise, le plus essentiel de tous étoit le goût désagréable de marais qu'a l'eau de la rivière d'Yvette, goût qui, suivant le rapport des commissaires de la faculté de médecine, se dissipe à l'air en 36 ou 48 heures; mais qu'il n'étoit pas certain de voir se dissiper dans un trajet de 18000 toises, cette eau coulant lentement dans un canal en partie couvert. On auroit donc fait une dépense considérable, sans être sûr du succès; car jamais les Parisiens, accoutumés à boire l'excellente eau de la Seine, ne se seroient habitués à boire une eau marécageuse.

Au reste, ce qui doit faire cesser tous regrets à ce sujet, c'est qu'en 1769 M. Maynon d'Invault, alors contrôleur-général des finances, chargea M. Perronnet, premier ingénieur des ponts & chaussées, dont les talens, le zèle & la probité sont bien connus, des opérations nécessaires pour parvenir à la construction de ce canal. Une dépense de près de huit millions qu'il falloit faire, seulement pour amener cette rivière à Paris, sans parler de celle qu'auroit occasionnée la conduite de l'eau dans les différens quartiers de la ville, ne permit pas de tenter cette entreprise.

Ce projet abandonné, il ne restoit d'autre moyen de fournir Paris d'eau, que celui des pompes à feu : M. de Parcieux lui-même en convenoit.

Aussi ce moyen a-t-il été tenté plusieurs fois sans succès. Une compagnie qui en 1766 voulut établir une pompe à feu à la Rapée, fut obligée d'abandonner son projet dès sa naissance.

Heureusement enfin les moyens nécessaires pour assurer le succès de cette entreprise, se sont trouvés réunis dans une compagnie de particuliers qui, au moyen de l'établissement conduit par MM. Perrier, peuvent fournir à Paris toute l'eau dont il a besoin.

Paris fourni d'eau suffisamment pour en faire couler tous les matins une grande abondance dans les *rues*, rien ne sera plus facile que le nettoiement. Alors les particuliers ne seront plus obligés de mettre les boues des *rues* dans des seaux ou autres vases. Il suffira de balayer vers le ruisseau, & l'eau les entraînera dans les égouts; comme on l'a fait pratiquer dans la *rue* Saint-Honoré & *rues* adjacentes; opération qui prouve du zèle, mais qui ne peut servir

que

que pour un petit nombre de *rues*, par la dépense énorme qu'elle occasionneroit étant faite plus en grand.

Mais quelle que soit la quantité d'eau qu'on emploiera au nettoiement, il ne faut pas souffrir que l'on mêle aux boues des *rues* les ordures provenantes des maisons : car il ne faut pas priver les campagnes voisines de cet excellent engrais.

Au moyen de cette abondance d'eau, & de l'usage des paniers pour les ordures des maisons (*In his duobus mandatis pendet universa lex.*), la ville sera propre en tout temps, si toutefois les *rues* ont une pente suffisante, & si les égouts sont en assez grand nombre.

§. V.

Insuffisance des égouts & de pente de la plus grande partie des Rues.

Une des causes qui s'opposent le plus essentiellement à la propreté, est le peu de pente de la plupart des *rues*, & sur-tout l'éloignement des égouts. Beaucoup de ruisseaux n'ont pas plus d'une ligne de pente par toise; & l'eau y séjourne, lors même qu'elle n'est pas retenue par les immondices. Plusieurs quartiers de Paris sont bâtis dans des terreins absolument plats; & ces quartiers se sont formés insensiblement, sans que personne y veillât; car les nouvelles constructions ont été le produit de spéculations particulières & successives, sans aucun plan général. C'est ainsi que nous venons de voir s'élever une ville, depuis la Magdeleine jusqu'à Saint-Lazare. En moins de dix années, tout ce grand espace s'est couvert de maisons faites pour en former un des plus beaux quartiers de Paris, sans que l'on ait pourvu à ce que les rues fussent percées convenablement aux débouchés; sans qu'on ait réglé la hauteur des bâtimens; sans qu'on y ait établi, ni places, ni fontaines, ni marchés; sans seulement avoir marqué des emplacemens pour tous ces objets de nécessité.

Ces abus avoient fait sentir à Rome leurs funestes effets; mais il n'y avoit pas alors vingt siècles que la ville existoit; & bientôt l'on prit des mesures pour remédier au mal & empêcher qu'il ne fît de nouveaux progrès. Voyez comme en parle Tite-Live, liv. V, chap. 55, ann. U. C. 365. *Festinatio curam exemit vicos dirigendi; dùm omisso sui alienique discrimine, in vacuo ædificant. Ea est causa, cur veteres cloacæ, primò per publicum ductæ, nunc privata passim subeant tecta; formaque Urbis sit occupatæ magisquàm divisæ similis.*

Cette manière de bâtir des villes entières peut avoir les suites les plus fâcheuses; & l'on en sera convaincu, si l'on jette les yeux sur le grand égout qui reçoit les eaux des quartiers les plus fréquentés de Paris.

Certainement M. Turgot, & les architectes & entrepreneurs qu'il avoit chargés de ce bel ouvrage, que quelques personnes ont regardé comme digne des romains, y avoient apporté tout le soin possible : mais l'on avoit calculé les dimensions qu'il étoit nécessaire de lui donner sur l'étendue de la superficie du pavé dont il devoit recevoir les eaux; & l'on n'avoit pu prévoir que tout ce quartier immense de la chaussée d'Antin, qui étoit alors en marais, seroit bâti; que tant de jardins dans les environs seroient changés en *rues*, en maisons & en cours; & que la quantité d'immondices que devoit recevoir l'égout, seroit aussi considérablement augmentée. C'est cependant dans ce grand égout, ainsi que dans tous les autres de la ville, que doivent passer pour aller se jetter dans la rivière toutes les eaux pluviales, ainsi que toutes celles qui, sortant des maisons, coulent sur le pavé en se mêlant aux ordures.

Il seroit donc très important de donner plus de pente aux *rues*, & de faire de nouveaux égouts. Mais le premier expédient est impraticable : ce seroit bouleverser tout Paris : il faudroit reprendre beaucoup de maisons en sous-œuvre; rebaisser ou exhausser les cours de celles à portes-cochères; rompre les voûtes des caves; changer toutes les distributions des rez-de-chaussées; augmenter ou diminuer le nombre des marches des escaliers, ce qui entraîneroit la démolition entière de plusieurs; enfin, nombre de boutiques dans lesquelles on ne pourroit entrer qu'en montant ou descendant plusieurs marches, resteroient sans locataires.

Ainsi, le seul moyen de se débarrasser des boues, le plus promptement & avec le moins de peine possible, c'est de faire de nouveaux égouts; mais non pas des égouts comme ceux qui existent, comme celui de la *rue* Montmartre. Ne pourroit-on donc pas pratiquer sous toutes les *rues* des égouts, avec des ouvertures d'espace en espace, ainsi qu'on l'a fait à Londres dans toutes les *rues* de la Ville neuve; & cela à l'imitation des romains, que l'on a toujours occasion de citer, lorsqu'on parle de choses publiques, belles & grandes, & qu'on est encore trop heureux d'imiter en petit : car les égouts de Rome, ou ses aqueducs souterrains étoient comptés parmi ses merveilles : ils s'étendoient sous toute la ville, & se subdivisoient en plusieurs branches qui se déchargeoient dans le Tibre. C'étoit de grandes & hautes voûtes bâties solidement, & sous lesquelles on alloit en bateau; ce qui fait dire à Pline, que la ville étoit suspendue en l'air, & qu'on naviguoit sous les maisons : c'est ce qu'il appelle *le plus grand ouvrage qu'on ait jamais entrepris*. Il y avoit sous ces voûtes des endroits, où des charrettes chargées de foin pouvoient passer. Ces voûtes soutenoient le pavé des *rues*; & il y avoit d'espace en espace, des trous par où les immondices de la ville étoient précipitées dans ces égouts. La quantité incroyable d'eau que les aqueducs amenoient à Rome, y étoit aussi déchargée; d'où il est aisé de conclure que la ville étoit toujours propre, & que les ordures ne séjournoient pas dans les égouts. Tels étoient les égouts de l'ancienne Rome; & Rome moderne jouit encore d'une partie des travaux de ses anciens habitans, malgré toutes les révolutions que cette ville a essuyées.

Turin, Gênes, Florence, Naples, Livourne, nombre d'autres villes d'Italie ont aussi des égouts sous les *rues*. Ce ne sont pas des ouvrages de la beauté de ceux des anciens Romains; mais quels avantages ces villes n'en retirent-elles pas?

On compte à Paris 700,000 habitans, & l'on évalue la consommation de chaque habitant à vingt pintes d'eau par jour, attendu ce qui s'emploie aux lavages, blanchissages, bains, &c. C'est l'évaluation de M. de Parcieux, qui dans ce cas n'avoit aucun intérêt à enfler son calcul. Ainsi c'est par jour pour tous les habitans 50,000 muids, comme on l'a dit plus haut, ou quatorze millions de pintes.

Que l'on suppose que de cette eau consommée journellement, il n'en coule que les trois quarts dans les *rues*, le surplus étant perdu par l'évaporation, &c. C'est 10,500,000 pintes, qui chaque jour augmentent la masse des ordures. Multipliant cette dernière quantité par 15, nombre des jours que l'on suppose qu'a duré la gelée, on aura 157,500,000 pintes, qu'il faut tripler pour en connoître la pesanteur, une pinte de cette boue solide pesant au moins trois livres, ce qui produira 472,500,000 livres pesant; & ce dernier nombre étant divisé par trois milliers, charge ordinaire d'un tombereau, on aura au quotient 157,500, nombre des voyages ou charges de tombereaux nécessaires pour enlever cette boue, tant que le dégel n'est pas assez fort pour lui procurer toute la liquidité nécessaire, pour qu'elle puisse couler aux égouts.

Dans le calcul qu'on vient de faire, & que sûrement on ne trouvera pas forcé, on n'a pas fait entrer toute la glace qui provient des hôpitaux, communautés religieuses, hôtels & autres maisons qui ont des réservoirs que l'on met en décharge dès que le temps tourne à la gelée: on ne parle pas non plus de l'eau qui vient de toutes les fontaines publiques, qui ne cessent de couler que lorsque les glaces de la rivière forcent d'arrêter la pompe du pont Notre-Dame. Toutes ces eaux forment des amas de glaces considérables qui occupent nombre d'hommes pour les rompre, & de voitures pour les enlever; travail qu'il faut recommencer plusieurs jours de suite, les fontaines, en coulant toute la nuit, fournissant autant de glace pour le lendemain qu'on en a enlevé la veille: & l'on observe ici que c'est par suite de cette attention à rompre & enlever les glaces à mesure qu'elles se forment, & par celle que l'on apporte à sabler deux & trois fois par jour les ponts & toutes les *rues* qui ont une pente rapide, & par le soin qu'on a de laisser une certaine quantité de *bousin* ou glace broyée dans les *rues* fréquentées, qu'actuellement les voitures roulent facilement dans tout Paris pendant les plus fortes gelées, au lieu qu'anciennement, pendant les temps rigoureux, on n'osoit faire sortir les équipages. Enfin, dans ce calcul, non seulement on n'a fait aucun état des grosses ordures des maisons, parce que les 120 tombereaux ordinaires auront fait pendant ces 15 jours 9000 voyages, & auront par conséquent enlevé plus de 30,000,000 pesant de matières; mais on n'a pas parlé de la neige qui ordinairement tombe avant la gelée, & dont la quantité qui ne peut s'évaluer, présente souvent un travail au-dessus des forces humaines.

Ce détail fait voir combien il seroit ridicule de prétendre, dans ces temps de dégel, nettoyer les *rues* par tout autre moyen que celui des égouts: & c'est aussi celui que l'on prend actuellement, en balayant autant qu'il est possible. Mais tant que le dégel n'est pas parfaitement complet, on perd la plus grande partie de ses peines; au lieu que si les égouts étoient aussi nombreux qu'il est nécessaire, pour peu que le temps se relâchât, il seroit facile de faire couler cette boue par les ouvertures pratiquées dans les *rues*; & l'eau que l'on jetteroit alors en toute sûreté (ce que l'on ne peut faire aujourd'hui), l'entraîneroit promptement à la rivière.

Enfin, ces égouts procureroient encore un avantage d'une assez grande importance, en ce qu'ils pourroient servir d'aqueducs pour les tuyaux qui distribueront dans Paris, l'eau des pompes à feu. MM. Perrier ont fait mettre tous ces tuyaux en fonte; ainsi l'on n'aura rien à craindre de la gelée, & il n'y aura pas de réparations à y faire (1). Mais encore pourra-t-il arriver qu'il soit nécessaire d'y travailler, & ce seroit une grande commodité que de pouvoir le faire sans toucher au pavé. *Voyez* NETTOYMENT, PROPRETÉ.

(1) Tous les tuyaux de Londres, qui sont innombrables, sont en fonte ou en bois d'orme, & l'on n'y fait jamais de réparation, quoiqu'à Londres les gelées soient presqu'aussi fortes & aussi longues qu'à Paris. Quelques personnes regardent de mauvais œil l'entreprise de la pompe à feu, seulement à cause des réparations continuelles qu'elles se figurent qu'entraîneront ces tuyaux maltraités tant par la gelée que par les voitures: & quand on leur cite Londres qui n'en est nullement incommodé, elles objectent qu'à Londres les tuyaux passent sous les trottoirs. Ces personnes sont dans l'erreur. Ces trottoirs portent sur des voûtes qui forment des especes de caves servant de décharge aux pieces souterraines de chaque maison, qui reçoit le charbon de terre qu'elle consomme par une ouverture pratiquée dans le trottoir, & fermée d'une pierre ou d'une plaque de fonte qui se leve à volonté & tous les tuyaux passent sous les pavés des rues.

S.

SAGE-FEMME, s. f. Mot composé, qui désigne une femme qui fait profession d'accoucher. *Voyez* ACCOUCHEUR.

L'état de *Sage-femme* est un des plus utiles dans la société, principalement pour le peuple, qui n'ayant point dequoi payer un accoucheur, est heureux de trouver des secours à meilleur marché. Mais un grand inconvénient attaché à cet état, & que le gouvernement devroit s'empresser de détruire, c'est l'ignorance, l'impéritie & l'art meurtrier de quelques *Sages-femmes*.

On calculeroit difficilement combien de jeunes mères & d'enfans périssent par le manque de connoissance des *Sages-femmes*, par les méthodes incendiaires & la routine où elles sont d'empoisonner les femmes par des potions échauffantes & d'estropier les enfans par des ligatures & autres entraves semblables.

Ces effets de l'ignorance sont sur-tout remarquables dans les villages & les petites villes; c'est là qu'un bon chirurgien accoucheur ou une *Sage-femme* instruite dans la capitale, seroit plus utile & feroit plus de bien à l'humanité qu'un tas de municipaux ou hommes publiquement inutiles, quoique fort suffisans & dispendieux.

M. Turgot avoit jadis senti cet inconvénient, il avoit cherché à y remédier dans le temps qu'il étoit intendant de la généralité de Limoges, en établissant des écoles d'accouchement, où les jeunes *Sages-femmes* alloient s'instruire dans leur art.

Depuis ce temps les administrations provinciales établies par M. Necker, & les nouveaux départemens ont fait des tentatives à cet égard, qui ont plus ou moins bien réussi suivant les soins qu'on y a donnés. Mais en général cette classe de femmes est fort ignorante, fort meurtrière & très-entêtée des vieilles routines.

On en a vu donner des exemples marqués de la plus atroce cruauté à leurs élèves, & par là, naturaliser parmi les *Sage-femmes*, la dureté froide; tandis qu'il seroit si utile de leur conserver la précieuse sensibilité que les jeunes filles ont assez généralement.

Diderot rapporte à ce sujet un fait vraiment diabolique, nous rapporterons ses paroles; « je me crois obligé, par l'intérêt que tout honnête homme doit prendre à la naissance des citoyens, de déclarer que, pressé par une curiosité qui est naturelle à celui qui pense un peu, la curiosité de voir l'homme naître, après l'avoir vu mourir tant de fois, je me fis conduire chez une de ces *Sages-femmes* qui font des élèves & reçoivent des jeunes-gens qui cherchent à s'instruire de la matière des accouchemens, & que je vis là des exemples d'inhumanité qui seroient presque incroyables chez des barbares. Ces *Sages-femmes* dans l'espérance d'attirer un plus grand nombre de spectateurs, & par conséquent de payans, faisoient annoncer par leurs émissaires, qu'elles avoient une femme en travail, dont l'enfant viendroit sûrement contre nature. On accouroit, & pour ne point tromper l'attente, elles retournoient l'enfant dans la matrice & le faisoient venir par les pieds. Je n'oserois pas avancer ce fait si je n'en avois été témoin plusieurs fois, & si la *Sage-femme* elle-même n'avoit eu l'imprudence d'en convenir devant moi, lorsque tous les assistans s'étoient retirés. J'invite ceux qui sont chargés de veiller aux désordres qui se passent dans la société, d'avoir les yeux ouverts sur celui là ».

Il faudroit pour répondre à l'invitation de M. Diderot, des connoissances, une humanité que tous les officiers de police n'ont pas. Comme assez ordinairement les femmes que l'on fait ainsi servir de sujets de leçons, sont des filles publiques ou de très-pauvres mères de famille, on ne croit pas qu'il importe d'y regarder de si près; on ne voit pas même qu'en général on donne un soin éclairé & suivi, à rendre moins dangereux pour toutes les femmes, l'art des accouchemens; l'ancienne routine, la cupidité, les préjugés barbares servent encore de guides dans cette partie comme dans bien d'autres.

Il y a cependant des réglemens de police que l'on doit faire observer aux *Sages-femmes* avant & pendant l'exercice de leur art, on jugera s'ils sont de nature à beaucoup le perfectionner, en voici la substance.

Toutes aspirantes à l'art des accouchemens dans une ville où il y aura communauté, seront tenues de faire deux années d'apprentissage avec une maîtresse *Sage-femme* de la ville, ou de servir deux années à l'hôtel-dieu de la même ville au cas qu'il y ait moyen d'occuper des apprentisses en cet art.

Celles des bourgs & villages, de même que les chirurgiens, doivent se faire par la communauté établie dans le chef-lieu de la justice où elles veulent se fixer. *Déclaration du 23 Septembre 1736.*

Celles qui rapporteront un certificat de pauvreté, du curé, seront reçues gratuitement. *idem.*

Les *Sages-femmes* seront tenues, porte toujours la même déclaration, de mettre leurs noms au bas de leurs enseignes, défenses à elles d'en faire inscrire d'autres.

Depuis la révolution la police des *Sages-femmes* est encore plus négligée. La destruction des seigneurs de paroisses a fait un grand tort à l'humanité de ce côté, parce qu'au moins les *seigneurs* suppléoient, par leurs richesses, par leur autorité dans les villages & sur-tout par leur bienfaisance, à l'incapacité du gouvernement; mais aujourd'hui cette partie de l'art de guérir est très-mal dirigée & chaque jour il arrive des accidens graves, par l'impéritie ou la cupidité des *Sages-femmes.*

SAILLIE, s. f. Les saillies sont des parties de bâtimens ou des accessoires qui excédant le nud du mur, ne sont pas à-plomb sur les fondemens; tels sont les entablemens, les balcons, les auvents, les corniches, les pilastres, les seuils des portes, &c.

Il y a aussi une autre espèce de *saillie* qu'on appelle mobiliaire ou mobile, en ce qu'elle se trouve formée des objets qui s'exposent pendant le jour & se retirent tous les soirs: tels sont les étalages, les montres, établis, grilles, comptoirs, appuis de boutique, &c. qui ne tiennent à fer ni à clous.

En général, les *saillies* formant une anticipation sur la voie publique ne pouvoient qu'occasionner des embarras, sur-tout dans les temps où les rues étoient si étroites qu'elles étoient pour la plupart impraticables aux voitures, aussi furent-elles généralement proscrites il y a deux siècles par les ordonnances.

Nous voyons en effet que le parlement de Paris s'élevant contre l'abus que pouvoient causer les *saillies*, en défendit l'usage par un arrêt du 5 Juillet 1508, que par un autre arrêt du 12 Juin 1554, il ordonna qu'il seroit informé contre ceux qui avoient formé aucunes *saillies* aux bâtimens pour être ensuite procédé à la démolition d'icelles, & que par un arrêt du 16 du même mois, il ordonna que défenses seroient faites à son de trompe & cri public aux habitans de tenir dorénavant aucuns établis, selles, taudis, chevalets & autres avances sur la rue, hors leurs ouvroirs & boutiques, & de pendre à icelles aucunes toile, serpillière, perches ou montres à marchandises; sous peine de cent sols parisis d'amende.

Ces défenses ont été plusieurs fois réitérées, & les trésoriers de France & commissaires de la voierie ont été chargés d'en maintenir l'exécution.

Parmi les divers réglemens qui ont rapport à cette matière, on distingue 1°. l'édit de décembre 1607, qui fixe la hauteur des auvents & eviers, & défend de faire de nouvelles marches dans les rues; 2°. l'arrêt du conseil du 17 novembre 1666, lequel règle les *saillies* différentes que peuvent avoir les pas de pierre, seuils de porte, marches, bornes, établis, auvens, enseignes, &c. 3°. l'ordonnance du bureau des finances de Paris, du premier avril 1697, concernant la *saillie* des étalages & grilles, portant défense de mettre en *saillie* sur la rue des tuyaux de cheminée, jardins, caisses,

Au reste, il ne suffit pas de connoître les *saillies* que l'usage a introduites & celles qui peuvent être pratiquées, il faut aussi ne pas ignorer qu'on n'en peut former aucune sur la voie publique, de quelque sorte qu'elle puisse être, à l'exception néanmoins des entablemens & plinthes, sans en avoir obtenu la permission & payé les droits.

Autrefois ces permissions s'obtenoient des juges royaux ou seigneuriaux des bureaux des finances & commissaires de la voierie; aujourd'hui ce sont les municipalités qui les accordent ou les refusent, suivant les circonstances. Il n'y a rien de bien réglé à cet égard. *Voyez* ALIGNEMENT.

SALPÉTRIER, s. m. fabricant de salpêtre.

La nécessité de se procurer du salpêtre pour la fabrication de la poudre à canon, a donné lieu à des réglemens relatifs aux *salpêtriers*, qui ont été plus d'une fois la cause de vexations envers les pauvres gens. On autorisoit, ou du moins on toléroit que les gens chargés de recueillir les gravats & autres décombres nécessaires à la fabrication du *salpêtre*, forçassent les particuliers à leur ouvrir leurs caves & autres lieux pour y prendre la terre chargée de parties nitreuses. Il résultoit de-là une foule d'abus, que les nouvelles loix préviennent en défendant aux *salpêtriers* de s'introduire dans les caves des maisons pour y chercher des matériaux, sans la permission de ceux qui les habitent.

Tous particuliers propriétaires & locataires des maisons, architectes, entrepreneurs & maçons sont tenus d'avertir ou faire avertir les *salpêtriers* des quartiers de la ville, fauxbourgs & banlieue où sont situées les maisons, murs & autres bâtimens qu'ils veulent faire démolir, du jour auquel les démolitions doivent être commencées. Il leur est défendu aussi d'employer à aucun usage les terres, pierres & plâtres, & de les gâter ni mouiller dans la vue d'empêcher les *salpêtriers* de les enlever, à peine de cent livres d'amende contre les contrevenans & refusans. De leur côté ces *salpêtriers* doivent enlever le tout le plus promptement possible. Telle est la disposition des réglemens, & particulièrement celle portée en l'article II de l'ordonnance rendue par le lieutenant de police de Paris le 14 août 1779.

SALPÊTRIÈRE ; s. f. c'est le nom d'un hôpital situé sur les bords de la Seine, à l'extrémité du fauxbourg Saint-Victor de Paris, où l'on reçoit les pauvres vieilles femmes, où l'on élève les jeunes filles des *enfans-trouvés*, où l'on renferme des femmes condamnées par jugement à une détention plus ou moins longue, & enfin où la police envoie les filles & femmes, pour y subir une prison correctionnelle de plus ou moins de temps.

Nous avons parlé de cette maison avec quelqu'étendue au mot *Hôpital ;* nous ne le rappellons ici que pour faire connoître de quelle manière on y traitoit les filles & femmes débauchées qu'on y renfermoit autrefois. Voici à cet égard le réglement publié en 1684, que l'on a long-temps suivi, & dont on s'est, avec raison, beaucoup relâché depuis la révolution.

Réglement que le roi veut être exécuté pour la punition des femmes d'une débauche publique & scandaleuse qui se pourront trouver dans sa bonne ville de Paris, & pour leur traitement dans la maison de la salpêtrière de l'hôpital général, où elles seront renfermées.

« Les femmes d'une débauche & prostitution publique & scandaleuse, ou qui en prostituent d'autres, seront renfermées dans un lieu particulier, destiné pour cet effet dans la maison de la *Salpêtrière*, lorsqu'elles y seront conduites par l'ordre de sa majesté, ou en vertu des jugemens qui seront rendus pour cet effet au châtelet par le lieutenant de police, à l'encontre desdites femmes, sur les procès qui leur seront instruits, pour y demeurer durant le temps qui sera ordonné ; sa majesté voulant que les sentences dudit lieutenant de police en ce fait particulier, & dont sa majesté lui attribue, en tant que besoin est, toute jurisdiction & connoissance, soient exécutées comme de juge en dernier ressort. »

« Si en jugeant un procès criminel, les juges à qui la connoissance dudit procès criminel appartiendra, trouvent à-propos de condamner à la même peine des convaincues du susdit crime de débauche publique, qui se trouveront comprises dans lesdits procès, elles pourront être aussi enfermées dans le même lieu, en vertu des arrêts & jugemens qui interviendront pour cet effet ».

« Lesdites femmes entendront la messe les dimanches & les fêtes, & seront traitées des maladies qui leur pourront survenir, sans sortir du lieu où elles seront renfermées, qu'en cas d'une nécessité indispensable. Elles prieront Dieu toutes ensemble, un quart-d'heure le matin, autant le soir ; & durant la journée on leur fera lecture du catéchisme, & de quelques livres de piété pendant le travail auquel on trouvera à-propos de les employer ».

« Elles seront habillées de tiretaine, avec des sabots ; elles auront du pain, du potage & de l'eau pour nourriture, & une paillasse, des draps & une couverture pour se coucher ».

« On les fera travailler le plus long-temps, & aux ouvrages les plus pénibles que leurs forces le pourront permettre, en la manière en laquelle les directeurs qui en auront le soin particulier, le trouveront à-propos. »

« Lesdits directeurs pourront, après quelque temps, permettre à celles desdites femmes qui paroîtront avoir regret de leurs désordres, de travailler à des ouvrages moins rudes, & d'acheter du gain qu'elle y pourront faire, jusqu'à demi-livre de viande chaque jour que l'on en peut manger, ou des fruits ou autres raffraîchissemens, ainsi que lesdits directeurs le jugeront à-propos ».

« On punira les juremens, la paresse au travail, les emportemens & les autres fautes que lesdites femmes pourront commettre, par le retranchement du potage, en les mettant au carcan, dans les mal-aises durant certain temps de la journée, ou par les autres voies semblables & usitées dans ledit hôpital, que les directeurs estimeront nécessaires ». *Voyez* PROSTITUTION.

SANTÉ, s. f. état physique du corps animal, qui lui permet d'exercer toutes ses fonctions & de jouir de toutes ses facultés.

La *santé* des hommes est un des soins principaux de police humaine ; elle veille sur-tout ce qui pourroit l'altérer depuis le moment de sa naissance, jusqu'à l'instant où il cesse de vivre.

La partie de l'administration qui s'occupe de cet objet, est une des plus intéressantes & celle peut-être qui mérite le plus d'étude, de prudence & de talens de la part des administrateurs ; on ne voit cependant pas qu'ils y donnent une attention aussi suivie qu'aux autres parties qui paroissent moins utiles.

La police de la *santé* peut être considérée d'une manière générale, c'est-à-dire, dans les principes mêmes qui la dirigent & en forment l'objet, ou d'une manière positive, c'est-à-dire, dans les réglemens destinés à en maintenir l'exécution.

De la police de la santé en général.

Un des premiers soins du gouvernement, pour conserver la *santé* des sujets de l'état, doit être d'avoir dans la capitale, un conseil de *santé*, composé d'un nombre de personnes versées dans dans la police & de quelques médecins savans & expérimentés; ce conseil ne doit s'occuper que des objets de salubrité & d'indiquer les moyens réglementaires & effectifs de prévenir les maladies contagieuses & épidémiques; d'interdire toute communication avec les pays où elle regnent; d'ordonner des quarantaines, & de veiller attentivement, tant sur les personnes qui en viennent, que sur les marchandises qui en sortent. Que si la maladie vient à se répandre dans la ville, on doit murer les maisons infectées, & pourvoir au soulagement & à la guérison des personnes qui en sont atteintes.

Au cas qu'il règne quelque maladie épidémique dans le pays, on doit en donner aussitôt avis au collège, pour qu'il examine ses causes & ses symptômes, & qu'il prescrive les remèdes qu'il jugera nécessaires. Dans les cas extraordinaires, il enverra un médecin sur les lieux, pour qu'il puisse mieux s'instruire de toutes les circonstances de la maladie.

La police ne doit rien négliger de tout ce qui peut contribuer au progrès de la médecine, & la mettre en honneur. C'est à quoi servent les académies & les collèges de médecine établis dans les principales villes du royaume, lesquels sont composées des médecins de chaque ville, & dont la dépense n'est pas bien considérable. Les membres doivent s'assembler toutes les semaines, examiner les maladies qui regnent, & en cas de doute, s'adresser au premier collége qui est uni au conseil de *santé*, dont il est comme le second département. On a fait là-dessus dans les duchés de Brunswick, de Lunébourg, à Paris, à Londres & à Pétersbourg, des réglemens qui méritent d'être suivis par tous les autres états.

Pour que cet établissement réponde au but qu'on se propose, on doit s'informer des talens & de la capacité de ceux qui exercent la médecine; & comme il arrive souvent que les facultés, accordent par des vues d'intérêts, le grade de docteur à des gens qui ne le méritent point, ce titre ne doit point suffire à un homme pour exercer cet art, qu'au préalable il n'ait été examiné par le premier collége de médecine. On ne doit souffrir, ni les charlatans, ni les opérateurs, ni les médecins ambulans, ni les chambrelans, qui en imposent aux malades, au détriment de leur *santé* & de leur bourse, à moins qu'ils n'aient quelque remède particulier pour certaines maladies, approuvé par le premier collége.

On doit aussi veiller sur les apothicaireries, afin, non-seulement que les remèdes soient bons & bien conditionnés, mais encore pour qu'on les vendent à juste-prix. Il faut les taxer, & punir sévèrement les fraudes que l'on commet. Comme les apothicaires achètent leurs remèdes des droguistes, il convient que ceux-ci répondent de leur bonté; car comment opéreroient-ils l'effet qu'on en attend, lorsqu'ils sont mauvais?

Les hôpitaux & les Lazarets établis pour les malades qui n'ont pas le moyen de se faire traiter, indépendamment de leur utilité particulière, sont une école où les jeunes médecins sont à même de s'instruire, sur-tout lorsqu'ils travaillent sous les yeux d'un homme intelligent & éclairé. Cependant, au cas que les malades aient de la répugnance à y aller, on ne doit pas leur refuser les remèdes & les secours dont ils peuvent avoir besoin, & il doit y avoir dans chaque quartier un médecin préposé pour en prendre soin. *Voyez* PAUVRE.

Comme il importe extrêmement au public d'avoir des médecins habiles & expérimentés, il convient de régler, non-seulement ce qui concerne leurs études & leur aggrégation, mais encore de ne permettre à aucun d'exercer l'art, qu'il n'ait donné des preuves de sa capacité. Ces réglemens sont également nécessaires pour les sages-femmes, vu que, par leur ignorance, elles sont souvent cause que quantité d'enfant meurent en naissant. La vie des hommes est une chose si précieuse, qu'on doit, à la moindre preuve qu'une sage-femme donne de son incapacité, lui défendre d'exercer sa profession.

Quant aux causes qui rendent une ville ou une contrée mal-saine, & qui font que les maladies règnent plus dans un endroit que dans l'autre, & que la mortalité y est plus grande, c'est au collége de médecine à les rechercher & à y remédier. C'est à lui, par exemple, à faire dessécher les marais, dont les exhalaisons corrompent l'air, à procurer aux habitans des eaux plus saines, ainsi qu'on l'a fait depuis à Trieste; à faire néroyer la ville, à empêcher le mauvais air, en donnant une nouvelle forme aux maisons, afin que l'air y circule plus librement.

On doit empêcher la débauche & les excès qui causent les maladies & la mort, par des réglemens & des moyens indirects, pour que les sujets ne croient point qu'on attaque à leur liberté.

Un ministre qui s'intéresse à la santé des hommes, ne sauroit veiller avec trop d'attention sur la nature & la qualité des denrées dont ils usent journellement. Le vin frelaté, la mauvaise bierre, les fruits cueillis avant leur maturité, les denrées gâtées, sont si nuisibles à la santé, qu'on ne sauroit punir avec trop de sévérité ceux qui fraudent le public dans la vue d'un intérêt sordide.

En général, il est de la prudence du gouvernement, non-seulement de prévenir tout ce qui tend à dépeupler l'état, mais encore, d'obvier aux malheurs & aux calamités qui assiégent les hommes, ou du moins de les adoucir par la sagesse des réglemens & des mesures qu'il emploie. Sur ce principe on doit éviter les guerres, dont tant de gens sont les victimes, & qui dépeuplent l'état, & ne les entreprendre qu'à la dernière extrémité; & quant à la famine, aux inondations & autres malheurs semblables, on doit y obvier par des magazins & des greniers publics, pour empêcher les suites qu'ils peuvent avoir.

Une partie de ces principes généraux ont successivement été mis en pratique par différens réglemens qui ont tous pour objet la *santé* des citoyens, depuis le moment de leur naissance jusqu'à celui de leur mort. Nous en avons parlé sous différens titres dans cet ouvrage.

L'article NOURRICE indique les soins & les précautions prises par le gouvernement pour en procurer de saine aux femmes des villes que des occupations laborieuses ou une mauvaise *santé* empêchent de nourrir leurs enfans.

Les articles APOTICAIRE, POISON, REMÈDE, sont relatifs aux moyens que prend la police pour empêcher la vente & distribution de drogues nuisibles à la *santé*. On a pu voir encore aux mots NOYER, CONTAGION, les soins pris par le gouvernement pour secourir les hommes lorsqu'ils se trouvent avoir besoin de secours dans l'un ou l'autre de ces états. Enfin, sous les titres VIN, VÉNÉRIEN, on trouve encore des connoissances sur les précautions que doivent prendre les officiers de police pour conserver la *santé* des sujets de l'état, en les mettant à l'abri des effets de la cupidité des marchands de vin ou autres boissons, & des ravages de la maladie vénérienne.

Mais un des premiers devoirs de l'administration d'une police sagement administrée en ce qui concerne la *santé*, c'est d'empêcher les ravages & les progrès des maladies épidémiques. En France, on doit aux lumières du ministère, & sur-tout à MM. Turgot & Necker, l'établissement d'une société de médecine, qui est du plus grand secours en pareil cas. Nous l'avons fait connoître aux mots MÉDECINE & REMÈDE. La police, les corps administratifs ne doivent alors rien négliger pour empêcher les progrès du mal; ils doivent procurer aux malades tous les secours spirituels & temporels conformes à leur état, & à ceux qui sont en santé tous les préservatifs qui leur seront nécessaires pour éloigner d'eux la maladie.

Les curés, vicaires & autres supérieurs ayant charge d'ames, doivent commettre à leurs dépens un prêtre & un clerc pour porter le Saint Sacrement aux malades de la contagion; & ceux qui sont choisis pour ce ministère ne doivent point converser avec les personnes saines: c'est ce qui fut ordonné pour Paris par arrêt du 2 juillet 1561.

Le Saint-Viatique ne se porte en ces occasions que la nuit, sans sonnette, pour ne point causer d'effroi, très-dangereux en cette occasion.

On ordonne que tous propriétaires ou locataires des maisons dans lesquelles il y aura eu des malades de peste, & toutes celles où il y en aura à l'avenir, soient tenus de mettre aux fenêtres, & à la principale porte & autres lieux plus apparens, une croix de bois, à ce que chacun puisse en avoir connoissance, & s'abstenir d'y entrer; avec défenses à toutes personnes d'ôter ces croix, sous peine d'avoir le poing coupé: enjoint aux voisins, & à tous ceux qui sauront quelqu'un être attaqué de la peste, d'en avertir incessamment la justice, sans aucune exception, soit de mari, femme, serviteur ou maître.

On enjoint pareillement aux médecins, chirurgiens, apothicaires & barbiers, de dénoncer sur-le-champ ceux en qui ils auront apperçu des signes de maladie, à peine de destitution, & même d'être chassés de la ville.

Ceux qui ont la direction des deniers patrimoniaux d'une ville, peuvent, s'ils le jugent à propos, louer des maisons écartées de la ville, pour y faire porter les pestiférés: en tous cas, ils doivent y pourvoir de quelque manière, lorsqu'il n'y a pas dans le lieu des hôpitaux suffisans, & propres à faire traiter les maladies de la peste.

Si l'on permet à aucuns de se faire traiter dans leurs maisons, ce n'est qu'à ceux qui sont en état de se procurer sans inconvénient les secours dont ils ont besoin, & lorsqu'il n'y a point de locataires dans la maison qu'ils occupent, avec injonction à leurs domestiques de ne sortir qu'avec des marques de distinction, comme de tenir une baguette blanche à la main, à peine de punition exemplaire.

A l'égard des autres, on les fait enlever pour être conduits aux maisons de *santé*. On interdit les habitations, boutiques & maisons dont on les a tirés, en ordonnant qu'à l'instant elles seront fermées avec des cadenats, barres de fer ou ais de menuiserie, sans que les personnes qui étoient dans la maison avec les pestiférés puissent en sortir; & on pourvoit à leur nourriture.

Les hôtelliers chez lesquels il y auroit quelques personnes attaquées de la peste, sont obligés de fermer leur hôtellerie jusqu'à nouvel ordre.

Le magistrat de police nomme des médecins & chirurgiens en suffisance pour traiter les malades, avec défenses rigoureuses de traiter aucunes autres maladies, ni même de fréquenter aucunes autres personnes; & à cet effet, il doit leur être assigné des gages raisonnables, qui se prennent sur les deniers communs de la ville, ou par impositions d'une aumône sur tous les habitans, proportionnellement à leurs facultés.

Il est aussi nécessaire de gager plusieurs autres personnes qui soient consacrées uniquement aux différens services, qui sont nécessaires en cette occasion.

A Paris l'on a établi dans des temps de contagion, des prévôts de *santé*, avec des aydes que l'on distribuoit dans les différens quartiers pour vaquer incessamment à l'exécution des ordonnances de police concernant la contagion.

Ils doivent s'informer soigneusement, chacun dans leur quartier, des personnes attaquées de la maladie. Leurs aydes sont distingués par un casque d'étoffe noir, avec une croix blanche, leurs fonctions sont de marquer les maisons des pestiférés, avec des croix, d'emprisonner dans des prisons destinées à cet effet, ceux qui sont refusans d'obéir aux réglemens, de saisir les hardes & meubles qu'ils apprendront avoir été tirés des maisons infectées, & de les porter au lieu à ce destiné.

On commet aussi un chirurgien à l'entrée des maisons de *santé*, pour examiner les malades qui y sont amenés, & décider s'ils sont attaqués ou non de la peste.

L'inhumation des corps des pestiférés doit se faire seulement la nuit avec une torche allumée, afin que le public s'en éloigne, & il suffit qu'il y assiste quelqu'un de probité, comme un prévôt de *santé* ou autre.

Le lieu de la sépulture des pestiférés, doit être distinct des cimetières ordinaires, & choisis, s'il se peut, hors de la ville & loin des chemins publics.

Les opérations d'ensevelir les pestiférés, & de les porter en terre, demandent encore des personnes qui soient destinés à cet emploi.

Les autres moyens que l'on doit employer, sont de faire observer avec la dernière exactitude, les réglemens pour la propreté intérieure des maisons, & pour celle des rues & places publiques, & autres que nous avons rapportés sous les articles de ce titre; suspendre le commerce des frippiers & revendeurs de meubles, faire chasser ou arrêter les mendians valides, ordonner que chacun allumera devant sa porte, & même dans ses cours & jardins, des feux où l'on fera jetter du bois de Genièvre ou des aromates, faire cesser dans la ville & aux environs, tous les ouvrages où l'on ouvre & remue beaucoup les terres, faire tuer les chiens qui vaguent par les rues, faire cesser les grandes assemblées & les foules. Tels sont les moyens, avec la prière, que l'on peut prendre, & qui ont été ordonnées par divers réglemens faits à Paris dans des temps de contagion, tant par les arrêts du parlement, par les ordonnances du magistrat de police.

On ne peut en de pareilles occasions venir trop tôt aux expédiens, & ce n'est pas le cas de perdre le temps à déliberer. Les réglemens doivent être rendus promptement, & de manière qu'ils acquièrent la plus grande notoriété, par publications réitérées, affiches & distributions d'exemplaires.

Quant aux convalesçens, il leur est défendu de sortir qu'après 40 jours de leur guérison, certifiée par les médecins & chirurgiens de police, ou par ceux qui ont la direction des hôpitaux ou maisons de *santé*, & encore après ce temps, doivent-ils avoir des marques distinctives très-apparentes.

Comme la contagion conserve longtemps les principes, & qu'il arrive aisément, que bien que l'air extérieur soit purifié par la survenance des vents salutaires, néammoins il s'est logé plusieurs parties du mauvais air dans les recoins des maisons ou dans les meubles; il faut faire parfumer les habits, les meubles & les maisons de ceux qui ont été infectés de la maladie contagieuse.

Nous n'avons point parlé des précautions pour prévenir la communication de la maladie contagieuse d'une ville à une autre, parce qu'elles sont réservées à l'autorité supérieure dont les officiers de police doivent en ce cas exécuter les ordres & réglemens; de même qu'ils doivent veiller en tous temps, à ce qu'il n'entre dans le royaume aucunes personnes qui viennent des pays où la contagion a cours, & qu'on n'y introduise aucunes sortes de denrées, marchandises, bestiaux & autres animaux venant desdits pays. Ce soin regarde pareillement les officiers municipaux de chaque ville frontière ou maritime. *Voyez* l'ordonnance du roi du 8 Août 1713, & le réglement du 20 Juillet 1752, concernant l'admission des vaisseaux étrangers.

L'établissement du bureau de *santé* de Marseille est un des plus utiles pour empêcher l'introduction

de

de la peste dans le royaume, soit par les équipages des navires, soit par les marchandises venant du Levant, où ce fléau règne presqu'habituellement. Son organisation mérite d'être connue, & c'est ici le lieu de la rapporter d'après le mémoire imprimé par ordre du bureau même de *santé*, en 1731.

Le mal contagieux est de tous les ennemis, celui qui est le plus à craindre. Il est invisible. Il s'introduit subtilement. S'il pénètre dans les provinces, il les ravage, il les dépeuple, il y sème l'horreur, la désolation & la mort. Mais on peut prévenir ce mal; le tenir écarté; & le faire même évanouir lorsqu'il est prochain, en employant les précautions à la portée de la prudence humaine.

C'est ce qui a donné lieu à l'établissement des bureaux de *santé* dans tous les ports de la Méditerranée. Ceux de Marseille & de Toulon sont les deux principaux des côtes Méridionales de France. Le bureau de Toulon a sous sa dépendance, tous les ports & rades depuis le Brusq inclusivement, jusqu'à la rivière du Var. Le département de celui de Marseille commence au Brusq, & comprend les ports du reste de la Provence, ceux de la Catalogne qui sont sous la domination du roi.

Il y a des bureaux particuliers dans tous ces ports, qui exécutent les ordres qui leur sont adressés de Marseille & de Toulon.

Le bureau de Marseille est composé de seize intendans. Ils sont nommés & approuvés dans le conseil de la communauté lorsqu'il est assemblé les trois derniers jours d'Octobre pour l'élection de tous les officiers municipaux.

Ces intendans sont choisis entre les principaux négocians, dont la plupart ont résidé plusieurs années en Levant, & il y a ordinairement dans le nombre, un ou deux anciens capitaines de vaisseau qui ont quitté la marine.

La nomination annuelle n'est que de huit intendans nouveaux, du nombre, & à la tête desquels sont les deux échevins qui sortent de charge. Ces nouveaux intendans en remplacent un pareil nombre dont l'exercice finit; ainsi ils servent toujours pendant deux ans, afin qu'il en reste huit anciens qui soient en état d'instruire des règles qu'on observe, ceux qui sont nouvellement installés.

Les quatre échevins en charge, sont intendans-nés, ou honoraires. Ils ont droit de séance aux assemblées lorsqu'ils veulent s'y trouver.

Ce bureau politique, ainsi composé, a un sécretaire-archivaire, deux capitaines, un commis des archives, deux valets aux livrées du bureau, un garde au port de Pommégue, un patron & deux mariniers pour le bateau du service. Tous ces officiers, employés & domestiques ont des appointemens, des gages & des salaires proportionnés, que le bureau leur fait payer à la fin de chaque mois (1).

Il y a trente gardes fixes affectés au bureau, avec des salaires. Leurs noms sont inscrits dans un tableau, pour être employés à tour de rôle sur les bâtimens & auprès des passagers.

On nomme encore douze gardes surnuméraires qu'on emploie dans le besoin. Ils n'ont de salaires que lorsqu'ils sont actuellement au service.

Les infirmeries ont des officiers & des employés particuliers dont il sera fait mention.

Il y a des édifices, des ports & emplacemens destinés à la purge des bâtimens, des marchandises & des passagers dont il est à propos de donner une idée générale.

Le bureau matériel de la *santé* est situé à l'entrée du port, au bout de la fausse baye du fort Saint-Jean. C'est un bâtiment fondé dans l'eau, & appuyé au quai, ensorte qu'il avance dans le bassin de toute son étendue. On y entre par une avant-cour fermée d'une barrière de fer. Le premier appartement à droite est destiné à mettre les lettres qui sont apportées de la mer. Elles y sont rangées par ordre alphabétique, & distribuées au public par un valet du bureau qui ne souffre jamais que les particuliers y entrent.

Celui qui est vis-à-vis, à la gauche, sert à renfermer les agrès du bateau de service. On y a ménagé une fontaine à robinet, pour l'eau nécessaire aux équipages des bâtimens qui achèvent leur quarantaine à la chaîne du port. On la fait couler en dehors lorsqu'ils la demandent, & ils la reçoivent dans la chaloupe sans qu'ils puissent communiquer.

On entre ensuite dans une grande salle éclairée au midi par deux fenêtres qui ouvrent jusqu'aux planchers. Elles sont presque toujours fermées par une grille de fer & par un chassis de fil d'archal à reseaux.

Il y a en dehors un balcon de fer le long de l'appartement; il sert à donner les provisions aux mêmes équipages, & les tenir écartés lorsqu'ils viennent parler à quelqu'un. La chambre du conseil est dans le fonds.

(1) Les anciens membres sont aujourd'hui remplacés par la municipalité & le département.

Les intendans reçoivent, dans la chambre du conseil, les déclarations des capitaines & patrons sans exception, de quelques ports qu'ils viennent. Ils doivent s'y présenter dans la chaloupe pour être interrogés & remettre leurs patentes avant que leurs bâtimens puissent être amarrés au quai, & ils y prennent la permission de descendre à terre.

Les galères du roi venant de la mer, s'arrêtent aux îles. Le commandant de l'escadre envoie un officier dans la chaloupe ou caïq, pour avertir le bureau de l'arrivée des galères, & demander que les intendans aillent s'informer de leur état par rapport à la santé, & leur donner l'entrée.

L'intendant semainier va sur-le-champ avec le canot sur lequel on arbore le pavillon du bureau, accompagné du secrétaire & du capitaine. Il s'approche de la poupe de la galère commandante; le commandant s'avance & fait une déclaration détaillée de tous les mouillages pendant la campagne, & de l'état de *santé* actuelle des équipages & des chiourmes.

Si cette énonciation donne quelque soupçon, l'intendant prie le commandant d'empêcher la descente des officiers & des équipages; revient pour en informer le bureau dans une assemblée extraordinaire qu'il convoque; & on délibère sur les précautions qu'il y a prendre, suivant le réglement du 25 Août 1683, enregistré aux archives, & sur celles qu'il convient d'y ajouter sous le bon plaisir du roi.

Si le rapport du commandant est exempt de tout soupçon, l'intendant semainier monte sur la galère; prend la même déclaration par écrit, signée du commandant; & l'apporte au bureau pour y être enregistrée, après avoir donné l'entrée à l'escadre.

On agiroit de même à l'égard des vaisseaux de guerre de haut bord, mais il est rare qu'il en mouille aux mers de Marseille.

Les officiers du roi qui commandent de moindres bâtimens, se présentent eux-mêmes au bureau, où ils font leur rapport, & reçoivent l'entrée.

Les commandans des galères étrangères envoient l'aide-major lorsqu'elles sont à l'entrée du port; & sur la rélation exacte qu'il a fait de la route & de l'état de la *santé*, si elle n'occasionne aucun soupçon, l'entrée leur est permise.

Le bureau s'assemble dans la même chambre le lundi & le jeudi de chaque semaine, & quelquefois à des jours extraordinaires pour délibérer sur les affaires qui regardent la *santé*, & sur les demandes que les particuliers y viennent faire pour leurs propres affaires.

Vis-à-vis le bureau à cinquante toises environ de distance, & sous les murs de la citadelle Saint-Nicolas, à l'entrée du port, est un espace de mer destiné au mouillage des bâtimens qui, après avoir passé les deux tiers de leur quarantaine au port de Pommégue, viennent l'achever & recevoir l'entrée au même endroit. Ceux qui ont patente brute n'y viennent que cinq jours avant l'entrée.

Du port de Pommégue.

L'isle de Pommégue est à cinq mille du port de Marseille. Elle s'étend Nord-Est & Sud-Ouest, & forme dans un enfoncement du côté de l'Est, un port qui peut contenir trente-cinq bâtimens au mouillage.

Il y a dans ce port, du côté du nord en entrant, une petite anse, dans laquelle quatre ou cinq bâtimens peuvent mouiller séparés des autres. On nomme cette anse, *la grande prise*. Elle sert à des usages particuliers dans les occasions.

Le Frioul, ou *galiane*, est un autre petit port au nord de l'isle, où l'on envoie les bâtimens réellement contaminés, depuis qu'on s'est apperçu des inconvéniens qu'il y avoit à craindre en les faisant mouiller à l'isle de *Jarre*.

Le port de l'isle de Pommégue est destiné & affecté à la purge des bâtimens venant des lieux suspects. Ils y viennent aborder directement à leur arrivée.

L'approche de l'isle de Pommégue, à cent toises à la ronde, est défendue, sous de griéves peines, aux bâtimens de toute espèce qui ne sont pas sujets à la purge.

Les infirmeries sont situées au nord de la ville à 150 toises environ de distance. C'est un grand & vaste emplacement, clos d'une double enceinte de murailles à six toises l'une de l'autre, & élevées de quatre; ensorte que l'homme le plus vigoureux & le plus robuste, ne pourroit rien jetter par-dessus qui franchît ces enceintes & tombât au dehors.

Le bureau y établit un capitaine, un aumônier, un concierge de la grande porte du côté de terre, qui a son aide, un garde à chacune des portes du côté du sud & du nord; & un aubergiste qui est ordinairement chargé de la garde de cette dernière porte. Il a ses domestiques avec lui.

Ces infirmeries servent à la purge des marchandises, à la quarantaine des passagers, & à y faire traiter ceux qui sont atteints de maladies ordinaires, lorsqu'il y en a sur les bâtimens suspects, & ceux qui seroient véritablement attaqués de peste.

Les fonctions des intendans s'étendent sur tout ce qui concerne la santé en général. Et comme elles ont un rapport nécessaire & essentiel à tous les articles des réglemens & des délibérations dont on fait l'extrait, on marquera seulement en particulier de quelle manière le bureau est gouverné.

Les intendans servent *gratis*, pendant deux ans. Leur première assemblée de l'année se tient le deuxième janvier, à deux heures après-midi, dans la salle du bureau de la *santé*. Elle est composée de huit intendans, qui ont fini leur exercice; de pareil nombre de ceux qui restent pour continuer leurs fonctions, encore pendant une année; & de huit nouveaux qui les commencent. Ils se placent suivant l'ordre du tableau. Les premiers se retirent après que l'intendant, chargé du détail, a rendu compte de la dernière délibération de l'année précédente, & on les accompagne jusqu'à la dernière porte du bureau.

Les intendans qui se trouvent casuellement dans le bureau, reçoivent les rapports des capitaines & patrons des bâtimens qui arrivent lorsque l'intendant semainier ne s'y rencontre pas. Ils suppléent à ses fonctions en donnant l'entrée aux bâtimens qui viennent des lieux non-suspects, & ils ordonnent ce qu'il y a à faire, à l'égard de ceux qui viennent des échelles de Levant & de Barbarie.

L'intendant semainier occupe une place distinguée dans les assemblées du bureau, & son adjoint est assis à sa droite. Il rend compte de ce qui a été fait depuis la dernière délibération, & se charge de faire exécuter ce qui est ordonné de nouveau. Le capitaine des infirmeries, & celui du port de Pommégue lui adressent les avis qu'ils ont à donner; & le sécretaire-archivaire & les officiers l'informent pareillement de tout ce qui s'est passé pendant son absence du bureau, afin qu'il puisse ordonner sur-le-champ, dans les cas pressans, ou en faire le rapport à la première assemblée.

Il va dans les infirmeries presque tous les jours, lorsque sa présence y est nécessaire. Il signe tous les ordres particuliers qui sont expédiés de la part du bureau.

Nous passons ce qui a rapport à quelques officiers d'administration & de comptabilité dont la connoissance n'a point de rapport à cet objet.

Il y a deux capitaines qui servent alternativement & de mois en mois, l'un au bureau, & l'autre au port de Pommègue. Il sera parlé des fonctions de ce dernier dans un article séparé.

Le capitaine qui sert pendant un mois au bureau, a une inspection particulière sur les bâtimens qui achèvent leur quarantaine à la chaîne du port, sur le bateau qui les garde au même endroit, & sur le bateau de service qui va journellement au port de Pomінègue.

Lorsque ces bâtimens arrivent à l'endroit qui leur est destiné vis-à-vis le bureau, il a soin de leur assigner le poste qu'ils doivent occuper; de les faire mouiller sur un, deux, trois rangs, selon le nombre; de faire disposer les cables des amarres, en sorte qu'ils ne puissent s'endommager les uns les autres; de placer le bateau de garde à portée d'observer si d'autres bateaux ou chaloupes en approchent, & de l'empêcher.

Il veille à ce que le patron & les mariniers des bateaux de service & de garde fassent exactement leur devoir, & aient soin des bateaux & de leurs agrès, dont ils doivent avoir un inventaire, afin de donner son avis au bureau lorsqu'il s'agit de les renouveller ou du radoub de ces bateaux.

Il doit être présent lorsque les bâtimens qui sont à la chaîne du port ont la permission des intendans pour débarquer les denrées, & observer que rien de susceptible ne soit mêlé dans ce qu'on débarque.

Il fait découvrir tout ce qui est enfermé dans les caisses, coffres, paniers, &c. Il fait sonder les couffes de légumes & de riz avec une verge de fer qui les traverse plusieurs fois, pour voir si on y a caché quelque chose de susceptible; & n'en fait recevoir aucune, sans que la couture, si elle est faite avec de la ficelle, ait été enduite de goudron.

Il fait la ronde auprès de ces bâtimens avant le coucher du soleil, pour voir si tout est en bon état. Il en fait une seconde aux heures de la nuit que l'intendant semainier lui désigne chaque jour. Elle doit varier pour tenir les gardes & les équipages en crainte, & vérifier s'ils font exactement le *quart*.

Lorsque l'entrée des bâtimens est ordonnée, le capitaine va à l'heure qui lui est marquée par l'intendant semainier dans ces bâtimens. Il fait faire une visite générale & exacte des caisses & armoires des officiers, des couffes des matelots, & fait fouiller dans tous les recoins du bâtiment, pour être assuré qu'on n'y a rien caché. Il fait déplier sur le tillac tous les matelas & *strapontains* qu'il fait piquer avec la verge de fer, qu'on appelle *sonde*, pour reconnoître si on n'a point cousu dedans quelque pièce d'étoffe ou toilerie; il les fait même découdre sur le moindre soupçon. S'il découvroit qu'on eût retenu furtivement dans le bord quelque chose de susceptible, & qui n'eût pas été purgé, il resteroit en quarantaine dans le bâtiment avec les domestiques qui l'auroient accompagné, jusqu'à ce que le bureau y eût pourvu.

S'il trouve que tout soit dans l'ordre, il fait ranger les équipages en haie, pour faire le recensement du nombre sur la patente, & sur le rôle des classes qu'il se fait remettre. Il les fait descendre ensuite dans l'entrepont, où il fait brûler du parfum & fermer les écoutilles. Lorsqu'il juge que le parfum a pénétré dans tout l'intérieur, il les fait ouvrir; le bâtiment sort du rang pour aller prendre sa place dans le port; & dès-lors il n'est plus sous l'inspection du bureau, le garde étant congédié sur-le-champ.

Si le bâtiment est encore chargé de grains, & qu'il n'y ait pas assez de jour dans la calle pour pouvoir y introduire des sondes de fer qui aillent piquer jusqu'au fond, pour voir s'il y a des marchandises cachées, il laisse le garde jusqu'à ce qu'on ait suffisamment allégé pour faire commodément cette vérification. Il le laisse pareillement dans les bâtimens chargés d'huile, qui doivent mettre autant de tonneaux à terre qu'il en faut pour donner un jour convenable à ceux qui doivent visiter la calle; ce qui est encore pratiqué à l'égard des bâtimens chargés de couffes de riz & autres denrées ou marchandises non susceptibles, qu'on apporte dans des sacs ou dans des barils.

Le capitaine doit se tenir au bureau pendant la journée, ou ne s'en écarter que très-peu. Il doit être sur-tout dans la salle des assemblées, pour exécuter les ordres qui peuvent lui être donnés. A la fin du bureau, il demande au secrétaire ce qui a été délibéré au sujet des bâtimens qui sont mouillés au port de Pommégue, afin qu'il puisse en donner avis à l'autre capitaine qui y réside pendant le mois qu'il sert lui-même au bureau.

Il va relever ce capitaine le premier jour du mois suivant, & se fait instruire de l'état des bâtimens qui sont en quarantaine dans ce port. C'est une consigne qu'ils se donnent réciproquement sur tout ce qui peut regarder leurs fonctions & leur département.

Il y a patron du bateau & deux mariniers gagés par le bureau.

Ils sont obligés d'aller tous les jours, à l'exception du dimanche, avec le grand bateau au port de Pommégue, pour porter les ordres du bureau au capitaine, & les provisions dont les équipages ont besoin.

Ils doivent partir à sept heures en été, & à huit heures en hiver, & en attendre cependant que le capitaine du bureau leur en donne l'ordre, parce que ces heures changent quelquefois, selon le besoin. Ils ne peuvent rapporter que des lettres que le capitaine de Pommégue leur aura fait prendre dans le vinaigre.

En arrivant dans le port de Pommégue, ils doivent arborer devant la loge du capitaine, & mettre séparément sur le rivage ce qu'ils ont porté pour les bâtimens, afin que la garde du port vérifie les adresses en présence du capitaine, qui lui ordonne ensuite d'appeller les chaloupes à tour de rôle, pour enlever ce qui leur est envoyé.

Ils ne peuvent partir du port de Pommégue, sans en avoir pris la permission du capitaine qui y réside.

Lorsque le bateau est revenu au bureau, le patron doit rendre sur-le-champ les lettres qu'il a apportées pour l'intendant semainier. Il rend ensuite celles qui sont pour les parens des capitaines, officiers ou matelots en purge, afin que l'en[illegible] provisions qu'ils peuvent demander ne soit point retardé.

Comme c'est au lever du soleil qu'on donne ordinairement l'entrée aux bâtimens qui ont fini leur quarantaine, ces trois mariniers, avant leur départ pour Pommégue, accompagnent le capitaine du bureau lorsqu'il va faire la visite dans ces bâtimens, & y donner le parfum. Ils font eux-mêmes la vérification des caisses, des coffres & des hardes, en présence du capitaine.

Il leur est défendu de rien prendre ou exiger pour cela des gens qui sont en quarantaine, à peine de cassation & de punition corporelle, selon l'exigence des cas.

Lorsqu'ils sont revenus de Pommègue, un d'eux, à tour de rôle, doit rester continuellement au bureau tant qu'il est ouvert, pour exécuter les ordres du semainier, en cas qu'il fallût retourner à Pommégue, aller aux infirmeries ou ailleurs.

Les gardes des bâtimens sont fixés au nombre de trente. Ils ont des gages, moyennant lesquels ils sont tenus de se faire à leur frais une veste bleue qu'ils portent lorsqu'ils paroissent au bureau où ils sont employés. Lorsqu'un de ces postes vient à vaquer, le bureau nomme pour le remplir un homme d'un âge convenable, & duquel on ait de bonnes relations pour les mœurs & la fidélité.

Comme les fonctions de ces gardes sont extraordinairement importantes, on délivre à chacun d'eux un exemplaire de l'instruction suivante, afin qu'ils ne puissent prétendre avoir ignoré leurs obligations.

Instruction pour les gardes du bureau de la Santé de Marseille.

I. Les gardes employés sur les bâtimens en quarantaine seront extrêmement attentifs à ce que rien ne soit débarqué sans un ordre de MM. les intendans, adressé au sieur capitaine du port de Pommégue.

II. Ils empêcheront toute sorte de communication d'un bâtiment à l'autre, même de s'entre-donner des choses non-susceptibles.

III. Ils s'embarqueront toujours dans la chaloupe, lorsqu'elle viendra à terre, & empêcheront les équipages d'y descendre, si ce n'est pour y amarrer des cables pour la sûreté des bâtimens; & en ce cas ils feront écarter toutes les personnes qui pourroient se trouver sur le rivage.

IV. Ils ne souffriront pas que les équipages fument dans la calle ou dans l'entre-pont, ni qu'on fasse bouillir dans le bord de la poix, du goudron ou autres matières qui puissent occasionner des incendies.

V. Ils observeront si les capitaines font faire exactement le *quart* dans leur bord pendant la nuit, soit au port de Pommégue ou à la chaîne du port.

VI. Lorsqu'ils seront employés sur des bâtimens chargés de marchandises, ils auront soin, après l'entier débarquement, de faire exactement balayer la calle & l'entre-pont, ensorte qu'il n'y reste rien. Ils prendront l'ordre du sieur capitaine du bureau pour jetter les balayures dans la mer à la distance du port qui leur sera marquée, ou pour les brûler sur l'isle.

VII. Après le déchargement, ils feront soigneusement la visite des bateaux pour voir s'il y reste quelque brin de coton ou de laine, qu'ils feront enlever & joindre à la dernière balle, & feront tremper la voile dans la mer.

VIII. Etant retournés à bord, ils feront une visite exacte & vigoureuse de toutes les armoires, caisses & coffres des officiers & équipages, pour vérifier qu'il n'y a rien qui ne soit à leur usage. Ils visiteront de même tous les recoins du bâtiment.

IX. Ils feront la même visite dans les bâtimens chargés de denrées au moment qu'ils y sont entrés. Ils la réitéreront plusieurs fois pendant la quarantaine, pour pouvoir affirmer avec serment, lors de l'entrée, qu'il n'est rien resté de susceptible & de sujet à la purge.

X. Lorsque le bureau leur ordonnera de vérifier le dommage que les chargemens de bled ou d'huile souffriront par les voies d'eau ou par le coulage, ils en feront un rapport exact & sans complaisance.

XI. Quand ils seront laissés sur lesdits bâtimens après l'entrée, jusqu'à ce qu'ils puissent être sondés ou visités, ils ne quitteront le bord que lorsque le capitaine ira les en retirer. Et s'ils étoient obligés d'aller en ville pour quelqu'affaire indispensable, comme pour porter quelque plainte ou pour donner quelqu'avis au bureau, ils ne pourront le faire qu'après qu'ils se seront munis des clefs des écoutilles.

XII. Lesdits gardes feront mettre à l'évent toutes les hardes des équipages sans exception, lorsque le bureau l'ordonnera. Ils tiendront la main à ce qu'elles y restent jour & nuit pendant le nombre de jours qui sera marqué.

XIII. Si quelqu'un du bord tombe malade pendant la quarantaine, ils en avertiront sur-le-champ le sieur capitaine, s'ils sont au port de Pommégue, ou les officiers du bureau à la chaîne du port. Il leur est expressément défendu de différer d'en donner connoissance, sous prétexte de la légèreté de la maladie, ou de l'espoir d'un rétablissement prochain.

XIV. Ils avertiront pareillement le sieur capitaine du bureau à Pommégue, ou les officiers à la consigne, de toutes les contraventions qu'ils auront remarquées, & qu'il ne leur aura pas été possible d'empêcher, afin qu'ils en rendent compte à MM. les intendans.

XV. Il leur est défendu de se mêler des affaires qui n'auront aucun rapport à la *santé*. Il leur est enjoint d'avoir pour les capitaines & leurs officiers la déférence que leur état exige, ayant la voie de porter leur plainte au bureau, si ces officiers leur en donnoient lieu.

XVI. Les gardes qui seront mis auprès des passagers, les accompagneront lorsqu'ils viendront à la barrière, & ne les perdront jamais de vue.

XVII. Ils empêcheront la communication desdits passagers avec ceux des différens départemens.

XVIII. Ils suivront exactement ce qui leur sera prescrit par le sieur capitaine des infirmeries, pour la discipline qu'ils doivent observer.

XIX. Ils seront tenus d'avoir une veste de couleur bleue, qu'ils porteront lorsqu'ils seront en fonction, & tous les jours qu'ils seront commandés de se tenir au bureau à tour de rôle.

XX. Tous lesdits gardes sont obligés de se conformer à la présente instruction sous les peines portées par les réglemens & délibérations du bureau de la *santé*, même sous peine de la vie dans les cas graves.

Fait au bureau de la *santé* de Marseille, le premier Septembre 1730.

On a déjà dit en parlant du capitaine du bureau, que cet emploi est alternatif de mois en mois entre ces deux officiers qui doivent être anciens capitaines de bâtiment.

En arrivant à Pommégue le premier du mois, il doit s'informer de l'état du port & des bâtimens suspects qui y sont mouillés. Celui qu'il va relever l'instruit de tout le détail.

Il lui est très-expressément défendu, à peine

de révocation, de rien prendre en présent des capitaines & équipages qui font la purge, soit en argent, denrées, volailles, &c.

Lorsqu'il se présente quelque bâtiment pour entrer dans le port de Pommégue & que le temps forcé l'expose à des risques, le capitaine commande autant de chaloupes, de ceux qui sont au mouillage, qu'il juge nécessaires pour aller lui donner du secours & le remorquer dans le port. On employe à cet effet des cables de jonc ou esparts, dont on jette le cap au bâtiment en danger. Lorsqu'il est entré, il fait crier au capitaine, par le garde, de prendre son mouillage à l'endroit qui lui est destiné.

Quand le bâtiment est à portée & vis-à-vis de la loge du capitaine, il va lui-même dans le canot conduit par le garde, à une distance convenable du bâtiment. Il s'informe si celui qui le commande apporte la patente nette; de quelle Echelle il est parti; en quoi consiste son chargement; s'il a son équipage complet & en santé. Et si les réponses du capitaine ne donnent point lieu à de plus grands soupçons sur son état, le bâtiment va se mettre & mouiller au rang des autres.

Si le capitaine de Pommégue apprend par cette première déclaration de celui qui commande le bâtiment, que la patente soit brute; qu'il soit parti d'une Echelle infectée de peste; qu'il soit mort quelqu'un dans le bord, ou qu'il y ait quelque malade; il fait arrêter le bâtiment à la *Grande-prise*. C'est un endroit dont on parle en décrivant l'île & port de Pommégue. Il y mouille séparé des autres jusques à ce que, sur les avis qui en sont portés au bureau, & sur la déclaration donnée en détail par le capitaine du bâtiment, il soit déterminé dans la première assemblée s'il restera au même endroit, s'il ira se poster auprès des autres en cas que les circonstances fussent moins à craindre; ou si les même circonstances demandent de plus grandes précautions, le bâtiment ira mouiller au port de *Galliane*.

L'officier fait toujours arrêter & mouiller à la *Grande-prise*, les bâtimens venant de Constantinople chargés de marchandises; tant parce que cette ville est en tout temps réputée très-suspecte, que pour attendre que l'entier déchargement des marchandises soit fait au même mouillage. On a expérimenté que les laines qu'on charge à Constantinople peuvent prendre feu à l'ouverture des écoutilles. Cet accident causeroit un embrasement général de tout les bâtimens qui sont dans le port, si celui dans lequel il pourroit arriver, n'étoit séparé des autres, & placé à une distance qui les mette à l'abri de ce danger.

Lorsque le bâtiment est ainsi posté, séparé & amarré à son arrivée, le capitaine doit venir dans sa chaloupe au rivage, vis-à-vis de la loge de l'officier de Pommégue, lui présenter sa patente; lui déclarer ce qu'il y a d'essentiel sur l'état du bâtiment; & lui faire un détail succint, mais exact, de tout ce qui lui est arrivé depuis son départ.

Sur ce rapport, si la patente est nette, & la déclaration sans soupçon, l'officier du bureau ordonne au capitaine de venir avec sa chaloupe au bureau de la santé, ou aux infirmeries si la patente est brute, pour y faire une exacte relation de tout ce qui peu faire connoître la véritable situation du bâtiment & des équipages, par rapport à la santé & au commerce pour la satisfaction des négocians.

Le capitaine de Pommégue fait exécuter, à l'égard de ces bâtimens, les ordres qui lui sont donnés de la part du bureau, par le retour de la chaloupe.

Dès le lendemain de l'arrivée des bâtimens, l'officier du bureau oblige les capitaines de faire porter dans les infirmeries toutes les poudres, artifices & autres matières de cette espèce, pour éviter les accidens de feu. Ces poudres sont déposées dans une tour servant de magasin destiné à cet effet.

Il a soin de faire observer une exacte discipline dans les bâtimens qui sont sous son inspection. Il tâche d'appointer avec prudence & avec douceur les débats de peu d'importance qui peuvent s'émouvoir parmi les équipages. Mais s'ils étoient tels qu'ils pussent avoir des suites fâcheuses, il en informe l'intendant semainier pour donner les ordres convenables.

Il permet que les équipages des bâtimens fassent la pêche avec leur chaloupe dans le port, tour-à-tour, sans préférence, à sa vue & non ailleurs, à la charge d'avoir toujours le garde avec eux.

Il ne doit pas souffrir absolument, & pour quelque raison que ce soit, que les bateaux des pêcheurs, ou autres, approchent de l'île de Pommégue, & notamment du port, à moins de cent toises de distance, suivant l'ordonnance expresse du roi. Il ne doit permettre d'aborder qu'à ceux qui sont porteurs d'un ordre du bureau; ordre qu'on n'expédie qu'en cas d'absolue nécessité, & pour l'utilité de la santé & du service qui la concerne.

Il ne permet pas non plus que les officiers ou soldats de la garnison de la Tour, qui est sur le sommet de l'isle, à une très-grande distance du port, descendant vers le rivage, pour chasser ou pour autre raison. En cas de contravention, il en avertiroit l'intendant semainier, qui en porteroit sa plainte. Il n'a aucune sorte de communication avec ces officiers ou soldats, sous prétexte de visite, ou autrement.

Il tient un journal exact de l'arrivée des bâtimens, & il enregistre tous les ordres qui lui sont adressés par le bureau.

Il ne doit pas permettre que les chaloupes viennent au bureau ou aux infirmeries, sans avoir eu la permission, par écrit, de l'intendant semainier. Dans ce cas il doit leur délivrer lui-même un billet de sa part, qui fasse mention de cet ordre.

A l'arrivée des bâtimens, il doit signifier à ceux qui les commandent les délibérations du bureau, anciennes & nouvelles, qui doivent régler leur conduite pendant la purge; notamment celle qui leur défend de faire partir les bateaux, dont ils se servent pour transporter leurs marchandises dans les infirmeries, plutôt qu'à cinq heures du matin jusqu'à cinq heures du soir depuis Pâques jusqu'à Saint-Michel, & à sept heures du matin jusqu'à trois heures après-midi, depuis Saint-Michel jusqu'à Pâques; & qui ordonne que les mêmes bateaux ne partiront qu'après en avoir pris l'agrément du capitaine du bureau, lequel pourra les retenir, s'il juge que le tems ne soit pas beau; & que ces bateaux puissent courir quelque risque de faire naufrage. S'ils refusent d'obéir, il en informe l'intendant semainier pour en faire le rapport au bureau, qui punit toujours sévèrement la désobéissance. Ces bateaux ne ne doivent être chargés qu'après minuit.

Il se fait remettre un état détaillé du nombre, de la qualité, du *numéro* & de la marque des balles de marchandises qu'on embarque sur chaque bateau à tous les voyages qu'ils font.

Il a soin de veiller à ce que les mariniers du bateau de service ne communiquent point avec les équipages des bâtimens en purge; qu'ils débarquent exactement & sans confusion les provisions qu'ils portent journellement aux bâtimens; que ces provisions soient retirées à tour de rôle & sans équivoque ni méprise. Une heure avant le départ du même bateau, il fait avertir les capitaines & équipages des bâtimens d'apporter les lettres qu'ils veulent envoyer à la ville, & le patron & les mariniers ne s'en chargent qu'après que ces lettres ont été trempées dans le vinaigre en sa présence.

Il ne souffre jamais que les capitaines, officiers ou équipages des bâtimens qui sont en purge descendent sur l'isle pour s'y asseoir ou s'y promener. Il leur défend d'approcher de son logement, dans lequel qui que ce soit ne doit entrer que lui, son garde & les mariniers du bateau de service.

Après que les capitaines des bâtimens ont fait leur première déclaration au capitaine du port de Pommégue, & qu'il leur a donné l'ordre de venir la faire plus étendue au bureau de la *santé* ou dans les infirmeries, suivant la qualité de la patente, ces capitaines se mettent dans leur chaloupe, qu'ils marquent d'une flamme de couleur, & viennent se présenter à la grille de fer qui est devant la fenêtre de la chambre du conseil. Si l'intendant semainier ou les autres intendans ne sont pas présens, les officiers du bureau les font prier de s'y rendre, & cependant ils renvoyent la chaloupe à l'endroit nommé *les pilons*, où est attachée la chaine qui ferme le port, afin que les équipages n'ayent pas occasion de parler aux particuliers avant le rapport du capitaine.

Lorsque l'intendant est arrivé au bureau, on fait revenir la chaloupe. Le capitaine se présente chapeau bas, & ne se couvre que lorsque l'intendant lui permet.

Les valets du bureau prient alors tous ceux qui sont dans la chambre de sortir. Il n'y a que les intendans, les officiers & les domestiques du bureau dont on a besoin qui puissent rester

L'intendant exige d'abord du capitaine qu'il dise la vérité dans ses réponses aux intérrogations qui lui seront faites. Il lui en fait prêter serment sur l'évangile qui est appliqué au bout d'une palette & couvert d'une glace de miroir, sur laquelle le capitaine met la main lorsque l'intendant la lui présente; en étendant le bras à travers les deux grilles de fer.

Les valets ont eu soin de préparer un bassin rempli de vinaigre, qu'ils placent dans l'entre-deux des grilles. Le capitaine y jette la patente. Les valets la plongent dans le vinaigre avec des pincettes de fer, & la retirent lorsqu'elle est imbibée; l'étendent sur une planche & la présentent à l'intendant. Celui-ci, après avoir vérifié qu'elle est nette, demande au capitaine d'où il vient; ce qu'il a chargé au lieu du départ; quel jour il est parti; si la santé étoit bonne aux environs; s'il a laissé des bâtimens au même endroit; par qui ils sont commandés; ce qu'ils y faisoient; en quel tems ils devoient partir, & leur destination.

Le capitaine donnant exactement ses réponses à toutes ces demandes, elles sont écrites dans un cahier par le commis des archives.

L'intendant continue ensuite d'interroger le capitaine sur tous les mouillages ou relâches qu'il a fait pendant la route, en gardant toujours l'ordre des dates jusqu'au dernier mouillage au port de Pommégue. Tout ce qu'il rapporte d'intéressant pour la santé & pour le commerce est pareillement écrit par le commis.

L'intendant observe que le capitaine suive exactement sa route dans le rapport qu'il fait. S'il s'en écarte, il le remet dans les voies afin de ne point déplacer les faits. Sur la fin du rapport il lui fait déclarer s'il a des passagers, & en quel nombre; s'il les remettra aux infirmeries, ou s'il les gardera à bord pendant la quarantaine, ce qui dépend de son choix ou de celui des passagers. Il est cependant forcé de garder les matelots dégradés que les consuls des échelles les ont obligés d'embarquer, & tous ceux qui ne pourroient pas supporter les frais des gardes particuliers & ceux de leur nourriture dans les infirmeries.

Après que le capitaine a achevé sa déclaration, il jette dans le bassin toutes les lettres qu'il a apportées, & aux enveloppes desquelles il a fait des ouvertures par les côtés. Après qu'elles ont trempées dans le vinaigre, les valets les retirent, les rangent & les distribuent. S'il y en a pour la cour, on les prend avec la pincette pour être jettées dans le fourneau du parfum où elles sont désinfectées, & s'il y a des plis qui contiennent des échantillons de drap, ils sont portés dans les infirmeries où ils sont ouverts par les équipages mêmes, & purgés pendant la quarantaine.

Si le capitaine a déclaré que son chargement ne consiste qu'en denrées, il retourne à son bâtiment, après avoir pris le garde & les provisions dont il a besoin. On les lui donne par le balcon avec les précautions qu'on a déja marquées.

S'il a embarqué quelques pacotilles susceptibles, il doit en faire mention dans son rapport, & les porter au plutôt dans les infirmeries, pour y être purgées; parce que sa quarantaine ne se compte que du jour qu'elles y ont été remises. Il y porte incessamment les passagers & leurs hardes.

Si le bâtiment est entièrement chargé de marchandises ou en partie, le capitaine demande les bateaux de charge qui lui sont nécessaires pour en faire le transport dans les infirmeries. Ceux qui louent ces bateaux les mènent devant les fenêtres du bureau, & s'étant retirés, le capitaine fait entrer quatre ou cinq hommes de sa chaloupe, & les conduit ainsi à son bâtiment pour en faire usage.

Ces bâteaux sont marqués aussi d'une flamme de couleur rouge attachée au bout de l'antenne, afin qu'on puisse les reconnoître comme suspects, & s'en écarter lorsqu'ils font le trajet de Pommégue aux infirmeries pour y transporter les marchandises. Les équipages des bâtimens conduisent ces bateaux, &, lorsque le déchargement est achevé; ils viennent les amarrer dans l'espace qui est entre le bureau & l'entrée du port. Ils les nettoient exactement; &, comme toutes les manœuvres sont faites de cables de jonc ou spart, & qu'il n'y a que la voile qui soit susceptible, on fait tremper cette voile dans la mer; on l'étend pour la faire sécher, & l'équipage retourne au bord dans la chaloupe. Après vingt-quatre heures passées, les propriétaires des bateaux peuvent les reprendre.

Lorsque la patente du bâtiment est brute, pour être parti d'une échelle réellement contaminée, ou à cause de la mort ou de la maladie de quelqu'un du bord, le capitaine, au lieu de venir, comme on a dit, faire son rapport au bureau de la *santé*, va le faire dans les infirmeries.

Si l'intendant semainier ne s'y trouve pas lorsqu'il arrive au quai, le capitaine des infirmeries lui écrit sur-le-champ pour l'avertir, & il s'y rend d'abord, ou un autre intendant en cas d'empêchement. On garde, en recevant sa patente, sa déposition & les lettres qu'il a apportées, le même ordre qu'on a déja marqué. L'intendant observe sur-tout de faire détailler autant qu'il peut au capitaine ce qui concerne la maladie contagieuse dans l'endroit d'où il est parti, & les circonstances de la mort ou des maladies qu'il peut y avoir eu dans son bord, afin que, sur le rapport qu'il en fera à la prochaine assemblée, qui est même convoquée extraordinairement si le cas l'exige ainsi, on puisse délibérer sur les précautions qu'on devra prendre. Il se fait remettre l'attestation du chirurgien du bâtiment, dans laquelle il a mentionné les symptômes & la nature du mal; de quelle manière ce chirurgien a traité le malade jusques à la mort; & les marques ou éruptions qu'il a remarquées sur le cadavre. Il a soin d'y marquer les dates & la durée du mal.

L'intendant ordonne au capitaine de retourner dans le bord, & de rester au mouillage de la *grande-prise* ou de *galiane*, qui lui a été, ou qui lui sera désigné par le capitaine de Pommégue, & de faire cependant mettre à l'évent toutes les hardes des équipages généralement quelconques; notamment celles qui ont appartenu aux morts ou aux malades. Et quoiqu'on ait déja donné un garde pour veiller dans le bord, il envoie sur-le-champ un ou deux bateaux armés de trois autres gardes chacun, qui vont se poster auprès de ce bâtiment, à une distance convenable pour empêcher toute sorte de communication au dehors. Ces bateaux restent ordinairement jusqu'à ce qu'on puisse juger, par les suites, du véritable état du bâtiment & de l'équipage.

Dans la première assemblée, ou dans celle qui est convoquée extraordinairement, l'intendant semainier, ou celui qui a pris la déclaration du capitaine, fait le rapport de ce qui lui a été exposé & des premiers ordres qu'il a donnés sur ce sujet.

Si le bâtiment dont il s'agit est seulement chargé de denrées, on ne peut guère employer de plus grandes précautions. Mais si le chargement est en marchandises susceptibles, le bureau ordonne qu'il

sera

fera tiré une quantité de balles des écoutilles, & qu'elles seront ouvertes par les bouts pour rester en sereines. Les sereines, pour les patentes brutes, sont réglées à six, quatre & deux jours. Celles des soupçonnées ou touchées, à trois, deux & un jour. On régle aussi les sereines selon la portée du bâtiment; en sorte qu'on en ordonne quelquefois cinq ou six, quoiqu'elles eussent pu être faites en trois fois, si on avoit mis toutes les balles que les bateaux peuvent transporter dans ces intervalles.

Ces sereines font connoître s'il y a du mal contagieux dans le chargement, par l'épreuve qu'en font les équipages en remuant & maniant si souvent les balles des différentes Marchandises qui le composent.

On faisoit autrefois les sereines des marchandises dans le bâtiment même, ce qu'on appelloit les faire *sur le fer*, c'est-à-dire, en mettant les balles sur le tillac. On a changé cet usage; qui exposoit les bâtimens à être renversés lorsque la calle commençoit à se vuider. On les fait à présent dans les infirmeries même avec beaucoup plus d'utilité, parce qu'on oblige les équipages de se mêler avec les porte-faix pour déballer les marchandises & les mettre en *gerbier*, ce qui rend l'épreuve bien plus sûre, & met les bâtimens hors de risque.

Lorsque la première sereine doit commencer, les propriétaires des marchandises demandent un ordre à l'intendant semainier pour envoyer des bateaux de charges au quai des infirmeries. Ces bateaux y sont menés par ceux qui les fournissent; ils les y amarrent; la chaloupe du bâtiment les vient retirer pour s'en servir au transport des balles à plusieurs reprises. Lorsque les premières ont été débarquées, & que les six jours sont passés, on en apporte de nouvelles, & ainsi successivement jusqu'à la fin des sereines qu'on avoit ordonnées. Quand le transport est entièrement achevé, les équipages viennent remettre les bateaux au quai des infirmeries Ils les nétoient exactement, trempent les voiles dans la mer; & après trois jours complets, ceux à qui ils appartiennent les vont reprendre avec un ordre de l'intendant semainier, adressé au capitaine des infirmeries.

Les capitaines des bâtimens doivent de leur part faire exécuter ces ordres du bureau avec la dernière exactitude. Ils peuvent venir dans les infirmeries pendant le déchargement de leurs marchandises pour les faire ranger. Passé ce temps, ils ne peuvent plus y venir sans une permission expresse & par écrit de l'intendant semainier, adressée au capitaine du port de Pommégue, qui la remet ensuite à celui à qui elle doit servir, pour la présenter au capitaine des infirmeries; sans quoi il ne seroit point reçu.

Il est défendu, sous peine de la vie, aux capitaines, officiers & équipages étant en purge, de débarquer & faire remettre à terre aucune marchandise, pacotilles, même des denrées, furtivement & à l'insçu des intendans. Ceux ci ordonnent seulement à l'égard des bâtimens de patente nette, que les denrées & autres choses non-susceptibles seront délivrées le dixième jour après l'arrivée entre les portes des infirmeries, en présence du capitaine, qui en aura fait ôter tout ce qu'il y a de suspect dans les emballages ou enveloppes.

Tous les capitaines & officiers des bâtimens doivent empêcher leurs matelots de fumer dans l'entre-pont ou dans la calle, à cause des accidens du feu.

Ces équipages sont obligés de faire la garde ou le *quart* pendant la nuit tant que dure la quarantaine, tout de même qu'ils l'observent en mer pendant la route.

Après l'entier débarquement des marchandises, les capitaines doivent faire exactement balayer & nétoyer la cale & l'entre-pont. Les balayures, parmi lesquelles il y a toujours des flocons de laine ou de coton, doivent être portées sur l'isle de Pommégue, pour y être brûlées en présence du capitaine du bureau.

Ils doivent faire observer une exacte discipline à leurs équipages. S'il y a des matelots qui soient tombés dans quelque faute, ils doivent en porter leur plainte au capitaine du bureau, ou l'adresser par écrit à l'intendant semainier, afin que sur le rapport qu'il en fera à l'assemblée, il soit pourvu à la punition. Les coupables sont ordinairement châtiés par quelques jours de prison dans une tour des infirmeries au pain & à l'eau, s'il ne s'agit pas de faits qui intéressent la *santé*. Dans ce dernier cas, il seroit procédé extraordinairement contre eux.

Lorsque les bâtimens de patentes nette ont fait les deux tiers de leur quarantaine ordinaire au port de Pommégue, le bureau ordonne au capitaine de les mener à la chaîne du port, pour les amarrer dans l'espace qui est vis-à vis le bureau. Ils achèvent la purge, & y reçoivent le parfum & l'entrée, comme il a été dit ci-dessus. Ceux de patente brute n'y viennent que cinq jours avant l'entrée.

Si, pendant la quarantaine, quelqu'un du bord tombe malade, de quelque maladie que ce soit, le capitaine est obligé de le venir dénoncer à l'officier s'il est à Pommègue, ou à ceux du bureau, afin que l'intendant semainier, en étant informé sur-le-champ, puisse donner les ordres dont il sera parlé ci-après. Le capitaine ne sauroit manquer à cette obligation essentielle sans en être sévèrement puni, le garde du bâtiment est tenu d'y satisfaire à défaut du capitaine.

Les capitaines des bâtimens venant du Levant chargés de denrées, qui ont fait leur quarantaine dans les ports étrangers, doivent en rapporter le certificat en forme, & le présenter en remettant leur patente. L'intendant qui reçoit le rapport, l'examine & constate les dates de l'arrivée de l'entrée qu'ils ont eue dans le même port. S'il trouve que la quarantaine qu'ils y ont faite ne réponde pas au nombre de jours portés par le réglement, il retient les bâtimens pour y faire suppléer avant que l'entrée leur soit permise.

Les capitaines qui étant partis des ports non suspects, tels que sont ceux d'Italie ou d'Espagne, y ont chargé des marchandises qu'on puisse juger être venues du Levant ou de Barbarie, doivent représenter le certificat qu'on leur a délivré aux mêmes ports, dans lequel il soit fait mention de la purge qui y a été faite desdites marchandises. On les retient ordinairement jusqu'à ce qu'ils représentent ce certificat, s'il ont oublié de l'apporter.

Des Infirmeries ou Lazaret.

On a déjà donné une idée de cet emplacement de sa situation, & de la précision rigoureuse avec laquelle il est clos par une double enceinte de murailles.

Il est divisé en deux portions, qu'on nomme le grand & le petit enclos.

Le petit est uniquement destiné à la purge des marchandises de patente brute. Il a à cet effet un quai particulier & une porte du côté de la mer par où elles sont introduites sans entrer ni communiquer dans l'autre.

Il y a dans ce petit enclos deux grandes halles de 22 toises de longueur & de 11 toises de largeur. Ces halles sont ouvertes de chaque côté par des arcades qui donnent entrée aux vents de toutes parts.

Les marchandises de patente brute y sont mises en purge. On déballe totalement les laines qu'on y met par tas, & que les porte-faix ont soin de remuer & retourner à plusieurs reprises pendant la quarantaine. Les balles des marchandises fines, comme soies, fil de chèvre, coton filé, &c. y sont rangées, après qu'on a décousu les bouts & lâché les cordons, afin que l'air puisse pénétrer l'intérieur & le purger exactement. On les tourne dessus dessous au milieu de la quarantaine.

Les toileries sont totalement déballées, & les pièces, pliées en rouleaux ou autrement, sont mises en *gril* ou *pyramides* portant l'une sur l'autre par les bouts, afin d'être mieux exposées à l'évent.

Dix jours avant la fin de la quarantaine, toutes ces marchandises sont de nouveau emballées, & recousues cinq jours après par les porte-faix, sur l'ordre que l'intendant semainier en adresse au capitaine des infirmeries ensuite de la délibération de l'assemblée.

Lorsque l'entrée des marchandises est délibérée cinq jours après, l'écrivain du bâtiment & les porte-faix qui sont enfermés dans l'enclos, depuis que la première balle y a été remise, reçoivent le parfum, & sont congédiés sur l'ordre de l'intendant semainier. Le propriétaire des marchandises doit les faire retirer dès le lendemain, à peine de dix sous par balle, autant de jours qu'il les laissera. Il faut pour les recouvrer un ordre nouveau de l'intendant semainier, qui fasse mention de la délibération ensuite de laquelle il l'expédie.

L'écrivain & les porte-faix ne peuvent sortir de cet enclos pendant la quarantaine. On leur donne les provisions nécessaires par la porte qui ouvre dans les grands enclos, & c'est toujours avec les précautions les plus exactes. Les écrivains logent dans des casernes adossées au mur & séparées l'une de l'autre.

Il y a dans l'espace qui est entre les deux halles, deux files d'un triple rang de banquettes de pierres de taille, élevées d'un pied environ, sur lesquelles on range les balles de coton en laine qui n'exigent pas d'être mises à couvert. Elles sont pendant toute la quarantaine ainsi exposées à l'air & à la pluie, dont elles ne reçoivent aucun dommage. Et comme les balles sont plus grosses & plus massives, la purge en est plus exacte.

On a placé dans le grand enclos la maison du capitaine, afin qu'il soit à portée de découvrir ce qui se passe dans presque tout l'intérieur des infirmeries. Cette maison est propre & commode.

Le terrein qui est au-dessus de cette maison est divisé en trois par des murailles qui forment autant d'enclos, dans lesquels il y a pareillement des casernes. Elles servent aux passagers du commun, ou à y faire traiter les malades, lorsqu'il y en a dans l'infirmerie qui est au bout vers le nord-ouest. Il sert aussi à loger les passagers distingués venus avec patente brute. On appelle ce bâtiment le *belveder*.

Il y a une autre partie de terrein qui est vis-à-vis la maison du capitaine & attenante au petit enclos du côté du nord. Il est pareillement ceint de murailles, & il sert à faire sécher les hardes malades qu'on a trempées dans l'eau bouillante. On a mis tout auprès une grande chaudière & un bassin à cet usage.

En avançant du côté du nord-ouest, on trouve une haute barrière de fer, au-delà de laquelle il y a deux grandes halles de 40 toises de longueur & de dix toises de largeur, sous lesquelles on met en purge les marchandises de patente nette. La plus grande a un surhaussement; l'autre est projettée pour être faite incessamment. On y monte par deux rampes placées aux deux extrémités. La première arcade du côté du bord est fermée d'une balustrade. On y met les pacotilles de prix & les hardes des passagers de considération. Le capitaine des infirmeries en garde les clefs.

Il y a encore une troisième halle qui n'a que trois arcades. Elle sert à mettre à couvert, pendant la purge, les chevaux & autres animaux qu'on apporte quelquefois de Barbarie, & les cuirs secs qu'on nomme *cuirs en poil*.

L'enceinte du côté du nord est fermée par un grand corps de bâtiment, dont la façade est en portique aux deux étages. Les extrémités sont terminées par des pavillons, & il y en a un plus élévé au milieu. Ce bâtiment est divisé en plusieurs chambres. Celles du rez-de-chaussée sont occupées par les écrivains des bâtimens qui ont soin des marchandises de patente nette pendant la quarantaine. L'aubergiste y a aussi son logement, dont l'avenue est fermée par de hautes barrières. On a ménagé au même rez-de-chaussée du côté de l'est, la salle d'armes, & une chapelle dont l'autel, dédié à Saint Roch, est vu de la grande place qui est devant.

L'étage supérieur de ce bâtiment est aussi divisé en chambres dégagées. Elles donnent toutes sur le corridor qui règne tout au long. On loge les passagers de distinction venus avec des bâtimens de patente nette. Il y a sept tours quarrées & élevées aux principaux angles de l'enceinte intérieure. Celle qui est à la droite en entrant par la grande porte du côté de terre, sert d'entrepôt pour les poudres des bâtimens en contumace. Celle qui est à gauche est le magasin à poudre de la ville. Elle n'a point de communication dans les infirmeries; on y va par le dehors de l'enceinte.

Les autres tours ont servi de prison jusqu à présent. On y enfermoit les matelots & les porte-faix que le bureau faisoit châtier. Mais on a bâti des cachots dans l'espace qui est devant la maison du capitaine, & ces tours ne serviront désormais que de magasin dans le besoin.

Le terrein qui est entre deux ceintures, du côté du nord-ouest, est le cimetière. On y enterre ceux qui meurent dans le Lazaret. Le bâtiment qui est auprès de la tour du même côté, est une grande chapelle qui n'est pas achevée, & dont on a abandonné le dessein. Elle sert actuellement de magasin.

Le concierge de la grande porte a son petit logement à côté. A droite & à gauche de cette porte, il y a une double barrière posée à deux toises de distance & de six de longueur. Ces barrières sont couvertes d'un toit. C'est-là que les gens de la ville peuvent venir parler à leurs parens & à leurs amis qui sont en quarantaine. Cet endroit est ouvert de deux côtés, afin que le concierge & son aide puissent voir ce qui se passe dans ces conférences.

L'eau est abondamment distribuée dans l'un & dans l'autre enclos par des fontaines, des lavoirs & des bassins toujours remplis pour servir en cas d'accident de feu.

Les intendans, les officiers, les employés & domestiques peuvent seuls entrer dans les infirmeries. Toutes les personnes externes en sont absolument exclues, & un intendant même ne pourroit pas y mener avec lui ses propres parens. C'est une loi inviolable à laquelle aucune sorte de raison ne peut faire déroger.

Des Passagers.

Lorsque le capitaine d'un bâtiment a déclaré le nombre des passagers qui veulent faire leur quarantaine à terre, l'intendant qui l'a interrogé, lui ordonne de les porter incessamment dans les infirmeries. Il y fait envoyer les gardes nécessaires, ensorte qu'il y en ait un pour un passager jusqu'à trois, & ainsi à proportion du nombre.

Si un passager a sa femme avec lui, on lui donne une chambre séparée de celles qu'occupent ceux qui sont venus sur le même bâtiment. Ils peuvent cependant manger en commun.

Les passagers reçoivent un premier parfum à leur arrivée dans les infirmeries; un second après qu'ils ont fait la moitié de la quarantaine; & le troisième avant leur entrée dans la ville. On allume à cet effet du feu au milieu du plancher d'une chambre destinée à cette opération. On y jette la drogue du parfum sur ce feu; & lorsque la fumée commence à devenir bien épaisse, on y fait entrer ces passagers & leurs hardes usuelles qu'on a étalées. On ferme exactement la porte, & l'on les y laisse plus ou moins long-temps suivant le degré de la contagion qui règne au lieu d'ou ils viennent.

Des porte-faix.

Les propriétaires des marchandises choisissent eux-mêmes & font présenter à l'intendant semainier les porte-faix qu'ils veulent employer pendant la quarantaine, afin qu'il donne l'ordre nécessaire pour les faire entrer dans les infirmeries.

Ces porte-faix doivent être inscrits dans le livre de leur confrérie, afin que les prieurs répondent de leur fidélité. On n'admettroit point des gens inconnus & sans aveu.

Lorsqu'ils ont obtenu l'ordre pour l'entrée, ils se présentent à la grande porte du côté de terre;

ils l'exhibent au concierge & lui représentent leurs hardes pour en insérer le détail dans son registre à côté de leurs noms. Ils les représentent pareillement lors de la sortie pour en faire le recensement. Le concierge les visite aussi à nud, pour voir s'ils ont sur le corps quelques plaies, ou marque de maladie secrete, qui pussent donner lieu à des équivoques en cas qu'il se trouvassent atteints de maladie ordinaire pendant la quarantaine.

Ils vont ensuite se présenter directement au capitaine qui leur assigne la caserne qu'ils doivent occuper pendant la quarantaine, & la place dans les halles où ils doivent porter les marchandises. La quantité & la grosseur des balles déterminent le nombre des porte-faix qui doivent servir à les transporter & à leur purge. Ils sont deux, quatre, six ou huit, selon le besoin. Et comme leur avidité & la vue d'un gain plus considérable les porte quelquefois à faire des efforts qui les épuisent & les rendent souvent malades, le capitaine des infirmeries a soin d'examiner le volume & le poids des balles. S'il juge que les deux ou les quatre porte-faix qu'on a envoyés ne puissent les remuer & les transporter avec une certaine aisance, il en fait demander un plus grand nombre. Par la même raison, il refuse ceux qui ne lui paroissent pas assez robustes, ou qui sont valétudinaires.

Lorsque les bateaux de charge sont arrivés & que les équipages du bâtiment ont mis les balles sur le quai, les porte-faix les enlèvent, les chargent à deux & à quatre avec la barre, & les portent dans l'endroit de la halle qui leur a été marqué. Il leur est défendu de les faire rouler sur le terrain, & de les jetter du surhaussement en bas, après leur purge, pour éviter le dommage qu'ils pourroient leur causer.

Les porte-faix suivent exactement les ordres qui leur sont donnés par le capitaine des infirmeries pour la purge des marchandises; soit en les déballant totalement s'il est nécessaire de les mettre *en gerbière*, ou en pyramide, à l'égard des patentes brutes, soit en les décousant par les côtés & par les bouts à diverses reprises, ou en lâchant les cordons, afin que l'air puisse pénétrer l'intérieur des balles, ce qui suffit pour les marchandises de patente nette.

Dans tout ce travail, ils doivent avoir une grande attention à ne causer aucun déchet notable à la marchandise, ce qui est encore recommandé à la vigilance des écrivains.

Ils tournent & retournent ces balles plusieurs fois pendant la quarantaine, & notamment les laines & les cotons qu'on a mis *en gerbière*. Ils ont soin d'étendre sur chaque tas, les emballages ou sacs qu'ils en ont ôté, afin que chaque partie de marchandise soit remise avec sa marque sans les confondre; à quoi l'écrivain doit aussi avoir une attention particulière.

Dix jours avant la fin de la quarantaine & lorsque le capitaine en a reçu l'ordre du bureau, les porte-faix remettent ces marchandises dans les sacs qu'ils laissent ouverts par le bout, & cinq jours après, qui est le cinquiéme avant l'entrée, ils recousent généralement toutes les balles & les remettent en état d'être transportées.

Il leur est défendu de porter du feu & de fumer dans les halles ou aux environs sous de griéves peines.

Ils ne peuvent communiquer avec les porte-faix d'un autre département, ni avec qui que ce soit, si ce n'est avec ceux de leur chambre il leur est même défendu d'entrer dans la chambre de l'écrivain pour y manger, boire, jouer, ou fumer ensemble.

Il leur est défendu pareillement de proférer des juremens & des paroles sales, sous peine de prison.

Les mêmes porte-faix qui ont servi pendant la quarantaine des marchandises, ne peuvent être employés à les retirer après la purge, afin d'éviter la soustraction de quelques petites parties des mêmes marchandises qu'ils auroient cachées dans l'espoir de les sortir avec la totalité du chargement.

S'ils tombent malades pendant la quarantaine, ils doivent le déclarer sur le champ sous peine d'être rigoureusement punis.

Ces porte-faix sont payés par les propriétaires des marchandises, suivant l'usage de cette place.

Des quarantaines.

Les quarantaines ne peuvent être réglées également pour toutes sortes de patentes; parce qu'après avoir pourvu à la sûreté de la *santé*, qui doit être le premier objet auquel on sacrifie toujours toute sorte d'intérêt, il est d'une égale prudence de ne point porter sans sujet, du préjudice au commerce.

Sur ce juste principe, on a distingué les quarantaines de patentes nettes; celles de patentes soupçonnées ou touchées; & celles des patentes brutes.

On appelle patente nette, celle qu'on délivre au capitaine du bâtiment, dans une Echelle exempte de tout soupçon de peste, & lorsque la santé des équipages n'a souffert aucune altération pendant le voyage.

La patente soupçonnée, ou touchée, est celle dans laquelle le consul qui l'a délivrée, fait mention des avis qu'il a eus de quelques ports ou villages voisins du lieu de sa résidence où le mal contagieux se fait sentir, ou de l'abord dans son département de quelque bâtiment venant d'une autre échelle contaminée.

On nomme enfin patente brute, celle qui est délivrée aux capitaines qui partent d'une échelle où la peste fait actuellement du ravage.

S'il y a eu dans un bâtiment pendant la route, des accidens de mort ou de maladie, on ne s'en tient plus à la règle marquée pour les patentes simplement brutes. On prolonge la quarantaine; on resserre encore davantage ces bâtimens par un plus grand nombre de bateaux de garde; & on agit avec les précautions les plus rigoureuses & les plus exactes.

Les premières patentes nettes qui sont délivrées après la cessation de la peste dans une échelle, sont regardées comme brutes, si le bâtiment n'est parti vingt jours après qu'on a commencé d'expédier ces patentes.

Il est défendu au capitaine de se dessaisir de la patente qu'on lui a délivrée, au lieu de son premier départ, & il lui est ordonné de la faire viser dans tous les ports où il sera obligé de mouiller pendant le voyage, afin qu'à son arrivée aux ports de Marseille ou de Toulon, les intendans de ces deux bureaux [qui sont les seuls du royaume qui peuvent ordonner la quarantaine] soient en état de juger, avec une entière connoissance de la classe sous laquelle ils doivent ranger le bâtiment.

L'état de la santé dans les diverses échelles du Levant; leur proximité ou leur éloignement de Marseille; leur voisinage de pays contaminés; toutes ces considérations qu'on appuie sur les avis qu'on a presque journellement, concourent aussi à faire établir la règle qu'on doit suivre là-dessus.

ÉCHELLES.	Bâtimens, Effets, &c. sujets à la quarantaine.	*Patente nette.* Nombre de jours.	*Patente soupçonnée ou touchée.* *Sereines.* 3. 2. 1.	*Patente brute.* *Sereines.* 6. 4. 2.
Constantinople.	Bâtimens avec marchandises	28	30	30
	Marchandises	38	40	40
	Passagers	28	30	30
	Bâtimens avec denrées, sans pacotilles	18	20	30
	Passagers	18	20	30
	Bâtimens de denrées avec pacotilles	23	28	30
	Les pacotilles	33	40	40
	Passager avec pacotilles	23	28	30
Barbarie jusques & compris Alger.	Bâtimens avec marchandises	28	30	30
	Marchandises	38	40	40
	Passagers	28	30	30
	Bâtimens avec denrées sans pacotilles	18	20	30
	Passagers	18	20	30
	Bâtimens de denrées avec pacotilles	23	28	30
	Pacotilles	33	40	40
	Passagers avec pacotilles	23	28	30
Echelles du levant & royaume de Maroc, depuis Alger, tirant à l'Ouest.	Bâtimens avec marchandises	20	25	30
	Marchandises	30	35	40
	Passagers	20	25	30
	Bâtimens de denrées sans pacotilles	18	20	30
	Passagers	18	20	30
	Bâtimens de denrées avec pacotilles	20	25	30
	Les pacotilles	30	35	40
	Passagers avec pacotilles	20	25	30

L'état ci-contre marque les distinctions qu'on observe à cet égard, & quel est le réglement qu'on exécute invariablement dans les bureaux de Marseille & de Toulon.

On a marqué dans les divers articles de ce mémoire tout ce qui est observé pendant les quarantaines. Comme il seroit inutile de le répéter, on ajoûtera seulement ce qu'on pratique à l'égard des malades & des morts, s'il arrive qu'il y en ait sur les bâtimens & dans les infirmeries.

Lorsqu'un homme tombe malade étant en quarantaine, l'intendant semainier en est averti sur le champ par les gardes, ou par les officiers, s'il est sur un bâtiment.

Il ordonne d'abord que ce malade soit porté dans les infirmeries, accompagné du chirurgien du bord, afin qu'il puisse faire le rapport des premiers symptomes, & rester auprès de lui pour le soigner, avec l'aide d'un matelot qu'on fait pareillement venir à cet effet.

Ils sont tous mis dans une des casernes des enclos supérieurs. Le médecin & le chirurgien qui sont affectés au bureau, s'y rendent l'un ou l'autre, ou tous deux ensemble, selon l'exigence de la maladie qu'on a déja caractérisée en quelque façon.

Ils voient le malade à une distance convenable. Ils examinent le rapport que fait le chirurgien. Et après avoir jugé de la nature du mal, ils donnent leur attestation de ce qu'ils ont découvert. C'est sur cette pièce que le bureau détermine les précautions qu'il doit prendre. Le médecin ordonne les remèdes nécessaires qu'on envoie exactement de la Ville.

S'il n'y a point de chirurgien dans le bâtiment, celui qui est affecté au bureau en fournit un ou s'enferme lui-même avec le malade s'il est ainsi ordonné. Il ne sort de l'enclos qu'après la quarantaine qui a été réglée pour le malade, s'il revient en santé. On leur donne plusieurs fois le parfum pendant cette quarantaine.

Si la maladie est reconnue être sans soupçon de contagion, on observe seulement les précautions ordinaires à l'égard du malade & de ceux qui sont auprès de lui.

Si le malade meurt, on fait l'ouverture du cadavre en présence du médecin & du chirurgien, qui donnent pareillement leur certificat de l'état auquel on a trouvé les viscères. S'ils indiquent quelque marque de peste, le cadavre est enseveli dans la chaux vive; toutes ses hardes, celles du chirurgien & de ceux qui l'ont touché, sont trempées dans l'eau bouillante & mises à l'évent; la quarantaine du bâtiment recommence; rien ne sort plus de l'enclos où les marchandises qu'il a apportées sont déposées, celles mêmes qui ont achevé leur purge y sont retenues. Les instrumens dont le chirurgien s'est servi passent par le feu; on brûle tous les appareils; on double les gardes; on donne le parfum violent pendant plusieurs fois dans la caserne; tous ceux qui se trouvent dans les infirmeries, gardent exactement leur chambre & ne peuvent plus monter à la barrière. Tout cela est pareillement exécuté à la dernière rigueur, lorsqu'on assure qu'un malade est attaqué de peste.

S'il en guérit, après avoir usé de toutes ces précautions, & lorsque les plaies sont entièrement cicatrisées, on lui fait donner de nouvelles hardes qu'on apporte de la ville. On lui fait faire la quarantaine de *santé* qui est ordinairement de quarante jours, pendant laquelle on lui donne plusieurs fois le parfum.

S'il ne s'agit que d'une mort, causée par une maladie ordinaire, ces précautions n'ont pas lieu. Mais c'est une règle inviolable de faire recommencer la quarantaine au bâtiment, aux marchandises & aux passagers qu'il a apportés.

On verra dans ce précis, des délibérations du bureau de la santé de Marseille, jusqu'à quel point de perfection messieurs les intendans qui l'ont dirigé jusqu'à présent, en ont porté la police & la règle. Sur ce modèle on doit s'attendre des soins & de la prudence dans leurs successeurs, à voir augmenter, s'il est possible, des établissemens qui, en assurant la santé de leur patrie & dans le royaume, leur font mériter d'être honorés de la confiance du roi, puisque sa majesté rend toujours des ordonnances pour l'exécution des mêmes établissemens, lorsque messieurs les intendans de la santé s'adressent au ministre secrétaire d'état de la marine & à l'intendant de la province & du commerce pour les obtenir. *Voyez* CONTAGION.

SCRUTIN, s. m. forme d'élection par le moyen de billets ou bulletins sur lesquels chacun des vôtans écrit individuellement le nom de la personne qui a son suffrage, & qu'il remet ensuite dans une boîte, pour que, d'après la vérification qui en est faite, on proclame celui en faveur de qui il y a eu le plus de suffrages. *Voyez* MUNICIPALITÉ & ÉLECTION.

SECOURS, s. m. Ce que l'on fait pour procurer a quelqu'un la défense ou la chose dont il a besoin dans les cas de danger ou d'indigence.

Les *secours* publics sont très-multiplies en France, soit pour aider les personnes dans l'indigence ou les préserver des accidens qui poursoient leur arriver. On peut même dire que l'autorité publique, les loix & l'organisation entière de la société, ne sont destinées qu'à donner des *secours* aux citoyens, & que le premier devoir de tout gouvernement consiste dans ce soin. Cependant le nom de *secours* publics est particulièrement appliqué à deux genres de *secours*, ceux qu'on donne aux personnes en danger de perdre la vie, & ceux qui sont offerts aux indigens..

Nous avons consigné aux mots *noyé*, *mort subite*, *inhumation* les détails instructifs des loix & réglemens de police qui ont été faits pour donner les *secours* dans ces diverses circonstances; on trouve semblablement aux mots *hôpitaux*, *mendicité*, *enfans trouvés*, *pauvre*, *sociétés* maternelle & philantropique, *charité*, des connoissances positives sur les *secours* que les pauvres trouvent dans cet établissement. Nous ne répéterons donc point ici ce que nous avons dit dans chacun de ces articles; nous ferons seulement remarquer une disposition de police très importante, c'est que les chirurgiens, médecins & autres personnes de cet état, sont obligés de prêter leur ministère aux personnes en danger qui peuvent en avoir besoin. Un arrêt du parlement de Paris, du 25 octobre 1783, a enjoint à un chirurgien de saint-Cloud, qui s'y étoit refusé, de porter *secours* aux personnes qui auroient besoin de lui, & notamment aux noyés lorsqu'il en seroit requis. En cela la cour du parlement a suivi la règle de la justice sociale & la jurisprudence de tous les tribunaux, qui ont toujours condamné les médecins, chirurgiens, sages-femmes ou autres, qui ont refusé leurs *secours*, lorsqu'ils en ont été requis.

SECTION, f. f. Portion d'un tout divisé en plusieurs parties.

Nous ne plaçons ce mot ici que pour faire connoître les sections de Paris.

Elle furent d'abord connues sous le nom de districts au nombre de soixante. A l'époque de la révolution les districts jouerent un très-grand rôle; & tel étoit l'enthousiasme en leur faveur que nous ne crûmes pas qu'il convînt de les supprimer, quoique nous fussions persuadés qu'on devoit limiter leurs pouvoirs & fixer leurs fonctions. *Voyez* DISTRICTS.

Les erreurs dans lesquelles ils donnèrent & qu'il seroit inutile d'énumerer ici, nous firent bientôt revenir sur quelques idées dont l'expérience démontra l'incompatibilité avec l'ordre, chez un peuple impétueux & leger. Je rendis donc publiques alors plusieurs observations qui ne contribuerent pas peu à ouvrir les yeux de l'assemblée nationale sur l'anarchie des districts & la déterminèrent à les supprimer pour établir à leur place quarante huit *sections*, qui ont chacune une assemblée générale, un comité, des officiers de police, un juge de paix, & je ne sais quoi encore, qui en fait autant de petites municipalités, souvent plus puissantes que celle de la ville.

Ce fut au mois de mai de la même année 1790 que l'assemblée nationale supprima ces districts tumultueux & les remplaça par des corps presque aussi pétulans, agitateurs & audacieux. Les *sections* jouissent de très-grands droits par la loi de leur création, & par le fait, elles en ont encore davantage. Voici au reste leur organisation & leurs fonctions.

Décret du 27 Juin 1790, sur la municipalité de Paris, Tit. IV.

ART. I. L'assemblée des quarante-huit *sections* devra être convoquée par le corps municipal, lorsque le vœu de huit *sections*, résultant de la majorité des voix dans une assemblée de chaque *section*, composée de cent citoyens actifs, au moins, & convoquée par le président des commissaires de la *section*, se sera réuni pour la demander.

Le président des commissaires d'une *section* sera tenu de convoquer sa *section*, lorsque cinquante citoyens actifs se réuniront pour la demander.

II. Lorsque l'assemblée des quarante-huit *sections* aura lieu, un membre du corps municipal, ou un des notables, pourra assister à l'assemblée de chacune des *sections*, mais sans pouvoir la présider, & sans que son absence puisse la différer.

III. Il y aura dans chacune des quarante-huit *sections*, un commissaire de police toujours en activité, & dont les fonctions relatives à la municipalité, seront déterminées par les articles suivans.

IV. Chacune des quarante-huit *sections* aura en outre seize commissaires, sous le nom de *commissaires de section*, qui exerceront dans leur arrondissement, sous l'autorité du corps municipal & du conseil général de la commune, les fonctions suivantes.

V. Les seize commissaires de *section* seront chargés de surveiller & de seconder au besoin le commissaire de police.

VI. Ils seront tenus de veiller à l'exécution des ordonnances, arrêtés ou délibérations, sans y apporter aucun obstacle ni retard: le commissaire de police aura séance & voix consultative à leurs assemblées.

VII. Ils donneront aux administrateurs, au corps municipal & au conseil général, ainsi qu'au maire, au procureur de la commune & à ses substituts, tous

tous les éclairciſſemens, inſtructions & avis qui leur ſeront demandés.

VIII. Ils nommeront entre eux un préſident, & ſe réuniront tous les huit jours, & en outre, toutes les fois que des circonſtances extraordinaires l'exigeront.

IX. L'un d'eux reſtera, à tour de rôle, vingt-quatre heures dans ſa maiſon, afin que le commiſſaire de police & les citoyens de la *ſection* puiſſent recourir à lui en cas de beſoin; le commiſſaire de ſervice ſera de plus chargé de répondre aux demandes & repréſentations qui pourront être faites.

X. Les jeunes citoyens de la *ſection*, parvenus à l'âge de vingt-un ans, après s'être fait inſcrire chez le commiſſaire de police, porteront leur certificat d'inſcription chez le commiſſaire de *ſection* qui ſe trouvera de ſervice, & leur indiquera l'époque de la preſtation de leur ſerment.

XI. Les commiſſaires de *ſection* pourront être chargés par l'adminiſtration du département de Paris, de la répartition des impôts dans leurs *ſections* reſpectives.

XII. Les commiſſaires de police ſeront élus pour deux ans, & pourront être réélus autant de fois que leur *ſection* le jugera convenable. Le premier remplacement, s'il y a lieu, ne pourra ſe faire qu'à la Saint-Martin 1792; le conſeil général de la commune fixera la ſomme de leur traitement.

XIII. Chaque commiſſaire de police aura ſous ſes ordres un ſecrétaire-greffier de police, dont le conſeil général de la commune fixera auſſi le traitement.

XIV. Les perſonnes domiciliées, arrêtées en flagrant délit dans l'arrondiſſement d'une *ſection*, ſeront conduites chez le commiſſaire de police. Celui-ci pourra, avec la ſignature de l'un des commiſſaires de *ſection*, envoyer dans une maiſon d'arrêt les perſonnes ainſi arrêtées, leſquelles ſeront entendues dans les vingt-quatre heures, conformément à ce qui ſera réglé par la ſuite.

XV. Les perſonnes non domiciliées, arrêtées dans l'arrondiſſement d'une *ſection*, ſeront conduites chez le commiſſaire de police : ſi elles ſont prévenues d'un déſordre grave ou d'un délit; celui-ci pourra les envoyer dans une maiſon d'arrêt, où elles ſeront interrogées dans les vingt-quatre heures, & remiſes en liberté, ou, ſelon la gravité des circonſtances, livrées à la juſtice ordinaire, ou condamnées par le tribunal de police qui ſera établi.

XVI. Le commiſſaire de police, en cas de vols ou d'autres crimes, gardera par-devers lui les effets volés & les pièces de conviction pour les remettre aux juges. Dans tous les cas, il dreſſera procès-verbal des pièces & des faits, & il tiendra regiſtre du tout; il en inſtruira de plus le département de police, & le commiſſaire de *ſection* qui ſe trouvera de ſervice.

XVII. Hors les cas de flagrant délit, la municipalité ne pourra ordonner l'arreſtation de qui que ce ſoit, que dans les cas & de la manière qui ſeront déterminés dans le réglement de police.

XVIII. Le commiſſaire de police rendra compte au maire, ainſi que l'ordonnera celui-ci.

XIX. Le commiſſaire de police rendra, tous les ſoirs, au commiſſaire de *ſection* qui ſera de ſervice, un compte ſommaire & par écrit des événemens de la journée.

XX. Le ſecrétaire-greffier tiendra la plume aux aſſemblées du comité; il dreſſera les procès-verbaux, lorſqu'il en ſera requis par les commiſſaires; il ſera chargé de faire les expéditions, les extraits & les envois à qui il appartiendra; il ſera auſſi chargé de la tenue de tous les regiſtres néceſſaires aux fonctions du comité & du commiſſaire de police.

XXI. Les appointemens du ſecrétaire-greffier ſeront acquittés des deniers communs de la ville.

XXII. Il ſera procédé à l'élection des ſeize commiſſaires de *ſection*, du commiſſaire de police & du ſecrétaire-greffier, par les aſſemblées de chaque *ſection*, immédiatement après les élections des membres du corps municipal & du conſeil général de la commune.

XXIII. L'élection du commiſſaire de police ſe fera au ſcrutin & à la pluralité abſolue des ſuffrages, mais par bulletin de deux noms : ſi le premier ou le ſecond tour de ſcrutin ne donne pas cette pluralité abſolue, on procédera à un troiſième & dernier, dans lequel on n'écrira qu'un nom; les voix ne pourront porter que ſur l'un des deux citoyens qui en auront obtenu le plus grand nombre au ſecond ſcrutin.

XXIV. Le commiſſaire de police & le ſecrétaire-greffier ne pourront être choiſis que parmi les citoyens éligibles de la *ſection*, & ils ſeront tenus d'y réſider.

XXV. L'élection du ſecrétaire greffier ſe fera au ſcrutin par bulletin de deux noms, & à la pluralité relative, laquelle sera au moins du quart des suffrages.

XXVI. Les seize commissaire de *section* seront choisis parmi les citoyens éligibles de la *section*, au scrutin, par bulletin de liste de six noms.

XXVII. Ceux qui, par le dépouillement du scrutin, se trouveront réunir la pluralité relative au tiers au moins des suffrages, seront déclarés commissaires.

XXVIII. Pour le nombre des commissaires restant à nommer, comme aussi dans le cas où aucun citoyen n'auroit eu la pluralité du tiers des voix, il sera procédé à un second scrutin par bulletin de liste de six noms; & ceux qui, par le dépouillement de ce scrutin, réuniront la pluralité relative du tiers au moins des voix, seront déclarés commissaires.

XXIX. Si le nombre des seize commissaires n'est pas encore rempli, ou si aucun citoyen ne se trouve élu, il sera procédé à un dernier scrutin, par bulletin de liste de six noms, & à la simple pluralité relative des suffrages : ceux qui l'obtiendront seront déclarés élus jusqu'à concurrence des seize commissaires à nommer.

XXX. Si un citoyen nommé commissaire au troisième tour, refuse, il sera remplacé par le concurrent qui, dans ce même tour de scrutin, aura eu le plus de voix après lui. Si un citoyen nommé commissaire dans les deux premiers scrutins, refuse après la dissolution de l'assemblée, il sera remplacé par celui qui, dans les divers scrutins, aura eu le plus de voix. Les commissaires de *section*, en cas de mort ou de démission dans le cours de l'année, seront remplacés, jusqu'à l'époque ordinaire des élections, par ceux des citoyens qui auront eu le plus de voix après eux; & pour exécuter ces deux dispositions, on conservera les résultats des scrutins.

XXXI. L'exercice des fonctions de commissaire de police, sera incompatible avec celui de la garde nationale.

XXXII. Les commissaires de *section*, le commissaire de police & son secretaire-greffier prêteront serment entre les mains du président de l'assemblée de la *section*, de bien & fidèlement remplir leurs devoirs.

XXXIII. La moitié des commissaires de *section* sortira chaque année. La première sortie se fera par la voie du sort : elle n'aura lieu qu'à l'époque des élections ordinaires en 1791; &, pour la première fois, le temps qui s'écoulera entre l'époque de leur élection & l'époque fixe des élections ordinaires, ne sera point compté.

XXXIV. Les élections des secrétaires-greffiers se renouvelleront tous les deux ans, & l'époque en sera fixée de façon à alterner avec celle de l'élection des commissaires de police.

Toutes ces fonctions & attributions supposent dans les *sections* plusieurs opérations tant au moment des élections que dans le courant de l'année; nous allons les rapporter avec les conditions qu'on y exige de la part des citoyens.

Tous les citoyens actifs de chaque *section* sont, de droit, membres de son assemblée. (Lettres patentes du 27 Juin, Titre 5, article 43.).

Ils doivent présenter leurs titres en entrant (Tit. 2, art. 2.).

Les 48 assemblées doivent être indiquées pour le même jour & la même heure, & se continuer aussi à la même heure les jours suivans. (Tit. 1, art. 11.).

Elle commencera par l'appel nominal des citoyens actifs (Tit. 2, art. 1.).

S'il s'éleve des difficultés sur l'admission d'un citoyen, la *section* en jugera. (Tit. 2, art. 2).

Si la *section* offre plus de 900 citoyens admis & présens, elle se subdivisera en deux assemblées. (Tit. 1, art. 10).

Chacune ensuite procédera, sous la présidence de l'administrateur, à la nomination d'un président & d'un secrétaire. (Tit. 5, art. 5).

Aussi-tôt que l'assemblée sera formée, le président, le secrétaire & l'assemblé prêteront le serment. (Tit. 5, art. 28).

Ensuite chaque assemblée nommera trois scrutateurs. (Tit. 5, art. 6).

Toutes les élections se feront au scrutin, mais sous les diverses modifications expliquées dans les Lettres Patentes.

En général chacun devra désigner exactement, dans son bulletin, la personne ou les personnes par lui choisies, ou le bulletin seroit rejetté. (Tit. 2, art. 3).

On ne doit nommer que des personnes éligibles. (Tit. 1, art. 13; tit. 5, art. 7, 8 & 10).

Un scrutin commencé doit se terminer sans désemparer. (Titre 1, art. 11).

Si la section est divisée en deux assemblées, après avoir séparément dépouillé leur scrutin, elles se réuniront par commissaires, pour n'envoyer qu'un résultat à l'hôtel-de Ville. (Titre 1, art. 10).

Chacune des 48 *sections* enverra un commissaire à l'hôtel-de-Ville, pour assister au recensement général des scrutins. (Titre 1, art 17; titre 2, art. 14; titre 1, art. 16).

Ces préliminaires établis ou connus, on procédera aux élections suivantes, dans les formes indiquées aux lettres patentes.

Le *maire d'abord*. (Titre 5, art. 11; & titre 1, art. 15).

Le *procureur de la commune*. (Titre 5, art. 13).

Les deux *substituts* du procureur de la commune. (Titre 2, art. 5, 6, 7 & 8).

Les cent quarante-quatre membres du *conseil général* de la commune, à trois par *section*. (Titre 2, art. 9, 10, 11, 12, 13, 14, 15, 16, 17 & 18).

Les quarante huit membres du *corps municipal*. (Titre 2, art. 19, 20, 21, 22, 23, 24, 25 26, 27, 28, 29, 30 & 31).

Le *commissaire de police*. (Titre 4, art. 22, 23 & 24).

Le *secrétaire greffier* du commissaire de police. (Titre 4, art. 24 & 25).

Les seize *commissaires de sections & autres officiers & électeurs*. (Titre 4, art. 26, 27, 28, 29 & 30).

Les élections finies, les assemblées doivent se rompre & ne peuvent s'occuper d'autre chose. (Titre 1, art. 11 & 19).

Voici les noms des quarante-huit *sections* désignées par quelque mouvement renfermé dans chacune d'elle, ou par le nom de quelque rue.

1re. *section* des Thuileries, 2 des champs-Élisées; 3 du Roule; 4 du Palais Royal; 5 de la place Vandôme; 6 de la Bibliotheque; 7 de la Grange-Batelière; 8 du Louvre; 9 de l'Oratoire; 10 de la Halle au blé; 11 des Postes; 12 de la place Louis XIV, (des Victoires); 13 de la fontaine de Montmorency; 14 de Bonne-Nouvelle; 15 du Ponceau; 16 de Mauconseil; 17 du marché des Innocens; 18 des Lombards; 19 des Arcis; 20 du fauxbourg Montmartre; 21 de la rue Poissonnière; 22 de Bondy; 23 du Temple; 24 de Popincourt; 25 de la rue de Montreuil; 26 des Quinze-Vingt; 27 des Gravilliers; 28 du fauxbourg Saint-Denis; 29 de la rue Beaubourg; 30 des enfans Rouges; 31 du roi de Sicile; 32 de l'Hôtel-de-Ville; 33 de la place Royale; 34 de l'Arsenal; 35 de l'Isle; 36 de Notre-Dame; 37 de Henri IV; 38 des Invalides; 39 de la fontaine de Grenelle; 40, des Quatre-Nations; 41 du Théâtre François; 42 de la Croix Rouge; 43 du Luxembourg; 44 des Thermes de Julien; 45 de sainte-Genevieve; 46 de l'Observatoire; 47 du jardin du roi; 48 des Gobelins. (*Voyez* MUNICIPALITÉ, ÉLECTION).

SÉDITION, s. f. acte public de désobéissance aux loix, accompagnée de violences, d'attroupemens, de résistance aux magistrats, & de voies de fait contre l'ordre & la tranquillité publique.

La *sédition* & l'insurrection diffèrent essentiellement, quoique souvent elles se ressemblent à plusieurs égards. La première naît d'un prétexte ou d'une cause raisonnable, mais soutenue à main armée, de désobéir à l'autorité publique: la seconde a pour objet non la désobéissance à l'autorité, mais la destruction de cette autorité. La *sédition* est souvent un moyen d'insurrection, elle n'en est jamais le terme; c'est l'instrument dont les factieux ou les mécontens se servent quelquefois pour produire un changement quelconque dans le gouvernement. On donne encore le nom de *sédition* à une insurrection locale, ou aux efforts du parti le plus foible contre le plus fort, & c'est dans ce dernier cas que les battus ont tort.

Le mot de *sédition* peut encore se prendre & se prend ordinairement pour l'effet de quelque soulèvement populaire contre des dispositions d'ordre puplic rigoureux; c'est alors une affaire de grande police, mais non point un évènement politique d'une conséquence majeure. Les moyens de la faire cesser sont du ressort de l'autorité secondaire. Autrefois ce pouvoir appartenoit au roi ou à ses agens : il étoit juste que le prince chargé de la protection publique, & devant à tous les sujets de l'état sûreté & tranquillité, d'ailleurs réunissant tous les moyens de célérité de force, fût autorisé à rétablir le respect des loix, des personnes & des propriétés partout où elles se trouveroient attaquées. Mais depuis la révolution les municipaux sont seuls chargés de ce soin : aussi avons-nous vu de fréquentes *séditions*, & tous les désordres qui en sont la suite, depuis ce nouvel arrangement; mais on a tout lieu d'espérer que la force des choses, l'experience & le retour de l'ordre feront cesser une aussi mauvaise disposition de sûreté publique.

Si nous n'avions point pris le parti de donner un

Dictionnaire de l'assemblée nationale, où les diverses questions relatives à la disposition de la force publique se trouveront traitées, nous serions entrés ici dans plus de détail sur les *séditions*, leurs causes & les moyens de les appaiser; mais comme tous ces objets seront développés dans l'ouvrage que nous venons d'indiquer, nous y renvoyons nos lecteurs, & nous nous contentons de rapporter ici les nouvelles loix sur les *séditions*; nous y joindrons le procès-verbal de la municipalité de Paris, sur l'exécution de la loi martiale au Champ-de Mars, comme un acte public utile à conserver. Pour le reste, *Voyez* SURETÉ, TRANQUILLITÉ.

Devoirs des officiers municipaux dans les cas de sédition.

« 1°. Les officiers municipaux sont spécialement chargés de dissiper les attroupemens & émeutes populaires, conformément aux dispositions de la *loi martiale*, & responsables de leur négligence dans cette partie de leur service ». (Décret du 12 août 1790, sanct. le 24, sur l'organ. jud. tit. II, art. VII.)

« 2°. L'assemblée nationale, considérant que la liberté affermit les empires, mais que la licence les détruit; que loin d'être le droit de tout faire, la liberté n'existe que par l'obéissance aux loix, que si, dans les temps calmes, cette obéissance est suffisamment assurée par l'autorité publique ordinaire, il peut survenir des époques difficiles où les peuples, agités par des causes souvent criminelles, deviennent l'instrument d'intrigues qu'ils ignorent; que ces temps de crise nécessitent momentanément des moyens extraordinaires pour maintenir la tranquillité publique & conserver les droits de tous, a décrété la présente *loi martiale* ».

« Art. Ier. Dans le cas où la tranquillité publique sera en péril, les officiers municipaux des lieux seront tenus, en vertu du pouvoir qu'ils ont reçu de la commune, de déclarer que la force militaire doit être déployée à l'instant, pour rétablir l'ordre public, à peine d'en répondre personnellement ».

« II. Cette déclaration se fera en exposant à la principale fenêtre de la maison de ville, & en portant dans toutes les rues & carrefours un drapeau rouge; & en même-temps, les officiers municipaux requerront les chefs des gardes nationales, des troupes réglées & des maréchaussées, de prêter main-forte ».

« III. Au signal seul du drapeau, tous attroupemens, avec ou sans armes, deviendront criminels, & devront être dissipés par la force ».

« IV. Les gardes nationales, troupes réglées & maréchaussées requises par les officiers municipaux, seront tenues de marcher sur-le-champ, commandés par leurs officiers, précédées d'un drapeau rouge, & accompagnées d'un officier municipal au moins ».

« V. Il sera demandé par un des officiers municipaux aux personnes attroupées, quelle est la cause de leur réunion & le grief dont elles demandent le redressement. Elles seront autorisées à nommer six d'entr'elles, pour exposer leur réclamation & exposer leur pétition, tenues de se séparer sur-le-champ, & de se retirer paisiblement ».

VI. Faute par les personnes attroupées de se retirer en ce moment, il leur sera fait à haute voix, par les officiers municipaux ou l'un d'eux, trois sommations de se retirer tranquillement dans leurs domiciles. La première sommation sera exprimée en ces termes: *Avis est donné que la loi martiale est proclamée; que tous attroupemens sont criminels: on va faire feu, que les bons citoyens se retirent.* A la deuxième & troisième sommation il suffira de répéter ces mots: *On va faire feu, que tous bons citoyens se retirent.* L'officier municipal annoncera à chaque sommation, que c'est la première, la seconde ou la dernière ».

« VII. Dans le cas où, soit avant, soit pendant le prononcé des sommations, l'attroupement commettroit quelques violences; & pareillement, dans le cas où, après les sommations faites, les personnes ne se retireroient pas paisiblement, la force des armes sera à l'instant déployée contre les séditieux, sans que personne soit responsable des évènemens qui pourroient en résulter ».

« VIII. Dans le cas où le peuple attroupé, n'ayant fait aucune violence, se retiroit paisiblement, soit avant, soit immédiatement après la dernière sommation, les moteurs & instigateurs de la *sédition*, s'ils sont connus, pourront seuls être poursuivis extraordinairement, & condamnés, savoir à une prison de trois ans si l'attroupement n'étoit pas armé, & à la peine de mort si l'attroupement étoit en armes: il ne sera fait aucune poursuite contre les autres ».

« IX. Dans le cas où le peuple attroupé feroit quelques violences, & ne se retireroit pas après la dernière sommation, ceux qui échapperont aux coups de la force militaire, & qui pourront être arrêtés, seront punis d'un emprisonnemnet d'un an s'ils étoient sans armes, de trois ans s'ils étoient armées, & de la peine de mort s'ils étoient convaincus d'avoir commis des violences. Dans le cas du présent article, les moteurs & instigateurs de la *sédition* seront de même condamnés à mort ».

« X. Tous chefs, officiers & soldats de la garde nationale, des troupes & des maréchaussées, qui exciteront ou fomenteront des attroupemens, émeutes & *séditions*, seront déclarés rebelles à la nation, au roi & à la loi, & punis de mort ; & ceux qui refuseront le service à la réquisition des officiers municipaux, seront dégradés, & punis de trois ans de prison ».

« XI. Il sera dressé par les officiers municipaux procès-verbal qui contiendra le récit des faits ».

« XII. Lorsque le calme sera rétabli, les officiers municipaux rendront un décret qui fera cesser la *loi martiale*, & le drapeau rouge sera retiré & remplacé pendant huit jours par un drapeau blanc ».

(Du 21 octobre 1789, sanct. le 3 novembre suiv.).

« Les directoires doivent enfin veiller à ce que les municipalités remplissent avec exactitude, mais avec discernement, le devoir important qui leur est imposé de réprimer les attroupemens séditieux ».

Si quelques municipalités usoient indiscrettement de la *loi martiale*, les directoires seroient tenus de les avertir que cette loi est un remède extrême que la patrie n'emploie qu'à regret contre ses enfans, même coupables; & qu'il faut, pour en autoriser la publication, que le péril de la tranquillité publique soit très-grave & très-urgent ».

« Dans le cas contraire, si les officiers municipaux avoient négligé de proclamer la *loi martiale*, lorsque la sûreté publique l'exigeoit, & si cette négligence avoit eu des suites funestes, ce seroit au directoire de département à examiner, d'après l'avis du directoire de district, si la responsabilité est encourue par les officiers municipaux ; & ils renverroient aux tribunaux, soit pour prononcer sur l'effet de cette responsabilité, soit pour infliger d'autres peines si la conduite de ces officiers étoit répréhensible pour mériter d'être poursuivie par la voie criminelle. Les directoires doivent montrer une fermeté imposante dans cette partie de leurs fonctions ; car ce seroit une indulgence bien cruelle, que celle qui encourageroit la collusion & la pusillanimité d'officiers municipaux trahissant la confiance dont ils ont été honorés, & livrant leur commune à tous les dangers des effervescences séditieuses ». (Instruct. du 12 août 1790, chap. 1, §. 8.)

« 3°. Art. I. Nul ne pourra, sous peine d'être puni comme perturbateur du repos public, se prévaloir d'aucun acte prétendu émané du roi ou de l'assemblée nationale, s'il n'est revêtu des formes prescrites par la constitution, & s'il n'a été publié par les officiers chargés de cette fonction ».

« II. Les officiers municipaux emploieront tous les moyens que la confiance publique met à leur disposition, pour la protection efficace des propriétés publiques, particulières, & des personnes, & pour prévenir & dissiper tous les obstacles qui seroient apportés à la perception de l'impôt ; & si la sûreté des personnes, des propriétés & la perception des impôts étoient mises en danger par des attroupemens séditieux, ils feront publier la *loi martiale* ».

« III. Toutes les municipalités se prêteront mutuellement main-forte à leur réquisition respective ; quand elles s'y refuseront, elles seront responsables des suites du refus ».

« Lorsqu'il aura été causé quelque dommage par un attroupement, la commune en répondra, si elle a été requise & si elle a pu l'empêcher, sauf le recours contre les auteurs de l'attroupement ; & la responsabilité sera jugée par les tribunaux des lieux, sur la réquisition du directoire de district ». (Déc. du 23 févr. 1790, sanct. le 26.)

« Les directoires de district seront attentifs à poursuivre dans les tribunaux la responsabilité des dommages occasionnés par des attroupemens, contre les communes qui, requises de dissiper l'attroupement, & ayant pu empêcher le dommage, ne l'auroient pas fait. Si les directoires de district négligeoient de remplir cette obligation, qui leur est prescrite par l'article V du décret du 25 février 1790, le directoire de département auroit soin de les rappeller à son exécution ». (Instr. du 12 août 1790, ibid.) *Voyez* ATTROUPEMENT.

Procès-verbaux des 17 & 18 Juillet 1791, relatifs à la proclamation de la loi martiale, & au compte que la municipalité en a rendu à l'assemblée nationale, dans la séance du 18.

Procès-verbal du dimanche 17 juillet 1791, à huit heures du matin.

A l'ouverture de la séance, le corps municipal a été instruit par M. le maire de la suite des détails qui avoient été donnés hier au sujet des rassemblemens d'hommes & de mouvemens séditieux qui se sont manifestés depuis plusieurs jours. Il a appris qu'en exécution des ordres de la municipalité, les patrouilles s'étoient multipliées hier soir, cette nuit, ce matin ; que la garde nationale avoit donné des preuves continuelles de son zèle & de son attachement à la constitution ; que des ordres ultérieurs avoient été donnés ; qu'il paroissoit constant qu'il devoit se former aujourd'hui de grands rassemblemens sur le terrein de la bastille, pour se porter ensuite au champ de la Fédération ; que la garde nationale avoit été avertie de se trouver dans les différens endroits qui ont été indiqués ; & qu'il y a lieu de croire qu'au moyen des précautions qui auroient été prises, & des mesures que la municipalité pourroit ordonner, la tranquillité publique ne seroit point altérée.

D'après cet exposé, le corps municipal a arrêté que les citoyens seroient à l'instant avertis par la voie de la promulgation, de l'impression & de l'affiche des dispositions de la loi, & de l'obligation où ils sont de s'y conformer ; en conséquence l'arrêté suivant a été pris.

Le corps municipal, informé que des factieux, que des étrangers, payés pour semer le désordre, pour prêcher la rébellion, se proposent de former de grands rassemblemens, dans le coupable espoir d'égarer le peuple, & de le porter à des excès répréhensibles ;

« Oui le second substitut-adjoint du procureur de la commune,

« Déclare que tous attroupemens, avec ou sans armes, sur les places publiques, dans les rues & carrefours, sont contraires à la loi ; défend à toutes personnes de se réunir & de se former en groupes dans aucun lieu public ;

« Ordonne à tous ceux qui sont ainsi formés, de se séparer à l'instant ;

« Enjoint aux commissaires de police de se rendre sans délai dans tous les lieux de leur arrondissement, où la tranquillité publique pourroit être menacée, & d'employer, pour maintenir le calme, tous les moyens qui leur sont donnés par la loi ;

« Mande au commandant-général de la garde nationale de donner à l'instant les ordres les plus précis, pour que tous les attroupemens soient divisés ;

« Le corps municipal se réservant de prendre des mesures ultérieures, si le cas y échoit ».

Après ces premières dispositions, le corps municipal a arrêté que deux de ses membres, MM. Cousin & Charton, se transporteront dans les environs de la bastille, pour s'assurer par eux-mêmes s'il se forme dans ce quartier un rassemblement d'hommes, & d'en référer sans délai au corps municipal, qui statuera ainsi qu'il appartiendra.

M. Charton, chef de la première division, a été ensuite introduit. Il a annoncé qu'il avoit été envoyé à l'hôtel-de-ville pour y prendre les ordres du corps municipal ; que la garde nationale étoit commandée, & qu'une grande partie étoit déjà réunie sur la place de l'hôtel-de-ville.

A onze heures, un de MM. les administrateurs a annoncé qu'on l'instruisoit à l'instant que deux particuliers venoient d'être attaqués dans le quartier du Gros-Caillou, qu'ils avoient l'un & l'autre succombés sous les coups d'un nombre de personnes attroupées, qu'au moment actuel leurs têtes étoient promenées au bout de deux piques.

Le corps municipal, s'occupant au même instant des moyens de réprimer le désordre & d'en prevenir les suites, après avoir entendu le second substitut-adjoint du procureur de la commune ;

A arrêté que trois de ses membres, MM. J. J. le Roulx, Regnault & Hardy, se transporteroient à l'instant au Gros-Caillou ; qu'ils seroient accompagnés par un bataillon de la garde nationale ; qu'ils emploieroient tous les moyens que la prudence pourroit leur suggérer pour dissiper l'attroupement, & même dans le cas où il y auroit effectivement eu meurtre, qu'ils pourroient publier la loi martiale & déployer la force publique ; le corps municipal arrêtant en même-temps que MM. les commissaires l'instruiront sans délai des évènemens qui se sont passés ou qui se passeront sous leurs yeux.

Le corps municipal a reçu une heure après midi une lettre de M. le président de l'assemblée nationale, relative aux évènemens du jour, & aux autres mesures que la municipalité doit prendre dans cette conjoncture. Il a été arrêté que M. le maire répondroit à M. le président, pour lui rendre compte de ce qui a été fait, de l'arrêté qui a été pris & de la nomination des commissaires envoyés au Gros-Caillou ; & même qu'il seroit adressé à M. le président expédition de l'arrêté pris à ce sujet.

Il a été en outre arrêté qu'il seroit adressé à M. le président de l'assemblée nationale copie de la lettre que viennent d'écrire MM. les commissaires députés au Gros-Caillou, par laquelle ils confirment la nouvelle du meurtre des deux particuliers dans le quartier du Gros-Caillou.

Le corps municipal avoit déjà reçu de la part des commissaires envoyés dans le quartier de la bastille, la déclaration que tout étoit tranquille, qu'il n'y avoit dans cette partie de la capitale aucun rassemblement, & qu'il ne sembloit pas que la municipalité dût avoir de plus longues inquiétudes sur les mouvemens dont on avoit été menacé.

Cependant les momens s'écouloient ; l'attention du corps municipal étoit toujours fixée sur ce qui se passoit au Gros-Caillou & au champ de la Fédération. Les courriers se succédoient, les nouvelles devenoient plus inquiétantes ; la tranquillité publique recevoit à chaque instant de nouvelles atteintes ; les citoyens étoient en allarmes ; des bruits qui se sont convertis en certitude annonçoient que la garde nationale avoit été insultée ; les citoyens armés sur la place & dans la maison commune, partageoient les mêmes inquiétudes.

Déjà le commandant-général avoit fait conduire à l'hôtel-de-ville quatre particuliers qui avoient été arrêtés au champ de la Fédération & aux environs, pour avoir lancé des pierres sur la garde-nationale; l'un des rebelles, interrogé par un administrateur de la police, avoit été trouvé saisi d'un pistolet chargé, il est même convenu, dans son interrogatoire, qu'il avoit jetté une forte pierre à un officier de la garde-nationale, à cheval.

En conséquence le corps-municipal s'est déterminé aux mesures de rigueur que la loi lui prescrit.

« Le corps municipal, informé que des factieux réunis au champ de la Fédération, mettent la tranquillité publique en péril;

Considérant qu'il est responsable de la sûreté des citoyens, que déjà deux meurtres ont été commis par des scélérats;

Que la force armée, conduite par les autorités légitimes, ne peut effrayer les bons citoyens, les hommes bien intentionnés;

Arrête que la *loi martiale* sera publiée à l'instant; que la générale sera battue; que le canon d'alarme sera tiré; que le drapeau rouge sera déployé;

Ordonne à tous les bons citoyens, à tous les soldats de la loi, de se réunir sous ses drapeaux, & de prêter main-forte à ses organes;

Arrête, en outre, qu'il transportera sur le champ, sa séance à l'hôtel-de l'école royale militaire, pour y remplir ses devoirs.

Le corps municipal arrête qu'expédition du présent arrêté sera à l'instant envoyée à M. le président de l'assemblée nationale & au directoire du département.

Trois officiers municipaux ont été chargés de descendre sur la place de l'hôtel-de-ville, & de proclamer l'arrêté & la loi martiale. Les ordres ont en même-temps été donnés pour que le drapeau rouge fût, immédiatement après la proclamation, exposé à l'une des principales fenêtres de l'hôtel-de-ville, ce qui a été exécuté à *cinq heures & demie.*

Au même instant, ou plutôt au moment où la municipalité alloit se mettre en marche, MM. les commissaires nommés ce matin, pour aller au Gros-Caillou & au Champ de la Fédération, sont rentrés dans l'hôtel-de-ville. Ils ont exposé, que s'étant transportés, ce matin, au Gros-Caillou, ils avoient appris que l'un des meurtriers avoit été arrêté, mais qu'il s'étoit échappé des mains de la garde; qu'un homme avoit essayé de tirer un coup de fusil, à bout portant sur M. de la Fayette; que le coup avoit manqué; que ce particulier avoit été arrêté & conduit au comité, d'où M. de la Fayette l'avoit fait mettre en liberté; qu'ils avoient constaté tous ces faits par un procès-verbal, ainsi que le meurtre des deux particuliers qui avoient ce matin, succombé sous l'effort des brigans; que les meurtriers étoient inconnus, mais que le meurtre étoit accompagné des circonstances les plus atroces: ces particuliers ont été égorgés; leurs cadavres ont été mutilés; leurs têtes ont été tranchées, & les brigands se disposoient à les porter dans l'intérieur de la ville, & spécialement au Palais-Royal, lorsque la cavalerie nationale est survenue, & les a forcés à renoncer à leur dessein.

» Qu'étant instruits qu'il y avoit au Champ de la Fédération un grand rassemblement d'hommes; que la garde nationale avoit été insultée, repoussée, & qu'un de ses principaux officiers avoit couru les plus grands dangers, ils avoient cru devoir s'y transporter; qu'ils avoient trouvé le Champ de la Fédération & l'autel de la Patrie couverts d'un grand nombre de personnes de l'un & l'autre sexe qui se disposoient à rédiger une pétition contre le décret du 15 de ce mois; qu'ils leur avoient remontré que leur réclamation & leur démarche étoient contraires à la loi, & tendoient évidemment à troubler l'ordre public; mais que ces particuliers ayant insisté, & même ayant demandé à députer douze d'entr'eux à l'hôtel-de-ville, ils n'avoient pas cru pouvoir refuser de s'en laisser accompagner ».

Cet incident a donné lieu à la question de savoir si la partie de l'arrêté qui venoit d'être pris, & qui portoit que la municipalité se transporteroit au Champ de la Fédération, seroit exécutée.

Le corps municipal délibérant de nouveau sur cette question, & considérant:

1°. Que depuis plusieurs jours de nombreux rassemblemens alarment tous les citoyens, mettent en péril la tranquillité publique, & forcent tous les hommes paisibles à sortir de la capitale;

2°. Que l'événement affreux arrivé ce matin est l'effet de ces rassemblemens désordonnés;

3°. Que tous les rapports qui lui parviennent annoncent une conjuration bien caractérisée contre la constitution & la patrie;

4°. Que des étrangers, payés pour nous diviser,

sont récemment arrivés à Paris, & que tant par eux que par des émissaires, tous fomentent, sous différens déguisemens, des mouvemens populaires;

5°. Que la municipalité, responsable par la loi, du maintien de l'ordre public, chargée expressément, tant par le discours prononcé hier par M. le président de l'assemblée-nationale, que par la lettre de ce matin, de prendre les mesures les plus rigoureuses pour arrêter le désordre, après avoir inutilement par plusieurs proclamations, rappellé à sa paix les hommes égarés par les factieux, & lorsque la garde nationale n'est plus respectée, ne peut plus différer de remplir le devoir qui lui est imposé, tout affligeant qu'il est, sans se rendre coupable de prévarication;

6°. Qu'enfin la proclamation de la loi martiale doit infailliblement arrêter les soulèvemens qui, depuis quelques jours, se manifestent, & assurer la liberté des délibérations que les citoyens doivent invariablement soutenir;

Arrête que la délibération précédente sera exécutée sur-le-champ, & que cependant quatre de ses membres resteront à l'hôtel-de-ville pour pourvoir à ce que les circonstances pourroient exiger.

Il étoit alors *six heures & demie*. Avant de se mettre en marche, le corps municipal a voulu entendre les députés des pétionnaires qui avoient suivi les commissaires, dans leur retour du Champ de la Fédération, à l'hôtel-de-ville; mais il a appris qu'ils s'étoient retirés, & il a présumé qu'ils étoient retournés au Champ de la Fédération, pour y annoncer la proclamation de la loi martiale.

Le corps municipal est parti, précédé d'un détachement d'infanterie, de trois pièces de canon, ayant à sa tête un drapeau rouge déployé, porté par le colonel des gardes de la ville & suivi de plusieurs corps de cavalerie & d'infanterie & de deux canons.

En arrivant par le chemin qui traverse le Gros-Caillou, le corps municipal a remarqué un très-grand nombre de personnes des deux sexes qui sortoient du Champ de la Fédération.

Lorsque le corps municipal est entré, il étoit *sept heures & demie ou huit heures moins un quart*: ainsi plus de deux heures s'étoient écoulées depuis la proclamation de la loi martiale.

L'intention du corps municipal étoit de se porter d'abord vers l'autel de la Patrie, qui étoit couvert de personnes des deux sexes, ensuite à l'école militaire.

Mais à peine le corps municipal étoit-il engagé dans le passage qui conduit au Champ de la Fédération, qu'un grand nombre de particuliers qui s'étoient placés au haut des glacis à droite & à gauche, qui, conséquemment, dominoient la garde nationale, se sont mis à crier, à différentes reprises: *à bas le drapeau rouge: à bas les bayonnettes.* Alors M. le maire s'est arrêté, & il a été ordonné de faire halte. Le corps municipal vouloit faire sur-le-champ les trois sommations prescrites par la loi; déjà même trois de ses membres s'avançoient la loi à la main; mais les insultes & les provocations ont continué; les particuliers attroupés, sur-tout du côté droit, ont montré des bâtons, ont jetté des pierres, & l'un deux a tiré un coup de pistolet dirigé contre la municipalité, & dont la balle, après avoir passé devant M. le maire, a été percer la cuisse d'un dragon de la troupe de ligne, qui s'étoit réuni à la garde nationale.

La garde nationale ne pouvant retenir son indignation a fait feu, mais elle a eu la modération de diriger les coups en l'air, & personne n'a été blessé à cette première décharge.

L'audace des séditieux étoit telle que quelques-uns sont revenus sur le haut des glacis braver la loi & la force.

Cependant le corps municipal employoit tous les efforts pour faire cesser le feu, & M. le commandant général, qui étoit plus avancé dans le Champ de la Fédération, étoit accouru pour rétablir l'ordre & seconder les efforts de la municipalité.

Le corps municipal & les troupes sont entrés dans le Champ de la Fédération, & comme l'autel de la Patrie paroissoit alors presqu'entièrement évacué, ils ont dirigé leur marche vers l'école-militaire, à distance à-peu-près égale de l'autel de la Patrie & du glacis qui se trouve du côté du Gros-Caillou.

Cette partie du glacis & celle du même côté qui se prolonge vers la rivière, étoient couvertes de séditieux qui ont insulté la garde nationale, qui lui ont lancé des pierres, & qui, même, ont tiré des coups de fusils & de pistolets.

Le corps municipal n'ayant pu exécuter l'article VI de la loi martiale, la garde nationale a usé du pouvoir que donne l'article VII: elle a déployé la force, parce que les violences les plus criminelles ont rendu les sommations impossibles, & c'est à cet endroit qu'a été fait le plus grand feu (1).

---

(1) Dans le cas où, soit avant, soit pendant le prononcé des sommations, l'attroupement commettroit quel-

Au moment où le corps municipal rédige le présent procès-verbal, on évalue le nombre des morts à *onze* ou *douze*, & le nombre des blessés à *dix* ou *douze*. Les ordres ont été donnés à l'instant pour l'enlèvement des morts & pour le transport des blessés à l'hôpital militaire, où il a été recommandé d'en avoir le plus grand soin.

Plusieurs officiers ou soldats de la garde nationale ont reçu des coups de pierre; l'un d'eux a été frappé si rudement qu'il a été renversé de son cheval & grièvement blessé.

Le corps municipal a appris avec la plus vive douleur, que deux chasseurs volontaires de la garde nationale ont été assassinés, l'un revenant seul du Champ de la Fédération, l'autre étant à son poste. On ajoute même qu'un canonier volontaire l'a été à coups de coûteau.

Cinq ou six personnes prévenus d'avoir insulté ou maltraité la garde nationale, ont été arrêtées & conduites à l'hôtel de la Force.

Le Champ de Mars ayant été entièrement évacué, le commandant général a rallié les troupes, & le corps municipal s'est mis en marche pour retourner à l'hôtel-de-ville, où il est arrivé sur les dix heures du soir. Trois membres s'étoient détachés pour aller rendre compte au directoire de tout ce qui s'étoit passé, & concerter avec lui les mesures à prendre pour assûrer la tranquillité publique.

Le corps municipal ayant repris, sur *les dix heures & demie*, le cours de ses délibérations, a entendu les différentes déclarations qui lui ont été faites, a pourvu par des ordres qui ont été transmis à l'instant aux dépositaires de l'autorité, au maintien du repos & de la tranquillité publique. Il a de plus arrêté que quatre de ses membres passeroient la nuit à l'hôtel-de-ville, & que les officiers municipaux se succéderoient sans interruption, pour continuer ce service, jusqu'à ce que l'ordre soit parfaitement rétabli.

Le corps municipal a encore arrêté que M. le maire & quatre officiers municipaux, MM. Oudet, Borie, J.-J. le Roulx & Charon se présenteroient demain à l'ouverture de l'assemblée-nationale, pour lui faire lecture du procès-verbal de ce jour; & qu'expédition en seroit également adressée au directoire du département.

ques violences, & pareillement dans le cas où, après les sommations faites, les personnes attroupées ne se retireroient paisiblement, la force des armes sera à l'instant déployée contre les séditieux, sans que personne soit responsable des évènemens qui pourront en résulter. (*Art. VII de la loi martiale*.

» Dans la nécessité de pourvoir au renouvellement des excès que les mal-intentionnés pourroient se permettre, & de faire punir ceux qui ont été commis dans cette journée, la municipalité a terminé sa séance par les dispositions consignées dans l'arrêté qui suit:

« Le corps municipal après avoir entendu le premier substitut, adjoint du procureur de la commune, charge le procureur de la commune de dénoncer à l'accusateur pubic de l'arrondissement, l'assassinat commis ce matin, sur les personnes de deux particuliers, & de lui remettre les renseignemens, pièces & indications pouvant servir à la découverte de ses auteurs, complices & adhérans;

» Arrête que la loi martiale restera en vigueur jusqu'au parfait rétablissement de la tranquillité publique, & qu'en conséquence, le drapeau rouge restera exposé à la principale fenêtre de la maison commune, jusqu'à ce que le calme étant rétabli il soit, conformément à la loi, remplacé par un drapeau blanc.

» Le corps municipal déclare que, tant que la loi martiale sera en vigueur, tous attroupemens, avec ou sans armes, deviendront criminels & devront être dissipés par la force, aux termes de l'art. III de ladite loi.

» Mande au commandant-général de la garde nationale, de veiller à l'exécution de la loi & du présent arrêté, qui sera mis à l'ordre, envoyé aux quarante huit *sections*, publié, ainsi que la loi martiale & toutes les délibérations de ce jour».

Signé, BAILLY, maire;

DEJOLY, secrétaire-greffier

Procès-verbal du lundi 18 juillet 1791.

M. le maire & les commissaires nommés pour aller rendre compte à l'assemblée-nationale des détails de la journée d'hier, & du résultat de la proclamation de la loi martiale, se sont acquittées de leur mission. Ils en ont instruit le corps municipal: M. le maire a annoncé qu'après avoir exposé sommairement la conduite de la municipalité, il avoit fait lecture du procès-verbal de la dernière séance.

M. le maire a ajouté que l'assemblée-nationale, par un discours de M. le président, dont elle a ordonné l'impression, l'affiche & l'envoi aux 83 départemens, avoit approuvé la conduite de la municipalité, & celle de la garde-nationale.

Le corps municipal a ordonné que le discours de M. le maire & la réponse de M. le président de l'assemblée-nationale, seroient insérés dans le procès-verbal de ce jour, & imprimés ainsi que le procès-verbal du 17; Signé, *Bailly*, Maire, *Dejoly*, Secrétaire-Greffier.

Suit le discours de M. le Maire.

MESSIEURS,

» La municipalité, présente devant vous, est profondément affligée des événemens arrivés dans la journée d'hier : des crimes ont été commis le matin, & le soir la justice de la loi a été exercée. La municipalité, dans l'administration paternelle qui lui a été confiée, n'avoit jusqu'ici prouvé que sa modération; on n'accusera point sa sévérité: nous osons vous assurer qu'elle étoit indispensablement nécessaire. L'ordre public étoit entièrement détruit, la patrie en danger, ses ennemis avoient formé des ligues & des conjurations. Nous avons publié la loi contre les séditions : si nous avons marché au Champ de la Fédération avec l'enseigne d'une loi redoutable, & entourés de la force publique, c'étoit pour y rappeller l'ordre, pour y prêcher la paix & l'obéissance; mais les séditieux ont provoqué la force, ils ont fait feu sur les magistrats, sur la garde-nationale, & leur crime est retombé sur leurs têtes coupables.

Extrait du procès-verbal de l'assemblée-nationale.

Réponse de M. le président, à la municipalité, du lundi 18 juillet 1791.

« L'assemblée nationale a appris avec douleur que des ennemis du bonheur & de la liberté des Français, usurpant le masque, le langage du patriotisme, avoient égaré quelques hommes, les avoient rendus séditieux, rebelles à la loi, & vous avoient forcé de substituer les moyens de rigueur aux moyens de persuasion, dont vous avez fait jusqu'ici usage avec tant de succès.

» L'assemblée nationale approuve votre conduite & toutes les mesures que vous avez prises: elle voit, avec satisfaction que la garde nationale Parisienne, que les soldats de la liberté & de la loi, que les citoyens même à qui leurs occupations ne permettent pas de faire un service constant, & dont ont s'étoit efforcé de calomnier les intentions, ont, dans ces circonstances, donné des preuves éclatantes de leur attachement à la constitution, à la loi, & ont continué de justifier la haute estime & la reconnoissance de la nation par leur zèle, leur modération & leur fidélité.

Collationné à l'original, par nous secrétaires de l'assemblée nationale, à Paris, le 18 juillet 1791.

Signé, Charles Lameth, président; Chateauneuf-Randon; Ramel-Nogaret; J. A. Creusé-Latouche, secrétaires.

Certifié conforme à l'expédition déposée au secrétariat de la municipalité; Dejoly, secrétaire-greffier.

Extrait du procès-verbal de l'assemblée nationale, du 21 octobre 1789; loi martiale contre les attroupemens.

L'assemblée nationale considérant que la liberté affermit les empires, mais que la licence les détruit, que loin d'être le droit de tout faire, la liberté n'existe que par l'obéissance aux loix; que si, dans les tems calmes, cette obéissance est suffisamment assurée par l'autorité ordinaire, il peut survenir des époques difficiles où les peuples, agités par des causes souvent criminelles, deviennent l'instrument d'intrigues qu'ils ignorent; que ces tems de crise nécessitent momentanément des moyens extraordinaires pour maintenir la tranquillité publique & conserver les droits de tous, a décrété & décrète la présente loi martiale.

ART. I. Dans le cas où la tranquillité publique sera en peril, les officiers municipaux des lieux seront tenus, en vertu du pouvoir qu'ils ont reçu de la commune, de déclarer que la force militaire doit être déployée à l'instant pour rétablir l'ordre public, à peine, par ces officiers, d'être responsables des suites de leur négligence.

II. Cette déclaration se fera, en exposant à la principale fenêtre de la maison-de-ville, & en portant dans toutes les rues & carrefours, un drapeau rouge; & en même-tems les officiers municipaux requerront les chefs des gardes nationales, des troupes réglées & des maréchaussées, de prêter main-forte.

III. Au signal seul du drapeau rouge, tous attroupemens avec ou sans armes, deviendront criminels, & devront être dissipés par la force.

IV. Les gardes nationales, troupes réglées & maréchaussées, requises par les officiers municipaux, seront tenues de marcher sur-le-champ, commandées par leurs officiers, précédées d'un drapeau rouge, & accompagnées d'un officier municipal au moins.

V. Il sera demandé par un des officiers municipaux, aux personnes attroupées, quelle est la cause de leur réunion, & le grief dont elles demandent le redressement. Elles seront autorisées à nommer six d'entre elles pour exposer leurs réclamations & présenter leurs pétitions, & tenues de se séparer sur-le-champ & de se retirer paisiblement.

VI. Faute par les personnes attroupées de se retirer en ce moment, il leur sera fait à haute voix, par les officiers municipaux, ou l'un d'eux, trois sommations de se retirer tranquillement dans leur domicile. La première sommation sera exprimée en ces termes : *avis est donné que la loi martiale est proclamée, que tous attroupemens sont criminels : on va faire feu, que les bons citoyens se retirent.* A la deuxième & troisième sommations, il suffira de répéter ces mots : *on va faire feu, que les bons citoyens se retirent.* L'officier municipal énoncera que c'est, ou la première, ou la seconde, ou la dernière.

VII. Dans le cas où, soit avant, soit pendant le prononcé des sommations, l'attroupement commettroit quelques violences, & pareillement dans le cas où, après les sommations faites, les personnes attroupées ne se retireroient pas paisiblement, la force des armes sera à l'instant déployée contre les séditieux, sans que personne soit responsable des évènemens qui pourront en résulter.

VIII. Dans le cas où le peuple attroupé n'ayant fait aucune violence, se retireroit paisiblement, soit avant, soit immédiatement après la dernière sommation, les moteurs & instigateurs de la sédition, s'ils sont connus, pourront seuls être poursuivis extraordinairement, & condamnés, savoir, à une prison de trois ans, si l'attroupement n'étoit pas armé, & à la peine de mort, si l'attroupement étoit en armes. Il ne sera fait aucune poursuite contre les autres.

IX. Dans le cas où le peuple attroupé feroit quelque violence, ou ne se retireroit pas après la dernière sommation, ceux qui échapperont aux coups de la force militaire, & qui pourront être arrêtés, seront punis d'un emprisonnement d'un an, s'ils étoient sans armes; de trois ans, s'ils étoient armés; & de la peine de mort, s'ils étoient convaincus d'avoir commis des violences. Dans le cas du présent article, les moteurs & instigateurs de la sédition, seront de même condamnés à mort.

X. Tous chefs, officiers & soldats des gardes-nationales, des troupes & des maréchaussées, qui exciteront ou fomenteront des attroupemens, émeutes & séditions, seront déclarés rebelles à la nation, au roi & à la loi, & punis de mort; & ceux qui refuseront le service, à la réquisition des officiers municipaux, seront dégradés & punis de trois ans de prison.

XI. Il sera dressé par les officiers municipaux, procès-verbal qui contiendra le récit des faits.

XII. Lorsque le calme sera rétabli, les officiers municipaux rendront un décret qui fera cesser la loi martiale, & le drapeau rouge sera retiré & remplacé, pendant huit jours, par un drapeau blanc.

Signé, Fréteau, président; Alexandre de Lameth, Faydel, Bureau de Puzy, Rostaing, secrétaires.

Le roi a sanctionné & sanctionne le susdit décret, pour être exécuté dans tout son royaume. Mande & ordonne, sa majesté, à tous officiers municipaux, commandans de ses troupes, des troupes nationales, des maréchaussées & autres qu'il appartiendra, de le maintenir & observer chacun en ce qui les concerne; & sera la présente déclaration imprimée, publiée & affichée par-tout où besoin sera, & sur icelle, expédié toutes lettres patentes nécessaires. Fait à Paris, le vingt-un octobre mil sept cents quatre-vingt-neuf. *Signé*, Louis; *& plus bas*, de Saint-Priest.

Extrait du registre des délibérations du corps municipal, du dimanche 17 juillet 1791.

Le corps municipal, après avoir entendu le second substitut-adjoint du procureur de la commune, arrête que la loi martiale restera en vigueur jusqu'au parfait rétablissement de la tranquillité publique; qu'en conséquence le drapeau rouge restera exposé à la fenêtre de la maison commune, jusqu'à ce que le calme étant rétabli, il soit, conformément à la loi, remplacé par un drapeau blanc;

Le corps municipal déclare que tant que la loi martiale sera en vigueur, tous attroupemens, avec ou sans armes, deviendront criminels, & devront être dissipés par la force, aux termes de l'art III de ladite loi;

Mande au commandant général de la garde nationale, de veiller spécialement à l'exécution de la loi & du présent arrêté, qui sera mis à l'ordre, envoyé aux comités des sections, & imprimé, publié & affiché, ainsi que la loi martiale, & toutes les délibérations de ce jour.

Signé, Bailly, maire; Dejoly, secrétaire-greffier.

SÉDUCTION, s. f. L'action de séduire, c'est-à-dire, d'engager quelqu'un par des caresses & des promesses, à faire ou accorder ce qu'on veut en obtenir.

Il y a autant de genre de *séductions* que de personnes qui peuvent être séduites, c'est-à-dire, que les moyens de *séductions* varient comme ceux qui en sont l'objet.

L'art de la *séduction* ne consiste pas toujours à

présenter les choses sous le côté le plus avantageux, mais à faire ensorte que celui qu'on veut séduire soit aveuglé, au point de les croire telles qu'on le désire. La marche pour cela, est de saisir les à-propos qui font sentir les avantages attachés au parti que l'on propose, tandis qu'on réserve pour une discussion froide, & où la sensibilité ne dit rien, le développement de ceux qu'on peut croire liés au parti que l'on combat.

C'est ainsi par exemple que, dans les affaires politiques, on ne doit point s'empresser de détruire par de simples raisonnemens, la bonne opinion qu'on a pu se faire de tel ou tel personnage, de telle ou telle autorité; mais attendre qu'un fait, un événement qui peut leur être attribué, ait donné lieu à quelque malheur, ou soit devenu la cause d'une disgrace pour quelqu'ami.

C'est encore un grand moyen de *séduction* dans les temps de factions, d'exagérer les hauteurs du parti contraire & d'intéresser l'amour propre à embrasser la cause du foible; c'est ainsi que, dans ce moment, où les émigrations dépeuplent l'armée de ses officiers & la France, des plus illustres familles, le parti mécontent emploie l'argument du mépris que font les révolutionnaires, du préjugé & des titres des anciens nobles pour les engager à quitter une patrie marâtre envers ses fils aînés.

L'or n'est donc pas toujours le plus puissant moyen de *séduction*, sur-tout parmi une certaine classe d'individus, tels que ceux que nous venons de nommer, cependant on ne doit point le négliger, & souvent il produit de merveilleux effets, quand il est habilement employé.

Un autre moyen de *séduction*, c'est de faire parler les femmes, & de présenter leurs faveurs comme le prix d'une défection demandée; rien n'a plus fait faire de sotises, après l'espoir des récompenses de vanité & de distinction personnelles. Mais ce moyen agit bien plus foiblement sur les hommes dont l'éducation a été grossière, que sur ceux dont les passions ont été préparées & exaltées par les arts de la société & du luxe.

Ainsi donc, quand il s'agit de séduire des hommes du peuple, parvenus au pouvoir & à l'autorité, on doit tenir une conduite différente de celle qu'on auroit à suivre, s'il étoit question d'hommes d'une naissance illustre & recommandable. C'est plutôt de la corruption qu'il faut faire usage envers les premiers que de la *séduction*, proprement dite; c'est-à-dire, qu'il faut parler d'argent ou de ce qu'il représente, sans cependant négliger les autres moyens.

Après ces reflexions hazardées sur l'art de la *séduction* en général, nous dirons un mot de celle qui suppose des rapports de plaisir entre les deux sexes.

C'est ici que l'or joue un grand rôle; mais le triomphe que l'on obtient par son aide est une jouissance équivoque & c'est très-improprement que l'on croit avoir séduit une femme avec de l'or, on l'a plutôt corrompue, en excitant la cupidité & non en interessant le cœur.

La véritable *séduction* dans ce cas est celle où l'homme parvient en se montrant aimable, en se faisant désirer, en allumant les passions, à entraîner une femme à lui accorder les faveurs qu'il en attend, & même à se faire aimer.

Cette *séduction* est l'effet ordinaire des graces & de la beauté, & l'on peut dire sous ce rapport que les femmes séduisent plus d'hommes, qu'il n'y a d'hommes qui séduisent de femmes; mais comme la *séduction* suppose quelque résistance, on la considere plutôt dans la femme que dans l'homme, c'est-à-dire qu'on ne regarde point l'impression de la beauté, sur l'homme, les folies que font faire une jolie femme, comme une *séduction* parce qu'il ne résulte pour l'homme aucun désavantage d'avoir cédé à une femme, tandis que celle-ci flétrit sa réputation par un excès de foiblesse déplacée.

Les loix ont mis la *séduction* des personnes très-jeunes, au rang des délits contre la justice & la probité; elle est punie avec sévérité, mais c'est lorsqu'elle a été l'effet de promesses insidieuses & fausses, qu'on a trompé la personne par des moyens bas & contraires à la bonne foi; car une *séduction* qui naitroit naturellement du développement de la passion & du succès qu'un jeune homme auroit eus dans les soins qu'il auroit donnés, à une jeune fille, une pareille *séduction* n'auroit aucun caractère répréhensible aux yeux de la loi.

Je finirai ces réflexions par un trait d'histoire qui me donnera lieu de remarquer une fausse manière de juger des effets de la *séduction* ou plutôt de ces causes & des moyens qu'on croit au pouvoir de la personne séduite, pour la repousser.

On raconte que Charles duc de Calabre condamna un gentilhomme à donner cent florins d'or à une fille qui l'accusoit de l'avoir abusée; il l'a paya en présence du duc. *Poursuivez-la & otez-lui l'or que vous lui avez donné* dit le duc: le gentilhomme courut, mais ne peut l'attraper. La fille vint se plaindre qu'il avoit couru après elle. Le duc lui dit, si vous aviez défendu votre honneur comme vous défendez votre or, vous seriez encore vierge, n'y retournez plus; il voulut qu'elle rendît les florins.

Je doute qu'un pareil jugement ait jamais eu

lieu, mais en cas qu'il soit vrai, ce n'est qu'une injustice déguisée sous une apparence d'équité, parce que 1°. une fille peut être séduite & foible lorsqu'on en veut a son honneur; & avoir plus de résistance quand on n'attaque que sa bourse, la raison en est que dans le premier cas, l'ivresse des sens & le développement des desirs peut étouffer la raison, ce qui n'a pas lieu dans le second. 2°. les moyens que l'homme employe pour arracher l'argent à cette fille ne sont pas de même espèce que ceux dont il fait usage pour parvenir à en abuser. Ce qui met une grande différence dans les efforts que la fille fait dans l'un & l'autre cas.

C'est ainsi qu'on affecte de méconnoître la marche du cœur humain dans les actions que l'on condamne & que sous un air d'impartialité on donne tout au préjugé & rien à la nature. Cette fille pouvoit avoir été séduite dans toute l'étendue du terme, & cependant n'avoir pas laissé emporter son or, qu'on auroit dû lui abandonner, puisqu'elle l'avoit mérité.

SEMAINIER. s. m. C'est le nom que donné les Comédiens François à celui d'entr'eux qui se trouve chargé par une délibération de leur comité, d'une partie des soins de police & d'administration de leur société, pendant une semaine.

Il y a deux *Semainiers* au théâtre françois; le premier *Semainier* est obligé de se trouver au comité des acteurs, où l'on traite des affaires de la compagnie; il est chargé de la garde du registre des délibérations pendant sa semaine; il a la clef de l'armoire de la salle d'assemblée ordinaire, & il est responsable des papiers qu'elle renferme, des ordres & du dépôt du greffe.

Lorsque le comité trouve à propos de convoquer des assemblées ordinaires ou extraordinaires, c'est au premier *Semainier* à les convoquer.

Il doit constater l'état des acteurs présens à l'assemblée, & marquer sur une feuille, le nom des absens, ou de ceux qui arrivent après l'heure fixée. Le comité date la feuille, & le caissier remet au premier *Semainier*, les jettons pour en faire la distribution.

Le premier *Semainier* est chargé de proposer les pièces qui composent le répertoire; il doit avertir les acteurs & les actrices qui doivent y jouer; il est encore chargé de veiller à l'exécution du répertoire.

Le second *Semainier* est chargé de la distribution des billets & des contremarques, de l'annonce des pièces, de l'impression des affiches, & de faire commencer le spectacle à cinq heures & demie en hiver, & à cinq heures & un quart en été; il doit marquer les acteurs qui ne sont pas prêts à l'heure, & en remettre la liste au premier *Semainier*; c'est lui, enfin, qui doit veiller a l'exactitude du spectacle. A cet effet il doit assister a toutes les répétitions, & peut mettre à l'amende ceux qui ne sont point exacts à s'y trouver, ou qui n'arrivent pas à l'heure fixée. Il doit également tenir une liste de ces abus pour la remettre au premier *semainier*.

Telles étoient au moins les règles de police dans cette partie du théâtre françois avant la révolution; il s'y est fait des changemens considérables, qui ne valent peut-être pas mieux que les anciens usages, mais qui ont l'avantage de la nouveauté, grand mérite pour des esprits françois. *Voyez* ACTEUR, SPECTACLE, THÉATRE.

SENTENCE, s. f. En matière de police, c'est un jugement qui prononce une peine ou une amende, lequel doit presque toujours être exécuté provisoirement, sauf l'appel au magistrat ou tribunal supérieur.

Non-seulement, aux termes de l'ordonnance de *1667*, *art.* 12, les *Sentences* de police sont exécutoires par provision, nonobstant l'appel, mais même lorsque ces *Sentences* ne portent condamnation d'amende que jusqu'à trois livres, les juges d'appel ne peuvent accorder des défenses de les exécuter, conformément à la déclaration du roi du 18 décembre 1700.

Les amendes & autres corrections infligées en matière de police n'emportent point infamie; ces peines, au reste, doivent être modérées & servir de préservatif contre les récidives. *Voyez* SERGENT DE VILLE & TRIBUNAL DE POLICE.

SEPARATION DE CORPS, *par lettre de cachet*. On nommoit ainsi la séquestration arbitraire d'un mari ou d'une femme, faite sur la demande de l'un d'eux des époux. Cet usage étoit un des grands abus de notre ancienne police, il donnoit lieu à une foule de vexations, de persécutions sourdes & cachées, & devenoit l'instrument de la haine & de la cupidité de maris injustes envers leurs femmes ou de femmes perdues envers leurs maris.

Voici ce que je trouve dans un livre intitulé *le citoyen françois*, imprimé en 1784, page 123, à ce sujet. « Lorsqu'un mari est parvenu à faire séquestrer sa femme par ordre du roi & qu'il n'existe point d'enfant de son mariage, il me semble qu'il n'est pas juste qu'il en soit quitte pour faire à cette malheureuse femme une simple pension, & qu'il jouisse du revenu de son bien. Je pense bien qu'on ne doit pas remettre à cette femme l'excédent de son revenu, parce qu'étant dans un couvent ou une communauté, sa dépense doit être modeste. Il est un parti sage que je crois que l'on pourroit prendre : ce seroit que la famille nommât un parent qui se chargeât de faire emploi de ce revenu, à fur & mesure qu'il échoiroit, & qu'il en rendit compte tous les ans au magistrat. On sera sûr alors que ce bien ne sera pas mal employé, qu'il ne servira point à satisfaire les passions d'un homme, dont la conduite peut-être aura été la cause des déréglements d'une femme, ou qu'il aura dépeinte dans de fausses couleurs pour surprendre les sentimens de ses parens & la religion du ministre. On sera sûr aussi qu'un jour ce bien retournera légitimement à sa véritable source. Si une heureuse réunion peut rapprocher ces deux époux, en retrouvant leurs cœurs, ils retrouveront leur fortune. Si l'amour pur, si la nature ne resserre pas leurs nœuds, alors l'époux mourant avant l'épouse, celle-ci rendue à la société, retrouvera ce bien en bon état, en jouira & en disposera. Ce sage tempérament arrêtera sans doute la fréquence de ces violentes séparations, qui ne sont autre chose qu'un divorce déguisé & plus scandaleux pour les mœurs & la religion que le divorce même ».

Nous ne ferons aucune réflexion sur cet usage de séparer des époux par une lettre de cachet, nous dirons seulement qu'il n'auroit été qu'un utile moyen de rendre la liberté de leurs actions à des personnes qui se haïssoient, si l'abus qu'on en faisoit n'eut point de beaucoup surpassé l'utilité qui pouvoit en résulter. *Voyez* ABUS, FEMME, LETTRE-DE-CACHET.

SEPULTURE, s. f. L'action de mettre un homme en terre ; on donne aussi le même nom au lieu ou l'homme est enterré.

Presque tous les peuples policés ont fait de la *sépulture* une cérémonie religieuse ; ils ont voulu que le caractère de cet acte inspirât du respect pour le lieu où les dépouilles de notre humanité se consument ; ils ont encore consacré la terre destinée à ce funèbre emploi & l'on a de tout temps regardé les tombeaux comme des aziles sacrés, qu'il étoit, sous de rigoureuses peines, défendu de violer.

Ce respect n'étoit point seulement le résultat du sentiment qui nous lie aux tristes restes de ce que nous avons eu de plus cher, mais une des clauses du pacte social & des devoirs du gouvernement.

C'est en effet une erreur de croire qu'avec la mort tous les droits de l'individu à la protection publique cesse avec lui ; l'on est tenu d'exécuter ses dernières volontés & payant pendant sa vie pour le service de la *Sépulture* des autres, on la lui doit après sa mort.

Ensuite, quand il seroit vrai qu'un individu insensible n'eut rien à revendiquer envers la société, il reste sa famille qui a qualité pour exiger des agens de l'autorité qu'ils protègent de la force publique, le dépôt du corps de leur parent & empêcher qu'on ne viole sa *Sépulture*, ou qu'on ne fasse un commerce honteux de son cadavre.

C'est donc un abus de police, aussi méprisable qu'injuste de permettre que sous le prétexte de leçons anatomiques, l'on trafique des cadavres, que des jeunes polisçons les achetent dans les hôpitaux pour les déchiqueter, en jetter les membres dans des lieux immondes & révolter autant la sensibilité que la décence par ce mépris des égards qu'on doit à l'humanité.

L'on a crû montrer beaucoup de philosophie, en affectant une indifférence exagérée à cet égard, & l'on n'a fait que multiplier, qu'encourager les abus qui doivent nécessairement résulter de cet oubli des loix de la police & de la société.

C'est bon à dire à des enfans, que sans ce scandaleux gaspillage des cadavres humains, la chirurgie ne pourroit point s'enseigner, que les élèves resteroient dans l'ignorance, & que les vivans souffriroient du respect pour les morts.

Il y a loin des dissections anatomiques qui se font dans un amphithéâtre & sous les yeux d'un professeur, où l'on rassemble après la leçon les membres du cadavre pour les enterrer décemment, il y a loin d'un semblable procédé à ce qu'on permet aux jeunes chirurgiens de faire, à la profanation ; je ne crains point de le dire, qu'ils font des dépouilles du pauvre, dont on retrouve souvent les lambeaux dans les ordures & parmi les boues publiques.

Eh ! ne voit on pas qu'indépendamment du scandale, de l'horrible mépris qu'un semblable système inspire pour la sainteté de la *Sépulture* des hommes, il en peut résulter d'affreuses méprises dans les recherches de procédure criminelle & de ces accidens qui font frémir tout homme pour qui l'humanité n'est point une insignifiante locution d'hypocrisie.

On cite un trait bien propre à caractériser l'horreur que doit faire naître l'abus que nous attaquons. Un chirurgien avoit acheté le cadavre d'un homme mort à l'hôpital ; il se disposoit à le disséquer, lorsque la veuve de ce malheureux entre chez le chirurgien pour la maladie d'un enfant qu'elle avoit ; à la vue du cadavre de son mari qu'elle reconnut, elle tombe dans les plus violentes convulsions & meurt des suites de cette épouvantable rencontre.

Il est tellement vrai que la société doit l'inhumation aux cadavres, que les actes de *Sépulture* portent que la personne qui y est désignée a été enterrée tel jour dans tel lieu, &c.

Ces réflexions, je les ai rendues publiques dans

ces tems de changemens & de jactance patriotique; on les a tournées en dérision; on a cru voir qu'elles étoient superstitieuses, qu'elles pouvoient faire penser qu'il existe un être spirituel, ou tout au moins un dieu; que cette doctrine sentoit les principes réfractaires & un tant soit peu la contre révolution; qu'il n'y avoit point lieu à s'occuper de cette folie du quinzième siècle, & que c'étoit une chose superbe, que pour 18 liv. un poliçon pût infecter une maison de lambeaux humains, révolter la sensibilité par des atrocités imbécilles, & violer la *Sépulture*, pour se donner des airs d'anatomiste. On a trouvé cela magnifique & probablement conforme au régime des esprits d'aujourd'hui, qui ont déclaré qu'on pouvoit naître bâtard, c'est-à-dire ne pas être l'enfant de sa mère, mais qu'on ne pouvoit pas naître gentilhomme, qu'on ne pouvoit être arrêté qu'en vertu d'un ordre du magistrat, organe des loix, mais que le président de l'assemblée nationale, ou un ministre de club, pouvoit vous faire constituer prisonnier sur la dénonciation d'un imbécille; qu'on ne doit compte de sa conduite à personne, que dans le cas où l'on est accusé d'un délit avec des indices, mais que néanmoins un chaudronnier devenu commissaire de sa section, peut vous faire lever, vous interroger, savoir si la femme avec qui vous êtes couché est la votre, si vous buvez du vin ou de la bierre, si vous êtes parisien, si vous avez prêté les mille & un sermens civiques; que le cadavre d'un homme justicié appartient à sa famille, & que cependant si l'on l'enterre, un élève de Saint-Côme peut l'enlever & le faire cuire pour le transformer en squélette, &c. &c.

En général au milieu des extravagances politiques auxquelles la révolution a donné lieu, on a réduit la liberté individuelle à rien; heureusement que la multitude & l'incohérence de tant de réglemens en empêchent l'exécution littérale, & que le respect des personnes se soutient par l'habitude des mœurs, lorsqu'il ne plaît cependant pas à la multitude de faire voir que le plus fort a toujours raison de violer les domiciles ou d'assassiner ceux qu'on lui a dit être à craindre. Mais revenons à la *Sépulture*. *Voyez* Abus, Chirurgien.

Indépendamment des devoirs de la société envers les hommes qui l'obligent à leur donner la *Sépulture*, cet acte est encore fondé sur la nécessité d'assurer l'état des familles & d'empêcher les effets de la corruption de l'air sur la vie de ceux qui se trouveroient soumis à son action. Sous le premier point de vue, le soin de la *Sépulture* regarde la police de la santé; sous le second, c'est un acte de l'autorité civile & religieuse, dont il n'est point de notre objet de parler ici. Nous indiquerons seulement les loix qui ont rapport à ce second objet.

Une déclaration du roi du 9 avril 1736, porte:

Art. I. Dans chaque paroisse de notre royaume il y aura deux registres qui seront réputés tous deux authentiques, & feront également foi en justice, pour y inscrire les baptêmes, mariages & *Sépultures* qui se feront dans le cours de chaque année, l'un desquels continuera d'être tenu sur du papier timbré dans les pays où l'usage en est prescrit, & l'autre sera en papier commun, & seront lesdits deux registres fournis aux dépens de la fabrique, un mois avant le commencement de chaque année.

II. Lesdits deux registres seront cotés par premier & dernier, & paraphés sur chaque feuillet, le tout sans frais, par le lieutenant-général, ou autre premier officier du bailiage, sénéchaussée ou siége-royal ressortissant nuement en nos cours qui aura la connoissance des cas royaux; dans le lieu où l'église sera située. Voulons que lorsqu'il y aura des paroisses trop éloignées dans l'étendue dudit siége, les curés puissent s'adresser pour faire coter & parapher lesdits registres au juge-royal, qui sera commis à cet effet, au commencement de chaque année pour lesdits lieux, par ledit lieutenant-général, ou autre premier officier dudit siége, sur la réquisition de notre procureur, & sans frais.

III. Tous les actes de baptême, mariages & *Sépultures* seront inscrits sur chacun desdits deux registres de suite, & sans aucun blanc, & seront lesdits actes signés sur les deux registres par ceux qui les doivent signer, le tout en même tems qu'ils seront faits.

X. Dans les actes de *Sépulture*, il sera fait mention du jour du décès, du nom & qualité de la personne décédée, ce qui sera observé, même à l'égard des enfans de quelque âge que ce soit, & l'acte sera signé sur les deux registres, tant par celui qui en aura fait la *Sépulture*, que par deux des plus proches parens ou amis qui y auront assisté, s'il y en a qui sachent ou qui puissent signer, sinon il sera fait mention de la déclaration qu'ils en feront.

XI. S'il y a transport hors de la paroisse, il en sera fait un acte en la forme marquée par l'article précédent sur les deux registres de la paroisse d'où le corps sera transporté, & il sera fait mention dudit transport dans l'acte de *Sépulture*, qui sera mis pareillement sur les deux registres de l'église où se fera ladite *Sépulture*.

XII. Les corps de ceux qui auront été trouvés morts avec des signes ou indices de mort violente, ou autres circonstances qui donnent lieu de le soupçonner, ne pourront être inhumés qu'en conséquence d'une ordonnance du lieutenant-criminel, ou autre premier officier au criminel, rendue sur les conclusions de nos procureurs, ou de ceux de hauts-justiciers, après avoir fait les procédures, & pris les instructions qu'il appartiendra à ce sujet; & toutes les circonstances ou observations qui pourront servir à indiquer ou à désigner l'état de ceux qui seront ainsi décédés, & de celui où leurs corps morts auront été trouvés, seront insérés dans les procès-verbaux qui en seront dressés; desquels procès-verbaux, ensemble de l'ordonnance dont ils auront été suivis, la minute sera déposée au greffe, & ladite ordonnance sera datée dans l'acte de *Sépulture*, qui sera écrit sur les deux registres de la paroisse, ainsi qu'il est prescrit ci-dessus, à l'effet d'y avoir recours quand besoin sera.

XIII. Ne seront pareillement inhumés ceux auxquels la *Sépulture* ecclésiastique ne sera pas accordée, qu'en vertu d'une ordonnance du juge de police des lieux, rendue sur les conclusions de notre procureur, ou de celui des hauts-justiciers, dans laquelle ordonnance sera fait mention du jour du décès, & du nom & qualité de la personne décédée, & sera fait au greffe un registre des ordonnances qui seront données audit cas, sur lequel il sera délivré des extraits aux parties intéressées, en payant au greffier le salaire porté par l'ordonnance.

Un arrêt de la cour du parlement de Paris du 29 mai 1781, veut que les ordonnances qui seront rendues par les officiers de police des lieux, pour inhumer ceux à qui la *Sépulture* ecclésiastique n'est pas accordée, soient rendus gratuitement & sans frais; qu'il soit fait mention dans lesdites ordonnances du jour du décès, du nom & de la qualité de la personne décédée; lesquelles ordonnances seront inscrites par les greffiers sur un registre coté & paraphé par le premier officier des siéges en justice, pour en être délivré par les greffiers des extraits aux parties intéressées, en leur payant le salaire prescrit par l'ordonnance.

Le châtelet de Paris rendit une sentence sur le même objet en mars 1775, elle porte: » que les curés & autres ecclésiastiques des églises paroissiales de Paris, seront tenus de faire signer les actes de *Sépulture* aux parens, & à défaut de parens, par les amis des défunts; & fait défense auxdits curés & ecclésiastiques de recevoir aucune déclaration relative aux noms, âge, qualités & demeure de la part d'aucuns fossoyeurs ou particuliers destinés au service des convois «.

Un arrêt du conseil d'état du roi du 5 avril 1785, ordonne que les curés ou desservans dans les paroisses, & tous autres dépositaires des registres des *Sépultures*, seront tenus d'en donner communication aux préposés de l'administration des domaines, à leur première réquisition, soit que les actes desdites *Sépultures* soient inscrits sur des registres particuliers, ou sur des registres communs aux actes de baptême & de mariage. *Voyez* INHUMATION, CIMETIERE.

SERGENT s. m. les *sergens* sont dans chaque jurisdiction des officiers subalternes établis pour exécuter les ordres & les mandemens de la justice; ils étoient autrefois commis par les juges, & le plus ordinairement du nombre de leurs domestiques, ainsi que l'affirme *Pasquier* & *Loiseau*, & que le prouve leur nom même; ils étoient ainsi appelés *quasi servientes*.

Loiseau dans son traité des offices liv. 1, chap. 4. n°. 35, » dit qu'autrefois les *sergens*, pour la vilité de leurs offices & pour la difficulté qu'il y avoit d'en trouver, n'étoient pas sujets à l'examen, que même il n'étoit pas requis qu'ils sussent *lire & écrire*, qu'ils faisoient *verbalement* devant le juge le rapport & relations de leurs *exploits*, ainsi appelés pour cette cause, & non pas *actes*, parce qu'ils consistent *en faits*, non *en écritures*, ce pourquoi nous appellons encore leurs relations, *procès-verbaux*, c'est-à-dire, *procédures verbales & non par écrit* «.

Loiseau ajoute: » que c'est par l'ordre de Charles VIII, de l'an 1485, qu'il a été ordonné *que les Sergens sauroient lire & écrire*; & par l'ordonnance de Charles IX, de l'an 1563, qu'il a été enjoint, *que les sergens lors de leur réception, écriroient leur seing manuel & paraphé dans le registre du greffier*, pour y avoir recours au besoin «.

On ne peut douter que *les Sergens de ville* ont la même origine que les autres *Sergens*, qu'ils étoient autrefois des *simples domestiques* des officiers municipaux; c'est même probablement par cette raison qu'on les appelle quelquefois *valets de ville*, mais cette expression ignoble ne sympathise point avec leurs fonctions qui se trouvent annoblies par l'édit du mois de mai 1709, portant érections de ces places en titre d'offices.

» Les *sergens* signifieront & mettront à exécution les sentences & jugemens rendus par les maires & échevins, les mandemens, ordonnances, sommations & généralement tous autres actes émanés de l'hôtel de ville, de quelque nature qu'ils soient, & seront payés des mêmes droits & salaires que ceux qui se payoient aux autres huissiers & *Sergens* chargés de l'exécution desdits actes, auxquels nous faisons très-expresses inhibitions & défense de s'y immiscer à l'avenir, à peine de cent livres d'amende pour la première contravention, & de destitution de leur office pour la récidive.

» Seront tous lesdits *Sergens* & autres officiers reçus & installés aux fonctions desdites offices par les maires & échevins en charge, après avoir prêté serment en la manière accoutumée & fait appercevoir de la quittance du trésorier de nos revenus casuels, sans être tenus de prendre nos lettres de provisions, dont nous les avons dispensés & dispensons par le présent édit, pour la première fois seulement.

» Attribuons auxdits *Sergens* & autres officiers des gages au denier vingt de la finance qui sera réglée par les rôles que nous ferons arrêter en notre conseil,

conseil, & dont le fond sera annuellement employé dans les états de nos finances de chaque généralité ».

Il est vrai que cet édit de mai 1709, n'a pas eu d'exécution; que ces dispositions ont été révoquées, anéanties par l'édit d'avril 1709, lequel dispose : » les maires, lieutenans & échevins des hôtels-de-ville, nous ont pareillement fait remontrer, que de tous tems les archers, *Sergens*, trompettes, tambours & autres petits officiers qui sont aux gages & appointemens des villes ont été à leur nomination; que si ces commissions étoient exercées par des titulaires, la faculté d'instituer & destituer, en laquelle ils ont été maintenus & confirmés par les art. XXIV & L, de l'édit du mois de décembre 1706 seroit anéantie, la subordination mal observée, & notre service & celui des villes, tout à fait négligé. A ces causes, &c.

» Voulant, porte l'article XIV de cet édit, traiter favorablement les maires, lieutenans de maire & échevins à l'égard des offices d'archers, *Sergens*, hérauts, hocquetons, massarts, valets-de-ville, trompettes, tambours, fifres, portiers, gardes & officiers dont la nomination leur a toujours appartenue, & dont nous avons érigé les commissions en titres par notre édit du mois de mai 1709. Nous avons de la même autorité que dessus, réuni & réunissons lesdits offices aux corps des villes & communautés; au moyen de quoi lesdites places d'archers, *Sergens*, hérauts, hocquetons, massarts, valets-de-ville, trompettes, tambours, fifres, portiers & autres continueront d'être à la nomination desdits maires, lieutenans & échevins qui les pourront instituer & destituer, & leur seront subordonnés ainsi & de la même manière qu'ils l'étoient avant ledit édit du mois de mai 1709.

L'art. XVI ajoute : » Voulons, conformément à l'article XVI dudit édit du mois de mai 1709, que les *Sergens* de ville qui seront nommés par les maires, lieutenans & échevins, ayant la liberté de signifier & mettre à exécution privativement à tous huissiers, *Sergens* & autres, les sentences & jugemens rendus par lesdits maires, lieutenans & échevins, les mandemens, ordonnances, sommations, & généralement tous actes émanés des hôtels-de-ville de quelque nature qu'ils soient, pour raison de quoi ils seront payés des mêmes droits & salaires que ceux qui se payent aux autres huissiers & *Sergens*, auxquels nous faisons très-expresses inhibitions & défenses de s'y immiscer, à peine de cent livres d'amende pour la première contravention, & de destitution en cas de récidive ».

On trouve dans l'histoire de France, plusieurs monumens de la volonté permanente de nos rois, de maintenir la justice dans le royaume, & de la faire respecter jusque dans les ministres subalternes.

Sous Charles IV, un seigneur nommé Jourdain Denise, fameux par ses brigandages, fut pendu en 1322, pour avoir tué un huissier qui l'ajournoit au parlement.

En 1342, Edouard, comte de Beaujeu, fut décrété de prise de corps, & emprisonné à la conciergerie, pour avoir fait jetter par la fenêtre un huissier qui étoit venu lui signifier un décret.

En 1367, le prince de Galles ayant empêché un huissier qui venoit l'ajourner de faire son devoir, fut déclaré contumax & rébelle par le parlement; & les terres que son père & lui tenoient en Aquitaine, furent déclarées confisquées.

Nos ordonnances s'expliquent au surplus à cet égard de la manière la plus expresse.

L'ordonnance d'Orléans, art. CXII. » Et afin que les *Sergens* n'ayent occasion de demander plus grand salaire que l'ordinaire, & de mener avec eux nombre de records & de témoins, enjoignons à toutes personnes de quelqu'état ou qualités qu'elles soient, d'obéir aux commandemens de justice qui leur seront faits par les ministres d'icelle; & au juge de procéder extraordinairement contre les personnes qui seront rebelles & désobéissantes, en maniere que la force nous demeure ».

L'ordonnance de Moulins, article XXXI : » Et nos huissiers ou *Sergens* exploitans en leurs ressorts, porteront en leur main une verge, de laquelle ils toucheront ceux auxquels ils auront charge de faire exploits de justice, lesquels seront tenus d'obéir sans résistance, sur peine de déchéance de leur droit, où d'être réputés convaincus des cas à eux imposés, & autrement punis à l'arbitre de justice ».

La même ordonnance, art. XXXIII : » nos huissiers ou *Sergens*, pourront appeller & exciter à leur aide & confort les habitans de nos villes & villages, lesquels seront tenus de le leur prêter, sur peine d'amende arbitraire, & de plus grande s'il y écheoit ».

Enfin la même ordonnance, art. XXXIV : » defendons sur peine de la vie, à tous nos sujets, de quelque qualité qu'ils soient, d'outrager ou excéder aucun de nos officiers, huissiers ou *Sergens*, faisant ou exploitant acte de justice, dont n'entendons être expédiées lettres de grâce ou de rémission; & si, par importunité, aucune étoit accordée, ne voulons nos juges y avoir aucun égard ».

L'édit d'Amboise, art. I : » Nous avons défendu & défendons, sur peine de la vie, à tous nos sujets de quelque qualité qu'ils soient, d'outrager ou excéder aucun de nos officiers, huissiers ou *Sergens*, faisant ou exploitant acte de justice ».

Le même édit article IV : Et afin que plus sommairement & plus exemplairement, soit procédé à la punition desdites voies de fait, voulons que sur le rapport signé des *Sergens* ou huissiers exécuteurs de justice, certifié des records, sans attendre aucune autre information, nos juges, esdits cas de résistance par voies de fait, puissent décréter d'ajournement personnel, sauf après avoir informé, procéder par décret de prise de corps, ainsi qu'ils verront être à faire.

Enfin le même édit, art. VI : » Et à ce que nos sujets n'ayent ou ne prennent occasion, pour les déportemens des ministres de notre justice, pour n'être leur qualité par eux connue, de leur résister lorsqu'ils feront lesdits actes de justice, enjoignons auxdits *Sergens*, de procéder auxdites exécutions avec toute modestie, sans user de parole arrogante ou insolente, mais se comporter envers ceux à qui ils feront lesdits exploits, selon leur état & qualité, sur peine de réparation honorable & profitable, & punition corporelle s'il y écheoit.

» Et pour faire ledit exploit, ne s'accompagneront nosdits *Sergens* que de leurs records, & n'auront autres armes que l'épée seule, sinon que par nos juges, autrement en fut ordonné.

» Et pour signe d'être ministre de nos mandemens, porteront lesdits *Sergens* ordinairement l'écusson de trois fleurs de lys, de la grandeur d'un teston, sur leur habillement, en l'épaule qui soit visible, tellement que nos sujets n'en puissent prétendre cause d'ignorance, *avec la baguette en main* ».

L'ordonnance de Blois, art. CXC : « défendons, sur peine de la vie, *à nos sujets de quelques qualités qu'ils soient*, d'excéder ou outrager aucun de nos magistrats, officiers, huissiers ou sergens, *faisant, exerçant & exécutant actes de justice ;* voulons que les coupables de tels crimes soient rigoureusement châtiés, sans espoir de miséricorde, comme ayant *directement attenté contre notre autorité & puissance* ».

L'ordonnance du mois d'août 1670, dite vulgairement l'ordonnance criminelle, tit. 10, art. 7 : » Les procès-verbaux des sergens ou huissiers, même de nos cours, ne pourront être décrétés, sinon en cas de rébellion à justice, que d'ajournement personnel seulement; mais après qu'ils auront été répétés & leurs records, les juges pourront décerner prise de corps, si le cas y écheoit ».

Il n'est pas douteux que les *sergens* de ville, lorsqu'ils sont insultés ou troublés dans leurs fonctions, ont droit d'invoquer ces différentes dispositions des loix & de requérir leur exécution; il est même essentiel que leur réclamation soit accueillie, & d'ailleurs ils sont d'autant plus favorables, qu'ils sont pour ainsi dire les seuls d'entre les *sergens* qui ayent conservé le caractère distinctif de leur état, d'où résulte qu'on ne peut leur manquer qu'en connoissance de cause, & de dessein prémédité.

Mais cette première question en entraîne plusieurs autres accessoires, qui ne laissent pas d'exiger une certaine discussion.

1°. Pour être fondés à se plaindre, les *sergens* de ville doivent-ils dresser un procès-verbal ? La raison de douter, c'est qu'assez généralement les *sergens* de ville instrumentent verbalement, & que communément, lorsqu'on leur fait outrage, ils se contentent d'en faire rapport verbal au maire & au procureur du roi.

Mais cette manière de procéder est abusive. M. Jousse, sur l'art. 16, du titre 19 de l'ordonnance de *1666*, dit : « dans le cas de rébellion, l'huissier en doit dresser procès-verbal, signé de lui, & de deux témoins, & le remettre entre les mains du juge pour y être pourvu ; sur ce seul procès-verbal employé pour plainte, le juge peut décréter, & décrète ordinairement d'ajournement personnel ».

Ce qui est conforme à l'expression littérale des ordonnances ci-dessus rapportées, & notamment à l'édit d'Amboise, lequel, comme on a vu ci-dessus, exige un rapport signé du *sergent* & de deux records ; cette disposition expresse ne peut souffrir d'exception en faveur des *sergens* de ville, & dans les cas graves, il faut décider que les *sergens* de ville doivent, comme tous autres huissiers, dresser un procès-verbal, ou rapport par écrit.

2°. Est-il essentiel que le *sergent* de ville soit assisté de deux records ou témoins? L'édit d'Amboise l'exige expressément; mais comme dit M. Jousse, sur l'art. 7 du tit. 10 de l'ordonnance criminelle : « il n'est pas nécessaire que ces procès-verbaux soient recordés depuis la déclaration du 21 mars 1671, qui dispense les huissiers de se faire assister de témoins dans leurs exploits; au moyen de l'établissement du contrôle de ces actes; néanmoins, poursuit M. Jousse, il est mieux que l'huissier soit assisté de records pour constater la preuve, quand il craint une rébellion ».

Ainsi, donc l'assistance de deux records n'est pas d'une nécessité absolue ; & comme ordinairement les *sergens* de ville sont au moins deux, lorsqu'ils vont exécuter quelques ordres rigoureux, il faut tenir & décider que, s'ils sont outragés ou maltraités, ils peuvent & doivent dresser procès-verbal.

3°. En quel lieu & comment doit se dresser ce procès-verbal ? Rousseau de la Combe, en son traité des matières criminelles, part. 3, chap. 7, n°. 24, dit : « les sergens & huissiers doivent dresser ces procès-verbaux *sur le lieu & à l'instant*, si faire se peut, à moins qu'il n'y eût du danger à rester sur le lieu, auquel cas ils pourront se retirer dans un lieu de sûreté, & là ils y dresseront leurs procès-verbaux en la manière & avec les formalités requises & nécessaires en fait de procès-verbaux ».

Ainsi, donc aucune loi n'obligeant de dresser procès-verbal sur le champ, & au lieu même du délit, il paroît que le *sergent* de ville peut se retirer au greffe de l'hôtel-de-ville, & y rédiger son procès-verbal.

Quant à la forme de cet acte, elle est fort simple, & doit être simplement une narration du fait, avec mention de l'année, du mois, du jour & de l'heure.

« L'an mil sept cent........le........jour de........heure, je ou nous........*sergent* de ville, nous étant transporté, de l'ordre de MM. de l'hôtel-de-ville, vers........icelui, ou certain quidam, accompagné de deux ou trois autres à nous inconnus, armés de cannes & de bâtons, nous auroit dit de nous retirer; sinon qu'il alloit nous rouer de coups, & de fait, en jurant & blasphêmant, ils seroient tombés sur nous, & nous ont très-grièvement maltraités, de sorte que pour éviter plus grands malheurs, nous nous sommes retirés & rendus sur le champ au greffe pour y rédiger le présent procès-verbal, que nous avons ainsi fait & dressé pour valoir plainte contre ledit........& ses complices, & sur icelui statué, ainsi qu'il appartient, & après avoir déclaré audit Me................ secrétaire-greffier que nous lui laissons le présent procès-verbal en sa garde, avons signé, ledit jour & an.

Rousseau de la Combe, en son traité des matières criminelles, partie 2, chapitre 2, n°. 7, dit: « la connoissance des excès commis en la personne d'un huissier ou sergent exécutant les mandemens, arrêts ou jugemens de justice, appartient au juge qui a donné le mandement, ou rendu le jugement ».

Rousseau de la Combe cite en preuve l'ordonnance du mois d'août 1670, tit. 1, art. 20, & un arrêt du 10 février 1626, qu'on trouve au premier volume du journal des audiences, & par lequel la question a été ainsi jugée, d'autant, dit l'arrêtiste, que les *sergens* exécutant les mandemens de justice, ne sont tenus répondre du fait de leurs commissions que par-devant les juges dont elles sont émanées ».

Il faut donc décider que c'est aux hôtels-de-ville à connoître des excès & outrages commis en la personne des *sergens* de ville, lorsque ceux-ci sont en fonctions, & exécutent les ordres de l'hôtel-de-ville, en corps, ou d'aucun des officiers municipaux.

On vient d'établir que, sur le simple procès-verbal du *sergent* de ville, les officiers municipaux peuvent, sans difficulté, prononcer contre l'accusé un décret d'assigné pour être oui; mais il faut qu'il soit ensuite procédé à une information, & dans cette information, dit notamment Rousseau de la Combe, il ne suffit pas de répéter l'huissier & ses records en leur procès-verbal, il faut qu'il dépose mot à mot comme dans une autre information, y ayant beaucoup de juges qui sont dans l'erreur, de prétendre qu'il suffit de les répéter simplement, c'est-à-dire, de recevoir leur déclaration, que ce qu'ils ont écrit dans leur procès-verbal contient vérité ».

Cette répétition, poursuit Rousseau de la Combe, ne doit pas être faite par forme de récolement, mais par forme de déposition, c'est-à-dire, que le juge doit faire rédiger mot à mot ce que les huissiers diront être contenu en leur procès-verbal; ainsi jugé par arrêt du 2 octobre 1711, avec injonction aux juges inférieurs de s'y conformer ».

Rousseau de la Combe, trace ainsi le modèle de l'information à faire: information & répétitions faites par nous........en vertu de notre ordonnance du........rendue sur le procès-verbal fait par........le........

» Du jour de.......... comparu......... assigné par exploit de........huissier......du.. ......qu'il nous a représenté, lequel après serment par lui fait de dire vérité, & qu'il nous a déclaré n'être parent, allié, serviteur ni domestique des parties.

» Dépose sur les faits mentionnés audit procès-verbal dont nous lui avons fait lecture, que......

» Lecture à lui faite de sa déposition, a dit icelle contenir vérité, y a persisté & signé ».

» Les huissiers & *sergens* doivent exercer leurs fonctions en personne, sans pouvoir commettre autre personne en leur place; ordonnance du mois de mars 1536, art. 29. Ordonnance du mois de mars 1598, art. 55. Ordonnance du mois d'octobre 1535, chap. 20, n°. 5.

» Ils ne peuvent être géoliers ni guichetiers. Ordonnance du mois d'août 1670, tit. 13, art. 3.

» Ni archers de maréchaussée, déclaration du 18 mars 1720, art. 5.

» Ni taverniers ou hôteliers, à peine de grosse amende, arrêt de l'échiquier de Rouen, de l'an 1387.

» Ni fermiers des amendes. Ordonnances de Blois, art. CXXXII.

» Ni solliciteurs de procès, arrêt du parlement de Toulouse, du 5 décembre 1422 ».

Il faut observer que, par arrêt du parlement de Paris, du 10 Juin 1689, « il est fait défense à tous *sergens* & records d'entrer, sous quelque prétexte que ce soit, sans permission de justice, pour mettre à exécution sentence ou arrêt dans les maisons des particuliers qui n'y sont pas dénommés ».

Il ne faut pas douter que cette défense embrasse singulièrement les *sergens* de ville; qu'ils doivent plus qu'aucun autre respecter le privilège du domicile; qu'ils ne peuvent régulièrement s'introduire dans la maison d'aucun habitant, qu'autant qu'ils sont porteurs d'un mandement de justice, ou qu'ils aient à leur tête un échevin ou assesseur. *Voyez* Domicilié.

Les huissiers de police sont des espèces de *sergens* de ville, dans le nouveau comme dans l'ancien régime municipal & les fonctions & droits sont à-peu-près les mêmes aujourd'hui qu'autrefois, c'est pourquoi nous dirons quelque chose de leur état & profession, à la suite de cet article des *sergens* de ville.

L'édit de novembre 1699 contient création, non-seulement des offices de procureurs du roi, greffiers & commissaires de police, mais cet édit dispose encore : « avons en outre créé & érigé, en titre d'offices, formés héréditaires dans toutes les villes & lieux ci-dessus, des huissiers audienciers pour donner toutes assignations en fait de police, soit à la requête de nos procureurs, ou des parties civiles, signifier les ordonnances & jugemens, & les mettre à exécution, privativement & à l'exclusion de tous autres huissiers & *sergens*, avec faculté d'exploiter en toutes autres affaires, conjointement avec eux ».

Par l'édit de décembre 1699, le législateur dispose : qu'il suffit d'avoir vingt ans accomplis pour pouvoir exercer lesdits offices d'huissiers de police.

Il n'est pas douteux que dans les hôtels-de-ville qui avoient acquis & réuni les offices de police, les *sergens* de ville avoient tous les droits des huissiers de police, & pouvoient en exercer toutes les fonctions; c'est une suite nécessaire de la réunion des officiers de police au corps de ville, & par la même raison le procureur fiscal étoit procureur du roi de la police, le maire, les échevins & assesseurs, lieutenans-généraux, & commissaires de police; il s'ensuit évidemment que les *sergens* de ville étoient huissiers de police, l'effet de la réunion étant de répartir sur chacun des membres, les droits & fonctions qui peuvent lui convenir.

A ce titre d'huissiers de police, les *sergens* de police étoient considérés comme officiers royaux, ils avoient droit de signifier & mettre à exécution, non-seulement tous les mandemens de justice, émanés des hôtels-de-ville, mais aussi ceux émanés des juges royaux, pour autant néanmoins que ce fût dans l'étendue territoriale de la justice des hôtels-de-ville. *Voyez* Police.

SOCIÉTÉ, f. f. Assemblage de plusieurs personnes réunies par des vues de plaisir, d'ambition, d'intérêt ou d'instruction.

L'on peut distinguer deux sortes de *sociétés*, les *sociétés* particulières & les *sociétés* publiques, c'est-à-dire, dont l'existence repose sur des actes de l'autorité publique & qui exercent quelques fonctions protégées par elle. Telles sont les *sociétés* littéraires, les *sociétés* religieuses dans les états où elles existent; les *sociétés* de commerce, &c. Ces associations ou *sociétés*, ont des loix & réglemens émanés de la puissance publique, & quelquefois des fonds assignés sur le trésor de l'état.

On conçoit, par la nature de cet ouvrage, que notre objet ne doit être, ni de discuter le droit public, ni de rapporter les loix positives des *sociétés* publiques, elles ne forment point, comme *sociétés*, un objet de police, & nous avons rapporté sous leurs noms particuliers, quelques détails des soins & fonctions publiques qui leur sont attribués & dont il est nécessaire que les magistrats & officiers de police aient connoissance.

Mais les *sociétés* particulières forment un objet directement de la compétence de la police, non pas précisément qu'elle en doive avoir l'inspection directe, en gêner la liberté; mais pour empêcher que, par un accroissement monstrueux ou des erreurs de conduite, elles ne troublent la paix publique & la liberté des citoyens.

C'est sûrement d'après ce principe que les nouvelles loix, ont déterminé des règles particulières d'après lesquelles chaque *société*, club ou réunion d'individus, ouverts au public, doivent se conduire avant & pendant leur établissement. Voici ces lois que tout magistrat de police doit connoître & faire exécuter.

Un décret du 19 juillet 1791, sur la police municipale, porte, art. XIV, que ceux qui voudront former des *sociétés* ou club seront tenus, à peine de deux cents livres d'amende, de faire, préalablement, au greffe de la municipalité, la déclaration des lieux & jours de leur réunion, & en cas de récidive, il seront condamnés à 500 livres d'amende.

L'amende sera poursuivie contre les présidens, secrétaires ou commissaires de ces clubs ou *sociétés*.

Ces *sociétés* se sont prodigieusement multipliées

pendant la révolution ; elles ont pris une part active aux événemens & quelques - unes même n'ont pas peu contribué à perpétuer le désordre & le mépris des loix dans le royaume ; on en a vu s'emparer de la puissance publique, s'établir juge des dissensions civiles, protéger un parti, former des établissemens monstrueux ; telle qu'une *société des droits de l'homme* qui osa afficher qu'elle recéloit dans son sein une compagnie de tyrannicides, composée de jeunes gens qui avoient tous juré individuellement d'égorger quiconque seroit désigné comme tyran.

Ces *sociétés* révolutionnaires ou contre-révolutionnaires, au reste, étoient plutôt des coalitions de fanatiques, de maniaques & d'imbécilles, que des réunions d'hommes sensés & courageux. Toutes les exagérations du trouble & de la folie, germoient dans ces repaires de barbarie, & delà se répandoient dans des feuilles pour égarer l'esprit du peuple. Aucune puissance, aucune loi, aucun égard ne pouvoit en imposer à ces furieux ; c'étoit chez eux que tous les crânes, les roués, les mauvais sujets, prétendues victimes du despotisme, alloient faire des dénonciations aussi imbécilles que détestables, par l'esprit de mensonge qui les dictoit.

Ce genre de dénonciation fort à la mode, prenant trop de temps aux sénateurs clubistes, les empêchant de surveiller l'empire & de s'occuper de la régénération, il fut arrêté parmi la tourbe révolutionnaire, qu'il seroit établi une *société ad hoc*. Elle se forma effectivement, sous le nom de *société des victimes du pouvoir arbitraire*. Sa première assemblée s'est tenue au mois d'octobre 1790, elle y prit un arrêté qu'elle rendit public par la voie des journaux, & qui portoit qu'elle avoit pour objet; 1°. de protester contre les coups injustes du pouvoir arbitraire que chacun de ses membres a essuyés, & contre tous les actes de ce pouvoir, auxquels ils n'ont donné aucune espèce de consentement libre. 2°. De réunir leurs efforts pour obtenir une audience de l'assemblée nationale. 3°. De la supplier de nommer un comité de réclamations dont les fonctions seront de faire droit sur tous jugemens, actes & décisions arbitraires qu'ils lui déféreront; *Signé* Retz, *président*, Margout, *sécretaire*.

Mais la *société*, mere, ou plutôt maîtresse, celle dont les autres n'étoient que des foibles apperçus, d'éphémères imitations, c'est la *société des amis de la constitution*, désignée depuis sous le nom de jacobins, parce que le chef lieu de cette *société* est aux jacobins de la rue saint-Honoré à Paris. La sainte ligue, sous Henri III, ne fut jamais plus puissante, plus respectée ; elle a des sous-divisions dans le quart des villes du royaume ; tout obéit à ses ordres, depuis les ministres du roi jusqu'aux grimauds de caffés ; c'est elle qui a la plus grande influence dans les élections, ou plutôt c'est elle qui nomme ; elle fait vraiment une puissance dans l'état, & les françois imbécilles, qui ont combattu pour leur liberté & y ont perdu la moitié des richesses du royaume, subjugués par cette nouvelle puissance, n'osent la contrarier en rien, en reçoivent en quelque sorte la loi, & en sont venus à ce degré de bêtise, de croire que, tandis même qu'ils sont armés, qu'ils ont des magistrats, des administrateurs, des législateurs de leur choix, & amovibles, ils ne seroient point libres, s'il n'y avoit point dans le royaume cinq ou six cens coteries d'oisifs ou de déclamateurs, qui dénoncent, intriguent, & tourmentent la chose publique de leurs clameurs despotiques. Voilà le caractère François ; il faut quelque chose qui le domine, qui le comprime, qui lui en impose, & tel fait aujourd'hui l'insolent dans un club, ou en reçoit la loi, qui trois ans avant, auroit trahi son père pour faire sa cour à un valet de ministre.

Il s'étoit encore formé un autre club sous le nom de monarchique ; cette *société* paroissoit devoir prendre un gros volume ; mais elle n'eut point un heureux succès; comme elle ne se conduisit point d'abord avec cette audacieuse facilité qui en impose aux sots, c'est-à-dire, au neuf dixièmes du public, que d'ailleurs elle n'avoit point un caractère prononcé, qu'elle avoit dans son sein des hommes turbulens, mal-avisés, quoique M. de Clermont-Tonnerre, son chef, eût tout ce qu'il falloit pour lui donner de la célébrité, elle débuta par une platitude de bienfaisance ; elle voulut se donner un air de popularité par une charité mal-entendue ; on se moqua d'elle, & l'on fit bien ; elle ne sçut que faire de ses dix mille livres destinées à donner du pain aux pauvres, & tout est resté là, ou à-peu-près.

Nous ne faisons que parler rapidement de ces *sociétés*, parce qu'il n'est point de notre objet d'entrer dans de grands détails à leur sujet dans cet ouvrage ; il en sera question très - au long dans la première partie du *dictionnaire encyclopédique* de l'assemblée nationale.

Nous observerons seulement, ici que les écarts, les traits d'insubordination & l'intervention perpétuelle des *sociétés* clubiques dans les affaires publiques, obligèrent l'assemblée constituante, sur les derniers temps de ses séances, à faire des loix à leur égard, à la suite d'un rapport que fit M. le Chapelier ; voici ces loix.

« L'assemblée nationale considérant que nulle *société*, club, association de citoyens, ne peuvent avoir, sous aucune forme, une existence politique, ni exercer aucune action ou inspection sur les actes des pouvoirs constitués & des autorités légales ; que sous aucun prétexte ils ne peuvent paroître sous un nom collectif, soit pour former des pétitions ou des députations pour assister à des cérémonies publiques, soit pour tout autre objet, décrète ce qui suit :

» ART. I. S'il arrivoit qu'une *société*, club ou association se permît de mander quelques fonctionnaires publics, ou de simples citoyens, ou d'apporter obstacle à l'exécution d'un acte de quelque autorité légale, ceux qui auront présidé aux délibérations, ou fait quelque acte tendant à leur exécution, seront, sur la poursuite du procureur général-syndic du département, condamnés par les tribunaux à être rayés pendant deux ans du tableau civique, & déclarés inhabiles à exercer, pendant ce temps, aucune fonction publique.

» II. En cas que lesdites *sociétés*, clubs ou associations fassent quelque pétition en nom collectif, quelques députations au nom de la *société*, & généralement tous les actes où elles paroîtroient sous les formes de l'existence politique, ceux qui auront présidé aux délibérations, porté les pétitions, composé ces députations, ou pris une part active à l'exécution de ces actes, seront condamnés, par la même voie, à être rayés, pendant six mois, du tableau civique, & suspendus de toute fonction publique, déclarés ne pouvoir être élus à aucune place pendant le même temps de six mois.

» III. A l'égard des membres qui, n'étant point inscrits sur le tableau des citoyens actifs, commettroient des délits mentionnés aux articles précédens, ils seront condamnés par corps à une amende de 1200 livres, s'ils sont français, & de 3000 livres s'ils sont étrangers.

Autrefois la police étoit exagérément sévère sur les *sociétés* : on ne les permettoit qu'avec difficulté, & toute assemblée qui n'étoit point nommément permise par le magistrat, étoit regardée comme illicite, & par cela même défendue ; les personnes qui y prêtoient leur maison, mises à l'amende, & souvent même les membres de l'association, punis de quelque manière. Cependant on doit dire aussi que quand les motifs de ces *sociétés* étoient bons & raisonnables, non-seulement on obtenoit facilement la permission de s'assembler, mais quelquefois des secours & une protection marquée de la part du gouvernement, c'est ce qu'on peut voir dans l'institution des *sociétés* philanthropique & maternelle. Nous ferons connoître l'une & l'autre, comme dignes de toute la reconnoissance & de l'estime publiques.

Nous rapporterons pour cela ; 1°. Les premiers réglemens de la *société* philanthropique ; 2°. l'extrait d'un compte rendu en 1788 ; 3°. le rapport de M. de *Liancourt* à l'assemblée nationale, sur la *société* maternelle.

Règlement de la société philantropique.

1°. La *société* des philanthropes est formée de plusieurs comités particuliers, sous le nom de *maisons*, chaque maison est composée d'un nombre indéfini de membres égaux entr'eux, sans aucune prépondérance, distinction de rang, ou division de classe en honoraires, titulaires, correspondans, &c.

Une maison philanthropique suffit dans chaque province : un plus grand nombre pourroit apporter quelque confusion, ou jetter de l'embarras dans la correspondance.

L'établissement d'une maison se fait dans les comices généraux de la philanthropie, ou du consentement unanime de toutes les maisons.

Lorsque plusieurs philanthropes domiciliés dans un lieu où il n'y a pas encore d'établissement, désireront y en former un, ils adresseront leur requête, à cette fin, au secrétaire général, qui la présentera aux comices pour y être fait droit.

Si le temps de la tenue des comices est trop éloigné, le secrétaire général communiquera la requête à toutes les maisons ; & lorsqu'il en aura reçu le consentement unanime, alors il expédiera, en leur nom, des lettres portant permission provisoire de se réunir en comité ; laquelle permission sera représentée aux comices prochains, pour y être ratifiée.

2°. La législation de la philanthropie, réside dans les comices ou dans l'assemblée générale, qui se tient tous les trois ans, au mois de mai. Chaque maison y assiste, & y est représentée par son président, ou à son défaut, par un député muni de tous ses pouvoirs.

Pendant la tenue des comices, l'autorité de chaque maison est suspendue jusqu'au retour de son député & la réception de l'acte de clôture des comices.

Chaque maison prend séance aux comices & donne sa voix selon l'ordre de la date de son institution.

Tout se règle dans les comices à la pluralité des suffrages, qui sont recueillis par le secrétaire général, sans qu'il puisse donner le sien.

Le secrétaire général est élu, lors de la clôture des comices, parmi les membres résidens de la maison ; il tient les registres de l'assemblée, rédige les actes, & en délivre les expéditions requises, soit aux différentes maisons, soit aux parties intéressées.

C'est dans les comices généraux que réside le pouvoir de statuer sur les intérêts communs de la *société*, d'établir de nouvelles maisons, & de faire des réglemens généraux, avec les additions & les corrections qu'on jugera nécessaires. Le tout sans déroger à la loi fondamentale de l'égalité parfaite.

Les arrêtés des comices généraux ont force de loix invariables, jusqu'à la tenue des comices suivans.

Chaque maison peut faire, pour son régime particulier, tels réglemens qu'elle jugera convenables, sans néanmoins donner atteinte aux statuts généraux.

Chaque maison fait insérer dans la feuille de correspondance, du mois qui précède la tenue des comices, toutes les demandes & propositions qu'elle veut faire à cette-assemblée. Le secrétaire - général en forme un cahier méthodique, dont il envoye une copie à chaque maison ; ce cahier sert de base aux instructions des députés & trace l'ordre des conférences comitiales.

Le lieu choisi pour l'assemblée des comices, & le centre de la philanthropie, est fondé uniquement sur les avantages de sa situation, & ne peut donner à la maison philanthropique de cette ville, aucune prééminence ou supériorité sur les autres.

3°. La liberté & l'égalité parfaite étant la base fondamentale & le principe constitutif de la philanthropie, toutes les maisons sont essentiellement indépendantes les unes des autres. Elles communiquent entr'elles, soit par la voie de leurs secrétaires respectifs, soit par le secrétaire général de la *société*.

Chaque maison élit ou confirme, tous les ans, à la pluralité des suffrages, quatre officiers, savoir : un président, un secrétaire, un vice-président & un trésorier.

Le président fait l'ouverture des assemblées par l'exposition des matières qui doivent y être traitées ; il présente les nouveaux membres ; recueille les avis, conclut à la pluralité, & signe avec le secrétaire tous les actes & délibérations de l'assemblée. Enfin, il est le représentant-né, de sa maison, à la tenue des comices généraux.

Le secrétaire est chargé de la correspondance, soit avec les membres dispersés de sa maison, soit avec les étrangers, soit avec les autres maisons, soit enfin avec le secrétaire général. Il tient les registres sur lesquels il rédige & signe le résultat des délibérations & de tous les actes de l'assemblée.

Le vice-président remplace le président en cas d'absence & en fait toutes les fonctions.

Le trésorier dispose, sous l'autorité de la maison, de ses fonds, tant pour les dépenses courantes, que pour les autres objets de bienfaisance. On ne prescrit rien à cet égard à la délicatesse des philanthropes ; le trésorier recueille leurs subsides volontaires au mois de novembre, & présente ses comptes deux fois l'an, pour les faire arrêter & signer après l'examen & le rapport de deux commissaires nommés à cet effet.

Ces quatre officiers étant les censeurs nés de tous les ouvrages présentés à leurs maisons, doivent être choisis de préférence entre les membres résidens les plus versés dans les sciences & dans les belles-lettres, & qui ne sont pas trop surchargés d'autres occupations.

4°. Quoique la philanthropie ne doive admettre que des candidats qui, outre les qualités requises, en auront fait la demande, soit directement, soit indirectement, par l'organe de quelque philanthrope ; cependant on pourra, si le bien de la philanthropie le demande, prévenir quelques sujets distingués par un mérite ou des talens supérieurs ; mais cette démarche sera toujours faite avec toute la prudence & la circonspection qu'exige la dignité de la philanthropie.

Les qualités absolument requises dans un candidat qui aspire à l'association philanthropique sont un état honorable dans la société civile, des mœurs pures & intègres, & un titre qui atteste des connoissances vraiment utiles, ou du moins une vertu active bien reconnue.

Le candidat proposé doit réunir tous les suffrages de la maison à laquelle il désire d'être associé : & son admission sera confirmée dans la prochaine assemblée, si l'unanimité des suffrages est toujours constante.

S'il n'y a qu'une voix pour l'exclusion d'un candidat, l'opposant doit déclarer à l'assemblée, ou aux officiers de la maison, les motifs de son refus, dont la validité sera jugée à la pluralité des suffrages dans le premier cas ; mais dans le second cas, l'unanimité est absolument nécessaire.

Chaque maison peut s'associer les candidats étrangers qu'elle croira propres à remplir ses vues : mais elle n'en admettra aucun qui soit domicilié dans une province où il existe une maison philanthropique, sans en avoir obtenu le consentement.

Tout philanthrope qui aura négligé de correspondre pendant une année entière, avec la maison dont il est membre, sera censé renoncer à l'association, & son nom ne paroitra plus sur le catalogue de la philanthropie.

4°. Les assemblées ordinaires de chaque maison se tiennent tous les 15 jours. Les matières qu'on y traite, sont les nouvelles philanthropiques, la lecture des correspondances, la lecture & l'examen des ouvrages présentés, sur le rapport des commissaires, les plans des opérations utiles, l'admission des candidats, &c.

Les philanthropes ne sont pas astreints à des lectures régulières, qui pourroient gêner leurs occupations civiles, mais ils consacrent, de préférence à la philanthropie, leurs ouvrages qui traitent des objets d'utilité publique, & les soumettent au jugement de la compagnie, avant de les présenter ailleurs, ou de les faire imprimer. Ils doivent tâcher de donner au moins chaque année un bon ouvrage, & lui proposer toutes les idées utiles, tous les projets qu'ils forment pour le bien des hommes. Cette discussion fait le fond des conférences philanthropiques & est consignée dans les registres. Une idée patriotique peut avoir tôt ou tard, même dans un pays éloigné, une influence bienfaisante sur une portion respectable de citoyens.

5°. L'étude de l'homme, de ses droits, de ses devoirs, sa perfection morale & physique, sont les deux branches des travaux consacrés spécialement à la philanthropie. La partie morale comprend l'éducation & sa perfection successive; des projets de charité, des établissemens utiles, tout ce qui peut être objet d'émulation, & faire fleurir les mœurs, donner de l'énergie aux ames & éclairer les hommes sur leurs vrais intérêts. La partie physique, à laquelle elle s'attache de préférence, embrasse l'étude pratique de la nature, l'agriculture, le commerce, & la perfection des manufactures & des arts méchaniques. Accoutumée surtout à regarder avec respect & intérêt, cette classe utile de citoyens, qui nourrit les autres, elle s'empresse à lui procurer du soulagement, ou de l'instruction. Elle excite à cette fin l'industrie par des prix champêtres, engage à certaines plantations négligées, mais convenables à la nature du terrein & aux besoins du local; récompense l'invention de nouvelles machines ou d'instrumens utiles, travaille à des écrits élémentaires pour les campagnards, & perfectionne ceux qui servent exclusivement à son instruction & à son amusement, & auxquels il est difficile souvent d'en substituer d'autres. Elle correspond, à cet effet, avec des fermiers intelligens, & des curés bienfaisans qui seront convaincus que leur ministère n'est point borné aux besoins spirituels de leurs paroissiens.

Les opérations économiques des philanthropes sont donc principalement locales : les spéculations générales & brillantes manquent communément leur effet dans la pratique.

6°. Les relations de voyages font aussi une des branches de l'instruction. Le philanthrope, qui fait vœu d'aimer les hommes, doit s'empresser à les connoître. La *société* prie donc ceux de ses membres qui voyagent, de lui communiquer leurs observations sur les pays qu'ils parcourent, & d'en faire connoître les loix, les mœurs, la nature du climat, l'état de la population & de la culture; les besoins, les richesses, le commerce, l'état des lettres & des arts; sur-tout, de rendre compte de l'action réciproque des mœurs & des loix, des instituts qui y sont établis en faveur de l'humanité, de l'éducation, de la charité & de l'émulation.

Le secrétaire entretient, au nom de la *société*, la correspondance avec les voyageurs, dirige leurs observations & assigne à chacun les objets sur lesquels elle désire d'avoir des renseignemens clairs & certains.

7°. Les ouvrages présentés à la philanthropie, soit par ses membres, soit par les externes, sont remis aux officiers, commissaires délégués pour la censure, lesquels, d'après un examen sévère en rendent compte à l'assemblée, qui jugera du mérite & du sort de chacune de ces productions.

Tous les mémoires philanthropiques, destinés à l'impression, doivent être approuvés, non-seulement par la maison dans laquelle ils ont été lûs; mais encore par une commission nommée parmi les membres d'une autre maison, pour s'assurer davantage du mérite des ouvrages, & prévenir les effets d'une indulgence assez naturelle entre les membres d'une même maison.

On fait un choix des meilleurs morceaux qui ont été lûs dans le courant de l'année, aux différentes maisons, pour en donner au public un ou deux volumes, sous le titre de *Mémoires d'une société de philanthropes*.

8°. A la fin de chaque mois, le secrétaire fait un précis de tous les actes de sa maison, qu'il adresse au secrétaire général; celui-ci en forme la matière d'une feuille de correspondance ou gazette philanthropique à l'usage des seuls philanthropes. Cette feuille contiendra tous les événemens de la philanthropie, l'analyse des mémoires, le précis des opérations, les réceptions des candidats, les morts des philanthropes,

thropes, les traits de bienfaisance, les découvertes utiles & intéressantes, &c. Les produits de l'abonnement pour cette feuille périodique sont destinés aux frais de la correspondance générale & de la tenue des comices (1).

Les philanthropes, unis par le lien d'une fraternité étroite, exerçent entr'eux tous les devoirs de l'amitié & de l'humanité. Ils se secourent mutuellement dans leurs maladies & leurs afflictions, & rendent enfin les derniers devoirs à ceux que la mort leur enlève & dont ils conservent une mémoire à jamais chérie. On insère dans le nécrologe, la liste de leurs ouvrages, & le précis des bonnes actions qui ont illustré leur vie.

Extrait du compte rendu en décembre 1788, *à la société philanthropique de Paris.*

Attentifs à tous les motifs de bienfaisance que vous voudriez satisfaire à-la-fois, mais circonscrits dans le cercle de vos facultés, votre choix, par une juste préférence, a dû tomber d'abord sur des classes où l'assistance est uniquement relative à l'impuissance de l'âge qui commence, ou à la foiblesse de l'âge qui finit; espèce d'enfance, plus délaissée, dont les besoins vont toujours croissant à mesure que la vie s'affoiblit & s'éteint.

Jamais il n'est à craindre que ces *secours*, combinés dans leur mesure & leur intention, puissent favoriser la paresse ou récompenser l'oisiveté: tantôt ils sont un encouragement & un appas, tantôt un supplément aux efforts impuissans d'un débile octogénaire, qui tient au travail, comme à une vieille habitude; d'un orphelin qui s'y exerce; d'un aveugle qui s'encourage des difficultés vaincues & des nouvelles jouissances acquises; d'une veuve encore inondée de ses larmes, étonnée au milieu de ses enfans secourus, de se trouver consolée dans sa solitude; d'un père, épuisé de la charge & de l'aliment d'une famille nombreuse, qui, sans vous, auroit manqué de pain & de vêtement, & lui devient d'autant plus chère, par son étendue, qu'elle multiplie ses droits à votre bienfaisance; d'un ouvrier estropié, à qui vous rendez au-delà du membre mutilé, qu'il déplore, en adoptant ses misérables enfans. Car c'est toujours les enfans que votre intention cherche & soulage dans ces diverses classes, où, sous différentes dénominations, la misère & la vertu des parens déterminent votre adoption.

Un auteur estimable (M. du Pont), a réduit en méthode ce que les maisons philanthropiques cherchent à mettre en pratique; & fortifiant leur exemple de l'évidence de ses raisons, il a démontré par ses calculs, comme vous par vos œuvres, que les *secours* répartis aux pauvres, chez eux, coûtent infiniment moins que ceux administrés dans les hôpitaux & les maisons de charité, qui soulagent les malheureux que la misère accable, mais n'ont aucun moyen de les en garantir. Les en garantir! voilà, dit-il, le chef-d'œuvre de la bienfaisance; & rappeller ses principes, c'est détailler vos procédés & vos motifs.

Un tel succès, digne objet de votre ambition, dépend en effet d'une surveillance habituelle, & d'une multitude de détails & de combinaisons, que les associations de bienfaisance peuvent seules embrasser avec fruit, puisque les aumônes ne sont jamais plus abondantes & plus fructueuses que quand l'emploi s'en fait par les mains mêmes de ceux qui les donnent.

Vos secours accordés aux octogénaires ont, au-dessus de la consolation de soulager cet âge, sans appui, que tous les genres d'infirmités & de misère conspirent à accabler, une mesure particulière d'utilité & une douce influence sur l'intérieur des familles secourues; la somme apportée tous les mois à ce vieillard infirme, régulièrement visité & consolé, ramène périodiquement, dans son ménage, une aisance qui en fait le bonheur & la paix; & resserre entre le père, les enfans & les petits-enfans, les relations & les sentimens que la misère avoit relâchés, & que le séjour des maisons de charité auroit peut-être anéantis. La misère même, & la foiblesse de ces vieillards, auparavant délaissés ou importuns, prend un caractère respectable aux yeux de l'amour filial; & l'intérêt qu'a sa famille de ne point s'isoler désormais d'un père secouru, vient se réunir à la satisfaction qu'il éprouve lui-même, d'être encore utile à ses enfans, en partageant avec eux, & le pain qu'on lui distribue, & le feu dont on le chauffe, & la lumière dont on l'éclaire, & les consolations qu'on lui apporte.

C'est après la satisfaction particulière qui résulte de ces considérations, qu'il est plus doux pour vous, messieurs, de comparer la somme & l'acquittement de vos obligations envers le pauvre, dont le patrimoine est tout entier dans la bienfaisance du riche.

Avant de calculer les moyens que votre situation actuelle vous présente, de les distribuer de nouveau pour l'année prochaine, en les comparant avec les probabilités de votre recette; il est d'usage de vous présenter un résumé des *secours* votés pour le service de l'année, dans votre assemblée du mois de décembre précédent, afin d'apprécier plus exactement la faculté que vous avez d'y ajouter encore, & la juste mesure que votre prudence doit mettre à votre sensibilité.

(1) Cet article n'a jamais été exécuté.

Jurisprudence tom. X. *Police & Municipalité.*

Récapitulation des secours que la maison a, dans son assemblée du 14 décembre 1787, arrêté d'accorder, pendant le cours de l'année 1788, aux infortunés compris dans ses six classes.

40	Nonagénaires à 8 livres par mois..	8640 liv.
125	Octogénaires, à 15 liv..........	22500
350	Octogénaires, à 6 liv...........	25200
60	Aveugles, professeurs, élèves ou aspirans.....................	11352
150	Femmes en couches, à 48 liv...	7002
40	Places de veufs ou veuves chargés de famille, formant, avec dix enfans des octogénaires, 250 enfans à 3 liv..........................	12000
12	Familles nombreuses, à 3 livres par enfant, formant le nombre de 120..........................	4320
18	Familles d'ouvriers invalides, composant 72 individus secourus......	3456
18	Apprentissages, évalués à raison de 200 livres....................	3600
	TOTAL.........	98070 liv.

Ainsi, avec une somme de 98070 livres, la maison s'étoit proposé de secourir 1367 individus, qui ont reçu en effet l'assistance qui leur étoit préparée.

La classe des nonagénaires n'a point excédé la mesure prévue par votre cœur.

Celle des femmes en couche a dépassé de vingt, auxquelles il faut joindre 5 préciputs de 48 livres, accordés à trois mères de deux ou trois jumeaux, dignes d'obtenir ce double bienfait par leur fécondité. Ce qui porte le surplus de la dépense relative à cette classe à....1200 liv.

Vous avez la satisfaction, dans ces deux classes, qu'aucun vieillard, aucune mère, ne se sont présentés sans recevoir le secours établi pour eux, conformément à votre délibération, qui autorise votre comité à y comprendre tous les postulans qui ont les qualités requises,

Vous aviez espéré donner à la classe de vos viellards toute l'extension dont elle vous paroissoit susceptible, en la portant à 515, & leur assignant à chacun un *secours* progressif; & malgré votre tendre prévoyance pour un ordre d'infortunés qui, le premier, vous a fait éprouver, dans une adoption régulière, le doux sentiment d'une paternité nouvelle, malgré vos précautions prises pour anéantir la qualité de surnuméraires dans cet ordre, où un délai est un refus, où par conséquent il a toujours répugné à votre cœur de faire attendre un *secours*, souvent moins prompt que la mort qui le ravit, environ cinquante surnuméraires ont sollicité votre commisération, & une sage providence a fait passer, par les mains de M. de Boissy & de votre trésorier, dans les vôtres, les moyens d'en secourir cette année le plus grand nombre. Trente-neuf ont reçu l'assistance régulière jusqu'au premier janvier; & portée ailleurs dans votre recette, elle doit former ici un article de dépense, se montant à 608 liv.

Dans votre plan d'adoucir la rigueur des conditions, qui rend trop difficile l'admission dans la classe des familles nombreuses, l'extrême misère & l'honnêteté reconnue d'un père chargé de douze enfans, dont neuf sont en bas âge, vous ont déterminé à lui accorder un secours provisoire de 27 livres, qui, depuis les quatre mois de son admission, forme une somme.............108 liv.

Nous pourrions ajouter à ce *secours* extraordinaire, celui accordé aux neveux du brave Richardet, que vous vous êtes empressés d'adopter; mais ils se trouvent compris dans la classe des enfans de veufs ou veuves, comme associés aux mêmes *secours*.

Il faut joindre à ces différentes sommes celle pour l'institution des aveugles, ci..................................	3000 l.
Le chauffage des octogénaires, veufs & veuves, familles nombreuses, ouvriers invalides...........................	1200
Le traitement accordé à l'agent de la maison, de..........................	1800
Les frais de secrétariat, impression loyer, feu, garçon de bureau, ci...	2000
La dépense des jetons...............	4000
L'addition de toutes ces sommes vous donnera la totalité de votre dépense pour l'année 1788, se portant à......	112204 l.

Pour avoir une connoissance exacte du nombre d'indigents secourus cette année par cette somme, il faut joindre aux 1367 ci-dessus, 80 chefs de famille associés au *secours* accordé à leurs enfans, environ 100 remplacements, opérés par autant de décès dans les deux divisions de nonagénaires, ce qui porte à 1507 le nombre d'individus effectifs, secourus en 1788 par votre association.

Nous vous observons à cet égard, que les hommes, sans doute par un plus grand épuisement, qu'entraîne un surcroît de peines & de fatigues, parviennent moins & se soutiennent plus difficilement que les femmes à ce dégré de vieillesse où commence votre adoption : le relevé de vos registres, donne constamment une proportion de 2 à 4, & celle des morts dans la totalité des classes d'octogénaires, est toujours d'environ un cinquième.

Nous devons vous prévenir aussi que dans le nombre considérable d'enfans que la bienfaisance a confiés à votre sollicitude, 24, susceptibles, par leur âge, d'entrer en apprentissage, y ont été placés; que deux continuent à se distinguer à l'école gratuite du dessin, dans les places qui vous ont été concédées par quelques philanthropes; & que dans la loi rigoureuse que vous vous êtes faite, de ne conserver vos *secours* & votre affection qu'à la vertu & à la bonne conduite, ce bienfait de l'apprentissage a été supprimé, pour l'exemple des autres, à l'un de ces enfans.

Après avoir mis sous vos yeux le tableau progressif des *secours* accordés par vous à l'indigence vertueuse, pendant l'année 1788, nous allons vous présenter un apperçu de votre situation actuelle, afin de vous mettre à portée de prononcer avec toute connoissance, sur la disposition de vos fonds, & en arrêter rigoureusement l'emploi.

Quatre-vingt-dix philantrhopes ont été admis cette année. Nous avons eu la douleur d'en perdre, par mort, dix, & par retraites, 22.

Vous pouvez, sans craindre de donner dans l'arbitraire, porter le nombre des philanthropes à 720, dont la cotisation, à raison de 96 livres, forme une recette annuelle de............*69*120 liv.

Le désir de participer à tous les genres de bien qui résultent de votre association, nous fait raisonnablement présumer que l'empressement de se joindre à nous, ne sera pas moindre cette année de la part des personnes charitables & bienfaisantes; & vous pouvez, par l'expérience de l'année précédente, compter sur l'addition, au moins de cinquante nouveaux membres, dont le droit d'admission, outre leur cotisation, promet, à raison de 48 livres, une somme de......2400 liv.

Votre comité est autorisé à vous annoncer, qu'à des paroles de protection & d'intérêt, qui seroient seules un grand bienfait, & la plus douce récompense de votre zèle pour vos concitoyens indigens, sa majesté veut bien joindre un *secours* actuel de 12000 liv., à l'effet de suppléer à ce que l'insuffisance de vos moyens ne vous permet pas de faire, pour la mesure d'assistance nécessaire à vos classes, dans ces temps calamiteux. Sa tendresse paternelle, allarmée du sort de tant de vieillards & d'enfans, de veuves & d'orphelins, plus exposés aux rigueurs présentes, vous confie une portion des *secours* qu'elle verse de toutes parts sur l'infortune, malgré l'épuisement de ses finances.

Le produit annuel des quêtes, calculé sur celui des deux années précédentes, donne une somme de 8200 liv., dont vos assemblées, toujours plus nombreuses, ne nous permettent pas de craindre la diminution, ci...................8200 liv.

Par un apperçu, toujours établi sur les calculs des années précédentes, & l'appréhension de voir diminuer un ordre de *secours* toujours soumis aux variations des circonstances, nous n'avions porté, l'année dernière, dans les probabilités de votre recette, les libéralités publiques & les dons particuliers des bienfaiteurs anonymes ou connus, qu'à une somme de 8200 livres. Cependant, malgré la nature des évènemens & des calamités, qui ont affligé cette année la capitale & les provinces, & qui, en détournant les *secours* étrangers dirigés auparavant à accroître la masse des vôtres, ont offert, pour le moment, à la commisération publique, des besoins plus urgens, & étendu dans les campagnes l'attention de vos coopérateurs, nous vous apprenons avec joie, que ce genre de *secours* a passé cette année, la somme de 25000 livres; & comme, dans l'ordre des choses, il ne seroit pas juste de présumer, pour l'année prochaine, le retour des mêmes causes, qui l'ont empêché de s'élever encore plus haut, nous croyons être modérés, en portant cet article dans votre recette probable pour l'année prochaine, seulement à une somme de.....15000 liv.

Il est également convenable d'y comprendre les deux legs, dont le paiement vous est annoncé comme certain, l'un de 6000 livres, par M. de Magnanville, de la succession de M. de Boullongne, son père, philanthropes l'un & l'autre, & le second de 1500 livres, par M. Dosne, notaire, aussi votre co-associé & exécuteur-testamentaire de M. Richer de Beaupré, ci.........7500 liv.

Le restant en caisse actuel, évalué au premier janvier, en y comprenant 4500 livres de cotisations arriérées, dont la rentrée paroît certaine, est de..............................42800 liv.

Nous vous avons prévenu, dans le travail du comité, tenu le 8 octobre, que M. le trésorier a reçu une somme de...............1224 liv, pour pensionner, pendant toute l'année prochaine, 11 octogénaires surnuméraires, laquelle nous portons ici pour recette, avec cette assignation particulière.

M. de Boissi a encore remis pour le même objet..............................650 liv.

Les bienfaits de quelques anonymes pour le chauffage de vos classes, s'est déjà monté à..3418 liv.

Ainsi, les divers objets de recette, dont les bases sont toujours calculées en moins, donnent une somme totale de...............18152 liv.

Nous passons au détail des dépenses.

L'accroissement toujours progressif des membres & des œuvres de la société philanthropique, devroit en produire indispensablement dans les frais d'administration; mais votre comité, persuadé que l'économie est le premier devoir, &, en quelque sorte, la fidélité d'un mandataire dans une œuvre de cette nature, a porté jusqu'au scrupule l'attention de ne point augmenter, pour tous les objets qui embrassent cette administration, la dépense fixée pour eux dans le compte rendu de l'année dernière; nous continuerons donc à établir pour tous les articles compris sous la dénomination générale de frais courans, de secrétariat, tels que loyers, frais d'impression, gages de garçon de bureau, bois & lumières, &c. une somme de..........................2000 liv

Si, contre notre attente, elle pouvoit s'élever jusques à 2400 liv., elle seroit toujours régulièrement couverte par la même somme, portée en recette pour les 50 admissions de l'année, dont l'établissement est relatif à cet objet.

L'impression de votre compte rendu, de l'année dernière, faite par vos enfans aveugles, ne peut être comprise dans ces articles de dépense, puisqu'en ordonnant que, déduction faite des frais, cet ouvrage seroit vendu au profit de vos classes, l'excédent du produit se trouve confondu dans le restant en caisse de l'année, & par un article distinct, porté dans le compte de votre trésorier.

Par l'usage où vous êtes d'accorder en hyver le préciput d'une voie de tourbe à chacun de vos pensionnaires, chefs de famille; cette dépense, à raison de 40 sols par ménage, donne, pour le chauffage de 647, une somme de......1294 liv.

Très-modique & très-insuffisant en lui-même, ce *secours* est néanmoins d'une grande consolation au milieu des froids excessifs; & ceux qui se sont déjà fait sentir, ont réveillé l'attention de quelques bienfaiteurs anonymes, qui se sont empressés de partager avec vous ce soin; ainsi, dans les plus petits détails, vous éclairez l'intérêt que vous faites naître.

Ces sommes, reçues par la voie du journal de Paris ou de votre trésorier, se sont déja élevées, à l'époque du 12 de ce mois, à.......3418 liv.

Votre comité s'est empressé, selon l'intention des bienfaiteurs, de les employer de suite à leur destination, dans l'attente de nouvelles ressources, si les froids augmentent.

Vos octogénaires & chefs de famille trouvoient encore, à la même époque, un surcroît d'assistance, dans la distribution que vous leur faisiez faire de pommes de terre & autres légumes, reçus annuellement de la bienfaisance de M. l'intendant; mais en déplorant avec vous l'enlèvement furtif qui en a été fait cette année dans l'isle des Cignes, il ne peut offrir à vos pauvres que les mêmes intentions sans effet.

La dépense des jetons, par approximation sur les deux années précédentes, se portera à....4000 l.

La réserve sage que vous faisiez annuellement sous la dénomination de jeu de caisse, afin d'être en état de fournir aux dispositions éventuelles de bienfaisance, qui n'ont pu être prévues ni comprises au compte général, a paru étonner quelques personnes bienfaisantes, dans la comptabilité sévère d'une administration toute en faveur des pauvres: nous vous proposons, Messieurs, par égard pour leurs observations, de supprimer désormais une dénomination qu'ils ont cru vague ou déplacée, & néanmoins de statuer toujours cette même réserve, sous l'énonciation plus précise de dépenses imprévues, laquelle, détachée des fonds rigoureusement assignés au service de vos classes, puisse faire face à tous les évènements de l'année, & aux besoins qui n'ont pu être prévus ni calculés. Nous croyons même que, vu les progrès de la *société*, & l'accroissement de ses œuvres, cette précaution doit s'étendre sagement jusqu'à une somme de.........4000 liv.

Après cet apperçu des dépenses générales de la maison, il vous reste, Messieurs, à statuer sur la répartition des fonds que vous destinez à chacune de vos classes d'infortunés.

Première classe. Vieillards.

Dans la première division de cette classe, qui comprend les nonagénaires, le résultat de l'année établit la sagesse de la mesure par vous fixée: elle ne s'est point élevée au-dessus de quarante places, pour lesquelles, à raison de 18 liv. par mois chacune, vous aviez fait pour l'année, un fonds de 8640 liv. Nous continuerons à porter en dépense la même somme, pour le même nombre de nonagénaires à secourir dans l'année prochaine, ci........................8640 liv.

Dans la division suivante de vos octogénaires à 15 liv., somme fixée par vous dès l'origine de votre société, comme la juste mesure des *secours* dus à cet âge, votre comité estime que c'est une conséquence de vos principes de tendre toujours à augmenter le nombre des places comprises dans cette division. Vous vous êtes félicités l'année dernière d'avoir pu la porter à cent vingt-cinq; & les regrets que vous avez témoignés de laisser, dans une classe inférieure, tant de malheureux vieillards, qu'avec 6 liv. par mois vous ne pouviez espérer d'arracher à la misère, nous font présumer que vous verrez avec la même joie, la possibilité d'accroitre la division à 15 liv., & la proposition que votre comité vous fait de la porter à cent cinquante pour l'année prochaine, au lieu de cent vingt-cinq, ce qui donne dans cette division, une augmentation de 4500 liv., & une somme totale pour le cent cinquante places de..............27000 livs.

Les mêmes motifs nous déterminent à vous proposer, non d'augmenter le nombre des places fixées dans la troisième division à trois cents cinquante, mais d'accroître la quotité de leurs *secours*. Comment, en effet, messieurs, espérer avec 6 liv. par mois, de remplir votre plan d'interdire rigoureusement toute mendicité dans vos classes, en la prévenant dans sa cause ou la punissant dans ses effets. La loi rigoureuse que vous vous êtes faite, de supprimer vos *secours* à ceux qui, après un premier & un second avertissement, seroient surpris dans un état que vous avez résolu de proscrire, nous fait présumer que vous voudrez bien accorder désormais à tous ces vieillards, qui regardent eux-mêmes cette nécessité comme l'avilissement de leur misère, un *secours* de 9 liv. par mois, au lieu de 6 liv., ce qui leur donnera les moyens d'attendre plus patiemment leur admission dans la classe, à 15 liv., qu'ils appellent fortunée.

L'arrêté qu'ils vous proposent de prendre en sa faveur, forme une augmentation dans cette division de 12600 liv., ce qui porte la dépense, pour 350 places, à raison de 9 livres par mois, à................................37800 liv. & donnent pour l'ensemble des trois divisions de la classe de vos vieillards, un total de.....73440 liv.

En assurant ainsi le sort provisoire de 350 vieillards, à qui vous donnez les moyens d'attendre la pension de 15 livres, vous pourrez désormais suivre votre plan, de porter toutes vos augmentations sur cette division, & délibérer en conséquence, qu'en fixant à 350 le nombre d'expectans, à 9 livres, il vous sera uniquement proposé à l'avenir, d'accroître, dans la progression de vos moyens, le nombre des pensions à 15 livres, comme première mesure fixée au soulagement de cet âge.

Seconde classe. Enfans aveugles.

Nous pensons devoir ici vous rendre compte, d'un côté, de ce qui s'est passé de plus intéressant à l'institution de vos enfans aveugles, pendant le cours de la présente année; & de l'autre, vous présenter l'apperçu des *secours* dont cet établissement peut encore avoir besoin pour l'année suivante.

Nous n'avons point, messieurs, à vous offrir un tableau aussi intéressant que celui des séances brillantes de vos éleves, faisant, l'année dernière, leurs exercices au milieu de la cour, sous les yeux de leurs majestés & de la famille royale, qui leur donnèrent des signes particuliers de protection & de bienveillance; mais nous pouvons toujours vous assurer que celle du public se soutient pour eux à un point qui donne des espérances légitimes, sur l'utilité toujours progressive de cet établissement; & vous dire que S. A. S. Mgr. le prince de Condé, le corps municipal de la ville de Paris, plusieurs ambassadeurs distingués, ceux mêmes de Tipoo-Saïb, étrangers à notre langue & à nos institutions dans les arts, y ont paru prendre le plus grand intérêt: que ces derniers ont déclaré, dans leur étonnement, qu'ils remportoient dans leur pays la plus haute idée d'une *société* réunis pour opérer tant de biens; & que généralement les étrangers qui y ont assisté, partagent cette surprise & cet intérêt.

Les premiers essais d'une éducation, aujourd'hui confirmée par tant de succès, furent faits sur le nommé le Sueur. Son intelligence, autant que le zèle infatigable du digne instituteur qui osa concevoir & exécuter l'idée de faire de lui un homme nouveau, obtinrent d'abord des progrès si rapides & si étonnans, qu'on pouvoit présumer qu'ils tenoient aux dispositions personnelles du sujet. Maintenant nous sommes convaincus que tout aveugle qui aura quelque intelligence, réussira; & nous pouvons vous assurer que parmi le nombre d'élèves, confiés aux soins de M. Haüy, & s'instruisant les uns les autres, par sa méthode, tous se perfectionnent dans la lecture, l'arithmétique, la géographie, & dans la musique, tant vocale qu'instrumentale, non par une pénible routine, comme les aveugles d'autrefois, mais par principes, à l'aide des notes en relief; en même-temps qu'ils s'occupent à l'imprimerie & aux arts mécaniques, exercés dans l'école: de manière qu'il n'est peut-être aucun établissement dans la capitale qui ait autant de mouvement & de vie.

Une nouvelle branche d'instruction, qui s'est extrêmement développée cette année, c'est l'écriture, dans laquelle plusieurs ont réussi au point de pouvoir être lus, tant par les clairvoyans que par eux-mêmes; moyen également simple & admirable, qui leur donne la faculté de correspondre directement avec leurs amis ou leurs parents, sans être obligés de confier leurs secrets à un tiers.

La partie de l'imprimerie, dans le genre des clairvoyans, continue à être un objet précieux pour cette institution, dont le produit couvrira bientôt les premières avances, & le compte en sera mis sous vos yeux, lorsqu'elles seront acquittées par cette voie.

Les succès d'un jeune enfant clairvoyant, de cinq ans, enseigné uniquement par des aveugles, a fait naître à leur instituteur, l'idée d'une nouvelle ressource : ce genre d'enseignement avoit besoin d'un exemple propre à prévenir toutes les difficultés; il étoit difficile, en effet, de persuader à des parents de payer pour faire instruire leurs enfants par des aveugles. Cet exemple a donné la confiance d'en tenter de pareils : & les progrès sont déjà tels, que plusieurs personnes s'empressent de solliciter, comme une faveur, que leurs enfans soient admis à cette école, où, pour un prix modique, des enfans aveugles, qui se relayent d'heure en heure, enseignent à des enfans clairvoyans, à lire, l'arithmétique, la géographie, le cathéchisme, la grammaire, la musique, &c., & où l'inspection d'un seul clairvoyant suffit au maintien de l'ordre, qui, dans la personne d'un soldat suisse, prend un caractère de police & de discipline militaire. Cette classe comprend déja vingt élèves étrangers.

La pension des soixante aveugles, compris dans les trois divisions de professeurs ou chefs d'atteliers, d'élèves & d'aspirans, fera la même somme que l'année dernière, ci.............8552 liv.

Troisième classe. Femmes en couches.

Nous ne vous proposerons, messieurs, aucune augmentation dans cette classe, quoique la somme votée pour elle, l'année dernière, ait passé de 20 admissions de plus, & de 5 préciputs accordés à trois mères de deux & de trois jumeaux : La mesure fixée à cent cinquante, par l'expérience de plusieurs années, & plus encore les *secours* abondans que les mères compatissantes versent sur cette classe, où le péril & l'intérêt des mêmes circonstances tiennent leurs yeux attentifs, ne nous permettent pas de craindre qu'aucune femme en couche puisse être renvoyée sans assistance : si la pitié ne se manifeste pas toujours à la voix des malheureux, peut-être n'est il point d'entrailles insensibles aux cris de la douleur maternelle : ainsi nous continuerons à ne porter pour cet article de dépense qu'une somme de.....................7200 liv.

Nous n'oublierons point ici de rendre un hommage public aux bienfaisantes mains occupées secrettement toute l'année à tricoter, à coudre pour les femmes en couche, & chaque layette mérite une bénédiction particulière. Au-dessus du *secours* ordinaire de 48 livres, ce préciput n'est accordé, selon votre intention, qu'aux mères qui nourrissent elles-mêmes : & nous voyons tous les jours les heureux effets de cette disposition; tellement que nous ne pouvons suffire aux demandes des mères qui se portent à ce devoir sacré avec plus d'empressement.

On a vu dans cette classe, des mères enceintes que la misère forçoit de donner un lait meurtrier à des enfans, trop foibles encore pour échapper à ce danger par le sévrage. On en a vu, dans cet état, nourrices à la fois de deux malheureux jumeaux, frappées & comme anéanties par la douleur de la perte subite d'un époux, unique soutien de la mère & des enfans, relevées & consolées autant qu'il étoit en vous, par leur admission simultanée dans la classe de vos *secours* établis pour les femmes en couche, & dans celle des veuves chargées de famille; & par l'ordre à vos commissaires de pourvoir promptement à l'aliment de leurs nourrissons.

Quatrième classe. Veufs & veuves chargés de famille.

Cette classe, établie sur le pied de 40 places, à raison de 6 enfans par famille, donne dans cet ordre 240 enfants secourus. Cette mesure nous paroît encore suffisante : & quoique le tableau présente réellement, dans l'état actuel, 44 ménages assistés, la précaution sage que vous avez eue d'ordonner que, de six vacances partielles, il se composeroit successivement de nouvelles places, qui ne laisseroient jamais sans activité, les fonds arrêtés pour cet objet, doit vous rassurer sur la suffisance de la somme assignée à cette classe; & nous croyons devoir vous proposer de la régler au même taux, votant de nouveau pour elle la même somme de...........12000 liv.

Votre sollicitude paternelle pour les enfans orphelins de père ou de mère, a prévu les effets de la perte éventuelle du seul soutien qui leur reste, & vous leur avez assigné à chacun, dans ce cas, une augmentation individuelle de 2 livres par mois, ce qui porte à 6 livres le *secours* destiné à cet ordre d'orphelins; mais ce préciput ne présentant point un objet de dépense fixe & déterminée, est assigné sur la réserve de vos dépenses imprévues.

Cinquième classe. Familles nombreuses.

Créée en 1787, cette classe n'a pu nous donner, qu'après l'expérience d'une année, la mesure des conditions qui doivent en opérer l'admission. Nous avons obtenu, l'année dernière, quelques adoucissemens à la rigueur de celles qui en rendoient l'entrée trop difficile. Obligés de convenir encore, que c'est à la même cause qu'il faut attribuer le petit nombre de ménages qui ont paru susceptibles du *secours* assigné dans cette classe, établie, comme toutes les autres, pour l'ordre des ouvriers & gens de peine indigens. Nous avons eu, d'un côté, la douleur de refuser plusieurs familles également pauvres & vertueuses, à qui il manquoit un enfant pour faire le nombre de dix, fixé pour cette classe; & de l'autre, de repousser des familles véritablement indigentes & honnêtes, à qui on ne pouvoit opposer, dans l'excès de leur misère, que le défaut de déchéance de la qualité de maître depuis dix ans.

Votre comité vous a déjà observé, dans le mois de septembre, que malgré les recherches & les soins de MM. les commissaires, dans l'ordre des ouvriers ou journaliers, le nombre de douze places fondées pour les familles nombreuses, & les 18 pour les pères estropiés & invalides, il ne s'en étoit trouvé encore que quatre dans la première classe, & deux dans la seconde, susceptibles du *secours*, à cause des conditions sévères qui en écartent, pour ainsi dire, les postulans. La circonstance d'une misère extrême & des malheurs accumulés sur N***, marchand mercier, père de douze enfans, dont neuf en bas âge, réclamoient plus particulièrement les *secours* établis pour les familles nombreuses, vous déterminèrent alors à leur accorder provisoirement ce *secours* jusqu'au premier janvier sur le fonds de vos *Dépenses imprévues*, vous réservant de statuer définitivement dans cette assemblée, & sur leur sort, & sur l'adoucissement que votre comité sollicitoit pour ces deux classes.

Il croit de son devoir de vous proposer, de nouveau, de modérer, uniquement pour elles, la condition sévère de qualité *d'ouvrier*, & de vouloir bien étendre aux véritables indigens, déchus de celle de *Maître*, depuis cinq ans, au lieu de dix, les secours établis pour les Pères chargés de famille & ceux invalides, en diminuant en même temps d'un le nombre d'enfans nécessaire pour participer au secours; & par la même disposition d'y comprendre définitivement la nombreuse famille ci dessus.

Et comme des secours partiels, d'une médiocre valeur, ne sont pas des secours, & que leur insuffisance seroit un reproche pour une *Société* de bienfaisance, à qui l'expérience de plusieurs années, a appris la juste mesure des besoins du premier âge, il seroit de votre équité d'anéantir désormais les différences qu'une économie, trop prévoyante, avoit établies entre les secours accordés aux enfans des veufs & veuves, & ceux destinés aux enfans des nombreuses familles; & de les porter tous comme les premiers, à 4 liv. par mois, au lieu de 3 liv.

Ainsi pour les douze familles assistées dans cette classe, nous vous proposons de voter, à raison de 4 liv. par enfant, une somme de 5760 liv.

Sixième classe. Pères estropiés, Ouvriers, Invalides.

Cette nouvelle classe obtint, l'année dernière, la préférence, parmi les nouveaux établissemens qui vous furent proposés, & vous crûtes devoir consacrer une somme de 3456 liv. à un premier essai pour le soulagement de 72 enfans de pères estropiés par quelqu'accident, & qui, déclarés incurables & invalides, ne peuvent retirer désormais aucune espèce de secours du travail de leurs mains, pour l'entretien de leur famille, voués eux-mêmes à une pénible mendicité, & à la douleur plus amère de voir périr, autour d'eux, des enfans affamés.

En en comprenant 4 par famille, vous assignâtes un secours suffisant dans cette classe; mais nous vous avons observé que cette condition trop rigoureuse, de quatre enfans, l'avoit rendu inutile, pour ceux qui, n'en ayant que trois, n'en sont pas moins malheureux. Si vous daignez accorder à votre comité la réduction qu'il sollicite & l'extension, comme dans la classe précédente, aux vrais indigents, non encore déchus rigoureusement de la qualité de *Maître* depuis dix ans, il peut espérer de trouver l'emploi des 72 places créées pour cette classe, qui par cette disposition, se trouvera porter le secours sur 24 familles, au lieu de 18; & c'est le seul genre d'augmentation qu'il lui soit permis de vous proposer cette année pour cette espèce d'infortunés.

Apprentissage.

Vous êtes véritablement, Messieurs, & le père & la mère de ces orphelins; & après avoir fourni à leur aliment & à leur éducation morale jusqu'à la quatorzième année: vous ne les affranchissez des soins de votre tendresse & ne les livrez à eux-mêmes ou à leur famille, que lorsqu'un bienfait non moins important assure leur utilité dans la *Société*, leur conduite & leurs bonnes mœurs avec leur subsistance, en leur accordant à chacun la profession ou le métier que leurs dispositions & les convenances indiquent à votre bienfaisance.

Nous vous observons à cet égard que vos élèves inspirent déja une affection & un intérêt particulier à la plupart des maîtres & maîtresses, qui se font inscrire pour demander la préférence, dans la concession des apprentissages.

En portant le nombre des apprentissages probables, pour l'année prochaine, à 20; au lieu de 18, & établissant la dépense dans la proportion ordinaire de 200 livres chacun, nous vous proposons de voter pour ce dernier acte de votre paternité, qui met à tous les autres le sceau d'une utilité durable, une somme de . . . . 4000 autres liv.

Jeton philantrhopique.

Il est une classe de bienfaisance, d'un ordre supérieur, dans son objet & son influence, dont les fonds ne sont pas dans votre caisse, mais tout entiers dans votre cœur, & dont l'opinion accroît la valeur & les effets au-dessus de tous les secours pécuniaires; c'est le Jeton philanthropique, que vous avez vu suffire à l'ambition & à la récompense de la vertu, ainsi que parmi les romains, elle trouvoit une distinction suffisamment honorable dans quelques feuilles de chêne.

Plusieurs philanthropes vous proposoient, depuis long-temps, de joindre à vos aumônes habituelles, quelques encouragements pour les belles actions, reconnues vraiment philanthropiques & utiles à l'humanité. Cette proposition intéressante, vous a paru conforme au plan de votre institution, de récompenser la vertu en secourant la misère.

Vous n'auriez qu'imparfaitement repondu à cette qualité, en bornant vos secours, comme les bureaux de charité, au soulagement de la misère. Le dégré d'estime & de considération, auquel la *Société philantropique* est parvenue auprès de la nation & du gouvernement, devoit enfin lui inspirer la confiance qu'elle peut aujourd'hui s'occuper concurrement avec les *Sociétés* de littérature & de bienfaisance, & d'une manière plus spéciale & en même temps plus utile, de tout ce qui est du ressort de la véritable philanthropie, des intérêts de l'humanité & de la vertu.

Dans cette disposition, vous avez cru qu'une récompense pécuniaire auroit avili l'action & vous exposoit à des surprises: que d'ailleurs, un homme assez courageux pour braver les dangers en faveur d'un de ses frères, seroit humilié d'une offre pareille, & que la considération publique pouvoit seule honorer une action patriotique. Un signe de fraternité représenté par votre jeton, décerné par une *Société* réunie pour le bien de l'humanité, & remis par les mains de son président, avec un extrait de la délibération qui l'abjuge, a paru remplir ce but, au gré de celui qui l'obtient.

Tels étoient le regime les soins & les occupations utiles de la *Société* philantropique; elle a rendu de grands services aux pauvres, sur-tout en adoptant ce principe de charité, que les secours doivent, autant qu'il est possible, être donnés aux pauvres chez eux, que les forcer de se retirer dans un hôpital, & de quitter leurs familles pour en obtenir, c'est les ruiner en les secourant, c'est ne les secourir qu'à moitié, c'est leur faire acheter trop cher un bienfait, dont ils retireroient de bien plus grands avantages chez eux. La *Société* philanthropique, ne s'est pas contentée d'adopter ces maximes, elles les a mises en pratique, & les pauvres en ont éprouvé d'heureux effets.

La révolution a presque détruit la *Société* philanthropique; on n'a plus vu que de loin l'humanité malheureuse, au milieu des troubles politiques; les fonds ont manqué, les personnes riches ont été ruinées, les autres se sont retirées en pays étrangers, & le peuple pour qui on publie que tout doit être fait dans l'ordre politique, s'est vu privé d'un grand moyen de secours dans la dissolution de cet établissement de bienfaisance éclairée.

La *Société* de la *Charité maternelle*, n'a point éprouvé un sort aussi malheureux; elle a reçu quelque secours de l'assemblée nationale & de la Reine; en sorte qu'elle continue, quoiqu'avec moins d'étendue qu'elle l'auroit pu sans les événemens, à donner du secours aux pauvres femmes. On verra tout-à-l'heure, en quoi consiste cette *Société* de bienfaisance. Avant, nous remarquerons un vice essentiel dans son objet; c'est que destinée à empêcher l'abandon des enfans, elle n'a mis au rang de ceux qui ont droit à des bienfaits, que les enfans legitimes; elle n'a point cru qu'une jeune mère naturelle, méritât quelque secours dans sa misère; elle a relégué dans la classe des proscrits, faits pour vivre dans les hôpitaux, ceux des bâtards, que la misère de leurs mères ne permet pas d'élever, de soigner; comme si aux yeux de la raison, & surtout de la religion, une femme, un enfant cessoient d'avoir des droits à la charité, parce que leur état n'est point civilement constaté; comme si ce ne devoit pas être un titre de plus à la bienfaisance que l'espèce de mépris & de proscription dans laquelle nos loix & nos usages laissent les enfans naturels; comme si l'on pouvoit ignorer que les secours que l'on donneroit à de jeunes mères naturelles, pour les empêcher d'abandonner leurs enfans, ne fussent autant de moyens de les rappellex de les rappeller à des engagemens civils & légaux, que la présence de leurs enfans reclameroit d'elles.

Ces raisons & d'autres bien plus concluantes encore, je les ai developpées publiquement au mois de février 1791; mais sur cet objet, il règne un fanatisme, une superstition, un dérangement de cerveau si général, que les plus grands partisans de l'égalité, de la loi naturelle, au moment même qu'ils disoient: que tous les hommes naissent égaux, qu'un gentilhomme, n'est qu'un être de raison, vouloient & veulent même encore qu'il y ait des hommes *légitimes*, & des hommes *illégitimes*, que ces derniers ne soient pas les enfans, je ne dis pas de leur père, mais même de leur mère; ils veulent aussi qu'ils n'aient aucun droit à son nom, à sa propriété, quoique l'aveu de la mère, la notoriété publique, l'acte baptistaire ou de naissance, attestassent son état & sa naissance. Tous ces préjugés, la *société* maternelle, beaucoup moins philosophique, c'est-à-dire, éclairée, que la *société* philanthropique, les a adoptés & en a fait une base de conduite dans l'exercice de sa bienfaisance. On en connoîtra la nature, l'objet & les détails, dans le compte précis rendu à l'assemblée nationale par M. (le Duc) de Liancourt au mois de juillet 1790.

Rapport sur l'établissement de la Charité maternelle de Paris.

L'assemblée nationale, ayant, par son décret du mois de juin, ordonné à son comité de mendicité de prendre une connoissance particulière de l'association bienfaisante établie depuis quelques années dans la capitale, sous le nom de *Charité maternelle*, & de lui en rendre compte, le comité croit ne pouvoir mieux se conformer aux intentions de l'assemblée, qu'en publiant le mémoire qui lui a été remis par les dames administratrices de cette association. Ce mémoire, extrêmement exact & vérifié dans toutes ses parties par le comité, lui a paru ne rien laisser à desirer. Il est un témoignage certain de l'humanité, de la charité, de la tendre & respectable sollicitude, de la sévérité des principes de cette réunion de citoyennes qui apportant, dans les ménages des malheureux, secours & la consolation, ont, comme déjà il a été dit, diminué, d'une manière sensible, le nombre des enfans légitimes exposés aux enfans-trouvés.

Mémoire sur la charité maternelle, donné par les dames administratrices de cette société.

« La charité maternelle est une association libre & indépendante. Le titre de l'établissement ne lui appartient point, puisqu'elle n'a aucune des facultés qu'il suppose, qui sont ordinairement celles de posséder & d'acquérir.

» Plusieurs personnes se sont réunies pour former une société de bienfaits & de soins, & appliquer les uns & les autres à une classe de pauvres pour laquelle il n'existe à Paris ni hôpitaux, ni fondations. Cette classe est celle des enfans légitimes des pauvres. La société s'est proposée de les préserver de l'abandon de leurs parens & de tous les maux qu'entraîne la privation des secours, dans les premiers instans de la naissance.

» La pauvreté du peuple de Paris appeloit à ce bienfait un si grand nombre d'individus, qu'il étoit nécessaire pour l'exécution d'un plan si vaste que cette société devint très-nombreuse. Ce fut pour y parvenir que le projet en fut annoncé dans les papiers publics.

» Avant de distribuer les bienfaits provenus de cette réunion d'aumônes, il falloit en fixer la nature & la quantité, & indiquer les familles qui doivent y participer. Cette société fit des règlemens provisoires et les rendit publics, afin de recevoir tous les conseils & toutes les observations qui pouvoient les perfectionner. Elle crut aussi qu'il étoit nécessaire, pour mériter la confiance, de rendre publics tous les comptes & les résultats de son administration. Bientôt la composition de la société, ses principes, l'importance de ses motifs, lui attirèrent les bienfaits de la reine, un grand nombre d'associés & les secours du gouvernement qui crut devoir la protéger & l'étendre.

« Les règlemens arrêtés définitivement, au mois de février 1789, sont la base de son institution. Ils embrassent trois objets.

» Le premier, la société en général;

» Le second, son administration;

» Le troisième, les pauvres appelés aux dons de la charité maternelle.

» La *société* est composée de tous les souscripteurs & bienfaiteurs qui, par des contributions annuelles & momentanées, lui apportent des aumônes. Tout le monde indistinctement est appelé à cette société, & les noms de toutes les personnes qui se font connoître composent la liste. Une société nombreuse, composée de personnes de tout âge, de tout sexe, & de tous états, n'étoit pas susceptible d'assemblées & de délibérations communes. Aussi les règlemens n'ont-ils établi entre tous les membres de la société, d'autres relations que celles de la correspondance.

» Les détails de l'administration sont confiés à des dames; elles portent le titre de bienfaitrices. Leur contribution est volontaire & secrète. Elles la déposent dans un tronc, placé à cet effet dans le lieu de leurs assemblées. Les dames qui veulent être admises dans l'administration, y sont présentées par une dame déjà reçue : elles subissent l'épreuve du scrutin. Elles ont une présidente, des vice-présidentes, une secrétaire & un trésorier. Elles se partagent entre elles tous les quartiers de Paris, sous la dénomination de départemens, de sorte que chacune d'elles a le lieu déterminé de son travail & de son inspection.

» Les présidentes, secrétaire, trésorier, & une dame de chaque département s'assemblent en comité une fois par semaine. Tous les mois, il y a une Assemblée de toute l'administration. Le lieu des comités & assemblées est le bureau des administrateurs des enfans trouvés qu'on a bien voulu leur prêter pour cet usage.

» Les fonctions de toutes ces dames sont de visiter elles-mêmes les mères qui sollicitent pour les enfans dont elles sont enceintes, les dons de la charité maternelle; de faire les plus scrupuleuses informations sur leur pauvreté & sur leurs mœurs; ensuite, de les proposer dans un comité, &, lorsqu'elles ont été admises aux secours, de surveiller pendant deux ans les enfans pour qui elles ont obtenu l'adoption.

» Les principaux règlemens d'administration sont :

» 1°. D'assurer à tous les enfans adoptés deux années de secours.

» 2°. De n'en jamais adopter sans avoir en caisse la somme entière qui doit leur être distribuée pendant deux ans.

» 3°. De fixer à tous ces enfans un sort égal & uniforme, qui ne permette rien d'arbitraire dans la distribution, & aucune différence dans la dépense.

» 4°. Ce sort est de 192 livres pour chacun d'eux, dont 18 livres données à la mère pendant ses couches, une layette fixée au prix de 20 livres, pour l'enfant 8 livres par mois depuis sa naissance jusqu'à un an accompli, 4 livres par mois depuis un an jusqu'à deux, & une première robe du prix de 10 livres.

» Si une mère accouche de deux enfans, elle reçoit le double.

» 5°. Si l'enfant vient à mourir avant ses deux ans, ou si la mère ne remplit pas les conditions qui lui ont été imposées, les secours cessent; & ce qui n'a pas été consommé des 192 livres qui lui étoient destinées, rentre dans la masse des fonds.

» L'administration n'adopte des enfans que lorsque le trésorier annonce avoir 12,000 livres de libre. Alors ils sont divisés en 60 parts de 192 livres qui font 11,520 livres; on a ajouté 480 livres pour les parts des jumeaux qui pourroient naître.

» Ces 60 places à donner se partagent entre tous les départemens, dans la proportion qui a été jugée la plus convenable à leur étendue & au nombre de leurs pauvres. Il a été établi, pour cette répartition, des régles positives; de sorte que les dames d'un département ne peuvent jamais présenter plus de mères qu'il ne leur a été accordé de part de 192 livres.

» Deux fois par an on fait le relevé des naissances & des morts de tous les enfans. On compte, comme somme engagée, tout ce qui doit être payé aux enfans vivans pendant leurs deux ans entiers; comme sommes libres, tout ce qui est rentré par la perte de ceux qui sont morts. Ces rentrées font partie du premier partage.

» Par ces règlemens, tous les enfans de la charité maternelle ne sont appelés qu'à deux années de secours, pendant lesquels ils ne reçoivent que 192 livres chacun. L'économie que la société s'est prescrite ne lui avoit pas permis d'étendre ses soins sur ces enfans jusqu'à trois ans, qui lui paroissent cependant un terme nécessaire. Mais, ce qu'elle n'a pu se permettre sur ses propres revenus, les bienfaits de la reine & ceux de la société philantropique l'on fait; & à l'avenir, tous les enfans nés sixièmes, et dont les aînés sont en bas âge, tous les orphelins, tous les enfans jumeaux, nourris par leur mère, recevront une année de pension de plus.

» Les formes de l'adoption des enfans & celles des comptes qui y sont relatifs, sont :

» 1°. Le rapport fait par une dame de l'administration dans un comité.

» 2°. L'examen des pièces qui y sont jointes.

» 3°. Le consentement du comité.

» 4°. Le dépôt du rapport & des pièces au secrétariat sous un numéro.

» 5°. L'enregistrement du rapport & de la délibération sur le registre des procès-verbaux des comités & assemblées.

» 6°. Il est délivré à la dame qui a fait le rapport, une feuille numérotée, sur laquelle l'extrait du rapport & celui de la délibération sont écrits. Elle signe le premier, le secrétaire le second. Lorsque l'enfant naît, elle marque sur cette feuille la date de la naissance & ses noms, & envoye l'extrait de baptême au secrétariat. Tant que l'enfant est sous son inspection, elle garde cette feuille, & lorsque son temps est fini, ou lorsqu'il meurt elle renvoye cette feuille au secrétariat. Ces feuilles servent à la confrontation des comptes du Trésorier, parce que chacune d'elles contient tout ce que l'enfant a coûté.

» Indépendamment des registres-généraux de recette & dépense, le Trésorier tient un compte ouvert pour chaque enfant. Une des dames de chaque département en tient un pour tous les enfans du département, & chaque dame un particulier pour ceux qu'elle soigne. Tous ces registres se confrontent pour la confection des comptes.

» La partie des règlemens concernant les pauvres, devoit appeler aux dons de la charité maternelle tous les enfans nés dans le sein d'une véritable pauvreté ; mais l'impossibilité de répandre des secours sur une si prodigieuse quantité d'individus, a contraint la société à restreindre leur nombre & à ne choisir jusqu'à présent que ceux qui naissent orphelins, ceux qui naissent de parens infirmes qui ne peuvent gagner leur vie, & enfin ceux qui appartiennent à des familles nombreuses qui ne peuvent soutenir leur surcharge. Pour cela, elle a exigé que les mères enceintes qui lui sont présentées pour obtenir ses secours, eussent déjà un enfant en bas âge, si elles sont devenues veuves dans leur grossesse : elle a demandé la même condition aux femmes dont les maris sont estropiés ; & elle a exigé trois enfans en bas âge de celles dont les maris sont en état de travailler. Avec deux enfans, elle a appelé à ses secours les femmes abandonnées de leurs maris, quand les plus scrupuleuses informations prouvent que cet abandon n'est point le fruit de leur mauvaise conduite. Elle avoit ainsi appelé, pour le troisième enfant, les mères, dont les maris étoient hors de condition & sans ouvrage ; mais elle n'a pas encore été assez riche pour ouvrir cette classe. A peine peut-elle appeler les quatrièmes enfans, tant il s'en présente de cinquièmes, sixièmes & septièmes.

» Les conditions exigées de ces mères, sont :

» 1°. D'être domiciliées à Paris au moins depuis un an.

» 2°. De présenter leur extrait de mariage en bonne forme.

» 3°. D'obtenir de bons certificats de leurs paroisses, de leurs voisins & de leur principal locataire.

» 4°. De prendre l'engagement de nourrir elles-mêmes leurs enfans, ou de les élever au lait auprès d'elles, si elles ne peuvent les alaiter.

» Cette condition est la première base des principes de la charité maternelle. Elle veut, en protégeant l'enfance, resserrer les liens des familles, attacher les mères à leurs devoirs, les forcer de rester dans leur intérieur, & par-là les préserver de tous les désordres & de la mendicité qui est une cause absolue d'exclusion pour la charité maternelle. Pour maintenir ce principe, les mères qui ont été rencontrées mendiant, celles qui, sans la participation de la société, se défont de leurs enfans, en les mettant en nourrice, perdent les secours qui leur étoient promis.

Résultat du travail de la société de la charité maternelle depuis son établissement.

	Enfans admis	Recette.
» Depuis le mois de mai 1788, époque de son établissement, jusqu'au premier janvier 1789, reçu 26,267 l. 4 s. ci		26,267 l. 4 s.
» Admis pendant cet espace 156 mères dont dont il est né 162 enfans, à cause de six couches doubles, ci	162	
» Depuis le premier Janvier 1789, jusqu'au premier janvier 1790, reçu 77,361 l. ci		77,361
» Admis durant cet intervalle 588 mères, dont, à cause de sept couches doubles, il est né 595 enfans, ci	595	
» Depuis le premier janvier 1790, jusqu'au 2 juillet 1790, reçu 43,409 l. 16 s. ci		43,409 16
» Admis, depuis cette époque, 230 mères, dont, au moyen de quatre couches doubles, il est né 234 enfans, ci	234	
TOTAL	991 enfans.	147,038 l.

» Il résulte du compte arrêté, le 2 juillet, qu'il y a en caisse une somme libre de 4,383 livres. Ainsi, tout l'excédant de la recette a été dépensé ou engagé à ces 991 enfans. Sur cette somme, environ 5,500 livres auront été employées en frais d'administration depuis le premier mai 1788, jusqu'à la fin de Décembre 1790 ; ce qui fait près de trois années.

» Dans le compte arrêté, le 2 juillet, on n'a pas joint à la somme libre les retours provenus de la mort des enfans qui n'avoient pas atteint leurs deux ans. Ces retours n'ont point été comptés depuis le premier janvier. Il est probable que lorsqu'ils seront joints à la somme libre & à quelques recettes espérées, avant la fin de l'année, la société pourra admettre à ses secours 60 mères de plus.

» Après être entré dans tous les détails de la société de la charité maternelle, relatifs à sa composition, à ses règlemens & aux résultats de son travail, il faut faire connoître quels ont été les motifs de cette association, & quelle est l'étendue du plan qu'elle a conçu.

» Le premier motif de l'association de la charité maternelle a été d'empêcher l'exposition des enfans légitimes à l'hôpital des enfans-trouvés. Cette violation des droits sacrés de la paternité, commise journellement par les pauvres de Paris, a paru un désordre qu'il importoit de combattre par respect pour les mœurs. Un autre motif, non moins puissant que le premier, c'est la certitude que cet hôpital qui n'étoit point fondé pour les enfans légitimes, avoit peine à en supporter la surcharge, & qu'il en résultoit les plus grands maux pour tous les enfans en général. Car celui du pauvre, indépendamment de la perte de son état, venoit y puiser & y communiquer une contagion, causée par l'entassement seul d'une multitude d'enfans réunis, & suivie de la mortalité la plus effrayante. Si l'amour des mœurs exigeoit qu'on rappelât le peuple aux sentimens de la paternité, l'humanité exigeoit qu'on rendît à la vie cette multitude de victimes immolées tous les ans par la misère.

» Nulle loi, nulle contrainte ne pouvoit arrêter ces désordres : elles auroient peut-être compromis les jours qu'on vouloit conserver. La charité seule devoit par des moyens doux & consolateurs tenter cette grande entreprise ; c'étoit en procurant aux mères pauvres des secours pour allaiter elles-mêmes leurs enfans, en les leur présentant à cette condition, & en joignant l'exemple aux exhortations & aux bienfaits ; & des femmes sensibles & vertueuses devoient concevoir ce dessein & l'exécuter.

» L'administration de la charité maternelle en cherchant ces mères qui devoient, si elles n'eussent été secourues, abandonner leurs enfans, a rencontré une multitude de familles nombreuses où ce vice de l'abandon des enfans n'avoit point encore pénétré, où des mères courageuses avoient déjà supporté toutes les horreurs de la misère, sans qu'elles eussent été ébranlées dans leurs devoirs ; mais souvent leurs enfans avoient été victimes de leur détresse, elles-mêmes en conservoient de cruelles infirmités. Il falloit venir au secours de ces mères infortunées & vertueuses ; les préserver des remords où pouvoit les plonger un instant de désespoir, & en recompensant la vertu, les faire servir d'exemple aux autres mères. Dans d'autres familles, les mères n'avoient jamais nourri ; leurs enfans avoient été mis en nourrice ; mais le père & la mère avoient tour-à-tour subi la prison, pour l'acquittement des mois, & ces mères recevant les dons de la charité maternelle pour alaiter l'enfant dont elles étoient enceintes, ont acquis l'assurance de leur liberté pour l'avenir.

» La charité maternelle n'a donc pas dû borner ses soins aux seuls enfans destinés à être exposés aux enfans-trouvés : elle a reconnu que l'abus de leur exposition dans cet hôpital n'étoit pas le seul subsistant à Paris, & que le défaut d'hospice & de fondation en faveur des enfans légitimes nouveau-nés avoit causé tous ces désordres. Elle s'est proposée de tenir lieu de l'un & l'autre, & bientôt tous les enfans des pauvres lui ont paru être appellés à ses bienfaits.

» Mais cette multitude est devenue une perspective effrayante pour une société sans fonds, sans propriétés, & qui n'a de ressource que les aumônes que la confiance publique dépose entre ses mains.

» D'après les registres de l'hôpital & de l'hôtel-Dieu, il paroît que 12 à 14 cents enfans légitimes de Paris sont exposés tous les ans aux enfans-trouvés ; & la charité maternelle peut croire qu'un pareil nombre qui ne seroit pas exposé, mais que la misère met dans un danger perpétuel de l'être, peut réclamer ses secours. Ainsi la charité maternelle devroit tous les ans adopter de deux à trois mille enfans de Paris. Bientôt il n'y auroit plus de pères & mères emprisonnés pour mois de nourrice, & la naissance d'un enfant, loin de faire couler des larmes dans ces familles honnêtes & nombreuses, deviendroit l'assurance de la protection & des secours.

» Mais quelle somme il faudroit pour accomplir ce vœu ! La charité maternelle, d'après les connoissances que lui donnent les relevés de ses dépenses, estime que chaque enfant adopté, tant ceux qui parcourent leurs deux ans, que ceux qui meurent avant ce terme, lui fait une dépense de 135 à 140 liv. : trois cent mille livres suffiroient donc à peine aux dépenses annuelles de la charité maternelle.

La société a essayé de mettre plus d'économie dans ses dons ; mais plusieurs enfans dont les mois n'étoient que de 3 liv. ont disparu ; leurs mères ont dit les avoir mis en nourrice, & peut-être ont-ils été à l'hôpital. Il faut un milieu entre l'abondance des secours & leur insuffisance, & la charité maternelle croit l'avoir rencontré.

» Un zèle moins ardent que celui de la charité maternelle, un zèle qui n'auroit pas été inspiré par la religion & l'humanité, auroit été découragé par l'étendue de son plan & le peu de moyens donnés pour l'exécuter dans son entier. Mais se confiant à la providence, cette société n'a pas douté que l'importance de son entreprise ne lui attirât d'abondantes charités de la part des particuliers, & la protection signalée de la puissance publique.

» Pour se confirmer dans cette idée, il suffit de considérer l'influence de la charité maternelle sur les mœurs & sur la conservation de l'espèce humaine. Ici ce ne sont point des aumônes distribuées à l'inaction, & capables d'entretenir l'oisiveté. Ce sont des enfans dénués de tout secours, dont la charité conserve la vie, & des mères qu'elle attache à leur devoir, à leur intérieur, à leur famille, des pères dont elle sollicite l'industrie & l'activité pour élever ces nombreuses familles qui deviennent par elle l'objet de l'intérêt public. Combien la charité maternelle, depuis qu'elle parcourt ces classes malheureuses, n'a-t-elle pas réuni de ménages dont la misère avoit brisé les liens! Combien d'unions scandaleuses devenues légitimes! Enfin, combien de mères repentantes du sacrifice qu'elles avoient fait de leur premiers enfans, aidées & encouragées par les dames de la charité maternelle, ont restitué à ces enfans rejetés, leur *état* & leur famille! Voilà l'influence de la charité maternelle sur les mœurs, influence qui doit frapper un gouvernement ami du peuple.

» Son influence sur la conservation de l'espèce humaine n'est pas moins importante.

» Elle empêche les femmes mariées d'aller faire leurs couches à l'hôtel-Dieu, & préserve par-là de précieuses mères de famille de la contagion de cet hôpital. On sait combien sur 1000 femmes en couche il en périt à l'hôtel-Dieu. La charité maternelle en a assisté près de mille depuis son établissement, & il n'en est mort que deux en couches. Elle a surveillé les premiers instans de la vie de près de 1000 enfans, & par le relevé de ses registres, on vérifiera que la perte qui s'est faite dans la première année de leur vie, ne s'élève qu'à un cinquième environ.

» Quel désolant contraste offriroient les registres de l'hôpital des enfans-trouvés! Mais ce n'est pas seulement avec eux qu'il faut comparer les résultats de la charité maternelle: qu'on se fasse représenter les registres des *meneurs* du bureau des nourrices. Indépendamment des maux que les enfans de Paris portent dans les campagnes, on trouvera certainement qu'il en périt beaucoup plus d'un cinquième dans la première année: & toutes ces comparaisons solliciteront impérieusement la nourriture des mères.

» Ainsi, la charité maternelle porte dans l'intérieur des familles l'amour de l'ordre, du travail, des devoirs, & l'union des ménages; elle restitue à l'etat des mères précieuses comme mères de familles, & un nombre prodigieux d'enfans; elle emploie pour cela le travail & la contribution du riche qu'elle rapproche perpétuellement du pauvre: elle fait pratiquer à l'un, ce que l'amour de ses frères malheureux peut seul inspirer; elle porte chez l'autre les mœurs douces & vertueuses de ses consolateurs; elle ne dépense presque rien de ce qui lui est confié en frais étrangers aux pauvres: tout leur est distribué, & l'enfant qui est l'objet particulier de ses soins, répand une sorte d'aisance sur le reste de sa famille; elle sollicite perpétuellement la bienfaisance publique par les résultats précis de ses comptes, & plus encore par les tableaux consolans pour l'humanité qu'elle lui présente. Son administration rassemblée par la seule passion du bien, choisie dans toutes les classes de la société, porte par-tout l'intérêt dont elle est animée, & doit attirer sans cesse de nouveaux associés, & de nouveaux bienfaits.

» Tels sont tous les détails de l'existence des motifs & des espérances de l'association de la charité maternelle. Si les circonstances actuelles ont sensiblement diminué les rétributions que lui apportoit la confiance, elle espère survivre à cet instant de crise, & accomplir un jour toute l'étendue de son vœu ».

L'association de la charité maternelle est une de celles que la nation doit desirer de voir plus se multiplier; son intention respectable, les sentimens naturels & sacrés qu'elle réveille, lui assurent un grand nombre d'imitateurs. C'est une de celles qui sans doute sera plus constamment & universellement soutenue par la bienfaisance particulière, & qui doit ainsi subsister avec plus de certitude de ses propres ressources; elle est encore, dans ce rapport, essentielle à encourager; car cette association tournant ainsi les mœurs vers l'occupation de la consolation des malheureux, complette, perfectionne, s'il est possible de le dire, la bienfaisance publique qui, pour être juste, doit être soumise à des loix exactes & presque sévères dont elle ne doit jamais s'écarter.

Les circonstances actuelles diminuant la fortune des uns, alarmant les autres sur la leur, éloignant de Paris un nombre considérable de personnes riches, réduisent les ressources ordinaires de la charité maternelle quand cependant ses besoins augmentent.

Il a semblé au comité de mendicité d'après toutes les considérations qu'il vient d'exposer, qu'il étoit essentiel de soutenir cette association par des secours extraordinaires jusqu'au moment où il y a lieu de croire que les circonstances actuelles devront ne plus exister.

En conséquence il pense qu'il devroit être donné pendant trois ans, par forme de souscription, une somme de 15000 liv. à la charité maternelle prise soit sur les fonds de la loterie, soit sur tout autre fonds à la disposition publique, sans que ce secours puisse être prolongé au-delà de ce terme. Le comité de mendicité voit dans cette forme de secours le mode d'encouragement le plus salutaire, en ce que ne grévant pas l'hôpital-général à perpétuité, il assure à jamais l'existence d'une association sans lui fort hasardée, en ce qu'elle laisse l'administration entière de cette association aux mains qui l'ont formée, d'autant plus intéressées à la bien conduire, que de leur bonne gestion dépend le sort de leur établissement, puisque les secours publics cesseront à une époque rapprochée. Enfin cet encouragement, on ne peut trop le répéter, en assurant l'existence de la charité maternelle, assure la création d'une infinité d'autres établissemens de même genre, honorables aux mœurs de la nation, utiles aux malheureux, & favorables aux finances de l'état.

Extrait du compte rendu par l'administration de la société de la charité maternelle, pour l'année 1790.

Au 1er janvier 1790, la société avoit en fonds libres 6619 livres rentrées par la mort prématurée d'enfans qui n'ont pas atteint les deux ans de l'engagement que la société contracte envers eux.

La recette dans le courant de l'année a été de 46,305 liv., y compris les souscriptions de la reine & de la famille royale, la contribution des dames administrantes, les souscriptions & bienfaits particuliers, & les annexes de la loterie royale. Les rentrées & la recette ont formé un total de 52,924 l., dont la société a pu disposer dans le courant de l'année.

L'administration a employé cette somme à admettre à ses secours 306 mères, dont 226 aux seuls frais de la *Société;* & à chacune desquelles il a été engagé pour 2 ans 192 liv., avec un supplément d'un vingt-quatrième, en cas de naissance de jumeaux, & 80 admises conjointement avec la maison philanthropique, à chacune desquelles il a été engagé pour un an 144 liv., avec un supplément pour les jumeaux à naître.

De ces 306 mères, il est né 317 enfans par 11 couches de jumeaux.

De ces 317 enfans, 8 sont morts nés, 10 ont cessé d'être aux frais de la *Société*, ce qui réduit les naissances à 299.

De ces 299, 253 étoient vivans au 1er janvier, & 46 étoient morts.

Depuis le premier janvier 1790, jusqu'au premier janvier 1791, il a été dépensé pour les couches des mères, les layettes, les mois & les premières robes des enfans, 24095 liv.

Il reste à dépenser pour eux, jusqu'à la fin de l'engagement 19,952 liv. les frais de bureau, impressions, &c., ont couté 2262 liv., de sorte que la dépense faite & à faire pour l'année 1790, est de 46,309 liv.

La *Société* avoit à disposer de 52,924 liv. dans le courant de l'année. Il est encore rentré par la mort de quelques enfans reçus en 1788 & 1789, 3362 liv., ce qui fait un total de 56,286 liv. Sur quoi dépensé & à dépenser 46,309 liv.; il reste libre au premier janvier 1791, 9977 liv.

Récapitulations des trois années 1788, 1789 & 1790.

Dans le cours de ces 3 années, la *Société* a admis à ses secours 1045 femmes, dont il est né 1075 enfans, à cause des jumeaux.

Des enfans nés en 1788, $\frac{1}{5}$ est mort avant un an accompli; & depuis un an jusqu'à deux, un $\frac{1}{5}$ des $\frac{4}{5}$ restans.

Des enfans nés en 1789, $\frac{1}{4}$ est mort avant un an révolu; ce ne sera qu'à la fin de 1791, qu'on pourra rendre compte de la deuxième année de ces enfans.

Dans les naissances le nombre des filles a excédé celui des garçons.

La charité maternelle commence cette année avec une somme de 9977 l. de libre : elle y ajoutera les souscriptions du roi, les bienfaits de la reine sa fondatrice & son chef, les souscriptions de la famille royale, les contributions des dames administrantes, & les souscriptions & bienfaits de ses abonnés.

Par un décret du mois de janvier 1790 l'assemblée nationale lui a continué provisoirement la jouissance des 2000 liv. par mois d'annexes de la loterie. Elle a aussi de la caisse d'escompte 6000 liv. A tous ces bienfaits assurés, elle a encore l'espérance de joindre ceux que l'intérêt public, la nature de l'entreprise qu'elle a formée, & la connoissance de la profonde misère du peuple lui attireront. Cette misère rend incalculable le nombre des familles qui ont droit à ses secours.

(*Voyez* MENDICITÉ, ABANDON, ENFANS-TROUVÉS, PAUVRE, CHARITÉ, BIENFAISANCE, FEMME).

Nous ne parlerons point ici d'une multitude de *Sociétés* de tous noms établies soit à Paris, soit dans les provinces, soit dans l'étranger; il en est de folles, d'extravagantes, comme celle des *amis de la vérité*, dirigée à Paris, je ne sais par quel cercle social, & attachée à la rédaction d'un journal nommé la *Bouche de fer*, que personne ne connoît. Il en est de singulieres, d'insignifiantes, comme celle des frans-maçons; (*voyez* ce mot); il en est de puérils, de baroques, comme celle nommées *égorries*, aussi-tôt mortes que nées; il en est d'amusantes, de gaies, comme la société ou sallon des étrangers, depuis qu'on a cessé d'y déraisonner sur des objets auxquels la plupart des membres ne sont point préparés; on y danse, on y chante, on y fait sa cour aux femmes; il en est d'instructives, comme le lycée, ou musée, dont les membres s'occupent de l'étude des sciences & de la lecture des bons écrits; il en est de littéraires, payées en partie par le gouvernement, comme les académies; mais celles-ci sortent du nombre des associations particulières. (*Voyez* ACADÉMIE, ASSEMBLÉE, COTERIE, FRANC-MAÇON).

Nous remarquerons, en finissant, que les Grecs avoient aussi des espèces de *sociétés* ou clubs qu'ils nommoient Eranes; voici ce que je trouve dans M. *de Paw* sur cet objet; il ne sera pas inutile de rapporter cet article ici. Il est tiré de ses recherches *sur les Grecs*, imprimées en 1786.

« Les Athéniens étoient pour la plupart inscrits, dans des *sociétés* particulières qu'on nommoit des *Eranes*, & qui ont fourni l'idée de toutes ces associations qu'on a vues depuis quelques années se multiplier incroyablement dans les villes de l'Europe, & se repandre sous différentes dénominations jusques dans les moindres bourgades.

» On disoit des Eranes des Athéniens, qu'ils faisoient une partie de leur patriotisme, aussi bien que de leur luxe. Tous les membres devoient chaque mois déposer une somme stipulée dans le trésor de la communauté, qui soulageoit ensuite les associés, qu'on savoit être menacés de quelque grand malheur, qu'on pouvoit dissiper par des secours momentanés, en payant pour eux l'amende à laquelle ils étoient condamnés; ou en payant leurs dettes, afin de soutenir leur crédit. Mais dès qu'ils se trouvoient rétablis dans l'équilibre ordinaire, on les obligeoit à restituer les sommes qu'on leur avoit avancées, sans aucun intérêt.

» Cependant ces assemblées étoient souvent fort tumultueuses, & souvent il s'y élevoit de grands troubles. Tantôt les directeurs accusoient les membres de ne point remplir leurs engagemens, & de négliger le payement qui devoit avoir lieu au moment que le mois expiroit: tantôt les membres accusoient les directeurs à leur tour, de s'enrichir aux dépens de la *société* par des stratagêmes que nous nommons des vols, & que les Grecs nommoient des subtilités. Là-dessus, les Athéniens, qui avoient érigé un tribunal pour juger les pièces de théâtre, & un autre pour juger les bons mots, en établirent encore un troisième pour terminer toutes les contestations qui naissoient parmi les associés ou Eranistes. Ce tribunal avoit un code de loix particulieres, qui portoient le nom de *loi des Eranes* ».

» Lorsqu'on les avoit enfin forcés d'être d'accord entr'eux, ils célébroient des fêtes de l'espèce qu'on nommoit en grec *Symposia*, où l'on débutoit par faire un grand souper; ensuite on y buvoit des vins de Thase ou de Lesbos, jusqu'au retour de l'aurore: c'étoit en petit l'image des bacchanales, avec cette différence que les femmes qui brilloient tant dans les bacchanales, n'étoient jamais admises aux festins des Eranes; mais on y accordoit cependant l'entrée aux courtisanes, ou à des baladines, qui y représentoient des esquisses d'opéra, dont le sujet rouloit ordinairement sur les amours de Bacchus & d'Ariane ».

» C'est ainsi que ces institutions, continue M. *de Paw*, qui avoient d'abord un rapport direct avec le patriotisme, en eurent ensuite un encore plus direct avec le luxe national. La manière dont on les a vues renaître & se propager de nos jours en Europe, a enfin fixé sur elles l'attention des politiques, dont les idées sont très-partagées à leur égard. »

» Ceux qui les condamnent comme des établissemens très-opposés aux maximes d'une bonne police, citent en leur faveur l'autorité de l'empereur Trajan, qui étoit un ennemi déclaré de tous les Eranes de la Grèce, qu'il tâchoit d'extirper tant qu'il pouvoit: l'on croit même qu'il n'en laissa subsister qu'un seul dans le monde. Ce prince soupçonnoit ces sortes de *sociétés* de donner lieu à des conspirations dangereuses, & de favoriser les progrès d'une nouvelle religion, qui menaçoit l'empire Romain des plus terribles révolutions. »

» A cela on répond, que la crainte & les appréhensions de Trajan ne purent jamais être celles de la république d'Athènes, qui jugeoit les Eranes très-utiles chez un peuple commerçant, où les revers & les naufrages pouvoient entraîner des malheurs inattendus, que la charité seule des associés étoit en état d'adoucir. »

» Il est réellement surprenant que les idées des politiques, continue toujours M. *Paw*, aient pu être divisées de la sorte sur des questions qu'on peut décider par des règles positives, & dont l'interprétation ne sauroit jamais être arbitraire. Toutes les associations dont les assemblées se tiennent sous le voile de la nuit, & où l'on s'engage par les nœuds du serment, ne doivent être tolérées en quelque pays que ce soit, & pas même dans un pays barbare; mais celles où l'on n'a pas établi la nécessité du serment, rentrent dès cet instant dans la classe des assemblées ordinaires. »

SOURD, s. m. Celui qui est privé du sens de l'ouie.

Nous ne rappelons ce mal ici que pour faire connoître un bel établissement, formé par M. l'abbé de l'Epée, & au secours duquel le gouvernement est venu; comme on peut le voir par l'arrêt du conseil du mois de novembre 1778, par celui de mars 1785, & par le décret de l'assemblée nationale du 29 juillet 1791.

Nous rapporterons ces deux actes publics. Ils feront suffisamment connoître les soins que le gouvernement s'est engagé de donner aux *sourds*, tant avant qu'après la mort de M. l'abbé de l'Epée, fondateur de l'établissement qui les concerne.

Le premier est l'arrêt du conseil du 25 mars 1785.

Le roi s'étant fait représenter en son conseil l'arrêt rendu en icelui le 21 novembre 1778; par lequel étant informé du zèle & du désintéressement avec lequel le sieur abbé de l'Epée s'est dévoué à l'instruction des *sourds* & muets de naissance, sa majesté auroit ordonné qu'il seroit incessamment procédé à l'examen des moyens les plus propres pour former, sous sa protection, dans la ville de Paris un établissement d'éducation & d'enseignement en faveur des sujets de l'un & de l'autre sexe qui seroient affligés de cette double infirmité; & qu'à cet effet il seroit proposé à sa majesté tels statuts & règlemens qu'il appartiendroit, tant pour la fondation, que pour le gouvernement & direction dudit établissement; & en attendant qu'il y ait été pourvu définitivement, sa majesté auroit ordonné que sur la portion libre des biens que les monastères des Célestins, situés dans le diocèse de Paris, tenoient de la libéralité des rois ses prédécesseurs, il seroit, sous les ordres des sieurs Commissaires établis par ledit arrêt, pour veiller particulièrement à tout ce qui pourroit accélérer & préparer ledit établissement, payé & délivré par le sieur Bollioud de Saint-Julien, commis à la régie desdits biens par les arrêts des 29 mars & 6 juillet 1776, toutes les sommes qui seroient jugées nécessaires, soit pour la subsistance & entretien des *sourds* & muets qui seroient sans fortune, soit en général pour toutes les dépenses préparatoires dudit établissement; & sa majesté s'étant fait rendre compte, tant de ce qui a été fait jusqu'à présent, en exécution dudit arrêt, que de l'empressement avec lequel plusieurs évêques, & notamment ceux d'Orléans, d'Amiens & de Soissons ont déjà concouru à l'exécution de ses vues pour la dotation de cet établissement, elle auroit reconnu que le moyen d'exciter & d'étendre une émulation aussi précieuse pour l'humanité, seroit d'en fixer dès-à-présent le siège, & de mettre ainsi les pauvres qui seront forcés d'y avoir recours, en état de jouir sans délai de l'enseignement qui leur aura été assuré, & les autres évêques du royaume à portée de faire participer leurs diocésains à cet avantage, par l'application & union d'une légère portion des biens vacans qui pourront se trouver à l'avenir à leur disposition, & principalement de ceux qui proviendront de dotation royale. Et sa majesté s'étant pareillement fait représenter les divers plans, devis & projets qui ont été dressés par les ordres desdits sieurs commissaires pour la construction d'un hospice propre à recevoir les sujets de l'un & l'autre sexe, elle auroit de même reconnu que cet établissement ne pouvoit être mieux placé, & avec plus de célérité & moins de dépenses, que dans la partie des bâtimens conventuels du monastère des Célestins de Paris, qui a son entrée par la rue du petit musc, & est séparée des autres lieux claustraux, ainsi que de l'église, par une ligne transversale de démarcation, qui a été tracée à cet effet, du levant au couchant, par le sieur Lemoine de Couson, architecte; & comme d'ailleurs le grand nombre d'élèves dont le sieur abbé de l'Epée est aujourd'hui surchargé, ne permet pas de différer plus long-temps la fondation de cet établissement, sa majesté, en attendant que le sieur archevêque de Paris ait prononcé, en la forme ordinaire, sur la destination des biens dudit monastère, & néanmoins, après avoir pris l'avis dudit sieur archevêque, a jugé convenable de faire connoître ses intentions définitives, tant sur son emplacement, que sur les conditions qui seront nécessaires pour y être admis.

1°. Il sera incessamment pourvu à la confection des distributions & réparations nécessaires pour recevoir l'établissement des *sourds* & muets de l'un & de l'autre sexe, dans la partie des bâtimens & lieux conventuels des Célestins de Paris à ce destinés, & y former un hospice permanent, d'éducation & d'enseignement en leur faveur par le sieur abbé de l'Epée, & autres instituteurs, qui lui succéderont à l'avenir.

2°. Jusqu'à ce qu'il ait été pourvu d'une manière convenable à la dite dotation, il sera annuellement payé & délivré par ledit sieur de S.-Julien, sur les mêmes biens, au sieur abbé de l'Epée, & sur ses simples quittances, la somme de trois mille quatre cens livres, pour être employée à l'entretien des pauvres *sourds* & muets, de l'un & de l'autre sexe, qui pourront en avoir besoin, & à faciliter l'instruction de l'ecclésiastique adjoint à ses travaux pour se former audit enseignement.

3°. La pension gratuite entière pour chaque élève, sera & demeurera fixée à la somme de quatre cens livres par an, & la demi-pension à celle de deux cens livres, & ne pourront être lesdites pensions payées & continuées au-delà du terme de trois années; passé lequel, les mêmes sujets ne pourront plus en jouir, sous quelque prétexte que ce soit.

Le second acte est le décret de l'assemblée nationale, rendu le 21 juillet 1791, & sanctionné le 29.

L'assemblée nationale, après avoir entendu le rapport fait au nom de ses comités de l'extinction de mendicité, d'aliénation des biens nationaux, des finances & de constitution, croyant devoir accorder une protection spéciale à l'établissement fait en faveur des *sourds* & muets, décrète ce qui suit :

I. Le nom de l'abbé *de l'Epée*, premier fondateur de cet établissement, sera placé au rang de tous les citoyens qui ont le mieux mérité de l'humanité & de la patrie.

II.

II. Le local & les bâtimens du couvent des ci-devant Célestins, situé à Paris près l'arsenal, seront, sans distraction, employés à l'établissement des écoles destinées à l'instruction des *sourds*, muets, & des aveugle-nés.

III. L'établissement de l'école des *sourds*, muets, occupera néanmoins provisoirement la partie des bâtimens indiquée par l'arrêté du directoire du département de Paris, du 20 avril dernier.

IV. Il sera pris sur les fonds de la trésorerie nationale,

1°. Annuellement & à compter du premier janvier dernier, la somme de douze mille sept cens livres pour les honoraires du premier instituteur, du second, des deux adjoints, d'un économe, d'un maître d'écriture, de deux répétiteurs & de deux maîtresses.

2°. Pour cette année seulement, pour vingt-quatre pensions gratuites, à raison de trois cents cinquante livres chacune, qui seront accordées à vingt-quatre élèves sans fortune, suivant actuellement les écoles, celle de huit mille quatre cents livres.

V. Les douze mille sept cents livres d'honoraires accordées par l'article précédent, seront réparties ainsi qu'il suit :

Au premier instituteur, quatre mille livres, ci..........................	4,000
Au second instituteur, deux mille quatre cents livres, ci..........................	2,400
A deux adjoints, à raison de douze cents livres chacun, ci..........................	2,400
A l'économe, quinze cents livres, ci..	1,500
Au maître d'écriture externe, cinq cents livres, ci..........................	500
Aux deux répetiteurs, à raison de trois cents cinquante livres chacun, ci.......	700
Aux deux maîtresses gouvernantes, à raison de six cents livres chacune, ci.....	1,200
TOTAL, douze mille sept cents livres, ci..........................	12,700

Tous auront le logement, excepté le maître d'écriture.

Nul n'aura la table que l'économe, les deux répétiteurs & les deux maîtresses gouvernantes.

VI. Le choix des deux instituteurs actuellement occupés à l'instruction des *sourds* & muets, est confirmé.

VII. Il leur sera adjoint deux élèves instituteurs qui seront nommés par le départemens de Paris, sur la présentation du premier instituteur.

VIII. La surveillance de l'établissement est spécialement confiée au departement de Paris.

SPECTACLE. s. m. On donne ce nom à toute représentation de quelques scènes ou de quelques jeux publics; le lieu ou le *spectacle* s'exécute s'appelle *Théâtre*. (*Voyez* ce mot.)

Ce genre d'amusement est aussi diversifié que le goût des peuples & leurs degrés de civilisation; il semble qu'avec le progrès des arts & de la liberté, il prit plus d'étendue, & jeta de plus profondes racines dans les habitudes nationales; en France & dans toute l'Europe, les *spectacles* sont devenus des établissemens presqu'aussi nécessaires que les hôpitaux, les églises & les grands chemins. C'est là que le peuple apprend à aimer les sentimens nobles & généreux, à déposer la férocité, à secourir ses semblables, à chérir la vertu & à se former aux mœurs douces.

Mais pour que les *spectacles* atteignent ce but infiniment précieux, il ne faut pas qu'ils soient, ce qu'on s'est efforcé de les faire depuis le commencement de la révolution en France : je veux dire des écoles d'extravagances patriotiques, d'exagérations meurtrières, de fanatisme politique. Ce n'est point l'esprit politique qu'on doit former au théâtre, c'est le cœur; les leçons de droit public y sont mal placées, défigurées, empoisonnées par le jeu des passions. L'art de la liberté à besoin de la conviction de la pensée, qui marche lentement, & non du tourbillon des sentimens violens que fait naître l'action de la scène : à l'exception de quelques maximes d'une morale relevée, nous ne voyons point que les anciens aient fait du *spectacle* comique ou tragique autre chose qu'une censure des mœurs, ou un tableau des malheurs qu'entraînent les passions des hommes; jamais ils ne se sont mis en tête d'en faire des lycées de politique & des académies de civisme. Ils connoissoient trop bien le cœur humain, pour ne pas voir que c'étoit énerver les vertus politiques, les sentimens de liberté publique, que de les réduire en maximes théâtrales que l'on se contente d'applaudir, sans trop s'embarrasser de les pratiquer. On pourroit en voir la preuve chez nous, dans ces jours de révolution, ou tous les ressorts des passions sont tendus vers ce qui peut donner des secousses violentes; ce ne sont pas ceux qui assistent le plus fréquemment *à Charles IX*, *à la Liberté Conquise*, *à la ligue des Fanatiques & des Tyrans*, pièces où l'intention est encore plus mauvaise que le goût; ce ne sont point ceux-là qui, véritablement donnent l'exemple de la soumission aux loix, qui remplissent avec soin leurs devoirs de pères & de citoyens. L'homme que des occupations utiles, l'exercice des vertus civiles ont tenu dans une continuité devoirs, ne cherche point des amusemens violens & la comédie de la vertu, il veut délasser son esprit par des scènes douces, agréables & voluptueuses; voilà ce qu'on doit offrir sur les théâtres, car encore une fois la vertu n'en doit pas être l'inutile ornement.

Je suis donc bien opposé de sentiment à ceux qui ne voudroient sur la scène, que des rôles de héros féroces, des sacrifices à la manière de Brutus, comme si nous étions des Romains, & qu'un habitué de club puisse, sans crime, égorger ses enfans, pour ce qu'on lui auroit fait appeller la liberté, comme ce romain le fit avec un sentiment cruel, mais sûr, éclairé & bien autrement sublime que le fanatisme de nos furibonds.

Je reviens à mon texte. Indépendamment des *spectacles* scéniques, il y en a encore d'autres dont on peut utilement faire l'amusement du peuple : ce sont les courses de chars & de chevaux. Ces jeux nés dans la Grèce, & dont la raisonnable Angleterre offre seule quelques vestiges aujourd'hui, présentent tout ce qui peut exciter l'amour de la gloire, des arts, de la paix & la culture des talens agréables. Rien n'approche (pour la pompe & la magnificence) de ce *spectacle* imposant; c'est-là que tout le luxe d'une grande nation, tout ce que la jeunesse a de plus distingué par sa force & sa grace, tout ce que les arts de la décoration, les modes, les goûts ont de plus recherché se présente, se développe, se perfectionne, au milieu du concours d'un peuple immense.

Ajoutez que l'espoir d'obtenir des spectateurs même le prix de la victoire, de recevoir une couronne des mains du peuple réuni, est sûrement un des plus louables & des plus puissants motifs d'émulation civique parmi les citoyens d'un même état.

C'est à de semblables jeux, s'ils avoient lieu tous les ans, que l'on verroit arriver de tous les pays des amateurs & des curieux; la richesse & les lumières des différens peuples ajouteroient encore aux avantages de ces institutions, en place desquelles on trouve à Paris le triste & monstrueux *spectacle* du combat du taureau, que les antropophages politiques regardent comme un moyen de conserver au peuple son énergie, & qu'ils ont en conséquence protégé contre toutes les réclamations de la raison.

Cette école de meurtre peut être comparée au *spectacle* infâme & déshonorant des gladiateurs, car si le crime n'est pas le même de faire combattre des animaux, qu'il l'est d'exposer des hommes à se déchirer, à se tuer, pour l'amusement de quelques oisifs ou de quelques cœurs barbares, du moins l'atrocité est la même, & le résultat presque aussi dangereux à la société. J'ai fait tous mes efforts pour faire détruire le combat du taureau, mais je n'ai pu y réussir que pendant quelque temps, sans doute par les raisons que j'en ai données tout-à-l'heure.

Nous avons rapporté au mot ACTEUR différens règlemens & plusieurs détails historiques & philosophiques relatifs aux *spectacles*; on peut y avoir recours, pour une plus grande connoissance de la chose; nous observerons seulement ici que depuis que cet article a été traité, tout est changé dans la police des *spectacles* comme dans le reste; ils ne sont plus regardés que comme des établissemens particuliers que chacun peut faire en se soumettant d'ailleurs, aux loix de police sur la sûreté, la tranquillité, la décence & la morale publique. Cette liberté, qui ne produit aucun mal réel, & qui me paroît conforme à la justice, à la raison, cette liberté légitime a prodigieusement multiplié les *spectacles* à Paris, il y en a dix-sept à présent (décembre 1791) & chaque jour on s'occupe d'en élever de nouveaux. Peut-être en sera-t-il de la liberté des théâtres, comme de celle de la presse, qui a d'abord donné naissance à une foule d'ouvrages périodiques que l'on a vu ensuite tomber & mourir pour ne jamais renaître. Mais ce n'est point une raison d'en gêner la liberté; il est permis à tout le monde de se ruiner.

Nous rapporterons au mot théâtre les nouvelles loix de police sur leur établissement, ce qui nous borne à ne présenter ici que deux anciennes loix sur les *spectacles* qu'il est bon de connoître.

La première est une ordonnance du roi du 24 décembre 1769, dont les dispositions ont été maintenues jusqu'à la révolution; la seconde est une ordonnance du 14 avril 1768 sur les sauteurs, joueurs de marionnettes, &c.

Sa majesté, porte la première, voulant que les défenses qui ont été faites, & qu'elle a renouvellées, à l'exemple du feu roi, d'entrer aux opéra, comédies Italienne & Françoise sans payer, & d'interrompre le *spectacle* sous aucun prétexte, soient régulièrement observées; de même que les dispositions de l'ordonnance de sa majesté du 18 janvier 1745, pour l'arrangement des carosses aux entrées & sorties des *spectacles*; & étant informée que quelques personnes ne s'y conforment pas aussi exactement qu'elle le desire, sa majesté a fait très-expressément défenses à toutes personnes, de quelques qualité ou condition qu'elles soient, même aux officiers de sa maison, gardes, gendarmes, chevaux-légers, mousquetaires, pages de sa majesté, à ceux des princes & princesses du sang, des ambassadeurs, & à tous autres; d'entrer aux opéra ni aux comédies Italienne & Françoise sans payer; veut même que les pages, en payant, ne puissent se placer qu'au parterre & aux troisièmes loges; défend, sa majesté, à tous ceux qui assistent à ces *spectacles*, & particulièrement à ceux qui se placent au parterre, d'y commettre aucun désordre, soit en entrant, soit en sortant; de crier ou de faire du bruit avant que le *spectacle* commence, & dans les entr'actes, de siffler, faire des huées, avoir le chapeau sur la tête, & interrompre les acteurs pendant les représentations, de quelque manière & sous quelque prétexte que ce puisse être, sous peine de désobéissance; fait pareillement défenses, sous les mêmes peines, à toutes personnes de s'arrêter dans les coulisses qui servent d'entrée au théâtre, & hors l'enceinte des balustrades qui y sont posées; défend, sa majesté, à tous domestiques portant livrées, sans aucune réserve, ni exception, ni distinction, d'entrer à l'opéra ou aux comédies, même en payant; d'y commettre aucune violence ni indécences aux entrées ou environs des salles de représentations, sous telle peine qu'elle jugera convenable. Veut & entend, sa majesté, qu'il n'y ait aucune place marquée pour les carrosses, & qu'ils aient tous, sans aucune exception ni distinction, à se placer à la file les uns des autres, au fur & à mesure qu'ils arriveront à l'entrée des *spectacles*, sans pouvoir même doubler ni embarrasser le devant desdits *spectacles*, qui sera réservé libre pour la facilité du défilé; de façon que la voie publique ne puisse être embarrassée. Qu'à l'entrée ou sortie desdits *spectacles*, les cochers soient tenus de prendre la file, sans en former plusieurs, ni se couper les uns les autres, pour quelque cause que ce soit. Ordonne, sa majesté, d'emprisonner les contrevenans; défendant expressément à toutes personnes, telles qu'elles puissent être, officiers de sa majesté, ou autres, de s'opposer directement ni indirectement à ce qui est ci-dessus ordonné; d'empêcher, par la force ou autrement, que ceux qui y contreviendront ne soient arrêtés & conduits en prison.

Ordonnance de Police sur les spectacles de marionnettes.

Sur ce qui nous a été remontré par le procureur du roi, que de temps immémorial il est venu aux foires Saint-Germain & Saint Laurent des troupes passagères de sauteurs, danseurs de corde, bateleurs, joueurs de marionnettes, & autres pièces; que dans la suite quelques-uns d'entr'eux sont restés de temps en temps, par notre permission, en divers endroits de cette ville, & qu'ils ont été tolérés, pour procurer au peuple un délassement de ses travaux, & le distraire des mauvaises suites que l'oisiveté & la débauche entraînent après elles; que malgré l'attention que nous avons sans cesse apportée à ce que ses sauteurs & bateleurs eussent à se contenir dans les bornes à eux prescrites, il s'est apperçu que, depuis quelques années, ils les ont franchies, & ont empiété sur les *spectacles* réglés dans cette ville; que ces sortes de contraventions ont été en divers temps réprimées par des sentences de police & arrêts de la cour, qui ont déterminé, suivant les circonstances, ce qui devoit leur être permis ou défendu; qu'il estime qu'il est à propos de réprimer de nouveau les abus que ces sauteurs & bateleurs ont commis, & de prévenir ceux qu'ils pourroient commettre par la suite, en représentant des pièces appartenantes aux théâtres François & Italiens sous leurs véritables titres, ou sous des titres supposés, soit en entreprenant de jouer sur leur théâtre des pièces d'un caractère au-dessus de ce qui leur est propre, ou enfin en augmentant arbitrairement le prix de leurs places; de manière que le peuple, pour qui ces amusemens sont tolérés, ne peut plus y prendre part; que pour les contenir dans de justes bornes, il ne nous proposera point de rappeler la sévérité des sentences précédentes, par lesquelles il leur étoit défendu de jouer sur leur théâtre aucune pièce à intrigue; mais de tenir les bateleurs & sauteurs dans l'état où ils doivent être, suivant les temps & les circonstances, & de les astreindre à ne prendre que des prix modiques, & proportionnés aux facultés du peuple. Pourquoi il requiert qu'il y soit par nous pourvu.

Nous, faisant droit sur le requisitoire du procureur du roi, défendons à tous sauteurs, bateleurs & danseurs de corde, &c., de faire représenter sur leurs théâtres, soit aux foires Saint-Germain, Saint-Laurent ou Saint Ovide, sur les boulevards, ou dans quelques autres endroits que ce soit, aucunes pièces appartenantes aux comédiens Italiens ou François, sous leur véritable titre, ou sous des titres supposés, même aucunes scènes détachées desdites pièces; leur défendons pareillement de jouer sur leur théâtre d'autres pièces que des bouffonneries ou parades, qu'après en avoir pris notre permission expresse, même pour celles desdites pièces qu'ils joueront sur des canevas; leur défendons en outre de prendre ou exiger plus de trois livres aux premières places, vingt-quatre sols pour les secondes, & douze sous pour les dernières; sauf néanmoins, en cas de *spectacles* d'un genre différent, & par nous approuvé, à être pourvu à telle augmentation de prix qui sera par nous ordonné; le tout sous peine de mille livres d'amende, & de plus grande peine, même de démolition de leur théâtre, s'il y échet; & sera la présente ordonnance publiée, &c. *Voyez* AUTEUR, THÉATRE, ACTEUR.

SUBSISTANCE, s. f. Ce qui sert à la nourriture de l'homme & des animaux.

En terme de police administrative, on appelle du nom de *subsistances* les grains & farines destinés à la consommation d'une ville. Nous avons déjà parlé de cette matière importante aux mots APPROVISIONNEMENT, ACCAPAREMENT, GRAINS, DISETTE, FAMINE: on peut y avoir recours. Cependant nous ne croyons pas devoir passer sous silence quelques nouveaux détails sur cet objet.

La France, malgré son territoire fertile, est souvent exposée à manquer de grains; il faut alors en tirer de l'étranger. Le peuple crie, se livre à des violences, & le prix de la denrée augmente en proportion des moyens violens que l'on emploie pour le faire baisser. Dans ces momens les officiers municipaux craignent; & il n'est arrivé que trop souvent de les voir abandonner à la violence du peuple des marchands innocens, ou qui n'avoient contr'eux qu'un peu de cupidité & d'amour du gain.

Jamais les effets de l'inquiétude populaire n'ont été plus sensibles sur le commerce & la circulation des *Subsistances*. Les loix & les instructions ont été prodiguées sur cet objet, sans qu'on ait pu encore parvenir à assurer, d'une manière constante, la tranquillité des marchés & la sûreté des transports. Il seroit inutile d'entrer dans des détails historiques à cet égard, & nous préférons de rapporter ici un décret de l'assemblée nationale du mois de septembre 1791, ainsi qu'une proclamation du mois de novembre de la même année, qui feront connoître les difficultés dont nous venons de parler, & les moyens employés pour y remédier. Nous finirons par la transcription d'un arrêté de la municipalité, où l'on trouvera quelques faits sur la consommation de Paris, ses besoins actuels & ses ressources au moment de sa publication.

L'assemblée nationale considérant que malgré les mesures qui ont été prises pour maintenir la libre circulation des grains, & assurer la *Subsistance* à toutes les parties de l'empire, ses vues pourroient être trompées par les artifices des ennemis de la constitution, & par les craintes exagérées du peuple, quoiqu'il soit reconnu que le royaume renferme plus de *Subsistances* qu'il n'en faut pour la consommation d'une année; considérant que le vrai moyen de porter l'abondance dans tout le royaume, est de rassurer les commerçans, en leur procurant protection & garantie dans leurs spéculations, décrète ce qui suit.

I. Que le roi sera prié de donner les ordres les plus précis pour faire poursuivre & punir, suivant la rigueur des loix, toute personne qui s'opposeroit, sous quelque prétexte que ce puisse être, à la libre circulation des *Subsistances*.

II. Les propriétaires, fermiers, cultivateurs, commerçans, & autres personnes faisant circuler des grains, en remplissant les conditions exigées par la loi, qui éprouveront des violences ou le pillage de leurs grains, seront indemnisés par la nation, qui reprendra la valeur de l'indemnité, en l'imposant sur le département dans lequel le désordre aura été commis. Le département fera porter cette charge sur le district, sur les communes dans le territoire desquelles le délit aura été commis, & sur celles qui ayant été requises de prêter du secours pour maintenir la libre circulation, s'y seroient refusées; sauf à elles à exercer leur recours solidaire contre les auteurs des désordres.

III. Il sera remis à la disposition du ministre de l'intérieur, jusqu'à concurrence d'une somme de douze millions, pour être employée, sous l'autorité du roi & sur la responsabilité du ministre, à prêter progressivement aux départemens les secours imprévus qui seront reconnus leur être nécessaires, à la charge par lesdits départemens de rembourser dans deux ans, avec les intérêts à cinq pour cent, les avances qui leur seront faites à titre de prêt. La trésorerie nationale en fera l'avance chaque mois, en proportion des besoins reconnus par le ministre, qui sera tenu de justifier de l'emploi à la prochaine législature, toutes les fois qu'elle l'exigera. Au premier octobre 1792, l'emploi détaillé desdits fonds sera rendu public par la voie de l'impression, et envoyé aux quatre vingt trois départemens. La caisse de l'extraordinaire restituera successivement à la trésorerie nationale les sommes qu'elle aura avancées pour cet objet.

Proclamation du roi.

Le roi est informé que malgré les différentes loix précédemment rendues pour ordonner la libre circulation des grains & des *Subsistances* dans l'intérieur du royaume, les départemens qui ont eu le malheur d'avoir cette année de mauvaises récoltes, & qui sont obligés de faire faire des achats de grains dans les départemens mieux favorisés, éprouvent de grandes difficultés pour l'extraction & le transport des grains qu'ils ont donné commission d'acheter, & qui sont destinés à satisfaire aux besoins de leurs habitans. Sa majesté a été instruite que ces difficultés ont été dans plusieurs endroits suivies de voies de fait, & même de violences; & que le peuple, méconnoissant ses administrateurs, & n'écoutant plus les organes de la loi, s'est livré à des accès coupables. Sa majesté, justement alarmée des conséquences fâcheuses qui pourroient résulter des progrès d'une infraction aussi formelle aux loix, ne veut pas différer d'employer tous les moyens que la constitution lui donne pour assurer, autant qu'il est en elle, l'exécution des loix, & la soumission de tous les citoyens aux réquisitions & aux arrêtés des corps administratifs, chargés d'en maintenir l'observation. Sa majesté veut, avant tout, rappeler les loix déjà rendues en faveur de la libre circulation, afin de faire connoître combien l'assemblée nationale constituante a jugé cette libre circulation nécessaire pour l'intérêt du peuple, puisqu'elle en a fait l'objet d'une attention particulière, & la matière de plusieurs décrets.

Le 29 août 1789, l'assemblée nationale constituante a décrété « que la vente & circulation des grains & farines seroient libres dans toute l'étendue du royaume; & que ceux qui feroient des transports de grains ou farines par mer, seroient assujettis à des déclarations, & à justifier de leur arrivée au lieu de leur destination; & l'exportation à l'étranger a été défendue. »

Le 18 septembre 1789, l'assemblée nationale constituante convaincue « que la sûreté & la sécurité du peuple étoient essentiellement attachées à l'exécution rigoureuse du décret du 29 août précédent, a ordonné que toute opposition à la vente & libre circulation des grains dans l'intérieur du royaume, seroit considérée comme un attentat contre la sûreté & la sécurité du peuple, & que ceux qui s'en rendroient coupables, seroient poursuivis extraordinairement comme perturbateurs du repos public. »

Le 2 juin 1790, l'assemblée nationale constituante informée que par des excès commis dans plusieurs départemens, « la liberté si nécessaire, est-il dit, de la vente & circulation des grains avoit été troublée, & que ces excès, s'ils n'étoient réprimés, amèneroient promptement la famine, a déclaré ennemis de la constitution, de l'assemblée nationale, de la nation & du roi, tous ceux qui excitent le peuple à des voies de fait & à des violences contre la liberté de vente & de circulation des denrées & subsistances. Elle met sous la protection & sauve-garde de la loi, de la constitution, de l'assemblée nationale & du roi, tous les citoyens, les laboureurs, fermiers & métayers, les commerçans & marchands de grains & *Subsistances*. Elle ordonne que les contrevenans seront reconnus & dénoncés par les honnêtes-gens, comme ennemis de la constitution & des travaux de l'assemblée nationale, de la nation & du roi. Elle ordonne en même-temps aux gardes nationales, qui sont les citoyens actifs eux-mêmes, & aux troupes de ligne, de déférer, sans délai, à toutes les réquisitions qui leur seront faites par les corps administratifs & municipaux. »

Le 7 décembre 1790, l'assemblée nationale constituante a ordonné, « sur la pétition du conseil général du département du Pas-de-Calais, que la loi du 29 août 1789, & les articles III & IV de celle du 18 septembre suivant, sur la libre circulation intérieure, seroient exécutés dans les dix lieues frontières, pour les transports de grains par les canaux & rivières, lorsque les chargemens excéderoient trente quintaux; & que de quelques lieux que les grains fussent partis, les acquits à caution seroient pris ou visés dans les municipalités de la route des dix lieues frontières. »

Enfin, le 26 septembre dernier, l'assemblée nationale constituante convaincue de la nécessité de réprimer efficacement toute atteinte qui pourroit être portée à la libre circulation des grains, & d'en punir les auteurs, a rendu graduellement responsables de la valeur des grains les départemens, les districts & les municipalités où il seroit commis quelque violation à la loi de la libre circulation, de manière que cette responsabilité pût retomber en définitif sur les auteurs de la violation & du désordre.

L'assemblée nationale constituante ne s'est pas contentée d'ordonner aussi formellement la libre circulation. L'exacte & scrupuleuse obéissance aux loix déjà rendues sur cette matière, lui a paru si nécessaire, & d'une si haute importance, qu'elle a voulu en faire un article particulier du serment de la fédération; & c'est au nom de toutes les gardes nationales du royaume, que leurs députés à la fédération générale ont juré le 14 juillet 1790, « d'être à jamais fidèles à la nation, à la loi & au roi; de maintenir de tout leur pouvoir la constitution décrétée par l'assemblée nationale, & acceptée par le roi; de protéger la sûreté des personnes & des propriétés, & la circulation des grains & des *Subsistances* dans l'intérieur du royaume. »

Comment la promulgation de loix aussi positives n'a-t-elle pas encore prémuni le peuple contre de fausses alarmes? Comment l'évidence des principes sur lesquels ces loix sont fondées n'a-t-elle pas éclairé sa raison? Comment continue-t-il à se livrer à des soupçons injustes, à des mouvemens si peu réfléchis, à une désobéissance si répréhensible, & en même-temps si contraire à ses véritables intérêts? Comment refuse-t-il sa confiance aux administrateurs qu'il a lui-même choisis, lorsqu'ils ne lui parlent qu'au nom de la loi; lorsqu'en voulant la faire exécuter, ils remplissent un devoir qu'ils ne pourroient négliger sans se rendre coupables, sans trahir leur serment, sans mettre la constitution même en danger; puisque c'est par la soumission seule aux loix qu'elle peut être inébranlable? Les citoyens qui se sont inscrits dans la garde nationale, ont-ils donc oublié qu'ils ont été armés pour assurer l'exécution des loix; que leur premier devoir est d'obéir aux réquisitions qui leur sont faites par les corps administratifs, sous leur responsabilité; & que cette responsabilité retombe toute entière sur leur propre honneur, lorsqu'ils trompent ainsi la confiance que les administrateurs doivent avoir dans leur attachement pour la constitution, & dans leur zèle à se dévouer pour assurer l'exécution des loix!

Le roi, dans toutes les occasions où il a été porté des atteintes particulières à la libre circulation des grains, a donné les ordres les plus précis pour les faire cesser. Sa majesté a cherché à multiplier les instructions sur ce sujet de tant de fausses opinions, de tant d'inquiétudes mal-fondées; & c'est par une suite de ce sentiment de bonté, qui la porte toujours à ne voir que des citoyens trompés par leurs propres craintes sur leurs besoins, plutôt que des hommes coupables d'une désobéissance réfléchie à la loi, qu'elle veut encore aujourd'hui essayer de les faire revenir de leur erreur avant de les livrer à la poursuite des tribunaux.

Le roi répète à tous enfin, qu'en même-temps qu'il s'efforce de maintenir, conformément aux loix, la libre circulation intérieure, il a fait donner les ordres les plus précis sur toutes les frontières pour empêcher qu'il ne se fasse aucune exportation à l'étranger. La même surveillance a été recommandée dans tous les ports & sur toutes les côtes. La formalité des acquits à caution sous laquelle il est permis, par la loi du 29 août 1789, & par celle du 7 décembre 1790, de faire des transports de grains par mer & par les canaux & rivières, pour les autres ports du royaume, est exigée & observée avec la plus grande exactitude. Il ne peut donc y avoir aucune inquiétude raisonnable sur les expéditions de grains qui se font par les ports & par les rivières ou canaux navigables, puisque les acquits à caution garantissent que ces expéditions n'ont & ne peuvent avoir aucune destination étrangère. Ces explications claires & précises ne laissent plus de prétexte à la résistance. La justice, la raison, l'intérêt même bien entendu du peuple; lui font maintenant un devoir de ne plus apporter d'obstacles au libre passage des grains; car il ne peut plus ignorer qu'ils sont destinés à secourir les départemens du royaume, qui ayant eu le malheur d'éprouver une grande disette, ne peuvent se procurer de *subsistances* qu'en faisant faire pour leur compte des achats dans les départemens, dont le produit des récoltes est supérieur à leur consommation. Ceux qui ont été favorisés cette année par une abondante récolte, ne doivent-ils pas prévoir qu'ils peuvent éprouver à leur tour le malheur qui afflige aujourd'hui quelques parties du royaume? Ne doivent-ils pas craindre que s'ils refusent de secourir du superflu de leurs besoins leurs concitoyens, leurs frères, ils ne soient exposés aux mêmes obstacles, sans avoir le droit de réclamer une réciprocité à laquelle ils se seroient imprudemment refusés.

Le roi après avoir ainsi fait tout ce qui est en son pouvoir pour dissiper les inquiétudes du peuple, veut en même temps pourvoir par tous les moyens que la constitution lui donne, à ce que la loi soit observée & executée par tous; mais c'est à regret que sa majesté se verroit forcée de provoquer la sévérité de la justice, contre ceux qui continueroient à opposer une résistance coupable à la libre circulation des grains dans l'intérieur du royaume.

En conséquence, le roi ordonne que les loix précédemment rendues & qui ordonnent la liberté entière de la vente & de la circulation des grains & *subsistances* dans l'intérieur du royaume, seront exécutées selon leur forme & teneur. Enjoint sa majesté très-expressément aux corps administratifs de les faire observer exactement, & requérir au besoin la force publique; ordonne aux gardes nationales, à la gendarmerie nationale, aux troupes de lignes d'obéir aux réquisitions qui leur seront faites, à peine de demeurer responsables sur leur honneur des conséquences qui pourroient résulter de leur refus de prêter assistance à la loi. Ordonne sa majesté que la responsabilité graduelle établie par le décret du 26 septembre dernier, pour garantir aux propriétaires la valeur de leurs denrées, sera exercée conformément audit décret, contre ceux qui encourront la peine de ladite responsabilité. Ordonne aux accusateurs publics de dénoncer, & aux tribunaux de poursuivre extraordinairement ceux qui s'opposeront encore à la libre circulation & vente des grains dans le royaume. Ordonne en outre sa majesté que la présente proclamation sera imprimée, publiée, affichée, & envoyée à tous les corps administratifs & tribunaux chargés d'en assurer l'exécution.

Fait au conseil d'état, tenu à Paris, le vingt-sept novembre mil sept cent quatre-vingt-onze. *Signé* LOUIS. *Et plus bas*, DE LESSART.

Extrait du registre des délibérations du conseil général de la Commune de Paris, du 27 septembre 1791.

Arrêté sur les subsistances.

Le conseil général délibérant sur la réquisition du premier substitut-Adjoint du procureur de la commune, & considérant,

1°. Que Paris renferme à-peu-près sept cent mille âmes, & que, cette ville, parvenant au degré de prospérité & de splendeur, qu'elle peut atteindre, sa population doit recevoir un accroissement considérable.

2°. Que Paris consomme actuellement, par jour, environ dix-sept cents sacs de farine, du poids de 325 liv. chacun;

3°. Qu'on ne peut distinguer l'approvisionnement de Paris, d'avec l'approvisionnement de tout le département, en ce que, dans les temps de rareté, les habitans des villages environnans, & même des villes voisines, font acheter à Paris des farines & du pain; & que, dans les circonstances extraordinaires, la consommation journalière de Paris s'est élevée, par cette raison, jusqu'à deux mille deux cent sacs de farines par jour;

4°. Que Paris, favorisé à d'autres égards par la nature, n'en a pas reçu toutes les facilités désirables pour ses approvisionnemens en farine, en ce que les campagnes, dont elle est entourée, ne produisent que peu de bled, & en ce que la riviere, sur laquelle se transporte une grande partie de ses approvisionnemens, peut n'être pas navigable pendant trois ou quatre mois de l'année ; en été par le défaut d'eau ; en hiver, par l'effet des glaces ;

5°. Qu'il est sans doute à desirer que le commerce seul approvisionne Paris en farine, comme seul il fournit à Paris toutes les autres denrées, mais que jamais, jusqu'à présent, on n'a osé abandonner aux spéculations du commerce & soumettre aux variations qu'elles peuvent éprouver, l'existence de sept ou huit cent mille personnes ;

6°. Qu'avant la révolution le gouvernement se chargeoit d'aider le commerce dans ses momens de langueur, & de combler le déficit qu'il pouvoit laisser dans la somme des approvisionnemens ;

7°. Que, depuis la révolution, les électeurs d'abord, les représentans provisoires & la municipalité provisoire ensuite, & enfin la municipalité constitutionnelle ont cru devoir se charger d'un soin que la loi n'imposoit à personne, que l'intérêt de la révolution ne permettoit pas de confier aux agens du pouvoir exécutif, & que le peuple ne pouvoit déposer dans des mains plus sûres & plus fideles que celles des magistrats qu'il avoit choisis,

8°. Qu'aujourd'hui que la révolution est consommée, tous les corps administratifs en activité, tous les pouvoirs en harmonie, ce nouvel ordre de choses, purement provisoire, doit faire place à un système régulier, adopté & suivi désormais comme règle invariable de conduite ;

9°. Que l'objet que doit se proposer l'administration municipale, est non-seulement d'appeller & de fixer dans la capitale l'abondance de la plus nécessaire des denrées, mais de prévenir toute occasion d'inquiétude & d'allarme ; car la manifestation de la moindre inquiétude porte une atteinte funeste à l'approvisionnement, & produit toujours un renchérissement : que l'administration doit encore desirer ardemment qu'il soit pris, s'il est possible, des mesures telles que le prix du pain ne s'élève jamais subitement, & se trouve toujours dans une juste proportion avec le prix commun des blés & farines dans tout le royaume.

10°. Que les moyens qui peuvent conduire à ces heureux résultats ne sont point encore connus ; que du moins ils ne sont pas positivement déterminés : qu'il est incertain si le commerce seul peut, à l'abri des loix qui protègent la circulation des grains dans toute l'étendue du royaume, assurer, en telle manière, l'approvisionnement de Paris, qu'aucune administration n'ait à s'en occuper ? Si, au contraire, le commerce doit être quelquefois surveillé, aidé ou encouragé comme on l'a fait jusqu'à ce jour, par qui, en ce cas, il doit être surveillé, aidé ou encouragé ; quel doit être le mode de cette surveillance, de ce secours, ou de cet encouragement ? par qui doivent être faits les magasins de réserve, s'il faut en établir ? Quelle quantité de bled ou de farine on doit entretenir dans ces magasins ? selon quelles règles on doit faire usage de cet approvisionnement ? quelle utilité on peut retirer de l'article 19 du titre III du code municipal de Paris, qui *permet au bureau municipal de concerter directement avec les ministres du roi, les moyens de pourvoir aux subsistances & approvisionnemens de la capitale ?* quel avantage l'on peut tirer de l'article 2 du décret du 21 de ce mois, qui ordonne que *la quantité des marchandises arrivantes par eau, sera déclarée à la municipalité ;* & comment, pour se procurer la connoissance exacte de la quantité de farine qui arrive par terre, on pourroit remplacer le secours que l'on tiroit autrefois des barrières ?

11°. Qu'un sujet d'une telle importance & des questions d'une si difficile solution, sollicitent puissamment l'intérêt & l'attention de la commune entière, & que la prudence commande au conseil général de ne prononcer sa décision, même de n'ouvrir la discussion qui doit la précéder, qu'après de longues & mures réflexions, même qu'après avoir interrogé les lumières & l'expérience de tous les hommes instruits qui peuvent avoir des vues utiles à communiquer.

Arrête que, dans la première séance du mois de novembre prochain, la question suivante sera livrée à la discussion : *Quels sont les meilleurs moyens d'assurer l'approvisionnement de la capitale, & d'y entretenir constamment une quantité de bleds & farines proportionnée à sa consommation ?*

» Invite tous les citoyens à faire connoître leur opinion sur cette grande question, & à remettre avant le premier novembre prochain, leurs mémoires au secrétariat de la municipalité, où il en sera donné un reçu.

» Ordonne que le présent arrêté sera imprimé, affiché & envoyé aux quarante-huit sections ».

SUBSTITUT, s. m. Celui qui tient la place d'un autre dans l'exercice de quelques fonctions.

Les *substituts* de procureur du roi, dans les hôtels-de-ville, ont été remplacés par les *substituts* des procureurs de la commune, comme cet ancien officier lui-même l'a été dans la nouvelle organisation municipale par le procureur de la commune, & dans l'organisation des tribunaux par le procureur du roi. *Voyez* MUNICIPALITÉ.

SUIF, s. m. La partie compacte & fondue de la graisse du mouton, dont on se sert pour faire de la chandelle. *Voyez* CHANDELIER.

De tous les travaux des arts qui produisent des

émanations contraires à la santé des hommes, il n'y en a point de plus dangereux que les fonderies de *suif*. Les vapeurs grasses qui en sortent se déposant dans les poumons & sur toutes les parties du corps, y occasionnent de légères suppressions de transpiration, des érésipèles, & à la longue une disposition à l'éthisie ou aux fièvres putrides, qui font périr beaucoup de monde.

C'est donc un devoir des magistrats de police de reléguer les fonderies de *suif* au-delà des murs des villes & dans des lieux où quelques plantations d'arbres empêchent le vent de porter les miasmes gras des fonderies dans la ville d'où on les a éloignées.

C'est sans doute le danger attaché à ces travaux qui ont engagé notre ancienne police à ne permettre qu'à un certain nombre de maisons déterminées d'établir des fonderies de *suif*. Il seroit bien à désirer que l'on donnât quelqu'indemnité aux propriétaires de ces maisons, qui les ont achetées plus cher à cause de ce droit exclusif de fonderie de *suif*, & qu'on ne permît dorénavant d'en établir que hors des murs de la ville. Ce soin de la police contribueroit encore plus à la salubrité de la ville que l'éloignement des tueries, qui d'ailleurs seroient également mieux placées au-delà des barrières que dans le centre de la ville, où elles se trouvent pour la plupart.

Cette partie de la police réclame de nombreux changemens, qui tous seroient à l'avantage des habitans de la ville; mais on ne paroît point vouloir s'en occuper sérieusement.

SURETÉ, s. f. L'état d'une chose ou d'une personne mise par une garde ou protection quelconque à l'abri des dangers qui pourroient la menacer.

Nous ne parlerons pas des moyens employés par la police pour maintenir la *sûreté* dans les villes; ils sont à-peu-près tous résumés dans l'ordonnance de 1770, que l'on appelle l'ordonnance de la *sûreté*; peut-être sera-t-on bien aise de la trouver ici; car quoiqu'elle n'ait que Paris pour objet, les dispositions de *sûreté* qui s'y trouvent peuvent également s'appliquer à d'autres villes.

Art. I. Faisons très-expresses inhibitions & défenses à tous marchands & artisans de cette ville & fauxbourgs, même à ceux qui demeurent dans l'étendue des lieux privilégiés, ou prétendus privilégiés, d'acheter aucunes hardes, meubles, linges, livres, bijoux, plomb, vaisselle, & autre chose des enfans de famille, ou des domestiques, sans un consentement exprès & par écrit de leurs père, mère ou tuteurs, & de leurs maîtres ou maîtresses; leur faisons semblables défenses d'en acheter d'aucunes personnes dont le nom & la demeure ne leur soient connus, ou qui ne leur donnent caution & répondant d'une qualité non suspecte; & à toutes personnes sans qualité de s'entremettre dans lesdites ventes & reventes; le tout à peine de quatre cents livres d'amende, & de répondre en leur propre & privé nom des choses volées; & même d'être poursuivis extraordinairement, si le cas y échet.

II. Enjoignons aux marchands merciers, quincailliers, orfèvres, jouailliers, bijoutiers, horlogers, frippiers, tapissiers, fourbisseurs, potiers d'étain; fondeurs, plombiers, chaudronniers, vendeurs de vieux fers, & à tous autres marchands & artisans qui achètent & revendent, changent & trafiquent de vieux meubles, linge, hardes, bijoux, vaisselle, tableaux, armes, plomb, étain, cuivre, ferraille & autres effets & marchandises de hazard, ou qui achètent les mêmes choses neuves, d'autres personnes que des artisans qui les fabriquent ou des marchands qui en font commerce, d'avoir & tenir chacun deux registres sur lesquels ils inscriront jour par jour, de suite & sans aucun blanc ni rature, les noms, surnoms, qualités & demeures de ceux de qui ils acheteront, & avec qui ils trafiqueront, ou échangeront des effets & marchandises de hazard, ensemble la nature, la qualité & le prix desdites marchandises, conformément à l'ordonnance du commissaire ancien, préposé pour la police de leur quartier, qui sera mise en tête de chacun desdits registres, lesquels seront de lui cotés & paraphés par premier & dernier feuillets, & seront tenus lesdits marchands de représenter lesdits registres au moins une fois le mois: savoir, l'un audit commissaire ancien, & l'autre à l'inspecteur de police de leur quartier; à l'effet d'être chaque fois paraphés par le commissaire, & visés par l'inspecteur; le tout à peine, contre chacun des contrevenans ou refusans, de quatre cents livres d'amende, & même de plus grande peine.

III. Toutes personnes dont le commerce consiste à acheter de vieux passemens d'or & d'argent, brocanteurs, crieurs de vieux chapeaux, colporteurs de merceries ou jouailleries, appellés vulgairement haut à bas, revendeurs & revendeuses, seront également tenus d'avoir un registre coté & paraphé par le commissaire ancien de leur quartier, de porter journellement sur eux ledit registre, d'y inscrire les hardes, linge, nippes & autres choses qu'ils acheteront, & les noms & demeures des vendeurs, & de faire viser ledit registre au moins une fois la semaine par l'inspecteur de police du quartier; en tête duquel registre seront les noms, demeures & signalemens desdits revendeurs & revendeuses, lesquels en cas de changement de demeure en feront leur déclaration, tant au commissaire ancien & à l'inspecteur du quartier qu'ils quitteront, qu'à ceux du quartier dans lequel ils iront demeurer; le tout à peine de cent livres d'amende, même de prison.

IV. Seront aussi tenus lesdits revendeurs & revendeuses de représenter leurs registres, même les effets, hardes & autres choses qu'ils auront achetés, aux commissaires, inspecteurs & autres officiers de police, lité, toutes les fois qu'ils en seront requis, à peine de saisie & confiscation des hardes & effets qu'ils auront célés, & de 50 liv. d'amende.

V. Tous particuliers, de quelque qualité qu'ils soient, qui donneront à loyer en maison ou chambres garnies, seront tenus d'avoir deux registres sur chacun desquels ils inscriront jour par jour, les noms, pays, qualités & professions de ceux qu'ils recevront dans leurs maisons, ou qu'ils prendront en pension, pour en remettre un tous les mois, entre les mains du commissaire distribué dans leur quartier, à l'effet d'être par lui signé & visé, & de garder l'autre pour le représenter aux inspecteurs de police qui l'examineront & viseront & le dateront à chacune de leurs visites, le tout à peine de trois cents livres d'amende contre les logeurs pour chaque contravention; la présente disposition sera exécutée à l'égard de toutes personnes logeantes des ouvriers de toute profession par chambrée.

VI. Enjoignons à tous ceux qui viendront loger en cette ville, soit à l'auberge ou en chambre garnie, de déclarer aux aubergistes ou logeurs leurs véritables noms & surnoms, leurs qualités, le pays dont ils sont originaires, & le sujet de leur voyage, & ce sous peine de prison & de procéder, ainsi qu'il appartiendra, contre ceux qui auroient usé de quelques déguisemens.

VII. Défendons à toutes personnes de porter par les rues ou par les maisons, des creusets, moules, & autres outils pour fondre & dissoudre l'argent, l'étain, le plomb, ou tout autre métal. Faisons pareillement défenses à tous ceux qui, par état ou profession, n'ont pas le droit de fondre lesdits métaux, d'avoir dans leurs maisons les creusets, moules & outils à ce destinés, à moins qu'ils ne soient autorisés à en faire commerce, & ce sous telles peines qu'il appartiendra.

VIII. Défenses sont faites à tous serruriers, taillandiers & autres ouvriers travaillant à la forge, ferrailleurs, revendeurs & crieurs de vieille feraille & à toutes autres personnes, telles qu'elles soient, d'exposer en vente & débiter aucune clef vieille ou neuve, séparément de la serrure pour laquelle ladite clef aura été faite, sous peine de cent livres d'amende pour la première fois, & de prison en cas de récidive, même d'être poursuivis extraordinairement suivant l'exigence des cas.

IX. Faisons pareillement défenses à tous compagnons & apprentifs serruriers & autres ouvriers en clefs, de travailler, forger & limer des clefs & des serrures hors les boutiques de leurs maîtres en quelque lieu que ce puisse être, & d'y avoir des outils; ainsi qu'à tous particuliers de les recevoir à cet effet dans leurs maisons & logemens, sous peine de prison contre lesdits compagnons, apprentifs serruriers & ouvriers en fer, & d'amende contre lesdits particuliers qui les recevront chez eux à cet effet; & seront tenus les propriétaires & principaux locataires qui auroient lesdits ouvriers logés dans leurs maisons, dès qu'ils seroient instruits qu'ils travaillent chez eux auxdits ouvrages, d'en faire leur déclaration chez le plus prochain commissaire, ou au bureau de sûreté, établi à la police; lesquelles déclarations, ainsi que toutes autres déclarations concernant les vols & délits publics, seront reçues sans frais; suivant l'usage accoutumé; le tout sous peine d'amende contre lesdits propriétaires & principaux locataires.

X. Ne pourront les ferailleurs, revendeurs & crieurs de vieux fers, avoir des étaux & limes chez eux, limer, faire limer, & réparer aucunes clefs dans leurs boutiques, maisons ou ailleurs, sous peine d'amende pour la première fois, & de prison en cas de récidive. Ne pourront également les maîtres serruriers, ferailleurs, taillandiers & autres ouvriers travaillant à la forge, travailler & faire travailler dans les derrières de leurs maisons & lieux non apparents, à peine d'amende & de telle autre punition qu'il appartiendra.

XI. L'édit du mois de décembre 1666 sera exécuté; en conséquence toute fabrique, débit, port & usage de pistolets de poche, soit à fusil, soit à rouets, bayonnettes, poignards, couteaux en forme de poignards, dagues, bâtons & cannes à dard, épées, bayonnettes & ferremens, autres que ceux qui sont ferrés par le bout, seront & demeureront prohibés à toutes personnes de quelque qualité & condition qu'elles soient, à peine contre les fourbisseurs; armuriers, couteliers & marchands qui les fabriqueroient & débiteroient, de confiscation desdites armes, cinq cents livres d'amende, & d'interdiction de leur maîtrise pendant un an pour la première fois, & de privation d'icelle en cas de récidive; & à l'égard des compagnons travaillant en chambre, à peine de prison, même de plus grande punition. Faisons défenses à tous ouvriers, artisans & autres personnes s'ils n'en ont le droit & qualité, de porter épées, cannes ou bâtons ou autres armes, à peine d'être poursuivis extraordinairement, & punis suivant la rigueur des ordonnances.

XII. Enjoignons aux maîtres en chirurgie & à tous autres exerçant la chirurgie à Paris, d'écrire les noms, surnoms, qualités & demeures des personnes qui seront blessées, soit de nuit soit de jour, & qui auront été conduits chez eux pour y être pansés, ou qu'ils auront été panser ailleurs, & d'en informer incontinent le commissaire du quartier, ainsi que de la qualité & des circonstances de leurs blessures, sous peine de trois cents livres d'amende, d'interdiction & même de punition corporelle, le tout conformément aux réglemens.

XIII. Les vuidangeurs qui trouveront des objets suspects, argenterie & autres effets dans les lieux communs des maisons, en feront leur déclaration dans le même instant à l'un des commissaires du quartier dans l'étendue duquel les fosses d'aisance seront situées, à peine contre lesdits vuidangeurs de trois-cents livres d'amende.

XIV. Faisons défenses à tous cabaretiers, taverniers, limonadiers, vinaigriers, vendeurs de bierre, d'eau-de-vie & de liqueurs au détail, d'avoir leur boutique ouverte, ni de recevoir aucunes personnes chez eux, & donner à boire passé 10 heures du soir, depuis le premier novembre jusqu'au premier avril, & depuis le premier avril jusqu'au premier novembre après 11 heures. Leurs défendons pareillement de recevoir chez eux aucunes femmes de débauche, vagabonds, mendiants, gens sans aveu & filoux; le tout à peine de cent livres d'amende.

XV. Enjoignons à tous propriétaires & principaux locataires des maisons de cette ville & fauxbourgs de quelqu'état & condition qu'ils soient, de tenir les portes de leurs maisons fermées pendant la nuit; leur défendons de les laisser ouvertes après huit heures du soir, depuis le premier novembre, jusqu'au dernier mars, & après dix heures depuis ledit jour dernier mars jusqu'au premier novembre à peine de cent livres d'amende contre chacun des contrevenans, & de plus grande peine en cas de récidive.

Ordonnance du roi, qui enjoint à tous fermiers, laboureurs & cultivateurs, de retirer le soir, après leur travail, les coûtres de leurs charrues, & de les renfermer chez eux, du 22 mars 1777.

Sa majesté étant informée qu'un des instrumens qui sert le plus souvent aux mal-faiteurs, pour forcer les portes, s'introduire dans les maisons, briser les coffres & commettre des délits, est le coûtre des charrues, que les laboureurs négligent de retirer lorsqu'ils ont fini leur travail, & dont ces malfaiteurs se saisissent dans la nuit: le roi a ordonné & ordonne à tous les laboureurs, fermiers & cultivateurs, ayant des charrues, d'en retirer le soir les coûtres, & de les enfermer chez eux, à peine de telle amende qui sera arbitrée: leur enjoint, sous pareille peine, d'y faire mettre leurs noms, afin qu'on puisse en reconnoître les propriétaires.

SYNDIC, s. m. C'est le nom de tout homme chargé de soutenir les intérêts de plusieurs personnes collectivement prises, & sur-tout d'une corporation, communauté ou corps administratif.

L'on a pu voir aux mots *jurande*, *communauté*, *maîtrise*, les fonctions des *syndics* des corps & communautés d'artisans: les communautés de village avoient aussi leurs *syndics*, qui se trouvent aujourd'hui remplacés par les procureurs des communes.

Le décret de l'assemblée nationale, du mois de janvier 1790, a conservé aux corps administratifs qui régissent les départemens, les *syndics* qui agissoient au nom des assemblées provinciales, établies d'abord par M. Necker, & ensuite par M. de Calonne.

Les articles 14, 15, 16, 17, 18 de ce décret portent:

« En chaque administration de département il y aura un procureur-général-*syndic*, & en chaque administration de district, un procureur-*syndic*. Ils seront nommés au scrutin individuel & à la pluralité absolue des suffrages, en même temps que les membres de chaque administration & par les mêmes électeurs.

» Le procureur-général-*syndic* de département & les procureurs-*syndics* des districts seront quatre ans en place, & pourront être continués par une nouvelle élection pour quatre autres années; mais ensuite ils ne pourront être réélus qu'après un intervalle de quatre années.

» Les membres des administrations de département & de district, en nommant ceux des directoires, choisiront & désigneront celui des membres des directoires qui devra remplacer momentanément le procureur-général *syndic* ou le procureur-*syndic* en cas d'absence, de maladie ou autre empêchement.

» Les procureurs-généraux-*syndics* & les procureurs-*syndics* auront séance aux assemblées générales des administrations sans voix délibérative; mais il ne pourra y être fait aucun rapport sans qu'ils en aient eu communication, ni être pris aucune délibération sur ces rapports sans qu'ils aient été entendus.

» Ils auront de même séance aux directoires avec voix consultative, & seront au surplus chargés de la suite de toutes les affaires.

T.

THÉATRE, f. m. Lieu destiné à la représentation de comédies, tragédies, drames, & autres pièces, soit en vers, soit en prose, avec ou sans musique, & autres accessoires.

Le spectacle diffère du *théâtre* en ce que le premier désigne l'objet même de l'institution du *théâtre*, c'est-à-dire, ce qu'on y voit; *spectacle* venant de *aspicère*, voir.

La liberté indéfinie d'établir des *théâtres* a été pendant long-temps le sujet d'un problême que l'on a résout en leur faveur depuis la révolution; nous pensons que c'est avec justice, & nous ne croyons point que ce genre d'industrie puisse être soumis à d'autres règles que celles de police, auxquelles tout individu doit être soumis dans un état policé; nous rapporterons cependant les plus communes objections que l'on fait contre ce système, & nous les empruntons d'une lettre insérée en 1789 dans le Journal de Paris.

Extrait d'une lettre écrite à un représentant de la commune de Paris sur la censure des théâtres.

Vous me demandez, mon cher *** pourquoi le *théâtre* ne deviendroit pas libre comme la presse; & vous paroissez disposé à croire que l'affranchissement de toute censure n'est qu'une conséquence naturelle de ce vœu général de liberté qui éclate de toutes parts.

Je vous répondrai d'abord que je vois avec douleur profaner ce saint nom de liberté par la plupart de ceux qui l'invoquent. On cherche la liberté dans l'indépendance; elle n'est que dans la règle. Supprimez toutes ces gênes des loix, qui dirigent les mouvemens de la liberté & en répriment les écarts, vous établirez la plus cruelle des tyrannies, la plus hideuse des servitudes.

J'ai lu dans une des vingt mille brochures qu'on a écrites en faveur de la liberté, qu'il falloit détruire les maréchaussées: l'auteur trouve, sans doute, qu'elles gênent la liberté des grands chemins. Je ne me soucierois point de voyager avec cet auteur là.

Il seroit étrange que la liberté civile consistât dans le droit illimité de rassembler dans de vastes *théâtres* les citoyens d'une grande ville, pour y exposer à leurs yeux des scènes licentieuses ou atroces; pour y tourner en ridicule la religion, la morale & les loix; pour y insulter le souverain, les magistrats, les prêtres, les particuliers; pour y prêcher la sédition & dénoncer aux vengeances du peuple des citoyens innocens qu'un méchant voudroit perdre. Ces excès sont exagérés, direz-vous, & la licence n'ira pas jusques-là. Je l'espère; mais si la liberté ne peut pas aller jusques-là, il y a donc une borne où elle doit s'arrêter. Là commence la censure.

Gardez-vous de croire qu'il peut suffire de soumettre par une loi à des peines sévères ceux qui blesseroient dans les drames représentés le respect dû à la religion, aux loix, aux bonnes mœurs; d'abord la loi qui établit ces peines n'est pas faite: elle est plus difficile à faire qu'on ne pense; & si elle étoit faite, il ne seroit encore que trop facile de l'éluder. Il n'y a rien qu'on ne puisse faire entendre au *théâtre* par des tournures adroites & indirectes. Vous ne feriez que donner un effet plus piquant à la méchanceté ou à la corruption, en forçant un auteur à les envelopper de formes plus ingénieuses.

Quelle triste ressource d'ailleurs que d'autoriser le mal afin de le punir! la perfection de toute législation est de le prévenir, & dans ce cas-ci, il seroit difficile à la loi de punir ce qu'il seroit bien plus aisé d'empêcher.

Dans les démocraties les plus libres de l'antiquité, la police des *théâtres* étoit surveillée par des magistrats particuliers. Dans le seul gouvernement moderne, où existe la liberté de la presse, les pièces de *théâtre* sont soumises à une censure. Il est vrai que nous commençons à croire que les Grecs, les Romains, & sur-tout les Anglois, n'entendoient pas grand'chose aux principes de la liberté. Un de nos législateurs patriotes disoit, il y a quelques jours, à un Anglois: *J'espère que vous allez enfin apprendre de nous à être libres.*

La liberté de la presse n'a pas les mêmes inconvéniens que celle du *théâtre*. On lit ordinairement un livre seul & à froid, & l'on ne communique qu'à peu de personnes les impressions qu'on en a reçues. Les représentations théâtrales au contraire parlent à l'imagination & aux sens; elles peuvent mettre en mouvement toutes les passions, & les impressions qui en résultent acquièrent une énergie extraordinaire par la réaction simultanée de toutes celles qu'éprouve une multitude d'hommes rassemblés. Tout le monde sait l'histoire des Abdérites, dont l'imagination avoit été exaltée jusqu'à la démence par l'effet de la tragédie d'Eschyle.

Si l'on abandonnoit le *théâtre* à une liberté sans limites, on en banniroit bientôt la raison & le goût comme la morale & la décence; car il est bien plus aisé d'attirer & d'amuser la multitude par la licence, l'audace & la satyre, que par le talent & le génie même. Notre théâtre, regardé jusqu'ici par toute l'Europe comme une école de bon goût & de bonnes mœurs, seront bientôt une école d'extravagance & de scandale.

Lorsque Solon vit des *théâtres* publics s'élever dans Athènes, il s'écria : *ces amusemens parleront bientôt plus haut que les loix.* Eh bien, faisons parler sur nos *théâtres* l'esprit même qui va animer nos loix, l'amour de l'ordre & la liberté.

Mais faudra-t-il soumettre aux caprices ou aux opinions particulières d'un censeur le libre essor de la pensée & du talent ? Non, sans doute. Il est bien temps de voir mourir cette décourageante & absurde inquisition, qui, pusillanime ou tyrannique, & toujours arbitraire, ainsi que toutes les autorités auxquelles elle étoit subordonnée, s'effarouchoit d'une ombre ; craignoit également de trouver une satyre indirecte & dans l'éloge du bien & dans la censure du mal ; qui, préférant toujours le parti le plus commode à la foiblesse & à la médiocrité, aimoit mieux empêcher que de régler, & sacrifioit trop souvent à des convenances aussi injustes que frivoles le droit légitime des auteurs, les plaisirs du public & l'encouragement des talens.

Choisissez donc pour censeurs du *théâtre* des hommes instruits & sages, qui aiment les arts & la liberté, qui ne puissent refuser leur approbation à une pièce ou à un seul trait d'une pièce, sans rendre compte de leurs motifs, & à l'auteur qui saura bien défendre son ouvrage, & à la magistrature de police qui décidera entre l'auteur & le censeur. Vous ne connoîtriez pas le prix inestimable de la liberté de la presse, si vous ne sentiez pas qu'avec elle aucun pouvoir arbitraire n'est plus à craindre.

L'assemblée nationale n'a point pensé comme l'auteur de cette lettre, & elle a décrété la liberté des *théâtres*, en les soumettant aux seules loix de police ainsi qu'on peut le voir par la série des dispositions suivantes que nous tirons de divers décrets, & par la décision du comité de constitution qui les suit (1).

I. » Les spectacles publics ne pourront être permis & autorisés que par les officiers municipaux. Ceux des entrepreneurs & directeurs actuels qui ont obtenu des autorisations, soit des gouverneurs des anciennes provinces, soit de toute autre manière, se pourvoiront devant les officiers municipaux, qui confirmeront leur jouissance pour le temps qui en reste à courir, à la charge d'une redevance envers les pauvres ». (Décret général de l'organisation judiciaire, titre XI, art. 4).

II. » Tout citoyen pourra élever un *Théâtre* public, & y faire représenter des pièces de tous les genres, en faisant, préalablement à l'établissement de son *Théâtre*, sa déclaration à la municipalité des lieux ». (Décret du 13 janvier 1791, sanct. le 19, art. premier).

III. » Les entrepreneurs & les membres des différens *Théâtres* seront, à raison de leur état, sous l'inspection des municipalités ; ils ne recevront des ordres que des officiers municipaux, qui ne pourront pas arrêter ni défendre la représentation d'une pièce, sauf la responsabilité des acteurs & des comédiens, & qui ne pourront rien enjoindre aux comédiens que conformément aux loix & réglemens de police ; réglemens sur lesquels le comité de constitution dressera incessamment un projet d'instruction. Provisoirement les anciens réglemens seront exécutés ». (*Ibid.* art. 6).

IV. » Il n'y aura aux spectacles qu'une garde extérieure, dont les troupes de ligne ne seront point chargées, si ce n'est dans les cas où les officiers municipaux leur en feroient la réquisition formelle. Il y aura toujours un ou plusieurs officiers civils dans l'intérieur des salles, & la garde n'y pénétrera que dans le cas où la sûreté publique seroit compromise, & sur la réquisition expresse de l'officier civil ; lequel se conformera aux loix & aux réglemens de police. Tout citoyen sera tenu d'obéir provisoirement à l'officier civil ». (*Ibid.* art. 7).

Le comité de constitution ayant délibéré sur le mémoire & sur la représentation du sieur Molé, entrepreneur des spectacles de la ville de Rouen,

Est d'avis, 1°. que l'article 4 du tit. XI du décret du 16 août dernier, sur l'organisation judiciaire, est une loi positive, qui a eu pour objet spécial de conserver tout l'effet & toute la durée des titres & autorisations antérieures, sur lesquels sont fondées les entreprises actuelles des spectacles qui existoient à l'époque de ce décret :

2°. Que le décret postérieur du 13 janvier, est une loi générale, qui règle, pour l'avenir, de quelle manière les spectacles pourront être établis.

3°. Que ce dernier décret n'a, ni littéralement, ni dans l'intention de l'assemblée, abrogé l'effet particulier du décret du 16 août, relativement aux entreprises anciennes des grands & petits spectacles, connus sous le nom de *Variétés*, conservées par cette loi, & qui ont été ou dû être confirmées par les officiers municipaux.

Les deux décrets qui ne l'excluent pas, se concilient au contraire par cette explication, aussi naturelle qu'équitable ; que le dernier décret ne peut

(1) M. Quatremere de Quincy, un des auteurs de l'encyclopédie, de la partie de l'architecture, & aujourd'hui membre de l'assemblée nationale, publia en 1789, un très-bon ouvrage sur la liberté des *théâtres*, que nous regrettons de ne pouvoir rapporter à cause de son étendue.

recevoir son exécution actuelle que dans les lieux où il n'y avoit pas, à l'époque du décret du 16 août dernier, d'entreprise exclusive de spectacles ; & que par-tout où ces entreprises existoient, comme elles sont maintenues par le décret du 16 août, c'est à leur expiration seulement que le décret du 13 janvier pourra commencer à avoir son exécution.

» Au comité de constitution, le 9 février 1791. (*Signés*, Lechapelier, Thouret, Target, Démeunier »). *Voyez* ACTEUR, SPECTACLE, SEMAINIER.

TONNERRE, s. m. effet que produit l'action électrique de deux nuées qui s'approchent, accompagné d'un grand bruit, & de la chute d'une matière ignée, connue sous le nom de foudre, qui tue les animaux, romp les arbres, abat les édifices, & occasionne des incendies.

L'on a cherché les moyens de parer à tous ces inconvéniens, non seulement par des paratonnerres, dont nous avons parlé ailleurs, mais encore en défendant de sonner les cloches pendant l'orage; l'observation ayant prouvé que le mouvement de la cloche, & l'électricité qui en résulte, ne peuvent que déterminer le *Tonnerre* à tomber sur les cloches. Voici sur cela un arrêt du parlement de Paris, rendu en juillet 1784, & que les officiers de police doivent connoître.

Vu par la cour la requête présentée par le procureur-général du roi, contenant qu'il lui a été adressé différens mémoires pour empêcher de sonner les cloches pendant le temps des orages, par rapport aux inconvéniens qui en résultent; que la cour, par arrêt du vingt-un mai mil sept cent quatre-vingt-quatre, a homologué une ordonnance rendue à cet effet par les officiers du bailliage de Langres ; que le procureur-général a encore été informé que dans plusieurs paroisses on sonne sans nécessité les cloches, tant de jour que de nuit; & comme il est important de prévenir les événemens fâcheux qui peuvent arriver par la sonnerie des cloches pendant le temps des orages, & de pourvoir à ce que les cloches ne soient pas sonnées de jour & de nuit sans motif légitime. A ces causes requéroit le procureur-général du roi qu'il plût à la cour faire défenses aux marguilliers & bedeaux desdites paroisses, & à tous autres, de sonner ou faire sonner les cloches dans les temps d'orage, à peine de dix livres d'amende contre chacun des contrevenans, de cinquante livres en cas de récidive, même de plus grande peine s'il y échet; ordonner que les cloches ne pourront être sonnées que pour les différens offices de l'église, messes & prières, suivant l'usage des paroisses & les rits des diocèses; ordonner en outre qu'il sera seulement sonné une cloche pour la tenue des assemblées, tant de la fabrique que de la communauté des habitans; & que dans les cas extraordinaires qui pourront exiger une sonnerie, elle ne sera faite qu'après en avoir prévenu les curés, & leur en avoir déclaré le motif, à peine de vingt livres d'amende contre chacun des contrevenans, & de plus grande peine s'il y échet; enjoindre aux substituts du procureur-général du roi dans les sièges royaux du ressort de la cour, & aux officiers des justices subalternes, de tenir la main à l'exécution de l'arrêt qui interviendra; lequel sera imprimé, publié & affiché par-tout où besoin sera. Ladite requête signée du procureur-général du roi.

Ouï le rapport de messire Pierre Lattaignant, conseiller : tout considéré.

La cour fait défenses aux marguilliers & bedeaux des paroisses, & à tous autres, de sonner ou de faire sonner les cloches dans les temps d'orages, à peine de dix livres d'amende contre chacun des contrevenans, & de cinquante livres en cas de récidive, même de plus grande peine s'il y échet; ordonne que les cloches ne pourront être sonnées que pour les différens offices de l'église, messes & prières, suivant l'usage & les rits des diocèses; ordonne en outre qu'il sera seulement sonné une cloche pour la tenue des assemblées, tant de la fabrique que de la communauté des habitans; & que dans les cas extraordinaires qui pourront exiger une sonnerie, elle ne sera faite qu'après en avoir prévenu les curés, & leur en avoir déclaré le motif, à peine de vingt livres d'amende contre chacun des contrevenans, & de plus grande peine s'il y échet; enjoint aux substituts du procureur-général du roi dans les sièges royaux du ressort de la cour, & aux officiers des justices subalternes, de tenir la main à l'exécution du présent arrêt; lequel sera imprimé, publié & affiché par-tout où besoin sera. Fait en parlement le vingt-neuf juillet mil sept cent quatre-vingt-quatre. Collationné Berthelot. *Signé*, Dufranc.

TRANQUILLITÉ, s. f. Etat d'une chose ou d'une personne dont le repos est assuré, par des moyens positifs & déterminés.

De tout temps la *tranquillité* a été un des soins & des principaux devoirs de la puissance publique; & ce sont les magistrats & officiers de police qui ont été chargés d'en faire jouir les citoyens, comme un des premiers avantages de la société.

On peut considérer la *tranquillité* comme objet de la police particulière ou de la police générale de l'état. Dans le premier cas, il existe des règles de conduite que les magistrats peuvent suivre, & qui les autorisent à employer la force publique pour rétablir le repos troublé. Mais dans le second, comme c'est l'état lui-même qui est agité, qui est troublé, c'est à la puissance souveraine, au roi, à ses ministres, à approfondir les causes des troubles & à y porter remède.

Cet état est celui où nous sommes depuis le commencement de la révolution ; il est le résultat du choc des passions, des intérêts, de la licence populaire, & de la foiblesse des nouveaux pouvoirs. Aussi feroit-on un volume entier des loix, réglemens, proclamations tant du roi que des municipalités, qui ont été publiées pour le maintien ou le rétablissement de la *tranquillité* du royaume : on en jugera par le décret de l'assemblée nationale, du mois de juin 1790, que nous allons rapporter; & pour les précautions ordinaires de *tranquillité*, on peut voir les mots AMEUTER, ÉMEUTE, ATTROUPEMENT, SÉDITION, FACTION.

« L'assemblée nationale, informée & profondément affligée des excès qui ont été commis par des troupes de brigands & de voleurs, dans les départemens du Cher, de la Nièvre & de l'Allier, & qui se sont étendus jusque dans celui de la Corrèze, excès qui, attaquant la *tranquillité* publique, les propriétés & les possessions, la sûreté & la clôture des maisons & des héritages, la liberté si nécessaire de la vente & circulation des grains & subsistances, répandent par-tout la terreur, menacent même la vie des citoyens, & ameneroient promptement, s'ils n'étoient réprimés, la calamité de la famine ; excès enfin, qui, par la contagion de l'exemple, par des insinuations perfides, par la publication de faux décrets de l'assemblée nationale, ont entraîné quelques-uns des bons & honnêtes habitans des campagnes dans des violences contraires à leurs principes connus, & capables de les priver pour long-temps du bonheur que l'assemblée nationale travaille sans cesse à leur procurer ;

Considérant qu'il n'y a que deux moyens d'empêcher les désordres, l'un en éclairant continuellement les bons citoyens & *honnêtes gens* que les ennemis de la constitution & du bien public essayent continuellement de tromper ; l'autre en opposant aux brigands, d'un côté, des forces capables de les contenir ; d'un autre côté une justice prompte & sévère qui punisse les chefs, auteurs & instigateurs des troubles, & effrayent les méchans qui pourroient être tentés de les imiter, ouï le rapport à elle fait au nom de son comité de constitution, & de son comité des recherches, décrète ce qui suit :

1. Tous ceux qui excitent le peuple des villes & des campagnes à des voies de fait & violences contre les propriétés, possessions & clôture des héritages, la vie & la sûreté des citoyens, la perception des impôts, la liberté de vente & de circulation des denrées & subsistances, sont déclarés ennemis de la constitution, des travaux de l'assemblée nationale, de la nation & du roi : il est enjoint à tous les honnêtes gens d'en faire la dénonciation aux municipalités, aux administrations de département, & à l'assemblée nationale.

2°. Tous ceux qui excitent le peuple à entreprendre sur le pouvoir législatif des représentans de la nation, en proposant des réglemens quelconques sur le prix des denrées, la police champêtre, l'évaluation des dommages, le prix & la durée des baux, les droits sacrés de propriété & autres matières, sont également déclarés ennemis de la constitution, & il est enjoint de les dénoncer : tous réglemens semblables sont déclarés nuls & de nul effet.

Tous ceux qui se prévaudront d'aucuns prétendus décrets de l'assemblée nationale non revêtus des formes prescrites par la constitution, & non publiés par les officiers qui sont chargés de cette fonction, sont déclarés ennemis de la constitution, de la nation & du roi : il est enjoint de les dénoncer, & ils seront punis comme perturbateurs du repos public, aux termes de l'article I du décret du 26 février dernier ».

« 4. Les curés, vicaires & desservans qui se refuseront à faire au prône, à haute & intelligible voix, la publication des décrets de l'assemblée nationale, acceptés ou sanctionnés par le roi, sont déclarés incapables de remplir aucunes fonctions de citoyens actifs ; à l'effet de quoi il sera dressé procès-verbal à la diligence du procureur de la commune, de la réquisition faite aux curés, vicaires & desservans, & de leur refus.

« 5. Il est défendu à tous citoyens actifs de porter aucune espèce d'armes, bâtons, dans les assemblées primaires ou électorales. Il est enjoint aux maires & officiers municipaux d'y veiller, tant en empêchant les citoyens de partir armés pour le chef-lieu du canton, qu'en obligeant, à l'arrivée dans le chef-lieu, les citoyens actifs de différentes paroisses, de déposer les armes qu'ils pourroient avoir, avant d'entrer dans l'assemblée.

« Il est expressément défendu de porter aucune espèce d'armes dans les églises, dans les foires, marchés & autres lieux de rassemblement, sans préjudice des gardes chargés du maintien de la police.

« 6. Tout citoyen, qui, dans une assemblée primaire ou électorale, se portera à quelque violence, fera quelque menace, engagera à quelque acte de révolte, exclura ou proposera d'exclure de l'assemblée, quelque citoyen reconnu pour citoyen actif, sous le prétexte de son état, de sa profession, & sous prétexte, sera jugé à l'instant par l'assemblée même, condamné à se retirer, & privé de son droit de suffrage. Les *honnêtes gens* & les amis de la constitution, sont spécialement chargés de veiller à l'exécution du présent article. »

Tout ce qui peut exciter des attroupemens, des rixes fréquentes est contre la *tranquillité* publique ; aussi les loix de police défendent-elle ces fêtes baladoires, ces rassemblemens de gens ivres & grossiers qui, sous divers prétextes, insultoient le monde & troubloient la *tranquillité* des habitans des villes. C'est ainsi qu'un règlement de police de la ville de Lyon, homologué au parlement au mois de septembre 1778, défend, art. 11, à tous ouvriers de former, avoir, ni entretenir aucune association sous les noms de *sans gêne*, *bon enfant*, *gavots*, *du devoir*, *dévorans*, *passés*, *gorets*, & autres, sous prétexte de se reconnoître, de se placer & de s'aider, comme aussi de s'attrouper, sous prétexte de *faire conduite*, non-seulement dans les cabarets & maisons particulières, mais encore dans les rues, places & jardins publics, sous peine d'être emprisonnés, pour être punis suivant la rigueur des ordonnances.

Malgré cette loi sage, les batteries, les désordres occasionnés par les ouvriers de chacune de ces associations, lorsqu'ils se rencontroient, n'ont pu jamais être bien réprimées. Pour entendre cela, il faut savoir que lorsqu'un des ouvriers de la coterie *gavot*, par exemple, en rencontre un de celle du *devoir*, il faut qu'ils se battent, ce qui est une cause de désordre & de trouble dans les lieux où ces rixes se rencontrent.

Je citerai encore un arrêt du parlement de Paris, du mois de janvier 1786, qui fait défenses à toutes personnes de quelque état & conditions qu'elles puissent être, de s'assembler & de s'attrouper, sous aucun prétexte & dans aucun temps, notamment à l'occasion des mariages qui sont célébrés dans le ressort des sénéchaussées de Lyon & de Villefranche, d'exiger des gens mariés aucune somme d'argent ni autre chose quelconque, sous prétexte de collation à eux offerte, ou de feux allumés devant leurs portes; défenses d'allumer lesdits feux, de s'introduire dans le domicile des nouveaux mariés, de faire aucun charivari, parades, cavalcades, ou autres jeux tumultueux, & à tous ceux qui n'en ont pas le droit, de porter aucune arme ».

C'est qu'en effet toutes ces vexations avoient lieu ainsi qu'un grand nombre d'autres toutes contraires à la *tranquillité* publique, que les parlemens ont sagement défendues dans leurs ressorts respectifs, sans être parvenus à les détruire entièrement.

C'est encore par respect pour la *tranquillité* des habitans des villes, que l'on a réglé les heures où les gros ouvriers peuvent commencer leurs ouvrages, & celles où ils doivent cesser de travailler; mais ce réglement n'est point respecté.

Les mêmes motifs de *tranquillité* ont porté les magistrats de police à fixer les heures où les cabarets & billards doivent être fermés. *Voyez* CABARET & BILLARD.

Une déclaration du roi, du 22 juillet 1692, défend aux soldats de se travestir, soit de jour, soit de nuit, sous d'autre habit que celui d'ordonnance, si ce n'est pour exercer quelque métier ou profession dans la ville, auquel cas il leur est défendu de porter l'épée pendant tout le temps qu'ils n'auront point l'habit de soldat.

Une des causes de désordres publics dans les villes, sont les fusées, pétards, fusils, que quelquefois l'on tire imprudemment dans les jours de fêtes & de réjouissances; aussi de tout temps les magistrats les ont-ils défendus avec la plus grande sévérité. Un arrêt de la cour du parlement de Paris, rendu toutes les chambres assemblées, & les pairs y séant, le 29 septembre 1788, défend à toutes personnes de lancer aucuns pétards & fusées, tirer des boîtes, allumer & porter aucuns feux, de porter aucunes armes ou instrumens pouvant troubler la *tranquillité* publique dans aucune des rues & places de Paris.

C'est encore par des raisons de *tranquillité* publique, que la municipalité de Paris, tant soit peu peureuse, suspendit le carnaval, par une ordonnance que je vais rapporter, & qu'on regarda dans le temps comme un chef-d'œuvre de prudence, tant on craignoit les émeutes populaires, non sans raison : cette ordonnance est du 31 janvier 1790, renouvellée en 1791 & 1792.

« Sur ce qui a été représenté à la commune par un grand nombre de districts, & notamment par ceux de Saint-Roch, de Saint-Jean-en-Grève, des Récollets, de Sainte-Marguerite, des Enfans-Trouvés & Popincourt, dans l'étendue desquels les masques se portent ordinairement avec affluence, & par MM. de l'état-major, qu'il seroit prudent d'interdire, cette année, toute espèce de déguisement & de mascarade; & sur le renvoi fait par la commune au département de la police, ce département a vu avec plaisir que cette précaution, dont la nécessité n'avoit point échappé à sa surveillance, avoit d'avance obtenu l'approbation d'une portion nombreuse de citoyens de la capitale, il a pensé que ceux qui ne s'étoient pas expliqués à ce sujet en partageant la même opinion, avoient cru pouvoir s'en reposer sur le zèle des administrateurs honorés de la confiance de la commune; en conséquence, vu les conclusions de M. le procureur-syndic, il a été arrêté & réglé ce qui suit :

ART. I. Il est expressément défendu à tous particuliers de se déguiser, travestir ou masquer, de quelque manière que ce soit, à peine contre ceux qui seroient rencontrés dans les rues, places ou jardins publics, d'être arrêtés, démasqués sur le champ, & conduits au plus prochain district, où il sera dressé un procès-verbal, dont l'extrait sera envoyé au district du domicile, & de *cent livres* d'amende contre les citoyens domiciliés, ou de prison pour ceux qui ne le seroient pas, avec confiscation de tous vêtemens servant au déguisement.

II. Il est pareillement défendu de donner aucun bal masqué, public ou particulier, à peine de prison contre ceux qui tenant un bal public, y auroient reçu des personnes masquées, déguisées ou travesties, & de *dix livres* d'amende contre ceux qui, dans des bals particuliers, recevroient des masques, & de la même amende contre toutes personnes qui s'y trouveroient déguisées, avec confiscation des habits servant au déguisement.

III. Il est fait défenses à tous marchands d'étaler, louer ou vendre aucuns masques ou habits de déguisement, à peine de *dix livres* d'amende pour chaque contravention, & de saisie & confiscation de toutes les marchandises de ce genre; ainsi qu'à tous musiciens, ménétriers ou joueurs d'instrumens de prêter leur ministère, à peine de prison, s'ils ne sont point domiciliés, & de *cinquante livres* d'amende, s'ils le sont.

Le département invite les comités des districts & MM. de l'état-major de tenir la main à l'exécution de la présente ordonnance, laquelle sera imprimée, publiée & affichée par-tout où besoin sera, & envoyée à tous les districts.

TRAVAUX-DE-CHARITÉ. Mot composé, qui désigne des ouvrages de différens genres que le gouvernement ordonne, & paie, pour procurer de l'occupation & des salaires aux pauvres, principalement pendant l'hiver.

Comme cet objet est un des plus importans de la police administrative, nous réunirons ici plusieurs documens positifs sur les *Travaux-de-Charité*. Le premier est le décret de l'assemblée nationale du 31 août 1790, & le réglement de la municipalité de Paris; le second, une instruction fort bien faite, adressée sur cet objet, par M. Delessart, aux directoires de département. On y retrouvera les notions déjà développées dans les assemblées provinciales de M. Necker, qui réunissoient tout ce qu'il falloit, ni plus ni moins, pour bien administrer les provinces. Enfin, un rapport du comité de mendicité.

L'assemblée nationale considérant combien il importe que les atteliers publics ne soient qu'un secours accordé à ceux qui manquent véritablement de travail; que les fonds qu'on y destine soient répartis sur le plus grand nombre possible d'indigens; qu'ils ne soient préjudiciables ni à l'agriculture, ni aux manufactures, & ne deviennent une sorte d'encouragement à l'imprévoyance & à la paresse, a décrété ce qui suit;

Art. I. Les atteliers de secours, actuellement existans dans la ville de Paris, seront supprimés; il en sera sur le champ formé de nouveaux, soit dans la ville de Paris & sa banlieue, soit dans les différens départemens où des *travaux* auront été jugés nécessaires par les directoires.

II. Ces atteliers seront de deux espèces. Dans la première, les administrateurs n'admettront que des ouvriers qui travaillent à la tâche. Dans la seconde, ils occuperont les hommes foibles, ou moins accoutumés aux *travaux* de terrasse, qui seront payés à la journée.

III. La fixation du prix des *travaux*, à la tâche ou à la journée, sera toujours inférieure au prix courant du pays pour les travaux du même genre, & sera déterminée par les corps administratifs des lieux où les atteliers seront ouverts. Les réglemens pour la police desdits atteliers seront également faits par ces mêmes corps administratifs.

IV. Ceux des ouvriers qui contreviendront aux règlemens qui seront faits, soit pour la police des atteliers, soit pour la fixation du prix des ouvrages, seront jugés, comme pour faits de police, par les officiers municipaux des lieux, & punis ainsi qu'il appartiendra; & en cas d'attroupemens séditieux, d'insubordinations, & autres faits graves, ils seront arrêtés, poursuivis dans les tribunaux ordinaires comme perturbateurs du repos public, & punis comme tels, suivant l'exigence des cas.

V. A compter du jour de la publication des présentes, toute personne non actuellement domiciliée à Paris, ou qui n'y seroit pas née, & qui se présenteroit pour avoir de l'ouvrage, ne sera pas admise aux atteliers de secours qui seront ouverts conformément à l'article premier; & pour le surplus, renvoyons aux dispositions de nos lettres-patentes du 13 Juin 1790, sur le décret de l'assemblée nationale du 30 mai précédent, concernant la mendicité de Paris.

Règlement en exécution desdites lettres-patentes.

La municipalité de Paris instruite des abus qui, malgré sa surveillance & celle de ses préposés, se sont introduits dans les atteliers publics; voyant avec peine que l'exécution de ses précédens règlemens a été négligée, & que la plûpart des ouvriers induits en erreur par des gens mal-intentionnés se croient dispensés de travailler, parce qu'ils regardent comme une dette ce qui n'est & ne peut être que le salaire de leur travail; considérant qu'il est de son devoir de maintenir la subordination parmi les ouvriers, l'exactitude & la vigilance parmi les chefs, & desirant faire autant qu'il est en elle tourner au profit de la société en général la dépense excessive qu'occasionnent les atteliers, & à laquelle fournit le trésor public; *oui*, *& ce consentant*, *le procureur-syndic de la commune*, a arrêté qu'à compter du jour de la publication du présent règlement, lesdits atteliers publics seront dirigés & conduits ainsi qu'il suit:

Art. Ier. Les atteliers seront surveillés, conduits & dirigés par des inspecteurs généraux, des contrôleurs, des inspecteurs, des chefs d'atteliers & des piqueurs.

II. On n'admettra pour contrôleurs, inspecteurs, chefs & piqueurs, que des personnes absolument sans

ſans emploi, & qui auront fait preuve de la capacité, des connoiſſances & de l'expérience néceſſaires pour conduire & diriger des travaux.

III. Les inſpections ſeront compoſées de cinq atteliers de ſoixante hommes, & chaque attelier ſera diviſé en trois brigades de vingt ouvriers.

Fonctions des inſpecteurs généraux.

IV. Les inſpecteurs-généraux ſeront chargés de la levée des plans, de la diſtribution des atteliers, du tracé des pentes, coupes & nivellemens des terraſſes & de tout ce qui tient à la partie d'art, conformément aux projets qui auront été arrêtés par le département des travaux publics; ils fixeront le prix des ouvrages à la tâche, & en feront le toiſé d'avance.

V. Ces inſpecteurs-généraux auront le droit de faire la vérification des feuilles, de faire faire des appels devant eux, & de faire pointer ceux des inſpecteurs, chefs, piqueurs & ouvriers qui y manqueroient. Ils auront attention de faire mention ſur les feuilles de l'heure à laquelle ils auront fait les appels.

Fonctions des contrôleurs.

VI. Chacun des contrôleurs ſera chargé de la ſurveillance de cinq inſpections, & fera au moins une fois par jour l'appel nominal des inſpecteurs, chefs, piqueurs & ouvriers de tous les atteliers confiés à ſes ſoins.

VII. Il ſera tenu de noter exactement les abſens, & de faire mention de l'heure des appels. Il viſera chaque jour & arrêtera les feuilles des inſpecteurs & des chefs d'atteliers, il les raſſemblera, & en fera le relevé ſur une ſeule feuille qu'il remettra journellement avec ſon rapport aux adminiſtrateurs du département des travaux publics, en venant prendre leurs ordres; & il exécutera ponctuellement tout ce qui lui ſera preſcrit par les inſpecteurs-généraux.

Fonctions des inſpecteurs.

VIII. Les fonctions journalières des inſpecteurs, ſeront ſucceſſivement de ſe tranſporter d'un attelier à l'autre; afin de s'aſſurer de l'aſſiduité des chefs, ils établiront les piqueurs pour les alignemens, pentes & régalemens, & ils arrêteront & règleront les parties du travail qui ſeront à la tâche.

Ces inſpecteurs feront au moins une fois par jour, & ſur les feuilles des chefs, l'appel nominal des ouvriers de leur inſpection, en obſervant de ne point adopter d'heures fixes pour ces appels, ils auront néanmoins un regiſtre coté & paraphé par un des adminiſtrateurs du département, ſur lequel ils inſcriront les noms, ſurnoms & ſignalement des ouvriers de leur inſpection par ordre d'atteliers & de brigades, afin de pouvoir vérifier s'il n'y aura pas eu de changemens ou remplacemens; ils viſeront les feuilles journalières de chaque chef, ils arrêteront les rôles des ſemaines, recevront du commis prépoſé à cet effet le montant de la paye des ouvriers de leur inſpection, la répartiront entre les chefs, ſuivant ce qui reviendra à chacun de leurs atteliers, & veilleront à ce qu'elle ſe faſſe avec ordre & exactitude.

Les inſpecteurs ſeront reſponſables des fraudes qui pourroient être commiſes par les chefs & qu'ils n'auroient pas dénoncées.

Fonctions des chefs d'atteliers.

IX. Les chefs d'atteliers ſeront chargés de faire exécuter les ouvrages de terraſſes & autres qui leur auront été tracés & diſtribués par leur inſpecteur ou par l'inſpecteur général, & de les répartir entre les trois brigades qui ſeront ſous leurs ordres.

Le montant de la dite paye, qu'ils partageront entre les piqueurs, ſuivant ce qui reviendra, à chaque brigade, & en retireront quittance au bas dudit rôle.

X. Les rôles étant la preuve de ce qui eſt dû par chaque ſemaine aux ouvriers, ils auront le droit, pendant la ſemaine ſuivante ſeulement, de ſe rendre, à la fin de la journée, au bureau du département des travaux publics, ou chez le caiſſier, pour y vérifier le paiement qui leur aura été fait, & la feuille de paie de chaque ſemaine reſtera affichée ſur l'attelier le lundi ſuivant toute la journée.

XI. La paie ne ſe fera que tous les ſamedis au ſoir; & aucun ouvrier ne pourra exiger d'à-compte dans le cours de la ſemaine.

Fonctions des piqueurs.

XII. Les piqueurs ſeront choiſis parmi ceux des ouvriers qui auront montré le plus de ſageſſe, d'intelligence & d'activité, & qui ſauront lire & écrire. Ils ſeront tenus de travailler comme les autres ouvriers, de les former à l'ouvrage, & de veiller à ce qu'ils l'exécutent, conformément aux ordres qu'ils auront reçus des chefs. Ils entretiendront l'activité de leur brigade; rendront compte ſur le champ des abſens, & noteront les ouvriers fainéans. Ils auront ſoin de faire reporter tous les jours, par les ouvriers, les outils, brouettes & camions aux magaſins, & ils en rendront compte au chef. Il leur ſera accordé une haute paie d'un quart en ſus du prix de la journée, & telle autre gratification qui ſera arbitrée à la fin de chaque mois, en raiſon de leur travail & de leur bonne conduite.

Devoirs des ouvriers.

XIII. On n'admettra dans les atteliers publics que des ouvriers qui auront au moins l'âge de dix-huit ans. Ils seront tenus de se présenter au commissaire de leur section pour se faire inscrire & signaler, sur un registre qui sera tenu à cet effet; & sur l'extrait qui en sera envoyé au département des *Travaux-Publics*, il sera délivré des billets d'admission, qui seront adressés au commissaire, pour être remis par lui aux ouvriers qu'il aura inscrits, & de-là se rendre à l'attelier qui lui sera indiqué pour y travailler, soit à la tâche, soit à la journée, suivant qu'il aura été jugé convenable par les administrateurs du département des *Travaux-Publics*; à quoi il sera tenu de se conformer.

XIV. Tous les ouvriers seront obligés de se munir des outils nécessaires, comme bêches, pelles, pioches, tournées, &c. Dans le cas où ils n'auroient pas le moyen de s'en procurer, il leur en sera fourni, & on leur fera, par semaine, une retenue proportionnée à la valeur de l'outil.

XV. Ils seront tenus de se rendre sur les atteliers aux heures fixées pour les ouvriers des bâtimens, & d'exécuter, avec exactitude & docilité, les ordres qui leur seront donnés par les chefs & piqueurs. Ils travailleront avec assiduité, & convenablement, sans pouvoir s'absenter, sous peine d'être pointés. Ils le seront également, quoique présens aux appels, lorsque, ayant discontinué leur travail, ils ne l'auroient pas repris après le premier avertissement.

XVI. Il leur est expressément défendu de passer, sous quelque prétexte que ce soit, & sans permission, d'un attelier sur un autre; de jouer aux cartes, au petit palet, blanque, & tous autres jeux; de divaguer au-dehors, notamment dans les terres ensemencées, vignes, ou autres héritages, sous peine d'être pointés d'une demie-journée, & d'être renvoyés en cas de récidive.

XVII. Ils présenteront à la fin de chaque journée leurs brouettes & cabions au piqueur, & les déposeront dans les magasins indiqués. Ils porteront respect & obéissance aux piqueurs, chefs, inspecteurs, contrôleurs & inspecteurs-généraux.

Appels.

XVIII. Dans le cas où les Inspecteurs, chefs & piqueurs s'absenteroient, de manière à négliger leurs devoirs & la surveillance de leurs atteliers, ils seront pointés par le contrôleur, l'inspecteur-général, ou telle autre personne ayant qualité; & il leur sera fait, sur leurs appointemens, une retenue proportionnée à leur absence, & en cas de récidive ils seront révoqués.

XIX. Lorsque les inspecteurs-généraux, contrôleurs, inspecteurs & chefs auront remarqué dans quelques-uns de leurs subordonnés de l'inconduite, de la négligence, de l'infidélité, ou quelques-autres défauts qui pourroient faire naître des désordres & exciter des troubles dans les atteliers, ils en préviendront sur le champ l'administration, pour la mettre à portée d'en arrêter les suites. Ils indiqueront ceux des ouvriers & préposés qui, par leurs bonnes qualités, pourroient être susceptibles d'avancement.

XX. Tous les chefs, piqueurs & ouvriers seront tenus de répondre aux appels qui pourront leur être faits par les inspecteurs généraux, les contrôleurs, & toutes autres personnes en ayant le droit; lesquelles auront attention de faire ces appels par brigade, afin de ne déranger que vingt ouvriers à la fois.

XXI. Les ouvriers qui refuseroient d'obéir à leurs chefs, ou de se soumettre aux dispositions du présent règlement, seront, pour la première fois, & d'après l'ordre du département des *Travaux-Publics*, envoyés dans les atteliers de correction, où ils seront tenus de rester un temps proportionné à la gravité de la faute qu'ils auront commise, & en cas de récidive, renvoyés à toujours.

XXII. Il sera établi en conséquence des atteliers, sous la dénomination d'*Atteliers de Correction*, où le prix des journées sera moindre d'un quart que celui ordinaire, & ne sera délivré à chaque ouvrier, qu'autant qu'il aura rempli, chaque jour, la tâche qui lui aura été imposée.

XXIII. Quant à ceux des ouvriers qui mériteroient une punition plus grave, par la nature des fautes qu'ils auroient commises, telles que voies de faits envers leurs supérieurs, ou tous autres, qui insulteroient les passans, qui auroient suscité ou fomenté des émeutes, ils seront arrêtés à la réquisition des piqueurs, chefs ou inspecteurs, & conduits par la garde-nationale, à laquelle il sera enjoint de prêter main-forte, pardevant les commissaires de la section la plus voisine, pour être jugés & punis, comme perturbateurs du repos public, suivant la rigueur des ordonnances.

La municipalité invite M. le commandant-général & MM. les commissaires des sections, à tenir la main à l'exécution du présent règlement, & à prêter main-forte sur la demande des inspecteurs, contrôleurs, & autres préposés, pour faire punir les contrevenans.

Fait & donné à l'hôtel-de-ville le 24 septembre 1790.

Instruction adressée par ordre du roi aux directoires de départemens, sur le décret de l'assemblée Nationale, du 16 décembre 1790, sanctionné par sa majesté, portant qu'il sera accordé sur les fonds du trésor public, une somme de quinze millions, pour subvenir aux dépenses des travaux de secours qui seront établis dans les quatre-vingt trois départemens, en exécution dudit décret.

Les vues qui ont déterminé ce décret bienfaisant, ont été essentiellement de venir au secours de la classe indigente. Les causes qui doivent amener d'une manière durable l'abondance du travail, la richesse & la prospérité nationales, ont dû elles-mêmes, dans les premiers momens, produire du ralentissement dans ce travail, & par là une détresse passagère. L'assemblée a voulu y pourvoir, & pensant que le travail est le seul moyen dont une nation sage & éclairée puisse secourir l'indigence, elle a décrété un don de quinze millions pour être employés aux travaux les plus utiles; elle a voulu faire sortir de ce bienfait l'avantage le plus général, & elle a ainsi montré à la fois, & son active sollicitude pour les malheureux, & ses principes d'une saine politique.

L'opinion avantageuse exprimée pour les départemens, dans le rapport qui précède le décret, & dont l'assemblée a ordonné l'impression & l'envoi, leur indique leur devoir. Ils doivent bien se convaincre que la prévoyance, l'exactitude, le soin avec lesquels ils vont veiller à la dispensation de ces fonds, à leur plus utile emploi, auront pour l'avenir la plus certaine influence. Si l'ordre, si la surveillance, si l'exactitude continuels sont, dans tous les temps, de devoir pour les administrateurs, ils sont d'une bien plus nécessaire application dans le commencement d'une administration, où une négligence, une facilité mal-entendue, deviendroient bientôt un titre pour ceux qui en profiteroient, une habitude difficile à détruire, & où la ferme observation des bons principes, la recherche des plus utiles moyens, la marche la plus constante vers l'intérêt public, tracent au contraire aux administrateurs suivans, une route dont ils ne pourront plus s'écarter.

Ce n'est donc qu'en se pénétrant de ces principes, que les départemens pourront connoître & embrasser toute l'étendue de leurs nouveaux devoirs, le choix utile des travaux, leur sage direction, l'économie la plus sévère dans les dépenses, le plus grand ordre dans la comptabilité; tels sont les objets sur lesquels le roi appelle particulièrement leur attention.

Parmi les différens travaux à entreprendre, & auxquels se lient des vues d'utilité publique, il en est qui semblent devoir être préférés, tels que les défrichemens de certains terrains, les desséchemens, les canaux, le repeuplement des forêts domaniales, les chemins vicinaux & autres ouvrages de ce genre.

Les travaux déjà commencés & reconnus utiles devront généralement être continués & finis avant que de nouveaux soient entrepris.

Il pourra aussi se présenter des ouvrages, pour l'exécution desquels des intérêts privés se réuniront à l'intérêt public; l'intention du roi est que les départemens profitent alors de cette heureuse alliance, pour augmenter la masse des ressources du pauvre, en ajoutant aux fonds publics la contribution proportionelle des propriétaires particuliers : les administrateurs emploieront toute leur surveillance, tout leur discernement dans l'usage de ce moyen. On s'est plaint autrefois que les atteliers de charité étoient particulièrement utiles aux riches qui s'en approprioient l'usage, en y ajoutant une légère contribution, & qui les faisoient servir à leur commodité particulière. Quoique cette plainte n'ait pas généralement été fondée; que beaucoup de routes très-utiles ayent été faites avec ces deniers, & que la contribution du riche, si elle faisoit quelquefois mal employer les fonds, augmentât au moins le travail, la nouvelle administration doit écarter avec le plus grand soin, le plus léger prétexte à un pareil reproche; elle doit éviter jusqu'à la moindre apparence de partialité dans la distribution de ces fonds, & les deniers particuliers ne doivent être admis, que s'ils contribuent à un ouvrage reconnu vraiment utile; alors ils n'opéreront qu'un bien, & leur emploi ne pourra plus être considéré autrement.

Ces premières idées n'embrassent pas toutes les espèces de *travaux*, mais elles peuvent suffire pour éclairer les départemens sur ceux vers lesquels ils devront diriger leur choix, & dont l'exécution remplira le mieux les vues paternelles du roi, & le grand objet que s'est proposé l'assemblée nationale.

Les départemens y répondroient mal, si par un faux esprit de justice, ils cherchoient à répartir proportionnellement les nouveaux moyens de travail sur toutes les dépendances de leur territoire. Les *travaux* ne doivent être entrepris que dans les seuls lieux où l'utilité générale les appelle; il est aisé de sentir qu'ils ne peuvent pas être offerts à la commodité de chacun : il faudroit alors diviser jusqu'à l'infini les sommes qui y sont destinées, & alors ces sommes ainsi réduites ne pourroient contribuer à aucun ouvrage utile; ce seroit une aumône chétive, gratuite; & les principes qu'adopte l'assemblée, écartent toute idée d'aumône, toute idée de secours sans travail à celui qui peut travailler. Le roi recommande aux administrateurs de bien expliquer, de bien répandre ces sages principes dans tous les points de leur département : leur exacte observation amènera les bonnes mœurs, assurera la prospérité nationale, & éteindra la mendicité. Il faut donc que l'homme qui a besoin de travail, aille chercher les ressources que lui présente la bienfaisance publique, là où l'intérêt les aura placées. D'ailleurs, il est dans les départemens des parties où le travail abonde plus que dans d'autres, où les fonds des *travaux* publics sont plus considérables, où des entreprises particulières occupent beaucoup de bras, où le besoin est moindre. La vigilance éclairée de l'administration, qui est le premier ressort de la bienfaisance publique, n'en doit placer les dons qu'où ils sont nécessaires : une répartition égale de ces secours seroit donc injuste, puisque portant avec uniformité, & sur les cantons très-malheureux & sur ceux qui sont sans besoins, le superflu des uns feroit la misère des autres.

Les départemens auront grand soin de ne payer aux ouvriers que le salaire qu'ils auront gagné ; ils devront en conséquence les faire travailler tous à la tâche : les exceptions à cette règle générale doivent être aussi rares qu'il sera possible.

Pour ne point nuire aux autres ouvrages, soit publics, soit particuliers, il est nécessaire qu'aux termes de l'article III des lettres patentes du 10 septembre dernier, sur le décret de l'assemblée nationale du 31 août précédent, la fixation du prix des *travaux* à la tâche ou même à la journée, si ce mode est dans certains cas absolument indispensable, soit toujours inférieure aux prix courans des *travaux* du même genre dans le pays.

Le meilleur moyen de concilier la bonne exécution des *travaux* avec la juste proportion des salaires, est de faire exécuter les ouvrages par la voie de l'adjudication, sous la condition expresse d'employer les ouvriers du pays : le bénéfice que doit faire l'adjudicataire, peut paroître au premier coup-d'œil une diminution sur les fonds destinés à la classe indigente ; mais l'expérience démontre que les *travaux* en régie, presque toujours plus mal exécutés, sont encore beaucoup plus dispendieux.

Indépendamment des *travaux* de terre, pour lesquels néanmoins la plus grande quantité des fonds de secours sont destinés, il convient d'en appliquer une partie aux ouvrages d'intérieur qui alimentent les manufactures, & qui font vivre une grande quantité d'individus, auxquels les travaux de la terre sont trop étrangers.

La manière d'aider ces travaux d'industrie, & les ouvriers qui y sont attachés, exige beaucoup de soins & de mesures.

D'abord, il semble que toute espèce de projets, soit de former des atteliers de filature, ou d'autres ouvrages de ce genre, soit de fournir aux ouvriers, chez eux, des matières à ouvrer, doit être écartée : il y auroit à craindre, d'une part, que le concours de différentes causes ne portât la dépense à un taux bien supérieur au produit du travail, & de l'autre, qu'on ne pût se défaire que difficilement des ouvrages. Le meilleur parti qu'il paroîtroit convenable de prendre à cet égard, seroit d'exciter quelques manufacturiers à ouvrir de ces sortes d'atteliers, par l'assurance de primes ou d'autres encouragemens proportionnés au nombre d'ouvriers indigens qu'ils occuperoient. On pourroit, par exemple, faire à ces manufacturiers des prêts à un modique intérêt, & ce genre d'encouragement auroit l'avantage de multiplier, pour ainsi dire, les moyens de secours, en faisant servir plusieurs fois, & à mesure des rentrées, les mêmes fonds à ces œuvres d'une bienfaisance éclairée. Il faut encore observer de ménager cette ressource, de manière que l'aide donnée à ces manufacturiers, en les mettant en état de vendre ces ouvrages à un prix plus bas, ne porte pas un préjudice réel aux entrepreneurs d'ouvrages pareils, qui ne seroient pas secourus.

Les diverses considérations qui viennent d'être indiquées, ne sont pas les seules à saisir ; il en est d'autres qui tiennent à des circonstances particulières ou locales ; & qui ne devront point échapper à l'attention des directoires de département. Le roi attend donc de leur zèle & de leur patriotisme, qu'ils ne prendront de déterminations, qu'après avoir mûrement pesé & balancé les avantages & les inconvéniens des plans de *travaux* auxquels ils croiroient devoir se fixer. Le principe le plus général & le plus vrai, c'est de rendre, autant qu'il est possible, les fonds de secours productifs & utiles au plus grand nombre. L'administration qui aura le plus complettement rempli ce vœu de l'assemblée nationale, aura le mieux mérité en ce genre de la chose publique, & le plus entièrement satisfait le cœur du roi. Ainsi, comme on vient de le dire, un prêt fait à un entrepreneur, après l'avoir aidé à employer beaucoup de bras, rentre & devient encore un nouveau moyen de travail, & par-là acquitte deux fois, pour ainsi dire sa destination. La sagesse, l'intelligence des départemens peuvent étendre & multiplier ce genre d'utilité, dont on n'a voulu présenter ici que l'idée.

Les principes de justice & de sage répartition dans les secours, ont déterminé l'assemblée nationale dans la grande division en deux parts, qu'elle a arrêtée, des quinze millions votés pour être distribués dans les départemens. Si les ressources sont inégales entre toutes les parties d'un département, elles ne sont pas plus semblables dans tous les départemens entre eux. Il en est aux *travaux* desquels les circonstances actuelles ont apporté peu de changement ; il en est qui, faisant partie de provinces plus heureusement administrées, ont reçu dans leur partage des fonds qu'ils peuvent employer en ouvrages ; il en est qui ont dans leur étendue un plus grand nombre de *travaux* ouverts, soit de ceux des routes, soit de ceux qui doivent être entrepris sur les fonds déjà accordés par l'assemblée nationale ; en canaux à ouvrir ou à continuer, en réparations aux forteresses, &c. Tous ces élémens doivent concourir à la juste répartition des huit millions trois cents soixante mille livres restant à distribuer, pour qu'ils rétablissent avec égalité l'activité dans les *travaux* ; mais l'utilité dans les ouvrages doit être aussi soigneusement consultée.

C'est donc aux départemens à fournir toutes ces instructions. Le roi leur recommande de se pénétrer de l'esprit public, qui s'élevant au-dessus de l'amour propre du moment, des succès d'un jour, qui surmontant des difficultés, des contrariétés passagères, n'a pour objet que le bien de l'état qu'il sert, & y marche sans distraction & sans inquiétude.

La France est une grande famille dont les intérêts sont communs; ce n'est que par la richesse, par le bonheur de toutes les parties de ce beau royaume, que chacune d'elle peut jouir d'une prospérité solide & durable : loin donc à jamais toute rivalité particulière, qui éloigneroit cette fin à laquelle doivent tendre tous les citoyens de l'empire, & dont les administrateurs peuvent, par leurs lumières & leur patriotisme, avancer le terme.

Déjà une somme de trente mille livres avoit, au mois de mai dernier, été accordée à chaque département, pour être employée en atteliers de secours, quelques-uns ont touché cette somme, dont ils pouvoient disposer dès leur formation; d'autres n'en ont pas encore demandé la délivrance. La même intention a dirigé l'assemblée nationale dans ces deux secours : ces fonds doivent donc avoir la même application. Le roi recommande aux départemens de faire connoître incessamment au ministre des finances l'emploi qu'ils se proposent de faire de tous ces deniers, le motif qui ont déterminé ceux qui ont laissé jusqu'ici dans le trésor public les trente mille livres accordées au mois de mai, & l'emploi qu'en ont fait ceux qui en ont déjà disposé; enfin, les divers projets qu'ils pourroient proposer pour des *travaux* ultérieurs. Cette connoissance donnée par les départemens, des divers ouvrages qu'ils proposeront dans leur territoire, éclairera l'assemblée nationale & le roi sur l'attribution la plus juste & la plus utile des fonds restans; mais elle aura de plus le précieux avantage de faire connoître les *travaux* à exécuter successivement dans toutes les parties de la France, pour la conduire au point de prospérité que la nature de son sol, de son climat, que son immense population & l'industrie de ses habitans lui destinent.

Sa majesté se persuade que les nouveaux corps administratifs sentiront tout l'avantage que promet à la chose publique & à eux en particulier, la nécessité de la publicité dans la comptabilité. D'abord cette publicité est juste; la dépense des fonds publics doit être à la connoissance de tous les citoyens de l'Empire, à qui ils appartienent, mais elle est encore utile; les administrations foibles, s'il en existe, y trouveront, pour resister aux sollicitations particulières, aux intérêts privés, à une dispensation peu éclairée des fonds, une force qui les servira contre leur propre foiblesse, & à l'avantage de leur intime désir de la justice & du bien; les administrations courageuses & instruites, y trouveront leur récompense : toutes y trouveront leur jugement, & le bien public en résultera avec plus de certitude.

Tels sont les principaux développemens dont le roi a cru devoir accompagner l'envoi du décret du 16 décembre. Il a trop de confiance dans la sagesse & le zèle des assemblées administratives des départemens, pour n'être pas assuré de leur empressement & de leur exactitude à se conformer à la présente instruction.

D'après les ordres du roi ce 26 décembre 1790. Signé DELESSART.

Rapport fait au nom des comités des finance, d'agriculture & commerce, des domaines & de mendicité, sur les travaux de charité. Le 16 *juin* 1791; *par* M. de Liancourt, *député du département de l'Oise.*

Messieurs, sur la connoissance qui vous a été donnée au mois de décembre dernier, que les circonstances nécessairement dépendantes d'une révolution aussi grande que celle qui vient de s'opérer en France, occasionnoient un ralentissement momentané dans le travail qui pesoit sur la classe indigente & laborieuse de vos concitoyens, vous avez, par votre décret du 16, destiné la somme de 15 millions à des établissemens utiles à l'agriculture & au commerce; mais persuadés que les besoins & le manque de travail, généralement sentis dans tous les départemens, n'étoient pas cependant par-tout les mêmes, vous avez ordonné une distribution partielle de 80,000 livres dans chacun, vous réservant de répartir, sur la proposition du ministre, les 8,360,000 livres restans, là où les besoins se montreroient plus grands, & les *travaux* à ouvrir ou à continuer le plus généralement utiles à la prospérité publique, à l'intérêt national. L'instruction du roi, publiée dans les départemens en conséquence de vos décrets, a répandu & expliqué ce systême, & par-tout on a applaudi à vos intentions, & béni vos bienfaits. Le ministre de l'intérieur, dans une lettre qu'il a écrite le 22 du mois dernier à l'assemblée nationale, vous a proposé de l'autoriser à mettre sous vos yeux une distribution partielle de 8,360,000 livres restans, qui, employant une partie de ces fonds en *travaux* de la plus grande importance, ouvrît ces *travaux* dans le moment le plus favorable de l'année pour leur confection.

C'est de cette lettre, dont vous avez approuvé l'intention, que viennent vous rendre compte les comités des Finances, d'Agriculture & de Commerce, des Domaines & de Mendicité, auxquels vous l'aviez renvoyée; & ils y trouvent le moyen de satisfaire à-la fois au desir que vous avez manifesté dès long-temps de soulager les finances de l'état de l'entretien des atteliers de la capitale; & c'est deux que d'abord ils vont vous entretenir.

Les atteliers de Paris ont été ouverts & commencés à être soldés par le trésor public vers le mois de mai 1789. La grande rigueur de l'hiver, la grêle désastreuse de l'année précédente, la foule de malheureux qui, ne trouvant chez eux ni travail, ni subsistance, étoient venus en chercher à Paris, où ils n'en trouvoient pas plus, déterminèrent le gouvernement à établir ces atteliers. Il songea à faire vivre ces hommes sans ressource; mais aucun ouvrage utile n'étoit prêt à leur offrir. Le nombre de ces ouvriers s'accrut tellement dans le même été, que la municipalité, d'accord avec le ministre, se virent obligés de prendre des mesures pour renvoyer dans les provinces ceux des ouvriers qui y avoient leur domicile, & que les habitans de Paris, ou ceux qui se disoient tels, y furent seuls conservés. La cessation des *travaux* de la campagne, l'exorbitante cherté des grains, la révolution elle-même qui, par le sentiment & l'occupation de chaque minute, commune à tous les François, distrayoit d'un travail utile beaucoup d'hommes auxquels il étoit nécessaire pour subsister, ramenèrent bientôt les atteliers au nombre que l'ordre public, & la proportion des ouvrages à leur donner, avoit fait trouver utile de diminuer.

Ce fut au mois de mai de l'année dernière que, pour la première fois, l'abus de ces atteliers fut dénoncé à l'assemblée nationale. Ils vous furent présentés comme une charge considérable pour le trésor public, comme un moyen funeste d'entretenir la paresse; & le comité des Recherches vous les représenta encore comme un centre de réunion, où les mal-veillans envoyoient de toutes les parties de la France, même des pays étrangers, des hommes sur lesquels ils comptoient pour servir leurs funestes desseins. Le nombre des ouvriers entretenus alors dans ces travaux, se montoit à 11,800. Vous ordonnâtes que les hommes non domiciliés ne seroient plus reçus à l'avenir dans ces atteliers; que ceux qui n'y étoient pas établis depuis une année seroient renvoyés dans leurs provinces, s'ils étoient François, ou dans l'état auquel ils appartenoient, s'ils n'étoient pas François. Vous voulûtes qu'il fût donné à tous les moyens de retourner dans leurs foyers sans recourir à l'aumône, & consacrant 30,000 livres par département à ouvrir des *travaux*, vous espérâtes un effet salutaire de vos dispositions. Mais la force publique n'étoit pas encore en vigueur; la municipalité provisoire de Paris, seule chargée de l'exécution de vos décrets, au moment de se voir remplacée par une municipalité permanente, n'avoit pas la confiance de sa force, craignoit de la voir méconnoître; & les circonstances délicates se réunissant à cette position difficile, votre décret ne fut que partiellement & foiblement exécuté. Aussi au mois d'octobre, quand vous deviez vous flatter que les précautions que vous aviez prises, que les *travaux* de l'été auroient considérablement diminué vos atteliers, vous apprîtes avec effroi que le nombre des ouvriers s'élevoit à 19,000. Il n'étoit plus possible à cette époque de l'année de penser à les détruire, à en diminuer même le nombre; & vous crûtes alors devoir vous borner à prescrire une organisation moins imparfaite d'atteliers, qui en écartât plus probablement le désordre; un mode de paiement qui encourageroit plus au travail. Votre humanité vous imposa le devoir de n'en pas faire plus à l'entrée d'une saison qui pouvoit être rigoureuse. Vous n'ignoriez pas cependant dès lors les inconvéniens de grands atteliers ouverts, dans la seule intention de présenter quelqu'apparence de travail, quoique le travail offert soit sans utilité; & aucun important ne pouvoit alors être donné à Paris, où il falloit faire vivre le grand nombre d'hommes qui ne pensoient pas pouvoir trouver de l'ouvrage. Vous n'ignoriez pas que l'ouvrier, même isolé, qui reconnoît l'inutilité du travail auquel on l'emploie, s'y livre sans courage, sans zèle, & contracte bientôt l'habitude de la paresse; penchant si naturel à l'humanité. Vous n'ignoriez pas que ce vice, attaché à tout ouvrage manifestement reconnu sans objet, s'accroît beaucoup plus dans ses conséquences, par la réunion d'un grand nombre d'hommes; qu'alors, surveillés lâchement par des piqueurs, chefs & inspecteurs, qui n'ont aucun intérêt à voir avancer l'ouvrage, qui peut-être s'en croient un contraire, ils travaillent moins, plus leur nombre est grand. Que les mauvais ouvriers gâtent les bons; que souvent même, pour cacher leur paresse dans l'inaction générale, ils les empêchent avec menace de travailler; qu'ainsi le patrimoine des pauvres se dissipe sans fruit par des hommes qui, laborieux autrefois, s'habituent à la fainéantise, ne tiennent plus compte à la chose publique des secours qu'ils reçoivent, regardent ce bienfait comme une dette, & ne se croient nullement obligés au travail dont ils reçoivent le salaire. Vous n'ignoriez pas enfin que des atteliers, même utiles, ouverts dans l'intention unique de donner de l'ouvrage, avoient encore le funeste effet d'entretenir les ouvriers dans la dangereuse opinion que le gouvernement doit les débarrasser des soins & de la prévoyance nécessaires pour en chercher, & de les plonger dans la fainéantise, l'imprévoyance & la misère, qui en est la suite.

Vous connoissez toutes ces vérités politiques, qui, dans des circonstances de prospérité & de calme, doivent seules guider les déterminations d'un gouvernement sage & éclairé; mais il falloit assurer l'existence d'un grand nombre d'ouvriers sans travail, dans une saison morte à tout ouvrage des champs; dans des circonstances où l'incertitude de chacun sur son sort, où l'impression récente de la commotion générale laissoit encore l'industrie sans activité dans la capitale & dans le royaume, & les considérations de l'humanité vous parurent les plus pressantes.

Les abus accrus dans les atteliers depuis leur établissement, devoient encore s'accroître : ils se sont accrus. La dépense, déjà énorme, s'éleva beaucoup. Le nombre d'hommes entretenus aux frais du trésor public fut porté à 31,000; les dépenses à près de 900,000 livres par mois, sans compter 50,000 livres versées encore par le trésor pour solde de 1400 ouvriers de Paris employés au canal de Bourgogne. Plus le nombre des ouvriers devint considérable, plus la futilité de l'ouvrage qui leur étoit donné étoit grande, plus leur travail devint nul, plus la surveillance des administrateurs devint difficile, plus il fut aisé d'abuser, par de faux exposés de malheur & de détresse, de leur humanité, de leur bienfaisance, dont l'exercice est la seule douceur laissée à l'homme honnête chargé de pareilles fonctions. Des hommes sans besoin, jouissant même d'une aisance connue, furent admis à ces atteliers. Le plus grand nombre des ouvriers n'y paroissoit que pour recevoir la paie, ou tout au plus pour se montrer à l'appel. L'oisiveté totale de ceux qui venoient sur ces travaux; tous ces abus de fainéantise, de gaspillage, qu'il est inutile de remettre en ce moment sous vos yeux, tous au détriment de l'homme vraiment laborieux, abus nécessairement inhérens à cette espèce d'atteliers établis dans une grande ville, sans aucune limitation prescrite, ni dans le nombre, ni dans leur dépense, devinrent un objet de scandale pour tous les habitans de la capitale, qui en étoient témoins, & pour toute la France, qui en fut instruite. Vous aviez bien, Messieurs, formé le projet d'y mettre fin, par le seul moyen qui peut les détruire, la rupture entière des atteliers; mais vous contentant d'en témoigner hautement, dans vos séances, votre mécontentement, vous avez voulu attendre le moment où l'abondance du travail fourniroit une subsistance assurée à ceux qui voudroient en trouver; car si les atteliers de la capitale, aujourd'hui réduits à 20,000, par des mesures de la municipalité, renferment encore bien des hommes que l'habitude ou la facilité y conduisent, il en est un grand nombre à qui le travail est nécessaire; des pères de familles pauvres, & respectables par leurs mœurs; & ce sont généralement ceux qui, dans les temps d'abus, se sont montrés les plus laborieux & les plus assidus, & dont il n'est dans le cœur d'aucun de vous de compromettre un seul jour l'existence. Le moment est arrivé où vous pouvez sans cette inquiétude, qui a jusqu'ici retardé votre détermination, prendre celle que vous prescrit le bien de l'état, l'intérêt de ses finances, & les mœurs publiques. Les travaux des campagnes s'ouvrent de toutes parts. L'espérance la plus probable des plus riches récoltes appelle par-tout des bras, & leur promet une longue & abondante occupation. Les *travaux* des routes vont s'ouvrir dans tous les départemens, & avec d'autant plus d'abondance, qu'ils ont été négligés l'année dernière. Les ventes multipliées des biens nationaux augmentant la propriété, donnent du travail dans tous les points de la France; car il est peu de propriétaires qui ne veuillent jouir comme leurs prédécesseurs. Le commerce reprend une grande vigueur; les manufactures, les atteliers de toute espèce sont dans une activité depuis longtemps oubliée. Les fabricans ne peuvent satisfaire aux commandes; les maîtres-ouvriers, nommément ceux de la capitale, se plaignent de ne pouvoir trouver des compagnons, & répondre aux ouvrages qui leur sont commandés. L'espèce de coalition même de plusieurs ouvriers, qui s'entendent pour demander un grand haussement dans leurs salaires, semble prouver seule qu'il y a moins d'ouvriers que de moyens de travail. Aucune circonstance ne peut donc être plus propice pour ordonner la rupture des atteliers.

A cette circonstance générale, il s'en joint une particulière, tout aussi favorable. La distribution d'une partie des huit millions, qui vous est proposée par le ministre, va faire ouvrir de grands *travaux* utiles dans plusieurs départemens. Elle en fera ouvrir dans le département de Paris; & ce département joignant, au titre de son immense population, l'avantage que ces travaux médités, arrêtés depuis long temps, reconnus utiles à tout le royaume, peuvent être immédiatement commencés, a droit à la distribution des sommes que vous avez réservées à cette intention. Ainsi rompant vos atteliers de charité, ceux des ouvriers qui voudront se procurer de l'ouvrage seront assurés d'en trouver, non plus comme autrefois, comme à présent, encore en apparence de travail, en aumône déguisée, mais en travaux nécessaires, soumis, pour le salaire, aux conditions qu'ils feront avec les entrepreneurs; en travaux importans, aussi utiles à la propriété nationale, aux mœurs de l'ouvrier, à l'activité même de leur travail, que ce fantôme d'ouvrage, qui leur étoit donné, en étoit destructeur.

Le ministre de l'intérieur a donc compris les *travaux* du département de Paris, dans l'état de ceux auxquels il vous propose une partie des huit millions dont vous avez à disposer. Cette précaution rassurante pour les ouvriers aujourd'hui employés dans les atteliers de charité, n'est pas la seule que vous proposent vos comités; ils vous proposent encore de payer les hommes aujourd'hui compris dans les atteliers, quinze jours après leur rupture totale, & d'ordonner que les *travaux* ouverts en vertu du décret que vous allez rendre, le soient dans Paris à l'époque où ces hommes, dont les besoins & la conduite appellent votre sollicitude, cesseront de toucher leur paie de ces atteliers, afin de leur donner tous les moyens possibles de chercher tranquillement & avec sécurité du travail; que d'ailleurs la ville de Paris elle-même sur ses fonds, & pour le nettoiement de ses rues, fournira particulièrement aux pères de famille, que l'âge &

les infirmités repoussent des atteliers où les entrepreneurs appellent des bras vigoureux. Il a donc semblé à vos quatre comités que toutes ces précautions dont l'humanité, dont la bienfaisante prévoyance font un devoir à votre prudence, étant exactement remplies, vous pouvez alors, sans inquiétude, rendre le décret que l'opinion publique, que l'intérêt même bien entendu de ces ouvriers, sollicitent depuis long-temps de votre sagesse. Vos comités vous proposent de laisser subsister encore les atteliers de filature entretenus dans Paris aux frais du trésor public : ces dépenses modiques peuvent n'être considérées que comme une avance, puisqu'une grande partie des sommes qui y sont fournies, rentrent au trésor par la vente des matières ouvrées, & que ce moyen de subsister, en ne considérant les atteliers que sous ce rapport, n'est donné, & encore sous les conditions le plus scrupuleusement examinées, qu'à des femmes & à des enfans qui ne pourroient aujourd'hui encore se procurer de l'ouvrage, & dont le nombre diminuera successivement.

Quant aux dispositions que vous propose le ministre, relativement à la distribution de vos fonds de secours, elle ne porte, en ce moment, que sur 2,600,000 liv. Vos quatre comités ont entendu & discuté avec M. de la Millière, cette distribution, & tous, à l'unanimité, l'ont trouvé sage. La lecture de la dernière lettre du ministre, qui nous a été renvoyée par M. le président, & que nous vous prions d'entendre avant la lecture du projet de décret, vous fera connoître les motifs généraux qui ont dirigé ce projet de distribution. Un des plus essentiels, celui qui seul eût dû le déterminer, est qu'aucun autre ouvrage de l'importance & de la nature de ceux qui vous sont présentés, n'est prêt à être entrepris. Les départemens chargés d'une infinité d'affaires, n'ont pas tous exactement rempli encore les conditions que votre décret du 16 décembre leur prescrivoit, & sans lesquelles aucune somme ne peut leur être attribuée ; car ce sont des travaux reconnus utiles & praticables, que vous avez décrétés : vous avez voulu lier l'utilité publique, les moyens de prospérité nationale, à l'assistance des malheureux ; & les projets qui vous sont présentés par le ministre vous paroîtront avoir incontestablement ce précieux avantage. Les renseignemens nécessaires pour ouvrir d'autres travaux aussi importans dans d'autres points du royaume, & particulièrement aux desséchemens, parviendront successivement au ministre. La distribution actuelle stimulera même les départemens en retard ; & vous aurez, avant la fin de vos séances, l'entière satisfaction d'avoir, ainsi que vous vous l'êtes proposé, tiré des moyens certains de richesses pour la nation, de la détresse momentanée, du défaut accidentel de travail qui a, pendant quelques instans, pesé sur nos provinces.

Décret.

L'assemblée nationale, après avoir entendu ses comités des domaines, des finances, de commerce & agriculture, & de mendicité, décrète :

I. Conformément à la loi du 19 décembre 1790, & sur les observations & avis du ministre de l'intérieur, la distribution de 2,600,000 liv., à compte sur les 8,360,000 liv. restans des 15,000,000 liv. destinés, par cette même loi, aux dépenses des travaux utiles établis en conséquence, sera faite ainsi qu'il suit.

DÉPARTEMENS.

DÉPARTEMENS.	SOMMES.	TRAVAUX auxquels elles seront appliquées.
La Somme..........	150,000 liv.	Navigation de la rivière de la Somme.
La Seine inférieure....	150,000	Curement de la retenue de Saint-Vallery en Caux.
Le Calvados.........	100,000	Rivière d'Orne.
Charente inferieure....	150,000	Déblaiemens du bassin de la Rochelle.
Le Gard...........	150,000	Canal de Beaucaire à Aigues-Mortes.
Bouches-du-Rhône....	50,000	Travaux à l'embouchure du Rhône.
L'Isère............	50,000	Continuation des digues contre les rivières & torrens.
La Côte-d'Or........	50,000	Continuation du canal de Bourgogne, aux abords de Dijon.
L'Yonne...........	600,000	Travaux du canal de Bourgogne entre Saint-Florentin & Montbard.
Le Bas-Rhin.........	150,000	Travaux du Rhin.
Le Nord...........	100,000	Canal de la Sensée.
Paris..............	1,000,000	Démolition de la porte Saint-Bernard & la Géole.
		Réparations des quais & nouveaux ouvrages de constructions, tant en amont qu'en aval, du pont de Louis XVI.
		Ouverture d'un nouveau canal à la Seine, en face de Passi.
Total....	2,700,000 liv.	Garre à exécuter au-dessous du pont de Charenton.

II. En conséquence de ces travaux offerts aux ouvriers qui voudront se procurer de l'ouvrage, le trésor public cessera, à compter du premier juillet, d'entretenir les atteliers de Paris & autres de même nature, qui pourroient avoir été établis dans quelqu'autre partie du royaume.

III. Il est néanmoins enjoint à la municipalité de Paris de ne plus comprendre dans le rôle des atteliers, & ce dès à-présent, les chefs de tous grades qui n'auroient pas le nombre d'ouvriers nécessaires, en préférant, pour le renvoi, les célibataires aux pères de famille, & de continuer de renvoyer les ouvriers reconnus n'avoir pas les qualités exigées par les loix des 13 juin & 10 septembre 1790. Il lui est pareillement enjoint de faire, dès-à-présent, cesser les travaux reconnus sans utilité.

IV. Seront seulement exemptés de la disposition de l'article II du présent décret, quant à présent, les atteliers de filature établis dans Paris pour les femmes & enfans, en vertu de la loi du 13 juin 1790; & les fonds qui leur seront fournis, le seront à titre d'avance seulement à rendre par la municipalité sur ses revenus de la ville.

V. Les ouvriers occupés jusqu'ici dans les atteliers de Paris, qui témoigneroient le desir de se retirer dans leur municipalité, à compter du présent jour jusqu'au 26 du présent mois, recevront trois sols par lieue, d'après les dispositions & aux conditions mentionnées en l'article VII de la loi du 13 juin ci-dessus rapportée. Il sera tenu par la municipalité, un rôle qui constatera les ouvriers qui se rendront à leur municipalité, & ceux qui resteront à la capitale.

VI. Il sera fait un fonds particulier pour l'achèvement de l'édifice dit Sainte-Geneviève, confié, comme dépense nationale, aux soins du directoire du département de Paris, par la loi du 10 avril dernier, & dont les travaux ont, jusqu'à ce jour, été payés sur les fonds des atteliers de secours.

VII. La trésorerie nationale fera verser de mois en mois les sommes indiquées par l'article premier du présent décret, dans les caisses des receveurs des districts, dans l'enceinte desquels se feront ces travaux.

VIII. Ces travaux donnés à l'entreprise par adjudications au rabais, seront établis & dirigés conformément aux dispositions de l'article VII de la loi du 19 décembre, & ouverts au premier juillet ; & les sommes indiquées dans l'article premier, ne pourront être, sous aucun prétexte, employées à aucun autre usage & d'aucune autre manière.

IX. Le ministre instruira, tous les trois mois, la législature, du progrès de ces travaux, & de leur situation.

X. L'assemblée nationale se réserve de prononcer sur la distribution ultérieure des 5,760,000 livres restans, ou par à compte, ou définitivement, selon la nature & les circonstances des travaux & des besoins qui lui seront présentés par les divers départemens, en préférant à égalité de besoins pareillement urgens, les départemens qui n'ont point de part à la distribution faite par le présent décret, & en se conformant aux dispositions de l'article VII du 19 décembre 1790.

XI. La municipalité de Paris, sous la surveillance du département, pourvoira à ce que les divers instrumens de travail, appartenans à la nation, & qui servoient aux atteliers, soient soigneusement retirés pour être vendus, & le produit en être versé au trésor public.

XII. Le présent décret sera présenté dans le jour à la sanction du roi.

TRIBUNAL, s. m. Lieu où les magistrats prononcent les jugemens en matière civile, criminelle ou de police, après avoir entendu ceux qui se trouvent traduits devant eux, dans leurs moyens de défense.

Nous ne parlerons ici que des *tribunaux* de police, ils ont succédé à l'espece de jurisdiction que les hotels-de-ville avoient en matière de police, & à celle des lieutenants généraux de police, dans les lieux où l'édit de 1699 en avoit créés.

Il ne faut pas croire au reste que le *tribunal* de police soit aussi important dans les autres villes qu'à Paris où la forme d'y procéder est plus régulière, le nombre des juges plus grand, & la compétence plus étendue. Voici ce que portent les décrets des 6 & 11 juillet 1791.

Forme de procéder & composition des tribunaux en matière de police correctionnelle.

I. Dans le cas où un prévenu surpris en flagrant délit, seroit amené devant le juge de paix, conformément aux dispositions indiquées, le juge, après l'avoir interrogé, après avoir entendu les témoins s'il y a lieu, dressé procès verbal sommaire, le renverra en liberté, s'il le trouve innocent ; le renverra à la police municipale, si l'affaire est de sa compétence ; donnera le mandat d'arrêt, s'il est justement suspect d'un crime ; enfin s'il s'agit des délits mentionnés au présent décret depuis l'article VII, il le fera retenir pour être jugé par le *tribunal* de la police correctionnelle, ou l'admettra sous caution de se représenter. La caution ne pourra être moindre de trois mille livres, ni excéder vingt mille livres.

II. La poursuite de ces délits sera faite, soit par les citoyens lésés, soit par le procureur de la commune, ou ses substituts s'il y en a, soit par des hommes de loi commis à cet effet par la municipalité.

III. Sur la dénonciation des citoyens ou du procureur de la commune ou de ses substituts, le juge de paix pourra donner un mandat d'amener, & après les éclaircissemens nécessaires, prononcera selon qu'il est dit en l'article XLIII du décret.

IV. Dans les lieux où il n'y a qu'un juge de paix, le *tribunal* de police correctionnelle sera composé du juge de paix, & de deux assesseurs. S'il n'y a que deux juges de paix, il sera composé de ces deux juges de paix & d'un assesseur.

V. Dans les villes où il y a trois juges de paix, le tribunal de police correctionnelle sera composé de ces trois juges & en cas d'absence de l'un d'eux il sera remplacé par un des assesseurs.

VI. Dans les villes qui ont plus de trois juges de paix & moins de six, le *tribunal* sera de trois, qui siégeront de manière à ce qu'il en sorte un chaque mois.

VII. Dans les villes de plus de soixante mille ames, le *tribunal* de police correctionnelle sera composé de six juges de paix, ou à leur défaut, d'assesseurs ; ils serviront par tour, & pourront se diviser en deux chambres.

VIII. A Paris, il sera composé de neuf juges de paix, servant par tour ; il tiendra une audience tous les jours, & pourra se diviser en trois chambres.

Durant le service des neuf juges de paix à ce *tribunal* & pareillement durant la journée où les juges de paix de la ville de Paris seront occupés au service alternatif établi dans le lieu central, par l'article XXXIV du titre premier du présent décret, toutes les fonctions qui leur sont attribuées par la loi, pourront être exercées dans l'étendue de leur section, par les juges de paix des sections voisines, au choix des parties.

IX. Le greffier du juge de paix servira auprès du *tribunal* de police correctionnelle, dans les lieux où ce *tribunal* sera tenu par le juge de paix & deux assesseurs.

X. Dans toutes les villes où le *tribunal* de police

correctionnelle sera composé de deux ou trois juges de paix, le corps municipal nommera un greffier.

XI. Dans les villes où le *tribunal* de police correctionnelle sera composé de plusieurs chambres, le greffier présentera autant de commis-greffiers qu'il y aura de chambres.

XII. Les greffiers nommés par le corps municipal pour servir près le *tribunal* de police correctionnelle, seront à vie : leur traitement sera de mille livres dans les lieux où le tribunal ne formera qu'une chambre; de dix-huit cents livres dans les lieux où il en formera deux, & de trois mille livres dans les lieux où il en formera trois : le traitement des commis-greffiers sera pour chacun, la moitié de celui du greffier.

XIII. Les huissiers des juges de paix qui seront de service, feront celui de l'audience.

XIV. Les audiences de chaque *tribunal* seront publiques, & se tiendront dans le lieu qui sera choisi par la municipalité.

XV. L'audience sera donnée sur chaque fait, trois jours au plus tard après le renvoi prononcé par le juge de paix.

XVI. L'instruction se fera à l'audience; le prévenu y sera interrogé, les témoins pour & contre entendus en sa présence, les reproches & défenses proposés, les pièces lues, s'il y en a, & le jugement prononcé de suite, ou au plus tard à l'audience suivante.

XVII. Les témoins prêteront serment à l'audience; le greffier tiendra note du nom, de l'âge, des qualités des témoins, ainsi que de leurs principales déclarations & des principaux moyens de défenses. Les conclusions des parties & celles de la partie publique seront fixées par écrit, & les jugemens seront motivés.

XVIII. Il ne sera fait autre procédure sans préjudice du droit qui appartient à chacun, d'employer le ministère d'un défenseur officieux.

XIX. Les jugemens en matière de police correctionnelle pourront être attaqués par la voie de l'appel.

L'appel sera porté au *tribunal* de district; il ne pourra être reçu après les quinze jours du jugement signifié à la personne du condamné ou à son dernier domicile.

XX. Le tribunal de district jugera en dernier ressort.

XXI. Le département de Paris n'aura qu'un *tribunal* d'appel, composé de six juges ou suppléans, tirés des six tribunaux d'arrondissement; il pourra se diviser en deux chambres, qui jugeront au nombre de trois juges.

XXII. Les six premiers juges ou suppléans qui composeront le *tribunal* d'appel, seront pris par la voie du sort, dans les six *tribunaux*. Les présidens exceptés, de mois en mois il en sortira deux, lesquels seront remplacés par deux autres, que choisiront les deux *tribunaux* de district auxquels les deux sortans appartiendront; & ainsi de suite par ordre d'arrondissement.

XXIII. L'audience du *tribunal* d'appel ou des deux chambres dans lesquelles il sera divisé, sera ouverte tous les jours, si le nombre des affaires l'exige, sans que le *tribunal* puisse jamais vaquer.

XXIV. Les six premiers juges qui composeront ce *tribunal*, nommeront un greffier, lequel sera à vie, & présentera un commis-greffier pour chacune des deux chambres.

XXV. Les plus âgés présideront les deux chambres du *tribunal* d'appel ci-dessus; il en sera de même dans toute l'étendue du royaume pour ceux des *tribunaux* de première instance qui seront composés de deux ou trois juges de paix.

XXVI. Dans toute l'étendue du royaume, l'instruction sur l'appel se fera à l'audience, & dans la forme déterminée ci-dessus; les témoins, s'il est jugé nécessaire, y seront de nouveau entendus, & l'appelant, s'il succombe, sera condamné en l'amende ordinaire.

XXVII. En cas d'appel des jugemens rendus par le *tribunal* de police correctionnelle, les conclusions seront données par le commissaire du roi, dans la ville de Paris; il sera nommé par le roi un commissaire pour servir auprès du tribunal d'appel de police correctionnelle.

XXVIII. Les produits des confiscations & des amendes prononcées en police correctionnelle seront perçus par le receveur du droit d'enregistrement, & après la déduction de la remise accordée aux percepteurs, appliqués, savoir :

Un tiers aux menus frais de la municipalité & du *tribunal* de première instance; un tiers à ceux des bureaux de paix & jurisprudence charitable; & un tiers au soulagement des pauvres de la commune.

La justification de cet emploi sera faite au corps municipal, & surveillée par le directoire des assemblées administratives.

XXIX. Les peines prononcées au présent décret, ne seront applicables qu'aux délits commis postérieurement à sa publication.

Loi relative à la compétence du tribunal de police municipale de la ville de Paris. Donnée à Paris, le 29 septembre 1791.

L'assemblée nationale décrète ce qui suit :

ART. I. La municipalité de Paris sera seule chargée de faire exécuter les réglemens, & d'ordonner toutes les dispositions de police sur la rivière de Seine, ses ports, rivages, berges & abreuvoirs, dans l'intérieur de Paris, sans préjudice du renvoi à la police correctionnelle, à l'égard des faits qui en seront susceptibles.

II. Les marchands faisant le commerce pour l'approvisionnement de Paris, par eau, seront tenus, à peine d'une amende de trois cents livres, de déclarer à la municipalité, ou à l'un des commissaires de police, la quantité des marchandises, les lieux où ils doivent les charger, & l'époque de l'arrivée.

III. Les contestations qui pourroient s'élever sur l'exécution des traités, marchés, entreprises & fournitures relatifs aux approvisionnemens de Paris, par eau, en ce qui concerne seulement la livraison des marchandises, les obstacles & difficultés qui surviendroient dans le transport, seront portés au tribunal de police municipale.

IV. Le tribunal de police municipale connoîtra des contestations relatives à la justification des qualités, à la régularité des payemens, & au rebut des quittances, qui pourront s'élever entre les payeurs des rentes sur l'hôtel-de-ville & les rentiers.

V. Il connoîtra pareillement des contraventions aux réglemens de police, à l'égard des monts-de-piété; lombards & autres établissemens de ce genre, ainsi que de toutes les contestations qui peuvent en être la suite.

VI. L'appel de tous jugemens rendus par le tribunal de police municipale, sera porté au tribunal établi par l'article LXIII du titre II du décret sur la police municipale & la police correctionnelle.

VII. Le corps municipal nommera le greffier & les commis qui seront attachés au tribunal de police municipale; il réglera avec l'autorisation du directoire du département, leur traitement, lequel sera payé par la commune.

VIII. Le corps municipal est autorisé, en cas de besoin, à commettre un homme de loi, ou tout autre citoyen, pour remplir les fonctions de substitut du procureur de la commune auprès du tribunal de police municipale.

IX. Le traitement des hommes de loi ou autres citoyens qui pourront être commis pour aider le procureur de la commune & ses substituts dans la poursuite des délits en matière de police municipale & correctionnelle, sera payé par la commune, & déterminé par le corps municipal, avec l'autorisation du directoire du département, proportionnellement au travail dont ils devront être chargés. (*Voyez* POLICE.)

TUERIE, f. f. C'est le nom du lieu où les bouchers égorgent les animaux dont ils étalent, & vendent la viande.

Ce que nous avons dit des fonderies de *suif* on peut le dire des *tueries*, dont le spectacle hideux & barbare n'est pas moins révoltant que l'air qui émane des fonderies est contraire à la salubrité de la ville.

On ne conçoit pas comment dans une grande ville comme Paris, on peut allier à tant de mollesse, de sensibilité pour des riens, une indifférence, une apathie aussi grande que celle qu'on témoigne à l'aspect des *tueries*. Ces lieux épouvantables sont assez ordinairement placés dans les quartiers peuplés, & plus d'une fois l'on a vu des salles de danse & de plaisirs établies dans des maisons où les gémissemens & les plaintes des animaux se joignoient au son des instrumens & aux éclats de rire des convives.

Ce mélange contre nature est ce qui entretient dans le petit peuple, cette férocité redoutable qui le rend odieux à lui-même. Des enfans prennent à la porte des *tueries*, des leçons de meurtre qui les conduisent à l'échaffaud; & des magistrats imbécilles à qui l'on dit cela, répondent *qu'ils ne croyent point à la métempsicose, que les animaux sont faits pour être mangés;* sans doute comme tout homme en place est fait pour être un sot.

Il faudroit donc reléguer les *tueries* hors de la ville; car indépendamment des scènes de cruauté dont on s'épargneroit le honteux & inutile spectacle, on conserveroit à l'air une pureté que les miasmes putrides du sang & de la fange des *tueries* ne manquent point de lui faire perdre, sur-tout pendant les chaleurs de l'été.

Ce projet a été tenté sous M. de Breteuil; ce ministre avoit proposé aux propriétaires des maisons qui ont le droit de *Tuerie*, un arrangement pour les indemniser des torts que les transports des *Tueries* hors des barrières auroit pu leur occasionner. Mais trop d'obstacles se sont présentés: la chose n'a point eu lieu. Le conseil général de la commune de Paris a paru vouloir s'occuper depuis de cet objet; mais on ne lui a pas donné de suite, & les *Tueries* continuent à infecter Paris, & à y offrir des spectacles révoltans & dangereux. *Voyez* ABUS & ÉTAL.

TUILE, f. f. Espèce de petite planche de terre cuite, dont on se sert pour couvrir les maisons.

» Sur le fait de tous les matériaux propres aux bâtimens, dit le commissaire *Lamarre*, la police a deux objets essentiels; l'un, que les villes en soient suffisamment pourvues, & à bon prix; l'autre, que ceux qui la façonnent & en font commerce, livrent la marchandise bonne, loyale & sans défaut. C'est l'esprit de tous les réglemens, & en particulier de ceux qui ont été faits pour les *tuiles* & les tuiliers «. Une ordonnance de police de 1300, porte: » Que nul tuilier ne marchand de *Tuiles*, ne achete *Tuile* ne carreau pour revendre, & qui le fera, la *Tuile* & les carreaux seront forfaits & perdus; & que *Tuile* ne soit vendue plus de vingt quatre fols de la Toussaints jusqu'à Pâques, & de Pâques jusqu'à la Toussaints plus de vingt sols, & des carreaux trois sols le cent en tout tems ».

Lorsque les *Tuiles* sont amenées sur les ports de Paris, l'usage est, ou du moins étoit autrefois, que les maîtres jurés couvreurs les examinassent, en prissent des échantillons, les portassent au bureau de la ville, & que sur leurs remontrances, comme sur celles des tuiliers, le prevôt des marchands & les échevins en fixassent le prix, avec défenses aux marchands de les vendre au-dessus de la taxe.

L'ordonnance de Henri III, du 21 novembre 1577, pour la police générale, porte ce qui suit: » Pour la salubrité de l'air de la ville de Paris, sa majesté a défendu de n'y faire dorénavant aucunes tuileries, & veut que celles qui y sont de présent soient transférées, par l'avis des officiers de police, après avoir ouïs ceux qui y ont intérêt «.

Ce réglement n'est point exécuté, quoique fort sage. Il y a des *Tuileries* & briqueteries dans Paris, ou du moins dans le milieu des fauxbourgs; & non-seulement elles vicient l'air, mais encore elles exposent les maisons voisines.

Nous rappellerons ici, d'après le commissaire *Lamarre*, l'origine du nom tuileries que porte le château où loge aujourd'hui la cour. » Les plus fameuses tuileries, dit cet auteur, étoient placées le long de la rivière au-delà des fossés du château du bois du louvre : on les voit ainsi désignées dans les lettres-patentes de Charles VI, du mois d'août 1416. Elles y ont subsisté durant plusieurs siècles; & tout le monde sait que la reine Catherine de Médicis prit ce terrein pour bâtir le magnifique palais & le jardin que l'on nomme aujourd'hui les Tuileries.

V.

VÉNÉRIEN, *s. m.* On appelle ainsi celui qui est attaqué du mal *vénérien*.

Nous ne rappellerons ce mot ici que pour faire connoître deux établissemens destinés à guérir ceux qui sont attaqués de cette maladie; l'un est à Bicêtre, l'autre à Vaugirard.

Nous avons fait connoître le premier de ces endroits au mot HÔPITAL, & nous y renvoyons; nous observerons seulement que les soins qu'on y donne aux malades, sont disproportionnés avec la quantité de *vénériens* qui s'y présentent. On n'en passe guère au remède que cent tous les deux mois, c'est-à-dire, cinquante hommes & autant de femmes; aussi y a-t-il des malheureux qui sont quelquefois inscrits depuis plus de deux ou trois ans, sans pouvoir trouver leurs tours: cet inconvénient est très-grand, & augmente de beaucoup les progrès du mal parmi le peuple. Sur six cents personnes qui passent les grands remèdes tous les ans à Bicêtre, il meurt année commune 40 hommes & 45 femmes; c'est énorme, & cependant c'est le résultat que donne l'état des *vénériens* morts dans cet hôpital pendant les années 1785, 1786, 1787, 1788, 1789. C'est une suite de la difficulté de les traiter à temps, & des mauvaises dispositions des infirmeries, horriblement mal-saines; les malades y couchent cinq à six ensemble, & très-souvent par terre.

L'hospice de Vaugirard est déterminé à guérir les enfans attaqués du mal *vénérien* en venant au monde. Nous ne saurions mieux faire connoître cet établissement utile que par un extrait de la préface qui se trouve à la tête du réglement de la maison, imprimé en 1781.

L'expérience ayant démontré que tous les enfans qui naissent avec le mal *vénérien* périssent sous peu de temps, ou que, s'il en réchappe quelques-uns par un hasard singulier, ils traînent une vie misérable & languissante, qui ne se prolonge pas ordinairement jusqu'à l'âge de puberté, le gouvernement s'est occupé à diverses reprises des moyens de remédier à cette calamité si propre à dévaster les grandes villes, & même à priver les campagnes d'une multitude de sujets qui seroient devenus très-utiles.

Plusieurs tentatives pour la guérison de ces enfans ayant été infructueuses, soit par le choix des méthodes mises en usage, soit par le défaut de précautions convenables, on avoit en quelque manière désespéré d'atteindre un but si désirable; mais sous un règne de bienfaisance, où tout ce qui approche du prince est animé du même esprit, on devoit s'attendre à de nouveaux efforts.

M. Lenoir, conseiller d'état, lieutenant général de police, l'un des chefs de l'administration des hôpitaux, étant à portée de connoître les désastres que produit le mal vénérien dans les nouveau-nés à l'hôpital-général, aux enfans-trouvés, & même parmi le peuple, a cru devoir se livrer à la recherche importante des moyens de conserver tant d'individus inévitablement dévoués à la mort.

Il a pris les renseignemens les plus exacts sur les essais qui avoient déja été faits dans ce genre, sur les raisons de leur insuffisance, & il a consulté plusieurs gens éclairés, pour savoir s'il ne seroit pas possible de suivre un plan de traitement plus avantageux que ceux qui avoient été éprouvés. Tous les médecins & chirurgiens qu'il a chargés de lui rendre compte de ces différens objets, ont cherché à seconder les vues de ce magistrat, qui, après s'être assuré d'un lieu convenable pour faire les expériences dont on lui promettoit quelques succès, a enfin reconnu qu'on pouvoit espérer un plus grand bien en faisant l'essai en grand; & dans l'espace de six mois, on est parvenu à lui présenter des résultats très-favorables.

D'après cela il n'a pas hésité de former un établissement qui pût être durable pour tous les pauvres enfans nouveau-nés, atteints du mal vénérien, qui y viendroient, soit de Bicêtre, soit des enfans-trouvés, soit de l'hôtel-Dieu, soit, en un mot, de tout autre endroit, pourvu qu'on apportât avec les malades un certificat de pauvreté.

Et comme l'allaitement des enfans par leurs mères ou par des nourrices atteintes du même mal & traités en même temps, est le moyen principal de guérison, on a disposé un local propre à recevoir, 1°. toutes les femmes atteintes du mal vénérien, qui se présenteront avec leurs enfans qu'elles allaiteront; 2°. toutes les femmes grosses attaquées du même mal, après leur septième mois de grossesse; 3°. tous les enfans trouvés infectés du même vice; 4°. tous ceux qui naissent à l'hôtel-Dieu de mères vénériennes; 5° enfin tous les pauvres enfans du bas peuple qui seroient dans le même cas constaté.

L'hospice destiné à ces malades est situé dans la grande rue de Vaugirard, près de l'église paroissiale.

Tous les bâtimens sont placés sur un sol élevé & sec, & dans l'exposition la plus salubre: ils sont composés de plusieurs corps-de-logis pour les différentes espèces de malades & de service. Un grand jardin & un enclos ou verger deux fois plus considérable, sont destinés, tant à la promenade des malades, qu'à fournir les légumes qui servent à leur nourriture, & le fourrage pour les animaux qu'on est obligé d'avoir à l'hospice.

On n'a rien négligé pour donner toute la salubrité possible aux différens emplacemens destinés aux malades, & la commodité nécessaire. Les chambres des nourrices ont toutes une cheminée : les dortoirs un poêle. Les malades n'ont aucune communication avec les emplois de la maison. La laiterie, la vacherie, l'étable aux chèvres & ânesses, ont de l'air par les croisées, des ventouses & des ventilateurs. Toutes les chambres & les dortoirs le reçoivent de plusieurs côtés opposés.

On a établi tous les ustensiles nécessaires pour le service des femmes grosses, en couches, accouchées, nourrices, pour les enfans, & en un mot, pour tous les malades.

La cuisine est garnie de tout ce qui convient pour la préparation des alimens, avec la plus grande économie ; & la pharmacie, des drogues, vases & ustensiles nécessaires.

Toutes les malades sont couchées seules, & leur lit est composé d'un bois de lit, d'une paillasse, d'un matelas, d'un traversin, & de deux couvertures pour l'hiver. Les enfans ont chacun leur berceau, & l'on a soin qu'ils soient nettoyés & lavés autant de fois qu'il est nécessaire, en fournissant aux nourrices, non-seulement les linges dont elles ont besoin, mais encore l'eau dégourdie dont elles doivent se servir.

On fait du feu dans les cheminées de chaque chambre où sont les nourrices, avec toute l'économie possible, mais avec le soin convenable pour qu'elles n'en manquent point ; ce moyen étant nécessaire pour essuyer & sécher les langes.

On a pris toutes les précautions qui peuvent empêcher que les femmes grosses & nourrices ne contractent des maladies, soit par l'intempérie de l'air, soit par l'exercice, soit par l'intempérance, en fixant les heures d'exercice, le temps de la promenade, le genre de travail & de nourriture propre à chaque individu.

On a voulu éviter tous les inconvéniens qui pourroient résulter de l'entrée des étrangers dans la maison, de sorte qu'elle est interdite à toutes autres personnes qu'à celles qui ont un billet signé de l'inspecteur général des hôpitaux, du médecin & du chirurgien en chef de l'hospice, & du directeur.

On a porté l'attention la plus scrupuleuse sur les mœurs ; on a indiqué les heures des prières, de l'office divin, & on oblige les femmes avant leurs couches de s'approcher des sacremens.

On a aussi prévu tous les cas d'accidens, la manière dont les malades seront admis, renvoyés, récompensés, & celle de s'assurer de l'existence & de la santé des enfans guéris.

On a pris les mesures convenables pour que les hôpitaux pussent envoyer les malades, & principalement les enfans, sans que cela leur soit à charge au moyen d'une voiture qui part de l'hospice à la première réquisition des supérieurs desdits hôpitaux, chargés d'ailleurs de donner les indications nécessaires sur la naissance des enfans.

Enfin, avant de recevoir les malades pour les traiter, on constate par un procès-verbal l'état dans lequel ils se trouvent.

Le service de santé est très-régulier, & il se fait chaque jour une visite du médecin & du chirurgien en chef, à une heure réglée. Pour assurer l'exactitude de ce service, un chirurgien résident chargé de la pharmacie, écrit, sous la dictée du médecin & du chirurgien en chef, les alimens & les médicamens qu'il ordonne à chaque visite. Il y a d'ailleurs des formules concertées entre les officiers de santé, dont on est convenu de ne s'écarter que dans des circonstances très-particulières.

L'hospice est dirigé sous les ordres de la municipalité, par un directeur chargé de la police, de la dépense & de tous les registres. Il rend compte de tous ces objets au magistrat, & ne peut rien innover, ni changer sans en avoir reçu de lui un ordre par écrit.

Une sœur officière, sous les ordres du directeur, est chargée de surveiller les filles de service, soit dans les dortoirs, soit dans la cuisine, & dans les autres emplois.

Le nombre des gens de service est proportionné à celui des malades actuels ; savoir deux filles à la cuisine, trois pour les malades, une pour la lingerie, une repasseuse de linge, une vachère, un portier, un cocher ou charretier, & trois garçons de service.

VENTE, s. f. L'action de vendre quelque chose, c'est-à-dire de livrer une chose pour une valeur équivalente en argent, ou en effets.

Les *ventes* publiques, dont nous avons seulement à parler ici, portent encore le nom d'*encan*, c'est une forme de *vente* dans laquelle chacun encherit sur le prix mis d'abord à ce que l'on vend, jusqu'à ce qu'enfin personne ne mettant plus à l'enchere, la marchandise est donnée au dernier encherisseur.

Les lieux de *ventes* publiques sont sur-tout très fréquentées par les brocanteurs, fripiers, tapissiers, chaudronniers; ces gens y excitent souvent du bruit, de l'embarras qu'il est bon de contenir; aussi existe-t-il une ordonnance de police du 4 mai 1787, homologuée au parlement, sur cette matière & nous allons la faire connoître.

» Art. I. Que les arrêts & réglements du parlement, sentences & ordonnances de police seront exécutés selon leur forme & teneur; en conséquence, faisons défenses à tous marchands tapissiers, fripiers, brocanteurs & brocanteuses, revendeurs & revendeuses, & chaudronniers, de former dorénavant entre eux, sous le titre de lotissement, revidage, révision, & sous tels autres titres & dénominations que ce soit & puisse être, aucune association qui ait pour objet de se procurer un gain illicite sur les marchandises, meubles & effets mobiliers exposés dans les *ventes* publiques, & qui leur seront adjugés, à peine de cinq cents livres d'amende contre chacun des contrevenans, dont moitié appartiendra au dénonciateur, de déchéance de la maîtrise à l'égard de ceux qui seront maîtres, & à l'égard des privilégiés, de destitution de leurs privilèges.

» Art. II. Leur faisons pareillement defenses de lotir, revider ou revendre entre eux les marchandises, meubles & effets dont ils se sont rendus adjudicataires, soit dans les cabarets ou maisons particulières, soit dans tel autre lieu que ce puisse être, & ce sous les mêmes peines que dessus, & en outre à peine de saisie & confiscation desdites marchandises & effets.

» Art. III. Leur défendons en outre de s'emparer du devant des tables où se font les *ventes*, & de pratiquer aucunes manœuvres pour accaparer les effets & se les faire adjuger à vil prix; leur enjoignons de laisser l'approche des tables libre aux bourgeois & autres personnes qui se présenteront, & de ne point mépriser, détériorer les meubles & effets qui seront exposés en *vente*, ni injurier ceux qui enchériront sur eux, à peine de cent livres d'amende, & de toutes pertes, dépens, dommages & intérêts envers qui il appartiendra.

» Art. IV. Enjoignons auxdits marchands tapissiers, fripiers, brocanteurs & brocanteuses, revendeurs & revendeuses, chaudronniers, & autres fréquentant habituellement les *ventes*, de s'y comporter avec décence & tranquillité; leur faisons défenses d'injurier & insulter les officiers qui procedent auxdites ventes, & d'exciter aucuns troubles ni aucunes rixes & émeutes, à peine de deux cents livres d'amende contre chacun des contrevenans, même de plus grande peine si le cas y échet.

» Art. V. Et en cas de contravention aux articles premier & second de la présente ordonnance, enjoignons aux huissiers priseurs qui auront procédé aux *ventes* de dresser des procès-verbeaux des noms & demeures des contrevenans, & des infractions & contraventions qui auront été par eux commises, & qui viendront à la connoissance desdits huissiers-priseurs; lesquels procès-verbaux ils feront signer par les parties qui auront requis la *vente*, ou autres personnes présentes, pour iceux communiqués au procureur du roi, être par lui requis & par nous statué & ordonné ce qu'il appartiendra; & lors desdits procès-verbaux, autorisons lesdits huissiers priseurs à saisir les effets qui pourroient se trouver au revidage, lotissement, revision ou revente, & y établir séquestre aux frais de la chose, même de les faire enlever pour les séquestrer; à l'effet de quoi leur permettons de requérir, si besoin est, aide & main-forte de la garde.

» Art. VI. Comme aussi, en cas de contravention aux articles 3 & 4, autorisons les huissiers priseurs qui procéderont aux *ventes*, à faire arrêter sur le champ les délinquans, s'il y a lieu; à l'effet de quoi tous officiers du guet & de police prêteront main-forte & assisteront lesdits huissiers priseurs lorsqu'ils en seront par eux requis; lesquels officiers du guet & de police pourront, dans lesdits cas, s'introduire avec main forte dans les maisons & endroits où l'on procédera aux *ventes*, sur la première réquisition des huissiers-priseurs, & sans qu'il soit besoin de l'assistance d'un commissaire; à la charge néanmoins par lesdits huissiers-priseurs de dresser procès-verbal des contraventions dans la forme prescrite par l'article ci-dessus, & de faire conduire les contrevenans ou délinquans chez le premier commissaire, pour être par lui pareillement dressé procès-verbal & statué provisoirement ce qu'il appartiendra.

VIN, s. m. Liqueur extraite du raisin par la pression, & développée par la fermentation.

L'usage du *vin* est devenu à Paris, & dans les grandes villes, un sujet de fraude de la part de ceux qui en font le commerce, sur-tout en détail; c'est une chose connue & avouée de tout le monde, que le vin de cabaret n'a presque rien des qualités naturelles de cette liqueur; que c'est un mélange souvent mal sain, d'un peu de *vin*, d'eau, d'eau-de-vie & de quelqu'autre substance semblable. Le peuple boit avec avidité ces drogues, qu'il paye fort cher, sans que, jusqu'ici, la police eût pu parvenir à empêcher ces falsifications, qui valent à la longue un poison destructif pour ceux qui en font usage. (*Voyez* ABUS, nous y avons parlé de celui-ci).

Parmi les dangers attachés à l'usage du *vin* de cabaret, il y en avoit un très-grand résultat, des couvertures de comptoirs faites en plomb, sur lesquelles le *vin* séjournant s'y impregnoit de particules de ce métal, ce qui le rendoit très-nuisible à la santé lorsque les cabaretiers le revendoient en le mêlant avec d'autre.

Une déclaration du roi du 13 juin 1777, défend l'usage

l'usage des couvertures de plomb, en voici le contenu :

L'expérience a fait reconnoître que la dissolution du plomb, prise intérieurement, produit les plus dangereux effets sur la santé ; cependant les marchands de vin sont dans l'usage de revêtir leurs comptoirs de ce métal : le vin qui y sejourne plus ou moins, suivant l'inégalité de leur surface & qui en dissout toujours une partie, étant recueilli avec soin, vendu & distribué au peuple, il en résulte des maladies d'autant plus fâcheuses qu'on en ignore presque toujours la vraie cause. Il en est de même du vert-de-gris, que produisent les vaisseaux de cuivre dont se servent les laitières ; le lait qui y sejourne souvent vingt-quatre heures, peut devenir une nourriture dangereuse ; & il est d'autant plus facile d'y substituer des vaisseaux de bois, que par les expériences qui en ont été faites par les ordres du sieur lieutenant général de police de Paris, il a été reconnu que le lait s'y conserve mieux que dans les vaisseaux de cuivre, & que d'ailleurs il lui en aurait été présenté des modèles en bois dont la forme est aussi commode, & dont le prix est fort au-dessous des pots en cuivre que la plupart des laitières ont employés jusqu'à ce jour. Les balances du même métal en usage chez les regratiers de sel & débitans de tabac, presque toujours couvertes de vert-de-gris, présentent le même danger pour la classe des citoyens la plus pauvre, qui achète le sel & le tabac à petite mesure. Il est encore facile de substituer le fer blanc ou battu à ces métaux, & même à l'étain, qu'on ne pourroit employer sans danger à cause des parties arsénicales qu'il contient & de son alliage avec le plomb ; la prudence doit en exclure l'usage dans les maisons des particuliers, mais le bien de l'humanité & l'intérêt de nos sujets exigent que l'usage général en soit proscrit. A ces causes, de l'avis de notre conseil, qui a vu le rapport des sieurs Lieutaud, notre premier médecin, de Lassonne, notre premier médecin en survivance, & celui du sieur Macquer, médecin de la faculté de Paris, ensemble les observations du sieur Cadet, le jeune, maître en pharmacie & professeur de chimie de l'école vétérinaire ; & de notre certaine science, pleine puissance & autorité royale, nous avons par ces présentes, signées de notre main, dit, déclaré & ordonné, disons, déclarons & ordonnons, voulons & nous plaît ce qui suit :

Art. Ier. Les comptoirs des marchands de *vin*, revêtus de lames de plomb, les vaisseaux de cuivre dont les laitières & autres personnes vendant du lait, font usage pour leur commerce, & les balances aussi de cuivre dont se servent les regratiers de sel & les débitans de tabac, seront & demeureront supprimés. Faisons défenses auxdits marchands de *vin*, laitières ou autres personnes vendant du lait, & aux regratiers de sel & débitans de tabac, d'avoir chez eux, passé le délai de trois mois, à compter du jour de la publication de notre présente déclaration, de pareils comptoirs, vaisseaux & balances, d'en faire usage pour leur commerce, & même de substituer l'étain au plomb & au cuivre dont ils sont composés ; & ce, à peine de confiscation & de trois cents livres d'amende.

2°. Pourront les marchands de *vin* substituer des cuvettes de fer blanc ou battu, aux lames de plomb dont leurs comptoirs sont revêtus ; comme aussi les laitières & autres personnes vendant du lait, au lieu de vaisseaux en cuivre, faire usage de vaisseaux de faïence, ou de terre vernissée, ou même de simple bois ; & à l'égard des regrattiers de sel & débitans de tabac, ils ne pourront se servir que de balances de fer blanc ou battu. Si donnons en mandement à nos amés & féaux conseillers les gens tenant notre cour de parlement à Paris, que ces présentes ils aient à faire lire, publier & registrer, & le contenu en icelles garder, observer & exécuter selon sa forme & teneur.

VIVRES, s. m. pl. Ce sont les diverses denrées qui servent à nourrir, & dont on ne peut pas se passer.

La police des *vivres* résulte de tous les soins de police administrative que l'on emploie pour assurer l'abondance & la bonne qualité des *vivres* dans les villes. (*Voyez* SUBSISTANCE, GRAINS, DISETTE, BOUCHER, BOULANGER, VIN, PAIN, &c.)

UNIVERSITÉ, s. f. C'est le nom que porte toute corporation occupée du soin d'enseigner les lettres & les sciences avec droit exclusif de conférer le grade de maître, licencié & docteur à ceux qui ont suivi pendant un certain temps les leçons qu'on y donne.

Nous dirons un mot de l'*université* de Paris & de ses messagers, dont l'institution mérite d'être connue ; pour le reste, *voyez* ÉCOLE, ACADÉMIE, ART, COLLÈGE.

« Les premiers statuts de l'*université* furent dressés sous le règne de Philippe Auguste en 1215, par Robert de Courçon, autrement dit le cardinal de St. Etienne, légat du Saint-Siège. On a prétendu que l'*université* devoit son établissement à Charlemagne ; ce qui prouve seulement dans quelle estime elle étoit, puisqu'on lui cherchoit une origine si ancienne, mais ce qui ne se trouve attesté par aucun auteur contemporain ; il y a apparence que ce fut sur la fin du règne de Louis le Jeune que l'*université* prit naissance ; encore le nom d'*université* ne commença-t-il a être employé que sous Saint Louis, & on peut regarder Pierre Lombard comme son fondateur. Alors s'établirent quelques collèges, différens des écoles dépendantes des chapitres, telles que l'école de Saint-Germain-l'Auxerrois, d'où le quai de l'école a tiré son nom ; elle s'accrut considérablement sous Saint Louis. Jeanne, reine de

Navarre, fonda sous le régne de son mari, Philippe le Bel, le collège de son nom. Le cardinal Lemoine en fit de même en 1302 ; ainsi qu'un évêque de Bayeux, dont le collège de ce nom subsiste encore à Paris, &c. Mais son état le plus florissant, fut sous le règne de Charles VI. On en peut rapporter deux causes principales, le schisme de 38 ans, & les démêlés du duc d'Orléans & de Jean sans peur : les différens partis, comme il arrive toujours dans les temps de troubles, cherchèrent à se fortifier de tout ce qui se présentoit, & profitèrent de la considération qu'ils avoient donnée à des corps qui n'étoient pas faits pour prendre part au gouvernement. On ne peut pas lire les privilèges dont l'*université* jouit alors, ainsi que ses écoliers, sans en être étonné. Le recteur donnoit le pouvoir aux prédicateurs ; ni lui, ni ses écoliers ne contribuoient à aucune charge de l'état ; leurs causes étoient commises devant le *prevôt de Paris*, qui s'honoroit du titre *de conservateur des privilèges royaux des universités de Paris* ; la signature du recteur intervenoit dans les actes publics & les traités ; l'*université* députoit aux Conciles ; enfin, la science sembloit un tel prodige dans ces temps d'ignorance, que l'on croyoit ne pouvoir trop faire pour un corps qui en étoit dépositaire. La fin du règne de Charles VI vit la diminution du crédit de l'*université* par la fin du schisme & par l'invasion des Anglois qui n'avoient personne à ménager; & les troubles étant appaisés sous le règne de Charles VII elle fut remise à la place qu'elle devoit naturellement occuper, qui étoit de s'en tenir à l'instruction de la jeunesse, & à faire fleurir les belles-lettres : non qu'elle n'ait conservé encore quelque-temps les restes de son ancienne grandeur, qui diminuant insensiblement jusqu'au règne de Louis XII, où le cardinal d'Amboise acheva de détruire ses prétentions, a enfin cessé lorsque nos rois ont eu repris toute leur autorité. Mais l'*université* de Paris, en perdant des droits peu fondés, & réduite à ses propres forces, n'en a acquis depuis que plus de grandeur & plus d'éclat ; mère de toutes les autres *universités*, féconde en hommes célèbres, source de tous les genres de savoir, soumise inviolablement au Saint-Siège, dont les Pontifes n'ont pas dédaigné de recourir à ses lumières, oracle des Conciles mêmes, elle jouit dans tout le monde chrétien de cet empire que donne la supériorité des connoissances, & qui lui est d'autant plus assuré, qu'elle ne le doit qu'à elle-même. HAINAULT, *Tome I, page* 217.

Les grands messagers existent d'un temps aussi ancien que l'*université* dont ils sont suppôts. Leur compagnie a toujours été composée de bourgeois choisis ; & leurs fonctions ont été, de servir de correspondans aux étudians, venans de toutes les parties de l'Europe, s'instruire à cette source, long-temps unique, & toujours abondante de toute espèce de sciences.

Avant 1719 il y avoit des petits messagers, qui ont été supprimés lors de la réunion des messageries de l'*université* aux messageries royales ; les grands messagers ont été conservés & on n'a jamais donné atteinte à leurs privilèges, qui sont les mêmes que ceux attribués à l'*université* même, que depuis la révolution.

Ils étoient tenus, par leur office, de remplir les devoirs de leur charge auprès de la nation, de laquelle ressort le diocèse dont ils avoient le département & de faire cortège au recteur, lorsqu'ils en étoient requis.

Ils avoient Saint Charlemagne pour patron, & leur compagnie étiot appelée la confrairie des grands-messagers, sous l'invocation de ce saint. Plusieurs Bulles, entr'autres une de Sixte-Quint, accordent des indulgences aux confrères, les jours où l'on célèbre la fête du patron. Leur confrairie se tenoit autrefois à l'église de St. Yves, puis aux Mathurins, & enfin, depuis l'érection du collège de Louis-le-Grand en chef-lieu de l'*université*, les grands messagers y avoient une salle d'assemblée, & y faisoient célébrer leurs offices dans l'église de ce collège.

Les offices consistoient, 1°. en une messe solemnelle qui se célébroit tous les ans le 28 janvier, à dix heures du matin, en l'honneur du patron ; 2°. en un service général pour les confrères défunts, célébré à la même heure, le lendemain 29 ; 3°. en quatre messes basses, qu'on disoit au nom de la compagnie, à huit heures & demie précises, les quatre jours de procession du recteur ; 4°. enfin un service particulier que les grands messagers faisoient célébrer après le décès du chef de l'*université*, des princes de la maison royale, & de chacun des anciens administrateurs.

La compagnie étoit régie par un syndic & quatre administrateurs, dont on choisissoit annuellement deux dans la compagnie entière, le jour de S. Charlemagne, à l'issue de la messe solemnelle.

Les charges des grands messagers n'étoient pas héréditaires, elles étoient personnelles, & l'*université* avoit le droit d'y nommer sur les certificats de l'administrateur comptable, que la charge est vacante, & que l'aspirant est catholique, & bourgeois de Paris, & de probité reconnue.

La compagnie metoit au nombre de ses obligations, celle de n'avoir aucun bien fonds, & par conséquent de ne jamais contribuer, comme les autres corps d'offices, aux sommes qu'on demande sous le titre de joyeux avénément, &c. Cela est confirmé par ce qui s'est passé à ce sujet en 1715.

Les principaux privilèges dont jouissoient les grands messagers, étoient le droit de plaider, en demandant & en défendant, par-devant le prévôt de Paris, ce qu'on connoît plus généralement sous le nom de *droit de garde-gardienne*, d'être exemps de tutelle, curatelle, &c. ; de garde bourgeoise, de guet, tant de jour que de nuit, collecte, syndicat, levée d'hommes & autres charges publiques; de tailles, aides, subsides, emprunts, impôt de quatre sols par muids de vin; enfin de tout ce qui est énoncé fort au long dans l'édit de 1722, dont chaque messager avoit une copie, & dont voilà la conclusion: « à ces causes, après avoir pris l'avis de notre conseil, nous continuons & approuvons comme par édit perpétuel & irrévocable, à notredite fille aînée l'*université* de Paris, docteurs, maîtres, régens, bacheliers, suppôts & officiers d'icelle, tous & chacun les droits, prérogatives, immunités & libertés dimentionnés, à eux octroyés par les rois nos prédécesseurs & nous; voulons en outre que les grands messagers jurés de notredite fille continuent l'exercice libre & entier de leurs charges, ainsi qu'ils ont accoutumé, & qu'ils jouissent pleinement & paisiblement des immunités & exemptions à eux accordées par nos prédécesseurs rois & nous, tout ainsi & en la même forme & manière qu'ils ont ci-devant fait: nous, en confirmant & continuant leurs anciens privilèges, avons pris en notre protection & sauve-garde leurs personnes & biens, & leur avons, par ces présentes, donné pouvoir de faire appeler, tant en demandant, qu'en défendant, pour toutes causes & affaires, savoir notredite fille en notre cour de parlement de Paris, & lesdits officiers pardevant notre prevôt de Paris, ou son lieutenant civil, conservateurs des privilèges à eux accordés, sans qu'ils puissent être convenus ou appellés ailleurs par aucunes personnes, de quelque qualité ou condition qu'elles puissent être, sous quelque cause & prétexte que ce soit, & sans qu'ils puissent être tenus à comparoir devant autres juges quelconques ».

Le roi Louis XVI a confirmé ces privilèges par son édit de 1776, enregistré dans toutes les cours, & notamment dans celle des aides.

Depuis le roi Jean, jusqu'à Louis XVI aucun monarque françois n'a oublié de confirmer & augmenter ces privilèges; le roi François I, entre autres, a notamment cité les grands-messagers dans ses patentes, & toutes sont de la même teneur, comme il est prouvé par les pièces existantes dans les archives de l'*université*, & dans celles de la compagnie. Les cours souveraines ont toujours, & sans restriction, enregistré ces lettres-patentes. Enfin dans ces derniers temps, le roi Louis XV a confirmé l'état des grands messagers, en les comprenant dans la distribution des logemens accordés à l'*université*, dans le collège de Louis-le-Grand.

Les contestations à poursuivre, les juges à implorer, la protection du tribunal de l'*université* à invoquer pour le maintien de ces privilèges, étoient la principale occupation des administrateurs, auxquels chaque messager avoit recours dans le besoin(1).

(1) Tout cela est détruit depuis la révolution.

VOIERIE, s. f. Partie de la police administrative qui s'occupe de la sûreté, de la commodité & de la propreté de la voie publique.

Quelques auteurs ont recherché l'étymologie du mot de *voierie* dans l'exercice de la basse justice. Les uns ont prétendu qu'il vient de ce que les plaids de la basse-justice qui ne s'exerçoient ordinairement que dans les villages, se tenoient sur la voie, chemins, ou dans les places publiques; & que delà, celui qui tenoit cette justice fut nommé juge-voyer; d'autres croient qu'il vient de ce que les petits juges étoient nommés anciennement en France, *vicarii*, & leur jurisdiction ou territoire, *vicaria*, comme il paroît dans plusieurs capitulaires de nos rois, & que l'usage ayant retranché de ces deux mots la lettre C; il s'est fait par une abréviation simple, *viarius*, pour signifier le juge, & *viaria*, pour désigner sa jurisdiction: ce qui a été rendu en françois par les mots de voyer & de *voierie*; mais l'auteur du traité de la police, donne une étymologie plus simple & plus naturelle; il dit que la police des Romains, relativement à la décoration des villes, & la commodité des voies publiques, nommée d'abord *ædilitas*, *ab ædibus*, tant qu'elle n'eut en vue que les édifices & la décoration de la capitale fut aussi nommée *viaria*, *à viâ*, en raison des aqueducs, des cloaques & des grands chemins, qu'ils ont faits pour l'utilité de leurs villes, & faciliter leur commerce avec les nations voisines, & que par une version ou une imitation un peu forcée, on a fait de ce dernier nom, celui de *voierie*, sous lequel nous avons compris l'édilité ou le soin des bâtimens.

Quoi qu'il en soit de l'origine de ce mot, nous entendons par *voierie*, une portion de la police, qui a pour objet la liberté & l'utilité des chemins, rues, passages, ponts, ports, la décoration des villes, & la sûreté des maisons & édifices, laquelle police étoit exercée selon les lieux & les circonstances avec plus ou moins de plénitude, par les trésoriers de France grands voyers, dans les généralités où ils étoient établis, les intendans dans leurs provinces, les commissaires du conseil dans les départemens qui leur étoient confiés, les juges de police, les officiers municipaux, les officiers des capitaineries & les juges de la maçonnerie, & en sous-ordre sans aucune espèce de jurisdiction, par les commissaires de la *voierie*, les simples voyers du roi ou des seigneurs, les commis voyers par tout où il y en avoit d'établis, les inspecteurs & ingénieurs des ponts & chaussées, les cavaliers de maréchaussée, gardes des capitaineries, &c.

Nous serions obligés de répéter plusieurs articles assez étendus de cet ouvrage, si nous voulions tracer ici les loix de la *voierie* dans les détails de cette partie de la police; nous renverrons le lecteur aux mots ALIGNEMENT, CHEMIN, BATIMENT, PÉRIL IMMINENT, SAILLIE, AUVENT, ENSEIGNE,

RUE, PAVÉ, MESSAGERIE; où l'on trouvera les connoissances sur la *voierie*, dont on peut avoir besoin. Nous parlerons seulement de la *voierie*, ou plutôt des *voieries* destinées à servir de décharges aux grandes villes.

L'intérêt public exige qu'il y ait des lieux destinés au dépôt des immondices, matières fécales & autres, afin qu'elles ne soient répandues indistinctement sur les chemins & aux abords de la ville; c'est pour cela qu'il y a toujours des places destinées pour le dépôt des boues & immondices, & des réglemens qui en prescrivent l'usage. Dans l'ancien titre du voyer de Paris de l'an 1270, on voit qu'il étoit de la charge du voyer d'enseigner aux charretiers les lieux où les terraux de la ville de Paris devoient être déposés.

Par l'ordonnance du prevôt de Paris, du 22 septembre 1600, il est défendu de décharger terraux, vuidanges, pierrées, boues & autres immondices qu'ès-fosses & *voieries* à ce destinées, & où il sera commandé aux charretiers par le voyer ou son commis.

L'édit de décembre 1607, enjoint au grand Voyer d'ordonner aux charretiers conduisant terraux, gravois & autres immondices, de les porter aux champs, aux lieux destinés aux *voiries* ordinaires; & au défaut de lui obéir, il lui est permis de saisir les chevaux & harnois des contrevenans.

Aujourd'hui la police des *voieries* est confiée au magistrat de police, auquel par les baux du nettoyement, il est attribué la connoissance des contestations qui ont rapport à tout ce qui en fait l'objet. Les seigneurs hauts-justiciers dans Paris, étoient obligés avant l'année 1674, suivant l'édit de janvier 1641, de fournir les *voieries* pour les vuidanges de l'étendue de leurs justices; le roi fournissoit les autres; mais depuis l'édit de mars 1674, qui a réuni au Châtelet les justices seigneuriales dans Paris, le roi est seul chargé de cette dépense: elle est aujourd'hui à la charge de l'entrepreneur du nettoyement & enlèvement des boues, auquel les propriétaires des terreins & emplacemens propres à ces sortes de dépôts, sont tenus de les céder & d'en abandonner la propriété moyennant le paiement de la valeur, suivant qu'il est convenu de gré à gré entre l'entrepreneur & les propriétaires, ou suivant l'estimation; c'est une des dispositions du bail fait au conseil le 14 mai 1748, pour cette entreprise.

Il y a deux sortes de *voieries*, les unes destinées aux boues & immondices, aux matières fécales & à toutes autres choses corrompues, ou qui peuvent se corrompre; telles que les tripes, abattis de bestiaux & de bêtes mortes: chacune de ces *voieries* a donné lieu à des règlemens particuliers relativement à ceux qui sont dans le cas de s'en servir.

Ceux concernant les entrepreneurs du nettoyement consistent, 1°. à ne décharger les boues & immondices ailleurs que dans les *voieries* destinées à cet usage, conformément à l'ordonnance du prevôt de Paris, du mois de février 1348, confirmée par lettres-patentes du roi Jean, du 30 janvier 1356, à l'édit de décembre 1607, aux ordonnances de police, des 22 septembre 1600, 30 juillet 1619, & au règlement du 30 avril 1663; 2°. à ne faire entrepôt ni commerce d'immondices: l'ordonnance de police, du 9 août 1703, rendue contre la veuve Bouteillier, en contient la défense expresse, à peine de 100 liv. d'amende.

Les règlemens faits à l'occasion des *voieries* pour le dépôt des matières fécales, bêtes mortes, tripes & boyaux, concernent, 1°. les maîtres vuidangeurs; il leur est défendu par l'article VIII de l'ordonnance du roi, du mois de septembre 1608, par les ordonnances de police, des 22 septembre 1600 & 10 juin 1644, & par le règlement du 30 avril 1663 & autres ordonnances de police, de décharger les matières ailleurs que dans les fosses publiques, & de les laisser répandre dans les rues; 2°. les bouchers & chaircuitiers, sont tenus de faire porter auxdites *voieries* le sang, les tripailles & les abattis des bestiaux, sans pouvoir les jetter dans les rues; 3°. les écorcheurs & équarrisseurs doivent, aux termes d'une ordonnance de police, rendue le 18 juillet 1727, contre plusieurs particuliers de cette profession, s'établir hors la ville & les faubourgs près des *voieries*; & y faire jetter les chevaux & autres bêtes mortes des écuries & maisons des habitans de la ville; 4°. les laboureurs auxquels il est défendu d'enlever les matières fécales aux fosses à ce destinées, que lesdites matières n'ayent été reposées dans lesdites fosses pendant au moins trois mois; ainsi qu'il a été jugé par sentences de police des 10 juin 1642, & 4 octobre 1726. (*Voyez* NETTOYEMENT.)

VOITURE, s. f. Chariot commode qui sert à transporter les personnes ou les choses; il en existe de différentes sortes; comme cabriolet, carosse, calèche, charette, chariot, &c.

Nous parlerons ici des *voitures* publiques par supplément à ce que nous avons dit aux mots carosse & messagerie, & pour faire connoître les nouveaux règlemens d'une manière positive. Nous allons rapporter deux proclamations du roi qui les contiennent, à peu de chose près, tous.

Proclamation du Roi, pour le service des messageries nationales, coches & voitures d'eau. Du 10 avril 1791.

L'assemblée Nationale ayant fixé par ses décrets des 6, 7 & 8 janvier 1791, sanctionnés par le roi, les principales conditions du nouveau service des messageries ordonné par la loi du 29 août 1790, & sa majesté voulant que le public jouisse constamment des avantages que ces décrets ont eu pour objet de lui procurer, elle a jugé à propos d'en réunir toutes les dispositions dans une proclamation qui sera placée dans le lieu le plus apparent des bureaux des messageries & *voitures* d'eau, afin que les obligations des fermiers résultant de ces dispositions & des charges & conditions de leur bail, étant parfaitement connues, l'exécution en soit plus facile à maintenir. En conséquence, le roi a ordonné & ordonne ce qui suit :

Art. I. Le service des messageries & *voitures* d'eau sera sous l'inspection & surveillance du directoire des postes & messageries.

II. Conformément à la loi du 19 janvier 1791, tous les droits de messageries par terre, les droits de coches, bacs, bateaux sur les rivières & canaux navigables, compris dans la dénomination générale des *voitures* d'eau, possédés par des particuliers, communautés d'habitans, ou états des ci-devant provinces, à quelque titre que ce soit, sont abolis à compter du premier avril 1791, sauf l'indemnité que pourront prétendre les concessionnaires engagistes & échangistes de semblables droits, dépendant du domaine de l'état; & à compter de la même époque, ces exploitations feront partie de la ferme générale des messageries. Toutes les autres de la même nature, dépendant du domaine public, & qui n'ont pas été comprises jusqu'ici dans le bail de la ferme générale des messageries, y seront réunies.

III. Le service des messageries nationales & *voitures* d'eau sera établi d'après les principes de la loi du 29 août 1790, qui porte l'abolition du droit de permis & de celui du transport exclusif des voyageurs & marchandises; & qui accorde à tout particulier la faculté de conduire ou faire conduire librement les voyageurs & marchandises, en se conformant aux formalités prescrites par l'article III de ladite loi, sans qu'il soit permis néanmoins à aucun particulier ou compagnie, autres que les fermiers des messageries nationales & *voitures* d'eau, d'annoncer des départs à jour & heure fixes, ni d'établir des relais, non plus que de se charger de reprendre & conduire des voyageurs qui arriveroient en *voitures* suspendues, si ce n'est après un intervalle du jour au lendemain entre l'époque de l'arrivée desdits voyageurs, & celle de leur départ.

IV. Les fermiers des messageries nationales & *voitures* d'eau auront seuls le droit de départ à jour & heure fixes, & de l'annonce desdits départs; ainsi que de celui de l'établissement de relais à des points fixes & déterminés. Leurs voitures, chevaux, harnois, servant à l'usage du service public, ne pourront être saisis dans aucun cas & sous quelque prétexte que ce soit.

V. Les fermiers jouiront, comme en ont joui ou dû jouir les précédens fermiers, des ports & terreins sur le bord des rivières nécessaires à l'exploitation des *voitures* d'eau.

VI. Tous les établissemens des messageries existant, seront entretenus par les nouveaux fermiers; ils seront en outre obligés d'établir des *voitures* sur les nouvelles routes lorsqu'elles seront achevées, & de desservir les chefs-lieux de département, de district & de jurisdiction, conformément à la nouvelle division du royaume, lorsqu'ils en seront requis, d'après les demandes qui en seront faites au pouvoir exécutif par les directoires de département.

VII. Le service actuel des diligences faisant 25 à 30 lieues par jour, & 2 lieues à l'heure, sera entretenu sur toutes les routes où la nouvelle division du royaume & les intérêts du commerce l'exigeront; mais à partir du premier octobre 1792, s'il n'est pas possible avant cette époque, les fermiers ne pourront plus employer que des diligences légères & commodes, dont aucune ne pourra être chargée de plus de huit quintaux, non compris le paquet de chaque voyageur fixé à 15 liv.

VIII. Les diligences seront commodes & légères, & à cet effet elles seront à quatre ou à six places, dans l'intérieur de la *voiture*. Elles seront montées sur quatre roues, & attelées d'un nombre suffisant de chevaux, relayés de manière à être conduites régulièrement au train de poste à raison de deux lieues par heure. Les stations seront établies dans les villes, afin que les voyageurs trouvent plus facilement toutes les commodités désirables.

A dater du premier juillet prochain, toutes les *voitures* employées au service des messageries, & conduites, soit par les chevaux des maîtres de poste, soit par ceux appartenant aux fermiers, sous fermiers & entrepreneurs de relais, seront marquées sur les portières d'une fleur de lys, avec ces mots au-dessus : *Messageries Nationales*. Défenses sont faites aux maîtres de poste, même à ceux qui auront traité de gré à gré avec le fermier des messageries, de conduire, pour leur compte, & pour celui du fermier des messageries, des *voitures* qui ne seroient pas marquées & désignées ainsi qu'il est dit ci-dessus.

IX. Les fermiers entretiendront en même temps sur les principales routes & sur celles de communication, des carosses, fourgons & autres *voitures* destinées au transport des marchandises, ballots & paquets qui leur seront confiés. Ces *voitures* seront attelées d'un nombre suffisant de chevaux, avec les relais nécessaires pour faire quinze à vingt lieues par jour sur les routes où cette célérité sera nécessaire & praticable.

X. Il ne pourra être exigé pour le transport des voyageurs & marchandises dans les *voitures* de terre & d'eau, d'autres prix que ceux fixés par le tarif annexé à la présente proclamation. Le prix des places dans les *voitures* de terre sera réglé par lieue, lequel prix sera également suivi pour les établissemens qui auront lieu par augmentation de service, ou sur de nouvelles routes ou communications; en observant que les distances seront comptées par lieue de 2283 toises, & non par lieues de poste. Les fermiers pourront en outre faire partir des *voitures* extraordinaires à la volonté des voyageurs, dont le prix pourra être réglé de gré à gré avec eux.

XI. Les *voitures* d'eau seront soumises à la visite des experts nommés par la municipalité de la ville de Paris, quant à ce qui concerne les *voitures* dont le départ est fixé à Paris, & par les municipalités des lieux pour les autres *voitures* d'eau, pour assurer leur solidité & veiller à ce qu'elles soient conduites par des hommes expérimentés & en nombre suffisant, avec les chevaux nécessaires pour remonter les rivières, de manière à ce que tous les accidens soient prévenus. Se réserve sa majesté de pourvoir par une proclamation particulière, à l'exactitude du service & à la police des *voitures* d'eau.

XII. Les fermiers & sous-fermiers ne pourront sous aucun prétexte diminuer le nombre des départs & retours des *voitures*; mais ils pourront les augmenter. Ils ne pourront non plus avancer ni reculer les jours & heures fixés desdits départs, ni en changer les points fixes & déterminés, sans l'autorisation du directoire des postes & messageries, & qu'après en avoir instruit le public au moins quinze jours d'avance par des affiches multipliées.

XIII. Conformément à ce qui est statué par la loi du 29 août 1790, les assemblées & directoires de département & de district, les municipalités, ni les tribunaux, ne pourront donner aucun changement dans l'organisation, le service & la marche des messageries & *voitures* d'eau.

XIV. Les voyageurs retiendront leurs places quelques jours avant le départ des *voitures*, en payant les arrhes suivant l'usage, & en faisant enregistrer leurs noms; il leur en sera délivré une reconnoissance qu'ils produiront en montant dans la *voiture*.

XV. Les ballots ou paquets seront enregistrés avec déclaration de leur contenu, après avoir été pesés, numérotés & timbrés en présence de ceux qui les apporteront.

XVI. Il sera absolument nécessaire d'affranchir les volailles, gibiers & comestibles de toute espèce & généralement tous les objets susceptibles de dépérissement & de corruption par laps de temps: il en sera de même de tous les objets dont la valeur réelle ne pourra équivaloir les frais de transport.

XVII. Les ballots, paquets ou effets qui n'auront pu être délivrés par mauvaise adresse, ou faute d'être réclamés, seront déposés & gardés dans un endroit à ce destiné, & il en sera tenu registre. Et si après deux années de garde lesdits ballots, paquets ou effets ne sont pas retirés par ceux qui en auront droit, ils seront vendus publiquement & à l'enchère; le produit en sera versé au trésor public en déduction des frais de transport, & procès-verbal en sera fait & conservé pour servir en tant que de besoin, en cas de réclamation.

XVIII. Seront néanmoins exceptés les comestibles & généralement tous les objets susceptibles de corruption & de dépérissement. Les fermiers sont autorisés à jeter lesdits objets dès qu'ils cesseront de pouvoir être gardés, & sans être tenus à aucun dédommagement; il en sera néanmoins également tenu registre.

XIX. Le conducteur de chacune des *voitures* sera porteur d'une feuille de départ, qui sera visée par les inspecteurs établis de distance en distance, dans laquelle seront spécifiés les objets qui doivent être déposés dans chaque bureau de direction; le tout conforme à l'enregistrement du lieu du départ.

XX. Chaque directeur sera tenu d'enregistrer tous les objets qu'il aura reçus, & il ne pourra les délivrer qu'après avoir tiré d'échange valable des personnes auxquelles ils seront adressés.

XXI. Tous les registres employés à l'exploitation des messageries & *voitures* d'eau seront numérotés par première & dernière page, & paraphés; & les fermiers des messageries & *voitures* d'eau seront tenus d'en donner communication au directoire des postes & messageries à chaque réquisition. Les fermiers se conformeront au surplus, en ce qui concerne leur exploitation, aux dispositions de la loi du timbre, sans que, sous prétexte des frais que l'exécution de cette loi leur occasionnera, ils puissent exiger du public d'autres droits que ceux fixés par le tarif annexé à la présente proclamation, & ce à peine de concussion.

XXII. Les fermiers seront responsables de tous les paquets, ballots, marchandises & espèces qui leur seront confiés, jusqu'à valable décharge; ils seront également responsables de tous les effets perdus ou endommagés par leurs fautes; & les dédommagemens auxquels ils seront condamnés, à raison de cette responsabilité, seront directement acquittés par eux, sauf leur recours contre leurs sous-fermiers & autres employés quelconques, du fait desquels ils répondent.

XXIII. Les dédommagemens prononcés contre les fermiers seront proportionnés à la valeur des effets, d'après la déclaration désignative desdits effets, qui aura été faite lors de l'enregistrement, &, à faute de ladite déclaration, ils ne seront tenus qu'à un dédommagement de 150 livres.

XXIV. Ne seront tenus lesdits fermiers de répondre des événemens occasionnés par force majeure & causes impossibles à prévoir, ainsi que par défaut d'emballage & de précautions quelconques qui dépendent des particuliers intéressés, & dont mention devra être faite en leur présence dans l'enregistrement.

XXV. Les fermiers ne pourront se charger du transport d'aucuns papiers, si ce n'est de procédures en sacs, ou registres, à moins qu'ils n'en ayent obtenu la permission du directoire des postes & messageries. Ils seront tenus néanmoins, sur sa réquisition, & dans le cas de surcharge des couriers des malles, de faire le transport des ballots de papiers ou d'imprimés, d'après un prix convenu de gré à gré, afin que la remise desdits objets aux lieux de leur destination ne puisse éprouver de retard notable.

XXVI. Les fermiers défendront expressément à leurs préposés, sous peine d'interdiction & de révocation en cas de récidive, & sous la garantie des fermiers, de porter & de remettre aucune lettre missive, & aucuns papiers autres que ceux relatifs à leur service.

XXVII. Il est aussi expressément défendu aux entrepreneurs & couriers des malles, de prendre dans leurs *voitures* aucun voyageur, ni de porter aucune marchandise ou ballot au préjudice des messageries, sans y être autorisés par un ordre signé du président du directoire des postes & messageries, lequel ordre ils seront tenus de représenter à chaque inspecteur des messageries qui le requerra; & ce sous peine d'interdiction, & de révocation en cas de récidive, pour les couriers, & de résiliation des traités pour les entrepreneurs des malles.

XXVIII. Et pour assurer l'exacte observation des deux articles ci-dessus, les *voitures* des messageries seront soumises aux visites des contrôleurs des postes, à l'endroit de leurs stations. Lorsque les fermiers des messageries auront connoissance que les couriers d'une route portent des paquets à leur préjudice, ils en donneront avis au directoire des postes qui autorisera par écrit un contrôleur des messageries à visiter le courier à un endroit indiqué, & les procès-verbaux de ces visites seront adressés au président du directoire des postes.

XXIX. Les fermiers des messageries nationales & *voitures* d'eau pourront sous-fermer telle partie de leur exploitation qu'ils voudront, sous la clause expresse de la responsabilité du service de leurs sous-fermiers. Lesdits fermiers pourront traiter de la conduite de leurs *voitures* avec les maîtres de poste de gré à gré, ou avec tels entrepreneurs qu'il jugeront à propos, pourvu néanmoins que lesdits sous-baux & traités n'excèdent pas la durée de leur bail.

XXX. Les maîtres de poste qui auront traité avec les fermiers & sous-fermiers des messageries, auront des chevaux particulièrement destinés pour ce service, lesquels ne pourront être compris dans le nombre de ceux entretenus pour la poste, & pour chacun desquels il leur est accordé 30 livres de gratification, en remplacement des privilèges.

XXXI. Il est défendu aux maîtres de poste, sous peine de privation de leurs brevets, de faire aucune entreprise ni marché avec des particuliers ou compagnies, pour la conduite des *voitures* faisant le transport des voyageurs & des marchandises, si ce n'est avec les fermiers des messageries nationales & *voitures* d'eau, & avec leurs sous-fermiers; & ils seront tenus de conduire & de venir prendre les *voitures* de messageries aux bureaux & auberges choisis par l'administration des messageries.

XXXII. Les fermiers ou leurs préposés pourront requérir les commandans de la gendarmerie nationale, de faire escorter par deux cavaliers, ou plus s'il est nécessaire, les *voitures* des messageries, toutes les fois que cette précaution leur paroîtra indispensable. Ce service extraordinaire sera aux frais des fermiers, & acquitté par eux sur le pied fixé par le règlement du premier juin 1775, & par l'ordonnance de 1778, & ils en seront remboursés dans le cas où les frais d'escorte seroient occasionnés par des transports pour le compte du gouvernement.

XXXIII. Les fermiers seront tenus, sur la réquisition des corps administratifs ou des commissaires du roi près les tribunaux, de transporter les prisonniers aux lieux qui leur seront indiqués dans les ordres par écrit qui leur seront donnés. Les prisonniers seront conduits dans des *voitures* commodes & sûres, & dans lesquelles les fermiers ne pourront introduire que les personnes employées à la garde desdits prisonniers: ils les traiteront avec tous les égards & la décence que leur situation & l'humanité doivent inspirer, & ils seront responsables, jusqu'à leur arrivée à leur destination, de tous les événemens qui, par suite de négligence ou de séduction de leurs préposés, pourroient faciliter l'évasion desdits prisonniers, ou qui tendroient d'une manière quelconque à s'opposer au cours de la justice. Le prix du transport desdits prisonniers sera acquitté par le trésor public, ou il en sera tenu compte aux fermiers sur le prix de leur bail, en représentant les mémoires visés par le directoire du lieu de la destination, ou par le commissaire du roi du tribunal, & en représentant également l'ordre du départ, lequel ordre indiquera l'espèce de *voiture* qui sera employée au transport de chaque prisonnier, de manière que le prix du transport soit facilement déterminé.

XXXIV. Les fermiers des messageries seront tenus de faire remettre à leur destination, par leurs facteurs, suivant l'usage ordinaire, dans les vingt-quatre heures de leur arrivée, les paquets apportés par les diligences, messageries & fourgons, en laissant cependant au public la liberté de les retirer ou de les faire retirer, en se présentant au bureau dans lesdites 24 heures, & muni de lettres d'avis.

XXXV. Toutes les plaintes & contestations qui pourront s'élever entre les particuliers & les fermiers, ou entre les fermiers & sous-fermiers, seront adressées au pouvoir exécutif, qui fera faire ensuite les vérifications nécessaires par les directoires de département, sauf le renvoi, en cas de contestation judiciaire, devant les tribunaux ordinaires, conformément à la loi du 29 août 1790.

XXXVI. Les précédens règlemens sur le fait des messageries seront exécutés en tout ce à quoi il n'est pas dérogé par la présente proclamation.

TARIF

Pour les voitures *de terre.*

Le prix de chaque place par lieue de 2283 toises, dans les diligences, sera de............ 12 sols.

Dans les cabriolets des diligences, tant qu'ils existeront........................ 8

Dans les carosses.................... 8

Dans les paniers des carosses & dans les fourgons........................... 4

Chaque voyageur pourra faire transporter avec lui un sac de nuit, ou porte-manteau, du poids de 15 livres, pour lequel il ne payera aucun port.

Or & argent.

Le transport de l'or & de l'argent monnoyé ou non monnoyé, sera de 30 s. par 1000 liv. & par vingt lieues, au lieu de 40 s, prix actuel. Cette réduction du quart aura lieu sur les autres sommes, ci....... 30

Le prix des bijoux, galons, objets précieux, dont la valeur sera déclarée, sera le même que celui de l'or & de l'argent.

Le port des papiers de procédures & d'affaires sera double de celui des marchandises.

Le port des bagages & marchandises par les diligences, ne pourra excéder le prix actuel de 6 d. par liv. par dix lieues, ou 25 liv. par quintal pour 100 lieues.

Le port des mêmes objets par les carosses & fourgons ne pourra excéder 15 liv. du quintal par cent lieues, & à proportion pour les autres distances.

Les paquets au-dessous de 10 liv, paieront comme s'ils pesoient 10 liv.

Le port des paquets de 15 liv. & au dessous, chargés sur les carosses & fourgons, sera le même que celui fixé pour les diligences.

Les sommes au-dessous de 500 liv, paieront comme pour 500 liv.

Les transports faits à moins de dix lieues, seront comptés comme pour dix lieues, & au-dessus de dix lieues, l'augmentation proportionnelle du port aura lieu de cinq lieues en cinq lieues.

TARIF

Pour les voitures *d'eau.*

Le prix des places de Paris à Auxerre, sera réduit à 7 livres 10 sols; au lieu de 9 livres 7 sols 6 deniers.

Le port du quintal à 5 liv., au lieu de 9 liv. 7 s. 6 den.

Le prix des places à Montargis, sera réduit à 4 liv., au lieu de 5 liv. 1 s. 3 den.

Le port du quintal à 2 liv. 15 sols, au lieu de 5 liv. 1 s. 3 den.

Le prix des places de Paris à Nogent-sur-Seine, sera réduit à 5 liv. 10 s., au lieu de 6 liv. 18 s.

Le port du quintal à 3 liv. 15 s., au lieu de 6 liv. 18 s.

Le prix des places & du transport des marchandises dans les autres *voitures* d'eau, ne sera point augmenté.

Le prix des places & du transport des marchandises, sera proportionnel pour les distances intermédiaires comptées par eau, entre Paris & les villes d'Auxerre, Montargis & Nogent-sur-Seine.

Ce prix proportionnel, attendu les fractions qui en résultent, sera calculé par lieue pour les distances intermédiaires entre Paris & les villes d'Auxerre, Montargis & Nogent-sur-Seine.

à 2 s. 6 den. pour les voyageurs.

& à 1 s. 6 den. pour le quintal des marchandises.

A Paris, le dix avril mil sept cent quatre-vingt-onze. *Signé* LOUIS; *& plus bas*, DELESSART.

Proclamation

Proclamation du roi, pour le service des coches & voitures d'eau. Donnée à Paris, le 24 avril 1791.

Le roi, par l'article X de sa proclamation du 10 de ce mois, concernant le service des messageries, s'est réservé de pourvoir particulièrement au service des coches & *voitures* d'eau, ainsi qu'au bon ordre & à la police qui doivent y être observés pour la tranquillité & la sûreté des voyageurs. En conséquence, le roi a ordonné & ordonne ce qui suit :

Art. I. Les dispositions de la proclamation du roi du 10 de ce mois, concernant le service des messageries nationales, seront également exécutées en tout ce qui est relatif au service des coches & *voitures* d'eau, & ce conformément aux décrets de l'assemblée nationale, des 26 août 1790, 6 & 7 janvier 1791, sanctionnés par le roi.

II. Le tarif des places & du transport des marchandises dans les coches & *voitures* d'eau, fixé par lesdits décrets & annexé à ladite proclamation du 10 de ce mois, sera également annexé à la présente proclamation.

III. Le prix des places & du transport des marchandises sera proportionnel pour les distances intermédiaires comptées par eau entre Paris & les villes d'Auxerre, Montargis & Nogent-sur Seine ; & attendu les fractions de deniers qui résultent de ce prix proportionnel, calculé par lieue, il sera fixé à deux sous six deniers pour les voyageurs, par lieue, & à un sou six deniers pour le quintal des marchandises, aussi par lieue. Il sera joint à la suite du tarif mentionné en l'article précédent, un tableau de développement dudit tarif, indicatif, de ce qui sera à payer par les voyageurs & pour les marchandises, pour toutes les distances intermédiaires entre Paris & les villes d'Auxerre, Montargis & Nogent-sur-Seine.

IV. Accepte sa majesté l'offre faite par les sous-fermiers de la haute & basse Seine, de réduire les prix fixés par les tarifs & tableau annexés à la présente proclamation, en faveur des nourrices, soldats, mariniers, moissonneurs, & ouvriers sarcleurs. En conséquence & du consentement volontaire desdits sous-fermiers, il sera ajouté au tableau ci-dessus désigné, un tarif particulier du prix des places pour les nourrices, soldats, mariniers, moissonneurs & ouvriers sarcleurs. Sont compris seulement sous le nom de soldats, les militaires soldés & faisant partie des troupes de ligne.

V. Les *voitures* d'eau seront soumises à la visite des experts nommés par la municipalité de Paris, pour les *voitures* dont le départ est fixé à Paris, & par les municipalités des lieux de départ pour les autres *voitures* d'eau, afin d'assurer leur solidité. Elles seront distribuées de manière que les voyageurs y trouvent leurs commodités nécessaires. Elles seront conduites par des hommes expérimentés, certifiés capables & en nombre suffisant, avec les chevaux nécessaires pour remonter les rivières.

VI. Aucuns bateaux, coches & *voitures* d'eau ne pourront être employés par les sous-fermiers, qu'ils ne soient de bon échantillon, de longueur & largeur suffisantes, & qu'ils n'ayent été reconnus bons & en bon état, par procès-verbal fait par les personnes commises à cet effet.

VII. Les sous-fermiers auront dans chaque coche un commis reçu à serment, à l'effet de dresser procès-verbal dans le cas nécessaire, lequel procès-verbal devra être signé de deux autres personnes, soit voyageurs ou mariniers ; & il en sera remis copie au fermier général des messageries nationales, pour en référer au directoire des postes en tant que de besoin.

VIII. Les sous-fermiers seront tenus d'avoir leurs bateaux & coches prêts aux jours fixés pour leur départ au port hors Tournelle, affecté à l'exploitation desdits coches, pour y recevoir les personnes qui se présenteront pour y entrer, savoir, depuis le soleil levant jusqu'à l'heure à laquelle ils doivent démarer. Ils seront tenus aussi d'avoir des planches larges au moins d'un pied & demi sur trois pouces d'épaisseur & d'un seul plat-bord, portées sur des tréteaux depuis le bord de la rivière jusqu'à leurs bateaux & coches, pour l'entrée & la sortie de ceux qui se serviront desdits coches & bateaux ; & ils ne pourront démarer qu'après avoir retiré ou jeté bas lesdites planches. Il est défendu très-expressément à toutes personnes, hors les commis & mariniers des coches & bateaux, d'ôter lesdites planches ; & à tout gagne-denier ou fort, d'aller au-devant des coches, & d'y entrer sans être appelés par les commis desdits coches.

IX. Les sous-fermiers auront des registres en bonne forme, sur lesquels ils inscriront les marchandises ou hardes qui leur seront données à voiturer, & ils en demeureront responsables en cas de perte ou d'avarie, conformément aux articles du bail général des messageries nationales, & à la proclamation du roi, du 10 de ce mois.

X. Lesdits sous-fermiers auront un nombre suffisant de gagne-denier ou forts, pour le service du chargement & déchargement, soit de terre à bateau, soit de bateau à terre ; & ils observeront de charger lesdits bateaux & coches, de manière à ce que les voyageurs & passagers ne courent aucun danger.

XI. Les sous-fermiers jouiront comme ont joui ou dû jouir ceux qui les ont précédés, des ports & terrains vagues sur le bord des rivières qui seront nécessaires à leur exploitation, sans toutefois y causer ni embarras ni dégradation.

XII. Il est défendu de faire aucun tumulte ni bruit dans les coches, d'y jurer ou tenir des conversations malhonnêtes, d'y chanter des chansons obscènes, enfin d'y rien dire ou faire de contraire à la décence, d'y jouer à aucuns jeux, de fumer dans les chambres des coches, ni sur le tillac, à cause du danger du feu.

XIII. Les soldats, ou autres personnes ayant des armes, seront tenus avant d'entrer dans les coches de les déposer entre les mains des commis desdits coches, qui les enfermeront & donneront un numéro pareil à celui qui sera attaché à chaque arme, & elles ne seront rendues à ceux qui les auront déposées, que lorsqu'ils quitteront le coche, & sur le vu du numéro qu'ils auront reçu.

XIV. Aucune personne ne pourra s'introduire dans les coches ou bateaux, sous prétexte d'y vendre & débiter des marchandises, merceries ou comestibles, à moins qu'elle ne soit avouée & agréée par les fermiers ou commis des coches.

XV. Les sous-fermiers des *voitures* par eau se conformeront de plus dans tout ce qui pourra les concerner, aux articles de la proclamation générale du roi, du 10 de ce mois.

TARIF

Pour les voitures *d'eau.*

Le prix des places de Paris à Auxerre, sera réduit à 7 liv. 10 sols, au lieu de 9 liv. 7 sols 6 den.

Développement du tarif pour toutes les distances intermédiaires comptées Montargis &

RIVIÈRES.	DESTINATIONS En montant de Paris.	DISTANCES Comptées par EAU, du lieu du DÉPART.	PRIX DU PORT DE Chaque voyageur avec son paquet ou sac de nuit du poids de 15 l. au plus, à 2 s. 6 den. par lieue.			PRIX DU PORT DES Marchandises œuvre de poids & autres effets, par quintal à 1 s. 6 den. par lieue.		
		Lieues.						
SEINE.	Aux carrières de Charenton.....	1 ½	»#	3s.	9d	»#	2s.	3d
	Au Port-à-Langlois..........	2	»	5	»	»	3	»
	A Choisy-le-Roi...........	3	»	7	6	»	4	6
	A Villeneuve Saint-Georges...	4 ½	»	11	3	»	6	»
	A Ablon..................	5	»	12	6	»	7	6
	A Châtillon...............	6 ½	»	16	6	»	9	9
	A la Borde................	7 ½	»	18	9	»	11	3
	A Soisy-sous-Etiolles........	8 ½	1	1	3	»	12	9
	A Corbeil.................	9 ½	1	3	9	»	14	3
	Au Coudray...............	11	1	8	9	»	16	6
	A Saint-Port..............	12	1	10	»	»	18	»
	A Maison-Rouge...........	12 ½	1	11	3	»	18	9
	A Sainte-Assise............	13	1	12	6	»	19	6
	A Boissise................	13 ½	1	13	9	1	»	3
	A Boissette...............	14 ½	1	16	3	1	1	9
	A Melun..................	15 ½	1	18	9	1	3	3
	A la Cave................	17	2	2	6	1	5	6
	A Fontaine-le-Port.........	18	2	5	»	1	7	»
	A Barbeau................	18	2	6	3	1	7	9
	A Samois.................	19	2	7	6	1	8	6
	A Valvin.................	19 ½	2	8	9	1	9	3
	A Champagne..............	21 ¼	2	13	3	1	11	10

Le port du quintal à 5 liv., au lieu de 9 liv. 7 f. 6 den.

Le prix des places de Paris à Montargis, fera réduit à 4 liv., au lieu de 5 liv. 1 f. 3 den.

Le port du quintal à 2 liv. 15 f., au lieu de 5 liv. 1 f. 3 den.

Le prix des places de Paris à Nogent-fur-Seine, fera réduit à 5 liv. 10 f., au lieu de 6 liv. 18 f.

Le port du quintal à 3 liv. 15 f., au lieu de 6 liv. 18 fols.

Le prix des places & du tranfport des marchandifes dans les autres *voitures* d'eau, ne fera point augmenté.

Le prix des places & du tranfport des marchandifes, fera proportionnel pour les diftances intermédiaires comptées par eau entre Paris & les villes d'Auxerre, Montargis & Nogent-fur-Seine.

Ce prix proportionnel, attendu les fractions qui en réfultent, fera calculé par lieue pour les diftances intermédiaires entre Paris & les villes d'Auxerre, Montargis & Nogent-fur-Seine, à 2 fols 6 den. pour les voyageurs ;

Et à 1 fol 6 deniers pour le quintal des marchandifes.

A Paris, ce vingt-quatre avril mil fept cent quatre-vingt-onze. *Signé* LOUIS ; & *plus bas*, DELESSART.

par eau, & calculées par lieues entre Paris & les villes d'Auxerre, Nogent-fur-Seine.

RIVIÈRES.	DESTINATIONS En defcendant de Paris.	DISTANCES Comptées par EAU, du lieu du DÉPART.	PRIX DU PORT DE Chaque voyageur avec fon paquet ou fac de nuit du poids de 15 l. au plus, à 1 f. 6 den. par lieue.			PRIX DU PORT DES Marchandifes, œuvre de poids & autres effets, par quintal à 2. f. 6 den. par lieue.		
		Lieues						
SEINE.	De Nogent	46 ¾	5#	10f.	»d	3#	9f.	3d
	De Beaulieu	44 ¾	5	10	»	3	7	»
	De la Motte-Tilly	42 ¾	5	6	9	3	4	»
	De Courectoy	42	5	5	»	3	3	»
	Du Thourer Villiers, Athis au-deffus de la Boffe	41	5	2	6	3	1	6
	De Noyen au-deffus de la Boffe	39 ½	4	19	9	2	19	3
	Du Port-Montain	38 ½	4	16	3	2	17	9
	Du Vefoux	37 ¾	4	14	4	2	16	7
	De Gris au-deffus de la Boffe	37 ¼	4	13	3	2	15	10
	De Touffac	36 ¾	4	11	9	2	15	»
	De Jaune	35 ¼	4	8	3	2	12	10
	De Bray	34 ½	4	6	3	2	11	9
	D'Ambouille	31	3	17	6	2	6	6
	De Gravon	29 ½	3	13	9	2	4	3
	De la Tombe	28 ½	3	11	3	2	2	9
	De Marolles	27	3	7	6	2	6	»
	De Montereau	25 ½	3	3	9	1	18	3
	De Tavers	24	3	»	»	1	16	»
	De Saint-Mamert ou la Boffe	22 ½	2	16	3	1	13	9
	De Champagne	21 ¾	2	13	3	1	11	10
	De Valvin	19 ½	2	8	3	1	9	3

RIVIÈRES.	DESTINATIONS En montant de Paris.	DISTANCES Comptées par EAU, du lieu du DÉPART.	PRIX DU PORT DE Chaque voyageur avec son paquet ou sac de nuit du poids de 15 l. au plus, à 1 s. 6 den. par lieue.			DES Marchandises, œuvre de poids & autres effets, par quintal à 1 s. 6 den. par lieue.		
		Lieues.						
SEINE.	A Saint-Mamert ou la Bosse	22 ½	2#	16s.	3d	1#	13s.	9d
	A Travers	24	3	»	»	1	16	»
	A Montereau	25 ½	3	3	9	1	18	3
	A Marolles	27	3	7	6	2	6	»
	A la Tombe	28 ½	3	11	3	2	2	9
	A Cravon	29 ½	3	13	9	2	4	3
	A Ambouille	31	3	17	6	2	6	6
	A Bray	34 ½	4	6	3	2	11	9
	A Jaune	35 ¼	4	8	3	2	12	10
	A Toussac	36 ¾	4	11	9	2	15	»
	A Gris au-dessus de la Bosse	37 ¼	4	13	3	2	15	10
	Au Vezoux	37 ¾	4	14	3	2	16	7
	Au Port-Montain	38 ½	4	16	3	2	17	9
	A Noyen au-dessus de la Bosse	39 ½	4	19	9	2	19	3
	Au Thouret-Villiers, Athis au-dessus *idem*	41	5	2	6	3	1	6
	A Courecroy	42	5	5	»	3	3	»
	A la Motte-Tilly	42 ¼	5	6	9	3	4	»
	A Beaulieu	44 ¾	5	10	»	3	7	»
	Et à Nogent	46 ¾	5	10	»	3	9	3
YONNE.	A Montereau	25 ½	3	3	9	1	18	3
	A Misy	30	3	15	»	2	5	»
	A Serbonne	33	4	2	6	2	9	6
	A Pont-sur-Yonne	35	4	7	6	2	12	6
	A Saint-Denis	38	4	15	»	2	17	»
	A Sens	39 ½	4	18	9	2	19	3
	A la Maison-Blanche	42 ½	5	6	3	3	3	9
	A Villeneuve-le-Roi	45	5	12	6	3	7	6
	A Villevalier	48	6	»	»	3	12	»
	A Cesy	50 ½	6	6	3	3	15	9
	A Joigny	52 ½	6	11	3	3	18	9
	A la Roche	54 ½	6	16	3	4	1	9
	A Bassou	56 ½	7	1	3	4	4	9
	A Regennes	58 ½	7	6	3	4	7	9
	A Monesteau	60 ½	7	10	»	4	10	9
	Et à Auxerre	62 ½	7	10	»	5	»	»
LOING.	A la Bosse Saint-Mamert	22 ½	2	16	3	1	13	9
	A Moret	22 ¾	2	16	9	1	14	»
	A Ecuelle	23 ½	2	18	9	1	15	3
	A Episy	24 ¼	3	»	9	1	16	4
	A Barville	24 ¾	3	1	9	1	17	»

RIVIÈRES.	DESTINATIONS En descendant de Paris.	DISTANCES Comptées par EAU, du lieu du DÉPART.	PRIX DU PORT DE Chaque voyageur avec son paquet ou sac de nuit du poids de 15 l. au plus, à 2 s. 6 den. par lieue.			PRIX DU PORT DES Marchandises œuvre d poids & autres effets par quintal à 1 s. 6 d par lieue.		
		Lieues.						
SEINE.	De Samois	19	2#	7s.	6d	1#	8s.	6d
	De Barbeau	18 ½	2	6	3	1	7	9
	De Fontaine-le-Port	18	2	5	»	1	7	»
	De la Cave	17	2	2	6	1	5	6
	De Melun	15 ½	1	18	9	1	3	3
	De Boissette	14 ½	1	16	3	1	1	9
	De Boissise	13 ½	1	13	9	1	»	3
	De Saint-Assise	13	1	12	6	»	19	6
	De Maison-Rouge	12 ½	1	11	3	»	18	9
	De Saint-Port	12	1	10	»	»	18	»
	Du Coudray	12	1	8	9	»	16	6
	De Corbeil	9 ½	1	3	9	»	14	3
	De Soisy sous-Etiolles	8 ½	1	1	3	»	12	9
	De la Borde	7 ½	»	18	9	»	11	3
	De Châtillon	6 ½	»	16	6	»	9	9
	D'Ablon	5	»	12	6	»	7	6
	De Villeneuve Saint-George	4 ½	»	11	3	»	6	»
	De Choisy-le-Roi	3	»	7	6	»	4	6
	Du Port-à-l'anglois	2	»	5	»	»	3	»
	Et des carrières de Charenton	1 ½	»	3	9	»	2	3
YONNE.	D'Auxerre	62 ½	7	10	»	5	»	»
	De Moncltau	60 ½	7	10	»	4	10	9
	De Regennes	58 ½	7	6	3	4	7	9
	De Bassou	56 ½	7	1	3	4	4	9
	De la Roche	54 ½	6	16	3	4	1	9
	De Joigny	52 ½	6	11	3	3	18	9
	De Cesy	50 ½	6	6	3	3	15	9
	De Villevalier	48	6	»	»	3	12	»
	De Villeneuve le-Roi	45	5	12	6	3	7	6
	De la Maison-Blanche	42 ½	5	6	3	3	3	9
	De Sens	39 ½	4	18	9	2	19	3
	De Saint-Denis	38	4	15	»	2	17	»
	De Pont-sur-Yonne	35	4	7	6	2	12	6
	De Serbonne	33	4	2	6	2	9	6
	De Misy	30	3	15	»	2	5	»
	Et de Montereau	25 ½	3	3	9	1	18	3
LOING.	De Montargis	33 ¾	4	»	»	2	15	»
	De Cepoy	32 ¾	4	»	»	2	9	»
	Du Perthuis-de-Vaux	31 ¾	3	19	3	2	7	7
	De Dordives	30 ¾	3	15	9	2	6	»
	Du Moulin-d'Egreville	29 ¾	3	14	3	2	4	6

RIVIÈRES.	DESTINATIONS En montant de Paris.	DISTANCES Comptées par EAU, du lieu du DÉPART	PRIX DU PORT DE Chaque Voyageur avec son paquet ou sac de nuit du poids de 15 l. au plus, à 2 s. 6 d. par lieue.	PRIX DU PORT DES Marchandises, œuvre de poids & autres effets, par quintal à 2 s. 6 d. par lieue.
		Lieues.		
LOING.	A Fromonville	26 ¼	3# 5s. 9d	1# 19s. 3d
	A Nemours	26 ¾	3 6 9	2 » »
	A Bagnaux	27 ¾	3 9 3	2 1 6
	A Beaumoulin	28 ¾	3 11 9	2 3 »
	Au Moulin d'Egreville	29 ¾	3 14 3	2 4 6
	A Dordives	30 ¾	3 15 9	2 6 »
	Au Pertuis-de-Vaux	31 ¾	3 19 3	2 7 7
	A Cepoy*	32 ¾	4 » »	2 9 »
	Et à Montargis	33 ¾	4 » »	2 15 »

Quoique le décret qui a ordonné la rédaction sur le prix du tarif, à compter du premier avril 1791, ne prononce aucune exception, cependant en considération de l'intérêt public, & du consentement volontaire du fermier, le prix des places en faveur des nourrices, soldats, mariniers, moissonneurs & ouvriers sarcleurs, demeurera fixé comme ci-après :

POUR LES NOURRICES ET SOLDATS.

En observant que sous la dénomination de soldats, ne sont compris que les militaires soldés ou troupes de ligne.

Pour Auxerre	4l »s
Pour Joigny	3 10
Pour Villeneuve-le-Roi	3 »
Pour Sens	2 10
Pour Montereau	1 10
Pour Melun	1 »

VOL, s. m. L'action de prendre quelque chose à quelqu'un. (*Voyez les mots* SURETÉ, RECELEUR, ORFÈVRE, ESCROC, FILOUX, &c.)

RIVIÈRES.	DESTINATIONS En descendant de Paris.	DISTANCES Comptées par EAU, du lieu du DÉPART.	PRIX DU PORT					
			DE Chaque Voyageur avec son paquet ou sac de nuit du poids de 15 l. au plus, à 2 s. 6 d. par lieue.			DES Marchandises, œuvre de poids & autres effets, par quintal à 2 s. 6 d. par lieue.		
		Lieues.						
LOING.	De Beaumoulin	28 ¾	3#	11s.	9d	2#	3s.	»d
	De Bagnaux	24 ¾	3	9	3	2	1	6
	De Nemours	26 ¾	3	6	9	2	»	»
	De Fromonville	26 ¾	3	5	9	1	19	3
	De Barville	24 ¼	3	1	9	1	17	»
	D'Episy	24 ¼	3	»	9	1	16	4
	D'Ecuelle	23 ½	2	18	9	1	15	3
	De Moret	22 ⅓	2	16	9	1	14	»
	Et de la Bosse-Saint-Mamert	22 ½	2	16	3	1	13	9

MARINIERS.	MOISSONNEURS.	OUVRIERS SARCLEURS.
Pour Montereau & S. Mamert 1l. 10s.	Pour Auxerre & route. . . 1l. 16s.	P. Auxerre. 2 l. 10 s.
Pour Melun. 1 4s.	Pour Montereau 1 4.	Pour Sens. . . 1 16

Il ne sera rien perçu sur les nourrissons, soit des mères nourrices bourgeoises qui auront acquitté le prix de place en entier, soit de celles dans le cas de jouir de la réduction ci-dessus consentie.

Les enfans depuis l'âge de trois ans jusqu'à sept, ne payeront que demi-place.

TABLEAU

Général & méthodique de la Police, pour servir de plan de lecture au Dictionnaire Encyclopédique de la Police & de la Municipalité.

PRÉLIMINAIRE.

De grands changemens se sont faits dans la partie administrative de la police & l'organisation des municipalités, depuis l'époque où j'ai commencé la rédaction de cet ouvrage, c'est-à-dire, le mois de février 1788. Alors mon but étoit, non-seulement d'exposer les loix positives qui existoient sur la police & le régime municipal, mais encore d'indiquer avec soin tous les abus que j'aurois cru appercevoir dans chacune des institutions formées dans cette partie du gouvernement. Je donnai même à cette manière de traiter mon sujet une étendue plus considérable que je n'aurois peut-être dû faire ; car liant les considérations législatives aux actes d'administration politique, je me suis trouvé entraîné à des développemens d'opinion qui ne sont peut-être pas essentiellement liés à la nature de mon travail; tels sont les articles de l'Appel au Peuple; de l'autorité paternelle placé au mot Enfant & quelques autres répandus dans le corps de l'ouvrage.

Cependant je dois dire que ces objets, quoiqu'à quelques égards étrangers à mon travail, avoient alors un intérêt que peut-être on ne leur retrouve plus aujourd'hui, que l'opinion est allée bien au-delà des apperçus philosophiques que l'on trouve dans ces articles

articles de légiſlation ; peut-être encore offriront-ils aux eſprits attentifs quelques ſujets de réflexion échappés aux écrivains d'aujourd'hui, qui ont traité la même matière dans des momens où elle fait l'occupation de tous les eſprits.

Une autre remarque à faire ſur mon travail : c'eſt l'eſpèce de nuance & peut-être même de différence d'opinion que l'on remarquera entre les premiers & les derniers articles ſur les pouvoirs populaires & les principes de liberté politique qui peuvent en régler l'exercice. J'avoue que l'expérience m'a démontré que pluſieurs des ſyſtêmes démocratiques qui m'avoient ſéduit, n'ont dans la réalité qu'une application funeſte & perilleuſe, chez des Peuples ſur-tout formés dès long-temps aux formes d'un gouvernement plus abſolu. Semblables à ces machines dont on démontre l'exécution facile & prompte par le raiſonnement, mais qui s'écraſent ſous leur propre poids dès-là qu'on en tente l'eſſai en grand, j'ai vu des projets de ſouveraineté active du Peuple, n'enfanter que des ruines, l'anarchie, la deſtruction de la liberté des perſonnes, & du reſpect des propriétés. Comme un corps en mouvement, l'indépendance populaire acquiert une force qui, proportionnée à ſon volume & à ſa viteſſe, va toujours croiſſante juſqu'à ce que rapidement parvenue à ſon *maximum*, elle ſe détruit avec une célérité encore plus étonnante.

Une obſervation auſſi importante, & qui m'a ſur-tout guidé dans l'expreſſion de mes opinions politiques dans les derniers articles de mon ouvrage ; c'eſt que la liberté phyſique, la liberté des jouiſſances, la liberté dans l'uſage des choſes publiques & perſonnelles, décroît en raiſon de l'exaltation de la liberté politique, de l'exercice immédiat de la ſouveraineté populaire ;

qu'ainſi chez un peuple ſaiſi de ce genre de ſouveraineté, ſurtout s'il eſt riche, nombreux, actif: les arts, la liberté individuelle, la police de l'état diſparoiſſent pour faire place à une autorité mobile, arbitraire, & qui, pour receler dans ſon ſein les germes de ſa propre deſtruction, n'en eſt pas moins le tourment de la ſociété. Il eſt une ligne en matière de gouvernement tellement placée, qu'en-deça, eſt le deſpotiſme abſurde: comme au-delà, l'anarchie tyrannique. Ce n'eſt guère qu'une expérience réfléchie qui peut en donner une connoiſſance aſſurée. Voilà le fruit de l'hiſtoire, lorſqu'elle eſt écrite avec impartialité.

J'ai quelquefois cherché à diſtinguer les caractères de cette liberté, qui, comme une douce température, fait proſpérer toutes les parties du corps ſocial, mais qui, conduite, altérée par la violence ou le fanatiſme politique, ſe change en incendie qui ne laiſſe que des ruines & de la miſère ſur ſa route.

Aucune époque dans l'hiſtoire n'a offert à l'homme attentif, au philoſophe obſervateur, que les affaires ont quelquefois placé au centre des agitations, que les circonſtances en ont mis enſuite à une diſtance convenable; aucune époque ne lui a jamais offert un ſujet plus fécond d'obſervations, de leçons pratiques, que les événemens qui ſe ſont paſſés depuis quatre ans en France. Ce ſera dans les écrits d'un pareil homme, que la poſtérité trouvera des inſtructions précieuſes, & des renſeignemens utiles qui pourront lui épargner des imprudences & des malheurs.

D'un autre côté, il ne faut point porter le ſentiment des regrets à l'extrême; il ne faut point juger les temps & les hommes par une époque désastreuse de l'histoire d'un peuple; sans doute que les révolutionnaires exagerés ont fait en France un grand tort à la liberté, à la philosophie, par l'intensité à laquelle s'est portée, par leurs soins, la tyrannie populaire; ils ont fourni des armes aux Princes contre des mouvemens qui, légitimes d'abord, menaçoient l'ordre public d'une dissolution absolue; les peuples aimeront mieux endurer quelques vexations que d'avoir à subir le joug de la multitude ou des agitateurs; le goût de la propriété, de la tranquillité, le sentiment de la liberté individuelle se coaliseront contre les prétentions politiques; & les écrivains prudens craindront de prêcher encore une doctrine dont on aura montré l'inconséquence; mais cette espèce de stagnation, de dégoût, que les excès de la révolution feront naître, sera balancée par la même sagesse, qui repousse le fanatisme politique, & s'élève aussi contre le sommeil d'une indifférence absolue.

Ce ne sera donc qu'en consultant l'histoire, qu'en s'éclairant par les faits, qu'en profitant des erreurs d'autrui, qu'en calculant les foiblesses humaines, en se défiant de l'enthousiasme qui électrise tout, de l'engouement qui dénature tout, du fanatisme qui détruit tout, qu'on pourra parler, écrire avec la certitude de ne jamais faire un grand mal certain pour des biens incertains, quoique souvent ensanglantés.

Telles sont les idées, tels sont les sentimens que m'ont inspirés les événemens auxquels j'ai participé, par goût, par devoir & par occasion; ils nuancent les derniers articles de mon travail, & j'ai cru utile d'en rendre compte au lecteur.

Mais si les scènes dont j'ai été témoin, si l'expérience de la révolution m'a donné lieu de faire quelqu'amendement au systême de la souveraineté active du peuple, que j'avois présenté comme possible & avantageux; je n'ai point dû taire les changemens, les modifications que le nouvel état des choses a introduits dans l'organisation des pouvoirs municipaux & l'exercice de la police. A cet égard, je ne craindrai point d'être démenti en assurant qu'on a effectué d'utiles innovations, & formé des établissemens supérieurs à ceux de l'ancien régime.

J'ai cependant vu avec peine qu'on ait conservé plusieurs des usages de l'ancienne police, sur-tout à Paris, dans la partie de surveillance & de sûreté. Presque toutes les anciennes entraves de la liberté individuelle ont été conservées, étendues, amplifiées, en sorte qu'à prendre les personnes dans leurs rapports de conduite, vous les trouverez un peu moins maîtresses d'elles qu'autrefois, quoiqu'on ait fait beaucoup pour la jouissance des droits politiques. Les passeports, les visites domiciliaires & la conscription de police, sous le prétexte de recensement & du besoin de connoître les citoyens; la nécessité de se faire enrégimenter dans les gardes nationales si l'on veut jouir des droits de cité, & ne pas être frappé de bâtardise politique; l'espionnage individuel, les ordres arbitraires des comités de recherches, une foule de petites observances patriotiques dont l'oubli ou la négligence vous met en butte à une nuée de fonctionnaires publics, étrangers souvent à leurs devoirs, comme à tous les égards de la société, & cependant revêtus de très-grands pouvoirs; tels sont quelques-uns des défauts de la grande & petite police actuelle du royaume, en ce qui touche le gouvernement des personnes; car pour l'administration des choses, elle est à quelques égards améliorée, du moins pour la partie des entreprises municipales.

J'ai été obligé, pour rendre mon ouvrage complet, de faire connoître les nouvelles loix de police en même-temps que les anciennes ; l'étude des unes & des autres peut marcher de front d'après la même méthode & le même ſyſtême d'idées.

C'eſt cette méthode que nous devons préſenter ici, afin que de tous les articles préſentés ſous la forme alphabétique dans l'ouvrage, on puiſſe compoſer un corps de doctrine poſitive & de connoiſſances élémentaires ſur toutes les parties de la police & de l'adminiſtration municipale.

La Police eſt proprement le gouvernement de la Cité, c'eſt la partie de l'autorité publique chargée de l'exécution des loix d'ordre, de ſûreté & de tranquillité ; la police étant toute active, doit ſe concentrer pour être effective, à meſure que la cité croît en population, en richeſſe, en étendue ; uniquement bornée aux rapports des choſes & des perſonnes avec l'ordre public, les actions privées ne la regardent point ; les intérêts reſpectifs des familles, des individus & des corps, échappent par cette raiſon à ſes ſoins ; ne reconnoiſſent d'autres loix que celle de juſtice, & d'autres juges que les tribunaux.

Les loix de police diffèrent donc de celles de juſtice. Les premières portent ſur des rapports publics, les autres ſur des rapports privés ; les premières ont pour objet de gêner l'individu pour la commodité de tous ; les ſecondes d'aſſurer les intérêts particuliers contre les prétentions ou la cupidité d'autrui. Ce n'eſt que parce qu'il fait une portion du public que les loix de police tournent au profit de chaque individu; c'eſt parce qu'il a des droits que la ſociété s'eſt chargée de garantir, que les loix de juſtice viennent à ſon ſecours; mais des premières il en jouit ſans les reclamer, les ſecondes ne lui ſont utiles qu'autant qu'il les invoque.

Les magiſtrats de police diffèrent donc par leurs fonctions des magiſtrats de juſtice. Ceux-ci attendent la demande ou la plainte pour agir, les premiers ont l'obligation de maintenir en tous temps l'ordre, la tranquillité, la ſûreté publique au nom, & de par la ſociété. (*Voyez* POLICE, ADMINISTRATION.)

Mais cette différence entre les fonctions de juſtice & celles de police, a quelquefois été méconnue; il en eſt réſulté des violations de droits, des abus & la deſtruction de la liberté individuelle. (*Voyez* ABUS, LIBERTÉ, PASSE-PORT, ESPIONNAGE, INSPECTEUR, CENSEUR.

On peut conſidérer la police dans ſes moyens d'exécution, & dans les objets que la loi lui indique comme ſpécialement ſoumis à ſa ſurveillance.

Les moyens d'exécution ſont, 1°. les magiſtrats de police; 2°. les officiers; 3°. les gardes ou ſoldats deſtinés à prêter force à la loi.

Les magiſtrats des villes ſont preſque univerſellement chargés de la police municipale, c'eſt-à-dire, de celle qui a pour objet de ſoigner, protéger, ſurveiller l'uſage des choſes publiques. (*Voyez* MUNICIPALITÉ, MAIRIE, ÉCHEVINS, SERGENT-DE-VILLE, GARDE NATIONALE, INSPECTEUR.

Les nouvelles loix en France ont attribué aux juges de paix la police correctionnelle, & la condamnation à la prison même en matière de police municipale, c'est-à-dire, pour délit contre la tranquillité, la décence & la propreté publique. Cette forme de police paroît plus favorable à la liberté individuelle que celle qui attribuoit le droit d'emprisonner aux commissaires de police de section;

La police considérée dans ses objets est susceptible de plusieurs divisions; la plus simple doit paroître la meilleure; nous préferons celle qui présente plus de facilité dans la pratique, celle de *la Marre* & de plusieurs autres publicistes.

Suivant cette méthode on la divise, 1°. en police de la religion 2°. police des mœurs; 3°. police de la salubrité; 4°. police de la tranquillité & sûreté publique; 5°. police des sciences & arts libéraux; 6°. police du commerce; 7°. police des manufactures, arts & métiers; 8°. police des pauvres, domestiques & manœuvriers; 9°. Enfin, police de la voierie. (Voyez *le Discours Préliminaire.*)

C'est à chacun de ces titres que se rapporte dans la pratique toutes les ordonnances, règlemens, de grande & petite police, & les moyens d'ordre, de tranquillité & d'abondance publique. Ils se trouvent épars dans le dictionnaire, & voici comme on peut les classer pour les étudier.

TABLE.

ARTICLES. Police de la Salubrité.	CHIRURGIEN. CONTAGION. PESTE.
ARTICLES. Police de la Propreté.	RUE. ARROSAGE. NETTOYEMENT. VOIRIES. PROPRETÉ.
ARTICLES. Police de la Sûreté & Tranquillité.	SURETÉ. TRANQUILLITÉ. GARDE. ATTROUPEMENT. ÉMEUTE. PORT D'ARMES. INCENDIE. INONDATION. NOYER. MORT SUBITE. ACCIDENT.
ARTICLES. Police des Vivres.	GRAINS. APPROVISIONNEMENT. DISETTE. FAMINE. ACCAPAREMENT. CHERTÉ. VIVRES. ABONDANCE. AGRICULTURE. SUBSISTANCES.
ARTICLES. Police des Sciences & Arts libéraux.	UNIVERSITÉ. ÉCOLE.

FIN DE LA TABLE.

www.ingramcontent.com/pod-product-compliance
Lightning Source LLC
Chambersburg PA
CBHW060534280326
41932CB00011B/1291